BPSC

शिक्षा विभाग, बिहार द्वारा

प्रधान शिक्षक

HEAD TEACHER

भर्ती परीक्षा-वर्ष 2024

डॉ. रणजीत कुमार सिंह, IAS (AIR-49)

प्रभात एग्जाम
www.prabhatexam.com

प्रकाशक

प्रभात एग्जाम

प्रभात प्रकाशन प्रा. लि. का उपक्रम

4/19 आसफ अली रोड, नई दिल्ली-110002

फोनः 23289555 • 23289666 • 23289777 • हेल्पलाइन/ 7827007777

इ-मेल : prabhatbooks@gmail.com ❖ वेब ठिकाना : www.prabhatexam.com

मूल्य

चार सौ पचानवे रुपए

अ.मा.पु.स. 978-81-971322-0-9

मुद्रक

नक्षत्र आर्ट, दिल्ली

BPSC
PRADHAN SHIKSHAK
BHARTI PAREEKSHA-2024
by Dr. Ranjeet Kumar Singh, IAS (AIR-49)

ISBN 978-81-971322-0-9

₹ 495.00

पाठ्यक्रम

भाग–I सामान्य अध्ययन

सामान्य अध्ययन

इस विषय में ज्ञान विज्ञान के निम्नलिखित क्षेत्रों से सम्बन्धित प्रश्न होंगे

- सामान्य विज्ञान।
- राष्ट्रीय और अन्तर्राष्ट्रीय महत्त्व की समसामयिक घटनाएँ।
- भारतीय राष्ट्रीय आन्दोलन तथा इसमें बिहार का योगदान।
- भूगोल।
- भारतीय राजव्यवस्था।
- प्रारम्भिक गणित और मानसिक क्षमता परीक्षण।

उपर्युक्त विषयों का विवरण इस प्रकार हैं-

- सामान्य विज्ञान के अन्तर्गत दैनिक अनुभव तथा प्रेक्षण से सम्बन्धित विषयों सहित विज्ञान की सामान्य जानकारी तथा परिबोध पर ऐसे प्रश्न पूछे जाएँगे, जिसकी किसी भी शिक्षित व्यक्ति से अपेक्षा की जा सकती है, जिसने वैज्ञानिक विषयों का विशेष अध्ययन नहीं किया है।
- राष्ट्रीय और अन्तर्राष्ट्रीय महत्त्व के वर्तमान घटनाओं पर बिहार सहित प्रश्न पूछे जाएंगे।
- भारत के राष्ट्रीय आन्दोलन के अन्तर्गत उन्नीसवीं शताब्दी के पुनरूत्थान के स्वरूप और स्वभाव, राष्ट्रीयता का विकास तथा स्वतन्त्रण प्राप्ति से सम्बन्धित प्रश्न पूछे जाएंगे। परीक्षार्थियों से आशा की जाती है कि वे भारतीय स्वतन्त्रता संग्राम में बिहार की भूमिका पर पूछे गए प्रश्नों के भी उत्तर दें।
- "भारत तथा बिहार का भूगोल" के अन्तर्गत देश के सामाजिक तथा आर्थिक भूगोल से सम्बन्धित प्रश्न होंगे, जिनमें भारतीय कृषि तथा प्राकृतिक साधनों की प्रमुख विशेषताएँ सम्मिलित होंगी।
- भारत की राज्य व्यवस्था के अन्तर्गत भारतीय संविधान देश की राजनीतिक प्रणाली, पंचायती राज, विकास योजना सम्मिलित होंगे।
- प्रारम्भिक गणित और मानसिक क्षमता जाँच पर प्रश्न।

भाग–II डी. एल. एड. विषय

इकाई–1

- बच्चे तथा बचपन : सामाजिक, सांस्कृतिक तथा ऐतिहासिक समझ।
- बाल अधिकारों का सन्दर्भ : उपेक्षित वर्गों से आने वाले बच्चों पर विशेष चर्चा के साथ
- शिक्षा, विद्यालय और समाज : अन्तर्सम्बन्धों की समझ
- विद्यालय में समाजीकरण की प्रक्रिया : विभिन्न कारकों की भूमिका व प्रभावों की समझ
- शिक्षा : सामान्य अवधारणा, उद्देश्य एवं विद्यालीय शिक्षा की प्रकृति
- शिक्षा को समझाने के विभिन्न आधार/दृष्टिकोण : दर्शनशास्त्रीय, मनोवैज्ञानिक, समाजशास्त्रीय, शिक्षा का साहित्य, शिक्षा का इतिहास, आदि
- ज्ञान की अवधारणा : दार्शनिक परिप्रेक्ष्य

इकाई–2

- महात्मा गाँधी-हिन्द स्वराज्य : सामाजिक दर्शन और शिक्षा के सम्बन्ध को रेखांकित करते हुए
- गिजुभाई बधेका-दिवास्वप्न : शिक्षा में प्रयोग के विचार को रेखांकित करते हुए
- रवीन्द्रनाथ टैगोर-शिक्षा : सीखने में स्वतन्त्रता एवं स्वयत्तया की भूमिका का रेखांकित करते हुए
- मारिया मॉण्टेसरी-ग्रहणशील मन पुस्तक से विकास के क्रम 'शीर्षक अध्याय: बच्चों के सीखने के सम्बन्ध में विशेष पद्धति को रेखांकित करते हुए डॉ. जाकिर हुसैन-शैक्षिक लेख: बाल-केन्द्रित शिक्षा के महत्त्व को रेखांकित करते हुए
- जे. कृष्णमूर्ति-शिक्षा क्या है : सीखने-सिखाने में संवाद की भूमिका को रेखांकित करते हुए

- जॉन – डीवी-शिक्षा और लोकतन्त्र से जीवन की आश्यकता के रूप में शिक्षा शीर्षक लेख: शिक्षा और समाज की अन्त: क्रिया को रेखांकित करते हुए

इकाई-3

- पाठ्यचर्या तथा पाठ्यक्रम: अवधारणा तथा विविध आधार
- पाठ्यचर्या में कार्य और शिक्षा की भूमिका : कार्यकेन्द्रित शिक्षणशास्त्र की समस्या
- बचपन को प्रभावित करने वाले मनोसामाजिक कारक
- बाल विकास : अवधारणा, विकास के विविध आयाम, प्रभावित करने वाले कारक
- वृद्धि एवं विकास : अन्तर्सम्बन्धों की समझ, अध्ययन के तरीके
- बच्चों के शारीरिक एवं मनोगत्यात्मक विकास की समझ
- खेल से आशय : अवधारणा, विशेषता, बच्चों के विकास के सन्दर्भ में महत्त्व
- व्यक्तित्व विकास के विविध आयाम : एरिक्सन के सिद्धान्त का विशेष सन्दर्भ
- बच्चों में भावनात्मक/संवेगात्मक विकास का पहलू : जॉन बॉल्बी का सिद्धान्त एवं अन्य विचार
- नैतिक विकास और बच्चे : सही-गलत की अवधारणा, जीन पियाजे तथा कोहलबर्ग का सिद्धान्त

इकाई-4

- ईसीसीई की आवश्यकता एवं उद्देश्य
- एक सन्तुलित तथा सन्दर्भयुक्त ईसीसीई पाठ्यचर्या की समझ
- ईसीसीई पाठ्यचर्या के लघु एवं दीर्घकालिक उद्देश्य तथा नियोजन
- कक्षा में विकासोनूकूल, बाल-केन्द्रित तथा समावेशी वातावरण निर्माण
- प्रारम्भिक वर्षों में विकास के विभिन्न आयाम एवं अधिगम
- विशेष आवश्यकता वाले (दिव्यांग) बच्चे तथा प्रारम्भिक बाल्यावस्था देखभाल और शिक्षा
- शारीरिक शिक्षा : अवधारणा एवं महत्त्व
- बिहार में प्रारम्भिक बाल्यावस्था देखभाल और शिक्षा की वर्तमान स्थिति
- राज्य में प्रारम्भिक बाल्यावस्था, शिक्षा की चुनौतियाँ एवं नवाचार
- राज्य में विद्यालय की तैयारी में संस्थाओं की (अकादमिक व सामाजिक) अपेक्षा

इकाई-5

- विद्यालय संस्कृति के संगठनात्मक पहलू : अवधारणा, संरचना एवं घटकों की आलोचनात्मक समझ
- शिक्षा के अधिकार के अन्तर्गत विद्यालयी व्यवस्था में परिवर्तन
- समावेशी शिक्षा के अनुरूप विद्यालय संगठन व प्रबन्धन
- कला समेकित शिक्षा के माध्यम से विद्यालयी परिवेश एवं कक्षायी शिक्षण में बदलाव
- कक्षा-कक्ष शिक्षण की प्रकृति : परम्परागत, बाल-केन्द्रित लोकतान्त्रिक, सृजनात्मक आदि
- पाठ्य-सहगामी व सह-शैक्षिक क्रियाएँ : महत्त्व, योजना एवं क्रियान्वयन (गतिविधियों, कला, खेल इत्यादि)
- विद्यालय में आकलन एवं मूल्यांकन की व्यवस्था : सतत् एवं व्यापक आकलन, प्रगति पत्रक
- शिक्षक वृत्तिक विकास : अवधारणा, आवश्यकता, नीतिगत विमर्श व सीमाएँ
- विद्यालय में नेतृत्व व्यवस्था और शिक्षक : प्रशासनिक, सामूहिक, शिक्षणशास्त्रीय, परिवर्तनकारी

इकाई-5

- निकटवर्ती जिला स्तरीय संस्थाएँ : संकुल संसाधन केन्द्र (सी.आर.सी.) प्रखण्ड संसाधन केन्द्र (बी.आर.सी.) जिला शिक्षा एवं प्रशिक्षण संस्थान (डायट), प्रारम्भिक शिक्षक शिक्षा महाविद्यालय (पी.टी.ई.सी.)
- राज्य स्तरीय संस्थाएँ : राज्य शिक्षा शोध एवं प्रशिक्षण परिषद् (एस.सी.ई.आर.टी.), बिहार शिक्षा परियोजना परिषद् (बी.ई.पी.सी.) बिहार विद्यालय परीक्षा बोर्ड (बी.सी.ई.बी.), बिहार संस्कृत शिक्षा बोर्ड (बी.एस.एस.बी), बिहार राज्य मदरसा शिक्षा बोर्ड (बी.एस.एम.ई.बी.), बिहार मुक्त विद्यालयी शिक्षण एवं परीक्षा बोर्ड (बी.बी.ओ.एस.ई.)
- राष्ट्रीय स्तर की संस्थाएँ : राष्ट्रीय शैक्षिक अनुसन्धान और प्रशिक्षण परिषद् (एन.सी.ई.आर.टी.) केन्द्रीय माध्यमिक शिक्षा बोर्ड (सी.बी.एस.ई.) राष्ट्रीय शैक्षिक योजना एवं प्रशासन संस्थान (एन.आई.ई.पी.ए.) राष्ट्रीय अध्यापक शिक्षा परिषद् (एन.सी.टी.ई.)

इकाई-7

- भारतीय समाज में समावेशन और अपवर्जन के विभिन्न रूप (हाशिए का समाज, जेण्डर, विशेष आवश्यकता वाले बच्चे-दिव्यांगजन)
- कक्षाओं में विविधता और असमानता की समझ :. पाठ्यचर्यात्मक और शिक्षण शास्त्रीय सन्दर्भ
- समावेशी शिक्षा के लिए आकलन की प्रकृति एवं प्रक्रिया
- समावेशी शिक्षा में विशेष... आवश्यकता वाले बच्चों का सन्दर्भ : ऐतिहासिक विकास, वर्तमान स्थिति, चुनौतियाँ, बिहार का सन्दर्भ
- शिक्षा व्यवस्था व विद्यालय में प्रचलित जेण्डर विभेद : पाठ्यचर्या, पाठ्य-पुस्तकें, कक्षायी प्रक्रियाओं विद्यार्थी-शिक्षक (स्टूडेण्ट-टीचर इन्टरैक्शन) संवाद के विशेष सन्दर्भ में
- जेण्डर संवेदनशीलता और समानता में शिक्षा की भूमिका
- समता, समानता और सामाजिक न्याय के लिए शिक्षा : अवधारणा, आवश्यकता एवं अवरोध
- शिक्षकों की अस्मिता : समकालीन विमर्श, एक आदर्श शिक्षक की संकल्पना

इकाई-8

- राष्ट्रीय पाठ्यचर्चा की रूपरेखा - 2005 व बिहार पाठ्यचर्या की रूपरेखा - 2008 के विशेष सन्दर्भ में विज्ञान, पर्यावरण, गणित, भाषा एवं सामाजिक विज्ञान शिक्षण शास्त्र की समक्ष
- शिक्षण-अधिगम में ऑडियो-विडियो, मल्टीमीडिया साधनों की महत्ता तथा उपयोग
- सीखने की योजना एवं विद्यालय के अन्य कार्य के साथ आई.सी.टी. का एकीकरण

विषय-सूची

सामान्य अध्ययन

डी.एल.एड. विषय

सामान्य अध्ययन

अध्याय

1

सामान्य विज्ञान

भौतिक विज्ञान

- **भौतिक विज्ञान**–विज्ञान की वह शाखा, जिसके अंतर्गत पदार्थ, ऊर्जा एवं उनकी पारस्परिक क्रियाओं का अध्ययन किया जाता है।
- भौतिक प्राकृतिक जगत का **मूल विज्ञान** है, क्योंकि विज्ञान की अन्य शाखाओं का विकास भौतिकी के ज्ञान पर बहुत हद तक निर्भर करता है।
- **सामान्य भौतिकी**–इसके अंतर्गत **यांत्रिकी** एवं **द्रव** के गुणों का अध्ययन किया जाता है।
- **आधुनिक भौतिकी**–इसके अंतर्गत **परमाणु** एवं **सूक्ष्मकणों** का अध्ययन किया जाता है।
- **खगोलिकी भौतिकी**–इसके अंतर्गत **ब्रह्मांड** के विषय का अध्ययन किया जाता है।

ऊर्जा का रूपान्तरण

क्र.सं.	ऊर्जा का रूपान्तरण	उदाहरण
1.	स्थितिज ऊर्जा का गतिज ऊर्जा में परिवर्तन	ऊंचाई से गिरने पर किसी पिण्ड में वेग का उत्पन्न होना
2.	गतिज ऊर्जा का स्थितिज ऊर्जा में परिवर्तन	सरल लोलक का अपनी माध्य स्थिति से दोनों ओर की अन्तिम स्थितियों में दोलन करना
3.	गतिज ऊर्जा का ऊष्मा में परिवर्तन	दो पत्थरों को रगड़ने से उत्पन्न ऊष्मा
4.	गतिज ऊर्जा (यांत्रिक ऊर्जा) का विद्युत ऊर्जा में परिवर्तन	डायनेमो
5.	विद्युत ऊर्जा का ऊष्मा ऊर्जा में परिवर्तन	बिजली का हीटर
6.	विद्युत ऊर्जा का प्रकाश ऊर्जा में परिवर्तन	बिजली का बल्ब
7.	विद्युत ऊर्जा से यांत्रिक ऊर्जा में परिवर्तन	संचायक सेल
8.	रासायनिक ऊर्जा का विद्युत ऊर्जा में परिवर्तन	मोटर, बिजली का पंखा
9.	विद्युत ऊर्जा का रासायनिक ऊर्जा में परिवर्तन	विद्युत अपघट्य
10.	रासायनिक ऊर्जा का ऊष्मा में परिवर्तन	जलता कोयला
11.	ऊष्मा से रासायनिक ऊर्जा में परिवर्तन	O_2 और H_2 का जमकर पानी बनना
12.	ऊष्मा का गतिज ऊर्जा में परिवर्तन	भाप का इंजन
13.	प्रकाश ऊर्जा से विद्युत ऊर्जा में परिवर्तन	फोटो सेल
14.	विद्युत ऊर्जा से चुम्बक ऊर्जा में परिवर्तन	विद्युत चुम्बक
15.	ऊष्मा से विद्युत ऊर्जा में परिवर्तन	ताप पुंज
16.	ऊर्जा का रासायनिक रूप में रूपान्तरण	पेड़-पौधों में सूर्य की ऊर्जा रासायनिक होती है।

मापन

- **भौतिक राशियाँ (Physical Quantities)**–भौतिकी के उन नियमों को जिन्हें **राशियों के पदों** में व्यक्त किया जाता है, उन्हें भौतिक राशियाँ कहते हैं, जैसे-वस्तु का द्रव्यमान, लम्बाई, बल, चाल, घनत्व इत्यादि।
- **अदिश राशियाँ (Scaler Quantities)**–जिन भौतिक राशियों के निरूपण के लिए केवल **परिमाण** की आवश्यकता होती है परंतु दिशा की कोई आवश्यकता नहीं होती, जैसे-चाल, समय, द्रव्यमान, दूरी, ऊर्जा, आवेश, विभव, विद्युत धारा इत्यादि।
- **सदिश राशियाँ (Vector Quantities)**–जिन भौतिक राशियों के निरूपण के लिए **परिमाण** के साथ-साथ **दिशा** की भी आवश्यकता होती है, उन्हें सदिश राशियाँ कहते हैं। जैसे-वेग, विस्थापन, बल आदि।
- भौतिकी मापन का विज्ञान है। भौतिकी के नियमों को समय, बल, ताप, घनत्व तथा अन्य अनेक भौतिक राशियों द्वारा व्यक्त किया जाता है।

व्युत्पन्न मात्रक
क्षेत्रफल = (लम्बाई)^2 = m^2 घनत्व = $\frac{\text{मात्रा}}{\text{आयतन}} = \frac{kg}{m^3} = kg\ m^{-3}$
आयतन = (लम्बाई)^3 = m^3
त्वरण = इकाई समय में गति परिवर्तन $\frac{m}{s}/s = \frac{m}{s^2} = ms^{-2}$
गति = इकाई समय में तय की गई दूरी = $\frac{m}{s} = ms^{-1}$

बल = मात्रा × त्वरण = $kg.m/s^2$ (न्यूटन) = $kg\ ms^{-2}$
दाब $= \frac{\text{बल}}{\text{क्षेत्रफल}} = \frac{kgm}{s^2m^2} = kg/ms^2$ (पास्कल) $= kg\ m^{-1}\ s^{-2}$
ऊर्जा = बल × दूरी = $kg.m^2\ /s^2$ (जूल) = $kg\ m^2\ s^{-2}$
शक्ति $= \frac{\text{ऊर्जा}}{\text{समय}} = \frac{kgm^2}{s \times s^2}$ (वॉट) $= kg\ m^2\ s^{-3}$

मापन की प्रमुख पद्धतियाँ (System of Units)

- **MKS (मीटर, किलोग्राम, सेकेण्ड)**–इस पद्धति में लम्बाई के मात्रक मीटर, द्रव्यमान के मात्रक किलोग्राम एवं समय के मात्रक सेकेण्ड होते हैं।
- **FPS (फुट, पाउण्ड, सेकेण्ड)**–इसे **ब्रिटिश पद्धति** कहते हैं। इस पद्धति में लम्बाई के मात्रक फुट, द्रव्यमान के मात्रक पाउण्ड एवं समय के मात्रक सेकेण्ड होते हैं।
- **CGS (सेंटीमीटर, ग्राम, सेकेण्ड)**–इस पद्धति को **फ्रेंच** या **मीट्रिक पद्धति** कहा जाता है। इस पद्धति में लम्बाई के मात्रक सेंटीमीटर, द्रव्यमान के मात्रक ग्राम एवं समय के मात्रक सेकेण्ड होते हैं।
- **SI-अंतर्राष्ट्रीय मात्रक पद्धति (इन्टरनेशनल सिस्टम ऑफ यूनिट)–सन् 1960 ई. में SI पद्धति** को अंतर्राष्ट्रीय पद्धति के रूप में अंतर्राष्ट्रीय मात्रक पद्धति स्वीकार किया गया। वर्तमान में एस.आई. पद्धति को सारे संसार में उपयोग किया जाता है। यह **सात मूल मात्रकों** पर आधारित है।
- मूल मात्रकों के प्रतीकों को ठीक इसी रूप से समस्त संसार में स्वीकार किया गया है। ये लेखन की भाषा पर भी निर्भर नहीं करते।
- **विमा (Dimention)**–संकेताक्षर M, L, T, के प्रयोग द्वारा मात्रकों को संक्षिप्त रूप में व्यक्त करने को **विमा** कहते हैं।

 जहाँ M = द्रव्यमान, L = लम्बाई व T = समय है।

अंतर्राष्ट्रीय मात्रक पद्धति

क्र.सं.	मूल राशि	मात्रक
1.	लम्बाई (Length)	मीटर
2.	द्रव्यमान (Mass)	किलोग्राम
3.	समय (Time)	सेकेण्ड
4.	विद्युत धारा (Electric Current)	ऐम्पियर
5.	ताप (Temperature)	केल्विन
6.	ज्योति तीव्रता (Luminous Intensity)	कैंडला
7.	पदार्थ की मात्रा (Amount of Substance)	मोल

- **प्रकाश वर्ष (Light Year)**–यह दूरी का मात्रक है, प्रकाश द्वारा निर्वात में **एक वर्ष** में तय की गई दूरी को **1 प्रकाश वर्ष** कहते हैं, जो लगभग **6 बिलियन मील** के बराबर है।

 1 प्रकाश वर्ष = 9.46×10^{15} मीटर
- **पारसेक (Parsec)**–यह दूरी मापने की सबसे बड़ी इकाई है।

 1 पारसेक = 3.08×10^{16} m

सम्पूरक मात्रक

भौतिक राशि	SI मात्रक/इकाई	प्रतीक/संकेत
समतल कोण	रेडियन	rad
ठोसीय कोण	स्टेरेडियन	sr

कुछ प्रमुख व्युत्पन्न मात्रक

भौतिक राशि	SI मात्रक
क्षेत्रफल	m^2
आयतन	m^3
घनत्व	kg/m^3
चाल	m/s
वेग	m/s
त्वरण	m/s^2
बल	$kg.m/s^2 = N$
संवेग	kg.m/s
आवेग	N.s
दाब	$N/m^2 = Pa$
कार्य या ऊर्जा	N.m या Joule

कुछ प्रमुख यांत्रिक S.I. मात्रकों एवं सामान्यतया प्रयुक्त मात्रकों में परस्पर सम्बन्ध

राशि	मात्रक एवं इसका SI तथ्य
लम्बाई (Length)	1 माइक्रोमीटर (माइक्रॉन)
	$\mu = 10^{-6}$ मी.
	1 एन्गस्ट्रॉम (Å) = 10^{-10} मी.
द्रव्यमान (Mass)	1 मीट्रिक टन = 10^3 किग्रा.
	1 परमाणुक द्रव्यमान मात्रक (amu) = 1.66×10^{-27}
आयतन (Volume)	1 लीटर = 10^{-3} मी.^{3} (घनमीटर)
बल (Force)	1 डाइन = 10^{-5} न्यूटन (N)
दाब (Pressure)	1 किग्रा. फुट/मी.^{2} = 9.81 न्यूटन/ मी.^{2}
	1 मिमी. पारा =133 न्यूटन/ मी.^{2}
कार्य एवं ऊर्जा (Work & Energy)	1 अर्ग = 10^{-7} जूल
	1 किग्रा. फुट मी. = 9.81 जूल
	1 वाट घण्टा = 3.6×10^3 जूल
	1 इलेक्ट्रॉन वोल्ट = 1.6×10^{19} जूल
ऊष्मा (Heat)	1 कैलोरी = 4.19 जूल
शक्ति (Power)	1 किग्रा. फुट मी./से. = 9.81 वाट,
	1 अश्व शक्ति = 746 वाट

लम्बाई/दूरी के मात्रक	
1 किलोमीटर (km)	1000 मी.
1 मील (Mile)	1.60934 किमी.
1 नॉटिकल मील	1852 किमी.
1 खगोलीय इकाई	1.495×10^{11} मी.
1 प्रकाश वर्ष (ly)	9.46×10^{15} मी.
1 पारसेक (Parsec)	3.08×10^{16} मी.
	3.26 प्रकाश वर्ष

द्रव्यमान के मात्रक	
1 आउन्स (OZ)	28.35 ग्राम
1 पाण्डड (Ib)	16 आउन्स = 453.6 ग्राम
1 किलोग्राम (kg)	2.205 पाउण्ड = 1000 ग्राम
1 क्विंटल	100 किग्रा.
1 मीट्रिक टन (t)	1000 किग्रा

समय के मात्रक	
1 मिनट	60 सेकेण्ड
1 घंटा	60 मिनट = 3600 सेकेण्ड
1 दिन	24 घंटे
1 सप्ताह	7 दिन
1 चन्द्र मास	4 सप्ताह = 28 दिन
1 सौर मास	30 या 31 दिन (फरवरी में 28 या 29 दिन)
1 वर्ष	13 चन्द्र मास 1 दिन
	12 सौर मास = 365 दिन
1 अधिवर्ष	366 दिन

क्षेत्रफल के मात्रक	
1 एकड़	4840 वर्ग गज = 43560 वर्ग फुट
	4046.94 वर्ग मीटर
1 हेक्टेयर	2.5 एकड़
1 वर्ग किलोमीटर	100 हेक्टेयर
1 वर्ग मील	2.6 वर्ग किलोमीटर
	256 हेक्टेयर
	640 एकड़

आयतन के मात्रक	
1 लीटर	1000 घन सेंटीमीटर (cc)
	0.2642 गैलन
1 गैलन	3.785 लीटर

यांत्रिकी

- यांत्रिकी के अंतर्गत पिण्डों पर बल का प्रभाव और इससे उत्पन्न गति का अध्ययन किया जाता है। इसकी तीन शाखाएँ हैं–**स्थैतिकी**, **गतिकी** एवं **शुद्ध गतिकी**।
- **वस्तु की विरामावस्था व गत्यावस्था**–एक ही वस्तु किसी व्यक्ति को गति करती हुई व दूसरे व्यक्ति को विरामावस्था में प्रतीत हो सकती है। उदाहरण के लिए, चलती हुई बस या ट्रेन में बैठे हुए यात्रियों को सड़क या पटरी के किनारे खड़े, लोग, पेड़, भवन पीछे की ओर गति करते हुए प्रतीत होते हैं; जबकि चलती हुई बस या ट्रेन के प्रत्येक यात्री को लगता है कि उसके साथी यात्री गति में नहीं हैं, क्योंकि उनके बीच की दूरी में परिवर्तन नहीं हो रहा है। इन प्रेक्षणों से प्रकट होता है, कि गति **सापेक्षिक** होती है।
- **दूरी तथा विस्थापन (Distance and Displacement)**–किसी वस्तु द्वारा प्रारम्भिक बिन्दु एवं अन्तिम बिन्दु के बीच की न्यूनतम दूरी को वस्तु का विस्थापन कहते हैं; जबकि किसी वस्तु द्वारा अपनी प्रारम्भिक स्थिति से अन्तिम स्थिति तक पहुँचने में तय की गई मार्ग की लम्बाई को, दूरी कहते हैं। यही वस्तु पुनः अपने प्रारम्भिक स्थान पर पहुँच जाती है, तब उसका **विस्थापन शून्य** होता है। यह एक **अदिश राशि** है तथा यह सदैव **धनात्मक** होती है।
- **चाल (Speed)**–किसी वस्तु द्वारा इकाई समय में तय की गई दूरी को चाल कहते हैं। चाल एक **अदिश राशि** है, इसका SI मात्रक मीटर प्रति सेकेण्ड (m/s) होता है।

चाल = दूरी/समय

यदि कोई गतिमान वस्तु 2 घंटे में 110 किमी. की दूरी तय करती है, तो उसकी चाल $\frac{110}{2} = 55$ किमी./घं. होगी।

- **वेग (Velocity)**–किसी वस्तु द्वारा एक इकाई समय में किसी निश्चित दिशा में जितनी दूरी तय की जाती है, उसे उस वस्तु का वेग कहते हैं। यह एक सदिश राशि है। इसका **SI मात्रक मीटर प्रति सेकेण्ड (m/s)** होता है। वेग धनात्मक, ऋणात्मक या शून्य कुछ भी हो सकता है।
- **गति (Motion)**–जब कोई वस्तु समय के साथ-साथ अपनी स्थिति में परिवर्तन करती है, तो वह गति की अवस्था में होती है।
- **एक समान गति**–जब कोई वस्तु समय अंतराल के बराबर दूरी तय करती है, तो इसे एक समान गति कहा जाता है, जैसे–यदि कोई वस्तु 5 मिनट तक गतिमान रहती है तथा **प्रत्येक मिनट के बाद उसकी चाल में कोई परिवर्तन नहीं होता** तो उसकी गति एक समान गति कहलाएगी।
- **असमान गति**–जब कोई वस्तु समय अंतराल के साथ-साथ बराबर दूरी तय न करें, तो उसकी गति असमान गति कहलाती है।
- **स्थानांतरीय एवं घूर्णन गति**–सड़क पर दौड़ रही कार स्थानांतरीय गति एवं लट्टू का अपने अक्ष पर घूमना **घूर्णन गति** का उदाहरण है।

कुछ सामान्य भौतिक राशियों की विमाएं

भौतिक राशि	SI मात्रक	विमाएं
क्षेत्रफल	m^2	$[L^2]$
आयतन	m^3	$[L^3]$
घनत्व	kgm^{-3}	$[ML^{-3}]$
चाल	$m.s^{-1}$	$[LT^{-1}]$
वेग	$m.s^{-1}$	$[LT^{-1}]$
त्वरण	$m.s^{-2}$	$[LT^{-2}]$
बल	$kg.ms^{-2}$	$[MLT^{-2}]$
संवेग	$kg.ms^{-1}$	$[MLT^{-1}]$
आवेग	$N.s \Rightarrow kg.m.s^{-1}$	$[MLT^{-1}]$
दाब	$N.m^{-2} \Rightarrow kg.m^{-1}.s^{-2}$	$[ML^{-1}T^{-2}]$

- **त्वरण (Acceleration)**–किसी गतिमान वस्तु के **वेग परिवर्तन की दर** को त्वरण कहते हैं। यदि किसी वस्तु का प्रारम्भिक **वेग** u हो तथा t **समय** पश्चात उसका अन्तिम **वेग** v हो जाए, तो वस्तु का त्वरण होगा।

$$a = \frac{v-u}{t} \quad \text{या} \quad v = u + at$$

- **मंदन (Deceleration)**–किसी गतिमान वस्तु के वेग में जो कमी आती है, उसे मंदन कहते हैं, जैसे–प्लेटफॉर्म पर आती हुई गाड़ी जो धीरे होते-होते एक बिन्दु पर जाकर रुक जाती है। यह मंदन के कारण होता है।
- **वृत्तीय गति (Circular Motion)**–जब कोई कण किसी वृत्ताकार मार्ग में समरूप चाल से गति करता है, तो उस कण की गति समरूप वृतीय गति कहलाती है।
- **कोणीय वेग (Angular Velocity)**–किसी वृत्ताकार पथ पर गतिशील कण को केन्द्र से मिलाने वाली रेखा **एक सेकेण्ड में जितना कोण** घूमती है,

उसे उस कण का कोणीय वेग कहते हैं। यदि यह **रेखा *t* सेकेण्ड** में θ **रेडियन** के कोण में घूमती है, तो-कोणीय वेग,

$$\omega = \frac{\theta}{t} \text{ रेडियन/सेकेण्ड}$$

- प्लैंक के अचर में कोणीय गति होती है। वस्तुत: प्लैंक **अचर ऊर्जा (E)** एवं **आवृत्ति (ν)** में संबंध स्थापित करता है अर्थात $h = \frac{E}{\nu}$ ।

गुणक एवं उपगुणक के संक्षिप्त नाम

संकेत (Symbol)	पूर्व लग्न (Prefix)	10 की घात
G	गीगामीटर	10^9 मी.
M	मेगामीटर	10^6 मी.
k	किलोमीटर	10^3 मी.
h	हेक्टोमीटर	10^2 मी.
da	डेकामीटर	10^1 मी.
d	डेसीमीटर	10^{-1} मी.
c	सेण्टीमीटर	10^{-2} मी.
m	मिलीमीटर	10^{-3} मी.
μ	माइक्रोमीटर (माइक्रॉन)	10^{-6} मी.
n	नैनोमीटर	10^{-9} मी.
p	पिकोमीटर	10^{-12} मी.
f	1 फैक्टो	10^{-15} मी.
a	एटो	10^{-18} मी.

- **अभिकेन्द्र बल (Centripetal Force)**–यदि किसी वृत्ताकार पथ पर समरूप गति करते हुए कण का **द्रव्यमान *m*** हो, तो उस कण पर केन्द्र की दिशा में $\frac{mv^2}{r}$ के बराबर बल कार्य करता है जिसे अभिकेन्द्र बल कहते हैं।
- अभिकेन्द्र बल का परिमाण नियत रहता है, लेकिन बल की दिशा हमेशा केन्द्र की ओर होने के कारण निरन्तर बदलती रहती है।

कुछ व्युत्पन्न मात्रकों (Derived Units) की तालिका

भौतिक राशि	मात्रक	प्रतीक
आवृत्ति (Frequency)	हर्ट्ज (hertz)	Hz
बल (Force)	न्यूटन (newton)	N
दबाव (Pressure)	पास्कल (pascal)	P
विद्युत की मात्रा या आवेश (Charge)	कूलॉम (coulomb)	Q
वैद्युत विभव	वोल्ट (volt)	V
वैद्युत प्रतिरोध (Resistance)	ओम (ohm)	Ω
ज्योति फ्लक्स	ल्यूमेन (lumen)	lm
प्रदीप्ति घनत्व	लक्स (lux)	lx
शक्ति (Power)	वॉट (watt)	W
कार्य (Work)	जूल (joule)	J

न्यूटन के गति विषयक नियम (Newton's Law of Motion)

- वस्तुओं की गति को नियन्त्रित करने वाले नियमों को सर्वप्रथम **आइजैक न्यूटन** ने वर्ष **1687 ई.** में अपनी पुस्तक **प्रिंसिपिया** में स्थापित किया था। इन नियमों से बल की यथार्थ परिभाषा मिलती है तथा आरोपित बल व वस्तु की गति की अवस्था के बीच मात्रात्मक संबंध प्राप्त होता है।
- **न्यूटन का प्रथम नियम (Newton's First Law)**–प्रत्येक वस्तु अपनी स्थिर अवस्था अथवा सरल रेखा में एक समान गति की अवस्था में बनी रहती हैं, जब तक कि उस पर कोई बाहरी बल न लगे अर्थात सभी वस्तुएँ अपनी गति की अवस्था में किसी परिवर्तन का विरोध करती है। वस्तुओं की अपनी गति की अवस्था में परिवर्तन का विरोध करने की प्रकृति को **जड़त्व** कहते हैं। गति-विषयक न्यूटन के प्रथम नियम को **जड़त्व का नियम** भी कहते हैं।
- **जड़त्व (Inertia)**–कोई भी वस्तु अपनी गति की अवस्था एवं विराम अवस्था में बनी रहती है, जब तक कि उस पर कोई बाहरी बल न लगे। वस्तु के इसी गुण को जड़त्व कहते हैं।
- किसी वस्तु का **द्रव्यमान** उसके जड़त्व की माप होता है अर्थात वस्तुओं में जड़त्व का गुण उतना अधिक होता है, जितना उसका द्रव्यमान अधिक होगा।
- **न्यूटन का दूसरा नियम (Newton's Second Law)**–"किसी वस्तु के संवेग में परिवर्तन की दर लगाए गए बल के आनुपातिक होता है और यह उसी दिशा में होता है, जिसमें बल कार्य करता है।" न्यूटन की गति का दूसरा नियम बल तथा त्वरण इन्हीं दोनों राशियों को एक-दूसरे के साथ तथा **मात्रात्मक विधि** से सम्बन्धित होता है।
- यदि **बल 'F'** न्यूटन **(बल या SI मात्रक)**, **द्रव्यमान (m) किलोग्राम** तथा **त्वरण (a) मीटर प्रति सेकेण्ड^2 (m/s^2)**, तो द्वितीय नियमानुसार **F = ma**
- **न्यूटन का तीसरा नियम (Newton's Third Law)**–किसी भी क्रिया के लिए ठीक उसके बराबर परंतु विपरीत दिशा में प्रतिक्रिया होती है, जैसे-यदि किसी बॉल को फर्श पर मारा जाता है, तो बॉल ऊपर की तरफ उछलती है, जितना बल बॉल द्वारा फर्श पर लगाया जाता है, उतना ही बल विपरीत दिशा में फर्श बॉल पर लगाती है, बॉल का उछाल इसी बल का परिणाम है।
- **संवेग (Momentum)**–द्रव्यमान और वेग के कारण वस्तुओं में जो विशेष गुण उत्पन्न होता है, उसे संवेग कहते हैं अर्थात किसी गतिमान वस्तु का द्रव्यमान तथा वेग के गुणनफल को वस्तु का संवेग कहते हैं। इसका मात्रक **किग्रा. × मी./से.** या **न्यूटन-सेकेण्ड** होता है।
- **आवेग (Impulse)**–जब कोई नियत **बल Fs** किसी वस्तु पर एक निश्चित **समय अंतराल Δt** के लिए कार्य करता है, तो बल और समय अंतराल के गुणनफल को उस बल का आवेग कहते हैं।
- आवेग सदिश राशि है। इसका SI मात्रक **न्यूटन-सेकेण्ड (या किग्रा. मी./से.)** होता है।
- **संवेग संरक्षण का सिद्धान्त (Law of Conservation of Momentum)**–जब दो या अधिक वस्तुएँ एक-दूसरे के साथ परस्पर क्रिया करती हैं और कोई भी बाह्य बल नहीं लग रहा हो, तो उनका कुल संवेग स्थायी रहता है।
- **घर्षण (Friction)**–जब कोई वस्तु किसी तल पर फिसलती है, तो उसकी गति की विपरीत दिशा में एक प्रतिरोधी बल कार्य करता है, इस बल को घर्षण बल कहते हैं।
- घर्षण बल **तीन प्रकार** के होते हैं–**1. स्थैतिक घर्षण बल**, **2. सर्पी घर्षण बल** तथा **3. लोटनिक घर्षण बल**।
- जब किसी वस्तु को किसी सतह पर खिसकाने के लिए बल लगाया जाए और यदि वस्तु अपने स्थान से नहीं खिसके तो ऐसी दोनों सतहों के मध्य लगने वाले घर्षण बल को **स्थैतिक घर्षण बल** कहते हैं।
- जब कोई वस्तु किसी सतह पर सरकती है, तो सरकने वाली वस्तु तथा उस सतह के बीच लगने वाला घर्षण बल **सर्पी घर्षण बल** कहलाता है।
- जब एक वस्तु किसी दूसरी वस्तु की सतह पर लुढ़कती है, तो इन दोनों वस्तुओं के सतहों के बीच लगने वाला बल **लोटनिक घर्षण बल** कहलाता है।

- दो सतहों के मध्य लगने वाला घर्षण बल उनके क्षेत्रफल पर निर्भर नहीं करता, बल्कि सतहों की प्रकृति पर निर्भर करता है।
- लोटनिक घर्षण बल का मान सबसे कम और स्थैतिक घर्षण बल का मान सबसे अधिक होता है।
- **बल (Force)**–जो वस्तुओं की विरामावस्था या समरूप गत्यावस्था में परिवर्तन कर दे अथवा परिवर्तन लाने की क्षमता रखता हो, बल कहलाता है। बल का SI मात्रक **न्यूटन** है।
- **अपकेन्द्री बल (Centrifugal Force)**–जिस बल के कारण गतिशील वस्तु में केन्द्र से दूर जाने की प्रवृत्ति रहती है, उसे अपकेन्द्री बल कहते हैं।
- **अभिकेन्द्र त्वरण (Centripetal Acceleration)**–वृत्तीय गति करता हुआ कोई कण जब एक समान **चाल** v से r **त्रिज्या** के वृत्त में गति करता है, तो उस कण पर केन्द्र की दिशा में $\frac{v^2}{r}$ के बराबर त्वरण कार्य करता है, इसे अभिकेन्द्र त्वरण कहते हैं। इस त्वरण का परिमाण तो नियत रहता है परंतु इसकी दिशा निरन्तर बदलती रहती है, क्योंकि यह गति के प्रत्येक बिन्दु की दिशा में रहती है।
- मौत के कुएँ में कुएँ की दीवार पर मोटर साइकिल चलाना अभिकेन्द्री बल का उदाहरण है, क्योंकि कुएँ की दीवार मोटरसाइकिल पर अन्दर की ओर क्रिया बल लगाती है, जबकि इसका प्रतिक्रिया बल मोटरसाइकिल द्वारा कुएँ की दीवार पर बाहर की ओर कार्य करता है।
- **भारहीनता**–भारहीनता वह स्थिति है जब किसी वस्तु का भार नगण्य प्रतीत होता है। वस्तु का भार पृथ्वी के गुरुत्वाकर्षण बल पर निर्भर करता है। जैसे-पृथ्वी से वस्तु की दूरी बढ़ती जाती है, उसके भार में भी कमी आती रहती है। वस्तु के भार में **150 मील** की ऊंचाई पर जाने के बाद भारहीनता की स्थिति उत्पन्न हो जाती है।
- **संसक्ति**–वस्तु के अणु जिस बल के कारण एक-दूसरे से जुड़े रहते हैं वह संसक्ति बल कहलाता है। यह **ठोस में सबसे अधिक** एवं **गैसों में सबसे कम** होता है।
- **विद्युत चुम्बकीय बल (Electromagnetic Force)**–विद्युत चुम्बकीय बल, गुरुत्वाकर्षण बल से 10^{38} **गुना** अधिक शक्तिशाली होता है। यह बल **दो प्रकार** का होता है–**1. स्थिर-विद्युत बल** तथा **2. चुम्बकीय बल**।
- **स्थिर-विद्युत बल (Electrostatic Force)**–दो स्थिर बिन्दु आवेशों के बीच लगने वाला बल स्थिर-वैद्युत बल कहलाता है।
- **चुम्बकीय बल (Magnetic Force)**–दो चुम्बकीय ध्रुवों के मध्य लगने वाला बल चुम्बकीय बल कहलाता है।

गुरुत्वाकर्षण (Gravitation)

- **गुरुत्वाकर्षण बल (Gravitational Force)**–कोई भी दो कण एक-दूसरे को बल लगाकर अपनी ओर आकर्षित करते हैं। इस आकर्षण बल को गुरुत्वाकर्षण बल कहते हैं। इसी कारण पृथ्वी किसी भी वस्तु को अपनी ओर खींचती है। पृथ्वी द्वारा लगाये जाने वाले गुरुत्वाकर्षण बल को गुरुत्व बल कहते हैं।
- **गुरुत्व केन्द्र**–किसी वस्तु का गुरुत्व केन्द्र वह बिन्दु होता है, जिस पर वस्तु का **सम्पूर्ण भार** कार्य करता है।
- गुरुत्व केन्द्र वस्तु के वास्तविक पदार्थ के बाहर भी स्थिर हो सकता है
- किसी वस्तु की स्थिरता उसके **गुरुत्व केन्द्र** की स्थिति पर निर्भर करती है।
- जिन वस्तुओं का गुरुत्व केन्द्र नीचे और आधार चौड़ा होता है, वे अधिक स्थायी होती हैं।
- **न्यूटन का सार्वत्रिक गुरुत्वाकर्षण का नियम (Newton's Law of Universal Gravitation)**–ब्रह्मांड में प्रत्येक पिण्ड दूसरे पिण्ड को अपनी ओर आकर्षित करता है। अतः "किन्हीं दो पिण्डों के बीच कार्य करने वाला यह आकर्षण बल उन पिण्डों के द्रव्यमान के **गुणनफल के अनुक्रमानुपाती** तथा उनके बीच **दूरी के वर्ग के व्युत्क्रमानुपाती** होता है" अर्थात्

$$F = G\frac{m_1 \times m_2}{r^2}$$

यहाँ G सार्वत्रिक गुरुत्वाकर्षण नियतांक है, जिसका **मान 6.67 × 10^{-11} न्यूटन – मीटर^2/किग्रा.^{2}** है।

- **गुरुत्वीय त्वरण (Acceleration due to Gravity)**–पृथ्वी के गुरुत्वीय बल के कारण किसी वस्तु के वेग में प्रति सेकेण्ड होने वाली वृद्धि को **गुरुत्वीय त्वरण g** कहते हैं, अतः

$$g = \frac{GMe}{Re^2}$$

- यहाँ (Me) **पृथ्वी का द्रव्यमान** तथा (Re) **पृथ्वी की त्रिज्या** है। **g** का प्रामाणिक मान (45° अक्षांश तथा समुद्र तल पर) **9.8 मीटर/सेकेण्ड^2** है, इसका एक अन्य मात्रक **न्यूटन/किग्रा.** भी है क्योंकि पृथ्वी द्वारा मात्रक द्रव्यमान पर आरोपित बल भी **g** के बराबर होता है।

कुछ नियमित वस्तुओं के गुरुत्व केन्द्र

वस्तु	गुरुत्व केन्द्र की स्थिति
समान छड़	छड़ के अक्ष का माध्य बिन्दु
त्रिभुजाकार ठोस	माध्यिकाओं का कटाव बिन्दु
वर्गाकार या आयताकार ठोस	विकर्णों का कटान बिन्दु
वृत्ताकार पटल	वृत्त का केन्द्र
शंक्वाकार ठोस	शंकु के अक्ष पर आधार से 1/4 ऊंचाई की दूरी पर
खोखला शंकु	शंकु के अक्ष पर आधार से 1/3 ऊंचाई की दूरी पर
समान्तर चतुर्भुज	विकर्णों का कटान बिन्दु
ठोस गोला	गोले का केन्द्र

- **गुरुत्वजनित त्वरण 'g'** का मान द्रव्यमान पर निर्भर नहीं करता।
- भारी वस्तुओं का त्वरण हल्की वस्तुओं की अपेक्षा अधिक होता है, इसी कारण भारी वस्तु हल्की वस्तु की तुलना में पृथ्वी पर पहले पहुँचेगी।
- **g के मान में परिवर्तन (Variation in g)**–'g' का मान विषुवत रेखा पर न्यूनतम होता है।
- ध्रुवों की ओर बढ़ने पर इसका मान अधिकतम हो जाता है।
- भूमध्य रेखा तथा ध्रुवों पर 'g' के मानों का अंतर केवल **3.4 सेमी./से.^{2}** है।
- पृथ्वी तल से ऊपर या नीचे जाने पर **'g' का मान घटता** है।
- **गुरुत्वानुवर्तन (Geotropism)**–पृथ्वी में बीजारोपण के समय बीज किसी भी स्थिति में क्यों न हों, जड़ें हमेशा नीचे की ओर तथा प्रोह (नई पत्तियाँ) ऊपर की ओर बढ़ते हैं। इस घटना को **गुरुत्वानुवर्तन** कहते हैं।
- **पलायन वेग (Escape Velocity)**–किसी वस्तु को पृथ्वी के गुरुत्वाकर्षण क्षेत्र से बाहर ले जाने के लिए एवं अंतरिक्ष में प्रक्षेपित करने के लिए जिस वेग की आवश्यकता होती है, उसे पलायन वेग कहते हैं। यह **11.2 किमी. प्रति सेकेण्ड** होता है।
- यदि पृथ्वी तल से किसी वस्तु को **11.2 किलोमीटर/सेकेण्ड** या इसके अधिक वेग से ऊपर की ओर फेंकते हैं, तो वह वस्तु पृथ्वी तल पर वापस नहीं आएगी।

- यदि किसी उपग्रह की चाल को $\sqrt{2}$ **गुना (41%) बढ़ा** दिया जाए, तो वह उपग्रह अपनी कक्षा को छोड़कर पलायन कर जाएगा।
- **बल-युग्म:** जब किसी पिण्ड पर बराबर और विपरीत समानान्तर बल कार्य करते हैं, तो ऐसे बलों को बल-युग्म कहते हैं। इन दोनों बलों की क्रिया की दिशा अलग-अलग होनी चाहिए।

महत्त्वपूर्ण भौतिक स्थिरांक			
प्रकाश की चाल (c)	3×10^8 मी./से.	बर्फ की गुप्त ऊष्मा	80 किलो कैलोरी/किग्रा.
मानक गुरुत्वीय त्वरण (g)	9.8 मी./से.^{2}		3.34×10^5 जूल/किग्रा.
गुरुत्वीय नियंताक (G)	6.67×10^{-11} न्यूटन मी.^{2}/किग्रा.	भाप की गुप्त ऊष्मा	539 किलो कैलोरी/किग्रा.
			2.25×10^6 जूल/किग्रा.
इलेक्ट्रॉन का द्रव्यमान	9.11×10^{-31} किग्रा.	वायु का घनत्व (N.T.P.)	1.29 किग्रा./मी.^{3}
प्रोटॉन का द्रव्यमान	1.67×10^{27} किग्रा.	N.T.P. पर वायु में ध्वनि की चाल	332 मी./से.
मूल आवेश (e)	1.6×10^{-19} कूलॉम	0°C पर जल में ध्वनि की चाल	1440 मी./से.
प्लांक नियंताक (h)	6.63×10^{-34} जूल – सेकेण्ड	1 प्रकाशवर्ष	10^{13} किलोमीटर
बोल्ट्स मैन नियतांक (k)	1.38×10^{-23} जूल/k	1 अश्वशक्ति	746 वाट
एवोगाद्रो नियतांक (N)	6.02×10^{23} मोल$^{-1}$	1 किलोवाट घंटा	3.6×10^6 जूल
सार्वत्रिक कोण नियंताक (R)	8.31 जूल/मोल-k	वायु का घनत्व	1.3 किग्रा./से.^{3}
विद्युतशीलता नियंताक (Eo)	8.85×10^{-12} फैरड/मी	1 कैलोरी	4.2 जूल
इलेक्ट्रॉन वोल्ट (eV)	1.6×10^{-19} जूल	1 किग्राभार	9.8 न्यूटन
पृथ्वी का औसत घनत्व	5.97×10^3 किग्रा./मी.^{3}	1 मेगा भार	10^6 ओम
पृथ्वी की त्रिज्या	6.38×10^6 मीटर	1 माइक्रो एम्पियर	10^{-6} ओम
पृथ्वी का द्रव्यमान	5.97×10^{24} किग्रा.	1 गौस	10^{-4} टेसला
पृथ्वी से चंद्रमा की माध्य दूरी	3.84×10^8 मीटर	बर्फ की विशिष्ट ऊष्मा	0.5 कैलोरी/ग्राम °C
मानक वायुमंडलीय दाब	1.01×10^5 पास्कल	जल का क्वथनांक	100°C
जल का घनत्व	1.00×10^3 किग्रा./मी.^{3}	1 Å	10^{-10} मीटर
जल का अपवर्तनांक	1.33	कार्य की विशिष्ट ऊष्मा	0.03 किलो कैलोरी/किग्रा. °C
जल की विशिष्ट ऊष्मा	4.18×10^3 जूल/किग्रा.	स्टील के लिए ताप	–770°C

लिफ्ट में व्यक्ति का भार (Weight of Body in a Lift)

- जब लिफ्ट ऊपर जाती है, तो लिफ्ट में स्थित व्यक्ति का **भार बढ़ा** हुआ प्रतीत होता है।
- जब लिफ्ट नीचे आती है, तो लिफ्ट में व्यक्ति का **आभासी भार** घटा हुआ प्रतीत होता है।
- जब लिफ्ट एक समान वेग से ऊपर या नीचे जाती है, तो इस दशा में व्यक्ति को अपने भार में **कोई परिवर्तन नहीं** प्रतीत होता है।
- यदि नीचे आते वक्त लिफ्ट की डोरी अचानक टूट जाती है, तो उसमें बैठे व्यक्ति का **भार शून्य** प्रतीत होगा।

ग्रहों की गति (Motion of Planets)

- वह आकाशीय पिण्ड, जो सूर्य के इर्द-गिर्द घूमते हैं, ग्रह कहलाते हैं। हमारे सौरमण्डल के **आठ ग्रह** हैं। **सूर्य** से बढ़ते क्रम में इनके नाम इस प्रकार हैं–**बुध**, **शुक्र**, **पृथ्वी**, **मंगल**, **बृहस्पति**, **शनि**, **यूरेनस** तथा **नेपच्यून**। बुध ग्रह सूर्य के सबसे समीप व नेपच्यून सबसे दूर है।
- ग्रहों की गति का विस्तृत अध्ययन जॉन केप्लर ने किया था तथा इस संबंध में उन्होंने तीन नियम प्रतिपादित किए
- **केप्लर के नियम**–प्रत्येक ग्रह सूर्य के चारों ओर एक दीर्घवृत्ताकार कक्षा में परिक्रमा करता है तथा सूर्य कक्षा के एक **फोकस बिन्दु** पर होता है।
- ग्रह का **क्षेत्रीय वेग** नियत रहता है।
- ग्रह के परिक्रमण काल का वर्ग उसकी सूर्य से मध्यमान दूरी के **तृतीय घात** अथवा घन के **अनुक्रमानुपाती** होता है अर्थात $T^2 \propto r^3$।

उपग्रहों में भारहीनता (Weigthlessness in Satellites)

- उपग्रह के अन्दर प्रत्येक वस्तु भारहीनता की अवस्था में होती है, इसलिए अंतरिक्ष यात्री को भोजन आदि पेस्ट (Paste) के रूप में ट्यूब में भरकर दी जाती है।
- चन्द्रमा पर **भारहीनता** नहीं है, इसी कारण चन्द्रमा का द्रव्यमान अधिक होने के कारण अपने तल पर स्थित व्यक्ति के ऊपर **आकर्षण बल** लगाता है।
- चन्द्रमा के g (गुरुत्वाकर्षण) का मान पृथ्वी के g (गुरुत्वाकर्षण) का **1/6 गुना** होता है, इसी कारण चन्द्रमा पर व्यक्ति का भार पृथ्वी पर भार के **1/6 गुना** होता है।

कार्य, शक्ति एवं ऊर्जा (Work, Power and Energy)

कार्य (Work)

- किसी वस्तु पर बल लगाकर वस्तु को बल की दिशा में विस्थापित करने को कार्य कहते हैं। यह किया गया कार्य बल और बल की दिशा में हुए विस्थापन के गुणनफल के बराबर होता है।

- यदि बल F तथा विस्थापन S के मध्य θ कोण बनता है, तो

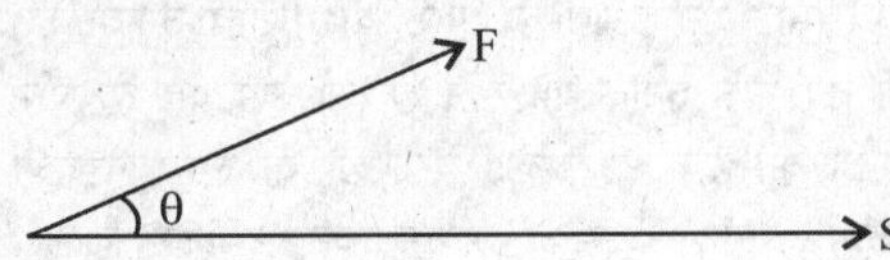

कार्य = बल × विस्थापन

$W = \vec{F} \times \vec{S} . \cos\theta$

- कार्य का मात्रक जूल है। इसका (SI) मात्रक **न्यूटन मीटर (N.M.)** होता है, यह एक **अदिश राशि** है।

ऊर्जा (Energy)

- किसी वस्तु के कार्य करने की क्षमता को ऊर्जा कहते हैं। इसके **दो प्रकार** होते हैं–**1. स्थितिज ऊर्जा** तथा **2. गतिज ऊर्जा**।
- **स्थितिज ऊर्जा (Potential Energy)**–किसी वस्तु में उसकी आकृति या स्थिति में परिवर्तन के कारण निहित ऊर्जा को स्थितिज ऊर्जा कहते हैं, जैसे–टरबाइन पर ऊंचाई से जल छोड़ने पर टरबाइन में गतिज ऊर्जा उत्पन्न हो जाती है। जल में यह ऊर्जा ऊंचे तल पर संचित रहने के कारण उत्पन्न होती है।

स्थितिज ऊर्जा PE = mgh

जहाँ **M द्रव्यमान**, **g गुरुत्वजनित त्वरण** एवं **h पदार्थ की ऊंचाई** है।

- **गतिज ऊर्जा (Kinetic Energy)**–किसी वस्तु में गति के कारण उत्पन्न ऊर्जा को गतिज ऊर्जा कहा जाता है। किसी गतिशील वस्तु की गतिज ऊर्जा उस वस्तु द्वारा विरामावस्था में आने तक किए गए कार्य के रूप में व्यक्त की जा सकती है, जैसे–बन्दूक की गोली विरामावस्था में निष्क्रिय रहती है। लेकिन उसमें गति उत्पन्न होते ही भेदने की क्षमता आ जाती है।

गतिज ऊर्जा $KE = \frac{1}{2}mv^2 = \frac{p^2}{2m}$

- किसी वस्तु का द्रव्यमान दोगुना करने पर उसकी गतिज ऊर्जा दोगुनी हो जाएगी और द्रव्यमान आधा करने पर उसकी गतिज ऊर्जा आधी हो जाएगी।
- **ऊर्जा संरक्षण का नियम (Law of Energy Conservation)**–'ऊर्जा को न तो उत्पन्न किया जा सकता है और न ही नष्ट किया जा सकता है। केवल एक रूप से दूसरे रूप में परिवर्तित किया जा सकता है। किसी बन्द निकाय में कुल ऊर्जा स्थायी रहती है।' इसे ऊर्जा संरक्षण का नियम कहा जाता है।
- तापगतिकी या ऊष्मा गतिकी का प्रथम नियम सामान्यतया ऊर्जा संरक्षण के नियम से सम्बद्ध है, क्योंकि इस नियम के अनुसार, किसी निकाय द्वारा अवशोषत की गई ऊष्मा की मात्रा निकाय द्वारा बाह्य दाब के विरुद्ध किए गए कार्य तथा निकाय की आंतरिक ऊर्जा में वृद्धि के योग के बराबर होती है।

ऊर्जा के विभिन्न रूप (Different Forms of Energy)

- **ऊष्मीय ऊर्जा (Thermal Energy)**–जब कोई वस्तु ठंडा होते समय कोई कार्य करती है, तो ऊष्मीय ऊर्जा कहलाती है। ऊष्मीय ऊर्जा के उदाहरण हैं-किसी भाप इंजन में भाप का फैलना और ठंडी होना, पिस्टन को गति में लाना इत्यादि।
- गर्म या ऊष्मा वस्तु के अणुओं के मद में ऊष्मा उनकी अव्यवस्थित गति तथा उनकी पारस्परिक स्थितिज ऊर्जा अर्थात उनकी आन्तरिक ऊर्जा से सम्बन्धित होती है।
- ऊष्मा आन्तरिक ऊर्जा और ताप के बीच परिशुद्ध संबंधी ऊष्मा गतिकी का विषय है।
- **रासायनिक ऊर्जा (Chemical Energy)**–किसी स्थिर रासायनिक यौगिक की ऊर्जा इसके अलग-अलग हिस्सों की तुलना में कम होती है। यह अंतर यौगिक में इलेक्ट्रॉनों एवं नाभिकों की विशिष्ट व्यवस्था व गति के कारण है, इस ऊर्जा को रासायनिक ऊर्जा कहा जाता है।
- रासायनिक ऊर्जा के उदाहरण हैं–कोयले का दहन, ऊष्माशोषी या ऊष्माक्षेपी एवं जल अपघटन।
- **विद्युत ऊर्जा (Electrical Energy)**–विद्युत आवेश व धारा एक-दूसरे को आकर्षित करते हैं अर्थात वे एक-दूसरे पर बल लगाते हैं। इस कार्य से सम्बन्धित ऊर्जा को विद्युत ऊर्जा कहा जाता है।
- **नाभिकीय ऊर्जा (Nuclear Energy)**–**न्यूट्रॉन** व **प्रोटॉन 10^{-15}m** की **कोटि की दूरियों** पर एक-दूसरे को आकर्षित करते हैं और नाभिक बनाने के लिए बाधित होते हैं, इससे सम्बन्धित ऊर्जा को नाभिकीय ऊर्जा कहा जाता है।
- **सौर ऊर्जा (Solar Energy)**–पृथ्वी पर ऊर्जा का सबसे विशाल स्रोत **सूर्य** है।
- विश्व के सभी देशों द्वारा एक वर्ष में कुल जितनी ऊर्जा की खपत होती है, उसकी लगभग 50,000 गुना ऊर्जा सूर्य की किरणें पृथ्वी तल पर प्रतिदिन प्रदान करती हैं।

ऊर्जा का रूपान्तरण

उपकरण	ऊर्जा का रूपान्तरण
डायनेमो	यांत्रिक ऊर्जा को विद्युत ऊर्जा में
विद्युत मोटर	विद्युत ऊर्जा को यांत्रिक ऊर्जा में
सौर सेल	प्रकाश ऊर्जा को विद्युत ऊर्जा में
लाउडस्पीकर	विद्युत ऊर्जा को ध्वनि ऊर्जा में
माइक्रोफोन	ध्वनि ऊर्जा को विद्युत ऊर्जा में
सितार	यांत्रिक ऊर्जा को ध्वनि ऊर्जा में
ट्यूब लाइट/बल्ब/हीटर का जलना	विद्युत ऊर्जा को प्रकाश एवं ऊष्मा ऊर्जा में
कोयले का जलना	रासायनिक ऊर्जा को ऊष्मा ऊर्जा में
विद्युत सेल	रासायनिक ऊर्जा को विद्युत ऊर्जा में
मोमबत्ती का जलना/ प्रकाश विद्युत सेल	रासायनिक ऊर्जा को प्रकाश एवं ऊष्मा ऊर्जा में
इंजन	ऊष्मा ऊर्जा को यांत्रिक ऊर्जा में

- सूर्य का लगभग **70% द्रव्यमान हाइड्रोजन** से, **28% हीलियम** से तथा **2%** अन्य **भारी तत्वों** से बना है।
- सूर्य के केन्द्र का तापमान और दाब क्रमश **1.5×10^7k** तथा **2×10^{16} न्यूटन प्रति वर्ग मीटर** है।
- सूर्य के केन्द्र में **चार हाइड्रोजन नाभिक** संलयित होकर **हीलियम नाभिक** बनाते हैं, जिससे अत्यधिक मात्रा में ऊर्जा उत्पन्न होती है।
- सूर्य की फोटोग्राफी के लिए **स्पेक्ट्रोहीलियोग्राफ** का प्रयोग किया गया है।
- दूर से चमकते पिंड के तापमान को **पायरोमीटर यंत्र** से निर्धारित करते हैं।
- सौर सेल के द्वारा सौर ऊर्जा को विद्युत ऊर्जा में परिवर्तित किया जाता है।
- सर्वप्रथम सौर सेल का विकास **1954 ई.** में किया गया था।
- सौर सेल प्राय: सिलिकॉन तथा गैलियम जैसे अर्द्धचालकों से बनाए जाते हैं।

शक्ति (Power)

- किसी वस्तु के कार्य करने की दर को शक्ति कहते हैं। शक्ति वह माप है, जो बताती है कि कार्य कितनी शीघ्रता या कितनी विलम्बता से किया जाता है। यदि *t* समय में w कार्य होता है, तो शक्ति P होगी-

> - 1 H.P =746 वाट
> - 1WS = 1 जूल
> - Wh = 3600 जूल
> - 1 KWH =1000 वाट घंटा

शक्ति = कार्य/समय या P = w/t

शक्ति का मात्रक **वाट** है। **W = J/S**

- मशीनों की शक्ति को अश्व शक्ति (Horse Power—HP) में भी व्यक्त किया जाता है।
- **वाट सेकेण्ड (ws)** ऊर्जा या कार्य का मात्रक है, **वाट घंटा (wh)** भी ऊर्जा या कार्य का मात्रक है।

आवर्त गति (Harmonic Motion)

- **आवर्त गति**–जब कोई पिंड एक निश्चित समयान्तराल में एक ही निश्चित पथ पर बार-बार अपनी गति को दोहराता है, तो उसकी गति को आवर्त गति कहते हैं।
- **आवर्त काल**–किसी लोलक को एक दोलन पूरा करने में लगे समय को आवर्त काल कहते हैं। यह T से प्रदर्शित किया जाता है।
- **आवृत्ति**–कंपन करने वाली वस्तु एक सेकेण्ड में अपनी गति को जितनी बार दोहराती है, वह उसकी आवृत्ति (Frequency) कहलाती है। इसका SI मात्रक **हर्ट्ज (Hz)** होता है।
- **सरल आवर्त गति**–यदि कोई वस्तु किसी एक सरल रेखा पर मध्यमान स्थिति (Mean Position) के दौरान इस प्रकार गति करे कि वस्तु का त्वरण विस्थापन के अनुक्रमानुपाती हो तथा त्वरण की दिशा मध्यमान स्थिति की ओर हो, तो उसकी गति सरल आवर्त गति कहलाती है।
- जब कण अपनी साम्य स्थिति में रहता है, तो उस पर लगने वाला बल शून्य होता है।
- **प्रत्यानयन बल**–जब कण को साम्य स्थिति से विस्थापित कर दिया जाता है, तो उस पर लगने वाला बल सदैव साम्य स्थिति की ओर दिष्ट होता है, इस बल को प्रत्यानयन बल कहते हैं।
- प्रत्यानयन बल के कारण ही कण में त्वरण उत्पन्न होता है और वह दोलन करती है।
- यदि किसी डोरी के निचले हिस्से में किसी गोल कण को लटकाकर डोरी को किसी दृढ़ आधार से लटका दे, तो इस समायोजन को **सरल लोलक** कहते हैं।
- लोलक को थोड़ा विस्थापित कर छोड़ने पर उत्पन्न हुई गति को सरल आवर्त गति कहते हैं।
- लम्बाई बढ़ने पर आवर्तकाल बढ़ जाएगा एवं लम्बाई घटने पर आवर्तकाल घट जाएगा। यही कारण है कि झूला-झूलती लड़की के खड़े हो जाने पर झूले का गुरुत्व केन्द्र ऊपर उठ जाएगा एवं उसकी प्रभावी लम्बाई घट जाएगी अर्थात झूला जल्दी-जल्दी दोलन करेगा।
- पृथ्वी तल से नीचे या ऊपर जाने पर g का मान कम होता है, यही कारण है कि लोलक घड़ी को पृथ्वी तल से ऊपर या नीचे ले जाने पर घड़ी का आवर्तकाल (T) बढ़ जाता है अर्थात घड़ी सुस्त हो जाती है।
- गर्मियों में लोलक की लम्बाई बढ़ जाने के कारण उसका आवर्तकाल भी बढ़ जाता है, जिससे गर्मियों में लोलक घड़ी सुस्त हो जाती है।
- सर्दियों में लोलक की लम्बाई कम हो जाने के कारण आवर्तकाल भी कम हो जाता है, जिसके कारण लोलक घड़ी तेज चलने लगती है।
- भारहीनता की स्थिति के कारण लोलक घड़ी उपग्रह में काम नहीं कर पाती है।
- चन्द्रमा पर g का मान पृथ्वी के g के मान के 1/6 गुना होने के कारण चन्द्रमा पर लोलक घड़ी का आवर्तकाल बढ़ जाता हैं।

पृष्ठ तनाव

- **पृष्ठ तनाव**–प्रत्येक द्रव का स्वतन्त्र पृष्ठ सिकुड़कर न्यूनतम क्षेत्रफल ग्रहण करने की प्रवृत्ति प्रदर्शित करता है। द्रवों की इस प्रवृत्ति के कारण उनका स्वतन्त्र पृष्ठ तनी हुई झिल्ली की भांति व्यवहार करता है। द्रव के स्वतन्त्र पृष्ठ पर विद्यमान इस तनाव को पृष्ठ या पृष्ठीय तनाव कहते हैं।
- किसी द्रव का पृष्ठ तनाव वह बल है, जो उस द्रव के पृष्ठ पर खींची गई कल्पित रेखा की एकांक लम्बाई पर रेखा के लम्बवत तथा पृष्ठ के स्पर्श रेखावत् कार्य करता है। इसका मात्रक **न्यूटन/मीटर²** है।
- द्रव का ताप बढ़ने पर पृष्ठ तनाव कम हो जाता है, और क्रांतिक ताप पर यह शून्य हो जाता है।
- **ससंजक बल (Cohesive Force)**–एक ही पदार्थ के अणुओं के बीच कार्यकारी आकर्षण बलों को ससंजक बल कहते हैं। जिन द्रवों के अणुओं के बीच ससंजक बल अधिक होता है, वे बर्तन की दीवार को गीला नहीं करते हैं, जैसे–पारा। पृष्ठ तनाव का कारण ससंजक बल होता है।
- **आसंजक बल (Adhesive Force)**–भिन्न-भिन्न पदार्थों के अणुओं के बीच कार्यकारी बल को आसंजक बल कहते हैं।
- यदि किसी द्रव के अणुओं के बीच कार्यकारी ससंजक बल का मान द्रव व किसी बर्तन के अणुओं के बीच कार्यकारी आसंजक बल से कम होता है, तो वह द्रव बर्तन में डाले जाने पर उसकी दीवारों को गीला करता है, जैसे-पानी किसी बर्तन में डाले जाने पर उसकी दीवारों को गीला कर देता है।
- एक जैसे अणुओं में परस्पर आकर्षण को संसजन (Cohesion) तथा भिन्न अणुओं में आकर्षण को आसंजन (Adhesion) कहते हैं।
- **केशिकत्व (Capillarity)**–द्रव का वह गुण, जिसके कारण द्रव केशनली में अपनी सतह से ऊपर चढ़ जाता है या नीचे उतर जाता है, केशिकत्व कहलाता है।
- केशनली में कोई द्रव किस सीमा तक ऊपर चढ़ेगा यह केशनली की त्रिज्या पर निर्भर करता है।
- सामान्यत: कांच को भिगोने वाला द्रव केशनली में ऊपर चढ़ जाता है एवं जो द्रव कांच को नहीं भिगोता है, वह केशनली में नीचे दब जाता है।
- केशिका में जल के ऊपर चढ़ने का कारण जल के अणुओं का एक-दूसरे के प्रति आकर्षण से जल के अणुओं का कांच के अणुओं के प्रति आकर्षण है।
- यदि केशिका नली को पारे में खड़ा करें तो नली के अन्दर पारे का स्तर बाहर के स्तर से कम होगा, क्योंकि पारे के अणु कांच की अपेक्षा एक-दूसरे से अधिक आकर्षित होते हैं।
- जलती हुई मोमबत्ती में पिघला हुआ मोम या लालटेन की बत्ती में तेल का सतह से ऊपर चढ़ जाना केशिकत्व का उदाहरण है। केशिकत्व को h से प्रदर्शित करते हैं। जहाँ T पृष्ठ तनाव, θ स्पर्श कोण, r केशनली कि त्रिज्या, d द्रव का घनत्व, g गुरुत्वीय त्वरण है।

$$h = \frac{2T\cos\theta}{rdg}$$

- **दाब (Pressure)** तल के किसी बिन्दु पर दाब उस बल के बराबर होता है, जो उस बिन्दु के चारों ओर लिए गए मात्रक क्षेत्रफल पर लम्बवत कार्य करता है, इस प्रकार,

दाब = बल/क्षेत्रफल या P = F/A

- दाब का मात्रक न्यूटन/मीटर² है। दाब एक अदिश (Scalar) राशि है। इसका विमीयसूत्र $[ML^{-1}T^{-2}]$ है। द्रवों के दाब को पास्कल (Pascal) नामक मात्रक में भी नापते हैं।

1 पास्कल = 1 न्यूटन/मीटर²

- **पास्कल का नियम (Pascal's Law)**–किसी बर्तन में बन्द द्रव के किसी भाग पर आरोपित दाब द्रव द्वारा सभी दिशाओं में समान परिमाण में संचारित कर दिया जाता है। ब्रह्मांड का द्रव दाब गैस इसी सिद्धान्त पर कार्य करता हैं।

- **द्रव का उत्क्षेप (Upthrust of a Liquid)**–जब कोई वस्तु किसी द्रव में डुबोई जाती है, तो द्रव उस पर एक बल ऊपर की ओर लगाता है, जिसे उस द्रव का उत्क्षेप (उछाल) कहते हैं। यह उत्क्षेप वस्तु द्वारा हटाए गए द्रव के भार के बराबर होता है तथा हटाए गए द्रव के गुरुत्व केन्द्र से होकर ऊर्ध्वाधर ऊपर की दिशा में कार्य करता है। इस बिन्दु को द्रव का उत्प्लावन केन्द्र कहते हैं।
- **आर्कमिडीज का सिद्धान्त (Principle of Archimedes)**–जब कोई वस्तु किसी द्रव में पूर्ण या आंशिक रूप से डुबोई जाती है, तो उसके भार में कुछ कमी प्रतीत होती है तथा भार में यह आभासी कमी उस वस्तु के द्वारा हटाए गए द्रव के भार के बराबर होती है,इसे आर्कमिडीज का सिद्धान्त कहते हैं।
- **प्लवन का सिद्धान्त (Principle of Floatation)**– इस सिद्धान्त के अनुसार प्लवन करने वाली वस्तु का भार उस वस्तु द्वारा हटाए गए भार के बराबर होता है।
- प्लवन करती हुई वस्तु का आभासी भार शून्य होता है।
- प्लवन करती हुई वस्तु के सन्तुलन के लिए गुरुत्व केन्द्र (G) तथा उत्प्लावन केन्द्र (B) एक ऊर्ध्व रेखा में स्थित होने चाहिए।
- **आपेक्षित घनत्व (Relative Density)**–किन्हीं दो वस्तुओं के घनत्वों के अनुपात को वस्तु का आपेक्षित घनत्व कहते हैं।
- आपेक्षिक घनत्व एक शुद्ध संख्या है, इसका कोई मात्रक नहीं होता है।
- **बायल का नियम (Boyle' s Law)**–स्थिर ताप पर किसी गैस के निश्चित द्रव्यमान का दाब उसके आयतन का व्युत्क्रमानुपाती होता है अर्थात $P \times V$ = नियतांक।

चार्ल्स का नियम (Charls Law)

स्थिर दाब पर किसी गैस के निश्चित द्रव्यमान का ताप उसके आयतन के समानुपाती होता है।

अत: $V \propto T = \frac{V}{T}$ = नियतांक।

- **घनत्व (Density)**–किसी वस्तु के इकाई आयतन में वस्तु का जितना द्रव्यमान रहता है, वह उसका घनत्व कहलाता है। जिन वस्तुओं का घनत्व कम होता है, वह हल्की तथा जिनका घनत्व अधिक होता है, वह भारी होती हैं।

वायुदाब के मात्रक	
1 सेमी. पारा दाब	1.33×10^3 पास्कल
1 पास्कल	1 न्यूटन/मी.^{2}
1 बार	10^5 न्यूटन/मी.^{2}
1 मिलीबार	10^2 पास्कल
1 टौर	1 मिली पारा दाब = 133.8 पास्कल

द्रवों के दाब के नियम
• द्रव अपने अंदर प्रत्येक बिन्दु पर दाब डालता है।
• स्थिर द्रव में एक ही क्षैतिज तल में स्थित सभी बिंदुओं पर दाब समान होता है।
• स्थिर द्रव के भीतर बिंदु पर दाब प्रत्येक दिशा में बराबर होता है।
• द्रव के भीतर किसी बिंदु पर दाब, स्वंतत्र दाब तल से बिंदु की गहराई के अनुक्रमानुपाती होती है।
• द्रव अपना तल स्वयं ढूंढ लेता है।
• एक निश्चित गहराई के लिए विभिन्न द्रव में दाब भिन्न-भिन्न होता है।

श्यानता (Viscosity)

- किसी द्रव या गैस की दो क्रमागत परतों के बीच उनकी आपेक्षिक गति का विरोध करने वाले घर्षण बल को श्यान बल (Viscous Force) कहते हैं। तरल का वह गुण जिसके कारण तरल की विभिन्न परतों के मध्य आपेक्षिक गति का विरोध होता है, **श्यानता** कहलाता है।
- ताप बढ़ाने पर द्रव की श्यानता घट जाती है, परंतु गैसों की बढ़ जाती है। किसी तरल की श्यानता को **श्यानता गुणांक (Coefficient of Viscosity)** द्वारा मापा जाता है, जिसका SI मात्रक **डेकाप्वॉज** या **प्वॉयजली (PI)** कहलाता है। इसे **पास्कल सेकेण्ड** (Pas) भी कहते हैं। इसे प्राय: η **(ईटा)** द्वारा व्यक्त किया जाता है।
- **श्यानता गुणांक (Coefficient of Viscosity)**–किसी द्रव का श्यानता गुणांक उस द्रव के अंतर एकांक क्षेत्रफल वाली दो परतों के बीच कार्य करने वाले श्यान बल के बराबर होता है; जबकि उन परतों के बीच एकांक वेग प्रवणता (Velocity Gradient) हो।
- **सीमान्त वेग (Terminal Velocity)**–जब कोई वस्तु किसी श्यान द्रव में गिरती है तो प्रारम्भ में उसका वेग बढ़ता जाता है, किंतु कुछ समय के पश्चात वह नियत वेग से गिरने लगती है। इस नियत वेग को ही वस्तु का सीमान्त वेग कहते हैं।

प्रत्यास्थता (Elasticity)

- प्रत्यास्थता पदार्थ का वह गुण है, जिसके कारण वस्तु, उस पर लगाए गए बाह्य बल से उत्पन्न किसी भी प्रकार के परिवर्तन का विरोध करती है तथा जैसे ही बल हटा लिया जाता है, वह अपनी पूर्व अवस्था में वापस आ जाती है।
- **पूर्ण प्रत्यास्थ**–कोई पिण्ड जो बाह्य बल हटा लेने पर अपने आरम्भिक रूप को प्राप्त कर लेता है पूर्ण प्रत्यास्थ कहलाता है।
- **पूर्ण सुघट्य**–जो पिण्ड बल हटा लेने के बाद भी अपने विकृत रूप में ही रहते हैं, पूर्ण सुघट्य कहलाते हैं।
- **प्रत्यास्थता गुणधर्म के उदाहरण–**

1. प्रत्यास्थता के आचरण के दृष्टिकोण से इस्पात की अपेक्षा रबड़ कम प्रत्यास्थ है।

2. शुद्ध लोहा लचीला होता है पर प्रत्यास्थ नहीं होता।

3. इस्पात लचीला और प्रत्यास्थ दोनों ही होता है।

4. तांबा तन्य होता है।

- **विकृति (Strain)**–किसी तार पर विरूपक बल लगाने पर माना उसकी प्रारम्भिक लम्बाई L में वृद्धि l होती है, तो $\frac{l}{L}$ को विकृति कहते हैं। वस्तु पर विरूपक बल लगाने के अनुसार, विकृति भी तीन प्रकार की होती है– अनुदैर्ध्य विकृति, आयतन विकृति तथा अपरूपण विकृति।
- **प्रतिबल (Stress)**–बाह्य बल के कारण वस्तु के काट के एकांक क्षेत्रफल पर कार्य करने वाले आन्तरिक प्रतिक्रिया बल को प्रतिबल कहते हैं। प्रतिबल का मात्रक न्यूटन/मीटर^2 तथा इसका विमीय सूत्र $[mL^{-1}T^{-2}]$ है।
- **प्रति एकांक क्षेत्रफल पर लगाए गए बल को प्रतिबल कहते हैं। प्रतिबल और विकृति के अनुपात को तार के पदार्थ की प्रत्यास्थता का यंग मापांक (Young's Modulus of Elasticity)** कहते हैं।
- **हुक का नियम (Hooke's Law)**–"प्रत्यास्थता की सीमा में किसी वस्तु में उत्पन्न विकृति उस पर लगाए गए प्रतिबल के अनुक्रमानुपाती होती है।" किसी दी हुई वस्तु के पदार्थ के लिए प्रतिबल तथा विकृति का अनुपात एक नियतांक होता है। इसे **प्रत्यास्थता गुणांक E** कहते हैं।

अर्थात **प्रतिबल $\propto$ विकृति**

अथवा $\frac{\text{प्रतिबल}}{\text{विकृति}}$ = **एक नियतांक E = प्रत्यास्थता का गुणांक**

- प्रत्यास्थता गुणांक E का मान भिन्न-भिन्न पदार्थों के लिए भिन्न-भिन्न होता है। यदि विकृति लम्बाई में हुई है, तो प्रत्यास्थता गुणांक को **यंग मापांक** कहते हैं। यदि विकृति आयतन में है, तो इसे आयतनात्मक प्रत्यास्थता गुणांक कहते हैं और यदि विकृति अपरूपन में है, तो इसे प्रत्यास्थता दृढ़ता गुणांक कहते हैं। प्रत्यास्थता गुणांक का SI मात्रक **न्यूटन मीटर**^{2} होता है जिसे पास्कल (Pa) कहते हैं।
- **यंग प्रत्यास्थता गुणांक (Young Modulus)**–प्रत्यास्थता की सीमा के अन्दर अनुदैर्ध्य प्रतिबल तथा अनुदैर्ध्य विकृति के अनुपात को वस्तु के पदार्थ का यंग प्रत्यास्थता गुणांक कहते हैं–

$$Y = \frac{\text{अनुदैर्ध्य प्रतिबल}}{\text{अनुदैर्ध्य विकृति}} = \frac{mgl \times r^2}{1/L} = \frac{mgL}{\pi r^2 l}$$

ऊष्मा (Heat)

- गर्मी या ठण्डेपन के अनुभव होने को ऊष्मा कहते हैं, यह एक ऐसी चीज है, जिसमें गर्मी और ठण्डेपन का एहसास होता है। ऊष्मा एक प्रकार की ऊर्जा है जो किसी गर्म वस्तु में अधिक और ठण्डी वस्तु में कम होती हैं।
- जब कभी कार्य ऊष्मा में बदलता है या ऊष्मा कार्य में बदलती है, तो किए गए कार्य व उत्पन्न ऊष्मा का अनुपात एक नियतांक होता है, जिसे ऊष्मा यांत्रिक तुल्याँक कहते हैं। इसे **J से प्रदर्शित** करते हैं।
- ऊष्मा का SI मात्रक **जूल** और C.G.S. मात्रक **'कैलोरी'** है।
- **ऊष्मा के मात्रक (Units of Heat)**–ऊष्मा के विभिन्न मात्रक निम्नलिखित हैं–
  - **कैलोरी (Calorie)**–एक ग्राम जल का ताप 1°C बढ़ाने के लिए आवश्यक ऊष्मा की मात्रा को कैलोरी कहते हैं।
  - **अंतर्राष्ट्रीय कैलोरी (International Calorie)**–एक ग्राम पानी का ताप 14.5°C से 15.5°C तक बढ़ाने के लिए आवश्यक ऊष्मा की मात्रा को अंतर्राष्ट्रीय कैलोरी कहते हैं।
  - **ब्रिटिश थर्मल यूनिट**–1 पौंड पानी का ताप 1 डिग्री फारेनहाइट बढ़ाने के लिए आवश्यक ऊष्मा की मात्रा को B.Th.U कहते हैं।

तापमापी (Thermometer)

- ताप मापने वाले यंत्र को तापमापी कहते हैं।
- ताप मापने के लिए पदार्थ के किसी ऐसे गुण का प्रयोग किया जाता है, जो ताप पर निर्भर करता है।
- द्रव तापमापी (Liquid Thermometer) में मुख्यत: एल्कोहॉल या पारे का प्रयोग किया जाता हैं।
- एल्कोहॉल का प्रयोग **– 40°C** से नीचे के ताप को मापने के लिए किया जाता है, क्योंकि एल्कोहॉल **– 115°C** पर जमता है।
- पारे को तापमापी के लिए प्रयोग **– 30°C** से **350°C** तक के ताप मापने के लिए किया जाता है, क्योंकि पारा **– 39°C** पर जम जाता है एवं **357°** पर उबलने लगता है।
- मनुष्य के शरीर का ताप मापने वाले थर्मामीटर को **क्लिनिकल थर्मामीटर** कहते हैं, इस थर्मामीटर में **न्यूनतम बिन्दु 95°F(35°C)** तथा **उच्चतम बिन्दु 110°F(43°C)** अंकित होता है।
- कमरे के ताप पर पारा धातु तरल अवस्था में बनी रहती है।
- हाइड्रोजन गैस तापमापी से 500°C तक के ताप को मापा जा सकता है।
- नाइट्रोजन गैस तापमापी से 1500°C तक के ताप को मापा जा सकता है।
- **– 200°C** से **1200°C** तक के ताप को मापने के लिए **प्लैटिनम प्रतिरोध तापमापी** का उपयोग किया जाता है।
- तापयुग्म तापमापी से – 200°C से 1600°C तक के ताप को मापा जा सकता है, यह **तापमापी सीबैक** प्रभाव (Seebeck Effect) पर आधारित है।
- बहुत उच्च तापमान को मापने के लिए ताप-वैद्युत उत्तापमापी का प्रयोग किया जाता है।
- एल्कोहॉल थर्मामीटर का उपयोग न्यूनतम तापमान ज्ञात करने में किया जाता है।
- अत्यधिक ऊंचे एवं दूर स्थित वस्तुएँ जैसे सूर्य इत्यादि के तापों को मापने के लिए पूर्ण विकिरण **उप्तापमापी** का प्रयोग किया जाता है। इसके द्वारा प्राय: 800°C से ऊंचे ताप ही मापे जाते हैं। यह तापमापी **स्टीफन के नियम** पर आधारित है।

विभिन्न तापमापियों की सीमाएं

तापमापी	निम्नतम सीमा	उच्चतम सीमा
पारा तापमापी	– 30°C	300°C
गैस तापमापी	–268°C	1500°C
प्लैनियम प्रतिरोध तापमापी	–200°C	1200°C
तापयुग्म तापमापी	–200°C	1600°C
विकिरण तापमापी	–800°C	कोई सीमा नहीं
अदृश्य तन्तु तापमापी	–600°C	2700°C

ताप के पैमाने (Scales of Temperature)

- **सेल्सियस (Celsius Scale)**–सेल्सियस पैमाने का आविष्कार स्वीडन के वैज्ञानिक सेल्सियस ने किया था, जिसके कारण उन्हीं के नाम पर इसे सेल्सियस पैमाना कहते हैं।
- सेल्सियस पैमाने में हिमांक को 0°C तथा भाप-बिन्दु को 100°C में अंकित किया जाता है तथा इनके बीच की दूरी को 100 बराबर भागों में बांट दिया जाता है तथा प्रत्येक भाग को 1°C कहते हैं।
- **फारेनहाइट पैमाना (Fahrenheit Scale)**–फारेनहाइट पैमाने का आविष्कार जर्मन वैज्ञानिक **फारेनहाइट** ने किया था।
- फारेनहाइट पैमाने में ताप को अंग्रेजी के बड़े अक्षर 'F' से प्रदर्शित करते हैं। इस पैमाने में हिमांक या निचले बिन्दु को 32°F पर अंकित किया जाता है तथा भाप बिन्दु या ऊपर बिन्दु को 212°F पर अंकित किया जाता है तथा इनके बीच की दूरी को 180 बराबर भागों में बांट दिया जाता है।
- फारेनहाइट पैमाने का उपयोग वैज्ञानिक मौसम का अनुमान लगाने व चिकित्सा के क्षेत्र में करते हैं, जिसके स्थान पर अब सेल्सियस पैमाने का उपयोग किया जाता है।
- **र्‍यूमर पैमाना (Reaumur Scale)**–र्‍यूमर पैमाने पर अधोबिन्दु या हिमांक को 0° तथा ऊर्ध्वबिन्दु या भाप बिन्दु को 80° पर अंकित किया जाता है। इन दोनों बिन्दुओं के बीच की दूरी को 80 बराबर भागों में बांट दिया जाता है। इस पैमाने पर ताप को **R** से प्रदर्शित करते हैं।
- **केल्विन पैमाना (Kelvin Scale)**–केल्विन पैमाने पर हिमांक या अधोबिन्दु को 273°K तथा भाप बिन्दु को 373° पर अंकित किया जाता है। इन दोनों बिन्दुओं के बीच की दूरी को समान 100 भागों में विभाजित कर दिया जाता है।

विभिन्न मात्रकों में संबंध	
1 जूल	0.24 कैलोरी
1 कैलोरी	4.186 जूल
1 किलो कैलोरी	4.186×10^3 जूल
	1000 कैलोरी
1 B. Th U.	252 कैलोरी

- केल्विन पैमाने पर ताप को केल्विन (K) से व्यक्त किया जाता है। इस पैमाने में अधोबिन्दु को 0°K जल के हिमांक से 273°K नीचे होता है।

पदार्थों की विशिष्ट ऊष्मा

पदार्थ	विशिष्ट ऊष्मा कैलोरी/ग्राम °C
पानी	1.00
लोहा	0.11
एल्यूमिनियम	0.21
मैग्नीशियम	0.25
सीसा	0.03
कार्बन	0.17
संगमरमर	0.21
बर्फ	0.50
बालू	0.20
एल्कोहॉल	0.60
पीतल	0.09
तारपीन	0.42

- **विशिष्ट ऊष्मा (Specific Heat)**–किसी पदार्थ के 1 ग्राम द्रव्यमान के ताप में 1°C वृद्धि करने के लिए आवश्यक ऊष्मा की मात्रा को उस पदार्थ की विशिष्ट ऊष्मा कहते हैं।
- विशिष्ट ऊष्मा का मात्रक **कैलोरी/ग्राम डिग्री सेल्सियस** है।
- 1 ग्राम जल का ताप 1°C बढ़ाने के लिए आवश्यक ऊष्मा की मात्रा को 1 कैलोरी कहते हैं। ऊष्मा का बड़ा मात्रक किलो कैलोरी है, जो 1000 कैलोरी के बराबर होता है।
- **परम ताप**–परम ताप केल्विन तापक्रम पर आधारित है, जिसके अनुसार दाब पर पानी का हिमांक 263° k और क्वथनांक 363° k होता है। परम ताप का मान **सेन्टीग्रेड** ताप और **273° k** के योग के बराबर होता है। परम शून्य – 273.15ºC के बराबर होता है। सिद्धांत– परम शून्य ताप पर समस्त **आणविक गतियाँ** शून्य हो जाती हैं।
- **परम शून्य तापमान**–वह तापमान, जिस पर गैस का आयतन और दाब शून्य हो जाता है, परम शून्य तापमान कहलाता है। यह –273.15°C के बराबर होता है।
- **दाब का नियम (Pressure Law)**–स्थिर आयतन पर किसी गैस के निश्चित द्रव्यमान का दाब (P) उसके ताप (T) के अनुक्रमानुपाती होता है अर्थात PαT (स्थिर आयतन पर)–

या $\frac{P}{T}$ = नियतांक

- **चार्ल्स का नियम (Charles Law)**–स्थिर दाब पर किसी गैस के निश्चित द्रव्यमान का आयतन (V) उसके परम ताप के समानुपाती होता है। $V \propto T$ दोनों नियमों को मिलाने पर PV = RT मिलता है, जहाँ R स्थिरांक है। PV = RT आदर्श गैस समीकरण कहलाता है। जो गैस इसका पूर्णरूपेण पालन करती है, वह आदर्श गैस कहलाती है अर्थात ($V \propto T$ स्थिर ताप पर) जहाँ T परम ताप = (t° सेंटीग्रेड + 273.15°) केल्विन।
- **बॉयल का नियम (Boyle's Law)**–स्थिर ताप पर किसी गैस के निश्चित द्रव्यमान का आयतन (V) उसके दाब (P) के व्युत्क्रमानुपाती होता है अर्थात् $P \propto \frac{1}{V}$ (स्थिर ताप पर) या, **PV = K** जहाँ K = स्थिरांक।
- **एवोगाद्रो का नियम (Avogadro's Law)**–समान ताप और दाब पर सभी गैसों के समान आयतन में अणुओं की संख्या भी समान होती है, अर्थात् $V \propto N$ (स्थिर ताप और दाब पर)।

जहाँ N = गैस के अणुओं की संख्या V = गैस का आयतन।

गैसों के मोलों की संख्या (ग्राम अणुओं की संख्या) सामान्य ताप एवं दाब पर विभिन्न गैसों के एक ग्राम अणु का **आयतन 22.4 लीटर** होता है तथा इस 22.4 लीटर में 6.02×10^{23} अणु होते हैं, यही संख्या एवोगाद्रो संख्या कहलाती है।

- **ऊर्ध्वपातन**–जब किसी ठोस को गर्म किया जाता है, तो वह पहले द्रव में फिर गैस में परिवर्तित होता है, लेकिन जब कोई पदार्थ गर्म करने पर ठोस अवस्था से सीधे गैस अवस्था में परिवर्तित हो जाता है, तो इस क्रिया को उर्ध्वपातन कहते हैं, जैसे-कपूर को गर्म करने पर वह बिना द्रव में बदले सीधे गैस में बदल जाता है।
- **गुप्त ऊष्मा (Latent Heat)**–ताप की वह मात्रा जो तापक्रम में परिवर्तन लाए बिना एक ग्राम पदार्थ की अवस्था परिवर्तन के लिए अपेक्षित हो गुप्त ऊष्मा कहलाती है। इसे **जूल/किग्रा**, या **कैलोरी/ग्राम** में मापा जाता है। उबलते जल की अपेक्षा भाप से जलने पर अधिक कष्ट होता है, क्योंकि 100°C के जल की अपेक्षा 100°C के भाप की गुप्त ऊष्मा का मान अधिक होता है, इसलिए जल की अपेक्षा भाप से जलने पर अधिक कष्ट होता है।
- **गलन तथा गलनांक (Melting and Melting Point)**–पदार्थों के ठोस अवस्था से द्रव अवस्था में परिवर्तित होने को गलन कहते हैं तथा वह स्थिर ताप जिस पर पदार्थ ठोस अवस्था से द्रव अवस्था में परिवर्तित होता है, ठोस का गलनांक कहलाता है।
- **ऊष्माधारिता**–किसी के कुल द्रव्यमान का ताप 10°C बढ़ाने के लिए जितनी ऊष्मा की आवश्यकता होती है, उसे उस पदार्थ की ऊष्माधारिता कहते हैं।

ऊष्माधारिता = द्रव्यमान (m) × विशिष्ट ऊष्मा (c)

ऊष्माधारिता का मात्रक (कैलौरी 1°C) है।

- **गलन की गुप्त ऊष्मा**–किसी पदार्थ के 1 ग्राम द्रव्यमान को बिना ताप बदले ठोस अवस्था से द्रव अवस्था में परिवर्तित करने के लिए आवश्यक ऊष्मा को उस पदार्थ की गलन की गुप्त ऊष्मा कहते हैं। उदाहरणार्थ बर्फ के गलन की गुप्त ऊष्मा 80 कैलोरी/ग्राम है।
- **वाष्पन की गुप्त ऊष्मा**–किसी पदार्थ के 1 ग्राम द्रव्यमान को, बिना ताप बदले, द्रव अवस्था से वाष्प अवस्था में परिवर्तित करने के लिए आवश्यक ऊष्मा की मात्रा को उस पदार्थ के वाष्पन की गुप्त ऊष्मा = 536 कैलोरी/ग्राम।
- **वाष्पीकरण (Evaporation)**–किसी भी ताप पर पदार्थ की द्रव अवस्था के वाष्प में परिवर्तित होने की क्रिया को वाष्पीकरण कहते हैं। वाष्पीकरण द्रव की सतह से प्रारंभ होता है। वाष्पीकरण में द्रव के अणु, जिनकी ऊर्जा सामान्य से अधिक होती है, वे द्रव की सतह को छोड़कर चले जाते हैं, जिससे द्रव का ताप गिर जाता है।
- वाष्पीकरण के कारण ही कूलर ठंड उत्पन्न करता है एवं सुराही का पानी ठंडा हो जाता है।

- वाष्पीकरण के कारण ही हमारे शरीर से पसीना सूखने पर हमें ठंडक महसूस होती है।
- प्रशीतक (Refrigerator) भी वाष्पीकरण के कारण ठंडक उत्पन्न करता है, क्योंकि प्रशीतक में तांबे की एक वाष्पक कुण्डली में द्रव फ्रीऑन भरा रहता है, जो वाष्पीकृत होकर ठण्डक उत्पन्न करता है।
- **क्वथनांक (Boiling Point)**–किसी द्रव का क्वथनांक वह ताप है, जिस पर उस द्रव का संतृप्त वाष्प दाब बाहरी वायु दाब के बराबर हो जाता है। उदाहरणार्थ सामान्य वायुमण्डलीय दाब पर जल का **क्वथनांक 100°C** होता है।
- तरल पदार्थ के क्वथनांक पर तापमान नियत रहता है।
- बाह्य दाब अधिक होने से क्वथनांक बढ़ जाता है, जैसे-पहाड़ों पर प्रेशर कुकर में वायुदाब कम हो जाने से क्वथनांक कम हो जाता है।
- पर्वतीय क्षेत्रों में जल का क्वथनांक जितना समुद्र तल पर होता है, उससे कम होता है।

आर्द्रता

- **आर्द्रता (Humidity)**–वायुमण्डल में उपस्थित नमी को आर्द्रता कहते हैं।
- वायु में उपस्थित जलवाष्प की मात्रा प्रत्येक स्थान पर समान नहीं होती।
- प्राय: समुद्रतटीय स्थान में जलवाष्प की मात्रा यानी आर्द्रता अधिक होती है।
- **परम आर्द्रता (Absolute Humidity)**–वायुमण्डल के एकांक आयतन में उपस्थित जलवाष्प की मात्रा को परम आर्द्रता कहते हैं।
- **आपेक्षिक आर्द्रता (Relative Humidity)**–किसी ताप पर वायुमण्डल के एकांक आयतन में उपस्थित संतृप्त जलवाष्प की मात्रा के अनुपात को वायुमण्डल की आपेक्षित आर्द्रता कहते हैं। इसे प्रतिशत में व्यक्त किया जाता है।
- वायु के एकांक आयतन में t°C पर उपस्थित

$$RH = \frac{\text{जलवाष्प की मात्रा}}{\text{वायु के एकांक आयतन में } t°C \text{ पर उपस्थित संतृप्त जलवाष्प की मात्रा}} \times 100$$

- आपेक्षित आर्द्रता की माप हाइग्रोमीटर (Hygrometer) से करते हैं। ताप के बढ़ने पर आपेक्षिक आर्द्रता बढ़ जाती है।
- **जल का असामान्य प्रसार**–प्राय: सभी द्रव गर्म किए जाने पर आयतन में बढ़ते हैं परंतु जल 0°C से 4°C तक गर्म करने पर आयतन में घटता है तथा 4°C के बाद बढ़ना आरंभ करता है, इसे जल का असामान्य प्रसार कहते हैं। चूंकि जल 4°C के बाद गर्म करने पर बढ़ना शुरू करता है, इसका अर्थ यह है कि जल का घनत्व 4°C पर सबसे अधिक होता है।
- ताजे पानी का हिमांक बिन्दु 0°C है।

ऊष्मा का संचरण

चालन (Conduction)

- चालन के द्वारा ऊष्मा पदार्थों के कणों को एक स्थान से दूसरे स्थान तक अपने स्थान का परित्याग किए बिना पहुँचाती है। जब किसी धातु की छड़ के एक सिरे को गर्म किया जाता है, तो शीघ्र ही दूसरा सिरा भी गर्म हो जाता है। ऊष्मा का यह संचरण पदार्थ के अणुओं के द्वारा होता है, जब छड़ के सिरे को गर्म किया जाता है, तो इस सिरे पर स्थित अणुओं में कम्पन बढ़ जाता है। कम्पन करने वाले ये अणु अपने से आगे वाले अणुओं से लगातार टकराते हैं तथा अपनी बढ़ी हुई ऊर्जा उन्हें स्थानान्तरित करते जाते हैं। इस प्रकार ऊष्मा का संचार इसी विधि से होता है। पदार्थ में चालन के द्वारा अणुओं का संचरण **'ऊष्मा चालकता'** कहलाता है।
- ऊष्मा चालकता पदार्थ की प्रवृत्ति पर निर्भर करती है तथा जिन पदार्थों में ऊष्मा की चालकता जितनी अधिक होती है, उनका ऊष्मा चालन भी उतना ही अधिक होता है।

चालन के उदाहरण

- एस्किमो जनजाति के लोग बर्फ की दोहरी दीवारों के मकान में रहते हैं, क्योंकि इनके मध्य हवा की परत जमा हो जाती हैं, जो ऊष्मा की कुचालक होती है, जिसके कारण अंदर की ऊष्मा बाहर नहीं जा पाती है, फलस्वरूप कमरे का ताप बाहर की अपेक्षा अधिक बना रहता है।
- शीत ऋतु में समान ताप पर लोहे की कुर्सियाँ, लकड़ी की कुर्सियों की अपेक्षा छूने में अधिक ठंडी लगती हैं, क्योंकि लोहा ऊष्मा का सुचालक है, जबकि लकड़ी ऊष्मा की कुचालक है। फलत: जब हम लोहे की कुर्सी को छूते हैं, तो हमारे हाथ से ऊष्मा तापान्तर के कारण लोहे की कुर्सी में शीघ्रता से प्रवाहित होने लगती है; जबकि लकड़ी की कुर्सी में ऐसा नहीं होता।
- धातु के प्याले की अपेक्षा चीनी मिट्टी के प्याले में चाय पीना अधिक आसान होता है, क्योंकि धातु ऊष्मा की सुचालक होती है; जबकि चीनी मिट्टी ऊष्मा की कुचालक होती है।
- **चालक (Conductor)**–जिन पदार्थों से होकर ऊष्मा का चालन सरलता से हो जाता है, उन्हें चालक कहते हैं। सभी धातु, अम्लीय जल, मानव शरीर आदि चालक हैं।
- **कुचालक (Bad Conductor)**–जिन पदार्थों से ऊष्मा का चालन सरलता से नहीं होता है या बहुत कम होता है, उन्हें कुचालक कहते हैं। लकड़ी, कांच, सिलिका, वायु, गैसें, रबड़ आदि ऊष्मा के कुचालक पदार्थ हैं।
- बुरादे से ढकी हुई बर्फ जल्दी से नहीं पिघलती, क्योंकि बुरादा ऊष्मा का कुचालक है।
- **ऊष्मारोधी (Thermal Insulator)**–जिन पदार्थों से ऊष्मा का चालन बिल्कुल नहीं होता, उन्हें ऊष्मारोधी पदार्थ कहते हैं, जैसे-एबोनाइट, एस्बेस्टॉस आदि।

संवहन (Convection)

- संवहन विधि में ऊष्मा का चालन पदार्थ के कणों के स्थानान्तरण के द्वारा होता है।
- गैसों व द्रवों में ऊष्मा का संचरण संवहन द्वारा ही होता है। ठोसों के कण चूंकि अपना स्थान नहीं छोड़ते हैं। अत: उन्हें इस विधि से गर्म नहीं किया जा सकता।
- वायु तथा द्रवों में संवहन धाराएँ ऊपर की ओर चलती हैं, जब बर्तन में किसी द्रव को गर्म किया जाता है, तो तली का द्रव गर्म होने के कारण हल्का होकर ऊपर उठता है और इस प्रकार संवहन धाराएँ बनती हैं।
- यदि हम द्रव को बर्तन की तली से गर्म करके द्रव के ऊपरी स्वतन्त्र तल को गर्म करें तो संवहन धाराएँ नहीं बनेंगी, क्योंकि इस अवस्था में द्रव हल्का होकर ऊपर ही तैरता रहेगा।
- एक श्वेत तथा चिकनी सतह ताप की खराब अवशोषक तथा अच्छी परावर्तक होती है।
- पृथ्वी का वायुमंडल संवहन विधि से ही गर्म होता है।
- रेफ्रिजरेटर में फ्रीजर पेटिका को ऊपर रखा जाता है, क्योंकि नीचे की गरम वायु हल्की होने के कारण ऊपर उठती है तथा फ्रीजर पेटिका से टकराकर ठंडी हो जाती है। ऊपर की ठंडी हवा भारी होने के कारण नीचे आती है तथा रेफ्रिजरेटर में रखी वस्तुओं को ठंडा कर देती है।
- न्यून तापमान पैदा करने के लिए रूद्धोष्म विचुंबकन विधि का प्रयोग किया जाता है।
- बिजली के बल्बों में निर्वात् के स्थान पर निष्क्रिय गैस जैसे-आर्गन भरी जाती है, क्योंकि बल्ब में निष्क्रिय गैस भरने से तन्तु की ऊष्मा संवहन धाराओं द्वारा चारों ओर फैल जाती है, जिससे तन्तु का ताप उसके गलनांक तक नहीं बढ़ पाता है।

विकिरण (Radiation)

- जब ऊष्मा अपने स्रोत से किसी धरातल तक माध्यम को बिना प्रभावित किए गमन करे तो ऊष्मा संचरण की इस विधि को विकिरण कहा जाता है। इस विधि में माध्यम की आवश्यकता नहीं होती। सूर्य की ऊष्मा पृथ्वी तक एवं एक अंगीठी की ऊष्मा मानव-शरीर तक विकिरण विधि द्वारा ही पहुँचती है।
- **उत्सर्जन (Emission)**–सभी वस्तुएँ सभी ताप पर विकिरण द्वारा ऊर्जा का उत्सर्जन करती हैं। इस ऊर्जा को विकिरण ऊर्जा या ऊष्मीय विकिरण कहते हैं। यह ऊर्जा विद्युत चुम्बकीय तरंगों के रूप में प्रकाश की चाल से चलती हैं। वस्तुओं का ताप बढ़ाने पर उनसे निकलने वाली विकिरण ऊर्जा बढ़ती जाती है तथा यह उत्सर्जन वस्तु के तल की प्रकृति, क्षेत्रफल, ताप आदि पर निर्भर करता है।
- **अवशोषण (Absorption)**–जब ऊष्मीय विकिरण किसी पृष्ठ पर गिरता है, उसका कुछ भाग तो परावर्तित हो जाता है, किंतु कुछ भाग पृष्ठ से संचारित होकर निकल जाता है। इस अवशोषित विकिरण के अवशोषित होने की क्रिया को अवशोषण तथा इस प्रकार के पिण्ड को अवशोषक कहते हैं।
- **ग्रीन हाउस प्रभाव (Green House Effect)**–कार्बन डाइऑक्साइड, मीथेन, क्लोरोफ्लोरो कार्बन, जलवाष्प, नाइट्रस ऑक्साइड आदि ऊष्मारोधी गैसें–पृथ्वी पर सौर विकिरण आ तो जाते हैं, लेकिन ये गैसें इसके द्वारा उत्पन्न ऊष्मा को वापस अंतरिक्ष में नहीं जाने देती, जिससे वायुमण्डल के ताप में निरन्तर वृद्धि हो रही हैं। इसे ग्रीन हाउस प्रभाव कहते हैं।
- यदि ग्रीन हाउस प्रभाव में 3.5°C की वृद्धि हो जाए, तो ध्रुवों की बर्फ पिघलने लगेगी, जिसके फलस्वरूप समुद्र के जल स्तर में वृद्धि होगी एवं हमारे कई तटीय नगर जल समाधि ले लेंगे।
- **थर्मस फ्लास्क (Thermos Flask)**–थर्मस फ्लास्क एक ऐसी विशेष प्रकार की बोतल है, जिसकी दीवारें शीशे की दो परतों से बनी होती हैं तथा दोनों दीवारों के बीच की हवा निकाल कर वहाँ निर्वात उत्पन्न कर दिया जाता है, जिससे वस्तुएँ अधिक देर तक ठंडी व गर्म रह सकती हैं। इस बोतल का आविष्कार डेवर ने किया था, इसलिए इसे डेवर के नाम से जाना जाता है।

प्रकाश

- **प्रकाश (Light)**–प्रकाश ऊर्जा का ही एक रूप है। यह विद्युत चुम्बकीय विकिरण है, जो विभिन्न प्रकार के प्राकृतिक तथा मानव निर्मित स्रोतों से प्राप्त होता है। प्रकाश का अभिज्ञान हमें आंखों द्वारा होता है। फोटोग्राफी फिल्मों और प्लेटों में रासायनिक अभिक्रिया उत्पन्न करना तथा पौधों में प्रकाश संश्लेषण की क्रिया ऐसे उदाहरण हैं जो सिद्ध करते हैं कि प्रकाश एक ऊर्जा है।
- प्रकाश सूर्य, तारों, लैम्प आदि से प्राप्त एक प्रकार की ऊर्जा है, जो विद्युत चुम्बकीय तरंगों के रूप में संचारित होती है। इसकी **तरंगदैर्ध्य 3900 Å** से **7800 Å** के बीच होती है। **(1Å = 10^{-10}m)**
- सूर्य से पृथ्वी को लगभग **4×10^{26} जूल प्रति सेकेण्ड** की दर से ऊर्जा मिलती है।
- जो प्रकाश जीव-जन्तुओं से प्राप्त होता है, उसे जैव-प्रकाश कहते हैं।
- **प्रदीप्त वस्तुएँ (Luminous Bodies)**–प्रदीप्त वस्तुएँ वे वस्तुएँ हैं, जो अपने स्वयं के प्रकाश से प्रकाशित होती हैं, जैसे-सूर्य, विद्युत, बल्ब आदि।
- **अप्रदीप्त वस्तुएँ (Non-luminous Bodies)**–अप्रदीप्त वस्तुएं, वे वस्तुएँ हैं, जिनका अपना स्वयं का प्रकाश नहीं होता, लेकिन उन पर प्रकाश डालने पर वे दिखाई देने लगती हैं।
- **पारदर्शक वस्तुएँ (Transparent Bodies)**–पारदर्शक वस्तुएँ वे वस्तुएँ हैं, जिनसे होकर प्रकाश की किरणें निकल जाती हैं, जैसे-कांच।
- **अर्द्धपारदर्शक वस्तुएँ (Translucent Bodies)**–कुछ वस्तुएँ ऐसी होती हैं, जिन पर प्रकाश की किरणें पड़ने से उनका कुछ भाग तो अवशोषित हो जाता है तथा कुछ भाग बाहर निकल जाता है, ऐसी वस्तुओं को अर्द्धपारदर्शक वस्तुएँ कहते हैं, जैसे-तेल लगा हुआ कागज।
- **अपारदर्शक वस्तुएँ (Opaque Bodies)**–अपारदर्शक वस्तुएँ वे वस्तुएँ हैं, जिनसे होकर प्रकाश की किरणें बाहर नहीं निकल पाती है,जैसे-धातुएँ आदि।
- **प्रकाश की चाल (Velocity of Light)**–सामान्यतः प्रकाश की चाल वायु तथा निर्वात में सबसे अधिक होती है। निर्वात में प्रकाश की चाल तीन लाख किलोमीटर प्रति सेकेण्ड होती है तथा यह माध्यम के अपवर्तनांक पर निर्भर करती है। जिस माध्यम का अपवर्तनांक जितना अधिक होता है, उसमें प्रकाश की चाल उतनी ही कम होती है।
- प्रकाश फिल्टर का उद्देश्य विभिन्न रंगों के प्रकाश का संचरण या समावेशन करना है।
- प्रकाशिक (ऑप्टिकल) फाइबर में सिग्नल संपूर्ण आंतरिक परावर्तन के कारण होता है।
- चन्द्रमा से परावर्तित प्रकाश को पृथ्वी तक आने में 1.28 सेकेण्ड का समय लगता है।
- **प्रकाश का परावर्तन (Reflection of Light)**–प्रकाश किरण के चिकने पृष्ठ से टकराकर वापस लौटने की घटना को प्रकाश का परावर्तन कहते हैं।

विभिन्न माध्यमों में प्रकाश की चाल

माध्यम	प्रकाश की चाल (मी./से.)
निर्वात	3×10^8
पानी	2.25×10^8
तारपीन का तेल	2.04×10^8
कांच	2×10^8
रॉक साल्ट	1.96×10^8
नायलॉन	1.96×10^8

- **प्रकाश का अपवर्तन (Refraction of Light)**–जब प्रकाश एक माध्यम से दूसरे माध्यम में प्रवेश करता है, तो अपने पथ से थोड़ा मुड़ जाता है, इस घटना को प्रकाश का अपवर्तन कहते हैं। इसके लिए प्रकाश का दो अलग-अलग माध्यमों से गुजरना आवश्यक है।
- सूर्योदय और सूर्यास्त के समय सूर्य का रंग लाल दिखाई देता है, क्योंकि लाल को छोड़कर अन्य सभी रंग प्रकीर्णित हो जाते हैं।
- पानी से पैदा होने वाले बुलबुले में जो चमक होती है, वह प्रकाश के संपूर्ण आंतरिक परावर्तन का परिणाम है।
- जब प्रकाश की किरण सघन माध्यम से विरल माध्यम (पानी से हवा) में प्रवेश करती है, तो वह अभिलम्ब से दूर हट जाती है।
- **क्रांतिक कोण (Critical Angle)**–जब प्रकाश की किरण सघन माध्यम से विरल माध्यम में जाती है, तो अपवर्तन के कारण अपवर्तित किरण अभिलम्ब से दूर हट जाती है, जिससे अपवर्तन कोण सदैव आपतन कोण से बड़ा होता है।
- यदि आपतन कोण के एक विशेष मान पर अपवर्तन कोण का मान 90° होता है, तो इस विशेष मान के कोण को क्रांतिक कोण कहते हैं।
- हीरे के अंदर जब किसी पृष्ठ पर आपतन कोण 24° से कम होता है, तभी वह प्रकाश हीरे से बाहर निकलता है तथा जब यह प्रकाश हमारी आंखों पर पड़ता है, तो हीरा हमें चमकदार दिखाई देता है।

- **पूर्ण आन्तरिक परावर्तन (Total Internal Reflection)**–यदि आपतन कोण का मान क्रांतिक कोण से जरा-सा भी अधिक हो जाए, तो प्रकाश विरल माध्यम से बिल्कुल नहीं जाता, बल्कि संपूर्ण प्रकाश परावर्तित होकर सघन माध्यम में ही लौट आता है। इस घटना को प्रकाश का पूर्ण आन्तरिक परावर्तन कहते हैं।
- **प्रतिबिम्ब (Image)**–दर्पण के सामने रखी वस्तु से चलने वाली प्रकाश किरणें दर्पण के तल से परावर्तित होकर हमारी आंखों में पड़ती हैं, जिससे हमें वस्तु की प्रकृति दिखाई देती है। इस आकृति को वस्तु का प्रतिबिम्ब कहते हैं। प्रतिबिम्ब **दो प्रकार** के होते हैं–**वास्तविक प्रतिबिम्ब** व **आभासी प्रतिबिम्ब**।
- किसी बिन्दु से चलने वाली प्रकाश किरणें परावर्तन या अपवर्तन के बाद जिस बिन्दु पर मिलती हैं, वह उस बिन्दु का वास्तविक प्रतिबिम्ब होता है एवं जिस बिन्दु से फैलती हुई प्रतीत होती हैं, वह उस बिन्दु का आभासी प्रतिबिम्ब होता है।
- परिदर्शी एक प्रकाशिक यंत्र है, परिदर्शी प्रकाश के परावर्तन के सिद्धांत पर कार्य करता है।

दर्पण और लेंस (Mirror and Lens)

- **दर्पण (Mirror)**–दर्पण मुख्यत: दो प्रकार के होते हैं–**1.** समतल दर्पण (Plane Mirror) और **2.** गोलीय दर्पण (Spherical Mirror)।
- **समतल दर्पण द्वारा प्रतिबिम्ब का बनना (Image Formed by Plane Mirror)**–जब किसी प्रकाश स्रोत को समतल दर्पण के सामने रखते हैं, तो स्रोत से चलने वाली प्रकाश-किरणें दर्पण के तल से परावर्तित होकर वापस लौटती हैं।
- समतल दर्पण से बना वस्तु का प्रतिबिम्ब दर्पण के पीछे उतनी ही दूरी पर बनता है, जितनी दूरी पर वस्तु दर्पण के सामने रखी होती है। यह आकार में वस्तु के बराबर व आभासी होता है।
- समतल दर्पण से व्यक्ति को अपना पूरा प्रतिबिम्ब देखने के लिए दर्पण की लंबाई कम-से-कम व्यक्ति की लंबाई से आधी होनी चाहिए।
- यदि कोई व्यक्ति समतल दर्पण के लम्बवत किसी चाल से दर्पण के समीप आता है या दूर जाता है, तो उसे अपना प्रतिबिम्ब दुगुनी चाल से पास या दूर जाता हुआ प्रतीत होता है।
- यदि किसी कोण पर झुके हुए दो समतल दर्पणों के बीच कोई वस्तु रख दें, तो हमें उस वस्तु के कई प्रतिबिम्ब दिखलाई पड़ते हैं, प्रतिबिम्बों की संख्या दोनों दर्पणों के बीच बने कोण पर निर्भर करती है।

समतल दर्पण से बने प्रतिबिम्ब की विशेषताएं

1. प्रतिबिम्ब आभासी होता है।
2. यह दर्पण के पीछे उसी दूरी पर स्थित होता है, जिस दूरी पर वस्तु दर्पण के सम्मुख स्थित होती है।
3. प्रतिबिम्ब का आकार वस्तु के आकार के बराबर होता है।
4. यह पार्श्वत व्युत्क्रमित होता है।

अर्थात बिम्ब का दाएं पक्ष, प्रतिबिम्ब के बाएं पक्ष के रूप नजर आएगा एवं बिम्ब का बाएं पक्ष, प्रतिबिम्ब के दाएं पक्ष के रूप में नजर जाएगा।

- **गोलीय दर्पण (Spherical Mirror)**–किसी कांच के खोखले गोले को काटकर यदि उसके एक तल पर पारे की कलई एवं लाल ऑक्साइड का लेप कर दिया जाए तथा दूसरा तल परावर्तक की तरह कार्य करे तो यह एक गोलीय दर्पण बन जाता हैं। यह दो प्रकार के होते हैं–उत्तल दर्पण और अवतल दर्पण।
- **वक्रता केन्द्र**–गोलीय दर्पण जिस गोले का भाग होता है। उसके केन्द्र को दर्पण का वक्रता केन्द्र कहते हैं।
- **ध्रुव**–दर्पण के परावर्तक तल के मध्य बिन्दु को दर्पण का ध्रुव कहते हैं।
- **वक्रता त्रिज्या**–दर्पण पर स्थित किसी बिन्दु व वक्रता केन्द्र से गुजरने वाली रेखा को दर्पण का मुख्य अक्ष कहते हैं।
- **मुख्य अक्ष**–दर्पण के ध्रुव व वक्रता केन्द्र से गुजरने वाली रेखा को दर्पण का मुख्य अक्ष कहते हैं।
- **फोकस**–मुख्य अक्ष के समानान्तर आती प्रकाश किरणें दर्पण से परावर्तन के पश्चात जिस बिन्दु पर आकर मिल जाती है अथवा जिस बिन्दु से आती प्रतीत होती हैं, वह बिन्दु उस दर्पण का फोकस कहलाता है।
- **फोकस दूरी**–ध्रुव व फोकस के बीच की दूरी को फोकस दूरी कहते हैं अर्थात फोकस दूरी $= \frac{\text{वक्रता त्रिज्या}}{2}$
- गोलीय दर्पणों के फोकस दूरी का सूत्र – उत्तल और अवतल दोनों ही दर्पणों की फोकस दूरी निम्नलिखित सूत्र से ज्ञात की जाती है।

$$\frac{1}{v}+\frac{1}{u}=\frac{1}{f}$$

जहाँ $u =$ वस्तु की दर्पण की दूरी
$v =$ प्रतिबिम्ब की दर्पण से दूरी
$f =$ दर्पण की फोकस दूरी

आवर्धन–प्रतिबिम्ब की लम्बाई (l) और वस्तु की लम्बाई (O) के अनुपात को आवर्धन कहते हैं और इसे m से प्रदर्शित करते हैं इसका सूत्र है–

$$m=\frac{\text{प्रतिबिम्ब की लम्बाई } (l)}{\text{वस्तु की लम्बाई } (o)}=\frac{v}{u}$$

- जब गोलीय दर्पण के गहराई वाले भाग पर कलई की जाती है, तो वह उत्तल दर्पण कहलाता है; इसी तरह जब उभरे हुए भाग पर कलई की जाती है, तो वह **अवतल दर्पण** कहलाता है।
- **अवतल दर्पण से बने प्रतिबिम्ब (Concave Mirror)**–यह किसी खोखले गोले के किसी खंड के गोलीय पृष्ठ का दबा हुआ तल होता है और इस पर पॉलिश गोलीय कोश के बाहरी सतह पर की जाती है।
- किसी वस्तु का आवर्धित और आभासी प्रतिबिंब प्राप्त करने के लिए **अवतल दर्पण** प्रयोग किया जाता है।
- **अवतल दर्पण का उपयोग**–दाढ़ी बनाने में आंख, कान एवं नाक के डाक्टरों द्वारा, गाड़ी की हेड लाइट एवं सर्चलाइट में, सोलर कुकर में।

अवतल दर्पण द्वारा किसी वस्तु की विभिन्न स्थितियों के लिए बनने वाले प्रतिबिम्ब का विवरण

क्र.सं.	वस्तु की स्थिति	प्रतिबिम्ब की स्थिति	प्रतिबिम्ब की प्रकृति	प्रतिबिम्ब का विस्तार
1.	अनन्त पर	फोकस (F) पर	वास्तविक उल्टा	अत्यन्त छोटा
2.	अनन्त और वक्रता केन्द्र (C) के बीच	F तथा C के बीच	वास्तविक उल्टा	वस्तु से छोटा
3.	वक्रता केन्द्र C पर	वक्रता केन्द्र C पर ही	वास्तविक उल्टा	वस्तु के बराबर
4.	C और F के बीच	C और अनन्त के बीच	वास्तविक उल्टा	वस्तु से बड़ा
5.	फोकस F पर	अनन्त पर	वास्तविक उल्टा	वस्तु से बड़ा
6.	F तथा ध्रुव के बीच	अनन्त पर दर्पण के पीछे	आभासी सीधा	वस्तु से बड़ा

- **उत्तल दर्पण से बने प्रतिबिम्ब**–उत्तल दर्पण में किसी वस्तु का बना प्रतिबिम्ब सदैव आभासी होता है। ये प्रतिबिम्ब सीधे व वस्तु से छोटे होते हैं।
- अल्प फोकस दूरी सहित उत्तल लेंस को **आवर्धक लेंस** कहते हैं।

उत्तल दर्पण द्वारा बने प्रतिबिम्बों की स्थिति

क्र.सं.	वस्तु की स्थिति	प्रतिबिम्ब की स्थिति	प्रतिबिम्ब की प्रकृति	प्रतिबिम्ब का विस्तार
1.	अनन्त पर	फोकस पर	आभासी सीधा	अत्यन्त छोटा
2.	अनन्त और ध्रुव के बीच	ध्रुव के बीच	आभासी सीधा	वस्तु से छोटा

- **लेंस (Lens)**–लेंस दो गोलाकार सतह या एक गोलाकार तथा दूसरी लम्बवत सतह का बना पारदर्शक एवं अपवर्तक माध्यम है, जो शीशे का बना होता है। यह मुख्यत: दो प्रकार का होता हैं--उत्तल लेंस और अवतल लेंस।
- जो लेंस दोनों ओर से उभरा रहता है, वह उत्तल लेंस कहलाता है तथा जो लेंस बीच में दोनों ओर से चिपका हुआ रहता है, वह **अवतल लेंस** कहलाता है। **अवतल लेंस तीन प्रकार के होते हैं।**

1. **उभयोत्तल लेंस**–इसके दोनों तल उत्तल होते हैं। इनकी वक्रता त्रिज्याएं बराबर हो सकती हैं अथवा भिन्न-भिन्न हो सकती हैं।
2. **समतल-उत्तल लेंस**–इसका एक तल समतल होता है तथा दूसरा उत्तल होता है।
3. **अवतलोत्तल लेंस**–इसका एक तल अवतल तथा दूसरा उत्तल होता है उत्तल लेंस होने के कारण यह बीच में मोटा तथा किनारों पर पतला होता है।

लेंस की फोकस दूरी का सूत्र-लेंस की फोकस दूरी (f) ज्ञात करने के लिए निम्नलिखित सूत्र का प्रयोग किया जाता है।

$$\frac{1}{v}-\frac{1}{u}=\frac{1}{f}$$

जिसमें लेंस की प्रकृति के अनुसार चिन्ह संशोधन कर लिया जाता है।

- **प्रकाश का वर्ण विक्षेपण (Dispersion of Light)**–जब सूर्य का प्रकाश किसी प्रिज्म से गुजरता है, तो अपवर्तन के पश्चात प्रिज्म के आधार की ओर झुकने के साथ-साथ विभिन्न रंगों के प्रकाश में बंट जाता है। इस प्रकार प्राप्त रंगों के समूह को वर्णक्रम तथा प्रकाश के इस प्रकार रंगों में विभक्त होने की क्रिया को **वर्ण विक्षेपण** कहते हैं।

उत्तल लेंस से बने प्रतिबिम्बों की स्थिति

क्र.सं.	वस्तु की स्थिति	प्रतिबिम्ब की स्थिति	प्रतिबिम्ब की प्रकृति	प्रतिबिम्ब का विस्तार
1.	अनन्त पर	मुख्य फोकस F_2 पर	वास्तविक उल्टा	बहुत छोटा
2.	द्वितीय फोकस (2F) के बीच	लेंस के दूसरी ओर 2F पर	वास्तविक उल्टा	वस्तु के बराबर
3.	अनंत और 2F के बीच	लेंस के दूसरी ओर F और 2F के बीच	वास्तविक उल्टा	वस्तु से छोटा
4.	2F और F के बीच	लेंस के दूसरी ओर 2F अनन्त के बीच	वास्तविक उल्टा	वस्तु से बड़ा
5.	प्रथम मुख्य फोकस पर	लेंस के दूसरी ओर अनन्त पर	वास्तविक उल्टा	वस्तु से बड़ा
6.	प्रथम मुख्य फोकस और प्रकाशीय केन्द्र के बीच में	लेंस के उसी ओर जिधर वस्तु है	आभासी सीधा	वस्तु से बड़ा (आवर्धित)

- **प्रिज्म** दो परस्पर झुके हुए अपवर्तक तलों से घिरे माध्यम को प्रिज्म कहते हैं।
- निर्गत किरण और आपाती किरण की दिशा के मध्य बनने वाले कोण को विचलन कोण (Angle of Deviation) कहते हैं।
- आपतित श्वेत प्रकाश **सात वर्णों** या **रंगों** में विभाजित हो जाता है। ये वर्ण या रंग हैं-बैंगनी (Violet), जामुनी (Indigo), नीला (Blue), हरा (Green), पीला (Yellow), नारंगी (Orange), तथा लाल (Red)।
- कांच में बैंगनी रंग के प्रकाश का वेग सबसे कम तथा अपवर्तनांक सबसे अधिक होता है व लाल रंग के प्रकाश का वेग सबसे अधिक तथा द्रव **अपवर्तनांक** सबसे कम होता है।
- बैंगनी रंग के प्रकाश की **तरंगदैर्ध्य सबसे कम** व लाल रंग की **तरंगदैर्ध्य सबसे अधिक** होती है।

प्रमुख रंगों की तरंगदैर्ध्य

रंग	तरंगदैर्ध्य	रंग	तरंगदैर्ध्य
बैंगनी	3969 Å	पीला	5893Å
नीला	4861Å	लाल	6563 Å

- किसी पदार्थ का फोटोग्राफ लेने के लिए अपेक्षित उद्‌भासन काल पदार्थ की चमक पर निर्भर करता है।
- **वर्ण विपथन (Chromatic Aberration)**–श्वेत प्रकाश से लेंस द्वारा किसी वस्तु का बनने वाला प्रतिबिम्ब प्राय: रंगीन व अस्पष्ट होता है। लेंस द्वारा उत्पन्न प्रतिबिम्ब के इस दोष को ही वर्ण विपथन कहते हैं। यह दोष इसलिए उत्पन्न होता है, क्योंकि लेंस के पदार्थ का अपवर्तनांक तथा इसके कारण लेंस की फोकस दूरी भिन्न-भिन्न रंगों के लिए भिन्न-भिन्न होती है।
- **प्रकाश का विवर्तन (Diffraction of Light)**–जब प्रकाश स्रोत व पर्दे के बीच कोई वस्तु रखी जाती है, तो पर्दे पर उसकी छाया बन जाती है। यदि यह अवरोध आकार में छोटा हो, तो अवरोधों के किनारों पर प्रकाश मुड़कर छाया में प्रवेश कर जाता है, जिस कारण अवरोध की छाया के किनारे तीक्ष्ण नहीं होते। प्रकाश द्वारा अवरोध के किनारों पर मुड़ने की घटना को 'प्रकाश का विवर्तन' कहते हैं।
- प्रकाश के विवर्तन के कारण ही दूरदर्शी में तारों के प्रतिबिम्ब तीक्ष्ण बिंदुओं की तरह न दिखाई देकर अस्पष्ट धब्बों की तरह दिखाई देते हैं।
- ध्वनि तरंगों की तरंगदैर्ध्य प्रकाश के तरंगदैर्ध्य की तुलना में बहुत अधिक होती है। इस कारण से ध्वनि तरंगों में विवर्तन की घटना आसानी से देखने को मिलती है।
- प्रिज्म से गुजरने पर प्रकाश के रंगों में बैंगनी रंग का विचलन सबसे अधिक दर्शाएगा, क्योंकि इस रंग का **तरंगदैर्ध्य** सबसे कम और प्रिज्म में इस रंग का **अपवर्तनांक** सबसे अधिक होता है।
- **प्रकाश का प्रकीर्णन (Scattering of Light)**–माध्यम के कणों द्वारा प्रकाश का सभी दिशाओं में होने वाला प्रसारण प्रकाश का प्रकीर्णन कहलाता है।
- सर्वाधिक प्रकीर्णन बैंगनी रंग के प्रकाश का एवं सबसे कम लाल रंग के प्रकाश का होता है।
- वायुमंडल में विद्यमान धूल आदि के कणों के कारण हमें प्रकीर्णित प्रकाश का मिश्रित रंग हल्का नीला दिखाई पड़ता है। फलत: पृथ्वी से आकाश नीला दिखाई देता है; जबकि ऐसे स्थान (जैसे चन्द्रमा) जहाँ वायुमंडल नहीं है, वहाँ से आकाश काला दिखाई देता है।

- लाल रंग का प्रकीर्णन कम होने के कारण सूर्योदय एवं सूर्यास्त के समय सूर्य लाल रंग का दिखाई पड़ता है; जबकि मध्याह्न में जब दूरी कम होती है, तो प्रकाश का प्रकीर्णन कम होने के कारण सूर्य हमें श्वेत (सातों रंगों का मिला रूप) दिखाई पड़ता है।
- **प्रकाश तरंगों का ध्रुवण (Polarisation of Light Waves)**–प्रकाश की प्रकृति तरंग प्रकृति है।
- अनुप्रस्थ तरंग की पुष्टि प्रकाश के ध्रुवण से की जा सकती है।
- वैज्ञानिकों के अनुसार, प्रकाश तरंगें एक प्रकार की विद्युत चुम्बकीय तरंगें हैं, जिनमें विद्युत व चुम्बकीय क्षेत्र एक-दूसरे के परस्पर लम्बवत होते हैं व तरंग के संचरण की दिशा के लम्बवत तलों में कंपन करते हैं।
- विद्युत बल्ब, ट्यूबलाइट आदि से उत्सर्जित होने वाली प्रकाश तरंगें **अध्रुवित तरंगें** होती हैं।
- समतल ध्रुवित प्रकाश उत्पन्न करने के लिए पोलेराइडों का प्रयोग करते हैं। यह एक बड़े आकार की फिल्म होती है, जिसे दो कांच की प्लेटों के बीच रखा जाता है।
- फिल्म नाइट्रो सेलुलोज (Nitro Cellulose) तथा हरपोथाइट (Herpothite) के मिश्रण की बनी होती है।
- सिनेमाघर में पोलेराइड चश्मे पहनकर तीन विमाओं वाले चित्रों को देखा जाता है।
- **मरीचिका**–गर्मियों में गर्म व शांत दोपहर के समय मरुस्थल सूर्य की गर्मी से अत्यधिक गर्म हो जाते हैं। कभी-कभी गर्म मरुस्थलों में रेत के ऊपर दूर की वस्तुओं अथवा आकाश के कुछ भागों के प्रतिबिम्ब दिखाई देते हैं, जो प्यासे यात्रियों अथवा पशुओं को भ्रमित कर देते हैं और उन्हें यह लगता है कि ये प्रतिबिम्ब किसी दूरस्थ झील अथवा पानी से भरे तालाब से परावर्तन द्वारा बन रहे हैं। परंतु जब वे उस क्षेत्र तक पहुँचते हैं, तब उन्हें वहाँ पर पानी नहीं मिलता। इस दृष्टि भ्रम को मरीचिका कहते हैं। छोटे पैमाने पर मरीचिकाएँ प्राय: एक दृष्टि भ्रम के रूप में गर्मियों में दोपहर की तेज धूप के समय कोलतार की सड़कों अथवा चिकने कंक्रीट के बने राजमार्गों पर दिखाई देती हैं।
- **इन्द्रधनुष (Rainbow)**–इन्द्रधनुष दो प्रकार के होते हैं-**(1)** प्राथमिक इन्द्रधनुष तथा **(2)** द्वितीयक इन्द्रधनुष।
- **प्राथमिक इन्द्रधनुष** का निर्माण तब होता है, जब बूंदों पर आपतित होने वाली सूर्य की किरणों का दो बार अपवर्तन एवं एक बार परावर्तन होता है।
- **प्राथमिक इन्द्रधनुष** में लाल रंग बाहर की ओर और बैंगनी रंग अंदर की ओर होता है।
- **द्वितीयक इन्द्रधनुष** का निर्माण तब होता है, जब बूंदों पर आपतित होने वाली सूर्य किरणों का दो बार अपवर्तन एवं दो बार परावर्तन होता है।
- द्वितीयक इन्द्रधनुष में बैंगनी रंग बाहर की ओर एवं लाल रंग अंदर की ओर होता है।
- द्वितीयक इन्द्रधनुष, प्राथमिक इन्द्रधनुष की अपेक्षा कुछ धुंधला दिखलाई पड़ता है।

प्राथमिक, द्वितीयक तथा पूरक रंग

- चाक्षुष प्रदर्श एकक में प्राथमिक रंग लाल, हरा तथा नीला होता है।
- **प्राथमिक रंग (Primary Colours)**–लाल, हरे तथा नीले रंग के प्रकाश को प्राथमिक अथवा मूल रंग का प्रकाश कहते हैं।

लाल + नीला = बैंगनी
नीला + हरा = पीकॉक नीला
लाल + हरा = पीला

- **द्वितीयक रंग (Secondary Colours)**–दो प्राथमिक रंगों को मिलाकर द्वितीयक रंग प्राप्त किया जा सकता है। पीला, मैजेंटा एवं पीकॉक नीला को द्वितीयक रंग कहते हैं।
- तीन प्राथमिक रंगों को विभिन्न अनुपात में मिलाकर स्पेक्ट्रम के सभी रंग उत्पन्न किए जा सकते हैं।
- **पूरक रंग (Colours Complementary)**–जब दो रंग परस्पर मिलने से सफेद प्रकाश उत्पन्न करते हैं, उन्हें पूरक रंग कहते हैं।
- यदि नीले व पीले रंग के पेंट को मिलाया जाए, तो वह सफेद रंग न देकर हरे पेंट का रंग बनाते हैं। ऐसा इसलिए होता है कि जब नीले व पीले रंग के पेंट को मिलाकर सफेद प्रकाश में देखते हैं, तो वे प्रकाश के हरे रंग को परिवर्तित करके शेष रंगों को अवशोषित कर लेते हैं। इस प्रकार हरे रंग का मिश्रण दिखाई देता है।
- रंगीन टेलीविजन में प्राथमिक रंगों-लाल, हरे व नीले रंगों का प्रयोग किया जाता है।
- **वस्तुओं के रंग (Colours of Objects)**–जब प्रकाश किरणें वस्तुओं पर आपतित होने के पश्चात परावर्तित होकर हमारी आंखों पर पड़ती हैं, तो वस्तुएँ हमें दिखाई देने लगती हैं। अत: इस प्रतिक्रिया में वस्तुएँ प्रकाश का कुछ भाग परावर्तित करती हैं तथा कुछ भाग अवशोषित भी करती हैं।

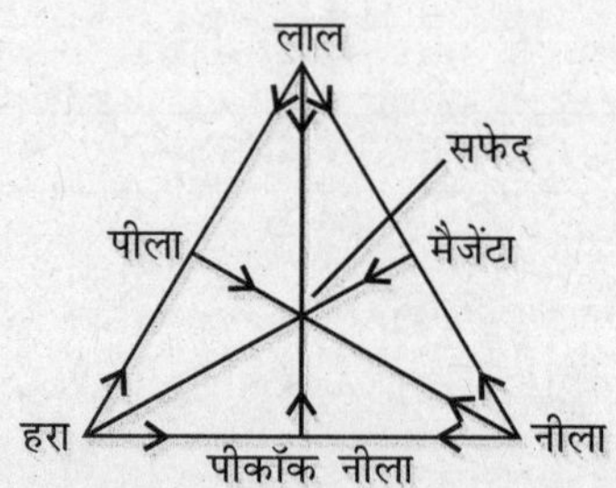

- अपारदर्शी का रंग उनके द्वारा परावर्तित प्रकाश के रंग पर निर्भर करता है। दूसरी ओर पारदर्शी वस्तुओं का रंग उनसे पार होने वाले प्रकाश के रंग पर निर्भर करता है।
- **रंगों के गुण (Characteristic of Colours)**–हमारी आंख की रेटिना में बहुत-सी संवेदनशील कोशिकाएँ होती हैं, जो दो प्रकार की होती हैं-शंकु तथा छड़।
- छड़ के आकार की कोशिकाएँ प्रकाश की तीव्रता के अनुरूप प्रतिक्रिया करती हैं एवं शंकु के आकार की कोशिकाएँ रंगों के अनुरूप प्रतिक्रिया करती हैं और इनसे ही हमें **रंगों का आभास** होता है।
- कुछ व्यक्तियों की आंखों की रेटिना में कुछ शंकु नहीं होते हैं, जिनके कारण वे कुछ रंगों को नहीं देख पाते हैं। यह एक आनुवांशिक दोष होता है। ऐसे व्यक्तियों को **वर्णांध** कहते हैं। ऐसे व्यक्ति सामान्य रूप से ठीक देख सकते हैं। परंतु उनमें रंगों का अंतर करने की क्षमता नहीं होती है।
- **प्रकाश तरंगों का व्यतिकरण (Interference of Light Waves)**–जब समान आवृति एवं समान आयाम की दो प्रकाश तरंगें जो मूलत: एक ही प्रकाश स्रोत से एक ही दिशा में संचारित होती है, तो माध्यम के कुछ बिन्दुओं पर प्रकाश की तीव्रता अधिकतम व कुछ बिन्दुओं पर तीव्रता न्यूनतम पाई जाती है। इस घटना को ही प्रकाश तरंगों का व्यतिकरण कहते हैं।
- सर्वप्रथम 1802 ई. में थामस यंग ने प्रकाश के व्यतिकरण को प्रयोगात्मक रूप से दर्शाया।
- जल की सतह पर फैली हुई मिट्टी के तेल की परत एवं साबुन के बुलबुलों का सूर्य के प्रकाश में रंगीन दिखाई देना प्रकाश तरंगों का व्यतिकरण के ही उदाहरण हैं।

मानव नेत्र (Human Eye)

आंख

- आंख शरीर का एक महत्त्वपूर्ण अंग होता है, जिसकी सहायता से किसी वस्तु को देखा जाता है।
- मानव नेत्र बाहर से एक कठोर व अपारदर्शी झिल्ली से ढका रहता है, जिसे कॉर्निया कहते हैं।
- नेत्रदान के समय मनुष्य **कॉर्निया** का दान करता है।
- कॉर्निया के पीछे एक रंगीन अपारदर्श श्वेत झिल्ली का पर्दा होता है, जिसे **आइरिस** कहते हैं।
- आइरिस का काम प्रकाश की मात्रा को नियंत्रित करना होता है, जिसके कारण यह अधिक प्रकाश में सिकुड़कर छोटा हो जाता है तथा अंधेरा या कम प्रकाश में स्वत: फैल जाता है।
- कॉर्निया और आंख के लेंस के बीच में एक नमकीन पारदर्शी द्रव भरा रहता है, जिसे नेत्रोद या जलीय द्रव कहा जाता है। इसका **अपवर्तनांक 1.336** होता है।
- रक्त पटल (Choraid) के नीचे आंख के सबसे भीतर एक पारदर्शी झिल्ली होती है, जिसे दृष्टि पटल या **रेटिना** कहते हैं।
- रेटिना पर वस्तु का प्रतिबिम्ब उल्टा एवं वास्तविक बनता है।
- मानव नेत्र की स्पष्ट दृष्टि की न्यूनतम दूरी 25 सेमी. होती है।
- किसी वस्तु को स्पष्ट देखने के लिए प्रकाश किरणों का रेटिना पर केन्द्रित होना आवश्यक होता है। यदि वस्तु रेटिना के आगे या पीछे केन्द्रित होगी तो वह वस्तु हमें दिखाई नहीं देगी।

दृष्टि दोष के प्रकार

- **निकट दृष्टि दोष (Myopia)**–इस प्रकार के दृष्टि दोष वाले व्यक्ति को निकट की वस्तुएँ तो स्पष्ट दिखाई देती हैं, परंतु दूर की वस्तुएँ स्पष्ट नहीं दिखती हैं।
- इस दृष्टि दोष के कारण वस्तु का प्रतिबिम्ब रेटिना पर न बनकर रेटिना के आगे बनता है।
- निकट दृष्टि दोष के निवारण के लिए अवतल लेंस का उपयोग किया जाता है।
- **दूर दृष्टि दोष (Hypermetropia)**–इस दृष्टि दोष वाले व्यक्ति को दूर की वस्तुएँ तो स्पष्ट दिखाई देती हैं, परंतु निकट की वस्तुएँ स्पष्ट दिखाई नहीं देती हैं।
- इस दृष्टि दोष के कारण वस्तु का प्रतिबिम्ब रेटिना के पीछे बनना है।
- दूर दृष्टि दोष के निवारण के लिए उत्तल लेंस का उपयोग किया जाता है।
- **जरा दृष्टि दोष (Presbyopia)**–वृद्धावस्था के कारण कुछ व्यक्तियों में निकट तथा दूर दोनों ही दृष्टि दोष एक साथ होते हैं। ऐसे व्यक्ति **द्विफोकसी लेंस** (उभयतल लेंस) का उपयोग करते हैं, जिसका एक भाग अवतल लेंस की तरह कार्य करता है तथा दूसरा उत्तल लेंस की तरह कार्य करता है।
- **अबिन्दुकता (Astigmatism)**–यह दृष्टि दोष गोलीय विपथन दोष की तरह होता है। इसमें नेत्र क्षैतिज दिशा में तो ठीक देख पाता है परंतु उर्ध्व दिशा में नहीं देख पाता है। इस दोष का निवारण बेलनाकार लेंस की सहायता से किया जाता है।

ध्वनि एवं तरंगें

ध्वनि (Sound)

- ध्वनि एक प्रकार की ऊर्जा है, जिसकी उत्पत्ति कम्पायमान वस्तुओं से होती है। किसी वस्तु में **20 कम्पन/सेकेण्ड से 20,000 कम्पन/सेकेण्ड** तक उत्पन्न होने वाली ध्वनि को मनुष्य का स्वस्थ कान सुन सकता है।
- **ध्वनि की चाल (Speed of Sound)**–ध्वनि का वेग माध्यम की प्रकृति तथा घनत्व पर निर्भर करता है। यह वायुमण्डलीय परिस्थितियों, जैसे-ताप, आर्द्रता आदि पर निर्भर करता है।
- वायु की तुलना में द्रवों तथा ठोसों में प्रत्यानयन बल बहुत अधिक होता है, अत: द्रवों तथा ठोसों में ध्वनि का वेग वायु में ध्वनि के वेग से अधिक होता है।
- ध्वनि का वेग ठोसों में सबसे अधिक, द्रवों में उससे कम व गैसों में सबसे कम होता है, क्योंकि गैसों की तुलना में ठोस और द्रव, संपीड़न का विरोध बहुत अधिक करते हैं।
- **ध्वनि की आवृत्ति**–ध्वनि के एक माध्यम से दूसरे माध्यम में जाने पर ध्वनि की आवृत्ति में कोई बदलाव नहीं आता है; जबकि इसकी चाल तथा तरंगदैर्ध्य बदल जाती हैं।
- **ध्वनि की चाल**–यह ध्वनि की आवृत्ति पर निर्भर नहीं करती, बल्कि ध्वनि के ताप, दाब एवं आर्द्रता पर निर्भर करती है।
- वायु में 1°C ताप बढ़ने पर ध्वनि की चाल 0.61 मी./से. बढ़ जाती है।
- आर्द्र वायु में ध्वनि की चाल बढ़ जाने के कारण ही बरसात के मौसम में आवाज हमें बहुत दूर तक सुनाई देती है।

तरंग (Wave)

- ऊर्जा का एक स्थान से दूसरे स्थान तक स्थानान्तरण तरंग के माध्यम से ही होता है।

विभिन्न माध्यमों में ध्वनि की चाल

माध्यम	ताप (0°C)	ध्वनि का वेग (m/s)
शुष्क वायु	0	332
हाइड्रोजन	0	1284
आसुत जल	25	1498
समुद्री जल	25	1531
रक्त	37	1570
तांबा	20	3750
एल्यूमिनियम	20	5100
लोहा	20	5130
कांच (पायरेक्स)	20	5170
ग्रेनाइट	20	6000
लकड़ी की राख	20	4670

- **तरंग गति (Wave Motion)**–किसी कारक द्वारा उत्पन्न विक्षोभ को आगे बढ़ाने की प्रक्रिया को तरंग गति कहते हैं। उदाहरण-जब कंकड़ शांत पानी में प्रवेश करता है, तो वह पानी के कणों या अणुओं को गति में ले आता है। ये कण अपने पास के कणों को गति में लाते हैं। यह प्रक्रम तब तक चलता है, जब तक कि विक्षोभ तालाब के किनारों तक नहीं पहुँच जाता।
- **अनुप्रस्थ तरंग (Transverse Wave)**–यह ऐसी तरंगें होती हैं, जिसमें माध्यम के कणों की अपनी मूल स्थितियों पर गति की दिशा, तरंग के संचरण की दिशा के लम्बवत होती हैं।
- अनुप्रस्थ तरंगें केवल ठोस माध्यमों एवं द्रव की ऊपरी सतह पर उत्पन्न की जा सकती हैं, यह द्रवों के भीतर एवं गैसों में उत्पन्न नहीं की जा सकती हैं।
- **अनुदैर्ध्य तरंग (Longitudinal Wave)**–इसमें माध्यम के कणों का अपनी मूल स्थितियों पर विस्थापन, उसी दिशा में होता है, जिस दिशा में तरंग उस माध्यम से होकर जाती है।

- **अनुदैर्ध्य तरंगें** सभी माध्यमों में उत्पन्न की जा सकती हैं। ये तरंगें संपीड़न और विरलन के रूप में संचारित होती हैं। वायु में उत्पन्न तरंगें, भूकम्प तरंगें, स्प्रिंग में उत्पन्न तरंगें इत्यादि सभी **अनुदैर्ध्य तरंगें** होती हैं।

विद्युत चुम्बकीय तरंग (Electromagnetic Wave)

- वे तरंगें जिनके कारण संचरण के लिए किसी माध्यम की आवश्यकता नहीं होती तथा जो निर्वात में भी संचारित हो सकती हैं।
- विद्युत-चुम्बकीय तरंगें चुम्बकीय एवं विद्युत क्षेत्रों के दोलन से उत्पन्न होने वाली तरंगें हैं।
- समप्रकाश तरंगें, ऊष्मीय विकिरण, एक्स (X) किरणें, रेडियो तरंगें इत्यादि विद्युत चुम्बकीय तरंग के उदाहरण हैं।
- विद्युत-चुम्बकीय तरंगों की चाल प्रकाश की चाल के बराबर होती है, जो तीन लाख किमी. प्रति सेकेण्ड के चाल से चलती है।
- विद्युत-चुम्बकीय तरंगों का तरंगदैर्ध्य परिसर (Wavelength Range) विस्तृत होता है जो $\mathbf{10^{-14}}$ **m से** $\mathbf{10^{4}}$ **m** तक होता है।
- **विद्युत-चुम्बकीय स्पेक्ट्रम (Electromagnetic Spectrum)**–सूर्य के प्रकाश में लाल रंग से लेकर बैंगनी रंग तक के दिखाई पड़ने वाले स्पेक्ट्रम को 'दृश्य स्पेक्ट्रम' (Visible Spectrum) कहते हैं।
- दृश्य स्पेक्ट्रम में सबसे लंबी तरंगदैर्ध्य लाल रंग (7.8×10^{-7} मी.) तथा सबसे छोटी तरंगदैर्ध्य बैंगनी रंग (4.0×10^{-7} मी.) की होती है।

विद्युत चुम्बकत्व

प्रति चुम्बकीय पदार्थ (Diamagnetic Substance)	अनुचुम्बकीय पदार्थ (Paramagnetic Substance)	लौह चुम्बकीय पदार्थ (Ferromagnetic Substance)
जो पदार्थ चुम्बकीय क्षेत्र में रखे जाने पर क्षेत्र की विपरीत दिशा में मामूली रूप से चुम्बकीय हो जाते हैं। उदाहरण बिस्मथ (Bi), फॉस्फोरस (P), जस्ता, (Zn), एण्टीमनी (sb), तांबा (Cu), चांदी (Ag), सोना (Au), नमक (NaCl), जल (H_2O), हाइड्रोजन (H), नाइट्रोजन (N), पारा (Hg) आदि।	जो पदार्थ चुम्बकीय क्षेत्र में रखे जाने पर क्षेत्र की ही दिशा में मामूली रूप से चुम्बकित हो जाते हैं। उदाहरण-एल्युमीनियम (Al), मैंगनीज (Mn), प्लेटिनम (Pt), सोडियम (Na), ऑक्सीजन (O), कॉपर क्लोराइड ($CuCl_2$), लोहे व ऑक्सीजन के लवण आदि।	जो पदार्थ किसी चुम्बक के सिरे के पास लाए जाने पर तीव्रता से आकर्षित हो जाते हैं। उदाहरण-लोहा (Fe), निकिल (Ni), कोबाल्ट (Co), तथा इनकी मिश्र धातुएं।

विद्युत चुम्बकीय तरंगों के अनुप्रयोग (Application of Electromagnetic Waves)

- **गामा किरणें** (**γ-rays**)–इसकी खोज हेनरी बैकुरल ने की थी। γ-किरणें अत्यंत लघु तरंगदैर्ध्य की विद्युत चुम्बकीय तरंगें होती हैं। इनका तरंगदैर्ध्य परिसर 10^{-14} मीटर से लेकर 10^{-10} मीटर तक होता है। तरंगदैर्ध्य बहुत कम होने के कारण गामा किरणों में अत्यधिक ऊर्जा होती है, जिससे ये लोहे की चादरों को पार कर जाती हैं।

विभिन्न तरंगों की तरंगदैर्ध्य के मान

तरंग	तरंगदैर्ध्य	स्रोत	संसूचक
कॉस्मिक किरणें	10^{-7} से 0.001Å	धन व ऋण आवेशों के संयोजन से	सर्वाधिक भेदन क्षमता
गामा किरणें	100 Å से 1 Å	रेडियो-एक्टिव परमाणुओं का विघटन होने पर	उच्च भेदन क्षमता
एक्स किरणें	1 Å से 100 Å	तीव्रगामी इलेक्ट्रॉनों को भारी लक्ष्य द्वारा रोकने पर	लकड़ी या धातु आवरण में रखी फोटो
पराबैंगनी किरणें	100 Å से 3900 Å	सूर्य, आर्क, स्पार्क	प्रकाश विद्युत प्रभाव उत्पन्न करती हैं
दृश्य किरणें	3900 Å से 7900 Å	तापदीप्त वस्तुओं से	इसकी उपस्थिति में अन्य वस्तुएँ देखी जा सकती हैं।
अवरक्त किरणें	7900 Å से 107 Å	गर्म वस्तुओं से	ऊष्मीय प्रभाव
लघु रेडियो तरंगें (हर्ट्ज तरंगें)	10^{7} से 3×10^{12} Å	रेडियो वाल्व दोलत विद्युत परिपथ द्वारा	L–C पथ में अनुवाद उत्पन्न करके
दीर्घ रेडियो (बेतार तरंगें)	10^{10} से 10^{17} Å		

α–कण, β–कण γ–किरण के गुणों की तुलनात्मक सारणी

गुण	α-कण	β-कण	γ-किरण
प्रकृति	हीलियम नाभिक	तीव्रगामी इलेक्ट्रान	वैद्युत चुम्बकीय तरंग (फोटॉन)
विराम द्रव्यमान	6.6×10^{-27} किग्रा.	9.1×10^{-31} किग्रा.	शून्य
आवेश	$+3.2 \times 10^{-19}$ कूलॉम	-1.6×10^{-9} कूलॉम	शून्य
वेग	1.4×10^{7} से 2.2×10^{7} मी./से.	प्रकाश की चाल के 1% से 99% तक	3×10^{8} मी./से.
आयनीकरण	β-कणों से से 100 गुना अधिक	γ-किरणों से 100 गुना अधिक	न्यूनतम
बेधन क्षमता	न्यूनतम	α कण से 100 गुनी	β-कण से 100 गुनी

- **एक्स किरणें (X-rays)**–इसकी खोज डब्ल्यू. के. रोंटजन ने की थी। इसकी तरंगदैर्ध्य 10^{-10} मीटर से 10^{-8} मीटर तक होती है। एक्स किरणों का प्रयोग **चिकित्सा** एवं **औद्योगिक क्षेत्र** में होता है।
- **पराबैंगनी किरणें (Ultra-violet Rays)**–इसकी खोज रीटर ने की थी। पराबैंगनी किरणें सूर्य के प्रकाश, विद्युत विसर्जन, निर्वात, स्पार्क आदि से उत्पन्न होती हैं। इनकी तरंगदैर्ध्य 10^{-8} मीटर से लेकर 10^{-7} मीटर तक होती है।
- **दृश्य विकिरण (Visible Radiation)**–दृश्य विकिरण की खोज न्यूटन ने की थी। इसका तरंगदैर्ध्य परिसर 4×10^{-7} मीटर से लेकर 7.8×10^{-7} मीटर तक होता है। दृश्य विकिरण में परावर्तन, अपवर्तन, व्यतिकरण, विवर्तन, ध्रुवण, दृष्टि संवेदन आदि गुण पाए जाते हैं। इसका तरंगदैर्ध्य परिसर 10^{-8} मीटर से लेकर 10^{-7} मीटर तक होता है। दृश्य विकिरण के स्रोत सूर्य, तारे, ज्वाला, विद्युत बल्ब, आर्क-लैम्प आदि हैं।
- **अवरक्त किरणें (Infra-Red Rays)**–इनकी खोज विलियम हरशैल ने 1940 में की थी। इनके तरंगदैर्ध्य का परिसर 7.8×10^{-7} मीटर से लेकर 10^{-3} मीटर तक होता है। इसकी भेदन शक्ति अधिक होने के कारण ये घने कोहरे व धुंध से पार निकल जाती हैं। युद्धकाल में इन किरणों का उपयोग दूर-दूर तक सिग्नल भेजने में किया जाता है। इनका उपयोग अस्पतालों में **रोगियों की सिकाई** करने व कुहरे में **फोटोग्राफी** करने में भी होता है।
- **हर्ट्ज या लघु रेडियो तरंगें (Hertz or Short Radio Waves)**–इनकी खोज विलियम हर्ट्ज ने 1888 ई. में की थी। इन तरंगों का तरंगदैर्ध्य परिसर 10^{-3} से 1 मीटर तक होता है। इनका उपयोग टेलीविजन, टेलीफोन आदि के प्रसारण में किया जाता है।

विद्युत चुम्बकीय तरंग	तरंगदैर्ध्य (मीटर में)	आवृत्ति परिसर (हर्ट्ज में)
गामा किरणें	10^{-14} से 10^{-10}	10^{20} से 10^{18}
एक्स किरणें	10^{-10} से 10^{-8}	10^{-18} से 10^{16}
पराबैंगनी किरणें	10^{-8} से 10^{-7}	10^{16} से 10^{14}
लघु रेडियो तरंगें	10^{-8} से 1	10^{10} से 10^{8}
दीर्घ रेडियो तरंगें	1 से 10^{4}	10^{6} से 10^{4}

- **वायरलैस या दीर्घ रेडियो तरंगें (Wireless or Long Radio wave)**–इसकी खोज **मार्कोनी** ने 1896 ई. में की थी। इनका तरंगदैर्ध्य परिसर 1 मीटर से लेकर 10^{4} मीटर तक होता है।
- **सरल आवर्त तरंग (Simple Harmonic Wave)**–जब किसी माध्यम के कणों या अवयवों के कम्पन सरल आवर्त हों तो उनसे उत्पादित तरंगों को सरल आवर्त तरंगें कहते हैं।
- **आयाम (Amplitude)**–किसी तरंग का आयाम, माध्यम के कंपित कणों का, अपनी मूल स्थिति के दोनों ओर अधिकतम विस्थापन है। आयाम को साधारणतः अक्षर α या A से निरूपित किया जाता है। इसका SI मात्रक **मीटर (m)** है।
- **तरंगदैर्ध्य (Wavelength)**–जब एक सरल आवर्त तरंग किसी माध्यम से होकर जाती है, तो एक विशेष, पैटर्न की एक निश्चित दूरी के पश्चात पुनरावृत्ति होती रहती है, इस दूरी को तरंगदैर्ध्य कहते हैं। तरंगदैर्ध्य को साधारणतः λ से निरूपित किया जाता है। इसका SI मात्रक **मीटर (m)** है।
- **आवर्त काल (Time Period)**–एक शृंग या गर्त द्वारा, एक तरंगदैर्ध्य (λ) के बराबर दूरी तय करने में लगे समय को आवर्त काल कहते हैं।
- तरंग का आवर्त काल, माध्यम के कणों के आवर्त काल के बराबर होता है, जो कणों द्वारा अपनी मूल स्थिति पर एक दोलन पूरा करने में लगा समय है।
- आवर्त काल को साधारणतः T से निरूपित करते हैं। इसका SI मात्रक **सेकेण्ड (s)** हैं।
- **आवृत्ति (Frequency)**–किसी तरंग की आवृत्ति, माध्यम के कणों के दोलन की आवृत्ति के बराबर होती है। कोई कण एक सेकेण्ड में जितना कम्पन करता है, उसे आवृत्ति कहते हैं। इस प्रकार तरंग की आवृत्ति 1/T के बराबर होती है। इसका SI मात्रक **हर्ट्ज** है।
- **ध्वनि का परावर्तन (Reflection of Sound)**–प्रकाश की तरह ध्वनि भी किसी तल से टकराकर वापस आती है, तो इसे ध्वनि का परावर्तन कहते हैं। ध्वनि तरंगों के परावर्तन के लिए विस्तृत बड़े आकार के अवरोधों की आवश्यकता होती है और पृष्ठ का चिकना होना आवश्यक नहीं है, जैसे पहाड़ या किसी बड़े गुम्बद के भीतर ध्वनि उत्पन्न करने से ध्वनि का परावर्तन होता है।
- **प्रतिध्वनि (Echo)**–जो ध्वनि परावर्तन के कारण बार-बार सुनाई देती है, तो उसे प्रतिध्वनि कहते हैं, जैसे-कुएँ में चिल्लाने पर प्रतिध्वनि सुनाई पड़ती है।
- स्पष्ट प्रतिध्वनि सुनने के लिए श्रोता तथा परावर्तक सतह के बीच की न्यूनतम दूरी 17 मीटर होनी चाहिए, क्योंकि परावर्तक सतह के बहुत नजदीक खड़ा होने पर प्रतिध्वनि सुनाई नहीं पड़ती है।
- किसी सुनी हुई ध्वनि का प्रभाव हमारे मस्तिष्क के ऊपर **0.1 सेकेण्ड** तक रहता है।

ध्वनि की तीव्रता

ध्वनि के स्रोत	तीव्रता (dB में)
साधारण बातचीत	30–40
जोर से बातचीत	50–60
ट्रक, ट्रैक्टर	90–100
आरकेस्ट्रा	100
विद्युत मोटर	110
मोटर साइकिल	110
सायरन	110–120
जेट विमान	140–150
मशीनगन	170
मिसाइल	180

- वायुयान की ऊंचाई, समुद्र की गहराई एवं सुदूर स्थित पहाड़ की दूरी की माप हम प्रतिध्वनि के माध्यम से ही कर पाते हैं।
- **ध्वनि का अपवर्तन (Refraction of Sound)**–जब ध्वनि तरंगें एक माध्यम से दूसरे माध्यम में जाती हैं, तो उन तरंगों का अपवर्तन हो जाता है अर्थात वे अपने पथ से विचलित हो जाती हैं।
- ध्वनि तरंगों का अपवर्तन वायु की भिन्न-भिन्न परतों का ताप भिन्न-भिन्न होने के कारण होता है।
- गर्म वायु में ध्वनि की चाल ठंडी वायु की अपेक्षा अधिक होती हैं, इसीलिए जब ध्वनि गर्म वायु से ठंडी वायु या ठंडी वायु से गर्म वायु में संचारित होती है, तो यह अपने मार्ग से विचलित हो जाती है।
- **अनुरणन (Reverberation)**–किसी हॉल में ध्वनि स्रोत को बंद करने के बाद भी ध्वनि का कुछ देर तक सुनाई देना प्रतिध्वनित होना 'अनुरणन' कहलाता है तथा यह समय जिसके दौरान यह ध्वनि सुनाई देती है, **'अनुरणन काल'** कहलाता है।
- सिनेमा हॉल में अनावश्यक प्रतिध्वनि को रोकने के लिए, हॉल की दीवारें खुरदरी बनाई जाती हैं या उन्हें मोटे, रसंध्र (Porous) परदों से ढक दिया जाता है, जिससे ध्वनि का शोषण (Absorption) हो जाता है तथा परावर्तन नहीं होता है।

- बादलों का गर्जन अनुरणन का स्पष्ट उदाहरण है।
- **अनुनाद (Resonance)**–अनुनाद प्रणोदित कम्पन की एक स्थिति हैं, जिसमें प्रणोदित कम्पनों की आवृत्ति वस्तु की स्वाभाविक आवृत्ति के बराबर होती है।
- अनुनाद से बचने के लिए पुल पार करते समय सैनिकों की टुकड़ी कदम-से-कदम मिलाकर नहीं चलती है।
- रेडियो में प्रसारित होने वाले कार्यक्रमों को हम अनुनाद के कारण ही सुन पाते हैं।
- **अपश्रव्य तरंगें (Infrasonic Sound)**–वह तरंगें, जिनकी आवृत्ति 20 कम्पन/सेकेण्ड से कम होती है, अपश्रव्य तरंगें कहलाती हैं। इन्हें मनुष्य नहीं सुन सकता है।
- **श्रव्य तरंगें (Sonic Wave)**–वह तरंगें, जिनकी आवृत्ति 20-20,000 कम्पन/सेकेण्ड होती है, श्रव्य तरंगें कहलाती हैं। मनुष्य इसे सुन सकता है।
- **पराश्रव्य तरंगें (Ultrasonic Wave)**–वह तरंगें, जिनकी आवृत्ति 20,000 कम्पन/सेकेण्ड होती है पराश्रव्य तरंगें कहलाती हैं। इन्हें मनुष्य सुन नहीं सकता है, परंतु कई प्रकार के अन्य जीव-जन्तु इस ध्वनि को सुन सकते हैं।
- **पराश्रव्य तरंगों के उपयोग**–**(i)** संकेत भेजने में, **(ii)** समुद्र की गहराई का पता लगाने में, **(iii)** गठिया रोग के उपचार एवं मस्तिष्क ट्यूमर का पता लगाने में, **(iv)** कपड़े, वायुयान तथा घड़ियों के पुर्जे को साफ करने में, **(v)** दूध में पाए जाने वाले हानिकारक जीवाणुओं को नष्ट करने में और **(vi)** औद्योगिक कारखानों की चिमनियों से कालिख हटाने आदि में किया जाता है।
- **ध्वनियों के लक्षण (Characteristics of Sound)**–ध्वनियों के मुख्यत: तीन लक्षण होते हैं-तीव्रता, तारत्व एवं गुणता।
- **तीव्रता (Intensity)**–ध्वनि का तेज या धीमा सुनाई देना तीव्रता पर निर्भर करता है। ध्वनि की तीव्रता डेसीबल में मापी जाती है।
- **तारत्व (Pitch)**–यह ध्वनि का वह लक्षण है, जिससे हम ध्वनि को मोटी (Grave) अथवा तीक्ष्ण या बारीक (Sharp) कहते हैं।
- ध्वनि का तारत्व उसकी आवृत्ति पर निर्भर करता है।
- पुरुषों की ध्वनि मोटी तथा स्त्रियों की ध्वनि प्राय: बारीक होती है, क्योंकि पुरुषों की ध्वनि का तारत्व, स्त्रियों की ध्वनि की अपेक्षा कम होता है या पुरुषों की ध्वनि, स्त्रियों की ध्वनि की आवृत्ति की अपेक्षा कम होती है।
- शेर की दहाड़ तथा मच्छरों की भिनभिनाहट में **सर्वाधिक तारत्व मच्छरों की भिनभिनाहट** में होती है।
- **गुणता (Quality)**–यह ध्वनि का वह लक्षण है, जिससे हम समान आवृत्ति या समान तीव्रता की ध्वनियों में अंतर प्रतीत कर लेते हैं।
- ध्वनि की गुणता उसमें उपस्थित अधिस्वरकों की संख्या, उनके क्रम तथा इनकी **आपेक्षिक तीव्रता** पर निर्भर करती है।
- गुणता के कारण ही हम अपने विभिन्न परिचितों को बगैर देखे उनकी आवाज सुनकर पहचान लेते हैं।
- **सोनार (Sonar)**–ध्वनि के परावर्तन का एक अत्यन्त महत्त्वपूर्ण अनुप्रयोग समुद्र विज्ञान के अध्ययन में किया जाता है। इसमें प्रयुक्त युक्ति को सोनार कहा जाता है। वास्तव में सोनार का अर्थ है ध्वनि द्वारा संचालन तथा परिसर निर्धारण करना। सोनार का उपयोग गहरे जल में स्थित अदृश्य पिण्डों, जैसे-पनडुब्बियों, जहाजों, चट्टानों, छुपे हुए प्लावी बर्फ (हिम शैल) आदि की अवस्थिति की यथार्थ जानकारी प्राप्त करने के लिए किया जाता है।

विद्युत

- **विद्युत धारा (Current Electricity)**–विद्युत आवेश के प्रवाह की दर को धारा कहते हैं अर्थात किसी एकांक समय में प्रवाहित होने वाले विद्युत आवेश के परिणाम को विद्युत धारा कहते हैं। इसका SI मात्रक **ऐम्पियर** है। यह एक **अदिश राशि** है।
- **दिष्ट धारा (Direct Current)**–किसी परिपथ में धारा का प्रवाह हमेशा एक ही दिशा में होना दिष्ट धारा कहलाता है।
- **प्रत्यावर्ती धारा (Alternating Current)**–जब किसी परिपथ में धारा का प्रवाह एकांतर क्रम में समानांतर रूप से आगे-पीछे होता रहे, तो ऐसी धारा को प्रत्यावर्ती धारा कहते हैं।
- विद्युत परिपथ में धारा का लगातार प्रवाह प्राप्त करने के लिए विद्युत-वाहक बल (Electro-motive Force) की आवश्यकता होती है।
- **धारिता**–किसी चालक पर जितना आवेश देने से उसके विभव में एकांक वृद्धि होती है, उतने ही आवेश को उस चालक की धारिता कहते हैं। किसी चालक की धारिता (C) चालक को दिए गए आवेश (Q) तथा उसके कारण चालक के विभव में होने वाली वृद्धि (V) के अनुपात को कहते हैं अर्थात्

$$C = \frac{Q}{V}$$

- विद्युत धारिता का SI मात्रक फैरड होता है।
- किसी चालक की धारिता अपने चारों ओर के माध्यम पर निर्भर करती है।
- जब दो आवेशों के बीच आकर्षण या विकर्षण का बल आवेशों के बीच की दूरी के वर्ग का व्युत्क्रमानुपाती हो, तो यह नियम **व्युत्क्रम-वर्ग का नियम** कहलाता है।
- आवेश का SI मात्रक कूलाम्ब होता है।
- **वोल्ट (Volt)**–यदि 1 कूलॉम आवेश को अनन्त से विद्युत क्षेत्र के किसी बिन्दु तक लाने में 1 जूल का कार्य करना पड़े तो उस बिन्दु पर विद्युत विभव 1 वोल्ट कहलाता है।

$$1 \text{ वोल्ट} = \frac{1}{1 \text{ कूलॉम}}$$

- **विभवान्तर (Potential Difference)**–1 कूलॉम आवेश को विद्युत क्षेत्र के एक बिंदु से दूसरे बिंदु तक ले जाने में किए गए कार्य को उन बिंदुओं के मध्य विभवान्तर कहते हैं।
- विभवान्तर का SI मात्रक वोल्ट होता है। यह एक अदिश राशि है।
- **ओम का नियम (Ohm's Law)**–किसी चालक में प्रवाहित विद्युत धारा का मान उसके सिरों पर लगे हुए विभवान्तर के अनुक्रमानुपाती होता है। (जब ताप स्थिर रहे)
- विभवान्तर वोल्ट में तथा धारा ऐम्पियर में हो, तो प्रतिरोध 'ओम' में होता है।
- जर्मनी के वैज्ञानिक **जॉर्ज साइमन ओम** ने ही सर्वप्रथम धारा और विभवान्तर के बीच के संबंधों की खोज की।
- **ओमीय प्रतिरोध (Ohmic Resistance)**–जो चालक ओम के नियम का पालन करते हैं, उन्हें ओमीय प्रतिरोध कहते हैं, जैसे-मैंगनीज का तार, तांबे का तार, एल्युमीनियम का तार आदि।
- **अनओमी प्रतिरोध (Non-ohmic Resistance)**–जो चालक ओम के नियम का पालन नहीं करते, उन्हें **अनओमीय** प्रतिरोध कहते हैं, जैसे-ट्रायोड वाल्व का प्रतिरोध।
- **विद्युत चालक और विद्युतरोधी पदार्थ**–जिन पदार्थों में विद्युत का चालन सरलता से हो जाता है तथा विद्युत का प्रवाह मुक्त रूप से होता है, उन्हें विद्युत चालक तथा जिन पदार्थों में विद्युत धारा के प्रवाह में बाधा आती है वह विद्युतरोधी कहलाते हैं।
- विद्युत चालक-तांबा, चांदी, ग्रेफाइट, लवणों का जलीय विलयन आदि। विद्युत रोधी-रबड़, कांच प्लास्टिक, पोर्सिलेन आदि।

विद्युत के चालक, अर्द्धचालक व कुचालक

चालक (Conductor)	अर्द्धचालक (Semi-conductor)	कुचालक (Insulator)
इन पदार्थों में विद्युत आवेश का प्रवाह होता है, जैसे-चांदी, तांबा, एल्युमीनियम, पारा और अन्य धातुएँ, जल, चार कोल, मानव शरीर।	इन पदार्थों में विद्युत आवेश चालकों से कम व कुचालकों से अधिक होता है, जैसे-संगमरमर, कागज, बालू, रुई, हाथी दांत, आर्द्र वायु आदि।	इन पदार्थों में विद्युत आवेश का प्रवाह नहीं होता है, जैसे-शीशा, रबर, अभ्रक, शुष्क हवा, सिल्क काष्ठ, एबोनाइट, सल्फर, लाख आदि।

- **अतिचालक (Superconductor)–ओनेस** नामक वैज्ञानिक ने पता लगाया कि 4.2 K (लगभग - 269°C) ताप पर पारे का विद्युत प्रतिरोध शून्य हो जाता है। इन न्यून तापों को क्रांतिक ताप कहते हैं एवं ऐसा व्यवहार करने वाले पदार्थों को अतिचालक कहते हैं।
- अतिचालक कोई प्रतिरोध प्रस्तुत नहीं करते हैं, इसलिए उनमें ऊर्जा ह्रास के बिना विद्युत धारा प्रवाहित होती है।
- विद्युत प्रवाहित होते समय ऊष्मा का कोई ह्रास नहीं होता, यही कारण है कि एक स्थान से दूसरे स्थान को विद्युत के संचरण में अतिचालकों का दक्षतापूर्वक उपयोग किया जा सकता है।
- **तड़ित चालक (Lightning Conductor)**–वैसी क्रिया, जिसके द्वारा अत्यधिक विद्युत आवेशन होता है, तड़ित चालक कहलाता हैं।
- यह क्रिया दो आवेशित बादलों के बीच या आवेशित बादलों एवं पृथ्वी के बीच होती है।
- तड़ित चालक का प्रयोग तड़ित के दौरान भवनों की सुरक्षा के लिए किया जाता है।
- तड़ित चालक एक मोटी तांबे की पट्टी होती है, जिसके ऊपरी सिरे पर कई नुकीले सिरे बने होते हैं। इसे बड़ी इमारतों के ऊपरी हिस्सों में लगाया जाता है।

वैद्युतिकी के महत्त्वपूर्ण मात्रक

भौतिक राशि	मात्रक	संकेत
विद्युत आवेश	कूलॉम्ब	q या C
विद्युत विभव	वोल्ट	V
विभवान्तर	वोल्ट	V
विद्युत धारिता	फैराडे	F
विद्युत धारा	एम्पियर	A
प्रतिरोध	ओम	Ω
विशिष्ट प्रतिरोध	ओम मीटर	Ωm
विद्युत चालकता	ओम$^{-1}$	Ω^{-1}
	या म्हो या सीमेन	S
विशिष्ट चालकता	ओम$^{-1}$ मीटर$^{-1}$	
	या म्हो मीटर$^{-1}$	Ω^{-1} m^{-1}
	या, सीमेन मीटर$^{-1}$	Sm^{-1}
विद्युत शक्ति	वाट	W

फ्लेमिंग के दाएं हाथ का नियम–यदि दाएं हाथ के अंगूठे (Thumb) तर्जनी (Forefinger) और मध्यमा (middle finger) उंगलियों को इस प्रकार परस्पर लम्बवत प्रसारित किया जाए कि अंगूठा चालक की गति की दिशा और तर्जनी चुंबकीय क्षेत्र की दिशा को प्रदर्शित करें, तो मध्यमा उंगली प्रेरित विद्युत धारा बल की दिशा को प्रदर्शित करेगी।

विद्युत शक्ति संयंत्र (Electric Power Plants)

- **प्रत्यावर्ती धारा (Alternating Current)**–एक ऐसी धारा, जिसका परिमाण एवं दिशा समय के साथ बदले तथा निश्चित समय के पश्चात उसी दिशा में उसी परिमाण के साथ उसकी पुनरावृत्ति हो, प्रत्यावर्ती धारा कहलाती है।
- **आवर्त्त काल (Times Period)**–प्रत्यावर्ती धारा चुम्बकीय क्षेत्र में घूमती हुई कुण्डली से उत्पन्न होती है जिसमें एक चक्कर लगाने में धारा पहले एक दिशा में शून्य से अधिकतम व अधिकतम से शून्य तथा इसके विपरीत दिशा में भी यही क्रिया दोहराती है। इसे प्रत्यावर्ती धारा का एक साइकिल अथवा चक्र कहते हैं एवं इसे पूरा करने में लगे समय को प्रत्यावर्ती धारा का आवर्तकाल (T) कहते हैं।
- **चोक कुण्डली (Choke Coil)**–ऐसी युक्ति है, जिसका उपयोग कर प्रत्यावर्ती धारा परिपथ में बिना ऊर्जा ह्रास के दृष्टि धारा को नियंत्रित करती है, चोक कुण्डली कहलाती है।
- चोक कुण्डली का निर्माण नर्म लोहे के एक क्रोड के ऊपर पृथक्कृत तांबे का तार लपेट कर किया जाता है।
- चोक कुण्डली के कारण परिपथ में व्यय विद्युत ऊर्जा का मान न्यूनतम होता है।
- चोक कुण्डली का उपयोग घरों की **फ्लोरसेंट ट्यूब्स** एवं **रेडियो** में होता है।
- **ट्रांसफार्मर (Transformer)**–विद्युत चुम्बकीय प्रेरण के सिद्धांत पर कार्य करने वाला यह एक ऐसा यंत्र है, जो उच्च ए.सी. वोल्टेज को निम्न ए.सी. वोल्टेज में एवं निम्न ए.सी. वोल्टेज को उच्च ए.सी. वोल्टेज में बदल देता है।
- ट्रांसफार्मर का निर्माण एक पटलित नर्म लोहे की आयताकार क्रोड पर आमने-सामने दो कुण्डलियाँ लपेट कर किया जाता है।
- ए.सी. स्रोत से जुड़ने वाली कुण्डली को प्राथमिक कुण्डली (Primary Coil) एवं बाह्य परिपथ (लोड) से जुड़ने वाली कुण्डली को द्वितीय कुण्डली (Secondary Coil) कहा जाता है।
- **डायनेमो (Dynamo)**–यह विद्युत चुम्बकीय प्रेरण के सिद्धांत पर कार्य करता है।
- डायनेमो यांत्रिक ऊर्जा को विद्युत ऊर्जा में परिवर्तित कर देता है।
- **विद्युत मोटर (Electric Motor)**–यह विद्युत चुम्बकीय प्रेरण के सिद्धांत पर कार्य नहीं करती है।
- विद्युत मोटर द्वारा विद्युत ऊर्जा को यांत्रिक ऊर्जा में परिवर्तित किया जाता है।
- **विद्युत बल्ब (Electric Bulb)**–विद्युत बल्ब का आविष्कार सर्वप्रथम एडीसन ने किया था।
- बल्ब के अंदर कुण्डलीनुमा तंतु लगा होता है, जो टंगस्टन धातु का बना होता है।
- बल्ब के अंदर टंगस्टन धातु का उपयोग इसके उच्च गलनांक के कारण किया जाता है। इसका गलनांक लगभग 3500°C होता है।
- ट्यूब लाइट (Tube light) के अंदर अक्रिय गैस के रूप में आर्गन भरी होती है।
- ट्यूब लाइट में कांच की दीवारों पर बेरियम ऑक्साइड का लेप चढ़ा होता है।

कुछ पदार्थों के विशिष्ट प्रतिरोध

पदार्थ	0°C पर विशिष्ट प्रतिरोध (Ωm) में
चांदी	1.6×10^{-8}
एल्युमीनियम	2.7×10^{-8}
लोहा	10×10^{-8}
पारा	98×10^{-8}

नाइक्रोम	100×10^{-8}
जर्मेनियम	0.46×10^{-1}
लकड़ी	$10^{8} - 10^{-11}$
अभ्रक	$10^{-11} - 10^{15}$
तांबा	1.7×10^{-8}
टंगस्टन	$5{,}6 \times 10^{-8}$
प्लेटिनम	11×10^{-8}
मैंगनीज	44×10^{-8}
कार्बन	3.5×10^{-5}
सिलिकॉन	2.3×10^{3}
कांच	$10^{10} - 10^{14}$

इलेक्ट्रॉनिक भौतिकी (Electronic Physics)

- वर्ष **1967 ई.** में इलेक्ट्रॉनिक क्षेत्र में **इलेक्ट्रॉनिकी कॉर्पोरेशन ऑफ इंडिया** की स्थापना की गई।
- **डायोड वाल्व (Diode Valve)**–इसका निर्माण फ्लेमिंग द्वारा वर्ष **1904 ई.** में किया गया था।
- यह एक ऐसी निर्वात नलिका है, जिसमें केवल दो ही इलेक्ट्रोड तंतु एवं प्लेट होते हैं।
- डायोड वाल्व के द्वारा प्रत्यावर्ती धारा (A.C.) को दिष्ट धारा (D.C.) में बदला जाता है।
- **ट्रायोड वाल्व (Triode Valve)**–तीन इलेक्ट्रोड प्लेट, ग्रिड एवं तंतु वाली एक निर्वात नलिका है, जिसका निर्माण सन् 1970 ई. में अमेरिका के **लीटर डी. फॉरेस्ट** ने किया था।
- ट्रायोड वाल्व को हम प्रवर्धक दोलित एवं सूचक की तरह प्रयोग करते हैं।
- **कैथोड किरणें (Cathode Rays)**–कैथोड किरणें किसी विसर्जन नलिका के कैथोड से निकलने वाला इलेक्ट्रॉन पुंज है। ये किरणें ऋणावेशित होती हैं।
- कैथोड के आस-पास एकत्रित इलेक्ट्रॉन समूह को अंतराल आवेश (Space Charge) कहा जाता है।

कैथोड किरणों के गुण

- कैथोड किरणें सीधी रेखाओं में चलती हैं।
- कैथोड किरणें सूक्ष्म किरणों से बनी हैं।
- कैथोड किरणें विद्युत (Electric) और चुम्बकीय (Magnetic) क्षेत्रों में विक्षेपण (Deflect) उत्पन्न करती हैं।
- कैथोड किरणें कांच की नली की दीवारों में प्रतिदीप्ति (Fluorescence) उत्पन्न करती हैं।
- कैथोड किरणें धातु की पतली पन्नी (Foil) में तापदीप्ति (Incandescence) उत्पन्न करती हैं।
- कैथोड किरणें गैसों को आयनित करती हैं और फोटोग्राफिक प्लेट को प्रभावित करती हैं।
- कैथोड किरणें धातु की पतली पन्नी को भेदकर आर-पार निकल जाती हैं।
- कैथोड किरणें X-किरणें उत्पन्न करती हैं।
- **गोल्डस्टीन** ने, **1886 ई.** में पता लगाया कि निर्वात नली में एनोड की तरफ से कुछ कण निकलते हैं, इन्हें प्रोटॉन कहते हैं। इनको **धन किरणें** या **एनोड किरणें** भी कहा जाता है।
- **अर्द्धचालक (Semi-conductor)**–इसकी विद्युत चालकता, सुचालक पदार्थ की चालकता से कम और कुचालक की चालकता से अधिक होती है।
- **अर्द्धचालक** इलेक्ट्रॉनिक्स एवं ट्रांजिस्टर उपकरणों में प्रयुक्त किए जाने वाले पदार्थ हैं, जो आकार में काफी सूक्ष्म होते हैं और बिना गरम हुए ही सुगमता से मुक्त इलेक्ट्रॉन उपलब्ध होने से विद्युत धारा उत्पन्न कर सकते हैं। **जर्मेनियम** और **सिलिकॉन** ऐसे ही पदार्थ हैं।
- विद्युत धारा इलेक्ट्रॉनिक बहाव है, जिस माध्यम से विद्युत धारा का बहाव होता है उसे चालक कहते हैं।
- तांबा, एल्युमीनियम और पारे जैसी धातुएँ विद्युत के सबसे अच्छे सुचालक हैं।
- **अतिचालकता (Superconductivity)**–यह ऐसी धातु है, जिनकी चालकता अनंत एवं पूर्ण तथा प्रतिरोध रहित होती है।
- अतिचालक मृतिकाएँ थैलियम (Ti), बेरियम (Ba), कैल्शियम (Ca), और कॉपर ऑक्साइड (CuO) से मुक्त होती है।

इलेक्ट्रॉनिकी के संप्रयोग (Application of Electronics)

- **टेलीविजन (Television)**–इसमें ध्वनि एवं दृश्य दोनों को एक साथ रेडियो तरंगों द्वारा एक स्थान से दूसरे स्थान पर संप्रेषित किया जाता है।
- **रडार (Radar)**–इसके द्वारा रेडियो तरंगों की सहायता से **आकाशगामी वायुयान** की स्थिति एवं **दूरी** का पता लगाया जाता है।
- रडार का उपयोग वायुयानों की स्थिति, धातु एवं तेल के भंडारों का पता लगाने एवं **आयन मंडल** की ऊंचाई इत्यादि ज्ञात करने में किया जाता है।
- रडार का अर्थ रेडियो संसूचन एवं सर्वेक्षण है।
- **लेसर (Laser)**–यह **लाइट एंपलीफिकेशन बाई स्टीमुलेटेड एमीशन ऑफ रेडिएशन** का संक्षिप्त रूप है।
- लेसर के माध्यम से उद्दीप्त उत्सर्जन प्रक्रिया द्वारा प्रकाश तरंगों का प्रवर्द्धन किया जाता है।
- उद्दीपन उत्सर्जन क्रिया की खोज, **1917 ई.** में **अल्बर्ट आइंस्टीन** ने की थी।
- पहला वास्तविक **लेसर (रूबी लेसर)** कीमती दुर्लभ पत्थर से बनाया गया था।
- रूबी लेसर **एल्युमीनियम ऑक्साइड (Al_2O_3)** का क्रिस्टल है, जिसमें **क्रोमियम** के परमाणु मिश्रित होते हैं।
- लेसर प्रक्रिया में क्रोमियम के परमाणु मुख्य भूमिका निभाते हैं, वे स्पेक्ट्रम के पराबैंगनी प्रकाश की किरणें पीले और हरे प्रकाश को अवशोषित कर लेते हैं।
- गैस लेसर (Gas Laser) में हीलियम और नियॉन का मिश्रण भरा होता है, जिसे विद्युत के इलेक्ट्रोड लगाकर उन्हें उच्च वोल्टता के स्रोत से जोड़ दिया जाता है।
- आम तौर पर सैनिकों द्वारा लेसर को **मृत्यु किरण** (Death Ray) कहा जाता है।
- होलोग्राफी लेसर के द्वारा त्रिविमीय प्रतिबिम्ब को लिया जाता है। होलोग्राफी का प्रथम उपयोग **सन् 1962 ई.** में **वाई. एन. डेनीसुक** ने किया था।
- लेसर विकिरण की प्रति इकाई क्षेत्रफल तीव्रता बहुत अधिक होती है अर्थात लेसर का फोकस जब उच्च होता है, तब लेसर की तीव्रता अपेक्षाकृत अधिक होती है।
- चिकित्सा के क्षेत्र में लेसर का उपयोग-रेटिना, कैंसर, हृदय रोग इत्यादि में किया जाता है।

कुछ प्रमुख प्राथमिक सेलों का तुलनात्मक विवरण

सेल का नाम	ऋणात्मक इलेक्ट्रोड	धनात्मक इलेक्ट्रोड	विद्युत अपघट्य	विधुवक	विद्युत वाहक बल
साधारण वोल्टीय सेल	Zn (जस्ता)	Cu (तांबा)	H_2SO_4 का तनु विलयन	–	1.08 वोल्ट
लैक्लांशें सेल	Zn	C (कार्बन)	NH_4Cl (अमोनियम क्लोराइड का संतृप्त विलयन)	मैंगनीज ऑक्साइड MnO_2	1.46 वोल्ट
शुष्क सेल	Zn	C	NH_4Cl की लेई	MnO_2	1.46 वोल्ट
डेनियल सेल	Zn	Cu	H_2SO_4 का तनु विलयन	$CuSO_4$	1.80 वोल्ट

- **मेसर (Maser)**–इसका उपयोग अंतरिक्ष व समुद्र में संदेश-प्रेषण, जटिल ऑपरेशन, कैंसर, अल्सर एवं आंख की बीमारियों की चिकित्सा हेतु प्रयुक्त किया जाता है।
- **वर्ष 1954 ई.** में **गॉर्डन**, **गीगर** तथा **टाउन्स** नामक अमेरिकी वैज्ञानिकों द्वारा निर्मित पहला मेसर अमोनिया मेसर है।
- मेसर में सूक्ष्म तरंगें उत्पन्न होती है; जबकि लेसर में प्रकाश किरणें उत्पन्न होती है। मेसर लेसर के सिद्धांतों पर ही कार्य करता है।
- समुद्र के अंदर संदेश भेजने के लिए मेसर तरंगों का उपयोग किया जाता है।

चुम्बकत्व

- **चुम्बकत्व (Magnetism)**–पदार्थ का वह गुण, जिसके कारण वह लौह-चूर्ण के छोटे-छोटे टुकड़ो को आकर्षित करता है तथा स्वतन्त्र रूप से लटकाने पर जिसके सिरे सदैव उत्तर-दक्षिण की ओर स्थिर हो जाते हैं, उसे चुम्बकत्व कहते हैं।
- **प्राकृतिक चुम्बक (Natural Magnet)**–प्रकृति में पाया जाने वाला मैग्नेटाइट नामक पदार्थ, जो लोहे के टुकड़ों को अपनी ओर आकर्षित करने का गुण रखता है, प्राकृतिक चुम्बक कहलाता है।
- **कृत्रिम चुम्बक (Artificial Magnet)**–मानव द्वारा कृत्रिम विधियों से बनाए गए चुम्बक को कृत्रिम चुम्बक कहा जाता है। यह इस्पात या नरम लोहे से बनाया जाता है।
- **चुम्बकीय ध्रुव (Magnetic Pole)**–चुम्बक के दोनों सिरों को चुम्बक का ध्रुव कहते हैं। चुम्बक को स्वतन्त्र रूप से लटकाने पर यह उत्तर-दक्षिण की ओर स्थिर हो जाता है। चुम्बक का वह भाग, जो उत्तर की ओर होता है **'उत्तरी ध्रुव'** तथा जो भाग दक्षिण की ओर होता है **'दक्षिणी ध्रुव'** कहलाता है।
- चुम्बकों के सजातीय ध्रुव एक-दूसरे को विकर्षित परंतु विजातीय ध्रुव एक-दूसरे को आकर्षित करते हैं।
- **चुम्बकीय क्षेत्र (Magnetic Field)**–किसी चुम्बक के चारों ओर का वह भाग, जिसमें दूसरा चुम्बक आकर्षण एवं प्रतिकर्षण बल का अनुभव करता है, चुम्बकीय क्षेत्र कहलाता है।
- चुम्बकीय क्षेत्र का SI मात्रक टेस्ला (T) होता है। इसे **गॉस** में भी व्यक्त किया जाता है।

1 टेस्ला = 1 बेबर/मीटर^2

- **चुम्बकीय विभवान्तर (Magnetic Potential Difference)**–चुम्बकीय क्षेत्र के दोनों बिन्दुओं के बीच का विभवान्तर कार्य का वह परिणाम होता है, जिसका उपयोग इकाई उत्तरी ध्रुव को एक बिंदु से दूसरे बिंदु तक ले जाने में किया जाता है।
- **चुम्बकीय विभव (Magnetic Potential)**–इकाई उत्तरी ध्रुव को अनन्त से किसी बिन्दु तक लाने में किया गया कार्य उस बिन्दु का विभव कहलाता है।
- **दिक्पात (Declination)**–किसी स्थान पर भौगोलिक याम्योत्तर और चुम्बकीय याम्योत्तर के बीच जो कोण बनता है, उसे **दिक्पात** कहा जाता है।
- **डोमेन (Domains)**–लौह चुम्बकीय पदार्थों के भीतर परमाणुओं के असंख्य व अतिसूक्ष्म संरचनाओं को डोमेन कहा जाता है। इस डोमेन में **10^{18} से लेकर 10^{21} तक परमाणु** होते हैं। लौह-चुम्बकीय पदार्थों का चुम्बकीय गुण इन्हीं डोमेनों के परस्पर प्रतिस्थापन व घूर्णन के फलस्वरूप होता है।
- **क्यूरी ताप (Curie Temperature)**–जिस ताप पर लौह चुम्बकीय पदार्थ अनुचुम्बकीय पदार्थ में बदल जाता है, उस ताप को क्यूरी ताप कहते हैं। लोहे के लिए क्यूरी-ताप का मान **770°C** और निकेल के लिए **358°C** होता है।

चुम्बकीय पदार्थ के प्रकार

- **प्रति चुम्बकीय पदार्थ (Diamagnetic Substance)**–प्रति चुम्बकीय पदार्थ, वे पदार्थ होते हैं, जो प्रबल चुम्बकीय क्षेत्र से कम चुम्बकीय क्षेत्र की ओर चलने की प्रवृत्ति रखते हैं। ये बाह्य चुम्बकीय क्षेत्र की विपरीत दिशा में मामूली से चुम्बकित हो जाते हैं, जैसे-बिस्मथ, नमक, जल आदि।
- **अनुचुम्बकीय पदार्थ (Paramagnetic Substance)**–ये पदार्थ बाह्य चुम्बकीय क्षेत्र की दिशा में थोड़े से चुम्बकित हो जाते हैं और कमजोर चुम्बकीय क्षेत्र से प्रबल चुम्बकीय क्षेत्र की ओर चलने की प्रवृत्ति रखते हैं, जैसे-एल्युमीनियम, सोडियम, ऑक्सीजन आदि।
- **लौह चुम्बकीय पदार्थ (Ferromagnetic Substance)**–ये पदार्थ बाह्य चुम्बकीय क्षेत्र की दिशा में प्रबल रूप से चुम्बकित हो जाते हैं और निर्बल से प्रबल चुम्बकीय क्षेत्र की ओर तीव्रता से आकर्षित होते हैं, जैसे–लोहा, निकेल, कोबाल्ट आदि।
- **विद्युत चुम्बक (Electromagnetic)**–नर्म लोहे के क्रोड वाली परिनलिका विद्युत चुम्बक कहलाती है। इनका उपयोग फैक्ट्रियों, अस्पतालों, विद्युत घंटी, तार-संचार, ट्रांसफार्मर, डायनेमो, टेलीफोन आदि के बनाने में होता है।

ध्वनि स्रोत एवं तीव्रता

स्रोत	तीव्रता (डेसीबल में)
मिसाइल	180
मशीनगन	170
जेट-विमान	140–150
सायरन	110–120
मोटर साइकिल, विद्युत मोटर	110
आरकेस्ट्रा	100
ट्रक-ट्रैक्टर	90–100
जोर से बातचीत	50–60
साधारण बातचीत	30–40

- **धारामापी (Galvanometer)**–किसी विद्युत परिपथ में विद्युत धारा की उपस्थिति बताने वाला यह एक सुग्राही यंत्र हैं, जिसमें एक आयताकार कुंडली दो चूलों (Pivots) की सहायता से चुम्बकीय ध्रुव-खंडों के मध्य में स्थित रहती है। इस यंत्र की सहायता से 10^{-6} **एम्पियर** तक की विद्युत धारा को मापा जा सकता है।
- **अमीटर (Ammeter)**–किसी शंट युक्त धारामापी को अमीटर कहते हैं, जिसमें एक पैमाना होता है। विद्युत धारा का मान एम्पियर में ज्ञात किया जाता है।
- **वोल्टमीटर (Voltmeter)**–धारामापी के श्रेणीक्रम में एक उच्च प्रतिरोध लगाकर वोल्टमीटर बनाया जाता है। वोल्टमीटर का प्रतिरोध बहुत अधिक होता है। इसे उन दो बिंदुओं के बीच समान्तर क्रम में जोड़ते हैं, जिनके बीच विभवान्तर ज्ञात करना होता है।
- **विद्युत चुम्बकीय प्रेरण**–वह प्रक्रम जिसके द्वारा किसी चालक में परिवर्ती चुम्बकीय क्षेत्र में धारा प्रेरित होती है। विद्युत चुम्बकीय प्रेरण कहलाता है।
- **फ्लेमिंग के बाएं हाथ का नियम**–अगर बाएं हाथ की तर्जनी, मध्यमा और अंगूठे को इस प्रकार फैलाया जाए कि वे एक-दूसरे पर लंबवत् हों। यदि तर्जनी क्षेत्र की दिशा और मध्यमा धारा की दिशा प्रदर्शित करें, तो अंगूठा चालक की गति की दिशा की ओर संकेत करेगा। इस नियम को **जे. ए. फ्लेमिंग** ने प्रस्तुत किया था।
- **फ्लेमिंग के दाएं हाथ का नियम**–अपने दाहिने हाथ की तर्जनी मध्यमा और अंगूठे को एक-दूसरे के लम्बवत इस प्रकार स्थित करें ताकि तर्जनी क्षेत्र की दिशा की ओर संकेत करे तथा अंगूठा चालक की गति की दिशा की ओर संकेत करे। ऐसी स्थिति में मध्यमा, चालक में प्रेरित धारा की दिशा को प्रदर्शित करेगी।

नाभिकीय भौतिकी (Nuclear Physics)

परमाणु के मूल स्थाई कण

- परमाणु के मूल स्थायी कण **इलेक्ट्रॉन**, **प्रोटॉन** तथा **न्यूट्रॉन** हैं।
- **इलेक्ट्रॉन (Electron)**–किसी तत्व के परमाणु में उपस्थित वह सूक्ष्म एवं ऋणावेशित कण, जो नाभिक के चारों ओर एक नियत कक्षा में चक्कर लगाता है, इलेक्ट्रॉन कहलाता है।
- मूल कणों के रूप में सर्वप्रथम इलेक्ट्रॉन की खोज, **सन् 1897 ई.** में **जे.जे. थॉमसन** द्वारा की गई थी।
- **प्रोटॉन (Proton)**–इसकी खोज, **सन् 1919 ई.** में **रदरफोर्ड** ने की थी।
- प्रोटॉन एक धनात्मक मूल कण है, जो परमाणु के नाभिक में रहता है।
- **न्यूट्रॉन (Neutron)**–इसकी खोज, **सन् 1932 ई.** में **जेम्स चैडविक** नामक वैज्ञानिक ने की थी।
- न्यूट्रॉन एक आवेश रहित मूल कण है, जो परमाणु के नाभिक में रहता है।
- इसका जीवन काल बहुत ही कम मात्र 17 मिनट होता है, आवेश रहित होने के कारण इसका उपयोग नाभिकीय विखंडन में किया जाता है।

प्रमुख मूल कणों के संक्षिप्त विवरण

खोजकर्त्ता	मूलकण	इकाई आवेश	निरक्षेप द्रव्यमान (Absolute Mass)	सापेक्ष द्रव्यामन (Relative Mass)
जे.जे. थॉमसन (1897)	इलेक्ट्रॉन (e)	इकाई ऋण आवेश = (–1)	9.107×10^{-28} ग्राम	0.00054
गोल्डस्टीन (1897) और रदरफोर्ड (1919)	प्रोटॉन (p)	इकाई धन आवेश = (+1)	1.672×10^{-24} ग्राम	1.0078
जेम्स चैडविक (1932)	न्यूट्रॉन (n)	वैद्युत धन उदासीन = (0)	1.675×10^{-24} ग्राम	1.0084

परमाणु के अस्थाई कण

- परमाणु के अस्थायी कण पॉजिट्रॉन, न्यूट्रिनों, एन्टीन्यूट्रिनों, मेसान एवं फोटॉन है।
- **पॉजिट्रॉन (Positron)**–यह एक धनावेशित मूल कण है, जिसका द्रव्यमान व आवेश इलेक्ट्रॉन के बराबर होता है, इसलिए इस इलेक्ट्रॉन को एंटी इलेक्ट्रॉन कण भी कहते हैं।
- पॉजिट्रॉन की खोज, **सन् 1932 ई.** में **एण्डरसन** ने की थी।
- **न्यूट्रिनों (Neutrino)**–यह द्रव्यमान व आवेश रहित मूल कण है। इसकी खोज 1930 में पाउली ने की थी। न्यूट्रिनो कण दो प्रकार के होते हैं–न्यूट्रिनों व एंटीन्यूट्रिनों। इनके चक्रण (Spin) एक-दूसरे के विपरीत होते हैं।
- **पाई-मेसान**–इस कण की खोज, **सन् 1935** में वैज्ञानिक **युकावा** ने की थी।
- ये कण दो प्रकार के होते हैं-धनात्मक पाई मेसान एवं ऋणात्मक पाई मेसान।
- ये अस्थायी कण होते हैं, जिनका काल 10^{-8} सेकेण्ड व द्रव्यमान इलेक्ट्रॉन के द्रव्यमान का **274 गुना** होता है।
- **फोटॉन (Photon)**–इसकी खोज पाउली ने की थी। ये ऊर्जा के बण्डल होते हैं, जो प्रकाश की चाल से चलते हैं। सभी प्रकार की विद्युत चुम्बकीय किरणों का निर्माण इन्हीं मूल कणों से होता है, इनका विराम द्रव्यमान शून्य होता है।
- **समस्थानिक (Isotopes)**–वैसे परमाणु, जिसमें प्रोट्रॉन की संख्या समान हो, परंतु न्यूट्रॉनों की संख्या भिन्न-भिन्न हो, समस्थानिक कहलाते हैं।
- **समभारी (Isobars)**–वैसे तत्व जिनके परमाणु भार समान किंतु परमाणु संख्या भिन्न हो समभारी कहलाते हैं।
- कृत्रिम विधि से बनाए गए समस्थानिक रेडियो समस्थानिक कहलाते हैं। इनसे विभिन्न प्रकार की रेडियो सक्रिय किरणें उत्सर्जित होती हैं।

नाभिक एवं नाभिकीय बल (Nuclear and Nuclear Forces)

- **नाभिक (Nuclear)**–परमाणु के केन्द्रीय भाग को, जिसमें परमाणु का कुल धनावेश और लगभग कुछ द्रव्यमान संकेन्द्रित रहता है। परमाणु का नाभिक कहलाता है।
- नाभिक की त्रिज्या लगभग 10^{-12} **सेमी.** होती है।
- नाभिक का आयतन परमाणु के आयतन का लगभग **($1/10^{12}$)** भाग होता है तथा नाभिक का घनत्व परमाणु के नाभिक से लगभग 10^{12} **गुना** अधिक होता है।
- इलेक्ट्रॉन परमाणु नाभिक में नहीं रहते हैं।
- **नाभिकीय बल (Nuclear Forces)**–जो आकर्षण बल परमाणु नाभिक में न्युक्लिऑनों (प्रोटॉनों और न्यूट्रॉनों) को परस्पर बांधे रखते हैं, वे नाभिकीय बल कहलाते हैं।
- नाभिकीय बलों की उत्पत्ति नाभिकीय कण के मध्य **मेसॉनों** के विनिमय से होती है।
- जब एक ऋणावेशित मेसॉन का न्यूट्रॉन से प्रोटॉन में स्थानांतरण (Transfer) होता है, तो न्यूट्रॉन का प्रोट्रॉन में व प्रोटॉन का न्यूट्रॉन में रूपान्तरण (Transformation) हो जाता है।

नाभिकीय ऊर्जा (Nuclear Energy)

- **नाभिकीय विखण्डन (Nuclear Fission)**–भारी परमाणु के नाभिक के लगभग दो बराबर अंशों में टूटने को नाभिकीय विखण्डन कहते हैं तथा नाभिकीय विखण्डन में मुक्त हुई ऊर्जा को **नाभिकीय ऊर्जा** कहते हैं।
- सर्वप्रथम **सन् 1939 ई. में जर्मन वैज्ञानिक ओटो हॉन (Otto Hann)** और **एफ. स्ट्रॉसमैन (F. Strassman)** ने ज्ञात किया कि जब यूरेनियम-235 पर मंद गति (Slow) के न्यूट्रॉनों की बौछार की जाती है, तो यह दो बराबर खण्डों में विभक्त हो जाता है।
- **परमाणु बम (Atom Bomb)**--यह नाभिकीय विखण्डन के सिद्धांत पर आधारित है। इसे सामान्यत: नाभिकीय बम भी कहा जाता है।
- परमाणु बम के निर्माण में **यूरेनियम-235** या **प्लूटोनियम-239** का प्रयोग किया जाता है।
- प्रथम परमाणु बम वर्ष **1945 ई.** में बनाया गया था।
- **शृंखला अभिक्रिया (Chain Reaction)–यूरेनियम-235** का नाभिकीय विखण्डन एक शृंखला अभिक्रिया है। यूरेनियम-235 पर जब मंद गति के न्यूट्रॉनों की बौछार होती है, तो **U-235** का परमाणु एक न्यूट्रॉन को अवशोषित कर लेता है जिससे **U-236** बन जाता है। प्रथम विखण्डन क्रिया प्रारम्भ होने के पश्चात बाहर से न्यूट्रॉनों की बौछार करना आवश्यक नहीं है क्योंकि क्रिया में निकले न्यूट्रॉन विखण्डन क्रिया को अपने-आप आगे बढ़ाते रहते हैं। इस प्रकार की क्रिया को शृंखला अभिक्रिया कहते हैं।
- **अनियन्त्रित शृंखला प्रक्रिया (Uncontrolled Chain Reaction)** –नाभिकीय विखण्डन क्रिया पर जब किसी प्रकार का नियन्त्रण नहीं होता है, तो विखण्डन क्रिया की दर बहुत तीव्र होती है। जिस कारण कुछ ही क्षणों में प्रचंड विस्फोट हो जाता है। परमाणु बम में अनियन्त्रित विखण्डन क्रिया होती है।
- **नियन्त्रित शृंखला प्रक्रिया (Controlled Chain Reaction)**–नियंत्रित विखण्डन क्रिया मंद चाल से होती है, कृत्रिम उपायों द्वारा विखण्डन क्रिया की दर को नियन्त्रण में रखना सम्भव है।
- न्यूक्लियर रिएक्टर अर्थात परमाणु भट्टी में न्यूक्लियर क्रियाएँ नियंत्रित परिस्थितियों में कराई जाती हैं।
- **न्यूक्लियर रिएक्टर–'न्यूक्लियर रिएक्टर'** एक विशेष प्रकार की भट्ठी है, जिसमें **यूरेनियम-235** का नियंत्रित नाभिकीय विखण्डन कराया जाता है और विखण्डन से निर्मुक्त ऊर्जा पूर्ण नियन्त्रण में रखी जाती है।
- सबसे पहले **न्यूक्लियर रिएक्टर प्रोसेसर फर्मी** के निर्देशन में **शिकागो विश्वविद्यालय** में बनाया गया।
- **नाभिकीय संलयन (Nuclear Fusion)**–ऐसी नाभिकीय अभिक्रिया, जिसमें दो बहुत हल्के नाभिक परस्पर संयुक्त होकर भारी नाभिक बनाते हैं, नाभिकीय संलयन कहलाती हैं।
- नाभिकीय संलयन प्रक्रिया में द्रव्यमान की क्षति अधिक होने के कारण बहुत ऊर्जा उत्पन्न होती है, जिसकी मात्रा नाभिकीय विखण्डन में उत्पन्न ऊर्जा से **कई गुना** अधिक होती है।
- संलयन प्रक्रियाएँ साधारण ताप पर नहीं होती हैं, क्योंकि धनावेशित नाभिक एक-दूसरे को प्रतिकर्षित करते हैं। नाभिकों का संलयन बहुत ऊंचे ताप (लगभग एक करोड़ डिग्री) पर होता हैं, इतना ऊंचा ताप नाभिकीय विखण्डन द्वारा उत्पन्न किया जाता है।
- सूर्य एवं तारों से प्राप्त ऊर्जा एवं प्रकाश का स्रोत नाभिकीय संलयन ही है।
- सूर्य का अधिकांश भाग **हाइड्रोजन (71%)** तथा **हीलियम (26%)** का बना है।
- **हाइड्रोजन बम (Hydrogen Bomb)**–यह नाभिकीय संलयन अभिक्रिया पर आधारित है।
- हाइड्रोजन बम परमाणु बम की अपेक्षा **1000 गुना** अधिक शक्तिशाली बम है।
- इस बम का आविष्कार अमेरिकी वैज्ञानिकों ने **सन् 1952 ई.** में किया था।

प्रमुख वैज्ञानिक उपकरण तथा उनके कार्य

उपकरण का नाम	कार्य	उपकरण का नाम	कार्य
क्रेस्कोग्राफ (Crescograph)	पौधों की वृद्धि मापन में	हाइड्रोमीटर (Hydrometer)	द्रवों का आपेक्षिक घनत्व मापन
क्रोनोमीटर (Chronometer)	जलयानों पर सही समय ज्ञात करने में	हाइग्रोमीटर (Hygrometer)	वायुमंडल में आर्द्रता की माप के लिए
कार्डियोग्राम (Cardiogram)	हृदय गति की जांच के लिए	सिस्मोग्राफ (Sismograph)	पृथ्वी सतह पर आने वाले भूकम्पों के मापन में
कैलोरीमीटर (Calorimeter)	ऊष्मा की मात्रा के मापन हेतु	स्पेक्ट्रोमीटर (Spectrometer)	पदार्थ का अपवर्तनांक ज्ञात करने में
गाइगर काउन्टर (Guiger Counter)	रेडियोसक्रियता के मापन	विस्कोमीटर (Viscometer)	द्रवों की श्यानता मापन में
गाइरोस्कोप (Gyroscope)	घूमती वस्तु की गति	टेकोमीटर (Techometer)	वायुयानों तथा मोटर वोटों की गति मापन में
लैक्टोमीटर (Lactometer)	दूध के शुद्धता मापन में	गैल्वेनोमीटर (Galvanometer)	विद्युत धारा की दिशा तथा मात्रा ज्ञात करने में
फैदोमीटर (Fathometer)	समुद्र की गहराई मापने में	ग्रेवीमीटर (Gravimeter)	गुरुत्व मापन में
अल्टीमीटर (Altimeter)	विमानों की ऊंचाई मापन में	रेडियोमीटर (Radiometer)	विकिरण द्वारा प्राप्त ऊर्जा के मापन में
एनीमोमीटर (Anemometer)	हवा की शक्ति तथा गति के मापन में	सेक्सटेण्ट (Sextant)	सूर्य, चंद्रमा, टॉवर आदि की ऊंचाई ज्ञात करने में
मैनोमीटर (Manometer)	गैस का दाब ज्ञात करने	सिफग्नोमैनोमीटर	रक्त दाब की तीव्रता मापन में
बैरोमीटर (Barometer)	वायुदाब ज्ञात करने में	जीटा (Zeata)	ताप नाभिकीय ऊर्जा मापन में
फोटोमीटर (Photometer)	दो प्रकाशमय वस्तुओं की तीव्रता की तुलना में	फोनोमीटर (Phonometer)	ध्वनि की तीव्रता मापन में
पायरोमीटर (Pyrometer)	दूर स्थित वस्तु का उच्च तापमान में	क्रोनोमीटर (Cronometer)	वर्णो (Colours) की तीव्रता ज्ञात करने में

रसायन विज्ञान

- 20वीं शताब्दी के एक प्रमुख वैज्ञानिक **लीनियस पाउलिंग** के अनुसार, "रसायन विज्ञान, वह विज्ञान है, जिसके अंतर्गत पदार्थों के गुणों, संरचनाओं तथा उनसे होने वाले परिवर्तनों का अध्ययन किया जाता है।"
- केमिस्ट्री शब्द की उत्पत्ति **मिस्र (Egypt)** देश के प्राचीन नाम **कीमिया** से हुई है। कीमिया शब्द का अर्थ है-**काला रंग**। संभवतया केमिस्ट्री शब्द 'मिस्र की कला' (The Egyptian art) के लिए प्रयुक्त किया जाता था।
- **लेवायसिए** को आधुनिक रसायन विज्ञान का जन्मदाता कहा जाता है।

द्रव्य का वर्गीकरण

- पदार्थ वह है, जो स्थान घेरता है और जिसमें कुछ भार होता है। जो रुकावट और दबाव डाल सके अर्थात स्वयं का हमें अहसास करा पाए, अपने इन्हीं विशेष गुणों के कारण द्रव्य के प्रकार व अवस्थाएं भिन्न-भिन्न हुआ करते हैं।
- **भौतिक वर्गीकरण (Physical Classification)**–द्रव्य की भौतिक या बाह्य संरचना के आधार पर इसे तीन भागों में बांटा गया है–ठोस, द्रव और गैस।

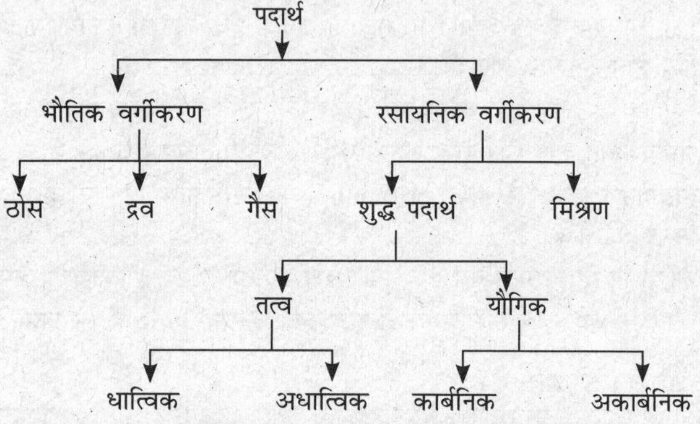

- प्लाज्मा (Plasma) को द्रव्य की **चौथी अवस्था** माना गया है।
- **ठोस (Solid)**–यह एक कठोर पदार्थ होता है, जिसका एक निश्चित द्रव्यमान तथा निश्चित आयतन होता है, जो सदैव समान रहता है।
- **क्रिस्टलीय ठोस (Crystaline Solid)**–लगभग सभी ठोस क्रिस्टलीय (Crystaline) होते हैं अर्थात् इनकी एक निश्चित ज्यामितीय आकृति होती है।

द्रव्य की तीनों अवस्थाओं की तुलना

क्र.सं.	गुण	ठोस	द्रव	गैस
1.	आकार	निश्चित	अनिश्चित	अनिश्चित
2.	आयतन	निश्चित	निश्चित	अनिश्चित
3.	बहने के गुण	यह बहते नहीं हैं	ये ऊपर से नीचे तब तक बहते हैं, जब तक कि उनका तल समतल नहीं हो जाए।	ये प्रत्येक दिशा में फैलते हैं।
4.	दाब का प्रभाव	इनको बहुत कम दबाया जा सकता है।	ठोस की अपेक्षा अधिक	सबसे अधिक

- कुछ ठोस ऐसे होते हैं, जिनकी कोई आकृति नहीं होती है, जैसे-स्टार्च। ऐसे ठोसों को **अक्रिस्टलीय (Amorphous)** ठोस कहते हैं।
- क्रिस्टलीय ठोस का निश्चित गलनांक होता है; जबकि अक्रिस्टलीय ठोस का कोई निश्चित गलनांक नहीं होता।
- सोडियम क्लोराइड व अन्य लवण धातु ऑक्साइड, धातु सल्फाइड आदि आयनिक ठोस कहलाते हैं।
- **आयोडीन, गंधक, फॉस्फोरस** आदि **आणविक ठोस** कहलाते हैं।
- **अणुओं के बीच जो क्षीण आकर्षण बल होते हैं, उन्हें वान्डर वाल्स बल (Vander wall's forces) कहते हैं।**
- डायमण्ड (हीरा), ग्रेफाइट, सिलिका आदि परमाणवीय ठोस हैं।
- जो द्रव ठंडा होने पर शुद्ध ठोस में न परिवर्तित होकर अनियमित आकार के ठोस में परिवर्तित हो जाते हैं, उन्हें अक्रिस्टलीय (Amorphous) ठोस कहते हैं। **कांच** अक्रिस्टलीय ठोस का अच्छा उदाहरण है।
- **द्रव (Liquids)**–वे पदार्थ, जिनका आयतन निश्चित होता है, परंतु आकार, निश्चित नहीं होता, द्रव कहलाते हैं।
- द्रव जिस पात्र में रखे जाते हैं, उसी का आकार ग्रहण कर लेते हैं तथा इनका तल सदैव क्षैतिज रहता है, जैसे-पानी, दूध ग्लिसरीन आदि।
- **गैस (Gases)**–वे पदार्थ जिनका आकार व आयतन दोनों अनिश्चित होता है, गैस कहलाती है।
- जल, गंधक, फास्फोरस (Phosphorus) इत्यादि पदार्थ तीनों ही अवस्थाओं में मिलते हैं कपूर, नौसादर, आयोडीन ऐसे पदार्थ हैं, जो ठोस से सीधे गैस में परिवर्तित हो जाते हैं।
- जिन पदार्थों में भिन्न-भिन्न पदार्थ के दो या दो से अधिक भाग होते हैं, उन्हें विषमांग पदार्थ कहते हैं, जैसे-जल और तेल का मिश्रण या जल और बर्फ का मिश्रण।
- दूध, रक्त (Blood) धुआं, बादल, बारूद, मिट्टी आदि विषमांग पदार्थ हैं।

अक्रिय/उत्कृष्ट गैसें व उनके उद्गम स्थान

क्र.सं.	उत्कृष्ट गैसें	खोज का उद्गम	खोजकर्त्ता
1.	हीलियम (Sun)	सौरमंडल	फ्रैंकलैण्ड और लॉकेयर (1868)
2.	नियॉन (New)	वायु	विलियम रैमजे (1898)
3.	ऑर्गन (Inert)	वायु	रेले (1894)
4.	क्रिप्टॉन (Hidden)	वायु	विलियम रैमजे (1898)
5.	जिनॉन (Spanger Xenon)	वायु	विलियम रैमजे (1848)
6.	रेडॉन (Radium Emanction)	रेडियम के विघटन उत्पाद	डॉर्न (1902)

- जिन पदार्थों का प्रत्येक भाग समान प्रकार का होता है, उन्हें **समांग पदार्थ** कहते हैं।
- लोहा, पारा, तांबा आदि सभी धातु व ऑक्सीजन, नाइट्रोजन, हाइड्रोजन आदि सभी गैसें और गैसों के मिश्रण जल, पदार्थों के विलयन तथा सभी शुद्ध पदार्थ समांग पदार्थ हैं।
- **विलयन (Solution)**–दो या दो से अधिक शुद्ध पदार्थों के समांग मिश्रण को विलयन कहते हैं।
- **तत्व (Element)**–समान प्रकार (समान परमाणु क्रमांक) के परमाणुओं से बने हुए शुद्ध पदार्थ को तत्व कहते हैं। उदाहरणार्थ **H, N, O, Na, Cu, Hg** आदि तत्व हैं।

- तत्वों के परमाणु **प्रोटोन**, **इलेक्ट्रॉन** और **न्यूट्रॉन** से बने होते हैं।
- सर्वप्रथम कृत्रिम रूप से बनाया गया तत्व **टेक्नेटियम (Tc)** था, जिसे **बर्कले (Berkley)** ने **कैलीफोर्निया विश्वविद्यालय** में बनाया था।

सामान्य तत्व एवं उनके लैटिन नाम

तत्व का सामान्य नाम	तत्व का लैटिन नाम	संकेत
सोडियम	नैट्रियम	Na
तांबा	क्यूप्रम	Cu
पोटैशियम	कैलियम	K
चांदी	अर्जेण्टम	Ag
लोहा	फेरम	Fe
सोना	औरम	Au

- भौतिक अवस्था के आधार पर तत्वों को ठोस, द्रव तथा गैस में विभाजित किया गया है।
- अधिकांश तत्व ठोस रूप में ही पाए जाते हैं।
- किसी तत्व का प्रतीक चिन्ह उसके अंग्रेजी नाम के पहले अथवा **दूसरे अक्षर** अथवा **लैटिन नाम** से लिया जाता है– जैसे-Fe-(Iron) लैटिन नाम (Ferrum)
- तत्व दो प्रकार के होते हैं–**धातु (Metals)** और **अधातु (Non-Metals)**
- धातु तत्व विद्युत और ऊष्मा के **सुचालक** होते हैं तथा ये ठोस अवस्था में अघातवर्द्धनीय (Malleable) और लचीले (Ductile) होते हैं।
- लोहा, चांदी, सोना, प्लैटिनम, एल्युमीनियम इत्यादि धातु हैं।
- जिन तत्वों में धातु एवं अधातु दोनों गुण पाए जाते हैं, उन्हें अर्ध-धातु (Semi-Metal) कहते हैं, जैसे-सिलिकॉन (SI), जर्मेनियम (he), आर्सेनिक (As), एन्टीमनी (Sb), एवं टिल्युरियम (Te)।
- **मोल (Mole)**–पदार्थ के एक मोल में कणों (परमाणु, अणु, आयन आदि) की **संख्या** $\mathbf{6.02213 \times 10^{23}}$ होती है।
- **एवोगैड्रो नियतांक–संख्या** $\mathbf{6.02213 \times 10^{23}}$ कण/मोल को एवोगैड्रो नियतांक कहते हैं और संकेत N_A द्वारा प्रकट करते हैं। अत: N_A का मात्रक **मोल$^{-1}$** है।

कुछ प्रमुख पदार्थ और उनकी निर्माण विधि

क्र.सं.	पदार्थ	विधि	प्रयुक्त पदार्थ
1.	हाइड्रोजन	लेन बुश	Fe तथा भाप (H_2O) कार्बन तथा भाप (H_2O)
2.	ओजोन (O_3)	सीमेन्स, ब्राडी, ओजोनाइजर	ऑक्सीजन
3.	सफेद फॉस्फोरस	रिटार्ट	अस्थि राख, C सल्फ्यूरिक अम्ल
4.	सल्फर (गंधक)	सिसीलियन, फ्रॉश	सल्फर गंधक द्वारा
5.	क्लोरीन (Cl_2)	डेकन	HCI, वायु, कॉपर क्लोराइड उत्प्रेरक
6.	क्लोरीन	डाउन	नमक (NaCl)
7.	क्लोरीन	वेल्डन	MnO_2 HCI
8.	आयोडीन (I_2)	समुद्री नरकुल	समुद्री नरकुल
9.	आयोडीन (I_2)	कलीचे	कलीचे द्वारा
10.	अमोनिया (NH_3)	हैबर	$N_2.H_2.Fe_22O_3$ उत्प्रेरक तथा MO उत्प्रेरक
11.	सल्फ्यूरिक अम्ल (H_2SO_4)	सम्पर्क सीसा कक्ष	$SO_2.NO_2$.Pt या V_2O_5 उत्प्रेरक SO_2, NO_2, H_2 के ऑक्साइड उत्प्रेरक
12.	कास्टिक सोडा (NaOH)	नेल्सन	NaCI
13.	NaOH	लीविंग	Na_2CO_3 विलयन

यौगिक (Compounds)

- **यौगिक (Compounds)**–भिन्न-भिन्न प्रकार के परमाणुओं के एक निश्चित अनुपात में संयोजन से बने हुए शुद्ध पदार्थ को यौगिक कहते हैं।
- यौगिक को दो या दो से अधिक विभिन्न प्रकार के परमाणुओं में अपघटित किया जा सकता है।
- जल (**H_2O**) एक यौगिक है, जो आग के प्रति अक्रियाशील है, यह हाइड्रोजन व ऑक्सीजन से मिलकर बना है; जबकि ऑक्सीजन दहन में सहायक है तथा हाइड्रोजन बहुत जल्दी जलता है।
- सामान्य लवण (Common Salt) सोडियम जैसे मुलायम एवं रजत धातु तथा क्लोरीन जैसी हरी-सी जहरीली गैस है, से मिलकर बना है।
- हाइड्रोकार्बनों को छोड़कर शेष सभी यौगिक अकार्बनिक यौगिक की श्रेणी में आते हैं।
- कुछ ठोस पदार्थ हथौड़े से पीटने पर छोटे-छोटे टुकड़ों में परिवर्तित हो जाते हैं, इस गुण को **भंगुरता (Brittleness)** कहते हैं।

मिश्रण (Mixtures)

- दो या दो से अधिक यौगिकों अथवा तत्वों को किसी भी अनिश्चित अनुपात में मिलाने से जो द्रव्य प्राप्त होता है, उसे मिश्रण कहते हैं।
- मिश्रण **दो प्रकार** के होते हैं–**समांगी मिश्रण** एवं **विषमांगी मिश्रण**।
- **समांगी मिश्रण (Homogeneous Mixture)**–वैसे मिश्रण, जिनके गुण-धर्म एक समान होते हैं, समांगी मिश्रण कहलाते हैं।
- चीनी का जल में विलयन, गंधक का कार्बन डाइसल्फाइड में विलयन, अमोनिया गैस का हवा में विलयन, समांगी मिश्रण का उदाहरण है।
- **विषमांगी मिश्रण (Heterogeneous Mixture)**–विषमांगी मिश्रण के प्रत्येक भाग के गुण व उनके संघटन भिन्न-भिन्न होते हैं।
- बालू एवं नमक का मिश्रण, खड़िया का जल में मिश्रण, धूलकण का हवा में मिश्रण विषमांगी मिश्रण के उदाहरण हैं।
- विषमांगी मिश्रण के अवयवी पदार्थों को एक-दूसरे से अलग करना समांगी मिश्रण की तुलना में अधिक आसान होता है।
- **आसवन (Distillation)**–जब मिश्रण में उपस्थित दो द्रवों के क्वथनांकों में अंतर अधिक होते हैं, तो इनके मिश्रण को पृथक करने के लिए आसवन विधि का प्रयोग करते हैं।
- इस क्रिया में वाष्पन (Vapourisation) तथा संघनन (Condensation) का प्रयोग करते हैं।
- **ऊर्ध्वपातन (Sublimation)**–वैसे ठोस पदार्थ, जो गर्म करने पर द्रव अवस्था में आए बिना ही गैसीय अवस्था में परिवर्तित हो जाते हैं और वाष्प को ठंडा

किए जाने पर ये पुनः ठोस अवस्था में आ जाते हैं, ऊर्ध्वपातन कहलाते हैं। इस क्रिया को ऊर्ध्वपातन कहते हैं।

- **प्रभाजी आसवन (Fractional Distillation)**–भूगर्भ से निकाले गए खनिज पदार्थ, जैसे-पेट्रोल, डीजल, मिट्टी का तेल आदि इस विधि के द्वारा पृथक किए जाते हैं।
- **भाप आसवन (Steam Distillation)**–इसके द्वारा ऐसे कार्बनिक पदार्थों का शुद्धिकरण किया जाता है, जो जल में घुलनशील, परंतु भाप के साथ वाष्पशील होते हैं।

परमाणु

- किसी तत्व का वह सूक्ष्म भाग है, जो किसी भी रासायनिक परिवर्तन में भाग ले सकता है, परंतु मुक्त अवस्था में नहीं रह सकता है, परमाणु कहलाता है।
- परमाणुओं में सबसे छोटा हल्का परमाणु हाइड्रोजन का है, जिसकी **त्रिज्या 0.28Å** के मध्य होती हैं। हाइड्रोजन परमाणु का **भार 1.008** amu **हैं;** जबकि अन्य परमाणुओं का भार 2 amu से 260 amu के मध्य होता है।
- भारतीय दर्शन शास्त्री **'कणाद' (Kanad)** पहले व्यक्ति थे जिन्होंने एक छोटे से कण **'परमाणु'** की खोज की।
- ग्रीस दर्शनशास्त्री **डेमोक्रिटस (Democritus)** ने 'अणुओं' का सिद्धांत दिया।
- परमाणु को प्रोटॉन, इलेक्ट्रॉन तथा न्यूटॉनों में विघटित किया जा सकता है।
- **अणु (Molecule)**–किसी पदार्थ के वे सूक्ष्मतम कण, जो स्वतन्त्र अवस्था में रह सकते हैं तथा जिनमें उस पदार्थ के सभी गुण उपस्थित होते हैं, अणु कहलाते हैं।
- साधारण अणु का व्यास 4 Å से 20 Å के मध्य तथा अणु भार 2 से 1000 तक होता हैं।
- किसी पदार्थ का अणुभार वह संख्या है, जो यह प्रदर्शित करता है कि उस पदार्थ का एक अणु कार्बन-12 आइसोटोप के एक परमाणु के भार के 1/12 भार से कितनी गुना भारी है।

अणु तथा परमाणु

क्र.सं.	परमाणु	अणु
1.	यह किसी तत्व का सूक्ष्मतम कण है, जो स्वतन्त्र अवस्था में नहीं रह सकता है।	यह द्रव्य का सूक्ष्मतम कण है, जो स्वतन्त्र अवस्था में रह सकता है।
2.	यह रासायनिक अभिक्रिया में भाग लेते हैं।	यह रासायनिक अभिक्रिया में भाग नहीं ले सकते हैं।
3.	यह रासायनिक अभिक्रिया में विघटित नहीं हो सकता है।	यह रासायनिक अभिक्रिया में विघटित होकर परमाणु उत्पन्न करता है।
4.	यह इलेक्ट्रॉन, प्रोटॉन न्यूटॉन आदि भौतिक कणों के संयोग से बनता है।	अणु परमाणुओं के संयोग से बनते हैं।

सामान्य तत्व और उनके परमाणु द्रव्यमान

तत्व	संकेत	परमाणु संख्या	परमाणु द्रव्यमान
हाइड्रोजन	H	1	1.008
हीलियम	He	2	4.003
लीथियम	Li	3	6.940
बेरीलियम	Be	4	9.013
बोरॉन	B	5	10.82
कार्बन	C	6	12.011
नाइट्रोजन	N	7	14.006
ऑक्सीजन	O	8	15.999
फ्लुओरीन	F	9	20.18.3
नियान	Ne	10	22.989
सोडियम	Na	11	20.183
मैग्नीशियम	Mg	12	24.32
एल्युमीनियम	Al	13	26.97
सिलिकॉन	Si	14	28.09
फॉस्फोरस	P	15	30.98
सल्फर	S	16	32.064
क्लोरीन	Cl	17	35.453
ऑर्गन	Ar	18	39.944
पोटैशियम	K	19	39.09
कैल्शियम	Ca	20	40.08
मैंगनीज	Mn	25	54.94
लोहा	Fe	26	55.847
तांबा	Cu	29	63.546
जस्ता	Zn	30	65.38
ब्रोमीन	Br	35	79.916
चांदी	Ag	47	107.880
टिन	Sn	50	118.70
सोना	Au	79	196.9665
सीसा	Pb	82	207.21

रेडियो सक्रियता

- प्रकृति में पाए जाने वाले वैसे तत्व, जो स्वयं विखंडित होकर कुछ अदृश्य किरणों का उत्सर्जन करते हैं रेडियोएक्टिव तत्व कहलाते हैं तथा इस क्रिया को रेडियो सक्रियता (Radioactivity) कहते हैं।
- सर्वप्रथम रेडियोसक्रियता का पता, **सन् 1896** में फ्रांस के वैज्ञानिक **हैनरी बैकुरल** ने लगाया, जिसे प्रारम्भ में **बैकुरल किरण** कहा गया।
- बैकुरल ने यह बताया कि यूरेनियम तथा इसके यौगिक एक प्रकार की किरणें निकालते हैं, जिसमें निम्न लक्षण पाए जाते हैं-
  - ये किरणें धातु की चादरों से पार हो सकती हैं।
  - ये फोटोग्राफिक प्लेट को प्रभावित करती हैं।
  - ये किरणें, जिस गैस में भी प्रवाहित की जाती है, वह उसे आयनीकृत कर देती हैं।
  - थोरियम धातु में बैकुरल किरण के लक्षण पाए जाने के बाद 1898 में मैरी क्यूरी में इन किरणों को रेडियोएक्टिव किरण तथा इस गुण को रेडियोसक्रियता कहा।
  - रदर फोर्ड ने 1902 में यह पाया कि रेडियम धातु से एक विशेष प्रकार की किरणें निकलती हैं, जिन्हें चुम्बकीय क्षेत्र में रखे जाने के बाद तीन प्रकार की किरणें अल्फा (α), बीटा (β) एवं गामा (γ) किरणों में खंडित हो जाती हैं।
  - रेडियो सक्रियता की पहचान α, β तथा γ किरणों के किसी एक गुण से की जाती हैं।

α, β व γ किरणों के मुख्य गुण

- **अल्फा (α) किरणें**–जो किरणें विद्युत क्षेत्र से गुजरने पर ऋण ध्रुव की ओर मुड़ जाती है, उन्हें (α) अल्फा किरणें कहते हैं।
- α–किरणें धनावेशित α– कणों से बनी हैं, जिस पर 2 इकाई धनावेश होता है।
- α– कण का भार हीलियम परमाणु के नाभिक के भार के बराबर अर्थात् 4 amu होता है।
- α– कण को $_2\alpha^4$ संकेत से प्रदर्शित किया जाता है।
- किरणों का वेग प्रकाश के वेग का 1/10 अर्थात् 3×10^9 सेमी./सेकेण्ड होता है।
- इन कणों का द्रव्यमान अधिक होने के कारण इनकी गतिज ऊर्जा अधिक होती है।
- ये किरणें जीव कोशिकाओं को नष्ट कर देती है।
- α– किरण की आयनकारी क्षमता β– किरणों की अपेक्षा 100 गुनी तथा γ– किरणों अपेक्षा 10,000 गुनी होती है।
- **बीटा (β) किरणें**–जो किरणें विद्युत क्षेत्र से गुजरने पर धन ध्रुव की ओर मुड़ जाती हैं, उन्हें बीटा β– किरणें कहते हैं।
- β– किरणें ऋणावेशित β– कणों से बनी हैं, जो इलेक्ट्रॉन होते हैं।
- β– कण को $_{-1}\beta^{\circ}$ या $1e^{\circ}$ संकेत से प्रदर्शित किया जाता है।
- β– किरणों का वेग 2.79×10^{10} सेमी./सेकेण्ड होता है।
- इनकी आयनकारी क्षमता γ– किरणों की अपेक्षा 100 गुनी होती है।
- **गामा γ किरणें**–जो किरणें विद्युत क्षेत्र से गुजरने पर विचलित नहीं होती हैं अर्थात् उदासीन होती हैं, उन्हें (γ) किरणें कहते हैं।
- γ– किरणों का वेग प्रकाश के वेग के बराबर होता है।
- γ– किरणें X- किरणों के सदृश विद्युत चुम्बकीय विकिरण है। γ– किरणों की तरंगदैर्ध्य Å के लगभग होती है।
- γ– किरणें विद्युत उदासीन होती हैं। इन किरणों पर वैद्युत और चुम्बकीय क्षेत्रों का कोई प्रभाव नहीं पड़ता है।

रेडियोसक्रिय समस्थानिकों की अर्ध-आयु और उनका उपयोग

रेडियोएक्टिव समस्थानिक	अर्ध-आयु	उपयोग
Na-24	14.8 घंटे	रुधिर परिसंचरण-तंत्र की खराबी ज्ञात करने में
P-32	14.3 घंटे	रुधिर की खराबी से उत्पन्न परिसंचरण-तंत्र की खराबी से उत्पन्न रोगों, कैंसर, ल्यूकीमिया के उपचार में
I-131	8 दिन	थॉयराइड ग्रंथि की खराबी ज्ञात करने, थॉयराइड कैंसर का उपचार करने तथा ब्रेन ट्यूमर ज्ञात करने में
Fe-59	44 दिन	एनीमिया रोग ज्ञात करने में
CO-36	5.3 वर्ष	कैंसर के उपचार में
C-14	5570 वर्ष	अजीवी कार्बनिक वस्तुओं की आयु निर्धारित करने तथा फोटो-सिन्थेसिस के अध्ययन में

रासायनिक बन्धन

- **रासायनिक बन्धन (Chemical Bonding)**–किसी अणु में उपस्थित अवयवी परमाणुओं को परस्पर बांधकर अणु को विशेष ज्यामितीय आकार में रखने वाले बल को रासायनिक बंधन कहते हैं।
- **संयोजकता (Valency)**–तत्वों के परमाणुओं के परस्पर संयोजन करने की क्षमता को ही संयोजकता कहते हैं। किसी तत्व की संयोजकता उनकी अन्य तत्वों से संयोग करने की क्षमता है और वह हाइड्रोजन के परमाणुओं की उस संख्या से व्यक्त की जाती है, जो उस तत्व के एक परमाणु से संयोग करती है।
- **संयोजकता का इलेक्ट्रॉनिक सिद्धांत (Electronic Concept of Valency)** –1916 में कॉसेल ने अकार्बनिक यौगिक और लुईस ने कार्बनिक यौगिकों में रासायनिक बन्धों की प्रकृति की व्याख्या के लिए संयोजकता का एक सिद्धांत प्रस्तुत किया, जो तत्वों के इलेक्ट्रॉनिक विन्यास पर आधारित है। इस सिद्धांत को संयोजकता का इलेक्ट्रॉनिक सिद्धांत या **अष्टक नियम** कहते हैं।
- प्रकृति में पाई जाने वाली अक्रिय गैसों की संख्या 6 है।
- आठ इलेक्ट्रॉनों के समूह को **अष्टक (Octet)** कहते हैं।
- जिन तत्वों के बाह्य कोश में 8 इलेक्ट्रॉन होते हैं, वे रासायनिक रूप से अक्रिय होते हैं, क्योंकि आठ इलेक्ट्रॉन विन्यास अर्थात् अष्टक विन्यास एक स्थायी व्यवस्था होती है।
- हीलियम के अतिरिक्त अन्य सभी अक्रिय गैस तत्वों के बाह्य कोश में **8 इलेक्ट्रॉन** होते हैं, जो एक स्थायी अवस्था है।
- अक्रिय गैसों के परमाणु की बाह्यतम कक्षा में बाहर से किसी इलेक्ट्रॉन को प्रविष्ट कराना या उसमें से किसी इलेक्ट्रॉन को बाहर निकाल देना संभव नहीं है।
- अक्रिय गैसों को छोड़कर अन्य जितने भी तत्व हैं, उनके परमाणु की बाह्यतम कक्षा अस्थायी होती है, क्योंकि उनमें **8 से कम इलेक्ट्रॉन** होते हैं।
- जिन तत्वों के बाह्य कोश में आठ इलेक्ट्रॉन नहीं हैं, वे रासायनिक संयोग द्वारा उत्कृष्ट गैस अर्थात् **8 इलेक्ट्रॉन** की स्थायी संरचना प्राप्त करने का प्रयत्न करते हैं।
- उत्कृष्ट गैसों की स्थायी संरचना प्राप्त करने की दो महत्त्वपूर्ण प्रक्रियाएं हैं–**1.** परमाणु अपने बाह्य कोश से एक या अधिक इलेक्ट्रॉन दूसरे परमाणु को देकर अथवा दूसरे परमाणुओं से इलेक्ट्रॉन लेकर उत्कृष्ट गैस की स्थायी संरचना प्राप्त कर सकता है। **2.** परमाणु अपने बाह्य कोश के इलेक्ट्रॉन का दूसरा परमाणु के इलेक्ट्रॉनों के साथ साझा करके उत्कृष्ट गैस की स्थायी संरचना प्राप्त कर सकता है।
- **आयन (Ions)**–विद्युत आवेश युक्त परमाणुओं के समूह को आयन कहा जाता है, जैसे–सोडियम आयन (Na^+), क्लोराइड आयन (Cl^-), कार्बोनेट आयन (CO_3^-), मैग्नीशियम आयन (Mg^{++}) इत्यादि।
- आयन **दो प्रकार** के होते हैं–**(i) धनायन** एवं **(ii) ऋणायन।**
- **धनायन (Cation)**–वैसे आयन, जिस पर धन आवेश आवेशित होता है, उसे धनायन कहते हैं। जैसे–सोडियम आयन (Na^+) और मैग्नीशियम आयन (Mg^{++})।
- **ऋणायन (Anion)**–वैसे आयन, जिस पर ऋण आवेश आवेशित होता है, उसे ऋणायन कहते हैं, जैसे- क्लोराइड आयन (Cl^-) ऑक्सीजन आयन (O^{--}) इत्यादि।
- **रासायनिक बन्धन (Chemical Bond)–दो प्रकार** के होते हैं–**(i) विद्युत संयोजक बंधन** एवं **(ii) सह-संयोजक बंधन।**

- **विद्युत संयोजक या आयनिक बन्धन**–परमाणुओं के मध्य इलेक्ट्रॉनों के स्थानान्तरण से जो बन्धन बनते है, उन्हें विद्युत संयोजक बन्ध या आयनिक बन्ध कहते हैं।
- Na (11) 2, 8, 1, Cl (17) 2, 8, 7 सोडियम तथा क्लोरीन के संयोग में सोडियम के पास एक संयोजकता इलेक्ट्रॉन है तथा क्लोरीन के पास सात संयोजी इलेक्ट्रॉन हैं। सोडियम के पास इलेक्ट्रॉन अधिक होने के कारण यह उस इलेक्ट्रॉन को क्लोरीन को देकर निकटतम निष्क्रिय गैस निऑन (2, 8) की रचना प्राप्त करना चाहता है तथा क्लोरीन एक इलेक्ट्रॉन ग्रहण कर निष्क्रिय गैस आर्गन (2, 8, 8) का विन्यास प्राप्त करना चाहता है। अत: क्लोरीन एक इलेक्ट्रॉन लेकर **ऋणावेशित** हो जाता है और एक इलेक्ट्रॉन देने के कारण सोडियम पर **धनावेश** आ जाता है।
- **सह-संयोजक बन्धन (Covalent Bonds)**–परमाणुओं के मध्य इलेक्ट्रॉन युग्मों की साझेदारी से जो बन्ध बनते हैं, उन्हें सह-संयोजक बन्ध कहते हैं।
- यदि बन्ध एक इलेक्ट्रॉन युग्म के कारण होता है, तब इसको **एकांकी बन्धन** कहते हैं तथा सीधी रेखा (–) द्वारा प्रदर्शित करते हैं।
- यदि बन्ध दो इलेक्ट्रॉन युग्म या तीन इलेक्ट्रॉन युग्म द्वारा जुड़ा होता है, तो इसे क्रमश: **द्विबन्ध** तथा **त्रिबन्ध** कहते हैं एवं इन्हें क्रमश: **(=)** तथा **(≡)** द्वारा प्रदर्शित करते हैं।

उदाहरणत: हाइड्रोजन अणु का बनना-हाइड्रोजन के परमाणु में एक संयोजकता इलेक्ट्रॉन है जब यह बन्धन होता हैं, तब दो हाइड्रोजन परमाणु अपने-अपने इलेक्ट्रॉन के साझे द्वारा हीलियम की संरचना प्राप्त कर लेते हैं तथा **एकांकी बन्धन** स्थापित हो जाता है।

रासायनिक अभिक्रियाएँ

- जब कोई पदार्थ किसी दूसरे पदार्थ या स्वयं के साथ क्रिया करके एक से अधिक नए पदार्थों का निर्माण करता है, तो यही क्रिया **रासायनिक अभिक्रिया** कहलाती है।
- रासायनिक अभिक्रियाओं को रासायनिक समीकरण (Chemical Equation) द्वारा व्यक्त किया जाता है।

आम जीवन में रासायनिक अभिक्रिया के उदाहरण

- दूध से दही बनाना
- श्वास का आदान-प्रदान
- फलों द्वारा शराब बनाना
- भोज्य पदार्थों का शरीर के अन्दर ऑक्सीकरण
- फलों का पकना इत्यादि

- रासायनिक अभिक्रिया का सबसे उत्तम उदाहरण जल है, जिसका निर्माण हाइड्रोजन एवं ऑक्सीजन के मिश्रण से होता है, जैसे-

$$2H_2 + O_2 \rightarrow 2H_2O$$

- रासायनिक अभिक्रियाओं के दौरान ऊष्मा, प्रकाश एवं यांत्रिक ऊर्जाओं का उत्सर्जन होता है।
- रासायनिक अभिक्रियाओं में पुराने आबंध टूटते हैं तथा नए आबंध बनते हैं।
- रासायनिक अभिक्रियाएँ प्राय: ऊर्जा परिवर्तन के साथ होती हैं।
- वह अभिक्रिया, जिनमें ऊर्जा उत्पन्न होती है, ऊर्जा क्षेपी (Exothermic) अभिक्रियाएँ कहलाती हैं।
- वह अभिक्रिया, जिनमें ऊर्जा शोषित होती है, ऊर्जा शोषी (Endothermic) अभिक्रियाएँ कहलाती हैं।
- **रासायनिक संकेत (Chemical Symbol)**–रासायनिक संकेत के माध्यम से किसी तत्व के लम्बे नाम को संक्षिप्त रूप में व्यक्त करते हैं, इसके लिए **अंग्रेजी**, **फ्रेंच** या **जर्मन** नाम के प्रथम अक्षर को उस तत्व के संकेत रूप में इस्तेमाल किया जाता है।
- रासायनिक संकेत के रूप में प्रयुक्त प्रथम अक्षर हमेशा **बड़ा (Capital)** तथा दूसरा अक्षर हमेशा **छोटा (Small)** लिखा जाता है।

प्रतीक	पदार्थ का नाम
Cl (Chlorine)	क्लोरीन
Br (Bromine)	ब्रोमीन
Mg (Maganesium)	मैग्नीशियम
Ca (Calcium)	कैल्शियम
Mn (Manganese)	मैंगनीज
Ba (Barium)	बेरियम
H (Hydrogen)	हाइड्रोजन
P (Phosphorus)	फॉस्फोरस

लैटिन नाम	संकेत	सामान्य नाम
(Aurum)	Au	सोना (Gold)
(Argentum)	Ag	चांदी (Silver)
(Cuprum)	Cu	तांबा (Copper)
(Ferrum)	Fe	लोहा (Iron)
(Natrium)	Na	सोडियम (Sodium)
(Kalium)	K	पोटैशियम (Potassium)

- **रासायनिक सूत्र (Chemical Formula)**–जिन अक्षरों द्वारा किसी यौगिक को संक्षेप में निरूपित किया जाता है, उसे सूत्र कहते हैं।
- सूत्र से ज्ञात होता है कि उसमें कौन-कौन से संघटक परमाणु है तथा प्रत्येक संघटक तत्व के परमाणुओं की संख्या कितनी है।
- रासायनिक सूत्र **तीन प्रकार** के होते हैं–**(i) अणु सूत्र**, **(ii) मूलानुपाती सूत्र** एवं **(iii) संरचना सूत्र**।
- **अणु सूत्र (Molecular Formula)**–इसके माध्यम से किसी तत्व या यौगिक के अणु में उपस्थित तत्वों के परमाणुओं की वास्तविक संख्या व्यक्त की जाती है।
- H_2O पानी का सूत्र है, जिससे पता चलता है कि पानी के एक अणु में हाइड्रोजन के 2 परमाणु तथा ऑक्सीजन का एक परमाणु होता है।
- **मूलानुपाती सूत्र (Empircal Formula)**–इसके माध्यम से किसी यौगिक में उपस्थित तत्वों के परमाणुओं की संख्याओं के सरल अनुपात को व्यक्त किया जाता है, जैसे- **एथेन (C_2H_2)** का **मूलानुपाती सूत्र CH_3** होता है, क्योंकि एथेन के एक अणु कार्बन में एवं हाइड्रोजन के क्रमश: 2 और 6 परमाणु हैं, जिनका **सरल अनुपात 1:3** है।
- **संरचना सूत्र (Structure Formula)**–इसके माध्यम से किसी यौगिक के अणु में तत्वों के परमाणुओं की सजावट को प्रदर्शित किया जाता है, जैसे–**मीथेन (CH_4)** को संरचना सूत्र के माध्यम से इस प्रकार व्यक्त कर सकते हैं–

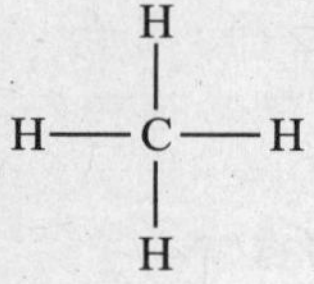

- **रासायनिक समीकरण (Chemical Equation)**–रासायनिक अभिक्रियाओं में तत्वों या यौगिकों को शब्दों के स्थान पर उसके सूत्रों तथा संकेतों द्वारा निरूपित करने के उपरान्त प्राप्त समीकरण को रासायनिक समीकरण कहते हैं, जैसे-मैग्नीशियम तथा कार्बन मोनोक्साइड का बनना $\mathbf{MgO + C \rightarrow Mg + CO}$

1. ऑक्सीकरण (Oxidation)–वह रासायनिक प्रक्रिया है, जिसमें किसी तत्व पर अथवा विद्युत ऋणात्मक समूह का मिलना अथवा हाइड्रोजन या विद्युत धनात्मक तत्व का पृथक होना हो, ऑक्सीकरण कहलाता है।

2. ऑक्सीजन का मिलना

$\mathbf{C + O_2 \rightarrow CO_2 \quad 2H_2 + O_2 \rightarrow 2H_2O}$

3. विद्युत ऋणात्मक समूह का मिलना

$\mathbf{2FeCl_2 + Cl_2 \rightarrow 2FeCl_3}$

4. हाइड्रोजन का पृथक होना

$\mathbf{Zn + 2HCl \rightarrow ZnCl_2 + H_2}$

5. विद्युत धनात्मक समूह का पृथक होना

$\mathbf{2KI + 2HO_2 \rightarrow 2KOH + I_2 + H_2}$

- **अवकरण (Reduction)**–यह ऑक्सीजन का विपरीत है। यह वह प्रक्रिया है, जिसमें किसी तत्व में हाइड्रोजन अथवा विद्युत धनात्मक समूह का मिलना अथवा ऑक्सीजन या विद्युत ऋणात्मक समूह का पृथक होना कहलाता है।

1. हाइड्रोजन या विद्युत धनात्मक समूह का मिलना

$$H_2 + Cl_2 \rightarrow 2HCl$$
$$CuCl_2 + Cu \rightarrow Cu_2 Cl_2$$

2. ऑक्सीजन अथवा विद्युत ऋणात्मक समूह का पृथक होना

$$ZnO + C \rightarrow Zn + CO$$
$$2FeCl_3 + SnCl_2 \rightarrow 2FeCl_2 + SnCl_4$$

- ऑक्सीजन की प्रक्रिया में विद्युत ऋणात्मक समूह का अनुपात बढ़ता है; जबकि अपचयन में विद्युत धनात्मक समूह का अनुपात बढ़ता है।
- **आक्सीकरण पदार्थ (Oxidising Agents)**–वे पदार्थ जो दूसरे पदार्थों का ऑक्सीकरण करने में प्रयोग किए जाते हैं, ऑक्सीकरण पदार्थ कहलाते हैं, जैसे-ओजोन, हैलोजन, नाइट्रिक अम्ल तथा पोटैशियम परमैंगनेट।
- किसी भी अभिक्रिया में ऑक्सीकरण तथा अपचायक का पता लगाने में **ऑक्सीकरण संख्या** उपयोगी होती है।
- किसी तत्व की ऑक्सीकरण संख्या उसके आयन में उपस्थित आवेश के बराबर होती है, जैसे- $\mathbf{Fe^{++}}$ की ऑक्सीकरण संख्या **+2** है तथा $\mathbf{Fe^{+3}}$ की ऑक्सीकरण संख्या **+3** है।
- धातु का संक्षारण एक ऑक्सीकरण-अवकरण अभिक्रिया है, जिसके फलस्वरूप धातु वायुमंडल की वायु और नमी से अभिक्रिया करके अवांछनीय पदार्थों में परिवर्तित हो जाती है।
- लोहे में जंग लगना एक ऑक्सीकरण अभिक्रिया है, जिसके कारण लोहे की सतह पर **फेरिक ऑक्साइड (Fe_2O_3)** और **फेरिक हाइड्रॉक्साइड [$Fe(OH)_3$]** की भूरे रंग की परत बैठ जाती है।
- तांबे को बहुत दिनों तक आर्द्र हवा में छोड़ देने के कारण उसकी सतह पर हलके रंग की परत बैठ जाती है, जो ऑक्सीकरण का ही उदाहरण है।
- धातु संक्षारण के लिए वायु या ऑक्सीजन की उपस्थिति तथा वायु में नमी की उपस्थिति होना आवश्यक होता है।
- लोहे धातु पर जिंक धातु की परत बैठने की क्रिया को गैल्वेनीकरण कहते हैं एवं ऐसा लोहा **गैल्वेनीकृत लोहा (Galvanized Iron)** कहलाता है।
- **अवकारक पदार्थ (Reducing Agents)**–वे पदार्थ जो अवकरण के लिए प्रयोग किए जाते हैं, अवकारक पदार्थ कहलाते हैं, जैसे-हाइड्रोजन कार्बन, स्टेनस क्लोराइड तथा नाइट्रस अम्ल आदि।
- **डॉल्टन का आंशिक दाब का नियम (Dalton's Gas Law)**–डॉल्टन के आंशिक दाब के नियमानुसार परस्पर अभिक्रिया न करने वाली गैसों को निश्चित ताप पर पात्र में रखने पर मिश्रण का उसी ताप पर दाब (P) उन गैसों के आंशिक दाब (P_1, P_2...) के योग के बराबर होता है।

$$P = P_1 + P_2 + P_3 \ldots\ldots$$

- विसरण दो या दो से अधिक पदार्थों को स्वत: एक-दूसरे से मिलकर समांग मिश्रण बना लेना विसरण कहलाता है। **ग्राहम** के अनुसार स्थिर ताप व दाब पर गैसों की विसरण दर r उनके घनत्व (d) के वर्गमूल के व्युत्क्रमानुपाती होती है अर्थात् $\mathbf{r \alpha 1/d^2}$।

उत्प्रेरक

- वह पदार्थ जो स्वयं तो रासायनिक क्रिया में भाग नहीं लेते, परंतु जिनकी उपस्थिति क्रिया की गति को बढ़ा दे या मंद कर दे, वह उत्प्रेरक कहलाते हैं। यदि $KClO_3$ को गर्म किया जाता है, तो वह 360°C पर विच्छेदित होकर ऑक्सीजन देता है, परंतु इसके साथ MnO_2 की थोड़ी-सी मात्रा मिला दी जाती है, तो यह मात्रा 250°C पर ही विच्छेदित हो जाती है।

$$2KClO_3 \xrightarrow{360°C} 2KCl + 3O_2$$
$$2KClO_3 \xrightarrow{250°C} 2KCl + [MnO_2] + 3O_2$$

- यहाँ MnO_2 उत्प्रेरक का कार्य करता है तथा इस क्रिया की गति को बढ़ा देता है।
- **बर्जीलियस** को उत्प्रेरक (Catalyst) का जन्मदाता कहा जाता हैं। इन्होंने इसकी खोज, **सन् 1853** में की।
- उत्प्रेरक मुख्यतया **चार प्रकार** के होते हैं।
- **धनात्मक उत्प्रेरक (Positive Catalysts)**–वे पदार्थ, जो क्रिया की गति को बढ़ा देते हैं, धनात्मक उत्प्रेरक कहलाते हैं। उदाहरणार्थ MnO_2 को ऑक्सीजन को $KClO_3$ से बनाने में प्रयोग किया जाता है
- **ऋणात्मक उत्प्रेरक (Negative Catalysts)**–वे पदार्थ, जो किसी रासायनिक क्रिया की गति को कम कर देते हैं, उन्हें ऋणात्मक उत्प्रेरक कहते हैं। यदि हाइड्रोजन पराक्साइड में एसिटेमाइड, एल्कोहल या अम्ल उपस्थिति हैं, तब ये विच्छेदन को रोकते हैं, इस क्रिया में ये ऋणात्मक उत्प्रेरक का कार्य करते हैं।
- **स्व-उत्प्रेरक (Auto Catalysts)**–कभी-कभी किसी रासायनिक क्रिया की गति, क्रिया के बढ़ने के साथ स्वयं ही बढ़ जाती है। इस क्रिया में बनने वाला कोई पदार्थ स्वयं ही उत्प्रेरक का कार्य करता है।
- **प्रेरित उत्प्रेरक (Induced Catalysts)**–कभी-कभी एक क्रिया दूसरी क्रिया का वेग बढ़ा देती है। इस प्रकार के उत्प्रेरक को प्रेरित उत्प्रेरक कहते हैं।

उत्प्रेरकों के उपयोग

उत्प्रेरक	उपयोग
लौह-चूर्ण	अमोनिया गैस बनाने की हैबर विधि में
प्लेटिनम चूर्ण	सल्फ्यूरिक अम्ल बनाने की सम्पर्क विधि में
नाइट्रोजन के ऑक्साइड	सल्फ्यूरिक अम्ल बनाने की सीस-कक्ष विधि में
निकिल	वनस्पति तेलों से कृत्रिम घी बनाने में
गर्म एलुमिना	एल्कोहल से ईथर बनाने की विधि में
क्यूप्रिक क्लोराइड	क्लोरीन गैस बनाने की डीकॉन विधि में
पेप्सिन एन्जाइम	आमाशय में प्रोटीन को पेप्टाइड में अपघटित करने में
इरेप्सिन एन्जाइम	आंतों में प्रोटीन को अमीनो अम्ल में अपघटित करने में

ट्रिप्सिन एन्जाइम	अग्नाशय में प्रोटीन में अमीनो अम्ल में अपघटित करने में
टायलिन एन्जाइम	मानव-लार में स्टार्च को ग्लूकोज में परिवर्तित करने में
जाइमेस एन्जाइम	ग्लूकोज से एथिल एल्कोहल बनाने में
डाइस्टेज एसिटी	स्टार्च में माल्टोस के बनने में
माइकोडर्मी एसिटी	गन्ने की शक्कर के सिरके के निर्माण में
इन्वर्टेज एन्जाइम	गन्ने की शक्कर से ग्लूकोज व फ्रक्टोज बनाने में
लैक्टिक वैसिली	दूध से लैक्टिक अम्ल बनाने में

अम्ल, क्षार तथा लवण

- **अम्ल (Acids)**–वे यौगिक पदार्थ, जो स्वाद में खट्टे होते हैं एवं जिनका जलीय घोल नीले लिटमस को लाल कर देता है, अम्ल कहलाते हैं।
- 1884 में स्वान्ते आरेनिअस ने अम्ल को परिभाषित करते हुए कहा कि अम्ल वह पदार्थ है जो जल के साथ मिश्रित होने के उपरान्त **हाइड्रोजन आयन (H^+)** प्रदान करते हैं।
- अम्ल का **pH मान 7** से कम होता है।

अम्ल के प्रमुख गुण

- अम्ल स्वाद में खट्टे होते हैं।
- नीले लिटमस पत्र के वर्ण को लाल कर देते हैं।
- कुछ धातुओं के साथ अभिकृत होकर हाइड्रोजन प्रदान करते हैं।
- कार्बोनेटों के साथ अभिक्रिया करके कार्बन डाइऑक्साइड प्रदान करते हैं।
- अम्लों का सर्वोपरी गुणधर्म यह माना जाता था कि वे क्षारकों (भस्मों) को उदासीन कर सकते हैं।
- अम्ल **दो प्रकार** के होते हैं–**(i) ऑक्सी अम्ल** तथा **(ii) हाइड्राक्सी अम्ल**।
- जिन अम्लों में हाइड्रोजन एवं ऑक्सीजन दोनों की उपस्थिति होती है, वे अम्ल ऑक्सी अम्ल कहलाते हैं।
- **ऑक्सी अम्ल के उदाहरण हैं**–नाइट्रस अम्ल (HNO_2), सल्फ्यूरिक अम्ल (H_2SO_4), नाइट्रिक अम्ल (HNO_3) तथा फास्फोरिक अम्ल (H_3PO_4)।
- वैसे अम्ल, जिनमें हाइड्रोजन उपस्थित रहता है लेकिन ऑक्सीजन अनुपस्थित होता है, वे हाइड्राक्सी अम्ल कहलाते हैं।
- **हाइड्राक्सी अम्ल के उदाहरण हैं**–हाइड्रोक्लोरिक अम्ल (HCl) हाइड्रोआयोडिक अम्ल (HI), हाइड्रोब्रोमिक अम्ल (HBr), हाइड्रोसायनिक अम्ल (HCN) इत्यादि।
- **क्षारक (Base)**–वह पदार्थ है, जो जल में मिश्रित करने के फलस्वरूप हाइड्रॉक्सिल आयन (OH) प्रदान करते हैं, क्षारक कहलाते हैं।
- क्षार धातुओं के समान आचरण करने वाले वैसे यौगिक हैं, जो अम्लों से अभिक्रिया करके **लवण** एवं **जल** बनाते हैं।

अम्लों से सम्बन्धित प्रमुख तथ्य

अम्ल	प्राकृतिक स्रोत	औद्योगिक निर्माण की विधि	उपयोग
सल्फ्यूरिक अम्ल	हरा कसीस	सीस कक्ष व संपर्क विधि	पेट्रोलियम के शोधन में व विस्फोटक बनाने में
नाइट्रिक अम्ल	फिटकरी व शोरा	साल्टपीटर व वर्क लैंड अर्क प्रक्रम द्वारा	औषधियाँ, उर्वरक फोटोग्राफी व विस्फोटक पदार्थ बनाने में
एसीटिक अम्ल	फलों के रसों में व सुगंधित तेलों से	एसिटिलीन से व सिरका से	विलायक के रूप में एसीटोन बनाने तथा खट्टे खाद्य पदार्थ में
ऑक्जेलिक अम्ल	सारेल का वृक्ष	सोडियम फॉर्मेट से	फोटोग्राफी में, कपड़ों की छपाई में चमड़े के विरंजक के रूप में
बेन्जोइक अम्ल	घास, मूत्र से	बेन्जोइक क्लोराइड से	दवा व खाद्य पदार्थों के संरक्षक के रूप में
साइट्रिक अम्ल	खट्टे फलों से	कच्ची शर्करा के किण्वन से	धातुओं को साफ करने में, खाद्य पदार्थों व दवाओं के बनाने में, कपड़ा उद्योगों में जीवाणुनाशक के रूप में, फलों को संरक्षित व रबड़ के स्कन्दन में, चमड़ा व्यवसाय में
फॉर्मिक अम्ल	लाल चीटियों में, बर्रे में व बिच्छू में	–	–

क्षारक के प्रमुख गुण

- क्षारक स्वाद में कड़वे होते हैं।
- छूने पर चिप-चिपे फिसलने वाली प्रकृति के एवं लाल लिटमस पत्र को नीला कर देते हैं।
- क्षारक का सर्वोपरि गुणधर्म यह माना गया कि वे अम्लों को उदासीन कर देते हैं।
- अम्ल से प्रतिक्रिया करके लवण तथा जल बनाते हैं।
- तेल और गंधक को अपने में घुला लेने की क्षमता होती हैं।
- क्षारक **कार्बनिक** पदार्थों को **नष्ट** कर देते हैं।
- **लवण (Salt)**–अम्लीय अणु से हाइड्रोजन के पूर्णत: अथवा अंशत: स्थानान्तरण के द्वारा लवण का निर्माण होता है।
- अम्ल और क्षारक की अभिक्रिया के फलस्वरूप बना दूसरा यौगिक लवण कहलाता हैं।

लवण के प्रकार

- **सामान्य लवण (Common Salt)**–सामान्य लवण का निर्माण किसी अम्लीय अणु से हाइड्रोजन परमाणु के पूर्णत: स्थनान्तरण द्वारा होता है, उदाहरणार्थ- **NaCl, KCl** आदि।
- **अम्लीय लवण (Acidic Salt)**–अम्लीय लवण में एक या एक से अधिक स्थानान्तरण योग्य हाइड्रोजन परमाणु बने रहते है, जैसे- $NaHSO_4$, $NaHCO_3$, $NaHPO_4$ आदि।
- **भास्मिक लवण (Ashy Salt)**–जो लवण हाइड्रॉक्साइड समूह को अपने साथ रखता है, जैसे-Mg(OH)CI, $[Mg(OH)_2MgCO_3]$ आदि।
- **क्षारिक लवण (Basic Salt)**–यह एक सामान्य लवण है और इसका निर्माण कमजोर अम्ल व प्रबल भस्म के माध्यम से होता है, उदाहरण $Na_2B_4O_7$, $Na_2C_2O_4$ आदि।

- **द्विक लवण (Double Salt)**–यह दो सामान्य लवणों से बना होता है तथा जल में घुलकर दो प्रकार के धातुई आयन निर्गत करता है, जैसे-पोटाश एलम $[K_2SO_4Al_2(SO_4)_3 24H_2O]$ मोहर लवण-$[FeSO_4(NH_4)_2SO_4 6H_2O]$ आदि।
- **जटिल लवण (Complex Salt)**–यह जटिल आयनों के संयोग से बना होता है जिसमें केन्द्रीय धातुई आयन चारों ओर से उदासीन अणुओं अथवा आयनों से घिरा होता है, जैसे- $K_4[Fe(CN)_6]$ $K_3[Fe(CN)_6)]$, Ag $(HN_3)_2]$ आदि।

pH मान (pH Value)

- इसका पूरा नाम पोटेंशियल ऑफ हाइड्रोजन है।
- 1909 में **सॉरेन्सन** ने एक नए स्केल को परिभाषित किया, जो pH स्केल कहलाता है।
- इसका मापन pH मापी द्वारा या विशेष सूचकों के रंग परिवर्तन द्वारा किया जाता है।
- इस मापक्रम में 1 से 14 तक का pH माप ज्ञात कर सकते हैं।
- pH का मान 7 होने पर विलयन, 7 से कम होने पर अम्लीय तथा 7 से अधिक होने पर क्षारीय होता हैं।

कुछ सामान्य पदार्थों का pH मान

पदार्थ	pH मान
नींबू	2.2–2.4
सिरका	2.4–3.4
शराब	2.8–3.8
टमाटर जूस	4.0–4.4
बीयर	4.0–5.0
कॉफी	4.5–5.5
मानव मूत्र	5.5–7.5
मानव लार	6.5–7.5
मानव रक्त	7.3–7.5
दूध	6.4

तत्वों का आवर्ती वर्गीकरण

- सर्वप्रथम जर्मन रसायनविद् **लॉथर मेयर** ने **1960** में तत्वों को उनके परमाणु आयतनों के आधार पर वर्गीकृत किया।
- किसी मौलिक गुण को आधार बनाकर की गई पदार्थों की ऐसी व्यवस्था, जिसमें निश्चित अंतराल के बाद समान गुण वाले पदार्थ पुनः उपस्थित हो, आवर्ती वर्गीकरण या आवर्ती व्यवस्था कहलाती है।
- तत्वों का प्रथम आवर्ती वर्गीकरण रशियन वैज्ञानिक **मैंडलीफ** की देन है।

विभिन्न आवर्तों में तत्व की संख्या

आवर्त	तत्वों की संख्या
1	2
2	8
3	8
4	18
5	18
6	32
7	शेष तत्व

मैंडलीफ का आवर्त नियम (Mendeleev's Periodicity Rule)

- **मैंडलीफ** ने ज्ञात किया कि यदि तत्वों को उनके परमाणु भार के वृद्धि क्रम में रखा जाता है, तो उनके गुणों में आवर्तिता (Periodicity) होती है। इस प्रकार के गुणों तथा भार के संबंध को उन्होंने आवर्त नियम का रूप दिया, जिसके अनुसार-"तत्वों के भौतिक तथा रासायनिक गुण उनके परमाणु भार के आवर्त फलन हैं।"
- आधुनिक आवर्त सारणी मैंडलीफ द्वारा प्रस्तुत आवर्त सारणी का ही आधुनिक रूप है।

आधुनिक आवर्त सारणी (Modern Periodic Table)

- मोजले (Mosely) ने 1911 में तत्वों के वर्गीकरण में सुधार किया तथा आवर्त नियम इस प्रकार दिया। तत्वों के भौतिक व रासायनिक गुण उनके परमाणु संख्या के आवर्ती फलन (Periodic Function) होते हैं।
- आवर्त सारणी में 7 क्षैतिज आवर्त एवं 8 लम्बवत ग्रुप हैं। आठवें ग्रुप को शून्य ग्रुप कहा जाता है। शेष I से VII तक समान गुणों वाले तत्व एक निश्चित अंतराल के बाद आते हैं। इन गुणों की इस बारम्बारता को आवर्तता कहते हैं।
- **आवर्त (Periods)**–तत्वों की क्षैतिज पंक्ति को आवर्त कहते हैं।
- आवर्त में जैसे-जैसे हम बाएँ से दाईं तरफ बढ़ते हैं, तत्वों की संयोजकता बढ़ती जाती है।

मैंडलीफ की आवर्त सारणी और आधुनिक आवर्त सारणी में अंतर

क्र.सं.	मैंडलीफ की आवर्त सारणी	आधुनिक आवर्त सारणी
1.	मैंडलीफ की आवर्त सारणी में तत्वों को उनके परमाणु भार के बढ़ते क्रम में सजाकर तैयार किया गया है।	आधुनिक आवर्त सारणी में तत्वों को उनके परमाणु क्रमांक के बढ़ते क्रम में सजाकर तैयार किया गया है।
2.	उसमें उपवर्ग A और B एक ही वर्ग के अंतर्गत है।	इनमें उपवर्ग A और B को अलग-अलग वर्ग के रूप में रखा गया है।
3.	इनके कुल 9 वर्ग है।	इनके कुल 18 वर्ग है।
4.	इस आवर्त सारणी में धातु एवं अधातु तत्वों के बीच स्पष्ट विभाजन रेखा नहीं है।	इस आवर्त सारणी में धातु एवं अधातु तत्वों के साथ अलग-अलग हैं एवं इनके बीच स्पष्ट विभाजन रेखा खींची जा सकती हैं।
5.	इस आवर्त सारणी में सामान्य तत्व एवं संक्रमण तत्व अलग-अलग नहीं प्रदर्शित किए गए हैं।	इस आवर्त सारणी में सामान्य तत्व एवं संक्रमण तत्व अलग-अलग प्रदर्शित किए गए हैं।
6.	आवर्त सारणी तैयार करते समय मैंडलीफ को तत्वों के इलेक्ट्रानिक विन्यास की जानकारी नहीं थी, अतः इस आवर्त सारणी में तत्वों की सजावट का आधार इलेक्ट्रॉनिक विन्यास नहीं है।	आधुनिक आवर्त सारणी (दीर्घ रूप) का निर्माण तत्वों के इलेक्ट्रॉनिक विन्यास के आधार पर किया गया है।

आवर्त तथा समूहों में गुणों का परिवर्तन

- **संयोजकता (Valency)**–संयोजकता, किसी परमाणु के संयोजी कक्ष में उपस्थित इलेक्ट्रॉनों की संख्या पर निर्भर करती है। उदाहरण-

$$_{11}Na = 2, 8, 1$$

- **परमाणु आकार (Atomic Size)**–किसी परमाणु की त्रिज्या को उसका परमाणु आकार कहते हैं।
- किसी नाभिक के केन्द्र से बाह्य कक्षा के बीच की दूरी को **परमाणु त्रिज्या** कहते हैं।
- आवर्त में बाएँ से दाएँ जाने पर **परमाणु त्रिज्या** घटती है, क्योंकि बाएँ से दाएँ जाने पर नाभिकीय आवेश बढ़ता है।
- जैसे-जैसे हम समूह में ऊपर से नीचे जाते हैं, परमाणु त्रिज्या बढ़ती जाती है। क्योंकि नीचे जाने पर कोशों की संख्या बढ़ती जाती है अर्थात् परमाणु का आकार भी बढ़ता जाता है।
- **आयनन विभव तथा इलेक्ट्रॉन बंधुता (Ionisation Potential and Electron Affinity)**–किसी तत्व का रासायनिकं गुण उस तत्व के इलेक्ट्रॉन त्याग करने या ग्रहण करने की क्षमता पर निर्भर करता है, जिसे आयनन विभव और इलेक्ट्रॉन बंधुता के रूप में परिकलित करते हैं।
- किसी तत्व से एक इलेक्ट्रॉन निकालने के लिए जितनी ऊर्जा की आवश्यकता होती है, उसे उस तत्व का **आयनन विभव** कहते हैं।
- क्षार धातुओं का आयनन विभव सबसे कम तथा हैलोजन का सबसे अधिक होता है।
- आवर्त में बाएँ से दाएँ जाने पर आयनन विभव बढ़ता है तथा समूह में ऊपर से नीचे जाने पर आयनन विभव घटता है, क्योंकि परमाणु आकार बढ़ता है।
- किसी उदासीन गैसीय परमाणु के एक इलेक्ट्रॉन ग्रहण करने में ऊर्जा परिवर्तन होता है, उसे उस परमाणु की **इलेक्ट्रॉन बंधुता** कहते हैं।

विलयन (Solution)

- दो या दो से अधिक पदार्थों के परस्पर मिश्रण से जो समांगी मिश्रण प्राप्त होता है, विलयन कहलाता है। जैसे-ठोस का द्रव में विलयन, द्रव का गैस में विलयन, गैस का द्रव में विलयन, व गैस का गैस में विलयन आदि।
- **विलेय व विलायक (Solute and Solvent)**–जब दो पदार्थ एक विलयन बनाते हैं, तब एक पदार्थ दूसरे में घुलता है। अल्प मात्रा में उपस्थित होने वाला पदार्थ **विलेय** तथा दूसरा **विलायक** कहलाता है।
- अधिक डाई इलेक्ट्रिक नियतांक वाले पदार्थ बेहतर विलायक माने जाते हैं।
- जल का डाई इलेक्ट्रिक नियतांक अधिक होने के कारण इसे उत्तम विलायक माना जाता है।
- कपूर, गंधक, सल्फर, घी, नेफ्थलीन आदि जल में अविलेय होते हैं।

महत्त्वपूर्ण विलायक तथा उसमें विलेय पदार्थ

विलायक	विलेय पदार्थ
जल	नमक, चीनी, फिटकरी, नीला थोथा, (कॉपर सल्फेट), एल्कोहल
एसीटोन	वार्निश, कारडाइट, क्लोडियन, रेयॉन, सेलुलोज, कृत्रिम रेशम
एल्कोहल	वार्निश, पॉलिश, कपूर, चमड़ा, लाख, आयोडीन
कार्बन ट्रेटा क्लोराइड	तेल, वसा, घी, मोम आदि
ईथर	चर्बी, मोम, तेल
नैप्था	रबड़
तारपीन का तेल	पेंट व रेजिन
कार्बन डाइसल्फाइड	गंधक, फास्फोरस आदि

विलायकों के उपयोग (Uses of Solvents)

- आयोडीन को स्प्रिट में घोलकर विभिन्न प्रकार की औषधियाँ, जैसे-टिंचर आयोडीन, आयोडेक्स आदि बनाए जाते हैं।
- बेंजीन व पेट्रोल का प्रयोग निर्जल धुलाई (Dry Cleaning) के रूप में किया जाता है।
- कार्बनिक यौगिक एथिल ऐसीटेट का प्रयोग औद्योगिक क्षेत्र में विलायक के रूप में किया जाता है। एल्कोहल से विभिन्न प्रकार के सुगंधित इत्र बनाए जाते हैं।

विभिन्न प्रकार के विलयन

विलायक के प्रकार	उदाहरण
गैस में गैस	वायु तथा गैस का मिश्रण
गैस में द्रव	अमोनिया का जल में मिश्रण
गैस में ठोस	वायु में आयोडीन का विलयन
द्रव में ठोस	जल में कार्बन डाइऑक्साइड का विलयन
द्रव में द्रव	जल में एल्कोहल का विलयन
द्रव में ठोस	जल तथा चीनी का मिश्रण
ठोस में गैस	कपूर का वायु में विलयन
ठोस में द्रव	नमक का जल में विलयन
ठोस में ठोस	सोने में घुलित तांबा

- यदि किसी विलयन में उपस्थित विलेय के कण धन तथा ऋण आवेशित हो, तो यह विलयन विद्युत धारा प्रवाहित करने में सक्षम होता है, ऐसे विलेय **विद्युत अपघट्य** कहलाते हैं, जैसे-सामान्य लवण एक विद्युत अपघट्य है।
- **संतृप्त विलयन (Saturated Solution)**–वह विलयन है, जिसमें विलेय पदार्थ की अधिकतम मात्रा घुली हुई हो।
- **असंतृप्त विलयन (Unsaturated Solution)**–वह विलयन है, जिसमें किसी निश्चित ताप उसमें विलेय पदार्थ की और अधिक मात्रा घोली जा सकती है।
- **अतिसंतृप्त विलयन (Super Saturated Solution)**–वह विलयन, जिसमें विलेय की मात्रा उस विलयन को संतृप्त करने के लिए आवश्यक विलेय की मात्रा से अधिक घुली हुई हो।
- **परासरण (Osmosis)**–जब एक विलयन तथा विलायक को अर्द्ध पारगम्य झिल्ली से पृथक किया जाता है, तो विलायक के अणु विलयन में चले जाते हैं और झिल्ली के दोनों ओर बराबर सांद्रता हो जाती है। इस प्रकार विलायक का विलयन में अथवा कम सांद्रता के विलयन से अधिक सांद्रता के विलयन में अर्द्धपारगम्य झिल्ली के द्वारा प्रवाह **परासरण** कहलाता है।
- **बफर विलयन (Buffer Solution)**–वह विलयन, जोकि अम्ल या क्षार की साधारण मात्राओं को उनकी प्रभावी अम्लता या क्षारकता में परिवर्तन किए बिना अवशोषित कर लेता है, उसे **बफर विलयन** कहते हैं।
- **मोलरता (Molarity)**–एक लीटर विलयन में विलेय के मोल की संख्या से इसको परिभाषित करते हैं। मोलरता के लिए **संकेत M** का प्रयोग करते हैं।
- मोलरता को मोल्स डेसीमीटर (अर्थात् लीटर) में व्यक्त करते हैं; जबकि द्रव्यमान अंश अथवा मोल अंश विमाहीन होते हैं।
- विलयन के ताप बढ़ने अथवा घटने पर उसकी मोलरता परिवर्तित नहीं होती है।
- **निलंबन (Suspension)**–छोटे आकार के कणों के पदार्थ, जो विलयन में अघुलनशील परंतु नग्न आंखों से दृश्य होते हैं, **निलंबन** कहलाते हैं। **उदाहरण**-मोटे चूने के पत्थर को जल में मिलाने पर निलंबन बनता है।

- **कोलॉइड (Colloid)**–यह रवाहीन पदार्थ होते हैं तथा जल में उतनी तीव्रता के साथ न तो घुलते हैं और न अर्ध रंध्रदार झिल्ली में प्रवेश कर पाते हैं।
- यह घोलक में अर्ध घुलित अवस्था में लटके रहते हैं। जैसे-स्टार्च, एल्ब्यूमिन और गोंद आदि।
- **विलेयता (Solubility)**–किसी दिए हुए ताप पर संतृप्त विलयन में विलेय की सांद्रता विलेय की **विलेयता** कहलाती है।
- विलेयता को ग्राम प्रति लीटर या मोल प्रति लीटर में व्यक्त करते हैं।
- किसी पदार्थ की विलेयता ताप पर निर्भर करती है। यह ताप बढ़ने पर बढ़ती है। परंतु गैसों के लिए ताप बढ़ने पर विलेयता घटती है।
- **क्वथनांक तथा हिमांक (Boiling and Freezing Point)**–किसी विलयन का **क्वथनांक** शुद्ध विलायक से अधिक होता है परंतु उसका **हिमांक** शुद्ध विलायक से कम होता है।
- **विलयन का सांद्रण (Concentration of Solution)**–किसी विलयन की इकाई मात्रा में उपस्थित विलेय की मात्रा को **विलयन का सांद्रण** कहते हैं।
- जिस विलयन में विलेय की पर्याप्त मात्रा घुली रहती है, उसे **सांद्र विलयन** तथा जिसमें विलेय की कम मात्रा घुली रहती है, उसे **तनु विलयन** कहा जाता है।

अधातु

- प्रकृति में केवल **22 तत्व** ऐसे हैं, जो **अधातु** हैं, जिनमें **11 गैसें**, **एक द्रव** तथा **10 ठोस** अवस्था में हैं।
- अधातुओं के गुणों को **दो वर्गों** में बांटा जा सकता है–**(1) भौतिक गुण** व **(2) रासायनिक गुण**।
- **अधातुओं के भौतिक गुण (Physical Properties of Non-metals)** –अधातुएँ सामान्यत: भंगुर होती हैं तथा इनसे चादरें अथवा तार नहीं बनाए जा सकते हैं।
- अधातु में कोई चमक नहीं होती हैं तथा इन पर पॉलिश नहीं की जा सकती है।
- अधातुएँ सामान्यत: ऊष्मा एवं विद्युत की कुचालक होती हैं।
- धातुओं की भांति अधातुओं में स्वतन्त्र इलेक्ट्रॉन नहीं होते हैं। लेकिन कार्बन का एक अपररूप ग्रेफाइट इसका अपवाद है, जो कि विद्युत का अच्छा चालक है।
- **अधातुओं के रासायनिक गुण (Chemical Properties of Non-metals)**– धातुओं के विपरीत अधातुएँ विद्युत ऋणात्मक होती हैं। वे इलेक्ट्रॉनों को आसानी से ग्रहण कर लेती हैं तथा ऋणात्मक आवेशयुक्त आयन बनाती हैं।
- **ऑक्सीजन के साथ अभिक्रिया**–अधातुएँ ऑक्सीजन के साथ सह-संयोजक ऑक्साइड बनाती हैं, जिनमें से कुछ ऑक्साइड जल में घुलने के बाद अम्ल बनाते हैं।

$$C + O_2 \rightarrow CO_2$$
$$S + O_2 \rightarrow SO_2$$

- अधातुएँ हाइड्रोजन के साथ संयोग कर हाइड्राइड बनाती हैं। ये हाइड्राइड इलेक्ट्रॉनों की साझेदारी से बनते हैं, जैसे-H_2S, NH_3, HCl, CH_4 आदि।

हाइड्रोजन का उपयोग	
1.	गैसोलिन के उत्पादन में
2.	वनस्पति घी के निर्माण में
3.	धातुओं को काटने तथा जोड़ने में
4.	हैबर विधि से अमोनिया के उत्पादन में
5.	द्रव हाइड्रोजन का उपयोग रॉकेट ईंधन के रूप में

हाइड्रोजन और उसके यौगिक

- हाइड्रोजन की परमाणु संख्या 1 तथा परमाणु द्रव्यमान 1.00797 होता है।
- हाइड्रोजन में केवल एक इलेक्ट्रॉन $_1S^1$ होने के कारण इसको ऐल्कली धातुओं के समूह में रखा जा सकता है।
- हाइड्रोजन की खोज 1766 ई. में हेनरी कैवेंडिस ने की थी।
- हाइड्रोजन आवर्त सारणी का एक मात्र ऐसा तत्व है, जिसके नाभिक में न्यूट्रॉन नहीं पाया जाता है, इसके नाभिक में सिर्फ एक प्रोटॉन होता है।
- हाइड्रोजन को **भविष्य का ईंधन** कहा जाता है।
- ब्रह्मांड में हाइड्रोजन की बहुलता होने के कारण ही बृहस्पति तथा शनि ग्रहों के अतिरिक्त सूर्य तथा तारों का लगभग आधा भाग हाइड्रोजन से बना है।
- पृथ्वी पर उपस्थित जल, कोयले, पेट्रोलियम, चिकनी मिट्टी तथा सभी जीवों व वनस्पति पदार्थों में हाइड्रोजन विद्यमान हैं।
- भार के अनुसार पृथ्वी पटल का 0.9% हाइड्रोजन से बना है तथा तत्वों के बाहुल्य के क्रम में इसका **नौवां** स्थान है।

भारी जल का उपयोग	
1.	न्यूट्रॉन मंदक के रूप में
2.	ड्यूटीरियम के यौगिक बनाने में
3.	ट्रेसर के रूप में
4.	आयनिक व अन-आयनिक हाइड्रोजन में विभेद करने में

- **हाइड्रोजन के समस्थानिक (Isotopes of Hydrogen)**–हाइड्रोजन के तीन समस्थानिक ज्ञात हैं, जिनकी द्रव्यमान संख्याएँ क्रमश: 1, 2 और 3 हैं।
- हाइड्रोजन के समस्थानिकों को प्रोटियम ($_1H^1$ या H) ड्यूटीरियम ($_1H^2$ या D) और ट्राइटियम ($_1H^3$ या T) कहते हैं।
- हाइड्रोजन का भारी समस्थानिक, जिसका द्रव्यमान 2 होता है, ड्यूटीरियम या भारी हाइड्रोजन कहलाता है। इसे $_1H^2$ या D से प्रदर्शित करते हैं।
- **भारी जल (Heavy Water)**–हाइड्रोजन के ऑक्साइड D_2O (ड्यूटेरियम) को भारी जल कहा जाता है।
- भारी जल की खोज, **सन् 1932** में **यूरे** और **वाशबर्न** ने की थी।
- साधारण जल के लगभग 6000 भागों में 1 भाग भारी जल का होता है।
- **मृदु एवं कठोर जल (Soft and Hard Water)**–जो जल साबुन के साथ आसानी से झाग देता है, उसे मृदु जल और जो कठिनाई से झाग देता है, उसे कठोर जल कहते हैं।
- जल की कठोरता उसमें कैल्शियम और मैग्नीशियम के बाइकार्बोनेट, क्लोराइड सल्फेट, नाइट्रेट आदि लवणों के घुले होने के कारण होती है।
- साधारण साबुन सिट्रिक एसिड ($C_{17}H_{35}COOH$) का सोडियम लवण होता है, जो जल में विलेय है।
- कठोर जल साबुन के साथ झाग बनाने के स्थान पर कैल्शियम और मैग्नीशियम के अविलेय रिएक्टर बनाता है।
- जल की अस्थायी कठोरंता (Temporary Hardness) उसमें कैल्शियम और मैग्नीशियम के बाइकार्बोनेट घुले रहने के कारण होती है, जो जल को उबालने या जल में चूना डालने से दूर हो जाती हैं।

ऑक्सीजन एवं उसके यौगिक

- ऑक्सीजन (O), का परमाणु भार 15.999u होता है।
- प्रकृति में ऑक्सीजन के **तीन समस्थानिक** पाए जाते हैं $_8O^{16}$ (99 – 76%), $_8O^{17}$ (0.037%), तथा $_8O^{18}$ (0.204%) द्वारा निर्मित हैं।
- वायुमंडल में उपस्थित समस्त ऑक्सीजन हरे पौधों द्वारा प्रकाश संश्लेषण प्रक्रिया के फलस्वरूप उत्पन्न हुई है।

- मानव शरीर में सर्वाधिक मात्रा में पाया जाने वाला तत्व ऑक्सीजन (O) है। इसे प्राण वायु (Life Air) भी कहा जाता है।
- ऑक्सीजन गंधहीन, रंगहीन एवं वायु से कुछ भारी गैस है, जिसे ठंडा करने पर नीले रंग के द्रव में परिवर्तित हो जाती हैं।
- ऑक्सीजन संयुक्त अवस्था में जल में पाई जाती है, जिसमें इसका भार 88.9 प्रतिशत होता है।
- यह गैस स्वयं नहीं जलती पर जलने में सहयोगी होती है।

जल (Water)
जल एक यौगिक है, जिसका अणुसूत्र H_2O होता है।
जल में हाइड्रोजन और ऑक्सीजन का भार का अनुपात 1 : 8 होता है।
शुद्ध जल उदासीन होता है, जिसका pH मान 7 होता है।
शुद्ध जल विद्युत का कुचालक होता है, जबकि अम्लीय जल विद्युत का सुचालक होता है।
वर्षा जल सर्वाधिक शुद्ध जल होता है।
0°C पर जल बर्फ में परिवर्तित हो जाता है।
जल का बर्फ में परिवर्तित होना भौतिक परिवर्तन का उदाहरण है।
शुद्ध जल का क्वथनांक 100°C तथा द्रवणांक 0°C होता है।
4°C पर जल का घनत्व अधिकतम तथा आयतन न्यूनतम होता है।
सम्पूर्ण जल का 97 प्रतिशत भाग समुद्री जल के रूप में तथा 3 प्रतिशत भाग जल के रूप में पाया जाता हैं।

- ऑक्सीजन एवं हीलियम के मिश्रण का प्रयोग कृत्रिम श्वसन में किया जाता है।
- **ओजोन (Ozone)**–वायुमंडलीय ऑक्सीजन पर अल्ट्रा वायलेट किरणों के प्रभाव से ओजोन उत्पन्न होती है, जो ऑक्सीजन का एक अपररूप है।
- तत्व का वह गुण, जिसके अनुसार वह प्रकृति में एक से अधिक भौतिक अवस्थाओं में उपस्थित रहता हैं, अपररूपता कहलाता है।
- ओजोन वायुमंडल के ऊपरी भाग में अल्प मात्रा में पाई जाने वाली रंगीन गैस है।
- समुद्र तट से 25 किलोमीटर की ऊंचाई पर इसकी सांद्रता अधिकतम होती है। यह ऑक्सीजन पर अल्ट्रावॉयलेट विकिरणों की क्रिया से बनती है।
- ओजोन गैस सूर्य से आने वाली पराबैंगनी किरणों (Ultra-Violet Rays) को पृथ्वी की सतह पर आने से रोकती है।
- ओजोन गैस **चांदी की चमक** को काला कर देती है। इसकी **गंध सड़ी मछली** की तरह होती है।

सल्फर और उसके यौगिक

- सल्फर (S), का परमाणु भार 32.06 amu होता है।
- सल्फर का इलेक्ट्रॉनिक विन्यास **$1s^2, 2s^2, 2p^6, 3s^2, 3p^4$** है।
- पृथ्वी पटल में सल्फर की प्रतिशतता लगभग 0.05% है।
- सल्फ्यूरिक एसिड (H_2SO_4) सल्फर का प्रमुख यौगिक है।
- इसे रसायनों का **सम्राट** कहा जाता है।
- सल्फ्यूरिक अम्ल को मुख्य तौर पर उर्वरकों के संश्लेषण पेट्रोलियम शोधन रंजक द्रव्यों, डिटर्जेन्ट उद्योग, इत्यादि में उपयोग किया जाता है।
- ज्वालामुखी से निकलने वाली गैसों में मुख्यतः सल्फर डाइऑक्साइड (SO_2) होती है, जो एक रंगहीन, गंधयुक्त तथा **विषैली गैस** होती है।

गन्धक

- गंधक के विभिन्न खेदार एवं बेखेदार अपरूप होते हैं।
- गंधक के रवेदार अपरूपों में जहाँ विषम लम्बादा गंधक, एकन्ताक्ष गंधक प्रमुख है, वहीं बेखेदार अपरूपों में प्लास्टिक गंधक, कोलाइडी गंधक दूधिया गंधक तथा श्वेत गंधक प्रमुख हैं।

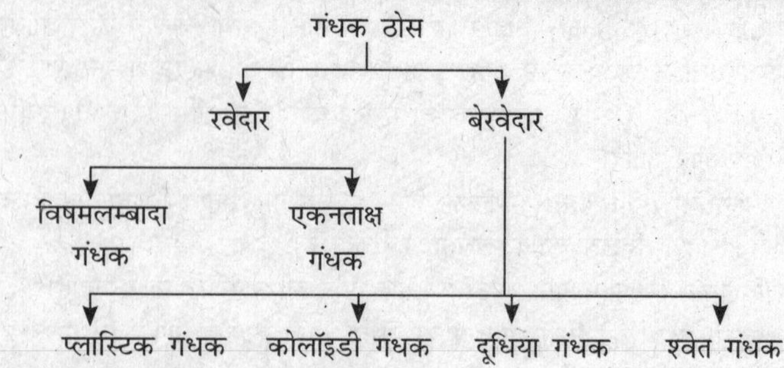

नाइट्रोजन और उसके यौगिक

- **नाइट्रोजन** (N) की परमाणु संख्या 7 और परमाणु द्रव्यमान 14.00674 amu होता है।
- **इलेक्ट्रॉनिक विन्यास $1s^2, 2s^2, 2p^3$** है।
- आयतन की दृष्टि से वायुमंडल का 78% भाग आणविक नाइट्रोजन है।
- वायुमंडल सहित पृथ्वी पर नाइट्रोजन का बाहुल्य भारानुसार 0.01% है।
- नाइट्रोजन यूरिया नामक कार्बनिक यौगिक का प्रमुख अवयव है, इसमें इसकी मात्रा 46 प्रतिशत पाई जाती है।
- उच्च दाब पर अमोनिया को कार्बन डाइऑक्साइड के साथ गर्म करने पर कार्बनिक यौगिक यूरिया प्राप्त होता है।
- पेड़-पौधे मिट्टी से नाइट्रोजन नाइट्रेट्स के रूप में प्राप्त करते हैं और जीवधारी इसे पेड़-पौधे से प्रोटीन के रूप में प्राप्त करते हैं।
- कृत्रिम गर्भाधान के लिए बैल के वीर्य को द्रव नाइट्रोजन में रखा जाता है।
- दलहनी पौधों की गांठों में पाया जाने वाला राइजोबियम नामक सहजीवी जीवाणु नाइट्रोजन स्थिरीकरण में भाग लेता है।
- द्रव नाइट्रोजन का उपयोग जैव-पदार्थों के लिए प्रशीतक के रूप में, भोज्य पदार्थों को जमाने एवं निम्न ताप पर चिकित्सा के लिए होता है।
- नाइट्रोजन के यौगिकों में अमोनिया (NH_3) प्रमुख यौगिक है। नाइट्रोजन का एक स्थायी हाइड्राइड है।
- प्रकृति में अमोनियम क्लोराइड (नौसादर), अमोनियम सल्फेट के रूप में पाया जाता है।
- अमोनिया एक रंगहीन गैस है। इसमें तीखी गंध होती है, जिसे सूंघने पर छींक तथा आंखों में आंसू आ जाते हैं।
- नौसादर का व्यापारिक नाम अमोनियम क्लोराइड है। इसका सामान्य सूत्र NH_4Cl होता है।
- नाइट्रस ऑक्साइड नाइट्रोजन का एक महत्त्वपूर्ण यौगिक है, जो हास्य गैस के नाम से जाना जाता है।
- नाइट्रस ऑक्साइड का प्रयोग निश्चेतक के रूप में सर्जरी या दांत उखाड़ते समय बेहोश करने के लिए किया जाता है।

फॉस्फोरस एवं उसके यौगिक

- फॉस्फोरस (P), की परमाणु संख्या 15 एवं परमाणु द्रव्यमान 31 होता है।
- फॉस्फोरस को हवा में स्वतः जल जाने के कारण इसे पानी के अंदर डुबाकर रखा जाता है।
- श्वेत फॉस्फोरस के अतिरिक्त फॉस्फोरस के दो अन्य अपरूप लाल-फॉस्फोरस तथा काला-फॉस्फोरस हैं।
- लाल-फॉस्फोरस, श्वेत-फॉस्फोरस की अपेक्षा कम क्रियाशील तथा अम्ल विलेय हैं।
- श्वेत फास्फोरस से युद्धकाल में प्रयुक्त होने वाली अग्नि बम एवं धूम्र बम बनाए जाते है।

नाइट्रोजन एवं फास्फोरसः संक्षिप्त अवलोकन

तत्व/परमाणु क्रमांक	घनत्व	भौतिक अवस्था/रंग	द्रवणांक	क्वथनांक
नाइट्रोजन (7)	0.00125	रंगहीन गैस	–202.9°C	–195.8°C
फास्फोरस (15)	1.82	पीला ठोस	44.1°C	280°C

- दियासलाई में लाल फॉस्फोरस और फॉस्फोरस डाइ सल्फाइड (P_2S_3) का उपयोग होता है।
- श्वेत फॉस्फोरस को कास्टिक सोडा के घोल के साथ गर्म करने पर फॉस्फीन (Phosphine) प्राप्त होती है।
- अनाजों के परिरक्षण के लिए एल्युमीनियम फॉस्फाइड का उपयोग किया जाता है।
- चूहा-विष के रूप में जिंक फॉस्फाइड का उपयोग किया जाता है।

हैलोजन एवं उसके यौगिक

- फ्लोरीन, क्लोरीन, ब्रोमीन, आयोडीन तथा ऐस्टेटीन के सम्मिलित रूप को हैलोजन कहते हैं।
- ऐस्टेटीन रेडियोधर्मी है तथा प्रकृति में अत्यधिक अल्प मात्रा में उपलब्ध है, जिसके कारण इसका विशेष महत्त्व नहीं हैं।
- हैलोजन ग्रीक भाषा का शब्द है, जिसका अर्थ 'लवण बनाने वाला' है।
- ब्रोमीन द्रव एवं आयोडीन ठोस अवस्था में मिलते हैं; जबकि क्लोरीन तथा फ्लोरीन गैसीय अवस्था में पाए जाते हैं।
- क्लोरीन हरे पीले रंग वाली तीखी और विषैली गैस है। यह गैस फूलों का रंग उड़ा देती है।
- चूने के साथ प्रतिक्रिया कर क्लोरीन गैस ब्लीचिंग पाउडर का निर्माण करती हैं।
- ब्रोमीन समुद्री जल में सोडियम, पोटैशियम एवं मैग्नीशियम के ब्रोमाइड के रूप में पाया जाता है।
- साधारण ताप पर ब्रोमीन बादामी रंग के द्रव के रूप में पाया जाता है।
- ब्रोमीन का उपयोग फोटोग्राफी में प्रयुक्त होने वाले सिल्वर ब्रोमाइड यौगिक के उत्पादन में किया जाता है।
- आयोडीन बैंगनी रंग की एक ठोस अधातु है, जिसमें अधातु चमक पाई जाती है।
- मनुष्य के शरीर में आयोडीन थाइराक्सिन नामक कार्बनिक यौगिक के रूप में थायराइड ग्रंथि में पाई जाती है, जिसकी कमी से घेंघा या गलगण्ड की बीमारी हो जाती है।
- लैमिनेरिया किस्म के समुद्री घासों में आयोडीन प्रचुर मात्रा में पाई जाती है।
- हाइड्रोफ्लुओरिक अम्ल का उपयोग कांच पर लिखने के लिए किया जाता है।

अक्रिय गैसें (Inert Gases)

- आवर्त सारणी के शून्य वर्ग (Group-zero) में 6 तत्व हैं- **हीलियम (He), निऑन (Ne), आर्गन (Ar), क्रिप्टॉन (Kr), जीनॉन (Xe)** और **रेडॉन (Rn)**।
- ये सभी तत्व रासायनिक रूप में निष्क्रिय (Inactive) हैं तथा साधारण ताप पर गैसें हैं। इन तत्वों को अक्रिय गैसें (Inert Gases) या उत्कृष्ट गैसें (Noble Gases) कहते हैं।
- रेडॉन (Rn) को छोड़कर अन्य सभी अक्रिय गैसें वायुमंडल (Atmosphere) में पाई जाती हैं, परंतु वायु में इनकी प्रतिशत मात्रा बहुत कम है (लगभग 1%)।

वायुमंडल में अक्रिय गैसें

तत्व	परमाणु क्रमांक	आयतन के हिसाब से प्रतिशत भाग
He	2	0.0005
Ne	10	0.0018
Ar	18	0.93
Kr	36	0.0001
Xe	54	0.00001
Rn	86	

अक्रिय गैसों के गुण

तत्व	परमाणु क्रमांक	परमाणु भार	गलनांक	क्वथनांक	आयतन विभव (V)
हीलियम	2	4.0003	–272.1°C	–269°C	24.6
नियॉन	10	20.183	–248.6°C	–246°C	21.6
आर्गन	18	39.944	–189.6°C	–185.87°C	15.8
क्रिप्टान	36	83.80	–156.5°C	–152.90°C	14.0
जेनॉन	54	131.3	–111.3°C	107.1°C	12.1
रेडॉन	86	222	71°C	–65°C	10.7

- वायुमंडल में सबसे अधिक मात्रा में पाई जाने वाली अक्रिय गैस आर्गन (Ar) हैं।
- हीलियम हल्की तथा अज्वलनशील गैस है, जिसका उपयोग मौसम संबंधी (Metereological) अध्ययनों के लिए किया जाता है।
- द्रव हीलियम (Liquid Helium) निम्न ताप पर वैसे तत्व धातु कहलाते हैं, जो इलेक्ट्रॉनों का त्याग कर धनायन प्रदान करते हैं।
- निऑन विसर्जन-लैम्पों (Discharge Lamps) व ट्यूबों तथा प्रतिदीप्ति बल्बों (Fluorescent Bulbs) में भरी जाती है, जिनको विज्ञापन के लिए इस्तेमाल करते हैं।
- हवाई अड्डों पर विमान चालकों को संकेत देने हेतु नियॉन गैस का प्रयोग किया जाता है।

धातुएँ

- धातुएँ सामान्यतः चमकदार, आघातवर्ध्य तथा तन्य होती हैं और इनका घनत्व अधिक होता है।
- प्रकृति में अधिकांश धातुएँ खनिजों एवं अयस्कों के रूप में मिलती हैं।
- जिन खनिजों से धातुएँ अधिक मात्रा में प्राप्त की जा सकती हैं, उनको अयस्क (Ore) कहते हैं, जैसे-एल्युमीनियम, लोहा, कैल्शियम, सोडियम, पोटैशियम, मैग्नीशियम तथा टाइटेनियम इत्यादि।
- वैसे तत्व धातु कहलाते हैं, जो इलेक्ट्रॉनों का त्याग कर धनायन प्रदान करते हैं।

धातुओं के भौतिक गुण

- सामान्यतः धातुएँ चमकदार, आघातवर्ध्य तथा तन्य होती हैं। धातुओं को हथौड़े से पीटकर बहुत पतली चादरों के रूप में ढाला जा सकता है। सोना तथा चांदी आघातवर्ध्य धातुएँ हैं।
- सोना व चांदी सर्वाधिक तन्य धातुएँ हैं। एक ग्राम सोने से लगभग 2 किलोमीटर लंबी तार बनाई जा सकती है।
- पारा धातु है परंतु यह द्रव अवस्था में पाया जाता है और यह न तो आघातवर्ध्य है और न ही तन्य हैं।

- धातुएँ सामान्यतः ऊष्मा एवं विद्युत की सुचालक होती हैं। उदाहरण के लिए-सोना, चांदी, तांबा, ये ऊष्मा एवं विद्युत के सुचालक होते हैं।
- विद्युत-धारा के सर्वोत्तम चालक चांदी एवं तांबा हैं परंतु पारा (मर्करी) एवं लोहा ठीक इसके विपरीत विद्युत-धारा के प्रवाह में अपेक्षाकृत अधिक प्रतिरोध उत्पन्न करते हैं।

धातुओं के रासायनिक गुण

- धातुएँ विभिन्न प्रकार की अधातुओं, जैसे- हाइड्रोजन, क्लोरीन, सल्फर, ऑक्सीजन आदि से प्रतिक्रिया कर यौगिकों का निर्माण करती हैं।
- **एल्युमीनियम (Aluminium)**–एल्युमीनियम मुक्त अवस्था में नहीं पाई जाती। यह धातु संयुक्त अवस्था में विभिन्न अयस्कों के रूप में पाई जाती है।
- एल्युमीनियम के मुख्य खनिज बॉक्साइट, ऐश्रों, फेलस्पार, लापिस, लाजुली, क्रोमोलाइट, ऐलुनाइट, नीलम आदि हैं।
- औद्योगिक रूप में एल्युमीनियम बॉक्साइट से प्राप्त किया जाता है, जिसमें एल्युमीनियम ऑक्साइड होता है।
- एल्युमीनियम का मुख्य अयस्क बॉक्साइट है, जो एल्युमीनियम के जलयोजित ऑक्साइड के रूप में पाया जाता है।
- एल्युमीनियम चांदी के समान सफेद धातु होती है, लेकिन अपद्रव्यों की उपस्थिति के कारण इसका रंग कुछ नीला होता है। यह धातु ऊष्मा व विद्युत की सुचालक होती है।
- एल्युमीनियम का उपयोग घरेलू बर्तन, मोटर एवं वायुयान बनाने में किया जाता है।
- मिठाई एवं सिगरेट में लिपटे पतले पत्तर एल्युमीनियम के बने होते हैं।
- **तांबा (Copper)**–तांबा मुक्त व संयुक्त दोनों अवस्थाओं में प्राप्त किया जाता है।
- तांबे का मुख्य अयस्क-कॉपर पायराइट, कॉपर ग्लास, क्यूप्राइट तथा मैकेलाइट है।
- तांबा गुलाबी-लाल रंग की चमकदार धातु है, जो विद्युत की अच्छी सुचालक है।
- तांबे का क्वथनांक 2320°C होता है, जिसे उबालने पर इससे हरे रंग की वाष्प निकलती है।
- तांबे का उपयोग विद्युत तार एवं विद्युत उपकरण, विद्युत लेपन, कैलोरीमीटर तथा सिक्के एवं बर्तन के निर्माण में किया जाता है।
- मनुष्य में तांबे (कॉपर) की मात्रा में वृद्धि हो जाने पर विल्सन रोग हो जाता है।
- **लोहा (Iron)**–इसके प्रमुख अयस्क हैं- हेमेटाइट, मैग्नेटाइट, आयरन, पायराइट।
- लोहा हीमोग्लोबिन के रूप में मनुष्य के रक्त में पाया जाता है।
- लोहे के निष्कर्षण में वात्या भट्टी का प्रयोग किया जाता है, इसका निष्कर्षण मुख्यतः लाल हेमेटाइट अयस्क से किया जाता है।
- लोहे की मुख्यतः तीन किस्में होती हैं-ढलवां लोहा, पिटवां लोहा एवं इस्पात।
- ढलवां लोहा सबसे निम्न कोटि का लोहा होता है, इसमें कार्बन की मात्रा सर्वाधिक (2.5%) होती है।
- ढलवां लोहा में सिलिकॉन (Si), मैंगनीज (Mn) और फॉस्फोरस अशुद्धियों के रूप पाए जाते हैं।
- पिटवां लोहा अपेक्षाकृत शुद्ध लोहा होता है। इसमें कार्बन की मात्रा (0.12–0.25%) होती है। चादर (Sheet) और तार (Wires) इसी से बनाए जाते हैं।
- इस्पात लोहा एवं कार्बन की एक मिश्रधातु होता है।
- स्टेनलेस इस्पात का उपयोग बर्तन, ब्लेड, वाल्व आदि बनाने में होता हैं। यह कठोर होता है। इसमें क्रोमियम की मात्रा 15% होती है।
- शुद्ध लोहा सफेद, मुलायम तथा रवादार धातु का होता है, इसमें चुम्बकीय गुण पाया जाता है।
- लोहे में जंग लगना रासायनिक परिवर्तन है, जंग लगने पर लोहे का भार बढ़ जाता है इसमें जंग लगने वाला पदार्थ ऑक्साइड होता है।
- **चांदी (Silver)**–प्रकृति में चांदी मुक्त एवं स्वतन्त्र दोनों अवस्थाओं में पाया जाता है।
- चांदी धातु का निष्कर्षण मुख्यतः अर्जेंटाइट अयस्क से किया जाता है।
- चांदी एक चमकदार नीलापन लिए हुए श्वेत धातु है, जो विद्युत एवं ऊष्मा की सुचालक होती है।
- धातुओं में चांदी विद्युत का सबसे अच्छा सुचालक होता हैं।
- चांदी का उपयोग दर्पण बनाने के लिए, शीशे पर पॉलिश करने, सिक्के व आभूषण बनाने एवं दांतों को भरने में किया जाता है।

धातु और अधातु में अंतर

धातु (Metal)	अधातु (Non-metal)
1. धातुएँ ऊष्मा तथा विद्युत की सुचालक होती हैं।	**1.** अधातुएँ प्रायः सामान्य तापक्रम पर ठोस द्रव अथवा गैस हो सकती हैं, जैसे– **(i)** गंधक–ठोस है, **(ii)** ब्रोमीन–द्रव है, **(iii)** ऑक्सीजन–गैस है।
2. ये अपारदर्शी होती हैं और पीटने पर प्रायः टन-टन की आवाज करती हैं।	**2.** आयोडीन ग्रेफाइट और कार्बन (हीरा) के क्रिस्टलीय स्वरूपों को छोड़कर किसी भी अधातु (Non-Metal) में चमक नहीं होती है।
3. इन्हें परस्पर मिलाकर मिश्र धातु बनाई जा सकती है, जैसे–कांसा, पीतल, एल्युमीनियम, ब्रोंज, हिन्डालियम और इस्पात।	**3.** अधातुएँ भंगुर होती हैं। ये पीटने पर चूर्ण बन जाती हैं।
4. धातुओं के गलनांक उच्च होते हैं, साधारणतया ये आधातवर्ध्य और तन्य होती हैं। पारे को छोड़कर शेष सभी धातुएँ तापक्रम पर ठोस होती हैं।	**4.** ग्रेफाइट को छोड़कर सभी अधातुएँ विद्युत की कुचालक होती हैं।
5. इनका घनत्व अधिक होता है।	**5.** इनके गलनांक धातुओं की अपेक्षा कम होता है।
6. धातुओं के ऑक्साइड प्रायः क्षारीय होते हैं तथा अधिकांश धातुएँ अम्लों से क्रिया करके हाइड्रोजन गैस विस्थापित करती है।	**6.** अधातुओं के ऑक्साइड प्रायः अम्लीय होते हैं।

चांदी के यौगिकों का उपयोग

- कृत्रिम वर्षा कराने में चांदी के यौगिक सिल्वर आयोडाइड का उपयोग किया जाता है।
- फोटोग्राफी में सिल्वर ब्रोमाइड का उपयोग होता है, जो चांदी का एक यौगिक है।
- फोटोक्रोमेटिक कांच बनाने में चांदी के यौगिक सिल्वर क्लोराइड का उपयोग किया जाता है।
- मतदान के दौरान मतदाताओं की अंगुली पर निशान लगाने वाली स्याही में सिल्वर नाइट्रेट मिला होता है।

- चांदी के चम्मच से अंडा खाने पर चांदी अंडे में उपस्थित गंधक के साथ प्रतिक्रिया कर काले रंग का सिल्वर सल्फाइड बनाती है, जिससे चम्मच नष्ट हो जाती है। इसी कारण चांदी के चम्मच से अंडा खाना वर्जित होता है।
- **सोना (Gold)**–प्रकृति में सोना मुक्त और संयुक्त दोनों अवस्था में पाया जाता है।
- सोना मुख्यत: **क्वार्ट्ज (Quartz)** के रूप में पाया जाता है। इसका निष्कर्षण केलाबेराइट और सिल्वेनाइट अयस्क से किया जाता है।
- सोने की शुद्धता कैरेट में व्यक्त की जाती है, 100 प्रतिशत शुद्ध सोने को **24 कैरेट** कहा जाता है।

सोने के यौगिकों का उपयोग

- रोल्ड गोल्ड (Rold Gold) को कृत्रिम सोना कहा जाता है, जिसमें 90 प्रतिशत तांबा तथा 10 प्रतिशत एल्युमीनियम मिला होता है।
- आयरन पायराइट्स को 'झूठा सोना' कहा जाता है।
- सोने के यौगिक ऑरिक क्लोराइड का इस्तेमाल सर्प विषरोधी सुई बनाने में किया जाता है।

प्रमुख धातुएँ एवं उनके यौगिकों का उपयोग

- **फेरस ऑक्साइड**–हरा कांच बनाने में एवं फेरस लवणों के निर्माण में।
- **फेरिक यौगिक ($Fe_2O_47H_2O$)**–गहना पॉलिश करने में एवं फेरिक लवणों के निर्माण में।
- **फेरिक हाइड्रोक्साइड ($Fe(OH)_3$)**–प्रयोगशाला में प्रतिकारक के रूप में एवं दवा बनाने में।

तत्व, अयस्क और उनके रासायनिक सूत्र

तत्व	संकेत	अयस्क	अयस्क का संघटन
सोडियम	Na	सोडियम क्लोराइड	$NaCl$
		सोडियम कार्बोनेट	$NaCO_3.10H_2O$
		सोडियम नाइट्रेट	$NaNO_3$
		सोडियम सल्फेट	$Na_2SO_4.10H_2O$
		बोरेक्स	$Na_2[B_4O_5(OH)_48H_2O$
पोटैशियम	K	पोटैशियम क्लोराइड	KCI
		पोटैशियम कार्बोनेट	K_2CO_3
		कार्नेलाइट	$KCl.MgCl_2.6H_2O$
		पोटैशियम नाइट्रेट	KNO_3
मैग्नीशियम	Mg	मैग्नेसाइट	$MgCO_3$
		डोलोमाइट	$MgCO_3.CaCO_3$
		एप्सम साल्ट	$MgSO_4.7H_2O$
कैल्शियम	Ca	कैल्शियम कार्बोनेट	$CaCO_3$
		जिप्सम	$CaSO_42H_2O$
		फ्लुओरस्पार	CaF_2
		फॉस्फोराइट	$Ca_3(PO_4)_2$
एल्युमीनियम	Al	बॉक्साइट	$Al_2O_3H_2O$
		क्रायोलाइट	Na_3AIF_6
		कोरण्डम, नीलम	Al_2O_3
		डायास्पोर	$Al_2O_2.H_2O$
कॉपर	Cu	क्यूप्राइट	Cu_2O
		एजुराइट	$2CuCO_3.Cu(OH)_2$
		मैलेकाइट	$CuCO_3Cu(OH)_2$
		कैल्कोसाइट	Cu_2S
		कॉपरपायराइट्स	$CuFeS_2$
		कैल्कोपायराइट	$CuFeS_2$
टिन	Sn	कैपिसटेराइट	SnO_2
सीसा	Pb	गैलेना	Pbs
		सीरूसाइट	$PbCO_3$
सिल्वर	Ag	नेटिव सिल्वर	Ag
		अर्जेंटाइट	Ag_2S
जिंक	Zn	जिंक ब्लैंड	Zns
		कैलमीन	$ZnCO_3$
		जिकाइट	ZnO
मर्करी	Hg	सिनेबार	HgS
मैंगनीज	Mn	पाइरोलुसाइट	MnO_2
		मैगनाइट	$Mn_2O_3.H_2O$
लोहा	Fe	हेमेटाइट	Fe_2O_3
		मैग्नेटाइट	Fe_3C_4
		सीडेराइट	$FeCO_3$
		आयरन पायराइट्स	FeS_2
बोरियम	Ba	हेवी स्टार या बेरायट्स	$BaSO_4$
		विदराइट	$BaCO_3$
कैडमियम	Cd	ग्रीनोकाइट	CdS
क्रोमियम	Cr	क्रोमाइट	$FeOCr_2O_3$
आर्सेनिक	As	आर्सेनिकल पायराइट	FeAsS
कोबाल्ट	Co	कोबाल्टाइट	CoAsS
निकिल	Ni	निकिल ग्लान्स	NiAsS
एण्टीमनी	Sb	सिटबेनाइट	SbS_2
स्ट्रॉन्शियम	Sr	स्ट्रॉन्शिनाइट	$SrCO_3$
सोना	Au	कैल्वेराइट	$AuTe_2$
		सिल्वेनाइट्स	$(Ag.Au)Te_2$

- **फेरस सल्फेट ($FeSO_47H_2O$)**–रंग उद्योग में, मोहर लवण बनाने में एवं स्याही बनाने में।
- **फिटकरी**–जल को शुद्ध करने में, औषधि-निर्माण में, चमड़े के उद्योग में एवं कपड़ों की रंगाई में।
- **एल्युमीनियम सल्फेट ($AI_2(SO)_4)_318H_2O$)**–कागज उद्योग में, कपड़ों की छपाई में एवं आग बुझाने में।
- **मैग्नीशियम कार्बोनेट ($MgCO_3$)**–दंतमंजन बनाने में, दवा बनाने में एवं जिप्सम लवण बनाने में।
- **मैग्नीशियम (Mg)**–धातु-मिश्रण बनाने में, फ्लैश बल्ब बनाने में एवं थर्माइट वेल्डिंग बनाने में।
- **मैग्नीशियम ऑक्साइड (MgO)**–औषधि-निर्माण में, रबर पूरक के रूप में एवं बॉयलरों के प्रयोग में।
- **मरक्यूरिक ऑक्साइड (HgO)**–मरहम बनाने में एवं जहर के रूप में।
- **मर्करी (Hg)**–थर्मामीटर में, सिंदूर बनाने में एवं अमलगम बनाने में।

- **प्लास्टर ऑफ पेरिस $(CaSO_4)_2 . H_2O$**–मूर्ति बनाने में एवं शल्य-चिकित्सा में पट्टी बांधने में।
- **कैल्शियम सल्फेट या जिप्सम $(CaSO_4 . 2H_2O)$**–प्लास्टर ऑफ पेरिस बनाने में, अमोनियम सल्फेट बनाने में एवं सीमेंट उद्योग में।
- **कैल्शियम कार्बोनेट $(CaCO_3)$**–चूना बनाने में एवं टूथपेस्ट बनाने में।
- **कैल्शियम ऑक्साइड (CaO)**–भखरा-चूना बनाने में, ब्लीचिंग पाउडर बनाने में एवं गारे के रूप में।
- **कैल्शियम (Ca)**μअवकारक के रूप में एवं पेट्रोलियम से सल्फर हटाने में।
- **मैग्नीशियम हाइड्रोक्साइड $[Mg(OH)_2]$**–चीनी उद्योग में मोलायसिस से चीनी तैयार करने में।
- **कॉपर सल्फेट या नीला थोथा $(CuSo_2 . 5H_2O)$**μ**(i)** कीटाणुनाशक के रूप में, **(ii)** विद्युत सेलों में, **(iii)** कॉपर के शुद्धिकरण में एवं **(iv)** रंग बनाने में।
- **क्यूप्रिक क्लोराइड $(CuCl_2 . 2H_2O)$**–**(i)** ऑक्सीकरण के रूप में, **(ii)** जल- शुद्धिकरण में एवं **(iii)** धागे की रंगाई में।
- **कॉपर (Cu)**–**(i)** बिजली के तार, **(ii)** बर्तन एवं **(iii)** ब्रास तथा ब्रींज बनाने में।
- **सोडियम नाइट्रेट $(NaNO_2)$**–खाद के रूप में।
- **सोडियम सल्फेट या ग्लोबर लवण $(Na_2SO_4 . 10H_2O)$**–**(i)** औषधि बनाने में एवं **(ii)** सस्ता कांच बनाने में।
- **सोडियम बाइकार्बोनेट $(NaHCO_3)$**–**(i)** अग्निशामक यंत्र, **(ii)** बेकरी उद्योग में एवं **(iii)** प्रतिकारक के रूप में।
- **सोडियम कार्बोनेट (Na_2CO_3)**–**(i)** ग्लास-निर्माण, **(ii)** कागज उद्योग एवं **(iii)** जल की कठोरता हटाने में।

तत्वों से सम्बन्धित प्रमुख जानकारी	
कुल ज्ञात तत्व	118
प्रकृति में प्राप्त तत्व	94
कृत्रिम तरीके से निर्मित तत्व	24
धातु तत्वों की संख्या	91
भूपर्पटी में सबसे अधिक पाई जाने वाली धातु तत्व	एल्युमीनियम
मिट्टी के तेल में रखा जाने वाला तत्व	सोडियम
सबसे हल्का तत्व	हाइड्रोजन
सबसे भारी तत्व	ऑसिमयम
सबसे हल्का धातु तत्व	लीथियम
द्रव धातु तत्व	पारा
द्रव अधातु तत्व	ब्रोमीन
विद्युत का सबसे अच्छा सुचालक तत्व	चाँदी
विद्युत का सुचालक अधातु	ग्रेफाइट
सबसे अधिक आघातवर्धनीय तत्व	सोना
सबसे अधिक क्रियाशील अधातु तत्व	फ्लोरीन
सबसे अधिक क्रियाशील धातु तत्व	सीजियम
सर्वाधिक आयनन विभव वाला तत्व	हीलियम
न्यूनतम आयनन विभव वाला तत्व	सीजियम
सर्वाधिक इलेक्ट्रॉनिक प्राप्ति वाला तत्व	क्लोरीन
सर्वाधिक विद्युत ऋणात्मक तत्व	फ्लोरीन
सबसे प्रबल ऑक्सीकारक पदार्थ	फ्लोरीन
सर्वाधिक गैसीय तत्वों वाला वर्ग	शून्य वर्ग
एक परमाण्विक तत्व	अक्रिय गैसें
पृथ्वी पर सबसे अधिक मात्रा में पाया जाने वाला तत्व	ऑक्सीजन
हड्डियों एवं दांतों का निर्माण करने वाला प्रमुख तत्व	कैल्शियम

सामान्य मिश्र धातुएँ उनके एवं उनके घटक

- कांसा – तांबा (75 प्रतिशत) + टिन (25 प्रतिशत)
- पीतल – तांबा (70 प्रतिशत) + जस्त (25 प्रतिशत)
- घंटा धातु – तांबा (75 प्रतिशत) + टिन (25 प्रतिशत)
- गन मेहल – तांबा (88 प्रतिशत) + जस्ता (2 प्रतिशत) + टिन (10 प्रतिशत)
- जर्मन सिल्वर – तांबा (50 प्रतिशत) + जस्ता (25 प्रतिशत) + निकेल (25 प्रतिशत)
- स्टेनलेस स्टील – लोहा + क्रोमियम + निकेल
- टाँका – टिन (67 प्रतिशत) + सीसा (33 प्रतिशत)
- एल्युमीनियम कांसा – तांबा (50 प्रतिशत) + एल्युमीनियम (40 प्रतिशत) + लोहा (10 प्रतिशत)
- डेल्टा मेहल – तांबा (60 प्रतिशत) + जस्ता (38 प्रतिशत) + लोहा (2 प्रतिशत)
- डच महल – तांबा (80 प्रतिशत) + जस्ता (20 प्रतिशत)
- मोनेल मेहल – तांबा (70 प्रतिशत) + निकेल (30 प्रतिशत) + लोहा (2 प्रतिशत)
- ड्येलुमिन – एल्यूमीनियम (95 प्रतिशत) + तांबा (4 प्रतिशत) + मैंगनीज (0.5 प्रतिशत)
- मंज मेहल – तांबा (60 प्रतिशत) + जिंक (40 प्रतिशत)
- रोल्ड गोल्ड – लेड (90 प्रतिशत) + एल्युमीनियम (10 प्रतिशत)
- टाइप मेटल – लेड (60 प्रतिशत) + एंटीमनी (30 प्रतिशत) + टिन (1 प्रतिशत)

कार्बन तथा उसके यौगिक

कार्बन (Carbon)

- कार्बन एक अधातु तत्व है, जिसे **C** संकेत द्वारा सूचित किया जाता है।
- कार्बन की परमाणु-संख्या (6) एवं परमाणु-भार (12) है। अतः इसे $_6C^{12}$ द्वारा दर्शाया जाता है। इसका विन्यास 2, 4 है।
- कार्बन एक अक्रिय तत्व है, जो मुक्तावस्था एवं संयुक्तावस्था दोनों में पाया जाता है।
- जिन तत्वों के भौतिक गुण एकदम भिन्न होते हैं, परंतु रासायनिक गुण एक समान होते हैं, उन्हें अपररूप कहते हैं। हीरा तथा ग्रेफाइट कार्बन के दो अपररूप हैं।
- हीरा एक पारदर्शक है। जिसका अपवर्तन गुणांक 2.417 होता है।
- हीरे के उच्च अपवर्तन गुणांक के कारण यह चमकीले एवं कीमती आभूषण तथा जेवरों को बनाने में काम में लाया जाता है।
- हीरे का उपयोग पृथ्वी की चट्टानी परतों को बेधित करने हेतु भी किया जाता है।
- हीरा विद्युत एवं ताप का कुचालक होता है एवं इसके रवे धनाकार होते हैं।
- शुद्ध हीरा रंगहीन एवं पारदर्शक होता है।
- ग्रेफाइट विद्युत का सुचालक होने के कारण, शुष्क सेल तथा विद्युत आर्क में इलेक्ट्रोडों के रूप में उपयोग होता है।

- ग्रेफाइट का उपयोग पेंसिल तथा काले रंग के पेंट बनाने में भी होता है। जिसके कारण इसे 'काला शीशा' भी कहते हैं।
- उच्च गलनांक के कारण ग्रेफाइट की बनी क्रूसिविल का कुछ धातुओं को पिघलाने हेतु भी उपयोग होता है।
- विशेष उत्प्रेरकों की उपस्थिति में अत्यधिक उच्च दाब पर गर्म करने पर ग्रेफाइट को हीरे में परिवर्तित किया जा सकता है।

हीरा और ग्रेफाइट के तुलनात्मक गुण

गुण	हीरा	ग्रेफाइट
देखने में कठोरता	पारदर्शक बहुत कठोर	काला चमकदार मुलायम स्पर्श में चिकना
ऊष्मीय चालकता	बहुत कम	मध्यम
वैद्युत चालकता	कुचालक	सुचालक
घनत्व	3510	2250
उपयोग	आभूषण, ड्रिलिंग, पेषक	शुल्क सेल, पेन्सिल, लैड, वैद्युत आदि

- **कार्बनिक यौगिक (Organic Compounds)**–कार्बन के परमाणु काफी बड़ी संख्या में एक-दूसरे के साथ सहसंयोजी आबंध द्वारा जुड़े रहते हैं। यही कारण है कि कार्बन के यौगिकों की संख्या बहुत बड़ी होती है।
- **समावयवता (Isomerism)**–कार्बन के परमाणु इतनी सुगमता से बंध बनाते हैं कि उनसे एक ही आणविक सूत्र वाले प्रायः दो या दो से अधिक भिन्न यौगिक बनाते हैं। ऐसे यौगिक को समावयवी (Isomers) कहते हैं तथा इस घटना को समावयवता कहते हैं। जैसे-ब्यूटेन (C_4H_{10}) समावयवी कहलाता है। इसके **दो समावयवी** हैं–**(i) नार्मल-ब्यूटेन** तथा **(ii) आइसो ब्यूटेन**।
- **हाइड्रोकार्बन (Hydrocarbon)**–हाइड्रोकार्बन वे यौगिक हैं, जिनमें केवल कार्बन तथा हाइड्रोजन होता है।

कार्बनिक तथा अकार्बनिक यौगिकों में अंतर

क्र.सं.	कार्बनिक यौगिक	अकार्बनिक यौगिक
1.	कार्बनिक यौगिकों में मुख्यतः कार्बन हाइड्रोजन, ऑक्सीजन, नाइट्रोजन, सल्फर तथा हैलोजन आदि तत्व भाग लेते हैं।	इनमें अभी तक के ज्ञात सभी तत्व पाए जाते हैं।
2.	इन यौगिकों में सह-संयोजी बंध (Covalent Bonds) पाए जाते हैं।	इनमें वैद्युत संयोजक सह-संयोजक तथा उपसहंयोजक बंध पाए हैं।
3.	ये यौगिक अपनी विशिष्ट रंग और गंध रखते हैं।	सामान्यतः ये रंगहीन तथा गंधहीन होते हैं।

- हाइड्रोकार्बन का एक प्राकृतिक स्रोत पेट्रोलियम (कच्चा तेल) है, जिसे प्रकृति द्वारा पृथ्वी में कुछ विशेष प्रकार की छिद्रयुक्त चट्टानों के बीच बने भंडारों में संरक्षित किया गया है।
- सबसे अधिक सरल हाइड्रोकार्बन मीथेन है। मीथेन के एक अणु में चार हाइड्रोजन परमाणु होते हैं, जो कार्बन के एक केन्द्रीय परमाणु से संलग्न (जुड़े) रहते हैं। इसको सामान्यतः इसके अणु सूत्र CH_4 के द्वारा प्रदर्शित किया जाता है।
- हाइड्रोकार्बन मुख्यतः तीन प्रकार के होते हैं–संतृप्त हाइड्रोकार्बन, असंतृप्त हाइड्रोकार्बन एवं एरोमैटिक हाइड्रोकार्बन।
- **संतृप्त हाइड्रोकार्बन (Saturated Hydrocarbon)**–जिस हाइड्रोकार्बन में प्रत्येक कार्बन परमाणु की चारों संयोजकताएँ एक सहसंयोजी आबंधों द्वारा संतुष्ट होती हैं, उसे संतृप्त हाइड्रोकार्बन कहते हैं। इनको एल्केन (Alkane) भी कहते हैं।
- एल्केन श्रेणी को सामान्यतः **सूत्र C_nH_{2n+2}** द्वारा दर्शाया जा सकता है, जहाँ n किसी अणु में उपस्थित कार्बन परमाणुओं की संख्या दर्शाता है।
- **असंतृप्त हाइड्रोकार्बन (Unsaturated Hydrocarbon)**–वे हाइड्रोकार्बन जिनमें कम-से-कम दो निकटस्थ (Adjoining) कार्बन परमाणु आपस में द्वि-आबंध अथवा त्रि-आबंध बनाकर अपनी संयोजकता को संतुष्ट करते हैं।
- अतएव एथीन के नाम से जानी जाने वाली असंतृप्त हाइड्रोकार्बन की समजातीय श्रेणी का पहला सदस्य है।
- एल्कीन श्रेणी का सामान्य **रासायनिक सूत्र C_nH_{2n}** है।
- इनमें दो कार्बन परमाणुओं के मध्य द्वि-आबंध होता है, जो इलेक्ट्रॉनों के दो जोड़ों (चार इलेक्ट्रॉन) के साझा करने से बनता है।
- **एरोमैटिक हाइड्रोकार्बन (Aromatic Hydrocarbon)**–बेंजीन (C_6H_6) सरलतम एरोमैटिक हाइड्रोकार्बन है। इसकी एक वलय संरचना दो अन्य एरोमैटिक हाइड्रोकार्बन हैं–टॉलूईन (C_7H_6) तथा नेफ्थलीन ($C_{10}H_8$)।

सामान्य कार्बनिक यौगिक (Some Common Organic Compounds)

- **एल्केन (Alkane)**–पेट्रोलियम तथा प्राकृतिक गैस मुख्य रूप से विभिन्न एल्केनों के मिश्रण हैं। परिष्कृत करने पर इनसे द्रवित पेट्रोलियम गैस, पेट्रोल, कैरोसीन, डीजल, भट्ठी तेल तथा मोम प्राप्त होते हैं। इन यौगिकों में कार्बन की मात्रा क्रमशः बढ़ती जाती है।
- **एल्कीन (Alkene)**–पेट्रोलियम के परिष्करण के फलस्वरूप निम्न एल्कीन प्राप्त होते हैं। इन यौगिकों का उपयोग मुख्यतः बहुलकों, जैसे-पॉलिएथिलीन (एथीन से), पॉलिप्रोपिलीन (प्रोपीन से), संश्लेषित रबर (13-ब्यूटाडाइन) इत्यादि के उत्पादन में होता है।
- **एल्काइन (Alkyne)**–इस वर्ग का सबसे प्रमुख यौगिक एथीन (ऐसिटिलीन) है जिसका उपयोग वेल्डिंग में किया जाता है।
- **एरीन (Arene)**–ये एरोमैटिक हाइड्रोकार्बन भी कहलाते हैं। सरल एरीनों, जैसे-बैंजीन, टालूइन तथा जाइलीन से संश्लेषित होते हैं, जिनको कपड़ा उद्योग में इस्तेमाल करते हैं। एरीनों के मुख्य स्रोत पेट्रोलियम तथा कोयला हैं।
- **एल्कोहल (Alcohols)**–इस वर्ग के दो प्रमुख एल्कोहल, मेथेनॉल तथा एथनॉल हैं। मेथेनॉल का संश्लेषण पेट्रोलियम से प्राप्त रसायनों से किया जाता है; जबकि एथनॉल का उत्पाद एथीन से या शर्करा व स्टार्च के किण्वन से किया जाता है।
- **एल्डिहाइड तथा कीटोन (Aldehyde and Ketones)**–मेथेनल (फार्मेल्डिहाइड) तथा एथेनाल (एसिटेल्डिहाइड) प्रमुख रसायन हैं, जिनका प्लास्टिक उद्योग में कच्चे माल के रूप में उपयोग किया जाता है। इसके अतिरिक्त मेथेनल एक प्रमुख **रोगाणुनाशी** तथा **परिरक्षक (फार्मेलिन)** है।
- **हैलाइड (Halides)**–मीथेन, एथेन तथा एथीन के क्लोरोनीकृत यौगिक, जैसे-डाइक्लोरोमीथेन, ट्राइक्लोरोमीथेन (क्लोरोफार्म), टेट्राक्लोरोमीथेन (कार्बन टेट्राक्लोराइड) प्रमुख विलायकों के रूप में उपयोग में आते हैं। डाइब्रोमोएथेन अनाज के गोदामों में कीटनाशक के धूमक के रूप में इस्तेमाल होता है। प्रमुख कीटनाशक डी.डी.टी. में क्लोरीन होता है। फ्रिऑन या डाइक्लोरो डाइफ्लोरो मीथेन का उपयोग प्रशीतक तथा ठंडा करने के संयंत्रों में किया जाता है।
- **बहुलक एवं बहुलकीकरण (Polymer and Polymerization)**–एथीन अणु एक कार्बन परमाणु द्वारा दूसरे एल्कीन अणु के एक कार्बन परमाणु के साथ आबंध निर्मित करके एक वृहद अणु, पॉलिथीन प्राप्त होता है, जिसमें कार्बन के संयंत्रों में किया जाता है।

$$2CH_2 = CH_2 \rightarrow -CH_2 - CH_2 - CH_2 - CH_2 -$$
$$nCH_2 \xrightarrow{\text{उत्प्रेरक}} CH_2(-CH_2 - CH_2 -)_n$$

- सूत्र $(-CH_2-CH_2-)_n$ का तात्पर्य है, कि कोष्ठक में उपस्थित $-CH_2-CH_2-$ समूह की 'n' बार पुनरावृत्ति होती है, जिसमें 'n' का मान अनेक हजार या उससे भी अधिक हो सकता है। एक सरल अणु से एक वृहद् अणु प्रदान करने वाली अभिक्रिया को बहुलकीकरण कहते हैं। इस बहुलकीकरण अभिक्रिया का उत्पाद $(-CH_2-CH_2-)_n$ एक बहुलक है। पॉलिथीन एक बहुलक है, जो एकल एथीन की पुनरावृत्त इकाइयों द्वारा निर्मित होता है। इसलिए एथीन, पॉलिथीन बहुलक का संकलक है।

कुछ महत्त्वपूर्ण बहुलक एवं उनके उपयोग

- **नियोप्रीन (Neoprene)**–यह 2-क्लोरोब्यूटाडाइन (2-Chloro-Buta-diene) के बहुलकीकरण से बनता है। इसका उपयोग विद्युत-रोधी पदार्थ (Insulating Material) विद्युत तार (Electric Cable), कनवेयर बेल्ट (Electric Cable), खनिज बेल्ट (Conveyur Belt) खनिज तेल ले जाने वाले पाइप बनाने में किया जाता है।
- **पॉलीथीन (Polythene)**–यह एक थर्मोप्लास्टिक है, जो एथिलीन के बहुलकीकरण से प्राप्त किया जाता है। इसका उपयोग पाइप, तार के ऊपर आवरण, पैकिंग थैलियाँ आदि बनाने में किया जाता है।
- **टेफ्लॉन (Teflon)**–एथिलीन के चारों हाइड्रोजन परमाणुओं को फ्लोरीन द्वारा प्रतिस्थापित करने पर टेट्राफ्लोरो एथिलीन (C_2F_2) बनता है, जिनके बहुत-से अणु बहुलीकृत होकर टेफ्लॉन नामक प्लास्टिक का निर्माण करते हैं। यह एक अदहनशील पदार्थ है। इस पर सांद्र अम्लों एवं क्षारों का कोई प्रभाव नहीं पड़ता है। यह एक अत्यंत उपयोगी प्लास्टिक है। इसका उपयोग अनेक उपकरणों एवं यंत्रों के निर्माण में होता है।
- **पॉलीविनाइल क्लोराइड (Polyvinyl Chloride)**–यह विनाइल क्लोराइड के बहुलकीकरण से प्राप्त होता है। इसका उपयोग पतली चादरें, फिल्म, बरसाती, हवा या पानी से फूलने वाले खिलौने आदि बनाने में किया जाता है।
- **नियोप्रीन (Neoprene)**–यह एक संश्लिष्ट रबर (Synthetic Rubber) है। यह 2-क्लोरोब्यूटाडाइन के बहुलकीकरण से प्राप्त होता है। प्राकृतिक रबड़ की तरह यह जल्दी से जलता नहीं है। इस पर तेल और विलायकों का प्रभाव अपेक्षाकृत कम पड़ता है। यह उच्च ताप पर भी स्थायी होता है। इसका उपयोग विद्युत के बल में विद्युत अवरोध पदार्थ के रूप में होता है।

प्रमुख कार्बनिक यौगिक एवं उनसे संबंधित तथ्य

- मीथेन एक कार्बनिक गैस है, इसे 'मार्श गैस' के नाम से भी जाना जाता है।
- प्राकृतिक रूप से यह सब्जियों के विघटन से प्राप्त की जाती है।
- मीथेन गैस के कारण ही कोयले की खानों में भयानक विस्फोट हुआ करता है।
- मीथेन का उपयोग कार्बनिक यौगिकों के निर्माण में, गैसीय ईंधन के रूप में तथा हाइड्रोजन के औद्योगिक उत्पादन आदि में होता है।
- **क्लोरो फ्लोरो कार्बन (C.F.C.)**–इसे क्रिऑन भी कहा जाता है। यह क्लोरीन, फ्लोरीन तथा कार्बन परमाणुओं के यौगिकों का संघटन है।
- क्लोरोफॉर्म का उपयोग निश्चेतक के रूप में होता है।

कुछ प्रमुख कार्बनिक अम्ल एवं उनके स्रोत

अम्ल	प्राकृतिक स्रोत
फॉर्मिक अम्ल	लाल चींटियों में
बेन्जोइक अम्ल	घास, पत्ते एवं मूत्र में
एसीटिक अम्ल	फलों के रसों में, सिरके में
लैक्टिक अम्ल	दूध में
साइट्रिक अम्ल	खट्टे फलों में
ऑक्जेलिक अम्ल	सारेल का वृक्ष, पालक में
टारटेरिक अम्ल	इमली में
ग्लूटेमिक अम्ल	गेहूं में

- फॉर्मिक अम्ल लाल चींटी तथा मधुमक्खी में पाया जाता है।
- पायरीन का उपयोग बिजली से लगी आग बुझाने में किया जाता है।
- एसीटिक अम्ल विशेष रूप से सिरके में पाया जाता है।
- ऑक्जैलिक अम्ल कैल्शियम ऑक्जैलेट के रूप में प्राय: पौधों के कोशिकाओं में पाया जाता है।
- मनुष्य में पथरी की बीमारी गुर्दे (Kidney) में कैल्शियम ऑक्जैलेट के एकत्रित होने के कारण होती है।
- एथीलीन का उपयोग प्लास्टिक बनाने, मस्टर्ड गैस बनाने, निश्चेतक के रूप में एवं ऑक्सी एथीलीन ज्वाला उत्पन्न करने आदि में होता है।
- मिथाइल एल्कोहल एक विषैला द्रव होता है, जहरीली शराब पीने वालों की अधिकांश मृत्यु इसी के कारण होती है।
- मिथाइल एल्कोहल का उपयोग कृत्रिम रंग बनाने तथा ईंधन के रूप में पेट्रोल के साथ मिलाकर किया जाता है।
- साइट्रिक अम्ल एक मोनो हाइड्रॉक्सी ट्राइकार्बोक्सिलिक अम्ल है, यह खट्टे फलों में पाया जाता है।
- लैक्टिक अम्ल एक मोनोहाइड्रोक्सी अम्ल है, इस अम्ल के एकत्रित होने के कारण ही मनुष्य थकान का अनुभव करता है।
- लैक्टिक अम्ल के कारण ही दूध से दही बनता है।
- ग्लिसरोल का व्यापारिक नाम ग्लिसरीन है, जो शक्कर के घोल तथा रक्त में अल्प मात्रा में पाया जाता है।
- ग्लिसरोल का उपयोग जूतों की पॉलिश, शक्तिवर्द्धक दवा, शृंगार की सामग्रियाँ, पारदर्शक, साबुन इत्यादि बनाने में किया जाता है।
- बेन्जोइक अम्ल का उपयोग खाद्य पदार्थों के संरक्षण में किया जाता है।

मानव सेवा में रसायन

प्राकृतिक एवं संश्लिष्ट रबड़

- रबड़ प्रकृति में पाया जाने वाला एक **बहुलक** है, जिसे रबड़ के वृक्ष से **लैटेक्स (Latex)** के रूप में प्राप्त किया जाता है।
- प्राकृतिक रबड़ **आइसोप्रीन** नाम **मोनोमर** का बहुलक है।
- मानव द्वारा कृत्रिम रूप में निर्मित रबर को **संश्लिष्ट रबर** कहते हैं।
- **थियोकोल (Thiokol)**–एक संश्लिष्ट रबड़ है, जिसे डाइक्लोरोएथेन तथा सोडियम पॉली सल्फाइड की अभिक्रिया द्वारा बनाया जाता है।
- थियोकोल रबड़ तथा ऑक्सीजन मुक्त करने वाले रसायनों के मिश्रण को रॉकेट इंजनों में ठोस ईंधन के रूप में प्रयुक्त किया जाता है।
- **प्लास्टिक (Plastic)**–प्लास्टिक ऐसे पदार्थों का समूह है, जो बड़ी आसानी से मोड़े जा सकते हैं या उन्हें किसी भी आकार में ढाला जा सकता है। पॉलीएमाइड तथा पॉलीएस्टर इसके उदाहरण है।
- **नायलॉन (Nylon)**–नायलॉन ऐसे छोटे कार्बनिक अणुओं के **बहुलकीकरण** प्रक्रिया द्वारा बनाया गया है, जो प्राकृतिक रूप से उपलब्ध नहीं है। इस प्रकार बने हुए पदार्थ को पिघलाया जाता है, जिसे कातकर रेशे प्राप्त किए जा सकते हैं। नायलॉन मानव निर्मित **पहला संश्लिष्ट रेशा** है।
- **पॉलीएस्टर (Polyester)**–पॉलीएस्टर एक अन्य संश्लिष्ट रेशा है, जिसे इंग्लैण्ड में विकसित किया गया था। इसे संश्लिष्ट करने के लिए दो हाइड्रोक्सिल (–

OH) ग्रुप युक्त कार्बन यौगिक की अभिक्रिया दो कार्बोक्सिलिक (–COOH) ग्रुप के यौगिक के साथ की जाती है। हाइड्रोक्सिल तथा कार्बोक्सिलिक ग्रुप के मध्य अभिक्रिया के परिणामस्वरूप **एस्टर वर्ग (–COO)** बनता है। चूंकि इस रेशे में अनेक **एस्टर ग्रुप** होते हैं, इसलिए इसे पॉलीएस्टर कहते हैं।

- पाल नौकाओं के पाल बनाने, अग्नि शमन के लिए प्रयुक्त हौज पाइप तथा अनेक अन्य वस्तुएँ जैसे साड़ियाँ, ड्रेस मैटीरियल तथा पर्दा बनाने के लिए पॉलीएस्टर का उपयोग किया जाता है।
- **कार्बन फाइबर (Carbon Fibre)**–कार्बन फाइबर परमाणुओं की लंबी शृंखला से बने होते हैं तथा अत्यंत सामर्थ्यशाली होने के कारण इनका संक्षारण भी नहीं होता है। इनका निर्माण नवीनीकृत या **संश्लिष्ट रेशे** से किया जाता है। इसके लिए इन रेशों को ऑक्सीजन की अनुपस्थिति में गर्म किया जाता है, जिससे रेशे अपघटित होकर कार्बन फाइबर उत्पन्न करते हैं। कार्बन फाइबरों का उपयोग अंतरिक्षयान तथा खेलकूद की सामग्री बनाने में होता है।
- **रेयॉन (Rayon)**–सेल्युलोज से बने हुए कृत्रिम रेशे को रेयॉन कहते हैं। रेयॉन बनाने के लिए सेल्युलोज कागज की लुगदी या काष्ठ लुगदी को लिया जाता है। इसे सांद्र तथा ठंडे सोडियम हाइड्रॉक्साइड तथा कार्बन डाइसल्फाइड से उपचारित करते हैं, उसके बाद सेल्युलोज के विलयन को धातु बेलनों में बने छिद्रों में से होकर **तनु सल्फ्यूरिक अम्ल** में गिराया जाता है, यहाँ इसके लंबे-लंबे तंतु बन जाते हैं, इसे **विस्कोस रेयॉन** कहते हैं। रेयॉन रासायनिक दृष्टि से सूत के समान है।

रेयॉन के उपयोग

- रेयॉन और सूत का मिश्रण कपड़ा बनाने के लिए प्रयोग होता है।
- ऊन तथा रेयॉन का मिश्रण कालीन बनाने में प्रयोग किया जाता है।
- चिकित्सा क्षेत्र में यह लिंट या जाली बनाने के लिए प्रयोग किया जाता है। क्योंकि यह रुई की अपेक्षा शुद्ध रूप में प्राप्त किया जा सकता है तथा घावों पर इसकी जाली नहीं चिपकती।
- **पॉली विनाइल क्लोराइड (PVC)**–यह विनाइल क्लोराइड के बहुलीकरण से प्राप्त होता है। इसका उपयोग पतली चादरें, फिल्म, बरसाती सीट कवर आदि बनाने में होता है।
- **बैकेलाइट**–यह फिनोल तथा फार्मेल्डिहाइड को सोडियम हाइड्रॉक्साइड की उपस्थिति में गरम करके प्राप्त किया जाता है। इसका उपयोग-रेडियो, टेलीविजन आदि के केस, बाल्टी आदि बनाने में किया जाता है।
- **पॉलीथीन**–यह एक **थर्मोप्लास्टिक** है, जो एथिलीन के बहुलकीकरण से प्राप्त किया जाता है। इसका उपयोग पाइप, तार के ऊपर के आवरण, पैकिंग, थैलियाँ आदि बनाने में होता है।
- **रैक्सिन (Rexin)**–यह कृत्रिम चमड़ा है। इसका निर्माण सेल्युलोज या वनस्पति से होता है। अच्छा रैक्सिन मोटे कैनवास पर पाइरोक्सिलिन का लेप देकर बनाया जाता है।

उर्वरक (Fertilizer)

- खेतों में मिट्टी की उर्वरा शक्ति बनाए रखने के लिए तथा मिट्टी को बंजर होने से बचाने के लिए रासायनिक खाद का प्रयोग किया जाता है।

रासायनिक उर्वरक के लिए अर्हताएं

- जल में पूर्णरूपेण घुलनशील हो।
- इसे स्थायी होना चाहिए ताकि तत्व लंबे समय तक मिट्टी में उपस्थित रहें।
- इसके अंतर्गत पौधों को हानि पहुँचाने वाला कोई तत्व न हो।
- फॉस्फोरिक उर्वरक-प्राकृतिक रूप में प्राप्त होने वाला **फॉस्फेट ($Ca_3(PO_4)_2$)** है।
- इसमें फास्फोरिक और नाइट्रोजीनस उर्वरक का संयोग होता है। अन्य फास्फेटिक उर्वरक में अमोनिया हाइड्रोजन, आर्थोफॉस्फेट और डाइअमोनिया हाइड्रोजन आर्थोफास्फेट आते हैं, जो नाइट्रोजन की कमी को भी पूर्ण करते हैं।
- **नाइट्रोजीनस उर्वरक**–पौधों में **प्रोटीन** को बढ़ाने एवं **तीव्र विकास** के लिए **नाइट्रोजन उर्वरक** का काफी महत्त्व है। प्रमुख नाइट्रोजन युक्त उर्वरकों में अमोनिया सल्फेट, कैल्शियम सायनामाइड, सोडियम नाइट्रेट, अमोनिया नाइट्रेट, यूरिया, डाइअमोनियम फास्फेट और अमोनिया फास्फेट आदि आते हैं।

औषधियाँ (Drugs)

प्रारंभिक समय में औषधियाँ, पेड़-पौधों, जीव-जंतुओं से प्राप्त की जाती थी, लेकिन आधुनिक युग में रसायन विज्ञान का विस्तार होता गया, नए-नए तत्वों की खोज हुई, जिससे नई-नई औषधियाँ कृत्रिम विधि से तैयार की जाने लगीं। कुछ प्रमुख औषधियों का वर्गीकरण निम्न हैं–

- **एन्टीपायरेटिक्स (Antipyretics)**–एन्टीपायरेटिक्स का प्रयोग शरीर दर्द व बुखार उतारने में किया जाता है। एस्प्रीन, क्रोसीन, फिनैसिटिन, पायरीमिडीन आदि प्रमुख **एन्टीपायरेटिक्स औषधियाँ** हैं।
- **पूर्तिरोधी (Antiseptics)**–ये औषधियाँ सूक्ष्म जीवाणुओं को मारने व उनकी वृद्धि रोकने में सहायक होती हैं। इनका उपयोग रक्त को दूषित होने से रोकने व घाव आदि भरने में विशेष रूप से किया जाता है। आयोडीन, हाइपोक्लोरस अम्ल, एथिल एल्कोहल, फिनॉल, हैक्साक्लोरोफीन, फार्मेल्डीहाइड, एक्रीफिलाविन आदि रोगाणु व कीटाणु नाशक के रूप में प्रयोग किए जाते हैं।
- **एन्टीबायोटिक्स (Antibiotics)**–एन्टीबायोटिक्स औषधियाँ अत्यंत सूक्ष्म जीवाणुओं मोल्ड्स, फंगस आदि से बनाई जाती हैं। **अलेक्जेंडर फ्लेमिंग** ने **1929** में पहली एन्टीबायोटिक औषधि पेनिसिलीन का आविष्कार किया, जिसके द्वारा विशेष प्रकार के बैक्टीरिया को नष्ट किया जा सकता था। पेनिसिलीन, टेट्रासाइक्लिन, सेफेलोसिप्रन्स, स्ट्रेप्टोमाइसीन, जेन्टामाइसीन, रिफामाइसीन, क्लोरोमाईसीटीन आदि प्रमुख एन्टीबायोटिक औषधियाँ हैं।
- **निश्चेतक (Anaesthetic)**–निश्चेतक मुख्यतः संवेदना को कम करने के लिए प्रयुक्त किए जाते हैं। निश्चेतक का प्रयोग सबसे पहले **विलयम मोरटन** ने **1846** में डाई एथिल ईथर के रूप में किया।
- **सल्फा ड्रग्स (Sulpha Drugs)**–सल्फा औषधियों में मुख्य रूप से सल्फर व नाइट्रोजन पाई जाती है। सबसे पहली सल्फा औषधि **सल्फाडायजीन 1908** में बनाई गई थी। सल्फापिरीडीन, सल्फान्वानीडीन, सल्फाथयजाल, सल्फामिराजीन, सल्फानिलमाइड आदि कुछ प्रमुख सल्फा औषधियाँ हैं।

सीमेंट तथा कांच (Cement and Glass)

- **सीमेंट (Cement)**–चूना पत्थर या खड़िया को मृतिका (लाल मिट्टी) या शैल के साथ खूब गर्म करने से प्राप्त होने वाले पदार्थ को सीमेंट कहते हैं। इसमें कैल्शियम के एल्यूमिनेटों तथा सिलिकेटों का मिश्रण होता है। इसको चूर्ण कर लिया जाता है। इसमें जल मिलाए जाने पर कठोर पिण्ड के रूप में जमने का विशिष्ट गुण होता है। इसमें **वायुमंडल** की CO_2 का कोई महत्त्व नहीं रहता है।
- सीमेंट को बालू तथा पत्थर की मिट्टियों के साथ मिश्रित करने पर कठोर पिण्ड बनता है, जिसे **कंक्रीट** कहते हैं। जब लोहे की छड़ों तथा गार्डरों के ऊपर इसे जमाते हैं, तो **प्रबलित कंक्रीट** बनते हैं।
- **कांच (Glass)**–कांच विभिन्न क्षारीय धातु के सिलिकेटों का अक्रिस्टलीय मिश्रण होता है। यदि क्षारीय धातुओं के कार्बोनेट, जैसे सोडियम कार्बोनेट या कैल्शियम कार्बोनेट को सिलिका के साथ अत्यधिक ताप पर गर्म किया जाए, तो ये मिश्रण **पारदर्शक द्रव** में परिवर्तित हो जाते हैं।

- सोडियम कार्बोनेट व सिलिका को गर्म करने पर सोडियम सिलिकेट प्राप्त होता है, यह जल में विलेय है तथा इसे **जल कांच** कहते हैं। इसी प्रकार कैल्शियम कार्बोनेट व सिलिका का मिश्रण अम्लों में विलेय होता है, परंतु यदि सोडियम कैल्शियम के कार्बोनेटों को सिलिका के साथ गर्म करें तो जो मिश्रण प्राप्त होता है, वह जल या अम्लों में अविलेय होता है, इसी को **कांच** कहते हैं।
- **कांच का रंग**–रंगीन कांच बनाने के लिए इसमें विभिन्न पदार्थ मिलाए जाते हैं। लाल कांच बनाने के लिए इसमें क्यूप्रिक के लवण व सिलीनियम मिलाए जाते हैं। इसी प्रकार हरा व नीला कांच बनाने के लिए क्रमशः फेरस, **क्यूप्रिक लवण** मिलाए जाते हैं।

प्रमुख कांच, उनके संघटन एवं उपयोग

क्र.सं.	कांच	संघटन	उपयोग
1.	सोडा कांच	सोडियम कार्बोनेट, कैल्शियम कार्बोनेट व सिलिका	ट्यूबलाइट बोतलें प्रयोगशाला के उपकरण व दैनिक प्रयोग के बर्तन
2.	फ्लिंट कांच	पोटैशियम कार्बोनेट, लेड ऑक्साइड व सिलिका	विद्युत बल्ब, कैमरा दूरबीन के लेंस
3.	क्रुक्स कांच	सिरियम ऑक्साइड व सिरिचम	धूप-चश्मों के लेंस
4.	पोटाश कांच	पोटैशियम कार्बोनेट, कैल्शियम कार्बोनेट व सिलिका	अधिक ताप तक गर्म किए जाने वाले कांच के बर्तन प्रयोगशाला उपकरण
5.	पाइरेक्स कांच	बेरियम सिलिकेट व सोडियम सिलिकेट	प्रयोगशाला उपकरण फॉर्मास्यूटिक पात्र
6.	क्राउच कांच	पोटैशियम ऑक्साइड, बेरियम ऑक्साइड व सिलिका	चश्मों के लेंस
7.	सीसा क्रिस्टल कांच	पोटैशियम कार्बोनेट, लेड ऑक्साइड व सिलिका	महंगे कांच पात्र

कांच के रंग देने वाले पदार्थ

क्र.सं.	रंग देने वाले पदार्थ	कांच का रंग
1.	कोबाल्ट ऑक्साइड	गहरा नीला
2.	सोडियम क्रोमेट या फेरम ऑक्साइड	हरा
3.	सिलेनियम ऑक्साइड	नारंगी, लाल
4.	फेरिक लवण या सोडियम यूरेनेट्	प्रतिदीप्तिशील पीला
5.	गोल्ड क्लोराइड या पर्पिल ऑफ कासियम	रूबी जैसा लाल
6.	क्यूप्रस ऑक्साइड कैडमियम सल्फाइड	चटक लाल
7.	क्यूप्रिस सल्फेट	नीला
8.	पोटैशियम डाइक्रोमेट	हरा और हरा-पीला
9.	मैंगनीज डाइऑक्साइड	बैंगनी से हल्का गुलाबी
10.	कार्बन	कहरूवा
11.	कैडमियम सल्फाइड	नींबू जैसा पीला

- **साबुन (Soaps)**–साबुन उच्च वसीय अम्लों जैसे-सिटयरिक, पामिटिक या ओलिक अम्ल के सोडियम अथवा पोटैशियम लवणों का मिश्रण होता है, जैसे–
$$C_{15}H_{31}COOHNaOH \rightarrow \underset{\text{(सोडियम पामिटेट)}}{C_{15}H_{13}COONa} + H_2O$$
- साबुन बनाने की क्रिया को साबुनीकरण कहते हैं। वे साबुन, जो कास्टिक सोडा के उपयोग से बनाए जाते हैं अर्थात् जो उच्च वसीय अम्लों के सोडियम लवण होते हैं, कड़े या **कठोर साबुन** कहलाते हैं।
- वे साबुन, जो कास्टिक पोटाश के उपयोग से बनाए जाते हैं अर्थात् जो उच्च वसीय अम्लों के पोटैशियम लवण होते हैं, वे मुलायम या **मृदु साबुन** कहलाते हैं।
- कड़े साबुन कपड़ा धोने के काम आते हैं तथा मुलायम साबुन नहाने में प्रयुक्त होते हैं।
- कपड़े धोने के साबुन सस्ते तेलों या सस्ते वसा से बनाए जाते हैं, इनमें मुक्त क्षार रहता है। नहाने के साबुन अच्छे तेलों और वसा से बनाए जाते हैं, इनमें मुक्त क्षार नहीं होता है।
- **डिटर्जेंट (Detergents)**–इसमें लंबी शृंखला का हाइड्रोकार्बन होता है एवं शृंखला के अंत में एक ध्रुवीय समूह। परंतु ये साबुन से इस मामले में उत्तम हैं कि Ca^{+2}, Mg^{+2} तथा Fe^{+3} आयन के साथ अघुनलशील लवण नहीं प्रदान करता है। इसके उदाहरण हैं-सोडियम एल्काइल, एल्फोनेट सोडियम एल्काइल और बेंजीन सल्फोनेट डिटर्जेंट तथा एंजाइम मिला हुआ पदार्थ बहुत ही साफ धुलाई करता है।
- **विस्फोटक (Explosives)**–विस्फोटक ऐसे पदार्थ होते हैं, जिनके दहन से अत्यधिक ऊष्मा व तीव्र ध्वनि उत्पन्न होती है।
- **टी.एन.टी. (T.N.T.)**–T.N.T हल्का पीला **क्रिस्टलीय ठोस** पदार्थ है। यह टालुईन ($C_6H_5.CH_3$) के साथ सांद्र सल्फ्यूरिक अम्ल, सांद्र नाइट्रिक अम्ल की क्रिया से बनाया जाता है। इसका सबसे अधिक उपयोग विस्फोटक के रूप में किया जाता है, इसका पूरा नाम **ट्राईनाइट्रो-टालुईन T.N.T.** है।
- **आर.डी.एक्स (R.D.X.)**–इसका पूरा नाम रिसर्च एंड डेवलेपमेंट एक्सप्लोसिव (Research and Development Explosive) है। इस विस्फोटक को संयुक्त राज्य अमेरिका में 'साइक्लोनाइट', जर्मनी में 'हेक्सोजन' तथा इटली में **'टी-4'** के नाम में जाना जाता है। इसमें प्लास्टिक पदार्थ जैसे-पॉलिब्यूटाइन, एक्रिलिक अम्ल या पोलियूरेथेन को मिलाकर **'प्लास्टिक बान्डेड एक्सप्लोसिव'** बनाया जाता है।
- **डायनामाइट (Dynamite)**–1863 में अल्फ्रेड नोबेल ने डायनामाइट का आविष्कार किया था। आधुनिक डायनामाइट में नाइट्रोग्लिसरीन की जगह सोडियम नाइट्रेट का प्रयोग किया जाता है।
- **ट्राइ नाइट्रो ग्लिसरीन (T.N.G.)**–ट्राई नाइट्रो ग्लिसरीन एक रंगहीन तैलीय द्रव है। यह **डायनामाइट** बनाने के काम आता है।
- **ट्राई-नाइट्रो-फिनॉल (T.N.P.)**–इसको **पिकरिक अम्ल** भी कहा जाता है। यह फिनॉल व सांद्र नाइट्रिक अम्ल की अभिक्रिया द्वारा बनाया जाता है। यह हल्का पीला, क्रिस्टलीय ठोस होता है जो अत्यधिक विस्फोटक होता है।

ईंधन

- वह पदार्थ, जिन्हें जलाकर ऊष्मा उत्पन्न की जाती है, उन पदार्थों को **ईंधन** कहते हैं। उदाहरण–लकड़ी, कोयला, केरोसीन (मिट्टी का तेल), डीजल, पेट्रोल तथा द्रवित पेट्रोलियम गैस।
- ईंधनों का सबसे अधिक महत्त्वपूर्ण वर्गीकरण उनकी भौतिक अवस्था के आधार पर होता है।

- भौतिक अवस्था के आधार पर तीन प्रकार के ईंधन होते हैं; ठोस ईंधन, द्रव ईंधन या तरल ईंधन तथा गैसीय ईंधन।
- **ठोस ईंधन (Solid Fuel)**–लकड़ी, कोयला, कोक, चारकोल, (काष्ठ कोयला या लकड़ी का कोयला) तथा पैराफिन वैक्स (मोम), ठोस ईंधन है।
- **द्रव ईंधन या तरल ईंधन (Liquid Fuel)**–केरोसीन (मिट्टी का तेल), पेट्रोल, डीजल, एल्कोहल तथा द्रवित हाइड्रोजन, द्रव ईंधन या तरल ईंधन हैं।
- **गैसीय ईंधन (Gaseous Fuel)**–प्राकृतिक गैस, तरल पेट्रोलियम गैस (L.P.G.) कोल गैस, जल गैस, प्रोड्यूसर गैस, बायो गैस (गोबर गैस), ऐसिटिलीन तथा हाइड्रोजन गैस, गैसीय ईंधन हैं।
- पेट्रोलियम भू-पर्पटी के नीचे अवसादी परतों के बीच पाया जाने वाला एक **प्राकृतिक ईंधन** है।
- यह काले-भूरे रंग का गाढ़ा तैलीय द्रव है, जिसे कच्चा तेल या धात्विक तेल के नाम से जाना जाता है, इसे **रॉक ईंधन** भी कहा जाता है।

ईंधन मिश्रण स्रोत और कार्य प्रणाली

	विभिन्न ईंधन	मिश्रण/स्रोत	कार्यप्रणाली
(A)	एल.पी.जी. (द्रवित पेट्रोलियम गैस)	प्रोपेन, ब्यूटेन, आइसोब्यूटेन	द्रवित, पेट्रोलियम गैस घरों में रसोई के ईंधन के रूप में प्रयोग की जाती है। इसमें अत्यन्त उच्च दाब पर प्रोपेन, ब्यूटेन एवं आइसोब्यूटेन जैसी गैसें द्रवित होती हैं। इन्हीं द्रवित हाइड्रोकार्बनों के मिश्रण को L.P.G. कहते हैं। L.P.G. से 50 किलो जूल ऊर्जा मिलती हैं।
(B)	पेट्रोलियम प्राकृतिक ईंधन हैं। यह विशेष गंधयुक्त काले भूरे रंग का गाढ़ा तैलीय द्रव है। पृथ्वी के भीतर यह अवसादी परतों के बीच पाया जाता है। पेट्रोलियम समुद्री सूक्ष्म जीवों के अवशेषों से बना है। यह जल की अपेक्षा हल्का और जल अविलेय है।	ठोस, द्रव और गैसीय 'हाइड्रोकार्बनों का मिश्रण हैं। वह प्रक्रम, जिससे पेट्रोलियम का परिशोधन किया है 'प्रभाजी आसवन' (Fractional Distillation) कहा जाता है।	पेट्रोलियम से रंजक (डाई), दवाइयाँ विस्फोटक, एल्कोहल, रबड़ तथा प्लास्टिक बनाए जाते हैं। रसोई गैस (L.P.G.) पेट्रोलियम का ही उप-उत्पाद है। इसकी उपयोगिता के कारण इसे 'ब्लैकगोल्ड' (काला सोना) कहा जाता है।

- पेट्रोलियम से पेट्रोल, मिट्टी का तेल, विभिन्न हाइड्रोकार्बन, ईथर, प्राकृतिक गैस आदि प्राप्त किए जाते हैं।
- पेट्रोलियम एक गाढ़ा गहरे रंग का चिपचिपा एवं दुर्गन्धयुक्त पदार्थ है, जिसे प्रभाजी आसवन विधि द्वारा इसके विभिन्न अवयवों से अलग किया जाता है।
- **द्रवित पेट्रोलियम गैस (L.P.G.)**–प्रोपेन, ब्यूटेन तथा आइसो ब्यूटेन आदि हाइड्रोकार्बन का मिश्रण है। यह प्राकृतिक गैस तथा पेट्रोलियम के **प्रभाजी आसवन** से प्राप्त होता है।
- **संपीड़ित प्राकृतिक गैस (C.N.G.)**–हाइड्रोकार्बन का मिश्रण है, जिसमें मीथेन गैस की मात्रा 80 से 90 प्रतिशत होती है।
- **सी.एन.जी.** को पर्यावरण मित्र के नाम से जाना जाता है। यह रंगहीन **गंध हीन** तथा **हवा से हल्की गैस** है।
- **पेट्रोल** की **10%** तथा **एल्कोहल** की **90%** मात्रा को मिलाकर **गैसोहोल** का निर्माण किया जाता है। इसके लिए गन्ने के रस का उपयोग किया जाता है।

पेट्रोलियम उत्पाद

कच्चे पेट्रोलियम को प्रभाजी आसवन द्वारा अधिक उपयोगी प्रभाजों को पृथक करने की प्रक्रिया को **शुद्धिकरण** कहते हैं। भिन्न-भिन्न **क्वथनांक** पर संघनित प्रभाज पृथक-पृथक इकट्ठे कर लिए जाते हैं तथा इन्हें पेट्रोलियम के उत्पाद कहते हैं। कुछ प्रमुख उत्पाद इस प्रकार हैं–

- **परिशोधन गैस**–मीथेन, ईथेन, ब्यूटेन, प्रोपेन का मिश्रण, जिसका उपयोग ईंधन तथा **कार्बनिक यौगिकों** के बनाने में किया जाता है।
- **गैसोलीन**–क्वथनांक 40°C–180°C तक **5** से **8** कार्बन परमाणुओं से युक्त हाइड्रोजन का मिश्रण, मोटर ईंधन के रूप में प्रयुक्त होता है।
- **केरोसीन (पैराफीन) तेल**–क्वथनांक 160°C–250°C तक **11** से **16** कार्बन परमाणुओं वाले हाइड्रोकार्बन का **मिश्रण जेट विमान** तथा घरेलू कार्यों में प्रयुक्त होता है।
- **डीजल तेल**–क्वथनांक 220°C–250°C तक **13** से **25** कार्बन परमाणुओं वाले हाइड्रोकार्बनों का मिश्रण, डीजल इंजन का ईंधन कहलाता है।
- **पेट्रोलियम ईथर**–ईथर नहीं अपितु अनेक हाइड्रोकार्बन का मिश्रण के अर्ध ठोस श्वेत पिण्ड के रूप में रहता है।
- **पेट्रोलियम**–पेट्रोलियम जेली या वैसलीन हाइड्रोकार्बन का मिश्रण के अर्ध ठोस **श्वेत पिण्ड** के रूप में रहता है।
- **लिग्रोइन**–यह **90°C–120°C** तक प्राप्त होता है तथा **शुष्क धुलाई** और **विलायक** के रूप में प्रयोग किया जाता है।

पेट्रो रसायन (Petrochemical)

पेट्रोलियम से प्राप्त प्राकृतिक गैस में एल्केन और एल्केन हाइड्रोकार्बन का मिश्रण होता है। पेट्रोलियम के भंजन से **हाइड्रोकार्बन** प्राप्त होते हैं। जैसे-मीथेन, इथेन, प्रोपेन, ब्यूटेन आदि। इन हाइड्रोकार्बन से अनेक महत्त्वपूर्ण **कार्बनिक यौगिक** बनाए जाते हैं, जिन्हें **पेट्रो रसायन** कहा जाता है।

रॉकेट नोदक (Rocket Propulsion)

- रॉकेट में उपयोग किए जाने वाले ईंधन को **नोदक** कहते हैं। यह नोदक ऑक्सीडाइजर के संयोग से बनता है, जैसे-तरलीय ऑक्सीजन, तरलीय फ्लोरीन, हाइड्रोजन पराक्साइड और नाइट्रिक एसिड आदि।
- **तरलीय नोदक**–एल्कोहल, तरलीय हाइड्रोजन, तरलीय अमोनिया, केरोसीन तेल, हाइड्रोजीन और बोरोन के हाइड्राइड का उपयोग **तरलीय नोदक** को अधिक शक्ति प्रदान करता है और इसका नियन्त्रण प्रवाह को नियंत्रित करके किया जाता है।
- **ठोस नोदक**–ठोस ईंधन जैसे पॉली ब्यूटाडीन और एक्राकइलिक अम्ल का उपयोग **ऑक्जीडाइजर** के साथ होता है, जैसे-एल्युमीनियम परक्लोरेटा, नाइट्रेट या क्लोरेट उच्च दहन तापक्रम होने के कारण मैग्नीशियम या एल्युमीनियम को भी ठोस ईंधन के रूप में उपयोग किया जाता है। इस तरह के नोदक को **संयुक्त नोदक** भी कहा जाता है।
- **मिश्रित नोदक**–मिश्रित रॉकेट में ठोस ईंधन एवं तरलीय ऑक्सीडाइजन का उपयोग किया जाता है। इसमें N_2O_4 एक सामान्य संघटक है। एस.एल. वी. और पी.एस.एल.वी. नामक भारतीय रॉकेट द्वारा प्रथम अवस्था में ठोस नोदक का उपयोग किया गया और तृतीय अवस्था में तरलीय नोदक का उपयोग किया जाता है।

महत्त्वपूर्ण रासायनिक यौगिकों के नाम और सूत्र

रासायनिक यौगिक	सूत्र	रासायनिक यौगिक	सूत्र
जिप्सम	$CaSO_4 . 2H_2O$	नौसादर	NH_4Cl
खाने वाला सोडा	$NaHCO_3$	चिली साल्ट पीटर	$NaNO_3$
प्लास्टर ऑफ पेरिस	$(CaSO_4)_2 . H_2O$	गंधकाम्ल	H_2SO_4
नमक का अम्ल	HCl	शोरा (नाइटर)	KNO_3
भारी जल	D_2O	फॉस्फीन	PH_3
क्यूप्रिक सल्फ्यूरिक अम्ल	$H_2S_2O_7$	लेड एसीटेड	$(CH_3COO)_2Pb$
चूना जल	$Ca(OH)_2$	कास्टिक सोडा	$NaOH$
कास्टिक पोटाश	KOH	सोडियम सिलिकेट	Na_2SiO_3
एल्युमिना	Al_2O_3	सोडियम एल्युमीनेट	$NaAlO_2$
मैग्नेसाइट	CO_3	डोलोमाइट	$CaMg(CO_3)_2$
विरंजक चूर्ण	$Ca(OCl)Cl$	ऑक्जैलिक एसिड	$COOH–COOH$
कोरण्डम	Al_2O_3	ग्लूकोज	$C_6H_{12}O_6$
खड़िया	$CaCO_3$	जल गैस	$(CO + H_2)$
कोल गैस	$(CO + N_2 + H_2)$	क्लोरोफार्म	$CHCl_3$
अमोनियम थायोसायनेट	NH_4CNS	सायक्लोहेक्सेन	C_6H_{12}
नेप्थैलिन	$C_{10}H_8$	सोडामाइड	$NaNH_2$
ईथर	$C_2H_5OC_2H_5$	फ्रियॉन	CF_2Cl_2
पॉलीथीलीन प्लास्टिक	$(C_2H_4)n$	सिन्दूर	HgS
सिल्वर एमीनो क्लोराइड	$Ag(NH_3)_2Cl$	हरा कसीस	$FeSO_4. 7H_2O$
उजला कसीस	$ZnSO_4 . 7H_2O$	शोरे का अम्ल	HNO_3
नीला कसीस (तूतिया)	$CuSO_4. 5H_2O$	लाल पोटाश	$KMnO_4$
श्वेत पोटाश	$KClO_3$	क्रायोलाइट	Na_3AlF_6
फॉस्जीन	$COCl_2$		

जीव विज्ञान

- **जीव विज्ञान (Biology)–**यह विज्ञान की वह शाखा है, जिसके अंतर्गत जीवित पदार्थों के उद्भव, विकास, आहार व जनन इत्यादि जैविक क्रियाओं का **प्रयोगात्मक अध्ययन** किया जाता है।
- बायोलॉजी शब्द का प्रयोग सर्वप्रथम सन् **1802** में **लैमार्क** (Lamarck) **ट्रेविरेनस** (Treviranus) नामक वैज्ञानिकों द्वारा किया गया। Biology शब्द का उद्भव ग्रीक भाषा के दो शब्दों 'Bio' (= Life-जीवन) तथा Logos (= Discourse-अध्ययन) से हुआ है।
- 'जीव-विज्ञान' को **'जीवन का विज्ञान'** भी कहते हैं। जीव विज्ञान की दो प्रमुख शाखाएँ हैं–**(i)** वनस्पति विज्ञान (Botany) तथा **(ii)** जन्तु विज्ञान (Zoology)।
- **हिप्पोक्रेट्स (460–370 ई.पू.)** से सर्वप्रथम मानव रोगों पर लेख प्रकाश में आया। उन्हें **'चिकित्सा शास्त्र का जनक' (Father of Medicine)** कहा जाता है।
- वनस्पति विज्ञान (Botany) शब्द की उत्पत्ति ग्रीक भाषा के 'Baskein' शब्द से हुई, जिसका अर्थ **'चरना'** है। थियोफ्रेस्टस (370–287 ई.पू.) ने अपनी पुस्तक 'Historia Plantroum' में 500 प्रकार के पौधों का वर्णन किया है। उन्हें **'वनस्पति-विज्ञान का जनक'** (Father of Botany) कहा जाता है।
- एरिस्टोटल (अरस्तु) को **'जन्तु विज्ञान का जनक'** (Father of Zoology) कहा जाता है। इन्होंने अपनी **'जन्तु-इतिहास'** (Historia Animalism) नामक पुस्तक में **500 जन्तुओं** की रचना, स्वभाव, वर्गीकरण जनन आदि का वर्णन किया है।

जीवन की उत्पत्ति

- वैज्ञानिकों के अनुसार पृथ्वी पर जीवन की उत्पत्ति लगभग 3.5 अरब वर्ष पूर्व हुई थी। साइनो **बैक्टीरिया** पृथ्वी पर उत्पन्न होने वाले प्रथम जीव माने जाते हैं।
- **फ्रांसिस रेड्डी** ने प्रयोग द्वारा स्वत: जनन के बाद का खण्डन किया व **जीव जननवाद** का सिद्धान्त प्रतिपादित किया था। इस सिद्धान्त के अनुसार जीवों की उत्पत्ति जीवों द्वारा ही होती है। लुई पाश्चर ने फ्रांसिस रेड्डी के प्रयोग का समर्थन किया।

जीवन के उद्भव का रासायनिक सिद्धान्त (Chemical Theory of Origin of Life)

- रूसी वैज्ञानिक **ओपेरिन** (Oparin) ने रसायन उद्भव का सिद्धान्त प्रस्तुत किया व इस सन्दर्भ में **जीवन का उद्भव** (Origin of Life) पुस्तक का

लेखन किया। इनके अनुसार 5–6 अरब वर्ष पूर्व पृथ्वी आग के गोले के समान थी। इस समय H, O, C, N इत्यादि तत्व परमाणु अवस्था में पृथ्वी पर उपस्थिति थे। ताप में कमी होने पर परमाणुओं के आपसी सहयोग से अणुओं का निर्माण हुआ।

- इस समय पृथ्वी पर हाइड्रोजन की मात्रा सर्वाधिक **(90%)** थी व इसकी कार्बन व नाइट्रोजन के साथ क्रिया से मीथेन व अमोनिया का निर्माण हुआ।

$$C + 4H \rightarrow \underset{\text{मेथेन}}{CH_4} \qquad N + 3H \rightarrow \underset{\text{अमोनिया}}{NH_3}$$

- ओपेरिन ने रासायनिक उद्भव के विकास को निम्न समीकरण से समझाया—

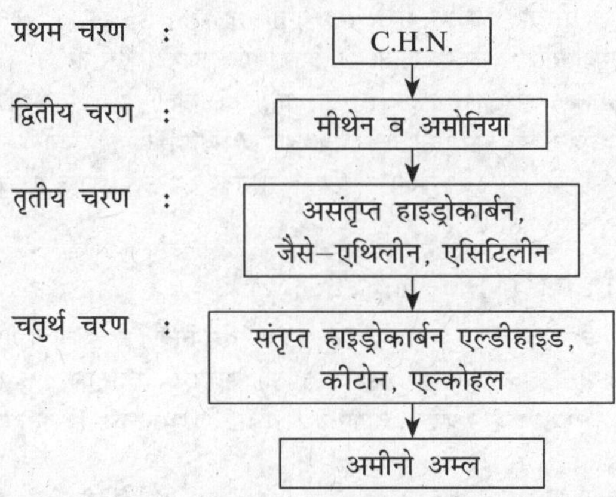

न्यूक्लिक अम्ल **माइक्रोस्फीयर** व **कोएसरवेट्स** अवस्था से होते हुए आदिम **प्रोकैरियोटिक कोशिका** में बदल गए। वैज्ञानिक **मिलर** ने प्रयोगशाला में न्यूक्लिक अम्ल का निर्माण कर इस सिद्धान्त का समर्थन किया।

जैव विकास

पृथ्वी के आदि वातावरण में जल के अन्दर प्रथम जीव का उद्भव हुआ। वातावरण तथा परिस्थितियों के अनुसार इसमें धीरे-धीरे परिवर्तन होते गए। फलस्वरूप उनकी रचना व संगठन में जटिलता आती गई। कालान्तर में अधिक-से-अधिक जटिल जीव बनते गए। युगों से चली आ रही यह प्रक्रिया अभी भी चली आ रही है। जीवधारियों में धीरे-धीरे परन्तु निरन्तर चलने वाली इस प्रक्रिया को **जैव विकास** कहते हैं।

जैव विकास की पुष्टि हेतु प्रमाण

जैव विकास की सत्यता निम्न प्रमाणों पर आधारित है—

- **जीवाश्म विज्ञान से प्रमाण (Evidences from Fossils)**–विभिन्न आयु की चट्टानों में पाए जाने वाले जीवाश्मों के अध्ययन से पता चलता है कि **सबसे प्राचीन चट्टानों में सरलतम प्राणियों तथा वनस्पतियों के जीवाश्म मिलते हैं;** जैसे–स्पंज, मूंगा, कवक, शैवाल, आदि। इसके बाद की चट्टानों में मछलियों, जलस्थलचरी जन्तु तथा फर्न व अनावृतबीजी पौधों के जीवाश्म पाए जाते हैं। इनके बाद की चट्टानों में भी दैत्यकार डायनासौर तथा अनावृतबीजी पौधों के जीवाश्मों की बहुलता है। स्पष्ट है कि **सरलतम जीवों** से धीरे-धीरे **जटिल जीवों का विकास** हुआ।
- **भ्रूण विज्ञान से विकास के प्रमाण (Evidences from Embryology)** –प्रत्येक जीव अपने परिवर्धन के दौरान उन सभी अवस्थाओं से गुजरता है, जिनसे उसके पूर्वज गुजरे थे। उदाहरण के तौर पर मानव का भ्रूण पहले मछली के, फिर मेंढक, सरीसृप, पक्षी तथा अन्य स्तनधारियों के भ्रूणों से मिलती-जुलती अवस्थाओं से गुजरता है। इस सिद्धान्त को **पुनरावृत्ति का सिद्धान्त** (Recapitulation Theory) भी कहते हैं।

वर्गीकरण से प्रमाण (Evidence from Classification)

विश्व भर में पौधों एवं जन्तुओं की लगभग साढ़े सत्रह लाख जातियाँ मौजूद हैं। इन्हें हम प्राकृतिक समानताओं एवं विभिन्नताओं के आधार पर अनेक समूहों (संघों, वर्गों, गुणों, श्रेणियों व जातियों) में वर्गीकृत करते हैं। जीवों के वर्गीकरण की एक झलक से ही हम देख पाते हैं कि **सरलतम जीव प्रोटोजोआ से स्तनियों तक** विभिन्न समूहों का धीरे-धीरे विकास हुआ।

तुलनात्मक आकारिकी एवं शारीरिकी से जैव विकास का प्रमाण

जन्तुओं में दो प्रकार की संरचनाएँ मिलती हैं–

1. **समजात अंग (Homologous Organ)**–वे अंग, जो संरचना में तो समान होते हैं, कार्य में चाहे भिन्न हों, **समजात अंग** कहलाते हैं। इनकी इस समानता को **समजातता** कहते हैं। उदाहरण के लिए–सील के फ्लिपर, चमगादड़ के पंख, घोड़े की टांग, बिल्ली का पंजा तथा मनुष्य के हाथ की मौलिक रचना एक जैसी होती है। इन सभी में ह्यूमेरस, रेडियो-अल्ना, कार्पल्स, मेटाकार्पल्स आदि अस्थियाँ होती हैं। इनका भ्रौणिकीय विकास भी एक-सा ही होता है। परन्तु इन सभी का कार्य अलग-अलग होता है।
2. **समवृत्ति अंग (Analogous Organs)**–ऐसे अंग, जो समान कार्य के लिए उपयोजित हो जाते हैं तथा एक से दिखाई देते हैं परन्तु मूल रचना व भ्रूणीय परिवर्धन में भिन्न होते हैं, समवृत्ति अंग कहलाते हैं तथा इस समानता को **समरूपता** कहते हैं।

योजक कड़ी से प्रमाण

अनेक जीवजातियों से, जीवधारियों के एक समूह से दूसरे समूह के विकास के प्रमाण मिलते हैं। ऐसे जीवधारियों को **योजक कड़ियाँ** कहते हैं। उदाहरण –आर्कीओप्टेरिक्स (Archaeopteryx), प्रोटोप्टेरस (Protopterus) तथा प्लेटीपस (Platypus) आदि।

आर्कीओप्टेरिक्स इस प्रकार की योजक कड़ी का ज्वलंत उदाहरण है। आर्कीओप्टेरिक्स एक प्राचीन विलुप्त प्राणी है, जिसे सरीसृपों तथा पक्षी वर्ग के बीच की कड़ी मानते हैं, क्योंकि इसमें पक्षी तथा सरीसृप दोनों के लक्षण हैं।

अवशेषी अंगों से प्रमाण

प्राणियों के शरीर में कुछ ऐसे अंग होते हैं, जिनका कोई कार्य नहीं होता। फिर भी ये रचनाएँ हजारों वर्षों से पीढ़ी-दर-पीढ़ी चली आ रही हैं। ऐसे अंगों को **अवशेषी अंग** (Vestigial Organs) कहते हैं।

जैव विकास के सिद्धान्त

जैव विकास कैसे हुआ? इस सम्बन्ध में तीन सिद्धान्त उल्लेखनीय हैं–**1.** लैमार्कवाद, **2.** डार्विनवाद व **3.** उत्परिवर्तनवाद।

लैमार्कवाद (Lamarckism)

फ्रांस के प्रसिद्ध प्रकृति वैज्ञानिक **जीन बैप्टिस्ट डी लैमार्क** ने 1809 ई. में एक पुस्तक 'फिलोसॉफिक जूलोजिक' (Philoso-phique Zoologique) प्रकाशित की, जिसमें उन्होंने जैव विकास के सम्बन्ध में अपने सुप्रसिद्ध सिद्धान्त की घोषणा की। लैमार्क के सिद्धान्त को **उपार्जित लक्षणों की वंशागति का सिद्धान्त** (Theory of Inheritance of Acquired Characters) भी कहते हैं।

लैमार्कवाद के मुख्य बिन्दु (Lamarckism)

लैमार्क का सिद्धान्त निम्न तथ्यों पर आधारित है–

1. **वातावरण का सीधा प्रभाव (Direct Effect of Environment)**–प्रत्येक प्राणी पर वातावरण का सीधा प्रभाव पड़ता है जिसके कारण उसकी संरचना व स्वभाव में परिवर्तन होता है।

2. **अंगों के कम या अधिक प्रयोग का प्रभाव (Use and Disuse of Organs)**–किसी अंग का निरन्तर उपयोग उस अंग को अधिक शक्तिशाली तथा क्रियाशील बनाता है; जबकि कम उपयोग के कारण अंगों की वृद्धि रुक जाती है तथा उनका ह्रास होने लगता है। ये अंग **अवशेषी अंगों** (Vestigial Organ) के रूप में रह जाते हैं या लुप्त भी होने लगते हैं। इस धारणा के कारण लैमार्कवाद को **'अंगों के कम या अधिक उपयोग का सिद्धान्त'** कहा जाता है।
3. **उपार्जित लक्षणों की वंशागति (Inheritance of Acquired Characters)**–लैमार्कवाद के अनुसार, कोई भी प्राणी अपने जीवनकाल में जितने भी गुण (लक्षण) अर्जित करता है, वे सभी उसकी आने वाली पीढ़ी में वंशागत हो जाते हैं। ऐसे लक्षणों को **उपार्जित लक्षण** तथा इनके सन्तान में पहुँचने की क्रिया को **उपार्जित लक्षणों की वंशागति** कहते हैं।
4. **बड़े होने की प्रवृत्ति (Tendency to Increase in Size)**–जीव के शरीर और अंगों में बराबर बड़े होते रहने की प्राकृतिक प्रवृत्ति होती है।

लैमार्कवाद का सबसे अच्छा प्रमाण अफ्रीकी रेगिस्तानों में रहने वाला जिराफ है।

नवलैमार्कवाद

वीजमैन ने **1806 ई.** में जननद्रव्य की निरन्तरता का सिद्धान्त दिया, जिसे कुछ वैज्ञानिकों ने लैमार्कवाद के साथ सम्मिलित कर नवलैमार्कवाद का नाम दिया। इसके अनुसार वातावरण में परिवर्तनों के कारण जीवों के शरीर में कुछ ऐसे भौतिक या रासायनिक परिवर्तन भी हो जाते हैं। जो जननद्रव्य के जीन्स को प्रभावित करते हैं। ऐसे उपार्जित लक्षण निश्चित ही वंशागत होकर संतानों में प्रदर्शित होते हैं।

डार्विनवाद (Darwinism)

चार्ल्स डार्विन के जैव विकास के सम्बन्ध में विचार विस्तारपूर्वक उनकी पुस्तक 'Origin of Species by Natural Selection' **(प्राकृतिक चयन द्वारा जातियों का विकास)** में सन् 1859 में प्रकाशित हुए। डार्विनवाद के मुख्य बिन्दु इस प्रकार हैं–

1. **जीवों में सन्तानोत्पत्ति की प्रचुर क्षमता (Enormous Power of Reproduction)**–प्रत्येक जीव-जाति में सन्तानोत्पत्ति की प्रचुर क्षमता होती है। उदाहरण के लिए, फल-मक्खी ड्रोसोफिला एक बार में 200 अण्डे देती है, जिनसे 10–14 दिन में मक्खियाँ बन जाती हैं। यदि सभी अण्डों से उत्पन्न मक्खियाँ जीवित रहे और जनन करें तो 40–45 दिनों में इनकी संख्या लगभग **20 करोड़** हो जाएगी।
2. **जीवन-संघर्ष (Life Struggle)**–सन्तानोत्पत्ति की प्रचुर क्षमता के बावजूद प्रकृति में प्रत्येक जाति के जीवधारियों की संख्या लगभग स्थिर रहती है। इसका कारण यह है कि प्रत्येक जीवधारियों को अपने अस्तित्व को बनाए रखने, वृद्धि करने व जनन करने के लिए भोजन, प्रकाश, वास-स्थान, जनन के लिए साथी आदि की आवश्यकता होती है। परन्तु ये सब प्रकृति में सीमित तो होते ही हैं। अत: जीवधारी को पैदा होते ही इनके लिए संघर्ष करना पड़ता है। यह संघर्ष तीन प्रकार का हो सकता है–
   - **(i)** सजातीय संघर्ष
   - **(ii)** अंतर्जातीय संघर्ष
   - **(iii)** वातावरणी संघर्ष
3. **विभिन्नताएँ एवं उनकी वंशागति (Variations and their Heredity)**–संसार के सभी जीवधारियों में विभिन्नताएँ पाई जाती हैं। एक ही माता-पिता की सन्तानें भी बिलकुल एक जैसी नहीं होतीं। विभिन्नताएँ केवल रंग-रूप में ही नहीं बल्कि विभिन्न लक्षणों के लिए हो सकती हैं, जैसे कि दौड़ने की शक्ति, रोगों से लड़ने की शक्ति, कार्य करने की क्षमता आदि। जो भिन्नताएँ किसी जीवधारी का अस्तित्व बनाए रखने में सहयोगी होती हैं, वे लाभदायक विभिन्नताएँ अगली पीढ़ियों में पहुँचती हैं।
4. **योग्यतम की उत्तरजीविता अथवा प्राकृतिक वरण (Survival of the Fittest)**–प्रकृति में जो जीव सफल जीवन व्यतीत करते हैं और स्वस्थ संतान उत्पन्न करके वंश या जाति को चलाते हैं, वे ही इस काम में सफल होने के कारण अपने वंश को बनाए रखते हैं। प्रकृति में निरन्तर परिवर्तन होता रहता है और बदलती हुई दशाओं के अनुसार अपनी जीवन-रीतियों, रचना, कार्यिकी आदि में आवश्यक परिवर्तन जिन जीवों में आ जाते हैं, वही बदली हुई परिस्थिति में सफल जीवन व्यतीत कर पाते हैं।
5. **नई जातियों की उत्पत्ति (Origin of New Species)**–वातावरण या परिस्थितियाँ निरन्तर बदलती रहती हैं। फलस्वरूप निरन्तर नए लक्षणों का प्राकृतिक वरण होता रहता है। उपयोगी विभिन्नताएँ पीढ़ी-दर-पीढ़ी इकट्ठी होती रहती हैं और काफी समय बाद (सैकड़ों-हजारों वर्षों बाद) उत्पन्न जीवधारियों के लक्षण मूल जीवधारी से इतने भिन्न हो जाते हैं कि एक नई जाति बन जाती है।

उत्परिवर्तनवाद (Mutation Theory)

ह्यूगो डी व्रीज (Hugo de Vries) नामक वैज्ञानिक ने सन् 1901 में यह सिद्धान्त दिया। उनके अनुसार नई जाति की उत्पत्ति अचानक एक ही बार में होने वाली स्पष्ट एवं स्थाई (वंशागत) बड़ी **विभिन्नताओं (उत्परिवर्तनों)** के कारण होती है।

उत्परिवर्तन का सिद्धान्त (Theory of Mutation)–जैव विकास की प्रक्रिया को समझने के लिए जो सिद्धान्त प्रस्तावित किए गए, उनमें **उत्परिवर्तनवाद** का अपना एक विशिष्ट महत्त्व है। इस सिद्धान्त के प्रमुख बिन्दु इस प्रकार हैं–

1. नई जीवजातियों की उत्पत्ति **एक ही बार में स्पष्ट एवं स्थाई (वंशागत) आकस्मिक परिवर्तनों (उत्परिवर्तनों)** के परिणामस्वरूप होती है, न कि छोटी-छोटी व अस्थिर विभिन्नताओं में प्राकृतिक चयन द्वारा पीढ़ी-दर-पीढ़ी संचय व क्रमिक विकास के फलस्वरूप।
2. सभी जीवजातियों में उत्परिवर्तन की **प्राकृतिक प्रवृत्ति** होती है, जो कभी कम या अधिक या सुप्त हो सकती है।
3. जाति का पहला सदस्य, जिसमें परिवर्तित लक्षण दिखाई पड़ता है, **उत्परिवर्तक** कहलाता है और यह परिवर्तन शुद्ध नस्ली होता है।
4. उत्परिवर्तन की अनिश्चितता के कारण एक ही जाति के जीवों से अलग-अलग उत्परिवर्तन के कारण कई अलग-अलग जातियों की उत्पत्ति हो सकती है।

आनुवांशिकता एवं विभिन्नताएँ

- **जीवधारियों की एक पीढ़ी से दूसरी पीढ़ी में विभिन्न लक्षणों के प्रेषण या संचरण** (Transmission) को आनुवांशिकता (Heredity) कहते हैं व इन लक्षणों को आनुवांशिक लक्षण कहते हैं।
- **आनुवांशिक लक्षणों के पीढ़ी-दर-पीढ़ी संचरण की विधियों और कारणों के अध्ययन को आनुवांशिकी** (Genetics) कहते हैं।
- जीवधारियों में जो लक्षण प्रत्यक्ष रूप से दिखते हैं, **फीनोटाइप (Phenotype)** कहलाते हैं। **जीनोटाइप (Genotype)** जीवधारी के आनुवांशिक संगठन को जीनोटाइप कहते हैं।

मेंडल के आनुवांशिकता के नियम (Mendal's Laws of Heredity)

मटर के विभिन्न गुणों वाले पौधों के बीच संकरण कराके मेंडल को जो परिणाम प्राप्त हुए, उनके आधार पर मेंडल ने वंशागति के तीन महत्त्वपूर्ण नियम प्रतिपादित किए। इन्हें हम **'मेंडल के आनुवांशिकता के नियम'** के नाम से जानते हैं। ये नियम हैं–

- **प्रभावी गुणों या प्रबलता का नियम** (Law of Dominance)–'जब परस्पर विरोधी लक्षणों वाले दो शुद्ध जनकों के बीच संकरण कराया जाता है, तो उनकी सन्तानों में विरोधी लक्षणों में से एक लक्षण परिलक्षित होता है और दूसरा दिखाई नहीं देता। इसमें पहले को प्रभावी तथा दूसरे को अप्रभावी कहते हैं।'
- उदाहरण के लिए, मटर के पौधे में ऊंचाई के गुण के दो विरोधी रूपों—लम्बापन (tallness) व बौनापन (dwarfness)—पर विचार किया जाए।
- शुद्ध लम्बे व शुद्ध बौने पौधों के बीच संकरण से F_1 पीढ़ी में केवल लम्बी सन्तानें होती हैं। लम्बेपन का कारक व्यक्त होता है; जबकि बौनापन दब जाता है। लम्बापन प्रभावी लक्षण हैं; जबकि बौनापन क्षीण लक्षण है।
- **आनुवांशिक कारकों के पृथक्करण (Law of Segregation or purity of gametes) या युग्मकों की शुद्धता का नियम**—'लक्षण कारकों के जोड़े के दोनों कारक युग्मक बनाते समय पृथक हो जाते हैं और इनमें से केवल एक कारक ही किसी एक युग्मक में पहुँचता है।' अर्थात् जब परस्पर विरोधी शुद्ध आनुवांशिक लक्षणों वाले पौधों के बीच संकरण कराया जाता है, तो F_1 पीढ़ी में केवल प्रभावी लक्षण ही प्रकट होते हैं। परन्तु F_2 पीढ़ी की सन्तानों में ये लक्षण एक निश्चित अनुपात में पृथक्-पृथक् हो जाते हैं यानी इनका **पृथक्करण** (Segregation) हो जाता है। अत: इसे **पृथक्करण का नियम** कहते हैं।
- मेंडल ने F_1 पीढ़ी के सभी लम्बे पौधों में स्वपरागण होने दिया। इससे बने बीजों को उगाकर F_2 पीढ़ी के पौधे तैयार किए। इन पौधों में उन्हें लम्बे व बौने पौधे 3 : 1 के अनुपात में प्राप्त हुए।
- **स्वतन्त्र अपव्यूहन का नियम (Law of Independent Assortment)** –'जब दो जोड़ी विपरीत लक्षणों वाले पौधों के बीच संकरण कराया जाता है, तो दोनों लक्षणों का पृथक्करण स्वतन्त्र रूप से होता है—एक लक्षण की वंशागति दूसरे को प्रभावित नहीं करती।'

प्रमुख शाखाओं के जनक

- **आनुवांशिकी (Heredity)**–ग्रेगर जॉन मेंडल (Gregor John Mendal)
- **वर्गिकी (Taxonomy)**–लीनियस (Linnaeus)
- **विषाणु विज्ञान (Virology)**–इवॉनोवस्की (Ivonowski)
- **इम्यूनोलॉजी (Imunology)**–एडवर्ड जेनर (Edward Jenner)
- **कोशिका विज्ञान (Cytology)**–रॉबर्ट हुक (Robert Hooke)
- **जीवाश्म विज्ञान (Palaeontology)**–लियोनार्ड द विन्सी (Leonard Da Vinsi)
- **विशिष्ट उत्पत्तिवाद (Special Creation)**–फादर सानरेज (Father Sanrez)
- **उत्परिवर्तनवाद (Mutation)**–ह्यूगो डी व्रीज (Hugo de vries)
- **आधुनिक भ्रूण विज्ञान (Modern Embryology)**–वॉन बियर (Von Baer)
- **रुधिर वर्ग (Blood Group)**–कार्ल लैण्डस्टीनर (Karl Landsteiner)
- **आधुनिक आनुवांशिकी (Modern Genetis)**–बेटसन (Betson)
- **रुधिर परिसंचरण (Blood Circulation)**–विलियम हार्वे (Wiliam Harvey)
- **सुजननिकी (Engenics)**–फ्रांसिस गैल्टन (Galton)
- **औषधि विज्ञान (Medicine)**–हिप्पोक्रैट्ज (Hippocrates)
- **जीवाणु विज्ञान (Bacteriology)**–लुई पाश्चर (Louis Pasteur)
- **अंत: स्रावी तंत्र (Endocrinology)**–थॉमस एडिसन (Thomas Edison)
- **जन्तु विज्ञान (Zoology)**–अरस्तु (Aristotle)
- **सूक्ष्मजीव विज्ञान (Microbiology)**–ए.वी. ल्यूवेनहॉक (A.V. Leeuwenhoek)

जन्तु जगत

- स्टोरेर-यूसिंग्स ने समस्त प्राणी-जगत को दो उप-जगतों में बांटा है-**उपजगत प्रोटोजोआ, उपजगत मेटाजोआ**।
- समस्त एककोशिकीय जीवों को उपजगत प्रोटोजोआ में रखा गया है।
- उपजगत प्रोटोजोआ में केवल एक संघ के जीव आते हैं, किन्तु मेटाजोआ में समस्त **बहुकोशिकीय प्राणी** आते हैं।

प्रोटोजोआ संघ (Phylum Protozoa)

- प्रोटोजोआ संघ में सरलतम रचना वाले **अकोशिकीय** अथवा **एककोशिकीय** (Acellular or Unicellular) प्राणी हैं।
- इनके शरीर का बाह्य आवरण अधिकतर **पेलिकल (Pelicle)** होता है।
- कुछ जीवों में बाह्य कंकाल (Enoskeleton) भी होता है। जिसे खोल या टेस्ट (Test) कहते हैं। **अमीबा** में बाह्य अवरण नहीं होता।
- प्रोटोजोआ संघ के जीव, जीवद्रव्य से ही विभिन्न प्रकार के आकार लेकर भोजन पकड़ना, चलना, शत्रुओं से आत्मरक्षा आदि सभी कार्य स्वयं करते हैं।
- इनमें चलन अंग पादाभ या कशाभिका अथवा सिलिया होते हैं तथा पोषण प्राणि-सम पादपसम मृतजीवी अथवा परजीवी होता है।
- संकुचनशील धानी के द्वारा इनके शरीर में पानी की मात्रा का नियमन होता है।
- इनमें प्रजनन क्रियाएँ **अलैंगिक (Asexual)** एवं **लैंगिक (Sexual)** दोनों प्रकार की होती है।
- प्रोटोजोआ संघ के जीवों में प्रतिकूल परिस्थितियों से बचने के लिए **परिकोष्ठन** होता है।

उदाहरण-यूग्लीना, ट्राइपेनोसोमा, अमीबा, प्लाजमोडियम इत्यादि।

पोरीफेरा संघ (Phylum Porifera)

- स्पंज (पोरीफेरा समुदाय) प्राणि जगत की आदिकालीन जाति है, जो बहुकोशिकीय व पौधों के समान स्थानबद्ध प्राणी है। ये प्राय: समुद्र के पेंदे पर किसी पत्थर आदि से चिपके रहते हैं।
- इनकी शारीरिक रचना कोशिकीय स्तर की होती है।
- इस संघ के अधिकतर जन्तु समुद्री जल (खारे पानी) में पाए जाते हैं।
- कीप कोशिकाओं का पाया जाना फाइलम पोरिफेरा की विशेषता है।
- इनके शरीर पर असंख्य सूक्ष्म छिद्र होते हैं, जिनके द्वारा पानी शरीर के भीतर प्रवेश करता है। यह ऑस्य अथवा ऑस्टिया (Ostia) कहलाते हैं।
- देहभित्ति (Body Wall) में विशेष प्रकार की नाल प्रणाली होती है, जो स्पंजगुहा (Spongocoel) में खुलती है।
- यह अपने साथ खाद्य-पदार्थ तथा ऑक्सीजन शरीर के अंदर लाती है तथा उत्सर्जी पदार्थ एवं जनन कोशिकाओं को शरीर से बाहर ले जाती है। स्पंज में पाचन अंत: कोशिकीय होता है।
  उदाहरण-साइकॉन, यूप्लेक्टेला, स्पंज इत्यादि।

सीलेंट्रेटा या निडेरिया संघ

- सीलेंट्रेटा में ऊतक बनाने की प्रारंभिक अवस्था पाई जाती हैं, ये जंतु अरीय सममित तथा द्विस्तरीय होते हैं।
- इनकी देहभित्ति का बाह्य स्तर, बाह्य त्वचा या एक्टोडर्म कहलाता है।
- सीलेंट्रेटा संघ के प्राणियों के शरीर में केवल एक ही गुहा होती है, जो देहभित्ति से घिरी रहती है और देहगुहा एवं जठर गुहा दोनों ही का कार्य करती है।
- इनके शरीर का अगला तिकोना भाग जिस पर मुख स्थित होता है। हाइपोस्टम (Hypostome) कहलाता है।

- मुख के चारों ओर स्पर्शकों का एक चक्र होता है, जो चिपकने, आत्म-रक्षा तथा भोजन पकड़ने में सहायक होता है।
- ये अधिकतर पॉलीपॉयड (Polypoid) तथा मेड्युसाइड (Medusoid) रूपों में मिलते हैं।
- **पॉलिप** लंबे तथा बेलनाकार होते हैं एवं मेड्यूसा घंटी के आकार के अथवा तश्तरी के आकार के होते हैं।
- पॉलिप अलैंगिक होते हैं, जबकि **मैड्यूसा लैंगिक** होते हैं।
- इनमें नेत्र बिंदु या स्टेटोसिस्ट (statocyst) पाए जाते हैं।
- सीलेंट्रेटा बहुत-सी किस्मों के चूने का एक सख्त बहि:कंकाल बनाते हैं, जिसे कोरल कहते हैं।

उदाहरण–हाइड्रा, ओबेलिया, मिलीपोरा, फाइसेलिया इत्यादि।

प्लैटीहैल्मिन्थीस संघ (Phylum Platyhelminthes)

- प्लैटीहैल्मिन्थस संघ के जीव कोमल शरीर वाले त्रिस्तरीय प्राणी हैं।
- इनका शरीर कोमल, द्विपार्श्व सममित व सममित पृष्ठ-अधर, वक्ष पर चपटा होता है। इनमें वास्तविक विखंडन नहीं पाया जाता है।
- इन जीवों में देहगुहा नहीं होती तथा अंतरांगों के बीच के खाली स्थान में विशेष प्रकार का **संयोजी ऊतक** भरा रहता है।
- इनमें उभयलिंगी अंग तथा कांटे पाए जाते हैं, जिनकी सहायता से ये पोषक के शरीर से चिपके रहते हैं।
- इनमें बाह्य एवं अंत: कंकाल का पूर्ण अभाव होता है एवं उत्सर्जन के लिए **ज्वाला कोशिकाएँ** होती हैं।
- प्लैटीहैल्मिन्थीस समुदाय के अधिकांश प्राणी **परजीवी** होते हैं, लेकिन कुछ टर्बीलेरिया वर्ग के जन्तु **सजीवी** होते हैं।
- ये अधिकतर उभयलिंगी हैं अर्थात् नर व मादा जननांग एक ही जीव में हैं।
- इनमें पाचन तंत्र विकसित नहीं होता है।

उदाहरण–प्लेनेरिया, फेशियोला, फीताकृमि।

नीमेटोहेल्मिंथीस संघ (Phylum Nematohelminthes)

- इस संघ में गोलकृमियों को रखा गया है।
- प्राणी या तो स्वतंत्र रूप से जल अथवा मृदा में पाए जाते हैं अथवा पेड़-पौधों व जन्तुओं में परजीवी के रूप में रहते हैं।
- इस संघ के सदस्य सूक्ष्म, कूटदेहगुहीय, **त्रिस्तरीय (Triploblastic), द्विपार्श्व** सममित होते हैं।
- नर तथा मादा जननांग अलग-अलग जन्तुओं में पाए जाते हैं, नर अपेक्षाकृत आकार में छोटे होते हैं।
- निषेचित अंडों पर कड़ी भित्ति होती है, जो प्रतिकूल परिस्थितियों में इनकी रक्षा करती है।
- गोलकृमि में ट्यूब के अंदर ट्यूब शरीर प्रणाली है, जिसमें मुख, ग्रसनी, आंतें तथा गुदा है।
- गोलकृमि जीवों में शरीर की गतियाँ लचकदार होती हैं।
- पिन कृमि मुख्यत: छोटे बच्चों की गुदा में पाए जाते हैं, जिसके कारण बच्चों को भूख कम लगती है एवं उल्टियाँ व चुनचुनाहट भी होती हैं।
- फाइलेरिया कृमि (कुचरेरिया) कहलाते हैं, इनके द्वारा ही **फाइलेरिया** होता है।

उदाहरण–गोलकृमि, पिनकृमि, फाइलेरिया कृमि।

एनेलिडा संघ (Phylum Annelida)

- एनेलिडा कोमल शरीर वाले, लंबे, कृमि-सदृश द्विपार्श्व-सममित विखंडावस्था को प्रदर्शित करने वाले **सगुहीय जंतु** हैं। इनका शरीर कृमिवत् होता है।
- शरीर के खंड के बाहर की ओर खाइयों द्वारा तथा भीतर की ओर **सेप्टा** द्वारा बंटे होते हैं।
- इनमें स्पष्ट सिर एवं उपांगों का पूर्ण अभाव होता है।
- चलन अंग विखंडित क्रम में विन्यासित काइटिन की छड़नुमा रचनाएँ हैं, जो शूक या सीटी कहलाते हैं। ये उभार पार्श्वपाद (Parapodia) कहलाते हैं।
- उत्सर्जन, एक्टोडर्म की बनी हुई विशेष कुंडलित नलिकाओं द्वारा होता है, जो नलिका वृक्क कहलाती है।
- इनका आहारनाल पूर्णत: विकसित होता है तथा श्वसन की क्रिया त्वचा एवं क्लोम के द्वारा होती है।
- ये **एकलिंगी** एवं **उभयलिंगी** दोनों प्रकार के होते हैं।
- केंचुआ **एनेलिडा** संघ का ही जन्तु है, जिसमें 4 जोड़ी हृदय होते हैं,

उदाहरण–साइलिस, नेरिस, केंचुआ, जोंक इत्यादि।

मोलस्का संघ (Phylum Mollusca)

- मोलस्का संघ के प्राणी कोमल शरीर वाले तथा कवच (आवरण) युक्त होते हैं।
- आर्थ्रोपोडा वर्ग के बाद ये **दूसरे नंबर** का **सबसे बड़ा** प्राणी वर्ग है।
- शरीर तीन भागों में बंटा होता है-आगे की ओर सिर, अधरतल पर पाद तथा अंतरंग पिंडक।
- देहभित्ति से बना एक लिफाफेनुमा आवरण इन प्राणियों के शरीर को पूरी तरह से ढके रहता है। यह **मेंटल** या **प्रवार** कहलाता है।
- इनमें श्वसन **गिल्स** या **कंकत्वलोम** द्वारा होता है।
- ये नर एवं मादा प्राय: अलग-अलग होते हैं।
- इनमें उत्सर्जन वृक्कों द्वारा होता है एवं इनका शरीर रंगहीन होता है।

उदाहरण–घोंघा, सीपी, काइटन इत्यादि।

आर्थ्रोपोडा संघ (Phylum Arthropoda)

- आर्थ्रोपोडा संघ संसार का **सबसे बड़ा वर्ग** माना जाता है।
- इन जंतुओं का शरीर द्विपार्श्व सममित तथा बहुखंडित होता है तथा सिर, वक्ष एवं उदर में विभेदित होता है।
- शरीर पर मोटा, मजबूत बाह्य कंकाल होता है, जो **काइटिन** नाम के अजीवित पदार्थ का बना होता है।
- समय-समय पर खोल शरीर से उतार दिया जाता है, यह क्रिया त्वक्मोचन अर्थात् **केंचुली बदलना (Moulting)** कहलाती है।
- श्वसन के लिए जलीय जंतुओं में क्लोम तथा स्थलीय जंतुओं में ट्रेकिया बुकलंग पाए जाते हैं।
- उत्सर्जन के लिए **सीलोमोडक्ट** या **माल्पीजियन नलिकाएँ** होती हैं।
- नर तथा मादा जंतु अलग-अलग होते हैं तथा इनमें लैंगिक भेद पाया जाता है।
- यह प्राय: **एकलिंगी** होते हैं एवं निषेचन शरीर के अंदर होता है।
- कॉकरोच आर्थ्रोपोडा वर्ग में ही आता है। इसके हृदय में 13 कक्ष होते हैं।

उदाहरण–कनखजूरा, तिलचट्टा, मक्खी, मच्छर, बिच्छू, झींगा, मछली, केकड़ा इत्यादि।

इकाईनोडर्मेटा संघ (Phylum Echinodoramata)

- ये सामूहिक और मुक्तजीवी समुद्री जीव हैं।
- इनकी आकृति तारावत, गोलाकार या लंबी हो सकती है।
- देह सतह चूनेदार कांटों से आच्छादित होती है।
- इनकी सममिति पंचभागी व अरीय है। इनके लार्वा में द्विपार्श्विक सममिति है।
- ये अखण्ड हैं एवं इनकी देहगुहा जलसंवहनी तंत्र में परिवर्तित है, जिसके बाहर निकले हुए **नाल-पद (Tubeffet)** चलन के लिए उपयोगी होते हैं।

- नर व मादा पृथक-पृथक होते हैं।

उदाहरण-स्टारफिश, समुद्री अर्चिन, समुद्री ककंटी, पिच्छ तारा।

कॉर्डेटा संघ (Phylum Chordata)

- प्राणी जगत का यह सबसे अधिक विकसित समूह है।
- सभी कॉर्डेटा संघ के जंतुओं में **नोटोकॉर्ड** की उपस्थिति होती है।
- नोटोकॉर्ड धानीयुक्त पैरनकाइमेट्स कोशिकाओं की बनी होती है, जिनमें चारों ओर लचीला, आंतरिक तथा बाहरी तन्तुमय संयोजी ऊतक का आवरण होता है।
- कॉर्डेटा संघ के जन्तुओं में **तंत्रिका तंत्र** उपस्थित होता है, जो एक खोखली नली के आकार का होता है।
- समस्त कॉर्डेटा जंतुओं में ग्रसनीविदर किसी-न-किसी अवस्था में अवश्य पाए जाते हैं।
- मछलियों में ग्रसनीविदर क्लोमों में परिवर्तित हो जाते हैं।

कॉर्डेटा संघ के प्रमुख वर्ग

- **एम्फिबिया वर्ग (जल-स्थल चर जीव)**–एम्फिबिया जल एवं थल दोनों जगह पर रहते हैं, किंतु अण्डे देने के लिए सदैव पानी में जाते हैं।
- इनमें मल, मूत्र एवं जनन पदार्थ एक ही द्वार से बाहर निकलते हैं, जिसे **क्लोएका छिद्र** कहते हैं।
- देह-आकृति में विविधता है और त्वचा शल्करहित होती है।
- इनमें अधिकतर दो जोड़ी पंचांगुलि पाद होते हैं।
- श्वसन क्लोम, फेफड़ों या त्वचा द्वारा होता है।
- हृदय तीन-कक्षीय होता है, जिसमें दो अलिन्द तथा एक निलय होता है।
  उदाहरण-मेंढक, टोड, वृक्ष मंडूक, नेक्ट्यूरस।
- **रेप्टीलिया वर्ग (रेंगने वाले जीव)**–रेप्टाइल्स प्रथम ऐम्निऑटिक पृष्ठवंशी हैं, जिनमें अनिश्चित काल तक पानी के बाहर रहने की क्षमता होती है।
- ये अधिकतर **स्थलीय** हैं और **ऊष्ण** क्षेत्रों में होते हैं।
- देह-आकृति में विविधता होती है और त्वचा **शल्कों** से ढकी होती है।
- इनमें दो जोड़ी पंचांगुलि पाद होते हैं, जो सांपों व कुछ छिपकलियों में नहीं होते।
- श्वसन केवल फेफड़ों द्वारा ही होता है।
- हृदय प्रायः **तीन-कक्षीय** होता है (कुछ में चार-कक्षीय होता है, जैसे-मगरमच्छ में)।
- इनके अण्डे बड़े **पीतयुक्त** तथा **खोलयुक्त** होते हैं, जो कैल्शियम कार्बोनेट के बने कवच से ढके रहते हैं।

उदाहरण-भित्ति छिपकली, गिरगिट, उड़न छिपकली।

- **एवीज वर्ग (पक्षी वर्ग)**–इनका शरीर धारा रेखित होता है।
- इनका आकार लघुतम गुंजन पक्षी से लेकर वृहतम शुतुरमुर्ग तक है।
- अग्रपाद उड़ने के लिए पंखों में परिवर्तित होते हैं।
- देह परों से ढकी होती है।
- कंकाल हल्का एवं वातिल अस्थियों का बना होता है।
- इनके शरीर का ताप सदैव समान बना रहता है।
- मुख के ऊपर चोंच पाई जाती है, जो भिन्न-भिन्न कार्यों के लिए भिन्न-भिन्न पक्षियों में रूपांतरित होती है।
- श्वसन केवल फेफड़ों द्वारा होता है।
- हृदय **चार-कक्षीय** होता हैं।

उदाहरण-कबूतर, मोर, चिड़िया, शुतुरमुर्ग।

- **मैमेलिया वर्ग (स्तनी वर्ग)**–मुख्यतः यह स्थलीय हैं और विभिन्न प्रकार के वास स्थानों में रहते हैं।
- देह विविध आकृतियों वाली है और बालों से ढकी होती है।
- त्वचा मोटी एवं जल अभेद होती है तथा इसमें **स्वेद ग्रंथियाँ** एवं **तैल ग्रंथियाँ** होती हैं।
- मस्तिष्क के सेरीब्रम व **सेरिबेलम** भाग अधिक विकसित होते हैं।
- **प्रोटोथीरिया** वैसे स्तनधारी हैं जो अंडे देते हैं, किन्तु थन नहीं होते हैं, जैसे-एकिडना तथा आर्निथोरिकस इत्यादि।
- **मेटाथीरिया** वैसे स्तनधारी हैं, जिनके शिशु अपरिपक्व अवस्था में जन्म लेते हैं, जैसे- कंगारू एवं पैरामिलिस इत्यादि।
- **यूथीरिया** वैसे स्तनधारी हैं, जिनमें वास्तविक **एलेंटॉइक प्लैसेंटा** होता है, ये पूर्ण विकसित शिशुओं को जन्म देते हैं।
- इनके दो जोड़ी पंचांगुलि पाद विभिन्न कार्यों के लिए रूपांतरित होते हैं।
- श्वसन केवल फेफड़ों द्वारा होता है।
- हृदय चार-कक्षीय होता है।

उदाहरण-कंगारू, चूहा, व्हेल, बाघ एवं शेर, हाथी, बंदर, चिम्पैंजी, चमगादड़, मनुष्य आदि।

आनुवांशिकी

- जो लक्षण माता-पिता से पीढ़ी दर पीढ़ी बच्चों में **वंशानुगत** होते हैं। उन्हें **आनुवांशिक लक्षण** कहते हैं। आनुवांशिक विशेषकों के एक पीढ़ी से दूसरी पीढ़ी में जाने की प्रक्रिया को वंशागति या आनुवांशिकता कहते हैं।
- आनुवांशिक विज्ञान की नीव ग्रेगर जॉन मेंडल ने डाली। इस कारण इन्हें **आनुवांशिकी का जनक** कहा जाता है।

कोशिका विज्ञान में महत्त्वपूर्ण उपलब्धियाँ

वर्ष	वैज्ञानिक	उपलब्धि
1655	रॉबर्ट हुक	'कोशिका' का वर्णन किया।
1674	ल्यूवेनहॉक	बैक्टीरिया की खोज
1833	ब्राउन	कोशिका केंद्रक की खोज
1857	कॉलीकर	माइटोकॉन्ड्रिया का वर्णन
1869	मेशर	सर्वप्रथम डी.एन.ए. को पृथक किया।
1898	गॉल्गी	गॉल्गी-तंत्र का वर्णन।
1939	सीमेन्स	इलेक्ट्रॉन माइक्रोस्कोप का वाणिज्यिक निर्माण।
1953	क्रिक, वाटसन और विल्किन्स	डी.एन.ए. की संरचना का रहस्योद्घाटन

- आनुवांशिकता के नियम को प्रतिपादित करने के लिए **मेंडल** ने मटर के पौधों पर प्रयोग किया था।
- मेंडल ने मटर की विभिन्न प्रजातियों के बीच एक **संकर (Monohybrid)** व **द्विसंकर (Dihybrid)** क्रास किए, जिससे प्रभाविकता का नियम, स्वतंत्र अपव्यूहन का नियम एवं पृथक्करण के नियम बने।
- **उत्परिवर्तन (Mutations)**–जीवों के आनुवांशिक पदार्थ में होने वाले सभी प्रकार के परिवर्तन **उत्परिवर्तन** कहलाते हैं।
- गुणसूत्रों की संरचना अर्थात् गुणसूत्रों में जीन्स की संख्या तथा उनके विन्यास में होने वाले परिवर्तन गुणसूत्र उत्परिवर्तन कहलाते हैं।

लक्षणों के आधार पर आनुवांशिकता का विश्लेषण

- **गुणसूत्र (Chromosomes)**–कोशिका में उपस्थित सूत्र सदृश्य संरचनाएँ, जिनमें आनुवांशिक पदार्थ (जीन) उपस्थित होता है, गुणसूत्र कहलाते हैं।

- गुणसूत्रों को वंशागति का वाहक कहा जाता है।
- स्पष्ट रूप से गुणसूत्र संरचना का अध्ययन समसूत्री (Mitosis) विभाजन की मेटाफेस (Metaphase) अवस्था में किया जाता है।
- प्रत्येक कोशिका में गुणसूत्रों का एक समुच्चय (Set) उस जीव के **गुणसूत्रों की अगुणित (Haploid)** संख्या दर्शाता है।
- प्रत्येक गुणसूत्र लम्बाई में दो इकाइयों का बना होता है, जिन्हें अर्धगुण सूत्र 'क्रोमेटिड' (Chromatids) कहते हैं।
- प्रत्येक जाति के जीवधारियों में, सभी कोशिकाओं में, केंद्रकों में गुणसूत्रों की संख्या निश्चित होती है, जैसे **मानव में 23 जोड़ी**, **चिम्पैंजी में 24 जोड़ी**, **बंदर में 21** जोड़ी इत्यादि।
- **जीन (Gene)**–जीन एक आनुवांशिक निर्धारक अथवा विशिष्ट जैविक क्रिया की इकाई है।
- जीन आनुवांशिक यूनिट है, जो कि क्रोमोसोम के क्रोमोनीमा में एक स्थिर तथा रैखिक अनुक्रम में स्थित होते हैं।
- क्रोमोसोम में छोटे-छोटे DNA के कण होते हैं, जिन्हें जीन कहा जाता है।
- गुणसूत्र की पूरी लंबाई में हजारों की संख्या में जीन पाए जाते हैं, जो डी. एन.ए. के प्रोटीन के बने होते हैं।
- **डी.एन.ए. (Deoxyribonucleic Acid)**–यह अम्ल एक वृहत् द्विकुण्डलीय अणु है, जो दो समानान्तर बहुन्यूक्लियोटाइड (Polyuncleotides) द्वारा निर्मित होता है। प्रत्येक बहुन्यूक्लियोटाइड शृंखला में शर्करा, फॉस्फेट एवं नाइट्रोजनी क्षार होते हैं।
- नाइट्रोजनी क्षार दो प्रकार के होते हैं–**(i)** प्यूरीन (एडिनीन A व ग्वानिन G) एवं **(ii)** पिरिमिडिन (थायमीन T व साइटोसिन C)।
- डी.एन.ए. की अधिकांश मात्रा केंद्रक में होती है। यद्यपि इसकी कुछ मात्रा माइट्रोकॉण्ड्रिया तथा हरित लवक में भी मिलती है।
- **आर.एन.ए. (Ribonucleic Acid)**–राइबोन्यूक्लिक एसिड एक सूचना संकेतक अणु है, जो डी.एन.ए. जैसा होता है, परंतु इसमें केवल एक ही लड़ी होती है तथा थायमीन के स्थान पर यूरेसिल नामक क्षार का प्रयोग करता है। डी.एन.ए. कोशिका केंद्रक में पाया जाता है; जबकि आर.एन.ए. **कोशिका-द्रव्य (Cytoplasm)** में पाया जाता है।
- **पी.सी.आर. (Plymerasa Chain Reaction P.C.R.)**–पॉलीमरेज शृंखला अभिक्रिया एक बहुत ही तेजी से डी.एन.ए. बनाने का तरीका है। पी.सी.आर. एक **चक्रीय अभिक्रिया** है, जिसमें डी.एन.ए. को गर्म कर उसकी लड़ियों को अलग किया जाता है।
- **उत्परिवर्तन (Mutation)**–जीवों के जीन या गुणसूत्रों में आए अचानक परिवर्तन को उत्परिवर्तन कहते हैं। इसके फलस्वरूप धारक जीव में ऐसी विलक्षणताएँ उत्पन्न होती हैं, जो उसके पूर्वजों में मौजूद नहीं होती हैं। ऐसे लक्षण **वंशानुगत** होते हैं।

DNA और RNA में अंतर

क्र.सं.	DNA	RNA
1.	इसमें डीऑक्सीराइबोज (Deoxyribose Sugar) शर्करा पाई जाती है।	इसमें राइबोज शर्करा (Ribose Sugar) पाई जाती है।
2.	इसमें एडिनीन (Adenine), ग्वानीन (Guanine), प्यूरीन्स तथा साइटोसीन (Cytosine), थायमीन (Thymine) पिरीमिडीन्स पाई जाती है।	इसमें एडिनीन, ग्वानीन, साइटोसीन तथा यूरोसिल अनुपस्थित होती है।
3.	इसके अणु द्विसूत्रीय (Double Strand) होते हैं। अपवाद फाज में एक-सूत्री DNA पाया जाता है।	इसके अणु की प्रकृति प्राय: एक सूत्री होती है। अपवाद = Wound tumor तथा Reovirus में द्विसूत्री RNA पाया जाता है।
4.	DNA आनुवांशिक पदार्थ है।	यह आनुवांशिक सूचनावाहक है तथा प्रोटीन संश्लेषण में सहायता करता है। अपवाद = विषाणु, जिनमें RNA आनुवांशिक पदार्थ कार्य करता है।

शरीर रचना एवं क्रिया

- यह प्राणि विज्ञान की वह शाखा है, जिसके अंतर्गत प्राणधारी जीवों के शरीर की संरचना और क्रिया का अध्ययन किया जाता हैं।
- **शरीर-रचना विज्ञान (Anatomy)**–इसके अंतर्गत मानव शरीर और अस्थि, पेशी, मस्तिष्क तथा मेरुरज्जू जैसे अंगों की संरचना का अध्ययन किया जाता है।
- **शरीर-क्रिया विज्ञान (Physiology)**–इसके अंतर्गत जीवों की क्रियाओं और पेशी, मस्तिष्क, हृदय, मेरुरज्जू जैसे विभिन्न अंगों के कार्यों का अध्ययन किया जाता है।

तंत्र (System)

शरीर के भीतर कई अंग, एक-दूसरे से जुड़े रहते हैं तथा एक-दूसरे पर निर्भर है, ये साथ मिलकर सामूहिक रूप से काम करते हैं। समान क्रिया वाले सहयोगी अंगों के इस समूह को **तंत्र** कहा जाता है। शारीरिक क्रियाओं का सम्पादन निम्नलिखित तंत्रों द्वारा होता है–

- **पेशी तंत्र (Muscular System)**–यह अंगों में गति उत्पन्न करता है। पेशियाँ शरीर को सुदृढ़ बनाती हैं। शरीर के भीतरी अंग; जैसे-हृदय, आमाशय, यकृत, मूत्राशय और रक्त नलिकाएँ आदि पेशियों के बने होते हैं।
- **अस्थि तंत्र (Skeletal System)**–यह शरीर को आकार प्रदान करता है, इसे स्थिर रखता है तथा शरीर के कोमल अंगों की रक्षा करता है।
- **पाचन तंत्र (Digestive System)**–यह आहार को शरीर के ग्रहण करने योग्य घुलनशील पदार्थों में परिणत कर देता है।
- **श्वसन तंत्र (Respiratory System)**–इसका कार्य वायुमण्डल की ऑक्सीजन ग्रहण करना तथा कार्बन डाइऑक्साइड को बाहर निकालना है।
- **रक्त परिसंचरण तंत्र (Blood Circulation System)**–इसका कार्य शरीर के अंगों को ऑक्सीजन, पोषक तत्व तथा इसके भीतर बने विभिन्न प्रकार के रसायनों को पहुँचाना तथा शरीर के भीतर उत्पन्न अपशिष्ट पदार्थों को बाहर निकालना है। यह एक परिवहन प्रणाली है। इसके अंग **हृदय** और **रक्त नलिकाएँ** हैं।
- **तंत्रिका तंत्र (Nervous System)**–यह शरीर के सभी तंत्रों की क्रियाओं का संचालन, नियंत्रण विनियमन करता है। इसके अंग मस्तिष्क एवं तंत्रिकाएँ हैं।
- **मलोत्सर्ग (Excretory System)**–शरीर के भीतर चलने वाली क्रियाओं के फलस्वरूप उत्पन्न अपशिष्ट पदार्थों को शरीर से बाहर निकालना इसका कार्य है। इस तंत्र के अंग हैं-फुफ्फुस, बड़ी आंत, वृक्क और त्वचा।
- **प्रजनन तंत्र (Reproductive System)**–इस तंत्र का कार्य है–संतति उत्पन्न करना। इसके अंग हैं-वृषण, शिश्न, योनि, गर्भाशय और डिम्ब ग्रंथियाँ आदि।

- **ग्रंथि तंत्र (Glandular System)**–यह विभिन्न प्रकार के रसायनों का स्रावण कर शरीर की क्रियाओं को नियंत्रित करता है। इसके अंतर्गत दो प्रकार की ग्रंथियाँ आती हैं-**नलिका युक्त** और **नलिका विहीन ग्रंथियाँ**।

कोशिका (Cell)

- कोशिका के अध्ययन विज्ञान को **Cytology** कहा जाता है।
- कोशिका सिद्धांत का प्रतिपादन **1838–39 ई. में श्वान और श्लाइडेन** ने किया।
- कोशिका मात्र एक संग्राहक क्षेत्र है, जो कोशिका झिल्ली द्वारा **प्रोटोप्लाज्म** को चारों ओर से घेरे रखता है।
- अधिकांश कोशिकाओं का व्यास 0.1 माइक्रोन [0.1 Micron ($1\mu = 1/100$ mm)] तथा 1 mm के बीच होता है।
- कोशिका अंगक तथा कोशिका द्रव्यक घटक बहुत अधिक छोटे होने के कारण मिली माइक्रोन (mμ), नैनोमाइक्रोन (nμ) या एंग्स्ट्राम (Angstrom, Å) में पाए जाते हैं।
- सबसे लंबी कोशिका **तंत्रिका तंत्र (न्यूरॉन)** की होती है।
- सबसे बड़ी कोशिका शुतुरमुर्ग पक्षी के अंडे की होती है।
- समस्त पौधों एवं प्राणियों की कोशिकाओं में ही नहीं अपितु एक ही पौधे या प्राणी के विभिन्न भागों में पाई जाने वाली कोशिकाओं के आकार व आकृति में भी अंतर होता है।
- कोशिकाएँ गोलाकार, वृत्ताकार, अण्डाकार या लम्बाकार, घनाकार, बेलनाकार, नालाकार या बहुभुजाकार, चपटी या फीते के समान अथवा **तश्तरीनुमा** होती हैं।
- कोशिकाओं की संख्या जीवों के आकार पर निर्भर करती है। यह छोटे जीवों में कम होती है एवं बड़े जीवों में इनकी संख्या अनगिनत होती है, जैसे- हाथी, व्हेल इत्यादि।
- मनुष्य में अनुमानतः कोशिकाओं की संख्या 10^{14} यानी 1000 खरब के करीब होती है।

कोशिका की संरचना (Cell Structure)

- कोशिका शरीर संरचना की सूक्ष्मतम इकाई है।
- प्राणी एवं वनस्पति की रचना कोशिकाओं से ही हुई है।
- कोशिका के मध्य भाग को **नाभिक** कहा जाता है।
- वनस्पतियों एवं प्राणियों की कोशिकाएँ **सेल्यूलोज** की बनी होती हैं।
- प्राणियों की कोशिकाएँ भिन्न-भिन्न आकार की होती हैं, क्योंकि इनकी झिल्ली निश्चित आकार की होती है।
- कोशिका द्रव्य में प्रोटीन, वसा और कार्बोहाइड्रेट जैसे कार्बनिक पदार्थ जल तथा **अकार्बनिक लवण** रहते हैं।
- कोशिकाओं के प्राणमूलक गुण प्रोटीन पर निर्भर करते हैं।
- कोशिकाओं में ऊर्जा का मुख्य स्रोत कार्बोहाइड्रेट होता है।
- **जीवद्रव्य (Protoplasm)**–सभी जीवधारियों का शरीर जीवद्रव्य से बनी इकाइयों का समूह है।
- रासायनिक दृष्टि से जीवद्रव्य कार्बनिक एवं अकार्बनिक पदार्थों का एक जटिल मिश्रण है।
- जीवद्रव्य में जल सबसे अधिक मात्रा में उपस्थित होता है। यह जलीय पौधों में **95 प्रतिशत** तक होता है।
- कार्बोहाइड्रेट्स, जीवद्रव्य का आवश्यक भाग है, जो सभी जीवों द्वारा ईंधन के रूप में उपयोग में लाए जाते हैं।
- प्रोटीन जीवद्रव्य के अत्यधिक जटिल एवं सर्वाधिक महत्त्वपूर्ण कार्बनिक यौगिक हैं, जो जीवद्रव्य के भार का लगभग 10–20% होते हैं।
- जीवद्रव्य रंगहीन पारभासी (Translucent) चमकदार, जैली की तरह अर्ध-तरल (Semi-liquid) है।
- जीवद्रव्य 0–60°C तक जीवित रह सकता है पर अधिक तापक्रम पर यह विघटित हो जाता है तथा जैविक लक्षणविहीन (मृत) हो जाता है।

कोशिका-भित्ति (Cell Wall)

- समस्त पादप-कोशिकाओं में कोशिका-भित्ति कोशिका के चारों ओर निर्जीव पदार्थों की एक परत के रूप में होती है।
- कोशिका-भित्ति सेल्यूलोज (Cellulose) की बनी होती है।
- प्राणि-कोशिका में कोशिका-भित्ति नहीं होती है, किन्तु युग्लीना एवं पैरामीशियम जैसे जन्तुओं में कोशिका के चारों ओर प्रोटीन की एक परत होती है, जिसे 'पेलिकल' कहते हैं।
- सभी कोशिका भित्तियाँ छोटे-छोटे छिद्रों द्वारा छिद्रित होती हैं। इन छिद्रों को **प्लाज्माडेस्मेटा** कहते हैं।
- कोशिका भित्ति के संगठन में सेल्यूलोज के अतिरिक्त सुबेरिन, क्यूटिन, टैनिन, मोम इत्यादि का योगदान होता है, जो कोशिका-भित्ति के विभिन्न भौतिक गुणों हेतु उत्तरदायी होते हैं।

कोशिका-विभाजन (Cell Division)

- समस्त जीवों में कोशिका-विभाजन की क्रिया में एक निश्चित समानता होती है तथा इस क्रिया में होने वाली मुख्य घटनाएँ केवल केन्द्रक में ही सीमित रहती हैं।
- कोशिका-विभाजन के पश्चात **मातृ कोशिका** से संतति कोशिकाओं का निर्माण होता है।
- कोशिका विभाजन से **जीव में प्रजनन** एवं **वृद्धि** होती है।
- कोशिका विभाजन तीन प्रकार के होते हैं-समसूत्री कोशिका विभाजन, अर्धसूत्री कोशिका विभाजन एवं असूत्री कोशिका विभाजन।

कोशिका के अंग

- कोशिकाओं के तीन मुख्य अंग होते हैं-कोशिका झिल्ली, केन्द्रक एवं कोशिका द्रव्य।
- **कोशिका झिल्ली (Cell Membrane)**–यह वसा एवं प्रोटीन की बनी होती है, जो सभी कोशिकाओं का बाह्य आवरण होता है।
- यह एक अर्द्ध-पारगम्य झिल्ली होती है, जिसका प्रमुख कार्य कोशिका और उसके बाहर के माध्यम के बीच आणविक गतिविधि को नियंत्रित करना होता है।
- कोशिका भित्ति निर्जीव पदार्थों की बनी होती है, जो केवल पादप कोशिकाओं में पाई जाती है।
- जीवाणुओं एवं कवकों की कोशिकाभित्ति कार्बोहाइड्रेट की बनी होती है; जबकि शैवालों एवं हरे पौधों की भित्ति सेल्यूलोज की बनी होती है।
- **केन्द्रक (Nucleus)**–केन्द्रक कोशिका की समस्त जैव क्रियाओं का नियमन करता है।
- सभी यूकैरियोटिक कोशिकाओं में सामान्यतः एक केन्द्रक होता है।
- प्रोटोजोआ प्राणियों तथा शैवाल व कवकों की कुछ जातियों में एक से अधिक केन्द्रक होते हैं।
- केन्द्रक गोलाकार, अण्डाकार, चपटे आदि विभिन्न आकृति के होते हैं।
- केन्द्रक का आकार कोशिका के प्रकार एवं केन्द्रक के कार्य पर निर्भर करता है।
- शुष्क भार के आधार पर केन्द्रक में **प्रोटीन 70%, फॉस्फोलिपिड 3.5%, डी.एन.ए. (DNA) 10%** तथा **आर.एन.ए. (RNA) 2.3%** पाए जाते हैं।

- केन्द्रक के चारों ओर एक महीन कला होती है, जिसे केन्द्रक कला (Nuclear Membrane) कहते हैं।
- केन्द्रक कला के अंदर केन्द्रक में एक पारदर्शी, अर्द्ध-तरल व कणकीय मैट्रिक्स होता है, जिसे केन्द्रक द्रव्य या **केन्द्रक** रस कहते हैं।
- क्रोमेटिन केन्द्रक का सबसे महत्त्वपूर्ण भाग है, यह धागों के रूप में एक-दूसरे के ऊपर फैलकर एक जाल-सा बनाता है।
- कोशिका विभाजन के समय ये धागे सिकुड़कर छोटे व मोटे हो जाते हैं, जिन्हें **गुणसूत्र** कहते हैं।
- **पैलिकल तथा मैट्रिक्स (Pellicle and Matrix)**–गुणसूत्र एक आवरण से ढका रहता है, जिसे पैलिकल (Pellicle) कहते हैं। इसमें एक जैली सदृश्य पदार्थ भरा रहता है, जो मैट्रिक्स (Matrix) कहलाता है।
- **कोशिका द्रव्य (Cytoplasm)**–यह एक प्रकार का द्रव है, जो कोशिकाओं के अधिकांश भाग में इनकी झिल्लियों के भीतर पाया जाता है। कोशिका की प्राणमूलक क्रियाएँ इसी द्रव्य पर निर्भर करती हैं।
- **रिक्तिकाएँ (Vacoules)**–रिक्तिकाएं, कोशिका द्रव्य में द्रव से भरे हुए वे स्थान हैं, जिनके चारों ओर प्लाज्मा झिल्ली के समान झिल्ली (Tonoplast) होती है।
- रिक्तिकाओं में द्रव के रूप में एक प्रकार का तरल पदार्थ भरा रहता है, जिसे कोशिका द्रव (Cell Sap) कहते हैं।
- एन्थोसाइनिन वर्णक की रिक्तिका उपस्थित होने के कारण फूलों व फलों में विभिन्न रंग उत्पन्न हो जाते हैं।
- **लवक (Plastids)**–लवक मुख्यत: पादप कोशिका द्रव्य में उपस्थित होते हैं, जो समस्त पादपों की कोशिकाओं में (नीले-हरे शैवाल, व कवकों को छोड़कर) मिलते हैं।
- लवक कुछ पौधों में रंगहीन तथा कुछ पौधों में रंगीन होते हैं।
- टमाटर के तरुण अण्डाशय में ल्यूकोप्लास्ट (Leucoplasts) होते हैं।
- कच्चे फल में हरितलवक (Chloroplasts) तथा फल के पकने पर लाल रंग के वर्णी लवक (Chromoplasts) में बदल जाते हैं।
- लवक कार्य, तीन प्रकार के होते हैं-अवर्णी लवक, हरित लवक तथा वर्णी लवक।
- **अवर्णी लवक (Leucoplasts)**–ये पौधों में जड़ों व भूमिगत तनों में पाए जाते हैं, इनमें खाद्य पदार्थ संगृहित रहते हैं।
- ये पौधों की जड़ों में उपस्थित होते हैं तथा स्टार्च का संग्रहणन करते हैं।
- **हरित लवक (Chloroplasts)**–इसमें हरे रंग का पर्णहरित या **क्लोरोफिल (Chloroplyll)** उपस्थित होता है, जिसके कारण पौधों के कुछ भाग व पत्तियाँ हरी दिखाई देती हैं।
- क्लोरोफिल के द्वारा ही प्रकाश-संश्लेषण की क्रिया होती है तथा विभिन्न प्रकार के कार्बोहाइड्रेट्स बनते हैं।
- उच्च पौधों की पत्तियों की मीसोफिल (Mesophyll) कोशिका तथा तनों के क्लोरन्काइमा में **क्लोरोप्लास्ट** पाए जाते हैं।
- क्लोरोप्लास्ट एक अर्द्ध-पारगम्य व दोहरी बाह्य परिसीमित झिल्ली द्वारा परिबंधित रहते हैं।
- **वर्णी लवक (Chromoplasts)**–ये पीले, लाल व नारंगी रंगों के लवक (प्लैस्टिड) है। इन वर्णकों के आपसी मिश्रण से क्रोमोप्लास्ट और भी रंग बनाते हैं।
- **राइबोसोम्स (Ribosomes)**–यह सूक्ष्म कण हैं, जो एण्डोप्लैज्मिक रेटीकुलम की झिल्लियों से लगे हुए अथवा फिर कोशिका द्रव्य में छितरे हुए मिलते हैं।
- सूक्ष्म कण घने तथा गोलाकार कण के रूप में होते हैं, जिन्हें केवल **इलेक्ट्रॉन सूक्ष्मदर्शी** से देखा जा सकता हैं।
- राइबोसोम्स के चारों ओर केवल (RNA) पाया जाता है, जो कोशिका में प्रोटीन्स का संश्लेषण करते हैं।
- राइबोसोम को **प्रोटीन की फैक्ट्री** (Factory of Protein) कहा जाता है।
- राइबोसोम्स के बन्धक के लिए मैग्नीशियम (Mg) आवश्यक होता है।
- प्रत्येक कोशिका में हजारों **राइबोसोम्स** होते हैं, जो मूलत: **प्रोटीन संश्लेषक** होते हैं।
- **लाइसोसोम्स (Lysosomes)**–सभी यूकैरियोटिक कोशिकाओं में लाइसोसोम्स स्थित होते हैं, किंतु प्राणी-कोशिकाओं में ये अधिक संख्या में मिलते हैं।
- प्रत्येक लाइसोसोम्स के द्रव में कई प्रकार के अपघटक या हाइड्रोलाइटिक एन्जाइम होते हैं; जो वसा, कार्बोहाइड्रेट व प्रोटीन इत्यादि के अपघटन एवं पाचन में भाग लेते हैं।
- **कार्बोहाइड्रेट्स (Carbohydrates)**–ये कार्बन, हाइड्रोजन व ऑक्सीजन के वे यौगिक हैं, जिनमें हाइड्रोजन व ऑक्सीजन का अनुपात (2 : 1) होता है।

महत्त्वपूर्ण क्षारभ

क्षारभ	प्राप्तिस्थल
ऐट्रोपिन	ऐट्रोपा वेलेडोना के बीजों में
कैफीन	कॉफी के फलों में
कोकेन	एरिथ्रोजाइलोन में
निकोटिन	तम्बाकू में
कुनैन	सिनकोना की छाल में

- कार्बोहाइड्रेट प्रकृति में विस्तृत रूप से पाये जाते हैं। पौधों में लगभग **15%** व जन्तुओं में **1%** कार्बोहाइड्रेट होता है।
- कार्बोहाइड्रेट के ऑक्सीकरण के फलस्वरूप ऊर्जा उत्पन्न होती है।
- ग्लूकोज व फ्रक्टोस पौधों में सामान्य रूप से पाई जाती है। जिनका रासायनिक सूत्र $C_6H_{12}O_6$ है।
- ग्लूकोज सामान्य रूप से मीठे फलों में पाया जाता है। अंगूर में यह **15%** तक होता है।
- गन्ने व चुकन्दर में पायी जाने वाली सामान्य डाइसैकेराइड शर्करा सुक्रोस है, जिसका रासायनिक सूत्र $C_{12}H_{12}O_{11}$ होता है। गन्ने में यह **10–15%** होता है।

अस्थि तंत्र (Skeletal System)

- मानव शरीर का ढांचा हड्डियों का बना होता है, जिसे **कंकाल** तंत्र या अस्थि तंत्र कहते हैं।
- **अस्थि पंजर (Skeleton)**–शरीर का वह ढांचा है, जो शरीर को आकृति एवं इसके अंगों को गति और सुरक्षा प्रदान करता है।
- अस्थि पंजर 206 छोटी-बड़ी हड्डियों के संयोग से बना है। इसे पांच खण्डों में विभाजित किया जाता है-खोपड़ी, धड़, स्कन्ध मेखला, हाथ और श्रोणी मेखला।
- अस्थि की बनावट काफी जटिल होती है। यह एक ठोस, मजबूत और संयोजी ऊतक है, जो तन्तुओं एवं मैट्रिक्स का बना होता है।
- सजीव अस्थि में 20 प्रतिशत जल तथा शेष भाग में **दो-तिहाई खनिज** एवं **एक-तिहाई कार्बनिक** पदार्थ रहता है।
- अस्थि का लचीलापन कार्बनिक और उसकी कठोरता अकार्बनिक पदार्थों पर निर्भर करती है।
- अस्थियों के भीतर स्पंजी पदार्थ की बनी अस्थि पट्टी और अस्थि नलिकाओं के बीच अस्थि मज्जा रहती है, जो दो प्रकार की होती हैं-पीत और लाल अस्थिमज्जा।

- पीत अस्थिमज्जा मुख्य रूप से वसा की बनी रहती है।
- रक्त कोशिकाओं का निर्माण लाल **अस्थिमज्जा** में होता है।

मानव कंकाल : एक दृष्टि में

अस्थियों के नाम	संख्या
कपाल (Cranium)	
ऑक्सिपिटल	1
पैराइटल	2
फ्रेन्टल	1
टेम्पोरल	2
स्फीनॉइड	1
एथमॉइड	1
फेशियल क्षेत्र (Facial regions)	
नेजल	2
वोमर	1
टरबाइनल	2
लैक्राइमल	2
जाइगोमेटिक	2
पैलेटाइन	2
मैक्सिला	2
मैण्डिबल	1
कर्ण अस्थियाँ (Ear Ossicales)	
मैलियस	2
इनकस	2
स्टेपीज	2
हाइआइड (Hyoid)	
गर्दन-सरवाइकल कशेरूकाएं	7
वक्ष-थोरेसिक कशेरूकाएं	12
कटि-लम्बर कशेरूकाएं	5
सैक्रम-सैकरल कशेरूका	1
स्टर्नम	1
पसलियां	24
अंस मेखला	
स्केपुला	2
क्लेविकल	2
श्रोणि मेखला	
आइसोन्नोमिनेट्स	2
ह्यूमरस	2
रेडियो अलना	4
कार्पल्स	16
मेटा-कार्पल्स	10
फैलेन्जिस	28
फीमर	2
टिबियोफिबुला	4
पटेला	2
टार्सल्स	14
मेटाटॉर्सल्स	10
फैलेन्जिस	28
कुल योग	**206**

पेशी तंत्र (Muscular System)

- पेशियाँ अस्थियों, स्नायु तथा त्वचा से जुड़ी रहती हैं।
- हृदय, आहार-नाल, आमाशय, आंत, मूत्राशय आदि भी पेशी ऊतकों से बने हुए हैं।
- संपूर्ण शरीर में विभिन्न प्रकार की लगभग **400** पेशियाँ होती हैं। इन पेशियों के द्वारा ही शरीर के अंग चलते तथा हिलते-डुलते हैं। इनका वजन शरीर के वजन से प्राय: **1 : 3** के अनुपात में होता है।
- त्वचा के आवरण के द्वारा पेशियाँ ढकी रहती हैं एवं पेशियों से अस्थियाँ ढकी रहती हैं।
- सोते समय मनुष्य का वक्ष श्वसन के कारण ही ऊपर-नीचे होता रहता है एवं हृदय में स्पंदन होता है- ये सभी कार्य पेशियों में गति के कारण होते हैं।
- निष्पादन कार्य के अनुसार पेशियों को दो वर्गों में रखा जाता है-
  - **ऐच्छिक पेशियाँ**–ये पेशियाँ रेखित पेशी ऊतक की बनी होती हैं, इनमें व्यक्ति की इच्छा के अनुसार आकुंचन होता है। इसके अंतर्गत सिर, धड़, कंकाल पेशियाँ और शरीर के कुछ भीतर अंगों की पेशियाँ आती हैं।
  - **अनैच्छिक पेशियाँ**–ये पेशियाँ कोमल और अरेखित पेशी ऊतक की बनी होती हैं और भीतर के अंगों, रक्तवाहिकाओं की दीवारों, अंग-त्वचा में पाई जाती हैं। इनका आकुंचन व्यक्ति के नियंत्रण के परे होता है।

पेशियों की गति

- पेशीय क्रिया के द्वारा शरीर में विभिन्न प्रकार की गति होने के कारण ही मनुष्य भिन्न-भिन्न कार्यों को करने में सक्षम होता है।
- पेशियों में मौलिक रूप से छ: गतियाँ होती हैं–
  - **आकुंचन (Flexion)**–वे ऐच्छिक पेशियाँ, जिनके कारण अस्थियाँ जोड़ या संधि पर मुड़ जाती हैं, उन्हें आकुंचन कहते हैं। इन पेशियों के द्वारा फैले हुए अंगों को मोड़ने में सहायता मिलती है। बाह की कुहनी पर मोड़ने से द्विशिरस्का पेशी में संकुचन होता है।
  - **प्रसारण (Extension)**–समस्त पेशी में संकुचन के फलस्वरूप प्रसार-क्रिया होती है। प्रसार गति द्वारा आकुंचित भाग पुन: अपनी पूर्व स्थिति में आ जाता है। इस क्रिया द्वारा अग्रबाहु, जो कुहनी पर से ऊपर की ओर संकुचित किया गया रहता है, प्रसारित किया जाता है।
  - **अभिवर्तन (Adduction)**–अंगों के मध्य भाग से हम प्रगण्ड (Upper Arm) को बगल से ऊपर ले जाते हैं तथा उसे पूर्व स्थिति में लाते हैं। अभिवर्तन-गति में शरीर के मध्य भाग से हटाया गया भाग पूर्व स्थिति में आता है। अभिवर्तन क्रिया के द्वारा प्रगण्ड को पार्श्व भाग में वक्ष के पास लाया जाता है।
  - **अपवर्तन (Abduction)**–अंगों को शरीर की मध्यरेखा से दूर ले जाने वाली पेशियों की क्रिया को अपवर्तन कहते हैं, जैसे–प्रगण्ड को **पार्श्वभाग (Lateral)** में वक्ष से दूर बगल से उठा कर ले जाना।
  - **घूर्णन (Rotation)**–इस क्रिया के द्वारा अंग अपनी संधि पर चारों दिशाओं में घूमती हैं, जैसे–हम प्रगण्ड को **स्कन्ध-संधि** के चारों ओर घुमाते हैं तथा ग्रीवा को अगल-बगल, ऊपर-नीचे घुमाते हैं।
  - **वलय पेशीय क्रिया (Circular Muscle Action)**–शरीर में कुछ छिद्र होते हैं और पेशियाँ उनको चारों ओर से घेरे रहती हैं। इनकी बनावट गोल अंगूठी की तरह होती है, जो सिकुड़ती तथा फैलती है, जैसे-गुहा पेशियाँ, आंख की पेशियाँ, मुंह की पेशियाँ।

पाचन तंत्र (Digestive System)

- मनुष्य में पाचन क्रिया आहार नाल में होती है।
- आहार नाल का अगला भाग पाचन से संबंधित होता है तथा पिछले भाग में पचे भोजन का अवशोषण होता है।

- पाचन क्रिया मुंह से प्रारम्भ होती है और उसका अंत **बड़ी आंत** में होता है।
- यह क्रिया एक बड़ी नली के अंतर्गत होती है, जो मुंह से लेकर गुदाद्वार तक फैली हुई रहती है।
- पाचन क्रिया में जो अंग भाग लेते हैं, वही सम्मिलित रूप से **पाचन तंत्र** का निर्माण करते हैं।

आहारनाल के प्रमुख भाग

- मनुष्य के आहारनाल के प्रमुख भाग हैं-मुखगुहा, ग्रासनली, आमाशय एवं आंत।
- **मुखगुहा (Buccal Cavity)**–मुंह से ग्रसनी के आरम्भ तक के भाग को **मुखगुहा** कहा जाता है।
- मुखगुहा के ऊपरी भाग को **तालू** कहा जाता है।
- मुखगुहा के ऊपरी तथा निचले दोनों जबड़ों में दांतों की पंक्तियाँ पाई जाती हैं। जिनकी कुल संख्या 32 होती है।
- मनुष्य के जबड़े में पाए जाने वाले सबसे आगे के दांत चपटे एवं धारदार होते हैं, जो **छेदक या कृन्तक** (Incisor) कहलाते हैं। ये भोजन को काटने का कार्य करते हैं।
- रदनक नुकीले दांत होते हैं, जो भोजन को फाड़ने का कार्य करते हैं।
- मुखगुहा के फर्श पर एक मोटी व मांसल जिह्वा (Tongue) पाई जाती है। जिसके अग्र भाग से मीठे स्वाद का, पीछे के भाग (कंठ के निकट) से कड़वे स्वाद का तथा बगल के भाग से खट्टे स्वाद का आभास होता है।
- **ग्रासनली (Oesophagus)**–यह एक लंबी नली होती है, जो आमाशय में खुलती है।
- ग्रासनली की दीवारें पेशीय व संकुचनशील होती हैं। जिसकी सहायता से भोजन आगे बढ़ता है।
- **आमाशय**–मुख गुहा से भोजन आमाशय में जाता है। यह एक **मांसल थैला** होता है, जिसमें भोजन अस्थायी रूप से जमा होता है।
- आमाशय की दीवार में उपस्थित जठर **ग्रंथियाँ जठर** रस बनाती हैं।
- जठर रस अम्लीय होता है तथा इसमें 97–99% पानी, 4–5% हाइड्रोक्लोरिक एसिड, पेप्सिन, रेनिन तथा गैस्ट्रिक लाइपेस एन्जाइम होते हैं, जो भोजन को पचाने में सहायक होते हैं।
- आमाशय से खाद्य पदार्थ छोटी आंत में चला जाता है।

आंत (Intestine)

- मानव की समस्त आंतों को दो भागों में बांटा गया है-छोटी आंत एवं बड़ी आंत।
- **छोटी आंत (Small Intestine)**–आमाशय से आने वाले काइम अथवा तरल भोजन का पाचन छोटी आंत में होता है।
- भोजन छोटी आंत में लगातार होने वाली पुन:सतत क्रमाकुंचन गति के फलस्वरूप अग्रसर होता है। ऐसी गति लगभग एक सेकेण्ड तक रहती है तथा प्रत्येक गति के पश्चात कुछ सेकेण्ड का विश्राम काल होता है।
- **बड़ी आंत (Large Intestine)**–यह पाचन-प्रणाली का अंतिम भाग है, जो मलाशय तक विस्तृत रहता है।
- आंत के कार्य निम्न प्रकार हैं: जल, लवण तथा ग्लूकोज का अवशोषण, भीतरी स्तर में स्थित ग्रंथियों द्वारा म्यूसिन स्राव, सेल्यूलोज तथा अपचित प्रोटीन को बैक्टीरिया की क्रिया उत्सर्जन योग्य बनाना और मल विर्सजन।

पाचन ग्रंथियाँ

- **यकृत (Liver)**–यकृत या जिगर शरीर की सबसे बड़ी ग्रंथि है, इसका वजन लगभग **1.5–2 कि.ग्राम** होता है।
- यह उदर गुहा में दाईं और सबसे ऊपर के भाग में डायफ्राम के नीचे स्थित होती है।
- इसका अधिकांश भाग पसलियों द्वारा सुरक्षित रहता है।
- यकृत के दो मुख्य खण्ड अथवा **लोब** होते हैं, जो दायां और बायां खण्ड कहलाते हैं।
- यकृत का शरीर के मेटाबोलिज्म या **उपापचय** में बहुत महत्त्वपूर्ण हाथ होता है।
- इसकी क्रिया विशेषत: रक्त तथा अवशोषित भोजन पर होती है।
- यकृत शरीर की सबसे विशाल रसायन फैक्ट्री है। शरीर का अधिकांश माध्यमिक **मेटाबोलिज्म** इसी में होता है।
- आंतों से अवशोषित तथा अन्य अंगों में एकत्रित किए गए भोजन को यकृत, अन्य ऊतकों के प्रयोग के लिए उचित रूप प्रदान करता है।
- व्यर्थ अथवा उच्छिष्ट उत्पादों तथा विषैले पदार्थों को भी यकृत रूपान्तरित करके पित्त अथवा मूत्र में उत्सर्जन योग्य बना देता है।
- यकृत प्रोटीन के उपापचय में सक्रिय रूप से भाग लेता है एवं प्रोटीन की अधिकतम मात्रा को कार्बोहाइड्रेट में परिवर्तित कर देता है।
- यकृत में फाइब्रिनोजन नामक प्रोटीन का उत्पादन होता है, जो रक्त का थक्का बनाने में मदद करता है।
- शरीर के अन्दर रक्त को जमने से रोकने वाली प्रोटीन **हिपैरीन** का उत्पादन यकृत के द्वारा होता है।
- जहर खाए व्यक्ति की मृत्यु की जांच यकृत के द्वारा ही की जाती है।
- यह अतिरिक्त शर्करा को वसा में परिवर्तित कर देता है तथा महत्त्वपूर्ण वसाओं का संचय करता है।
- **पित्ताशय**–यह यकृत के नीचे नाशपाती जैसी छोटी-सी थैली है। जिसके तीन भाग हैं-फण्डस, पिण्ड और ग्रीवा।
- यकृत एक रस (पित्त) का स्राव करता है, जो पित्ताशय में आता है।
- पित्त पीलापन तथा हरापन लिए एक क्षारीय द्रव है, जिसमें जल (85%) पित्ताम्ल, पित्तवर्णक तथा अन्य कार्बनिक पदार्थ होते हैं।
- यह आंत में वसा को विखण्डित करने वाले एन्जाइमों की क्रिया को तीव्र करता है।
- यह काइम की चर्बी को जल के साथ मिलाकर **इमल्शन** (Emulsion) बनाने में सहयोग देता है।
- पित्त भोजन के साथ आए हानिकारक जीवाणुओं को नष्ट करता है।
- पित्तवाहिनी में अवरोध होने पर यकृत कोशिकाएँ रुधिर से बिलिरूबिन लेना बंद कर देती हैं। जिसके कारण बिलिरूबिन सम्पूर्ण शरीर में फैल जाता है, फलस्वरूप पीलिया रोग होता है।
- **एंजाइम**–पाचन-क्रिया केवल एंजाइम की उपस्थिति में ही संभव होती है। इनके अतिरिक्त बैक्टीरिया एवं कुछ सूक्ष्मजीव भी पाचन क्रिया में सहायक होते हैं।
- एंजाइम जीवधारियों में पाए जाने वाले **जैव-उत्प्रेरक** कहलाते हैं, क्योंकि इनकी उपस्थिति मात्र से रासायनिक क्रियाएँ सामान्य तौर पर भी सरल एवं आवश्यक गति से पूर्ण होती हैं।
- लार में दो एंजाइम **टायलिन** एवं **लाइसोजाइम** पाए जाते हैं।
- लाइसोजाइम एंजाइम भोजन में उपस्थित हानिकारक जीवाणुओं को नष्ट कर देता है।
- टायलिन भोजन में उपस्थित मंड (Starch) को **माल्टोज शर्करा** में अपघटित करता है।

- **आमाशयिक रस (Gastric Juice)**–आमाशय की दीवार में अनेक छोटी-छोटी ग्रंथियाँ हैं, जो स्वच्छ आम्लिक द्रव स्रावित करती हैं, जिसे **आमाशयिक रस** कहते हैं।
- आमाशयिक रस में एंजाइम (Enzyme), हाइड्रोक्लोरिक अम्ल, म्यूसिन (Mucin) और अन्य कार्बनिक तथा अकार्बनिक पदार्थ रहते हैं।
- आमाशय में ही भोजन में जठर रस मिलता है, जिसमें प्रमुख एंजाइम के अतिरिक्त रेनिन, पेप्सिन और लाइपेज (Lipase) एंजाइम भी पाए जाते हैं।
- पेप्सिन (Pepsin) प्रोटीन को खण्डित कर, **पेप्टोन** और **एल्बुमोज (Albumose)** में बदल देता है।
- रेनिन दूध में घुलनशील प्रोटीन कैसीन को कैल्शियम **पैराकैसीनेट** में बदलकर दूध को दही में परिवर्तित करता है।

अग्न्याशय (Pancreas)

- यह शरीर की दूसरी सबसे बड़ी ग्रंथि है।
- यह एक मात्र ऐसी ग्रंथि है, जो अंतः स्रावी (नलिका विहीन) तथा बाह्य स्रावी (नलिकायुक्त) दोनों प्रकार की हैं।
- इसमें एसिनस नामक रस का स्राव होता है, जो पक्वाशय में आकर भोजन को पचाने का काम करता है, जिसे 'लैंगरहैंस की द्वीपिका' कहते हैं, जो इंसुलिन सोमेटोस्टेटिन और ग्लूकागॉन हार्मोनों का अंतः स्रावण करता है।

स्तनधारियों में प्रमुख जठर-आंत्र एंजाइम

रस (Juice)	pH मान एंजाइम	कार्य स्थल (Site of Action)	पदार्थ जिन पर निर्भर करता है। (Substrates)	उत्पाद (Product)
लार (Saliva)	6.8 टाइलिन (Ptylin)	मुंह, आमाशय आइसो-माल्टोज (डाइसैकराइड)	स्टार्च, डेक्सट्रीन ग्लाइकोजन, माल्टोज	लिमिट डेक्सट्रीन; कैसीन
जठर रस (Gastric Juice)	1.5–3.5			
	(a) पेप्सिन	आमाशय	केसीन प्रोटीन (दूध)	पेप्टोन, पैराकैसीन
	(b) रेनिन	आमाशय		पेराकैसीन (दही)
अग्न्याशयी रस (Pancreatic Juice)	7.5–8.0			
	(a) एमाइलेज	छोटी आंत	स्टार्च, ग्लाइकोजन आइसोमाल्टोज	लिमिट ड्रेक्सट्रीन माल्टोज
	(b) ट्रिप्सीन	छोटी आंत	प्रोटीन किमोट्रिप्सीनोजन (निष्क्रिय)	किमोट्रिप्सीन (सक्रिय) पैराकैसीन
	(c) किमोट्रिप्टीडेज	छोटी आंत	केसीन (दूध)	पैराकैसीन (दही) अम्ल
	(d) कार्बोक्सीपेप्टीडेज	छोटी आंत	पेप्टाइड्स	छोटे पेप्टीडेज, अमीनो अम्ल
	(e) लाइपेस	छोटी आंत	हाइम्लिसेराइड	मोनोग्लिसेराइड वसा, अम्ल
आंत्र रस (Intestinal Juice)	7.5–8.0			
	(a) एंटरोपेप्टीडेज	छोटी आंत	ट्रिप्सीनोजन (निष्क्रिय)	ट्रिप्सिन (सक्रिय)
	(b) अमीनो पेप्टीडेज	छोटी आंत	पेप्टाइड्स	छोटे पेप्टाइड्स अमीनो अम्ल
	(c) माल्टोज	छोटी आंत	माल्टोज	ग्लूकोज
	(d) सुक्रोज	छोटी आंत	सुक्रोज	ग्लूकोज, फ्रेक्टोज
	(e) लैक्टोज	छोटी आंत	लैक्टोज	ग्लूकोज गेलेक्टोज
	(f) लाइपेज	छोटी आंत	टाइग्लेसिराइडस वसा अम्ल	मोनोग्लिसेराइड्स

- **अग्न्याशयिक रस**–यह स्वच्छ क्षारीय द्रव है, जिसमें एमाइलेज और माल्टोज, ट्रिप्सिन लाइपेज पाए जाते हैं। एमाइलेज और माल्टोज कार्बोहाइड्रेट को, ट्रिप्सिन, प्रोटीन को तथा लाइपेज, वसा को पचाता है।
- **अग्नाशय ग्रंथि**–लैंगरहैंस की द्वीपिका और ग्लूकागॉन हार्मोनों का आंतरिक स्राव करती हैं। इंसुलिन ऊतकों में कार्बोहाइड्रेट को ऑक्सीकृत करने तथा यकृत और पेशियों में **ग्लाइकोजन** संचित करने में मदद करता है।
- **इंसुलिन**–इसका स्राव लैंगरहैंस की द्वीपिका द्वारा होता है, जो रक्त शर्करा की मात्रा को नियंत्रित करता है। इसकी कमी से मधुमेह नामक रोग होता है।

रक्त परिसंचरण तंत्र (Blood Circulatory System)

- रक्त प्रायः लाल, गाढ़ा, स्वाद में नमकीन तथा अपारदर्शी होता है।
- मनुष्य के शरीर में रक्त की मात्रा शरीर के भार के लगभग **7 प्रतिशत** होती है। एक वयस्क मनुष्य में रक्त की मात्रा **5–6 लीटर** होती है।

शरीर के विभिन्न भाग और कार्बोहाइड्रेट, प्रोटीन और वसा से अभिक्रिया करने वाले एंजाइमों के नाम तथा अभिक्रियाओं से उत्पन्न पदार्थ

शरीर के विभिन्न भाग	अभिक्रिया करने वाले एन्जाइम	पोषक तत्व	अभिक्रियाओं से उत्पन्न पदार्थ
आमाशय	पेप्सिन (Pepsin)	प्रोटीन	पेप्टोन (Peptons)
पक्वाशय	ट्रिप्सिन (Tripsin)	प्रोटीन और पेप्टोन	पॉलिपेप्टाइड और अम्ल
छोटी आंत	इरेप्सिन (Erepsin)	प्रोटीन	अमीनो (Amino acid)
पक्वाशय	लाइपेज (Lypase)	वसा	ग्लिसरॉल और अम्ल
छोटी आंत	सुक्रोस, माल्टेस लैक्टेस	कार्बोहाइड्रेट	मॉशैक्राइड, ग्लूकोज लेबूलोस गैलेक्टोस

- सामान्यतः पुरुषों की तुलना में महिलाओं में 1/2 लीटर रक्त की कमी होती है।

- मनुष्य की रक्त कोशिकाएँ हमेशा परिपक्व व नष्ट होती रहती हैं तथा नई कोशिकाओं का जन्म होता रहता है।
- लाल रक्त कोशिकाएँ सामान्यत: चार महीने तक जीवित रहती हैं।
- रक्त कोशिकाओं का निर्माण **लाल अस्थिमज्जा** (Red Bone Marrow) **लसिका ग्रंथियों** (Lymphatic Glands) और **प्लीहा** (Spleen) में होता है।

रक्त के कार्य (Functions of Blood)

- यह शरीर के विभिन्न अंगों को आवश्यक पोषक तत्व, रासायनिक पदार्थ तथा ऑक्सीजन पहुँचाता है तथा उनसे कार्बन डाइऑक्साइड और अन्य अपशिष्ट उत्पाद ले जाता है।
- रक्त फुफ्फुस (Lungs) में पहुँचकर लाल-रक्त-कणों के हीमोग्लोबिन की सहायता से श्वास से ऑक्सीजन प्राप्त करके उसका संवहन करता है और उसे ऊतकों में वितरित करता है।
- पचा हुआ भोजन रुधिर के प्लाज्मा में मिल जाता है और शरीर के भिन्न-भिन्न भागों में पहुँचा दिया जाता है।
- रक्त, ऊतकों में उत्पन्न विभिन्न प्रकार के विकारों को **उत्सर्जन-अंगों** (Excretory Organs) तक ले जाकर उनका निष्कासन करवाता है।
- यह हार्मोन्स, एण्टीटॉक्सिन्स तथा एण्टीबॉडीज को शरीर के एक भाग से दूसरे भाग तक ले जाता है।
- रक्त-जल-संवहन के द्वारा शरीर के ऊतकों को सूखने से बचाता है और उन्हें नम एवं मुलायम रखता है।
- रक्त अपने रुधिर स्कंदन के गुण (Clotting) के द्वारा **रक्त-स्राव (Haemorrhage)** को रोक कर जीवन की रक्षा करता है।
- रक्त अपने **आयतन (Volume)** तथा **श्यानता (Viscosity)** में परिवर्तन लाकर **रक्तदाब (Blood Pressure)** पर नियंत्रण रखता है।

रक्त का संघटन

- रक्त एक तरल संयोजी ऊतक है, जिनके मुख्य अवयव प्लाज्मा, लाल रक्त कण, श्वेत रक्त कण एवं प्लेटलेट्स है। रक्त का बाह्य कोशिकीय पदार्थ द्रव के रूप में होता है और इसमें तन्तु नहीं होता है।
- रक्त के 45 प्रतिशत भाग में कण रहते हैं और शेष भाग में **रक्त-प्लाज्मा** रहता है।
- **लाल रक्तकण (R.B.C.)**–विभिन्न अंगों में इसकी माप तथा आकृति अलग-अलग होती है, सामान्यत: इसकी संख्या एक घन मिलीमीटर में 50 लाख होती है।
- इसका आकार गोल, लम्बा तथा बीच में चपटा होता है।
- यह फुफ्फुस से ऑक्सीजन ग्रहण कर शरीर के विभिन्न अवयवों को देता है तथा **उपापचय (Metabolism)** के कारण ऊतकों में उत्पन्न कार्बन डाई ऑक्साइड का कुछ भाग फुफ्फुस में ले जाता है, जो श्वसन क्रिया के दौरान बाहर निकल जाता है।
- लाल रक्तकणों अर्थात् R.B.C. का जीवनकाल औसतन **120 दिन** होता है, वयस्क पुरुष में इसकी मात्रा औसतन **5 मिलियन** एवं महिलाओं में **4.5 मिलियन** होती है।
- लाल रुधिर कणिकाओं की मात्रा हीमोसाइटोमीटर से ज्ञात की जाती है।
- स्तनधारियों में स्थित लाल रुधिर कोशिकाओं में केन्द्रक नहीं होता। मात्र ऊंट एवं लामा इसके अपवाद हैं।
- **श्वेत रक्तकण (W.B.C.)**–हीमोग्लोबिन नहीं होने के कारण श्वेत रक्तकण रंगहीन होते हैं। इनकी संख्या एक घन मिलीमीटर में **8 हजार** होती है।
- ये आवश्यकतानुसार अपने आकार में परिवर्तन कर लेते हैं।
- श्वेत रक्तकण का जीवनकाल औसतन **1–4 दिन** होता है। श्वेत रक्तकण दो प्रकार के होते हैं-**कणीय** और **अकणीय।**
- यह शरीर में एक पहरेदार की भांति कार्य करता है तथा शरीर में किसी भी प्रकार के रोगाणु को प्रवेश करने से रोकता है। संक्रमण स्थल पर पहुँचकर रोगाणु को नष्ट कर देता है।
- किसी रोग का आक्रमण होने पर इनकी संख्या में वृद्धि हो जाती है। R.B.C. के कमजोर होने पर शरीर रोगग्रस्त हो जाता है।
- **रक्त पट्टिकाएं**–यह **प्लेटलेट्स (Platelets)** के नाम से जानी जाती हैं।
- रक्त पट्टिकाएँ केवल मनुष्य तथा अन्य स्तनधारियों के रक्त में ही पाई जाती है।
- इनकी रचना उभयोतल अथवा गोलाकार डिस्क की तरह है, इसमें केन्द्रक नहीं होता है।
- इनका निर्माण अस्थिमज्जा की केन्द्रक कोशिका के **कोशिका द्रव्य** में होता है एवं इसकी मृत्यु **प्लीहा** में होती है।
- इनका सामान्य जीवन-काल लगभग एक सप्ताह का होता है।
- इसका मुख्य कार्य रक्त के स्कंदन (जमने) में थक्का बनाने में मदद करना होता है।
- प्लेटलेट्स की संख्या एक माइक्रोलीटर रक्त में 0.15 से 0.45 मिलियन तक होती है।
- **रक्त प्लाज्मा**–प्लाज्मा रंगहीन द्रव है, जो हल्के पीले रंग का होता है। प्लाज्मा का हल्का पीला रंग मुख्यत: बिलिरूबिन के कारण होता है।
- यह रुधिर का लगभग 50–55% भाग बनाता है।
- इसकी रचना शरीर के विभिन्न भागों में तथा भिन्न-भिन्न समय पर अलग-अलग होती है।
- सामान्य रूप से इसमें **90% मात्रा पानी**, **6–9% प्रोटीन**, शर्करा, वसा तथा **1% अकार्बनिक** लवणों की होती है। रक्त जब क्षतिग्रस्त ऊतक के सम्पर्क में आता है, तो रक्त-प्लाज्मा में स्थित फाइब्रिनोजन ही जम कर रक्त का थक्का (Clot) बनाने में मदद करता है।

हीमोग्लोबिन

- लाल रक्तकण के कोशिका-द्रव्य में एक प्रोटीन वर्णक और लोहा रहता है, जिसे हीमोग्लोबिन कहा जाता है। इसी के कारण रक्त का रंग लाल होता है। रक्त संचालन क्रिया के दौरान यह फुफ्फुस से ऑक्सीजन लेता है और ऑक्सी-हीमोग्लोबिन में बदल जाता है एवं ऊतकों में पहुँचने पर ऑक्सीजन से अलग हो जाता है।
- **100 मिली.** रक्त में **15 ग्राम** हीमोग्लोबिन होता है।
- हीमोग्लोबिन में हीम नामक Fe^{2+} कॉम्पलेक्स एवं ग्लोबीन नामक प्रोटीन मिला होता है।
- मनुष्य में विटामिन B_{12} तथा फोलिक अम्ल में से किसी की कमी के कारण **रक्तहीनता (Anaemia)** रोग हो जाता है।
- कमजोर एवं पुरानी RBCs की मृत्यु यकृत, प्लीहा एवं अस्थिमज्जा में हो जाती है, जिसके कारण इन्हें **RBCs** की **कब्रगाह** कहा जाता है।
- **रक्त का जमना**–रक्त में फाइब्रिनोजिन (प्रोटीन), थ्रॉम्बोन (विटामिन 'के') थ्रॉम्ब्रोकाइनस, कैल्शियम और कुछ अन्य पदार्थ रहते हैं, जिनके कारण रक्त जमता है।
- रुधिर वाहिनियों के फटने पर रुधिर को बहने से रोकने के लिए रुधिर जम जाता है। इस क्रिया में थोम्बोसाइट्स सहायता पहुँचाते हैं।
- रक्त-कण और फाइब्रिन के मिलने से रक्त का **थक्का** बन जाता है।
- **सीरम (Serum)** नामक पीले रंग का तरल बह कर पृथक् हो जाता है, जिसके सूखने के साथ-साथ थक्का कड़ा होता जाता है।

- रक्त-प्लाविका (Plasma) में फाइब्रिनोजन नामक प्रोटीन रहता है।
- फाइब्रिन की रचना धागों के जाल के समान होती है।

रुधिर वर्ग

- सन् **1909** में **कार्ल लैंडस्टीनर** ने रुधिर वर्ग का पता लगाया, जिसके लिए इन्हें 1930 का नोबेल पुरस्कार प्रदान किया गया था।
- सभी मनुष्यों का रुधिर समान नहीं होता है तथा रुधिर आधान तभी सफल होता है; जबकि **दाता (रुधिर देने वाले-Donor)** का **रुधिरग्राही रुधिर ग्रहण करने वाले (Recipient)** के रुधिर के समान होता है।

पारस्परिक रुधिर आधान में सम्भावित प्रभाव

रुधिर वर्ग	रुधिर दिया जा सकता है	रुधिर ग्रहण किया जा सकता है	टिप्पणी
O	O, A, B, AB	O	सार्वत्रिक दाता
A	A तथा AB	O. A	
B	B तथा AB	O, B	
AB	AB	O, A, B, AB	सार्वत्रिक ग्राहक

- लाल रक्त कण में पाई जाने वाली **ग्लाइकोप्रोटीन (एन्टीजन)** के कारण ही मनुष्यों के रक्तों में भिन्नता पाई जाती है।
- रुधिराणुओं में उपस्थित प्रोटीन्स को प्रतिजन या एंटीजन तथा प्लाज्मा में उपस्थित प्रोटीन्स को प्रतिरक्षी या **एण्टीबॉडी** कहते हैं।
- एंटीजन दो प्रकार के होते हैं। इनको एंटीजन A तथा एंटीजन B द्वारा प्रदर्शित किया जाता है। कुछ मनुष्यों के रुधिर में A तथा B में से केवल एक ही एंटीजन होता है, तो कुछ में दोनों में से एक भी नहीं।
- मनुष्यों में चार प्रकार के रुधिर वर्ग होते हैं।
- **A रुधिर वर्ग**–ये वर्ग ऐसे मनुष्यों में पाया जाता है, जिनमें **एंटीजन** A होता है।
- A रुधिर वर्ग के मनुष्यों की रुधिर कणिकाओं में एंटीजन B नहीं पाया जाता है।
- ब्लड ग्रुप 'A' की खोज **'कार्ल लैंडस्टीनर'** ने की थी।
- **B रुधिर वर्ग**–B रुधिर वर्ग ऐसे मनुष्यों में पाया जाता है, जिनमें एंटीजन B होता है।
- B रुधिर वर्ग के मनुष्यों की रुधिर कणिकाओं में एंटीजन A नहीं होता है।
- इस वर्ग की खोज 'कार्ल लैंडस्टीनर' ने की थी।
- A तथा B रुधिर वर्ग मनुष्यों में केवल एक ही प्रकार का एंटीजन होता है। अत: इनमें केवल इन्हीं के वर्ग वाले व्यक्तियों का रुधिर दिया जा सकता है। इसके अतिरिक्त इनमें O वर्ग का रुधिर भी दिया जा सकता है, किन्तु यह केवल अपने ही वर्ग का रुधिर ग्रहण कर सकता है।
- **AB रुधिर वर्ग**–वे मनुष्य जिनमें A तथा B दोनों एंटीजन होते हैं, परन्तु उनके सीरम में कोई भी एंटीबॉडी नहीं होती है।
- AB रुधिर वर्ग के व्यक्तियों में A तथा B दोनों एंटीजनों के होने के कारण एन्टीबॉडी नहीं होता, अत: यह चारों वर्गों के रुधिर को ग्रहण कर सकता है।
- AB रुधिर वर्ग के मनुष्यों को **सार्वभौमिक प्राप्तकर्ता** (Universal Recipient) कहते हैं।
- **O रुधिर वर्ग**–वे मनुष्य जिनमें कोई भी एंटीजन नहीं होता है, लेकिन दोनों ही प्रकार की एंटीबॉडी A तथा B होते हैं।
- O रुधिर वर्ग के रुधिर में एंटीजन्स नहीं होते, अत: इसे किसी भी रुधिर वर्ग के व्यक्ति को दिया जा सकता है।
- O रुधिर वर्ग के मनुष्यों को **सार्वत्रिक रुधिरदाता (Universal Donor)** कहते हैं।

रुधिर आधान

रक्त समूह	रक्त प्राप्तकर्ता वर्ग (Recipient)	रक्तदाता वर्ग (Donar)
A	A, AB	A, O
B	B, AB	B, O
AB	AB	A, B, AB, O
O	A, B, AB, O	O

- **आर.एच. फैक्टर (Rhesus Factor)**–सन् 1894 में लैंडस्टीनर ने वीमर बन्दर (Rhesus Monkey) के रुधिर में एक विशेष प्रकार के एंटीजन की खोज की और उसे Rh एंटीजन या Rh फैक्टर कहा।
- वैसे मनुष्य जिनका रुधिर Rh सीरम के फलस्वरूप गुच्छित हो जाता है, Rh^+ धनात्मक तथा अन्य मनुष्य जिनका रुधिर गुच्छित नहीं होता, **Rh^- ऋणात्मक** कहलाते हैं।
- सामान्यत: Rh मनुष्यों के रुधिर में Rh^+ के प्रति प्राकृतिक एंटीबॉडीज का अभाव होता है, किन्तु अगर Rh^- व्यक्ति में किसी कारणवश Rh^+ रुधिर पहुँचा दिया जाए, तो रुधिर का थक्का नहीं बनता, किन्तु उसके प्लाज्मा में **एंटीबॉडीज (Antibodies)** बन जाती हैं। अगर दूसरी बार फिर से Rh^+ रुधिर दिया जाए, तो थक्का बनने के कारण प्राप्तकर्ता (Receptor) की मृत्यु हो जाती है।
- अगर **Rh^+** पुरुष की **Rh^-** स्त्री से शादी हो जाए, तो उनकी प्रथम संतान चाहे वह लड़का हो अथवा लड़की सामान्य होती है, किन्तु एक के पश्चात अन्य सभी संतानों की भ्रूणीय अवस्था में माता के गर्भाशय के अंदर रक्त का थक्का बनने के कारण मृत्यु हो जाती है।

रक्त वर्ग

रक्त वर्ग	प्लाज्मा में मौजूद समूहिका (Agglutinis)	लाल रक्त कण में मौजूद समूहज (Agglutinogens)
(i) प्रथम वर्ग (O)	$a-b$	अनुपस्थित
(ii) दूसरा वर्ग (A)	b	A
(iii) तीसरा वर्ग (B)	a	B
(iv) चौथा वर्ग (AB)	अनुपस्थिति	AB

- Rh^+ प्रभावी जीन द्वारा नियंत्रित रहता है। अत: Rh^+ पिता एवं Rh^- माता की संतानें Rh^+ भ्रूण होंगी।
- एरिथ्रोब्लास्टोसिस फीटेलिस से बचने के लिए Rh^- माता को प्रथम (Rh^+) बच्चे के जन्म के बाद anti-Rh **एन्टीबॉडी** (Antibody) के घोल की सुई (Injections) दिए जाते हैं।

हृदय की संरचना (Structure of Heart)

- हृदय, वक्ष के बाईं ओर स्थित त्रिकोणीय पेशीय रचना से युक्त एक दोहरी भित्ति वाली झिल्लीनुमा थैली में बंद होता है, जिसे **पेरिकार्डियम** कहा जाता है। इसका भार लगभग **300 ग्राम** होता है।
- मनुष्य का हृदय चार कोष्ठों में बंटा होता है। ऊपर वाले दो कोष्ठ अलिन्द तथा नीचे वाले दो कोष्ठ निलय कहलाते हैं।
- दायां अलिन्द महाशिरा से रुधिर प्राप्त करता है तथा बायां आलिन्द फुफ्फुसीय शिरा से ऑक्सीजन युक्त रुधिर प्राप्त करता है।
- अलिन्द से निलय में रुधिर छिद्र द्वारा पहुँचता है, जिस पर वाल्व होते हैं। वाल्व रुधिर को विपरीत दिशा में प्रवाहित होने से रोकते हैं।

- दायें अलिन्द से रुधिर फुफ्फुसीय धमनी द्वारा फेफड़ों तक जाता है; जबकि बायें निलय से महाधमनी द्वारा शरीर के विभिन्न अंगों तक रुधिर को लाया जाता है।
- हृदय शिराओं द्वारा रक्त को ग्रहण करता है और धमनियों द्वारा रुधिर को शरीर के विभिन्न भागों में भेजता है।
- हृदय की मांसपेशियों को रक्त पहुँचाने वाली वाहिनी को 'कोरोनरी धमनी' कहते हैं। इसमें किसी प्रकार की रुकावट होने पर हृदयाघात होता है।
- हृदय के संकुचन एवं शिथिलन को सम्मिलित रूप से हृदय की धड़कन कहते हैं।
- एक स्वस्थ मनुष्य में हृदय की धड़कन सामान्य अवस्था में एक मिनट में **72 बार** एवं कड़ी मेहनत करने पर **180 बार** (भ्रूण अवस्था 150 बार) धड़कता है।
- हृदय एक धड़कन में **70 मिली.** रुधिर पम्प करता है।
- हृदय की धड़कन एक स्वचालित क्रिया है, जो शिरा-अलिन्द नोड से प्रारम्भ होती है।
- हृदय एक पंप की भांति कार्य करता है। यह विशेष प्रकार के पेशी ऊतक का बना होता है, जिसे हृदय पेशीय ऊतक कहते हैं।
- **महाधमनी (Aorta)**–यह शरीर की सबसे बड़ी धमनी है, जिसका एक सिरा बायां क्षेपक कोष्ठ तथा दूसरा सिरा धमनियों और कोशिकाओं के रूप में सम्पूर्ण शरीर में फैला है। यह पूरे शरीर में ऑक्सीकृत रक्त पहुँचाने का कार्य करती है।
- धमनी से स्रावित रक्त ऑक्सीकृत होने के कारण, लाल रंग का होता है।
- शिरा से स्रावित रक्त विकार युक्त होने के कारण, बैंगनी रंग का होता है।
- **रक्तचाप**–रक्त परिसंचरण क्रिया के लिए आवश्यक दाब का होना अनिवार्य है जिसके फलस्वरूप रक्त बहता है और स्थिर नहीं हो पाता है।
- निलय प्रकुंचन के समय जब बायां निलय रक्त को एओर्टा में बलपूर्वक प्रवाहित करता है, तो रक्तदाब सर्वाधिक होता है तथा **सिस्टोलिक दाब** (Systolic Pressure) कहलाता है।
- अनुशिथिलन अथवा डायस्टोल (Diastole) के समय रक्तदाब घट जाता है तथा इस समय में पाए जाने वाले निम्नतम दाब को डायस्टोलिक दाब (Diastolic Pressure) कहते हैं।
- एक वयस्क व्यक्ति में प्रकुंचन-दाब, सामान्यत: **110** से **130** मिलीमीटर पारे के बीच तथा अनुशिथिलन दाब **70** से **80** मिलीमीटर पारे के बीच रहता है।
- रक्तचाप दो प्रकार के होते हैं–उच्च रक्तचाप तथा निम्न रक्तचाप।
- **उच्च रक्तचाप (Hypertension)**–इसमें हृदय की संकुचन संख्या तथा तीव्रता बढ़ जाती है, धमनियों की लोचकता तथा छिद्र की मोटाई कम हो जाती है। फलस्वरूप धमनियों की दीवारों पर रक्त का दबाव बढ़ जाता है। इसमें सिस्टोलिक रक्तदाब **150** या उससे अधिक तथा डायस्टोलिक **95** या उससे अधिक हो जाता है।
- **निम्न रक्तचाप (Hypotension)**–इसमें हृदय की संकुचन संख्या तथा तीव्रता दोनों में कमी आ जाती है। धमनियाँ फैल जाती हैं तथा रक्त की कमी हो जाती है।

श्वसन तंत्र (Respiratory System)

- श्वसन वह जैविक रासायनिक प्रक्रिया है, जिसमें प्राणी वायुमण्डल से ऑक्सीजन ग्रहण करते हैं और कार्बन डाइऑक्साइड मुक्त करते हैं। इन गैसों का आदान-प्रदान फेफड़ों (फुफ्फुस) द्वारा होता है।

जन्तु	श्वसन अंग
मछलियाँ	गिल
स्तनधारी (मैमल्स)	फेफड़ा
पक्षी और रेप्टाइल्स	फेफड़ा
कीट	श्वास नली
क्रिस्टेशियन जंतु	गिल
मोलस्का जंतु	गिल तथा फुफ्फुसीय कोष
एम्फीबियंस (उभयचर)	मुखगुहा, फेफड़े एवं त्वचा
एक कोशिकीय जीवाणु और प्रोटिस्टा	प्लाज्मा झिल्ली द्वारा विसरण

- फेफड़ों में लाल रक्तकण ऑक्सीजन के साथ मिलकर ऑक्सी-हीमोग्लोबिन बनाते हैं तथा रक्त में उपस्थित कार्बन डाइऑक्साइड मुक्त होकर फेफड़ों से बाहर निकल जाती हैं।

मानव श्वसन तंत्र (Human Respiratory System)

- जिस क्रिया के द्वारा वातावरणीय वायु को अंदर लिया जाता है, उसे प्रश्वसन कहते हैं और जिस क्रिया में वर्ज्य गैसों को बाहर छोड़ा जाता है, उसे **'उच्छ्वसन'** या **'नि:श्वसन' (Expiration)** कहते हैं। इस प्रकार प्रश्वसन तथा नि:श्वसन की सम्मिलित क्रिया को ही **'श्वसन-क्रिया'** कहते हैं।
- इस सम्पूर्ण क्रिया को कई अंग तथा उपांग मिलकर संपादित करते हैं। वायु जिन प्रमुख अंगों से होकर गमन करती हैं, वे क्रमानुसार इस प्रकार हैं-नासा-गुहाएँ (The Nasal Cavities), ग्रसनी (The Pharynx), स्वरयंत्र (The Larynx), श्वासनली (The Trachea), श्वसनी (The Bronchi), श्वसनिक (The Bronchioles) तथा वायु-कोष्ठिका-कोष (Alveoli)। फुफ्फुस वक्ष गुहा में स्थित होते हैं।
- मनुष्य में मुख के ऊपर एक जोड़ी छिद्र पाए जाते हैं, जिन्हें नासाछिद्र कहते हैं।
- दोनों नासाछिद्रों के बीच में एक पट पाया जाता है, जो पीछे की ओर गुहा में खुलते हैं, जिसे **नासागुहा** कहते हैं।
- नासागुहा तथा नासाछिद्रों की दीवारों पर श्लेष्म ग्रंथियाँ पाई जाती हैं जिनसे प्रतिदिन लगभग **1/2 ली.** श्लेष्मा स्रावित होता है।
- श्वसन मार्ग का वह भाग जो ग्रसनी को श्वासनली से जोड़ता है, कंठ या स्वरयंत्र कहलाता है।
- श्वासनली लगभग **12 सेमी.** लंबी नलिका होती है।

फुफ्फुस के कार्य

- **ऑक्सीजन की पूर्ति**–शरीर के भीतर चलने वाली प्रोटीन, वसा, कार्बोहाइड्रेट इत्यादि के उपापचय के दौरान ऊतक ऑक्सीजन का उपयोग करते हैं। फुफ्फुस, श्वसन क्रिया के दौरान वायुमण्डल से ऑक्सीजन ग्रहण कर रक्त के माध्यम से शरीर के अवयवों तक पहुँचाता हैं।
- **उत्सर्जन कार्य**–शरीर के ऊतकों में प्रोटीन, वसा, कार्बोहाइड्रेट का उपापचय होता है, जिसके कारण शरीर को ऊष्मा और ऊर्जा प्राप्त होती है, साथ ही कुछ अनावश्यक पदार्थ CO_2 और जलवाष्प इत्यादि भी पैदा होते हैं। फुफ्फुस, इन्हें श्वसन क्रिया के दौरान शरीर से बाहर निकालने का कार्य करता है।
- मनुष्य के दायें फेफड़े में तीन लोब होते हैं; जबकि बायें में **2** होते हैं।
- **श्वसन की गति**–यह हृदय गति का एक-चौथाई होता है। नवजात शिशु में प्रति मिनट **40**, 1 वर्ष की अवस्था में **30**, 2 से 5 वर्ष तक **24** और प्रौढ़ मनुष्य में प्रति मिनट **18** होता है।
- एसफिक्सिया गैसों के आदान-प्रदान के अभाव में फेफड़ों का अवरुद्ध होना मृत्यु का कारण हो सकता है।

उत्सर्जन तंत्र (Excretory System)

उत्सर्जी अंग एवं उनके कार्य

उत्सर्जी अंग	कार्य
वृक्क	नाइट्रोजनी अपशिष्ट पदार्थ, जल की अतिरिक्त मात्रा एवं विषैले पदार्थों को बाहर निकालना।
यकृत	अमोनिया को यूरिया में बदलना।
त्वचा	जल, खनिज लवण, पसीना एवं कुछ मात्रा में नाइट्रोजनी अपशिष्ट पदार्थों को शरीर से बाहर निकालना।
फेफड़े	कार्बन डाइऑक्साइड एवं जल को जल वाष्प के रूप में बाहर निकालना।
आंत	अनपचे भोजन एवं अन्य उत्सर्जी पदार्थों को मल के रूप में बाहर निकालना।

- जीवधारियों में अनवरत होने वाली उपापचय क्रियाओं के फलस्वरूप CO_2 जल व अमोनिया जैसे अवांछनीय अवशिष्ट पदार्थों का निर्माण होता है। शरीर से ऐसे पदार्थों को बाहर त्यागे जाने की क्रिया को ही उत्सर्जन कहते हैं।
- उत्सर्जन से सम्बन्धित अंगों को **उत्सर्जन अंग** (Excretory Organism) कहते हैं।
- साधारण उत्सर्जन का तात्पर्य नाइट्रोजनी उत्सर्जी पदार्थ, जैसे- अमोनिया, यूरिया, यूरिक अम्ल आदि के निष्कासन से होता है।

उत्सर्जी अंग

- मनुष्य के प्रमुख उत्सर्जी अंग हैं-वृक्क, फेफड़ा, त्वचा, यकृत, आंत इत्यादि।
- **वृक्क (Kidney)**–मनुष्य का उत्सर्जन तंत्र उदरगुहा में स्थित होता है। इसमें सेम के बीज की आकृति के दो वृक्क होते हैं। इसका भार लगभग **140 ग्राम** होता है।
- प्रत्येक वृक्क से एक वाहिनी निकलती है, जिसे मूत्र वाहिनी कहते हैं, जो मूत्राशय में खुलती है।
- मूत्राशय में एकत्रित मूत्र, मूत्रमार्ग द्वारा शरीर से बाहर निष्कासित हो जाता है।
- प्रत्येक वृक्क उत्सर्जन हेतु लाखों इकाइयों का बना होता है, इन्हें **वृक्क नलिकाएँ** (Nephron) कहते हैं।
- प्रत्येक वृक्क नलिका का ऊपरी सिरा एक प्याले के आकार की रचना बनाता है, जिसे बोमन संपुट कहते हैं।
- बोमन संपुट वृक्क नलिका का प्रवेश द्वार है। इसमें कोशिकाओं का सघन गुच्छा होता है, जिसे **केशिकागुच्छ (Glomerulus)** कहते हैं।
- वृक्क नलिकाएँ अपशिष्ट पदार्थों को वृक्क के भीतरी भाग में प्रवाहित कर देती है, जहाँ से वह मूत्रनलिका द्वारा मूत्राशय तक चला जाता है।
- मनुष्य के मूत्र में मुख्यत: **95 प्रतिशत** जल, **2 प्रतिशत** यूरिया, **0.5 प्रतिशत** यूरिक अम्ल एवं **2.95 प्रतिशत** में प्रोटीन, वसा, अमोनिया, सीसा, आर्सेनिक इत्यादि मिले होते हैं।
- एक स्वस्थ्य मनुष्य **24 घण्टे** में लगभग **1.5 लीटर** मूत्र का त्याग करता है।
- मूत्र का विशिष्ट गुरुत्व जल की अपेक्षा अधिक होता है, यह अम्लीय होता है, जिसका **pH** मान **4.5** से **8.6** होता है।
- **फेफड़ा (Lungs)**–फेफड़ा श्वसन के साथ उत्सर्जन का भी प्रमुख अंग है।
- कार्बन डाइऑक्साइड एवं जलवाष्प का उत्सर्जन फेफड़ों के द्वारा ही हो पाता है साथ ही यह लहसुन, प्याज एवं वैसे मसाले जिसमें वाष्पशील घटक होते हैं, का उत्सर्जन करता है।
- **त्वचा (Skin)**–त्वचा के माध्यम से ही शरीर में पाई जाने वाली तैलीय ग्रंथियाँ एवं स्वेद ग्रंथियाँ सीबम एवं पसीने का स्राव शरीर से बाहर निकल पाता है।
- **यकृत (Liver)**–यकृत कोशिकाएँ हीमोग्लोबिन का विखंडन कर उन्हें रक्त प्रवाह से अलग करती हैं एवं आवश्यकता से अधिक अमीनो अम्लों तथा रुधिर की अमोनिया को यूरिया में परिवर्तित करके उत्सर्जन में मुख्य भूमिका निभाता है।
- **आंत (Intestine)**–आंत अनपचे भोज्य पदार्थ को शरीर से बाहर निकालकर उत्सर्जन में मदद करती है।

मानव जनन तंत्र (Human Reproductive System)

- मानव जनन तंत्र अत्यधिक विकसित होता है। पुरुष तथा स्त्री में जनन से सम्बद्ध संरचनाएँ अलग-अलग होती हैं, जो एक विशिष्टीकृत नर तथा मादा जनन तंत्र बनाती हैं। मनुष्यों के जीवन में जनन तंत्र निश्चित आयु पर क्रियाशील होता है, जिसे यौवनारम्भ कहते हैं। सामान्यत: लड़कों में यौवनारम्भ 15 से 18 वर्ष की उम्र में; जबकि लड़कियों में यह 12 से 13 वर्ष की उम्र में होता है।
- यौवनारम्भ के आरम्भ होने पर नर **शुक्राणु** तथा स्त्री **अण्डाणु** उत्पन्न करते हैं।
- नर का वृषण तथा स्त्री का अण्डाशय हार्मोनों का स्राव करते हैं।
- नर हार्मोन को टेस्टोस्टोरोन तथा नारी हार्मोन को **एस्ट्रोजन** कहा जाता है।

नर जनन तंत्र (Male Reproductive System)

- **वृषण (Testes)**–पुरुषों में शुक्राणु कोशिकाओं का निर्माण अण्डकोष में स्थित दो वृषणों में होता है।
- यह अंत: स्रावी (Endocrine) ग्रंथि है, जो अण्डाकार होती है एवं पोरिटोनियम नामक झिल्ली से घिरी रहती है।
- इसका कार्य शुक्राणु तथा नर हार्मोन उत्पन्न करना होता है।
- शुक्राणुओं के उत्पन्न होने के लिए वृषणकोष का तापमान शरीर की तुलना में **1°–3°C** कम होता है, इसी कारण ये शरीर से बाहर अण्डकोश में पाए जाते हैं।
- **शुक्राणु (Sperm)**–इसकी लंबाई **5 माइक्रोन** होती है। यह तीन भागों में वर्गीकृत होता है-सिर, ग्रीवा, पुच्छ।
- शुक्राणु शरीर में **30 दिन** तक जीवित रहते हैं; जबकि मैथुन के बाद स्त्रियों में ये अधिकतर **72 घण्टे** तक जीवित रहते हैं।
- **शिश्न (Penis)**–यह नर का बाह्य जनन अंग है, जो स्पंजी ऊतकों का बना होता है।
- शिश्न का ऊपरी फूला हुआ भाग **शिश्न मुण्ड** (Hlans Penis) कहलाता है।
- शिश्न के माध्यम से शुक्राणु स्त्री के प्रजनन तंत्र में पहुँचते हैं।
- **वीर्य (Semen)**–शुक्राणुओं, शुक्राशय द्रव एवं प्रोस्टेट एवं काडपर्स ग्रंथियों के स्राव को सम्मिलित रूप से वीर्य कहते हैं।
- इसमें कैल्शियम साइट्रेट, प्रोटीन तथा कार्बोहाइड्रेट के अलावा अन्य पदार्थ भी पाए जाते हैं।
- मनुष्य के एक स्खलन में लगभग **2.5** से **3.5 मिली.** वीर्य निकलता है जिसमें लगभग **20** से **40 करोड़** तक शुक्राणु होते हैं।

स्त्री जनन तंत्र (Female Reproductive System)

- स्त्री जनन तंत्र नर की अपेक्षा काफी जटिल होता है। इस तंत्र में वृहत भगोष्ठ, लघु भगोष्ठ, भगिनिशिनका, योनि, अण्डाशय, डिम्बवाहिनी नली, गर्भाशय इत्यादि भाग आते हैं।
- **अण्डाशय (Ovaries)**–नारी में वृक्क के समीप उदरगुहा में एक जोड़ी अण्डाशय होता है।

- स्त्री युग्मक (अण्डाणु) का उत्पादन तथा स्त्री हार्मोन (एस्ट्रोजन तथा प्रोजेस्ट्रॉन) का स्राव करना इसका प्रमुख कार्य होता है।
- अण्डाशय या डिम्बाशय में **40 हजार** से **2 लाख** अपरिपक्व पुटक होते हैं, किंतु पूरे जीवनकाल में **500** से कम ही पुटक परिपक्व होते हैं। पुटक को परिपक्व होने में **28 दिन** लगते हैं।
- **अण्डाणु (Ovum)**–अण्डाणु स्थिर, गोलाकार एवं निष्क्रिय होता है।
- **अण्डवाहिनियाँ (Fallopian Tube)**–अण्डाशय के पीछे एक कीप जैसी संरचना होती है, जिसे अण्डवाहिनी कहते हैं। निषेचन की क्रिया अण्डवाहिनी में ही होती है।
- **गर्भाशय (Uterus)**–यह पेशियों का बना नाशपाती के आकार का एक अंग है जिसमें भ्रूण का भरण-पोषण होता है। यह मूत्राशय के पीछे और मलाशय के आगे स्थित होता है, जो योनि में खुलता है।
- **निषेचन (Fertilization)**–अण्डोत्सर्ग काल में डिम्ब और शुक्राणु के मिलने पर निषेचन होता है, जिससे **युग्मनज** बनता है। निषेचन की पहचान **ऋतुस्राव** की अनुपस्थिति में होती है।
- **भग्निश्निका (Clitories)**–यह योनि प्रधान में मूत्रमार्ग के बाहरी छिद्र के ऊपर स्थित मटर के दाने के आकार का होता है। इसमें संवेदी तंत्रिका के अनेक सिरे रहते हैं, जिनमें उद्दीपन के फलस्वरूप यौन उत्तेजनाएँ होती है।
- **योनि (Vagina)**–योनि एक नालाकार संरचना होती है। स्त्री में मूत्रमार्ग और योनि छिद्र अलग-अलग होते हैं। यह **8–10 सेमी.** लंबी नली होती है। इसकी दीवार तीन तहों-श्लेष्मा, पेशी व संयोजी ऊतक की बनी होती है। शुक्राणु योनि के माध्यम से गर्भाशय में तथा पुन: गर्भाशय से गर्भाशय नलिका में पहुँचता है, जहाँ डिम्ब का निषेचन होता है।
- **ऋतुस्राव (Menstruation)**–इसे रजोधर्म, ऋतुस्राव, आर्तव या मासिक धर्म भी कहा जाता है। यह स्त्रियों में **12–14 वर्ष** से आरम्भ होकर **45–50 वर्ष** की आयु तक रहता है। ऋतुस्राव के आरंभ से 14वें दिन अण्डोत्सर्ग होता है। एक ऋतुस्राव लगभग **28 दिन** के अंतराल पर होता है।
- **रजोनिवृत्ति (Meno-pause)**–एक निश्चित उम्र के बाद (45–50 वर्ष) **ऋतुस्राव** बंद हो जाता है। इस स्थिति को **रजोनिवृत्ति** कहते हैं। रजोनिवृत्ति के पश्चात स्त्रियों में गर्भ धारण करने की क्षमता समाप्त हो जाती है।

तंत्रिका तंत्र (Nervous System)

यह तंत्रिकाओं की एक जटिल प्रणाली है, इसके अंतर्गत तंत्रिका कोशाणु, गुच्छिका, मस्तिष्क और मेरुरज्जु आते हैं। तंत्रिका तंत्र, शरीर के अंगों और तंत्रों के बीच सम्पर्क स्थापित करता है तथा उनकी क्रियाओं में तालमेल बनाए रखता है।

तंत्रिका तंत्र के भाग

तंत्रिका तंत्र को तीन भागों में विभाजित किया जा सकता है–

1. केंद्रीय तंत्रिका तंत्र (Central Nervous System)

- यह शरीर के मुख्य अक्ष पर स्थित होता है, जो सम्पूर्ण शरीर तथा स्वयं तंत्रिका तंत्र पर नियंत्रण रखता है।
- स्तनधारियों में बहुत सारी तंत्रीकोशिकाएँ मिलकर तंत्रिका तंत्र बनाती हैं। इन तंत्रीकोशिकाओं से ही केंद्रीय तंत्रिका तंत्र बनता है, जिसमें मस्तिष्क और **मेरुरज्जु** भी शामिल हैं।
- **मस्तिष्क (Brain)**–यह तंत्रिका तंत्र का सबसे महत्त्वपूर्ण भाग है। यह संवेदी तंत्रिकाओं के माध्यम से श्रवण, दृष्टि, स्वाद, घ्राण, स्पर्श इत्यादि संवेदनाएँ ग्रहण करता है तथा **प्रेरक तंत्रिकाओं** (Motor Nerves) के माध्यम से मांसपेशियों तथा अन्य अंगों को आवश्यक कार्य करने का आदेश देता है।
- मनुष्य का मस्तिष्क अस्थियों के खोल क्रेनियम में बंद रहता है, मस्तिष्क का औसत वजन **1400 ग्राम** होता है।
- **मस्तिष्क के तीन भाग होते हैं**–प्रमस्तिष्क, अनुमस्तिष्क तथा अंतस्था।
  - **प्रमस्तिष्क (Cerebrum)**–यह मस्तिष्क का अगला भाग है, जो आकार में सबसे बड़ा और झुर्रियों व कुण्डलियों से भरा होता है।
  - इसका बाहरी भाग धूसर तथा भीतरी भाग श्वेत पदार्थों का बना होता है, जो थैलेमस और हाइपोथैलेमस के नाम से जाना जाता है।
  - यह संवेदनाओं, बुद्धि-विवेक तथा ऐच्छिक क्रियाओं का नियंत्रण करता है।
  - हाइपोथैलेमस अंत-स्रावी ग्रंथियों से स्रावित होने वाले हार्मोन्स का नियंत्रण करता है। भूख, प्यास, गुस्सा इसी से नियंत्रित होते हैं।
  - **अनुमस्तिष्क (Cerbellum)**–यह प्रमस्तिष्क का पिछला भाग होता है, जो मांसपेशीय तंत्र और शरीर के संतुलन का नियंत्रण करता है। यह आदत बनाने वाली क्रियाओं का भी नियंत्रण करता है।
  - **अंतस्था (Medulla)**–यह मेरुरज्जु के सिरे पर एक छोटी-सी गांठ जैसा होता है। यह अनैच्छिक और स्वचालित क्रियाओं को नियंत्रित करता है। यह हृदय, फुफ्फुस, रक्त प्रणाली, पाचन तंत्र इत्यादि की क्रियाओं से सम्बन्धित है।
  - **मेरुरज्जु (Spinal Cord)**–यह एक लंबी, पतली और बेलनाकार संरचना है, जो मस्तिष्क से लेकर पहली कटि कशेरुक के निचले किनारे तक जाती है।
  - मेरुरज्जु तंत्रिका ऊतक का एक समूह है, जिससे **मेरु तंत्रिकाएँ** निकलकर पूरे शरीर में फैली रहती हैं।
  - ये तंत्रिकाएं, मेरुरज्जु से दो मूलों द्वारा जुड़ी रहती हैं, जिसमें से एक को संवेदी तंत्रिका मूल तथा दूसरी को प्रेरक तंत्रिका मूल कहते हैं। संवेदी **तंत्रिका संवेदन** लाने तथा तंत्रिका मांसपेशियों व अन्य अवयवों को मस्तिष्क का आदेश पहुँचाने का कार्य करती हैं।

2. स्वायत्त तंत्रिका तंत्र (Automatic Nervous System)

- शरीर में सामान्य क्रियाओं के नियंत्रण के अतिरिक्त आन्तरिक अंगों जैसे–हृदय, रक्तवाहिनियों तथा ग्रंथियों की बहुत-सी क्रियाएँ तंत्रिकाओं के अन्य समूह द्वारा नियंत्रित होती हैं, जिसे **स्वायत्त तंत्रिका तंत्र** कहा जाता है।
- स्वायत्त तंत्रिका तंत्र को दो भागों में विभाजित किया जाता है-अनुकम्पी तथा सहानुकम्पी या परानुकम्पी। ये दोनों तंत्रिकाएँ शरीर के विभिन्न अंगों में पाई जाती हैं तथा दोनों एक-दूसरे के विपरीत कार्य करती हैं, परन्तु दोनों में ताल-मेल बना रहता है।
- **अनुकम्पी तंत्रिका तंत्र**–यह पुतलियों को विस्फारित करता है तथा लार और अश्रुग्रंथियों के स्राव को कम करता है। इसकी क्रिया से बाल खड़े हो जाते हैं।
- यह हृदय-धमनियों को विस्फारित करता है और **रक्तचाप** तथा **हृदय-स्पंदन** को बढ़ाता है। यह रक्त का थक्का बनाने में मदद करता है।
- यह आमाशयिक ग्रन्थियों के स्राव को कम करता है एवं **श्वसनिका पेशियों** को शिथिल करता है।
- **सहानुकम्पी तंत्रिका तंत्र**–यह पुतलियों को संकुचित करता है तथा लार और अश्रुग्रंथियों के स्राव और हृदय स्पंदन को कम करता है।
- यह मूत्राशय की अन्य पेशियों में संकुचन उत्पन्न करता है।

3. परिधीय तंत्रिका तंत्र (Peripheral Nervous System)

- यह मस्तिष्क एवं मेरुरज्जु से निकलने वाली तंत्रिकाओं का बना होता है, जिन्हें कपालीय तंत्रिकाएँ एवं **मेरुरज्जु तंत्रिकाएँ** कहते हैं। मनुष्य में कपाल एवं मेरुरज्जु तंत्रिकाएँ क्रमश: 12 एवं 31 जोड़ी पाई जाती हैं।

- **प्रतिवर्ती क्रिया (Reflex Action)**–किसी उद्दीपन (Stimulus) के प्रत्युत्तर में, किसी अंग में केंद्रीय तंत्रिका तंत्र की जो प्रतिक्रिया होती है, उसे **प्रतिवर्ती** क्रिया कहा जाता है।
- उद्दीपन के फलस्वरूप प्रभावित अंग में उत्तेजना होती है। संवेदी तंत्रिका (Sensory Nerves), इस उत्तेजना को केंद्रीय तंत्रिका तंत्र को भेजती है और केंद्रीय तंत्र **प्रेरक तंत्रिका** (Motor Nerves) के माध्यम से उत्तेजित अंग को आवश्यक कार्य करने की प्रेरणा देता है।
- **उद्दीपन के प्रति प्रतिक्रियाएं**–आंख पर तेज प्रकाश पड़ने पर पुतलियाँ संकुचित हो जाना, अंगुलियों में सुई चुभ जाने पर हाथ झटके से अलग खिंच जाना आदि।
- प्रतिवर्ती क्रिया का नियंत्रण **मेरुरज्जु (Spinal Cord)** करता है। इसमें आरोही और अवरोही दो प्रकार की तंत्रिकाएँ रहती हैं।
- **आरोही तंत्रिका**–संवेदी तंत्रिका (Sensory Nerves) होती हैं, जो उत्तेजित अवयव की संवेदना को केंद्रीय तंत्रिका तंत्र तक पहुँचाती हैं।
- **अवरोही तंत्रिका**–प्रेरक तंत्रिका (Motor Nerves) होती हैं, जो केंद्रीय तंत्रिका तंत्र की प्रतिक्रिया को उत्तेजित अंग तक पहुँचाती हैं और आवश्यक काम करने की प्रेरणा देती हैं।

अंतः स्त्रावी तंत्र (Endocrine System)

- **अंतः स्त्रावी ग्रंथियाँ (Endocrine Glands)**–हार्मोन स्त्रावित करने वाली ग्रंथियों को **अंतः स्त्रावी ग्रंथियाँ** (Endocrine Glands) कहते हैं। यह नलिका विहीन ग्रंथि है, जो स्त्रावित हार्मोन को रक्त प्लाज्मा के द्वारा शरीर के विभिन्न भागों में पहुँचाती है, जैसे-पीयूष ग्रंथि, अवटु ग्रंथि, पराअवटु ग्रंथि, अधिवृक्क ग्रंथि इत्यादि।

पीयूष ग्रंथि (Pituitary Glands)

- यह मास्टर ग्रंथि के नाम से भी जानी जाती है। इसका भार **0.6 ग्राम (gm)** होता है।
- पीयूष ग्रंथि कपाल की स्फेनाइड हड्डी में एक गड्डे में स्थित होती है, जिसे **सेलाटर्सिका** कहते हैं।

पीयूष ग्रंथि से निकलने वाले हार्मोन एवं उनके कार्य

- **LTH हार्मोन (Lactogenic Hormone)**–यह दुग्धजनक हार्मोन होता है, जिसका कार्य शिशु के लिए स्तनों में दुग्ध स्राव उत्पन्न करना होता है।
- **GTH हार्मोन (Ganadotropic Hormone)**–यह जनन अंगों के कार्यों का नियंत्रण करता है। यह दो प्रकार के होते हैं–FSH हार्मोन एवं LH हार्मोन।
- **FSH हार्मोन (Follice Stimulating Hormone)**–इसका कार्य शुक्राणु जनन में सहायता करना एवं अंडाशय में फॉलिकिल की वृद्धि में मदद करना होता है।
- **LH हार्मोन (Luteiniging Hormone)**–यह नर में टेस्टोस्टीरोन हार्मोन एवं मादा में एस्ट्रोजन हार्मोन स्त्रावित करता है।
- **STH हार्मोन (Somatotropic Hormone)**–यह शरीर की वृद्धि विशेषतया हड्डियों की वृद्धि का नियंत्रण करता है। इस हार्मोन की अधिकता से मनुष्य की लम्बाई सामान्य से बहुत अधिक (भीमकायता) बढ़ जाती है एवं इसकी कमी से मनुष्य में **बौनापन (Dwarfism)** हो जाता है।
- **ADH हार्मोन (Antiduretic Hormone)**–यह शरीर में जल संतुलन को बनाए रखने में सहायक होता है। इस हार्मोन के कारण छोटी-छोटी रक्त धमनियों का संकीर्णन होता है एवं रक्तदाब बढ़ जाता है।
- **TSH हार्मोन (Thyroid Stimulating Hormone)**–यह हार्मोन थाइरॉइड ग्रंथि को हार्मोन स्त्रावित करने के लिए प्रेरित करता है।
- **ACTH हार्मोन (Adrenocorticotrophic Hormone)**–इसका कार्य **एड्रीनल कॉर्टेक्स** के स्त्राव को नियंत्रित करना होता है।

अवटु ग्रंथियाँ (Thyroid Glands)

- इससे निकलने वाला हार्मोन थाइरॉक्सिन (Thyroxine) कहलाता है। जिसमें आयोडीन मात्रा की अधिकता होती है।
- थाइरॉक्सिन मनुष्य की हड्डियों, बाल इत्यादि के लिए महत्त्वपूर्ण होता है, यह शरीर के जल संतुलन को भी नियंत्रित करता है।

परावटु ग्रंथि (Parathyroid Hormone)

- यह गले में Thyroid Gland के पीछे स्थित होता है। इससे **पैराथाइरॉइड** तथा **कैल्सिटोनिक** नामक हार्मोन निकलता है।
- जब रक्त में कैल्शियम की कमी हो जाती है, तब पराअवटु ग्रंथि से पैराथाइरॉडस नामक हार्मोन स्त्रावित होता है।
- रक्त में कैल्शियम की मात्रा अधिक होने पर इसके नियंत्रण के लिए पराअवटु ग्रंथि से कैल्सिटोनिन नामक हार्मोन का स्त्रावण होता है।

अधिवृक्क ग्रंथि (Adrenal Glands)

- इस ग्रंथि के दो भाग होते हैं, इसके बाहरी भाग को कॉर्टेक्स (Cortex) तथा अंतः भाग को मेडूला (Medulla) कहा जाता है।
- अधिवृक्क ग्रंथि से निकलने वाले हार्मोन्स को **लड़ो एवं उड़ो (Fight and Fleet)** हार्मोन कहा जाता है।

थाइरॉक्सिन की कमी से उत्पन्न रोग

रोग	लक्षण
घेंघा	थाइरॉइड के आकार में वृद्धि हो जाना।
मिक्सिडीमा	हृदय स्पंदन तथा रक्तचाप का कम हो जाना।
जड़मानवता	बच्चों में मानसिक एवं शारीरिक विकास का रुक जाना।
हाइपोथाइरॉयडिज्म	सामान्य जनन कार्य का सुचारु रूप से न हो पाना।

- **कॉर्टेक्स ग्रंथि**–इस ग्रंथि से ग्लूकोकॉर्टिक्वाइड्स नामक हार्मोन निकलता है, जो प्रोटीन, वसा एवं कार्बोहाइड्रेट उपापचय को नियंत्रित करता है।
- **मिनरलोकॉर्टिक्वायड्स** का स्त्रावण कार्टेक्स ग्रंथि से ही होता है, इसका कार्य वृक्क नलिकाओं द्वारा लवण के पुनः अवशोषण एवं शरीर में अन्य लवणों की मात्राओं का नियंत्रण करना है।
- बालों के आने का प्रतिमान एवं यौन आचरण को नियंत्रित करने का कार्य लिंग हार्मोन के द्वारा होता है। जिसका स्त्राव **अधिवृक्क ग्रंथि** के कार्टेक्स से होता है।
- कार्टेक्स को शरीर से पूर्णतः निकाल देने पर मनुष्य की मृत्यु एक या दो सप्ताह के बाद ही हो जाएगी।
- मनुष्य में एडीसन रोग कॉर्टेक्स के विकृत हो जाने के कारण ही होता है।
- **मेड्यूला ग्रंथि**–इसके द्वारा स्त्रावित हार्मोन एपिनेफ्रीन एवं नॉरएपिनेफ्रीन है, यह दोनों ही हार्मोन एमीनो अम्ल हैं।
- ये दोनों हार्मोन हृदयपेशियों की उत्तेजनशीलता एवं संकुचनशीलता में वृद्धि करते हैं।

जनन ग्रंथि (Ovary Gland)

- इस ग्रंथि में अंडाशय (Ovary) एवं वृषण (Testes) शामिल हैं।
- अंडाशय स्त्री के उदर गुहा में स्थित होता है, जिससे निकलने वाले हार्मोन हैं-एस्ट्रोजन, प्रोजेस्टेरॉन एवं रिलैक्सिन।
- वृषण पुरुषों के लैंगिक लक्षणों एवं आचरणों को प्रेरित करता है, इससे निकलने वाला हार्मोन **टेस्टोस्टेरॉन** कहलाता है।

अंत:स्त्रावी ग्रंथियाँ, उनके हार्मोन एवं कार्य

अंत:स्त्रावी ग्रन्थियाँ	हार्मोन	कार्य
पीयूष ग्रंथि	वृद्धि हार्मोन	अस्थियों तथा पेशियों के विकास पर नियंत्रण।
	पोषी हार्मोन	अवटु, अधिवृक्क, वृषण तथा अण्डाशय जैसी अंत: स्त्रावी ग्रंथियों से स्त्रावित होने वाले हार्मोन का नियंत्रण।
	प्रोलैक्टिन	स्तन ग्रंथियों के कार्य का नियंत्रण
	वैसोप्रेसिन	जल तथा विद्युत अपघट्यों का सन्तुलन।
	ऑक्सीटोसिन	दुग्धकाल के दौरान दुग्धस्त्राव का नियंत्रण।
अधिवृक्क ग्रंथि	एड्रीनलीन	रक्तचाप, हृदयस्पंदन।
	कार्टीक्काइड	कार्बोहाइड्रेट का उपापचय तथा खनिज अवयवों का नियंत्रण।
अग्नाशय	इंसुलिन, ग्लुकागोन व सोमाटोस्टाटिन	रुधिर में ग्लूकोज का नियंत्रण।
हाइपोथैलेमस	मोचक हार्मोन	अग्र पीयूष ग्रंथि से स्त्रावित हार्मोन का नियंत्रण।
अवटु ग्रंथि	थायरॉक्सिन	शर्करा, वसा तथा प्रोटीन के उपापचय का नियंत्रण।
वृषण	टेस्टोस्टेरोन, एण्ड्रोस्टेरोन	पुरुषों में सहायक लैंगिक तथा द्वितीयक लैंगिक अंगों लक्षणों जैसे-दाढ़ी, मूंछ तथा आवाज का नियंत्रण।
अण्डाशय	एस्ट्रोजन, प्रोजेस्ट्रोन	स्त्रियों में सहायक लैंगिक अंगों तथा द्वितीयक लैंगिक लक्षणों, जैसे-स्तन ग्रन्थियों, केश विन्यास तथा आवाज का नियंत्रण।

ज्ञानेन्द्रियाँ (Sense Organs)

- **बाह्य संवेदनाओं (Stimuli)** को ग्रहण करने के लिए प्रत्येक जीवधारियों में कुछ विशेष अंग होते हैं, जैसे-आंख, नाक, कान आदि। ये सब अंग **ज्ञानेन्द्रियाँ (Sense Organs)** या **ग्राही अंग (Receptor Organs)** कहलाते हैं।
- **ग्राही अंग (Receptors)**–दो प्रकार के होते हैं-बाह्य ग्राही अंग एवं अंतरग्राही अंग।
- **अंतरग्राही अंग (Interoceptors)**–शरीर के आंतरिक अंगों में होने वाले परिवर्तनों से **उद्दीपन** ग्रहण करते हैं।
- **बाह्य ग्राही अथवा बाह्य संवेदी अंग (Exteroceptors)**–बाह्य वातावरण में होने वाले परिवर्तनों से उद्दीपन ग्रहण करते हैं। जीभ (Tongue), आंख (Eye), कान (Ear), नाक (Nose), व त्वचा (Skin) स्तनधारियों के सामान्य बाह्य संवेदी अंग है।
- **त्वचा (Skin)**–यह टैक्टाइल रिसैप्टर (Tactile Receptor) होते हैं। इनमें से कुछ, एक सैल (Cell) से बने हुए, कुछ बहुत सारी सैल्स (Cells) के समूह तथा कुछ में केवल **नर्व के सिरे** (Nerve Ends) ही इनकी रचना करते हैं।
- कार्यों के अनुसार त्वचा निम्न प्रकार की होती हैं, जैसे-पीड़ा ग्राही, स्पर्श ग्राही, दबाव ग्राही, ऊष्मा ग्राही एवं शीत ग्राही।
- **कान (Ear)**–कान की संरचना स्तनधारियों में सबसे अधिक जटिल है।
- ध्वनि-तरंगों को ग्रहण करने के अतिरिक्त ये शरीर का संतुलन भी बनाए रखते हैं।
- स्तनधारी के कान में तीन भाग होते हैं-बाह्य कान, मध्य कान तथा आन्तरिक कान।
- बाह्य कान केवल स्तनधारियों में पाया जाता है इसके दो भाग होते हैं-कर्णपल्लव (Rinna), बाह्य कर्ण मीटस (External Audiotry Meatus)।
- कर्णपल्लव लचीली कार्टिलेज के बने होते हैं और त्वचा से ढके रहते हैं। इनसे ऐच्छिक पेशी तन्तु जुड़े होते हैं, जिनके द्वारा कर्णपल्लव को इच्छानुसार इधर-उधर घुमाया जा सकता है।
- ध्वनि तरंगों को ग्रहण करने के लिए कर्णपल्लव ध्वनि की दिशा में तनकर खड़े हो जाते हैं और ध्वनि तरंगों को इकट्ठा करके बाह्य मीटस में भेजते हैं।
- बाह्य कर्ण मीट्स (External Audiotry Meatus) टिम्पैनिक अस्थि के गर्दन-सदृश नालाकार भाग की गुहा को प्रदर्शित करता है।
- आंतरिक कान पैरिओटिक (Periotic) अस्थि के पेट्रेस (Petrous) भाग में बन्द रहता है।
- **नाक (Nose)**–नाक सूंघने की शक्ति तथा उसकी संवेदनाओं को ग्रहण करने वाला अंग होता है।
- ये अंग नेसल अगिन्स के ऊपरी भाग की ऑलफैक्ट्री एपीथीलियम (Olfactory Epithelium) में स्थित होता है, जिनसे बनी हुई पर्त को **श्नडेरियन मैम्बरेन** कहते हैं।
- यह **एथमोटरवाइनल (Ethmoturbinal)** अस्थियों पर मढ़ी रहती है।
- **जीभ (Tongue)**–स्वाद ग्राही कोशिकाएँ स्वाद कलिकाओं (Taste Buds) के रूप में विन्यासित होती हैं।
- स्तनधारी जीवों में जीभ पर चार प्रकार की स्वाद कलिकाएँ पाई जाती हैं। जिससे जीभ को कड़वे, खट्टे, मीठे व नमकीन की अनुभूति होती है। स्वाद संवेदी कोशिकाएँ रसायनग्राही (Chcmoreceptors) होती हैं, जो उद्दीपन से केवल घुलित अवस्था में ही उद्दीप्त होती है।
- जब लाल मिश्रित भोजन स्वाद कलिकाओं के छिद्रों में प्रवेश करता है, तब स्वाद संवेदी कोशिकाओं के संवेदी रोम उद्दीप्त होते हैं और स्वाद का बोध कराते हैं, क्योंकि खाद्य पदार्थों के छोटे कण मिलकर उद्दीपन करते हैं।
- **आंख (Eye)**–आंख सभी ज्ञानेन्द्रियों में एक विशिष्ट स्थान रखती है, जिससे हमें वस्तु का 'दृष्टि ज्ञान' होता है।
- दृष्टि एक जटिल प्रक्रिया है, जिसमें प्रकाश किरणों के प्रति संवेदिता, स्वरूप, दूरी, रंग गहनता आदि का ज्ञान सम्भव होता है।
- आंख का लगभग 4/5 भाग नेत्रकोटर में धंसा रहता है और केवल 1/5 भाग बाहर उभरा रहता है।
- नेत्रगोलक के उभरे हुए भाग को कॉर्निया (Cornea) कहते हैं, जो आंखों के कोमल अवयवों की सुरक्षा करता है तथा नेत्रगोलक ही आकृति को बनाए रखने में सहयोग देता है।
- इसकी रक्त वाहिकाएँ अंत: कैरोटिड धमनी से निकलने वाली **नेत्र धमनी (Ophthalmic Artery)** की शाखाएँ होती हैं।

- इसके केंद्र में एक छिद्र स्थित होता है, जिसे नेत्र-तारा (Pupil) कहते हैं।
- दृष्टि पटल (Retina) नेत्र का भीतरी तंत्रिका स्तर है, जिसकी रचना तंतुओं, तंत्रिका कोशिकाओं तथा **शलकाओं (Rods)** और **शंकुओं (Cones)** से होती हैं।

मानव आहार

- शरीर के ऊतकों के निर्माण, टूटी-फूटी कोशिकाओं की मरम्मत, आवश्यक ऊर्जा व ऊष्मा की प्राप्ति के लिए पोषक तत्वों की आवश्यकता पड़ती है, जो प्रोटीन, कार्बोहाइड्रेट, वसा खनिज-लवण, जल तथा विभिन्न प्रकार के विटामिन से प्राप्त होते हैं।

प्रोटीन

- प्रोटीन में कार्बन, हाइड्रोजन, ऑक्सीजन, नाइट्रोजन, फास्फोरस तथा सल्फर पाए जाते हैं।
- प्रोटीन छोटी इकाइयों से बने होते हैं, जिन्हें **अमीनो अम्ल** कहते हैं।
- मानव शरीर का लगभग 15 प्रतिशत भाग प्रोटीन से बना होता है।
- मनुष्य शरीर में **20 प्रकार** के प्रोटीन की आवश्यकता होती है। जिनमें **10** का संश्लेषण शरीर स्वयं करता है एवं **10** की पूर्ति भोजन के द्वारा होती है।
- प्रोटीन की कमी से शारीरिक विकास अवरुद्ध हो जाता है।
- बच्चों में क्वाशियोर्कर एवं मैरेस्मस नामक रोग प्रोटीन की कमी से ही होता है।
- प्रोटीन आनुवांशिकी लक्षणों के विकास एवं वंशानुगतिकी का नियंत्रण करता है।
- प्रोटीन गति एवं प्रचलन में सहायता करता है एवं आवश्यकता पड़ने पर शरीर को ऊर्जा भी प्रदान करता है।

प्रोटीन के प्रमुख कार्य

- ये जीवद्रव की भौतिक दशाओं को नियंत्रित करते हैं।
- ये कोशिकाओं के विभिन्न अंगों की रचना में प्रमुख भाग लेते हैं।
- ये बुद्धि तथा मरम्मत के लिए आवश्यक होते हैं।
- प्रोटीन हार्मोन्स के संश्लेषण में भाग लेते हैं।
- उपापचयी प्रतिक्रियाओं में **रासायनिक उत्प्रेरक** का कार्य करते हैं।
- हीमोग्लोबिन के रूप में शरीर में **गैसीय संवहन** करते हैं।
- एण्टीबॉडीज के रूप में ये शरीर की सुरक्षा करते हैं।
- न्यूक्लिओप्रोटीन्स आनुवांशिक लक्षणों के विकास और वंशगति का नियंत्रण करते हैं।
- प्रोटीन ऊतकों का परिवर्द्धन कर नई कोशिकाओं का निर्माण एवं टूटी-फूटी कोशिकाओं की मरम्मत करता है।
- इसकी प्राप्ति अंडे, दूध, पनीर, मांस, मछली, दाल, टमाटर, सेम, बादाम, मूंगफली, अखरोट इत्यादि से होती है।

प्रमुख पोषक तत्व न्यूनता के लक्षण

पोषक तत्व	स्रोत	न्यूनता के लक्षण
विटामिन	अनाज, फल, सब्जियाँ, सूखे मेवे आदि।	अनेक प्रकार के न्यूनताजन्य रोग।
कार्बोहाइड्रेट्स	अनाज वाले खाद्य पदार्थ, मांड (Starch), गन्ना तथा ग्लूकोज एवं आलू तथा कंदजातीय सब्जियों में।	सुस्ती, थकावट हो जाना।
प्रोटीन	सभी प्रकार की दालें, दूध, पनीर, मांस, मछली, अण्डा, सूखे मेवे आदि।	दुर्बलता, वजन कम होना, मानसिक तथा शारीरिक वृद्धि में कमी, दृष्टि का कमजोर होना आदि।
वसा	घी, तेल, मछली के यकृत का तेल, चर्बी, मक्खन, दूध, दही, क्रीम मूंगफली एवं सूखे मेवे आदि।	दुर्बलता, वजन में कमी, थकावट, सुस्ती, स्तम्भित बुद्धि
लवण	अनाज, सब्जियाँ, फल, सूखे मेवे आदि।	अम्लरक्तता, शोफ, क्षारमयता, निर्जलीकरण, अपच, हाथ-पैर कांपना, घेंघा रोग।
जल	शरीर के उपापचय के उपजात पदार्थ के रूप में अर्थात् जो पानी के रूप में तरल पदार्थ हम पीते हैं, उससे ही शरीर, जल प्राप्त करता है।	अम्लरक्तता, क्षारमयता, निर्जलीकरण, शोफ, आधत, अपच।

कार्बोहाइड्रेट

- यह कार्बन, हाइड्रोजन तथा ऑक्सीजन का **कार्बनिक यौगिक** है।
- शरीर की आवश्यकता की 50-70 प्रतिशत मात्रा की पूर्ति इन्हीं के द्वारा होती है।
- कार्बोहाइड्रेट के द्वारा ही जंतुओं के बाह्य कंकाल का निर्माण होता है।
- कार्बोहाइड्रेट तीन प्रकार के होते हैं–**(i)** मोनोसैकराइड्स, **(ii)** डाइसैकराइड्स एवं **(iii)** पोलीसैकराईड्स।
- ग्लूकोज मुख्य रूप से अंगूर तथा शहद में मिलता है। यह शरीर को तुरंत ऊर्जा प्रदान करने में सहायक होता है।
- सुक्रोस, माल्टोस एवं लैक्टोस डाइसैकराइड्स के उदाहरण हैं।
- पॉलीसैकराइड्स का निर्माण अनेक मोनोसैकराइड्स अणुओं के मिलने से होता है।
- **पोलीसैकराईड्स** मुख्य रूप से पौधों में पाया जाता है, यह जल में अघुलनशील होता है।
- सेलुलोज, मांड या स्टार्च, काइटिन एवं ग्लाइकोजेन मुख्य रूप से पोलीसैकराईड्स के उदाहरण हैं।
- अंगूर, गन्ना, शहद एवं मीठे फल में मुख्य रूप से शर्करा पाई जाती है।
- फल एवं सब्जियों में सेलुलोज पाया जाता है।
- गेहूं, चावल, आलू, मक्का, जौ, केला, साबूदाना में **श्वेतसार** पाया जाता है।

कार्बोहाइड्रेट के प्रमुख कार्य

- ये शरीर को ऊर्जा प्रदान करने वाला मुख्य स्रोत हैं।
- यह मांड के रूप में संचित ईंधन का कार्य करता है।
- यह वसा में बदलकर संचित भोजन का काम करता है।
- कार्बोहाइड्रेट **आर.एन.ए. (RNA)** तथा **डी.एन.ए. (DNA)** का घटक होता है।
- यह शर्कराओं के रूप में ऊर्जा उत्पादन के लिए ईंधन का काम करता है।

वसा

- सबसे अधिक ऊर्जा, वसा से प्राप्त होती है। यह कार्बन, ऑक्सीजन तथा हाइड्रोजन का कार्बनिक यौगिक है।
- एक स्वस्थ व युवा व्यक्ति को प्रतिदिन 100 ग्राम वसा की आवश्यकता पड़ती है। वसा घी, दूध, तेल, मांस से प्राप्त होती है।
- वसा को द्रव अवस्था में तेल कहते हैं। यह जल में पूर्णतया अघुलनशील होता है।

वसा के प्रमुख कार्य

- ऊर्जा उत्पादन के लिए भी ये ईंधन का कार्य करती है।
- इनका महत्त्व 'संचित भोजन' के रूप में अधिक होता है।
- वसीय ऊतकों के रूप में ताप नियंत्रण और सुरक्षा में सहायता करती है।
- कुछ वसाएँ कोशिका कला तथा अन्य झिल्लियों की रचना में भाग लेती हैं।
- व्युत्पन्न वसाएँ विटामिन 'D' तथा अनेक हार्मोन्स के संयोजन में भाग लेती हैं।
- वसा ऊर्जा के लिए 'संचित भोजन' के रूप में महत्त्वपूर्ण हैं।

खनिज लवण

इसका कार्य ऊतकों का निर्माण करना है। यह मांस, दूध, अनाज, हरी सब्जियों से प्राप्त होता है।

लवण के प्रमुख कार्य

- लवणों के आयनों के कारण जीवद्रव्य में विद्युत चालकता होती है। इसी से जीवद्रव्य में संवेदनशीलता होती है।
- अनेक रासायनिक प्रतिक्रियाओं में लवण आयन बंधकों का कार्य करते हैं।
- कई ऊतक, रक्त हड्डियों, दांतों आदि की रचना में भाग लेते हैं।
- हृदय स्पंदन, चेतना-संवहन, पेशी संकुचन आदि में महत्त्वपूर्ण रूप से भाग लेते हैं।

जल

- पाचन-नली में पोषक तत्वों का खंडन पोषक तत्वों का अवशोषण और विभिन्न अंगों में इनका वितरण, ऊतकों में उपापचय क्रिया का होना, शरीर से दूषित पदार्थों का बाहर निकलना इत्यादि इन सारी क्रियाओं के लिए जल की आवश्यकता होती है।
- एक स्वस्थ और युवा व्यक्ति के शरीर में **70 प्रतिशत** तक जल रहता है।
- प्रतिदिन एक व्यक्ति को औसतन **2.5 लीटर** जल की आवश्यकता पड़ती है।

जल के प्रमुख कार्य

- जल आहार का महत्त्वपूर्ण घटक है तथा भोजन के पाचन अवशोषण के लिए आवश्यक है।
- शरीर में यह घोलक (Solvent) का कार्य करता है। जिसमें जीवद्रव्य के अधिकांश पदार्थ घुले रहते हैं, जिसमें शरीर की **रासायनिक प्रतिक्रियाएँ** घटित होती हैं।
- जल सभी कोशिका और शरीर पदार्थ का वाहक है।
- यह शरीर के तापक्रम को नियंत्रित करता है।
- यह शरीर के जोड़ों में **स्नेहक** का काम करता है।
- यह समस्त शरीर के ऊतकों व तरलों का अंगक है।

हमारी प्रति तत्व आवश्यकता

	कैलोरी ग्राम	खनिज प्रोटीन मिग्रा.	पदार्थ कैल्शियम मिग्रा.	लोहा माइक्रोग्राम	A मिग्रा.	D (थायमिन) माइक्रोग्राम	B_1 मिग्रा.	विटामिन राइबोफ्लेविन	नियासिन	B_{12}	C
औसत आदमी	2800	55	450	24	750	5	1.4	1.7	19	1.0	40
औसत औरत	2200	45	450	32	750	5	1.1	1.3	15	1.0	40
गर्भवती स्त्री (अन्तिम 6 माह)	2500	59	1000	40	750	5	1.3	1.5	17	1.5	40
दूध पिलाने वाली महिला											
प्रथम 6 माह	2750	70									
अगले 6 माह	2600	45	1000	32	1200	5	1.4	1.6	18	1.5	80
किशोर (13–15 वर्ष)	2600	52	650	25	750	5	1.3	1.6	18	0.8	40
किशोरी (13–15 वर्ष)	2360	43	650	35	750	5	1.2	1.4	15	0.8	40
शिशु (1 वर्ष)	1200	17	450	10	350	5	0.6	0.7	8	0.2	40
बच्चा (5 वर्ष)	1700	29	450	22	200	5	0.9	1.0	11	0.5	40

प्रोटीन कार्बोहाइड्रेट तथा वसा के मुख्य स्रोत, कार्य और कमी के लक्षण

क्र.सं.	पोषक	प्रचुर स्रोत	मूलभूत स्रोत	कमी के लक्षण
1.	प्रोटीन	दूध, फली (Legume), बादाम इत्यादि दालें, बीन-सोयाबीन, पनीर, खोया, अनाजों की बाहरी परतें, मांस, मछली, अंडे।	शरीर के टूटे-फूटे अंगों की मरम्मत और विकास शरीर की रक्षा।	कमजोर पेशियाँ, शरीर की चुस्ती में कमी, बाधित मानसिक प्रतिक्रियाएँ तथा प्रतिरोध की सामर्थ्य में कमी।
2.	कार्बोहाइड्रेट	विभिन्न प्रकार की शक्करें, शर्बत तथा जैम, अनाज, जैसे–चावल, आलू तथा अन्य प्रकंद जातीय सब्जियाँ, साबूदाना।	ऊर्जा पैदा करना, आहार की मात्रा बढ़ाना।	ऊष्मा तथा वजन कम होना।
3.	वसाएं	मूंगफली का तेल, कुसुम्म (करड़ी), बिनौला आदि के तेल, तिल का तेल, बादाम, मक्खन, घी, क्रीम, मार्जरीन, पनीर, मांस की वसाएं।	ऊष्मा तथा ऊर्जा उत्पन्न करना।	वजन में कमी, बाधित विकास।

खनिज, लवण तथा उनका महत्त्व

खनिज लवण	महत्त्व	स्रोत	आवश्यक मात्रा
कैल्शियम	दांत निर्माण तथा हृदय पेशी के संकुचन में, रक्त का थक्का (Blood Coagulation) बनाने में महत्त्वपूर्ण।	दूध, अण्डा, हरी सब्जियाँ	1200 mg
सोडियम	शरीर में रक्त तथा लिम्फ का महत्त्वपूर्ण घटक, तंत्रिका कोशिकाओं में संवेदनाओं के परिवहन में आवश्यक।	सामान्य नमक, दूध	3500 mg
पोटैशियम	अंतरकोशिकीय परासरण, दाब, तंत्रिका संवेदना के संवहन में आवश्यक।	मीट, सब्जी	1000 mg
आयोडीन	थाइरॉक्सिन हार्मोन के निर्माण के लिए आवश्यक।	समुद्री खाद्य, नमक	0.15 mg
सल्फर	बाल, नाखून तथा त्वचा का एक घटक	अण्डा, मछली, मांस	–
क्लोरीन	शरीर में विभिन्न तरलों के परासरण दाब को नियंत्रित करने के लिए	दूध, नमक	3500 mg
फ्लोरीन	दांत के इनेमल बनाने में।	पीने का पानी, दूध	–
लोहा	हीमोग्लोबिन के निर्माण में आवश्यक।	मांस, अण्डा, हरी सब्जियाँ	18 mg
फास्फोरस	दांत व हड्डी के लिए आवश्यक, पेशी न्यूक्लिक अम्ल व फास्फो लिपिड के निर्माण में रक्त के pH नियंत्रण में आवश्यक।	अण्डा, दूध	1200 mg

विटामिन

- विटामिन एक कार्बनिक यौगिक है, जो शरीर की रोगों से रक्षा तथा सामान्य वृद्धि के लिए अत्यावश्यक हैं।
- विटामिन 'B' एवं 'C' जल में तथा 'A', 'D', ' E' तथा 'K' वसा में घुलनशील हैं।

विटामिन के प्रमुख कार्य

- उपापचय में विटामिन आवश्यक सहकारी हैं।
- विटामिन विभिन्न ऑक्सीकारी एन्जाइम के भागों के रूप में विशिष्ट प्रोटीनों का संयोजन करते हैं।
- इनका संबंध शरीर में कार्बोहाइड्रेट्स, प्रोटीन और वसा के **भंजन** से होता है।
- ये उपापचय के अंतिम उत्पाद के रूप में ऊर्जा कार्बन डाइऑक्साइड व जल का मोचन करते हैं।

महत्त्वपूर्ण विटामिन

विटामिन	रासायनिक	स्रोत	शारीरिक क्रिया	कमी से उत्पन्न रोग	दैनिक आवश्यकता
'A'	रेटिनॉल (Retinol)	मछली का यकृत, तेल, दूध, मक्खन, घी, गाजर, पत्तीदार और हरी सब्जियाँ आदि।	चाक्षुक वर्णक का संश्लेषण और नेत्र और इसकी श्लेष्मनद-झिल्ली को स्वस्थ्य रखना।	रतौंधी, शारीरिक वृद्धि का रुक जाना, पाचन नाल और नेत्र संक्रमण रोग	5,000 शुष्काक्षिपाक, यूनिट
'B'-1	थायमीन (Thiamine)	खमीर, अंकुरित गेहूं, शिंवी फल (सेम, मटर आदि), मांस, अण्डा और शाक-सब्जी।	कार्बोहाइड्रेट-उपापचय	बेरी-बेरी	1.2 मिग्रा.
'B'-2	राइबोफ्लेविन	दूध, मांस, पत्तेदार सब्जियाँ	ऊतक-ऑक्सीकरण	जिह्वा में सूजन (Glossitis) त्वचा में सूजन (Dermatitis), दृष्टि की स्वच्छता में कमी, भ्रूण की अस्थियों का टेढ़ा-मेढ़ा होना।	1.7 मिग्रा.
'B'-7 या 'H'	निकोटिन अम्ल, नियासिन	मछली, अण्डे	ऊतक-ऑक्सीकरण	पेलाग्रा (Pellagra)	19 मिग्रा.
B-12		यकृत	लाल रक्तकणों का निर्माण	अरक्तता (Anemia)	0.001 मिग्रा.
'C'	एस्कॉर्बिक अम्ल	नींबू कुल के फल	एंजाइम संबंधी	स्कर्वी (Scurvy)	70 मिग्रा.
'D'	कैल्सिफेरॉल (Calciferol)	मछली का यकृत, तेल, अण्डे, पराबैंगनी किरण	कैल्शियम और फॉस्फोरस का उपापचय।	रिकेट्स (Rickets)	0-400 यूनिट
'E'	टोकोफेरॉल (Tocoferol)	सलाद की पत्तियाँ, शिंवी फल (सेम, मटर) आदि।	कोशिकाओं का निर्माण, विटामिन-ए के समुचित उपयोग में सहायता।	बंध्यता, पेशी तथा तंत्रिका-तंत्र संबंधी गड़बड़ी	–
'K'-1	फिलोक्विलोन	हरी सब्जियाँ	रक्त का जमना	रक्त का दोषपूर्ण जमना	–

मानव रोग

- शरीर में किसी भी प्रकार की रुकावट उत्पन्न होना ही रोग है।
- रोगों को दो वर्गों में विभाजित किया गया हैं-जन्मजात रोग एवं उपार्जित रोग।
- जन्मजात रोग वैसे रोग होते हैं, जो जन्म के समय से ही शरीर में होते हैं।
- उपार्जित रोग वैसे रोग कहलाते हैं, जो जन्म के पश्चात विभिन्न कारकों के कारण उत्पन्न होते हैं।

रोगों के प्रकार

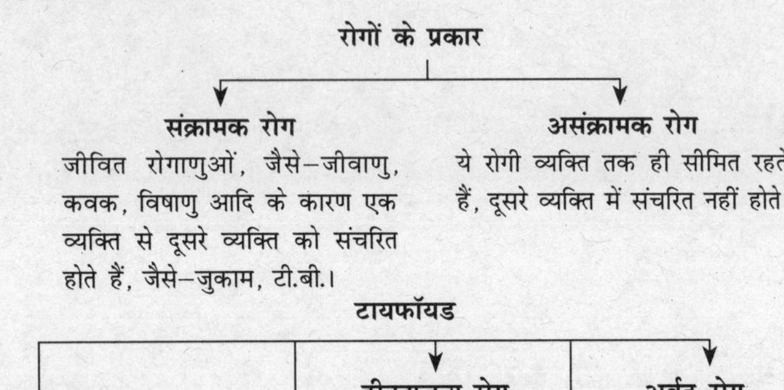

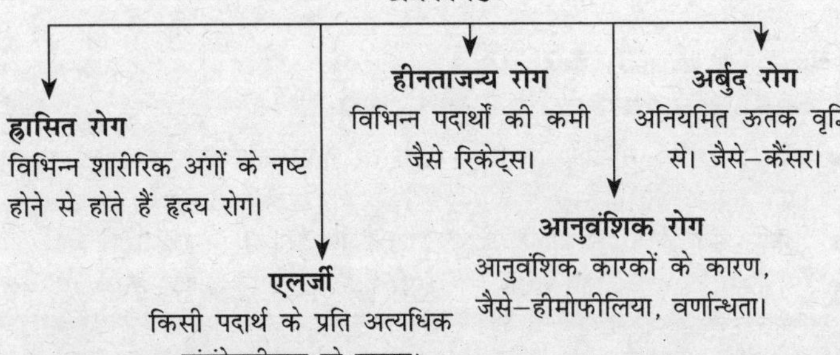

संक्रामक रोग

जीवित रोगाणुओं, जैसे जीवाणु, कवक विषाणु आदि के कारण एक व्यक्ति से दूसरे व्यक्ति को संचारित होते हैं। जैसे–जुकाम, टी.बी., टायफॉयड।

असंक्रामक रोग

ये रोगी व्यक्ति तक ही सीमित रहते हैं, दूसरे व्यक्ति में संचरित नहीं होते।

ह्रासित रोग

विभिन्न शारीरिक अंगों के नष्ट होने से होते हैं ह्रदय रोग।

एलर्जी

किसी पदार्थ के प्रति अत्यधिक संवेदनशीलता के कारण।

हीनताजन्य रोग

विभिन्न पदार्थों की कमी, जैसे रिकेट्स।

आनुवांशिक रोग

आनुवांशिक कारकों के कारण, जैसे–हीमोफीलिया, वर्णान्धता।

अर्बुद रोग

अनियमित ऊत्तक वृद्धि से जैसे कैंसर।

जीवाणु जनित रोग (Bacterial Diseases)

- तपेदिक रोग, जिसे **यक्ष्मा** या **काक** रोग भी कहते हैं। यह एक संक्रामक रोग है, जो माइक्रोबैक्टीरिया ट्यूबरक्यूलोसिस नामक जीवाणु के कारण होता है।
- तपेदिक रोग के उपचार के लिए स्ट्रेप्टोमाइसीन का इन्जेक्शन दिया जाता है।
- बी.सी.जी. (Bacillus Calmette Guerin) एक प्रतियक्ष्मिकीय टीका है।
- **प्लेग (Plague)**–यह छुआछूत की बीमारी है। जो **बैसिलस पेस्टिस** (Bacillus Pestis) नामक जीवाणु द्वारा फैलती है। यह रोग चूहों द्वारा फैलता है।
- प्लेग के उपचार के लिए सल्फाड्रग्स एवं स्ट्रेप्टोमाइसीन दवाओं का उपयोग किया जाता है।
- **हैजा (Cholera)**–यह रोग मक्खियों द्वारा फैलता है, जो विब्रियो कोलरी नामक जीवाणु के कारण होता है।
- **आंत्र ज्वर (Typhoid)**–इसे आंत के बुखार के नाम से जाना जाता है। यह रोग **सॉलमोनेला टाइफोसा** नामक जीवाणु से होता है।
- **डिप्थीरिया (Diptheria)**–रोग कोराइन बैक्टीरियम डिफ्थीरि नामक जीवाणु से होता है। यह अधिकांशत: संक्रमित दूध के माध्यम से फैलता है।
- **टिटनेस (Tetanus)**–सामान्यत: इसे धनुस्तंभ कहा जाता है। यह रोग बैसिलस टेटनी नामक जीवाणु से होता है। इस रोग के जीवाणु घाव से होकर शरीर में प्रवेश करता है।

विषाणु (Virus)

विषाणु की खोज रूस के वैज्ञानिक इवानोवस्की ने सन् 1892 में की। तम्बाकू के मोजैक रोग पर खोज करते समय विषाणु की खोज हुई। इनकी प्रकृति सजीव और निर्जीव दोनों प्रकार की होती है। इसी कारण इन्हें सजीव और निर्जीव की संयोजक कड़ी भी कहा जाता है।

विषाणु के निर्जीव होने के लक्षण–

- ये कोशा रूप नहीं होते हैं।
- इनको क्रिस्टल बनाकर निर्जीव पदार्थ की भांति बोतलों में भरकर वर्षों तक रखा जा सकता है।

सजीव जैसे लक्षण–

- इनके न्यूक्लिक अम्ल का द्विगुणन होता है।
- किसी जीवित कोशिका में पहुँचते ही ये सक्रिय हो जाते हैं और एन्जाइमों का संश्लेषण करने लगते हैं।

विषाणु के प्रकार

- पादप विषाणु इसमें न्यूक्लिक अम्ल के आर.एन.ए. (RNA) होते हैं।
- जन्तु विषाणु इनमें डी.एन.ए. (DNA) या कभी-कभी आर.एन.ए. (RNA) भी पाया जाता है।
- बैक्ट्रियोफेज (Bacteriophase) या जीवाणुभोजी ये केवल जीवाणुओं पर आश्रित रहते हैं। ये जीवाणुओं को मार डालते हैं। इनमें डी.एन.ए. पाया जाता है, जैसे-टी-2 फेज।

वायरस जनित रोग

वायरस	रोग
वेरीसेला जोस्टर वायरस (Varicella Zoster Virus)	चिकन पॉक्स
लिसा वायरस (Lyssa Virus)	रेबीज
पोलियो वायरस	पोलियोमाइलिटिस

लाभदायक बैक्टीरिया एवं उनके उपयोग

बैक्टीरिया	उपयोग
लैक्टोबैसिलस	दही बनाने में
राइजोबियम	नाइट्रोजन यौगिकीकरण में
स्ट्रेप्टोमाइसिन ग्राइसियस	स्ट्रेप्टोमाइसिन में एंटी बायोटिक बनाने में

स्ट्रेप्टामाइसिस वेनेजुएली	क्लोरोमाइमिन में
स्ट्रेप्टोमाइसिस रिमोसस	टेरामाइसिन में

हानिकारक बैक्टीरिया एवं उनसे संबंधित रोग

बैक्टीरिया	रोग
डिप्लोकोकस निमोनी	न्यूमोनिया
स्ट्रेप्टोकोकस पायोजीन्स	गले का संक्रमण
वोडीटेला परफ्यूसिस	कुकुर खांसी
ट्रिप्टोनेमा पैलिडियम	सिफलिस
निसेरिया गोनोरिया	गोनोरिया
कोरिनेबैक्टीरियम डिफ्थीरियाई	डिफ्थीरिया
वाइब्रियो कॉलेरी	हैजा
माइक्रोबैक्टीरियम लेप्री	कुष्ठ रोग

विषाणु जनित रोग (Viral Diseases)

- **एड्स (AIDS)**–इस रोग का विषाणु एच.आई.वी. (HIV) है, जिसका पूरा नाम **'एक्वायर्ड इम्यूनो डेफिशिएंसी सिन्ड्रोम' (Acquired Immuno Deficiency Syndrome)** है। यह रोग यौन संबंधों के कारण, संक्रमित सूइयों व रक्तदान से फैलता है। इस रोग से ग्रसित व्यक्ति में प्रतिरोधक क्षमता समाप्त हो जाती है।
- **चेचक (Small Pox)**–यह एक संक्रामक रोग है। इसका संक्रमण एक अतिसूक्ष्म वैरिओला विषाणु के कारण होता है। इस रोग से ग्रसित रोगी के सारे शरीर में तेज दर्द होता है और लाल-लाल दाने निकल आते हैं, जो बाद में फफोले का रूप धारण कर लेते हैं।
- **पोलियो (Poliomyelitis)**–यह रोग पोलियो विषाणु के कारण होता है। इस रोग का प्रभाव केंद्रीय नाड़ी संस्थान पर होता है, यह प्राय: बच्चों को होता है।
- **हेपेटाइटिस या पीलिया या जॉन्डिस (Jaundice)**–यह रोग रैवडो विषाणु के काण होता है, तथा यह एक यकृत रोग है, जिसमें रक्त में पित्त वर्णक अधिक मात्रा में चला जाता है।
- **हाइड्रोफोबिया या रेबीज (Hydrophobia or Rabies)**–यक रोग रैब्डो विषाणु के कारण होता है, जिसका संक्रमण केंद्रीय तंत्रिका तंत्र में होता है। इसका संक्रमण पागल कुत्ते, भेड़िये, लोमड़ी आदि के काटने से होता है।
- **मेनिनजाइटिस (Meningitis)**–इस रोग में मस्तिष्क प्रभावित होता है। मस्तिष्क तथा मेरुरज्जु के ऊपर चढ़ी झिल्ली के नीचे रहने वाले द्रव **सेरिब्रो स्पाइनल द्रव** से संक्रमण होता है।
- **खसरा (Measles)**–इस रोग का कारक मोर्बेली विषाणु है। यह वायु वाहित रोग है। इस रोग के विषाणु नाक से स्राव द्वारा फैलते हैं।
- **पीत ज्वर (Yellow Fever)**–यह रोग सामान्यत: दक्षिणी अमेरिका और अफ्रीका में होता है। इस रोग के विषाणु जंगली जानवरों के शरीर में आश्रय लेते हैं। **हेमोगोगस** और **एडीस** जाति के अनेक मच्छर इस रोग के विषाणु को मनुष्य के शरीर में पहुँचाते हैं। इस रोग में अचानक ज्वर आ जाता है।

प्रोटोजोआ जनित रोग (Protozoan Diseases)

- **मलेरिया (Malaria)**–यह रोग प्लाज्मोडियम नामक परजीवी प्रोटोजोआ से होता है। **प्लाज्मोडियम**, मादा एनाफ्लीज मच्छर के शरीर में आश्रय लेता है, जिसे यह अपने डंक द्वारा मनुष्य के शरीर में पहुँचाकर उसे रुग्ण कर देता है।
- **पायरिया**–यह एंटअमीबा जिन्जिवेलिस (Entamoeba Gingivalis) नामक **प्रोटोजोआ** के कारण होता है। इसमें मसूढ़ों से पस निकलता है तथा दांतों की जड़ों में घाव हो जाता है।
- **कालाजार (Kalazar)**–यह **लीशमैनियाँ डोमोवानी** (Leishmania domovani) नामक प्रोटोजोआ से फैलता है। इस परजीवी का वाहक **बालू मक्खी** (Sand Fly) है। इसमें रोगी को तेज बुखार आता है।

अन्य रोग (Other Diseases)

- **फाइलेरिया (Filaria)**–यह रोग अनेक प्रकार के कृमियों के कारण होता है। जिनमें प्रमुख हैं-वऊचेरिया बैंक्रोप्टाई इसकी रोकथाम के लिए सर्वप्रथम मच्छरों को नष्ट करना चाहिए। इसके लिए विरंजक चूर्ण, डी.डी.टी. तथा अन्य कीटनाशी दवाओं का उपयोग किया जाना चाहिए।
- **स्कर्वी (Scurvy)**–यह रोग भोजन में विटामिन C की कमी के कारण उत्पन्न होता है। मसूढ़ों से रक्त का स्राव, दांतों का असमय टूटना, बच्चे के चेहरे और अन्य अंगों में सूजन, पेशाब में रक्त या **एल्ब्यूमिन** का अंश आना आदि इसके लक्षण हैं।
- **रिकेट्स या सुखण्डी (Rickets)**–विटामिन D की कमी के कारण होता है। बच्चों को प्रतिदिन **0.015–0.02 मिग्रा.** तथा वयस्कों को **0.025 मिग्रा. विटामिन D** की आवश्यकता होती है।
- **मधुमेह (Diabetes)**–यह अग्न्याशय से सम्बन्धित रोग है, जो इन्सुलिन का पर्याप्त स्राव नहीं होने के कारण होता है।
- **कैन्सर (Cancer)**–कोशिकाओं में असामान्य वृद्धि को कैंसर कहते हैं। कैंसर से शरीर के किसी भी भाग में दर्द न करने वाला पिंड बन जाता है।

रोग और उनसे प्रभावित होने वाले अंग

रोग	प्रभावित अंग
पोलियो (Poliomyelitis)	केंद्रीय तंत्रिका तंत्र
रेबीज (Rabies or Hydrophobia)	केंद्रीय तंत्रिका तंत्र
कनफेर (Mumps)	लार ग्रंथि (Salivary Glands)
डिफ्थीरिया (Diphtheria)	गला (Throat)
कुकुर खांसी (Whooping Cough)	गला
टिटनेस (Tetanus)	मेरुरज्जु (Spinal cord)
इन्फ्लुएंजा (Influenza)	फुफ्फुस (Lungs)
यकृत शोध (Hepatitis)	यकृत (Liver)
पीत ज्वर (Yellow Fever)	यकृत
ऐन्थ्रेक्स (Anthrax)	फुफ्फुस, बड़ी आंत, त्वचा
टायफायड	बड़ी आंत
हैजा	छोटी आंत
खसरा (Measles)	त्वचा
चेचक	प्रमुखत: त्वचा
ब्यूबोनिक प्लेग (Bubonic Plague)	लसीका ग्रंथि (Lymphatic Glands)
मधुमेह (Diabetes)	वृक्क (Kidney)
पीलिया (Jaundice)	यकृत

जीवाणु जनित रोग

रोग	रोगकारक जीवाणु
एन्थ्रेक्स (Anthrax)	बेसिलस ऐन्थ्रेसिस
आवर्त्ती ज्वर (Relapsing Fever)	ट्रिपोनिया रिकरेटिस
हैजा (Cholera)	वाइब्रियो कॉलेरी
कुष्ठ (Leprosy)	माइको बैक्टीरियम लेप्री

कुकुर खांसी (Whooping Cough)	हीमोफिलस पर्ट्यूसिस
उपदंश (आतशक रोग) (Syphlis)	ट्रिपोनीमा पेलिडम
डिप्थीरिया (Diphtheria)	कोरिने बैक्टीरियम डिप्थेरी
पेचिश (Dysentry)	शिगेला डिसेन्टेरी
निमोनिया (Pneumonia)	डिप्लो कॉकस न्युमोनी
यक्ष्मा (Tuberculosis)	माइको बैक्टीरियम, ट्यूबरकुलोसिस, होमोनिस
टिटेनस (Tetanus)	क्लॉस्ट्रीडियम टिटेनाइ
टायफॉयड (Typhoid)	सल्मोनेला टाइफी

- **पक्षाघात या लकवा (Hemiplegia)**–इस रोग में कुछ ही मिनटों में शरीर के आधे भाग को लकवा मार जाता है। इसका कारण अधिक रक्त-दाब के कारण मस्तिष्क की कोई धमनी का फट जाना अथवा मस्तिष्क को अपर्याप्त रक्त की आपूर्ति होना है।
- **शिजोफ्रेनिया (Schizophrenia)**–यह एक मानसिक रोग है, जो प्राय: युवा वर्ग में होता है। ऐसा रोगी कल्पना को ही सत्य समझता है, वास्तविकता को नहीं।
- **मिर्गी (Epilepsy)**–इसे अपस्मार रोग कहते हैं। यह मस्तिष्क के आंतरिक रोगों के कारण होता है। इस रोग में जब दौरा पड़ता है, तो मुंह से झाग निकलता है और मल पेशाब भी निकलता है।

विषाणुओं द्वारा होने वाले मानवीय रोग

रोग के नाम	विषाणु का नाम	प्रभावित अंग	लक्षण
पोलियो (Polomyelitis)	पोलियोवायरस (Polovirus)	तन्त्रिका अंग	हाथ-पैर में लकवा, मांसपेशियों के संकुचन में अवरोध
छोटी माता (Small Pox)	पॉक्सवायरस (Poxvirous-variola)	त्वचा	छोटे-छोटे दानों का पड़ना
बड़ी माता (Chicken Pox)	वैसीसेला (Varicella)	त्वचा	त्वचा पर दाने निकलना
मस्तिष्क ज्वर (Encephalitis)	इन्सेफ्लाइटिस वायरस (Encephalitis Virus)	तंत्रिका तंत्र	ज्वर, अनिद्रा, दृष्टि दोष, बेहोशी, बेचैनी
फ्लू/इन्फ्लूएन्जा (Influenza)	इन्फ्लूएन्जा वायरस	श्वसन तंत्र	ज्वर, पीड़ा, सरदर्द, जुकाम, खांसी
साधारण जुकाम (Common Cold)	रिनो वायरस (Rhino Virus)	श्वसन तंत्र	ज्वर, पीड़ा, सरदर्द, जुकाम, खांसी
चेचक (Measles)	मीजल्स वायरस (Measles Virus)	सम्पूर्ण शरीर विशेष कर चेहरा	फफोले पड़ना, पीड़ा ज्वर, जलन, बेचैनी, हाथ-पांव में दर्द
पीत ज्वर (Yellow Fever)	पीत ज्वर वायरस (Rubeola Yellow Fever Virus)	तंत्रिका तंत्र	ज्वर, तीव्र दर्द
हेपेटाइटिस (Hepatitis)	हेपेटाइटिस वायरस (Hepatitis Virus)	जिगर (Liver)	कमजोरी, ज्वर
गलसुआ (Mumps)	मम्पस वायरस	लार ग्रंथियाँ	लार ग्रंथियों में सूजन, ज्वर, दर्द
रेबीज/हाइड्रोफोबिया (Rabies/Hydrophobia)	रैबीज वायरस	तंत्रिका तंत्र	ज्वर, पीड़ा, बेहोशी, बेचैनी
ट्रेकोमा (Trachoma)	–	आंख	आंखों में सूजन, जलन, पानी बहना
पीलिया (Jaundice)	–	जिगर/यकृत (Liver)	कमजोरी, भूख कम लगना आदि।
आंख उठना (Conjuctivties)	–	तंत्रिका तंत्र	आंखों का लाल होना, पानी आदि।
डेंगू ज्वर (Dengue Fever of Break Bone Fever)	–	तंत्रिका तंत्र	तीव्र ज्वर, बेचैनी, उल्टी (Vomiting)

मनुष्य में प्रोटोजोआ (Protozoans) द्वारा उत्पन्न प्रमुख रोग

रोग का नाम	परजीवी का नाम	प्रभावित अंग	रोग के लक्षण
अमीबायएसिस/दस्त (Amoebiasis)	एंटअमीबा हिस्टोलिटिका (Entamoeba Histolytica)	बड़ी आंत (Colon)	कोलन में सूजन, दस्त के साथ आंव (Mucus) का आना
अतिसार/पेचिश (Diarrhoea)	जिआरडिया लैम्बलिया (Giardia Lambelia)	आंत का अगला भाग	दस्त, सिरदर्द
दस्त (Trichomonus homonis)	ट्राइकोमोनाम होमोनिस	बड़ी आंत का निकलना	बड़ी आंत में सूजन, रक्तस्राव, मवाद
पायरिया	एंटअमीबा जिन्जीवैलिस (Pyorrhoea)	दांतों की जड़ें तथा मसूड़े (Entamoeba Gambiense)	मसूड़ों में सूजन, रक्तस्राव, मवाद का निकलना
निद्रारोग (African sleeping sickness or trypanosomasis)	ट्रापैनोसोमा गैम्बियन्स (Trypanosoma Gambiense)	रुधिर केंद्रीय तंत्रिका	तीव्र ज्वर, बेहोशी, रोगी की लम्बी निद्रा
मलेरिया (Malaria)	प्लाज्मोडियम (Plasmodium S.P.)	लाल रक्त कण	ज्वर, सिर दर्द, कमर दर्द
कालाज्वर (Kalazar or Dum-dum Fever)	लीसमैनिया डोनोवानी	रुधिर प्लीहा	प्लीहा तथा यकृत में सूजन

संचारणशील रोगों के प्रतिरक्षीकरण की योजना

रोग का नाम	प्रतिरक्षाकारी कारक	कब दी जानी चाहिए	विधि और मात्रा	प्रभाविता
चेचक	सूखी वैक्सीन	2–3 महीने	(i) खरोंचकर (ii) घूर्णी कुन्तिका	3 से 5 वर्ष
डिप्थीरिया	जीव विषाभ	3–5 महीने एक महीने के अंतराल में 3 मात्राएं	पांचवें से दसवें वर्ष अनुवर्धक (बूस्टर)	
काली खांसी	पर्टुसिस वैक्सीन	3 महीने	एक महीने के अंतराल में 3 मात्राएं	अनुवर्धक की आवश्यकता नहीं
टिटनेस	जीव विषाभ	4–7 वर्ष और 12–15 वर्ष की अवधि में	एक महीने के अंतराल में 2 मात्राएं	क्षति होने पर अनुवर्धक नहीं
पोलियो	(i) साल्क वैक्सीन	दूसरे छह महीने में तीसरे महीने बाद	एक महीने के अंतर से 3 इंजेक्शन	पहली मात्रा 7 महीने बाद अनुवर्धक की जरूरत नहीं
	(ii) सैबीनमुखी बहुसंयोजक वैक्सीन		मुंह द्वारा एक महीने के अंतर से 2 मात्राएँ शिशुओं के लिए 3 मात्राएं	
हैजा	हैजा वैक्सीन	एक वर्ष	एक महीने के अंतर से 2 मात्राएं	6 महीने, 1–2 वर्ष
प्लेग	प्लेग वैक्सीन	एक वर्ष	एक महीने के अंतर से 2 मात्राएं	1 वर्ष
टायफायड	टी.ए.बी. वैक्सीन	एक वर्ष	एक महीने के अंतर से 2 मात्राएं	1 वर्ष

अभ्यास प्रश्न

1. पौधे के किस भाग से कॉफी प्राप्त होता है?
(a) फूलों से (b) बीजों से
(c) पत्तियों से (d) फलों से

2. आनुवांशिकता के जन्मदाता है-
(a) लैमार्क (b) डार्विन
(c) खुराना (d) मेंडल

3. आलू क्या है?
(a) जड़ (b) तना
(c) फल (d) बीज

4. चेचक के वैसिन को सर्वप्रथम तैयार किया-
(a) लुई पाश्चर ने (b) डॉ. जेनर ने
(c) लिस्टर ने (d) साल्क ने

5. लोलक की कालावधि (Time-Period)-
(a) द्रव्यमान के ऊपर निर्भर करती है
(b) लम्बाई के ऊपर निर्भर करती है
(c) समय के ऊपर निर्भर करती है
(d) तापक्रम के ऊपर निर्भर करती है

6. चुम्बकीय सुई किस तरफ संकेत करती है?
(a) पूर्व (b) पश्चिम
(c) उत्तर (d) आकाश

7. कमरे को ठण्डा किया जा सकता है-
(a) पानी के बहने से
(b) सम्पीडित गैस को छोड़ने से
(c) रसोई गैस से
(d) ठोस को पिघलाने से

8. सूर्य-ग्रहण तब होता है जब-
(a) चन्द्रमा बीच में हो
(b) पृथ्वी बीच में हो
(c) सूर्य बीच में हो
(d) सूर्य, चन्द्रमा व पृथ्वी एक रेखा में हो तथा वृहस्पति उस रेखा में हो

9. सबसे छोटा दिन कब होता है?
(a) 23 दिसम्बर (b) 23 सितम्बर
(c) 23 जून (d) 23 अप्रैल

10. हाइड्रोजन को जलाने से क्या बनेगा?
(a) ऑक्सीजन (b) राख
(c) मिट्टी (d) पानी

11. तैरने के तालाब में तैरने से मनुष्य की त्वचा जल जाती है-
(a) अवरक्त किरण के कारण
(b) क्लोरीन के कारण
(c) ऊष्मा के कारण
(d) पराबैंगनी किरण के कारण

12. अम्ल वर्षा होती है-
(a) कारखानों से
(b) पेट्रोल से
(c) कोयला जलाने से
(d) लकड़ी से

13. जब एक पत्थर को चाँद की सतह से पृथ्वी पर लाया जाता है तो-
(a) इसका द्रव्यमान बदल जाएगा
(b) इसका भार बदल जाएगा, परंतु द्रव्यमान नहीं
(c) भार और द्रव्यमान बदल जायेंगे
(d) न द्रव्यमान और न ही भार बदलेंगे।

14. शुष्क बर्फ क्या होता है?
(a) ठोस बर्फ
(b) ठोस कार्बन डाइ-ऑक्साइड
(c) ठोस अमोनिया
(d) ठोस सल्फर डाइ-ऑक्साइड

15. पदार्थ के संवेग के अनुपात से कौन-सी भौतिक राशि प्राप्त की जाती है?
(a) वेग (b) त्वरण
(c) द्रव्यमान (d) बल

16. बल गुणनफल है-
(a) द्रव्यमान और वेग का
(b) द्रव्यमान और त्वरण का
(c) भार और वेग का
(d) भार और त्वरण का

17. 1 किमी. दूरी का तात्पर्य है-
(a) 100 मीटर (b) 1000 सेमी.
(c) 1000 मीटर (d) 100 सेमी.

18. सौर-ऊर्जा निम्न में से किससे प्राप्त होती है?
(a) चन्द्रमा (b) समुद्र
(c) सूर्य (d) हवा

19. ठोस कपूर से कपूर बनाने की प्रक्रिया को कहते हैं-
(a) वाष्पीकरण (b) हिमीकरण
(c) पिघलना (d) उर्ध्वपातन

20. वाहनों से निकलने वाली गैस कौन-सी है?
(a) कार्बन डाइऑक्साइड
(b) कार्बन मोनोऑक्साइड
(c) मार्श गैस
(d) नाइट्रोजन

21. खाना बनाने में प्रयोग की जाने वाली गैस मुख्यत: है-
(a) कार्बन डाइऑक्साइड
(b) कार्बन मोनोऑक्साइड
(c) मिथेन
(d) नाइट्रोजन एवं ऑक्सीजन गैस का मिश्रण

22. दोपहर के 12 बजे किस दिशा में इन्द्रधनुष दिखाई देता है?
(a) पश्चिम में
(b) दक्षिण में
(c) पूर्व में
(d) यह नहीं दिखाई पड़ेगा

23. शुष्क बर्फ है-
(a) ठोस पानी
(b) ठोस कार्बन डाइऑक्साइड
(c) निर्जल बर्फ
(d) ठोस हाइड्रोजन परॉक्साइड

24. प्रकाश संश्लेषण होता है-
(a) रात्रि में
(b) दिन में और रात्रि में
(c) दिन अथवा रात्रि में
(d) केवल दिन में

25. सूर्य के प्रकाश को धरती की सतह पर पहुँचने में लगने वाला समय है लगभग-
(a) 4.2 सेकेण्ड (b) 4.8 सेकेण्ड
(c) 8.3 मिनट (d) 3.6 घंटे

26. दूध उदाहरण है, एक-
(a) विलयन का
(b) कालायड विलियन का
(c) इमल्सन का
(d) वायु विलयन का

27. एक पीकोग्राम बराबर होता है-
(a) 10^{-6} ग्राम के (b) 10^{-9} ग्राम के
(c) 10^{-12} ग्राम के (d) 10^{-15} ग्राम के

28. सौर मण्डल का सबसे बड़ा ग्रह है-
(a) पृथ्वी (b) मंगल
(c) वृहस्पति (d) शनि

29. परमाणु नाभिक के अवयव हैं-
(a) इलेक्ट्रॉन और प्रोटॉन
(b) इलेक्ट्रॉन और न्यूट्रॉन
(c) प्रोटॉन और न्यूट्रॉन
(d) प्रोटॉन, न्यूट्रॉन और इलेक्ट्रॉन

30. निम्नलिखित में से कौन वैकल्पिक ऊर्जा का सबसे बड़ा भण्डार है?
(a) सौर ऊर्जा (b) ज्वारीय ऊर्जा
(c) परमाणु ऊर्जा (d) भू-उष्मीय ऊर्जा

31. निम्नलिखित में सबसे भरी धातु है-
(a) तांबा (b) यूरेनियम
(c) एल्युमीनियम (d) चाँदी

32. जब हम बकरी या भेड़ का मांस खाते हैं तब हम-
(a) प्राथमिक उपभोक्ता है
(b) द्वितीयक उपभोक्ता है
(c) तृतीयक उपभोक्ता है
(d) इनमें से कोई नहीं

33. जीवन चक्र की दृष्टि से पौधे का सबसे महत्त्वपूर्ण अंग है-
(a) पुष्प (b) पत्ती
(c) तना (d) जड़

34. सबसे लम्बा जीवित वृक्ष हैं-
(a) यूकेलिप्टस (b) सिकोआ
(c) देवदार (d) पर्णान

35. डायनेमो-
(a) वैद्युत ऊर्जा को गतिज ऊर्जा में बदलता है।
(b) यांत्रिक ऊर्जा को वैद्युत ऊर्जा में परिवर्तित करता है।
(c) वैद्युत ऊर्जा को यांत्रिक ऊर्जा में परिवर्तित करता है।
(d) यांत्रिक ऊर्जा को उत्पन्न करता है।

36. कमरे में रखा रेफ्रीजरेटर का दरवाजा खोलकर-
(a) आप कमरे को कुछ डिग्री ठण्डा कर सकते हैं।
(b) आप इसको रेफ्रीजरेटर के तापमान तक ठण्डा कर सकते हैं।
(c) आप अंतत: कमरे को थोड़ा गर्म कर सकते हैं।
(d) आप कमरे को न तो गर्म कर सकते है न ठण्डा कर सकते है।

37. जल से बाहर निकाले जाने पर मछलियाँ मर जाती हैं, क्योंकि-
(a) उन्हें ऑक्सीकरण अधिक मात्रा में प्राप्त होता है।
(b) उनका शारीरिक ताप बढ़ जाता है।
(c) वे श्वास नहीं ले पाती।
(d) वे जल में नहीं चल पाती।

38. संसार का सबसे बड़ा पुष्प है-
(a) कमल
(b) रैफ्लेशिया
(c) बहुत बड़ा कैक्टस
(d) इनमें से कोई नहीं

39. मटर पौधा है-
(a) शाक (b) पुष्प
(c) झाड़ी (d) इनमें से कोई नहीं

40. भारत के परमाणु ऊर्जा कार्यक्रम का जनक कहा जाता है–
(a) एस. ए. बोस
(b) एच. जे. भाभा
(c) एस. चन्द्रशेखर
(d) एस. एस. भटनागर

41. 'जीव विज्ञान का पिता' किसे कहते हैं?
(a) हाइमन (b) अरस्तु
(c) लेमार्क (d) लियानस

42. सबसे विशाल जीवित स्तनपायी है-
(a) हाथी (b) ऊँट
(c) नीली ह्वेल (d) इनमें से कोई नहीं

43. बर्फ पर चलते समय, किसी को सरकने से बचने हेतु छोटे कदम से चलना पड़ता है, क्योंकि क्षुद्रतर कदम निश्चित करता है-
(a) वृहत्तर घर्षण
(b) निम्नतर घर्षण
(c) वृहत्तर प्रतिक्रिया बल
(d) निम्नतर प्रतिक्रिया बल

44. यदि पृथ्वी परिक्रमण बंद कर देती है, तो इसकी सतह पर का आभासी मान-
(a) सभी स्थानों पर बढ़ेगा
(b) सभी स्थानों पर घटेगा
(c) सभी स्थानों पर एक-सा रहेगा
(d) कुछ स्थानों पर बढ़ेगा एवं अन्य स्थानों पर एक-सा रहेगा

45. गोबर गैस में मुख्यत: होता है-
(a) मिथेन
(b) इथिलीन
(c) एसीटिलीन
(d) कार्बन मोनोक्साइड

46. एक पंखे के नीचे बैठा हुआ आदमी ठंडा अनुभव करता है। यदि ताप मापक को पंखा के नीचे रखा जाये तो पाठ्यांक क्या होगा?

(a) यह उच्चतर पाठ्यांक दर्शाएगा
(b) यह केवल सामान्य तापक्रम दर्शाएगा
(c) कुछ सामान्य तापक्रम का कम मान दर्शाएगा
(d) कुछ कहना संभव नहीं है

47. जब किसी पिंड पर कोई स्थिर बल का प्रयोग किया जाता है तो यह एक समान .... से चलेगा।
(a) गति (b) वेग
(c) त्वरण (d) संवेग

48. प्रकाश की गति न्यूनतम होगी, जब यह गुजरती है-
(a) वायु से होकर
(b) जल से होकर
(c) कांच से होकर
(d) निर्वात से होकर

49. पदार्थ का लघुत्तम अंश है-
(a) प्रोटॉन (b) न्यूट्रॉन
(c) पॉजिट्रॉन (d) क्वार्क

50. कौन-सा ग्रह सूर्य का 88 दिनों में एक चक्कर पूरा करता है?
(a) बुध (b) शुक्र
(c) मंगल (d) बृहस्पति

51. किसी वस्तु में जड़त्व का गुण किसके कारण होता है?
(a) त्वरण
(b) वेग
(c) द्रव्यमान
(d) उपर्युक्त में से कोई नहीं

52. आर्कमिडीज नामक प्रसिद्ध वैज्ञानिक ने कौन-सा नियम प्रतिपादित किया?
(a) गति का नियम
(b) जल उत्प्लावन का नियम
(c) ध्वनि के चाल का सिद्धांत
(d) जल के प्रवाह का सिद्धांत

53. जीव और निर्जीव के बीच की कड़ी है-
(a) प्रोटोजोआ (b) बैक्टीरिया
(c) वायरस (d) उपर्युक्त में कोई नहीं

54. पोलियो किसके द्वारा होता है?
(a) प्रोटोजोआ (b) जीवाणु
(c) अमीबा (d) विषाणु

55. लोहे में जंग लगती है-
(a) पानी से
(b) ऑक्सीजन से
(c) पानी एवं ऑक्सीजन से
(d) इनमें से कोई नहीं

56. कुकिंग गैस निम्नलिखित का मिश्रण होता है-
(a) हाइड्रोजन एवं हीलियम
(b) हाइड्रोजन एवं ऑक्सीजन
(c) ऑक्सीजन एवं मिथेन
(d) ब्यूटेन व प्रोपेन

57. वायु में ध्वनि का वेग-
(a) तापमान के बढ़ने से घटता है
(b) तापमान के घटने से बढ़ता है
(c) तापमान पर आश्रित नहीं रहता है
(d) तापमान के घटने से घटता है

58. निम्नलिखित में से कौन-सी गैस उच्चतम ऊष्मीय मान रखती है?
(a) प्राकृतिक गैस (b) भाप-अंगार गैस
(c) कोयला गैस (d) इनमें से कोई नहीं

59. मनुष्य के शरीर में कुल कितनी हड्डियाँ होती हैं?
(a) 212 (b) 206
(c) 308 (d) 200

60. पायरोमीटर से मापा जाता है-
(a) उच्च ताप (b) विद्युत आवेश
(c) निम्न ताप (d) उपर्युक्त में कोई नहीं

61. परितंत्र (Ecosystem) में ऊर्जा का स्त्रोत है-
(a) हरे पौधे (b) जल
(c) सौर ऊर्जा (d) कार्बनिक यौगिक

62. निम्नलिखित में बेंकिंग सोडा कौन है?
(a) सोडियम कार्बोनेट
(b) सोडियम बाईकार्बोनेट
(c) सोडियम हाइड्रोक्साइड
(d) सोडियम क्लोराइड

63. हीलियम की खोज किसने की?
(a) हेनरी केवेण्डिश
(b) लोकेयर
(c) शीले और प्रीस्टले
(d) वर्जिलियस

64. इलेक्ट्रॉन की खोज किसने की?
(a) अर्नेस्ट रदरफोर्ड
(b) मैक्स प्लैंक
(c) जे. जे. थामसन
(d) आइंस्टीन

65. गुलाबी क्रांति का संबंध किससे है?
(a) झींगा उत्पादन
(b) उर्वरक उत्पादन
(c) तिलहन उत्पादन
(d) दलहन उत्पादन

66. मेरीकल्चर में किसका उत्पादन किया जाता है?
(a) वृक्षों तथा झाड़ियों
(b) समुद्री जीवों
(c) फूलों
(d) मधुमक्खियों

67. निम्न में से कौन सबसे कठोर है?
(a) प्लैटिनम (b) टंगस्टन
(c) हीरा (d) काँच

68. प्रकाश संश्लेषण की क्रिया में बाहर निकलता है?
(a) हाइड्रोजन
(b) ऑक्सीजन
(c) कार्बन डाईऑक्साइड
(d) प्रकाश

69. केन्द्रीय चावल शोध संस्थान कहाँ स्थित है?
(a) कोचीन (b) कटक
(c) राजमुन्द्री (d) चेन्नई

70. बैकिंग सोडा का रासायनिक नाम है-
(a) सोडियम कार्बोनेट
(b) सोडियम बाइकार्बोनेट
(c) सोडियम नाइट्राइट
(d) सोडियम नाइट्रेट

71. पेंसिल का लिखा जाने वाला भाग किससे बना होता है?
(a) ग्रेफाइट (b) कार्बन
(c) टिन (d) कोयला

72. फलों को कृत्रिम रूप से पकाना किस रसायन का मुख्य गुण है?
(a) मिथेन (b) इथेन
(c) एथीलीन (d) बेंजीन

73. पृथ्वी से पलायन वेग का मान कितना है?
(a) 11.2 km/s (b) 11.2 m/s
(c) 7 km/s (d) 1.5 m/s

74. निम्न में से कौन विटामिन जल में धुल जाता है?
(a) विटामिन A (b) विटामिन B
(c) विटामिन D (d) विटामिन E

75. रॉकेट को उड़ाने में कौन-सा ईंधन इस्तेमाल किया जाता है?
(a) कोयला (b) तरल हाइड्रोजन
(c) मिथलॉन (d) यूरेनियम

76. निम्न में से किसमें प्रकाश की चाल अधिकतम होती है?
(a) निर्वात (b) काँच
(c) पानी (d) अल्कोहल

77. समुद्री घोड़ा किसका उदाहरण है?
(a) मत्स्य वर्ग का
(b) स्तनधारी वर्ग का
(c) सरीसृप वर्ग का
(d) इनमें से कोई नहीं

78. पृथ्वी से हम चंद्रमा के कितने प्रतिशत भाग को देख सकते हैं?
(a) 51% (b) 53%
(c) 59% (d) 49%

79. रॉकेट में प्रयुक्त ईंधन कहलाता है?
(a) नोदक (b) अंगार
(c) कोल (d) दहन

80. पानी जब जमकर बर्फ बन जाता है तो उसका आयतन-
(a) घट जाता है
(b) बढ़ जाता है
(c) कोई फर्क नहीं पड़ता है
(d) घट कर बढ़ जाता है

81. विद्युत बल्ब को भरने में प्रयोग किया जाता है-
(a) पोटाशियम का (b) आर्गन का
(c) हीलियम का (d) हाइड्रोजन का

82. पृथ्वी के ध्रुव की ओर वस्तु का भार-
(a) बढ़ जाता है
(b) घट जाता है
(c) स्थिर रहता है
(d) इनमें से कोई नहीं

83. दूध से क्रीम कौन-से बल के कारण अलग होती है?
(a) गुरुत्व बल
(b) घर्षण बल
(c) सेंट्रीफ्यूगल फोर्स
(d) सेंट्रीपीटल फोर्स

84. डूबते सूरज का रंग लाल होता है-
(a) परावर्तन से (b) प्रकीर्णन से
(c) निवर्तन से (d) अपवर्तन से

85. यांत्रिक ऊर्जा से विद्युत ऊर्जा में परिवर्तित करने वाला यंत्र कहलाता है-
(a) लेक्टोमीटर (b) एमीटर
(c) डायनेमो (d) फीस्पीमीअर

86. काँच क्या है?
(a) द्रव
(b) ठोस
(c) अतिशीतित द्रव
(d) पारदर्शक बहुलक

87. पेंडुलम घड़ी किस ऋतु में अक्सर तेजी से चलती है?
(a) गर्मी (b) शीत
(c) बसंत (d) वर्षा

88. रंगीन टेलीविजन में किस रंग का प्रयोग नहीं होता?
(a) लाल (b) हरा
(c) नीला (d) काला

89. प्रकाश वर्ष किसका इकाई है-
(a) दूरी (b) ऊर्जा
(c) बल (d) संवेग

90. मानव शरीर का सामान्य तापमान होता है?
(a) 40.5°C (b) 37°C
(c) 98.4°C (d) 82.4°C

91. निम्नलिखित में से सर्वाधिक ऊर्जा प्रदान करता है?
(a) कार्बोहाइड्रेट
(b) प्रोटीन
(c) विटामिन
(d) खनिज लवण

92. एथलीट को निम्न में से किससे जल्दी और ज्यादा ऊर्जा मिलती है?
(a) वसा (b) विटामिन
(c) प्रोटीन (d) कार्बोहाइड्रेट

93. मृदा अपरदन रोका जा सकता है-
(a) अत्यधिक चरने द्वारा
(b) वनस्पति के हटने द्वारा
(c) वनों को उगाने द्वारा
(d) बढ़ती पक्षी जनसंख्या द्वारा

94. बाढ़ को रोका जा सकता है-
(a) स्थल को ढालदार बनाकर
(b) जल आवरण को हटाकर
(c) वनों को काटकर
(d) नदियों पर बांध बनाकर व वृक्षारोपण करके

95. भारत का राष्ट्रीय पशु है-
(a) गाय (b) मयूर
(c) सिंह (d) बाघ

96. मनुष्य में कुल कितनी हड्डियाँ होती है?
(a) 212 (b) 206
(c) 202 (d) 200

97. मनुष्य के शरीर में हृदय को एक बार धड़कने के लिए कितना समय लगता है?
(a) 1 सेकेण्ड (b) 1 मिनट
(c) 1.5 सेकेण्ड (d) 0.8 सेकेण्ड

98. स्वस्थ मनुष्य में प्रति मिनट हृदय स्पन्दन होता है-
(a) 58 बार (b) 67 बार
(c) 72 बार (d) 90 बार

99. 'जीव विज्ञान के जनक' (Father of Biology) किसे कहा जाता है?
(a) अरस्तू (b) डार्विन
(c) लैमार्क (d) पुरकिन्जे

100. पर्यावरण का अध्ययन जीव-विज्ञान की किस शाखा के अंतर्गत किया जाता है?
(a) कार्यिकी (Ecology)
(b) आनुवंशिकी (Genetics)
(c) पारिस्थितिकी (Ecology)
(d) वर्गिकी (Taxonomy)

101. कार में दृश्यावलोकन के लिए किस प्रकार के शीशे का प्रयोग होता है?
(a) अवतल दर्पण
(b) बेलनाकार दर्पण
(c) उत्तल दर्पण
(d) समतल दर्पण

102. दीर्घ रेडियो तरंगें पृथ्वी की किस सतह से परावर्तित होती हैं?
(a) क्षोभ मंडल (b) आयन मंडल
(c) क्षोभ सीमा (d) समताप मंडल

103. हवा में लोहे और लकड़ी की समान भार की गेंद को समान ऊंचाई से गिराने पर-
(a) पृथ्वी पर दोनों एक समय गिरेंगी
(b) एक पहले गिरेगी, एक बाद में गिरेगी
(c) लकड़ी की गेंद बाद में गिरेगी
(d) कुछ अंतराल में गिरेगी

104. यदि एक जहाज नदी से समुद्र में प्रवेश करता है, तो-
(a) स्थिर रहेगा
(b) ऊपर उठेगा
(c) अपरिवर्तित रहेगा
(d) नीचे डूब जाएगा

105. हवाई जहाज से यात्रा करते समय पेन से स्याही निकलने लगती है-
(a) वायुदाब में कमी के कारण
(b) वायुदाब में वृद्धि के कारण
(c) स्याही के आयतन में वृद्धि के कारण
(d) अत्यधिक भार के कारण

106. भारी वाहन में डीजल का उपयोग इसलिए किया जाता है-
(a) अधिक माइलेज और इंजन की सुरक्षा
(b) कम खर्च और ईंधन की बचत
(c) उच्च क्षमता और आर्थिक बचत
(d) पेट्रोल की अपेक्षा सस्ता होने के कारण

107. वस्तु की मात्रा बदलने पर अपरिवर्तित रहेगा-
(a) आयतन (b) भार
(c) द्रव्यमान (d) घनत्व

108. अस्त होते समय सूर्य लाल दिखाई देता है-
(a) परावर्तन के कारण
(b) प्रकीर्णन के कारण

(c) अपवर्तन के कारण
(d) विवर्तन के कारण

109. थर्मोस्टेट संबंधित है-
(a) आर्द्रता से (b) तापक्रम से
(c) हवा से (d) बादल से

110. धूप से बचने के लिए छाते में रंग संयोजन निम्न में कौन-सा सबसे उचित है?
(a) ऊपर काला नीचे उजला
(b) ऊपर उजला नीचे काला
(c) मात्र काला
(d) मात्र उजला

111. भाप से हाथ अधिक जलता है अपेक्षाकृत उबलते जल से क्योंकि-
(a) भाप में गुप्त ऊष्मा होती है।
(b) भाप शरीर के भीतर घुस जाता है।
(c) भाप में अधिक मारक क्षमता है।
(d) भाप हल्का होता है।

112. शीशे की छड़ जब भाप में रखी जाती है, इसकी लंबाई बढ़ जाती है, परन्तु इसकी चौड़ाई-
(a) अप्रभावित रहती है
(b) घटती है
(c) बढ़ती है
(d) अव्यवस्थित होती है

113. दूरबीन का आविष्कार किया था-
(a) गैलीलियो ने (b) गुटिनबर्ग ने
(c) एडीसन ने (d) ग्राहम बेल ने

114. सड़क पर चलने की अपेक्षा बर्फ पर चलना कठिन है क्योंकि-
(a) बर्फ सड़क से सख्त होती है।
(b) सड़क बर्फ से सख्त होती है।
(c) जब हम अपने पैर से धक्का देते हैं तो बर्फ कोई प्रतिक्रिया व्यक्त नहीं करती।
(d) बर्फ में सड़क की अपेक्षा घर्षण कम होता है।

115. लोहे की कील पारे पर क्यों तैरती है, जबकि वह पानी में डूब जाती है-
(a) लोहे की पारे से रासायनिक क्रिया की प्रवृत्ति पानी की तुलना में कम होने के कारण।
(b) लोहे का भार पानी से अधिक है तथा पारे से कम।
(c) लोहे का घनत्व पानी से अधिक है तथा पारे से कम।
(d) पारा पानी से भारी है।

116. तेल जल के तल पर फैल जाता है, क्योंकि-
(a) तेल, जल की अपेक्षा अधिक घना है।
(b) तेल, जल की अपेक्षा कम घना है।
(c) तेल का तल तनाव, पानी से अधिक है।
(d) तेल का तल तनाव, पानी से कम है।

117. दूरदर्शन के संकेत एक निश्चित दूरी के बाद नहीं मिल सकते, क्योंकि-
(a) संकेत दुर्बल हैं।
(b) एन्टीना दुर्बल है।
(c) वायु संकेत को शोषित कर लेती है।
(d) पृथ्वी की सतह वक्राकार है।

118. लोलक घड़ियां गर्मियों में क्यों सुस्त हो जाती हैं?
(a) गर्मियों में दिन लंबे होने के कारण।
(b) कुण्डली में घर्षण के कारण।
(c) लोलक की लंबाई बढ़ जाती है जिससे इकाई दोलन में लगा हुआ समय बढ़ जाता है।
(d) गर्मी में लोलक का भार बढ़ जाता है।

119. वायुमंडल की आपेक्षिक आर्द्रता किससे मापी जाती है?
(a) हाइड्रोमीटर से
(b) हाइग्रोमीटर से
(c) पोटेन्शियोमीटर से
(d) लैक्टोमीटर से

120. जब किसी बोतल में पानी भरा जाता है और उसे जमने दिया जाता है, तो बोतल टूट जाती है, क्योंकि-
(a) पानी जमने पर फैलता है।
(b) बोतल हिमांक पर सिकुड़ती है।
(c) बोतल के बाहर का तापक्रम अंदर से ज्यादा होता है।
(d) पानी गर्म करने पर फैलता है।

121. मनुष्य आर्द्रता व गर्मी से परेशानी अनुभव करता है। इसका कारण है-
(a) अधिक पसीना आना।
(b) कम पसीना आना।
(c) पसीना आर्द्रता के कारण वाष्पित नहीं होता।
(d) आर्द्रता के कारण पसीना नहीं आता।

122. धूप के चश्मे की पॉवर होती है-
(a) 0 डायोप्टर (b) 1 डायोप्टर
(c) 2 डायोप्टर (d) 4 डायोप्टर

123. मृगतृष्णा (Mirage) उदाहरण है-
(a) अपवर्तन का
(b) पूर्ण आन्तरिक परावर्तन का
(c) विक्षेपण का
(d) विवर्तन का

124. खतरे के संकेतों के लिए लाल प्रकाश का प्रयोग किया जाता है, क्योंकि-
(a) इसका प्रकीर्णन सबसे कम होता है।
(b) यह आंखों के लिए आरामदायक है।
(c) इसका सबसे कम रासायनिक प्रभाव होता है।
(d) हवा द्वारा इसका अवशोषण सबसे कम होता है।

125. पृथ्वी के परितः घूमने वाले कृत्रिम उपग्रह से बाहर गिराई गई गेंद-
(a) सूर्य पर चली जाएगी।
(b) चन्द्रमा पर चली जाएगी।
(c) पृथ्वी पर गिरेगी।
(d) पृथ्वी के परित उपग्रह के समान आवर्तकाल के साथ उसी के कक्ष में घूमती रहेगी।

126. प्रेशर कुकर के अंदर का उच्चतम ताप निर्भर करेगा-
(a) ऊपर के छेद का क्षेत्रफल व उस पर रखे गए वजन पर
(b) ऊपर के छेद का क्षेत्रफल व पकाए जाने वाले पदार्थ पर
(c) ऊपर के छेद पर रखे गए वजन व पकाए जाने वाले पदार्थ पर
(d) ऊपर के छेद के केवल क्षेत्रफल पर

127. साबुन के बुलबुले के अंदर का दाब-
(a) वायुमण्डलीय दाब से अधिक होता है।
(b) वायुमण्डलीय दाब से कम होता है।
(c) वायुमण्डलीय दाब के बराबर होता है।
(d) वायुमण्डलीय दाब का आधा होता है।

128. हीरा चमकदार दिखाई देता है-
(a) परावर्तन के कारण
(b) अपवर्तन के कारण
(c) पूर्ण आन्तरिक परावर्तन के कारण
(d) प्रकीर्णन के कारण

129. सूर्य की ऊर्जा उत्पन्न होती है-
(a) आयनन द्वारा
(b) नाभिकीय संलयन द्वारा
(c) नाभिकीय विखण्डन द्वारा
(d) ऑक्सीकरण द्वारा

130. सापेक्ष आर्द्रता (Relative Humidity) नापी जाती है-
(a) हाइड्रोमीटर से
(b) हाइग्रोमीटर से
(c) लैक्टोमीटर से
(d) पोटेन्शियोमीटर से

131. निम्नलिखित में कौन कठोरतम् धातु है?
(a) सोना (b) लोहा
(c) प्लेटिनम (d) टंग्स्टन

132. कार्य का मात्रक है-
(a) जूल (b) न्यूटन
(c) वॉट (d) डाईन

133. जल के आयतन में क्या परिवर्तन होगा, यदि तापमान 9°C से गिराकर 3°C कर दिया जाता है?
(a) आयतन में कोई परिवर्तन नहीं होगा
(b) आयतन पहले बढ़ेगा और बाद में घटेगा
(c) आयतन पहले घटेगा और बाद में बढ़ेगा
(d) पानी जम जाएगा

134. पारसेक (PARSEC) इकाई है-
(a) दूरी की (b) समय की
(c) प्रकाश की (d) चुम्बकीय बल की

135. एक कृत्रिम उपग्रह में विद्युत ऊर्जा का स्रोत क्या होता है?
(a) थर्मोपाइल
(b) सौर सेलें
(c) डाइनेमो
(d) लघु नाभिकीय रिएक्टर

136. भारत में अणु बम के विकास से संबंधित हैं-
(a) ए.पी.जे. अब्दुल कलाम
(b) होमी भाभा
(c) राजा रमन्ना
(d) कस्तूरीरंगन

137. सेल्सियस और फारेनहाइट थर्मोमीटर में दोनों के ताप का प्रेक्षण समान होता है, जबकि ताप का मान है-
(a) −40° (b) 0°
(c) 32° (d) 100°

138. किसी तारे का रंग दर्शाता है-
(a) उसकी पृथ्वी से दूरी
(b) उसका ताप
(c) उसकी ज्योति
(d) उसकी सूर्य से दूरी

139. लम्बाई की न्यूनतम इकाई है-
(a) माइक्रोन (b) नैनोमीटर
(c) ऐंग्स्ट्रोन (d) फर्मीमीटर

140. बिजली के बल्ब का तन्तु बना होता है-
(a) मैग्नीशियम का (b) लोहे का
(c) नाइक्रोम का (d) टंगस्टन का

141. किसी पिण्ड का भार-
(a) पृथ्वी तल पर सब जगह समान होता है।
(b) ध्रुवों पर सर्वाधिक होता है।
(c) विषुवत रेखा पर अधिक होता है।
(d) मैदानों की अपेक्षा पहाड़ों पर अधिक होता है।

142. प्राकृतिक रबर का बहुलक (Polymer) है-
(a) एथलीन (b) आइसोप्रिन
(c) एसीटिलीन (d) हैक्सेन

143. फोटोग्राफी में उपयोगी तत्व है-
(a) सिल्वर नाइट्रेट
(b) सिल्वर ब्रोमाइड
(c) सल्फ्यूरिक एसिड
(d) साइट्रिक एसिड

144. जल का वाष्प में परिवर्तन कहलाता है-
(a) प्राकृतिक (b) भौतिक
(c) रासायनिक (d) जैविक

145. खाद्य संरक्षण 'फूड प्रोसेसिंग' हेतु प्रयुक्त किया जाता है-
(a) सोडियम कार्बोनेट
(b) एसिटिक एसिड
(c) सोडियम नाइट्रेट
(d) बेंजोइक एसिड

146. जल में आसानी से घुलनशील है-
(a) कॉर्बन (b) नाइट्रोजन
(c) अमोनिया (d) आयोडीन

147. पीतल मिश्रण है-
(a) टिन + चांदी (b) टिन + जस्ता
(c) टिन + तांबा (d) जस्ता + तांबा

148. निम्न में से किसमें कॉर्बन मिलता है?
(a) लिग्नाइट (b) टिन
(c) चांदी (d) लोहा

149. चूना पत्थर का रासायनिक नाम है-
(a) कैल्शियम कार्बोनेट
(b) मैग्नेशियम क्लोराइड
(c) सोडियम क्लोराइड
(d) सोडियम सल्फाइड

150. वायुमण्डल में सबसे अधिक किस गैस का प्रतिशत है?
(a) कॉर्बन (b) नाइट्रोजन
(c) ऑक्सीजन (d) हाइड्रोजन

151. डीजल इंजन में प्रयुक्त ईंधन है-
(a) डीजल की वाष्प और वायु
(b) केवल डीजल
(c) डीजल और पेट्रोल का मिश्रण
(d) डीजल वायु तथा पेट्रोल का मिश्रण

152. पेन्सिल का लैड है-
(a) ग्रेफाइट
(b) चारकोल (लकड़ी का कोयला)
(c) लैम्प ब्लैक
(d) कोयला

153. गैस इंजन की खोज किसने की?
(a) डीजल ने (b) डेवी ने
(c) डेम्लर ने (d) चार्ल्स ने

154. निम्नलिखित में से कौन-सा मूल तत्व है?
(a) रेत (b) हीरा
(c) संगमरमर (d) शक्कर

155. परमाणु के नाभिक में होते हैं-
(a) इलेक्ट्रॉन तथा न्यूट्रॉन
(b) इलेक्ट्रॉन तथा प्रोटॉन
(c) प्रोटॉन तथा न्यूट्रॉन
(d) प्रोटॉन तथा रेडान

156. हरे फलों को कृत्रिम ढंग से पकाने हेतु प्रयुक्त गैस है-
(a) एसीटिलीन
(b) ईथेन
(c) हाइड्रोजन
(d) कॉर्बन-डाइ-ऑक्साइड

157. द्रव क्रिस्टल प्रयुक्त होते हैं-
(a) कलाई घड़ियों में
(b) प्रदर्शन युक्तियों में
(c) पॉकेट कैलकुलेटरों में
(d) उपरोक्त सभी

158. कच्ची चीनी को रंगविहीन करने हेतु जिस चारकोल का प्रयोग किया जाता है, वह है-
(a) लकड़ी का चारकोल
(b) चीनी का चारकोल
(c) जन्तु चारकोल
(d) नारियल का चारकोल

159. कार के इंजन में नॉकिंग से बचने के लिए निम्न में से कौन प्रयोग में लाया जाता है?
(a) एथिल एल्कोहल
(b) ब्यूटेन
(c) टेट्रा एथिल लेड
(d) श्वेत पेट्रोल

160. निम्नांकित में से किससे टेप रिकॉर्डर की टेप लेपित रहती है?
(a) नीला थोथा
(b) फेरोमैग्नेटिक चूर्ण
(c) जिंक ऑक्साइड
(d) पारा

161. इनमें से कौन कोलॉइड नहीं है?
(a) दूध (b) खून
(c) आइसक्रीम (d) शहद

162. निम्न में कौन बारूदी सुरंगों का पता लगाने में उपयोगी होते हैं?
(a) मधुमक्खी (b) बर्रे
(c) तितली (d) पतंगा

163. सभी जैव यौगिक का अनिवार्य मूल तत्व है-

(a) नाइट्रोजन (b) ऑक्सीजन
(c) कॉर्बन (d) गन्धक

164. फोटोग्राफी में कौन-सा अम्ल प्रयोग किया जाता है? (2003)
(a) फॉर्मिक अम्ल (b) ऑक्जेलिक अम्ल
(c) साइट्रिक अम्ल (d) एसीटिक अम्ल

165. कोयला-खानों में विस्फोट के लिए यह समझा जाता है, कि इसके लिए मुख्यत: उत्तरदाई गैस है-
(a) एसिटिलीन (b) कॉर्बन मोनोक्साइड
(c) हाइड्रोजन (d) मीथेन

166. निम्नलिखित द्रवों में कौन-सा ऊष्मा का बहुत अच्छा चालक है?
(a) पारा (b) पानी
(c) ईथर (d) बेंजीन

167. सूर्य की ऊर्जा उत्पन्न होती है-
(a) नाभिकीय विखण्डन के द्वारा
(b) आयनन के द्वारा
(c) नाभिकीय सलयन के द्वारा
(d) ऑक्सीकरण के द्वारा

168. एक कृत्रिम उपग्रह में विद्युत ऊर्जा का स्रोत क्या होता है?
(a) सौर सेलें
(b) लघु नाभिकीय रियेक्टर
(c) डाइनेमो
(d) थर्मोपाइल

169. पेड़ की आयु का पता लगाया जा सकता है-
(a) पेड़ की पत्तियों की गणना करके
(b) उसके धड़ पर वलयों की संख्या की गणना करके
(c) पेड़ की शाखाओं की गणना करके
(d) उसकी ऊंचाई का माप करके

170. धान के खेत से निकलने वाली गैस है-
(a) इथेन (b) मिथेन
(c) नाइट्रोजन (d) उपरोक्त सभी

171. फल पकने में सहायक हॉर्मोन है-
(a) जिबरेलिन (b) मार्फेक्टिन
(c) इथिलीन (d) आई.बी.ए.

172. किस तत्व की कमी से घेंघा रोग हो जाता है?
(a) नाइट्रोजन (b) कैल्शियम
(c) आयोडीन (d) फास्फोरस

173. इण्डेन गैस एक मिश्रण है-
(a) ब्यूटेन एवं हाइड्रोजन का
(b) ब्यूटेन एवं ऑक्सीजन का
(c) ब्यूटेन एवं प्रोपेन का
(d) मीथेन एवं ऑक्सीजन का

174. जब बर्फ पिघलती है तब-
(a) आयतन बढ़ता है
(b) आयतन घटता है
(c) द्रव्यमान बढ़ता है
(d) द्रव्यमान घटता है

175. पीने के पानी को शुद्ध करने के लिए निम्नांकित गैसों में से किसे प्रयोग में लाया जाता है?
(a) सल्फर डाइऑक्साइड
(b) क्लोरीन
(c) फ्लोरीन
(d) कार्बन डाइऑक्साइड

176. एक स्वस्थ व्यक्ति का सामान्य रक्त-चाप कितना होता है?
(a) 100/50 (b) 120/80
(c) 150/100 (d) 80/100

177. बी.सी.जी. का टीका नवजात शिशु को कितने दिन के भीतर लगाना चाहिए?
(a) 6 माह
(b) सात दिन
(c) जन्म के तुरन्त बाद
(d) 48 दिन

178. पोलियो के टीके की खोज किसने की?
(a) अलेक्जेंडर फ्लेमिंग
(b) जॉन साल्क
(c) राबर्ट कोन
(d) एडवर्ड जेनर

179. मानव शरीर में रक्त का थक्का किस विटामिन से जमता है?
(a) विटामिन के (b) विटामिन डी
(c) विटामिन ई (d) विटामिन सी

180. मानव शरीर में क्रोमोसोम की संख्या कितनी होती है?
(a) 23 (b) 46
(c) 44 (d) 42

181. ब्रेन की बीमारी को पहचाना जाता है-
(a) ई.ई.जी. (b) ई.ई.सी.
(c) ई.एम.जी. (d) ई.के.जी.

182. विटामिन D का स्रोत है-
(a) नींबू (b) सूर्य की किरणें
(c) संतरा (d) काजू

183. एड्स का कारण है-
(a) बैक्टीरिया (b) फफूंदी
(c) वायरस (d) अमीबा

184. इन्सुलिन एक प्रकार का-
(a) हॉर्मोन है (b) एन्जाइम है
(c) विटामिन है (d) नमक है

185. जन्तु विज्ञान (Zoology) अध्ययन करता है-
(a) केवल जीवित जानवरों का
(b) केवल जीवित वनस्पति का
(c) जीवित व मृत जानवरों दोनों का
(d) जीवित व मृत वनस्पति दोनों का

186. सूक्ष्म जीवाणु (बैक्टीरिया) को देखा जा सकता है-
(a) खाली आंख द्वारा
(b) कम्पाउण्ड खुर्दबीन द्वारा
(c) हैण्ड लेन्स द्वारा
(d) इलेक्ट्रॉन खुर्दबीन द्वारा

187. विटामिन C का सबसे उत्तम स्रोत है-
(a) सेब (b) आम
(c) आंवला (d) दूध

188. हृदय की धड़कन नियंत्रित करने के लिए निम्न में से कौन-सा खनिज आवश्यक है?
(a) सोडियम (b) गंधक
(c) पोटैशियम (d) लोहा

189. सर्वदाता वह व्यक्ति है जिसका रुधिर वर्ग होता है-
(a) A (b) B
(c) AB (d) O

190. मानव शरीर में विटामिन संचित रहता है-
(a) यकृत में (b) अमाशय में
(c) तिल्ली में (d) उदर में

191. निम्न में से कौन संक्रमित मच्छर के काटने से नहीं होता है?
(a) प्लेग (b) पीत ज्वर
(c) मलेरिया (d) डेंगू

192. जब रक्त में ऑक्सीजन की सान्द्रता में कमी आती है, तो श्वास की गति-
(a) कम हो जाती है
(b) बढ़ जाती है
(c) परिवर्तित नहीं होती
(d) पहले घटती है फिर बढ़ती है

193. "इंडियन इन्स्टीट्यूट ऑफ नेचुरोपैथी एण्ड यौगिक साइंस" स्थित है-
(a) पुणे में (b) लखनऊ में
(c) हैदराबाद में (d) बंगलौर में

194. निम्नांकित में कौन एक प्राकृतिक बहुलक नहीं है?
(a) ऊन (b) रेशम
(c) चमड़ा (d) नाइलोन

195. सामान्य मानव शरीर का तापक्रम होता है-
(a) 98.4° F (b) 98° F
(c) 98.8° F (d) इनमें से कोई नहीं

196. निम्नांकित में कौन-सा कीट नहीं है?
(a) खटमल (b) मकड़ी
(c) घरेलू मक्खी (d) मच्छर

197. निम्नलिखित में से कौन लौह का अच्छा स्त्रोत है?
(a) गाजर (b) मटर
(c) चावल (d) पालक

198. हृदय कब आराम करता है?
(a) कभी नहीं
(b) सोते समय
(c) दो धड़कनों के बीच
(d) योगिक आसन करते समय

199. सुई चुभाने पर निम्नलिखित अंगों में कौन-सा दर्द महसूस नहीं करेगा?
(a) त्वचा (b) मस्तिष्क
(c) हृदय (d) नेत्र

200. निम्नलिखित में से किस जन्तु में खुर नहीं पाए जाते है?
(a) हिरण (b) गीदड़
(c) जेबरा (d) घोड़ा

उत्तरमाला

1. (b)	**2.** (d)	**3.** (b)	**4.** (b)	**5.** (b)	**6.** (c)	**7.** (b)	**8.** (a)	**9.** (a)	**10.** (d)
11. (b)	**12.** (a)	**13.** (b)	**14.** (b)	**15.** (c)	**16.** (b)	**17.** (c)	**18.** (c)	**19.** (d)	**20.** (b)
21. (c)	**22.** (d)	**23.** (b)	**24.** (d)	**25.** (c)	**26.** (c)	**27.** (c)	**28.** (c)	**29.** (c)	**30.** (a)
31. (b)	**32.** (b)	**33.** (a)	**34.** (b)	**35.** (b)	**36.** (c)	**37.** (c)	**38.** (b)	**39.** (a)	**40.** (b)
41. (b)	**42.** (c)	**43.** (c)	**44.** (c)	**45.** (a)	**46.** (b)	**47.** (c)	**48.** (c)	**49.** (d)	**50.** (a)
51. (c)	**52.** (b)	**53.** (c)	**54.** (d)	**55.** (c)	**56.** (d)	**57.** (d)	**58.** (b)	**59.** (b)	**60.** (a)
61. (c)	**62.** (b)	**63.** (b)	**64.** (c)	**65.** (a)	**66.** (b)	**67.** (c)	**68.** (b)	**69.** (b)	**70.** (b)
71. (a)	**72.** (c)	**73.** (a)	**74.** (b)	**75.** (b)	**76.** (a)	**77.** (a)	**78.** (c)	**79.** (a)	**80.** (b)
81. (b)	**82.** (a)	**83.** (c)	**84.** (b)	**85.** (c)	**86.** (c)	**87.** (b)	**88.** (d)	**89.** (a)	**90.** (b)
91. (a)	**92.** (d)	**93.** (c)	**94.** (d)	**95.** (d)	**96.** (b)	**97.** (d)	**98.** (c)	**99.** (a)	**100.** (c)
101. (c)	**102.** (b)	**103.** (c)	**104.** (b)	**105.** (a)	**106.** (c)	**107.** (d)	**108.** (b)	**109.** (b)	**110.** (b)
111. (a)	**112.** (c)	**113.** (a)	**114.** (d)	**115.** (c)	**116.** (d)	**117.** (d)	**118.** (c)	**119.** (b)	**120.** (a)
121. (c)	**122.** (a)	**123.** (b)	**124.** (a)	**125.** (d)	**126.** (d)	**127.** (a)	**128.** (c)	**129.** (b)	**130.** (b)
131. (c)	**132.** (a)	**133.** (c)	**134.** (a)	**135.** (b)	**136.** (b)	**137.** (a)	**138.** (b)	**139.** (d)	**140.** (d)
141. (b)	**142.** (b)	**143.** (b)	**144.** (b)	**145.** (d)	**146.** (c)	**147.** (d)	**148.** (a)	**149.** (a)	**150.** (b)
151. (a)	**152.** (a)	**153.** (c)	**154.** (a)	**155.** (c)	**156.** (a)	**157.** (d)	**158.** (c)	**159.** (c)	**160.** (b)
161. (c)	**162.** (a)	**163.** (c)	**164.** (b)	**165.** (d)	**166.** (a)	**167.** (c)	**168.** (a)	**169.** (b)	**170.** (b)
171. (c)	**172.** (c)	**173.** (c)	**174.** (b)	**175.** (b)	**176.** (b)	**177.** (b)	**178.** (b)	**179.** (a)	**180.** (b)
181. (a)	**182.** (b)	**183.** (c)	**184.** (a)	**185.** (c)	**186.** (b)	**187.** (c)	**188.** (c)	**189.** (d)	**190.** (a)
191. (a)	**192.** (b)	**193.** (a)	**194.** (d)	**195.** (a)	**196.** (b)	**197.** (d)	**198.** (c)	**199.** (b)	**200.** (b)

❑❑❑

अध्याय

2 भारतीय राष्ट्रीय आंदोलन तथा बिहार का योगदान

- राष्ट्रीय आन्दोलन का विकास तीन चरणों में हुआ। पहला **उदारवादी युग (1885–1905 ई.)**, दूसरा **उग्रवादी युग (1906–18 ई.)** एवं तीसरा **गाँधीवादी युग (1919–47 ई.)**।

उदारवादी युग

- **1885–1905 ई.** तक भारतीय राष्ट्रीय आन्दोलन में कांग्रेस पर पूरी तरह से उदारवादियों का प्रभाव रहा, जिसके प्रमुख नेतृत्वकर्त्ता सुरेन्द्रनाथ बनर्जी, दादाभाई नौरोजी, फिरोजशाह मेहता, गोपालकृष्ण गोखले, महादेव रानाडे, मदनमोहन मालवीय इत्यादि थे।
- **उदारवादी क्रांति** में नहीं वरन् क्रमिक सुधारों में विश्वास रखते थे। इनकी मांगों में अवज्ञा तथा चुनौती का स्वर न होकर प्रार्थना का स्वर होता था।
- उदारवादी पाश्चात्य सभ्यता और विचारों से प्रभावित थे। वे ब्रिटेन से स्थायी संबंध की स्थापना भारत के हित में मानते थे।
- **उदारवादियों** के साधनों को **राजनैतिक भिक्षावृत्ति** की संज्ञा दी गई है।
- **लाला लाजपत राय** ने उदारवादी नेतृत्व को अवसरवादी आन्दोलन की संज्ञा दी।
- **उदारवादी नेता दादाभाई नौरोजी** को **ग्रैंड ओल्ड मैन ऑफ इण्डिया** कहा जाता था।
- **'धन के निष्कासन का सिद्धांत' दादाभाई नौरोजी** द्वारा प्रस्तुत किया गया था।
- **रमेशचन्द्र दत्त** ने भारत के आर्थिक इतिहास पर प्रथम पुस्तक **इकोनॉमीक हिस्ट्री ऑफ इण्डिया** लिखी।
- उदारवादी कांग्रेसी नेताओं ने **प्रतिनिधित्व के बिना कर नहीं** का नारा दिया।
- **उदारवादियों** के प्रयास से ही **1892 ई.** का एक्ट पारित हुआ।
- उदारवादी नीतियों में परिवर्तन के बाद कांग्रेस ने औपनिवेशिक स्वराज्य तथा स्वाधीनता को अपना लक्ष्य घोषित किया।

उग्रवादी युग

- **1906 ई.** के बाद भारतीय राजनीति में कांग्रेस के भीतर उग्रवादी (क्रांतिकारी) दल का उदय हुआ। जिसके प्रमुख नेता **लाला लाजपत राय**, **बाल गंगाधर तिलक**, **विपिनचन्द्र पाल** एवं **अरविन्द घोष** थे।
- **तिलक** का वक्तव्य था, **"स्वराज्य मेरा जन्मसिद्ध अधिकार है और मैं इसे लेकर रहूँगा।"**
- भारत में क्रांतिकारी गतिविधियों की शुरुआत 1897 ई. में महाराष्ट्र से मानी जाती है।
- भारत में **आर्य बान्धव समिति** नामक क्रांतिकारी संस्था **तिलक** की प्रेरणा से स्थापित की गई थी।
- **तिलक** द्वारा **1893 ई.** में **गणपति त्यौहार** तथा **1895 ई.** में **शिवाजी उत्सव** की घोषणा की गई।
- **1897 ई.** में **चापेकर बंधुओं** द्वारा पूना में दो अधिकारियों **रैण्ड** तथा **एमहर्स्ट** की हत्या कर दी गई।
- **वी.डी. सावरकर** द्वारा 1904 ई. में नासिक में स्थापित **मित्रमेला नामक संस्था** ने ही **अभिनव भारत समाज** के रूप में प्रसिद्धि पाई।
- **1905 ई.** में **श्यामजी कृष्ण वर्मा** ने लंदन में **भारत स्वशासन समिति** का गठन किया, जिसे प्राय: **इण्डिया हाउस** की संज्ञा दी जाती थी। वी. डी. सावरकर, हरदयाल और मदनलाल ढींगरा इस क्रांतिकारी संगठन के सदस्य बन गए।
- **1909 ई.** में **मदनलाल ढींगरा** ने **कर्नल विलियम कर्जन वाइली** की, जो इण्डिया ऑफिस में राजनीतिक सलाहकार थे, गोली मार कर हत्या कर दी।
- लॉर्ड कर्जन ने 19 जुलाई, 1905 को बंगाल विभाजन के निर्णय की घोषणा की, जिसके परिणामस्वरूप 7 अगस्त, 1905 को कलकत्ता के टाउन हॉल में स्वदेशी आंदोलन की घोषणा की गई।
- 16 अक्टूबर, 1905 को बंगाल विभाजन की घोषणा प्रभावी हो गई। यह दिन पूरे बंगाल में राखी दिवस के रूप में मनाया गया। साथ ही इसी दिन से भारतीयों का ब्रिटिश सरकार के विरुद्ध प्रथम सुनियोजित जन-आंदोलन प्रारंभ हुआ।

स्वदेशी आंदोलन

- **1905 ई.** में ही कांग्रेस के **बनारस अधिवेशन** में **स्वदेशी** और **बहिष्कार आंदोलन** का अनुमोदन किया गया।
- स्वदेशी आंदोलन को आगे बढ़ाने के लिए **अश्विनी कुमार दत्त** ने **बारिसाल** में **स्वदेश बांधव समिति** की स्थापना की।
- स्वदेशी आंदोलन के दौरान **कृष्ण कुमार मिश्रा** ने **एंटी सर्कुलर सोसाइटी** की स्थापना की थी।
- **स्वदेशी आंदोलन** के दौरान विदेशी वस्तुओं के बहिष्कार का सुझाव सबसे पहले **कृष्ण कुमार मित्र** ने अपने **पत्र संजीवनी** में दिया था।
- **स्वदेशी आन्दोलन** के दौरान स्वदेशी प्रतिज्ञाओं की पद्धति को मंदिर में प्रयोग करने वाले सुरेन्द्रनाथ बनर्जी पहले व्यक्ति थे।
- स्वदेशी आंदोलन को पंजाब क्षेत्र में लाला लाजपत राय तथा अजीत सिंह ने मजबूती दी। सैय्यद हैदर रजा ने इसे दिल्ली में मजबूती प्रदान की।
- अजीत सिंह ने लाहौर में 'अन्जुमने-मोहिब्बाने वतन' नामक एक संस्था की स्थापना की एवं 'भारत माता' नाम से अखबार निकाला था।
- लाला लाजपत राय एवं अजीत सिंह को मांडले जेल भेज दिया गया।
- स्वदेशी आन्दोलन के दौरान शांति निकेतन की तर्ज पर 'बंगाल नेशनल कॉलेज' की स्थापना की गई। इसके पहले आचार्य अरविंद घोष थे।

- 15 अगस्त, 1906 को राष्ट्रीय शिक्षा परिषद् की स्थापना की गई।
- गुरुदास बनर्जी ने बंगाल में राष्ट्रीय शिक्षा की स्थापना की।
- ब्रिटिश सरकार ने स्वदेशी आन्दोलन में छात्रों की भागीदारी समाप्त करने हेतु 'कार्लाइल सर्कुलर' लागू किया। जिसके तहत् शैक्षिक संस्थानों को दिए जाने वाले अनुदान तथा छात्रवृत्ति को रोका जाना था।
- स्वदेशी आन्दोलन के अवसर पर रवीन्द्र नाथ ठाकुर ने **'आमार सोनार बांग्ला'** नामक गीत लिखा, जो वर्तमान में बांग्लादेश का राष्ट्रीय गीत है।

मुस्लिम लीग

- सन् 1906 में आगा खाँ एवं सलीमुल्ला खाँ के द्वारा ढाका में मुस्लिम लीग की स्थापना की गई।
- मुस्लिम लीग का प्रथम अध्यक्ष आगा खाँ को बनाया गया, जबकि इसके संस्थापक सलीमुल्ला थे।
- लीग का संविधान 1906 ई. में कराची में बना। इसके अनुसार प्रथम अधिवेशन 1908 ई. में अमृतसर में हुआ, जिसकी अध्यक्षता आगा खाँ ने की।

क्रांतिकारी आंदोलन

- कांग्रेस के **कलकत्ता अधिवेशन 1906** में पहली बार **दादाभाई नौरोजी** ने **स्वराज** शब्द का उल्लेख किया।
- स्वदेशी आंदोलन को चलाने के मुद्दे को लेकर उग्रवाद एवं उदारवाद में मतभेद उभरे और 1907 ई. में सूरत में कांग्रेस का विभाजन हो गया।
- बंगाल में **क्रांतिकारी आन्दोलन** की शुरुआत **भद्रलोक समाज** ने की।
- **श्री पी. मिश्रा** तथा **वारिन्द्र कुमार घोष** एवं **भूपेन्द्र दत्त** के सहयोग से 1902 ई. में **मिदनापुर अनुशीलन समिति** का गठन किया गया।
- 1902 ई. में **वारिन्द्र कुमार घोष** ने **भवानी मंदिर** नामक पुस्तिका का **प्रकाशन** किया।
- **विपिनचन्द्र पाल** ने बंगाल के युवाओं का नेतृत्व किया। उन्हें बंगाल में तिलक का सेनापति माना जाता था।
- 1908 ई. में **हेमचंद्र कानूनगो** द्वारा माणिकतल्ला में बम बनाने का कारखाना खोला गया। पुलिस के द्वारा इस कारखाने पर छापा मारकर 34 लोगों को गिरफ्तार किया गया एवं उन पर **अलीपुर षड्यंत्र केस** के तहत मुकदमा चलाया गया।
- **प्रफुल्ल चाकी** एवं **खुदीराम बोस** ने किंग्सफोर्ड को मारने के लिए मुजफ्फरपुर में उस पर बम फेंका। असफलता के पश्चात् प्रफुल्ल चाकी ने स्वयं को गोली मार ली और **खुदीराम बोस** को 11 अगस्त, 1908 को फाँसी दी गई।
- **भाई परमानन्द**, **सोहन सिंह भाखना** तथा **हरनाम सिंह** ने **लाला हरदयाल** के साथ मिलकर **1913 ई.** में **गदर पार्टी** की स्थापना की। इसका प्रथम अध्यक्ष **सोहन सिंह भाखना** को बनाया गया। इस पार्टी का मुख्यालय **सैन फ्रांसिस्को** में **युगान्तर आश्रम** नाम से बनाया गया।
- 1913 ई. में प्रकाशित **गदर पत्रिका** का प्रकाशन हिन्दी, गुरुमुखी, अंग्रेजी, गुजराती एवं उर्दू में होता था।
- वर्ष **1914** में ही **कामागाटामारु प्रकरण** घटित हुआ। इस घटना में सिंगापुर में रहने वाले गुरुदत्त सिंह ने कामागाटामारु नामक जहाज को किराए पर लेकर 376 यात्रियों के साथ वैंकूवर की ओर प्रस्थान किया, किंतु कनाडा पुलिस ने उन्हें आगे बढ़ने से मना कर दिया।
- 1907 में रामानाथपुरी ने **'सरकुलर-ए-आजादी'** तथा **वैंकूवर** से तारकनाथ दास ने **'फ्री हिन्दुस्तान'** का प्रकाशन किया।
- **रहीम हुसैन**, **सोहनलाल पाठक** एवं **बलवंत सिंह** ने इन यात्रियों की लड़ाई के लिए **शोर कमेटी** (तटीय समिति) की स्थापना की।
- भारत की ब्रिटिश सरकार ने जहाज को सीधे कलकत्ता लाने का आदेश दिया।
- जहाज के बजबज पहुँचने पर यात्रियों एवं पुलिस में मुठभेड़ हुई।
- प्रथम विश्व युद्ध में ब्रिटिश का समर्थन तत्कालीन भारत की राजनीतिक पार्टियों, जैसे–कांग्रेस, मुस्लिम लीग, मॉडरेट, नेशनलिस्ट, राजे-राजवाड़ों ने किया।
- राष्ट्रवादी नेता तिलक और गाँधी जी ने युद्ध के दिनों में सरकार की सहायता हेतु धन और सेना के लिए गाँव का दौरा किया।
- **कांग्रेस के लखनऊ अधिवेशन 1916 ई.** में **कांग्रेस-लीग** समझौता हुआ एवं कांग्रेस का एकीकरण हुआ। इसके तहत कांग्रेस ने पहली बार मुसलमानों के पृथक् निर्वाचन मंडल की मांग मान ली।
- तिलक एवं बेसेन्ट द्वारा अप्रैल एवं सितम्बर, 1916 में **होमरूल लीग** की स्थापना की गई।
- **बाल गंगाधर तिलक** द्वारा 28 अप्रैल, 1916 को पूना में होमरूल लीग की स्थापना की गई। तिलक ने **मराठा** एवं **केसरी पत्र** द्वारा इसका प्रचार-प्रसार किया।
- **तिलक** के **होमरूल लीग** में **जोसेफ बैपतिस्ता** को अध्यक्ष और **एन.सी. केलकर** को सचिव बनाया गया।
- **तिलक** को इण्डियन अनरेस्ट के लेखक **वेलेंटाइन शिरोल** ने भारतीय **अशांति का जनक** कहा।
- **गोपाल कृष्ण गोखले** द्वारा स्थापित संस्था **सर्वेन्ट ऑफ इण्डिया सोसाइटी** के सदस्यों को लीग में प्रवेश की अनुमति नहीं थी।
- **एनी बेसेन्ट** की लीग का मुख्यालय मद्रास के निकट **अड्यार** नामक स्थान पर था। इन्होंने अपने समाचार पत्रों **न्यू इण्डिया एवं कॉमनवील** की सहायता से होमरूल के विचारों को प्रसारित-प्रचारित करने का कार्य किया।
- **जवाहर लाल नेहरू**, **बी. चक्रवर्ती** तथा **जे. बनर्जी** आदि नेताओं ने **बेसेन्ट की लीग** की सदस्यता ग्रहण की। बेसेन्ट ने **मांटेग्यू-चेम्सफोर्ड** के सुधारों की घोषणा के बाद **20 अगस्त**, **1917** को होमरूल लीग को समाप्त करने की घोषणा कर दी।

रॉलेट एक्ट

- न्यायाधीश सर सिडनी रॉलेट की रिपोर्ट के आधार पर 17 मार्च, 1919 को केन्द्रीय विधान परिषद् में रॉलेट एक्ट पारित किया गया।
- सरकार ने 10 सितंबर, 1917 ई. में न्यायाधीश सर सिडनी रॉलेट की अध्यक्षता में एक सेडीशन समिति की स्थापना की। इसका उद्देश्य भारत में क्रांतिकारी आंदोलन की जांच करना था।
- इस एक्ट के द्वारा अंग्रेज सरकार जिसको चाहे बिना मुकदमा चलाये जेल में बन्द कर सकती थी।
- इस एक्ट को **''बिना अपील बिना वकील'', तथा 'बिना दलील'** का कानून भी कहा गया।
- महात्मा गांधी ने रॉलेट एक्ट के विरुद्ध सत्याग्रह सभा बनायी, जिसके सदस्य जमनालाल बजाज, द्वारका दास, शंकरलाल बैंकर, उमा सोमानी व बी.जी. हानीमिन थे।
- इस एक्ट के विरोध में 6 अप्रैल, 1919 ई. को एक देशव्यापी हड़ताल करवायी गयी। दिल्ली में 30 मार्च, 1919 ई. को आन्दोलन का नेतृत्व स्वामी श्रद्धानन्द ने सम्भाला।

जलियाँवाला बाग हत्याकाण्ड

- **13 अप्रैल**, **1919** को अमृतसर में **जलियाँवाला हत्याकाण्ड** वैशाखी के दिन हुआ।
- **डॉ. सतपाल** एवं **डॉ. सैफुद्दीन किचलू** की गिरफ्तारी के विरोध में हो रही जनसभा पर **ब्रिगेडियर जनरल आर. डायर** ने बिना किसी चेतावनी के

गोली चलवा दी। सरकारी रिपोर्ट के अनुसार इसमें 379 व्यक्ति मारे गए एवं 1200 घायल हुए। इस हत्याकांड में हंसराज नामक एक भारतीय ने डायर को सहयोग दिया था।

- **जलियाँवाला काण्ड** के समय **चमनदीप** ने पंजाब में **डंडा फौज** का गठन किया।
- इस हत्याकांड के विरोध में **रवीन्द्रनाथ टैगोर** ने **नाइट** की **उपाधि** वापस कर दी।
- इस हत्याकांड की जांच के लिए सरकार ने **19 अक्टूबर, 1919** को **लॉर्ड हण्टर** की अध्यक्षता में एक आयोग का गठन किया। जिसमें तीन भारतीय सदस्यों (**चिमन लाल सीतलवाड़, शहजादा सुल्तान अहमद** एवं **जगत नारायण**) सहित कुल 8 सदस्य थे।
- **जलियाँवाला बाग हत्याकाण्ड** की जाँच के लिए कांग्रेस द्वारा **मदनमोहन मालवीय** की अध्यक्षता में एक समिति गठित की गई, जिसके सदस्य **मोतीलाल नेहरू, महात्मा गाँधी, सी.आर. दास, तैय्यबजी** एवं **जयकर** थे।

गाँधी युग

- गाँधी जी 1893 ई. में दक्षिण अफ्रीका गए और वहाँ अपने 20 वर्षों के **प्रवास** के दौरान रंगभेद नीति के खिलाफ लड़ाई लड़ते रहे। यहीं पर गाँधी जी ने सर्वप्रथम सत्याग्रह आन्दोलन चलाया।
- दक्षिण अफ्रीका में महात्मा गाँधी ने अपनी विचारधारा को प्रचारित-प्रसारित करने के लिए **फीनिक्स सैटलमेंट** एवं **टॉलस्टाय फार्म** की स्थापना की।
- गाँधी जी ने अपने प्रसिद्ध ग्रंथ **हिन्द स्वराज** की रचना 1909 ई. में लंदन जाते समय की थी।
- सन् 1915 ई. में गाँधी जी दक्षिण अफ्रीका से भारत वापस लौटे, इन्होंने अपना राजनीतिक **गुरु गोपालकृष्ण गोखले** को बनाया।
- गाँधी जी ने भारत आने पर 1915 ई. में **अहमदाबाद** के पास **साबरमती नदी के तट** पर **सत्याग्रह आश्रम** की स्थापना की।
- भारत आने पर गाँधी जी द्वारा राजनीतिक क्षेत्र में उनका सर्वप्रथम महत्वपूर्ण कार्य **गिरमिटिया प्रथा** (मजदूरों की भर्ती किए जाने के संबंध में) का विरोध था।
- अप्रैल, 1917 में गाँधी जी द्वारा **चम्पारण सत्याग्रह** प्रारम्भ किया गया।
- भारत में गाँधी जी द्वारा चलाया गया पहला वास्तविक **किसान सत्याग्रह 'खेड़ा सत्याग्रह'** (1918) था।
- गाँधी जी ने खेड़ा (गुजरात) में **कर नहीं देने का आन्दोलन** चलाया।
- 1918 ई. में गाँधी जी ने अहमदाबाद मिल मजदूरों की हड़ताल के समर्थन में पहली बार भूख हड़ताल की थी।
- अहमदाबाद के मिल मजदूरों एवं मिल मालिकों के बीच **प्लेग बोनस** को लेकर विवाद आरम्भ हुआ था और मजदूर हड़ताल पर चले गए थे।
- गाँधीजी द्वारा स्थापित **हरिजन सेवक संघ** के संस्थापक अध्यक्ष **घनश्याम दास बिड़ला** थे।

खिलाफत आंदोलन

- 23 नवम्बर, 1919 को दिल्ली में अखिल भारतीय खिलाफत कमेटी का अधिवेशन हुआ और गाँधी जी ने इस अधिवेशन की अध्यक्षता की।
- गाँधी जी ने खिलाफत आंदोलन को हिन्दू-मुस्लिम की एकता का अवसर माना।
- 20 जून, 1920 को इलाहाबाद में हुई हिन्दू-मुस्लिम की संयुक्त बैठक में असहयोग के अस्त्र को अपनाए जाने का निर्णय लिया गया।
- 31 अगस्त, 1920 के दिन को खिलाफत दिवस के रूप में मनाया गया।
- 1924 में खिलाफत आंदोलन उस समय समाप्त हो गया, जब तुर्की में कमाल पाशा के नेतृत्व में बनी सरकार ने खलीफा के पद को समाप्त कर दिया।

असहयोग आंदोलन

- सितम्बर, 1920 में लाला लाजपत राय की अध्यक्षता में कलकत्ता में असहयोग आन्दोलन के कार्यक्रम पर विचार करने के लिए कांग्रेस महासमिति के अधिवेशन का आयोजन किया गया।
- 1 अगस्त, 1920 को गाँधी जी द्वारा असहयोग आन्दोलन की शुरुआत की गई।
- दिसम्बर, 1920 में नागपुर अधिवेशन में कांग्रेस ने असहयोग आंदोलन की पुष्टि कर दी।
- असहयोग आंदोलन के कारण थे–रॉलेट एक्ट, जलियाँवाला बाग हत्याकाण्ड, हण्टर कमेटी की रिपोर्ट, भारतीय स्वराज की मांग इत्यादि।
- असहयोग आंदोलन के रचनात्मक कार्य थे–शराब का बहिष्कार, हिन्दू-मुस्लिम एकता एवं अहिंसा पर बल, छुआछूत से परहेज, स्वदेशी वस्तुओं का प्रयोग, हाथ से बुने खादी कपड़े का प्रयोग, कड़े कानूनों की सविनय अवज्ञा करना, कर न देना आदि।
- गाँधी जी ने नागपुर में कांग्रेस के पुराने लक्ष्य अंग्रेजी साम्राज्य के अंतर्गत स्वशासन के स्थान पर स्वराज को नया लक्ष्य घोषित किया। गाँधी जी की इस घोषणा से बेसेन्ट, जिन्ना एवं पाल ने असंतुष्ट होकर कांग्रेस छोड़ दी।
- मुहम्मद अली पहले नेता थे, जिन्हें सर्वप्रथम असहयोग आन्दोलन में गिरफ्तार किया गया।
- आंदोलन के आरम्भ में महात्मा गाँधी ने **कैसर-ए-हिन्द** एवं जमनालाल बजाज ने **राय बहादुर** की उपाधि वापस कर दी।
- गाँधी जी के आह्वान पर असहयोग आन्दोलन के खर्च की पूर्ति के लिए 1921 में तिलक स्वराज फंड की स्थापना की गई।
- 5 फरवरी, 1922 को उत्तर प्रदेश के गोरखपुर जिले में चौरी-चौरा की घटना घटी। जिसमें किसानों के एक जुलूस पर गोली चलाए जाने के कारण क्रुद्ध भीड़ ने थाने में आग लगा दी, जिससे 21 सिपाहियों की मृत्यु हो गई।
- चौरी-चौरा कांड से क्षुब्ध होकर 12 फरवरी, 1922 को गाँधी जी द्वारा असहयोग आंदोलन को समाप्त करने की घोषणा की गई।
- 13 मार्च, 1922 को गाँधी जी को गिरफ्तार कर लिया गया। न्यायाधीश ब्रूम फील्ड ने गाँधी जी को असन्तोष भड़काने के अपराध में 6 वर्ष की कैद की सजा सुनाई, लेकिन स्वास्थ्य संबंधी समस्या के कारण गाँधी जी को 5 फरवरी, 1924 को रिहा कर दिया गया।
- **जून, 1922** में कांग्रेस द्वारा **सविनय अवज्ञा जाँच समिति** का गठन हकीम अजमल खाँ की अध्यक्षता में किया गया।

स्वराज पार्टी

- इसका उद्देश्य कांग्रेस के अन्दर रहकर चुनावों में हिस्सा लेना और विधान परिषद् में स्वदेशी सरकार के गठन की मांग उठाना था।
- मार्च, 1923 में **मोतीलाल नेहरू** एवं **सी.आर. दास** के द्वारा इलाहाबाद में **स्वराज पार्टी** का गठन किया गया।
- **नागपुर झण्डा सत्याग्रह** 1923 ई. में कांग्रेस के ध्वज के प्रयोग को रोकने के विरुद्ध नागपुर में हुआ।
- **गुरु का बाग सत्याग्रह** (1922–23 ई.) यह सत्याग्रह अपदस्थ महन्त और नवगठित शिरोमणि गुरु द्वारा प्रबन्धन कमेटी के मध्य विवादित भूमि पर पेड़ काटे जाने के कारण हुआ।
- **तारकेश्वर सत्याग्रह** 1924 ई. में बंगाल स्थित एक भ्रष्ट महन्त के विरुद्ध स्वामी विश्वानन्द ने प्रारम्भ किया।
- **वायकोम सत्याग्रह** 1924–25 ई. में केरल के त्रावणकोर राज्य में एझवा कांग्रेस नेता टी.के. माधवन ने मन्दिर में प्रवेश के लिए चलाया।

- **अक्टूबर, 1924** में **शचीन्द्र नाथ सान्याल**, **राम प्रसाद बिस्मिल** तथा **चन्द्रशेखर आजाद** के द्वारा कानपुर में **हिन्दुस्तान रिपब्लिकन एसोसिएशन** (एचआरए) की स्थापना की गई।
- **दिसम्बर, 1924** के **बेलगाँव कांग्रेस अधिवेशन** की अध्यक्षता **महात्मा गाँधी** ने की।
- **9 अगस्त, 1925** को काकोरी कांड की घटना घटी, जिसमें **राम प्रसाद बिस्मिल**, **अशफाकउल्ला**, **रोशन लाल** एवं **राजेन्द्र लाहिड़ी** पर मुकद्दमा चला कर फांसी दे दी गई।
- **सन् 1925** में **विट्ठलभाई पटेल** को **केन्द्रीय विधान मंडल** (सेन्ट्रल लेजिस्लेटिव असेम्बली) का अध्यक्ष चुना गया।
- **चन्द्रशेखर आजाद** के द्वारा सितम्बर, 1928 में दिल्ली के **फिरोजशाह कोटला** मैदान में **हिन्दुस्तान सोशलिस्ट रिपब्लिकन एसोसिएशन** की स्थापना की गई।

नेहरू रिपोर्ट

- **28 अगस्त, 1928** को मोतीलाल नेहरू के द्वारा **नेहरू रिपोर्ट** प्रस्तुत की गई।
- **नेहरू रिपोर्ट** को अन्तिम रूप से अगस्त, 1928 में आयोजित सर्वदलीय सम्मेलन में स्वीकार किया गया। इस सम्मेलन की अध्यक्षता डॉ. अंसारी ने की थी।
- रिपोर्ट में **डोमिनियन स्टेट्स** को पहला एवं **पूर्ण स्वराज्य** को दूसरा लक्ष्य घोषित किया गया।
- मुस्लिम लीग के अध्यक्ष मुहम्मद अली जिन्ना ने कुछ दिन के बाद **नेहरू रिपोर्ट** को अस्वीकार कर दिया। **नेहरू रिपोर्ट** से सिक्ख लोग भी असंतुष्ट थे।
- जिन्ना ने नेहरू रिपोर्ट के विकल्प के रूप में मार्च, 1929 में **14 सूत्री मांगपत्र** प्रस्तुत किया।
- मोतीलाल नेहरू ने **पब्लिक सेफ्टी बिल** को भारतीय गुलामी विधेयक नं. 1 की संज्ञा दी।

साइमन कमीशन

- 3 फरवरी, 1928 को साइमन कमीशन मुम्बई पहुँचा।
- साइमन कमीशन के विरोध के दौरान लाला लाजपत राय की हत्या करवाने वाले पुलिस अधीक्षक सांडर्स की हत्या (अक्टूबर, 1928) भगत सिंह, चन्द्रशेखर आजाद एवं राजगुरु के द्वारा कर दी गई।
- केन्द्रीय विधान मंडल में **ट्रेड डिस्प्यूट सेफ्टी बिल** पर बहस के दौरान 8 अप्रैल, 1929 को भगत सिंह एवं बटुकेश्वर दत्त के द्वारा बम फेंका गया।

सविनय अवज्ञा आंदोलन

- 1929 ई. का लाहौर अधिवेशन **जवाहर लाल नेहरू** की अध्यक्षता में सम्पन्न हुआ, जिसमें नेहरू रिपोर्ट को पूर्णत: निरस्त घोषित कर दिया गया। इसी अधिवेशन में कांग्रेस कार्यकारिणी को **सविनय अवज्ञा** शुरू करने का अधिकार दिया गया।
- 26 जनवरी, 1930 को कांग्रेस द्वारा पूर्ण स्वराज्य की घोषणा की गई एवं इस दिन को प्रथम स्वाधीनता दिवस के रूप में मनाने का निश्चय किया गया।
- फरवरी, 1930 में साबरमती आश्रम में हुई कांग्रेस कार्यकारिणी की दूसरी बैठक में महात्मा गाँधी को सविनय अवज्ञा आंदोलन शुरू करने का दायित्व सौंपा गया।
- महात्मा गाँधी के द्वारा 12 मार्च, 1930 को अपने 78 समर्थकों के साथ साबरमती आश्रम से 385 किमी. दूर स्थित दाण्डी के लिए प्रस्थान किया गया। लगभग 24 दिन बाद 6 अप्रैल, 1930 को दाण्डी पहुँचकर गाँधी जी ने समुद्र तट पर नमक कानून तोड़ा।
- **सविनय अवज्ञा आंदोलन** के दौरान बिहार में **कर न अदायगी** का आंदोलन चलाया गया।
- मध्यप्रांत, महाराष्ट्र और कर्नाटक में इस दौरान **वन सत्याग्रह** नामक आंदोलन चलाया गया।
- **बारदोली आन्दोलन** की सफलता के बाद महिलाओं ने **वल्लभ भाई पटेल** को **सरदार** की उपाधि प्रदान की।
- 5 मई, 1930 को गाँधी जी को गिरफ्तार कर लिया गया।

गोलमेज सम्मेलन

- 5 मार्च, 1931 को गाँधीजी एवं इरविन के मध्य एक समझौता हुआ, जिसे **'गाँधी-इरविन समझौता'** के नाम से जाना जाता है।
- 23 मार्च, 1931 को लाहौर षड्यंत्र केस के तहत् भगत सिंह, सुखदेव और राजगुरु को फांसी दे दी गई। भगत सिंह को **शहीद-ए-आजम** कहा जाता है।
- 'इन्कलाब जिंदाबाद' का पहली बार नारे के रूप में प्रयोग भगत सिंह के द्वारा किया गया था। यद्यपि इसकी रचना मुहम्मद इकबाल ने की थी।
- भगत सिंह ने कहा कि "क्रांति की तलवार की धार वैचारिक पत्थर पर रगड़ने से ही आती है।"
- भगवती चरण वोहरा ने **'फिलॉसफी ऑफ द बॉम्ब'** की रचना की।
- **प्रथम गोलमेज सम्मेलन** 12 नवम्बर, 1930 से 13 जनवरी, 1931 के मध्य ब्रिटेन के प्रधानमन्त्री **रैम्जे मैक्डोनाल्ड** की अध्यक्षता में आयोजित किया गया। इसमें कांग्रेस ने भाग नहीं लिया था।
- 7 सितम्बर, 1931 से प्रारम्भ होने वाले दूसरे गोलमेज सम्मेलन में कांग्रेस के प्रतिनिधि के रूप में **महात्मा गाँधी** ने हिस्सा लिया।
- इसी आंदोलन के दौरान **विंस्टन चर्चिल** ने ब्रिटिश सरकार की आलोचना करते हुए गाँधी जी को **देशद्रोही फकीर** कहा था।
- द्वितीय गोलमेज सम्मेलन में **मदनमोहन मालवीय** एवं **एनी बेसेन्ट** ने स्वयं के खर्चे पर इस सम्मेलन में हिस्सा लिया था।
- द्वितीय गोलमेज सम्मेलन की असफलता के बाद गाँधी जी ने 3 जनवरी, 1932 को सविनय अवज्ञा आंदोलन को दोबारा प्रारम्भ किया। सविनय अवज्ञा आन्दोलन अन्तिम रूप से 7 अप्रैल, 1934 को वापस लिया गया।
- गाँधी जी ने द्वितीय गोलमेज की असफलता पर कहा **"साम्प्रदायिक मतभेद के बर्फ का पहाड़ स्वतन्त्रता के सूरज की गर्मी से पिघल जाएगा।"**

कम्युनल अवार्ड

- 16 अगस्त, 1932 को ब्रिटेन के प्रधानमन्त्री रैम्जे मैकडोनाल्ड के द्वारा **साम्प्रदायिक पंचांट (कम्युनल अवार्ड)** जारी किया गया।
- गाँधी जी ने 20 सितम्बर, 1932 को कम्युनल अवार्ड के विरुद्ध आमरण अनशन शुरू कर दिया। 26 सितम्बर, 1932 को मदनमोहन मालवीय, डॉ. राजेन्द्र प्रसाद, पुरुषोत्तम दास एवं सी. राजगोपालाचारी के प्रयासों से महात्मा गाँधी एवं अम्बेडकर के मध्य पूना समझौता हुआ, जो **पूना पैक्ट** के नाम से जाना जाता है।
- समझौते के अंतर्गत अम्बेडकर ने हरिजनों के पृथक् प्रतिनिधित्व की मांग को वापस ले लिया और संयुक्त निर्वाचन के सिद्धान्त को स्वीकार किया। हरिजनों के लिए सुरक्षित 75 स्थानों को बढ़ाकर 148 कर दिया गया और केन्द्रीय विधान मंडल में 18% सीट आरक्षित की गई।
- 17 नवम्बर, 1932 से लंदन में तृतीय गोलमेज सम्मेलन प्रारम्भ हुआ, जिसका कांग्रेस ने बहिष्कार किया।

- 1 अगस्त, 1933 को गाँधी जी के द्वारा व्यक्तिगत सविनय अवज्ञा आंदोलन प्रारम्भ किया गया।
- बंगाल में **सूर्य सेन** के द्वारा **इंडियन रिपब्लिकन आर्मी** की स्थापना इसी समय की गई।
- सूर्यसेन इस अस्थायी क्रांतिकारी संगठन के प्रथम थे। 16 फरवरी, 1933 को इन्हें गिरफ्तार कर 12 जनवरी, 1934 को फांसी दे दी गई।
- लॉर्ड वेलिंगटन के समय ही 1935 ई. का **भारत शासन अधिनियम** बनाया गया। 1935 के अधिनियम द्वारा बर्मा को भारत से अलग कर दिया गया।
- जवाहर लाल नेहरू ने 1935 ई. के अधिनियम को **दासता का अधिकार** पत्र कहा। उन्होंने इसे एक ऐसी मशीन की संज्ञा दी, **जिसमें ब्रेक तो अनेक हैं, लेकिन इंजन एक भी नहीं** है।
- 1 सितम्बर, 1939 को द्वितीय विश्वयुद्ध प्रारम्भ हुआ, इस समय भारत के तत्कालीन वायसराय लॉर्ड लिनलिथगो थे।
- 15 नवम्बर, 1939 को कांग्रेस शासित प्रदेशों के मन्त्रियों ने मन्त्रिमण्डलों से त्याग-पत्र दे दिया।
- 22 दिसम्बर, 1939 को कांग्रेसी मन्त्रियों के त्याग-पत्र देने के बाद मुस्लिम लीग ने अम्बेडकर के साथ मिलकर मुक्ति दिवस मनाया।
- हरिपुरा के कांग्रेस अधिवेशन के समय सुभाष चन्द्र बोस ने जवाहर लाल की अध्यक्षता में एक **राष्ट्रीय योजना समिति** की स्थापना की।
- 1939 में त्रिपुरी अधिवेशन में **सुभाष चन्द्र बोस**, गाँधी जी के उम्मीदवार **पट्टाभिसीतारमैया** को हराकर कांग्रेस के अध्यक्ष बने।
- कार्यकारिणी में गाँधी जी की तटस्थता के कारण सुभाष चन्द्र बोस ने त्रिपुरी काँग्रेस की अध्यक्षता से त्याग-पत्र देने के बाद 3 मई, 1939 को **फारवर्ड ब्लॉक** की स्थापना की।
- सुभाष चन्द्र बोस के राजनीतिक गुरु देशबन्धु चितरंजन दास थे।
- 8 अगस्त, 1940 को वायसराय लॉर्ड लिनलिथगो के द्वारा **अगस्त प्रस्ताव** प्रस्तुत किया गया।
- मार्च, 1940 को मुस्लिम लीग ने लाहौर अधिवेशन में पृथक् 'पाकिस्तान' का प्रस्ताव प्रस्तुत किया, यद्यपि प्रस्ताव में पाकिस्तान शब्द का जिक्र नहीं था।
- **लाहौर अधिवेशन** की अध्यक्षता **जिन्ना** ने की थी, जबकि इसमें पाकिस्तान प्रस्ताव का मसविदा **सिकन्दर हयात खान** ने तैयार किया एवं इसे **फजलुल हक** ने पेश किया जिसकी स्वीकृति **खलिक उज्जमा** ने दी।
- 17 अक्टूबर, 1940 को व्यक्तिगत सत्याग्रह की शुरुआत की गई, जिसमें प्रथम सत्याग्रही विनोबा भावे एवं द्वितीय सत्याग्रही जवाहर लाल नेहरू थे।
- द्वितीय विश्वयुद्ध के समय ब्रिटेन के प्रधानमन्त्री चर्चिल थे।
- अमेरिकी राष्ट्रपति रुजवेल्ट, आस्ट्रेलियाई प्रधानमन्त्री ईवार तथा चीनी राष्ट्रपति च्यॉंग काई शेक के दबाव स्वरूप ब्रिटिश प्रधानमन्त्री चर्चिल ने स्टैफर्ड क्रिप्स की अध्यक्षता में एक आयोग का गठन किया। यह क्रिप्स मिशन 22 मार्च, 1942 को भारत पहुँचा एवं क्रिप्स प्रस्ताव पेश किया गया।
- क्रिप्स प्रस्ताव को महात्मा गाँधी ने **उत्तर तिथिय चेक** कहा।
- जवाहर लाल नेहरू ने **क्रिप्स प्रस्ताव** को ऐसे बैंक की संज्ञा दी, जो टूट रहा है।
- जवाहर लाल नेहरू ने कहा कि "उनके पुराने मित्र क्रिप्स शैतान का वकील बनकर भारत आए थे।"
- 15 दिसम्बर, 1941 को **मोहन सिंह** ने मलाया में **आजाद हिन्द फौज** का गठन किया।
- इसी समय जापान में **रास बिहारी बोस** के द्वारा **इंडिया इंडिपेन्डेंस लीग** की स्थापना की गई।
- 14 जुलाई, 1942 को वर्धा में आयोजित कांग्रेस कार्यसमिति की बैठक ने **भारत छोड़ो आन्दोलन** पर एक प्रस्ताव पारित किया।

भारत छोड़ो आंदोलन

- आरम्भ में कांग्रेस 'भारत छोड़ो आंदोलन' के पक्ष में नहीं थी, तो गाँधीजी ने कहा "मैं देश के बालू से ही कांग्रेस से बड़ा आंदोलन खड़ा कर दूंगा।"
- 1 अगस्त, 1942 को तिलक दिवस पर इलाहाबाद में नेहरू ने कहा "हम आग से खेलने जा रहे हैं। ऐसी द्विधारी तलवार का प्रयोग करने जा रहे हैं, जिसकी चोट उल्टी हमारे ऊपर पड़ सकती है।"
- 8 अगस्त, 1942 को मुम्बई के ऐतिहासिक ग्वालिया टैंक मैदान में भारतीय कांग्रेस कमेटी की वार्षिक बैठक में ''भारत छोड़ो प्रस्ताव'' को पास कर दिया गया।
- गाँधी जी ने प्रस्ताव पास होने के बाद "करो या मरो" का नारा दिया।
- आन्दोलन प्रारम्भ होते ही 9 अगस्त, 1942 को सभी कांग्रेस कार्यकारिणी के सदस्यों को गिरफ्तार कर लिया गया एवं गाँधी जी को सरोजिनी नायडू सहित पुणे के आगा खाँ पैलेस में रखा गया और कांग्रेस को असवैधानिक संस्था घोषित कर दिया गया।
- सरकार की दमनात्मक नीति के विरुद्ध 10 फरवरी, 1943 को गाँधी जी के द्वारा आगा खाँ पैलेस में 21 दिन के उपवास की घोषणा की गई।
- 'भारत छोड़ो आन्दोलन' के **दौरान जयप्रकाश नारायण** ने **'आजाद दस्ते'** का गठन किया। यह एक भूमिगत आन्दोलन था।
- भूमिगत रेडियो स्टेशन की स्थापना बम्बई एवं नासिक में की गई, जिसका मुख्य कार्य कांग्रेस की सूचनाओं का प्रसारण करना था।
- बलिया में गाँधीवादी चितूपांडे के नेतृत्व में पहली समानांतर सरकार स्थापित हुई।
- बंगाल में मिदनापुर में तामलुक जातीय सरकार की स्थापना हुई।
- मुस्लिम लीग ने 'भारत छोड़ो आन्दोलन' का विरोध किया एवं 23 मार्च, 1943 को लीग ने पाकिस्तान दिवस मनाने का आह्वान किया।
- दिसम्बर, 1943 में लीग के कराची अधिवेशन में 'विभाजन करो और छोड़ो' का नारा दिया गया।
- साम्यवादी दल, अकाली एवं हिन्दू महासभा ने 'भारत छोड़ो आंदोलन' की आलोचना की।
- अम्बेडकर एवं तेजबहादुर सप्रू ने भी 'भारत छोड़ो आंदोलन' की आलोचना की।
- जर्मनी में **सुभाष चन्द्र बोस** ने **हिटलर** से मुलाकात की और हिटलर ने उन्हें **नेताजी** की उपाधि प्रदान की। जर्मनी में सुभाष ने **फ्री इंडिया सेंटर** की स्थापना की। इसी संस्था द्वारा उन्होंने पहली बार **जय हिन्द** का नारा दिया।
- जुलाई, 1943 को रास बिहारी बोस द्वारा आजाद हिंद फौज की कमान सुभाष चन्द्र बोस को सौंपी गई।
- 21 अक्टूबर, 1943 को सुभाष चन्द्र बोस ने सिंगापुर में स्वतन्त्र भारत की अस्थायी सरकार का गठन किया, जिसका मुख्यालय रंगून था।
- सुभाष ने **रानी झाँसी रेजिमेंट (महिलाओं के लिए), सुभाष ब्रिगेड, नेहरू ब्रिगेड** एवं **गाँधी ब्रिगेड** की स्थापना की।
- आजाद हिन्द फौज के गिरफ्तार अधिकारी पीके सहगल, कर्नल गुरुदयाल ढिल्लो एवं मेजर शाहनवाज खाँ पर राजद्रोह का आरोप लगाकर दिल्ली के लाल किले में नवम्बर, 1945 ई. में मुकदमा चलाया गया। इनके पक्ष में तेजबहादुर सप्रू, जवाहर लाल नेहरू, भूला भाई देसाई, केएन काटजू ने दलील दी। तीनों को फाँसी की सजा हुई, किंतु वायसराय ने उन्हें माफ कर दिया।
- 25 जून, 1945 को **शिमला सम्मेलन** का आयोजन किया गया।
- शिमला सम्मेलन में कांग्रेस प्रतिनिधि के रूप में मौलाना अबुल कलाम आजाद एवं लीग के प्रतिनिधि के रूप में जिन्ना ने हिस्सा लिया।
- 18 फरवरी, 1946 को मुम्बई में रॉयल इंडियन नेवी के सिगनल्स प्रशिक्षण संस्थान **एस एम आर एस तलवार** के गैर कमीशंड अधिकारियों एवं सिपाहियों ने विद्रोह कर दिया। यह विद्रोह शीघ्र ही कराची, मद्रास एवं कलकत्ता में फैल गया।

- विद्रोहियों ने **एम एस खान** के नेतृत्व में नौसेना केन्द्रीय हड़ताल समिति का गठन किया।
- सैनिकों ने पटेल एवं जिन्ना के दबाव के फलस्वरूप आत्मसमर्पण कर दिया।
- 24 मार्च, 1946 को 'कैबिनेट मिशन' भारत आया। इसके सदस्यों में **सर स्टैफर्ड क्रिप्स, श्री ए.वी. अलेक्जेंडर** तथा **पैथिक लारेंस** शामिल थे।
- कैबिनेट मिशन ने लीग की पाकिस्तान की माँग को नामंजूर कर दिया।
- कैबिनेट योजना को लीग ने 6 जून, 1946 और कांग्रेस ने 25 जून, 1946 को मंजूरी दे दी।
- कैबिनेट मिशन योजना के तहत् हुए संविधान सभा के निर्माण के लिए हुए चुनाव में 296 सीटों में से 208 पर कांग्रेस, 73 पर लीग एवं 4 पर सिक्खो ने स्थान प्राप्त किया।
- 24 अगस्त, 1946 को पं. नेहरू के नेतृत्व में भारत की पहली अंतरिम राष्ट्रीय सरकार की घोषणा की गई, जिसका गठन 2 सितम्बर, 1946 को हुआ।
- 26 अक्टूबर, 1946 को लीग के 5 सदस्य अंतरिम सरकार में शामिल हुए।
- 9 दिसम्बर, 1946 को दिल्ली में संविधान सभा की पहली बैठक हुई, मुस्लिम लीग ने जिसका बहिष्कार किया।
- 20 फरवरी, 1947 को ब्रिटिश प्रधानमन्त्री एटली द्वारा ऐतिहासिक घोषणा की गई, जिसके तहत् जून 1948 के पहले अंग्रेज भारत छोड़ देंगे।
- वेवल ने ब्रेक डाउन प्लान 31 मार्च, 1947 तक अंग्रेजों को भारत छोड़ने का सुझाव दिया।
- पटेल ने कहा कि "जिन्ना विभाजन चाहते हैं या नहीं, पर अब हम स्वयं विभाजन चाहते हैं।"
- सरदार वल्लभभाई पटेल को **भारत का बिस्मार्क** कहा जाता है।
- माउंटबेटन ने 15 अगस्त, 1947 को भारतीयों को सत्ता सौंपने का दिन निर्धारित किया।
- माउंटबेटन योजना के आधार पर ही 4 जुलाई, 1947 ई. को ब्रिटिश संसद में प्रधानमन्त्री एटली द्वारा भारतीय स्वतन्त्रता विधेयक प्रस्तुत किया गया, जिसे 18 जुलाई, 1947 को स्वीकृति मिली। विधेयक के अनुसार भारत और पकिस्तान दो स्वतन्त्र राष्ट्रों की घोषणा की गई।
- **माउंटबेटन योजना** को **मौलाना आजाद** एवं **पुरुषोत्तम दास टंडन** ने अस्वीकार कर दिया।
- **वीपी मेनन** ने भारत को दो भागों में विभाजित करने की योजना बनाई।
- गाँधी जी को माउंटबेटन ने **वन मैन बाउंड्री फोर्स** कहा।
- **15 अगस्त, 1947 ई.** को भारत स्वतन्त्र हुआ।
- स्वतन्त्रता प्राप्ति के समय ब्रिटेन के प्रधानमन्त्री **क्लीमेन्ट एटली** एवं कांग्रेस के अध्यक्ष **जेबी कृपलानी** थे।
- स्वतन्त्र भारत के प्रथम वायसराय **लॉर्ड माउंटबेटन** बने।
- प्रथम भारतीय एवं अन्तिम वायसराय **चक्रवर्ती राजगोपालाचारी** हुए।

कांग्रेस अधिवेशन

अधिवेशन	वर्ष	स्थान	अध्यक्ष
पहला	1885	बम्बई	व्योमेश चन्द्र बनर्जी
दूसरा	1886	कलकत्ता	दादाभाई नौरोजी
तीसरा	1887	मद्रास	बदरूद्दीन तैय्यबजी
चौथा	1888	इलाहाबाद	जॉर्ज यूल
5वां	1889	बम्बई	विलियम वेडर बर्न
6ठा	1890	कलकत्ता	फिरोजशाह मेहता
7वां	1891	नागपुर	पी.आनन्द चार्लू
8वां	1892	इलाहाबाद	व्योमेश चन्द्र बनर्जी
9वां	1893	लाहौर	दादाभाई नौरोजी
10वां	1894	मद्रास	अल्फ्रेड वेब
11वां	1895	पूना	सुरेन्द्रनाथ बनर्जी
12वां	1896	कलकत्ता	रहीमतुल्ला सयानी
13वां	1897	अमरावती	सी.शंकरन नायर
14वां	1898	मद्रास	आनंद मोहन बोस
15वां	1899	लखनऊ	रमेश चन्द्र दत्त
16वां	1900	लाहौर	एन.वी. चन्द्रावरकर
17वां	1901	कलकत्ता	दिनशा इंदुलजी वाचा
18वां	1902	अहमदाबाद	सुरेन्द्रनाथ बनर्जी
19वां	1903	मद्रास	लालमोहन घोष
20वां	1904	बम्बई	सर हेनरी कॉटन
21वां	1905	बनारस	गोपाल कृष्ण गोखले
22वां	1906	कलकत्ता	दादाभाई नौरोजी
23वां	1907	सूरत	डॉ. रासबिहारी घोष
24वां	1908	मद्रास	डॉ. रासबिहारी घोष
25वां	1909	लाहौर	पं. मदनमोहन मालवीय
26वां	1910	इलाहाबाद	विलियम वेडरबर्न
27वां	1911	कलकत्ता	पं. बिशन नारायण दत्त
28वां	1912	बांकीपुर	आर.एन. माधोलकर
29वां	1913	कराची	नवाब सैय्यद मो. बहादुर
30वां	1914	मद्रास	भूपेन्द्र नाथ बसु
31वां	1915	बम्बई	सत्येन्द्र प्रसन्न सिन्हा
32वां	1916	लखनऊ	अम्बिकाचरण मजूमदार
33वां	1917	कलकत्ता	श्रीमती एनी बेसेन्ट
विशेष अधि.	1918	बम्बई	हसन इमाम
34वां	1918	दिल्ली	पं. मदनमोहन मालवीय
35वां	1919	अमृतसर	पं. मोतीलाल नेहरू
विशेष अधि.	1920	कलकत्ता	लाला लाजपत राय
36वां	1920	नागपुर	सी. विजय राघवाचार्य
37वां	1921	अहमदाबाद	हकीम अजमल खां
38वां	1922	गया	देशबंधु चितरंजन दास
विशेष अधि.	1923	दिल्ली	मौलाना अब्दुल कलाम आजाद
39वां	1923	काकीनाडा	मौलाना मोहम्मद अली
40वां	1924	बेलगांव	महात्मा गाँधी
41वां	1925	कानपुर	श्रीमती सरोजिनी नायडू
42वां	1926	गुवाहाटी	एस. श्रीनिवास आयंगर
43वां	1927	मद्रास	डॉ. एम.ए. अंसारी
44वां	1928	कलकत्ता	पं. मोती लाल नेहरू

45वां	1929–30	लाहौर	पं. जवाहर लाल नेहरू
46वां	1931	कराची	सरदार वल्लभभाई पटेल
47वां	1932	दिल्ली	अमृत रणछोड़ दास सेठ
48वां	1933	कलकत्ता	श्रीमती नेल्ली सेनगुप्ता
49वां	1934–35	बम्बई	डॉ. राजेन्द्र प्रसाद
50वां	1936	लखनऊ	पं. जवाहर लाल नेहरू
51वां	1937	फैजपुर	पं. जवाहर लाल नेहरू
52वां	1938	हरिपुरा	सुभाष चन्द्र बोस
53वां	1939	त्रिपुरा	सुभाष चन्द्र बोस
54वां	1940–45	रामगढ़	मौलाना अब्दुल कलाम आजाद
55वां	1946	मेरठ	आचार्य जे.बी. कृपलानी
56वां	1948	जयपुर	बी. पट्टाभिसीतारमैया
57वां	1950	नासिक	पुरुषोत्तम दास टंडन

प्रमुख उपाधियाँ

उपाधि	प्राप्तकर्ता	दाता
राजा	राजा राममोहन राय	अकबर द्वितीय
महात्मा	महात्मा गाँधी	रवीन्द्र नाथ टैगोर
गुरुदेव	रवीन्द्र नाथ टैगोर	महात्मा गाँधी
अर्द्धनंगा फकीर	महात्मा गाँधी	विंस्टन चर्चिल
देशद्रोही फकीर	महात्मा गाँधी	विंस्टन चर्चिल
वन मैन बाउंड्री फोर्स	महात्मा गाँधी	लॉर्ड माउंटबेटन
राष्ट्रपिता	महात्मा गाँधी	सुभाषचन्द्र बोस
नेताजी	सुभाषचन्द्र बोस	एडोल्फ हिटलर
सरदार	वल्लभभाई पटेल	बारदोली की महिलाएं
विवेकानन्द	स्वामी विवेकानन्द	महाराजा खेतड़ी
कायदे आजम	मोहम्मद अली जिन्ना	महात्मा गाँधी
देशनायक	सुभाष चन्द्र बोस	रवीन्द्रनाथ टैगोर
देशरत्न	राजेन्द्र प्रसाद	महात्मा गाँधी

ब्रिटिशकाल में विदेशों में भेजे गए शिष्टमंडल

वर्ष	शिष्टमंडल	देश	गवर्नर जनरल/ वायसराय
1787 ई.	किर्क पैट्रिक शिष्टमंडल	नेपाल	कॉर्नवालिस
1797 ई.	मेलकम शिष्टमंडल (1)	ईरान	वेलेजली
1808 ई.	एलफिंस्टन शिष्टमंडल	काबुल	मिन्टो
1808 ई.	मेलकम शिष्टमंडल (2)	ईरान	मिन्टो
1809 ई.	डेविड सेटान शिष्टमंडल	सिंध	मिन्टो
1892 ई.	रॉबर्ट्स शिष्टमंडल (2)	काबुल	लैंसडाउन
1893 ई.	हेनरी डूरंड शिष्ट मंडल	काबुल	लैंसडाउन
1903 ई.	यंग हस्बैंड शिष्ट मंडल	तिब्बत	कर्जन
1904 ई.	डेन शिष्टमंडल	काबुल	कर्जन
1912 ई.	डॉ. अंसारी मिशन (चिकित्सा)	तुर्की	हार्डिंग
1938 ई.	डॉ. अटल मिशन (चिकित्सा)	चीन	लिनलिथगो

क्रांतिकारियों पर हुए प्रसिद्ध मुकदमें

अलीपुर षड्यंत्र केस	1908	अलीपुर या मानिकतल्ला षड्यंत्र केस अरविन्द घोष सहित कई व्यक्तियों पर चलाया गया।
नासिक षड्यंत्र केस	1909–10	विनायक सावरकर को निर्वासन, अन्य 26 को कारावास।
हावड़ा षड्यंत्र	1910	जतिन मुखर्जी इस केस में मुख्य अभियुक्त थे।
ढाका षड्यंत्र केस	1910	पुलिनदास को 7 वर्ष की सजा।
दिल्ली षड्यंत्र	1915	मास्टर अमीर चन्द, अवध बिहारी बोस एवं बाल मुकुन्द को फांसी।
बनारस षड्यंत्र	1915–16	शचीन्द्र नाथ सान्याल को आजीवन काला पानी।
काकोरी षड्यंत्र	1925	रामप्रसाद बिस्मिल एवं अशफाक उल्ला खां को फांसी।
लाहौर षड्यंत्र	1929–30	भगत सिंह, राजगुरु, सुखदेव सहित 19 लोगों को फांसी।

भारत तथा विदेशों में गुप्त समितियों का गठन

समितियाँ	वर्ष	संगठनकर्त्ता	विशेष
अनुशीलन समिति (ढाका)	1902	पुलिन बिहारी दास	बंगाल की प्रथम क्रांतिकारी संस्था थी, महाराष्ट्र तथा पूरे भारत की यह प्रथम समिति थी।
मित्र मेला (महाराष्ट्र)	1902	वी.डी. सावरकर	वी.डी. सावरकर के बड़े भाई थे।
अभिनव भारत (महाराष्ट्र)	1904	वी.डी. सावरकर, गणेश सावरकर	
अनुशीलन समिति (कलकत्ता)	1907	बारीन्द्र कुमार घोष, जतीन्द्र नाथ बनर्जी एवं भूपेन्द्र दत्त	
गदर पार्टी (अमेरिका के सैन फ्रांसिस्को)	1913	लाला हरदयाल एवं सोहन सिंह भाखना	यह भारत में सशस्त्र क्रांति करवाना चाहती थी।
हिन्दुस्तान रिपब्लिकन एसोसिएशन	1924	चंद्रशेखर आजाद, शचीन्द्र सान्याल, रामप्रसाद बिस्मिल	अंग्रेज अफसरों में भय व्याप्त करना।
हिन्दुस्तान सोशलिस्ट रिपब्लिकन एसोसिएशन	1928	शचीन्द्र सान्याल, रामप्रसाद बिस्मिल	इसकी स्थापना अखिल भारतीय स्तर पर की गई थी।
इन्डियन इन्डिपेन्डेस लीग (जापान)	1942	रास बिहारी बोस	–

ब्रिटिशकालीन समितियाँ

आयोग/समितियाँ	अध्यक्ष	स्थापना वर्ष	वायसराय	उद्देश्य
इनाम आयोग	इनाम	1852 ई.	लॉर्ड डलहौजी	भूस्वामियों की उपाधियों की जाँच करने के लिए
स्ट्रेची आयोग	रिचर्ड स्ट्रेची	1880 ई.	लॉर्ड लिटन	अकाल पीड़ितों को राहत दिलाने के लिए
हण्टर आयोग	विलियम हण्टर	1882 ई.	लॉर्ड रिपन	शिक्षा की प्रगति के पुनरावलोकन के लिए
हरशेल समिति	हरशेल	1893 ई.	लॉर्ड लैंसडाउन	टकसाल संबंधी सुझाव देने के लिए
लायल आयोग	जेम्स लायल	1898 ई.	लॉर्ड एल्गिन	1880 के दुर्भिक्ष आयोग की रिपोर्ट का अध्ययन कर सुझाव देने के लिए
मैक्डोनाल्ड आयोग	सर एंटोनी मैक्डोनाल्ड	1901 ई.	लॉर्ड कर्जन	दुर्भिक्ष पर स्ट्रेची आयोग की रिपोर्ट पर अपना सुझाव देने के लिए
मॉन्क्रीफ आयोग	सर एंटोनी स्कॉट मॉन्क्रीफ	1901 ई.	लॉर्ड कर्जन	सिंचाई व्यय की योजना बनाने के लिए
फ्रेजर आयोग	सर डब्ल्यू. फ्रेजर	1902 ई.	लॉर्ड कर्जन	पुलिस प्रशासन की कार्य पद्धति की जाँच करना
रैले आयोग	थॉमस रैले	1902 ई.	लॉर्ड कर्जन	विश्वविद्यालय से सम्बन्धित
सैडलर आयोग	माइकल सैडलर	1917 ई.	लॉर्ड चेम्सफोर्ड	कलकत्ता विश्वविद्यालय की कार्यप्रणाली और उसके दोषों की जाँच के लिए गठित
शाही आयोग	लॉर्ड ली	1923 ई.	लॉर्ड रीडिंग	भारतीय नागरिक सेवा से सम्बन्धित दोषों को दूर करने हेतु
स्कीन समिति (भारतीय सेण्डहर्स्ट समिति)	एंड्रयू स्कीन	1925 ई.	लॉर्ड रीडिंग	भारतीय सेना के भारतीयकरण संबंधी सुझाव देने हेतु
बटलर समिति	हरकोर्ट बटलर	1927 ई.	लॉर्ड इरविन	ब्रिटिश परमसत्ता और देशी राज्यों के अच्छे संबंध स्थापित करने के उद्देश्य से गठित
व्हिटले आयोग	जे.एच. व्हिटले	1928 ई.	लॉर्ड इरविन	श्रमिकों की स्थिति का अध्ययन करने और रिपोर्ट प्रस्तुत करने के उद्देश्य से
लिण्डसे आयोग	ए.डी. लिण्डसे	1929 ई.	लॉर्ड इरविन	मिशनरी शिक्षा के विकास के लिए
सप्रू समिति	तेज बहादुर सप्रू	1934 ई.	लॉर्ड वेलिंग्टन	संयुक्त राज्य में बेरोजगारी के कारणों के अध्ययन के लिए
वुडहेड आयोग (दुर्भिक्ष जाँच आयोग)	सर जॉन वुडहेड	1943–44 ई.	लॉर्ड वेवेल	बंगाल दुर्भिक्ष के कारणों की जाँच करने के लिए

भारत के महान स्वाधीनता सेनानी एक दृष्टि में

नाम	जन्म	मृत्यु	क्यों प्रसिद्ध हैं
अब्दुल गुलाम जिलानी	25.10.1904	10.02.1932	ढाका जेल में मारे गए।
अब्दुल गफ्फार खान	06.02.1890	20.01.1988	बादशाह खान के नाम से लोकप्रिय इन्हें 'सीमांत गाँधी' भी कहा जाता है। खुदाई खिदमतगार आंदोलन (लाल कुर्ती) के नेता, भारत रत्न से सम्मानित।
आगा खान	1877	1957	मुस्लिम लीग के संस्थापक सदस्य एवं अध्यक्ष (1906–13 तक), 1932 में लीग ऑफ नेशंस में भारतीय दल का प्रतिनिधित्व।
अमलेंदु घोष	22.01.1947		'बंगाल टाइगर' के नाम से प्रसिद्ध, वियतनाम दिवस मनाते समय पुलिस फायरिंग में मारे गए।
सर आशुतोष मुखर्जी	29.09.1864	25.05.1924	'रॉयल बंगाल टाइगर'
अरविंद घोष	15.08.1872	05.12.1950	बंगाल के उग्रवादी नायक (1806–10)। पांडिचेरी में संत बन गए। 'युगांतर' का संपादन।
एनी बेसेन्ट	01.10.1847	20.09.1933	प्रमुख थियोसोफिस्ट, सेंट्रल हिंदू कॉलेज (अब, बी.एच.यू.) की स्थापना; होमरूल लीग (1916); कांग्रेस अध्यक्ष 1917 में।
आचार्य जगदीश चंद्र बसु	30.11.1858	23.11.1937	बंगाल के वैज्ञानिक
आचार्य विनोबा भावे	11.09.1895	15.11.1982	भूदान आंदोलन।
भोलानाथ चटर्जी	–	27.01.1916	जानकारी छुपाने के लिए आत्महत्या
शालिनी प्रसाद भट्टाचार्य	–	03.02.1935	राजशाही जेल में फांसी।
भगत सिंह	27.09.1907	23.03.1931	राजुगुरु और सुखदेव के साथ लाहौर जेल में फांसी; लाहौर षड्यंत्र केस में अभियुक्त; सांडर्स की हत्या, सेंट्रल लेजिस्लेटिव एसेंबली में बम फेंका।
बंकिम चंद्र चटर्जी	27.06.1838	08.04.1894	'बंगाल के संत', **वंदे मातरम्** (आनंद मठ) के रचयिता
विपिन चंद्र पाल	07.11.1858	20.05.1932	'देश नायक', उग्रपंथी नेता।

बालगंगाधर तिलक	23.07.1856	01.08.1920	'लोकमान्य'; उग्रवादी नेता।
बदरुद्दीन तैयब जी	10.10.1844	1906	हाई कोर्ट में पहले भारतीय वकील
सी.एफ. एंड्रूज	12.02.1871	05.02.1944	'दीनबन्धु'।
चंद्रशेखर आजाद	23.07.1906	27.07.1931	'सौ युद्धों के नायक; 'आजाद'; हिन्दुस्तान सोशलिस्ट रिपब्लिकन आर्मी के नेता।
कर्नल मिश्रा	–	14.04.1945	नेताजी ने 'शेर-ए-हिंद' की उपाधि दी।
धीरेन्द्र नारायण मुखर्जी	24.06.1899	19.02.1969	हमेशा जेल में ही रहे।
दामोदर चापेकर (हरि चापेकर)	–	18.04.1898	यरवदा में फांसी।
दादाभाई नौरोजी	04.09.1825	30.06.1917	'ग्रांड ओल्ड मैन ऑफ इंडिया'।
डॉ. राधाकृष्णन	05.09.1888	17.04.1975	महान दार्शनिक, स्वतन्त्र भारत के पहले उप-राष्ट्रपति।
डॉ. राजेन्द्र प्रसाद	03.12.1884	18.02.1963	'देशरत्न', स्वतन्त्र भारत के पहले राष्ट्रपति।
गोपाल कृष्ण गोखले	09.05.1866	19.02.1915	'देश नायक', गाँधीजी के राजनीतिक गुरु'; 'सर्वेंट्स ऑफ इंडिया सोसायटी' के संस्थापक।
यतीन्द्र मोहन सेनगुप्ता	22.02.1885	23.07.1963	'देशप्रिय'।
जयप्रकाश नारायण	11.10.1902	08.10.1979	'लोकनायक', समाजवादी।
कस्तूरबा गाँधी	11.04.1869	22.02.1944	सामाजिक कार्यकर्ता, गाँधी जी की पत्नी।
कुँवर सिंह	1777 ई.	1858 ई.	1857 के विद्रोह के नेता, बिहार के जगदीशपुर से आंदोलन की शुरुआत की।
खुदीराम बोस	03.12.1889	11.08.1908	पहले शहीद, मुजफ्फरपुर के जज किंग्सफोर्ड की पत्नी की हत्या के जुर्म में फांसी (किंग्सफोर्ड की हत्या का षड्यंत्र)
लाला लाजपत राय	28.01.1865	17.11.1928	'पंजाब केसरी'।
लाल बहादुर शास्त्री	02.10.1904	11.01.1966	'जय जवान-जय किसान' का नारा दिया; भारत के प्रधानमन्त्री, ताशंकद समझौता
ले. जोसफीन और हैवलडारस्टेले		03.04.1945	आई.एन.ए. की रानी झांसी रेजीमेंट की दो महिलाएँ।
मिस इला सेन और मीरा देवी	–	27.01.1932	कालापानी की सज़ा; मैजिस्ट्रेट स्लेव की गोली मारकर हत्या।
महात्मा गाँधी (मोहनदास करमचंद गाँधी)	02.10.1869	30.01.1948	'राष्ट्रपिता' एवं 'बापू'।
मौलाना अबुल कलाम आजाद	11.11.1888	22.02.1958	अल हिलाल पत्रिका के संपादक, राष्ट्रीय आंदोलन के प्रमुख नेता।
मालिनी देवी	20.11.1870	25.03.1955	राष्ट्रवादी नेत्री।
मदन मोहन मालवीय	25.12.1861	12.11.1946	राष्ट्रवादी, बनारस हिंदू विश्वविद्यालय के संस्थापक (1916), 'महामना' की उपाधि से विभूषित।
मदन लाल ढींगरा	18.02.1883	17.08.1909	लंदन में कर्जन वाइली की गोली मारकर हत्या की।
निर्मल जीवन घोष	1916	1934	राष्ट्रभक्त।
नागेंद्र नाथ दत्त	1885	1918	राष्ट्रभक्त।
नेताजी सुभाष चंद्र बोस	23.01.1897	18.08.1945	'आजाद हिंद फौज' का गठन, 'फारवर्ड ब्लॉक के संस्थापक, दिल्ली चलो' और 'तुम मुझे खून दो, मैं तुम्हें आजादी दूँगा' नारा दिया।
प्रद्योत कुमार भट्टाचार्य		12.01.1933	मिदनापुर जेल में फांसी।
पंडित मोतीलाल नेहरू	0.7.05.1851	06.02.1931	'स्वराज्य पार्टी' के संस्थापक सचिव, नेहरू रिपोर्ट से संबंद्ध।
प्रफुल्ल चंद्र चाकी	18.12.1888	01.05.1908	खुदीराम बोस के साथी।
पंडित जवारहलाल नेहरू	14.11.1889	27.05.1964	'राष्ट्र निर्माता'; 1946 में अंतरिम सरकार के नेता, स्वतन्त्र भारत के पहले प्रधानमन्त्री।
फिरोजशाह मेहता	04.08.1845	0.5.11.1915	'बांबे क्रॉनिकल' के संस्थापक' (1913), 'इंडियन एसोसिएशन' की 1876 ई. में स्थापना की।
रासबिहारी बोस	25.05.1886	21.01.1945	'विप्लवी' नायक', दिल्ली में लॉर्ड हार्डिंग पर बम फेंका।
रवींद्रनाथ टैगोर	0.7.05.1861	07.08.1941	'कविगुरु', 'गुरुदेव' - साहित्य (गीतांजलि) के लिए नोबेल पुरस्कार।
रोहिनी बरुआ	–	18.12.1928	फरीदपुर जेल में फांसी।
रामप्रसाद बिस्मिल	18.06.1897	19.12.1927	गोरखपुर जेल में फांसी (काकोरी षड्यंत्र के अभियुक्त)।
स्वामी विवेकानन्द	12.01.1863	0.4.07.1902	'भारत की प्रेरणा'
सोहनलाल पाठक	07.01.1883	10.02.1916	मांडले जेल में फांसी।
सत्येन्द्र नाथ बोस	01.01.1894	04.02.1974	आईसीएस पास करने वाले प्रथम भारतीय।
सुरेन्द्र नाथ बनर्जी	10.11.1848	06.08.1925	भारतीय राजनीति के जनक।

वल्लभभाई पटेल	31.10.1875	15.12.1950	'लौह पुरुष' की उपाधि से विभूषित।
उधम सिंह	26.12.1899	31.07.1940	'भारत के लाल'।
मेडलीन स्लेड (मीराबेन)	22.11.1892	20.07.1982	गाँधी जी की प्रसिद्ध शिष्या, 1982 ई. में 'पद्म भूषण' दिया गया।
कैथरिन मैरी हेलीमेन	1900 ई.	18.07.1982	गांधी जी की प्रसिद्ध यूरोपीय भक्त, सामाजिक कार्यकर्ता, कौसानी (कुमाऊं पहाड़ियों) में आश्रम।
विनायक दामोदर सावरकर	28.05.1883	26.02.1966	महाराष्ट्र के क्रांतिकारी नेता, 'हिंदू महासभा' के अध्यक्ष, 'अभिनव भारत' के संस्थापक।

ब्रिटिश कालीन प्रमुख समाचार-पत्र

प्रकाशन	पत्र/पत्रिका	संस्थापक	स्थान	भाषा
1780	बंगाल गजट	जे. आगस्ट हिक्की	कलकत्ता	अंग्रेजी
1816	बंगाल गजट	गंगा किशोर भट्टाचार्य	कलकत्ता	बंगाली
1818	समाचार दर्पण	मार्शमैन	कलकत्ता	बांग्ला
1818	दिग्दर्शन	मार्शमैन	कलकत्ता	बांग्ला
1821	संवाद कौमुदी	राजा राममोहन राय	कलकत्ता	बांग्ला
1822	मिरात-उल अखबार	राजा राममोहन राय	कलकत्ता	फारसी
1822	बॉम्बे समाचार	फर्दूनजी मर्जबान	बम्बई	गुजराती
1826	उदण्ड मार्तण्ड	जुगल किशोर शुक्ला	कलकत्ता	हिन्दी
1830	बंगदत्त	द्वारिकानाथ टैगोर, प्रसन्न टैगोर	कलकत्ता	बांग्ला
1832	जाम-ए जमशेद	–	बम्बई	गुजराती
1851	रास्त गोफ्तार	दादाभाई नौरोजी	बम्बई	गुजराती
1852	सत्य प्रकाश	करसान दास मूलजी	अहमदाबाद	गुजराती
1853	हिन्दू पेट्रियॉट	गिरीश चन्द्र घोष, हरिशचन्द्र मुखर्जी	कलकत्ता	अंग्रेजी
1859	सोमप्रकाश	द्वारका नाथ विद्याभूषण	कलकत्ता	बांग्ला
1861	इण्डियन मिरर	देवेन्द्रनाथ टैगोर, मनमोहन घोष	कलकत्ता	अंग्रेजी
1861	टाइम्स ऑफ इण्डिया	अंग्रेजी प्रेस (राबर्ट नाइट)	बम्बई	अंग्रेजी
1862	इन्दु प्रकाश	जस्टिस रानाडे	बम्बई	मराठी
1864	नेटिव ओपिनियन	वी.एन. मांडलिक	बम्बई	अंग्रेजी
1865	पायनियर	अंग्रेजी प्रेस (राबर्ट नाइट)	इलाहाबाद	अंग्रेजी
1866	ज्ञान प्रदायिनी	नवीन चन्द्र राय	लाहौर	हिन्दी/बांग्ला
1867	कविवचन सुधा	भारतेन्दु हरिश्चन्द्र	वाराणसी	हिन्दी
1868	अमृत बाजार पत्रिका	मोतीलाल घोष, शिशिर घोष	कलकत्ता	बांग्ला अंगेजी
1868	मद्रास मेल	अंग्रेजी प्रेस (राबर्ट नाइट)	मद्रास	अंग्रेजी
1873	बंग दर्शन	बंकिम चन्द्र चटर्जी	कलकत्ता	बांग्ला
1877	ट्रिब्यून	सर दयाल सिंह मजीठिया	लाहौर	अंग्रेजी
1877	हिन्दी प्रदीप	बालकृष्ण भट्ट	वाराणसी	हिंदी
1878	स्टेट्समैन	रॉबर्ट नाइट	कलकत्ता	अंग्रेजी
1878	हिन्दू	वी.राघवचारी	मद्रास	अंग्रेजी
1879	बंगाली	एस.एन. बनर्जी	कलकत्ता	अंग्रेजी
1881	बंगवासी	जोगिन्दर नाथ बोस	कलकत्ता	बांग्ला
1881	मराठा	बाल गंगाधर तिलक	बम्बई	अंग्रेजी
1881	केसरी	बाल गंगाधर तिलक	बम्बई	मराठी
1890	इण्डिया	दादाभाई नौरोजी	बम्बई	अंग्रेजी
1899	हिन्दुस्तान स्टैण्डर्ड (रिव्यू)	सच्चिदानन्द सिन्हा	दिल्ली	अंग्रेजी
1900	इण्डियन रिव्यू	जी.एन. नटेशन	मद्रास	अंग्रेजी
1903	इण्डियन ओपिनियन	महात्मा गाँधी	द. अफ्रीका	अंग्रेजी

1905	इण्डियन सोशियोलॉजिस्ट	श्याम जी कृष्ण वर्मा	लन्दन	अंग्रेजी
1906	युगान्तर	भूपेन्द्र दत्त, बारीन्द्र घोष	कलकत्ता	बंगाली
1907	मॉडर्न रिव्यू	रामानन्द चटर्जी	कलकत्ता	अंग्रेजी
1909	वन्देमातरम्	हरदयाल, श्यामजी कृष्ण वर्मा	पेरिस	अंग्रेजी
1910	प्रताप	गणेश शंकर विद्यार्थी	कानपुर	हिन्दी
1912	अल हिलाल	अबुल कलाम आजाद	कलकत्ता	उर्दू
1913	बॉम्बे क्रॉनिकल	फिरोजशाह मेहता	बम्बई	अंग्रेजी
1913	गदर	लाला हरदयाल	सैन फ्रांसिस्को	अंग्रेज़ी
1914	कॉमनवील	एनी बेसेन्ट	बम्बई	अंग्रेजी
1914	न्यू इण्डिया	एनी बेसेन्ट	बम्बई	अंग्रेजी
1918	सर्वेन्टस ऑफ इण्डिया	श्री निवास शास्त्री	मद्रास	अंग्रेजी
1919	इण्डिपेन्डेन्ट	मोतीलाल नेहरू	इलाहाबाद	अंग्रेजी
1919	नवजीवन	महात्मा गाँधी	अहमदाबाद	गुजराती
1919	यंग इण्डिया	महात्मा गाँधी	अहमदाबाद	अंग्रेजी
1922	हिन्दुस्तान टाइम्स	के. एम. पणिक्कर	बम्बई	अंग्रेजी
1933	हरिजन	महात्मा गाँधी	पुणे	हिन्दी

राष्ट्रीय स्वतन्त्रता आंदोलन संबंधी प्रमुख वचन एवं नारे

"स्वराज्य हमारा जन्मसिद्ध अधिकार है।" **–बाल गंगाधर तिलक**

"सरफरोशी की तमन्ना अब हमारे दिल में है।" **–रामप्रसाद बिस्मिल**

"सारे जहाँ से अच्छा हिन्दोस्तां हमारा।" **–इकबाल**

"जय हिन्द।" **–सुभाषचन्द्र बोस**

"हे राम।" **–महात्मा गाँधी**

"जन-गण-मन-अधिनायक जय हो।" **–रवीन्द्रनाथ टैगोर**

"हू लिव्स इफ इण्डिया डाइज।" **–जवाहरलाल नेहरू**

"इन्कलाब जिन्दाबाद।" **–भगत सिंह तथा बाद में मोहम्मद इकबाल**

"दिल्ली चलो।" **–सुभाष चन्द्र बोस**

"करो या मरो।" **–महात्मा गाँधी**

"आराम हराम है।" **–जवाहरलाल नेहरू**

"भारतवर्ष को तलवार के बल पर जीता गया था और तलवार के बल पर ही उसे ब्रितानी कब्जे में रखा जाएगा।" **–लॉर्ड एल्गिन**

स्वतन्त्रता आंदोलन से सम्बन्धित पुस्तकें एवं उनके लेखक

पुस्तक	लेखक
वंदेमातरम्	अरविंद घोष
न्यू लैम्प्स फॉर ओल्ड	अरविंद घोष
भवानी मंदिर	बारिन्द्र घोष
हिन्द स्वराज	महात्मा गांधी
गोरा	रवीन्द्रनाथ टैगोर
घरे-बाहरे	रवीन्द्रनाथ टैगोर
भारत एक खोज	जवाहरलाल नेहरू
एसेज इन इंडियन इकोनॉमिक्स	महादेव गोविन्द रानाडे
राइज ऑफ द मराठा पावर	महादेव गोविन्द रानाडे
आर्कटिक होम ऑफ दि वेदाज	बाल गंगाधर तिलक
गीता रहस्य	बाल गंगाधर तिलक
गाँधी वर्सेज लेनिन	एस.ए.डांगे
प्रॉब्लम ऑफ द ईस्ट	लॉर्ड कर्जन
नील दर्पण	दीनबंधु मित्र
इंडिया टुडे	आर.पी. दत्त
इंडिया विन्स फ्रीडम	अबुल कलाम आजाद
ठाकुरमार झोली	डी. एम. मजूमदार
इंडिया अनरेस्ट	वेलेन्टाइन शिरोल
प्राच्य और पाश्चात्य	स्वामी विवेकानंद
निबंधमाला	विष्णुकृष्ण चिपलुकर
गौर करुणानिधि	स्वामी दयानंद सरस्वती
लेटर्स फ्रॉम रसिया	रवीन्द्रनाथ टैगोर
विदर इंडिया	रवीन्द्रनाथ टैगोर
सोवियत एशिया	जवाहरलाल नेहरू
पाथेर दाबी	अवनीन्द्रनाथ टैगोर
हिस्ट्री ऑफ हिन्दू केमेस्ट्री	पी.सी. राय
पीजेंट्री ऑफ बंगाल	आर.सी. दत्त
पावर्टी एण्ड अनब्रिटिश रूल इन इंडिया	दादाभाई नौरोजी
दुर्गेश नंदिनी	बंकिम चन्द्र चटर्जी
बंग दर्शन	बंकिम चन्द्र चटर्जी
आनंद मठ	बंकिम चन्द्र चटर्जी
इंडिया इन ट्रॉंजिशन द इकोनॉमिक	एम.एन. राय
हिस्ट्री ऑफ ब्रिटिश इंडिया	आर.सी. दत्त
इंडियन स्ट्रगल	सुभाष चन्द्र बोस
इंडियन मुसलमान्स	हंटर
गणदेवता	ताराशंकर बंद्योपाध्याय
फिलॉस्फी ऑफ द बॉम	भगवतीचरण बोहरा
व्हाई सोशलिज्म	जयप्रकाश नारायण

बिहार में स्वतन्त्रता आन्दोलन

1857 ई. का विद्रोह अंग्रेजों के खिलाफ भारतवासियों का प्रथम सशक्त विद्रोह था। 1857 ई. की क्रान्ति की शुरूआत बिहार में 12 जून, 1857 को देवघर जिले के रोहिणी नामक स्थान से हुई थी। यहां 32वीं इनफैन्ट्री रेजीमेण्ट का मुख्यालय था एवं पांचवीं अनियमित घुड़सवार सेवा का मेजर मैक्डोनाल्ड भी यहीं तैनात था। इसी विद्रोह में लेफ्टिनेंट नार्मल लेस्ली एवं सहायक सर्जन ग्राण्ट लेस्ली भी मारे गए। मेजर मैक्डोनाल्ड ने इस विद्रोह को निर्दयतापूर्वक दबा दिया एवं विद्रोह में सम्मिलित तीन सैनिकों को फांसी पर लटका दिया गया। 3 जुलाई, 1857 को पटना सिटी के एक पुस्तक विक्रेता पीर अली के नेतृत्व में अंग्रेजों के विरुद्ध संघर्ष हो गया। शीघ्र ही पटना की स्थिति बिगड़ने लगी। पटना के कमिश्नर विलियम टेलर ने छपरा, आरा, मुजफ्फरपुर गया एवं मोतिहारी में अवस्थित सेना को सख्ती से निपटाने का निर्देश दिया। फलतः टेलर ने इस विद्रोह को बलपूर्वक दबा दिया। पीर अली के घर को नष्ट कर दिया गया। 17 व्यक्तियों को फांसी की सजा दी गई थी।

25 जुलाई, 1854 को मुजफ्फरपुर में भी अंग्रेज अधिकारियों की असंतुष्ट सैनिकों ने हत्या कर दी। 25 जुलाई के दिन दानापुर छावनी के तीन रेजीमेण्टों ने विद्रोह कर दिया तथा आरा जाकर कुंअर सिंह के विद्रोहों में शामिल हो गया। सिंगौली में भी सैनिक ने विद्रोह कर अपने कमाण्डर मेजर होल्यस तथा उनकी पत्नी को मार डाला। 30 जुलाई तक पटना, सारण, चम्पारण आदि जिले में सैनिक शासन लागू हो गया। अगस्त में भागलपुर में विद्रोह भड़क उठा था। विद्रोहियों ने गया पहुंचकर 400 लोगों को मुक्त कर लिया। राजगीर बिहार शरीफ एवं गया क्षेत्र में छिटपुट विद्रोह शुरू हो गया। दानापुर के तीनों रेजीमेण्ट ने सैनिक विद्रोह कर जगदीशपुर के जमींदार वीर कुंअर सिंह के साथ शामिल हो गये थे। बाबू कुंअर सिंह के पूर्वज परमार राजपूत थे और उज्जैन से आकर शाहाबाद जिले में बस गये थे।

कुंअर सिंह का जन्म सन् 1780 में भोजपुर जिले के जगदीशपुर गांव में हुआ था। पिता साहबजादा सिंह एक उदार स्वभाव के जमींदार थे। वे अपने पिता के ज्येष्ठ पुत्र थे। इनका विवाह देवयुंगा (गया) में हुआ था। 25 जुलाई, 1857 को दानापुर में हिन्दुस्तानी सिपाही विद्रोह शुरू कर लगाया। वे इस समय 80 वर्ष के थे। वीर कुंअर सिंह ने कमिश्नर टेलर से मिलने के आग्रह को ठुकराकर अपने लगभग 5000 सैनिकों के साथ आरा पर आक्रमण कर दिया तथा आरा नगर की कचहरी और राजकोष पर अधिकार कर लिया। आरा को मुक्त करवाने के लिए दानापुर अंग्रेज एवं सिक्ख सैनिक कैप्टन डनवर के नेतृत्व में आरा पहुंचे।

2 अगस्त, 1857 को कुंअर सिंह एवं मेजर आयर की सेनाओं के बीच वीरगंज के निकट भंयकर संघर्ष हुआ। इसके बाद कुंअर सिंह ने नाना साहेब से मिलकर आजमगढ़ में अंग्रेजों को हराया। 23 अप्रैल, 1858 को कैप्टन ली ग्राण्ड के नेतृत्व में आई, ब्रिटिश सेना को कुंअर सिंह ने पराजित किया, लेकिन इस लड़ाई में वे बुरी तरह घायल हो गए थे।

मरने से पूर्व कुंवर सिंह की एक बांह कट गई थी और जांघ में सख्त चोट थी। 26 अप्रैल, 1858 ई. को उनकी मृत्यु हुई। कि अदम्य साहस, वीरता, सेनानायकों जैसे महान् गुणों के कारण इन्हें 'बिहार का सिंह' कहा जाता है। संघर्ष का क्रम उनके भाई अमर सिंह ने आगे बढ़ाया। उन्होंने शाहाबाद को अपने नियन्त्रण में बनाए रखा। 9 नवम्बर, 1858 ई. तक अंग्रेजी सरकार इस क्षेत्र पर अधिकार नहीं कर सकी थी। उसने कैमूर पहाड़ियों में मोर्चाबन्दी कर अंग्रेज सरकार को चुनौती दी। उन्होंने अंग्रेजों के विरुद्ध छापा मारकर युद्ध जारी रखा। महारानी द्वारा क्षमादान की घोषणा के बाद ही इस क्षेत्र में विद्रोहियों ने हथियार डाले। अमर सिंह सहित 14 आदमियों को क्षमादान के प्रावधान से पृथक् रखा गया एवं इन्हें दण्डित किया गया। 1859 ई. तक ब्रिटिश सत्ता की बहाली न केवल बिहार, बल्कि सारे देश में हो चुकी थी।

कम्पनी शासन का अन्त हुआ और भारत का शासन इंग्लैण्ड की सरकार के प्रत्यक्ष नियन्त्रण में आ गया।

चम्पारण सत्याग्रह आन्दोलन—बिहार का चम्पारण जिला 1917 ई. में महात्मा गांधी द्वारा भारत में सत्याग्रह के प्रयोग का पहला स्थल था। चम्पारण में अंग्रेज भूमिपतियों द्वारा किसानों पर निर्मम शोषण किया जा रहा था।

जमींदारों द्वारा किसानों को बलात् नील की खेती के लिए बाध्य किया जाता था। प्रत्येक बीघे पर उन्हें तीन कट्ठों में नील की खेती अनिवार्यतः करनी पड़ती थी। इन्हें तीन कठिया व्यवस्था कहा जाता था। बदले में उचित मजदूरी नहीं दी जाती थी। इसी कारण से किसानों एवं मजदूरों में भयंकर आक्रोश था। सन् 1916 ई. में लखनऊ अधिवेशन में चम्पारण के राजकुमार शुक्ल जो स्वयं जमींदार के आर्थिक शोषण से ग्रस्त थे, भाग लिया। 26 दिसम्बर, 1938 ई. को पटना में मुस्लिम लीग का 26वां अधिवेशन हुआ। 29 दिसम्बर, 1938 ई. को अखिल भारतीय मुसलमान छात्र सम्मेलन हुआ। 4 जनवरी, 1932 ई. को राजेन्द्र प्रसाद, अनुग्रह नारायण सिंह, ब्रजकिशोर प्रसाद, कृष्ण वल्लभ सहाय आदि नेतागण को गिरफ्तार किया गया। रैम्जे मैक्डोनाल्ड द्वारा हरिजन को कोटा की व्यवस्था से आन्दोलन अस्त-व्यस्त हो गया। 12 जुलाई, 1933 ई. को सामुदायिक सविनय अवज्ञा के स्थान पर व्यक्तिगत सविनय अवज्ञा का प्रारूप तैयार किया गया। 1927 ई. में पटना युवा संघ की स्थापना की गई।

नंगी हड़ताल—4 मई, 1930 ई. को गांधीजी की गिरफ्तारी के बाद स्वदेशी के प्रचार एवं विदेशी वस्त्रों का बहिष्कार किया गया। छपरा के कैदियों ने वस्त्र पहनने से इंकार कर दिया। नंगे शरीर रहकर विदेशी वस्त्रों का विरोध किया गया।

होमरूल आन्दोलन—1916 ई. में भारत में होमरूल आन्दोलन हुआ था। श्रीमती एनी बेसेन्ट ने मद्रास में एवं बाल गंगाधर तिलक ने पूना में इसकी स्थापना की थी। बिहार में होमरूल लीग की स्थापना 16 दिसम्बर, 1916 ई. में हुई। इसके अध्यक्ष मौलाना मजहरूल हक, उपाध्यक्ष सरफराज हुसैन खान और पूर्णेन्दु नारायण सिंह तथा मंत्री चन्द्रवंशी सहाय और बैद्यनाथ नारायण नियुक्त किए गए। एनी बेसेन्ट भी होमरूल के आन्दोलन के सम्बन्ध में दो-तीन बार पटना आईं। इनका भव्य स्वागत किया गया। वर्तमान पटना कॉलेज के सामने की सड़क का नाम एनी बेसेन्ट रोड इन्हीं के नाम पर रखा गया है।

असहयोग आन्दोलन—इस आन्दोलन का प्रारूप भारतीय राष्ट्रीय कांग्रेस के कलकत्ता अधिवेशन में सितम्बर 1920 ई. में पारित हुआ, लेकिन बिहार में इसके पूर्व ही असहयोग प्रस्ताव पारित हो चुका था। 29 अगस्त, 1918 ई. को कांग्रेस ने अपने मुम्बई अधिवेशन में मॉण्टेग्यू-चेम्सफोर्ड रिपोर्ट पर विचार किया जिसकी अध्यक्षता बिहार के प्रसिद्ध बैरिस्टर हसन इमान ने की। हसन इमान के नेतृत्व में इंग्लैण्ड में एक शिष्टमण्डल भेजा जा रहा था, जिससे ब्रिटिश सरकार का दबाव बनाया गया। रॉलेट एक्ट के कानून के विरुद्ध गांधी जी ने पूरे देश में जन आन्दोलन छेड़ रखा था। बिहार में 6 अप्रैल, 1919 ई. को हड़ताल हुई। मुजफ्फरपुर, छपरा, गया, मुंगेर आदि स्थानों पर हड़ताल का व्यापक असर पड़ा। 11 अप्रैल, 1919 ई. को पटना में एक जनसभा का आयोजन किया गया, जिसमें गांधीजी की गिरफ्तारी का विरोध किया गया।

असहयोग आन्दोलन के क्रम में मजरूल-हक, राजेन्द्र प्रसाद, अनुग्रह नारायण सिंह, ब्रजकिशोर प्रसाद, मोहम्मद शफी और अन्य नेताओं में विधायिका के चुनाव से अपनी उम्मीदवारी वापस ले ली। छात्रों को वैकल्पिक शिक्षा प्रदान करने के लिए पटना-गया रोड पर एक राष्ट्रीय महाविद्यालय के ही प्रांगण में बिहार विद्यापीठ का उद्घाटन 6 फरवरी, 1921 को गांधीजी द्वारा किया गया। 20 सितम्बर, 1921 ई. से मजरूल-हक ने सदाकत आश्रय से ही मदरलैण्ड नामक अखबार निकालना शुरू किया। इसका प्रमुख उद्देश्य राष्ट्रीय भावना के प्रचार-प्रसार एवं हिन्दू-मुस्लिम एकता की स्थापना करना था। इन्होंने गांधीजी का किसानों की

आर्थिक दशा की तरफ ध्यान दिलाया। ब्रजकिशोर प्रसाद ने एक प्रस्ताव प्रस्तुत किया, जिससे समस्याओं का निदान किया जा सके। राजकुमार शुक्ल के अनुरोध पर गांधीजी ने कलकत्ता से 15 अप्रैल, 1917 ई. को पटना, मुजफ्फरपुर तथा दरभंगा होते हुए चम्पारण पहुंचे। स्थानीय प्रशासन ने उनके आगमन एवं आचरण को गैर-कानूनी घोषित कर गिरफ्तार कर लिया और मोतिहारी को जेल में भेज दिया गया, लेकिन अगले दिन छोड़ दिया गया। बाद में तत्कालीन उपराज्यपाल एडवर्ड गेट ने गांधीजी को वार्त्ता के लिए बुलाया और किसानों के कष्टों की जांच के लिए एक समिति का गठन किया, जिसका नाम चम्पारण एग्रेरोरियन कमेटी पड़ा। गांधीजी के कहने पर तीन कठिया व्यवस्था का अन्त कर दिया गया।

बिहार में स्वराज्य पार्टी—चौरा-चौरी काण्ड से दु:खी होकर गांधी जी ने असहयोग आन्दोलन को समाप्त कर दिया फलतः देशबन्धु चितरंजन दास और मोतीलाल नेहरू और विट्ठलभाई पटेल ने एक स्वराज्य दल का गठन किया। बिहार में स्वराज्य दल का गठन फरवरी 1923 ई. में हुआ। नारायण प्रसाद अध्यक्ष, अब्दुल बारी सचिव एवं कृष्ण सहाय तथा हरनन्दन सहाय को सहायक सचिव बनाया गया। मई 1923 ई. को नई कार्यकारिणी का गठन हुआ। 2 जून, 1923 ई. को पटना में स्वराज्य दल की एक बैठक हुई, जिसमें पटना, तिरहुत, छोटा नागपुर एवं भागलपुर मण्डलों में भी स्वराज दल की शाखाओं को गठित करने की घोषणा की गई, लेकिन यह आन्दोलन ज्यादा दिनों तक नहीं चला।

खिलाफत आन्दोलन—प्रथम विश्व युद्ध की समाप्ति के बाद जब विजयी राष्ट्रों ने तुर्की सुल्तान के खलीफा पद को समाप्त कर दिया, तो अंग्रेजों द्वारा कोई आश्वासन न मिलने के कारण भारतीय मुसलमानों एवं राष्ट्रवादियों का गुस्सा भड़क उठा। फलतः मौलाना मोहम्मद अली एवं शौकत अली ने खिलाफत आन्दोलन शुरू किया। यह आन्दोलन 1919-23 ई. में हुआ।

16 जनवरी, 1919 ई. को पटना में हसन इमाम की अध्यक्षता में एक सभा का आयोजन किया गया, जिसमें खलीफा के प्रति मित्र राष्ट्रों द्वारा उचित व्यवहार करने को कहा गया। अप्रैल 1919 ई. में पटना में शौकत अली आए और 1920 ई. तक पूरे बिहार में यह आन्दोलन फैल गया। इसके लिए उन्होंने मोतीहारी, छपरा, पटना, फुलवारी शरीफ में जनसभाओं को सम्बोधित किया। 1922 ई. में यह आन्दोलन पूर्णरूपेण समाप्त हो गया।

सियाराम-ब्रह्मचारी दल—बिहार में गुप्त क्रान्तिकारी आन्दोलन का नेतृत्व सियाराम-ब्रह्मचारी दल ने स्थापित किया था। सियाराम-ब्रह्मचारी दल का प्रभाव भागलपुर, मुंगेर, किशनगंज, बलिया, सुल्तानगंज, पूर्णिया आदि जिलों में था। सियाराम सिंह सुल्तानगंज के तिलकपुर गांव के निवासी थे और ब्रह्मचारी थाना बिहपुर के नन्हकार गांव के रहने वाले इन्हीं दोनों के नाम पर क्रान्तिकारी का नामकरण हुआ। क्रान्तिकारी आन्दोलन में हिंसा और पुलिस दमन के अनगिनत उदाहरण मिलते हैं।

साइमन कमीशन वापस जाओ आन्दोलन—1927 ई. में ब्रिटिश संसद एवं भारतीय वायसराय लॉर्ड इरविन ने एक घोषणा की भारत में फैल रही नैराश्य स्थिति की समाप्ति हेतु 1928 ई. में एक कमीशन की स्थापना की घोषणा की। इस कमीशन के अध्यक्ष सर जॉन साइमन थे, अतः इसे साइमन कमीशन कहा जाता है, किन्तु इसमें कोई भी सदस्य भारतीय नहीं रखा गया था। भारतीय राष्ट्रीय कांग्रेस ने इस आयोग के बहिष्कार एवं विरोध का फैसला किया। बिहार प्रदेश कांग्रेस कार्यसमिति की पटना में सर अली इमाम की अध्यक्षता में एक बैठक हुई, जिसमें साइमन कमीशन के पटना आगमन पर पूर्ण बहिष्कार किया गया।

18 दिसम्बर, 1928 ई. को साइमन कमीशन बिहार आया। हार्डिंग पार्क (पटना) के सामने बने विशेष प्लेटफॉर्म के सामने 30,000 राष्ट्रवादियों ने साइमन वापस जाओ के नारे से स्वागत किया। साइमन कमीशन के विरोध के दौरान लखनऊ में पंडित जवाहरलाल नेहरू एवं लाहौर में लाला लाजपतराय पर लाठियां बरसाई गईं। लाठी की चोट से लाला लाजपतराय की मृत्यु हो गई। फलतः विद्रोह पूरे देश में फैल गया। कमीशन के विरोध में बिहार में राजेन्द्र प्रसाद ने इसकी अध्यक्षता की थी। बिहार राष्ट्रवादियों ने नारा दिया कि "जवानों सवेरा हुआ साइमन भगाने का बेरा हुआ।" विरोधी नेताओं में ब्रजकिशोर जी, रामदयालु जी एवं अनुग्रह नारायण बाबू थे। इस घटना ने बिहार के लिए नई चेतना पैदा कर दी। 1929 ई. में सर्वदलीय सम्मेलन हुआ जिसमें भारत के लिए संविधान बनाने के लिए मोतीलाल नेहरू की अध्यक्षता में एक समिति बनी, जिसे नेहरू रिपोर्ट कहते हैं। पटना में दानापुर रोड बना राष्ट्रीय पाठशाला (अन्य) भी खुली। एक मियां खैरुद्दीन के मकान के छात्रों को पढ़ाना शुरू किया गया। बाद में यही जगह सदाकत आश्रम के रूप में बदल गई।

नवम्बर 1921 ई. में ब्रिटिश युवराज का भारत आगमन हुआ। इनके आगमन के विरोध करने का फैसला किया गया। इसके लिए बिहार प्रान्तीय सम्मेलन का आयोजन किया गया। जब राजकुमार 22 दिसम्बर, 1921 ई. को पटना आए, तो पूरे शहर में हड़ताल थी। 5 जनवरी, 1922 को उत्तर प्रदेश के चौरी-चौरा नामक स्थान पर उग्र भीड़ ने 21 सिपाहियों को जिन्दा जला दिया, तो गांधीजी ने असहयोग आन्दोलन को स्थगित करने का निर्णय लिया। गांधीजी ने 10 मार्च, 1922 ई. को गिरफ्तार कर 6 महीने जेल भेज दिया गया।

विदेशी वस्त्र बहिष्कार—3 जनवरी, 1929 ई. को कलकत्ता (कोलकाता) में कांग्रेस कार्यसमिति की बैठक में विदेशी वस्त्रों के बहिष्कार करने का निर्णय लिया गया। इसमें अपने स्वदेशी वस्त्र, खादी वस्त्र को बढ़ावा देने की मांग कही गई। सार्वजनिक सभाओं एवं मैजिक लालटेन की सहायता से कार्यकर्ता के सहारे गांव में पहुंचे।

पूर्ण स्वाधीनता प्रस्ताव—जवाहर लाल नेहरू की अध्यक्षता में कांग्रेस का 29-31 दिसम्बर, 1929 ई. का लाहौर अधिवेशन में पूर्ण स्वाधीनता प्रस्ताव स्वीकृत किया गया। बिहार कांग्रेस कार्यसमिति की 20 जनवरी, 1930 ई. को पटना में एक बैठक आयोजित की गई। 26 जनवरी, 1930 ई. को सभी जगह स्वतन्त्रता दिवस मनाने को निश्चित किया और मनाया गया।

नमक सत्याग्रह और सविनय अवज्ञा आन्दोलन— दिसम्बर 1929 ई. में पंडित जवाहरलाल नेहरू की अध्यक्षता में लाहौर का अधिवेशन सम्पन्न हुआ था। इसके साथ ही गांधीजी ने फरवरी 1930 ई. में कार्यकारिणी कांग्रेस की गांधीजी को सविनय अवज्ञा आन्दोलन करने का अधिकार दिया।

12 मार्च, 1930 ई. को महात्मा गांधी के नेतृत्व में सविनय अवज्ञा आन्दोलन का आरम्भ नमक कानून तोड़ने के साथ शुरू हुआ। 26 जनवरी, 1930 ई. को बिहार में स्वाधीनता मनाने के उपरान्त 12 मार्च को गांधीजी की डाण्डी यात्रा शुरू हुई थी। बिहार में नमक सत्याग्रह का प्रारम्भ 15 अप्रैल, 1930 ई. चम्पारण एवं सारण जिलों में नमकीन मिट्टी से नमक बनाकर किया गया। पटना में 16 अप्रैल, 1930 ई. को नरवास पिण्ड नामक स्थान दरभंगा में सत्यनारायण सिंह, मुंगेर में श्रीकृष्ण सिंह ने नमक कानून को तोड़ा।

4 मई, 1930 ई. को गांधीजी को गिरफ्तार कर लिया गया। इसके विरोध में पूरे बिहार में विरोध प्रदर्शन किया गया। मई 1930 ई. में बिहार प्रदेश कांग्रेस कमेटी ने विदेशी वस्त्रों और शराब की दुकानों के आगे धरने का प्रस्ताव किया। इसी आन्दोलन के क्रम में बिहार में चौकीदारी कर देना बन्द कर दिया गया। स्वदेशी वस्त्रों की मांग पर छपरा जिले में कैदियों ने नंगा रहने का निर्णय किया। इसे नंगी हड़ताल के नाम से जाना जाता है। 7 अप्रैल को गांधीजी ने अपने वक्तव्य द्वारा सविनय अवज्ञा आन्दोलन स्थगित करने की सलाह दी। 18 मई, 1934 ई. को बिहार प्रदेश कांग्रेस कमेटी ने आन्दोलन को स्थगित कर दिया।

तारापुर गोलीकाण्ड—मुंगेर जिले के तारापुर थाना में तिरंगा फहराते हुए 60 क्रान्तिकारी शहीद हुए थे। 15 फरवरी, 1932 ई. को दोपहर सैकड़ों आजादी के दीवाने मुंगेर जिला के तारापुर थाने पर तिरंगा लहराने निकल पड़े। उन अमर

सेनानियों ने हाथों में राष्ट्रीय झण्डा और होठों पर वन्देमातरम्, भारत की जय नारों की गूंज लिए हंसते-हंसते गोलियां खाई थीं। भारतीय स्वतन्त्रता संग्राम के सबसे बड़े गोलीकाण्ड में देशभक्त पहले से लाठी-गोली खाने को तैयार होकर घर से निकले थे। 50 से अधिक सपूतों की शहादत के बाद स्थानीय थाना भवन पर तिरंगा लहराया। भारत मां के वीर बेटों के ऊपर अंग्रेजों के कलक्टर ई. ओली एवं एस. पी. डब्ल्यू. फ्लैग के नेतृत्व में गोलियां दागी गई थीं। इस गोलीकाण्ड के बाद कांग्रेस ने प्रस्ताव पारित कर हर साल देश में 15 फरवरी को तारापुर दिवस मनाने का निर्णय लिया था। घटना के बाद अंग्रेजों ने शहीदों को शव वाहनों में लाद कर सुल्तानगंज की नदी में बहा दिए थे। शहीद सपूतों में से केवल 13 की ही पहचान हो पाई थी। ज्ञात शहीदों में विश्वनाथ सिंह (छत्रहार), महिपाल सिंह (रामचुआ), शीतल (असरगंज), सुकुल सोनार (तारापुर), संता पासी (तारापुर), झोंटी झा (सतखरिया), सिंहेश्वर राजहंस (बिहमा), बदरी मंडल (धनपुरा), बसंत धानुक (लौढ़िया), रामेश्वर मंडल (पड़भाड़ा), गैबी सिंह (महेशपुर), अशर्फी मंडल (कष्टीकरी) तथा चंदी महतो (चोरगांव) थे। 31 अज्ञातशव भी मिले थे, जिनकी पहचान नहीं हो पाई थी और कुछ शव तो गंगा की गोद में समा गए थे।

इतिहासकार डी. सी. डीन्कर ने अपनी किताब "स्वतन्त्रता संग्राम में अछूतों का योगदान" में भी तारापुर की इस घटना का जिक्र करते हुए विशेष रूप से संत्ता पासी के योगदान का उल्लेख किया है। पंडित नेहरू ने भी 1942 ई. में तारापुर की एक यात्रा पर 34 शहीदों के बलिदान का उल्लेख करते हुए कहा था, "The faces of the dead freedom fighters were blackened in front of the resident of Tarapur."

बिहार में संवैधानिक प्रगति और द्वैध शासन प्रणाली– बिहार प्रान्त का गठन 1 अप्रैल, 1912 ई. को हुआ। इसके गठन के बाद 1919 ई. को भारत सरकार का कानून लागू किया गया। द्वैध शासन की व्यवस्था बिहार में भी 20 दिसम्बर, 1920 ई. को प्रारम्भ हुई जिसकी अध्यक्षता आर. एन. मुधोलकर ने की। मौलाना मजरूलहक स्वागत समिति के अध्यक्ष बनाए गए। 1916 ई. में पटना उच्च न्यायालय और 1917 ई. में पटना विश्वविद्यालय की स्थानपा की गई। 20 जनवरी, 1913 ई. को बिहार, उड़ीसा (ओडिशा) के लेफ्टिनेंट गवर्नर के नवगठित काउंसिल की प्रथम बैठक बांकीपुर में हुई, जिसकी अध्यक्षता बिहार-उड़ीसा के लेफ्टिनेंट गवर्नर चार्ल्स स्टुअर्ट बेली ने की।

7 फरवरी, 1921 ई. को बिहार एवं उड़ीसा (ओडिशा) लेजिस्लेटिव काउंसिल की प्रथम बैठक का उद्घाटन हुआ जिसकी अध्यक्षता सर मुण्डी ने की। 1 अप्रैल, 1936 ई. को बिहार से उड़ीसा (ओडिशा) प्रान्त अलग हो गया। पुराने गवर्मेन्ट ऑफ इण्डिया एक्ट, 1919 ई. के एक सदनी विधान मण्डल की जगह नया कानून के अनुसार द्विसदनी विधान मण्डल स्थापित किया गया।

भारत सरकार अधिनियम, 1935 एवं बिहार में प्रथम कांग्रेस का मंत्रिमण्डल–ब्रिटिश संसद द्वारा 1935 ई. में भारत के शासन के लिए एक शासन विधान को पारित किया गया। 1935 ई. से 1945 ई. तक इसी आधार पर भारतीय शासन होता रहा। इस विधान में एक संघीय शासन की व्यवस्था थी। कांग्रेस ने इसे अपेक्षाओं से कम माना, लेकिन चुनाव में भाग लिया। 1935-36 ई. के चुनाव के जवाहरलाल नेहरू एवं गोविन्दवल्लभ पन्त ने बिहार का दौरा कर कांग्रेसियों का जोश बढ़ाया। कांग्रेस ने अनेक रचनात्मक कार्य उद्योग संघ, चर्खा संघ आदि चलाए। रात्रि समय में पाठशाला, ग्राम पुस्तकालय खोले गए। आटा चक्की, दुकान चलाना एवं खजूर से गुड़ बनाना आदि कार्यों का प्रशिक्षण दिया गया। बिहार में कांग्रेसी आश्रम खोलने का शीलभद्र याज्ञी का विशेष योगदान रहा। 1935 ई. का वर्ष कांग्रेस का स्वर्ण जयन्ती वर्ष था, जो डॉ. श्रीकृष्ण सिंह की अध्यक्षता में धूमधाम से मनाया गया। जनवरी 1936 ई. में 6 वर्षों के प्रतिबन्धों के पश्चात् बिहार राजनीतिक सम्मेलन का 11वां अधिवेशन पटना में आयोजित किया गया। 22 से 27 जनवरी के मध्य बिहार के 152 निर्वाचन मंडल क्षेत्रों में चुनाव सम्पन्न हुए। कांग्रेस ने 107 में से 98 जीते। 17-18 मार्च को दिल्ली में कांग्रेस बैठक के बाद बिहार में कांग्रेस मंत्रिमंडल का गठन हुआ।

21 जून को वायसराय लिनलिथगो के वक्तव्य ने संशयों को दूर करने में सफलता पाई अन्त में युनुस को सरकार का निमन्त्रण न देकर श्रीकृष्ण सिंह के नेतृत्व में मंत्रिमण्डल का गठन किया गया, अनुग्रह नारायण सिंह उप-मुख्यमंत्री सह-वित्तमंत्री बने। रामदयालु अध्यक्ष तथा प्रो. अब्दुल बारी विधान सभा के उपाध्यक्ष बने। इस बीच अण्डमान से लाए गए राजनीतिक कैदियों की रिहाई के प्रश्न पर गम्भीर विवाद उत्पन्न हो गया फलत: वायसराय के समर्थन इंकार के बाद 15 जनवरी, 1938 ई. के मंत्रिमण्डल से इस्तीफा दे दिया।

भारत छोड़ो आन्दोलन और बिहार–1 अप्रैल, 1933 ई. को मोहम्मद युनुस ने अपने नेतृत्व में प्रथम भारतीय मंत्रिमंडल बिहार में स्थापित किया गया। इसके सदस्य बहाव अली, कुमार अजित प्रताप सिंह और गुरुसहाय लाल थे। युनुस मंत्रिमण्डल के गठन के बाद जयप्रकाश नारायण, बसावन सिंह, रामवृक्ष बेनीपुरी ने इसके विरुद्ध प्रदर्शन किया। फलत: गवर्नर ने वैधानिक कार्यों में गवर्नर हस्तक्षेप नहीं करेगा का आश्वासन दिया। 7 जुलाई, 1837 ई. को कांग्रेस कार्यकारिणी ने सरकारों के गठन का फैसला लिया। मोहम्मद युनुस के अन्तरिम सरकार के त्यागपत्र के बाद 20 जुलाई, 1937 ई. को श्रीकृष्ण सिंह ने अपने मंत्रिमण्डल का संगठन किया, लेकिन 15 जनवरी, 1938 ई. को राजनीतिक कैदियों की रिहाई के मुद्दे पर अपने मंत्रिमण्डल को भंग कर दिया। 19 मार्च, 1938 ई. को द्वितीय विश्व युद्ध में बिना ऐलान के भारतीयों को शामिल किया गया, जिसका पूरे देशभर में इसके विरुद्ध प्रदर्शन हुआ। 27 जून, 1937 ई. में लिनलिथगो ने आश्वासन दिया कि भारतीय मंत्रियों के वैधानिक कार्यों में हस्तक्षेप नहीं करेगा।

आजाद दस्ता–यह भारत छोड़ो आन्दोलन के बाद क्रान्तिकारियों द्वारा प्रथम गुप्त गतिविधियां थीं। जयप्रकाश नारायण ने इसकी स्थापना नेपाल की तराई के जंगलों में रहकर की थी। इसके सदस्यों को छापामार युद्ध एवं विदेशी शासन को अस्त-व्यस्त एवं पंगु करने का प्रशिक्षण दिया जाने लगा।

बिहार प्रान्तीय आजाद दस्ते का नेतृत्व सूरज नारायण सिंह के अधीन था, परन्तु भारत सरकार के दबाव में मई 1943 ई. में जयप्रकाश नारायण, डॉ. लोहिया, रामवृक्ष बेनीपुरी, बाबू श्यामनन्दन, कार्तिक प्रसाद सिंह इत्यादि नेताओं को गिरफ्तार कर लिया और हनुमान नगर जेल में डाल दिया गया। आजाद दस्ता के निर्देशक सरदार नित्यानन्द सिंह थे। मार्च 1943 ई. में राजविलास (नेपाल) में प्रथम गुरिल्ला प्रशिक्षण केन्द्र की स्थापना की गई।

बिहार में भारत छोड़ो आन्दोलन को सरकार द्वारा बलपूर्वक दबाने का प्रयास किया, जिसका परिणाम यह हुआ कि क्रान्तिकारियों को गुप्त रूप से आन्दोलन चलाने पर बाध्य होना पड़ा। 9 नवम्बर, 1942 ई. की दीपावली की रात में जयप्रकाश नारायण, रामनन्दन मिश्र, योगेन्द्र शुक्ला, सूरज नारायण सिंह इत्यादि व्यक्ति हजारीबाग जेल की दीवार फांदकर भाग गए। शैक्षिक संस्थान हड़ताल पर चली गईं और राष्ट्रीय झण्डे लहराए गए। 11 अगस्त को विद्यार्थियों के एक जुलूस ने सचिवालय भवन के सामने विधायिका की इमारत पर राष्ट्रीय झण्डा लहराने की कोशिश की।

द्वितीय विश्व युद्ध की प्रगति और उससे उत्पन्न गम्भीर परिस्थितियों को देखते हुए कांग्रेस ने ब्रिटिश सरकार को सहायता व सहयोग दिया। अगस्त प्रस्ताव और क्रिप्स प्रस्ताव में दोष होने के कारण कांग्रेस ने इसे अस्वीकार कर दिया था। दिसम्बर 1941 ई. में जापानी आक्रमण से अंग्रेज भयभीत हो गए थे। मार्च 1942 ई. में ब्रिटिश प्रधानमंत्री विन्सटन चर्चिल ने ब्रिटिश संसद में घोषणा की कि युद्ध की समाप्ति के बाद भारत को औपनिवेशिक स्वराज्य प्रदान किया जाएगा। 22 मार्च, 1942 ई. को स्टेफोर्ड क्रिप्स इस व्यवस्था को लाए। फलत: उनके प्रस्ताव राष्ट्रवादियों के लिए असन्तोषजनक सिद्ध हुए। 30 जनवरी, 1942 ई. से

15 फरवरी, 1942 ई. तक पटना में रहकर मौलाना अब्दुल कलाम आजाद ने सार्वजनिक सभा को सम्बोधित किया। 14 जुलाई, 1942 ई. को वर्धा में कांग्रेस कार्यसमिति की बैठक का आयोजन किया गया। इसी समय सुप्रसिद्ध भारत छोड़ो प्रस्ताव स्वीकृत हुआ और उसे अखिल भारतीय कांग्रेस कार्यसमिति को मुम्बई में होने वाली बैठक में प्रस्तुत करने का निर्णय हुआ। 5 अगस्त, 1942 ई. को मुम्बई में कांग्रेस कार्यकारिणी की बैठक में भारत छोड़ो प्रस्ताव को स्वीकार कर लिया गया और गांधीजी ने 'करो या मरो' का नारा दिया। 8 अगस्त को भारत छोड़ो प्रस्ताव पारित होने के तुरन्त बाद कांग्रेस के अधिकतर नेता गिरफ्तार कर लिए गए। डॉ. राजेन्द्र प्रसाद को गिरफ्तार कर लिया गया। इसके बाद में मथुरा बाबू, श्रीकृष्ण सिंह, अनुग्रह बाबू इत्यादि भी गिरफ्तार कर लिए गए। बलदेव सहाय ने सरकारी नीति के विरोध में महाधिवक्ता पद से इस्तीफा दे दिया। 9 अगस्त अध्यादेश द्वारा कांग्रेस को गैर-कानूनी घोषित कर दिया। इसके फलस्वरूप गवर्नर ने इण्डिपेंडेन्ट पार्टी के सदस्य मोहम्मद युनुस को सरकार बनाने के लिए आमन्त्रण किया। मोहम्मद युनुस बिहार के भारतीय प्रधानमंत्री बने। (तत्कालीन समय में प्रान्त के प्रधान को प्रधानमंत्री कहा जाता था।)

सचिवालय गोलीकाण्ड—11 अगस्त, 1942 ई. को सचिवालय गोलीकाण्ड बिहार के इतिहास वरन् भारतीय स्वतन्त्रता आन्दोलन का एक अविस्मरणीय दिन था। पटना के जिलाधिकारी डब्ल्यू. जी. आर्थर के आदेश पर पुलिस ने गोलियां चलाने का आदेश दे दिया। पुलिस ने 13 या 14 राउण्ड गोलियां चलाईं, इस गोलीकाण्ड में सात छात्र शहीद हुए, लगभग 25 हजार घायल हुए। 11 अगस्त, 1942 ई. के सचिवालय गोलीकाण्ड ने बिहार में आन्दोलन को उग्र कर दिया।

सचिवालय गोलीकाण्ड में शहीद सात महान् बिहारी सपूत—

उमाकान्त प्रसाद सिंह—ये राममोहन राय सेमीनरी स्कूल के 12वीं कक्षा का छात्र था। इसके पिता राजकुमार सिंह थे। वह सारण जिले के नरेन्द्रपुर ग्राम का निवासी था।

रामानन्द सिंह—ये राममोहन राय सेमीनरी स्कूल पटना के 11वीं कक्षा का छात्र था। इनका जन्म पटना जिले के ग्राम शहादत नगर में हुआ था। इनके पिता लक्ष्मण सिंह थे।

सतीश प्रसाद झा—सतीश प्रसाद झा का जन्म भागलपुर जिले में खडहरा में हुआ था। इनके पिता जगदीश प्रसाद झा थे। वह पटना कालेपियत स्कूल का 11वीं कक्षा का छात्र था। सीवान थाना में फुलेना प्रसाद श्रीवास्तव द्वारा राष्ट्रीय झण्डा लहराने की कोशिश में पुलिस की गोली का शिकार हुए।

जगपति कुमार—इस महान सपूत का जन्म गया जिले के खराठी गांव में हुआ था।

देवीपद चौधरी—इस महान् सपूत का जन्म सिलहर जिले के अन्तर्गत जमालपुर गांव में हुआ था। वह मिलर हाईस्कूल के 11वीं कक्षा का छात्र था।

राजेन्द्र सिंह—इस महान सपूत का जन्म सारण जिले के बनवारी चक ग्राम में हुआ था। वह पटना हाईस्कूल का 11वीं का छात्र था।

रायगोविन्द सिंह—इस महान् सपूत का जन्म पटना जिले के दशरथ ग्राम में हुआ। वह पुनपुन हाईस्कूल का 11वीं का छात्र था।

स्वतन्त्रता प्राप्ति के बाद इस स्थान पर शहीद स्मारक का निर्माण हुआ। इसका शिलान्यास स्वतन्त्रता दिवस के अवसर पर बिहार के प्रथम राज्यपाल जयराम दौलत राय के हाथों हुआ। औपचारिक अनावरण देश के प्रथम राष्ट्रपति डॉ. राजेन्द्र प्रसाद ने 1956 ई. में किया। भारत छोड़ो आन्दोलन के क्रम में बिहार में 15,000 से अधिक व्यक्ति बन्दी बनाए गए, 8,783 को सजा मिली एवं 134 व्यक्ति मारे गए।

जून 1945 ई. में सरकार ने राजनैतिक गतिरोध को दूर करते हुए एक बार फिर मार्च 1946 ई. में बिहार में चुनाव सम्पन्न कराया गया। विधान सभा की 152 सीटों में कांग्रेस को 98, मुस्लिम लीग को 34 तथा मोमीन को 5 सीटें मिलीं। 30 मार्च, 1926 ई. को श्रीकृष्ण सिंह के नेतृत्व में कांग्रेस द्वारा अन्तरिम सरकार का गठन का मुस्लिम लीग ने प्रतिक्रियात्मक जवाब दिया। देशभर में दंगा भड़क उठा जिसका प्रभाव छपरा, बांका, जहानाबाद, मुंगेर जिलों में था। 6 नवम्बर, 1946 ई. को गांधीजी ने एक पत्र जारी कर काफी दुःख प्रकट किया। 19 दिसम्बर, 1946 ई. को सच्चिदानन्द सिंह की अध्यक्षता में भारतीय संविधान सभा का अधिवेशन शुरू हुआ। 20 फरवरी, 1947 ई. में घोषणा की कि ब्रिटिश जून 1948 ई. तक भारत छोड़ देगा।

14 मार्च, 1947 ई. को लॉर्ड माउण्टबेटन भारत के वायसराय बनाए गए। जुलाई 1947 ई. को इंडियन इंडिपेंडेन्ट बिल संसद में प्रस्तुत किया। इस विधान के अनुसार 15 अगस्त, 1947 ई. से भारत में भी स्वतन्त्र औपनिवेशिक राज्य स्थापित किए जाएंगे। बिहार के प्रथम गवर्नर जयराम दास, दौलतराम और मुख्यमंत्री श्रीकृष्ण सिंह बने तथा अनुग्रह नारायण सिंह बिहार के पहले उप-मुख्यमंत्री, सह-वित्तमंत्री बने। 26 जनवरी, 1950 ई. को भारतीय संविधान लागू होने के साथ बिहार भारतीय संघ व्यवस्था के अनुरूप एक राज्य में परिवर्तित हो गया।

1947 ई. के बाद भारत में राज्य पुनर्गठन बिहार को 'क' श्रेणी का राज्य घोषित किया गया, लेकिन 1956 ई. में राज्य पुनर्गठन अधिनियम के अन्तर्गत इसे पुनः राज्य के वर्ग में रखा गया। 15 नवम्बर, 2001 को बिहार को विभाजित कर झारखण्ड और बिहार कर दिया गया।

अभ्यास प्रश्न

1. डलहौजी के काल में ब्रिटिश साम्राज्य में अवध का विलय किस आधार पर किया गया?
(a) कुशासन का आरोप
(b) राज्य हड़पने की नीति
(c) सहायक सन्धि
(d) इनमें से कोई नहीं

2. हिन्दुस्तान सोशलिस्ट रिपब्लिक एसोसिएशन की स्थापना की-
(a) वीर सावरकर ने
(b) ऊधम सिंह ने
(c) भगत सिंह ने
(d) चन्द्रशेखर आजाद ने

3. भारत में न्यायिक संगठन की स्थापना किसने की?
(a) लॉर्ड मेयो (b) लॉर्ड कॉर्नवालिस
(c) लॉर्ड एटली (d) लॉर्ड कर्जन

4. इस्तमरारी बन्दोबस्त किसने लागू किया?
(a) वेलेजली
(b) वारेन हेस्टिंग्स
(c) लॉर्ड कॉर्नवालिस
(d) लॉर्ड डफरिन

5. 1857 के विद्रोह के समय ब्रिटिश प्रधानमंत्री कौन था?
(a) चर्चिल (b) पामर्स्टन
(c) एटली (d) ग्लेडस्टोन

6. रैयतवाड़ी प्रथा प्रारंभ की थी-
(a) टॉमस मुनरो (b) मार्टिन बर्ड
(c) कार्नवालिस (d) लॉर्ड डलहौजी

7. शिक्षा के माध्यम के रूप में अंग्रेजी की वकालत किसने की थी?
(a) लॉर्ड मैकाले (b) लॉर्ड डलहौजी
(c) चार्ल्स वुड (d) लॉर्ड कर्जन

8. निम्न का सही क्रम बनाइए-
A. रेग्यूलेटिंग एक्ट
B. सूरत की फूट
C. बंगाल का विभाजन
D. मुस्लिम लीग की स्थापना

(a) A B C D (b) A C D B
(c) A C B D (d) A D C B

9. **किन दो नेताओं ने भारत में दौरा कर सामाजिक उत्थान का कार्य किया?**
(a) गांधी, तिलक
(b) जवाहर लाल नेहरू, सुभाष चन्द्र बोस
(c) विपिन चन्द्र पाल, अरविन्द घोष
(d) गोपाल कृष्ण गोखले, मोतीलाल नेहरू

10. **राजा राम मोहन राय ने निम्न में से किसका विरोध नहीं किया था?**
(a) बाल विवाह
(b) सती प्रथा
(c) पाश्चात्य शिक्षा
(d) विधवा विवाह

11. **निम्न में से कौन सुमेलित क्रम में है?**
(a) ऐनी बेसेन्ट - यंग इंडिया
(b) महात्मा गांधी - न्यू इंडिया
(c) बी.जी. तिलक - केसरी
(d) सुरेन्द्र नाथ बनर्जी - मराठा

12. **निम्न में से किसने भारत में अंग्रेजों का सर्वाधिक विरोध किया?**
(a) मराठा (b) मुगल
(c) राजपूत (d) सिक्ख

13. **रौलेट एक्ट भारत में लागू किया गया था-**
(a) सन् 1909 में
(b) सन् 1919 में
(c) सन् 1930 में
(d) सन् 1942 में

14. **'होमरूल' आंदोलन किसने प्रारम्भ किया?**
(a) ऐनी बेसेन्ट
(b) लोकमान्य तिलक
(c) महात्मा गांधी
(d) सरदार पटेल

15. **'सर्वेन्ट्स ऑफ इंडिया सोसायटी' के संस्थापक कौन थे?**
(a) बाल गंगाधर तिलक
(b) गोपाल कृष्ण गोखले
(c) के.एम. राय
(d) एम.के. गांधी

16. **टीपू सुल्तान की राजधानी थी-**
(a) बेलुर
(b) द्वार समुद्र
(c) सेरिंगपट्टम
(d) श्रीरंगम (श्रीरंगपट्टनम्)

17. **सूची-I को सूची-II से मिलाइए और नीचे दिए गए कोड में से सही उत्तर का चयन कीजिए-**

सूची-I	सूची-II
1. क्लाइव	A. प्रेस पर से प्रतिबंध हटाना
2. बैंटिक	B. बंग विभाजन
3. चार्ल्स मेटकॉफ	C. बंगाल में दोहरा शासन
4. कर्जन	D. अंग्रेजी शिक्षा

कोड :
(a) 1-C, 2-D, 3-A, 4-B
(b) 1-D, 2-A, 3-C, 4-B
(c) 1-B, 2-D, 3-C, 4-A
(d) 1-C, 2-B, 3-A, 4-D

18. **रेगुलेटिंग एक्ट पारित किया गया-**
(a) 1773 में (b) 1774 में
(c) 1784 में (d) 1793 में

19. **भारत के निम्न वायसरायों में से किसके काल में इण्डियन पीनल कोड, सिविल प्रोसीजर कोड और क्रिमिनल प्रोसीजर कोड पारित किए गए थे?**
(a) लॉर्ड कैनिंग (b) लॉर्ड मेयो
(c) लॉर्ड लिटन (d) लॉर्ड डफरिन

20. **भारत में ईस्ट इंडिया कंपनी की सफलता का राज था-**
(a) भारत में राष्ट्रीय भावना की कमी।
(b) कम्पनी की सेना को पश्चिमी प्रशिक्षण मिला था तथा उनके पास आधुनिक हथियार थे।
(c) भारतीय सैनिकों में राष्ट्रीय भावना का अभाव था जिसके फलस्वरूप कोई भी जो उन्हें अच्छा वेतन दे, अपनी सेवा में लगा सकता था।
(d) उपर्युक्त तीनों।

21. **भारत की स्वतंत्रता की पहली लड़ाई (1857) प्रारम्भ हुई थी-**
(a) कलकत्ता से
(b) दिल्ली से
(c) झांसी से
(d) मेरठ से

22. **मार्ले-मिन्टो सुधार बिल किस वर्ष में पारित किया गया?**
(a) 1905 (b) 1909
(c) 1911 (d) 1920

23. **भारत में स्थानीय स्वायत्तशासी संस्थाएं 1882 में सशक्त की गई थीं-**
(a) जॉर्ज बार्लो द्वारा
(b) लॉर्ड रिपन द्वारा
(c) लॉर्ड कर्जन द्वारा
(d) लॉर्ड लिटन द्वारा

24. **1946 का कैबिनेट मिशन तीन कैबिनेट मंत्रियों से गठित था। निम्नलिखित में से कौन इसका सदस्य नहीं था?**
(a) लॉर्ड पैथिक लारेन्स
(b) ए.वी. अलेक्जेण्डर
(c) सर स्टेफोर्ड क्रिप्स
(d) लॉर्ड एमरी

25. **साम्राज्ञी विक्टोरिया ने 1858 की घोषणा में भारतीयों को बहुत सी चीजें दिए जाने का आश्वासन दिया था। निम्न आश्वासनों में से कौन-सा ब्रिटिश शासन ने पूरा किया था?**
(a) रियासतों को हड़पने की नीति समाप्त कर दी जाएगी।
(b) देशी रजवाड़ों की यथास्थिति बनाए रखी जाएगी।
(c) भारतीय व यूरोपियन सभी प्रजा को समान व्यवहार मिलेगा।
(d) भारतीयों के सामाजिक व धार्मिक विश्वासों में कोई हस्तक्षेप नहीं होगा।

26. **उन्नीसवीं शताब्दी के दौरान होने वाले ''वहाबी आन्दोलन'' का मुख्य केंद्र था-**
(a) लाहौर (b) पटना
(c) अमृतसर (d) पुणे

27. **भारत में ब्रिटिश साम्राज्य के अंतर्गत अवध को मिलाया गया था-**
(a) सहायक गठजोड़ की नीति द्वारा
(b) अतिक्रमण के सिद्धान्त के अंतर्गत
(c) कुशासित राज्य की घोषणा करके
(d) युद्ध के द्वारा

28. **पानीपत के तीसरे युद्ध में मराठों को पराजित किया-**
(a) मुगलों ने
(b) अफगानों ने
(c) अंग्रेजों ने
(d) रोहिल्लों ने

29. **निम्न महापुरुषों में से कौन 'भारतीय जागृति' का जनक कहलाता है?**
(a) विवेकानन्द
(b) राजा राममोहन राय
(c) रवीन्द्रनाथ टैगोर
(d) दयानन्द सरस्वती

30. **सूची-I को सूची-II से सुमेलित कीजिए-**

सूची-I	सूची-II
1. प्रार्थना समाज	A. राजा राममोहन राय
2. ब्रह्म समाज	B. विवेकानन्द
3. आर्य समाज	C. दयानन्द सरस्वती

4. रामकृष्ण मिशन D. रानाडे
E. रामकृष्ण परमहंस
(a) 1-A, 2-B, 3-C, 4-D
(b) 1-B, 2-E, 3-A, 4-C
(c) 1-D, 2-A, 3-C, 4-E
(d) 1-D, 2-A, 3-C, 4-B

31. विचार कीजिए–
कथन (A) : 1857 में प्रथम स्वतंत्रता संग्राम ब्रिटिश सरकार से स्वतंत्रता प्राप्त करने में असफल रहा।
कारण (R) : बहादुर शाह जफर के नेतृत्व को जन सहयोग नहीं मिला था और अधिकांश महत्वपूर्ण रियासतों के शासक उनका साथ देने में कतरा गए।
नीचे दिए गए कोड से सही उत्तर चुनिए-
(a) दोनों (A) और (R) सत्य हैं और (R), (A) का सही स्पष्टीकरण है।
(b) दोनों (A) और (B) सत्य हैं परन्तु (R), (A) का सही स्पष्टीकरण नहीं है।
(c) (A) सत्य है और परन्तु (R) असत्य है।
(d) (A) असत्य है परन्तु (R) सत्य है।

32. महाराजा रणजीत सिंह के राज्य की राजधानी थी-
(a) अमृतसर (b) कपूरथला
(c) लाहौर (d) पटियाला

33. सूची-I व सूची-II को मिलाएं तथा नीचे दिए गए कूट का प्रयोग कर सही उत्तर का चयन कीजिए-

सूची-I	सूची-II
I. लॉर्ड डलहौजी	A. सती प्रथा का निषेध
II. लॉर्ड विलियम बैंटिक	B. स्वायत्त शासन
III. लॉर्ड रिपन	C. बंगाल का विभाजन
IV. लॉर्ड कर्जन	D. व्यपहरण का सिद्धान्त

कूट :
(a) I-D, II-A, III-B, IV-C
(b) I-D, II-B, III-A, IV-C
(c) I-A, II-B, III-C, IV-D
(d) I-C, II-A, III-B, IV-D

34. 'अष्ट प्रधान' - मंत्रिमण्डल किसके राज्य प्रबंध में सहायता करता था?
(a) हर्षवर्धन (b) समुद्रगुप्त
(c) शिवाजी (d) यशोवर्धन

35. कर्नाटक युद्ध किन-किन के मध्य लड़ा गया?
(a) अंग्रेज व फ्रांसीसी
(b) अंग्रेज व डच
(c) अंग्रेज व मराठे
(d) हैदर अली व मराठे

36. जलियांवाला बाग हत्याकांड कब हुआ?
(a) 13 अप्रैल, 1918
(b) 13 अप्रैल, 1919
(c) 29 अप्रैल, 1921
(d) 13 अप्रैल, 1920

37. भारतीय राष्ट्रीय कांग्रेस का लाहौर अधिवेशन कब हुआ?
(a) 1931 (b) 1929
(c) 1921 (d) 1930

38. "नेहरू राष्ट्र भक्त हैं जबकि जिन्ना राजनीतिज्ञ" कथन किसका था?
(a) सरदार पटेल
(b) मोहम्मद इकबाल
(c) महात्मा गांधी
(d) मौलाना आजाद

39. होमरूल लीग आंदोलन सर्वप्रथम किसने प्रारम्भ किया?
(a) ऐनी बेसेन्ट
(b) सरोजनी नायडू
(c) सुरेन्द्र नाथ बनर्जी
(d) तिलक

40. 'इन्कलाब जिन्दाबाद' का नारा किसने दिया?
(a) सुभाष चन्द्र बोस
(b) मुहम्मद इकबाल
(c) राम प्रसाद बिस्मिल
(d) भगत सिंह

41. महात्मा गांधी के रामराज्य के युगल सिद्धांत कौन-से थे?
(a) सही साधन व सही लक्ष्य
(b) अस्पृश्यता व मद्य निषेध
(c) खादी व चरखा
(d) सत्य व अहिंसा

42. बंगाल का एकीकरण किस सन् में सम्पन्न हुआ?
(a) 1905 (b) 1908
(c) 1913 (d) 1912

43. 'स्वराज्य मेरा जन्मसिद्ध अधिकार है।' उद्घोष किसका था?
(a) गोपाल कृष्ण गोखले
(b) बाल गंगाधर तिलक
(c) महात्मा गांधी
(d) चन्द्रशेखर आजाद

44. 'करो या मरो' का नारा किसने दिया?
(a) तिलक
(b) जवाहर लाल नेहरू
(c) भगत सिंह
(d) महात्मा गांधी

45. भारतीय राष्ट्रीय कांग्रेस की स्थापना किसने की?
(a) ए.ओ. ह्यूम
(b) सुरेन्द्र नाथ बनर्जी
(c) दादा भाई नौरोजी
(d) व्योमेश चन्द्र बनर्जी

46. दादा भाई नौरोजी आमतौर पर किस नाम से जाने जाते थे?
(a) पंजाब केसरी
(b) गुजरात रत्न
(c) गुरुदेव
(d) ग्रैंड ओल्ड मैन ऑफ इंडिया

47. 'बहिष्कृत भारत' पत्रिका से संबंधित थे-
(a) आत्माराम पांडुरंग
(b) ज्योतिबा फूले
(c) बाल गंगाधर तिलक
(d) बी.आर. अम्बेडकर

48. गांधी-इरविन समझौते में किस आंदोलन को रोकने का प्रावधान था?
(a) भारत छोड़ो आंदोलन
(b) सविनय अवज्ञा आंदोलन
(c) असहयोग आंदोलन
(d) कोई नहीं

49. विदेश में प्रथम स्वतंत्र भारतीय सरकार किसने स्थापित की?
(a) बरकत उल्ला
(b) सुभाष चन्द्र बोस
(c) लाला हरदयाल
(d) राजा महेन्द्र प्रताप सिंह

50. भारतीय राष्ट्रीय कांग्रेस का प्रथम विभाजन कब हुआ?
(a) 1907 (b) 1906
(c) 1969 (d) 1911

51. निम्न में से कौन स्वराज्य दल से संबंधित नहीं था?
(a) मोती लाल नेहरू
(b) आयंगर
(c) राजगोपालाचारी
(d) विट्ठल भाई पटेल

52. महात्मा गांधी के राजनीतिक गुरु कौन थे?
(a) सी.आर. दास
(b) दादा भाई नौरोजी

(c) तिलक
(d) गोपाल कृष्ण गोखले

53. निम्न का सही क्रम निर्दिष्ट कीजिए?
(a) (i) साइमन कमीशन (ii) सविनय अवज्ञा आंदोलन (iii)खुदाई खिदमतगार (iv) सूरत विभाजन
(b) (i) साइमन कमीशन (ii) सविनय अवज्ञा आंदोलन (iii)सूरत विभाजन (iv) खुदाई खिदमतगार
(c) (i) खुदाई खिदमतगार (ii) सविनय अवज्ञा आंदोलन (iii) सूरत विभाजन (iv) साइमन कमीशन
(d) (i) सूरत विभाजन (ii) साइमन कमीशन (iii) सविनय अवज्ञा आंदोलन (iv) खुदाई खिदमतगार

54. 'तुम मुझे खून दो मैं तुम्हें आजादी दूंगा।' यह नारा किसने दिया था?
(a) सुभाष चन्द्र बोस
(b) भगत सिंह
(c) रासबिहारी बोस
(d) बटुकेश्वर दत्त

55. भारतीय राष्ट्रीय कांग्रेस का प्रथम अधिवेशन कहां हुआ था?
(a) बम्बई (b) कलकत्ता
(c) नागपुर (d) सूरत

56. निम्नलिखित को सुमेलित कीजिए-

A. इंडिया विन्स फ्रीडम	**1. सुनील गावस्कर**
B. रन्स एण्ड रूइन्स	**2. अबुल कलाम आजाद**
C. यंग इंडिया	**3. महात्मा गांधी**
D. न्यू इंडिया	**4. एनी बेसेन्ट**

(a) A-2 B-1 C-3 D-4
(b) A-2 B-1 C-4 D-3
(c) A-3 B-2 C-1 D-4
(d) A-4 B-2 C-3 D-1

57. इंडियन नेशनल कांग्रेस और मुस्लिम लीग के बीच मतैक्य का काल निम्न में से कौन प्रदर्शित करता है?
(a) 1906-1911 (b) 1916-1922
(c) 1917-1921 (d) 1940-1946

58. ब्रिटिश पार्लियामेंट में चुना जाने वाला प्रथम भारतीय कौन था?
(a) रासबिहारी बोस
(b) सुरेन्द्र नाथ बनर्जी
(c) दादाभाई नौरोजी
(d) विट्ठल भाई पटेल

59. सुमेलित कीजिए-

A. बारदोली सत्याग्रह	**1. गांधी**
B. चम्पारन सत्याग्रह	**2. राम सिंह**
C. कूका आंदोलन	**3. गफ्फार खां**
D. लाल कुर्ती	**4. सरदार पटेल**

(a) A-4 B-1 C-2 D-3
(b) A-2 B-1 C-3 D-4
(c) A-4 B-3 C-2 D-1
(d) A-1 B-2 C-3 D-4

60. कथन (A) : द्वितीय विश्व युद्ध में भारतीय राष्ट्रीय कांग्रेस ने अंग्रेजों को सहयोग प्रदान किया था।
कारण (R) : क्योंकि उन्हें पूर्ण स्वराज्य प्राप्त होने की आशा थी।
(a) A, R दोनों सत्य हैं तथा R, A की स्पष्ट व्याख्या है।
(b) A, R दोनों सत्य हैं तथा R, A की स्पष्ट व्याख्या नहीं है।
(c) A सत्य है पर R असत्य है।
(d) R सत्य है पर A असत्य है।

61. 1937 में सम्पन्न विधान सभा चुनावों में इंडियन नेशनल कांग्रेस को निम्न में से किस प्रांत में पूर्ण बहुमत नहीं मिला था?
(a) मध्य प्रांत (b) बिहार
(c) पंजाब (d) मद्रास

62. 'मेरा अंतिम उद्देश्य प्रत्येक व्यक्ति के आंख से आंसू पोंछना होगा।' यह कथन निम्न में से किसका है?
(a) जवाहर लाल नेहरू
(b) महात्मा गांधी
(c) बी.जी. तिलक
(d) जी.के. गोखले

63. कथन (A) : गांधी जी ने दांडी मार्च किया।
कारण (R) : वे भारत की गरीब जनता को नि:शुल्क नमक दिलाना चाहते थे।
(a) A और R दोनों सत्य हैं तथा R, A की सही व्याख्या करता है।
(b) A और R सत्य है, किन्तु R, A की सही व्याख्या नहीं करता है।
(c) A सत्य है, R असत्य है।
(d) R सत्य है, A असत्य है।

64. दांडी मार्च शुरू किया गया था-
(a) नमक कानून के समर्थन हेतु
(b) नमक कानून तोड़ने हेतु
(c) रौलेट एक्ट के समर्थन हेतु
(d) रौलेट एक्ट के विरोध में

65. किस बात ने गांधी जी को फरवरी, 1922 में सविनय अवज्ञा आंदोलन स्थगित करने पर बाध्य किया?
(a) चौरी-चौरा और अन्य स्थानों पर हुई हिंसक घटनाओं ने
(b) मतभेद
(c) सरकारी दमन
(d) जेलों की भीड़

66. लाला लाजपत राय घायल हुए थे-
(a) साइमन कमीशन के विरोध में हुए लाठी चार्ज में
(b) रौलेट एक्ट के विरोध में हुए लाठी चार्ज में
(c) भारत छोड़ो आंदोलन के समय हुए लाठी चार्ज में
(d) गवर्नमेंट ऑफ इंडिया एक्ट के विरोध में हुए लाठी चार्ज में

67. भारत छोड़ो आंदोलन कब आरंभ हुआ था?
(a) सन् 1936 में (b) सन् 1940 में
(c) सन् 1942 में (d) सन् 1947 में

68. द्वितीय विश्व युद्ध के संबंध में भारतीय राष्ट्रीय कांग्रेस की क्या नीति थी?
(a) पूर्ण स्वतंत्रता का आश्वासन मिलने पर ब्रिटेन को सहयोग
(b) ब्रिटेन को सक्रिय सहयोग
(c) तटस्थता
(d) उपरोक्त में से कोई नहीं

69. दिल्ली से पहले भारत की राजधानी थी-
(a) कलकत्ता (b) मुम्बई
(c) चंडीगढ़ (d) इनमें से कोई नहीं

70. वर्ष 1919 में अखिल भारतीय खिलाफत सम्मेलन का अध्यक्ष किसे चुना गया?
(a) महात्मा गांधी
(b) मुहम्मद अली जिन्ना
(c) मौलाना शौकत अली
(d) मोती लाल नेहरू

71. किस दिनांक को बिहार में गांधी दिवस के रूप में मानाया गया था?
(a) 8 अगस्त, 1942(b)10 अगस्त, 1942
(c) 11 अगस्त, 1942 (d)15 जून, 1944

72. पटना में स्थित गोलघर का निर्माण किस गवर्नर जनरल के काल में हुआ था?
(a) वारेन हेस्टिंग्स (b) लॉर्ड हार्डिंग
(c) लॉर्ड केनिंग (d) लॉर्ड कार्नवालिस

73. बिहार में ब्रिटिश सत्ता का सर्वप्रथम विरोध किसने किया था?

(a) कुंवर सिंह ने (b) अलीवर्दी खां न
(c) अली गौहर ने (d) मीर कासिम ने

74. बिहार होमरुल लीग की स्थापना किसकी अध्यक्षता में हुई थी?
(a) मीर हुसैन (b) चन्द्रवंशी सहाय
(c) एनी बेसेन्ट (d) मजहरुल हक

75. वस्त्रों की किस जेल में कैदियों ने विदेशी वस्त्रों के बहिष्कार के लिए 'नंगी हड़ताल' की थी?
(a) छपरा (b) मुजफ्फरपुर
(c) मुंगेर (d) पटना

76. पटना गोलघर का निर्माण किस सन् में कैप्टन जॉन गायस्टिन द्वारा कराया गया था?
(a) 1786 (b) 1780
(c) 1760 (d) 1790
(E) उपर्युक्त में से कोई नहीं

77. बिहार में प्रथम बार निर्वाचित लोकप्रिय सरकार कब बनी थी?
(a) सन् 1930 में (b) सन् 1939 में
(c) सन् 1937 में (d) सन् 1937 में

78. बिहार में किसान सभा के संस्थापक कौन थे?
(a) स्वामी सहजानन्द
(b) स्वामी श्रद्धानन्द
(c) स्वामी नागार्जुन
(d) स्वामी विद्यानन्द

79. बिहार में 'सम्पूर्ण क्रान्ति' के जनक कौन थे?
(a) जगजीवन राम
(b) ललित नारायण मिश्र
(c) जयप्रकाश नारायण
(d) श्री कृष्ण सिंह

80. निम्नलिखित में से किस युद्ध के पश्चात् ईस्ट इण्डिया कम्पनी का बंगाल पर शासन स्थापित हो गया था?
(a) चौसा का युद्ध
(b) प्लासी का युद्ध
(c) बक्सर का युद्ध
(d) पटना का युद्ध

81. बनारस षड्यंत्र में कौन शामिल था?
(a) शचीद्र नाथ सान्याल
(b) खुदीराम बोस
(c) प्रफुल्ल चन्द्र चाकी
(d) बंकिमचंद्र मित्र

82. दरभंगा में बिहारी छात्र सम्मेलन का आयोजन कब हुआ था?
(a) अप्रैल, 1940 (b) अप्रैल, 1941
(c) अप्रैल, 1942 (d) अप्रैल, 1943

83. श्री शांति कुमार बक्शी क्या थे?
(a) समाजवाद नेता
(b) क्रांतिकारी नेता
(c) नरमपंथी नेता
(d) 1857 के विद्रोह के नेता

84. जय प्रकाश नारायण को राष्ट्रीय स्तर के नेता की पहचान किस संदर्भ में मिली थी?
(a) भारत छोड़ो आंदोलन
(b) कांग्रेस समाजवादी दल की स्थापना
(c) भूदान आंदोलन
(d) कांग्रेस कार्यकारिणी समिति का सदस्य बनाया जाना

85. 30 अप्रैल, 1908 के मुजफ्फरपुर बमकांड में किसकी हत्या का प्रयास किया गया था?
(a) जज किंग्सफोर्ड
(b) प्रिंगले केनेडी
(c) जनरल डायर
(d) पैथिक लॉरेन्स

86. गांधी ने सर्वप्रथम किस किसान आंदोलन में भाग लिया था?
(a) खेड़ा (b) चम्पारण
(c) बारदोली (d) बारोदा

87. गांधीजी ने किस जिले के किसनों का दुःख दूर करने के लिए सत्याग्रह किया था?
(a) बारदोली (b) आणंद
(c) चौरी-चौरा (d) चम्पारण

88. श्री मणीचन्द्र नारायण राय क्या थे?
(a) अंग्रेजी भक्त (b) नरमपंथी
(c) क्रांतिकारी (d) गांधीवादी

89. बिहार के गया में किसान आंदोलन को किसने जागृत किया था?
(a) रामानंद मिश्रा (b) यदुनंदन शर्मा
(c) श्रीराम शर्मा (d) रामानन्द पांडे

90. बिहार में सोशलिस्ट पार्टी का गठन कब हुआ था?
(a) मई 1932 (b) मई 1933
(c) मई 1934 (d) मई 1935
(E) उपर्युक्त में से कोई नहीं

91. बिहारी स्टूडेंट्स कॉन्फ्रेंस कब स्थापित हुई थी?
(a) 1906 (b) 1905
(c) 1907 (d) 1908

92. भागलपुर में एक आजाद दस्ते का गठन किसने किया था?
(a) सियाराम सिंह
(b) रामदयालु सिंह
(c) जयप्रकाश नारायण सिंह
(d) दीप नारायण सिंह

93. जय प्रकाश दिवस कब मनाया गया था?
(a) जनवरी 1946 में
(b) फरवरी 1946 में
(c) मार्च 1946 में
(d) अप्रैल 1946 में

94. आजाद दस्ता का गठन किसलिए हुआ था?
(a) अंग्रेजों की हत्या करने के लिए
(b) तोड-फोड़ की कार्रवाईयों के लिए
(c) युद्ध कार्यों में सरकार को बाधा पहुंचाने के लिए
(d) उपर्युक्त (2) एवं (3) दोनों के लिए

95. बिहार में आजाद दस्ता किस आंदोलन के दौरान सक्रिय रहा?
(a) असहयोग आंदोलन (b)सविनय अवज्ञा आंदोलन
(c) भारत छोड़ो आंदोलन
(d) चंपारण सत्याग्रह

96. भारत छोड़ो आंदोलन में बिहार मे कौन-सा दल सक्रिय था?
(a) आजाद दल (b) सियाराम दल
(c) जयप्रकाश दल(d) आनन्द दल

97. सम्मेलन पंडित प्रजापति मिश्र की अध्यक्षता में कहां हुई थी?
(a) मंगेर (b) गया
(c) भागलपुर (d) पटना

98. बिहार के लिए गठित' आजाद परिषद' के संयोजक कौन थे?
(a) सूरज नारायण सिंह
(b) जय प्रकाश नारायण
(c) सियाराम सिंह
(d) राम मनोहर लोहिया

99. बिहार प्रांतीय किसान सभा की स्थापना कब हुई थी?
(a) नवम्बर 1930(b) नवम्बर 1929
(c) नवम्बर 1928(d) नवम्बर 1928

100. बिहार की चर्चित महिलाएं कुसुम कुमारी देवी एवं सुश्री गौरी दास निम्नलिखित में से क्या थी?
(a) समाज सुधारक
(b) क्रांतिकारी

(c) लोकगायिका
(d) साहित्यकार

101. 9 अगस्त, 1946 को स्वतंत्र भारत का संविधान बनाने के लिए संविधान सभा का सत्र किनकी अध्यक्षता में आरंभ हुआ था?
(a) डॉ. सच्चिदानंद सिन्हा
(b) डॉ. राजेन्द्र प्रसाद
(c) श्रीकृष्ण सिंह
(d) जगतनारायण लाल

102. भारत छोड़ो आंदोलन के क्रम में गया के कुर्था थाने पर झंडा लहराने की कोशिश में कौन मारे गए थे?
(a) कुलानंद वैदिक
(b) जगलाल चौधरी
(c) कपिलमुनि
(d) श्याम बिहारी लाल

103. भारत छोड़ो आंदोलन के दौरान सारण में किसने पुलिस थाने को जला दिया था?
(a) कुलानंद वैदिक
(b) श्याम बिहारी लाल
(c) जगलाल चौधरी
(d) जय प्रकाश सिंह

104. भारत छोड़ो आंदोलन के दौरान जगलाल चौधरी ने कहां के लोगों को प्रोत्साहित किया कि वे थाने को जला दें और दरोगा को बोरे में डालकर नदी में फेंक दें?
(a) सारण जिला (b) पटना जिला
(c) दरभंगा जिला (d) नालंदा जिला

105. भारत छोड़ो आंदोलन के दौरान 12 अगस्त, 1942 को भागलपुर कारागार ले जाते समय दिवस स्वतंत्रता सेनानी को विद्यार्थियों ने पुलिस से मुक्त करा लिया था?
(a) प्रभावती देवी (b) रामप्यारी देवी
(c) सरस्वती देती (d) शांति देवी

106. भारत छोड़ो आंदोलन के दौरान 15 अगस्त, 1942 को छपरा के टाउन हॉल में किनकी अध्यक्षता में एक विराट सभा का आयोजन किया गया था?
(a) शांति देवी (b) रामप्यारी देवी
(c) सरिता देवी (d) प्रभावती देवी

107. मई 1934 ई. में पटना में किसकी अध्यक्षता में कांग्रेस सोशलिस्ट पार्टी का गठन हुआ?
(a) नरेन्द्र देव (b) राजेन्द्र प्रसाद
(c) सहजानंद (d) जे.बी. कृपलानी

108. बिहार प्रांतीय किसान सभा के प्रथम अध्यक्ष कौन थे?
(a) स्वामी सहजानंद
(b) राजेन्द्र प्रसाद
(c) शाह मुहम्मद जुबेर
(d) बाबू श्रीकृष्ण सिंह

109. डॉ. राजेन्द्र प्रसाद के प्रयत्नों से किस वर्ष बिहारी स्टूडेंट्स कॉन्फ्रेस स्थापित हुई थी?
(a) 1904 ई. (b) 1905 ई.
(c) 1906 ई. (d) 1907 ई.

110. हाजीपुर स्टेशन मास्टर (1931) हत्याकाण्ड के मामले में किस को फांसी की सजा दी गई थी?
(a) त्रिलोकी सिंह (b) बसावन सिंह
(c) रामदेवी सिंह (d) रामगोविन्द सिंह

उत्तरमाला

1. (a)	**2.** (d)	**3.** (b)	**4.** (c)	**5.** (b)	**6.** (a)	**7.** (a)	**8.** (b)	**9.** (a)	**10.** (c)
11. (c)	**12.** (a)	**13.** (b)	**14.** (a)	**15.** (b)	**16.** (d)	**17.** (a)	**18.** (a)	**19.** (a)	**20.** (d)
21. (d)	**22.** (b)	**23.** (b)	**24.** (d)	**25.** (a)	**26.** (b)	**27.** (c)	**28.** (b)	**29.** (b)	**30.** (d)
31. (a)	**32.** (c)	**33.** (a)	**34.** (c)	**35.** (a)	**36.** (b)	**37.** (b)	**38.** (d)	**39.** (a)	**40.** (b)
41. (d)	**42.** (d)	**43.** (b)	**44.** (d)	**45.** (a)	**46.** (d)	**47.** (d)	**48.** (b)	**49.** (d)	**50.** (a)
51. (c)	**52.** (d)	**53.** (d)	**54.** (a)	**55.** (b)	**56.** (a)	**57.** (b)	**58.** (c)	**59.** (a)	**60.** (b)
61. (c)	**62.** (a)	**63.** (c)	**64.** (b)	**65.** (a)	**66.** (a)	**67.** (c)	**68.** (a)	**69.** (a)	**70.** (a)
71. (d)	**72.** (d)	**73.** (c)	**74.** (d)	**75.** (a)	**76.** (a)	**77.** (c)	**78.** (a)	**79.** (c)	**80.** (c)
81. (d)	**82.** (a)	**83.** (b)	**84.** (a)	**85.** (a)	**86.** (b)	**87.** (d)	**88.** (c)	**89.** (b)	**90.** (c)
91. (a)	**92.** (a)	**93.** (b)	**94.** (d)	**95.** (c)	**96.** (b)	**97.** (a)	**98.** (a)	**99.** (b)	**100.** (b)
101. (a)	**102.** (d)	**103.** (c)	**104.** (a)	**105.** (c)	**106.** (a)	**107.** (a)	**108.** (a)	**109.** (c)	**110.** (c)

❑❑❑

अध्याय

3 भूगोल

भारत का भौतिक भूगोल

- भारत के क्षेत्रफल का **11% भाग पर्वतीय**, **18% पहाड़ी**, **28% पठारी** एवं **43% मैदानी** है।
- भू-आकृति विज्ञान के आधार पर भारत को निम्न चार भागों में विभाजित किया गया है।

1. उत्तरी पर्वतीय प्रदेश **2.** दक्षिण का पठार
3. विशाल मैदान **4.** तटवर्ती मैदान एवं द्वीप समूह

भारत के भू-आकृतिक प्रदेश

क्र.सं.	भू-आकृतिक प्रदेश	क्षेत्रफल (किमी.^{2})	कुल क्षेत्रफल (%)
1.	उत्तरी पर्वत श्रेणियाँ	5,78,000	18.0
2.	विशाल मैदान	5,50,000	17.9
3.	थार मरुस्थल	2,59,000	8.4
4.	मध्यवर्ती उच्चभूमि	3,36,000	10.4
5.	प्रायद्वीप पठार	12,41,000	38.5
6.	तटीय मैदान	3,35,000	10.4
7.	द्वीपीय समूह	8,300	0.3

भारत की भू-आकृतिक उप-इकाइयाँ

I. हिमालय पर्वत
1. पश्चिमी हिमालय **2.** पूर्वी हिमालय
3. उत्तर-पूर्व पर्वत श्रेणी

II. विशाल मैदान
4. उत्तरी मैदान **5.** पूर्वी मैदान
6. असोम का मैदान **7.** थार मरुस्थल

III. मध्यवर्ती उच्चभूमि
8. उत्तर मध्यवर्ती उच्चभूमि **9.** दक्षिण मध्यवर्ती उच्चभूमि

IV. प्रायद्वीपीय पठार
10. उत्तर दक्कन **11.** दक्षिण दक्कन
12. पूर्वी पठार **13.** पश्चिमी पहाड़ियाँ
14. पूर्वी पहाड़ियाँ

V. तटीय मैदान
15. पश्चिमी तटीय मैदान **16.** पूर्वी मैदान

VI. द्वीप समूह
17. लक्षद्वीप **18.** अंडमान व निकोबार द्वीप समूह

- भू-वैज्ञानिकों के अनुसार जहाँ आज हिमालय पर्वत स्थित है वहाँ कभी **टेथिस नामक समुद्र** था।
- हिमालय की उत्पत्ति का आधुनिक सिद्धान्त **प्लेट विवर्तनिकी** है। यह विश्व के नवीनतम मोड़दार पर्वतों में से एक है।
- हिमालय पर्वत श्रेणी को तीन भागों में बाँटा जाता है।

1. वृहद् हिमालय या हिमाद्रि (The Great Himalayas or Himadri)

- ❖ इसकी औसत **ऊँचाई 6000 मी.** है।
- ❖ विश्व की सर्वाधिक ऊँची चोटियाँ इसी श्रेणी में पाई जाती हैं। **माउंट एवरेस्ट** या सागरमाथा इसकी सबसे ऊँची चोटी है।

हिमालय के प्रमुख हिमनद

क्र.सं.	हिमनद	अवस्थिति	लम्बाई (मी.)
1.	सियाचिन	काराकोरम	75
2.	हिस्पारा	काराकोरम	61
3.	बियाफो	काराकोरम	60
4.	बाल्तोरा	काराकोरम	58
5.	बातुरा	काराकोरम	58
6.	चोगलुंग्मा	काराकोरम	50
7.	खार्दोपीन	काराकोरम	41
8.	रिमो	कश्मीर	40
9.	पुन्माह	कश्मीर	27
10.	गंगोत्री	कुमाऊं	26
11.	जेमू	सिक्किम/नेपाल	25
12.	मिलाम	कुमाऊं	19
13.	स्थल	कश्मीर	16
14.	कंचनजंघा	नेपाल/सिक्किम	16

- ❖ अन्य चोटियाँ हैं, **कंचनजंघा**, **मकालू**, **धौलागिरि**, **नंगा पर्वत**, **अन्नपूर्णा**, **नन्दा देवी**।
- ❖ उत्तराखंड की **नन्दा देवी** चोटी कुमायूँ हिमालय का भाग है।
- ❖ भारत में हिमालय की सबसे ऊँची चोटी **कंचनजंघा** है, जो सिक्किम और नेपाल की सीमा पर स्थित है।
- ❖ भारत का सर्वोच्च शिखर-**माउंट K_2** (गॉडविन ऑस्टिन) है जो **काराकोरम श्रेणी** में है, न कि हिमालय में। यह पाक अधिकृत कश्मीर (PoK) में है।
- ❖ इसी श्रेणी में भारत के प्रमुख दर्रे स्थित हैं। जिनमें **शिपकीला** और **बारालाचाला** (हिमाचल प्रदेश), बुर्जिल एवं जोजिला (कश्मीर), **नीतिला**, **लिपुलेख** और **थागला** (उत्तराखंड) तथा **जैलेप्ला** और **नाथूला** (सिक्किम) प्रमुख हैं।

2. **लघु हिमालय या हिमाचल श्रेणी (Middle Himalayas or Himachal)**
   - ❖ इसका विस्तार मुख्य हिमालय के दक्षिण में है। इसकी औसत ऊँचाई **3700–4500 मी.** है।
   - ❖ पीरपंजाल, धौलाधर, नागटिब्बा, महाभारत आदि श्रेणियाँ इसी लघु हिमालय में हैं।
   - ❖ कश्मीर, काठमाण्डू, काँगड़ा और कुल्लू घाटियाँ इसी श्रेणी में हैं (अर्थात् मध्य हिमालय और शिवालिक के बीच)।
   - ❖ भारत के महत्वपूर्ण पर्यटन स्थल **शिमला**, **मसूरी**, **नैनीताल**, **चकराता**, **रानीखेत**, **दार्जिलिंग** इसी श्रेणी में हैं।
   - ❖ लघु हिमालय के ढाल पर छोटे-छोटे घास के मैदान पाए जाते हैं जिन्हें कश्मीर में मर्ग **(यथा-सोनमर्ग, गुलमर्ग)** तथा उत्तराखंड में **बुग्याल या पयार** कहा जाता है।

3. **शिवालिक या बाह्य हिमालय (The Shiwaliks or Outer Himalayas)**
   - ❖ यह हिमालय की सबसे दक्षिणी श्रेणी या पाद श्रेणी है। इसकी औसत ऊँचाई 600 से 1500 मी. है। इसमें मिट्टी और कंकड़ के बने ऊँचे मैदान मिलते हैं जिन्हें पश्चिम में दून (देहरादून) तथा पूर्व में द्वार (हरिद्वार) कहते हैं। इसके पश्चात् भारत के विशाल मैदान की शुरुआत होती है।

हिमालय का प्रादेशिक विभाजन

- **कुमायूँ हिमालय**–सतलुज तथा काली नदी के मध्य
- **नेपाल हिमालय**–काली तथा तीस्ता नदी के मध्य
- **पंजाब हिमालय**–सिन्धु तथा सतलुज नदी के मध्य
- **असोम हिमालय**–तीस्ता तथा दिहाँग नदी के मध्य

पश्चिम हिमालय

- पश्चिमी हिमालय **80° पूर्वी देशांतर** के पश्चिम में **सिंधु नदी** से **काली नदी** तक विस्तृत है।
- पश्चिमी हिमालय की ऊँचाई पश्चिम में अधिक तथा पूर्व की ओर क्रमशः घटती जाती है। इसलिए नंगा पर्वत (जम्मू-कश्मीर) की ऊँचाई **नंदादेवी (उत्तराखंड)** की तुलना में अधिक है।
- पश्चिमी हिमालय में औसत वार्षिक वर्षा **100 सेमी.** से कम होती है।
- पश्चिमी हिमालय की वनस्पति के अंतर्गत मुख्यतः **अल्पाइन** व **कोणधारी** प्रकार के वन पाए जाते हैं।
- पश्चिमी हिमालय क्षेत्र में जीवाश्म उपलब्ध नहीं हैं, इसलिए इस क्षेत्र में पेट्रोलियम तथा प्राकृतिक गैस जैसे प्राकृतिक खनिज संसाधन नहीं पाए जाते हैं।
- पश्चिमी हिमालय में हिमरेखा तुलनात्मक रूप से कम ऊँचाई पर ही पाई जाती है।
- पश्चिमी हिमालय हिमानी हेतु प्रसिद्ध है, इसलिए पश्चिमी हिमालय क्षेत्र से ही भारत की प्रमुख नदियों का उद्गम होता है।
- पश्चिमी हिमालय की चौड़ाई अत्यधिक है, क्योंकि इसका संबंध पामीर के पठार से है।
- जास्कर और लद्दाख श्रेणी (कश्मीर में) जिनके बीच सिन्धु नदी का बहाव क्षेत्र है, जो लद्दाख श्रेणी को बुंजी नामक स्थान पर काटकर भारत की सबसे गहरी गॉर्ज (5200 मी. गहरी) का निर्माण करती है।
- उत्तर से दक्षिण की ओर पर्वत श्रेणियों का क्रम कराकोरम → लद्दाख → जास्कर → पीरपंजाल श्रेणी

पूर्वी हिमालय

- पूर्वी हिमालय **88° पूर्वी देशांतर** के पूर्व में तीस्ता नदी से ब्रह्मपुत्र नदी तक विस्तृत क्षेत्र में फैला हुआ है।
- पूर्वी हिमालय का मध्यवर्ती भाग पश्चिमी व पूर्वी हिमालय की तुलना में ऊंचा है, क्योंकि माउंट **एवरेस्ट व कंचनजंघा** मध्यवर्ती भाग में ही स्थित है। इसका पूर्वी भाग सबसे निम्न ऊँचाई का है।
- पूर्वी हिमालय में औसत वार्षिक वर्षा **200 सेमी.** से अधिक होती है।
- पूर्वी हिमालय के विस्तृत क्षेत्र पर **घने सदाबहार वन** पाए जाते हैं।
- पूर्वी हिमालय की संरचना में जीवाश्म उपलब्ध है, इसलिए इस क्षेत्र में **पेट्रोलियम** तथा **प्राकृतिक** गैस जैसे संसाधन प्रचुरता में पाए जाते हैं।
- पूर्वी हिमालय में हिमरेखा अपेक्षाकृत अधिक ऊँचाई पर ही पाई जाती है।
- पूर्वी हिमालय में हिमानी कम पाई जाती हैं, इसलिए इस क्षेत्र में कम नदियों का उद्गम होता है।
- पूर्वी हिमालय की **चौड़ाई** अत्यंत कम है।
- **पाटकोई**, **लुशाई**, **गारो**, **खासी**, **जयन्तिया**, बरैलू, मिकिर पर्वत श्रेणी (मेघालय) पूर्वी राज्यों में है।

भारत के प्रमुख दर्रे

1. **कराकोरम दर्राः** यह दर्रा जम्मू-कश्मीर राज्य के लद्दाख क्षेत्र में कराकोरम पहाड़ियों के मध्य स्थित है। इस दर्रे से होकर **यारकन्द** तथा **तारिम बेसिन** का मार्ग जाता है। यह भारत का सबसे ऊँचा (56 मी.) दर्रा है। यहाँ से चीन को जाने वाली एक सड़क भी बनाई गई है।
2. **जोजिला दर्राः** यह दर्रा जम्मू-कश्मीर राज्य की **जास्कर श्रेणी** में स्थित है। इससे **श्रीनगर लेह मार्ग** गुजरता है।
3. **बुर्जिल दर्राः** यह **श्रीनगर** को **गिलगित** से जोड़ता है।
4. **पीर पंजाल दर्राः** यह दर्रा **जम्मू-कश्मीर** राज्य के दक्षिण-पश्चिम में स्थित है। इस दर्रे का **कुलगांव** से **कोठी** जाने का मार्ग है।
5. **बनिहाल दर्राः** जम्मू-कश्मीर राज्य के दक्षिण-पश्चिम में पीर पंजाल श्रेणियों में स्थित इस दर्रे से जम्मू से श्रीनगर जाने का मार्ग गुजरता है। **जवाहर सुरंग** भी इसी में स्थित है।
6. **शिपकीला दर्राः** यह हिमाचल प्रदेश की **जास्कर श्रेणी** में स्थित है। यह **शिमला को तिब्बत** से जोड़ता है।
7. **रोहतांग दर्राः** हिमाचल प्रदेश की **पीरपंजाल श्रेणियों** में स्थित इस दर्रे की **ऊँचाई 4,631 मी.** है। इस दर्रे का उपनाम लाशों का ढेर है। यह **मनाली को लेह सड़क मार्ग** से जोड़ता है। इसे हिमाचल प्रदेश के लाहौल स्पीति जिले का प्रवेश द्वार कहा जाता है।
8. **बड़ालापचा दर्राः** हिमाचल प्रदेश में **जास्कर पहाड़ियों** में स्थित इस दर्रे से **लेह** व **मंडी** के बीच मार्ग जुड़ता है।
9. **माना दर्राः** यह उत्तराखंड की **कुमायूँ पहाड़ियों** में स्थित है।
10. **नीति दर्राः** 5,389 मी. ऊँचा यह **दर्रा उत्तराखंड** के **कुमायूँ** में स्थित है।
11. **नाथूला दर्राः** भारत चीन युद्ध 1962 में सामरिक महत्व के कारण चर्चित यह दर्रा **सिक्किम राज्य** के **डोगेक्या श्रेणी** में स्थित है। 6 जुलाई, 2006 को यह मार्ग व्यापार हेतु खोला गया था इसमें से **दार्जिलिंग** व **चुंबीघाटी** होकर तिब्बत जाने का एक मार्ग है।
12. **जेलेप्ला दर्राः** यह सिक्किम में है। **जेलेप्ला दार्जिलिंग** व **चुंबी घाटी** से होकर तिब्बत जाने का एक मार्ग है।

भारत की प्रमुख घाटियाँ

जम्मू-कश्मीर मरवा घाटी : लद्दाख की प्रसिद्ध घाटी है।

हिमाचल प्रदेश

क्र.सं.	घाटी	विवरण
1.	चुंबी घाटी	: चुंबा, भारमौर, डलहौजी एवं खज्जियार प्रमुख पर्यटक स्थल इसी घाटी में अवस्थित हैं।
2.	कांगड़ा घाटी	: प्रमुख सांस्कृतिक एवं पर्यटन स्थल धर्मशाला इसी घाटी में अवस्थित।
3.	लाहुल घाटी	: इसी घाटी से होकर ही चंद्र एवं भागा नदियाँ प्रवाहित होती हैं।
4.	मालना घाटी	: यह हिमाचल प्रदेश में छोटा यूनान के रूप में प्रसिद्ध है।
5.	स्पीति घाटी	: बौद्धों का प्रसिद्ध ताबो मठ इसी घाटी में अवस्थित है।
6.	पांगी घाटी	: पंगवाल और भोटी लोगों का आवास क्षेत्र।
7.	कुल्लू घाटी	: इसे देवताओं की घाटी कहा जाता है इसे 7 दिवसीय दशहरा त्यौहार के लिए भी जाना जाता है। सह-धौलाधर एवं पीरपंजाल श्रेणियों के मध्य अवस्थित है।
8.	सांगला घाटी	: इसे बास्पा घाटी के नाम से जाना जाता है।
9.	पार्वती घाटी	: हिमाचल प्रदेश के कुल्लू में स्थित यह घाटी हिन्दू सिख तीर्थ यात्रियों के मणिकरन शहर जाने के लिए मार्ग प्रदान करता है। जो एक हॉट स्पॉट शहर है।
10.	किन्नौर घाटी	: यह घाटी हिमाचल प्रदेश के उत्तर-पूर्वी भाग में स्थित है जो तिब्बत की सीमा के समीप है यह हिमाचल के अन्तिम गाँव चिटकुल को मार्ग प्रदान करता है।

उत्तराखंड

क्र.सं.	घाटी	विवरण
1.	दून घाटी	: यह घाटी शिवालिक हिमाचल एवं लघु हिमालय के मध्य स्थित है।
2.	जोहार घाटी	: इसे मिलाम घाटी एवं गौरी घाटी के नाम से जाना जाता है।
3.	फूलों की घाटी	: चमोली जिले में स्थित वन्य जीवों के लिए प्रसिद्ध है। इसे यूनेस्को, के बायोस्फियर नेटवर्क में वर्ष 2004 में शामिल किया गया था।
4.	धर्मा घाटी	: इसका निर्माण धर्मागंगा नदी द्वारा होता है।
5.	सोर घाटी	: यह घाटी उत्तराखंड के पिथौरागढ़ में स्थित है। यहाँ कत्यूरी राजवंश का शासन था। ये अयोध्या से आए थे।
6.	नेलांग घाटी	: भारत के उत्तराखंड राज्य के उत्तरकाशी जिले में स्थित गंगोत्री नेशनल पार्क में अवस्थित है। भारत-चीन सीमा के निकट नेलांग घाटी है, वर्ष 1962 के युद्ध के बाद इसे नागरिकों के लिए बंद कर दिया गया था। मई, 2015 में इसे पर्यटकों के लिए पुनः खोल दिया गया
7.	नागालैंड	: 1. जुबू घाटी: भारत के पूर्वोत्तर राज्य नागालैंड में जंकू श्रेणी के पीछे स्थित जून एवं सितंबर माह में सम्पूर्ण घाटी जंगली फूलों से ढक जाती है।

सिक्किम

1. **यूथांम घाटी** : हॉ स्प्रिंग के लिए प्रसिद्ध। यह रोडोडेंड्रान झाड़ियों व अन्य वनस्पति प्रजातियों से ढकी हुई है।

आंध्र प्रदेश

1. **अराकु घाटी** : यह घाटी गलीकोंडा, राक्ताकोंडा, सुंकरीमेट्टा एवं चितामोगोंडी नामक पहाड़ियों से ढकी हुई है।

तमिलनाडु

1. **कम्बम घाटी** : यह थेक्काड़ी, वरुसनादु एवं कोडाइकनाल पहाड़ियों से घिरी है।

केरल

1. **शांत घाटी** : जैव विविधता हेतु प्रसिद्ध। यह केरल के पलक्कड़ जिले में नीलगिरि की पहाड़ियों पर स्थित है। 1847 में राबर्ट वाइट यहाँ आने वाले प्रथम अंग्रेज थे।

पश्चिम बंगाल

1. **नेओरा घाटी** : यह दार्जिलिंग के कलिम्पोंग में स्थित है। 1986 में नेओरा घाटी को राष्ट्रीय पार्क घोषित किया गया।

चुंबी घाटी

- चुंबी घाटी का सामरिक महत्व है इसे माओत्से तुंग ने तिब्बत की ऐसी हथेली बताया था, जिसकी 5 उंगलियाँ (**1.** लद्दाख, **2.** सिक्किम, **3.** नेपाल, **4.** भूटान व **5.** अरुणाचल प्रदेश) है। यही कारण है कि चीन सदैव इस क्षेत्र पर अपना ध्यान रखता है।
- यह घाटी सिलिगुड़ी घाटी (इसे भारत के चिकेन नेक नाम से भी जाना जाता है) से लगभग 500 किलोमीटर की दूरी पर है।
- चुंबी घाटी पहले सिक्किम का हिस्सा थी, जो वर्ष 1792 में तिब्बत का अंग बनी। यहाँ के स्थानीय निवासियों को प्रोमोवा कहा जाता है, जो तिब्बती वंश के हैं।
- वर्ष 1904 में अंग्रेजी शासन और तिब्बत के बीच हुए समझौते के बाद यह ऊन, याक उत्पाद और सुहागा का बड़ा व्यापारिक मार्ग बनकर उभरा है।

दक्षिण भारत की पर्वत श्रेणियाँ

अरावली पर्वत

- इसकी लम्बाई **1100 किमी.** है जो दिल्ली से अहमदाबाद तक फैली है। यह सबसे प्राचीन पर्वत श्रेणी है जो उत्तर-पश्चिम में है।
- अरावली पर्वत का सर्वोच्च शिखर **'गुरु शिखर'** है जो माउंट आबू की पहाड़ी पर स्थित है।
- **पीपली घाट** दर्रा इसी पर्वत में स्थित है।

पश्चिमी घाट या सह्याद्रि श्रेणी

- पश्चिमी घाट पर्वत का फैलाव ताप्ती नदी घाटी से नीलगिरि पहाड़ी तक है। पश्चिमी घाट एक भ्रंश कगार है।
- उत्तरी सह्याद्रि का सर्वोच्च शिखर **कालसुबाई** (1646 मी.) है जबकि दक्षिण सह्याद्रि का सर्वोच्च शिखर **कुद्रेमुख** (1892 मी.) है।
- इस श्रेणी में चार प्रमुख दर्रे हैं-

1. थाल घाट (नासिक को मुम्बई से जोड़ता है)

2. भोर घाट (मुम्बई को पुणे से जोड़ता है)

3. पाल घाट (यह केरल में है जो दक्षिण भारत के दो शहर कोच्चि और कोयंबटूर को जोड़ता है)

4. सेनकोटा दर्रा (तिरुवनंतपुरम एवं मदुरै को जोड़ता है।)

- पश्चिमी घाट पर्वत पर ही भारत का सबसे ऊँचा जलप्रपात शरावती नदी का गरसोप्पा (महात्मा गाँधी) जल प्रपात है।
- भारत और म्यांमार के बीच सीमा निर्धारण करने वाली तीन पर्वत श्रेणियाँ हैं–खासी, पटकोई, अराकानयोमा।

पूर्वी घाट पर्वत

- इसका विस्तार ओडिशा से तमिलनाडु तक है। यह श्रेणी लगभग **1300 किमी.** लम्बी है।
- पूर्वी घाट पर्वत का सर्वोच्च शिखर **जिनधागड़ा** (Jindhagada 1690 मी.) है। इसका दूसरा सर्वोच्च शिखर **महेन्द्रगिरि** (1501 मी.) है।

नीलगिरि पर्वतमाला

- नीलगिरि की पहाड़ियाँ पश्चिमी घाट व पूर्वी घाट की **मिलनस्थली** हैं।
- नीलगिरि का सर्वोच्च शिखर **डोडाबेट्टा** (2623 मी.) है जो दक्षिण भारत का दूसरा सर्वोच्च शिखर है।
- दक्षिण भारत का सर्वोच्च शिखर या चोटी **अनाईमुडी** (2695 मी.) है जो अन्नामलाई की चोटी है।
- अन्नामलाई पर्वत के दक्षिण में **कार्डेमम (इलायची)** की पहाड़ियाँ (केरल में) हैं।
- अन्नामलाई पर्वत के दक्षिण में पालनी पहाड़ी पर प्रसिद्ध स्वास्थ्यवर्द्धक स्थान **कोडाईकनाल** (तमिलनाडु) स्थित है जबकि ऊटी (उटकमंडलम) नीलगिरि पहाड़ी पर तमिलनाडु में स्थित है। शेवराय पहाड़ियाँ तमिलनाडु में स्थित हैं। **अनाईमुडी** तीन पहाड़ियों का (इलायची, अन्नामलाई, पालनी) केन्द्र बिन्दु है।

मध्य भारत की पर्वत श्रेणियाँ

सतपुड़ा श्रेणी

- आन्तरिक पहाड़ियों में **सतपुड़ा** पर्वतमाला प्रमुख है।
- यह सतपुड़ा पहाड़ी, महादेव पहाड़ी तथा मैकाल पहाड़ी का समूह है।
- सतपुड़ा एक ब्लॉक पर्वत है जो नर्मदा एवं ताप्ती नदी के मध्य स्थित है।
- सतपुड़ा पर्वत शृंखला का सर्वोच्च शिखर **धूपगढ़ (1350 मी.)** है जो कि महादेव पर्वत पर स्थित है।
- मध्य प्रदेश का प्रसिद्ध स्थल (Hill Station) **पंचमढ़ी धूपगढ़** के पास ही अवस्थित है।
- सतपुड़ा पर्वत श्रेणी में नर्मदा नदी पर स्थित **धुंआधार प्रपात** प्रमुख है।
- मैकाल पहाड़ी का सर्वोच्च शिखर **अमरकंटक** है। इसी से **नर्मदा** और **सोन नदी** निकलती है।

विंध्याचल पर्वत श्रेणी

- यह विंध्याचल, भांडेर, कैमूर और पारसनाथ पहाड़ियों का समूह है जो उत्तर भारत को दक्षिण भारत से अलग करती है।
- विंध्याचल पर्वत श्रेणी नर्मदा की दरार घाटी की खड़ी ढाल मात्र है।
- नर्मदा और ताप्ती नदियाँ पूर्व की ओर न बहकर पश्चिम की ओर बहती हुई अरब सागर में गिरती है। इसका कारण, इन दोनों नदियों का दरार घाटी (Rift Valley) में बहना है।

भारत की प्रमुख सर्वोच्च चोटियाँ

क्र.सं.	श्रेणी	शिखर	ऊँचाई (मी.)	राज्य
1.	पूर्वी घाट	महेन्द्रगिरि	1,501	आंध्र प्रदेश
2.	पूर्वी हिमालय	कांगतो	7,090	अरुणाचल
3.	असोम पहाड़ी	झिंगतुबुम	1,867	असोम
4.	सतपुड़ा श्रेणी	देवगढ़	1,027	छत्तीसगढ़
5.	सह्याद्रि श्रेणी	सोसोगाद	1,027	गोवा
6.	मोरनी पहाड़ी	मोरनी	1,220	हरियाणा
7.	पश्चिमी हिमालय	रियो पुर्गिल	6,816	हि. प्रदेश
8.	कराकोरम श्रेणी	K-2	8,611	कश्मीर
9.	पारसनाथ पहाड़ी	पारसनाथ	1,366	झारखंड
10.	चिकमंगलूर	मलकानगिरि	1,925	कर्नाटक
11.	अन्नामलाई	अनाइमुदी	2,695	महाराष्ट्र
12.	सतपुड़ा	धूपगढ़	1,350	केरल
13.	सह्याद्रि श्रेणी	कलसुबाई	1,646	मध्य प्रदेश
14.	उखरूल	खयाँग	3,114	मणिपुर
15.	खासी पहाड़ी	शिलांग चोटी	1,965	मेघालय
16.	ब्लू माउंटेन	पावंग पुई	2,165	मिजोरम
17.	नागालैंड पहाड़ी	सारामती	3,841	नागालैंड
18.	पूर्वी घाट	देवमाली	1,672	ओडिशा
19.	अरावली श्रेणी	गुरुशिखर	1,722	राजस्थान
20.	सिक्किम हिमालय	कंचनजंगा	8,586	सिक्किम
21.	नीलगिरि	डोडाबेटा	2,637	तमिलनाडु
22.	जाम्पुई पहाड़ी	बेटलागचिप	1,097	त्रिपुरा
23.	गढ़वाल पहाड़ी	नंदादेवी	7,816	उत्तराखंड
24.	हिमालय	संदाकफु	3,636	पं बंगाल
25.	उत्तरी अंडमान	सैडलपीक	732	अंडमान द्वीप समूह

पठार

- यह भू-भाग उत्तर में **गंगा-सतलज** मैदान से तथा शेष तीन दिशाओं में समुद्र से घिरा है।
- भ्रंश घाटी में बहने वाली नर्मदा इस पठार को मुख्य रूप से दो भागों में बांटती है–उत्तर में **मालवा का पठार** तथा **दक्षिण में दक्कन** का पठार।
- दक्कन का पठार क्रिटेशियस-इओसिना में लावा निकलने से निर्मित है। यह भारत का प्राचीनतम भू-भाग है।
- मालवा का पठार **मध्य प्रदेश** एवं **छत्तीसगढ़** राज्य में है। यह लावा निर्मित पठार है।
- बेतवा, पार्वती, काली सिन्ध, माही, चम्बल आदि नदियाँ मालवा के पठार से निकलती हैं।
- बुन्देलखंड पठार मालवा पठार के **उत्तर व उत्तर-पूर्व** में स्थित है। इसके पूर्व में छोटा नागपुर का पठार है जिसका सबसे बड़ा भाग राँची का पठार है। यहाँ खनिजों की भरमार है।
- दक्कन का पठार भारत में सबसे बड़ा पठार है। इसके अंतर्गत **महाराष्ट्र, मध्य प्रदेश, गुजरात, कर्नाटक और आन्ध्र प्रदेश** राज्यों के भू-भाग आते हैं। यह काली मिट्टी का क्षेत्र है।
- काली मिट्टी को **रेगुर मृदा** भी कहते हैं जो कि कपास की कृषि के लिए प्रसिद्ध है।
- गोदावरी नदी इसे दो भागों-में बांटती है–**तेलंगाना** व **कर्नाटक** पठार। इसकी उत्तरी सीमा ताप्ती नदी बनाती है।
- मालवा का पठार **अरावली** एवं **विंध्य शृंखला** के मध्य स्थित है।

भारत में प्रमुख शिखर (चोटी)

चोटी	अवस्थित	ऊँचाई (मी.)
माउंट एवरेस्ट	नेपाल-तिब्बत	8848
माउंट K2	भारत का सर्वोच्च शिखर	8611
कंचनजंघा	नेपाल-भारत	8597
धौलागिरि	नेपाल	8172
नंगा पर्वत	भारत	8126
अन्नपूर्णा	नेपाल	8078
नन्दा देवी	भारत	7817
माउंट कॉमेट	भारत	7756

पर्वतों की ऊँचाई से सम्बन्धित कुछ तथ्य

भारत की सबसे ऊँची चोटी	**गॉडविन ऑस्टिन K2**
सतपुड़ा की सबसे ऊँची चोटी	**धूपगढ़**
अरावली की सबसे ऊँची चोटी	**गुरु शिखर (माउंट आबू में)**
पश्चिमी घाट एवं दक्षिण भारत की सबसे ऊँची चोटी	**अनाईमुदी**
नीलगिरि की सर्वोच्च चोटी	**डोडाबेट्टा**
नागा पर्वत की सर्वोच्च चोटी	**सारामती**
अंडमान-निकोबार की सर्वोच्च चोटी (अंडमान द्वीप समूह में स्थित है।)	**सैडलपीक**

भारत के प्रमुख पठार

क्र.सं.	पठार	विवरण
1.	**दक्कन के पठार**	: भारत का सबसे बड़ा पठार मध्य एवं दक्षिण भारत के राज्यों में विस्तारित विभिन्न भागों में भिन्न-भिन्न नामों से संबोधित आंध्र प्रदेश में तेलंगाना पठार, पूर्वोत्तर भाग में छोटा नागपुर पठार उपस्थित है।
2.	**छोटा नागपुर पठार**	: दक्कन के पठार का पूर्वोत्तर विस्तार; 65 हजार वर्ग किमी. में झारखंड, ओडिशा, पश्चिम बंगाल, बिहार एवं छत्तीसगढ़ तक विस्तारित एक महाद्वीपीय पठार।
3.	**कार्बी आंग्लांग पठार**	: पूर्वोत्तर राज्यों में विस्तारित; औसत ऊँचाई 30 मीटर।
4.	**मेघालय पठार**	: मेघालय राज्य में अवस्थित, दक्कन पठार का एक भाग।
5.	**मालवा का पठार**	: पश्चिमी मध्य प्रदेश, दक्षिण-पूर्वी राजस्थान और गुजरात में अवस्थित, काली मिट्टी और कपास की कृषि के लिए प्रसिद्ध।
6.	**शिलांग का पठार**	: पूर्वोत्तर राज्य मेघालय के पूर्वी भाग में अवस्थित।
7.	**भांदेर पठार**	: मध्य प्रदेश में अवस्थित, विंध्य श्रृंखला का भाग।
8.	**बघेलखंड का पठार**	: विंध्याचल और सतपुड़ा का संक्रमण क्षेत्र; सिंगरौली तथा दुधी जैसी द्रोणियाँ अवस्थित।
9.	**मेवाड़ का पठार**	: अरावली श्रृंखला और मालवा के पठार के बीच में विस्तारित; राजस्थान राज्य में अवस्थित।
10.	**दंडकारण्य का पठार**	: ओडिशा, छत्तीसगढ़, एवं आंध्र प्रदेश राज्यों में अवस्थित; इसी पर बैलाडिला लोहे की खदान स्थित; दक्षिण-पश्चिमी भाग को मलकानगिरि पठार से जाना जाता है।
11.	**तेलंगाना का पठार**	: आंध्र प्रदेश के पश्चिमी पठार भाग में अवस्थित; दक्कन के पठार का उत्तरी पूर्वी भाग।
12.	**कर्नाटक का पठार**	: कर्नाटक राज्य में अवस्थित; दक्षिण भाग मैसूर। पठार नाम से प्रचलित; तुंगभद्रा, इसी पर कृष्णा और कावेरी नदी का प्रवाह तंत्र स्थित है।
13.	**महाराष्ट्र का पठार**	: कोंकण तट और सह्याद्रि को छोड़कर सम्पूर्ण महाराष्ट्र राज्य में विस्तारित; दक्कन ट्रैप की बेसाल्ट शैलों की प्रधानता है।

मैदान

उत्तरी मैदान

- मैदान की अवस्थिति हिमालय पर्वत श्रेणी और प्रायद्वीपीय भारत के बीच है।
- हिमालय से निकलने वाली नदियों (**जैसे-गंगा, यमुना, सिन्धु, ब्रह्मपुत्र आदि**) तथा प्रायद्वीपीय भारत से आने वाली नदियों (**जैसे-सोन, चम्बल आदि**) के द्वारा बहाकर लाई गई मिट्टी के जमा होने से उपजाऊ मैदान का निर्माण हुआ है।
- मिट्टी की विशेषता के आधार पर मैदान को मुख्यत: चार भागों में बाँटा गया है।
- **भाबर प्रदेश**–इसका निर्माण हिमालयी नदियों द्वारा लाई गई बजरी (कंकड़-पत्थर) के निक्षेपण के फलस्वरूप हुआ है। इसे **शिवालिक का जलोढ़ पंख** भी कहा जाता है।
- **तराई प्रदेश**–इसका विस्तार भाबर प्रदेश के ठीक दक्षिण में है। यह निम्न समतल मैदान है जहाँ नदियों का **पानी बहकर दलदली** क्षेत्रों का निर्माण करता है।
- **बांगर प्रदेश**–यह नदियों द्वारा लाई गई **पुरानी जलोढ़ मिट्टी** से निर्मित है। गंगा-यमुना का दोआब एवं सतलुज का मैदान इसका उदाहरण है।
- **खादर प्रदेश**–यह **नवीन जलोढ़** के जमा होने से बना है। इसकी उर्वरा शक्ति सबसे ज्यादा होती है।

तटीय मैदान

- **तटीय मैदान** का विस्तार प्रायद्वीपीय पर्वत श्रेणी तथा समुद्र तट के मध्य हुआ है।
- **पश्चिम तटीय मैदान** का विस्तार सूरत से कन्याकुमारी तक है। इसे पुन: 4 भागों में बाँटा जा सकता है। इसकी चौड़ाई गुजरात में नर्मदा एवं ताप्ती के मुहाने तक (80 किमी.) है।
- पश्चिमी तट (मालाबार) पर कुछ पश्चजल (Back water) पाए जाते हैं जिन्हें **केरल में कयाल** कहते हैं। उदाहरण, वेम्बनाद एवं अष्टमुडी।
- मंगलौर से कन्याकुमारी के बीच पश्चिमी तट को मालाबार तट कहा जाता है।
- **पश्चजल** एक प्रकार का लैगून है।
- पूर्वी तटीय मैदान पूर्वी घाट एवं समुद्री तट के बीच स्वर्णरेखा नदी से कन्याकुमारी तक फैला है।
- पूर्वी तटीय मैदान पश्चिम तटीय मैदान की अपेक्षा अधिक चौड़ा है जिसका कारण है **गोदावरी**, **कृष्णा** एवं **कावेरी** जैसी नदियों के द्वारा डेल्टा का निर्माण।
- तमिलनाडु का पूर्वी तट **'कोरोमण्डल तट'** कहलाता है जबकि गोदावरी और महानदी के बीच का पूर्वी तटीय मैदान **'उत्तरी सरकार'** के नाम से जाना जाता है।
- भारत में पश्चिमी तट के उत्तरी भाग को **कोंकण तट** कहते हैं।

भारतीय मरूस्थल

- राजस्थान के पश्चिमी भाग में बड़ा शुष्क प्रदेश है। जिसे विशाल भारतीय मरूस्थल कहा जाता है। लगभग 1,75000 वर्ग किमी. क्षेत्र में फैले और औसतन 300 किमी. की चौड़ाई वाले इस क्षेत्र का विस्तार लगभग 640 किमी. तक फैला हुआ है।
- थार मरूस्थल अरावली पहाड़ियों के उत्तरी-पश्चिमी किनारे पर स्थित है। यह बालू के टिब्बों से ढका एक तरंगित मैदान है।
- यहाँ पर वार्षिक वर्षा 15 सेमी. से भी कम होती है।
- लूनी नदी (495 किमी.) इस क्षेत्र की सबसे बड़ी नदी है। यह भारत में अंत स्थलीय प्रवाह की सबसे लम्बी नदी है।

द्वीप समूह

अंडमान एवं निकोबार द्वीप समूह

- यह द्वीप समूह **बंगाल की खाड़ी** में स्थित है।
- इस द्वीप समूह की सर्वोच्च चोटी **सैडल चोटी** (738 मी.) उत्तरी अंडमान में एवं दूसरी सर्वोच्च **चोटी माउंट थूलियर** (642 मी.) ग्रेट निकोबार में है।
- भारत का एकमात्र सक्रिय ज्वालामुखी **'बैरन'** इसी द्वीप समूह में है। नारकोण्डम सुषुप्त ज्वालामुखी भी इसी में है।
- भारत का सबसे दक्षिणी बिन्दु 'इन्दिरा प्वाइंट' ग्रेट **निकोबार** में स्थित है। यह भूमध्य रेखा के निकट है।
- **डंकन दर्रा** दक्षिण अंडमान एवं लघु अंडमान के बीच है।
- 10° **चैनल** अंडमान को निकोबार से अलग करता है।
- ह्वीलर द्वीप का नया नाम अब्दुल कलाम द्वीप है। अंडमान एवं निकोबार द्वीप समूह के उत्तरी अंडमान में स्थित सैडिल पीक यहाँ की सर्वोच्च चोटी है।

लक्षद्वीप समूह

- यह द्वीप समूह अरब सागर में स्थित है। इस समूह में कुल 36 द्वीप हैं। ये सभी **प्रवाल भित्ति** (Coral Reefs) द्वारा बने द्वीप हैं।
- इसमें तीन द्वीप मुख्य हैं–**लक्षद्वीप** (उत्तर में), **मिनीकॉय** (दक्षिण में), कावारत्ती (मध्य में)।
- मिनीकॉय लक्षद्वीप समूह का सबसे बड़ा द्वीप है।
- **9° चैनल** कावारत्ती को मिनीकॉय से अलग करता है। **8° चैनल** मिनीकॉय द्वीप (भारत) को मालदीव से अलग करता है।

अन्य द्वीप

- **श्रीहरिकोटा द्वीप**–प्रवाल निर्मित यह द्वीप पुलीकट झील के अग्रभाग में (नेल्लौर के निकट) स्थित है।
- पम्बन द्वीप मन्नार की खाड़ी से भारत और श्रीलंका के मध्य स्थित है।
- **न्यू मूर द्वीप**–यह द्वीप बंगाल की खाड़ी में बांग्लादेश तथा भारत की सीमा पर अवस्थित है (हुगली के निकट)। यह भारत और बांग्लादेश का विवादित क्षेत्र है।

अपवाह-तन्त्र

एक निर्धारित जलमार्ग द्वारा जल के प्रवाह को अपवाह कहा जाता है। इस प्रकार के कई जलमार्गों के जाल को अपवाह-तन्त्र कहते हैं। इसका सन्दर्भ नदियों की उत्पत्ति तथा समय के साथ उनके विकास से है। उद्गम की दृष्टि से भारतीय अपवाह-तन्त्र को दो भागों में बाँटा जा सकता है।

(क) हिमालयी अपवाह तन्त्र

- हिमालयी नदियाँ वर्ष भर जल से परिपूर्ण होती हैं क्योंकि इनका स्रोत-ग्लेशियर से जुड़ा होता है।
- हिमालयी नदियाँ प्रायः अधिक लम्बी होती हैं और स्रोत क्षेत्र में गहरी घाटियों एवं गॉर्ज का निर्माण करती हैं। इसकी कुछ प्रमुख नदियाँ निम्न हैं–

1. सिन्धु नदी-तन्त्र (Sindhu River System):

- ❖ उद्गम स्रोत तिब्बत (चीन) में मानसरोवर झील के पास स्थित सानोख्वाब हिमनद (Glacier) है।
- ❖ इस नदी की कुल लम्बाई **2880 किमी.** है। भारत में इसकी लम्बाई **709 किमी.** है।
- ❖ सिन्धु नदी चिल्लास के निकट पाकिस्तान में प्रवेश करती है तथा कराची के पास अरब सागर में मिल जाती है, सिन्धु की सहायक नदियाँ हैं–झेलम, चिनाब, रावी, व्यास, सतलुज।
- ❖ गंगा नदी और सिन्धु नदी तंत्र के बीच अंबाला जल क्षेत्र को पृथक करता है।

2. गंगा नदी-तन्त्र (Ganga River System):

- ❖ उद्गम उत्तराखंड के उत्तरकाशी जिले में 'गोमुख' के निकट 'गंगोत्री हिमनद' से है। यहाँ गंगा भागीरथी कहलाती है।
- ❖ देवप्रयाग में **भागीरथी नदी** अलकनन्दा नदी से मिलती है तो संयुक्त धारा का नाम गंगा हो जाता है।
- ❖ **अलकनन्दा नदी** का उद्गम स्थल सतोपन्थ हिमानी है।

नदी	उद्गम स्थल	लम्बाई (किमी.)
झेलम	बेरीनाग के निकट शेषनाग झील (कश्मीर)	724
चिनाब	बारालाचाला दर्रा (लाहौल-स्पीति)	1180
रावी	रोहतांग दर्रे के समीप	725
व्यास	रोहतांग दर्रे के समीप	470
सतलुज	मानसरोवर झील के पास स्थित राकसताल झील	(भारत में 1050)

गंगा व इसकी सहायक नदियाँ

नाम	उद्गम स्थल	संगम/मुहाना	लम्बाई (किमी.)
गंगा	गंगोत्री ग्लेशियर	बंगाल की खाड़ी	2525
यमुना	यमुनोत्री हिमानी	प्रयाग में गंगा	1375
चम्बल	मध्य प्रदेश में महू के समीप स्थित जनापाव पहाड़ी	यमुना नदी	1050
रामगंगा	गढ़वाल क्षेत्र	कन्नौज के निकट गंगा नदी	696
घाघरा	मानसरोवर के दक्षिण में गुर्ल मण्डोला (तिब्बत)	गंगा नदी	1080
गण्डक	नेपाल-तिब्बत सीमा	गंगा नदी	425
कोसी	सिक्किम-नेपाल-तिब्बत हिमालय	गंगा नदी	730
बेतवा	विंध्याचल पर्वत	यमुना नदी	480
सोन	अमरकंटक की पहाड़ियाँ	गंगा नदी	780

- ❖ गंगा की सबसे बड़ी सहायक **नदी यमुना** है। **चम्बल**, **बेतवा** और **केन** यमुना की सहायक नदियाँ हैं।
- ❖ **बेतवा** दक्षिण से उत्तर की ओर बहती है।
- ❖ गंगा को बांग्लादेश में पद्मा के नाम से जाना जाता है। पद्मा, ब्रह्मपुत्र (जिसको बांग्लादेश में जमुना कहते हैं) से मिल जाती हैं और बंगाल की खाड़ी में गिर जाती है। गंगा भारत की सबसे बड़ी नदी है।

- **गंगा व ब्रह्मपुत्र** नदियाँ बांग्लादेश में विश्व के सबसे बड़े डेल्टा 'सुन्दर वन' का निर्माण करती हैं।
- बंगाल की खाड़ी में गिरने से पहले **पद्मा** में से **मेघना** नामक एक प्रमुख वितरिका (Distributory) निकलती है।
- **क्षिप्रा नदी**, चम्बल की सहायक नदी है।

3. ब्रह्मपुत्र नदी-तन्त्र (Brahmaputra River System):

- ब्रह्मपुत्र (2900 किमी. लम्बी) मानसरोवर झील के (तिब्बत) पास स्थित चीमायुंगदुग हिमानी से निकलती है।
- तिब्बत में इसका नाम सांग-पो (Sang Po) एवं भारत में प्रवेश करने पर अरुणाचल प्रदेश में **दिहाँग** (Dihang) है।
- असोम में इसे ब्रह्मपुत्र कहा जाता है और बांग्लादेश में जमुना कहा जाता है।
- इसकी सहायक नदियाँ कामेंग, धनसीरी, मानस, तीस्ता, सुबनसीरी, कुलसी आदि हैं।
- ब्रह्मपुत्र (जल की मात्रा के हिसाब से) भारत की सबसे लम्बी नदी है तथा विश्व की चौथी सबसे बड़ी नदी है।

गंगा की सहायक नदियाँ

1. रामगंगा नदी: यह नदी गैरसेण के निकट पौड़ी गढ़वाल की पहाड़ियों (दूधा टोली श्रेणी) से निकलने वाली अपेक्षाकृत छोटी नदी है। शिवालिक को पार करने के बाद यह अपना मार्ग दक्षिण-पश्चिम दिशा की ओर जिम कॉर्बेट राष्ट्रीय उद्यान (रामनगर नैनीताल) से बहती है और उत्तर प्रदेश में नजीबाबाद के निकट मैदान में प्रवेश करती है। अंत में कन्नौज (उत्तर प्रदेश) के निकट यह गंगा नदी में मिल जाती है।

2. गौरी गंगा–मिलाम ग्लेशियर से निकलकर नंदा देवी अभयारण्य से होकर भारत नेपाल सीमा पर अवस्थित जौल जेबी नामक स्थान पर काली नदी में मिलती है।

3. धौली गंगा–यह नीति दर्रे (चमोली) से निकलकर जोशी मठ से 25 किमी. ऊपर रैनी में ऋषि गंगा धौली गंगा में मिल जाती है। अंत में विष्णु प्रयाग में अलकनंदा नदी में समाहित हो जाती है।

4. ऋषि गंगा–उत्तराखंड स्थित देश की दूसरी सबसे ऊंची चोटी नंदा देवी के चंग बंग ग्लेशियर से ऋषि गंगा नदी से निकलती है।

5. लक्ष्मण गंगा–इसका उद्‌गम हेमकुंड ग्लेशियर (चमोली)से होता है। हेमकुंड को हेम गंगा के नाम से भी जाना जाता है यह गंधारिया से पुष्पावदी नदी में मिल जाती है।

6. वासुकी गंगा–इसका उद्‌गम वासुकी ताल (केदारनाथ) से होता है। यह मंदाकिनी की सहायक नदी है।

7. जाध गंगा–इसको प्रायः जाह्नवी नदी के नाम से जाना जाता है यह भागीरथी नदी की सहायक है। इसका उद्‌गम जांन्दा कांउटी (तिब्बत) में होता है।

8. बाण गंगा–यह नदी जयपुर में बैराठ की पहाड़ियों से निकलकर भरतपुर जिले में बहती हुई आगरा जिले में फतेहाबाद के पास यमुना में मिल जाती है।

(ख) प्रायद्वीपीय अपवाह तन्त्र

- इसकी लगभग सभी नदियाँ मौसमी (Seasonal) होती हैं अर्थात् बारिश पर निर्भर करती हैं।
- इन्हें दो भागों में बाँटा जा सकता है–पूर्वी प्रवाह वाली तथा पश्चिमी प्रवाह वाली नदियाँ
- प्रायद्वीपीय भारत की एकमात्र बारहमासी नदी कावेरी है।
- भारत के दक्षिणी प्रायद्वीप में गोदावरी नदी देश के दूसरे सबसे बड़े नदी क्षेत्र का निर्माण करती है।

1. पूर्वी प्रवाह वाली नदियाँ (East Flowing River):

- ये सभी नदियाँ बंगाल की खाड़ी में गिरती हैं और डेल्टा बनाती हैं। इनमें प्रमुख नदियाँ निम्न हैं:

नदी का नाम	उद्‌गम स्थल	लम्बाई (किमी.)	सहायक नदियाँ
महानदी	छत्तीसगढ़ के रायपुर जिले में सिंहावा के पास	815	शिवनाथ, हसदो, मान्द, ईब, जोकिंग और **तेल**
गोदावरी (वृद्ध गंगा या दक्षिण गंगा)	नासिक (महाराष्ट्र) के दक्षिण-पश्चिम में 64 किमी. दूर त्र्यम्बक गाँव की एक पहाड़ी।	1465	**इन्द्रावती**, पूर्णा, दुधना, **मंजरा**, प्राणहिता, सबरी, **वेनगंगा**, **पेनगंगा**, वर्द्धा आदि
कृष्णा	महाबलेश्वर के निकट पश्चिमी घाट से निकलती है।	1401	भीमा, तुंगभद्रा, घाटप्रभा, मालप्रभा, मूसी, कोयना, वर्णा पंचगंगा, दूधगंगा
कावेरी	कर्नाटक के कुर्ग जिले में स्थित ब्रह्मगिरि पहाड़ी।	800	हेरंगी, हेमावती, शिम्शा, अमरावती, भवानी, अक्रावर्ती, स्वर्णवती, कबिनी आदि
साबरमती	उदयपुर जिले में अरावली पर्वत पर स्थित जयसमन्द झील	371	साबर, हाथमती, सेधी, वकुल
माही	विंध्याचल पर्वत के पश्चिम में स्थित मेहद झील	585	–
नर्मदा	अमरकंटक पहाड़ी (मध्य प्रदेश)	1312	तवा, हिरन
तापी	मध्य प्रदेश के बैतूल जिले में	724	पूर्णा, गिरनार, पूँजीहारा अनेर, बेघर
लूनी	अरावली श्रेणी की नाग पहाड़ी से	320	बाड़ी, सूकड़ी, मिठड़ी

- इसके अलावा स्वर्ण रेखा और ब्राह्मणी नामक छोटी नदियाँ राँची के पठार से निकलकर बंगाल की खाड़ी में गिरती हैं। अन्य नदियाँ जैसे–वंशधारा, पेन्नार, पलार और वैगई आदि भी बंगाल की खाड़ी में गिरती हैं।

2. पश्चिमी प्रवाह वाली नदियाँ (West Flowing Rivers):

ये पश्चिम की ओर बहती हैं, ये डेल्टा नहीं बनाती हैं तथा अरब सागर में गिरती हैं। इनमें प्रमुख नदियाँ निम्न हैं:

- नर्मदा भ्रंश घाटी से होकर प्रवाहित होती है। यह नदी अपने मुहाने पर डेल्टा की जगह एश्चुरी बनाती है।
- सतपुड़ा एवं विंध्य श्रृंखला के मध्य-पूर्व से पश्चिम की ओर नर्मदा नदी प्रवाहित होती है।
- नर्मदा भेड़ाघाट (मध्य प्रदेश) में **धुआँधार** नामक झरने (कपिल धारा जलप्रपात) का निर्माण करती है। नर्मदा **ज्वारनदमुख** का निर्माण करती है। यह रिफ्ट घाटी से होकर बहती है।

- ❖ ताप्ती या तापी नदी को नर्मदा की जुड़वाँ नदी के रूप में जाना जाता है तथा लूनी को लवण नदी (Salt River) के नाम से भी जाना जाता है।
- ❖ शरावती (Shravati) नदी पश्चिमी घाट से निकलती है। यह प्रसिद्ध **जोग या गरसोप्पा जलप्रपात** बनाती है, **जो भारत में सबसे ऊँचा जलप्रपात है।**
- ❖ नर्मदा एवं ताप्ती नदियाँ अरब सागर में गिरती हैं। लूनी नदी कच्छ के रन में गिरती (लुप्त हो जाती) है।

- **पंच गंगा:** यह महाराष्ट्र की प्रमुख नदी है। यह कृष्णा की सहायक नदी है जो नरसोवाड़ी (कोल्हापुर जिला) में कृष्णा नदी में मिलती है।
- **पेन गंगा:** अजंता श्रेणी से निकलकर महाराष्ट्र के चंद्रपुर जिला में वर्धा नदी में मिलती है।
- **वैन गंगा:** सतपुड़ा पर्वत श्रेणी (मध्य प्रदेश) में निकलती है। कालेश्वरम (तेलगांना) के निकट गोदावरी नदी में मिल जाती है। इसकी सहायक ग्रहावी नदी है।

अंत:स्थलीय नदियाँ

- जो नदियाँ सागर तक नहीं पहुँच पाती और रास्ते में ही लुप्त हो जाती है; वे अंत: स्थलीय (Inland Drainage) नदियाँ कहलाती हैं।
- घग्घर नदी इसका उदाहरण है जो हिमालय की निचली ढालों से (कालका के समीप) निकलती है और हनुमानगढ़ (राजस्थान) में लुप्त हो जाती है। अन्य उदाहरण हैं-लूनी, कान्तली, सावी, काकनी आदि।

झील

- **चिल्का**, **पेरियार**, **पुलीकट** झीलें लैगून झीलें हैं।
- वुलर झील मीठे पानी की सबसे बड़ी झील है।
- **चिल्का झील** भारत की सबसे बड़ी झील है।
- लोनार झील ज्वालामुखी क्रिया से निर्मित हुई है।
- भारत की सबसे ऊँची हिमानी निर्मित झील देवताल झील है जो गढ़वाल हिमालय में स्थित है।
- भारत में मानव निर्मित सबसे बड़ी झील **नागार्जुन सागर बाँध** का जलाशय है जो कृष्णा नदी पर आन्ध्र प्रदेश के नालगोंडा जिले में है। यह विश्व की सबसे बड़ी मानव निर्मित झील है।
- हैदराबाद एवं सिकन्दराबाद के बीच **हुसैन सागर झील** स्थित है।

नदियों के किनारे बसे भारत के प्रमुख शहर

शहर	नदी	शहर	नदी
हैदराबाद	मूसी	जबलपुर	नर्मदा
आगरा	यमुना	जमशेदपुर	स्वर्णरेखा
अहमदाबाद	साबरमती	कानपुर	गंगा
बद्रीनाथ	अलकनन्दा	कोटा	चम्बल
कटक	महानदी	कोलकाता	हुगली
कुर्नूल	तुंगभद्रा	लखनऊ	गोमती
दिल्ली	यमुना	लुधियाना	सतलुज
डिब्रूगढ़	ब्रह्मपुत्र	नासिक	गोदावरी
फिरोजपुर	सतलुज	सूरत	तापी
गुवाहाटी	ब्रह्मपुत्र	विजयवाड़ा	कृष्णा
श्रीनगर	झेलम	मुरादाबाद	रामगंगा
मण्डी	व्यास	जौनपुर	गोमती
मैसूर	कावेरी	मदुरै	वैगई

भारत के प्रमुख सागर पुलिन

क्र.सं.	राज्य	पुलिन
1.	आन्ध्र प्रदेश	ऋषिकोंडा तट, भीमुनिपटम, मंगिनातुडी तट,वोडारवू भू-तट, मायपैड तट
2.	गोवा	कोलवा तट, डेना पॉल, मिरामार अन्जुना, वागाटोर तट, आरामबोल तट, अगोंडा व कालांगुट
3.	गुजरात	पोरबन्दर तट, बेंत द्वारका, सोमनाथ और वेरावल तट, माण्डवी तट, गोपनाथ तट ओखा, हजारी तट
4.	कर्नाटक	देवबाग तट, ओम और कुल्ले तट, पाराम्बुर तट, उल्लास तट, भरुदेश्वर मालपे तट, भारावान्थ, कारवार तट, उडुपी।
5.	केरल	लाइटहाउस तट, रोकहोस तट, समुद्र तट, अशोक तट, कप्पड़, कोवलम, वारकला, तिरूमुल्लावरम, वाइपीन और गुन्डु द्वीप, चेराई तट, अल्लेपे तट वेलितट, बेकाल तट, संधुमुधम तट, कोवलम तट
6.	लक्षद्वीप	कारावत्ती, मिनिकॉय, कोडामट, बंगाराम
7.	महाराष्ट्र	गणपति पुले, वेलनेश्वर, मार्गे, मनोरी और गोराई, जुहू, चौपाटी, वसीन, आलिबाग मुरूद जंजीरा, धनाऊ, माण्डवा, किहिम तट, श्रीवर्धन, हरिहरेश्वर, विजयदुर्ग और सिन्धुदुर्ग, वेगुली, मालवन
8.	ओडिशा	पुरी, चाँदीपुर, गोपालपुर, गहिरमाथा पाराद्वीप, बोलघई तट, कोणार्क तट
9.	अंडमान व निकोबार	कार्विन्स कोव, हैवलॉक आइलैंड, नील द्वीप के तट, चिड़िया टापू, वान्दूर, राधानगर
10.	तमिलनाडु	पुलिकट, कोवलांग, मरिना तट, पिचावरम, कुरूसुदा द्वीपसमूह, वट्टीकोटाई, सादुरंगपटिटनम तट, मंडयम, महाबलिपुरम् धनुष्कोटि
11.	पश्चिम बंगाल	दीघातट, शंकरपुर तट, फ्रेजरगंज, गंगासागर
12.	दमन	देवका (द्वारका तट), जयपुर तट
13.	दीव	जलंधर तट, चक्रतीर्थ तट, नओआ तट

देश की सबसे ऊँची झील

- उत्तरी सिक्किम में **18 हजार फीट** की ऊँचाई पर स्थित चो-ल्हामू झील देश की सबसे ऊँची झील है।
- वन एवं पर्यावरण मंत्रालय द्वारा तैयार 'दि वेटलैंड एटलस' के अनुसार **चो-ल्हामू** भारत की सबसे ऊंची झील है। जबकि विश्व में यह छठी सबसे ऊंची झील है।
- सिक्किम की जीवनरेखा मानी जाने वाली तिस्ता नदी का उद्गम चो-ल्हामू झील ही है। यह धोंकियाला दर्रे के पास स्थित है जो भारत-चीन सीमा से 5 किमी. दूर है।

पेंगोंग त्सो झील

- यह झील लेह से **168 किमी.** की दूरी पर पूर्वी लद्दाख के उत्तरी तट पर ताजे जल की झील है। यह भारत से 134 किमी. दूर स्थित है।
- इसका 1/3 भाग भारत में है जबकि शेष हिस्सा चीन में है। यह झील लाइन ऑफ एक्चुअल कंट्रोल (LAC) पर है इसलिए वहाँ जाने के लिए आन्तरिक परमिट की आवश्यकता भी होती है।

जलप्रपात

- गोकक जलप्रपात गोकक नदी पर बेलगाँव में है। कपिलधारा या धुंआधार जलप्रपात नर्मदा नदी पर स्थित है।

भारत के सबसे ऊंचे जलप्रपात

क्र.सं.	जलप्रपात	ऊँचाई (मी.)	अवस्थित/राज्य	नदी
1.	कुंचिकल	455	शिमोगा/कर्नाटक	वराही
2.	बारेहीपानी	399	मयूरभंज/ओडिशा	बुधलांग
3.	लांग शियाँग	337	पं.खासी पहाड़ी/मेघालय	किंशी
4.	नोहकालिकाई	335	पूर्वी खासी पहाड़ी/ मेघालय	–
5.	नोहसंबगी थियाँग	315	पूर्वी खासी पहाड़ी/मेघालय	–
6.	दूध सागर	310	कर्नाटक/गोवा	मांडवी
7.	किम्रेस*	305	पूर्वी/खासी पहाड़ी/मेघालय	–
8.	मीनमुट्टी	300	वायनाड/केरल	–
9.	थलईयार** (रै-टेल)	297	डिंडीगुल/तमिलनाडु	मंजालार
10.	बरकाना	259	शिमोगा/कर्नाटक	सीता
11.	जोग/महात्मा गांधी	253	सागर/कर्नाटक	शरावती
12.	खांड़ाधार	244	सुंदरगढ़/ओडिशा	कोरानाला
13.	वान्तावांग	229	सेरचिप/मिजोरम	–
14.	पेचालाकोना	219	सेरचिप/मिजोरम	–
15.	कुने	200	लोनावार/महाराष्ट्र	–
16.	सूचिंपारा	200	वायनाड/केरल	
17.	मगोड़	198	उ. कन्नड़/कर्नाटक	–
18.	हेब्बे	168	चिकमंगलुरु/कनार्टक	–
19.	डुडुमा	175	कोरापुट/ओडिशा	–
20.	जोरांड़ा	157	मयूरभंज/ओडिशा	–

नोट: 1. चित्रकूट जलप्रपात, इन्द्रावती नदी पर छत्तीसगढ़ में अवस्थित है। इसे 'भारत के नियाग्रा जल प्रपात' की उपमा प्राप्त है।

2. भारत का सबसे ऊंचा जल प्रपात कुंचिकल कनार्टक के शिमोगा जिले में वराही नदी पर अवस्थित है।

भारत की जलवायु

भारत की जलवायु पर प्रत्यक्षत: किसी महासागरीय जलधारा का प्रभाव नहीं है। भारत की जलवायु को प्रभावित करने वाले कारक हैं-अक्षांश, समुद्र से निकटता, मानसून पवनें और उच्चावच।

भारत में मानसूनी जलवायु पाई जाती है। भारत की जलवायु पर अक्षांशीय विस्तार, समुद्र से दूरी, उच्चावच आदि कारकों के अतिरिक्त दो अन्य प्रमुख कारकों का प्रभाव रहा है-

(क) उत्तर में हिमालय पर्वत–जिसके कारण मध्य एशिया से ठण्डी वायु भारत में नहीं आ पाती है।

(ख) दक्षिण में हिन्द महासागर–जिसके कारण भारत में उष्णकटिबन्धीय जलवायु पाई जाती है।

- मानसूनी पवनों द्वारा समय-समय पर अपनी दिशा पूर्णतया बदल लेने के कारण भारत में चार ऋतुएँ पाई जाती हैं।
  1. शीत ऋतु (15 दिसम्बर से 15 मार्च तक)
  2. ग्रीष्म ऋतु (16 मार्च से 15 जून)
  3. वर्षा ऋतु (16 जून से 15 सितम्बर)
  4. शरद ऋतु (16 सितम्बर से 14 दिसम्बर)
- उत्तर भारत के मैदानी भागों में शीत ऋतु में वर्षा **पश्चिमी विक्षोभ** या शीतोष्ण चक्रवात के कारण होती है।
- **जनवरी-फरवरी** में तमिलनाडु के तटों पर वर्षा उत्तर-पूर्वी मानसून के कारण होती है।
- ग्रीष्म ऋतु में तापमान बढ़ने लगता है तथा वायुदाब घटता जाता है। इस समय निम्न वायुदाब का केन्द्र **राजस्थान व नागपुर** के पठारी क्षेत्रों में बनता है।
- उत्तर-पश्चिमी भारत के शुष्क भागों में ग्रीष्म ऋतु में चलने वाली गर्म एवं शुष्क हवाओं को **लू** (Loo) कहा जाता है।
- ग्रीष्म ऋतु में **असोम (असम)** एवं पश्चिम बंगाल में तीव्र आर्द्र हवाएँ चलती हैं जिनसे गरज के साथ वर्षा होती है।
- इन हवाओं को पूर्वी भारत में **नॉर्वेस्टर** एवं बंगाल में **काल वैशाखी** के नाम से जाना जाता है। कर्नाटक में इसे चेरी ब्लॉसम कहते हैं जो कॉफी की खेती की लिए लाभदायक है। आम की फसल के लिए लाभदायक होने के कारण इसे दक्षिण भारत में **आम्र वर्षा** (Mango Showering) कहते हैं। **असोम** में यह वर्षा चाय की खेती के लिए लाभप्रद होती है।
- वर्षा ऋतु (जून-सितम्बर) में उत्तर-पश्चिमी भारत तथा पाकिस्तान में उष्णदाब का क्षेत्र बन जाता है जिसे मानसूनी गर्त कहते हैं। इस कम दबाव क्षेत्र को भरने के लिए दक्षिणी **गोलार्द्ध की व्यापारिक पवनें भूमध्यरेखा पार** कर इस ओर बढ़ती हैं। परिणामस्वरूप पृथ्वी की गति के कारण इनकी दिशा में परिवर्तन हो जाता है तथा ये दक्षिण-पश्चिम दिशा में बहने लगती हैं। इसी कारण **जून-सितम्बर** में होने वाली वर्षा को दक्षिण-पश्चिम मानसूनी वर्षा कहते हैं।
- **दक्षिणी गोलार्द्ध** की व्यापारिक पवनों का उद्‌गम समुद्र में होता है। जब ये पवनें भारतीय उपमहाद्वीप में प्रवेश करती हैं, तो अरब सागर व बंगाल की खाड़ी से नमी प्राप्त करती हैं और पूरे भारतीय प्रायद्वीप में वर्षा करती हैं।
- भारतीय उपमहाद्वीप की स्थलाकृति के कारण दक्षिण-पश्चिम मानसून दो शाखाओं में विभक्त हो जाता है।
- भारत में वर्षा का औसत **118 सेमी.** है।
- **लेह** भारत का सबसे कम वर्षा प्राप्त करने वाला स्थान है।
- पंजाब में अरब सागर एवं बंगाल की खाड़ी दोनों ही शाखाओं से वर्षा होती है।
- भारत का सबसे अधिक आर्द्र स्थल **मेघालय के पूर्वी खासी** पहाड़ी जिले में अवस्थित क्रमश: मॉसिनरम और चेरापूँजी है।

मानसून

1. अरब सागर शाखा

- इस शाखा का मानसून सबसे पहले भारत के केरल राज्य में जून के प्रथम सप्ताह में आता है और यहाँ यह पश्चिमी घाट पर्वत से टकराकर केरल के तटों पर वर्षा करता है।
- यह शाखा देश के **पश्चिमी तट**, **पश्चिमी घाट**, **महाराष्ट्र**, **गुजरात** एवं **मध्य प्रदेश** के कुछ हिस्सों में वर्षा करती है।
- अरब सागर के मानसून की उत्तरी शाखा गुजरात, कच्छ की खाड़ी व राजस्थान से प्रवेश करती है परंतु यहाँ पर्वतीय अवरोध न होने के कारण इन क्षेत्रों में वर्षा नहीं करती तथा सीधे हिमालय की पर्वतमालाओं से टकराकर जम्मू-कश्मीर व हिमाचल प्रदेश में भारी वर्षा करती है।

- दक्षिण-पश्चिम मानसून की **अरब शाखा बंगाल की खाड़ी के मानसून** की अपेक्षा तीन गुना अधिक वर्षा करती है। इसका कारण है अरब सागर का बंगाल की खाड़ी की अपेक्षा तीन गुना होना तथा बंगाल की खाड़ी के मानसून का एक ही भाग भारत में प्रवेश करना है और दूसरा भाग म्यांमार व थाइलैंड की ओर मुड़ जाना है।

2. बंगाल की खाड़ी शाखा

- **गारो**, **खासी** एवं **जयन्तिया पहाड़ियों** पर बंगाल की खाड़ी से आने वाली हवाएँ अधिक वर्षा लाती हैं जिसके कारण यहाँ स्थित मॉसिनराम (मेघालय) में विश्व की सर्वाधिक वर्षा होती है।
- बंगाल की खाड़ी की शाखा उत्तर दिशा में पश्चिम बंगाल, बांग्लादेश व म्यांमार की ओर बढ़ती है।
- हिमालय पर्वतमाला के समानान्तर बढ़ते हुए यह गंगा के मैदान में वर्षा करती है।
- **तमिलनाडु** पश्चिमी घाट के पर्वत वृष्टि छाया क्षेत्र में पड़ता है अत: यहाँ दक्षिण-पश्चिम मानसून द्वारा काफी कम वर्षा होती है। यहाँ अधिक वर्षा उत्तरी-पूर्वी मानसून से होती है।
- दक्षिणी-पश्चिमी मानसून की अवधि के दौरान **तमिलनाडु के शुष्क** रहने का प्रमुख कारण इसका वृष्टि छाया क्षेत्र में स्थित होना है।
- गुवाहाटी से चंडीगढ़ तक मानसूनी वर्षा ह्रासमान प्रवृति की होती है।
- शरद ऋतु को मानसून **प्रत्यावर्तन का काल (Retreating Mansoon Season)** कहा जाता है।
- इस ऋतु में बंगाल की खाड़ी एवं अरब सागर में उष्णकटिबंधीय चक्रवातों की उत्पत्ति होती है। इन चक्रवातों से पूर्वी तटीय क्षेत्रों में मुख्यत: आन्ध्र प्रदेश एवं ओडिशा तथा पश्चिमी तटीय क्षेत्र में गुजरात में काफी क्षति पहुँचती है।

मिट्टियाँ

भारतीय कृषि अनुसन्धान परिषद् ने भारत की मिट्टियों को 8 वर्गों में बाँटा है–

1. जलोढ़ मिट्टी (Alluvial Soil)

- भारत के कुल क्षेत्रफल के **लगभग 22%** भाग पर इस मिट्टी का जमाव (सर्वाधिक) है।
- यह नदियों द्वारा लाई गई मिट्टी है जो भारत के मैदानी भागों तथा तटीय भागों में पाई जाती है।
- जलोढ़ मिट्टी में जब बालू के कणों और चीका की मात्रा लगभग बराबर होती है तो उसे **दोमट मिट्टी** कहते हैं।
- धान की खेती के लिए **दोमट मिट्टी** सबसे अच्छी होती है।
- इस मिट्टी में नाइट्रोजन, फॉस्फोरस एवं ह्यूमस की कमी होती है परंतु इस मिट्टी में पोटाश एवं चूने की बहुलता होती है।
- नवीन जलोढ़ मिट्टी को खादर तथा पुरानी जलोढ़ मिट्टी को बांगर कहा जाता है। यह मिट्टी काफी उपजाऊ होती है। इसमें **गेहूँ**, **धान**, **मक्का**, **तिलहन**, **दलहन आदि फसलें** उगाई जाती हैं।

2. काली मिट्टी (Black Soil or Regur Soil)

- यह मिट्टी मुख्यत: दक्कन के लावा क्षेत्र में पाई जाती है। इसे **रेगुर मृदा** भी कहते हैं।
- इसका निर्माण ज्वालामुखी से निर्मित **बेसाल्ट चट्टानों** से हुआ है।
- इसे स्वत: **जुताई वाली मिट्टी** भी कहते हैं क्योंकि इसमें नमी की समाप्ति के बाद दरारें पड़ जाती हैं।
- इसमें नमी धारण करने की क्षमता अधिक होती है।
- इस मिट्टी का रंग गहरा काला होता है क्योंकि इसमें लोहा, चूना, **एल्यूमीनियम** एवं **मैग्नीशियम** की बहुलता होती है तथा जैव पदार्थ भी भरपूर होते हैं।
- कपास की खेती के लिए यह सर्वाधिक उपयुक्त है। अन्य फसलों में **गेहूँ**, **ज्वार**, **बाजरा** आदि हैं।

3. लाल मिट्टी (Red Soil)

- यह मिट्टी लाल-पीले रंग की होती है। **लोहे के ऑक्साइड** मिले होने के कारण इसका **रंग लाल** होता है।
- इस मृदा में **नाइट्रोजन**, **फॉस्फोरस** एवं **ह्यूमस** की कमी होती है।
- यह मृदा मुख्य रूप से प्रायद्वीपीय भारत (आन्ध्र प्रदेश, तमिलनाडु) में पाई जाती है। इस मिट्टी में मुख्यत: **मोटे अनाज** (जैसे–ज्वार, बाजरा), **दलहन**, **तिलहन** एवं **तम्बाकू** की खेती होती है।

4. लैटेराइट मिट्टी (Laterite Soil)

- इसका निर्माण मानसूनी जलवायु की आर्द्रता एवं शुष्कता के क्रमिक परिवर्तन के परिणामस्वरूप उत्पन्न विशिष्ट परिस्थितियों में होता है।
- इसमें लोहा एवं एल्युमीनियम अधिक होता है। इसमें सिलिका की कमी होती है।
- यह मिट्टी मुख्य रूप से पूर्वी एवं पश्चिमी घाट पर्वत, मालाबार तटीय प्रदेश, राजमहल के पहाड़ी क्षेत्र, केरल, कर्नाटक, ओडिशा, छोटानागपुर एवं मेघालय के पठार में पाई जाती है।
- इस मिट्टी में **चूना**, **नाइट्रोजन**, **पोटाश** एवं **ह्यूमस** की कमी होती है। सूख जाने पर यह मिट्टी ईंट की तरह कठोर एवं गीली होने पर दही की तरह लिपलिपि हो जाती है।
- चूने की कमी के कारण यह मृदा अम्लीय है और अम्लीय होने के कारण इसमें चाय की खेती होती है किंतु लोहे की अधिकता के कारण यह अनुर्वर होती जा रही है।

5. मरुस्थलीय मिट्टी (Desert Soil)

- अरावली श्रेणी के पश्चिम में जलवायु की शुष्कता तथा भीषण ताप के कारण नंगी चट्टानें विखण्डित होकर यह मिट्टी बनाती हैं।
- यह बलुई मिट्टी है जिसमें **लोहा** एवं **फॉस्फोरस** पर्याप्त मात्रा में होता है परंतु **नाइट्रोजन** एवं **ह्यूमस** की कमी होती है।
- यह एक **अनुर्वर मृदा** है जो क्षारीय गुण वाली है।
- इस मिट्टी में मोटे अनाज, जैसे–**ज्वार**, **बाजरा**, **रागी**, **तिलहन** पैदा किए जाते हैं।

6. पर्वतीय या वनीय मिट्टी (Mountain or Forest Soil)

- ये मिट्टी पर्वतीय ढालों पर या वन्य क्षेत्रों की घाटियों में पाई जाती है।
- इस मिट्टी में जीवाश्म की अधिकता होती है परंतु पोटाश, फॉस्फोरस एवं चूने की कमी होती है।
- इस मिट्टी में बागानी कृषि की जाती है। भारत में चाय, कहवा, मसाले एवं फलों की कृषि इसी मिट्टी में होती है।
- यह हिमालय के पर्वतीय भागों, तमिलनाडु, कर्नाटक, मणिपुर आदि जगहों पर पाई जाती है।

7. लवणीय एवं क्षारीय मिट्टी (Saline and Alkaline Soil)

- इस मिट्टी को रेह, ऊसर या कल्लर के नाम से जाना जाता है। इसका विकास शुष्क जलवायु वाले क्षेत्र में हुआ है। जहाँ जल निकास की समुचित व्यवस्था का अभाव है। इसमें **सोडियम**, **कैल्शियम** एवं **मैग्नीशियम** के लवण पाए जाते हैं परंतु नाइट्रोजन एवं चूने की कमी होती है।

- इस मिट्टी का विस्तार दक्षिणी पंजाब, दक्षिणी हरियाणा, पश्चिमी राजस्थान, केरल तट, सुन्दर वन-क्षेत्र आदि में हुआ है। तटीय क्षेत्र में इस मृदा में नारियल के पेड़ बहुतायत में मिलते है।

8. पीट या जैविक मिट्टी (Peat or Marshy Soil)

- इस मिट्टी में कार्बनिक एवं जैविक पदार्थों की अधिकता होती है या काली, भारी एवं काफी अम्लीय होती है। यह मिट्टी **भारी वर्षा** और **उच्च आर्द्रता** वाले क्षेत्र में पाई जाती है।
- यह मिट्टी मुख्यतः केरल के **अलेप्पी जिला**, **उत्तराखंड के अल्मोड़ा**, **सुन्दरवन-डेल्टा** एवं अन्य निचले डेल्टाई क्षेत्रों में पाई जाती है।

भारत का आर्थिक भूगोल

जल संसाधन

जल, एक प्राथमिक प्राकृतिक संसाधन के रूप में मानव की नितांत आवश्यकता है। भारत की वार्षिक औसत जल की उपलब्धता लगभग 1869 बिलियन घन मीटर है। इसमें से उपयोगी जल संसाधन की मात्रा 1123 बिलियन घन मीटर आंकी गई है, जिसमें सतही जल (690 बिलियन घन मी.) तथा भूमिगत (433 बिलियन घन मी.) है। औसत जल उपलब्धता 5177 घन मीटर (1951) से घटकर 1800 घन मीटर (2005) रह गई है।

- जल के दो मुख्य स्रोत हैं–(1) सतही जल (2) भूमिगत जल। एक अनुमान के अनुसार प्रतिवर्ष देश की सभी नदियों द्वारा ढोए जा रहे जल की मात्रा लगभग 1,645,000 मिलियन त्रिघाती मीटर है। एक आकलन के अनुसार 300 मीटर की गहराई तक कुल भूमिगत जल का भंडार लगभग 3700 मिलियन हेक्टर है, जो देश की वार्षिक वर्षा का दस गुना है।
- भूमिगत जल के उपयोग की यदि बात करें तो पंजाब सबसे पहले स्थान पर है (94%), इसके बाद क्रमानुसार हरियाणा (84%), तमिलनाडु (61%), राजस्थान (51%), गुजरात (42%), उ.प्र. (38%), महाराष्ट्र (31%), प.बंगाल (25%) तथा आन्ध्र प्रदेश (24%) का स्थान आता है।
- असम, ओडिशा, म.प्र. तथा बिहार जैसे राज्य अपनी भूमिगत जल क्षमता का 20% भी उपयोग नहीं कर पाते हैं।

  जल के उपयोग के साथ जुड़ी हुई मुख्य समस्याएँ हैं–

  (i) नदी व्यवस्थाओं में अधिक उतार-चढ़ाव
  (ii) वर्षण का असमान स्थानीय वितरण
  (iii) बाढ़ के दौरान जल की बर्बादी
  (iv) जल का अवैज्ञानिक प्रयोग
  (v) नदियों का प्रदूषण तथा
  (vi) राज्यों के मध्य पानी के मुद्दे पर विवाद

- देश में औसत वार्षिक वर्षा 110 सेमी है जो सामान्य तौर पर अधिक है, लेकिन इसमें व्यापक विविधताएँ हैं, स्थानिक तथा अस्थायी दोनों रूप में देश का लगभग 67% जल संसाधन गंगा के जलोढ़ बेसिनों में मौजूद है जो भारत के लगभग 33% भौगोलिक क्षेत्र को अधिकृत करता है।
- देश के जल संसाधन की 33% क्षमता कठोर शैल के क्षेत्रों में है जो लगभग भारत के 67% भौगोलिक क्षेत्र को अधिकृत करते हैं। जल अभाव की वर्तमान समस्या को देखते हुए यह आवश्यक है कि जल एकत्रण के संदेश को दूर-दूर तक पहुँचाया जाए तथा इसे एक जल आन्दोलन में परिवर्तित किया जाए। जल संसाधन के परिपेक्ष में मुख्य चुनौतियाँ निम्नलिखित हैं–

  (i) भूमिगत जल का निःशोषण,
  (ii) जल की गुणवत्ता में कमी,
  (iii) कम जल उपयोग की क्षमता,
  (iv) महंगे नए जल संसाधन,
  (v) संसाधनों का निम्नीकरण,
  (vi) नए जल का विकास,
  (vii) मूल्य प्रोत्साहन में सुधार,
  (viii) उपयुक्त तकनीक,
  (ix) जल अधिकारों का व्यापारीकरण,
  (x) अंतर्राष्ट्रीय सहयोग।

जल संसाधन के स्रोत

जल संसाधन मुख्य दो प्रकार से उपलब्ध हैं–

पृष्ठीय जल

यह जल ताल-तलैयों, नदियों, सरिताओं और जलाशयों में पाया जाता है। भारत में नदियां पृष्ठीय जल का प्रमुख स्रोत हैं। कुल पृष्ठीय जल का लगभग 60 प्रतिशत भाग सिन्धु, गंगा और ब्रह्मपुत्र नदियों से होकर बहता है।

- यहाँ यह उल्लेखनीय है कि ब्रह्मपुत्र और गंगा संसार की 10 बड़ी नदियों में से हैं। संसार की बड़ी नदियों में **ब्रह्मपुत्र का आठवां** तथा **गंगा का दसवां** स्थान है।
- भारत की सभी नदियों में बहने वाले जल की मात्रा संसार की सभी नदियों में बहने वाली जल की मात्रा का लगभग **6 प्रतिशत** है।
- भारत में निर्मित तथा निर्माणाधीन जल भंडारण की क्षमता लगभग 147 अरब घन मीटर है। स्वतंत्रता के समय यह मात्र 18 अरब घन मीटर थी। नदी द्रोणियों में बहने वाले कुल जल का यह केवल 8.47 प्रतिशत है।

भौम जल

- जो जल वर्षण के पश्चात् मृदा में प्रवेश कर जाता है, उसे भौम जल कहते हैं। अनुमान है कि भारत में कुल अपूर्णनीय भौम जल क्षमता लगभग 433.9 अरब घन मीटर है। जलोढ़ मृदाओं में जल आसानी से रिस जाता है, लेकिन इसका स्थानीय वितरण असमान है।
- भूमि जल संसाधन भूगर्भिक संरचना, स्थलाकृति, ढाल, वृष्टिपात, प्रवाह तथा किसी क्षेत्र के जल-वैज्ञानिक परिस्थिति की विशेषता है।

जल-संसाधनों का संरक्षण

- जल की कमी, स्थानिक और ऋतुवत् असमानता, बढ़ती माँग और तेजी से फैलते प्रदूषण की दृष्टि से जल-संसाधन का संरक्षण आवश्यक हो गया है।
- इस दिशा में पहला कदम है–वर्षा जल संग्रहण और इसके अपवाह को रोकना। दूसरा कदम है– छोटे-बड़े सभी नदी जल संभरों के जल-संसाधनों का वैज्ञानिक प्रबन्धन। तीसरा कदम है–जल को अप्रदूषित रखना।

वर्षा जल संग्रहण

यह भौम जल के पुनर्भरण को बढ़ाने की तकनीक है। इस तकनीक में स्थानीय रूप से वर्षा जल को एकत्र करके भूमि जल भंडारों में संगृहीत करना शामिल है, जिससे स्थानीय घरेलू माँग को पूरा किया जा सके। वर्षा जल संग्रहण के उद्देश्य हैं–

- जल की निरंतर माँग को पूरा करना
- नालियों को रोकने वाले सतही जल प्रवाह को कम करना
- सड़कों पर जल फैलाव को रोकना
- भौम जल में वृद्धि करना तथा जलस्तर को ऊँचा उठाना
- भौम जल प्रदूषण को रोकना
- भौम जल की गुणवत्ता को सुधारना
- मृदा अपरदन को कम करना

- ग्रीष्म ऋतु और सूखे के समय जल की घरेलू आवश्यकताओं को पूरा करने में सहायता करना।

भौम जल के भंडारों के पुनर्भरण की कम लागत वाली अनेक तकनीक अब उपलब्ध हैं। इनमें से छत के वर्षा जल का संग्रहण, खुदे हुए कुंओं का पुनर्भरण, हैण्ड पंपों का पुनर्भरण, रिसाव, गड्ढों का निर्माण, खेतों के चारों ओर खाइयां और छोटी-छोटी सरिताओं पर रोक बाँध बनाना विशेष उल्लेखनीय हैं।

जल संभर विकास

- जल संभर विधि जल संरक्षण का उपाय है, इससे मृदा अपरदन में भी कमी आ जाती है। जल संभर विकास योजना, ग्रामीण विकास एवं पर्यावरण मंत्रालय द्वारा प्रारम्भ की गई है, जिसके द्वारा वानिकी, उद्यान कृषि एवं वन संवर्धन को बढ़ावा मिलेगा।

सिंचाई क्षेत्र

- स्वाधीनता के उपरांत भारत में सिंचित क्षेत्र में लगभग पांच गुना वृद्धि हुई है। वर्तमान में 1028 लाख हेक्टेयर भूमि पर सिंचाई क्षमता का विकास किया गया है जिसमें सकल सिंचित क्षेत्रफल 872 लाख हेक्टेयर तथा निवल सिंचित क्षेत्र 622.9 लाख हेक्टेयर है।

राज्यवार विशुद्ध बोये गए क्षेत्र एवं विशुद्ध सिंचित क्षेत्र

- **68% से अधिक :** पंजाब (90.81%), हरियाणा, पश्चिमी उत्तर प्रदेश (68.7%) कृष्णा-कावेरी डेल्टा एवं गोदावरी डेल्टा।
- **30%-60% :** बिहार (49.4%), गंगा का मैदान, कश्मीर घाटी, पश्चिमी महाराष्ट्र का भाग, बांग्लादेश के साथ-साथ पूर्वी तटवर्ती क्षेत्र।
- **15% से कम :** पश्चिमी किनारा, दक्षिणी बिहार, मध्य प्रदेश, कर्नाटक, राजस्थान एवं गुजरात का मैदान, उत्तर-पूर्वी गुजरात आदि। अन्त:क्षेत्रीय विविधता भी कम नहीं है। उदाहरण के लिए आन्ध्र प्रदेश का अधिकांश सिंचित क्षेत्र निम्न गोदावरी-कृष्णा नदी का क्षेत्र एवं तटवर्ती जिले हैं।

वर्तमान में भारत में शुद्ध बोये गए क्षेत्रफल (141 मिलियन हे.) के लगभग 44.2% भाग में सिंचाई होती है। सर्वाधिक सिंचित वाले राज्य क्रमश: **उत्तर प्रदेश, राजस्थान, पंजाब, मध्य प्रदेश तथा आन्ध्र प्रदेश** हैं। कुल क्षेत्रफल के प्रतिशत की दृष्टि से सर्वाधिक सिंचित राज्य पंजाब (90.81%) है। इसके बाद क्रमश: हरियाणा, उत्तर प्रदेश, तमिलनाडु तथा बिहार हैं।

- कुल क्षेत्रफल के प्रतिशत की दृष्टि से न्यूनतम सिंचित राज्य **मिजोरम** (7.3%) है जबकि क्षेत्रफल के दृष्टिकोण से सर्वाधिक असिंचित क्षेत्र क्रमश: महाराष्ट्र, मध्य प्रदेश, राजस्थान, कर्नाटक तथा गुजरात में पाया जाता है।

सिंचाई के साधन

- भारत एक कृषि प्रधान देश है। यहाँ की भौतिक रचना में विभिन्नता होने के कारण सिंचाई के विभिन्न साधन प्रयोग में लाये जाते हैं। उत्तर भारत में प्राय: नहरों और कुंओं से तथा दक्षिण के प्रायद्वीपीय भागों में तालाबों द्वारा सिंचाई की जाती है। भारत में सन् 1951 में सिंचाई की कुल क्षमता 226 लाख हेक्टेयर थी, जो आठवीं योजना के अन्त तक 896 लाख हेक्टेयर तक हो गई थी।
- वर्तमान में यह क्षमता बढ़कर 1028 लाख हेक्टेयर तक पहुँच गई है। भारत में कुल सिंचित क्षेत्र का लगभग 32 प्रतिशत नहरों से, 21.6 प्रतिशत कुंओं से, 6 प्रतिशत तालाबों से, 35.4 प्रतिशत ट्यूब-वेल से तथा 5.0 प्रतिशत अन्य साधनों से सिंचाई की जाती है।

नहरें

- नहरें देश में सिंचाई का द्वितीय प्रमुख साधन हैं। इससे लगभग 32% भाग की सिंचाई की जाती है। भारत में अधिकांश नहरें उत्तरी भारत के मैदानों और तटवर्तीय नदियों के डेल्टाओं में पाई जाती हैं। उत्तर-प्रदेश, आन्ध्र प्रदेश, राजस्थान, हरियाणा, महाराष्ट्र शीर्ष नहर सिंचित राज्य हैं।

कुंए

- भारत में कुल सिंचित भूमि के 21.6% भाग की सिंचाई कुंओं से की जाती है। कुंओं द्वारा सिंचाई की दृष्टि से सर्वाधिक महत्त्वपूर्ण भाग पंजाब से लेकर बिहार तक का सतलुज-गंगा का मैदान एवं पूर्वी तटवर्ती मैदान है।
- पूर्वी उत्तर प्रदेश, बिहार के कुछ भागों में एवं पूर्वी तटीय मैदानों में कम गहराई पर ही पानी मिल जाता है, अत: यहाँ कम खर्चों पर ही कच्चे कुंए बना लिए जाते हैं। गोवा (73.9%), महाराष्ट्र (64.6%), राजस्थान (54.1%), गुजरात (50.9%), तमिलनाडु (41.5%) प्रतिशत में शीर्ष कुंआ सिंचित राज्य हैं।

ट्यूबवेल (नलकूप)

- नलकूप कुंए का ही एक प्रकार है, जिसमें भूमिगत जल को पाइप द्वारा विद्युत पम्प या डीजल इंजन की सहायता से बाहर निकाला जाता है।
- नलकूप वहीं लगाए जा सकते हैं, जहाँ धरातल के नीचे जल पर्याप्त मात्रा में विद्यमान हो। भारत की 35.4% भूमि की सिंचाई नलकूप द्वारा की जाती है।
- उत्तर प्रदेश, आंध्र प्रदेश, राजस्थान, हरियाणा, महाराष्ट्र आदि शीर्ष नलकूप सिंचित राज्य हैं।

तालाब

- भारत में कुल सिंचित क्षेत्र का 6.0% भाग तालाबों से सींचा जाता है। देश में कुल मिलाकर 5 लाख बड़े तथा 60 लाख छोटे तालाब हैं। देश में तालाब सिंचित कुल क्षेत्र 33.43 लाख हेक्टेयर का 71.29% पाँच राज्यों—आन्ध्र प्रदेश, तमिलनाडु, कर्नाटक, बिहार तथा मध्य प्रदेश में पाया जाता है। आन्ध्र प्रदेश में निजाम सागर, कर्नाटक में कृष्णराज सागर, राजस्थान में राजसमन्द, बालसमन्द एवं जयसमन्द तालाब एवं झीलों का निर्माण सिंचाई के लिए तथा पीने के लिए पानी की व्यवस्था हेतु किया गया है।
- आन्ध्र प्रदेश के पश्चिमी जिलों, कर्नाटक राज्य के पूर्वी जिलों तथा राजस्थान के दक्षिणी-पूर्वी भाग में तालाब द्वारा अधिक सिंचाई की जाती है। ओडिशा के पठारी भाग, महाराष्ट्र के पूर्वी भाग, पश्चिम बंगाल के पश्चिमी भाग, मध्य प्रदेश के दक्षिणी भाग तथा झारखण्ड राज्य में भी तालाबों की संख्या अधिक पाई जाती है। पंजाब, हरियाणा, उत्तर पूर्वी एवं पूर्वी राज्यों में तालाबों द्वारा सिंचित क्षेत्र नगण्य हैं।

सूक्ष्म सिंचाई की पद्धति

इसमें ड्रिप सिंचाई, छिड़काव सिंचाई तथा फर्टीगेशन को शामिल किया जाता है।

ड्रिप सिंचाई

सिंचाई की वह विधि जिसमें सिंचाई के जल को पौधे के जड़ क्षेत्र (Root Zone) में बूंद-बूंद करके पहुँचाया जाता है, ड्रिप सिंचाई या बूंद-बूंद सिंचाई (Trickle Irrigation) कहलाता है। इस विधि का विकास इजराइल में किया गया था। अब यह विधि अन्य देशों में भी लोकप्रिय होती जा रही है।

- यह विधि सिंचाई के लिए अत्यन्त उपयोगी है। इस विधि का उपयोग मुख्यतया अंगूर, नीबू, अन्य फल, वृक्षों एवं सब्जियों में किया जाता है। इस विधि में पी.बी.सी. की पाइप लाइनें खेतों में बिछाई जाती हैं और आवश्यकतानुसार जगह-जगह पर नोजिल लगाए जाते हैं।
- नोजिल से जल निकलकर मृदा को धीरे-धीरे नम करता है। इस विधि द्वारा सिंचाई करने से 35-75% पानी की बचत होती है।

- यह विधि ऊँची-नीची मृदाओं के लिए उपयुक्त है। इसमें स्रावण एवं वाष्पन न्यूनतम होता है। 60-80% श्रम की बचत अन्य विधियों की अपेक्षा होती है। फसल उत्पादन में 30-50% की वृद्धि, गुणवत्ता में सुधार तथा खरपतवारों पर नियंत्रण इस विधि के अन्य लाभ हैं, किन्तु इस सिंचाई विधि को अपनाने में तकनीकी ज्ञान, स्वच्छ सिंचाई जल तथा अधिक पूंजी की आवश्यकता होती है।
- पुनश्च यह विधि अधिक ऊँची-नीची मृदाओं के लिए अनुपयुक्त होती है।

छिड़काव सिंचाई

इस विधि के द्वारा हवा में फब्बारे के रूप में पानी का छिड़काव (Sprinkling) किया जाता है जो मृदा की सतह पर कृत्रिम वर्षा के रूप में गिरता है। वर्षा धीरे-धीरे की जाती है, जिससे कहीं पर पानी जमा न होने पाये।

- इस विधि की रूपरेखा में पम्प, मोटर, मुख्य रेखा और फब्बारा निकाय आदि प्रमुख होते हैं। यह एक प्रचलित विधि है जिसके द्वारा पानी की लगभग 30-70% तक बचत होती है। यह विधि रेतीली मृदा, ऊँची-नीची जमीन और जहाँ पर पानी की उपलब्धता कम है, वहाँ की जा सकती है। इस विधि के द्वारा कपास, मूँगफली, तम्बाकू तथा पुष्प आदि फसलों में सिंचाई की जाती है। सिंचाई करते समय वायु तेज नहीं होनी चाहिए। पके फलों को फब्बारे से बचाना चाहिए। ध्यातव्य है कि सिंचाई की इस विधि में कवकनाशी, कीटनाशी तथा उर्वरकों का प्रयोग सुगमता से किया जा सकता है। रेगिस्तानी इलाकों के लिए छिड़काव सिंचाई सर्वोत्तम विधि के रूप में संस्तुति की गई है।

फर्टीगेशन

फर्टीगेशन (Fertigation) का अर्थ है सिंचाई-जल के द्वारा उर्वरक प्रदान करना, जिससे उर्वरक एवं सिंचाई-जल दोनों की ही उपयोग क्षमता बढ़ जाए। यह एक प्राचीन विधि है जिसका उपयोग एथेन्स के ग्रोब्स वृक्षों में पोषक तत्वों एवं सिंचाई जल प्रदान करने के लिए किया जाता था। इसके आधुनिक स्वरूप का जन्मदाता इजराइल को माना जाता है। इजराइल में Micro Irrigation System, (MIS) जिसमें कि ड्रिप, जेंट्स, सूक्ष्म फब्बारे आदि आते हैं, के विकास के साथ ही आधुनिक फर्टीगेशन को बढ़ावा मिला। इस विधि द्वारा एक तत्वीय अथवा बहुतत्वीय उर्वरक का प्रयोग किया जा सकता है। इससे सिंचाई जल तथा उर्वरक दोनों की उपयोग क्षमता में वृद्धि होती है। इसका उपयोग बाग-बगीचे, सब्जियों, ग्रीन हाउसों एवं पुष्पों, तम्बाकू आदि में यह विधि उपयोगी पाई गई है।

बहुउद्देश्य परियोजना

क्र.सं.	परियोजना	नदी	उद्देश्य	लाभान्वित राज्य
1.	**भाखड़ा नांगल**—भारत की सबसे बड़ी बहु-उद्देशीय परियोजना, विश्व का दूसरा सबसे बड़ा बाँध,समुद्र तल से 518 मीटर ऊँचाई। 1,100 किमी. लम्बी नहरें निकाली गई हैं, जिससे 14.6 लाख हेक्टेयर भूमि की सिंचाई की जाती है। नांगल से 1,204 मेगावाट विद्युत का उत्पादन होता है।	सतलुज	सिंचाई, जल-विद्युत उत्पादन	पंजाब, हरियाणा, हिमाचल प्रदेश, राजस्थान
2.	**व्यास परियोजना**—इसके अन्तर्गत पोंग बाँध का निर्माण किया गया है। पंजाब तथा राजस्थान की 4 लाख हेक्टेयर भूमि की सिंचाई की जाती है तथा 900 मेगावाट विद्युत का उत्पादन होता है।	व्यास	सिंचाई, जल-विद्युत	पंजाब, हरियाणा, राजस्थान, हिमाचल प्रदेश
3.	**इंदिरा गांधी परियोजना (राजस्थान नहर** सतलुज-**परियोजना)** — 14.5 लाख हेक्टेयर भूमि की सिंचाई होती है।	सतलुज-व्यास के संगम पर	सिंचाई	राजस्थान
4.	**कोसी परियोजना**—सिंचाई क्षमता 8.48 लाख हेक्टेयर भूमि, विद्युत क्षमता 20 मेगावाट।	कोसी	सिंचाई, बाढ़ नियंत्रण विद्युत उत्पादन	बिहार, नेपाल
5.	**दामोदर घाटी परियोजना**—यह अमेरिका की टेनेसी घाटी पर आधारित है। इसके अन्तर्गत विभिन्न बाँधों का निर्माण हुआ है, जो हैं— कोनार बाँध-कोनार नदी, तिलैया बाँध-बराकर नदी, मैथान बाँध-बराकर नदी, बाल पहाड़ी बाँध-बराकर नदी, पंचेत पहाड़ी बाँध-दामोदर नदी, बर्मी बाँध-दामोदर नदी। बोकारो, चन्द्रपुरा एवं दुर्गापुर में तापीय विद्युत गृहों की स्थापना की गई है। 1,077 मेगावाट तापीय तथा 104 मेगावाट जल विद्युत पैदा होती है। 5.15 लाख हेक्टेयर भूमि की सिंचाई होती है।		विद्युत उत्पादन सिंचाई, बाढ़ नियंत्रण	झारखण्ड एवं पं. बंगाल
6.	**हीराकुड परियोजना**—विश्व का सबसे लम्बा बाँध, लम्बाई 4.8 किमी., ऊँचाई 61 मी., 2.51 लाख हेक्टेयर भूमि की सिंचाई, 27.2 मेगावाट विद्युत उत्पादन।	महानदी	सिंचाई जल विद्युत	ओडिशा
7.	**चम्बल परियोजना**—इसके अन्तर्गत मध्य प्रदेश में गांधी सागर बाँध, राजस्थान में राणाप्रताप सागर बाँध एवं जवाहर सागर बाँध का निर्माण हुआ है। इसकी सिंचाई क्षमता 5.51 लाख हे. है।	चम्बल	जल विद्युत, सिंचाई	राजस्थान, मध्य प्रदेश
8.	**तुंगभद्रा परियोजना**—बाँध की लम्बाई 2,441 मी. तथा ऊँचाई 49.38 मी., सिंचाई 3.92 लाख हेक्टेयर, विद्युत उत्पादन 72,000 किलोवाट के निकट	तुंगभद्रा नदी (मल्लपुरम के निकट)	सिंचाई, विद्युत उत्पादन	कर्नाटक, आन्ध्र प्रदेश
9.	**नागार्जुन सागर परियोजना**—बांध की लम्बाई 1,450 मीटर तथा ऊँचाई 92 मी., सिंचाई क्षमता 8.95 लाख हेक्टेयर।	कृष्णा	सिंचाई, विद्युत उत्पादन	आन्ध्र प्रदेश

10.	**मयूराक्षी परियोजना**— सिंचाई 2.51 लाख हेक्टेयर, विद्युत उत्पादन 4 मेगावाट।	मयूराक्षी	सिंचाई, विद्युत उत्पादन	पं. बंगाल
11.	**गण्डक परियोजना**— विद्युत क्षमता 15 मेगावाट, सिंचाई क्षमता 14.58 लाख हेक्टेयर (11.90 लाख हेक्टेयर की सिंचाई होगी)।	गण्डक	सिंचाई, विद्युत उत्पादन	बिहार
12.	**टिहरी बाँध परियोजना**— सिंचाई क्षमता 2.70 लाख हेक्टेयर, विद्युत उत्पादन क्षमता 340 मेगावाट।	भागीरथी एवं भीलांगना	जल विद्युत	उत्तर प्रदेश, उत्तराखण्ड
13.	**नर्मदा घाटी परियोजना**—	नर्मदा	सिंचाई, विद्युत उत्पादन	गुजरात, मध्य प्रदेश, महाराष्ट्र एवं राजस्थान
14.	**माताटीला परियोजना**—	बेतवा	सिंचाई, विद्युत उत्पादन	उत्तर प्रदेश, मध्य प्रदेश
15.	**नाथपा-झाकरी परियोजना**	सतलुज	जल विद्युत	हिमाचल प्रदेश, हरियाणा, पंजाब
16.	**कोयना परियोजना**	कोयना	जल विद्युत	महाराष्ट्र
17.	**सलाल परियोजना**	चिनाब	जल विद्युत	जम्मू-कश्मीर
18.	**रामगंगा परियोजना**	रामगंगा	सिंचाई, जल विद्युत	उत्तर प्रदेश
19.	**थीन बाँध परियोजना**	रावी	सिंचाई	पंजाब
20.	**घाटप्रभा परियोजना**	घाटप्रभा	सिंचाई, जल विद्युत	कर्नाटक
21.	**ऊपरी कृष्णा परियोजना**	कृष्णा	सिंचाई	कर्नाटक
22.	**फरक्का परियोजना**	गंगा	सिंचाई, नौपरिवहन	पं. बंगाल
23.	**तवा परियोजना**	बेतवा	सिंचाई	मध्य प्रदेश
24.	**उकाई परियोजना**	ताप्ती	सिंचाई, जल विद्युत	गुजरारत
25.	**मालप्रभा परियोजना**	मालप्रभा	सिंचाई, जल विद्युत	कर्नाटक
26.	**रिहन्द परियोजना**	रिहन्द	सिंचाई, जल विद्युत	उत्तर प्रदेश
27.	**इडुक्की परियोजना**	पेरियार	जल विद्युत	केरल
28.	**मचकुण्ड परियोजना**	मचकुण्ड	सिंचाई, जल विद्युत	ओडिशा, आन्ध्र प्रदेश
29.	**चुखा जल विद्युत परियोजना**	वांग्चु	जल विद्युत	भारत-भूटान
30.	**सरदार सरोवर परियोजना**	नर्मदा	सिंचाई, जल विद्युत	मध्य प्रदेश, महाराष्ट्र, गुजरात, राजस्थान
31.	**पार्वती जल विद्युत परियोजना**	पार्वती	जल विद्युत	हिमाचल प्रदेश
32.	**दुलहस्ती परियोजना**	चिनाब	जल विद्युत	जम्मू-कश्मीर
33.	**साबरमती परियोजना**	साबरमती	जल विद्युत	गुजरात
34.	**सुवर्ण रेखा परियोजना**	सुवर्ण रेखा	सिंचाई, जल विद्युत	बिहार
35.	**जोग (महात्मा गांधी) परियोजना**	शरावती	जल विद्युत	कर्नाटक
36.	**शिवसमुद्रम परियोजना**— इसके अंतर्गत कावेरी नदी पर शिवसमुद्रम जलप्रपात के समीप शक्ति गृह स्थापित की गई है। यहाँ से विद्युत कोलार की खानों, बंगलुरु और मैसूर के विभिन्न उद्योगों को पहुँचायी जाती है।	कावेरी	जल विद्युत	कर्नाटक
37.	**मेटूर परियोजना**—इसके अंतर्गत कावेरी नदी पर एक ऊँचा बाँध बनाया गया है। इससे औसतन 240 मेगावाट बिजली पैदा होती है।	कावेरी	जल विद्युत	
38.	**पायकारा परियोजना**—इसके अंतर्गत 100 मेगावाट बिजली उत्पन्न की जाती है जिसकी आपूर्ति कोयम्बटूर जिले के उद्योगों में की जाती है।	पायकारा	जल विद्युत	तमिलनाडु
39.	**निजाम सागर**	मंजरा	जल विद्युत	आन्ध्र प्रदेश
40.	**टाटा जल विद्युत परियोजना**—यह पश्चिमी घाट में विकसित है। इसके अंतर्गत भोर घाट पर शिवरता बाँध बनाकर लोनेवाला, बलह्वान और शिवरता नामक तीन झीलें तैयार की गईं।	लोनेवाला	जल विद्युत (बलह्वान झील)	महाराष्ट्र
41.	**श्रावस्ती बाँध परियोजना**	श्रावस्ती	जल विद्युत	कर्नाटक
42.	**टनकपुर बाँध परियोजना**	महाकाली	जल विद्युत	भारत एवं नेपाल

भारत के प्रमुख खनिज संसाधन

पूरे विश्व में खनिज विशेषज्ञों के अनुसार लगभग 1600 खनिज पाए जाते हैं। इनमें से लगभग 200 प्रकार के खनिजों का उपभोग व्यावसायिक एवं औद्योगिक पूर्ति के लिए किया जाता है। इनमें से लगभग 80 ऐसे खनिज हैं, जो आधुनिक औद्योगिक अर्थतंत्र के लिए अति महत्त्वपूर्ण हैं।

खनिजों का वर्गीकरण

खनिजों को मुख्य रूप से दो वर्गों में वर्गीकृत किया जाता है–

धात्विक खनिज

1. **लौह और लौह मिश्र धातुएं**—लोहा मैंगनीज, क्रोमियम, कोबाल्ट, निकिल, टंग्स्टन, मॉलिब्डेनम, टाइटेनियम, जिरकोनियम, बोरॉन, वेनेडियम।
2. **अलौह धातुएं**—तांबा, टिन, जस्ता, सीसा।
3. **हल्की धातुएं**—टाइटेनियम, एल्युमीनियम (बॉक्साइट), मैग्नीशियम।
4. **बहुमूल्य धातुएं**—प्लेटिनम, सोना, चांदी।
5. **आधारभूत खनिज**—लोहा, तांबा, जस्ता, सीसा, पारा, टिन, रांगा।

अधात्विक खनिज

1. **शक्ति स्रोत**—कोयला, पेट्रोलियम, यूरेनियम, थोरियम, प्राकृतिक गैस।
2. **खनिज उर्वरक**—फॉस्फेट, नाइट्रेट, पोटाश, गंधक, सल्फ्यूरिक एसिड।
3. **रत्न**—हीरा, पन्ना, नीलम, ओपल, लाल, जेड, अक्वामेरियम, अमेथिस्ट।
4. **भू-द्रव्य**—नमक, गंधक, जिप्सम, अभ्रक, पत्थर।

खनिजों का वितरण

अधिकतर खनिज धारक शैल समूह प्रायद्वीपीय भारत में ही पाए जाते हैं। इसलिए देश का यह भाग खनिज संसाधनों के लिए अत्यंत महत्त्वपूर्ण है। पठारों में तीन प्रमुख खनिज पेटियों की पहचान की जा सकती है, यथा–

उत्तर-पूर्वी पठार

इस पट्टी में छोटा नागपुर का पठार, ओडिशा का पठार और पूर्वी आंध्र प्रदेश का पठार शामिल हैं। धातु उद्योग में काम आने वाले विविध प्रकार के खनिजों के उत्तम कोटि के भंडार इस पेटी में पाए जाते हैं।

- इनमें लौह-अयस्क, मैंगनीज, अभ्रक, बॉक्साइट, चूने के पत्थर और डोलोमाइट के विशाल भंडार हैं तथा ये व्यापक रूप में वितरित हैं।
- इस प्रदेश में तांबे, थोरियम, यूरेनियम, क्रोमियम, सिलिमेनाइट और फास्फेट के भंडार भी हैं। इनके साथ ही दामोदर घाटी और छत्तीसगढ़ के कोयले के भंडार भी हैं, जिनसे भारी उद्योगों के विकास में बहुत योगदान मिला है।
- समन्वित लोहा और इस्पात संयंत्र अधिकतर इसी पेटी में स्थित हैं। एल्युमिनियम संयंत्र भी यहीं स्थित हैं।

दक्षिण-पश्चिमी पठार

- यह पेटी कर्नाटक के पठार और निकटवर्ती तमिलनाडु के पठार पर फैली है तथा धात्विक खनिजों से संपन्न है। यहाँ पाए जाने वाले धात्विक खनिज हैं–लौह अयस्क, मैंगनीज और बॉक्साइट। कुछ अधात्विक खनिज भी यहाँ मिलते हैं, परंतु यहाँ शक्ति के संसाधनों विशेष रूप से कोयले की कमी है। इसी कारण इस प्रदेश में भारी उद्योगों का विकास नहीं हो सका। देश की सोने की तीनों खानें इसी पेटी में स्थित हैं।

उत्तर-पश्चिमी प्रदेश

यह पेटी गुजरात के खंभात की खाड़ी से लेकर राजस्थान में अरावली की श्रेणियों तक फैली है। पैट्रोलियम और प्राकृतिक गैस इस पेटी के प्रमुख संसाधन हैं। अन्य खनिजों के भंडार कम और बिखरे हुए हैं, लेकिन यह पेटी अनेक अलौह धातुओं जैसे-तांबा, चांदी, सीसा और जस्ता के भंडारों और उत्पादन के लिए विख्यात है।

- खनिजों की इन पेटियों के बाहर, ऊपरी ब्रह्मपुत्र घाटी उल्लेखनीय पैट्रोलियम उत्पादक क्षेत्र है। केरल में भारी खनिज बालू के विशाल संकेद्रण हैं। देश के अन्य भागों में भी खनिज पाए जाते हैं, लेकिन बिखरे हुए हैं और उनके भंडार आर्थिक दृष्टि से दोहन के योग्य नहीं हैं।

प्रमुख खनिज

लौह अयस्क

लौह अयस्क चार प्रकार का होता है–

1. मैग्नेटाइट अयस्क

काले रंग के इस अयस्क में चुम्बकीय लोहे का ऑक्साइड होता है।

- इसकी प्राप्ति आग्नेय चट्टानों से होती है। इससे 72% तक धातु का अंश प्राप्त होता है।
- देश में इसके 340.8 करोड़ टन भंडार हैं।
- इस अयस्क के भण्डार **कर्नाटक, ओडिशा, आन्ध्र प्रदेश, छत्तीसगढ़, गोवा, केरल, राजस्थान, झारखण्ड** और **तमिलनाडु** में हैं।

2. हेमेटाइट अयस्क–

- यह लाल तथा भूरे रंग का होता है। यह धारवाड़ और कुडप्पा क्रम की चट्टानों से प्राप्त होता है। इस अयस्क में लोहे का अंश 70% तक होता है।
- इस अयस्क का भंडार झारखण्ड, ओडिशा, छत्तीसगढ़ आदि में है।
- भारत का अधिकांश लौह अयस्क इसी प्रकार का है।

3. लिमोनमाइट तथा सिडेराइट–

- इस अयस्क में लोहे का अंश 40-60% तक होता है।
- इसे निम्न श्रेणी का अयस्क माना जाता है।

4. लैटेराइट अयस्क

- लैटेराइट शैलों के ऋतुक्षरण के फलस्वरूप अवशिष्ट खनिज के रूप में घटिया लोहे और एल्युमिनियम का संकेन्द्रण होता है।
- इसका उपयोग लाभदायक नहीं है।

मैंगनीज

यह धातु प्राय: काले रंग की प्राकृतिक भस्मों के रूप में धारवाड़ युग की अवसादी चट्टानों में पाई जाती है।

- इस धातु का उपयोग इस्पात बनाने के लिए मुख्य रूप से किया जाता है।
- मैंगनीज का भण्डार कर्नाटक, ओडिशा, मध्य प्रदेश, महाराष्ट्र एवं गोवा में मुख्य रूप से है।
- इसके अतिरिक्त तेलंगाना, झारखण्ड, गुजरात, राजस्थान एवं पश्चिम बंगाल में भी इसके कुछ भण्डार पाये जाते हैं।

बॉक्साइट

बॉक्साइट में एल्युमिना का अंश पाया जाता है, जिससे एल्युमिनियम बनाया जाता है। उत्तम किस्म के बॉक्साइट में एल्युमिना का अंश 50% से 60% तक पाया जाता है।

- **ओडिशा** (काला हांडी और संबलपुर) और **आन्ध्र प्रदेश** ऐसे दो राज्य हैं, जहाँ पूरे देश का 79% बॉक्साइट संचित है। मध्य प्रदेश तीसरे स्थान पर है।
- बॉक्साइट, भारत में रांची और पलामू **(झारखण्ड)** में बड़ी मात्रा में प्राप्त किया जाता है।
- इसके अतिरिक्त बालाघाट तथा जबलपुर **(मध्य प्रदेश)**, बिलासपुर **(छत्तीसगढ़)** तथा बेलगाम और ठाणे **(महाराष्ट्र)**, **ओडिशा**, **कर्नाटक** तथा **तमिलनाडु** भी महत्त्वपूर्ण बॉक्साइट उत्पादन राज्य हैं।

तांबा

- लाल और भूरे रंग की यह धातु विद्युत की सुचालक है। यह बहुत लचीला होता है। अधिक प्रतिरोधक क्षमता होने के कारण विद्युत उद्योग में इसका अधिक उपयोग होता है।
- इसके अतिरिक्त दूरभाष, दूरसंचार के तार, मोटर उद्योग आदि में भी तांबे का उपयोग बढ़ गया है।
- भारत में तांबा सल्फाइड, ऑक्साइड, क्लोराइड या कार्बोनेट आदि रसायन मिश्रित चट्टानों के साथ पाया जाता है। इसके अतिरिक्त चांदी, टिन, सीसा, सोना जैसी धातुओं के साथ तांबा पाया जाता है।
- **संचित राशि की दृष्टि से झारखण्ड लगभग 44%** के साथ **प्रथम स्थान** पर है। **झारखण्ड** (सिंहभूम), **मध्य प्रदेश** (बालाघाट), **राजस्थान** (झुंझुनु और अलवर) में देश का 85% तांबा भंडार है।

अभ्रक

- यह कायान्तरित तथा आग्नेय चट्टानों में पाया जाता है। पारदर्शी, लचीला तथा हल्का चमकीला यह खनिज श्वेत, गुलाबी, काला या गहरे रंग का होता है।
- सबसे उत्तम किस्म का अभ्रक पैग्मेटाइट नामक आग्नेय चट्टानों में मिलता है, जो श्वेत रंग का होता है। यह उष्मा का कुचालक खनिज है, इसलिए इसका उपयोग विद्युत कारखानों तथा वायुयानों में किया जाता है।
- **झारखण्ड** में लाल, आंध्र प्रदेश में हरे और काले रंग के अभ्रक पाए जाते हैं। इसके अतिरिक्त **राजस्थान, तमिलनाडु, पश्चिम बंगाल** और **मध्य प्रदेश** में भी अभ्रक पाया जाता है।

सीसा

- सीसा प्रायः चांदी और जस्ते के साथ मिला हुआ पाया जाता है। यह मॉलिब्डिनम, तांबा, सोना और सुरमे के साथ भी मिला हुआ पाया जाता है। इसका मुख्य खनिज **गैलेना** है। यह प्रायः परतदार चट्टानों में नसों के रूप में पाया जाता है।
- लोहे के बाद सीसे का ही उपयोग अधिक होता है, क्योंकि यह मुलायम और भारी धातु होती है, जो 621° फारेनहाइट ताप पर पिघलता है।
- यह बिजली का कुचालक है। इसका सर्वाधिक उपयोग लोहे और इस्पात उद्योग में होता है।

वितरण—

- देश में सीसे का उत्पादन बहुत कम होता है। यद्यपि **मध्य प्रदेश** के ग्वालियर, दतिया और दुर्ग जिलों में, **राजस्थान** में उदयपुर से 40 किमी. दूर जावर, भीलवाड़ा में **गुलाबपुरा-दरीबा** एवं राजसमन्द जिले में **राजपुरा-दरीबा**, राजसमंद एवं भीलवाड़ा में, अजमेर के निकट कायड में, **छत्तीसगढ़** में सीसा दुर्ग जिले के चिचोली क्षेत्र में, **आंध्र प्रदेश** में अग्निगुण्डल मेखला में।
- **बंदालामीटू** के धूकौंडा में **उत्तराखंड** के पर्वतीय अगम्य भागों में, **ओडिशा** में सम्बलपुर और कालाहांडी जिलों से, **झारखंड** में हजारीबाग, संथाल परगना, रांची, सिंहभूम जिलों से; **कर्नाटक** में चित्रदुर्ग, बेस्लाटी और गुलबर्गा जिलों से; **महाराष्ट्र** में नागपुर जिलों से; **तमिलनाडु** में उत्तरी आर्कोट और दक्षिणी आर्कोट जिलों से इस धातु की प्राप्ति होती है।

जस्ता

- यह प्रायः सीसे के साथ मिश्रित एवं जस्ते की सल्फाइड से प्राप्त होता है।
- इसका उपयोग लोहे को जंग से बचाने के लिए पॉलिश करने, रसायन उद्योग आदि में होता है।

वितरण

- व्यापारिक आधार पर चलने वाला क्षेत्र दक्षिणी राजस्थान में है। यहाँ जस्ता एवं सीसा साथ-साथ निकाला जाता है। वर्तमान में उदयपुर जिले में जावरमाला तथा मोछियामगरा, राजसमंद जिले में रेलमगरा, उदयपुर जिले, भीलवाड़ा जिले में गुलाबपुरा, आगुचा-दरीबा क्षेत्र में जस्ते के भंडार पाए गए हैं।
- जम्मू-कश्मीर के ऊधमपुर जिले, तमिलनाडु के दक्षिणी अर्काट जिले में भी जस्ता प्राप्त होता है।

चांदी

- यह तांबे, सीसे, सोने, जस्ते आदि धातुओं के साथ मिश्रित रूप में पाई जाती है। चांदी की अयस्क हैं—अर्गेनाटाइट, पायराजाराइट, स्टैफनाइट, हार्नसिल्वर और औस्टाइट।
- इसका उपयोग आभूषण, औषधि, बर्तन आदि के निर्माण में होता है।

वितरण

- भारत में चांदी का उत्पादन बहुत ही कम होता है। यहाँ प्राचीन काल में **राजस्थान** के उदयपुर में जावर क्षेत्र से, **तमिलनाडु** के अनन्तपुर जिले, **कर्नाटक** में कोलार स्वर्ण क्षेत्र तथा **झारखण्ड** में मानभूम क्षेत्र से कुछ चांदी प्राप्त होती है।
- चांदी के अन्य उत्पादक क्षेत्र हैं—**कर्नाटक** में चित्रदुर्ग और बेल्लारी जिले; **आंध्र प्रदेश** में कुडप्पा, गुंटूर और कुर्नूल जिले; **झारखण्ड** में सिंहभूम और संथाल परगना; **जम्मू-कश्मीर** में बारामूला तथा **उत्तराखंड** में अल्मोड़ा।
- वर्तमान में देश की 42% चांदी आंध्र प्रदेश से, 32% झारखण्ड से तथा 25% राजस्थान से प्राप्त होती है। ग्रेट ब्रिटेन, बेल्जियम, जर्मनी से चांदी का आयात किया जाता है।

सोना

- सोना एक बहुमूल्य धातु है, जो कभी खानों में शुद्ध रूप में नहीं मिलता।
- इसमें अधिकतर चांदी और अन्य धातुओं के अंश मिले रहते हैं। यह अयस्क दो प्रकार से मिलता है—(i) आग्नेय चट्टानों की शिरों में और (ii) नदियों की रेत में।
- इसका उपयोग अन्तर्राष्ट्रीय बाजार में विनिमय के रूप में, आभूषण निर्माण में, औद्योगिक और रासायनिक क्षेत्र में, औषधि निर्माण इत्यादि में होता है।

वितरण

- देश का सर्वाधिक सोना 98% भाग अकेले **कर्नाटक** राज्य में स्थित **कोलार** एवं **हट्टी** की खानों से प्राप्त किया जाता है।
- इस क्षेत्र की विख्यात खानें **चैम्पियनरीफ, ओरेगन, कर्नाटक गोल्ड माइन** और **नदी दुर्ग** हैं। रायचूर जिले में हट्टी की खानों से भी सोना मिलता है।
- कर्नाटक के धारवाड़, चित्रदुर्ग, बेल्लारी, शिमोगा तथा गुलबर्गा जिलों में भी कुछ सोना पाया जाता है।
- देश के अन्य भागों में भी सोना प्राप्त होता है। **आंध्र प्रदेश** में अनन्तपुर जिले में रामगिरि खानें, **तमिलनाडु** में सलेम से भी सोना प्राप्त होता है। ये खानें भी धारवाड़ शैलों में स्थित हैं।
- भारत में कुछ सोना नदियों की रेत से भी प्राप्त होता है।
- **असम** में ब्रह्मपुत्र व सुवानसिरी, **झारखण्ड** व **ओडिशा** की स्वर्णरेखा, **उत्तर प्रदेश** की सोन, रामगंगा, शारदा आदि नदियों की कांप में भी सोने की अल्पमात्रा प्राप्त होती है।

जिप्सम

- यह एक परतदार खनिज पदार्थ है, जिसे सैलेनाइट भी कहते हैं। यह खनिज विशेषत: ऊसर भूमि और शुष्क भागों में बहुत होती है।
- इसका उपयोग खेतों में खाद देने में तथा चूना मिलाकर प्लास्टर-ऑफ-पेरिस, रंग-रोगन, रासायनिक पदार्थों, गन्धक का अम्ल एवं रासायनिक खाद बनाने में किया जाता है।

वितरण

- भारत के कुल उत्पादन का लगभग 95% अकेले **राजस्थान** से निकाला जाता है। यहाँ इसके प्रमुख उत्पादक **जोधपुर** जिले में मॉंगलोद, बाड़मेर जिले में मधुपुर तथा बीकानेर जिले में जामसर हैं।
- **जोधपुर** जिले में यह अधिकतर मंगलोद, कारास, उत्तरलाई, ढाकोरिया, खुतानी, मिलसवासी, बादवासी और मनौना की खानों से तथा **बीकानेर** जिले में जामसर, सियासर, कानसर, हरकासर, पुगाल की खानों से निकाला जाता है।
- दूसरा क्षेत्र **तमिलनाडु** में है। यहाँ तिरुचिरापल्ली, कोयम्बटूर और रामनाथपुरम् जिलों में थोड़ी मात्रा में जिप्सम निकाला जाता है।

डोलोमाइट

- भारत में डोलोमाइट कई राज्यों में पाया जाता है। भारत में इसके 497 करोड़ के अनुमानित भण्डार हैं।
- इसका अधिकांश उपयोग लोहा व इस्पात शुद्ध करने में एवं थोड़ी मात्रा में ढलाई खानों एवं सीमेंट के कारखानों में होता है।

वितरण—उड़ीसा में उत्तम प्रकार का डोलोमाइट सुन्दरगढ़ जिले के बीरमित्रपुर और पागपोश नामक स्थान पर पाया जाता है।

- **झारखण्ड** में सिंहभूम जिले में चाइबासा के निकट और पलामू (पुटवा) तथा शाहाबाद (बंजारी) जिले में; **कर्नाटक** में तुमकुर, शिमोगा और चित्तलदुर्ग जिलों में; **आन्ध्र प्रदेश** में कुडप्पा, कुर्नूल और अनन्तपुर जिलों में; **महाराष्ट्र** के चन्द्रपुर जिले में बरार क्षेत्र और बरार की बून तहसील; **मध्य प्रदेश** में रीवा और बिलासपुर एवं उमरिया में; **गुजरात** में बड़ोदरा के निकट मटीपुरा में, जम्बूघोड़ा के उत्तरी भाग में तथा **राजस्थान** में राजसमन्द जिले में पाया जाता है।

इमारती पत्थर

- सभी प्रकार के पत्थरों से दृढ़ और सुन्दर इमारतें नहीं बन सकतीं। इमारतें बनाने के लिए ग्रेनाइट, स्लेट, क्वार्ट्ज, चरकोनाइट, बलुआ पत्थर, रवेदार चूने के पत्थर अथवा रवेदार आग्नेय शिलाएं बड़ी उत्तम रहती हैं। इन शिलाओं पर जल का प्रभाव धीरे-धीरे पड़ता है, कठोर होने से इन्हें काटने-छांटने में बड़ी मेहनत पड़ती है।
- **चूने का पत्थर** और **संगमरमर** हल्के, सुन्दर और बहुत नरम होने के साथ-साथ टिकाऊ होने के कारण अधिक उपयोग में आते हैं।

बलुआ पत्थर

- इमारती पत्थरों में सबसे अधिक प्रचलित **बलुआ पत्थर** है। यह पत्थर न बहुत अधिक कड़ा और न ही अधिक नरम और न ही शीघ्र क्षय होने वाला होता है।
- इसके अतिरिक्त बलुआ पत्थर परतदार भी होता है। अत: इसकी पतली-पतली पट्टियां आसानी से बनायी जा सकती हैं। सबसे उत्तम बलुआ पत्थर वह गिना जाता है, जिसमें अवसादी जमावों के अतिरिक्त अन्य पदार्थ बहुत कम हों। इनके अतिरिक्त इमारतों की छतों के पाटने में खपरैल की जगह स्लेट भी काम आती है।

चूना-पत्थर

- चूना-पत्थर भारत में गोंडवाना काल के शैलों को छोड़कर सभी काल की अवसादीय शैलों में पाया जाता है। चूना-पत्थर का 76% भाग सीमेंट उद्योग में उपयोग होता है।
- इसका उत्पादन मुख्य रूप से **मध्य प्रदेश** एवं **छत्तीसगढ़** में जबलपुर, दमोह, रीवा, सलनपा एवं बिलासपुर आदि में; **राजस्थान** में अजमेर, बांसवाड़ा, बीकानेर, डूंगरपुर, जोधपुर, कोटा, चितौड़गढ़, झुंझनू एवं उदयपुर आदि जिलों में; **आंध्र प्रदेश** में विशाखापट्टनम, गुंटूर, कृष्णा, कुर्नूल आदि जिलों में, **तमिलनाडु** में रामनाथपुरम, तिरूनलबेली, सलेम, कोयम्बटूर एवं मदुरै आदि जिलों में तथा **कर्नाटक** में बीजापुर, बेलगाम, शिमोगा तथा गुलबर्ग जिलों में होता हैं इसके अलावा महाराष्ट्र, हिमाचल प्रदेश, ओडिशा, झारखण्ड, बिहार आदि में भी चूना-पत्थर का उत्पादन होता है।

संगमरमर

- भारत में कई स्थानों से उत्तम संगमरमर प्राप्त होता है। **राजस्थान** में जोधपुर जिले के मकराना क्षेत्र और राजसमन्द, उदयपुर जिलों के आमेर आदि क्षेत्रों के शरबती और सफेद भूरे तथा हल्के गुलाबी तथा अन्य कई रंगों के संगमरमर प्राप्त होते हैं। **जैसलमेर** में लाल-पीला, छींटदार संगमरमर और **डूंगरपुर** का काला संगमरमर विशेष प्रसिद्ध हैं।
- **मध्य प्रदेश** के जबलपुर का श्वेत और बैतूल, सिवनी, नरसिंहपुर, छिन्दवाड़ा का रंगीन संगमरमर तथा गुजरात में बड़ोदरा क्षेत्रों के मोतीपुरा स्थान का हरा, गुलाबी और सफेद संगमरमर, ग्वालियर के बाघ नामक स्थान लाल-पीला, छींटदार हरा संगमरमर विशेष रूप से प्रसिद्ध है।
- **आन्ध्र प्रदेश** में विशाखापट्टनम, **तमिलनाडु** में कोयम्बटूर और मदुरई, **कर्नाटक** में चित्तलदुर्ग, **उड़ीसा** में कोरापुट तथा गंगापुर में अनेक रंगों वाले भूरे, सफेद, लाल व काले संगमरमर प्राप्त होते हैं।
- **गुजरात** में रेवाकांटा का काला संगमरमर, **आन्ध्र प्रदेश** के कुर्नूल जिले का पीला, हरा, गहरा हरा, मटमैला संगमरमर तथा गुन्टूर और कृष्णा जिलों का पीला-हरा संगमरमर बहुत ही प्रसिद्ध है।

हीरा

- यह मूल्यवान खनिज है। इसकी रचना कार्बन के रूपान्तरण से होती है। यह प्राय: वर्ण विहीन होता है, लेकिन कभी-कभी इसमें पीले या काले रंग भी पाये जाते हैं।
- यह आद्यकल्प की चट्टानों में पाया जाता है। हीरा (भंडार वाले प्रमुख क्षेत्र) दक्षिण भारत में **आन्ध्र प्रदेश** के अनन्तपुर, गुंटूर (कोल्लूर, मालावरम, माडगुला) कुडप्पा, कुर्नूल (मुनीमाडुगू-वंगलपल्ले) कृष्णा तथा गोदावरी (भद्राचलम) जिलों में, **कर्नाटक** में बेल्लारी जिले में, **मध्य प्रदेश** के सतना, छत्तरपुर, पन्ना, महाराष्ट्र के चांदा, **ओडिशा** के सम्बलपुर तथा उत्तरप्रदेश के मिर्जापुर, बांदा जिलों में पाया जाता है। **तमिलनाडु** के तिरुचिरापल्ली में कृत्रिम रूप से हीरा बनाया जाता है।

क्रोमाइट

- क्रोमियम का मुख्य खनिज क्रोमाइट है, जो लोहे चुम्बक पत्थर के समान काले रंग की होती है।
- इसमें क्रोमिक ऑक्साइड 68% तथा लौह ऑक्साइड 32% होता है।
- यह खनिज मुख्यत: ड्युनाइट, पैरीडोटाइन और सर्पेनटाइन आदि शैलों से प्राप्त किया जाता है। इसका प्रयोग क्रोम मिश्रित इस्पात, क्रोम मिश्रित ईंटें तथा क्रोमियम नमक तैयार करने के लिए होता है।
- क्रोमियम नमक चमड़ा रंगने तथा साफ करने के काम आता है। क्रोमियम और लोहे की मिश्रित धातु का उपयोग जंगरहित और इस्पात में तथा कठोर ताप सहने वाली शस्त्र प्लेटों के निर्माण में भी होता है। यह अधिकांश खुली खानों से ही निकाला जाता है।
- इसके भंडार भारत में आंध्र प्रदेश, झारखण्ड, कर्नाटक, महाराष्ट्र, मणिपुर, ओडिशा (उड़ीसा) और तमिलनाडु में पाए जाते हैं।

नमक

- नमक सोडियम तथा क्लोरिन का बना होता है। इसे प्रायः समुद्र तथा खारी झीलों से प्राप्त किया जाता है। इसका उपयोग अधिकांशतः घरेलू खाद्य पदार्थों, खाद, रासायनिक पदार्थ, स्टार्च इत्यादि कार्यों में होता है।
- इसका प्रयोग सोडा बनाने, चमड़ा रंगने, मछलियां सुखाने, रंग को पक्का करने, ब्लीचिंग पाउडर इत्यादि बनाने में भी होता है। इसका सर्वाधिक उपयोग सोडा ऐश (30-40 प्रतिशत) बनाने में होता है।
- नमक समुद्री जल एवं मरुस्थलीय झीलों से प्राप्त किया जाता है। प्रमुख नमक क्षेत्र–गुजरात का सौराष्ट्र तट, महाराष्ट्र का तट, कोरोमण्डल का तटीय (दक्षिणी) भाग, उत्तरी आन्ध्र तट, नैल्लोर और गोपालपुर के मध्यवर्ती क्षेत्र, आंतरिक क्षेत्रों में राजस्थान में सांभर, पंचभद्रा, डीडवाना आदि की खारी झीलें।

सेंधा नमक

- यह नमक हिमाचल प्रदेश के मण्डी जिले में **द्रांग** और **गूमा** की खानों से निकाला जाता है, किन्तु इसका रंग कुछ गहरा आसमानी सा होता है और उसमें 25% अशुद्धि रहती है।
- गूमा के नमक का एक निक्षेप 150 फीट से भी अधिक मोटा है। यह पशुओं को खिलाने के लिए प्रयुक्त होता है।
- कुल नमक उत्पाद का 50% रासायनिक उद्योगों में, 30% घरेलू उपयोग में, 10% निर्यात में तथा 10% विविध कार्यों में प्रयुक्त होता है।

परमाणु खनिज

- **यूरेनियम**–इसकी प्राप्ति धारवाड़ तथा आर्कियन श्रेणी के पेग्मेटाइट, मोनोजाइट बालू तथा चेरालाइट में होती है। इसके प्रमुख अयस्क पिंचब्लेंड, सॉमरस्काट एवं थोरियानाइट हैं। भारत कुल विश्व उत्पादन का मात्र 2 प्रतिशत यूरेनियम उत्पादित करता है। झारखण्ड में जादूगोडा, भाटिन, नखा, केरुआडूंगरी, राजस्थान, उत्तर प्रदेश में यूरेनियम के स्रोत हैं।
- **थोरियम**–यह मोनोजाइट रेत से प्राप्त किया जाता है। भारत विश्व का सर्वाधिक थोरियम उत्पादक राष्ट्र है। ये मुख्यतः केरल के तटवर्ती भागों में मिलता है। इसके अलावा यह तमिलनाडु, झारखण्ड, राजस्थान में भी पाया जाता है। इसमें 10 प्रतिशत थोरियम तथा 0.3 प्रतिशत यूरेनियम होता है।
- **बेरिलियम**–यह बेरिल नामक खनिज से प्राप्त होता है। यह राजस्थान, झारखण्ड, आन्ध्र प्रदेश तथा तमिलनाडु में मिलता है। इसका सर्वाधिक उपयोग मिश्र धातुओं के निर्माण, फ्लूरोसंट ट्यूब आदि में होता है।
- **इल्मेनाइट**–इसका सर्वाधिक भण्डार केरल की बालू मृदा में पाया जाता है।
- **ग्रेफाइट**–यह कायान्तरित शैलों विशेषकर नीस शिलाओं में पाया जाता है। इसका मुख्यतः उपयोग परमाणु रिएक्टरों में मन्दक के रूप में किया जाता है।

भारत के प्रमुख उद्योग

लौह इस्पात उद्योग

1874 में झरिया के निकट पश्चिम बंगाल के कुल्टी नामक स्थान पर बराकर आयरन वर्क्स की स्थापना की गई थी। 1889 में 'बंगाल आयरन एण्ड स्टील कंपनी' ने इसे अपने अधिकार में ले लिया। 1907 में दूसरा कारखाना जमशेद जी टाटा ने साकची (वर्तमान जमशेदपुर) में स्थापित किया।

- 1909 में आसनसोल के निकट हीरापुर में 'इण्डियन आयरन एण्ड स्टील कंपनी' तथा 1923 में भद्रावती में 'मैसूर आयरन एण्ड स्टील वर्क्स' की स्थापना हुई। कुल्टी तथा हीरापुर के कारखानों को एक प्रबंध तंत्र के अन्तर्गत लाया गया।
- 1937 में बंगाल के बर्नपुर नामक स्थान पर एक कारखाना स्थापित किया गया, जिसे 1953 में हीरापुर कुल्टी प्रबंध तंत्र में मिला दिया गया।
- स्वतंत्रता प्राप्ति के समय कुल्टी, हीरापुर, बर्नपुर, जमशेदपुर तथा भद्रावती में लौह-इस्पात के कारखाने थे। स्वतंत्रता प्राप्ति के बाद पुराने कारखानों का आधुनिकीकरण तथा नए कारखानों की स्थापना पर ध्यान दिया गया।
- लौह इस्पात की अत्यधिक माँग को देखते हुए द्वितीय पंचवर्षीय योजना में ब्रिटेन की **सहायता से दुर्गापुर (प. बंगाल), जर्मनी की सहायता से राउरकेला (ओडिशा) तथा सोवियत संघ की सहायता से भिलाई (छत्तीसगढ़)** में तीन नए कारखाने स्थापित किए गए।
- चतुर्थ पंचवर्षीय योजना में पुनः सोवियत संघ की सहायता से बोकारो (झारखंड) में लौहइस्पात का कारखाना स्थापित किया गया।
- लौह इस्पात में और अधिक वृद्धि करने के उद्देश्य से 1973 में 'स्टील अथॉरिटी ऑफ इंडिया लिमिटेड' की स्थापना की गई। इसने विशाखापट्टनम (आन्ध्र प्रदेश), सलेम (तमिलनाडु) तथा विजयनगर (कर्नाटक) में तीन नए इस्पात कारखाने स्थापित किए। वर्तमान में पाराद्वीप में भी एक इस्पात कारखाना प्रस्तावित है। लौह-इस्पात उद्योग के लिए कोयला, लौह-अयस्क, मैंगनीज, चूना-पत्थर तथा अग्निसह मिट्टी आवश्यक है। इस उद्योग में बहुत बड़ी मात्रा में कोयला एवं लौह-अयस्क की खपत होती है।
- भारत में इस उद्योग में प्रयुक्त होने वाले कोकिंग कोयला का भंडार मुख्य रूप से झरिया तथा रानीगंज तक सीमित है। इसलिए लौह-इस्पात उद्योग के लिए कोकिंग कोयला को आयात करना पड़ता है।

एल्युमीनियम उद्योग

1937 में जे.के. नगर (पं. बंगाल) में एल्युमीनियम बनाने का पहला कारखाना स्थापित हुआ। 1944 से इस कारखाने में एल्युमीनियम का उत्पादन व्यावसायिक स्तर पर शुरू किया।

- इस उद्योग का वास्तविक विकास द्वितीय पंचवर्षीय योजनाकाल में हुआ। 1967-68 तक देश में कुल पाँच एल्युमीनियम के कारखाने हो गए। इस उद्योग के महत्त्व को देखते हुए **1965 ई. में सार्वजनिक क्षेत्र में भारत एल्युमीनियम कम्पनी की स्थापना हुई।**
- इस कंपनी ने अपनी पहली इकाई 1973 में कोरबा में स्थापित की। इसके पश्चात् सार्वजनिक क्षेत्र में रत्नागिरि, दामन जोड़ी व आंगुल में एल्युमीनियम के कारखाने स्थापित किए गए।
- वर्तमान में एल्युमीनियम के 8 कारखाने हैं। ये ओडिशा, पश्चिम बंगाल, केरल, उत्तर प्रदेश, छत्तीसगढ़, महाराष्ट्र तथा तमिलनाडु में स्थित हैं।
- वर्तमान में भारत की प्रमुख एल्युमीनियम कम्पनियां नाल्को, बाल्को, हिंडाल्को, इंडाल्को तथा माल्को हैं। इनमें से नाल्को हीराकुड में अपने समेकित संयंत्र सहित एशिया में विशालतम समेकित एल्युमिनियम काम्प्लेक्स है।

अभियांत्रिकी (इंजीनियरिंग) उद्योग

- वर्तमान में ये उद्योग कील, पेंच, नट-बोल्ट से लेकर औद्योगिक मशीनरी, स्वचालित वाहन, वस्त्र उद्योग, चीनी उद्योग, कागज उद्योग, खनन उद्योग आदि विविध उद्योगों के लिए मशीन तैयार करता है।

इंजीनियरिंग के प्रमुख औद्योगिक समूह–औद्योगिक प्लांट एवं मशीनरी निर्माण, मशीन उपकरण, स्ट्रक्चरल इंजीनियरिंग, हल्के इंजीनियरिंग उद्योग, बिजली के सामान संबंधी उद्योग, इलेक्ट्रॉनिक्स उद्योग।

प्रमुख इंजीनियरिंग इकाइयां

- भारी इंजीनियरिंग निगम लि., रांची (1958)

- खनन एवं संबद्ध मशीनरी निगम लि., दुर्गापुर (1965)
- भारत हैवी प्लेट्स एंड वैसेल्स लि., विशाखापट्टनम (1966)
- त्रिवेणी स्ट्रक्चरल्स लि., नैनी (इलाहाबाद, 1965)
- तुंगभद्रा स्टील प्रोडक्ट्स लि. (1947) (कर्नाटक व आंध्र प्रदेश में संयुक्त उपक्रम)
- मेसर्स जेसप एण्ड कम्पनी लि. कोलकाता
- नेशनल इस्ट्रूमेंट लि., जादवपुर (कोलकाता)
- हिन्दुस्तान मशीन टूल्स लि., बंगलुरू (1963)
- पिंजौर (हरियाणा), कालामसेरी (केरल), श्रीनगर, हैदराबाद।

मशीन टूल्स उद्योग

मशीन टूल्स एक प्रकार का शक्ति चालक यंत्र होता है जो धातु को काटकर, घिसकर, नुकीला या धारदार बनाकर, वांछित मोड़ देकर एक विशिष्ट रूप देने के कार्य में प्रयुक्त होता है। अत: इसे इंजीनियरिंग उद्योग का आधार कहा गया है।

- इस समय संगठित क्षेत्र में 160 मशीन टूल्स की इकाइयां हैं, जबकि लगभग 500 इकाइयां लघु एवं सहायक उद्योग क्षेत्र में हैं।

इलेक्ट्रॉनिक्स उद्योग

- तकनीकी विकास में तेजी से दक्षता प्राप्त करने के साथ ही भारत में 1980 से ही इलेक्ट्रॉनिक्स व कम्प्यूटर सॉफ्टवेयर उत्पादन में वृद्धि होती रही है। इसी कारण देश अब रेडियो, टी.वी., रिमोट कंट्रोल, मशीनें, रेफ्रिजरेटर, दूर संचार, परिवहन व निर्माण उद्योग नियंत्रण विविध उच्च स्तरीय इलेक्ट्रॉनिक कम्प्यूटर की स्वदेशी तकनीक में तेजी से आत्मनिर्भर हो रहा है।
- वर्तमान में भारत उपग्रह का निर्माण एवं उसके संचालन की सम्पूर्ण तकनीक अपने यहाँ विकसित कर चुका है।
- भारत में इलेक्ट्रॉनिक्स उद्योग का वास्तविक उद्भव 1950 में बंगलुरु के निकट इण्डियन टेलीफोन इण्डस्ट्रीज (ITI) की स्थापना के साथ हुआ।
- इसकी सात इकाइयां बंगलुरु, रायबरेली, नैनी, मानिकपुर, पलक्कड़ तथा श्रीनगर में स्थित हैं। भारत इलेक्ट्रॉनिक्स लिमिटेड (BEL), बंगलुरु की स्थापना सार्वजनिक क्षेत्र में प्रतिरक्षा सेवाओं, ऑल इण्डिया रेडियो तथा मौसम विभाग की इलेक्ट्रॉनिक्स की आवश्यकताओं को पूर्ण करने के लिए की गई थी।
- इसकी नौ इकाइयां बंगलुरु, गाजियाबाद, पुणे, पंचकुला, चेन्नई, कोटगर, मछलीपट्टनम, हैदराबाद तथा तलोजा में स्थित हैं। इलेक्ट्रॉनिक्स कॉर्पोरेशन ऑफ इण्डिया, हैदराबाद की स्थापना 1970 में स्वदेशी प्राविधिकी से हुई थी।
- यह नाभिकीय कार्यों तथा मेडिकल, कृषि एवं औद्योगिक क्षेत्रों के लिए ट्रांजिस्टराइज्ड मोडुलर सिस्टम तैयार करता है।

सूचना प्रौद्योगिकी उद्योग

सूचना प्रौद्योगिकी के क्षेत्र में हो रहे तीव्र उन्नयन ने आज देश की अर्थव्यवस्था और लोगों के जीवन स्तर पर गहरा प्रभाव डाला है। भारत के आई.टी.-आईटीईएस उद्योग के चार प्रमुख घटक हैं—आईटी सेवा, बीपीओ, इंजीनियरिंग सेवा व अनुसंधान एवं विकास तथा सॉफ्टवेयर उत्पाद। बंगलुरु को भारत का 'सिलिकान घाटी' कहा जाता है। यहाँ 300 से अधिक सॉफ्टवेयर कम्पनियां स्थित हैं, जिसमें 50 बहुराष्ट्रीय कम्पनियां हैं। इसके अलावा हैदराबाद, मुम्बई, पुणे, चेन्नई, दिल्ली-नोएडा, गुड़गांव, चंडीगढ़ इस उद्योग के महत्त्वपूर्ण क्षेत्र हैं।

रेल इंजन बनाने के उद्योग

रेल इंजन बनाने के लिए 1945 में **टाटा इंजीनियरिंग एण्ड लोकोमोटिव कंपनी के** नाम से नया कारखाना आरम्भ हुआ। चित्तरंजन नामक स्थान पर सन् 1950 में भारत सरकार द्वारा चित्तरंजन लोकोमोटिव वर्क्स आरम्भ किया गया। भारत में 1964 से ही डीजल इंजन बनाने के लिए **डीजल लोकोमोटिव वर्क्स,** वाराणसी की स्थापना हुई थी।

रेल के डिब्बे बनाने का कारखाना—यह सार्वजनिक क्षेत्र में चेन्नई के निकट पेरम्बूर में है। यहाँ सन् 1955 में डिब्बों के खोल बनाने का काम आरम्भ किया गया। रेलवे कोच फैक्ट्री, कपूरथला की स्थापना 1988 में की गई। कोलकाता के निकट रेलवे के सिगनल और स्लीपर तैयार किये जाते हैं। मरम्मत का काम करने के लिए **रेलवे वर्कशॉप** मुम्बई, लिलुआ, बर्नपुर, गोरखपुर, जमालपुर, खड़गपुर, झांसी, रतलाम, कोटा और अजमेर में कार्य कर रही है। रेलवे द्वारा बंगलुरु के निकट येलाहंका में एक कारखाना स्थापित किया गया है। पहियों तथा धुरी के लिए बंगलुरु में 'ह्वील एण्ड एक्सल' प्लांट की स्थापना की गई है।

मोटरगाड़ी उद्योग

स्वतंत्रता के पूर्व भारत में स्वचालित वाहन असेम्बल किये जाते थे। 1947 में मुम्बई में प्रीमियर ऑटोमोबाइल्स लिमिटेड तथा 1948 में कोलकाता में हिन्दुस्तान मोटर्स लिमिटेड की स्थापना की गई। औद्योगिक नीति 1991 के तहत मोटर वाहन उद्योग को लाइसेंस मुक्त कर दिया गया तथा 1993 में यात्री कार उद्योग को भी लाइसेंस मुक्त कर दिया गया। वर्तमान समय में देश में 35 इकाइयां वाहनों का उत्पान कर रही हैं। इन इकाइयों की सर्वाधिक संख्या महाराष्ट्र में है। यह उद्योग अधिकांशत: निजी क्षेत्र में विदेशी सहयोग से बढ़ रहा है। देश की कुछ प्रमुख कम्पनियां हैं—टेल्को, प्रीमियर ऑटोमोबाइल्स, महिन्द्रा (मुम्बई), अशोक लीलैण्ड, स्टेण्डर्ड मोटर प्रोडक्ट्स ऑफ इण्डिया लिमिटेड (चेन्नई), हिन्दुस्तान मोटर्स लिमिटेड (कोलकाता), बजाजा टैम्पो लिमिटेड (पुणे), मारूति उद्योग लिमिटेड (गुड़गांव), सनराइज इण्डस्ट्रीज लिमिटेड (बंगलुरु), हुण्डई मोटर्स इण्डिया (चेन्नई), देबू मोटर्स इण्डिया लिमिटेड (सूरजपुर) तथा फोर्ड, मित्सुबिशी, मर्सिडीज बेन्ज, फिएट, टोयोटा आदि। भारतीय ऑटोमोटिव (Automotive) सेक्टर के विकास तथा अन्तर्राष्ट्रीय हब बनाने के लिए एक दस वर्षीय मिशन 'ऑटोमोटिव मिशन योजना 2006-16' बनाया गया है, जिसका उद्देश्य उत्पादन को 145 अरब डॉलर के स्तर तक पहुँचाना है ताकि सकल घरेलू उत्पाद में उसकी भागीदारी 10 प्रतिशत से अधिक हो सके। वर्तमान में भारत दो पहिया वाहन बनाने में विश्व में दूसरा स्थान, व्यावसायिक वाहन बनाने में पाँचवां स्थान, कार बनाने में नौवां स्थान तथा ट्रैक्टर बनाने में प्रथम स्थान पर है।

जलयान निर्माण उद्योग

आधुनिक ढंग का जलयान बनाने का पहला कारखाना सिंधिया नेविगेशन कंपनी द्वारा सन् 1941 में विशाखापट्टनम में स्थापित किया गया, किन्तु अब **हिन्दुस्तान शिपयार्ड** कंपनी इसे चला रही है। **गार्डन रीच वर्कशॉप** में देश के भीतर और तटीय भागों में मछुआरों के लिए माल लाने एवं ले जाने वाली नावें तथा छोटे जहाज और **मझगांव डॉक** में नाविक जहाज, माल ढोने वाली नावें बनायी जाती हैं। यहाँ अभी कुछ समय से फ्रिगेट किस्म के जहाज आदि बनाये जाने लगे हैं। **हिन्दुस्तान शिपयार्ड** (विशाखापट्टनम) में 4 बर्थें हैं, जहाँ 35,500 डी.डब्ल्यू.टी. भार वाले मालवाहक जहाज बनाए जा सकते हैं और एक छोटा बर्थ है, जहाँ नावें बनायी जाती हैं।

गोवा शिपयार्ड लिमिटेड के अन्तर्गत लांच और टग प्रभृति नावें बनायी जाती हैं तथा जहाजों की मरम्मत भी की जाती है। यहाँ सुरक्षा संबंधी पोत निर्माण कार्य भी होता है। **मझगांव डॉक** मुम्बई के पोताश्रय में है, जहाँ 2 शुष्क डॉक और 1 बर्थ है। यहाँ भारतीय नौसेना के फ्रिगेट किस्म के जहाज बनाये जाते हैं। **कोच्चि** में नया शिपयार्ड स्थापित किया गया है। इस शिपयार्ड में 85,000 डी.डब्ल्यू.टी. तक के जलयान बनाये जाते हैं। यहाँ विशाल जहाजों व टैंकरों की मरम्मत के लिए भी एक विशेष डॉक स्थापित किया गया है। यह देश का नवीनतम एवं सबसे बड़ा पोत प्रांगण है। वर्तमान में भारत जलयान निर्माण क्षेत्र में एशिया में जापान के बाद दूसरे स्थान पर है।

वायुयान निर्माण उद्योग

सर्वप्रथम सन् 1940 ई. में बंगलुरु में हिन्दुस्तान एयर क्राफ्ट लिमिटेड (HAL) नामक एक कंपनी स्थापित की गई। यह कंपनी बाद में सन् 1942 ई. में भारत सरकार द्वारा खरीद ली गई। कालान्तर में इसका नाम हिन्दुस्तान ऐरोनॉटिक्स लि. (HAL) रखा गया। इस कंपनी में वायुयान निर्माण, मरम्मत एवं सफाई के अलावा रेल के डिब्बे, बसों का ढाँचा तथा अन्य सामान भी निर्मित किया जाता है। हिन्दुस्तान एयर क्राफ्ट लिमिटेड की शाखाएँ देश के विभिन्न भागों में स्थापित की गई हैं, जो इस प्रकार हैं—

(i) नासिक शाखा – यहाँ विमान के ढांचे बनते हैं।

(ii) कोरापुट शाखा – यहाँ मिग विमान का इंजन बनता है।

(iii) हैदराबाद शाखा – यहाँ मिग विमान के इलेक्ट्रॉनिक उपकरण बनते हैं।

(iv) कानपुर शाखा – यहाँ एच.एस.-748 हवाई यान बनते हैं।

(v) लखनऊ शाखा – यहाँ वायुयान के उपकरण एवं औजार बनते हैं।

(vi) बंगलुरु शाखा – यहाँ हेलीकॉप्टर बनते हैं।

रासायनिक खाद (उर्वरक)

सबसे पहले **1906** में तमिलनाडु राज्य के **रानीपेट** नामक स्थान पर सुपर फास्फेट बनाने का पहला कारखाना खोला गया। दूसरा कारखाना 1939 ई. में कर्नाटक राज्य के **बेलागुला** नामक स्थान पर अमोनिया सल्फेट बनाने का कारखाना खोला गया। 1947 में केरल के **एल्वाय** में एक दूसरा कारखाना खोला गया। सन् 1951 में झारखण्ड के **सिन्दरी** में उर्वरक का एक आधुनिक कारखाना खोला गया। निजी एवं सार्वजनिक दोनों क्षेत्रों द्वारा इसके विकास में सक्रिय योगदान देने के कारण वर्तमान में वाराणसी, ट्राम्बे, नांगल, नामरूप, गोरखपुर, लिम्बाइट, नेवेली, बड़ोदरा, राउरकेला, भड़ौच, मंगलूर, हल्दिया, तूतीकोरिन, पारादीप इत्यादि स्थानों पर कारखाने स्थापित हुए। नाइट्रोजन खाद बनाने में भारत का विश्व में तीसरा स्थान है।

वर्तमान में दो-तिहाई से अधिक उत्पादन क्षमता सार्वजनिक क्षेत्र की इकाइयों में निहित है, जिनमें फर्टिलाइजर कॉर्पोरेशन ऑफ इण्डिया (एफसीआई), नेशनल फर्टिलाइजर लिमिटेड (एनएफएल), राष्ट्रय केमिकल्स एण्ड फर्टिलाइजर्स लिमिटेड (एफएसीटी), मद्रास फर्टिलाइजर्स लिमिटेड (एमईएल), पाराद्वीप फास्फेट लिमिटेड (पीपीएल), प्रोजेक्ट्स एण्ड डेवलपमेंट इण्डिया लिमिटेड (पीडीआईएल) सम्मिलित हैं। 1967 में गठित इण्डियन फार्मर्स कोऑपरेटिव लिमिटेड (इफको) तथा 1980 में गठित कृषक भारती कोऑपरेटिव लिमिटेड (कृभको) बहुराज्यीय सहकारी सोसाइटी है। इफको की छः इकाइयां हैं—कलोल एवं कांडला (गुजरात), फूलपुर एवं आंवला (उत्तर प्रदेश) में है। कृभको के गैस आधारित शाहजहाँपुर एवं जगदीशपुर (उत्तर प्रदेश) कारखाने में भी उत्पादन प्रारम्भ कर दिया गया है। इसके अतिरिक्त निजी क्षेत्र की उर्वरक इकाइयां कानपुर, वाराणसी, कोटा, बड़ौदा, विशाखापट्टनम, गोवा, मंगलौर, एन्नौर तथा तूतीकोरिन में कार्यरत हैं।

रसायन उद्योग

भारतीय रासायनिक उद्योग की औपचारिक शुरूआत 1901 में कोलकाता में एक फार्मास्युटिकल्स इकाई की स्थापना के साथ हुई थी। तब से लेकर आज तक इस उद्योग ने ऑर्गेनिक और गैर आर्गेनिक दोनों ही क्षेत्रों में अभूतपूर्व विकास किया है। आकार के आधार पर भारतीय रसायन उद्योग विश्व में बारहवें स्थान पर है। भारतीय रसायन उद्योग में लघु एवं वृहद् स्तर की इकाइयां दोनों शामिल हैं। भारत वृहद संख्या में उत्कृष्ट एवं विशेषीकृत रसायनों का भी उत्पादन करता है जिनका खाद्य संयोजक, चमड़ा रंगाई, बहुलक संयोजक रबर आदि में व्यापक प्रयोग होता है। सार्वजनिक क्षेत्र की दो इकाइयां रासायनिक क्षेत्र में हैं—हिन्दुस्तान आर्गेनिक केमिकल्स लिमिटेड (एचओसीएल) एवं हिन्दुस्तान इंसैक्टिसाइड्स लिमिटेड (एचआईएल)। एचओसीएल की स्थापना 1960 में महाराष्ट्र में हुई। इसका मुख्य उद्देश्य औषधियों, रंग-सामग्री, रबर, रसायन एवं लेमिनेट्स आदि के लिए आवश्यक रासायनिक पदार्थों का निर्माण करना है। कम्पनी की दो इकाइयां **रसायनी** (महाराष्ट्र) एवं **कोच्चि** (केरल) में है। कम्पनी ने पॉलीलेट्राफ्लोरोथाइलीन के निर्माण के लिए हिन्दुस्तान फ्लोरोकार्बन्स लिमिटेड नामक एक सहायक कंपनी प्रारम्भ की है। एचआईएल की स्थापना 1954 में की गई। इसकी तीन इकाइयां भटिंडा (पंजाब), उदगमंडलम (केरल) एवं रसायनी (महाराष्ट्र) में हैं। यह डीडीटी, मैलाथिऑन, एंडोसल्फान एवं देश में सर्वाधिक प्रयुक्त होने वाला कीटनाशक बूराक्लोर का उत्पादन करती है।

औषधि-निर्माण उद्योग

भारतीय औषधि-निर्माण उद्योग ने पिछले कुछ दशकों में काफी प्रगति की है। रसायन एवं पेट्रोरसायन विभाग के प्रशासनिक नियंत्रण में औषधि निर्माण उद्योग क्षेत्र में पाँच केन्द्रीय सार्वजनिक उद्यम एवं पाँच संयुक्त क्षेत्र के प्रतिष्ठान हैं। इसके अतिरिक्त पूर्ण स्वामित्व वाली दो इकाइयां हैं। कुछ इकाइयां निम्न हैं—

हिस्दुस्तान एंटीबायोटिक्स लिमिटेड (HAL)—इसकी स्थापना 1954 में पिंपरी पुणे में की गई थी। ड्रग्स एवं फार्मास्युटिकल्स के क्षेत्र में यह देश का पहला सार्वजनिक क्षेत्र का उपक्रम था। इसकी तीन संयुक्त क्षेत्र की इकाइयां भी हैं—कर्नाटक एंटीबायोटिक्स एण्ड फार्मास्युटिकल्स लिमिटेड (बंगलुरु), महाराष्ट्र एंटीबायोटिक्स एवं फार्मास्युटिकल्स लि. (नागपुर) तथा मणिपुर राज्य ड्रग्स एण्ड फार्मास्युटिकल्स लि. (इम्फाल)। कम्पनी पेनिसिलिन-जी, पेनिसिलिन के विभिन्न नमक एवं सिट्रप्टोमाइसिन उत्पादित करती है।

भारतीय औषधि एवं फार्मास्युटिकल्स लिमिटेड (IDPL)—इसकी स्थापना 5 अप्रैल, 1961 को हुई। इसकी तीन निर्माण इकाइयां ऋषिकेश, हैदराबाद एवं गुड़गांव में स्थित हैं। इसकी दो पूर्ण स्वामित्व वाली सहायक कम्पनियां हैं—आईडीपीएल लिमिटेड (तमिलनाडु) एवं बिहार ड्रग्स ऑर्गेनिक कैमिकल्स लिमिटेड, मुजफ्फरपुर (बिहार)।

पेट्रो रसायन उद्योग

पेट्रो रसायन पेट्रोलियम, प्राकृतिक गैस, नेप्था, एल्कोहल, कैल्शियम कार्बाइड के यौगिक तथा रसायन होते हैं जिनका प्रयोग सिन्थेटिक रेशों, प्लास्टिक, रंगने के पदार्थ, कीटनाशकों, सिन्थेटिक रबर, औषधि आदि बनाने में किया जाता है। देश में पेट्रो रसायन का पहला संयंत्र निजी क्षेत्र में यूनियन कार्बाइड इण्डिया लिमिटेड द्वारा ट्रम्बे में 1966 में तथा सार्वजनिक क्षेत्र का प्रथम कारखाना इण्डियन पेट्रोकेमिकल लिमिटेड बड़ोदरा में 1969 में स्थापित किया गया था। 2007 में पेट्रो रसायन पर राष्ट्रीय नीति बनायी गई। हल्दिया, कोयाली, बरौनी, जामनगर, औरया, गांधार, विशाखापट्टनम, तेनाघाट, मंगलौर और लुधियाना में पेट्रो रसायन कॉम्प्लेक्स स्थापित किए गए हैं। पेट्रो रसायन के उत्पादन में 58 प्रतिशत हिस्सा पॉलीमर्स का है। उदारीकरण की नीति और लाइसेन्स की समाप्ति के तहत् अमेरिका, जापान, ब्रिटेन आदि देशों की बहुराष्ट्रीय कम्पनियां भी भारत में इस क्षेत्र में निवेश हेतु उतरी हैं।

सीमेंट उद्योग

भारत में पहला सीमेंट कारखाना मद्रास में 1904 ई. में स्थापित हुआ। 1912-13 में मध्य प्रदेश के कटनी, राजस्थान के लाखेरी-बूंदी तथा गुजरात के पोरबंदर में सीमेंट की फैक्ट्रियां स्थापित की गईं।

भारत में विभिन्न प्रकार के सीमेंट का उत्पादन किया जाता है जिसमें साधारण पोर्टलैण्ड सीमेंट (OPC), पोर्टलैण्ड वोजोलाना सीमेंट (PPC), पोर्टलैण्ड फर्नेस स्लग सीमेंट (PBFC), सफेद सीमेंट आदि शामिल हैं। ए.सी.सी., लार्सन टूब्रो, बिड़ला समूह, जे.के. समूह, नर्मदा सीमेंट, इण्डिया सीमेंट आदि निजी क्षेत्र के कुछ बड़े समूह हैं। सार्वजनिक क्षेत्र में सीमेंट कॉर्पोरेशन ऑफ इण्डिया (CCI) सबसे बड़ी कम्पनी है।

कागज उद्योग

सर्वप्रथम 1832 ई. में सिरामपुर (प. बंगाल) में कागज कारखाना लगाया गया। इसके बाद 1867 ई. में हुगली नदी के किनारे बाली नामक स्थान पर एक अन्य कारखाना स्थापित हुआ। 1879 में लखनऊ तथा 1881 में टीटागढ़ में कारखाना खोला गया। एक टन कागज बनाने के लिए 2.7-3.0 टन सेलुलोज लुगदी, 1.5-2.0 टन कोयला, 0.97-1.25 टन रसायन, 1500-1800 kwh बिजली और 250-350 घन मीटर जल की आवश्यकता होती है। कच्चे माल की 70% गन्ने की खोई से, 5% मुलायम लकड़ी से तथा 3% चावल, गेहूँ व मक्के आदि के पुआल, रद्दी कागज, रद्दी कपड़े, यूकेलिप्टस व पोपनार के पौधे आदि से होती है। कागज उत्पादक शीर्ष राज्य हैं—आंध्र प्रदेश, महाराष्ट्र, पं. बंगाल तथा ओडिशा। पश्चिम बंगाल में पहले सर्वाधिक कागज कारखाने हुआ करते थे जिनमें टीटागढ़, नैहाटी, बांबोरिया आदि प्रमुख केन्द्र हैं। वर्तमान में महाराष्ट्र में सर्वाधिक कागज कारखाने हैं। नेपानगर (मध्य प्रदेश) में अखबारी कागज तथा होशंगाबाद में नोट छापने के कागज बनाने का सरकारी कारखाना है।

सूती वस्त्र उद्योग

सूती वस्त्र आधुनिक ढंग की पहली वस्त्र मिल सन् 1854 में कवास जी डावर द्वारा मुम्बई में स्थापित की गई। वर्तमान में देश में कुल 1,969 मिलें हैं। इस उद्योग में लगभग 12 लाख श्रमिकों को प्रत्यक्ष रोजगार मिला हुआ है।

देश में मुम्बई और अहमदाबाद दोनों मिलकर कुल उत्पादन का 90% उत्तम कपड़ा तथा 95% अति उत्तम कपड़ा तैयार करते हैं। भारत में 80% सूती वस्त्र उद्योग कपास उत्पादक राज्यों में स्थित है। शेष 20% पश्चिम बंगाल और उत्तर प्रदेश जैसे गैर कपास उत्पादक राज्यों में हैं। कानपुर को उत्तरी भारत का मानचेस्टर भी कहते हैं।

भारतीय अर्थव्यवस्था में वस्त्र उद्योग का कृषि के बाद दूसरा स्थान है। कृषि के बाद रोजगार प्रदान करने वाला यह दूसरा सबसे बड़ा उद्योग है। महाराष्ट्र 122 कारखानों के साथ देश का 12% कारखाना-निर्मित सूती धागा तथा 46.2% कारखाना निर्मित सूती वस्त्र तैयार करता है। **मुम्बई** देश का वृहत्तम सूती वस्त्रों का केन्द्र है, इसे भारत का **मानचेस्टर** कहा जाता है। गुजरात 120 कारखानों सहित देश का 7.5% सूती धागा तथा 26% कारखाना निर्मित वस्त्र तैयार करता है। **अहमदाबाद** को **'पूर्व का बोस्टन'** कहा जाता है। तमिलनाडु देश का 42.7% कारखाना निर्मित सूती धागे का उत्पादन करता है। **कोयम्बटूर** को **दक्षिण भारत का मानचेस्टर** की संज्ञा दी गई है।

रेशमी वस्त्र उद्योग

देश में रेशम तैयार करने तथा उसके कपड़े बनाने का कार्य करने वाले वर्तमान में 300 कारखाने हैं। देश में आधुनिक ढंग के कारखाने मुख्यत: जम्मू-कश्मीर, पंजाब, उत्तर प्रदेश, पश्चिम बंगाल, तमिलनाडु, कर्नाटक, गुजरात में केन्द्रित हैं। जम्मू-कश्मीर में 80 छोटे-छोटे कारखाने हैं। **श्रीनगर में रेशम का सबसे बड़ा कारखाना है।** ऊधमपुर, जम्मू, अनन्तनाग, श्रीनगर, बारामूला तथा रियांसी प्रमुख केन्द्र हैं। रेशम के अन्य मुख्य केन्द्र पंजाब में अमृतसर, गुरुदासपुर, होशियारपुर, लुधियाना; उत्तर प्रदेश में वाराणसी, मिर्जापुर, प्रतापगढ़, शाहजहाँपुर; पश्चिम बंगाल में बांकुड़ा, मुर्शिदाबाद, विष्णुपुर, हावड़ा, चौबीस परगना, बहरामपुर; तमिलनाडु में सलेम, तंजौर, कांजीवरम, तिरुचिरापल्ली, कोयम्बटूर; गुजरात में अहमदाबाद, सूरत, भावनगर, पोरबन्दर; कर्नाटक में बंगलौर, बेलगांव, मैसूर, मंगलौर, कोलार, चन्नपट्टना; बिहार में भागलपुर, गया, पटना; आन्ध्र प्रदेश में करीमनगर, चित्तूर, वारंगल, विशाखापट्टनम, अनन्तपुरम हैं। देश के शीर्ष रेशम उत्पादक राज्य हैं क्रमश: कर्नाटक, आंध्र प्रदेश, पश्चिम बंगाल, तमिलनाडु आदि।

ऊनी वस्त्र उद्योग

1876 में कानपुर में तथा 1883 ई. में धारीवाल में तथा मंगलौर में ऊनी मिल की स्थापना के साथ ही आधुनिक ऊनी वस्त्र उद्योग की शुरूआत हुई। इस उद्योग का वास्तविक विकास 1950 ई. के बाद हुआ। वर्तमान में 928 ऊन इकाइयां हैं। भारत में 1400 से अधिक होजरी का सामान तैयार करने वाली तथा 155 से अधिक ऊनी धागा बनाने वाली इकाइयां कार्यरत हैं। **पंजाब, महाराष्ट्र** और **उत्तर प्रदेश ऊनी वस्तुओं के प्रमुख उत्पादक राज्य हैं।** इन राज्यों के बाद गुजरात, कर्नाटक, पश्चिम बंगाल और जम्मू-कश्मीर का स्थान आता है। देश की लगभग 50% मिलें पंजाब में हैं। इस राज्य के अमृतसर, लुधियाना, गुरुदासपुर जिले ऊन उत्पादन के लिए विशेष उल्लेखनीय हैं।

देश में श्रेष्ठकोटि के ऊनी कपड़े बनाने के केन्द्र थाणे, कोलकाता, अमृतसर, पानीपत, भागलपुर, इलाहाबाद, बड़ोदरा, खरड़, चेन्नई, बरेली इत्यादि हैं। पंजाब और हरियाणा ऊनी होजरी के लिए विशेष रूप से महत्त्वपूर्ण हैं। पं. बंगाल, उत्तर प्रदेश, महाराष्ट्र और दिल्ली में भी होजरी के सामान बनाए जाते हैं। कर्नाटक, राजस्थान, तमिलनाडु में भी कुटीर उद्योग के रूप में होजरी का विकास हो रहा है।

चीनी उद्योग

वर्तमान समय में देश में चीनी मिलों की संख्या 654 है। भारत में चीनी उद्योग की स्थापना वहीं हुई है, जहाँ गन्ना क्षेत्र पाए जाते हैं। ये पाँच क्षेत्र हैं—1. उत्तरी भारत, 2. गुजरात, महाराष्ट्र, कर्नाटक क्षेत्र, 3. कावेरी बेसिन, 4. तटीय आन्ध्र प्रदेश, 5. हुगली बेसिन। भारत चीनी का सबसे बड़ा उपभोक्ता तथा ब्राजील के बाद दूसरा सबसे बड़ा उत्पादक देश है जिसका विश्व के चीनी उत्पादन में 15% से अधिक का हिस्सा है। भारत में सबसे पहले बेतिया (बिहार) में 1840 में चीनी मिल लगाया गया। देश में महाराष्ट्र में चीनी की सर्वाधिक मिलें स्थित हैं। देश में चीनी उत्पादक शीर्ष राज्य क्रमश: उत्तर प्रदेश, महाराष्ट्र, तमिलनाडु तथा कर्नाटक हैं। भारत में वस्त्र उद्योग के बाद चीनी उद्योग दूसरा सबसे बड़ा कृषि आधारित उद्योग है।

पटसन उद्योग

सर्वप्रथम 1859 में कोलकाता के निकट रिसरा में हुगली नदी के किनारे एक जूट मिल की स्थापना हुई। विभाजन के बाद पटसन उत्पादन केन्द्र तो बांग्लादेश में चला गया, किंतु इसके कारखाने भारत में रह गए। परिणामस्वरूप कच्चे माल की कमी के कारण कई कारखाने बंद हो गए। स्वतंत्रता पश्चात् इस उद्योग को बढ़ावा दिया गया। फलस्वरूप कारखानों के क्षेत्र तथा संख्या में वृद्धि हुई।

देश में 77 पटसन मिलें हैं, जिनमें पश्चिम बंगाल में 60, बिहार एवं उत्तर प्रदेश में 3-3, आंध्र प्रदेश में 7 तथा असम, ओडिशा, त्रिपुरा, मध्य प्रदेश में 1-1 हैं। विश्व में भारत पटसन से बनी वस्तुओं के सबसे बड़ा उत्पादक तथा दूसरा बड़ा निर्यातक देश है। इस क्षेत्र में चालीस लाख कृषक परिवारों को रोजगार मिलता है। यह उद्योग कुल उत्पादन का 62% जूट के बोरे के रूप में, 20% टाट तथा शेष गलीचों एवं अन्य वस्तुओं के रूप में उत्पादित करता है। जूट उत्पादक प्रमुख राज्य हैं—पश्चिम बंगाल (14%)। मुख्य केन्द्र-बाली, रिसरा, सिरामपुर, बज-बज, सकिया, आंध्र प्रदेश (10%), मुख्य केन्द्र-गुन्टूर, ओंगले, इलेरू, नेल्लीमोरला, उ.प्र., बिहार इत्यादि।

भारत के प्रमुख औद्योगिक प्रदेश

भारत में उद्योगों का वितरण एक समान रूप से नहीं हुआ है। अनुकूल परिस्थितियों के अनुसार इनका संकेन्द्रण विशिष्ट क्षेत्रों में हुआ है।

भारत के प्रमुख औद्योगिक प्रदेश

औद्योगिक प्रदेश

1. कोलकाता-हुगली प्रदेश
2. राउरकेला, जमशेदपुर, आसनसोल प्रदेश
3. भिलाई-जबलपुर-बिलासपुर प्रदेश

4. मुम्बई, पुणे, शोलापुर
5. अहमदाबाद, बड़ोदरा
6. दिल्ली, गाजियाबाद, मेरठ
7. अमृतसर, अम्बाला
8. मदुरै, कोयम्बटूर
9. चेन्नई, बंगलुरु

क्षेत्र

हल्दिया, सिरामपुर, रिसरा, हावड़ा, कोलकाता, शिवपुरी, नैहाटी, टीटागढ़, सादरपुर, बिरलापुर, बांस-बेरिया

जमशेदपुर, राउरकेला, दुर्गापुर, बोकारो, आसनसोल, बर्नपुर, कुल्टी

भिलाई, जबलपुर क्षेत्र

मुम्बई से शोलापुर के मध्य (वृहत् मुम्बई, न्यू मुम्बई, पुणे, अहमदनगर, किर्लोस्करवाड़ी, सतारा, शोलापुर आदि

अहमदाबाद से कोयली तक, अहमदाबाद, नडियाद, गोधरा, भरूच, बड़ोदरा, सूरत, कोयली

गुड़गांव, दिल्ली, शाहदरा, फरीदाबाद, मोदीनगर, मुरादनगर, पंजाब, हरियाणा

तमिलनाडु चेन्नई से बंगलुरु के बीच

प्रमुख उद्योग

डीजल तथा विद्युत इंजन, मोटरगाड़ियां, पेट्रो-रसायन, जूट, कागज, सिले-सिलाए वस्त्र

डीजल तथा विद्युत रेलवे इंजन, भारी इंजीनियरिंग उद्योग, रसायन, खाद का कारखाना

इस्पात उद्योग, भारी इंजीनियरिंग सामान, वस्त्र उद्योग, सीमेंट उद्योग, लकड़ी चिराई आदि।

सूती ऊनी, रेशमी वस्त्र, कांच, सीमेंट, रासायनिक खाद, दवाईयाँ आदि

वस्त्र उद्योग, पेट्रो-रसायन, रासायनिक पदार्थ, सीमेंट, इंजीनियरिंग सामान, डेयरी उद्योग

इलेक्ट्रॉनिक्स, सॉफ्टवेयर, होजरी, रसायन

होजरी, भारी और हल्के इन्जीनियरिंग सामान, पम्पिंग सेट, रेलवे उपकरण आदि।

वस्त्र उद्योग, इंजीनियरिंग सामान

वस्त्र उद्योग, इलेक्ट्रॉनिक्स आदि।

ऊर्जा संसाधन

ऊर्जा को दो वर्गों-परम्परागत एवं गैर-परम्परागत ऊर्जा में विभाजित करते हैं। परम्परागत के अन्तर्गत कोयला, पेट्रोलियम, प्राकृतिक गैस एवं विद्युत को शामिल करते हैं जबकि गैर परम्परागत के अन्तर्गत सौर, पवन ज्वारीय, भूतापीय एवं बायोगैस ऊर्जा आदि को शामिल किया जाता है।

कोयला

कोयला एक ज्वलनशील जैविक ईंधन है, जो देश में विकसित ऊर्जा संसाधनों में सबसे अधिक महत्त्वपूर्ण है। कोयला वास्तव में आधुनिक भौतिक सभ्यता का प्रमुख संसाधन है। भारत में कोयला उत्पादक शीर्ष राज्य हैं—छत्तीसगढ़, ओडिशा, झारखण्ड, मध्य प्रदेश तथा आंध्र प्रदेश। भारत में मुख्य रूप से दो युगों में कोयले का निर्माण हुआ है—गोंडवाना तथा टर्शियरी युग में।

गोंडवाना युगीन कोयला—प्रायद्वीपीय भारत में इस युग के कोयले की प्रधानता मिलती है। भारत का लगभग 98% कोयला इस युग से संबंधित है।

इसका प्रमुख भंडार रानीगंज क्षेत्र **(पश्चिम बंगाल)** झरिया, गिरिडीह, बोकारो, करनपुरा **(झारखण्ड)** सिंगरौली, कोरबा, तलचर, रामपुर, बन्देर, सिंगरैनी **(मध्य प्रदेश)**।

टर्शियरी युगीन कोयला—इयोसीन युग से लेकर प्लायोसीन युग तक निर्मित चट्टानों में टर्शियरी युगीन कोयला मिलता है। इस युग का कोयला मुख्य रूप से हिमालय प्रदेश में मिलता है। यह लिग्नाइट प्रकार का कोयला होता है, जो ताप विद्युत, कृत्रिम तेल आदि बनाने के लिए प्रयुक्त होता है।

इसका प्रमुख भण्डार अरुणाचल प्रदेश, असोम, गुजरात के कच्छ, केरल, जम्मू एवं कश्मीर, नागालैण्ड, तमिलनाडु, सिक्किम, उत्तर प्रदेश, राजस्थान एवं पश्चिम बंगाल के दार्जिलिंग जिला में पाया जाता है।

भारत का अधिकांश कोयला गैर कोकिंग है जो धातुकर्मीय उद्योगों (लौह-इस्पात उद्योग) के अनुपयुक्त है। इसमें 20-35% राख तथा निम्न सल्फर अंश पाया जाता है। टर्शियरी कोयला में कम राख लेकिन अधिक सल्फर (2-7%) पाया जाता है।

कोयले के प्रकार

कोयला चार प्रकार का होता है—

एन्थ्रेसाइट कोयला— यह सबसे उत्तम किस्म का कोयला होता है। इसमें जल की मात्रा 2% से 6% तक, वाष्पीकरण की मात्रा 86% से 95% तक तथा कार्बन की मात्रा 80% से 90% तक होती है। यह जलते समय धुआँ नहीं देता तथा इससे अधिक ऊष्मा मिलती है। इसकी लौ नीले रंग की होती है।

बिटूमिनस कोयला—यह द्वितीय कोटि का कोयला है। **भारत के गोंडवाना चट्टानों में इस श्रेणी का कोयला मिलता है।** इसमें कार्बन की मात्रा 75% से 80% तक तथा जल एवं वाष्पीय मात्रा 25% से 30% तक मिलती है।

लिग्नाइट (भूरा कोयला)—इस प्रकार के कोयले में कार्बन की मात्रा 50% से कम पाई जाती है। इसमें जल की मात्रा 30 से 55% तक तथा वाष्पीय पदार्थ की मात्रा 35% से 50% तक मिलती है। यह कोयला अच्छी किस्म का नहीं होता है। कार्बन की मात्रा कम होने के कारण यह भूरा दिखाई देता है। यह जलते समय काफी धुआँ देता है।

पीट कोयला—यह कोयले का प्रारम्भिक रूप है। यह जली हुई लकड़ी के रूप में मिलता है। इस कोयले में आर्द्रता की मात्रा 80% तक पाई जाती है। इसका उपयोग मुख्यत: जलाने या खाद बनाने में किया जाता है।

वितरण—कोयला का उत्पादन **झारखण्ड** में झरिया, बोकारो, गिरिडीह, करनपुरा, रामगढ़, देवगढ़, राजमहल, औरंगा, हुनार एवं डाल्टनगंज, **पश्चिम बंगाल** में रानीगंज, वर्धमान एवं वीरभूम **ओडिशा** में ढेंकानल, संबलपुर एवं लालचिर **छत्तीसगढ़** में सरगुजा के तातापानी, रामकेला, चिरमिरी, बिसरामपुर, सोनहट, कोरियागढ़ एवं रामपुर में, **बिलासपुर** के कोरबा, सेन्दुरगढ़ में, रायगढ़ के मंद नदी एवं रायगढ़ में **मध्य प्रदेश** में सिंगरैली, उमरिया, कोरार, सोहागपुर, शहडोल, छिंदवाड़ा एवं बेतूल, **आन्ध्र प्रदेश** में सिंगरैनी, अन्तरगांव, कोंडिका पहार, धंतियामपल्ली, सस्ती, भुगोनपुरा, मोर, तंदूर एवं तातापल्ली **महाराष्ट्र** में चन्द्रपुर, कम्पटी, बल्लारपुर एवं यक्तमाल में होता है।

लिग्नाइट कोयले का जमाव **तमिलनाडु** के दक्षिण अर्काट जिले के नेवेली क्षेत्र में मुख्य रूप से है। इसके अलावा जम्मू एवं कश्मीर, राजस्थान, केरल, गुजरात, पश्चिम बंगाल एवं पुदुचेरी में भी लिग्नाइट कोयलो का जमाव पाया जाता है।

खनिज तेल

खनिज तेल पृथ्वी से प्राप्त होने वाला हाइड्रोजन एवं कार्बन का मिश्रण है। इसका रंग हरा, भूरा, पीला, तरल, गाढ़ा, मोम की तरह ठोस या गैसीय रूप में होता है। इसमें विभिन्न मात्रा में गंधकीय तत्वों जैसी अशुद्धियाँ मिली रहती हैं। कार्बनिक सिद्धांत के अनुसार खनिज तेल का निर्माण वनस्पतियों तथा जीव-जन्तुओं के सड़ने-गलने से होता है। भूगर्भिक दृष्टि से खनिज तेल का सम्बन्ध टर्शियरी युग की जलज चट्टनों से लगाया जाता है। 1956 में तेल एवं प्राकृतिक गैस आयोग की स्थापना हुई। सन् 1860 में असम रेलवे ट्रेडिंग कंपनी मार्ध रीटा में (डिगबोई क्षेत्र) रेल की पटरियाँ बिछाने का

कार्य करने के दौरान ऊपरी असम में खनिज तेल का पता चला। इसका वास्तविक उत्पादन 1890 ई. में डिगबोई क्षेत्र में प्रारम्भ हुआ। स्वतंत्रता प्राप्ति के बाद सर्वप्रथम सन् 1953 ई. में नहर कटिया में तेल निकालना प्रारम्भ हुआ।

वितरण—भारत में खनिज तेल सन् 1960 ई. तक केवल असोम राज्य से प्राप्त होता था। 1975 ई. तक भारत के स्थलीय भागों से खनिज तेल निकाला जाता था, किन्तु 1976 ई. में अरब सागर के अपतटीय क्षेत्र बॉम्बे हाई से खनिज तेल निकाला जाने लगा। यहाँ से देश के कुल उत्पादन का 58% खनिज तेल का उत्पादन किया जाता है। वर्तमान में भारत में चार उत्पादक क्षेत्र हैं—

1. उत्तर-पूर्वी क्षेत्र
2. पश्चिमी क्षेत्र
3. पश्चिमी अपतटीय क्षेत्र
4. दक्षिणी क्षेत्र

उत्तर-पूर्वी क्षेत्र—डिग्बोई, नहरकटिया तेल क्षेत्र, मोरान-हुगरीजन, सुरमा घाटी तेल क्षेत्र, रुद्र सागर लकवा क्षेत्र।

पश्चिमी क्षेत्र—अंकलेश्वर, खम्भात तथा लुनेज क्षेत्र, अहमदाबाद-कालोल क्षेत्र।

पश्चिमी अपतटीय क्षेत्र—मुम्बई हाई, बसीन एवं अलियाबेट तेल क्षेत्र।

दक्षिणी क्षेत्र—गोदावरी-कृष्णा बेसिन क्षेत्र, कावेरी बेसिन तेल क्षेत्र।

खनिज तेल शोधन

प्राकृतिक रूप से खनिज तेल कच्चे रूप में पाया जाता है। इसमें अनेक प्रकार के पदार्थ मिले रहते हैं। इन्हें खनिज तेल से अलग करना पड़ता है। इस कार्य के लिए शोधनशालाओं की स्थापना की गई है। भारत में इस समय 22 तेल शोधनशालाएं हैं, जिनमें 17 सार्वजनिक क्षेत्र में, 3 निजी क्षेत्र और 2 ज्वाइंट वेंचर के अन्तर्गत स्थापित हैं।

भारत के तेल शोधक कारखाने

क्र.सं.	तेलशोधक कारखाने	राज्य
1.	गुवाहाटी (IOCL)	असोम
2.	बरौनी (IOCL)	बिहार
3.	क्वाली बदोदरा (IOCL)	गुजरात
4.	हल्दिया (IOCL)	प. बंगाल
5.	मथुरा (IOCL)	उत्तर प्रदेश
6.	दिग्बोई (IOCL)	असोम
7.	पानीपत (IOCL)	हरियाणा
8.	बोन्गाई गांव (IOCL)	असोम
9.	मुम्बई (HPCL)	महाराष्ट्र
10.	विशाखापट्टनम (HPCL)	आंध्र प्रदेश
11.	कोच्चि (BPCL)	केरल
12.	मुम्बई (BPCL)	महाराष्ट्र
13.	मनाली (CPCL) चेन्नई पेट्रोलियम कॉर्पोरेशन लिमिटेड	तमिलनाडु
14.	नागापट्टनम (CPCL)	तमिलनाडु
15.	नूमालीगढ़ रिफाइनरी लिमिटेड नूमालीगढ़ (NRL)	हरियाणा
16.	मंगलौर रिफायनरी एण्ड पेट्रोकेमिकल्स लिमिटेड (MRPL)	कर्नाटक
17.	तातीपाका रिफाइनरी, (ONGC)	आंध्र प्रदेश
18.	भारत पेट्रोलियम कॉर्परेशन लि. एवं ओमान तेल कम्पनी (ज्वाइंट वैंचर), बीना	मध्य प्रदेश
19.	जामनगर (RIL) प्राइवेट सेक्टर	गुजरात
20.	जामनगर (RPL) प्राइवेट सेक्टर	गुजरात
21.	ऐस्सार ऑयल लिमिटेड जामनगर (प्राइवेट सेक्टर)	जामनगर
22.	HPCL एवं अर्सेलर मित्तल समूह	पंजाब

प्राकृतिक गैस

वर्तमान में पेट्रोलियम तथा कोयले के स्थान पर गैस के उपयोग में तेजी से वृद्धि हुई है। अत्यधिक ज्वलनशील, गंध एवं कालिख रहित तथा उत्पादन एवं वितरण में कम खर्च होने के कारण इसके उपयोग में वृद्धि होती जा रही है। यह जिस रूप में प्राप्त होती है, उसी रूप में इसका उपयोग किया जा सकता है। यह प्राय: कच्चे तेल के साथ पाई जाती है। प्राकृतिक गैस के भण्डार का पता तेल व प्राकृतिक गैस कॉर्पोरेशन (ONGC) तथा ऑयल इंडिया लिमिटेड (OIL) लगाती हैं।

संचित राशि

प्राकृतिक गैस के संचित भण्डार का आकलन तेल एवं प्राकृतिक गैस आयोग (ONGC) तथा ऑयल इण्डिया लिमिटेड (OIL) द्वारा किया जाता है। प्राकृतिक गैस अधिकांशत: तेल भण्डार के ऊपर स्थित होता है तथा तेल कूप वेधन के समय बाहर निकलता है। इसका कुल भण्डार 1330 बिलियन क्यूबिक मीटर है। यह बम्बई हाई, गुजरात में अंकलेश्वर एवं खम्भात की खाड़ी, असोम, आन्ध्र प्रदेश, गोदावरी एवं कृष्णा बेसिन, तमिलनाडु में तंजावुर एवं शिंगलपेट, हिमाचल प्रदेश में कांगड़ा, राजस्थान में बाड़मेर तथा पंजाब में फिरोजपुर में पाया जाता है।

तापीय विद्युत

तापीय विद्युत का उत्पादन कोयला, डीजल तथा प्राकृतिक गैस का उपयोग करके किया जाता है। वर्तमान में यह भारत में ऊर्जा का प्रमुख स्रोत है। देश में वर्ष 2015 में तापीय विद्युत की स्थापित क्षमता 1,80,361.89 (69.72 प्रतिशत) मेगावाट थी। ताप विद्युत को प्रोत्साहन देने के लिए 1975 में राष्ट्रीय ताप विद्युत निगम की स्थापना की गई जिसके उपरांत ताप विद्युत की भागीदारी तीव्र गति से बढ़ी। इस समय एनटीपीसी कोयले पर आधारित 13 ताप विद्युत योजनाओं तथा 7 गैस/डीजल आदि चलित बिजली संयंत्रों का संचालन कर रहा है। वर्तमान में एनटीपीसी 17930 मेगावाट क्षमता की 18 विद्युत परियोजनाओं का क्रियान्वयन कर रही है। इसकी स्थापित क्षमता 30,644 मेगावाट है। देश में शीर्ष ताप विद्युत उत्पादक राज्य क्रमश: महाराष्ट्र, गुजरात, उत्तर प्रदेश, पश्चिम बंगाल, मध्य प्रदेश तथा छत्तीसगढ़ हैं जबकि शीर्ष ताप विद्युत स्थापित क्षमता वाले राज्य भी उपरोक्त राज्य ही हैं।

जल विद्युत

कोयला एवं खनिज तेल के पश्चात् जल विद्युत भारत का तीसरा महत्त्वपूर्ण ऊर्जा स्रोत है। भारत में पहला जल विद्युत शक्ति गृह 1898 में दार्जिलिंग में स्थापित किया गया था। इसकी उत्पादन क्षमता 20 किलोवाट थी। 1902 में कर्नाटक में कावेरी नदी के जल प्रपात शिवसमुद्रम् पर 4,200 किलोवाट शक्ति वाला शक्ति उत्पादक यंत्र लगाया गया।

संभावित जलविद्युत का अनुमान

(नदी बेसिन पर आधारित)

60 प्रतिशत लोडफैक्टर पर संभावित

(हजार मेगावॉट में)

बेसिन	संभावित क्षमता	सम्पूर्ण का प्रतिशत
सिंधु	20.0	23.8
ब्रह्मपुत्र	35.0	41.7
गंगा	11.00	13.1

मध्य भारत की नदी बेसिन	3.0	3.6
प्रायद्वीप भारत के पश्चिमी प्रवाह की नदियां	6.0	7.1
प्रायद्वीपीय भारत के पूर्वी प्रवाह की नदियां	9.0	10.7
कुल	**84.0**	**100.00**

1951 के बाद से जल विद्युत में तेजी से वृद्धि हुई। वर्ष 2015 तक 40,867.43 मेगावाट जल विद्युत की उत्पादन क्षमता हो गई। भारत के शीर्ष जल विद्युत उत्पादक राज्य क्रमशः कर्नाटक, पंजाब, आंध्र प्रदेश, केरल तथा महाराष्ट्र हैं जबकि भारत के शीर्ष जल शक्ति स्थापना क्षमता वाले राज्य क्रमशः आंध्र प्रदेश, कर्नाटक, महाराष्ट्र, तमिलनाडु तथा पंजाब हैं।

भारत में जल शक्ति के तीन क्षेत्र पाए जाते हैं—

1. जल-विद्युत का सबसे महत्त्वपूर्ण क्षेत्र हिमालय पर्वत के सहारे पश्चिम में कश्मीर से पूर्व में असोम के पहाड़ी क्षेत्रों तक फैला है।

2. दूसरा विशाल क्षेत्र दक्षिणी प्रायद्वीप की पश्चिमी सीमा के सहारे महाराष्ट्र राज्य से होकर केरल, कर्नाटक और तमिलनाडु तक फैला है।

3. तीसरा विस्तृत जल विद्युत शक्ति का क्षेत्र मध्य प्रदेश का क्षेत्र है, जो सतपुड़ा, विन्ध्याचल, महादेव और मैकाल की पहाड़ियों के सहारे पश्चिम से पूर्व की ओर फैला है।

परमाणु ऊर्जा

परमाणु ऊर्जा को रेडियोधर्मी परमाणुओं के विखण्डन से प्राप्त किया जाता है। आण्विक विखण्डन काफी जटिल एवं खर्चीली पड़ती है, फिर भी इससे प्राप्त बिजली काफी सस्ती पड़ती है। इसका कारण यह है कि 1 किग्रा यूरेनियम से उतनी ही विद्युत पैदा की जा सकती है, जितनी 20-25 लाख किग्रा कोयले से। यह स्वच्छ, सुविधाजनक तथा परम शक्तिशाली ऊर्जा संसाधन है। भारत में परमाणु ऊर्जा का विकास अभी बहुत कम हुआ है। यहाँ कुल ऊर्जा विकास का मात्र 2.23% परमाणु ऊर्जा से संबंधित है। भारत में ऊर्जा की निरंतर बढ़ती माँग के कारण परमाणु ऊर्जा स्रोत का विकास अपरिहार्य हो गया है। इसके लिए 3 अगस्त, 1954 को परमाणु ऊर्जा विभाग की स्थापना की गई। **भारत के नाभिकीय** ऊर्जा कार्यक्रम के तहत् कुल 21 रिएक्टर सक्रिय हैं, जिनकी कुल स्थापित परमाणु शक्ति क्षमता 5780 मेगावाट तक पहुँच गई है।

भारत के परमाणु ऊर्जा केन्द्र

क्र.सं.	ऊर्जा केन्द्र	राज्य
1.	तारापुर	महाराष्ट्र
2.	रावतभाटा	राजस्थान
3.	कलपक्कमे	तमिलनाडु
4.	नरौरा	उत्तर प्रदेश
5.	काकरपारा	गुजरात
6.	कैगा	कर्नाटक
7.	कुडनकुलम	तमिलनाडु

गैर-परम्परागत ऊर्जा

गैर-परम्परागत ऊर्जा को पुनरुपयोगी ऊर्जा, वैकल्पिक ऊर्जा या नव्य ऊर्जा भी कहा जाता है। पारम्परिक ऊर्जा स्रोतों के सीमित भण्डार तथा तेजी से हो रहे उनके उपयोग ने मानव को नये विकल्पों की खोज के लिए विवश कर दिया है। अब सूर्य, वायु, समुद्री तरंग, भू-ताप, बायोमास तथा बायोगैस से ऊर्जा प्राप्त करने की तकनीक विकसित की जा रही है। ऊर्जा के ये स्रोत गैर-पाम्परिक ऊर्जा स्रोत कहलाते हैं। इन ऊर्जा स्रोतों की प्रमुख विशेषता यह है कि ये स्रोत नव्यकरणीय अथवा असमाप्य हैं। ये पर्यावरण सुरक्षा की दृष्टि से हानिकारक भी नहीं हैं। गैर-पाम्परिक ऊर्जा स्रोत के प्रयोग की तकनीक अभी पूर्ण विकसित अवस्था में नहीं है। गैर-परंपरागत ऊर्जा स्रोत मंत्रालय का गठन 1992 में किया गया। यह पुनरूपयोगी ऊर्जा से सम्बद्ध सभी मामलों के लिए भारत सरकार की केन्द्रीय एजेंसी है।

बायोगैस ऊर्जा

गोबर, कूड़ा-करकट एवं मानव मल से 'बायोगैस' का विकास किया गया है।1981-82 में राष्ट्रीय बायोगैस परियोजना बनायी गई थी। इसका उद्देश्य गांवों में स्वच्छ व सस्ते ऊर्जा स्रोत उपलब्ध करवाना, समृद्ध जैविक खाद्य तैयार करना, सफाई व स्वच्छता की स्थिति सुधारना तथा स्त्रियों को उबाऊ काम से मुक्ति दिलवाना है। बायोगैस कार्यक्रम, राज्य सरकारों और केन्द्रशासित प्रदेशों के प्रशासनों, राज्य के निगमित व पंजीकृत निकायों, के.वी.आई.सी. द्वारा चलाया जाता है। गैर-सरकारी संगठन भी इस कार्यक्रम के कार्यान्वयन में सहयोग देते हैं।

बायोमास ऊर्जा

बायोमास ऊर्जा पर राष्ट्रीय कार्यक्रम का उद्देश्य विविध प्रकार की बायोमास सामग्री का अधिकतम उपयोग करना है। इनमें वन और कृषि उद्योग आधारित अवशिष्ट, ऊर्जा समर्पित वृक्षारोपण के अलावा दक्ष और आधुनिक तकनीकी परिवर्तन के माध्यम से वन और कृषि अवशिष्टों से ऊर्जा उत्पादन शामिल है। इन तकनीकों में दहन या भट्टी में डालना, गैसीकरण आदि शामिल हैं। इनके लिए गैस/भाप टरबाइन, दोहरा ईंधन इंजन/गैस इंजन या इनका मिश्रण, जिनका उपयोग सिर्फ बिजली उत्पादन या ऊर्जा के एक से अधिक प्रकारों के सह उत्पादन के लिए और एक मेगावाट ऊर्जा क्षमता वाले ग्रिड के लिए किया जाता है।

पवन ऊर्जा

भारत में कम-से-कम 45,000 मेगावाट की पवन ऊर्जा की क्षमता आंकी गई है। पवन ऊर्जा कार्यक्रम को मजबूत करने के लिए केन्द्र सरकार पवन संसाधन आकलन कार्यक्रम चला रही है। पवन ऊर्जा परियोजनाओं के लिए 208 केन्द्रों की पहचान की गई है, जो इसके लिए उपयुक्त हो सकते हैं।

गैर-पारंपरिक ऊर्जा स्रोत मंत्रालय के सचिव की अध्यक्षता में एक शीर्षस्थ निकाय के रूप में राष्ट्रीय जैव-ऊर्जा बोर्ड (एन.बी.बी.) गठित किया गया है, जो यू.एन.डी.पी./जी.ई.एफ. से सहायता प्राप्त परियोजना उच्च गति की बॉयोमिथेनेशन प्रक्रियाओं के विकास के क्रियान्वयन के लिए नीतिगत मार्गदर्शन और निर्देशन करने तथा देश में जैव ऊर्जा विकास के लिए काम करता है। पवन ऊर्जा उत्तर-पश्चिम भारत, मध्य भारत तथा तटीय भारत में एक महत्त्वपूर्ण ऊर्जा स्रोत बन सकता है। शीर्ष पवन ऊर्जा उत्पादक राज्य क्रमशः तमिलनाडु, महाराष्ट्र, कर्नाटक, राजस्थान, गुजरात हैं।

सौर ऊर्जा

प्रति वर्ग किलोमीटर इलाके में 20 मेगावॉट सौर बिजली का उत्पादन किया जा सकता है। इस समय सौर ऊर्जा को दो भिन्न माध्यमों से प्रयोग में लाया जा रहा है—सौर तापीय माध्यम एवं सौर फोटोवोल्टेइक माध्यम देश में ही किए गए अनुसंधान एवं विकास के आधार पर सेलों और पैनलों के निर्माण की प्रौद्योगिकी का विकास एवं व्यावसायीकरण किया गया है। लगभग 23 मेगावॉट के मॉड्यूल उत्पादन का स्तर हासिल कर लिया गया है जो विश्व उत्पादन का 5 प्रतिशत है। सौर सेल, मॉड्यूल व प्रणालियों के उत्पादन में 50 से अधिक कंपनियां लगी हुई हैं। सौर कुकर एवं सौर जल तापक जैसी सौर तापीय प्रणालियों के स्थानीय उत्पादन में सौ से अधिक कंपनियां शामिल हैं।

सौर ताप यंत्रों का प्रयोग पानी गरम करने, घरों को गरम रखने, खाना पकाने, सुखाने, पानी को लवणमुक्त करने, औद्योगिक ताप प्रक्रिया, औद्योगिक तथा विद्युत उत्पादन उपयोगों के लिए वाष्प उत्पन्न करने और रेफ्रीजरेशन प्रणालियों के परिचालन आदि के लिए किया जाता है। इन यंत्रों को तीन श्रेणियों में बाँटा गया है—100 डिग्री से. तापमान तक गरम करने वाले निम्न ग्रेड यंत्र, 100 डिग्री से. से 300 डिग्री से. तक मध्यम ग्रेड के सौर ताप यंत्र तथा 300 डिग्री से. से अधिक के लिए उच्च तापमान के सौर तापमान यंत्र। सौर संकेन्द्रकों और सही डिजाइन वाले रिसीवरों की मदद से सौर ऊर्जा के उपयोग से 1000 डिग्री से. तक के तापमान पर वाष्प उत्पन्न किया जा सकता है।

महासागरीय ऊर्जा

ज्वारीय तरंगें तथा सागरीय तरंगें महासागरीय ऊर्जा के प्रमुख स्रोत हैं। ज्वार के उठने और गिरने से संचालित यंत्रों से विद्युत ऊर्जा उत्पन्न की जाती है। भारत की एक लम्बी तट रेखा है लेकिन सागरीय ऊर्जा का उत्पादन अत्यंत सीमित है। खंभात की खाड़ी, कच्छ की खाड़ी तथा हुगली एश्चुअरी इस ऊर्जा के उत्पादन के लिए उपयुक्त क्षेत्र हैं। भारत में तट रेखा के सहारे कुल 40,000 मेगावाट लहर विद्युत उत्पादन की संभावना है। भारत का **प्रथम समुद्री तरंग विद्युत संयंत्र विझिंगम (तिरुवनंतपुरम)** में लगाया गया है जो सागरीय तरंगों से 150 मेगावाट विद्युत उत्पन्न करता है। समुद्र का जल ओटेक ऊर्जा (Ocean Thermal Energy Conversion-OTEC) का अक्षय ऊर्जा स्रोत है। लक्षद्वीप तथा अण्डमान निकोबार द्वीप समूह ओटेक ऊर्जा के लिए सबसे उपयुक्त क्षेत्र हैं। भारत में इस दिशा में प्रयास तमिलनाडु के कुलशेखरपट्टनम में हो रहा है।

भूतापीय ऊर्जा

भूतापीय ऊर्जा एक प्रदूषण-मुक्त ऊर्जा स्रोत है। भारत में इसकी क्षमता लगभग 600 मेगावाट है। देश में 115 गर्म झरने हैं तथा 350 ऐसे स्थान हैं जहाँ भूतापीय ऊर्जा उत्पन्न की जा सकती है। जम्मू एवं कश्मीर की पूगा घाटी, हिमाचल प्रदेश का मानिकरन क्षेत्र, महाराष्ट्र एवं गुजरात में पश्चिमी घाट के पश्चिमी ढाल, नर्मदा-सोन घाटी तथा दामोदर घाटी भूतापीय ऊर्जा के संभावित क्षेत्र हैं। ध्यातव्य है कि मानिकरन (हिमाचल प्रदेश) एवं खम्म (आंध्र प्रदेश) में एक-एक भूतापीय संयंत्र लगाया गया है।

ऊर्जा स्थिति को देखते हुए भारत में ऊर्जा के नये भंडारों की खोज के साथ-साथ ऊर्जा संरक्षण एवं नवीन ऊर्जा के स्रोतों का पता लगाने की आवश्यकता है। गैर-परंपरागत ऊर्जा स्रोतों के द्वारा ही हम ऊर्जा संकट से छुटकारा प्राप्त कर सकते हैं।

परिवहन

देश के निरन्तर विकास में सुचारु व समन्वित परिवहन प्रणाली की महत्त्वपूर्ण भूमिका होती है। वर्तमान प्रणाली में यातायात के साधन—रेल, सड़क, जल तथा वायु परिवहन हैं। इस क्षेत्र में विगत कुछ वर्षों में काफी विकास एवं विस्तार हुआ है। रेल और वायु परिवहन को छोड़कर अन्य साधनों के विकास के लिए नीतिगत कार्यक्रम बनाने तथा उन्हें लागू करने का दायित्व भूतल परिवहन मंत्रालय निभाता है।

सड़क परिवहन

1922 में गठित भारतीय सड़क विकास समिति, 1934 में भारतीय सड़क कांग्रेस तथा 1943 में नागपुर योजना के गठन से सड़क मार्गों के विकास में तीव्रता आयी। स्वतंत्रता प्राप्ति के पश्चात् तीसरी पंचवर्षीय योजना के दौरान 1961 में नागपुर योजना के आधार पर एक नई 20 वर्षीय सड़क निर्माण योजना बनाई गई। इस योजना में कृषि की दृष्टि से विकसित क्षेत्रों को सड़क से जोड़ना तथा नगरों के पास सड़कों को चौड़ा तथा दोतरफा यातायात योग्य बनाना था। वर्तमान में भारत विश्व की दूसरी सबसे बड़ी सड़क प्रणाली वाला देश है। वर्ष 2019-20 के अनुसार राष्ट्रीय राजमार्गों की कुल लं. 1,42,126 किमी. है।

स्वर्णिम चतुर्भुज परियोजना

स्वर्णिम चतुर्भुज परियोजना एक हाईवे परियोजना है, जिसके अन्तर्गत भारत के चार महत्त्वपूर्ण शहर दिल्ली, मुम्बई, चेन्नई और कोलकाता को राष्ट्रीय राजमार्ग द्वारा आपस में जोड़ा जाना है। इस 5,846 कि.मी. लम्बी परियोजना का उद्देश्य भारत के महत्त्वपूर्ण शहरों के बीच यातायात को तेज और बिना रुकावट के जारी रखना है।

इस परियोजना के अन्तर्गत निम्नलिखित राज मार्गों को जोड़ा गया है—

• दिल्ली-कोलकाता	NH-2
• दिल्ली-मुम्बई	NH-8 (दिल्ली-किशनगढ़) NH-79A (अजमेर) NH-79 (नसीराबाद-चित्तौड़गढ़), NH-76 (चित्तौड़गढ़-उदयपुर), NH-8 (उदयपुर-मुम्बई)
• मुम्बई-चेन्नई	NH-4 (मुम्बई-बंगलौर), NH-7, NH-46, NH-4
• कोलकाता-चेन्नई	NH-6, NH-60, NH-5

परियोजना के अन्तर्गत महत्त्वपूर्ण शहर

दिल्ली-कोलकाता मार्ग (1,435 कि.मी.)	दिल्ली, मथुरा, आगरा, कानपुर, इलाहाबाद, वाराणसी, आसनसोल, दुर्गापुर, कोलकाता
दिल्ली-मुम्बई मार्ग (1,419 कि.मी.)	दिल्ली, जयपुर, अजमेर, उदयपुर, गांधीनगर, अहमदाबाद, बड़ौदा, सूरत, सिलवासा, मुम्बई
चेन्नई-मुम्बई (1,290 कि.मी.)	चेन्नई, रानीपेट, वेतलौर, बंगलौर, बेलगाम, कोल्हापुर पुणे, मुम्बई
कोलकाता-चेन्नई (1,684 कि.मी.)	कोलकाता, खड़गपुर, बालेश्वर, कटक, भुवनेश्वर, विशाखापट्टनम, विजयवाड़ा, वेल्लौर, चेन्नई

- यह परियोजना भारत के 13 राज्यों (आंध्र प्रदेश-1,014 कि.मी., उ.प्र. - 756 कि.मी., राजस्थान-725 कि.मी., कर्नाटक- 623 कि.मी., महाराष्ट्र-487 कि.मी., गुजरात-485 कि.मी., उड़ीसा (ओडिशा)-440 कि.मी., प. बंगाल-406 कि.मी., तमिलनाडु- 342 कि.मी., बिहार-204 कि.मी., झारखण्ड-192 कि.मी., हरियाणा-152 कि.मी., दिल्ली-25 कि.मी; कुल लंबाई-5,846 कि.मी.) से गुजरती है।
- इस परियोजना का लगभग 98% काम पूरा हो चुका है। मुम्बई-दिल्ली मार्ग पूर्णत: तैयार हो चुका है।

प्रमुख राष्ट्रीय राजमार्ग

राष्ट्रीय राजमार्ग संख्या	जोड़े गए स्थान
1	दिल्ली एवं अमृतसर (बरास्ता अम्बाला तथा जालंधर)।
1A	जालंधर एवं उड़ी (बरास्ता माधवपुर, जम्मू एवं श्रीनगर तथा बारामूला)।
1 B	बटोट एवं कोलकाता (बरास्ता डोडा)।
2	दिल्ली एवं कोलकाता (बरास्ता मथुरा तथा वाराणसी)।
3	आगरा एवं मुंबई (बरास्ता ग्वालियर तथा नासिक)।
4	ठाणे एवं चेन्नई (बरास्ता पुणे, बेलगांव, हुबली, बंगलुरु तथा रानीपेट।
4A	बेलगांव एवं पणजी।
4B	न्हावा शेवा एवं पल्पसी।

5 बेहरागोडा एवं चेन्नई (बरास्ता कटक, विशाखापट्टनम तथा विजयवाड़ा)।
5A चांदी खोला एवं पारादीप।
6 धुलिया एवं कोलकाता (बरास्ता नागपुर, रायपुर तथा सम्बलपुर)।
7 वाराणसी एवं कन्याकुमारी (बरास्ता नागपुर, बंगलुरू तथा मदुरै)।
7A प्लायनकोटे एवं त्रिचूर।
8 दिल्ली एवं मुंबई (बरास्ता जयपुर, अहमदाबाद तथा बड़ोदरा)।
8A अहमदाबाद एवं कांडला (बरास्ता मोरबी)।
8B बामनबौर एवं पोरबंदर (बरास्ता राजकोट)।
8C चिलोदा एवं सरखेज (बरास्ता गांधीनगर)।
9 पुणे एवं विजयवाड़ा (बरास्ता शोलापुर तथा हैदराबाद)।
10 दिल्ली एवं फाजिल्का (फाजिल्का से आगे भारत-पाक सीमा तक)।
11 आगरा एवं बीकानेर (बरास्ता जयपुर)।
11A दौसा से मनोहरपुरा।
12 जबलपुर एवं जयपुर (बरास्ता भोपाल तथा कोटा)।
13 शोलापुर से चित्रदुर्ग।
14 यावर एवं राधनपुर (बरास्ता सिरोही)।
15 पठानकोट एवं कांदला (बरास्ता अमृतसर, गंगानगर तथा जैसलमेर)।
16 निजामाबाद एवं जगदलपुर (बरास्ता मंछरियल)।
17 पन्वेल एवं कमगौर (बरास्ता कारवाड़ तथा कालीकट)।
17A मर्मुगांव से कोरतालिम।
21 चंडीगढ़ एवं मनाली (बरास्ता बिलासपुर, मण्डी तथा कुल्लू)।
22 अम्बाला एवं शिप्की-ला (बरास्ता शिमला तथा नारकंडा)।
23 चौसा एवं तालचेर (बरास्ता रांची तथा राउरकेला)।
24 दिल्ली एवं लखनऊ (बरास्ता बरेली)।
25 लखनऊ एवं शिवपुरी (बरास्ता कानपुर तथा झांसी)।
26 झांसी से लखनादौन।
27 इलाहाबाद से वाराणसी।
28 बरौनी एवं लखनऊ (बरास्ता गोरखपुर)।
28A पिपरा से भारत-नेपाल सीमा (बरास्ता रक्सौल)।
29 गोरखपुर से वाराणसी (बरास्ता गाजीपुर)।
30 मोहनिया से बख्तियारपुर (बरास्ता पटना)।
31 बरही एवं पांडु (बरास्ता पूर्णिया तथा सिलिगुड़ी)।
31A सिवोक से गंगटोक।
31B उत्तरी सलमारा से गोलापाड़ा।
31C न्यू कलगलिया से सिद्धि में राष्ट्रीय राजमार्ग संख्या 31 तक।
32 गोविंदपुर एवं जमशेदपुर (बरास्ता धनबाद)।
33 बरही से बरगोडा (बरास्ता रांची तथा जमशेदपुर)।
34 दलकोला एवं कोलकाता (बरास्ता बहरामपुर)।
36 नवगांव से दीमापुर।
37 गोलपाड़ा एवं सैखोवाघाट (बरास्ता, गुवाहाटी तथा जोरहाट)।
38 माकूम से लेखापानी (बरास्ता लीडो)।
39 नुमालीगढ़ से भारत-म्यांमार सीमा (बरास्ता इंफाल)।
40 जोरहाट से भारत-बांग्लादेश सीमा (बरास्ता शिलांग)।
41 गोलाघाट से हल्दिया बंदरगाह।
42 संबलपुर एवं कटक (बरास्ता आंगुल)।
43 रायपुर से विजयनगर।
44 शिलांग एवं अगरतला (बरास्ता बदरपुर)।
45 चेन्नई एवं डिंडिगल (बरास्ता तिरुचिरापल्ली)।
45A विलुपुरम से पुदुचेरी।
46 कृष्णागीर एवं रानीपेट।
47 सेलम एवं कन्याकुमारी (बरास्ता कोयंबटूर तथा तिरुचिरापल्ली)।
47A राष्ट्रीय राजमार्ग संख्या 47 से वैलिंग्टन द्वीप तक।
48 बैंगलूरू एवं मंगलौर (बरास्ता हासन)।
49 मदुरै एवं धनुषकोडि।
50 नासिक एवं पुणे।
51 पाल्कन एवं दालु (बरास्ता तुरा)।
52 बेहरा एवं सीमापानी (बरास्ता तेजपुर, पासीघाट तथा तेजु)।
52A बंदरे एवं इटानगर (बरास्ता देवा)।
53 बदरपुर एवं सिलचर (बरास्ता जिंघाल तथा इम्फाल)।
54 सिलचर एवं लुंग्लई (बरास्ता ऐजौल)।
54A थिर्यट एवं लुंग्लई।
55 सिलिगुड़ी एवं दार्जिलिंग।
56 लखनऊ एवं वाराणसी।

रेल परिवहन

भारत की पहली यात्री रेलगाड़ी 1853 में मुम्बई और थाणे के बीच चली थी। वर्तमान में 64,600 कि.मी. लम्बा भारतीय रेलमार्ग है। कुल स्टेशनों की संख्या 7068 है। देश का 50% माल परिवहन तथा 75% यात्री परिवहन रेलों द्वारा ही होता है।

31 मार्च, 2002 तक समूची प्रणाली को नौ क्षेत्रों या जोनों में बाँटा गया था और प्रत्येक क्षेत्र में कई डिवीजन थे। बाद में नेटवर्क का उपविभाजन करके इसे 17 जोनों में बाँटा गया। डिवीजन मूलभूत संचालन इकाई है। वर्तमान में 18 जोन हैं। 18 जोन और मुख्यालय का ब्यौरा नीचे दिया गया है–

भारतीय रेलवे जोन

क्र.सं.	रेलवे जोन	मुख्यालय
1.	मध्य	मुंबई सेंट्रल
2.	पूर्वी	कोलकाता
3.	उत्तर	नई दिल्ली
4.	पूर्वोत्तर	गोरखपुर
5.	उत्तर-पूर्व सीमांत	मालेगांव (गुवाहाटी)
6.	दक्षिण	चेन्नई
7.	दक्षिण मध्य	सिकंदराबाद
8.	दक्षिण पूर्व	कोलकाता
9.	पश्चिम	चर्च गेट, मुंबई
10.	पूर्व मध्य रेलवे	हाजीपुर
11.	पूर्व तटवर्ती रेलवे	भुवनेश्वर
12.	उत्तर मध्य रेलवे	इलाहाबाद
13.	उत्तर पश्चिम रेलवे	जयपुर
14.	दक्षिण पूर्व मध्य रेलवे	बिलासपुर
15.	दक्षिण पश्चिम रेलवे	हुबली

16.	पश्चिम मध्य रेलवे	जबलपुर
17.	कोलकाता मेट्रो रेलवे	कोलकाता
18.	दक्षिण तटीय रेलवे	विशाखापट्नम (आंध्र प्रदेश)

रेलवे गेज

गेज	रेलमार्ग
बड़ी लाइन (1676 मि.मी)	55,956
छोटी लाइन (1000 मि.मी.)	6,347
संकरी लाइन (710 एवं 610 मि.मी)	2,297
कुल	**64,600**

जल परिवहन

भारत के जल परिवहन को दो भागों में बाँटा जा सकता है– अंतर्देशीय जल परिवहन तथा सामुद्रिक परिवहन।

अन्तर्देशीय जल परिवहन

इसके अन्तर्गत देश के अंदर विभिन्न नदियों से जल परिवहन की सुविधा का लाभ उठाना है। वर्तमान समय में हमारे देश में कुल 3700 किमी. लंबे मार्ग नदी परिवहन हेतु उपयुक्त हैं। अभी तक 2000 किमी. तक स्टीमर सेवा उप्लब्ध है, जबकि नहरें 4300 किमी. तक नौगम्य है, किन्तु नहरों में 900 किमी. ही नौचालन होता है।

तीन अंतर्देशीय जलमार्गों को राष्ट्रीय जलमार्ग घोषित किया गया है, वे हैं–

1. **राष्ट्रीय जलमार्ग I**- इलाहाबाद से हल्दिया (1620 किमी.)।
2. **राष्ट्रीय जलमार्ग II**- सदिया से धुबरी (ब्रह्मपुत्र नदी में) (891 किमी)।
3. **राष्ट्रीय जलमार्ग III**- कोट्टापुरम् से कोलम (205 किमी.)।
4. **राष्ट्रीय जलमार्ग IV**- काकीनाड़ा-मरक्कानम (गोदावरी एवं कृष्णा क्षेत्र) (1100 किमी.)।
5. **राष्ट्रीय जलमार्ग V**- जियोनखली-चरबतिया-पाराद्वीप-623 (किमी)।

नदियों एवं नहरों में नौगम्य क्षमता **14,344 किमी.** है। क्षेत्रीय रूप में इसमें पर्याप्त असमानता है। कुल नौगम्य क्षमता का उत्तर प्रदेश में **17%** सर्वाधिक है, जबकि **पश्चिम बंगाल** में **16%**, **आन्ध्र प्रदेश** में **14%** तथा **असम** में **14%** है। दक्षिण भारतीय राज्यों में सर्वाधिक **केरल** में **11%** है।

भारतीय अंतर्देशीय जलमार्ग प्राधिकरण

भारतीय अंतर्देशीय जलमार्ग प्राधिकरण (आई.डब्ल्यू.ए.आई) की स्थापना 27 अक्टूबर 1986 को हुई। इसे राष्ट्रीय जलमार्गों के विकास, रख-रखाव और नियमन की जिम्मेदारी सौंपी गई है। यह अंतर्देशीय जल परिवहन के विकास से सम्बन्धित मामलों में केन्द्र तथा रज्य सरकारों को सलाह भी देता है। प्राधिकरण राष्ट्रीय जलमार्गों पर अंतर्देशीय जल परिवहन से संबधित बुनियादी ढांचे के विकास के लिए विभिन्न योजनाएं चलाता है। प्राधिकरण का मुख्यालय नोएडा में है। इसके क्षेत्रीय कार्यालय पटना, कोलकाता, गुवाहाटी व कोच्चि में तथा शाखा कार्यालय इलाहाबाद, बलिया, भागलपुर, फरक्का व कोल्लम में हैं।

भारतीय अंतर्देशीय जल प्राधिकरण द्वारा राष्ट्रीय जलमार्ग 1 और 2 पर मालवाहक पोत एम.वी. राजगोपालाचारी का इस्तेमाल करके प्रयोग के तौर पर माल-ढुलाई सेवाएँ संचालित की जा रही हैं।

सामुद्रिक जलमार्ग

हालांकि संसार में जहाजों द्वारा ढोए जाने वाले कुल भार की दृष्टि से भारत एक मुख्य देश नहीं है फिर भी देश में इसका काफी महत्त्व है। भारत का 90 प्रतिशत अंतर्राष्ट्रीय व्यापार इसी माध्यम से होता है। भारत में 13 प्रधान बंदरगाह हैं तथा 200 छोटे बंदरगाह हैं। उल्लेखनीय है कि बड़े बंदरगाह केन्द्र सरकार के अधीन आते हैं जबकि अन्य बंदरगाहों का निर्माण एवं रख-रखाव संबद्ध राज्य सरकारों के अधीन हैं।

प्रमुख बंदरगाह

(1) मुम्बई–यह प्राकृतिक बंदरगाह है। देश का **25%** से अधिक व्यापार का संचालन इस बंदरगाह से होता है। यह सालसेट द्वीप के पास **200** वर्ग कि.मी. में विस्तृत है। इसके अंतर्गत आयातित वस्तुओं में पेट्रोलियम, रसायन, रासायनिक खाद, नमक, कागज तथा मशीनें इत्यादि शामिल हैं।

(2) न्हावाशेवा–मुम्बई बन्दरगाह पर अत्यधिक व्यापार की मात्रा बढ़ने के कारण ही इसके निकट न्हावाशेवा नामक एक बन्दरगाह बनाया गया। यह बन्दरगाह सभी प्रकार की सुविधाएँ रखता है। न्हावाशेवा (जवाहर पोर्ट) के विकसित किए जाने के कारण मुम्बई बन्दरगाह पर निरन्तर जहाजों का दबाव घटा है। साथ ही न्हावाशेवा के व्यापार में निरन्तर वृद्धि होती जा रही है।

(3) कांडला–1955 में निर्मित यह प्राकृतिक पोताश्रय है। यहाँ से निर्यात की वस्तुओं में कपास, सूती वस्त्र, मशीनें, उर्वरक, पेट्रोल, गंधक, पोटाश, फास्फेट एवं लम्बे रेशे की कपास आदि हैं।

(4) कोलकाता–यह सम्पूर्ण भारत में द्वितीय वृहत्तम बंदरगाह है। यह प्राकृतिक नहीं, अपितु कृत्रिम पोताश्रय है। विदेशी व्यापार के परिमाण के अनुसार इसका चौथा **(11%)** स्थान है। इस बंदरगाह से प्रमुख निर्यात की वस्तुएं इंजीनियरिंग का सामान, मशीनें, जूट एवं उसके उत्पाद, चाय, चीनी, लौह-इस्पात, चमड़ा, अभ्रक आदि हैं। आयात में सूत एवं कपास, रासायनिक पदार्थ, उर्वरक, पेट्रोल, रबर का सामान, मशीनें प्रमुख हैं।

(5) चेन्नई–भारत के पूर्वी तट पर तमिलनाडु राज्य में स्थित है। यहाँ का तट सपाट है। अत: दीवार का सहारा लेकर अन्य बंदरगाहों से इस प्रदेश की दूरी को देखते हुए यहाँ कृत्रिम पोताश्रय विकसित किया गया है। यहाँ से निर्यात की वस्तुओं में मूँगफली, कहवा, तम्बाकू, सिगरेट, नारियल के उत्पाद, चमड़ा आदि प्रमुख हैं। आयात में प्रमुख वस्तुएं इंजीनियरिंग का सामान, पेट्रोल, रासायनिक पदार्थ, उर्वरक, मशीनें आदि हैं।

(6) विशाखापट्टनम–यह बंदरगाह पूर्वी तट के किनारे आन्ध्र प्रदेश में स्थित है। बंदरगाह होने के साथ-साथ यह महानगर भी है। यह प्राकृतिक पोताश्रय है, जहाँ जहाजों की सुरक्षा की प्राकृतिक व्यवस्था है। कार्यदक्षता, गुणवत्ता एवं उत्पादकता हेतु इसे **ISO:9001** का प्रमाण मिला है इस बंदरगाह से प्रमुख निर्यात-आयात, लकड़ी, कोयला, लौह-अयस्क, लकड़ी के सामान, मछलियां एवं मैंगनीज आदि हैं। आयात में इस्पात के सामान, पेट्रोल, एवं रासायनिक पदार्थ, सूती वस्त्र, कोक, कोयला तथा मशीनों की प्रधानता है।

(7) मार्मुगाओ–गोवा राज्य में अरब सागर तट के सहारे स्थित है, जो पूर्णतया प्राकृतिक पोताश्रय है। वस्तुत: मुम्बई बंदरगाह पर भीड़ कम करने के लिए ही इसकी स्थापना हुई थी। सम्पूर्ण राष्ट्र के विदेश व्यापार का लगभग **7% (1999-2000)** इस बंदरगाह से होता है। गोवा का लौह-अयस्क एवं मैंगनीज यहीं से निर्यात किया जाता है। अन्य निर्यात में मछलियां, नारियल एवं उसके उत्पाद तथा मसाले आदि शामिल हैं। आयात में यहाँ उर्वरक, रसायन, खाद्य पदार्थ, कांच के सामान उल्लेखनीय हैं।

(8) न्यू मंगलौर–इस बंदरगाह को सन् **1974** में वृहत् बंदरगाह की श्रेणी में शामिल किया गया। यह मार्मुगाओ (गोवा) एवं कोच्चि के लगभग बीचों-बीच स्थित है। सम्पूर्ण राष्ट्र का **6%** विदेश व्यापार इस बंदरगाह से होता है। इसका महत्त्व दिनों-दिन बढ़ रहा है। अब यह देश का **7** वां बड़ा बंदरगाह हैं। यहाँ से कुद्रेमुख के लौह-अयस्क,

कहवा, मैंगनीज, काजू, चाय, इमारती लकड़ी आदि का निर्यात होता है। प्रमुख आयात पदार्थ खाद्यान्न, लुग्दी रासायनिक उर्वरक एवं सूत आदि हैं।

(9) **कोच्चि**—भारत के पश्चिमी तट पर केरल में है। इसके पृष्ठ प्रदेश में तमिलनाडु का द.प. भाग, कर्नाटक के दक्षिण भाग एवं केरल राज्य आते हैं। यहाँ प्राकृतिक पोताश्रय है तथा बड़े जलयान भी ठहर सकते हैं। इसके पृष्ठ प्रदेश के प्रमुख उत्पादों में चावल, नारियल एवं उसके उत्पाद, काजू, कहवा, चाय, मछली, गर्म मसाले, इलायची आदि शामिल हैं तथा इन वस्तुओं का निर्यात भी किया जाता है। आयात में यहाँ गेहूँ, सूत, पेट्रोल, धातु के सामान, कोयला आदि हैं।

(10) **पारादीप**—पूर्वी समुद्र तट के सहारे, कोलकाता एवं विशाखापत्तनम के लगभग बीचो-बीच ओडिशा राज्य में यह बंदरगाह स्थित है, जिसकी संरचना प्राकृतिक है। इन्हीं उत्पादों का यहाँ से निर्यात भी प्रमुख है तथा आयात में इंजीनियरिंग के सामान, मशीनें, सूती वस्त्र, उर्वरक, गंधक आदि उल्लेखनीय हैं। सम्पूर्ण राष्ट्र के विदेशी व्यापार का लगभग **5%** इस बंदरगाह से होता है।

(11) **तूतीकोरिन**—तमिलनाडु राज्य के दक्षिणी छोर पर एवं भारत के पूर्वी तट पर यह बंदरगाह **स्थित** है तथा इसके पृष्ठ प्रदेश में तमिलनाडु राज्य के दक्षिणी जिले आते हैं। **1974** में इसे बड़ा बंदरगाह घोषित किया गया। सम्पूर्ण राष्ट्र का लगभग **4%** विदेशी व्यापार यहाँ से होता है। प्रमुख निर्यात में नमक, मछली, सीमेंट, लिग्नाइट, चावल, चमड़ा, तम्बाकू तथा कहवा आदि शामिल हैं। प्रमुख आयात पदार्थों में सूती वस्त्र, मशीनें, उर्वरक आदि शामिल हैं।

(12) **एन्नौर**—यह देश का प्रथम सबसे बड़ा कम्प्यूटराइज्ड एवं निगमित बंदरगाह है। इसे एशियाई विकास बैंक की सहायता से विकसित किया गया है।

(13) **पोर्टब्लेयर**—अण्डमान-निकोबार के पोर्टब्लेयर बंदरगाह को केन्द्र सरकार ने जून **2010** से प्रधान बंदरगाहों की श्रेणी में शामिल कर लिया है।

वायु परिवहन

नगर विमानन क्षेत्र की कार्य-प्रणाली को तीन भागों में बाँटा जा सकता है—नियामक, परिचालन सम्बन्धी व मूलभूत संरचनात्मक ढाँचा। परिचालन के तहत् इंडियन, एयरलाइंस एयर (इंडियन की सहयोगी), निजी अनुसूचित एयरलाइंस व एयर टैक्सी कंपनियां घरेलू विमान सेवाएँ उपलब्ध कराती हैं, जबकि एयर इंडिया अंतर्राष्ट्रीय विमान सेवाएँ प्रदान करती हैं।

- पवन हंस हेलीकॉप्टर लिमिटेड तेल और प्राकृतिक गैस निगम को समुद्र-तटवर्ती इलाकों तथा दुर्गम व दूरदराज के स्थानों के लिए हेलीकॉप्टर सेवाएँ प्रदान करता है। भारत अंतर्राष्ट्रीय विमानन संगठन का सदस्य भी है और शुरू से ही इसकी परिषद् में शामिल रहा है। उल्लेखनीय है कि इंडियन एवं एयर इंडिया को एयर कार्पोरेशन एक्ट, 1953 के अंतर्गत अनुसूचित उड़ान सुविधाओं के क्षेत्र में एकाधिकार प्राप्त था, जो अब समाप्त कर दिया गया है। हवाई अड्डों के प्रबंधन के क्षेत्र में सबसे महत्त्वपूर्ण निकाय भारतीय विमानपत्तन प्राधिकरण है।

भारत के प्रमुख अंतर्राष्ट्रीय हवाई अड्डे

1.	छत्रपति शिवाजी	मुंबई	7.	इंदिरा गांधी	दिल्ली
2.	नेताजी सुभाष चन्द्र बोस	कोलकाता	8.	त्रिवेन्द्रम	तिरुवनंतपुरम
3.	वल्लभभाई पटेल	अहमदाबाद	9.	अन्ना	चेन्नई
4.	अमृतसर	अमृतसर	10.	नेंदुबसेरी	कोचीन
5.	गोपीनाथ बारदोलोई	गुवाहाटी	11.	डेबोलिम	गोवा
6.	राजीव गांधी	हैदराबाद	12.	बंगलुरु	बंगलुरु

गैस पाइपलाइन

तरल पदार्थें और गैस की लंबी दूरियों के परिवहन के लिए पाईप लाइन परिवहन का सबसे सुविधाजनक साधन है। परंपरा से जल आपूर्ति के लिए प्रयुक्त पाईपलाइनें अब पेट्रोलियम और पेट्रोलियम उत्पादों तथा गैस का लंबी दूरियों तक परिवहन करती हैं। ठोस पदार्थों का भी गाद (स्लरी) के रूप में पाईपलाइनों द्वारा परिवहन होता है।

परिवहन के अन्य साधनों की तुलना में पाईपलाइन परिवहन को ये सुविधाएँ प्राप्त हैं—(1) पाईपलाइन ऊबड़-खाबड़ भूमि और पानी के नीचे भी बिछाई जा सकती है। (2) इनके संचालन और रख-रखाव की लागत कम होती है और (3) ऊर्जा की बचत होती है तथा पर्यावरण हितैषी है।

ऑयल इंडिया लिमिटेड कंपनी ने असम के नाहरकटिया तेल क्षेत्र से बिहार की बरौनी तेल परिष्करणशाला तथा नूनमाटी से होकर सबसे पहली 1152 कि.मी. लम्बी पाईप लाइन सन् 1962-68 में बनाई थी।

पेट्रोलियम उत्पाद पाइपलाइन

- **गुवाहाटी-सिलीगुड़ी पाइपलाइन** 1964 में बनाई गई। यह 435 किमी. लम्बी है।
- 1967 में **हल्दिया-बरौनी पाइपलाइन** बनाई गई।
- 1966 में 745 किमी. लम्बी **बरौनी-कानपुर पाइपलाइन** बनाई गई। यह पाईपलाइन पटना, मुगलसराय, इलाहाबाद से कानपुर तक स्थित है।
- 1984 में 147 कि.मी. लम्बी **मथुरा-दिल्ली पाइपलाइन** असितत्व में आई।
- 1056 किमी. लम्बी **कोयाली-संगानेर पाइपलाइन** के अन्तर्गत कोयाली-बरेजा, बरेजा-सिद्धपुर तथा सिद्धपुर-संगानेर भाग हैं।
- 2008 में 274 किमी. लम्बी **पानीपत-जालंधर पाइपलाइन** असितत्व में आई।
- 2010 में 290 किमी. लम्बी **चेन्नई-बंगलुरु पाइपलाइन** बनाई गई।
- 2010 में ही **दादरी-पानीपत पाइपलाइन** (132 किमी), हजीरा से केडिपील (94 किमी.) पाईपलाइन तथा मथुरा-भरतपुर पाईपलाइन (21 किमी.) शुरू की गई।

खनिज तेल पाइपलाइन

- 1870 किमी. लम्बी **सलाया-मथुरा पाइपलाइन (इण्डियन ऑयल)** को गुजरात के जामनगर जिले के सलाया से कोयाली, मथुरा, पानीपत रिफाइनरियों से जोड़ा गया है।
- 1302 मी. लम्बी **पारादीप-हल्दिया-बरौनी पाइपलाइन का विस्तार,** पारादीप-हल्दिया 328 किमी., हल्दिया-बरौनी 498 किमी. है।
- 1194 किमी. लम्बी **मुंद्रा-पानीपत पाइपलाइन** से गुजरात के मुंद्रा से हरियाणा के पानीपत तक खनिज तेल का परिवहन किया जाता है।

कृषि एवं पशुपालन

भारत एक कृषि प्रधान देश है तथा यहाँ की अर्थव्यवस्था का आधार कृषि ही है। इस देश की 52 प्रतिशत जनसंख्या का निर्वाह कृषि से होता है। वर्ष 2020-21 में देश के कुल सकल घरेलू उत्पाद का करीब 16.5% योगदान कृषि का है। यहाँ की खेतिहर पैदावार मानसून पर निर्भर करती है, क्योंकि लगभग 55 प्रतिशत भूमि क्षेत्र वर्षा पर निर्भर है। यहाँ की कृषि देश के लिए खाद्य सामग्री सुनिश्चित करती है तथा उद्योगों के लिए कच्चे माल पैदा करती है। साथ ही, कृषिजन्य उत्पादों के आंतरिक व्यापार से परिवहन कर तथा अन्तर्राष्ट्रीय व्यापार से तटकर की आय में वृद्धि होती है। ये सारे तत्त्व भारतीय अर्थव्यवस्था को सुदृढ़ आधार प्रदान करने में प्रमुख भूमिका अदा करते हैं।

भारतीय कृषि की विशेषताएँ

1. 55 प्रतिशत जनसंख्या कृषि में कार्यरत है।
2. कुल क्षेत्रफल का लगभग **53%** भाग खेती एवं चारागाह के अन्तर्गत शामिल है।

3. उपयोगिता के आधार पर अनुपात खाद्य **(70%)**, अखाद्य **(8%)**, रेशेदार **(4%)**, तिलहन **(4%)** तथा चारा **(4%)** है।
4. खेती में आधुनिक तकनीकों की कमी।
5. खेती की वार्षिक वर्षा पर निर्भरता।
6. जोत का छोटा आकार और विखंडन।
7. व्यापारिक कृषि की कमी।
8. प्रच्छन्न बेरोजगारी की अधिकता।

फसल ऋतुएं

देश में मुख्य रूप से तीन फसल ऋतुएं पाई जाती हैं—

रबी

इसकी ऋतु शीतकाल के आगमन के साथ प्रारंभ होती है तथा ग्रीष्म ऋतु के आगमन **(अक्टूबर-नवम्बर से मार्च-अप्रैल)** तक रहती है। **गेहूँ, चना, जौ, तिलहन (सरसों, अलसी, तोरिया)** इत्यादि फसलें इस ऋतु में उगाई जाती हैं। इन फसलों के लिए शीतकालीन हल्की वर्षा अत्यंत लाभकारी होती है। दलहन फसलें इस ऋतु की मुख्य फसलें हैं।

खरीफ

खरीफ ऋतु मानसून के आगमन से प्रारंभ होकर शीत ऋतु के प्रारंभ (जून-जुलाई से अक्टूबर-नवम्बर) तक रहती है। चावल, मक्का, ज्वार-बाजरा, कपास, मूँगफली, मूँग, उड़द, गन्ना, सोयाबीन, राई, जूट इत्यादि इस ऋतु की मुख्य फसलें हैं।

जायद

जायद रबी (मुख्य रूप से हरी सब्जियां) **फरवरी से अप्रैल** के बीच बोई जाती हैं और **जून-जुलाई** में काटी जाती हैं। जायद खरीफ (मुख्यत: **दलहन** और **तिलहन**) का समय सितम्बर से नवम्बर है जो दो मुख्य फसल ऋतु के बीच में उगाई जाती हैं।

कृषि के प्रकार

भारत में कृषि उत्पादन की मात्रा एवं उद्देश्य के आधार पर कृषि के निम्न प्रकार दृष्टिगत होते हैं—

स्थानान्तरण निर्वाहन कृषि

इस प्रकार की कृषि में कृषक परिवार जंगल काटकर तथा झाड़ियों एवं छोटे पेड़ों को जलाकर खेत तैयार करता है। इस कृषि में भूमि एक व्यक्ति की न होकर समाज या गांव या पूरी आदिम जाति की होती है। यह कृषि कम जनसंख्या वाले क्षेत्रों में होती है। इस भूमि पर दो-तीन वर्ष खेती करने के बाद जब उसकी उर्वरा शक्ति समाप्त हो जाती है तब कृषकों द्वारा दूसरी जगह खेत तैयार कर लिए जाते हैं। इसकी विशेषता है कि इसमें न्यूनतम श्रम तथा पूंजी का विनियोग होता है। यह कृषि प्रमुख रूप से आदिवासी क्षेत्रों में की जाती है। उत्पादित वस्तुएं समुदाय द्वारा ही उपभोग कर ली जाती हैं। कृषि में खाद्यान्न फसलों (यथा-चावल, मक्का, ज्वार-बाजरा आदि) की प्रमुखता रहती है।

इस प्रकार की कृषि को भिन्न-भिन्न राज्यों में भिन्न-भिन्न नामों से जाना जाता है। इसे उत्तरी पूर्वी राज्यों में **झूम;** केरल में **पोनम;** आंध्र प्रदेश व ओडिशा में **पोड;** मध्य प्रदेश व छत्तीसगढ़ में **बेवर, मशान, पेंडा, बीरा** तथा **डाहा;** हिमाचल क्षेत्र में **खील;** पश्चिमी घाट में **कुमारी** तथा दक्षिणी-पश्चिमी राजस्थान में **वालरा** कहा जाता है। यह खेती भारत में असम, मेघालय, त्रिपुरा, मिजोरम, अरुणाचल प्रदेश, मध्य प्रदेश, ओडिशा तथा आंध्र प्रदेश के वन क्षेत्रों में की जाती है। इस प्रकार की कृषि में प्रति हेक्टेयर बहुत कम उपज होती है।

स्थायी निर्वाह कृषि

इस प्रकार की कृषि उन क्षेत्रों में की जाती है, जहाँ प्राकृतिक वातावरण अथवा मानवीय तत्त्व अपेक्षाकृत अधिक अनुकूल मिलते हैं। इसमें स्थान परिवर्तन नहीं होता, अपितु जिन क्षेत्रों में जनसंख्या का दबाव अधिक हो गया है अर्थात् जहाँ स्थायित्व की प्रवृत्ति पाई जाती है, वहाँ यह कृषि पद्धति विकसित होने लगी है। भारत के अधिकांश भागों में कृषि की यही पद्धति प्रचलित है। इस कृषि में कृषक का परिवार मिल-जुल कर परम्परागत तरीकों से कृषि कार्य सम्पन्न करता है। इस कृषि में पशुपालन का कार्य भी महत्त्व प्राप्त करने लगता है।

मिश्रित कृषि

यह अत्यंत लाभदायक कृषि प्रणाली है। अमेरिका तथा यूरोप के अनेक देशों में इसी प्रकार से खेती की जाती है। भारत में इस पद्धति का तेजी से विकास हो रहा है। इस पद्धति में कृषि के साथ पशुपालन भी किया जाता है। पंजाब, हरियाणा, गुजरात, उत्तर प्रदेश तथा बिहार में यह पद्धति अपनाई जा रही है।

रोपण कृषि

रोपण कृषि एक विशेष प्रकार की झाड़ी कृषि अथवा वृक्ष कृषि है। इसे 19वीं शताब्दी में अंग्रेजों ने प्रारम्भ किया था। यह एकल फसल कृषि है। इसमें रबर, चाय, कहवा, कोको, मसाले, नारियल और फलों की फसलें, जैसे—सेब, अंगूर, संतरा आदि उगाई जाती हैं। इस प्रकार की कृषि में अधिक पूंजी की आवश्यकता होती है। इसके लिए कुशल प्रबंध, तकनीकी ज्ञान, मशीनों, उर्वरकों, सिंचाई और परिवहन सुविधाओं का होना आवश्यक है। कई रोपण कृषि क्षेत्रों जैसे-चाय, कहवा और रबर बागानों के निकट ही उन्हें संसाधित करने की फैक्ट्री लगी होती है। इस प्रकार की कृषि उत्तर-पूर्वी भारत के पर्वतीय क्षेत्रों, पश्चिम बंगाल के उप-हिमालयी क्षेत्रों तथा प्रायद्वीपीय भारत की नीलगिरि, अन्नामलाई व कार्डमम की पहाड़ियों में की जाती है।

गहन कृषि

इस कृषि पद्धति में किसान एक छोटी-सी जोत में अच्छे बीजों, अधिक उर्वरक, सिंचाई की निरन्तर सुविधा और अधिक श्रमिकों की सहायता से प्रति हेक्टेयर बहुत अधिक पैदावार करता है। इसके अतिरिक्त जोत के उसी टुकड़े से वर्ष में एक से अधिक फसलें उगाई जाती हैं। चावल यहाँ की मुख्य फसल है। इसके अलावा गेहूँ, मक्का, दालें और तिलहन भी उगाए जाते हैं। इस कृषि पद्धति का विस्तार विशाल मैदान, समुद्र तटीय मैदानों तथा अन्य उपजाऊ भागों में मिलता है। इस कृषि में कृषक का प्रमुख ध्येय अपने जीवन निर्वाह के लिए उत्पादन करना होता है, तथापि अब वह उत्पादन अधिकाधिक करके उसके कुछ अंश का विक्रय भी करता है। इस प्रकार की कृषि में कुल कृषि भूमि का अधिकांश भाग लगा है और उसकी 3/4 भूमि पर खाद्यान्नों का उत्पादन किया जाता है। यह कृषि भारत में पंजाब, हरियाणा, उत्तर प्रदेश, बिहार, झारखंड, पश्चिम बंगाल, मध्य प्रदेश, छत्तीसगढ़, ओडिशा, गुजरात, कर्नाटक, आंध्र प्रदेश तथा तमिलनाडु राज्य में विस्तृत है।

पूंजी आधारित कृषि

इस कृषि पद्धति के अन्तर्गत बागानी कृषि आती है। यह कृषि का सर्वाधिक विकसित रूप है क्योंकि इसमें कृषि उत्पादन व्यापारिक दृष्टिकोण से किया जाता है। इसमें श्रम का अधिक उपयोग होता है तथा पूंजी का विनियोग भी अधिक होता है। इसमें कृषि की विभिन्न प्रक्रियाओं को पूरा करने हेतु मशीनों के अत्यधिक प्रयोग द्वारा कृषि का यंत्रीकरण हो जाता है।

कृषि की प्रमुख विधियाँ

बहुफसली कृषि—इसके अन्तर्गत एक वर्ष में एक ही खेत में दो या दो से अधिक फसलें उगायी जाती हैं। इसे 'रिले क्रॉसिंग' एवं 'ओवर लैपिंग क्रॉसिंग' के नाम से भी जाना जाता है।

अंतर्वर्षीय कृषि—दो असमान फसलों को साथ-साथ एक ही खेत पर उगाने की प्रक्रिया अंतर्वर्षीय कृषि कहलाती है। इसके अंतर्गत मुख्य फसल की लाइनों के बीच में एक गौण फसल की बुआई की जाती है।

टांग्या प्रणाली—वन विभाग द्वारा विकसित यह फसलोत्पादन एवं वन प्रबंध की एक संयुक्त प्रणाली है। इसके अंतर्गत बिना किसी लगान के कृषकों को एक निश्चित समय हेतु भूमि दी जाती है जिस पर वे कृषि के साथ-साथ वृक्षारोपण भी करें। इसे 'कृषि वन प्रणाली' के नाम से भी जाना जाता है।

झूम खेती—पूर्वोत्तर की जनजातियों द्वारा जंगलों को साफ कर कुछ समय के लिए की जाने वाली कृषि की यह एक प्रणाली है। भूमि के अनुपजाऊ हो जाने पर वे लोग अन्य स्थल पर चले जाते हैं। यह प्रणाली राजस्थान में वालरा, मध्य प्रदेश में डाहा, हिमाचल क्षेत्र में खील एवं पश्चिमी घाट में कुमारी नाम से प्रचलित है।

शुष्क कृषि—सिंचाई के साधन के अभाव वाले उन क्षेत्रों में जहाँ 50 सेमी. से कम वर्षा होती है, कृषि को इस प्रणाली के अंतर्गत रखा जाता है।

विस्तृत कृषि—बड़ी फर्मों एवं बड़े पैमाने पर मशीनों द्वारा की गई कृषि इसके अंतर्गत आती है।

वायु कृषि—इजराइल द्वारा विकसित इस प्रणाली में बन्द डिब्बों में बीज उगाया जाता है, जिसमें पौधों की जड़ें अनावृत्त रहती हैं। इन जड़ों को भोजन कंप्यूटर चालित फुहारों से दिया जाता है।

जीविका कृषि—इसके अंतर्गत कृषि करने वाले पूरे परिवार या क्षेत्र में ही पूरे कृषि उत्पादन का उपभोग होता है।

रोपण कृषि—बड़े पैमाने पर मुख्यत: एक नकदी फसल का उत्पादन इस प्रणाली के अंतर्गत आता है।

स्थानबद्ध कृषि—किसी स्थान विशेष पर स्थायी निवासी किसानों एवं उसके परिवार द्वारा मिल जुलकर की गई कृषि स्थानबद्ध कृषि कहलाती है।

वेदिका कृषि—भूमि की ढाल की आड़ी दिशा में बनायी गई वेदिकाओं पर की जाने वाली कृषि को वेदिका कृषि कहते हैं।

पट्टिका कृषि—इस प्रणाली के अंतर्गत निकटवर्ती फसलों और अंत:कर्षित फसलों को सामान्य भूमि ढाल के अभिलंब विन्यास पट्टियों में एक सुनियोजित सस्यवर्ती क्रम में उगाया जाता है। इस प्रणाली को अक्सर समोच्च या वेदिका कृषि के साथ संयुक्त रूप से अपनाया जाता है।

समोच्च कृषि—इसके अंतर्गत चरागाह या अन्य वर्ग की भूमियों में ढाल की आड़ी दिशा में समोच्च रेखाओं का प्रयोग कर कृषि की जाती है। समोच्च रेखाएँ भूपृष्ठ पर समान ऊँचाइयों को मिलाने वाली रेखाएँ होती हैं।

जल कृषि—जल कृषि (हाइड्रोपोनिक्स) में पौधों को रासायनिक घोल में पोषित करके उगाया जाता है। भारत के जम्मू-कश्मीर में इसका प्रयोग किया जाता है।

प्रमुख फसलें

भौतिक एवं जलवायु की विविधता के कारण भारत में निम्नलिखित अनेक प्रकार की फसलें पैदा की जाती हैं–

खाद्यान्न फसलें

खाद्यान्न फसलों के अन्तर्गत चावल, गेहूँ, मक्का, दालें, ज्वार, बाजरा, रागी एवं जौ आदि को शामिल किया जाता है।

चावल

चावल की उपज की आदर्श दशाएँ मानसूनी प्रदेशों में पाई जाती हैं। चीन के बाद भारत का चावल के उत्पादन में दूसरा स्थान है। यह फसली क्षेत्र के एक-चौथाई भाग पर उगाया जाता है। इससे देश की लगभग आधी जनसंख्या का भरण-पोषण होता है।

भौगोलिक दशाएँ—इस उष्णकटिबंधीय फसल को ऊँचे तापमान की आवश्यकता होती है। इसे बुआई के समय 20° से. तथा पकते समय 27° से. तापमान की आवश्यकता होती है। प्रचुर प्रकाश की आवश्यकता होती है। अधिक लम्बा मेघाच्छादित मौसम फसल के लिए हानिकारक होता है। खेतों में लगभग 75 दिनों तक पानी भरा रहना चाहिए। साधारणतया सिंचित क्षेत्रों तथा 200 से.मी. वर्षा वाले क्षेत्रों में चावल बोया जाता है। चिकनी, कछारी अथवा दोमट मिट्टी फसल के लिए आवश्यक है।

उत्पादन क्षेत्र—भारत में कुल बोई गई भूमि के 16% भाग पर एवं खाद्यान्नों के अन्तर्गत बोई गई भूमि के 24% भाग पर चावल की खेती की जाती है। इसके प्रमुख उत्पादक क्षेत्र हैं—पश्चिम बंगाल, पंजाब, उ. प्र., आंध्र प्रदेश और तमिलनाडु।

गेहूँ

भारत में गेहूँ की पैदावार प्राचीन काल से ही होती आ रही है। यह भारत की दूसरी महत्त्वपूर्ण फसल है। चीन के बाद भारत संसार का दूसरा प्रमुख गेहूँ उत्पादक देश है। विगत पाँच दशकों में गेहूँ के क्षेत्र और उत्पादन में असाधारण तीन गुनी वृद्धि हुई है।

भौगोलिक दशाएँ—गेहूँ की बुआई के समय 10°–15° से. तथा पकने के समय 20° से 28° से. तक तापमान की आवश्यकता पड़ती है। गेहूँ के लिए 50 से 70 से.मी. वर्षा आदर्श मानी गई है। इस फसल के लिए हल्की दोमट या गहरे रंग की मटियार मिट्टी अच्छी होती है।

जौ

जौ उत्तर भारत की प्रमुख रबी फसल है। इसका उपयोग चारा और पशुओं के खाद्यान्न में ही अधिक होता है।

भौगोलिक दशाएँ—इस फसल के लिए ऐसे क्षेत्र सर्वाधिक उपयुक्त होते हैं, जहाँ न्यून मात्रा में वर्षा होती है। 75 से.मी. वार्षिक वर्षा इस फसल के लिए उपयुक्त है। इसकी खेती के लिए पाँच महीनों की आवश्यकता होती है। खेती के लिए हल्की मिट्टी की आवश्यकता होती है, किन्तु जल-सिंचित मध्यम दोमट मिट्टी भी इसकी कृषि के लिए उपयुक्त है।

मक्का

भारत में मक्का अर्द्ध-शुष्क व असिंचित भागों में वर्षाकाल में पैदा की जाती है। विश्व के कुल उत्पादन का केवल 1.5 प्रतिशत मक्का ही भारत में पैदा की जाती है। देश के कुल फसलगत क्षेत्र के 3.5 प्रतिशत भाग में मक्का बोई जाती है। इसका उपयोग भारत में मुख्यतया खाने में किया जाता है।

भौगोलिक दशाएँ—साधारणतया मक्का के लिए 4 से 6 महीने लम्बी गर्मी का मौसम (जिसमें पाला या सर्दी न हो और दिन एवं रात में समान रूप से गर्मी रहे) होना आवश्यक है। इसके अतिरिक्त स्वच्छ आकाश और उपज काल में 50 से 80 सेमी. वर्षा (रुक-रुक कर) आदर्श मानी जाती है। 100 सेमी. से अधिक वर्षा हानिकारक है। इसके लिए 25° सें. से 30° से. तापमान उपयुक्त होता है, किन्तु 12° सें. से 25° सें. तापमान वाले क्षेत्र में भी यह पैदा होती है।

उत्पादक क्षेत्र—मध्य प्रदेश, आंध्र प्रदेश, कर्नाटक, राजस्थान और उत्तर प्रदेश।

ज्वार

ज्वार की फसल भारत के अधिकांश राज्यों में खरीफ की फसल है। **महाराष्ट्र** में यह **रबी और खरीफ** दोनों ही फसलों में बोयी जाती है। काली और मिश्रित काली मिट्टी वाले क्षेत्रों में, जहाँ वर्षा सामान्य और सुवितरित होती है, यह मानसूनी वर्षा के बाद जुलाई के महीने में बो दी जाती है और नवम्बर के अंत तक काट ली जाती है।

भौगोलिक दशाएँ—यह गरम और सूखे भागों में जहाँ कहीं साधारण वर्षा 62 सेण्टीमीटर हो जाती है, वहाँ बिना सिंचाई के पैदा की जा सकती है। यह कम वर्षा वाले भागों में पैदा की जाती है। इसके लिए उपजाऊ कांप या चिकनी मिट्टी की आवश्यकता होती है। यद्यपि यह लाल, पीली, हल्की और भारी दोमट तथा बलुई मिट्टी में समान रूप से होती है। इसके बढ़ने के लिए तापमान 25° सें. से 30° सें. तक चाहिए।

उत्पादक क्षेत्र—महाराष्ट्र, कर्नाटक, मध्य प्रदेश और आंध्र प्रदेश।

बाजरा

भौगोलिक दशाएँ—बाजरा के लिए ज्वार से भी अधिक शुष्क जलवायु की आवश्यकता होती है। यह 30 से 50 सेंटीमीटर तक वर्षा वाली बलुई भूमि में अधिक उत्पन्न होता है। यह 50 से 70 सेंटीमीटर वर्षा वाले भागों में भी बोया जाता है। बाजरा की कृषि

भारत में 80° देशान्तर के पश्चिम में स्थित अनुपजाऊ भूमि में अधिक होती है। यह सामान्यत: दलहनों के साथ मिलकर बोया जाता है। यह मई से सितम्बर तक बोया जाता है और सितम्बर से फरवरी तक काट लिया जाता है। इसके लिए औसत तापमान 15° सें. से 32° सें. उपयुक्त होता है। बाजरा व ज्वार को हरे चारे व सूखे, किन्तु पौष्टिक चारे के लिए भी पैदा किया जाता है।

उत्पादक क्षेत्र—महाराष्ट्र, गुजरात, उत्तर प्रदेश, राजस्थान और हरियाणा।

रागी

भौगोलिक दशाएँ—वर्षा 50-100 से.मी., सिंचाई की अच्छी व्यवस्था, लाल दोमट, काली मिट्टी एवं बलुई मिट्टी रागी फसल के लिए उपयुक्त हैं। रागी कर्नाटक का सर्वप्रमुख अनाज है। यहाँ इसका प्रयोग मुख्यत: खाद्यान्न के रूप में किया जाता है। कर्नाटक के अतिरिक्त आन्ध्र प्रदेश, तमिलनाडु, ओडिशा, बिहार, गुजरात, महाराष्ट्र, उत्तराखंड तथा हिमाचल प्रदेश में रागी की खेती होती है। जी.पी.यू. 24, एच.पी.बी. 1, ई 2, वी.एल. 149 रागी की प्रमुख किस्में हैं।

दालें

दालों के अंतर्गत चना, अरहर, मूँग, उड़द, मसूर, मोंठ इत्यादि का विशेष महत्त्व है। खरीफ एवं रबी दोनों फसल चक्रों के अधीन इसकी खेती की जाती है। अरहर, चना, मसूर, मटर, रबी फसल के साथ तथा मूँग, उड़द, मोंठ, चावल आदि खरीफ के साथ तैयार हो जाते हैं। दालों के उत्पादन में वृद्धि एवं उन्नत किस्म के लिए केन्द्र सरकार ने '**राष्ट्रीय दाल विकास परियोजना**' प्रारंभ की है।

चना

यह प्रमुख दलहन फसल है जो कुल दलहन क्षेत्र के एक-तिहाई क्षेत्र में उत्पादित होता है। कुल दलहन उत्पादन में इसकी भागीदारी लगभग 40 प्रतिशत है। चना के लिए वे सभी भौगोलिक दशाएँ चाहिए, जो अन्य रबी फसलों के लिए उपयुक्त होती हैं। रबी फसलों में इसका प्रमुख स्थान है। उत्तर प्रदेश, बिहार, पंजाब, हरियाणा, राजस्थान, मध्य प्रदेश, पश्चिम बंगाल इसके मुख्य उत्पादक राज्य हैं। एच. 208, एच. 355, जी. 130, टी. 3, आर. एस. 10, अन्नगिरि, चफ्फा इसकी प्रमुख किस्में हैं।

उत्पादक क्षेत्र—मध्य प्रदेश, उत्तर प्रदेश, महाराष्ट्र, आन्ध्र प्रदेश और राजस्थान।

अरहर—चना के बाद दलहन के क्षेत्र में अरहर का दूसरा स्थान है। इसकी खेती शुष्क एवं उष्णार्द्र दोनों प्रकार की जलवायु में की जाती है। अरहर के पौधों में फूल निकलते तथा पकते समय सूर्य के प्रकाश वाला मौसम अधिक उपयुक्त होता है।

उत्पादक क्षेत्र—महाराष्ट्र, उत्तर प्रदेश, कर्नाटक, गुजरात और मध्य प्रदेश।

व्यावसायिक फसलें

व्यावसायिक फसलों के अन्तर्गत गन्ना, तिलहन, गरम मसाले, फल, सब्जियां, रबर आदि को शामिल किया जाता है।

भारत में अनेक प्रकार की व्यावसायिक फसलें पैदा की जाती हैं। इसे **नकदी** फसल भी कहा जाता है। इससे कृषक को मुद्रा की प्राप्ति होती है।

गन्ना

पूरे विश्व के गन्ना उत्पादन क्षेत्र का 35% भाग भारत में है। गन्ना उत्पादन में भारत का विश्व में ब्राजील के बाद दूसरा स्थान है। गन्ना एक सिंचित फसल है। प्रायद्वीपीय भारत की तुलना में उत्तरी मैदानों में सिंचाई कम लागत में और आसानी से हो जाती है, लेकिन लम्बी परिपक्वता अवधि, ज्यादा रस एवं लम्बी पिराई अवधि के कारण भारत में गन्ने की कृषि का स्थानान्तरण प्रायद्वीपीय भारत की ओर हो रहा है। प्रायद्वीपीय भारत में प्रति हेक्टेयर उत्पादन उत्तरी भारत की तुलना में ज्यादा है।

भौगोलिक दशाएँ—भारत में इसकी खेती 8° उत्तरी अक्षांश से 32° उत्तरी अक्षांश तक की जाती है। इसके तैयार होने में लगभग 1 वर्ष का समय लगता है। अंकुर के समय 20° सें. तथा बढ़ने के लिए 20° से 45° सें. तापमान की आवश्यकता होती है। अत्यधिक पाला तथा शीत गन्ने के पौधे के लिए हानिकारक होती है। इसके लिए लम्बे तथा तापयुक्त दिनों की जरूरत होती है। 100 से 200 से.मी. वर्षा इस फसल के लिए उपयुक्त होती है।

उत्पादक क्षेत्र—महाराष्ट्र, कर्नाटक, तमिलनाडु, आन्ध्र प्रदेश और उत्तर प्रदेश।

तिलहन

सरसों और तोरी—प्राकृतिक दशाएँ रबी के समान होनी चाहिए। तापमान 20°–25° सें.ग्रे. तथा 75–150 से.मी. वर्षा की आवश्यकता पड़ती है। अधिक जल पौधों को नष्ट कर देता है। दोमट मिट्टी इसके लिए अधिक उपयुक्त है। यह अधिकतर चना, गेहूँ, मटर के साथ बोई जाती है।

उत्पादक क्षेत्र—राजस्थान, उत्तर प्रदेश, हरियाणा, पश्चिम बंगाल और मध्य प्रदेश।

रबर

सन् 1902 में पहला रबर का वृक्ष केरल में पेरियार नदी के किनारे लगाया गया, इसे दक्षिण अमेरिका से मंगवाया गया था। इसके लिए 32° सें.ग्रे. औसत तापमान तथा 200 से.मी. से अधिक वर्षा की आवश्यकता पड़ती है। लाल लेटेराइट, चिकनी तथा दोमट मिट्टी इसके लिए उपयुक्त होती है। इसके वृक्षों की देख-रेख के लिए अधिक मानव श्रम की आवश्यकता होती है। भारत में कलमी पौधों को इण्डोनेशिया तथा मलेशिया से आयात किया जाता है। कलमी वृक्ष से बीज पौधों की अपेक्षा चौगुना अधिक दूध मिलता है। भारत में केरल, कर्नाटक राज्यों के तटीय क्षेत्रों में इसका अधिक उत्पादन होता है। भारत में केरल अकेले देश के कुल उत्पादन का 85 प्रतिशत रबर का उत्पादन करता है। अन्य उत्पादक राज्यों में तमिलनाडु, असम, त्रिपुरा, मेघालय, मिजोरम, नागालैण्ड, मणिपुर, गोवा, ओडिशा, महाराष्ट्र, पं. बंगाल शामिल हैं। **रबर उत्पादन में भारत का विश्व में चौथा स्थान है।**

मूँगफली—मूँगफली के उत्पादन में भारत का विश्व में दूसरा स्थान है। विश्व के कुल उत्पादन का लगभग 32% भाग अकेले भारत में उत्पादित होता है। इस उष्णकटिबंधीय पौधे के लिए चिकनी, दोमट, जलपरिपूर्ण काली मिट्टी, हल्की मिट्टी, जिसमें खाद दी गई हो और पर्याप्त मात्रा में जीवाश्म मिले हों, की आवश्यकता पड़ती है। 75–150 से. मी. वर्षा इसके लिए पर्याप्त होती है। इससे कम वर्षा होने पर सिंचाई की आवश्यकता पड़ती है। यह प्राय: खरीफ फसल है, जो मई से लेकर अगस्त तक बोई जाती है तथा नवम्बर से जनवरी तक प्राप्त कर ली जाती है।

उत्पादक क्षेत्र—गुजरात, तमिलनाडु, आन्ध्र प्रदेश, कर्नाटक और महाराष्ट्र।

तिल—विश्व के कुल उत्पादन में भारत का दूसरा स्थान है। भारत में इसकी पैदावार ठण्डे भागों में खरीफ की फसल के साथ तथा गरम भागों में रबी की फसल के साथ होती है। इसकी खेती के लिए 20°–25° सें. या कुछ अधिक तापमान की आवश्यकता होती है। वर्षा 50-100 से. मी. तक होनी चाहिए। इसके लिए हल्की बलुई मिट्टी की आवश्यकता होती है, जिसमें जल रुकता नहीं है। खेतों में जल रुकने से इसके पौधे नष्ट हो जाते हैं। उत्तर प्रदेश, मध्य प्रदेश, आन्ध्र प्रदेश, राजस्थान, गुजरात, महाराष्ट्र, तमिलनाडु तिल के प्रमुख उत्पादक राज्य हैं, जहाँ से भारत की कुल उपज का 90% क्षेत्र आता है।

अलसी—अलसी से तेल तथा रेशा दोनों प्राप्त होता है। विश्व उत्पादन में भारत का स्थान चौथा है तथा यहाँ कुल विश्व उत्पादन का 12% भाग पैदा होता है। इसके उत्पादन के लिए ठण्डी जलवायु की आवश्यकता होती है। तापमान औसतन 15°-25° सें.ग्रे. तक अच्छा माना जाता है। यह उन सभी मिट्टियों में पैदा की जा सकती है, जिनमें पर्याप्त नमी हो। वर्षा की आवश्यकता 75 से 150 से. मी. तक होती है। भारत के कुल उत्पादन का 90% भाग मध्य प्रदेश, बिहार, राजस्थान, ओडिशा, बंगाल, गुजरात तथा महाराष्ट्र से प्राप्त होता है। कर्नाटक, आन्ध्र प्रदेश, उत्तर प्रदेश, पंजाब अन्य महत्त्वपूर्ण उत्पादक राज्य हैं।

सोयाबीन—यह 40 से 50% तक तेल वाली रबी फसल है। अब इसकी पैदावर खरीफ फसल के रूप में भी की जाती है। देश का 80% सोयाबीन मध्य प्रदेश में पैदा होता है। मध्य प्रदेश के अतिरिक्त इसका उत्पादन महाराष्ट्र, राजस्थान, गुजरात और उत्तर प्रदेश में होता है।

सब्जियां

आलू—मुख्य सब्जी है। इसके लिए तापमान 16°-32° सें.ग्रे. अनुकूल होता है। मैदानी भागों से लेकर 2000 मीटर तक की ऊँचाई तक इसकी खेती की जाती है। भारत में इसकी खेती मुख्य रूप से असम, उत्तर प्रदेश, बिहार, प. बंगाल राज्यों में होती है।

इन राज्यों में देश के कुल उत्पादन का लगभग 80 प्रतिशत भाग प्राप्त होता है। इसके अतिरिक्त महाराष्ट्र, तमिलनाडु, ओडिशा, मध्य प्रदेश, हिमाचल प्रदेश, पंजाब में भी इसकी पैदावार होती है। भारत का चीन के बाद पूरे विश्व में सब्जियों के उत्पादन में **दूसरा स्थान** है। विश्व उत्पादन में भारत का हिस्सा 14.4 प्रतिशत है। फूल गोभी, टमाटर, बैंगन, प्याज, भिण्डी, बंदगोभी, लौकी, गाजर, मूली भारत की मुख्य सब्जियां हैं। मटर के उत्पादन में भारत का विश्व में पहला स्थान है।

पेय फसलें

पेय फसलों के अन्तर्गत चाय, कहवा तथा तम्बाकू आदि को शामिल करते हैं।

चाय

यद्यपि जंगली अवस्था में यह असम में पहले से पैदा होती थी, किन्तु 1834 में अंग्रेजों ने परीक्षण के रूप में व्यापारिक पैमाने पर इसका उत्पादन आरंभ करवाया। वर्तमान में चाय भारत की मुख्य व्यापारिक फसल है। इसके निर्यात से भारत को प्रतिवर्ष लगभग 2,300 करोड़ रुपये की विदेशी मुद्रा प्राप्त होती है। विश्व उत्पादन में भारत का पहला स्थान है। पूरे विश्व की 28 प्रतिशत चाय भारत में पैदा की जाती है। अन्तर्राष्ट्रीय चाय व्यापार में भारत का हिस्सा 15 प्रतिशत है। वर्तमान में 4.35 करोड़ हेक्टेयर भूमि में चाय की खेती की जाती है।

भौगोलिक दशाएँ—वृक्षों की छाया में इसके पौधे तेजी से बढ़ते हैं। 22°–34° सें.ग्रे के बीच तापमान तथा 150–180 सेमी. औसत वार्षिक वर्षा इसके पौधे के लिए उपयुक्त है। इसके पौधों की जड़ों में पानी जमा होने से हानि पहुँचती है। चाय के उद्यान मुख्य रूप से 610–1,830 मीटर की ऊँचाई पर ही पहाड़ी ढालों पर मिलते हैं। इसके लिए गहरी तथा गंधकयुक्त मिट्टी अच्छी होती है। उपजाऊ, मुलायम, बलुई मिट्टी में जहाँ जैविक एवं रासायनिक तत्त्वों का आधिक्य हो, इसकी अच्छी उपज होती है। दार्जिलिंग की चाय पोटाश एवं फॉस्फोरस की अधिकता के कारण सुगंधित होती है। इसकी खेती के लिए सस्ते श्रमिकों की अधिक आवश्यकता पड़ती है। भारत के कुल चाय क्षेत्र का 98.14% भाग असम, पश्चिम बंगाल, तमिलनाडु तथा केरल के अन्तर्गत आते हैं। भारत अपने कुल उत्पादन का लगभग 20% चाय का निर्यात करता है। निर्यात लगभग 80 देशों को किया जाता है। निर्यात में भारत का स्थान कीनिया और श्रीलंका के बाद तीसरा है।

उत्पादक क्षेत्र—असम, पश्चिम बंगाल एवं तमिलनाडु।

कहवा (कॉफी)

1798 ई. में ईस्ट इण्डिया कम्पनी द्वारा प्रयोगात्मक रूप से इसका उत्पादन शुरू किया गया। इसका व्यापारिक उत्पादन 1820 में शुरू हुआ। पूरे विश्व उत्पादन का 4% भाग भारत में होता है। भारत का कहवा उत्तम कोटि का होता है।

भौगोलिक दशाएँ—कहवा के लिए 12°–30° सें.ग्रे. तापमान तथा 150 से 200 से.मी. वर्षा अनुकूल मानी जाती है। अधिक समय तक पानी न मिलने से या अधिक समय तक जड़ों में पानी ठहर जाने पर कॉफी की फसल खराब हो जाती है। इसके लिए अच्छे जल निकास वाले धरातल की आवश्यकता होती है। दोमट या लावा मिट्टी इसके लिए उपयुक्त होती है। जीवांश तथा लोहे के अंश वाली मिट्टी अधिक लाभदायक होती है। कहवा के पौधों को उगाने, दूसरी जगह रोपने, फलों को तोड़ने, सुखाने, पीसने तथा डिब्बा बंद करने के लिए श्रमिकों की आवश्यकता पड़ती है। भारत में कहवा की दो किस्में पैदा की जाती हैं—**अरेबिका** तथा **रोबेस्टा।** अरेबिका उच्च कोटि का कहवा है, हालांकि इसमें कीड़े अधिक लगते हैं। रोबेस्टा कहवा रोगरोधी है। देश के कहवा क्षेत्र का 90% से अधिक दक्षिण भारत के राज्यों में स्थित है। शेष क्षेत्र उत्तरी-पूर्वी भारत के राज्यों में स्थित है।

उत्पादक क्षेत्र—कर्नाटक, केरल, तमिलनाडु, आन्ध्र प्रदेश, महाराष्ट्र, असम, मिजोरम, नागालैण्ड, त्रिपुरा आदि।

तम्बाकू

सर्वप्रथम 1508 में पुर्तगालियों ने तम्बाकू का पौधा भारत में लगाया। वर्तमान में कुल विश्व तम्बाकू उत्पादन का लगभग 7% उत्पादन भारत करता है।

भौगोलिक दशाएँ—इसका उत्पादन सामान्य धरातल से लेकर 1,800 मीटर की ऊँचाई तक किया जा सकता है। तापमान 18°–40° सें.ग्रे. के मध्य अच्छा रहता है। इसकी पैदावार के लिए 200 दिनों के पाला रहित मौसम की आवश्यकता होती है। वर्षा की 50–100 से.मी. आवश्यकता होती है। इसके लिए गहरी दोमट या मिश्रित कछारी मिट्टी उपयुक्त रहती है। इसकी खेती के लिए सस्ते श्रमिकों की आवश्यकता पड़ती है। भारत में लगभग 60 किस्म की तम्बाकू पैदा होती है। निकोटिना टुबैकम तथा निकोटिना रस्टिका तम्बाकू की मुख्य किस्में हैं।

उत्पादक क्षेत्र—आन्ध्र प्रदेश, महाराष्ट्र, तमिलनाडु और कर्नाटक मुख्य उत्पादक राज्य हैं। इन चार राज्यों में ही कुल उत्पादन का लगभग 78% पैदा होता है।

रेशेदार फसलें

रेशेदार फसलों के अन्तर्गत कपास, जूट, सन, पटुआ एवं मेस्टा को शामिल करते हैं।

कपास

कपास भारत की आदि फसल है। प्राचीन साक्ष्यों के अनुसार लगभग 2,500 ई. पू. में भी यहाँ कपास की खेती होती थी। कुल विश्व उत्पादन का 14.5% भाग भारत में पैदा होता है।

भौगोलिक दशाएँ—कपास एक उष्ण कटिबंधीय पौधा है। 50–100 से.मी. वर्षा तथा 20°-30° सें.ग्रे. तापमान इसके पौधे के लिए आवश्यक होता है। इसकी अच्छी खेती के लिए 200 दिन पाला रहित आवश्यक होते हैं। कपास के फूल के खिलते समय स्वच्छ आकाश तथा चमकदार धूप आवश्यक होती है। भारी काली मिट्टी, लाल और काली मिट्टी, कछारी मिट्टी इसकी खेती के लिए अच्छी होती है।

पटसन (जूट)

विभाजन के पूर्व भारत का पटसन की खेती पर एकाधिकार था, किन्तु विभाजन के उपरान्त पटसन का बहुत बड़ा क्षेत्र पूर्वी पाकिस्तान (बांग्लादेश) में चला गया। वर्तमान समय में विश्व के कुल पटसन का 52.7% भाग भारत तथा 27% भाग बांग्लादेश उत्पन्न करता है।

भौगोलिक दशाएँ—यह एक उष्णार्द्र कटिबंधीय पौधा है, किन्तु यह उपोष्ण कटिबंधीय क्षेत्रों में भी उगाया जाता है। इसकी खेती के लिए 150-200 से. मी. वर्षा तथा 20°–30° सें. तापमान अच्छा माना जाता है। इसके लिए समतल धरातल युक्त मटियार तथा दोमट मिट्टी अधिक उपयोगी होती है। इसके पौधे को साफ कर रेशा निकालने के लिए सस्ते श्रमिकों की आवश्यकता होती है। पश्चिम बंगाल तथा बिहार में देश के कुल उत्पादन का 92.2% पैदा किया जाता है। अन्य महत्त्वपूर्ण उत्पादक राज्यों में असम, ओडिशा तथा मेघालय हैं। उपर्युक्त राज्यों के अतिरिक्त उत्तर प्रदेश, आन्ध्र प्रदेश, छत्तीसगढ़ केरल, त्रिपुरा, तमिलनाडु, मणिपुर में भी पटसन की खेती की जाती है। भारत से पटसन का जर्मनी, ब्रिटेन, अमेरिका, रूस, फ्रांस, मिस्र, आस्ट्रेलिया आदि देशों को निर्यात किया जाता है।

पशुपालन

भारत विश्व का सर्वाधिक मवेशी वाला देश है। वर्ष 2019 में जारी 20वीं पशुधन गणना रिपोर्ट के अनुसार देश में 535.78 मिलियन पशुधन है। देश में देशी नस्ल के गाय-बैलों की 27 और भैंसों की 7 नस्लें उपलब्ध हैं। दुनिया की कुल भैंसों का 57% और गाय-बैलों का 14% भारत में है। देश में लगभग 18.5 करोड़ गाय-बैल तथा 9.8 करोड़ भैंसे हैं। पशुधन संख्या में गुजरात (15.36%), उत्तर प्रदेश (14.01%), असम (10.77%), पंजाब (9.57%), बिहार (8.56%), सिक्किम (7.96%), मेघालय (7.41%) और छत्तीसगढ़ (4.34%) की वृद्धि हुई है।

भैंस

दूध की प्राप्ति के लिए भैंसें अधिक पाली जाती हैं। इनका दूध अधिक पौष्टिक, भारी और चिकना होता है। ये सबसे अधिक आर्द्र प्रदेशों, यथा उत्तर प्रदेश, आन्ध्र प्रदेश और महाराष्ट्र में पाली जाती हैं। इनकी प्रमुख नस्लें हैं—

- **जाफराबादी**—यह नस्ल सौराष्ट्र के गिर वन प्रदेश में पाई जाती है। इस नस्ल से दूध प्रतिवर्ष 1,800 से 3,000 लीटर तक मिलता है।
- **मुर्रा**—यह नस्ल विशेष रूप से उत्तर प्रदेश में मिलती है। दक्षिणी पंजाब, हरियाणा, उत्तरी व दक्षिण-पूर्व राजस्थान और दिल्ली में भी यह नस्ल अधिकता से मिलती है। इसका रंग भी काला, शरीर भारी और सुगठित एवं सिर छोटा होता है। प्रति दुग्ध काल में इससे औसतन 1,800 से 2,800 लीटर तक दूध मिलता है।
- **भदावरी**—यह नस्ल उत्तर प्रदेश की बाह तहसील में मिलती है। इटावा और ग्वालियर जिले में यह विशेष रूप से मिलती है। इस नस्ल से 1,200 लीटर तक दूध मिलता है।

उपर्युक्त नस्लों के अलावा भारत में **सूरती, मेहसाना, नीली, पंडरपुरी, तेलंगाना, एलिचबेरी, रावी** तथा **परलाकीवेदी** आदि नस्लें भी पाई जाती हैं। भारत में 9.8 करोड़ भैंसें पाई जाती हैं, जो विश्व की कुल भैंसों की 57 प्रतिशत हैं।

गाय

भारत में गायों की मुख्य दुधारू नस्लें निम्न हैं—

- **गिर**—इसका मूल स्थान गुजरात में गिर वन प्रदेश है। यह नस्ल महाराष्ट्र और राजस्थान में भी मिलती है। इस नस्ल को दक्कनी, काठियावाड़ी, सूती इत्यादि नामों से भी जाना जाता है। इस नस्ल से प्रति दुग्धकाल (वर्ष में 325 दिन) में 2,000 लीटर तक दूध मिलता है।
- **साहीवाल**—इस नस्ल का मुख्य क्षेत्र पाकिस्तान में माण्टगोमरी जिला है। भारत में यह हरियाणा के करनाल जिले, **उ.प्र., मध्य प्रदेश, बिहार** तथा **दिल्ली** राज्य में मिलती है। इनसे प्रति दुग्ध काल (300 दिन) में 2150 लीटर तक दूध मिलता है, किन्तु उत्तम अवस्थाओं में इनसे 5000 लीटर तक दूध की प्राप्ति होती है।
- **देवनी**—यह नस्ल हैदराबाद के निकटवर्ती क्षेत्रों में मिलती है। इसे डोंगरपट्टी के नाम से भी जाना जाता है। यह नस्ल 1200 से 1800 लीटर तक दूध देती है।
- **कंकरेज**—यह नस्ल प्राय: पश्चिमी भारत में पाई जाती है। इसका मूल स्थान कच्छ की खाड़ी का तटीय प्रदेश है। यह बनास और सरस्वती नदी के निकटवर्ती क्षेत्रों में विशेष रूप से मिलती है। इससे औसत 1500 लीटर दूध प्रति दुग्धकाल में प्राप्त होता है।
- **मेवाती**—यह नस्ल उत्तर प्रदेश के पश्चिमी क्षेत्र एवं पूर्वी राजस्थान में मिलती है। इस नस्ल की दूध उत्पादन क्षमता 1000–1200 लीटर है।
- **थारपारकर**—इसका जन्म स्थान पाकिस्तान का सिंध क्षेत्र है। भारत में यह जोधपुर, जैसलमेर और गुजरात के कच्छ क्षेत्र में पाई जाती है। औसत दूध उत्पादन 1474 लीटर तथा अधिकतम उत्पादन 4763 ली. है।
- **सिंधी**—इस नस्ल का जन्म-स्थान पाकिस्तान में है। भारत में यह नस्ल सौराष्ट्र, कर्नाटक, तमिलनाडु, केरल, ओडिशा और पंजाब में पाई जाती है। इनसे प्रति दुग्धकाल में 1474 लीटर तक दूध प्राप्त होता है तथा उत्तम अवस्था में यह मात्रा 5400 लीटर तक हो सकती है।
- **हराना**—यह नस्ल हरियाणा के रोहतक, करनाल, हिसार और गुड़गांव में पाई जाती है। यह सफेद व हल्के स्लेटी (धूसर) रंग की दुधारू गाय होती है। इस नस्ल की गायों से 1400 लीटर तक दूध प्रति दुग्धकाल में प्राप्त किया जाता है।

श्वेत क्रांति

दूध के उत्पादन में तीव्र वृद्धि ही 'श्वेत क्रांति' कहलाती है। सन् 1964-65 में देश में 'सघन पशु विकास प्रोग्राम' (ICDP) चलाया गया, जिसके अन्तर्गत 'धवल क्रांति' अथवा 'श्वेत-क्रांति' लाने के लिए पशु मालिकों को पशुपालन के सुधरे तरीकों का पैकेज प्रदान किया गया। बाद में श्वेत-क्रांति की गति और तेज करने के लिए **'ऑपरेशन फ्लड'** (Operation Flood) आरम्भ किया गया। भारत में विश्व की सबसे अधिक पशु जनसंख्या है। 'ऑपरेशन फ्लड' के सूत्रधार डॉ. वर्गीज कुरियन हैं, जिन्हें इस योजना के क्रियान्वयन एवं सफलता का शत-प्रतिशत श्रेय जाता है। ऑपरेशन फ्लड कार्यक्रम विश्व का सबसे बड़ा समन्वित डेयरी विकास कार्यक्रम है, जो 1970 में राष्ट्रीय डेयरी विकास बोर्ड (NDDB) ने प्रारम्भ किया था। अब तक **'ऑपरेशन फ्लड'** के तीन चरण पूर्ण हो चुके हैं, जिनसे किसानों एवं दुग्ध उत्पादकों को काफी आर्थिक लाभ मिला है। आज 'ऑपरेशन फ्लड' योजना के अन्तर्गत लगभग 90 लाख किसान परिवार कार्यरत होकर 70 हजार से अधिक डेयरी सहकारी संस्थाओं से सम्बद्ध होकर डेयरी विकास कार्यक्रम से लाभान्वित हो रहे हैं।

बकरियां

20 प्रतिशत बकरियां दूध के लिए और शेष मांस के लिए पाली जाती हैं। बकरियां भारत के सभी क्षेत्रों में पाई जाती हैं, किन्तु दो क्षेत्रों में इन्हें विशेष रूप से पाला जाता है—**पहला क्षेत्र** सौराष्ट्र और गुजरात से आरम्भ होकर पूर्वी राजस्थान होता हुआ पंजाब तक फैला है। पूर्वी राजस्थान से यह क्षेत्र पूर्वी उत्तर प्रदेश और उत्तरी बिहार होता हुआ पश्चिम बंगाल तक चला गया है। **दूसरा क्षेत्र** महाराष्ट्र, आन्ध्र प्रदेश, कर्नाटक और तमिलनाडु राज्यों में फैला है।

भारत में बकरियों की निम्न नस्लें पाई जाती हैं—

- **हिमालय क्षेत्र की पहाड़ी बकरी**—यह दूध, उत्तम बाल व भार ढोने के लिए पश्चिमी हिमालय में सर्वत्र पाली जाती हैं। इनमें चम्बा, गद्दी, कश्मीरी मुख्य हैं।
- **जमुनापारी**—यह पश्चिम उत्तर प्रदेश एवं पूर्वी राजस्थान में पाई जाती हैं। यह दुग्ध, मांस व भार ढोने के लिए उपयोगी हैं। एक बकरी से उत्पादन काल में 4 से 5 लीटर दुग्ध प्रतिदिन प्राप्त हो जाता है।
- **बड़वारी**—यह पंजाब, हरियाणा, उत्तरी राजस्थान व दिल्ली में पाली जाती हैं। इससे प्रतिदिन 1.0 से 1.5 लीटर दूध मिलता है।
- **पश्मीना**—ऊँचे ठण्डे हिमालयी क्षेत्रों में पाई जाती हैं। यह उत्तम ऊन व भार ढोने के लिए प्रसिद्ध हैं। एक बकरी से प्रतिवर्ष 2.5 से 5.0 किलोग्राम ऊन प्राप्त होती है।
- **बंगाली**—सुदूर पूर्वी भारत में एवं सूरती गुजरात व महाराष्ट्र में दुग्ध व मांस हेतु पाली जाती हैं।

भेड़ें

भारत में भेड़ों का विस्तृत क्षेत्र 30 से 75 सेण्टीमीटर वर्षा वाले पहाड़ी भागों में है, जहाँ चरागाह पाये जाते हैं। ये अधिकतर शीतल और सूखे क्षेत्रों में मिलती हैं। गर्म और आर्द्र भागों में इनकी संख्या बहुत ही कम है। भारत में भेड़ पालन के तीन क्षेत्र हैं—

1. **उत्तरी क्षेत्र**—गुरैज, भक्खरवाल, गद्दी, भद्दरवाह नस्लें पाई जाती है।
2. **दक्षिणी क्षेत्र**—दक्कनी एवं नेलोरी भेड़ें मुख्य हैं।
3. **पश्चिमी क्षेत्र**—बीकानेरी, लोही भेड़ें एवं मारवाड़ी इस क्षेत्र की प्रमुख भेड़ें हैं।

सूअर पालन

देश में 139.19 लाख से ज्यादा सूअर हैं, जिनमें से 14.5 प्रतिशत बेहतरीन और विदेशी नस्ल के माने जाते हैं। इस समय देश में राज्य सरकारों/केंद्रशासित क्षेत्रों की सरकारों

द्वारा चलाए जा रहे लगभग 158 सूअर-पालन फार्म हैं। इन फार्मों में लार्ज **ह्वाइट यार्कशायर, हैंपशायर, लैंडरेस** आदि उन्नत नस्लों के सूअर पाले जाते हैं।

मुर्गी पालन

मुर्गी पालन से अण्डे और मांस मिलते हैं। मुर्गियां सामान्यत: देश के सभी भागों में बहुत थोड़े अनाज या कूड़े-करकट पर जीवित रह सकती हैं। इनकी विशेष देख-रेख की आवश्यकता नहीं होती। दुनिया के शीर्ष पाँच चिकेन उत्पादक देशों में भारत भी शामिल है। भारत में अभी भी आधुनिक व्यावसायिक स्तर पर मुर्गीपालन का विकास व्यापक स्तर पर नहीं हो पाया है। स्वदेशी नस्ल की मुर्गियां बहुत उन्नत नहीं होने के कारण काफी कम अंडे देती हैं, जो व्यावसायिक दृष्टि से बहुत लाभदायक नहीं हैं। अधिकांश मुर्गियां देशी नस्ल की हैं, जो प्रतिवर्ष प्रति मुर्गी 90 अण्डे ही देती हैं, जबकि न्यूजीलैण्ड में 160, बेल्जियम में 140, जापान में 130, डेनमार्क में 120 और संयुक्त राज्य में 112 अण्डे तक मिलते हैं। अब नस्ल सुधार एवं व्यवस्थित पालन द्वारा नगरों के निकट प्रति मुर्गी प्रतिवर्ष 150/180 अण्डे प्राप्त किये जाते हैं। वर्तमान समय में देश में 3,000 करोड़ अण्डों का उत्पादन हो रहा है।

सबसे अधिक मुर्गियां **आन्ध्र प्रदेश** में हैं। आंध्र प्रदेश को एशिया की **'अंडे की टोकरी'** कहा जाता है। इसके बाद क्रमश: पश्चिमी बंगाल, तमिलनाडु, महाराष्ट्र, असम, केरल, कर्नाटक, ओडिशा, मध्य प्रदेश, उत्तर प्रदेश और पंजाब का स्थान है। राजस्थान में सबसे कम मुर्गियां पाली जाती हैं।

मुर्गियों की मुख्य देशी नस्लें असील उत्तर प्रदेश में रामपुर और लखनऊ जिलों में तथा आन्ध्र प्रदेश में हैदराबाद जिले में; **चटगांव** पश्चिमी बंगाल में और **घगूस** आन्ध्र प्रदेश और कर्नाटक में पाली जाती हैं। इसके अतिरिक्त ह्वाइट लैघोर्न, रोड आइलैण्ड रैंड, ब्लेक मिनोर्का, प्लाइमाऊथ रॉक, आस्ट्रेलप, लाईट ससैक्स, ह्वाइट कार्निश और न्यू हैम्पशायर जैसी विदेशी नस्लें भी पाई जाती हैं।

कोया (रेशमी कीड़ा) उद्योग

प्राकृतिक रेशम की प्राप्ति एक प्रकार के कीड़े से होती है। इसे **शहतूत, अरण्डी, साल, बेर, पलास, कुसुम** वृक्षों की पत्तियों पर पाला जाता है। एक मादा कीड़ा एक बार में लगभग 500 अण्डे देती है। इन अण्डों को 15°-25° C तापमान वाले कमरे में रखा जाता है। इन अण्डों से कीड़े निकलते हैं तथा वे काफी मात्रा में पत्तियां खाकर अपने मुंह से धागा-सा निकालकर उससे खुद को लपेट लेते हैं। तत्पश्चात् उन्हें गर्म जल में डालकर रेशम का धागा प्राप्त किया जाता है। भारत में रेशम का कीड़ा पालने के लिए उपयुक्त दशाएँ पाई जाती हैं। कीड़ों के लिए शहतूत आदि के वृक्ष बहुतायत से भारत में मिलते हैं। सामान्यत: यहाँ तापमान भी 18° सें. से 24° सें. मिल जाता है। अत: **पश्चिम बंगाल, बिहार** और **उत्तर प्रदेश** के कुछ भागों, **तमिलनाडु** के समुद्रतटीय जिलों, **दक्षिण के मुख्य पठार** तथा असम में यह वर्ष भर पाले जा सकते हैं। इसके विकास की बहुत सम्भावनाएं हैं।

उत्पादन— भारत में दो प्रकार से रेशम प्राप्त किया जाता है, प्रथम शहतूत के वृक्षों से तथा अन्य प्रकार के वृक्षों पर पाये गए ककूनों से। शहतूत से प्राप्त रेशम उद्योग पूर्णत: संगठित है तथा समस्त रेशम का 75 प्रतिशत रेशम इसी प्रकार प्राप्त होता है। वर्तमान में 90 लाख किलोग्राम रेशम का उत्पादन होता है। भारत में कच्चे रेशम के सबसे बड़े उत्पादक कर्नाटक (65%), आंध्र प्रदेश (17%), पश्चिम बंगाल (8.1%), तमिलनाडु (5%) तथा असम (3%) हैं।

भारत में प्राप्त रेशम के प्रकार

शहतूत का रेशम

मुख्यत: शहतूत के वृक्षों पर पले कीड़ों से प्राप्त होता है, इसे मलबरी सिल्क कहते हैं। देश के कुल उत्पादन का लगभग 75% रेशम शहतूती ही होता है। इसका रंग गहरा पीलापन लिए होता है। यह मुख्यत: कर्नाटक, पश्चिमी बंगाल, पंजाब, जम्मू-कश्मीर, असम, मेघालय, उत्तर प्रदेश, तमिलनाडु, आन्ध्र प्रदेश और बिहार राज्यों से प्राप्त किया जाता है। इसका वार्षिक उत्पादन लगभग 68 लाख किलोग्राम का होता है।

मूँगा रेशम

सामान्यत: शहतूत के वृक्षों पर पाले गए कीड़ों से प्राप्त किया जाता है। इसका रंग सुनहरा पीला होता है। यह अधिकतर असम की घाटी में उत्तरी असम में अहोम, दक्षिणी कामरूप की गारो, रैंमाश और कछारी तथा नवगांव की लाहुंग आदि जातियों द्वारा पाला जाता है। पश्चिमी बंगाल, कर्नाटक, जम्मू-कश्मीर में भी ऐसा रेशम प्राप्त किया जाता है। इसका वार्षिक उत्पादन लगभग 80,000 किलोग्राम का होता है।

ईरी रेशम

हल्के बादामी रंग का खुरदरा, कम चमकीला किन्तु नरम होता है। यह अधिकतर अरण्डी के पत्तों पर पाले गए कीड़ों से प्राप्त किया जाता है। इसकी प्राप्ति मध्य प्रदेश, असम, बिहार, ओडिशा, पश्चिमी बंगाल, महाराष्ट्र और आन्ध्र प्रदेश में होती है। इसका वार्षिक उत्पादन लगभग 9 लाख किलोग्राम का होता है।

टसर रेशम

यह भी शहतूत पर पाले गए कीड़ों से प्राप्त किया जाता है। टसर के कीड़े एक-प्रजनन, द्वि-प्रजनन और त्रि-प्रजनन वाले होते हैं। ये शहतूत के अतिरिक्त ढाक, बेर, आसन, कुसुम और महुआ के वृक्षों पर पाले जाते हैं। रेशम का रंग हल्का पीला होता है और कुछ घटिया किस्म का माना जाता है। इसके मुख्य उत्पादक **बिहार, ओडिशा** तथा मध्य प्रदेश हैं। इसका वार्षिक उत्पादन लगभग 6 लाख किग्रा. होता है।

विश्व में **भारत** का रेशम उत्पादन में दूसरा स्थान है। **चीन** का प्रथम, **उजबेकिस्तान** का तीसरा तथा ब्राजील का चौथा स्थान है। भारत मूँगा रेशम का एकमात्र उत्पादक देश है तथा टसर रेशम का विश्व में दूसरा सबसे बड़ा उत्पादक देश है। भारत विश्व के अनेक देशों से कच्चा रेशम आयात करता है।

जनसंख्या तथा अधिवास

जनसंख्या

भारत में पहली जनगणना 1872 में की गई थी, किन्तु व्यवस्थित एवं वैज्ञानिक पद्धति पर भारत में पहली बार जनगणना 1881 में की गई। 1881 की जनगणना को भारत की पहली जनगणना मानी जाती है। भारत के महापंजीयक एवं जनगणना आयुक्त सी. चन्द्रमौली के नेतृत्व में देश की 15वीं जनगणना का द्वितीय चरण 9-28 फरवरी, 2011 को सम्पन्न हुआ, जबकि इसका प्रथम चरण अप्रैल-सितम्बर 2010 के दौरान सम्पन्न हुआ था। जाति संबंधी जनगणना इस चरण में शामिल नहीं थी। यद्यपि अनुसूचित जाति एवं अनुसूचित जनजाति संबंधी आंकड़ों को इस दौर में एकत्र किया गया है। 2011 की यह जनगणना देश की 15 वीं तथा स्वतंत्रता के बाद सातवीं जनगणना थी। इस जनगणना का शुभंकर 'एक प्रगणक शिक्षिका' को बनाया गया था।

भारत की जनगणना 1901-2011

वर्ष	जनसंख्या (करोड़ में)	दशाब्दी अंतर (करोड़ में)	प्रतिदशक वृद्धि दर (%)	औसत घातांक वृद्धि दर (%)
1901	23.83	–	–	–
1911	25.20	1.36	+5.75	0.56
1921	25.13	0.07	–0.21	–0.03

1931	27.89	2.76	+11.00	1.04
1941	31.86	3.96	+14.22	1.33
1951	36.10	4.24	+13.31	1.25
1961	43.92	7.81	+21.64	1.96
1971	54.81	10.89	+24.80	2.20.
1981	68.33	13.51	+24.66	2.22
1991	84.64	16.30	+23.87	2.16
2001	102.87	18.23	+21.54	1.97
2011	121.08	18.18	+17.7	1.64

जनसंख्या आंकड़े

राष्ट्रीय जनगणना के अनुसार 1 मार्च, 2011 को भारत की जनसंख्या 1 अरब 21 करोड़ 08 लाख 54 हजार 977 हो गई। इसमें पुरुषों की संख्या 62.32 करोड़ तथा महिलाओं की जनसंख्या 58.75 करोड़ हो गई।

- भारत की जनसंख्या विश्व की कुल जनसंख्या का 17.5 प्रतिशत है। इस प्रकार जनसंख्या की दृष्टि से विश्व में भारत का स्थान चीन के बाद दूसरा है। भारत की जनसंख्या (121.08 करोड़) यू.एस.ए, इण्डोनेशिया, ब्राजील, पाकिस्तान, बांग्लादेश और जापान की संयुक्त जनसंख्या (121.43 करोड़) के लगभग बराबर है।
- भारत की जनसंख्या में 2001 से 2011 के दौरान 18.18 करोड़ की वृद्धि हुई है। यह वृद्धि विश्व की पाँचवीं सर्वाधिक जनसंख्या वाले देश ब्राजील (19.5 करोड़) से थोड़ा ही कम है।
- उत्तर प्रदेश देश का सर्वाधिक आबादी वाला राज्य है, जिसकी जनसंख्या ब्राजील की जनसंख्या से अधिक है।
- उत्तर प्रदेश और महाराष्ट्र की जनसंख्या मिलाकर संयुक्त राज्य अमेरिका की जनसंख्या से अधिक है।
- देश के सर्वाधिक छः राज्यों की दशकीय वृद्धि दर में 1991-2001 की तुलना में 2001-2011 में गिरावट आई है–

  उत्तर प्रदेश (22.85% – 20.2%)
  महाराष्ट्र (22.73% – 16.0%)
  बिहार (28.62% – 25.4%)
  पश्चिम बंगाल (17.77% – 13.8%)
  आंध्र प्रदेश (14.59% – 11.0%)
  मध्य प्रदेश (22.26% – 20.30%)
- 2001- 2011 के मध्य देश के 25 राज्यों/केन्द्रशासित प्रदेशों की वार्षिक वृद्धि दर 2 प्रतिशत से कम रही जबकि 15 राज्यों/केन्द्रशासित प्रदेशों की वार्षिक वृद्धि दर 1.5 प्रतिशत से कम रही।
- देश के 25 राज्यों/केन्द्रशासित प्रदेशों की जनसंख्या देश की कुल जनसंख्या का 85 प्रतिशत है तथा 15 राज्यों/केन्द्रशासित प्रदेशों की जनसंख्या देश की कुल जनसंख्या का 42 प्रतिशत है।

जनसंख्या 2001 - 2011

	2001	2011	अंतर	% वृद्धि 2001-2011
जनसंख्या	1,02,87,37, 436	1,21,08,54,977	18,21,17,541	17.7
पुरुष	53,22,23,090	62,32,70,258	9,10,47,168	17.1
महिला	49,65,14,346	58,75,84,719	9,10,70,373	18.1

सर्वाधिक जनसंख्या वाले राज्य/केन्द्रशासित प्रदेश

राज्य/केन्द्रशासित प्रदेश	जनसंख्या (करोड़ में)
उत्तर प्रदेश	19.981
महाराष्ट्र	11.237
बिहार	10.409
प. बंगाल	9.127
आंध्र प्रदेश	8.458

सर्वाधिक एवं न्यूनतम जनसंख्या वाले जिले

सर्वाधिक जनसंख्या वाले जिले		न्यूनतम जनसंख्या वाले जिले	
थाणे (महाराष्ट्र)	1,10,54,131	दिबांग घाटी (अरुणाचल प्रदेश)	7,948
उत्तरी चौबीस परगना (प. बंगाल)	1,00,82,852	पंजाव (अरुणाचल प्रदेश)	21,089

जनघनत्व

2011 में भारत का जनघनत्व 382 व्यक्ति प्रति वर्ग किमी. हो गया है, जबकि यह 2001 में 325 व्यक्ति प्रति वर्ग किमी. था। 2001 से 2011 तक की अवधि में भारत के राज्यों के जनघनत्व में सर्वाधिक वृद्धि बिहार के जनघनत्व में 221 व्यक्ति/किमी., जबकि सबसे कम वृद्धि अरुणाचल प्रदेश के जनघनत्व में हुई है, जो 3 व्यक्ति प्रति वर्ग किमी. है। नागालैण्ड के जनघनत्व 2001 में 120 से घटकर 2001 में 119 हो गया।

सर्वाधिक/न्यूनतम जनघनत्व वाले राज्य

राज्य	जनघनत्व/वर्ग किमी.
बिहार	1,106
पश्चिम बंगाल	1,028
केरल	860
उत्तर प्रदेश	829
हरियाणा	573
अरुणाचल प्रदेश	17
मिजोरम	52
सिक्किम	86
नागालैण्ड	119
मणिपुर	123

सर्वाधिक/न्यूनतम जनघनत्व वाले केन्द्रशासित राज्य

राज्य	जनघनत्व/वर्ग किमी.
दिल्ली	11,320
चंडीगढ़	9,258
पुदुचेरी	2,547
अंडमान एवं निकोबार	46
दा. एवं न. हवेली	700
दमन एवं दीव	2194

सर्वाधिक/न्यूनतम जनघनत्व वाले जिले

जिले	जनघनत्व/वर्ग किमी.
उ. पू. दिल्ली	37,346
चेन्नई (मद्रास)	26,903
दिबांग घाटी (अरुणाचल प्रदेश)	1
सांबा (जम्मू-कश्मीर)	2

साक्षरता

1951 में भारत के 18.33% लोग साक्षर थे। धीरे-धीरे यह प्रतिशत बढ़कर 2001 की जनगणना के अनुसार 64.84% हो गया। जनगणना 2011 के अनुसार साक्षरता दर 73% है, जिसमें पुरुषों की साक्षरता दर 80.9% एवं महिलाओं की साक्षरता दर 64.6% है। साक्षरता की दृष्टि से उस व्यक्ति को 'साक्षर' माना जाता है जिसकी आयु 7 वर्ष या उससे अधिक है और जो कम-से-कम किसी भी एक भाषा में समझकर उसे लिख-पढ़ सकता है। साक्षरता में केरल अग्रणी राज्य है जिसकी साक्षरता दर (94.0%) है उसके बाद मिजोरम (91.3%) आता है। दूसरी तरफ बिहार की साक्षरता दर सबसे कम (61.8%) है।

2001-11 की अवधि में केन्द्रशासित प्रदेशों में सर्वाधिक साक्षरता दर लक्षद्वीप की दर्ज की गई, जोकि 91.8% थी, जबकि सबसे कम साक्षरता दर वाला केन्द्रशासित प्रदेश दादर एवं नगर हवेली (76.2%) है। भारत के अधिकतम/न्यूनतम साक्षरता दर वाले राज्यों एवं केन्द्रशासित प्रदेशों का विवरण निम्नवत् है–

अधिकतम साक्षरता दर

राज्य	साक्षरता दर	केन्द्रशासित प्रदेश	साक्षरता दर
केरल	94.0%	लक्षद्वीप	91.8%
मिजोरम	91.3%	दमन एवं दीव	87.1%
गोवा	88.7%	अंडमान नि. द्वीप समूह	86.6%
त्रिपुरा	87.2%	दिल्ली	86.2%

2011 के जनसंख्या आंकड़ों में साक्षरता के क्षेत्र में एक महत्त्वपूर्ण पहलू यह देखने को मिला कि जहाँ देश की औसत साक्षरता दर 73.0 प्रतिशत है, तो वहीं 11 ऐसे राज्य हैं जिनकी साक्षरता दर राष्ट्रीय औसत से कम है।

न्यूनतम साक्षरता दर

राज्य	साक्षरता दर %	केन्द्रशासित प्रदेश	साक्षरता दर %
बिहार	61.8	दादर एवं नगर	76.2
अरुणाचल	65.4	पुदुचेरी	85.8
राजस्थान	66.1	चंडीगढ़	86.0
झारखण्ड	66.4	दिल्ली	86.8

यदि हम साक्षरता दर में पुरुष और महिला साक्षरता दर का अलग-अलग आकलन करें तो पाते हैं कि इस दशक (2001-2011) में राज्यों की सर्वाधिक पुरुष साक्षरता दर क्रमशः केरल (96.1%), मिजोरम (93.3%), तथा गोवा (92.6%) में है जबकि न्यूनतम पुरुष साक्षरता दर क्रमशः बिहार (71.2%), अरुणाचल प्रदेश (72.6%), आंध्र प्रदेश (74.9%) राज्यों में है। दूसरी तरफ स्त्रियों की साक्षरता भी केरल में सबसे अधिक (92.1%) है उसके बाद मिजोरम (89.3%) तथा गोवा (84.7%) क्रमशः दूसरे और तीसरे स्थान पर हैं। केन्द्रशासित प्रदेशों में सर्वाधिक पुरुष साक्षरता लक्षद्वीप (95.6%) की है, जबकि न्यूनतम दादर एवं नगर हवेली (85.2%) में है। दूसरी तरफ महिला साक्षरता दर वाले केन्द्रशासित प्रदेशों में भी लक्षद्वीप (87.9%) अग्रणी है और दादर एवं नगर हवेली (64.3%) निम्नतम है।

लिंगानुपात

भारत में 2001-2011 की अवधि में लिंगानुपात बढ़कर 943 हो गया है। भारत में लिंगानुपात की गणना प्रति 1000 पुरुषों के अनुपात में स्त्रियों की संख्या से की जाती है।

भारत में लिंगानुपात

वर्ष	प्रति 1000 पुरुषों पर स्त्रियां	वर्ष	प्रति 1000 पुरुषों पर स्त्रियां
1901	972	1961	941
1911	964	1971	930
1921	955	1981	934
1931	950	1991	927
1941	945	2001	933
1951	946	2011	943

तुलनात्मक लिंगानुपात : 2001- 2011

कुल	2001	2011	अंतर
भारत	933	943	+10
ग्रामीण	946	949	+3
शहरी	900	929	+29

अधिकतम/न्यूनतम लिंगानुपात वाले राज्य/केन्द्रशासित प्रदेश

राज्य	अधिकतम	राज्य	न्यूनतम लिंगानुपात
केरल	1084	हरियाणा	879
तमिलनाडु	996	जम्मू एवं कश्मीर	889
आंध्र प्रदेश	993	सिक्किम	890
छत्तीसगढ़	991	पंजाब	895

केन्द्रशासित प्रदेश

पुदुचेरी	1037	दमन एवं द्वीप	618
लक्षद्वीप	947	दादर एवं नगर हवेली	774
अंडमान	876	चंडीगढ़	818

सर्वाधिक एवं न्यूनतम लिंगानुपात वाले जिले

जिले	लिंगानुपात	जिले	लिंगानुपात
माहे (पुदुचेरी)	1176	दमन (दमन एवं द्वीप)	533
अल्मोड़ा (उत्तराखंड)	1139	लेह (लद्दाख) (जम्मू-कश्मीर)	583

शिशु जनसंख्या (0-6 आयु वर्ग) एवं लिंगानुपात

- देश में 0-6 आयु वर्ग के शिशुओं की कुल जनसंख्या 164.5 मिलियन है, जिसके अंतर्गत ग्रामीण शिशु जनसंख्या 121.28 मिलियन तथा शहरी शिशु जनसंख्या 43.18 मिलियन है।
- देश में 20 राज्य/केन्द्रशासित प्रदेशों में शिशु जनसंख्या 1 मिलियन से ऊपर है, दूसरी तरफ 5 राज्य/केन्द्रशासित प्रदेश अभी इस समय संख्या की पहुँच से दूर हैं।
- उ.प्र. (29.7 मिलियन), बिहार (18.6 मिलियन), महाराष्ट्र (12.8 मिलियन), म.प्र. (10.5 मिलियन), तथा राजस्थान (10.5 मिलियन), इस वर्ग के जनसंख्या के साथ कुल शिशु जनसंख्या के 52% भाग का प्रतिनिधित्व करते हैं।
- 0-6 आयु वर्ग के शिशुओं की जनसंख्या देश की कुल जनसंख्या 13.6% है। 2001 में यह 15.9 प्रतिशत था, इस प्रकार इसमें 2.3 प्रतिशत की गिरावट आयी है।

- जहाँ एक ओर देश के समग्र लिंगानुपात में 1991 के बाद बढ़ोत्तरी देखी गई वहीं 0-6 आयु वर्ग के लिंगानुपात में गिरावट आई है और यह 2001 के 927 से 2011में घटकर 919 हो गई। इस प्रकार से 2001 के बीच (– 8) का अन्तर है।

(0-6 आयु वर्ग) का लिंगानुपात

	2001	2011	अन्तर
भारत	927	919	(– 8)
(i) ग्रामीण	934	923	(–) 11
(ii) शहरी	906	905	(–) 1

(0-6 आयु वर्ग) लिंगानुपात वाले राज्य/केन्द्रशासित प्रदेश

राज्य/केन्द्र शासित प्रदेश	सर्वाधिक लिंगानुपात
अरुणाचल प्रदेश	972
मेघालय/मिजोरम	970
हरियाणा	834
पंजाब	846

0-6 आयु वर्ग लिंगानुपात वाले जिले

जिला	सर्वाधिक लिंगानुपात	जिला	न्यूनतम लिंगानुपात
लाहुल एवं स्पिति (हिमाचल प्रदेश)	1,013	झज्झर (हरियाणा)	774
त्वांग (अरुणाचल प्रदेश)	1,005	महेन्द्रगढ़? (हरियाणा)	778

दशकीय वृद्धि

राष्ट्रीय जनगणना 2011 के अनुसार भारत की जनसंख्या की दशकीय वृद्धि दर 2001 से 2011 की अवधि में 17.7% रही, जबकि गत दशक में यह 21.54% थी। 2001-2011 में राज्यों में सर्वाधिक दशकीय वृद्धि मेघालय की (27.9%) हुई है, जबकि सबसे कम वृद्धि नागालैण्ड की जनसंख्या में – 0.6% देखी गई।

जनगणना 2011 के अनुसार जनसंख्या में सर्वाधिक तथा न्यूनतम दशकीय वृद्धि दर वाले पाँच-पाँच राज्य निम्नांकित हैं–

सर्वाधिक वृद्धि दर वाले राज्य	दशकीय वृद्धि दर (% में)	न्यूनतम वृद्धि दर वाले राज्य	दशकीय वृद्धि दर (% में)
1. मेघालय	27.9	1. नागालैण्ड	–0.6
2. अरुणाचल प्रदेश	26.0	2. केरल	4.9
3. बिहार	25.4	3. गोवा	8.2
4. जम्मू-कश्मीर	23.6	4. आन्ध्र प्रदेश	11.0
5. मिजोरम	23.5	5. सिक्किम	12.9

2001-2011 की अवधि में केन्द्रशासित प्रदेशों में सर्वाधिक एवं न्यूनतम दशकीय वृद्धि दर निम्नांकित रही–

सर्वाधिक दशकीय वृद्धि दर वाले केन्द्र शासित प्रदेश

केन्द्र शासित प्रदेश	दशकीय वृद्धि दर (%)
1. दादर एवं नगर हवेली	55.90
2. दमन एवं दीव	53.8
3. पुदुचेरी	28.1

न्यूनतम वृद्धि दर वाले केन्द्र शासित प्रदेश

केन्द्र शासित प्रदेश	दशकीय वृद्धि दर (%)
1. लक्षद्वीप	6.3
2. अण्डमान एवं निकोबार द्वीप समूह	6.9
3. चण्डीगढ़	17.20

सर्वाधिक एवं न्यूनतम जनसंख्या वृद्धि दर जिले

जिला	सर्वाधिक % वृद्धि	जिला	न्यूनतम % वृद्धि
कुरूंग कुमे (अरुणाचल प्रदेश)	111.01	लागलोंग (नागालैण्ड)	– 58.39
यमन (पुदुचेरी)	77.15	किफरे (नागालैण्ड)	– 30.50

जनसंख्या की धार्मिक संरचना

भारत की 15वीं जनगणना 2011 में सम्पन्न हुई थी। इन जनगणना के अन्तिम आंकड़े 31 मार्च, 2011 को व फाइनल आंकड़े 30 अप्रैल, 2011 को देश के महापंजीयक व जनगणना आयुक्त (Registrar General and Census Commissioner) ने जारी किए थे। जनगणना के धर्म आधारित आंकड़े उस समय इन आंकड़ों के साथ जारी नहीं किए गए थे। यह आंकड़े अब 25 जनवरी, 2015 को जारी किए गए हैं। इन आंकड़ों के अनुसार 2011 में देश की कुल 121.08 करोड़ जनसंख्या (2011 की स्थिति) में विभिन्न धर्मों की जनसंख्या निम्नलिखित अनुसार है–

विभिन्न धर्मों की जनसंख्या : एक दृष्टि में

धर्म	2001			2001	
	जनसंख्या (करोड़ में)	कुल जनसंख्या में प्रतिशत भाग	जनसंख्या (करोड़ में)	कुल जनसंख्या में प्रतिशत	2001-11के दशक में जनसंख्या में वृद्धि (प्रतिशत में)
हिन्दू	82.76	80.5	96.63	79.8	16.76
मुसिलम	13.82	13.4	17.22	14.2	24.6
ईसाई	2.41	2.3	2.78	2.3	15.5

सिक्ख	1.92	1.9	2.08	1.7	8.4
बौद्ध	0.80	0.8	0.84	0.7	6.1
जैन	0.42	0.4	0.45	0.4	5.4
अन्य	0.66	0.6	0.79	0.7	–
धर्म अघोषित	0.07	0.1	0.29	0.2	–
योग	**102.86**	**100.0**	**121.08**	**100.0**	**17.7**

भारत की प्रजातियाँ

भौगोलिक दृष्टि से प्रजाति का काफी महत्त्व है, क्योंकि इससे भारत में मानव के उद्भव और विकास से लेकर अब तक के असितत्व का पता चलता है। विभिन्न मानवशासित्रयों ने भारत की प्रजातियों का वर्गीकरण किया है। इनमें वी.एस. गुहा का वर्गीकरण उपयुक्त माना जाता है। इनके अनुसार प्रजातियों का विवरण निम्न है–

वी.एस. गुहा का प्रजातीय वर्गीकरण

	प्रजातीय वर्ग	वितरण
1.	निग्रीटो	अण्डमान, कोच्चि के जनजीतय क्षेत्र
2.	प्रोटो ऑस्ट्रेलाइड	मध्य भारत से दक्षिण भारत की जनजातियों के रूप में
3.	मंगोलाइड	हिमालय क्षेत्र
4.	मेडिटरेनियन (भूमध्य सागरीय)	
	(क) पैलियो मैडिटरेनियन	आन्ध्र प्रदेश, तमिलनाडु
	(ख) पेडिटरेनियन	सिन्धु गंगा के मैदानी भाग
	(ग) ओरिएन्टल	पंजाब, हरियाणा, राजस्थान
5.	ब्राची सेफालिक (चौड़े सिर वाली)	
	(क) अल्पीनाइड	गुजरात, महाराष्ट्र, कर्नाटक, बिहार, उ. प्र.
	(ख) डिनारिक	प. बंगाल, उड़ीसा (ओडिशा)
	(ग) आर्मीनाइड	उत्तरी भारत
6.	नार्डिक	मैदानी भाग

अनुसूचित जाति जनगणना -2011

संविधान के अनुच्छेद 341 में अनुसूचित जाति शब्द का उल्लेख किया गया है, जिसमें 542 जातियाँ शामिल हैं। 2011 की जनगणना के अनुसार देश में अनसूचित जातियों की जनसंख्या 20,13,78,086 है, जो देश की कुल जनसंख्या का 16.6 प्रतिशत है। 2001-2011 के दशक में अनुसूचित जाति की वृद्धि दर 20.8 प्रतिशत रही है।

उत्तर प्रदेश में सर्वाधिक अनुसूचित जाति की जनसंख्या है तथा मिजोरम में न्यूनतम अनुसूचित जाति की जनसंख्या है, जबकि अनुसूचित जाति की सर्वाधिक प्रतिशतता पंजाब में तथा न्यूनतम प्रतिशतता मिजोरम में है। अरुणाचल प्रदेश, नागालैण्ड, अंडमान एवं निकोबार द्वीप समूह और लक्षद्वीप में किसी भी अनुसूचित जाति का निवास नहीं है। 2011 में अनुसूचित जाति का लिंगानुपात 945 है।

भारत में राज्यवार अनुसूचित जाति (SC) जनसंख्या (2011)

क्र.सं.	राज्य/केन्द्र शासित प्रदेश	अनुसूचित जाति (SC)			कुल जाति में (SC) का (%)
		कुल	पुरुष	महिलाएं	
1.	जम्मू और कश्मीर*	9,24,991	4,86,232	4,38,759	7.4
2.	हिमाचल प्रदेश	17,29,252	8,76,300	8,52,952	25.2
3.	पंजाब	88,60,179	46,39,875	42,20,759	31.9
4.	चण्डीगढ़	1,99,086	1,06,356	92,730	18.9
5.	उत्तराखंड	18,92,516	9,68,586	9,23,930	18.8
6.	हरियाणा	51,13,615	27,09,656	24,03,959	20.2
7.	दिल्ली	28,12,309	14,88,800	13,23,509	16.8
8.	राजस्थान	1,22,21,593	63,55,564	58,66,029	17.8
9.	उत्तर प्रदेश	4,13,57,608	2,16,76,975	1,96,,80,633	20.7
10.	बिहार	1,65,67,325	86,06,253	79,61,072	15.9
11.	सिक्किम	28,275	14,454	13,821	4.6
12.	अरुणाचल प्रदेश	NSC	NSC	NSC	NSC
13.	नागालैण्ड	NSC	NSC	NSC	NSC
14.	मणिपुर	97,042	48,714	48,328	3.8
15.	मिजोरम	1,218	807	411	0.1
16.	त्रिपुरा	6,54,918	3,34,370	3,20,548	17.8
17.	मेघालय	17,355	9,157	8,198	0.6

18.	असोम	22,31,321	11,45,314	10,86,007	7.2
19.	प. बंगाल	2,14,63,270	1,10,03,304	1,04,59,966	23.5
20.	झारखण्ड	39,85,644	20,43,4558	19,42,186	12.1
21.	ओडिशा	71,88,463	36,17,808	35,70,655	17.1
22.	छत्तीसगढ़	32,74,269	16,41,738	16,32,531	12.8
23.	मध्य प्रदेश	1,13,42,320	59,08,638	54,33,682	15.6
24.	गुजरात	40,74,447	21,10,331	19,64,116	6.7
25.	दमन एवं दीव*	6,124	3,151	2,973	2.5
26.	दादरा एवं नगर हवेली*	6,186	3,339	2,847	1.8
27.	महाराष्ट्र	1,32,75,898	67,67,759	65,08,139	11.8
28.	आन्ध्र प्रदेश	1,38,78,078	69,143,047	69,65,031	16.4
29.	कर्नाटक	1,04,74,992	52,64,545	52,10,447	17.1
30.	गोवा	25,449	12,627	12,822	1.7
31.	लक्षद्वीप	NSC	NSC	NSC	NSC
32.	केरल	30,39,573	14,77,808	15,61,765	9.1
33.	तमिलनाडु	1,44,,38,445	72,04,687	72,33,758	20.0
34.	पुदुचेरी	1,96,325	95,512	1,00,813	15.7
35.	अं. नि. द्वीप समूह	NSC	NSC	NSC	NSC
	भारत	**20,13,78,086**	**10,35,35,165**	**9,78,42,921**	**16.1**

अनुसूचित जनजाति जनगणना-2011

संविधान के अनुच्छेद 342 में अनुसूचित जनजाति का उल्लेख किया गया है। मूलरूप से 212 जनजातियों को अनुसूचित जनजातियाँ घोषित किया गया था, लेकिन वर्तमान में अनुसूचित जनजातियों की सूची में 550 जनजातियाँ शामिल हैं। 2011 की जनगणना के अनुसार देश में अनुसूचित जनजाति की संख्या 10,42,81,034 है, जो देश की कुल जनसंख्या का 8.6% है। मध्य प्रदेश में सर्वाधिक अनुसूचित जनजाति की जनसंख्या है, जो राज्य की समस्त जनसंख्या का 21.1% है। पुदुचेरी, दिल्ली, चंडीगढ़, हरियाणा तथा पंजाब में कोई भी अनुसूचित जनजाति नहीं पाई जाती है। 2011 में अनूसूचित जनजाति का लिंगानुपात 990 है। जनजातियों में सर्वाधिक लिंगानुपात गोवा (1,046) तथा न्यूनतम जम्मू-कश्मीर (924) है।

भारत मे राज्यवार अनुसूचित जनजाति (ST) जनसंख्या (2011)

क्र.सं.	राज्य/केन्द्र शासित प्रदेश	अनुसूचित जाति (ST)			कुल जाति में (ST) का (%)
		कुल	पुरुष	महिलाएं	
1.	जम्मू और कश्मीर	14,93,299	7,76,257	7,17,042	11.9
2.	हिमाचल प्रदेश	3,92,126	1,96,118	1,96,008	5.7
3.	पंजाब	NST	NST	NST	NST
4	चण्डीगढ़	NST	NST	NST	NST
5.	उत्तराखंड	2,91,903	1,48,669	1,43,234	2.9
6.	हरियाणा	NST	NST	NST	NST
7.	दिल्ली	NST	NST	NST	NST
8.	राजस्थान	92,38,534	47,42,943	44,95,591	13.5
9.	उत्तर प्रदेश	11,34,273	5,81,083	5,53,190	0.6
10.	बिहार	13,36,573	6,82,516	6,54,057	1.3
11.	सिक्किम	2,06,360	1,05,261	1,01,099	33.8
12.	अरुणाचल प्रदेश	9,51,821	4,68,390	4,83,431	68.8
13.	नागालैण्ड	17,10,973	8,66,027	8,44,946	86.5
14.	मणिपुर	9.02,740	4,50,887	4,51,853	35.1
15.	मिजोरम	10,36,115	5,16,294	5,19,821	94.4

16.	त्रिपुरा	11,66,813	5,88,327	5,78,486	31.8
17.	मेघालय	25,55,861	12,69,728	12,86,133	86.1
18.	असम	38,84,371	19,57,005	19,27,366	12.4
19.	प. बंगाल	52,96,953	26,49,974	26,46,979	5.8
20.	झारखण्ड	86,45,042	43,15,407	43,29,635	26.2
21.	ओडिशा	95,90,756	47,27,732	48,63,024	5.8
22.	छत्तीसगढ़	78,22,902	38,73,191	39,49,711	30.6
23.	मध्य प्रदेश	1,53,16,784	77,19,404	75,97,380	21.1
24.	गुजरात	89,17,174	45,01,389	44,15,785	14..8
25.	दमन एवं द्वीप	15,363	7,771	7,592	6.3
26.	दादरा एवं नगर हवेली	1,78,564	88,844	89,720	52.0
27.	महाराष्ट्र	1,05,10,213	53,15,025	51,95,188	9.4
28.	आन्ध्र प्रदेश	59,18,073	29,69,362	29,48,711	7.0
29.	कर्नाटक	42,48,987	21,34,754	21,14,233	7.0
30.	गोवा	1,49,275	72,948	76,327	10.2
31.	लक्षद्वीप	61,120	30,515	30,605	94.8
32.	केरल	4,84839	2,38,203	2,46,636	1.5
33.	तमिलनाडु	7,94,697	4,01,068	3,93,629	1.1
34.	पुदुचेरी	NST	NST	NST	NST
35.	अं. नि. द्वीप समूह	28,530	14,731	13,799	7.5
	भारत	**10,42,81,034**	**5,24,09,823**	**5,18,79,211**	**8.6**

भारत की महत्त्वपूर्ण जनजातियाँ

क्र.सं.	राज्य/ केन्द्रशासित प्रदेश	जनजातियाँ
1.	अरुणाचल प्रदेश	डफला, अपातानी, मिसमी
2.	असम	बोडो, मिरि
3.	मेघालय	गारो, खासी, जयन्तिया
4.	मिजोरम	लुसाई
5.	नागालैण्ड	अन्गामी, ओ, लोथो, रेण्गमा, चाकेसान्ग
6.	सिक्किम	भुटिया, लेपचा, लिम्बू
7.	त्रिपुरा	चकमा
8.	ओडिशा	खोण्ड, गोण्ड, जुआंग, डोगरिया कोंध
9.	राजस्थान	भील, गरसिया, भेरात, भीला, सहरिया, साहा
10.	गुजरात	भील, भीला, डफर, दुबला, कोली, पटेलिया, टोडिया
11.	हिमाचल प्रदेश और जम्मू एवं कश्मीर	गुजर, बकरवाल, गद्दी, किन्नर, लाहोली
12.	केरल एवं तमिलनाडु	चेन्चू, रादाबा, इरूला, टोडा, पनियान, सोलिगा, सुमाली, थुराली
13.	आंध्र प्रदेश,	अक्खा, भील, भीलारा
	छत्तीसगढ़, मध्य प्रदेश एवं महाराष्ट्र	चेनबु (आंध्र प्रदेश केवल)
14.	बिहार, झारखण्ड पश्चिम बंगाल	असुर, बिरजा, विरहोर, मुण्डा, ओरांव, हो, भुइया, रवैरा, संथाल, मालप्रभा

अधिवास

आवास, मानव की तीन प्राथमिक आवश्यकताओं में शामिल है। ये आवश्यकताएँ हैं-भोजन, वस्त्र और आवास। विश्व के किसी भी मानव समुदाय में इस क्रम में समानता पाई जाती है। मानव अधिवास का तात्पर्य मनुष्य के सामूहिक निवास स्थान से है। अधिवास की प्रथम कड़ी गृह है। क्रमिक रूप में गृहों की संख्या अथवा कार्य के आधार पर ग्राम, पुरवा से विकसित होकर ग्राम, कस्बों, नगर, महानगर मानव अधिवास के विभिन्न रूप हैं।

भारत की जनगणना के दौरान उन्हीं बस्तियों को शहरी श्रेणी में निर्धारित किया गया है, जो निम्नवत् शर्तों को पूरा करती है–

I. 5,000 से अधिक की जनसंख्या।

II. 400 व्यक्ति प्रति वर्ग वर्ग कि.मी. से ऊपर जनसंख्या घनत्व।

III. पुरुष कार्यशील जनसंख्या में से कम-से-कम 75 प्रतिशत गैर-कृषि व्यवसाय पर आश्रित होना।

नगरपालिका, नगर-निगम, छावनी परिषद् और शहरी क्षेत्र सीमित किसी निश्चित क्षेत्र को शहरी क्षेत्र का स्वरूप प्रदान करते हैं, यदि वे एक या अन्य शर्तों को नहीं भी पूरा करते हों, फिर भी वे शहर के रूप में जाने जा रहे हैं।

नगरीकरण

विभिन्न सामाजिक-आर्थिक कारणों से जब ग्रामीण जनसंख्या नगरीय जनसंख्या में परिवर्तित होने लगती है, तो परिवर्तन की इस प्रक्रिया को नगरीकरण कहते हैं। जनसंख्या का जब अधिकांश भाग, कृषि, पशुपालन से संबंधित कार्यों में संलग्न रहता है, तो ग्रामीण जनसंख्या स्वयं प्राथमिक कार्यों को परिवर्तित करती है और ये गैर-प्राथमिक कार्यों जैसे, उद्योग आदि में लग जाती है, तो उसे ही नगरीकरण कहा जाता है।

वास्तव में नगरीकरण एक ऐसी प्रक्रिया है, जो ग्रामीण जनजीवन के सम्पूर्ण परिवर्तन का प्रतिफल है और यह परिवर्तन मानव समाज के सामाजिक-आर्थिक रूपान्तरण से घटित होता है।

नगरीकरण के कारक

किसी भी ग्रामीण जनसंख्या में व्यापक रूप में सामाजिक - आर्थिक संगठन में परिवर्तन होता है तो नगरीकरण का आरंभ होता है। परिवर्तन की इस प्रक्रिया को प्रभावित करने वाले कई कारक उत्तरदायी होते हैं। इनमें से मुख्य निम्न हैं—1. जनसंख्या में तीव्र वृद्धि, 2. गैर-प्राथमिक कार्यों का विकास, 3. विज्ञान एवं तकनीक का विकास, 4. ग्रामीण क्षेत्र से जनसंख्या का नगरों की ओर उत्प्रवास, 5. प्राथमिक कार्यों से आय में वृद्धि की क्रमबद्धता, 6. नए-नए नगरों की स्थापना, 7. नगरीय जनसंख्या की प्राकृतिक वृद्धि, 8. प्राथमिक कार्यों की उपेक्षा, 9. भौतिकवादी जीवन-शैली के प्रति बढ़ती ललक, 10. विभिन्न सामाजिक-राजनीतिक कारक।

भारत में शहरों का वर्गीकरण

श्रेणी	जनसंख्या
श्रेणी I	1,00,000 या इससे अधिक
श्रेणी II	50,000 से 99,999
श्रेणी III	20,000 से 49,999
श्रेणी IV	10,000 से 19,999
श्रेणी V	5,000 से 9,999
श्रेणी VI	5,000 से कम

शहरीकरण की बढ़ती प्रवृत्ति

1773 में कोलकाता नगर बसा और 1901 में यहाँ की जनसंख्या 10 लाख हो गई। 1951 तक केवल भारत में कोलकाता, मुम्बई, दिल्ली, चेन्नई और हैदराबाद दस लाखी नगर थे। जबकि 1981 में 12, 1991 में 23, 2001 में 35 और 2011 में 53 नगर दस लाखी नगर बन गए। स्वतंत्रता के बाद नगरों की संख्या में तेजी से वृद्धि दर्ज की गई है। विभिन्न प्रशासनिक और औद्योगिक केन्द्रों के कारण नगरों की संख्या में तेजी से वृद्धि हुई और छोटे नगर बड़ा रूप धारण करने लगे। स्वतंत्र भारत में नगरों की संख्या में तीव्र वृद्धि सामाजिक-आर्थिक संगठन में आये परविर्तन का परिणाम है। विभिन्न प्रकार के प्रशासनिक कार्यों, सेवाओं के केन्द्रीकृत स्वरूप के कारण नगरों की संख्या में वृद्धि हो रही है। 2011 में नगरों की प्रवृत्ति से यह स्पष्ट होता है कि नगरों की संख्या के साथ-साथ महानगरों की संख्या तेजी से बढ़ रही है। इसमें भी इस लाखी नगरों की जनसंख्या में अत्यधिक वृद्धि दर्ज की गई है। यह कहा जा सकता है कि भारत में नगरकीरण की बजाय महानगरीकरण बढ़ रहा है।

महानगरीकरण के परिणाम

भौगोलिक दृष्टि से तीव्र महानगरीकरण के निम्नलिखित परिणाम हो सकते हैं—

- संकेन्द्रण के अर्थतंत्र (Agglomeration Economy) का विकास
- ग्रामीण जनसंख्या का तीव्र आव्रजन
- गन्दी बस्तियों (Slums) का तेजी से विस्तार
- अन्तर्नगरीय परिवहन व आवास की कठिनाइयां
- ग्रामीण नगरीय असन्तुलन में वृद्धि
- सामाजिक-आर्थिक विकास में असमानता का अधिक होना
- सामाजिक-आर्थिक अपराधों में वृद्धि
- प्रशासन और सुरक्षा संबंधित समस्याएँ
- पर्यावरण अवनयन की समस्याएँ।

ग्रामीण-नगरीय जनसंख्या 2011

क्र.सं.	राज्य/केन्द्र शासित प्रदेश	ग्रामीण जनसंख्या	नगरीय जनसंख्या	ग्रामीण जनसंख्या का (%)	नगरीय जनसंख्या का (%)
1.	जम्मू और कश्मीर	91,08,060	34,33,242	72.6	27.4
2.	हिमाचल प्रदेश	61,76,050	6,88,552	90.0	10.0
3.	पंजाब	1,73,44,192	1,03,99,146	62.5	37.5
4.	चण्डीगढ़	28,991	10,26,459	2.7	97.3
5.	उत्तराखंड	70,36,954	30,49,338	69.8	30.2
6.	हरियाणा	1,65,09,359	88,42,103	65.1	34.9
7.	दिल्ली	4,19,042	1,63,68,899	2.5	97.5
8.	राजस्थान	5,15,00,352	1,70,48,085	75.1	24.9
9.	उत्तर प्रदेश	15,53,17,278	4,44,95,063	77.7	22.3
10.	बिहार	9,23,41,436	1,17,58,016	88.7	11.3
11.	सिक्किम	4,56,999	1,53,578	74.8	25.2
12.	अरुणाचल प्रदेश	10,66,358	3,17,369	77.1	22.9
13.	नागालैण्ड	14,07,536	5,70,966	71.1	28.9
14.	मणिपुर	20,21,640	8,34,154	70.8	29.2
15.	मिजोरम	5,25,435	5,71,771	47.9	52.1
16.	त्रिपुरा	27,12,464	9,61,453	73.8	26.2
17.	मेघालय	23,71,439	5,95,450	79.9	20.1
18.	असोम	2,68,07,034	43,98,542	85.9	14.1
19.	प. बंगाल	6,21,83,113	2,90,93,002	68.1	31.9
20.	झारखण्ड	2,50,55,073	79,33,061	76.0	24.0

21.	ओडिशा	3,49,70,562	70,03,656	83.3	16.7
22.	छत्तीसगढ़	1,96,07,961	59,37,237	76.8	23.2
23.	मध्य प्रदेश	5,25,57,404	2,00,69,405	72.4	27.6
24.	गुजरात	3,46,94,609	2,57,45,083	57.4	42.6
25.	दमन एवं द्वीव	60,396	1,82,851	24.8	75.2
26.	दादरा एवं नगर हवेली	1,83,114	1,60,595	53.3	46.7
27.	महाराष्ट्र	6,15,56,074	5,08,18,259	54.0	45.2
28.	आन्ध्र प्रदेश	5,63,61,702	2,82,19,075	66.6	33.4
29.	कर्नाटक	3,74,69,335	2,36,25,962	61.3	38.7
30.	गोवा	5,51,731	9,06,814	37.8	62.2
31.	लक्षद्वीप	14,141	50,332	21.9	78.1
32.	केरल	1,74,71,135	1,59,34,926	52.3	47.7
33.	तमिलनाडु	3,72,29,590	3,49,17,440	51.6	48.4
34.	पुदुचेरी	3,95,200	8,52,753	31.7	68.3
35.	अं. नि. द्वीप समूह	2,37,093	1,43,488	62.3	37.7
	भारत	**83,37,48,852**	**37,71,06,125**	**68.9**	**31.1**

राष्ट्रीय जनसंख्या आयोग

11 मई, 2000 को राष्ट्रीय जनसंख्या आयोग का गठन किया गया। इसके गठन का प्रस्ताव 15 फरवरी, 2000 को 'घोषित राष्ट्रीय जनसंख्या नीति 2000' में किया गया था। प्रधानमंत्री इस आयोग के अध्यक्ष हैं। 100 उच्चस्तरीय सदस्यों वाले इस आयोग में सत्ता पक्ष एवं विपक्ष दोनों के सदस्यों को शामिल किया गया है। राष्ट्रीय जनसंख्या आयोग की पहली बैठक 22 जुलाई, 2000 को हुई। इसमें लिए गए निर्णयों के अनुसार जनसंख्या स्थिरीकरण कोष का गठन किया गया। इसका उद्देश जनसंख्या स्थिरीकरण के लिए समग्र मार्गदर्शन प्रदान करना है, जिसके लिए जनसांख्यिकी, शैक्षिक, पर्यावरणीय और विकास कार्यक्रम में तालमेल को बढ़ा दिया जा रहा है। योजना के व्यापक व बहुक्षेत्रीय समन्वयन को सुनिश्चित करने तथा स्वास्थ्य एवं परिवार कल्याण की योजनाओं को लागू करने के लिए राष्ट्रीय जनसंख्या आयोग को योजना आयोग से हटाकर स्वास्थ्य एवं परिवार कल्याण मंत्रालय के अंतर्गत रखा गया है।

बिहार का भौतिक एवं आर्थिक भूगोल

बिहार का भौतिक भूगोल

बिहार उत्तर पूर्वी भारत का भू-आवृत राज्य है, क्षेत्रफल की दृष्टि से यह देश का बारहवां राज्य है। बिहार का भौगोलिक विस्तार 24° 20' 10" उत्तरी अक्षांश से 27° 31' 15" उत्तरी अक्षांश और 83° 19' 50"वां पूर्वी देशान्तर से 88° 17' 40" पूर्वी देशान्तर तक है, इसके उत्तर में नेपाल, दक्षिण में झारखण्ड, पूर्व में पश्चिम बंगाल तथा पश्चिम में उत्तर प्रदेश स्थित है। बिहार का कुल क्षेत्रफल 94, 163 वर्ग किमी है। पूरब से पश्चिम तक बिहार की चौड़ाई 483 किमी तथा उत्तर से दक्षिण तक लम्बाई 345 किमी है।

भूगर्भिक संरचना की दृष्टि से बिहार का दक्षिणी पठारी भाग सबसे पुराना है। बिहार राज्य के भू-वैज्ञानिक संगठन में चतुर्थ कल्प से लेकर कैम्ब्रियन पूर्व कल्प के शैल समूहों का योगदान है।

संरचनात्मक दृष्टि से बिहार का जलोढ़ मैदान सबसे नवीनतम संरचना है, जबकि दक्षिणी बिहार के सीमांत पठारी प्रदेश में आर्कियन युगीन चट्टानें मिलती हैं। विन्ध्यन काल से जुरासिक काल तक बिहार का लगभग सम्पूर्ण भाग समुद्र की सतह से ऊपर रहा है। बिहार के उत्तरी पश्चिमी भाग में स्थित रामनगर दून और सोमेश्वर श्रेणी शिवालिक श्रेणी का हिस्सा है, जिसका निर्माण टर्शियरी काल के अन्त में हुआ था।

- भारत के उत्तर-पूर्वी भाग में स्थित बिहार का, क्षेत्रफल की दृष्टि से, देश में बारहवां स्थान है।
- जनसंख्या की दृष्टि से अन्य राज्यों की तुलना में इसका स्थान देश में तीसरा है।
- बिहार का भौगोलिक विस्तार 24° 20'10' उत्तरी अक्षांश से 27°31' 15" उत्तरी अक्षांश और 83°19'50" पूर्वी देशांतर से 88°17'40" पूर्वी देशांतर तक है।
- पूरब से पश्चिम तक बिहार की चौड़ाई 483 किमी तथा उत्तर से दक्षिण तक लंबाई 345 किमी है। इसका स्वरूप लगभग आयताकार है।
- वर्तमान बिहार के उत्तर में नेपाल से जुड़ी अंतराष्ट्रीय सीमा है और दक्षिण में झारखंड राज्य है, जबकि पूरब में पश्चिम बंगाल और पश्चिम में उत्तर प्रदेश है।
- बिहार का क्षेत्रफल सम्पूर्ण भारत का 2.86 प्रतिशत है। बिहार राज्य मुख्यत: मध्य गंगा के मैदानी क्षेत्र में है।
- समुद्र तट से बिहार की दूरी लगभग 200 किमी है और यह गंगा हुगली नदी मार्ग द्वारा समुद्र से जुड़ा हुआ है। समुद्र तल से बिहार की औसत ऊंचाई 53 मीटर है।
- कृषि के क्षेत्र में बिहार भारत के अन्य राज्यों में अग्रणी है। देश के कुल चावल का लगभग 15 प्रतिशत उत्पादन करने वाला यह राज्य चावल उत्पादन की दृष्टि से देश में पश्चिम बंगाल के बाद दूसरा स्थान रखता है।
- गेहूं, मक्का, तिलहन, दलहन, तंबाकू, जूट, मिर्च इत्यादि के उत्पादन में भी-बिहार का देश में महत्वपूर्ण स्थान है। यह देश के कुल खाद्यान्न का 8 से 10 प्रतिशत तक उत्पादित करता है।

बिहार में पाई जाने वाली चट्टानों को चार प्रमुख संरचनात्मक समूहों में रखा जा सकता है—

धारवाड़ चट्टानें—धारवाड़ चट्टानें आयु में आर्कियन चट्टानों के समकक्ष हैं प्री-कैम्ब्रियन युग में बनी ये चट्टानें बिहार के दक्षिण पूर्वी भाग मुंगेर के खड़गपुर पहाड़ी जमुई नवादा, राजगीर, बिहार शरीफ इत्यादि स्थानों पर पाई जाती हैं। क्वार्ट्जाइट, फिलाइट शिष्ट स्लेट आदि धारवाड़ समूह की चट्टानें हैं।

विन्ध्यन समूह की चट्टानें—ये चट्टानें परतदार हैं और क्षैतिज रूप में पायी जाती हैं। प्री-कैम्ब्रियन युग की बनी ये चट्टानें सोन नदी के उत्तर रोहतास और कैमूर जिले में पाई जाती हैं। इन चट्टानों में बालू-पत्थर, क्वार्ट्जाइट चूना पत्थर डोलोमाइट और शैल प्रमुख हैं। इन चट्टानों से सीमेण्ट उद्योग को चूना पत्थर तथा गन्धक पाइराइट मिलता है। बिहार की यह विन्ध्यन समूह की चट्टानें आर्थिक दृष्टिकोण से अत्यधिक

महत्वपूर्ण हैं मध्य प्रदेश तथा उत्तर प्रदेश में विंध्य काल के, जो शैल समूह मिलते हैं, उन्हीं का पूर्वी विस्तार बिहार के पश्चिमी क्षेत्रों में उपलब्ध है। इन्हें कैमूर का पठार का कहा जाता है।

टर्शियरी चट्टानें—टर्शियरी चट्टानें पश्चिमी चम्पारण के उत्तरी-पश्चिमी भाग: रामनगर दून और सोमेश्वर श्रेणी जोकि बाह्य हिमालय या शिवालिक श्रेणी का भाग है। इसमें बलुआ पत्थर, चूना पत्थर, बालू बजरी और चीका वलित रूप में पाई जाती है।

क्वार्टरनरी चट्टानें—क्वार्टरनरी चट्टानें जलोढ़, बालू-बजरी, बालू पत्थर कांगलोमरेट आदि से बनी है। यह चट्टानें प्लीस्टोसीन युग की हैं जिनका निक्षेप शिवालिक के उत्थान के बाद इसके दक्षिण में बनी सिन्धु गंगा द्रोणी में हुआ। नदियों के इसी निक्षेपण के फलस्वरूप मन्द ढाल वाले विशाल मैदान का निर्माण हुआ जिसे बिहार का मैदान कहा जाता है। जलोढ़ की मोटाई 400 से 800 मीटर तक बताई जाती है।

बिहार का मैदानी भाग असंगठित महीन मृत्तिका, गाद एवं विभिन्न कोटि के बालू कणों जैसे अवसादी से निर्मित है, जहां गोलाश्म और बजरी के साथ अवसादों के सीमेंटीकरण के कारण मिट्टी के अधोस्तरीय संस्तरों में प्लेट जैसी संरचनाएं विकसित हो गई हैं। 25° उत्तरी अक्षांश से उत्तर की तरफ जलोढ़ की उच्चतम गहराई देखी जाती है। इन क्षेत्रों में जलोढ़ की गहराई आधार शैल से 100 मीटर से 700 मीटर तक है।

प्राकृतिक विभाजन—उच्चावच से बिहार को तीन भागों में बाँटा जा सकता है—

(1) पर्वतपदीय क्षेत्र (क्षेत्रफल 586 वर्ग किमी)

(2) गंगा का मैदान भाग (क्षेत्रफल 90,650 वर्ग किमी)

(3) दक्षिण का पठारी भाग (क्षेत्रफल 2,927 वर्ग किमी)

भौतिक बनावट और संरचना की दृष्टि से भी बिहार को तीन भागों में विभाजित किया जा सकता है—

(1) शिवालिक का पर्वतीय भाग एवं तराई क्षेत्र।

(2) बिहार का मैदान।

(3) दक्षिण का सीमान्त पठारी प्रदेश।

शिवालिक पर्वतीय भाग एवं तराई क्षेत्र—इसका विस्तार बिहार के उत्तर-पश्चिमी भाग में पश्चिमी चम्पारण जिले के उत्तरी भाग में स्थित है। इसका विस्तार लगभग 932 वर्ग किमी. क्षेत्र में है। यह शिवालिक पर्वतीय प्रदेश हिमालय का तृतीय मोड़ माना जाता है। यह टर्शियरी भू-संचलन के फलस्वरूप बना था। बिहार इस प्रदेश की ऊँचाई 250-300 मी. है।

स्थानीय उच्चावच के आधार पर इसे तीन उप-विभागों में बांटा जा सकता है—

रामनगर दून पहाड़ी—यह छोटी-छोटी पहाड़ियों का क्रम है, जोकि शिवालिक श्रेणी का भाग है। इसका विस्तार 214 वर्ग किमी. क्षेत्र में है। इसकी अधिकतम ऊंचाई 240 मीटर (सन्तपुर के निकट) है। यह हरहा नदी घाटी के दक्षिण में स्थित है।

दून घाटी—यह रामनगर दून के उत्तर-पूर्व की ओर से आरम्भ होती है। यह 22 किमी. लम्बी है इस घाटी को हरहा नदी की घाटी भी कहते हैं। 214 वर्ग किमी. क्षेत्र में विस्तृत इस घाटी की अधिकतम ऊँचाई 240 मी. है। इसका अधिकतर भाग समुद्र तल से 152 मी. ऊंचा है।

सोमेश्वर श्रेणी—सोमेश्वर श्रेणी का विस्तार पश्चिम में त्रिवेणी नहर के शीर्ष भाग में भिखनाठोरी तक लगभग 75 वर्ग किमी. में है। इसमें नदियों के अपरदन से अनेक दर्रों का निर्माण हुआ है; जैसे—सोमेश्वर दर्रा, भिखनाठोरी दर्रा, मरवाट दर्रा आदि इन्हीं दर्रों से बिहार एवं नेपाल के बीच में सम्पर्क मार्ग बनता है शिवालिक वलित पर्वत की इन श्रेणियों में नदी द्वारा अपरदन के कारण काफी ऊबड़-खाबड़ क्षेत्र का विकास हुआ है। इन नई परतदार चट्टानों में मुलायम बलुआ पत्थर मिलता है। इसकी सर्वोच्च चोटी की ऊंचाई 880 मीटर है। पश्चिमी चम्पारण में इसकी औसत ऊंचाई 457 मीटर है। सोमेश्वर श्रेणी की चौड़ाई 5 से 6 किमी. तक है।

बिहार का मैदान—बिहार का मैदान बिहार की सबसे बड़ी प्राकृतिक इकाई है, जो बिहार के कुल क्षेत्रफल का लगभग 96 प्रतिशत है। उत्तरी पर्वतीय प्रदेश और दक्षिणी पठारी प्रदेश के बीच विस्तृत बिहार का विशाल मैदान नदियों के निक्षेपण से बना है। इसका विस्तार लगभग 90,650 वर्ग किमी. क्षेत्र में है। मैदान के पश्चिमी सीमावर्ती भाग में कहीं-कहीं चूने के कंकड़ का जमाव पाया जाता है। गंगा नदी इस मैदान को दो भागों में विभाजित करती है—

गंगा का उत्तरी मैदान—यह गंगा नदी के उत्तर में स्थित एक समतल चौड़ा मैदान है, जिसका क्षेत्रफल 56,980 वर्ग किमी. है। इसका निर्माण गंगा एवं उसकी सहायक नदियों (घाघरा, बूढ़ी गण्डक, कोसी आदि) द्वारा लाए गए अवसादों से हुआ है। इस मैदान का ढाल उत्तर से दक्षिण की ओर तथा उत्तर-पश्चिम से दक्षिण-पूर्व की ओर है। इसकी औसत ऊंचाई समुद्र तल से 76 मी. से कम है, जबकि दक्षिणी-पूर्वी भाग की ऊंचाई केवल 30 मीटर तक है। यह क्षेत्र मुख्यत: तीन भागों में बांटा जा सकता है—गंगा, सोन, दोआब, मगध का मैदान और अंग का मैदान उत्तरी मैदान नदियां विसर्प बनाकर कई शाखाओं और उपशाखाओं में विभाजित हो जाती है, तो उनके बीच में दियारा भूमि का निर्माण होता है। सबलपुर दियारा और राघोपुर दियारा इसके उदाहरण हैं।

इस मैदान का विस्तार सारण, चम्पारण, मुजफ्फरपुर दरभंगा, मुंगेर, भागलपुर, सहरसा और पूर्णिया जिलों में है। विभिन्न आधार पर गंगा के उत्तरी मैदान चार उप-विभागों में बांटा जा सकता है—

भाबर, तराई एवं उप-तराई क्षेत्र—तराई क्षेत्र, शिवालिक श्रेणी के नीचे पश्चिम से पूर्व की एक संकीर्ण पट्टी है। यह सपाट क्षेत्र है तराई क्षेत्र सटे दक्षिणी भाग में उप-तराई प्रदेश पाया जाता है। उप-तराई प्रदेश की ऊँचाई तराई क्षेत्र से कम होती है। यह एक दलदली क्षेत्र है।

बांगर भूमि—यह पुराने जलोढ़ मैदान होते हैं जो अपने आसपास के क्षेत्र से 7 सेमी. ऊँचे दिखते हैं, पुराने जलोढ़ (बांगर) एवं नए जलोढ़ों (खादर) के बीच में एक मध्यवर्ती ढाल मिलता है, जो स्पष्ट दिखाई देता है।

खादर भूमि—नवीन जलोढ़ वाले इस क्षेत्र का विस्तार गंडक नदी और कोसी नदी के बीच में है। यह भूमि काफी उपजाऊ होती है।

चौर एवं मन—उत्तरी गंगा मैदान में स्थित निम्न भूमि, जो वर्षा के समय में पानी से भरा रहती है; चौर कहलाती है। नदियों से बनी गोखुर झीलों के रूप में पाई जाने वाली आकृति मन कहलाती है।

गंगा का दक्षिणी मैदान—यह एक त्रिभुजाकार मैदान है, गंगा नदी के दक्षिणी तट से झारखण्ड के छोटा नागपुर पठार तक फैला बिहार का भाग भी समतल है। यह पश्चिम में चौड़ा और पूर्व में संकीर्ण है। पटना के निकट इसकी चौड़ाई 135 किमी. और राजमहल की पहाड़ियों के निकट 3 किमी. है। यह 32,670 वर्ग किमी. क्षेत्र में फैला हुआ है। इस मैदान का ढाल दक्षिण से उत्तर की ओर है। इस मैदान की प्रमुख नदियां सोन, कर्मनाशा, पुनपुन और फल्गू व उनकी सहायक नदियां हैं। गंगा के दक्षिणी मैदान को मुख्यत: तीन भागों में बाँटा जा सकता है—सोन-गंगा दोआब, मगध का मैदान और अंग का मैदान।

दक्षिण का सीमान्त पठारी क्षेत्र—यह पठार एक संकीर्ण पट्टी के रूप में पश्चिम में कैमूर जिले से लेकर पूर्व में मुंगेर एवं बांका जिलों तक फैला हुआ है। यह क्षेत्र तीव्रवाही सरिताओं व प्रपाती ढाल से युक्त पहाड़ियों, समतल सक्रिय घाटियों एवं विषम धरातल से युक्त पठारी प्रदेश है। यह बिहार का प्राचीनतम भूखण्ड है तथा यह 2581 वर्ग किमी. तक विस्तृत है। इस क्षेत्र में दो पठार प्रमुख हैं—(i) कैमूर का पठार जिसे रोहतास का पठार भी कहते हैं, (ii) खड़गपुर की पहाड़ी।

कैमूर का पठार—यह 1280 वर्ग किमी. क्षेत्र में विस्तृत है। इसे रोहतास का पठार भी कहते हैं। सोन नदी कैमूर के पठार को छोटा नागपुर के पठार से अलग करती है। कैमूर का पठार विन्ध्याचल पर्वत का पूर्वी विस्तार है, जो बलुआ पत्थर, चूना पत्थर और शैल से निर्मित है।

खड़गपुर की पहाड़ी—यह लगभग 1300 वर्ग किमी. क्षेत्र में फैली हुई है। यह मुख्यत: मुंगेर जिले में स्थित है। यह पहाड़ियां छोटा नागपुर पठार का अंग हैं और कोडरमा पठार के उत्तर-पूर्व में स्थित हैं। इनका विस्तार पूर्व से बांका और दक्षिण में जमुई तक है।

जलवायु एवं मिट्टियां

जलवायु—राज्य के अक्षांशीय विस्तार के आधार पर बिहार उपोष्ण जलवायु में स्थित है। बिहार के पूर्वी भाग में आर्द्र जलवायु तथा पश्चिमी भाग में अर्द्ध-शुष्क जलवायु विद्यमान है। पश्चिमी बंगाल तथा उत्तर प्रदेश के मध्य स्थित बिहार का पूर्वी भाग पश्चिमी बंगाल के समान आर्द्रता है तथा इसका पश्चिमी भाग पूर्वी उत्तर प्रदेश के समान उपोष्ण है। बंगाल की खाड़ी के निकट होने के फलस्वरूप राज्य की जलवायु पर बंगाल की खाड़ी से उठने वाले चक्रवातों का विशेष प्रभाव पड़ता है।

बिहार राज्य न केवल शीत ऋतु में चलने वाली भूमध्य सागरीय अवदाब की पूर्वी सीमा है, बल्कि ग्रीष्मकाल से पश्चिम से आने वाली गर्म वायु 'लू' की भी पूर्वी सीमा है।

एक ऋतु से दूसरी ऋतु में होने वाला वायु दिशा परिवर्तन भी बिहार की जलवायु की एक प्रधान विशेषता है। बिहार राज्य की जलवायु मानसूनी प्रकार की है। समुद्र से दूर होने के कारण यहाँ के मौसम में विषमता है।

राज्य में मुख्यत: तीन ऋतुएं हैं—

(i) ग्रीष्म ऋतु (मार्च में मध्य जून तक)

(ii) वर्षा ऋतु (मध्य जून से मध्य अक्टूबर तक)

(iii) शीत ऋतु (मध्य अक्टूबर से फरवरी तक)

(i) ग्रीष्म ऋतु—राज्य में ग्रीष्म ऋतु, जो मार्च में शुरू होती है, मध्य जून तक रहती है। यहाँ मई माह में तापमान सर्वाधिक रहता है। मई का औसत तापमान 32° से. रहता है।

(ii) वर्षा ऋतु—बिहार में अधिकांश वर्षा दक्षिणी-पश्चिमी मानसून से होती है। वर्षा की मात्रा उत्तर से दक्षिण की ओर तथा पूर्व से पश्चिम की ओर घटती चली जाती है। दक्षिण-पश्चिम मानसून लगभग मध्य जून में बिहार पहुँचता है और मध्य अक्टूबर तक राज्य के मैदानी भागों में पर्याप्त वर्षा होती है।

(iii) शीत ऋतु—मानसून के समाप्त होते ही आर्द्रता और रात में अत्यधिक ओस पड़ने से तापमान तेजी से कम होने लगता है। मध्य अक्टूबर के बाद ही राज्य में शीत ऋतु आ पहुँचती है। सम्पूर्ण बिहार में नवम्बर का तापमान 19·6 से. से 22·2 से. तक पाया जाता है, जबकि जनवरी माह का औसत न्यूनतम तापमान 7·5 से. से 10·5 से. तक रहता है।

बिहार के जलवायु प्रदेश—जलवायु की क्षेत्रीय विशेषताओं के आधार पर बिहार को मुख्य रूप से चार जलवायु प्रदेशों में बाँटा जा सकता है—

(1) उत्तर-पश्चिमी गिरिपाद प्रदेश

(2) उत्तर-पूर्वी प्रदेश

(3) पश्चिमी निम्न पठारी प्रदेश

(4) मध्यवर्ती प्रदेश।

- कोपेन ने अपने जलवायु विभाजन में बिहार के उत्तरी भाग को CWg और दक्षिणी भाग को AW जलवायु के अन्तर्गत माना है।
- थार्नवेट ने बिहार के अधिकांश भाग को CA′W में तथा उत्तरी संकीर्ण क्षेत्र को CB′W में माना है।
- ट्रिवार्था ने लगभग आधे उत्तरी भाग को CA′W और आधे दक्षिणी भाग को AW जलवायु विभागों में बाँटा है।

मिट्टियां—बिहार के विभिन्न भागों में मिट्टी निर्माण के मूल शैल स्थलाकृति और वनस्पति में न केवल पर्याप्त अन्तर पाया जाता है, बल्कि यहां जलवायु परिस्थितियाँ भी भिन्न हैं।

भू-शैल, भू-आकृति, आर्द्रता और अन्य भौतिक, रासायनिक तथा रचनात्मक विशेषताओं के आधार पर बिहार के कृषि अनुसन्धान विभाग ने बिहार की मिट्टियों को तीन भागों में विभाजित किया है—

(1) गंगा के उत्तरी मैदान की मिट्टी

(2) गंगा के दक्षिणी मैदान की मिट्टी

(3) दक्षिणी पठार की मिट्टी।

गंगा के उत्तरी मैदान की मिट्टी—उत्तरी बिहार के मैदान में मुख्यत: अपोढ़ या जलोढ़ मिट्टी का विस्तार है जिसका निर्माण पूर्व में कोसी, महानन्दा आदि नदी तन्त्रों के निक्षेपण कार्यों से हुआ है। उत्तरी मैदान की मिट्टियों को पुन: उप-वर्गों में विभाजित किया जाता है—

तराई मिट्टी—यह मिट्टी तराई क्षेत्र में बिहार की उत्तरी सीमा के साथ पश्चिम में चम्पारण की पहाड़ियों से लेकर पूर्व में किशनगंज तक फैली है। इसका विस्तार उसे 8 किमी. चौड़ी पट्टी के रूप में है। इस अम्लीय मिट्टी का रंग हल्का भूरा या पीला होता है। इसमें चूने की मात्रा पर्याप्त होती है तथा यह गन्ना धान और पटसन की खेती के लिए अनुकूल होती है। इस मिट्टी में कही-कहीं कंकड़ एवं रेत की अधिक मात्रा पाई जाती है। पर्याप्त आर्द्रता वाली इस मिट्टी में सामान्य श्रेणी की उर्वरता पाई जाती है।

नवीन जलोढ़ मिट्टी—तराई के दक्षिण में पाई जाने वाली मिट्टी को यहां भांगर भी कहा जाता है। इस मिट्टी का विस्तार पूर्णिया और सहरसा जिलों के कोसी क्षेत्र में अधिक है तथा दरभंगा और मुजफ्फरपुर के बाद चम्पारण के उत्तरी-पश्चिमी भाग में पाई जाती है।

इस मिट्टी में चूना और क्षारीय तत्व नहीं हैं। यह मिट्टी गाढ़े भूरे रंग या काली होती है। सिंचाई की पर्याप्त व्यवस्था होने पर इस मिट्टी में धान, जूट और गेहूँ की अच्छी फसलें होती हैं।

बल सुन्दरी मिट्टी—इस मिट्टी को पुरानी जलोढ़ मिट्टी भी कहते हैं जिसका रंग भूरा तथा प्रकृति क्षारीय होती है। इसमें चूने के तत्वों की प्रधानता होती है इसका विस्तार पूर्णिया के दक्षिणी भाग से प्रारम्भ होकर सहरसा, दरभंगा और मुजफ्फरपुर के दक्षिणी भाग को घेरता हुआ सम्पूर्ण सारण जिले तथा चम्पारण के दक्षिणी-पश्चिमी क्षेत्र तक मिलता है। इसकी उर्वरता निम्न श्रेणी की होती है तथा यहां की मुख्य फसलें मक्का, गन्ना, धान, गेहूं तथा तम्बाकू हैं। इस क्षेत्र में आम, लीची और केले के बाग पाए जाते हैं।

खादर मिट्टी—यह मिट्टी नदियों के कछारी भाग तथा चौर और टाल में मिलती है। यह मिट्टी गंगा की घाटी, गंडक और बूढ़ी गंडक की निचली घाटी, कोसी और महानदी की घाटी में पाई जाती है, नवीन जलोढ़ मिट्टी महीन बालू और चीकायुक्त गहरे भूरे एवं काले रंग की होती है।

दक्षिणी मैदान की मिट्टी—गंगा के दक्षिणी मैदान में मुख्यत: तीन प्रकार की मृदा पाई जाती है—

ताल या टाल मिट्टी—इस मिट्टी का निर्माण वर्षा ऋतु के बाद आई बाढ़ के दारा बारीक व मोटे कणों वाली मिट्टी के निक्षेपण से होता है। ताल मिट्टी गंगा के दक्षिणी भाग में 8 से 10 किमी. चौड़ाई की पट्टी में मोटे कणों वाली धूसर रंग की भारी मिट्टी के रूप में विस्तृत है। यह अत्यधिक उर्वरा मिट्टी है तथा जल सूखने के बाद इस भूमि पर रबी की अच्छी फसल होती है।

पुरानी जलोढ़ या करैल-केवाल मिट्टी—करैल-कैवाल मिट्टी का क्षेत्र गंगा के दक्षिणी मैदानी भाग में शाहबाद से लेकर गया, पटना, मुंगेर होता हुआ भागलपुर तक विस्तृत है। पुरानी जलोढ़ मिट्टी के साथ भारी चिकनी मिट्टी के मिश्रण के साथ स्थानीय रूप को करैल मिट्टी कहते हैं। इस मिट्टी का रंग गहरा भूरा, पीला एवं हल्का पीला होता है। इस मिट्टी में क्षारीय और अम्लीय गुण बहुत सन्तुलित रूप में मिलते हैं। इस मिट्टी में जलधारण की क्षमता अधिक होती है तथा इसमें अत्यधिक उर्वरा शक्ति पाई जाती है।

बलथर मिट्टी—यह मिट्टी गंगा के मैदान और छोटा नागपुर पठार के संगम स्थल पर पश्चिम से कैमूर से लेकर पूर्व में भागलपुर तक विस्तृत है। इस मिट्टी का रंग पीला और लाल होता है तथा इसकी प्रकृति अम्लीय होती है। इस मिट्टी में रेत तथा कंकड़ की बहुलता रहती है। यह अपेक्षाकृत कम उर्वरा मिट्टी है। इस मिट्टी में होने वाली प्रधान फसलें—मक्का, अरहर, कुल्थी, चना तथा ज्वार-बाजरा हैं। इस मिट्टी में जलधारण क्षमता कम होती है।

दक्षिणी पठार की मिट्टी—बिहार के संकीर्ण दक्षिणी पठार में मिलने वाली अवशिष्ट मिट्टी मुख्यत: लाल और पीले रंग की होती है। यह मुख्य: दो प्रकार की होती है—

लाल और पीली मिट्टी—इस मिट्टी का विस्तार जमुई और मुंगेर के खड़गपुर पहाड़ी क्षेत्र, बांका नवादा, गया और औरंगाबाद के पठारी क्षेत्र में पाया जाता है। इस मिट्टी का निर्माण आग्नेय और रूपान्तरित चट्टानों के विघटन से हुआ है। लौह तत्वों की अधिकता के कारण इस मिट्टी का रंग लाल हो गया है। इस मिट्टी की उर्वरा शक्ति कम होती है। इसमें मुख्य रूप से मोटे अनाज, दलहन इत्यादि की खेती होती है।

लाल बालुका मिट्टी—यह पठारी मिट्टी है, जो कैमूर एवं रोहतास के पठारी भाग में मिलती है। कैमूर की पहाड़ियों के ऊपरी भाग का निर्माण बलुआ पत्थर से होने के कारण इस मिट्टी का रंग लाल या पीला होता है। इस मिट्टी में अधिक मुख्य रूप से बाजरा, ज्वारा इत्यादि फसलों को उगाया जाता है।

बिहार की मिट्टियाँ

मिट्टी के प्रकार	प्रमुख जिले	फसल	रासायनिक एवं भौतिक लक्षण
बँगर/पुरानी	गया, रोहतास, पटना	ज्वार, बाजरा, धान, गेहूं, अरहर	क्षारीय, अम्लीय, गहरा भूरा
बलथर मिट्टी	कैमूर के क्षेत्रों में	ज्वार, बाजरा, अरहर	रेत, कंकड़, अम्लीय, पीलापन किए हुए
			लाल रंग
ताल मिट्टी	पटना, बाढ़, मुंगेर	दलहन, गेहूं, तिलहन	बारीक से मोटे कणों वाली धूसर रंग की
			भारी मिट्टी
तराई मिट्टी	चम्पारण व किशनगंज	धान, पटसन, गन्ना	रेत तथा कंकड़ युक्त, भूरा व हल्का पीला
खादर व नवीन	मुंगेर, चम्पारण, मुजफ्फरपुर,	अरहर, जूट, गन्ना गेहूं, धान, मक्का,	चूना, क्षार की कमी
जलोढ़ मिट्टी	पूर्णिया, सहरसा, दरभंगा, भागलपुर	चना	गहरा भूरा/काला रंग, उर्वर
बाल सुन्दरी मिट्टी	सहरसा, चम्पारण, पूर्णिया, सारण एवं मुजफ्फरपुर	गन्ना, धान, गेहूं, मक्का व तम्बाकू	चूना व क्षारयुक्त गहरा भूरा व सफेद रंग

प्रमुख जनजाति

➲ सौरिया पहाड़िया जनजाति	➲ बिरजिया जनजाति
➲ परहिया जनजाति	➲ सावर जनजाति
➲ हिल खड़िया जनजाति	➲ असुर जनजाति
➲ माल पहाड़िया जनजाति	➲ बिरहोर जनजाति
➲ बैगा जनजाति	➲ बंजारा जनजाति
➲ बथुरी जनजाति	➲ बेदिया जनजाति
➲ चिक बराइक जनजाति	➲ हो जनजाति
➲ करमाली जनजाति	➲ भूमिज जनजाति

उपरोक्त सभी जनजातियां झारखण्ड में निवास करती हैं, जो कि विभाजन (2000) से पूर्व बिहार की जनजातियाँ थीं।

अपवाह तन्त्र

नदियों के उद्गम के आधार पर बिहार की नदियों को दो वर्गों में विभाजित किया जाता है—(i) हिमालय से निकलने वाली नदियां, (ii) पठारों से निकलने वाली नदियां।

हिमालय से निकलने वाली नदियां—हिमालय क्षेत्र से उत्पन्न होने वाली नदियों में सरयू, गण्डक, बूढी गण्डक, कमला, कोसी, बागमती बलान तथा महानन्दा प्रमुख हैं। ये सभी नदियां सदाबाहिनी नदियां मैदानी भाग में प्रवाहित होकर गंगा में विलीन हो जाती हैं।

गंगा नदी

- गंगा नदी उत्तराखण्ड के उत्तरकाशी जिले में स्थित 5611 मीटर ऊंचे गंगोत्री ग्लेशियर से गोमुख नामक स्थान से भागीरथी के नाम से निकलती है।
- चौसा के निकट यह बिहार के मैदान में प्रवेश करती है। बिहार तक पहुंचते-पहुंचते गंगा नदी में धौली, पिण्डार, अलंकनन्दा, मंदाकिनी, रामगंगा, यमुना, गोमती और घाघरा नदियां मिल जाती हैं।
- गंगा में उत्तर दिशा से मिलने वाली प्रमुख नदियां हैं—घाघरा, गण्डक, बूढी गण्डक, बागमी, कमला, बलान, कोसी और महानन्दा।
- गंगा में दक्षिण दिशा से मिलने वाली प्रमुख नदियां हैं—कर्मनाशा, सोन, पुनपुन, हरोहर, फल्गू तथा किऊल।
- गंगा नदी बिहार में 445 किमी. प्रवाहित होती हैं।

सरयू या घाघरा

- इस नदी की लम्बाई 1,180 किमी. है। इस नदी को पहाड़ी क्षेत्र में करनाली नाम से जाना जाता है। इसे लखनदेई के नाम से भी जाना जाता है।
- इसका उद्गम स्थल नाम्पा (नेपाल) में है। उत्तर प्रदेश के मैदानी भागों में तीव्रगति से प्रवाहित होने के पश्चात् सरयू सीवान जिले के समीप बिहार में प्रवेश करती है और छपरा के निकट यह गंगा नदी से मिल जाती है। कुछ दूरी तक यह उत्तर प्रदेश तथा बिहार की सीमा का निर्धारण भी करती है।
- हिन्दू और बौद्ध धर्म ग्रन्थों में सरयू को अत्यन्त पवित्र नदी माना गया है।

गण्डक

- यह उत्तर-पश्चिम बिहार की एक प्रमुख नदी है। नेपाल में इसे सप्त गण्डकी के नाम से पुकारते हैं।
- इसकी मुख्य धारा का नाम काली गण्डक और नारायण गण्डकी है। नेपाल के तराई क्षेत्रों में इसे शालग्रामी भी कहा जाता है।
- गण्डक नदी पटना के पास सोनपुर में उत्तर की ओर से गंगा में मिल जाती है। इसे त्रिवेणी के नाम से भी जाना जाता है।
- यह नदी सारण एवं मुजफ्फरपुर जिले की सीमा बनाती है।
- इस नदी की कुल लम्बाई 425 किमी. है।

बूढ़ी गण्डक नदी

- यह नदी सोमेश्वर श्रेणी के पश्चिम भाग से निकलकर बिहार के उत्तरी-पश्चिमी जिले प. चम्पारण में प्रवेश करती है।
- यह चम्पारण, मुजफ्फरपुर, दरभंगा और मुंगेर के उत्तरी हिस्से में बहती हुई गंगा में मिल जाती है। इसकी सहायक नदियों में हरहा, कापन, मसान, पण्डई, मनियारी, उरई, बाणगंगा तियर आदि हैं।
- इस नदी का बहाव भी गण्डक के समान उत्तर-पश्चिम से दक्षिण-पूर्व की ओर है।

बागमती नदी

- यह नदी नेपाल में हिमालय की महाभारत श्रेणी से उत्पन्न होती है। इस नदी का प्रवाह गण्डक के समान उत्तर-पश्चिम से दक्षिण-पूर्व की ओर है।
- यह लहेरियासराय में दो भागों में विभाजित हो जाती है। इसकी दाहिनीं धारा बूढ़ी गण्डक से मिलती है, जबकि बाईं धारा को करेह नदी के नाम से जाना जाता है। यह कमला नदी में गिरकर कोसी में जा मिलती है।
- इसकी सहायक नदियां लालबकेया, लाखनदेई, चकनाहा, जमुने सिपरी धार, कोला आदि हैं।

कमला नदी

- यह नेपाल के हिमालय में स्थित महाभारत श्रेणी से निकलती है। यह नेपाल की तराई से होती हुई जयनगर की सीमा से बिहार में प्रवेश करती है।
- यह दरभंगा प्रमण्डल में प्रवाहित होकर कोसी से मिल जाती है।
- इसकी प्रमुख सहायक नदियां सोनी, ढोरी और बलान हैं।
- पहले यह नदी जीवछ कमला कही जाती थी, परन्तु अब यह बलान नदी से मिलकर बहनें लगती है।

कोसी नदी

- कोसी का वास्तविक नाम 'कौशिकी' है तथा इसका महत्व गंगा, यमुना, सरस्वती, कृष्णा, कावेरी और नर्मदा के समान है।
- पूर्वी नेपाल में हिमालय की उच्च पर्वत श्रेणियों के मध्य सप्त कौशिकी क्षेत्र से निकलती है। इस क्षेत्र से जल की सात धाराएं (सुत कोसी, भोटिया कोसी, तांबा कोसी, लिखू कोसी, दूध कोसी, अरुण कोसी और तांबर कोसी) बहती हैं, जिससे इसका नाम सप्त कौशिकी पड़ा है।
- यह सुपौल, सहरसा, मधेपुरा, अररिया तथा पूर्णिया जिले से प्रवाहित होती हुई खगड़िया के पास गंगा से मिलती है।
- गंगा की उत्तरी सहायक नदियों में सबसे अधिक लम्बाई (120 किमी.) कोसी नदी की ही है।
- इसके बार-बार रास्ता बदलते रहने के कारण विध्वंसक बाढ़ आती है। यही कारण है कि इस नदी को 'बिहार का शोक' या 'बिहार का अभिशाप' कहते हैं।

पठारों से निकलने वाली नदियां—झारखण्ड के छोटानागपुर पठारी क्षेत्र में बराकर, फ्लगूए संकरी आदि नदियां निकलती हैं। सोन व पुनपुन मध्य प्रदेश के पहाड़ी क्षेत्रों से निकलने वाली नदियां हैं।

सोन

- यह दक्षिण बिहार की प्रमुख नदी है। सोन नदी का उद्‌गम गोंडवाना क्षेत्र स्थित मैकाल पर्वत के अमरकंटक नामक स्थान से हुआ है।
- यह कैमूर के पठार के दक्षिण से बिहार में प्रवेश कर गंगा-सोन नदी दोआब में बिहार को सबसे उपजाऊ मैदान बनाती है। इन नदी की कुल लम्बाई 780 किमी. है।
- सोन नदी बिहार के रोहतास, औरंगाबाद, भोजपुर, पटना जिलों की पश्चिम सीमा बनाती हुई पटना से 16 किमी. पहले दानापुर में गंगा में मिल जाती है।

पुनपुन

- यह एक बरसाती नदी है जो ग्रीष्मकाल में सूख जाती है।
- यह गया और पटना जिलों में प्रवाहित होकर फतुहा नामक स्थान के निकट गंगा में मिल जाती है।
- पुनपुन की सहायक नदियों में दरघा और मनोहर नदियां प्रमुख हैं।

अजय

- यह नदी जमुई जिले के चकाई नामक स्थान से लगभग 5 किमी. दक्षिण में बटपाड़ नामक स्थान से निकलती है।
- इस नदी को अजमावती या अजमती के नाम से भी सम्बोधित की जाती है।
- यह पूर्व व दक्षिण में प्रवाहित होती हुई पश्चिम बंगाल में प्रवेश करती है और गंगा में विलीन हो जाती है।

कर्मनाशा

- यह नदी विंध्याचल की पहाड़ियों से निकलती है और चौसा के निकट गंगा नदी में मिलती है।
- बिहार में इस नदी को अपवित्र तथा अशुभ माना जाता है।
- यह बिहार एवं उत्तर प्रदेश के बीच सीमा रेखा बनाती है।
- जुमई जिला में प्रवेश करती है। इसकी प्रमुख सहायक नदियां बर्नर, अंजन, हरोहर आदि हैं। यह लखीसराय में गंगा नदी में मिल जाती हैं।

बिहार : नदियों की लम्बाई तथा जल ग्रहण क्षेत्र

क्र.सं.	नदी	बिहार में नदी की लम्बाई (किमी. में)	बिहार में जल ग्रहण क्षेत्र (वर्ग किमी. में)
1.	कोसी	260	11410
2.	गंगा	445	15165
3.	गण्डक	260	4188
4.	घाघरा	083	2995
5.	बूढ़ी गण्डक	320	9601
6.	कमला	120	4488
7.	बागमती	394	6500
8.	सोन	202	1580
9.	पुनपुन	235	7747
10.	कर्मनाशा	376	—
11.	फल्गू	235	—
12.	अजय नदी	202	—

संकरी

- यह नदी उत्तरी छोटानागपुर के पठारी क्षेत्र से निकलती है।
- यह नवादा, पटना, गया और मुंगेर जिलों में प्रवाहित होकर गंगा में विलीन हो जाती है।

बिहार के जलप्रपात एवं जलकुण्ड—बिहार के विभिन्न स्थानों पर विभ्रंश घाटियों तथा कठोर चट्टानों से निर्मित अवशिष्ट श्रेणियाँ और पहाड़ियां हैं जो जलप्रपातों को जन्म देती हैं। बिहार में गया, रोहतास और नवादा जिलों में अनेक स्थानों पर जलप्रपात मिलते हैं।

ककोलत जलप्रपात—यह जलप्रपात नवादा जिले में नवादा शहर से 16 किलोमीटर दक्षिण में स्थित है। यह प्रपात कोडरमा के पठार से उतरता है। इसकी कुल ऊंचाई 47 मीटर है, पर मुख्य प्रपात 24 मीटर है।

सुखलदरी जलप्रपात—यह कनहर नदी पर स्थित है। इसकी ऊंचाई लगभग 100 फीट है। यह जलप्रपात उत्तर प्रदेश, मध्य प्रदेश और बिहार की सीमा पर स्थित है।

दुर्गावती जलप्रपात—यह कैमूर जिले में स्थित है। इसकी ऊंचाई 90 मीटर है।

तमासीन जलप्रपात—यह महावे नदी पर स्थित है, जोकि 50 फीट की ऊंचाई से गिरती है।

बिहार के प्रमुख जलकुण्ड

नाम	जिला/स्थान
नानककुण्ड	राजगीर
गोमुखकुण्ड	राजगीर
लक्ष्मणकुण्ड	मुंगेर
जन्मकुण्ड	मुंगेर
भीमबाँध	मुंगेर
भरारीकुण्ड	मुंगेर
पंचतर	मुंगेर
सप्ताधारा या सतधरवा	राजगीर
ब्रह्मकुण्ड	राजगीर
सूर्यकुण्ड	राजगीर
मखदूमकुण्ड	राजगीर
सीताकुण्ड	मुंगेर
रामेश्वरकुण्ड	मुंगेर
ऋषिकुण्ड	मुंगेर
लक्ष्मीश्वरकुण्ड	मुंगेर
अग्निकुण्ड	गया

बिहार का आर्थिक भूगोल

बिहार के प्रमुख खनिज

भौगोलिक परिस्थिति के कारण बिहार के विभिन्न जिलों में विभिन्न प्रकार की खनिज सम्पदा पायी जाती है। राज्य के विभाजन के उपरान्त प्रमुख खनिज उत्पाद; जैसे—कोयला तांबा, ग्रेफाइट इत्यादि का भण्डार झारखण्ड के हिस्से में चला गया। वर्तमान बिहार में प्रधान रूप से पायराइट, चीनी मिट्टी फेल्सपार, सोना, स्लेट तथा शोरा प्रचुर मात्रा में उपलब्ध है।

मैंगनीज—खाद निर्माण और रंग बनाने में इसका प्रयोग होता है। यह राज्य के पटना, गया व मुंगेर जिलों में पाया जाता है। इसके अन्य उपयोगों में पोटैशियम परमैंग्नेट, लवण, बैटरी निर्माण, कांच बनाना, रासायनिक उद्योग, ब्लीचिंग पाउडर बनाना मुख्य हैं।

क्वार्ट्ज—यह मुख्य रूप से मुंगेर जिले के धारवाड़ युग की पहाड़ियों में पाया जाता है। इसका उपयोग विभिन्न उद्योगों; जैसे—सीसा, सीनेट इत्यादि में होता है।

गंधक—बिहार में इसका अभाव मिलता है। इसकी प्राप्ति तांबा, अयस्क तथा पायराइट खनिज प्रस्तर से होता है। व्यावसायिक स्तर पर पायराइट्स का खनन रोहतास जिले के अमझोर नामक स्थान पर होता है।

चीनी मिट्टी—यह प्राय: ग्रेनाइट फेल्सपार नामक खनिज के क्षय से उत्पन्न होती है। इस मिट्टी में पोटाश और सोडा न होने से यह अग्नि प्रतिरोधक भी होती है। यह खनिज बिहार के भागलपुर और मुंगेर जिले में मिलता है।

चूना पत्थर—राज्य में यह मुख्यत: विन्ध्यन युग की चट्टानों से प्राप्त होता है। यहाँ उच्च कोटि का चूना पत्थर रोहतास की पहाड़ियों और कैमूर पठार में विद्यमान है। राज्य का सर्वाधिक चूना-पत्थर उत्पादन रोहतास, चूना, हट्टन, रामडीहरा, बंजारी, से उत्खनित होता है।

बिहार के प्रमुख खनिज एवं प्राप्ति स्थल

खनिज	प्राप्ति स्थल
अभ्रक	गया (दिबौर, विश्नुपुर, भलूआरीकला, मझूली), नवादा, मुंगेर, जमुई, बिजैसा, महेश्वरी, नवाडीह एवं चकाई।
खनिज तेल	मुंगेर और राजगीर।
शोरा, रेह	सिवान, गोपालगंज, पूर्वी चम्पारण (मेहसी, पीपरा, पंचरुखिया), मुजफ्फरपुर, (साहेबगंज, याहयापुर), पटना, बेगूसराय (मझौल, भोजा), सारण (सरैया, माझी, छाता, भगवान बाजार), समस्तीपुर (नाजीरपुर, किशनपुर, तमका), गया एवं मुंगेर बरियारपुर)।
बैरीलियम	गया एवं नवादा क्षेत्र।
पेट्रोलिय	बिहार के पूर्णिया, कटिहार तथा निकटवर्ती क्षेत्र में सम्भावित भण्डार।
कांच पत्थर	भागलपुर जिला।
पायराइट्स	रोहतास जिलान्तर्गत, अमझोर के अतिरिक्त सोन नदी की घाटी बंजारी तथा कोरियारी आदि क्षेत्र।
सोना	जमुई (करमटिया), पश्चिमी चम्पारण, वाल्मीकि नगर, मुंगेर में 'सोनी' नामक स्थान (अब जमुई) पर खोजा गया है।
शीशा	भागलपुर।
क्वार्ट्ज	जमुई।
चूना पत्थर	रोहतास (जदूनाथपुर, नावाडीह, कनकपुर, जारदाग, काटूडार, पापराडीह), रोहतासगढ़, चूना इट्टन, रामडिहरा, डुमरवार, बैगलिया आदि हैं।
चिनी-मिट्टी	भागलपुर (कसरी, पत्थरघाटा, लेहवाबख, समुखिया, झरना, हरनकारी), बाँका (कटोरिया) एवं मुंगेर (खड़गपुर की पहाड़ियाँ, भण्डारी, पनारी)।
एस्बेस्टास	मुंगेर।
डोलोमाइट्स	रोहतास (बंजारी)।
मैंगनीज	मुंगेर एवं गया।
टिन	गया, देवराज व चकखन्द।
बॉक्साइट	मुंगेर (खड़गपुर की पहाड़ियां, खपरा, मेरा ठाढी, दैंता सारंग) व रोहतास।
गन्धक	रोहतास का अमझोर।
क्वार्टजाइट	मुंगेर (खड़गपुर की पहाड़ियां), जमालपुर, जमुई (सोनो, चकाई), गया (रामशिला), प्रेतशिला पहाड़ियां)
स्लेट एवं फिलाइट	मुंगेर (खड़गपुर की पहाड़ियां, धरहारा)
सजावटी पत्थर	बांका (अबरख, कधार, झिलसी, जमादान), भागलपुर (श्याम बाजार), मुंगेर (खड़गपुर की पहाड़ियां)।
सोप स्टोन	जमुई (शंकरपुर)।
कोयला	औरंगाबाद।
अग्नि-सह मिट्टी फायर क्ले)	मुंगेर, भागलपुर।
यूरेनियम	गया।
सोडियम लवण	मुजफ्फरपुर, सारण, पूर्वी एवं पश्चिमी चम्पारण।
सिलीमैनाइट	गया।
लिथियम	गया।
फेलस्पार	गया (गुरपाग झण्डी), भागलपुर, मुंगेर, जमुई।

बॉक्साइट—लेटेराइड के साथ बिहार में बॉक्साइट के निदोप उपलब्ध हैं। यह रोहतास जिले में मिलता है।

एबेस्टस—इसकी दो प्रमुख किस्में-काइसोलाइट एवं एंफीबोल हैं। यह अधिकतर आग्नेय शिलाओं तथा जहरमोहरा डोलोमाइट चूने के पत्थरों से प्राप्त होता है। इसकी उपयोगिता उसके रेशों के चिमड़ेपन, लचीलेपन तथा उसके अग्नि व विद्युत प्रतिरोधक गुण के कारण ही है।

शोरा—यह प्रकृति में सोडियम नाइट्रेट और पोटैशियम के रूप में पाया जाता है। इसका उपयोग मुख्यत: विस्फोटक कांच, पटाखे तथा खाद बनाने आदि में किया जाता है। यह मुजफ्फरपुर, सारण, दरभंगा, भोजपुर, मुंगेर जिलों से प्राप्त होता है। उत्तम श्रेणी के शोरे में पोटैशियम नाइट्रेट की मात्रा 66.07% तथा निम्न श्रेणी के शोरे में इसकी मात्रा 28.66% होती है।

कृषि एवं पशुपालन

बिहार एक कृषि प्रधान राज्य है। राज्य के घरेलू उत्पाद में कृषि का योगदान 18.7% है।

यहाँ कृषि योग्य भूमि 75.8 से अधिक है, जिसमें शुद्ध बोया गया क्षेत्र 52.1 से अधिक है। बिहार में प्रति व्यक्ति भूधारण क्षमता 0.4 हेक्टेयर से भी कम है, जबकि राष्ट्रीय औसत 1.5 हेक्टेयर है बिहार में जोत का आकार औसतन 1.38 हेक्टेयर से 0.68 हेक्टेयर के बीच है। बिहार में केवल 7.1.% क्षेत्र में वनों का विस्तार है।

बिहार के कृषि प्रदेश—जलवायु सम्बधी विशेषता के आधार पर कृषि को तीन जोनों में बाँटा जा सकता है

जोन I—यह क्षेत्र राज्य के उत्तर-पश्चिमी क्षेत्र के अन्तर्गत हिमालय के तराई से प्रारम्भ होकर गंगा के मैदानी क्षेत्रों तक पहुँचता है। यहाँ का अधिकतम एवं न्यूनतम तापमान क्रमश: 36.6 सेग्रे. तथा 71° सेग्रे. रहता है। यहाँ कुल वर्षा 40 से 45 मिमी. होती है। इसके अन्तर्गत गोपालगंज सीवान, मधुबनी, दरभंगा, हाजीपुर, बेगूसराय, सारण, पश्चिमी चम्पारण, पूर्वी चम्पारण, समस्तीपुर इत्यादि जिले आते हैं।

बिहार के कृषि प्रदेश

क्र.सं.	कृषि प्रदेश	प्रमुख फसल	भौगोलिक विशेषताएँ
1.	उत्तरी-मध्यवर्ती मैदान	चावल, मक्का, गेहूँ	गंडक से लेकर कोसी के बीच का क्षेत्र, बाढ़ का मैदान, हल्के एवं क्ले प्रधान मिट्टी, अनुकूल वर्षा, नहर, नलकूपों द्वारा क्षेत्र में रबी फसलों की भी कृषि।
2.	उत्तरी-पूर्वी मैदान	चावल एवं जूट	बाढ़ का मैदान और क्ले मिट्टी, पर्याप्त उर्वरता, पर्याप्त वायुमण्डलीय आर्द्रता, वर्षा 125 सेंटीमीटर से अधिक।
3.	उत्तरी-पश्चिमी मैदान	चावल, गन्ना	वर्षा 125 सेंटीमीटर से कम लेकिन गंडक कमांड एवे भू-जल से सिंचाई, पुराने जलोढ़ के मैदान। मिट्टी से अधिक नमी रखने की क्षमता और मिट्टी में चूने का अधिक अंश।
4.	दक्षिण-पूर्वी मैदान	चावल, मक्का, गेहूँ, गन्ना	वर्षा 125 सेंटीमीटर से अधिक, सिंचाई के अभाव में सूखे की अधिकता।
5.	दक्षिण-पश्चिमी मैदान	चावल, गन्ना, गेहूँ	खड़गपुर पहाड़ी के पश्चिम स्थित मैदानी क्षेत्र और सिंचित क्षेत्र (सोन कमांड क्षेत्र) में चावल, व गन्ना की प्रधानता।

जोन II—यह उत्तर-पूर्व मैदान क्षेत्र का भाग है। यहाँ पर औसत वर्षा 1200 से 1700 मि.मी. तक होती है। यहाँ मुख्य रूप से बलुई दोमट, दोमट तथा चिकनी मिट्टी पाई जाती है। इसके अन्तर्गत सुपौल, अररिया, खगड़िया, पूर्णिया, किशनगंज आदि जिले आते हैं।

जोन III—(A) इसके अन्तर्गत लखीसराय, मुंगेर, बांका, शेखपुरा तथा भागलपुर का क्षेत्र आता है।

जोन III—(B) इसके अन्तर्गत भबुआ, रोहतास, औरंगाबाद, जहानाबाद प्राप्त करता है। यहाँ का अधिकतम तापमान 33.8 सेग्रे. रहता है तथा न्यूनतम तापमान 8.8 सेग्रे. होता है। यहाँ मुख्य रूप से गेंहूँ धान, चना तथा राई का उत्पादन होता है।

बिहार की प्रमुख फसलें

धान—चावल यहाँ का सर्वप्रमुख भोज्य पदार्थ है, जो धान की फसल से प्राप्त होता है। पश्चिम में बूढ़ी गंडक और पूर्व में कोसी नदी के मध्य विस्तृत उत्तरी मैदान धान की कृषि का आदर्श क्षेत्रों में उगाया जाता है। धान उत्पादन में बिहार का स्थान उत्तर प्रदेश, पश्चिम बंगाल, आन्ध्र प्रदेश और पंजाब के बाद है। जलवायु की विभिन्नताओं के फलस्वरूप बिहार में ग्रीष्मकालीन, शरद कालीन और शीतकालीन में धान की फसलें उगायी जाती हैं। बिहार में इन्हें अगहनी, भदई एवं गरमा फसलों के रूप में जाना जाता है। बिहार में अगहनी धान की खेती सर्वाधिक भूमि पर की जाती है।

अगहनी धान—इसका रोपण जुलाई-अगस्त में होता है और फसल नवम्बर-दिसम्बर में काटी जाती है। यह मुख्यत: गंडक-कोसी के दोआब क्षेत्र में होती है।

भदई धान—इसकी रोपाई जनवरी-फरवरी में की जाती है तथा मार्च-अप्रैल में काटी जाती है। यह बिहार में मुख्यत: पूर्णिया, पूर्वी तथा पश्चिमी चम्पारण में होता है।

गरमा धान—इसके अन्तर्गत बिहार का 3% क्षेत्र आता है। इसके लिए सिंचाई के साधन का होना अति आवश्यक है।

गेहूँ—गेहूँ बिहार की प्रमुख रबी फसल है। इसे नवम्बर-सितम्बर में बोया जाता है और मार्च-अप्रैल में काटा जाता है। इसकी खेती के लिए बलुई दोमट मिट्टी उत्तम होती है। गेहूं का उत्पादन मुख्यत: गंगा, दियारा, कोसी नदी बेसिन, बेगूसराय, बागमती नदी के पश्चिम के क्षेत्र में होता है।

मक्का—मक्का, धान और गेहूँ के बाद बिहार की तीसरी प्रमुख फसल है। मक्का खरीफ की फसल है जो जून-जुलाई महीने में बोई जाती है और सितम्बर-अक्टूबर में काट ली जाती है। मक्के की कृषि के लिए हल्की और चिकनी मिट्टी अच्छी होती है। मक्का मुख्यत: सारण चम्पारण, मुजफ्फरपुर, बेगूसराय तथा भागलपुर में प्रमुख रूप से बोया जाता है।

जौ—बिहार में जौ की खेती अत्यंत प्राचीन काल से की जाती है। जौ की खेती कम वर्षा और उष्ण जलवायु में होती है। जौ उत्पादन में पूर्वी और पश्चिमी चम्पारण अग्रणी है। यह रबी की फसल है जो अक्टूबर-नवम्बर में बोई जाती है।

अरहर—बिहार में इसकी खेती लगभग 83 हजार हेक्टेयर भूमि पर होती है। अरहर की खेती सारण, गोपालगंज, मुजफ्फरपुर, बेगूसराय, मुंगेर, एवं रोहतास आदि जिलों में विशेष रूप से की जाती है।

बिहार की मुख्य फसलें तथा उनके उत्पादक क्षेत्र

क्र.सं.	फसल का नाम	उत्पादक जिलों के नाम
1.	**खाद्यान्न**	
	बाजरा	गया, मुंगेर, भोजपुर, रोहतास, कैमूर, बक्सर तथा पटना।
	जौ एवं ज्वार	चम्पारण, पूर्णिया, दरभंगा, मुजफ्फरपुर, भागलपुर, भोजपुर, रोहतास, कैमूर, बक्सर, गया, मुंगेर आदि।
	मक्का	चम्पारण, मुजफ्फरपुर, सीतामढ़ी, दरभंगा, सहरसा के दक्षिणी भाग, सारण, भागलपुर का उत्तरी भाग।
	गेहूँ	चम्पारण, वैशाली, मुजफ्फरपुर, सीतामढ़ी, समस्तीपुर, सहरसा, पटना, भोजपुर, नालन्दा, रोहतास, गया, मुंगेर, भागलपुर आदि।
	चावल	चम्पारण, पूर्णिया, वैशाली, सारण, सीवान, गोपालगंज, समस्तीपुर, पटना, मुंगेर, मुजफ्फरपुर, सीतामढ़ी, दरभंगा, मधुबनी, सहरसा तथा कटिहार।
2.	**तिलहन**	
	तीसी	पटना, तिरहुत, भागलपुर, मुजफ्फरपुर।
	तिल	गया।
	सरसों	पूर्णिया, मुजफ्फरपुर, तिरहुत तथा पटना।
3.	**दलहन**	
	अरहर	दरभंगा, मुजफ्फरपुर, सीतामढ़ी, सारण तथा गया।
	चना	पटना, भोजपुर, रोहतास, कैमूर, बक्सर, गया, मुंगेर।
	मसूर	पटना, गया, चम्पारण।
4.	**व्यावसायिक फसलें**	
	जूट	पूर्णिया, सहरसा, चम्पारण, दरभंगा और मुजफ्फरपुर।
	गन्ना	चम्पारण, सारण, सीवान, गोपालगंज, गया, दरभंगा, मुजफ्फरपुर, सीतामढ़ी, भागलपुर, भोजपुर, रोहतास, कैमूर, बक्सर, पटना, मुंगेर।
	तम्बाकू	दरभंगा, मुजफ्फरपुर, सीतामढ़ी, मुंगेर तथा पूर्णिया।

चना—चना बिहार में गेहूँ के बाद दूसरी प्रमुख रबी फसल है। चना की खेती मुख्यत: रोहतास, कैमूर, नालन्दा, मुगेंर, भागलपुर, पटना आदि जिलों में होती है। बालूयुक्त चिकनी मिट्टी में इसका उत्पादन भली-भांति किया जाता है। बिहार में चना मिश्रित फसल के रूप में गेहूँ, जौ एवं सरसों के साथ बोया जाता है।

मसूर—इसकी खेती रबी के मौसम में की जाती है। मसूर का सर्वाधिक उत्पादन पटना जिले में होता है।

मूँग—इसे गेहूँ काटने के पश्चात बोया जाता है। इसकी खेती मुख्यत: बिहार के मैदानी भागों में की जाती है। मुंगेर, भागलपुर, सुपौल तथा पूर्णिया मूँग के प्रमुख उत्पादक जिले हैं।

तिलहनी फसलें

राई व सरसों—तिलहन फसलों में राई और सरसों का स्थान प्रमुख है। यह फसल राज्य के लगभग सभी जिलों में थोड़ी-बहुत मात्रा में उगाई जाती है, प्रति हेक्टेयर उत्पादन की दृष्टि से पूर्णिया जिला राज्य का सबसे प्रमुख जिला है।

तिल—तिल दो प्रकार का होता है—काला और सफेद तिलहन के अन्तर्गत तिल एक प्रमुख फसल है। इसका उपयोग खाद्य पदार्थों के अलावा तेल एवं सौन्दर्य प्रसाधन सामग्री में होता है।

अलसी—अलसी गहरी नमीयुक्त चिकनी मिट्टी में उत्पादित होती है। इसका प्रमुख उत्पादन क्षेत्र गंगा का मैदानी भाग है। बिहार में अलसी का उत्पादन पटना, तिरहुत भागलपुर और कोसी मण्डलों में होता है।

नकदी एवं व्यावसायिक फसलें

गन्ना—बिहार में गन्ने की सामान्य खेती कोसी नदी के पश्चिमी भाग औरंगाबाद, पटना नालन्दा, मुंगेर एवं भागलपुर जिलों में की जाती है। बागमती तथा कोसी नदियों के पश्चिमी क्षेत्रों में खनिज लवण युक्त मिट्टी में उपलब्ध चूने के तत्व गन्ने की कृषि हेतू अत्यंत उपयोगी है।

जूट—जूट का प्रयोग टाट, बोरा, रस्सी गलीचे आदि बनाने में होता है। जूट की कृषि बिहार के आर्द्र प्रदेश में की जाती है। जूट उत्पादन के क्षेत्र में बिहार का द्वितीय स्थान है। बिहार में पूर्णिया जिला सर्वाधिक जूट उत्पादित करता है।

तम्बाकू—तम्बाकू उत्पादन में बिहार का देश में छठवां स्थान है। तम्बाकू के प्रमुख उत्पादक जिले हैं—वैशाली, समस्तीपुर, गोपालगंज आदि।

पशुपालन

बिहार की प्रचलित और पारम्परिक कृषि व्यवस्था मूलत: पशुधन पर आधारित है। राज्य में कुल पशु सम्पदा 47.93 करोड़ है। राज्य में औसतन 30 व्यक्तियों पर एक पशु की उपलब्धता है।

राज्य के गोपालगंज, मुजफ्फरपुर, मधुबनी, सीतामढ़ी आदि जिलों में पशुधन का घनत्व बहुत अधिक है। राज्य के दुधारू पशुओं में गाय का महत्त्वपूर्ण स्थान है। बिहार में देश की 2% भेड़, 9% लकरियां, 10% सुअर, 10% गाय, भैंस उपलब्ध है।

मत्स्य पालन—बिहार में 27,000 हेक्टेयर जल क्षेत्र का विकास मछली पालन के लिए किया गया है। यहाँ प्रति व्यक्ति मछली की खपत 0.08 से 0.13 किलोग्राम वार्षिक से बहुत कम है। राज्य की प्रमुख मछलियों में रोहू-कतला, भाखुर एवं माँगुर

वार्षिक से बहुत कम है। राज्य की प्रमुख मछलियों में रोहू-कतला, भाखुर एवं माँगुर हैं। इनके अतिरिक्त यहाँ की बोआरी, टेंगरा, सौराठी, बंसपत्ता, झीगा मछली, सीर्गी गरई आदि मछलियाँ भी काफी लोकप्रिय हैं।

बिहार में सिंचाई

बिहार में नहर, तालाब, नलकूप और कुओं द्वारा सिंचाई की जाती है। सिंचाई साधनों में नहर और नलकूपों का महत्त्वपूर्ण स्थान है। बिहार राज्य सिंचाई आयोग के अनुसार बिहार में कुल सिंचाई क्षमता 102.50 लाख हेक्टेयर है, जिनमें से 53.53 लाख हेक्टेयर वृहत एवं मध्यम सिंचाई परियोजनाओं द्वारा तथा 48.97 लाख हेक्टेयर लघु सिंचाई योजनाओं द्वारा सींची जा सकती हैं।

बिहार में सिंचाई के प्रमुख साधन

सिंचाई के साधन	प्रधान क्षेत्र
नहर	भोजपुर (73.8%), औरंगाबाद (71.1%) एवं प. चम्पारण (68.2%)
नलकूप	समस्तीपुर (97.6%), सीतामढ़ी (84.8%) एवं बेगूसराय (80.7%)
कुआं	दरभंगा (48.0%), मधुबनी (37.1%) प. चम्पारण (23.5%) बेगूसराय (19.4%)
तालाब	मधुबनी (24.6%), वैशाली (21.4%) एवं दरभंगा (6.0%)

नहरें—बिहार में नहरें सिंचाई का अति महत्त्वपूर्ण तथा सर्वप्रमुख साधन है। बिहार के उत्तरी क्षेत्र में धरातलीय स्वरूप जलोढ़ की उपस्थिति तथा सततवाहिनी नदियों द्वारा जल की आपूर्ति के कारण सिंचाई हेतु नहरों के विकास में सहायता मिलती है।

बिहार की प्रमुख नहरें और लाभांवित जिले

प्रमुख नहरें	नदी	लाभांवित जिले
पूर्वी सोन नहर	सोन नदी	पटना, गया, भोजपुर और औरंगाबाद।
पश्चिमी सोन नहर	सोन नदी	भोजपुर, रोहतास, बक्सर।
त्रिवेणी नहर	गंडक नदी	पूर्वी एवं पश्चिमी चम्पारण।
कमला नहर	कमला नदी	दरभंगा, मधुबनी।
पूर्वी कोसी नहर	कोसी नदी	पूर्णिया, सहरसा।
पश्चिमी कोसी नहर	कोसी नदी	दरभंगा।
तिरहुत नहर	गंडक नदी	चम्पारण, मुजफ्फरपुर, वैशाली।
सारण नहर	गंडक नदी	सारण, सीवान, गोपालगंज
तेऊर नहर	तेऊर नदी	चम्पारण।
ढाका नहर	लाल वकैया	चम्पारण।
सकरी नदी	सकरी नदी	मुंगेर, गया एवं पटना।

नलकूप—बिहार में नलकूप 15 से 100 मीटर या इससे भी अधिक गहरे होते हैं। वस्तुत: सिंचाई के साधनों में बिहार में राजकीय नहरों के पश्चात् नलकूपों का ही स्थान है। दक्षिण बिहार में नालंदा, रोहतास, कैमूर, पटना, गया, मुंगेर तथा भोजपुर जिलों में नलकूपों द्वारा सिंचाई की जाती है। यहाँ कुल सिंचित भूमि 89 प्रतिशत नलकूपों द्वारा सिंचित होती है। उत्तर बिहार में सारण, सीवान, गोपालगंज, पश्चिमी तथा पूर्वी चम्पारण, मुजफ्फरपुर तथा सहरसा जिलों में नलकूपों द्वारा सिंचाई की जाती है।

नहर व्यवस्था

- कोसी नदी के पूर्व तथा पश्चिमी किनारों का निर्माण कर बिहार के सहरसा, सुपौल, पूर्णिया, अररिया, कटिहार, दरभंगा, मधुबनी तथा खगड़िया की एवं नेपाल के कोसी परियोजना की नहरों को तीन प्रधान वर्गों में विभाजित किया जा सकता है—
  (क) पूर्वी कोसी नहर क्रम, (ख) पश्चिमी कोसी नहर क्रम और (ग) राजपुर नहर क्रम।

पूर्वी कोसी नहर क्रम

- हनुमान नगर अवरोधक बाँध को बाएँ किनारे से निकाली जाने वाली पूर्वी कोसी नहर क्रम के नाम से जानी जाती है, जो पूर्णिया, अररिया, सुपौल को सिंचित करती है।
- प्रमुख पूर्वी कोसी नहर की कुल लंबाई यद्यपि 43.5 किलोमीटर ही है, पर अपनी शाखाओं जैसे—मुरलीगंज, जानकीनगर, पूर्णिया, अररिया तथा अन्य दूसरी जल वितरक प्रशाखाओं सहित इसकी कुल लंबाई 3,038 किलोमीटर हो जाती है।
- पूर्वी कोसी नहर क्रम के अन्तर्गत फुलकाहा वितरक शाखा शामिल है, जो मुख्य पूर्वी नहर तथा बिहार-नेपाल सीमा के बीच फैली है।

पश्चिमी कोसी नहर

- पश्चिमी कोसी नहर क्रम का मुख्य उद्देश्य बिहार के दरभंगा एवं बेगूसराय जिले की भूमि को सिंचाई की सुविधा प्रदान करना है। इस काम के लिए 113 किलोमीटर लंबी नहरों का विकास किया गया है।
- इस क्रम की मुख्य शाखा हनुमान नगर अवरोधक बाँध के दाईं ओर से निकाली गई है।

राजपुर नहर क्रम

- हनुमान नगर के बायें किनारे से निकाली जाने वाली इस नहर क्रम का विस्तार पूर्वी कोसी नहर क्रम और पूर्वी बाढ़ तटबंध के मध्यवर्ती क्षेत्र में विस्तृत है।
- राजपुर नहर व्यवस्था के अन्तर्गत एक शाखा नहर राजपुर तथा चार उपशाखा नहर मधेपुरा, गम्हरिया, सहरसा तथा सुपौल सहित इसकी कुल लम्बाई 366 किलोमीटर है।
- सिंचाई तथा बाढ़ नियंत्रण की सुविधाओं के अतिरिक्त बाँध के समीप कटैया नामक स्थान पर 20 हजार किलोवाट क्षमता वाले जल विद्युत गृह का निर्माण किया गया है। इस विद्युतगृह में पाँच-पाँच हजार किलोवाट बिजली उत्पादन करने वाली चार इकाइयां हैं।

उद्योग

राज्य के प्रमुख उद्योगों में मुजफ्फरपुर और मोकामा में भारत वैगन लिमिटेड का रेलवे वैगन प्लांट तथा बरौनी में भारतीय तेल निगम का तेलशोधक कारखाना महत्त्वपूर्ण है। उत्तर व दक्षिण बिहार में चीनी उद्योग सर्वाधिक महत्त्वपूर्ण है।

चीनी उद्योग—बिहार में चीनी उद्योग सबसे पुराना उद्योग है। बिहार में चीनी का पहला कारखाना 1840 ई. में डचों द्वारा बेतिया में प्रारम्भ किया गया था। वर्तमान में बिहार में कुल 28 चीनी मिलें हैं जिसमें 13 निजी क्षेत्र की तथा 15 सार्वजनिक क्षेत्र की हैं तथा इसमें से 9 ही कार्यरत हैं। वर्तमान में चीनी मिलों की संख्या में बिहार का स्थान उत्तर प्रदेश और महाराष्ट्र के बाद तीसरा है। बिहार में कुल राष्ट्रीय चीनी उत्पादन का मात्र 2% है।

जूट उद्योग—जूट उत्पादन की दृष्टिकोण से बिहार का देश में दूसरा स्थान है। बिहार में जूट के तीन बड़े कारखाने पूर्णियां कटिहार और दरभंगा में स्थित हैं। जूट उद्योग का संकेन्द्रण उत्तरपूर्वी बिहार में है।

सूती वस्त्र उद्योग—राज्य में सूती वस्त्र उद्योग गया और फुलवारी शरीफ में केन्द्रित है। बिहार के भागलपुर एवं दरभंगा में हथकरघा उद्योग स्थित है। राज्य में पटना, मधुबनी, भागलपुर में लगभग 40से अधिक हौजरी की फैक्ट्रियां हैं।

बिहार के प्रमुख उद्योग एवं संबधित स्थान

उद्योग	स्थान
चीनी उद्योग	मोतिहारी, सुगौली, मझौलिया, चनपटिया, बिहटा, गया, नरकटियागंज, मढ़ौरा, पंचरूखी, सासामुसा, गोपालगंज, हथुआ, मोतीपुर, सारण, पूर्वी शाहाबाद
	(भोजपुर),सीवान, दरभंगा, हसनपुर (समस्तीपुर), हरिनगर, मुजफ्फरपुर, डालमियानगर, बनमनखी, वारसलीगंज एवं मीरगंज।
सूती वस्त्र उद्योग	गया, फुलवारीशरीफ, डुमरांव, मोकामा, पटना, मुंगेर, भागलपुर, मधुबनी एवं मुजफ्फरपुर।
सीमेंट उद्योग	डालमियानगर, बंजारी।
बटन	मेहसी (पू. चम्पारण)।
कच्चा रेशम	कटिहार, पूर्णिया, मनोहरपुर।
बीड़ी	झाझा, बिहार शरीफ, जमुई।
तसर रेशम	भागलपुर।
सिन्दूर	लखीसराय।
रेल पहिया	छपरा (निर्माणाधीन)।
रेल इंजन मरम्मत	जमालपुर।
स्लीपर कारखाना	मधेपुरा (निर्माणाधीन)।
पटाखा	पटना सिटी।
उर्वरक उद्योग	बरौनी।
खनन उद्योग लिमिटेड	औरंगाबाद।
शराब उद्योग	सुल्तानगंज, मानपुर, मुंगेर, पटना, पंचरूखी, मढ़ौरा।
तम्बाकू उद्योग	दिलावरपुर (मुंगेर), गया, आरा, बिहार शरीफ, बक्सर एवं लखीसराय।
बिहार स्टेट स्कूटर्स	फतुहा (पटना)।
कांच उद्योग	पटना।
कागज एवं लुग्दी उद्योग	समस्तीपुर, दरभंगा, पटना, बरौनी एवं डालमियानगर।
प्लाइवुड उद्योग	हाजीपुर।
जूट उद्योग	कटिहार, समस्तीपुर, चम्पारण, दरभंगा और सहरसा।
दियासलाई उद्योग	कटिहार।
हथकरघा उद्योग	मधुबनी, भागलपुर, बिहारशरीफ, गया, पटना एवं मुंगेर।
कम्बल उद्योग	गया, पूर्णिया, औरंगाबाद एवं मोतिहारी।
बर्तन उद्योग	सीवान एवं बिहटा।

रेशम उद्योग—रेशम उद्योग का विकास भागलपुर, गया, वैशाली में हुआ। भागलपुर को सिल्क सिटी भी कहा जाता है। बिहार में मलवरी टसर और अण्डी रेशम का उत्पादन पूर्णिया में होता है।

तम्बाकू उद्योग—तम्बाकू की खेती राज्य के दरभंगा, बेगूसराय, मुजफ्फरपुर, सारण, वैशाली तथा पूर्णिया जिलों में होती हैं। राज्य में बीड़ी बनाने के 250 छोटे-बड़े उद्योग हैं। झाझा, लखीसराय, जमुई, मानपुर, आरा, बक्सर आदि स्थानों पर भी बीड़ी बनाने का कार्य होता है। उत्तरी बिहार में महनार, दलसिंहसराय, शाहपुर तथा अयोध्या गंज बाजार में बीड़ी के उल्लेखनीय केन्द्र हैं।

बिहार में राज्य शासन के कुछ औद्योगिक उपक्रम

1. बिहार स्टेट फाइनेन्स कॉर्पोरेशन लिमिटेड, पटना।
2. बिहार स्टेट स्कूटर्स लिमिटेड, पटना।
3. बिहार स्टेट फूड एण्ड सिविल सप्लाइज कॉर्पोरेशन, पटना।
4. बिहार स्टेट शुगर कॉर्पोशन लिमिटेड, पटना।
5. बिहार स्टेट टेक्स्ट बुक पब्लिशिंग कॉर्पोरेशन लिमिटेड, पटना।
6. बिहार स्टेट क्रेडिट एण्ड इन्वेस्टमेण्ट कॉर्पोरेशन लिमिटेड, पटना।
7. बिहार स्टेट एक्सपोर्ट कॉर्पोरेशन लिमिटेड, पटना।

चमड़ा उद्योग—बिहार के पश्चिमी चम्पारण, मुजफ्फरपुर और बरौनी मे चमड़ा प्रसंस्करण उद्योग का विकास हुआ है।

कागज एवं लुग्दी उद्योग—राज्य में कागज के प्रमुख कारखाने डालमियानगर, समस्तीपुर में स्थापित है। कागज के लिए कच्चा माल बांस, सताई घास, गन्ने की खोई तथा धान की भूसी से प्राप्त होता है।

लाख उद्योग—वन्य पदार्थों पर आधारित उद्योगों में लाख उद्योग का प्रमुख स्थान है। बिहार में लाख उद्योग का विकास मुख्य रूप से गया एवं पूर्णियां में हुआ है।

सीमेण्ट उद्योग—बिहार में सीमेण्ट उद्योग का प्रमुख केन्द्र बनजारी, जपला, डालमियानगर, कल्याणपुर है।

बिहार के उद्योगों के विकास हेतु संस्थाएं

औद्योगिक क्षेत्र विकास प्राधिकार—पटना, मुजफ्फरपुर तथा दरभंगा में औद्योगिक आधारभूत सुविधा उपलब्ध कराने के उद्देश्य से औद्योगिक क्षेत्र विकास प्राधिकार कार्य कर रहा है।

बिहार राज्य वित्त निगम—बिहार राज्य वित्त निगम द्वारा मुख्य रूप से लघु प्रक्षेत्र के उद्योगों की स्थापना करने हेतु वित्तीय सहायता दी जाती है।

बिहार राज्य औद्योगिक विकास निगम—बिहार राज्य औद्योगिक विकास निगम का मुख्य उद्देश्य राज्य के औद्योगिक विकास हेतु आधारभूत संरचना प्रदान करना है।

बिहार के औद्योगिक शहर एवं संबंधित उद्योग

	शहर	जिला	उद्योग धंधे
1.	बिहटा	पटना	चीनी उद्योग
2.	मोकामा	पटना	जूता का कारखाना, मालगाड़ी के डिब्बे
3.	दीघा	पटना	चमड़ा का जूता एवं शराब उद्योग
4.	भागलपुर	भागलपुर	तसर (रेशम) उद्योग, हथकरघा उद्योग
5.	पटना सिटी	पटना	सिंदूर, गुलाल और पटाखा निर्माण उद्योग
6.	ओबरा	औरंगाबाद	कालीन निर्माण उद्योग
7.	डालमिया नगर	रोहतास	कागज, सीमेंट एवं वनस्पति तेल उद्योग
8.	मुंगेर	मुंगेर	बंदूक और सिगरेट फैक्टरी
9.	बिहार शरीफ	नालंदा	बीड़ी उद्योग

10.	डुमराँव	बक्सर	सूती कपड़ा एवं लालटेन उद्योग
11.	गया	गया	चीनी, लाख, सूती वस्त्र एवं चमड़ा उद्योग
12.	हथुआ	गोपालगंज	गंगा वनस्पति तेल का कारखाना
13.	मढ़ौरा	सारण	चीनी और चॉकलेट बनाने का कारखाना
14.	टंडवा	औरंगाबाद	कम्बल निर्माण उद्योग
15.	कांटी	मुजफ्फरपुर	ताप-बिजली घर
16.	नारायणपुर	मुजफ्फरपुर	औषधि निर्माण उद्योग
17.	रीगा	सीतामढ़ी	चीनी मिल
18.	बगहा	प. चम्पारण	कागज का कारखाना
19.	मेहसी	पूर्वी चम्पारण	बटन निर्माण उद्योग
20.	दरभंगा	दरभंगा	कागज का कारखाना
21.	लोहट	मधुबनी	चीनी मिल
22.	समस्तीपुर	समस्तीपुर	कागज एवं चीनी मिल
23.	कटिहार	कटिहार	जूट का कारखाना
24.	जमालपुर	मुंगेर	रेल इंजन मरम्मत करने का कारखाना
25.	लखीसराय	लखीसराय	सिन्दूर फैक्टरी

बिहार की जनांकिकी

भारत में जनगणना का प्रारम्भ सर्वप्रथम 1872 में किया गया था, किन्तु यह जनगणना सीमित सन्दर्भ में की गयी थी। लॉर्ड रिपन द्वारा 1881 ई. में प्रथम नियमित एवं 10 वर्षीय अन्तराल वाली जनगणना का आरम्भ हुआ। उस समय बिहार की जनसंख्या 2.66 करोड़ थी। स्वतंत्रता प्राप्ति के पश्चात् समस्त जनगणना का कार्य जनगणना अधिनियम, 1948 के प्रावधानों के अनुरूप किया जाता है। जनगणना का समस्त कार्य रजिस्टार जनरल एवं जनगणना आयुक्त द्वारा सम्पन्न किया जाता है।

(1) जिले – 38

(2) क्षेत्रफल वर्ग किमी. में – 94,163

(3) कुल जनसंख्या – 10,40,99,452

पुरुष – 5,42,78,157

स्त्री – 4,98,21,295

(4) दशकीय जनसंख्या वृद्धि – 20,806,128

प्रतिशत – 25.07

(5) जनसंख्या घनत्व – 1,106

(6) लिंगानुपात – 918

(7) 0-6 आयु की जनसंख्या		**कुल**	**प्रतिशत**
व्यक्ति	–	19133964	18.38
पुरुष	–	9887239	51.67
महिला	–	9246725	48.32

(8) साक्षरता		**कुल**	**साक्षरता दर**
व्यक्ति	–	52504553	61.8
पुरुष	–	31608023	71.2
महिला	–	20896530	51.5

(9) मंडलों की संख्या – 9

(10) जिलों की संख्या – 38

(11) उपमंडलों की संख्या – 101

(12) प्रखंडों की संख्या – 534

(13) नगरीय समुदाय – 14

(14) कस्बों की संख्या

(i) सांविधिक शहर – 139

(ii) गैर-सांविधिक शहर – 60

(15) राजस्व गाँव – 44,874

(16) सबसे अधिक जनसंख्या वाला जिला – पटना 5,772,804

सबसे कम जनसंख्या वाला जिला – शेखपुरा 634,927

(17) सबसे अधिक दशकीय वृद्धि वाला जिला – मधेपुरा 30.65

सबसे कम दशकीय वृद्धि वाला जिला – गोपालगंज 18.83

(18) सबसे अधिक घनत्व वाला जिला – सीहोर 1,882

सबसे कम घनत्व वाला जिला – कैमूर 488

(19) सर्वाधिक लिंगानुपात वाला जिला – गोपालगंज 1,015

सबसे कम लिंगानुपात वाला जिला –मुंगेर तथा भागलपुर 879

(20) सबसे अधिक साक्षरता दर वाला जिला – रोहतास 75.59

सबसे कम साक्षरता दर वाला जिला – पूर्णिया 52.49

(21) राज्य में जिलों की औसत जनसंख्या – 2,731,701

जनांकिकी

(A) जनसंख्या 2011

जनसंख्या 2011		**बिहार**	**भारत**
	कुल	104099452	1210569573
	पुरुष	54278157	623121843
	स्त्री	49821295	587447730
लिंग अनुपात		918	943
जनसंख्या घनत्व (प्रति वर्ग कि.मी)		1106	382
साक्षरता दर Literacy Rate	कुल	61.8	73.00
	पुरुष	71.2	80.9
	स्त्री	51.5	64.6
दशकीय जनसंख्या वृद्धि दर (2001 से 2011)		25.42	17.64

0-6 आयु समूह की जनसंख्या		कुल	पुरुष	स्त्री
	बिहार	19133964	9887239	92467250
	ग्रामीण	17383701	8971671	8412030
	शहरी	1750263	915568	834695
साक्षरों की संख्या		कुल	पुरुष	स्त्री
(जनगणना 2011)	बिहार	52504553	31608023	20896530
	ग्रामीण	44812152	27241830	17570322
	शहरी	7692401	4366193	3326208

(B) जनसंख्या 2011 (0-6 आयु समूह)

	बिहार	भारत
(a) कुल	19134	163820
(b) पुरुष	9887	84999
(c) महिला	9247	78820

(C) उम्र के अनुसार आबादी का वर्गीकरण (2011 जनगणना), बिहार

आयु समूह Age Group	कुल Total			ग्रामीण Rural			शहरी Urban		
	व्यक्ति Persons	पुरुष Males	स्त्री Females	व्यक्ति Persons	पुरुष Males	स्त्री Females	व्यक्ति Persons	पुरुष Males	स्त्री Females
1	2	3	4	5	6	7	8	9	10
0.4	12765029	6576871	6188158	11600288	5969825	5630463	1164741	607046	557695
5-9	15036277	7796359	7239918	13630801	7057963	6572838	1405476	738396	667080
10-14	13919882	7323831	6596051	12472947	6563975	5908972	1446935	759856	687079
15-19	9472695	5290581	4182114	8243729	4622498	3621231	12228966	668083	560883
20-24	8064735	4210585	3854150	7011053	3644529	3366524	1053682	566056	487626
25-29	7671705	3828687	3843018	6722688	3340162	3382526	949017	488525	460492
30-34	7055737	3510596	3545141	6203044	3074406	3128638	852693	436190	416503
35-39	6457261	3308161	3149100	5671251	2902365	2768886	786010	405796	380214
40-44	5165692	2756809	2408883	4510868	2404576	2106292	654824	352233	302591
45-49	4270374	2209994	2060380	3721533	1918799	1802734	548841	291195	257646
50-54	3312740	1808425	1504315	2885694	1575237	1310457	427046	233188	193858
55-59	2796678	1330356	1466322	2450329	1151517	1298812	346349	178839	167510
60-64	3008008	1559925	1448083	2677437	1385714	1291723	330571	174211	156360
65-69	2089779	1103718	986061	1870640	986570	884070	219139	117148	101991
70-74	1379531	784383	595148	1231828	701151	530677	147703	83232	64471
75-79	550479	297973	252506	486894	263161	223733	63585	34812	28773
80-84	369054	197997	171057	328616	177246	151370	40438	20751	19687
85-89	129508	69258	60250	112971	60571	52400	16537	8687	7850
90-94	94768	48853	45915	83943	43592	40351	10825	5261	5564
95+	86018	44486	41532	75857	39446	36411	10161	5040	5121
अघोषित उम्र									
Age not Stated	403502	220309	183193	349025	190547	158478	54477	29762	24715
सभी आयु									
समूह									
All Ages Group	104099452	54278157	49821295	92341436	48073850	44267586	11758016	6204307	5553709

* सभी आयु समूह में उम्र नहीं बताने वाले व्यक्ति भी सन्निहित है।

		बिहार
(i)	कुल आबादी के सापेक्ष पुरुष आबादी का प्रतिशत	
	क. 2001 जनगणना	52.07
	ख. 2011 जनगणना	52.14
(ii)	कुल आबादी के सापेक्ष महिला आबादी का प्रतिशत	
	क. 2001 जनगणना	47.93
	ख. 2011 जनगणना	47.86
(iii)	ग्रामीण आबादी (2011 जनगणना)	92341436
(iv)	शहरी आबादी (2011 जनगणना)	11758016
(v)	ग्रामीण आबादी का प्रतिशत (2011 जनगणना)	88.70
(vi)	शहरी आबादी का प्रतिशत (2011 जनगणना)	11.30
(vii)	परिवारों की संख्या (2011 जनगणना) ('000)	18941
	क. ग्रामीण परिवारों की संख्या ('000)	16927
	ख. शहरी परिवारों की संख्या ('000)	2014
(viii)	आवास Residence (2011 जनगणना/Census)	
	1. आवासों की कुल संख्या ('000)	23415
	2. आवास सह अन्य उपयोग ('000)	717
	3. दुकान, कार्यालय ('000)	771
	4. स्कूल, कॉलेज ('000)	105
	5. होटल, लॉज, गेस्ट हाउस ('000)	30
	6. अस्पताल, डिस्पेन्सरी आदि ('000)	30
	7. फैक्ट्री, वर्कशाप, वर्कशेड आदि ('000)	78
	8. पूजा स्थल ('000)	168
	9. अन्य गैर आवासीय उपयोग ('000)	3141
(ix)	1. जनगणना मकानों की कुल संख्या ('000)	**18913**
	2. खाली जनगणना आवासों की कुल संख्या ('000)	578
	3. आबाद जनगणना आवासों की कुल संख्या	22837
(x)	जनसंख्या का घनत्व (प्रति वर्ग कि.मी.)	**बिहार**
		2011
	क. कुल	1106
	ख. शहरी	6518
	ग. ग्रामीण	1000
(xi)	लिंग अनुपात (प्रति हजार पुरुष)	बिहार
	क. 2001 जनगणना	919
	ख. 2011 जनगणना	918
(xii)	अनुसूचित जाति आबादी (2011 जनगणना) ('000)	16567
(xiii)	अनुसूचित जन-जाति आबादी (2011 जनगणना) ('000)	1337
(xiv)	कुल आबादी के सापेक्ष अनुसूचित जाति का प्रतिशत (2011 जनगणना)	15.9
(xv)	कुल आबादी के सापेक्ष अनुसूचित जन-जाति का प्रतिशत (2011 जनगणना)	1.3

स्रोत- आवासीय - भारत की जनगणना, 2011, Source-Residential-Census of India, 2011

3.3 मध्यवर्षीय आबादी

क्र.सं. SI.No	वर्ष Year	मध्यवर्षीय आबादी (जून) (संख्या में)
(i)	2011	104688233
(ii)	2012	107077040
(iii)	2013	109521143
(iv)	2014	112022482
(v)	2015	114583093
(vi)	2016	117205108
(vii)	2017	119890762
(viii)	2018	122642401
(ix)	2019	125462486
(x)	2020	128353604
(xi)	2021	131318472

स्रोत- अर्थ एवं सांख्यिकी निदेशालय, बिहार, पटना

	बिहार	भारत
जन्म दर 2011 (प्रति हजार) (एस.आर.एस.)		
(i) यौगिक	27.7	21.8
(ii) ग्रामीण	28.4	23.3
(iii) शहरी	21.7	17.6
मृत्यु दर 2011 (प्रति हजार) (एस.आर.एस.)		
(i) यौगिक	6.7	7.1
(ii) ग्रामीण	6.9	7.6
(iii) शहरी	5.5	5.7
शिशु मृत्यु दर 2011 (प्रति हजार) (एस. आर. एस.)		
(i) यौगिक	44	44
(ii) ग्रामीण	45	48
(iii) शहरी	34	29
प्राकृतिक वृद्धि दर - 2011 (प्रति हजार)		
(i) यौगिक	21	14.7
(ii) ग्रामीण	21.5	15.7
(iii) शहरी	16.2	11.9
दशकीय जनसंख्या वृद्धि		
क. 1991-2001		28.6
ख. 2001-2011		25.07
साक्षरता (2011 जनगणना)		
क. साक्षरता व्यक्तियों की संख्या		
(i) कुल ('000)		52505
(ii) पुरुष ('000)		31608
(iii) महिला ('000)		20897
ख. साक्षरता दर (2011 जनगणना/census)		
(i) कुल		61.8
(ii) पुरुष		71.2
(iii) महिला		51.5
आबादी का आर्थिक वर्गीकरण (2011 जनगणना)		
(i) कुल कर्मी ('000)		34725
(ii) पुरुष कर्मी ('000)		25222
(iii) महिला कर्मी ('000)		9503

ग्रामीण कर्मी (2011 जनगणना/Census)

(i) कुल कर्मी ('000) 31360

(ii) पुरुष कर्मी ('000) 22437

(iii) महिला कर्मी ('000) 8923

शहरी कर्मी (2011 जनगणना/Census)

(i) कुल कर्मी ('000) 3365

(ii) पुरुष कर्मी ('000) 2786

(iii) महिला कर्मी ('000) 580

दीर्घकालिक कर्मी Main Workers (2011 जनगणना)

(i) कुल ('000) 21360

(ii) पुरुष ('000) 17271

(iii) महिला ('000) 4089

(iv) ग्रामीण ('000) 18724

(v) शहरी ('000) 2636

दीर्घकालिक कर्मी का कुल आबादी में प्रतिशत (2011 जनगणना)

(0-6 आयु वर्ग को छोड़कर)

(i) कुल ('000) 25.1

(ii) पुरुष ('000) 39.0

(iii) महिला ('000) 10.1

(iv) ग्रामीण ('000) 25.0

(v) शहरी ('000) 26.3

अल्पकालिक कर्मी (2011 जनगणना) (0-6 आयु वर्ग को छोड़कर)

(i) कुल ('000) 13365

(ii) पुरुष ('000) 7951

(iii) महिला ('000) 5414

(iv) ग्रामीण ('000) 12636

(v) शहरी ('000) 730

अल्पकालिक कर्मी का कुल आबादी में प्रतिशत (2011 जनगणना)

(i) कुल ('000) 15.7

(ii) पुरुष ('000) 18

(iii) महिला ('000) 13.3

(iv) ग्रामीण ('000) 16.8

(v) शहरी ('000) 7.3

गैर कर्मी (2011 जनगणना)

(i) कुल ('000) 69374

(ii) पुरुष ('000) 29056

(iii) महिला ('000) 40318

(iv) ग्रामीण ('000) 60982

(v) शहरी ('000) 8393

कुल आबादी में गैर कर्मी का प्रतिशत (2011 जनगणना)

(i) कुल ('000) 81.4

(ii) पुरुष ('000) 65.5

(iii) महिला ('000) 99.4

(iv) ग्रामीण ('000) 81.4

(v) शहरी ('000) 83.9

कुल कार्यरत व्यक्तियों का पेशागत वर्गीकरण (2011 जनगणना)

(i) कृषक ('000) 7196

(ii) कृषक श्रमिक ('000) 39.0

(iii) गृह उद्योग में कार्यरत ('000) 1411

स्रोत-भारत की जनगणना

बिहार जनगणना-2011

क्रं. सं.	जिले का नाम	कुल योग	पुरुष	महिला	लिंगानुपात	जनघनत्व	दशकीय वृद्धि
1.	प. चम्पारण	3,922,780	2,057,669	1,865,111	906	750	28.89
2.	पू. चम्पारण	5,082,868	2,674,037	2,408,831	901	1281	29.01
3.	सीहोर	656,916	347,614	309,302	890	1882	27.32
4.	सीतामढ़ी	3,419,622	1,800,441	1,619,181	899	1491	27.47
5.	मधुबनी	4,476,044	2,324,984	2,151,060	925	1279	25.19
6.	सुपौल	2,228,397	1,157,815	1,070,582	925	919	28.62
7.	अररिया	2,806,200	1,460,878	1,345,322	921	992	30.00
8.	किशनगंज	1,690,948	868,845	822,103	946	898	30.44
9.	पूर्णिया	3,273,127	1,695,829	1,577,298	930	1014	28.66
10.	कटिहार	3,068,149	1,601,158	1,466,991	916	1004	28.23
11.	मधेपुरा	1,994,618	1,042,373	952,245	914	1116	30.65
12.	सहरसा	1,897,102	995,502	901,600	906	1125	25.79
13.	दरभंगा	3,921,971	2,053,043	1,868,928	910	1721	19.00
14.	मुजफ्फरपुर	4,778,610	2,517,500	2,261,110	898	1506	27.54
15.	गोपालगंज	2,558,037	1,269,677	1,288,360	1,015	1258	18.83
16.	सीवान	3,318,176	1,672,121	1,646,055	984	1495	22.25
17.	सारण	3,943,098	2,023,476	1,919,622	949	1493	21.37
18.	वैशाली	3,495,249	1,847,058	1,648,191	892	1717	28.58

19.	समस्तीपुर	4,254,782	2,228,432	2,026,350	909	1465	25.33
20.	बेगूसराय	2,954,367	1,560,203	1,394,164	894	1540	25.75
21.	खगड़िया	1,657,599	880,065	777,534	883	1115	29.46
22.	भागलपुर	3,032,226	1,614,014	1,418,212	879	1180	25.13
23.	बांका	2,029,339	1,064,307	965,032	907	672	26.14
24.	मुंगेर	1,359,054	723,280	635,774	879	958	19.45
25.	लखीसराय	1,000,717	526,651	474,066	900	815	24.74
26.	शेखपुरा	634,927	329,593	305,334	926	922	20.82
27.	नालंदा	2,872,523	1,495,577	1,376,946	921	1220	21.18
28.	पटना	5,772,804	3,051,117	2,721,687	892	1803	22.34
29.	भोजपुर	2,720,155	1,431.722	1,288,433	900	1136	21.27
30.	बक्सर	1,707,643	888,356	819,287	922	1003	21.77
31.	कैमूर	1,626,900	847,784	779.116	919	488	27.54
32.	रोहतास	2,962,593	1,547,856	1,414,737	914	763	20.22
33.	औरंगाबाद	2,511,243	1,310,867	1,200,376	916	760	24.75
34.	गया	4,379,383	2,266,865	2,112,518	932	880	26.08
35.	नवादा	2,216.653	1,145,123	1,071,530	936	889	22.49
36.	जमुई	17,56,078	914,368	841710	921	567	25.54
37.	जहानाबाद	1,12,4176	5,86,202	537974	918	1206	21.34
38.	अरवल	699563	362,945	336618	927	1099	19.01
	कुल	**103,803,637**	**54,185 347**	**49,619,290**	**916**	**1102**	**25.07**

बिहार साक्षरता दर-2011

साक्षरता दर प्रतिशत में

क्र.सं.	जिले का नाम	कुल योग	पुरुष	महिला	कुल	पुरुष	महिला
1.	पं. चम्पारण	1,839,984	1,139,136	700,848	58.06	68.16	46.79
2.	पू. चम्पारण	2,382,348	1,467,319	915,029	58.26	68.02	47.36
3.	सीहोर	297,938	180,154	117,784	56.00	63.72	47.25
4.	सीतामढ़ी	1,485,896	917,879	568,017	53.53	62.56	43.40
5.	मधुबनी	2,251,107	1,393,708	857,399	60.90	72.53	48.30
6.	सुपौल	1,076,133	672,945	403,188	59.65	71.65	46.63
7.	अररिया	1,235,303	751,900	483,403	55.10	64.15	45.18
8.	किशनगंज	769,439	455,615	313,824	57.04	65.56	47.98
9.	पूर्णिया	1,380,052	834,533	545,519	52.49	61.09	43.19
10.	कटिहार	1,321,024	788,969	532,055	53.56	60.99	45.37
11.	मधेपुरा	858,886	533,342	325,544	53.78	63.82	42.75
12.	सहरसा	829,206	521,560	307,646	54.57	65.22	42.73
13.	दरभंगा	1,876,638	1,158,664	717,974	58.26	68.58	46.88
14.	मुजफ्फरपुर	2,601,665	1,539,154	1,062,511	65.68	73.61	56.82
15.	गोपालगंज	1,421,866	818,991	602,875	67.04	78.38	56.03
16.	सीवान	1,994,056	1,155,972	838,084	71.59	82.77	60.35

17.	सारण	2,252,914	1,340,226	912,688	68.57	79.71	56.89
18.	वैशाली	1,990,809	1,181,754	809,055	68.56	77.00	59.10
19.	समस्तीपुर	2,214,498	1,333,406	881,092	63.81	73.09	53.52
20.	बेगूसराय	1,604,148	953,052	651,096	66.23	74.36	57.10
21.	खगड़िया	797,784	478,545	319,239	60.87	68.51	52.16
22.	भागलपुर	1,623,909	967,924	655,985	64.96	72.30	56.49
23.	बांका	1,002,069	612,053	390,016	60.12	69.76	49.40
24.	मुंगेर	834,162	487,096	347,066	73.30	80.06	65.53
25.	लखीसराय	531,633	319,208	212,425	64.95	73.98	54.89
26.	शेखपुरा	340,799	204,533	136,266	65.96	76.14	54.93
27.	नालंदा	1,574,818	952,970	621,848	66.41	77.11	54.76
28.	पटना	3,527,409	2,066,494	1,460,915	72.47	80.28	63.72
29.	भोजपुर	1,659,049	1,010,138	648,911	72.79	84.08	60.20
30.	बक्सर	1,019,682	611,944	407,738	71.77	82.78	59.84
31.	कैमूर	948,105	568,197	379,908	71.01	81.49	59.56
32.	रोहतास	1,866,684	1,101,703	764,981	75.59	85.29	64.95
33.	औरंगाबाद	1,508,596	895,834	612,762	72.77	82.52	62.05
34.	गया	2,399,682	1,427,447	972,235	66.35	76.02	55.90
35.	नवादा	1,139,832	685,513	454,319	61.63	71.40	51.09
36.	जमुई	896670	556264	340406	62.16	73.77	49.44
37.	जहानाबाद	635022	384670	250352	68.27	79.3	56.24
38.	अरवल	400439	243163	157276	69.54	81.27	56.85
	कुल	**54,390,254**	**32,711,975**	**21,678,279**	**63.82**	**73.39**	**53.33**

बिहार में अधिक जनसंख्या वाले पाँच जिले

जिले	जनसंख्या	प्रतिशत
पटना	5,772,804	5.56
पूर्वी चम्पारण	5,082,868	4.90
मुजफ्फरपुर	4,778,610	4.60
मधुबनी	4,476,044	4.31
गया	4,379,383	4.22

बिहार में न्यूनतम जनसंख्या वाले पाँच जिले

जिले	जनसंख्या	प्रतिशत
शेखपुरा	634,927	0.61
सिहोर	656,916	0.63
अरवल	699,563	0.67
लखीसराय	1,000,717	0.96
जहानाबाद	1,124,176	1.08

बिहार में सर्वाधिक जनसंख्या वृद्धि वाले पाँच जिले

जिले	प्रतिशत
मधेपुरा	30.65
किशनगंज	30.44
खगड़िया	29.46
पूर्वी चम्पारण	29.01
पश्चिमी चम्पारण	28.89

बिहार में न्यूनतम जनसंख्या वृद्धि दर वाले पाँच जिले

जिले	प्रतिशत
गोपालगंज	18.83
दरभंगा	19.00
अरवल	19.01
मुंगेर	19.45
रोहतास	20.22

बिहार में सर्वाधिक जनघनत्व वाले पाँच जिले

जिले	जनघनत्व
सिहोर	1882
पटना	1803
दरभंगा	1721
वैशाली	1717
बेगूसराय	1540

बिहार में न्यूनतम जनघनत्व वाले पाँच जिले

जिले	जनघनत्व
कैमूर	488
जमुई	567
बांका	672
पं. चम्पारण	750
औरंगाबाद	760

सर्वाधिक साक्षरता दर वाले पाँच जिले

जिले	साक्षरता दर
रोहतास	75.59%
मुंगेर	73.30%
भोजपुर	72.79%
औरंगाबाद	72.77%
पटना	72.47%

न्यूनतम साक्षरता दर वाले पाँच जिले

जिले	साक्षरता दर
पूर्णियां	52.49%
सीतामढ़ी	53.53%
कटिहार	53.56%
मधेपुरा	53.78%
सहरसा	54.57%

सर्वाधिक पुरुष साक्षरता दर वाले पाँच जिले

जिले	साक्षरता दर
रोहतास	85.29
भोजपुर	84.08
बक्सर	82.78
सिवान	82.77
औरंगाबाद	82.52

सर्वाधिक महिला साक्षरता दर वाले पाँच जिले

जिला	साक्षरता दर
मुंगेर	65.53%
रोहतास	64.95%
पटना	63.72%
औरंगाबाद	62.05%
सिवान	60.35%

सर्वाधिक लिंगानुपात वाले पाँच जिले

जिले	लिंगानुपात
गोपालगंज	1055
सिवान	984
सारण	949
किशनगंज	946
नवादा	936

न्यूनतम लिंगानुपात वाले पाँच जिले

जिले	लिंगानुपात
भागलपुर एवं मुंगेर	879
खगड़िया	883
सिहोर	890
पटना	892
वैशाली	892

अन्य महत्त्वपूर्ण तथ्य

- बिहार का जनसंख्या घनत्व 1102 है।
- जनसंख्या घनत्व की दृष्टि से बिहार का भारत में छठा स्थान है, जबकि राज्यों में इसका प्रथम स्थान है।
- बिहार के सभी 38 जिलों का जनसंख्या घनत्व भारत के औसत जनसंख्या घनत्व 382 से अधिक है।
- बिहार के मात्र दो जिले पटना तथा पूर्वी चम्पारण की आबादी 50 लाख से अधिक है।
- बिहार के केवल तीन जिले अरवल, सिहोर एवं शेखपुरा की आबादी 10 लाख से कम है।
- भारत का लिंगानुपात 940 है। बिहार में लिंगानुपात 916 है। लिंगानुपात के अनुसार देश में इसका क्रम 25वाँ है।
- राज्य के चार जिलों का लिंगानुपात देश के लिंगानुपात से अधिक है–गोपालगंज, सिवान, सारण, किशनगंज।
- दो जिलों औरंगाबाद तथा कटिहार का लिंगानुपात राज्य के औसत लिंगानुपात के बराबर है।

परिवहन

प्राचीनकाल से ही बिहार उत्तर भारत के विभिन्न राज्यों से सड़क मार्गों से जुड़ा हुआ था। शेरशाह सूरी ने बिहार से गुजरने वाली सड़क यानि ग्राण्ड ट्रंक रोड का निर्माण कराया था जिसे राष्ट्रीय राजमार्ग-2 के नाम से जाना जाता है। दिल्ली से होकर पंजाब और बंगाल को मिलाने वाली यह सड़क भारत की महत्त्वपूर्ण सड़क है।

सड़कों की लम्बाई

क्र.सं.	पथ	लम्बाई (किमी. में)
1.	राष्ट्रीय उच्च पथ	4917.19
2.	राज्य उच्च पथ	4005.56
3.	बृहत जिला पथ	11145.28
	कुल	20068.03

स्रोत:- पथ निर्माण विभाग, बिहार, पटना।

बिहार से गुजरने वाले प्रमुख राजमार्ग

राष्ट्रीय राजमार्ग	कहाँ-से-कहाँ तक	बिहार में अवस्थित प्रमुख स्थान	लम्बाई (किमी)
2	दिल्ली-कानपुर-कोलकाता	मोहनिया, जहानाबाद, सासाराम, डेहरी, औरंगाबाद	392
19	उत्तर प्रदेश सीमा-पटना	छपरा, सोनपुर, हाजीपुर	120
28	बरौनी, मुजफ्फरपुर-गोरखपुर, लखनऊ	बरौनी, बछवाड़ा, मुजफ्फरपुर, गोपालगंज	259
28A	पिपरा-सुगौली-रक्सौल	बरौनी, बछवाड़ा, मुजफ्फरपुर, गोपालगंज	68
28B	छपरा, उत्तर प्रदेश सीमा	बेतिया, बगहा	121
30	मोहनिया-पटना-बख्तियारपुर	दिनारा, विक्रमगंज, आरा, दावापुर, पटना, फतुहा	230
30A	फतुहा-बाढ़	चण्डी, हरनौत, बाढ़	65
31	बरही, बख्तियारपुर, मोकामा, पूर्णिया, गुवाहाटी	रझाजौली, नवादा, बिहार, शरीफ, बाढ़, बेगूसराय, खगड़िया, बैसी	437
57	मुजफ्फरपुर-पूर्णिया	दरभंगा, झंझारपुर, नरहीया, अररिया	310
57A	फारबिसगंज-जोगबनी	फारबिसगंज, जोगबनी	15
77	हाजीपुर-सोनबरसा	मुजफ्फरपुर-सीतागढ़ी	142
80	मोकामा-फरक्का	लखीसराय, मुंगेर, भागलपुर, कहलगांव	310
81	बिहार-पश्चिम बंगाल	कोरा, कटिहार	100
82	गया-मोकामा	गया, बाढ़, राजगीर, मोकामा	130
83	पटना-डोमी	जहानाबाद, गया	130
84	आरा-बक्सर	बक्सर	60
85	छपरा-गोपालगंज	सीवान	95
98	पटना-राजहरा	अरवल, औरंगाबाद	145
101	छपरा-मोहम्मदपुर	छपरा, बनियापुर, मोहम्मदपुर	60
110	अरवल-बिहारशरीफ	अरवल, जहानाबाद, एकंगरसराय	89
102	छपरा-मुजफ्फरपुर	भेल्दी, रेवाघाट	80
103	हाजीपुर-मुशरीघरारी	चक सिकन्दर	55
105	दरभंगा-जयनगर	सकरी	66
106	बीरपुरा-किशनगंज	पीपरा, मधेपुरा	130
107	महेशकुण्ड-पूर्णिया	सोनबरसा, सहरसा, मधेपुरा	145

नदियों पर निर्मित प्रमुख सड़क या रेल पुल

पुल	नदी	रेल एवं सड़क मार्ग
महात्मा गांधी सेतु	गंगा नदी (पटना)	सड़क मार्ग
राजेन्द्र पुल	गंगा नदी (मोकामा)	रेल व सड़क मार्ग
सोन पुल	सोन नदी (डेहरी)	रेल व सड़क मार्ग
अब्दुल बारी पुल	सोन नदी (कोइलवर)	रेल व सड़क मार्ग
बगहा-छितौनी पुल	गण्डक नदी (बगहा)	रेल व सड़क मार्ग
विक्रमशिला पुल	गंगा नदी (भागलपुर)	सड़क मार्ग

रेल परिवहन

वर्तमान में बिहार में कुल रेलमार्गों की लम्बाई 5,400 किमी है, जो देश के कुल रेलमार्ग का 8.5% है। बिहार में रेल परिवहन की शुरुआत 1860-62 में तब हुई जब ईस्ट इण्डिया कम्पनी ने गंगा के किनारे से कलकत्ता तक मुख्य लाइन बिछाई थी। यह रेलवे लाइन राजमहल (झारखण्ड), भागलपुर, मुंगेर, पटना, आरा और बक्सर होती हुई मुगलसराय तक बनाई गई थी, जो बाद में मुख्य लाइन का भाग बनी।

यहाँ पूर्वोत्तर रेलवे (उत्तरी बिहार), पूर्व मध्य रेलवे (दक्षिणी बिहार), दक्षिणी-पूर्वी रेलवे एवं उत्तर-पूर्व सीमान्त रेलवे द्वारा रेल परिवहन का संचालन व नियन्त्रण किया जाता है। भारत में रेल परिवहन की दृष्टि से बिहार का स्थान पाँचवाँ है। पूर्व मध्य रेलवे मुख्यालय बिहार के हाजीपुर में है।

वायु परिवहन

बिहार में वायुमार्ग का आरम्भ 1860 ई. में हुआ। पटना में जयप्रकाश नारायण अन्तर्राष्ट्रीय हवाई अड्डा स्थित है। यहाँ से दिल्ली, कोलकाता एवं काठमाण्डू के लिए वायु सेवा उपलब्ध है।

बिहार में कुल 7 हवाई अड्डे हैं—1. पटना, 2. गया, 3. मुजफ्फरपुर, 4. भागलपुर, 5. जोगबनी, 6. रक्सौल और 7. बिहटा।

बौद्ध धर्मस्थली गया में स्थित हवाई अड्डे को 12 नवम्बर, 2002 को श्रीलंका एयरलाइन के विमान के उतरने के साथ ही अन्तर्राष्ट्रीय दर्जा प्राप्त हो गया।

बिहार में इण्डियन एयरलाइन्स, इण्डिगो, किंगफिशर, जेट एयरवेज द्वारा सेवाएँ उपलब्ध करवाई जा रही हैं।

बिहार के छोटे हवाई अड्डों में भागलपुर का मारफारी हवाई अड्डा शामिल है। पटना में उड्डयन क्लब एवं ग्लाइडिंग क्लब के केन्द्र स्थापित हैं।

जल परिवहन

बिहार में जल परिवहन को हालांकि कोई विशेष स्थान प्राप्त नहीं है। फिर भी भागलपुर जाने के लिए बरारीघाट महादेवपुर घाट पर गंगा पार करने हेतु स्टीमर सेवा उपलब्ध है। गंगा नदी की विशाल जलधारा होने के कारण यहाँ परिवहन सम्भव है।

राष्ट्रीय जलमार्ग संख्या-1 बिहार से होकर गुजरता है। यह इलाहाबाद से हल्दिया तक विस्तृत है। राज्य में कोसी, घाघरा, गण्डक आदि नदियां नवगम्य हैं, जबकि सोन नदी में परिवहन दूर तक सम्भव है।

बिहार में संचार व्यवस्था

बिहार में संचार माध्यमों का विकास उच्चस्तरीय नहीं है। इससे विकास एवं औद्योगिक क्रियाओं में कठिनाई उत्पन्न होती है। दूरभाष, डाकतार, बेतार रेडियो तथा दूरदर्शन संचार एवं जनसंचार के साधन हैं।

आकाशवाणी

बिहार में आकाशवाणी जनसंचार का प्रमुख साधन है। बिहार का पहला आकाशवाणी केन्द्र पटना है जिसका उद्घाटन 26 जनवरी, 1948 को सरदार वल्लभभाई पटेल ने किया था। यह केन्द्र आकाशवाणी के अनुसार पूर्वी जोन में पड़ता है। बिहार के प्रमुख शहरों पटना, दरभंगा, भागलपुर तथा सासाराम में आकाशवाणी केन्द्र स्थापित हैं। इनके अतिरिक्त सहरसा आदि स्थानों पर ट्रांसमिशन केन्द्र स्थापित हैं।

दूरदर्शन

बिहार में दूरदर्शन का पहला केन्द्र मुजफ्फरपुर में वर्ष 1978 में स्थापित हुआ था। इसके बाद 13 अक्टूबर, 1980 को पटना में एक दूरदर्शन केन्द्र की स्थापना हुई। वर्ष 1982 से पटना में रंगीन प्रसारण की सुविधा प्रारम्भ हुई।

डाकतार

डाक सम्पर्क एवं संचार का एक महत्त्वपूर्ण माध्यम पत्राचार है। ग्रामीण देशों में अभी पत्राचार का मुख्य माध्यम डाकघर ही है। राज्य की राजधानी पटना तथा देश में प्रमुख नगरों के मध्य द्रुत डाक सेवा की व्यवस्था होने के साथ-साथ राज्य के अन्दर क्षेत्रीय द्रुत डाक सेवा से राज्य के सभी जिलों के मुख्यालय पटना से जुड़े हुए हैं।

डाकघर (मार्च, 2016)	9069
कुल पत्र पेटिका (मार्च, 2016)	25596
ग्रामीण पत्र पेटिका	22705
शहरी पत्र पेटिका	2891
मुख्य डाकघर की संख्या	32
उप डाकघर की संख्या	1023
शाखा डाकघर की संख्या	8014
मुख्य डाकघर की संख्या	19
सर्किलवार पंचायत संचार सेवों केन्द्रों की संख्या	1063

स्रोत: मुख्य डाक महाध्यक्ष, डाक तार विभाग, बिहार परिमंडल, पटना।

समाचार-पत्र एवं पत्रिकाएँ

बिहार से करीब 72 दैनिक, 203 साप्ताहिक, 24 पाक्षिक, 49 मासिक, 6 त्रैमासिक पत्र-पत्रिकाएं प्रकाशित होती हैं।

अभ्यास प्रश्न

1. भारत किस खनिज के उत्पादन में आत्मनिर्भर है?
(a) टिन (b) चांदी
(c) सोना (d) ग्रेफाइट

2. हजीरा उर्वरक कारखाना किस पर आधारित है?
(a) पेट्रोलियम (b) प्राकृतिक गैस
(c) नेफ्था पर (d) कोल पर

3. बोकारो इस्पात कारखाने में किस विदेशी देश का सहयोग प्राप्त किया गया?
(a) अमेरिका (b) ब्रिटेन
(c) फ्रांस (d) सोवियत संघ

4. नागार्जुन सागर बांध किस नदी पर है?
(a) महानदी (b) गोदावरी
(c) कृष्णा (d) नर्मदा

5. निम्न में से कहां जल विद्युत गृह स्थित है?
(a) कोयना (b) नैवेली
(c) काठगोदाम (d) ट्रॉम्बे

6. निम्न में कौन लौह क्षेत्र है?
(a) सीवान (b) झरिया
(c) कुद्रेमुख (d) सिंह भूम

7. राजस्थान (इंदिरा) नहर कहां से निकलती है?
(a) रावी (b) व्यास
(c) सतलुज (d) चम्बल

10. सरदार सरोवर बांध किस नदी में बनाया गया है?
(a) नर्मदा (b) चम्बल
(c) सतलुज (d) महानदी

9. कौन-सा कथन सही है?
(a) हल्दिया उड़ीसा में है
(b) पारादीप पश्चिम बंगाल में है
(c) कांडला गुजरात में है
(d) मार्मागोवा कर्नाटक में है

10. भारत के किस राज्य में नागार्जुन सागर परियोजना है?
(a) आंध्र प्रदेश (b) मध्य प्रदेश
(c) उत्तर प्रदेश (d) तमिलनाडु

11. टोडा एक जनजाति है, जो निवास करती है-
(a) अरावली पहाड़ियों पर
(b) मध्य प्रदेश में
(c) नीलगिरि की पहाड़ियों पर
(d) विंध्याचल की पहाड़ियों पर

12. सूची-I को सूची-II से सुमेलित कीजिए तथा नीचे दिए गए कूट से सही उत्तर चुनिए-

सूची-I	सूची-II
A. सिंगरौली	1. तेल
B. कजराइट	2. दूध
C. कोयली	3. कोयला
D. आनन्द	4. सीमेण्ट

कूट :

	A	B	C	D
(a)	1	2	3	4
(b)	2	3	4	1
(c)	3	4	1	2
(d)	4	3	2	1

13. भारत में लौह-अयस्क निम्न में से किस क्रम की शैलों में पाया जाता है?
(a) विंध्य (b) कुडप्पा
(c) धारवाड़ (d) गोण्डवाना

14. भाखड़ा नांगल निम्न में से किन राज्यों की संयुक्त परियोजना है?

(a) हरियाणा, पंजाब तथा राजस्थान
(b) पंजाब, जम्मू-कश्मीर तथा राजस्थान
(c) उत्तर प्रदेश, पंजाब तथा राजस्थान
(d) उत्तर प्रदेश, जम्मू-कश्मीर तथा पंजाब

15. निम्नांकित में से कौन-सा राज्य भारत का सबसे बड़ा चाय उत्पादक है?

(a) असम
(b) तमिलनाडु
(c) अरुणाचल प्रदेश
(d) पश्चिम बंगाल

16. भारत का सबसे महत्वपूर्ण खनिजयुक्त रॉक तंत्र है-

(a) कुडप्पा तंत्र
(b) धारवाड़ तंत्र
(c) गोंडवाना तंत्र
(d) विन्ध्य तंत्र

17. सूची-I को सूची-II से सुमेलित कीजिए तथा सूचियों के नीचे दिए गए कूट से सही उत्तर चुनिए-

सूची-I (परियोजना)	सूची-II (अवस्थित)
A. भाखड़ा	1. कृष्णा
B. हीराकुंड	2. पेरियार
C. इडुक्की	3. महानदी
D. नागार्जुन सागर	4. सतलुज

कूट :

(a) A-1, B-2, C-3, D-4
(b) A-4, B-3, C-2, D-1
(c) A-3, B-4, C-1, D-2
(d) A-4, B-1, C-3, D-2

18. निम्नांकित में कौन-सा सुमेलित नहीं है?

(a) चेन्नई-भारत का सबसे गहरा पत्तन
(b) कोचीन-प्राकृतिक पत्तन
(c) जवाहर लाल नेहरू पत्तन-भारत का एकमात्र मशीनीकृत पत्तन
(d) काण्डला-ज्वारीय पत्तन

19. ऋतु-प्रवास क्रिया करते हैं-

(a) भोटिया (b) भुक्सा
(c) जौनसारी (d) थारू

20. कथन (A) : सभी नगरों का तेजी से विस्तार हो रहा है।

कारण (R) : ग्राम-नगर प्रवाह निरन्तर बढ़ता जा रहा है।

कूट :

(a) A तथा R दोनों सही हैं तथा R, A की सही व्याख्या करता है।
(b) A और R दोनों सही हैं परन्तु R, A की सही व्याख्या नहीं करता।
(c) A सही है, परन्तु R गलत है।
(d) A गलत है, परन्तु R सही है।

21. 1991 की जनगणना के अनुसार पक्के मकानों में रहने वाली ग्रामीण जनसंख्या का उच्चतम प्रतिशत पाया जाता है-

(a) गोवा में
(b) हिमाचल प्रदेश में
(c) केरल में
(d) पंजाब में

21. सूची-I को सूची-II से सुमेलित कीजिए तथा नीचे दिए गए कूट से सही उत्तर चुनिए-

सूची-I	सूची-II
A. कोयला	1. कुद्रेमुख
B. तांबा	2. जावर
C. लौह-अयस्क	3. खेतड़ी
D. चांदी	4. तलचर

कूट :

	A	B	C	D
(a)	1	2	3	4
(b)	2	1	3	4
(c)	4	3	1	2
(d)	3	2	4	1

22. कलकत्ता में वायु प्रदूषण में सर्वाधिक योगदान है-

(a) मोटर गाड़ियों का
(b) शक्ति संयन्त्रों का
(c) लघु औद्योगिक इकाइयों का
(d) चमड़े के कारखानों का

23. चलवासी कृषि निम्नांकित राज्यों के पहाड़ी क्षेत्रों की प्रमुख समस्या है-

(a) असम तथा बिहार
(b) बिहार तथा उड़ीसा
(c) उड़ीसा तथा मध्य प्रदेश
(d) महाराष्ट्र तथा उत्तर प्रदेश

24. ''इन्दिरा गांधी नहर'' का उद्गम स्थल है-

(a) गांधी सागर बांध
(b) भाखड़ा बांध
(c) हरिके बैराज
(d) गोविन्द बल्लभ सागर

25. सरदार सरोवर योजना से लाभान्वित होने वाले राज्य हैं-

(a) गुजरात, महाराष्ट्र, मध्य प्रदेश एवं राजस्थान
(b) आन्ध्र प्रदेश, मध्य प्रदेश, गुजरात एवं महाराष्ट्र
(c) उड़ीसा, मध्य प्रदेश, गुजरात एवं महाराष्ट्र
(d) मध्य प्रदेश, गुजरात, कर्नाटक एवं महाराष्ट्र

26. सूची-I को सूची-II से सुमेलित कीजिए तथा नीचे दिए गए कूट से सही उत्तर चुनिए-

सूची-I (नगर)	सूची-II (उद्योग)
A. कोयम्बटूर	1. तेल शोधन
B. राउरकेला	2. रेल डिब्बा
C. कपूरथला	3. लौह इस्पात
D. बरौनी	4. सूती वस्त्र

कूट :

	A	B	C	D
(a)	4	3	2	1
(b)	1	2	3	4
(c)	2	3	4	1
(d)	4	2	3	1

27. सूची-I को सूची-II से सुमेलित कीजिए तथा नीचे दिए गए कूट से सही उत्तर चुनिए-

सूची-I	सूची-II
A. कोटा	1. उत्तर प्रदेश
B. तारापुर	2. गुजरात
C. काकरापार	3. महाराष्ट्र
D. नरौरा	4. राजस्थान

कूट :

	A	B	C	D
(a)	1	2	3	4
(b)	4	3	2	1
(c)	3	2	1	4
(d)	3	2	1	4

28. निम्नांकित कोयला क्षेत्रों में किसके कोयला भण्डार सर्वाधिक है?

(a) झरिया (b) रानीगंज
(c) कोरबा (d) सिंगरौली

29. तुलबुल परियोजना का सम्बन्ध है-

(a) व्यास नदी से
(b) रावी नदी से
(c) झेलम नदी से
(d) सतलुज नदी से

30. कथन (A) : वर्ष 1951 से भारत ने अपूर्व जनसंख्या वृद्धि का अनुभव किया है।

कारण (R) : भारत के जनांकिकीय इतिहास में वर्ष 1951 को जनांकिकीय विभाजन वर्ष कहा जाता है।

कूट :

(a) A तथा R दोनों सही हैं तथा R, A की सही व्याख्या है।
(b) A और R दोनों सही हैं परन्तु R, A की सही व्याख्या नहीं है।
(c) A सही है, परन्तु R गलत है।
(d) A गलत है, परन्तु R सही है।

31. कथन (A): तटीय गुजरात को औद्योगिक कार्यशाला कहा जाता है।

कारण (R): इसमें कपड़ा एवं वस्त्र, औषधियों एवं पेट्रोरसायन की बहुत सी औद्योगिक इकाइयां पाई जाती हैं।

कूट :

(a) A तथा R दोनों सही हैं तथा R, A की सही व्याख्या करता है।
(b) A और R दोनों सही हैं परन्तु R, A की सही व्याख्या नहीं करता है।
(c) A सही है, परन्तु R गलत है।
(d) A गलत है, परन्तु R सही है।

32. सूची-I को सूची-II से सुमेलित कीजिए तथा नीचे दिए गए कूट का प्रयोग करके सही उत्तर चुनिए?

सूची-I (स्थान)	सूची-II (खनिज)
A. अंकलेश्वर	1. लौह-अयस्क
B. डाली-रजहरा	2. खनिज तेल
C. कोडरमा	3. तांबा
D. खेतड़ी	4. अभ्रक

कूट :

	A	B	C	D
(a)	1	2	3	4
(b)	2	1	4	3
(c)	4	3	2	1
(d)	3	2	1	4

33. सूची-I को सूची-II से सुमेलित कीजिए तथा नीचे दिए गए कूट का प्रयोग करके सही उत्तर चुनिए-

सूची-I (राज्य)	सूची-II (अणु शक्ति केन्द्र)
A. गुजरात	1. नरौरा
B. कर्नाटक	2. काकरापार
C. राजस्थान	3. रावतभाटा
D. उत्तर प्रदेश	4. कैगा

कूट :

	A	B	C	D
(a)	1	2	3	4
(b)	4	3	2	1
(c)	2	4	3	1
(d)	4	2	1	3

34. सूची-I को सूची-II से सुमेलित कीजिए तथा नीचे दिए गए कूट का प्रयोग करके सही उत्तर चुनिए-

सूची-I (उद्योग)	सूची-II (उत्पादक केन्द्र)
A. जूट का सामान	1. भदोही
B. रेशमी वस्त्र	2. लुधियाना
C. ऊनी वस्त्र	3. बंगलौर
D. ऊनी कालीन	4. टीटागढ़

कूट :

	A	B	C	D
(a)	3	4	2	1
(b)	4	3	2	1
(c)	1	3	4	2
(d)	4	1	3	2

35. नेपानगर जिस उद्योग के लिए जाना जाता है, वह है-

(a) सीमेंट (b) उर्वरक
(c) हथकरघा (d) अखबारी कागज

36. कथन (A) : भारत की नगरीय जनसंख्या संयुक्त राज्य अमेरिका की कुल जनसंख्या से अधिक है।

कारण (R) : भारत ने नगरीकरण में अभूतपूर्व वृद्धि की है।

नीचे दिए कूट से सही उत्तर चुनिए।

कूट :

(a) A तथा R दोनों सत्य हैं तथा R, A की सही व्याख्या है।
(b) A और R दोनों सही हैं परन्तु R, A की सही व्याख्या नहीं है।
(c) A सत्य है, परन्तु R गलत है।
(d) A गलत है, परन्तु R सत्य है।

37. कथन (A) : नगरीकरण औद्योगीकरण का अनुसरण करता है।

कारण (R) : विकासशील देशों में नगरीकरण स्वयं में एक आन्दोलन है।

कूट :

(a) A तथा R दोनों सही हैं तथा R, A की सही व्याख्या है।
(b) A और R दोनों सही हैं परन्तु R, A की सही व्याख्या नहीं है।
(c) A सही है, परन्तु R गलत है।
(d) A गलत है, परन्तु R सही है।

38. निम्न रेशों में से कौन पौधे के तने का उत्पाद नहीं है?

(a) सन (b) पटसन
(c) जूट (d) कपास

39. केसर होता है, सूखा मिश्रण-

(a) पत्ती और तने का
(b) पंखुड़ियों और जड़ों का
(c) फूल के बीज बनाने वाले भागों का
(d) बीज और कलियों का

40. भारत की निम्नलिखित में से कौन-सी जनजाति प्रोटोआस्ट्रेलॉयड प्रजाति से संबंधित है?

(a) इरुला (b) खासी
(c) संथाल (d) थारू

41. निम्नलिखित राज्यों में से किस एक में पेट्रो-रसायन उद्योगों के लिए आदर्श दशाएं पाई जाती हैं?

(a) गुजरात (b) महाराष्ट्र
(c) तमिलनाडु (d) उत्तर प्रदेश

42. निम्नलिखित कथनों पर विचार कीजिए तथा कूट से सही उत्तर चुनिए-

1. चाय आसाम की मुख्य फसल है।
2. कहवा तमिलनाडु की मुख्य फसल है।
3. तम्बाकू आन्ध्र प्रदेश में विस्तृत पैमाने पर उगाया जाता है।
4. जूट छत्तीसगढ़ की मुख्य फसल है।

कूट :

(a) 1 एवं 2 (b) 1 एवं 3
(c) 1 एवं 4 (d) 2 एवं 3

43. सूची-I को सूची-II से सुमेल कीजिए तथा नीचे दिए हुए कूट से सही उत्तर चुनिए-

सूची-I	सूची-II
A. भिलाई	1. छत्तीसगढ़
B. बोकारो	2. झारखण्ड
C. दुर्गापुर	3. उड़ीसा
D. राउरकेला	4. पश्चिम बंगाल

कूट :

	A	B	C	D
(a)	1	2	3	4
(b)	1	2	4	3
(c)	1	3	2	4
(d)	2	3	1	4

44. निम्न में तांबा, सोना, लोहा, कोयले का सही क्रम ढूंढें-
(a) खेतड़ी-कोलार-कुद्रेमुख-झरिया
(b) कोलार-खेतड़ी-कुद्रेमुख-झरिया
(c) झरिया-कोलार-कुद्रेमुख-खेतड़ी
(d) खेतड़ी-कुद्रेमुख-कोलार-झरिया

45. भारत विश्व में अग्रणी उत्पादक है-
(a) हीरों का
(b) लौह अयस्क का
(c) अभ्रक का
(d) टंगस्टन का

46. निम्नलिखित में से कौन सुमेलित नहीं है-
(a) अंगामी - नागालैण्ड
(b) बीरहोर - झारखण्ड
(c) खासी - मेघालय
(d) टोडा - तमिलनाडु

47. सूची-I को सूची-II से सुमेलित करें तथा सूचियों नीचे दिए गए कूट से सही उत्तर का चयन कीजिए-

सूची-I (खनन क्षेत्र)	सूची-II (खनिज)
A. गुरुमहिसानी	1. जस्ता
B. तलचर	2. यूरेनियम
C. जादूगौड़ा	3. लौह-अयस्क
D. जावर	4. कोयला

कूट :

	A	B	C	D
(a)	1	2	3	4
(b)	2	4	3	1
(c)	3	4	2	1
(d)	3	2	1	4

48. निम्नलिखित में से कौन राष्ट्रीय जलमार्ग में प्रयुक्त हो रहा है?
(a) हल्दिया एवं इलाहाबाद के मध्य गंगा
(b) इलाहाबाद एव दिल्ली के मध्य यमुना
(c) कोलकाता एवं धुबड़ी के मध्य ब्रह्मपुत्र
(d) ज़बलपुर एवं भरुच के मध्य नर्मदा

49. राणा प्रताप सागर परियोजना है-
(a) एक अणुशक्ति संयन्त्र
(b) एक मछली संरक्षण योजना
(c) एक पनबिजली संयंत्र
(d) एक शिपिंग यॉर्ड

50. उत्तर से दक्षिण की अवस्थिति के आधार पर भारत के निम्नांकित पत्तनों को व्यवस्थित कीजिए।
1. कोच्चि 2. मार्मागावो
3. न्यू मंगलौर 4. न्हावा शेवा

कूट :
(a) 2, 1, 3, 4
(b) 4, 2, 3, 1
(c) 4, 2, 1, 3
(d) 2, 3, 4, 1

51. मध्य प्रदेश का हरसूद नगर निम्नांकित में से किस जलाशय में जलमग्न हुआ है?
(a) बरगी बांध
(b) इंदिरा सागर
(c) रानी अवन्ति बाई बांध
(d) सरदार सरोवर

52. हीरोइन प्राप्त होती है-
(a) भांग से (b) अफीम-पोस्त से
(c) तम्बाकू से (d) सुपारी से

53. सोयाबीन के नत्रजन स्थिरीकरण के लिए जिम्मेदार बैक्टीरिया है-
(a) राहिजोबियम लैग्यूमिनोसैरम
(b) राहिजोबियम जैपोनिकम
(c) राहिजोबियम फैजियोलाई
(d) राहिजोबियम ट्राईफोलाई

54. फसल लोगिंग विधि है-
(a) भूमि उर्वरता मूल्यांकन की
(b) फसलोत्पादन के लिए पोषक तत्वों की आवश्यकता जानने के लिए पौध-विश्लेषण
(c) फसलों के नुकसान को जानने की
(d) उर्वरकों की उपयोगिता परीक्षण की

55. भारत में जूट का सर्वाधिक क्षेत्रफल है-
(a) असम राज्य में
(b) पश्चिम बंगाल राज्य में
(c) बिहार राज्य में
(d) मेघालय राज्य में

56. निम्नलिखित में से कौन-सा एक भारत का प्राकृतिक बन्दरगाह नहीं है?
(a) कांडला (b) चेन्नई
(c) पारादीप (d) मुम्बई

57. जादुगुड़ा प्रसिद्ध है-
(a) लौह अयस्क के लिए
(b) मैंगनीज के लिए
(c) सोने के लिए
(d) यूरेनियम के लिए

58. निम्नलिखित नदी घाटी परियोजनाओं में से किस एक का लाभ एक से अधिक राज्य को प्राप्त होता है?
(a) चम्बल घाटी परियोजना
(b) मयूराक्षी परियोजना
(c) शारावती परियोजना
(d) हीरा कुण्ड परियोजना

59. सूची-I को सूची-II से सुमेलित कीजिए तथा नीचे दिए गए कूट से सही उत्तर चुनिए-

सूची-I (परियोजना)	सूची-II (राज्य)
A. मेटूर	(i) तमिलनाडु
B. मयूराक्षी	(ii) आन्ध्र प्रदेश
C. नागार्जुन सागर	(iii) पश्चिम बंगाल
D. हीराकुड	(iv) उड़ीसा

कूट -

	A	B	C	D
(a)	(i)	(iii)	(ii)	(iv)
(b)	(ii)	(iv)	(iii)	(i)
(c)	(iv)	(iii)	(i)	(ii)
(d)	(iii)	(i)	(iv)	(ii)

60. सेतु समुद्रम परियोजना, जिन्हें जोड़ती है, वे हैं-
(a) पाक खाड़ी और पाक जल संधि
(b) पाक खाड़ी और बंगाल की खाड़ी
(c) कुमारी अन्तरीप और मन्नार की खाड़ी
(d) मन्नार की खाड़ी और पाक खाड़ी

61. जिसके लिए चुनार प्रसिद्ध है, वह है-
(a) कांच उद्योग
(b) सीमेंट उद्योग
(c) बीड़ी उद्योग
(d) उपर्युक्त में से कोई नहीं

62. झूमिंग करते हैं-
(a) भोटिया (b) खासी
(c) संथाल (d) टोडा

63. 2011 की जनगणना के अनन्तिम आंकड़ों के अनुसार भारत का द्वितीय सर्वाधिक जनसंख्या वाला राज्य है-
(a) आन्ध्र प्रदेश (b) बिहार
(c) महाराष्ट्र (d) पश्चिम बंगाल

64. निम्नलिखित में से कौन-से कथन भारतीय जनगणना 2011 के अनन्तिम आंकड़ों के अनुसार सत्य हैं? सही उत्तर के चयन के लिए नीचे दिए कूट का उपयोग कीजिए-
1. लक्षद्वीप में सबसे कम जनसंख्या पाई जाती है।
2. चंडीगढ़ में सर्वाधिक जनसंख्या घनत्व पाया जाता है
3. अरुणाचल प्रदेश में सबसे कम जनसंख्या घनत्व पाया जाता है।
4. दादरा एवं नगर हवेली में जनसंख्या की सर्वाधिक दशकीय वृद्धि पाई गई है।

कूट :

(a) 1 एवं 2 (b) 1, 2 एवं 3

(c) 2, 3 एवं 4 (d) 1, 3 एवं 4

65. निम्नलिखित कथनों में से कौन 2011 की जनगणना के अंतिम आंकड़ों के आधार पर उत्तर प्रदेश के लिए सही नहीं है?

(a) यहां देश की जनसंख्या का 16.5 प्रतिशत निवास करता है।

(b) यहां देश के सर्वाधिक बच्चे पाए जाते हैं।

(c) इसकी दशकीय वृद्धि दर 18.4 प्रतिशत है।

(d) इसका लिंग अनुपात 908 है।

66. निम्नलिखित नगरों में से किसमें मलिन बस्ती जनसंख्या सर्वाधिक है?

(a) बंगलोर में (b) चेन्नई में

(c) दिल्ली में (d) सूरत में

67. 2011 की जनगणना के अनन्तिम आंकड़ों के अनुसार भारत में न्यूनतम यौन अनुपात पाया जाता है?

(a) चण्डीगढ़ में

(b) दमन एवं दीव में

(c) दादरा एवं नगर हवेली में

(d) हरियाणा में

68. 2001-2011 के दौरान निम्नलिखित में से भारत के किस राज्य ने साक्षरता दर में सर्वाधिक वृद्धि दर्ज की है?

(a) बिहार ने

(b) गुजरात ने

(c) राजस्थान ने

(d) उत्तर प्रदेश ने

69. निम्नलिखित में से कौन गुजरात का बन्दरगाह कस्बा नहीं है?

(a) जामनगर (b) ओखा

(c) पोरबंदर (d) वेरावल

70. निम्नलिखित में से कौन फसलें जायद में मुख्यत: सिंचित क्षेत्रों में उगाई जाती हैं?

(a) अरहर एव चना

(b) मूंग एवं उड़द

(c) चावल एवं मिलेट

(d) मक्का एवं मूंगफली

71. भारत में चीनी का सबसे बड़ा उत्पादक है-

(a) बिहार (b) कर्नाटक

(c) महाराष्ट्र (d) उत्तर प्रदेश

72. निम्नलिखित में से कौन-सा युग्म सुमेलित नहीं है?

(a) कोयली - गुजरात

(b) नागपट्टिनम् - आन्ध्र प्रदेश

(c) नुमालीगढ़ - असम

(d) मनाली - तमिलनाडु

73. निम्न में से कौन एक सही सुमेलित नहीं है?

(a) नांगल बांध - सतलुज नदी

(b) सरदार सरोवर परियोजना - नर्मदा नदी

(c) नागार्जुन सागर - गोदावरी नदी

(d) हीराकुंड बांध - महानदी

74. भारत की जनगणना 2011 के अनंतिम आंकड़ों के अनुसार निम्नलिखित में से कौन-सा राज्य सर्वाधिक जनसंख्या वाला है?

(a) मध्य प्रदेश (b) आन्ध्र प्रदेश

(c) ओडीशा (d) उत्तर प्रदेश

75. वर्ष 2011 के अनुमान के अनुसार विश्व की जनसंख्या का कितना प्रतिशत भारत में रहता है?

(a) 15 (b) 17.5

(c) 20 (d) 22.5

76. निम्नलिखित में से कौन-सी खरीफ फसल नहीं है?

(a) कपास (b) मूंगफली

(c) मक्का (d) सरसों

77. भारत के निम्नलिखित बन्दरगाहों में कौन-सा एक खुला सागरीय बन्दरगाह है?

(a) हल्दिया (b) मुम्बई

(c) चेन्नई (d) विशाखापत्तनम

78. निम्न में से कौन-सा क्षेत्र 'ज्वारीय ऊर्जा' का उत्पादन का प्रमुख क्षेत्र है?

(a) बंगाल की खाड़ी

(b) मन्नार की खाड़ी

(c) खम्भात की खाड़ी

(d) कच्छ की खाड़ी

79. भारत में अधिकांश प्राकृतिक गैस का उत्पादन निम्न में से कहां से किया जाता है?

(a) आन्ध्र प्रदेश तट से

(b) गुजरात तट से

(c) बॉम्बे (मुंबई) हाई से

(d) तमिलनाडु तट से

80. सूची-I को सूची-II से सुमेलित कीजिए तथा सूचियों के नीचे दिए गए कूट से सही उत्तर का चयन कीजिए-

सूची-I (खनन क्षेत्र)	सूची-II (खनिज)
A. गुरुमहिसानी	1. सीसा
B. तलचर	2. यूरेनियम
C. जादूगुड़ा	3. लौह-अयस्क
D. जावर	4. कोयला

कूट :

	A	B	C	D
(a)	3	4	2	1
(b)	3	2	1	4
(c)	2	4	3	1
(d)	1	2	3	4

81. निम्नलिखित में से कौन-सा राज्य भारत में मैंगनीज का सर्वाधिक उत्पादन करता है?

(a) महाराष्ट्र (b) मध्य प्रदेश

(c) कर्नाटक (d) उड़ीसा

82. निम्नलिखित में से किस केंद्र शासित प्रदेश मे आबादी का घनत्व सबसे कम है?

(a) दमन और दीव

(b) दादरा और नगर हवेली

(c) अंडमान और निकोबार

(d) पुडुचेरी

83. भारत की जनगणना-2011 के अन्तिम आंकड़ों के अनुसार निम्नलिखित में से किस राज्य में शिशु लिंगानुपात सर्वाधिक है?

(a) छत्तीसगढ़ (b) हरियाणा

(c) उत्तर प्रदेश (d) पंजाब

84. निम्नलिखित में से कौन भारत के प्राकृतिक बन्दरगाह हैं?

(a) चेन्नई (b) कोच्चि

(c) तूतीकोरिन (d) विशाखापट्टनम

85. निम्नलिखित संघ शासित राज्यों में स्त्री साक्षरता 2011 के जनगणना के अनुसार उच्चतम है-

(a) पुडुचेरी

(b) चण्डीगढ़

(c) दमन एवं दीव

(d) लक्षद्वीप

86. जनसंख्या के 'पिरैमिड में कौन-सा समूह आश्रित आबादी के रूप में जाना जाता है?

(a) 15-60 वर्ष आयु समूह

(b) 60 वर्ष से ऊपर आयु समूह

(c) 50 वर्ष के ऊपर आयु समूह

(d) 0-14 वर्ष आयु समूह

87. भारत मे निम्नलिखित में से किस राज्य में नगरीय घनत्व सर्वाधिक है?
(a) महाराष्ट्र
(b) पंजाब
(c) तमिलनाडु
(d) पश्चिम बंगाल

88. 2011 की अन्तिम जनगणना के अनुसार जनसंख्या को दृष्टि में रखते हुए निम्नलिखित राज्यों को अवरोही क्रम में प्रस्तुत कीजिए?
1. आन्ध्र प्रदेश 2. बिहार
3. महाराष्ट्र 4. उत्तर प्रदेश
नीचे के कूट से सही उत्तर का चयन कीजिए-
(a) 2, 4, 1, 3 (b) 4, 3, 2, 1
(c) 2, 3, 1, 4 (d) 4, 2, 3, 1

89. सूची–I को सूची–II से सुमेलित कीजिए तथा सूचियों के नीचे दिए गए कूट का उपयोग करके सही उत्तर चुनिए-

सूची–I (उद्योग)	सूची–II (स्थान)
A. कागज	1. अम्बाला मुकुल
B. सीमेन्ट	2. भिलाई
C. लोहा और इस्पात	3. टीटागढ़
D. खनिज तेल शोधन शाला	4. लखेरी

कूट :

	A	B	C	D
(a)	2	4	3	1
(b)	3	4	2	1
(c)	4	2	1	3
(d)	2	3	1	4

90. सूची–I को सूची–II से सुमेलित कीजिए और सूचियों के नीचे दिए गए कूट का उपयोग करके सही उत्तर चुनिए-

सूची–I (उद्योग)	सूची–II (केंद्र)
A. एल्यूमीनियम	1. मलांजखंड
B. तांबा	2. टुण्डू
C. जस्ता	3. जे के नगर
D. जूट	4. भाटपाड़ा

कूट :

	A	B	C	D
(a)	3	1	4	2
(b)	3	1	2	4
(c)	1	4	2	3
(d)	1	2	3	4

91. सूची–I को सूची–II से सुमेलित कीजिए तथा नीचे दिए गए कूट से सही उत्तर चुनिए-

सूची–I (जनजाति)	सूची–II (क्षेत्र)
A. बीरहोर	1. अण्डमान एवं निकोबार द्वीपसमूह
B. भूटिया	2. तमिलनाडू
C. टोडा	3. सिक्किम
D. सेण्टिनेलीज	4. झारखण्ड

कूट :

	A	B	C	D
(a)	4	3	2	1
(b)	2	4	1	3
(c)	3	2	4	1
(d)	4	1	3	2

92. 2011 मे निम्नलिखित राज्यों में से किस राज्य में उच्चतम लिंगानुपात है?
(a) तमिलनाडु (b) आन्ध्र प्रदेश
(c) कर्नाटक (d) ओडिशा

93. भारत की जनगणना (2011) के अनुसार निम्नलिखित राज्यों में से किसमें शिशु जनसंख्या का प्रतिशत भाग ग्रामीण क्षेत्रों मे न्यूनतम है?
(a) जम्मू एवं कश्मीर में
(b) केरल में
(c) पंजाब में
(d) हरियाणा में

94. भारत में आधे से अधिक सोयाबीन का उत्पादन प्राप्त होता है-
(a) मध्य प्रदेश से
(b) आन्ध्र प्रदेश से
(c) महाराष्ट्र से
(d) राजस्थान से

95. निम्नलिखित बांधों में से कौन बेतवा नदी पर बनाया गया है?
(a) लव कुश बैराज
(b) रिहन्द बांध
(c) शारदा बैराज
(d) राजघाट बांध

96. निम्नलिखित में से कौन सा जनसंख्या की जनांकिकीय विशेषताओं का हिस्सा नहीं है?
(a) जनसंख्या का घनत्व
(b) रहन-सहन का स्तर
(c) लिंगानुपात
(d) ग्रामीण-शहरी जनसंख्या

97. निम्नलिखित में से कौन-सा जनसंख्या के व्यावसायिक ढांचे को व्यक्त करता है?
(a) देश में रहने वाले व्यक्तियों की संख्या
(b) कार्यकारी जनसंख्या का आकार
(c) विभिन्न व्यवसायों में कार्यकारी जनसंख्या का वितरण
(d) विभिन्न व्यवसायों की प्रकृति

98. निम्नलिखित में से कौन-सा अर्थव्यवस्था में जनसंख्या वृद्धि का प्रतिकूल प्रभाव नहीं है?
(a) कार्यकारी जनसंख्या के आकार में वृद्धि
(b) जोतों के आकार में कमी
(c) बढ़ती हुई बेरोजगारी
(d) अनाजों की प्रतिव्यक्ति उपलब्धता में कमी

99. जनगणना 2011 के अनुसार निम्नलिखित राज्यों में से किस राज्य में पुरूष और महिला साक्षरता दर में अधिकतम अंतर है?
(a) केरल में (b) उत्तर प्रदेश में
(c) मिजोरम में (d) गुजरात में

100. 2011 में देश के निम्नलिखित राज्यों में से साक्षरता दर सबसे कम थी-
(a) ओडिशा में (b) बिहार में
(c) झारखण्ड में (d) छत्तीसगढ़ में

101. निम्नलिखित में से किस उद्योग की अवस्थिति के लिए कच्चे माल की उपलब्धि मूल कारक नहीं है?
(a) लोहा तथा इस्पात
(b) शर्करा
(c) इलेक्ट्रॉनिक्स
(d) सीमेंट

102. भारत के किस राज्य में गन्ने की खेती के अंतर्गत सबसे अधिक भूमि है?
(a) महाराष्ट्र (b) उत्तर प्रदेश
(c) आन्ध्र प्रदेश (d) मध्य प्रदेश

103. भारत की जनगणना 2011 के अनुसार 2001-11 की अवधि में देश में जनसंख्या वृद्धि का प्रतिशत था-
(a) 31.34 (b) 17.70
(c) 13.31 (d) 23.85

104. जनगणना-2011 के अनुसार उत्तर प्रदेश की साक्षरता दर है-
(a) 74.01% (b) 72.60%
(c) 69.72% (d) 70.60%

105. 2011 की जनगणना के अनुसार, भारत में लिंग अनुपात क्या है?

(a) प्रति एक हजार पुरुषों पर स्त्रियों की संख्या 940
(b) प्रति एक हजार पुरुषों पर स्त्रियों की संख्या 950
(c) प्रति एक हजार पुरुषों पर स्त्रियों की संख्या 960
(d) उपर्युक्त में से कोई नहीं

106. 2011 की जनगणना के अनुसार उत्तर प्रदेश की जनसंख्या भारत की जनसंख्या की कितनी प्रतिशत है?
(a) 14.2 (b) 15.5
(c) 16.16 (d) 18.2

107. निम्नलिखित राज्यों की मत्स्य उत्पादन का सही अवरोही क्रम बताइए-
(a) गुजरात, केरल, आंध्र प्रदेश, तमिलनाडु
(b) केरल, गुजरात, आंध्र प्रदेश, तमिलनाडु
(c) आंध्र प्रदेश, गुजरात, केरल, तमिलनाडु
(d) तमिलनाडु, आंध्र प्रदेश, गुजरात, केरल

108. निम्न में से कौन भारत में सबसे बड़ी मशीनीकृत खान है?
(a) रत्नागिरि खान
(b) जयपुर खान
(c) सुन्दरगढ़ खान
(d) बेलाडीला खान

109. नगरीकरण के कारणों के संबंध में निम्न कथनों पर विचार कीजिए और नीचे दिए गए कूट से सही उत्तर चुनिए-
1. ग्रामीण से नगरी क्षेत्रों में प्रवास की ऊंची दर
2. शहरों में शैक्षणिक संस्थाओं की बढ़ती संख्या
3. औद्योगीकरण की ऊंची दर
4. ग्रामीण क्षेत्रों में ऊंचा जीवन स्तर
कूट :
(a) 1, 2 तथा 3 सही हैं।
(b) 2, 3 तथा 4 सही हैं।
(c) 1, 2 तथा 4 सही हैं।
(d) 1, 3 तथा 4 सही हैं।

110. काण्डला निम्न में से किसके लिए प्रसिद्ध है?
(a) जल पोत भंजन उद्योग के लिए
(b) हीरा काटने और पॉलिश करने के लिए
(c) निर्यात प्रसंस्करण क्षेत्र के लिए
(d) परम्परागत कला एवं शिल्प केंद्र के लिए

111. शंकरपुर नामक जगह पर टेलकॉम/स्टेटाइट सोपस्टोन खनिज पाया जाता है वह बिहार के किस जिले में स्थित है?
(a) पूर्णिया (b) गया
(c) जुमई (d) मुंगेर

112. बिहार के सारण प्रमंडल में जिलों की सही संख्या कितनी है?
(a) 2 (b) 4
(c) 3 (d) 5

113. फेल्सपार बिहार के किस जिले में पाया जाता है।
(a) गया
(b) जमुई
(c) केवल (a) तथा (b)
(d) उपर्युक्त सभी

114. गंगा के दक्षिणी मैदान में निम्नलिखित में से कौन-सी नदी प्रवाहित नहीं होती है।
(a) पैमार (b) फल्गु
(c) बागमती (d) पुनपुन

115. बिहार का क्षेत्रफल कितना है?
(a) 94, 163 वर्ग (b) 95, 163 वर्ग
(c) 96, 163 वर्ग (d) 92, 163 वर्ग

116. बिहार की सबसे ऊँची पहाड़ी सोमेश्वर की ऊँचाई कितनी है।
(a) 1166 मीटर (b) 1266 मीटर
(c) 608.3 मीटर (d) 879.4 मीटर

117. बिहार कितने देशांतर तक स्थित है?
(a) 83° 19'50" से 88°17'40" पूर्वी देशांतर
(b) 83° से 88 पूर्वी देशांतर
(c) 83° 20' से 88°20 पूर्वी देशांतर
(d) 84° से 89°' पूर्वी देशांतर

118. गंगा का उत्तरी मैदान बिहार के कितने क्षेत्रफल पर विस्तृत है?
(a) 55, 760 वर्ग किमी.
(b) 56, 780 वर्ग किमी.
(c) 66, 670 वर्ग किमी.
(d) 59, 980 वर्ग किमी.

119. गंगा नदी बिहार में किस जिले से प्रवेश करती है?
(a) सीवान (b) गोपालगंज
(c) बक्सर (d) आरा

120. उत्तरी गंगा के मैदान में निम्नलिखित में से कौन-सी पहाड़ियां स्थित हैं?
(a) सोमेश्वर की पहाड़ियां
(b) गिरियक की पहाड़ियां
(c) राजमहल की पहाड़ियां
(d) राजगीर की पहाड़ियां

121. नहरों द्वारा सबसे अधिक "चाई बिहार प्रदेश में किस क्षेत्र में होती है।
(a) भोजपुर (b) औरंगाबाद
(c) रोहतास (d) दरभंगा

122. भारत का सर्वाधिक लीची उत्पादकता एवं उत्पादन वाला राज्य कौन है?
(a) उत्तर प्रदेश (b) असम
(c) मध्य प्रदेश (d) बिहार

123. भारत में बटाने जलाशय योजना किन दो राज्य की संयुक्त "चाई परियोजना है।
(a) प. बंगाल तथा बिहार
(b) बिहार तथा झारखंड
(c) बिहार तथा उत्तर प्रदेश
(d) झारखंड तथा ओडिशा

124. बिहार में अफीम की खेती कहां की जाती है?
(a) सारण (b) मुंगेर
(c) गया (d) मधुबनी

125. बिहार में गेहूं का उत्पादन मुख्य रूप से होता है—
(a) शाहाबाद (b) किशनगंज
(c) पूर्णिया (d) कटिहार

126. बिहार में वाल्मीकि नगर के निकट निकाली गई नहर का नाम क्या है?
(a) गंडक परियोजना नहर
(b) पूर्वी कोसी नहर
(c) सोन नहर
(d) मयूराक्षी नहर

127. बिहार में आलू का सर्वाधिक उत्पादन कहां होता है?
(a) नालंदा-पटना
(b) सीवान-सारण
(c) पूर्णिया-कटिहार
(d) मुजफ्फरपुर-पूर्वी चम्पारण

128. बिहार में सदाबाही नहरों के सिंचाई अधिक प्रचलित कहां है।
(a) मध्य बिहार में
(b) उत्तर बिहार में
(c) केंद्रीय बिहार में
(d) दक्षिण बिहार में

129. खाद्यान्न उत्पादक राज्यों में बिहार का स्थान भारत में है।
(a) छठा (b) सातवां
(c) आठवां (d) ग्यारहवां

130. मंरुआ का सर्वाधिक उत्पादन किस जिले में होता है ?
(a) दरभंगा
(b) सहरसा
(c) मुजफ्फपुर
(d) इनमें से कोई नहीं

131. बिहार प्रदेश में नकदी फसल का सही समूह निम्नलिखित में कौन है।
(a) गन्ना-जूट-आलू-तंबाकू
(b) चाय-गन्ना-तंबाकू-मूँगफली
(c) गन्ना-जूट-मूँगफली-तंबाकू
(d) इनमें से कोई नहीं

132. राज्य का सर्वाधिक कुल फसली क्षेत्रफल वाला जिला है—
(a) मुजफ्फरपुर (b) पूर्वी चंपारण
(c) पश्चिम चंपारण (d) रोहतास

133. लोकाइन सिंचाई योजना बिहार में कहां है?
(a) पश्चिमी चंपारण (b) पूर्वी चंपारण
(c) नालंदा (d) रोहतास

134. बिहार में तेलशोधक कारखाना कहां है?
(a) भागलपुर (b) दरभंगा
(c) बेगुसराय (d) बरौनी

135. बिहार में गन्ना का सर्वाधिक उत्पादन कहां होता है?
(a) उत्तरी-पूर्वी मैदान
(b) उत्तरी-पश्चिमी मैदान
(c) मध्यवर्ती भाग में
(d) दक्षिणी-पश्चिमी मैदान में

136. मरुआ (रागी) के उत्पादन में बिहार का भारत में कौन-सा स्थान है?
(a) प्रथम (b) द्वितीय
(c) तृतीय (d) चतुर्थ

137. जायद की फसल उगाने वाले सिंचाई वाले जिलों में कौन-सा जिला शामिल नहीं है?
(a) दरभंगा (b) मुजफ्फरपुर
(c) सहरसा (d) बांका

138. राज्य में नलकूपों से सर्वाधिक सिंचाई किस जिले में की जाती है?
(a) सीतामढ़ी (b) समस्तीपुर
(c) भोजपुर (d) दरभंगा

139. बिहार का भारत में लाल मिर्च के उत्पादन में कौन-सा स्थान है?
(a) दूसरा (b) तीसरा
(c) चौथा (d) पाँचवां

140. बिहार में गेहूँ उत्पादक प्रमुख जिलों में कौन शामिल नहीं है।
(a) चंपारण (b) मुजफ्फरपुर
(c) बांका (d) भोजपुर

141. बिहार में रेशम उत्पादन से संबंधित तसर और रेशम की इकाईयाँ कहाँ स्थित है?
(a) भागलपुर (b) पटना
(c) नालंदा (d) वैशाली

142. बिहार राज्य में सबसे प्रमुख कृषि आधारित उद्योग क्या है?
(a) चीनी उद्योग (b) कागज उद्योग
(c) मखाना उद्योग (d) उर्वरक उद्योग

143. बिहार में बरौनी का तेलशोधक कारखाना किस देश के सहयोग से बना है?
(a) रूस (b) जर्मनी
(c) ब्रिटेन (d) अमेरिका

144. बिहार राज्य में कितने ग्रामीण बैंक है?
(a) 22 (b) 12
(c) 74 (d) 100

145. बिहार के किस नगर में सिगरेट का कारखाना है?
(a) पटना (b) मुजफ्फरपुर
(c) मुंगेर (d) छपरा

146. बिहार के मुख्य रुग्ण उद्योग कौन है?
(a) चीनी (b) जूट
(c) कागज (d) उपर्युक्त सभी

147. बिहार राज्यों में बड़ी एवं मंझौली औद्योगिक इकाइयों का सर्वाधिक संकेंद्रण कहाँ है?
(a) पटना प्रमंडल में (b) तिरहुत प्रमंडल में
(c) मगध प्रमंडल में (d) दरभंगा प्रमंडल में

148. बिहार राज्य में मालडब्बा बनाने का कारखाना कहां है?
(a) भागलपुर में (b) मुजफ्फरपुर में
(c) दानापुर में (d) दरभंगा में

149. निम्नलिखित में कौन-सी वित्तीय संस्था बिहार राज्य में औद्योगिक वित्त सहायता करता है?
(a) विश्व बैंक
(b) बिहार राज्य वित्त निगम
(c) नाबार्ड
(d) स्टेट बैंक ऑफ इंडिया

150. बिहार में किस जगह डीजल रेल इंजन निर्माण कारखाना की स्थापना होगी?
(a) जमालपुर (b) भागलपुर
(c) मधेपुरा (d) मढ़ौरा

151. जनगणना 2001 की तुलना में 2011 की जनगणना के आधार पर हम कह सकते हैं कि बिहार की जनसंख्या वृद्धि दर—
(a) ज्यादा घटी (b) ज्यादा बड़ी
(c) पूर्ववत है (d) उपर्युक्त सभी

152. जनगणना 2011 के अनुसार बिहार के सबसे कम जनसंख्या घनत्व वाले जिले का सही क्रम (बढ़ते क्रम में) है—
(a) कैमूर-जमुई-बाँका-पश्चिम चम्पारण
(b) जमुई-कैमूर-बांका-औरंगाबाद
(c) जमुई-कैमूर-बांका-पश्चिम चम्पारण
(d) कैमूर-जमुई-बांका-औरंगाबाद

153. बिहार में जनसंख्या की दृष्टि से निम्न जिला में सबसे बड़ा जिला कौन है?
(a) गया (b) भागलपुर
(c) पटना (d) मुजफ्फरपुर

154. सन् 2011 की जनगणना के अनुसार बिहार की शहरी जनसंख्या है—
(a) 11,758,016 (b) 8,681,700
(c) 8,681,600 (d) 8,681,900

155. सन् 2011 की जनगणना के अनुसार बिहार में अनुसूचित जनजाति के न्यूनतम जनसंख्या प्रतिशत किस जिला में है?
(a) शिवहर (b) दरभंगा
(c) खगड़िया (d) मधुबनी

156. जनगणना 2011 के अनुसार बिहार के जिले का घटते क्रम में जनसंख्या घनत्व का सही क्रम है—
(a) पटना-दरभंगा-वैशाली-बेगूसराय
(b) पटना-वैशाली-दरभंगा-सारण
(c) दरभंगा-वैशाली-पटना-सारण
(d) सारण-वैशाली-दरभंगा-पटना

157. जनगणना 2011 के अनुसार बिहार के जिले का घटते क्रम में दशकीय जनसंख्या वृद्धि का सही क्रम है—
(a) गया-शिवहर-पूर्णिमा-नवादा
(b) शिवहर-पूर्णिया-नवादा-सहरसा
(c) शिवहर-गया-नवादा-पूर्णिया
(d) गया-शिवहर-नवादा-पूर्णिया

158. जनगणना 2011 के अनुसार भारत में सर्वाधिक लिंगानुपात में बिहार का स्थान कौन-सा है?
(a) 20वां (b) 19वां
(c) 21वां (d) 22वां

159. जनगणना 2011 के आधार पर सर्वभारत की तुलना में बिहार के नगरीय जनसंख्या का प्रतिशत है—
(a) भारत की तुलना में अधिक
(b) भारत की तुलना में काफी कम
(c) भारत की तुलना में लगभग बराबर
(d) इनमें से कोई नहीं

160. बिहार में शिशु मृत्यु दर वर्ष 2011 में थी—

(a) 61 (b) 63
(c) 64 (d) 65

161. बिहार में रेल परिवहन की शुरुआत कब हुई थी?

(a) 1960 ई. में (b) 1865 ई. में
(c) 1857 ई. में (d) 1860 ई. में

162. 'आन्तरिक जलमार्ग विकास प्राधिकरण' किसके अंतर्गत कार्य करता है?

(a) बिहार सरकार (b) केन्द्र सरकार
(c) स्थानीय सरकार (d) इनमें से तीनों

163. अब्दुलबारी सेतु किस नदी पर अवस्थित है?

(a) गंगा नदी
(b) कोसी नदी
(c) सोन नदी
(d) पुनपुन नदी

164. बिहार में 'स्पीड पोस्ट' डाक सेवा का आरम्भ किस वर्ष किया गया?

(a) वर्ष 1984 (b) वर्ष 1991
(c) वर्ष 1994 (d) वर्ष 1998

165. बिहार का पहला दूरदर्शन प्रसारण केन्द्र कहां स्थापित किया गया है?

(a) पटना (b) दरभंगा
(c) मुजफ्फरपुर (d) भागलपुर

166. गया स्थित हवाई अड्डे को अन्तर्राष्ट्रीय दर्जा कब प्राप्त हुआ?

(a) वर्ष 2002 (b) वर्ष 2005
(c) वर्ष 2010 (d) वर्ष 1999

167. बिहार में दूरदर्शन का प्रयोग जनसंचार के लिए कब हुआ था?

(a) वर्ष 1977 (b) वर्ष 1983
(c) वर्ष 1976 (d) वर्ष 1975

168. राष्ट्रीय राजमार्ग-2 (NH-2) का निर्माण किसने करवाया था?

(a) अंग्रेजों ने
(b) शेरशाह ने
(c) अकबर ने
(d) हुमायूं ने

169. निम्नलिखित में कौन-सा स्थान NH-30 A पर स्थित नहीं है?

(a) चण्डी (b) दिनारा
(c) हरनौत (d) बाढ़

170. पूर्वी-पश्चिमी गलियारा के अन्तर्गत बिहार से गुजरने वाले कौन-से राष्ट्रीय राजमार्ग आते हैं?

(a) NH-2 और NH-80
(b) NH-98 और NH-105
(c) NH-30 और NH-44
(d) NH-28 और NH-31

उत्तरमाला

1. (d)	**2.** (b)	**3.** (d)	**4.** (c)	**5.** (a)	**6.** (c)	**7.** (c)	**8.** (a)	**9.** (c)	**10.** (a)
11. (c)	**12.** (c)	**13.** (c)	**14.** (a)	**15.** (a)	**16.** (b)	**17.** (b)	**18.** (a)	**19.** (a)	**20.** (a)
21. (c)	**22.** (c)	**23.** (a)	**24.** (c)	**25.** (a)	**26.** (a)	**27.** (b)	**28.** (a)	**29.** (c)	**30.** (c)
31. (a)	**32.** (b)	**33.** (c)	**34.** (b)	**35.** (d)	**36.** (b)	**37.** (a)	**38.** (d)	**39.** (d)	**40.** (c)
41. (a)	**42.** (b)	**43.** (b)	**44.** (a)	**45.** (c)	**46.** (b)	**47.** (c)	**48.** (a)	**49.** (c)	**50.** (b)
51. (b)	**52.** (b)	**53.** (b)	**54.** (b)	**55.** (b)	**56.** (b)	**57.** (d)	**58.** (a)	**59.** (a)	**60.** (d)
61. (b)	**62.** (b)	**63.** (c)	**64.** (d)	**65.** (c)	**66.** (c)	**67.** (b)	**68.** (a)	**69.** (a)	**70.** (b)
71. (c)	**72.** (b)	**73.** (c)	**74.** (d)	**75.** (b)	**76.** (d)	**77.** (c)	**78.** (c)	**79.** (c)	**80.** (a)
81. (b)	**82.** (c)	**83.** (a)	**84.** (d)	**85.** (d)	**86.** (d)	**87.** (d)	**88.** (b)	**89.** (b)	**90.** (b)
91. (a)	**92.** (a)	**93.** (b)	**94.** (a)	**95.** (d)	**96.** (b)	**97.** (c)	**98.** (a)	**99.** (c)	**100.** (b)
101. (c)	**102.** (b)	**103.** (b)	**104.** (c)	**105.** (d)	**106.** (c)	**107.** (c)	**108.** (d)	**109.** (a)	**110.** (c)
111. (d)	112. (c)	**113.** (c)	**114.** (c)	**115.** (a)	**116.** (d)	**117.** (a)	**118.** (b)	**119.** (c)	**120.** (a)
121. (c)	**122.** (d)	**123.** (b)	**124.** (b)	**125.** (a)	**126.** (a)	**127.** (d)	**128.** (b)	**129.** (c)	**130.** (a)
131. (a)	**132.** (c)	**133.** (c)	**134.** (d)	**135.** (b)	**136.** (a)	**137.** (d)	**138.** (b)	**139.**(a)	**140.** (c)
141. (a)	**142.** (a)	**143.** (a)	**144.** (a)	**145.** (c)	**146.** (d)	**147.** (a)	**148.** (b)	**149.**(b)	**150.** (d)
151. (b)	**152.** (a)	**153.** (c)	**154.** (a)	**155.** (a)	**156.** (a)	**157.** (b)	**158.** (d)	**159.** (b)	**160.** (a)
161. (d)	**162.** (b)	**163.** (c)	**164.** (b)	**165.** (c)	**166.** (a)	**167.** (d)	**168.** (b)	**169.** (d)	**170.** (d)

❑❑❑

अध्याय

भारतीय राजव्यवस्था

भारतीय संविधान

संवैधानिक विकास : संक्षिप्त रूपरेखा

- संविधान जीवन का वह मार्ग है, जिसे राज्य अपने लिए अपनाता है। संविधान किसी देश की राजनीतिक व्यवस्था का वह आधारभूत ढांचा निर्धारित करता है, जिसके अंतर्गत उसकी जनता शासित होती है। संविधान किसी देश की राजव्यवस्था के मूल सिद्धान्तों का प्रतिपादन करता है, जिसकी कसौटी पर राज्य की विधियों एवं कार्यों को उनकी विधिमान्यता तथा वैधता के लिए परखा जाता है।
- भारतीय संविधान के निर्माण की भी एक लम्बी ऐतिहासिक पृष्ठभूमि रही है। भारतीय संविधान सभा द्वारा निर्मित 'भारतीय संविधान' से अभिन्न रूप से जुड़े हुए अनेक ऐसे अधिनियम एवं चार्टर हैं, जिन्हें समय-समय पर ब्रिटिश संसद में पारित किया गया और जो भारतीय संविधान की पृष्ठभूमि कहे जा सकते हैं, प्रमुख अधिनियम एवं चार्टर इस प्रकार हैं-

रेग्यूलेटिंग एक्ट, 1773

- कम्पनी के समस्त **भारतीय क्षेत्रों** को एक **सूत्र में बांधने** के लिए इस अधिनियम के द्वारा बंगाल के गवर्नर को **गवर्नर जनरल** बना दिया गया।
- यह व्यवस्था की गई कि **मद्रास और बम्बई के गवर्नर**, गवर्नर जनरल के अधीन रहेंगे। बंगाल के गवर्नर जनरल को इन **प्रान्तीय सरकारों** पर नियन्त्रण रखने का अधिकार भी दिया गया।
- गवर्नर जनरल की सहायता के लिए एक **चार सदस्यों** वाली **कार्यकारिणी परिषद्** की व्यवस्था भी की गई।
- अधिनियम द्वारा **कलकत्ता में सर्वोच्च न्यायालय** की व्यवस्था की गई, जिसमें एक मुख्य न्यायाधीश तथा तीन अन्य न्यायाधीश रखे जाने थे।
- सर एलिजाह इम्पे मुख्य न्यायाधीश तथा अन्य तीन न्यायाधीश लिमेंस्टर, चैम्बर्स एवं हाइड थे।

एक्ट ऑफ सेटलमेंट, 1781

- 1773 के रेग्यूलेटिंग एक्ट की कमियों को दूर करने के लिए यह लाया गया।
- इस एक्ट के द्वारा कलकत्ता की सरकार को उड़ीसा, बिहार व बंगाल के लिए कानून बनाने का अधिकार प्रदान किया गया।
- गर्वनर-जनरल इन कौंसिल को सर्वोच्च न्यायालय के अधिकार क्षेत्र से बाहर कर दिया गया।

पिट्स इण्डिया अधिनियम, 1784

- इस अधिनियम के द्वारा दोहरे शासन का प्रारम्भ हुआ-**(i)** व्यापारिक मामलों के लिए कोर्ट ऑफ डायरेक्टर्स एवं **(ii)** राजनीतिक मामलों के लिए बोर्ड ऑफ कण्ट्रोलर।
- **बोर्ड ऑफ कण्ट्रोलर में 6** सदस्य थे और ये भारत सरकार की देख-रेख करते थे। गवर्नर जनरल की परिषद् **तीन सदस्यीय** कर दी गई। **बम्बई** और **मद्रास प्रेसीडेंसीयों** को (युद्ध, राजस्व एवं अन्य मामलों के सम्बन्ध में) गवर्नर जनरल और इसकी परिषद्ों के अधीन कर दिया गया।
- इस एक्ट के तहत कम्पनी के कर्मचारियों को उपहार लेने पर प्रतिबंध लगा दिया गया।

1786 का अधिनियम

इस अधिनियम के द्वारा **कॉर्नवालिस** को **भारतीय फौजों** का मुख्य सेनापति बना दिया गया। उसका इस बात का अधिकार भी दे दिया गया। कि वह अपने उत्तरदायित्व पर अपनी कौंसिल के निर्णय के विरुद्ध कार्यवाही भी कर सके।

1793 का चार्टर अधिनियम

- **गवर्नर जनरल** और **गवर्नरों** को अपनी कार्यकारिणी परिषद् के बहुमत पर आधारित निर्णयों के विरुद्ध कार्य करने की शक्ति मिली तथा गवर्नर जनरल की **प्रान्तीय शासकों** पर नियन्त्रण की शक्तियों में वृद्धि की गई।
- इस अधिनियम के द्वारा **नियन्त्रण बोर्ड** के सदस्यों तथा कर्मचारियों के वेतन भारतीय राजस्व से देने की व्यवस्था की गई।

1813 का चार्टर अधिनियम

- कम्पनी के **अधिकार पत्र** को **20 वर्षों** के लिए और बढ़ा दिया गया।
- कम्पनी के भारत के साथ व्यापार करने के एकाधिकार को छीन लिया गया, किंतु उसका चीन के साथ व्यापार और पूर्वी देशों के साथ चाय के व्यापार के सम्बन्ध में **20 वर्षों** के लिए एकाधिकार बना रहा भारतीय व्यापार सभी **ब्रिटिश प्रजाजनों** के लिए खोल दिया गया, यद्यपि उन्हें कुछ विशेष सीमाओं के अधीन कार्य करना पड़ता था।
- शिक्षा के प्रसार के लिए **1 लाख रुपए** वार्षिक देने की बात कही गई। कम्पनी की सेवाओं में जाने से पहले इंग्लैण्ड में प्रशिक्षण की व्यवस्था की गई।

1833 का चार्टर अधिनियम

- भारतीय व्यापार को सभी के लिए पूरी तरह खोल दिया गया। गवर्नर जनरल की समिति को भारत के **सैनिक-असैनिक** कार्यों का नियन्त्रण, निरीक्षण एवं निर्देशन सौंपा गया।
- इस अधिनियम में पहली बार बंगाल के **गवर्नर जनरल** को भारत सरकार का **गवर्नर जनरल** कहा गया, **प्रेसीडेंसी** के कानून बनाने के अधिकार समाप्त कर दिए गए।
- लॉर्ड मैकाले की अध्यक्षता में विधि आयोग का गठन किया गया।

1853 का चार्टर अधिनियम

- इस अधिनियम के द्वारा डायरेक्टरों की संख्या **18 कर** दी गई, जिसमें से 6 **क्राउन** द्वारा मनोनीत होते थे।
- बंगाल के लिए लेफ्टिनेंट गवर्नर नियुक्त किया गया, डलहौजी को पहला वास्तविक गवर्नर जनरल बनाया गया, कम्पनी के नियुक्ति एवं वापस बुलाने के अधिकार की समाप्ति हुई।
- सीधी भर्ती प्रणाली की शुरुआत हुई और नियन्त्रण बोर्ड को भारतीय सिविल सर्विसेज के सदस्यों को एक प्रतियोगी परीक्षा द्वारा भर्ती का अधिकार दिया गया।
- **गवर्नर जनरल** की परिषद् में **एक और** सदस्य जोड़ा गया, अब इसके सदस्यों की **संख्या 12 हो** गई।
- इस परिषद् का प्रमुख कार्य विधि बनाना था तथा अधिनियम की वैधता हेतु गर्वनर जनरल की अनुमति आवश्यक थी।

1858 का भारत शासन अधिनियम

- **बोर्ड ऑफ कण्ट्रोल** और कोर्ट ऑफ डायरेक्टर की समाप्ति। भारत का शासन कम्पनी से लेकर ब्रिटिश क्राउन के हाथों में सौंपा गया।
- भारत राज्य सचिव (भारत मन्त्री) की नियुक्ति जो ब्रिटिश कैबिनेट का सदस्य होता था, उसके सहयोग के लिए **8 सदस्यों** की एक भारत परिषद् की नियुक्ति क्राउन द्वारा की गई।
- **चार्ल्स वुड** पहला **भारतीय मन्त्री** था। **गवर्नर जनरल** को वायसराय कहा गया (कैनिंग अन्तिम गवर्नर जनरल और प्रथम वायसराय था)। इस अधिनियम के द्वारा **ब्रिटिश सरकार** का नियन्त्रण बढ़ाया गया।

1861 का भारत शासन अधिनियम

- गवर्नर जनरल की **कार्यकारिणी परिषद्** का विस्तार।
- विभागीय प्रणाली का चलन।
- **गवर्नर जनरल** को पहली बार **अध्यादेश** जारी करने की असाधारण शक्ति की गई।
- प्रान्तीय **विधान परिषदों** की व्यवस्था कर **विधायन** के क्षेत्र में **विकेन्द्रीकरण** की नीति का सूत्रपात हुआ।

1892 का भारत शासन अधिनियम

- **परोक्ष निर्वाचन** प्रणाली को मान्यता।
- व्यवस्थापिकाओं की शक्तियों में वृद्धि।
- वार्षिक बजट पर बहस करने का अधिकार।
- बजट पर बहस एवं **कार्यपालिका** के समक्ष सवाल करने का अधिकार दिया गया, परंतु वोट का अधिकार प्राप्त नहीं था।

भारतीय परिषद् अधिनियम, 1909

- इसे **मॉर्ले-मिण्टो** सुधार भी कहा गया।
- भारतीयों की **भारत सचिव** एवं **गवर्नर जनरल** की कार्यकारिणी परिषदों में नियुक्ति।
- केन्द्रीय विधान परिषद् के सदस्यों की संख्या **16 से 60** कर दी गई।
- प्रान्तीय **विधान परिषदों** के आकार में वृद्धि।
- प्रान्तीय विधान परिषदों में पहली बार **गैर-सरकारी** सदस्यों का बहुमत।
- केन्द्रीय और प्रान्तीय विधान परिषदों को पहली बार बजट पर **वाद-विवाद** करने, **सार्वजनिक हित** के विषयों पर **प्रस्ताव** पेश करने, पूरक प्रश्न पूछने और मत देने के अधिकार मिले।

1919 का भारत सरकार अधिनियम

- इस अधिनियम को **मॉन्टेग्यू-चेम्सफोर्ड** सुधार भी कहा जाता है, क्योंकि इस काल में भारत सचिव मॉन्टेग्यू तथा वायसराय लॉर्ड चेम्सफोर्ड थे।
- इस अधिनियम की सबसे महत्वपूर्ण विशेषता प्रान्तों में **द्वैध शासन** का आरम्भ करना था। शासन के विषयों को प्रान्तीय और केन्द्रीय सूचियों में बांट दिया गया। केन्द्रीय मामले-**रक्षा, विदेशी-मुद्रा** तथा **आयात-निर्यात**। इससे प्रान्तों में द्वैध शासन की शुरुआत हुई। प्रान्तीय विषयों को **दो भागों** में बाँटा गया।
- **आरक्षित विषय**-पुलिस, जेल, भू-राजस्व, सिंचाई और वन-विभाग। ये विषय गवर्नर और उसकी कार्यकारी परिषद् द्वारा देखे जाते थे।
- **हस्तान्तरित विषय**-शिक्षा, स्थानीय स्वशासन, सार्वजनिक स्वास्थ्य, सफाई, कृषि और उद्योग गवर्नर और उसके मन्त्रियों द्वारा देखे जाते थे।
- प्रान्तों पर **केन्द्रीय नियन्त्रण, द्वैध शासन** द्वारा कम किया गया। केन्द्रीय विधायिका (सेण्ट्रल लेजिस्लेटिव) को द्विसदनात्मक बना दिया गया, जिसे राज्य परिषद् (ऊपरी सदन) 5 वर्ष के लिए और विधान परिषद् (तीन वर्ष के लिए) में बाँटा गया। पृथक् निर्वाचक मण्डल का दायरा बढ़ाकर सिखों को इसमें शामिल किया गया। अधिकार बहुमत को समाप्त करके गैर-आधिकारिक **(प्रत्यक्ष चुनाव)** बहुमत को बढ़ाया गया।
- भारत सचिव और उसके सहयोगियों का वेतन अब अंग्रेजी राजस्व से देने की बात हुई और भारत के उच्चायुक्त की लन्दन में नियुक्ति हुई, जो भारत सरकार के प्रति जिम्मेदार था और उससे ही खर्च पाता था। वह इंग्लैण्ड में भारतीय विद्यार्थियों का ध्यान रखता था तथा भारत सरकार के लिए सुविधाओं की व्यवस्था करता था।
- इस अधिनियम के द्वारा एक **लोक सेवा आयोग** की स्थापना की गई। भारत सचिव को इस आयोग की नियुक्ति का कार्य सौंपा गया।

1935 का भारत सरकार अधिनियम

- इस अधिनियम के द्वारा **प्रान्तीय स्वायत्तता** और **प्रान्तों** में जवाबदेह सरकारों की स्थापना और द्वैध शासन की समाप्ति की गई।
- पहली बार **कौंसिल ऑफ स्टेट्स** (प्रान्तीय परिषदों) को **6 प्रान्तों** में द्विसदनीय बनाया गया, ये प्रान्त थे-बंगाल, मद्रास, बम्बई, उत्तर प्रदेश, बिहार और असम।
- **पृथक निर्वाचक मण्डलों** का विस्तार किया गया, सिखों, भारतीय ईसाइयों, **आंग्ल-भारतीयों (एंग्लो-इण्डियन)** और यूरोपियों को इसमें शामिल किया गया।
- **संघीय न्यायालय** की दिल्ली में स्थापना, जिसमें एक **मुख्य न्यायाधीश** और **6 या 6 से कम जजों** की नियुक्ति मान्य की गई।
- इसी अधिनियम के द्वारा **'रिजर्व बैंक ऑफ इण्डिया'** की स्थापना की गई।

1947 ई. का भारतीय स्वतन्त्रता अधिनियम

- **4 जुलाई, 1947 ई.** को इंग्लैण्ड की संसद द्वारा 'भारतीय स्वतन्त्रता अधिनियम' पारित किया गया।
- **15 अगस्त, 1947 ई.** को भारत दो अधिराज्यों-भारत व पाकिस्तान में विभाजित कर दिया जाएगा। सिन्ध, उत्तर-पूर्वी सीमा प्रान्त, पश्चिमी पंजाब, बलूचिस्तान तथा असम का सिलहट जिला पाकिस्तान में तथा शेष भारत में रहेगा।
- दोनों अधिराज्यों की विधानसभाओं को अपना-अपना संविधान बनाने का अधिकार दिया गया।
- नवीन संविधानों के निर्माण तक **शासन 1935 ई.** के अधिनियम के अनुसार चलता रहेगा।

- **15 अगस्त, 1947 ई.** से भारत सचिव व इंडिया ऑफिस को समाप्त कर दिया जाएगा।
- भारतीय रियासतों को भारत अथवा पाकिस्तान किसी भी देश में सम्मिलित होने का अधिकार दिया गया।
- इस अधिनियम के द्वारा भारत अंततः **15 अगस्त, 1947 ई.** को ब्रिटिश दासता से मुक्त हुआ।

भारतीय संविधान का निर्माण

- संविधान सभा के सिद्धान्त के सर्वप्रथम दर्शन **1895** के **'स्वराज विधेयक'** में होते हैं, जिसे **तिलक** के निर्देशन में तैयार किया गया था।
- द्वितीय विश्वयुद्ध की आवश्यकताओं और राष्ट्रीय तथा अंतर्राष्ट्रीय शक्तियों द्वारा विवश कर दिए जाने पर 1940 के प्रस्ताव में ब्रिटिश सरकार ने कहा था कि भारत का संविधान स्वयं भारतवासियों द्वारा ही तैयार किया जाएगा।
- 1942 की क्रिप्स योजना के द्वारा ब्रिटेन ने स्पष्टतया स्वीकार किया कि भारत में एक निर्वाचित संविधान सभा का गठन होगा, जो युद्ध के बाद भारत के लिए संविधान तैयार करेगी। अंत में 1946 की कैबिनेट मिशन योजना में भारतीय संविधान सभा के प्रस्ताव को स्वीकार कर इसे व्यावहारिक रूप प्रदान किया गया।
- **कैबिनेट मिशन योजना** में निश्चित किया गया कि भारतीय संविधान के निर्माण हेतु परोक्ष निर्वाचन के आधार पर एक संविधान सभा की स्थापना की जाए जिसमें **कुल 389** सदस्य हों। जिनमें **292 ब्रिटिश** प्रान्तों के प्रतिनिधि, **4 चीफ कमिश्नर** क्षेत्रों के प्रतिनिधि और 93 देशी रियासतों के प्रतिनिधि हों।

संविधान सभा के विकास के चरण

संविधान के निर्माण में संविधान सभा को **2 वर्ष, 11 माह** तथा **18 दिन** लगे। अपने कार्यकाल में संविधान सभा निम्नलिखित तीन चरणों से गुजरी–

प्रथम चरण

यह चरण **6 दिसम्बर, 1946 से 14 अगस्त, 1947** तक चला। इसमें संविधान सभा कैबिनेट मिशन द्वारा सुझाई गई सीमाओं के भीतर कार्य करती रही। इस चरण में **पंडित जवाहर लाल नेहरू** ने संविधान का **उद्देश्य प्रस्ताव** प्रस्तुत किया, जिसके आधार पर संविधान का प्रारूप तैयार करने की प्रक्रिया आरम्भ हुई।

द्वितीय चरण

यह चरण **15 अगस्त, 1947 से 26 नवम्बर, 1949** तक चला। इस दौरान संविधान सभा एक प्रभुत्व सम्पन्न एवं अस्थायी संस्था के रूप में कार्य करती रही। इस दौरान संविधान के प्रारूप का संविधान सभा में वाचन किया गया व उस पर व्यापक विचार-विमर्श हुआ।

तृतीय चरण

यह चरण **27 नवम्बर, 1949 से मार्च, 1952** तक चला। इस दौरान संविधान सभा तब तक एक अस्थायी संसद के रूप में कार्य करती रही, जब तक भारत में आम चुनाव के पश्चात् निर्वाचित प्रतिनिधि नहीं चुने गए व नई संसद का निर्माण नहीं हुआ।

संविधान निर्माताओं ने लगभग **60 देशों** के संविधानों का अवलोकन किया और इसके **प्रारूप में 114** दिनों तक विचार हुआ।

संविधान दिवस
26 नवंबर भारत में **संविधान दिवस** के रूप में मनाया जाता है। इसकी शुरुआत 2015 से हुई, क्योंकि यह वर्ष संविधान निर्माता **डॉ. भीमराव अंबेडकर** के 125वें जन्मदिवस के रूप में मनाया गया था।

अंतर्राष्ट्रीय लोकतंत्र दिवस
15 सितंबर, 2015 को विश्व भर में **अंतर्राष्ट्रीय लोकतंत्र दिवस** मनाया गया। संयुक्त राष्ट्र महासभा ने वर्ष 2007 में एक प्रस्ताव पारित कर इस दिवस को मनाने की घोषणा की थी।

राष्ट्रीय मतदाता दिवस
• राष्ट्रीय मतदाता दिवस वर्ष 2011 से प्रति वर्ष 25 जनवरी को मनाया जाता है। वर्ष 2020 में राष्ट्रीय मतदाता दिवस का विषय है। 'मजबूत लोकतंत्र के लिए चुनावी साक्षरता'।

संविधान सभा के प्रमुख सदस्य

- कांग्रेस के सभी चोटी के नेता पं. जवाहर लाल नेहरू, सरदार वल्लभ भाई पटेल, डॉ. राजेन्द्र प्रसाद, मौलाना आजाद, चक्रवर्ती राजगोपालाचारी, पं. गोविन्द वल्लभ पन्त, बाल गोविन्द खेर, बाबू पुरुषोत्तम दास टण्डन, के.एम. मुन्शी, आचार्य जे.बी. कृपलानी और टी.टी. कृष्णमाचारी इसके सदस्य थे।
- कांग्रेस के अतिरिक्त अन्य दलों से सम्बद्ध व्यक्तियों में डॉ. सर्वपल्ली राधाकृष्णन, डॉ. श्यामा प्रसाद मुखर्जी, पं. हृदयनाथ कुंजरू, एन. गोपालास्वामी आयंगर, डॉ. जयकर बख्शी, टेकचन्द, सर अल्लादि कृष्णास्वामी अय्यर, प्रो. के. टी. शाह और डॉ. भीमराव अम्बेडकर प्रमुख थे।
- **महिला सदस्यों** में श्रीमती सरोजिनी नायडू, श्रीमती हंसा मेहता और श्रीमती दुर्गाबाई देशमुख प्रमुख थीं।
- संविधान सभा की सदस्यता अस्वीकार करने वाले व्यक्तियों में **तेजबहादुर सप्रू** (स्वास्थ्य के आधार पर) एवं **जयप्रकाश नारायण** थे।

संविधान सभा की समितियाँ

संविधान सभा ने संविधान के निर्माण से सम्बन्धित विभिन्न कार्यों को करने के लिए कई समितियों का गठन किया। इनमें **8 बड़ी** समितियाँ थीं एवं अन्य छोटी। बड़ी समितियों एवं इनके अध्यक्षों के नाम इस प्रकार हैं–

बड़ी समितियाँ एवं उनके अध्यक्ष		
1.	संघ शक्ति समिति	– पंडित जवाहर लाल नेहरू
2.	संघीय संविधान समिति	– पंडित जवाहर लाल नेहरू
3.	प्रांतीय संविधान समिति	– सरदार वल्लभभाई पटेल
4.	प्रारूप समिति	– डॉ. भीमराव अंबेडकर
5.	मौलिक अधिकारों एवं अल्पसंख्यकों से सम्बन्धित परामर्श समिति	– सरदार वल्लभभाई पटेल
	इस समिति की दो उप-समितियाँ थीं–	
	(i) मौलिक अधिकार उप-समिति	– जे.बी. कृपलानी
	(ii) अल्पसंख्यक उप-समिति	– एच.सी. मुखर्जी
6.	प्रक्रिया नियम समिति	– डॉ. राजेन्द्र प्रसाद
7.	राज्यों के लिए समिति	– पं. जवाहर लाल नेहरू
8.	संचालन समिति	– डॉ. राजेन्द्र प्रसाद
	संविधान सभा के संवैधानिक सलाहकार **बी. एन. राव** द्वारा संविधान का पहला प्रारूप तैयार किया गया था। इस प्रारूप में 243 अनुच्छेद एवं 13 अनुसूचियाँ थीं।	

प्रारूप समिति

संविधान के प्रारूप को तैयार करने के लिए **29 अगस्त, 1947 ई.** को प्रारूप समिति का गठन किया गया, **डॉ. भीम राव अम्बेडकर** इसके अध्यक्ष थे।

- 30 अगस्त, 1947 ई. को प्रारूप समिति की प्रथम बैठक हुई। इसके पश्चात् संविधान के प्रारूप पर **114** दिनों तक चर्चा की गई। इस दौरान तैयार प्रारूप का तीन बार **वाचन (Reading)** किया गया।

- **डॉ. बी. आर. अम्बेडकर** ने संविधान सभा के समक्ष **'द कॉन्स्टीट्यूशन ऐज सैटल्ड बाई द असेंबली बी पास्ड'** प्रस्ताव पेश किया। संविधान के प्रारूप पर पेश इस प्रस्ताव को 26 नवम्बर, 1949 को पारित कर दिया गया और इस पर अध्यक्ष व सदस्यों ने हस्ताक्षर किए।

प्रारूप समिति के सदस्य	
1.	**के.एम. मुंशी** (बम्बई से निर्वाचित)
2.	**मुहम्मद सादुल्ला** (असम से निर्वाचित, मुस्लिम लीग)
3.	**बी.एम. मित्र**
4.	**अल्लादी कृष्णा स्वामी अय्यर** (मद्रास से निर्वाचित, निर्दलीय)
5.	**एन. गोपाल स्वामी आयंगर** (मद्रास से निर्वाचित)
6.	**डी.पी. खेतान** (निर्दलीय)

छोटी समितियाँ एवं उनके अध्यक्ष	
1.	संविधान सभा के कार्यों से सम्बन्धित समिति–**जी.वी. मावलंकर**
2.	कार्य संचालन समिति–**डॉ. के.एम. मुंशी**
3.	सदन समिति–**बी. पट्टाभि सीतारमैया**
4.	राष्ट्रध्वज सम्बन्धी तदर्थ समिति–**डॉ. राजेन्द्र प्रसाद**
5.	मौलिक अधिकारों, अल्पसंख्यकों एवं जनजातियों व बहिष्कृत क्षेत्रों के लिए सलाहकार समिति–**सरदार वल्लभभाई पटेल**
6.	क्रीडेंसियल समिति–**अल्लादी कृष्णास्वामी अय्यर**
7.	वित्त एवं कर्मचारी (स्टाफ) समिति–**डॉ. राजेन्द्र प्रसाद**
8.	हिंदी अनुवाद समिति
9.	उर्दू अनुवाद समिति
10.	प्रेस दीर्घा समिति
11.	आयुक्तों के प्रांतों के लिए समिति–**बी. पट्टाभि सीतारमैया**
12.	भाषाई प्रांतों से सम्बन्धित आयोग
13.	वित्तीय प्रावधान सम्बन्धी विशेषज्ञ समिति
14.	सर्वोच्च न्यायालय के लिए तदर्थ समितियाँ–**एस. वरदाचरियार**

- भारतीय **संविधान के पिता/आधुनिक मनु** की संज्ञा डॉ. बी. आर. अम्बेडकर को दी जाती है।
- संविधान सभा में **डॉ. बी. आर. अम्बेडकर** का निर्वाचन **पश्चिम बंगाल** से हुआ था।
- संविधान की प्रस्तावना में 26 नवंबर, 1949 का उल्लेख उस दिन के रूप में किया गया है, जिस दिन **भारत के लोगों ने सभा में संविधान को अपनाया, लागू किया व स्वयं को सौंपा।**
- 26 नवंबर, 1949 को अपनाए गए संविधान में **प्रस्तावना, 22 भाग, 395 अनुच्छेद** और **8 अनुसूचियाँ** थीं। **प्रस्तावना** को पूरे संविधान को लागू करने के बाद लागू किया गया।

संविधान की स्वीकृति

- प्रारूप समिति द्वारा संविधान का जो प्रारूप तैयार किया गया, वह 1 फरवरी, 1948 के दिन संविधान सभा के अध्यक्ष को सुपुर्द किया गया। 26 नवम्बर, 1949 को संविधान सभा ने भारतीय संविधान को अन्तिम रूप प्रदान किया और इसी दिन इस पर अध्यक्ष के हस्ताक्षर हुए।
- संविधान के 15 अनुच्छेद, 26 नवम्बर, 1949 को ही लागू कर दिए गए थे परंतु शेष संविधान 26 जनवरी, 1950 को लागू किया गया।
- 26 जनवरी, 1950 को संविधान लागू करने का वास्तविक कारण यह था कि 1930 से ही सम्पूर्ण भारत में 26 जनवरी का दिन 'स्वाधीनता दिवस' के रूप में मनाया जाता था।
- सम्पूर्ण संविधान के निर्माण में 2 वर्ष, 11 मास और 18 दिन का समय लगा। इस कार्य पर 63 लाख 93 हजार 729 रुपए खर्च हुए। अन्तिम रूप से स्वीकृत संविधान में **395 अनुच्छेद** और **8 अनुसूचियाँ** थीं।

भारतीय संविधान के प्रमुख स्त्रोत

विदेशी स्त्रोत

- **ब्रिटिश संविधान**–भारतीय संविधान में **संसदात्मक शासन प्रणाली**, कानून का शासन, **एकीकृत संस्थात्मक ढांचा** (एकीकृत न्यायिक व्यवस्था, एकीकृत नौकरशाही तथा **इकहरी नागरिकता**), विधि निर्माण की प्रक्रिया, संसद व विधानमण्डलों के सदस्यों के विशेषाधिकार एवं उन्मुक्तियाँ तथा **मन्त्रिमण्डल के सामूहिक उत्तरदायित्व** के सिद्धान्त पर ब्रिटिश संविधान का प्रभाव दृष्टिगोचर होता है।
- **अमेरिका का संविधान**–भारतीय संविधान में **मौलिक अधिकारों**, सर्वोच्च न्यायालय से सम्बन्धित व्यवस्थाओं, संविधान की सर्वोच्चता, **राष्ट्रपति पर महाभियोग**, उपराष्ट्रपति, **उच्चतम व उच्च न्यायालयों** के न्यायाधीशों को हटाने की विधि पर अमेरिका के संविधान का प्रभाव देखा जा सकता है।
- **कनाडा का संविधान**–हमारी **संघात्मक व्यवस्था**, हमारे संविधान में संघ के लिए 'यूनियन' (Union) शब्द का प्रयोग और अवशिष्ट शक्तियाँ केन्द्र को सौंपे जाने की व्यवस्था को कनाडा के संविधान से ग्रहण किया गया।
- **ऑस्ट्रेलिया का संविधान**–भारतीय संविधान की प्रस्तावना में निहित भावनाएँ, **समवर्ती सूची तथा इस सूची** के विषयों पर संघ और इकाइयों के बीच उत्पन्न होने वाले विवादों को निपटाने के उपाय ऑस्ट्रेलिया के समान हैं।
- **आयरलैण्ड का संविधान**–भारतीय संविधान में **नीति निदेशक सिद्धान्त**, राष्ट्रपति के **निर्वाचक मण्डल की व्यवस्था**, राज्यसभा में कला, साहित्य, विज्ञान आदि से सम्बन्धित विशिष्ट व्यक्तियों के मनोनयन की प्रणाली आयरलैण्ड के संविधान से मिलती है।
- **जापान का संविधान**–भारतीय संविधान के **अनुच्छेद 21** की शब्दावली 'विधि द्वारा स्थापित प्रक्रिया को छोड़कर' (except according to procedure established by law) जापान के संविधान से ली गई है।
- **दक्षिण अफ्रीका का संविधान**–भारतीय संविधान की **संशोधन पद्धति** दक्षिण अफ्रीका के संविधान की संशोधन पद्धति से मिलती है।
- **जर्मनी का वीमर संविधान**–भारतीय संविधान के अंतर्गत आपातकाल में राष्ट्रपति को **मौलिक अधिकारों** के स्थगन सम्बन्धी जो अधिकार दिए गए हैं, वे **जर्मनी** के **'वीमर संविधान'** से लिए गए हैं।

देशी या भारतीय स्त्रोत

- **नेहरू समिति रिपोर्ट**–नेहरू रिपोर्ट (1928) में कहा गया था कि भारत का भावी संविधान अपने स्वरूप में संघीय होगा, देशी रियासतों का कोई अलग अस्तित्व नहीं होगा, **संसदात्मक शासन प्रणाली** अपनाई जाएगी। वर्तमान संविधान में ऐसा ही किया गया है। अल्पसंख्यकों के लिए रक्षा उपाय, **संघीय राजव्यवस्था के मूल स्त्रोत** और **मूल अधिकार** भी नेहरू रिपोर्ट में मिलते हैं।
- **1935 के भारतीय शासन अधिनियम** की लगभग 200 धाराएँ ऐसी हैं, जिन्हें या तो अक्षरश: अथवा वाक्य रचना में साधारण परिवर्तन करके संविधान में स्थान दिया गया है। 1935 ई. के अधिनियम से प्रमुखतया इन महत्वपूर्ण व्यवस्थाओं को लिया गया है: **(i)** भारतीय संविधान की तीन सूचियाँ तथा शक्ति का पृथक्करण, **(ii)** राज्यपाल के पद की व्यवस्था, **(iii)** राज्य अथवा

राज्यों में संवैधानिक व्यवस्था की विफलता पर उनकी शासन व्यवस्था केन्द्र सरकार द्वारा तथा **(iv)** वर्तमान संविधान 1935 के अधिनियम की भाँति ही प्रशासनिक व्यवस्था के उल्लेख सहित एक विस्तृत वैज्ञानिक प्रलेख है। 1935 के अधिनियम से बहुत कुछ ग्रहण किया गया है। लेकिन इसके बावजूद वर्तमान संविधान को 1935 के अधिनियम का वृहत् संस्करण नहीं कहा जा सकता है।

- भारतीय संविधान 26 जनवरी, 1950 को लागू हुआ। इसके लागू होने के बाद भारतीय संविधान का निरन्तर विकास हुआ है। वस्तुत: संविधान का विकास एक अनवरत प्रक्रिया है।

संविधान के लक्षण

- संविधान में जिस प्रकार केन्द्र और राज्यों के मध्य शक्तियों का बंटवारा किया गया है, उससे केन्द्रीय सरकार अधिक शक्तिशाली प्रतीत होती है, किंतु राज्यों के मामलों में केन्द्र द्वारा हस्तक्षेप किया जाना हमारे संविधान का सामान्य लक्षण नहीं है।
- वस्तुत: भारतीय संविधान न तो **विशुद्ध परिसंघीय** है, और न ही **विशुद्ध एकात्मक**, बल्कि यह दोनों का समन्वय है। यह अपने ढंग का एक अनोखा संविधान है।
- भारतीय संविधान इस बात पर अत्यधिक बल देता है कि **संघीय सिद्धांत** की अपेक्षा देश का हित सर्वोपरि है।

भारतीय संविधान में एकात्मक लक्षण

- शक्तियों का बटवारा केन्द्र के पक्ष में।
- केन्द्र राज्यों की सीमा, नाम तथा क्षेत्र में परिवर्तन कर सकता है।
- **एकल नागरिकता** का प्रावधान
- राज्यपाल की नियुक्ति केन्द्र द्वारा
- आपातकाल में **पूर्णतया एकात्मक** स्वरूप
- राज्यों में राष्ट्रपति शासन
- **संविधान संशोधन** करने की पहल का अधिकार केन्द्र के पास
- एकीकृत न्याय व्यवस्था
- आर्थिक दृष्टि से राज्यों की दुर्बल स्थिति
- **अंतर्राष्ट्रीय संधियों** के पालन हेतु विधायी शक्ति केन्द्र के पास
- महत्वपूर्ण विषयों का एकीकृत रूप
- संघ की राज्यों को निर्देश देने की शक्ति (अनुच्छेद-256)
- राज्यों के प्रतिनिधित्व में समानता नहीं
- अधिकारी तंत्र का नियंत्रण **(अखिल भारतीय सेवाएं)**
- उच्च न्यायालय के न्यायाधीशों की नियुक्ति में केन्द्र की भूमिका

भारतीय संविधान में संघात्मक लक्षण

- **लिखित संविधान**
- **संविधान की सर्वोच्चता**
- संघ एवं राज्यों के बीच शक्तियों का विभाजन
- स्वतन्त्र न्यायपालिका
- संविधान संशोधन की **जटिल प्रक्रिया**
- केन्द्र तथा राज्यों में पृथक् सरकारें
- संसद में **उच्च सदन (राज्यसभा)** की उपस्थिति।

उपर्युक्त लक्षणों के अतिरिक्त भी कई ऐसे तत्व हैं, जिनका वर्णन संविधान में नहीं है, लेकिन वे उसके संघीय स्वरूप को प्रभावित करते हैं, जैसे–

- ❖ भारत में दलीय स्वरूप
- ❖ प्रधानमन्त्री का करिश्माई व्यक्तित्व
- ❖ योजना आयोग (वर्तमान में नीति आयोग)
- ❖ राष्ट्रीय विकास परिषद्

भारतीय संविधान की उद्देशिका

उद्देशिका

- प्रत्येक संविधान के प्रारम्भ में सामान्य रूप से एक प्रस्तावना होती है, जिसके द्वारा संविधान के प्रमुख उद्देश्यों को भली-भाँति समझा जा सकता है। वर्तमान समय में **(42वें संवैधानिक संशोधन के पश्चात्)** भारतीय संविधान की प्रस्तावना निम्नलिखित है:

> "हम भारत के लोग, भारत को एक सम्पूर्ण प्रभुत्व-सम्पन्न, **समाजवादी**, **पंथनिरपेक्ष**, **लोकतन्त्रात्मक** गणराज्य बनाने तथा उसके समस्त नागरिकों को सामाजिक, आर्थिक और राजनीतिक न्याय, विचार, अभिव्यक्ति, विश्वास, धर्म और उपासना की स्वतन्त्रता, प्रतिष्ठा और अवसर की समानता प्राप्त कराने के लिए तथा उन सब में व्यक्ति की गरिमा और राष्ट्र की एकता तथा अखण्डता सुनिश्चित करने वाली बन्धुता बढ़ाने के लिए दृढ़-संकल्प होकर अपनी इस संविधान सभा में आज तारीख 26 नवम्बर, 1949 (मिति मार्गशीर्ष शुक्ल सप्तमी संवत् 2006 विक्रमी) को एतद् द्वारा इस संविधान को अंगीकृत, अधिनियमित और आत्मार्पित करते हैं।"

- प्रस्तावना में रेखांकित शब्द (**समाजवादी**, **पंथनिरपेक्ष** तथा **अखण्डता**) मूल संविधान की प्रस्तावना में नहीं थे। इन्हें **42वें संवैधानिक संशोधन** (1976) के आधार पर प्रस्तावना में जोड़ा गया है।
- प्रस्तावना संविधान की कुंजी तथा संविधान का सबसे श्रेष्ठ अंग है। पूर्व मुख्य न्यायाधीश सुब्बा राव ने कहा है, **"प्रस्तावना संविधान के आदर्शों व आकांक्षाओं को बताती है।"**
- संविधान की उद्देशिका या प्रस्तावना का आधार पं. जवाहर लाल नेहरू द्वारा प्रस्तुत 'उद्देश्य-प्रस्ताव' है, जिसे उन्होंने 13 दिसम्बर, 1946 को संविधान निर्मात्री सभा में प्रस्तुत किया था।
- प्रस्तावना से चार तथ्य स्पष्ट होते हैं: **(1)** सत्ता का स्रोत, **(2)** शासन का प्रकार, **(3)** शासन प्रणाली के लक्ष्य एवं **(4)** स्वीकृति एवं क्रियान्वयन की तिथि।
- बेरूबारी वाद में सर्वोच्च न्यायालय ने कहा था कि प्रस्तावना संविधान का कानूनी भाग नहीं है। तथापि **केशवानन्द भारती वाद (1973)** में पूर्व निर्णय को बदलते हुए सर्वोच्च न्यायालय ने इसे संविधान का अभिन्न अंग बताया। अत: प्रस्तावना में संशोधन किया जा सकता है, किंतु प्रस्तावना का वह भाग जो बुनियादी ढाँचे का भाग है, उसे संसद द्वारा बदला नहीं जा सकता।
- डॉ. सुभाष कश्यप के अनुसार, **"संविधान शरीर है, तो प्रस्तावना उसकी आत्मा, प्रस्तावना आधारशिला है, तो संविधान उस पर खड़ी अट्टालिका ...।"**

उद्देशिका के तत्व

- संविधान घोषित करता है कि भारत के लोगों ने ही संविधान को **अंगीकृत** (Adopted), **अधिनियमित** (Enacted) तथा **आत्मार्पित** (Given to Themselves) किया है। अत: देश की **सम्प्रभुता** (Sovereignty) अंतत: लोगों में ही निहित है।
- यह लोगों के उन **आदर्शों** (Ideals) व **आकांक्षाओं** (Aspirations) जिन्हें प्राप्त करने की आवश्यकता है, की भी उद्घोषणा करता है।
- आदर्श, आकांक्षाओं से भिन्न हैं। संविधान द्वारा भारत को एक **संप्रभुतासम्पन्न**, **समाजवादी**, **पंथनिरपेक्ष**, **लोकतांत्रिक गणराज्य** के रूप में घोषित करने के आदर्शों को प्राप्त कर लिया गया है। परंतु, आकांक्षाओं के अंतर्गत **न्याय**, **स्वतन्त्रता**, **समता** व **बंधुता** आदि तत्व हैं, जिन्हें अभी भी प्राप्त किया जाना है। **उद्देशिका आदर्श व आकांक्षाओं की प्राप्ति का साधन** है।

उद्देशिका का उद्देश्य

- **संविधान के प्राधिकार का स्रोत स्पष्ट करना:** उद्देशिका से स्पष्ट होता है कि संविधान के प्राधिकार का मूल स्रोत **भारत के लोगों में निहित है।**
- **संविधान निर्माण का उद्देश्य स्पष्ट करना** वस्तुतः उद्देशिका में उन महान अधिकारों तथा स्वतन्त्रताओं की घोषणा की गई है, जिन्हें भारत के लोगों ने सभी नागरिकों के लिए सुनिश्चित करने की इच्छा की थी।
- उद्देशिका में संविधान के अधिनियमन की तिथि का उल्लेख है।
- उद्देशिका में भारतीय राजव्यवस्था एवं सरकार के स्वरूप के साथ-साथ नागरिकों के अधिकारों एवं स्वतन्त्रताओं का भी वर्णन किया गया है।

उद्देशिका की शब्दावली

सम्प्रभुता सम्पन्न (Sovereign)

- **सम्प्रभुता सम्पन्न राष्ट्र** इस बात पर बल देता है, कि भारत के बाहर ऐसी कोई सत्ता (Authority) नहीं है, जिस पर यह देश किसी भी रूप में निर्भर है। वस्तुतः, यह शब्द बिना किसी बाह्य दबाव या प्रभाव के **आत्मनिर्णय की शक्ति** का परिचायक है।
- एक संप्रभु राज्य होने के नाते भारत किसी **विदेशी सीमा अधिग्रहण** अथवा किसी अन्य देश के पक्ष में अपनी सीमा के किसी हिस्से से दावा छोड़ सकता है।

समाजवादी (Socialist)

- **समाजवाद** (Socialism) से संविधान का अभिप्राय है–**लोकतांत्रिक साधनों से समाज के समाजवादी स्वरूप** (Socialistic Pattern of Society) की प्राप्ति।
- भारतीय समाजवाद लोकतांत्रिक समाजवाद है न कि साम्यवादी समाजवाद। इसे राज्याश्रित समाजवाद भी कहा जाता है, जिसमें उत्पादन और वितरण के सभी साधनों का **राष्ट्रीयकरण और निजी संपत्ति** का उन्मूलन शामिल है।
- भारतीय समाजवाद **मार्क्सवाद और गांधीवाद** का मिला-जुला रूप है, जिसमें गांधीवादी समाजवाद की ओर इसका ज्यादा झुकाव है।

पंथनिरपेक्ष (Secular)

- भारत एक **पंथनिरपेक्ष राज्य** (Secular State) है–इसका तात्पर्य यह नहीं है कि भारत एक **धर्म विहीन** (Non-religious) या **अधार्मिक** (Irreligious) या **धर्म विरोधी** (Anti-religious) राज्य है।
- इसका सीधा अभिप्राय यह है कि यह राज्य स्वयं में धार्मिक नहीं है और **सर्वधर्म समभाव** के प्राचीन भारतीय सिद्धांत का अनुकरण करता है।
- इसका तात्पर्य यह भी है, कि राज्य धर्म के आधार पर नागरिकों में **विभेद** (Discrimination) नहीं करेगा।
- राज्य धर्म को किसी नागरिक का व्यक्तिगत मामला समझता है, जिसमें किसी धर्म में विश्वास करने या न करने का अधिकार सम्मिलित है।
- इसके बावजूद भी भारत अपने विशिष्ट सामाजिक-सांस्कृतिक वातावरण के कारण उस अर्थ में **पंथनिरपेक्ष** (Secular) नहीं है, जिस अर्थ में **पश्चिमी देश** हैं।

लोकतांत्रिक (Democratic)

- लोकतांत्रिक पद का तात्पर्य यह है कि केवल उन्हीं शासकों को सरकार चलाने का अधिकार है, जो लोगों द्वारा **निर्वाचित** हैं।
- भारत **प्रतिनिधि-लोकतंत्र** (Representative Democracy) की व्यवस्था का पालन करता है, जिसमें सांसदों (MPs) तथा विधायकों (MLAs) का सीधे जनता द्वारा निर्वाचन किया जाता है।
- पंचायतों व नगरपालिकाओं के माध्यम से लोकतंत्र को अत्यंत छोटे स्तर तक लाए जाने का प्रयास किया गया है (73वाँ तथा 74वाँ संविधान संशोधन अधिनियम-1992 एवं 1993)।
- इसके होते हुए भी, प्रस्तावना में न केवल राजनीतिक लोकतंत्र को अपितु सामाजिक व आर्थिक लोकतंत्र को भी सम्मिलित किया गया है।

लोकतंत्र दो प्रकार का होता है–**प्रत्यक्ष** व **अप्रत्यक्ष**। प्रत्यक्ष लोकतंत्र में लोग अपनी शक्ति का इस्तेमाल प्रत्यक्ष रूप से करते हैं, जैसे–**स्विट्जरलैण्ड** में। प्रत्यक्ष लोकतंत्र के चार प्रमुख औजार हैं, इनके नाम हैं–**परिपृच्छा** (Enquiry), **पहल** (Initiative), **प्रत्यावर्तन** या **प्रत्याशी** को वापस बुलाना (Recall) तथा **जनमत संग्रह** (Referendum) दूसरी ओर अप्रत्यक्ष लोकतंत्र में लोगों द्वारा चुने गए प्रतिनिधि सर्वोच्च शक्ति का इस्तेमाल करते हैं।

गणराज्य (Republic)

- गणराज्य पद से तात्पर्य–भारत में वंश परंपरा से कोई शासक नहीं होता है और राज्य के सभी राजनीतिक **प्राधिकारी** (Authority) **प्रत्यक्ष** या **परोक्ष नीति** से जनता द्वारा ही निर्वाचित होते हैं।

सामाजिक, आर्थिक और राजनीतिक न्याय

- उद्देशिका (Preamble) भारतीय राज्य को कल्याणकारी प्रकृति के माध्यम से नागरिकों को **राजनीतिक न्याय** (Political Justice) के साथ-साथ **सामाजिक एवं आर्थिक न्याय** (Social and Economic Justice) की प्राप्ति सुनिश्चित करती है।
- किसी भी प्रकार की **अर्हता** (Qualification) के बिना **सार्वभौम वयस्क मताधिकार** (Universal Adult Franchise) के द्वारा भारत में राजनीतिक न्याय सुनिश्चित किया गया है।
- जबकि पिछड़े हुए नागरिकों के लिए **आरक्षण** [अनुच्छेद 15 (4)], **उपाधियों का अंत** (अनुच्छेद 18) तथा **अस्पृश्यता का उन्मूलन** (अनुच्छेद 17) के द्वारा **सामाजिक न्याय** को सुनिश्चित किया गया है तथा राज्य के **नीति-निदेशक तत्वों** के माध्यम से **आर्थिक न्याय** को सुनिश्चित किया गया है।
- सामाजिक, आर्थिक व राजनीतिक न्याय के इन तत्वों को **1917 की रूसी क्रांति** से लिया गया है।

विचार, अभिव्यक्ति, विश्वास, धर्म और उपासना की स्वतन्त्रता

- स्वतन्त्रता एक मुक्त समाज की अनिवार्य विशेषता है, जो किसी व्यक्ति के **बौद्धिक**, **मानसिक** व **आध्यात्मिक पक्षों** के पूर्ण विकास में सहायता करती है। भारतीय संविधान के **अनुच्छेद 19** के अंतर्गत व्यक्तियों को **6 लोकतांत्रिक स्वतन्त्रताओं** तथा **अनुच्छेद 25-28** के अंतर्गत **धार्मिक स्वतन्त्रता** के अधिकार को सुनिश्चित करता है।

प्रतिष्ठा और अवसर की समता

- समता का अर्थ है समाज के किसी भी वर्ग के लिए विशेषाधिकार की अनुपस्थिति और बिना किसी भेदभाव के हर व्यक्ति को समान अवसर प्रदान करने के उपबंध।
- जब तक प्रतिष्ठा व अवसर की समता नहीं है, तब तक स्वतन्त्रता रूपी फल को प्राप्त नहीं किया जा सकता।
- इस संदर्भ में भारतीय संविधान केवल **धर्म**, **मूलवंश**, **जाति**, **लिंग**, **जन्म स्थान** या इनमें से किसी के आधार पर राज्य द्वारा किसी भी **विभेद** (Discrimination) को **अवैधानिक** (Illegal) घोषित करता है। (अनुच्छेद-15)

- इसके साथ ही समाज के उपेक्षित वर्गों को राष्ट्र की मुख्यधारा में लाने हेतु संसद ने **अनुसूचित जातियों, अनुसूचित जनजातियों** तथा **अन्य पिछड़े वर्गों** के लिए कुछ कानून बनाए हैं।
- यह **संरक्षणात्मक विभेद** (Protective Discrimination) अर्थात् उक्त वर्गों के संरक्षण हेतु किया गया सकारात्मक भेदभाव है।
- **राज्य के नीति-निदेशक सिद्धांत (अनुच्छेद-39)** महिला तथा पुरुष को जीवनयापन के लिए पर्याप्त साधन और समान काम के लिए समान वेतन के अधिकार को सुरक्षित करते हैं।

भारतीय संविधान की विशेषताएँ

(1) लोक प्रभुता पर आधारित संविधान; **(2)** निर्मित, लिखित और सर्वाधिक व्यापक संविधान; **(3)** सम्पूर्ण प्रभुत्व सम्पन्न लोकतान्त्रिक गणराज्य; **(4)** समाजवादी राज्य; **(5)** धर्मनिरपेक्ष (पंथ निरपेक्ष) राज्य; **(6)** कठोरता और लचीलेपन का समन्वय; **(7)** एकात्मकता की ओर झुका हुआ संघात्मक शासन; **(8)** संसदात्मक शासन व्यवस्था; **(9)** मूल अधिकार और मौलिक कर्तव्य; **(10)** नीति-निदेशक तत्व; **(11)** स्वतन्त्र न्यायपालिका और अन्य स्वतन्त्र अभिकरण; **(12)** साम्प्रदायिक प्रतिनिधित्व का अंत और वयस्क मताधिकार का प्रारम्भ; **(13)** इकहरी नागरिकता; **(14)** संसदीय प्रभुता तथा न्यायिक सर्वोच्चता में समन्वय; **(15)** अल्पसंख्यकों तथा पिछड़े वर्गों के कल्याण की विशेष व्यवस्था एवं **(16)** एक राष्ट्रभाषा।

संविधान सभा की प्रमुख समितियाँ एवं उनके अध्यक्ष		
1.	संचालन समिति	डॉ. राजेन्द्र प्रसाद
2.	संघ संविधान समिति	पं. जवाहर लाल नेहरू
3.	प्रान्तीय संविधान समिति	सरदार वल्लभ भाई पटेल
4.	प्रारूप समिति	डॉ. भीमराव अम्बेडकर
5.	झण्डा समिति	जे. बी. कृपलानी
6.	संघ शक्ति समिति	पं. जवाहर लाल नेहरू

संविधान की अनुसूचियाँ

- **प्रथम अनुसूची:** इसमें भारतीय संघ के घटक राज्यों और संघीय क्षेत्रों का उल्लेख है।
- **द्वितीय अनुसूची:** इसमें राष्ट्रपति राज्यपाल लोकसभा के अध्यक्ष और उपाध्यक्ष राज्यसभा के सभापति और उप-सभापति, विधानसभा के अध्यक्ष और उपाध्यक्ष विधान परिषद् के सभापति और उप-सभापति, उच्चतम न्यायालय और उच्च न्यायालयों के न्यायधीशों और भारत के नियन्त्रक एवं महालेखा परीक्षक आदि को प्राप्त होने वाले वेतन भत्ते और पेन्शन आदि का उल्लेख है।
- **तृतीय अनुसूची:** इसमें विभिन्न जनप्रतिनिधियों द्वारा पद ग्रहण के समय ली जाने वाली शपथ की व्यवस्था व प्रारूप का वर्णन है।
- **चतुर्थ अनुसूची:** विभिन्न राज्यों तथा संघीय क्षेत्रों के राज्यसभा में प्रतिनिधित्व का विवरण है।
- **पाँचवी अनुसूची:** इसमें विभिन्न अनुसूचित जातियों और अनुसूचित जनजातियों के प्रशासन और नियन्त्रण के बारे में उल्लेख है।
- **छठी अनुसूची:** इसमें असम, मेघालय, त्रिपुरा और मिजोरम राज्यों के जनजाति क्षेत्रों के प्रशासन के बारे में प्रावधान हैं।
- **सातवीं अनुसूची:** इसमें संघ सूची, राज्य सूची और समवर्ती सूची के विषयों का उल्लेख मिलता है।
- **आठवीं अनुसूची:** इसमें भारत की **22 भाषाओं** का उल्लेख किया गया है।
- **नौवीं अनुसूची:** इसके अंतर्गत राज्य द्वारा सम्पत्ति के अधिग्रहण की विधियों का उल्लेख किया गया है। इस अनुसूची में सम्मिलित विधियों को न्यायालय में चुनौती नहीं दी जा सकती।
- **दसवीं अनुसूची:** इसमें दल-बदल रोकने से सम्बन्धित प्रावधानों का उल्लेख है। दिसम्बर, 2003 में 91वें संविधान संशोधन के द्वारा दलबदल से सम्बन्धित प्रावधानों में महत्वपूर्ण परिवर्तन किया गया है।
- **ग्यारहवीं अनुसूची:** इसके आधार पर **'पंचायती राज्यव्यवस्था'** को संवैधानिक दर्जा प्रदान किया गया है।
- **बारहवीं अनुसूची:** शहरी क्षेत्र की स्थानीय संस्थाओं को संवैधानिक दर्जा प्रदान किया गया है।

भारतीय नागरिकता

भारतीय संविधान निर्माताओं ने भारतीय संविधान के दूसरे भाग में **अनुच्छेद 5-11** तक नागरिकता सम्बन्धी विभिन्न उपबन्धों का प्रावधान किया। भारत में ब्रिटेन के समान एकल नागरिकता का प्रावधान किया गया है, वहीं अमेरिका में दोहरी नागरिता है। भारतीय **नागरिकता अधिनियम, 1955** के सम्बन्ध में विभिन्न प्रावधान लागू किए गए। इस अधिनियम के अनुसार निम्न में से किसी एक आधार पर नागरिकता प्राप्त की जा सकती है-

नागरिकता सम्बन्धी प्रावधान

- संविधान के **भाग-2 में नागरिकता** शीर्षक के अंतर्गत के **अनुच्छेद-5 से 11** में यह बताया गया है कि संविधान के लागू होने के समय किन व्यक्तियों को भारत का नागरिक माना जाएगा।
- **अनुच्छेद-5** से अनुच्छेद-8 तक में नागरिकों के 4 वर्गों का उल्लेख किया गया है। **अनुच्छेद-9** में प्रावधान है कि किसी विदेशी राज्य की नागरिकता स्वीकार करने पर कोई व्यक्ति भारत का नागरिक नहीं रहेगा।
- **अनुच्छेद-10** तथा 11 संसद को नागरिकता से सम्बन्धित विधि बनाने की शक्ति प्रदान करते हैं।
- **राष्ट्रपति, उपराष्ट्रपति, राज्यपाल, उच्चतम न्यायालय व उच्च न्यायालय के न्यायाधीश, महान्यायवादी और महाधिवक्ता** जैसे पदों पर केवल **भारतीय नागरिक** ही आसीन हो सकते हैं।
- संसद और राज्य विधानमण्डलों के सदस्य बनने का अधिकार केवल भारत के नागरिकों को प्राप्त है।

संवैधानिक प्रावधान

अनुच्छेद-5 से अनुच्छेद-8 तक प्रत्येक अनुच्छेद में नागरिकों के विशेष वर्ग निर्धारित किए गए हैं-

अधिवास द्वारा नागरिकता

- अनुच्छेद-5 के अनुसार प्रत्येक व्यक्ति जो संविधान के प्रारम्भ के समय भारत के राज्य क्षेत्र में अधिवास करता है, वह भारत का नागरिक होगा, यदि निम्न शर्तों में से कम-से-कम एक पूरी करता हो-

1. वह भारत के राज्य क्षेत्र में जन्मा हो।
2. उसके माता-पिता में से कोई एक भारत के राज्य क्षेत्र में जन्मा हो।
3. वह संविधान लागू होने से ठीक पहले कम-से-कम 5 वर्षों तक साधारण तौर पर निवासी रहा हो।

पाकिस्तान से प्रव्रजन करके आए व्यक्तियों की नागरिकता

अनुच्छेद-6 में बताया गया है कि पाकिस्तान से प्रव्रजन करके आए किन व्यक्तियों को भारत का नागरिक समझा जाएगा। ऐसे व्यक्तियों को दो वर्गों में बाँटा गया है-

1. जो 19 जुलाई, 1948 से पहले भारत आ गए थे तथा
2. जो 19 जुलाई, 1948 के बाद भारत आए हैं।

19 जुलाई, 1948 की तिथि का महत्व यह है कि इसी तिथि से भारत से पाकिस्तान और पाकिस्तान से भारत आने-जाने के लिए **अनुमति पत्र की प्रणाली** शुरू की गई थी।

पाकिस्तान को प्रव्रजन करने वाले लोगों की नागरिकता

अनुच्छेद-7 में प्रावधान है कि जिस व्यक्ति ने मार्च, 1947 के पश्चात् भारत से पाकिस्तान के लिए प्रव्रजन कर लिया हो वह भारत का नागरिक नहीं समझा जाएगा। किंतु, यदि वह स्थाई रूप से भारत लौटने के लिए अनुमति लेकर वापस आ गया है, तो उसकी नागरिकता के सम्बन्ध में वही नियम लागू होंगे जो **अनुच्छेद-6 में 19 जुलाई, 1948** के बाद भारत आने वाले व्यक्तियों पर लागू होते हैं। अर्थात् ऐसे व्यक्ति को पंजीकरण के लिए आवेदन करना होगा, जो कम-से-कम 6 महीने तक भारत में रहने के बाद ही किया जा सकेगा।

भारत से बाहर रहने वाले भारतीय मूल के व्यक्तियों की नागरिकता

- **अनुच्छेद-8** उन व्यक्तियों की नागरिकता का उपबंध करता है जो संविधान के लागू होने के समय **भारत के निवासी** नहीं थे, परंतु वे भारतीय मूल के हैं।
- इसके अनुसार जिस व्यक्ति का जन्म अथवा जिसके माता-पिता, दादा-दादी या नाना-नानी में से किसी का जन्म भारत शासन **अधिनियम 1935** द्वारा परिभाषित भारत में हुआ था और वर्तमान में वह व्यक्ति साधारण तौर पर किसी अन्य देश में रह रहा है, वह भारत का नागरिक समझा जाएगा, यदि वह अपने निवास के देश में भारत के राजनयिक या कांउसिल के प्रतिनिधि के समक्ष नागरिकता का आवेदन प्रस्तुत करता है और उसके आवेदन पर उसकी नागरिकता का पंजीकरण कर लिया जाता है।

नागरिकता अधिनियम, 1955

- भारतीय संसद को **अनुच्छेद-11** के अंतर्गत नागरिकता के सम्बन्ध में विधि-निर्माण का अधिकार दिया गया है। इसी के **अंतर्गत वर्ष 1955** में नागरिकता अधिनियम पारित किया गया **(अनुच्छेद-11)**।
- इस अधिनियम को अब तक आठ बार संशोधित किया जा चुका है। **(वर्ष-1957, 1960, 1986, 1992, 2003, 2005, 2015, 2019)** इस अधिनियम के अनुसार, भारतीय नागरिकता पाँच प्रकार से प्राप्त की जा सकती है।

भारतीय नागरिकता प्राप्ति हेतु पाँच प्रकार

1. **जन्म से नागरिकता (By Birth)**–भारत में जन्म से (26 जनवरी, 1950 के बाद) एवं माता-पिता में से कोई भी भारतीय नागरिक होना चाहिए।

इस विधि के दो अपवादः प्रथम, यह विधि वहाँ लागू नहीं होती, जहाँ जन्म के समय शिशु का पिता किसी दूसरे देश या शत्रु देश का **राजनयिक** (Diplomat) हो, **द्वितीय**, शत्रुओं के अधीन भारत के किसी भाग में जन्म लेने वाले बच्चे हों।

2. **वंशाधिकार द्वारा नागरिकता (By Descent)**–भारत के बाहर किसी अन्य देश में 26 जनवरी, 1950 ई. को या उसके बाद जन्म लेने वाला व्यक्ति भारत का नागरिक हो सकता है, यदि उसके जन्म के समय उसके माता या पिता में से कोई भी एक भारत का नागरिक हो।

माता की नागरिकता के आधार पर विदेश में जन्मे व्यक्ति को नागरिकता प्रदान करने का प्रावधान **नागरिकता संशोधन अधिनियम, 1992** द्वारा किया गया है।

3 दिसम्बर, 2004 के बाद भारत से बाहर जन्मा कोई व्यक्ति वंश के आधार पर भारत का नागरिक नहीं हो सकता, यदि उसके जन्म के एक वर्ष के भीतर **भारतीय कांउस्लेट** में उसके जन्म का पंजीकरण न करा दिया गया हो या केन्द्र सरकार की सहमति से उक्त अवधि में पंजीकरण न हुआ हो।

3. **पंजीकरण द्वारा नागरिकता (By Registration)**–ऐसा व्यक्ति, जो भारत का नागरिक नहीं है, वह निम्नलिखित शर्तों में से किसी एक से सम्बन्धित होने पर भी पंजीकरण द्वारा भारत का नागरिक बन सकता है, जैसे–भारत में जन्म लेने वाला कोई व्यक्ति यदि भारत के नागरिक के रूप में पंजीकृत होना चाहता है, तो उसे भारत में **लगातार 5 से 7 वर्षों** तक रहने का प्रमाण प्रस्तुत करना होगा।
   - **नागरिकता संशोधन अधिनियम, 1986** के पहले उपर्युक्त निवास करने की **अवधि मात्र 6 महीने** थी।
   - भारतीय मूल के वे व्यक्ति, जो अविभाजित भारत से बाहर किसी देश अथवा स्थान में रह रहे हों, **भारतीय नागरिकों** के साथ विवाह करने वाली स्त्रियाँ, भारतीय नागरिकों के **अल्पवयस्क बच्चे** आदि इस विधि से नागरिकता प्राप्त कर सकते हैं।
4. **देशीयकरण द्वारा नागरिकता (By Naturalization)**–किसी विदेशी नागरिक द्वारा भारत सरकार को आवेदन करके भारतीय नागरिकता प्राप्त की जा सकती है। इसके लिए निम्नलिखित शर्तें अनिवार्य हैं-
   - वह जिस देश का नागरिक है, उसकी **नागरिकता का त्याग।**
   - वह उस देश का नागरिक नहीं होना चाहिए, जहाँ देशीयकरण द्वारा **भारतीय नागरिकों** को नागरिकता लेने से रोका जाता हो।
   - **वह देशीयकरण** के आवेदन के तत्काल पूर्व कम-से-कम एक वर्ष तक भारत में रहा हो।
   - वह पूर्ण आयु, क्षमता एवं सद्चरित्र वाला व्यक्ति होना चाहिए।
   - उसे संविधान में **उल्लिखित भाषाओं** में से किसी भी एक भाषा का पर्याप्त ज्ञान होना चाहिए।
   - उसे राष्ट्र के प्रति **सकारात्मक आस्था** रखना अथवा निश्चित रूप से निष्ठा की एक शपथ लेनी चाहिए।
5. **भूमि के अर्जन द्वारा (By Acquisition of Land)**–यदि कोई नया राज्य क्षेत्र भारत के राज्य क्षेत्र में सम्मिलित हो जाता है अथवा कर लिया जाए, उदाहरण के लिए, **1974** ई. में सिक्किम का विलय भारत में हो गया अतः सिक्किमवासी भारतीय नागरिक हो गए, तो भारत सरकार यह सुनिश्चित करेगी कि उस क्षेत्र के लोग भारत के नागरिक होंगे अथवा नहीं।

भारत में केवल **एकल नागरिकता** (Single Citizenship) का प्रावधान है। भारत की नागरिकता को **अनुच्छेद-11** के अंतर्गत संसद, कानूनों के माध्यम से नियंत्रित/नियमित (Regulate) करती है।

नागरिकता की समाप्ति

- **अनुच्छेद-10** यह स्पष्ट करता है, कि किसी नागरिक की नागरिकता का अधिकार संसद द्वारा बनाई गई विधि के अलावा किसी अन्य प्रकार से छीना या समाप्त (Terminate) नहीं किया जा सकता।
- **अनुच्छेद-11** संसद को नागरिकता के अर्जन, समाप्ति एवं नागरिकता सम्बन्धी अन्य उपबंधों में परिवर्तन करने की पूर्ण शक्ति प्रदान करता है। **नागरिकता अधिनियम, 1955** के अनुसार किसी भारतीय नागरिक की नागरिकता समाप्ति के तीन आधार हैं-

परित्याग, पर्यावसान और वंचित किया जाना।

1. **परित्याग (Renunciation)**–भारत का कोई भी वयस्क नागरिक घोषणा करके अपनी नागरिकता का त्याग कर सकता है। इस प्रकार की घोषणा वही व्यक्ति कर सकता है, जो भारत के अतिरिक्त किसी दूसरे देश का नागरिक है।
2. **पर्यावसान (Termination)**–भारत का वह नागरिक, जिसने **देशीयकरण** अथवा **रजिस्ट्रीकरण** द्वारा अपनी इच्छा से भारत की नागरिकता स्वीकार

की थी तथा वर्तमान में वह स्वेच्छा से किसी दूसरे देश की नागरिकता ग्रहण कर लेता है।

3. **वंचित किया जाना (Deprivation)**–ऐसा भारतीय नागरिक, जो पंजीकरण के द्वारा भारत का नागरिक बना है, वह केन्द्र सरकार के आदेश द्वारा नागरिकता से वंचित किया जा सकता है।

भारत सरकार निम्नलिखित में से किसी भी आधार पर किसी व्यक्ति को भारतीय नागरिकता से वंचित कर सकती है–

- संविधान के प्रति निष्ठा न रखने अथवा संविधान में आस्था न रखने वाले व्यक्ति को।
- युद्ध के समय शत्रुओं की सहायता करने वाले व्यक्ति को।
- यदि किसी व्यक्ति ने कपटपूर्वक अर्थात् गलत तरीके से भारतीय नागरिकता अर्जित की है।
- देशीयकरण या पंजीकरण द्वारा नागरिकता प्राप्ति के 5 वर्ष के अंदर किसी अन्य देश द्वारा 2 वर्ष की सजा दिए जाने पर।
- किसी भारतीय नागरिक स्त्री/पुरुष द्वारा दूसरे देश के स्त्री/पुरुष के साथ विवाह करने पर।
- लगातार 7 वर्षों तक भारत से बाहर रहने पर।

नागरिकता सम्बन्धी विवाद

सोनिया गांधी के प्रधानमन्त्री बनने की संभावना ने (13वीं लोकसभा) इस विवाद को जन्म दिया कि **देशीयकरण** (Naturalization) अथवा **पंजीकरण** (Registration) के द्वारा नागरिकता अर्जित करने वाला कोई व्यक्ति भारत के उच्चतम संवैधानिक पद अर्थात् प्रधानमन्त्री के पद पर आसीन हो सकता है अथवा नहीं।

- लोकसभा का चुनाव लड़ने के प्रश्न पर भारतीय संविधान **सामान्य नागरिक** (Ordinary Citizen) और **देशीयकृत नागरिक** (Naturalized Citizen) में कोई विभेद नहीं करता है। कोई भी लोकसभा सदस्य संवैधानिक रूप से प्रधानमन्त्री बन सकता है, यदि उसे लोकसभा में आवश्यक समर्थन प्राप्त है।
- भारतीय संविधान का **अनुच्छेद-14** विधि के समक्ष समता का आश्वासन देता है और **अनुच्छेद-16** सरकारी नियोजनों व नियुक्तियों में अवसर की समता प्रदान करता है तथा किसी भी विभेद (Discrimination) का प्रतिषेध करता है। अत: भारतीय संविधान का कोई भी उपबंध किसी **देशीयकृत नागरिक** (Naturalized Citizen) को प्रधानमन्त्री बनने से नहीं रोकता।

अमेरिकी संविधान अपने **देशीयकृत नागरिकों** (Naturalized Citizen) को **केवल सीनेट का सदस्य** (भारत का राज्यसभा के समकक्ष) बनने का अधिकार देता है एवं **अमेरिका में जन्मा व्यक्ति ही अमेरिकी राष्ट्रपति हो सकता है।**

विदेशी निवासियों के लिए भारतीय नागरिकता

- भारतीय **डायस्पोरा** के व्यापक अध्ययन तथा उनके साथ रचनात्मक सम्बन्ध बनाने के उपायों पर अनुशंसा देने के लिए भारत सरकार ने सन् 2000 में **एल. एम. सिंघवी** की अध्यक्षता में एक समिति का गठन किया।
- *समिति ने अपनी रिपोर्ट में (सन् 2000) कुछ देशों में निवास करने* वाले **भारतीय मूल के नागरिकों** (Persons of Indian Origin—PIOs) को **दोहरी नागरिकता** प्रदान करने की सिफारिश की।
- नागरिकता (संशोधन) अधिनियम, 2003 के माध्यम से भारत सरकार ने नागरिकता अधिनियम, 1955 में संशोधन करते हुए 16 देशों (पाकिस्तान एवं बांग्लादेश को छोड़कर) के PIOs के लिए **विदेशी भारतीय नागरिकता** का प्रावधान किया।
- भारतीय मूल के विदेशों में रहने वाले व्यक्तियों को भारत सरकार द्वारा नागरिकता से अलग विशेष दर्जा प्रदान करने का प्रावधान किया गया है।

विदेशों में बसे भारतीय मूल के लोगों की श्रेणियाँ

1. **अनिवासी भारतीय (Non-Resident Indians—NRIs)**
2. **भारतीय मूल के व्यक्ति (Person of Indian Origin—PIO)**
3. **भारत के सीमापारीय नागरिक (Overseas Citizen of India—OCI)**

1. **अनिवासी भारतीय (NRIs)**–ऐसे भारतीय नागरिक जो नौकरी अथवा व्यवसाय के उद्देश्य से वर्ष **में 182 दिन** अथवा उससे अधिक समयावधि तक विदेशों में रहते हैं तथा भारतीय पासपोर्ट धारण करते हैं, अनिवासी **भारतीय (NRI)** कहलाते हैं।

❖ **संयुक्त राष्ट्र संघ (UNO)** और अन्य किसी नियुक्तियों पर भारत सरकार द्वारा भेजे जाने वाले व्यक्तियों को भी अनिवासी भारतीय का दर्जा दिया जाता है।

❖ **अनिवासी भारतीयों** द्वारा लम्बे समय से माँग की जा रही थी कि उन्हें भी भारत के आम चुनाव में मतदान का अधिकार दिया जाए।

❖ भारत सरकार द्वारा **वर्ष-2011** में एक अधिसूचना जारी करके अनिवासी भारतीयों को भारत में मतदाता के रूप में पंजीकरण कराने हेतु सुविधा प्रदान कर दी गई।

❖ **फॉर्म-6 A** के माध्यम से विदेशों में रहने वाले सक्षम मतदाता आवेदन करके मतदाता सूची में अपना नाम सम्मिलित करवा सकेंगे।

2. **भारतीय मूल के व्यक्ति (PIO)**–वे लोग, जो स्वयं अथवा जिनके पूर्वज कभी भारत के नागरिक थे, लेकिन वर्तमान में ये लोग किसी दूसरे देश के नागरिक बन गए हैं।

❖ ऐसे व्यक्तियों को जिनके पास कभी भी भारत का पासपोर्ट रहा है तथा जिनके माता-पिता, दादा-दादी अथवा नाना-नानी में से कोई भी **भारत शासन अधिनियम, 1935** के अंतर्गत तत्कालीन भारत क्षेत्र का निवासी रहा हो, अथवा किसी ऐसे क्षेत्र का निवासी था, जो बाद में भारत का हिस्सा बन गया हो, तो उस व्यक्ति और उसके **वैवाहिक सम्बन्धी** (Spouse) को **भारतीय मूल का व्यक्ति** (PIO) माना जाता है।

❖ ऐसे व्यक्ति जो **पाकिस्तान, श्रीलंका, नेपाल, भूटान, अफगानिस्तान,** चीन अथवा बांग्लादेश के नागरिक हैं अथवा कभी रहे हैं, वे भारतीय मूल के व्यक्तियों में शामिल नहीं होते हैं।

PIO कार्ड: वर्ष 2002 में भारतीय मूल के व्यक्तियों के लिए भारतवंशी कार्ड (PIO Card) की प्रक्रिया प्रारंभ की गई थी। इस कार्ड द्वारा भारतवासियों को निम्नलिखित सुविधाएँ दी गई थीं–

- भारतीय मूल का कार्ड धारक व्यक्ति कार्ड जारी होने की तिथि से 15 वर्षों तक बगैर वीजा के भारत आ सकता है।
- भारत में आने की तिथि से 180 दिनों तक विदेशी क्षेत्रीय पंजीकरण अधिकारी (Foreigners Regional Registration Officer—FRRO) के पास पंजीकरण कराने की छूट दी गई है।
- भारतीय मूल के कार्ड धारक व्यक्ति (PIO) को भी अनिवासी भारतीयों (NRI) के समान आर्थिक, वित्तीय तथा शैक्षिक सुविधाएँ प्राप्त हैं, परंतु कुछ सुविधाएँ इनको नहीं मिलती हैं, जैसे–भारतीय मूल के व्यक्ति (PIO) का कार्ड धारक कृषि भूमि नहीं खरीद सकता है।

भारतीय मूल के व्यक्ति (PIO) के कार्ड धारक को **पर्वतारोहण, अनुसंधान कार्य** एवं **मिशनरी** गतिविधियों के लिए सरकार से अनुमति लेनी आवश्यक है। चुनाव लड़ने जैसे राजनीतिक अधिकार इन्हें नहीं दिए गए हैं।

3. **भारत के सीमापारीय नागरिक (OCI)–नागरिकता (संशोधन) अधिनियम 2005** में सभी देशों के भारतीय मूल के व्यक्तियों को विदेशी

भारतीय नागरिकता प्रदान करने के (अपवाद पाकिस्तान और बांग्लादेश) प्रावधान किए गए, जब तक कि उनके गृह देश (Home Country) स्थानीय कानूनों के अनुसार दोहरी नागरिकता प्रदान करते हों।

भारत सरकार द्वारा **सीमापारीय नागरिकता** का प्रारंभ **वर्ष-2005** से किया गया है। इसके लिए प्रमुख प्रावधान इस प्रकार हैं-

- ऐसा व्यक्ति, जो **भारतीय नागरिकता (संशोधन)** अधिनियम, 2005 लागू होने के समय अथवा इसके पश्चात् कभी भी भारत का नागरिक रहा हो अथवा भारतीय संविधान के लागू होने के समय भारतीय बनने की योग्यता रखता हो, वह व्यक्ति जो वर्तमान में दूसरे देश का नागरिक है, परंतु भारत के किसी ऐसे क्षेत्र से सम्बन्ध रखता है, जो **15 अगस्त, 1947** के बाद भारत का अंग बन गया।
- इन योग्यताओं को धारण करने वाले व्यक्तियों के पुत्र-पुत्री, पोता-पोती अथवा नाती-नातिन को भी ओ.सी.आई. कार्ड जारी किया जा सकता है, परंतु उनके **वैवाहिक सम्बन्धियों** (Spouses) को **ओ.सी.आई.** कार्ड की सुविधा नहीं दी गई है और वह व्यक्ति जो कभी भी **पाकिस्तान** अथवा **बांग्लादेश** का नागरिक रहा है, वह सीमापारीय भारतीय नागरिकता प्राप्त नहीं कर सकता।
- इसे लोकप्रिय रूप में दोहरी **नागरिकता** (Dual Citizenship) भी कहा जाता है।

सीमापारीय नागरिकता की समाप्ति

यदि कोई व्यक्ति, जिसे ओ.सी.आई. का दर्जा प्राप्त है, वह इस दर्जे को त्यागना चाहता है, तो उसे इस सम्बन्ध में निर्धारित प्रारूप के अनुसार घोषणा करनी पड़ेगी और केन्द्र सरकार द्वारा ऐसी किसी घोषणा को स्वीकार करते ही ओ. सी.आई. दर्जा प्राप्त व्यक्ति की नागरिकता समाप्त हो जाएगी।

इसके अतिरिक्त निम्नलिखित आधार पर सीमापारीय नागरिकता (OCI) भारत सरकार द्वारा समाप्त की जा सकती है-

1. यदि किसी व्यक्ति ने झूठे तथ्यों के आधार पर अथवा कोई तथ्य छुपाकर **सीमापारीय नागरिकता** (OCI) प्राप्त की है।
2. यदि वह भारत के संविधान के प्रति असम्मान प्रकट करता है।
3. यदि वह भारत के युद्धरत होने की दशा में शत्रु देश के साथ व्यापार करना अथवा ऐसी जानकारी को साझा करना, जिससे शत्रु देश को लाभ हो और भारत को नुकसान पहुँचे।
4. सीमापारीय नागरिकता (OCI) प्राप्त करने के बाद 5 वर्षों की समयावधि के अंदर 2 वर्षों तक जेल में रहने पर व्यक्ति का ओ.सी.आई. दर्जा समाप्त किया जा सकता है।
5. यदि भारत सरकार की दृष्टि में ओ.सी.आई. कार्ड का दर्जा प्राप्त व्यक्ति से भारत की संप्रभुता, अखण्डता, सुरक्षा एवं जनहित को नुकसान हो सकता हो।

नागरिकता से सम्बन्धित अनुच्छेद

अनुच्छेद	विषय-वस्तु
5	संविधान लागू होने के समय नागरिकता।
6	कुछ वैसे व्यक्तियों के नागरिकता अधिकार जिन्होंने पाकिस्तान से भारत में प्रवर्जन किया है।
7	पाकिस्तान से प्रवर्जित व्यक्तियों के नागरिकता अधिकार।
8	भारतीय मूल के वैसे लोगों के नागरिकता अधिकार जो भारत के बाहर रह रहे हैं।
9	जो व्यक्ति स्वेच्छा से विदेशी राज्यों की नागरिकता प्राप्त कर रहे हैं, उन्हें भारतीय नागरिकता नहीं मिल सकती।
10	नागरिकता अधिकारों की निरंतरता।
11	संसद द्वारा कानून बनाकर नागरिकता अधिकारों का नियमन।

दोहरी नागरिकता

दोहरी नागरिकता के अंतर्गत ऐसे भारतीयों को जो 26 जनवरी, 1950 (पाकिस्तान और बांग्लादेश को छोड़कर) के बाद देश छोड़कर विदेशों में चले गए थे, को दोहरी नागरिकता प्रदान की जाएगी।

नागरिकता संशोधन विधेयक, 2016

- नागरिकता संशोधन विधेयक, 2016 उन **हिन्दू, बौद्ध, सिक्ख, जैन, पारसी, ईसाई नागरिकों को प्रकृतिकरण** (Naturalisation) द्वारा भारतीय नागरिकता प्रदान करने के लिए बनाया गया है, जो बिना दस्तावेज के हैं और वे **बांग्लादेश, पाकिस्तान** या **अफगानिस्तान** चले गए थे तथा वहाँ जाने के बाद उनके **दस्तावेज** (Document) निरस्त हो गए।
- यह अधिनियम, **नागरिकता अधिनियम, 1955** को संशोधित करने के लिए बनाया गया है, जो उपरोक्त तीन देशों में रहने वाले भारतीय मूल के अवैध प्रवासियों को भारतीय नागरिकता प्रदान करने का प्रावधान करता है।
- प्रवासी भारतीयों के लिए **'ओवर सीज सिटीजन ऑफ इण्डिया'** (OCI) योजना का शुभारम्भ पूर्व प्रधानमन्त्री डॉ. मनमोहन सिंह ने जनवरी, 2006 में हैदराबाद में चौथे प्रवासी भारतीय दिवस सम्मेलन में किया। विदेशी नागरिकता प्राप्त भारतीयों को **(OCI) कार्ड** के तहत भारत आने के लिए पूर्ण जीवन काल के लिए वीजा प्राप्त होगा।
- **OCI कार्ड** धारकों को भारत में न तो मताधिकार प्राप्त है और न ही कोई सार्वजनिक पद वह प्राप्त कर सकते हैं।
- **भारतीय नागरिकता संशोधन अधिनियम, 1986** के आधार पर भारतीय नागरिकता संशोधन अधिनियम, 1955 में निम्नलिखित संशोधन किए गए हैं :
  1. अब **भारत में जन्में केवल** उस व्यक्ति को ही भारतीय नागरिकता प्रदान की जाएगी, जिसके माता-पिता में से कोई एक भारत का नागरिक हो।
  2. जो व्यक्ति पंजीकरण के माध्यम से भारतीय नागरिकता प्राप्त करना चाहते हैं, उन्हें अब भारत में **कम-से-कम पांच** वर्ष व्यतीत करने होंगे।
  3. देशीयकरण द्वारा नागरिकता तभी प्रदान की जाएगी, जब सम्बन्धित व्यक्ति **कम-से-कम 10 वर्षों** तक भारत में रह चुका हो। पहले यह **अवधि 5 वर्ष थी। नागरिकता संशोधन अधिनियम, 1986** जम्मू-कश्मीर व असम सहित भारत के सभी राज्यों पर लागू है।

मौलिक अधिकार

- **मौलिक अधिकार**–मौलिक अधिकार वे अधिकार होते हैं, जो व्यक्ति के जीवन तथा विकास के लिए अनिवार्य होने के कारण संविधान के द्वारा नागरिकों को प्रदान किए जाते हैं। व्यक्ति के इन अधिकारों में राज्य के द्वारा भी मनमाने तौर पर हस्तक्षेप नहीं किया जा सकता।
- भारतीय संविधान के तृतीय भाग में मौलिक अधिकारों, के सम्बन्ध में कुल **23 अनुच्छेद (अनुच्छेद 12 से 30 और 32 से 35)** हैं। यह विश्व का सर्वाधिक विस्तृत अधिकार पत्र है।
- संविधान के अनुच्छेद 32 के अंतर्गत दी गई 5 व्यवस्थाओं के द्वारा नागरिक अपने अधिकारों की रक्षा के लिए सर्वोच्च न्यायालय या उच्च न्यायालयों की शरण ले सकता है।

संविधान द्वारा प्रदत्त मौलिक अधिकार

भारतीय संविधान के भाग 3 द्वारा नागरिकों को 7 मौलिक अधिकार प्रदान किए गए थे, किंतु **44वें संवैधानिक संशोधन (1978)** के द्वारा सम्पत्ति के अधिकार से सम्बन्धित सभी उपबन्धों को निरस्त करके संविधान के भाग 12 में एक नया अध्याय-4 जोड़ा गया।

इस नए अध्याय में केवल एक ही अनुच्छेद है-अनुच्छेद 300(ए)। अब सम्पत्ति के अधिकार को अन्य मौलिक अधिकारों की भांति संवैधानिक संरक्षण प्राप्त नहीं है। अत: अब भारतीय नागरिकों को 6 मौलिक अधिकार प्राप्त हैं, जो निम्नलिखित हैं: **(1)** समानता का अधिकार, **(2)** स्वतन्त्रता का अधिकार, **(3)** शोषण के विरुद्ध अधिकार, **(4)** धार्मिक स्वतन्त्रता का अधिकार, **(5)** संस्कृति तथा शिक्षा सम्बन्धी अधिकार, एवं **(6)** संवैधानिक उपचारों का अधिकार।

समानता का अधिकार (अनुच्छेद 14-18)

1. **कानून के समक्ष समानता**-अनुच्छेद 14 के अनुसार भारत के राज्य क्षेत्र में राज्य किसी भी व्यक्ति को कानून के समक्ष समानता या कानून द्वारा समान संरक्षण से वंचित नहीं करेगा।
2. **धर्म, नस्ल, जाति, लिंग या जन्म स्थान के आधार पर भेदभाव का निषेध**-अनुच्छेद 15 में कहा गया है कि ''राज्य के द्वारा धर्म, मूलवंश, जाति, लिंग, जन्म स्थान के आधार पर नागरिकों के प्रति जीवन के किसी क्षेत्र में भेदभाव नहीं किया जाएगा।''
3. **अवसर की समानता**-अनुच्छेद 16 के अनुसार, ''सभी नागरिकों को सरकारी पदों पर नियुक्ति के समान अवसर प्राप्त होंगे और इस सम्बन्ध में केवल धर्म, मूलवंश, जाति, लिंग या जन्म स्थान या इनमें से किसी के आधार पर सरकारी नौकरी या पद प्रदान करने में भेदभाव नहीं किया जाएगा।''
4. **अस्पृश्यता का निषेध**-अनुच्छेद 17 में कहा गया हैं कि ''अस्पृश्यता का अंत किया जाता है और उसका किसी भी रूप में आचरण निषिद्ध किया जाता है। अस्पृश्यता से उत्पन्न किसी अयोग्यता को लागू करना एक दण्डनीय अपराध होगा।''
   - ❖ 1955 के **'अस्पृश्यता अपराध अधिनियम'** द्वारा अस्पृश्यता को एक दण्डनीय अपराध घोषित किया गया है।
   - ❖ 1989 में इस कानून को **'अनुसूचित जाति व जनजाति निरोधक कानून'** 1989 का नाम दे दिया गया है।
5. **उपाधियों का निषेध-अनुच्छेद 18** में व्यवस्था की गई है कि **''सेना अथवा शिक्षा सम्बन्धी उपाधियों के अलावा राज्य अन्य कोई उपाधियाँ प्रदान नहीं कर सकता।''** इसके साथ ही भारतवर्ष का कोई नागरिक बिना राष्ट्रपति की आज्ञा के विदेशी राज्य से भी कोई उपाधि स्वीकार नहीं कर सकता।

स्वतन्त्रता का अधिकार (अनुच्छेद 19-22)

संविधान के **अनुच्छेद 19** द्वारा नागरिकों को 7 स्वतन्त्रताएँ प्रदान की गई थी, किंतु **44वें संवैधानिक संशोधन** द्वारा सम्पत्ति के मौलिक अधिकार के साथ-साथ 'सम्पति की स्वतन्त्रता' भी समाप्त कर दी गई है, अत: अब नागरिकों को 6 स्वतन्त्रताएँ ही प्राप्त हैं:

1. **विचार और अभिव्यक्ति की स्वतन्त्रता**-भारत के सभी नागरिकों को **विचार करने, भाषण देने** और अपने व **अन्य व्यक्तियों के विचारों के प्रचार** की स्वतन्त्रता है। इसमें प्रेस की स्वतन्त्रता भी सम्मिलित है। यही बात आकाशवाणी और दूरदर्शन के सम्बन्ध में है।

- **अपराध की दोष सिद्धि के विषय में संरक्षण**-अनुच्छेद 20 में कहा गया है कि ''किसी भी व्यक्ति को उस समय तक अपराधी नहीं ठहराया जा सकता जब तक कि उसने अपराध के समय में लागू किसी कानून का उल्लंघन न किया हो।''
- **व्यक्तिगत स्वतन्त्रता तथा जीवन की सुरक्षा (अनुच्छेद 21)**-अनुच्छेद 21 में कहा गया है कि ''किसी व्यक्ति को उसके जीवन तथा दैहिक स्वाधीनता से विधि द्वारा स्थापित प्रक्रिया को छोड़कर अन्य किसी प्रकार से वंचित नहीं किया जा सकता।'' **44वें संवैधानिक संशोधन (1979)** के अनुसार अब आपातकाल में भी जीवन और व्यक्तिगत स्वतन्त्रता के अधिकार को समाप्त या सीमित नहीं किया जा सकता है।
- 86वें संविधान संशोधन (2002) के द्वारा संविधान के अनुच्छेद 21 में खण्ड 21(क) को जोड़ा गया है। अनुच्छेद 21(क) में प्रावधान किया गया है कि राज्य छ: से चौदह वर्ष की आयु के बालकों को विधि द्वारा निर्धारित प्रक्रिया के अनुसार नि:शुल्क और अनिवार्य शिक्षा प्रदान करेगा।
- **बन्दीकरण की अवस्था में संरक्षण (अनुच्छेद 22)**-अनुच्छेद 22 के द्वारा बन्दी बनाए जाने वाले व्यक्ति को कुछ अधिकार प्रदान किए गए हैं। इसमें कहा गया है कि उसके अपराध के बारे में अथवा बन्दी बनाने के कारणों को बतलाए बिना किसी व्यक्ति को अधिक समय तक बन्दीगृह में नहीं रखा जाएगा। **अनुच्छेद 22** के द्वारा बन्दी बनाए जाने वाले व्यक्तियों को जो अधिकार प्रदान किए गए हैं वे दो प्रकार के अपराधियों पर लागू नहीं होंगे। प्रथम, शत्रु देश के निवासियों पर और द्वितीय, 'निवारक निरोध अधिनियम' के अंतर्गत गिरफ्तार व्यक्तियों पर।

2. **अस्त्र-शस्त्र रहित तथा शान्तिपूर्वक सम्मेलन की स्वतन्त्रता**-व्यक्तियों के द्वारा अपने **विचारों के प्रचार के लिए शान्तिपूर्वक** और **बिना किन्हीं शस्त्रों के सभा या सम्मेलन** किया जा सकता है तथा उनके द्वारा जुलूस या प्रदर्शन का भी आयोजन किया जा सकता है। राज्य के द्वारा सार्वजनिक सुरक्षा के हित में शक्ति की इस स्वतन्त्रता को प्रतिबन्धित किया जा सकता है।
3. **समुदाय और संघ निर्माण की स्वतन्त्रता**-संविधान के द्वारा सभी **नागरिकों को समुदायों और संघ के निर्माण की स्वतन्त्रता प्रदान** की गई है। परंतु इस स्वतन्त्रता की आड़ में व्यक्ति ऐसे समुदायों का निर्माण नहीं कर सकता जो षड्यन्त्र करे अथवा शान्ति और व्यवस्था को भंग करें।
4. **अबाध भ्रमण की स्वतन्त्रता**-भारत के सभी नागरिक बिना किसी प्रतिबन्ध या विशेष अधिकार-पत्र के सम्पूर्ण भारत के **क्षेत्र में भ्रमण** कर सकते हैं। राज्य सामान्य जनता के हित और अनुसूचित जातियों तथा जनजातियों के हित में इस पर उचित प्रतिबन्ध लगा सकता है।
5. **भारत राज्य क्षेत्र में अबाध निवास की स्वतन्त्रता**-भारत के सभी **नागरिक अपनी इच्छानुसार स्थाई या अस्थाई रूप** में किसी स्थान पर बस सकते हैं। राज्य के द्वारा सामान्य जनता के हित और अनुसूचित जातियों तथा जनजातियों के हित में इस पर उचित प्रतिबन्ध लगाया जा सकता है।
6. **वृत्ति, उपजीविका या कारोबार की स्वतन्त्रता**-संविधान में सभी **नागरिकों को वृत्ति, उपजीविका, व्यापार अथवा व्यवसाय** की स्वतन्त्रता प्रदान की गई है किंतु राज्य जनता के हित में इन स्वतन्त्रताओं पर उचित प्रतिबन्ध लगा सकता है।

शोषण के विरुद्ध अधिकार (अनुच्छेद 23 और 24)

- **मानव के दुर्व्यापार और बलात् श्रम का प्रतिषेध-अनुच्छेद** 23 के द्वारा बेगार तथा इसी प्रकार का अन्य जबरदस्ती लिया हुआ श्रम निषिद्ध ठहराया गया है, जिसका उल्लंघन विधि के अनुसार दण्डनीय अपराध है। परंतु राज्य सार्वजनिक उद्देश्य से **अनिवार्य श्रम की योजना** लागू कर सकता है, लेकिन ऐसा करते समय राज्य नागरिकों के बीच धर्म, मूलवंश, जाति, वर्ण या सामाजिक स्तर के आधार पर कोई भेदभाव नहीं करेगा।
- **बालश्रम का निषेध-अनुच्छेद 24** में कहा गया है कि **14 वर्ष से कम आयु वाले किसी बच्चे को कारखानों,** खानों या अन्य किसी जोखिम भरे काम पर नियुक्त नहीं किया जा सकता लेकिन बच्चों को साधारण कार्यों में लगाया जा सकता है।

धार्मिक स्वतन्त्रता का अधिकार (अनुच्छेद 25-28)

- **अंत:करण की स्वतन्त्रता-अनुच्छेद 25** में कहा गया है कि सार्वजनिक व्यवस्था, सदाचार और स्वास्थ्य तथा इस भाग के अन्य उपबन्धों के अधीन

रहते हुए सभी व्यक्तियों को अंत:करण की स्वतन्त्रता तथा कोई भी धर्म अंगीकार करने, उसका अनुसरण एवं प्रचार करने का अधिकार प्राप्त होगा।

- **अनुच्छेद 25** में व्यवस्था की गई है कि सार्वजनिक प्रकृति के हिन्दू धार्मिक संस्थाओं (मन्दिरों व अन्य स्थानों) में हिन्दू समाज के सभी वर्गों को समान रूप से (प्रवेश) करने का अधिकार होगा।
- **धार्मिक मामलों का प्रबन्ध करने की स्वतन्त्रता-अनुच्छेद 26** प्रत्येक धर्म के अनुयायियों को निम्न अधिकार प्रदान करता है:

1. धार्मिक संस्थाओं तथा दान से स्थापित सार्वजनिक सेवा संस्थाओं की स्थापना तथा उनके पोषण का अधिकार;
2. धर्म सम्बन्धी निजी मामलों का स्वयं प्रबन्ध करने का अधिकार;
3. चल और अचल सम्पत्ति के अर्जन और स्वामित्व का अधिकार;
4. उस सम्पत्ति का विधि के अनुसार संचालन करने का अधिकार।

- **धार्मिक व्यय के लिए निश्चित धन पर कर की अदायगी से छूट-अनुच्छेद 27** के द्वारा ऐसी सम्पूर्ण आय को कर से मुक्त कर दिया गया है, जिसे धार्मिक एवं परोपकारी कार्यों में खर्च करना निश्चित किया गया हो।
- **शिक्षण संस्थाओं में धार्मिक शिक्षा प्राप्त करने या न प्राप्त करने की स्वतन्त्रता-अनुच्छेद 28** में कहा गया है कि "राजकीय निधि से संचालित किसी भी शिक्षण संस्था में किसी प्रकार की धार्मिक शिक्षा प्रदान नहीं की जाएगी। इसके साथ ही राज्य द्वारा मान्यता प्राप्त या आर्थिक सहायता प्राप्त शिक्षण संस्था में किसी व्यक्ति को किसी धर्म विशेष की शिक्षा ग्रहण करने के लिए बाध्य नहीं किया जा सकेगा।

संस्कृति और शिक्षा सम्बन्धी अधिकार (अनुच्छेद 29-30)

- **अनुच्छेद 29** के अनुसार, "नागरिकों के प्रत्येक वर्ग को अपनी भाषा, लिपि या संस्कृति सुरक्षित रखने का पूर्ण अधिकार प्राप्त है।" यह भी कहा गया है कि किसी राजकीय या राजकीय सहायता से संचालित शिक्षण संस्था में प्रवेश के सम्बन्ध में मूलवंश, जाति, धर्म, और भाषा या इनमें से किसी एक के आधार पर भेदभाव नहीं किया जाएगा।
- **अनुच्छेद 30** के अनुसार धर्म या भाषा पर आधारित सभी अल्पसंख्यक वर्गों को अपनी रुचि की शैक्षणिक संस्थाओं की संस्थापना तथा उनके प्रशासन का अधिकार होगा।

संवैधानिक उपचारों का अधिकार (अनुच्छेद 32)

मूल अधिकारों को क्रियान्वित करने की व्यवस्था के उद्देश्य से संवैधानिक उपचारों के अधिकार को भी संविधान में स्थान दिया गया है। जिसका तात्पर्य यह है कि नागरिक अधिकार के महत्व को स्पष्ट करते हुए **डॉ. अम्बेडकर** ने कहा था, **"यह संविधान का हृदय तथा आत्मा है।"** इन मौलिक अधिकारों की रक्षा हेतु न्यायालय द्वारा निम्नलिखित पाँच प्रकार के लेख जारी किए जा सकते हैं:

1. **बन्दी प्रत्यक्षीकरण**-बन्दी प्रत्यक्षीकरण का आशय है-**बन्दी को न्यायालय में उपस्थित किया** जाए। यह अवैध रूप से बन्दी बनाए गए व्यक्ति की अपील पर जारी किया जाता है। यदि न्यायालय उसके बन्दीकरण को अवैध समझता है, तो वह उसको मुक्त करने का आदेश दे सकता है।
2. **परमादेश**-यह लेख उस समय जारी किया जाता है, जब कोई **पदाधिकारी अपने सार्वजनिक कर्तव्य का निर्वाह नहीं करता**। इस प्रकार के आज्ञा-पत्र के आधार पर पदाधिकारी को उसके कर्तव्य का पालन करने का आदेश जारी किया जाता है।
3. **प्रतिषेध**-यह आज्ञा-पत्र **सर्वोच्च न्यायालय तथा उच्च न्यायालयों द्वारा निम्न न्यायालयों तथा अर्ध-न्यायाधिकरणों को जारी करते** हुए-आदेश दिया जाता है कि वे इस मामले में अपने यहाँ कार्यवाही न करें क्योंकि यह मामला उनके अधिकार-क्षेत्र के बाहर है।
4. **उत्प्रेषण**-यह आज्ञा-पत्र अधिकांशत: **किसी विवाद को निम्न न्यायालयों से उच्च न्यायालयों में भेजने के लिए जारी** किया जाता है, जिससे वह अपनी शक्ति से अधिक अधिकारों का उपभोग न करें या अपनी शक्ति का दुरुपयोग करते हुए न्याय के प्राकृतिक सिद्धान्तों को भंग न करें। इसके आधार पर उच्च न्यायालय निम्न न्यायालयों से किन्हीं विवादों के सम्बन्ध में सूचना भी प्राप्त कर सकते हैं।
5. **अधिकार-पृच्छा**-जब कोई व्यक्ति ऐसे पदाधिकारी के रूप में कार्य करने लगता है जिसके रूप में कार्य करने का उसे वैधानिक रूप से अधिकार नहीं है, तो न्यायालय अधिकार पृच्छा के आदेश द्वारा उस व्यक्ति से पूछता है कि वह किस आधार पर इस पद पर कार्य कर रहा है और जब तक वह इस प्रश्न का सन्तोषजनक उत्तर नहीं देता, वह कार्य नहीं कर सकता।

केवल भारतीय नागरिकों को प्राप्त मूल अधिकार	
1.	धर्म, मूलवंश, जाति, लिंग या जन्म-स्थान के आधार पर विभेद का प्रतिषेध, (अनुच्छेद-15)।
2.	सरकारी सेवाओं के विषय में अवसर की समानता, (अनुच्छेद-16)।
3.	वाक्-स्वातंत्र्य, समवेत् होने, संघ बनाने, संचरण, निवास एवं वृत्ति की स्वतन्त्रताएँ, (अनुच्छेद-19)।
4.	अल्पसंख्यक वर्ग के हितों का संरक्षण, (अनुच्छेद-29)।
5.	शिक्षण संस्थाओं की स्थापना और प्रशासन करने का अल्पसंख्यक वर्गों का अधिकार, (अनुच्छेद-30)।
विदेशियों को प्राप्त मूल अधिकार	
1.	विधि के समक्ष समता और विधि का समान संरक्षण, (अनुच्छेद-14)।
2.	अपराधों के लिए दोष-सिद्धि में संरक्षण, (अनुच्छेद-20)।
3.	जीवन का अधिकार, (अनुच्छेद-21)।
4.	शोषण के विरुद्ध अधिकार, (अनुच्छेद-23, 24)।
5.	धर्म की स्वतन्त्रता, (अनुच्छेद-25, 26, 27, 28)।

निजता का अधिकार
24 अगस्त, 2017 को सर्वोच्च न्यायालय की 9 सदस्यीय संविधान पीठ ने **निजता का अधिकार** मामले पर निर्णय देते हुए इसे मौलिक अधिकार माना है।
निर्णय के अनुसार निजता का अधिकार **अनुच्छेद 21** के जीवन और स्वतन्त्रता के अधिकार का अंतर्भूत अंग है।
निजता का अधिकार भारतीय संविधान के **भाग तीन** के अंतर्गत निहित विभिन्न मूलभूत स्वतन्त्रताओं के तहत स्वभावत: संरक्षित है।

अनुच्छेद-21: जीवन एवं दैहिक स्वतन्त्रता के संरक्षण का अधिकार

- राज्य के द्वारा किसी भी व्यक्ति को विधि द्वारा स्थापित प्रक्रिया (Procedure Established by Law) से ही उसके जीवन एवं दैहिक स्वतन्त्रता (शारीरिक स्वतन्त्रता) से वंचित किया जाएगा।
- **अनुच्छेद 21** के तहत प्रदत्त प्राण एवं दैहिक स्वतन्त्रता के अर्थ के विस्तार में **मेनका गांधी बनाम भारत संघ वाद 1978** की विशेष भूमिका रही है।
- इसी वाद में न्यायालय ने पहली बार माना कि अनुच्छेद 21 में प्रयुक्त दैहिक स्वतन्त्रता में वे समस्त आवश्यक तत्व शामिल हैं, जो व्यक्ति को पूर्ण बनाने में सक्षम हैं।
- इन अर्थों में **अनुच्छेद 19** के तहत प्रदान किए गए स्वतन्त्रता के समस्त अधिकार स्वयं ही समाहित हो जाते हैं। उच्चतम न्यायालय ने अपने विभिन्न निर्णयों के द्वारा **अनुच्छेद 21** के अर्थों का विस्तार किया है।
- न्यायपालिका ने इस बात पर बल दिया कि जीवन के अधिकार में मात्र पशुतुल्य जीवन स्वीकार नहीं होगा, बल्कि मानव होने के नाते सम्मानपूर्ण जीवन चाहिए।

- न्यायपालिका के अनुसार **अनुच्छेद-19** और **अनुच्छेद-21** एक-दूसरे के पूरक हैं, इसलिए जीवन के अधिकार में स्वतन्त्रता का अधिकार **(अनुच्छेद-19)** स्वाभाविक रूप में सम्मिलित हो जाता है।
- न्यायपालिका ने इस सन्दर्भ में विधि की उचित प्रक्रिया को सिद्धांत माना अर्थात् विधि उचित होनी चाहिए। **तार्किक** होनी चाहिए, **सही** होनी चाहिए।
- न्यायपालिका को विधि की व्याख्या करने का अधिकार तो है ही, साथ ही उसके औचित्य के परीक्षण करने की शक्ति भी है।
- न्यायिक सक्रियता का प्रारम्भ **मेनका गांधी वाद** से ही माना जाता है। इसमें न्यायपालिका ने **प्राकृतिक न्याय** (Natural Justice) के सिद्धांत का प्रतिपादन किया।

अनुच्छेद-21 में अंतर्निहित अधिकार

उच्चतम न्यायालय ने मेनका गाँधी मामले में अपने फैसले को दोबारा स्थापित किया। इसमें **अनुच्छेद 21** के भाग के रूप में निम्नलिखित अधिकारों की घोषणा की:

1. मानवीय प्रतिष्ठा के साथ जीने का अधिकार।
2. स्वच्छ पर्यावरण-प्रदूषण रहित जल एवं वायु में जीने का अधिकार एवं हानिकारक उद्योगों के विरुद्ध सुरक्षा।
3. जीवन रक्षा का अधिकार।
4. निजता का अधिकार।
5. आश्रय का अधिकार।
6. स्वास्थ्य का अधिकार।
7. 14 वर्ष की उम्र तक नि:शुल्क शिक्षा का अधिकार।
8. नि:शुल्क कानूनी सहायता का अधिकार।
9. अकेले कारावास में बंद होने के विरुद्ध अधिकार।
10. त्वरित सुनवाई का अधिकार।
11. हथकड़ी लगाने के विरुद्ध अधिकार।
12. अमानवीय व्यवहार के विरुद्ध अधिकार।
13. फाँसी में देरी के विरुद्ध अधिकार।
14. विदेश यात्रा करने का अधिकार।
15. बंधुआ मजदूरी करने के विरुद्ध अधिकार।
16. हिरासत में शोषण के विरुद्ध अधिकार।
17. आपातकालीन चिकित्सा सुविधा का अधिकार।
18. सरकारी अस्पतालों में समय पर उचित इलाज का अधिकार।
19. राज्य के बाहर न जाने का अधिकार।
20. निष्पक्ष सुनवाई का अधिकार।
21. कैदी के लिए जीवन की आवश्यकताओं का अधिकार।
22. महिलाओं के साथ सम्मानपूर्ण व्यवहार करने का अधिकार।
23. सार्वजनिक फाँसी के विरुद्ध अधिकार।
24. सुनवाई का अधिकार।
25. सूचना का अधिकार।
26. प्रतिष्ठा का अधिकार।
27. दोषसिद्धि वाले न्यायालय आदेश से अपील का अधिकार।
28. सामाजिक सुरक्षा तथा परिवार के संरक्षण का अधिकार
29. सामाजिक एवं आर्थिक न्याय एवं सशक्तिकरण का अधिकार।
30. बार केटर्स के विरुद्ध अधिकार।
31. जीवन बीमा पॉलिसी के विनियोग का अधिकार।
32. सोने का अधिकार।
33. शोर, प्रदूषण से मुक्ति का अधिकार।
34. विद्युत (बिजली) का अधिकार।

- **अनुच्छेद 21(A):** 86वें संशोधन द्वारा जोड़ा गया है, जिसके अनुसार **6-14 वर्ष के बच्चों को अनिवार्य व नि:शुल्क प्राथमिक शिक्षा** दी जाएगी। इस सम्बन्ध में राज्य के द्वारा विधि का निर्माण किया जाएगा।
- पशुओं के साथ उत्पीड़नात्मक व्यवहार **प्रिवेन्शन ऑफ क्रूयल्टी एक्ट** (PCA), 1960 के तहत प्रतिबन्धित है।
- सुप्रीम कोर्ट ने **अनुच्छेद-21** में प्रयुक्त शब्द जीवन को विस्तारित करते हुए जानवरों के जीवन को भी इसमें सम्मिलित किया, उन्हें भी जीने का अधिकार है।

मौलिक कर्तव्य

- मूल कर्तव्य नागरिकों के लिए उस **'आचार संहिता'** की तरह हैं, जिनका पालन उन्हें राज्य के स्थायित्व एवं समृद्धि के लिए करना आवश्यक होता है। इसी भावना को आधार बनाकर संविधान संशोधन **(42वाँ संशोधन), 1976 द्वारा** संविधान में **'मूल कर्तव्य'** शीर्षक से एक नया भाग 4 (क) जोड़ा गया। इस नए भाग में अनुच्छेद 51 (क) में 10 मौलिक कर्तव्यों का उल्लेख किया गया।
- सन् 2002 में अभिभावकों के लिए **6-14 वर्ष** के अपने बच्चों को शिक्षा का अवसर प्रदान करने का कर्तव्य जोड़ देने से अब नागरिकों के निम्नांकित **11 मूल कर्तव्य** इस प्रकार हैं-

1. भारत के प्रत्येक नागरिक का यह कर्तव्य होगा कि वह संविधान का पालन करे और उसके आदर्शों, संस्थाओं, **राष्ट्रध्वज व राष्ट्रगान** का आदर करें।
2. प्रत्येक भारतीय **नागरिक स्वतन्त्रता** के लिए हमारे **राष्ट्रीय आन्दोलन** को प्रेरित करने वाले उच्च आदर्शों को हृदय में संजोए रखे और उनका पालन करे।
3. प्रत्येक भारतीय नागरिक का यही कर्तव्य है कि वह **भारत की सम्प्रभुता, एकता और अखण्डता** की रक्षा करे और उसे अक्षुण्ण बनाए रखे।
4. प्रत्येक भारतीय नागरिक का यह कर्तव्य है कि वह **देश की रक्षा करे और बुलाए जाने** पर राष्ट्र की सेवा करे।
5. भारत के सभी लोगों में **समरसता** और **समान भ्रातृत्व** की भावना का विकास करे जो धर्म, भाषा, प्रदेश या वर्ग पर आधारित सभी भेदभाव से परे हो और ऐसी प्रथाओं का त्याग करे जो स्त्रियों के सम्मान के विरुद्ध हो।
6. हम सब अपनी समन्वित संस्कृति की **गौरवशाली परंपरा** का महत्व समझें व उसका संरक्षण करें।
7. प्रत्येक नागरिक का यह कर्तव्य है कि वह वैज्ञानिक दृष्टिकोण, **मानववाद और ज्ञानार्जन** तथा सुधार की भावना का विकास करे।
8. प्रत्येक नागरिक का यह कर्तव्य है कि वह प्राकृतिक पर्यावरण, जिसके अंतर्गत **वन, झील, नदी और वन्य जीव भी** हैं, की रक्षा करे और उनका संवर्द्धन करे तथा प्राणी मात्र के प्रति दया भाव रखे।
9. प्रत्येक नागरिक का यह कर्तव्य है कि वह **सार्वजनिक सम्पत्ति** को सुरक्षित रखे व हिंसा से दूर रहे।
10. प्रत्येक नागरिक का यह कर्तव्य है कि वह **व्यक्तिगत** व **सामूहिक** गतिविधियों के सभी क्षेत्रों में उत्कर्ष की ओर बढ़ने का सतत प्रयास करे जिससे राष्ट्र निरन्तर बढ़ते हुए प्रगति और उपलब्धि की नवीन ऊंचाइयों को छू सके।

11. **86वें संविधान संशोधन अधिनियम, 2002** द्वारा **अनुच्छेद 51** में संशोधन करके **खण्ड (ञ)** के बाद जोड़े गए नए खण्ड के अनुसार प्रारम्भिक शिक्षा को सर्वव्यापी बनाने के उद्देश्य से अभिभावकों के लिए भी यह कर्तव्य निर्धारित किया गया है कि वे **छः से चौदह वर्ष तक के अपने बच्चों को शिक्षा का अवसर प्रदान** करें।

राज्य के नीति-निदेशक तत्व

- राज्य के **नीति-निदेशक तत्वों** का वर्णन संविधान के **भाग 4** में **अनुच्छेद 36-51** के मध्य किया गया है। राज्य के नीति-निदेशक तत्वों का तात्पर्य भारतीय संविधान में उन सिद्धान्तों या आदेशों से है, जो राज्य की नीति का निदेशन करते हैं और इस बात की ओर संकेत करते हैं कि राज्य की नीति क्या होनी चाहिए। ये तत्व सदैव सरकार का मार्गदर्शन करते हैं।
- संविधान में **नीति-निदेशक** तत्वों का उल्लेख इसलिए किया गया है, क्योंकि ये तत्व राज्य के आदर्शों को स्पष्ट करते हैं। चाहे किसी भी दल की सरकार बने किंतु वह संविधान में उल्लिखित इन तत्वों के अनुसार निर्धारित नीतियों पर ही शासन चलाती है।

महत्वपूर्ण अनुच्छेद
• अनुच्छेद 38- राज्य लोक कल्याण की अभिवृद्धि के लिए सामाजिक व्यवस्था बनाएगा।
• अनुच्छेद 39 क-समान न्याय और निःशुल्क विधिक सहायता
• अनुच्छेद 40- ग्राम पंचायतों का संगठन
• अनुच्छेद 41- कुछ दशाओं में काम, शिक्षा और लोक सहायता पाने का अधिकार
• अनुच्छेद 42- काम की न्यायसंगत और मानवोचित दशाओं का तथा प्रसूति सहायता का उपबन्ध
• अनुच्छेद 43- कर्मकारों के लिए निर्वाह मजदूरी आदि
• अनुच्छेद 44- नागरिकों के लिए एक समान सिविल संहिता
• अनुच्छेद 45- बालकों के लिए निःशुल्क और अनिवार्य शिक्षा
• अनुच्छेद 46- अनुसूचित जातियों, अनुसूचित जनजातियों और अन्य दुर्बल वर्गों के शिक्षा और अर्थ सम्बन्धी हितों की अभिवृद्धि
• अनुच्छेद 47- पोषाहार स्तर और जीवन स्तर को ऊंचा करने तथा लोक स्वास्थ्य का सुधार करने का राज्य का कर्तव्य
• अनुच्छेद 48- कृषि और पशुपालन का संगठन
• अनुच्छेद 48क- पर्यावरण का संरक्षण तथा संवर्धन
• अनुच्छेद 49- राष्ट्रीय महत्व के स्मारकों और स्थानों का संरक्षण
• अनुच्छेद 50- कार्यपालिका से न्यायपालिका का पृथक्करण
• अनुच्छेद 51- अंतर्राष्ट्रीय शान्ति और सुरक्षा की अभिवृद्धि

मूल अधिकार एवं निदेशक तत्वों में विवादित पक्ष

शंकरी प्रसाद वाद

1. **शंकरी प्रसाद वाद** में उच्चतम न्यायालय ने कहा कि **अनुच्छेद-13(2)** में वर्णित **विधि में संशोधन विधि** शामिल नहीं है।
2. न्यायपालिका के अनुसार, **सामान्य विधि व संशोधन विधि** में अंतर है।
3. उपर्युक्त से अभिप्राय है कि संसद सामान्य विधि के द्वारा मूल अधिकारों को सीमित नहीं कर सकती है, बल्कि संविधान संशोधन के द्वारा, मूल अधिकारों को छीना जा सकता है।

सम्पत्ति का अधिकार पहले मूल अधिकार था, बाद में **जमींदारी उन्मूलन कानून** द्वारा, उसे मूल अधिकारों की श्रेणी से हटा कर **कानूनी अधिकार** (Legal Right) बना दिया गया।

गोलकनाथ वाद (1967)

1. न्यायपालिका ने **शंकरीप्रसाद वाद** के निर्णय को परिवर्तित कर दिया।
2. **अनुच्छेद-13(2)** में वर्णित विधि में संशोधन विधि भी सम्मिलित है।
3. अर्थात् न्यायपालिका ने सामान्य विधि और संशोधन विधि के अंतर को अस्वीकार कर दिया।
4. अब संसद के द्वारा **सामान्य विधि अथवा संशोधन विधि** किसी के द्वारा भी मूल अधिकारों को छीना नहीं जा सकता है।

भविष्य लक्षी विधि का सिद्धांत

गोलकनाथ वाद में **भविष्य लक्षी विधि का सिद्धांत** (Principle of Prospective Over Ruling) प्रतिपादित किया गया जिसका अभिप्राय है कि गोलकनाथ वाद के निर्णय के बाद **मूल अधिकारों** में किसी भी प्रकार का **संशोधन** सम्भव नहीं है।

इंदिरा साहनी बनाम भारत संघ वाद (मण्डल वाद)

- उच्चतम न्यायालय ने स्पष्ट तौर पर कहा कि संविधान में आरक्षण का आधार सामाजिक है, आर्थिक नहीं। इसलिए, नरसिम्हा राव सरकार द्वारा दिए गए 10% आरक्षण को अवैध करार दिया गया।
- उच्चतम न्यायालय ने कहा कि भारत में आरक्षण की अधिकतम सीमा **50% से अधिक नहीं** होनी चाहिए। इसके लिए न्यायालय ने **अनुच्छेद-335** का सन्दर्भ दिया, जिसमें यह उल्लिखित है कि अनुसूचित जाति एवं जनजातियों को आरक्षण प्रदान करते समय सरकारी सेवाओं की कुशलता प्रभावित नहीं होनी चाहिए।
- पिछड़ी जातियों में सम्मिलित सभी लोग पिछड़ी जातियों में शामिल नहीं होंगे क्योंकि इन जातियों का सामाजिक-शैक्षिक उत्थान हो चुका है। इन्हीं को लोकप्रिय रूप में **क्रीमी-लेयर** का नाम दिया गया। उच्चतम न्यायालय ने क्रीमी-लेयर की पहचान के लिए एक **आयोग** के गठन का निर्देश दिया।
- उच्चतम न्यायालय ने नियुक्तियों में **कैरी-फॉरवर्ड के नियम** को स्वीकार कर लिया। इसके नियम के अनुसार, यदि आरक्षित सीटें खाली रह जाती हैं, तो उन्हें अगले-साल भरा जाएगा, परंतु इसमें 50% की अधिकतम आरक्षण सीमा का उल्लंघन नहीं होना चाहिए।
- आरक्षण की 50% सीमा प्रत्येक वर्ष की नौकरियों के लिए होगी न कि नौकरियों की कुल संख्या के लिए।
- विशेषज्ञता के कुछ पदों के लिए आरक्षण का पालन नहीं किया जाएगा।
- **वर्तमान स्थितिः** उच्चतम न्यायालय ने अब 50% के अतिरिक्त 3% आरक्षण विकलांग व्यक्तियों के लिए देने पर सहमति दी है। अपवाद स्वरूप राज्य तमिलनाडु है, जहाँ इससे अधिक आरक्षण है।

संघीय कार्यपालिका

कार्यपालिका

- भारत में संसदीय शासन प्रणाली अस्तित्व में है, जो ब्रिटिश विरासत से प्राप्त हुई है।
- इस संसदीय प्रणाली में दो प्रकार के कार्यपालिका प्रमुख का प्रावधान किया गया है–**1.** संवैधानिक प्रमुख तथा **2.** वास्तविक प्रमुख।

राष्ट्रपति

- भारतीय संविधान के **अनुच्छेद 52 में 'राष्ट्रपति'** पद का प्रावधान किया गया है। राष्ट्रपति का पद सर्वाधिक सम्मान, गरिमा तथा प्रतिष्ठा का है। वह राष्ट्र का अध्यक्ष होता है।
- केन्द्र की समस्त कार्यपालिका शक्तियाँ उसमें निहित होती हैं, जिनका प्रयोग वह स्वयं या अपने अधीनस्थ अधिकारियों के माध्यम से करता है।
- भारत सरकार के समस्त कार्यपालिका सम्बन्धी कार्य उसी के नाम से संचालित किए जाते हैं।
- वह भारत का प्रथम नागरिक कहलाता है।

योग्यताएँ

भारतीय संविधान के अनुच्छेद 58 के अनुसार राष्ट्रपति पद के उम्मीदवार के लिए निम्नलिखित योग्यताएँ अनिवार्य हैं।

1. वह भारत का नागरिक हो।
2. उसकी **आयु 35** वर्ष से कम न हो।
3. लोकसभा का सदस्य निर्वाचित होने की योग्यता रखता हो।
4. भारत या राज्य सरकार के अधीन किसी लाभ के पद पर आसीन न हो।

- राष्ट्रपति पद के उम्मीदवार के लिए निर्वाचक मण्डल के **50 सदस्य**, **प्रस्तावक** के रूप में तथा **50 सदस्य अनुमोदक** के रूप में आवश्यक माने जाते हैं।

निर्वाचन

- भारत में राष्ट्रपति का चुनाव एक निर्वाचक मण्डल द्वारा होता है। इसमें **लोकसभा, राज्यसभा तथा राज्यों** की विधानसभाओं के केवल निर्वाचित सदस्य शामिल होते हैं।
- राष्ट्रपति का चुनाव अप्रत्यक्ष रूप से एकल संक्रमणीय मत पद्धति द्वारा समानुपातिक प्रणाली के आधार पर होता है।

कार्यकाल, वेतन एवं शपथ

- राष्ट्रपति का **कार्यकाल 5 वर्ष** का होता है, किंतु अपने उत्तराधिकारी के पद ग्रहण करने तक वह अपने पद पर बना रहता है। यदि मृत्यु, त्यागपत्र अथवा महाभियोग द्वारा पदच्युति के कारण राष्ट्रपति का पद इस अवधि के अंतर्गत रिक्त हो जाए तो इस स्थिति में नए राष्ट्रपति का **चुनाव पुनः 5** वर्ष की सम्पूर्ण अवधि के लिए होता है न कि शेष अवधि के लिए।
- राष्ट्रपति का **मासिक वेतन 5,00,000** (आयकर से मुक्त) रुपये है। इसके अतिरिक्त उन्हें निःशुल्क निवास स्थान व संसद द्वारा स्वीकृत अन्य भत्ते प्राप्त होते हैं।
- संविधान के **अनुच्छेद 59** के अनुसार राष्ट्रपति का वेतन और भत्ते उसके कार्यकाल में घटाए नहीं जा सकते।
- राष्ट्रपति को उसके पद और गोपनीयता की **शपथ भारत** के **मुख्य न्यायाधीश** द्वारा दिलाई जाती है।
- राष्ट्रपति अपना **त्यागपत्र उपराष्ट्रपति** को सम्बोधित करता है।

निर्वाचन प्रक्रिया

- राष्ट्रपति का चुनाव एक निर्वाचक मण्डल द्वारा किया जाता है, जिसके सदस्य संसद के दोनों सदनों तथा राज्यों की विधानसभाओं के निर्वाचित सदस्य होते हैं।
- निर्वाचन आनुपातिक प्रतिनिधित्व की **एकल संक्रमणीय मत-पद्धति** द्वारा होता है।
- मतदान गुप्त मतपत्र द्वारा होता है और चुनाव में सफलता प्राप्त करने के लिए उम्मीदवार को **'न्यूनतम कोटा'** प्राप्त होना आवश्यक होता है। न्यूनतम कोटा निर्धारित करने के लिए निम्न सूत्र अपनाया जाता है–

$$\textbf{न्यूनतम कोटा} = \frac{\text{दिए गए मतों की संख्या}}{\text{राष्ट्रपति पद हेतु प्रत्याशियों की संख्या}} + 1$$

निर्वाचक के मत का मूल्य

राज्य की विधानसभा के प्रत्येक निर्वाचित सदस्य का मत-मूल्य

$$= \left[\frac{\text{राज्य की कुल जनसंख्या}}{\text{राज्य की विधानसभा की कुल निर्वाचित सदस्यों की संख्या}}\right] + 1000$$

संसद के प्रत्येक निर्वाचित सदस्य का मत-मूल्य

$$= \left[\frac{\text{सभी राज्यों की विधानसभाओं के कुल निर्वाचित सदस्यों के कुल मतों की संख्या}}{\text{संसद के कुल निर्वाचित सदस्यों की संख्या}}\right] + 1000$$

भारत के राष्ट्रपति

क्र.सं.	नाम	कार्यकाल	प्रमुख तथ्य
1.	डॉ. राजेन्द्र प्रसाद	जनवरी 26, 1950–मई 13, 1962	प्रथम राष्ट्रपति, सर्वाधिक अवधि (12 वर्ष) तक
2.	डॉ. राधाकृष्णन्	मई 13, 1962–मई 13, 1967	–
3.	डॉ. जाकिर हुसैन	मई 13, 1967–मई 3, 1969	प्रथम मुस्लिम राष्ट्रपति, सबसे कम अवधि, कार्यकाल के दौरान मृत्यु
4.	वी.वी. गिरि	मई 3, 1969–जुलाई 20, 1969	प्रथम कार्यवाहक राष्ट्रपति
5.	एम. हिदायतुल्लाह	जुलाई 20, 1969–अगस्त 24, 1969	राष्ट्रपति पद की शपथ लेने वाले सर्वोच्च न्यायालय के एकमात्र मुख्य न्यायाधीश
6.	वी.वी. गिरि	अगस्त 24, 1969–अगस्त 24, 1974	एकमात्र राष्ट्रपति जिनके निर्वाचन में द्वितीय चक्र की मतगणना करनी पड़ी
7.	फखरूद्दीन अली अहमद	अगस्त 24, 1974–फरवरी 11, 1977	कार्यकाल के दौरान मृत्यु
8.	बी.डी. जत्ती	फरवरी 11, 1977–जुलाई 25, 1977	कार्यवाहक राष्ट्रपति
9.	नीलम संजीव रेड्डी	जुलाई 25, 1977–जुलाई 25, 1982	सबसे कम उम्र के व एकमात्र निर्विरोध निर्वाचित राष्ट्रपति (64 वर्ष)
10.	ज्ञानी जैलसिंह	जुलाई 25, 1982–जुलाई 25, 1987	प्रथम सिख राष्ट्रपति
11.	आर. वेंकट रमन	जुलाई 25, 1987–जुलाई 25, 1992	सर्वाधिक कम उम्र के राष्ट्रपति
12.	डॉ. शंकर दयाल शर्मा	जुलाई 25, 1992–जुलाई 25, 1997	–
13.	के. आर. नारायणन	जुलाई 1997–जुलाई 2002	–
14.	डॉ. ए.पी.जे. अब्दुल कलाम	जुलाई 2002–जुलाई 2007	राष्ट्रपति बनने वाले प्रथम वैज्ञानिक
15.	प्रतिभा देवीसिंह पाटिल	जुलाई 2007–जुलाई 25, 2012	प्रथम महिला राष्ट्रपति

16.	प्रणव मुखर्जी	जुलाई 25, 2012–जुलाई 2017	–
17.	रामनाथ कोविन्द	जुलाई 25, 2017–से 2022 तक	–
18.	द्रौपदी मुर्मू	2022 से अब तक	–

शक्तियाँ

भारतीय संविधान के तहत भारत के राष्ट्रपति को विविध प्रकार की शक्तियाँ प्राप्त हैं; जैसे–

1. कार्यपालिका शक्तियाँ

- केन्द्र सरकार की समस्त शक्तियाँ राष्ट्रपति के हाथों में निहित होती हैं। उसी के नाम से देश की नीतियों का संचालन होता है।
- उसे विशिष्ट पदों पर नियुक्तियाँ करने का अधिकार है। वह **प्रधानमन्त्री** एवं **अन्य मन्त्रीगण**, सर्वोच्च न्यायालय एवं उच्च न्यायालय के मुख्य न्यायाधीशों, नियन्त्रक एवं महालेखा परीक्षक, निर्वाचन आयुक्तों, वित्त आयोग, राष्ट्रीय मानवाधिकार आयोग, राष्ट्रीय महिला आयोग, राज्यपालों, संघ लोक सेवा आयोग के अध्यक्ष व अन्य सदस्यों की नियुक्ति करता है।
- वह विदेशी राजनयिकों का **आमन्त्रण-पत्र** स्वीकार करता है तथा राजदूतों को नियुक्ति-पत्र जारी करता है।

2. विधायी शक्तियाँ

- राष्ट्रपति संसद का **अभिन्न अंग** होता है। उसके **हस्ताक्षर** से ही कोई कानून बन सकता है।
- वह संसद का सत्र **आहूत करने सत्रावसान** करने तथा **लोकसभा को भंग** भी कर सकता है।
- वह **लोकसभा के प्रथम सत्र** को सम्बोधित करता है। **संयुक्त अधिवेशन बुलाकर अभिभाषण** देता है।
- **नए राज्य के निर्माण, राज्य की सीमा में परिवर्तन** से सम्बन्धित विधेयक, **धन विधेयक** या **संचित निधि** पर भारित व्यय वाला विधेयक, **राज्यहित से जुड़े विधेयक बिना राष्ट्रपति** की पूर्वानुमति के संसद में प्रस्तुत नहीं होते हैं।
- वह लोकसभा के लिए **आंग्ल-भारतीय समुदाय** से **2** तथा राज्यसभा के लिए **कला**, **साहित्य**, **विज्ञान**, **समाज सेवा** या **सहकारिता** क्षेत्र के **12 सदस्यों** को मनोनीत कर सकता है।
- संविधान के **अनुच्छेद 123** के अंतर्गत असामान्य स्थिति में वह **अध्यादेश** जारी कर सकता है।

3. न्यायिक शक्तियाँ

- संविधान के **अनुच्छेद 72** के तहत राष्ट्रपति को किसी अपराधी की सजा को क्षमा करने, उसका प्रविलम्बन करने, परिहार और कम करने का अधिकार प्राप्त है। वह **मृत्युदण्ड को** माफ भी कर सकता है।
- वह **सैन्य प्रशासन** द्वारा प्राप्त सजा या कोर्ट मार्शल की सजा को भी माफ कर सकता है।
- उसे अधिकार है कि किसी सार्वजनिक हित के प्रश्न पर सर्वोच्च **न्यायालय से परामर्श** ले सके **अनुच्छेद 143(1)**।

4. सैन्य शक्तियाँ

- संविधान के **अनुच्छेद 53** के अंतर्गत भारत का राष्ट्रपति, रक्षा बलों का **सर्वोच्च कमाण्डर** होता है।
- उसे **युद्ध और शान्ति की घोषणा करने** तथा सैन्य बलों के प्रविस्तारण हेतु आदेश देने की शक्ति प्राप्त है।

5. विवेकी शक्तियाँ

- भारतीय संविधान के अनुसार राष्ट्रपति मन्त्रिपरिषद् की सलाह पर कार्य करता है। किंतु विशेष परिस्थितियों में उसे अपने विवेक से काम करना होता है। वे स्थितियाँ हैं:
  - **(i)** जब किसी एक पार्टी को **लोकसभा** में स्पष्ट बहुमत प्राप्त नहीं हो।
  - **(ii)** पदधारी की अचानक मृत्यु की दशा में प्रधानमन्त्री की नियुक्ति करनी हो।
- यदि **सत्तारूढ़ मन्त्रिपरिषद्** के विरुद्ध अविश्वास प्रस्ताव पारित हो गया हो।

6. आपातकालीन शक्तियाँ

- भारतीय संविधान में राष्ट्रपति को तीन स्थितियों में विशिष्ट आपातकालीन शक्तियाँ प्रदान की गई हैं।
- **संविधान के अनुच्छेद 352** के अंतर्गत **युद्ध, बाह्य आक्रमण** या **सशस्त्र विद्रोह** की स्थिति से निपटने के लिए उसे विशेष शक्तियाँ प्राप्त हैं।

राष्ट्रपति की वीटो (निषेधाधिकार) शक्तियाँ

भारत के राष्ट्रपति को तीन प्रकार की वीटो शक्ति प्राप्त हैं:

- **आत्यंतिक वीटो (Absolute Veto)**–इस वीटो शक्ति के तहत राष्ट्रपति किसी विधेयक पर अपनी अनुमति नहीं देता है, अर्थात् वह अपनी अनुमति को सुरक्षित रख सकता है।
- **निलम्बनकारी वीटो (Suspension Veto)**–इस वीटो शक्ति के अंतर्गत राष्ट्रपति किसी विधेयक को **संसद** के पास **पुनर्विचार** हेतु भेज सकता है।
- **जेबी वीटो (Pocket Veto)**–इस वीटो शक्ति के तहत राष्ट्रपति किसी विधेयक को अनिश्चित काल के लिए अपने पास सुरक्षित रख सकता है। अर्थात् इस वीटो शक्ति के प्रयोग द्वारा राष्ट्रपति किसी विधेयक पर न तो अनुमति देता है न ही अनुमति देने से मना करता है और न ही पुनर्विचार हेतु संसद के पास भेजता है।
- विवादास्पद **भारतीय डाक (संशोधन) विधेयक 1986** के सम्बन्ध में तत्कालीन राष्ट्रपति ज्ञानी जैलसिंह द्वारा जेबी वीटो का प्रयोग किया गया था। भारत में किसी राष्ट्रपति द्वारा जेबी वीटो का यह प्रथम प्रयोग था।

महाभियोग (अनुच्छेद 61)

राष्ट्रपति को उसकी पदावधि की समाप्ति के पूर्व संविधान के उल्लंघन के आरोप में महाभियोग लगाकर पदमुक्त किया जा सकता है। संसद के किसी भी सदन में महाभियोग की प्रक्रिया 14 दिन की पूर्व सूचना के साथ शुरू की जा सकती है बशर्ते उस पर सदन के एक-चौथाई सदस्य लिखित प्रस्ताव द्वारा सहमति व्यक्त करें। आरोपों का अन्वेषण अनिवार्य रूप से किया जाना चाहिए। इस दौरान राष्ट्रपति को अपना पक्ष प्रस्तुत करने का अधिकार है। यदि संसद के दोनों सदन दो-तिहाई बहुमत से प्रस्ताव पारित कर देते हैं, तो राष्ट्रपति को पदमुक्त किया जा सकता है।

- **संविधान के अनुच्छेद 356** के अंतर्गत यदि कोई राज्य संवैधानिक रूप से अक्षम हो गया है, तो राष्ट्रपति वहाँ आपातकाल की घोषणा कर सकता है। (राष्ट्रपति शासन)
- **संविधान के अनुच्छेद 360** के अंतर्गत आर्थिक संकट की स्थिति में राष्ट्रपति अपनी विशिष्ट शक्तियों का प्रयोग कर इसका सामना करने का प्रयास कर सकता है।

पद रिक्ति

- यदि राष्ट्रपति का **पद मृत्यु, त्यागपत्र** अथवा **पद से हटाए** जाने के कारण रिक्त होता है, तो उपराष्ट्रपति राष्ट्रपति के रूप में कार्य करता है। यदि

उपराष्ट्रपति भी अनुपस्थित है तो सर्वोच्च न्यायालय का मुख्य न्यायाधीश राष्ट्रपति के रूप में कार्य करता है मुख्य न्यायाधीश की अनुपस्थिति में सर्वोच्च न्यायालय का वरिष्ठतम न्यायाधीश राष्ट्रपति के रूप में कार्य करता है।

- राष्ट्रपति के पद के लिए नया चुनाव पद रिक्त होने के **6 महीने** के भीतर ही होना जरूरी है।
- संविधान द्वारा राष्ट्रपति पद पर **पुनः निर्वाचन** के लिए किसी प्रकार का प्रतिबन्ध नहीं लगाया गया है।

राष्ट्रपति से संबंधित महत्वपूर्ण अनुच्छेद

- **अनु. 52**–भारत का राष्ट्रपति
- **अनु. 53**–संघ की कार्यपालिका शक्ति
- **अनु. 54**–राष्ट्रपति का निर्वाचक मण्डल
- **अनु. 55**–राष्ट्रपति के निर्वाचन की रीति
- **अनु. 56**–राष्ट्रपति की पदावधि
- **अनु. 57**–पुनःनिर्वाचन के लिए पात्रता
- **अनु. 58**–राष्ट्रपति निर्वाचित होने के लिए अर्हताएँ
- **अनु. 59**–राष्ट्रपति के पद के लिए शर्तें
- **अनु. 60**–राष्ट्रपति द्वारा शपथ या प्रतिज्ञान
- **अनु. 61**–राष्ट्रपति पर महाभियोग चलाने की प्रक्रिया
- **अनु. 62**–राष्ट्रपति का पद रिक्त होने की स्थिति में उसे भरने के लिए निर्वाचन करने का समय और आकस्मिक रिक्ति को भरने के लिए निर्वाचित व्यक्ति की पदावधि।
- **अनु. 72**–क्षमा आदि की और कुछ मामलों में दंडादेश के निलंबन, परिहार या लघुकरण की राष्ट्रपति की शक्ति।
- **अनु. 73**–संघ की कार्यपालिका शक्ति का विस्तार

राष्ट्रपति द्वारा नियुक्त अधिकारी

1. संघ के मन्त्री
2. राज्यों के राज्यपाल
3. उच्चतम न्यायालय और उच्च न्यायालयों के न्यायाधीश
4. भारत का महान्यायवादी
5. भारत का नियंत्रक एवं महालेखा परीक्षक
6. संघ लोक सेवा आयोग का अध्यक्ष और सदस्य
7. मुख्य निर्वाचन आयुक्त एवं अन्य निर्वाचन आयुक्त
8. राष्ट्रीय अल्पसंख्यक आयोग का अध्यक्ष एवं सदस्य
9. राष्ट्रीय महिला आयोग का अध्यक्ष एवं सदस्य
10. राष्ट्रीय मानवाधिकार आयोग का अध्यक्ष एवं सदस्य
11. अनु. जाति व अनु. जनजाति आयोग का अध्यक्ष एवं सदस्य
12. पिछड़ा वर्ग आयोग का अध्यक्ष एवं सदस्य
13. संघ राज्य क्षेत्रों के राज्यपाल या प्रशासक
14. मुख्यमन्त्री (दिल्ली व पुदुचेरी)
15. वित्त आयोग
16. राजभाषा आयोग आदि।

राष्ट्रपति द्वारा पदच्युत अधिकारी

1. संघ के मन्त्री
2. राज्यों के राज्यपाल
3. भारत का महान्यायवादी (Attorney General of India) आदि।

ऐसे विधेयक जिन्हें राष्ट्रपति की पूर्वानुमति आवश्यक है

1. धन विधेयक **(अनुच्छेद 110)**
2. किसी नए राज्य का निर्माण या वर्तमान राज्य के क्षेत्र, सीमा या नाम में परिवर्तन करने वाले विधेयक **(अनुच्छेद 3)**
3. ऐसा विधेयक जो भारत की संचित निधि से व्यय करने से सम्बन्धित है; किंतु धन विधेयक नहीं है **(अनुच्छेद 117)**
4. भूमि अधिग्रहण से सम्बन्धित विधेयक
5. व्यापार की स्वतन्त्रता को सीमित करने वाला राज्य का कोई विधेयक **(अनुच्छेद 304)**
6. कराधान से सम्बन्धित ऐसा विधेयक जिससे राज्य का हित प्रभावित होता हो **(अनुच्छेद 274)**

राष्ट्रपति, विशिष्ट तथ्य

- 12वें राष्ट्रपति के रूप में निर्वाचित होने वाली श्रीमती प्रतिभा देवी सिंह पाटिल भारत की **प्रथम महिला राष्ट्रपति** थीं।
- 1969 ई. के राष्ट्रपति चुनाव में **अंतःकरण की आवाज पर खुला मतदान** हुआ था। इसमें निर्दलीय प्रत्याशी वी. वी. गिरी ने कांग्रेस के अधिकृत प्रत्याशी **नीलम संजीव रेड्डी** को पराजित किया था।
- **नीलम संजीव रेड्डी** भारत के ऐसे राष्ट्रपति हैं, जो **लोकसभा** के अध्यक्ष भी थे।
- भारत में कार्यकारी राष्ट्रपति के रूप में वी.वी. गिरि (डॉ. जाकिर हुसैन की मृत्यु के कारण), **एम. हिदायतुल्ला** (वी.वी. गिरि द्वारा त्यागपत्र के कारण), एवं **बी.डी. जंत्ती** ने (फखरुद्दीन अली अहमद की मृत्यु के कारण) कार्य किया था।
- राष्ट्रपति के रूप में **डॉ. राजेन्द्र प्रसाद** ने **सबसे लम्बी अवधि** (1950–62) तक एवं **डॉ. जाकिर हुसैन** ने (कार्यकारी राष्ट्रपति छोड़कर) **सबसे कम अवधि** (1 वर्ष 11 दिन) तक कार्य किया था।
- राष्ट्रपति पद के लिए अब तक कुल 14 चुनाव सम्पन्न हुए हैं। अतः **श्री प्रणव मुखर्जी** क्रमांक के अनुसार भारत के **14वें राष्ट्रपति** हैं। किंतु डॉ. राजेन्द्र प्रसाद दो बार राष्ट्रपति चुने गए थे, अतः व्यक्ति के क्रम के अनुसार ये 13वें राष्ट्रपति हैं।
- कार्यवाहक राष्ट्रपतियों को भी यदि लिया जाए तो अब तक कुल 16 व्यक्तियों ने राष्ट्रपति का पद ग्रहण किया है।
- संविधान सभा ने अपनी अन्तिम बैठक (14 जनवरी, 1950) में निर्विरोध रूप में **डॉ. राजेन्द्र प्रसाद** को भारत का **अंतरिम राष्ट्रपति** (26 जनवरी, 1950 से राष्ट्रपति पद के लिए प्रथम चुनाव तक) निर्वाचित किया था।
- **डॉ. जाकिर हुसैन** और **फखरुद्दीन अली अहमद** का **निधन** उनके कार्यकाल के दौरान हो गया था।
- भारतीय गणतंत्र में (1982 ई. में) निर्विरोध निर्वाचित होने वाले एकमात्र राष्ट्रपति **नीलम संजीव रेड्डी** हैं। वे अब तक के सबसे कम उम्र के राष्ट्रपति थे।
- **डॉ. वी.वी. गिरि** भारत के एकमात्र ऐसे राष्ट्रपति हैं, जिनको **द्वितीय चक्र की मतगणना** के बाद सफलता प्राप्त हुई थी। वे **सबसे कम मतों के अंतर** (50.2 प्रतिशत) से जीतने वाले राष्ट्रपति भी हैं।
- **एम. हिदायतुल्लाह** सर्वोच्च न्यायालय के ऐसे **प्रथम न्यायाधीश** हैं, जिन्होंने भारत के कार्यवाहक राष्ट्रपति का पदभार ग्रहण किया था।
- वी.वी. गिरि एकमात्र ऐसे राष्ट्रपति हैं, जिन्होंने **कार्यवाहक राष्ट्रपति पद** से त्यागपत्र देकर राष्ट्रपति पद के लिए चुनाव लड़ा था।

- भारत के राष्ट्रपति का **सरकारी आवास राष्ट्रपति भवन** (President House) है। 1950 ई. तक इसे **वायसरॉय हाउस** (Viceroy House) कहा जाता था। इसका डिजाइन ब्रिटिश वास्तुकार **एडविन लुटियन्स** ने तैयार किया था।

उन्मुक्तियाँ एवं विशेषाधिकार

- संविधान के **अनु. 361** के तहत भारत के राष्ट्रपति व राज्यपालों को कई उन्मुक्तियाँ एवं विशेषाधिकार प्रदान किए गए हैं।
- राष्ट्रपति या राज्यपाल को अपने पदीय कर्तव्यों के निर्वहन में किए गए कार्यों के लिए किसी न्यायालय में उत्तरदायी नहीं ठहराया जा सकता है।
- राष्ट्रपति या राज्यपाल के विरुद्ध उसकी पदावधि के दौरान कोई भी **दाण्डिक कार्यवाही** (Criminal Proceeding) न तो संस्थित की जाएगी और न ही चालू रखी जाएगी।
- **राष्ट्रपति या राज्यपाल** के विरुद्ध उनकी पदावधि के दौरान उनकी **गिरफ्तारी या कारावास** के लिए किसी न्यायालय द्वारा कोई आदेशिका जारी नहीं की जाएगी।

राष्ट्रपति की विवेकाधीन शक्तियाँ

- **अनुच्छेद 53** के अनुसार, राष्ट्रपति को सहायता और सलाह देने के लिए एक **मन्त्रिपरिषद्** होगी, जिसका प्रधान प्रधानमन्त्री होगा।
- **अनुच्छेद 74** के अनुसार, राष्ट्रपति को सहायता और सलाह देने के लिए एक मन्त्रिपरिषद् होगी, जिसका प्रधान प्रधानमन्त्री होगा।
- **42वें संविधान संशोधन 1976** द्वारा **अनु. 74** में संशोधन कर यह प्रावधान किया गया कि राष्ट्रपति मन्त्रिपरिषद् की सलाह के अनुसार कार्य करेगा। इस प्रकार, राष्ट्रपति को **मन्त्रिपरिषद् की सलाह** मानने के लिए **बाध्य कर** दिया गया।
- **44वें संविधान संशोधन** द्वारा **अनु. 74** में पुन: संशोधन कर यह प्रावधान किया गया कि राष्ट्रपति मन्त्रिपरिषद् की सलाह को एक बार **पुनर्विचार** के लिए वापस लौटा सकता है। किंतु पुनर्विचार के पश्चात् दी गई सलाह को मानने के लिए वह बाध्य है।
- **अनुच्छेद 75(3)** के अनुसार, मन्त्रिपरिषद् लोकसभा के प्रति **सामूहिक रूप से उत्तरदायी** (Collectively Responsible) होगी।
- इस प्रकार, राष्ट्रपति अपने सभी कार्य **मन्त्रिपरिषद् की सलाह** के अनुसार ही करता है तथा इसी कारण वह किसी के प्रति उत्तरदायी नहीं होता है।
- राष्ट्रपति के कार्यों के लिए **मन्त्रिपरिषद् लोकसभा** के प्रति सामूहिक रूप से उत्तरदायी होती है।
- कुछ संविधान विशेषज्ञ भारतीय राष्ट्रपति को **नाममात्र का प्रमुख, कठपुतली राष्ट्रपति** या **रबर की मोहर** (Rubber Stamp) की संज्ञा प्रदान करते हैं।
- भारतीय संविधान में **राष्ट्रपति की** वही स्थिति है, जो ब्रिटिश संविधान में **सम्राट की** है। वह राष्ट्र का प्रधान है, कार्यपालिका का नहीं। वह राष्ट्र का प्रतिनिधित्व करता है, शासन का नहीं। वह साधारणतया मन्त्रियों की सलाह मानने को बाध्य होगा।
- राष्ट्रपति मन्त्रियों की सलाह के **विरुद्ध कुछ नहीं कर** सकता है और न मन्त्रियों की सलाह के बिना कुछ कर सकता है।
- इस प्रकार संविधान राष्ट्रपति को स्पष्टत: कोई विवेकीय शक्ति प्रदान नहीं करता है, किंतु संवैधानिक परंपरा के अनुसार राष्ट्रपति निम्नलिखित **विवेकाधीन शक्तियों** (Discretionary Power) का प्रयोग करता है–

1. यदि लोकसभा चुनाव में **खण्डित जनादेश** (Broken Mandate) प्राप्त होता है, तो राष्ट्रपति प्रधानमन्त्री की नियुक्ति में अपने विवेक का प्रयोग करता है तथा सामान्यतया ऐसे **दल या गठबंधन** के नेता को सरकार बनाने के लिए आमन्त्रित करता है, जो उसकी राय में सदन में विश्वास मत प्राप्त कर सकता है।
2. सामान्यतया: **मन्त्रिपरिषद् की** सलाह पर राष्ट्रपति लोकसभा का **विघटन** (Dissolution) कर देता है, किंतु यदि कोई सरकार लोकसभा में अपना बहुमत खो देती है अथवा उसके विरुद्ध अविश्वास प्रस्ताव पारित हो जाता है तथा **मन्त्रिपरिषद् लोकसभा** के **विघटन** की सिफारिश करती है, तो राष्ट्रपति ऐसी सिफारिश को मानने के लिए बाध्य नहीं है।
3. यदि प्रधानमन्त्री का **आकस्मिक निधन** हो जाता है तथा सत्ताधारी पार्टी किसी व्यक्ति को अपना नया नेता नहीं चुन पाती है, तो राष्ट्रपति अपने विवेक से सत्ताधारी पार्टी के **किसी व्यक्ति** को **प्रधानमन्त्री** नियुक्त कर सकता है। प्रधानमन्त्री **इंदिरा गाँधी** की हत्या के पश्चात् ऐसी स्थिति उत्पन्न हुई थी।
4. ऐसी स्थिति में जब मन्त्रिपरिषद् ने लोकसभा में अपना विश्वास खो दिया हो, किंतु **त्यागपत्र देने को तैयार** न हो तो राष्ट्रपति स्वविवेक से सरकार को बर्खास्त कर सकता है।
5. **अनु. 74** के अंतर्गत मन्त्रिपरिषद् की सलाह को एवं **अनु. 111** के तहत संसद द्वारा पारित विधेयक को आपत्तियों सहित पुनर्विचार के लिए वापस करने में भी **राष्ट्रपति अपने विवेकाधिकार** शक्ति का प्रयोग करता है।
6. जब राष्ट्रपति **जेबी वीटो** (Pocket Veto) का प्रयोग करता है, तब भी वह अपने विवेक का प्रयोग करता है, क्योंकि वह स्वविवेक से ही विधेयक पर अनुमति न **देने या पुनर्विचार** हेतु वापस न भेजने का निर्णय करता है।
7. राष्ट्रपति **अनु. 86(2)** के तहत संसद को संदेश भेज सकता है। संसद को संदेश भेजने की यह शक्ति राष्ट्रपति की विवेकाधीन शक्ति है।

उप-राष्ट्रपति

- भारतीय संविधान की अधिकृत अग्रता अधिपत्र में राष्ट्रपति के बाद उपराष्ट्रपति को सर्वोच्च स्थान दिया गया है। अत: 'उपराष्ट्रपति' का पद उच्च गरिमा एवं प्रतिष्ठा का पद है।
- **'उपराष्ट्रपति'** पद की संकल्पना **संयुक्त राज्य अमेरिका** के संविधान से ली गई है।
- भारतीय संविधान के **अनुच्छेद 63** में उपराष्ट्रपति पद का प्रावधान है, जो **अनुच्छेद 64** के तहत 'राज्यसभा का पदेन सभापति' होता है।

योग्यताएँ

1. वह भारत का नागरिक हो।
2. उसकी आयु **35 वर्ष** से कम न हो।
3. वह राज्यसभा का सदस्य चुने जाने की योग्यता रखता हो।

उप-राष्ट्रपति से सम्बन्धित अनुच्छेद

अनुच्छेद	विषयवस्तु
63	भारत का उप-राष्ट्रपति
64	उप-राष्ट्रपति का राज्यों की परिषद् का पदेन सभापति होना
65	उप-राष्ट्रपति का आकस्मिक रिक्तियों अथवा राष्ट्रपति की अनुपस्थिति में राष्ट्रपति के कर्तव्यों का निर्वहन
66	उप-राष्ट्रपति का चुनाव
67	उप-राष्ट्रपति का कार्यकाल
68	उप-राष्ट्रपति कार्यालय की रिक्ति की पूर्ति के लिए चुनाव का समय निर्धारण तथा आकस्मिक रिक्ति की पूर्ति के लिए चुने गए व्यक्ति का कार्यकाल

69	उप-राष्ट्रपति द्वारा शपथ ग्रहण
70	अन्य आकस्मिकताओं में राष्ट्रपति के कर्तव्यों का निर्वहन
71	उप-राष्ट्रपति के चुनाव सम्बन्धी अथवा उससे जुड़े मामले

निर्वाचन

संविधान के **अनुच्छेद 66** के अनुसार उपराष्ट्रपति का निर्वाचन, संसद के दोनों सदनों के निर्वाचित सदस्यों से मिलकर बनाए गए **'निर्वाचन मण्डल'** द्वारा किए जाने का प्रावधान है।

यह निर्वाचन अप्रत्यक्ष रूप से समानुपातिक प्रतिनिधित्व पद्धति के अनुसार एकल संक्रमणीय मत द्वारा किया जाता है।

भारत के उप-राष्ट्रपति

क्र. सं.	नाम	पदावधि	विशिष्ट तथ्य
1.	डॉ. सर्वपल्ली राधाकृष्णन (1888–1975)	1952–62	यू.जी.सी. के प्रथम अध्यक्ष
2.	डॉ. जाकिर हुसैन (1897–1969)	1962–67	राज्यपाल
3.	वराहगिरि वेंकटगिरि (1884–1980)	1967–69	कार्यवाहक राष्ट्रपति
4.	गोपाल स्वरूप पाठक (1896–1982)	1969–74	राष्ट्रपति नहीं
5.	बी.डी. जत्ती (1916–2002)	1974–79	कार्यवाहक राष्ट्रपति
6.	न्यायमूर्ति मोहम्मद हिदायतुल्लाह (1905–92)	1979–84	मुख्य न्यायाधीश
7.	आर. वेंकटरमन (1910)	1984–87	केन्द्रीय मन्त्री
8.	डॉ. शंकर दयाल शर्मा (1918–99)	1987–92	मुख्यमन्त्री
9.	के.आर. नाराणयन (1920–2005)	1992–97	राजदूत
10.	कृष्णकांत	1997–2002	
11.	भैरों सिंह शेखावत (1923)	2002–07	मुख्यमन्त्री
12.	डॉ. हामिद अंसारी (1937)	2007–17	राजदूत
13.	मुत्पावारापु वेंकैया नायडु (1949)	2017-2022	केन्द्रीय मन्त्री
14.	जगदीप धनखड़	2022 से अब तक	–

कार्यकाल

- उपराष्ट्रपति का कार्यकाल 5 वर्ष निर्धारित किया गया है।
- किंतु यदि वह चाहे तो निर्धारित कार्यकाल से पूर्व भी राष्ट्रपति को अपना इस्तीफा दे सकता है।

वेतन एवं भत्ते

वर्तमान में उपराष्ट्रपति को **4,00,000 रुपये** प्रति माह वेतन व अन्य भत्ते प्राप्त होते हैं।

कार्य-अधिकार

- भारतीय संविधान में 'सामान्य स्थिति' में कोई कार्य या दायित्व उपराष्ट्रपति को नहीं सौंपा गया है।
- भारतीय संविधान का **अनुच्छेद 65** 'असामान्य स्थिति' में उपराष्ट्रपति को राष्ट्रपति का कार्य-अधिकार सौंपता है।
- **असामान्य स्थिति** का अर्थ है कि जब राष्ट्रपति अनुपस्थित है, अस्वस्थ है या अन्य किसी कारण से अपने दायित्व निर्वहन में असक्षम है या उसकी पदच्युति हो गई है या उसने पद-त्याग कर दिया है या उसकी मृत्यु हो गई है।
- **अनुच्छेद 64** के अनुसार जब उपराष्ट्रपति, राष्ट्रपति के रूप में कार्य करेगा तब वह राज्यसभा के सभापति के पद से जुड़े कर्तव्यों का पालन नहीं करेगा।
- यह स्थिति भारत में देखने में तब आई जब राष्ट्रपति **डॉ. जाकिर हुसैन** तथा **फखरुद्दीन अली अहमद** का निधन हो गया था और क्रमशः उपराष्ट्रपति वी.वी गिरि तथा उपराष्ट्रपति बी.डी. जत्ती ने राष्ट्रपति का कर्तव्य निभाया था।
- उपराष्ट्रपति जब राष्ट्रपति के रूप में कार्य करता है तो उसे राष्ट्रपति के रूप में वेतन-भत्ते व अन्य सुविधाएँ प्राप्त होती हैं, किंतु जब वह राज्यसभा के सभापति के रूप में कार्य करता है, तो उसे राज्यसभा के सभापति के रूप में वेतन व अन्य सुविधाएँ प्राप्त होती हैं न कि उपराष्ट्रपति के रूप में।

पदच्युति

भारतीय संविधान के **अनुच्छेद 67, 68 और 71** के अनुसार उपराष्ट्रपति को ऐसे संकल्प द्वारा हटाया जा सकता है, जिसे राज्यसभा के तत्कालीन समस्त सदस्यों के बहुमत से पारित किया गया हो और जिसे लोकसभा की सहमति प्राप्त हो।

प्रधानमन्त्री

संविधान के **अनुच्छेद 74** में मन्त्रिपरिषद् के प्रधान के रूप में **प्रधानमन्त्री** का उल्लेख किया गया है। संविधान द्वारा भारत में संसदीय शासन प्रणाली की स्थापना की गई है तथा कार्यपालिका की सर्वोच्च शक्ति राष्ट्रपति में निहित की गई है, परंतु वास्तविक सत्ताधारी के तौर पर उसकी समस्त शक्तियों का प्रयोग प्रधानमन्त्री द्वारा किया जाता है। वह सत्ताधारी दल का नेता तथा सरकार का प्रमुख होता है।

नियुक्ति

- संविधान के **अनुच्छेद 75** के तहत प्रधानमन्त्री की नियुक्ति राष्ट्रपति द्वारा की जाती है।
- सामान्य परिस्थितियों में राष्ट्रपति द्वारा लोकसभा में बहुमत प्राप्त दल के नेता को प्रधानमन्त्री के रूप में नियुक्त किया जाता है, परंतु लोकसभा में किसी भी दल को बहुमत प्राप्त न होने की स्थिति में प्रधानमन्त्री की नियुक्ति में राष्ट्रपति द्वारा स्वविवेक का प्रयोग किया जाता है।

शक्तियाँ एवं कार्य

- प्रधानमन्त्री द्वारा मन्त्रियों की **नियुक्ति एवं पदच्युति** की अनुशंसा राष्ट्रपति को की जाती है।
- लोकसभा में बहुमत प्राप्त दल के नेता होने के कारण वह लोकसभा में शासन की प्रमुख नीतियों एवं कार्यों की घोषणा करता है तथा लोकसभा के सदस्यों द्वारा गम्भीर विषयों से सम्बन्धित पूछे गए प्रश्नों के उत्तर देता है।
- देश की वित्त **व्यवस्था एवं वार्षिक बजट** निर्धारित करने में भी प्रधानमन्त्री की भूमिका होती है।
- शासकीय विधेयकों को प्रधानमन्त्री की सलाह के अनुसार तैयार किया जाता है
- अपने दल में अनुशासन एवं एकता कायम रखने तथा दल की नीतियों को क्रियान्वित कराने हेतु **प्रधानमन्त्री दलीय सचेतक** के माध्यम से आदेश जारी करता है।
- वह किसी भी समय लोकसभा के विघटन की अनुशंसा राष्ट्रपति से कर सकता है।
- उसके द्वारा मन्त्रियों के बीच मन्त्रालयों का **आवंटन तथा पुनः परिवर्तन** किया जाता है।
- प्रधानमन्त्री **मन्त्रिपरिषद् की बैठकों** की **अध्यक्षता** करता है तथा उसके निर्णयों को प्रभावित करता है।
- संविधान के **अनुच्छेद 78** के अनुसार वह **प्रशासन तथा विधान सम्बन्धी** सभी निर्णयों की सूचना राष्ट्रपति को देता है।

- **महत्वपूर्ण पदाधिकारियों** यथा **भारत का महान्यायवादी, भारत का नियन्त्रक एवं महालेखा परीक्षक, निर्वाचन आयुक्त, संघ लोक सेवा आयोग के अध्यक्ष तथा अन्य सदस्यगण** आदि की नियुक्तियों के सम्बन्ध में **राष्ट्रपति को सलाह** देता है।
- राज्यों के **राज्यपालों की नियुक्ति** का निर्णय वास्तविक रूप में **प्रधानमन्त्री** द्वारा लिया जाता है।
- प्रधानमन्त्री नीति आयोग का अध्यक्ष होता है तथा **'भारत रत्न', 'पद्मविभूषण' 'पद्मभूषण'** एवं **'पद्मश्री'** आदि उपाधियों की स्वीकृति भी वास्तविक तौर पर प्रधानमन्त्री द्वारा ही की जाती है।

प्रधानमन्त्री स्मरणीय तथ्य

प्रथम प्रधानमन्त्री (1947–64) जवाहर लाल नेहरू
प्रथम महिला प्रधानमन्त्री (1966–77) श्रीमती इन्दिरा गाँधी
प्रथम गैर-कांग्रेसी प्रधानमन्त्री (1977–79) श्री मोरारजी देसाई
लोकसभा का सामना न करने वाले प्रधानमन्त्री (1979–80) चौधरी चरण सिंह
अविश्वास प्रस्ताव द्वारा हटाए जाने वाले प्रथम प्रधानमन्त्री (1989–90) विश्वनाथ प्रताप सिंह
सबसे कम कार्यकाल वाले प्रधानमन्त्री (1996–96) अटल बिहारी वाजपेयी मात्र 13 दिन

विशिष्ट तथ्य

- भारत के तीन प्रधानमन्त्रियों (**जवाहर लाल नेहरू, लाल बहादुर शास्त्री** एवं **श्रीमती इन्दिरा गाँधी**) की मृत्यु उनकी पदावधि के दौरान हुई थी। **राजीव गाँधी** की मृत्यु लोकसभा **चुनाव के दौरान** हुई थी।
- **गुलजारी लाल नन्दा** दो बार (**जवाहर लाल नेहरू** एवं **लाल बहादुर शास्त्री** की मृत्यु के बाद) भारत के **कार्यवाहक प्रधानमन्त्री** चुने गए थे। **इन्दिरा गाँधी** की मृत्यु के बाद **राजीव गाँधी** को कार्यवाहक प्रधानमन्त्री नियुक्त किया गया था।
- **लाल बहादुर शास्त्री** की मृत्यु 11 जनवरी, 1966 को भारत से बाहर (**ताशकंद** में) हुई थी।
- **चौधरी चरण सिंह** भारत के ऐसे प्रधानमन्त्री थे, जिन्होंने अपने कार्यकाल में एक बार भी संसद का सामना नहीं किया।
- प्रधानमन्त्री पद से त्यागपत्र देने वाले प्रथम व्यक्ति **मोरारजी देसाई** थे (**प्रथम गैर-कांग्रेसी प्रधानमन्त्री**)।
- **राजीव गाँधी** सबसे **कम उम्र** में तथा **मोरारजी देसाई** सबसे **अधिक उम्र** में प्रधानमन्त्री नियुक्त हुए थे।
- **चौधरी चरण सिंह** और **अटल बिहारी वाजपेयी** ऐसे प्रधानमंत्री थे, जिन्होंने लोकसभा में **विश्वास प्रस्ताव पर मतदान के पूर्व** ही अपना त्यागपत्र दे दिया था तथा **विश्वनाथ प्रताप सिंह** और **एच.डी. देवगौड़ा** ऐसे प्रधानमन्त्री थे, जिन्हें लोकसभा में **विश्वास मत प्राप्त न कर पाने** के कारण त्यागपत्र देना पड़ा।
- देश की **प्रथम महिला** प्रधानमन्त्री **श्रीमती इन्दिरा गाँधी** थी।
- राजकुमारी **अमृत कौर** किसी एक विभाग का कार्यभार **सबसे लम्बी अवधि** तक देखने वाली **केन्द्रीय मन्त्री** थीं। वह **केन्द्रीय मन्त्रिमण्डल** में शामिल होने वाली **प्रथम महिला** मन्त्री भी थीं।
- केन्द्रीय मन्त्रिमण्डल से **त्यागपत्र** देने वाले **प्रथम मन्त्री श्यामा प्रसाद मुखर्जी** थे।
- भारत के **प्रथम उप-प्रधानमन्त्री सरदार वल्लभ भाई पटेल** थे।

- सर्वप्रथम लोकसभा में **अविश्वास प्रस्ताव** प्रधानमन्त्री **जवाहर लाल नेहरू** के विरुद्ध लाया गया था।
- एक कार्यकाल में **सबसे कम समय** (13 दिन) तक प्रधानमन्त्री का पद धारण करने वाले व्यक्ति **अटल बिहारी वाजपेयी** रहे।

91वें **संविधान संशोधन**-2003 द्वारा **अनुच्छेद-75** में उपबंध (1क) जोड़कर यह प्रावधान किया गया है कि मन्त्रिपरिषद् के प्रधानमन्त्री सहित सदस्यों की कुल संख्या लोकसभा के कुल सदस्य संख्या की **15 प्रतिशत** से अधिक नहीं होगी।

भारत के प्रधानमन्त्री

नाम	कार्यकाल	विशेष
जवाहर लाल नेहरू	1947–64	सबसे लम्बा कार्यकाल
लाल बहादुर शास्त्री	1964–66	
इन्दिरा गाँधी	1966–77	
मोरारजी देसाई	1977–79	प्रथम गैर-कांग्रेसी प्रधानमन्त्री
चरण सिंह	1979–80	एकमात्र प्रधानमन्त्री जिन्होंने लोकसभा का सामना नहीं किया।
इन्दिरा गाँधी	1980–84	
राजीव गाँधी	1984–89	
वी. पी. सिंह	1989–90	अविश्वास प्रस्ताव द्वारा हटने वाले एकमात्र प्रधानमन्त्री
चन्द्रशेखर	1990–91	
पी. वी. नरसिम्हा राव	1991–96	एकमात्र प्रधानमन्त्री जो पद ग्रहण करते समय किसी भी सदन के सदस्य नहीं थे।
अटल बिहारी वाजपेयी	16–28 मई, 1996	सबसे छोटा कार्यकाल (13 दिन)
एच. डी. देवगौड़ा	1996–97	एकमात्र प्रधानमन्त्री जो पद ग्रहण करते समय विधानसभा के सदस्य थे।
इन्द्रकुमार गुजराल	1997–98	
अटल बिहारी वाजपेयी	19 मार्च, 1998 से 12 अक्टूबर, 1999; 13 अक्टूबर, 1999 से 22 मई, 2004	
डॉ. मनमोहन सिंह	2004–14	
नरेन्द्र मोदी	26 मई 2014 से अब तक	लगातार द्वितीय कार्यकाल

- **गुलजारी लाल नन्दा** ऐसे प्रधानमन्त्री थे जो पद ग्रहण के समय राज्यसभा के सदस्य थे।

उप-प्रधानमन्त्री

- संविधान में **उप-प्रधानमन्त्री** पद का कोई प्रावधान नहीं है। किंतु समय-समय पर राजनीतिक कारणों से सत्तारूढ़ दल द्वारा संवैधानिक प्रावधानों से हटकर उप-प्रधानमन्त्री की नियुक्ति की गई। इस प्रकार, यह **विशुद्ध रूप से एक राजनीतिक पद** है।
- अब तक कुल **आठ व्यक्तियों** को उप-प्रधानमन्त्री नियुक्त किया गया है। सर्वप्रथम पण्डित जवाहर लाल नेहरू के प्रधानमन्त्रित्व काल में **सरदार वल्लभ भाई पटेल** को उप-प्रधानमन्त्री के पद पर नियुक्त किया गया था, जो **1947 ई. से 1950 ई.** तक इस पद पर रहे।

- संवैधानिक दृष्टि से **उप-प्रधानमन्त्री और मन्त्रिमण्डल** के अन्य मन्त्रियों की स्थिति में कोई अंतर नहीं होता है।
- उप-प्रधानमन्त्री मन्त्री के रूप में ही शपथ लेता है किंतु, व्यवहारिक दृष्टि से वह प्रधानमन्त्री के बाद दूसरे स्थान पर होता है।
- इसे मन्त्रिमण्डल के **वरिष्ठतम मन्त्री का दर्जा** भी कहा जा सकता है। उप-प्रधानमन्त्री को कोई विशेष अधिकार प्राप्त नहीं है। वह प्रधानमन्त्री की अनुपस्थिति में उसके सभी सम्पादित कार्यों को करता है।
- प्रधानमन्त्री की मृत्यु या त्यागपत्र के पश्चात् उप-प्रधानमन्त्री उसका पद ग्रहण नहीं करता है, क्योंकि प्रधानमन्त्री की मृत्यु या त्यागपत्र के पश्चात् **मन्त्रिपरिषद् का विघटन** कर दिया जाता है।
- अब तक कुल **7 बार** मन्त्रिमण्डल द्वारा **उप-प्रधानमन्त्री** पद का सृजन किया गया है। किंतु अब तक उप-प्रधानमन्त्री नियुक्त किए जाने वाले व्यक्तियों की **संख्या 8** है। इसका कारण यह कि 1979 ई. में प्रधानमन्त्री **मोरारजी देसाई** ने **दो उप-प्रधानमन्त्री चौधरी चरण सिंह** (वरिष्ठ) और **जगजीवन राम** (कनिष्ठ) को नियुक्त किया था। **चौधरी देवी लाल** को दो बार (**वी.पी. सिंह** और **चन्द्रशेखर** के कार्यकाल में) **उप-प्रधानमन्त्री** बनाया गया था।

भारत के उप-प्रधानमन्त्री

क्र.सं.	उप-प्रधानमन्त्री	अवधि
1.	सरदार वल्लभ भाई पटेल	15.08.1947 से 15.12.1950
2.	मोरारजी देसाई	13.03.1967 से 19.07.1969
3.	जगजीवन राम	24.01.1979 से 28.07.1979
4.	चौधरी चरण सिंह	24.01.1979 से 28.07.1979
5.	वाई.बी. चव्हाण	28.07.1979 से 01.01.1980
6.	चौधरी देवी लाल	02.12.1989 से 01.08.1990
7.	चौधरी देवी लाल	10.11.1990 से 21.06.1991
8.	लाल कृष्ण आडवाणी	29.06.2002 से 22.05.2004

मन्त्रिपरिषद्

- भारतीय संविधान में **अनुच्छेद-74** के तहत राष्ट्रपति को उसके दायित्वों के निर्वाह में सलाह देने के लिए मन्त्रिपरिषद् सह प्रधानमन्त्री पद का प्रावधान किया गया है।
- केन्द्र और राज्य मन्त्रिपरिषद् की सदस्य संख्या लोकसभा (केन्द्र के लिए) और विधानसभा (राज्यों के लिए) की **कुल संख्या की 15%** से अधिक नहीं होनी चाहिए तथापि छोटे राज्यों के लिए न्यूनतम **संख्या 12** निर्धारित की गई है।
- संवैधानिक रूप से देश की समस्त शक्तियाँ राष्ट्रपति के हाथों में समाहित हैं, किन्तु उसकी समस्त शक्तियों का उपयोग मन्त्रिपरिषद् प्रधानमन्त्री के नेतृत्व में संचालित होता है।

मन्त्रिपरिषद् का गठन

- राष्ट्रपति लोकसभा में स्पष्ट बहुमत प्राप्त नेता को **'प्रधानमन्त्री'** पद के लिए आमन्त्रित करता है।
- भारत का **राष्ट्रपति, प्रधानमन्त्री** को पद और **गोपनीयता** की शपथ दिलाता है।
- प्रधानमन्त्री **मन्त्रिपरिषद्** के लिए विभिन्न विभागों के प्रमुख के रूप में **राष्ट्रपति को मन्त्रियों** के नामों की सूची भेजता है, जिन्हें राष्ट्रपति शपथ दिलाता है।
- 'प्रधानमन्त्री सह मन्त्रियों' के लिए आवश्यक है कि वे संघ की विधायिका के सदस्य हों।
- कोई भी व्यक्ति बिना संसद की सदस्यता के भी **मन्त्री** बन सकता है, किंतु उसे **6 माह के अन्दर संसद** के किसी भी सदन की सदस्यता ग्रहण करनी पड़ेगी अन्यथा उसे अपने पद से त्यागपत्र देना पड़ेगा।
- भारत में **सामूहिक उत्तरदायित्व** की संकल्पना का प्रावधान है। इसका अर्थ है कि मन्त्रिपरिषद् सामूहिक रूप से लोकसभा के प्रति उत्तरदायी है। यदि सरकार के विरुद्ध अविश्वास प्रस्ताव पारित होता है, तो सम्पूर्ण मन्त्रिपरिषद् का अंत हो जाता है।

1. मन्त्रिपरिषद् में तीन स्तर के सदस्य होते हैं-

(i) कैबिनेट स्तर के मन्त्री

(ii) राज्य स्तर के मन्त्री

(iii) उपमन्त्री

2. यह एक **सांविधानिक निकाय** है, जिसका वर्णन संविधान के **अनुच्छेद-74** व **75** में किया गया है।

3. सैद्धान्तिक रूप से मन्त्रिपरिषद् को समस्त शक्तियाँ प्राप्त हैं, परंतु मन्त्रिमण्डल द्वारा इसके कार्यों का निर्धारण किया जाता है।

- ❖ मन्त्रिमण्डल द्वारा लिए गए नीतिगत निर्णयों का क्रियान्वयन मन्त्रिपरिषद् द्वारा किया जाता है।
- ❖ यह एक बड़ा निकाय है, जिसमें 50 से 70 मन्त्री तक शामिल होते हैं। समय एवं परिस्थितियों के अनुसार प्रधानमन्त्री इसके आकार को घटा अथवा बढ़ा सकते हैं।

मन्त्रिमण्डल

1. यह मन्त्रिपरिषद् का एक भाग होता है। इसमें केवल कैबिनेट स्तर के मन्त्री ही शामिल होते हैं।
2. **44वें संविधान** संशोधन, **1978 द्वारा अनुच्छेद-352** में मन्त्रिमण्डल (कैबिनेट) शब्द को जोड़ा गया; जबकि संविधान के मूल पाठ में इस शब्द को स्थान नहीं दिया गया था।
3. व्यावहारिक रूप में मन्त्रिमण्डल सदैव मन्त्रिपरिषद् की ही शक्तियों का प्रयोग करता है और मन्त्रियों के कार्यों का निर्धारण करता है।
4. नीतिगत निर्णयों को क्रियान्वित करने के लिए यह मन्त्रिपरिषद् को निर्देश देता है तथा निर्णयों के क्रियान्वयन की निगरानी भी करता है।
5. यह मन्त्रिपरिषद् से आकार में छोटा निकाय है या **जिसमें 15–20** मन्त्री होते हैं।

मन्त्रियों के प्रकार

कैबिनेट मन्त्री, राज्य मन्त्री, उपमन्त्री

- **कैबिनेट** (कैबिनेट मन्त्रियों का समूह) भारत के प्रशासन की **सर्वोच्च** इकाई है। यही सरकार की नीतियों का संचालन करती है। इसके सदस्य अपने विभागों (मंत्रालय) के अध्यक्ष होते हैं।
- कैबिनेट शब्द का उल्लेख संविधान में नहीं किया गया था। **44वें संविधान संशोधन, 1978** द्वारा अब इस शब्द को **अनुच्छेद-352** में शामिल कर लिया गया है। आपातकाल लागू करने के लिए राष्ट्रपति को भेजी जाने वाली लिखित अनुशंसा पर **कैबिनेट मन्त्रियों के हस्ताक्षर** का होना अनिवार्य कर दिया गया है।
- कैबिनेट मन्त्री को सहायता देने के लिए **राज्यमन्त्री** और **उपमन्त्री** की नियुक्ति की जाती है।
- **राज्यमन्त्री**- इन्हें कैबिनेट की बैठकों में भाग लेने का अधिकार नहीं होता। इनकी दो श्रेणी हैं।

राज्यमन्त्री की श्रेणी

1. स्वतन्त्र प्रभार वाले राज्यमन्त्री।
2. वे राज्यमन्त्री जिन्हें स्वतन्त्र प्रभार नहीं दिया गया है। स्वतन्त्र प्रभार का मन्त्री अपने विभाग का प्रमुख होता है; जबकि बिना स्वतन्त्र प्रभार वाले मन्त्री कैबिनेट मन्त्री के अधीन कार्य करते हैं।

- **उपमन्त्री**-उपमन्त्री **कनिष्ठ** (Junior) मन्त्री होता है, जो किसी कैबिनेट मन्त्री अथवा स्वतन्त्र प्रभार वाले राज्यमन्त्री के अधीन कार्य करता है।

मन्त्रिपरिषद्, प्रधानमन्त्री, कैबिनेट मन्त्री, राज्यमन्त्री और **उपमन्त्री** इन सबका सामूहिक नाम है; जबकि मन्त्रिमण्डल केवल **कैबिनेट मन्त्रियों** का एक समूह है। आकार में मन्त्रिपरिषद् बड़ी होती है एवं मन्त्रिमण्डल छोटा, परंतु महत्व की दृष्टि से मन्त्रिमण्डल बड़ा होता है, क्योंकि वही शासन की नीति का संचालन करता है।

सामूहिक उत्तरदायित्व

- **अनुच्छेद 75(3)** में कहा गया है कि **मन्त्रिपरिषद्** लोकसभा के प्रति सामूहिक रूप से उत्तरदायी होगी। इसका तात्पर्य यह है कि किसी मन्त्री के कार्य के लिए अकेला वही मन्त्री उत्तरदायी नहीं होगा, बल्कि उसके कार्य के लिए सम्पूर्ण मन्त्रिपरिषद् उत्तरदायी होती है।
- अत: यदि मन्त्रिपरिषद् के किसी एक सदस्य के विरुद्ध अविश्वास प्रस्ताव पारित हो जाता है, तो उस दशा में सम्पूर्ण मन्त्रिपरिषद् को अपना त्यागपत्र देना होता है।
- इस प्रकार, **सामूहिक उत्तरदायित्व** के सिद्धान्त के अनुसार सम्पूर्ण मन्त्रिपरिषद् एक इकाई के रूप में कार्य करती है तथा सभी मन्त्री एक-दूसरे के कार्यों के लिए उत्तरदायी होते हैं।
- मन्त्री चाहे जिस भी सदन से हो सामूहिक उत्तरदायित्व लोकसभा के प्रति ही होगा।

मन्त्रिपरिषद् की कार्यप्रणाली

- मन्त्रिपरिषद् की ओर से मन्त्रिमण्डल या कैबिनेट एक इकाई के रूप में कार्य करता है। इसकी बैठक प्राय: सप्ताह में एक बार होती है। वैसे प्रधानमन्त्री जब चाहे बैठक बुला सकता है।
- मन्त्रिपरिषद् की बैठक में **प्रधानमन्त्री** अध्यक्षता करता है तथा उसकी अनुपस्थिति में वरिष्ठ मन्त्री अध्यक्षता करता है। मन्त्रिपरिषद् की बैठक के लिए कोई **कोरम** (न्यूनतम उपस्थिति सदस्य संख्या) नहीं होती है।
- मन्त्रिपरिषद् की ओर से **मन्त्रिमण्डल** या **कैबिनेट** ही प्रत्येक मामले पर निर्णय लेता है। प्राय: सभी निर्णय एकमत से लिए जाते हैं। मतभेद की अवस्था में निर्णय बहुमत से लिए जाते हैं। बहुमत से लिया गया निर्णय सभी मन्त्रियों का संयुक्त निर्णय माना जाता है।
- यदि कोई मन्त्री इस निर्णय से सहमत नहीं होता तो उसे अपने पद से त्यागपत्र देना पड़ता है।
- सर्वप्रथम 1950 ई. में **डॉ. श्यामा प्रसाद मुखर्जी** और **के.सी. नियोगी** ने तथा इसके बाद **डॉ. मथाई** और **श्री देशमुख** ने भी मन्त्रिमण्डल के निर्णयों से मतभेद होने के कारण त्यागपत्र दिए थे।

संघीय संसद

भारत की केन्द्रीय व्यवस्थापिका को संसद के नाम से संबोधित किया जाता है। भारतीय संसद का गठन लोकसभा, राज्यसभा और राष्ट्रपति से मिलकर होता है।

राज्यसभा

- भारतीय संविधान का अनुच्छेद 80 संसद के उच्च सदन के रूप में राज्यसभा का उल्लेख करता है।
- राज्यसभा में सदस्यों की अधिकतम संख्या 250 हो सकती हैं, इसके सदस्यों की वर्तमान संख्या 245 है।
- राज्यसभा के 12 सदस्यों का मनोयन राष्ट्रपति द्वारा किया जाता है।
- मनोनीत किए जाने वाले सदस्यों के लिए यह आवश्यक है कि वह कला, साहित्य, विज्ञान, समाज सेवा या सहकारिता के क्षेत्रों में विशिष्ट स्थान रखता हो।
- राज्यसभा का **गठन 6 वर्ष** के लिए होता है। यह एक स्थायी सदन है, जो कभी भंग नहीं किया जा सकता है।
- प्रत्येक **2 वर्ष** पश्चात् इसके **1/3 सदस्य** अवकाश ग्रहण करते हैं और उनके स्थान पर नए सदस्य स्थान ग्रहण करते हैं। राज्यसभा में भी विपक्ष के नेता को कैबिनेट-स्तर का दर्जा प्राप्त होता है।
- राष्ट्रपति वर्ष में कम-से-कम दो बार राज्यसभा का अधिवेशन आहूत करता है। राज्यसभा की अंतिम बैठक और अगले सत्र की प्रथम बैठक में छ: माह से अधिक का अंतर नहीं होना चाहिए।

राज्यसभा सदस्य की अनिवार्य योग्यताएँ

- वह भारत का नागरिक हो।
- उनकी आयु **30 वर्ष** से कम न हो।
- वह भारत सरकार या राज्य सरकार के अधीन किसी लाभ के पद पर न हो।
- वह पागल या दिवालिया न हो।
- जिस राज्य का वह प्रतिनिधित्व पाना चाहता है, उस राज्य के संसदीय क्षेत्र का वह मतदाता हो।

सभापति

- भारत का उपराष्ट्रपति, राज्यसभा का पदेन सभापति होता है। राज्यसभा के सदस्यों में से एक सभापति का निर्वाचन किया जाता है।
- सभापति की अनुपस्थिति में उप-सभापति, सभापति के कर्तव्यों का पालन करता है।

राज्यसभा की शक्तियाँ व कार्य

- राज्यसभा, लोकसभा के साथ मिलकर कानून बनाती है, संविधान में संशोधन करती है। संसद का अभिन्न अंग होने के कारण, बिना इसकी सहमति के कोई विधेयक कानून नहीं बन सकता है।
- केवल राज्यसभा को यह अधिकार प्राप्त है कि वह संविधान के **अनुच्छेद 312** के तहत अखिल भारतीय सेवाओं का सृजन कर सके।
- केवल राज्यसभा को यह अधिकार प्राप्त है कि वह **अनुच्छेद 249** के तहत राज्य सूची के किसी विषय को राष्ट्रीय महत्व का घोषित कर सके।
- **राज्यसभा** ने अपने इस अधिकार का प्रयोग अब तक दो बार (1952 व 1986) किया है।
- वह लोकसभा के साथ मिलकर राष्ट्रपति तथा **उपराष्ट्रपति के निर्वाचन** में शामिल होती है।
- वह लोकसभा के साथ मिलकर **'महाभियोग'** की प्रक्रिया में भाग लेती है।
- एक माह से अधिक अवधि तक यदि आपातकाल लागू रखना हो, तो उस प्रस्ताव का अनुमोदन वह **लोकसभा** से मिलकर करती है।

महत्वपूर्ण पदाधिकारियों के मासिक वेतन

पदाधिकारी	वेतन (₹ में)
1. राष्ट्रपति	5,00,000
2. उप-राष्ट्रपति	4,00,000
3. प्रधानमंत्री	1,60,000
4. लोकसभा अध्यक्ष	1,25,000
5. राज्यपाल	3,50,000
6. सर्वोच्च न्यायालय के मुख्य न्यायाधीश	2,80,000*

7. सर्वोच्च न्यायालय के अन्य न्यायाधीश	2,50,000*
8. उच्च न्यायालय के मुख्य न्यायाधीश	2,50,000*
9. उच्च न्यायालय के अन्य न्यायाधीश	2,25,000*
10. नियंत्रक एवं महालेखा परीक्षक	2,50,000*
11. मुख्य चुनाव आयुक्त	2,50,000*
12. महान्यायवादी	2,50,000*

भारत का महान्यायवादी

संविधान के अनुच्छेद 76 में भारत के महान्यायवादी के पद का वर्णन है। महान्यायवादी की नियुक्ति राष्ट्रपति करता है।
भारत का महान्यायवादी किसी भी सदन या उसकी समिति में बोल सकता है, परंतु मत नहीं दे सकता।
महान्यायवादी को भारत के राज्यक्षेत्र में सभी न्यायालयों में सुनवाई का अधिकार होता है।

संसद सदस्यों के विशेषाधिकार

संसद के सदस्यों को कुछ विशेषाधिकार प्राप्त हैं, जो निम्न हैं–

- सदन द्वारा निर्मित नियमों के अंतर्गत उन्हें सदन में भाषण (सर्वोच्च न्यायालय व उच्च न्यायालयों के न्यायाधीशों के व्यवहार के अतिरिक्त) की पूर्ण स्वतन्त्रता है।
- सदस्यों को दीवानी मामलों में, सदन की बैठक के **40 दिन पूर्व** व **40 दिन बाद बंदी** नहीं बनाया जा सकता। यह सुविधा उन्हें फौजदारी मामलों तथा निवारक विरोध (Preventive detention) अधिनियम के विरुद्ध उपलब्ध नहीं हैं।
- संसद के किसी भी सदन के आदेशानुसार छापी गई किसी रिपोर्ट, परचे अथवा कार्यवाही के लिए उनके **विरुद्ध न्यायालय** में कार्यवाही नहीं की जा सकती।
- सदन की अनुमति के बिना, संसद के अधिवेशन के दौरान, किसी भी सदस्य को गवाही देने के लिए नहीं कहा जा सकता।
- कोई भी सदस्य संसद की सदस्यता से वंचित किया जा सकता है, यदि वह बिना किसी सूचना के **60 दिन तक सदन** से अनुपस्थित रहता है।
- वह पार्टी के निर्देशन के विरुद्ध वोट देता है अथवा वोट देने नहीं जाता।
- वह स्वेच्छा से उस दल की सदस्यता त्याग देता है, जिसके टिकट से वह सदन का सदस्य निर्वाचित हुआ था।

ससंद के सत्र

भारतीय संसदीय व्यवस्था में संसद के तीन सत्र होते हैं, परंतु दो सत्रों के बीच 6 माह से अधिक अंतर नहीं होना चाहिए।

1. **बजट सत्र**, इस सत्र के दौरान आय बजट प्रस्तुत एवं पारित किया जाता है। यह सत्र फरवरी से मई तक चलता है।
2. मानसून सत्र, इस सत्र की कार्यविधि जुलाई से अगस्त माह तक होती है।
3. शीतकालीन सत्र, सबसे कम समय की कार्यविधि है, जो नवम्बर से दिसम्बर तक की होती है।

संसद के अंग	
1.	**राष्ट्रपति** (President) यह कार्यपालिका का **संवैधानिक प्रमुख** है, परंतु कानून निर्माण की प्रक्रिया में भी इसकी भूमिका है।
2.	**लोकसभा** (House of the People) यह प्रथम या निम्न सदन अथवा लोकप्रिय सदन है।
3.	**राज्यसभा** (Council of States) यह **द्वितीय या उच्च सदन** है।
इस प्रकार **राष्ट्रपति, लोकसभा** तथा **राज्यसभा** तीनों संसद के भाग हैं।	

लोकसभा की संरचना

- भारतीय संविधान के अनुसार लोकसभा का गठन **वयस्क मतदान** (Adult Suffrage) के आधार पर प्रत्यक्ष चुनाव द्वारा चुने गए जनता के प्रतिनिधि से होता है।
- लोकसभा को **लोकप्रिय सदन** (Popular House) भी कहते हैं, क्योंकि इसके सदस्य जनता द्वारा प्रत्यक्ष रूप से निर्वाचित होते हैं। इसे अंग्रेजी में 'House of People' कहा जाता है। लोकसभा राज्यसभा से अधिक शक्तिशाली है।

अनेक प्रसंगों में संसद का आशय लोकसभा से ही लिया गया है।

- लोकसभा के गठन के बारे में संविधान के **अनुच्छेद-81** में प्रावधान किया गया है। **अनुच्छेद-81** के तहत मूल संविधान में लोकसभा की सदस्य संख्या 500 निश्चित की गई थी, लेकिन समय-समय पर इसमें वृद्धि की गई है।
- 31वाँ संविधान संशोधन-1974 इसके द्वारा लोकसभा की अधिकतम सदस्य संख्या 547 निश्चित की गई। इन 547 सदस्यों में से 545 सदस्यों के **निर्वाचन** की एवं आंग्ल भारतीय वर्ग के प्रतिनिधि के रूप में 2 सदस्यों के राष्ट्रपति द्वारा **मनोनयन** की व्यवस्था की गई। परंतु, अब **गोवा, दमन और दीव पुनर्गठन अधिनियम, 1987** द्वारा निश्चित किया गया है कि लोकसभा की **अधिकतम सदस्य संख्या 552** हो सकती है। इनमें से **अधिकतम 530 सदस्य राज्यों के निर्वाचन क्षेत्रों से व 20 सदस्य संघीय क्षेत्रों से** निर्वाचित किए जा सकेंगे एवं **राष्ट्रपति आंग्ल-भारतीय समुदाय के 2 सदस्यों** को मनोनीत कर सकेगा।

वर्तमान में लोकसभा की सदस्य संख्या 545 है। इन सदस्यों में 530 सदस्य राज्यों से और **13 सदस्य** संघीय क्षेत्रों से निर्वाचित होते हैं तथा 2 सदस्य **आंग्ल-भारतीय समुदाय** के प्रतिनिधि के रूप में राष्ट्रपति द्वारा **अनुच्छेद-331** के अंतर्गत मनोनीत किए जाते हैं।

राज्यों में तथा एक राज्य के सभी निर्वाचन **क्षेत्रों** में **यथासाध्य** एक समान रखा जाएगा। इसलिए राज्यों को स्थान आवंटित करते समय निम्नलिखित बातों को ध्यान में रखा जाएगा–

1. प्रत्येक राज्य को लोकसभा में स्थानों का आवंटन इस प्रकार किया जाएगा कि स्थानों की संख्या से उस राज्य की **जनसंख्या का अनुपात** सभी राज्यों के लिए यथासाध्य एक समान हो, किंतु यह उपबंध किसी राज्य पर तभी लागू होगा; जबकि, उस राज्य की जनसंख्या **60 लाख** से अधिक हो।
2. प्रत्येक राज्य को प्रादेशिक निर्वाचन क्षेत्रों में इस प्रकार विभाजित किया जाएगा कि प्रत्येक निर्वाचन क्षेत्र की जनसंख्या का उसको आवंटित स्थानों की संख्या से अनुपात पूरे राज्य में यथासाध्य एक समान हो **[अनुच्छेद-81(2)]**।

परिसीमन

- संविधान में यह व्यवस्था की गई थी कि प्रत्येक दस वर्ष में होने वाली जनगणना के बाद **परिसीमन आयोग** (Delimination Commission) लोकसभा में राज्य व संघ राज्य क्षेत्र के प्रतिनिधियों की संख्या निर्धारित करेगा।

देश को विभिन्न निर्वाचन क्षेत्रों में इस तरह से विभाजित करना कि क्षेत्रगत और जनसंख्यागत आधार पर देश के सभी नागरिकों को समुचित प्रतिनिधित्व प्राप्त हो सके।

- संविधान की इस व्यवस्था के अंतर्गत वर्ष 1971 की जनगणना के आधार पर लोकसभा के निर्वाचित सदस्यों की संख्या 543 निश्चित की गई है। इसमें मनोनीत सदस्य शामिल नहीं हैं।
- **42वें संवैधानिक संशोधन** द्वारा इस व्यवस्था को समाप्त करते हुए निश्चित किया गया था कि वर्ष 2000 तक ये निर्वाचन क्षेत्र वही रहेंगे, जो वर्ष 1971 की जनगणना के आधार पर निर्धारित किए गए थे।

- **84वें संविधान संशोधन 2001** द्वारा लोकसभा के कुल सदस्यों की संख्या एवं लोकसभा में राज्यवार प्रतिनिधित्व 2026 तक यथावत् रखने का निर्णय लिया गया है।
- इस प्रकार अब 2026 तक लोकसभा सदस्यों की **संख्या 545 (543 निर्वाचित + 2 मनोनीत)** ही रहेगी। कुल स्थानों और राज्यवार प्रतिनिधित्व को यथावत रखते हुए राज्य में निर्वाचन क्षेत्रों का परिसीमन किया जा सकता है।

निर्वाचन क्षेत्रों का परिसीमन वर्ष 1991 की जनगणना पर आधारित होगा।

लोकसभा का निर्वाचन

- लोकसभा के सदस्यों का चुनाव **प्रत्यक्ष रूप** से, **वयस्क मताधिकार** के आधार पर होता है। पहले 21 वर्ष की आयु प्राप्त व्यक्ति को वयस्क समझा जाता था, किंतु संविधान के 61वें **संविधान संशोधन-1989** द्वारा मताधिकार की आयु **21 वर्ष से घटाकर 18 वर्ष** कर दी गई है।
- अत: कोई भी व्यक्ति जो भारत का नागरिक है तथा उसकी आयु 18 वर्ष या उससे अधिक है, तो वह लोकसभा के निर्वाचन में मतदान कर सकता है। यदि वह चित्तविकृत, अनिवास, किसी अपराध या भ्रष्ट आचरण के आधार पर संसद द्वारा बनाई गई किसी विधि के अधीन मत देने से अयोग्य न हो **(अनुच्छेद-326)**।

सदस्यों की योग्यताएँ

लोकसभा तथा राज्यसभा सदस्यों की अर्हताएँ **अनुच्छेद-84** में दी गई हैं। इसके अनुसार कोई व्यक्ति लोकसभा का सदस्य चुने जाने के योग्य होगा, यदि वह

1. भारत का नागरिक हो,
2. उसकी आयु **25 वर्ष** (लोकसभा) एवं 30 वर्ष (राज्यसभा) से कम नहीं हो।
3. निर्वाचन आयोग द्वारा प्राधिकृत व्यक्ति के समक्ष शपथ ली है।
4. उसके पास ऐसी अन्य योग्यताएँ हों जो संसद द्वारा बनाई गई विधि के तहत निर्धारित की गई हैं।

संसद ने **जनप्रतिनिधित्व अधिनियम, 1951** (People's Representation Act, 1951) पारित कर संसद सदस्यों के लिए कुछ योग्यताएँ निर्धारित की हैं।

सदस्यता के लिए निरर्हताएँ

- संविधान के **अनुच्छेद-101** तथा **102** में संसद सदस्यों की निरर्हताओं का वर्णन किया गया है।
- **अनुच्छेद-101** के अनुसार यदि कोई सदस्य संसद के दोनों सदनों अथवा राज्य विधानमण्डल के किसी सदन का सदस्य चुन लिया जाता है, तो उसे एक सदन में अपना स्थान छोड़ना होगा।
- **अनुच्छेद-102** के अनुसार कोई व्यक्ति **लोकसभा या राज्यसभा** का सदस्य चुने जाने के योग्य नहीं होगा–

1. यदि वह भारत सरकार के या किसी राज्य की सरकार के अधीन कोई **लाभ का पद** धारण करता है। **मन्त्रियों का पद लाभ का पद नहीं है।**
2. यदि वह **विकृतचित्त** है अथवा **दिवालिया** है।
3. यदि वह भारत का नागरिक नहीं है या उसने किसी विदेशी राज्य की नागरिकता स्वेच्छा से अर्जित कर ली है या वह किसी विदेशी राज्य के प्रति निष्ठा रखता हो।
4. यदि वह दल-बदल कानून के तहत् अयोग्य हो। **52वें संविधान संशोधन, 1985** द्वारा **10वीं अनुसूची** को संविधान में **जोड़कर** दल-बदल करने वाले सदस्यों को अयोग्य घोषित करने के संबंध में प्रावधान किया गया है।
5. कोई व्यक्ति संसद के **दोनों सदनों** का एक साथ (एक समय में) सदस्य नहीं होगा और न ही संसद के किसी सदन और किसी राज्य के **विधानमण्डल की सदस्यता** एक साथ धारण करेगा।

संसद सदस्यों की अयोग्यता सम्बन्धी प्रश्नों का निर्धारण

अनुच्छेद-103 के अनुसार, यदि यह प्रश्न उठता है कि संसद के किसी सदन का कोई सदस्य **अनुच्छेद-102** में वर्णित किसी अयोग्यता से ग्रस्त हो गया है या नहीं तो यह प्रश्न राष्ट्रपति को निर्देशित किया जाएगा और उसका निर्धारण करने से पहले राष्ट्रपति **निर्वाचन आयोग की राय लेगा और उसकी राय** के अनुसार कार्य करेगा।

लोकसभा का कार्यकाल

- संविधान के **अनुच्छेद-83(2)** के अनुसार, लोकसभा का कार्यकाल प्रथम बैठक की तारीख से **5 वर्ष** तक होता है। 5 वर्ष की अवधि समाप्त होते ही लोकसभा भंग हो जाती है, परंतु इस अवधि के पूर्व भी प्रधानमन्त्री के परामर्श पर राष्ट्रपति द्वारा लोकसभा को भंग किया जा सकता है।
- आपातकाल की घोषणा लागू होने पर संसद विधि द्वारा लोकसभा के कार्यकाल में वृद्धि कर सकती है। जो एक बार में एक वर्ष से अधिक नहीं होगा।

  दूसरी आपात उद्घोषणा के कारण पाँचवीं लोकसभा का कार्यकाल दो बार एक-एक वर्ष के लिए बढ़ाया गया था। किंतु इस प्रकार बढ़ाई गई विधि किसी भी दशा में संकट काल की घोषणा की समाप्ति के पश्चात् 6 माह से अधिक जारी नहीं रहेगी।
- **42वें संविधान संशोधन अधिनियम, 1976** द्वारा लोकसभा का कार्यकाल 6 वर्ष कर दिया गया था, जिसे **44वें संविधान संशोधन अधिनियम 1978** द्वारा पुन: 5 वर्ष कर दिया गया।

अधिवेशन व गणपूर्ति

- राष्ट्रपति वर्ष में कम-से-कम दो बार लोकसभा का अधिवेशन बुलाएगा लोकसभा के एक सत्र की अन्तिम बैठक तथा आगामी सत्र की पहली बैठक के लिए नियत तारीख के बीच **6 माह से अधिक** अंतर नहीं होगा।
- अधिवेशन प्रारम्भ करने के लिए **गणपूर्ति** (Quorum) सदन की कुल सदस्य संख्या का **1/10 भाग** उपस्थित होना आवश्यक है। यदि इतने सदस्य उपस्थित न हों तो अध्यक्ष अधिवेशन को तब-तक के लिए निलंबित कर देगा जब तक कि गणपूर्ति न हो जाए।

लोकसभा के प्रमुख पदाधिकारी

लोकसभा अध्यक्ष

भारत में संसदीय प्रणाली अपनाने के कारण **निम्न सदन लोकसभा** को **राजनीतिक व्यवस्था** में महत्वपूर्ण स्थान प्राप्त है। इसी कारण लोकसभा अध्यक्ष को पद सूची के वरीयता क्रम में छठा स्थान प्राप्त है। हमारे यहाँ लोकसभा स्पीकर को लगभग वही शक्तियाँ प्राप्त हैं, जो ब्रिटेन के हाउस ऑफ कॉमन्स के स्पीकर को।

ब्रिटिश हाउस ऑफ कॉमन्स का स्पीकर निर्दलीय व्यक्ति होता है, वहीं भारत में स्पीकर अपनी **दलीय सदस्यता** का त्याग नहीं करता है।

लोकसभा उपाध्यक्ष

लोकसभा, अध्यक्ष की भाँति उपाध्यक्ष भी निर्वाचित करती है। यह उपाध्यक्ष अध्यक्ष की अनुपस्थिति में सदन की अध्यक्षता करता है। उपाध्यक्ष **सचिवालय बजट समिति** (Secretariat Budget Committee) का अध्यक्ष होता है।

सच्चिदानन्द सिन्हा (1921) पहले लोकसभा उपाध्यक्ष थे, परंतु स्वतन्त्रता प्राप्ति के बाद प्रथम उपाध्यक्ष **अनन्तशयनम आयंगर** थे।

प्रोटेम स्पीकर

आम चुनावों के बाद राष्ट्रपति लोकसभा के सबसे वरिष्ठ सदस्य को प्रोटेम स्पीकर के रूप में नियुक्त करता है। स्पीकर का चुनाव और नव-निर्वाचित सदस्यों को

शपथ ग्रहण कराना प्रोटेम स्पीकर का कार्य है। प्रोटेम स्पीकर सर्वप्रथम बहुमत दल के उम्मीदवार का स्पीकर के रूप में प्रस्ताव रखता है। यदि इस प्रस्ताव को लोकसभा बहुमत से स्वीकार कर लेती है, तो लोकसभा स्पीकर का चुनाव हो जाता है अन्यथा प्रोटेम स्पीकर दूसरे सदस्य का प्रस्ताव रखता है।

लोकसभा महासचिव

यह कार्यपालिका का स्थायी पदाधिकारी होता है, जो 60 वर्ष तक इस पर कार्य कर सकता है। वह संसद या लोकसभा के प्रति नहीं अपितु लोकसभा अध्यक्ष के प्रति उत्तरदायी होता है। महासचिव के प्रमुख कार्य निम्नलिखित हैं-

- वह राष्ट्रपति की ओर से सदन के अधिवेशन में उपस्थित होने के लिए सदस्यों को आमन्त्रण जारी करता है तथा अध्यक्ष की अनुपस्थिति में विधेयकों को प्रमाणित करता है।
- वह सदन की ओर से सन्देश भेजता है व अध्यक्ष के सन्देशों को प्राप्त भी करता है। सदन या समितियों के समक्ष जो गवाह प्रस्तुत होते हैं, इनके विरुद्ध समन (वारण्ट) जारी कर सकता है।

लोकसभा के अध्यक्ष और उपाध्यक्ष

- संविधान के **अनुच्छेद-93** के अनुसार लोकसभा को अपने सदस्यों में से एक **अध्यक्ष** (Speaker) और एक **उपाध्यक्ष** (Deputy Speaker) चुनने का अधिकार है। इन दोनों के अलावा 10 लोगों का एक पैनल भी नियुक्त किया जाता है, जो आवश्यकता पड़ने पर इन अधिकारियों के कर्तव्यों का निष्पादन करता है।
- अध्यक्ष एवं उपाध्यक्ष दोनों का कार्यकाल 5 वर्ष का होता है। इसके पूर्व भी वे स्वेच्छा से त्यागपत्र दे सकते हैं।
- अध्यक्ष अपना त्यागपत्र उपाध्यक्ष को तथा उपाध्यक्ष अपना त्यागपत्र अध्यक्ष को देता है।
- इसके अतिरिक्त, उन्हें लोकसभा के तत्कालीन समस्त सदस्यों के बहुमत से पारित संकल्प द्वारा अपने पद से हटाया जा सकता है।
- परंतु ऐसा संकल्प तब तक प्रस्तावित नहीं किया जा सकता, जब तक कि उस संकल्प को प्रस्तावित करने के अभिप्राय की **सूचना कम-से-कम 14 दिन पूर्व** अध्यक्ष या उपाध्यक्ष (जिसे भी हटाना हो) को न दे दी गई हो।
- पदत्याग, पदच्युति या अन्य किसी कारण से अध्यक्ष की अनुपस्थिति की स्थिति में उपाध्यक्ष लोकसभा की अध्यक्षता करता है।
- संविधान के अनुसार लोकसभा के अध्यक्ष और उपाध्यक्ष को संसद द्वारा निर्धारित वेतन और भत्ते प्राप्त होंगे।
- वर्तमान में लोकसभा अध्यक्ष को **1,25,000 रुपए मासिक वेतन** प्राप्त होता है। इन दोनों पदाधिकारियों को निःशुल्क निवास स्थान तथा केन्द्रीय मन्त्रियों को मिलने वाली अन्य **सुविधाएँ** भी प्राप्त होती हैं।
- अध्यक्ष अपने पद पर लोकसभा को भंग किए जाने के बाद भी उस समय तक बना रहता है, जब तक नई लोकसभा की प्रथम बैठक न हो। **लोकसभा अध्यक्ष लोकसभा के सदस्य के रूप में शपथ ग्रहण करता है, लोकसभा के अध्यक्ष के रूप में नहीं।** अतः लोकसभा के अध्यक्ष को कोई शपथ ग्रहण नहीं कराता है।

लोकसभा अध्यक्ष के अधिकार तथा कार्य

- वह लोकसभा की बैठकों की अध्यक्षता करता है और सदन की कार्यवाही का संचालन करता है।
- वह सदन में शांति व्यवस्था बनाए रखने के लिए उत्तरदायी है। वह सदन में अव्यवस्था पैदा करने वाले सदस्यों को सदन से बाहर जाने का आदेश दे सकता है।
- यदि कोई सदस्य उसकी आज्ञा न माने व सदन की कार्यवाही में निरन्तर बाधा डाले, तो वह उसकी **सदस्यता निलंबित** (Suspend) भी कर सकता है।
- वह सदन के नेता के **परामर्श से सदन** की **कार्यवाही** का क्रम निश्चित करता है।
- राष्ट्रपति के **उद्घाटन-भाषण** के संबंध में किए जाने वाले वाद-विवाद आदि का समय निश्चित करता है।
- सदन में अव्यवस्था उत्पन्न होने पर वह **सदन की कार्यवाही** स्थगित कर सकता है।
- वह लोकसभा और राज्यसभा के **संयुक्त अधिवेशन** (Joint serrion) की अध्यक्षता करता है।
- कोई विधेयक **धन-विधेयक** (Money Bill) है अथवा नहीं, इस बात का निर्णय लोकसभा अध्यक्ष द्वारा किया जाता है।
- किसी प्रश्न पर **सदन में पक्ष-विपक्ष** के बराबर मत आने की स्थिति में लोकसभा अध्यक्ष **निर्णायक मत** (Casting Vote) भी देता है, **अनुच्छेद-100(1)**।
- अध्यक्ष विभिन्न विधेयकों, प्रस्तावों आदि पर मतदान करवा कर परिणाम घोषित करता है। वह प्रश्नों को स्वीकार अथवा अस्वीकार करने का कार्य करता है तथा काम रोको प्रस्ताव भी उसकी अनुमति से ही पेश हो सकता है।
- प्रक्रिया सम्बन्धी सभी विवादों पर उसका निर्णय अन्तिम होता है।
- सदन में कोई भी सदस्य अध्यक्ष की आज्ञा से ही भाषण कर सकता है।
- वह सदन की कार्यवाही से ऐसे शब्दों को निकाले जाने (Expunge) का आदेश दे सकता है, जिन्हें वह असंसदीय और अशिष्ट समझे।
- सदन और राष्ट्रपति के बीच सारा **पत्र-व्यवहार** लोकसभा अध्यक्ष के माध्यम से ही होता है। इस प्रकार वह सदन तथा राष्ट्रपति के मध्य **विचार-विनिमय** का माध्यम है।
- लोकसभा अध्यक्ष संसद की कुछ **समितियों का पदेन सभापति** होता है।
- वह सदन में **दर्शकों** और **प्रेस-प्रतिनिधियों** के प्रवेश पर नियंत्रण भी लगा सकता है।
- वह सदन के सदस्यों के विशेष अधिकारों की रक्षा करता है। अध्यक्ष की अनुपस्थिति में उक्त सभी कार्यों का सम्पादन उपाध्यक्ष करता है। यदि दोनों पदाधिकारी अनुपस्थिति हो, तो लोकसभा अपने सदस्यों में से एक सदस्य को अध्यक्ष चुन लेती है।

लोकसभा की शक्तियाँ और कार्य

यद्यपि लोकसभा संसद का **निम्न सदन** है, किंतु, वह राज्यसभा से अधिक शक्तिशाली है। यह जनता का **वास्तविक प्रतिनिधित्व** करने वाला सदन है। इसकी शक्तियों एवं कार्यों का उल्लेख निम्नलिखित शीर्षकों के अंतर्गत किया जा सकता है-

व्यवस्थापिका सम्बन्धी शक्ति

- प्रत्येक विधेयक (Act) को विधि (Law) बनाने के पूर्व लोकसभा की स्वीकृति आवश्यक है। राज्यसभा में यदि कोई विधेयक पारित हो जाता है, तो भी उसे लोकसभा द्वारा पारित किया जाना आवश्यक है।
- यदि किसी साधारण विधेयक को पुनः स्थापित किया गया है और उसके सम्बन्ध में संसद के दोनों सदनों में कोई मतभेद उत्पन्न हो जाता है तो गतिरोध दूर करने के लिए राष्ट्रपति **अनुच्छेद-108** के तहत दोनों सदनों का **संयुक्त अधिवेशन** (Joint Session) आहूत करता है।
- इस बैठक में **साधारण बहुमत** द्वारा विधेयक को पारित किया जाता है। राज्यसभा की तुलना में लोकसभा की लगभग दुगुनी सदस्य संख्या के कारण अन्तिम निर्णय लोकसभा सदस्यों द्वारा ही होता है।
- इस प्रकार कानून निर्माण के क्षेत्र में राज्यसभा की अपेक्षा लोकसभा अधिक शक्तिशाली है।

कार्यपालिका पर नियंत्रण की शक्ति

- भारतीय संविधान के द्वारा संसदीय शासन व्यवस्था की स्थापना की गई है। व्यवहारतः संसदीय शासन प्रणाली में कार्यपालिका (मन्त्रिपरिषद्) को व्यवस्थापिका (**मुख्यतः लोकसभा**) के नियंत्रण में कार्य करना पड़ता है।
- भारत में लोकसभा का कार्यपालिका अर्थात् मन्त्रिपरिषद् पर पूर्ण नियंत्रण है। **केन्द्रीय मन्त्रिपरिषद्** सामूहिक रूप से लोकसभा के प्रति उत्तरदायी होती है।
- **अनुच्छेद-75(3)** के अनुसार **मन्त्रिपरिषद्** केवल उसी समय तक अपने पद पर बनी रहती है, जब तक कि उसे लोकसभा का विश्वास प्राप्त हो। यदि लोकसभा मन्त्रिपरिषद् के विरुद्ध अविश्वास प्रस्ताव पारित कर देती है, तो मन्त्रिपरिषद् को तुरन्त त्यागपत्र देना पड़ता है।
- यदि लोकसभा सरकार द्वारा पेश किए गए बजट को अस्वीकृत कर दे या **राष्ट्रपति के अभिभाषण** (Presidential Address) के लिए उसके धन्यवाद प्रस्ताव को अस्वीकृत कर दे तो भी मन्त्रिपरिषद् को त्यागपत्र देना पड़ता है।
- इसके अतिरिक्त, **लोकसभा अनेक प्रकार** से कार्यपालिका पर नियन्त्रण रख सकती है।
- लोकसभा के सदस्य मन्त्रियों से सरकारी नीति के सम्बन्ध में व सरकार के कार्यों के सम्बन्ध में **प्रश्न** तथा **पूरक प्रश्न** पूछ सकते हैं।
- **काम रोको प्रस्ताव** व **निन्दा प्रस्ताव** प्रस्तुत कर सकते हैं, उसकी नीति की आलोचना कर सकते हैं तथा सरकारी विधेयक को अस्वीकार करके, मन्त्रियों के वेतन में कटौती का प्रस्ताव स्वीकार करके अथवा किसी सरकारी विधेयक में कोई संशोधन करके, अपना विरोध प्रदर्शित कर सकते हैं।
- कार्यपालिका पर नियंत्रण की शक्ति के अंतर्गत ही लोकसभा **संघीय लोकसेवा आयोग, भारत के नियंत्रक** और **महालेखा परीक्षक, वित्त आयोग, भाषा आयोग** की रिपोर्ट पर विचार करती है।

वित्तीय शक्ति

- भारतीय संविधान द्वारा वित्तीय क्षेत्र में शक्ति लोकसभा को ही प्रदान की गई है। इस सम्बन्ध में राज्यसभा की स्थिति बहुत गौण (Secondary) है।
- **अनुच्छेद-109** के अनुसार धन विधेयक केवल लोकसभा में ही प्रस्तावित किए जा सकते हैं, राज्यसभा में नहीं।
- लोकसभा से पारित होने के बाद **धन विधेयक** राज्यसभा में भेजा जाता है और **राज्यसभा** के लिए यह आवश्यक है कि उसे धन विधेयक की प्राप्ति की तिथि से **14 दिनों** के अन्दर विधेयक लोकसभा को लौटा दे।
- राज्यसभा विधेयक में संशोधन के लिए सुझाव दे सकती है लेकिन, उन्हें स्वीकार करना या न करना लोकसभा की इच्छा पर निर्भर करता है।
- संविधान यह भी व्यवस्था करता है कि यदि **धन विधेयक** पारित होने के बाद **14 दिन के अन्दर राज्यसभा** सिफारिशों सहित या सिफारिशों के बिना धन विधेयक लोकसभा को न लौटाए, तो निश्चित तिथि के बाद वह दोनों सदनों से पारित मान लिया जाएगा।
- **वार्षिक बजट** (Annual Budget) और **अनुदान** (Grant) सम्बन्धी माँगे भी लोकसभा के समक्ष ही रखी जाती हैं और इस प्रकार के समस्त व्यय को स्वीकृति देने का अधिकार भी लोकसभा को ही प्राप्त है।

संवैधानिक संशोधन सम्बन्धी शक्ति

- **लोकसभा** को **राज्यसभा** के साथ मिलकर संविधान के किसी उपबंध का **परिवर्द्धन, परिवर्तन** या **निरसन के** रूप में संशोधन का अधिकार प्राप्त है।
- **अनुच्छेद-368** के अनुसार संविधान संशोधन की प्रक्रिया यह है कि संशोधन विधेयक संसद के किसी भी सदन में प्रस्तुत किया जा सकता है और **प्रत्येक सदन में उस सदन की कुल सदस्य संख्या के बहुमत द्वारा तथा उस सदन के उपस्थित और मत देने वाले सदस्यों के कम-से-कम दो-तिहाई बहुमत द्वारा** पारित किया जाना आवश्यक होता है।
- संविधान संशोधन विधेयक के सम्बन्ध में यदि संसद के दोनों सदनों में असहमति है तो विधेयक अस्वीकार समझा जाएगा क्योंकि संशोधन विधेयक पर विचार करने के लिए संसद के दोनों सदनों की संयुक्त बैठक आहूत करने का कोई प्रावधान नहीं है।
- लोकसभा में राज्यों द्वारा निर्वाचित होने वाले कुल सदस्यों की **संख्या 543** है। जिसमें से **84 स्थान अनुसूचित जातियों** के लिए तथा **47 स्थान अनुसूचित जनजातियों** के लिए आरक्षित हैं।

शीर्ष लोकसभा सीटों वाले 5 राज्य

स्थान	राज्य	लोकसभा सीटें
पहला	उत्तर प्रदेश	80
दूसरा	महाराष्ट्र	48
तीसरा	पश्चिम बंगाल	42
चौथा	बिहार	40
पाँचवाँ	तमिलनाडु	39

- संघ शासित राज्यों में **7 सीटों** के साथ **दिल्ली** शीर्ष पर है।
- नवगठित राज्यों में तेलंगाना को 17, झारखण्ड को 14, छत्तीसगढ़ को 11 तथा उत्तराखण्ड को 5 सीटें प्राप्त हुई हैं।
- **अनुसूचित जातियों** के लिए सर्वाधिक 17 **सीटें उत्तर प्रदेश** में आरक्षित हैं; जबकि **अनुसूचित जनजाति के लिए एक भी सीट आरक्षित नहीं है।**
- निम्नलिखित 13 राज्य ऐसे हैं, जहाँ अनुसूचित जनजाति के लिए लोकसभा में कोई स्थान आरक्षित नहीं है- **उत्तर प्रदेश, उत्तराखण्ड, हिमाचल प्रदेश, हरियाणा, पंजाब, तमिलनाडु, केरल, गोवा, बिहार, सिक्किम, अरुणाचल प्रदेश, नागालैण्ड** तथा **जम्मू एवं कश्मीर**।
- लोकसभा में **अनुसूचित जनजातियों** के लिए **सर्वाधिक 6 सीटें मध्य प्रदेश में आरक्षित हैं।**
- अनुसूचित जनजातियों के लिए लोकसभा में सीटों का आरक्षण कुल 17 राज्यों में है।
- ऐसे 5 राज्य हैं जहाँ अनुसूचित जाति तथा अनुसूचित जनजाति में से किसी के लिए सीटों का आरक्षण नहीं है-

1. जम्मू एवं कश्मीर
2. अरुणाचल प्रदेश
3. सिक्किम
4. गोवा
5. नागालैण्ड

निर्वाचक मण्डल के रूप में कार्य

- लोकसभा **निर्वाचक मण्डल** के रूप में भी कार्य करती है। **अनुच्छेद-54** के अनुसार लोकसभा तथा राज्यसभा के निर्वाचित सदस्य, राज्य विधानसभाओं एवं केन्द्र शासित प्रदेशों (**दिल्ली** एवं **पुदुचेरी**) की विधानसभाओं के निर्वाचित सदस्यों के साथ मिलकर राष्ट्रपति का निर्वाचन करते हैं।
- **अनुच्छेद-66** के अनुसार लोकसभा और राज्यसभा के सभी सदस्य मिलकर **उपराष्ट्रपति का चुनाव** करते हैं। लोकसभा द्वारा सदन के अध्यक्ष और उपाध्यक्ष को भी निर्वाचित किया जाता है **अनुच्छेद-93**।

लोकसभा का कार्यकाल और उसके अध्यक्ष

क्रम	गठन के पश्चात् की प्रथम बैठक	भंग होने की तिथि	अध्यक्ष	अध्यक्ष का कार्यकाल
पहली लोकसभा	13 मई, 1952	04 अप्रैल, 1957	गणेश वासुदेव मावलंकर	15 मई, 1952 से 27 फरवरी, 1956
			एम. अनंतशयनम आयंगर	08 मार्च, 1956 से 10 मई, 1957
दूसरी लोकसभा	10 मई, 1957	31 मार्च, 1962	एम. अनंतशयनम आयंगर	11 मई, 1957 से 16 अप्रैल, 1962
तीसरी लोकसभा	16 अप्रैल, 1962	03 मार्च, 1967	हुकुम सिंह	17 अप्रैल, 1962 से मार्च, 1967
चौथी लोकसभा	16 मार्च, 1967	27 दिसम्बर, 1970	नीलम संजीव रेड्डी	17 मार्च, 1967 से 19 जुलाई, 1969
			गुरदयाल सिंह ढिल्लो	08 अगस्त, 1969 से 19 मार्च, 1971
पाँचवीं लोकसभा	19 मार्च, 1971	18 जनवरी, 1977	गुरदयाल सिंह ढिल्लो	22 मार्च, 1971 से 1 दिसम्बर, 1975
			बलिराम भगत	05 जनवरी, 1976 से 25 मार्च, 1977
छठी लोकसभा	25 मार्च, 1972	22 अगस्त, 1979	नीलम संजीव रेड्डी	26 मार्च, 1977 से 13 जुलाई, 1977
			के.एस. हेगड़े	21 जुलाई, 1977 से 21 जनवरी, 1980
सातवीं लोकसभा	21 जनवरी, 1980	31 दिसम्बर, 1984	बलराम जाखड़	22 जनवरी, 1980 से 27 अक्टूबर, 1984
आठवीं लोकसभा	15 जनवरी, 1985	27 नवम्बर, 1989	बलराम जाखड़	16 जनवरी, 1985 से 18 दिसम्बर, 1989
नौवीं लोकसभा	18 दिसम्बर, 1989	13 मार्च, 1991	रवि राय	19 दिसम्बर, 1989 से 9 जुलाई, 1991
दसवीं लोकसभा	09 जुलाई, 1991	10 मई, 1996	शिवराज वी. पाटिल	10 जुलाई, 1991 से 22 मई, 1996
ग्यारहवीं लोकसभा	22 मई, 1996	04 दिसम्बर, 1997	पी.ए. संगमा	23 मई, 1996 से 23 मार्च, 1998
बारहवीं लोकसभा	23 मार्च, 1998	26 अप्रैल, 1999	जी.एम.सी. बालयोगी	24 मार्च, 1998 से 19 अक्टूबर, 1999
तेरहवीं लोकसभा	20 अक्टूबर, 1999	06 फरवरी, 2004	जी.एम.सी. बालयोगी	22 अक्टूबर, 1999 से 03 मार्च, 2002
			मनोहर गजानन जोशी	10 मई, 2002 से 02 जून, 2004
चौदहवीं लोकसभा	02 जून, 2004	18 मई, 2009	सोमनाथ चटर्जी	04 जून, 2004 से 31 मई, 2009
पन्द्रहवीं लोकसभा	01 जून, 2009	18 मई, 2014	मीरा कुमारी (प्रथम महिला)	04 जून, 2009 से 04 जून, 2014
सोलहवीं लोकसभा	18 मई, 2014	25 मई, 2019	सुमित्रा महाजन	06 जून, 2014 से 6 जून 2019
सत्रहवीं लोकसभा	16 जुलाई, 2019		ओम बिड़ला	19 जून, 2019 से अब तक
संविधान के अनुच्छेद-94 के अंतर्गत लोकसभा भंग (Dissolve) हो जाने पर लोकसभा अध्यक्ष (Speakar of Lok sabha) अपना पद नई लोकसभा की प्रथम बैठक होने तक नहीं छोड़ता है।				

राज्यसभा

राज्यसभा के पदाधिकारी

सभापति

- भारत का उपराष्ट्रपति अमेरिका की भाँति राज्यसभा का पदेन (Ex-officio) सभापति होता है **(अनुच्छेद-89)**। पदेन सभापति से तात्पर्य है कि उपराष्ट्रपति पद के कारण राज्यसभा का सभापति पद प्राप्त करता है और सदन में पीठासीन होता है।
- जब सभापति (उपराष्ट्रपति) राष्ट्रपति के रूप में कार्य करता है, तब राज्यसभा के सभापति का पद रिक्त हो जाता है और सभापति के कर्तव्य उप-सभापति द्वारा पूरे किए जाते हैं।

सभापति के अधिकार तथा कर्तव्य

- राज्यसभा के संभापति के अधिकार तथा कर्तव्य लगभग वही हैं, जो लोकसभा के अध्यक्ष के हैं। अंतर केवल इतना है कि राज्यसभा के सभापति को धन विधेयक के सम्बन्ध में निर्णय लेने का अधिकार नहीं है।
- इसके अतिरिक्त, सभापति दोनों सदनों की संयुक्त बैठक की अध्यक्षता भी नहीं करता है। सभापति की अनुपस्थिति में उनके समस्त कार्य उप-सभापति करता है।
- लोकसभा अध्यक्ष तथा उपाध्यक्ष दोनों का कार्यकाल 5 वर्ष का होता है; जबकि राज्यसभा के सभापति (उपराष्ट्रपति) का कार्यकाल 5 वर्ष का एवं उप-सभापति का कार्यकाल 6 वर्ष का होता है।
- लोकसभा अध्यक्ष अपना त्यागपत्र लोकसभा के उपाध्यक्ष को तथा उपाध्यक्ष, अध्यक्ष को सौंपता है; जबकि राज्यसभा का सभापति (उपराष्ट्रपति) अपना त्यागपत्र **राष्ट्रपति** को देता है और उप-सभापति अपना त्यागपत्र **सभापति** को देता है।

उप-सभापति

राज्यसभा का उप-सभापति राज्यसभा द्वारा अपने सदस्यों से ही चुना जाता है। यह अपने पद पर तब तक कार्य करता है, जब तक उसे राज्यसभा के समस्त सदस्यों के संकल्प द्वारा हटाया न जाए।

राज्यसभा महासचिव

राज्यसभा महासचिव सदन का तीसरा महत्वपूर्ण पदाधिकारी होता है। वह सभी संसदीय कृत्यों और क्रियाकलापों और प्रक्रिया व प्रथा सम्बन्धी मामलों में सभापति का, सदन का और सदस्यों का सलाहकार होता है। यह भी लोकसभा महासचिव की भाँति कार्यपालिका का स्थायी तथा निरपेक्ष पदाधिकारी होता है।

राज्यसभा से सम्बन्धित महत्वपूर्ण तथ्य

- संविधान की **अनुसूची 4** में राज्यसभा के लिए आवंटित स्थानों की सूची दी गई है।
- राज्यसभा के लिए **सर्वाधिक 31 सदस्य उत्तर प्रदेश** से चुने जाते हैं **दूसरा स्थान महाराष्ट्र** का है, जहाँ से 19 सदस्य राज्यसभा के लिए चुने जाते हैं।
- 18–18 सदस्य **आन्ध्र प्रदेश** तथा **तमिलनाडु** से चुने जाते हैं और उनका स्थान संयुक्त रूप से तीसरा है।
- 16–16 सदस्यों के साथ **बिहार** तथा **पश्चिम बंगाल** चौथे स्थान पर हैं।
- पाँचवें स्थान पर **मध्य प्रदेश** तथा **गुजरात** हैं जहाँ से 11–11 सदस्य राज्यसभा के लिए चुने जाते हैं।
- राज्यसभा का सभापति (उपराष्ट्रपति) राज्यसभा का सदस्य नहीं होता है।
- राज्यसभा का विघटन नहीं होता है क्योंकि, यह एक **स्थायी सदन** है।
- राज्यसभा के सदस्य **6 वर्ष** के लिए चुने जाते हैं। प्रत्येक दूसरे वर्ष राज्यसभा के **1/3 सदस्य** अवकाश ग्रहण करते हैं तथा उतने ही नए सदस्य चुने जाते हैं। इस प्रकार राज्यसभा के सभी सदस्य एक साथ नहीं चुने जाते हैं।
- राज्यसभा के सभापति (उपराष्ट्रपति) का चुनाव लोकसभा तथा राज्यसभा के सदस्यों द्वारा किया जाता है।
- राज्यसभा के उप-सभापति का चुनाव **राज्यसभा** के सदस्यों द्वारा अपने सदस्यों में से **6 वर्ष** के लिए किया जाता है।
- राज्यसभा के सभापति तथा उप-सभापति दोनों के पद रिक्त होने पर राष्ट्रपति द्वारा राज्यसभा के सदस्यों में से नियुक्त सदस्य सभापति के रूप में कार्य करता है।
- राज्यसभा के सदस्यों का चुनाव विधानसभाओं के निर्वाचित सदस्यों द्वारा किया जाता है। अत: इनके चुनाव में जनता प्रत्यक्ष रूप से भाग नहीं लेती है।
- राज्यसभा को **अनुच्छेद-249** के अंतर्गत **राज्यसूची में वर्णित** विषय को **राष्ट्रीय महत्व** का विषय घोषित करने तथा **अनुच्छेद-312** के अंतर्गत नई **अखिल भारतीय सेवाओं** के सृजन का विशेषाधिकार है।
- राज्यसभा का सभापति (उपराष्ट्रपति) अपना **त्यागपत्र राष्ट्रपति** को देता है; जबकि **उप-सभापति** अपना **त्यागपत्र सभापित** को देता है।

राज्यसभा की शक्तियाँ और कार्य

राज्यसभा लोकसभा से तुलनात्मक रूप से **कम शक्तिशाली सदन** है। राज्यसभा की रचना लोकसभा के सहयोगी और सहायक सदन के रूप में की गई है फिर भी, इसका अपना महत्व है। राज्यसभा की शक्तियाँ और कार्य निम्नलिखित हैं-

विधायी शक्तियाँ

- लोकसभा के साथ-साथ राज्यसभा भी विधि निर्माण सम्बन्धी कार्य करती है। संविधान के द्वारा अवित्तीय विधेयकों एवं अन्य विधेयकों के सम्बन्ध में लोकसभा और राज्यसभा दोनों को समान शक्तियाँ प्रदान की गई हैं।
- अवित्तीय विधेयक दोनों सदनों में से किसी भी सदन में प्रस्तावित किया जा सकता है और दोनों सदनों से पारित होने के बाद ही राष्ट्रपति के पास हस्ताक्षर के लिए भेजा जाता है।
- सामान्यत: सभी महत्वपूर्ण विधेयक लोकसभा में ही प्रस्तावित किए जाते हैं, राज्यसभा में नहीं।
- राज्यसभा लोकसभा द्वारा पारित साधारण विधेयक को 6 माह तक अपने पास रोक सकती है, किंतु वह किसी विधेयक को समाप्त नहीं कर सकती है।
- **अनुच्छेद-108** के अनुसार, यदि किसी साधारण विधेयक के सम्बन्ध में लोकसभा और राज्यसभा में मतभेद उत्पन्न हो जाता है, तो मतभेद को दूर करने के लिए राष्ट्रपति दोनों सदनों का संयुक्त अधिवेशन आहुत करेगा और विधेयक पर अन्तिम निर्णय बहुमत के आधार पर होगा।
- भारतीय संविधान के लागू होने के बाद **3 अप्रैल, 1952** को **काउंसिल ऑफ स्टेट्स** नाम से सर्वप्रथम राज्यसभा का गठन हुआ, जिसकी प्रथम बैठक 13 मई, 1952 को हुई जिसके सभापति उपराष्ट्रपति **डॉ. सर्वपल्ली राधाकृष्णन थे।**
- 23 अगस्त, 1954 को सभापति ने **सदन** से घोषित किया कि काउंसिल ऑफ स्टेट्स को अब **राज्यसभा** नाम से जाना जाएगा।
- प्रथम लोकसभा का गठन **17 अप्रैल, 1952** को तथा बैठक 13 मई 1952 को हुई थी। इस प्रकार, 13 मई, 2002 को भारतीय संसद ने अपना **स्वर्ण जयन्ती समारोह** (50 वर्ष पूरे होने पर) मनाया था।

वित्तीय शक्ति

- राज्यसभा को कुछ वित्तीय शक्तियाँ प्राप्त हैं, यद्यपि इस सम्बन्ध में संविधान के द्वारा राज्यसभा को लोकसभा की तुलना में कमजोर स्थिति प्रदान की गई है।
- संविधान के **अनुच्छेद-109** में यह स्पष्ट रूप से उपबंधित किया गया है कि राज्यसभा में **धन विधेयक** (Money Bill) प्रस्तुत नहीं किया जा सकता है।
- यह केवल लोकसभा में ही प्रस्तुत किया जा सकता है; जबकि लोकसभा किसी धन विधेयक को पारित कर देती है, तो वह राज्यसभा के पास उसकी अनुशंसाओं के लिए भेजा जाता है।
- **राज्यसभा 14** दिन तक धन विधेयक को अपने पास रोक सकती है। यदि वह विधेयक प्राप्त होने के दिन से 14 दिनों के भीतर उसे विधेयक को अपनी अनुशंसा सहित लोकसभा को नहीं लौटा देती है, तो वह विधेयक उस रूप में दोनों सदनों द्वारा पारित समझा जाएगा।
- राज्यसभा वित्त विधेयक के सम्बन्ध में अपने सुझाव भी लोकसभा को दे सकती है, लेकिन यह लोकसभा की इच्छा पर निर्भर है कि उन सुझावों को माने अथवा न माने।

संविधान में संशोधन सम्बन्धी शक्ति

- संविधान संशोधन के सम्बन्ध में राज्यसभा को लोकसभा के समान शक्ति प्राप्त है। लोकसभा के पारित संशोधन विधेयक तभी स्वीकृत समझा जाएगा, जब वह राज्यसभा द्वारा पारित कर दिया जाए।
- संशोधन विधेयक पर राज्यसभा की असहमति होने पर संशोधन विधेयक अस्वीकार समझा जाएगा।

सन् 1989 ई. में **64वाँ संविधान संशोधन विधेयक** क्रमश: पंचायत व नगरपालिका सम्बन्धी विधेयक राज्यसभा द्वारा पारित न होने के कारण समाप्त हो गए थे।

आपातकाल सम्बन्धी शक्ति

राष्ट्रपति की आपातकालीन उद्घोषणा की स्वीकृति दोनों सदनों के द्वारा अनिवार्य है। यदि घोषणा उस समय की गई हो जब लोकसभा विघटित हो गई हो, तो उस समय घोषणा का राज्यसभा द्वारा स्वीकृत होना अनिवार्य है।

अन्य शक्तियाँ

उपर्युक्त शक्तियों के अतिरिक्त राज्यसभा को कुछ अन्य शक्तियाँ भी प्राप्त हैं, जिनका प्रयोग वह लोकसभा के साथ मिलकर करती है–

1. **राज्यसभा** के निर्वाचित **सदस्य राष्ट्रपति** के चुनाव में भाग लेते हैं।
2. राज्यसभा के सदस्य **लोकसभा के सदस्यों** के साथ मिलकर **उपराष्ट्रपति** का चुनाव करते हैं।
3. राज्यसभा, लोकसभा के साथ मिलकर **राष्ट्रपति, सर्वोच्च न्यायालय के न्यायाधीश** तथा कुछ पदाधिकारियों पर महाभियोग लगा सकती है। महाभियोग का प्रस्ताव तभी पारित समझा जाता है, जब दोनों सदन इस प्रकार के प्रस्ताव को स्वीकार कर लें।

4. **राज्यसभा** बहुमत से प्रस्ताव पास कर **उपराष्ट्रपति** को उसके पद से हटा सकती है। यदि लोकसभा प्रस्ताव पर सहमत हो जाती है।

राज्यसभा की विशेष शक्तियाँ

राज्यसभा को निम्नलिखित दो कार्य करने का अधिकार प्राप्त है-

1. **अनुच्छेद-249** के अनुसार, यदि राज्यसभा उपस्थित तथा मत देने वाले सदस्यों के दो-तिहाई बहुमत से प्रस्ताव पारित कर यह घोषित करती है कि **राज्य सूची में उल्लिखित कोई विषय राष्ट्रीय महत्व का है,** तो संसद उस विषय पर कानून का निर्माण कर सकती है। ऐसा प्रस्ताव एक वर्ष से अधिक प्रभावी नहीं रहता है, लेकिन यदि राज्यसभा चाहे तो हर बार इसे एक वर्ष के लिए बढ़ाया जा सकता है।

   अब तक राज्यसभा ने ऐसा प्रस्ताव दो बार पारित किया है। पहली बार वर्ष **1952** में व्यापार, वाणिज्य, उत्पादित वस्तुओं की उपलब्धि तथा वितरण को राष्ट्रीय महत्व का विषय घोषित करते हुए उस पर संसद को कानून बनाने का अधिकार राज्यसभा ने संसद को दिया था।

2. **अनुच्छेद-312** के अंतर्गत राज्यसभा उपस्थित और मत देने वाले सदस्यों के दो-तिहाई बहुमत से प्रस्ताव पारित करके नई अखिल भारतीय सेवाओं की स्थापना का अधिकार संसद को दे सकती है।

   राज्यसभा द्वारा ऐसे प्रस्ताव के अभाव में संसद अथवा संघ सरकार किसी नई अखिल भारतीय सेवा की स्थापना नहीं कर सकती।

राज्यसभा ने अब तक दो बार विशेषाधिकार का प्रयोग किया है

1. वर्ष 1961 में इस अधिकार का प्रयोग करते हुए **भारतीय इंजीनियरिंग सेवा, भारतीय वन सेवा** तथा **भारतीय चिकित्सा सेवा** के सृजन का अधिकार संसद को दिया गया।
2. वर्ष 1965 में राज्यसभा भारतीय **कृषि सेवा** तथा **भारतीय शिक्षा सेवा** के सृजन का अधिकार संसद को दिया गया।

संसदीय विशेषाधिकार

संविधान का **अनुच्छेद-105** संसद तथा उसके सदस्यों के विशेषाधिकार के बारे में है। संसद तथा उसके सदस्यों को प्रदत्त प्रमुख विशेषाधिकार निम्नलिखित हैं-

- संसद सदस्यों को, संसद के अधिवेशन के दौरान या अधिवेशन के **40 दिन पूर्व** या पश्चात् किसी सिविल मामले में गिरफ्तार नहीं किया जाएगा। यह छूट आपराधिक मामलों में प्राप्त नहीं है।
- यदि कोई सदस्य गिरफ्तार किया जाता है, तो इसकी पूर्वसूचना यथास्थिति अध्यक्ष या सभापति को देना आवश्यक है।
- किसी **संसद सदस्य** को, **संसद के अधिवेशन** के दौरान यथास्थिति अध्यक्ष या सभापति की अनुमति के बिना किसी न्यायालय के समक्ष साक्षी के रूप में उपस्थित होने के लिए विवश नहीं किया जा सकेगा।
- संसद सदस्यों को सम्बन्धित सदन या समितियों में बोलने की पूर्ण स्वतन्त्रता है और इसके लिए उनके विरुद्ध कोई कार्यवाही नहीं की जा सकती है। किंतु उच्चतम न्यायालय या उच्च न्यायालयों के न्यायाधीशों के विरुद्ध कोई टिप्पणी नहीं की जा सकती है, सिवाय जबकि उनके विरुद्ध महाभियोग प्रस्ताव पर विचार-विमर्श हो रहा हो।
- संसद की सदन की कार्यवाहियों को प्रकाशित करने तथा दूसरों को प्रकाशित करने से रोकने का अधिकार है।
- संसद या उसके सदस्यों के विशेषाधिकारों का उल्लंघन करने वाले व्यक्ति को दण्डित करने का अधिकार है।
- सम्बन्धित सदन के **अध्यक्ष की आज्ञा** के बिना सदन के परिसर में किसी सदस्य को **गिरफ्तार नहीं** किया जाएगा।
- किसी संसदीय समिति के प्रतिवेदन एवं कार्यवाहियों को, सम्बन्धित सदन के पटल पर रखे जाने के पूर्व प्रकाशित करने से रोकने का अधिकार है।

अनुच्छेद-194 के अंतर्गत उपर्युक्त सभी शक्तियाँ एवं विशेषाधिकार **राज्य विधानमण्डल** के सदनों और सदस्यों को प्राप्त हैं।

संसद की विधायी प्रक्रिया

- देश के लिए कानून का निर्माण करना संसद का सबसे महत्वपूर्ण कार्य है। कानून के निर्माण में संसद के तीनों अंग (लोकसभा, राज्यसभा तथा राष्ट्रपति) भाग लेते हैं।
- जब किसी कानून का प्रारूप संसद में पेश किया जाता है। तो उसे **विधेयक** (Bill) कहा जाता है।
- विधेयक को कोई विधिक बल प्राप्त नहीं होता है। जब विधेयक संसद के दोनों सदनों द्वारा पारित होने के पश्चात् राष्ट्रपति द्वारा हस्ताक्षरित हो जाता है, तब उसे **अधिनियम** (Act) या **विधि** (Law) कहा जाता है। अधिनियम को विधिक बल प्राप्त होता है।
- अतः विधि निर्माण के लिए सर्वप्रथम प्रस्ताव विधेयक के रूप में संसद के समक्ष लाया जाता है।

विधेयक

- विधेयकों को उनकी प्रकृति के आधार पर दो वर्गों, यथा-**सरकारी विधेयक** (Government Bills) तथा **गैर-सरकारी विधेयक** (Private Bills) में विभक्त किया जाता है। जब विधेयक किसी मन्त्री द्वारा पेश किया जाता है, तो उसे **सरकारी विधेयक** कहा जाता है।

प्रत्येक विधेयक के तीन वाचन होते हैं

- **प्रथम वाचन** से तात्पर्य है-विधेयक को पेश करने की अनुमति का प्रस्ताव, जिसके पारित होने पर विधेयक पेश किया जाता है।
- **दूसरे वाचन** में विधेयक के सिद्धांतों और उसके **उपबंधों** पर सामान्य रूप से चर्चा की जाती है।
- **तीसरे वाचन** में इस प्रस्ताव पर चर्चा होती है कि विधेयक को पास किया जाए अथवा नहीं।
- मन्त्रिपरिषद् के सदस्यों के अलावा किसी भी अन्य सदस्य के द्वारा प्रस्तुत विधेयक निजी सदस्य **विधेयक** अथवा **गैर-सरकारी** कहलाता है।
- ऐसा सदस्य स्वयं सत्तारूढ़ दल का भी हो सकता है, आमतौर पर गैर-सरकारी या निजी सदस्य विधेयक विपक्षी दलों द्वारा सरकार की नीतियों की आलोचना करने के उद्देश्य से पेश किए जाते हैं।
- लोकसभा में प्रायः प्रत्येक शुक्रवार को निजी विधेयकों के लिए कुछ समय देने की परंपरा है।

  सरकारी विधेयक भी दो प्रकार के होते हैं-

1. साधारण विधेयकस (Ordinary Bills)
2. धन विधेयक (Money Bills)

साधारण विधेयक सम्बन्धी प्रक्रिया

साधारण विधेयक सरकार के किसी मन्त्री या संसद के किसी सदस्य द्वारा संसद के किसी भी सदन में रखा जा सकता है। साधारण विधेयक को कानून बनने से पूर्व कई चरणों से गुजरना पड़ता है, जो निम्नलिखित हैं-

1. **विधेयक की प्रस्तुति या प्रथम वाचन (First Reading)**–जब संसद का कोई **गैर-सरकारी सदस्य** किसी विधेयक को संसद के किसी सदन के समक्ष उपस्थित करना चाहता है तो उसे सबसे पहले सदन के अध्यक्ष को एक माह पूर्व सूचना देनी पड़ती है।

- ❖ सरकारी विधेयकों के लिए किसी सूचना की आवश्यकता नहीं होती। लोकसभा अध्यक्ष अथवा राज्यसभा सभापति विधेयक को पेश करने की तिथि निश्चित करता है।
- ❖ निर्धारित तिथि पर विधेयक के प्रस्तुतकर्ता को विधेयक को पेश करने की सदन से आज्ञा लेनी पड़ती है। आज्ञा मिलने पर विधेयक प्रस्तुतकर्ता विधेयक को पेश करता है।
- ❖ साधारणत: **किसी विधेयक** का पेश होना ही उसका प्रथम वाचन मान लिया जाता है। **प्रथम वाचन** में कोई विवाद नहीं होता है, परंतु यदि विधेयक को पेश करने का विरोध किया जाता है या विधेयक महत्वपूर्ण है तो प्रस्तुतकर्ता विधेयक के सम्बन्ध में संक्षिप्त भाषण दे सकता है।
- ❖ विरोधी सदस्य भी संक्षेप में उत्तर देते हुए आलोचना कर सकते हैं। जब सदस्य बहुमत से विधेयक का समर्थन कर देते हैं, तो विधेयक **सरकारी गजट** में प्रकाशित किया जाता है।
- ❖ जब कभी लोकसभा का अध्यक्ष किसी विधेयक को सदन में पेश करने की आज्ञा प्रदान करने के पूर्व ही उसे **सरकारी गजट** में प्रकाशित करने की आज्ञा दे दे, तो इससे प्रथम वाचन पूरा हुआ मान लिया जाता है।

2. द्वितीय वाचन (Second Reading)–सदन में विधेयक के पेश हो जाने के पश्चात् उसकी प्रतियाँ सदन के सदस्यों को बाँट दी जाती हैं और उसका द्वितीय वाचन प्रारम्भ हो जाता है।

विधेयक के प्रथम वाचन और उसके द्वितीय वाचन में प्राय: दो दिन का अंतर रहता है, परंतु यदि अध्यक्ष आवश्यक समझे तो उसी दिन विधेयक के दूसरे वाचन की आज्ञा दे सकता है। इस अवसर पर विधेयक का प्रस्तावक निम्न प्रस्तावों में से कोई एक प्रस्ताव रख सकता है कि-

(i) सदन विधेयक पर तुरन्त विचार करे अथवा
(ii) विधेयक **प्रवर समिति** (Select Committee) को भेज दिया जाए अथवा
(iii) विधेयक को दोनों सदनों की **संयुक्त प्रवर समिति** (Joint Select Committee) में भेज दिया जाए अथवा
(vi) जनमत के लिए विधेयक को प्रसारित किया जाए।

सामान्यत: आवश्यक सरकारी विधेयकों या विवाद रहित विधेयकों को तुरन्त द्वितीय वाचन के लिए रख लिया जाता है। शेष विधेयकों को **प्रवर समिति** या **संयुक्त प्रवर** समिति को सौंप दिया जाता है। **द्वितीय वाचन में विधेयक के मूल सिद्धान्तों के सम्बन्ध में ही** विचार-विमर्श किया जाता है। प्रत्येक अनुच्छेद पर विस्तार से विचार नहीं किया जाता और न ही विधेयक के सम्बन्ध में कोई संशोधन प्रस्तुत किया जाता है।

- ❖ **समिति अवस्था (Committee Stage)**–यदि विधेयक को प्रवर समिति में भेजने के प्रस्ताव को स्वीकार कर लिया जाता है, तो एक **तदर्थ समिति** (Adhoc Committee) नियुक्त कर दी जाती है।
- ❖ समिति में विधेयक का प्रस्तावक भी होता है। सदन के सदस्यों में से ही किसी सदस्य को सदन का अध्यक्ष समिति का सभापति नियुक्त कर देता है।
- ❖ **समिति विधेयक** के प्रत्येक अनुच्छेद पर गहनता से विचार करती है। वह विधेयक के विषय से सम्बन्धित विशेषज्ञों से परामर्श ले सकती है।
- ❖ समिति के लिए यह आवश्यक है कि विधेयक के सम्बन्ध में तीन महीने के अन्दर अथवा सदन द्वारा निर्धारित समय के अन्दर अपनी रिपोर्ट प्रस्तुत कर दे।
- ❖ **प्रतिवेदन अवस्था (Report Stage)**–इस स्तर पर समिति द्वारा प्रस्तुत रिपोर्ट तथा विधेयक के सम्बन्ध में प्रस्तुत संशोधनों को छपवाकर उसकी प्रतियों को संसद सदस्यों में वितरित कराया जाता है। इसके पश्चात् विधेयक का प्रस्तुतकर्ता निम्नलिखित में से कोई एक प्रस्ताव रखता है कि-

(i) प्रवर-समिति द्वारा रिपोर्ट किए हुए विधेयक पर विचार कर लिया जाए।
(ii) समिति के पास विधेयक को पुन: भेज दिया जाए अथवा
(iii) विधेयक को जनमत जानने के लिए पुन: प्रसारित किया जाए।

- ❖ यदि सदन विधेयक पर उसी रूप में विचार करना स्वीकार कर लेता है, जिस रूप में **प्रवर-समिति** ने संशोधित रूप में पेश किया है, तो सदन में विधेयक के संशोधित रूप में एक-एक उपबन्ध पर विस्तार से विचार किया जाता है।
- ❖ इस समय **विचाराधीन अनुच्छेद** या उसके किसी भाग पर सदस्य अपनी ओर से संशोधन प्रस्तुत करते हैं। पहले संशोधन पर वाद-विवाद होता है और उस पर मत लिया जाता है, उसके बाद संशोधित अनुच्छेद पर मत लिया जाता है।

इस प्रकार विधेयक के एक-एक अनुच्छेद को स्वीकार तथा अस्वीकार किया जाता है। वस्तुत: विधेयक के पास होने में सबसे अधिक महत्वपूर्ण चरण यही होता है।

3. तृतीय वाचन (Third Reading)–तृतीय वाचन विधेयक के पारित होने की **अन्तिम अवस्था** होती है। इस वाचन में विधेयक की प्रत्येक धारा पर वाद-विवाद तथा मतदान नहीं होता बल्कि **केवल मूल सिद्धान्तों पर पुन: बहस होती है, भाषा से सम्बन्धित संशोधन किए जाते हैं** तथा सम्पूर्ण विधेयक पर मतदान कराया जाता है।

यदि विधेयक सदन में **उपस्थित और मतदान में भाग लेने वाले समस्त सदस्यों के बहुमत द्वारा** स्वीकार कर लिया जाता है, तो सदन का अध्यक्ष प्रमाणित करके विधेयक को दूसरे सदन के विचार के लिए भेज देता है।

4. विधेयक दूसरे सदन में (Bill in the Second House)–जब एक सदन विधेयक को पारित कर देता है, तो पीठासीन अधिकारी उस पर सहमति प्राप्त करने के लिए उसे दूसरे सदन को प्रेषित करता है।

प्रथम सदन की भाँति दूसरे सदन में भी विधेयक को उपर्युक्त सभी अवस्थाओं से होकर गुजरना पड़ता है। यदि दूसरा सदन भी, विधेयक को **उपस्थित और मतदान करने वाले सदस्यों के बहुमत से पारित कर देता है तो उसे राष्ट्रपति के पास सहमति के लिए भेजा जाता है।** परंतु यदि विधेयक को लेकर संसद के दोनों सदनों में गतिरोध उत्पन्न हो जाता है तो राष्ट्रपति विधेयक को पारित कराने के लिए संसद का **संयुक्त अधिवेशन** (Joint Session) आहूत कर सकता है।

संसद का संयुक्त अधिवेशन- संविधान के अनुच्छेद-108 के अंतर्गत संसद के संयुक्त अधिवेशन का उपबंध किया गया है। जब कोई साधारण विधेयक एक सदन द्वारा पारित करके दूसरे सदन को भेजा जाता है, तो निम्नलिखित परिस्थितियों में राष्ट्रपति **संयुक्त अधिवेशन** बुला सकता है-

(i) यदि दूसरे सदन ने विधेयक को अस्वीकार कर दिया हो।
(ii) या दूसरे सदन ने ऐसा संशोधन करने का प्रस्ताव किया हो जिसके लिए दोनों सदन अन्तिम रूप से असहमत हों।
(iii) या दूसरा सदन 6 माह तक विधेयक को अपने पास रोके रखता हो।

संयुक्त अधिवेशन की अध्यक्षता लोकसभा का अध्यक्ष करता है। यदि अधिवेशन में उपस्थित और मतदान करने वाले सदस्यों के बहुमत से विधेयक पास हो जाता है, तो उसे दोनों सदनों द्वारा पारित समझा जाता है।

धन विधेयक तथा संविधान संशोधन विधेयक के सम्बन्ध में संयुक्त अधिवेशन नहीं बुलाया जा सकता है क्योंकि धन विधेयक पर लोकसभा का निर्णय अन्तिम होता है तथा संविधान संशोधन, विधेयक संसद के दोनों सदनों द्वारा अलग-अलग विशेष बहुमत से पारित होना चाहिए।

स्वतन्त्र भारत के संसदीय इतिहास में अब तक कुल **तीन बार** विवादास्पद विधेयकों को पारित करने के लिए **संसद का संयुक्त अधिवेशन** आहूत किया गया है। सर्वप्रथम **6 मई, 1961** को प्रधानमन्त्री **जवाहर लाल नेहरू** के कार्यकाल में **दहेज निरोध विधेयक** पारित करने के लिए संयुक्त अधिवेशन बुलाया गया था।

दूसरी बार संयुक्त अधिवेशन प्रधानमन्त्री **मोरारजी देसाई** के समय में **16 मई, 1978** को **बैंकिग सेवा आयोग विधेयक** पर विचार करने के लिए बुलाया गया था।

तीसरी बार संयुक्त अधिवेशन **26 मार्च, 2002** को **आतंकवाद निरोधी विधेयक (पोटा)** पर विचार के लिए प्रधानमन्त्री **अटल बिहारी वाजपेयी** के कार्यकाल में बुलाया गया था।

अनुच्छेद-118(4) के अंतर्गत प्रावधान है कि संसद के संयुक्त अधिवेशन की अध्यक्षता **लोकसभा का अध्यक्ष** करता है, किंतु यदि वह अनुपस्थित है, तो **लोकसभा का उपाध्यक्ष, यदि वह भी अनुपस्थित हो तो** राज्यसभा का सभापति **तथा उसकी भी अनुपस्थिति में कोई** ऐसा व्यक्ति संयुक्त अधिवेशन की अध्यक्षता करता है, जो **अधिवेशन में उपस्थित सदस्यों द्वारा चुना जाए।**

5. **राष्ट्रपति की स्वीकृति (Assent of the President)**–जब दोनों सदनों द्वारा अलग-अलग या संयुक्त बैठक में पारित विधेयक को राष्ट्रपति की स्वीकृति के लिए भेजा जाता है, तो **अनुच्छेद-111 के अनुसार राष्ट्रपति विधेयक को स्वीकृत कर सकता है** या **स्वीकृति रोक सकता है** या **उसे अपनी सिफारिशों के साथ संसद को पुनर्विचार के लिए लौटा सकता है।**

   परंतु यदि दोनों सदन विधेयक को पुन: संशोधन सहित या संशोधन किए बिना दूसरी बार पारित कर देते हैं तो **राष्ट्रपति विधेयक** पर हस्ताक्षर करने के लिए **बाध्य** होता है।

   राष्ट्रपति के हस्ताक्षर होने के बाद विधेयक (Bill) अधिनियम (Act) बन जाता है। उसके बाद उस अधिनियम को सरकारी गजट में प्रकाशित करके लागू कर दिया जाता है।

   जब राष्ट्रपति न तो विधेयक पर अपनी अनुमति देता है और न ही उसे पुनर्विचार के लिए संसद के पास भेजता है तो उस विधेयक का अंत हो जाता है। इसे राष्ट्रपति की पाकेट वीटो शक्ति कहा जाता है।

   पॉकेट वीटो शक्ति का सर्वप्रथम प्रयोग राष्ट्रपति ज्ञानी जैलसिंह ने वर्ष 1986 में भारतीय डाक (संशोधन) विधेयक के संबंध में किया था।

धन विधेयक

संविधान के **अनुच्छेद-110** के अंतर्गत **धन विधेयक** (Money Bills) को परिभाषित किया गया है। **अनुच्छेद-110** के अनुसार कोई विधेयक धन विधेयक कहा जाता है, यदि उसमें निम्नलिखित विषयों से सम्बन्धित प्रावधान हों–

1. किसी **कर** का अधिरोपण, उत्सादन, परिहार, परिवर्तन या विनियमन;
2. भारत सरकार द्वारा **धन उधार** लेने का या कोई **प्रत्याभूति देने का विनियमन** अथवा भारत सरकार द्वारा अपने ऊपर ली गई या ली जाने वाली किन्हीं **वित्तीय बाध्यताओं से सम्बन्धित विधि** का संशोधन;
3. भारत की **संचित निधि** या **आकस्मिकता निधि** की अभिरक्षा, ऐसी किसी निधि में **धन जमा** करना या उसमें से **धन निकालना;**
4. भारत की **संचित निधि** में से धन का विनियोग;
5. किसी व्यय को भारत की संचित निधि पर **भारित व्यय घोषित करना** या ऐसी किसी व्यय की **रकम को बढ़ाना;**
6. भारत की **संचित निधि** या भारत के लोक लेखा के मद से **धन प्राप्त करना** अथवा ऐसे धन की **अभिरक्षा** या उसका **निर्गमन** अथवा संघ या राज्य के लेखाओं की संपरीक्षा; या
7. उपखण्ड (1) से उपखण्ड (6) में विनिर्दिष्ट किसी विषय से सम्बन्धित कोई विषय।

   कोई विधेयक केवल इस कारण धन विधेयक नहीं समझा जाएगा कि वह **जुर्मानों** या **अर्थदण्डों के अधिरोपण** का अथवा लाइसेन्स के लिए या की गई सेवाओं के लिए फीसों की मांग का उपबंध करता है अथवा किसी **स्थानीय प्राधिकारी या निकाय द्वारा स्थानीय प्रयोजनों के लिए किसी कर के अधिरोपण, उत्सादन, परिहार, परिवर्तन या विनियमन का उपबंध करता है।**

धन विधेयक के पारित होने की प्रक्रिया

- धन विधेयक को पारित करने की प्रक्रिया, साधारण विधेयक की प्रक्रिया से अलग है। धन विधेयक को संविधान के **अनुच्छेद-110** के अंतर्गत परिभाषित किया गया है तथा उसे पारित करने के लिए **अनुच्छेद-109** के तहत विशेष प्रक्रिया का प्रावधान किया गया है।
- **अनुच्छेद-109** के अनुसार धन विधेयक राज्यसभा में पेश नहीं किया जा सकता है। इसे केवल लोकसभा में पेश किया जाता है।
- धन विधेयक को लोकसभा में पेश किए जाने के पूर्व **राष्ट्रपति** की सहमति आवश्यक है। लोकसभा द्वारा पारित किए जाने के बाद विधेयक को राज्यसभा में उसकी सिफारिश के लिए भेजा जाता है। इसके साथ लोकसभा अध्यक्ष का यह **प्रमाण-पत्र** भी संलग्न होता है कि वह विधेयक **धन विधेयक** है।
- **धन विधेयक के संबंध में राज्यसभा के अधिकार अत्यंत सीमित हैं।** वह धन विधेयक में कोई संशोधन नहीं कर सकती है, उसके संबंध में सिर्फ अपनी सिफारिश दे सकती है।
- **राज्यसभा को धन विधेयक 14 दिन के अंदर सिफारिश सहित या अपने मूल रूप में लोकसभा को लौटाना होता है।** अत: जहाँ सभी विधेयक राज्यसभा में विचार-विमर्श और **पारित** करने के लिए भेजे जाते हैं वहीं धन विधेयक विचार-विमर्श के बाद लोकसभा को **लौटाने** के लिए भेजा जाता है।
- लोकसभा राज्यसभा की सिफारिशों को स्वीकार या अस्वीकार कर सकती है। सिफारिशों को स्वीकार या अस्वीकार करने का धन विधेयक पर कोई प्रभाव नहीं पड़ता है और इन दशाओं में विधेयक को दोनों सदनों द्वारा पारित माना जाता है।
- **यदि राज्यसभा 14 दिन के अंदर धन विधेयक को लोकसभा में वापस नहीं करती है, तो भी इस अवधि की समाप्ति पर विधेयक को दोनों सदनों द्वारा पारित समझा जाता है।** अत: राज्यसभा को अधिकतम 14 दिन तक धन विधेयक को अपने पास रोकने की शक्ति है।
- दोनों सदनों द्वारा पारित धन विधेयक को राष्ट्रपति के पास सहमति के लिए भेजा जाता है। **राष्ट्रपति धन विधेयक को पुनर्विचार के लिए वापस नहीं कर सकता है, क्योंकि उसे उसकी पूर्वानुमति से ही लोकसभा में प्रस्तुत किया जाता है।**

वित्त विधेयक

- सामान्य बोलचाल में ऐसा विधेयक जो धन सम्बन्धी विषयों से सम्बन्धित होता है, वित्त विधेयक (Financial Bill) कहलाता है।

- सैद्धान्तिक दृष्टि से वित्त विधेयक ऐसे विधेयक को कहा जाता है, जिसमें धन विधेयक से सम्बन्धित विषयों के साथ-साथ कुछ अन्य विषयों से सम्बन्धित उपबंध भी जुड़े होते हैं। यथा–
  - ❖ कोई विधेयक जो लौह अयस्क के बारे में प्रावधान करने के साथ-साथ अयस्क पर **कर** लगाने का भी प्रावधान करता है, **वित्त विधेयक** है।
- इस प्रकार **प्रत्येक धन विधेयक, वित्त विधेयक होता है।** यद्यपि अंतिम रूप से धन विधेयक का निर्धारण **लोकसभा अध्यक्ष द्वारा किया जाता है।**
- **वार्षिक वित्त विधेयक** में बहुत-से अन्य उपबंध होते हैं, किंतु उसे धन विधेयक माना जाता है क्योंकि अध्यक्ष द्वारा उसे धन विधेयक के रूप में पृष्ठांकित किया जाता है जो अगले वित्त वर्ष के लिए केन्द्र सरकार के वित्तीय प्रस्ताव होते हैं।
- इसे बजट पेश किए जाने के तुरंत बाद सदन में रखा जाता है। इसे लाने का विरोध नहीं किया जाता है।
- धन विधेयक के समान ही **वित्त विधेयक को भी सर्वप्रथम लोकसभा में पेश किया जाता है तथा उसे पेश करने के पूर्व राष्ट्रपति की अनुमति आवश्यक होती है।**
- धन विधेयक के साथ उक्त दो समानताओं के अतिरिक्त वित्त विधेयक, सामान्य विधेयक के समान होता है। **अतः वित्त विधेयक को राज्यसभा द्वारा पारित होना चाहिए। राज्यसभा उसे संशोधित या नामंजूर कर सकती है तथा गतिरोध होने पर अनुच्छेद-108 के तहत संयुक्त अधिवेशन बुलाया जा सकता है तथा राष्ट्रपति उसे पुनर्विचार के लिए वापस कर सकता है।**
- लोकसभा अध्यक्ष द्वारा निम्न दो वित्त विधेयकों को **धन विधेयक** का प्रमाण-पत्र नहीं दिया जाता है–
  1. ऐसा वित्त विधेयक जिसमें **अनुच्छेद-110** में निर्दिष्ट विषयों के बारे में उपबंध के साथ-साथ कुछ अन्य विषयों के बारे में भी उपबंध करता है **[अनुच्छेद-117(1)]**।
  2. ऐसा वित्त विधेयक जो भारत की संचित निधि से व्यय का उपबंध करता है **[अनुच्छेद-117(3)]**।
- **भारत की संचित निधि से व्यय का प्रावधान करने वाले वित्त विधेयक को पारित** करने के लिए **विशेष प्रक्रिया** का प्रावधान किया गया है।
- ऐसे विधेयक को संसद के **किसी भी सदन** (राज्यसभा में भी) में **पेश** किया जा सकता है तथा उसे पेश करने के लिए राष्ट्रपति की सिफारिश आवश्यक नहीं है, किंतु संसद के किसी सदन द्वारा ऐसे वित्त विधेयक को पारित किए जाने से पूर्व ऐसे **सदन से विधेयक पर विचार करने के लिए राष्ट्रपति की सिफारिश आवश्यक है।**

संसद से सम्बन्धित अनुच्छेद

अनुच्छेद	विषय-वस्तु
79	संसद का गठन
80	राज्यसभा का संघटन
81	लोकसभा का संघटन
82	प्रत्येक जनगणना के पश्चात् पुनर्समायोजन
83	संसद के सदनों की अवधि
84	संसद की सदस्यता के लिए योग्यता
85	संसद के सत्र, सत्रावसान एवं विघटन (भंग)
86	राष्ट्रपति का सदनों को संबोधित करने तथा संदेश देने का अधिकार
87	राष्ट्रपति का विशेष संबोधन
	संसद के पदाधिकारी गण
89	राज्यसभा के सभापति तथा उप-सभापति
90	राज्यसभा के उप-सभापति पद की रिक्ति, त्यागपत्र तथा विमुक्ति
91	सभापति के कर्तव्यों के निर्वहन अथवा सभापति के रूप में कार्य करने की उप-सभापति की शक्ति
92	सभापति अथवा उप-सभापति का सदन की अध्यक्षता से विरत रहना; जबकि उनकी विमुक्ति सम्बन्धी कोई प्रस्ताव विचाराधीन हो।
93	लोकसभा के अध्यक्ष तथा उपाध्यक्ष।
94	लोकसभा अध्यक्ष तथा उपाध्यक्ष पद की रिक्ति, त्यागपत्र तथा विमुक्ति
95	लोकसभा उपाध्यक्ष अथवा किसी अन्य व्यक्ति का लोकसभा अध्यक्ष के कर्तव्यों का निर्वहन
96	लोकसभा अध्यक्ष तथा उपाध्यक्ष का सदन की अध्यक्षता से विरत रहना; जबकि उनकी विमुक्ति सम्बन्धी कोई प्रस्ताव विचाराधीन हो।
97	सभापति एवं उप-सभापति तथा लोकसभा अध्यक्ष एवं उपाध्यक्ष के वेतन एवं भत्ते
98	संसद सचिवालय
	कार्यवाही का संचालन
99	सदस्यों द्वारा शपथ ग्रहण
100	दोनों सदनों में मतदान, रिक्तियों तथा कोरम की पूर्ति के बिना भी सदनों का कार्य करने का अधिकार
	सदस्यों की अयोग्यता
101	सीटों की रिक्ति
102	सदस्यता से अयोग्य ठहरना
103	सदस्यों की अयोग्यता से सम्बन्धित प्रश्नों पर निर्णय
104	अनुच्छेद 99 के अंतर्गत शपथ करने के पहले स्थान ग्रहण करने तथा मतदान देने पर दंड।

- अतः **अनुच्छेद-117(3)** के अंतर्गत आने वाला वित्त विधेयक एक सामान्य विधेयक की तरह होता है। अंतर सिर्फ यह होता है कि उसे तभी पारित किया जाता है, जब राष्ट्रपति ने उस पर विचार करने के लिए सम्बद्ध सदन से सिफारिश की हो।

इसे पेश किए जाने के लिए राष्ट्रपति की अनुमति की आवश्यकता नहीं होती है।

संसदीय प्रश्न

संसद में पूछे जाने वाले प्रश्न विभिन्न प्रकार के होते हैं–

1. **तारांकित प्रश्नः** जब प्रश्न पूछने वाला सदस्य सदन में तुरंत उत्तर चाहता है, तो वह प्रश्न के शीर्ष पर तारा (Star) लगा देता है इसलिए इसे **तारांकित प्रश्न** कहा जाता है। तारांकित प्रश्न का उत्तर तुरंत मौखिक रूप से दिया जाता है तथा इसके संबंध में पूरक प्रश्न भी पूछा जा सकता है।

   अतारांकित प्रश्न वे होते हैं, जिनके लिए लिखित उत्तर दिए जाते हैं। स्वाभाविक तौर पर इनमें सदस्य को पूरक प्रश्न पूछने का अवसर नहीं मिलता है।

   कोई प्रश्न तारांकित माना जाए या अतारांकित इसका निर्णय लोकसभा एवं राज्यसभा में क्रमशः **अध्यक्ष** या **सभापति** द्वारा किया जाता है।
2. **अल्प सूचना प्रश्नः** अल्प सूचना प्रश्न का संबंध किसी लोकमहत्व के तात्कालिक मामले से होता है; जो साधारण प्रश्न के लिए निर्धारित 10 दिन की अवधि की अपेक्षा कम समय की सूचना पर पूछा जाता है। इसका उत्तर साधारणतया मौखिक रूप से दिया जाता है।
3. **पूरक प्रश्नः** जब मन्त्री द्वारा किसी प्रश्न का उत्तर दिया जाता है, तो उस उत्तर की किसी बात को लेकर पुनः जो प्रश्न पूछा जाता है, उसे पूरक

प्रश्न कहा जाता है। विभिन्न मंत्रालयों से सम्बन्धित प्रश्न को पूछने के लिए सप्ताह में अलग-अलग दिन निर्धारित किए जाते हैं।

4. **गैर-सरकारी सदस्यों से पूछे जाने वाले प्रश्नः** संसद में मन्त्रिपरिषद् के सदस्यों के अतिरिक्त अन्य सदस्यों से पूछे जाने वाले प्रश्नों को गैर-सरकारी सदस्यों से पूछा जाने वाला प्रश्न कहा जाता है।

   जब कोई **गैर-सरकारी सदस्य** किसी विधेयक, संकल्प या कार्य के लिए उत्तरदायी होता है, तो उससे सम्बन्धित कार्य के विषय में प्रश्न पूछा जा सकता है।

शून्य काल (Zero Hour)

- संसद के दोनों सदनों में प्रश्न काल के तुरंत बाद एक घंटे का समय **शून्य काल** कहा जाता है। शून्य काल में विचार के लिए विषय पहले से निर्धारित नहीं होता है। शून्यकाल में बिना पूर्व सूचना के सार्वजनिक महत्व का कोई भी प्रश्न उठाया जा सकता है और किसी मन्त्री से उत्तर देने को कहा जा सकता है। इसी कारण इसे **प्रश्न-उत्तर सत्र** भी कहा जाता है।
- भारतीय संसदीय प्रक्रिया में **शून्यकाल** शब्द का उल्लेख नहीं है। चूंकि यह समय दोपहर 12 बजे आरम्भ होता है, अत: मीडिया द्वारा इसे शून्य काल नाम दे दिया गया है। इस प्रकार संसदीय व्यवस्था में शून्य काल भारत की देन है।
- वर्तमान नियमों के अनुसार शून्य काल के दौरान कुल 20 मामले उठाए जा सकते हैं।
- यह भारतीय संसदीय व्यवस्था द्वारा विकसित किया गया एक नवाचार है, जिसकी शुरुआत वर्ष 1962 से की गई थी।

आधे घंटे की चर्चा

- जब किसी पर्याप्त लोकमहत्व के मामले में किसी तारांकित, अतारांकित या अल्प सूचना प्रश्न द्वारा संसद में उत्तर दिया गया हो तथा उत्तर में कोई ऐसा तथ्य शामिल हो, जिसका स्पष्टीकरण आवश्यक हो तो ऐसे तथ्य के संबंध में संसद में चर्चा अंतिम आधे घंटे (5 pm–5:30 pm) में की जाती है।
- **लोकसभा में सप्ताह में तीन दिन सोमवार, बुधवार तथा शुक्रवार** को तथा **राज्यसभा** में सभापति की अनुमति से किसी भी दिन ऐसी चर्चा की जा सकती है। किंतु, चर्चा से कम-से-कम तीन दिन पूर्व इसकी लिखित सूचना दी जानी चाहिए।

अल्पकालीन चर्चाएँ

- किसी अविलम्बनीय (जिसे टाला नहीं जा सकता हो) लोक महत्व के विषय को सदन के ध्यान में लाने के लिए कोई **गैर-सरकारी सदस्य** अल्पकालीन चर्चा प्रारम्भ कर सकता है।
- अल्पकालीन चर्चा के लिए सप्ताह में दो दिन का समय निर्धारित किया गया है। सामान्यत: ऐसी चर्चा मंगलवार तथा गुरुवार को की जाती है।
- अल्पकालीन चर्चा उठाने की परंपरा वर्ष 1953 में आरंभ की गई थी। इस चर्चा को प्रारम्भ करने के लिए, मामले का संक्षिप्त वर्णन करते हुए और उसके कारणों को दर्शाते हुए गैर-सरकारी सदस्य इसकी सूचना महासचिव को देता है।
- ऐसी सूचना पर दो और सदस्यों के हस्ताक्षर होते हैं। चर्चा की स्वीकृति के संबंध में निर्णय अध्यक्ष अथवा सभापति द्वारा किया जाता है।

व्यवस्था का प्रश्न

- जब संसद में किसी कार्यवाही के दौरान संसदीय प्रक्रिया के किसी नियम का उल्लंघन किया जाता है, तो संसद का कोई सदस्य **व्यवस्था का प्रश्न** उठा सकता है।
- यह एक साधारण प्रक्रिया है, क्योंकि इसके उठाए जाने पर सदन की कार्यवाही निलम्बित (Suspend) हो जाती है तथा जो सदस्य उस समय बोल रहा होता है, उसे अपना भाषण रोकना पड़ता है।
- कोई प्रश्न व्यवस्था का प्रश्न है या नहीं, इसका निर्णय **पीठासीन अधिकारी** द्वारा किया जाता है।

प्रशासनिक सुधार के लिए गठित प्रमुख समितियाँ/आयोग

अध्यक्ष	वर्ष	विषय
ए.डी. गोखले	1951	भारतीय लोक प्रशासनिक संस्थान की स्थापना की सिफारिश
ए. रामास्वामी मुदुलियार	1956	पब्लिक सर्विस समिति (भर्ती तथा योग्यता)
के. सन्थानम	1964	भारतीय तथा राज्य प्रशासनिक सेवाएँ और जिला प्रशासन की समस्याएँ
मोरारजी देसाई	1966–70	प्रशासनिक सुधार आयोग तथा के. हनुमन्तैया (1967–70)
डी.एस. कोठारी	1976	भारतीय उच्च सिविल सेवा में, परीक्षा तथा भर्ती सम्बन्धी नीतियाँ तथा विधि
धर्मवीर	1979	राष्ट्रीय पुलिस आयोग
सतीशचन्द्र	1988–89	सिविल सेवा परीक्षा पद्धति की समीक्षा
एन.एन. वोरा	1997	राजनीतिज्ञों के अपराधियों से सम्बन्ध
पी.सी. जैन	1998	प्रशासनिक कानूनों की समीक्षा
वाई.के. अलघ	2001–02	सिविल सेवा परीक्षा पद्धति के मूल्यांकन एवं इसमें सुधार के सुझाव हेतु
पी.सी. होता	2002–04	सिविल सेवा में सुधार हेतु
बी.के. चतुर्वेदी	2004–05	सुरेन्द्र नाथ चतुर्वेदी व पी. सी. होता समितियों की रिपोर्ट पर विचार हेतु
वीरप्पा मोइली	2005	द्वितीय प्रशासनिक सुधार आयोग

राज्य कार्यपालिका

राज्य सरकार

- संसदीय शासन प्रणाली का संचालन केन्द्र के साथ-साथ राज्यों में भी होता है।
- राज्य सरकार का गठन भी व्यवस्थापिका कार्यपालिका और न्यायपालिका से मिलकर होता है।
- भारत को 'राज्यों का संघ' कहा गया है। वर्तमान में 28 राज्य तथा 9 केन्द्रशासित प्रदेश हैं।
- व्यवस्थापिका जहाँ नीति-निर्मात्री संस्था है वहीं कार्यपालिका नीति क्रियान्वित संस्था है, न्यायपालिका संविधान और नियमों को संरक्षित करने वाली संस्था है।
- भारत के सभी राज्यों में व्यवस्थापिका का गठन एक समान न होकर अलग-अलग है।

- भारत के मात्र 7 राज्यों में द्विसदनीय व्यवस्थापिका है, जहाँ निम्न सदन-**विधानसभा** तथा **उच्च सदन-विधान** परिषद् का अस्तित्व है।
- द्विसदनीय व्यवस्थापिका वाले 7 राज्य हैं– **बिहार, उत्तर प्रदेश, महाराष्ट्र, कर्नाटक, आंध्र प्रदेश, तेलंगाना एवं जम्मू-कश्मीर।**

राज्यपाल

- राज्यपाल राज्य का संवैधानिक पद है। जिसके द्वारा कार्यपालिका-कार्य संचालित होते हैं।
- भारतीय संविधान का **अनुच्छेद 153** राज्यपाल पद का प्रावधान करता है।
- **अनुच्छेद 154** के अंतर्गत यह उल्लेखित है कि राज्य की समस्त कार्यपालिका शक्ति राज्यपाल में निहित होगी जिसका प्रयोग, वह संविधान के अनुसार स्वयं या अधीनस्थ अधिकारियों द्वारा करेगा।
- भारतीय संसदीय शासन प्रणाली में 'राज्यपाल' राज्य व्यवस्थापिका का अभिन्न अंग होता है।
- भारतीय संविधान के **अनुच्छेद 168(1)** के तहत प्रत्येक राज्य में एक विधानमण्डल होगा जोकि राज्यपाल तथा दो या जहाँ एक सदन हो, वहाँ एक सदन से मिलकर बनेगा।

योग्यताएँ

- वह भारत का नागरिक हो।
- **35 वर्ष** की आयु पूरी कर चुका हो।
- किसी प्रकार के लाभ के पद पर न हो।
- राज्य विधानसभा का सदस्य चुने जाने के योग्य हो।

नियुक्ति

संविधान के **अनुच्छेद 155** के अनुसार राज्यपाल की नियुक्ति राष्ट्रपति के द्वारा की जाती है।

शपथ ग्रहण

राज्यपाल को सम्बन्धित राज्य के उच्च न्यायालय के मुख्य न्यायाधीश अथवा अन्य उपलब्ध वरिष्ठतम न्यायाधीश के समक्ष ग्रहण करनी होती है।

पदावधि

- संविधान के **अनुच्छेद 156** के तहत राज्यपाल, राष्ट्रपति के प्रसादपर्यन्त अपना पद धारण करेगा। इसके उपरांत भी वह 5 वर्ष के कार्यकाल को पूरा करेगा। इसके पूर्व वह कभी भी 'राष्ट्रपति' को अपना त्यागपत्र दे सकता है।
- एक ही राज्यपाल की नियुक्ति जब दो या अधिक राज्यों के लिए होगी तो राज्यपाल को देय-वेतन-भत्ते एवं उपलब्धियाँ उन राज्यों के बीच ऐसे अनुपात में बाँट दिए जाएँगे जो राष्ट्रपति अपने आदेश द्वारा अवधारित करे। (**अनुच्छेद 158 (3)** क के अनुसार)

कार्य एवं अधिकार

राज्यपाल के निम्नलिखित कार्य व शक्तियाँ हैं–

कार्यपालिका सम्बन्धी कार्य

- राज्य कार्यपालिका के सभी कार्य राज्यपाल के नाम से संचालित होते हैं, जिसके लिए 'मन्त्रिपरिषद् का गठन' किया जाता है।
- राज्यपाल, कार्यपालिका सम्बन्धी कार्यों को संचालित करने के लिए 'मुख्यमन्त्री' की नियुक्ति करता है।
- मुख्यमन्त्री की सलाह पर वह **मन्त्रिपरिषद्** के सभी मन्त्रियों की नियुक्ति करता है।
- वह राज्य लोक सेवा आयोग के अध्यक्ष एवं सदस्यों, महाधिवक्ता, राज्य वित्त आयोग के अध्यक्ष, राज्य मानवाधिकार आयोग एवं राज्य महिला आयोग के अध्यक्ष की नियुक्ति करता है।

आपात शक्ति

- जम्मू-कश्मीर के उपराज्यपाल को जम्मू-कश्मीर के संविधान के **अनुच्छेद 92** के तहत राज्यपाल को आपात की घोषणा करने की शक्ति है। वह आपात की घोषणा करके राज्यपाल शासन लागू कर सकता है।
- भारतीय संविधान के **अनुच्छेद 356** के तहत 'राज्यपाल' के लिखित संदेश पर राष्ट्रपति सम्बन्धित राज्य में राज्य की असवैधानिकता के आधार पर राष्ट्रपति शासन लागू कर सकता है।

विवेकी शक्तियाँ

- भारतीय संविधान के **अनुच्छेद 167(3)** के अंतर्गत राज्यपाल को विवेकी शक्तियाँ प्राप्त हैं। यह वह स्थिति हैं, जब विधानसभा में कार्यपालिका अपना बहुमत खो चुकी हो और नई सरकार का गठन करना हो।
- आम चुनाव के बाद किसी भी राजनीतिक दल को स्पष्ट बहुमत प्राप्त नहीं हो और कार्यपालिका का गठन करना हो।
- राज्य में संवैधानिकता की स्थिति खतरे में हो और राष्ट्रपति शासन का विचार करना हो।
- राष्ट्रपति के विचार के लिए विधेयक आरक्षित करना।
- पुनर्विचार के लिए व्यवस्थापिका को विधेयक लौटाना।

विशेष दायित्व

भारतीय संविधान के **अनुच्छेद 371(2)** के अंतर्गत राज्यपाल को महाराष्ट्र और गुजरात राज्यों में विदर्भ, मराठवाड़ा, सौराष्ट्र एवं कच्छ के लिए विकास बोर्डों से सम्बन्धित मामलों का विशेष उत्तरदायित्व है।

विधायी शक्तियाँ

- भारतीय संविधान के **अनुच्छेद 168** के तहत वह राज्य व्यवस्थापिका का अभिन्न अंग होता है।
- वह विधानमण्डल में अभिभाषण देता है, विधानमण्डल के समक्ष बजट प्रस्तुत कराता है।
- वह विधानसभा का सत्र आहूत करता है, सत्रावसान करता है तथा समय पर विघटन भी कर सकता है।
- वह विधान परिषद् के कुल सदस्यों में से **1/6 सदस्य** जो साहित्य, कला, विज्ञान, समाज सेवा तथा पत्रकारिता में विशेष स्थान रखते हैं, उन्हें विधान परिषद् के सदस्य के रूप में मनोनीत करता है।
- राज्यपाल की पूर्वानुमति के पश्चात् ही कोई अनुदान माँग विधानमण्डल के समक्ष पेश की जा सकती है।
- वह विधानमण्डल द्वारा पारित किसी विधेयक को कानून का रूप दे सकता है या राष्ट्रपति की सहमति के लिए उसे रोक भी सकता है।
- विशेष परिस्थितियों में संविधान के **अनुच्छेद 213** के अंतर्गत राज्यपाल को अध्यादेश जारी करने का अधिकार प्राप्त है, जिसे विधानसभा द्वारा 6 सप्ताह के अंदर स्वीकृत होना पड़ता है।

न्यायिक शक्तियाँ

- भारतीय संविधान का अनुच्छेद 161 राज्यपाल को विशेष न्यायिक शक्तियाँ प्रदान करता है।
- किसी अपराध के लिए साबित दोषी की सजा को क्षमा करने, प्रवलिम्बन करने, विराम या परिहार करने की शक्ति राज्यपाल को प्राप्त है। उसे दण्डादेश के निलम्बन, परिहार या लघुकरण की शक्ति भी प्राप्त है।

राज्य व्यवस्थापिका और राज्यपाल

- राज्य विधानमण्डल द्वारा पारित विधेयक राज्यपाल के हस्ताक्षर के पश्चात् ही कानून के रूप में अस्तित्व में आता है।
- संविधान का **अनुच्छेद 174** राज्यपाल को अधिकार देता है कि वह व्यवस्थापिका के किसी भी सदन का अधिवेशन बुलाए, उसे संबोधित करे तथा सत्रावसान करे।
- राज्यपाल, विधानसभा का विघटन भी कर सकता है।
- संविधान के **अनुच्छेद 175** के अंतर्गत राज्यपाल विधानमण्डल में विलम्बित किसी विधेयक के सम्बन्ध में सन्देश भेज सकता है।
- विधानसभा के प्रथम सत्र तथा नव-निर्वाचित विधानसभा के प्रथम सत्र में या दोनों सदनों में संयुक्त रूप से वह अभिभाषण कर सकता है।
- भारतीय संविधान के **अनुच्छेद 213** के अंतर्गत जब विधानसभा सत्र में नहीं हो तथा किसी विशेष कानून की आवश्यकता हो तो राज्यपाल अध्यादेश जारी कर सकता है।
- इस अध्यादेश को कानूनी सत्ता प्राप्त है जो **छः सप्ताह** तक प्रभावी रहती है। इसे **6 सप्ताह** के अंतर्गत विधानसभा से स्वीकृति दिलाना आवश्यक है।

महाधिवक्ता

- संविधान के अनुच्छेद 165 के अनुसार राज्यपाल द्वारा किसी ऐसे व्यक्ति को जो उच्च न्यायालय का न्यायाधीश नियुक्ति होने की अर्हता धारण करता हो राज्य का महाधिवक्ता नियुक्त किया जाता है।
- यह राज्य का सर्वोच्च विधि अधिकारी होता है, उसे राज्य विधानमण्डल के सदनों की कार्यवाहियों में भाग लेने एवं बोलने का अधिकार प्राप्त हैं, परन्तु मतदान का अधिकार नहीं है।
- वह राज्य सरकार को विधि सम्बन्धी ऐसे विषयों पर सलाह देता है तथा ऐसे अन्य कर्तव्यों का पालन करता है, जो समय-समय पर राज्यपाल द्वारा उसे निर्देशित किए जाते है अथवा सौंपे जाते हैं।
- महाधिवक्ता राज्यपाल के प्रसादपर्यन्त पद धारण करता है तथा ऐसा पारिश्रमिक प्राप्त करता है, जो राज्यपाल द्वारा अवधारित किया जाता है।

मुख्यमन्त्री

- संसदीय शासन व्यवस्था में द्वि शासन प्रमुख का प्रावधान है। संवैधानिक प्रमुख के रूप में राज्यपाल तथा वास्तविक प्रमुख के रूप में मुख्यमन्त्री। वास्तव में राज्यपाल की समस्त शक्तियों का उपयोग मुख्यमन्त्री ही करता है।
- भारतीय संविधान के **अनुच्छेद 163 (1)** के तहत मुख्यमन्त्री की नियुक्ति राज्यपाल द्वारा की जाती है।
- मुख्यमन्त्री पद के लिए किसी योग्यता की अनिवार्यता नहीं है। मुख्यमन्त्री पद पर नियुक्ति के लिए राज्यपाल उस व्यक्ति को आमन्त्रित करता है, जिसे विधानसभा में स्पष्ट बहुमत प्राप्त हो।
- भारतीय संविधान के **अनुच्छेद 163(1)** के तहत राज्यपाल को उसके कार्यों का सम्पादन करने में सहायता और सलाह देने के लिए एक मन्त्रिपरिषद् होगी जिसका प्रधान मुख्यमन्त्री होगा।

शक्तियाँ एवं कार्य

- मुख्यमन्त्री मन्त्रियों की नियुक्ति राज्यपाल द्वारा करवाता है तथा उन मन्त्रियों को जोड़कर रखता है। किसी भी तरह के मतभेद उत्पन्न होने पर उनके मध्य समन्वय करता है।
- वह विधानसभा का नेता होता है और विधानमण्डल तथा राज्यपाल, मन्त्रिपरिषद् तथा राज्यपाल के मध्य सम्पर्क सूत्र का कार्य करता है।
- राज्यपाल द्वारा किए जाने वाले सभी नियुक्ति सम्बन्धी कार्य मुख्यमन्त्री की सलाह पर संचालित होते हैं।
- वह राज्य का नेता होता है। राष्ट्रीय स्तर पर राज्य की जनता की ओर से प्रतिनिधित्व करता है।
- वह राज्य के लिए नीति-निर्माण में महत्वपूर्ण भूमिका निभाता है। राज्य का समस्त दायित्व उसी के कन्धों पर होता है।
- वह राज्य योजना आयोग का अध्यक्ष तथा राष्ट्रीय विधान परिषद् का सदस्य होता है।

मन्त्रिपरिषद्

- मुख्यमन्त्री की नियुक्ति राज्यपाल करता है तथा अन्य मन्त्रियों की नियुक्ति राज्यपाल मुख्यमन्त्री की सलाह पर करता है। इस मन्त्रिपरिषद् के गठन में शामिल मन्त्रीगण राज्यपाल के प्रसादपर्यन्त अपना पद धारण करते है।
- मन्त्रिपरिषद् राज्य की विधानसभा के प्रति सामूहिक रूप से उत्तरदायी होती है।
- कोई मन्त्री छः माह तक बिना किसी सदन की सदस्यता ग्रहण किए उस राज्य का मुख्यमन्त्री या मन्त्री बना रह सकता है। तत्पश्चात् या तो उसे किसी सदन की सदस्यता प्राप्त करनी होती है अन्यथा पद त्याग करना पड़ता है।

विधान परिषद्

संरचना

भारतीय संविधान के **अनुच्छेद 169** के अंतर्गत विधान परिषद् की संकल्पना प्रस्तुत की गई है, जो राज्य विधानसभा द्वारा कुल सदस्य संख्या के बहुमत तथा मत देने वाले और उपस्थित होने वाले सदस्यों की संख्या के कम-से-कम **2/3 बहुमत** द्वारा पारित संकल्प से सृजित की जा सकती है। इस संकल्प को संसद में भेजा जाता है जहाँ राष्ट्रपति की सहमति के साथ ही विधान परिषद् का गठन सम्भव होता है।

गठन

- विधान परिषद् के सदस्यों की संख्या उस राज्य के विधानसभा के सदस्यों की संख्या से **1/3 से अधिक** नहीं हो सकती। किन्तु, वह संख्या 40 से कम नहीं होनी चाहिए।
- विधान परिषद् के सदस्यों की संख्या के **1/6 सदस्य**, राज्य के राज्यपाल द्वारा उन लोगों में से मनोनीत किए जाते हैं जो कला, विज्ञान, साहित्य, समाज सेवा या सहकारिता क्षेत्र में विशेष अनुभव रखते हैं।
- विधान परिषद् के **1/12 सदस्यों** का निर्वाचन, अध्यापकों से मिलकर बने निर्वाचक मण्डल के माध्यम से होता है।
- **1/12 सदस्यों** का निर्वाचन, पूर्व स्नातकों से बने निर्वाचक मण्डल के माध्यम से होता है।
- विधान परिषद् की कुल सदस्य **संख्या 1/3 सदस्य** निर्वाचक मण्डल द्वारा निर्वाचित होते हैं।
- विधान परिषद् के कुल सदस्यों के **1/3 सदस्य** उस राज्य की विधानसभा द्वारा निर्वाचित होते हैं।

निर्वाचन पद्धति

विधान परिषद् के सदस्यों का निर्वाचन जनता द्वारा अप्रत्यक्ष रूप से, आनुपातिक प्रतिनिधित्व की एकल संक्रमणीय मत पद्धति द्वारा होता है।

कार्यकाल

- विधान परिषद् एक स्थायी सदन है। राज्यपाल इसे विघटित नहीं कर सकता।
- इसके सदस्यों का कार्यकाल **6 वर्ष** का होता है। इसके 1/3 सदस्य प्रत्येक दो वर्ष की समाप्ति पर अपना पदत्याग करते हैं और उनके स्थान पर नए सदस्यों का चुनाव होता है।

- विधान परिषद् को संबोधित करने के लिए परिषद् के सदस्य अपनों में से ही एक सभापित तथा एक उप-सभापति का चुनाव करते हैं। इनकी अनुपस्थिति में राज्यपाल द्वारा नियुक्त व्यक्ति सभापति के पद पर कार्य करता है।

कार्य एवं क्षेत्राधिकार

- विधान परिषद् को विधायी कार्य सम्बन्धी क्षेत्राधिकार प्राप्त है। इसके तहत वह विधानसभा के साथ मिलकर कानून बनाती है। संविधान में संशोधन हेतु विधानसभा के साथ संयुक्त रूप से भूमिका निभाती है। किसी तरह की असहमति होने पर संयुक्त बैठक की जाती है, जहाँ बहुमत के आधार पर निर्णय लिए जाते हैं।
- धन विधेयक पर चर्चा करने के लिए विधान परिषद् को 14 दिनों का अवसर प्राप्त है।
- यद्यपि धन विधेयक पर विधान परिषद् की स्थिति कमजोर है तथापि विधानसभा में बहुमत होने के कारण मनमाने तरीके से काम करने के समय राज्य कार्यपालिका पर विधान परिषद् अंकुश लगाती है।
- कार्यपालिका सम्बन्धी मामलों में वह मन्त्रियों से विभिन्न माध्यमों द्वारा प्रश्न पूछ सकती है। प्रशासन के किसी गलत कार्य के लिए सम्बन्धित मंत्रालय की आलोचना कर सकती है।
- यद्यपि विधान परिषद् को प्रभावी कार्य अधिकार प्राप्त नहीं हैं तथापि यह वरिष्ठ सदस्यों और विद्वान् जनों की परिषद् है, जो सदन को महत्वपूर्ण विषयों पर महत्वपूर्ण सलाहकार साबित होते हैं।
- विधान परिषद् राज्य विधानमण्डल का **उच्च सदन** अथवा **द्वितीय सदन** होता है।
- विधान परिषद् के सदस्यों का निर्वाचन अप्रत्यक्ष रूप से **आनुपातिक प्रतिनिधित्व पद्धति** के अनुसार **एकल संक्रमणीय मत प्रणाली** के आधार पर होता है।
- विधान परिषद् एक स्थायी निकाय है, जिसका विघटन नहीं किया जा सकता, परन्तु एक-तिहाई सदस्य प्रत्येक दो वर्ष की समाप्ति के बाद सेवानिवृत्त हो जाते हैं तथा उनके स्थान पर नए सदस्य निर्वाचित हो जाते हैं। विधान परिषद् के सदस्यों का **कार्यकाल 6** वर्ष का होता है।
- विधान परिषद् के सदस्यों की संख्या अधिकतम राज्य की विधानसभा के सदस्यों की संख्या की एक-तिहाई होती है, परन्तु वह **40 से कम** नहीं हो सकती (**अपवाद-जम्मू-कश्मीर 36 सीटें**)।
- विधान परिषद् राज्य के कुछ विशेष वर्गों का प्रतिनिधित्व करती है।
- राज्य की मन्त्रिपरिषद् विधान परिषद् के प्रति उत्तरदायी नहीं होती है।
- विधान परिषद् में मन्त्रिपरिषद् के विरुद्ध अविश्वास प्रस्ताव पारित कर उसे पदच्युत नहीं किया जा सकता। वह मन्त्रिपरिषद् के कार्यों की जाँच, आलोचना ही कर सकती है, जो प्रश्न एवं पूरक प्रश्न पूछकर तथा स्थगन प्रस्ताव द्वारा की जाती है।
- धन विधेयक विधान परिषद् में प्रस्तावित नहीं किया जा सकता है।
- विधान परिषद् के सदस्य राष्ट्रपति के निर्वाचन हेतु गठित निर्वाचक मण्डल के सदस्य नहीं होते हैं अर्थात् विधान परिषद् के सदस्य राष्ट्रपति के चुनाव में भाग नहीं ले सकते।

विधानसभा

- विधानसभा एकल सदनीय व्यवस्था में महत्वपूर्ण भूमिका में होती है।
- विधानसभा राज्य विधानमण्डल का **निम्न सदन** अथवा **प्रथम सदन** होता है।
- विधानसभा के सदस्यों का निर्वाचन **प्रत्यक्ष रूप** से **पूर्ण वयस्क मताधिकार** के आधार पर साधारण बहुमत की पद्धति द्वारा होता है।
- विधानसभा का **कार्यकाल 5 वर्ष** का होता है, परन्तु कार्यकाल पूर्ण होने के पूर्व मुख्यमन्त्री के परामर्श पर राज्यपाल द्वारा इसे भंग किया जा सकता है।
- विधानसभा के सदस्यों की संख्या अधिकतम **500** तथा न्यूनतम **60** हो सकती है। **अपवाद-गोवा (40), मिजोरम (40), सिक्किम (32) एवं पुदुचेरी (30)।**
- विधानसभा राज्य की समस्त जनता का प्रतिनिधित्व करती है।
- राज्य की मन्त्रिपरिषद् विधानसभा के प्रति उत्तरदायी होता है।
- विधानसभा मन्त्रिपरिषद् के विरुद्ध अविश्वास प्रस्ताव पारित कर उसे पदच्युत कर सकता है।
- विधानसभा मन्त्रिपरिषद् के विरुद्ध अविश्वास प्रस्ताव पारित कर उसे पदच्युत कर सकता है।
- धन विधेयक केवल विधानसभा में प्रस्तावित किया जा सकता है।
- निर्वाचन हेतु विधानसभा के सभी निर्वाचित (मनोनीत नहीं) सदस्य निर्वाचन हेतु गठित निर्वाचक मण्डल के सदस्य होते हैं अर्थात् विधानसभा के निर्वाचित सदस्य राष्ट्रपति के चुनाव में भाग ले सकते हैं।

गठन

- भारतीय संविधान गठन के अनुच्छेद 170 के अनुसार विधानसभा के सदस्यों की संख्या अधिकतम 500 और न्यूनतम 60 हो सकेगी। सिक्किम, अरुणाचल प्रदेश और गोवा के लिए नयूनतम संख्या 30 है, मिजोरम के लिए यह संख्या 40 है।
- राज्य विधानसभा के लिए राज्यपाल द्वारा आंग्ल-भारतीय समुदाय से 1 सदस्य का मनोनयन किया जाता है।
- विधानसभा सदस्यों का चुनाव प्रत्यक्ष रूप से जनता द्वारा, वयस्क मताधिकार के आधार पर गुप्त मतदान पद्धति के अनुसार होता है।

कार्यकाल

विधानसभा सदस्यों का **कार्यकाल 5 वर्ष** का होता है।

योग्यता

विधानसभा सदस्य होने के लिए अनिवार्य योग्यताएँ हैं–

- भारत का नागरिक हो।
- **25 वर्ष** की आयु पूरी कर चुका हो।
- उसका नाम राज्य विधानसभा की मतदाता सूची में शामिल हो।
- किसी लाभ के पद पर न हो।
- पागल या दिवालिया न हो।

विधानसभा अध्यक्ष

- **विधानसभा को** संबोधित करने के लिए **विधानसभा अध्यक्ष** पद का प्रावधान किया गया है।
- विधानसभा के **अध्यक्ष व उपाध्यक्ष को** विधानसभा के सदस्यों के बीच से चुना जाता है। इनकी कार्यवधि विधानसभा सदस्यों के कार्यकाल के समान होती है।

कार्य व अधिकार

विधानसभा को विविध शक्तियाँ एवं अधिकार क्षेत्र प्राप्त हैं–

1. **विधायी कार्यक्षेत्र:** विधानसभा को संविधान द्वारा विधित **राज्य सूची** के विषय पर **कानून बनाने** का अधिकार प्राप्त है। वह विधान परिषद् के साथ मिलकर संविधान में संशोधन भी कर सकती है। राज्य सूची के विषय पर जहाँ द्विसदनीय व्यवस्था हो, वहाँ **विधानसभा + विधान परिषद् + राज्यपाल** की सम्मिलित अनुमति अनिवार्य है।

2. **वित्तीय कार्यक्षेत्र:** विधानसभा को राज्य बजट पारित करने का अधिकार है। वह राज्य सरकार द्वारा प्रस्तुत बजट में कटौती प्रस्ताव कर उसके बजट अनुमानों को बदलने, कम करने के लिए आदेश दे सकती है।
3. **कार्यपालिका कार्यक्षेत्र:** विधानसभा राज्य सरकार पर विभिन्न माध्यमों से नियंत्रण रखती है। वह **'काम रोको प्रस्ताव'**, 'ध्यानाकर्षण प्रस्ताव' वाद-विवाद, प्रश्नकाल और अंतिम शस्त्र के रूप में **'अविश्वास प्रस्ताव'** पारित कर राज्य सरकार को सत्ताच्युत कर सकती है। राज्य का मुख्यमन्त्री विधानसभा का नेता होता है। 'सामूहिक उत्तरदायित्व सिद्धांत' के परिणामस्वरूप वह विधानसभा के प्रति मन्त्रिपरिषद् सहित अपने दायित्वों के संदर्भ में उत्तरदायी होता है।

न्यायालय

सर्वोच्च न्यायालय

भारतीय संविधान के **अनुच्छेद-124** के तहत भारत में सर्वोच्च न्यायालय का गठन किया गया है। संसद को अधिकार हैं कि वह न्यायाधीशों की संख्या को निश्चित करें।

न्यायाधीशों की योग्यताएँ

सर्वोच्च न्यायालय का न्यायाधीश नियुक्त होने के लिए निम्नलिखित योग्यताएँ आवश्यक हैं–

1. भारत का नागरिक हो।
2. किसी उच्च न्यायालय में अथवा दो या दो से अधिक न्यायालयों में लगातार **कम-से-कम 5 वर्षों तक** न्यायाधीश के पद पर रह चुका हो/या किसी उच्च न्यायालय में कम-से-कम 10 वर्ष तक अधिवक्ता रहा हो/या राष्ट्रपति की दृष्टि में विधि का विद्वान् हो।

न्यायाधीशों की नियुक्ति

सर्वोच्च न्यायालय के न्यायाधीशों को राष्ट्रपति द्वारा नियुक्त किया जाता है। सर्वोच्च न्यायालय के मुख्य न्यायाधीश इस प्रसंग में राष्ट्रपति को परामर्श देने के पूर्व अनिवार्य रूप से 'चार वरिष्ठतम न्यायाधीशों के समूह' से परामर्श प्राप्त करते हैं तथा प्राप्त परामर्श के आधार पर राष्ट्रपति को परामर्श देते हैं।

न्यायाधीशों के वेतन तथा भत्ते

वर्तमान में सर्वोच्च न्यायालय के मुख्य न्यायाधीश **को ₹2,80,000** प्रति माह तथा अन्य **न्यायाधीशों को ₹2,50,000** प्रति माह वेतन प्राप्त होता है।
उनके वेतन व भत्ते भारत की संचित निधि से दिए जाते हैं।

कार्यकाल व महाभियोग

सर्वोच्च न्यायालय के न्यायाधीशों की कार्यावधि **उनकी आयु के 65 वर्ष** तक की होती है किंतु, इससे पूर्व वह राष्ट्रपति को संबोधित कर अपना इस्तीफा दे सकता है।

सर्वोच्च न्यायालय के न्यायाधीशों को केवल

1. प्रमाणित कदाचार तथा
2. शारीरिक व मानसिक असमर्थता के आधार पर संसद के प्रत्येक सदन द्वारा विशेष बहुमत प्रक्रिया द्वारा पारित 'महाभियोग प्रस्ताव' के माध्यम से हटाया जा सकता है। [अनुच्छेद 124 (4)]

अब तक मात्र दो बार **महाभियोग प्रक्रिया** की आवश्यकता हुई। प्रथम बार (1991–93 में) उच्चतम न्यायालय के न्यायाधीश **आर. रामास्वामी** के विरुद्ध तथा 2011 में कोलकाता उच्च न्यायालय के मुख्य न्यायाधीश **सौमित्र सेन** के विरुद्ध महाभियोग लाया गया।

कार्य एवं क्षेत्राधिकार

प्रारंभिक क्षेत्राधिकार

भारतीय संविधान के **अनुच्छेद 131** के अंतर्गत सर्वोच्च न्यायालय को संघ तथा राज्यों या राज्य तथा राज्यों के बीच विवादों का हल निकालने का प्रारंभिक क्षेत्राधिकार है।

इस क्षेत्राधिकार के तहत सर्वोच्च न्यायालय उसी विवाद को निर्णय के लिए स्वीकार करेगा जिसमें किसी तथ्य या विधि का प्रश्न शामिल है।

अपीलीय क्षेत्राधिकार

सर्वोच्च न्यायालय देश का सर्वोच्च अपीलीय न्यायालय है। संविधान **अनुच्छेद-132** के तहत उच्च न्यायालय के अंतिम आदेश या निर्णय के विरुद्ध सर्वोच्च न्यायालय में अपील की जा सकती है। बशर्ते कोई मामला, संविधान की व्याख्या या कानून की व्याख्या से जुड़ा हो।

परामर्शदात्री क्षेत्राधिकार

संविधान **अनुच्छेद-143** के तहत राष्ट्रपति सर्वोच्च न्यायालय से सार्वजनिक महत्व के किसी मामले पर सुझाव माँग सकता है। सर्वोच्च न्यायालय आवश्यकता अनुसार सुझाव दे भी सकता है और इनकार भी कर सकता है।

न्यायिक पुनर्विलोकन

उच्चतम न्यायालय को संसद या विधानमण्डलों द्वारा पारित किसी अधिनियम तथा कार्यपालिका द्वारा दिए गए किसी आदेश की **वैधानिकता का पुनर्विलोकन** करने का अधिकार है।

मौलिक अधिकारों का संरक्षक

भारतीय संविधान **अनुच्छेद-32** के तहत सर्वोच्च न्यायालय भारतीय नागरिकों के मौलिक अधिकारों का सरंक्षक है। इसके लिए उसे विभिन्न प्रकार के 'रिट्स' जारी करने का अधिकार है।

सर्वोच्च न्यायालय को 'बंदी प्रत्यक्षीकरण' 'परमादेश', 'प्रतिषेध', 'उत्प्रेषण' तथा 'अधिकार पृच्छा' रिट्स जारी करने का अधिकार है।

अंतरण का क्षेत्राधिकार

उच्चतम न्यायालय, उच्च न्यायालयों में लम्बित मामलों को अपने यहाँ अंतरित कर सकता है तथा किसी उच्च न्यायालय में लम्बित मामलों को दूसरे उच्च न्यायालय में अंतरित कर सकता है।

सर्वोच्च न्यायालय के न्यायाधीशों के सम्बन्ध में स्मरणीय तथ्य

- सर्वोच्च न्यायालय का प्रथम मुख्य न्यायाधीश-**हीरालाल जे कानिया**।
- सर्वोच्च न्यायालय की प्रथम महिला मुख्य न्यायाधीश-**मीरा साहिब फातिमा बीबी**

सर्वोच्च न्यायालय विशिष्ट के संदर्भ में तथ्य

- भारत में संघीय न्यायालय (Federal Court) की स्थापना 1 अक्टूबर, 1937 को भारत सरकार अधिनियम, 1935 के तहत की गई थी। इसके प्रथम मुख्य न्यायाधीश **सर मौरिस ग्वेयर** थे।
- भारत के 11वें मुख्य **न्यायाधीश एम. हिदायतुल्ला** ने 20 जुलाई, 1969 से 24 अगस्त, 1969 तक भारत के कार्यवाहक राष्ट्रपति का पदभार ग्रहण किया था। वे अब तक के एकमात्र ऐसे मुख्य न्यायाधीश हैं, जिन्होंने कार्यवाहक राष्ट्रपति के रूप में कार्य किया।
- भारत के मुख्य न्यायाधीश के पद पर सबसे लम्बी अवधि तक (7 वर्ष 4 माह 20 दिन) कार्य करने वाले न्यायाधीश **न्यायमूर्ति वाई.वी. (यशवंत विष्णु) चन्द्रचूड** हैं। दूसरा स्थान **भुवनेश्वर प्रसाद सिन्हा** का है, जिन्होंने लगभग 4 वर्ष 4 माह तक मुख्य न्यायाधीश के पद पर कार्य किया था।

- भारत के मुख्य न्यायाधीश के रूप में सबसे कम समय तक (मात्र 18 दिन) कार्य करने वाले न्यायाधीश न्यायमूर्ति के.एन. सिंह (कमल नारायण सिंह) हैं। **दूसरे स्थान पर न्यायमूर्ति एस. राजेन्द्र बाबू** (29 दिन) तथा **तीसरे स्थान पर न्यायमूर्ति जी.वी. पटनायक** (40 दिन) है।
- न्यायमूर्ति **फातिमा बीबी** उच्चतम न्यायालय की **प्रथम महिला न्यायाधीश** थीं। अब तक उच्चतम न्यायालय में नियुक्त होने वाली अन्य महिला न्यायाधीश-**न्यायमूर्ति सुजाता मनोहर, न्यायमूर्ति रूमापाल, न्यायमूर्ति ज्ञान सुधा मिश्रा** और **न्यायमूर्ति रंजना देसाई हैं।**
- **न्यायमूर्ति ज्ञान सुधा मिश्रा** उच्चतम न्यायालय की **चौथी महिला जज** हैं। उन्हें अप्रैल, 2010 में उच्चतम न्यायालय में नियुक्त किया गया था, इसके पूर्व वह पटना उच्च न्यायालय की मुख्य न्यायाधीश थीं।
- 37वें मुख्य न्यायाधीश **न्यायमूर्ति के.जी. बाल कृष्णन** भारत के **प्रथम दलित मुख्य न्यायाधीश** थे।
- 38वें मुख्य न्यायाधीश न्यायमूर्ति **एस.एच. कपाड़िया स्वतन्त्र भारत** में जन्म लेने वाले भारत के प्रथम मुख्य न्यायाधीश थे।
- 17वें मुख्य न्यायमूर्ति **पी.एन. भगवती** भारत में **लोक हित वाद** (Public Interest Litigation—PIL) के प्रणेता कहे जाते हैं।

राष्ट्रपति द्वारा परामर्श के लिए भेजे गए मामले

1. 1951 में इन **री देल्ही लॉ एक्ट** (दिल्ली विधि अधिनियम) के मामले को
2. 1952 में इन **री सी कस्टम्स एक्ट** के मामले को
3. 1956 में इन **री बेरूबारी** के मामले को
4. 1958 में इन **री केरल एजुकेशन** विधेयक को
5. 1965 में **केशव सिंह** के मामले को
6. 1974 में इन **री प्रेसिडेंशियल पोल** (राष्ट्रपति चुनाव) के मामले को
7. 1978 में इन **री स्पेशल कोर्ट रिफरेन्स** के मामले को
8. 1991 में **कावेरी जल विवाद अधिकरण** के मामले को
9. 1993 में **अयोध्या मंदिर** के मामले को
10. 1998 में उच्चतम न्यायालयों के न्यायाधीशों की नियुक्ति और स्थानांतरण के मामले को।
11. 2001 का विशेष निर्देश (प्राकृतिक गैस से सम्बन्धित मामला)
12. 2002 का विशेष निर्देश (गुजरात विधानसभा के चुनाव का मामला)

उच्च न्यायालय

- भारत संविधान के अनुच्छेद 214 के अनुसार प्रत्येक राज्य के लिए एक उच्च न्यायालय होगा, लेकिन संसद विधि द्वारा दो से अधिक राज्यों और किसी संघ राज्य क्षेत्र के लिए एक ही उच्च न्यायालय स्थापित कर सकता है।
- उच्च न्यायालय, राज्य न्यायपालिका के शीर्ष पर स्थित है। जो एक अभिलेख न्यायालय है, जिसकी अवमानना पर किसी को दण्डित किया जा सकता है।
- वर्तमान में 24 उच्च न्यायालय हैं जो 35 राज्यों सह संघ शासित प्रदेश तक विस्तृत हैं।

गठन

भारतीय संविधान के **अनुच्छेद 216** के तहत प्रत्येक उच्च न्यायालय का गठन एक मुख्य न्यायाधीश तथा ऐसे अन्य न्यायाधीशों से मिलकर होता है, जो समय-समय पर राष्ट्रपति द्वारा निर्धारित किए जाएँ।

न्यायाधीशों की योग्यताएँ

उच्च न्यायालय के न्यायाधीशों के लिए अनिवार्य योग्यताएँ हैं–

- वह भारत का नागरिक हो।
- भारत के राज्य क्षेत्र में कम-से-कम दस वर्ष तक न्यायाधीश के पद पर कार्य कर चुका हो अथवा
- किसी उच्च न्यायालय का या ऐसे दो या अधिक न्यायालयों का लगातार कम-से-कम दस वर्ष तक अधिवक्ता रहा हो।

न्यायाधीशों की नियुक्ति

- उच्च न्यायालय के मुख्य न्यायाधीश की नियुक्ति भारत के मुख्य न्यायाधीश तथा उस राज्य के राज्यपाल से परामर्श लेकर भारत का राष्ट्रपति करता है।
- उच्च न्यायालय के अन्य न्यायाधीशों की नियुक्ति राष्ट्रपति सम्बन्धित राज्य के मुख्य न्यायाधीश की सलाह लेकर करता है।

शपथ ग्रहण

उच्च न्यायालय के न्यायाधीशों को राज्यपाल के समक्ष शपथ ग्रहण करना होता है।

वेतन तथा भत्ते

वर्तमान में उच्च न्यायालय के मुख्य न्यायाधीश को **₹2,50,000** प्रति माह तथा अन्य न्यायाधीशों को **₹2,25,000** प्रति माह वेतन प्राप्त होता है।

- उनके वेतन व भत्ते राज्य की संचित निधि से दिए जाते हैं।

कार्यकाल

- उच्च न्यायालय के न्यायाधीशों के अवकाश ग्रहण करने की अधिकतम आयु सीमा 65 वर्ष है।
- किसी न्यायाधीश को उसके कार्यकाल से पूर्व कदाचार और अक्षमता के आधार पर उसी रीति से हटाया जा सकता है, जिस प्रकार उच्चतम न्यायालय के न्यायाधीश को हटाया जाता है (महाभियोग प्रक्रिया द्वारा)।
- किंतु कोई भी न्यायाधीशों, राष्ट्रपति को संबोधित अपना त्यागपत्र समय से पूर्व भी सौंप सकता है।

न्यायाधीशों पर प्रतिबंध

संविधान के **अनुच्छेद 220** के अनुसार उच्च न्यायालय का कोई स्थायी न्यायाधीश पदनिवृत्ति के पश्चात् उसी उच्च न्यायालय में या उस उच्च न्यायालय के किसी अधीनस्थ न्यायालय में वकालत नहीं कर सकता।

- किंतु वह अन्य उच्च न्यायालयों या सर्वोच्च न्यायालय में वकालत कर सकता है।

भारत के उच्च न्यायालय

क्र.सं.	नाम	स्थापना वर्ष	राज्य क्षेत्रीय अधिकारिता	अवस्थित	खण्डपीठ
1.	बम्बई (मुंबई)	1862	महाराष्ट्र, दादरा एवं नगर हेवली	मुंबई	नागपुर, पणजी और औरंगाबाद
2.	कलकत्ता (कोलकाता)	1862	पश्चिम बंगाल, अण्डमान और निकोबार द्वीप	कोलकाता	पोर्ट ब्लेयर
3.	मद्रास (चेन्नई)	1862	तमिलनाडु और पुदुचेरी	मद्रास (चेन्नई)	
4.	इलाहाबाद	1866	उत्तर प्रदेश	इलाहाबाद	लखनऊ

5.	कर्नाटक	1884	कर्नाटक	बंगलौर	
6.	पटना	1916	बिहार	पटना	
7.	गुवाहाटी	1948	असम और नागालैंड	गुवाहाटी	कोहिमा, मिजोरम और अरुणाचल प्रदेश
8.	उड़ीसा	1948	उड़ीसा	कटक	
9.	राजस्थान	1949	राजस्थान	जोधपुर	जयपुर
10.	आन्ध्र प्रदेश	2019	आन्ध्र प्रदेश	अमरावती	
11.	मध्य प्रदेश	1956	मध्य प्रदेश	जबलपुर	ग्वालियर, इन्दौर
12.	जम्मू-कश्मीर	1957	जम्मू-कश्मीर	श्रीनगर	जम्मू
13.	केरल	1958	केरल और लक्षद्वीप	अर्नाकुलम	
14.	गुजरात	1960	गुजरात	अहमदाबाद	
15.	दिल्ली	1966	दिल्ली	दिल्ली	
16.	पंजाब-हरियाणा	1966	पंजाब, हरियाणा, चण्डीगढ़	चण्डीगढ़	
17.	हिमाचल प्रदेश	1971	हिमाचल प्रदेश	शिमला	
18.	सिक्किम	1975	सिक्किम	गंगटोक	
19.	झारखण्ड	2000	झारखण्ड	राँची	
20.	छत्तीसगढ़	2000	छत्तीसगढ़	बिलासपुर	
21.	उत्तराखंड	2000	उत्तराखण्ड	नैनीताल	
22.	मणिपुर	2013	मणिपुर	इम्फाल	
23.	मेघालय	2013	मेघालय	शिलांग	
24.	त्रिपुरा	2013	त्रिपुरा	अगरतला	
25.	तेलंगाना	1954	तेलंगाना	हैदराबाद	–

कार्य एवं क्षेत्राधिकार

राज्य उच्च न्यायालय के कार्य एवं अधिकार की सीमा राज्य तक होती है, किंतु, संसद विधि द्वारा इसे दूसरे राज्य की सीमा से भी जोड़ सकती है।

उच्च न्यायालय के कार्यों में शामिल हैं–

- अपीलीय अधिकारिता
- रिट अधिकारिता
- अधीक्षण क्षेत्राधिकार
- न्यायिक पुनर्विलोकन शक्ति
- संविधान के संरक्षक

अधीनस्थ न्यायालय

प्रत्येक राज्य में जिला स्तर पर अधीनस्थ न्यायालय होता है। अधीनस्थ न्यायालय, उच्च न्यायालय के नियंत्रण में कार्य करता है।

अधीनस्थ न्यायालय तीन प्रकार के होते हैं–

- दीवानी न्यायालय
- फौजदारी न्यायालय
- राजस्व न्यायालय

न्यायाधीशों की नियुक्ति

- भारतीय संविधान **अनुच्छेद 233** के अनुसार ऐसा व्यक्ति, जो कि राज्य या संघ की नियमित सेवा में नहीं है, लेकिन यदि वह कम-से-कम 7 वर्ष तक अधिवक्ता रहा है तथा उसकी नियुक्ति के लिए राज्य के उच्च न्यायालय में सिफारिश की है तो उसे जिला न्यायाधीश के पद पर नियुक्त किया जा सकेगा।
- **अनुच्छेद 233 (1)** के अनुसार जिला न्यायाधीशों की नियुक्ति, पदस्थापना और प्रोन्नति उस राज्य के राज्यपाल द्वारा की जाएगी। अपने इस अधिकार का प्रयोग करने से पूर्व वह उच्च न्यायालय से परामर्श करेगा।
- जिला न्यायालयों तथा उनके अधीनस्थ अन्य न्यायालयों पर उच्च न्यायालय का पूर्ण प्रशासनिक नियंत्रण होगा।
- संविधान का **अनुच्छेद 237** राज्यपाल को यह अधिकार देता है कि वह अधीनस्थ न्यायालय सम्बन्धी प्रावधान, किसी भी श्रेणी के मजिस्ट्रेट पर लागू करें।

लोक अदालत

- लोक अदालत कानूनी विवादों के मैत्रीपूर्ण समझौते के लिए एक वैधानिक मंच है। यह लोक उपयोगी सेवाओं के विवादों के संबंध में मुकदमेबाजी पूर्व सफल एवं निर्धारण के लिए है।
- ऐसे फौजदारी विवादों को छोड़कर जिनमें समझौता नहीं किया जा सकता, दीवानी फौजदारी, राजस्व अदालतों में लम्बित सभी कानूनी विवाद मैत्रीपूर्ण समझौते के लिए लोक अदालत में ले जा सकते हैं।
- भारत में पहली लोक अदालत महाराष्ट्र में स्थापित की गई थी।

संस्थाएँ

भारत की संवैधानिक संस्थाएँ

भारतीय संविधान में कानून के संचालक के लिए अनेक स्वतन्त्र संस्थाओं का प्रावधान किया गया है, जो देश की शासन व्यवस्था में अपना महत्वपूर्ण योगदान देती हैं।

महान्यायवादी

अनुच्छेद 76(1) के अनुसार भारत का राष्ट्रपति उच्चतम न्यायालय का न्यायाधीश नियुक्त होने के योग्य किसी व्यक्ति को भारत का महान्यायवादी नियुक्त करेगा।

भारत के महान्यायवादी के पद को संविधान में विशेष स्थान दिया गया है। यह भारत का सर्वप्रथम विधिक अधिकारी होता है। इसे भारत के सभी न्यायालयों में प्रथम सुनवाई का अधिकार प्राप्त है।

इस रूप में यह निम्न कर्तव्यों का निर्वहन करता है-

1. भारत सरकार को विधि सम्बन्धी ऐसे विषयों एवं कार्यो के बारे में सलाह एवं सहायता देगा, जिनके लिए राष्ट्रपति उसको समय-समय पर निर्देशित करे।
2. वह उन कर्त्तव्यों का पालन करेगा, जिनको संविधान समय-समय पर उनको सौंपे।

महान्यायवादी अपने कर्तव्यों के पालन में भारत के राज्यक्षेत्र में सभी न्यायालयों में सुनवाई का अधिकारी होगा। ब्रिटेन में महान्यायवादी मन्त्रिमंडल का सदस्य होता है; जबकि भारत में यह मन्त्रिमंडल का सदस्य नहीं होता है।

प्रमुख विशेषताएँ

- राष्ट्रपति उच्चतम न्यायालय का न्यायाधीश नियुक्त होने के लिए अर्हित किसी व्यक्ति को भारत का महान्यायवादी नियुक्त करता है। यह भारत सरकार का प्रथम विधि अधिकारी होता है।
- यह राष्ट्रपति के प्रसादपर्यन्त अपने पद को धारण करता है तथा उसे वही वेतन भत्ते प्राप्त होते हैं जो राष्ट्रपति हेतु द्वारा निर्धारित होते हैं।
- भारत का महान्यायवादी संसद या मन्त्रिमण्डल का सदस्य नहीं होता लेकिन वह किसी भी सदन अथवा समिति में बोल सकता है परंतु उसे मताधिकार प्राप्त नहीं है।
- उसे अपने कर्तव्यों के पालन में भारत के राज्य क्षेत्र में सभी न्यायालयों में सुनवाई का अधिकार प्राप्त है।
- भारत में अभी तक इस प्रथा का अनुसरण होता रहा है कि जिस मन्त्रिमण्डल ने महान्यायवादी की नियुक्ति की थी उसके पद त्याग करने या प्रतिस्थापित किए जाने पर महान्यायवादी अपना पद त्याग देता है।

लोकपाल और लोकायुक्त विधेयक 2011

- **27 दिसम्बर, 2011** को लोकसभा द्वारा केन्द्र स्तर पर लोकपाल और राज्यों के स्तर पर लोकायुक्त संस्था की स्थापना सम्बन्धी विधेयक 'लोकपाल और लोकायुक्त' विधेयक पारित किया गया।
- इसे संवैधानिक दर्जा प्रदान करने सम्बन्धी 116वाँ संविधान संशोधन विधेयक लोक सभा में अपेक्षित (दो-तिहाई) बहुमत न होने के कारण खारिज हो गया।
- राज्यसभा में 'लोकपाल और लोकायुक्त विधेयक' पर लंबी बहस हुई पर इस पर मतदान नहीं हो सका एवं राज्य सभा की कार्यवाही स्थगित हो जाने के कारण यह विधेयक पुन: अनिश्चितकाल के लिए टल गया।

लोक सेवा आयोग

- अनुच्छेद 315 के अनुसार संघ और राज्यों के लिए लोक सेवा आयोग होगा। इस अनुच्छेद के उपबंधों के अधीन रहते हुए, संघ के लिए एक लोक सेवा आयोग और प्रत्येक राज्य के लिए एक लोक सेवा आयोग होगा।
- दो या अधिक राज्य यह करार कर सकेंगे कि राज्यों के उस समूह के लिए एक ही लोक सेवा आयोग होगा और यदि इस आशय का संकल्प उन राज्यों में से प्रत्येक राज्य के विधानमण्डल के सदन द्वारा या जहाँ दो सदन हैं वहाँ प्रत्येक सदन द्वारा पारित कर दिया जाता है तो संसद उन राज्यों की आवश्यकताओं की पूर्ति करने के लिए विधि द्वारा संयुक्त राज्य लोक सेवा आयोग की नियुक्ति का उपबंध कर सकेगी।

संघ एवं राज्य के अधीन सेवाएँ

- **अखिल भारतीय सेवा (अनु. 312)**–यह राष्ट्रीय स्तर की सेवा है। इस सेवा के सदस्यों की नियुक्ति राष्ट्रपति द्वारा की जाती है जबकि सेवा की अन्य शर्तें सम्बन्धित राज्य द्वारा निर्धारित की जाती हैं।
- वर्तमान में तीन अखिल भारतीय सेवाएँ हैं, जिनमें दो स्वतन्त्रता के समय से ही विद्यमान हैं। ये हैं- भारतीय प्रशासनिक सेवा (IAS) एवं भारतीय पुलिस सेवा (IPS)। भारतीय वन सेवा (IFS) को 1996 में शामिल किया गया।
- **केन्द्रीय सेवा**- यह राष्ट्रीय स्तर की सेवा है जो केवल भारत संघ के लिए है। इस सेवा में नियुक्ति तथा सेवा की शर्तों के सम्बन्ध में संसद कानून बनाती है। इस सेवा के कर्मचारी राष्ट्रपति के प्रसादपर्यन्त अपने पद पर बने रहते हैं।
- **राज्य सेवा**- यह सेवा केवल राज्य के लिए होती है। इस सेवा में नियुक्ति राज्यपाल द्वारा की जाती है तथा सेवा के सदस्य राज्यपाल के प्रसादपर्यन्त अपने पद पर बने रहते हैं।

नियन्त्रक एवं महालेखा परीक्षक (कैग)

- भारतीय संविधान के **अनुच्छेद 148** के अंतर्गत नियन्त्रक एवं महालेखा परीक्षक पद का प्रावधान किया गया है जो देश की समस्त वित्तीय प्रणाली का लेखा परीक्षण करता है।
- नियन्त्रक एवं महालेखा परीक्षक की नियुक्ति प्रधानमन्त्री की सलाह पर राष्ट्रपति द्वारा की जाती है।
- इसकी पदावधि पद ग्रहण करने की तिथि से **6 वर्ष** तक होती है। किंतु यदि इससे पूर्व **65 वर्ष** की आयु प्राप्त कर लेता है तो वह अवकाश ग्रहण कर लेता है।
- वह किसी भी समय राष्ट्रपति को अपना त्यागपत्र सौंप सकता है। किंतु कदाचार या असमर्थता के आधार पर उसे संसद के दोनों सदनों द्वारा पारित प्रस्ताव के माध्यम से पदच्युत भी किया जा सकता है।
- भारतीय संविधान के प्रावधानों के तहत अपनी सेवानिवृत्ति के बाद वह भारत सरकार या राज्य सरकार के अधीन किसी लाभ वाले पद को धारण नहीं कर सकता है।
- **वर्ष 1976** से पूर्व नियन्त्रक एवं महालेखा परीक्षक का कार्य केन्द्र एवं राज्यों के लेखांकन के साथ-साथ लेखा परीक्षक भी था। 1976 में केन्द्रीय वित्तीय लेखांक का कार्य इससे अलग कर दिया गया।
- वर्तमान में नियन्त्रक एवं महालेखा परीक्षक का कार्य केन्द्रीय संस्थाओं के वित्तीय लेखों का लेखा परीक्षण करना है।
- किंतु राज्य स्तर पर वह राज्यों की सभी संस्थाओं के वित्तीय मामलों का लेखांक भी करता है और लेखा परीक्षण भी।
- संविधान के **अनुच्छेद 151** के अंतर्गत कैग अपनी रिपोर्ट केन्द्र के सम्बन्ध में राष्ट्रपति को तथा राज्यों के सन्दर्भ में राज्यपाल को सौंपता है।
- भारतीय संविधान के **अनुच्छेद 315** के अंतर्गत संघ के लिए संघ लोक सेवा आयोग तथा राज्यों के लिए एक-एक राज्य लोक सेवा आयोग का प्रावधान किया गया है।
- संघ लोक सेवा आयोग में एक अध्यक्ष के अलावा 8 सदस्य होते हैं।
- संघ लोक सेवा आयोग के अध्यक्ष एवं सदस्यों की नियुक्ति राष्ट्रपति द्वारा की जाती है। **6 वर्ष या 65** वर्ष की आयु से पूर्व जो पहले हो उसे ही उसका कार्यकाल माना जाएगा।
- किंतु, दुराचारण तथा कदाचार के आधार पर इन्हें पदमुक्त किया जा सकता है।

कार्य एवं क्षेत्राधिकार

- संघ लोक सेवा आयोग कार्मिकों की नियुक्ति के लिए परीक्षाएँ आयोजित करता है।

- वह स्थानान्तरण, पदोन्नति के सन्दर्भ में अपना योगदान देता है।
- संघ की सेवाओं के दौरान घायल हो जाने के कारण पेन्शन देने सम्बन्धी मामलों से जुड़े कार्य करता है।
- वह राष्ट्रपति द्वारा सौंपे गए दायित्वों को भी पूरा करता है।

वित्त आयोग

- भारतीय संविधान के **अनुच्छेद 280** में वित्त आयोग का प्रावधान किया गया है। इसका गठन एक अध्यक्ष तथा चार सदस्यों से मिलकर होता है।
- राष्ट्रपति द्वारा वित्त आयोग के अध्यक्ष तथा सदस्यों की **नियुक्ति 5 वर्ष** के लिए होती है।
- **वित्त आयोग** के अध्यक्ष एवं सदस्यों के लिए योग्यताओं का निर्धारण संसद द्वारा किया जाता है।
- **वित्त आयोग** का अध्यक्ष ऐसा व्यक्ति हो सकता है, जिसे सार्वजनिक क्षेत्र का अनुभव प्राप्त हो।
- **वित्त आयोग** के सदस्यों के लिए आवश्यक है कि वह उच्च न्यायालय के न्यायाधीश होने की योग्यता रखता हो या ऐसा व्यक्ति जिसे वित्तीय विषयों और वित्तीय लेखा तथा प्रशासन का व्यापक ज्ञान और अनुभव हो।

कार्य एवं क्षेत्राधिकार

भारतीय संविधान के **अनुच्छेद 281** के अनुसार वित्त आयोग को निम्नलिखित कार्यों व दायित्वों के सन्दर्भ में अपनी सिफारिशें देनी होती हैं–

1. **केन्द्र और राज्य** के मध्य करों के शुद्ध आगमों के वितरण के सम्बन्ध में तथा राज्यों के मध्य शुद्ध आगमों के तत्सम्बन्धी भाग के आवंटन के सम्बन्ध में।
2. भारत की **संचित निधि में** से राज्यों के राजस्व में सहायता अनुदान को व्यवस्थित करने वाले सिद्धान्तों के सम्बन्ध में।
3. सुदृढ़ वित्त के हित में **राष्ट्रपति** द्वारा **आयोग को निर्दिष्ट** किए गए किसी अन्य विषय के सम्बन्ध में।

निर्वाचन आयोग

संविधान के **अनुच्छेद 324** में निर्वाचनों का निरीक्षण, निर्देशन तथा नियन्त्रण करने के लिए निर्वाचन आयोग का उल्लेख किया गया है, जिसका प्रमुख दायित्व राष्ट्रपति, उपराष्ट्रपति, संसद तथा राज्य विधानमंडलों के सदस्यों का निर्वाचन सम्पन्न कराना है। हमारे देश में राष्ट्रीय एकता तथा संघीय एकरूपता की दृष्टि से संविधान ने निर्वाचन के आयोजन का सम्पूर्ण दायित्व निर्वाचन आयोग को दिया है।

निर्वाचन आयोग में मुख्य निर्वाचन आयुक्त तथा ऐसे अन्य निर्वाचन आयुक्त होंगे जिन्हें राष्ट्रपति समय-समय पर नियुक्त करें। राष्ट्रपति मुख्य निर्वाचन आयुक्त तथा अन्य निर्वाचन आयुक्तों को नियुक्त करते समय संसद द्वारा पारित कानूनों का ध्यान रखेगा। जब इस प्रकार कोई अन्य आयुक्त नियुक्त किया गया हो, तब 'मुख्य निर्वाचन आयुक्त' आयोग के अध्यक्ष (सभापति) की भाँति कार्य करेगा।

लोकसभा, विधानसभा तथा विधानपरिषद् के निर्वाचन से पहले राष्ट्रपति निर्वाचन आयोग से परामर्श के आधार पर आयोग की सहायता के लिए उतने प्रादेशिक आयुक्तों की नियुक्ति कर सकता है, जितने वह आवश्यक समझे। निर्वाचन आयुक्तों तथा प्रादेशिक आयुक्तों का कार्यकाल और सेवा-शर्तें राष्ट्रपति नियम द्वारा निर्धारित करेगा।

निर्वाचन आयोग के अनुरोध तथा विधानपरिषद् के निर्वाचन से पहले राष्ट्रपति निर्वाचन आयोग अथवा प्रादेशिक आयुक्त को निर्वाचन सम्बन्धी कर्तव्यों को पूरा करने के लिए आवश्यकतानुसार कर्मचारी उपलब्ध कराता है।

पदावधि (कार्यकाल)

पहले निर्वाचन आयोग के सदस्यों को एक निश्चित अवधि के लिए नियुक्त किया जाता था तथा उसके पूरा होते ही सदस्यों का कार्यकाल स्वत: समाप्त हो जाता था, किंतु वर्तमान में मुख्य निर्वाचन आयुक्त तथा अन्य निर्वाचन आयुक्तों का कार्यकाल **6 वर्ष** या **65 वर्ष** की आयु जो भी पहले हो तब तक का होगा। मुख्य निर्वाचन आयुक्त यदि चाहे तो अपने कार्यकाल से पूर्व भी अपने पद से त्यागपत्र दे सकता है।

पदच्युति (महाभियोग)

निर्वाचन आयोग को कार्यपालिका के नियन्त्रण से पूर्णतया मुक्त रखा गया है। यद्यपि राष्ट्रपति मुख्य निर्वाचन आयुक्त की नियुक्ति करता है, किंतु वह इन्हें स्वेच्छा से पद से हटा नहीं सकता है। मुख्य निर्वाचन आयुक्त को **(अनुच्छेद 324(5) के अनुसार)** केवल उसी प्रकार तथा उन्हीं आधारों पर पदच्युत किया जा सकता है, जिस आधार पर (कदाचार या असमर्थता) उच्चतम न्यायालय के न्यायाधीश को। पदच्युति की इस विधि को महाभियोग का नाम दिया जाता है। महाभियोग के लिए प्रक्रिया यह है कि संसद को दोनों सदनों को अलग-अलग अपने कुल सदस्यों की संख्या के बहुमत तथा उपस्थिति और मतदान में भाग लेने वाले सदस्यों के दो-तिहाई बहुमत से प्रस्ताव पारित करना होगा। संसद द्वारा यह प्रस्ताव राष्ट्रपति को भेजा जाएगा। उसके बाद राष्ट्रपति मुख्य निर्वाचन आयुक्त को पदच्युति का आदेश जारी करेगा। महाभियोग का यह प्रस्ताव एक ही सत्र में स्वीकार होना चाहिए।

अन्य निर्वाचन आयुक्त या प्रादेशिक आयुक्त को राष्ट्रपति मुख्य निर्वाचन आयुक्त की सिफारिश पर पद से हटा सकता है।

वेतन-भत्ते तथा सेवा

संसद द्वारा बनाए गए कानून के अंतर्गत निर्वाचन आयुक्तों की सेवा की शर्तें आदि राष्ट्रपति नियम द्वारा निर्धारित करता है। अक्टूबर 1993 से मुख्य निर्वाचन आयुक्त तथा अन्य निर्वाचन आयुक्तों को उच्चतम न्यायालय के न्यायाधीश के बराबर वेतन तथा भत्ते प्राप्त होंगे। इन निर्वाचन आयुक्तों की नियुक्ति के बाद उनके कार्यकाल, वेतन तथा अन्य सेवा-शर्तों में उनके हितों के विरुद्ध कोई परिवर्तन नहीं किया जा सकेगा।

चुनाव आयोग : अब बहु-सदस्यीय (तीन सदस्यीय)

निर्वाचन आयोग के सम्बन्ध में लम्बे समय से विवाद चला आ रहा था कि निर्वाचन आयोग एक-सदस्यीय होना चाहिए या बहु-सदस्यीय। 1989 में लगभग तीन महीने (अक्टूबर 1989 से दिसम्बर 1989) के समय को छोड़कर 1992 तक निर्वाचन आयोग सदैव एक-सदस्यीय ही रहा है, लेकिन अक्टूबर 1993 को केन्द्र सरकार की सिफारिश स्वीकार करके राष्ट्रपति ने एक अध्यादेश जारी कर निर्वाचन आयोग को 'तीन सदस्यीय आयोग' बना दिया। इस अध्यादेश के आधार पर जी.वी.जी. कृष्णमूर्ति और एम.एस.गिल को निर्वाचन आयोग का सदस्य बनाया गया। इस अध्यादेश की विशेष बात यह थी, कि नवनियुक्त दो सदस्यों को श्री टी. एन. शेषन (मुख्य निर्वाचन आयुक्त) के समान ही अधिकार एवं स्थिति प्रदान की गई तथा कहा गया कि सदस्यों के बीच मतभेद की स्थितियों में तीन सदस्यीय आयोग बहुमत से निर्णय लेगा तथा बहुमत का निर्णय ही मान्य होगा। दिसम्बर 1993 में संसद ने विधेयक पारित कर 'बहुसदस्यीय निर्वाचन आयोग' को कानूनी स्वरूप दे दिया।

कार्य एवं क्षेत्राधिकार

भारत में निर्वाचन आयोग को राष्ट्रपति, उपराष्ट्रपति, लोकसभा एवं विधानसभा के लिए निष्पक्ष निर्वाचन संचालित करने के लिए निम्नलिखित प्रकार्यों को संचालित करना पड़ता है।

- चुनाव क्षेत्रों का सीमांकन करना जो प्रत्येक 10 वर्ष पश्चात् होने वाली जनगणना के अनुसार सम्भव होता है।
- राष्ट्रीय एवं क्षेत्रीय राजनीतिक दलों को मान्यता प्रदान करता है। राजनीतिक दलों को विशेष चुनाव चिन्ह प्रदान करता है।

भारत में चुनाव सुधार से सम्बन्धित समितियाँ

निर्वाचन समितियाँ	अध्यक्ष	वर्ष	प्रमुख सिफारिश
तारकुण्डे समिति	वी.एम. तारकुण्डे	1974	मतदाता की आयु 18 वर्ष हो
श्यामलाल शकधर समिति	श्यामलाल शकधर	1981	मतदाता का परिचय पत्र हो
दिनेश गोस्वामी समिति	दिनेश गोस्वामी	1989	ई. वी. एम. का प्रयोग आरक्षण के लिए चक्रानुसार पद्धति हो
सन्थानम समिति	के सन्थानम	1983	न्यूनतम शैक्षिक योग्यता अनिवार्य हो (राजस्थान)
टी. एन. शेषन समिति	टी. एन. शेषन	1992	एक से अधिक क्षेत्रों से चुनाव लड़ना मना हो
इन्द्रजीत समिति	इन्द्रजीत गुप्त	1998	चुनाव खर्च हेतु सार्वजनिक कोष बनें

- मतदाता सूची का निर्माण करता है।
- चुनाव की व्यवस्था करता है व उसे रद्द करने की घोषणा भी करता है।
- वह उपचुनाव कराता है और आवश्यकता पड़ने पर विजयी उम्मीदवार को विजेता घोषित करता है।
- राजनीतिक दलों के लिए आचार संहिता तैयार करता है।
- मतदाताओं को राजनीतिक प्रशिक्षण देता है।
- चुनाव याचिकाओं के सम्बन्ध में सरकार को परामर्श देता है।

राष्ट्रीय दल का दर्जा प्राप्त करने के लिए आवश्यक शर्तें

- लोकसभा चुनाव अथवा राज्य विधानसभा चुनाव में किन्हीं चार अथवा अधिक राज्यों में कुल डाले गए वैध मतों का 6% प्राप्त करना आवश्यक होगा।
- इसके अतिरिक्त इसे किसी एक राज्य अथवा राज्यों से विधानसभा की कम-से-कम चार सीटें जीतनी होंगी।
- लोकसभा में 2% सीटें हों और ये कम-से-कम तीन विभिन्न राज्यों में प्राप्त की गई हों।
- भारत में चुनाव के लिए जन प्रतिनिधित्व अधिनियम, 1951 का प्रयोग किया जाता है। परिसीमन आयोग का अध्यक्ष मुख्य चुनाव आयुक्त होता है।
- ई.वी.एम. का प्रथम प्रयोग 1998 में विभिन्न निर्वाचन क्षेत्रों में (राजस्थान, मध्य प्रदेश, दिल्ली) पहली बार हुआ।
- गोवा वह प्रथम राज्य है, जहाँ सम्पूर्ण क्षेत्र में पहली बार ई.वी.एम. से चुनाव सम्पन्न हुए।
- उसका यह कर्तव्य होगा कि वह उस राज्य की सरकार को विधि सम्बन्धी विषयों पर सलाह दे तथा ऐसे अन्य कर्तव्यों का पालन करे जो समय-समय पर राज्य सरकार उसे सौंपे तथा ऐसे कार्यों का निवेदन करे, जो संविधान अथवा किसी विधि द्वारा उसके अधीन किए गए हों।

लोक आयुक्त

लोक आयोग संस्था की स्थापना का मुख्य उद्देश्य लोक सेवकों के कुप्रशासन एवं भ्रष्टाचार के विरुद्ध जनता की शिकायतें सुनने तथा इनका निवारण करने हेतु शासन को अपनी संस्तुति प्रस्तुत करना है।

अंतर्राज्यीय परिषद्

संविधान के **अनुच्छेद 263** के अंतर्गत राष्ट्रपति द्वारा लोकहित में अंतर्राज्यीय परिषद् का गठन किया जा सकता है। इस परिषद् के प्रमुख कार्य हैं-

- राज्यों के मध्य उत्पन्न विवादों की जाँच करना तथा उस सम्बन्ध में आवश्यक सुझाव देना।
- अंतर्राज्यीय विषय से सम्बन्धित नीतियों एवं कार्यवाहियों में समन्वय हेतु संस्तुति करना।
- केन्द्र एवं एक से अधिक राज्यों के सामान्य हितों से सम्बन्धित मामलों की जाँच करना तथा विचार-विमर्श करना।
- वर्ष 1990 में राष्ट्रपति द्वारा 'अंतर्राज्यीय परिषद्' का गठन किया गया।

अंतर्राज्यीय परिषद् का गठन

- **प्रधानमन्त्री-अध्यक्ष**
- राज्यों एवं केन्द्र शासित प्रदेशों के मुख्यमन्त्री
- **केन्द्रीय कैबिनेट** के छः मन्त्री

प्रशासनिक अधिकरण

- यद्यपि मूल संविधान में प्रशासनिक अधिकरण का कोई उल्लेख नहीं किया गया था, परंतु **42वें संविधान संशोधन 1976** द्वारा अनुच्छेद **323 'क' एवं 323** 'ख' जोड़ा गया तथा प्रशासनिक अधिकरणों के गठन एवं उसके अधिकार क्षेत्र के सम्बन्ध में प्रावधान किया गया।
- इस अनुच्छेद के तहत संसद को प्रशासनिक अधिकरणों की स्थापना एवं सेवा शर्तों को तय करने से सम्बन्धित अधिकार प्रदान किए गए।
- संसद द्वारा 1985 में प्रशासनिक अधिकरण अधिनियम पारित किया गया तथा केन्द्रीय सरकार को इन अधिकरणों की स्थापना हेतु शक्ति प्रदान की गई।
- प्रथम बार जून, 1990 ई. में अंतर्राज्यीय परिषद् की स्थापना की गई, जिसकी पहली बैठक **10 अक्टूबर, 1990 ई.** को हुई थी।
- **अंतर्राज्यीय परिषद् में निम्न सदस्य होते हैं**-प्रधानमन्त्री तथा उनके द्वारा मनोनीत छह कैबिनेट स्तर के मन्त्री, सभी राज्यों व संघ राज्य क्षेत्रों के मुख्यमन्त्री एवं संघ राज्य क्षेत्रों के प्रशासक।
- अंतर्राज्यीय परिषद् की बैठक वर्ष में तीन बार की जाती है, जिसकी अध्यक्षता प्रधानमन्त्री या उनकी अनुपस्थिति में प्रधानमन्त्री द्वारा नियुक्त कैबिनेट स्तर का मन्त्री करता है। परिषद् की बैठक के लिए आवश्यक है कि कम-से-कम दस सदस्य अवश्य उपस्थित हों।
- **क्षेत्रीय परिषदें**-क्षेत्रीय परिषदों का निर्माण भी किया जा सकता है। व्यवहार में सम्पूर्ण भारत को पांच क्षेत्रों में विभाजित किया गया है और प्रत्येक क्षेत्र के लिए एक क्षेत्रीय परिषद् है। क्षेत्रीय परिषदों के कार्य उन विषयों से सम्बन्धित होंगे जिनमें क्षेत्र के सभी या कुछ राज्य या संघ और एक या अधिक राज्य रुचि रखते हैं।
- **अंतर्राज्यीय व्यापार**-वाणिज्य से सम्बन्धित संविधान के प्रावधानों के क्रियान्वयन के लिए **अनुच्छेद 307** के अनुसार संसद एक प्राधिकारी की नियुक्ति करेगी तथा उसके ऐसी शक्तियाँ और कर्तव्य सौंप सकती है, जो वह आवश्यक समझें।

संविधानेत्तर अधिकरण

नीति आयोग

सरकार ने **योजना आयोग** के स्थान पर **नीति आयोग** (राष्ट्रीय भारत परिवर्तन संस्थान) नामक नया संस्थान बनाया। यह संस्थान सरकार के थिंक टैंक के रूप में सेवाएँ प्रदान करेगा और उसे निर्देशात्मक एवं नीतिगत गतिशीलता प्रदान करेगा। नीति आयोग, केन्द्र और राज्य स्तर पर सरकार को नीति के प्रमुख कारकों के सम्बन्ध में प्रासंगिक महत्वपूर्ण एवं तकनीकी परामर्श उपलब्ध कराएगा। इसमें आर्थिक मोर्चे पर

राष्ट्रीय और अंतर्राष्ट्रीय आयात, देश के भीतर, साथ-ही-साथ अन्य देशों की बेहतरीन पद्धतियों का प्रसार नए नीतिगत विचारों का समावेश और विशिष्ट विषयों पर आधारित समर्थन से सम्बन्धित मामले शामिल होंगे।

15 मार्च, 1950 को जिस प्रस्ताव के माध्यम से योजना आयोग की स्थापना की गई थी, उसी प्रस्ताव के माध्यम से 1 जनवरी, 2015 को नीति आयोग की स्थापना की गई।

नीति आयोग का ढांचा

नीति आयोग का संघठन इस प्रकार निर्धारित किया गया है-

1. **अध्यक्ष:** प्रधानमन्त्री।
2. **शासी परिषद्:** यह सभी राज्यों के मुख्यमन्त्रियों और संघीय क्षेत्रों के उप-राज्यपालों से मिलकर बनेगी।
3. **क्षेत्रीय परिषदें:** ऐसे विशिष्ट मुद्दों और आकस्मिक मामलों, जो एक से अधिक राज्यों या एक क्षेत्र को प्रभावित करते हों के संदर्भ में ये परिषदें आवश्यकता-आधार पर और विशिष्ट कार्यकाल हेतु गठित की जाएंगी। इसमें सम्बन्धित क्षेत्र के राज्यों के मुख्यमन्त्री एवं संघीय क्षेत्रों के राज्यपाल शामिल होंगे। इनका संयोजन प्रधानमन्त्री द्वारा किया जाएगा तथा इनकी अध्यक्षता नीति आयोग के अध्यक्ष (प्रधानमन्त्री) या उनके द्वारा नामित व्यक्ति द्वारा की जाएगी।
4. **विशेष आमन्त्रित:** नीति आयोग में संबंद्ध कार्यक्षेत्र का ज्ञान रखने वाले विशेषज्ञ, विशेष जानकार और पेशेवर विशेष आमन्त्रित के रूप में प्रधानमन्त्री द्वारा नामित किए जाएँगे।
5. **पूर्णकालिक संगठनात्मक ढांचा:** अध्यक्ष के रूप में प्रधानमन्त्री के अतिरिक्त नीति आयोग के पूर्णकालिक संगठनात्मक ढांचे में निम्नलिखित शामिल होंगे-
   - (a) **उपाध्यक्ष:** प्रधानमन्त्री द्वारा नियुक्त किया जाएगा।
   - (b) **पूर्णकालिक सदस्य:** प्रधानमन्त्री द्वारा नियुक्त किए जाएंगे।
   - (c) **अंशकालिक सदस्य:** अग्रणी विश्वविद्यालयों, शोध संस्थानों एवं अन्य प्रासंगिक संस्थानों से अधिकतम 2 पदेन सदस्य नामित, केन्द्रीय मन्त्रिपरिषद् के अधिकतम 4 सदस्य।
   - (d) **पदेन सदस्य:** प्रधानमन्त्री द्वारा नामित केन्द्रीय मन्त्रिपरिषद् के अधिकतम 4 सदस्य।
   - (e) **मुख्य कार्यकारी अधिकारी:** प्रधानमन्त्री द्वारा नियत कार्यकाल के लिए, भारत सरकार के सचिव स्तर के अधिकारी को सीईओ नियुक्त किया जाएगा।
   - (f) **सचिवालय:** आवश्यकता के अनुसार होगा।

वर्तमान नीति आयोग के अध्यक्ष, उपाध्यक्ष एवं सदस्य	
अध्यक्ष	नरेन्द्र दामोदर दास मोदी
उपाध्यक्ष	राजीव कुमार
पूर्णकालिक सदस्य	डॉ. वी. के. सारस्वत, प्रो. रमेश चंद, डॉ. वी.के. पाल
पदेन सदस्य	केंद्रीय गृहमन्त्री, केंद्रीय वित्त मन्त्री, केंद्रीय रेल मन्त्री और केंद्रीय कृषि मन्त्री
मुख्य कार्यकारी अधिकारी	अमिताभ कांत

राष्ट्रीय विकास परिषद्

योजना आयोग के कार्यकरण से यह बात सामने आई कि यद्यपि योजनाओं के कुशल क्रियान्वयन का भार राज्यों पर डाला गया है, किंतु योजनाओं के निर्माण में राज्यों की कोई भागीदारी नहीं है। अत: 1952 में इस दोष को दूर करने और **योजना-निर्माण** में राज्यों की भागीदारी सुनिश्चित करने के लिए राष्ट्रीय विकास परिषद् की स्थापना की गई। परिषद् का **अध्यक्ष भारत का प्रधानमन्त्री होता** है और सभी **राज्यों के मुख्यमन्त्री** इसके पदेन सदस्य होते हैं। जुलाई, 1967 से केन्द्रीय मन्त्रिमण्डल के सभी सदस्य और सभी संघ राज्य क्षेत्रों के प्रशासक या उपराज्यपाल भी परिषद् के सदस्य हैं। **राष्ट्रीय विकास परिषद्** भी एक संविधानेत्तर निकाय है। पंचवर्षीय योजनाओं के निर्माण में राष्ट्रीय विकास परिषद् विकास परिषद् की महत्वपूर्ण भूमिका होती है। परिषद् की स्वीकृति के बिना योजनाओं का प्रारूप अपना अंतिम स्वरूप नहीं धारण कर सकता। राष्ट्रीय विकास परषिद् के अन्य प्रमुख कार्य हैं-**(1)** राष्ट्रीय योजनाओं की प्रगति के सम्बन्ध में समय-समय पर विचार करना। **(2)** राष्ट्रीय विकास को प्रभावित करने वाली आर्थिक-सामाजिक नीतियों का अवलोकन करना। **(3)** राष्ट्र की विकासात्मक योजनाओं के निर्धारण और उनकी प्राप्ति हेतु परामर्श देना। वस्तुत: राष्ट्रीय विकास परिषद् के माध्यम से राज्यों का सहयोग उच्चतम राजनीतिक स्तर पर प्राप्त किया जाता है। इससे दृष्टिकोण की समानता तथा सहमति की धारणा के विकास में सहायता मिलती है। राष्ट्रीय विकास परिषद् का महत्व पहले की अपेक्षा अधिक बढ़ गया है क्योंकि अब राष्ट्रीय योजना के निर्माण के लिए पथ-प्रदर्शक तत्व परिषद् द्वारा प्रतिपादित और निश्चित किए जाते हैं।

राष्ट्रीय सलाहकार परिषद्

केन्द्र की वर्तमान यूपीए सरकार ने राष्ट्रीय सलाहकार परिषद् (एनएसी) का एक बार, पुन: गठन मार्च, 2010 में किया। इसकी अध्यक्ष श्रीमती सोनिया गांधी को बनाया गया था। इस पद को कैबिनेट मन्त्री का दर्जा प्रदान किया गया था। ज्ञातव्य है कि राष्ट्रीय सलाहकार परिषद् का पहली बार गठन वर्ष 2004 में श्रीमती सोनिया गाँधी की अध्यक्षता में किया गया।

राष्ट्रीय एकता परिषद्

1986 में राजीव गांधी सरकार द्वारा स्थापित की गई राष्ट्रीय एकता परिषद् भी एक संविधानेत्तर निकाय हैं। राष्ट्रीय एकता परिषद् का उद्देश्य राष्ट्रीय स्तर पर अल्पसंख्यकों का कल्याण व उनके हितों की रक्षा करना है। परिषद् की प्रथम बैठक में प्रमुख विचारणीय विषय थे-साम्प्रदायिक सद्भाव, विघटनकारी प्रवृत्तियों पर नियंत्रण पंजाब और कश्मीर में आतंकवाद की समस्या, अयोध्या में रामजन्म भूमि-बाबरी मस्जिद विवाद। वी.पी. सिंह के नेतृत्व में राष्ट्रीय मोर्चा सरकार ने परिषद् का पुनर्गठन किया। वर्तमान में इसमें केन्द्र सरकार के मन्त्रियों और समस्त राज्यों के मुख्यमन्त्रियों के अलावा राष्ट्रीय और प्रादेशिक स्तर के राजनीतिक दलों के प्रतिनिधि, श्रमिकों, महिलाओं, पत्रकारों और सार्वजनिक कार्यकर्त्ताओं के प्रतिनिधि भी हैं।

क्षेत्रीय परिषद्

क्षेत्रीय परिषद् एक संविधानेत्तर निकाय है। इनकी स्थापना राज्य पुनर्गठन अधिनियम, 1956 के द्वारा की गई है। सम्पूर्ण भारत को पांच क्षेत्रों में बाँटा गया है और प्रत्येक क्षेत्र के सामान्य हितों पर सलाह देने के लिए क्षेत्रीय परिषदें बनाई गई हैं। ये परिषदें एक सलाहकारी संगठन हैं, जिनके माध्यम से सहकारिता और राष्ट्रीय एकता को राज्यों की स्वायत्तता में हस्तक्षेप, किए बिना बढ़ावा मिलता है। प्रत्येक परिषद् में सम्मिलित राज्य या संघ राज्यक्षेत्र के संबंध में आर्थिक और सामाजिक योजना, सीमा विवाद अंतर्राज्यीय परिवहन या राज्य पुनर्गठन से उत्पन्न होने वाले विवादों पर या सामान्य हितों के विषयों पर विचार किया जाता है। प्रत्येक क्षेत्रीय परिषद् के सदस्यों के रूप में सम्बन्धित राज्य का मुख्यमन्त्री तथा दो अन्य मन्त्री, सम्बन्धित राज्य में यदि राष्ट्रपति शासन है, तो राज्य का राज्यपाल, सम्बन्धित संघ राज्यक्षेत्र में यदि विधानसभा है तो मुख्यमन्त्री और यदि विधानसभा नहीं है, तो प्रशासक या उपराज्यपाल होता है। उल्लेखनीय है कि दो या अधिक क्षेत्रीय परिषदों की संयुक्त बैठक करने की भी व्यवस्था है।

केन्द्र-राज्य संबंधः संवैधानिक प्रावधान

- **अनुच्छेद 246**–संसद को सातवीं अनुसूची की सूची 1 में प्रगणित विषयों पर विधि बनाने की शक्ति।
- **अनुच्छेद 248**–अवशिष्ट शक्तियाँ संसद के पास।
- **अनुच्छेद 249**–राज्य सूची के विषय के सम्बन्ध में राष्ट्रीय हित में विधि बनाने की शक्ति संसद के पास।
- **अनुच्छेद 250**–यदि आपातकाल की उद्घोषणा प्रवर्तन में हो तो राज्य सूची के विषय के सम्बन्ध में विधि बनाने की संसद की शक्ति।
- **अनुच्छेद 252**–दो या अधिक राज्यों के लिए उनकी सहमति से विधि बनाने की संसद की शक्ति।
- **अनुच्छेद 257**–संघ की कार्यपालिका किसी राज्य को निर्देश दे सकती है।
- **अनुच्छेद 257**–क-संघ के सशस्त्र बलों या अन्य बलों के अभिनियोजन द्वारा राज्यों की सहायता।
- **अनुच्छेद 263**–**अंतर्राज्यीय परिषद्** का प्रावधान।

संघ सूची

- **अनुसूची-7 की सूची-1 को संघ सूची** कहा जाता है। इसमें सामान्यतः राष्ट्रीय महत्व के विषयों को रखा गया है। इस सूची में मूलतः कुल 97 विषय थे। वर्तमान में इस सूची में गणना की दृष्टि से कुल **100 विषय** हैं।
- **88वें संविधान संशोधन अधिनियम, 2003** द्वारा इस सूची में निम्न तीन विषयों को सम्मिलित किया गया है-

1. अंतर्राज्यीय व्यापार के दौरान समाचार पत्रों से भिन्न माल के क्रय या **विक्रय पर कर (प्रविष्टि क्रमांक-92क)**

2. अंतर्राज्यीय व्यापार के दौरान माल के पारेषण (Transportation) पर कर **(प्रविष्टि क्रमांक-92ख)**

3. सेवाओं पर कर **(प्रविष्टि क्रमांक-92ग)**

इन विषयों पर विधि बनाने का अधिकार केवल संसद को प्रदान किया गया है।

संघ सूची के विषय हैं–

प्रतिरक्षा, विदेशी मामले, नागरिकता, संचार, परमाणु ऊर्जा, युद्ध और शांति, खनिज, बीमा,

प्रत्यर्पण, शेयर बाजार, संधि और करार, रेलवे, डाक व तार, समुद्री व हवाई मार्ग, बंदरगाह, बैंक, विदेश व्यापार, जनगणना, डाकघर बचत बैंक, स्टॉक एक्सचेंज, मुद्रा, विदेशी ऋण, रिजर्व बैंक, आयकर (कृषि से भिन्न), सीमा शुल्क व निर्यात शुल्क, निगम कर, सेवा कर, लॉटरी, अवशिष्ट विषय आदि।

राज्य सूची

- 7वीं अनुसूची की सूची-2 को राज्य सूची कहा जाता है। स्थानीय महत्व या प्रादेशिक महत्व के विषयों को इस सूची में रखा गया है।
- इस सूची में मूल रूप में कुल **66 प्रविष्टियाँ** थीं, किंतु 7वें **संविधान संशोधन** द्वारा प्रविष्टि 36 तथा 42वें संशोधन द्वारा **प्रविष्टि-11, 19, 20** तथा **29** को हटा दिया गया।
- वर्तमान में गणना की दृष्टि से इस **सूची में कुल 61 विषय** हैं। यद्यपि अन्तिम प्रविष्टि का संख्याँक **66** ही है।
- इस सूची में वर्णित विषयों पर विधि बनाने का अधिकार राज्य विधानमण्डल को है, परंतु कुछ विशेष परिस्थितियों में संसद भी इस पर विधि बना सकती है।

राज्य सूची के विषय हैं–

लोक व्यवस्था, पुलिस (रेल व ग्राम पुलिस सहित), कारागार, भूमि, स्थानीय स्वशासन, प्रादेशिक लोक सेवा, लोक स्वास्थ्य, बाजार एवं मेले, सट्टा व जुआ, पशुपालन, सिंचाई, गैस, शराब, मनोरंजन, भू-राजस्व या लगान, विद्युत पर कर, पथकर, प्रति व्यक्ति कर, कृषि आय पर कर, कृषि भूमि पर सम्पदा शुल्क, कृषि भूमि के उत्तराधिकारी पर कर, विलासिता की वस्तुओं पर कर, आदि।

समवर्ती सूची

अनुसूची-7 की सूची-3 को समवर्ती सूची कहा जाता है, इसके अंतर्गत राष्ट्रीय एवं स्थानीय दोनों प्रकार के विषयों को रखा गया है।

इन पर विधि बनाने का अधिकार संसद और राज्य विधानमण्डल दोनों को है, किंतु संसद तथा राज्य विधानमण्डल द्वारा बनाई गई विधियों में अंतर्विरोध (Contradiction) होने पर संसद द्वारा बनाई गई विधि मान्य होगी।

समवर्ती सूची के विषय हैं–

दण्ड विधि, प्रक्रिया विधि, शिक्षा, वन, विवाह व विवाह-विच्छेद, कारखाने, मजदूर संघ, जनसंख्या नियंत्रण व परिवार नियोजन, न्याय, प्रशासन, वृत्तियाँ, बाट-माप (इसके अंतर्गत मानकों को नियत किया जाना नहीं है।), स्वच्छता व औषधालय, औद्योगिक विवाद, उत्तराधिकार, विद्युत, कीमत नियंत्रण, खाद्य पदार्थों और अन्य पदार्थों का अपमिश्रण, वन्य जीव-जन्तुओं का संरक्षण, विधि वृत्ति, चिकित्सा वृत्तियाँ, समाचार पत्र, पुस्तकें और मुद्रणालय, सम्पत्ति का अर्जन व अधिग्रहण, आर्थिक व सामाजिक योजनाएँ, जन्म-मरण पंजीकरण आदि।

पंचायती राज एवं ई-गवर्नेंस

- स्थानीय शासन 'महात्मा गाँधी' की संकल्पना राम राज्य या ग्राम स्वराज्य का परिष्कृत रूप है। गाँधीजी की इस संकल्पना को फलीभूत करने के लिए भारतीय संविधान के अनुच्छेद 40 में राज्य सरकार को निर्देश दिए गए थे, जो 1993 में **73वें संविधान** संशोधन के पणिामस्वरूप सम्भव हुआ।
- **73वें एवं 74वें** संविधान संशोधन 1993 के तहत स्थानीय शासन भारतीय परिसंघीय व्यवस्था में तीसरे स्तर की सरकार को सामने ला खड़ा किया।
- **'पंचायती राज'** और **'नगरपालिका प्रणाली'** को संवैधानिक अस्तित्व प्राप्त करने में एक लम्बा संघर्ष करना पड़ा।
- **वर्ष 1956** में गठित बलवन्त राय मेहता समिति ने सर्वप्रथम पंचायती राज को स्थापित करने की सिफारिश की जिसे स्वीकार कर लिया गया साथ ही सभी राज्यों को इसे क्रियान्वित करने के लिए कहा गया।
- सर्वप्रथम राजस्थान के नागौर जिले में **2 अक्टूबर 1959** को पण्डित जवाहर लाल नेहरू ने पंचायती राज की नींव रखी और उसी दिन इसे सम्पूर्ण राज्य (राजस्थान)में लागू कर दिया गया।
- किंतु वाँछित सफलता प्राप्ति में कमी ने इस पर गम्भीरता से विचार करने के लिए मजबूर किया। अनेक समितियों का गठन किया गया, जिन्होंने अपनी सिफारिशों से पंचायती राज को मजबूती प्रदान की।

पंचायती राज संस्थाओं को संवैधानिक दर्जा

- वर्ष, 1989 में तत्कालीन प्रधानमन्त्री **श्री राजीव गाँधी** ने पंचायतों के सुधार व सशक्तिकरण में विशेष रुचि ली तथा एल.एम.सिंघवी समिति और थुंगन समिति की सिफारिशों के आधार पर लोकसभा में **64वाँ संविधान संशोधन विधेयक** प्रस्तुत किया। जिसे लोकसभा द्वारा पारित कर दिया गया, लेकिन राज्यसभा द्वारा अस्वीकार कर दिए जाने के कारण विधेयक समाप्त हो गया।
- तत्पश्चात्, वर्ष 1992 में पंचायत सम्बन्धी प्रावधान के लिए प्रधानमन्त्री पी.वी. नरसिम्हा राव द्वारा 73वाँ संविधान संशोधन विधेयक संसद में लाया गया, जिसे लोकसभा एवं राज्यसभा ने क्रमशः **22** एवं **23 दिसम्बर, 1992** को पारित कर दिया।

- **17 राज्यों** की विधानसभाओं द्वारा अनुमोदित किए जाने के बाद **20 अप्रैल, 1993** को राष्ट्रपति ने इस विधेयक पर अपनी सहमति प्रदान कर दी। 24 **अप्रैल, 1993 से 73वाँ संविधान संशोधन अधिनियम पूरे देश में लागू हो गया।**
- 73वें संविधान अधिनियम संशोधन अधिनियम 1992 के पारित होने से देश के संघीय लोकतांत्रिक ढाँचे में एक नए युग का सूत्रपात हुआ और पंचायती राज संस्थाओं को संवैधानिक दर्जा प्राप्त हो गया।
- इस संविधान संशोधन द्वारा संविधान में भाग-9 को पुन: स्थापित कर **16 नए अनुच्छेद (अनुच्छेद-243A से अनुच्छेद-243(O) तक)** और **11वीं अनुसूची** जोड़ी गई। इसके द्वारा पंचायतों के गठन, संरचना, निर्वाचन, सदस्यों की अर्हताएँ, पंचायतों की शक्तियाँ, प्राधिकार और उत्तरदायित्व आदि के लिए प्रावधान किए गए हैं।
- ग्यारहवीं अनुसूची में कुल **29 विषयों** का उल्लेख है, जिन पर पंचायतों को विधि बनाने की शक्ति प्रदान की गई है।
- यह संशोधन अधिनियम **24 अप्रैल, 1993** को प्रवर्तित हुआ। इसलिए प्रत्येक वर्ष **24 अप्रैल** को **पंचायत दिवस** (Panchayat Day) के रूप में मनाया जाता है।
- इस संशोधन अधिनियम का अभिपालन करने वाला प्रथम राज्य मध्य प्रदेश है। **मध्य प्रदेश** में सन् 1994 में पंचायत चुनाव आयोजित किए गए थे।
- इस अधिनियम की मुख्य विशेषता यह है कि अन्य बातों के साथ-साथ इसमें सभी **अनुसूचित जातियों, अनुसूचित जनजातियों** और **महिलाओं** के लिए सीटों का आरक्षण और स्थानीय निकायों की वित्तीय स्थिति को मजबूत बनाने के उपायों सहित **राज्य वित्त आयोग** व **राज्य निर्वाचन आयोग** का प्रावधान किया गया है।
- इस अधिनियम द्वारा स्थापित पंचायती राज का प्रमुख लक्ष्य ग्रामवासियों में **शक्ति का विकेन्द्रीकरण** कर उन्हें विकास मूलक प्रशासन में भागीदारी के योग्य बनाना और गाँवों को **सामाजिक** एवं **आर्थिक न्याय** प्रदान करना है।
- इस प्रकार, भारत में पंचायती राज शक्तियों के विकेन्द्रीकरण, प्रशासन में लोगों की भागीदारी तथा सामुदायिक विकास का प्रतिनिधित्व करता है।

11वीं अनुसूची के विषय (अनुच्छेद 243 छ)	
1.	कृषि एवं कृषि विस्तार।
2.	**भूमि विकास,** भूमि सुधार, चकबंदी और भूमि संरक्षण।
3.	**लघु सिंचाई,** जल-प्रबंधन और जल-क्षेत्र का विकास।
4.	**पशुपालन, डेयरी उद्योग** और **कुक्कुट पालन।**
5.	**मत्स्य उद्योग।**
6.	सामाजिक वानिकी और फार्म वानिकी।
7.	**लघु वन उपज।**
8.	लघु उद्योग जिसके अंतर्गत खाद्य प्रसंस्करण उद्योग भी हैं।
9.	**खादी ग्रामोद्योग** और कुटीर उद्योग।
10.	ग्रामीण आवास।
11.	**पेयजल।**
12.	ईंधन और चारा।
13.	**सड़कें, पुलिया, पुल,** फेरी, जल-मार्ग, अन्य संचार साधन।
14.	**ग्रामीण विद्युतीकरण** जिसके, अंतर्गत विद्युत का वितरण है।
15.	गैर-पारम्परिक ऊर्जा स्रोत।
16.	**गरीबी उन्मूलन कार्यक्रम।**
17.	शिक्षा, प्राथमिक और माध्यमिक विद्यालय सहित शिक्षा।
18.	तकनीकी प्रशिक्षण और व्यावसायिक शिक्षा।
19.	**प्रौढ़** और **अनौपचारिक शिक्षा।**
20.	पुस्तकालय
21.	सांस्कृतिक क्रिया-कलाप।
22.	बाजार और मेले।
23.	स्वास्थ्य और स्वच्छता, जिसके अंतर्गत अस्पताल, प्राथमिक स्वास्थ्य केन्द्र और औषधालय भी हैं।
24.	परिवार कल्याण।
25.	महिला एवं बाल विकास।
26.	समाज कल्याण (विकलांग व मानसिक रूप से मंद व्यक्तियों सहित)।
27.	दुर्बल वर्गों (अनुसूचित जातियों व जनजातियों) का कल्याण।
28.	**सार्वजनिक वितरण प्रणाली।**
29.	सामुदायिक आस्तियों का अनुरक्षण।

अनुच्छेद 40 के तहत यह प्रावधान किया गया है कि राज्य ग्राम पंचायतों के गठन के लिए कदम उठाएगा और उन्हें स्वायत्त शासन की इकाई के रूप में कार्य करने के योग्य बनाने के लिए आवश्यक शक्तियाँ और अधिकार प्रदान करेगा। इस अधिनियम के प्रमुख प्रावधान निम्नलिखित हैं।

पंचायतों का गठन और संरचना

- **अनुच्छेद 243(B) भारत में त्रिस्तरीय पंचायती राज व्यवस्था** का प्रावधान करता है। प्रत्येक राज्य में ग्राम स्तर पर **ग्राम पंचायत**, मध्यवर्ती स्तर पर **क्षेत्र पंचायत** और जिलास्तर पर **जिला पंचायत** के गठन का प्रावधान है, किंतु उस राज्य में जिसकी जनसंख्या **20 लाख** से कम है, वहाँ मध्यवर्ती स्तर पर पंचायतों का गठन करना आवश्यक नहीं है।
- भारत में **पश्चिम बंगाल** ऐसा राज्य है, जहाँ **चार स्तरीय पंचायत व्यवस्था** अपनाई गई है। वहाँ पंचायतों के चार स्तर यथा- **ग्राम पंचायत, अंचल पंचायत, आंचलिक परिषद्** और **जिला परिषद्** हैं।
- अनुच्छेद 243(c) में पंचायतों की संरचना के बारे में प्रावधान किया गया है। इसके तहत राज्य विधानमण्डल को **विधि** द्वारा **पंचायतों** की संरचना के सम्बन्ध में उपबंध करने की शक्ति प्रदान की गई है।
- परंतु किसी भी स्तर पर, पंचायत के प्रादेशिक क्षेत्र की **जनसंख्या** और ऐसी पंचायत में निर्वाचन द्वारा भरे, जाने वाले स्थानों की संख्या में अनुपात समस्त राज्य में यथा संभव एक ही होगा।
- पंचायतों के सभी स्थान प्रादेशिक निर्वाचन क्षेत्रों से प्रत्यक्ष निर्वाचन द्वारा चुने गए प्रतिनिधियों द्वारा भरे जाएँगे।
- **ग्राम पंचायत के अध्यक्ष** का चुनाव राज्य द्वारा बनाई गई विधि के अनुसार होगा तथा **मध्यवर्ती** व **जिला पंचायतों के अध्यक्ष** का चुनाव उसके निर्वाचित सदस्यों द्वारा अपने में से किया जाएगा।

73वाँ संविधान संशोधन अधिनियम, 1993

- विभिन्न समितियों की सिफारिशों पर मनन-चिन्तन के पश्चात् 73वाँ संविधान संशोधन अधिनियम (1993) अंतत: विविध विशेषताओं के साथ पारित किया गया और 24 अप्रैल, 1993 से सम्पूर्ण भारत में लागू कर दिया गया
- वर्तमान में इस अधिनियम के तहत पूरे भारत में त्रिस्तरीय पंचायती राज व्यवस्था को अपनाया गया है, पश्चिम बंगाल में चार स्तरीय पंचायती राज व्यवस्था को अपनाया गया है।
- पंचायती राज के सम्बन्ध में भारतीय संविधान का अनुच्छेद 243 में 243(ण) विशेष उल्लेख करता है।
- पंचायती राज व्यवस्था की संरचना त्रिस्तरीय है।

पंचायती राज का पदसोपान

- 'जिलापरिषद्' स्थानीय ग्रामीण स्वशासन में शीर्ष पर स्थित है।
- शीर्ष स्तर पर जिलापरिषद्, मध्य स्तर पर पंचायत समिति, निम्न स्तर पर पंचायत, ग्राम सभा तथा ग्राम कचहरी।

जिला-परिषद्

जिला-परिषद् स्थानीय स्वशासन की शीर्ष संस्था है, जो मध्य स्तर पर तथा ग्रामीण स्तर पर पंचायतों और प्रखण्ड समिति के मध्य समन्वयन स्थापित करता है।

जिला-परिषद् का गठन

- सामान्य तौर पर जिले की सभी पंचायत समितियों के प्रधान
- उस जिले के निर्वाचित संसद तथा विधानसभा सदस्य
- जिला विकास अधिकारी
- महिलाओं तथा पिछड़े वर्गों के प्रतिनिधि सदस्य
- अनुसूचित जाति एवं अनुसूचित जनजाति के प्रतिनिधि
- सहकारी बैंक का अध्यक्ष, सह-सदस्य होते हैं

पंचायत समिति

- पंचायती राज की त्रिस्तरीय संरचना में मध्य स्तर पर पंचायत समिति है। इसे पंचायत समिति, **'क्षेत्र समिति'** तथा 'आंचलिक परिषद्' भी कहते हैं।
- पंचायत समिति का गठन, सम्बन्धित ग्राम पंचायतों के प्रमुख, कुछ महिला प्रतिनिधि, अनुसूचित जाति तथा अनुसूचित जनजाति के प्रतिनिधि से मिलकर होता है।
- कुछ राज्यों में कुछ सदस्य ग्राम सभा द्वारा चुने जाते हैं।
- पंचायत समिति की अध्यक्षता के लिए 'प्रमुख' का चुनाव किया जाता है। प्रमुख को 'प्रधान' तथा चेयरमैन के नाम से भी जाना जाता है।

कार्य व अधिकार

- प्रखण्ड विकास पदाधिकारी प्रखण्ड समिति का मुख्य कार्यपालिका अधिकारी होता है। बीडीओ के अधीन सहायक अधिकारी तथा ग्राम विकास कर्मचारी होता है, जों पंचायत समिति द्वारा नियोजित कार्यों को क्रियान्वित करता है।
- पंचायत समिति, क्षेत्रीय विकास के लिए योजना और कार्यक्रम बनाती हैं तथा राज्य सरकार की सहमति से उसे लागू करती है।
- सामुदायिक विकास कार्यक्रम को प्रभावी रूप से क्रियान्वित करती है।
- क्षेत्र में स्वास्थ्य, प्राथमिक शिक्षा, स्वच्छता तथा संचार के विकास के लिए कार्य करती है।
- समिति ग्राम पंचायतों के कार्यों का निरीक्षण करती हैं, ग्राम पंचायत के बजट पर विचार करती है तथा आवश्यकता पड़ने पर महत्वपूर्ण सुझाव भी देती है।

आय के साधन

पंचायत समिति, अपने दायित्वों के निर्वाह के लिए राज्य सरकार द्वारा प्राप्त धनराशि पर निर्भर है।

पंचायती राज से सम्बन्धित समितियाँ

क्र.सं.	पं. समिति का नाम	कार्यकाल	प्रमुख सिफारिशें
1.	**बलवन्त राय मेहता समिति (अध्यक्ष-बलवन्त राय मेहता)**	1956–57	• स्थानीय स्तर पर लोकतान्त्रिक विकेन्द्रीकरण • त्रिस्तरीय पंचायती राज की स्थापना (जिला-परिषद् प्रखण्ड समिति ग्राम पंचायत)
2.	**अशोक मेहता समिति (अध्यक्ष-अशोक मेहता)**	1977–78	• द्विस्तरीय पंचायती राज की स्थापना (मण्डल पंचायत एवं जिला-परिषद्) • राजनीतिक दलों का प्रतिनिधित्व चार वर्षीय कार्यकाल
3.	**एल.एम. सिंघवी समिति (अध्यक्ष-लक्ष्मीमल सिंघवी)**	1986–87	• पंचायती राज को संवैधानिक दर्जा दिया जाए • राजनीतिक दलों की सहमति में प्रतिबन्ध • जिला नियोजन में राजनीति एवं प्रशासनिक संरचना
4.	**पी.के. थुंगन समिति (अध्यक्ष-पी.के. थुंगन)**	1988	• पंचायती राज को संवैधानिक दर्जा • पंचायती राज को संवैधानिक दर्जा

ग्राम पंचायत

त्रिस्तरीय पंचायती राज व्यवस्था में सतही स्तर पर तीन प्रकार की संस्थाएँ होती है- **1.** ग्राम सभा, **2.** पंचायत और **3.** न्याय पंचायत

ग्राम सभा

ग्राम सभा एक या अनेक छोटे-छोटे ग्रामों से मिलकर बनी सभा हैं। गाँव की यह सभा व्यवस्थापिका का कार्य करती हैं। यह एक स्थायी संस्था है। गाँव का वह प्रत्येक व्यक्ति जो 18 वर्ष की आयु पूरी कर चुका है तथा उसका नाम वहाँ की मतदाता सूची में शामिल है, ग्राम सभा का सदस्य होता है।

- इस अधिनियम के द्वारा **ग्राम सभा** (Gram Sabha) को **संवैधानिक दर्जा** दिया गया है। किसी **ग्राम की निर्वाचक नामावली** (Voter List) **में दर्ज नामों वाले व्यक्तियों को सामूहिक रूप से ग्राम सभा** कहा जाता है। **ग्राम सभा** में एक या एक से अधिक गाँव शामिल किए जा सकते हैं।
- **अनुच्छेद 24 (क)** के अनुसार, ग्राम सभा, गाँव के स्तर पर ऐसी शक्तियों का प्रयोग और ऐसे कार्यों का सम्पादन करेगी, जो **राज्य विधानमण्डल** विधि द्वारा उपबन्धित करे।
- **ग्राम पंचायत** ग्राम सभा की कार्यकारी संस्था है तथा ग्राम सभा, ग्राम पंचायत के कार्यों का निरीक्षण तथा मूल्यांकन करती है।

ग्राम सभा के कार्य

- ग्रामीण स्तर पर ग्राम सभा ग्रामों के लिए नीति बनाती है।
- गाँव के विकास के लिए योजनाओं का निर्माण करती है।
- ग्राम सभा के प्रत्यक्ष मतदान से ग्राम पंचायत का गठन किया जाता है। ग्राम पंचायत में एक 'मुखिया' तथा अन्य कुछ पंच होते हैं।

पंचायत

- पंचायत का गठन 'ग्राम सभा' के सदस्यों द्वारा होता हैं। 'पंचायत' के प्रमुख का चुनाव ग्राम की जनता द्वारा प्रत्यक्ष रूप से होता है। ग्राम-प्रमुख को मुखिया, सरपंच तथा प्रमुख के नाम से भी सम्बोधित किया जाता है।
- पंचायत में एक मुखिया या प्रमुख तथा कुछ पंच होते है। इन पंचों की संख्या विभिन्न राज्यों में अलग-अलग है। पंचायत के शेष पंचों का चुनाव ग्राम सभा करती है।

पंचायत के कार्य

- पंचायत ग्राम सभा की कार्यकारी संस्था है, जो निम्नलिखित कार्यों को सम्पादित करती है।
- **नागरिक सम्बन्धी कार्य** पंचायत, नागरिकों के उत्तम स्वास्थ्य, जीवन के लिए स्वच्छ पेयजल, आवागमन के साधन, संचार व्यवस्था, शिक्षा इत्यादि के सम्बन्ध में प्रावधान करती है। प्रकाश की व्यवस्था, स्कूल की व्यवस्था करती है।
  1. **जन कल्याण कार्य:** पंचायत, कल्याण के कार्यों को प्रभावी बनाने के लिए परिवार नियोजन, जन्म पंजीकरण, मृत्यु पंजीकरण, प्रौढ़ शिक्षा केन्द्र, आँगनबाड़ी योजनाएँ, कृषि तथा पशुपालन को प्रोत्साहित करने का कार्य करती है।
  2. **विकास कार्य:** पंचायत ग्रामीण विकास के लिए सड़क, कुआँ, हैण्डपम्प, नालियों, पुलिया आदि तथा इन्दिरा आवास योजनाओं का क्रियान्वयन करती है।

पंचायत की आय के साधन

- पंचायतें अपने दायित्वों के निर्वाह के लिए प्रत्यक्ष तथा अप्रत्यक्ष करारोपण कर सकती हैं। वह गृहकर, चुँगी कर, वाहन कर, हाट कर, पशु के क्रय-विक्रय पर कर लगाती है।
- पंचायतें, पंचायत भवन, तालाब आदि को पट्टे पर देकर धन प्राप्त कर सकती हैं।
- पंचायतों को विभन्न कार्यों व योजनाओं के संचालन के लिए राज्य सरकार तथा केन्द्र सरकार द्वारा अनुदान राशि प्राप्त होती है।

न्याय पंचायत

- ग्राम पंचायत स्तर पर स्थानीय अपराधों की या समस्याओं के निपटारे के लिए न्याय पंचायत की व्यवस्था की गई है।
- इसका गठन ग्राम पंचायत द्वारा चुने गए सदस्यों से मिलकर होता है।

कार्य व अधिकार

- स्थानीय स्तर पर समस्याओं को निपटाने का यह प्रमुख न्यायिक मंच है।
- न्याय पंचायत को गाँव के छोटे-छोटे दीवानी तथा फौजदारी मामले में निर्णय देने का अधिकार है।
- न्याय पंचायत **रुपए 500** तक का जुर्माना भी कर सकती है। किंतु वह कारावास की सजा नहीं सुना सकती है।
- इसके निर्णय के विरुद्ध साधारणतया अपील नहीं होती किंतु, अधीनस्थ न्यायालयों में इसे अपील के लिए पेश किया जा सकता है।
- न्याय पंचायत में किसी अधिवक्ता की जरूरत नहीं होती है।

नगरपालिकाएँ

- स्थानीय नगरीय शासन में नगरपालिका प्रणाली का प्रावधान है, जिसे संवैधानिक वैधता प्राप्त है।
- **74वें संविधान संशोधन** अधिनियम, (1933) के तहत भारतीय संविधान के **अनुच्छेद 243(त)** से **243(य) (छ)** के तहत इसका विशेष उल्लेख किया गया है।
- भारतीय संविधान के अनुच्छेद 243(य) के अनुसार तीन प्रकार की नगरीय व्यवस्था का उल्लेख किया गया है-
  1. **नगर पंचायत** संक्रमणशील क्षेत्र के लिए वह क्षेत्र जो ग्रामीण व शहरी दोनों का सम्मिलित रूप है। (10,000–20,000) की जनसंख्या वाले क्षेत्र में।
  2. **नगरपालिका परिषद्** छोटे-छोटे नगरों के लिए 20,000 से 3 लाख की जनसंख्या वाले क्षेत्र में।
  3. **नगर निगम** वृहत नगरों के लिए जहाँ की जनसंख्या 3 लाख से अधिक है।
- किसी नगर को किस प्रारूप में रखा जाएगा यह निर्णय लेने का अधिकार सम्बन्धित राज्य के राज्यपाल को है।

नगरपालिका का गठन

- प्रथम नगरपालिका का गठन 1687 में चेन्नई में हुआ था। प्रत्येक नगरपालिका को प्रान्तीय निर्वाचन क्षेत्रों में विभाजित किया जाता है, जिन्हें 'वार्ड' कहते हैं।
- नगरपालिका के सदस्य इन 'वार्डों' से जनता द्वारा प्रत्यक्ष रूप से चुने जाते हैं। राज्य विधानमण्डल की विधि अनुसार,
  - ❖ राज्य की लोकसभा तथा विधानसभा के सदस्य जो नगरपालिका में मतदाता हैं।
  - ❖ राज्य की राज्यसभा तथा विधान परिषद् के सदस्य नगरपालिका के मतदाता हैं।
  - ❖ नगरपालिका प्रशासन का विशेष ज्ञान रखने वाले व्यक्ति तथा कुछ समितियों के अध्यक्ष को नगरपालिका में प्रतिनिधित्व सदस्यता प्रदान की गई है।

नगरपालिका का कार्यकाल

- नगरपालिका अपने पहले अधिवेशन की तारीख से 5 वर्ष तक अपने अस्तित्व में बना रहता है।
- किंतु समय से पूर्व भी इसका विघटन किया जा सकता है। यदि इसका विघटन हो जाता है तो विघटन की तारीख से 6 माह के अन्दर उसका पुनर्गठन हो जाना चाहिए। पुनर्गठित नगरपालिका विघटित नगरपालिकों के शेष कार्यकाल तक कार्य करेगी।

सदस्यों की योग्यताएँ

नगरपालिका का सदस्य होने के लिए अनिवार्य योग्यताएँ हैं-

- ❖ वह भारतीय नागरिक हो।
- ❖ वह **21 वर्ष** की आयु पूरी कर चुका हो।
- ❖ वह पागल, दिवालिया न हो।
- ❖ वह सरकारी लाभ के पद पर आसीन न हो।

नगरपालिका का कार्य क्षेत्र

- भारतीय संविधान की **अनुसूची 12** में वर्णित विषयों पर कार्य करने का अधिकार प्राप्त है।
- विविध कार्यों को विविध समितियों के माध्यम से नगरपालिका संचालित करती है।
- वह आर्थिक एवं सामाजिक विकास के लिए योजनाएँ बनाती हैं तथा उन्हें क्रियान्वित करती है।
- वह समाज के पिछड़े वर्ग के विकास के लिए कार्य करती है। विकलांग तथा मानसिक रूप से विक्षिप्त लोगों के हितों की रक्षा करती है।
- वह नगरीय सुख-सुविधाओं-सड़क प्रकाश, पेयजल, सीवरेज इत्यादि की व्यवस्था करती है।
- वह जनगणना करवाती है।

राजभाषा एवं आपात उपबन्ध

राजभाषा

- संविधान के **अनुच्छेद 343** के अनुसार संघ की राजभाषा हिन्दी और लिपि देवनागरी है।
- संविधान के आरम्भ में 15 वर्ष तक अंग्रेजी भाषा का प्रयोग सरकारी कार्यों में करने का निर्णय लिया गया किन्तु संसद ने राजभाषा अधिनियम 1963 पारित किया जिसके अनुसार संघ के सरकारी कार्यों में अंग्रेजी भाषा का प्रयोग अनिश्चित काल तक जारी रहेगा।

- वर्तमान में 8वीं अनुसूची में निम्नलिखित 22 भाषाएँ सम्मिलित हैं–**1.** असमिया, **2.** बंगाली, **3.** गुजराती, **4.** हिन्दी, **5.** कन्नड़, **6.** कश्मीरी, **7.** कोंकणी, **8.** मलयालम, **9.** मणिपुरी, **10.** मराठी, **11.** नेपाली, **12.** उड़िया, **13.** पंजाबी, **14.** संस्कृत, **15.** सिन्धी, **16.** तमिल, **17.** तेलुगू, **18.** उर्दू, **19.** मैथिली, **20.** संथाली, **21.** डोगरी, **22.** बोडो।
- भारतीय संविधान के अनुच्छेद 344 में राष्ट्रपति द्वारा राजभाषा से सम्बन्धित कुछ विषयों के सम्बन्ध में सलाह देने के लिए एक आयोग की नियुक्ति का प्रावधान है।
- प्रथम राजभाषा आयोग का गठन सन् 1955 में बी. जी. खेर की अध्यक्षता में किया गया जिसने 1956 में अपनी रिपोर्ट प्रस्तुत की। इस रिपोर्ट पर संसद के दोनों सदनों के सदस्यों की समिति द्वारा विचार किया गया एवं उसकी राय राष्ट्रपति के पास भेजी गई।

आपात उपबन्ध

- भारतीय संविधान में तीन प्रकार के आपात काल का उपबन्ध है-(1) **राष्ट्रीय आपात** (अनु. 352), (2) **राष्ट्रपति शासन** (अनु. 356) और (3) वित्तीय आपात (अनु. 360)।
- राष्ट्रीय आपात इसकी घोषणा युद्ध, बाह्य आक्रमण एवं सशस्त्र विद्रोह की स्थिति में मन्त्रिमण्डल की लिखित सिफारिश पर राष्ट्रपति द्वारा की जा सकती है।
- **44वें संविधान संशोधन (1978)** के अंतर्गत यह प्रावधान किया गया कि राष्ट्रीय आपात की उद्घोषणा आन्तरिक अशान्ति के आधार पर नहीं बल्कि सशस्त्र विद्रोह के आधार पर की जाएगी।
- राष्ट्रपति द्वारा की गई आपात उद्घोषणा एक माह तक प्रवर्तन में रहती है और यदि इस दौरान इसे संसद के दो-तिहाई बहुमत से अनुमोदित करवा लिया जाता है, तो वह 6 माह तक प्रवर्तन में रहती है। संसद इसे पुन: 6 माह के लिए बढ़ा सकती है।
- यदि लोकसभा की कुल सदस्य संख्या के 1/10 सदस्य आपात उद्घोषणा को वापस लेने वाले संकल्प को प्रस्तावित करने के अपने आशय की सूचना सत्र चल रहा हो तो लोकसभा अध्यक्ष और नहीं चल रहा हो तो राष्ट्रपति को देते हैं, तो ऐसी सूचना के प्राप्त होने के 14 दिन के भीतर लोकसभा की बैठक आयोजित की जाएगी।
- यदि लोकसभा साधारण बहुमत से आपात उद्घोषणा को वापस लेने का प्रस्ताव पारित कर देती है, तो राष्ट्रपति उसे वापस लेने के लिए बाध्य है।
- राष्ट्रीय आपात की उद्घोषणा को सम्पूर्ण देश में लागू करने की अनिवार्यता नहीं है। इसे देश के किसी एक समस्याग्रस्त क्षेत्र के लिए भी घोषित किया जा सकता है।
- **राज्य में राष्ट्रपति शासन**–राज्यों में संवैधानिक तन्त्र विफल हो जाने पर राष्ट्रपति आपात स्थिति की घोषणा कर सकता है। राष्ट्रपति द्वारा इस शक्ति का प्रयोग न्यायिक पुनर्विलोकन के अधीन है।
- राज्य में आपात घोषणा के पश्चात् संघ न्यायिक कार्य छोड़कर राज्य प्रशासन के समस्त कार्यों को अपने हाथ में ले लेता है, जिसका संचालन राज्यपाल द्वारा किया जाता है।
- राज्य आपात उद्घोषणा की अवधि दो माह होती है। इससे अधिक समय के लिए संसद से अनुमोदन करना होता है, तब यह 6 माह की होती है। लगातार अधिकतम तीन वर्ष तक यह एक राज्य में प्रवर्तन में रह सकती है।
- सर्वप्रथम राष्ट्रपति शासन पंजाब में (20 जून, 1951), उसके बाद पेप्सू (1953), आन्ध्र प्रदेश (1954) व केरल (1956) में लागू हुआ।
- सर्वाधिक समय तक इस अनुच्छेद का प्रयोग पंजाब में (11 जून, 1987 से 25 फरवरी, 1992 तक) रहा।
- भारत में अब तक तीन बार– 26 अक्टूबर, 1962 को चीनी आक्रमण के समय, 13 दिसम्बर, 1971 को पाकिस्तान के आक्रमण के समय तथा 26 जून, 1975 को आन्तरिक स्थिति के आधार पर राष्ट्रीय आपात की घोषणा की गई।
- **वित्तीय आपात** वित्तीय आपात की घोषणा राष्ट्रपति द्वारा की जाती है, किन्तु दो माह के भीतर दोनों सदनों से इसका अनुमोदन लेना अनिवार्य होता है।
- वित्तीय आपात की घोषणा को राष्ट्रपति किसी भी समय वापस ले सकता है, किन्तु भारत में अब तक इस आपात की घोषणा एक बार भी नहीं हुई।

संविधान संशोधन

संशोधन की प्रक्रिया

- संविधान के **भाग 20**, में **अनुच्छेद-368** संविधान संशोधन से सम्बन्धित है। भारत में संविधान संशोधन की शक्ति संसद को दी गई है। राज्य विधान मण्डलों को संविधान संशोधन का अधिकार नहीं है। संसद, प्रस्तावना तथा मूल अधिकारों सहित संविधान के किसी भी भाग में संशोधन कर सकती है, किंतु संविधान के आधारभूत ढाँचे (Basic Structure) में बदलाव नहीं कर सकती है।
- **अनुच्छेद-368**, के तहत् संविधान संशोधन की शक्ति और प्रक्रिया दी गई है।
- संविधान संशोधन के लिए सर्वप्रथम **संविधान संशोधन विधेयक** संसद में प्रस्तुत किया जाता है। यह विधेयक संसद के किसी भी सदन में प्रस्तुत किया जा सकता है। संविधान संशोधन विधेयक को संसद में प्रस्तुत करने हेतु **राष्ट्रपति की पूर्व सहमति** आवश्यक नहीं है। विधेयक को संसद के प्रत्येक सदन द्वारा यथास्थिति **साधारण** या **विशेष बहुमत** द्वारा पारित कर दिए जाने पर राष्ट्रपति की सहमति हेतु भेजा जाता है।
- यदि संशोधन **अनुच्छेद-368(2)** में वर्णित उपबन्धों में किया जाना हो तो विधेयक राष्ट्रपति की सहमति के लिए भेजने के पूर्व कम-से कम आधे राज्यों के विधानमण्डलों द्वारा साधारण बहुमत से उनका अनुसमर्थन प्राप्त करना आवश्यक होता है। राष्ट्रपति संविधान संशोधन विधेयक पर अपनी सहमति देने के लिए बाध्य होता है, अर्थात् संविधान संशोधन विधेयकों को न तो वह रोक सकता है और न ही अपनी सहमति देने से इंकार कर सकता है।
- राष्ट्रपति की अनुमति प्राप्त हो जाने पर **संविधान संशोधन विधेयक** (Bill) **संविधान संशोधन अधिनियम** (Act) बन जाता है और इस अधिनियम के उपबन्धों के अनुसार संविधान में संशोधन हो जाता है, संविधान संशोधन विधेयक पर संसद के दोनों सदनों में मतभेद की स्थिति में उनका **संयुक्त अधिवेशन (अनुच्छेद 108)** नहीं बुलाया जाता है, अर्थात् विधेयक दोनों सदनों द्वारा अपेक्षित बहुमत से अलग-अलग पारित किया जाता है। अत: यदि लोकसभा द्वारा पारित किसी संविधान संशोधन विधेयक को राज्यसभा अस्वीकार कर देती है, तो वह विधेयक अन्तिम रूप से समाप्त हो जाता है।

संविधान संशोधन के लिए निम्नलिखित तीन प्रकार की प्रक्रिया का प्रावधान किया गया है।

1. साधारण बहुमत द्वारा संशोधन

2. विशेष बहुमत द्वारा संशोधन

3. विशेष बहुमत और राज्यों के अनुसमर्थन द्वारा संशोधन।

साधारण बहुमत द्वारा संशोधन

- संविधान के कुछ उपबन्धों में संसद साधारण बहुमत से विधेयक पारित कर (सम्बन्धित अनुच्छेद में निर्दिष्ट प्रक्रिया के अनुसार) संशोधन कर सकती है। साधारण बहुमत (Simple Majority) से तात्पर्य, सदन में उपस्थित और मतदान करने वाले आधे से अधिक सदस्यों के बहुमत से है।

- यह संविधान संशोधन की सबसे सरल प्रक्रिया है, किंतु इसके द्वारा किए गए संशोधनों को अनुच्छेद-368 के अंतर्गत संविधान संशोधन नहीं माना जाता है, यद्यपि इसके द्वारा संविधान के कुछ उपबन्धों में परिवर्तन किया जाता है। यह संविधान संशोधन साधारण विधि के समान होता है। कौन से उपबन्ध साधारण बहुमत से संशोधित किए जा सकेंगे, यह सम्बन्धित अनुच्छेद या अनुसूची में ही बताया गया है।

साधारण बहुमत से संशोधित किए जाने वाले कुछ उपबन्ध

- संघ में नए राज्यों का प्रवेश (**अनुच्छेद-2**)।
- नए राज्यों का निर्माण या वर्तमान राज्यों के क्षेत्र, नाम या सीमा में परिवर्तन (**अनुच्छेद-3**)।
- नागरिकता से सम्बन्धित प्रावधान (**अनुच्छेद-11**)।
- राज्यों में विधान परिषद् का सृजन या उत्सादन (**अनुच्छेद-169**)।
- संघ राज्य क्षेत्रों के लिए विधानमण्डल या मन्त्रिपरिषदों का सृजन (**अनुच्छेद-239क**)।
- राष्ट्रपति, उपराष्ट्रपति, न्यायाधीशों आदि के वेतन एवं भत्ते (**अनुसूची-2**)।
- पहली, 5वीं, 6वीं तथा 8वीं अनुसूची आदि में।

विशेष बहुमत द्वारा संशोधन

- विशेष बहुमत द्वारा संविधान संशोधन की प्रक्रिया अनुच्छेद-368 में दी गई है। विशेष बहुमत (Special Majority) से तात्पर्य है, सदन की कुल सदस्य संख्या का बहुमत तथा उपस्थित और मतदान करने वाले सदस्यों का दो-तिहाई बहुमत।
- संविधान के ऐसे उपबन्ध जिन्हें साधारण बहुमत द्वारा संशोधित नहीं किया जा सकता है तथा जिन्हें संशोधित करने के लिए आधे राज्यों का **अनुसमर्थन** आवश्यक है। इन दोनों को छोड़कर, शेष सभी उपबंध संसद द्वारा विशेष बहुमत से संशोधित किए जा सकते हैं। इस प्रकार संविधान के सर्वाधिक संशोधन इसी प्रक्रिया द्वारा किए जाते हैं। वास्तव में, जब तक कोई विशेष प्रावधान न हो, संविधान के लगभग सभी अनुच्छेद इस प्रक्रिया द्वारा संशोधित किए जा सकते हैं।

अनुच्छेद-61 के अंतर्गत **राष्ट्रपति** पर लगाए गए **महाभियोग के प्रस्ताव को, स्पष्ट बहुमत अर्थात् संसद के प्रत्येक सदन की कुल सदस्य संख्या के कम-से-कम दो-तिहाई (2/3) बहुमत** द्वारा पारित होनी चाहिए; जबकि संविधान संशोधन विधेयक को विशेष बहुमत अर्थात् **संसद के प्रत्येक सदन की कुल सदस्य संख्या का बहुमत तथा मतदान के समय उपस्थित सदस्यों का बहुमत आवश्यक होता है।**

विशेष बहुमत और राज्यों के अनुसमर्थन द्वारा संशोधन

- यह संविधान संशोधन की सबसे कठिन प्रक्रिया है। यह प्रक्रिया भी **अनुच्छेद-368** में दी गई है। इस प्रक्रिया के अनुसार संविधान के लिए **संसद के प्रत्येक सदन के विशेष बहुमत के साथ-साथ कम-से-कम आधे राज्यों के विधानमण डलों का अनुसमर्थन आवश्यक है।**
- यहाँ राज्यों के विधानमण्डलों से आशय उस राज्य की विधानसभा एवं विधान परिषद् (यदि हो) दोनों के अनुसमर्थन से है।
- इसके द्वारा संविधान के उन उपबन्धों का संशोधन किया जाता है, जो **संघात्मक ढाँचे** से सम्बन्धित हैं। **अनुच्छेद-368(2)** के तहत उन उपबंधों का उल्लेख किया गया है, जिनमें इस प्रक्रिया द्वारा संशोधन किया जाना अपेक्षित है। ऐसे उपबन्ध निम्नलिखित हैं-
  - ❖ **अनुच्छेद-54**–राष्ट्रपति का निर्वाचन,
  - ❖ **अनुच्छेद-55**–राष्ट्रपति के निर्वाचन की रीति,
  - ❖ **अनुच्छेद-73**–संघ की कार्यपालिका शक्ति का विस्तार,
  - ❖ **अनुच्छेद-162**–राज्यों की कार्यपालिका शक्ति का विस्तार,
  - ❖ **अनुच्छेद-241**–संघ राज्य क्षेत्रों के लिए उच्च न्यायालय,
  - ❖ **भाग 5, अध्याय 4**–संघ की न्यायपालिका,
  - ❖ **भाग 6, अध्याय 5**–राज्यों के उच्च न्यायालय,
  - ❖ **भाग 11, अध्याय 1**–संघ व राज्यों के बीच विधायी सम्बन्ध,
  - ❖ 7वीं अनुसूची की किसी सूची (**संघ सूची, राज्य सूची, समवर्ती सूची**) में संशोधन
  - ❖ **संसद में राज्यों का प्रतिनिधित्व** (अनूसूची 4), या
  - ❖ **स्वयं अनुच्छेद-368** (संविधान संशोधन की प्रक्रिया) में संशोधन

राज्यों के विधानमण्डल द्वारा संविधान विधेयक का अनुसमर्थन **साधारण बहुमत** से किया जाना आवश्यक है।

आधारभूत ढाँचे का सिद्धान्त

- सर्वोच्च न्यायालय के **केशवानन्द भारती बनाम केरल राज्य** के मामले में आधारभूत ढाँचे के सिद्धान्त का प्रतिपादन करते हुए बहुमत से यह निर्णय दिया कि संसद, संविधान में कोई ऐसा संशोधन नहीं कर सकती है, जिससे कि उसका **आधारभूत ढाँचा** (Basic Structure) नष्ट हो जाए।
- न्यायालय ने उदाहरण स्वरूप कुछ आधारभूत ढाँचों का उल्लेख करते हुए कहा कि प्रत्येक मामले में तथ्यों के आधार पर यह निर्धारित किया जाएगा कि संविधान का आधारभूत ढाँचा क्या है। अत: संविधान के आधारभूत ढाँचे को कठोर एवं अंतिम रूप से परिभाषित नहीं किया जा सकता है।
- सामान्यत: आधारभूत ढाँचे से तात्पर्य संविधान के ऐसे उपबन्धों से है, जो संविधान का मूल स्वरूप या भावना निर्मित करते हैं।

विभिन्न मामलों में सर्वोच्च न्यायालय ने निम्नलिखित तत्वों को संविधान का आधार भूत, ढाँचा घोषित किया-

1. संविधान की सर्वोच्चता,
2. गणतंत्रात्मक तथा लोकतंत्रात्मक शासन प्रणाली,
3. शक्तियों का पृथक्करण,
4. संविधान का पंथ निरपेक्ष स्वरूप,
5. संघात्मक शासन प्रणाली,
6. राष्ट्र की एकता और अखण्डता,
7. कल्याणकारी राज्य की स्थापना,
8. व्यक्ति की स्वतन्त्रता एवं गरिमा,
9. विधि का शासन,
10. स्वतन्त्र और निष्पक्ष चुनाव पर आधारित लोकतंत्र,
11. न्यायिक पुनर्विलोकन की शक्ति,
12. मौलिक अधिकार और नीति-निदेशक तत्वों में सामंजस्य,
13. संसदीय शासन प्रणाली,
14. संसद की संविधान संशोधन की सीमित शक्ति,
15. संविधान की प्रस्तावना में निहित उद्देश्य,
16. न्यायपालिका की स्वतन्त्रता,
17. **अनुच्छेद 32, 136, 141** और **142** के अधीन उच्चतम न्यायालय की शक्तियाँ तथा
18. कुछ दशाओं में मूल अधिकार आदि।

अनुच्छेद-368 का संशोधन

अनुच्छेद-368 में अब तक 3 बार संशोधन किया जा चुका है-

1. 7वाँ संविधान संशोधन अधिनियम 1956,

2. 24वाँ संविधान संशोधन अधिनियम, 1971, तथा

3. 42वाँ संविधान संशोधन अधिनियम, 1976

7वाँ संविधान संशोधन अधिनियम, 1956

इस अधिनियम के पारित होने के कारण आवश्यक हो गया था। इसके द्वारा **अनुच्छेद-368 (2)** में शब्द **प्रथम अनुसूची के भाग क** या **भाग ख** में विनिर्दिष्ट विलुप्त कर दिए गए।

24वें संविधान संशोधन अधिनियम, 1971

इस अधिनियम द्वारा **अनुच्छेद 368 में उपखण्ड (1)** तथा **(3)** को जोड़ा गया तथा **उपखण्ड (2)** को संशोधित किया गया। इस संशोधन के पूर्व वर्तमान **उपखण्ड (2)** ही मूल **अनुच्छेद 368** था। **उपखण्ड (1)** के अंतर्गत यह प्रावधान किया गया कि संसद को अपनी **संवैधानिक शक्ति** (Constituent Power) का प्रयोग करते हुए, इस संविधान के किसी भी उपलंध का **परिवर्द्धन** (Addition) **परिवर्तन** (Variation) या **निरसन** (Repeal) के रूप में संशोधन की शक्ति होगी।

गोलकनाथ के मामले में दिए गए निर्णय के कारण यह प्रावधान किया गया **खण्ड (3)** के तहत उपबंधित किया गया कि **अनुच्छेद 13** की कोई बात इस अनुच्छेद के तहत किए गए संविधान संशोधनों पर लागू नहीं होगी।

इसी प्रकार का उपबन्ध **अनुच्छेद-13 (4)** को जोड़कर भी किया गया **खण्ड (2)** के तहत यह जोड़ा गया कि संसद द्वारा पारित विधेयक राष्ट्रपति के समक्ष प्रस्तुत किया जाएगा, जो उस पर अनुमति देगा। इस प्रकार अब राष्ट्रपति को संविधान संशोधन विधेयक पर अनुमति देने के लिए बाध्य कर दिया गया।

42वें संविधान संशोधन अधिनियम, 1976

इस **अधिनियम** द्वारा **अनुच्छेद-368** में **खण्ड (4)** तथा **(5)** जोड़ा गया। यह उपखण्ड **केशवानन्द भारती** मामले में उच्चतम न्यायालय द्वारा संसद की संविधान संशोधन की शक्ति पर आरोपित संविधान के **आधारभूत ढाँचे** की सीमा को समाप्त करने के लिए जोड़ा गया था, जो संसद की संविधान संशोधन की असीमित शक्ति तथा इन संशोधनों को किसी न्यायालय में किसी भी आधार पर प्रश्नगत न किए जाने पर प्रावधान करता था। किंतु, उच्चतम न्यायालय ने इसे **मिनर्वा मिल्स बनाम भारत संघ (1980)** के मामले में असंवैधानिक घोषित कर दिया।

संविधान के प्रमुख संशोधन

- **पहला संशोधन (1950)**–इस संशोधन द्वारा अनुच्छेद 15, 19, 31, 85, 87, 174, 176, 372 तथा 376 में संशोधन किया गया और नौवीं अनुसूची को शामिल किया गया। राज्यों द्वारा पारित भूमि सुधार कानूनों को 9वीं अनुसूची में रखकर न्यायालयों के अधिकार क्षेत्र से बाहर किया गया।
- **दूसरा संशोधन (1952)**–लोकसभा में प्रतिनिधित्व की व्यवस्था में परिवर्तन।
- **सातवाँ संशोधन (1956)**–राज्यों का 4 वर्गों में विभाजन समाप्त कर उन्हें 14 राज्यों और 6 केन्द्र शासित क्षेत्रों में विभक्त कर दिया गया तथा लोकसभा की अधिकतम सदस्य संख्या 520 निर्धारित की गई। इसके अतिरिक्त यह भी निश्चित कर दिया गया कि किसी राज्य की विधान परिषद् की सदस्य संख्या विधानसभा की सदस्य संख्या की एक-तिहाई से अधिक नहीं होगी।
- **आठवाँ संशोधन (1960)**–अनुसूचित जातियों, अनुसूचित जनजातियों एवं आंग्ल-भारतीय समुदाय के लिए आरक्षण 10 वर्षों के लिए बढ़ाया गया।
- **नौवाँ संशोधन (1960)**–प्रथम अनुसूची में आवश्यक परिवर्तन करके बेरूबाड़ी खुलना क्षेत्र पाकिस्तान को दे दिया गया।
- **दसवाँ संशोधन (1961)**–दादरा और नागर हवेली को भारतीय संघ में शामिल कर उन्हें संघीय क्षेत्र की स्थिति प्रदान की गई।
- **12वाँ संशोधन (1962)**–गोवा, दमन और दीव का भारतीय संघ एकीकरण किया गया।
- **13वाँ संशोधन (1962)**–संविधान में अनुच्छेद 371(क) जोड़ा गया, जिसमें नागालैण्ड के प्रशासन के लिए कुछ विशेष प्रावधान हैं। 1 दिसम्बर, 1963 को नागालैण्ड को एक राज्य का दर्जा प्रदान किया गया।
- **14वाँ संशोधन (1962)**–पाण्डिचेरी को संघ राज्य क्षेत्र के रूप में प्रथम अनुसूची में जोड़ा गया तथा इन संघ राज्य क्षेत्रों (हिमाचल प्रदेश, गोवा, दमन और दीव, पाण्डिचेरी, त्रिपुरा और मणिपुर) में विधानसभाओं की व्यवस्था की गई।
- **15वाँ संशोधन (1963)**–उच्च न्यायालय के न्यायाधीशों की सेवानिवृत्ति की आयु 60 वर्ष से बढ़ाकर 62 वर्ष की गई।
- **18वाँ संशोधन (1966)**–पंजाब और हिमाचल प्रदेश संघ राज्य क्षेत्रों के पुनर्गठन के लिए संसद को शक्ति प्रदान करना।
- **21वाँ संशोधन (1967)**–मूल संविधान आठवीं अनुसूची में सिन्धी भाषा को भी भारतीय भाषाओं के अंतर्गत सम्मिलित कर लिया गया।
- **22वाँ संशोधन (1969)**–इसके द्वारा असम से अलग करके एक नया राज्य मेघालय बनाया गया।
- **24वाँ संशोधन (1971)**–संसद को मूल अधिकारों सहित संविधान के किसी भी उपबन्ध में संशोधन करने का अधिकार प्रदान किया गया।
- **27वाँ संशोधन (1971)**–उत्तर-पूर्वी क्षेत्र के पाँच राज्यों-असम, नागालैण्ड, मेघालय, मणिपुर व त्रिपुरा तथा दो संघीय क्षेत्रों-मिजोरम और अरुणाचल प्रदेश का गठन किया गया तथा इनमें समन्वय और सहयोग के लिए पूर्वोतर सीमान्त परिषद् की स्थापना। कुछ संघीय क्षेत्रों के प्रशासन को अध्यादेश जारी करने का अधिकार दिया गया।
- **31वाँ संशोधन (1973)**–लोकसभा की अधिकतम सदस्य संख्या 545 निश्चित की गई।
- **36वाँ संशोधन (1975)**–सिक्किम को भारतीय संघ में संघ के 22वें राज्य के रूप में प्रवेश।
- **42वाँ संशोधन (1976)**–**(i)** संविधान की प्रस्तावना में पंथनिरपेक्ष, समाजवादी और अखण्डता शब्द जोड़े गए। **(ii)** इसके द्वारा मूल अधिकारों के साथ-साथ मूल कर्तव्यों की व्यवस्था करते हुए नागरिकों के 10 मूल कर्तव्य निश्चित किए गए। **(iii)** इसके अनुसार नीति-निदेशक तत्वों को प्रभावी करने के लिए मूलाधिकारों में संशोधन किया जा सकता है। **(iv)** लोकसभा तथा विधानसभाओं के कार्यकाल में एक वर्ष की वृद्धि की गई। **(v)** निदेशक तत्वों में कुछ नवीन तत्व जोड़े गए। **(vi)** इसके द्वारा शिक्षा, नाप-तौल वन और जंगली जानवर तथा पक्षियों की रक्षा-ये विषय राज्य सूची से निकालकर समवर्ती सूची में रख दिए गए। **(vii)** यह व्यवस्था की गई कि अनुच्छेद 352 के अंतर्गत आपातकाल सम्पूर्ण देश में लागू किया जा सकता है या देश के किसी एक या कुछ भागों में। **(viii)** संसद द्वारा किए गए संविधान संशोधन को न्यायालय में चुनौती देने से वर्जित कर दिया गया।
- **44वाँ संशोधन (1978)**–विधि के प्राधिकार के बिना किसी व्यक्ति को उसकी संपति से वंचित नहीं किया जाएगा। आपातकाल अब आन्तरिक अशांति के आधार पर नहीं बल्कि सशस्त्र विद्रोह के आधार पर ही लगाया जा सकेगा। इसके अतिरिक्त सम्पति के अधिकार को मूल अधिकारों की सूची से हटाकर कानूनी अधिकार का दर्जा प्रदान किया गया।
- **52वाँ संशोधन (1985)**–संविधान के अनुच्छेद 102 और 191 में संशोधन कर संविधान में दल-बदल विरोधी सम्बन्धी प्रावधानों को दसवीं अनुसूची के अंतर्गत रखा गया है।

- **53वाँ संशोधन (1986)**–संविधान क्षेत्र मिजोरम को पूर्ण राज्य का दर्जा प्रदान किया गया।
- **55वाँ संशोधन (1986)**–अरुणाचल प्रदेश को पूर्ण राज्य का दर्जा प्रदान किया गया
- **56वाँ संशोधन (1987)**–इसमें गोवा को पूर्ण राज्य का दर्जा तथा 'दमन व दीव' को नया संघीय क्षेत्र बनाने की व्यवस्था है।
- **57वाँ संशोधन (1987)**–मेघालय, मिजोरम, नागालैण्ड तथा अरुणाचल प्रदेश की विधानसभाओं में जनजातियों के लिए आरक्षण की व्यवस्था की गई।
- **61वाँ संशोधन (1989)**–मताधिकार के लिए न्यूनतम आवश्यक आयु 21 वर्ष से घटाकर 18 वर्ष कर दी गई है।
- **69वाँ संशोधन (1991)**–दिल्ली का नाम 'राष्ट्रीय राजधानी राज्य क्षेत्र दिल्ली' किया गया तथा इसके लिए 70 सदस्यीय विधानसभा तथा 7 सदस्यीय मन्त्रिमण्डल के गठन का प्रावधान किया गया।
- **70वाँ संशोधन (1992)**–दिल्ली तथा पाण्डिचेरी संघ राज्य क्षेत्रों के विधानसभाओं के सदस्यों को राष्ट्रपति के निर्वाचक मण्डल में शामिल करने का प्रावधान।
- **71वाँ संशोधन (1992)**–तीन और भाषाओं-कोंकणी, मणिपुरी और नेपाली को संविधान की आठवीं अनुसूची में सम्मिलित किया गया।
- **73वाँ संशोधन (1992)**–संविधान में एक नया भाग 9 तथा ग्यारहवीं अनुसूची जोड़ी गई है और पंचायती राज व्यवस्था को संवैधानिक दर्जा प्रदान किया गया है।
- **74वाँ संशोधन (1993)**–शहरी क्षेत्र की स्थानीय स्वशासन संस्थाओं को संवैधानिक दर्जा प्रदान किया गया है।
- **75वाँ संशोधन (1994)**–किराएदारों और मकान मालिकों के विवादों को सुलझाने के लिए राज्यों में ट्रिब्यूनलों के गठन की व्यवस्था की गई है।
- **76वाँ संशोधन (1994)**–तमिलनाडु सरकार द्वारा पारित पिछड़े वर्गों के लिए सरकारी नौकरियों में 69 प्रतिशत आरक्षण का उपबन्ध करने वाले अधिनियम को नौवीं अनुसूची में शामिल कर दिया गया है।
- **77वाँ संशोधन (1995)**–नवम्बर 1997 के बाद भी अनुसूचित जातियों तथा जनजातियों को पदोन्नति हेतु आरक्षण की सुविधा।
- **78वाँ संशोधन (1995)**–सात राज्यों द्वारा पारित 27 भूमि सुधार कानूनों को नौवीं अनुसूची में सम्मिलित किया गया है और इस प्रकार नौवीं अनुसूची में सम्मिलित कुल अधिनियमों की संख्या 284 हो गई है।
- **79वाँ संशोधन (1999)**–अनुसूचित जातियों, अनुसूचित जनजातियों तथा एंग्लो-इण्डियन्स के लिए लोकसभा तथा विधानसभाओं में आरक्षण की अवधि 25 जनवरी, 2010 ई. तक के लिए बढ़ाई गई थी।
- **80वाँ संवैधानिक संशोधन (2000)**–राज्यों के वित्तीय साधनों में वृद्धि हुई है। अब राज्यों को प्रत्यक्ष केन्द्रीय करों सें प्राप्त कुछ धनराशि का 26 प्रतिशत हिस्सा मिलेगा।
- **81वाँ संवैधानिक संशोधन (2000)**–अनुसूचित जातियों और अनुसूचित जनजातियों के लिए आरक्षित बकाया रिक्तियों को आरक्षण की 50 प्रतिशत सीमा से बाहर कर दिया गया है।
- **82वाँ संवैधानिक संशोधन (2000)**–राज्यों को सरकारी नौकरियों में आरक्षित रिक्त स्थानों की भर्ती हेतु प्रोन्नतियों के मामलों में अनुसूचित जातियों से एवं जनजातियों के अभ्यर्थियों के लिए न्यूनतम प्राप्तांकों में छूट प्रदान करने की अनुमति।
- **83वाँ संवैधानिक संशोधन (2000)**–संविधान के अनुच्छेद 243ए में संशोधन कर व्यवस्था की गई है कि अनुसूचित जातियों से पूरी तरह आबाद अरुणाचल प्रदेश की पंचायतों में अनुसूचित जातियों के लिए किसी प्रकार का आरक्षण करने की आवश्यकता नहीं है।
- **84वाँ संवैधानिक संशोधन (2001)**–लोकसभा एवं विधानसभाओं की सीटों की संख्या में सन् 2026 तक कोई परिवर्तन नहीं किया जाएगा।
- **85वाँ संवैधानिक संशोधन (2001)**–सरकारी नौकरियों में अनुसूचित जाति व अनुसूचित जनजाति के कर्मचारियों को पदोन्नति में आरक्षण की सुविधा।
- **86वाँ संवैधानिक संशोधन (2002)**–6 से 14 वर्ष तक की आयु के बच्चों के लिए नि:शुल्क और अनिवार्य शिक्षा देने का प्रावधान।
- **87वाँ संवैधानिक संशोधन (2003)**–भारतीय संविधान के अनुच्छेद 82 में संशोधन किया गया है। तदनुसार निर्वाचन क्षेत्रों का परिसीमन 2001 की जनगणना पर आधारित होगा।
- **88वाँ संवैधानिक संशोधन (2003)**–केन्द्र सरकार द्वारा सेवा कर की वसूली एवं उसका केन्द्र तथा राज्य सरकारों में वितरण।
- **89वाँ संवैधानिक संशोधन (2003)**–अनुसूचित जनजाति के लिए राष्ट्रीय आयोग का गठन।
- **90वाँ संवैधानिक संशोधन (2003)**–असम विधानसभा में Bodoland Territorial Areas District को सम्मिलित किया।
- **91वाँ संवैधानिक संशोधन (2003)**–दल बदल एवं मन्त्रियों की संख्या पर नियन्त्रण।
- **92वाँ संवैधानिक संशोधन (2003)**–संविधान की आठवीं अनुसूची में बोडो, डोगरी, मैथिली तथा संथाली भाषाएँ सम्मिलित। इस प्रकार 8वीं अनुसूची में अब 18 से बढ़कर **22** भाषाएँ हो गई हैं।
- **93वाँ संवैधानिक संशोधन (2005)**–निजी शिक्षण संस्थानों (अल्पसंख्यक शिक्षण संस्थानों को छोड़कर) में अनुसूचित जाति जनजाति और सामाजिक एवं शैक्षणिक दृष्टि से पिछड़े वर्गों को आरक्षण का लाभ।
- **94 वाँ संवैधानिक संशोधन (2006)**–बिहार मन्त्रिमण्डल में आदिवासी मामलों के मन्त्री की कानूनन आनिवार्य नियुक्ति की समाप्ति तथा छत्तीसगढ़ एवं झारखण्ड राज्यों में आदिवासी मामलों के मन्त्री की मन्त्रिमण्डल में नियुक्ति अनिवार्य। इस प्रकार 8वीं अनुसूची में अब 18 से बढ़कर **22 भाषाएँ** हो गई हैं।
- **95वाँ संशोधन अधिनियम (2009)**–इस संशोधन द्वारा लोकसभा और राज्यों की विधानसभाओं में अनुसूचित जनजातियों तथा एंग्लो-इंडियन्स के लिए आरक्षण को दस वर्षों (2020 तक) के लिए बढ़ा दिया है।
- **98वाँ संशोधन अधिनियम (2012)**–इस संशोधन द्वारा संविधान में एक नया 371J अनुच्छेद जोड़ा है। इसके द्वारा कर्नाटक को हैदराबाद क्षेत्र के संबंध में विशेष दायित्व सौंपा गया।
- **99वाँ संशोधन अधिनियम (2014)**–इस संशोधन द्वारा राष्ट्रीय न्यायिक नियुक्ति आयोग का गठन किया गया किंतु सर्वोच्च न्यायालय ने इसे रद्द कर दिया।
- **100वाँ संशोधन अधिनियम (2015)**–इस संशोधन द्वारा भारत एवं बांग्लादेश के मध्य हुए 4 साल पुराने भूमि-सीमा समझौता (LBA-1974) को लागू किया गया।
- **101वाँ संशोधन अधिनियम (2015)**–यह संशोधन देश में एकीकृत वस्तु एवं सेवाओं (GST) का हस्तांतरण करने एवं विविध करों के बोझ को कम करने से संबंधित है।
- **102वाँ संशोधन अधिनियम (2018)**–इस संशोधन द्वारा अन्य पिछड़ा वर्ग आयोग को संवैधानिक दर्जा प्रदान किया गया।
- **103वाँ संशोधन अधिनियम (2019)**–यह संशोधन द्वारा संविधान के अनुच्छेद 16 में एक नया उपबंध किया गया है जिसके माध्यम से सरकारी सेवाओं में नियुक्ति के लिए आर्थिक रूप से पिछड़े वर्गों के लिए 10 प्रतिशत आरक्षण का प्रावधान किया गया है।
- **104वाँ संशोधन अधिनियम (2020)**–SC/ST लोकसभा में सीटों के आरक्षण को 10 वर्षों के लिए बढ़ाने तथा आंग्ल भारतीय समुदाय का प्रतिनिधित्व समाप्त करने से संबंधित।

- **105वाँ संशोधन अधिनियम (2021)**–राज्य/केन्द्र शासित प्रदेशों को अन्य पिछड़े वर्गों को अपनी-अपनी सूची बनाने का अधिकार दिया गया।
- **106वाँ संशोधन अधिनियम (2023)**–लोकसभा व राज्य विधानसभाओं में महिलाओं को 33 प्रतिशत आरक्षण प्रदान करने का प्रावधान।

राष्ट्रीय प्रतीक

राष्ट्रीय ध्वज

- भारत के राष्ट्रीय ध्वज को **22 जुलाई, 1947** को **संविधान सभा** (Constituent Assembly) द्वारा अंगीकृत किया गया।
- इसकी लंबाई व चौड़ाई का अनुपात 3 : 2 होता है। इसमें ऊपर से नीचे क्रमश: **केसरिया, सफेद** व **हरे** रंगों की तीन पट्टियाँ होती हैं। सफेद पट्टी के बीच में **24 तीलियों वाला नीला चक्र** होता है।

राष्ट्रीय चिन्ह

- भारत का राष्ट्रीय चिन्ह सारनाथ के **अशोक स्तम्भ** से लिया गया है।
- मूल स्तम्भ में शीर्ष पर चार सिंह हैं, जो एक-दूसरे की ओर पीठ किए हुए हैं। सिंह **साहस** व **निर्भीकता** का प्रतीक हैं।
- पट्टी के मध्य में धर्मचक्र है। चक्र में **24 तीलियाँ** हैं, जो **24 घंटों** का प्रतीक हैं।
- भारत सरकार ने अशोक स्तंभ को राष्ट्रीय चिन्ह के रूप में **26 जनवरी, 1950** को अपनाया।
- फलक के नीचे **मुण्डकोपनिषद्** का सूत्रवाक्य **सत्यमेव जयते** देवनागरी लिपि में अंकित है, जिसका अर्थ है–**सत्य की ही विजय होती है।**

राष्ट्रगान

- **रवीन्द्रनाथ टैगोर** द्वारा मूलत: बांग्ला भाषा में रचित और संगीतबद्ध **जन-गण-मन** के हिन्दी संस्करण को संविधान सभा ने भारत के राष्ट्रगान के रूप में **24 जनवरी, 1950** को अपनाया।
- यह सर्वप्रथम, **27 दिसम्बर 1911** को भारतीय राष्ट्रीय कांग्रेस के 26वें अधिवेशन (कलकत्ता) में गाया गया था। राष्ट्रगान के गायन की अवधि लगभग **52 सेकेण्ड** है।

राष्ट्रगीत

- राष्ट्रगीत **वन्दे मातरम्** की रचना **बंकिमचन्द्र चटर्जी** ने **संस्कृत** में की थी, जो स्वतन्त्रता संग्राम में जन-जन का प्रेरणा स्रोत था। इसे **जन-गण-मन** के समान दर्जा प्राप्त है।
- इसे पहली बार **सन् 1896** में भारतीय राष्ट्रीय कांग्रेस के 12वें अधिवेशन (कलकत्ता) में गाया गया था।

राष्ट्रीय पंचांग

ग्रिगेरियन कैलेण्डर के साथ-साथ देश भर के लिए **शक-संवत्** पर आधारित एकरूप राष्ट्रीय पंचांग भी है, जिसका पहला महीना **चैत्र** है और सामान्य वर्ष 365 दिन का होता है।

राष्ट्रीय पशु

- **बाघ** (Panthera) भारत का राष्ट्रीय पशु है। जिसे अपनी शालीनता, दृढ़ता, फुर्ती और अपार शक्ति के लिए राष्ट्रीय पशु कहलाने का गौरव हासिल है।

राष्ट्रीय पक्षी

- **भारतीय मयूर** (Pavo cristatus) भारत का राष्ट्रीय पक्षी है।
- **हंस के आकार** के इस रंग बिरंगे पक्षी की गर्दन लंबी, आंख के नीचे सफेद निशान और सिर पर पंखे के आकार की एक कलगी होती है।

राष्ट्रीय पुष्प

- **कमल** (Nelumbo Nucifera Gaertn) भारत का राष्ट्रीय पुष्प है।
- यह एक पवित्र पुष्प है तथा भारतीय कला और पौराणिक साहित्य में इसका महत्वपूर्ण स्थान है।
- हरियाणा, जम्मू-कश्मीर व कर्नाटक का भी राजकीय पुष्प **कमल** है।

राष्ट्रीय वृक्ष

- **बरगद** (Ficus Benghalensis) वृक्ष को भारत के राष्ट्रीय वृक्ष के रूप में अपनाया गया है, जिसकी शाखाएँ बड़े क्षेत्र में जड़ों की तरह प्रतिरोपित हो जाती हैं।
- वे जड़ें पुन: नई टहनियों एवं डालियों को जन्म देती हैं। अपनी इस विशिष्टता के कारण इसे अमर माना जाता है।

राष्ट्रीय फल

- **आम** (Mangifera indica) उष्णकटिबंधीय देशों का सर्वाधिक महत्वपूर्ण फल है तथा इसकी खेती व्यापक पैमाने पर की जाती है।

राष्ट्रीय नदी

- **गंगा नदी** भारत की सबसे लंबी नदी है, जो **पहाड़ों, घाटियों** एवं **मैदान** पर 2,525 किमी. की दूरी तय करती है।
- इसका उद्भव हिमालय में **गंगोत्री** हिमनद से होता है, जहाँ इसे **भागीरथी** के नाम से जाना जाता है।
- गंगा का समतल मैदान विश्व के सबसे उपजाऊ मैदानों में से एक है, जिसका विस्तार लगभग 1,00,000 वर्ग किमी. क्षेत्र में है।

राष्ट्रीय जलीय जीव

विलुप्तप्राय जीव **गंगा डॉल्फिन** (सूंस) को **5 अक्टूबर, 2009** को **राष्ट्रीय जलीय जीव** घोषित किया गया है। यह भारत में गहन संकटग्रस्त प्रजातियों के तहत **वन्यजीव संरक्षण अधिनियम, 1972 की अनुसूची-1** में शामिल है। **प्रतिवर्ष 5 अक्टूबर को डॉल्फिन दिवस मनाया जाता है।**

राष्ट्रीय विरासत पशु

भारत सरकार ने **एशियाई हाथी** को राष्ट्रीय विरासत पशु के रूप में अक्टूबर 2010 में घोषित किया है। राष्ट्रीय वन्य जीव बोर्ड की स्थायी समिति ने इस संदर्भ में 13 अक्टूबर, 2010 की बैठक में स्वीकृति प्रदान की थी। **हाथी** केरल, कर्नाटक, झारखंड व ओडिशा राज्य का भी **राजकीय चिन्ह** है।

राष्ट्रीय खेल

हॉकी के जादूगर ध्यानचंद के जन्म दिवस 29 अगस्त को **'राष्ट्रीय खेल दिवस'** के रूप में मनाया जाता है। सन् 1925 में ग्वालियर में **भारतीय हॉकी फेडरेशन** बनाया तथा 1928 में भारत अंतर्राष्ट्रीय हॉकी फेडरेशन का पहला गैर-यूरोपीय सदस्य था।

राष्ट्रीय मुद्रा

भारतीय रुपए को 15 जुलाई, 2010 को डॉलर, यूरो, पॉण्ड और येन की तरह नया प्रतीक (₹) मिल गया है। रुपए का यह नया प्रतीक देवनागरी लिपि के 'र' और रोमन लिपि के 'R' को मिलाकर बनाया गया है।

पुनर्गठन का इतिहास

1950 के बाद निर्मित नए राज्य

- **आन्ध्र प्रदेश:** मद्रास राज्य के कुछ क्षेत्रों को अलग कर **आन्ध्र प्रदेश राज्य अधिनियम, 1953** द्वारा निर्मित।

- **गुजरात व महाराष्ट्र:** बम्बई (पुनर्गठन) अधिनियम, 1960 के द्वारा बम्बई राज्य को दो राज्यों महाराष्ट्र व गुजरात में बांट दिया गया।
- **केरल:** राज्य पुनर्गठन अधिनियम, 1956 द्वारा निर्मित। इसमें **त्रावनकोर** व **कोचीन** क्षेत्र सम्मिलित था।
- **कर्नाटक:** राज्य पुनर्गठन अधिनियम, 1956 द्वारा मैसूर रियासत से बना। वर्ष 1973 में **कर्नाटक** नाम से पुनः नामकरण हुआ।
- **नागालैण्ड:** नागालैण्ड राज्य अधिनियम, 1962 द्वारा **असम** राज्य से अलग कर बनाया गया।
- **हरियाणा:** पंजाब (पुनर्गठन) अधिनियम, 1966 द्वारा पंजाब राज्य से अलग करके एक नया राज्य हरियाणा बनाया गया। यह भारतीय संघ का 28वाँ राज्य बना।
- **हिमाचल प्रदेश:** हिमाचल प्रदेश राज्य अधिनियम, 1970 द्वारा हिमाचल प्रदेश को केन्द्र शासित राज्य का दर्जा दिया गया। यह भारतीय संघ का 17वाँ राज्य बना।
- **मेघालय:** 23वें संविधान संशोधन, 1963 द्वारा पहले असम राज्य के अंदर ही उपराज्य बनाया गया और वर्ष 1971 में **उत्तर-पूर्वी क्षेत्र (पुनर्गठन) अधिनियम, 1971** द्वारा इसे एक पूर्ण राज्य का दर्जा दिया गया।
- **मणिपुर तथा त्रिपुरा: उत्तर-पूर्वी क्षेत्र (पुनर्गठन) अधिनियम, 1971** द्वारा इन दोनों ही केन्द्र शासित प्रदेशों (मणिपुर 19वाँ व त्रिपुरा 20वां) को राज्य का दर्जा दिया गया।
- **सिक्किम:** 35वें संविधान संशोधन अधिनियम, 1974 के द्वारा पहले इसे **सहायक राज्य** (Associate State) का दर्जा दिया गया। बाद में 36वें संशोधन अधिनियम, **1975** द्वारा इसे **पूर्ण राज्य** का दर्जा दिया गया।
- **मिजोरम:** मिजोरम राज्य **अधिनियम, 1986** द्वारा इसे **पूर्ण राज्य** का दर्जा मिला। यह निर्माण 1986 में एक समझौते के आधार पर हुआ, जिस पर भारत सरकार एवं **मिजो नेशनल फ्रंट** ने हस्ताक्षर किए।
- **अरुणाचल प्रदेश:** अरुणाचल प्रदेश राज्य अधिनियम, 1986 द्वारा इसे पूर्ण राज्य का दर्जा मिला।
- **गोवा:** गोवा, दमन व दीव पुनर्गठन अधिनियम, 1987 के द्वारा गोवा, दमन व दीव केन्द्र शासित प्रदेश से गोवा को अलग करके पूर्ण राज्य का दर्जा दिया गया, परन्तु दमन और दीव केन्द्र शासित प्रदेश ही रहे।
- **छत्तीसगढ़:** 1 नवम्बर, 2000 को संविधान संशोधन अधिनियम, 2000 द्वारा मध्य प्रदेश को विभाजित करके अलग छत्तीसगढ़ राज्य बनाया गया। यह भारत का 26वाँ राज्य है।
- **उत्तरांचल:** 9 नवम्बर, 2000 को संविधान संशोधन अधिनियम, 2000 द्वारा उत्तर प्रदेश को विभाजित करके उत्तरांचल राज्य बनाया गया, जो देश का 27वाँ राज्य है। वर्तमान समय में इसका नाम **उत्तराखंड** (Uttarakhand) है।
- **झारखण्ड:** 15 नवम्बर, 2000 को संविधान संशोधन अधिनियम, 2000 द्वारा बिहार को विभाजित करके एक नया राज्य **झारखण्ड** (Jharkhand) बनाया गया।
- **तेलंगाना:** 2 जून, 2014 को आंध्र प्रदेश को विभाजित कर तेलंगाना भारत के 29वें राज्य के रूप में अस्तित्व में आया।

राज्य पुनर्गठन अधिनियम, 1956 द्वारा हैदराबाद राज्य के तेलुगू भाषी क्षेत्रों को आंध्र राज्य में मिलाकर एक वृहत्तर आंध्र प्रदेश राज्य की स्थापना की गई।

राज्यों को विशेष दर्जा

- संविधान में **गरीब** तथा **पिछड़े राज्यों** को विकास के समान अवसर प्रदान करने के लिए **विशेष राज्य** का दर्जा दिए जाने का प्रावधान किया गया है।
- राज्यों को विशेष राज्य का दर्जा मिलने के पश्चात् उसे केन्द्र की तरफ से **विशेष वित्तीय सहायता** दी जाती है।
- राज्यों के लिए विशेष राज्य का दर्जा देने का प्रस्ताव **गाडगिल फॉर्मूले** (Gadgil Formula) के आधार पर प्रारंभ किया गया।

किसी राज्य को विशेष राज्य का दर्जा देने के कुछ प्रावधान

- सामरिक दृष्टि से राज्य का महत्व
- राज्य के पर्वतीय तथा दुर्गम रास्तों के अनुरूप स्थिति
- कम आबादी
- **आर्थिक** तथा **बुनियादी** सुविधाओं की दृष्टि से राज्य का पिछड़ापन

विशेष राज्यों को राज्य का दर्जा

क्र.सं.	राज्य	वर्ष
1.	असम	1969
2.	नागालैण्ड	1969
3.	जम्मू-कश्मीर	1963
4.	हिमाचल प्रदेश	1971
5.	मणिपुर	1972
6.	मेघालय	1972
7.	त्रिपुरा	1972
8.	सिक्किम	1975–76
9.	मिजोरम	1986–87
10.	अरुणाचल प्रदेश	1986–87
11.	उत्तराखण्ड	2001

केन्द्र शासित प्रदेशों का गठन

- ब्रिटिश शासनकाल में वर्ष 1874 में कुछ **अनुसूचित जिले** बनाए गए। बाद में इन्हें **मुख्य आयुक्तीय** क्षेत्र के नाम से जाना जाने लगा।
- स्वतन्त्रता के बाद इन्हें **भाग-ग तथा घ राज्यों की श्रेणी** में रखा गया।
- वर्ष 1956 में 7वें संविधान संशोधन अधिनियम व राज्य पुनर्गठन अधिनियम के तहत इन्हें **केन्द्र शासित प्रदेशों** के रूप में गठित किया गया।
- बाद में कुछ केन्द्र शासित प्रदेशों को **पूर्ण राज्य** का दर्जा मिल गया। **हिमाचल प्रदेश, मणिपुर, त्रिपुरा, मिजोरम, अरुणाचल प्रदेश व गोवा** शुरुआत में केन्द्र शासित प्रदेश थे, लेकिन अब ये सभी **पूर्ण राज्य** हैं।
- दूसरी ओर **पुर्तगालियों** से लिए गए क्षेत्र (गोवा, दमन-दीव और दादरा और नगर हवेली) तथा **फ्रांसीसियों** से लिया गया क्षेत्र (पुदुचेरी) केन्द्र शासित प्रदेश बनाए गए।

वर्तमान में निम्नलिखित 8 केन्द्र शासित प्रदेश हैं–

1. दिल्ली **2.** लक्षद्वीप
***3.** दादरा और नगर हवेली एवं दमन व दीव
4. पुदुचेरी **4.** चंडीगढ़
6. अण्डमान एवं निकोबार द्वीप समूह **7.** लद्दाख (घोषित 5 अगस्त, 2019)
8. जम्मू-कश्मीर (घोषित 5 अगस्त, 2019)

- वर्ष 1973 तक लक्षद्वीप को **लंकादीव, मिनीकॉय** एवं **अमीनीदीव** द्वीप के नाम से जाना जाता था।
- वर्ष 1992 से दिल्ली को **राष्ट्रीय राजधानी क्षेत्र दिल्ली** के रूप में जाना जाने लगा। वर्ष 2006 तक पुदुचेरी को **पांडिचेरी** के नाम से जाना जाता था।

केन्द्र शासित प्रदेशों के गठन के कारण

1. राजनीतिक व प्रशासनिक कारण: दिल्ली एवं चंडीगढ़।
2. सांस्कृतिक भिन्नताएँ: पुदुचेरी, दादरा और नगर हवेली।

3. **सामरिक महत्व:** अण्डमान और निकोबार द्वीप समूह तथा लक्षद्वीप।
4. **पिछड़े एवं अनुसूचित लोगों के लिए विशेष व्यवहार व देखभाल:** मिजोरम, मणिपुर, त्रिपुरा व अरुणाचल प्रदेश। ये बाद में पूर्ण राज्य बन गए।

राज्य पुनर्गठन से सम्बन्धित आयोग एवं समितियाँ

धर आयोग

- स्वतन्त्रता प्राप्ति के साथ ही **भाषाई आधार** पर राज्यों के पुनर्गठन की मांग के मद्देनजर संविधान सभा के अध्यक्ष **डॉ. राजेन्द्र प्रसाद** ने 27 नवम्बर, 1947 को **न्यायमूर्ति एस.के. धर** की अध्यक्षता में **भाषाई प्रांत आयोग** (Linguistic Province Commission) का गठन किया गया।
- भाषाई आधार पर राज्यों के पुनर्गठन के प्रश्न पर **एस.के. धर आयोग** ने अपनी सिफारिश में कहा कि राज्यों का पुनर्गठन भाषाई आधार पर न होकर, **प्रशासनिक सुविधा के आधार** पर होना चाहिए।

जे.वी.पी. समिति

- धर आयोग की सिफारिशों के पश्चात् भाषाई पुनर्गठन आंदोलन अधिक तीव्र हो गया, जिसके समाधान के लिए कांग्रेस ने **जे.वी.पी. समिति** का गठन दिसंबर, 1948 में किया।
- इसमें **जवाहर लाल नेहरू, वल्लभ भाई पटेल** एवं **पट्टाभि सीतारमैया** सम्मिलित थे। इस समिति ने अपनी सिफारिश में भाषाई आधार पर राज्यों के पुनर्गठन को तत्कालीन समय में अव्यावहारिक बताया।
- जे.वी.पी. समिति ने अपनी सिफारिश अप्रैल, 1949 में सरकार के समक्ष पेश की थी।
- भाषाई राज्य पुनर्गठन आंदोलन के दौरान ही 56 दिनों की भूख हड़ताल के बाद **पोट्टी श्री रामालू** (कांग्रेसी) का निधन हो गया, जिसके बाद अक्टूबर, 1953 में भारत सरकार को मजबूर होकर भाषाई आधार पर राज्य का गठन करना पड़ा और **मद्रास** से **तेलुगू भाषी** क्षेत्रों को अलग करके एक नए राज्य **आंध्र प्रदेश** का गठन किया गया।
- इसके पश्चात् **मद्रास प्रांत** के बचे हुए क्षेत्र को **तमिल भाषी राज्य** के रूप में रखा गया। सन् 1969 में इसका नाम **तमिलनाडु** कर दिया गया।

फजल अली आयोग

- अक्टूबर, 1953 में **नए राज्य आंध्र प्रदेश** के भाषाई आधार पर गठन के पश्चात् भाषाई राज्य पुनर्गठन की मांग अधिक तेज हो गई, जिसके पश्चात् भारत सरकार ने दिसंबर, 1953 में **फजल अली** की अध्यक्षता में एक तीन सदस्यीय राज्य पुनर्गठन आयोग बनाया।
- आयोग के अन्य दो सदस्यों में **के.एम. पणिक्कर** और **एच.एन. कुंजरू** सम्मिलित थे।
- **फजल अली आयोग** ने वर्ष 1955 में सरकार को अपनी सिफारिशें सौंपी जिनमें प्रमुख सिफारिशें निम्नलिखित थीं–
  - किसी भी राज्य के पुनर्गठन में भारत की **एकता एवं सुरक्षा** को प्रमुखता दी जानी चाहिए।
  - राज्यों के पुनर्गठन में **भाषा** को मुख्य आधार बनाया जाना चाहिए।
  - इस प्रकार भाषाई एवं संस्कृति एकरूपता को ध्यान में रखा जाना चाहिए, लेकिन आयोग ने **एक राज्य, एक भाषा** के फाँर्मूले को अस्वीकार कर दिया।
  - प्रशासनिक, वित्तीय एवं आर्थिक परिस्थितियों को नजरंदाज नहीं किया जा सकता है।
  - फजल अली आयोग की अनुशंसा के आधार पर **भारत में 16** नए राज्यों के निर्माण की सिफारिश की गई तथा **3 नए संघ** शासित क्षेत्रों के निर्माण की अनुशंसा की गई।
  - सरकार के द्वारा सन् **1956** में आयोग की अनुशंसाओं में कुछ परिवर्तन करते हुए इन सिफारिशों को स्वीकार किया गया, परिणामस्वरूप 1 नवम्बर, 1956 को **14 नए राज्य** तथा **6 नए संघ शासित क्षेत्रों** का निर्माण किया गया है।

14 नए राज्य	
1. असम	2. बिहार
3. बम्बई	4. जम्मू-कश्मीर
5. पंजाब	6. उत्तर प्रदेश
7. मध्य प्रदेश	8. केरल
9. मद्रास	10. मैसूर
11. उड़ीसा	12. पश्चिम बंगाल
13. राजस्थान	14. आन्ध्र प्रदेश
7 केन्द्र शासित प्रदेश	
1. दिल्ली	2. चंडीगढ़
3. पुदुचेरी	4. लक्षद्वीप
5. अण्डमान-निकोबार द्वीप समूह	6. दादरा और नगर हवेली
7. दमन और द्वीव	

आन्ध्र प्रदेश राज्य पुनर्गठन अधिनियम, 2014

- सामान्यत: तेलंगाना विधेयक के नाम से विदित इस विधेयक के माध्यम से आन्ध्र प्रदेश को दो भागों आन्ध्र प्रदेश और तेलंगाना में विभाजित किया गया है। नया राज्य 2 जून, 2014 से अस्तित्व में आ गया।
- आन्ध्र प्रदेश राज्य अधिनियम (1953) ने भारत में भाषा के आधार पर पहले राज्य का निर्माण किया आन्ध्र प्रदेश जिसमें मद्रास राज्य (तमिलनाडु) के तेलुगु भाषी क्षेत्र शामिल किए गए। कुर्नूल आन्ध्र प्रदेश राज्य की राजधानी थी; जबकि गुंटूर में राज्य का उच्च न्यायालय स्थापित था।
- राज्य पुनर्गठन अधिनियम 1956 द्वारा हैदराबाद राज्य के तेलुगु भाषी क्षेत्रों को आन्ध्र राज्य में मिलाकर वह वृहत्तर आन्ध्र प्रदेश राज्य की स्थापना की गई। राज्य की राजधानी हैदराबाद स्थानांतरित की गई।
- पुन: आन्ध्र प्रदेश पुनर्गठन अधिनियम 2014 ने आन्ध्र प्रदेश को अलग राज्यों में बांट दिया। आन्ध्र प्रदेश (शेष) तथा तेलंगाना। हैदराबाद को दोनों राज्यों की संयुक्त राजधानी बनाया गया है। 10 वर्षों के लिए इस अवधि में आन्ध्र प्रदेश अपनी अलग राजधानी बना लेगा। इसी प्रकार आन्ध्र प्रदेश उच्च न्यायालय का नाम बदलकर **हैदराबाद उच्च न्यायालय** (High Court of Judicature at Hyderabad) कर दिया गया है।
- उच्च न्यायालय तब तक दोनों राज्यों के लिए साझा रहेगा जब तक कि आन्ध्र प्रदेश राज्य के लिए अलग उच्च न्यायालय स्थापित नहीं हो जाता।

जम्मू-कश्मीर पुनर्गठन विधेयक, 2019

- जम्मू-कश्मीर और लद्दाख को संघीय क्षेत्र बना दिया गया है। जम्मू-कश्मीर में विधान सभा रहेगी और लद्दाख में विधान सभा नहीं होगी।
- राष्ट्रपति ने जो अधिसूचना जारी की है उसके अनुसार संविधान के सभी प्रावधान उनके संशोधनों, अपवादों एवं परिवर्तनों के साथ जम्मू-कश्मीर और लद्दाख में लागू हो गये हैं।

- जम्मू-कश्मीर पुनर्गठन विधेयक, 2019 में उपराज्यपाल को व्यापक शक्तियाँ दी गई हैं और मुख्यमंत्री पर यह दायित्व दिया गया है कि वह सभी प्रशासनिक निर्णयों और कानून से सम्बंधित प्रस्तावों से उपराज्यपाल को अनिवार्य रूप से अवगत कराएगा।
- सभी केन्द्रीय कानूनों के साथ-साथ जम्मू-कश्मीर राज्य के कानून अब नए संघीय क्षेत्रों पर लागू होंगे।
- जम्मू कश्मीर (J&K) एवं लद्दाख की सम्पत्तियों और दायित्वों का बँटवारा एक केन्द्रीय समिति के सुझाव के अनुसार एक वर्ष में कर दिया जाएगा।
- राज्य लोक उपक्रमों तथा स्वायत्त निकायों में काम करने वाले कर्मचारी अगले एक वर्ष तक अपने पदों पर बने रहेंगे जब तक उनके विषय में नया निर्णय नहीं लिया जाएगा।
- दोनों संघीय क्षेत्रों की पुलिस और विधि व्यवस्था केंद्र के हाथ में होगी।
- धारा 370 के उपवाक्य (3) के परन्तुक (proviso) में वर्णित शब्दावली ''संविधान सभा'' को सुधारकर अब उसे ''विधान सभा'' कर दिया गया है।

जम्मू-कश्मीर संघीय विधायी शक्तियाँ

1. **विधि व्यवस्था और पुलिस को छोड़कर** राज्य सूची में वर्णित सभी विषयों पर जम्मू-कश्मीर की **विधान सभा** संघीय क्षेत्र के पूरे भू-भाग के लिए अथवा उसके किसी अंश के लिए कानून बना सकती है।
2. यदि संसद द्वारा और विधान सभा द्वारा बनाए गये कानूनों में यदि कोई विसंगति है तो संसद का क़ानून माना जाएगा और विधान सभा का कानून निरस्त हो जाएगा।
3. **मुख्यमंत्री** का यह काम होगा कि वह मंत्रिमंडल द्वारा संघीय क्षेत्र के प्रशासन से सम्बंधित लिए गये निर्णयों और कानून बनाने के प्रस्तावों को उपराज्यपाल को बताएगा और अन्य ऐसी सूचनाएँ उपलब्ध कराएगा जिन्हें उपराज्यपाल चाहे।

उपराज्यपाल की भूमिका एवं शक्तियाँ

- **संविधान की धारा 239** के अंतर्गत राष्ट्रपति जम्मू-कश्मीर और लद्दाख में उपराज्यपाल (Lieutenant Governor – LG) की नियुक्ति करेगा।
- जम्मू-कश्मीर पुनर्गठन विधेयक, 2019 में प्रावधान है कि जम्मू-कश्मीर और लद्दाख दोनों संघीय क्षेत्रों के लिए एक ही उपराज्यपाल होगा।
- लद्दाख में विधान सभा नहीं होगी, इसलिए वहाँ केंद्र उपराज्यपाल की सहायता के लिए परामर्शियों की नियुक्ति करेगा।
- जहाँ तक जम्मू-कश्मीर संघीय क्षेत्र की बात है वहाँ का उपराज्यपाल अखिल भारतीय सेवाओं एवं भ्रष्टाचार निरोधी ब्यूरो से सम्बद्ध मामलों के साथ-साथ उन सभी विषयों पर अपने विवेक के अनुसार काम करेगा जो विधान सभा के क्षेत्राधिकार के बाहर आते हैं।
- **उपराज्यपाल मुख्यमंत्री की नियुक्ति करेगा** और मुख्यमंत्री के सहयोग से अन्य मंत्रियों की नियुक्ति करेगा। उपराज्यपाल ही मुख्यमंत्री और मंत्रियों को पद एवं गोपनीयता की शपथ दिलाएगा।
- **उपराज्यपाल को यह शक्ति होगी कि वह आदेश निकाले** जो उतना ही प्रभावी होगा जितना कि विधान सभा द्वारा पारित कोई अधिनियम।

प्रभाव

- जम्मू-कश्मीर पुनर्गठन विधेयक, 2019 का सदन में उपस्थापित किया जाना इस बात का प्रमाण है कि 1954 के आदेश के दिन लद गये। विदित हो कि उस आदेश में **धारा 3** के साथ एक परन्तुक जोड़ा गया था जिसके अनुसार **''राज्य के क्षेत्रफल को बढ़ाने-घटाने अथवा उसका नाम बदलने अथवा उसकी सीमा संशोधित करने के बारे में संसद में कोई भी विधेयक नहीं लाया जा सकता जब तक कि विधान सभा सहमति न दे दे।''**
- 1954 के आदेश के समाप्त होते ही राज्य की विधान सभा की शक्तियाँ समाप्त हो गई हैं और संसद द्वारा आरक्षण सहित अन्य विषयों पर बनाए गये कानून जम्मू-कश्मीर में उसी तरह लागू होंगे जिस तरह देश के अन्य भागों में लागू होते हैं।
- केंद्र सरकार का कहना है कि उसने प्रस्ताव के द्वारा एक पुराने भेद-भाव को समाप्त किया है और जम्मू-कश्मीर के निवासियों तथा देश के अन्य नागरिकों के बीच की खाई को पाटने का काम किया है।
- संविधान की धारा 352 में एक उपवाक्य के द्वारा यह प्रावधान किया गया था कि जम्मू-कश्मीर की सरकार की सहमति के बिना आंतरिक विप्लव अथवा आसन्न खतरे को छोड़कर किसी भी आधार पर आपातकाल जम्मू-कश्मीर में नहीं लगाया जा सकता। 1954 के आदेश के निरस्त हो जाने के कारण यह प्रावधान भी समाप्त हो गया है।

केन्द्रशासित प्रदेश जम्मू-कश्मीर एवं लद्दाख का नया मानचित्र

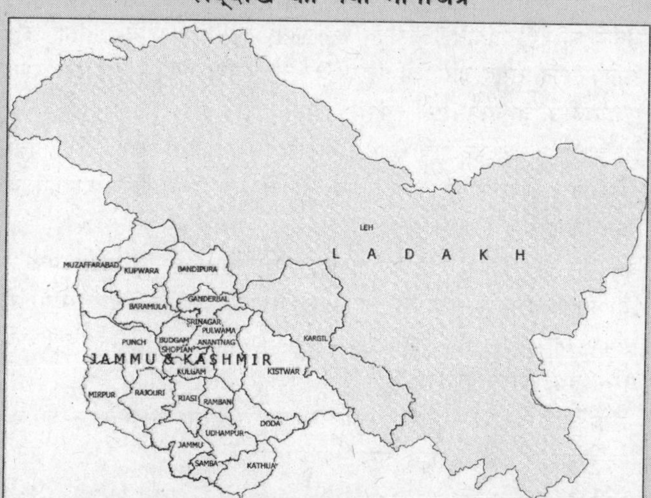

जम्मू-कश्मीर पुनर्गठन विधेयक 2019 लाने का तर्क

- धारा 370 ने जम्मू-कश्मीर को भारत में सच्चे तौर परविलय को रोक रखा था।
- धारा 370 पक्षपातपूर्ण धारा थी क्योंकि यह लिंग, वर्ग, जाति और उत्पत्ति स्थान के आधार पर भेद-भाव करती थी।
- इस धारा की समाप्ति के पश्चात् जम्मू-कश्मीर में निजी निवेश का मार्ग प्रशस्त हो गया है जो अंततः यहाँ विकास की सम्भावनाओं को बढ़ाएगा।
- निवेश बढ़ने पर रोजगार का सृजन होगा तथा यहाँ का सामाजिक-आर्थिक परिवेश बेहतर होगा।
- पूरे भारत वर्ष के लोग जम्मू-कश्मीर और लद्दाख में जमीन खरीदने में निवेश करेंगे और बहुद्देशीय कम्पनियाँ यहाँ उद्योग लगा सकती हैं जिससे स्थानीय अर्थव्यवस्था सुदृढ़ होगी।

विभिन्न राज्यों की राजधानियों के नाम में परिवर्तन		
1991	केरल की राजधानी त्रिवेंद्रम	वर्तमान में तिरुवनन्तपुरम
1996	तमिलनाडु की राजधानी मद्रास	वर्तमान में चेन्नई
1996	महाराष्ट्र की राजधानी बंबई	वर्तमान में मुंबई
2001	प. बंगाल की राजधानी कलकत्ता	वर्तमान में कोलकाता
2006	कर्नाटक की राजधानी बंगलोर	वर्तमान में बंगलुरु

संघ एवं इसके क्षेत्रों से सम्बन्धित अनुच्छेद	
अनुच्छेद	विषयवस्तु
1.	संघ के क्षेत्र का नाम
2.	नए राज्यों का नामांकन अथवा स्थापना
2A.	सिक्किम संघ के साथ सम्बद्ध (निरस्त)
3.	नए राज्यों की स्थापना तथा मौजूदा राज्यों के क्षेत्रफल, सीमा अथवा नामों में परिवर्तन
4.	अनुच्छेद 2 एवं 3 के अंतर्गत बनाए गए कानून जिनके द्वारा पहली तथा चौथी अनुसूची एवं पूरक, आनुषंगिक एवं अनुवर्ती (Consequential) मामलों में संशोधन किया जा सके।

क्षेत्रीय परिषदें

- क्षेत्रीय परिषदें सांविधिक निकाय (Legal Body) हैं (न कि संवैधानिक)। इसका गठन संसद द्वारा अधिनियम बनाकर किया गया है, जो कि **राज्य पुनर्गठन अधिनियम-1956** का ही विस्तार है।
- इस कानून ने देश को पांच क्षेत्रों में विभाजित किया है। (**उत्तर, मध्य, पूर्वी, पश्चिमी** तथा **दक्षिणी**) तथा प्रत्येक क्षेत्र के लिए एक **क्षेत्रीय परिषद्** का गठन किया गया है।
- जब ऐसे क्षेत्र बनाए जाते हैं, तो कई चीजों को ध्यान में रखा जाता है, जिनमें सम्मिलित हैं–देश का प्राकृतिक विभाजन, नदी तंत्र तथा संचार के साधन, सांस्कृतिक तथा भाषाई संबंध तथा आर्थिक विकास की आवश्यकता, सुरक्षा तथा कानून व्यवस्था।
- इसके अतिरिक्त निम्न व्यक्ति क्षेत्रीय परिषद् में सलाहकार (बैठक में बिना मताधिकार के) के रूप में सम्बन्धित हो सकते हैं-

1. योजना आयोग द्वारा मनोनीत व्यक्ति
2. क्षेत्र में स्थित प्रत्येक राज्य सरकार के मुख्य सचिव
3. क्षेत्र के प्रत्येक राज्य के विकास आयुक्त

- केन्द्र सरकार का **गृहमन्त्री पांचों क्षेत्रीय परिषदों का अध्यक्ष** होता है। प्रत्येक मुख्यमन्त्री क्रमानुसार एक वर्ष के समय के लिए परिषद् के उपाध्यक्ष के रूप में कार्य करता है।
- क्षेत्रीय परिषदों का उद्देश्य राज्यों, केन्द्र शासित प्रदेशों तथा केन्द्र के बीच सहभागिता तथा समन्वय को बढ़ावा देना है।
- ये आर्थिक तथा सामाजिक योजना, भाषाई अल्पसंख्यक, सीमा विवाद, अंतर्राज्यीय परिवहन आदि जैसे सम्बन्धित विषयों पर विचार-विमर्श तथा संस्तुति करती हैं। ये केवल चर्चात्मक तथा परामर्शदात्री निकाय हैं।

क्षेत्रीय परिषदों के उद्देश्य (अथवा कार्य)

1. देश का भावुकतापूर्ण एकीकरण प्राप्त करना।
2. तीक्ष्ण राज्य-भावना, क्षेत्रवाद, भाषाई तथा विशेषतावाद के विकास को रोकने में सहायता करना।
3. विभाजन के बाद के प्रभावों को दूर करना ताकि पुनर्गठन, एकीकरण तथा आर्थिक विकास की प्रक्रिया एक साथ चल सके।
4. केन्द्र तथा राज्यों को सामाजिक तथा आर्थिक विषयों पर एक-दूसरे की सहायता करने में तथा एक समान नीतियों के विकास के लिए विचारों तथा अनुभवों के आदान-प्रदान में सक्षम बनाना।
5. मुख्य विकास योजनाओं के सफल तथा तीव्र क्रियान्वयन के लिए एक-दूसरे की सहायता करना।
6. देश के अलग-अलग क्षेत्रों के मध्य राजनैतिक साम्य सुनिश्चित करना।

पूर्वोत्तर परिषद्

- उपर्युक्त क्षेत्रीय परिषदों के अतिरिक्त एक **पूर्वोत्तर परिषद्** का गठन एक अलग संसदीय अधिनियम-**पूर्वोत्तर परिषद् अधिनियम 1971** द्वारा किया गया है।
- इसके सदस्यों में **असम, मणिपुर, मिजोरम, अरुणाचल प्रदेश, नागालैण्ड, मेघालय, त्रिपुरा तथा सिक्किम** सम्मिलित हैं।
- इसके कार्य कुछ अतिरिक्त कार्यों सहित वही हैं, जो क्षेत्रीय परिषदों के हैं। यह एक एकीकृत तथा समन्वित क्षेत्रीय योजना बनाती है, जिसमें साझे महत्व के विषय सम्मिलित हों।
- इसे समय-समय पर सदस्य राज्यों द्वारा क्षेत्र में सुरक्षा तथा सार्वजनिक व्यवस्था के रख-रखाव के लिए उठाए गए कदमों की समीक्षा करनी होती है।

क्षेत्रीय परिषदें

क्र.सं.	परिषद् का नाम	मुख्यालय	शामिल राज्य एवं संघ राज्य क्षेत्र
1.	उत्तरी क्षेत्रीय परिषद्	नई दिल्ली	जम्मू-कश्मीर, हिमाचल प्रदेश, हरियाणा, पंजाब, राजस्थान, दिल्ली तथा चंडीगढ़
2.	केन्द्रीय क्षेत्रीय परिषद्	इलाहाबाद	उत्तर प्रदेश, उत्तराखण्ड, मध्य प्रदेश तथा छत्तीसगढ़
3.	पूर्वी क्षेत्रीय परिषद्	कोलकाता	बिहार, झारखण्ड, पश्चिम बंगाल तथा ओडिशा
4.	पश्चिमी क्षेत्रीय परिषद्	मुंबई	गुजरात, महाराष्ट्र, गोवा, दादरा-नगर हवेली तथा दमन-दीव
5.	दक्षिणी क्षेत्रीय परिषद्	चेन्नई	आंध्र प्रदेश, कर्नाटक, तमिलनाडु, केरल, पुदुचेरी, तेलंगाना

विविध

वरीयता क्रम

अग्रता सूची

व्यक्तियों की रैंक तथा वरीयता-सूची के सम्बन्ध में राष्ट्रपति द्वारा अनुमोदित सारणी इस प्रकार है-

1. राष्ट्रपति
2. उपराष्ट्रपति
3. प्रधानमन्त्री
4. अपने-अपने राज्यों में राज्यों के राज्यपाल
5. पूर्व राष्ट्रपति
5क. उप-प्रधानमन्त्री
6. भारत के मुख्य न्यायाधीश एवं लोकसभा अध्यक्ष
7. संघ के कैबिनेट मन्त्री एवं अपने-अपने राज्यों में राज्यों के मुख्यमन्त्री
उपाध्यक्ष, नीति आयोग
पूर्व प्रधानमन्त्री
राज्यसभा एवं लोकसभा में विपक्ष के नेता

7क. भारत रत्न से सम्मानित व्यक्ति

8. भारत में प्रत्यायित विदेश के असाधारण तथा पूर्णाधिकारी राजदूत एवं राष्ट्रमंडल-देशों के उच्चायुक्त तथा अपने-अपने राज्यों के बाहर राज्यों के मुख्यमन्त्री
अपने-अपने राज्यों के बाहर राज्यों के राज्यपाल

9. उच्चतम न्यायालय के न्यायाधीश

9क. अध्यक्ष, संघ लोक सेवा आयोग
मुख्य चुनाव आयुक्त
भारत के नियंत्रक एवं महालेखा-परीक्षक

10. राज्यसभा के उप-सभापति
राज्यों के उप-मुख्यमन्त्री
लोकसभा के उपाध्यक्ष
नीति आयोग के सदस्य
संघ के राज्यमन्त्री तथा रक्षा मंत्रालय में रक्षा मामलों से सम्बन्धित कोई अन्य मन्त्री

11. भारत का महान्यायवादी
मन्त्रिमण्डल सचिव
अपने-अपने संघ राज्य क्षेत्रों में उप-राज्यपाल

12. पूर्णत: जनरल रैंक के अथवा उनके समकक्ष रैंक वाले सेनाध्यक्ष

13. भारत में **प्रत्यायित विदेश** के असाधारण दूत तथा पूर्णाधिकारी मन्त्री

14. अपने-अपने राज्यों में राज्य विधान-मंडलों के सभापति एवं अध्यक्ष
अपने-अपने क्षेत्राधिकार में उच्च न्यायालयों के मुख्य न्यायाधीश

15. अपने-अपने राज्यों में राज्यों के कैबिनेट मन्त्री
अपने-अपने संघ राज्य क्षेत्रों में वहाँ के मुख्यमन्त्री तथा दिल्ली के मुख्य कार्यकारी-पार्षद संघ के उप-मन्त्री

16. लेफ्टिनेंट-जनरल अथवा समकक्ष रैंक वाले स्थानापन्न सेनाध्यक्ष

17. केन्द्रीय प्रशासनिक अधिकरण के अध्यक्ष
अल्पसंख्यक आयोग के अध्यक्ष
राष्ट्रीय अनुसूचित जनजाति आयोग के अध्यक्ष
अपने-अपने अधिकार क्षेत्र के बाहर उच्च न्यायालयों के मुख्य न्यायाधीश तथा अपने-अपने क्षेत्राधिकार में उच्च न्यायालयों के उत्तरवर्ती न्यायाधीश

18. अपने-अपने राज्यों से बाहर राज्यों के कैबिनेट मन्त्री
अपने-अपने राज्यों से बाहर राज्य विधानमंडल के सभापति एवं अध्यक्ष तथा एकाधिकार एवं प्रतिबंधित व्यापार व्यवहार आयोग के अध्यक्ष
अपने-अपने राज्यों में राज्य विधान-मण्डलों के उप-सभापति एवं उपाध्यक्ष
अपने-अपने राज्यों में राज्यों के राज्यमन्त्री
अपने-अपने संघ राज्य क्षेत्रों में वहाँ के मन्त्री तथा दिल्ली के कार्यकारी पार्षद्
अपने-अपने संघ राज्य क्षेत्रों की विधानसभाओं के अध्यक्ष तथा दिल्ली महानगर परिषद् के अध्यक्ष

19. अपने-अपने संघ राज्य क्षेत्रों की मन्त्रिपरिषद् रहित संघ राज्य क्षेत्रों के मुख्य आयुक्त
अपने-अपने संघ राज्य क्षेत्रों में वहाँ की विधानसभाओं के उपाध्यक्ष तथा दिल्ली महानगर परिषद् के उप-सभापति

20. अपने-अपने राज्यों में से बाहर राज्य विधानमंडलों के उप-सभापति एवं उपाध्यक्ष
अपने-अपने राज्यों से बाहर उच्च न्यायालयों के उत्तरवर्ती न्यायाधीश

21. संसद-सदस्य

22. अपने-अपने राज्यों से बाहर राज्यों के उपमन्त्री

23. आर्मी कमांडर/थल सेना उपाध्यक्ष या अन्य सेवाओं में समकक्ष पदाधिकारी
अपने-अपने राज्यों में राज्य सरकारों के मुख्य सचिव

24. लेफ्टिनेंट-जनरल रैंक अथवा समकक्ष रैंक वाले अधिकारी

25. भारत सरकार के अपर सचिव
अपर सॉलिसिटर जनरल
राज्यों के महाधिवक्ता
टैरिफ आयोग के अध्यक्ष
स्थायी एवं अस्थायी कार्यदूत तथा कार्यकारी उच्चायुक्त
अपने-अपने संघ राज्य क्षेत्रों के बाहर के मुख्य मन्त्री और दिल्ली के मुख्य कार्यकारी पार्षद
अपने-अपने राज्यों से बाहर राज्य सरकारों के मुख्य सचिव
उप नियंत्रक एवं महालेखा परीक्षक
अपने-अपने संघ राज्यों से बाहर संघ राज्य क्षेत्रों की विधानसभाओं के उपाध्यक्ष तथा दिल्ली महानगर परिषद् के उप-सभापति
निदेशक, केन्द्रीय अन्वेषण ब्यूरो महानिदेशक, सीमा सुरक्षा बल महानिदेशक केन्द्रीय पुलिस बल निदेशक, सूचना ब्यूरो
अपने-अपने संघ राज्य क्षेत्रों से बाहर उप-राज्यपाल
केन्द्रीय प्रशासनिक अधिकरण के सदस्य
एकाधिकार एवं प्रतिबंधित व्यापार व्यवहार आयोग के सदस्य
संघ लोक सेवा आयोग के सदस्य

26. भारत सरकार के संयुक्त सचिव तथा समकक्ष स्तर के अधिकारी
मेजर जनरल या समकक्ष स्तर के अधिकारी।

आयोग एवं मुख्यालय

संस्था/आयोग/संघ	मुख्यालय	वर्ष	संस्था की प्रकृति/स्थिति
हरित न्याय प्राधिकरण	भोपाल	2009	न्यायिक संस्था
राष्ट्रीय न्याय अकादमी	भोपाल	1995	वैधानिक
राष्ट्रीय विधिक सेवा प्राधिकरण (नालसा)	नई दिल्ली	1995	संस्थागत
केन्द्रीय सैन्य न्याय प्राधिकरण	नई दिल्ली		न्यायिक
राष्ट्रीय अनुसूचित जाति आयोग	नई दिल्ली	2004 (पुनर्गठन)	संवैधानिक निकाय
राष्ट्रीय अनुसूचित जनजाति आयोग	नई दिल्ली	2004 (पुनर्गठन)	संवैधानिक निकाय
योजना आयोग	नई दिल्ली	1950	गैर संवैधानिक निकाय

वित्त आयोग	नई दिल्ली	1951	अर्द्ध न्यायिक/संवैधानिक निकाय
मानवाधिकार आयोग	नई दिल्ली	1993	अनुसंशात्मक निकाय
राष्ट्रीय महिला आयोग	नई दिल्ली	1992	स्वायत्त वैधानिक निकाय
राष्ट्रीय बाल अधिकार संरक्षण आयोग	नई दिल्ली	2007	वैधानिक निकाय
राष्ट्रीय अल्पसंख्यक आयोग	नई दिल्ली	1993	वैधानिक निकाय
राष्ट्रीय पिछड़ा वर्ग आयोग	नई दिल्ली	1993	वैधानिक निकाय
केन्द्रीय सूचना आयोग	नई दिल्ली	2005	वैधानिक निकाय
परिसीमन आयोग	नई दिल्ली	4 बार गठित	स्वायत्त निकाय
विधि आयोग निकाय	नई दिल्ली		गैर-वैधानिक परामर्शी
अंतर्राज्यीय परिषद्	नई दिल्ली	1990	संवैधानिक निकाय
निर्वाचन आयोग	नई दिल्ली	1950	संवैधानिक निकाय

सर्वाधिक राज्यसभा सीटों वाले पाँच राज्य (अवरोही क्रम में)		
1.	उत्तर प्रदेश	31
2.	महाराष्ट्र	19
3.	तमिलनाडु	18
4.	पश्चिम बंगाल	16
5.	बिहार	16

सर्वाधिक लोकसभा सीटों वाले पाँच राज्य (अवरोही क्रम में)		
1.	उत्तर प्रदेश	80
2.	महाराष्ट्र	48
3.	पश्चिम बंगाल	42
4.	बिहार	40
5.	तमिलनाडु	39

सर्वाधिक पाँच विधानसभा सीटों वाले पाँच राज्य (अवरोही क्रम में)		
1.	उत्तर प्रदेश	403
2.	पश्चिम बंगाल	294
3.	महाराष्ट्र	288
4.	तमिलनाडु	234
5.	बिहार	243

समान सीटों वाली विधानसभा

राज्य	सीटें
हरियाणा एवं छत्तीसगढ़	90
मणिपुर, मेघालय, नागालैण्ड, त्रिपुरा एवं अरुणाचल प्रदेश	60
गोवा एवं मिजोरम	40

विभिन्न राज्यों की विधान परिषदों की सदस्य संख्या (अवरोही क्रम में)		
1.	उत्तर प्रदेश	100
2.	महाराष्ट्र	75
3.	बिहार	75
4.	कर्नाटक	75
5.	आन्ध्र प्रदेश	58
6.	तेलंगाना	43
7.	जम्मू-कश्मीर	36

दिल्ली ही एकमात्र ऐसा **केन्द्र शासित प्रदेश** है, जहाँ **लोकसभा** की **7 सीटें** व **राज्यसभा** की **3 सीटें** हैं, शेष सभी केन्द्र शासित प्रदेशों में **लोकसभा** व **राज्यसभा** की एक-एक सीट है।

- ❖ भारत का सबसे कम पंजीकृत मतदाताओं की संख्या वाला संसदीय क्षेत्र-**बनेज (जूनागढ़ संसदीय क्षेत्र, राजस्थान)**
- ❖ सबसे अधिक पंजीकृत मतदाताओं की संख्या वाला संसदीय क्षेत्र-**उन्नाव (उत्तर प्रदेश)**
- ❖ सबसे छोटा संसदीय क्षेत्र-**लक्षद्वीप**
- ❖ क्षेत्रफल की दृष्टि से सबसे बड़ा संसदीय क्षेत्र-**लक्षद्वीप (3,029 किमी.)**

अब तक भारत में तीन बार संसद की संयुक्त बैठक आयोजित हो चुकी है।

वेतन आयोग

वेतन आयोग	अध्यक्ष	नियुक्ति वर्ष	रिपोर्ट प्रस्तुति वर्ष
प्रथम वेतन आयोग	श्रीनिवास वरदाचरियार	1946	1947
द्वितीय वेतन आयोग	जगन्नाथ दास	1957	1959
तृतीय वेतन आयोग	रघुबीर दयाल	1970	1973
चतुर्थ वेतन आयोग	पी.एन. सिंघल	1983	1986
पंचम वेतन आयोग	एस. रत्नावेल पण्डियन	1994	1997
छठा वेतन आयोग	जस्टिस बी.एन. श्री कृष्णा	2006	2008
सातवाँ वेतन आयोग	अशोक कुमार माथुर	2014	2015

अभ्यास प्रश्न

1. आनुपातिक प्रतिनिधित्व प्रणाली की व्यवस्था से 'कोटा' निम्न में से कौन-सी संख्या होती है?

(a) जितने सदस्य एक दल के द्वारा खड़े किए जा सकते हैं
(b) जितने मत एक सदस्य को निर्वाचित घोषित करने के लिए आवश्यक होते हैं
(c) जितने निर्वाचन क्षेत्रों में एक उम्मीदवार चुनाव लड़ सकता है
(d) जितनी सीट व्यवस्थापिका में प्रत्येक दल के लिए निर्धारित की जाती है

2. दबाव समूह और राजनीतिक दल में सबसे महत्वपूर्ण अन्तर यह है कि राजनीतिक दल—

(a) जनमत जागृत करते हैं
(b) नीति-सम्बन्धी निर्णयों को प्रभावित करते हैं
(c) सत्ता प्राप्ति करते हैं
(d) नीति-सम्बन्धी विकल्प प्रस्तुत करते हैं

3. भारत में दलविहीन प्रजातन्त्र की अवधारणा का प्रतिपादन किया था—

(a) विनोबा भावे ने
(b) जयप्रकाश नारायण ने
(c) मोरारजी देसाई ने
(d) चन्द्रशेखर ने

4. दबाव समूह मुख्यतः माध्यम है—

(a) राजनीतिक समाजीकरण
(b) हित प्रकटीकरण
(c) सामाजिक सम्प्रेषण
(d) संस्कृति निर्माण

5. निम्न में से किसे दबाव समूह माना जा सकता है?

(a) राष्ट्रीय स्वयंसेवक संघ
(b) भारत सेवक समाज
(c) अन्तर्राष्ट्रीय श्रम संगठन
(d) भारतीय राष्ट्रीय श्रमिक कांग्रेस

6. अध्यक्षात्मक शासन प्रणाली जिन सिद्धान्त के आधार पर परिचालित होती है, वह है—

(a) शक्तियों का विलयीकरण
(b) शक्तियों का विभाजन
(c) सामूहिक उत्तरदायित्व
(d) शक्तियों का पृथक्करण

7. भारतीय संघवाद बल देता है—

(a) शक्तियों के वितरण पर
(b) राज्यों की सुदृढ़ता पर
(c) राष्ट्रीयताओं के साथ समझौते पर
(d) राष्ट्र की एकता पर

8. इकाइयां सम्प्रभु हैं—

(a) अमरीकी संघीय व्यवस्था में
(b) भारतीय संघीय व्यवस्था में
(c) दोनों अमरीकी और भारतीय संघीय व्यवस्था में
(d) पंचायती व्यवस्था में

9. संघात्मक राज्य के केन्द्र और राज्य की शक्तियों में परिवर्तन किया जा सकता है—

(a) केन्द्र द्वारा
(b) राज्यों के बीच समझौता करके
(c) संविधान संशोधन द्वारा
(d) केन्द्र और राज्य की उसकी सहमति द्वारा

10. भारतीय संघीय व्यवस्था संयुक्त राज्य की संघीय व्यवस्था से मिलती है, क्योंकि दोनों में—

(a) अधिकारों का बंटवारा है, जिससे सर्वोच्च न्यायालय संघ और राज्यों के बीच किसी विवाद में निर्णायक का कार्य करते हैं
(b) अवशिष्ट शक्तियों की समान व्यवस्था है
(c) कुछ अवस्थाओं में संघीय विधायिका राज्य के मामलों में विधि बना सकती है
(d) तीन सूचियां हैं—संघीय सूची, राज्य सूची तथा समवर्ती सूची

11. संवैधानिक शासन का अर्थ है—

(a) संविधान की व्यवस्था के अनुरूप शासन
(b) विधि के शासन पर आधारित शासन
(c) लोकतन्त्रात्मक सरकार
(d) उपर्युक्त सभी

12. निम्नलिखित में से कौन संसदीय शासन प्रणाली का अविच्छेदम तत्व है ?

(a) संविधान का लचीलापन
(b) कार्यपालिका विधायिका का विलयन
(c) न्यायपालिका की सर्वोच्चता
(d) संसदीय सम्प्रभुता

13. संसदात्मक तथा अध्यक्षात्मक रूप से सरकारों के वर्गीकरण का आधार है—

(a) केन्द्र राज्य सम्बन्ध
(b) व्यवस्थापिका-कार्यपालिका सम्बन्ध
(c) कार्यपालिका-न्यायपालिका सम्बन्ध
(d) उपर्युक्त सभी

14. ''संसदीय सरकार में मन्त्रिमण्डलीय उत्तरदायित्व की आड़ में नौकरशाही पनपती है।'' यह कथन किसका है?

(a) रैम्जे म्योर
(b) आइवर जेनिंग्स
(c) एच. जे. लास्की
(d) लॉर्ड हेलार्ट

15. अध्यक्षात्मक शासन व्यवस्था के अन्तर्गत मन्त्रिमण्डल के सदस्य—

(a) व्यवस्थापिका के दोनों सदनों के लिए चुने जाते हैं
(b) लोकप्रिय सदन के लिए चुने जाते हैं
(c) किसी भी सदन के सदस्य नहीं होते हैं
(d) मन्त्री बनने के पश्चात् व्यवस्थापिका के सदस्य बन जाते हैं

16. केन्द्र में अन्तरिम सरकार की स्थापना हुई थी—

(a) क्रिप्स मिशन के आने के बाद
(b) क्रिप्स मिशन के आने से पहले
(c) माउण्ट बेटन योजना पेश करने के बाद
(d) कैबिनेट मिशन के आने के बाद

17. निम्नलिखित में से कौन-से दल का प्रतिनिधित्व भारत की संविधान निर्मात्री सभा में नहीं था?

(a) लिबरल पार्टी
(b) हिन्दू महासभा
(c) शिड्युल्ड कास्ट फेडरेशन
(d) कम्युनिस्ट पार्टी

18. भारत के संसदीय इतिहास में प्रथम बहिर्गमन का नेतृत्व किसने किया था?

(a) फिरोजशाह मेहता
(b) सुरेन्द्रनाथ बनर्जी
(c) मदनमोहन मालवीय
(d) मूलाभाई देसाई

19. निम्नांकित में कौन-सा कथन भारत के विषय में नहीं है?

(a) एकात्मक राज्य (b) परिसंघ
(c) अर्द्ध-संघ (d) संघ राज्य

20. भारतीय संविधान में किस संशोधन द्वारा आन्तरिक अशान्ति शब्दों के स्थान पर 'सशस्त्र विद्रोह' शब्दों का प्रयोग किया गया है?

(a) 44वां संशोधन
(b) 43वां संशोधन
(c) 42वां संशोधन
(d) 41वां संशोधन

21. भारतीय संविधान की आठवीं अनुसूची में कितनी भाषाओं का उल्लेख है?

(a) 16 (b) 15
(c) 18 (d) 17

22. भारत के प्रधानमंत्री—

(a) नियुक्त होते हैं
(b) निर्वाचित होते हैं
(c) मनोनीत होते हैं
(d) चयनित होते हैं

23. भारत का राष्ट्रपति अपनी निषेधाधिकार शक्ति का प्रयोग कर सकता है—

(a) संसद द्वारा पारित समस्त विधेयकों के लिए
(b) केवल साधारण विधेयकों के लिए
(c) केवल निजी सदस्यों के विधेयकों के लिए
(d) केवल वित्त विधेयकों के लिए

24. राष्ट्रपति द्वारा घोषित अध्यादेश की अधिकतम सम्भाव्य अवधि हो सकती है—

(a) छः माह (b) साढ़े छः माह
(c) सात माह (d) साढ़े सात माह

25. भारतीय संविधान में निम्नलिखित में कौन-से नागरिकों के मौलिक कर्त्तव्य हैं—

1. राष्ट्रध्वज तथा राष्ट्रगान का सम्मान करना।
2. आह्वान करने पर राष्ट्र को सेवा अर्पित करना।
3. सामाजिक सुधार का प्रयास करना।
4. अपनी साझा संस्कृति की समृद्ध धरोहर को महत्व प्रदान करना तथा उसका संरक्षण करना।

निम्नलिखित कूटों से सही उत्तर को चुनिए—

कूट :

(a) 1, 2, 3, 4 (b) 1, 2
(c) 1, 2, 4 (d) 2, 4

26. राज्य के नीति निदेशक तत्व को सामाजिक क्रान्ति का दस्तावेज भी कहा जाता है। संविधान का कौन-सा अनुच्छेद इसकी ओर इंगित करता है?

(a) अनुच्छेद-38 (b) अनुच्छेद-49
(c) अनुच्छेद-26 (d) अनुच्छेद-51

27. निम्न मे से कौन-सा भारतीय संविधान का अनुच्छेद यह प्रावधान करता है कि चौदह वर्ष से कम उम्र का कोई भी बालक काम में नहीं लगाया जाएगा?

(a) अनुच्छेद-23 (b) अनुच्छेद-24
(c) अनुच्छेद-26 (d) अनुच्छेद-28

28. कौन-से अनुच्छेद के अन्तर्गत भारत का सर्वोच्च न्यायालय नागरिकों के मौलिक अधिकारों की रक्षा करता है?

(a) अनुच्छेद-74 (b) अनुच्छेद-54
(c) अनुच्छेद-32 (d) अनुच्छेद-61

29. भारतीय संविधान के भाग-3 में दिए मूलाधिकारों के विषय एक महत्वपूर्ण तथ्य है कि—

(a) संसद उसमें सामान्यतया संशोधन नहीं कर सकती
(b) वे निरपेक्ष और अमर्यादित हैं
(c) वे केवल नागरिकों के लिए हैं
(d) वे राज्य नीति-निदेशक तत्वों के पूर्णतया समान हैं

30. सर्वाधिकारवादी राज्य परित्याग है—

(a) गौरवीकरण का
(b) सत्ता का
(c) समूहवाद का
(d) विवेक का

31. संविधान में किस संशोधन द्वारा भारत में महिलाओं के लिए ग्राम पंचायतों में 30% स्थान आरक्षित किए गए हैं?

(a) 70वें (b) 71वें
(c) 73वें (d) 74वें

32. निम्नलिखित में से कौन-सा राज्य था जहां सबसे पहले पंचायती, राज प्रणाली लागू की गई?

(a) राजस्थान (b) महाराष्ट्र
(c) बिहार (d) उत्तर प्रदेश

33. कौन-से संवैधानिक संशोधन के अन्तर्गत भारत में पंचायती राज को संवैधानिक आधार प्रदान किया गया है?

(a) 42वें संशोधन द्वारा
(b) 52वें संशोधन द्वारा
(c) 76वें संशोधन द्वारा
(d) 73वें संशोधन द्वारा

34. प्रजातान्त्रिक विकेन्द्रीकरण का सिद्धान्त निर्मित किया—

(a) विनोबा भावे ने
(b) पॉल एपलबी ने
(c) बलवन्त राय मेहता ने
(d) अशोक मेहता ने

35. पंचायती राज व्यवस्था सर्वप्रथम निम्न समिति की संस्तुति से प्रारम्भ की गई—

(a) राजमन्नार समिति
(b) मुरारका समिति
(c) अशोक मेहता समिति
(d) बलवन्त राय मेहता समिति

36. ग्यारहवीं सूची के अन्दर पंचायतों के लिए वर्णित विषयों की संख्या कितनी है?

(a) 28 विषय (b) 27 विषय
(c) 30 विषय (d) 29 विषय

37. निम्नलिखित में से कौन-सा कर केन्द्र द्वारा लगाया और एकत्र किया जाता है, किन्तु वह राज्यों और केन्द्र के बीच में वितरित होता है?

(a) कृषि भूमि को छोड़कर अन्य सम्पत्तियों को विषय में भूमिकर
(b) रेलवे किराये और भाड़े पर कर
(c) समाचार-पत्रों के अतिरिक्त अन्य सभी वस्तुओं पर क्रय और विक्रय कर
(d) कृषि आय को छोड़कर अन्य आय पर कर

38. निम्नलिखित में से किन राज्यों को लोक सभा में समान स्थान प्राप्त है?

(a) आन्ध्र प्रदेश व पश्चिमी बंगाल
(b) गुजरात व राजस्थान
(c) मध्य प्रदेश व तमिलनाडु
(d) पंजाब व असम

39. संघीय सरकार संसद द्वारा सूची के किसी विषय पर कानून बना सकती है, यदि—

(a) राज्य सभा उपस्थित तथा मतदान करने वाले 2/3 सदस्यों के मत से राष्ट्रीय हित में ऐसा आवश्यक होने पर प्रस्ताव करे
(b) सम्बन्धित राज्य/राज्यों के राज्यपाल तथा मुख्यमंत्री ऐसा अनुरोध करें
(c) राष्ट्रपति राष्ट्रीय हित के लिए ऐसा आवश्यक समझें
(d) लोक सभा ऐसा प्रस्ताव करे

40. निम्नलिखित में कौन-सा अधिकार केवल राज्य सभा में निहित है?

(a) राष्ट्रपति के विरुद्ध महाभियोग प्रारम्भ करना
(b) नई अखिल भारतीय सेवाओं को निर्मित करने की संस्तुति करना

(c) उपराष्ट्रपति को पदच्युत करना
(d) सेना अध्यक्ष नियुक्त करना

41. भारतीय संविधान के किन अनुच्छेद के अन्तर्गत संसद राज्य-सूची के किसी विषय पर कानून बना सकती है?
(a) अनुच्छेद-229
(b) अनुच्छेद-356
(c) अनुच्छेद-352
(d) अनुच्छेद-249

42. अनुदान की मांगों में प्रतीकात्मक कटौती प्रस्ताव का उद्देश्य होता है—
(a) सरकार की विशेष नीति का विरोध
(b) सार्वजनिक व्यय में किफायत का सुझाव
(c) कोई विशिष्ट शिकायत अभिव्यक्त करना
(d) सरकार को गिराना

43. भारतीय संविधान की प्रस्तावना में इस समय पांच शब्द सम्मिलित हैं—
1. लोकतान्त्रिक 2. सम्पूर्ण प्रभुत्वसम्पन्न
3. पंथनिरपेक्ष 4. समाजवादी
5. गणतन्त्र
इन पदों का सही क्रम निम्नलिखित कूटों से चिन्हित कीजिए—
कूट :
(a) 2, 4, 3, 1, 5 (b) 1, 2, 3, 4, 5
(c) 1, 2, 4, 3, 5 (d) 4, 2, 3, 5, 1

44. भारतीय संविधान के अन्तर्गत किसी समुदाय को अल्पमत समुदाय घोषित किया जा सकता है—
(a) केवल धर्म के आधार पर
(b) धर्म अथवा भाषा के आधार पर
(c) भाषा अथवा जाति के आधार पर
(d) धर्म अथवा प्रजाति के आधार पर

45. भारतीय संविधान का अनुच्छेद 333 सुनिश्चित करता है—
(a) राज्य की विधान सभा में एंग्लो-इण्डियन समुदाय का प्रतिनिधित्व
(b) राज्य की विधानसभा में अनुसूचित जाति और जनजाति के लिए स्थानों का आरक्षण
(c) लोक सभा में एंग्लो-इण्डियन समुदाय का प्रतिनिधित्व
(d) लोक सभा में अनुसूचित जाति और जनजातियों के लिए स्थानों का आरक्षण

46. भारतीय संविधान में किस संशोधन द्वारा 'आन्तरिक उपद्रव' के स्थान पर 'सशस्त्र विद्रोह' शब्द का प्रयोग किया गया है?
(a) 39वें संशोधन द्वारा
(b) 42वें संशोधन द्वारा
(c) 43वें संशोधन द्वारा
(d) 44वें संशोधन द्वारा

47. भारतीय संविधान निर्माताओं द्वारा संघीय ढांचा अपनाने का एक कारण यह था—
(a) यह तत्कालीन कार्यरत प्रशासकीय ढांचा था
(b) इसे भारतीय स्वतन्त्रता अधिनियम, 1947 के अन्तर्गत स्वीकारना अनिवार्य था
(c) इसे देश में जाति, धर्म, भाषा की भिन्नता के कारण स्वीकारा गया
(d) यह प्राचीन भारतीय शासन की परम्परा के अनुरूप था

48. संविधान का अनुच्छेद-14 कानून के समान-संरक्षण के विषय में है, जिसका तात्पर्य है—
1. किसी को स्वैच्छिक रूप से जीवन से वंचित न करना।
2. न्यायपालिका तक पहुंचने का समान अधिकार।
3. समान अपराध के लिए भिन्न अथवा उच्च दण्ड न दिया जाना।
4. कानून के समक्ष जाति अथवा वर्ग विशेष के आदमियों का समान होना।
कूट :
(a) 1, 2, 3 (b) 2, 3, 4
(c) 1, 3, 4 (d) 1, 2, 3, 4

49. वर्तमान में किसी नीति-निदेशक सिद्धान्त को मूल अधिकारों पर प्राथमिकता प्राप्त है?
(a) समस्त नीति-निदेशक सिद्धान्तों को
(b) किसी भी नीति-निदेशक सिद्धान्त को नहीं
(c) केवल अनु. 39(ब) तथा (स) में उल्लिखित सिद्धान्तों को
(d) पर्यावरण सुरक्षा से सम्बन्धित नीति-निदेशक सिद्धान्त को

50. संविधान के 42वें संशोधन द्वारा राज्य के नीति-निर्देशक सिद्धान्तों के अध्याय में कुछ निर्देश जोड़े गए हैं, ये निर्देश हैं—
1. समान न्याय एवं निःशुल्क कानूनी सहायता व्यवस्था
2. प्रबन्ध में मजदूरों की भागीदारी
3. वन्यजीव सुरक्षा
4. विशेष परिस्थितियों में बालश्रम का समर्थन।
कूट :
(a) 1, 2, 3 (b) 2, 3, 4
(c) 1, 3, 4 (d) 1,2, 3, 4

51. निम्नलिखित में से किसने नीति-निदेशक तत्वों को ऐसा चैक बताया जिसका भुगतान बैंक की सुविधा पर निर्भर करता है?
(a) ए. के. अय्यर
(b) ए. हृदयनाथ कुंजरु
(c) एच. वी. कामथ
(d) के. टी. शाह

52. राज्य के नीति-निदेशक तत्व तथा मूल अधिकारों के बीच विवाद का प्रश्न सर्वप्रथम उठा था—
(a) चंपाकरन दोराईराजन बनाम मद्रास राज्य के मामले में
(b) कामेश्वर सिंह बनाम बिहार राज्य के मामले में
(c) सज्जन कुमार बनाम राजस्थान राज्य के मामले में
(d) बेला बोस बनाम पश्चिम बंगाल के राज्य के मामले में

53. बिना संसद सदस्य हुए निम्नलिखित में से किसको संसद के दोनों सदनों की कार्यवाही में भाग लेने का अधिकार है?
(a) भारत के प्रमुख कानूनी सलाहकार को
(b) भारत के महान्यायवादी को
(c) भारत के महालेखा परीक्षक को
(d) भारत के मुख्य न्यायाधीश को

54. भारतीय संविधान के अंतर्गत न्यायिक पुनर्निरीक्षण की शक्ति सीमित है—
(a) विधि की उचित प्रक्रिया द्वारा
(b) विधि द्वारा स्थापित प्रक्रिया द्वारा
(c) संविधान में दी गई प्रक्रिया द्वारा
(d) न्यायपालिका द्वारा दी गई प्रक्रिया द्वारा

55. भारत में किसी राज्य-विधि की संवैधानिक वैधता को चुनौती दी जा सकती है—
(a) केवल उच्च न्यायालय में
(b) केवल उच्चतम न्यायालय में
(c) उच्च एवं उच्चतम दोनों न्यायालय में
(d) केवल प्रशासनिक न्यायालय में

56. निम्नलिखित में कौन-सा राज्य द्वारा लगाया जाने वाला कर है?
(a) व्यापार, व्यवसाय एवं वृत्ति कर
(b) (मरणोपरान्त) सम्पदा शुल्क
(c) उत्तराधिकार शुल्क
(d) निगम कर

57. निम्नलिखित में से किसका सम्बन्ध केन्द्र-राज्य सम्बन्धों से है?

(a) पॉल-एपल्बी रिपोर्ट

(b) राजमन्नार समिति रिपोर्ट

(c) करारोपण प्रणाली जांच आयोग रिपोर्ट

(d) उपर्युक्त में से कोई नही

58. किसकी अनुशंसा पर केंद्र द्वारा राज्यों को वैधानिक अनुदान प्रदान किए जाते हैं?

(a) वित्त मंत्रालय

(b) नीति आयोग

(c) वित्त आयोग

(d) राष्ट्रीय विकास परिषद

59. पंचायत समिति के प्रधान का चुनाव कौन करते हैं?

(a) सरपंच

(b) उप-सरपंच

(c) पंचायत समिति के सदस्य

(d) सम्बन्धित क्षेत्र के समस्त मतदाता

60. भारतीय संविधान का अनुच्छेद-330 सुनिश्चित करता है—

(a) राज्य की विधान सभा में अनुसूचित जाति और जनजातियों के लिए स्थानों का आरक्षण

(b) राज्य की विधान सभा में आंग्ल-भारतीय समुदाय का प्रतिनिधित्व

(c) लोक सभा में आंग्ल-भारतीय समुदाय का प्रतिनिधित्व

(d) लोक सभा में अनुसूचित जाति और जनजातियों के लिए स्थानों का आरक्षण

61. सूची-I को सूची-II के साथ सुमेलित कीजिए तथा सूचियों के नीचे दिए गए कूट का प्रयोग कर सही उत्तर चुनिए—

सूची-I
(विधायन)

(A) संघ सूची

(B) राज्य सूची

(C) समवर्ती सूची

सूची-II
(वितरण का आधार)

1. **कानून की समरूपता (अपेक्षित किन्तु आवश्यक नहीं)**
2. **स्थानीय हित के विषय**
3. **सामान्य हित के विषय**

कूट :

	(A)	(B)	(C)
(a)	1	2	3
(b)	1	3	2
(c)	3	2	1
(d)	2	3	1

62. बलवन्त राय मेहता मॉडल (प्रतिरूप) पर आधारित पंचायती राज व्यवस्था अपने उद्देश्य को प्राप्त करने में असफल रही है, क्योंकि—

1. **वित्त का अभाव रहा**
2. **राजनीतिज्ञों तथा स्थानीय नौकरशाही का असहयोग रहा**
3. **स्थानीय स्तर की योजना में जनसाधारण की सहभागिता नहीं रही**
4. **चुनाव**

कूट :

(a) 1, 2, 3 (b) 1, 2, 4

(c) 1, 3, 4 (d) 2, 3, 4

63. पंचायती राज्य के सम्बन्ध में अशोक मेहता समिति ने निम्नलिखित में से कौन-सा मॉडल सुझाया?

(a) त्रिस्तरीय प्रतिरूप

(b) द्विस्तरीय प्रतिरूप

(c) मण्डल पंचायत प्रतिरूप

(d) ग्राम पंचायत प्रतिरूप

64. राज्य और केन्द्र में वित्तीय विभाजन होता है—

(a) योजना आयोग की संस्तुति पर

(b) वित्त आयोग की संस्तुति पर

(c) राष्ट्रीय विकास परिषद की संस्तुति पर

(d) सरकारिया आयोग की संस्तुति पर

65. भारतीय सर्वोच्च न्यायपालिका के सन्दर्भ में निम्नलिखित कथनों को पढ़िए तथा कूट में सही उत्तर चिन्हित करें—

1. **न्यायिक पुनरावलोकन के अन्तर्गत यह राष्ट्रपति को संवैधानिक मामलों में परामर्श देती है।**
2. **न्यायिक पुनरावलोकन के अन्तर्गत यह मौलिक क्षेत्राधिकार तक सीमित है।**
3. **न्यायिक पुनरावलोकन के अन्तर्गत यह मूलाधिकारों को लागू करने के लिखित आदेश जारी करती है।**
4. **न्यायिक पुनरावलोकन के अंतर्गत यह अभिलेख न्यायालय के रूप में कार्य करती है।**

कूट :

(a) 1 और 2 सही हैं

(b) 2 और 4 सही हैं

(c) 3 और 4 सही हैं

(d) 2 और 3 सही हैं

66. किसी विधेयक पर मतभेद होने पर संसद के दोनों सदनों की संयुक्त बैठक बुलाए जाने पर उसकी अध्यक्षता कौन करता है?

(a) राष्ट्रपति

(b) उपराष्ट्रपति

(c) लोक सभा का अध्यक्ष

(d) संसद का सबसे वरिष्ठ सदस्य

67. यह सिद्धान्त कि यदि राज्य द्वारा बनाई गई कोई विधि किसी व्यक्ति को दैहिक स्वतन्त्रता से वंचित करती है। तो उसे ऐसी प्रक्रिया विहित करनी चाहिए जो मनमानी, अ-ऋजु या अयुक्तियुक्त न हो"। यह किस मुकदमे से सम्बन्धित निर्णय है?

(a) गोपाल बनाम मद्रास राज्य का मुकदमा

(b) केशवानन्द भारतीय बनाम केरल राज्य का मुकदमा

(c) ए. डी. एम. बनाम शुक्ला का मामला

(d) मेनका गांधी बनाम भारत संघ का मुकदमा

68. निम्न विधेयकों में से किस एक का भारतीय संसद के दोनों सदनों द्वारा अलग-अलग विशेष बहुमत से पारित होना आवश्यक है?

(a) साधारण विधेयक

(b) धन विधेयक

(c) वित्त विधेयक

(d) संविधान संधोधन विधेयक

69. संघात्मक सरकार एक कमजोर सरकार है, क्योंकि—

(a) यह आकस्मिक संकट का सामना प्रभावी ढंग से नहीं कर सकती है

(b) यह सामाजिक आर्थिक विकास नहीं कर सकते हैं

(c) यह स्थानीय स्तर पर लोकतन्त्र को सुदृढ़ कर सकती है

(d) यह राजनीतिक और राष्ट्रीय एकीकरण नहीं कर सकती है

70. निम्नलिखित संविधान सामान्यतः निम्न में से किसको अपनाता है?

(a) रीति-रिवाज एवं प्रचलन

(b) न्यायिक निर्णय

(c) विभिन्न समयों पर निर्मित सांविधिक

(d) उपर्युक्त सभी

71. किसने कहा कि ''दबाव समूहों ने तृतीय दबाव समूह राजनीतिक दल सदन का नाम धारण कर लिया है''?

(a) ब्राइस (b) डायसी
(c) फाइनर (d) लास्की

72. भारतीय संविधान में राज्य के नीति-निदेशक सिद्धान्त—

1. देश के शासन में मूलभूत महत्व के हैं
2. किसी न्यायालय द्वारा लागू नहीं कराए जा सकते
3. राज्य का कर्तव्य है कि विधि-निर्माण में उनका सम्मान करे

निम्नलिखित कूटों की सहायता से इन नीति-निदेशक सिद्धान्तों की वास्तविक प्रकृति बताइए—

कूट :

(a) 1 (b) 2 और 3
(c) 1 और 2 (d) उपर्युक्त तीनों

73. केन्द्र में अन्तरिम सरकार की स्थापना हुई थी—

(a) क्रिप्स मिशन के आने के बाद
(b) क्रिप्स मिशन के जाने के बाद
(c) माउण्टबेटन की योजना को पेश करने के बाद
(d) कैबिनेट मिशन के आने के बाद

74. अध्यक्षात्मक शासन प्रणाली आधारित है—

(a) एक व्यक्ति में सत्ता केन्द्रित करने में
(b) अनेक व्यक्तियों को सत्ता प्रदान करने में
(c) सरकार के विभिन्न अंगों के बीच सत्ता को विभाजित करने में
(d) केन्द्र और राज्यों के मध्य सत्ता को विभाजित करने में

75. निम्नलिखित में से कौन विश्व में सबसे अधिक शक्तिशाली द्वितीय सदन है?

(a) भारतीय राज्य सभा
(b) अमेरिका की सीनेट
(c) कनाडा की सीनेट
(d) फ्रांस की सीनेट

76. भारतीय संविधान संघात्मक शासन व्यवस्था स्थापित करता है। निम्न में से कौन-सा संघात्मक शासन व्यवस्था का लक्षण भारतीय संविधान में उपलब्ध नहीं है?

(a) लिखित संविधान
(b) केन्द्र और राज्यों के बीच शक्ति का बंटवारा
(c) स्वतन्त्र न्यायपालिका
(d) दोहरी नागरिकता

77. निम्नलिखित मौलिक अधिकारों में से किसे आपातकाल में भी निलम्बित नहीं किया जा सकता है?

(a) समानता का अधिकार
(b) स्वतन्त्रता का अधिकार
(c) जीवन का अधिकार
(d) संवैधानिक उपचारों का अधिकार

78. भारतीय संविधान के अध्याय-III में निम्नलिखित में से कौन वर्णित नहीं है?

(a) शान्तिपूर्ण और निरायुध सम्मेलन का अधिकार
(b) भारत के राज्य क्षेत्र के किसी भी भाग में निवास करने और बस जाने का अधिकार
(c) काम पाने का अधिकार
(d) कोई भी वृत्ति, उपजीविका, व्यापार करने का अधिकार

79. भारतीय संविधान के निम्न में से किस अनुच्छेद के अन्तर्गत मौलिक अधिकारों के प्रवर्तन का निलम्बन किया जा सकता है?

(a) अनुच्छेद-359
(b) अनुच्छेद-369
(c) अनुच्छेद-364
(d) अनुच्छेद-374

80. निम्नलिखित में से कौन मौलिक अधिकार नहीं है?

(a) भाषण की स्वतन्त्रता
(b) संवैधानिक उपचारों का अधिकार
(c) सम्पत्ति का अधिकार
(d) देशभर में स्वतन्त्रतापूर्वक भ्रमण करने का अधिकार

81. भारतीय नागरिकों के मूल अधिकारों को अन्तिम रूप देने के लिए संविधान निर्मात्री सभा द्वारा नियुक्त समिति के अध्यक्ष कौन थे?

(a) बी. आर. अम्बेडकर
(b) जवाहरलाल नेहरू
(c) सरदार पटेल
(d) महात्मा गांधी

82. निम्नलिखित में से कौन-सा शब्द भारतीय संविधान की प्रस्तावना में उल्लिखित नहीं है?

(a) सम्प्रभु (b) धर्मनिरपेक्ष
(c) लोकतन्त्रीय (d) संघीय

83. भारत का संविधान लागू हुआ था—

(a) 25 नवम्बर, 1949 से
(b) 26 जनवरी, 1950 से
(c) 15 अगस्त, 1947 से
(d) 30 जनवरी, 1930 से

84. भारत में लोकतान्त्रिक विकेन्द्रीकरण इंगित करता है—

(a) पंचायतीराज स्थापना
(b) सत्ता का अन्तरण
(c) ग्रामीण भोजन की शुरुआत
(d) उपर्युक्त में से तीनों

85. संविधान का अनुच्छेद 51 (क) किससे संबद्ध है?

(a) मौलिक अधिकार
(b) राष्ट्रपति का निर्वाचन
(c) संपत्ति का अधिकार
(d) मूल कर्त्तव्य

86. भारतीय संविधान में संशोधन प्रक्रिया किस अनुच्छेद में दी गई है?

(a) अनुच्छेद-348
(b) अनुच्छेद-358
(c) अनुच्छेद-368
(d) अनुच्छेद-378

87. भारतीय संविधान के किस अनुच्छेद के अन्तर्गत मन्त्रिपरिषद् सामूहिक रूप से लोकसभा के प्रति उत्तरदायी है?

(a) अनुच्छेद-73 (b) अनुच्छेद-74
(c) अनुच्छेद-75 (d) अनुच्छेद-76

88. भारत के राष्ट्रपति का निर्वाचन-

(a) संसद के दोनों सदस्यों द्वारा होता है
(b) संसद के दोनों सदनों के निर्वाचित सदस्यों एवं राज्य विधानसभाओं के निर्वाचित सदस्यों द्वारा होता है
(c) संसद के दोनों सदनों के सदस्यों तथा राज्य की विधान परिषद् के सदस्यों द्वारा होता है
(d) लोकसभा, राज्यसभा तथा उपराष्ट्रपति द्वारा होता है

89. भारत की संसद में निम्नलिखित समाहित हैं—

(a) लोकसभा, राज्यसभा तथा मन्त्रिपरिषद्
(b) लोकसभा, राज्यसभा तथा प्रधानमन्त्री
(c) लोकसभा तथा राज्यसभा
(d) राष्ट्रपति, लोकसभा तथा राज्यसभा

90. निम्नलिखित में से कौन सदन का सदस्य हुए बिना उसकी अध्यक्षता करता है?
(a) भारत का उपराष्ट्रपति
(b) लोकसभा का अध्यक्ष
(c) विधान परिषद् का अध्यक्ष
(d) राज्यपाल

91. निम्नलिखित में से कौन संसद के किसी भी सदन की कार्यवाही में सहभागी हो सकता है?
(a) उपराष्ट्रपति
(b) सॉलिसिटर जनरल
(c) अटॉर्नी जनरल
(d) मुख्य न्यायाधीश

92. राज्यसभा के अधिकतर सदस्य चुने जाते हैं—
(a) राज्यों की विधानसभाओं द्वारा
(b) स्थानीय संस्थाओं द्वारा
(c) जनता द्वारा
(d) राष्ट्रपति द्वारा मनोनीत किए जाते हैं

93. भारतीय संविधान में मौलिक कर्त्तव्यों का उल्लेख किस अनुच्छेद में किया गया है?
(a) अनुच्छेद-42
(b) अनुच्छेद-51
(c) अनुच्छेद-51 (a)
(d) अनुच्छेद-52

94. निम्नलिखित में से किस संशोधन के द्वारा भारतीय संविधान में मौलिक कर्त्तव्यों को समाहित किया गया है?
(a) 49वां (b) 42वां
(c) 43वां (d) 44वां

95. निम्नलिखित में से किस संशोधन ने मौलिक अधिकारों की तुलना में नीति-निदेशक तत्वों को वरीयता प्रदान की?
(a) चौबीसवां
(b) उनतालीसवां संशोधन
(c) बयालीसवां संशोधन
(d) चवालीसवां संशोधन

96. राजनीतिक और प्रशासनिक ढांचे की जांच करने के उद्देश्य से किस समिति का गठन किया गया है?
(a) गाडगिल समिति (b) नरसिंहन समिति
(c) सिंघवी समिति (d) थुंगन समिति

97. निम्नलिखित वक्तव्यों को पढ़िए तथा नीचे दिए गए कूट से सही उत्तर चुनिए—
1. भारतीय सर्वोच्च न्यायालय ने पृथक्करण सिद्धान्त प्रतिपादित किया है।
2. इसने विकासशील व्याख्या का सिद्धान्त प्रवर्तित किया है।
3. न्यायिक पुनरावलोकन के अन्तर्गत यह राष्ट्रपति को संवैधानिक मामले में सलाह देता है।
4. यह निहित अधिकार रखता है।
कूट :
(a) 1 तथा 2 सही हैं
(b) 1 तथा 4 सही हैं
(c) 2 तथा 4 सही हैं
(d) 2 तथा 3 सही हैं

98. न्यायिक पुनरावलोकन न्यायालय की वह शक्ति है, जिससे वह असंवैधानिक घोषित करता है—
(a) विधायिका द्वारा निर्मित किसी भी कानून को
(b) कार्यपालिका के किसी भी आदेश को
(c) निम्न न्यायालय के किसी भी निर्णय को
(d) विधायिका के किसी भी अधिनियम अथवा कार्यपालिका के किसी भी आदेश को

99. किस प्रधानमन्त्री के कार्यकाल में दल-बदल विरोधी विधेयक पास हुआ था?
(a) इंदिरा गांधी (b) राजीव गांधी
(c) वी.पी. सिंह (d) चन्द्रशेखर

100. भारत के प्रधानमन्त्री का निर्वाचन—
(a) लोकसभा के द्वारा होता है
(b) संसद के द्वारा होता है
(c) लोकसभा के बहुमत दल के द्वारा होता है
(d) जनता द्वारा होता है

101. संघ सरकार की कार्यपालिका शक्ति का वास्तविक उपयोग कौन करता है?
(a) राष्ट्रपति
(b) प्रधानमन्त्री
(c) मन्त्रिमण्डल
(d) संसद

102. राज्य के राज्यपालों की नियुक्ति करते हैं—
(a) भारत के प्रधान न्यायाधीश
(b) राष्ट्रपति
(c) राज्य के उच्च न्यायालय के मुख्य न्यायाधीश
(d) राज्यसभा के सभापति

103. संविधान के किस अनुच्छेद ने राष्ट्रपति को सरकार से सूचना प्राप्त करने का अधिकार प्रदान किया है?
(a) अनुच्छेद-75(I)
(b) अनुच्छेद-75(II)
(c) अनुच्छेद-78(a)
(d) अनुच्छेद-78(b)

104. संविधान के द्वारा केन्द्र और राज्यों के बीच राजस्व का बंटवारा किया गया है, अधिकतर—
(a) कनाडा के संविधान के अनुसार
(b) अमेरिका के संविधान के अनुसार
(c) भारत सरकार के 1935 के अधिनियम के अनुसार
(d) स्विट्जरलैण्ड के संविधान के अनुसार

105. भारतीय संविधान का 79वां संशोधन अधिनियम, 1999 सम्बन्धित है—
(a) केन्द्र राज्य सम्बन्धों से
(b) राजनैतिक दलों की स्थापना से
(c) भाषाओं से
(d) लोक सभा और राज्य विधान सभाओं में अनुसूचित जातियों और अनुसूचित जनजातियों के आरक्षण से

106. संसदीय शासन व्यवस्था की सफलता के लिए आदर्श दशा है—
(a) बहुदलीय व्यवस्था का होना
(b) एक प्रधान दल व्यवस्था का होना
(c) द्विदलीय व्यवस्था का होना
(d) एकदलीय व्यवस्था का होना

107. संघीय व्यवस्था में किस संस्था को 'संविधान का सन्तुलन चक्र' माना जाता है ?
(a) व्यवस्थापिका (b) मन्त्रिपरिषद्
(c) न्यायपालिका (d) प्रेस

108. निम्नलिखित में से अध्यक्षात्मक शासन प्रणाली के लिए कौन-सा सही है?
(a) कार्यपालिका व्यवस्थापिका के प्रति उत्तरदायी होती है
(b) कार्यपालिका व्यवस्थापिका से स्वतन्त्र होती है
(c) कार्यपालिका न्यायपालिका के प्रति उत्तरदायी होती है
(d) व्यवस्थापिका कार्यपालिका के प्रति उत्तरदायी होती है

109. संघात्मक सरकार का निम्नलिखित में से कौन आधार है?
(a) व्यवस्थापिका और कार्यपालिका के मध्य सम्बन्ध
(b) न्यायपालिका तथा व्यवस्थापिका के मध्य सम्बन्ध

(c) न्यायपालिका तथा कार्यपालिका के मध्य सम्बन्ध
(d) केन्द्र तथा राज्यों के मध्य सम्बन्ध

110. ''संविधान के बिना राज्य नहीं रहेगा, बल्कि वह अराजकता का एक शासन होगा।'' यह कथन किसका है?
(a) जेलीनेक (b) ब्राइस
(c) स्ट्रांग (d) डायसी

111. ''भारतीय संविधान अर्द्ध-संघात्मक है।'' यह किसका कथन है?
(a) डी. डी. बसु
(b) एम. वी. पायली
(c) आइवर जेनिंग्स
(d) के. सी. ह्वीयर

112. निम्न सांविधानिक संशोधनों में से कौन-से राज्यों से निर्वाचित होने वाले लोकसभा के सदस्यों की संख्या वृद्धि करने से सम्बन्धित है?
(a) 6ठा और 22वां
(b) 13वां और 38वां
(c) 7वां और 31वां
(d) 11वां और 42वां

113. भारत में द्वैध शासन को लागू किया गया था—
(a) भारत सरकार अधिनियम, 1909 में
(b) भारत सरकार अधिनियम, 1919 में
(c) भारत सरकार अधिनियम, 1935 में
(d) भारत सरकार अधिनियम, 1961 में

114. भारतीय संविधान की निम्न दी गई अनुसूचियों में से कौन-सी एक राज्य के नामों की सूची तथा उनके राज्य-क्षेत्रों का ब्योरा देती हैं?
(a) पहली (b) दूसरी
(c) तीसरी (d) चौथी

115. यदि किसी मन्त्री के विरुद्ध 'अविश्वास प्रस्ताव' पास हो जाता है, तो—
(a) उसे त्याग-पत्र देना पड़ता है
(b) पूरी मन्त्रिपरिषद् को त्याग-पत्र देना पड़ता है
(c) केवल मन्त्री और प्रधानमन्त्री को त्याग-पत्र देना पड़ता है
(d) लोक सभा भंग कर दी जाती है

116. निम्नलिखित मे से किस संशोधन के द्वारा भारतीय संविधान में मौलिक कर्त्तव्यों को समायोजित किया गया था?
(a) 40वां (b) 42वां
(c) 43वां (d) 44वां

117. निम्नलिखित में से एक भारतीय संविधान के अन्तर्गत राज्य का नीति-निदेशक तत्व नहीं है—
(a) लोक कल्याण की अभिवृद्धि करना
(b) एकरूप सिविल संहिता प्राप्त करना
(c) अन्तर्राष्ट्रीय शान्ति की अभिवृद्धि करना
(d) युवकों को रोजगार देना

118. संविधान का अनुच्छेद-14 कानून के समक्ष समान संरक्षण के विषय में है, जिसका अर्थ है—
1. किसी को स्वेच्छाचारी रूप से जीवन से वंचित करना।
2. न्यायपालिका तक पहुंचने के समान अधिकार।
3. समान अपराध के लिए भिन्न अथवा उच्च दण्ड न दिया जाना।
4. कानून के समक्ष जाति तथा वर्ग विशेष के व्यक्तियों का समान होना।
निम्नलिखित कूटों से अपने उत्तर को चुनिए—
(a) 1, 2, 3 (b) 2, 3, 4
(c) 1, 3, 4 (d) 1, 2, 3, 4

119. निम्नलिखित में से किस 'रिट' का अर्थ है 'हम आदेश देते हैं'—
(a) बन्दी प्रत्यक्षीकरण
(b) परमादेश
(c) अधिकार पृच्छा
(d) उत्प्रेषण

120. निम्नलिखित में से किस मामले में सर्वोच्च न्यायालय ने संसद को मूल अधिकारों में संशोधन करने से रोक दिया था?
(a) सज्जनसिंह बनाम राजस्थान राज्य
(b) शंकर प्रसाद बनाम मद्रास सरकार
(c) चम्पकम् दोराई बनाम मद्रास सरकार
(d) गोलकनाथ बनाम पंजाब सरकार

121. ''यदि भारत वर्तमान संसदीय व्यवस्था के स्थान पर अध्यक्षात्मक व्यवस्था को अपना लेता है, तो—
(a) शासनाध्यक्ष का कार्यकाल स्थिर होगा
(b) मन्त्रिमण्डल का निर्वाचन प्रत्यक्ष रूप से जनता करेगी
(c) सर्वोच्च न्यायालय अपने न्यायिक पुनरावलोकन के अधिकार से वंचित हो जाएगा
(d) कार्यपालिका व्यवस्थापिका के ऊपर उत्तरदायी बनी रहेगी

122. जनहित याचिका का अर्थ है—
1. सामाजिक हित याचिका
2. नागरिक अधिकार और स्वतन्त्रता की रक्षा
3. अभिजात्य समूह को प्रतिनिधित्व देती है
4. न्यायिक प्रक्रिया में जनता का विश्वास
कूट :
(a) 1,2, 3, 4 (b) 1, 2, 3
(c) 1, 2, 4 (d) 2, 3, 4

123. निम्नलिखित में से कौन सर्वोच्च न्यायालय के तदर्थ न्यायाधीशों की नियुक्ति करता है?
(a) राष्ट्रपति
(b) प्रधानमन्त्री
(c) गृहमंत्री
(d) राष्ट्रपति की सहमति से भारत का मुख्य न्यायाधीश

124. भारत सरकार का प्रथम 'कानून अधिकारी' कौन है?
(a) सर्वोच्च न्यायालय का मुख्य न्यायाधीश
(b) कानून मन्त्री
(c) भारत का अटॉर्नी जनरल
(d) सचिव, कानून का न्याय विभाग

125. भारत में मृत्युदण्ड प्राप्त अपराधी को क्षमादान करने का अधिकार निहित है—
(a) सर्वोच्च न्यायालय में
(b) राष्ट्रपति में
(c) प्रधानमन्त्री में
(d) राज्यपाल में

126. भारतीय संसद की उच्च सदन की अध्यक्षता—
(a) भारत के राष्ट्रपति करते हैं
(b) भारत के उपराष्ट्रपति करते हैं
(c) सर्वोच्च न्यायालय के मुख्य न्यायाधीश करते हैं
(d) लोक सभा का स्पीकर करता है

127. संसद द्वारा भारत के राष्ट्रपति को कैसे पदच्युत किया जा सकता है?
(a) दोनों सदनों के साधारण बहुमत से
(b) दोनों सदनों के कुल सदस्यों के दो-तिहाई बहुमत से
(c) दोनों सदनों के स्पष्ट बहुमत से
(d) दोनों सदनों के कुल सदस्यों के बहुमत और उपस्थित मतदान करने वाले सदस्यों के दो-तिहाई बहुमत से

128. भारतीय संसद की कार्यवाही में 'शून्यकाल' का अर्थ है—
(a) सत्र का प्रथम घण्टा
(b) जब विशेषाधिकार प्रस्ताव स्वीकृत होता है
(c) प्रश्नकाल के पूर्व का काल
(d) प्रश्नकाल के अन्त और कार्यसूची में लिखे दूसरे विषयों के बीच का मध्यान्तर

129. निम्नलिखित में से कौनसा अधिकार केवल राज्यसभा को प्राप्त है?
(a) राष्ट्रपति के विरुद्ध महाभियोग प्रारम्भ होना
(b) उपराष्ट्रपति को पदच्युत करना
(c) नई अखिल भारतीय सेवाएं निर्मित करने की संस्तुति करना
(d) भारतीय राज्यों की सीमाओं में परिवर्तन करना

130. संसद के दोनों सदनों के संयुक्त अधिवेशन की अध्यक्षता कौन करता है?
(a) स्पीकर (b) उपराष्ट्रपति
(c) राष्ट्रपति (d) प्रधानमन्त्री

131. भारतीय संविधान के स्रोतों की दृष्टि में निम्नलिखित में से कौन-सा युग्म सही रूप से सम्बद्ध नहीं है?
(a) कनाडा के संविधान से यूनियन शब्द लिया गया है
(b) अमेरिकी संविधान से न्यायिक पुनरावलोकन का सिद्धान्त लिया गया है
(c) ब्रिटिश संविधान से संसदीय व्यवस्था ली गई है
(d) ऑस्ट्रेलिया के संविधान से संविधान में संशोधन की प्रक्रिया ली गई है

132. कौन से संवैधानिक संशोधन के अन्तर्गत भारत में पंचायती राज को संवैधानिक आधार प्रदान किया गया है?
(a) 42वां (b) 52वां
(c) 67वां (d) 73वां

133. पंचायत के सरपंच का चुनाव कैसे होता है?
(a) जनता द्वारा प्रत्यक्ष रूप से
(b) पंचायत के पंचों द्वारा
(c) राज्य सरकार के द्वारा मनोनयन से
(d) जिलाधीश के द्वारा मनोनयन से

134. निम्नलिखित में से किस राज्य ने सबसे पहले पंचायती राज संस्था को लागू किया था?
(a) राजस्थान (b) महाराष्ट्र
(c) बिहार (d) उत्तर प्रदेश

135. किस आयोग ने केन्द्र-राज्य सम्बन्धों का अध्ययन किया था?
(a) ठक्कर आयोग
(b) शाह आयोग
(c) मण्डल आयोग
(d) सरकारिया आयोग

136. "हम एक संविधान के अधीन हैं, परन्तु संविधान वह है जो न्यायाधीश कहते हैं कि वह ऐसा है।" संयुक्त राज्य अमेरिका के अतिरिक्त यह कथन निम्न में किस देश पर लागू होता है?
(a) भारत (b) स्विट्जरलैण्ड
(c) फ्रांस (d) इंग्लैण्ड

137. भारतीय संविधान की सातवीं अनुसूची में निम्नलिखित में से कौन सम्बन्धित है?
(a) भाषाओं की सूची
(b) प्रान्तीय, संघीय तथा उभयनिष्ठ
(c) शपथ एवं स्वीकृति की सूची
(d) राष्ट्रपति एवं उपराष्ट्रपति के दायित्व

138. संशोधित भारतीय संविधान की प्रस्तावना में निम्नलिखित पांच अभिव्यक्तियां आई हैं—
1. लोकतान्त्रिक 2. सार्वभौम
3. धर्मनिरपेक्ष 4. समाजवादी
5. गणतन्त्र
निम्नलिखित कूटों से सही उत्तर को चुनिए—
कूट :
(a) 2, 4, 3, 1, 5 (b) 1, 2, 3, 4, 5
(c) 1, 2, 4, 3, 5 (d) 4, 2, 3, 5, 1

139. भारतीय संविधान का निम्न में से कौन-सा अनुच्छेद यह प्रावधान करता है कि चौदह वर्ष के कम आयु का बच्चा काम में नहीं लगाया जाएगा?
(a) अनुच्छेद-23 (b) अनुच्छेद-24
(c) अनुच्छेद-26 (d) अनुच्छेद-28

निर्देश—112 से 120 तक कथन कारण दिए गए हैं, सही कूट चुनिए :
कूट :
(a) A तथा R दोनों सही हैं तथा R, A की सही व्याख्या है
(b) A तथा R दोनों सही हैं, किन्तु R, A की सही व्याख्या नहीं है
(c) A सही है, किन्तु R गलत है
(d) A गलत है, किन्तु R सही है

140. भारतीय संविधान के कौन-से अनुच्छेद संघीय संसद को राज्य सूची में सम्मिलित विषयों पर विधि-निर्माण का अधिकार प्रदान करते हैं?
1. अनुच्छेद 249 2. अनुच्छेद 250
3. अनुच्छेद 252 4. अनुच्छेद 254
सही उत्तर का चयन निम्नलिखित कूटों की सहायता से कीजिए :
कूट :
(a) सभी चारों (b) 1, 2, 4
(c) 3, 4 (d) 2, 3, 4

141. क्षेत्रीय परिषदें :
(a) विधि निर्माणकारी इकाइयां होती हैं
(b) परामर्शदात्री इकाइयां होती हैं
(c) प्रशासकीय इकाइयां होती हैं
(d) उपर्युक्त सभी होती हैं

142. लोकतन्त्र में राजनीतिक विकास और परिवर्तन का महत्वपूर्ण साधन राजनीतिक दल हैं, क्योंकि—
1. ये सरकार के प्रति व्यक्तियों के दृष्टिकोण तथा आदतों को निर्मित करते हैं।
2. ये जनसाधारण के हितों को निर्मित एवं एकत्रीकृत करते हैं।
3. ये जननीति निर्माण में सहायक होते हैं।
4. ये शासक वर्ग के हितों की रक्षा हेतु संघर्ष करते हैं।
कूट :
(a) 1, 2, 3 सही हैं
(b) 1, 3, 4 सही हैं
(c) 1, 2, 3, 4 सही हैं
(d) 2, 3, 4 सही हैं

143. राजनीतिक दल के लिए कौन-सा तत्व अनिवार्य नहीं है?
(a) विचारधारा
(b) शक्तिप्राप्ति की इच्छा
(c) लोकतान्त्रिक स्वरूप
(d) संगठनात्मक जाल

144. आनुपातिक प्रतिनिधित्व को इस रूप में भी जाना जाता है—
(a) बहुल मतदान
(b) समिति मतदान

(c) सूची प्रणाली

(d) हेयर योजना

145. संसदीय सरकार के कार्यान्वयन के लिए राजनीतिक दल आवश्यक हैं, जहां तक कि—

(a) वे एक स्थायी कार्यकारी सत्ता के लिए आधार प्रदान करते हैं

(b) वे एक प्रभावी विपक्ष प्रदान करते हैं

(c) वे एक वैकल्पिक सरकार प्रदान करते हैं

(d) उपर्युक्त सभी

146. निम्नलिखित में से कौन-सी विशेषताएं संवैधानिक शासन की हैं?

1. यह विधि द्वारा संचालित शासन है।

2. यह व्यक्ति की ओर से सत्ता को सीमित करता है।

3. इसमें निर्वाचित राज्याध्यक्ष होता है।

कूट :

(a) 1, 2 और 3 सही हैं

(b) 1 और 2 सही हैं

(c) 1 और 3 सही हैं

(d) 2 और 3 सही हैं

147. ''संविधान राज्य के पदों के वितरण, सम्प्रभुत्ता के आवास और राज्य के उद्देश्य को निर्धारित करने वाली व्यवस्था है।'' यह परिभाषा किसने दी है?

(a) प्लेटो (b) अरस्तू

(c) सिसरो (d) मॉन्टेस्क्यू

148. निम्नलिखित में से कौन-सा विश्व में सबसे अधिक शक्तिशाली द्वितीय सदन है—

(a) भारतीय राज्य सभा

(b) अमरीका की सीनेट

(c) कनाडा की सीनेट

(d) फ्रांस की सीनेट

149. भारतीय संविधान स्पष्ट रूप से प्रेस की स्वतन्त्रता की व्यवस्था नहीं करता है, परन्तु यह स्वतन्त्रता अन्तर्निहित है, अनुच्छेद—

(a) 19 (i) क में

(b) 19 (i) ख में

(c) 19 (i) ग में

(d) 19 (i) घ में

150. निम्न में से किस अधिनियम के अन्तर्गत भारत में सर्वप्रथम एक सर्वोच्च न्यायालय की स्थापना हुई?

(a) रेग्यूलेटिंग अधिनियम, 1773

(b) भारतीय परिषदीय अधिनियम, 1861

(c) भारत सरकार अधिनियम, 1935

(d) भारतीय संविधान 1950

उत्तरमाला

1. (b)	**2.** (c)	**3.** (b)	**4.** (b)	**5.** (d)	**6.** (d)	**7.** (d)	**8.** (d)	**9.** (c)	**10.** (a)
11. (d)	**12.** (b)	**13.** (b)	**14.** (a)	**15.** (c)	**16.** (d)	**17.** (b)	**18.** (a)	**19.** (c)	**20.** (a)
21. (c)	**22.** (a)	**23.** (b)	**24.** (d)	**25.** (c)	**26.** (a)	**27.** (b)	**28.** (c)	**29.** (a)	**30.** (d)
31. (c)	**32.** (a)	**33.** (d)	**34.** (c)	**35.** (d)	**36.** (d)	**37.** (d)	**38.** (a)	**39.** (a)	**40.** (b)
41. (d)	**42.** (c)	**43.** (a)	**44.** (b)	**45.** (a)	**46.** (d)	**47.** (c)	**48.** (a)	**49.** (c)	**50.** (a)
51. (d)	**52.** (a)	**53.** (b)	**54.** (b)	**55.** (c)	**56.** (a)	**57.** (b)	**58.** (c)	**59.** (c)	**60.** (d)
61. (c)	**62.** (a)	**63.** (b)	**64.** (b)	**65.** (c)	**66.**(c)	**67.** (d)	**68.** (d)	**69.** (d)	**70.** (d)
71. (c)	**72.** (d)	**73.** (d)	**74.** (c)	**75.** (b)	**76.** (d)	**77.** (c)	**78.** (c)	**79.** (a)	**80.** (c)
81. (c)	**82.** (d)	**83.** (b)	**84.** (a)	**85.** (d)	**86.** (c)	**87.** (c)	**88.** (b)	**89.** (d)	**90.** (a)
91. (c)	**92.** (a)	**93.** (c)	**94.** (b)	**95.** (c)	**96.** (d)	**97.** (a)	**98.** (d)	**99.** (b)	**100.** (c)
101. (c)	**102.** (b)	**103.** (d)	**104.** (c)	**105.** (d)	**106.** (c)	**107.** (c)	**108.** (b)	**109.** (d)	**110.** (a)
111. (d)	**112.** (c)	**113.** (b)	**114.** (c)	**115.** (b)	**116.** (d)	**117.** (d)	**118.** (b)	**119.** (b)	**120.** (d)
121. (a)	**122.** (c)	**123.** (d)	**124.** (c)	**125.** (b)	**126.** (b)	**127.** (b)	**128.** (d)	**129.** (c)	**130.** (a)
131. (d)	**132.** (d)	**133.** (a)	**134.** (a)	**135.** (d)	**136.** (b)	**137.** (b)	**138.** (a)	**139.** (b)	**140.** (a)
141. (b)	**142.** (a)	**143.** (c)	**144.** (d)	**145.** (d)	**146.** (b)	**147.** (b)	**148.** (b)	**149.** (a)	**150.** (a)

❑❑❑

अध्याय

प्रारंभिक गणित

संख्या पद्धति एवं दशमलव

महत्वपूर्ण बिंदु

- **अंक (digit) :** किसी भी संख्या को व्यक्त करने के लिए हम 0, 1, 2, 3, 4, 5, 6, 7, 8 व 9 दस संकेतों का प्रयोग करते हैं। इन दस संकेतों को अंक (digit) कहते हैं।
- **स्थानीय मान (Place value) :** किसी संख्या में किसी अंक का वह मान जो उसके स्थान विशेष की स्थिति के अनुसार बदलता रहता है, स्थानीय मान कहलाता है।

  जैसे: 63251 में –

  1 का स्थानीय मान = 1

  5 का स्थानीय मान = 50

  2 का स्थानीय मान = 200

  3 का स्थानीय मान = 3000

  6 का स्थानीय मान = 60000
- **जातीय मान या अंकीय मान (Place vlaue or digital value):** किसी संख्या में किसी अंक का जातीय मान उसका अपना मान होता है, चाहे वह अंक किसी भी स्थान पर क्यों न हो।

  जैसे– 61521 में–

  1 का जातीय मान = 1

  5 का जातीय मान = 5

  6 का जातीय मान = 6
- **प्राकृतिक संख्याएँ (Natural numbers) :** ऐसी संख्याएँ जो गणना के लिए प्रयोग में लायी जाती हैं, उन्हें प्राकृतिक संख्याएँ कहते हैं। इन्हें '*N*' से प्रदर्शित करते हैं।

  $N = \{1, 2, 3, 4 \ldots\ldots\ldots\ldots\}$
- **पूर्ण संख्याएँ (Whole numbers) :** यदि प्राकृतिक संख्याओं में शून्य को भी सम्मिलित कर लिया जाए, तो इन्हें पूर्ण संख्याएँ कहते हैं इन्हें '*W*' से प्रदर्शित करते हैं।

  $W = \{0, 1, 2, 3, \ldots\ldots\ldots\ldots\}$
- **पूर्णांक (Integers) :** यदि पूर्ण संख्याओं में ऋणात्मक संख्याओं को भी सम्मिलित कर लिया जाये तो प्राप्त संख्याएँ पूर्णांक कहलाती हैं। इन्हें '*I*' से प्रदर्शित करते है।

  $\{I = + \ldots, -5, -4, -3, -2, -1, 0, +1, +2, +3 + \ldots\}$
- **सम संख्याएँ (Even numbers) :** ऐसी संख्याएँ जो 2 से पूर्णतः विभाजित हो जाएँ, सम सख्याएँ कहलाती हैं।

  जैसे – 2, 4, 6, 8, 10, ...
- **विषम संख्याएँ (Odd numbers) :** ऐसी संख्याएँ जो 2 से पूर्णतः विभाजित नहीं होती हैं, विषम संख्याएँ कहलाती हैं।

  जैसे– 1, 3, 5, 7, 9, 11, ...
- **भाज्य संख्याएँ (Composite numbers) :** ऐसी संख्याएँ जिनका स्वयं और 1 के अतिरिक्त कम-से- कम एक अन्य गुणनखण्ड होता है, भाज्य संख्याएँ कहलाती हैं।

  जैसे– 4, 6, 8, 9, 10, 12, 14, 15, ...
- **अभाज्य संख्याएँ (Prime numbers) :** ऐसी संख्याएँ जो 1 और स्वयं के अतिरिक्त अन्य किसी संख्या से विभाजित नहीं होती है, अभाज्य संख्याएँ कहलाती हैं।

  जैसे– 2, 3, 5, 7, 11, 13, 17, 19, ...
- **परिमेय संख्याएँ (Rational numbers) :** ऐसी संख्याएँ जिन्हें $\frac{p}{q}$ के रूप में प्रदर्शित किया जा सकता है (जहाँ p व q पूर्णांक हैं तथा $q \neq 0$) परिमेय संख्याएँ कहलाती हैं।

  जैसे– $\frac{3}{5}, \frac{7}{9}, \frac{1}{5}$ आदि

  नोट: प्रत्येक पूर्णांक संख्या परिमेय संख्या होती है।
- **अपरिमेय संख्याएँ (Irrational numbers) :** ऐसी संख्याएँ जिन्हें $\frac{p}{q}$ के रूप में प्रदर्शित नहीं किया जा सकता है (जहाँ p व q पूर्णांक हैं तथा $p \neq 0$) अपरिमेय संख्याएँ कहलाती है।

  जैसे– $\bar{a}\sqrt{2}, \sqrt{5}, e$ आदि।

विभाज्यता के नियम

(i) 2 से विभाज्यता – यदि किसी संख्या में इकाई का अंक 0 या सम संख्या हो, तो वह संख्या 2 से विभाज्य होती है।

जैसे– 240, 1762, 18512 आदि।

(ii) 3 से विभाज्यता – यदि किसी संख्या के अंकों का योग 2 से विभाज्य हो, तो वह संख्या भी 3 से विभाज्य होती है।

जैसे– 123, 1641 आदि।

(iii) 4 से विभाज्यता – यदि किसी संख्या के अंतिम दो अंक 4 से विभाज्य हो, तो वह संख्या भी 4 से विभाज्य होती है।

जैसे– 1420, 1828, 1932 आदि।

(iv) 5 से विभाज्यता – यदि किसी संख्या में इकाई का अंक 0 या 5 हो, तो वह संख्या भी 5 से पूर्णतः विभाज्य होती है।

जैसे– 10,000, 15625, 62515 आदि।

(v) **6 से विभाज्यता –** यदि कोई संख्या 2 और 3 से पूर्णत: विभाज्य हो, तो वह संख्या 6 से भी विभाज्य होती है।
जैसे– 216, 7776 आदि।

(vi) **7 से विभाज्यता –** यदि किसी संख्या के अंतिम अंक को दोगुना करके शेष बची संख्या से घटाया जाए और प्राप्त परिणाम 0 या 7 से विभाज्य हो, तो वह संख्या भी 7 से पूर्णत: विभाज्य होती है।
नोट : बड़ी संख्या के लिए यह क्रिया तब तक दोहराई जाती है जब तक संख्या 7 या 0 प्राप्त न हो जाए।
जैसे– 343 में अंतिम अंक = 3
∴ अंतिम अंक को दो गुना करके शेष बची संख्या 34 में घटाने पर $(34 - 3 \times 2) = 28$
∵ संख्या 28, 7 से विभाज्य है। अत: 343, 7 से पूर्णत: विभाज्य होगी।

(vii) **8 से विभाज्यता –** यदि किसी संख्या के अंतिम तीन अंक 8 से विभाज्य हो, तो वह संख्या 8 से पूर्णत: विभाज्य होती है।
जैसे– 512, 32768,4096 आदि।

(viii) **9 से विभाज्यता –** यदि किसी संख्या के अंकों का योग 9 से विभाज्य हो, तो वह संख्या 9 से पूर्णत: विभाज्य होती है।
जैसे– 729, 6561, 59049 आदि।

(ix) **10 से विभाज्यता –** यदि किसी संख्या का अंतिम अंक 0 हो, तो वह संख्या 10 से पूर्णत: विभाज्य होती है।
जैसे– 100, 1000, 5000 आदि।

(x) **11 से विभाज्यता –** यदि किसी संख्या के सम स्थानों के अंकों का योग व विषम स्थानों के अंको के योग का अंतर 0 हो, तो वह संख्या 11 से पूर्णत: विभाज्य होती है।
जैसे– संख्या 14641 में–
सम स्थानों के अंकों का योग $= (4 + 4) = 8$
विषम स्थानों के अंकों का योग $= (1 + 6 + 1) = 8$
अभीष्ट अंतर $= (8 - 8) = 0$
अत: संख्या 14641, 11 से पूर्णत: विभाज्य है।

भाग की क्रिया

(i) भाज्य = भाजक × भागफल + शेषफल

(ii) $\text{भाजक} = \dfrac{\text{भाज्य} - \text{शेषफल}}{\text{भागफल}}$

(iii) $\text{भागफल} = \dfrac{\text{भाज्य} - \text{शेषफल}}{\text{भाजक}}$

- **भिन्न (Fraction) :** यदि किसी संख्या x को y भागों में विभाजित करना हो, तो हमें x में y का भाग करना होगा तथा हम इसे $\frac{x}{y}$ के रूप में प्रदर्शित करेंगे। अत: $\frac{x}{y}$ को भिन्न कहते है।
a को भिन्न का अंश तथा b को भिन्न का हर कहते हैं।

भिन्नों के प्रकार

(i) **उचित भिन्न (Proper fraction):** वह भिन्न जिसका अंश, हर से बड़ा होता है। उचित भिन्न कहलाती है।
जैसे– $\frac{3}{5}, \frac{4}{7}, \frac{8}{11}$ आदि।

(ii) **अनुचित भिन्न (Improper fraction):** वह भिन्न जिसका अंश, हर से बड़ा होता है। अनुचित भिन्न कहलाती है।
जैसे– $\frac{8}{3}, \frac{7}{4}, \frac{5}{2}$ आदि।

(iii) **मिश्रित भिन्न (Mixed fraction):** वह भिन्न जो एक पूर्णांक तथा एक भिन्न से मिलकर बनती है मिश्रित भिन्न कहलाती है।
जैसे– $3\frac{2}{5}, 4\frac{1}{2}$ आदि।

- **दशमलव भिन्न (Decimal fraction):** वह भिन्न जिसका हर 10 या 10 की किसी घात के रूप में होता है। दशमलव भिन्न कहलाती है।
जैसे– $\frac{2}{10}, \frac{3}{100}, \frac{5}{1000}$ आदि
- **पुनरावृत्त दशमलव भिन्न (Recurring fraction):** वह भिन्न जिसमें दशमलव बिंदु के बाद एक या एक से अधिक अंकों की पुनरावृत्ति होती है, पुनरावृत्त दशमलव भिन्न कहलाती है।
जैसे – *(i)* $= 0.6666 \ldots = 0.\overline{6}$
(ii) $= 0.1888 \ldots = 0.1\overline{8}$

कुछ महत्त्वपूर्ण परिणाम

(i) प्रथम n प्राकृतिक संख्याओं का योग $= \dfrac{n(n+1)}{2}$

(ii) प्रथम n सम संख्याओं का योग $= n(n+1)$

(iii) प्रथम n विषम संख्याओं का योग $= n^2$

(iv) यदि दशमलव संख्याएँ $0.x$ तथा $0.xy$ के रूप में दी गई हों, तो इन्हें परिमेय संख्या $\frac{p}{q}$ के रूप में व्यक्त करने के लिए
$0.x = \dfrac{x}{10}$ तथा $0.xy = \dfrac{xy}{100}$

(v) यदि शांत आवर्ती दशमलव संख्याएँ $0.\overline{x}$ तथा $0.\overline{xy}$ के रूप में दी गई हों, तो इन्हें परिमेय संख्या में व्यक्त करने के लिए
$0.\overline{x} = \dfrac{x}{9}$, $0.\overline{xy} = \dfrac{xy}{99}$, $0.\overline{xyz} = \dfrac{xyz}{999}$

(vi) यदि अशांत आवर्ती दशमलव संख्याएँ तथा के रूप मे दी गई हों, तो इन्हें परिमेय संख्या में व्यक्त करने के लिए–
$0.x\overline{y} = \dfrac{xy - x}{90}$, $0.x\overline{yz} = \dfrac{xyz - x}{990}$

(vii) यदि दो या दो से अधिक भिन्नों के हर बराबर हों, तो जिस भिन्न का अंश बड़ा होगा वह सबसे बड़ी भिन्न तथा जिस भिन्न का अंश छोटा होगा वह सबसे छोटी भिन्न होगी।
जैसे– $\frac{1}{11} < \frac{2}{11} < \frac{3}{11} < \frac{4}{11} < \frac{5}{11}$

(viii) यदि दो या दो से अधिक भिन्नों के अंश समान हों तथा हर भिन्न-भिन्न हों, तो जिस भिन्न का हर बड़ा होगा वह भिन्न छोटी तथा जिस भिन्न का हर छोटा होगा वह भिन्न सबसे छोटी होगी।
जैसे– $\frac{11}{8} < \frac{11}{7} < \frac{11}{6} < \frac{11}{5} < \frac{11}{4}$

हल सहित उदाहरण

उदाहरण 1. $\frac{p}{q}$ के रूप में संख्या 0.12 12 12 ...... का मान ज्ञात कीजिए।

हल: माना $x = 0.12\ 12\ 12$ .... (i)

$100x = 12.\ 12\ 12$ ... (ii)

समी० (ii) में समी० (i) घटाने पर

$99x = 12$

$$\Rightarrow x = \frac{12}{99} = \frac{4}{33}$$

उदाहरण 2. किसी संख्या को 114 से भाग देने पर शेषफल 21 प्राप्त होता है यदि उसी संख्या को 19 से भाग दिया जाए, तो शेषफल कितना होगा?

हल: माना दी गई संख्या को 114 से भाग देने पर भागफल = K तथा शेषफल = 21

$\therefore$ संख्या $= 114K + 21$

$= (19 \times 6)K + 19 \times 1 + 2$

$= 19 \times (6K + 1) + 2$

$\therefore$ शेषफल = 2

उदाहरण 3. 67280 में 7 के स्थानीय मान व जातीय मान का अंतर ज्ञात कीजिए।

हल: संख्या 67280 में 7 का स्थानीय मान = 7000

संख्या 67280 में 7 का जातीय मान = 7

$\therefore$ अभीष्ट अंतर = (7000 – 7) = 6993

उदाहरण 4: यदि संख्या 2 * 435, 9 से पूर्णतः विभाज्य हो, तो * का मान ज्ञात कीजिए।

हल – (2 + * + 4 + 3 + 5) = 14 + *

अतः संख्या को 9 से विभाज्य होने के लिए

14 + * = 18 ⇒ * = 18 – 14 = 4

उदाहरण 5: प्रथम 25 प्राकृतिक संख्याओं का योगफल ज्ञात कीजिए।

हल – प्रथम 'n' प्राकृतिक संख्याओं का योगफल $= n\left(\frac{n+1}{2}\right)$

प्रथम '25' प्राकृतिक संख्याओं का योगफल $= 25\left(\frac{25+1}{2}\right)$

$= (25 \times 13) = 325$

उदाहरण 6: यदि किसी संख्या के $\frac{1}{5}$ की दो-तिहाई की तीन-चौथाई 24 हो तो वह संख्या ज्ञात कीजिए।

हल – माना वह संख्या = x

तब, $x \times \frac{1}{5} \times \frac{2}{3} \times \frac{3}{4} = 24$

$\Rightarrow \quad x = (24 \times 10) = 240$

उदाहरण 7: $0.\overline{6} + 0.\overline{7} + 0.\overline{8}$ का मान ज्ञात कीजिए।

हल – $0.\overline{6} = \frac{6}{9}$, $0.\overline{7} = \frac{7}{9}$, $0.\overline{8} = \frac{8}{9}$

$$\therefore 0.\overline{6} + 0.\overline{7} + 0.\overline{8} = \left(\frac{6}{9} + \frac{7}{9} + \frac{8}{9}\right) = \frac{21}{9} = \frac{7}{3}$$

उदाहरण 8: दो अंकों की संख्या के अंकों का योग 8 है। यदि संख्या को परस्पर पलट दिया जाए तो संख्या में 54 की कमी हो जाती है। संख्या ज्ञात कीजिए।

हल – माना संख्या $= 10y + x$

तब, $x + y = 8$ ... (i)

पुनः $10y + x = (10x + y) + 54$

$9x - 9y = -54$

$\Rightarrow \quad x - y = -6$ ... (ii)

समी० (i) व (ii) को हल करने पर, $x = 1$ तथा $y = 7$

$\therefore$ संख्या $= (10 \times 7 + 1) = 71$

सरलीकरण

सरलीकरण (Simplification) : जटिल गणितीय संक्रियाओं जैसे गुणा, भाग, जोड़, कोष्ठक आदि से युक्त व्यंजक को सरल करने की क्रिया को सरलीकरण कहते हैं।

सरलीकरण की क्रिया के द्वारा व्यंजक को सरल करने के लिए हम एक महत्वपूर्ण नियम 'VBODMAS' का प्रयोग करते हैं।

'VBODMAS' के अक्षरों का अर्थ निम्न प्रकार है–

V → Viniculum (रेखा कोष्ठक)
B → Bracket (कोष्ठक)
O → Of (का)
D → Division (भाग)
M → Multiplication (गुणन)
A → Addition (योग)
S → Subtraction (अंतर)

किसी भी व्यंजक को सरल करने के लिए हम सबसे पहले रेखा कोष्ठक, उसके पश्चात् छोटा कोष्ठक ( ) तत्पश्चात् मझला कोष्ठक { } उसके पश्चात् बड़ा कोष्ठक [ ] फिर 'का' उसके बाद भाग (÷) फिर गुणा (×) इसके पश्चात् योग (+) तथा सबसे अंत में घटाव (–) की क्रिया की जाती है।

सरलीकरण में प्रयोग होने वाली महत्वपूर्ण सर्वसमिकाएं

1. $(a + b)^2 = a^2 + 2ab + b^2$
2. $(a - b)^2 = a^2 - 2ab + b^2$
3. $(a^2 - b^2) = (a + b)(a - b)$
4. $(a + b)^2 - (a - b)^2 + 4ab$
5. $(a - b)^2 + (a + b)^2 = 2(a^2 + b^2)$
6. $(a^4 - b^4) = (a^2 + b^2)(a + b)(a - b)$
7. $(a^3 - b^3) = (a - b)(a^2 + ab + b^2)$
8. $(a^3 + b^3) = (a + b)(a^2 - ab + b^2)$
9. $(a + b)^3 = a^3 + b^3 + 3ab(a + b)$ or $a^3 + b^3 + 3a^2b + 3ab^2$
10. $(a - b)^3 = a^3 - b^3 - 3ab(a - b)$ or $a^3 - b^3 - 3a^2b + 3ab^2$
11. $(a + b + c)^2 = a^2 + b^2 + c^2 + 2(ab + bc + ca)$
12. $(a - b - c)^2 = a^2 + b^2 + c^2 - 2ab + 2bc - 2ac$
    $= a^2 + b^2 + c^2 - 2(ab - bc + ac)$
13. $(a^3 + b^3 + c^3 - 3abc)$
    $= (a + b + c)(a^2 + b^2 + c^2 - ab - bc - ca)$
14. यदि $a + b + c = 0$ हो, तो $a^3 + b^3 + c^3 - 3abc = 0$
15. $a^2 + b^2 + c^2 - ab - bc - ca$
    $= \frac{1}{2}\left[(a-b)^2 + (b-c)^2 + (c-a)^2\right]$

सरलीकरण में घातांक से सम्बन्धित महत्वपूर्ण परिणाम

1. $a^m \times a^n = a^{m+n}$
2. $a^m \div a^n = a^{m-n}$
3. $\left(\frac{a}{b}\right)^m = \frac{a^m}{b^m}$
4. $a^m \div a^{-n} = a^{m+n}$
5. $\left(a^m\right)^n = a^{mn}$
6. $(-1)^{\text{समसंख्या}} = 1$
7. $(-1)^{\text{विषम संख्या}} = -1$
8. $\left(\frac{a}{b}\right)^{-\frac{m}{n}} = \left(\frac{b}{a}\right)^{\frac{m}{n}}$

सरलीकरण में करणी से सम्बन्धित महत्वपूर्ण परिणाम

1. $\left(\sqrt[n]{a}\right)^n = a$
2. $\sqrt[n]{a} \times \sqrt[n]{b} = \sqrt[n]{ab}$
3. $\frac{\sqrt[n]{a}}{\sqrt[n]{b}} = \sqrt[n]{\frac{a}{b}}$
4. $\sqrt[m]{\sqrt[n]{a}} = \sqrt[mn]{a}$
5. $\sqrt[n]{a} \times \sqrt[n]{b} = \sqrt[mn]{ab}$
6. $\sqrt[n]{\sqrt[m]{\left(a^x\right)^m}} = \sqrt[n]{a^x}$

- यदि a एवं b दो घन पूर्णांक संख्या हों, तब

$$\frac{\sqrt{a}+\sqrt{b}}{\sqrt{a}-\sqrt{b}} = \frac{a+b+2\sqrt{ab}}{a-b}$$

- यदि a एवं b दो घन पूर्णांक संख्या हो तब,

$$\frac{\sqrt{a}-\sqrt{b}}{\sqrt{a}+\sqrt{b}} = \frac{a+b-2\sqrt{ab}}{a-b}$$

- यदि $\sqrt{a-\sqrt{a-\sqrt{a-.....\infty}}}$ हो तथा $a = n(n+1)$ हो तब,

$$\sqrt{a-\sqrt{a-\sqrt{a-.....\infty}}} = n$$

- यदि $\sqrt{a+\sqrt{a+\sqrt{a+.....+\infty}}}$ हो तथा $a = n(n+1)$ हो तब,

$$\sqrt{a+\sqrt{a+\sqrt{a+.....+\infty}}} = (n+1)$$

हल सहित उदाहरण

उदाहरण–1 : $\frac{147\times147\times147+123\times123\times123}{147\times147-147\times123+123\times123}$ का सरलीकृत मान ज्ञात कीजिए।

हल– व्यंजक $= \frac{147\times147\times147+123\times123\times123}{147\times147-147\times123+123\times123}$

माना $a = 147$ तथा $b = 123$

$\therefore$ व्यंजक $= \frac{a^3+b^3}{\left(a^2-ab+b^2\right)} = \frac{(a+b)\left(a^2-ab+b^2\right)}{\left(a^2-ab+b^2\right)}$

$= (a+b) = (147+123) = 270$

उदाहरण–2 :

$$\frac{1}{3-\sqrt{8}} - \frac{1}{\sqrt{8}-\sqrt{7}} + \frac{1}{\sqrt{7}-\sqrt{6}} - \frac{1}{\sqrt{6}-\sqrt{5}} + \frac{1}{\sqrt{5}-\sqrt{2}}$$

का मान ज्ञात कीजिए।

हल– $\frac{1}{3-\sqrt{8}} = \frac{1}{\left(3-\sqrt{8}\right)} \times \frac{\left(3+\sqrt{8}\right)}{\left(3+\sqrt{8}\right)}$

$= \frac{3+\sqrt{8}}{9-8} = 3+\sqrt{8}$

$$\frac{1}{\sqrt{8}-\sqrt{7}} = \frac{1}{\left(\sqrt{8}-\sqrt{7}\right)} \times \frac{\left(\sqrt{8}+\sqrt{7}\right)}{\left(\sqrt{8}+\sqrt{7}\right)} = \sqrt{8}+\sqrt{7}$$

इसी प्रकार

$$\frac{1}{\sqrt{7}-\sqrt{6}} = \sqrt{7}+\sqrt{6}, \frac{1}{\sqrt{6}-\sqrt{5}} = \sqrt{6}+\sqrt{5}$$

तथा $\frac{1}{\sqrt{5}-\sqrt{2}} = \frac{\sqrt{5}+\sqrt{2}}{3}$

$\therefore$ व्यंजक

$$= \frac{1}{3-\sqrt{8}} - \frac{1}{\sqrt{8}-\sqrt{7}} + \frac{1}{\sqrt{7}-\sqrt{6}} - \frac{1}{\sqrt{6}-\sqrt{5}} + \frac{1}{\sqrt{5}-\sqrt{2}}$$

$$= 3+\sqrt{8}-\sqrt{8}-\sqrt{7}+\sqrt{7}+\sqrt{6}-\sqrt{6}-\sqrt{5}+\frac{\left(\sqrt{5}+\sqrt{2}\right)}{3}$$

$$= 3-\sqrt{5}+\frac{\sqrt{5}+\sqrt{2}}{3}$$

$$= \frac{9-3\sqrt{5}+\sqrt{5}+\sqrt{2}}{3}$$

$$= \left(3+\frac{\sqrt{2}}{3}-\frac{2\sqrt{5}}{3}\right) = (3+0.47-1.49) = 1.98$$

उदाहरण–3 : $\sqrt{20+\sqrt{20+\sqrt{20+.....+\infty}}}$ का मान ज्ञात कीजिए।

हल– माना $x = \sqrt{20+x}$

$\Rightarrow x^2 = 20+x$

$\Rightarrow x^2-x-20 = 0$

$\Rightarrow x^2-5x+4x-20 = 0$

$\Rightarrow x(x-5)+4(x-5) = 0$

$\Rightarrow (x-5)(x+4) = 0$

$\Rightarrow x = 5$

उदाहरण–4 : $\frac{1}{1+x^{a-b}}+\frac{1}{1+x^{b-a}}$ का मान ज्ञात कीजिए।

हल– व्यंजक $= \frac{1}{1+x^{a-b}}+\frac{1}{1+x^{b-a}}$

$$= \frac{1}{1+\frac{x^a}{x^b}}+\frac{1}{1+\frac{x^b}{x^a}}$$

$$= \frac{x^b}{x^a+x^b}+\frac{x^a}{x^a+x^b} = \frac{x^a+x^b}{x^a+x^b} = 1$$

उदाहरण–5 : 380 आम कुछ लड़के और लड़कियों में बांटे जाते हैं। जिनकी कुल संख्या 85 है प्रत्येक लड़के को चार आम और प्रत्येक लड़की को पांच आम मिलते हैं। लड़कों की संख्या ज्ञात कीजिए।

हल– माना लड़कों की संख्या $= x$

तब लड़कियों की संख्या $= 85 - x$

प्रश्नानुसार $x \times 4 + (85 - x) \times 5 = 380$

$\Rightarrow$ $4x + 425 - 5x = 380$

$\Rightarrow$ $x = (425 - 380) = 45$

उदाहरण–6 : $\left(1-\frac{1}{4}\right)\left(1-\frac{1}{5}\right)\left(1-\frac{1}{6}\right).....\left(1-\frac{1}{n}\right)$ का मान ज्ञात कीजिए।

हल– व्यंजक $= \left(1-\frac{1}{4}\right)\left(1-\frac{1}{5}\right)\left(1-\frac{1}{6}\right).....\left(1-\frac{1}{n}\right)$

$$= \frac{3}{4}\times\frac{4}{5}\times\frac{5}{6}\times.....\frac{(n-1)}{n}$$

$$= \left(3\times\frac{1}{n}\right) = \frac{3}{n}$$

उदाहरण–7 : $\left[\frac{(\sqrt{5})^5\times(\sqrt{5})^{-3}}{(\sqrt{5})^{-2}}\right]^{\frac{3}{2}}$ का सरलतम मान ज्ञात कीजिए।

हल– व्यंजक $= \left[\frac{(\sqrt{5})^5\times(\sqrt{5})^{-3}}{(\sqrt{5})^{-2}}\right]^{3/2}$

$$= \left[\frac{(\sqrt{5})^5}{(\sqrt{5})^{-2}\times(\sqrt{5})^3}\right]^{3/2} = \left[\frac{5^{5/2}}{(\sqrt{5})}\right]^{3/2}$$

$$= \left[\frac{5^{5/2}}{5^{1/2}}\right]^{3/2} \quad (5^2)^{3/2} = 125$$

उदाहरण–8 : दीपक प्रत्येक सही प्रश्न हल करने पर 4 अंक प्राप्त करता है और प्रत्येक गलत हल किए गए प्रश्न में 1 अंक का नुकसान कर बैठता है। वह 60 प्रश्न हल करता है और 80 अंक प्राप्त करता है। उसके द्वारा सही हल किए गए प्रश्नों की संख्या ज्ञात कीजिए।

हल– माना सही हल किए गए प्रश्नों की संख्या $= x$

तब, गलत किए गए प्रश्नों की संख्या $= (60 - x)$

प्रश्नानुसार, $4x - 1\,(60 - x) = 80$

$\Rightarrow$ $4x - 60 + x = 80$

$\Rightarrow$ $5x = 140$

$\Rightarrow$ $x = 28$

प्रतिशतता

प्रतिशतता: प्रतिशत का अर्थ है प्रत्येक 100 पर अर्थात् दूसरे शब्दों में हम कह सकते हैं कि प्रतिशत वह भिन्न है जिसका हर 100 तथा अंश अन्य संख्या होती है। भिन्न के अंश को प्रतिशत दर (Rate percent) कहते हैं।

जैसे– (i) $x\,\% = \frac{x}{100}$

(ii) $4\,\% = \frac{4}{100} = \frac{2}{50} = \frac{1}{25}$

- भिन्न $\frac{a}{b}$ को प्रतिशत में व्यक्त करने पर–

  $\frac{a}{b} = \left(\frac{a}{b}\times 100\right)\%$
- $a\,\%$ को भिन्न में व्यक्त करने पर–

  $a\,\% = \left(a\times\frac{1}{100}\right) = \frac{a}{100}$
- किसी संख्या a का $b\,\% = \left(a\times\frac{b}{100}\right) = \frac{ab}{100}$

कुछ महत्वपूर्ण संक्षिप्त विधियाँ–

(1) एक शहर की वर्तमान जनसंख्या P है। यदि शहर की जनसंख्या $R\,\%$ वार्षिक दर से बढ़ रही हो, तब

(i) n वर्ष बाद शहर की जनसंख्या $= P\left(1+\frac{R}{100}\right)^n$

(ii) n वर्ष पूर्व शहर की जनसंख्या $= P\left(1+\frac{R}{100}\right)^{-n}$

(2) यदि किसी शहर की जनसंख्या P हो, तथा उसमे क्रमशः पहले, दूसरे व तीसरे वर्ष $P_1\,\%, P_2\,\%$ व $P_3\,\%$ की वृद्धि हो रही हो, तब 3 वर्ष बाद शहर की जनसंख्या

$= P\left(1+\frac{P_1}{100}\right)\left(1+\frac{P_2}{100}\right)\left(1+\frac{P_3}{100}\right)$

(3) एक शहर की वर्तमान जनसंख्या P है। यदि इसमें पहले वर्ष $P_1\%$ की वृद्धि, दूसरे वर्ष $P_2\%$ की कमी तथा तीसरे वर्ष $P_3\%$ की वृद्धि हो रही हो, तो 3 वर्ष बाद शहर की जनसंख्या

$= P\left(1+\frac{P_1}{100}\right)\left(1-\frac{P_2}{100}\right)\left(1+\frac{P_3}{100}\right)$

(4) (*i*) यदि संख्या P का मान Q से a% अधिक हो, तो Q का मान P से कितने प्रतिशत कम होगा? तब,

$$\text{अभीष्ट प्रतिशत} = \frac{100a}{(100+a)}\%$$

(*ii*) यदि संख्या P का मान Q से a% कम हो, तो Q का मान P से कितने प्रतिशत अधिक होगा? तब,

$$\text{अभीष्ट प्रतिशत} = \frac{100a}{(100-a)}\%$$

(5) (*i*) यदि किसी वस्तु के मूल्य में a% की कमी हो जाए, तो उपभोक्ता उस वस्तु के खर्च में कितने प्रतिशत की वृद्धि करे ताकि उस मद में उसका खर्च अपरिवर्तित रहे? तब,

$$\text{अभीष्ट प्रतिशत} = \left\{\frac{a}{(100-a)}\times 100\right\}\%$$

(*ii*) यदि किसी वस्तु के मूल्य में a% की वृद्धि हो जाए, तो उपभोक्ता उस वस्तु के खर्च में कितने प्रतिशत की कमी करे ताकि उस मद में उसका खर्च अपरिवर्तित रहे? तब,

$$\text{अभीष्ट कमी प्रतिशत} = \left\{\frac{a}{(100+a)}\times 100\right\}\%$$

(6) यदि किसी संख्या/ राशि का मान पहले a% बढ़ा दिया जाए और फिर a% घटा दिया जाए, तो प्राप्त राशि/संख्या मूल राशि/संख्या से सदैव कम होगी।

$$\text{अभीष्ट कमी} = \left(\frac{a}{10}\right)^2\%$$

(7) (*i*) यदि किसी संख्या/राशि में पहले a% की वृद्धि कर दी जाए तथा फिर b% की वृद्धि कर दी जाए, तो

$$\text{संख्या/राशि में कुल वृद्धि} = \left[a+b+\frac{ab}{100}\right]\%$$

(*ii*) यदि किसी संख्या/राशि में पहले a% की वृद्धि कर दी जाए तथा फिर b% की कमी कर दी जाए, तो

$$\text{संख्या/राशि में कुल परिवर्तन} = \pm\left[a-b-\frac{ab}{100}\right]\%$$

नोट : यदि चिन्ह (+) धनात्मक प्राप्त होगा तो वृद्धि तथा यदि ऋणात्मक(–) प्राप्त होगा तो कमी होगी।

(6) एक परीक्षा का उत्तीर्णांक a% है। एक परीक्षार्थी परीक्षा में b अंक प्राप्त करता है और c अंकों से फेल हो जाता है। तब,

$$\text{परीक्षा का पूर्णांक} = \left[\frac{100(b+c)}{a}\right] \text{अंक}$$

(7) एक परीक्षार्थी किसी परीक्षा में x% अंक प्राप्त करता है। परंतु a अंकों से फेल हो जाता है। जबकि दूसरा परीक्षार्थी परीक्षा में y% अंक प्राप्त करता है जो उत्तीर्णांक से अंकों से b अधिक है। तब,

$$\text{परीक्षा का पूर्णांक} = \left[\frac{100(a+b)}{y-x}\right] \text{अंक}$$

हल सहित उदाहरण–

उदाहरण 1. किसी संख्या का 20%, 200 है। वह संख्या ज्ञात कीजिए।

हल: माना वह संख्या $= x$

तब $x\times\frac{20}{100} = 200$

$\Rightarrow x = \frac{200\times 100}{20} = 1000$

उदाहरण 2. एक नगर की वर्तमान जनसंख्या 10000 है। यदि नगर की जनसंख्या में 10% की वार्षिक वृद्धि हो रही हो, तो 2 वर्ष बाद नगर की जनसंख्या कितनी होगी?

हल: 2 वर्ष बाद नगर की जनसंख्या $= 10000\left(1+\frac{10}{100}\right)^2$

$= 10000\times\left(\frac{11}{10}\right)^2$

$= \left(10000\times\frac{121}{100}\right)$

$= 12100$

उदाहरण 3. एक विद्यार्थी परीक्षा में 40% अंक प्राप्त करता है और 40 अंकों से असफल हो जाता है। परीक्षा के अधिकतम अंक क्या हैं?

हल: माना परीक्षा के अधिकतम अंक $= x$

तब, $x\times\frac{40}{100} = (40+40)$

$\Rightarrow x = \left(\frac{80\times 100}{40}\right) = 200$

उदाहरण 4. दो संख्याएं में 4 : 5 के अनुपात में हैं। पहली संख्या में 20% की वृद्धि तथा दूसरी में 20% की कमी करने पर प्राप्त संख्याओं का अनुपात ज्ञात कीजिए।

हल: पहली संख्या में 20% की वृद्धि के बाद संख्या

$= \left(4x\times\frac{120}{100}\right) = \frac{24}{5}x$

दूसरी संख्या में 20% की कमी के बाद संख्या

$= \left(5x\times\frac{80}{100}\right) = 4x$

$\therefore$ अभीष्ट अनुपात $= \frac{24}{5}x : 4x = 24x : 20x = 6 : 5$

लाभ, हानि एवं बट्टा

- **क्रय मूल्य (Cost Price) :** वह मूल्य जिस पर कोई वस्तु क्रय की जाती है, उसे उस वस्तु का क्रय मूल्य कहते हैं।
- **विक्रय मूल्य (Selling Price) :** वह मूल्य जिस पर कोई वस्तु बेची जाती है, उसे उस वस्तु का विक्रय मूल्य कहते हैं।
- **लाभ (Profit) :** यदि किसी वस्तु को खरीद मूल्य से अधिक मूल्य पर बेचा जाता है, तो उस अधिक राशि को वस्तु का लाभ कहते हैं।
  लाभ = विक्रय मूल्य – क्रय मूल्य

- **हानि (Loss) :** यदि किसी वस्तु को खरीद मूल्य से कम मूल्य पर बेचा जाता है।, तो वस्तु के खरीद मूल्य में जितनी कमी होती है। उसे उस वस्तु की हानि कहते हैं।
  हानि = क्रय मूल्य – विक्रय मूल्य

सामान्य सूत्र–

(*i*) लाभ प्रतिशत = $\left(\frac{\text{लाभ}}{\text{क्रय मूल्य}}\times 100\right)\%$

(*ii*) हानि प्रतिशत = $\left(\frac{\text{हानि}}{\text{क्रय मूल्य}}\times 100\right)\%$

(*iii*) विक्रय मूल्य = $\frac{(100+\text{लाभ}\%)}{100}\times$ क्रय मूल्य

(*iv*) विक्रय मूल्य = $\frac{(100-\text{हानि}\%)}{100}\times$ क्रय मूल्य

(*v*) क्रय मूल्य = $\frac{100}{(100+\text{लाभ }\%)}\times$ विक्रय मूल्य

(*vi*) क्रय मूल्य = $\frac{100}{(100-\text{हानि }\%)}\times$ विक्रय मूल्य

नोट : लाभ एवं हानि प्रतिशत की गणना सदैव क्रय मूल्य पर ही की जाती है।

- **अंकित मूल्य (Market price) :** किसी वस्तु पर छपा हुआ या सूची मूल्य उस वस्तु का अंकित मूल्य कहलाता है।
- **छूट (Discount) :** वस्तु को बेचते समय दी जाने वाली छूट को, उस वस्तु का बट्टा या छूट कहते हैं।

नोट : छूट सदैव अंकित मूल्य पर ही दी जाती है।

(*i*) छूट = अंकित मूल्य – विक्रय मूल्य

(*ii*) छूट प्रतिशत =

$$\frac{\text{अंकित मूल्य} - \text{विक्रय मूल्य}}{\text{अंकित मूल्य}}\times 100$$

(*iii*) विक्रय मूल्य = अंकित मूल्य $\left(\frac{1-\text{छूट }\%}{100}\right)$

कुछ महत्त्वपूर्ण सूत्र–

(*i*) $a\,\%$ तथा $b\,\%$ दो क्रमिक छूटों के समतुल्य

एकल छूट = $\left[a+b-\frac{ab}{100}\right]\%$

(*ii*) यदि एक वस्तु को ₹ a में बेचने पर उतना ही लाभ होता है जितनी कि उसे ₹ b में बेचने पर हानि होती है, तब,

वस्तु का क्रय मूल्य = ₹$\left(\frac{a+b}{2}\right)$

(*iii*) यदि a वस्तुओं को बेचने पर b वस्तुओं के विक्रय मूल्य के बराबर लाभ हो, तब

लाभ % = $\frac{b}{(a-b)}\times 100\%$

(*iv*) यदि a वस्तुओं को बेचने पर b वस्तुओं के विक्रय मूल्य के बराबर हानि हो, तब

हानि % = $\frac{b}{(a+b)}\times 100\%$

(*v*) यदि a वस्तुओं का क्रय मूल्य b वस्तुओं के विक्रय मूल्य के बराबर हो, तब

लाभ/हानि प्रतिशत = $\pm\frac{(a-b)}{b}\times 100\%$

नोट : यदि चिन्ह धनात्मक (+) होगा, तो लाभ यदि चिन्ह ऋणात्मक होगा, तो हानि होगी।

(*vi*) यदि समान विक्रय मूल्य वाली दो वस्तुओं में से एक को $a\,\%$ लाभ पर तथा दूसरी को $a\,\%$ हानि पर बेचा जाए, तो इस परिस्थिति में पूरे व्यापार के दौरान सदैव हानि की होती है।

∴ अभीष्ट हानि प्रतिशत = $\left(\frac{a^2}{100}\right)\%$

(*vii*) यदि ₹ a में b वस्तुएँ खरीदकर, ₹ b में a वस्तुएँ बेचीं जाएँ, तो

लाभ प्रतिशत = $\left(\frac{b^2-a^2}{a^2}\right)\times 100\%$

(जबकि $b>a$)

हल सहित उदाहरण–

उदाहरण 1. किसी वस्तु को ₹ 72 में बेंचने पर 10% की हानि होती है। तो 5% का लाभ प्राप्त करने के लिए, उस वस्तु को कितने रुपए में बेचना चाहिए?

हल: वस्तु का क्रय मूल्य = $\frac{100}{(100-10)}\times 72$

$= \frac{100}{90}\times 72$ = ₹ 80

∴ 5% लाभ प्राप्त करने के लिए

वस्तु का विक्रय मूल्य = $\frac{(100+5)}{100}\times 80$

$= \left(\frac{105}{100}\times 80\right)$ = ₹ = 84

उदाहरण 2. 20% व 10% के दो क्रमिक बट्टों के समतुल्य एकल बट्टा ज्ञात कीजिए।

हल: एकल समतुल्य बट्टा = $\left[a+b-\frac{ab}{100}\right]\%$

$= \left[20+10-\frac{20\times 10}{100}\right]\% = 28\%$

उदाहरण 3. एक व्यक्ति ₹ 10 में 11 वस्तुएँ खरीदकर, ₹ 11 में 10 वस्तुएँ खरीदता है। व्यक्ति का लाभ प्रतिशत ज्ञात कीजिए।

हल: संक्षिप्त विधि द्वारा–

अभीष्ट लाभ % = $\left(\frac{b^2-a^2}{a^2}\right)\times 100\%$

$= \frac{(11)^2-(10)^2}{(10)^2}\times 100\%$

$= \frac{(121-100)}{100}\times 100\% = 21\%$

उदाहरण 4. एक दुकानदार किसी वस्तु के अंकित मूल्य पर 10% का बट्टा देता है। फिर भी 20% का लाभ अर्जित करता है। यदि वस्तु का अंकित मूल्य ₹ 800 हो, तो उस वस्तु का क्रय मूल्य ज्ञात कीजिए।

हल: वस्तु का विक्रय मूल्य= $\left(800 \times \frac{90}{100}\right)$ = ₹ 720

$\therefore$ वस्तु का क्रय मूल्य = $\left(\frac{100}{120} \times 720\right)$ = ₹ 600

उदाहरण 5. एक व्यापारी एक घड़ी ₹ 450 में खरीदता है। वह उसका सूचीबद्ध मूल्य इस प्रकार निश्चित करता है कि उसे उस पर 10% छूट देकर भी 20% का लाभ प्राप्त हो सके। तो उस घड़ी का सूचीबद्ध मूल्य कितना है?

हल: माना घड़ी का सूचीबद्ध मूल्य = ₹ x

तब प्रश्नानुसार,

$$x \times \frac{90}{100} = 450 \times \frac{120}{100}$$

$\Rightarrow 90x = 450 \times 120$

$\Rightarrow x =$ ₹ 600

उदाहरण 6. एक वस्तु को ₹ 1200 में बेचने पर जितना लाभ होता है, उतना ही उसे ₹ 800 में बेचने पर हानि होती है। तो वस्तु का क्रय मूल्य ज्ञात कीजिए।

हल: संक्षिप्त विधि द्वारा–

वस्तु का क्रय मूल्य = ₹ $\left(\frac{a+b}{2}\right)$

= ₹ $\left(\frac{1200+800}{2}\right)$

= ₹ $\left(\frac{2000}{2}\right)$ = ₹ 1000

साधारण ब्याज

मूलधन (Principal) : किसी बैंक, महाजन, साहूकार आदि से उधार लिया गया धन मूलधन कहलाता है।

ब्याज (Interest) : जब कोई व्यक्ति एक निश्चित समय के लिए धन उधार लेता है तो उसे धन के साथ कुछ अतिरिक्त राशि चुकानी पड़ती हैं। इस अतिरिक्त धनराशि को, ब्याज कहते हैं।

साधारण ब्याज (Simple Interest) : यदि पूरे ऋण अवधि के दौरान मूलधन एक समान बना रहे, तो मूलधन के साथ लौटाया गया ब्याज, साधारण ब्याज कहलाता है।

ब्याज की दर (Rate of Interest) : यदि ब्याज की गणना प्रति ₹ 100 राशि के लिए वर्ष के अंत में अदा की जाने वाली ब्याज के रूप में की जाती है तो इसे 'दर प्रतिशत प्रतिवर्ष' (Rate per cent per annum) कहते हैं।

समय (Time) : जितने समय के लिए धन उधार लिया जाता है, उसे ब्याज की अवधि कहते हैं, इसे 't' से प्रदर्शित करते हैं।

महत्वपूर्ण सामान्य सूत्र– यदि मूलधन को P से ब्याज की प्रतिशत दर को r से समय को t से तथा साधारण ब्याज को S.I. से प्रदर्शित करें, तब

(i) $S.I. = \frac{Prt}{100}$ (ii) $r = \frac{100 \times S.I.}{P \times t}$

(iii) $t = \frac{100 \times S.I.}{P \times r}$ (iv) $P = \frac{100 \times S.I.}{r \times t}$

(v) मिश्रधन = मूलधन + ब्याज

(vi) यदि कोई धन, साधारण ब्याज की दर से t वर्षों में स्वयं का n गुना हो जाए, तब

$$\text{ब्याज की दर } (r) = \frac{100\,(n-1)}{t}\%$$

(vii) $$\text{समय } (t) = \frac{100\,(n-1)}{r}$$

हल सहित उदाहरण

उदाहरण–1 : ₹ 8000 में से कुछ राशि 6% प्रतिवर्ष की दर से उधार दी जाती है तथा शेष राशि को 4% प्रतिवर्ष की दर से उधार दिया जाता है। यदि 5 वर्षों के बाद ब्याज के रूप में कुल ₹ 1800 प्राप्त हो, तो 4% प्रतिवर्ष की दर से उधार दी गई राशि ज्ञात कीजिए।

हल– माना 6% प्रतिवर्ष की दर से उधार दिया गया धन = ₹ x

तब, 4% प्रतिवर्ष की दर से उधार दिया गया धन = ₹ $(8,000 - x)$

प्रश्नानुसार, $\frac{6 \times 5 \times x}{100} + \frac{(8000-x) \times 4 \times 5}{100} = 1,800$

$\Rightarrow \quad 30x + 1,60,000 - 20x = 1,80,000$

$\Rightarrow \quad 10x = 20,000$

$\therefore \quad x =$ ₹ 2,000

$\therefore$ 4% प्रतिवर्ष की दर से उधार दिया गया धन = (8,000 – 2,000) = ₹ 6,000

उदाहरण–2 : ₹ 1000 को दो अलग-अलग बैंकों में 2 वर्षों के लिए जमा किया जाता है। इन दोनों बैंकों से प्राप्त ब्याज में ₹ 25 का अंतर है, तो इनके ब्याज दरों का अंतर ज्ञात कीजिए।

हल– माना पहले बैंक की ब्याज दर r_1% व दूसरे बैंक की ब्याज दर r_2% है।

तब प्रश्नानुसार, $I_1 = \frac{1000 \times 2 \times r_1}{100} = 20r_1$

$I_2 = \frac{1000 \times 2 \times r_2}{100} = 20r_2$

$\Rightarrow \quad I_1 - I_2 = 20r_1 - 20r_2$

$\because \quad 20(r_1 - r_2) = 25$

$\Rightarrow \quad (r_1 - r_2) = \frac{25}{20} = 1.25\%$

उदाहरण–3 : कोई धन साधारण ब्याज की दर से 10 वर्षों में दुगुना हो जाता है, तो ब्याज दर की गणना कीजिए।

हल– माना अभीष्ट धन = ₹ x

तब, 10 वर्षों के बाद धन = ₹ $2x$

$\therefore$ ब्याज = ₹ $(2x - x)$ = ₹ x

$\therefore$ ब्याज की दर = $\left[\frac{100 \times S.I.}{P \times t}\right]$

$= \left(\frac{100 \times x}{x \times 10}\right)\% = 10\%$

उदाहरण–4 : ₹ 5000 को दो हिस्सों में इस प्रकार बाँटा जाता है कि यदि एक हिस्से को 4% की दर से तथा दूसरे हिस्से को 8% की दर से निवेश किया जाता है, तो वर्ष के अंत में ब्याज के रूप में ₹ 300 प्राप्त होते हैं। प्रत्येक हिस्सा ज्ञात कीजिए।

हल–

माना 4% वार्षिक दर से निवेशित किया गया धन = ₹ x

$\therefore$ 8% वार्षिक दर से निवेशित धन = ₹ $(5000 - x)$

प्रश्नानुसार,

$$\frac{x \times 4 \times 1}{100} + \frac{(5000 - x) \times 8 \times 1}{100} = ₹\ 300$$

$$\Rightarrow \quad 4x + 40{,}000 - 8x = ₹\ 30{,}000$$

$$\Rightarrow \quad x = ₹\ \frac{10{,}000}{4} = ₹\ 2{,}500$$

अत: 4% वार्षिक दर पर निवेशित राशि = ₹ 2,500

8% वार्षिक दर पर निवेशित राशि =(5000 – 2500) = ₹ 2,500

चक्रवृद्धि ब्याज

चक्रवृद्धि ब्याज (Compound Interest) : कोई धनराशि ब्याज पर इस प्रकार लगाई जाती है, कि निश्चित समय या वर्ष के अंत में ब्याज को मूलधन में जोड़ दिया जाता है और इस प्रकार से प्राप्त मिश्रधन को मूलधन मानकर इस पर ब्याज की गणना की जाती है। यह क्रिया तब तक दोहराई जाती है जब तक कि आखिरी अवधि के लिए राशि की गणना न कर ली जाए। मूल राशि (मूलधन) व अंतिम राशि के अंतर को चक्रवृद्धि ब्याज कहते हैं। इसे C.I. से प्रदर्शित करते हैं–

महत्वपूर्ण सामान्य सूत्र–

यदि मूलधन = ₹ 8, समय = n वर्ष तथा दर = R% वार्षिक हो, तब

(i) यदि ब्याज, वार्षिक देय हो।

$$\therefore \quad \text{मिश्रधन } (A) = P\left(1 + \frac{R}{100}\right)^n$$

(ii) यदि ब्याज, अर्द्धवार्षिक देय हो, तो समय को दोगुना तथा दर को आधा कर दिया जाता है।

$$\therefore \quad \text{मिश्रधन } (A) = P\left(1 + \frac{R}{200}\right)^{2n}$$

(iii) यदि ब्याज, त्रैमासिक देय हो, तो समय को चार गुना तथा दर को $\frac{1}{4}$ कर दिया जाता है।

$$\therefore \quad \text{मिश्रधन } (A) = P\left(1 + \frac{R}{400}\right)^{4n}$$

(iv) यदि ब्याज, मासिक देय हो, तो समय को 12 गुना तथा दर को $\frac{1}{12}$ कर दिया जाता है।

$$\therefore \quad \text{मिश्रधन } (A) = P\left(1 + \frac{R}{1200}\right)^{12n} \text{ ee}$$

(v) यदि समय को भिन्न $n\frac{a}{b}$ के रूप में दिया गया हो, तब

$$\therefore \quad \text{मिश्रधन } (A) = P\left(1 + \frac{R}{1200}\right)^{n}\left(1 + \frac{R}{100}\right)^{\frac{a}{b}}$$

नोट– $\frac{a}{b}$ का मान सदैव 1 से कम होगा।

(vi) यदि पहले वर्ष ब्याज की दर R_1%, दूसरे वर्ष R_2% तथा तीसरे वर्ष R_3% हो, तो

3 वर्ष बाद मिश्रधन (A)

$$= P\left(1 + \frac{R_1}{100}\right)\left(1 + \frac{R_2}{100}\right)\left(1 + \frac{R_3}{100}\right)$$

चक्रवृद्धि ब्याज = चक्रवृद्धि मिश्रधन – मूलधन

$$\therefore \quad \text{चक्रवृद्धि ब्याज} = P\left[\left(1 + \frac{R}{100}\right)^n - 1\right]$$

हल सहित उदाहरण

उदाहरण–1 : कितने वर्षों में ₹ 800 का मिश्रधन 5% प्रतिवर्ष चक्रवृद्धि ब्याज की दर से ₹ 882 हो जाएगा?

हल :

$$\text{मिश्रधन} = P\left(1 + \frac{R}{100}\right)^n$$

$$882 = 800\left(1 + \frac{5}{100}\right)^n$$

$$\Rightarrow \quad \left(\frac{21}{20}\right)^n = \frac{882}{800} = \frac{441}{400} = \left(\frac{21}{20}\right)^2$$

$$\Rightarrow \quad n = 2 \text{ वर्ष}$$

उदाहरण–2 : ₹ 1000 की धनराशि का $2\frac{1}{4}$ वर्षों का 5% वार्षिक ब्याज की दर से चक्रवृद्धि ब्याज ज्ञात कीजिए।

हल :

$$\text{मिश्रधन} = P\left(1 + \frac{R}{100}\right)^n\left(1 + \frac{R}{100}\right)^{\frac{a}{b}}$$

$$= 1000\left(1 + \frac{5}{100}\right)^2\left(1 + \frac{5}{100}\right)^{\frac{1}{4}}$$

$$= 1000 \times \left(\frac{21}{20}\right)^2 \times \left(1 + \frac{5}{100} \times \frac{1}{4}\right)$$

$$= \left(1000 \times \frac{21}{20} \times \frac{21}{20} \times \frac{81}{80}\right)$$

$$= 1116.28$$

$$\therefore \quad \text{चक्रवृद्धि ब्याज} = ₹\ (1116.28 - 1000) = ₹\ 116.28$$

भागीदारी

भागीदारी (Partnership)–जब दो या दो से अधिक व्यक्ति संयुक्त रूप से पूंजी लगाकर कोई व्यापार आरंभ करते हैं, तो इस व्यापार को साझा कहते हैं। साझा दो प्रकार का होता है।

1. साधारण साझा (Simple Partnership)–यदि सभी साझेदारों द्वारा व्यापार में पूंजी समान समय के लिए लगाई जाए, तो इस प्रकार की साझेदारी को साधारण साझा कहते हैं।

2. मिश्रित साझा (Mixed Partnership)–यदि व्यापार में साझेदारों द्वारा पूंजी भिन्न-भिन्न समय के लिए लगाई जाए, तो इस प्रकार की साझेदारी को मिश्रित साझा कहते हैं

साझेदारी में साझेदार दो प्रकार के होते हैं–

(i) सक्रिय साझेदार (Active Partner)–वह साझेदार जो व्यापार की देखरेख करता है, सक्रिय साझेदार कहलाता है इस देखरेख या प्रबंधन के लिए उसे लाभ में से पारिश्रमिक के रूप में एक निश्चित राशि प्राप्त होती है।

(ii) सुस्त साझेदार (Sleeping Partner)–वह साझेदार जो व्यापार में पूंजी तो लगाता है परंतु उसकी देखरेख नहीं करता है। सुस्त साझेदार कहलाता है।

3. यदि दो साझेदार A तथा B एक व्यापार में अपनी पूंजी भिन्न-भिन्न समय के लिए निवेशित करते हैं तब,

$$\frac{A \text{ द्वारा निवेशित पूंजी} \times A \text{ की समयावधि}}{B \text{ द्वारा निवेशित पूंजी} \times B \text{ की समयावधि}} = \frac{A \text{ का लाभ में हिस्सा}}{B \text{ का लाभ में हिस्सा}}$$

हल सहित उदाहरण

उदाहरण–1 : A, B व C एक व्यापार में $\frac{1}{2}:\frac{1}{3}:\frac{1}{4}$ के अनुपात में पूंजी लगाते हैं 2 माह बाद A अपनी आधी पूंजी वापस ले लेता है। यदि 10 माह बाद व्यापार का कुल लाभ ₹ 378 हो, तो B का लाभ में हिस्सा क्या होगा?

हल– A, B व C द्वारा निवेशित पूंजियों का अनुपात

$$= \frac{1}{2}:\frac{1}{3}:\frac{1}{4} = 6:4:3$$

माना A, B व C द्वारा निवेशित की गई राशियां क्रमशः ₹ $6x$, ₹ $4x$ व ₹ $3x$ है

तब $A : B : C = (6x \times 2 + 3x \times 10) : (4x \times 12) : (3x \times 12)$
$= 42x : 48x : 36x = 7 : 8 : 6$

$\therefore$ B का लाभ में हिस्सा $= \left(378 \times \frac{8}{21}\right) =$ ₹ 144

उदाहरण–2 : प्रदीप तथा विकास मिलकर एक व्यापार प्रारंभ करते हैं। प्रदीप विकास की अपेक्षा 3 गुना अधिक निवेश करता है, और उसके द्वारा निवेशित की गई राशि की अवधि विकास से दो गुनी है। यदि विकास ने व्यापार के अंत में लाभ के रूप में ₹ 4000 प्राप्त हुए हों, तो कुल लाभ ज्ञात कीजिए।

हल–माना विकास ₹ R को M महीने के लिए निवेशित करता है।

तब, प्रदीप ₹ $3R$ को $2M$ महीनें के लिए निवेशित करेगा

$\therefore$ प्रदीप तथा विकास द्वारा निवेशित की गई पूंजियों का अनुपात

$= (3R \times 2M) : (R \times M)$
$= 6RM : RM = 6 : 1$

$\therefore$ व्यापार का कुल लाभ = ₹ $\left(\frac{4000 \times 7}{1}\right) =$ ₹ 28,000

उदाहरण–3 : X, Y तथा Z मिलकर एक व्यापार प्रारंभ करते हैं X, ₹ 6500, 6 महीने के लिए निवेश करता है Y, ₹ 8400 5 महीने के लिए निवेश करता है तथा Z, ₹ 10000 को 3 महीने के लिए निवेश करता है। X व्यापार की देख-रेख करता है जिसके लिए उसे कुल लाभ का 5% अतिरिक्त प्राप्त होता है। यदि व्यापार का कुल लाभ ₹ 7400 हो तो लाभ में Y का हिस्सा ज्ञात कीजिए।

हल– X को प्राप्त अतिरिक्त राशि = ₹ $\left(7400 \times \frac{5}{100}\right) = 370$

$\therefore$ शेष बची लाभ की राशि = ₹ $(7400 - 370) = 7030$

X, Y तथा Z द्वारा निवेशित की गई पूंजियों का अनुपात

$= (6500 \times 6) : (8400 \times 5) : (10000 \times 3)$
$= 39000 : 42000 : 30000$
$= 13 : 14 : 10$

शेष बचे लाभ में Y का हिस्सा = ₹ $\left(7030 \times \frac{14}{37}\right) =$ ₹ 2660

उदाहरण–4 : रीना, मीना और शीना एक कारोबार चालू करने के लिए क्रमशः ₹ 63000, ₹ 56000 और ₹ 84000 का निवेश करती है वर्ष के अंत में उनके निवेश के अनुपात में लाभ का वितरण किया जाता है। रीना का लाभ में हिस्सा ₹ 54000 है, तो कुल अर्जित लाभ कितना है?

हल–रीना, मीना और शीना द्वारा निवेशित की गई पूंजियों का अनुपात
$= 63000 : 56000 : 84000 = 9 : 8 : 12$

$\therefore$ कुल अर्जित लाभ $= \left(\frac{29}{12} \times 54000\right) =$ ₹ 1,74,000

औसत

औसत : समान प्रकार की राशियों के योगफल को उन राशियों की संख्या से भाग देने पर प्राप्त परिणाम औसत कहलाता है।

$$\therefore \text{ औसत} = \frac{\text{राशियों का योग}}{\text{राशियों की संख्या}}$$

उदाहरण : एक व्यक्ति की एक सप्ताह की दैनिक मजदूरी क्रमशः ₹ 160, ₹ 220, ₹ 340, ₹ 260, ₹ 280, ₹ 160 व ₹ 210 है। उस व्यक्ति की औसत मजदूरी कितनी है?

हल – व्यक्ति की औसत मजदूरी

$$= \frac{160 + 220 + 340 + 260 + 280 + 160 + 210}{7}$$

$$= \frac{1630}{7} = ₹\ 232.85$$

कुछ महत्वपूर्ण बिंदु

(i) प्रथम 'n' प्राकृतिक संख्याओं का औसत $= \left(\frac{n+1}{2}\right)$

(ii) प्रथम 'n' सम संख्याओं का औसत $= (n + 1)$

(iii) प्रथम 'n' विषम संख्याओं का औसत $= n$

(iv) प्रथम 'n' प्राकृतिक संख्याओं के वर्गों का औसत

$$= \frac{(n+1)(2n+1)}{6}$$

(v) प्रथम 'n' प्राकृतिक संख्याओं के घनों का औसत

$$= n\left(\frac{(n+1)}{2}\right)^2$$

(vi) 1 से लेकर 'n' तक की विषम संख्याओं का औसत

$$= \frac{\text{अंतिम विषम संख्या } +1}{2}$$

(vii) 1 से लेकर 'n' तक की सम संख्याओं का औसत

$$= \frac{\text{अंतिम सम संख्या } +1}{2}$$

(viii) किसी संख्या x के 'n' गुणजों का औसत $= \frac{(n+1)}{2} \times x$

महत्वपूर्ण संक्षिप्त विधियाँ

(*i*) एक व्यक्ति किसी निश्चित दूरी को जाते समय a किमी०/घण्टा की चाल से तथा वापस लौटते समय उसी दूरी को b किमी० /घण्टा की चाल से तय करता है, तब,
पूरी यात्रा के दौरान व्यक्ति की औसत चाल
$= \left(\frac{2ab}{a+b}\right)$ किमी०/घण्टा

(*ii*) एक व्यक्ति किसी निश्चित दूरी को तीन असमान चालों क्रमशः a किमी०/घण्टा, b किमी०/घण्टा व c किमी०/घण्टा की चाल से तय करता है। तब,
व्यक्ति की औसत चाल $= \left[\frac{3abc}{ab+bc+ca}\right]$ किमी०/घण्टा

(*iii*) यदि m संख्याओं का औसत a है तथा n संख्याओं का औसत b है तब, शेष संख्याओं का औसत
(*i*) यदि $m > n$
शेष संख्याओं का औसत $= \left[\frac{ma-nb}{m-n}\right]$
(*ii*) यदि $n > m$
शेष संख्याओं का औसत $= \left[\frac{nb-ma}{n-m}\right]$

(*iv*) N व्यक्तियों के एक समूह में एक T वर्ष के व्यक्ति के स्थान पर नया व्यक्ति आ जाता है, जिससे औसत आयु में t वर्ष की कमी या वृद्धि हो जाती है। तब,
(*i*) यदि औसत आयु में वृद्धि होती है, तब
नए व्यक्ति की आयु $= (T + Nt)$ वर्ष
(*ii*) यदि औसत आयु में कमी होती है, तब
नए व्यक्ति की औसत आयु $= (T - Nt)$ वर्ष

हल सहित उदाहरण–

उदाहरण 1. 40 लड़कों की एक कक्षा की औसत आयु 20 वर्ष थी। इनमें से 12 की औसत आयु 22 वर्ष और अन्य 18 की औसत आयु 17 वर्ष थी। तो शेष लड़कों की औसत आयु ज्ञात कीजिए।

हल: 40 लड़कों की कुल आयु $= (40 \times 50)$ वर्ष $= 800$ वर्ष
12 लड़कों की कुल आयु $= (12 \times 22)$ वर्ष $= 264$ वर्ष
18 लड़कों की कुल आयु $= (18 \times 17)$ वर्ष $= 306$ वर्ष
$\therefore$ शेष 10 लड़कों की औसत आयु

$$= \frac{800-(264+306)}{10}$$

$$= \frac{800-570}{10} = \frac{230}{10} = 23 \text{ वर्ष}$$

उदाहरण 2. 5 सदस्यों की एक समिति की औसत आयु 40 वर्ष है। यदि उनमें से 35 वर्ष का एक सदस्य त्यागपत्र दे दे तथा उसके स्थान पर 25 वर्ष का एक अन्य सदस्य आ जाए, तो नए सदस्यों की समिति की औसत आयु ज्ञात कीजिए।

हल: 5 सदस्यों की कुल आयु $= (5 \times 40)$ वर्ष $= 200$ वर्ष
35 वर्ष के सदस्य के चले जाने तथा 25 वर्ष के सदस्य के आ जाने के कारण आयु में कमी $= (35 - 25)$ वर्ष $= 10$ वर्ष
$\therefore$ नई समिति का औसत $= \left(\frac{200-10}{5}\right)$ वर्ष $= \frac{190}{5}$ वर्ष
$= 38$ वर्ष

उदाहरण 3. 4 लड़कों की औसत आयु 20 वर्ष है। उनके समूह में एक नया लड़का शामिल हो जाता है, तो लड़कों के समूह की औसत आयु 21 वर्ष हो जाती है। तो उस नए लड़के की आयु ज्ञात कीजिए।

हल: 4 लड़कों की कुल आयु $= (4 \times 20)$ वर्ष $= 80$ वर्ष
नए लड़के के शामिल हो जाने पर
5 लड़कों की कुल आयु $= (5 \times 21)$ वर्ष $= 105$ वर्ष
$\therefore$ नए लड़के की आयु $= (105 - 80)$ वर्ष $= 25$ वर्ष

उदाहरण 4. पारूल ने अपनी प्रथम तीन परीक्षाओं में 88, 86 व 90 अंक प्राप्त किए, उसमें चौथी परीक्षा में प्राप्तांक कितने होने चाहिए ताकि उसका औसत प्राप्तांक 91 हो जाए?

हल: माना पारूल के चौथी परीक्षा में प्राप्तांक $= x$
तब, $91 = \frac{88+86+90+x}{4}$
$\Rightarrow \quad 264 + x = 364$
$\Rightarrow \quad x = 100$

उदाहरण 5. 9 छात्रों के एक समूह की औसत आयु 36 वर्ष है। 36 वर्ष की आयु के अध्यापक को सम्मिलित किए जाने पर उनकी औसत आयु में कितनी वृद्धि होगी?

हल: 9 छात्रों की कुल आयु $= (9 \times 16)$ वर्ष $= 144$ वर्ष
(9 छात्र + 1 अध्यापक) की कुल आयु $= (144 + 36)$ वर्ष
$= 180$ वर्ष
$\therefore$ 10 लोगों की औसत आयु $= \frac{180}{10}$ वर्ष $= 18$ वर्ष
$\therefore$ औसत आयु में वृद्धि $= (18 - 16)$ वर्ष $= 2$ वर्ष

उदाहरण 6. तीन बच्चों की औसत आयु 15 वर्ष है। यदि इनकी आयु का अनुपात 3 : 5 : 7 हो, तो सबसे बड़े बच्चे की आयु कितनी है?

हल: माना तीन बच्चों की आयु क्रमशः $3x$ वर्ष, $5x$ वर्ष, व $7x$ वर्ष है।
प्रश्नानुसार, $\frac{3x+5x+7x}{3} = 15$
$\Rightarrow \quad 15x = 45 \Rightarrow x = 3$ वर्ष
$\therefore$ बड़े बच्चे की आयु $= (7 \times 3)$ वर्ष $= 21$ वर्ष

समय और कार्य

महत्त्वपूर्ण बिंदु–

- यदि एक व्यक्ति किसी काम को a दिनों में पूरा करता है तब, व्यक्ति द्वारा किया गया 1 दिन का काम $= \frac{1}{a}$
- यदि एक व्यक्ति किसी काम का $\frac{1}{a}$ भाग 1 दिन में पूरा करता है तब, व्यक्ति द्वारा पूरा कार्य समाप्त करने में लगा समय $= a$ दिन

- यदि A अपने काम में B की अपेक्षा x गुना अधिक दक्ष है, तो A द्वारा काम पूरा करने में लगा समय $= \frac{1}{n} \times B$
- यदि M_1 व्यक्ति W_1 कार्य D_1 दिनों में तथा M_2 व्यक्ति W_2 कार्य D_2 दिनों में पूरा करते हैं। तो इनके बीच एक सामान्य सूत्र स्थापित होता है। जो निम्नलिखित है–
$M_1 D_1 W_2 = M_2 D_2 W_1$
- यदि M_1 व्यक्ति H_1 घण्टे प्रतिदिन कार्य करके W_1 कार्य D_1 दिनों में तथा M_2 व्यक्ति H_2 घण्टे प्रतिदिन कार्य करके W_2 कार्य D_2 दिनों में पूरा करते हैं। तब, सामान्य सूत्र निम्न प्रकार से होगा–
$M_1 H_1 D_1 W_2 = M_2 H_2 D_2 W_1$
- यदि दो व्यक्तियों A और B की कार्यक्षमताओं का अनुपात $x : y$ हो, तो उसके द्वारा लिए गए समय का अनुपात $y : x$ होगा।

महत्त्वपूर्ण संक्षिप्त विधियाँ–

(i) A और B मिलकर किसी काम को क्रमशः x दिन व y दिन में पूरा कर सकते हैं। यदि दोनों एक साथ मिलकर कार्य करें, तब

काम पूरा होनें में लगा समय $= \left(\frac{xy}{x+y}\right)$ दिन

(ii) A, B व C किसी काम को क्रमशः x दिन, y दिन व z दिन में पूरा करते हैं। यदि वे तीनों मिलकर एक साथ काम करें तब,

काम पूरा होने में लगा समय $= \left[\frac{xyz}{xy+yz+zx}\right]$ दिन

(iii) A और B मिलकर किसी काम को x दिनों में पूरा करते हैं, यदि A अकेले उस काम को y दिनों में पूरा करे तब,
B द्वारा अकेले काम पूरा करने में लगा समय

$$= \left[\frac{xy}{y-x}\right] \text{ दिन}$$

(iv) यदि M_1 आदमी या B_1 लड़के किसी काम को D दिन में पूरा करते हैं, तो M_2 आदमी और B_2 लड़कों द्वारा उस काम को पूरा करने में लगा अभीष्ट समय

$$= \left[\frac{D M_1 B_1}{M_1 B_2 + M_2 B_1}\right] \text{ दिन}$$

(v) यदि M_1 पुरुष एक काम को x दिनों में तथा W_1 महिलाएँ उसी काम को y दिनों में पूरा करती हैं, तो M_2 पुरुष और W_2 महिलाओं द्वारा उस कार्य को पूरा करने में–

लगा अभीष्ट समय $= \left[\frac{1}{\frac{M_2}{M_1 x} + \frac{W_2}{W_1 y}}\right]$ दिन

उदाहरण हल सहित–

उदाहरण 1. A किसी काम को 10 दिन में तथा B, 15 दिन में कर सकता है, यदि दोनों मिलकर काम करें, तो काम पूरा होने में कितना समय लगेगा?

हल – A का 1 दिन का काम $= \frac{1}{10}$

B का 1 दिन का काम $= \frac{1}{15}$

$\therefore$ $(A+B)$ का 1 दिन का काम $= \left(\frac{1}{10} + \frac{1}{15}\right)$

$= \frac{5}{30} = \frac{1}{6}$

अतः A और B मिलकर काम को 6 दिन में पूरा कर लेंगे।

अथवा

संक्षिप्त विधि द्वारा

A और B द्वारा काम पूरा होने में लगा समय $= \left(\frac{10 \times 15}{10+15}\right)$ दिन

$= \frac{150}{25} = 6$ दिन

उदाहरण 2. A और B मिलकर किसी काम को 10 दिन में पूरा करते हैं यदि A अकेला काम को 25 दिन में पूरा करता है। तो B अकेले उस काम को कितने दिनों में पूरा करेगा?

हल – $(A+B)$ का 1 दिन का काम $= \frac{1}{10}$

A का 1 दिन का काम $= \frac{1}{25}$

$\therefore B$ का 1 दिन का काम$= \left(\frac{1}{10} - \frac{1}{25}\right) = \frac{3}{50}$

$\therefore B$ अकेले उस काम को $\frac{50}{3}$ दिन में$= 16\frac{2}{3}$ दिन में पूरा कर लेगा।

अथवा

संक्षिप्त विधि द्वारा–

अकेले B द्वारा काम पूरा करने में लगा समय $= \left(\frac{10 \times 25}{25-10}\right)$ दिन

$= \frac{250}{15}$ दिन$= 16\frac{2}{3}$ दिन

उदाहरण 3. 12 महिलाएँ एक काम को 5 दिन में पूरा कर सकती हैं, जबकि 3 महिलाएँ और 9 बच्चे मिलकर यही काम 10 दिन में पूरा कर सकते हैं। तो 36 बच्चे यह काम कितने दिन में पूरा कर पायेंगे?

हल – प्रश्नानुसार,

(12×5) महिलाएँ $= 10 \times (3$ महिलाएँ $+ 9$ बच्चे$)$
$\Rightarrow 60$ महिलाएँ$= 30$ महिलाएँ $+ 90$ बच्चे
$\Rightarrow 30$ महिलाएँ $= 90$ बच्चे
$\Rightarrow 1$ महिला $= 3$ बच्चे
$\because$ 12 महिलाएँ किसी काम को 5 दिन में पूरा करती हैं।
परंतु 12 महिलाएँ$= (12 \times 3)$ बच्चे $= 36$ बच्चे
$\therefore$ 36 बच्चे यह काम 5 दिन में पूरा कर लेगें।

उदाहरण 4. 5 आदमी या 10 बच्चे किसी काम को 20 दिन में पूरा कर सकते हैं, तो 10 आदमी और 10 बच्चे उस काम को कितने दिन में पूरा करेंगे?

हल – संक्षिप्त विधि द्वारा–

$$\text{अभीष्ट समय} = \left[\frac{DM_1B_1}{M_1B_1 + B_1M_2}\right]$$

$$= \left[\frac{20 \times 5 \times 10}{5 \times 10 + 10 \times 10}\right] \text{दिन}$$

$$= \frac{1000}{150} \text{ दिन} = 6\frac{2}{3} \text{ दिन}$$

उदाहरण 5. 10 व्यक्ति एक काम को 15 दिन में पूरा कर सकते हैं, तो 25 व्यक्ति उससे दोगुने काम को कितने समय में पूरा करेंगे?

हल – सामान्य सूत्र–

$M_1 D_1 W_2 = M_2 D_2 W_1$ से

$\Rightarrow \quad 10 \times 15 \times 2 = 25 \times D_2 \times 1$

$$\Rightarrow D_2 = \left(\frac{10 \times 15 \times 2}{25}\right) \text{दिन} = 12 \text{ दिन}$$

अतः अभीष्ट समय = 12 दिन

समय और दूरी

चाल (Speed) : किसी वस्तु द्वारा एकांक समय में तय की गई दूरी को उसकी चाल कहते हैं।

(i) $\text{चाल} = \dfrac{\text{दूरी}}{\text{समय}}$

(ii) $\text{समय} = \dfrac{\text{दूरी}}{\text{चाल}}$

(iii) दूरी = चाल × समय

- यदि चाल किमी/घण्टा में दी गई हो, तो उसे मी/सेकण्ड मे बदलने के लिए $\frac{5}{18}$ का गुणा किया जाता है।

जैसे : x किमी/घण्टा $= \left(x \times \frac{5}{18}\right)$ मी/से

- यदि चाल मी/सेकण्ड में दी गई हो, तो उसे किमी/घण्टा में बदलने के लिए $\frac{18}{5}$ का गुणा किया जाता है।

जैसे : y मी/से. $= \left(y \times \frac{18}{5}\right)$ किमी/घण्टा

- यदि A और B की गतियों का अनुपात $x : y$ हो, तो समान दूरी तय करने में उनके द्वारा लिए गए समय का अनुपात $y : x$ होगा।
- यदि दो व्यक्ति क्रमशः x किमी/घण्टा व y किमी/घण्टा की चाल से समान दिशा में चल रहे हों, तो :

उनकी सापेक्ष चाल = $(x - y)$ किमी/घण्टा (जब $x > y$)

- यदि दो व्यक्ति क्रमशः x किमी/घण्टा व y किमी/घण्टा की चाल से एक-दूसरे की विपरीत दिशा में चल रहे हों, तो:

उनकी सापेक्ष चाल = $(x + y)$ किमी/घण्टा

सारणी और ग्राफ का प्रयोग

जब किसी प्रश्न में बहुत सारे आँकड़े दिए जाते हैं, तो उनको व्यवस्थित करने के लिए पाई-चार्ट, सारणीयन, रेखाचित्र तथा दण्डआरेख का प्रयोग किया जाता है। अभ्यर्थी को इस प्रकार के प्रश्न हल करने के लिए सर्वप्रथम दिए गए आँकड़ों का ध्यानपूर्वक विश्लेषण करना चाहिए, तत्पश्चात् उससे संबंधित प्रश्नों के उत्तर देने चाहिए।

नीचे कुछ उदाहरणों के माध्यम से हम आँकड़ों का विश्लेषण अध्याय के प्रश्नों के विभिन्न रूपों का वर्णन कर रहे हैं।

हल सहित उदाहरण

निर्देश (उदाहरण 1-2) : दण्डग्राफ किसी छात्र द्वारा एक परीक्षा में प्रत्येक विषय में 100 अंकों में से प्राप्त अंक दर्शाता है। ग्राफ का ध्यानपूर्वक अध्ययन करके पूछे गए प्रश्नों के उत्तर दीजिए।

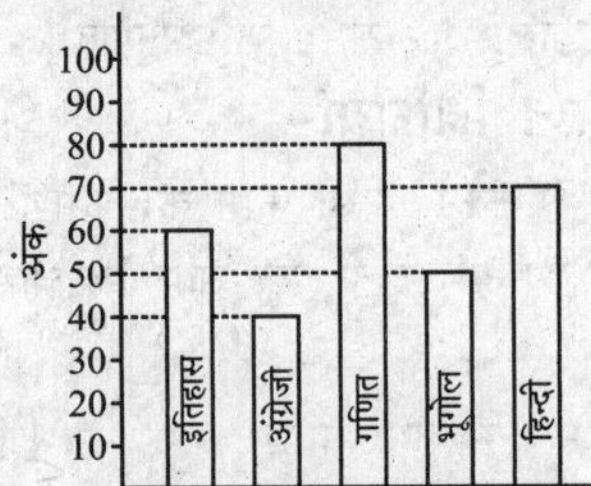

उदाहरण 1. गणित और इतिहास के अंकों का अनुपात ज्ञात कीजिए–

(a) 6 : 5 (b) 8 : 5 (c) 3 : 4 (d) 4 : 3

हल : (d) गणित में प्राप्त अंक = 80

इतिहास में प्राप्त अंक = 60

∴ अभीष्ट अनुपात = 80 : 60

= 4 : 3

उदाहरण 2. हिन्दी और अंग्रेजी के औसत प्राप्तांक ज्ञात कीजिए–

(a) 65 (b) 50 (c) 55 (d) 60

हल : अभीष्ट औसत प्राप्तांक $= \left(\frac{70 + 40}{2}\right) = 55$

निर्देश (उदाहरण 3-4) : एक प्रकाशन कम्पनी द्वारा 2011 में एक पुस्तक प्रकाशित करने के लिए किए गए विभिन्न व्यय नीचे दिए गए हैं। चार्ट का अध्ययन करें और दिए गए प्रश्नों के उत्तर दें–

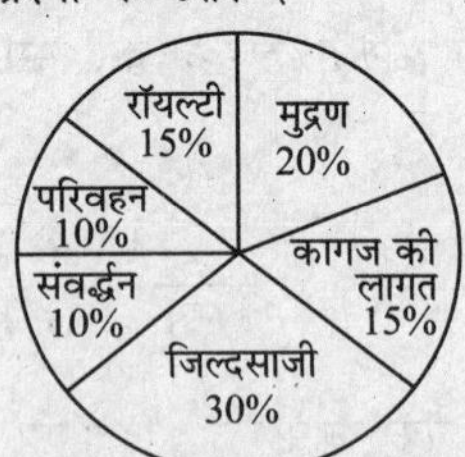

उदाहरण 3. एक पुस्तक की कीमत लागत कीमत से 20% अधिक है। यदि अंकित कीमत ₹ 180 है, तो एक प्रति के लिए कागज की लागत (₹ में) क्या है ?

(a) 44·25 (b) 36 (c) 22·50 (d) 42

हल : एक प्रति के लिए पुस्तक का विक्रय मूल्य

$$= \left(\frac{180}{120} \times 100\right) = ₹\ 150$$

$$\therefore \quad \text{कागज की लागत} = \left(150 \times \frac{15}{100}\right) = ₹\ 22{\cdot}50$$

उदाहरण 4. किसी पुस्तक का स्वत्व शुल्क (रॉयल्टी) उसकी मुद्रण-लागत से कितना कम है?

(a) 25% (b) 5% (c) $33\frac{1}{3}\%$ (d) 70%

हल : (a) अभीष्ट प्रतिशत = $\left(\frac{20-15}{20}\right)\times 100\%$ = 25%

निर्देश (उदाहरण 5 से 7) : नीचे दिए गए ग्राफ का ध्यानपूर्वक अध्ययन करके सम्बन्धित प्रश्नों के उत्तर दीजिए।

पाँच अलग-अलग वर्षों में तीन अलग-अलग

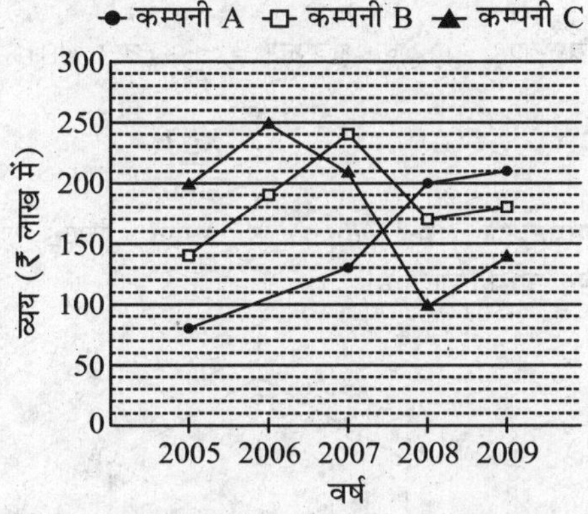

उदाहरण 5. वर्ष 2006 में तीनों कम्पनियों का मिलकर कुल व्यय सभी वर्षों के लिए कम्पनी A के कुल व्यय का कितने प्रतिशत था?

(a) 75 (b) 72 (c) 65 (d) 60

हल : (a) अभीष्ट प्रतिशत

$$= \left(\frac{100+190+250}{80+100+130+200+210}\right)\times 100\%$$

$$= \left(\frac{540}{720}\times 100\right)\% = 75\%$$

उदाहरण 6. वर्ष 2009 में कम्पनी A के व्यय और वर्ष 2005 में कम्पनी B के व्यय के तीन क्रमशः अनुपात क्या था?

(a) 5 : 3 (b) 3 : 4 (c) 3 : 5 (d) 3 : 2

हल : (d) अभीष्ट अनुपात = 210 : 140

= 3 : 2

उदाहरण 7. सभी वर्षों में मिलाकर कम्पनी C का औसत व्यय क्या था?

(a) ₹ 190 लाख (b) ₹ 120 लाख

(c) ₹ 180 लाख (d) ₹ 150 लाख

हल : (c) अभीष्ट औसत व्यय

$$= \frac{200+250+210+100+140}{5} \text{ लाख}$$

$$= ₹\ \frac{900}{5} \text{ लाख} = ₹\ 180 \text{ लाख}$$

मेन्सुरेशन

- **क्षेत्रफल (Area)**

किसी समतल आकृति द्वारा घेरा गया स्थान उस आकृति का क्षेत्रफल कहलाता है।

- **सामान्य सूत्र**

*** आयत (Rectangle) :** एक ऐसा चतुर्भुज जिसके आमने-सामने की भुजाएँ बराबर हों तथा प्रत्येक कोण 90° का हो, आयत कहलाता है। यदि आयत की लम्बाई = a इकाई तथा चौड़ाई = b इकाई हो, तब

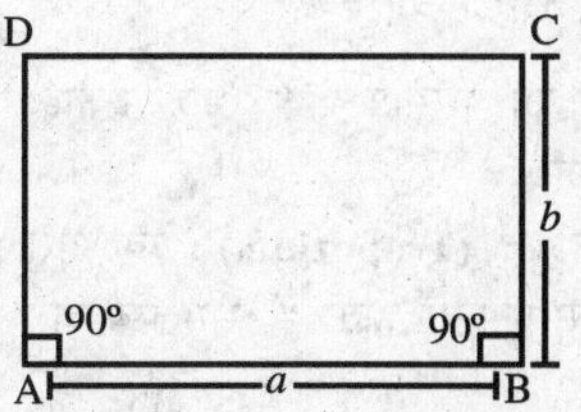

(i) आयत का क्षेत्रफल = (लम्बाई × चौड़ाई) वर्ग इकाई

= $(a \times b)$ वर्ग इकाई

(ii) आयत का परिमाप = 2(लम्बाई + चौड़ाई) इकाई

= $2(a \times b)$ इकाई

(iii) आयत का विकर्ण = $\sqrt{(\text{लम्बाई})^2+(\text{चौड़ाई})^2}$

= $\sqrt{a^2+b^2}$ इकाई

*** वर्ग (Square) :** एक ऐसा चतुर्भुज जिसकी चारों भुजाएँ बराबर तथा प्रत्येक कोण 90° का हो, वर्ग कहलाता है। यदि वर्ग की प्रत्येक भुजा a इकाई हो, तब

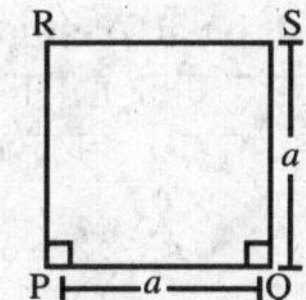

(i) वर्ग का क्षेत्रफल = $(\text{भुजा})^2$ वर्ग इकाई

= a^2 वर्ग इकाई = $\frac{1}{2}\times(\text{विकर्ण})^2$

(ii) वर्ग का परिमाप = 4 × भुजा = $4a$ इकाई

(iii) वर्ग का विकर्ण = $\sqrt{2}$ × भुजा = $\sqrt{2}a$ इकाई

*** समानान्तर चतुर्भुज (Parallelogram) :** एक ऐसा चतुर्भुज जिसके आमने-सामने की भुजाएँ बराबर हों, समानान्तर चतुर्भुज कहलाता है।

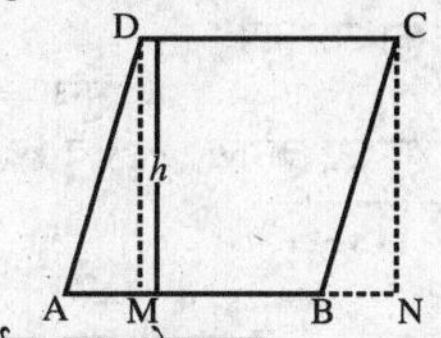

(i) समानान्तर चतुर्भुज का क्षेत्रफल

= (आधार × ऊँचाई) वर्ग इकाई

(ii) समानान्तर चतुर्भुज का परिमाप

= 2(लम्बाई + चौड़ाई) इकाई

*** समचतुर्भुज (Rhombus) :** ऐसा समानान्तर चतुर्भुज जिसकी चारों भुजाएँ समान हों, समचतुर्भुज कहलाता है। यदि समचतुर्भुज की प्रत्येक भुजा a इकाई तथा विकर्ण क्रमशः d_1 व d_2 हों, तब

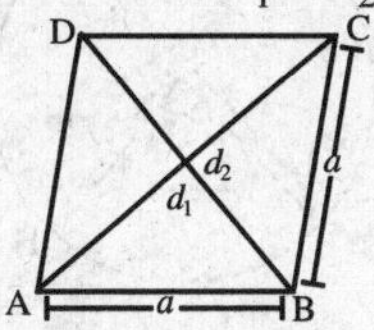

(i) समचतुर्भुज का क्षेत्रफल

$= \frac{1}{2}$ (पहला विकर्ण) × (दूसरा विकर्ण) वर्ग इकाई

$= \frac{1}{2} (d_1 \times d_2)$ वर्ग इकाई

(ii) समचतुर्भुज का परिमाप = 4 × भुजा इकाई

= $4a$ इकाई

*** समलम्ब चतुर्भुज (Trapezium) :** एक ऐसा चतुर्भुज, जिसकी कोई सम्मुख भुजाएँ समानान्तर होती हैं, समलम्ब चतुर्भुज कहलाता है।

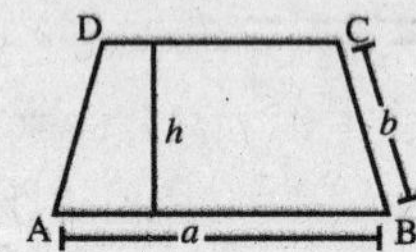

(i) समलम्ब चतुर्भुज का क्षेत्रफल = $\frac{1}{2}$ × (समान्तर भुजाओं के बीच की दूरी)

× समान्तर भुजाओं का योग

$= \frac{1}{2} \times h \times (a+b)$ वर्ग इकाई

(ii) समलम्ब चतुर्भुज का परिमाप = चारों भुजाओं का योग = (AB + BC + CD + DA)

त्रिभुज (Triangle) : वह आकृति जो तीन भुजाओं द्वारा घिरी होती है, त्रिभुज कहलाती है।

*** समबाहु त्रिभुज (Equilateral Triangle) :** एक ऐसा त्रिभुज जिसकी तीनों भुजाएँ आपस में बराबर होती हैं, समबाहु त्रिभुज कहलाता है। यदि समबाहु त्रिभुज की प्रत्येक भुजा a इकाई हो, तब

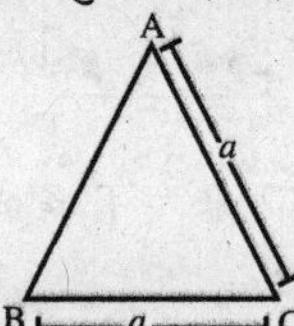

(i) समबाहु त्रिभुज का क्षेत्रफल

$= \frac{\sqrt{3}}{4} \times (\text{भुजा})^2$ वर्ग इकाई

$= \frac{\sqrt{3}}{4} \times a^2$ वर्ग इकाई

(ii) समबाहु त्रिभुज का परिमाप

= 3 × भुजा = $3a$ इकाई

(iii) यदि त्रिभुज की भुजाएँ क्रमशः a, b व c हों, तब त्रिभुज का क्षेत्रफल $= \sqrt{s(s-a)(s-b)(s-c)}$

तथा $s = \frac{a+b+c}{2}$

(iv) त्रिभुज का क्षेत्रफल = $\frac{1}{2}$ × आधार × ऊँचाई

*** वृत्त (Circle) :** किसी बिन्दु को केन्द्र मानकर उसके द्वारा घेरी गई एक निश्चित गोलाकार आकृति वृत्त कहलाती है। यदि वृत्त की त्रिज्या r इकाई हो, तब

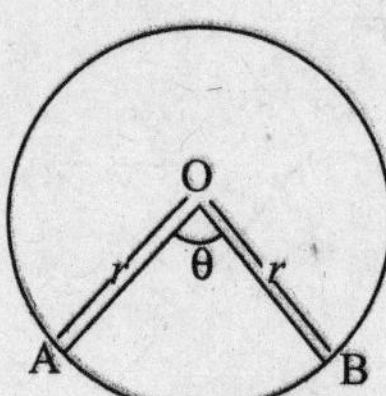

(i) वृत्त का क्षेत्रफल = πr^2 वर्ग इकाई

(ii) वृत्त का परिमाप = $2\pi r$ या πd

जहाँ $d = 2r$, d को वृत्त का व्यास कहते हैं।

(iii) अर्द्धवृत्त का क्षेत्रफल = $\frac{1}{2}\pi r^2$ वर्ग इकाई

(iv) अर्द्धवृत्त का परिमाप = $(\pi r + 2r)$ या $(\pi r + d)$ इकाई

*** वृत्त का त्रिज्यखण्ड (Sector of a Circle) :** वृत्त के चाप उसके केन्द्र एवं दो त्रिज्याओं से घिरा क्षेत्र त्रिज्यखण्ड कहलाता है।

(i) चाप AB की लम्बाई = $\frac{2\pi r\,\theta}{360}$

(ii) वृत्तखण्ड AOB का क्षेत्रफल = $\frac{1}{2}$ × (चाप AB) × त्रिज्या

$= \frac{\pi r^2 \theta}{360}$

*** समषट्भुज (Hexagone) :** छः समान भुजाओं द्वारा घिरी आकृति समषट्भुज कहलाती है।

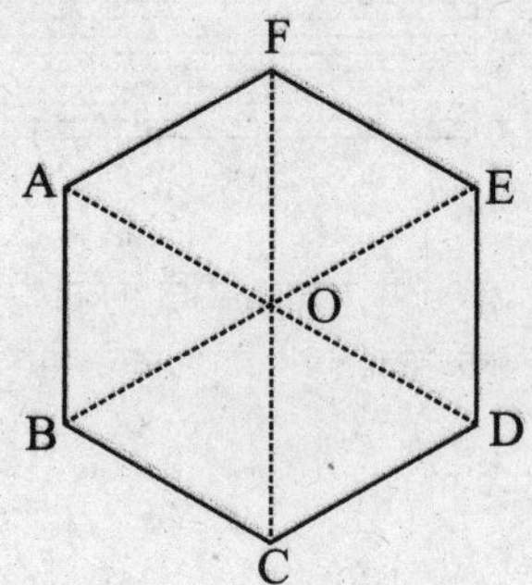

(i) समषट्भुज का परिमाप = 6 × भुजा

(ii) समषट्भुज का क्षेत्रफल = $\frac{3\sqrt{3}}{2} \times (\text{भुजा})^2$

(iii) समषट्भुज के अन्तःकोणों का कुल योग

$= 2(n-2) \times 90^\circ$

जहाँ n भुजाओं की संख्या है।

* कमरे की चारों दीवारों का क्षेत्रफल

= 2 × (लम्बाई × चौड़ाई) × ऊँचाई

* यदि किसी आयत का क्षेत्रफल तथा दो भुजाओं के बीच का अनुपात दिया हो, तब

पहली भुजा = $\sqrt{\text{क्षेत्रफल} \times \text{अनुपात}}$

दूसरी भुजा = $\sqrt{\text{क्षेत्रफल} \times \text{व्युत्क्रमानुपात}}$

* यदि किसी त्रिभुज का क्षेत्रफल तथा आधार और ऊँचाई के बीच अनुपात दिया हो, तब

आधार = $\sqrt{2 \times \text{क्षेत्रफल} \times \text{अनुपात}}$

ऊँचाई = $\sqrt{2 \times \text{क्षेत्रफल} \times \text{व्युत्क्रमानुपात}}$

- **आयतन (Volume) :** किसी ठोस वस्तु द्वारा घेरा गया स्थान उस वस्तु का आयतन कहलाता है। ठोस वस्तुएँ त्रिआयामी (Three-dimension) होती हैं। इसका मात्रक घन इकाई है।

***घनाभ** (Cuboid)—घनाभ का प्रत्येक फलक आयताकार होता है। घनाभ eaN%iQyd] 8 शीर्ष तथा 12 कोरें होती हैं। यदि घनाभ की लम्बाई l सेमी, चौड़ाई b सेमी तथा ऊँचाई h सेमी हो, तो

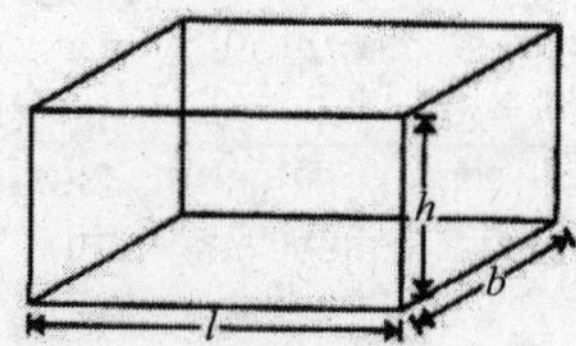

(i) घनाभ का आयतन = lbh घन सेमी

(ii) घनाभ का सम्पूर्ण पृष्ठीय क्षेत्रफल

$$= 2(lb + bh + hl) \text{ वर्ग सेमी}$$

(iii) घनाभ का विकर्ण = $\sqrt{l^2 + b^2 + h^2}$ सेमी

***घन** (Cube)—ऐसा घनाभ जिसकी लम्बाई, चौड़ाई व ऊँचाई समान होती है, घन कहलाता है। यदि घन की प्रत्येक भुजा a सेमी हो, तो

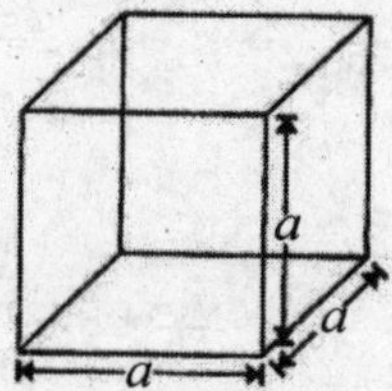

(i) घन का आयतन = a^3 घन सेमी

(ii) घन का सम्पूर्ण पृष्ठीय क्षेत्रफल = $6a^2$ वर्ग सेमी

(iii) घन का विकर्ण = $\sqrt{3}a$ सेमी

***बेलन** (Cylinder)—यदि बेलन के आधार की त्रिज्या r सेमी तथा ऊँचाई h सेमी हो, तो

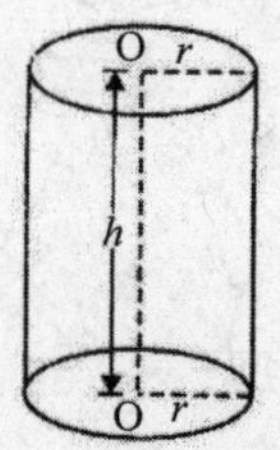

(i) बेलन का आयतन = $\pi r^2 h$ घन सेमी

(ii) बेलन का वक्र पृष्ठीय क्षेत्रफल = $2\pi rh$ वर्ग सेमी

(iii) बेलन का सम्पूर्ण पृष्ठीय क्षेत्रफल

$$= 2\pi r(h + r) \text{ वर्ग सेमी}$$

***खोखला बेलन** (Hollow Cylinder)—माना खोखले बेलन की बाह्य त्रिज्या R तथा आन्तरिक त्रिज्या r सेमी है तथा बेलन की ऊँचाई h सेमी है, तो

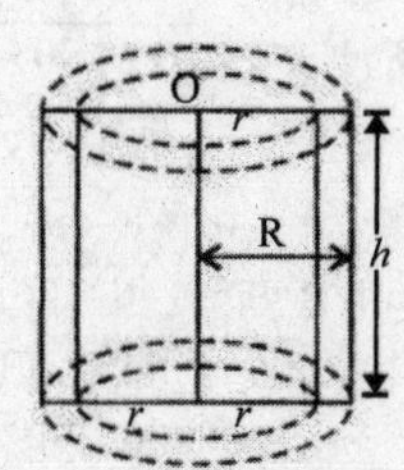

(i) खोखले बेलन का आयतन

$$= r(R^2 - r^2)\,h \text{ घन सेमी}$$

(ii) खोखले पाइप के निर्माण में लगी धातु का आयतन

$$= \pi\,(R^2 - r^2)\,h \text{ घन सेमी}$$

(iii) खोखले बेलन का वक्रपृष्ठीय क्षेत्रफल

$$= 2\pi\,(R + r)\,h \text{ वर्ग सेमी}$$

(iv) खोखले बेलन का सम्पूर्ण पृष्ठीय क्षेत्रफल

$$= \{2\pi(R + r)\,(R - r + h)\} \text{ वर्ग सेमी}$$

***शंकु** (Cone)—माना शंकु की (लम्बाई या ऊँचाई) h सेमी, आधार की त्रिज्या r सेमी तथा तिर्यक ऊँचाई l सेमी है, तो

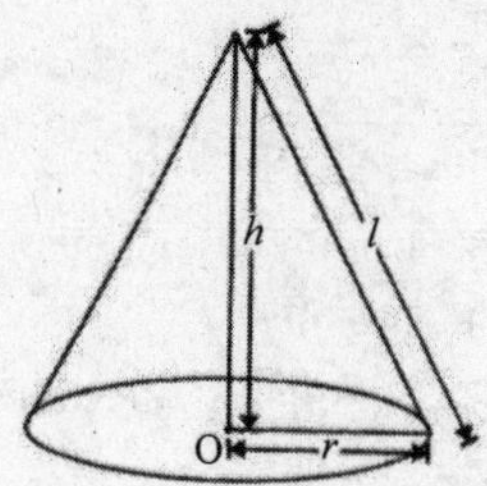

(i) शंकु का आयतन = $\frac{1}{3}\pi r^2 h$ घन सेमी

(ii) शंकु का सम्पूर्ण पृष्ठीय क्षेत्रफल

$= (\pi rl + \pi r^2)$ वर्ग सेमी

$= \pi r(l + \pi)$ वर्ग सेमी

(iii) शंकु का वक्रपृष्ठीय क्षेत्रफल = πrl वर्ग सेमी

(iv) शंकु की तिर्यक ऊँचाई (l) = $\sqrt{r^2 + h^2}$ सेमी

***गोला** (Sphere)—माना गोले की त्रिज्या = r सेमी

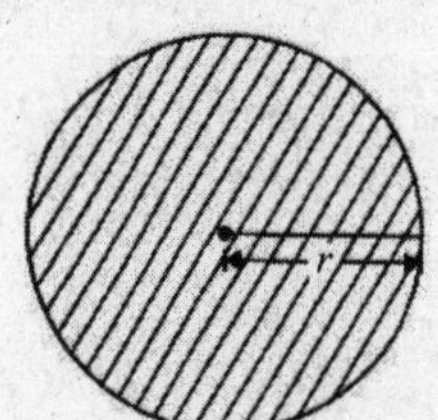

(i) गोले का आयतन = $\frac{4}{3}\pi r^3$ घन सेमी

(ii) गोले का सम्पूर्ण पृष्ठीय क्षेत्रफल = $4\pi r^2$ वर्ग सेमी

***अर्द्धगोला** (Hemisphere)—यदि अर्द्ध गोले की त्रिज्या r सेमी हो तो,

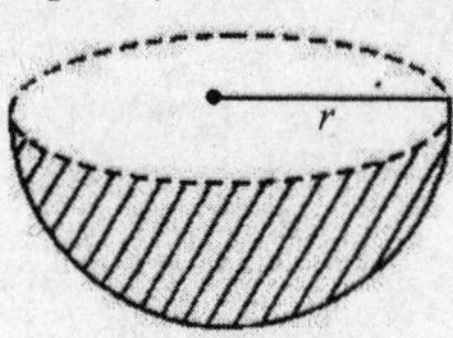

(i) अर्द्धगोले का आयतन = $\frac{2}{3}\pi r^3$ घन सेमी

(ii) अर्द्धगोले का वक्रपृष्ठीय क्षेत्रफल = $2\pi r^2$ वर्ग सेमी

(iii) अर्द्धगोले का सम्पूर्ण पृष्ठीय क्षेत्रफल = $3\pi r^2$ वर्ग सेमी

***शंकु का छिन्नक** (Frustum of a Cone)—माना किसी शंकु के छिन्नक के आधार की त्रिज्या R सेमी तथा शीर्ष की त्रिज्या r सेमी, ऊँचाई h सेमी, तिर्यक ऊँचाई l सेमी है।

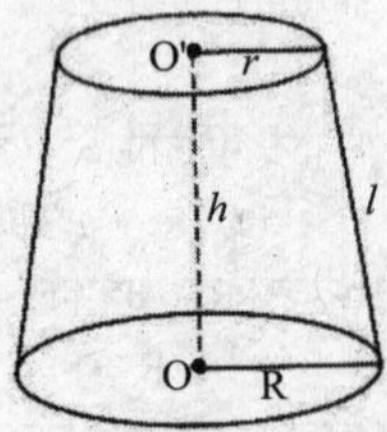

तब

(i) शंकु के छिन्नक का आयतन

$$= \frac{\pi h}{3}(R^2 + r^2 + Rr) \text{ घन सेमी}$$

(ii) शंकु छिन्नक की तिर्यक ऊँचाई

$$l = \sqrt{h^2 + (R - r)^2} \text{ सेमी}$$

(iii) शंकु के छिन्नक का वक्रपृष्ठीय क्षेत्रफल

$$= \pi l(R + r) \text{ वर्ग सेमी}$$

(iv) शंकु के छिन्नक का सम्पूर्ण पृष्ठीय क्षेत्रफल

$$= \{\pi R^2 + \pi r^2 + \pi l(R + r)\} \text{ वर्ग सेमी}$$

* **अर्द्धगोलीय प्याला**–माना अर्द्धगोलीय प्याले की बाहरी त्रिज्या R सेमी तथा आन्तरिक त्रिज्या r सेमी है। तब

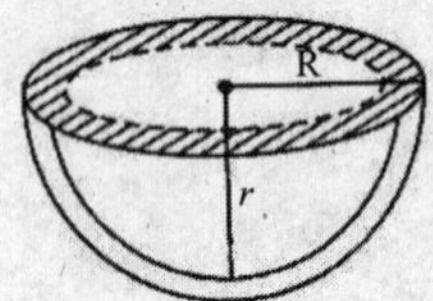

(i) अर्द्धगोलीय प्याले की धारिता

$$= \frac{2}{3}\pi r^3 \text{ घन सेमी}$$

(ii) प्याले में लगी धातु का आयतन

$$= \frac{2}{3}\pi(R^2 - r^3) \text{ घन सेमी}$$

(iii) प्याले का सम्पूर्ण पृष्ठीय क्षेत्रफल

$$= \pi(3R^2 + r^2) \text{ वर्ग सेमी}$$

(iv) प्याले का वक्रपृष्ठीय क्षेत्रफल

$$= 2\pi(R^2 + r^2) \text{ वर्ग सेमी}$$

* **एक शंकु तथा अर्द्धगोला**–माना अर्द्धगोला तथा शंकु दोनों की आधार त्रिज्या r सेमी, ऊँचाई h तथा शंकु की तिर्यक ऊँचाई l सेमी है। तब

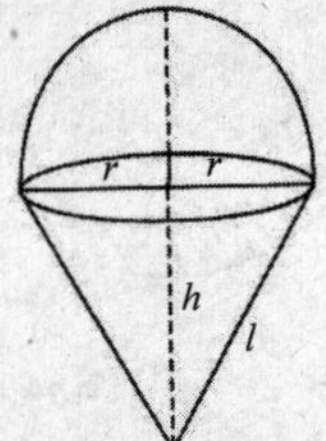

(i) आयतन $= \frac{1}{3}\pi r^2(h + 2r)$ घन सेमी

(ii) वक्रपृष्ठीय क्षेत्रफल $= \pi r(l + 2r)$ वर्ग सेमी

(iii) सम्पूर्ण पृष्ठीय क्षेत्रफल $= \pi r(l + 2r)$ वर्ग सेमी

हल सहित उदाहरण

उदाहरण 1. एक घनाकार पानी की टंकी के सतहों का कुल क्षेत्रफल कितना होगा यदि एक ओर यह खुला है तथा इसकी ऊँचाई 2 मीटर है?

(a) 12 मी.^{2} (b) 24 मी.^{2} (c) 8 मी.^{2} (d) 20 मी.^{2}

हल: (d) टंकी की पाँच सतहों का क्षेत्रफल $= 5a^2$

$= 5 \times (2)^2 = 5 \times 4 = 20$ वर्ग मी.

उदाहरण 2. एक उद्यान 500 मी. लम्बा तथा 400 मी. चौड़ा है। उद्यान के चारों तरफ भीतरी ओर एक 5 मीटर चौड़ा रास्ता बना हुआ है। रास्ते का क्षेत्रफल होगा–

(a) 8800 मी.^{2} (b) 8900 मी.^{2}
(c) 9000 मी.^{2} (d) इनमें से कोई नहीं

हल: (b) उद्यान के रास्ते का क्षेत्रफल

= बाह्य क्षेत्रफल – अन्तः क्षेत्रफल

$= 500 \times 400 - 490 \times 390$

$= 20{,}0000 - 191100$

$= 8900$ मी^{2}

उदाहरण 3. एक लम्बवृत्तीय बेलन का वक्रपृष्ठीय क्षेत्र 264 मी.^{2} तथा इसका आयतन 927 मी.^{3} हो, तो इसके व्यास तथा ऊँचाई का अनुपात है–

(a) 3 : 7 (b) 7 : 3 (c) 6 : 7 (d) 7 : 6

हल: (b) प्रश्नानुसार,

$2\pi rh = 264$ .... (1)

जहाँ r = त्रिज्या, h = ऊँचाई

$\pi r^2 h = 924$ .... (2)

समीकरण (2) को समीकरण (1) से भाग करने पर

$$\frac{\pi r^2 h}{2\pi rh} = \frac{924}{264}$$

$$r = \frac{924 \times 2}{264} = \frac{84 \times 2}{24} = 7$$

$$\therefore \quad d = 2r = 2 \times 7 = 14 \text{ मी}$$

$$2 \times \frac{22}{7} \times 7 \times h = 264$$

$$\therefore \quad h = 6$$

$$\text{अभीष्ट अनुपात} = \frac{d}{h} = \frac{14}{6}$$

$$= \frac{7}{3} = 7:3$$

उदाहरण 4. एक धातुई घनाभ की विमा $100 \times 80 \times 64$ सेमी.^{3} है। इसे पिघला कर एक घन बनाया जाता है। घन का पृष्ठीय क्षेत्रफल होगा–

(a) 38400 सेमी^{2}
(b) 34800 सेमी^{2}
(c) 38600 सेमी^{2}
(d) 36800 सेमी^{2}

हल: (a) घन की भुजा $= \sqrt[3]{\text{घनाभ का आयतन}}$

$= \sqrt[3]{100 \times 80 \times 64}$

$= \sqrt[3]{1000 \times 8 \times 8 \times 8}$

$= 10 \times 8 = 80$ सेमी

घन का पृष्ठीय क्षेत्रफल $= 6 \times (80)^2$

$= 6 \times 6400$ सेमी^{2}

$= 38400$ सेमी^{2}

अभ्यास प्रश्न

1. पाँच अंकों की सबसे बड़ी तथा सबसे छोटी संख्याओं का अंतर निम्नलिखित में से कौन-सा है?
(a) 998999 (b) 99998
(c) 89999 (d) 98999

2. किसी संख्या के दोनों अंकों का योग 13 तथा गुणनफल 40 है। संख्या के दोनों अंकों के बीच कितने का अन्तर है, ज्ञात करें।
(a) 7 (b) 4
(c) 9 (d) 3

3. यदि * का अर्थ पहली संख्या में दूसरी संख्या से गुणा करके उसमें 2 जोड़ा जाए तो (6 * 2) * 5 का काम क्या होगा?
(a) 55 (b) 88
(c) 62 (d) 72

4. चार क्रमागत सम संख्याओं का औसत 7 है। उनमें से पहली संख्या कौन-सी है?
(a) 6 (b) 4
(c) 2 (d) इनमें से कोई नहीं

5. किन्हीं दो संख्याओं का गुणनफल उन संख्याओं के योगफल का तीन गुना है। यदि संख्याओं का योगफल 16 हो तो बड़ी संख्या एवं छोटी संख्या के वर्गों का योग क्या होगा?
(a) 176 (b) 154
(c) 160 (d) 166

6. पाँच अंकों की सबसे बड़ी एवं तीन अंकों की सबसे छोटी संख्या के मध्य का अन्तर निम्नलिखित में से कौन-सा है?
(a) 99800 (b) 99899
(c) 99989 (d) 98999

7. वह बड़ी-से-बड़ी संख्या क्या है जिसमें 25, 73 तथा 97 में भाग देने पर प्रत्येक दशा में समान शेष बचे?
(a) 6 (b) 21
(c) 13 (d) 24

8. दो संख्याओं का ल०स० 182 तथा म०स० 1 है। यदि बड़ी संख्या 14 है तो छोटी संख्या का मान ज्ञात करें।
(a) 11 (b) 13
(c) 12 (d) 9

9. एक संख्या के उत्तरोत्तर 5 और 6 से भाग देने पर क्रमशः 3 और 4 शेष बचता है। उसी संख्या को 30 से भाग देने पर क्या शेष बचेगा?
(a) 26 (b) 23
(c) 27 (d) 21

10. 7 का वह छोटे-से-छोटा गुणक क्या होगा जिसमें 4, 12 तथा 16 से भाग देने पर सदैव 3 शेष बचता हो?
(a) 336 (b) 147
(c) 195 (d) 243

11. $\sqrt{25+\frac{31}{9}} = ?$
(a) $3\frac{1}{3}$ (b) $5\frac{1}{3}$
(c) $16\frac{1}{3}$ (d) $4\frac{1}{3}$

12. यदि किसी संख्या का आधा उसके तिहाई से 8 अधिक है तो वह संख्या ज्ञात करें।
(a) 52 (b) 60
(c) 48 (d) 36

13. $(20)^{15} \times (15)^{10} \times (30)^{5}$ **रूढ़ संख्या के कुल कितने घटक हैं, ज्ञात कीजिए।**
(a) 80 (b) 60
(c) 90 (d) 70

14. दो संख्याओं का गुणनफल 192 है। अगर इन दो संख्याओं के बीच 4 का अन्तर हो तो इन संख्याओं का योग क्या होगा?
(a) 26 (b) 34
(c) 32 (d) 28

15. दो अंकों की संख्या के दोनों अंकों में अन्तर, मूल संख्या और अंकों की स्थिति आपस में बदलने पर बनी संख्या, दोनों संख्याओं के बीच के अन्तर का $\frac{1}{9}$ है। उस संख्या के दोनों अंकों का योग निश्चित रूप से क्या है?
(a) 5 (b) 12
(c) 14 (d) आँकड़े अधूरे हैं।

16. $\{2 \times 0.02 \times 0.002\}$ **का** $2000 = ?$
(a) 0.00008 (b) 0.16
(c) 1.6 (d) 1.06

17. $\frac{3}{2}\times\frac{6}{9}\times\frac{9}{16}\times\frac{24}{6}+\frac{3}{2} = ?$
(a) 3 (b) $6\frac{1}{4}$
(c) $3\frac{3}{4}$ (d) $7\frac{1}{2}$

18. $6.92 \times ? = 0.0022144$
(a) 0.032 (b) 0.0048
(c) 0.00016 (d) 0.00032

19. $\dfrac{1}{3+\dfrac{2}{2+\dfrac{1}{2}}} = ?$
(a) $\frac{5}{19}$ (b) $\frac{19}{5}$
(c) $\frac{1}{4}$ (d) $\frac{3}{2}$

20. 0.036 ÷ 2.51 का मान दशमलव के तीन अंकों तक क्या होगा?
(a) 0.016 (b) 0.014
(c) 0.0014 (d) 0.0016

21. $14 - [5 - \{3 - (2 - 1)\}] - 5$ **का मान निम्नलिखित में से कौन-सा है?**
(a) 14 (b) 10
(c) 12 (d) 6

22. $\frac{3}{4}+\frac{1}{3}-\frac{1}{6}-\frac{1}{12}\times\frac{3}{2}$ **का मान क्या होगा?**
(a) $\frac{19}{24}$ (b) $\frac{16}{24}$
(c) $\frac{17}{24}$ (d) $\frac{3}{2}$

23. $\frac{8^2\times(16)^5}{2^{16}}$ **का मान क्या होगा?**
(a) 2^4 (b) 2^8
(c) 2^6 (d) 2^{10}

24. 40 का ?% = 16 का 200%
(a) 32 (b) 64
(c) 23 (d) 80

25. $999 + 99 + 9999 = ?$
(a) 9997 (b) 11087
(c) 11097 (d) 10098

26. $(7)^2 \times (7)^3 = 7 \times 7 \times 7 \times 7 \times ?$
(a) 7 (b) 7 × 2
(c) 7 × 3 (d) 7 × 7 × 7

27. $11\frac{1}{4} \div 3\frac{3}{5} \times 6\frac{2}{3} + \frac{1}{6}$ **का मान है–**
(a) 23 (b) 21
(c) 20 (d) 22

28. $\dfrac{1}{1+\dfrac{1}{2+\dfrac{1}{3}}} = ?$

(a) $\frac{7}{10}$ (b) $\frac{1}{3}$

(c) $\frac{6}{10}$ (d) $\frac{4}{5}$

29. $\frac{221}{335}, \frac{219}{337}, \frac{217}{339}, \frac{215}{341}$ **में सबसे छोटी भिन्न ज्ञात कीजिए।**

(a) $\frac{219}{337}$ (b) $\frac{215}{341}$

(c) $\frac{221}{335}$ (d) $\frac{217}{339}$

30. $\frac{(0.7)^3 + (0.9)^3}{(0.7)^2 - (0.63) + (0.9)^2} = ?$

(a) 1.2 (b) 1.6

(c) 16 (d) 0.1

31. प्रथम छः अभाज्य संख्याओं का औसत क्या होगा?

(a) $6\frac{5}{6}$ (b) $5\frac{1}{6}$

(c) $6\frac{1}{6}$ (d) $5\frac{5}{6}$

32. किसी कक्षा के 19 छात्रों का औसत भार 24.6 किग्रा. है। एक नए छात्र के प्रवेश लेने से औसत भार घटकर 24.2 किग्रा. रह जाता है। नए आने वाले छात्र का भार क्या है?

(a) 15.8 किग्रा (b) 16.6 किग्रा

(c) 14.8 किग्रा (d) 21.2 किग्रा

33. 8 दोस्त एक ढाबे में गए। उनमें से 7 दोस्तों ने अपने-अपने खाने पर ₹ 50-50 व्यय किए। आठवें दोस्त ने सभी आठ के औसत खर्च से ₹ 70 अधिक खर्च किए। बताइए कि आठों दोस्तों का कुल खर्च कितना है?

(a) ₹ 440 (b) ₹ 480

(c) ₹ 460 (d) ₹ 510

34. 17 संख्याओं में प्रथम आठ का औसत 36 तथा अंतिम आठ का औसत 31 है। यदि 17 संख्याओं का औसत 34 हो तो 9वीं संख्या क्या है?

(a) 44 (b) 42

(c) 54 (d) 108

35. किसी कक्षा के 36 छात्रों की औसत आयु 9 वर्ष है। यदि इसमें गणित के शिक्षक की आयु सम्मिलित कर लेने से छात्रों की औसत आयु में 1 वर्ष की वृद्धि हो जाती है तो गणित के शिक्षक की आयु क्या है?

(a) 45 वर्ष (b) 46 वर्ष

(c) 54 वर्ष (d) 35 वर्ष

36. 6 वर्ष पहले *a* और *b* की औसत आयु 18 वर्ष थी। इस समय *a*, *b* और *c* की औसत आयु 26 वर्ष है। 6 वर्ष पश्चात् *c* की आयु क्या होगी?

(a) 32 वर्ष (b) 44 वर्ष

(c) 24 वर्ष (d) 36 वर्ष

37. 20 संख्याओं का औसत 58 निकाला गया। यदि पता चले कि 76 के स्थान पर 96 ले लिया गया तो बताइए कि सही औसत क्या था?

(a) 59 (b) 61

(c) 57 (d) 56.8

38. किसी कक्षा में 40 लड़कियाँ हैं। 50 किग्रा. भार वाली लड़की के स्थान पर एक नई लड़की दाखिल होने से यदि औसत भार में 500 ग्राम की वृद्धि हो जाती है, तो आने वाली लड़की का भार क्या होगा?

(a) 71.5 किग्रा (b) 70.5 किग्रा

(c) 76.5 किग्रा (d) 70 किग्रा

39. किसी छात्र को विज्ञान, भूगोल, अंग्रेजी तथा गणित में औसतन 40 अंक मिले हैं। उसे अंग्रेजी और विज्ञान में यदि कुल 120 अंक मिले हों तो उसके भूगोल और गणित के प्राप्तांकों का औसत ज्ञात कीजिए।

(a) 30 (b) 60

(c) 40 (d) 20

40. लगातार चार संख्याओं x, $x + 1$, $x + 2$ तथा $x + 3$ औसत क्या होगा?

(a) $x + 1$ (b) $x + 2.5$

(c) $x + 3$ (d) $x + 1.5$

41. a और b का गुणनफल तथा b का औसत यदि a के बराबर है तो a के लिए निम्न में से कौन-सी अभिव्यक्ति सत्य होगी?

(a) $a = \frac{b}{2}$ (b) $a = \frac{b}{2-b}$

(c) $a = b$ (d) $a = \frac{b}{b-2}$

42. 10 संख्याओं का औसत 13.7 है। यदि प्रथम 5 संख्याओं का औसत 12.1 तथा अन्तिम 6 संख्याओं का औसत 13 हो, तो पाँचवीं संख्या क्या होगी?

(a) 4 (b) 1.5

(c) 15 (d) 9.5

43. 13 संख्याओं का औसत 41 है। यदि इनमें से प्रथम 6 का औसत 21 तथा अंतिम 6 का औसत 44 है तो सातवीं संख्या क्या है?

(a) 163 (b) 173

(c) 143 (d) 93

44. तीन संख्याओं में पहली संख्या दूसरी संख्या से दोगुनी तथा तीसरी संख्या से आधी है। यदि तीनों संख्याओं का औसत 63 हो तो सबसे बड़ी संख्या है–

(a) 88 (b) 112

(c) 96 (d) 108

45. 20 से बड़ी पहली 5 अभाज्य संख्याओं का औसत क्या होगा?

(a) 32 (b) 32.20

(c) 31 (d) 31.01

46. ₹ 2000 प्रतिमाह की आमदनी वाले अधिकारी की वार्षिक बचत कितनी होगी यदि वह अपनी जरूरतों को पूरा करने में अपनी आमदनी का 75% व्यय कर देता है?

(a) ₹ 8000 (b) ₹ 12000

(c) ₹ 4000 (d) ₹ 6000

47. प्रदीप 173 अंक प्राप्त करके 37 अंकों से असफल हो जाता है। यदि उत्तीर्ण होने के लिए 30% अंक हों तो पूर्णांक ज्ञात कीजिए।

(a) 650 (b) 600

(c) 900 (d) 700

48. किसी मतदान में 76% मत पाने वाला विजयी उम्मीदवार अपने एकमात्र विरोधी को 1040 मतों से पराजित करता है, तो मतदान में डाले गए मतों की संख्या ज्ञात कीजिए।

(a) 4000 (b) 2000

(c) 1000 (d) 24000

49. सोहन का वेतन 10% घटाकर पुनः 10 प्रतिशत बढ़ा दिया जाता है। बताइए कि सोहन को कितने प्रतिशत का घाटा हुआ?

(a) 1% (b) 0.1%

(c) 1.1% (d) 11%

50. कपड़े के मूल्यों में 16% की वृद्धि हो जाने पर इसकी खपत में कितने प्रतिशत की कमी हो जाए कि खर्च नहीं बढ़े?

(a) 13.1% (b) 14.2%

(c) 13.8% (d) 12.9%

51. किसी परीक्षा को पास करने के लिए 60% अंक चाहिए। यदि 240 अंक प्राप्त करके कोई छात्र 60 अंकों से अनुत्तीर्ण

हो जाता है, बताइए कि परीक्षा में पूर्णांक क्या है?
(a) 400 (b) 500
(c) 600 (d) 800

52. P, Q से 20% अधिक है, जबकि R से 40% कम है तो बताइए कि Q, R से कितना प्रतिशत कम है?
(a) 60% (b) 80%
(c) 50% (d) 100%

53. मूल्यों में 14% की वृद्धि होने पर यदि उपभोग में 8% की कमी की जाती है तो बताइए कि नकद व्यय पर क्या प्रभाव पड़ा?
(a) 4.4% (b) 3.6%
(c) 4.8% (d) 4.88%

54. X की आय का 20% Y की आय के 30% के बराबर है। यदि X की आय ₹ 1600 हो तो Y की आय क्या होगी?
(a) ₹ 860 (b) ₹ 940
(c) ₹ 1080 (d) ₹ 1066.6

55. किसी चुनाव के कुल मतों का 32% मत पाने वाले प्रत्याशी अपने एकमात्र प्रतिद्वंद्वी से यदि 2556 मतों से पराजित हो जाता है तो चुनाव में डाले गए कुल मतों की संख्या क्या है?
(a) 6400 (b) 7100
(c) 7600 (d) 8000

56. चावल के मूल्यों में 40% की वृद्धि होने पर खपत में कितने प्रतिशत की कमी की जाए कि खर्च न बढ़े?
(a) 32.22% (b) 23.12%
(c) 28.57% (d) 26.64%

57. विश्वविद्यालय के चुनाव में दो प्रत्याशी चुनाव लड़ रहे हैं। यदि चुनाव के लिए सम्पन्न मतदान में 36% मत प्राप्त करने वाला प्रत्याशी 2800 मतों से पराजित हो जाता है, तो कुल मतों की संख्या बताइए।
(a) 10000 (b) 14000
(c) 10016 (d) 28000

58. यदि धारा तेल का मूल्य ₹ 48 प्रति किलोग्राम से बढ़कर ₹ 60 प्रति किलोग्राम हो जाए तो एक व्यक्ति अपने उपभोग में कितने प्रतिशत की कमी करके खर्च पहले जितना रख सकता है?
(a) 20% (b) 5%
(c) 25% (d) 33%

59. किसी पुस्तकालय में 50% पुस्तकें अंग्रेजी माध्यम की हैं। शेष 40% पुस्तकें हिन्दी माध्यम में तथा शेष 1500 पुस्तकें क्षेत्रीय भाषाओं में हैं। पुस्तकालय में हिंदी माध्यम की कितनी पुस्तकें हैं?
(a) 1000 (b) 1600
(c) 2400 (d) 2600

60. राकेश के वेतन का 25% नितिन के वेतन के 40% के बराबर है। यदि नितिन के वेतन का 30% का मान ₹ 1200 हो तो राकेश का वेतन क्या है?
(a) ₹ 5400 (b) ₹ 4400
(c) ₹ 3600 (d) ₹ 6400

61. एक रेखा AB लो, A पर एक लम्ब रेखा AC खींचो। B पर दूसरी रेखा BD, AB पर लम्ब खींचो। अब
(a) AC ∥ BD है
(b) AB ∥ BD है
(c) AB, BD पर 90° से कम कोण पर झुकी है
(d) एक भी कथन सत्य नहीं है

62. ABC एक त्रिभुज है। D, AB का मध्य बिन्दु है। DE ∥ BC खींची गई है, तो कौन-सा कथन सत्य है?

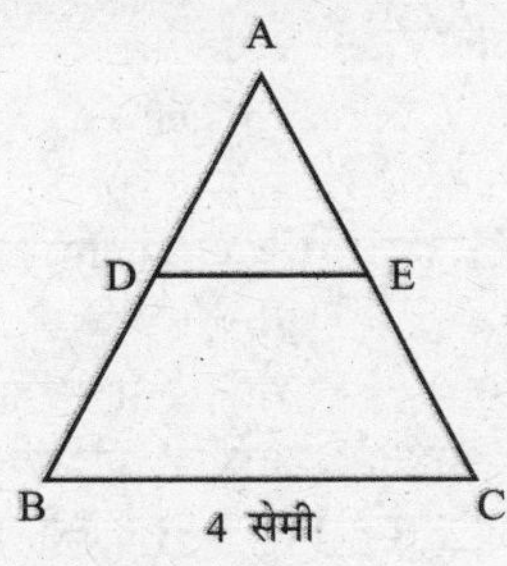

(a) DE = 2 सेमी.
(b) DE, BC के समान्तर नहीं है
(c) AE ≠ EC
(d) DE ≠ 2 सेमी.

63. ABCD एक समलम्ब चतुर्भुज है। E, AD का मध्य बिंदु है। BC = 6 सेमी. EF ∥ AB खींची गई है, तो BF का मान होगा–

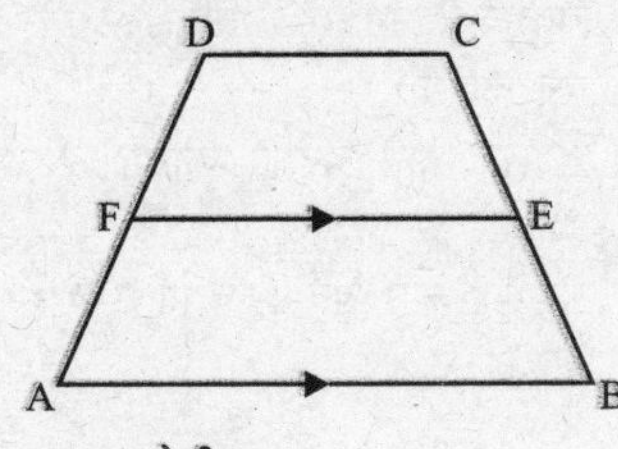

(a) 3 सेमी.
(b) 4 सेमी.
(c) 5 सेमी.
(d) इनमें से कोई नहीं

64. ΔABC में DE ∥ BC, भुजाओं AB तथा AC को क्रमशः D और E पर काटती हैं। यदि AD = 4 सेमी; BD = 6 सेमी; EC = 8 सेमी. हो, तो AE का मान होगा–

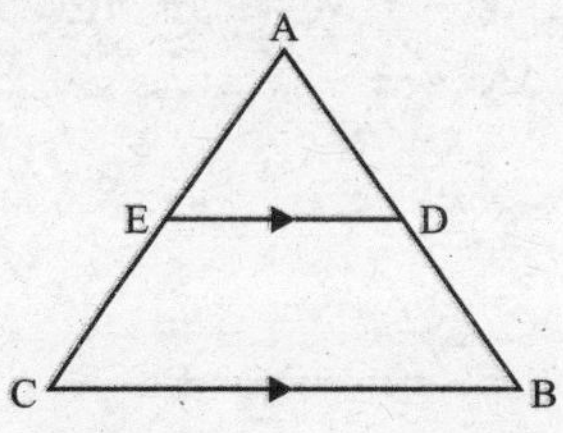

(a) $\frac{16}{3}$ सेमी. (b) $\frac{17}{3}$ सेमी.
(c) $\frac{14}{3}$ सेमी. (d) इनमें से कोई नहीं

65. त्रिभुज ABC में यदि AB ∥ DE ∥ FG ∥ HI, तो संलग्न चित्र में समलम्ब चतुर्भुजों की संख्या होगी–

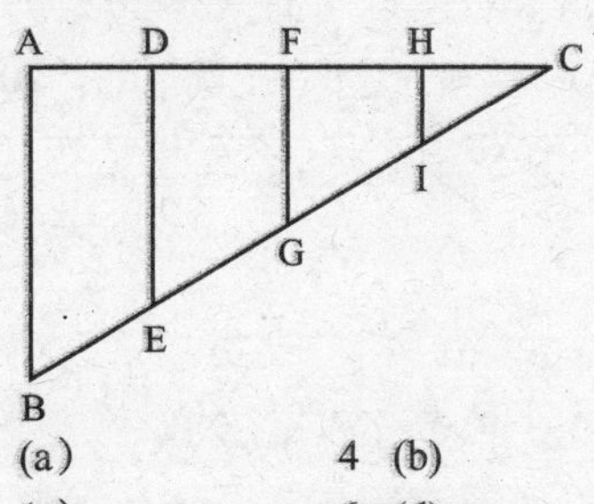

(a) 4 (b) 5
(c) 6 (d) 7

66. ΔABC में A से माध्यिका AD खींची गई है तथा E, AD का मध्य बिंदु है। BE बढ़ाने पर AC को F पर काटती है तब DG ∥ EF, AC को बिन्दु G पर काटती है। यदि AC = 4.5 सेमी. हो, तो AF की लम्बाई होगी–

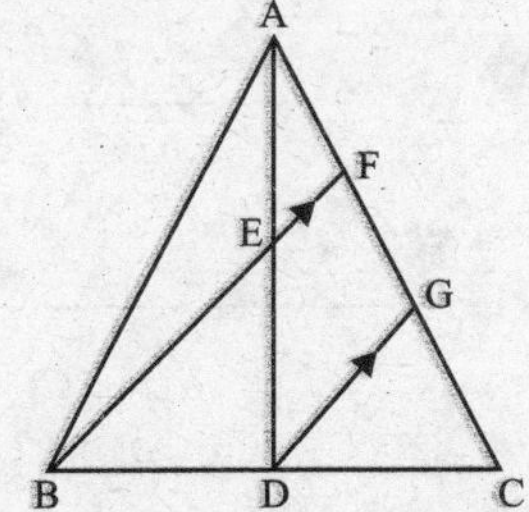

(a) 2.2 सेमी. (b) 1.5 सेमी.
(c) 4.5 सेमी. (d) इनमें से कोई नहीं

67. AB ∥ CD है, इसे एक तिर्यक रेखा LM काटती है। x का मान होगा–

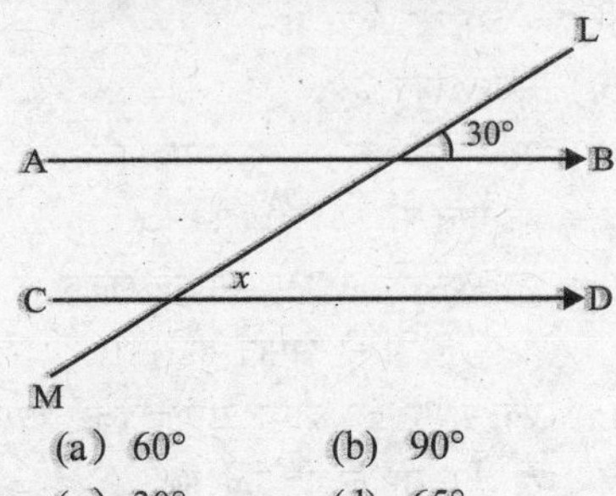

(a) 60° (b) 90°
(c) 30° (d) 65°

68. ΔABC एक समद्विबाहु त्रिभुज है जिसमें AB = AC, E, AB का मध्य बिन्दु है। EF || BC है, जो AC को F पर काटता है। तब ΔAEF–

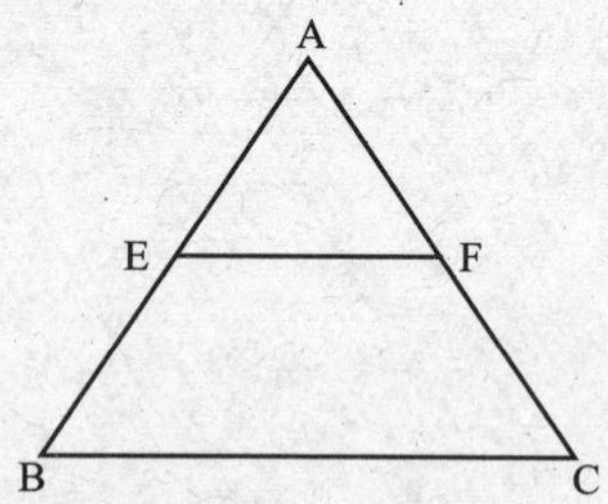

(a) समबाहु त्रिभुज होगा
(b) समद्विबाहु त्रिभुज होगा
(c) असमबाहु त्रिभुज होगा
(d) सभी कथन गलत है

69. ΔABC में PQ || BC है, QR || AB है। यदि AB का मध्य बिन्दु P हो, तो–

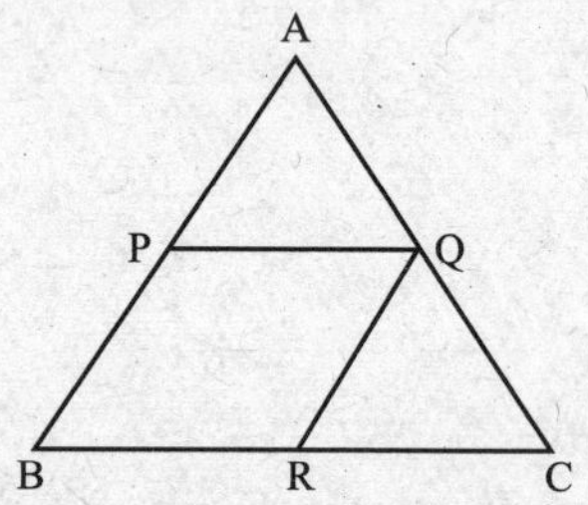

(a) $BR = RC$ (b) $BR \neq RC$
(c) $BR = RQ$ (d) $BR = BP$

70.

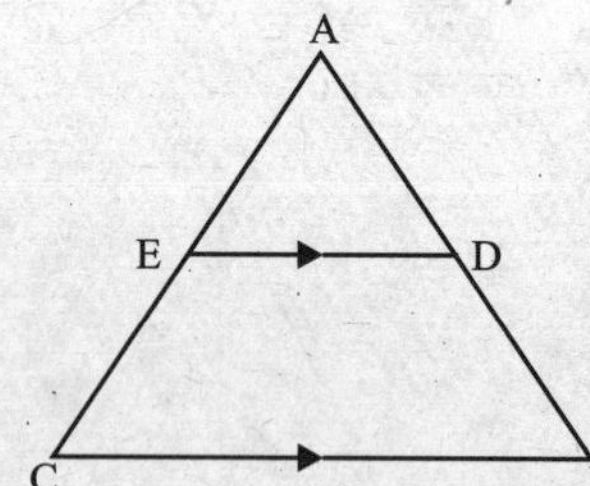

दिए गए चित्र में यदि AB = 12 सेमी., AC = 16 सेमी., EC = 4 सेमी. हो, तो AD का मान होगा–

(a) 9 सेमी. (b) 10 सेमी.
(c) 8 सेमी. (d) 12 सेमी.

71. किसी वर्ग के विकर्ण–

(a) समान होते हैं।
(b) एक-दूसरे का लम्ब समद्विभाजन करते हैं, परंतु समान नहीं होते।
(c) एक-दूसरे का लम्ब समद्विभाजन नहीं करते हैं, परन्तु समान होते हैं।
(d) एक-दूसरे का लम्ब समद्विभाजन करते हैं और समान भी होते हैं।

72. एक समलम्ब चतुर्भुज के विकर्ण–

(a) असमान एवं एक-दूसरे को लम्ब समद्विभाजित करते हैं।
(b) समान एवं एक-दूसरे को लम्ब समद्विभाजित करते हैं।
(c) समान एवं एक-दूसरे को लम्ब समद्विभाजित नहीं करते हैं।
(d) सभी कथन सत्य हैं।

73. एक समान्तर चतुर्भुज के विकर्ण एक-दूसरे को–

(a) लम्ब समद्विभाजित करते हैं।
(b) समद्विभाजित करते हैं।
(c) समान्तर होते हैं, अत: काटते नहीं।
(d) समान्तर नहीं होते पर आवश्यक नहीं कि समद्विभाजित ही करें।

74. एक आयत की रचना करो जिसकी लम्बाई 4 सेमी., चौड़ाई 3 सेमी. है। इसके विकर्ण की माप होगी–

(a) 7 सेमी. (b) 6.5 सेमी.
(c) 5 सेमी. (d) इनमें से कोई नहीं

75. किसी चतुर्भुज के तीन कोण क्रमश: 105°, 120° व 75° हैं। चौथे कोण की माप ज्ञात करें–

(a) 50° (b) 60°
(c) 70° (d) 75°

76. किसी चतुर्भुज में कुल भुजाएँ होती हैं–

(a) 4 (b) 6
(c) 10 (d) इनमें से कोई नहीं

77. किसी अद्वितीय चतुर्भुज की रचना करने के लिए उसके कितने अंगों की जानकारी चाहिए?

(a) 4 (b) 5
(c) कोई भी 3 अंग (d) इनमें से कोई नहीं

78. एक चतुर्भुज ABCD में AB = 3 सेमी; BC = 4 सेमी., CD = 5.5 सेमी., DA = 6 सेमी. तथा BD = 9 सेमी. दिया है। क्या चतुर्भुज बनेगा?

(a) चतुर्भुज बनेगा।
(b) चतुर्भुज बनने में कठिनाई होगी, परन्तु बन जाएगा।
(c) चतुर्भुज नहीं बनेगा, कारण स्पष्ट नहीं है।
(d) चतुर्भुज नहीं बनेगा, क्योंकि AP + AD = BD.

79.

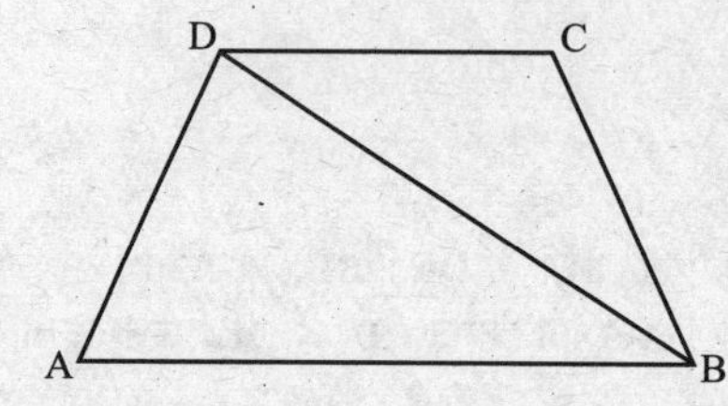

उपर्युक्त चित्र को देखो और सही कथन पर निशान लगाओ।

(a) $DA + AB = DB$
(b) $DA + AB < DB$
(c) $DA + AB > DB$
(d) इनमें से कोई नहीं

80. एक समलम्ब चतुर्भुज का क्षेत्रफल 100 मी² है। यदि दो समान्तर भुजाओं की लम्बाइयों का योग 50 मी हो, तो शीर्षलम्ब होगा–

(a) 6 मी. (b) 4 मी.
(c) 8 मी. (d) 10 मी.

81. 10 सेमी. त्रिज्या वाले वृत्त में एक जीवा केन्द्र से 6 सेमी. की दूरी पर है। जीवा की लम्बाई होगी–

(a) 8 सेमी. (b) 16 सेमी.
(c) 10 सेमी. (d) 15.9 सेमी.

82. एक वृत्त में जिसकी त्रिज्या 5 सेमी. है। एक 8 सेमी. की जीवा है, वह केन्द्र से कितनी दूर होगी?

(a) 4 सेमी. (b) 5 सेमी.
(c) 3 सेमी. (d) इनमें से कोई नहीं

83. यदि वृत्त की दो जीवाएँ जो केन्द्र पर 60° – 60° का कोण बनाती हैं, तो–

(a) जीवाएँ समान होंगी।
(b) जीवाएँ असमान होंगी।
(c) कुछ कहा नहीं जा सकता।
(d) किसी स्थिति में समान, तो किसी स्थिति में असमान होंगी।

84. एक समदशभुज एक वृत्त के अन्तर्गत बना है, दशभुज की प्रत्येक भुजा केन्द्र पर कोण बनाएगी–

(a) 36° (b) 72°
(c) 45° (d) 90°

85. समबाहु त्रिभुज ABC केन्द्र O वाले वृत्त के अन्तर्गत बना है। $\angle BOC$ की नाप होगी–

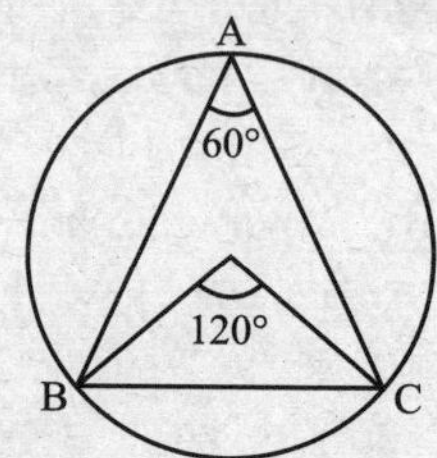

(a) 60° (b) 90°
(c) 120° (d) इनमें से कोई नहीं

86. ΔABC केन्द्र O वाले वृत्त के अन्तर्गत बना है और केन्द्र भुजाओं से समदूरस्थ है। ΔABC किस प्रकार का त्रिभुज है?

(a) समद्विबाहु त्रिभुज
(b) समकोण त्रिभुज

(c) असमान भुजा वाला त्रिभुज
(d) समबाहु त्रिभुज

87. एक समषट्भुज एक वृत्त के अंदर बना है। वृत्त का केन्द्र O है। समषट्भुज की प्रत्येक भुजा केन्द्र पर कितना कोण बनाएगी?
(a) 30° (b) 60°
(c) 90° (d) 120°

88. एक वर्ग ABCD केन्द्र O वाले वृत्त के अन्तर्गत बना है। प्रत्येक भुजा केन्द्र O पर क्या कोण बनाती है?
(a) 50° (b) 60°
(c) 80° (d) 90°

89. एक समबहुभुज वृत्त के अन्दर बना है। यदि उसकी भुजा केन्द्र पर 72° का कोण बनाती है, तो बहुभुज की भुजाओं की संख्या होगी–
(a) 4 (b) 5
(c) 7 (d) 3

90. वृत्त का केन्द्र O है। AB जीवा है। O से AB पर लम्ब OM डाला गया है, तो–

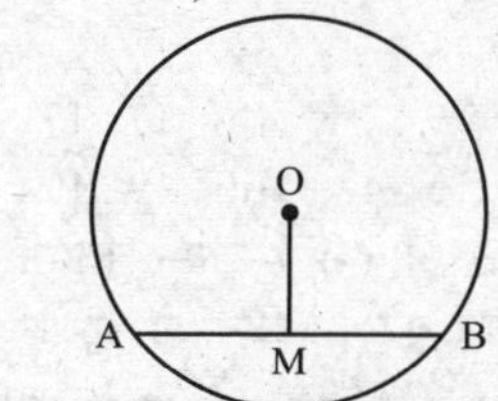

(a) M; AB को समद्विभाजित करता है।
(b) M; AB को तीन समान भागों में बाँटता है।
(c) M; AB पर कोई बिन्दु है।
(d) उपर्युक्त सभी कथन सत्य हैं।

91. संलग्न आकृति में वृत्त पर A और B दो बिन्दु हैं जो लघु चाप AB व दीर्घ चाप ACB बनाते हैं। यदि दीर्घ चाप लघु चाप का तीन गुना हो, तो दोनों चापों का माप ज्ञात करें।

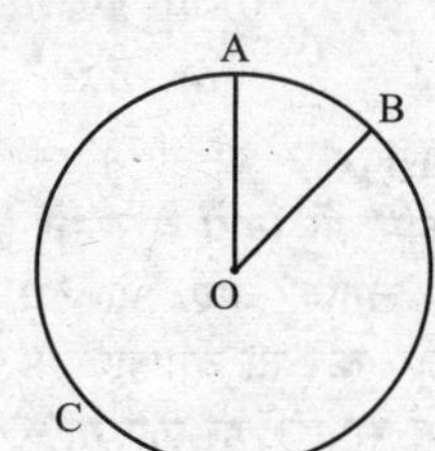

(a) 60°, 180° (b) 90°, 270°
(c) 50°, 150° (d) इनमें से कोई नहीं

92. वृत्त के व्यास AB व CD एक-दूसरे को O पर काटते हैं। यदि $m(\overset{\frown}{BD}) = 40°$ तो $m(\overset{\frown}{AD})$ होगा–

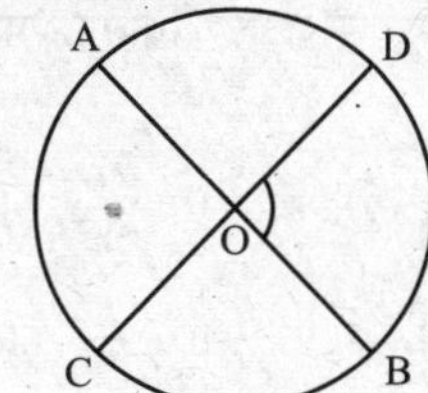

(a) 120° (b) 140°
(c) 170° (d) 150°

93. संलग्न आकृति में O केन्द्र है। PQ व्यास है। $m(\overset{\frown}{PR})$ होगा–

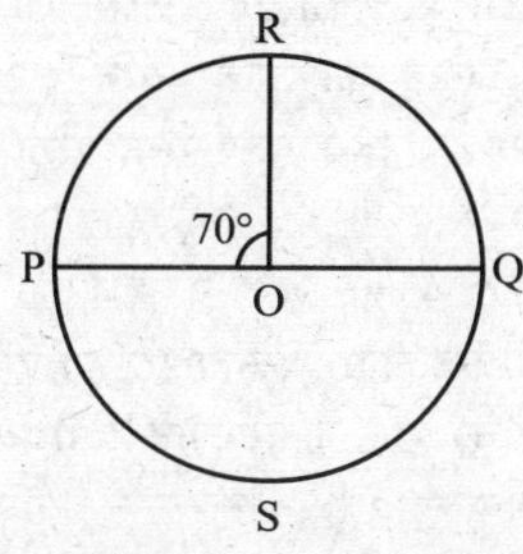

(a) 70° (b) 110°
(c) 60° (d) 90°

94. संलग्न आकृति में वृत्त केन्द्र O है। PQ व्यास है। ∠POR = 60° है। लघु $(\overset{\frown}{PR})$ व दीर्घ $(\overset{\frown}{PR})$ का अनुपात है–

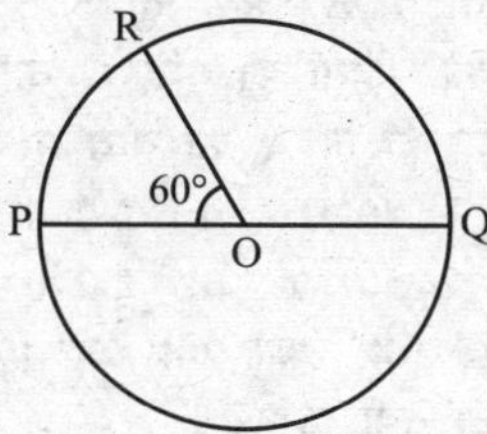

(a) 1 : 3 (b) 1 : 2
(c) 1 : 5 (d) 1 : 4

95. $\overset{\frown}{PRQ}$ केन्द्र O वाले वृत्त की एक चाप है। यदि ∠PQR = 60°, तो ∠POR होगा–

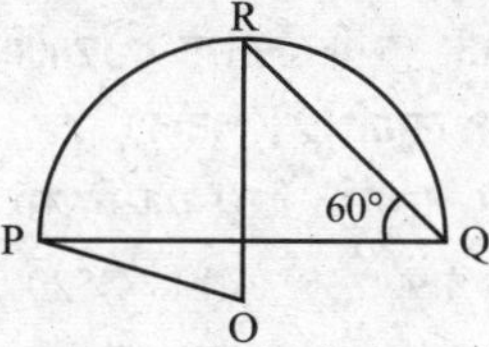

(a) 100° (b) 120°
(c) 150° (d) 110°

96. किसी आयत की एक भुजा 50% बढ़ाकर दूसरी भुजा 50% घटा दी जाती है तो आयत के क्षेत्रफल पर क्या प्रभाव पड़ेगा?
(a) 25% कमी (b) कुछ नहीं
(c) 25% वृद्धि (d) 10% कमी

97. 288π वर्ग सेमी. पृष्ठ क्षेत्रफल वाले अर्द्धगोले का आयतन क्या होगा?
(a) 1054 घन सेमी. (b) 1152 घन सेमी.
(c) 256 घन सेमी. (d) 616 घन सेमी.

98. एक आयताकार चौक की लम्बाई, चौड़ाई तथा ऊँचाई क्रमशः 10 मीटर, 8 मीटर तथा 4 मीटर है। ₹ 2 वर्ग मीटर की दर से उस चौक की चारों दीवारों को रंगवाने में कितना खर्च आएगा?
(a) ₹ 504 (b) ₹ 288
(c) ₹ 824 (d) ₹ 276

99. एक बगीचा 70 मीटर लम्बा तथा 30 मीटर चौड़ा है। इसकी सीमा के बाहर से चारों तरफ 10 मीटर चौड़ी सड़क है। इस सड़क का क्षेत्रफल क्या होगा?
(a) 105 वर्ग मीटर (b) 2100 वर्ग मीटर
(c) 2400 वर्ग मीटर (d) 960 वर्ग मीटर

100. एक बड़े वृत्त की त्रिज्या एक छोटे वृत्त के व्यास से दोगुनी है। बड़े वृत्त और छोटे वृत्त के क्षेत्रफल में अनुपात क्या होगा?
(a) 8 : 1 (b) 4 : 1
(c) 16 : 1 (d) 2 : 1

101. 8 मीटर लम्बे, 5 मीटर चौड़े एवं 2 मीटर ऊँचे बक्से के सम्पूर्ण पृष्ठ का क्षेत्रफल क्या होगा?
(a) 212 वर्ग मीटर (b) 200 वर्ग मीटर
(c) 162 वर्ग मीटर (d) 132 वर्ग मीटर

102. 8 सेमी. त्रिज्या वाले धात्विक गोले को पिघलाकर 2 सेमी. व्यास वाली कितनी गोलियाँ बनाई जा सकती हैं?
(a) 824 (b) 468
(c) 616 (d) 512

103. एक आयताकार पार्क की लम्बाई 32 मीटर एवं चौड़ाई 26 मीटर है। यदि पार्क के भीतर-भीतर 3 मीटर चौड़ा रास्ता इसके चारों ओर बना हो तो रास्ते का क्षेत्रफल निकालिए।
(a) 312 वर्ग मीटर (b) 460 वर्ग मीटर
(c) 512 वर्ग मीटर (d) 280 वर्ग मीटर

104. 144 वर्ग मीटर क्षेत्रफल वाले वर्गाकार खेत की परिमिति को ₹ 2 प्रति मीटर की दर से घेरने में क्या खर्च आएगा?
(a) ₹ 96 (b) ₹ 108
(c) ₹ 72 (d) ₹ 144

105. 14 सेमी. अर्धव्यास वाले गोले का सम्पूर्ण पृष्ठ क्षेत्रफल क्या होगा?
(a) 2204 वर्ग सेमी. (b) 2464 वर्ग सेमी.
(c) 3608 वर्ग सेमी. (d) 2864 वर्ग सेमी.

106. एक रेफ्रिजरेटर को 20% छूट पर खरीद करके ₹ 800 लाभ लेकर ₹ 16800 में बेचा गया। रेफ्रिजरेटर का अंकित मूल्य ज्ञात कीजिए।
(a) ₹ 21480 (b) ₹ 19800
(c) ₹ 22000 (d) ₹ 20000

107. प्रताप अपना रेडियो ₹ 140 लाभ पर बेचता है जोकि विक्रय मूल्य का 20% है। रेडियो का क्रय मूल्य ज्ञात कीजिए।
(a) ₹ 560 (b) ₹ 640
(c) ₹ 520 (d) ₹ 700

108. x एक घड़ी y को 20% लाभ पर बेचता है तथा y उसी घड़ी को 25% लाभ पर ₹ 150 में z को बेच देता है। बताइए कि x के लिए घड़ी का क्रय मूल्य क्या है?
(a) ₹ 90 (b) ₹ 120
(c) ₹ 99 (d) ₹ 100

109. यदि ₹ 5 में 3 के हिसाब से चीकू खरीदकर ₹ 4 में 2 के भाव से बेचा जाए तो प्रतिशत लाभ क्या होगा?
(a) 20% (b) 24%
(c) 25% (d) 23%

110. यदि 21 वस्तुओं का क्रय मूल्य 18 वस्तुओं के विक्रय मूल्य के बराबर है तो सौदे में प्रतिशत लाभ क्या होगा?
(a) 25% (b) $16\frac{2}{3}$ %
(c) 21.34% (d) $11\frac{2}{3}$ %

111. कोई व्यक्ति ₹ 2100 में कोई वस्तु खरीदकर उसके $\frac{2}{3}$ भाग को ₹ 1600 में बेचता है। शेष वस्तु को वह कितने में बेचे कि कुल पर उसे 10% का लाभ प्राप्त हो?
(a) ₹ 610 (b) ₹ 2310
(c) ₹ 910 (d) ₹ 860

112. ₹ 4.40 प्रति किलोग्राम वाले गेहूँ में ₹ 5.20 प्रति किलोग्राम वाले गेहूँ की कितनी मात्रा मिलाई जाए कि कुल 30 किलोग्राम गेहूँ को बेचने पर ₹ 144.80 प्राप्त हो जाएँ?
(a) 16 किग्रा (b) 14 किग्रा
(c) 12 किग्रा (d) 18 किग्रा

113. ₹ 6300 में अपना टी०वी० बेचकर किसी व्यक्ति को 10% की हानि होती है तो बताइए कि 15% लाभ प्राप्त करने के लिए उसे अपना टी०वी० कितने में बेचना चाहिए?
(a) ₹ 8050 (b) ₹ 8600
(c) ₹ 8400 (d) ₹ 7960

114. यदि मूल्यों में 16% की वृद्धि होने से कारों की बिक्री में 8% की कमी आ जाती है तो नकद प्राप्ति पर क्या प्रभाव पड़ेगा?
(a) 0.64% कमी (b) 6.72% वृद्धि
(c) 8% वृद्धि (d) 1.28% कमी

115. ₹ 10 में 15 पेन खरीदकर ₹ 15 में 10 पेन की दर से बेचने पर कितने प्रतिशत का लाभ होगा?
(a) 125% (b) 66.66%
(c) 75% (d) 225%

116. किसी वस्तु को 21% हानि के बजाए 9% लाभ पर बेचने से यदि ₹ 270 अधिक मिलते हैं तो वस्तु का क्रय मूल्य ज्ञात कीजिए।
(a) ₹ 900 (b) ₹ 1300
(c) ₹ 700 (d) ₹ 1600

117. किसी वस्तु को 24% लाभ एवं 21% हानि पर बेचने का अन्तर यदि ₹ 2250 है तो वस्तु का क्रय मूल्य क्या होगा?
(a) ₹ 5000 (b) ₹ 6000
(c) ₹ 4500 (d) ₹ 4800

118. एक खिलौना विक्रेता ₹ 2.50 प्रति खिलौना की दर से 250 खिलौने खरीदकर उस पर ₹ 3 मूल्य अंकित करता है। यदि वह सभी खिलौनों को 15% छूट पर बेच दे तो उसे कितने का लाभ होगा?
(a) ₹ 5 (b) ₹ 10.50
(c) ₹ 15 (d) ₹ 12.50

119. A किसी वस्तु को 4% लाभ पर B को बेचता है। B उस वस्तु को 5% लाभ पर C को बेचता है। यदि C का क्रय मूल्य ₹ 273 हो तो A का क्रय मूल्य है–
(a) ₹ 240 (b) ₹ 260
(c) ₹ 250 (d) ₹ 270

120. 30%, 10% तथा 20% का एक समतुल्य बट्टा क्या होगा?
(a) 24% (b) $23\frac{1}{3}$ %
(c) 20% (d) 25%

121. तीरथ, महेश, विपिन एक व्यापार में क्रमश: ₹ 3000 6 माह के लिए, ₹ 4000 6 माह के लिए तथा ₹ 12000 3 माह के लिए लगाते हैं। बताइए कि ₹ 5200 के कुल लाभ में तीरथ का हिस्सा क्या होगा?
(a) ₹ 900 (b) ₹ 5200
(c) ₹ 1600 (d) ₹ 1200

122. अशोक ₹ 7000 लगाकर कोई व्यापार शुरू करता है तथा 5 माह बाद विनय ₹ 20000 लगाकर व्यापार में शामिल हो जाता है। यदि कुल लाभ ₹ 16000 हो तो उसमें अशोक का हिस्सा क्या होगा?
(a) ₹ 8000 (b) ₹ 6000
(c) ₹ 7200 (d) ₹ 5400

123. x ने ₹ 800 लगाकर एक व्यवसाय शुरू किया। कुछ समय पश्चात् y ₹ 969 लगाकर साझीदार बन गया। यदि वर्ष के अन्त में उनके बीच लाभ का बँटवारा 5 : 4 में होता हो तो बताइए कि y व्यवसाय में कितने माह पश्चात् शामिल हुआ था।
(a) 6 माह (b) 3 माह
(c) 4 माह (d) 8 माह

124. अशोक ₹ 5000 लगाकर एक व्यापार शुरू करता है और 9 माह बाद ₹ 13000 की पूँजी लगाकर वेद उसमें शामिल हो जाता है। यदि वर्ष के अन्त में कुल लाभ ₹ 6600 हो तो उसमें वेद का हिस्सा क्या होगा?
(a) ₹ 2600 (b) ₹ 2700
(c) ₹ 3000 (d) ₹ 2000

125. P, Q और R साझे में मिलकर एक व्यापार करते हैं। P ने प्रारंभ में ₹ 25 हजार, Q ने प्रारंभ में ₹ 35 हजार तथा R ने ₹ 30 हजार व्यापार में लगाए। यदि P एक वर्ष के बाद ₹ 10 हजार लगाए तथा Q दो वर्ष के बाद ₹ 10 हजार निकाल ले तो बताइए कि 3 वर्ष बाद लाभांश का वितरण उनके बीच में किस अनुपात में होगा?
(a) 8 : 3 : 2 (b) 17 : 17 : 16
(c) 6 : 5 : 4 (d) 19 : 19 : 18

126. यदि 3 आदमी मिलकर किसी काम के $\frac{1}{4}$ भाग को 18 दिनों में समाप्त करते हों तो उस काम को 6 दिनों में समाप्त करने के लिए कितने आदमी चाहिए?
(a) 24 (b) 36
(c) 18 (d) 72

127. यदि 12 आदमी या 18 लड़के किसी काम को 21 दिनों में कर सकते हैं तो बताइए कि 16 आदमी और 16 लड़के उसी काम को कितने दिनों में करेंगे?
(a) 9 (b) 10.5
(c) 14 (d) 13

128. 144 मजदूर 4 घंटे प्रतिदिन काम करके एक काम 70 दिनों में करते हैं। यदि 288 मजदूर लगाए जाएँ और वे प्रतिदिन 5 घंटे काम करें तो बताइए कि काम कितने दिनों में समाप्त हो जाएगा?
(a) 32 (b) 35
(c) 28 (d) 24

129. एक हौज में दो नल लगे हैं तथा वे क्रमश: 18 घंटे एवं 8 घंटे में हौज को भरते हैं। बताइए कि चार घंटे में दोनों नलों द्वारा हौज का कितना भाग भरा जा सकेगा?
(a) $\frac{11}{18}$ भाग (b) $\frac{6}{13}$ भाग
(c) $\frac{13}{18}$ भाग (d) $\frac{5}{9}$ भाग

130. 16 आदमी किसी काम को 20 दिनों में पूरा करते हैं। यदि काम शुरू होने के 8 दिन के बाद 8 आदमी और काम पर लगा लिए जाएँ तो बताइए कि शेष काम को पूरा करने में कितना समय लगेगा?
(a) 6 (b) 11
(c) 7.5 (d) 8

131. गौरव किसी काम को 16 दिन में तथा मीत उसी काम को 12 दिन में करता है। यदि गौरव, मीत के साथ-साथ 4 दिन तक काम करे और फिर मीत को अकेले ही काम करना पड़े तो बताइए कि शेष काम को मीत कितने दिनों में पूरा कर लेगा?
(a) 3 दिन (b) 8 दिन
(c) 4 दिन (d) 5 दिन

132. P और Q मिलकर किसी काम को 5 दिन में, Q और R मिलकर 7 दिन में तथा P और R मिलकर 4 दिन में करते हैं। बताइए कि P, Q और R में किसके द्वारा काम सबसे अधिक दिन में (अकेले होने पर) पूरा होगा?
(a) Q (b) P
(c) R (d) बराबर

133. यदि $x-y$ का मान $a+b$ से 6 अधिक है तथा $x+y$ का मान $a-b$ से 4 कम हो तो $x-a$ का मान क्या होगा?
(a) -2 (b) 2
(c) 1 (d) -1

134. P किसी काम को Q की अपेक्षा तिगुना तेजी से करता है। अगर P किसी काम को करने में Q की अपेक्षा 8 दिन कम समय लेता है तो बताइए कि दोनों मिलकर काम को कितने दिन में समाप्त करेंगे?
(a) 3 (b) 6
(c) 4.6 (d) 2

135. 5 लड़के तथा 10 लड़कियाँ किसी काम को 16 दिनों में कर सकते हैं जबकि 20 लड़के और 8 लड़कियाँ उसी काम को 10 दिनों में कर सकते हैं, तो बताइए उसी काम को करने हेतु 1 लड़का एवं 1 लड़की के दिनों का अनुपात क्या होगा?
(a) 3 : 2 (b) 4 : 5
(c) 1 : 2 (d) 2 : 3

136. एक मोटर बोट धारा की दिशा में 13 किमी/घंटा तथा धारा की विपरीत दिशा में 3 किमी/घंटा चलती है। स्थिर जल में मोटर बोट की चाल कितने किमी/घंटा है?
(a) 8 किमी/घंटा (b) 6 किमी/घंटा
(c) 5.5 किमी/घंटा (d) 3 किमी/घंटा

137. एक कार दिल्ली से हिसार 80 किमी/घंटा की गति से जाकर 100 किमी/घंटा की गति से वापस लौटती है। सम्पूर्ण यात्रा हेतु कार की औसत गति ज्ञात कीजिए।
(a) 70 किमी/घंटा (b) 17.6 किमी/घंटा
(c) 64.66 किमी/घंटा (d) 88.88 किमी/घंटा

138. 150 मीटर लम्बी रेलगाड़ी यदि 10 सेकेंड में एक 300 मीटर लम्बे पुल को पार कर जाती है तो रेलगाड़ी की गति ज्ञात कीजिए।
(a) 162 किमी/घंटा (b) 172 किमी/घंटा
(c) 120 किमी/घंटा (d) 84 किमी/घंटा

139. एक रेलगाड़ी 36 किमी/घंटा की गति से बिजली के खंभे को यदि 14 सेकेंड में पार कर जाती है तो बताइए कि 300 मीटर लम्बे पुल को इसी गति से वह कितने समय में पार करेगी?
(a) 48 सेकेंड (b) 54 सेकेंड
(c) 44 सेकेंड (d) 46 सेकेंड

140. यदि अपनी वास्तविक चाल के $\frac{4}{5}$ गुनी चाल से भैरव 13 मिनट देर से स्कूल पहुँचता है तो वास्तविक चाल से पहुँचने में उसे कितना समय लगेगा?
(a) 78 मिनट (b) 55 मिनट
(c) 52 मिनट (d) 65 मिनट

141. एक कार अपनी यात्रा के प्रथम तीन घंटे 30 किमी/घंटा की गति से, अगले तीन घंटे 40 किमी/घंटा की गति से तथा शेष दूरी 80 किमी/घंटा से तय करती है। यदि यात्रा में कुल समय 14 घंटे लगे हों, तो कार द्वारा तय दूरी होगी–
(a) 780 किमी (b) 850 किमी
(c) 840 किमी (d) 960 किमी

142. दो व्यक्ति एक-दूसरे की तरफ क्रमशः 7 किमी/घंटा एवं 6 किमी/घंटा की गति से सुबह 8 बजे एक साथ चले। यदि उनके बीच की दूरी 39 किलोमीटर हो तो बताइए कि वे दोनों कब मिलेंगे?
(a) 2 बजे (b) 10 बजे
(c) 12 बजे (d) 11 बजे

143. 300 मीटर लम्बी रेलगाड़ी 16 किमी/घंटा की गति वाले रिक्शा सवार को 30 सेकेंड में पार कर जाती है। यदि रेलगाड़ी एवं रिक्शा सवार की दिशा विपरीत हो तो रेलगाड़ी की गति क्या है?
(a) 20 किमी/घंटा (b) 52 किमी/घंटा
(c) 48 किमी/घंटा (d) 30 किमी/घंटा

144. यदि 225 मीटर लम्बी रेलगाड़ी किसी 625 मीटर लम्बे प्लेटफॉर्म को 50 सेकेंड में पार करे तो रेलगाड़ी को 115 मीटर लम्बे प्लेटफॉर्म को पार करने में कितना समय लगेगा?
(a) 30 सेकेंड (b) 28 सेकेंड
(c) 24 सेकेंड (d) 20 सेकेंड

145. दो स्थानों के बीच की दूरी 60 किलोमीटर है। इससे एक ही समय दो कारें विपरीत दिशाओं में चलती हैं तथा 2 घंटे में एक-दूसरे से मिलती हैं। यदि कारें एक ही दिशा में चलतीं तो 6 घंटे में एक-दूसरे से मिलतीं। अधिक तेजी से चलने वाली कार की चाल निम्नलिखित में से कौन-सी है?
(a) 30 किमी/घंटा (b) 10 किमी/घंटा
(c) 40 किमी/घंटा (d) 20 किमी/घंटा

146. साधारण ब्याज पर कोई धनराशि दस वर्षों में दोगुनी हो जाती है, ब्याज दर कितने प्रतिशत है?
(a) 10% (b) 12%
(c) 2% (d) कोई नहीं

147. साधारण ब्याज की किस दर से ₹ 5000, 4 वर्ष में ₹ 7600 होंगे?
(a) 10% (b) 13%
(c) 14% (d) 12%

148. किस धन का मिश्रधन साधारण ब्याज की दर से 6 वर्षों में ₹ 2900 एवं 9 वर्षों में ₹ 3350 हो जाएगा?
(a) ₹ 1800 (b) ₹ 1600
(c) ₹ 2000 (d) ₹ 2100

149. महेश दास ने कुछ राशि 6% वार्षिक की दर से साधारण ब्याज पर लगाई। 8 माह बाद उसने उतनी ही राशि 8% की दर से साधारण ब्याज पर लगाई। यदि प्रत्येक अवस्था में मिश्रधन कुछ समय बाद ₹ 348 हो जाता है तो बताइए कि मूलधन की राशि क्या है?
(a) ₹ 124 (b) ₹ 300
(c) ₹ 460 (d) ₹ 312

150. यदि साधारण ब्याज की किसी दर से कोई धन 7 वर्ष में दोगुना हो जाए तो ब्याज की दर क्या है?
(a) $12\frac{1}{7}$ % (b) $11\frac{1}{7}$ %
(c) $13\frac{1}{7}$ % (d) $14\frac{2}{7}$ %

151. बैंक की ब्याज दर में 2% से 4% की वृद्धि होने से यदि मूलधन ₹ 1000 कम करने से भी साधारण ब्याज की रकम पहले के बराबर ही मिलती रहती है तो बताइए कि पहले मूलधन क्या था?

(a) ₹ 4000 (b) ₹ 10000
(c) ₹ 2000 (d) ₹ 1000

152. किस दर से ₹ 6600 का साधारण ब्याज 8 वर्षों में ₹ 3168 होगा?

(a) 10% (b) 8%
(c) 12% (d) 6%

153. यदि कोई धन साधारण ब्याज की दर से 5 वर्षों में तिगुना हो जाता है तो 10 वर्षों में कितने गुना हो जाएगा?

(a) 4 गुना (b) 10 गुना
(c) 6 गुना (d) 5 गुना

154. कोई धन साधारण ब्याज की दर से 20 वर्षों में दोगुना हो जाता है। कितने वर्षों में यही धन तीन गुना हो जाएगा?

(a) 45 (b) 35
(c) 40 (d) 30

155. कोई धन यदि साधारण ब्याज की दर से 4 वर्ष में मूलधन का दुगना हो जाता है तो कितने वर्षों में मूलधन का 16 गुना हो जाएगा?

(a) 56 वर्ष (b) 60 वर्ष
(c) 64 वर्ष (d) 32 वर्ष

156. कोई धन साधारण ब्याज पर 4 वर्ष में दुगुना हो जाता है। ब्याज की दर क्या है?

(a) 20% (b) 40%
(c) 25% (d) 30%

157. 6 प्रतिशत वार्षिक ब्याज की दर से ₹ 2500 का 5 वर्ष का साधारण ब्याज कितना होगा?

(a) ₹ 3200 (b) ₹ 150
(c) ₹ 700 (d) ₹ 750

158. यदि कोई धन साधारण ब्याज से 15 वर्ष में तिगुना हो जाता है, तो वार्षिक ब्याज की दर क्या है?

(a) $13\frac{1}{3}$ % (b) 12%
(c) $12\frac{1}{2}$ % (d) 15%

159. यदि कोई धनराशि साधारण ब्याज से 7 वर्ष में दोगुनी हो जाती है, तो वह चार गुनी कितने समय में होगी?

(a) 21 वर्ष (b) 14 वर्ष
(c) 35 वर्ष (d) 28 वर्ष

160. यदि ₹ 800 का साधारण ब्याज से 4 वर्ष में मिश्रधन ₹ 980 हो जाता है, तो ब्याज की दर 3% बढ़ जाने पर नया मिश्रधन क्या होगा?

(a) ₹ 1080
(b) ₹ 1360
(c) ₹ 1076
(d) ₹ 1120

निर्देश : (प्रश्न 161 से 165 तक) : निम्नलिखित प्रश्नों के उत्तर देने के लिए नीचे दी गई सारणी को ध्यान से पढ़िए–

अलग-अलग छह वर्षों के दौरान पाँच अलग-अलग अकादमियों से पास होने वाले अधिकारियों की संख्या (हजारों में) अकादमी

वर्ष	वायुसेना	थलसेना	नौसेना	तटरक्षक	BSF
2004	1.4	4.2	0.6	1.7	2.6
2005	1.7	5.1	0.9	2.8	3.1
2006	0.9	7.7	1.2	1.6	4.7
2007	2.4	3.6	1.8	4.7	5.8
2008	1.3	4.5	2.9	5.1	6.4
2009	2.7	3.9	3.5	3.9	4.3

161. वर्ष 2007 में सभी अकादमियों में मिलकर पास होने वाले अधिकारियों की औसत संख्या क्या है?

(a) 1830 लाख
(b) 3660 लाख
(c) 3.66 लाख
(d) 1.83 लाख

162. वर्ष 2004 से 2009 तक किस अकादमी में पास होने वाले अधिकारियों की संख्या में सतत् वृद्धि हुई थी?

(a) वायुसेना
(b) केवल थलसेना और BSF
(c) केवल नौसेना
(d) तटरक्षक

163. वर्ष 2006 में वायुसेना अकादमी से पास होने वाले अधिकारियों की संख्या और वर्ष 2009 में तटरक्षक अकादमी से पास होने वाले अधिकारियों की संख्या के बीच का क्रमशः अनुपात क्या है?

(a) 30 : 17
(b) 3 : 23
(c) 17 : 30
(d) इनमें से कोई नहीं

164. वर्ष 2008 में BSF अकादमी से पास होने वाले अधिकारियों की संख्या सभी वर्षों में थल सेना अकादमी से पास होने वाले अधिकारियों की संख्या का लगभग कितना प्रतिशत है?

(a) 12 (b) 19
(c) 33 (d) 22

165. सभी वर्षों में मिलकर किस अकादमी से पास होने वाले अधिकारियों की कुल संख्या अधिकतम थी?

(a) वायुसेना
(b) थलसेना
(c) नौसेना और BSF
(d) तटरक्षक

उत्तर (हल/संकेत)

1. (c) अन्तर = 99999 – 10000 = 89999

2. (d)

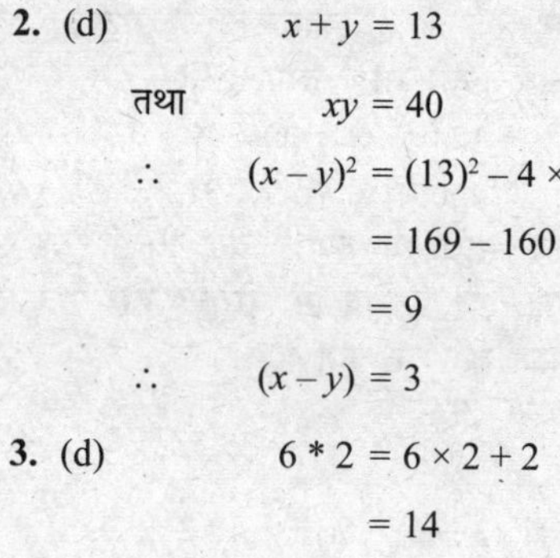

$$x + y = 13$$

तथा $xy = 40$

$$\therefore \quad (x-y)^2 = (13)^2 - 4 \times 40$$
$$= 169 - 160$$
$$= 9$$
$$\therefore \quad (x-y) = 3$$

3. (d)
$$6 * 2 = 6 \times 2 + 2$$
$$= 14$$
$$(6 * 2) * 5 = 14 \times 5 + 2$$
$$= 72$$

4. (b) चार क्रमागत सम संख्याएँ = x, $(x + 2)$, $(x + 4)$ तथा $(x + 6)$

$$\frac{x+(x+2)+(x+4)+(x+6)}{4} = 7$$
$$x + x + 2 + x + 4 + x + 6 = 28$$
$$4x = 16$$
$$x = 4$$

5. (c)
$$x + y = 16 \quad \text{... (i)}$$
$$x - y = \sqrt{(x+y)^2 - 4xy}$$
$$x - y = 8$$

समीकरण (i) व (ii) से,

$$x = 12,$$
$$y = 4;$$
$$144 + 16 = 160$$

6. (b) अन्तर = 99999 – 100 = 99899

7. (d) संख्या = (73 – 25), (97 – 25) तथा (97 – 73) का म०स० = 48, 72 तथा 24 का म०स० = 24

8. (b) छोटी संख्या $= \dfrac{\text{ल०स०} \times \text{म०स०}}{\text{बड़ी संख्या}}$

$= \dfrac{182 \times 1}{14} = 13$

9. (b) 30 से भाग देने पर शेष = प्रथम शेष + प्रथम भाजक × द्वितीय शेष

$= 3 + (5 \times 4) = 23$

10. (b) 4, 12, 16 का म०स० = 47

तब, $48 \times 1 + 3 = 51$ (7 से अविभाज्य)

$48 \times 2 + 3 = 99$ (7 से अविभाज्य)

$48 \times 3 + 3 = 147$(7 से अविभाज्य)

अत: संख्या = 147

11. (b) $\sqrt{25 + \dfrac{31}{9}} = \sqrt{\dfrac{256}{9}}$

$= \dfrac{16}{3}$

$= 5\dfrac{1}{3}$

12. (c) संख्या $= x$

प्रश्न से, $\dfrac{x}{2} - \dfrac{x}{3} = 8$

$\dfrac{3x - 2x}{6} = 8$

$\dfrac{x}{6} = 8$

$x = 8 \times 6$

$= 48$

13. (a) $(20)^{15} \times (15)^{10} \times (30)^5$

$= (2 \times 2 \times 5)^{15} \times (3 \times 5)^{10} \times (3 \times 5 \times 2)^5$

रूढ़ संख्या के घटक

$= 3 \times 15 + 2 \times 10 + 3 \times 5$

$= 45 + 20 + 15$

$= 80$

14. (d) दी हुई संख्याएँ $= a$ और b

प्रश्नानुसार, $ab = 192$

$a - b = 4$

तब, $(a + b)^2 = (a - b)^2 + 4ab$

$= (4)^2 + 4 \times 192$

$= 784$

$a + b = \sqrt{784}$

$= 28$

15. (d) दहाई का अंक $= x$

तथा इकाई का अंक $= y$

संख्या $= 10x + y$

अंकों का स्थान पलटने पर प्राप्त संख्या

$= 10y + x$

प्रश्नानुसार,

$x - y = \{10x + y - (10y + x)\} \times \dfrac{1}{9}$

$= 9x - 9y$

$= 9x - 9y$

या, $x - y = x - y$

इससे अंकों का योग नहीं ज्ञात किया जा सकता है।

16. (b) $2000 \times 2 \times 0.02 \times 0.002$

$= 0.00008 \times 2000$

$= 0.16$

17. (c) $\dfrac{9}{4} + \dfrac{3}{2} = \dfrac{9 + 6}{4}$

$= \dfrac{15}{4} = 3\dfrac{3}{4}$

18. (d) $? = \dfrac{0.0022144}{6.92} = 0.00032$

19. (a) $\dfrac{1}{3 + \dfrac{2}{2 + \dfrac{1}{2}}} = \dfrac{1}{3 + \dfrac{2}{\dfrac{5}{2}}}$

$= \dfrac{1}{3 + \dfrac{4}{5}} = \dfrac{1}{\dfrac{19}{5}} = \dfrac{5}{19}$

20. (b) $\dfrac{0.036}{2.51} = \dfrac{36}{2510}$

$= 0.014342 = 0.014$

21. (d) $14 - [5 - \{3 - (2 - 1)\}] - 5$

$= 14 - [5 - \{3 - 1\}] - 5$

$= 14 - [5 - 2] - 5$

$= 6$

22. (a) $\dfrac{3}{4} + \dfrac{1}{3} - \dfrac{1}{6} - \dfrac{1}{12} \times \dfrac{3}{2}$

$= \dfrac{3}{4} + \dfrac{1}{3} - \dfrac{1}{6} - \dfrac{3}{24} = \dfrac{19}{24}$

23. (d) $\dfrac{8^2 \times (16)^5}{2^{16}} = \dfrac{2^{3 \times 2} \times 2^{4 \times 5}}{2^{16}}$

$= 2^{6 + 20 - 6}$

$= 2^{10}$

24. (d) 40% का ?% = 16 का 200%

40 का $\dfrac{?}{100}$ = 16 का $\dfrac{200}{100}$

$40 \times ? = 16 \times 200$

$\therefore \quad ? = \dfrac{16 \times 200}{40}$

$= 80$

25. (c) $999 + 99 + 9999 = 11097$

26. (a) $(7)^2 \times (7)^3 = 7 \times 7 \times 7 \times 7 \times 7$

27. (b) $11\dfrac{1}{4} \div 3\dfrac{3}{5} \times 6\dfrac{2}{3} + \dfrac{1}{6}$

$= \dfrac{45}{4} \div \dfrac{18}{5} \times \dfrac{20}{3} + \dfrac{1}{6}$

$= \dfrac{45}{4} \times \dfrac{5}{18} \times \dfrac{20}{3} + \dfrac{1}{6}$

$= \dfrac{125}{6} + \dfrac{1}{6}$

$= \dfrac{126}{6} = 21$

28. (a) $\dfrac{1}{1 + \dfrac{1}{2 + \dfrac{1}{3}}} = \dfrac{1}{1 + \dfrac{1}{\dfrac{7}{3}}}$

$= \dfrac{1}{1 + \dfrac{3}{7}}$

$= \dfrac{1}{\dfrac{10}{7}} = \dfrac{7}{10}$

29. (b) $\dfrac{221}{335} = 0.659;$

$\dfrac{219}{337} = 0.649;$

$\dfrac{217}{339} = 0.640;$

$\dfrac{215}{341} = 0.630$

30. (b) $\dfrac{a^3 + b^3}{a^2 - ab + b^2} = a + b$

$= 0.7 + 0.9$

$= 1.6$

31. (a) औसत $= \dfrac{2 + 3 + 5 + 7 + 11 + 13}{6}$

$= \dfrac{41}{6}$

$= 6\dfrac{5}{6}$

32. (b) नए छात्र का भार

$= 24.6 - (19 + 1) \times 0.4$

$= 24.6 - 20 \times 0.4$

$= 24.6 - 8$

= 16.6 किग्रा.

33. (b) कुल खर्च = ₹ x

$x - 350 = \dfrac{x}{8} + 70$

या, $\dfrac{7}{8}x = 420$

$\therefore \quad x = \dfrac{420 \times 8}{7}$

= ₹ 480

34. (b) 9वीं संख्या

$= 17 \times 34 - (8 \times 36 + 31 + 8)$

$= 578 - (288 + 248)$

$= 578 - 536$

$= 42$

35. (b) शिक्षक की आयु = 36 + (9 + 1) × 1
= 46 वर्ष

36. (d) $a + b + c = 78$ तथा $a + b = 36 + 12$
$= 48$
c की वर्तमान आयु = 78 – 48
= 30 वर्ष
6 वर्ष बाद c की आयु
= 30 + 6
= 36 वर्ष

37. (c) सही औसत $= 58 - \left(\frac{96-76}{20}\right) = 57$

38. (d) नई लड़की का भार $= 50 + 40 \times \frac{1}{2}$
= 70 किग्रा.

39. (d) विज्ञान + भूगोल + अंग्रेजी + गणित में कुल प्राप्तांक = 4 × 40 = 160

भूगोल और गणित का औसत
$= \frac{160-120}{2}$
$= \frac{40}{2} = 20$

40. (d) औसत $= \frac{x + x + 1 + x + 2 + x + 3}{4}$
$= x + 1.5$

41. (b) $\frac{a \times b + b}{2} = a; ab + b = 2a$
$ab - 2a = b; a(b-2) = -b$
$a = \frac{-b}{-(2-b)}$
$= \frac{b}{2-b}$

42. (b) पाँचवीं संख्या
= (12.1 × 5 + 6 × 13 – 10 × 13.7)
= 60.5 + 78 – 137 = 1.5

43. (c) सातवीं संख्या
= [(13 × 41 – (6 × 21 + 6 × 44)]
= 533 – (126 + 264)
= 143

44. (d) प्रश्न से,
पहली संख्या = $2x$
दूसरी संख्या = x
तीसरी संख्या = $4x$
प्रश्नानुसार,
$2x + x + 4x = 3 \times 63$
$= 189$
$7x = 189$
$x = 27$
बड़ी संख्या = 4 × 27
= 108

45. (b) औसत $= \frac{23 + 29 + 31 + 37 + 41}{5}$
$= \frac{161}{5}$
= 32.20

46. (d) प्रतिमाह बचत
$= 2000 - \frac{2000 \times 75}{100}$
= 2000 – 1500
= ₹ 500
∴ वार्षिक बचत = 12 × 500
= ₹ 6000

47. (d) पूर्णांक $= \frac{(1731 - 37) \times 100}{30}$
$= \frac{210 \times 100}{30} = 700$

48. (b) पराजित प्रत्याशी को मिले मतों का प्रतिशत = 100 – 76 = 24%
प्रश्न के अनुसार,
(79 – 24)% = 1040
$100\% = \frac{1040 \times 100}{52}$
= 2000

49. (a) सोहन का वेतन = ₹ 100
∴ उसका अंतिम वेतन
$= 100\% \times \frac{90}{100} \times \frac{110}{100}$ = ₹ 99
∴ % घाटा = 100 – 99 = 1%

50. (c) प्रतिशत $= \frac{16 \times 100}{116}$
$= 13.79 \approx 13.8\%$

51. (b) पूर्णांक $= \frac{(240 + 60) \times 100}{60} = 500$

52. (c) माना, Q = 100, P = 120,
$R = 120 \times \frac{100}{60}$
= 200
अत: Q, R से 50% कम है।

53. (d) % प्रभाव $= 14 - 8 - \frac{14 \times 8}{100}$
= 6 – 1.12
= 4.88% बढ़ जाएगा।

54. (d) Y की आय $= \left(1600 \times \frac{20}{100} \times \frac{100}{30}\right)$
$= 320 \times \frac{10}{3}$ = ₹ 1066.6

55. (b) कुल मतों की आवश्यक संख्या
$= \frac{2556 \times 100}{(100 - 32) - 32}$
$= \frac{2556 \times 100}{36}$
= 7100

56. (c) % कमी $= \frac{40 \times 100}{140}$
= 28.57%

57. (a) 100 – 36 = 64%
64 – 36 = 28%
28% = 2800
$100 = \frac{2800 \times 100}{28}$
= 10000

58. (a) उपभोग में % कमी $= \frac{12}{60} \times 100$
= 20%

59. (a) 50 का 40% = 20
∴ क्षेत्रीय भाषाओं की पुस्तकों की संख्या का प्रतिशत
= 100 – (50 + 20) = 30
∴ पुस्तकालय में पुस्तकों की कुल संख्या
$= \frac{1500 \times 100}{30} = 5000$
∴ हिन्दी पुस्तकों की संख्या
$= \frac{5000 \times 20}{100} = 1000$

60. (d) नितिन का वेतन $= \frac{1200 \times 100}{30}$
= ₹ 4000
राकेश के वेतन का 25%
$= 4000 \times \frac{40}{100}$
= ₹ 1600
राकेश का कुल वेतन
= 1600 × 4
= ₹ 6400

61. (a) चूँकि AC व BD, दोनों AB पर लम्ब हैं। अत: AC ∥ BD.

62. (a) परिस्थिति अनुसार,
$DE = \frac{1}{2} BC$
$= \frac{1}{2} \times 4 = 2$ सेमी.

63. (a) चूँकि EF ∥ AB है और E, AD का मध्य बिन्दु है। तब F भी BC का मध्य बिन्दु है। अत: BF = FC = 3 सेमी।

64. (a) $\because$ ED $\parallel$ CD; $\frac{AD}{DB} = \frac{AE}{EC}$

$$\Rightarrow \quad \frac{4}{6} = \frac{AE}{8}$$

$$\therefore \quad AE = \frac{4 \times 8}{6} = \frac{2 \times 8}{3} = \frac{16}{3} \text{ सेमी}$$

65. (c) समलम्ब चतुर्भुज हैं– ADEB, DFGE, GFHI, EDHI, BAFG तथा BAHI = 6

66. (b) Δ ADG में, चूँकि E, AD का मध्य बिन्दु है और EF, DG के समान्तर है। अत: F, AG का मध्य बिन्दु हुआ

$\therefore$ AF = FG ... (i)

त्रिभुज FBC में BC का मध्य बिन्दु D है। DG $\parallel$ BF है।

अत: G, FC का मध्य बिन्दु हुआ

इसलिए, FG = GC ... (ii)

अब (i) व (ii) से,

AF = FG = GC

$\because$ AC = 4.5

$\therefore$ AF = $\frac{1}{3}$ (4.5) = 1.5

67. (c) $x = 30°$ (संगत कोण)

68. (b) चूँकि AB = AC अत: AE = AF अत: ΔAEF एक समद्विबाहु त्रिभुज है।

69. (a) चूँकि P, AB का मध्य बिन्दु है। PQ $\parallel$ BC है। अत: Q, AC का मध्य बिन्दु हुआ। अब QR $\parallel$ AB है। अत: R, BC का मध्य बिन्दु है। इसलिए BR = RC.

70. (a) EC = 4 सेमी.,

AE = 16 – 4 = 12 सेमी

$$\because \quad \frac{AD}{AB} = \frac{AE}{AC}$$

$$\Rightarrow \quad \frac{AD}{12} = \frac{12}{16} \; (x = AE)$$

$$\therefore \quad AD = \frac{144}{16} = 9 \text{ सेमी}$$

71. (d) वर्ग के विकर्ण : एक-दूसरे का लम्ब समद्विभाजन करते हैं और समान भी होते हैं।

72. (a) समलम्ब चतुर्भुज के विकर्ण असमान एवं एक-दूसरे को लम्ब समद्विभाजित करते हैं।

73. (b) एक समान्तर चतुर्भुज के विकर्ण एक-दूसरे को समद्विभाजित करते हैं।

74. (c) आयत ABCD में AB = 4 सेमी., BC = 3 सेमी. है।

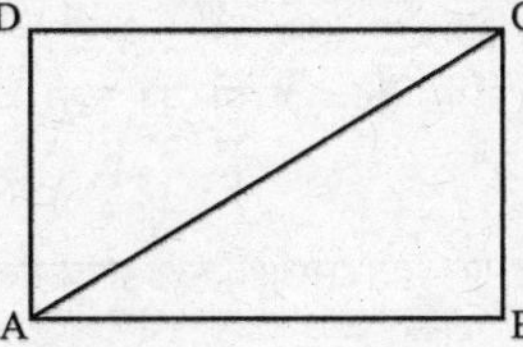

अत: विकर्ण

$$AC = \sqrt{AB^2 + BC^2} = \sqrt{4^2 + 3^2} = \sqrt{25}$$

= 5 सेमी.

75. (b) चौथे कोण की माप

= 360° – (105° + 120° + 75)
= 360° – (300°) = 60°

76. (a) चतुर्भुज में कुल भुजाओं की संख्या = 4

77. (b) अद्वितीय चतुर्भुज की रचना करने के लिए उसके 5 अंगों की जानकारी आवश्यक होती है।

78. (d)

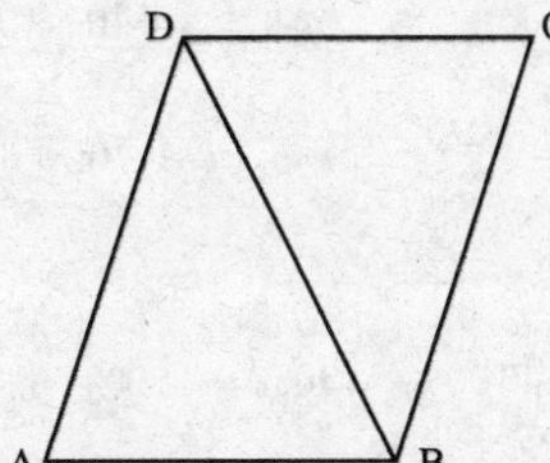

यहाँ त्रिभुज ABD में विकर्ण BD किसी भी स्थिति में AB और AD के योग से कम होगा, जबकि दिए गए आँकड़ों से AB + AD = BD जो सम्भव नहीं है। अत: चतुर्भुज नहीं बनेगा।

79. (c) त्रिभुज ABD में DA + AB > DB, क्योंकि किसी भी त्रिभुज में दो भुजाओं का योग तीसरी भुजा से बड़ा होता है।

80. (b) समलम्ब का क्षेत्रफल

= $\frac{1}{2}$ समान्तर भुजाओं का योग × शीर्षलम्ब

= $\frac{1}{2} \times 50 \times h$

$\because$ समलम्ब का क्षेत्रफल = 100 = $\frac{1}{2} \times 50 \times h$

$\therefore$ h = 4 सेमी.

81. (b) जीवा की आधी लम्बाई = $\sqrt{10^2 - 6^2}$ = 8 सेमी.

$\therefore$ जीवा की पूरी लम्बाई = 2 × 8 = 16 सेमी.

82. (c) केन्द्र से जीवा तक की लम्बवत् दूरी

$$= \sqrt{5^2 - 4^2} = \sqrt{25 - 16} = \sqrt{9} = 3 \text{ सेमी}$$

83. (a) $\because$ दोनों जीवाएँ समान कोण बनाती हैं। अत: समान हैं।

84. (a) दशभुज है। अत: भुजाओं की संख्या n = 10 हर भुजा केन्द्र पर समान कोण बनाती है। अत:

$\because$ 10 × $\angle$Q = 360°

$\therefore$ $\angle$Q = 36°

85. (c) समबाहु त्रिभुज की भुजाओं की संख्या (n) = 3

$\because$ 3 × $\angle$Q = 360°

$\therefore$ $\angle$Q = 120°

86. (d) चूँकि केन्द्र भुजाओं से समान दूरी पर है। अत: जीवाएँ समान होंगी। अत: त्रिभुज समबाहु है।

87. (b) $\because$ 6 × $\angle$Q = 360°

$\Rightarrow$ $\angle$Q = 60°

88. (d) $\because$ 4 × $\angle$Q = 360°

$\Rightarrow$ $\angle$Q = 90°

89. (b) $\because$ n × $\angle$Q = 360°

[दिया है $\angle$Q = 72°]

$$\therefore \quad n = \frac{360°}{72} = \frac{10}{2} = 5$$

90. (a) प्रश्न से स्पष्ट है कि,

M; AB को समद्विभाजित करता है।

91. (b) लघु चाप = $x°$, दीर्घ चाप $3x°$

$\because$ $x° + 3x°$ = 360°

$\Rightarrow$ $4x°$ = 360°

$\therefore$ $x°$ = 90°

$\therefore$ लघु चाप = 90°,

दीर्घ चाप = 270°

92. (b) $m(\overparen{AD})$ = 180° – 40° = 140°

93. (a) चूँकि $\angle$POR = 70°

$\therefore$ $m(\overparen{PR})$ = 70°

94. (c) $\because$ $\angle$POR = 60°,

$\therefore$ वृहत $\angle$POR = 360° – 60° = 300°

$\therefore$ लघु (PR) : दीर्घ (PR)

= 60° : 300°

= 1 : 5

95. (b) चूँकि किसी चाप द्वारा केन्द्र पर बना कोण, चाप द्वारा वृत्त के शेष भाग पर बने कोण का दोगुना होता है। अत:

$\angle$POR = 2 × 60° = 120°

96. (a) कमी % = $\frac{(100+50)(100-50)}{100} - 100$

$= \frac{150 \times 50}{100} - 100$

$= 75 - 100$

$= -25$

25% की कमी होगी।

97. (b) $2\pi r^2 = 288\pi$

$r = \sqrt{\frac{288\pi}{2\pi}}$ सेमी.

$= \sqrt{144} = 12$

आयतन $= \frac{2}{3}\pi r^3$

$= \frac{2}{3} \times \pi \times 12 \times 12 \times 12$

$= 1152\pi$ घन सेमी.

98. (b) चारों दीवारों का क्षेत्रफल

$= 2 \times 4\,(10+8)$

$= 8 \times 18$

$= 144$

$= 144$ वर्ग मीटर

रंगवाने का खर्च $= 2 \times 144$

$=$ ₹ 288

99. (c) सड़क का क्षेत्रफल

$= 90 \times 50 - 70 \times 30$

$= 4500 - 2100$

$= 2400$ वर्ग मीटर

100. (c) बड़े वृत्त की त्रिज्या $= r$

छोटे वृत्त का व्यास $= \frac{r}{2}$

छोटे वृत्त की त्रिज्या $= \frac{r}{4}$

बड़े वृत्त एवं छोटे वृत्त के क्षेत्रफल में अनुपात

आवश्यक $= \frac{\pi r^2}{\pi\left(\frac{r}{4}\right)^2} = 16 : 1$

101. (d) आवश्यक क्षेत्रफल

$= 2(8 \times 5 + 5 \times 2 + 8 \times 2)$

$= 2(40 + 10 + 16) = 2 \times 66$

$= 132$ वर्ग मीटर

102. (d) गोलियों की संख्या

$= \frac{\frac{4}{3}\pi \times (8)^3}{\frac{4}{3}\pi\left(\frac{2}{2}\right)^3}$

$= 8 \times 8 \times 8 = 512$

103. (a) रास्ते का क्षेत्रफल

$= 32 \times 26 - (32-6)(26-6)$

$= 832 - 520$

$= 312$ वर्ग मीटर

104. (a) वर्ग की एक भुजा $= \sqrt{144} = 12$ मीटर

परिमिति को घेरने का खर्च

$= 2 \times 4 \times 12 =$ ₹ 96

105. (b) गोले का सम्पूर्ण पृष्ठ-क्षेत्रफल $= 4\pi r^2$

$= 4 \times \frac{22}{7} \times 14 \times 14 = 2464$ वर्ग सेमी.

106. (d) खरीद मूल्य $= 16800 - 800$

$=$ ₹ 16000

अंकित मूल्य $= \frac{16000 \times 100}{80}$

$=$ ₹ 20000

107. (d) रेडियो का विक्रय मूल्य = ₹ x

प्रश्न से,

$\frac{x \times 20}{10} = 140$

$x = \frac{140 \times 100}{20}$

$=$ ₹ 700

108. (d)

x	y	z
↓	↓	↓
100%	120%	150%

150% = ₹ 150

100% = ₹ 100

109. (a) % लाभ $= \frac{\frac{4}{2} - \frac{5}{3}}{\frac{5}{3}} \times 100$

$= \frac{2}{6} \times \frac{3}{5} \times 100$

$= 20\%$

110. (b) % लाभ $= \frac{(21-18) \times 100}{18}$

$= \frac{3}{18} \times 100$

$= 16\frac{2}{3}\%$

11. (b) ₹ 2100 की वस्तु का 10% लाभ

तब, विक्रय मूल्य $= 2100 \times \frac{110}{100}$

$=$ ₹ 2310

शेष वस्तु का विक्रय मूल्य

$= 2310 - 1600$

$=$ ₹ 710

112. (a) माना कि x किलोग्राम गेहूँ को मिलाया जाएगा।

$\therefore x \times 5.20 + 4.40\,(30 - x) = 144.80$

या, $5.20x + 132 - 4.40x = 144.80$

या, $5.20 + 4.40\,(30 - x) = 144.80$

या, $0.80x = 144.80 - 132 = 12.80$

$\therefore x = \frac{12.80}{8} \times 10$

$= 16$ किग्रा

113. (a) विक्रय मूल्य $= \left(\frac{6300 \times 100}{90}\right) \times \frac{115}{100}$

$= 7000 \times \frac{115}{100} =$ ₹ 8050

114. (b) % प्रभाव $= \left(16 - 8 - \frac{16 \times 8}{100}\right)$

$= 8 - 1.28 = 6.72\%$ वृद्धि

115. (a) % लाभ $= \frac{(15)^2 - (10)^2}{(10)^2} \times 100$

$= (225 - 100)\% = 125\%$

116. (a) $(21 + 9)\% =$ ₹ 270

$\therefore 100\% = \frac{270}{30} \times 100$

$=$ ₹ 900

117. (a) $(24 + 21)\% =$ ₹ 2250

$\therefore 100\% = \frac{2250}{45} \times 100$

$=$ ₹ 5000

118. (d) लाभ $= \left(3 \times \frac{85}{100}\right) \times 250$

$= (250 \times 2.50) =$ ₹ 12.50

119. (c) B का क्रय मूल्य $= \frac{100}{105} \times 273$

$=$ ₹ 260

A का क्रय मूल्य $= \frac{100}{104} \times 260$

$=$ ₹ 250

120. (b) एक बट्टा $= 100 - \frac{70 \times 90 \times 80}{10000}$

$= 100 - 50.40$

$= 49.60\%$

$= 23\frac{1}{3}\%$

121. (d)

तीरथ	: महेश	: विपिन
3000 × 6	: 4000 × 6	: 12000 × 3
⇒ 18	: 24	: 36
⇒ 3	: 4	: 6

अत: कुल लाभ में तीरथ का हिस्सा

$= \frac{3}{13} \times 5200$

$=$ ₹ 1200

122. (b) अशोक व विनय की पूँजियों का अनुपात
$= 7000 \times 12 : 7 \times 20000$
$= 84000 : 140000$
$= 12 : 20$
$= 3 : 5$
अशोक का हिस्सा $= \frac{3}{8} \times 16000$
$=$ ₹ 6000

123. (d) x की पूँजी $= 800 \times 12$
$=$ ₹ 9600
y की पूँजी $= 960 \times$ ₹ x
$\frac{9600}{960x} = \frac{5}{4}; \frac{10}{x} = \frac{5}{4}$
या, $x = \frac{10 \times 4}{5} = 8$ माह

124. (a) अशोक व वेद की पूँजियों का अनुपात
$= 5000 \times 12 : 3 \times 13000$
$= 60000 : 39000$
$= 20 : 13$
लाभ में वेद का हिस्सा
$= \frac{6600 \times 13}{33}$
$=$ ₹ 2600

125. (d) P की पूँजी $= 3 \times 25 + 10 \times 2$
$=$ ₹ 95 हजार
Q की पूँजी $= 35 \times 3 - 10 \times 1$
$=$ ₹ 95 हजार
R की पूँजी $= 30 \times 3$
$=$ ₹ 90 हजार
P : Q : R (पूँजी)= P : Q : R (लाभ)
95 : 95 : 90 = 19 : 19 : 18

126. (b) 3 आदमी मिलकर $\frac{1}{4}$ भाग को 18 दिनों में समाप्त करते हैं। काम को 6 दिनों में समाप्त करने के लिए आदमियों की संख्या
$= \frac{18 \times 4 \times 3}{6} = 36$

127. (b) 12 आदमी = 21 दिन
16 आदमी + 16 लड़के
= 24 आदमी $\frac{21}{2}$
= 10.5 दिन

128. (c) आवश्यक दिन $= \frac{144 \times 4 \times 70}{288 \times 5}$
= 28 दिन

129. (c) आवश्यक भाग $= 4\left(\frac{1}{8} + \frac{1}{18}\right)$
$= \frac{1}{2} + \frac{2}{9}$
$= \frac{9+4}{18}$
$= \frac{13}{18}$ भाग

130. (d) आवश्यक दिन $= \frac{16 \times (20-8)}{16+8}$
$= \frac{16 \times 12}{24}$
= 8 दिन

131. (d) गौरव और मीत 4 दिन में काम करते हैं
$= 4\left(\frac{1}{16} + \frac{1}{12}\right)$
$= \frac{4(3+4)}{48}$
$= \frac{28}{48}$
शेष काम $= \frac{5}{12}$ काम
अत: मीत शेष को पूरा करेगा = 5 दिन।

132. (a) 2(P + Q + R) का एक दिन का काम
$= \frac{1}{5} + \frac{1}{7} + \frac{1}{4} = \frac{83}{140}$
P + Q + R का एक दिन का काम
$= \frac{83}{280}$ काम
P का एक दिन का काम
$= \frac{83}{280} - \frac{1}{7} = \frac{43}{280}$ काम
Q का एक दिन का काम
$= \frac{83}{280} - \frac{1}{4} = \frac{13}{280}$ काम
R का एक दिन का काम
$= \frac{83}{280} - \frac{1}{5} = \frac{27}{280}$ काम
अत: Q सबसे ज्यादा समय लेगा।

133. (d) $x - y = (a + b) - 6$ ... (i)
$x + y = (a + b) + 4$ ... (ii)
समीकरण (i) व (ii) को जोड़ने पर,
$2x = 2a - 2$
$2x - 2a = -2; x - a = -1$

134. (a) $\left[\frac{\text{P का काम}}{\text{Q का काम}} = \frac{\text{Q का दिन}}{\text{P का दिन}}\right] = \frac{3}{1}$
$= \frac{x}{x-8}$
$3x - 24 = x;$
$x = 12$ दिन
P उस काम को $x - 8$ अर्थात 4 दिन में करेगा।
P + Q उस काम को $\left(\frac{12 \times 4}{12+4}\right) = 3$ दिन में पूरा करेंगे।

135. (a) (5 लड़के + 10 लड़कियाँ) × 16
= (20 लड़के + 8 लड़कियाँ) × 10
(80 लड़के + 160 लड़कियाँ)
= (200 लड़के + 80 लड़कियाँ)
120 लड़के =80 लड़कियाँ $= \frac{80}{120}$
$= \frac{2}{3}$ (काम करने की गति का अनुपात)
दिनों का अनुपात = 3 : 2

136. (a) स्थिर जल में मोटर की चाल
$= \frac{13+3}{2} = 8$ किमी/घंटा

137. (d) औसत गति $= \frac{2 \times 100 \times 80}{100 + 80}$
$= \frac{2 \times 8000}{180}$
= 88.88 किमी/घंटा

138. (a) रेलगाड़ी की गति $= \frac{300 + 150}{100}$
= 45 मी०/से०
$= 36 \times 4 + 18$
= 162 किमी/घंटा

139. (c) रेलगाड़ी की लम्बाई
$= \frac{36 \times 1000}{3600} \times 14$
= 140 मीटर
300 मीटर लम्बे पुल को पार करने में लगा समय
$= \frac{300 \times 140}{10}$
= 44 सेकेंड

140. (c) समय $= \frac{4}{5-4} \times 13$
= 52 मिनट

141. (b) कुल दूरी $= 3 \times 30 + 3 \times 40 + 80 \times 8$ किमी
= 90 + 120 + 640 किमी
= 850 किमी

142. (d) समय $= \frac{39}{7+6} = 3$ घंटा
अत: दोनों व्यक्ति 11 बजे पूर्वाह्न में मिलेंगे।

143. (a) रेलगाड़ी की गति = x किमी/घंटा

$$\frac{300}{1000} = \frac{30}{3600}(x+16)$$

$$\frac{3\times120}{10} = x+16$$

$$36 = x+16$$

$x = 20$ किमी/घंटा

144. (d) रेलगाड़ी 50 सेकेंड दूरी तय करेगी

$= 625 + 225$

$= 850$ मीटर

रेलगाड़ी 1 सेकेंड में तय करेगी

$= \frac{850}{50} = 17$ मीटर

रेलगाड़ी को 115 मीटर लम्बे प्लेटफॉर्म को पार करने में लगा समय

$$= \frac{225+115}{17}$$

$$= \frac{340}{17}$$

$= 20$ सेकेंड

145. (d) कारों की चाल $= x$ तथा y किमी/घंटा

विपरीत दिशा में चलने पर,

$2(x+y) = 60$

$x + y = 30$ ... (i)

एक ही दिशा में चलने पर,

$6(x-y) = 60$

$x - y = 10$ ... (ii)

समीकरण (i) व (ii),

$x = 20$ किमी/घंटा

$y = 10$ किमी/घंटा

146. (a) मूलधन = ₹ x

मिश्रधन = ₹ $2x$

ब्याज = मिश्रधन − मूलधन

$= 2x - x =$ ₹ $2x$

$$\text{दर} = \frac{\text{ब्याज}\times100}{\text{मूलधन}\times\text{समय}} = \frac{x\times100}{x\times10}$$

$= 10\%$

147. (b)

$$\%\ \text{दर} = \frac{(7600-5000)\times100}{5000}$$

$$= \frac{2600\times100}{5000\times4} = 13\%$$

148. (c) 3 वर्ष का ब्याज $= 3350 - 2900$

= ₹ 450

6 वर्ष का ब्याज = ₹ 900

मूलधन $= 2900 - 900$

= ₹ 2000

149. (b) दूसरा धन रहा $= t$ वर्ष,

पहला धन $\left(t+\frac{8}{12}\right)$ वर्ष तक रहा

$6\left(t+\frac{8}{12}\right) = 8t;\ t = 2$ वर्ष

$(100 + 8\times2)\,\% = 348$

$$100\% = \frac{348}{116}\times100$$

= ₹ 300

150. (d) दर $= \frac{100}{7} = 14\frac{2}{7}\,\%$

151. (c) मूलधन = ₹ x

x का 2% = $(x - 1000)$ का 4%

$2x = 4x - 4000$

$x =$ ₹ 2000

152. (a) दर % $= \frac{3168\times100}{6600\times8} = 10\%$

153. (d) 5 वर्ष = 2 × मूलधन + 1 मूलधन

10 वर्ष = 2 × 2 × मूलधन + 1 मूलधन

= 5 × मूलधन

अत: धन 5 गुना हो जाएगा।

154. (c) ब्याज की दर $= \frac{100}{20} = 5\%$

समय $= \frac{200}{5} = 40$ वर्ष

155. (b) 4 वर्ष में ब्याज

= 2 × मूलधन − मूलधन

= 1 मूलधन

= 2 × मूलधन +1 मूलधन

16 मूलधन = 5 मूलधन (ब्याज)

+ 1 मूलधन

15 मूलधन $= 15\times4 = 60$ वर्ष

156. (c) मूलधन = ₹ A

समय = 4 वर्ष

ब्याज = 2A − A

= ₹ A

दर $= \frac{A\times100}{A\times4} = 25\%$

157. (d) साधारण ब्याज $= \frac{2500\times5\times6}{100}$

= ₹ 750

158. (a) दर $= \frac{(n-1)\times100}{p}$

(यहाँ $n = 3$ और $p = 15$)

$$= \frac{(3-1)\times100}{15}$$

$= 13\frac{1}{3}\,\%$

159. (a) आवश्यक समय $= \frac{(b-1)T}{(a-1)}$ वर्ष

(यहाँ $x = 2, y = 4$ और $T = 7$)

$= \frac{(4-1)\times7}{(2-1)} = 21$ वर्ष

160. (c) दर $= \frac{(980-800)\times100}{4\times800}$

$= \frac{48}{8}\,\%$

दर 3% बढ़ जाने पर,

$\frac{45}{8} + 3 = \frac{69}{8}\,\%$

ब्याज $= \frac{800\times4\times69}{100\times8} = 276$

नया मिश्रधन $= 800 + 276$

= ₹ 1076

161. (b) वर्ष 2007 में सभी अकादमियों में मिलकर पास होने वाले अधिकारियों की औसत संख्या

$$= \frac{2400 + 3600 + 1800 + 4700 + 5800}{5}$$

$= \frac{18300}{5} = 3660$

162. (c) सारणी में दिए गए आंकड़ों से ज्ञात हुआ कि वर्ष 2004 से 2009 तक केवल नौसेना अकादमी में सतत् वृद्धि हुई है।

163. (d) अभीष्ट अनुपात = 900 : 3900

= 3 : 13

164. (d) अभीष्ट प्रतिशत $= \frac{6400\times100}{29000}$

= 22.06%

= 22% (लगभग)

165. (b) वायुसेना अकादमी में पास होने वाले अधिकारियों की संख्या

= 1400 + 1700 + 900 + 2400 + 1300 + 2700 = 10400

थलसेना अकादमी में पास होने वाले अधिकारियों की संख्या

= 4200 + 5100 + 7700 + 3600 + 4500 + 3900 = 29000

नौसेना अकादमी में पास होने वाले अधिकारियों की संख्या

= 600 + 900 + 1200 + 1800 + 2900 + 3500 = 10900

तटरक्षक अकादमी में पास होने वाले अधिकारियों की संख्या

= 1700 + 2800 + 1600 + 4700 + 5100 + 3900 = 19800

बी.एस.एफ. अकादमी में पास होने वाले अधिकारियों की संख्या

= 2600 + 3100 + 4700 + 5800 + 6400 + 4300 = 26900

अत: थलसेना अकादमी से सभी वर्षों में मिलकर पास होने वाले अधिकारियों की संख्या सबसे अधिक है।

❑❑❑

मानसिक क्षमता परीक्षण

वर्गीकरण

किसी समूह श्रेणी या वर्गों में दी गई वस्तुओं/घटनाओं/ तत्वों का सामान्य गुणों के आधार पर क्रमबद्ध करते हुए शेष वस्तुओं/ घटनाओं/ संख्याओं/अंको को अलग करना उनका वर्गीकरण कहलाता है। इसके अंतर्गत पूछे जाने वाले प्रश्न को समान्य वस्तुओं के गुणों, दैनिक जीवन की क्रियाओं, अंग्रेजी वर्णमाला एवं सामान गुणों वाली संख्याओं पर आधारित होते है। इस प्रकार के प्रश्नों में परीक्षार्थी को चार, पांच तत्वों का एक समूह दिया जाता है। जिसमें तीन एक निश्चित तरीके से किसी न किसी प्रकार से समान होते है या आपस में कोई तार्किक संबंध रखते है। जबकि एक उन अन्य तीनों से भिन्न होता हैं। जिसे अलग करना होता हैं दिए गए तत्वों का वर्गीकरण करने के लिए परीक्षार्थी को समानता की सभी शर्तों की जानकारी होना आवश्यक है।

वर्गीकरण के अंतर्गत किसी वस्तु/अक्षर/अंक/ शब्द को उसके सामान्य गुण, आकार रंग, रूप व लक्षण के आधार पर चार विकल्पों में से तीन समान होते हैं। तथा एक भिन्न होता है। जिसे अलग कर दिया जाता है।

नीचे कुछ उदाहरणों के माध्यम से हम वर्गीकरण का स्पष्टीकरण कर रहे हैं।

हल सहित उदाहरण

उदाहरण 1: निम्नलिखित में से असंगत पद को छांटिए-

(a) भारत
(b) पाकिस्तान
(c) जापान
(d) वाशिंगटन

हल: (d) वाशिंगटन को छोड़कर अन्य सभी देश हैं जबकि वाशिंगटन, अमेरिका का एक शहर है।

उदाहरण 2: निम्नलिखित में से असंगत पद को छांटिए-

(a) मोबाइल फोन
(b) लैपटॉप
(c) आई पैड
(d) दीवार घड़ी

हल: (d) दीवार घड़ी को छोड़कर अन्य सभी वस्तुएं विद्युत से चलने वाली है। अत: दिए गए विकल्पों में से दीवार घड़ी अन्य तीनों से भिन्न है।

उदाहरण 3: निम्नलिखित में से असंगत अक्षर समूह को छांटिए-

(a) DWHS (b) BYDW
(c) CWFS (d) EVJQ

हल: (c)

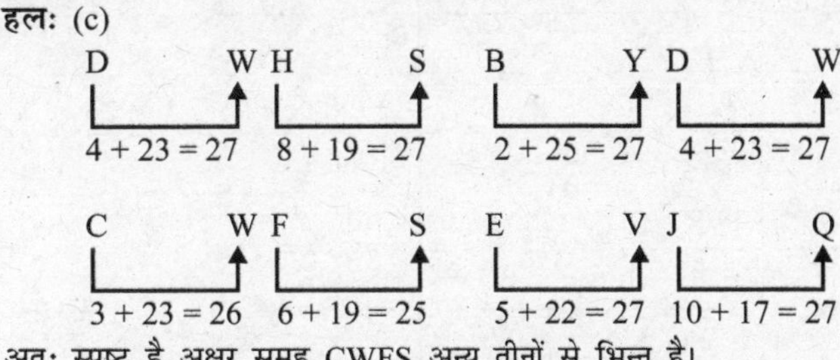

अत: स्पष्ट है अक्षर समूह CWFS अन्य तीनों से भिन्न है।

उदाहरण 4: निम्नलिखित मे से असंगत अक्षर समूह को छांटिए-

(a) DHLP (b) TXBF
(c) JNRV (d) YBEH

हल: (d)

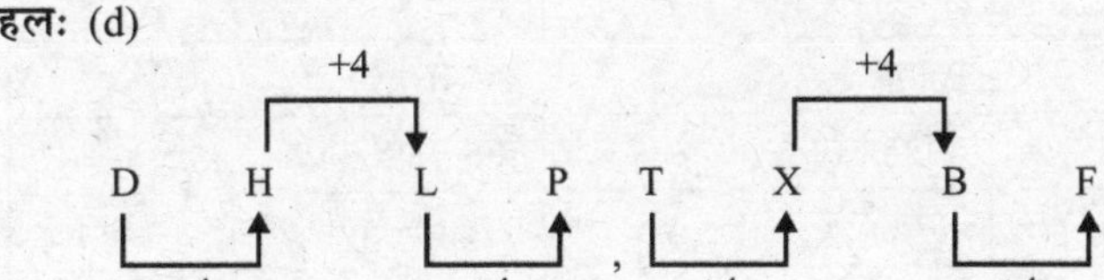

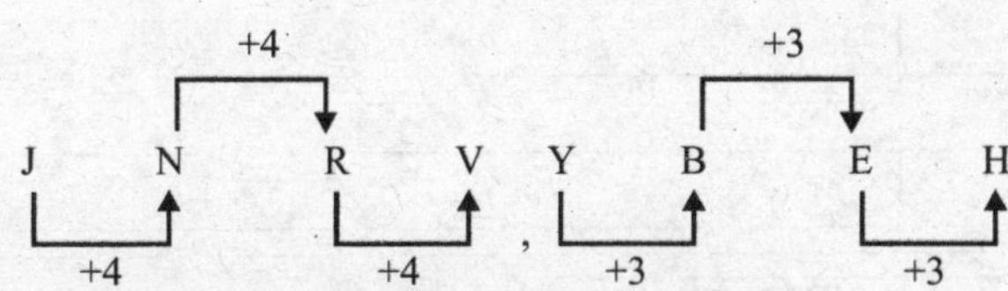

स्पष्ट है, YBEH अक्षर समूह अन्य तीनों से भिन्न है।

उदाहरण 5: निम्नलिखित में से असंगत संख्या का चयन कीजिए-

(a) 1 (b) 65
(c) 8 (d) 64

हल: (b) 65 को छोड़कर अन्य सभी संख्याएं पूर्ण घन हैं।

उदाहरण 6: निम्नलिखित में से असंगत संख्या समूह का चयन करें-

(a) 59-48 (b) 33-27
(c) 68-85 (d) 121-124

हल: (a) '59-48' को छोड़कर अन्य सभी भाज्य संख्याओं के संख्या समूह है।

सादृश्यता परीक्षण

सादृश्यता का अर्थ है 'समानता' सादृश्यता से सम्बन्धित प्रश्नों में विभिन्न वस्तुएं/ घटनाओं/क्रियाओं आदि के बीच सम्बन्ध को ज्ञात करना होता है सादृश्यता परीक्षण का उद्देश्य परीक्षार्थियों के अन्दर उचित तर्क तथा सही निर्णयन क्षमता की जांच

करना हैं, इसके अन्तर्गत हमें असमान बातों को अलग कर समान बातों को एक साथ रखना होता है। ऐसी सोच कि कौन-सी घटनाएं/वस्तुएं/क्रियाएं तर्किक रूप से समान है हमारी दैनिक जीवन की सोच के अनरूप होती हैं।

सादृश्यता परीक्षण से सम्बन्धित प्रश्नों में दो वस्तुओं के बीच के सम्बन्धों पर विचार किया जाता है दो वस्तुएं/घटनाएं/क्रियाएं, जो आपस में किसी प्रकार से सम्बन्धित होती हैं, दी जाती हैं तथा तीसरी वस्तु तथा एक प्रश्नचिन्ह् भी दिया रहता है तथा चार वैकल्पिक उत्तर दिए जाते हैं आपको इन वैकल्पिक उत्तरों में से एक ऐसा वैकल्पिक उत्तर चुनना होता है, जिसे प्रश्न चिन्ह् के स्थान पर रखने से उसका सम्बन्ध तीसरी वस्तु से उसी प्रकार हो जो सम्बन्ध पहली वस्तु का दूसरी वस्तु से है।

परीक्षार्थियों को नीचे हम व्यक्ति/वस्तु तथा उनके विभिन्न कार्य क्षेत्रों की जानकारी सारणी के माध्यम से उपलब्ध करा रहे हैं।

क्रम संख्या	व्यक्ति/वस्तु	कार्य-क्षेत्र
1.	न्यायाधीश	सुनवाई
2.	सांसद	विधायिका
3.	डॉक्टर	अस्पताल
4.	शेरिफ	अपराध
5.	कैंची	कटाई
6.	जुराब	पांव
7.	दस्ताने	हाथ

क्रम संख्या	व्यक्ति/वस्तु	विशेषता
1.	श्रयवतावाडी	परोपकारी
2.	मेजबान	सत्कार
3.	कूतिनीतिज्ञ	चतुर नीति ज्ञानी
4.	कर्मठ	कार्य के प्रति सजग
5.	ज्योतिषी	ज्योतिष विशेषता
6.	शौर्य पुरूष	वीरता
7.	नृत्यवार	नाचना
8.	गीतकार	गीत का निर्माण

क्रम संख्या	व्यक्ति/वस्तु	प्रतीक
1.	राजा	मुकुट
2.	राजा	रौबदार
3.	अस्पताल	रेडक्रॉस
4.	पद	सितारे
5.	शौर्य	विक्टोरिया क्रॉस
6.	एयर इण्डिया	महाराजा
7.	खतरा	लाल रंग
8.	शोक, क्षोभ	काला रंग
9.	शांति	सफेद रंग
10.	संस्कृति, सभ्यता	कमल
11.	शांति	जैतून की पत्तियां
12.	परिवार नियोजन	लाल त्रिकोन
13.	रास्ता साफ	हरा रंग

क्रम संख्या	उपकरण	उपयोग
1.	बंदूक	गोली चलाना
2.	फावड़ा	खुदाई
3.	कलम	लिखना
4.	चाकू	काटना
5.	सुई	सिलना
6.	छेनी	नवकाही
7.	कुल्हाड़ी	कटाई
8.	कैंची	कपड़ा, बाल
9.	स्याही	कागज
10.	चॉक	श्यामपट्ट
11.	उस्तरा	बाल
12.	ढाल	बचाव
13.	पेंचकस	पेंच

क्रम संख्या	पशु जन्तु	उनके बच्चे
1.	कुत्ता	पिल्ला
2.	भेड़	मेमना
3.	गाय	बछड़ा
4.	बकरी	मेमना
5.	हिरन	हिरनौय
6.	मुर्गी	चूजा
7.	तितली	इल्ली
8.	मेढ़क	टैडपोल
9.	कछुआ	कच्छप
10.	व्हेल	शभक

क्रम संख्या	राशियां	इकाई
1.	दाब	पास्कल
2.	क्षेत्रफल	सेमी.^{2}, मी^{2}, हेक्टेयर
3.	कोण	रेडियन
4.	भार	किलोग्राम
5.	समय	सेकण्ड
6.	विद्युत धारा	एम्पियर
7.	दीप्ति	कैंडिला
8.	प्रतिरोध	ओम
9.	कार्य	जूल
10.	बल	न्यूटन
11.	लम्बाई	मीटर
12.	ऊर्जा	कैलोरी
13.	आवृत्ति	हर्टज
14.	वैद्युत विभव	वोल्ट
15.	शक्ति	वाट

क्रम संख्या	उपयोग कर्ता	औजार/यंत्र
1.	लेखक	कलम
2.	किसान	हल
3.	माली	बगीचा
4.	लुहार	हथौड़ा
5.	सैनिक	बंदूक
6.	योद्धा	तलवार
7.	लकड़हारा	कुल्हाड़ी
8.	शिकारी	बन्दूक
9.	अध्यापक	श्यामपट्ट
10.	वास्तुकार	नक्शा
11.	नाई	कैंची
12.	दर्जी	सिलाई मशीन
13.	रंगसाज	तूलिका
14.	डॉक्टर	थर्मामीटर

क्रम संख्या	कामगार	उत्पाद
1.	सुनार	जेवर
2.	मोची	जूता
3.	किसान	फसल
4.	कसाई	गोश्त
5.	संपादक	समाचार पत्र
6.	निर्माता	फिल्म, नाटक
7.	वास्तुकार	डिजाइन
8.	बढ़ई	फर्नीचर

क्रम संख्या	कर्मचारी	कार्यस्थल
1.	नाविक	जहाज
2.	अभिनेता	मंच
3.	पंसारी	दुकान
4.	अध्यापक	विद्यालय
5.	अंपायर	पिच
6.	योद्धा	युद्ध भूमि
7.	वकील	न्यायालय
8.	वैज्ञानिक	प्रयोगशाला
9.	चित्रकार	चित्र दीर्घा
10.	वैरा	रेंस्तरां

नीचे कुछ उदाहरणों के माध्यम से सादृश्यता परीक्षण का स्पष्टीकरण किया गया है।

हल सहित उदाहरण

उदाहरण 1: जिस प्रकार 'वृक्ष' 'जड़' से सम्बन्धित है उसी प्रकार 'धुआं' किससे सम्बन्धित है?

(a) सिगरेट (b) आग (c) ताप (d) चिमनी

हल: (b) जिस प्रकार 'पेड़' की उत्पत्ति जड़ से होती है उसी प्रकार 'धुआं' की उत्पत्ति आग से होती हैं।

उदाहरण 2: जिस प्रकार 'अपराधी' सम्बन्धित है 'जेल' से उसी प्रकार 'पिंजरा' किससे सम्बन्धित है?

(a) गौरैया (b) तोता (c) कबूतर (d) पक्षी

हल: (d) जिस प्रकार सभी अपराधियों को जेल में कैद करके रखा जाता हैं। उसी प्रकार प्रत्येक पक्षी को पिजरें में कैद रखा जाता है।

निर्देश (उदाहरण 3-6) : नीचे दिए गए विकल्पों में से संबंधित शब्द/अक्षर/संख्या का चयन करें।

उदाहरण 3. दर्जी : वस्त्र : : कृषक : ?

(a) फसल (b) हल (c) फावड़ा (d) भूमि

हल: (a) जिस प्रकार 'दर्जी' वस्त्र तैयार करता हैं। उसी प्रकार कृषक 'फसल' तैयार करता है।

उदाहरण 4: ? : माला : : तारा : ?

(a) फूल, सूर्य (b) अभिनेता, रात्रि
(c) फूल, आकाश गंगा (d) सम्मान, चमक

हल: (c) जिस प्रकार, माला में फूल होते हैं, उसी प्रकार 'आकाशगंगा' में तारे होते हैं।

उदाहरण 5: AG : IO : : EK : ?

(a) LR (b) MS (c) PV (d) SY

हल: (b) जिस प्रकार,

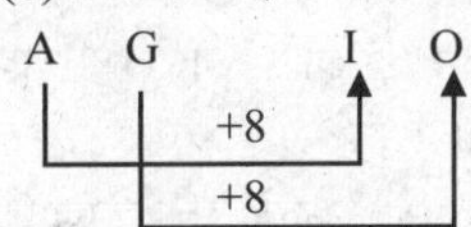

उसी प्रकार,

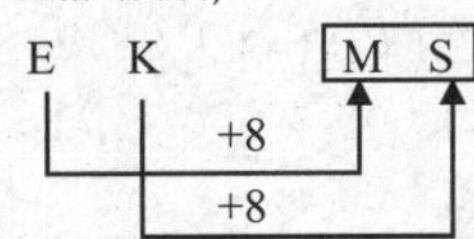

उदाहरण 6: 3 : 27 : : 5 : ?

(a) 120 (b) 125 (c) 94 (d) 100

हल: (b) जिस प्रकार, $3 \rightarrow (3)^3 \rightarrow 27$

उसी प्रकार $5 \rightarrow (5)^3 \rightarrow \boxed{125}$

वर्णमाला परीक्षण

इस प्रकार की परीक्षा में परीक्षार्थियों की वर्णमाला संबंधी ज्ञान की जांच की जाती है। इस प्रकार की परीक्षा में कुछ शब्द ऐसे होते हैं, जिसमें अक्षर अव्यवस्थित क्रम में होते हैं तथा उनसे संबंधित कई प्रश्न दिए गए होते हैं। परीक्षार्थियों को इन प्रश्नों को ध्यान में रखते हुए अक्षरों को क्रम से लगाना होता है।

इसके लिए परीक्षार्थियों को अंग्रेजी वर्णमाला में अक्षरों के स्थान को ध्यान में रखना अति महत्त्वपूर्ण हैं अंग्रेजी वर्णमाला में अक्षरों की संख्या 26 होती हैं यदि हमें बाईं ओर से अक्षरों को गिनना हो, A तो से प्रारंभ करते हैं तथा यदि दायीं ओर से अक्षरों को गिनना हो, तो Z से प्रारंभ करते है।

अंग्रेजी वर्णमाला में अक्षरों के स्थान को याद रखना बहुत ही मुश्किल है इसके लिए दो सरल सूत्रों को याद रखना अतिआवश्यक है।

अंग्रेजी वर्णमाला में बाएं से अक्षरों को गिनने के लिए सरल सूत्र 'EJOTY' का का प्रयोग किया जाता है।

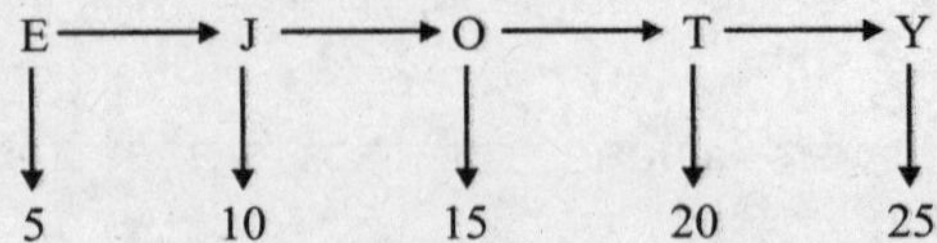

अत: अंग्रेजी वर्णमाला में बाएं ओर से E, 5 के स्थान पर J, 10 वें स्थान पर O, 15 वे स्थान पर तथा T, 20 वे स्थान पर व Y, 25 वें स्थान पर है। इस सूत्र की सहायता से बीच के वर्णो का स्थान आसानी से प्राप्त किया जा सकता है।

इसी प्रकार अंग्रेजी वर्णमाला में दाएं ओर से अक्षरों को गिनने के लिए सूत्र 'BGLQV' का का प्रयोग करते है।

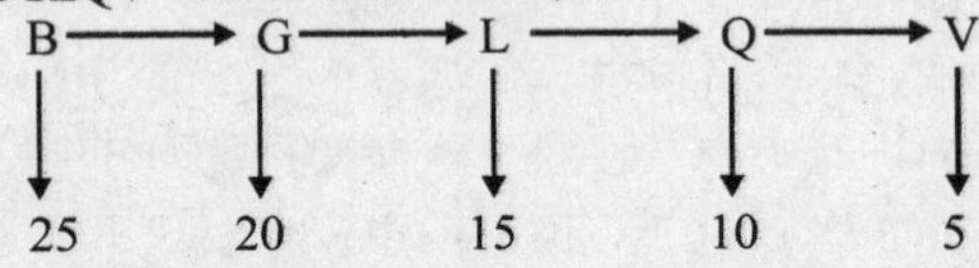

अत: इस सूत्र से भी बीच वाले वर्गों के स्थान संख्या को आसानी से प्राप्त किया जा सकता है।

नीचे कुछ उदाहरणों के माध्यम से अक्षर संबंधी प्रश्न के विभिन्न प्रकारों का स्पष्टीकरण किया जा रहा है।

हल सहित उदाहरण

उदाहरण 1: शब्द 'ORIN' के अक्षरों को किसी क्रम में रखने पर एक धातु प्राप्त होती है। उस धातु का पहला अक्षर क्या होगा?

(a) R (b) N
(c) I (d) O

हल: (c) शब्द 'ORIN' के अक्षरों को क्रम से लिखने पर 'IRON' शब्द बनता है जो एक धातु है। अत: इसका पहला अक्षर I है।

उदाहरण 2: निम्नलिखित अक्षर श्रेणी में ऐसे कितने R हैं जिनके ठीक पहले H न आता हो, परंतु ठीक बाद में M हो?

HPRXTRMHRMCKRHPTLRMNUS

(a) 2 (b) 3
(c) 5 (d) 6

हल: (a) इस प्रकार की श्रेणी में ऐसे दो R हैं जिनके ठीक पहले H न हो, परन्तु ठीक बाद में M हो।

HPRXT[R]MHRMCKRHPTL[R]MNOS

उदाहरण 3: नीचे दिए गए शब्दों को शब्दकोश के क्रमानुसार व्यवस्थित कीजिए?

1. Select, 2. Seldom, 3. Send, 4. Selfish, 5. Seller

(a) 1, 4, 5, 2, 3 (b) 2, 1, 4, 5, 3
(c) 1, 2, 3, 4, 5 (d) 3, 4, 5, 2, 1

हल: (b) शब्दकोश का सही क्रम

2. Seldom, 1. Select, 4. Selfish, 5. Seller 3. Send,

∴ सहीक्रम 2, 1, 4, 5, 3

- किसी क्रम के अन्तर्गत अक्षरों एवं अंकों को व्यवस्थित क्रम में लगाने को शृंखला कहते हैं।

शृंखला के अन्तर्गत परीक्षा में कुछ अंक या अक्षर अथवा अंक एवं अक्षर एक विशेष क्रम में दिए जाते हैं। दिए गए क्रम में किसी विशेष स्थान को खाली छोड़ दिया जाता है या किसी विशेष स्थान पर आने वाले अंक के स्थान पर कोई गलत अंक संयोजित कर दिया जाता है। आपको दी गई शृंखला के खाली स्थान को दिए गए विकल्पों में से उपयुक्त अंक या अक्षर या अंक एवं अक्षर का चुनाव करके पूर्ति करना होता है तथा दूसरी प्रकार की शृंखला में प्रयुक्त गलत अंक को ज्ञात करना होता है। इसके अलावा शृंखला में औपबंधिक संख्या (Conditional Number) से भी प्रश्न पूछे जाते हैं। ऐसे प्रश्नों को हल करने के लिए निम्न जानकारी होना आवश्यक है–

1. सम संख्या, विषम संख्या तथा अभाज्य संख्या की जानकारी।
2. 1 से 20 तक की संख्याओं का वर्ग तथा घन के बारे में जानकारी।
3. अंग्रेजी वर्णमाला के प्रत्येक अक्षर की स्थिति के बारे में जानकारी।

- **संख्या शृंखला** (Number Series) : इसके अन्तर्गत पूछे जाने वाले प्रश्नों में अंकों की शृंखला दी जाती है। यह शृंखला जोड़, घटाव, गुणा, भाग, वर्ग, वर्गमूल, घन, घनमूल आदि पर आधारित होती हैं। इससे सम्बन्धित प्रश्नों को हल करने के लिए नीचे दिए गए प्रमुख बिन्दु पर ध्यान देना आवश्यक है–
- यदि दी गई शृंखला के अंकों के मान में सामान्य वृद्धि हो रही है, तो निश्चित रूप से वहां सिर्फ जोड़ का कार्य हो रहा है।
- यदि दी गई शृंखला के अंकों के मान में सामान्य कमी हो रही है, तो निश्चित रूप से वहां घटाने का कार्य हो रहा है।
- यदि दी गई शृंखला के अंकों में काफी तीव्रता के साथ वृद्धि हो रही है, तो निश्चित रूप से वहां गुणा का कार्य हो रहा है, इसके अलावा जोड़ एवं घटाव या जोड़ अथवा घटाव भी साथ में सम्भव है।
- यदि शृंखला के आंकिक मान में तीव्रता के साथ कमी हो रही है, तो वहां भाग का काम हो रहा है। साथ ही जोड़ अथवा घटाव भी सम्भव है।
- यदि शृंखला तीव्रता के साथ पहले बढ़ती हो तथा बाद में घटती हो, तो वहां गुणा तथा भाग की क्रिया एक-एक करके अपनाई जा रही है।
- यदि शृंखला में अंकों का मान पहले बढ़े फिर घटे लेकिन कम-से-कम अन्तर से हो, तो वहां जोड़ तथा घटाव का कार्य बदल-बदल कर चल रहा है।

⇒ संख्या शृंखला के अन्तर्गत सामान्यत: दो प्रकार के प्रश्न पूछे जाते हैं-

(a) **दी गई शृंखला को पूरा करना** (Complete the Given Series) : इसके अन्तर्गत दिए गए शृंखला क्रम में किसी विशेष स्थान को रिक्त छोड़ दिया जाता है अथवा प्रश्नवाचक (?) द्वारा निरूपित कर दिया जाता है, फिर अभ्यर्थियों से यह अपेक्षा की जाती है कि वह उस क्रम का पता लगाकर दिए गए प्रश्नवाचक चिन्ह (?) के स्थान पर आने वाली उपयुक्त संख्या का चयन करें।

अब उपर्युक्त तथ्यों के स्पष्टीकरण के लिए नीचे दिए गए प्रमुख उदाहरणों का ध्यानपूर्वक अवलोकन करें।

हल सहित उदाहरण

उदाहरण 1: निम्नलिखित अंकों की शृंखला में प्रश्नवाचक चिन्ह (?) के स्थान पर नीचे दिए गए विकल्पों में से कौन-सा अंक आएगा?

3, 10, 20, 33, 49, ?

(a) 65 (b) 58
(c) 72 (d) 68

हल: (d)

3 10 20 33 49 [68]

+7 +10 +13 +16 +19

+3 +3 +3 +3

अत: प्रश्नचिन्ह के स्थान पर 68 आएगा।

(b) **दी गई शृंखला से गलत पद ज्ञात करना** (Finding the wrong term in the given series) : इसके अन्तर्गत दिए गए शृंखला क्रम में किसी विशेष स्थान पर आने वाले अंक के स्थान पर कोई गलत अंक संयोजित कर दिया जाता है जिसे अभ्यर्थियों को दिए गए क्रम का पता लगाकर शृंखला में प्रयुक्त गलत पद

ज्ञात करना होता है। इसके लिए अभ्यर्थियों को सर्वप्रथम यह ज्ञात करना चाहिए कि श्रेणी में पद किस नियम के अनुसार बदल रहे हैं, फिर यह ज्ञात करना चाहिए कि उस नियम के अनुसार कौन-सा पद परिवर्तित नहीं हो रहा है, वही गलत पद है।

अब, उपर्युक्त तथ्यों के स्पष्टीकरण के लिए प्रमुख उदाहरणों का ध्यानपूर्वक अवलोकन करें।

उदाहरण 2: निम्नलिखित संख्या श्रेणी में सिर्फ एक पद गलत है, उस गलत पद को ज्ञात कीजिए।

3, 5, 8, 9, 11

(a) 8 (b) 11
(c) 9 (d) 5

हल: (a) दी गई संख्या श्रेणी निम्नवत् है:

$3 \xrightarrow{+2} 5 \xrightarrow{+2} \overset{7}{⑧} \xrightarrow{+2} 9 \xrightarrow{+2} 11$

अत: शृंखला में 8 एक अनुपयुक्त संख्या है। क्योंकि 8 के स्थान पर 7 होना चाहिए।

इस शृंखला से सम्बन्धित प्रश्नों को आसानी से हल करने के लिए वर्णमाला क्रमांकिक जैसे– A = 1, B = 2, C = 3 इसी प्रकार Z = 26 तक याद रखना आवश्यक है।

अब आइए, उपर्युक्त तथ्यों के स्पष्टीकरण के लिए कुछ प्रमुख उदाहरणों व उसके व्याख्यात्मक हल का ध्यानपूर्वक अवलोकन करें।

निर्देश (उदाहरण 3 – 4): निम्नलिखित दिए गए प्रत्येक प्रश्न में अक्षरों की एक शृंखला दी गई है। इस शृंखला में एक या दो अक्षर को लुप्त कर दिया गया है तथा उनके स्थान पर प्रश्नवाचक दी गई शृंखला का ध्यान से अध्ययन करके नीचे दिए गए चार विकल्पों में से उस एक विकल्प को ज्ञात कीजिए जोकि शृंखला में प्रश्नवाचक चिन्ह (?) के स्थान पर उपयुक्त बैठता हो।

उदाहरण 3: निम्नलिखित अक्षरों की शृंखला में प्रश्नवाचक चिन्ह (?) के स्थान पर नीचे दिए गए विकल्पों में से कौन-सा अक्षर समूह आएगा?

BY, IQ, NK, QG, ?

(a) RF (b) TF
(c) RE (d) SE

हल: (c)

$B \xrightarrow{+7} I \xrightarrow{+5} N \xrightarrow{+3} Q \xrightarrow{+1} R$

$Y \xrightarrow{-8} Q \xrightarrow{-6} K \xrightarrow{-4} G \xrightarrow{-2} E$

उदाहरण 4: निम्नलिखित अक्षरों की शृंखला में नीचे दिए गए विकल्पों में से कौन-सा प्रश्नवाचक चिन्ह (?) के स्थान पर आएगा?

CWG, EUJ, GSM, IQP, ?

(a) KOM (b) LOM
(c) KNM (d) KOS

हल: (d) दी गई अक्षर शृंखला का ध्यानपूर्वक अवलोकन करने पर हम पाते हैं कि वह शृंखला के प्रत्येक समूह का पहला अक्षर +2, +2, +2, ...के बढ़ते हुए क्रम में, प्रत्येक समूह का दूसरा अक्षर –2, –2, –2, ...के घटते हुए क्रम में एवं प्रत्येक समूह का तीसरा अक्षर +3, +3, +3 .... के बढ़ते हुए क्रम में व्यवस्थित है, जिसे निम्न प्रकार से व्यक्त किया गया है

$C \xrightarrow{+2} E \xrightarrow{+2} G \xrightarrow{+2} I \xrightarrow{+2} \boxed{K}$

$W \xrightarrow{-2} U \xrightarrow{-2} S \xrightarrow{-2} Q \xrightarrow{-2} \boxed{O}$

$G \xrightarrow{+3} J \xrightarrow{+3} M \xrightarrow{+3} P \xrightarrow{+3} \boxed{S}$

अत: प्रश्नवाचक चिन्ह (?) के स्थान पर आने वाले अक्षरों का उपयुक्त समूह 'KOS' होगा।

उदाहरण 5 : निम्नलिखित दिए गए प्रत्येक प्रश्न में अक्षरों की शृंखला दी गई है। इन शृंखलाओं में कुछ अक्षरों को लुप्त कर दिया गया है तथा उन्हें शृंखला के नीचे दिए गए विकल्पों में उसी क्रम में दिया गया है जिस प्रकार से उसे शृंखला में होना चाहिए। दी गई शृंखला का अध्ययन करके नीचे दिए गए विकल्पों में से उस एक विकल्प को ज्ञात कीजिए जो शृंखला के लुप्त अक्षरों के स्थान पर उपयुक्त है।

ab–ba/abc–a/abcb–/abcb–

(a) cbaa (b) abca
(c) aacb (d) bcaa

हल: (a) ऐसे प्रश्नों को हल करने के लिए दी गई शृंखला के शुरू में हम देखते हैं कि खाली स्थान के दोनों ओर अक्षर 'b' प्रयुक्त होता है तथा उस शृंखला में आगे दो 'b' के बीच 'c' अक्षर प्रयुक्त हुआ है इसलिए शृंखला के शुरू में दो 'b' के बीच खाली स्थान पर अक्षर 'c' प्रयुक्त करेंगे, इस प्रकार बनी शृंखला होगी

ab c baabc b aabcb a abcba

कूटलेखन एवं कूटवाचन

कूट या सांकेतिक भाषा के अंतर्गत उस पद्धति का प्रयोग किया जाता है, जिसके द्वारा गुप्त रूप से दो व्यक्ति परस्पर एक कोड भाषा में बातचीत करते है। इस सांकेतिक भाषा को कुछ विशेष नियम के अनुसार बनाया जाता है। इस प्रकार के प्रश्नों में कुछ शब्द/अक्षर/अंक दिए रहते हैं जो अपने वास्तविक माप को प्रदर्शित करते है। परीक्षार्थियों को इसके नियमों का अध्ययन करके सांकेतिक भाषा को सही भाषा मे तथा सही भाषा को सांकेतिक भाषा में बदलना होता है।

(1) कूट लेखन (Coding)–किसी सही भाषा को एक विशेष नियम के अनुसार उसे सांकेतिक भाषा में परिवर्तित करने की विधि कोडिंग कहलाती है।

(2) कूट वाचन (Decoding)–किसी सांकेतिक भाषा को एक विशेष नियम के अनुसार सही भाषा में परिवर्तित करने की विधि डिकोडिंग कहलाती है।

सांकेतिक भाषा से संबंधित प्रश्नों को हल करने के लिए परीक्षार्थी को अंग्रेजी वर्णमाला में अक्षरों के स्थान को ध्यान में रखना अति आवश्यक है। अंग्रेजी वर्णमाला में अक्षरों की संख्या 26 होती है। यदि हमें बाईं ओर से अक्षरों को गिनना हो तो A से प्रारंभ करते है तथा यदि दाईं ओर से अक्षरों को गिनना हो, तो Z से प्रारंभ करते है।

अंग्रेजी वर्णमाला में बाएं ओर से अक्षरों को गिनने के लिए एक सरल सूत्र 'EJOTY' का प्रयोग किया जाता है।

इस सूत्र के बीच वाले वर्णों की स्थान संख्या को आसानी से प्राप्त किया जा सकता है।

इसी प्रकार अंग्रेजी वर्णमाला में दाएँ ओर से अक्षरों को गिनने के लिए सूत्र 'BGLQV' का प्रयोग करते है।

नीचे कुछ उदाहरणों के द्वारा सांकेतिक भाषा का स्पष्टीकरण दिया गया है।

हल सहित उदाहरण

उदाहरण 1: एक कूट भाषा में 'GIRL' को "FHQK' लिखा जाता है। तो BOY को उसी कूट भाषा में क्या लिखा जायेगा?

(a) ANX (b) CMY

(c) DMZ (d) EMX

हलः (a) जिस प्रकार,

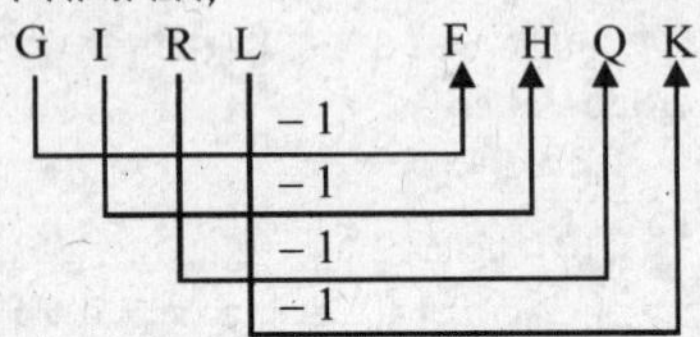

उसी प्रकार,

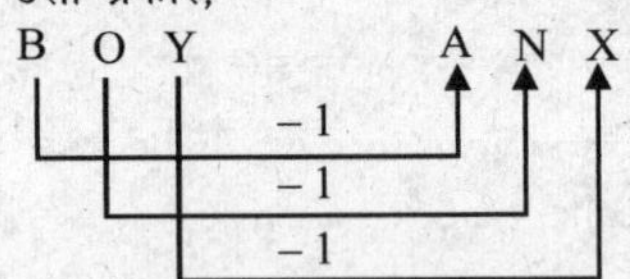

उदाहरण 2: एक निश्चित कूट भाषा में 'ROHAN' को 1, 0, 3, 4, 8 'MOHAN' को 5, 0, 3, 4, 8 तथा VINAY को 7, 2, 8, 4, 9 लिखा जाता है तो उसी कूट भाषा में 'RIHAN' को क्या लिखा जायेगा?

(a) 2, 3, 5, 6, 9 (b) 1, 2, 3, 4, 8

(c) 9, 2, 3, 7, 5 (d) 1, 2, 3, 8, 4

हलः (b) जिस प्रकार,

R	→	1	M	→	5	V	→	7
O	→	0	O	→	0	I	→	2
H	→	3	H	→	3	N	→	8
A	→	4	A	→	4	A	→	4
N	→	8	N	→	8	Y	→	9

उसी प्रकार, R → 1

I → 2

H → 3

A → 4

N → 8

(यहां R = 1, I = R, H = 3, A = 4 तथा N = 8)

उदाहरण 3: एक निश्चित कूट भाषा में 'CAPITAL' को 'CPATILA' लिखा जाता है। उस कूट भाषा में 'PERSONRS' को क्या लिखा जायेगा?

(a) PSONRES (b) PONSRES

(c) PESONRS (d) PREOSSN

हलः (d) **जिस प्रकार, उसी प्रकार,**

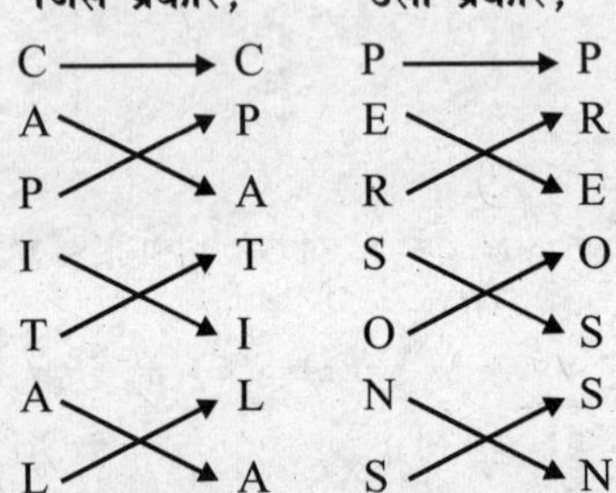

उदाहरण 4: यदि किसी कूट भाषा में 'वर्षा' को 'पानी' कहें, 'पानी, को 'हवा' कहें 'हवा' को 'बादल' कहें, 'बादल' को 'आकाश' कहें 'आकाश' को 'समुद्र' कहें तथा 'समुद्र' को सड़क कहें, तो चिड़ियां कहां उड़ती हैं?

(a) बादल में (b) समुद्र में

(c) आकाश में (d) पानी में

हलः (b) चिड़ियां आकाश में उड़ती है परंतु सांकेतिक भाषा में 'आकाश' को समुद्र कहा गया है अतः चिड़ियां समुद्र में उड़ती है।

उदाहरण 5. एक कूट भाषा में यदि TOM = 48 तथा DICK = 27 हो, तो HARRY की कूट भाषा में संख्या कम होगी?

(a) 48 (b) 57

(c) 70 (d) 62

हलः (c) T अंग्रेजी वर्णमाला का 20वां अक्षर है।

O अंग्रेजी वर्णमाला का 15वां अक्षर है।

M अंग्रेजी वर्णमाला का 13वां अक्षर है।

∴ TOM = (20+15+13) = 48

इसी प्रकार DICK = (4 + 9 + 3 + 11) = 27

इसी प्रकार HARRY = (8 + 1 + 18 +18+ 25) = 70

दिशा एवं दूरी

इस प्रकार की परीक्षा का उद्देश्य परीक्षार्थियों में दिशा सम्बन्धी ज्ञान की जांच करना है दिशाओं के बारे में हम जानते है कि सूर्य जिस दिशा में उदय होता है वह दिशा पूर्व कहलाती है तथा जिस दिशा में सूर्य अस्त होता है उसे पश्चिम कहते है। यदि सूर्य की ओर मुख करके खड़े हों, तो सामने की दिशा पूर्व, पीछे की दिशा पश्चिम, बाईं ओर की दिशा उत्तर तथा दाईं ओर की दिशा दक्षिण कहलाती हैं।

एक आरेख के माध्यम से चारों दिशाओं को प्रदर्शित किया जाता है।

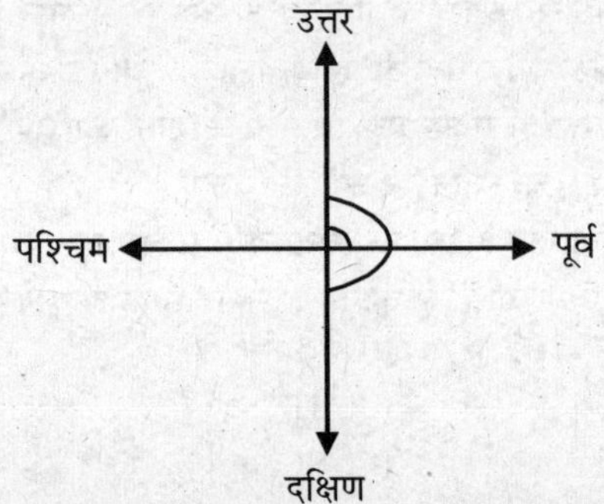

इसके अतिरिक्त प्रतियोगी परीक्षाओं में चार अन्य दिशाओं का भी उल्लेख किया जाता हैं। अतः इन दिशाओं के बारे में जानकारी के लिए एक आरेख नीचे दर्शाया गया हैं।

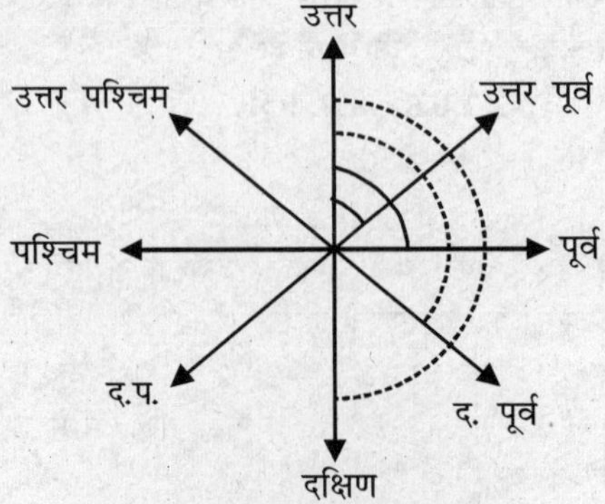

आरेख के अनुसार उत्तर और पूर्व के बीच की दिशा को 'उत्तर-पूर्व', दक्षिण और पूर्व के बीच की दिशा 'दक्षिण-पूर्व', दक्षिण और पश्चिम के बीच की दिशा को दक्षिण-पश्चिम तथा उत्तर और पश्चिम की दिशा को उत्तर-पश्चिम दिशा कहते हैं।

दिशाओं के अतिरिक्त दिशा सम्बन्धी प्रश्नों में 'दाईं ओर' तथा 'बाई ओर' के शब्दों का बहुत उपयोग होता है इनको भी नीचे एक आरेख के माध्यम से दर्शाया गया है।

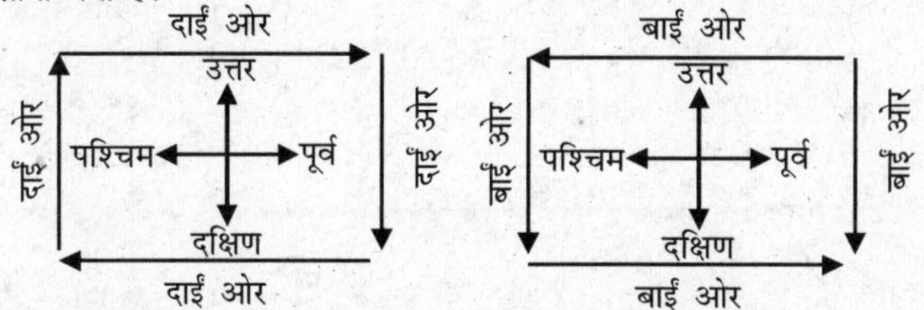

नीचे कुछ उदाहरणों के माध्यम से दिशा संबंधी प्रश्नों का स्पष्टीकरण दिया गया है।

हल सहित उदाहरण

उदाहरण 1: दक्षिण की ओर मुंह करके राम ने चलना प्रारंभ किया और 30 मी. चलने के बाद वह बाई ओर मुड़ गया। वह पुनः 25 मी. चलने के बाद बाई ओर मुड़ जाता है और 30 मी. की दूरी तय करता है। बताएं कि वह अपने प्रारंभिक स्थान से कितनी दूरी पर एवं दिशा में हैं?

(a) प्रारंभिक स्थान पर (b) 25 मी., पश्चिम

(c) 25 मी., पूर्व (d) 30 मी., पूर्व

हलः (c)

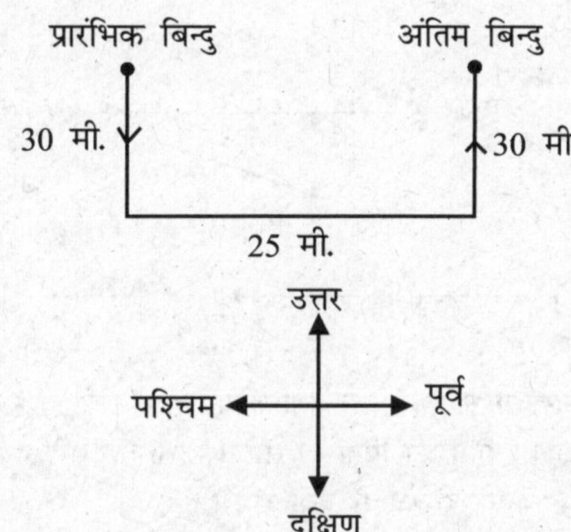

उदाहरण 2: एक व्यक्ति उत्तर की ओर 10 किमी. जाता है। वहां से वह दक्षिण की ओर 6 किमी. जाता है। फिर वह पूर्व की ओर 3 किमी. जाता है। बताएं कि वह अपने प्रारंभिक स्थान से कितनी दूरी पर एवं किस दिशा में हैं?

(a) 7 किमी., पूर्व (b) 5 किमी., पश्चिम

(c) 5 किमी., उत्तर-पूर्व (d) 7 किमी., पश्चिम

हलः (c)

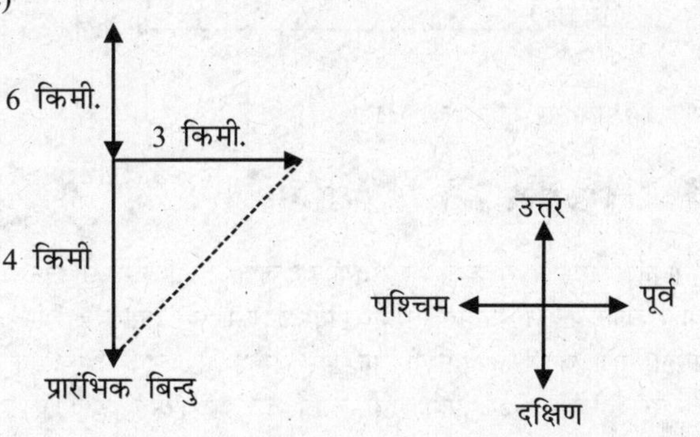

∴ अंतिम दूरी $= \sqrt{(4)^2 + (3)^2} = \sqrt{16+9}$

$= \sqrt{25} = 5$ मी., उत्तर-पूर्व

उदाहरण 3: अशोक दक्षिण की तरफ चलना प्रारंभ करता हैं 50 मी. चलने के बाद वह दाईं ओर मुड़ता है तथा 30 मीटर चलता है। फिर वह दाईं ओर मुड़ता है तथा 30 मी. चलकर रूक जाता है। वह अपने प्रारंभिक स्थल से किस दिशा में तथा कितनी दूर हैं?

(a) 50 मी. दक्षिण (b) 150 मी. उत्तर

(c) 180 मी. पूर्व (d) 50 मी. उत्तर

हलः (d)

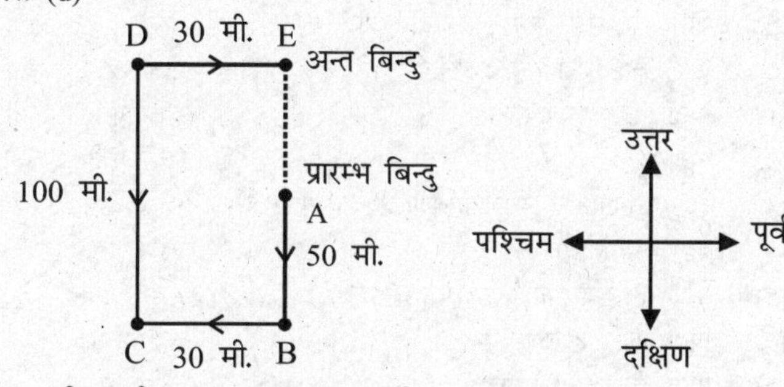

∴ अभीष्ट दूरी (AE) = (EB – AB) मी. = (100 – 50) मी.

= 50 मी.

रिश्तों पर आधारित प्रश्न

इस प्रकार की परीक्षा में परीक्षार्थियों के रिश्ते सम्बन्धी ज्ञान की जांच की जाती है। रिश्ता संबंधी प्रश्न प्रायः दैनिक जीवन से जुड़े होते हैं इस प्रकार के प्रश्नों में दो व्यक्तियों के बीच सम्बन्ध दिया जाता है और अन्य व्यक्तियों के बीच संबंध दिया जाता है और अन्य व्यक्तियों के बीच संबंध ज्ञात करना होता है।

रिश्ता संबंधी प्रश्नों को हल करने के लिए परीक्षार्थियों को कुछ महत्त्वपूर्ण संबंधों की जानकारी रखना अनिवार्य है।

दैनिक जीवन में प्रयोग किए जाने वाले महत्त्वपूर्ण रिश्ते–

1.	पिता का पिता	दादा
2.	पिता का माता	दादी
3.	माता का पिता	नाना
4.	माता की माता	नानी
5.	पिता का भाई	चाचा
6.	माता का भाई	मामा
7.	पिता की बहन	बुआ
8.	माता की बहन	मौसी
9.	पिता की बहन का पति	फूफा
10.	माता की बहन का पति	मौसा
11.	पिता के भाई की पत्नी	चाची
12.	माता के भाई की पत्नी	मामी
13.	दादा/दादी की इकलौता पुत्र	पिता
14.	नाना/नानी का पुत्र	मामा
15.	दादा/दादी की पुत्री	बुआ
16.	नाना/नानी की पुत्री	माता/मौसी
17.	दादा/दादी की इकलौती बहू	माता
18.	नाना/नानी की इकलौती बहू	मामी

19.	दादा/दादी का दामाद	फूफा
20.	नाना/नानी का इकलौता दामाद	पिता
21.	पिता के माता/पिता का इकलौता पुत्र	पिता
22.	माता के माता/पिता की इकलौती पुत्री	माता
23.	पिता का ससुर	नाना
24.	माता का ससुर	दादा
25.	पिता की सास	नानी
26.	माता की सास	दादी
27.	फूफा के ससुर का इकलौता पुत्र	पिता
28.	फूफा की सास की इकलौता पुत्र	पिता
29.	मामी के ससुर की इकलौती पुत्री	माता
30.	मामी की सास की इकलौती पुत्री	माता
31.	पिता/माता का इकलौता पुत्र	स्वयं पुत्र
32.	पिता/माता की इकलौती पुत्री	स्वयं पुत्री
33.	आपके पिता/माता का इकलौता/इकलौती पुत्र/पुत्री	स्वयं आप
34.	पुत्र के पिता/माता की पुत्री	बहन
35.	पुत्री के पिता/माताा का पुत्र	भाई
36.	पिता के भाई का पुत्र	चचेरा भाई
37.	पिता के भाई की पुत्री	चचेरी बहन
38.	पिता की बहन का पुत्र	फुफेरा भाई
39.	पिता की बहन की पुत्री	फुफेरी बहन
40.	माता के भाई का पुत्र	ममेरा भाई
41.	माता के भाई की पुत्री	ममेरी बहन
42.	माता के बहन का पुत्र	मौसेरा भाई
43.	माता की बहन की पुत्री	मौसेरी बहन
44.	भाई की पत्नी	भाभी
45.	बहन का पति	बहनोई/जीजा
46.	दादा/दादी के पुत्र का पुत्र	पोता
47.	दादा/दादी के पुत्र की पुत्री	पोती
48.	नाना/नानी के पुत्री का पुत्र	नाती
49.	नाना/नानी के पुत्री की पुत्री	नातिन
50.	भाई का पुत्र	भतीजा

हल सहित उदाहरण

उदाहरण 1: B, Q पिता है। B की केवल दो संतानें है। Q, R का भाई है। R, P की पुत्री है। A, P की ग्रैंड डॉटर है। S, A का पिता है। तो S का Q से क्या संबंध है?

(a) भाई (b) भांजा

(c) दामाद (d) ब्रदर-इन-लॉ

हलः (d)

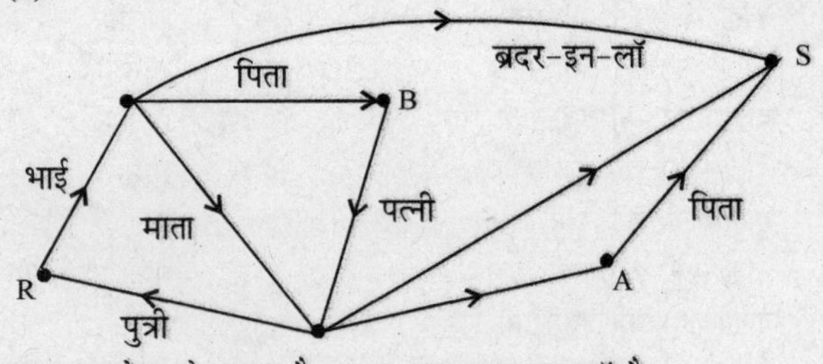

अतः आरेख से स्पष्ट है, S, Q का ब्रदर-इन-लॉ है।

उदाहरण 2: A, C का पुत्र है। C और Q बहन है। Z, Q की माँ है। P, Z का पुत्र है। निम्नलिखित में से कौन-सा कथन सत्य है?

(a) P और Q कजिन है। (b) P, A का मामा है।

(b) Q, A का नाना है। (d) C तथा P बहिनें हैं।

हलः (c)

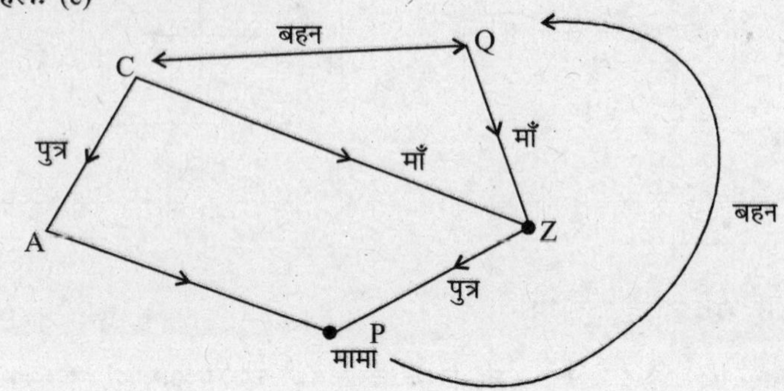

अतः स्पष्ट है कि P, A का मामा है।

उदाहरण 3: एक व्यक्ति की ओर संकेत करते हुए रीना ने कहा कि इसकी पत्नी मेरे ससुर राजेश की एक मात्र पुत्रवधू है। वह व्यक्ति राजेश से किस प्रकार संबंधित है?

(a) पुत्र (b) चाचा

(c) पिता (d) भाई

हलः (a)

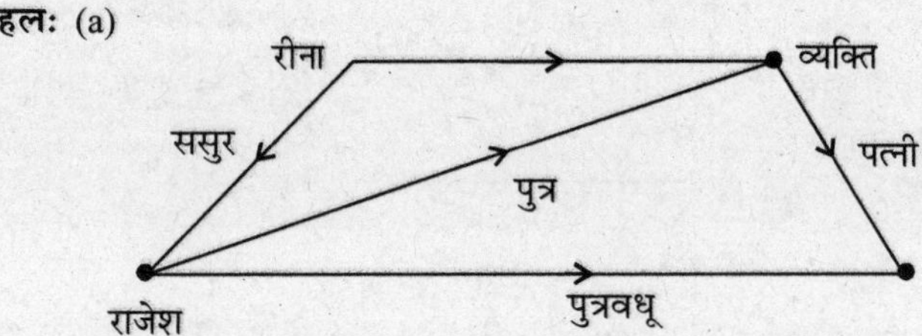

अतः आरेख से स्पष्ट है, वह व्यक्ति राजेश का पुत्र है।

उदाहरण 4: अरुण रोहित का पिता है। रोहित माला का भाई है। माला विनय की पत्नी हैं विनय का रोहित से क्या संबंध है?

(a) जीजा (b) पिता

(c) पुत्र (d) चाचा

हलः (a)

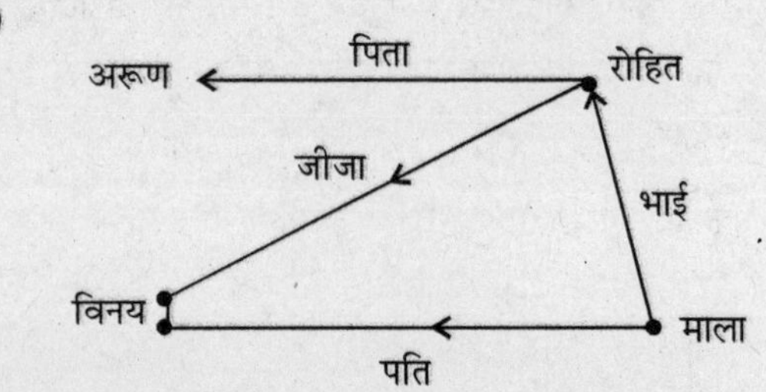

अतः स्पष्ट है विनय, रोहित का जीजा है।

भिन्न आकृति परीक्षण

भिन्न आकृति परीक्षण में चार आकृतियाँ दी जाती है, जिनमें से तीन आकृतियाँ गुणों या लक्षणों के आधार पर समान होती है तथा एक आकृति भिन्न होती है, हमें समान गुणों वाली आकृतियों को एक समूह में करके भिन्न आकृति को अलग करना होता है। इस प्रकार के प्रश्नों को हल करने के लिए विद्यार्थियों

को यह पहचानने की आवश्यकता है, कि चार में से तीन आकृतियाँ आपस में किस प्रकार समान हैं तथा उनको हम किस प्रकार एक ही समूह में रख सकते हैं। जो आकृति उस समूह से भिन्न हो उसका चयन उत्तर के रूप में करना होता है। विद्यार्थियों को आसानी से समझाने के लिए भिन्न आकृति परीक्षण के अंतर्गत आने वाले प्रश्नों के सभी प्रकारों के व्याख्या सहित हल उदाहरण सहित दिए जा रहे हैं।

हल सहित उदाहरण

प्रकार : 1

ज्यामितीय आकृतियों पर आधारित : इसके अंतर्गत आने वाले प्रश्नों में चार ज्यामितीय आकृतियाँ दी जाती हैं। इनमें से तीन आकृतियाँ गुणों के आधार पर समानता प्रदर्शित करती हैं तथा एक आकृति भिन्न होती है। यही भिन्न आकृति दिए गए प्रश्न का उत्तर होगी।

उदाहरण 1. भिन्न आकृति का चयन कीजिए।

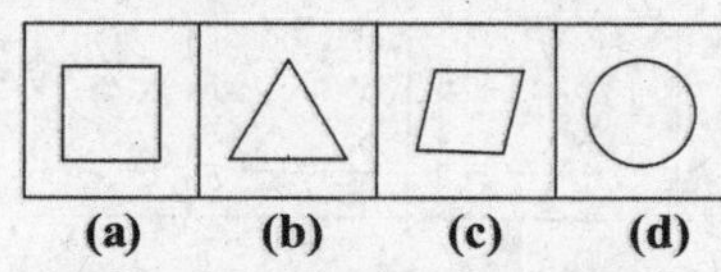

(a) (b) (c) (d)

हल (d): आकृति (d) को छोड़कर अन्य सभी ज्यामितीय आकृतियाँ सीधी रेखाओं से बनी हुई हैं। अतः आकृति (d) अन्य तीनों ज्यामितीय आकृतियों से भिन्न है।

उदाहरण 2. भिन्न आकृति का चयन कीजिए।

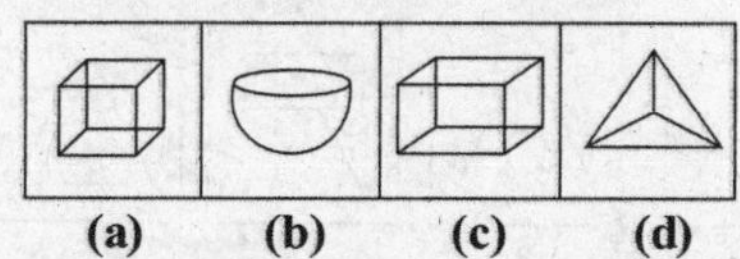

(a) (b) (c) (d)

हल (b): आकृति (a) घन, आकृति (b) अर्द्धगोला, आकृति (c) घनाभ तथा आकृति (d) प्रिस्म है। इनमें से अर्द्धगोले को छोड़कर अन्य सभी ज्यामितीय ठोस आकृतियाँ सरल रेखाओं से मिलकर बनी हैं।

प्रकार : 2

आकृतियों के घूर्णन पथ पर आधारित : इसके अंतर्गत आने वाले प्रश्नों में भिन्न आकृति का चयन उसकी घूर्णन पथ की स्थिति के आधार पर करते हैं। इन प्रश्नों में चार आकृतियों में से तीन आकृतियाँ एक समान दिशा में (दक्षिणावर्त या वामावर्त) घूर्णन करती हैं, जबकि एक आकृति की घूर्णन दिशा अन्य तीनों के विपरीत होती है। यही भिन्न आकृति दिए गए प्रश्न का उत्तर होगी।

उदाहरण 1. भिन्न आकृति का चयन कीजिए।

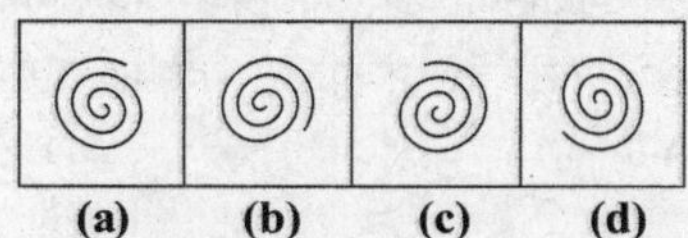

(a) (b) (c) (d)

हल (c): आकृतियाँ (a), (b) तथा (d) घड़ी की सुई की दिशा में अर्थात् दक्षिण ावर्त घूर्णन कर रही हैं, जबकि आकृति (c) इन तीनों आकृतियों के विपरीत अर्थात् घड़ी की सुई के विपरीत दिशा में (वामावर्त) घूण र्न कर रही है।

उदाहरण 2. भिन्न आकृति का चयन कीजिए।

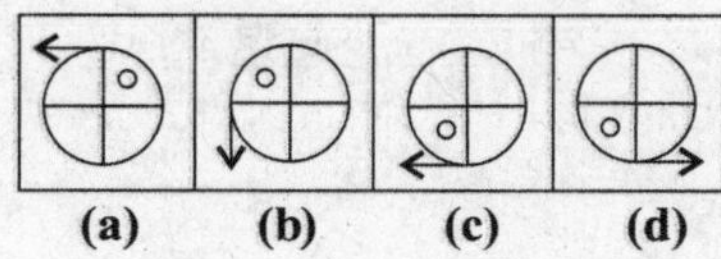

(a) (b) (c) (d)

हल (c): आकृति (c) को छोड़कर अन्य तीनों आकृतियाँ घड़ी की सुई के विपरीत दिशा में अर्थात् वामावर्त घूम रही है, जबकि आकृति (c) इन तीनों आकृतियों के विपरीत दक्षिणावर्त दिशा में घूम रही है।

प्रकार : 3

समान विभाजन पर आधारित : इसके अंतर्गत इस प्रकार के प्रश्न आते हैं कि प्रश्न में दी गई चार आकृतियों में से तीन आकृतियाँ समान भागों में विभाजित होती हैं, जबकि एक आकृति का विभाजन समान नहीं होता है। यही भिन्न आकृति दिए गए प्रश्न का उत्तर होगी।

उदाहरण 1. भिन्न आकृति का चयन कीजिए।

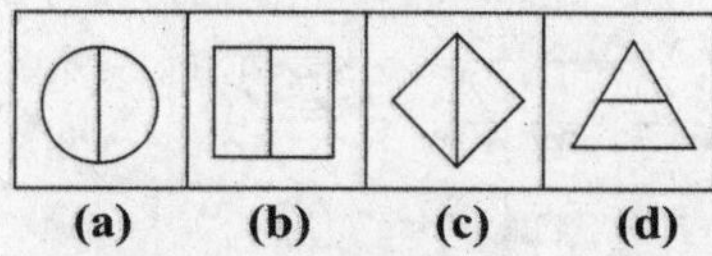

(a) (b) (c) (d)

हल (d): आकृतियों की स्थिति से स्पष्ट है, आकृति (a), (b) तथा (c) दो बराबर भागों में विभाजित हो रही है, जबकि आकृति (d) को बराबर भागों में विभाजित नहीं है।

उदाहरण 2. भिन्न आकृति का चयन कीजिए।

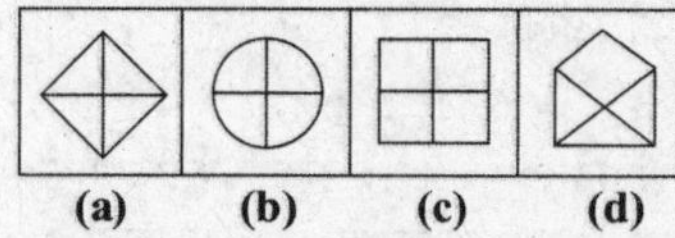

(a) (b) (c) (d)

हल (d): आकृतियाँ (a), (b) तथा (c) चार बराबर-बराबर भागों में विभाजित होती हैं, जबकि आकृति (d) चार बराबर भागों में विभाजित नहीं होती है।

प्रकार : 4

आकृतियों के प्रारुप की समानता पर आधारितः इसके अंतर्गत दिए गए चार प्रश्नों में से तीन प्रश्नों का प्रारुप (पैटर्न) समान होता है, जबकि एक आकृति का पैटर्न अन्य तीनों से भिन्न होता है। यही भिन्न आकृति दिए गए प्रश्न का उत्तर होगी।

उदाहरण 1. भिन्न आकृति का चयन कीजिए।

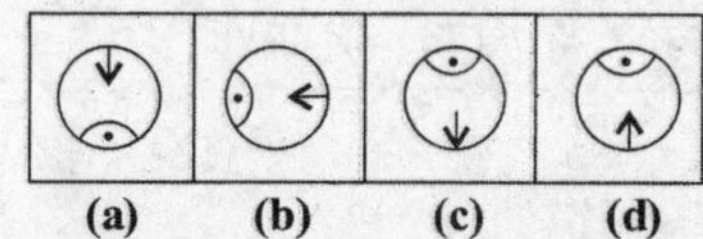

(a) (b) (c) (d)

हल (c): आकृति (a), (b) तथा (d) में तीर की दिशा बिंदु की ओर है जबकि आकृति (c) में तीर की दिशा बिंदु के विपरीत है।

उदाहरण 2. भिन्न आकृति का चयन कीजिए।

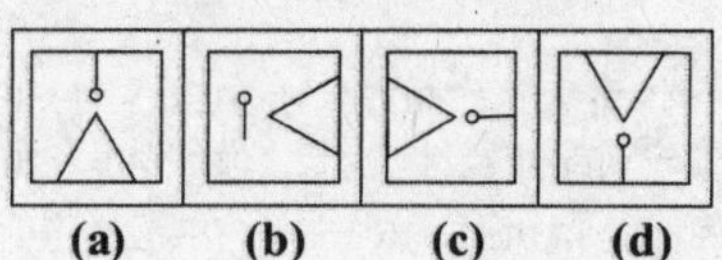

(a) (b) (c) (d)

हल (b): आकृति (a), (c) तथा (d) में (ꝍ) चिह्न त्रिभुज की ओर है, जबकि आकृति (b) में ऐसा नहीं है। आकृति (b) दिए गए पैटर्न का अनुसरण नहीं करती है।

प्रकार : 5

अंग्रेजी वर्णमाला पर आधारित : इसके अंतर्गत आने वाले प्रश्नों में अंग्रेजी वर्णमाला के चार अक्षर दिए जाते हैं, जिनमें से तीन अक्षरों को बिना पेन उठाए

लिखा जा सकता है, या इसके विपरीत पेन उठाकर लिखा जा सकता है, जबकि एक अक्षर में इन तीनों के विपरीत स्थिति होती है।

उदाहरण 1. भिन्न आकृति का चयन कीजिए।

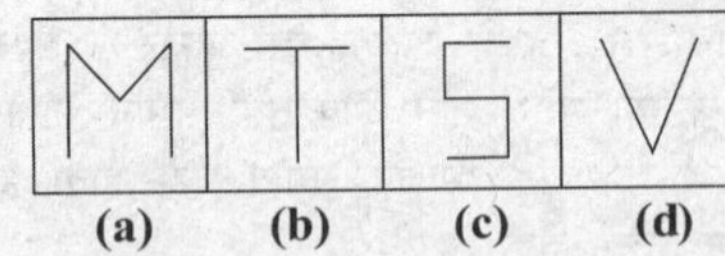

हल (b) आकृति (a), (c) तथा (d) में दिए अक्षरों को लिखने के लिए पेन उठाने की आवश्यकता नहीं पड़ती है, जबकि आकृति (b) में दिए गए अक्षर में पेन उठाने की आवश्यकता पड़ेगी।

उदाहरण 2. भिन्न आकृति का चयन कीजिए।

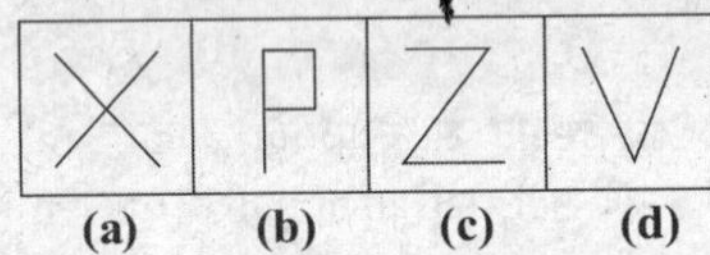

हल (a): आकृति (b), (c) तथा (d) में दिए गए अक्षरों को लिखने के लिए पेन उठाने की आवश्यकता नहीं पड़ेगी, जबकि आकृति (a) में दिए गए अक्षर को लिखने के लिए पेन उठाने की आवश्यकता पड़ेगी।

प्रकार : 6

वस्तुओं की समानता/असमानता पर आधारित प्रश्नः इसके अंतर्गत प्रश्न में चार वस्तुएँ (औजार/कपड़े/खेल का सामान आदि) दी जाती हैं, जिसमें से तीन वस्तुएं एक विशेष क्रम में समानता प्रदर्शित करती है, जबकि एक वस्तु इन तीनों से भिन्न होती है।

उदाहरण 1. भिन्न आकृति का चयन कीजिए।

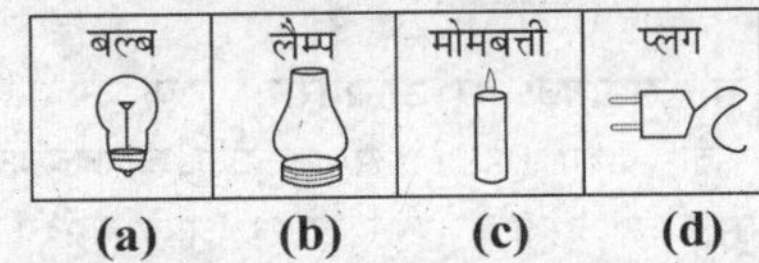

हल (d): आकृति (d) को छोड़कर अन्य सभी रोशनी पैदा करते हैं, जबकि आकृति (d) में दिया गया प्लग रोशनी उत्पन्न नहीं करता है।

उदाहरण 2. भिन्न आकृति का चयन कीजिए।

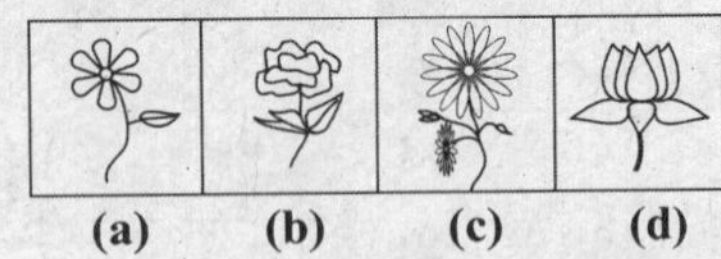

हल (d): 'कमल' को छोड़कर अन्य सभी जमीन पर उगने वाले फूल हैं, जबकि 'कमल' कीचड़ में खिलता है।

आवश्यक सुझाव :

- सर्वप्रथम प्रश्न में दी गई आकृतियों में बारीकी से समान गुणों वाली आकृतियों का पता लगाकर उसका एक समूह बनाइए एवं भिन्न आकृति को उत्तर के रूप में अलग कीजिए।
- भिन्न आकृति परीक्षण से संबंधित प्रश्नों को हल करने के लिए ज्यामितीय आकृतियों, अंग्रेजी वर्णमाला के अक्षरों, आकृतियों के घूर्णन पथ तथा आकृतियों के प्रारुप (पैटर्न) पर आधारित प्रश्नों का निरंतर अभ्यास करें।

समान आकृति परीक्षण

समान आकृति परीक्षण में, एक समस्या आकृति तथा उसके दाईं ओर चार उत्तर आकृतियाँ दी जाती है। विद्यार्थी को दी गई उत्तर आकृतियों में से उस आकृति का चयन करना होता है, जो समस्या आकृति के समान हो।

समान आकृति परीक्षण के अंतर्गत आने वाले प्रश्नों को हल करने के लिए अत्यंत एकाग्रता की आवश्यकता होती है, क्योंकि समस्या आकृति के दाईं ओर दी गई चार उत्तर आकृतियों में से एक उत्तर आकृति बिल्कुल समस्या आकृति के समान होती है, जबकि अन्य तीन आकृतियों में बहुत ही मामूली अंतर होता है। अतः परीक्षार्थियों को बहुत ही सावधानी पूर्वक समस्या आकृति के समान उत्तर आकृति का चयन करना होता है।

दिए गए हम कुछ उदाहरणों के माध्यम से प्रश्नों को हल करने के तरीके को समझाने का प्रयास किया गया है।

हल सहित उदाहरण

निर्देश (उदाहरण 1-4) : नीचे प्रत्येक प्रश्न में एक समस्या आकृति दी गई है तथा उसके दाईं ओर चार उत्तर आकृतियाँ दी गई हैं। उस उत्तर आकृति का चयन कीजिए, जो समस्या आकृति के बिल्कुल समान हो।

उदाहरण 1. समस्या आकृति उत्तर आकृतियाँ

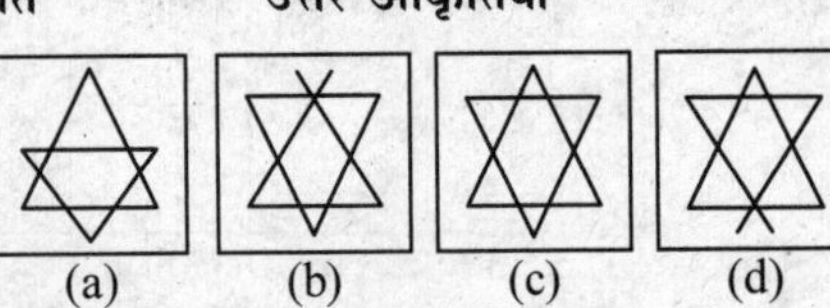

हल (c): दी गई उत्तर आकृतियों का ध्यानपूर्वक अवलोकन करने पर यह स्पष्ट होता है कि उत्तर आकृति (c) दी गई समस्या आकृति के बिल्कुल समान है।

उदाहरण 2. समस्या आकृति उत्तर आकृतियाँ

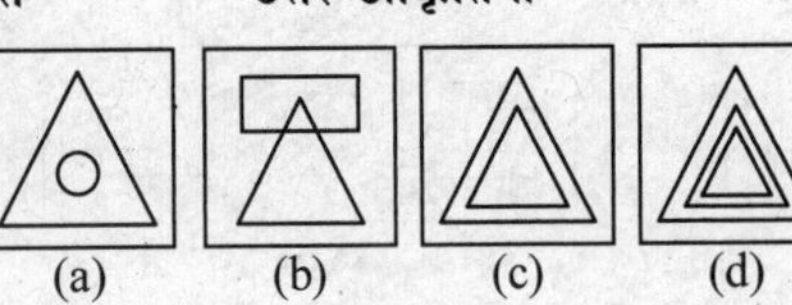

हल (c): दी गई उत्तर आकृतियों का ध्यानपूर्वक अवलोकन करने पर यह स्पष्ट होता है कि उत्तर आकृति (c) दी गई समस्या आकृति के बिल्कुल समान है।

उदाहरण 3. समस्या आकृति उत्तर आकृतियाँ

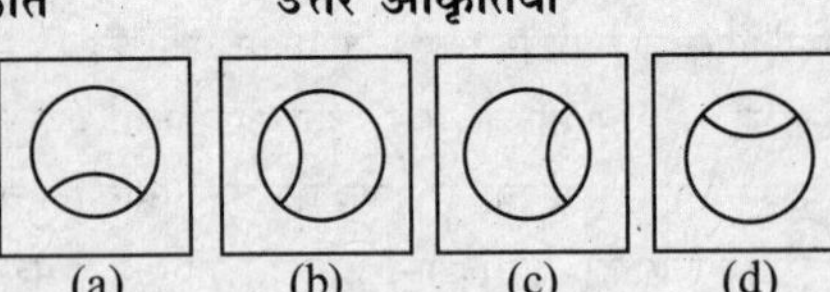

हल (d) दी गई उत्तर आकृतियों का ध्यानपूर्वक अवलोकन करने पर यह स्पष्ट होता है कि उत्तर आकृति (d) दी गई समस्या आकृति के बिल्कुल समान है।

उदाहरण 4. समस्या आकृति उत्तर आकृतियाँ

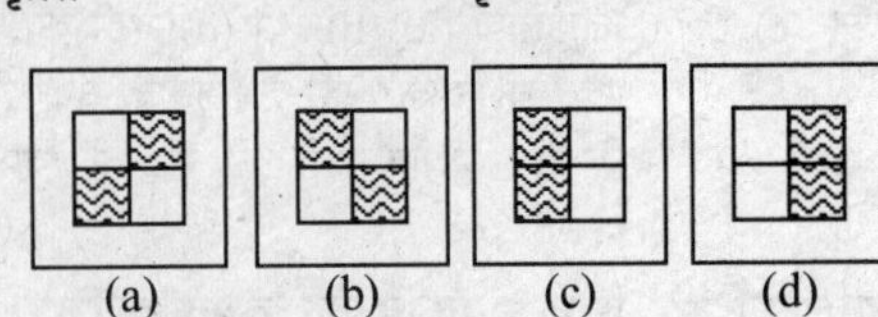

हल (b) दी गई उत्तर आकृतियों का ध्यानपूर्वक अवलोकन करने पर, यह स्पष्ट होता है कि उत्तर आकृति (b) दी गई समस्या आकृति के समान है।

आकृति पूर्ति परीक्षण

आकृति पूर्ति परीक्षण में एक समस्या आकृति दी जाती है, जिसका कुछ भाग लुप्त होता है। लुप्त भाग वाला हिस्सा दाईं ओर दी गई चार उत्तर आकृतियों में से किसी एक आकृति में दर्शाया जाता है। परीक्षार्थियों को दी गई चार उत्तर आकृतियों में से उस आकृति का चयन करना होता है, जो दी गई समस्या आकृति के रिक्त भाग में रखने पर समस्या आकृति का ढाँचा पूर्ण करती हो।

इस अध्याय के अंतर्गत पूछे जाने वाले प्रश्नों में दी जाने वाली समस्या आकृति का अधिकतर एक-चौथाई हिस्सा लुप्त होता है। वह एक चौथाई हिस्सा दाईं ओर दी गई चार उत्तर आकृतियों में से किसी एक आकृति में दिया जाता है। परीक्षार्थियों को दी गई समस्या आकृति के पैटर्न की पहचान करके खाली स्थान पर आने वाली उत्तर आकृति का पता लगाना है। इस प्रश्नों को हल करने के लिए समस्या आकृति के पैटर्न का ध्यानपूर्वक अवलोकन करना चाहिए।

नीचे कुछ उदाहरणों के माध्यम से इन प्रश्नों का स्पष्टीकरण किया जा रहा है।

हल सहित उदाहरण

निर्देश (उदाहरण 1-4) : नीचे दिए गए प्रश्नों में बाईं ओर एक समस्या आकृति तथा इसके दाईं ओर चार उत्तर आकृतियाँ दी गई हैं। दी गई उत्तर आकृतियों का ध्यानपूर्वक अवलोकन करके उस आकृति का पता लगाइए, जो बिना दिशा परिवर्तन के समस्या आकृति के रिक्त भाग में रखने पर समस्या आकृति का ढ़ाँचा पूर्ण करती हो।

उदाहरण 1. समस्या आकृति

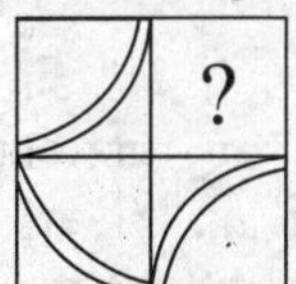

उत्तर आकृतियाँ

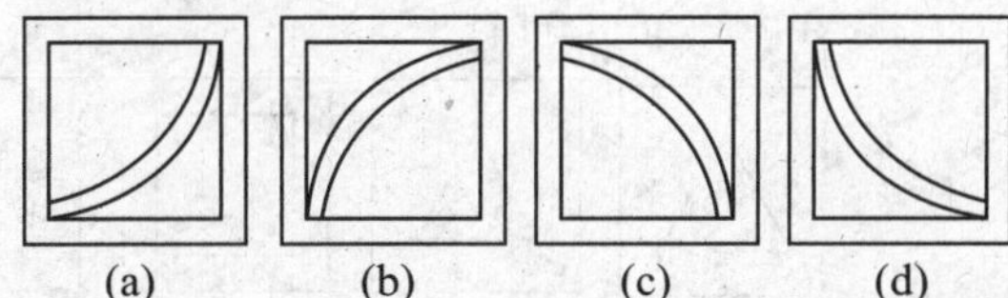

हल (c) दी गई समस्या आकृति के रिक्त भाग में उत्तर आकृति (c) को रखने पर समस्या आकृति का ढ़ाँचा पूर्ण हो जाता है, जो निम्नवत् है:

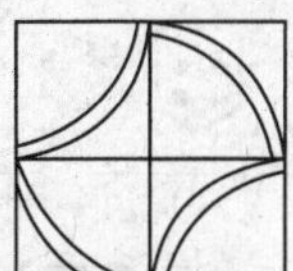

उदाहरण 2. समस्या आकृति

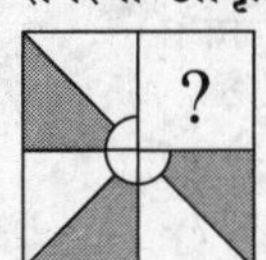

उत्तर आकृतियाँ

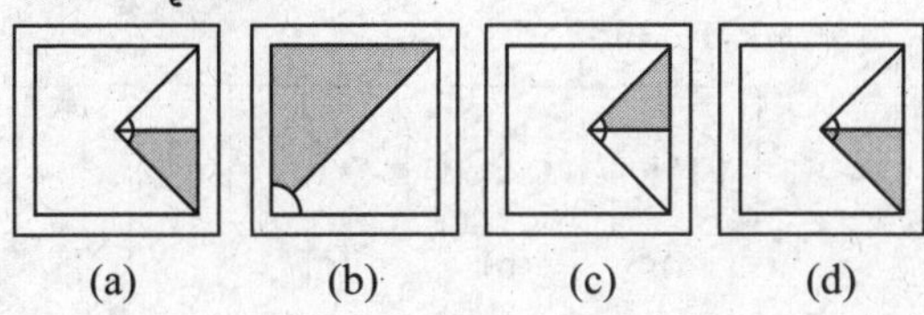

हल (b) दी गई समस्या आकृति के रिक्त भाग में उत्तर आकृति (b) को रखने पर समस्या आकृति का पैटर्न पूर्ण हो जाता है, जो निम्नवत् है:

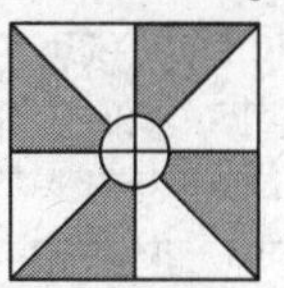

उदाहरण 3. समस्या आकृति

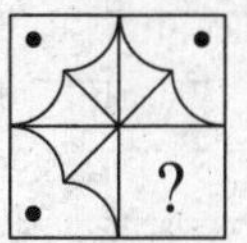

उत्तर आकृतियाँ

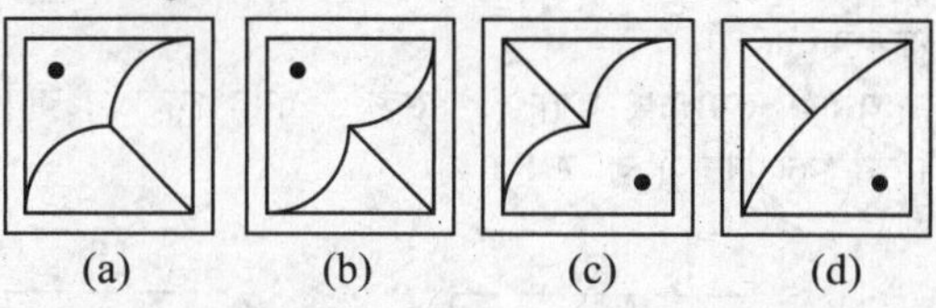

हल (c) दी गई समस्या आकृति के रिक्त भाग में उत्तर आकृति (c) को रखने पर समस्या आकृति का ढ़ाँचा पूर्ण हो जाता है, जो निम्नवत् है:

उदाहरण 4. समस्या आकृति

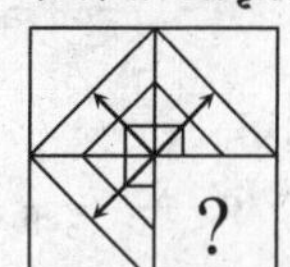

उत्तर आकृतियाँ

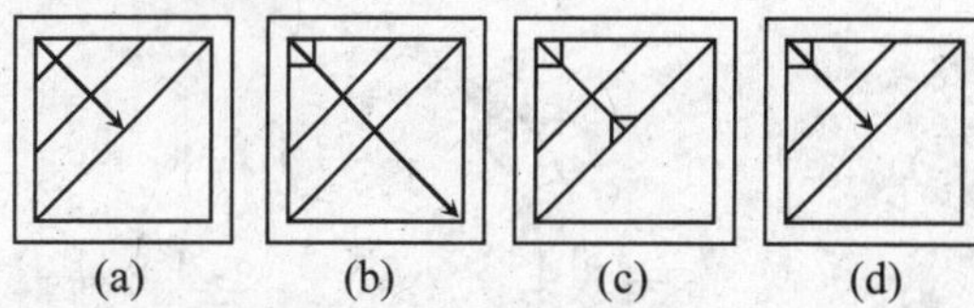

हल (d) दी गई समस्या आकृति के रिक्त भाग में उत्तर आकृति (d) को रखने पर समस्या आकृति का ढ़ाँचा पूर्ण हो जाता है, जो निम्नवत् है:

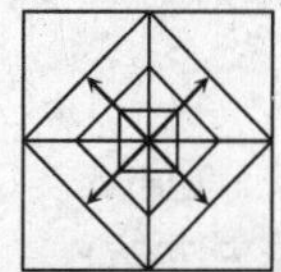

सुझाव

- इसके अंतर्गत आने वाले प्रश्नों में दी गई समस्या आकृति का अधिकतर $1\frac{1}{4}$ भाग ही लुप्त होता है।
- समस्या आकृति मुख्यत: चार भागों में विभाजित होती है, जिसमें से तीन भाग मौजूद होते हैं तथा केवल एक भाग लुप्त होता है।
- आसानी से समस्या आकृति के रिक्त भाग का पता लगाने के लिए हमें समस्या आकृति के मौजूद तीन भागों में विकर्णवत् संबंध देखना चाहिए।
- प्रश्नों के त्रुटिरहित उत्तर प्राप्त करने के लिए निरंतर अभ्यास करना चाहिए।

शृंखला

'शृंखला' का अर्थ है, एक निश्चित पैटर्न (प्रतिरूप) बनाते हुए क्रमागत रूप से आगे बढ़ना। इस अध्याय के अन्तर्गत आने वाले प्रश्नों में बाईं ओर समस्या आकृति के रूप में एक शृंखला दी जाती है, जिसके चार भाग हैं, प्रथम तीन भागों में आकृतियाँ उपस्थित होती हैं, जबकि चौथा या अन्तिम भाग लुप्त होता है, इसी लुप्त या खाली भाग का पता लगाने के लिए दाईं ओर उत्तर–आकृतियों के रूप में चार आकृतियाँ दी जाती हैं। समस्या आकृति में दी गई शृंखला एक निश्चित पैटर्न का पालन करती हुई आगे बढ़ती है। परीक्षार्थियों को इसी पैटर्न का पता लगाकर दी गई चार उत्तर–आकृतियों में से उस उत्तर–आकृति का चयन करना है, जो शृंखला के पैटर्न का पालन करते हुए उस शृंखला को पूर्ण करती है।

इस प्रश्नों को हल करने के लिए कुछ विशेष नियमों को ध्यान में रखने की आवश्यकता है।

नियम-1 वर्गाकार घूर्णन : इसके अन्तर्गत घूमने में दाएँ तथा बाएँ की स्थिति का पता लगाया जा सकता है।

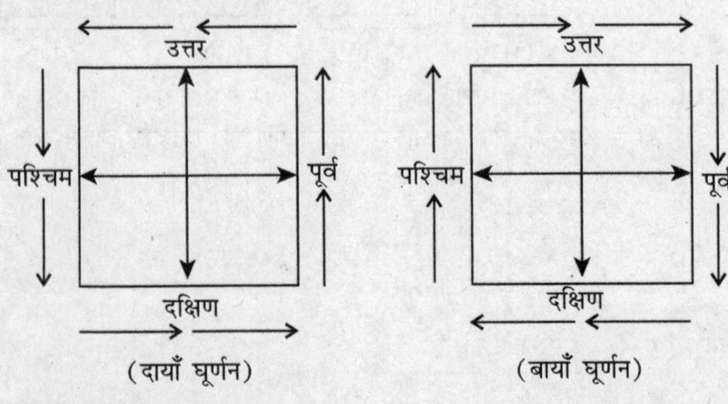

नियम-2 वृत्ताकार घूर्णन: इसके अन्तर्गत वृत्ताकार पथ पर घड़ी की सुई की दिशा में (दक्षिणावर्त) तथा घड़ी की सुई की विपरीत दिशा में (वामावर्त) घूर्णन का पता लगाया जा सकता है।

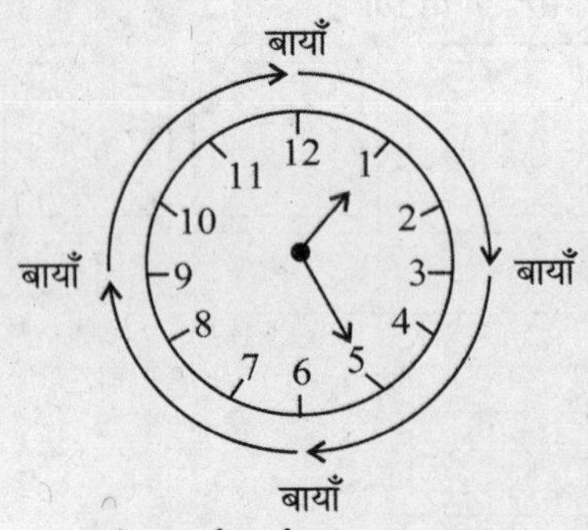

दक्षिणावर्त घूर्णन (clockwise)
(घड़ी की सुई की दिशा में घूर्णन)

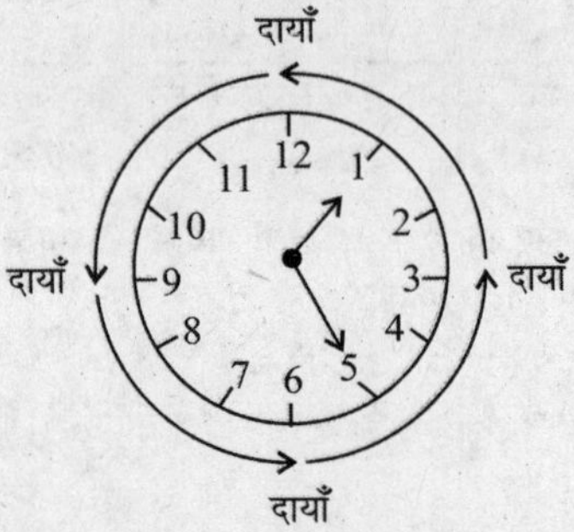

वामावर्त घूर्णन (Anticlockwise) (घड़ी की सुई के विपरीत दिशा में घूर्णन)

नियम-3 अक्षीय घूर्णन : इसके अन्तर्गत एक अक्ष के परिता एक निश्चित कोण (डिग्री में) बनाते हुए घूर्णन करना अक्षीय घूर्णन कहलाता है।

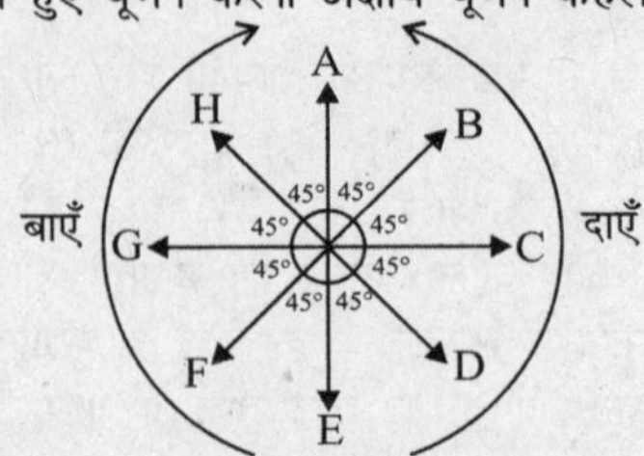

A से B तक घूर्णन	AB = 45°
A से C तक घूर्णन	AC = (AB + BC) = (45 + 45°) = 90°
A से D तक घूर्णन	AD = (AB + CD) = (90 + 45°) = 135°
A से E तक घूर्णन	AE = (AD + DE) = (135° + 45°) = 180°
A से F तक घूर्णन	AF = (AE + EF) = (180° + 45°) = 225°
A से G तक घूर्णन	AG = (AF + GF) = (225° + 45°) = 270°
A से H तक घूर्णन	AH = (AG + GH) = (270° + 45°) = 315°
A से A तक घूर्णन	AA = (AH + HA) = (315° + 45°) = 360°

अत: A से A तक घूर्णन से यह, स्पष्ट होता है कि पूरा एक चक्कर 360° का होता है।

दिए गए कुछ उदाहरणों के माध्यम से शृंखला परीक्षण के अन्तर्गत आने वाले प्रश्नों को समझाने का प्रयास किया जा रहा है।

हल सहित उदाहरण

निर्देश (उदाहरण 1-4) : नीचे प्रत्येक प्रश्न में बाईं ओर तीन समस्या आकृतियाँ दी गई हैं तथा चौथी आकृति के लिए स्थान खाली है। समस्या आकृतियाँ एक निश्चित क्रम में आगे बढ़ रही हैं। दाईं ओर दी गई उत्तर–आकृतियों में से उस आकृति का चयन कीजिए, जो समस्या आकृति के क्रम को पूर्ण करती हो।

उदाहरण 1. समस्या आकृतियाँ

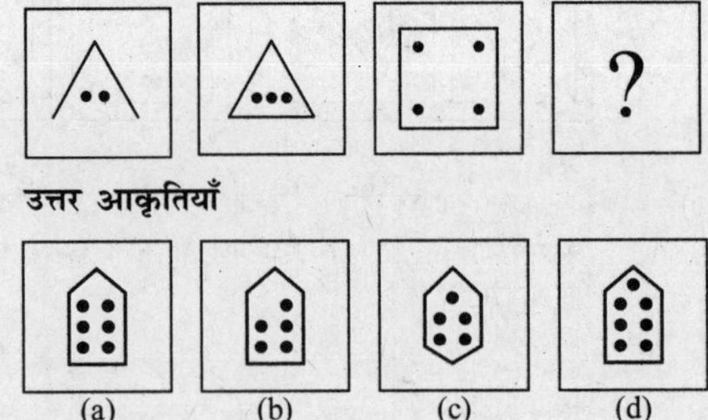

हल (b) दी गई समस्या आकृति में क्रमवार आगे बढ़ने पर एक रेखा तथा एक बिन्दु में वृद्धि हो रही है। अत: उत्तर–आकृति (b) दी गई शृंखला की चौथी समस्या आकृति होगी।

उदाहरण 2. समस्या आकृतियाँ

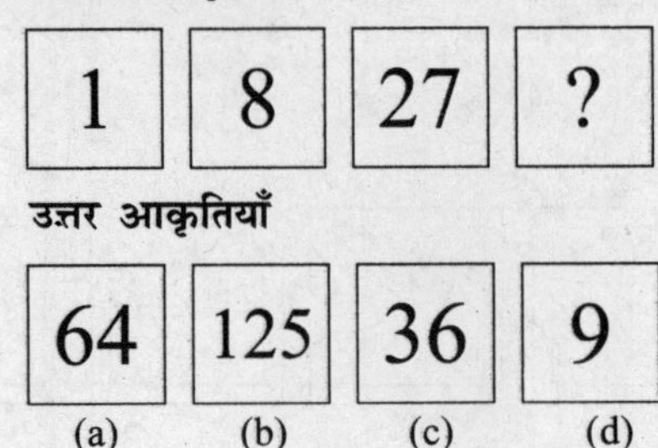

हल (a) दी गई समस्या आकृति क्रमागत प्राकृतिक संख्याओं के घन के रूप में आगे बढ़ रही हैं।

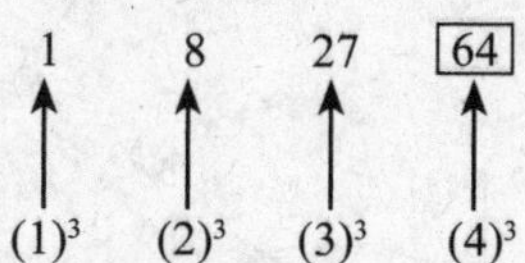

उदाहरण 3. समस्या आकृतियाँ

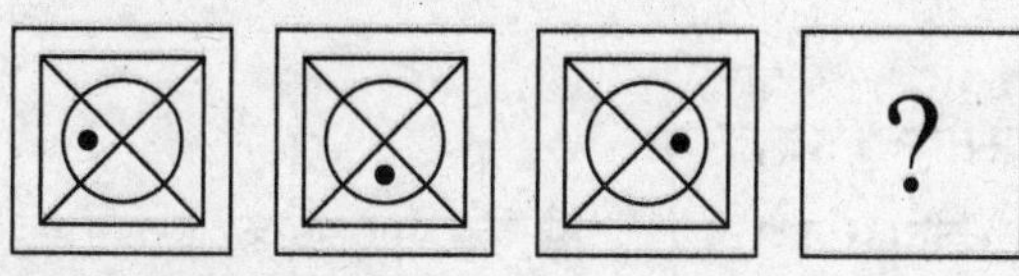

उत्तर आकृतियाँ

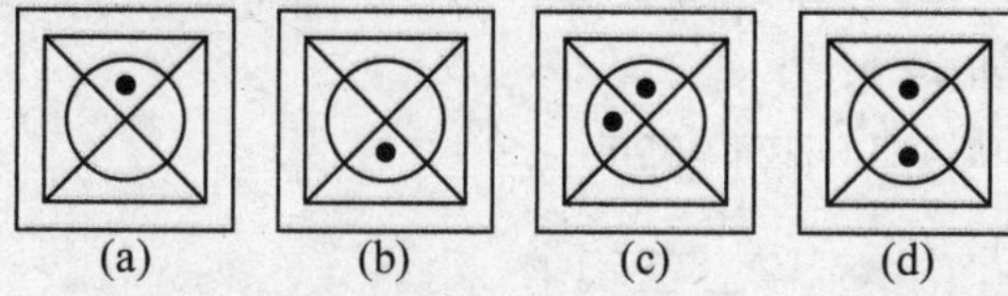

हल (a): दी गई समस्या आकृतियों में क्रमवार बढ़ने पर आकृतियों की स्थिति में कोई परिवर्तन नहीं हो रहा है, केवल बिन्दु वामावर्त दिशा में एक खाने आगे बढ़ रहा है। अत: उत्तर–आकृति (a) दी गई श्रृंखला को पूर्ण करेगी।

उदाहरण 4. समस्या आकृतियाँ

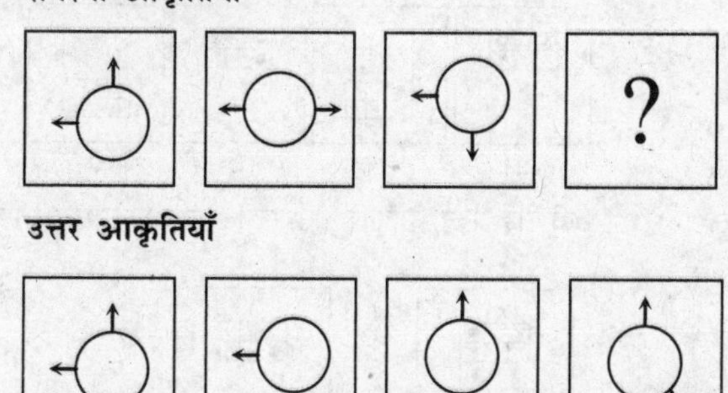

हल (b) दी गई आकृतियों में क्रमवार बढ़ने पर बाईं ओर का तीर स्थिर रहता है तथा दाईं ओर का तीर 90° दक्षिणावर्त आगे बढ़ रहा है। अत: उत्तर–आकृति (b) श्रृंखला को पूर्ण करेगी।

सुझाव
• श्रृंखला पर आधारित प्रश्न भुजाओं की संख्या में परिवर्तन, आकृति की दक्षिणावर्त या वामावर्त घूर्णन, संख्याओं के वर्ग-वर्गमूल या घन-घनमूल आदि पर आधारित होते हैं।
• दी गई समस्या आकृतियों की स्थिति का ध्यानपूर्वक अध्ययन करना चाहिए तत्पश्चात् उसके पैटर्न को समझकर दी गई उत्तर–आकृतियों से गायब समस्या आकृति का चुनाव करना चाहिए।
• प्रश्नों के सही उत्तर प्राप्त करने के लिए प्रश्नों का निरंतर अभ्यास आवश्यक है।

दर्पण प्रतिबिम्ब

किसी वस्तु, अक्षर, संख्या, आकृति आदि को दर्पण के सामने रखने पर जो प्रतिबिम्ब बनता है उसे दर्पण प्रतिबिम्ब कहते हैं। इस अध्याय से पूछे जाने वाले प्रश्न प्राय: दो प्रकार के होते हैं–

- **जब दर्पण वस्तु के दाएँ, बाएँ, ऊपर या नीचे रखा हो:** यदि दर्पण वस्तु के दाएँ या बाएँ रखा हो, तो वस्तु के ऊपर का तथा निचला भाग सदैव स्थिर रहता है, परंतु वस्तु का दायाँ भाग दर्पण प्रतिबिम्ब में बाईं ओर तथा बायाँ भाग दाईं ओर हो जाता है।

जैसे–

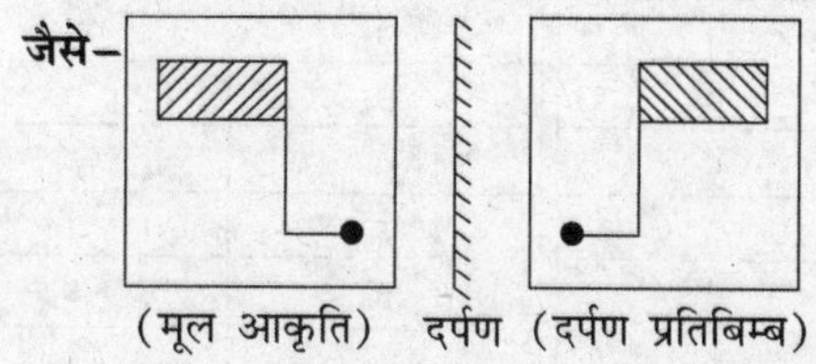

(मूल आकृति) दर्पण (दर्पण प्रतिबिम्ब)

यदि दर्पण वस्तु के ऊपर या नीचे रखा जाए, तो दर्पण प्रतिबिम्ब में वस्तु के ऊपर का भाग नीचे तथा नीचे का भाग ऊपर हो जाता है।

जैसे– (वस्तु के नीचे दर्पण) (वस्तु के ऊपर दर्पण)

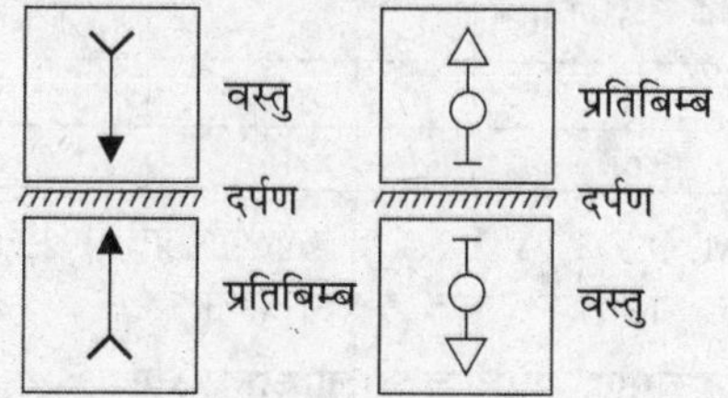

दर्पण प्रतिबिम्ब से संबधित प्रश्नों को हल करने के लिए कुछ महत्वपूर्ण तथ्यों की जानकारी होना अतिआवश्यक है।

- **0 से 9 तक के अंको के दर्पण प्रतिबिम्ब**

अंक	दर्पण प्रतिबिम्ब	अंक	दर्पण प्रतिबिम्ब
0	0	5	ꙅ
1	I	6	მ
2	Ƨ	7	Ր
3	Ɛ	8	8
4	ᔭ	9	୧

स्पष्ट है 0 से 9 तक के अंकों के दर्पण प्रतिबिम्ब से विद्यार्थी सभी संख्याओं के दर्पण प्रतिबिम्ब प्राप्त कर सकते हैं।

- **अंग्रेजी वर्णमाला के बड़े अक्षरों के दर्पण प्रतिबिम्ब**

अक्षर	दर्पण प्रतिबिम्ब	अक्षर	दर्पण प्रतिबिम्ब
A	A	N	И
B	ᗺ	O	O
C	Ɔ	P	ꟼ
D	ᗡ	Q	Ϙ
E	Ǝ	R	Я
F	ꟻ	S	Ƨ
G	Ꭾ	T	T
H	H	U	U
I	I	V	V
J	Ⴑ	W	W
K	ꓘ	X	X
L	⅃	Y	Y
M	M	Z	Ƹ

- अंग्रेजी वर्णमाला के छोटे अक्षरों के दर्पण प्रतिबिम्ब

अक्षर	दर्पण प्रतिबिम्ब	अक्षर	दर्पण प्रतिबिम्ब
a	ɐ	n	ꞃ
b	d	o	o
c	ɔ	p	q
d	b	q	p
e	ɘ	r	ɿ
f	ʇ	s	ƨ
g	ǫ	t	ɟ
h	ʜ	u	ʋ
i	i	v	v
j	į	w	w
k	ʞ	x	x
l	l	y	ʏ
m	m	z	z

नोट–अक्षर A, H, I, M, O T, U, V, W, व X के दर्पण प्रतिबिम्ब नहीं बदलते हैं। अर्थात् जो अक्षर की वास्तविक स्थिति है वहीं रहती है।

समान दर्पण प्रतिबिम्ब वाली आकृतियाँ

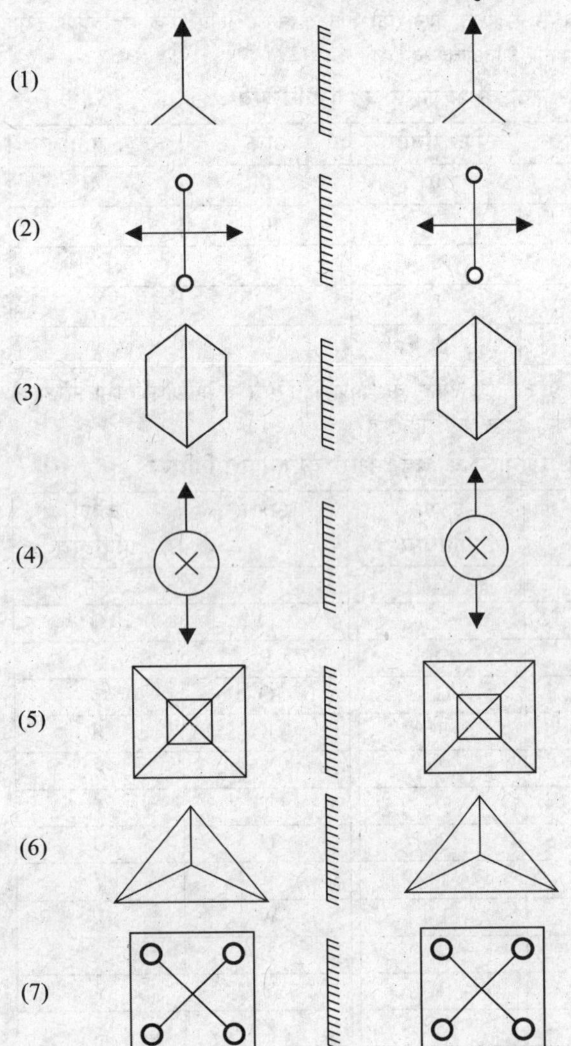

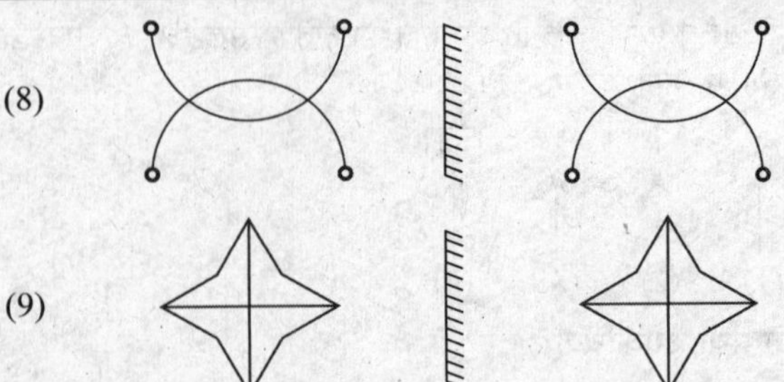

हल सहित उदाहरण

निर्देश (उदाहरण 1-4) : नीचे दिए गए प्रत्येक प्रश्न में एक प्रश्न आकृति तथा चार उत्तर आकृतियाँ (a), (b), (c) तथा (d) दी गई है। उत्तर आकृतियों में से उस उत्तर आकृति का चयन करें, जो प्रश्न आकृति का सही दर्पण प्रतिबिम्ब है।

उदाहरण 1. प्रश्न आकृति

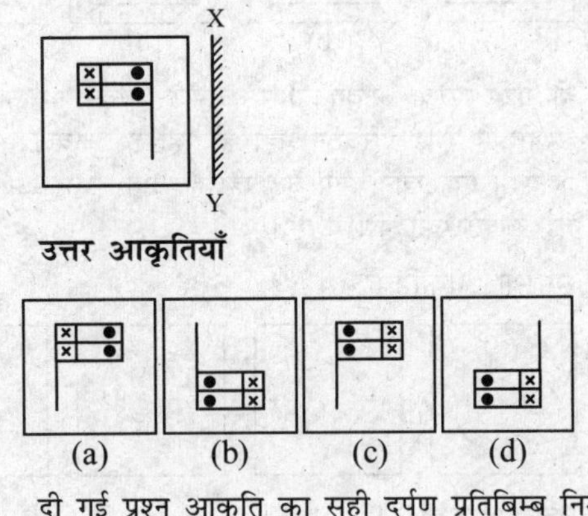

हल (c) दी गई प्रश्न आकृति का सही दर्पण प्रतिबिम्ब निम्नवत् है:

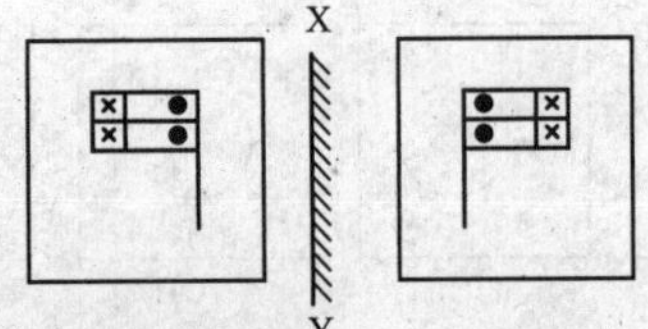

उदाहरण 2. प्रश्न आकृतियाँ

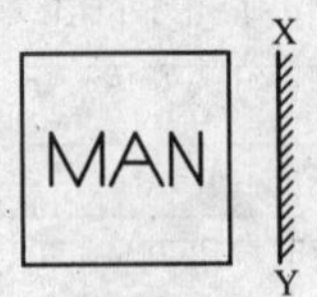

उत्तर आकृतियाँ

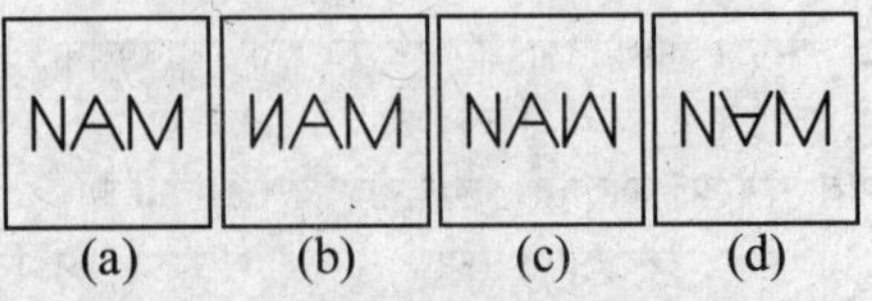

हल (b) दी गई प्रश्न आकृति का सही दर्पण प्रतिबिम्ब निम्नवत् है:

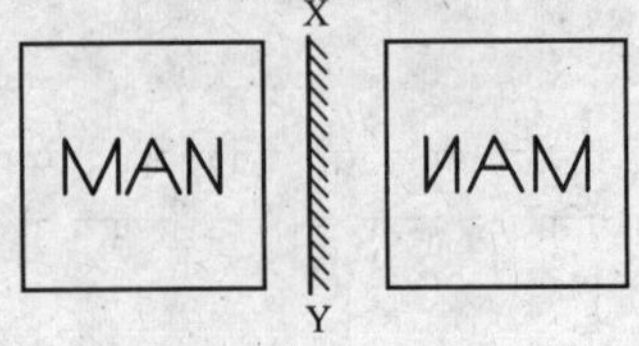

उदाहरण 3. प्रश्न आकृति

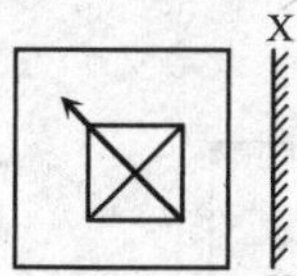

उत्तर आकृतियाँ

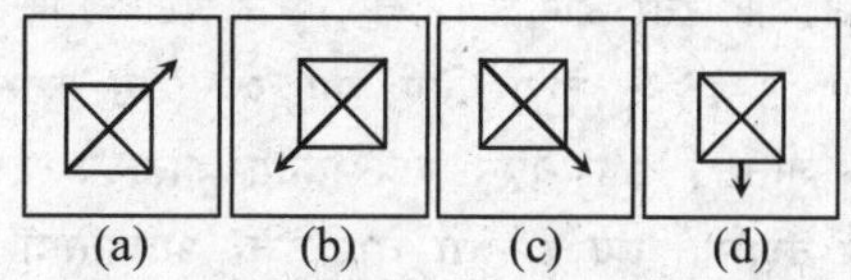

हल (a) दी गई प्रश्न आकृति का सही दर्पण प्रतिबिम्ब निम्नवत् है:

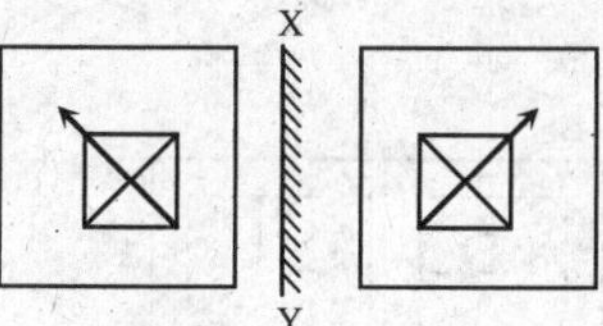

उदाहरण 4. प्रश्न आकृति

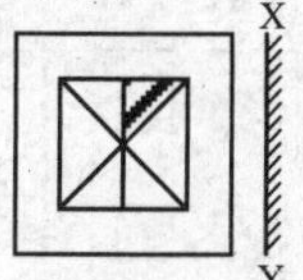

उत्तर आकृतियाँ

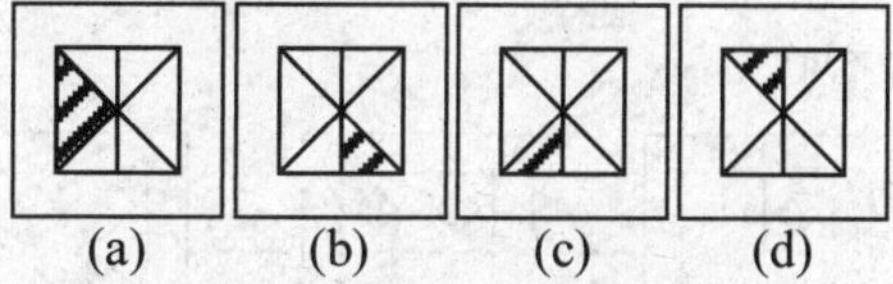

हल (d) दी गई प्रश्न आकृति का सही दर्पण प्रतिबिम्ब निम्नवत् है:

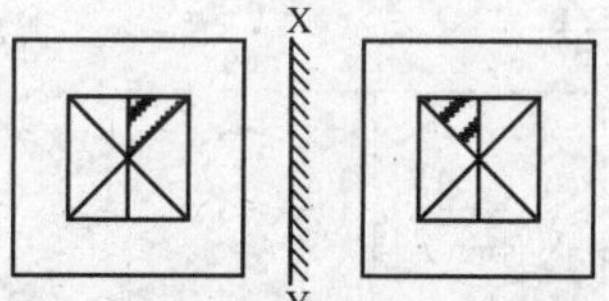

विशेष

- दर्पण प्रतिबिम्ब पर आधारित प्रश्नों को हल करने के लिए अंग्रेजी वर्णमाला के अक्षरों के प्रतिबिम्ब एवं संख्याओं 0 से 9 तक के प्रतिबिम्बों की जानकारी आवश्यक है। 0 से 9 तक की संख्याओं के दर्पण प्रतिबिम्ब के आधार पर हम सभी संख्याओं के दर्पण प्रतिबिम्ब आसानी से प्राप्त कर सकते हैं।
- दर्पण प्रतिबिम्ब पर आधारित प्रश्नों को हल करने के लिए यह देखना आवश्यक है, कि दर्पण वस्तु के दाएँ, बाएँ या ऊपर या नीचे है।
- इस पर आधारित प्रश्नों को त्रुटि रहित तरीके से हल करने के लिए ज्यादा से ज्यादा अभ्यास करना चाहिए।

कागज को मोड़ना तथा काटना

इस अध्याय के अंतर्गत विद्यार्थी कागज को मोड़ने तथा काटने पर आधारित पूछे जाने वाले प्रश्नों को हल करने की विधि का अध्ययन करेंगे।

- **कागज को मोड़ना :** इसके अंतर्गत आने वाले प्रश्नों में एक प्रश्न–आकृति तथा चार उत्तर आकृतियाँ दी जाती है। प्रश्न–आकृति में एक कागज को दर्शाया जाता है, जिस पर बिंदुमय रेखाओं द्वारा यह दर्शाया जाता है कि कागज को किस प्रकार मोड़ा जाना है। प्रश्न–आकृति में कागज पर दर्शायी गई बिंदुमय रेखा कागज को दो भागों में बाँटती है। इससे तात्पर्य यह है कि बिंदुमय रेखा से कागज के दोनों भागों में से एक भाग को मोड़ना है। इस प्रकार मोड़ने पर उसका आधा भाग दूसरे भाग के ऊपर चढ़ जाएगा। इसके अंतर्गत अभ्यर्थियों को यह ज्ञात करना होता है कि प्रश्न–आकृति में कागज को मोड़ने के पश्चात् वह दी गई उत्तर आकृतियों में से किसके जैसी दिखाई देगी।

विशेष नियम–

नियम–1 : दिए गए वर्गाकार कागज पर अंकित बिंदुमय रेखा पर एक दर्पण (Mirror) मानकर उस आधे भाग के लिए दर्पण प्रतिबिम्ब की कल्पना करनी चाहिए जिसे मोड़ना है।

प्रश्न–आकृति

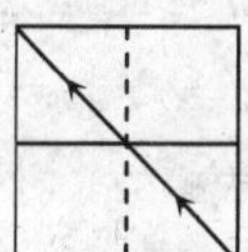

नियम–2 : जब कागज को मोड़ा जाता है, तो उसका आधा भाग दूसरे भाग पर चढ़ जाता है तथा अंकित डिजाइन दर्पण प्रतिबिम्ब के रूप में शेष आधे भाग पर चला जाएगा।

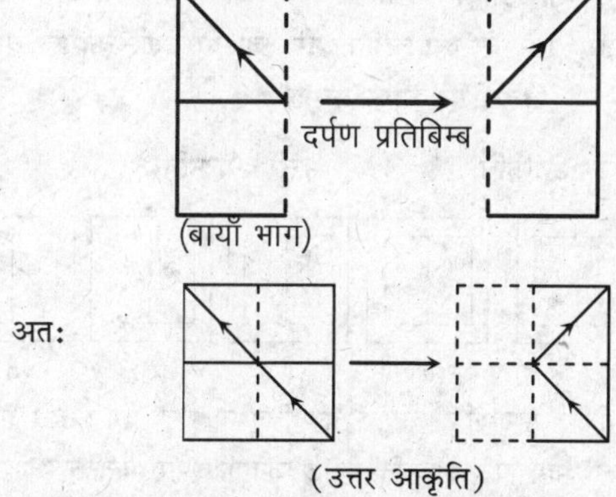

- **कागज का काटना :** इसके अंतर्गत दो या तीन प्रश्न–आकृतियाँ जो ज्यामितीय आकृतियों (वर्ग, त्रिभुज, वृत्त, पंचभुज) आदि के रूप में होती है। पहली प्रश्न–आकृति में कागज का एक टुकड़ा किसी आकार में दर्शाया जाता है, दूसरी प्रश्न–आकृति में उसको दो भागों में मोड़कर दिखाया जाता है। जिस भाग को मोड़कर दूसरे भाग में चढ़ा देते हैं उसे बिंदुमय (Dotted Line) के रूप में दर्शाते हैं। तीसरी प्रश्न–आकृति में पुनः कागज को दो बार मोड़कर तथा इसका कुछ भाग कैंची से काटकर दर्शाया जाता है। अभ्यर्थियों को यह पता लगाना है कि तीसरी आकृति को खोलने पर वह किस उत्तर आकृति जैसी दिखाई देगी।

विशेष नियम–

नियम–1 : इस प्रकार के प्रश्नों में प्रश्न–आकृतियों को तीर से कागज के टुकड़ों को मुड़ता हुआ दिखाया जाता है। इन प्रश्नों में यह ध्यान रखने की

आवश्यकता है, कि कागज के टुकड़ें को कितनी बार मोड़ा गया है।

प्रश्न–आकृति

जैसे

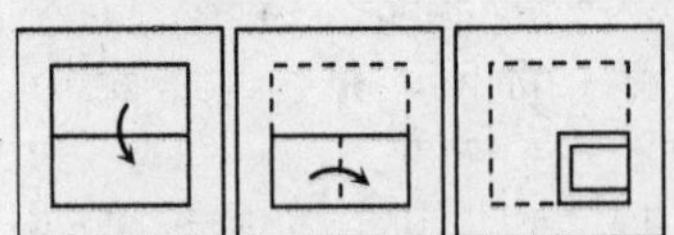

नियम–2 : कागज के टुकड़ें को मोड़े जाने पर उसमें जितने मोड़ होगें उसको खोलने पर उतनी ही कटी हुई डिजाइने होगी।

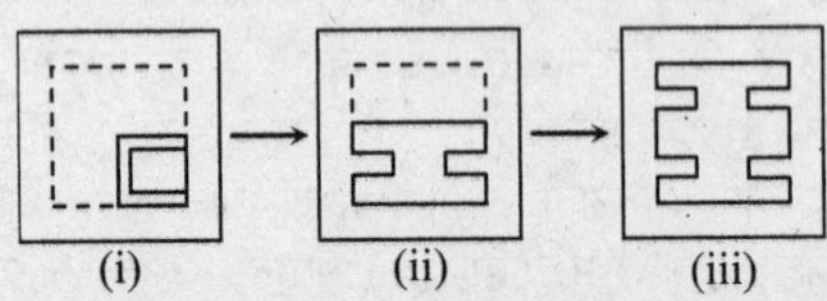

(i) (ii) (iii)

विशेष
• पेपर को काटने एवं मोड़ने से संबंधित प्रश्नों को हल करने का कोई विशेष नियम नहीं है।
• अध्याय में कुछ नियम दिए गए हैं तथा चित्र के माध्यम से इन नियमों को समझाने का भी प्रयास किया गया है।
• अभ्यर्थियों को यह सुझाव दिया जाता है कि वे इन नियमों को बारीकी से समझकर अधिक से अधिक प्रश्नों का अभ्यास करें।
• प्रश्नों के अभ्यास के लिए पुस्तक में प्रैक्टिस प्रश्नमाला को अलग से समाहित किया गया है।

हल सहित उदाहरण

निर्देश (उदाहरण 1-4) : नीचे दिए गए प्रश्नों में एक वर्गाकार पारदर्शक कागज एक नमूने की आकृति के साथ दिया गया है। दी गई उत्तर आकृतियों में से उस आकृति का चयन करें, जो पारदर्शी कागज को बीच की बिंदुमय रेखा पर मोड़ने पर प्राप्त होगी।

उदाहरण 1. प्रश्न–आकृति उत्तर आकृतियाँ

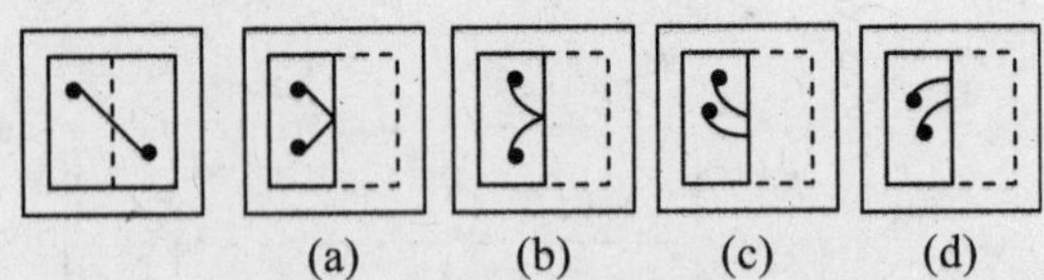

(a) (b) (c) (d)

हल (a) वर्गाकार पारदर्शक कागज को बिंदुमय रेखा पर मोड़ने पर मुड़ने वाले भाग की आकृति पलट जाएगी और पलटकर दूसरे भाग में चली जाएगी। इस प्रकार प्राप्त आकृति उत्तर आकृति (a) के समान होगी।

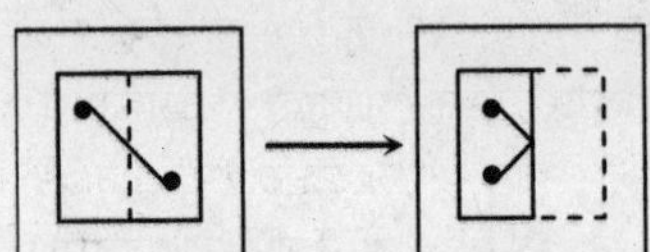

उदाहरण 2. प्रश्न–आकृति उत्तर आकृतियाँ

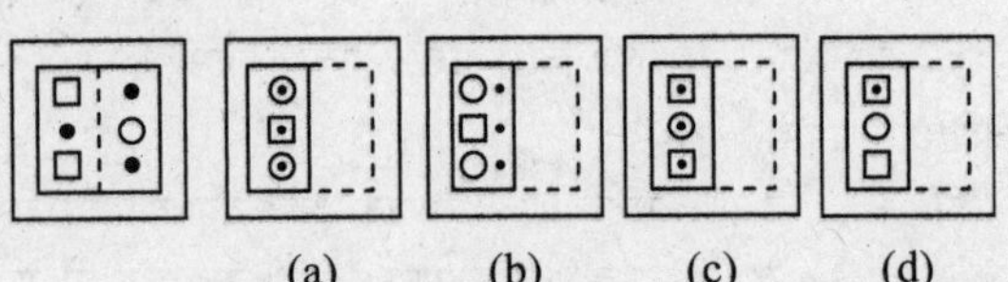

(a) (b) (c) (d)

हल (c) दी गई प्रश्न–आकृति में पारदर्शी कागज को बिंदुमय रेखा में मोड़ने पर दाएँ भाग के चित्र बाएँ भाग के अंदर समाहित हो जाऐंगे।

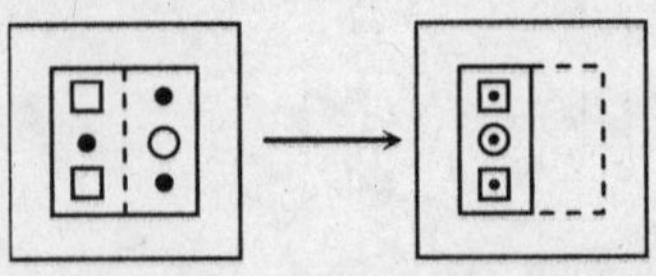

अत: यह उत्तर आकृति (c) के समान दिखाई देगा।

निर्देश (उदाहरण 3-4) : नीचे दिए गए प्रश्नों में कागज के एक टुकड़े को मोड़ा जाता है और फिर पंच किया जाता है जैसा कि नीचे प्रश्न–आकृति में दर्शाया गया है तथा चार उत्तर आकृतियाँ (a), (b), (c) तथा (d) दी गई हैं। कागज को खोलने के पश्चात् बनी आकृति को दी गई उत्तर आकृतियों से चुनिए।

उदाहरण 3. प्रश्न–आकृतियाँ

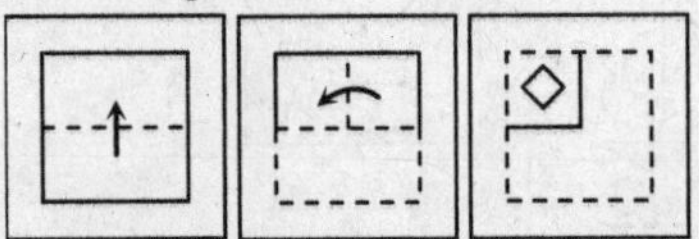

उत्तर आकृतियाँ

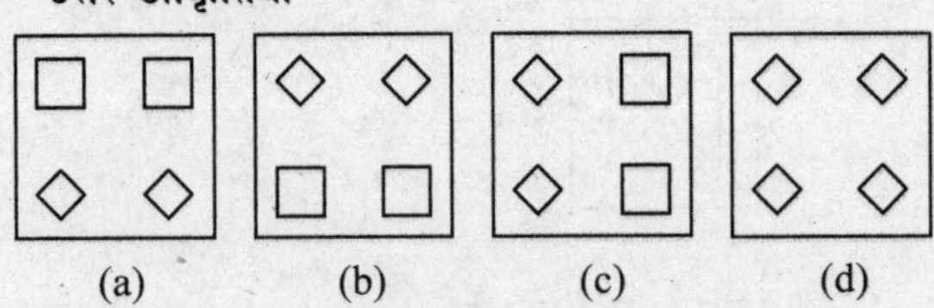

(a) (b) (c) (d)

हल (d) तीसरी प्रश्न–आकृति को खोलने पर कागज का डिजाइन निम्नवत् होगा:

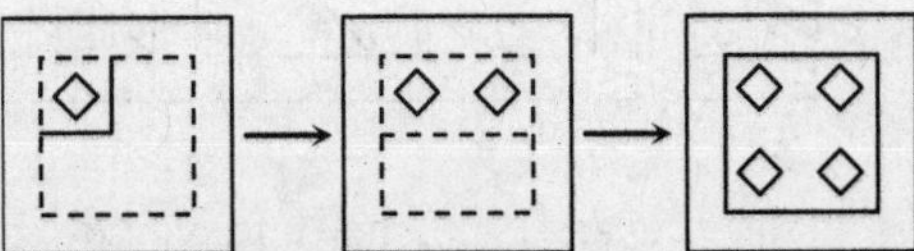

उदाहरण 4. प्रश्न–आकृतियाँ

उत्तर आकृतियाँ

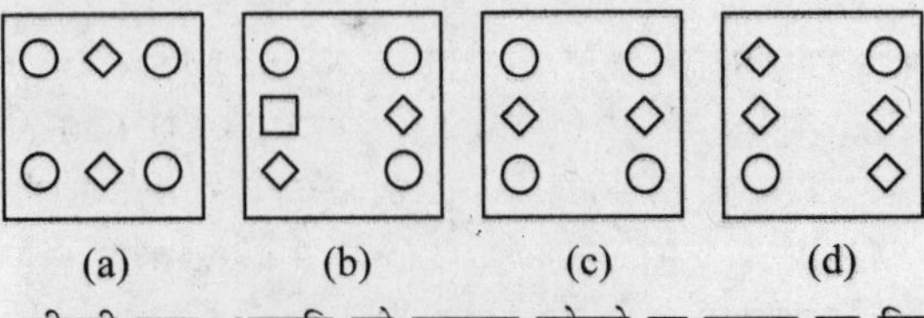

(a) (b) (c) (d)

हल (c) तीसरी प्रश्न–आकृति को क्रमवार खोलने पर कागज का डिजाइन निम्नवत् है:

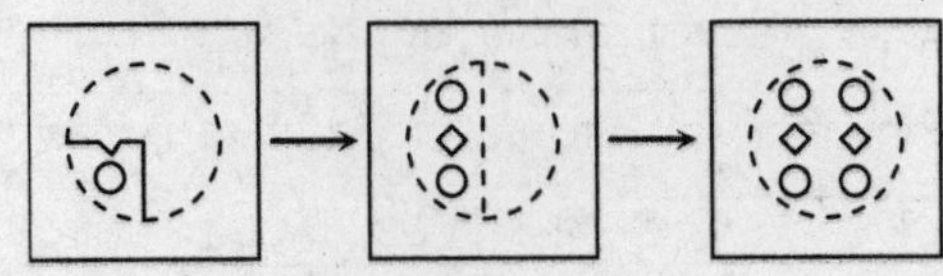

आकृति निर्माण परीक्षण

इस अध्याय में पूछे जाने आने वाले प्रश्नों में प्रश्न आकृति में अलग-अलग डिजाइनों के छोटे-छोटे टुकड़े दिए जाते हैं तथा उसके साथ चार उत्तर आकृतियाँ दी जाती हैं। अभ्यर्थियों को दी गई प्रश्न–आकृति में छोटे-छोटे टुकड़ों को इस प्रकार से जोड़ना है कि प्राप्त आकृति, दी गई चार उत्तर आकृतियों में से किसी एक आकृति के समान दिखाई दे। इसके अंतर्गत आने वाले प्रश्नों को हल करने के लिए दी गई प्रश्न–आकृति के सभी टुकड़ों का ध्यानपूर्वक निरीक्षण करके दी गई उत्तर आकृतियों को ध्यान में रखकर जोड़ें।

दिए गए कुछ उदाहरणों के माध्यम से अभ्यर्थी आकृति निर्माण परीक्षण पर आधारित प्रश्नों को समझाने का प्रयास कर रहे हैं।

हल सहित उदाहरण

निर्देश (उदाहरण 1-4) : नीचे दिए गए प्रत्येक प्रश्न में एक प्रश्न–आकृति तथा चार उत्तर आकृतियाँ (a), (b), (c) तथा (d) दी गई हैं। प्रश्न–आकृति में दिए गए कटे हुए टुकड़ों से बनी उत्तर आकृति का चयन कीजिए।

उदाहरण 1. प्रश्न–आकृति

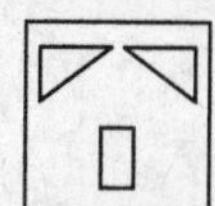

उत्तर आकृतियाँ

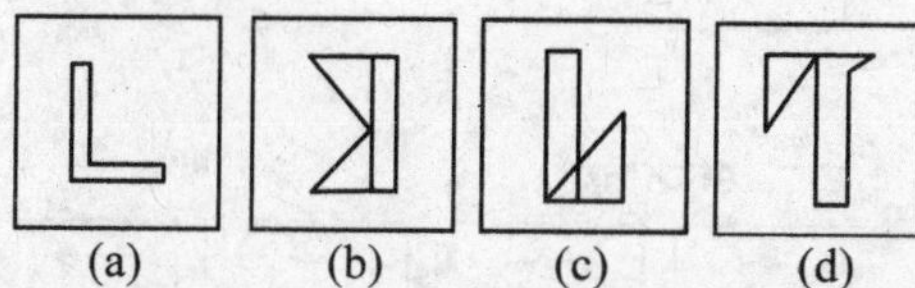

(a) (b) (c) (d)

हल (b) प्रश्न–आकृति में दिए गए टुकड़ों से उत्तर आकृति (b) बनाई जा सकती है।

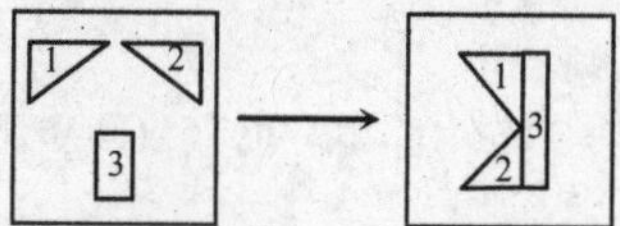

उदाहरण 2. प्रश्न–आकृति

उत्तर आकृतियाँ

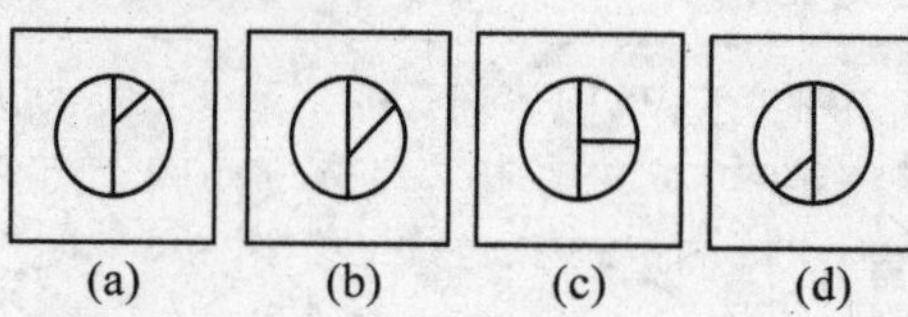

(a) (b) (c) (d)

हल (a) प्रश्न–आकृति के सभी टुकड़ों को जोड़कर उत्तर आकृति (a) बनाई जा सकती है।

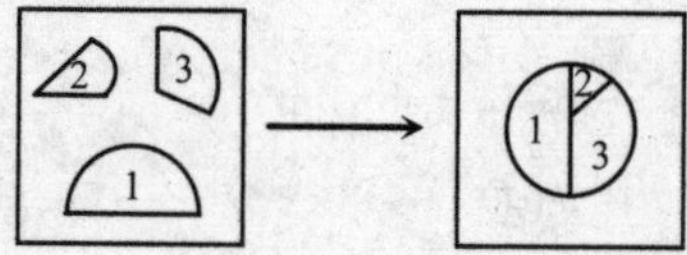

उदाहरण 3. प्रश्न–आकृति

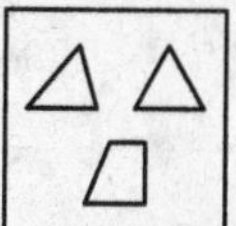

उत्तर आकृतियाँ

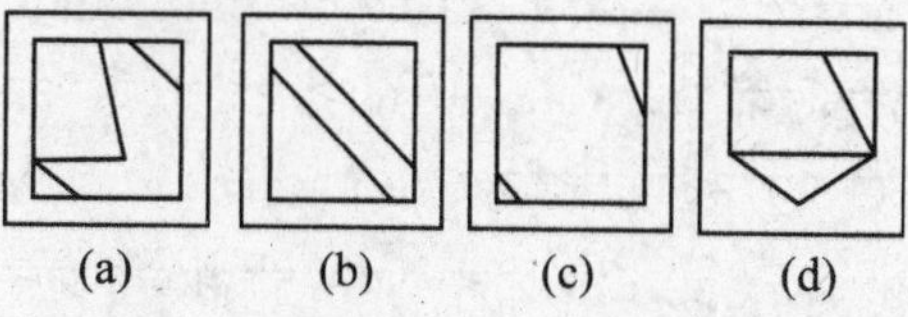

(a) (b) (c) (d)

हल (d) दी गई प्रश्न–आकृति में सभी टुकड़ों को जोड़कर उत्तर आकृति (d) बनाई जा सकती है।

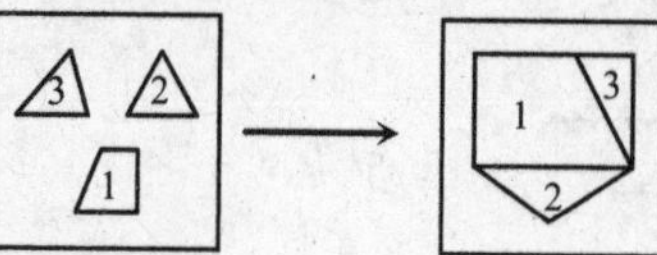

उदाहरण 4. प्रश्न–आकृति

उत्तर आकृतियाँ

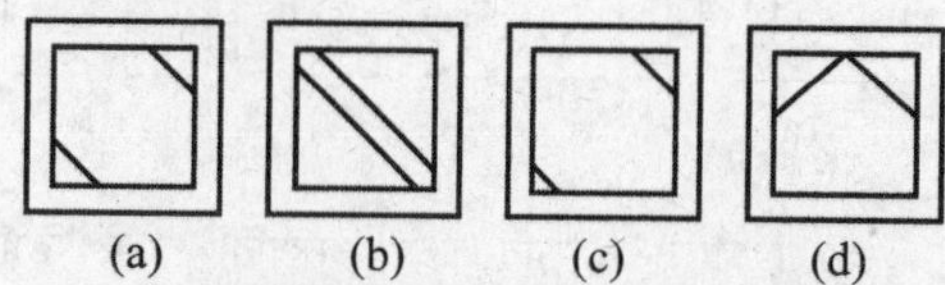

(a) (b) (c) (d)

हल (a): प्रश्न–आकृति के सभी टुकड़ों को जोड़कर उत्तर आकृति (a) प्राप्त की जा सकती है।

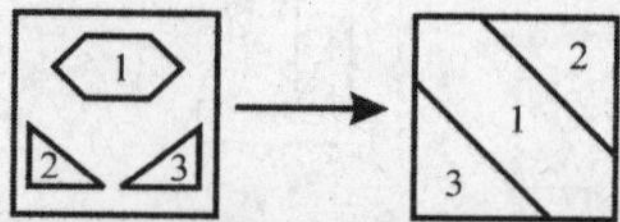

विशेष

- आकृति निर्माण पर आधारित प्रश्नों को आसानी से हल करने के लिए प्रश्न–आकृति में दिए टुकड़ों में संख्या 1, 2, 3 ...... आदि डालकर उन्हें दी गई उत्तर आकृतियों को ध्यान में रखकर जोड़ें।
- प्रश्न–आकृति में दिए गए टुकड़ों के डिजाइनों का ध्यान पूर्वक अवलोकन करें और यह सुनिश्चित करें कि इन डिजाइनों को जोड़ने पर कौन-सी उत्तर आकृति प्राप्त हो रही है।
- प्रश्नों का निरंतर अभ्यास करें जिससे सही उत्तर प्राप्त करने में कोई त्रुटि न हो।

छिपी हुई आकृतियों की पहचान

इस अध्याय में, एक प्रश्न–आकृति तथा चार उत्तर आकृतियाँ दी जाती हैं। दी गई प्रश्न–आकृति, चारों उत्तर आकृतियों में से किसी एक आकृति में छिपी रहती है। अभ्यर्थी को उस उत्तर आकृति की पहचान करनी है, जिसमें प्रश्न आकृति पूर्णतः छिपी (निहित) हो। दी गई प्रश्न–आकृति की दिशा उत्तर आकृति में भिन्न हो सकती है परंतु उसकी संरचना में कोई बदलाव नहीं होता है।

हल सहित उदाहरण

निर्देश (उदाहरण 1-4) : नीचे दिए गए प्रश्नों में एक प्रश्न–आकृति तथा चार उत्तर आकृतियाँ (a), (b), (c) तथा (d) दी गई हैं। उस उत्तर आकृति को चुनिए, जिसमें प्रश्न–आकृति छिपी हुई है।

निर्देश (उदाहरण 1-4) : नीचे दिए गए प्रश्नों में एक प्रश्न–आकृति तथा चार उत्तर आकृतियाँ (a), (b), (c) तथा (d) दी गई हैं। उस उत्तर आकृति को चुनिए, जिसमें प्रश्न–आकृति छिपी हुई है।

निर्देश (उदाहरण 1-4) : नीचे दिए गए प्रश्नों में एक प्रश्न–आकृति तथा चार उत्तर आकृतियाँ (a), (b), (c) तथा (d) दी गई हैं। उस उत्तर आकृति को चुनिए, जिसमें प्रश्न–आकृति छिपी हुई है।

उदाहरण 1. प्रश्न–आकृति

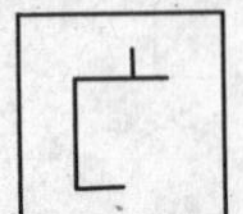

उत्तर आकृतियाँ

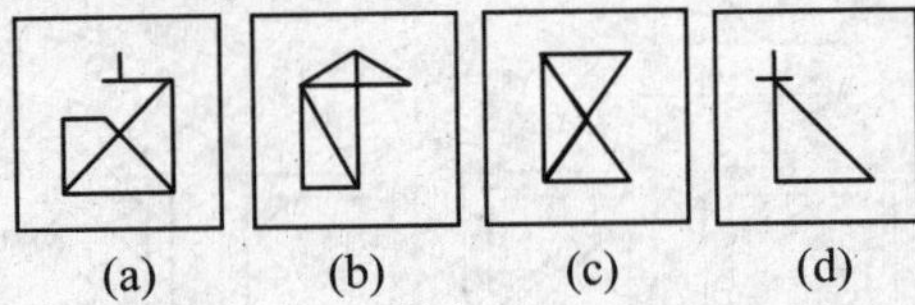

(a) (b) (c) (d)

हल (b): दी गई प्रश्न–आकृति, उत्तर आकृति (b) में छिपी हुई है, जो निम्नवत् है:

उदाहरण 2. प्रश्न–आकृति

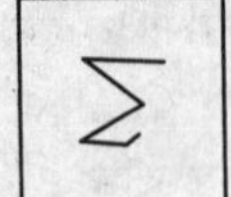

उत्तर आकृतियाँ

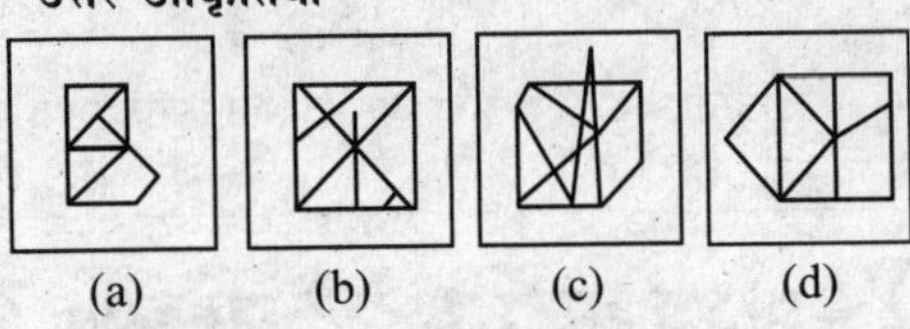

(a) (b) (c) (d)

हल (c): दी गई प्रश्न–आकृति, उत्तर आकृति (c) में छिपी हुई है, जो निम्नवत् है:

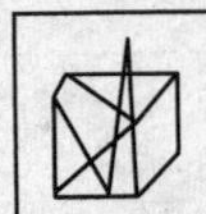

उदाहरण 3. प्रश्न–आकृति

उत्तर आकृतियाँ

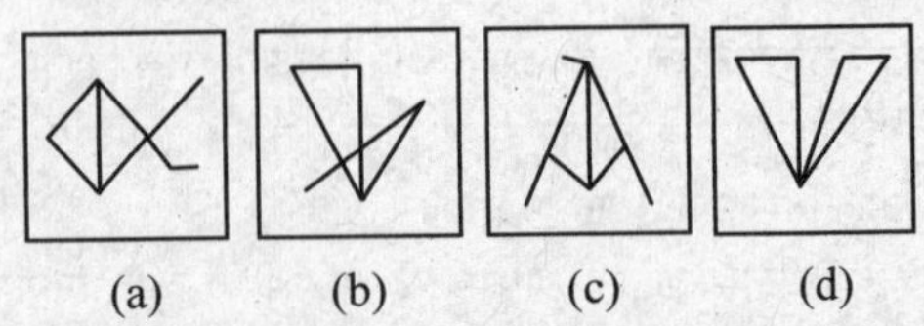

(a) (b) (c) (d)

हल (d): दी गई प्रश्न–आकृति, उत्तर आकृति (d) में छिपी हुई है, जो निम्नवत् है:

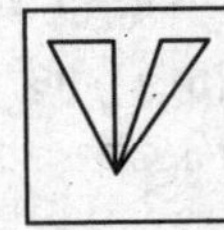

उदाहरण 4. प्रश्न–आकृति

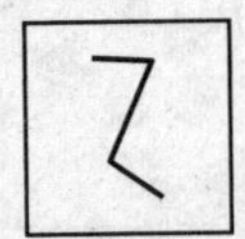

उत्तर आकृतियाँ

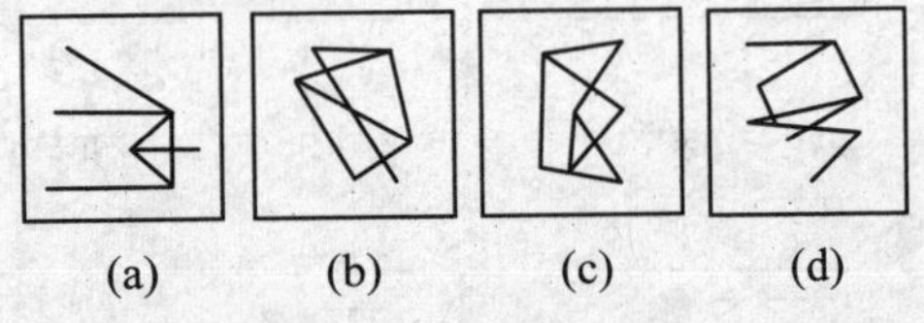

(a) (b) (c) (d)

हल (c): दी गई प्रश्न–आकृति, उत्तर आकृति (c) में छिपी हुई है, जो निम्नवत् है:

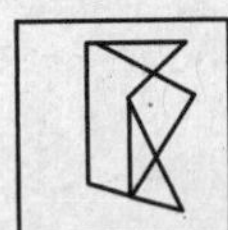

विशेष

- इस अध्याय के अंतर्गत प्रश्नों में कोई विशेष नियम लागू नहीं होता है। केवल अभ्यर्थियों को दी गई प्रश्न–आकृति का ध्यानपूर्वक अवलोकन करके दी गई चार उत्तर आकृतियों में से उस आकृति का चयन करना है, जिसमें प्रश्न–आकृति पूर्णतः छिपी है।
- इन प्रश्नों को त्रुटि रहित तरीके से हल करने के लिए निरंतर अभ्यास करना चाहिए।
- इस पुस्तक में अभ्यास के लिए प्रैक्टिस प्रश्नावली अलग से दी गई है, जिससे अभ्यर्थी अधिक से अधिक प्रैक्टिस कर सकें।

अभ्यास प्रश्न

निर्देश (प्र.सं. 1-12): नीचे दिए गए शब्दों में से उस शब्द को चुने जो उस वर्ग से संबंधित नहीं है-

1. (a) आस्ट्रेलिया (b) एशिया (c) यूरोप (d) भारत
2. (a) शर्ट (b) यूनिफार्म (c) पैंट (d) कैप
3. (a) मुर्गी (b) गाय (c) बकरी (d) भैंस
4. (a) हीरा (b) एल्युमिनियम (c) टंगस्टन (d) तांबा
5. (a) विक्रेता (b) ग्राहक (c) फेरी वाला (d) आढ़ती (दलाल)
6. (a) कुम्हार (b) जुलाहा (c) लोहार (d) इंजीनियर
7. (a) जनवरी (b) जुलाई (c) फरवरी (d) दिसम्बर
8. (a) फेसबुक (b) इंस्टाग्राम (c) आरकुट (d) गूगल
9. (a) बुध (b) पृथ्वी (c) बृहस्पति (d) चंद्रमा
10. (a) हीरा (b) नीलम (c) ग्रेनाइट (d) पुखराज
11. (a) गणित (b) रेखागणित (c) बीजगणित (d) अंकगणित
12. (a) घंटा (b) सेकेण्ड (c) मिनट (d) समय

निर्देश (प्र.सं. 13-18): नीचे दी गई संख्याओं में जो संख्या अन्य संख्याओं के जोड़े से भिन्न हो उसे ज्ञात करो?

13. (a) 80-20 (b) 160-40 (c) 120-30 (d) 65-16
14. (a) 13, 31 (b) 25, 55 (c) 45, 54 (d) 76, 67
15. (a) 21, 49 (b) 24, 64 (c) 81, 36 (d) 25, 54
16. (a) 10-100 (b) 12-144 (c) 169-13 (d) 5-25
17. (a) 3-5 (b) 13-17 (c) 19-25 (d) 23-29
18. (a) 81-243 (b) 16-64 (c) 64-192 (d) 25-75

निर्देश (प्र.सं. 19-24): नीचे दी दिए गए प्रत्येक प्रश्न में भिन्न पद ज्ञात करो?

19. (a) ALMZ (b) CPQX (c) DEFY (d) BTUX
20. (a) ABZY (b) MNYX (c) AXBD (d) EFST
21. (a) EBD (b) IFH (c) QNO (d) YVX
22. (a) PQ (b) CD (c) MN (d) DF
23. (a) IKN (b) MOR (c) ACF (d) EGI
24. (a) NEM (b) MAL (c) QRP (d) RVQ

निर्देश (प्र.सं. 25-30): निम्नलिखित प्रत्येक प्रश्न में भिन्न पद ज्ञात कीजिए?

25. (a) OWL (b) END (c) ARM (d) PUT
26. (a) Giraffle (b) Zebra (c) Fox (d) Dog
27. (a) Wrong (b) Green (c) White (d) Right
28. (a) Mother (b) Sister (c) Brother (d) Friend
29. (a) Piano (b) Typewriter (c) computer (d) calulator
30. (a) Yen (b) Dollar (c) Franc (d) Qunce

निर्देश (प्र. सं. 31-40): नीचे दिए गए विकल्पों में से सम्बन्धित शब्द चुनिए

31. **नाटकः अभिनेता :: संगीत गोष्ठीः ?**
(a) पियानो (b) आघात (c) सुरीलापन (d) संगीतज्ञ
32. **टोपी : सिर :: चश्माः ?**
(a) आंख (b) मुंह (c) दांत (d) कान
33. **बोधगया : बिहार :: तिरूपतिः ?**
(a) कर्नाटक (b) तमिलनाडु (c) आन्ध्र प्रदेश (d) केरल
34. **मुम्बई : महाराष्ट्र : : त्रिवेंद्रम : ?**
(a) कोलकाता (b) तमिलनाडु (c) सिक्किम (d) केरल
35. **हांगकांग : चीन : : वैटिकन : ?**
(a) रोम (b) मेक्सिको (c) कनाडा (d) फ्रिश्चनिटी
36. **रेशमकीट : रेशम की साड़ी : : नाग : ?**
(a) विषहर (b) विष (c) मृत्यु (d) भय
37. **कीटाणु : बीमारी :: जंग : ?**
(a) फौज (b) हार (c) हथियार (d) तबाही
38. **मछली : गलफड़ा :: मानव : ?**
(a) कान (b) आंख (c) फेफड़ा (d) नाक
39. **अनाज : गोदाम :: जल : ?**
(a) पेय (b) नहर (c) बांध (d) नदी
40. **पृथ्वी : सूर्य :: चन्द्रमा : ?**
(a) पृथ्वी (b) आकाश (c) उपग्रह (d) तारा

निर्देश (प्र. सं. 41-50): नीचे दिए गए प्रश्न में पहला शब्द का सम्बन्ध दूसरे शब्द से है उसी प्रकार तीसरे शब्द का चौथे शब्द से है तीसरे शब्द का सही सम्बन्ध नीचे दिए गए विकल्प से ज्ञात किजिए।

41. **'मां' का 'संतान' से वैसा ही सम्बन्ध है जैसे एक 'पेड़' का .... से है।**
(a) पौधा (b) फल (c) जड़ (d) जना
42. **दिन का कैलेन्डर के साथ वैसा ही सम्बन्ध है, जैसा कि 'समय' का .... से है।**
(a) दिन (b) घंटा (c) सूर्य (d) घड़ी
43. **जिस प्रकार 'झगड़ा' 'युद्ध' से सम्बन्धित है उसी प्रकार 'रोग' का सम्बन्ध .... से है।**
(a) संक्रमण (b) महामारी (c) रोगी (d) दवाई
44. **वीडियो उसी प्रकार सम्बन्धित है 'कैसेट' से जिस प्रकार 'कम्प्यूटर' से सम्बन्धित है .... से।**
(a) रील (b) रिकॉर्डिक (c) फाइल (d) फ्लॉपी
45. **'आग' उसी प्रकार सम्बन्धित है 'राख' से जिस प्रकार 'विस्फोट' सम्बन्धित है .... से।**
(a) आवाज (b) अवशेष (c) प्रकोप (d) जवाला
46. **जिस प्रकार 'अदालत' का सम्बन्ध 'न्याय' से है, उसी प्रकार 'अस्पताल' का सम्बन्ध किससे है?**
(a) उपचार (b) मरीज (c) पैसा (d) सलाह
47. **जिस प्रकार 'राम' का सम्बन्ध 'रावण' से है उसी प्रकार 'कृष्ण' का सम्बन्ध किससे है?**
(a) कंस (b) बालि (c) राधा (d) अहिल्या
48. **जिस प्रकार, 'घोड़ा' सम्बन्धित है 'घास' से उसी प्रकार 'कार' का सम्बन्ध किससे है?**

(a) धुआं (b) पेट्रोल
(c) ब्रेक (d) कैरोसीन

49. **जिस प्रकार 'ड्रामा' स्टेज से सम्बन्धित है उसी प्रकार 'टेनिस' किससे सम्बन्धित है?**
(a) खिलाड़ी (b) रैकिट
(c) कोर्ट (d) प्रतियोगिता

50. **जिस प्रकार 'चाक' लिखने से संबंधित है उसी प्रकार 'सुई' किससे संबंधित है?**
(a) फाड़ना (b) काटना
(c) जोड़ना (d) सिलना

निर्देश (प्र.सं. 51-57): नीचे दिए गए प्रश्नों में पहले शब्द का सम्बन्ध दूसरे से है उसी प्रकार तीसरे शब्द का सम्बन्ध चौथे शब्द से है। नीचे दिए गए विकल्पों में से उचित का चुनाव कीजिए–

51. **AZBY : CXDW : : HSIR : ?**
(a) JQKP
(b) KPLO
(c) YBXC
(d) TGSH

52. **DMVE : ? : : HQZI : JSBK**
(a) GOXP (b) POXG
(c) GOXG (d) FOXG

53. **AE : SZ : : DG : ?**
(a) RT (b) TS
(c) QT (d) RU

54. **ABC : ZYX : : CBA : ?**
(a) ZXY (b) VXY
(c) XZY (d) XYZ

55. **ABCD : BACD : : QRST : ?**
(a) RQST (b) STQR
(c) QRST (d) RSTQ

56. **BGEK : YTVP : : AFEJ : ?**
(a) UZBK (b) BGFK
(c) ZUVQ (d) ZEDI

57. **WOULD : TLRIA : : ? : ALKLO**
(a) BLOCK (b) DONOR
(c) CONES (d) BARGE

निर्देश (प्र.सं. 58-65): नीचे दिए गए प्रश्नों में तीन संख्याएं दी गई है पहली संख्या का जो सम्बन्ध दूसरी संख्या से है, वही सम्बन्ध तीसरी संख्या का चौथी संख्या से है नीचे दिए गए विकल्पों में से उस विकल्प का चुनाव कीजिए जिसका सही सम्बन्ध संख्या से है।

58. **15 : 220 : : 25 : ?**
(a) 600 (b) 620
(c) 625 (d) 650

59. **125 : 5 : : 64 : ?**
(a) 8 (b) 4
(c) 2 (d) 32

60. **841 : 29 : : 289 : ?**
(a) 23 (b) 21
(c) 17 (d) 13

61. **8 : 28 : : 27 : ?**
(a) 85 (b) 28
(c) 8 (d) 64

62. **16 : 49 : : 100 : ?**
(a) 85 (b) 121
(c) 144 (d) 169

63. **5 : 100 : : 7 : ?**
(a) 91 (b) 49
(c) 98 (d) 196

64. **16 : 22 : : 36 : ?**
(a) 44 (b) 26
(c) 24 (d) 46

65. **2 : 32 : : 3 : ?**
(a) 183 (b) 143
(c) 243 (d) 293

निर्देश (प्र.सं. 66-70): निम्नलिखित विकल्पों में से उस शब्द का चयन कीजिए जो दिए गए अक्षरों का प्रयोग करके नहीं बनाया जा सकता है?

66. **MUSICAL**
(a) LASIUM (b) CLAIM
(c) SLIM (d) CALCIUM

67. **DAUGHTER**
(a) AUGHT (b) TRUTH
(c) GATHER (d) DEARTH

68. **COLLABORATION**
(a) ACTION (b) BILL
(c) BORN (d) CRITERTION

69. **CAMBRIDGE**
(a) BRIDGE (b) CAME
(c) BRIDE (d) CAMP

70. **FLOWERBED**
(a) WOLF (b) LOWER
(c) FOLLOWER (d) FREE

निर्देश (प्र.सं. 71-73): नीचे दिए गए शब्दों को शब्दकोश के अनुसार व्यवस्थित कीजिए?

71. **1. Devious 2. Devout 3. Devloution 4. Devotional 5. Development**
(a) 2, 5, 1, 3, 4 (b) 4, 2, 3, 5, 1
(c) 5, 2, 3, 1, 4 (d) 5, 1, 3, 4, 2

72. **1. Premonition 2. Prelude 3. Premice 4. Preliminary 5. Premium**
(a) 4, 2, 1, 5, 3 (b) 2, 4, 3, 5, 1
(b) 4, 2, 3, 5, 1 (d) 2, 4, 1, 3, 5

73. **1. Liver 2. Long 3. Late 4. Load 5. Luminous 6. Letter**
(a) 3, 6, 1, 4, 2, 5
(b) 3, 6, 1, 2, 4, 5
(c) 3, 1, 6, 2, 4, 5
(b) 3, 1, 6, 2, 5, 4

निर्देश (प्र.सं. 74-80): नीचे दिए गए विकल्पों में से कौन-सा विकल्प शब्दों का सार्थक क्रम दर्शाता है?

74. **1. रेखा 2. कोण 3. वर्ग 4. त्रिभुज**
(a) 2, 1, 4, 3 (b) 3, 4, 1, 2
(c) 4, 2, 1, 3 (d) 1, 2, 4, 3

75. **1. सब्जी 2. बाजार 3. काटना 4. पकाना 5. भोजन**
(a) 1, 2, 3, 4, 5
(b) 2, 1, 3, 4, 5
(c) 3, 1, 2, 4, 5
(d) 5, 4, 1, 2, 3

76. **1. परामर्श 2. बीमारी 3. डॉक्टर 4. उपचार 5. स्वास्थ्य लाभ**
(a) 2, 3, 1, 4, 5
(b) 2, 3, 4, 1, 5
(c) 4, 3, 1, 2, 5
(d) 5, 1, 4, 3, 2

77. **1. लखनऊ 2. उत्तर प्रदेश 3. भारत 4. विश्व 5. एशिया**
(a) 1, 2, 3, 5, 4
(b) 4, 1, 2, 3, 5
(c) 5, 1, 2, 3, 4
(d) 5, 1, 3, 2, 4

78. **1. सैकड़ा 2. इकाई 3. हजार 4. दहाई 5. लाख**
(a) 2, 4, 1, 3, 5
(b) 4, 1, 2, 3, 5
(c) 5, 1, 2, 3, 4
(d) 5, 1, 3, 4, 2

79. **नीचे दिए गए शब्दों में से कौन-सा अंग्रेजी शब्दकोश के अनुसार चौथे स्थान पर आयेगा?**
(a) Inhabit (b) Ingenious
(c) Inherit (d) Influence

80. **शब्दकोश में तीसरे स्थान पर निम्नलिखित में से कौन सा शब्द आयेगा?**
(a) Serif (b) Sergeant
(c) Serous (d) Serjeant

81. **अंग्रेजी शब्दकोश के अनुसार कौन-सा शब्द चौथे स्थान पर होगा?**
(a) Quick (b) Question
(c) Quality (d) Quit

82. **निम्नलिखित शब्दों में से कौन-सा शब्दकोश के अनुसार चौथे स्थान पर होगा?**
(a) Sentiment (b) Seqarate
(c) Sentinel (d) Sentience

निर्देश (प्र.सं. 83-87): निम्नलिखित विकल्पों में से उस विकल्प का चयन करें जो दिए गए शब्द के प्रयोग से बनाया गया हो?

83. TRANSFORMATION
(a) TRANSCTION
(b) TRANSFER
(c) INFORMANT
(d) INFORMER

84. MEASUREMENT
(a) MASTER (b) SUMMIT
(c) MANTLE (d) ASSURE

85. LIBERATIONIST
(a) RELATED (b) LIBERAL
(c) LIBELLOUS (d) BIRRERN

86. FATHER
(a) MASTER (b) MAN
(c) BOAT (d) RAT

87. PARROT
(a) ROAD (b) ROAT
(c) TOPE (d) TOPAZ

निर्देश (प्र. सं. 88 – 97) : निम्नलिखित दिए गए प्रत्येक प्रश्न में अक्षरों की एक शृंखला दी गई है। इस शृंखला में एक या दो अक्षर को लुप्त कर दिया गया है तथा उनके स्थान पर प्रश्नवाचक (?) दर्शाए गए हैं। दी गई शृंखला का ध्यान से अध्ययन करके नीचे दिए गए चार विकल्पों में से उस एक विकल्प को ज्ञात कीजिए जोकि शृंखला में प्रश्नवाचक चिन्ह (?) के स्थान पर उपयुक्त बैठता हो।

88. ?, PSVYB, EHKNQ, TWZCF, ILORU
(a) BEHKN (b) ADGJM
(c) SVYBE (d) ZCFIL

89. WAB, XCD, YEF, ?
(a) CMN (b) ZGH
(c) BKL (d) AIJ

90. DAB, IFG, NKL, ?
(a) SPQ (b) SOP
(c) SPO (d) RSQ

91. CGK, EJP, GMU, ?
(a) IRT (b) IPZ
(c) FNV (d) JLN

92. BMO, EOQ, HQS, ?
(a) SOW (b) LMN
(c) KSU (d) SOV

93. NT, QR, TP, WN, ?
(a) ZL (b) LZ
(c) YL (d) ZM

94. CFL, EIK, GLJ, IOI, ?
(a) KHR (b) LRH
(c) HLR (d) KRH

95. BYW, DUX, FQY, ?
(a) HZM (b) HMZ
(c) GMY (d) HNZ

96. G13T, I11Z, L9O, ?
(a) O7K (b) P8K
(c) Q7L (d) P7K

97. 2B, 4C, 8E, 14H, ?
(a) 21L (b) 22K
(c) 22L (d) 20K

निर्देश (प्र. सं. 98–110) : नीचे दिए गए प्रश्नों में शृंखला के लुप्त पद का चयन दिए गए विकल्पों में से कीजिए।

98. 27, 32, 30, 35, 33, ?
(a) 28 (b) 31
(c) 36 (d) 38

99. 71 , 59, 48, 38, 29, ?
(a) 18 (b) 21
(c) 20 (d) 12

100. 5, 8, 13, ?, 34, 55, 89
(a) 20 (b) 21
(c) 23 (d) 29

101. 18, 23, 27, 32, 36, ?
(a) 41 (b) 42
(c) 40 (d) 43

102. 4, 8, 7, 11, 22, 21 , 25, 50, ?
(a) 49 (b) 54
(c) 51 (d) 53

103. 2, 5, 9, 19, 37, ?
(a) 73 (b) 75
(c) 72 (d) 78

104. 71, 76, 69, 74, 67, 72, ?
(a) 65 (b) 76
(c) 96 (d) 80

105. 8, 24, 12, 36, 18, 54, ?
(a) 27 (b) 68
(c) 72 (d) 108

106. 3, 4, 0, 9, –7, ?
(a) 25 (b) 26
(c) 36 (d) 18

107. 8, 13, 26, 51, ?
(a) 69 (b) 92
(c) 102 (d) 41

108. 21, 24, 33, 48, 69, 96, ?
(a) 129 (b) 126
(c) 132 (d) 135

109. 540, 316, 204, 148, 120, 106, ?
(a) 92 (b) 89
(c) 98 (d) 99

110. 135, 124, 111, 96, 79, 60, ?
(a) 37 (b) 41
(c) 43 (d) इनमें से कोई नहीं

निर्देश (प्र.सं. 111-115): निम्नलिखित प्रश्नों से चार विकल्प दिए गए है प्रश्नों को पढ़कर सही उत्तर का चयन कीजिए–

111. यदि BOMBAY को कूट भाषा में FSQFEC लिखा जाए तो किस शब्द को कूट भाषा में QCWSVI लिखा जाएगा?
(a) MANDYA (b) MANDAL
(c) MYSORE (d) MYSOER

112. यदि D = 4 और READ को कूट भाषा में 28 लिखा जाता है। तो HEAR को कूट भाषा में क्या लिखा जाएगा?
(a) 32 (b) 33
(c) 7 (d) 30

113. यदि MINJUR को 312547 व TADA को 6898 के रूप में कोडित किया जाता है। तो MADURAI को कैसे कोडित किया जाएगा?
(a) 3849781 (b) 3498178
(c) 3894781 (d) 3498871

114. यदि GO = 32, SHE = 49 हो तो SOME किसके बराबर होगा?
(a) 56 (b) 62
(c) 58 (d) 64

115. यदि PLAY का कोड 8123 तथा RHYME का 49367 है तो MALE का कोड क्या होगा?
(a) 6198 (b) 6217
(c) 6935 (d) 6285

116. यदि SHARP का कोड 58034 है और PUSH का कोड 4658 है तो RUSH का कोड क्या होगा?
(a) 4658 (b) 3658
(c) 6583 (d) 8546

117. यदि किसी सांकेतिक भाषा में VIDAY को 43256 तथा ARTH को 6871 लिखा जाता है। तो उसी भाषा में DIVYATI को किस प्रकार लिखेंगे?
(a) 2345673 (b) 1873254
(c) 2354673 (d) 2345637

118. यदि DELHI को कूट भाषा में 73541 और CALCUTTA को 82589662 लिखा जाए तो CALICUT को उसी भाषा में कैसे लिखेंगे?
(a) 597821 (b) 5279431
(c) 8251896 (d) 8543691

119. यदि किसी सांकेतिक भाषा में CHARCOAL को 45164913 लिखा जाताा है। और MORALE को 296187 लिखा जाता है। तो उसी भाषा MECHRALE को किस प्रकार लिखा जाएगा?
(a) 95378165 (b) 27456138
(c) 25378159 (d) 27456137

120. यदि किसी सांकेतिक भाषा में ENGLAND को 1234526 और FRANCE को 785291 लिखा जाता हैं तो उसी भाषा में GREECE को किस प्रकार लिखा जाएगा?
(a) 381191 (b) 381911
(c) 394132 (d) 5621134

121. यदि किसी सांकेतिक भाषा में DEFENCE को CDEDMBD लिखा जाता हैं, तो उसी भाषा में NEED को कैसे लिखा जाएगा?
(a) MCDC (b) MCCD
(c) ULDE (d) MDDC

122. किसी सांकेतिक भाषा में RAJKUMAR को TYLIWKCP लिखा जाता हैं उसी सांकेतिक भाषा में INSANITY को किस प्रकार लिखेंगे?
(a) LKUYPGVW
(b) KLUYPGVW
(c) GPQAXECP
(d) UKLPGWAN

123. यदि एक सांकेतिक भाषा में TAMILNADU को MATNLIUDA लिखा जाता है। उसी सांकेतिक भाषा में COALITION को किस प्रकार लिखेंगे?
(a) AOCTILNOI
(b) AOCITLNOI
(c) ACOTNLOIN
(d) ACOTNLOI

124. यदि SUMMER को कूट भाषा में RUNNER लिखा है। तो WINTER को लिखा जाएगा?
(a) SUITER (b) VIOUER
(c) WALKER (d) SUFFER

125. यदि BASKET को TEKSAB लिखा जाए तो उसी कूट भाषा में PILLOW को कैसे लिखा जाएगा?
(a) LOWLIP (b) WOLPIL
(c) LOWPIL (d) WOLLIP

126. यदि किसी सांकेतिक भाषा में COURT को 5% @ 38 तथा TILE को 8 C $4 जाए तो उसी कूट भाषा में CITE को कैसे लिखा जाएगा?
(a) 5$ 84 (b) 5% 84
(c) 5 C 84 (d) 3@84

127. यदि किसी सांकेतिक भाषा में AUDIT को 2 # 67$ लिखा जाता है तथा PUB 8 # 5 लिखा जाताा है तो उसी कूट भाषा में BUT को कैसे लिखा जाएगा?
(a) 56$ (b) 5 # $
(c) 57 $ (d) 6 # $

128. यदि किस कूट भाषा में DECEMBER को ERMBCEOE लिखा जाए तो उसी कूट लिपि में कौन सा शब्द ERMBVENO के रूप में लिखा जाएगा?
(a) SEPTEMBER
(b) ANOVERMBE
(c) NOVEMBER
(d) NVOEMBER

129. यदि किसी कूट में TOPPER को POTREP लिखा जाए तो उसी कूट में किस शब्द को RUBREG लिखा जाएगा?
(a) BURGET (b) BEURGR
(c) BURGER (d) BLURBE

130. यदि EARN को GCTP लिखा जाए तो उसी कूट भाषा में NEAR को कैसे लिखा जाएगा?
(a) PGCT (b) PCGT
(c) CTGP (d) GPTC

131. यदि 'मेज' को, 'कुर्सी', 'कुर्सी' को 'चारपाई', 'चारपाई' को 'पात्र' और 'पात्र' को फिल्टर कहा जाए तो व्यक्ति कहां बैठता है?
(a) कुर्सी (b) पात्र
(c) चारपाई (d) फिल्टर

132. यदि 'नारंगी' को 'मक्खन', मक्खन को 'साबुन', 'साबुन' को 'स्याही', 'स्याही' को 'शहद' और शहद को नारंगी कहा जाए तो वस्त्रों की धुलाई में क्या प्रयोग किया जाता है?
(a) शहद (b) मक्खन
(c) साबुन (d) स्याही

133. यदि 'वर्षा' को 'गुलाबी', 'गुलाबी', को 'बादल', 'बादल' को 'जल', जल को 'बयार' और 'बयार' को चंद्रमा कहे तो सभी अपने हाथ किससे धोते है?
(a) जल (b) वर्षा
(c) चंद्रमा (d) बयार

134. यदि 'सफेद, को 'लाल', लाल को 'पीला', 'पीले' को 'नीला', और नीले को हरा कहा जाए तो हल्दी का रंग निम्नलिखित में से क्या है?
(a) लाल (b) नीला
(c) हरा (d) पीला

135. यदि 'आसमान' को 'सफेद', को 'सफेद' 'वर्षा', 'वर्षा' को हरा और हरे को वायु कहे तो पक्षी किसमें उड़ते है?
(a) सफेद (b) आसमान
(c) हरा (d) वायु

136. प्रकाश ने 6 किमी. की यात्रा उत्तर दिशा में की। फिर बाएं मुड़कर 4 किमी. और पुनः बाएं मुड़कर 6 किमी. की यात्राएं की। तदनुसार अपने प्रस्थान बिंदु से प्रकाश कितनी दूरी पहुंच गया?
(a) 10 किमी. (b) 8 किमी.
(c) 6 किमी. (d) 4 किमी.

137. एक आदमी किसी स्थान से 5 किमी. उत्तर की ओर चला, फिर 90° अपनी दाईं ओर घूमा और 5 किमी. और चला फिर वह 45° अपनी दाईं ओर घूमा और 2 किमी. चला और 45 अपनी बाईं ओर घूमा अब उसकी दिशा क्या हैं?
(a) दक्षिण (b) दक्षिण पूर्व
(c) पूर्व (d) उत्तर

138. दक्षिण की ओर भाग रहा लड़का अपनी दाईं ओर घूमता है और भागता है फिर वह अपनी दाईं ओर अंत में बाईं ओर घूमता है। अब वह किस दिशा में भाग रहा हैं?
(a) पूर्व (b) पश्चिम
(c) दक्षिण (d) उत्तर

139. अविनाश दक्षिण की ओर 2 किमी. चला। वह दाईं ओर मुड़ा और 1 किमी. और चला। फिर वह दाईं ओर मुड़ा और 2 किमी. गया। वह अपने प्रारंभिक स्थान से किस दिशा में हैं?
(a) दक्षिण
(b) पश्चिम
(c) उत्तर-पश्चिम
(d) उत्तर-पूर्व

140. अरुण उत्तर की ओर 20 मी. चलकर बाईं ओर मुड़ता है और 40 मी. जाता है। वह फिर बाईं ओर मुड़कर 30 मी. जाता है। अंत में वह बाईं ओर मुड़कर 50 मी. चलता है। अब अरुण प्रारंभिक स्थान से कितनी दूर हैं?
(a) 50 मी. (b) 40 मी.
(c) 30 मी. (d) 10 मी.

141. प्रातः काल मैं सूर्य की ओर मुख करके 2 किमी. चला और रुक गया वहां से मैं 4 किमी. अपनी दाईं ओर चला, वहां से मैं फिर सूर्य की ओर मुख करके 1 किमी. चला, वहां से मैं अपनी दाईं ओर चला। अब मैं किस दिशा में चल रहा हूं?
(a) दक्षिण-पश्चिम
(b) दाएं हाथ की ओर
(c) पूर्व
(d) दक्षिण-पूर्व

142. उत्तर पश्चिम की ओर मुंह करके एक व्यक्ति खड़ा है। वह 90° घड़ी की दिशा में घूमता है और उसके बाद 135° घड़ी की विपरीत दिशा में तो अब उसका मुंह किस दिशा में हैं?
(a) पूर्व (b) पश्चिम
(c) उत्तर (d) दक्षिण

143. एक गाड़ी A से प्रारंभ करती है और 10 किमी. उत्तर की तरफ चलती है वह अपने

दाहिने मुड़कर फिर 15 किमी. चलती है फिर से अपने दाहिने मुड़कर वह 10 किमी. चलने के पश्चात् B पर पहुंचती है तो A तथा B के बीच की दूरी है?
(a) 25 किमी. (b) 15 किमी.
(c) 10 किमी. (d) इनमें से कोई नही

144. राम अपने घर से निकलकर पूर्व दिशा में 60 मी. जाता है। वहां से दाहिनी से 40 मी. जाता है। जहां से बाएं मुड़कर वह 120 मी. जाता है वहां से फिर बाएं मुड़कर वह 40 मी. जाता है और अंत में दाएं मुड़कर 60 मी. जाकर रुक जाता है। शुरू के स्थान से वह कितनी दूरी पर है?
(a) 120 मी. (b) 80 मी.
(c) 320 मी. (d) 240 मी.

145. निवेदिता अपने ऑफिस से 10 किमी. पश्चिम की तरफ चलकर रूक जाती है। तब वह अपनी दाईं तरफ 8 किमी. मुड़ जाती है। इसके बाद वह अपनी दाईं तरफ 4 किमी. जाती है। ऑफिस से वह कितनी दूरी पर हैं।
(a) 18 किमी. (b) 8 किमी.
(c) 16 किमी. (d) 10 किमी.

146. रॉय 2 किलोमीटर पूर्व की ओर चलता है फिर उत्तर-पश्चिम की ओर घूमता है और 3 किमी. चलता है फिर वह पश्चिम की ओर घूमता है और 2 किमी. चलता है अन्ततः वह उत्तर की ओर घूमता है और 6 किमी. चलता है। वह प्रारंभिक स्थल से किस दिशा में है?
(a) दक्षिण-पश्चिम
(b) दक्षिण-पूर्व
(c) उत्तर-पश्चिम
(d) उत्तर-पूर्व

147. राणा 10 किमी. उत्तर की ओर जाता है बाएं घूमता है और 4 किमी. जाता है फिर दाएं घूमता है और 5 किमी. जाता है फिर दाईं ओर घूमकर 4 किमी. और जाता है। अपनी यात्रा शुरू करने के स्थान से वह कितनी दूरी पर है?
(a) 5 किमी. (b) 4 किमी.
(c) 15 किमी. (d) 10 किमी.

148. X दक्षिण की ओर चलता है फिर दाएं फिर बाएं और फिर दाएं मुड़ता है। वह अब किस दिशा में जा रहा है?
(a) दक्षिण (b) उत्तर
(c) पश्चिम (d) दक्षिण-पश्चिम

149. कल्पना ने बिंदु B से सीधे बिंदु C तक 8 फीट की दूरी तय की वह बाईं ओर मुड़ी और 5 फीट चली वह फिर बाई ओर मुड़ी ओर 7 फीट चली। अंत में वह बाईं ओर मुड़कर 5 फीट चली। वह प्रारंभिक स्थान से कितनी दूर है?
(a) 3 फीट (b) 4 फीट
(c) 1 फीट (d) 5 फीट

150. A उत्तर की ओर चलना प्रारंभ करता है वह बाएं मुड़ता है फिर बाएं मुड़ता है, फिर दाएं मुड़ता है, फिर दाएं मुड़ता है फिर बाएं मुड़ता हैं। A अब किस दिशा की ओर चल रहा है?
(a) पूर्व (b) दक्षिण
(c) पश्चिम (d) दक्षिण-पूर्व

151. एक आदमी की ओर संकेत करते हुए रोहिनी ने कहा कि इसकी पत्नी मेरे ससुर महेश की एक मात्र पुत्रवधू है। आदमी महेश से किस प्रकार संबंधित है?
(a) पुत्र (b) चाचा
(c) पिता (d) भाई

152. सुनीता का परिचय देते हुए अमर कहता है–"वह मेरी मां के इकलौते पुत्र की पत्नी है" सुनीता अमर से किस प्रकार संबंधित है?
(a) पत्नी (b) बहन
(c) साली (d) कोई सबंध नहीं

153. अरुण रोहित का पिता है। रोहित माला का भाई है। माला दिलीप की पत्नी है। दिलीप का रोहित से क्या रिश्ता है?
(a) जीजा (b) पिता
(c) चाचा (d) पुत्र

154. कन्नन, कुमार का भाई है। लक्ष्मी, कुमार की पुत्री है। कलई कन्नन की बहन है और गोविंद, लक्ष्मी का भाई है गोविंद का चाचा कौन है?
(a) लक्ष्मी (b) कन्नन
(c) कुमार (d) कलई

155. एक महिला ने एक फोटोग्राफ की ओर इशारा करते हुए कहा "इस व्यक्ति के पुत्र की बहन मेरी सास है" फोटोग्राफ में दिखाए गए व्यक्ति का उस महिला के पति से क्या संबंध हैं?
(a) धेवता (b) पुत्र
(c) दामाद (d) भतीजा

156. एक व्यक्ति की ओर देखते हुये एक औरत ने कहा "उसके भाई का पिता मेरे दादाजी का इकलौता बेटा है" औरत उस व्यक्ति से किस प्रकार संबंधित है?
(a) बुआ (b) बहन
(c) पुत्री (d) माता

157. हरी की ओर संकेत करते हुये सीमा कहती है कि ''यह मेरे सबसे बड़े पुत्र महेश के दादा जी है'' हरी का सीमा से क्या संबंध है?
(a) मामा (b) भाई
(c) पिता (d) दादा

158. एक फोटो की ओर संकेत करते हुये विकास ने कहा, "वह मेरे दादा के इकलौते पुत्र की पुत्री है" विकास का फोटो वाली लड़की के साथ क्या संबंध है?
(a) पिता (b) भाई
(c) बहन (d) माता

159. राजीव अतुल का भाई है, सोनिया सुनील की बहन है। अतुल सोनिया का पुत्र है तो राजीव का सोनिया से क्या संबंध है?
(a) पिता (b) भांजा
(c) मामा (d) पुत्र

160. मीना, गुड़िया और सोनू की मां हैं पुनीत मीना का ससुर है। पुनीत, बिंदु और दीप का पिता है। पुनीत की एक मात्र लड़की है। दीपा गुड़िया की बुआ है। सोनू का बिंदु से क्या संबंध है?
(a) पुत्र
(b) पिता
(c) भतीजा
(d) इनमें से कोई नहीं

161. विनोद ने विशाल का परिचय अपने पिता की पत्नी के इकलौते भाई के पुत्र के रूप में कराया। विनोद विशाल से किस प्रकार संबंधित है?
(a) ममेरा भाई
(b) भाई
(c) चचेरा भाई
(d) बहन

162. मेरे भाई के दादा के इकलौते बेटे का इकलौता लड़का मेरा कौन लगेगा?
(a) भाई (b) माता
(c) चचेरा भाई (d) बहन

163. रघु तथा बाबू जुडवां है। बाबू की बहन रीमा है रीमा का पति राजन है। रघु की मां लक्ष्मी है। लक्ष्मी का पति राजेश है। तदनुसार राजेश का राजन से क्या रिश्ता है?
(a) चाचा (b) दामाद
(c) ससुर (d) चचेरा भाई

164. एक लड़की का परिचय कराते हुये विपिन ने कहा "उसकी माता मेरी सास की इकलौती बेटी है" विपिन का उस लड़की से क्या संबंध हैं?

(a) भाई (b) पिता
(c) चाचा (d) पति

निर्देश (प्र. सं. 165-173) : नीचे दिए गए प्रश्नों में प्रत्येक प्रश्न में चार आकृतियाँ दी गई हैं। इन चार आकृतियों में से तीन किसी रूप में समान हैं और एक भिन्न है। भिन्न आकृति का चयन कीजिए।

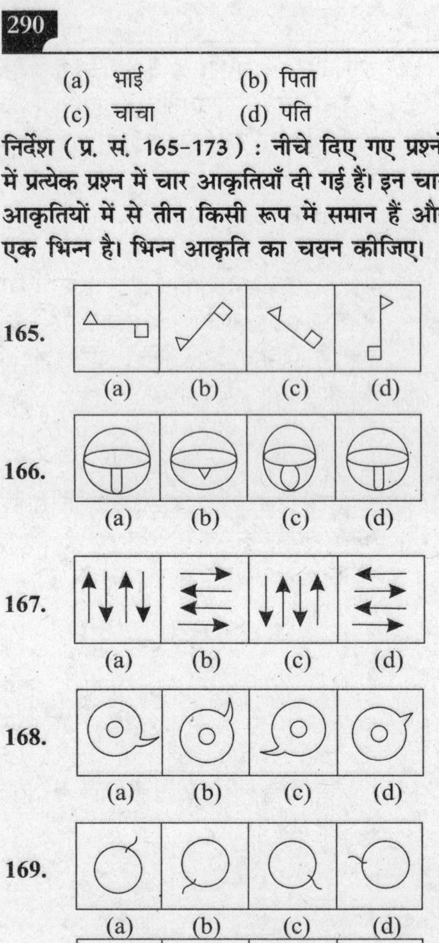

निर्देश—(प्र.सं. 174-193) प्रत्येक प्रश्न में चार आकृतियाँ (a), (b), (c) तथा (d) दी गई हैं। इन चार आकृतियों में से तीन आकृतियाँ कुछ हद तक समान हैं तथा एक आकृति इनसे भिन्न है। भिन्न आकृति को पहचान कर सही उत्तर का चयन कीजिए।

प्रश्न-आकृतियाँ

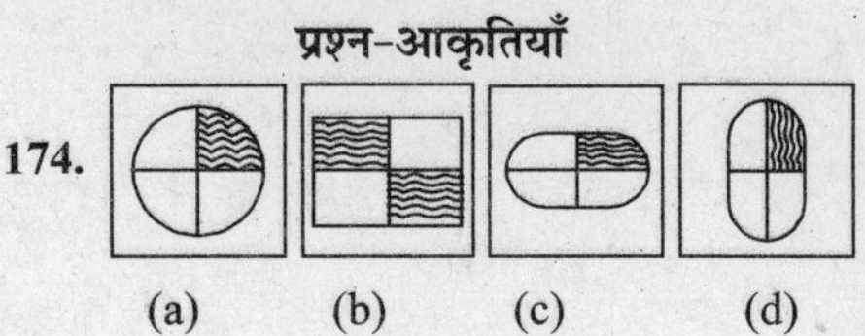

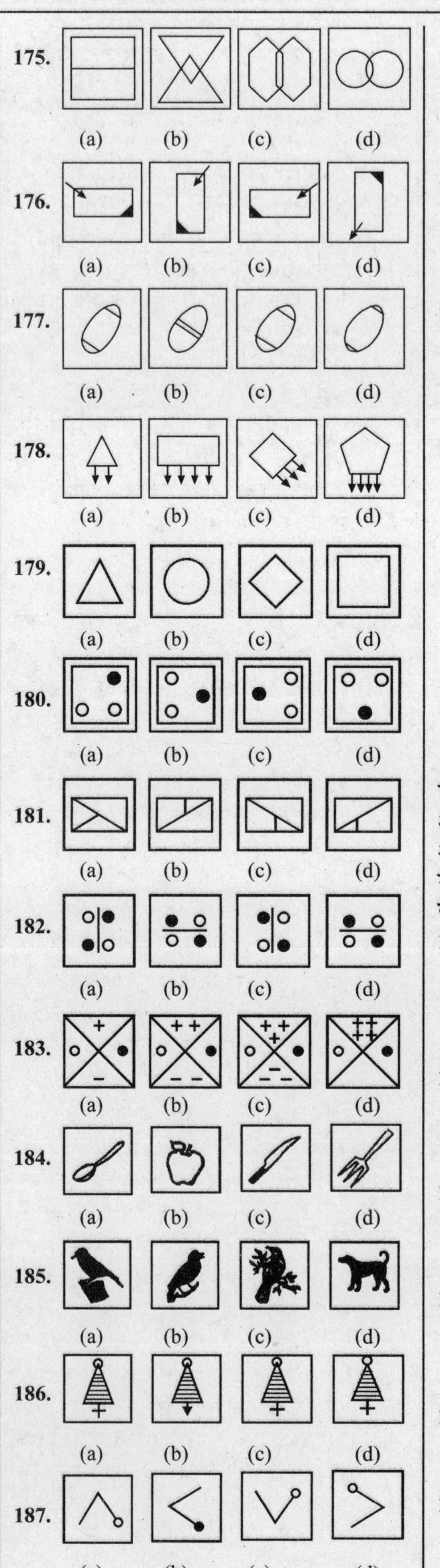

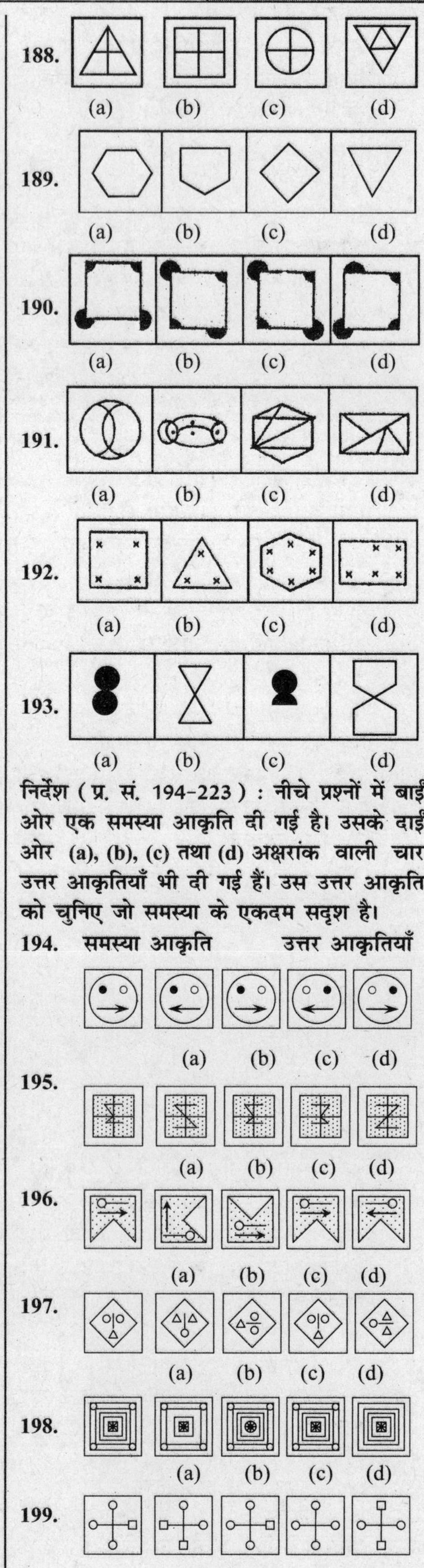

निर्देश (प्र. सं. 194-223) : नीचे प्रश्नों में बाईं ओर एक समस्या आकृति दी गई है। उसके दाईं ओर (a), (b), (c) तथा (d) अक्षरांक वाली चार उत्तर आकृतियाँ भी दी गई हैं। उस उत्तर आकृति को चुनिए जो समस्या के एकदम सदृश है।

194. समस्या आकृति उत्तर आकृतियाँ

(a) (b) (c) (d)

195.

(a) (b) (c) (d)

196.

(a) (b) (c) (d)

197.

(a) (b) (c) (d)

198.

(a) (b) (c) (d)

199.

(a) (b) (c) (d)

200. 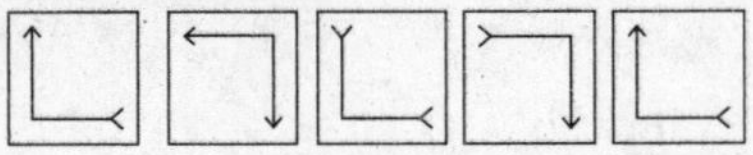 (a) (b) (c) (d)

201.  (a) (b) (c) (d)

202. 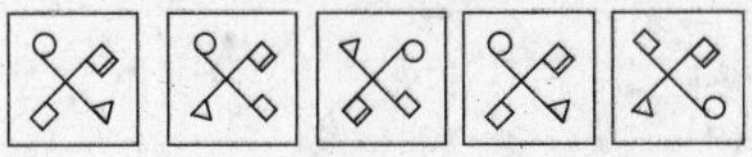 (a) (b) (c) (d)

203. 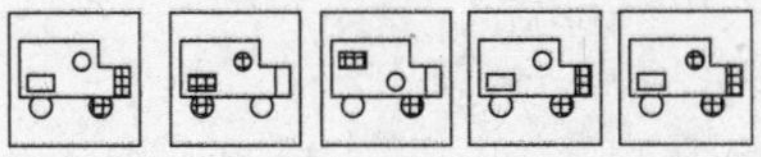 (a) (b) (c) (d)

204.  (a) (b) (c) (d)

205. 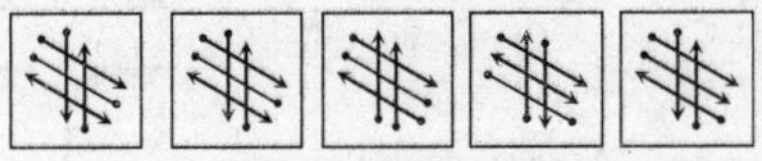 (a) (b) (c) (d)

206.  (a) (b) (c) (d)

207.  (a) (b) (c) (d)

208. 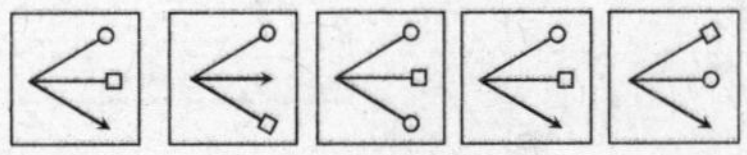 (a) (b) (c) (d)

209. 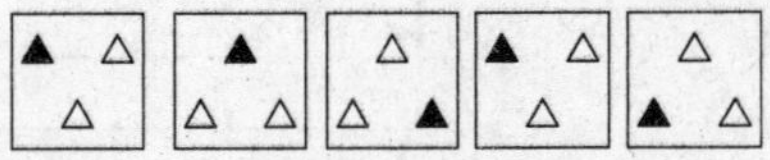 (a) (b) (c) (d)

210. 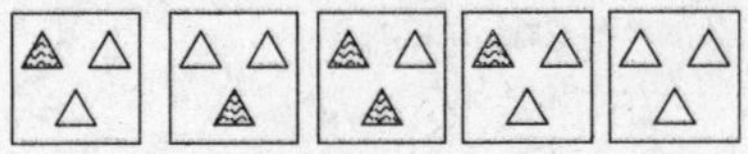 (a) (b) (c) (d)

211.  (a) (b) (c) (d)

212. 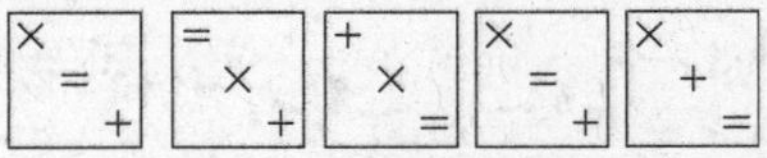 (a) (b) (c) (d)

213. 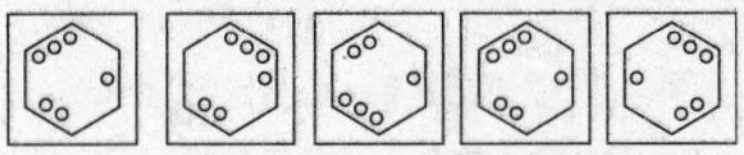 (a) (b) (c) (d)

214. 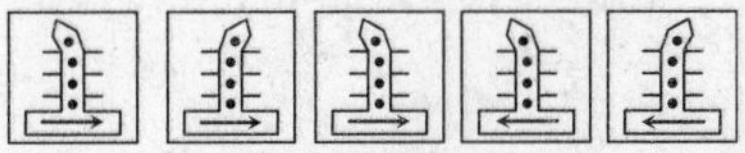 (a) (b) (c) (d)

215. 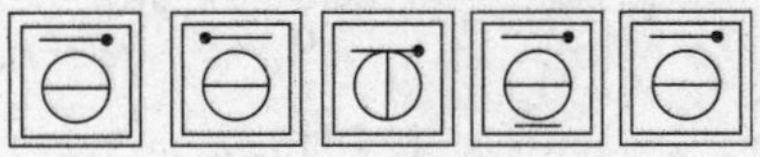 (a) (b) (c) (d)

216. 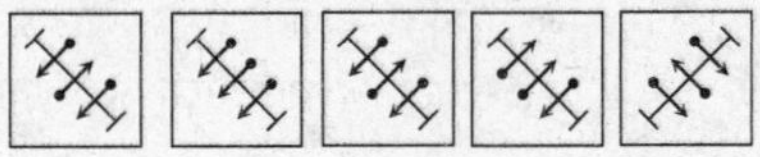 (a) (b) (c) (d)

217.  (a) (b) (c) (d)

218.  (a) (b) (c) (d)

219. 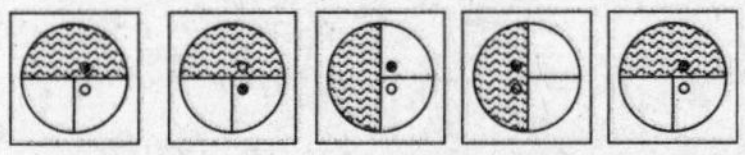 (a) (b) (c) (d)

220.  (a) (b) (c) (d)

221. 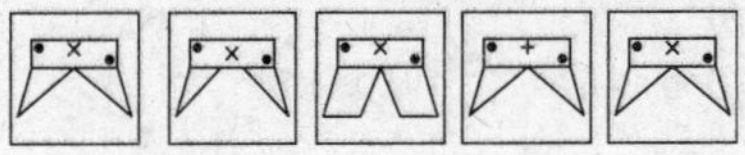 (a) (b) (c) (d)

222. 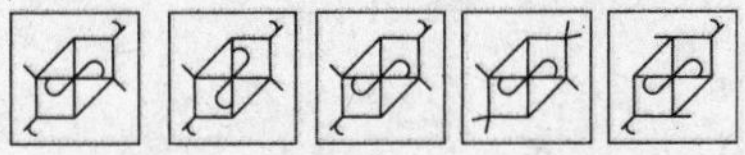 (a) (b) (c) (d)

223.  (a) (b) (c) (d)

निर्देश—(प्र.सं. 224-228) प्रत्येक प्रश्न में बाईं ओर एक प्रश्न आकृति एवं दाईं ओर चार उत्तर आकृतियां दी गई हैं। दी गई उत्तर आकृतियों में से प्रश्न आकृति के बिल्कुल सदृश दिखाई देने वाली आकृति को पहचान कर सही उत्तर का चयन कीजिए।

224. प्रश्न-आकृति

उत्तर-आकृतियाँ

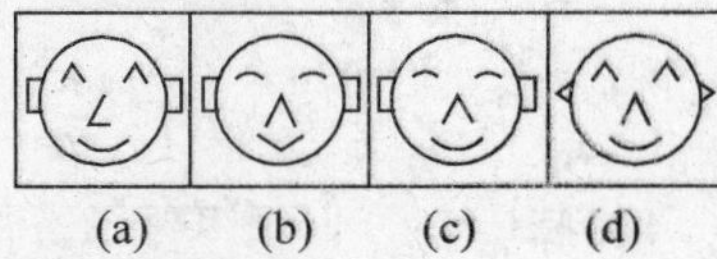

(a) (b) (c) (d)

225. प्रश्न-आकृति

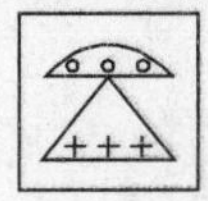

उत्तर-आकृतियाँ

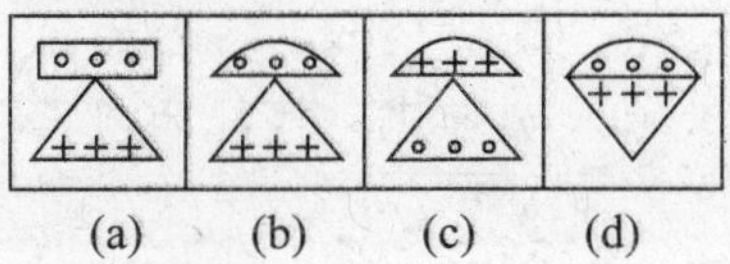

(a) (b) (c) (d)

226. प्रश्न-आकृति

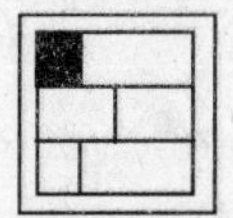

उत्तर-आकृतियाँ

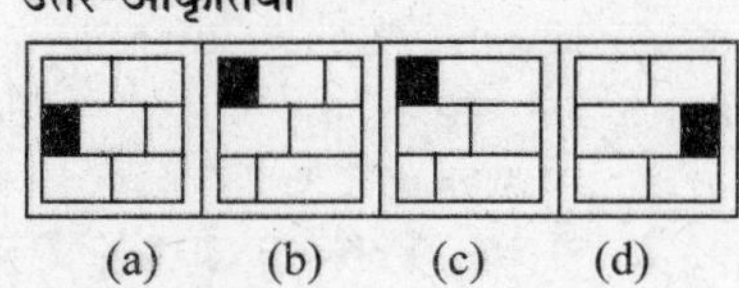

(a) (b) (c) (d)

227. प्रश्न-आकृति

उत्तर-आकृतियाँ

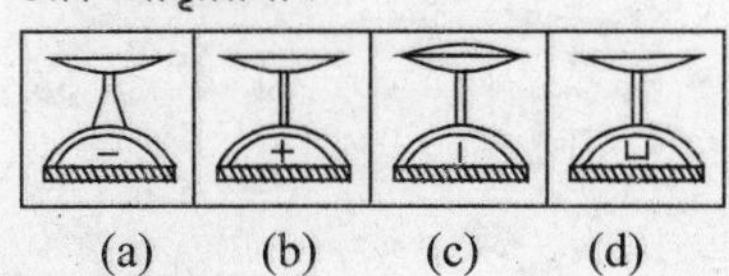

(a) (b) (c) (d)

228. प्रश्न-आकृति

उत्तर-आकृतियाँ

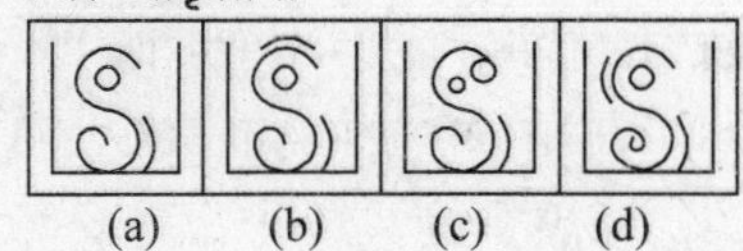

(a) (b) (c) (d)

उत्तर (हल/संकेत)

1. (d) सभी महाद्वीप हैं जबकि भारत एक देश है।
2. (b) अन्य सभी विभिन्न पोशाकों के नाम है।
3. (a) अन्य सभी जानवरों के चार पैर है।
4. (a) हीरा एक पत्थर है अन्य सभी धातु हैं
5. (b) अन्य सभी का ये काम है।
6. (d) अन्य सभी के लिये पढ़ने की आवश्यकता नहीं होती है।
7. (c) अन्य सभी महीने 31 दिन के हैं जबकि फरवरी 28 या 29 दिन की होती है।
8. (d) अन्य सभी सोशल नेटवर्किंग साइट हैं। जबकि गूगल एक सर्च इंजन है।
9. (d) अन्य सभी ग्रह है। जबकि चंद्रमा उपग्रह है।
10. (c) अन्य सभी तत्व लोग ग्रहों के बुरे प्रभाव से बचने के लिये पहनते है।
11. (a) अन्य सभी गणित की शाखाएं है।
12. (d) अन्य सभी समय के मात्रक है।
13. (d) अन्य सभी में पहली संख्या दूसरी संख्या का चार गुना है।
14. (b) अन्य सभी युग्मों में पहले पद के अंक दूसरे पद के विपरीत क्रम में है।
15. (c) अन्य सभी में दूसरी संख्या पहली संख्या से बड़ी है।
16. (c) अन्य सभी में पहली संख्या का वर्ग दूसरी संख्या है।
17. (c) शेष सभी विकल्पों की युग्म संख्यायें अभाज्य हैं जबकि 25 भाज्य संख्या है।
18. (b) अन्य सभी संख्या में दूसरी संख्या पहली संख्या के तीन गुनी है।
19. (c) अन्य सभी अक्षर समूहों में जो स्थान प्रथम अक्षर का वर्णमाला में है, वही स्थान अंतिम अक्षर का वर्णमाला के विपरीत क्रम में है।
20. (a) अन्य सभी अक्षर समूहों में पहला दूसरा तथा चौथा अक्षर पद है।
21. (c)

+2 +2 +1 +2

E B D I P H Q N O Y V X

+1 +1 +2 +1

22. (d) अन्य समूहों में अक्षर वर्णमाला के क्रमानुसार एक दूसरे से 2 अंतराल पर है।
23. (d)

$I \xrightarrow{+2} K \xrightarrow{+3} N, M \xrightarrow{+2} O \xrightarrow{+2} R,$

$A \xrightarrow{+2} C \xrightarrow{+3} F, E \xrightarrow{+2} G \xrightarrow{+2} I$

24. (c) शेष अन्य में मध्य का वर्ण स्तर है।
25. (d) अन्य में पहला अक्षर स्वर है जबकि इनमें पहला अक्षर P है।
26. (d) अन्य सभी जंगली जानवर है जबकि कुत्ता एक पालतू जानवर है।
27. (b) अन्य सभी में सभी अक्षर एक बार आये हैं जबकि Green में e दो बार आया है।
28. (d) अन्य सभी का रक्त संबंध प्रदर्शित करता है।
29. (a) सिर्फ पियानों ही वाद्ययंत्र है।
30. (d) अन्य सभी मुद्राओं के नाम है।
31. (d) जिस प्रकार नाटक में अभिनेता होता है, उसी प्रकार संगीत गोष्ठी में संगीतज्ञ होता हैं।
32. (a) जिस प्रकार टोपी सिर पर लगाई जाती है उसी प्रकार चश्मा आंखों पर लगाया जाता है।
33. (c) जिस प्रकार बोधगया बिहार में स्थित एक धार्मिक स्थल है, उसी तिरूपति आन्ध्र प्रदेश में स्थित एक धार्मिक स्थल है।
34. (d) जिस प्रकार मुम्बई महाराष्ट्र की राजधानी है, उसी प्रकार त्रिवेंद्रम केरल की राजधानी है।
35. (a) जिस प्रकार हांगकांग चीन में स्थित है, उसी प्रकार वैटिकन रोम में स्थित है।
36. (b) जिस प्रकार रेशम कीट से रेशम की साड़ी बनती है, उसी प्रकार नाग से विष प्राप्त होता है।
37. (d) जिस प्रकार कीटाणु से बीमारी होती है, उसी प्रकार जंग से तबाही होती है।
38. (d) जैसे मछलियों का श्वसन अंग गलफड़ा है, उसी तरह से मानव का श्वसन अंग नाक है।
39. (c) अनाज का संग्रह गोदाम में किया जाता है, उसी तरह से जल का संग्रह बांध में किया जाता है।
40. (a) जैसे पृथ्वी सूर्य की परिक्रमा करती है, उसी प्रकार चन्द्रमा पृथ्वी की परिक्रमा करता है।
41. (c) जिस प्रकार संतान बिना मां के नहीं हो सकती उसी प्रकार पेड़ बिना जड़ के नहीं हो सकता है।
42. (b) जिस प्रकार दिन कैलेन्डर का एक अंग उसी प्रकार घंटा समय का एक अंग है।
43. (b) जिस प्रकार झगड़ा बढ़कर युद्ध का रूप लेता है उसी प्रकार बीमारी ज्यादा बढ़कर महामारी बन जाती है।
44. (d) जिस प्रकार वीडियो के सभी प्रोग्राम कैसेट में रिकार्ड होते है उसी प्रकार कम्प्यूटर के सभी प्रोग्राम फ्लॉपी में होते है।
45. (b) जिस प्रकार 'आग' लगने के बाद राख बचती है, उसी प्रकार 'विस्फोट' के बाद 'अवशेष' रह जाते है।
46. (a) जिस प्रकार 'अदालत' में 'न्याय' होता है, उसी प्रकार 'अस्पताल' में 'उपचार' होता है।
47. (a) जैसे 'राम' ने 'रावण' को मारा था, उसी प्रकार 'कृष्ण' ने 'कंस' को मारा था।
48. (b) जिस प्रकार से 'घोड़ा', 'घास' खा के चलता है, उसी प्रकार से 'कार', 'पेट्रोल' से चलती है।
49. (c) जिस प्रकार 'ड्रामा', 'स्टेज' पर किया जाता उसी प्रकार 'टेनिस' 'कोर्ट' पर खेली जाती है।
50. (d)
51. (a) जिस प्रकार

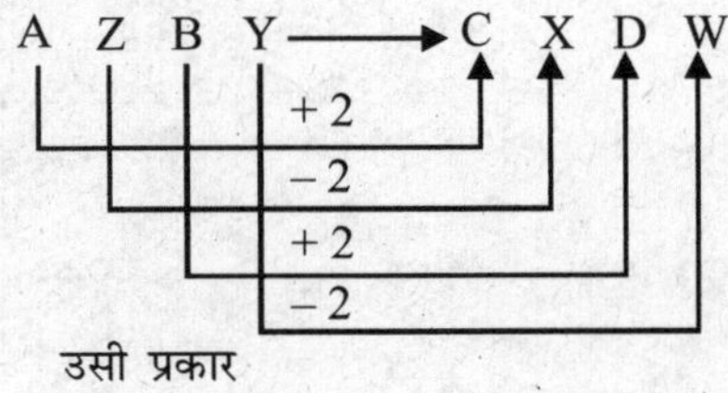

उसी प्रकार

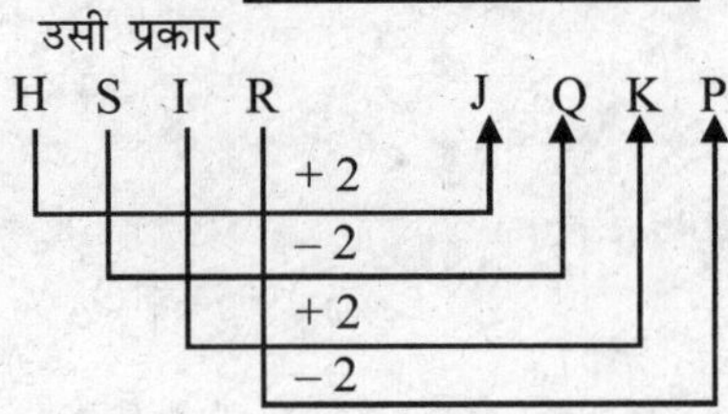

52. (d) जिस प्रकार

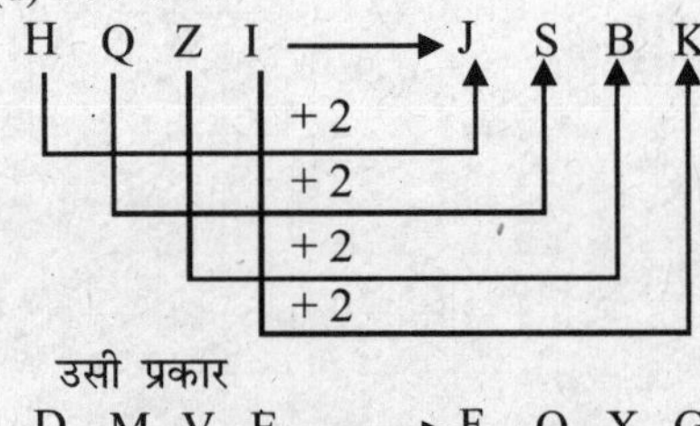

उसी प्रकार

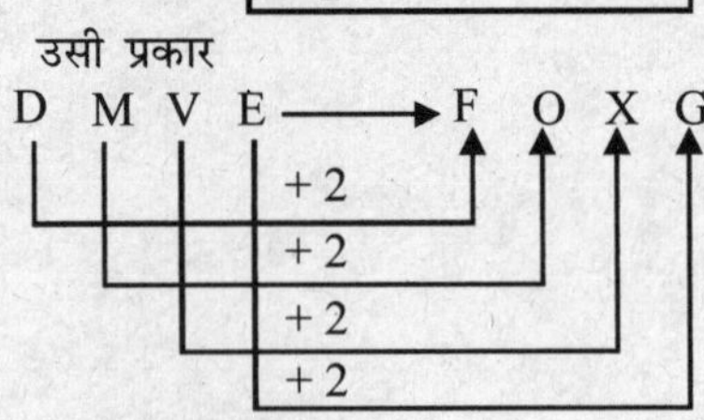

53. (a) $A \rightarrow Z$ विपरीत अक्षर

$E \xrightarrow{+14} S$

उसी प्रकार

$D \xrightarrow{+14} R$

$G \longrightarrow T$ विपरीत अक्षर

54. (d) जिस प्रकार

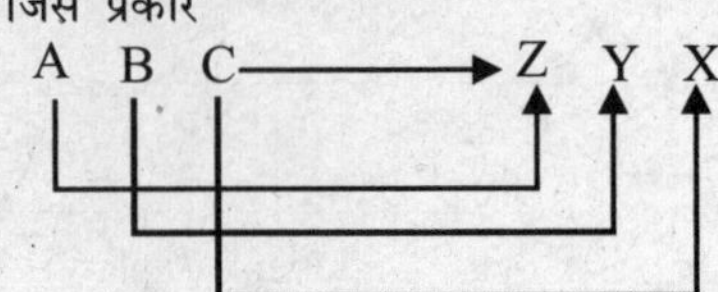

उसी प्रकार

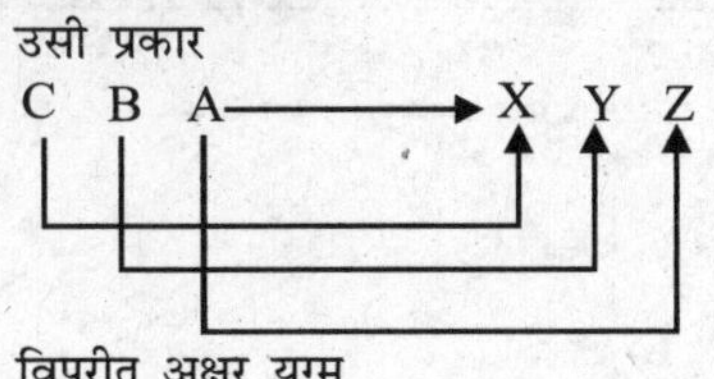

विपरीत अक्षर युग्म

55. (a) जिस प्रकार

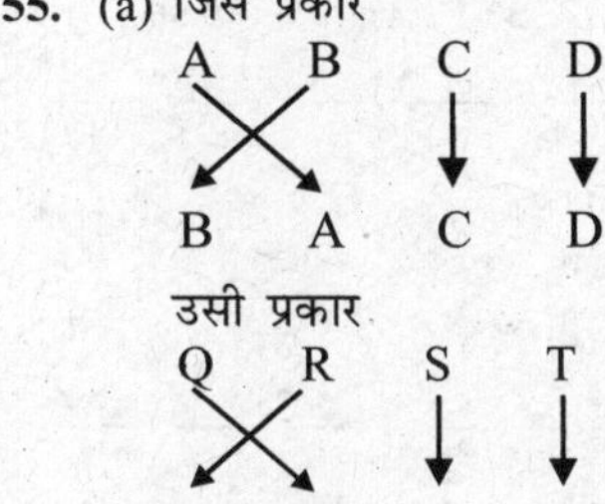

56. (c) जिस प्रकार

B G E K
↓ ↓ ↓ ↓
Y T V P

विपरीत वर्ण

उसी प्रकार

A F E J
↓ ↓ ↓ ↓
Z U V Q

विपरीत वर्ण

57. (b) जिस प्रकार

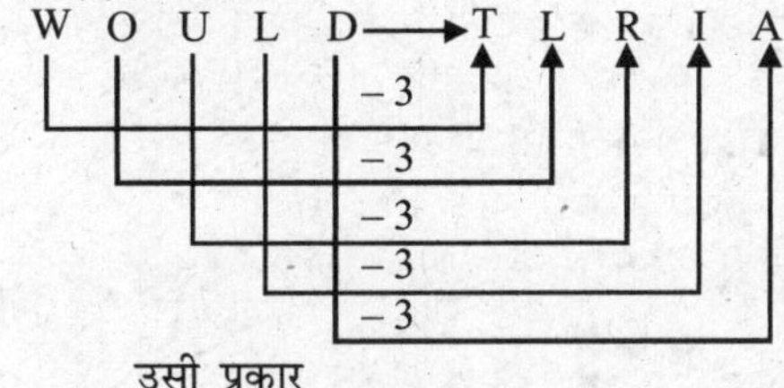

उसी प्रकार

D O N O R ⟶ A L K L O
(– 3, – 3, – 3, – 3, – 3)

58. (b) जिस प्रकार $15 \times 15 - 5 = 220$
उसी प्रकार $25 \times 25 - 5 = 620$

59. (b) जिस प्रकार $(5)^3 = 125$
उसी प्रकार $(4)^3 = 64$

60. (c) जिस प्रकार $\sqrt{841} = 29$
उसी प्रकार $\sqrt{289} = 17$

61. (a) जिस प्रकार $8 \times 3 + 4 = 28$
उसी प्रकार $27 \times 3 + 4 = 85$

62. (d) जिस प्रकार $(4)^2 = 16$ $(7)^2 = 49$
उसी प्रकार $(10)^2 = 100$
$(13)^2 = 169$

63. (d) जिस प्रकार
$(5)^2 = 25 \Rightarrow 25 \times 4 = 100$
उसी प्रकार
$(7)^2 = 49 \Rightarrow 49 \times 4 = 196$

64. (d) जिस प्रकार $(4)^2 = 16$
$(5)^2 - 3 = 22$
उसी प्रकार $(6)^2 = 36$
$(7)^2 - 3 = 46$

65. (c) जिस प्रकार $(2)^5 = 32$
उसी प्रकार $(3)^5 = 243$

66. (d) दिए गए शब्द 'MUSICAL में केवल एक C है। अत: 'CALCIUM' शब्द नहीं बनाया जा सकता है।

67. (b) दिए गए शब्द 'DAUGHTER' में केवल एक T है। अत: शब्द TRUTH नहीं बनाया जा सकता है।

68. (d) दिए गए शब्द 'COLLABORATION' में अक्षर E उपस्थित नहीं है।

69. (d) दिए गए शब्द 'CAMBRIDGE' में अक्षर P उपस्थित नहीं है। अत: शब्द 'CAMP' नहीं बनाया जा सकता है।

70. (c) दिए गए शब्द में O और L एक-एक बार आया है परंतु 'FOLLOWER' में L व O दो-दो बार है।

71. (d) शब्दकोश के अनुसार शब्दों का सही क्रम-
5. Development 1. Devious 3. Devolution 4. Devotional 2, Devout

72. (c) शब्दों का सही क्रम-
4. Premohition 2. Prelude 3. Permice 5. Premium 1. Premohition

73. (a) शब्दों का सही क्रम-
3. Late 6. Letter 1. Liver 4. Load 2. Long 5. Luminous

74. (d) सार्थक क्रम-1. रेखा 2. कोण 4. त्रिभुज 3. वर्ग

75. (b) शब्दों का सार्थक क्रम-2. बाजार 1. सब्जी 3. काटना 4. पकाना 5. भोजन

76. (a) शब्दों का सार्थक क्रम-2. बीमारी 3. डॉक्टर 1. परामर्श 4. उपचार 5. स्वास्थ्य लाभ

77. (a) शब्दों का सार्थक क्रम-1. लखनऊ 2. उत्तर प्रदेश 3. भारत 5. एशिया 4. विश्व

78. (a) शब्दों का सार्थक क्रम-2. इकाई 4. दहाई 1. सैकड़ा 3. हजार 5. लाख

79. (c) शब्दकोश के अनुसार-Infuence, Ingenious, Inhabit, Inherit.

80. (a) शब्दकोश के अनुसार तीसरे स्थान पर-Sergenant आएगा।

81. (d) अंग्रेजी शब्दकोश के अनुसार, चौथे स्थान पर-Quit आएगा।

82. (b) शब्दकोश के अनुसार-Sentience, Sentiment, Sentnel, Separare
अत: शब्दकोश के अनुसार 'Seqarate' चौथे स्थान पर आएगा।

83. (c) दिए गए शब्द TRANSFORMATION के अक्षरों से केवल INFORMANT शब्द बनाया जा सकता है।

84. (a) दिए गए शब्द MEASUREMENT के अक्षरों से केवल MASTER शब्द बन सकता है।
(a) SUMMIT में 'I'
(b) MANTLE में 'L'
(c) ASSURE में 'SS' प्रश्न में दिए गये शब्द में उपस्थित नहीं है।

85. (d) दिए गए शब्द में LIBERATIONIST के अक्षरों से केवल शब्द BIRRERN बन सकता है।
(a) RELATED
(b) LIBERAL
(c) LIBELLOUS
ऊपर दिए गये में अन्डरलाइन किए गए 'अक्षर' प्रश्न अक्षरों में आए नहीं अत: ये शब्द नहीं बन सकता है।

86. (d) दिए गए शब्द FATHER के अक्षरों से केवल शब्द 'RAT' बनाया जा सकता है।
(a) MASTER
(b) MAN
(c) BOAT
ऊपर दिए गए विकल्पों में अन्डरलाइन किए गए अक्षर प्रश्न अक्षरों में नहीं आए अत: ये शब्द नहीं बन सकते है।

87. (b) दिए गए शब्द PARROT के अक्षरों से केवल शब्द 'ROAT' बनाया जा सकता है।
(a) ROAD
(b) TOPE
(c) TOPAZ
ऊपर दिए गए विकल्पों में अन्डरलाइन किए गए अक्षर प्रश्न अक्षरों में नहीं आए अत: ये शब्द नहीं बन सकते है।

88. (b)

A →(+15) P →(+15) E →(+15) T →(+15) I
D →(+15) S →(+15) H →(+15) W →(+15) L
G →(+15) V →(+15) K →(+15) Z →(+15) O
J →(+15) Y →(+15) N →(+15) C →(+15) R
M →(+15) B →(+15) Q →(+15) F →(+15) U

89. (b)

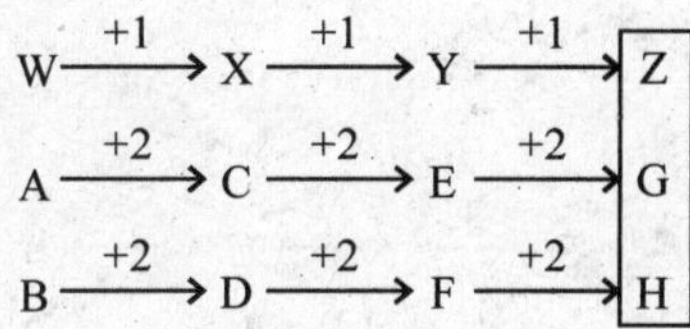

90. (a)

D $\xrightarrow{+5}$ I $\xrightarrow{+5}$ N $\xrightarrow{+5}$ S
A $\xrightarrow{+5}$ F $\xrightarrow{+5}$ K $\xrightarrow{+5}$ P
B $\xrightarrow{+5}$ G $\xrightarrow{+5}$ L $\xrightarrow{+5}$ Q

91. (b)

C $\xrightarrow{+2}$ E $\xrightarrow{+2}$ G $\xrightarrow{+2}$ I
G $\xrightarrow{+3}$ J $\xrightarrow{+3}$ M $\xrightarrow{+3}$ P
K $\xrightarrow{+5}$ P $\xrightarrow{+5}$ U $\xrightarrow{+5}$ Z

92. (c)

B $\xrightarrow{+3}$ E $\xrightarrow{+3}$ H $\xrightarrow{+3}$ K
M $\xrightarrow{+2}$ O $\xrightarrow{+2}$ Q $\xrightarrow{+2}$ S
O $\xrightarrow{+2}$ Q $\xrightarrow{+2}$ S $\xrightarrow{+2}$ U

93. (a)

N $\xrightarrow{+3}$ Q $\xrightarrow{+3}$ T $\xrightarrow{+3}$ W $\xrightarrow{+3}$ Z
T $\xrightarrow{-2}$ R $\xrightarrow{-2}$ P $\xrightarrow{-2}$ N $\xrightarrow{-2}$ L

94. (d)

C $\xrightarrow{+2}$ E $\xrightarrow{+2}$ G $\xrightarrow{+2}$ I $\xrightarrow{+2}$ K
F $\xrightarrow{+3}$ I $\xrightarrow{+3}$ L $\xrightarrow{+3}$ O $\xrightarrow{+3}$ R
L $\xrightarrow{-1}$ K $\xrightarrow{-1}$ J $\xrightarrow{-1}$ I $\xrightarrow{-1}$ H

95. (b)

B $\xrightarrow{+2}$ D $\xrightarrow{+2}$ F $\xrightarrow{+2}$ H
Y $\xrightarrow{-4}$ U $\xrightarrow{-4}$ Q $\xrightarrow{-4}$ M
W $\xrightarrow{+1}$ X $\xrightarrow{+1}$ Y $\xrightarrow{+1}$ Z

96. (d)

G $\xrightarrow{+2}$ I $\xrightarrow{+3}$ L $\xrightarrow{+4}$ P
13 $\xrightarrow{-2}$ 11 $\xrightarrow{-2}$ 9 $\xrightarrow{-2}$ 7
T $\xrightarrow{-2}$ R $\xrightarrow{-3}$ O $\xrightarrow{-4}$ K

97. (c)

2 $\xrightarrow{+2}$ 4 $\xrightarrow{+4}$ 8 $\xrightarrow{+6}$ 14 $\xrightarrow{+8}$ 22
B $\xrightarrow{+1}$ C $\xrightarrow{+2}$ E $\xrightarrow{+3}$ H $\xrightarrow{+4}$ L

98. (d)

27 32 30 35 33 [38]
+5 −2 +5 −2 +5

∴ ? = 38

99. (b)

71 59 48 38 29 [21]
−12 −11 −10 −9 −8

∴ ? = 21

100. (b)

5 8 13 [21] 34 55 89
+3 +5 +8 +13 +21 +34

∴ ? = 21

101. (a)

18 $\xrightarrow{+5}$ 23 $\xrightarrow{+4}$ 27 $\xrightarrow{+5}$ 32 $\xrightarrow{+4}$ 36 $\xrightarrow{+5}$ [41]

102. (a)

−1 −1 −1
4 8 7 / 11 22 21 / 25 50 [49]
×2 ×2 ×2

103. (b)

2 × 2 + 1 = 5
5 × 2 − 1 = 9
9 × 2 + 1 = 19
19 × 2 − 1 = 37
37 × 2 + 1 = [75]

104. (a)

−2 −2
71 76 69 74 67 72 [65]
−2 −2 −2

105. (a)

÷2 ÷2 ÷2
8 24 12 36 18 54 [27]
×3 ×3 ×3

106. (d)

$+(1)^2$ $-(2)^2$ $+(3)^2$ $-(4)^2$ $+(5)^2$
3 4 0 9 −7 [18]

107. (b)

8 $\xrightarrow[1^2+2^2]{}$ 13 $\xrightarrow[2^2+3^2]{}$ 26 $\xrightarrow[3^2+4^2]{}$
51 $\xrightarrow[4^2+5^2]{}$ [92]

108. (a)

21 24 33 48 69 96 [129]
+3 +9 +15 +21 +27 +33

109. (d)

540 316 204 148 120 106 [99]
−224 −112 −56 −28 −14 −7

110. (d)

135 124 111 96 79 60 [39]
−11 −13 −15 −17 −19 −21

111. (c) जिस प्रकार,

B O M B A Y
↓+2 ↓+4 ↓+4 ↓+4 ↓+4 ↓+4
F S Q F E C

उसी प्रकार,

Q C W S V T
↓−4 ↓−4 ↓−4 ↓−4 ↓−4 ↓−4
M Y S O R E

112. (a) जिस प्रकार,

R E A D
↓ ↓ ↓ ↓
18+ 5+ 1+ 4 = 28

उसी प्रकार,

H E A R
↓ ↓ ↓ ↓
8+ 5+ 1+ 18 = 32

113. (c) जिस प्रकार,

M I N J U R
↓ ↓ ↓ ↓ ↓ ↓
3 1 2 5 4 7

तथा T A D A
↓ ↓ ↓ ↓
6 8 9 8

उसी प्रकार,

M A D U R A I
↓ ↓ ↓ ↓ ↓ ↓ ↓
3 8 9 4 7 8 1

114. (a) वर्णक्षरों को उल्टे क्रम में उनका स्थान Z से A तक करने पर अर्थात्
Z = 1 Y = 2 X = 3 WE = 4 ....

जिस प्रकार,

G O तथा S H E
↓ ↓ ↓ ↓ ↓
20 12 8 19 22

= 20 + 12 8 + 19 + 22
= 32 = 48

उसी प्रकार,

S O M E
↓ ↓ ↓ ↓
8+ 12+ 14+ 22 = 56

115. (b) जिस प्रकार,

P L A Y
↓ ↓ ↓ ↓
8 1 2 3

तथा R H Y M E
↓ ↓ ↓ ↓ ↓
4 9 3 6 7

अत: MALE में M = 6, A = 2, L = 1 और E = 7

तो MALE = 6217

116. (b) जिस प्रकार,

S H A R P
↓ ↓ ↓ ↓ ↓
5 8 0 3 4

तथा P U S H
↓ ↓ ↓ ↓
4 6 5 8

उसी प्रकार,

R U S H
↓ ↓ ↓ ↓
3 6 5 8

117. (a) V I D Y A
↓ ↓ ↓ ↓ ↓
4 3 2 5 6

तथा A R T H
↓ ↓ ↓ ↓
6 8 7 1

V = 4, I = 3, D = 2, Y = 5, A = 6, R = 8, T = 7, H = 1

तो DIVYATI = 2345673

118. (c) जिस प्रकार,

D E L H I
↓ ↓ ↓ ↓ ↓
7 3 5 4 1

तथा C A L C U T T A
↓ ↓ ↓ ↓ ↓ ↓ ↓ ↓
8 2 5 8 9 6 6 2

उसी प्रकार,

C A L I C U T
↓ ↓ ↓ ↓ ↓ ↓ ↓
8 2 5 1 8 9 6

119. (d) मूल शब्दों की कूटों से तुलना करने पर C = 4, H = 5, A = 1, R = 6, O = 9, L = 3, M = 2, E = 7

∴ MECHRALE = 27456137

120. (a) जिस प्रकार,

E N G L A N D
↓ ↓ ↓ ↓ ↓ ↓ ↓
1 2 3 4 5 2 6

और F R A N C E
↓ ↓ ↓ ↓ ↓ ↓
7 8 5 2 9 1

उसी प्रकार,

G R E E C E
↓ ↓ ↓ ↓ ↓ ↓
3 8 1 1 9 1

121. (d) जिस प्रकार,

D E F E N C E
↓−1 ↓−1 ↓−1 ↓−1 ↓−1 ↓−1 ↓−1
C D E D M B D

उसी प्रकार,

N E E D
↓−1 ↓−1 ↓−1 ↓−1
M D D C

122. (b) जिस प्रकार,

R A J K U M A R
↓+2 ↓−2 ↓+2 ↓−2 ↓+2 ↓−2 ↓+2 ↓−2
T Y L I W K C P

उसी प्रकार,

I N S A N I T Y
↓+2 ↓−2 ↓+2 ↓−2 ↓+2 ↓−2 ↓+2 ↓−2
K L U Y P G V W

123. (a) जिस प्रकार,

TAM ILN ADU
MAT NLI UDA

उसी प्रकार,

COA LIT ION
AOC TIL NOI

124. (b) जिस प्रकार,

S U M M E R
−1↓ ↓ +1↓ +1↓ ↓ ↓
R U N N E R

उसी प्रकार,

W I N T E R
−1↓ ↓ +1↓ +1↓ ↓ ↓
V I O U E R

125. (d) जिस प्रकार,

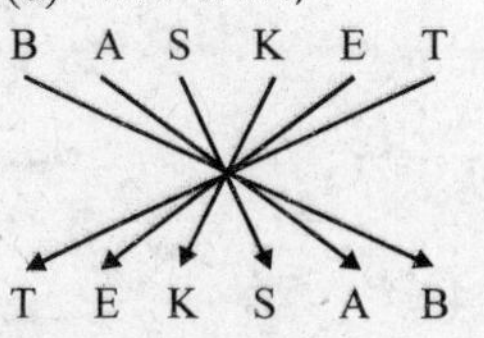

उसी प्रकार,

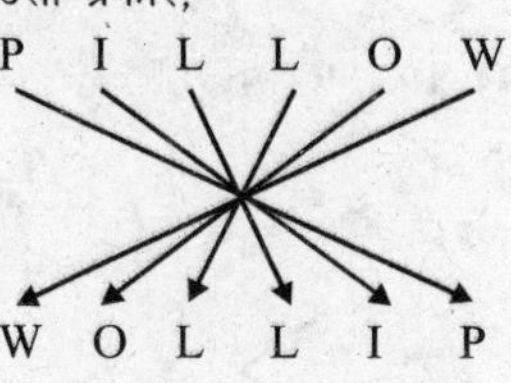

126. (c) जिस प्रकार,

C O U R T
↓ ↓ ↓ ↓ ↓
5 % @ 3 8

और T I L E
↓ ↓ ↓ ↓
8 C $ 4

उसी प्रकार,

C I T E
↓ ↓ ↓ ↓
5 C 8 4

127. (b) जिस प्रकार,

A U D I T
↓ ↓ ↓ ↓ ↓
2 # 6 7 $

तथा P U B
↓ ↓ ↓
8 # 5

उसी प्रकार,

B U T
↓ ↓ ↓
5 # $

128. (c) जिस प्रकार,

D E C E M B E R
↓ ↓ ↓ ↓ ↓ ↓ ↓ ↓
1 2 3 4 5 6 7 8

→ E R M B C E D E
↓ ↓ ↓ ↓ ↓ ↓ ↓ ↓
7 8 5 6 3 4 1 2

उसी प्रकार,

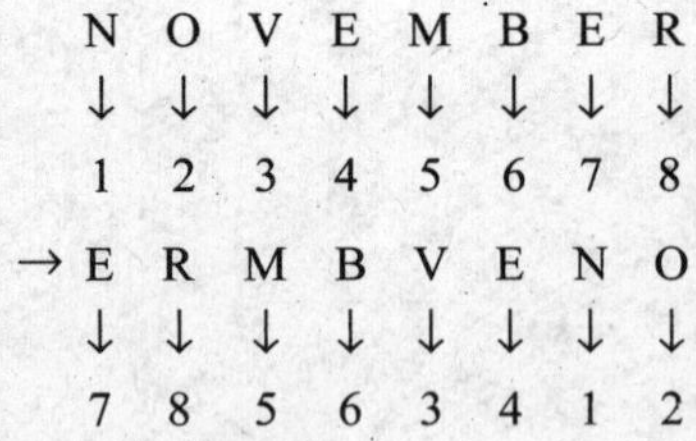

129. (c) जिस प्रकार,

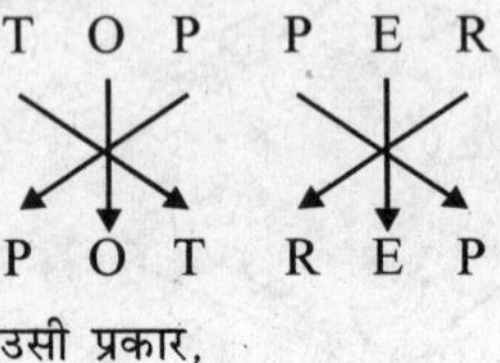

उसी प्रकार,

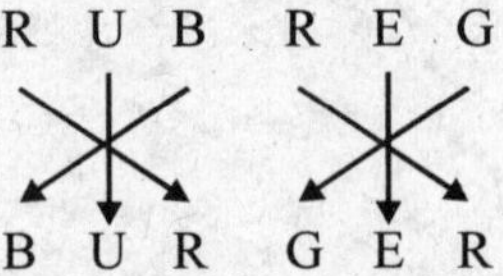

130. (a) जिस प्रकार,

E A R N
↓+2 ↓+2 ↓+2 ↓+2
G C T P

उसी प्रकार,

N E A R
↓+2 ↓+2 ↓+2 ↓+2
P G C T

131. (c) चूंकि व्यक्ति कुर्सी पर बैठता है और कुर्सी को चारपाई कहा जाता हैं अत: व्यक्ति चारपाई का प्रयोग करता है।

132. (d) वस्त्रों की घुलाई में साबुन का प्रयोग किया जाता है और यहां साबुन को स्याही कहा जाता है। अत: वस्त्रों की घुलाई स्याही से होती है।

133. (d) चूंकि सभी लोग हाथ जल से धोते है और यहां जल को बयार कहा गया है अत: सभी लोग हाथ बयार से धोते है।

134. (b) चूंकि हल्दी का रंग पीला होता है और यहां पीला का अर्थ नीला है अत: हल्दी का रंग नीला है।

135. (a) चूंकि पक्षी आसमान में उड़ते है और यहां आसमान को सफेद कहा गया है अत: पक्षी सफेद में उड़ते है।

136. (d)

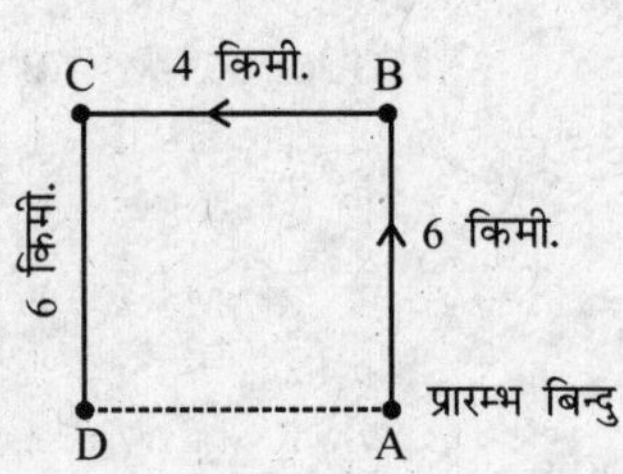

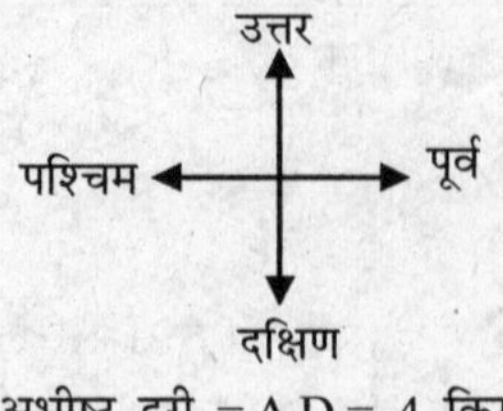

अभीष्ट दूरी = A D = 4 किमी.

137. (d)

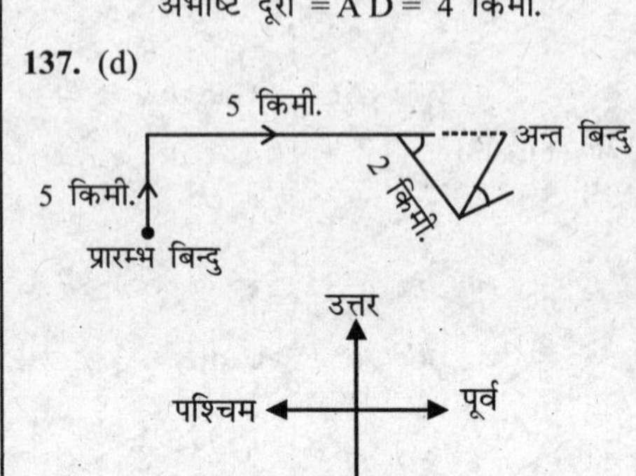

अत: वह उत्तर की ओर जा रहा है।

138. (b)

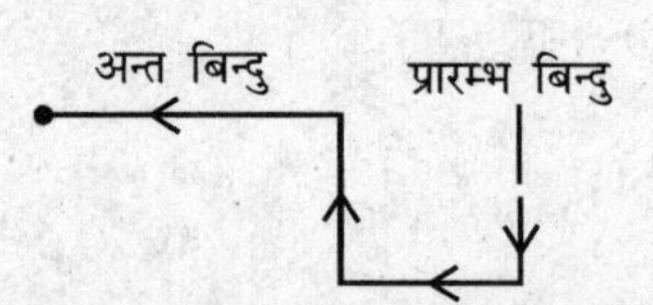

अत: वह पश्चिम दिशा में भाग रहा है।

139. (c)

B
A
2 किमी.
1 किमी
C
1 किमी
B

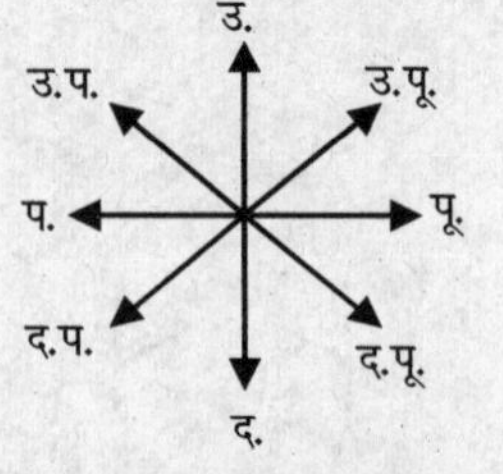

अत: वह अपने प्रारंभिक स्थान से उत्तर-पश्चिम दिशा में है।

140. (d)

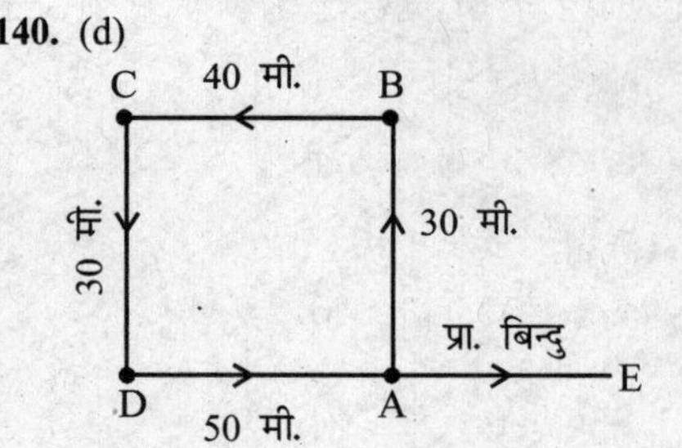

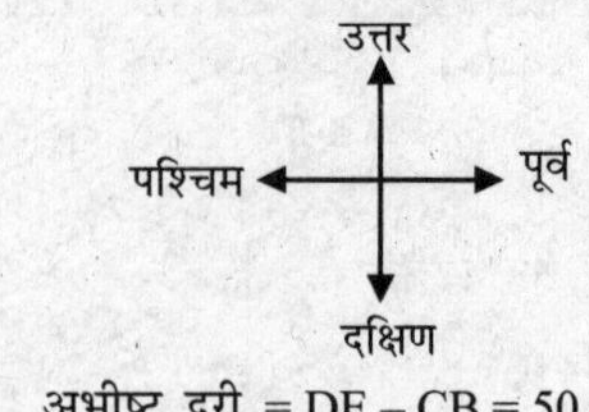

अभीष्ट दूरी = DE – CB = 50 – 40
= 10 मी.

141. (b)

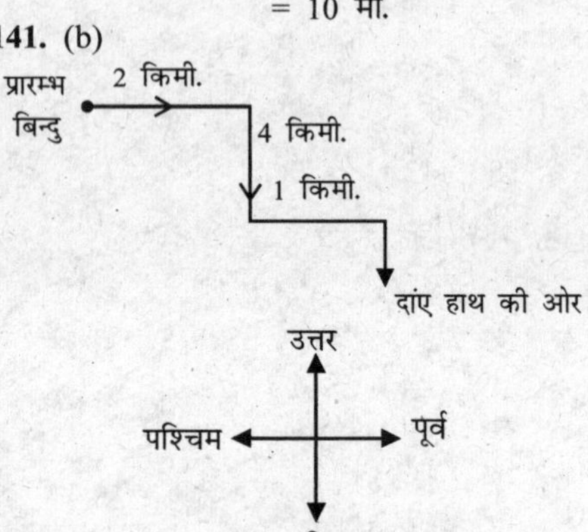

142. (b)

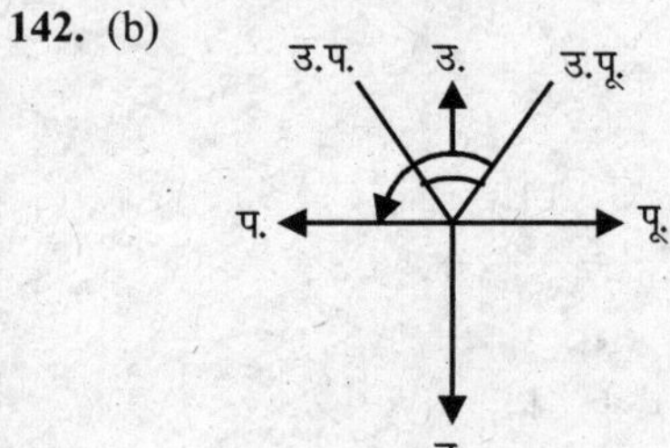

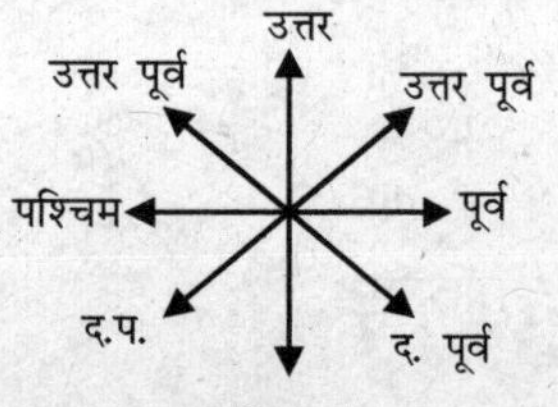

अत: अंत में उसका मुंह पश्चिम दिशा में है।

143. (b)

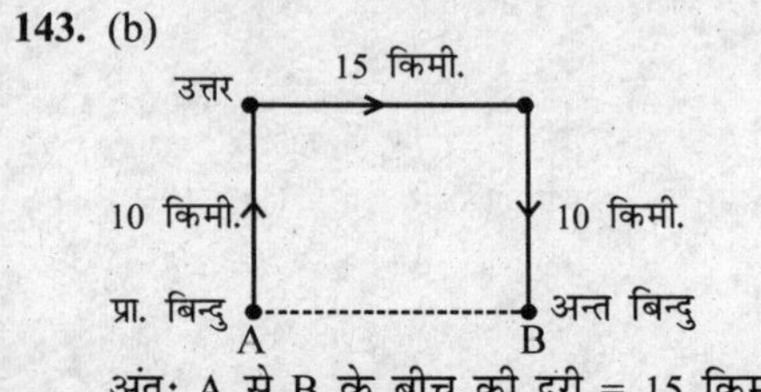

अंत: A से B के बीच की दूरी = 15 किमी.

144. (d)

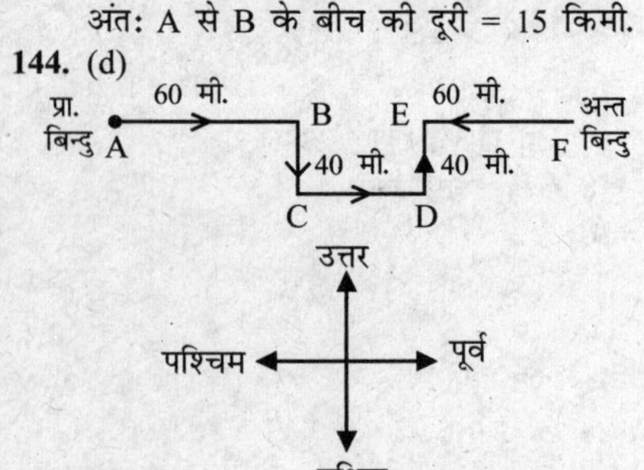

अभीष्ट दूरी = AF = 60 + 120 + 60
= 240 मी.

145. (d)

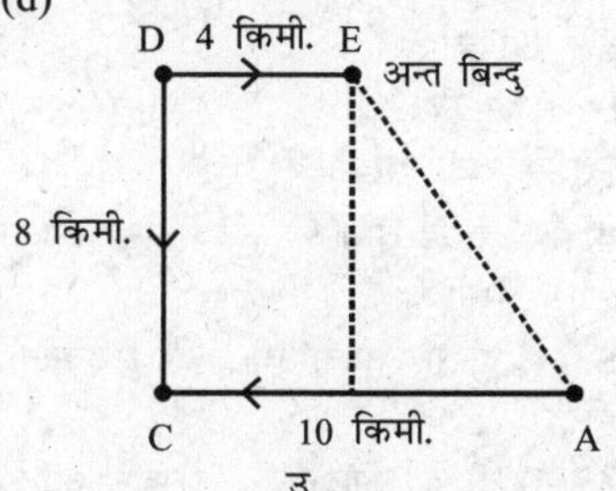

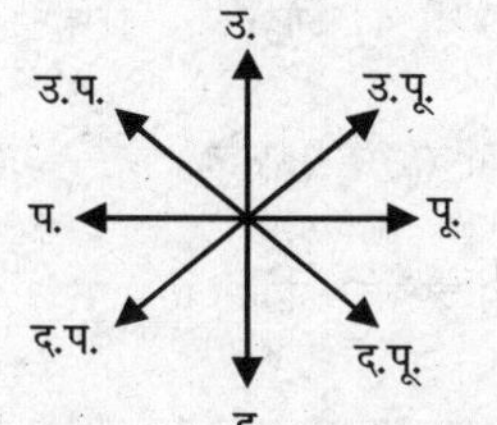

अभीष्ट दूरी (AE) $= \sqrt{AB^2 + BE^2}$
$= \sqrt{(6)^2 + (8)^2}$
$= \sqrt{36 + 64}$
$= \sqrt{100} =$ किमी.
= 10 किमी.

146. (c)

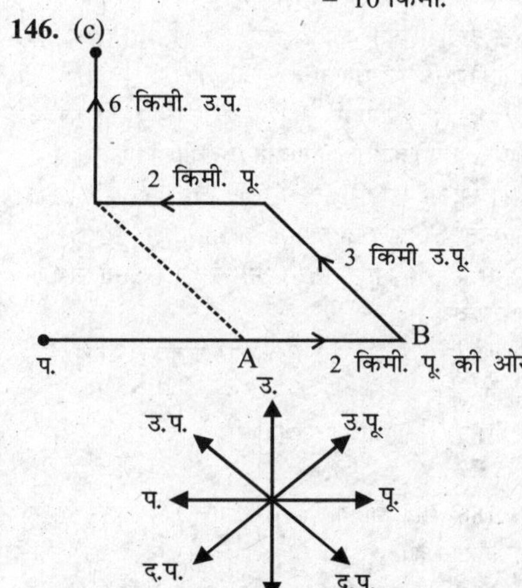

अतः रॉय प्रारंभिक स्थल से उत्तर-पश्चिम दिशा में है।

147. (c)

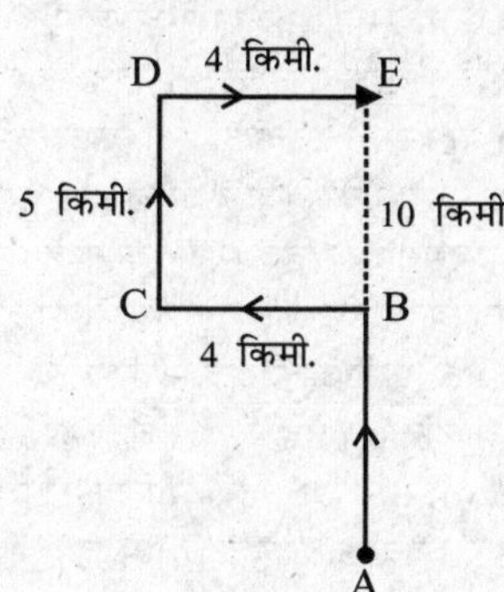

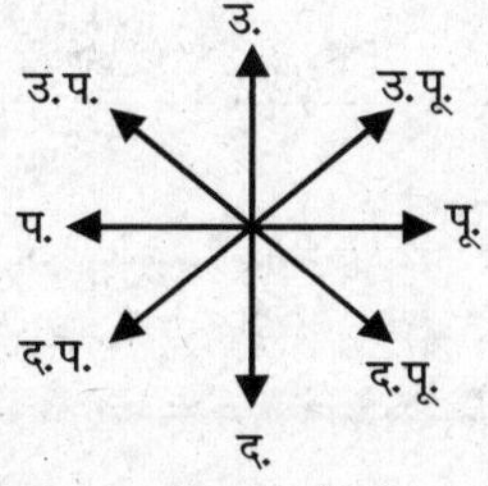

अतः अभीष्ट
= (AB + BE)
= 5 + 10
= 15 किमी.

148. (c)

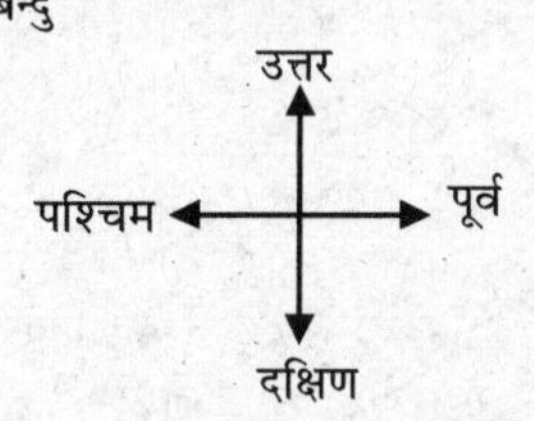

उत्तर
पश्चिम ← → पूर्व
दक्षिण

अतः पश्चिम की ओर जा रहा है।

149. (c)

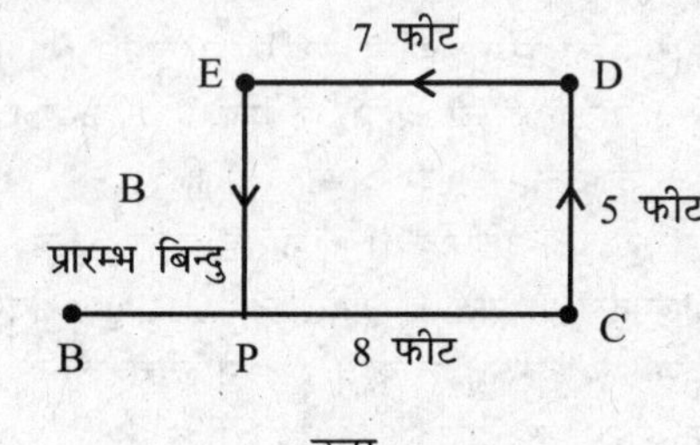

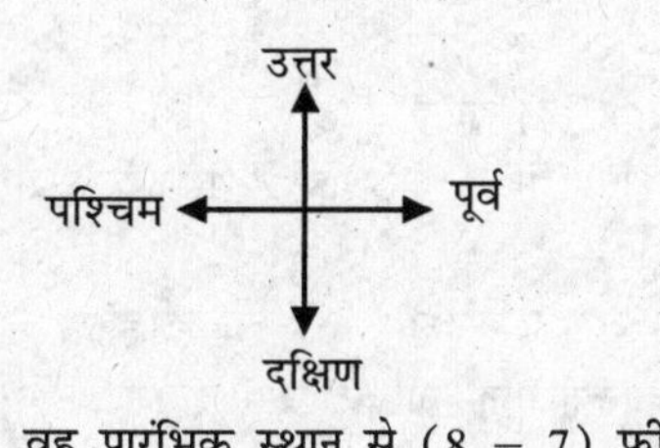

वह प्रारंभिक स्थान से (8 − 7) फीट = 1 फीट दूर है।

150. (c)

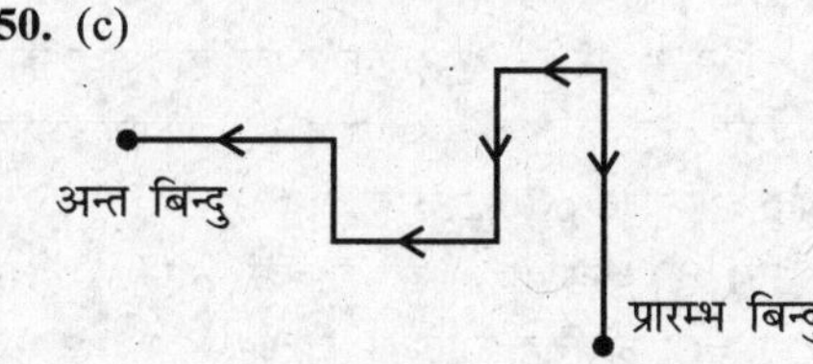

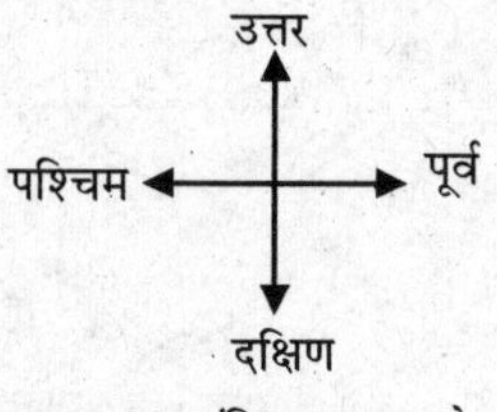

अतः वह प्रारंभिक स्थान से पश्चिम की ओर जा रहा है।

151. (a)

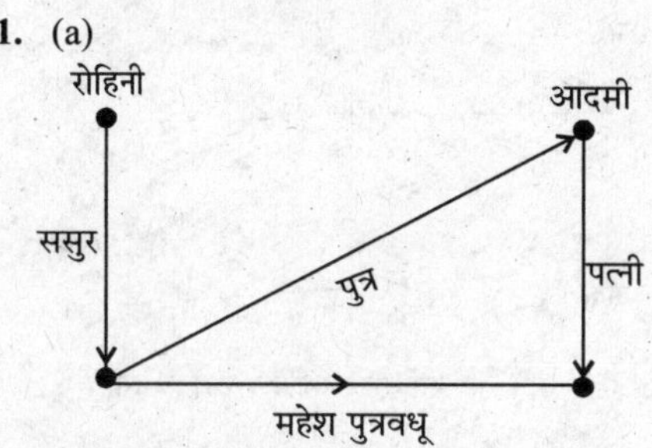

अतः स्पष्ट है वह आदमी महेश का पुत्र है।

152. (a)

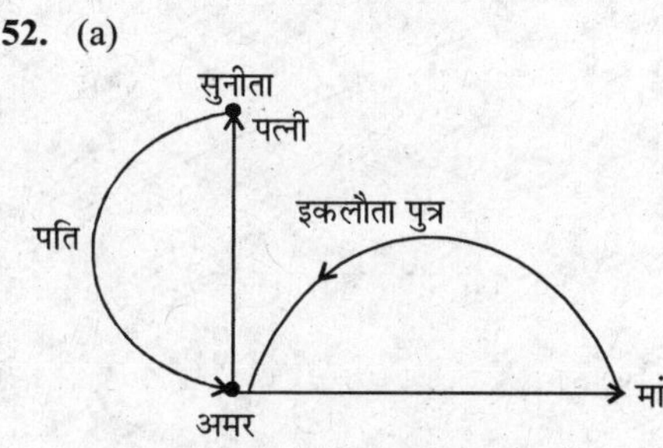

अतः स्पष्ट है सुनीता अमर की पत्नी है।

153. (a)

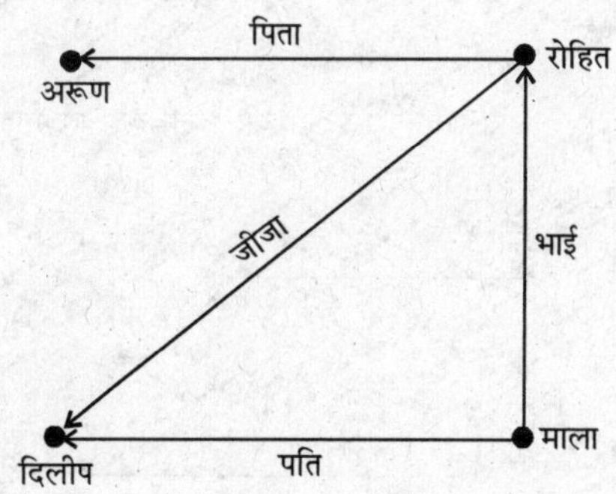

अतः स्पष्ट है दिलीप रोहित का जीजा है।

154. (b)

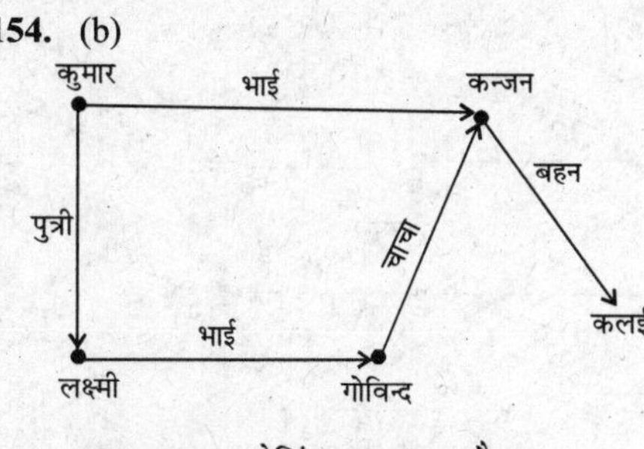

अतः कन्नन गोविंद का चाचा है।

155. (a)

महिला सास बहन पुत्र व्यक्ति
मां
पति

अत: महिला का पति उस व्यक्ति का धेवता है।

156. (b)

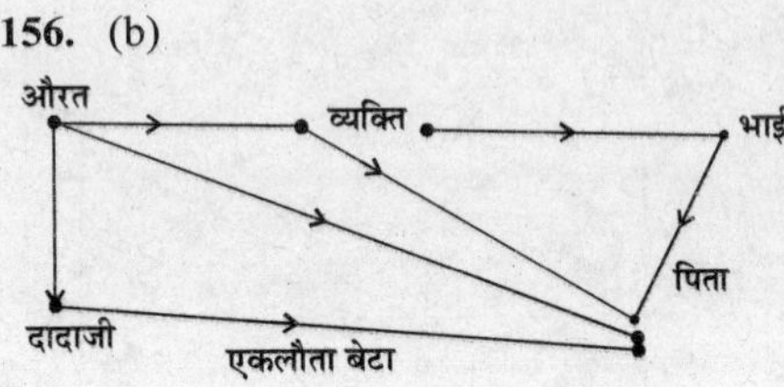

अत: औरत उस व्यक्ति की बहन है।

157. (c)

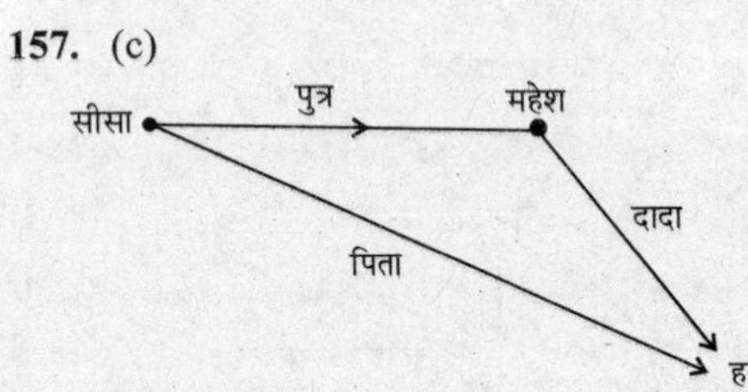

अत: हरि सीमा का पिता है।

158. (b)

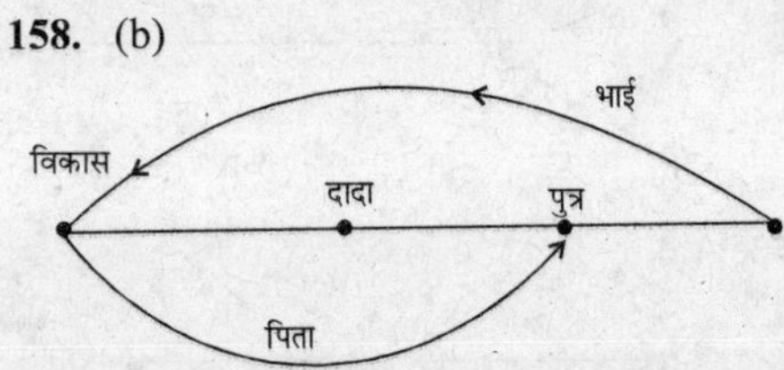

अत: विकास फोटो वाली लड़की का भाई है।

159. (d)

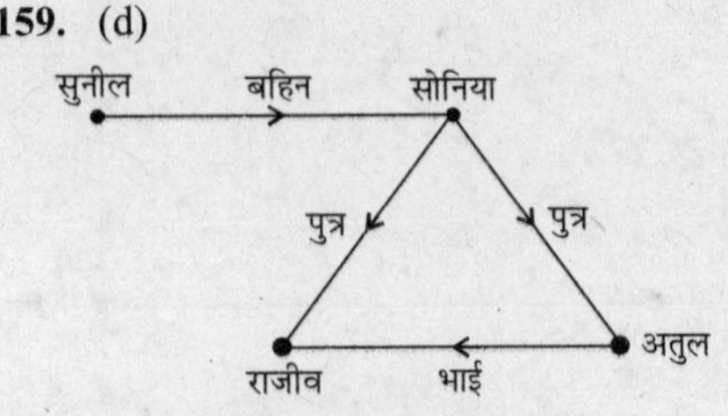

अत: राजीव सोनिया का पुत्र है।

160. (a)

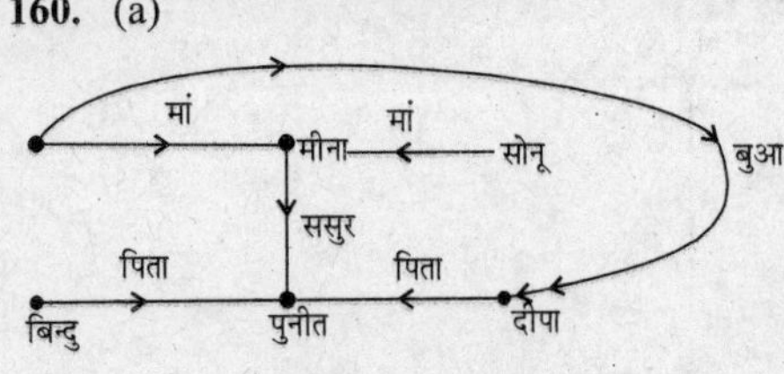

∴ सोनू, बिंदु का पुत्र है।

161. (a)

पिता पत्नी भाई का पुत्र
विनोद विशाल

∴ विशाल, विनोद का ममेरा भाई है।

162. (c) भाई के दादा के इकलौते बेटे का इकलौता लड़का मेरा चचेरा भाई लगेगा।

163. (c)

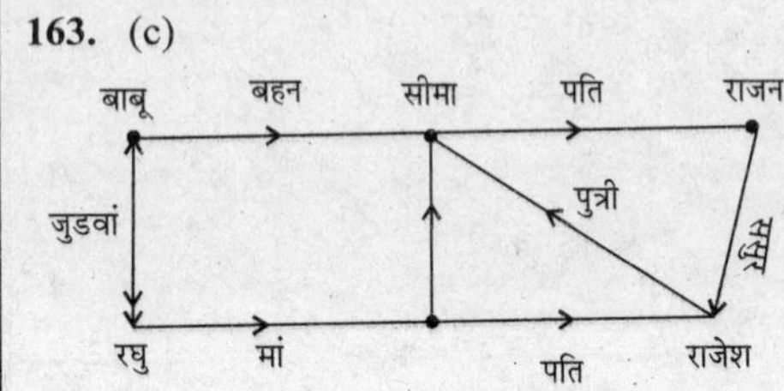

अत: राजेश राजन का ससुर है।

164. (b)

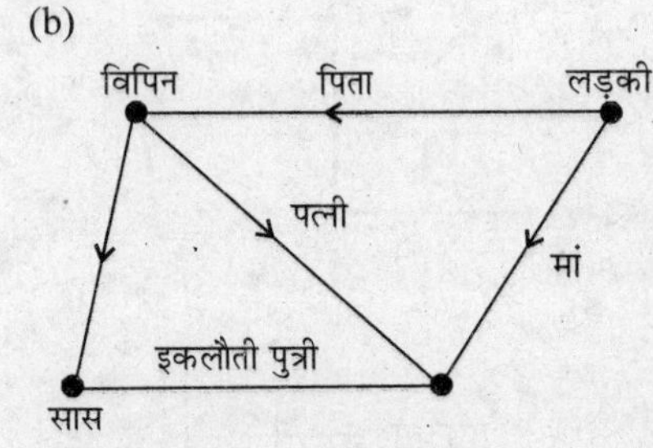

∴ विपिन उस लड़की का पिता है।

165. (c) आकृति (c) में डिजाइन △ और □ रेखा के एक ही ओर हैं जबकि अन्य में यह एक-दूसरे के विपरीत है।

166. (b) आकृति (b) को छोड़कर अन्य किसी में कोई सरल रेखा नहीं हैं जबकि आकृति (b) में दो सरल रेखाएँ हैं जो आपस में एक दूसरे को छोड़कर एक त्रिभुजनुमा आकृति बना रही हैं।

167. (b) आकृति (b) को छोड़कर अन्य सभी आकृतियों में प्रत्येक अगले तीर का मुख विपरीत दिशा में है किंतु आकृति (b) में बीच के दो तीरों का मुख एक ही दिशा में है।

168. (d) आकृति (d) को छोड़कर, अन्य सभी आकृतियों में वृत्त के बाहर स्थित वक्र रेखा एकसमान है।

169. (d) आकृति (d) को छोड़कर, अन्य सभी आकृतियाँ एक निश्चित क्रम क्रमश: 180°, 90° के क्रम में घूम रहीं है।

170. (d) आकृति (d) को छोड़कर, अन्य सभी आकृतियों में वृत्त के अंदर एक काला बिंदु तथा जोड़ (+) का चिह्न है, जबकि आकृति (d) में एक काला बिंदु तथा गुणा (×) का चिह्न है।

171. (c) आकृति (c) को छोड़कर, अन्य सभी में '×' तथा 'O' का चिह्न उपस्थित है।

172. (c) आकृति (c) को छोड़कर, अन्य सभी में षट्भुज से जुड़ा तीर वामावर्त दिशा में घूर्णन कर रहा है, जबकि आकृति (c) में यह दक्षिणावर्त दिशा में घूर्णन कर रहा है।

173. (d) आकृति (d) को छोड़कर अन्य सभी आकृतियों में अंक संख्या हैं।

174. (b) दी गई चारों आकृतियों में से आकृति (b) अन्य तीन से भिन्न है।

175. (a) दी गई आकृतियों में से आकृति संख्या (a) भिन्न है।

176. (d) दी गई आकृतियों में से आकृति संख्या (d) भिन्न है।

177. (b) दी गई आकृतियों में से आकृति संख्या (b) भिन्न है।

178. (b) दी गई आकृतियों में से आकृति संख्या (b) भिन्न है।

179. (b) अन्य सभी आकृतियाँ एक से अधिक सरल रेखाओं से बनी हुई हैं, जबकि आकृति (d) में दी गई आकृति सरल रेखाओं से निर्मित नहीं है।

180. (a) आकृति (a) को छोड़कर अन्य सभी में छोटी रेखा समान रूप से विकर्ण से लगी हुई हैं तथा समकोण त्रिभुज बनाती है।

181. (a) आकृति (a) को छोड़कर अन्य सभी में छोटी रेखा समान रूप से विकर्ण से लगी हुई हैं तथा समाकोण त्रिभुज बनाती है।

182. (c) आकृति को दक्षिणावर्त घुमाने पर नई आकृति प्राप्त होती है। आकृति (b) को दक्षिणवर्त्त घुमाने पर बिन्दुओं की स्थिति परिवर्तित हो जाती है। अत: आकृति (c) अन्य आकृतियों से भिन्न है।

183. (d) आकृति (d) को छोड़कर अन्य सभी में चार तत्व हैं।

184. (b) आकृति (b) को छोड़कर अन्य सभी औजार हैं।

185. (d) आकृति (d) को छोड़कर अन्य सभी पक्षी हैं।

186. (b) आकृति (b) में नीचे की तरफ त्रिभुज का निशान है।

187. (b) आकृति (b) में एक तरफ काला बिन्दु है।

188. (d) आकृति (d) को छोड़कर अन्य सभी आकृतियाँ चार भागों में बँटी हुई हैं, जबकि आकृति (d) में त्रिभुज के अन्दर त्रिभुज है।

189. (a) सभी आकृतियों के शीर्ष या कोण नीचे की ओर हैं, जबकि आकृति (a) आधार पर बनती है।

190. (c) सभी आकृतियों में बाहर की दो काली आकृतियों में से एक आकृति आधार या भुजा पर बनती है, जबकि दूसरी आकृति कोण पर बनती है, परन्तु आकृति (c) में बाहरवाली दोनों आकृतियाँ कोण पर ही बनती हैं।

191. (c) सभी आकृतियाँ पाँच भागों में बँटी हुई हैं, जबकि आकृति (c) छ: भागों में बँटी हुई है।

192. (d) सभी आकृतियों में जितनी भुजाएँ हैं, उतने ही क्रॉस हैं, जबकि आकृति (d) में चार भुजाएँ हैं तथा पाँच क्रॉस हैं।

193. (c) अन्य सभी आकृतियों में दोनों आकृतियाँ समान हैं, परन्तु आकृति (c) में दोनों आकृतियाँ भिन्न हैं।

194. (b) दी गई उत्तर आकृतियों का ध्यानपूर्वक अवलोकन करने पर उत्तर आकृति (b) दी गई समस्या आकृति के बिल्कुल समान प्राप्त होती है।

प्रश्न–आकृति **उत्तर–आकृति**

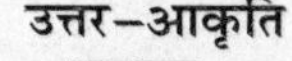

(b)

195. (b) दी गई उत्तर आकृतियों का ध्यानपूर्वक अवलोकन करने पर उत्तर आकृति (b) दी गई समस्या आकृति के बिल्कुल समान प्राप्त होती है।

प्रश्न–आकृति **उत्तर–आकृति**

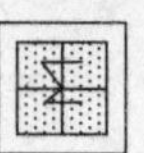 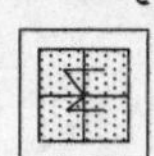

(b)

196. (c) दी गई उत्तर आकृतियों का ध्यानपूर्वक अवलोकन करने पर उत्तर आकृति (c) दी गई समस्या आकृति के बिल्कुल समान प्राप्त होती है।

प्रश्न–आकृति **उत्तर–आकृति**

(c)

197. (c) दी गई उत्तर आकृतियों का ध्यानपूर्वक अवलोकन करने पर उत्तर आकृति (c) दी गई समस्या आकृति के बिल्कुल समान प्राप्त होती है।

प्रश्न–आकृति **उत्तर–आकृति**

(c)

198. (c) दी गई उत्तर आकृतियों का ध्यानपूर्वक अवलोकन करने पर उत्तर आकृति (c) दी गई समस्या आकृति के बिल्कुल समान प्राप्त होती है।

प्रश्न–आकृति **उत्तर–आकृति**

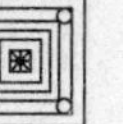 

(c)

199. (b) दी गई उत्तर आकृतियों का ध्यानपूर्वक अवलोकन करने पर उत्तर आकृति (b) दी गई समस्या आकृति के बिल्कुल समान प्राप्त होती है।

प्रश्न–आकृति **उत्तर–आकृति**

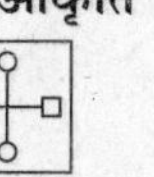 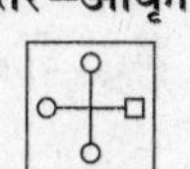

(b)

200. (d) दी गई उत्तर आकृतियों का ध्यानपूर्वक अवलोकन करने पर उत्तर आकृति (d) दी गई समस्या आकृति के बिल्कुल समान प्राप्त होती है।

प्रश्न–आकृति **उत्तर–आकृति**

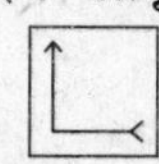 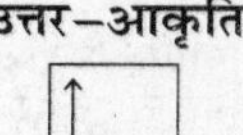 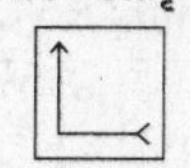

(d)

201. (d) दी गई उत्तर आकृतियों का ध्यानपूर्वक अवलोकन करने पर उत्तर आकृति (d) दी गई समस्या आकृति के बिल्कुल समान प्राप्त होती है।

प्रश्न–आकृति **उत्तर–आकृति**

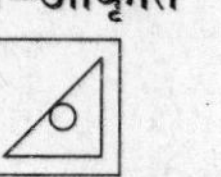 

(d)

202. (c) दी गई उत्तर आकृतियों का ध्यानपूर्वक अवलोकन करने पर उत्तर आकृति (c) दी गई समस्या आकृति के बिल्कुल समान प्राप्त होती है।

प्रश्न–आकृति **उत्तर–आकृति**

(c)

203. (c) दी गई उत्तर आकृतियों का ध्यानपूर्वक अवलोकन करने पर उत्तर आकृति (c) दी गई समस्या आकृति के बिल्कुल समान प्राप्त होती है।

प्रश्न–आकृति **उत्तर–आकृति**

 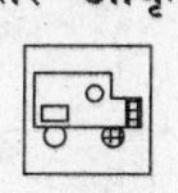

(c)

204. (c) दी गई उत्तर आकृतियों का ध्यानपूर्वक अवलोकन करने पर उत्तर आकृति (c) दी गई समस्या आकृति के बिल्कुल समान प्राप्त होती है।

प्रश्न–आकृति **उत्तर–आकृति**

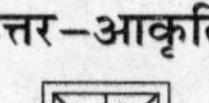

(c)

205. (b) दी गई उत्तर आकृतियों का ध्यानपूर्वक अवलोकन करने पर उत्तर आकृति (b) दी गई समस्या आकृति के बिल्कुल समान प्राप्त होती है।

प्रश्न–आकृति **उत्तर–आकृति**

(b)

206. (c) दी गई उत्तर आकृतियों का ध्यानपूर्वक अवलोकन करने पर उत्तर आकृति (c) दी गई समस्या आकृति के बिल्कुल समान प्राप्त होती है।

प्रश्न–आकृति **उत्तर–आकृति**

(c)

207. (c) दी गई उत्तर आकृतियों का ध्यानपूर्वक अवलोकन करने पर उत्तर आकृति (c) दी गई समस्या आकृति के बिल्कुल समान प्राप्त होती है।

प्रश्न–आकृति **उत्तर–आकृति**

(c)

208. (c) दी गई उत्तर आकृतियों का ध्यानपूर्वक अवलोकन करने पर उत्तर आकृति (c) दी गई समस्या आकृति के बिल्कुल समान प्राप्त होती है।

प्रश्न–आकृति **उत्तर–आकृति**

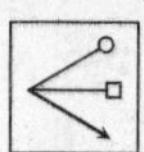 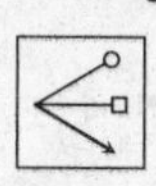

(a)

209. (c) दी गई उत्तर आकृतियों का ध्यानपूर्वक अवलोकन करने पर उत्तर आकृति (c) दी गई समस्या आकृति के बिल्कुल समान प्राप्त होती है।

प्रश्न–आकृति **उत्तर–आकृति**

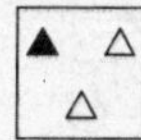 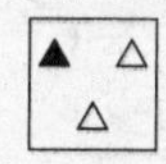

(c)

210. (c) दी गई उत्तर आकृतियों का ध्यानपूर्वक अवलोकन करने पर उत्तर आकृति (c) दी गई समस्या आकृति के बिल्कुल समान प्राप्त होती है।

प्रश्न–आकृति **उत्तर–आकृति**

 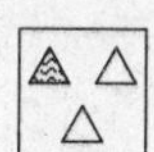

(c)

211. (b) दी गई उत्तर आकृतियों का ध्यानपूर्वक अवलोकन करने पर उत्तर आकृति (b) दी गई समस्या आकृति के बिल्कुल समान प्राप्त होती है।

प्रश्न–आकृति **उत्तर–आकृति**

(b)

212. (c) दी गई उत्तर आकृतियों का ध्यानपूर्वक अवलोकन करने पर उत्तर आकृति (c) दी गई समस्या आकृति के बिल्कुल समान प्राप्त होती है।

प्रश्न–आकृति **उत्तर–आकृति**

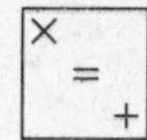 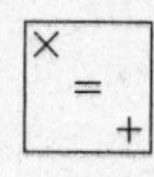

(c)

213. (c) दी गई उत्तर आकृतियों का ध्यानपूर्वक अवलोकन करने पर उत्तर आकृति (c) दी गई समस्या आकृति के बिल्कुल समान प्राप्त होती है।

प्रश्न–आकृति **उत्तर–आकृति**

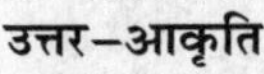

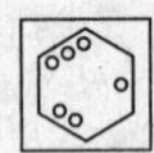

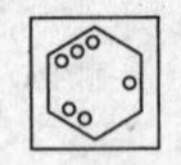

(c)

214. (b) दी गई उत्तर आकृतियों का ध्यानपूर्वक अवलोकन करने पर उत्तर आकृति (b) दी गई समस्या आकृति के बिल्कुल समान प्राप्त होती है।

प्रश्न–आकृति **उत्तर–आकृति**

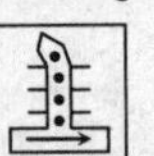

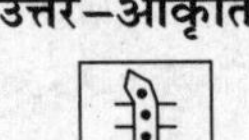

(b)

215. (d) दी गई उत्तर आकृतियों का ध्यानपूर्वक अवलोकन करने पर उत्तर आकृति (d) दी गई समस्या आकृति के बिल्कुल समान प्राप्त होती है।

प्रश्न–आकृति **उत्तर–आकृति**

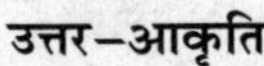

(d)

216. (b) दी गई उत्तर आकृतियों का ध्यानपूर्वक अवलोकन करने पर उत्तर आकृति (b) दी गई समस्या आकृति के बिल्कुल समान प्राप्त होती है।

प्रश्न–आकृति **उत्तर–आकृति**

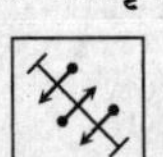

(b)

217. (a) दी गई उत्तर आकृतियों का ध्यानपूर्वक अवलोकन करने पर उत्तर आकृति (a) दी गई समस्या आकृति के बिल्कुल समान प्राप्त होती है।

प्रश्न–आकृति **उत्तर–आकृति**

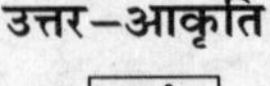

(b)

218. (a) दी गई उत्तर आकृतियों का ध्यानपूर्वक अवलोकन करने पर उत्तर आकृति (a) दी गई समस्या आकृति के बिल्कुल समान प्राप्त होती है।

प्रश्न–आकृति **उत्तर–आकृति**

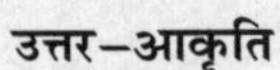

(a)

219. (d) दी गई उत्तर आकृतियों का ध्यानपूर्वक अवलोकन करने पर उत्तर आकृति (d) दी गई समस्या आकृति के बिल्कुल समान प्राप्त होती है।

प्रश्न–आकृति **उत्तर–आकृति**

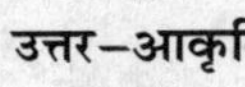

(d)

220. (c) दी गई उत्तर आकृतियों का ध्यानपूर्वक अवलोकन करने पर उत्तर आकृति (c) दी गई समस्या आकृति के बिल्कुल समान प्राप्त होती है।

प्रश्न–आकृति **उत्तर–आकृति**

(c)

221. (c) दी गई उत्तर आकृतियों का ध्यानपूर्वक अवलोकन करने पर उत्तर आकृति (c) दी गई समस्या आकृति के बिल्कुल समान प्राप्त होती है।

प्रश्न–आकृति **उत्तर–आकृति**

(c)

222. (b) दी गई उत्तर आकृतियों का ध्यानपूर्वक अवलोकन करने पर उत्तर आकृति (b) दी गई समस्या आकृति के बिल्कुल समान प्राप्त होती है।

प्रश्न–आकृति **उत्तर–आकृति**

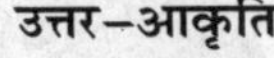

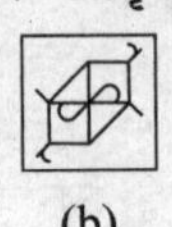

(b)

223. (d) दी गई उत्तर आकृतियों का ध्यानपूर्वक अवलोकन करने पर उत्तर आकृति (d) दी गई समस्या आकृति के बिल्कुल समान प्राप्त होती है।

प्रश्न–आकृति **उत्तर–आकृति**

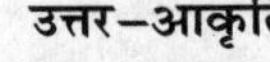

(d)

224. (c) उत्तर आकृति (c) दी गई प्रश्न आकृति के समान है।

225. (b) उत्तर आकृति (b) दी गई प्रश्न आकृति के समान है।

226. (c) उत्तर आकृति (c) दी गई प्रश्न आकृति के समान है।

227. (d) उत्तर आकृति (d) दी गई आकृति के समान है।

228. (a) उत्तर आकृति (a) दी गई प्रश्न आकृति के समान है।

❑❑❑

डी. एल. एड. विषय

अध्याय

1 बच्चे तथा बचपन, बाल अधिकार, समाज, समाजीकरण, शिक्षा एवं ज्ञान

बच्चे तथा बचपन : सामाजिक, सांस्कृतिक तथा ऐतिहासिक समझ

बचपन की अवधारणा

बच्चे के जन्म से छः वर्ष तक का काल बचपन कहलाता है। बचपन में बच्चा एक कोरी स्लेट की भाँति होता है। इस कोरी या साफ स्लेट पर हम कुछ भी लिख सकते हैं। बचपन में बच्चे अनुकरण प्रिय होते हैं. वे जैसा देखते हैं, सुनते हैं, वैसा ही करने के लिए प्रयासरत हो जाते हैं। बचपन में बच्चे के व्यक्तित्त्व का विकास अत्यन्त तीव्र गति से होता है। अर्थात जीवन के पूरे विकास का तिहाई विकास बचपन में ही पूर्ण हो जाता है। बचपन के प्रथम ढाई वर्षों में बालक के शरीर और मस्तिष्क की गति सर्वाधिक होती है परन्तु इस आयु में बालक अपने घर में ही रहता है तथा जाने-अनजाने घर की संस्कृति और पर्यावरण को आत्मसात करने लगता है। बचपन के शेष तीन वर्ष अर्थात् छः वर्ष की आयु तक बालक हाथ-पैरों के उपयोग में नवीन कौशल अर्जित करता है। वह आत्मनिर्भर बन जाता है। अत: बचपन के समय में बालक विभिन्न क्रियाकलापों में समन्वय स्थापित करने लगता है।

बचपन में बालक की क्रियाशीलता के कारण उसमें निम्नलिखित विशेषताएँ पायी जाती हैं-

(1) बालक की माँसपेशियों में वृद्धि होती है अर्थात् उसका शारीरिक विकास होता है।
(2) बालक में सीखने के साथ ही भाषा का भी विकास होता है।
(3) बालकों के मिलने-जुलने एवं परस्पर एक-दूसरे के साथ खेलने से उनमें भावात्मक विकास तथा सहयोग लेने-देने की क्षमता का विकास होता है।
(4) सोचने-विचारने की बौद्धिक क्षमता का विकास होता है।
(5) बचपन में बालक जिन संस्कारों को ग्रहण कर लेता है, वे स्थायी हो जाते हैं। बचपन से ही बालक में आन्तरिक शक्तियों के विकास पर बल देकर सम्पूर्ण मानव जाति की रक्षा करना सम्भव है।

सामाजिक समझ

बच्चा एक सामाजिक-सांस्कृतिक इकाई होता है। प्रत्येक सामाजिक परिप्रेक्ष्य में बच्चे एवं बचपन को अलग-अलग नजरिए से देखा जाता है। हर जाति धर्म व परंपरा में बच्चे तथा बचपन की समझ अलग-अलग है। जाति, धर्म, आर्थिक व सामाजिक दशा आदि बच्चे व बचपन को देखने के हमारे नजरिए को प्रभावित करते है। अभिजात्य वर्ग के बच्चों का लालन-पालन अधिक प्यार एवं सुरक्षा के माहौल में होता है। वहीं सुविधाविहीन परिवारों में बच्चों का लालन-पालन अभाव में बीतता है।

ग्रामीण एवं शहरी परिवेश में भी बच्चों के लालन-पालन का तरीका अलग-अलग होता है जिसका प्रभाव बच्चों के व्यवहारों से परिलक्षित होता है। औद्योगिक परिवर्तन से समाज की कृषि प्रधान रचना टूटने के कारण बचपन प्रभावित हुआ है। कृषि प्रधान समाज में कुटुम्ब पद्धति का विघटन हुआ है। महिलाएँ धनार्जन करने घर से बाहर जाने लगीं तथा शहरी संस्कृति में बालकों को जीवन स्पर्शी ज्ञान उपलब्ध होना कठिन हो गया है। इसकी पूर्ति हेतु बालशालाओं का निर्माण हो रहा है।

भारतीय समाज में विभिन्न वर्ग स्तरीय आर्थिक परिस्थितियों में बचपन के स्वरूप को निम्नलिखित प्रकार से वर्णित किया जा सकता है-

1. मध्यम वर्ग में बचपन
2. धनिक वर्ग में बचपन
3. निम्न श्रेणी और मजदूर वर्ग में बचपन

1. **मध्यम वर्ग में बचपन**-ग्रामीण परिवारों में जो मध्यम वर्गीय है, वे धन कमाने की लालसा में शहर में आकर बस गए। पूर्व से ही आबादी वाले शहरों में जनसंख्या के दबाव से सुविधाओं का अभाव होने लगा। बालक-बालिकाओं के विकास पर समुचित ध्यान देने के लिए पूर्व प्राथमिक विद्यालय की स्थापना परमावश्यक होने लगी। इस समस्या के समाधान हेतु गाँवों और शहरों में शिशु-शालाओं का विकास हुआ परंतु पर्याप्त भूमि एवं साधन सुविधाओं के अभाव में बचपन का वास्तविक विकास नहीं हो पा रहा है।
2. **धनिक वर्ग में बचपन**-बड़े-बड़े उद्योगपतियों एवं धनिक वर्गों के घरों में खेल एवं साधनों की विपुलता तो रहती है, देखभाल के लिए नौकर भी होते हैं किन्तु मर्यादित कुटुम्ब होने के कारण बालक-बालिकाओं को खेलने के लिए समवयस्क संगी-साथी नहीं मिलते। माता-पिता अपने कारोबार, राग-रंग में व्यस्त रहते हैं, फलस्वरूप उनके बच्चों को स्नेहपूर्ण संसर्ग नहीं मिलता। धनवानों को अपनी प्रतिष्ठा की चिन्ता होती है इसलिए वे सामान्य समवयस्कों से नहीं मिल पाते। इस समस्या के समाधान हेतु विशेष नर्सरी स्कूल प्रारम्भ हो गये हैं। इनमें उन बालकों के व्यक्तित्त्व का विकास भी विशेष प्रकार से होता है।
3. **निम्न श्रेणी और मजदूर वर्ग में बचपन**-मजदूर वर्ग की बस्तियों में माता-पिता दोनों ही काम पर जाते हैं। घर पर रहने वाले बालक-बालिकाओं को न खेलने की सुविधा होती है न उनकी देखभाल करने वाला होता है। वे इधर-उधर बेकार घूमते रहते हैं। भूख-प्यास का उन्हें कोई आभास नहीं होता है। उनके व्यक्तित्त्व विकास का प्रश्न नगण्य रहता है। इन बालकों को कुछ आश्रय देने की दृष्टि से तथा उपद्रव से बचाने की दृष्टि से मजदूर बस्तियों में बाल-गृहों में बस्ती के बालकों के लालन-पालन, खेलकूद और अल्पाहार की व्यवस्था होती है परंतु अभी बाल विकास हेतु बहुत सुधार आवश्यक है। बच्चों व बचपन के बारे में हमारे समाज में कई धारणाएँ

है, जो बच्चों के प्रति हमारे व्यवहार को निमित करती हैं। बचपन सिर्फ विभिन्न प्रभावों तक ही सीमित नहीं रहता बल्कि यह स्वयं भी समाज को प्रभावित करता है। इस प्रकार बचपन के अनुभव समाज व बच्चे के मध्य के सक्रिय अनुभव हैं जो सतत अंत: क्रिया के माध्यम से बनते हैं। बचपन की कई बातें बच्चे के भावी जीवन पर बहुत प्रभाव डालती हैं।

सांस्कृतिक समझ

संसार में नये के प्रति कौतूहल रहता है। नयेपन को अपनाने का आग्रह तीव्र होने के कारण हम पुराने को त्याग देते हैं परन्तु प्रत्येक नया अपनाने योग्य नहीं होता और पुराना त्याज्य योग्य नहीं होता। इसको समझने के लिए हम आधुनिकीकरण एवं संस्कृति का सहारा लेते हैं। आधुनिकीकरण से पुरानी आस्थाओं एवं मान्यताओं से लोगों का विश्वास हो जाता है तथा नवीन मान्यताओं को ग्रहण करते हैं। ऐसा करने में सांस्कृतिक आस्थाएँ जो शाश्वत मूल्यों पर आधारित होती हैं एवं परम्परागत होती हैं, उनके सांस्कृतिक दृष्टि से पिछड़ने का सदैव भय बना रहता है।

संस्कृति का अर्थ (Meaning of Culture)-जीवन-शैली के स्वरूप को प्रस्तुत करने का कार्य संस्कृति करती है। संस्कृति शब्द की व्युत्पत्ति सम् उपसर्ग कृ-धातु स्तिन-प्रत्यय से हुई है। इसमें जीवन के सभी पक्षों का समन्वय है।

संस्कृति का सम्बन्ध मनुष्य की समस्त जीवन-शैली से होता है। सभ्यता संस्कृति का भौतिक पक्ष है। भौतिक तथा अभौतिक संस्कृति को क्रमश: सभ्यता तथा संस्कृति कहा जाता है। संस्कृति मानव द्वारा निर्मित भौतिक एवं अभौतिक तत्त्वों का संग्रह होती है।

संस्कृति के प्रकार (Types of Culture)-संस्कृति दो प्रकार की होती है

1. भौतिक संस्कृति, 2. सूक्ष्म या अभौतिक संस्कृति।

(1) **भौतिक संस्कृति (Physical Culture)** यह वह संस्कृति होती है, जो हमें भौतिक रूप में स्पष्ट दिखायी देती है। **उदाहरण**-वस्त्र, भोजन तथा बर्तन, आदि सभी भौतिक संस्कृति में गिने जाते हैं।

(2) **सूक्ष्म या अभौतिक संस्कृति (Micro or Unphysical Culture)**-धार्मिक, दार्शनिक, विश्वास, विचार तथा मूल्य, आदि सूक्ष्म या अभौतिक संस्कृति कहलाते हैं।

बचपन के विकासात्मक चरण

बचपन जन्म से लेकर किशोरावस्था तक के आयु काल को कहते है। विकासात्मक मनोविज्ञान में बचपन को शैशवावस्था, प्रारम्भिक बचपन तथा किशोरावस्था के विकासात्मक चरणों में विभाजित किया गया है। शैशवावस्था के बाद प्रारम्भिक बचपन आता है और बच्चे लड़खड़ाते हुए चलने लगते हैं। बच्चा बोलना और स्वतंत्र रूप से कदम बढ़ाने लगता है। शैशवावस्था की तीन वर्ष की उम्र समाप्त होते ही बच्चा बुनियादी जरूरतों के लिए अपने माता-पिता पर कम निर्भर रहने लगता है।

मध्य बचपन (Middle Childhood)-मध्य बचपन लगभग सात या आठ वर्ष की उम्र से शुरू होता है जो अनुमानत: प्राथमिक स्कूल की उम्र है और लगभग यौवन काल पर समाप्त होता है, जो किशोरावस्था की शुरुआत है।

पूर्व किशोरावस्था (Pre Adolescent)-कुछ भाग उत्तर बाल्यावस्था और कुछ भाग किशोरावस्था में पड़ता है। लड़कियों में यह अवस्था 11 से 15 वर्ष तक तथा लड़कों में 12 से 17 वर्ष तक रहती है। इस अवस्था में मुख्यत: यौन अंगों का विकास होता है। इस अवस्था में बालक अक्सर अपना सामाजिक और संवेगात्मक नियन्त्रण खो देते हैं। उनके जीवन में भावात्मक एवं ज्ञानात्मक बदलाव भी तेजी से शुरू होते हैं। उनके जीवन में अस्थिरता, कौतूहल तथा नकारात्मक प्रवृत्तियाँ बढ़ती हैं। इस अवस्था में बच्चे स्वयं के बारे में सोचना शुरू कर देते हैं।

ऐतिहासिक समझ

मानव समाज के विकास का अपना एक लम्बा अतीत रहा है। इतिहास के विभिन्न कालखंडों में विभिन्न सभ्यताओं व संस्कृतियों से संबंधित समुदायों का उद्भव व विकास होता रहा है। स्पष्ट है कि उन समुदायों के अस्तित्व में उन बच्चों का अस्तित्व भी समाहित है जिन्होंने भविष्य में उन समुदायों को आगे बढ़ाया होगा। अतीत में बच्चों की भूमिका इतनी अहम होने के बावजूद, ऐसा प्रतीत होता है कि हमने अपने इतिहास के अध्ययन में इसे कभी भी ज्यादा महत्त्व नहीं दिया। लेकिन बच्चों के मामले पर इतिहास के ऐसे चुप रहने अथवा उत्साही साक्ष्य न मिलने का निष्कर्ष यह नहीं निकाला जाना चाहिए कि अतीत में विकसित समुदाय अपने बच्चों के प्रति संवेदनशील नहीं थे। आज के समय में बच्चों का जो स्वरूप विद्यमान है, यह कहीं अपने अतीत में हुए विकास का भी द्योतक है। अत: बच्चों के बचपन की संकल्पना को ऐतिहासिक दृष्टिकोण से देखना भी अति महत्त्वपूर्ण है।

विचारकों के अनुसार प्राचीन मानव समाजों में 'बच्चे' को एक स्वतंत्र सामाजिक प्राणी की श्रेणी में नहीं रखा जाता था और आज भी यह मत किसी-न-किसी रूप में विद्यमान है। कई मनोवैज्ञानिकों का यह भी विश्लेषण है कि हमारे समाज में शैशव की अवधारणा तो है, लेकिन बचपन के बाद से हमारे समाज तथा परिवार में उससे की जाने वाली अपेक्षाएं दरअसल उसे वयस्क बनाने की तैयारी रही है और बचपन की संकल्पना को यहां कभी स्वीकारा नहीं गया।

प्राचीन समय में भारत की प्राचीन सभ्यताओं में बच्चों के विषय में कुछ उत्साहवर्द्धक अनुमान लगाने की भरपूर संभावना मिलती है। अब तक की खोजों में कुछ साक्ष्य ऐसे मिले हैं जो हड़प्पाकालीन सभ्यता के लोगों के बच्चों एवं बचपन के प्रति संवेदनशील होने का स्पष्ट प्रमाण देते हैं। खिलौनों का पाया जाना उनकी संवेदनाओं एवं जागरूकता का ही एक उदाहरण है। यहाँ भवन निर्माण से जुड़ी एक महत्त्वपूर्ण बात भी ध्यानाकर्षित करती है। हड़प्पा कालीन भवनों के मुख्य द्वार कभी मुख्य सड़क की ओर नहीं पाए गए। ऐसा माना जाता है कि इसका एक मुख्य कारण बच्चों की सड़क पर चलने वाली सवारियों से सुरक्षा करना भी था।

उपरोक्त सभी तथ्य इस धारणा को और पुष्ट करते हैं कि वह समाज अपने बच्चों के पालन-पोषण और शिक्षा के प्रति भी जागरूक व संवेदनशील रहा होगा। जिस सभ्यता में लोग अपने बच्चों के प्रति इतने सचेत रहे हैं, अनुमानों के आधार पर उस समाज में एक जीवन्त बचपन की अपेक्षा की जा सकती है। इसके साथ-साथ, प्राचीन काल में रचित काव्यों, कथा-कहानियों में भी उस काल के बच्चों के बचपन की छवि दिखती है। उदाहरण के तौर पर कालिदास रचित अभिज्ञानशाकुन्तलम् में शकुन्तला पुत्र भरत के बचपन की परिस्थितियों का वर्णन है। इस बच्चे के नाम पर हमारे देश का नामकरण 'भारत' करना, यह दर्शाता है कि प्राचीन समाज में बच्चों के प्रति क्या धारणा थी। हालांकि, इन उदाहरणों के आधार पर यह निष्कर्ष निकालना मुश्किल है कि उस समय बच्चों का बचपन बहुत खुशहाल था। प्राचीन काल की कई कथाओं में ऐसे उदाहरण भी हैं जहाँ बच्चों के बचपन पर सामाजिक दबाव काबिज़ है। महाभारत के कर्ण और एकलव्य की कथा से आप जरूर परिचित होंगे।

प्राचीन काल के बाद हम बचपन की मध्ययुगीन अवधारणा पर विचार करते हैं। इतिहासकार फिलिप एरीज (1962) मानते हैं कि एक बार जब बाल्यावस्था की संस्था का अभ्युदय होना आरम्भ हुआ, तो समाज में वयस्कों और बच्चों के मध्य के संबंध की स्थिति बदलने लगी। बच्चों को वयस्क वास्तविकता से बचाने के क्रम में बच्चों से उन सभी असहज बातों को छिपाना शुरू हुआ जिसे बच्चों के लिए जानना अच्छा नहीं माना गया। एरीज ने चित्रों, लेखों, सामग्री

आदि के विश्लेषण से यह निष्कर्ष निकाला कि मध्ययुग से पूर्व बचपन की अवधारणा अस्तित्व में नहीं थी परन्तु बच्चे को अनदेखा भी नहीं किया जाता था। यहाँ बचपन की अवधारणा और बच्चे के प्रति स्नेह के मायने अलग-अलग हैं। बच्चे के प्रति स्नेह का अर्थ यह नहीं है कि कोई समाज उसके बचपन को मान रहा है। इस काल में शैशवावस्था को युवावस्था व वयस्कों से अलग नहीं माना जाता था, अर्थात शैशवावस्था खत्म होते ही वह वयस्क समाज से संबंधित हो जाता था। आगे चलकर, धीरे-धीरे बच्चों की अपनी मिठास, सादगी व अपने नटखटपन के कारण वयस्कों के मनोरंजन एवं तनावमुक्ति के स्रोत के रूप में नई अवधारणा प्रकट होती नज़र आती है। इस समय लिखी किताबों में हमें दिखाई देता है कि माँ और परिवार के अन्य लोग बच्चे के खुश होने पर खुश रहते हैं। ऐसा माना जा सकता है कि बच्चों की उछलकूद, बोलना, सीखना, खेलना आदि छोटी-छोटी हरकतों से मिलने वाले आनन्द को समाज व परिवार ने महत्त्व देना शुरू कर दिया था। इसी कालक्रम में उक्त अवधारणा के विरूद्ध आलोचनात्मक प्रतिक्रियाएँ भी सामने आने लगी जिनमें बच्चे का इस तरह से पालन-पोषण के दौरान अत्यंत प्रेम और खुले माहौल को गलत माना गया। कालांतर में बच्चे बड़ों के बीच अपने मूर्खतापूर्ण उत्तरों के कारण परिहास का कारण बनने लगे तथा ऐसा लगने लगा कि वे वयस्कों के मनोरंजन के लिए बने हैं।

यदि आलोचनात्मक दृष्टिकोण से परखें तो पाएंगे कि फिलिप एरीज का यह विश्लेषण का दायरा वस्तुत: एक विशेष अभिजात्य वर्ग के बच्चों पर ही सीमित है जिसमें मध्ययुगीन समाज के अन्य वर्गों के बच्चों का बचपन शामिल नहीं है। उस समय के किसानों, मजदूरों, उपेक्षित समुदायों में बच्चों का जीवन कैसा था। इसकी समझ उनके विश्लेषण से नहीं मिलती है।

यदि मध्यकाल में भारतीय समाज का विश्लेषण करें तो हम पाएंगे कि इसके राजनैतिक, सामाजिक, आर्थिक एवं सांस्कृतिक परिदृश्य में कई बदलाव आए, जो मुख्य रुप से भारत में बाहर के समुदायों के आगमन के कारण हुए। इस परिस्थिति में बच्चों के विकास का संदर्भ भी बदला, जैसे उनके लालन-पालन, शिक्षा-दीक्षा व परिवेश से संबंधित स्थितियों में विशेष परिवर्तन हुए। बच्चों के पठन-पाठन के लिए विद्यमान पहले की धार्मिक संस्थाओं के साथ-साथ 'मकतब', 'मदरसों' व 'पाठशाला' का भी विकास हुआ। इसी काल में इकाई मिशनरियों के आने से बच्चों के बचपन पर प्रभाव परिलक्षित होने लगा। इन संस्थाओं को आप आज भी विकसित रूप में देख सकते हैं।

वर्तमान समय में बाल्यावस्था के उद्भव और इतिहास का अध्ययन शुरू करने वालों ने पाया है कि बाल्यावस्था, मातृत्व, घर व परिवार जैसी संस्थाएँ आज जिस रूप में मिलती हैं वे कुछ महत्त्वपूर्ण अर्थों में न केवल स्थानीय हैं, बल्कि उनका उद्भव हाल में ही हुआ है। अर्थात बाल्यावस्था को हम जिस रूप में जानते हैं वह न केवल एक आधुनिक आविष्कार है बल्कि उसकी प्रकृति संस्थागत है। संस्थागत बाल्यावस्था उन दृष्टिकोणों, भावनाओं, रिवाजों तथा नियमों से बंधी है जो एक बच्चे और उसके बुजुर्गों के बीच गहरी खाई खोदते हैं। इससे बच्चों और युवाओं को अपने इर्द-गिर्द तथा समाज से सम्पर्क स्थापित करने में कठिनाई आती है, या यह सम्पर्क असंभव हो जाता है। और तो और वे समाज में सक्रिय जिम्मेदार होने की या उपयोगी भमिका भी नहीं निभा पाते। जॉन हॉल्ट का मानना है कि आधुनिक बाल्यावस्था की संस्था, दृष्टिकोण, रीति-रिवाज और आधुनिक जीवन में बच्चों से संबंधित कानून इत्यादि का निर्माण एक अनिवार्य प्रयास है, जिसके अन्तर्गत बच्चों का जीवन किस प्रकार है? बड़े-बुजुर्ग इनके साथ किस प्रकार का व्यवहार करते हैं? इनके जीवन के लिए क्या बेहतर हो सकता है? इत्यादि, ये सब प्रश्न वयस्कों ने पहली बार आधुनिक युग में सोचना प्रारम्भ किया। स्पष्ट है कि आधुनिकता ने 'बच्चे एवं बचपन' के प्रति हमारी समझ में व्यापक बंदलाव किए हैं।

बाल अधिकारों का संदर्भ : उपेक्षित वर्गों से आने वाले बच्चों पर विशेष चर्चा के साथ

बाल अधिकार उन अधिकारों को कहा जाता है जो कि नाबालिगों को सुरक्षा प्रदान करने के लिए बनाए गए हैं। बाल अधिकार सम्मेलन (सीआरसी) 1989 की परिभाषा के अनुसार ''कोई भी व्यक्ति जिसकी आयु 18 वर्ष से कम है, जब तक कि नियम में परिभाषित वयस्कता को पहले प्राप्त नहीं किया हो'', नाबालिग कहलाता है। इन अधिकारों में जीवन का अधिकार, पोषण, स्वास्थ्य का अधिकार, शिक्षा का अधिकार, परिवार और पारिवारिक पर्यावरण से उपेक्षा की सुरक्षा का अधिकार, बदसलूकी, दुर्व्यवहार और बच्चों के शोषण के विरुद्ध अधिकार शामिल है।

भारत में बाल अधिकार

भारत प्रारम्भिक समय से ही बच्चों के अधिकारों, समानता और उनके विकास के लिए प्रतिबद्ध रहा है। बच्चों को किसी भी प्रकार के खतरे व जोखिम की स्थिति में सुरक्षा का अधिकार है। भारत में भी पूरी दुनिया के साथ 20 नवंबर को बाल अधिकार दिवस मनाया जाता है। जहाँ तक भारत का सवाल है तो भारत में भी 18 साल की उम्र के बाद ही कोई व्यक्ति मतदान कर सकता है, ड्राइविंग लाइसेंस प्राप्त कर सकता है या किसी अन्य कानूनी समझौते में शामिल हो सकता है। साल 1992 में यूएनसीआरसी (United nations Convention on the rights of the Child) को स्वीकार करने के बाद भारत ने अपने बाल कानून में काफी फेरबदल किया। इसके तहत यह व्यवस्था की गई कि वो व्यक्ति जो 18 वर्ष से कम उम्र का है उसे देखभाल और संरक्षण की आवश्यकता है और वह राज्य से ऐसी सुविधा प्राप्त करने का अधिकारी है। भारतीय संविधान में सभी बच्चों के लिए कुछ खास अधिकार सुनिश्चित किये गए हैं-

अनुच्छेद 21-क: 6 से 14 साल की आयु वाले सभी बच्चों की अनिवार्य और नि:शुल्क प्रारंभिक शिक्षा।

अनुच्छेद 24: 14 वर्ष से कम उम्र के बच्चों को जोखिम वाले कार्य करने से सुरक्षा।

अनुच्छेद 39(घ): आर्थिक जरूरतों की वजह से जबरन ऐसे कामों में भेजना जो बच्चों की आयु या समता के उपयुक्त नहीं है, से सुरक्षा।

अनुच्छेद 39(च): बालकों को स्वतंत्र और गरिमामय माहौल में स्वस्थ विकास के अवसर और सुविधाएँ मुहैया कराना और शोषण से बचाना।

इसके अलावा भारतीय संविधान में बच्चों को वयस्क पुरुष और महिला के बराबर समान अधिकार भी प्राप्त है। अनुच्छेद 14 के तहत समानता का अधिकार, अनुच्छेद 15 के तहत भेदभाव के विरुद्ध अधिकार, अनुच्छेद 21 के तहत व्यक्तिगत स्वतंत्रता का अधिकार अनुच्छेद 46 के तहत जबरन बंधुआ मजदूरी और सामाजिक अन्याय और सभी प्रकार के शोषण से कमजोर तबकों के बचाव का अधिकार आदि शामिल है।

बाल अधिकार संरक्षण कानून

बाल विवाह (निषेध) अधिनियम, 2006

- 1 नवंबर, 2007 से लागू।
- इस अधिनियम का उद्देश्य बाल विवाह के आयोजन पर रोक लगाना है।
- बाल विवाह निषेध अधिनियम, 2006 को बाल विवाह प्रतिबंध अधिनियम, 1929 के स्थान पर लाया गया था।

बालश्रम (संशोधन) अधिनियम, 2016

- बालश्रम अधिनियम, 1986 को संशोधित किया गया। इसके तहत 14 साल से कम उम्र के बच्चों से मेहनत मजदूरी जैसा शारीरिक काम कराना जुर्म

माना गया। इस संशोधन के बाद 14 वर्ष तक की उम्र के बच्चों के लिए पारिवारिक उद्यमों में काम करने को वैध माना गया।

- 14-18 वर्ष के किशोरों के लिए खतरनाक घोषित किए गए क्षेत्र में काम करना निषेध किया गया।
- बाल मजदूरी के आरोप में पहली बार पकड़े जाने पर 20000 से 50000 रुपये तक जुर्माना या 6 माह से 3 साल तक कैद या फिर दोनों का प्रावधान है।
- दूसरी बार पकड़े जाने पर सीधे साल भर से तीन साल तक की कैद का प्रावधान है।

शिक्षा का अधिकार

- 86वें संविधान संशोधन, 2002 के द्वारा संविधान के अनुच्छेद 21क को मौलिक अधिकार के रूप में शामिल किया गया है।
- इसके तहत 6-14 वर्ष तक के सभी बच्चों को मुफ्त और अनिवार्य शिक्षा प्रदान करने की व्यवस्था की गई है।

पॉक्सो (POCSO) अधिनियम, 2012

- यह अधिनियम यौन अपराधों से बच्चों के संरक्षण के लिए बनाया गया है।
- यह कानून बच्चों को यौन शोषण, यौन दुर्व्यवहार और पोर्नोग्राफी जैसे गम्भीर अपराधों से सुरक्षा प्रदान करता है। इस कानून के तहत अलग-अलग अपराध के लिए अलग-अलग सजा तय की गई है।
- देश भर में लागू होने वाले इस कानून के तहत सभी अपराधों की सुनवाई एक विशेष न्यायालय में कैमरे के सामने बच्चे के माता-पिता की मौजूदगी में होती है।
- इस कानून में चाइल्ड पोर्नोग्राफी की परिभाषा तय की गई है।
- इससे जुड़ी सामग्री रखने पर 5 हजार से लेकर 10 हजार रुपये तक का जुर्माना और ऐसी सामग्री का व्यावसायिक इस्तेमाल करने पर जेल की सख्त सजा का प्रावधान है।
- इस कानून के तहत बच्चों का यौन उत्पीड़न करने वाले दोषियों को उम्रकैद के साथ मौत की सजा का प्रावधान है।
- कानून में बच्चों का यौन उत्पीड़न करने के उद्देश्य से उन्हें दवा या रसायन देकर जल्दी युवा करने को गैर-जमानती अपराध बनाया गया है, जिसमें 5 साल तक की कैद का प्रावधान है।

किशोर न्याय अधिनियम, 2015

- जुवेनाइल अपराध में संलिप्त बच्चों की देखभाल और संरक्षण के लिए किशोर न्याय अधिनियम, 2015 में संशोधन किया गया।
- जुवेनाइल जस्टिस बोर्ड को नाबालिगों को नियमित अदालत ले जाने या सुधार केन्द्र ले जाने का फैसला लेने का अधिकार मिलेगा।
- 16-18 साल की उम्र के बच्चों से अपराध होने पर उन्हें हथकड़ी नहीं लगायी जा सकती और उन्हें जेल या हवालात में नहीं भेजा जा सकता।
- 16 या उससे अधिक उम्र के नाबालिगों के जघन्य अपराधों में शामिल होने की स्थिति में उनके खिलाफ बालिग के हिसाब से मुदकमा चलाने का निर्णय जुवेनाइल जस्टिस बोर्ड ही लेगा।

राष्ट्रीय बाल अधिकार संरक्षण आयोग

- बच्चों के लिए बने विभिन्न कानून और अधिकारों को लागू करना चुनौतीपूर्ण कार्य है। इसके लिए राष्ट्रीय बाल अधिकार संरक्षण आयोग की स्थापना 5 मार्च, 2007 को हुई थी। इसकी स्थापना राष्ट्रीय बाल अधिकार संरक्षण आयोग अधिनियम 2005 के तहत की गई है।

बालश्रम

बालश्रम की उत्पत्ति तथा उससे जुड़ी चुनौतियों के साथ संविधान द्वारा प्रदत सुरक्षा संबंधी जानकारी तथा उससे जुड़े विषयों का उल्लेख किया गया है।

- बाल अधिकार समिति की निश्चायक टिप्पणियाँ
- संशोधन अधिनियम, 1956 अनैतिक व्यापार रोकथाम
- शिशुओं एवं छोटे बच्चों के आहार संबंधी शिशु दुग्ध अनुकल्प संबंधी
- शिशु दुग्ध अनुकल्प, पोषण बोतल एवं शिशु खाद्य (उत्पादन, आपूर्ति एवं वितरण का विनियम)
- बाल विवाह निषेध अधिनियम, 1929
- बाल अधिकार संरक्षण आयोग, 2006
- राष्ट्रीय बाल अधिकार संरक्षण नियमावली, 2006
- बाल अधिकार संरक्षण आयोग, 2005
- किशोर न्याय (बच्चों की देखरेख और संरक्षण)
- बच्चों का लैंगिक अपराधों से संरक्षण

बाल अधिकारों को यूनाइटेड नेशंस कन्वेंशन ऑन दि राइट्स ऑफ दि चाइल्ड (UNCRC) द्वारा विस्तार से सूचीबद्ध किया गया है जिन्हें भारत द्वारा वर्ष 1992 में अंगीकृत किया गया। यूएनसीआरसी ने 54 अनुच्छेदों का उल्लेख किया है जिनमें बाल अधिकारों की निर्देशात्मक सूची का उल्लेख है। इन अधिकारों को निम्न 4 नामों के अनुसार संक्षेपित किया जा सकता है।

जीवित रहने या जीवन का अधिकार

इस अधिकार के अंतर्गत बच्चे को जन्म लेने, जन्म के समय पंजीकृत होने, नाम प्रदान किए जाने, एक देश का नागरिक होने, माता और पिता दोनों का प्यार व देखभाल पाने, भाई-बहन पाने, कम से कम न्यूनतम स्तर का भोजन, आश्रय व वस्त्र पाने जैसे अधिकारों का वर्णन है। इस अधिकार में लिंग आधारित गर्भपात अथवा शिशुहत्या अथवा भ्रूणहत्या को रोके जाने, समयबद्ध प्रतिरक्षीकरण, माँ का दूध पाने, अच्छा स्वास्थ्य पाने तथा स्वच्छ पर्यावरण में रहने का अधिकार भी शामिल है।

विकास का अधिकार

इस अधिकार में पौष्टिक भोजन, आंगनवाड़ी/प्ले स्कूल, गुणवत्तायुक्त शिक्षा, उचित देखभाल, व्यावसायिक शिक्षा, खेल व मनोरंजन, अवकाश, मित्र, सामाजिकता के लिए सुअवसर इत्यादि से संबंधित अधिकार शामिल हैं।

सुरक्षा का अधिकार

सुरक्षा के अधिकार के अंतर्गत बच्चों को सुरक्षित रखने तथा उन्हें घर, स्कूल, समुदाय या किसी भी स्थल पर हिंसा, उत्पीड़न, दुर्व्यवहार, उपेक्षा व किसी अन्य प्रकार के ऐसे बुरे बर्ताव से बचाए रखने का अधिकार प्रदान करता है जिससे उन्हें शारीरिक, मानसिक, भावनात्मक या अन्य किसी प्रकार की क्षति पहुँच सकती हो।

इसमें बाल श्रम, बाल विवाह, बाल व्यापार, लावारिश बनाना, उनमें नशे की लत लगाना, लैंगिक दुर्व्यवहार, भीख मंगवाना, पक्षपात करना इत्यादि चीजें शामिल हैं।

सहभागिता का अधिकार

सहभागिता के अधिकार के अंतर्गत बच्चों को उन निर्णयों तथा मामलों (न्यायिक प्रक्रियाओं समेत) में बोलने, अभिव्यक्ति तथा सहभागिता करने के अधिकार प्रदान किए गए हैं जो प्रत्यक्ष या अप्रत्यक्ष रूप से उनके जीवन को प्रभावित करते हैं तथा वयस्कों का कर्तव्य है कि उनकी बात सुनें।

उपेक्षित वर्गों से आने वाले बच्चों पर विशेष चर्चा

उपेक्षित, वंचित या कमजोर वर्ग का प्रयोग प्रारम्भ में अनुसूचित जाति एवं जनजाति के लिए होता था, परंतु बाद में इसे आर्थिक रूप से पिछड़े लोग, महिलाओं एवं अन्य पिछड़े वर्ग, विकलांग, झुग्गी-झोंपडी में रहने वाले लोग एवं समाज के सीमान्त समूहों को भी इसमें शामिल कर लिया गया।

दलित शब्द का प्रयोग उन जातीय समूहों के लिए किया जाता है जो संकुचित सामाजिक स्थिति का अनुभव करता है तथा वर्ण व्यवस्था से बाहर एवं हिन्दू सामाजिक संरचना सोपान में सबसे निम्न स्थान रखते हैं। निम्नतम स्थान का आधार इनके व्यवसाय से जुड़ा है जिसे अपवित्र समझा जाता है। अपवित्र व्यवसाय के कारण इन जातियों को अछूत (अस्पृश्य) समझा जाता है जिनके कारण इन्हें सामाजिक वंचना एवं निर्योग्यताओं का सामना करना पड़ता है। परिणामस्वरूप सार्वजनिक स्थलों; जैसे– मन्दिर में पूजा करना, तालाब में स्नान करना, आदि की मनाही थी। निम्न सामाजिक-आर्थिक स्थिति होने के कारण ये जातियाँ सदियों से भेदभाव एवं शोषण का शिकार रही हैं। भारतीय संविधान में इन्हें अनुसूचित जाति के नाम से जाना जाता है।

दलितों (अनुसूचित जातियों) की समस्याएँ

1. अस्पृश्यता की समस्या
2. निर्धनता की समस्या
3. शोषण की समस्या
4. शिक्षा की समस्या
5. निम्न जीवन-स्तर की समस्या
6. स्वास्थ्य एवं मूलभूत सुविधाओं की समस्या
7. बेरोजगारी की समस्या

समाजीकरण

समाजीकरण एक ऐसी प्रक्रिया है जिसके द्वारा व्यक्ति को समाज अपनी परम्पराओं, मान्यताओं तथा आदर्शों के अनुसार बनाता है तथा स्वीकृति प्रदान करता है।

इस प्रकार समाजीकरण का अर्थ उस प्रक्रिया से है जिसके द्वारा व्यक्ति अन्य व्यक्तियों से अन्त:क्रिया करता हुआ सामाजिक आदर्शों, रीति-रिवाजों तथा परम्पराओं को सीखता है समाजीकरण में किसी सुविधा को किसी व्यक्ति से अलग कर दिए जाने पर या न प्राप्ति होने पर वह वंचित वर्ग के रूप में जाना जाता है।

समाजीकरण में वंचित वर्ग के प्रकार

सामाजिक दृष्टि से और समाजीकरण में वंचित वर्ग को निम्न प्रकार से बताया गया है–

1. **सामाजिक दृष्टि से वंचित**–देश में अनेक जातियाँ (सामाजिक रूप से पिछड़े वर्ग) जनजातियाँ हैं। इनमें शूद्रों को निम्न जाति का माना गया और कुछ समय पूर्व तक उन्हें छूना भी अछूत माना जाता था। अत: अस्पृश्यता भारत का एक सामाजिक कलंक बन गया। सामाजिक रूप से वंचित वर्ग सामाजिक दृष्टि से निर्बल होने के कारण आर्थिक दृष्टि से भी निर्बल व वंचित हो गए।

   भारतीय संविधान के भाग 4 में प्रस्तुत राज्य के नीति-निदेशक सिद्धांतों में अनुच्छेद 45 के तहत प्राथमिक शिक्षा को नि:शुल्क और अनिवार्य रूप से देश के सभी बच्चों को उपलब्ध कराने का प्रावधान किया गया। इसके बाद देश की पहली राष्ट्रीय शिक्षा नीति, 1968 में सरकार के इसी प्रकार के इरादे को दर्शाया गया। इसके बाद वर्ष 1986 में देश की राष्ट्रीय शिक्षा नीति तथा संशोधित राष्ट्रीय शिक्षा नीति, 1991 तथा राष्ट्रीय शिक्षा नीति की कार्य योजना, 1992 में भी देश के सभी 10 वर्ष तक के बच्चों को 21वीं शताब्दी में जाने से पूर्व शिक्षित किए जाने हेतु बहुत प्रयत्न करने की बात कही गयी। तत्पश्चात् बाद में वर्ष 1993 के उन्नीकृष्णन केस पर अपना ऐतिहासिक फैसला देते हुए सर्वोच्च न्यायालय ने यह स्वीकार किया कि शिक्षा का अधिकार प्रत्येक भारतीय नागरिक का मूल अधिकार है और इसलिए इसे मूल अधिकार में सम्मिलित किए जाने हेतु सरकार को निर्देश दिए गए। इस सम्बन्ध में वर्ष 1997 में 86वाँ संविधान संशोधन बिल भी राज्यसभा में प्रस्तुत किया गया जिसके द्वारा प्राथमिक शिक्षा को बच्चों का भौतिक अधिकार और इसकी समुचित व्यवस्था करना सरकार का मौलिक दायित्व निर्धारित किया गया जिसे संसद के दोनों सदनों ने वर्ष 2002 में पारित किया था। जिसे 7 वर्षों के अन्तराल के बाद अप्रैल 2010 को लागू किया गया।

2. **आर्थिक रूप से वंचित वर्ग**–भारत में अत्यधिक गरीबी है। जनसंख्या का एक बड़ा भाग गरीबी रेखा के नीचे है जो अपना जीवन यापन कर रहा है। गरीब व्यक्ति अपने लिए और अपने बच्चों के भरण-पोषण में भी अपने को कभी-कभी असमर्थ पाता है।

   बच्चे तथा बचपन–अत्यधिक गरीबी के कारण गरीब माँ-बाप अपने बच्चों को स्कूल भी नहीं भेज पाते है।

   भारत ने पंचवर्षीय योजनाओं में गरीबी उन्मूलन के प्रयास किए हैं। स्वतंत्र भारत में कई सरकारें सत्तारूढ़ हुई हैं। किन्तु इस दिशा में प्रगति बहुत धीमी रही है। हमारे शिक्षा आयोगों ने इसके लिए अनेक महत्त्वपूर्ण सुझाव दिए थे। शिक्षा नीतियों में भी इस ओर ध्यान दिया गया है।

   संविधान में 6 से 14 वर्ष के बालकों के लिए शिक्षा को अनिवार्य बनाने का निर्देश था और इस लक्ष्य को 4 वर्ष में प्राप्त करना था। संविधान के लागू होने के इतने वर्ष बाद भी आज तक हम इस लक्ष्य को प्राप्त नहीं कर पाए हैं।

3. **सांस्कृतिक रूप से वंचित वर्ग**–सांस्कृतिक रूप से वंचित वर्ग के लोगों को धार्मिक स्थानों पर पूजा के लिए नहीं घुसने दिया जाता है। वे मन्दिर में ईश्वर के सामने पूजा नहीं कर सकते। यह स्थितियाँ उन्हें अन्य लोगों से अलग कर देती हैं और वे भारतीय संस्कृति की जानकारी से वंचित रहते हैं। इसी के आधार पर भारत में वंचित वर्ग का विस्तार होता जा रहा है जिससे समाजीकरण में विभिन्नताएँ भी हो रही हैं।

मानवीय अधिकार (World Human Rights)

संयुक्त राष्ट्र संघ (UNO) ने विश्व मानवीय अधिकारों के अन्तर्गत निम्नलिखित क्षेत्रों में समान अवसरों की अवधारणा को स्वीकार किया है

(1) **सिविल अधिकार**–सिविल और राजनीतिक अधिकारों के अन्तर्राष्ट्रीय करार (International covenant on Civil & Political Rights) के अनुसार प्रमुख सिविल अधिकार निम्न प्रकार से है–
   - (i) जीवन का अधिकार
   - (ii) यातना के विरुद्ध अधिकार
   - (iii) दासता के विरुद्ध अधिकार
   - (iv) स्वतंत्रता और सुरक्षा के विरुद्ध अधिकार
   - (v) कानून के समक्ष समानता का अधिकार
   - (vi) विचार, अंतरात्मा व धर्म की स्वतंत्रता का अधिकार

(2) **राजनीतिक अधिकार**–सिविल और राजनीतिक अधिकारों के अन्तर्राष्ट्रीय करार के अनुसार प्रमुख राजनीतिक अधिकार निम्न प्रकार से है–
   - (i) विचार प्रकट करने का अधिकार
   - (ii) शांतिपूर्ण समूह बनाने का अधिकार
   - (iii) संगठन बनाने की स्वतंत्रता का अधिकार
   - (iv) मताधिकार, निर्वाचित होने का अधिकार
   - (v) कानून के समक्ष समानता का अधिकार

(3) **आर्थिक अधिकार**–सामाजिक व सांस्कृतिक अधिकारों के, अन्तर्राष्ट्रीय करार के अनुसार प्रमुख आर्थिक अधिकार निम्न प्रकार से है–

(i) व्यवसाय चुनने का अधिकार
(ii) कार्य करने का अधिकार
(iii) न्यायपूर्ण कार्यदशा का अधिकार
(iv) श्रमिक संघ बनाने का अधिकार

(4) सामाजिक अधिकार–सामाजिक व सांस्कृतिक अधिकारों के अन्तर्राष्ट्रीय करार के अनुसार प्रमुख सामाजिक अधिकार निम्न प्रकार से है–
(i) सामाजिक सुरक्षा व सामाजिक बीमे का अधिकार
(ii) उचित जीवन स्तर का अधिकार
(iii) शारीरिक और मानसिक स्वास्थ्य का अधिकार

(5) सांस्कृतिक अधिकार–आर्थिक, सामाजिक व सांस्कृतिक अधिकार के अन्तर्राष्ट्रीय करार के अनुसार प्रमुख सांस्कृतिक अधिकार निम्न प्रकार से है–
(i) सांस्कृतिक जीवन में भाग लेने का अधिकार
(ii) वैज्ञानिक प्रगति का लाभ लेने का अधिकार
(iii) वैज्ञानिक कलात्मक व साहित्यिक रचनाकार को उसका लाभ लेने का अधिकार

राष्ट्रीय दिव्यांग विकलांग नीति 2006

राष्ट्रीय विकलांग नीति वर्ष 2006 में पारित किया गया। इसमें भारत में नियोग्य व विकलांग व्यक्तियों के पुनर्वास हेतु अन्य अधिनियमों, शैक्षिक व चिकित्सीय प्रशिक्षण प्रदान करने वाले संस्थानों का उल्लेख किया गया है। राष्ट्रीय शिक्षा नीति 2006 में निम्नलिखित प्रावधान है–

1. सामाजिक तथा आर्थिक विकास के लिए शिक्षा सबसे उपयोगी माध्यम है। सविधान के अनुसार अनुच्छेद 21(अ) में शिक्षा को मूलभूत अधिकार माना गया तथा निःशक्त व्यक्ति अधिनियम, 1995 की धारा 26 के अनुसार, कम से कम 18 वर्ष की आयु के सभी विकलांग बच्चों को निःशुल्क तथा अनिवार्य शिक्षा उपलब्ध करायी जानी है। वर्ष 2001 की जनगणना के अनुसार लगभग 55 प्रतिशत विकलांग व्यक्ति अनपढ़ हैं। विकलांग व्यक्तियों को समावेशी शिक्षा के माध्यम से सामान्य शिक्षा पद्धति की मुख्य धारा में लाये जाने की आवश्यकता है।
2. सरकार द्वारा सर्व शिक्षा अभियान शुरू किया गया है जिसका उद्देश्य 6 से 14 वर्ष की आयु के सभी बच्चों के लिए 2010 तक 8 वर्ष की प्राथमिक शिक्षा प्रदान करना है। इन बच्चों में विकलांग बच्चे भी सम्मिलित है। 15-18 वर्ष की आयु वर्ग के विकलांग बच्चों को एकीकृत दिशा योजना (आई.ई.डी.सी.) के अन्तर्गत निःशुल्क शिक्षा दी जायेगी।
3. भारत सरकार विकलांग छात्रों को स्कूल स्तर के बाद अध्ययन करने के लिए छात्रवृत्तियां प्रदान करती है।
4. विकलांग व्यक्तियों को उच्च व व्यावसायिक शिक्षा हेतु विश्वविद्यालय तकनीकी संस्थाओं तथा उच्च शिक्षा की अन्य संस्थाओं में अनेक सुविधाएँ प्रदान की जाती हैं।
5. सुविधारहित तथा अन्य सुविधा वाले क्षेत्रों में विद्यमान संस्थाओं को अनुकूल बनाकर या संस्थाओं को शीघ्र स्थापना करके विभिन्न प्रकार के उत्पादकारी क्रियाकलापों के अनुरूप विकलांग व्यक्तियों में कौशल विकास बढ़ाने के लिए तकनीकी तथा व्यावसायिक शिक्षा की सुविधाओं को प्रोत्साहित किया जाता है। व्यावसायिक प्रशिक्षण प्रदान करने के लिए गैर-सरकारी संगठनों को भी प्रोत्साहित किया जाता है।

समावेशी शिक्षा के संदर्भ में शिक्षा नीति, 2006

विकलांग व्यक्तियों की शिक्षा के लिए यह सुनिश्चित किया गया है कि प्रत्येक विकलांग बच्चे की स्कूल स्तर की शिक्षा के लिए उपयुक्त पहुँच हो। इसके लिए असमर्थ व्यक्तियों की शिक्षा के लिए राष्ट्रीय नीति, 2006 में निम्नलिखित बातों का विशेष ध्यान रखा गया है–

1. प्राइमरी, माध्यमिक तथा उच्चतर शिक्षा स्तर पर विकलांग बच्चों की संख्या तथा शिक्षा जारी रखने की वार्षिक समीक्षा करने के लिए अलग व्यवस्था की जाएगी।
2. विकलांग बच्चों की शिक्षा को बढ़ावा देने के लिए प्रत्येक राज्य/संघ राज्य क्षेत्र में समावेशी शिक्षा के मॉडल स्कूल स्थापित किए जाएगें।
3. अनेक विकलांग बच्चे जो समावेशी शिक्षा में शामिल नहीं हो सकते है, को विशेष स्कूलों में शैक्षिक सेवाएँ मिलती रहेगी। विशेष स्कूल मुख्य धारा की समावेशी शिक्षा में शामिल होने के लिए विकलांग बच्चों को तैयार करने में सहायता करेंगे।
4. विभिन्न विकलांग बच्चों के लिए पाठ्यक्रम तथा मूल्यांकन पद्धति का विकास किया जाएगा। जिनमें उनकी आवश्यकताओं तथा क्षमताओं का ध्यान रखा जाएगा। गणित की पढ़ाई केवल एक भाषा सीखना आदि जैसी कुछ रियायत देकर परीक्षा पद्धति में सुधार किया जाएगा। जिससे कि उसे विकलांगों के अनुकूल बनाया जा सके।
5. 6 वर्ष की आयु तक के विकलांग बच्चों की पहचान की जाएगी तक इसके बाद उनका आवश्यक उपचार किया जाएगा ताकि वे समावेशी शिक्षा में भाग ले सकें।

शिक्षा, विद्यालय और समाजः अंतर्सम्बन्धों की समझ

मानव प्रकृति की सर्वोत्तम रचना है, जो अपने साथ कुछ जन्मजात शक्तियाँ लेकर पैदा होता है, शिक्षा के द्वारा मानव को इन जन्मजात शक्तियों का विकास उसके ज्ञान एवं कौशल में वृद्धि एवं व्यवहार में परिवर्तन करता है और उसे सभ्य, सुसंस्कृत एवं योग्य नागरिक बनाता है। शिक्षा संस्कृत भाषा की शिक्ष धातु में उन प्रत्यय लगने से बना है। शिक्षा का अर्थ है सीखना और सिखाना, इसलिए शिक्षा का अर्थ सीखने-सिखाने की प्रक्रिया है। बच्चे की आंतरिक शक्तियों को बाहर की ओर प्रकट करना। इस प्रकार शिक्षा शब्द का समग्र रूप से अर्थ बालक की जन्मजात शक्तियों का सर्वागीण विकास है।

शिक्षा का व्यापक अर्थ

प्रत्येक प्राणी जन्म के बाद सर्वप्रथम पहला पाठ माँ की गोद में पढ़ता है तत्पश्चात अपने घरेलू वातावरण तथा आस-पास के पर्यावरण जिसके भी संपर्क में आता है, उससे कुछ-न-कुछ सीखता रहता है। इस सीखने व अनुभव का परिणाम यह होता है कि वह धीरे-धीरे विभिन्न प्रकार से अपने भौतिक, सामाजिक और आध्यात्मिक वातावरण से अपना सामंजस्य स्थापित करता है। इस प्रकार वस्तुतः सीखने-सिखाने की यह प्रक्रिया जीवन पर्यन्त चलती रहती है। शिक्षा के व्यापक अर्थ को प्रकट करने में कहा जा सकता है कि शिक्षा किसी समाज में सदैव चलने वाली वह सोद्देश्य सामाजिक प्रक्रिया है, जिसके द्वारा मनुष्य की जन्मजात शक्तियों का विकास उसके ज्ञान एवं कला-कौशल में वृद्धि एवं व्यवहार में परिवर्तन किया जाता है और इस प्रकार उसे सभ्य, सुसंस्कृत एवं योग्य नागरिक बनाया जाता है। इसके द्वारा व्यक्ति एवं समाज दोनों निरंतर विकास करते हैं।

विभिन्न विद्वानों ने विभिन्न प्रकार से शिक्षा की परिभाषाएँ दी है–

स्वामी विवेकानंद के अनुसार- ''मनुष्य की अंतर्निहित पूर्णता को अभिव्यक्त करना ही शिक्षा है।''

यूनानी दार्शनिक प्लेटो के अनुसार- ''शिक्षा का कार्य मनुष्य के शरीर और आत्मा को वह पूर्णता प्रदान करता है जिसके वे योग्य है।''

अरस्तु के अनुसार ''स्वस्थ शरीर में स्वस्थ मस्तिष्क का सृजन ही शिक्षा है।''

महात्मा गाँधी के अनुसार- ''शिक्षा से मेरा तात्पर्य उस प्रक्रिया से है जो बालक व मनुष्य के शरीर तथा आत्मा के सर्वोत्कृष्ट रूपों में प्रस्फुटित कर दे।

आज की शिक्षा प्रक्रिया में केवल अध्यापक ही सक्रिय नहीं रहता किंतु बालक भी सक्रियता में भाग लेता है। शिक्षा एक गतिशील प्रक्रिया है। शिक्षा और समाज का साथ-साथ चलना आवश्यक है। जब-जब समाज में परिवर्तन होता है तब-तब शिक्षा में परिवर्तन होना आवश्यक है। समाज को अच्छे-से-अच्छा बनाना शिक्षा का दायित्व है, इसलिए शिक्षा को गतिशील प्रक्रिया कहा गया है। जॉन डीवी ने शिक्षा को एक त्रिमुखी प्रक्रिया माना है। उनका कहना है कि शिक्षा में शिक्षक और शिक्षार्थी के अलावा एक तीसरी चीज है वह है पाठ्यवस्तु। शिक्षा में इन तीनो तत्त्वों की पारस्परिक अंत: क्रिया निहित है।

एडम्स महोदय ने शिक्षा को द्विध्रुवीय प्रक्रिया माना है जिसमें एक ध्रुव पर सीखने वाला अर्थात शिक्षार्थी रहता है तथा दूसरे ध्रुव पर सिखाने वाला अर्थात शिक्षक होता है। वर्तमान समय में शिक्षा जीवन है, यह सम्प्रत्यय प्रो. जॉन डीवी ने स्वीकार कर प्रचारित किया है, जिसे भारत तथा अन्य देशों के शिक्षाविदों ने भी माना है, ऐसी दशा में समाज का आधार लेकर शिक्षा दी जाती है। अत: शिक्षा समाज के पुनर्निर्माण की क्रिया है।

सामाजिक शक्तियाँ सामाजिक वातावरण से शिक्षक और शिक्षार्थी को पाठ्यवस्तु प्रदान करती है। जॉन डीवी का कहना है कि बालक उस समाज में रहता है जिस समाज का वह सदस्य है, अत: शिक्षा का काम है वह व्यक्ति को उसके समाज के लिए तैयार करे, व्यक्ति अपने समाज के लिए तैयार हो सकता है जबकि अपने समाज में होने वाली सभी शिक्षाओं का वह ज्ञान प्राप्त कर ले। समाज की क्रियाओं का वह ज्ञान उस पाठ्यक्रम से होगा जो उस समाज का अंग होगा। इस प्रकार पाठ्यक्रम भी शिक्षा का एक अंग है।

मानव जीवन में शिक्षा के कार्य

महान दार्शनिक डा. राधा कृष्णन के अनुसार-शिक्षा को मानवीय होना चाहिए। इसमें मात्र बौद्धिक प्रशिक्षण का ही स्थान नहीं होना चाहिए वरन् आत्मानुशासन् तथा हृदय की पवित्रता पर भी बल दिया जाना चाहिए। भारतीय समाज की वर्तमान आवश्यकताओं, मूल्यों, गुणों, समस्याओं तथा उद्देश्यों को ध्यान में रखते हुए मानव जीवन के निम्न कार्य हैं-

1. **मानवीय आवश्यकताओं की पूर्ति**-मानव जीवन में शिक्षा के कार्य का महत्त्व बताते हुए स्वामी विवेकानन्द जी ने लिखा है- शिक्षा का कार्य यह पता लगाना है कि जीवन की समस्याओं को किस प्रकार हल किया जाए और आधुनिक सभ्य समाज का गम्भीर ध्यान इसी बात में लगा हुआ है। शिक्षा का कार्य व्यक्ति की आवश्यकता की पूर्ति करने के अतिरिक्त उसे समाज के अन्य व्यक्तियों के साथ सामाजिक संबंध स्थापित करने में मदद देना तथा ऐसे अवसर प्रदान करना है जिससे कि वह उन्नति कर सके।

2. **आत्मनिर्भरता की प्राप्ति**-शिक्षा का एक महत्त्वपूर्ण कार्य, व्यक्ति को अपना जीवन-यापन कर पाने में सक्षम बनाना है। स्वामी विवेकानन्द जी के अनुसार हमें उस शिक्षा की आवश्यकता है जिसके द्वारा चरित्र का निर्माण होता है, मस्तिष्क की शक्ति बढ़ती है, बुद्धि का विकास होता है और मनुष्य अपने पैरों पर खड़ा हो सकता है।

3. **व्यावसायिक कुशलता की प्राप्ति**-मानव जीवन में शिक्षा का एक कार्य, छात्रों को व्यावसायिक कुशलता की प्राप्ति में सहायता प्रदान करना है। इससे राष्ट्रीय आय और उत्पादकता में वृद्धि होती है।

4. **वातावरण से समायोजन एवं परिवर्तन**-शिक्षा, व्यक्ति को वातावरण के साथ समायोजन करना सिखाती है तथा वातावरण को परिवर्तन योग्य बनाती है।

5. **जॉन डीवी के अनुसार**-शिक्षा, व्यक्ति में उन क्षमताओं का विकास है जो उसको अपने वातावरण को नियंत्रित तथा अपनी भावी सम्भावनाओं को पूर्ण करने के योग्य बनाती है।

6. **जीवन के लिए तैयारी**-शिक्षा व्यक्ति को जीवन के संघर्षो से निपटने के लिए तैयार करती है। विलमॉट का कथन है-''शिक्षा, जीवन की तैयारी है।'' अब यदि शिक्षा- जीवन की तैयारी है, तो शिक्षा का कार्य है- बच्चों को जीवन की कठिनाई व संघर्षों का सामना करने हेतु तैयार करना। शिक्षा के इस कार्य पर अपने विचार व्यक्त करते हुए स्वामी विवेकानन्द जी ने लिखा है-''यदि कोई मनुष्य केवल कुछ परीक्षाएँ पास कर सकता है और अच्छे व्याख्यान दे सकता है तो आप उसको शिक्षित समझते हैं। क्या वह शिक्षा, शिक्षा कहलाने के योग्य है, जो सामान्य जनसमूह को जीवन के संघर्ष के लिए, अपने आप को तैयार करने में सहायता नहीं देती है, और उनमें शेर का सा साहस उत्पन्न नहीं करती है?''

7. **कार्य का व्यावहारिक ज्ञान**-शिक्षा का अंतिम और महत्त्वपूर्ण कार्य है- बालकों को विभिन्न कार्य क्षेत्रों का व्यावहारिक ज्ञान देना। हमारे देश की शिक्षा व्यवस्था में सिद्धांत पर आवश्यकता से अधिक बल दिया जाता है। फलत: बालक को जीवन के किसी भी कार्य-क्षेत्र का व्यावहारिक ज्ञान नहीं प्राप्त होता है।

   अंतत: हम कह सकते हैं कि मानव जीवन में शिक्षा का कार्य समाज के सदस्यों की उन सब शक्तियों, क्षमताओं व गुणों का विकास करना है, जो उनमें है, जिससे कि वे निर्दिष्ट लक्ष्य की ओर बढ़ सकें।

विद्यालय

मनुष्य एक चेतन प्राणी है और वह आजीवन सीखता रहता है। अपने अनुभव में वृद्धि करता रहता है। मनुष्य के भीतर जिज्ञासा का जो स्रोत होता है वह उसे अन्वेषी बनाता है, जिसके कारण हम नए-नए ज्ञान, विज्ञान और तकनीकी से परिचय प्राप्त कर पाते हैं। प्रारम्भ में व्यक्ति अपने परिवार और परिवारजनों के द्वारा सीखता था, परन्तु कालान्तर में सीखने-सिखाने की प्रक्रिया को क्रमबद्ध और सोद्देश्य बनाने के लिए औपचारिक शिक्षण संस्थाओं की स्थापना की गयी। विद्यालय का महत्त्व अब परिवार के पश्चात् सर्वोपरि हो गया है और औपचारिक शिक्षण संस्थाओं का महत्त्व अत्यधिक है, उसमें भी विद्यालय सर्वप्रमुख है। विद्यालय ही वह स्थल है जहाँ सामूहिकता की भावना सामाजिकता, परोपकार, सहिष्णुता, साथ-साथ कार्य करने की प्रवृत्ति, सहयोग तथा समानता की नींव पड़ती है। लिंगीय अवधारणाएँ अभी भी अपने संकुचित अर्थ में ही पायी जाती है, जिसके कारण बालक-बालिकाओं में असमानता का भेदभाव उनके पालन-पोषण से लेकर जीवन के प्रत्येक क्षेत्र में किया जाता है। परिणामत: उनकी शिक्षा और विकास की गति अवरुद्ध हो जाती है। विद्यालयों में बिना किसी भेदभाव के बालक-बालिकाएँ समूह में रहकर साथ-साथ कार्य करते हैं, एक ही पाठ्यक्रम तथा पाठ्य-पुस्तकों का अध्ययन कर एक जैसा विकास करते हैं जिससे लिंगीय असमानता में कमी आती है।

विद्यालय का अर्थ (Meaning of School)

हिन्दी का विद्यालय शब्द दो 'विद्या' तथा 'आलय' से मिलकर बना है। विद्या शब्द का अर्थ है 'ज्ञान' और आलय शब्द का अर्थ है 'स्थान'। इस प्रकार विद्यालय शब्द का अर्थ हुआ 'ज्ञान देने का स्थान'। अपने शाब्दिक अर्थ में विद्यालय वह स्थान है जहाँ शिक्षा की प्रक्रिया चलती है, जहाँ बालकों के वांछित विकास के लिए शिक्षा प्रदान की जाती है। अंग्रेजी के 'स्कूल' (School) शब्द की उत्पत्ति एक ग्रीक शब्द 'स्कोल' [Skholc] से हुई है। इस शब्द का अर्थ है- 'अवकाश' [Leisure]। यद्यपि स्कूल का यह अर्थ विचित्र लगता है, परन्तु यह

वास्तविकता है कि प्राचीन यूनान में इन अवकाश के स्थानों को ही स्कूल के नाम से संबोधित किया जाता था। ऐसा प्रतीत होता है कि उस युग में अवकाश काल को ही 'आत्म विकास' समझा जाता था, जिसका अभ्यास 'अवकाश' नामक निश्चित स्थान पर किया जाता था। अत: अवकाश शब्द का अर्थ है 'आत्म विकास' अथवा 'शिक्षा'। शनै: शनै: ये अवकाशालय ऐसे स्थान बन गए जहाँ पर शिक्षक किसी निश्चित योजना के अनुसार एक निश्चित पाठ्यक्रम को निश्चित समय के भीतर समाप्त करने लगे। इस प्रकार आधुनिक युग में स्कूल का एक भौतिक अस्तित्व होता है। जिसकी चाहरदीवारी में बालकों को शिक्षा प्रदान की जाती है। अवकाश [Leisure] शब्द का स्पष्टीकरण करते हुए ए.एफ. लीच ने लिखा है-''वाद-विवाद या वार्ता के स्थान जहाँ एथेन्स के युवक अपने अवकाश के समय को खेल-कूद, व्यायाम और युद्ध के प्रशिक्षण में बिताते थे।

विद्यालय की परिभाषा (Definition of School)

विद्यालय को स्पष्ट करने के लिए कुछ परिभाषायें निम्न प्रकार से है-

1. **जॉन डीवी–**''विद्यालय एक ऐसा विशिष्ट वातावरण है, जहाँ जीवन के कुछ गुणों और कुछ विशेष प्रकार की क्रियाओं तथा व्यवसायों की शिक्षा इस उद्देश्य से दी जाती है कि बालक का विकास वांछित दिशा में हो।''
2. **टी.पी. नन–**''विद्यालय को मुख्य रूप से इस प्रकार का स्थान नहीं समझा जाना चाहिए जहाँ किसी निश्चित ज्ञान को सीखा जाता है, वरन् ऐसा स्थान जहाँ बालकों को क्रियाओं के उन निश्चित रूपों में प्रशिक्षित किया जाता है, जो इस विशाल संसार में सबसे महान् और सबसे अधिक महत्त्व वाली है।''
3. **रॉस–**''विद्यालय वे संस्थाएँ हैं, जिनको सभ्य मनुष्य के द्वारा इस उद्देश्य से स्थापित किया जाता है कि समाज में सुव्यवस्थित और योग्य सदस्यता के लिए बालकों को तैयार करने में सहायता मिले।''
4. **के.जी. सैयदेन–**''एक राष्ट्र के विद्यालय जनता की आवश्यकताओं तथा समस्याओं पर आधारित होने चाहिए। विद्यालय का पाठ्यक्रम उनके जीवन का सार रूप होना चाहिए। ''इसको सामुदायिक जीवन की महत्त्वपूर्ण विशेषताओं को अपने स्वाभाविक वातावरण में प्रतिबिम्बित करना चाहिए।''

विद्यालय का महत्त्व और उसके कार्य

वर्तमान समय में विद्यालय एक महत्त्वपूर्ण स्थान रखते हैं क्योंकि वे एक विशिष्ट वातावरण की सृष्टि करते हैं, जिसमें रहकर बालक अपना सर्वांगीण विकास करता है। व्यक्तित्त्व के सामंजस्यपूर्ण विकास के फलस्वरूप उसमें सांस्कृतिक चेतना विकसित होती है जिससे उसमें सामाजिकता, शिष्टाचार, सहानुभूति, निष्पक्षता, सहयोग और सहकार जैसे वांछनीय गुणों का विकास स्वत: ही हो जाता है। शिक्षा एक सामाजिक प्रक्रिया है और उसके लिए विद्यालय ही एक सामाजिक संस्था है जिसमें बालक का सामाजिक विकास होता है।

मनुष्य का जीवन धीरे-धीरे जटिल होता जा रहा है और उसकी आवश्यकताएँ भी असीमित हैं, जिनकी पूर्ति के लिए व्यक्ति और बढ़ती जनसंख्या के मध्य अपने अस्तित्व और आकांक्षाओं की पूर्ति के लिए दिन-रात परिश्रम कर रहा है। परिणामस्वरूप माता-पिता और अभिभावक कार्य में संलग्न होने के कारण अपने बच्चों को समय नहीं दे पाते हैं, जिससे विद्यालय की आवश्यकता और महत्त्व में वृद्धि हुई है। पहले विद्यालयीय शिक्षा कुछ विशिष्ट व्यक्तियों तथा उच्च और कुलीन वर्गों तक ही सीमित थी, परन्तु जनतान्त्रिक दृष्टिकोण के कारण अनिवार्य और सार्वभौमिक शिक्षा होने से सभी वर्गों और लिंगों की शिक्षा अनिवार्य हो गयी है। विद्यालय की आवश्यकता तथा महत्त्व निम्नानुसार हैं-

- विशाल सांस्कृतिक संरक्षण एवं हस्तान्तरण हेतु।
- सोद्देश्यपूर्ण शिक्षण हेतु।
- विशिष्ट शिक्षा प्रदान हेतु।
- परिवार तथा विश्व को जोड़ने वाली कड़ी।
- सहयोग, प्रेम, सहानुभूति और भ्रातृत्व के विकास हेतु।
- वास्तविक जीवन की परिस्थितियों की तैयारी हेतु।
- लोकतान्त्रिक प्रणाली को रक्षा और सुदृढ़ता हेतु।
- समाज की निरन्तरता और विकास हेतु।
- व्यक्तित्त्व तथा सर्वांगीण विकास हेतु।
- अर्थोपार्जन हेतु।
- आदर्श नागरिकता के निर्माण हेतु।
- मनुष्यता तथा मानवता के विकास हेतु।

विद्यालय के कार्य (Functions of Schools)

विद्यालय के कार्यों का वर्णन दो प्रकार से किया जा सकता है-

1. औपचारिक कार्य।
2. अनौपचारिक कार्य।

औपचारिक कार्य (Formal Functions)

औपचारिक कार्य निम्नानुसार हैं–

- चरित्र निर्माण
- मानसिक शक्तियों का विकास
- गतिशील तथा सन्तुलित मस्तिष्क का निर्माण
- नेतृत्व क्षमता का विकास
- सांस्कृतिक सुधार, सुरक्षा और हस्तान्तरण
- व्यावसायिक तथा औद्योगिक शिक्षा
- नागरिकता का विकास
- मानवीय अनुभवों का पुनर्गठन तथा पुनर्रचना
- नैतिकता तथा आध्यात्मिकता का विकास।

अनौपचारिक कार्य (Informal Functions)

अनौपचारिक कार्य निम्नानुसार हैं–

- शारीरिक विकास
- सामाजिकता की भावना का विकास
- भावनात्मक विकास
- रचनात्मक विकास।

समाज

मानव एक सामाजिक प्राणी है। समाज व सामाजिक जीवन मानव का स्वभाव है। इस प्रकार समाज मानव के साथ-साथ चलता है, मानव से ही समाज है। मनोविज्ञान के अनुसार कोई बालक जब जन्म लेता है तो वह न सामाजिक प्राणी होता है और न ही असामाजिक परन्तु उस समय भी समाज ही उसकी समस्त आवश्यकताओं तथा उत्तरदायित्वों की पूर्ति का कार्य सम्पन्न करता है। मुनष्य समाज के इतर जीवन की परिकल्पना भी नहीं कर सकता। बालक को सर्वप्रथम सामाजिकता का पाठ पढ़ाया जाता है। जिससे वे सामाजिक अनूकूलन हो सके। सामाजिक ताने-बाने की जटिलता को समझना बालक के लिए प्रारंभ में दुष्कर होता है।

समाज का अर्थ

सामान्य रूप से व्यक्तियों के समूह को समाज कहते हैं। व्यक्तियों के इन समूह विशेषों का अध्ययन सभी सामाजिक विज्ञानों में किया जाता है। मानवशास्त्र में मनुष्यों के किसी भी समूह को समाज की संज्ञा दी जाती है, यहाँ तक कि आदिम समुदाय को भी समाज कहा जाता है। भूगोल में क्षेत्र विशेष के समान सभ्यता वाले लोगों के समुदाय को समाज कहते हैं। जैसे-भारतीय समाज, यूरोपीय समाज। धर्मशास्त्र में धर्म विशेष के मानने वालों के समुदाय को समाज कहते हैं, जैसे- हिन्दू समाज, ईसाई समाज और मुसलमान समाज। राजनीतिशास्त्र में राज्य

विशेष के लोगों के समूह को समाज कहते हैं, जैसे-भारतीय समाज, ब्रिटिश समाज और अमेरिकी समाज। परन्तु समाजशास्त्र में समाज का अर्थ इन सबसे भिन्न रूप में लिए जाते हैं।

समाजशास्त्रीय अर्थ में व्यक्तियों के समूह को समाज नहीं कहते, अपितु समूह के व्यक्तियों में पाए जाने वाले सामाजिक संबंध क्या है ? जब दो या दो से अधिक व्यक्ति एक-दूसरे के प्रति सोचते होते हैं और एक-दूसरे के प्रति कुछ व्यवहार करते हैं तो हम कहते है कि उनके बीच सामाजिक संबंध स्थापित हो गए हैं। यह आवश्यक नहीं कि ये संबंध मधुर और सहयोगात्मक ही हों, ये कुछ और संघर्षात्मक भी हो सकते हैं। समाजशास्त्र में इन दोनों प्रकार के संबंधों का अध्ययन किया जाता है। इस प्रकार समाज का सर्वप्रथम मूल तत्त्व दो या दो से अधिक व्यक्तियों की पारस्परिक जागरूकता है। दो या दो से अधिक व्यक्तियों के एक-दूसरे के प्रति सचेत होने के लिए यह आवश्यक है कि उनके उद्देश्य अथवा विचारों में या तो समानता हो या भिन्नता। इस प्रकार समानता अथवा भिन्नता समाज का दूसरा मूल तत्त्व होता है। यह पारस्परिक जागरूकता दो ही रूपों में परिणित हो सकती है- सहयोग में अथवा संघर्ष में। इसलिए सहयोग अथवा संघर्ष को समाज का तीसरा मूल तत्त्व माना जाता है। वस्तुस्थिति यह है कि मनुष्य अपनी आवश्यकताओं की पूर्ति हेतु एक-दूसरे के प्रति सोचते हैं और वे तब तक इन संबंधों से नहीं बंधते जब तक उनकी एक-दूसरे से अपनी आवश्यकताओं की पूर्ति नहीं होती। इसे समाजशास्त्री अन्योन्याश्रितता कहते हैं। यह समाज का चौथा मूल तत्त्व होता है। समाज के बारे में दो तथ्य और हैं, एक तो यह कि समाज अमूर्त होता है और दूसरा यह कि यह केवल मुनष्य जाति में ही नहीं अपितु पशु-पक्षियों और कीड़ों-मकोड़ों में भी पाया जाता है। यह बात दूसरी है कि समाजशास्त्र में केवल मानव समाज का ही अध्ययन किया जाता है।

समाज की परिभाषाएँ

सभी समाजशास्त्री समाज को अमूर्त मानते हैं, परन्तु उसकी परिभाषा उन्होंने भिन्न-भिन्न रूप में दी है कुछ मुख्य परिभाषाएँ निम्न प्रकार से हैं–

टाकटॉट पार्सन्स के शब्दों में- ''समाज को उन मानवीय संबंधों की पूर्ण जटिलता के रूप में परिभाषित किया जा सकता है, जो साधन तथा साध्य के सम्बन्ध द्वारा क्रिया करने से उत्पन्न हुए हैं, वे चाहे वास्तविक हो अथवा प्रतीकात्मक।''

मैकाइवर और **पेज** ने समाज को थोड़ा अधिक स्पष्ट रूप में परिभाषित किया है। ''समाज रीतियों तथा कार्य प्रणालियों की अधिकार तथा पारस्परिक सहयोग की, अनेक समूहों और विभागों की, मानव व्यवहार के नियन्त्रणों और स्वतंत्रताओं की एक व्यवस्था है। इस सतत् परिवर्तनशील व्यवस्था को हम समाज कहते हैं।''

इसी बात को उन्होंने आगे संक्षिप्त रूप में इस प्रकार कहा है-

यह (समाज) सामाजिक संबंधों का एक जाल है, जो सदैव बदलता रहता है।

इस प्रकार समाज का अर्थ इन शब्दों में व्यक्त किया जा सकता है कि ''समाज समूह में रहने वाले व्यक्तियों के मध्य संबंधों तथा जटिल अंत:क्रियाओं की अमूर्त धारणा है, जो परस्पर किसी-न-किसी प्रकार संबद्ध हैं।

समाज की विशेषताएँ या तत्त्व

(Characteristics or Elements of Society)

समाज की परिभाषाओं तथा अर्थ के स्पष्टीकरण के पश्चात् हमें निम्नांकित विशेषताएँ दृष्टिगोचर होती हैं-

- समाज सामाजिक संबंधों का जाल है।
- समाज में व्यक्ति परस्पर जुड़े रहते हैं।
- समाज संबंधों का संगठित रूप है।
- समाज स्वयं एक प्रकार का संगठन है।
- व्यक्तियों के मध्य होने वाली अंत:क्रिया को समाज द्योतित करता है।

तत्त्व- समाज के लिए आवश्यक तत्त्व निम्न हैं-

- व्यक्तियों का समूह।
- परस्पर सम्बन्ध।
- अंत:क्रिया।
- संगठित रूप।

समाज के प्रकार (Types of Society)

समाज की संरचना सब जगह एक जैसी नहीं होती है। इनके विभाजन के कई आधार हैं, जिनके आधार पर इसके प्रकार निम्न हैं-

कार्य एवं स्वरूप के आधार पर

(On the Basis of Functions and Forms)

- जनजातीय समाज
- कृषक समाज
- औद्योगिक समाज
- शिल्पी समाज।

समाज के प्रकार (Types of Society)

- परम्परागत समाज
- बन्द समाज
- मुक्त समाज
- आदिम समाज
- सभ्य समाज
- सरल समाज
- जटिल समाज
- वर्तमान समाज।

मार्क्स के अनुसार (According to Marx)

- आदिम समाज
- एशियाई समाज
- प्राचीन समाज
- सामन्तवादी समाज
- पूँजीवादी समाज
- समाजवादी समाज।

विद्यालय में समाजीकरण की प्रक्रियाः विभिन्न कारकों की भूमिका व प्रभावों की समझ

विद्यालय-समाजीकरण की प्रक्रिया में विद्यालय का महत्त्वपूण योगदान होता है क्योंकि विद्यालय ही वह स्थान है जहाँ परिवार के बाद छात्र अधिक, समय बिताता है। यही पर वह अन्य सहपाठियों के संपर्क में आकर बहुत सी नई-नई बातें सीखता है।

बच्चों का सामाजीकरण शैशव से किशोरावस्था तक बहुत तीव्र दर से होता है जिसमें परिवार और सहपाठी शैशव के प्रारंभिक स्तर पर अधिकतम प्रभाव डालने का प्रयास करते है। यह विद्यालय ही है जो बच्चे के व्यवहार मानदंडों को गढ़ता है। बच्चा जो सबसे महत्त्वपूर्ण बात विद्यालय में सीखना है, वह है 'प्रतियोगिता' कक्षा में, खेल के मैदान में परीक्षा में सभी जगह प्रतियोगिता होती है। बच्चा इस प्रतियोगिता में आगे निकलना चाहता है, भले ही वह दूसरों को हानि देकर ऐसा करे।

बच्चों के लिए विद्यालय जाने का अर्थ विकास करना है। घर में रहने वाला शिशु जब अपने साथियों को विद्यालय में जाते देखते हैं तो उस समय की प्रतीक्षा करने लगता है। जब वह विद्यालय जाएगा। बच्चे विद्यालय के प्रति निष्ठावान होते है एवं यहाँ जाकर विविध दायित्वों को सीखते हैं। विद्यालय में बालक पाठ्यक्रम के साथ-साथ खेल-कुद एवं अन्य क्रियाकलापों में भी भाग लेता है। इस तरह बालक निरंतर एक कक्षा से दूसरी कक्षा में बढ़ता रहता है एवं इसी क्रिया में उसकी समाजीकरण की प्रक्रिया ज्यादा प्रभावशाली होती रहती है।

समुदाय बालक के सामाजिक विकास पर महत्त्वपूर्ण प्रभाव डालता है। बालक बड़े बूढ़ों के सम्पर्क में आकर विभिन्न अनुभवों से सीखता है। साथ ही उनका अनुकरण करके विभिन्न प्रकार के सामाजिक व्यवहारों को सीखता है साथ ही समुदाय के लोग उनके सामाजिक विकास के लिए विभिन्न शैक्षिक संस्थाओं, सामाजिक क्रिया-कलापों, आदि का आयोजन करते है।

बालको के समाजीकरण में पालन-पोषण का भी महत्त्वपूर्ण भूमिका होती है। पारंभिक जीवन बालकों को जिस प्रकार का वातावरण मिलता है, जिस प्रकार का माहौल मिलता है उसी के अनुसार बालक में भावनाएँ तथा अनुभूतियाँ विकसित हो जाती है। एक बालक समाज विरोधी आचरण उसी समय करता है।, जब वह स्वयं को समाज के साथ व्यवस्थापित नहीं कर पाता।

उपर्युक्त विवेचना के आधार पर हम कह सकते है कि विद्यालय समाजीकरण का सक्रिय साधन है। नियमित शिक्षा विद्यालय के अभाव में देना संभव नहीं है। विद्यालय के औपचारिक साधन होने के संबंध में जॉन डीवी का मत है कि ''बगैर औपचारिक साधानों से इस जटिल समाज में साधन एवं सिद्धातों को हस्तांतरित करना संभव नहीं हैं। यह एक ऐसे अनुभव की प्राप्ति का द्वार खोलता हैं जिसको बालक दूसरों के साथ बालक जन्म के समय कोरा पशु होता है। जैसे-जैसे वह समाज के अन्य व्यक्तियों तथा सामाजिक संस्थाओं के संपर्क में आकर विभिन्न प्रकार की सामाजिक क्रियाओं में भाग लेता रहता है वैसे-वैसे वह अपनी पार्श्रिक प्रवृत्तियों को नियंत्रित करते हुए सामाजिक आदर्शों तथा मूल्यों को सीखता रहता है। बालक के समाजीकरण की प्रक्रिया निरंतर चलती रहती है। बालक के समाजीकरण में सहायक मुख्य कारक अथवा तत्त्व निम्नांकित हैं-

- परिवार
- आयु समूह
- नातेदारी समूह
- स्कूल
- खेलकूद
- जाति
- समाज
- भाषा समूह
- राजनैतिक संस्थाएँ और
- धार्मिक संस्थाएँ

बालक के समाजीकरण में बाधक तत्त्व

विभिन्न विचारकों के अनुसार बालकों के समाजीकरण में बाधा पहुँचाने वाले तत्त्व इस प्रकार हैं-

सांस्कृतिक परिस्थितियाँ: जैसे जाति, धर्म, वर्ग आदि से संबद्ध पूर्व धारणाएँ आदि।

बाल्यकालीन परिस्थितियाँ: जैसे माता-पिता का प्यार न मिलना, सदैव कलह, विधवा माँ, पक्षपात, एकाकीपन तथा अनुचित दंड आदि।

तात्कालिक परिस्थितियाँ: जैसे निराशा, अपमान, अभ्यास अनियमितता, कठोरता, परिहास और भाई-बहन, मित्र पड़ोसी आदि की ईर्ष्या।

अन्य परिस्थितियाँ: जैसे शारीरिक हीनता, निर्धनता, असफलता, शिक्षा की कमी, आत्म विश्वास का अभाव तथा आत्म-निर्भरता की कमी आदि।

समाजीकरण की प्रक्रिया में शिक्षक की भूमिका

बालक के समाजीकरण की प्रक्रिया में परिवार के बाद स्कूल और स्कूल में विशेष रूप में शिक्षक आता है। प्रत्येक समाज के कुछ विश्वास, दृष्टिकोण, मान्यताएँ, कुशलताएँ और परपराएँ होती हैं। जिनको **'संस्कृति'** के नाम से पुकार जाता है। यह संस्कृति एक पीढ़ी से दूसरी पीढ़ी को हस्तांतरित की जाती है और समाज के लोगों के आचरण को प्रभावित करती है। शिक्षक का सर्वश्रेष्ठ कार्य है इस संस्कृति को बालक को प्रदान करना। यदि वह यह कार्य नहीं करता है तो बालक का समाजीकरण नहीं कर सकता है। शिक्षक, माता-पिता के साथ बालक के चरित्र और व्यक्तित्व का विकास करने में अति महत्त्वपूर्ण कार्य करता है।

कक्षा में, खेल के मैदान में, साहित्यक और सांस्कृतिक क्रियाओं में शिक्षक सामाजिक व्यवहार के आदर्श प्रस्ततुत करता है। बालक अपनी अनुकरण की मूल प्रवृत्ति के कारण शिक्षक के ढंगों, कार्यों, आदर्तो और नीतियों का अनुकरण करता है। अत: शिक्षक को सदैव सतर्क रहना चाहिए, उसे कोई ऐसा अनुचित कार्य या व्यवहार नहीं करना चाहिए, जिसका बालक के ऊपर ग़लत प्रभाव पड़े। अत: बालक के समाजीकरण की प्रक्रिया को तीव्र गति प्रदान करने के लिए शिक्षक को मुख्यत: निम्न बातों को ध्यान में रखना चाहिए-

(1) **अभिभावक शिक्षक सहयोग**–समाजीकरण की प्रक्रिया को तीव्र गति प्रदान करने के लिए शिक्षक का सर्वप्रथम कार्य यह है कि वह बालक के माता-पिता से संपर्क स्थापित करके उसकी रुचियों तथा मनोवृत्तियों के विषय में ज्ञात प्राप्त करें एवं उन्हीं के अनुसार उसे विकसति होने के अवसर प्रदान करें।

(2) **स्वस्थ प्रतियोगिता की भावना**–बालक के समाजीकरण में प्रतियोगिता का महत्त्वपूर्ण स्थान होता है। पर ध्यान देने की बात है कि बालक के समाजीकरण के लिए स्वस्थ प्रतियोगिता का होना ही अच्छा है। अत: शिक्षक को बालक में स्वस्थ प्रतियोगिता की भावना विकसित करनी चाहिए।

(3) **सामाजिक आदर्श**–शिक्षक को चाहिए कि वह कक्षा तथा खेल के मैदानों एवं सांस्कृतिक और साहित्यिक क्रियाओं में बालक के सामने सामाजिक आदर्शों को प्रस्तुत करें। इन आदर्शों का अनुकरण करके बालक का धीरे-धीरे समाजीकरण हो जाएगा।

(4) **स्कूल की परंपराएँ**–स्कूल की परंपराओं का बालक के समाजीकरण पर गहरा प्रभाव पड़ता है। अत: शिक्षक को चाहिए कि वह बालक का स्कूल की परंपराओं मं विश्वास उत्पन्न करे तथा उसे इन्हीं के अनुसार कार्य करने के लिए प्रोत्साहित करे।

(5) **सामूहिक कार्य को प्रोत्साहन**–शिक्षक को चाहिए कि वह स्कूल में विभिन्न सामाजिक योजनाओं के द्वारा बालकों को सामूहिक क्रियाओं में सक्रिय रूप से भाग लेने के अवसर प्रदान करे। इन क्रियाओं में भाग लेने से उसका समाजीकरण स्वत: ही हो जाएगा।

उपर्युक्त बातों से स्पष्ट है कि शिक्षक बालक के समाजीकरण को प्रभावित करता है। शिक्षक के स्नेह, पक्षपात, बुरे व्यवहार, दंड आदि का बालकों पर कुछ न कुछ प्रभाव पड़ता है और उसका सामाजिक विकास उत्तम या विकृत हो जाता है। यदि शिक्षक, मित्रता और सहयोग में विश्वास करता है तो बच्चों में भी इन गुणों का विकास होता है। यदि शिक्षक छोटी-छोटी बातों पर बच्चों को दंड देता है, तो उनके समाजीकरण में संकीर्णता आ जाती है। यदि शिक्षक अपने छात्रों के प्रति सहानुभूति रखता है, तो छात्रों का समाजीकरण सामान्य रूप से होता है।

शिक्षा का अंग्रेजी पर्यायवाची शब्द 'Education' है। हमारा 'शिक्षा' शब्द भी संस्कृत की शिक्षा धात से निकला है जिसका अर्थ है, सीखना और सिखाना। इससे प्रकट होता है कि शिक्षा में सीखने से इससे प्रकट होता है कि शिक्षा में सीखने-सिखाने की क्रिया होती है। शिक्षा एक ऐसी प्रक्रिया है जो मनुष्य की जन्मजात शक्तियों के स्वाभाविक और सामंजस्यपूर्ण विकास में योग देती है। व्यक्ति की वैयक्तिकता का पूर्ण विकास करती है। उसे वातावरण से सामजंस्य स्थापित करने में सहायता देती है। उसे जीवन और नागरिकता के कर्तव्यों और दायित्वों के लिए तैयार करती है और तैयार आर दायित्वों के लिए तैयार करती है और उसके व्यवहार विचार और दृष्टिकोण में ऐसा परिवर्तन करती है जो समाज देश और विश्व के लिए हितकर होता है।

एडम्स महोदय ने शिक्षा को द्वि-ध्रुवीय प्रक्रिया माना है जिसमें एक ध्रुव पर सीखने वाला अर्थात् शिक्षार्थी रहता है तथा दूसरे ध्रुव पर सिखाने वाला अर्थात शिक्षक होता है। शिक्षा एक प्रकार की प्रक्रिया है जिसके द्वारा छात्रों के व्यक्तित्त्व का विकास होता है। यह प्रक्रिया व्यक्ति में जीवनभर चलती रहती है। जन्म से या उसके पूर्व प्रारम्भ होकर यह मृत्युपर्यन्त चलती रहती है।

शिक्षा एक ऐसी प्रक्रिया है, जो मनुष्य की जन्मजात शक्तियों के स्वाभाविक और सामंजस्यपूर्ण विकास में योग देती है, उसकी वैयक्तिकता का पूर्ण विकास करती है, उसे अपने वातावरण से सामंजस्य स्थापित करने में सहायता देता है, उसे जीवन और नागरिकता के कर्तव्यों और दायित्वों के लिए तैयार करती है और उसके व्यवहार, विचार, दृष्टिकोण में ऐसा परिवर्तन करती है जो समाज, देश और विश्व के लिए हितकर होता है। ''शिक्षा से तात्पर्य उस प्रशिक्षण से है जो बालकों के सद्गुण की मूल प्रवृत्ति के लिए उपयुक्त आदतों के निर्माण द्वारा प्रदान किया जाता है।''

शिक्षाः सामान्य अवधारणा, उद्देश्य एवं विद्यालयी शिक्षा की प्रकृति

शिक्षा शब्द संस्कृत भाषा की शिक्ष धातु में अ प्रत्यय लगने से बना है। शिक्ष का अर्थ है-सीखना और सिखाना। इसलिए शिक्षा का अर्थ हुआ सीखने-सिखाने की क्रिया। यदि हम शिक्षा के लिए प्रयुक्त अंग्रेजी शब्द एजुकेशन (Education) पर विचार करें तो भी उसका यही अर्थ निकलता है। एजुकेशन शब्द लैटिन भाषा के एजूकेटम (Educatum) शब्द से बना है और एजूकेटम शब्द उसी भाषा के ए (E) तथा ड्यूको (Duco) दो शब्दों से मिलकर बना है। ए का अर्थ है अंदर से और ड्यूको का अर्थ है आगे बढ़ाना, इसलिए एजूकेशन का अर्थ हुआ बच्चे की आंतरिक शक्तियों को बाहर की ओर प्रकट करना।

शिक्षा मानव विकास का मूल साधन है। इसके द्वारा मनुष्य की जन्मजात शक्तियां का विकास, उसके ज्ञान एवं कला-कौशल में वद्धि एवं व्यवहार में परिवर्तन किया जाता है और उस सभ्य, सुसंस्कृत एवं योग्य नागरिक बनाया जाता है। और यह काय मनुष्य के जन्म से ही प्रारभ हो जाता है। बच्चे के जन्म के पिता एवं परिवार के अन्य सदस्य उसे सुनना और बोलना सिखाने लगते हैं। जब बड़ा होता है तो उसे उठने-बैठने, चलने-फिरने, खाने-पीने तथा सामाजिक आचरण की विधियाँ सिखाई जाने लगती हैं। जब वह तीन-चार वर्ष का होता है तो उसे पढ़ना-लिखना सिखाने लगते हैं। इसी आयु पर उसे विद्यालय भेजना प्रारंभ किया जाता है। विद्यालय में उसकी शिक्षा बड़े सुनियोजित ढंग से चलती है।

विद्यालय के साथ-साथ उसे परिवार एवं समुदाय में भी कुछ-न-कुछ सिखाया जाता रहता है और सीखने-सिखाने का यह क्रम विद्यालय छोड़ने के बाद भी चलता रहता है और जीवन भर चलता है। और विस्तृत रूप में देखें तो किसी समाज में शिक्षा की यह प्रक्रिया सदैव चलती रहती है। अपने वास्तविक अर्थ में किसी समाज में सदैव चलने वाली सीखने-सिखाने की यह सप्रयोजन प्रक्रिया ही शिक्षा है।

शिक्षा की परिभाषा

शिक्षा की परिभाषा शिक्षा को अपने-अपने दृष्टिकोण से देखा-परखा और परिभाषित किया है। जगतगुरू शंकराचार्य की दृष्टि में सः विद्या या विमुक्तये। **स्वामी विवेकानन्द** के अनुसार- शिक्षा के द्वारा मनुष्य को अपने पूर्णता को भी अनुभूति होनी चाहिए। उनके शब्दों में- ''मनुष्य की अन्तर्निहित पूर्णता को अभिव्यक्त करना ही शिक्षा है।'' **महात्मा गाँधी** के शब्दों में- ''शिक्षा से मेरा अभिप्राय बालक और मनुष्य के शरीर, मन तथा आत्मा के सर्वांगीण एवं सर्वोत्कृष्ट विकास से है।'' **प्लेटो**- शिक्षा के द्वारा शरीर और आत्मा दोनों के विकास के महत्त्व को स्वीकार करते हैं।

अरस्तू के अनुसार- ''स्वस्थ शरीर में स्वस्थ मन का निर्माण ही शिक्षा है।'' चार्वाकों की दृष्टि में-शिक्षा वह है जो मनुष्य को सुखपूर्वक जीवन व्यतीत करने के योग्य बनाती है।

हरबर्ट स्पेन्सर के अनुसार-''शिक्षा का अर्थ अन्तः शक्तियों का बाह्य जीवन से समन्वय स्थापित करना है।''

सुकरात-''शिक्षा का अर्थ है- प्रत्येक मनुष्य के मस्तिष्क में अदृश्य रूप में विद्यमान संसार के सर्वमान्य विचारों को प्रकाण में लाना।''

एडीसन-''अब शिक्षा मानव मस्तिष्क को प्रभावित करती है तब वह उसके प्रत्येक गुण को पूर्णता को लाकर व्यक्त करती है।''

फ्राबेल-''शिक्षा वह प्रक्रिया है जिसके द्वारा बालक की जन्मजात शक्तियाँ बाहर प्रकट होती है।''

टी.पी.नन-''शिक्षा व्यक्तित्त्व का पूर्ण विकास है जिससे कि व्यक्ति अपनी पूर्ण योग्यता के अनुसार मानव जीवन को योगदान दे सके।''

पेस्टालॉजी-''शिक्षा मनुष्य की जन्मजात शक्तियों का स्वाभाविक सामंजस्यपूर्ण और प्रगतिशील विकास है।''

जेम्स-''शिक्षा कार्य संबंध, अर्जित आदतों का संगठन है, जो व्यक्ति को उसके भौतिक और सामाजिक वातावरण में उचित स्थान देती है।''

हार्न-''शिक्षा शारीरिक और मानसिक रूप से विज्ञान विकसित सचेत मानव का अपने मानसिक संवेगात्मक और संकल्पित वातावरण से उत्तम सामंजस्य स्थापित करना है।''

शिक्षा के उद्देश्य

1. **जीविकोपार्जन का उद्देश्य**-हर युग में मानव के लिए जीविकोपार्जन एक प्रमुख समस्या रही है। शिक्षा का एक प्रमुख उद्श्य जीविकोपार्जन भी रहा है। इसके अनुसार बालक को किसी व्यवसाय की शिक्षा दी जानी चाहिए, जिससे वह भविष्य में अपनी जीविका कमा सके। महात्मा गाँधी के अनुसार ''सच्ची शिक्षा से बालकों को बेरोजगारी से एक प्रकार की सुरक्षा होनी चाहिए।
2. **ज्ञानार्जन का उद्देश्य**-प्राचीन काल से ही शिक्षा का यह उद्देश्य प्रमुख रहा है। प्रमख उद्देश्य माना है। सुकरात, प्लेटो, अरस्तु आदि विद्वानों ने शिक्षा के इसी उद्देश्य को महत्त्व दिया है। बेकन और कामेनियम ने ज्ञान को मानव समाज के कल्याण के लिए आवश्यक माना है। साधारण लोगों ने शिक्षा इसी उद्देश्य से प्राप्त की। इस उद्देश्य के अन्तर्गत केवल दो कार्य है- ज्ञान प्राप्त करना आर प्राप्त पहुँचाना।
3. **चरित्र विकास का उद्देश्य**-अनेक शिक्षाशास्त्रियों ने शिक्षा का प्रमुख उद्देश्य चार प्रसिद्ध शिक्षाशास्त्री डॉ. सर्वपल्ली राधाकृष्णन के अनुसार ''भारत सहित सारे विश्व के कष्टों का कारण यह है कि शिक्षा केवल केवल मस्तिष्क के विकास तक परिमित रह गयी है। उसमें धार्मिक तथा आध्यात्मिक मूल्यों का समावेश नहीं।
4. **मानसिक विकास का उद्देश्य**-मानसिक विकास का अर्थ विचार शक्ति, कल्पना शक्ति स्मरण शक्ति आदि का विकास है। शिक्षा का उद्देश्य मनुष्य की विचार-शक्ति को पुष्ट बनाना है, उसकी बुद्धि को तीव्रता तथा क्रियात्मकता प्रदान करना है। इस प्रकार मनुष्य अपनी शिक्षा तथा ज्ञान का समुचित उपयोग कर सकेगा। फिर उसका ज्ञान सैद्धान्तिक न रहकर व्यावहारिक हो जाएगा और आवश्यकता पड़ने पर मनुष्य के काम आ जाएगा। इस प्रकार मानसिक विकास होने पर मनुष्य किसी भी कार्य को बिना सोचे-समझे नहीं करता और इससे उसे व समाज को किसी प्रकार की हानि की संभावनाएँ नहीं रहती।

5. **शारीरिक विकास का उद्देश्य**–यह भी शिक्षा का प्रमुख उद्देश्य है। इस उद्देश्य के अनुसार शिक्षा ऐसी होनी चाहिए जिससे बालक का शरीर स्वस्थ तथा बलवान हो। प्राचीन काल में शारीरिक विकास पर बहुत बल दिया जाता था। रूसो ने भी शिक्षा के इस उद्देश्य पर बल दिया है। उसके अनुसार बालक को आरम्भ में खेल-कूद तथा व्यायाम, करना चाहिए, जिससे वह पूर्णरूप से स्वस्थ हो जाये। इस उद्देश्य के अनुयायियों का विचार है कि स्वस्थ शरीर में स्वस्थ मस्तिष्क निवास करता है।

6. **सांस्कृतिक विकास का उद्देश्य**–सदरलैण्ड और वुडवर्थ के अनुसार ''संस्कृति में वह प्रत्येक वस्तु सम्मिलित है, जो एक पीढ़ी से दूसरी पीढ़ी में संक्रमित हो सकती है। किसी जन समुदाय की संस्कृति, उसका ज्ञान, विश्वास, कला, नैतिकता, कानून तथा विचार की पद्धति है।''

   ओटावे के अनुसार ''शिक्षा का एक प्रमुख कार्य सांस्कृतिक मूल्यों एवं समाज के व्यवहार के प्रतिमानों को अपने तरुण तथा शक्तियुक्त सदस्यों को प्रदान करना है।''

7. **अवकाश सद्पयोग के लिए शिक्षा**–शिक्षा के द्वारा हम केवल अधिक कुशलतापूर्वक जीविकोपार्जन ही नहीं करते है, अपितु अपने खाली या अवकाश के समय का ठीक प्रयोग करना भी सीखते हैं। इस मत के समर्थकों का यहाँ तक कहना है कि शिक्षा की वास्तविक उपयोगिता जीविकोपार्जन में न होकर अवकाश में है। शिक्षा का उद्देश्य वह तरीका सिखाना है, जिससे कि हम अपने अवकाश के समय को भली-भाँति बिता सकें।

8. **शिक्षा का वैयक्तिक उद्देश्य**–विश्व के विभिन्न समाजों में प्राचीन समय से वर्तमान समय तक शिक्षा के वैयक्तिक उद्देश्य पर किसी-न-किसी रूप में विचार होता आया है, परंतु आधुनिक शिक्षा मनोविज्ञान की प्रगति के कारण इस उद्देश्य पर खास-तौर से बल दिया जाने लगा है। प्राचीन समय में इसके समर्थक, रूसों, फ्रॉबेल, पेस्टालॉजी और नन आदि हैं। इनमें नन का प्रमुख स्थान है। उनके अनुसार ''मानव जगत में प्रत्येक अच्छाई व्यक्तिगत पुरुषों व स्त्रियों के स्वतंत्र कार्यों द्वारा आती है, इसलिए शिक्षा पद्धति को इस सत्य के अनुरूप बनाया जाना चाहिए''। उन्होंने वैयक्तिक उद्देश्य का समर्थन किया है।

शिक्षा अपने उद्देश्य को तभी प्राप्त कर सकती है जब राज्य, समाज तथा शिक्षा संस्थाए सभी इस दिशा में प्रयत्न करें।

यूक्रेन (Eucken) ने वैयक्तिकता का अर्थ आध्यात्मिक वैयक्तिकता से लगाया है। उसके मतानुसार आध्यात्मिक वैयक्तिकता एवं व्यक्तित्त्व जन्मजात नहीं होते वरन् उन्हें प्राप्त किया जाता है। इस प्रकार, वैयक्तिक उद्देश्य का अर्थ- श्रेष्ठ व्यक्तित्त्व और आध्यात्मिक वैयक्तिकता का विकास। रास के अनुसार ''शिक्षा के वैयक्तिक उद्देश्य का अर्थ जो हमारे स्वीकार करने के योग्य है, वह केवल यह है- महत्त्वपूर्ण व्यक्तित्त्व और आध्यात्मिक वैयक्तिकता का विकास।''

शिक्षा के वैयक्तिक उद्देश्य के दो रूप है-(i) आत्माभिव्यक्ति, और (ii) आत्मानुभूति।

(i) **आत्माभिव्यक्ति**-आत्माभिव्यक्ति के समर्थक विद्वान आत्म-प्रकाशन का बल देते हैं अथात् व्यक्ति को अपने कार्य या व्यवहार करने की पूर्ण स्वतंत्रता होनी चाहिए, भले ही उससे दूसरों को हानि पहुँचे। लेकिन इस विचार को ठीक मान लेने का अर्थ होगा-व्यक्ति का आदिकाल - पहुँचा देना अथवा व्यक्ति को पशु के समान बना देना।

(ii) **आत्मानुभूति**-यह आत्माभिव्यक्ति से भिन्न है। आत्माभिव्यक्ति में 'स्व' (Self) से अभिप्राय होता है-जैसे मैं उसे जानता हूँ लेकिन आत्मानुभूति में 'स्व' से आशय होता है- जैसे मैं उसका होना चाहता हूँ। आत्माभिव्यक्ति में 'स्व' व्यक्ति का 'मूर्त स्व' है जबकि आत्मानुभूति में 'स्व' आदर्श स्व होता है जिसके विषय में हम कल्पना करते हैं। आत्माभिव्यक्ति में समाज के लाभ या हानि के विषय में कोई ध्यान नहीं दिया जाता जबकि एडम्स के शब्दों में ''आत्मानुभूति के आदर्श में 'स्व' समाज-विरोधी व्यवहार करके अपनी अनुभूति नहीं कर सकता है।''

व्यक्तिगत उद्देश्य के पक्ष में तर्क

शिक्षा का उद्देश्य व्यक्ति का वैयक्तिक विकास होना चाहिए क्योंकि-

(a) संसार में सभी श्रेष्ठ रचनायें व्यक्ति के स्वतंत्र प्रयत्नों के परिणामस्वरूप हुई हैं।

(b) जनतन्त्रीय व्यवस्था व्यक्ति की स्वतंत्रता पर बल देती है।

(c) मनोविज्ञान के अनुसार, व्यक्ति की मूल प्रवृत्तियों को ध्यान में रखकर ऐसी दिशाओं का निर्माण किया जाये जो उसके स्वतंत्र विकास में सहायक हो।

(d) प्रत्येक समाज की संस्कृति और सभ्यता को व्यक्ति ही विकसित करके एक पीढ़ी से दूसरी पीढ़ी को सौंपते हैं, अत: शिक्षा में वैयक्तिक विकास का ही समर्थन किया जाना चाहिए। व्यक्ति समाज की इकाई है। यदि व्यक्ति को अपने पूर्ण उत्कर्ष के लिए अवसर प्रदान किये गये तो इससे अन्तोगत्वा समाज की भी उन्नति होगी। इस दलित। समाज की भी उन्नति होगी। इस दृष्टि से भी वैयक्तिक उद्देश्य अत्यन्त महत्त्वपूर्ण है।

व्यक्तिगत उद्देश्य के विपक्ष में तर्क

(a) शिक्षा के वैयक्तिक उद्देश्य से व्यक्तिवाद को बल मिलता है।

(b) वैयक्तिक उद्देश्य समाजवादी विचारधारा के विपरीत है।

(c) यह उद्देश्य आत्म-प्रदर्शन की गलत धारणा पर आधारित है।

(d) इससे व्यक्ति में पाश्विक प्रवृत्तियों का विकास हो सकता है।

(e) इस उद्देश्य के अन्तर्गत मनुष्य के सामाजिक स्वरूप की उपेक्षा की गई है।

(f) व्यक्ति को अत्यधिक स्वतंत्रता देने से अन्त में सामाजिक विघटन की प्रक्रिया प्रारम्भ हो सकती है।

(g) व्यक्ति की निरंकुश स्वतंत्रता का समर्थन करने के कारण इस उद्देश्य से व्यक्ति की तर्कशक्ति कार का भी ह्रास होने लगता है। वह भले-बुरे तथा उचित-अनुचित में कोई अन्तर नहीं कर सकता।

(h) यह उद्देश्य वास्तविक जीवन के लिए अव्यावहारिक है क्योंकि विद्यालयों में प्रत्येक छात्र के वैयक्तिक विकास के लिए विशेष प्रकार के पाठ्यक्रम और विधियों की व्यवस्था नहीं की जा सकती।

वैयक्तिकता के उद्देश्य में जहाँ तक आत्माभिव्यक्ति के रूप का प्रश्न है, उसे तो बिल्कुल भी स्वीकार नहीं किया जा सकता, लेकिन उसके आत्मानुभूति के रूप को स्वीकार किया जा सकता है क्योंकि उसमे व्यक्ति के सामाजिक विकास के पक्ष की उपेक्षा नहीं की गई है। लेकिन वैयक्तिक विकास का उद्देश्य पूर्ण रूप से स्वीकार नहीं किया जा सकता।

सामाजिक उद्देश्य के अनुसार, समाज या राज्य का स्थान व्यक्ति से अधिक महत्त्वपूर्ण है। बैगेल और डीवी ने सामाजिक उद्देश्य का तात्पर्य सामाजिक दक्षता से लगाया है परंतु अपने अतिवादी स्वरूप में यह उद्देश्य व्यक्ति को समाज की तुलना में निचली श्रेणी का मानता है तथा सारे अधिकारों एवं उत्तरदायित्वों को राज्य के हाथों में सौंप देता है। इस अतिवादी अन्तर्गत समाज को साध्य और व्यक्ति को साधन माना जाता है, अर्थात् व्यक्ति अलग कोई अस्तित्व नहीं। लेकिन यदि हम इस उद्देश्य के अतिवादी रूप को ध्यान में न रखें तो सरल रूप में इस उद्देश्य का अर्थ होगा-व्यक्तियों में सहयोग सामाजिक भावना का विकास करना। इसी सामाजिक भावना के आधार पर रेमंट ने कहा था कि-''समाजविहीन अकेला व्यक्ति कल्पना की खोज है।''

सामाजिक उद्देश्यों के पक्ष में तर्क

(a) व्यक्ति को अपने जीवन-यापन की दृष्टि से समाज अनिवार्य है। समाज से अलग उसके जीवन कल्पना नहीं की जा सकती। इसलिए समाज का हित ही व्यक्ति को सर्वोपरि रखना चाहिए।

(b) समाज ही सभ्यता व संस्कृति को जन्म देता है जिनसे व्यक्ति संस्कारित होता है।

(c) वंशानुक्रम से व्यक्ति केवल पारिवारिक प्रवृत्तियाँ ही प्राप्त करता है, लेकिन सामाजिक वातावरण उसे वास्तविक मानव बनाता है।

(d) सामाजिक वातावरण के अन्तर्गत ही नागरिकता के गुणों का विकास किया जा सकता है।

(e) समाज में ही व्यक्ति की विभिन्न शक्तियों का विकास होता है।

(f) सामाजिक जीवन ही व्यक्ति को नये आविष्कारों के लिए अवसर प्रदान करता है।

सामाजिक उद्देश्यों के विपक्ष में तर्क

सामाजिक उद्देश्यों में निम्नलिखित दोष पाए जाते हैं–

(a) इतिहास गवाह है कि सर्वाधिकारी राज्य युद्ध की विभीषिकाओं को जन्म देते हैं।

(b) इस उद्देश्य से व्यक्ति का मानसिक सौन्दर्यात्मक, चारित्रिक और आध्यात्मिक विकास नहीं हो पाता।

(c) इस उद्देश्य पर आधारित शिक्षा संकुचित राष्ट्रीयता का विकास करती है।

(d) इस उद्देश्य के अन्तर्गत व्यक्तिगत स्वतंत्रता का कोई महत्त्व नहीं है।

(e) इस उद्देश्य के अनुसार, समाज को मनुष्य से श्रेष्ठ समझा जाता है जो एक गलत धारणा है।

(f) राज्य या समाज के आदर्शों के प्रचार के लिए शिक्षा के साधनों का अनुचित प्रयोग किया जाता

(g) यह उद्देश्य अमनोवैज्ञानिक है क्योंकि इसमें बालक की व्यक्तिगत रुचियों, प्रवृत्तियों और योग्यताओं का विकास नहीं हो सकता है।

(h) इस उद्देश्य में क्योंकि वैयक्तिक स्वतंत्रता का अभाव है, इसलिए कला और साहित्य में विकास नहीं हो सकता है।

विद्यालयी शिक्षा की प्रकृति

शिक्षा जीवन पर्यन्त चलने वाली क्रिया है। हम अपने सम्पूर्ण जीवन काल में शिक्षा ग्रहण करते रहते हैं। शिक्षा और सभ्यता का आपस में बहुत गहरा संबंध है जिसका हमारे जीवन में असर पड़ता है। ही एक मात्र ऐसा पथ है जिस पर चलकर हम सद-मार्ग एवं तरक्की की ओर बढ़ सकते है। शिक्षा की सहायता से ही हम अपनी सभ्यता एवं संस्कति का संरक्षण एवं विकास कर सकते हैं तथा अच्छा और बुरा पहचान सकते हैं।

शिक्षा की प्रकृति (Shiksha ki prakriti) को निम्नवत दर्शाया गया है-

1. **शिक्षा सामाजिक प्रक्रिया (Social process of education)**–शिक्षा एक सामाजिक प्रक्रिया है। मनुष्य सामाजिक प्राणी होने के नाते समाज का एक अभिन्न अंग है। मनुष्य के व्यवहार में परिवर्तन व शिक्षा दानों ही सामाजिक प्रक्रिया के रूप में होती है। सामाजिक आवश्यकताओं के अनुसार ही छात्र के विचारों तथा व्यवहार में परिवर्तन आता है। शिक्षा के द्वारा ही छात्रों का सामाजिक विकास संभव है।
2. **शिक्षा गतिशील प्रक्रिया (Dynamic process of education)**–समय के अनुसार शिक्षा (education) में भी परिवर्तन होता रहता है। शिक्षा के उद्देश्य, शिक्षण विधि, पाठ्यक्रम में भी परिवर्तन होते रहते है। ज्ञान और शिक्षा एक पीढ़ी से दूसरी पीढ़ी को और बढती रहती है। शिक्षा की गतिशीलता के कारण ही हम प्रगति की और बढ़ सकते है। यहाँ शिक्षा की गतिशीलता है।
3. **शिक्षा द्विध्रुवी प्रक्रिया (Education bipolar process)**–शिक्षा के दो ध्रुव माने जाते है (1) शिक्षक (teacher) (2) शिक्षार्थी (students) शिक्षा की प्रक्रिया में दोनों का होना आवश्यक है। शिक्षक प्रभावित करता है और शिक्षार्थी उससे प्रभावित होता है।
4. **शिक्षा अनवरत प्रक्रिया (Continuous process of education)**–शिक्षा एक अनवरत रुप से चलने वाली प्रक्रिया है। मनुष्य अपने जन्म से मृत्यु पर्यन्त शिक्षा प्राप्त करता रहता है। मनुष्य औपचारिक व अनोपचारिक रुप से कुछ न कुछ अवश्य सीखता रहता है।
5. **शिक्षा विकास की प्रक्रिया (Process of education development)**– मानव का जन्मजात व्यवहार पशु के समान होता है। शिक्षा इन जन्मजात शक्तियों का विकास करती है। मानव के विकास के साथ ही शिक्षा से समाज की संस्कृति व सभ्यता का विकास होता है।
6. **शिक्षा सर्वांगीण विकास की प्रक्रिया (Education all round development process)**–शिक्षा का कार्य बालक की कुछ क्षमताओं का विकास करना ही नहीं है। बल्कि बालक के सभी पक्षों का (ज्ञानात्मक, भावात्मक, क्रियात्मक) विकास करना है।

शिक्षा को समझने के विभिन्न आधार/दृष्टिकोणः दर्शनशास्त्रीय, मनोवैज्ञानिक, समाजशास्त्रीय, शिक्षा का साहित्य, शिक्षा का इतिहास

मानव प्रकृति की सर्वोत्तम रचना है, जो अपने साथ कुछ जन्मजात शक्तियाँ लेकर पैदा होता है। शिक्षा के द्वारा मानव की इन जन्मजात शक्तियों का विकास उसके ज्ञान एवं कला कौशल में वृद्धि एवं व्यवहार में परिवर्तन किया जाता है और सभ्य, सुसंस्कृत एवं योग्य नागरिक बनाया जाता है। शिक्षा के आधार पर तात्पर्य उन तथ्यों से होता है, जिनकी सहायता से शिक्षा की विषय-वस्तु और प्रक्रिया का निर्माण होता है।

किसी समाज की शिक्षा तथा उसके उद्देश्य मूल रूप से उसके जीवन दर्शन पर आधारित होते हैं। इसके साथ-साथ वे समाज विशेष की संरचना, उसकी सभ्यता एवं संस्कृति तथा उसकी राजनैतिक एवं आर्थिक स्थिति भी उसकी शिक्षा के स्वरूप को प्रभावित करती है। शिक्षा के चार प्रमुख आधार बताए गए हैं। ये है– (i) शिक्षा का दर्शनशास्त्रीय आधार, **(ii)** शिक्षा का मनोवैज्ञानिक आधार **(iii)** शिक्षा का समाजशास्त्रीय आधार **(iv)** शिक्षा का वैज्ञानिक आधार

शिक्षा का दर्शनशास्त्रीय आधार

मनुष्य दर्शन का केन्द्र होता है। दार्शनिक मनुष्य के व्यवहारों, उसके वास्तविक स्वरूप को जानने का प्रयास करते हैं और मनुष्य के जीवन का लक्ष्य तय करते हैं। दार्शनिक मनुष्य के जीवन के अंतिम लक्ष्य की प्राप्ति का साधन भी तय करते हैं और इन सभी बातों के ज्ञान एवं प्रशिक्षण के लिए वे शिक्षा को अत्यावश्यक बताते हैं।

अतः हम यह भी कह सकते हैं कि दार्शनिकों की दृष्टि से शिक्षा मनुष्य के जीवन के अन्तिम उद्देश्य की प्राप्ति का साधन है। विभिन्न दर्शन मनुष्य के जीवन का उद्देश्य भिन्न-भिन्न मानते हैं।

अध्यात्मवादी मनुष्य के लौकिक जीवन से ज्यादा उसके पारलौकिक जीवन को ज्यादा महत्त्वपूर्ण मानते हैं। वेदांती, लौकिक जीवन से सदा के लिए छुटकारा पाने का प्रयत्न करते हैं और इसे मुक्ति नाम देते हैं।

भौतिकतावादी मनुष्य के लौकिक जीवन को ही सत्य मानते हैं। भौतिकतादियों के अनुसार सुखर्पूवक जीना ही मनुष्य के जीवन का अन्तिम उद्देश्य है। इनके अनुसार सुखपूर्वक जीने के लिए यह आवश्यक है कि मनुष्य शरीर एवं मन स्वस्थ हो और साधन सुविधा सम्पन्न हो। भौतिकवादी दृष्टि में शिक्षा, "शिक्षा वह है जो मनुष्य को सुखपूर्वक जीवन व्यतीत करने योग्य बनाती है।"

पाश्चात्य प्रकृतिवादी दार्शनिक शिक्षा को भौतिक सुखों की प्राप्ति का साधन मानते हैं वे मनुष्य को अपने अंत:करण एवं बाहरी पर्यावरण से समन्वय स्थापित

करने पर बल देते हैं। स्पेन्सर कहते हैं, "शिक्षा का अर्थ अन्त:शक्तियों का बाह्य जीवन से समन्वय स्थापित करना ही शिक्षा है।"

कुछ पाश्चात्य दार्शनिक मनुष्य के वास्तविक रूप में देखते हैं। प्रयोजनवादी मनुष्य को एक सामाजिक प्राणी कहते हैं और उनका मानना है कि मनुष्य में वर्तमान समाज में अनुकूलन करने और भविष्य के समाज का निर्माण ही शिक्षा का कार्य प्रयोजनवादी जॉन डीवी ने कहा है-"शिक्षा व्यक्ति की उन सभी योग्यताओं का विकास है जो उसमें अपने पर्यावरण पर नियंत्रण रखने और अपनी समभावनाओं को पूर्ण करने की सामर्थ्य प्रदान करे।"

शिक्षा का मनोवैज्ञानिक आधार

भारतीय मनोवैज्ञानिकों के विचार का केन्द्रबिन्दु मनुष्य का बाह्य स्वरूप और उसका अंत:करण दोनों होते हैं। बाह्य स्वरूप में वह उसकी कमेन्द्रियों एवं ज्ञानेन्द्रियों और अंत: करण में मन, बुद्धि आदि का अध्ययन करता है। उनकी दृष्टि में शिक्षा-शिक्षा मनुष्य के अंत:करण एवं बाह्य इंद्रियों का प्रशिक्षण है।

पश्चात्य मनोवैज्ञानिकों का विचार केन्द्र मनुष्य का शरीर, मस्तिष्क एवं व्यवहार होता है। मनुष्य के अंत:करण के मूल तत्त्व मन, बुद्धि और अहंकार की खोज नहीं कर सकते हैं। वे मनुष्य को एक मनोशारीरिक प्राणी मानते हैं जिसके पास जन्म से ही कुछ शक्तियाँ होती हैं और वह इन शक्तियों का ही विकास करता है। इन शक्तियों का विकास बहुत आवश्यक होता है।

पेस्टालॉजी ने इस विषय पर विचार किया कि इन जन्मजात शक्तियों का विकास किस दिशा में और कितना किया जाए और कहा कि वह विकास स्वाभाविक सम और प्रगतिशील होना चाहिए उन्होंने कहा, ''शिक्षा मनुष्य की जन्मजात शक्तियों का स्वाभाविक समरस और प्रगतिशील विकास है।''

शिक्षा का समाजशास्त्रीय आधार

बालक जीवन भर किसी-न-किसी समाज का सदस्य रहता है। स्कूल भी समाज का लघुरूप है। और शिक्षा का उच्चतम उद्देश्य व्यक्ति को समाज का श्रेष्ठ सदस्य बनाना है। शिक्षा कहीं भी हो कभी भी हो तथा किसी भी दशा में हो, एक ही प्रमुख उद्देश्य को लेकर चलेगी और वह है- बालक का विकास और बालक का विकास भी कैसा-सर्वांगीण। अब प्रमुख बात यह है कि बालक का विकास सदैव ही वि-पक्षीय होता है।

बालक का विकास

(i) वैयक्तिक दृष्टिकोण–बालक के वैयक्तिक विकास में जीवन शास्त्र का यथेष्ट योगदान रहता है। क्योंकि बालक के व्यवहार में जैविकीय तत्त्वों का सीधा प्रभाव रहता है।

जन्मजात संस्कारों के अतिरिक्त वातावरण एवं सीखने की क्रिया का भी बालक पर प्रभाव पड़ता है। जब जीवन-शास्त्र व मनोविज्ञान दोनों शास्त्र व्यक्ति के अध्ययन को केवल महत्त्व हीं प्रदान नहीं करते हैं, वरन् ब्राऊन के शब्दों में- "जीवन-शास्त्र व मनोविज्ञान ने अधिकतर शिक्षा पर प्रभुत्व जमा रखा है..... विधियों का पाठ्यक्रम और स्कूल का प्रबंध तक व्यक्ति के मनोवैज्ञानिक विचारों पर आधारित है।" (Until recently biology and psychology have largely dominated education, have been based on psychological concepts of the individual)

(ii) सामाजिक दृष्टिकोण- एक व्यक्ति अनेक समूहों व समूदायों का सदस्य होता है। कई लोगों के संपर्क में आता है। अपनी सामाजिक संस्कृतियों को आत्मसात करते हुए भी वह एक व्यक्ति के विकास में योगदान देते हैं। हम मनुष्य को एक सामाजिक प्राणी मानते हैं। अत: समाज के बिना उसका अस्तित्त्व भी संभव नहीं। इसके अलावा शिक्षा भी समाज में निरंतर चलने वाली प्रक्रिया है।

इसलिए यदि शिक्षा का पुनर्संगठन (Re-Organization) या पुर्न-व्यवस्था (Reconstruction) करना है तो हमें अवश्य ही व्यक्ति के परे जाना होगा। शैक्षिक प्रक्रियाओं व पाठ्यक्रम के निर्माण के लिए शिक्षा को घर की परिधि में प्रवेश करना ही होगा, तथा समाज के निकट आना ही होगा एवं संपूर्ण ध्यान रखना ही होगा।

इसीलिए स्कूल में जो सैद्धातिंक शिक्षा दी जाती है, उसका संबंध मनुष्य की पूर्ण शिक्षा से अवश्य ही होना चाहिए। अत: इसके लिए हमें समाज के बारे में भी जानकारी रखनी आवश्यक है।

शिक्षा का वैज्ञानिक आधार

19वीं शताब्दी तक आते-आते विज्ञान के क्षेत्र में उन्नति हुई और उसका जीवन पर प्रभाव पड़ा। इसके फलस्वरूप शिक्षा में विज्ञान के विषयों को सम्मिलित किया गया और विज्ञान के शिक्षण में रुचि उत्पन्न होने लगी। पाठ्यक्रम में भारी परिवर्तन आया। परंपरागत पाठ्यक्रम में उनका महत्त्व शिक्षण-विधियों में सुधार आदि वैज्ञानिक प्रवृत्तियों की ही विशेषता रही है।

विज्ञान ने पाठ्यक्रम में परिवर्तन के साथ-साथ हमारी मनोवृत्ति को मनोवैज्ञानिक बना दिया। शिक्षण में वैज्ञानिक आविष्कारों का प्रयोग प्रारम्भ हुआ। रेडियो, फिल्म प्रोजेक्टर, रिकार्ड प्लेयर, टेप, दृश्य-श्रव्य सामग्री आदि का प्रयोग बढ़ने लगा। शैशिक तकनीक की शुरुआत हुई। जैसे कंप्यूटर के द्वारा शिक्षण की व्यवस्था आदि। इन सब उपब्धियों को शिक्षा प्रक्रिया से जोड़ना ही होगा।

शिक्षा का साहित्य

शिक्षाशास्त्र के अंतर्गत शिक्षा का दर्शन, शिक्षा का इतिहास, शिक्षा का मनोविज्ञान, शिक्षा का समाजशास्त्र जैसे विभिन्न विषयों को शामिल कर बनाया गया है। इस तरह शिक्षा का साहित्य भी वर्तमान में एक नया विषय है।

समाज को बदलने में शिक्षा व साहित्य का महत्त्वपूर्ण योगदान होता है। साहित्य कर्म, सांस्कृतिक कर्म का संयोग है और कल्पना सर्जन का अधार है। साहित्य समाज का व्यवहार है। साहित्य, अस्मिता की पहचान कराता है। संस्कृतियाँ और समाज लगातार बदलते हैं। यह शिक्षा और साहित्य के अनुसार चलते हैं।

शिक्षा समाज एवं साहित्य एक-दूसरे के पूरक एवं प्रतिक्रियात्मक संस्थान है शिक्षा के प्रभाव से समाज में विकास होता है एवं समाज की संस्कृति साहित्य का सृजन करती है। साहित्य का मुख्य कार्य मानवीय चेतनाओं का स्पष्टीकरण एवं उत्प्रेरण है। वर्तमान संदर्भों में व्यक्ति को उनके प्रति सजग एवं अभिप्रेरित करना साहित्य का मुख्य लक्ष्य है।

शिक्षा में साहित्य पढ़ाया जाना बहुत महत्त्वपूर्ण है, जिसे हम निम्न बातों से समझ सकते हैं–

(1) साहित्य इतिहास की परतों को खोलता है, तथा इतिहास के तथ्यों की कड़ियों को जोड़ने का कार्य करता है।

(2) साहित्य ही व्यक्ति में संवेदना के अंकुर जगाता है, साहित्य संवेदनाओं को जगाने का कार्य करता है।

(3) अच्छे साहित्य का कार्य प्रश्न खड़े करना है। साहित्य व्यक्ति को अपने समय के प्रश्नों से अवगत कराता है।

(4) साहित्य युग परिवर्तनकारी होता है। कबीर और तुलसी का उदाहरण इसके लिए उत्कृष्ट है, जिनकी बातें आज भी अनुकरणीय हैं।

(5) साहित्य समाज का दर्पण होता है, सामाजिक प्राणी होने के कारण मनुष्य को अपने आस-पास के जीवन को साहित्य के बिना समझना आसान नहीं है।

(6) विज्ञान हमें ताकत देता है लेकिन साहित्य इस ताकत का सही उपयोग करने हेतु विवेक प्रदान करता है।

(7) साहित्य किसी भी व्यक्ति की सफलता में मद्दगार साबित होता है क्योंकि यह भावनात्मक बौद्धिकता बढ़ाने में मदद करता है।

(8) साहित्य के कारण ही व्यक्ति अवसाद से बच जाता है और जीवन को जड़ होने से बचा लेता है।

शिक्षा का इतिहास

भारत में शिक्षा एक ऐसा शब्द है जिसका व्यापक महत्त्व है। शिक्षा ज्ञान इक्ट्ठा करने और विचारों को समृद्ध करने का एक तरीका है। यह जीवन के दौरान ज्ञान, सूचना और कौशल की सीख है। अनौपचारिक स्तर के साथ-साथ औपचारिक स्तर पर शैक्षणिक अवसरों की एक शृंखला है।

प्राचीनकाल

भारत में शिक्षा के इतिहास की जड़े प्राचीन काल से हैं। भारतीय शिक्षा प्रणाली ने एक लंबा सफर तय किया है। शिक्षण के वैज्ञानिक तरीके के अलावा, शिक्षकों और छात्रों द्वारा साझा किया गया संबंध भी पुराना है। भारत में शिक्षा के इतिहास का पता प्राचीन काल से लगाया जा सकता है। प्राचीन भारत में शिक्षा तीसरी शताब्दी ईसा पूर्व के अनुरूप है। उस प्रारंभिक काल के दौरान ऋषियों और विद्वानों द्वारा मौखिक रूप से शिक्षा दी जाती थी और अक्षर की शुरुआत के बाद ताड़ के पत्तों और पेड़ों की छाल का लेखन विकसित हुआ। इसके अलावा मंदिरों और सामुदायिक केंद्रों ने अकसर स्कूलों की भूमिका निभाई। धीरे-धीरे गुरुकुल प्रणाली की अवधारणा उत्पन्न हुई। शिक्षा की गुरुकुल प्रणाली पृथ्वी पर पुरानी प्रणालियों में से एक है। गुरुकुल शिक्षा के पारंपरिक हिंदू आवासीय विद्यालय थे। गुरुकुलों में शिक्षा ने धर्म, शास्त्र, दर्शन, साहित्य, युद्ध, राज्य शिल्प और गणित, चिकित्सा, ज्योतिष और इतिहास का ज्ञान प्रदान किया। पूर्व-मध्यकालीन भारत में शिक्षा बौद्ध धर्म और जैन धर्म के उदय के कारण हुए मूलभूत परिवर्तनों का परिणाम थी। भारत में शिक्षा के इतिहास के अनुसार मध्यकाल में नालंदा, तक्षशिला, उज्जैन और विक्रमशिला में उच्च शिक्षा प्रदान करने वाले विश्वविद्यालय फले-फूले हैं।

मध्यकाल

- मध्यकालीन भारत में शिक्षा मध्यकाल के दौरान कई राजवंशों का उदय हुआ; यथा-पाल, सेन, प्रतिहार, राष्ट्रकूट और चोल आदि। इन राजवंशों ने शिक्षा, कला और साहित्य को बढ़ावा दिया। इसमें पालों के समय में ओदन्तपुरी और विक्रमशिला विश्वविद्यालयों की स्थापना की गई। यह वह समय था, जब अरब और मध्य एशिया क्षेत्र की प्रथाएँ, संस्कृतियाँ और परम्पराएँ भारतीय निवासियों में घुल-मिल रही थीं।
- इसी काल में लगभग 1000 ई. में महमूद गजनवी तथा 1175 ई. में मुहम्म्द गौरी का भारत में आगमन हुआ और हिन्दुओं एवं बौद्ध शिक्षा केन्द्रों को क्षति पहुँचाई गई।
- अरबी और फारसी को प्रमुखता मिली तथा मुस्लिम शिक्षा प्रणाली अस्तित्व में आई। दिल्ली सल्तनत के द्वारा उर्दू को लोकप्रिय बनाया गया। मुस्लिम शिक्षण संस्थान मस्जिदों से संलग्न होते थे तथा शिक्षा की प्रणाली इस्लामिक, सिद्धान्तों, नियमों और सामाजिक परम्पराओं पर आधारित होती थी।
- मुगल शासकों ने विभिन्न विषयों में स्नातकोत्तर व उन्नत अध्ययन के लिए कई संस्थानों की स्थापना कराई, जहाँ अध्ययन हेतु कई शाखाओं का निर्माण किया गया; जैसे-गणित, ज्यामिति, खगोल विज्ञान, भौतिकी, दर्शन, इतिहास, साहित्य इत्यादि, किन्तु औरंगजेब की मृत्यु के पश्चात् मुगल साम्राज्य और धर्म पर आधारित शिक्षा की व्यवस्था समाप्त हो गई।

ब्रिटिश शासन काल में शिक्षा

ब्रिटिश शासन काल

भारतीय शिक्षा की विकास यात्रा का इतिहास अत्यंत विस्तृत है। इसमें प्राचीन कालीन वेदों की शिक्षा से लेकर ब्रिटिश काल की शिक्षा सम्मिलित है। इसके अंतर्गत ब्रिटिश शासनकाल के दौरान लागू की गई मैकाले मिनट्स, वुड डिस्पैच योजना, हंटर आयोग, गोखले विधेयक, वर्धा योजना, कलकत्ता विश्वविद्यालय, हार्टोग समिति, एबाट-वुड रिपोर्ट तथा सार्जेंट रिपोर्ट योजनाओं का विस्तार से अध्ययन करेंगे।

मैकाले मिनट्स (Macaulay's Minutes) 1835

भारतीय शिक्षा के इतिहास में मैकाले के द्वारा प्रस्तुत घोषणा पत्र अंग्रेजी शिक्षा के प्रचार-प्रसार हेतु एक मील का पत्थर है। मैकाले के प्रस्तुत घोषणा-पत्र ने भारतीय शिक्षा को एक नई दिशा और स्वरूप प्रदान किया। जब ब्रिटिश पार्लियामेंट में ''गवर्नमेंट ऑफ इंडिया एक्ट 1833" पास किया तो मैकाले को गवर्नर जनरल काउन्सिल (जिसे सुप्रीम काउंसिल ऑफ इंडिया कहते थे) का विधि सदस्य (law member) नियुक्त किया। अत: मैकाले 1834 में भारत आया। यहाँ उसे ''कमेटी ऑफ पब्लिक इंस्ट्रक्शन'' का अध्यक्ष भी बनाया गया। वह अंग्रेजी का प्रकाण्ड ज्ञाता और अपने लेखों तथा व्याख्यानों से लोगों में जीवन का संचार कर देता था। इसी ज्ञान के भंडार के साथ मैकाले ने भारत में प्रवेश किया और उनके आते ही तत्कालीन गवर्नर जनरल विलियम बैंटिक ने बंगाल की 'लोक शिक्षा समिति' का प्रधान नियुक्त कर दिया। इस कमेटी में दस सदस्य थे जिनमें से आधे सदस्य तो संस्कृत, फारसी, अरबी की शिक्षा जारी रखने के समर्थक थे, पर शेष आधे अंग्रेजी की और यूरोपीय ज्ञान-विज्ञान की शिक्षा देने के पक्ष में थे। इस विवाद को समाप्त करने के लिए तथा कंपनी के कर्मचारी और कंपनी के डायरेक्टरों की इच्छा को लागू करने की दृष्टि से मैकाले ने अपने विवरण-पत्र में तीन नीतिगत बातें कहीं–

1. हमें अपना राज्य सुदृढ़ करने के लिए ऐसे लोग चाहिए जो रक्त और रंग में भारतीय हों, पर रुचियों में, दृष्टिकोण में, नैतिकता में और बुद्धि में अंग्रेज हों, ऐसे लोग तभी तैयार किए जा सकते हैं जब उन्हें यूरोपीय ज्ञान-विज्ञान की शिक्षा दी जाए। अत: हमें यह राशि ''यूरोपीय ज्ञान-विज्ञान'' (इसी को अब हम लोग ''आधुनिक ज्ञान-विज्ञान'' कहने लगे हैं) के प्रसार पर खर्च करनी चाहिए।
2. इसके लिए अंग्रेजी को ही शिक्षा का माध्यम बनाना होगा क्योंकि भारतीय भाषाएँ इतनी अविकसित और गंवारु हैं कि उन्हें यूरोपीय भाषाओं से संपन्न किए बिना उनमें यूरोपीय ज्ञान-विज्ञान का अनुवाद तक संभव नहीं।
3. यह शिक्षा सबको नहीं, समाज के केवल विशिष्ट वर्ग को देनी चाहिए। यह विशिष्ट वर्ग ही इस ज्ञान-विज्ञान का प्रसार देश के अन्य लोगों में देशी भाषाओं के माध्यम से (कृपया इन शब्दों पर ध्यान दें, ''देशी भाषाओं के माध्यम से'') कर लेगा। इसे ही शिक्षा-शास्त्र की पारिभाषिक शब्दावली में ''अधोमुखी निस्यन्दन सिद्धांत (downward filtration theory)'' कहते हैं। मैकाले का स्पष्ट कहना था कि भारत को हमेशा-हमेशा के लिए अगर गुलाम बनाना है तो इसकी देशी और सांस्कृतिक शिक्षा व्यवस्था को पूरी तरह से ध्वस्त करना होगा और उसकी जगह अंग्रेजी शिक्षा व्यवस्था लानी होगी और तभी इस देश में शरीर से हिन्दुस्तानी लेकिन दिमाग से अंग्रेज पैदा होंगे।

   मैकाले ने अपने पिता को एक चिट्ठी लिखी थी, उसमें वह लिखता है कि ''इन कॉन्वेंट स्कूलों से ऐसे बच्चे निकलेंगे जो देखने में तो भारतीय होंगे लेकिन दिमाग से अंग्रेज होंगे और इन्हें अपने देश के बारे में कुछ पता नहीं होगा, इनको अपनी संस्कृति के बारे में कुछ पता नहीं होगा, इनको अपनी परंपराओं के बारे में कुछ पता नहीं होगा, इनको अपने मुहावरे नहीं मालूम होंगे, जब ऐसे बच्चे होंगे इस देश में तो अंग्रेज भले ही चले जाएँ, इस देश से अंग्रेजियत नहीं जाएगी।''

   अंग्रेजी का शिक्षा के माध्यम के रूप में अधिकृत और व्यवस्थित प्रयोग लार्ड मैकाले के उस विवरण पत्र (1835) का परिणाम था जो उसने ब्रिटेन की संसद के नए आज्ञा-पत्र (चार्टर 1833) को व्यावहारिक रूप देने के

लिए तैयार किया था। आज्ञा-पत्र को अंतिम रूप देने से पहले ही ईस्ट इंडिया कंपनी के डायरेक्टरों ने अपना मंतव्य स्पष्ट करते हुए 5 सितम्बर 1827 को गवर्नर जनरल को पत्र में लिखा कि शिक्षा के लिए निर्धारित धन उच्च और मध्य वर्ग के ऐसे भारतीयों की शिक्षा पर ही खर्च किया जाए जो हमारे शासन् के लिए ''एजेंट'' का काम करें। उस समय स्कूल चलाने वाले प्राय: तीन तरह के लोग थे:

1. कंपनी के कर्मचारी/व्यापारी, जो अपने बच्चों के लिए इंग्लैंड के स्कूलों जैसी शिक्षा देना चाहते थे।
2. ईसाई मिशनरी जो मुख्य रूप से ईसाई धर्म की शिक्षा देते थे। मिशनरियाँ धर्म प्रचार का काम सामान्यत: समाज के निर्धन लोगों के बीच करती थीं। अत: वे अपनी शिक्षा में किसी व्यवसाय की शिक्षा भी शामिल करते थे ताकि धर्मान्तरित लोगों का आर्थिक स्तर सुधार सकें।
3. भारतीय जिसमें हिंदू और मुसलमान दोनों थे जिनमें से क्रमश: पाठशाला/आश्रम, मकतब / मदरसे वाली शिक्षा देना चाहते थे। या तो इन सभी की नजर उक्त राशि पर लगी हुई थी, पर ईसाई मिशनरी इस पर अपना विशेषाधिकार समझते थे।

2 फरवरी, 1835 को ब्रिटिश संसद में दिए लॉर्ड मैकाले ने अपने भाषण में कहा कि ''मैंने भारत की ओर-छोर की यात्रा की है पर मैंने एक भी आदमी ऐसा नहीं देखा जो भीख मांगता हो या चोर हो। मैंने इस मुल्क में अपार संपदा देखी है। उच्च उदात्त मूल्यों को देखा है। इस योग्यता एवं मूल्यों वाले भारतीयों को कोई भी नहीं जीत सकता यह मैं मानता हूं, तब तक, जब तक कि हम इस मुल्क की रीढ़ ही न तोड़ दें, और भारत की रीढ़ है उसकी आध्यात्मिक और सांस्कृतिक विरासत। इसलिए मैं यह प्रस्ताव करता हूँ कि भारत की पुरानी शिक्षा व्यवस्था को हम बदल दें। उसकी संस्कृति को बदलें ताकि हर भारतीय यह सोचे कि जो भी विदेशी है, वह बेहतर है। वे यह सोचने लगें कि अंग्रेजी भाषा महान है अन्य देशी भाषाओं से। इससे वे अपना सम्मान खो बैठेंगे। अपनी देशज जातीय परंपराओं को भूलने लगेंगे और फिर वे वैसे ही हो जाएंगे जैसा हम चाहते हैं, सचमुच एक आक्रांत एवं पराजित राष्ट्र।''

काफी विचार विमर्श के पश्चात् 7 मार्च, 1835 को मैकाले का घोषणा पत्र लागू हुआ। जिसकी रूपरेखा इस प्रकार से थी-

1. ब्रिटिश सरकार का प्रमुख उद्देश्य भारतवासियों में यूरोपीय साहित्य एवं विज्ञान का प्रचार करना है। अत: केवल इसी कार्य के लिए शिक्षा संबंधी राशि व्यय की जाएगी।
2. प्राच्य-शिक्षालयों का बहिष्कार तथा उन्मूलन नहीं किया जाएगा। उनके अध्यापकों तथा छात्रों को पूर्व के समान ही वेतन एवं छात्रवृत्तियाँ दी जाएँगी।
3. भविष्य में प्राच्य शिक्षा संबंधी पुस्तकों का मुद्रण तथा प्रकाशन नहीं होगा, अंग्रेजी साहित्य एवं विज्ञान का प्रसार करने में व्यय किया जाएगा।
4. इन सुधारों से बचा हुआ धन भारतीयों में अंग्रेजी भाषा के माध्यम द्वारा अंग्रेजी साहित्य एवं विज्ञान का प्रसार करने में व्यय किया जाएगा।

वुड डिस्पैच *(Wood's Despatch) 1854*

'बोर्ड ऑफ कंट्रोल' के प्रधान चार्ल्स वुड ने 19 जुलाई, 1854 को भारतीय शिक्षा पर एक व्यापक योजना प्रस्तुत की, जिसे 'वुड का डिस्पैच' कहा गया। 100 अनुच्छेदों वाले इस प्रस्ताव में शिक्षा के उद्देश्य, माध्यम, सुधारों आदि पर विचार किया गया था। इस घोषणा पत्र को भारतीय शिक्षा का 'मैग्ना कार्टा' भी कहा जाता है। प्रस्ताव में पश्चात शिक्षा के प्रसार को सरकार ने अपना उद्देश्य बनाया उच्च शिक्षा को अंग्रेजी भाषा के माध्यम से दिये जाने पर बल दिया गया, परन्तु साथ ही देशी भाषा के विकास को भी महत्त्व दिया गया। ग्राम स्तर पर देशी भाषा के माध्यम से अध्ययन के लिए प्राथमिक पाठशालाएं स्थापित हुईं और इनके साथ ही जिलों में हाईस्कूल स्तर के 'एंग्लो-वर्नाक्यूलर' कॉलेज खोले गए। घोषणा-पत्र में सहायता अनुदान दिए जाने पर बल भी दिया गया था।

वुड घोषणा-पत्र की प्रमुख बातें

वुड घोषणा-पत्र की प्रमुख बातें निम्नलिखित है-

1. शिक्षा संबंधी एक स्थाई नीति निर्धारित कर उसकी समुचित व्यवस्था की आवश्यकता समझी गई।
2. शिक्षा के स्तर एवं उसके पाठ्यक्रम में सुधार या परिवर्तन लाने की आवश्यकता समझी गई।
3. अंग्रेजी शिक्षा के विकास के साथ नवीन ढंग के शिक्षण-संस्थाओं की वृद्धि की आवश्यकता हुई।
4. शिक्षण माध्यम अंग्रेजी के साथ ही भारतीय भाषाओं को भी शिक्षण माध्यम बनाने की आवश्यकता महसूस हुई।

वुड घोषणा-पत्र की प्रमुख सिफारिशें

शिक्षा का उद्देश्य-शिक्षा का उद्देश्य भारतीयों की बौद्धिक और चारित्रिक उन्नति करने के साथ ही ऐसे व्यक्तियों को उत्पन्न करना था जो ब्रिटेन को मजबूत बना सकें और जिन्हें विश्वास के साथ राजपदों पर नियुक्त किया जा सके।

पाठ्यक्रम-पाश्चात्य संस्कृति का साहित्य ही भारतीयों के लिए उपयुक्त समझा गया पर साथ ही अरबी, संस्कृत एवं फारसी भी स्वीकार ली गई।

अध्यापकों का प्रशिक्षण-अध्यापकों का स्तर उठाने के लिए प्रत्येक प्रेसीडेंसी में एक-एक शिक्षक-प्रशिक्षण-महाविद्यालय की स्थापना की सिफारिश की गई।

लोक शिक्षा विभाग-1855 ई. में 'लोक शिक्षा विभाग' की स्थापना हुई। जिसका सर्वोच्च अधिकारी जन-शिक्षा संचालक था।

शिक्षा और रोजगार-घोषणा पत्र में कहा गया कि शिक्षा प्राप्त व्यक्ति ही सरकारी पद पर नियुक्त किया जाए। छोटे-छोटे पदों के लिए निरक्षर के स्थान पर साक्षर को मौका दिया जाए।

विश्वविद्यालय-प्रस्ताव के अनुसार 'लंदन विश्वविद्यालय' के आदेश पर बम्बई, मद्रास एवं कलकत्ता विश्वविद्यालय 1857 ई में अस्तित्त्व में आए। 1847 ई. से पूर्व भारत में कुल 19 विश्वविद्यालय थे। इसमें एक कुलपति, उप-कुलपति, सीनेट एवं विधि सदस्यों की व्यवस्था की गई। इन विश्वविद्यालयों को परीक्षा लेने एवं उपाधियाँ प्रदान करने का अधिकार होता था। तकनीकी एवं व्यावसायिक विद्यालयों की स्थापना के क्षेत्र में भी इस घोषणा पत्र में प्रयास किया गया। 'वुड डिस्पैच' की सिफारिश के प्रभाव में आने के बाद 'अधोमुखी निस्यंदन सिद्धान्त समाप्त हो गया।

क्रमबद्ध विद्यालयों की स्थापना-शिक्षा को सुचारु रूप से चलाने के लिए क्रमबद्ध विद्यालय की स्थापना पर जोर दिया गया। इसमें प्राथमिक विद्यालय, मिडिल विद्यालय, हाई स्कूल, कॉलेज और विश्वविद्यालय का क्रम रखा गया।

शिक्षा का माध्यम-यूरोपियन ज्ञान के लिए अंग्रेजी को शिक्षा का माध्यम बनाया गया जबकि सामान्य अध्ययन के लिए शिक्षा का माध्यम देशी भाषाएँ रहीं।

जन-समूह की शिक्षा-जीवन के सर्वांगीण विकास के लिए शिक्षा को महत्त्वपूर्ण आधार माना गया, जिसके तहत सभी के लिए शिक्षा की व्यवस्था की गई। यह सिफारिश भी की गई कि निर्धन किन्तु योग्य विद्यार्थियों को शिक्षा के सभी स्तरों पर छात्रवृत्तियाँ दी जाएगी।

अनुदान व्यवस्था-सरकार की ओर से अनुदान शिक्षालय भवन, पुस्तकालय तथा छात्रवृत्तियों एवं अध्यापकों के वेतन आदि के लिए था। यह अनुदान केवल धर्मनिरपेक्ष संस्थाओं को देने की घोषणा की गई।

व्यावसायिक शिक्षा-विभिन्न प्रकार के उद्योगों के शिक्षण के लिए औद्योगिक स्कूल और कॉलेज खोलने को कहा गया। व्यावसायिक व औद्योगिक शिक्षा प्राप्त व्यक्तियों को रोजगार देने की सिफारिश की गई।

स्त्री शिक्षा

नारी शिक्षा के लिए विद्यालयों को अनुदान दिया जाएगा।

इनके अलावा निम्नलिखित सुझाव दिए गए-

1. भारतीय भाषाओं में पुस्तक लेखन एवं प्रकाशन का भी सुझाव दिया गया।
2. शिक्षा धर्मनिरपेक्ष होगी।

भारतीय शिक्षा के इतिहास में वुड का घोषणा पत्र बेजोड़ है क्योंकि घोषणा पत्र में भारतीय शिक्षा के उद्देश्यों का स्पष्टीकरण कर दिया था और पाठ्यक्रम में भारतीय मूल्यों को व्यापक स्थान प्राप्त था।

हंटर आयोग *(Hunter Commission) 1882–83*

चार्ल्स वुड के घोषणा-पत्र द्वारा शिक्षा के क्षेत्र में हुई प्रगति की समीक्षा हेतु 1882 ई में सरकार ने डब्ल्यू हंटर की अध्यक्षता में एक आयोग की नियुक्ति की। इस आयोग में 8 सदस्य भारतीय और 14 विदेशी थे। आयोग को प्राथमिक एवं माध्यमिक शिक्षा की समीक्षा तक ही सीमित कर दिया गया था।

आयोग की नियुक्ति के कारण

हंटर आयोग की नियुक्ति के निम्नलिखित कारण थे-

1. वुड के घोषणा-पत्र की असफलता।
2. जनशिक्षा की अवहेलना।
3. पूर्व के शिक्षा सिद्धांतों, आयोगों, समितियों और क्रियाओं के स्वरूप और क्रियान्वयन में अंतर।
4. शिक्षा की वास्तविक स्थिति का पता लगाने के लिए।
5. मिशनरियों के आन्दोलन।

हंटर आयोग के उद्देश्य

हंटर कमीशन की स्थापना के निम्नलिखित उद्देश्य थे-

1. भारत में प्राथमिक शिक्षा की दशा देखना तथा उसके विकास में सहयोग देना।
2. माध्यमिक शिक्षा का प्रसार किन साधनों से किया जाए।
3. उच्च व माध्यमिक शिक्षा के प्रोत्साहन से प्राथमिक शिक्षा पर क्या प्रभाव पड़ा।
4. भारतीय शिक्षा व्यवस्था में व्यक्तिगत प्रयासों के प्रति सरकार की नीति क्या हो।
5. सहायता-अनुदान प्रणाली के संबंध की नीति क्या होनी चाहिए।

हंटर आयोग की सिफारिशें तथा सुझाव

प्राथमिक शिक्षा

1. प्राथमिक शिक्षा का उद्देश्य जन साधारण में शिक्षा का प्रसार करना निर्धारित किया जाए।
2. इस शिक्षा का प्रसार तथा संचालन का भार जिला परिषदों और नगर पालिकाओं को दे देना चाहिए।
3. इस शिक्षा का प्रसार पिछड़ी हुई जातियों और आदिवासियों में विशेष रूप से किया जाए।
4. इस शिक्षा के स्तर को उच्च बनाने के लिए प्रत्येक निरीक्षण के क्षेत्र में कम-से-कम एक सामान्य स्कूल की स्थापना की जाए।
5. इस शिक्षा में जीवन उपयोगी विषयों जैसे– गणित, कृषि आदि को स्थान दिया जाए।
6. प्राथमिक शिक्षा को देश की शिक्षा प्रणाली का अंग घोषित किया जाए।

माध्यमिक शिक्षा

1. इसके लिए सहायता अनुदान प्रणाली का प्रयोग किया जाए।
2. माध्यमिक स्तर पर दो प्रकार के पाठ्यक्रमों की व्यवस्था की जाए।
3. हर जिले में एक विद्यालय का निर्माण किया जाए और उसके संचालन का भार वहाँ के निवासियों को दे दिया जाए।
4. माध्यमिक शिक्षा के स्तर को उच्च बनाने के लिए प्रत्येक स्थान पर प्रशिक्षण विद्यालयों की स्थापना की जाए।
5. शिक्षा के माध्यम में मातृभाषा को प्रमुखता दी गई पर इसके साथ कुछ ज्ञान अंग्रेजी का भी दिया जाए।

उच्च शिक्षा

1. कॉलेजों में शिक्षकों की नियुक्ति करते समय यूरोपियन विश्वविद्यालयों में शिक्षा प्राप्त करने वाले भारतीयों को प्राथमिकता दी जाए।
2. कॉलेजों के शिक्षकों की संख्या, व्यय, फर्नीचर, पुस्तकालय और भवन निर्माण की आवश्यकता को ध्यान में रखकर सहायता अनुदान दिया जाए।
3. कॉलेजों के पाठ्यक्रमों को छात्रों की रुचि के अनुसार विस्तृत करके उन्हें चयन करने का अवसर दिया जाए।

सहायता अनुदान प्रणाली

1. प्राथमिक स्कूलों के लिए 'परीक्षा फल के अनुसार वेतन प्रणाली' का प्रयोग किया जाए।
2. विद्यालयों को पुस्तकालय, शिक्षण सामग्री, फर्नीचर आदि के लिए विशेष सहायता अनुदान दिया जाए।
3. सहायता अनुदान देते समय विद्यालयों की आवश्यकताओं तथा परिस्थितियों को ध्यान में रखा जाए।

धार्मिक शिक्षा

1. सरकारी स्कूलों में किसी प्रकार की कोई धार्मिक शिक्षा नहीं दी जाएगी।
2. गैर सरकारी स्कूलों में धार्मिक शिक्षा दे सकते हैं परन्तु सरकार द्वारा उसकी ओर कोई ध्यान नहीं दिया जाएगा।

मुसलमानों की शिक्षा

1. प्राचीन ढंग से शिक्षा देने वाले मुस्लिम स्कूलों को प्रोत्साहित किया जाए।
2. मुसलमानों में शिक्षा के प्रसार के लिए छात्रवृतियाँ दी जाए।
3. जिन प्राथमिक स्कूलों में मुसलमानों की संख्या अधिक है, उनमें फारसी की शिक्षा दी जाए।
4. मुसलमानों को सरकारी नौकरियों में उचित अनुपात में रखा जाए।

स्त्री शिक्षा

1. बालिकाओं के स्कूलों को अधिक अनुदान दिया जाए।
2. बालिकाओं में शिक्षा के प्रसार के लिए नि:शुल्क शिक्षा दी जाए।
3. बालिकाओं में शिक्षा के प्रसार के लिए छात्रवृतियाँ दी जाए।
4. परदे में रहने वाली बालिकाओं को घर जाकर पढ़ाने वाली अध्यापिकाओं की नियुक्ति की जाए।
5. बालिकाओं के स्कूलों का निरीक्षण करने के लिए निरिक्षिकाओं की नियुक्ति की जाए।

आयोग का मूल्यांकन-भारतीय शिक्षा के विकास में हंटर कमीशन का अद्वितीय योगदान है। हंटर कमीशन की रिपोर्ट के आधार पर भारतीय शिक्षा में आमूलचूल परिवर्तन हुए। भारत में शिक्षा के प्रति जागृति आई। इस आयोग के बाद भारत में प्राथमिक स्कूलों का एक जाल बिछ गया। फिर भी इस आयोग की कुछ कमियां थीं जो निम्नलिखित है-

1. आर्थिक एवं औद्योगिक विकास का अभाव।
2. समाज को इस शिक्षा प्रणाली ने दो भागों में विभक्त कर दिया।
3. जनसाधारण की शिक्षा की माँग की पूर्ति नहीं हो सकी।
4. पुस्तकीय ज्ञान पर अधिक बल दिया गया।

गोखले विधेयक (Gokhle Bill) 1911-प्राथमिक शिक्षा के प्रति सरकार की उदासीनता को देखकर गोखले ने 16 मार्च, 1911 को केन्द्रीय धारा में अपना विधेयक रखा। इस विधेयक का प्रमुख उद्देश्य देश की प्राथमिक शिक्षा व्यवस्था को सुधारना और उसे मजबूत करना तथा शिक्षा प्रणाली में अनिवार्यता के सिद्धांत को क्रमशः लागू करना था। गोखले विधेयक की प्रमुख अनुसंशाएं निम्नलिखित थी-

1. अनिवार्य प्राथमिक शिक्षा उन्हीं स्थानों में लागू की जाए जहाँ पर एक निश्चित संख्या में बालक शिक्षा ग्रहण कर रहे हों। गवर्नर जनरल को यह प्रतिशत तय करने का अधिकार होगा।
2. स्थानीय संस्थाओं को यह अधिकार होगा कि इस नियम को वह चाहे तो पूरे क्षेत्र में लागू करें अथवा किसी भाग में।
3. सरकार की आज्ञा से ही संस्थाएँ उक्त नियम को लागू कर सकती हैं।
4. नियमों का उल्लंघन करने वाले अभिभावकों को दण्ड दिया जाएगा।
5. 6 से 10 वर्ष तक के विद्यार्थियों के लिए प्राथमिक शिक्षा अनिवार्य रहेगी।
6. स्थानीय संस्थाएँ यदि उचित समझें तो शिक्षा कर लगा सकती हैं।
7. लड़कियों के लिए भी धीरे-धीरे शिक्षा अनिवार्य कर दी जाएगी।
8. सरकार शिक्षा का 2/3 भार उठाएगी।
9. यदि अभिभावक की मासिक आय 100 रुपए से कम हो तो उस बालक से फीस नहीं ली जाएगी।

किन्तु इस विधेयक को जनमत न मिल पाने के कारण लागू नहीं किया जा सका और सारी योजनाएं व्यर्थ हो गईं।

वर्धा योजना

1935 के 'भारत सरकार अधिनियम' के अन्तर्गत प्रान्तों में द्वैध शासन् पद्धति समाप्त हो गयी। 1937 ई में गांधी जी ने अपने हरिजन के अंकों में शिक्षा पर योजना प्रस्तुत की, जिसे 'वर्धा योजना' कहा गया। वर्तमान शिक्षा व्यवस्था में व्याप्त दोषों को दूर करने के लिए ही गाँधी जी ने इस शिक्षा योजना को प्रस्तुत किया। इस योजना को बेसिक शिक्षा, बुनियादी तालीम, आधारभूत शिक्षा, नेशनल एजुकेशन, मौलिक शिक्षा के नाम से भी जाना जाता है। इस योजना के अन्तर्गत गाँधी जी ने अध्यापकों के प्रशिक्षण, पर्यवेक्षण, परीक्षण एवं प्रशासन् का सुझाव दिया। योजना में सर्वाधिक महत्त्व हस्त उत्पादन कार्यों को दिया गया, जिसके द्वारा अध्यापकों के वेतन की व्यवस्था किए जाने की योजना थी।

वर्धा योजना के सिद्धांत

वर्धा शिक्षा योजना के आधारभूत सिद्धांत निम्नलिखित थे-

1. इस योजना में यह उम्मीद की गई कि शिक्षा कि इस प्रणाली से धीरे-धीरे शिक्षकों का वेतन निकल आएगा।
2. बच्चे की संपूर्ण शिक्षा का कोई शिल्प हाथ का काम हो।
3. अन्य विषयों की शिक्षा हस्त उद्योग के माध्यम द्वारा की जाए।
4. प्रथम सात वर्ष तक देश के सभी बच्चों को अनिवार्य एवं निःशुल्क शिक्षा दी जाए।
5. शिक्षा के माध्यम के रूप में मातृभाषा को रखा जाए।

वर्धा शिक्षा योजना का पाठ्यक्रम

वर्धा शिक्षा योजना के अंतर्गत निम्नलिखित विषयों का समावेश किया गया।

1. मातृभाषा
2. सामान्य विज्ञान
3. सामाजिक अध्ययन
4. अंकगणित
5. संगीत
6. चित्रांकन
7. हिन्दुस्तानी
8. गृह विज्ञान
9. काटना, बुनना, चमड़े का काम, सिलाई, काष्ठ कर्म, फल सब्जियाँ उगाना, खेतीबाड़ी करना तथा स्थानीय भौगोलिक परिस्थितियों के अनुसार कोई भी अन्य हस्त उद्योग जिसमें शिक्षा देना संभव हो।

अध्यापन कार्य हेतु नाटकीयकरण, प्रोजेक्ट विधि, समस्या समाधान विधि, प्रदर्शन विधि को अपनाया था।

वर्धा शिक्षा योजना की विशेषताएँ

वर्धा शिक्षा योजना की विशेषताएँ निम्नलिखित हैं-

1. गृह उद्योगों को प्रोत्साहित करना।
2. नागरिकता की शिक्षा देना।
3. श्रम के प्रति आस्था उत्पन्न करना।
4. भारतीय संस्कृति के मूल्यों को अपनाना।
5. समावयी शिक्षा।
6. बालक की क्रियाशीलता को महत्त्व देना।
7. जीवन से संबंध।
8. मनोवैज्ञानिक नियमों पर आधारित।
9. सामाजिक और राष्ट्रीय भावना का विकास।

1966 में कोठारी शिक्षा आयोग ने बेसिक शिक्षा को समाप्त करने की सिफारिश कर दी। उसने बेसिक शिक्षा के कार्यानुभव को अपने प्रतिवेदन में स्थान दिया पर बुनियादी तालीम के नाम से परहेज किया। बेसिक शिक्षा के नाम पर विद्यालयों को खूब धनराशि प्राप्त हुई जिसका दुरुपयोग हुआ। रातों-रात साइन बोर्ड बदलकर परंपरागत स्कूल बेसिक स्कूल बन गए परन्तु उनमें वर्धा शिक्षा योजना के मूलभूत सिद्धांतों की उपेक्षा की गई। वर्तमान में केवल वर्धा शिक्षा का नाम ही शिक्षा में मौजूद है।

कलकत्ता विश्वविद्यालय आयोग/सैड्लर आयोग

1917 ई. में कलकत्ता विश्वविद्यालय की समस्याओं के अध्ययन के लिए डॉक्टर एम.ई. सैड्लर के नेतृत्व में एक आयोग गठित किया गया। इस आयोग में दो भारतीय, डॉक्टर आशुतोष मुखर्जी एवं डॉक्टर जियाउद्दीन अहमद तथा डॉ. ग्रीगरी, सर फिलिप हार्टोग, रैमसे म्योर सदस्य थे। इस आयोग ने कलकत्ता विश्वविद्यालय के साथ-साथ माध्यमिक स्नातकोत्तरीय शिक्षा पर भी अपना मत व्यक्त किया। आयोग ने 1904 ई. के 'विश्वविद्यालय अधिनियम' की कड़े शब्दों में निंदा की। आयोग के मुख्य सुझाव थे-

1. इंटर व उत्तर माध्यमिक परीक्षा को माध्यमिक तथा विश्वविद्यालय शिक्षा के मध्य विभाजन रेखा मानना चाहिए।
2. इण्टरमीडिएट परीक्षा पास करके ही विद्यार्थी महाविद्यालय में प्रवेश करें।
3. स्कूली शिक्षा 12 वर्ष की होनी चाहिए।
4. ऐसी शिक्षण संस्थाएँ स्थापित करने का सुझाव दिया गया, जो इण्टरमीडिएट महाविद्यालय कहलाये। ये महाविद्यालय चाहे तो स्वतंत्र रहें या फिर हाई स्कूल से सम्बद्ध हो जाए।
5. देहात में कॉलेजों का विकास इस प्रकार किया जाए कि कुछ स्थानों पर धीरे-धीरे उच्च-शिक्षा के केंद्र स्थापित हो जाएं, तो बाद में विश्वविद्यालयों में सुगमता से परिणत हो सकें।
6. ढाका में एक पृथक विश्वविद्यालय की स्थापना तुरंत होना चाहिए।
7. कलकत्ता शहर की शिक्षा व्यवस्था एकत्र कर कलकत्ता में भी एक विश्वविद्यालय की स्थापना की जाए।
8. डिग्री कोर्स, इण्टरमीडिएट के बाद तीन वर्ष का कर दिया जाए।

9. विश्वविद्यालय के शासन प्रबन्ध के नियम कुछ कोमल बना दिए जाए।
10. विश्वविद्यालय में अधिक योग्य विद्यार्थियों के लिए साधारण अध्ययन-क्रम के अतिरिक्त 'आनर्स कोर्स' की भी व्यवस्था होनी चाहिए।
11. विश्वविद्यालय में विद्यार्थियों के उचित स्वास्थ्य के लिए एक शारीरिक शिक्षक नियुक्त होना चाहिए।
12. विश्वविद्यालयों में प्रोफेसर और रीडरों की नियुक्ति विशिष्ट समितियों के हाथ हो, जिसमें योग्य विदेशी अधिकारी का भी हाथ हो।
13. मुसलमानों की पिछड़ी हुई दशा का ध्यान करके उन्हें प्रोत्साहित करने के हर संभव प्रयास करने चाहिए।
14. शिक्षित अध्यापकों की संख्या में तुरंत वृद्धि करनी चाहिए।
15. प्रत्येक विश्वविद्यालय में एक 'विद्यार्थी कल्याणरत-समिति' होनी चाहिए।
16. प्रत्येक विश्वविद्यालय को क्रियात्मक विज्ञान और तकनीकी की शिक्षा का प्रबन्ध करना चाहिए।
17. स्त्री शिक्षा को बढ़ावा देना चाहिए।
18. विश्वविद्यालयों में उपजीवी शिक्षा की व्यवस्था होनी चाहिए।

उपरोक्त की गई अनुशंषाओं के आधार पर भारत में 7 नए विश्वविद्यालयों मैसूर विश्वविद्यालय, ओस्मानिया विश्वविद्यालय, बनारस विश्वविद्यालय, लखनऊ विश्वविद्यालय, पटना विश्वविद्यालय और ढाका विश्वविद्यालय की स्थापना की गई। शिक्षकों को प्रशिक्षण दिया गया। शिक्षा का व्यापक प्रचार प्रसार किया गया।

माध्यमिक और विश्वविद्यालय शिक्षा का बहुत विकास हुआ।

लोगों की बढ़ती हुई मांग के अनुरूप माध्यमिक स्कूलों की संख्या में तीव्र गति से वृद्धि हुई।

माध्यमिक स्कूलों की संख्या 7530 हो गई और विद्यार्थियों की संख्या 6 लाख परन्तु शिक्षकों के वेतन व काम करने की शर्तों की समस्या वैसी ही बनी रही। शैक्षणिक स्कूलों की स्थापना के कारण तकनीकी स्कूलों का आभाव हो गया।

हार्टोग समिति (Hartog Committee) 1929

1929 ई. में 'भारतीय परिनीति आयोग' ने सर फिलिप हार्टोग के नेतृत्व में शिक्षा के विकास पर रिपोर्ट हेतु एक सहायक समिति का गठन किया गया। समिति ने प्राथमिक, माध्यमिक और विश्वविद्यालय स्तर की शिक्षा के लिए अपने विचार प्रस्तुत किए। समिति की प्रमुख अनुसंशाएँ निम्नलिखित थी-

1. प्रारंभिक कक्षाओं में विद्यार्थियों को उन्नति देनी चाहिए।
2. मैट्रिक स्तर की शिक्षा पर विशेष बल दिया जाए।
3. प्राथमिक शिक्षा को अनिवार्य बनाने की जल्दी नहीं करनी चाहिए।
4. संख्यात्मक विद्यालयों के स्थान पर गुणात्मक विद्यालयों पर जोर दिया जाए।
5. वाणिज्य और व्यावसायिक शिक्षा कक्षा 8 से शुरू कर देनी चाहिए।
6. मिडिल स्कूल ग्रामीणों की आवश्यकताओं के अनुरूप होने चाहिए।
7. ग्रामीण अंचलों के विद्यालयों को समिति ने वर्नाक्यूलर मिडिल स्तर के स्कूल पर ही रोककर उन्हें व्यावसायिक या फिर औद्योगिक शिक्षा देने का सुझाव दिया।
8. बालिका शिक्षा पर ध्यान देना और प्रेरित करना।
9. अयोग्य विद्यार्थियों को व्यावसायिक व व्यापारिक शिक्षा देनी चाहिए।
10. शिक्षा में हो रहे अपव्यय और अवरोधन को रोकने के लिए प्रयास करना।
11. विश्वविद्यालय ऐसे ही छात्र को प्रवेश दे एवं उसके लिए उच्च शिक्षा की व्यवस्था करे, जो उसके योग्य हो।
12. पुस्तकालयों को प्रभावी और समर्थ बनाये।
13. हार्टोग समिति की सिफारिश के आधार पर ही 1935 ई में 'केन्द्रीय शिक्षा सलाहकार बोर्ड' का पुनर्गठन किया गया।

एबट-वुड रिपोर्ट (Abbot-Wood Report) 1937

भारतीय शिक्षा में परिवर्तन करने के लिए 1936-37 में मैसर्स एबट और वुड को आमंत्रित किया। भारतीय शिक्षा व्यवस्था का पूर्ण मूल्यांकन करने के पश्चात उन्होंने 1937 में अपनी रिपोर्ट प्रस्तुत की जो एबट-वुड रिपोर्ट के नाम से जानी जाती है। इस रिपोर्ट में मैसर्स एबट और वुड के द्वारा निम्नलिखित सुझाव दिए गए थे-

1. बेरोजगारी को दूर करने के लिए देश में पॉलिटेक्निक संस्थान खोली जाएं।
2. सामान्य शिक्षण संस्थाओं के स्थान पर व्यावसायिक संस्थाओं की स्थापना की जाए।
3. उच्च विद्यालयों में प्राविधिक, व्यापारिक एवं कृषि जैसे विषयों का समावेश किया जाए।
4. नारी शिक्षा पर बल दिया जाए और उसमें उनकी रुचि और अभिवृति के अनुसार शिक्षा की व्यवस्था की जाए।

इस रिपोर्ट के आधार पर भारत के विभिन्न क्षेत्रों में पॉलीटेक्निक संस्थान खोली गई। राज्यों में कृषि, औद्योगिक एवं व्यापारिक विद्यालयों की स्थापना हुई।

सार्जेंट रिपोर्ट (Sergeant Report) 1944

1944 ई. में 'केन्द्रीय शिक्षा सलाहकार मण्डल' (Central Advisory Board of Education) के अध्यक्ष सर जॉन सार्जेंट, जो भारत सरकार में शिक्षा सलाहकार के पद पर नियुक्त थे, ने सार्जेंट रिपोर्ट प्रस्तुत की थी। इस रिपोर्ट को 'भारत में युद्धोत्तर शिक्षा विकास योजना' तथा 'केन्द्रीय शिक्षा सलाहकार बोर्ड की रिपोर्ट' के नाम से भी जाना जाता है। सर जॉन सार्जेंट की यह रिपोर्ट 12 भागों में विभाजित है। इस योजना के अंतर्गत शिक्षा के सभी स्तरों पर सुझाव व विचार व्यक्त किए गए। इस रिपोर्ट के अनुसार 40 वर्ष के अन्दर ही शिक्षा के पुनर्निर्माण कार्य को अन्तिम रूप देना था, किंतु इस समय सीमा को घटाकर 16 वर्ष कर दिया गया। इस योजना में इण्टरमीडिएट श्रेणी को समाप्त करने की व्यवस्था की गई थी। 'सार्जेंट योजना' के बाद 15 अगस्त, 1947 को भारत स्वतंत्र हो गया और इसी के साथ भारतीय शिक्षा में ब्रिटिश काल भी समाप्त हो गया। योजना अंतर्गत निम्नलिखित सुधार शिक्षा के क्षेत्र में प्रस्तुत किए गए-

1. प्राथमिक विद्यालय एवं उच्च माध्यमिक विद्यालय स्थापित करना।
2. 3 से 6 वर्ष तक की अवस्था वाले शिशुओं के लिए शिक्षा संस्थाएँ स्थापित की जाए।
3. शिशु-शिक्षा का प्रमुख उद्देश्य बच्चों को सामाजिक अनुभव एवं शिष्टाचार सिखाना है ना कि सामान्य शिक्षा प्रदान करना।
4. ग्यारह से सत्रह वर्ष के बच्चों के लिए 6 वर्ष का पाठ्यक्रम बनाया जाए।
5. छः से ग्यारह वर्ष के बच्चों को निःशुल्क अनिवार्य शिक्षा दी जाने की व्यवस्था की गई।
6. दो प्रकार के उच्च विद्यालय होने चाहिए - एक विद्या विषयक और दूसरा तकनीकी एवं व्यावसायिक शिक्षा के लिए।
7. बेसिक शिक्षा का काल दो भागों में विभक्त किया गया - जूनियर बेसिक (6-11) और सीनियर बेसिक (11-14)।
8. उच्च विद्यालय में विद्यार्थियों से शुल्क लिया जाएगा परन्तु 50% विद्यार्थियों को निःशुल्क शिक्षा दी जाएगी।
9. उच्च विद्यालय में प्रवेश चयन विधि द्वारा होना चाहिए।
10. उच्च विद्यालय में प्रवेश की सामान्य आयु 11 साल होनी चाहिए।
11. सरकार द्वारा विद्यालयों को आर्थिक सहायता प्रदान की जानी चाहिए।
12. शिक्षा का माध्यम मातृभाषा होना चाहिए। नियमों में लचीलापन होना चाहिए।
13. पॉलिटेक्निक कॉलेज राजधानी में खोला जाए।

14. जरुरतमंद और योग्य विद्यार्थियों के लिए स्कॉलरशिप और अन्य सहायता की व्यवस्था होनी चाहिए।
15. पाठ्यक्रम को सैधांतिक के स्थान पर व्यावहारिक बनाया जाए।
16. शिक्षकों को व्यापक प्रशिक्षण मिलना चाहिए।
17. विश्वविद्यालयों से छात्रों के प्रवेश में कठोरता बरती जानी चाहिए।
18. उच्च विद्यालय से निकलने वाले 10–15% विद्यार्थियों को विश्वविद्यालयों में प्रवेश देना चाहिए।
19. डिग्री कोर्स की अवधि 2 की जगह 3 वर्ष की जाए।
20. विश्वविद्यालयों में अनुसंधान कार्य और स्नातकोत्तर शिक्षा का स्तर बढ़ाया जाए।
21. विश्वविद्यालयों के स्तर को बढ़ाने के लिए योग्य शिक्षकों की भर्ती करना।
22. विभिन्न विश्वविद्यालयों में समन्वय स्थापित करने के लिए एक विश्वविद्यालय अनुदान समिति का गठन किया जाए।

भारतीय शिक्षा के इतिहास में सार्जेंट रिपोर्ट का अत्यधिक महत्त्वपूर्ण स्थान। अब तक देश में शिक्षा के विकास तथा विस्तार के लिए जितने सरकारी प्रयास किये गए हैं उनमें यह एक पूर्ण रिपोर्ट है। इस रिपोर्ट में दूसरे विश्वयुद्ध से उत्पन्न शैक्षणिक समस्याओं को हल करने तथा अन्य प्रगतिशील देशों की तुलना में भारत की शिक्षा आवश्यकताओं की पूर्ति करने की चेष्टा की गई है।

स्वतंत्रता पश्चात्

सन् 1947 में स्वतंत्रता प्राप्ति के उपरांत देश के विश्वविद्यालयों के आकार तथा क्षेत्र में आश्चर्यजनक वृद्धि होने लगी। राजनीतिक, सामाजिक व आर्थिक परिवर्तनों के कारण भारत के युवक तथा युवतियों में जीवन पथ पर आगे बढ़कर उन्नति करने की भावना से विश्वविद्यालयों में विद्यार्थियों की संख्या में अभूतपूर्व वृद्धि होने लगी।

भारत के नवीन सामाजिक और राजनीतिक परिस्थितियों के अनुसार ये विश्वविद्यालय देश की आवश्यकताओं और आकांक्षाओं को पूर्ण करने में असमर्थ थे।

भारत सरकार के प्रस्ताव संख्या F-9-5/52-B-9 dated 23 September, 1952 द्वारा मद्रास विश्वविद्यालय के तत्कालीन कुलपति डॉ. ए. लक्ष्मणस्वामी मुदालिअर की अध्यक्षता में एक आयोग की नियुक्ति माध्यमिक शिक्षा के सभी पक्षों की जाँच कर प्रतिवेदन देने हेतु की गई। इस आयोग को अध्यक्ष के नाम पर मुदालिअर आयोग भी कहते हैं। अत: भारत सरकार ने शिक्षा के पुनर्गठन पर समग्र रूप से सोचने-समझने और देश भर के लिए समान शिक्षा नीति का निर्माण करने के उद्देश्य से 14 जुलाई, 1964 को डॉ. डी.एस. कोठारी की अध्यक्षता में 17 सदस्यीय राष्ट्रीय शिक्षा आयोग का गठन किया।

आयोग ने शिक्षा की विभिन्न समस्याओं से सम्बंधित एक लम्बी प्रश्नावली तैयार की और उसे शिक्षा से जुड़े विभिन्न वर्ग के लगभग 5000 व्यक्तियों के पास भेजा, इनमें से 2400 व्यक्तियों ने इसे भरकर वापस भेजा।

आयोग ने इस प्रश्नावली का सांख्यिकीय विवरण तैयार किया। इसके बाद आयोग ने इन दोनों विधियों से प्राप्त सुझाव पर विचार विमर्श किया और अंत में 29 जून, 1966 को अपना प्रतिवेदन ''शिक्षा एवं राष्ट्रीय प्रगति'' (Education and National Development) शीर्षक से भारतीय सरकार को प्रेषित किया। इतिहास में ऐसे क्षण आते हैं, जबकि दीर्घकाल से चली आ रही प्रक्रिया को नई दिशा की आवश्यकता होती है।

भारतीय शिक्षा का वही क्षण, सन् 1986 में आया। इससे पूर्व भी यह पग राष्ट्रीय शिक्षा नीति, 1986 के द्वारा उठाया गया था। उसका उद्देश्य राष्ट्र की प्रगति को सुदृढ़ करना था। उसमें शिक्षा प्रणाली के सर्वांगीण पुनर्निर्माण तथा हर स्तर पर शिक्षा की गुणवत्ता को ऊँचा उठाने पर बल दिया गया था।

विश्वविद्यालय शिक्षा आयोग (1948-49)

भारत सरकार ने 4 नवम्बर, 1948 को डॉ. सर्वपल्ली राधाकृष्णन की अध्यक्षता में विश्वविद्यालय शिक्षा आयोग की नियुक्ति की। 25 अगस्त, 1949 को आयोग ने अपना प्रतिवेदन प्रस्तुत कर दिया।

विश्वविद्यालय शिक्षा आयोग का मुख्य उद्देश्य

भारतीय संविधान की भूमिका का वर्णन करते हुए आयोग ने उच्च शिक्षा के उद्देश्यों में नवीन भारत के निर्माण के लिए प्रजातंत्र, न्याय, स्वतंत्रता, समानता, राष्ट्रीय तथा अंतर्राष्ट्रीय भातृत्व एवं भारतीय संस्कृति के महत्त्व पर बल दिया है। स्वतंत्र प्राप्ति के उपरांत देश में हुए आर्थिक, सामाजिक और राजनीतिक परिस्थितियों में परिवर्तन की चर्चा करते हुए आयोग ने लिखा है कि इन परिवर्तनों ने हमारे विश्वविद्यालयों के कार्यों एवं उत्तरदायित्वों में वृद्धि कर दी है। अत: अब उन्हें राजनीतिक, प्रशासनिक, व्यावसायिक, औद्योगिक एवं वाणिजिक क्षेत्रों में नेतृत्व ग्रहण कर सकने वाले व्यक्तियों का निर्माण करना है।

शिक्षण स्तर

विश्वविद्यालयों का शिक्षण स्तर उठाने के लिए विश्वविद्यालय प्रवेश की न्यूनतम योग्यता इंटरमीडिएट पास होनी चाहिए। शैक्षणिक विश्वविद्यालयों में 3000 तथा संबंध कॉलेजों में 1500 से अधिक छात्रों का नामांकन नहीं होना चाहिए। परीक्षा दिवसों को छोड़कर एक वर्ष में कम-से-कम 180 दिन शिक्षण-कार्य होना चाहिए। पुस्तकालयों तथा प्रयोगशालाओं को आधुनिकतम साधनों से प्रचुर मात्रा में सुसज्जित कर देना चाहिए।

शिक्षण वर्ग

शिक्षकों की सेवा-निवृति आयु 55 वर्ष के स्थान पर 60 वर्ष होनी चाहिए। जो कि विशेष स्थिति में 64 वर्ष भी हो सकती है जिससे योग्यतम् शिक्षकों का लाभ संस्था को मिलता रहे। उनके लिए भविष्य निधि की अधिक उत्तम व्यवस्था होनी चाहिए।

विश्वविद्यालय के समीप आवास की व्यवस्था हो तथा एक सप्ताह में 18 पीरियड से अधिक शिक्षण कार्य नहीं दिया जाना चाहिए। आयोग ने कहा है कि उच्च शिक्षा के शिक्षक के कर्तव्य और दायित्व सर्वोच्च महत्त्व के हैं।

व्यावसायिक शिक्षा

कृषि शिक्षा को प्राथमिक, माध्यमिक और उच्च शिक्षा क्रम में प्रमुख स्थान देना चाहिए।

कृषि का प्रत्यक्ष और व्यावहारिक ज्ञान प्रदान करने के लिये ग्रामीण क्षेत्रों में कृषि की संस्थाओं की स्थापना की जानी चाहिए। एक दीर्घ संख्या में प्रयोगात्मक फार्म तथा उच्च शिक्षा में अनुसंधान और प्रयोगशालाओं की स्थापना होनी चाहिए। शिक्षा विज्ञान के क्षेत्र में आयोग ने सिफारिश की कि ट्रेनिंग कॉलेजों के अधिकांश शिक्षक ऐसे वर्ग में से हों जिन्हें स्कूली शिक्षण का पर्याप्त अनुभव हो।

शिक्षा में मास्टर डिग्री के लिए केवल ऐसे विद्यार्थियों को आज्ञा दी जाए जिन्हें कुछ वर्षों के शिक्षण कार्य का अनुभव हो।

वाणिज्य की शिक्षा के अंतर्गत बी. कॉम की शिक्षा प्राप्त करते समय विद्यार्थियों को तीन या चार फर्मों में व्यावहारिक कार्य करने का अवसर मिलना चाहिए।

इंजीनियरिंग तथा टेक्नोलॉजी के स्कूल तथा कॉलेजों में संख्या में वृद्धि करने के लिए कदम उठाने चाहिए।

पुस्तकालीय ज्ञान के साथ ही विद्यार्थियों को कारखानों में व्यावहारिक ज्ञान प्राप्त करने की सुविधाएँ भी देना चाहिए।

स्नातकोत्तर - प्रशिक्षण व अनुसंधान कार्य

स्नातकोत्तर कक्षाओं में छात्रों को प्रवेश अखिल - भारतीय स्तर पर दिया जाना चाहिए और छात्रों एवं शिक्षकों में घनिष्ठ व्यक्तिगत संबंध स्थापित किए जाने चाहिए।

पी.एच.डी. के छात्रों को शिक्षा - मंत्रालय द्वारा बड़ी संख्या में छात्रवृतियाँ दी जानी चाहिए। डी. लिट् और डी.एस.सी. उपाधियाँ केवल उच्च कोटि के मौलिक एवं प्रकाशित कार्यों पर दी जानी चाहिए।

शिक्षा का माध्यम - उच्च शिक्षा का माध्यम अंग्रेजी की बजाए प्रादेशिक भाषाएँ होना चाहिए, परन्तु यदि विद्यार्थी चाहें तो राष्ट्रभाषा हिंदी का भी प्रयोग कर सकते हैं। विश्वविद्यालय स्तर पर छात्रों को तीन भाषाओं की शिक्षा दी जानी चाहिए।

1. मातृभाषा 2. राष्ट्र भाषा 3. अंग्रेजी भाषा

परीक्षा प्रणाली

प्रचलित परीक्षा प्रणाली की आयोग ने भर्त्सना की परन्तु उन्होंने इसके सुधार की ही सिफारिश की, न की उसकी पूर्णता उन्मूलन की।

आयोग ने सुझाव दिया कि वस्तुनिष्ठ प्रश्नों के साथ-साथ निबंधात्मक प्रश्न मिला देने चाहिए। पूरे वर्ष की अवधि में किए गए कार्य का भी ध्यान रखा जाना चाहिए और इसके लिए एक तिहाई अंक सुरक्षित रखने चाहिए। त्रिवर्षीय डिग्री कोर्स की परीक्षा पूरे तीन वर्ष पश्चात न लेकर प्रत्येक वर्ष के अंत में ली जाए।

यह परीक्षा स्वत: पूर्ण इकाइयों द्वारा ली जानी चाहिए और छात्रों के लिए प्रत्येक इकाई अर्थात प्रतिवर्ष की परीक्षा में उत्तीर्ण होना आवश्यक हो।

परीक्षाओं के स्तर का उन्नयन करने के लिए प्रथम, द्वितीय या तृतीय श्रेणी के न्यूनतम प्राप्तांक क्रमश: 70, 55 एवं 40 प्रतिशत होने चाहिए।

विद्यार्थी के ज्ञान के लिए मौखिक परीक्षा भी होनी चाहिए- विशेष रूप से व्यावसायिक शिक्षा की परीक्षा में।

विश्वविद्यालय अनुदान आयोग

आयोग ने सिफारिश की कि एक विश्वविद्यालय अनुदान आयोग की स्थापना इस उद्देश्य से करनी चाहिए कि यह विश्वविद्यालयों का अनुदान निश्चित करें तथा उन्हें अनुदान प्रदान करें एवं विश्वविद्यालयों में शिक्षा के स्तर को ऊँचा उठाएं। जब यह सिफारिश की गई तब एक विश्वविद्यालय अनुदान समिति कार्य कर रही थी, परन्तु इस समिति के पास अनुदान हेतु कोई निधि नहीं थी। यह केवल शिक्षा मंत्रालय को अनुदान हेतु सिफारिश करती थी। शिक्षा मंत्रालय इन सिफारिशों को वित्त मंत्रालय को भेज देता था।

शिक्षक-प्रशिक्षण

शिक्षक-प्रशिक्षण के संबंध में आयोग ने कई सुझाव दिए हैं। माध्यमिक शिक्षकों के प्रशिक्षण के लिए विश्वविद्यालयों में शिक्षक प्रशिक्षण विभाग खोले जाने चाहिए और साथ ही संबंध शिक्षक प्रशिक्षण महाविद्यालयों की व्यवस्था की जाए। शिक्षक प्रशिक्षण विभागों अथवा महाविद्यालयों में ऐसे शिक्षकों को नियुक्त किया जाए जिन्हें माध्यमिक कक्षाओं को पढ़ाने का अनुभव हो। शिक्षक प्रशिक्षण महाविद्यालयों में प्रवेश हेतु अप्रशिक्षित अनुभव प्राप्त शिक्षकों को वरीयता दी जाए। शिक्षक प्रशिक्षण के प्रशिक्षणार्थियों के वार्षिक मूल्यांकन में शिक्षण अभ्यास को विशेष महत्त्व दिया जाए।

स्त्री शिक्षा

आयोग की समिति में शिक्षित महिलाओं के अभाव में पुरुषों को भी शिक्षित नहीं किया जा सकता। अत: उनकी शिक्षा की उचित व्यवस्था होनी चाहिए। आयोग की दृष्टि में-

1. स्त्री शिक्षा का मुख्य उद्देश्य उन्हें सुमाता और सुगृहणी बनाना होना चाहिए।
2. स्त्रियों की शिक्षा के पाठ्यक्रम में गृह प्रबंधन, गृह अर्थशास्त्र और पोषण की शिक्षा को स्थान देना चाहिए।
3. उच्च शिक्षा स्तर पर सहशिक्षा की व्यवस्था होनी चाहिए।

धार्मिक और नैतिक शिक्षा

आयोग ने तर्क प्रस्तुत किया कि यद्यपि भारत एक धर्मनिरपेक्ष राज्य है परन्तु इसका अर्थ यह नहीं है कि विद्यालयों में धार्मिक शिक्षा नहीं दी जा सकती। उसने आगे तर्क प्रस्तुत किया है कि हमारे संविधान में सभी धर्मों को समान स्थान दिया गया है। इस संबंध में उसने निम्नलिखित सुझाव दिए-

1. धार्मिक शिक्षा प्राथमिक, माध्यमिक, स्नातक स्तर पर अनिवार्य होनी चाहिए।
2. प्रत्येक शिक्षण संस्था का प्रारम्भ प्रतिदिन मौन उपासना से होना चाहिए।
3. प्राथमिक, माध्यमिक और स्नातक स्तरों के लिए भिन्न-भिन्न धार्मिक पाठ्यक्रम होने चाहिए।

माध्यमिक शिक्षा आयोग

स्वतंत्रता प्राप्ति के बाद भारत सरकार ने सर्वप्रथम 1948 में विश्वविद्यालय शिक्षा आयोग का गठन किया जिसने अपनी रिपोर्ट 1949 में प्रस्तुत की। इस आयोग से विश्वविद्यालयी शिक्षा के कई सुझाव दिए जिनमें एक सुझाव यह भी था कि विश्वविद्यालयी शिक्षा के स्तर को ऊँचा उठाने के लिए आवश्यक है कि उसके पूर्व की माध्यमिक शिक्षा के स्तर को ऊँचा उठाया जाए।

उसी समय सन् 1948 में भारत सरकार ने माध्यमिक शिक्षा की समीक्षा करने और उसका स्तर ऊँचा उठाने के लिए सुझाव देने हेतु ताराचन्द्र समिति का गठन किया गया था। इस समिति ने भी अपनी रिपोर्ट सन् 1949 में प्रस्तुत की और कुछ मुख्य सुझाव दिए। केन्द्रीय शिक्षा सलाहकार बोर्ड ने इन सुझावों का अध्ययन किया। उसकी समिति में ये सुझाव अधूरे और अस्पष्ट थे। अत: उसने 1951 में केन्द्रीय सरकार के सामने माध्यमिक शिक्षा आयोग की नियुक्ति का प्रस्ताव रखा।

भारत सरकार के द्वारा मद्रास विश्वविद्यालय के तत्कालीन कुलपति डॉ. ए. लक्ष्मणस्वामी मुदलियार की अध्यक्षता में सन् 1952 में एक आयोग की नियुक्ति माध्यमिक शिक्षा के सभी पक्षों की जाँच कर प्रतिवेदन देने हेतु की गई। इस आयोग को अध्यक्ष के नाम पर मुदालिअर आयोग भी कहते हैं।

शैक्षिक सरंचना

आयोग ने शिक्षा के लिए एक नवीन सरंचना की सिफारिश की:

1. 4 या 5 वर्ष की प्रारम्भिक या बेसिक शिक्षा।
2. 4 वर्ष की हायर सेकंडरी शिक्षा।
3. 3 वर्ष की मिडिल या जूनियर सेकंडरी या सीनियर बेसिक शिक्षा।
4. 3 वर्ष की प्रथम डिग्री शिक्षा।

वर्तमान इंटरमीडिएट को समाप्त कर उसका एक वर्ष हायर सेकंडरी के चार वर्ष में सम्मिलित होगा तथा इंटर का दूसरा वर्ष तीन वर्षीय प्रथम डिग्री कोर्स में सम्मिलित होगा।

प्रौद्योगिकी शिक्षा

आयोग ने खेद प्रकट किया कि सन् 1882 में हंटर आयोग ने भी सरकार से पाठ्यक्रम में विविधकरण की सिफारिश की थी। इस संबंध में सन् 1953 की स्थिति सन् 1882 की स्थिति से भिन्न नहीं है। आयोग ने चार प्रकार के विद्यार्थियों के लिए पॉलिटेक्निक प्रोद्योगिकी स्कूलों की सिफारिश की।

1. हायर सेकंडरी की चार उच्च कक्षाओं हेतु।
2. जो सेकंडरी शिक्षा उत्तीर्ण कर विश्वविद्यालय न जाकर पॉलिटेक्निक/ प्रौद्योगिकी आदि में प्रौद्योगिक शिक्षा प्राप्त करना चाहते हैं।

3. जो विद्यार्थी सेकंडरी शिक्षा का पूरा कोर्स नहीं कर पाते।
4. जो नौकरी कर रहे हैं फिर भी अंशकालीन शिक्षा प्राप्त कर अपनी योग्यता बढ़ाना चाहते हैं।

ये संस्थाएँ यथासंभव उद्योगों से जुड़ी होनी चाहिए।

आयोग ने सिफारिश की कि ऐसा कानून पारित किया जाए जिसके अनुसार उद्योगों के लिए अनिवार्य कर दिया जाए कि वे इन स्कूलों को प्रशिक्षण की सुविधा प्रदान करें।

भाषा नीति

माध्यमिक स्तर पर केन्द्रीय भाषा ही शिक्षण का माध्यम रहेगी। मिडिल पर प्रत्येक बालक को दो भाषाएँ पढ़ाई जानी चाहिए। माध्यमिक अथवा उच्चतर माध्यमिक स्तर पर भी कम-से-कम दो भाषाएँ पढ़ाई जानी चाहिए जिनमें एक मातृभाषा एवं क्षेत्रीय भाषा हो।

पाठ्यक्रम

मिडिल स्कूल स्तर पर पाठ्यक्रम में भाषाएँ, सामाजिक अध्ययन सामान्य विज्ञान, गणित, कला और संगीत, शिल्प तथा शारीरिक शिक्षा को सम्मिलित किया जाए।

माध्यमिक अथवा उच्चतर माध्यमिक स्तर के लिए बहुमुखी पाठ्यक्रम होना चाहिए, परन्तु कुछ विषय जैसे भाषाएँ सामान्य विज्ञान, सामाजिक अध्ययन तथा शिल्प हर प्रकार के पाठ्यक्रम में सम्मिलित किए जाने चाहिए।

शिक्षण विधियाँ

शिक्षण का उद्देश्य पुस्तकीय ज्ञान प्रदान करना ही नहीं है, अपितु उनमें उचित मान्यताओं तथा जरूरी प्रवृतियों और कार्य की उचित आदतों का समावेश करना है।

रटने के स्थान पर सोद्देश्य, ठोस व वास्तविक स्थिति में ज्ञान प्राप्त करने को प्रोत्साहन देना चाहिए। इस उद्देश्य की पूर्ति के लिए क्रिया विधि तथा प्रोजेक्ट विधि को भी प्रयोग में लाना चाहिए।

चरित्र निर्माण

विद्यार्थियों में अनुशासन् की भावना उत्पन्न करने के लिए शिक्षकों से उनका निकट संबंध स्थापित होना चाहिए। विद्यालयों में बालकों को बाल-सरकार, विद्यार्थी परिषद तथा अन्य इसी प्रकार की संस्थाएँ स्थापित करनी चाहिए। जिनका संचालन व प्रबंध स्वयं विद्यार्थी ही करें।

कार्य के समय के बाद स्वेच्छा के आधार पर धार्मिक शिक्षा प्रदान की जा सकती है। स्काउट आन्दोलन, नेशनल कैडेट्स कोर तथा प्राथमिक चिकित्सा के प्रशिक्षण जैसे कार्यक्रमों को प्रोत्साहन मिलना चाहिए।

नवीन परीक्षा एवं मूल्यांकन विधि

बाह्य परीक्षाओं की संख्या घटाना चाहिए।

निबंधात्मक परीक्षाओं के स्थान पर वस्तुनिष्ठ प्रश्नों द्वारा परीक्षाएं लेनी चाहिए।

फाइनल परीक्षाओं में विद्यार्थी के वर्षभर के रिकॉर्ड पर भी विचार करना चाहिए।

अन्य

राज्य सरकार द्वारा जहाँ भी मांग हो बालिकाओं के लिए पृथक विद्यालय खोलने चाहिए।

बालिकाओं को पढ़ाने के लिए गृह विज्ञान जैसे विषयों का विशेष प्रबंध करना चाहिए।

आयोग ने अध्यापकों की स्थिति सुधारने हेतु वेतनक्रम में सुधार, त्रिलाभ योजना पेंशन, निशुल्क चिकित्सा व्यवस्था आदि सिफारिशें की हैं।

आयोग का मूल्यांकन

आयोग ने माध्यमिक शिक्षा के पुनर्निर्माण हेतु ठोस सुझाव दिए हैं।

स्वतंत्र भारत की आवश्यकताओं तथा आकांक्षाओं की पूर्ति के लिए माध्यमिक शिक्षा के उद्देश्यों को पहचानना, विद्यार्थियों की अभिरुचियों एवं अभिवृत्तियों के आधार पर पाठ्यक्रम का विविधिकरण तथा बहुउद्देशीय विद्यालयों की योजना, निर्देशन एवं परामर्श की उपलब्धि, कृषि शिक्षा का समर्थन, प्राविधिक संस्थानों की व्यवस्था, परीक्षा पद्धति एवं शिक्षकों की स्थिति में सुधार सम्बन्धी सिफारिशें उस समय की माध्यमिक शिक्षा व्यवस्था के लिए आवश्यक थी।

बहुभाषीय भारत देश के लिए भाषाओं के अध्ययन की सर्वमान्य योजना, बालिकाओं की शिक्षा के प्रसार हेतु आवश्यक कदम, अनुसूचित जाति/जनजाति की शिक्षा, क्षेत्रीय असंतुलन पर ठोस सिफारिशों का अभाव है। फिर भी ऊपर दिए गए सुझाव प्रशंसनीय हैं।

भारतीय शिक्षा आयोग और राष्ट्र विकास की रिपोर्ट (1964-66)

स्वतंत्र होते ही हमने अपने देश की शिक्षा प्रणाली में सुधार के लिए प्रयास शुरू कर दिए। इन संदर्भ में भारत सरकार का पहला बड़ा कदम था विश्वविद्यालय शिक्षा आयोग।

इस आयोग ने विश्वविद्यालय शिक्षा के प्रशासन, संगठन और उसके स्तर को ऊँचा उठाने संबंधी ठोस सुझाव दिए उसके कुछ सुझावों को लागू भी किया गया, उससे उच्च शिक्षा के क्षेत्र में कुछ सुधार भी हुआ।

शिक्षा के क्षेत्र में भारत सरकार का दूसरा बड़ा कदम था माध्यमिक शिक्षा आयोग की नियुक्ति।

इस आयोग ने तत्कालीन माध्यमिक शिक्षा के दोषों को उजागर किया और उसके पुनर्गठन हेतु अनेक सुझाव दिए। कुछ प्रान्तीय सरकारों ने उसके सुझावों के अनुसार शिक्षा में परिवर्तन करना भी शुरू कर दिया।

भारत सरकार ने शिक्षा के पुनर्गठन पर समग्र रूप से सोचने-समझने और देश भर के लिए समान शिक्षा नीति का निर्माण करने के उद्देश्य से 14 जुलाई, 1964 को डॉ. डी.एस. कोठारी की अध्यक्षता में 17 सदस्यीय राष्ट्रीय शिक्षा आयोग का गठन किया गया। आयोग ने शिक्षा की विभिन्न समस्याओं से संबंधित एक लम्बी प्रश्नावली तैयार की और उसे शिक्षा से जुड़े विभिन्न वर्ग के लगभग 5000 व्यक्तियों के पास भेजा, इनमें से 2400 व्यक्तियों ने इसे भरकर वापस भेजा।

आयोग ने इस प्रश्नावली का सांख्यिकीय विवरण तैयार किया। इसके बाद आयोग ने इन दोनों विधियों से प्राप्त सुझावों पर विचार विमर्श किया और अंत में 29 जून, 1966 को अपना प्रतिवेदन ''शिक्षा एवं राष्ट्रीय प्रगति'' (Education and National development) शीर्षक से भारतीय सरकार को प्रेषित किया।

आयोग के मुख्य उद्देश्य

भारत सरकार आयोग ने नियुक्ति के उद्देश्य के सन्दर्भ में यह घोषणा की, कि आयोग भारत सरकार को शिक्षा के राष्ट्रीय स्वरूप और उसके सभी स्तरों पक्षों के संबंध में सामान्य सिद्धांतों एवं नीतियों के विषय में सुझाव देगा।

इसी उद्देश्य को आयोग ने इस प्रकार व्यक्त किया है। यह आयोग सरकार को शिक्षा संबंधी नीतियों, शिक्षा के राष्ट्रीय प्रतिमाओं एवं शिक्षा के हर एक क्षेत्र में विकास की संभावनाओं पर विचार करने और अपनी सलाह सरकार को देने के लिए गठित किया गया है।

राष्ट्रीय शिक्षा आयोग के मुख्य सुझाव

राष्ट्रीय शिक्षा आयोग ने तत्कालीन भारतीय शिक्षा का समग्र रूप से अध्ययन किया और उसके संबंध में अपने सुझाव दिए। आयोग की मूल धारणा है कि

शिक्षा राष्ट्र के विकास का मूल आधार है। उसने अपने प्रतिवेदन का शुभारम्भ ही इसी वाक्य से किया है- 'देश का भविष्य उसकी कक्षाओं में निर्मित होता है। आयोग के प्रतिवेदन के संबंध में दूसरा मुख्य तथ्य यह है कि इसमें शिक्षा की कुछ समस्याओं का विवेचन तो समग्र रूप से किया गया है, जैसे-शिक्षा के राष्ट्रीय लक्ष्य, शिक्षा की संरचना, शिक्षकों की स्थिति, शैक्षिक अवसरों की समानता, कृषि शिक्षा, व्यावसायिक शिक्षा, स्त्री शिक्षा और कुछ समस्याओं का विवेचन स्तर विशेष की शिक्षा के सन्दर्भ में किया गया है। जैसे कि विद्यालयी शिक्षा के उद्देश्य, पाठ्यक्रम और शिक्षण विधियाँ आदि।

शिक्षा के प्रशासन, वित्त एवं नियोजन संबंधी सुझाव

हमारे देश में शिक्षा के तत्कालीन प्रशासनिक ढांचे की नींव अंग्रेजों ने रखी थी। स्वतंत्र भारत में उसमें परिवर्तन किया जाना आवश्यक था।

अंग्रेज सरकार हमारी शिक्षा पर कम व्यय करती थी, इसे भी बढ़ाना आवश्यक था। नियोजन के अभाव में तो कोई उद्देश्य अथवा लक्ष्य प्राप्त किया ही नहीं जा सकता। आयोग ने इन तीनों के संबंध में रचनात्मक सुझाव दिए।

शिक्षा के प्रशासन संबंधी सुझाव

1. शिक्षा को राष्ट्रीय महत्त्व का विषय माना जाना चाहिए और उसकी राष्ट्रीय नीति घोषित की जाए इसके लिए यदि आवश्यक हो तो केंद्र सरकार 'नेशनल एजुकेशन एक्ट' और प्रांतीय सरकारें 'एजुकेशन एक्ट बनाएं'।
2. भारतीय शिक्षा सेवा में उन व्यक्तियों का चयन किया जाए जिन्हें शिक्षण कार्य का अनुभव हो।
3. केंद्रीय शिक्षा मंत्रालय में शिक्षा सलाहकार और शिक्षा सचिव के पदों पर सरकारी और गैर सरकारी, भारतीय शिक्षा सेवा और विद्यालयों में से योग्य व्यक्तियों का चयन किया जाए केंद्रीय शिक्षा मंत्रालय के सांख्यकीय विभाग को सुदृढ़ किया जाए।
4. राष्ट्रीय शिक्षा अनुसंधान एवं प्रशिक्षण परिषद् को अखिल भारतीय स्तर पर विद्यालयी शिक्षा का भार सौंपा जाए।
5. केंद्रीय शिक्षा सलाहकार बोर्ड को ओर अधिक अधिकार दिए जाएँ।
6. शिक्षा प्रशासकों और शिक्षकों के बीच स्थानान्तरण की व्यवस्था की जाए।

शिक्षा के वित्त संबंधी सुझाव

आयोग ने स्पष्ट किया कि 1965–66 की अपेक्षा 1985–86 में छात्रों की संख्या कम-से-कम दो गुनी हो जाएगी और प्रति छात्र व्यय 12 रुपए के स्थान पर 54 रुपए हो जाएगा, इसलिए शिक्षा बजट में प्रतिवर्ष वृद्धि करनी आवश्यक है। इस संबंध में उसने निम्नलिखित सुझाव दिए।

1. केन्द्र सरकार अपने बजट में कम शिक्षा के लिए 6% का प्रावधान करे।
2. राज्यों में स्थानीय संस्थाओं को उनके क्षेत्र की प्राथमिक शिक्षा संस्थाओं का वित्तीय भार सौंपा जाए।
3. राज्य सरकारें भी अपने बजटों में शिक्षा के लिए और अधिक धनराशि आवंटित करें।
4. शिक्षा हेतु आय के स्त्रोत बढ़ाने के उपायों की खोज की जाए।
5. व्यक्तिगत स्त्रोतों से अधिक-से-अधिक धन प्राप्त किया जाए।

शिक्षा के नियोजन संबंधी सुझाव

1. शैक्षिक नियोजन केन्द्रीय और प्रांतीय स्तर पर अलग-अलग किए जाए।
2. शैक्षिक नियोजन वर्तमान और भविष्य की मांगों के आधार पर किए जाए।
3. विद्यालयी शिक्षा का नियोजन स्थानीय निकाय और राज्य सरकारें मिलकर करें और उच्च शिक्षा का नियोजन प्रांतीय और केन्द्रीय सरकारें मिलकर करें।
4. शैक्षिक नियोजन करते समय इस बात का ध्यान रखा जाए कि कुल शिक्षा बजट राशि का 2/3 सामान्य शिक्षा पर व्यय हो और 1/3 उच्च शिक्षा पर व्यय हो।
5. शैक्षिक नियोजन इस प्रकार किया जाए कि सात से चौदह वर्ष के सभी बच्चों के लिए अनिवार्य एवं निशुल्क शिक्षा की व्यवस्था की जाए। माध्यमिक शिक्षा 70% बच्चों के लिए पूर्ण शिक्षा हो सके और शेष 30% मेधावी छात्र-छात्राएं उच्च शिक्षा में प्रवेश ले सकें।
6. शैक्षिक नियोजन में शिक्षा के प्रसार के साथ-साथ उसमें गुणात्मक सुधार के लिए व्यवस्था की जाए।
7. शैक्षिक नियोजन में अपव्यय एवं अवरोधन को रोकने के लिए विशेष प्रावधान किए जाए।

शिक्षा की सरंचना संबंधी सुझाव

आयोग ने पूरे देश के लिए निम्नलिखित शिक्षा संरचना का प्रस्ताव रखा।

1. पूर्व प्राथमिक शिक्षा –1 से 3 वर्ष की अवधि
2. उच्च प्राथमिक शिक्षा – नं. 2 के कर्म में 4 या 3 वर्ष की अवधि
3. निम्न प्राथमिक शिक्षा –4 से 5 वर्ष की अवधि 1 कक्षा एक में प्रवेश की न्यूनतम आयु 6 वर्ष
4. (अ) माध्यमिक शिक्षा (सामान्य वर्ग) – 2 वर्ष की अवधि
   (ब) माध्यमिक शिक्षा (व्यावसायिक वर्ग) –2 या 3 वर्ष की अवधि
5. (अ) उच्चतर माध्यमिक शिक्षा (सामान्य वर्ग)–2 वर्ष की अवधि
   (ब) उच्चतर माध्यमिक शिक्षा (व्यावसायिक वर्ग) –2 या 3 वर्ष की अवधि
6. (अ) स्नातक शिक्षा (कला, विज्ञान, वाणिज्य) – 3 वर्ष
   (ब) स्नातक शिक्षा (इंजीनियरिंग एवं मेडिकल) 3 या 4 वर्ष की अवधि
7. परास्नातक शिक्षा (सभी विभाग) 2 या 3 वर्ष की अवधि
8. अनुसंधान कार्य – 2 या 3 वर्ष की अवधि

शिक्षा के उद्देश्य, लक्ष्य अथवा कार्य संबंधी सुझाव

आयोग ने शिक्षा को राष्ट्र के विकास का मूल आधार माना है। उसने राष्ट्र के परिप्रेक्ष्य में शिक्षा के 5 उद्देश्य, लक्ष्य अथवा कार्य निश्चित किए और इन्हें पंचमुखी कार्यक्रम की संज्ञा दी। आयोग ने इनमें से प्रत्येक की प्राप्ति के लिए अनेक अन्य कार्य भी निश्चित किए। यहां इस पंचमुखी कार्यक्रम का वर्णन संक्षेप में प्रस्तुत है।

पंचमुखी कार्यक्रम

शिक्षा तथा उत्पादित: शिक्षा का संबंध उत्पादित से जोड़ने के लिए विज्ञान की शिक्षा, स्कूली शिक्षा का एक अभिन्न अंग होना चाहिए। कार्यानुभव को सभी प्रकार की शिक्षाओं में स्थान देना चाहिए। माध्यमिक शिक्षा का अधिक-से-अधिक व्यावसायीकरण होना चाहिए।

सामाजिक और राष्ट्रीय एकीकरण-राष्ट्रीय चेतना और एकता को सबल बनाने के लिए लोक शिक्षा प्रणाली के रूप में समान स्कूल प्रणाली को राष्ट्रीय लक्ष्य के रूप में अपनाना चाहिए। सामाजिक और राष्ट्रीय सेवा सभी स्तरों पर सभी विद्यार्थियों के लिए अनिवार्य कर देनी चाहिए।

भाषा नीति-स्कूल और कॉलेज स्तर पर शिक्षा का माध्यम बनने के लिए मातृभाषा सर्वप्रथम अधिकार है अत: प्रादेशिक भाषाओं को शिक्षा का माध्यम बनाना चाहिए। प्रादेशिक भाषाओं में पुस्तकें और साहित्य, विशेष रूप से वैज्ञानिक और प्रोद्योगिकी तैयार करने के लिए उत्साहपूर्ण कार्यवाही करनी चाहिए। शैक्षिक कार्य और बौद्धिक आदान-प्रदान के लिए उच्चतर शिक्षा के क्षेत्र में अंग्रेजी संपर्क भाषा है, इसलिए हिंदी क्षेत्रों में इसके प्रसार के लिए उचित कदम उठाने चाहिए।

राष्ट्रीय चेतना को सुदृढ़ करना-यह कार्य सांस्कृतिक विरासत के ज्ञान को सुदृढ़ करके किया जा सकता है तथा जिस भविष्य की हम कामना करते हैं उसमें एक पहल आस्था निर्मित कर की जा सकती है। पहला कार्य भारत की भाषाओं और साहित्यों, दर्शन और इतिहास, धर्मों के अध्ययन को सुनियोजित ढंग से प्रोत्साहित कर तथा भारतीय मूर्तिकला, चित्रकला, संगीत, नृत्य और नाट्य का परिचय कराकर किया जा सकता है।

शिक्षा का आधुनिकीकरण-आधुनिक बनाने के लिए किसी भी समाज को अपने आप को शिक्षित बनाना होगा। औसत नागरिक का शैक्षिक स्तर ऊँचा उठाने के अतिरिक्त शिक्षा द्वारा ऐसा बुद्धिजीवी वर्ग उत्पन्न करना होगा जो समाज के सभी स्तरों में से हो तथा जिसकी निष्ठा तथा आंकाक्षाओं की जड़ें भारतीय भूमि में हों।

सामाजिक, नैतिक एवं आध्यात्मिक मूल्य-आधुनिकीकरण का यह मतलब नहीं है कि आवश्यक नैतिक और माध्यमिक मूल्यों तथा आत्मानुशासन् की भावना उत्पन्न न हो। आधुनिकीकरण को एक जीवन शक्ति होना है, तो उसे आत्मा की शक्ति प्राप्त करना चाहिए। विज्ञान और शिल्प विज्ञान के ज्ञान और कौशल का संतुलन श्रेष्ठ नीति शास्त्र तथा धर्म से सम्बंधित मूल्यों तथा अंतर्दृष्टि से बैठाना चाहिए। अत: सभी संस्थाओं में नैतिक, सामाजिक और आध्यात्मिक मूल्यों सम्बन्धी शिक्षा की व्यवस्था होनी चाहिए।

राष्ट्रीय शिक्षा नीति (National Policy on Education) (1968)

भारतीय समाज ने शिक्षा को सदैव एक महत्त्वपूर्ण स्थान दिया है। स्वतंत्रता आंदोलन के नेताओं ने शिक्षा के आधारभूत को भली-भांति पहचाना था और सदैव उसके महत्त्व पर बल दिया था। गाँधी जी ने बेसिक शिक्षा योजना बनाई जिसका उद्देश्य शिक्षा को जीवन से संबंध करना था। इसी प्रकार अनेक नेताओं ने स्वतंत्रता प्राप्ति के पूर्व राष्ट्रीय शिक्षा हेतु महत्त्वपूर्ण योगदान दिया। स्वतंत्रता प्राप्ति के पश्चात भारत और राज्य सरकारों का सरोकार शिक्षा को राष्ट्रीय प्रगति और सुरक्षा का प्रभावी साधन बनाना था। शिक्षा व्यवस्था का पुनर्निर्माण करने हेतु कई आयोग नियुक्त किए गए जिनमें विश्वविद्यालय शिक्षा आयोग (1948–49), माध्यमिक शिक्षा आयोग (1952–53). कोठारी आयोग (1964–66) उल्लेखनीय है। कोठारी आयोग के प्रतिवेदन पर विस्तार से चर्चा हुई। इन चर्चाओं के आधार पर एक राष्ट्रीय शिक्षा नीति पर मतैक्य हो गया तथा भारत सरकार ने राष्ट्रीय शिक्षा नीति, 1968 की घोषणा की। इस नीति में निम्नलिखित 17 कार्यक्रमों को शामिल किया गया।

उद्देश्य

विद्यार्थी संविधान में अनुच्छेद 45 के अंतर्गत निशुल्क एवं अनिवार्य शिक्षा को समझने में सक्षम होंगे।

शिक्षकों के स्तर, वेतनमान तथा शिक्षण प्रशिक्षण में सुधार के बारे में जान सकेंगे।

भाषाओं के विकास तथा शैक्षिक अवसरों की समानता के बारे में जान सकेंगे।

इस कमीशन के अनुसार माध्यमिक शिक्षा तथा विश्वविद्यालय शिक्षा का क्या दृष्टिकोण है, इसके बारे में जान सकेंगे।

सत्रह कार्यक्रमों का उल्लेख निम्नलिखित है-

नि:शुल्क एवं अनिवार्य शिक्षा

संविधान के अनुच्छेद 45 के अंतर्गत दिए गए निर्देश की पूर्ति हेतु विशेष प्रयास किए जाएँ और चौदह वर्ष के सभी बच्चों को नि:शुल्क एवं अनिवार्य शिक्षा दी जाए। वर्तमान अपव्यय और अवरोधन को कम करके समुचित कार्यक्रम अपनाए जाएँ तथा विद्यालय का प्रत्येक व्यक्ति विहित पाठ्यक्रम सफलतापूर्वक पूरा करें।

शिक्षकों के स्तर, वेतन तथा शिक्षण-प्रशिक्षण में सुधार

शिक्षण का स्तर उन्नत करने में तथा इसके राष्ट्रीय विकास में योगदान हेतु शिक्षक की भूमिका अत्यंत महत्त्वपूर्ण है। शिक्षक के वेतन, उसकी शैक्षिक योग्यता, उसकी व्यावसायिक योग्यता तथा उसके व्यक्तिगत गुणों और चरित्र पर शैक्षिक प्रयासों की सफलता निर्भर है।

भाषाओं का विकास

प्रादेशिक भाषाएँ, त्रिभाषा सूत्र, हिंदी, संस्कृत और अंतर्राष्ट्रीय भाषाओं के ज्ञान पर बल दिया गया है।

शैक्षिक अवसरों की समानता

शैक्षिक सुविधाओं की व्यवस्था की दृष्टि से प्रादेशिक या क्षेत्रीय असंतुलन मिटाना चाहिए। ग्रामीण तथा पिछड़े क्षेत्रों में शिक्षा की श्रेष्ठ सुविधाएँ उपलब्ध होनी चाहिए। शिक्षा आयोग द्वारा प्रस्तावित सामान्य स्कूल पद्धति को अपनाना चाहिए। जिससे सामाजिक तथा राष्ट्रीय एकता को बढ़ावा मिले। बालिकाओं, पिछड़ी जाति, जनजाति के बच्चों और विकलांग बच्चों की शिक्षा की विशेष व्यवस्था हो।

प्रतिभाशाली बच्चों की पहचान

प्रतिभाशाली बच्चों की पहचान अल्पायु में ही हो जानी चाहिए तथा उनकी प्रतिभा के विकास हेतु उचित अवसर प्रदान किए जाने चाहिए।

कार्यानुभव और राष्ट्रीय सेवा

विद्यालय और समाज को निकट लेन हेतु कार्यानुभव और राष्ट्रीय सेवा को शिक्षा का अभिन्न अंग होना चाहिए। इन कार्यक्रमों में स्वाबलंबन, चरित्र निर्माण और सामाजिक प्रतिबद्धता के विकास पर बल देना चाहिए।

विज्ञान शिक्षा एवं अनुसंधान

राष्ट्रीय अर्थव्यवस्था की गति तीव्र करने हेतु विज्ञान शिक्षा एवं अनुसंधान को प्राथमिकता दी जानी चाहिए। विज्ञान और गणित स्कूल स्तर पर सामान्य शिक्षा का अभिन्न अंग होना चाहिए।

कृषि एवं उद्योग हेतु शिक्षा

प्रत्येक राज्य में कम-से-कम एक कृषि विश्वविद्यालय अवश्य होना चाहिए। प्राविधिक शिक्षा में उद्योगों से सम्बंधित व्यावहारिक और अन्य प्राविधिक जनशक्ति की आवश्यकताओं की निरन्तर समीक्षा करते रहना चाहिए जिससे शिक्षा संस्थाओं और रोजगार के अवसरों के मध्य संतुलन बना रहे।

पारिश्रमिक और प्रोत्साहन

पारिश्रमिक और प्रोत्साहन की उदार नीति के द्वारा श्रेष्ठतम् लेखकों को आकर्षित करके विद्यालयों और विश्वविद्यालयों की पाठ्यपुस्तकों की गुणवत्ता में उच्चतम सुधार होना चाहिए। पाठ्यपुस्तकों को बार-बार बदला जाए। इनका मूल्य भी ऐसा हो कि सामान्य व्यक्ति सरलता से खरीद सके।

परीक्षाएँ

परीक्षाओं की विश्वसनीयता और वैधता में सुधार होना चाहिए। निरन्तर मूल्यांकन प्रक्रिया का उद्देश्य उपलब्धि स्तर में सुधार करना चाहिए न कि किसी समय विशेष पर उसकी गुणवत्ता का प्रमाण पत्र देना।

माध्यमिक शिक्षा

माध्यमिक शिक्षा तथा उच्च स्तर पर शिक्षा के अवसर उपलब्ध कराना सामाजिक परिवर्तन का एक मुख्य साधन है। अतएव माध्यमिक शिक्षा की सुविधाएँ उन क्षेत्रों और वर्गों को भी दी जानी चाहिए जिनको आज तक यह प्राप्त नहीं हो सकी।

विश्वविद्यालय शिक्षा

विश्वविद्यालय या कॉलेज में छात्र प्रवेश संख्या प्रयोगशाला, पुस्तकों तथा अन्य सुविधाओं और कर्मचारियों की संख्या के अनुरूप होनी चाहिए।

अंशकालीन शिक्षा एवं पत्रचार कार्यक्रम

इन कोर्सों की सुविधा विश्वविद्यालय स्तर पर की जाए। इस प्रकार की शिक्षा माध्यमिक स्तर के छात्रों, अध्यापकों तथा कृषि, उद्योग और अन्य व्यवसाय में लगे कर्मचारियों को दी जाए।

साक्षरता एवं प्रौढ़ शिक्षा का विस्तार

राष्ट्रीय विकास में गति लाने हेतु निरक्षरता का उन्मूलयन आवश्यक है। इस उद्देश्य की पूर्ति हेतु सक्रीय रूप से साक्षरता अभियानों का आयोजन होना चाहिए।

खेलकूद

खेलकूद का उद्देश्य छात्रों की शारीरिक क्षमता में वृद्धि करना तथा खिलाड़ियों को प्रोत्साहन देना है। जहाँ खेल के मैदान तथा शारीरिक शिक्षा के राष्ट्रीय कार्यक्रमों के विकास के लिए सुविधाएँ नहीं हैं वहाँ यह सुविधाएँ प्राथमिकता के आधार पर देनी चाहिए।

अल्पसंख्यकों की शिक्षा

अल्पसंख्यकों के अधिकारों की सुरक्षा हेतु तथा उनके शैक्षिक हितों को उन्नत करने हेतु हरसंभव प्रयास किए जाने चाहिए।

शिक्षा संरचना

यह आवश्यक है कि देश के सभी भागों में शैक्षिक सरंचना एकरूप हो। अन्ततः पूरे देश में 10 जमा दो जमा तीन की शैक्षिक सरंचना अपनानी चाहिए।

राष्ट्रीय शिक्षा नीति और प्रोग्राम ऑफ एक्शन (1986/1992): महत्त्वपूर्ण सुझाव और उनके निहितार्थ

इतिहास में ऐसे क्षण आते हैं, जबकि दीर्घकाल से चली आ रही प्रक्रिया को नई दिशा की आवश्यकता होती है। भारतीय शिक्षा का वही क्षण, सन् 1986 में आया। इससे पूर्व भी यह पग राष्ट्रीय शिक्षा नीति, 1968 के द्वारा उठाया गया था। उसका उद्देश्य राष्ट्र की प्रगति को सुदृढ करना था। उसमें शिक्षा प्रणाली के सर्वांगीण पुनर्निर्माण तथा हर स्तर पर शिक्षा की गुणवत्ता को ऊँचा उठाने पर बल दिया गया था। साथ ही उस शिक्षा नीति में शिक्षा को जनजीवन के साथ जोड़ने पर ध्यान दिया गया था। नई चुनौतियों से निपटने और सामाजिक आवश्यकताओं की पूर्ती हेतु एक नई शिक्षा नीति 8 मई को लोक सभा तथा 13 मई, 1986 को राज्य सभा द्वारा पारित की गई, जिसको राष्ट्रीय शिक्षा नीति, 1986 कहते हैं। सन् 1992 में इसको संशोधित किया गया।

राष्ट्रीय शिक्षा नीति, 1986 के मूल तत्त्व

राष्ट्रीय शिक्षा नीति, 1986 और उसकी कार्य योजना, 1986 से राष्ट्रीय शिक्षा नीति एवं रीति संबंधी जो तथ्य उजागर होते हैं, उन्हें निम्नलिखित रूप में उजागर किया जा सकता है।

शिक्षा प्रशासन का विकेंद्रीकरण किया जाएगा-इस शिक्षा नीति के दसवें भाग में शिक्षा प्रशासन् के विकेंद्रीकरण पर बल दिया गया है और राष्ट्रीय स्तर पर 'भारतीय शिक्षा सेवा' प्रांतीय स्तर पर 'प्रांतीय शिक्षा सेवा' जिला स्तर पर 'जिला शिक्षा परिषद' के गठन की घोषणा की गई है'।

शिक्षा की व्यवस्था हेतु पर्याप्त धनराशी-राष्ट्रीय शिक्षा नीति 1986 के तृतीय भाग में यह स्वीकार किया गया है कि शिक्षा मनुष्य का भौतिक एवं अध्यात्मिक विकास करती है। और यह हमारे सांस्कृतिक एवं आर्थिक विकास, लोकतंत्रीय मूल्यों के विकास और राष्ट्रीय लक्ष्यों की प्राप्ति के लिए परम् आवश्यक है।

संपूर्ण देश में 10 + 2 + 3 शिक्षा संरचना-राष्ट्रीय शिक्षा नीति 1986 के तृतीय भाग में संपूर्ण देश में 10 + 2 + 3 शिक्षा संरचना स्वीकार की गई है। प्रथम 10 वर्षीय शिक्षा पूरे देश के लिए समान होगी, इसके लिए एक आधारभूत पाठ्यक्रम होगा।

विभिन्न स्तरों पर शिक्षा का पुनर्गठन-इस शिक्षा नीति के पाँचवें भाग में शिक्षा के सभी स्तरों का पुनर्गठन करने पर बल दिया गया है। और पूर्व प्राथमिक, प्राथमिक, माध्यमिक और उच्च शिक्षा की पाठ्यचर्या में सुधार करने और उनके स्तर को ऊँचा उठाने पर बल दिया है।

पूर्व प्राथमिक शिक्षा की व्यवस्था-इस स्तर पर शिशुओं के शारीरिक एवं मानसिक विकास पर ध्यान दिया जाएगा। उनके भोजन, वस्त्र, सफाई और पर्यावरण पर ध्यान दिया जाएगा। उनके खेल-कूद एवं व्यायाम की उचित व्यवस्था की जाएगी।

अनिवार्य एवं निःशुल्क प्राथमिक शिक्षा के लक्ष्य को शीघ्रातिशीघ्र प्राप्त किया जाएगा

प्राथमिक शिक्षा को सर्वसुलभ बनाया जाएगा। सभी 10% बच्चों के लिए 1 किलोमीटर की दूरी पर प्राथमिक विद्यालय उपलब्ध है, शेष 10% को 1990 तक उपलब्ध करा दिए जाएँगे।

माध्यमिक शिक्षा का पुनर्गठनः इस राष्ट्रीय शिक्षा नीति के पांचवें भाग में यह घोषणा की गई है, कि माध्यमिक शिक्षा सभी इच्छुक लड़के-लड़कियों को उपलब्ध कराई जाएगी। इस स्तर पर त्रिभाषा सूत्र लागू किया जाएगा। गणित, विज्ञान, मानविकी, इतिहास, राष्ट्रीयता, संवैधानिक दायित्व, नागरिक अधिकार एवं कर्तव्य, सांस्कृतिक संस्कार और कार्यानुभव को अनिवार्य किया जाएगा।

उच्च शिक्षा का प्रसार एवं उन्नयनः इस शिक्षा नीति के पांचवें भाग में यह स्पष्ट किया गया है कि उच्च शिक्षा द्वारा छात्रों में विशिष्ट ज्ञान एवं कुशलता का विकास किया जाएगा, जिससे राष्ट्र का विकास होगा।

तकनीकी एवं प्रबंध शिक्षा में सुधारः इस शिक्षा नीति के छठे भाग में तकनीकी एवं प्रबंध शिक्षा के महत्त्व को स्वीकारते हुए उसकी उचित व्यवस्था करने पर बल दिया गया है। यह घोषणा की गई है कि तकनीकी एवं प्रबंध शिक्षा को भविष्य की आवश्यकता अनुसार नियोजित किया जाएगा। तथा महिलाओं और समाज के कमजोर वर्ग के बच्चों को तकनीकी शिक्षा की पूरी-पूरी सुविधाएं उपलब्ध कराई जाएँगी।

परीक्षा प्रणाली और मूल्यांकन प्रक्रिया में सुधारः राष्ट्रीय शिक्षा नीति 1986 के आठवें भाग के अंत में तत्कालीन परीक्षा प्रणाली और मूल्यांकन प्रक्रिया में सुधार की चर्चा की गई है।

शिक्षकों के स्तर और शिक्षण-प्रशिक्षण में सुधारः शिक्षकों का चयन उनकी योग्यता के आधार पर किया जाएगा। उनके स्तर को उठाने के लिए उनके वेतनमान बढ़ाए जाएंगे और सेवाशर्तों को आकर्षक बनाया जाएगा।

प्रौढ़ शिक्षा कार्यक्रमों का विस्तारः प्रौढ़ शिक्षा को राष्ट्रीय लक्ष्यों से जोड़ा जाएगा और 15 से 35 वर्ष आयु वर्ग के प्रौढ़ को साक्षर बनाने के लिए सरकारी और गैरसरकारी संगठनों का प्रयोग किया जाएगा।

सतत् शिक्षा की व्यवस्थाः युवा वर्ग, गृहिणियां, किसानों, व्यापारियों और विभिन्न उद्योगों में कार्यरत व्यक्तियों को उनके क्षेत्र की अधतन जानकारी देने हेतु सतत् शिक्षा की व्यवस्था की जाएगी।

महिला शिक्षा पर विशेष ध्यान दिया जाएगा। अनुसूचित जाति, अनुसूचित जनजातियों के बच्चों के लिए शिक्षा की उचित व्यवस्था की जाएगी।

पिछड़े वर्ग एवं पिछड़े क्षेत्रों के बच्चों के लिए शिक्षा की उचित व्यवस्था की जाएगी।

अल्पसंख्यकों के बच्चों की शिक्षा पर विशेष ध्यान दिया जाएगा।

विकलांग और मंदबुद्धि बच्चों की शिक्षा की व्यवस्था की जाएगी।

संशोधित राष्ट्रीय शिक्षा नीति, 1986 (1992) का सामान्य परिचय

राष्ट्रीय शिक्षा नीति 1986 में यह घोषणा की गई थी कि प्रत्येक 5 साल बाद इस नीति के क्रियान्वयन और उसके परिणामों की समीक्षा की जाएगी। परन्तु केंद्र सरकार ने तीन वर्ष बाद, 1990 में ही इसकी समीक्षा हेतु राममूर्ति समीक्षा समिति, 1990 का गठन कर दिया। अभी इस समिति के प्रतिवेदन पर विचार भी शुरू नहीं हुआ था कि सरकार ने 1992 में इस नीति के कार्यान्वयन एवं परिणामों की समीक्षा हेतु जनार्दन रेड्डी समिति का गठन कर दिया। इन दोनों समितियों की रिपोर्ट के आधार पर सरकार ने 1992 में ही राष्ट्रीय शिक्षा नीति 1986, में कुछ संशोधन कर दिए। और इसे संशोधित राष्ट्रीय शिक्षा नीति, 1986, (National policy on Education 1986, with modifications undertaken in 1992) के नाम से प्रकाशित किया। सरकार ने उसी वर्ष इसकी कार्य योजना में भी कुछ परिवर्तन कर दिए। इस परिवर्तन कार्य योजना को कार्य योजना, 1992 (Plan of action) कहा जाता है।

यदि राष्ट्रीय शिक्षा नीति, 1986 में किए गए संशोधनों और उनकी कार्य योजना, 1992 को समग्र रूप से देखा जाए तो स्पष्ट होगा कि उसके मूल तत्त्वों में कोई परिवर्तन नहीं हुआ है। उनका केवल विस्तार हुआ है, और वह भी कुछ मूल तत्त्वों का।

राष्ट्रीय शिक्षा नीति, 1986 और उसके संशोधित रूप (1992) में जो कुछ प्रस्तावित है वह सब कुछ बहुत अच्छा है और नीति को शैक्षिक विकास के रूप में निहितार्थ किया गया है। जैसे कि-

शिक्षा राष्ट्रीय महत्त्व की वस्तुः राष्ट्रीय शिक्षा नीति, 1986 में शिक्षा को राष्ट्रीय महत्त्व का विषय घोषित किया गया है। इस शिक्षा नीति को उत्तम निवेश के रूप में स्वीकार किया गया है और उस पर बजट में 6% का प्रावधान करना सुनिश्चित किया गया है और वर्तमान में लगभग 4% व्यय भी किया जा रहा है।

कार्य योजना एवं वित्त व्यवस्थाः राष्ट्रीय शिक्षा नीति, 1986 और संशोधित (1992) भारत की पहली शिक्षा नीति है जिसके क्रियान्वयन के लिए पूरी कार्य योजना विस्तृत रूप से प्रस्तुत की गई है और उसके लिए उचित वित्त व्यवस्था भी की गई है।

निश्चित शिक्षा संरचनाः इस राष्ट्रीय शिक्षा नीति में राष्ट्रीय शिक्षा नीति, 1986 द्वारा घोषित 10 + 2 + 3 शिक्षा संरचना को पूरे देश में अनिवार्य रूप से लागू करने पर बल दिया गया है सर्वप्रथम दस वर्षीय शिक्षा के लिए आधारभूत पाठ्यचर्या और + 2 पर स्थान विशेष की आवश्यकता अनुसार पाठ्यचर्या के निर्माण पर बल दिया गया है। उच्च स्तर के शिक्षा के पाठ्यक्रम के निर्माण का अधिकार विश्वविद्यालयों को दिया गया है। परन्तु इस निर्देश के साथ कि ये पाठ्यक्रम अधतन और अंतर्राष्ट्रीय स्तर के होने चाहिए। इस प्रकार इस नीति में राष्ट्रीय और क्षेत्रीय हितों को बराबर का महत्त्व दिया गया है, यह भारतीय गणराज्य के अनुकूल है।

ज्ञान की अवधारणाः दार्शनिक परिप्रेक्ष्य

ज्ञान की अवधारणा

जब हम शिक्षण देते हैं तो हम ज्ञान प्रदान करते है इसलिए हमें जानना आवश्यक होता है कि हम ज्ञान के किस स्वरूप का उपयोग कर रहे हैं, कैसे हम विद्यार्थी को यथार्थ ज्ञान से परिचय प्रदान करें। क्या हम जो ज्ञान उसे दे रहे है वह पूर्ण यथार्थ ज्ञान है सत्यता से पूर्ण है यह सब हम जानते हैं एवं समझते है, क्या इन सिद्धांतों की जानकारी शिक्षक को होना अति आवश्यक है। शिक्षा का प्रमुख उद्देश्य ज्ञान प्रदान करना है, तथा जो भी तथ्य हम पढ़ाते है तो वह सत्य पर आधारित है, सत्य और ज्ञान दोनो एक-दूसरे से जड़े है दोनों में कोई अंतर नहीं है। शाश्वत सत्य ही ज्ञान है। समाज के लिए ज्ञान ही शिक्षा है। सभी प्राचीन ऋषि मुनियों तथा मुस्लिम संतों को प्रथम ज्ञान प्राप्त हुआ तब उन्होंने उसका प्रचारः प्रसार किया, इस प्रकार से ज्ञान की उपयोगिता शिक्षा ही सिद्ध करती है। ज्ञान की दूसरी अवधारणा है कि ज्ञान सूक्ष्म है या स्थूल है यह बात हम अध्यापक के द्वारा विद्यार्थियों को अध्ययन कराते समय शिक्षक एवं विद्यार्थियों के मन में ज्ञान सूक्ष्म रूप से विद्यमान रहता है। दूसरी ओर पुस्तकों में जो भाषा लिखी है वह ज्ञान स्थूल है। एक उदाहरण के द्वारा हम समझ सकते हैं जैसे पानी में नमक डालने पर जो नमक के छोटे कण है वे घुल जाते है और जो बड़े डैले होते है वे दिखाई देते रहते हैं ठीक उसी प्रकार से यह ज्ञान पुस्तकीय ज्ञान होता है ज्ञान के दो पक्ष है- प्रत्यक्ष ज्ञान और परोक्ष ज्ञान।

प्रत्यक्ष ज्ञान मनुष्य अपनी ज्ञानेन्द्रियों से अनुभव के द्वारा प्राप्त करता है। परोक्ष ज्ञान हमे दूसरों से कथनों या पुस्तकों द्वारा प्राप्त होता है। शिक्षा में दोनों प्रकार के ज्ञान का महत्त्व है। ज्ञान केवल अनुभूति भाग है यह हम एक गेंद के द्वारा समझ सकते हैं। यदि हम गेंद को देखते है तो हमें उसका रंग, रूप, आकार दिखाई देता है और यदि हम इसी गेंद को ब्रह्माण्ड के रूप में देखते हैं तो वह हमें इस पृथ्वी का आकार तथा सतह एवं उसके पूर्ण रूप को दर्शाती है। इस प्रकार से हम ज्ञान के कई स्तरों को पाते हैं।

कुछ दार्शनिकों का मत है कि सच्चा ज्ञान वही है जो अन्य अनुभवों के तदनुरूप हो अर्थात् वह अन्य अनुभवों से सामन्जस्यपूर्ण हो। अद्वैत वेदान्त का कहना है: कि ज्ञान की प्रभावशीलता उसकी अकाट्यता में निहित है। ज्ञान की सत्यता वह है जिसे उत्तरवर्ती ज्ञान झूठा सिद्ध न कर सके। वैसे तो ज्ञान की परिभाषा देना अत्यन्त कठिन कार्य है फिर भी कुछ विद्वानों, मनीषियों ने धर्मग्रंथ के आधार पर ज्ञान के विषय में कही गई बातों को यहाँ प्रस्तुत करने का प्रयास किया है-

उपनिषद् के अनुसार, ''ज्ञान गूढ़ तथा रहस्यमय है, इसलिए ज्ञान उसी को प्रदान किया जाना चाहिए जो ज्ञान प्राप्त करने के पात्र हो।''

गीता के अनुसार, ''सर्वभूतेषु येनैकं भावमण्य यमीक्षते अविभक्तं विभक्तेष तज्ज्ञानं विधि सात्विकम्।।'' अर्थात् : जिसके द्वारा सभी प्राणियों में केवल एक निर्विकार भाव देखा जाता है तथा विविधता में जहाँ एकता दिखाई देती है, उसी को सात्विक ज्ञान कहा जाता है।

बेकन के अनुसार, ''ज्ञान ही शक्ति है।''

प्लेटो के अनुसार ज्ञानी वह है जो दृष्ट-जगत से दृष्टि हटाकर प्रत्ययों की दुनिया का चिंतन करता है। उन्होंने ज्ञान को तीन रूपों में बाँटा है- इंद्रियजंय ज्ञान सम्मतिजंय ज्ञान तथा चिंतनजंय ज्ञान।

इनके अनुसार इंद्रियजंय तथा सम्मतिजंय ज्ञान अपूर्ण, अवास्तविक तथा मिथ्या ज्ञान है। जबकि चिंतनजंय ज्ञान ही सच्चा ज्ञान है।

अरस्तु के अनुसार उन्होंने तत्त्वज्ञान को विज्ञान पर आधारित करना चाहा। इन्होंने दृष्ट-संसार को आभास नहीं समझा, उनकी समझ में जगत की यथार्थ सत्ता थी।

दार्शनिक परिप्रेक्ष्य

ज्ञान का सिद्धांत दर्शनशास्त्र की एक शाखा कें रूप में समझा जाता है जिसे ज्ञान मीमांसा कहते हैं। ज्ञानमीमांसा (Epistemology) ग्रीक शब्द 'Episteme' अर्थात ज्ञान तथा 'logog' अर्थात परिचर्चा या विज्ञान से आया है। ज्ञानमीमांसा दर्शनशास्त्र अलग-अलग क्षेत्र हैं ज़ो ज्ञान से संबंधित उसके उत्पत्ति, प्रकृति, ज्ञान की विधियाँ, वैधता एवं सीमाओं का अन्वेषण करता है। ज्ञान क्या है? वैध तथा अवैध ज्ञान का स्वरूप क्या है? तथा इसके तार्किक वर्ग या समूह क्या है? इन प्रश्नों का उत्तर भी जगत के संबंध में हमारे विश्वास या दृष्टिकोण से ही प्राप्त होता है। अतः ज्ञानमीमांसा भी तत्त्वमीमांसा से संबंधित है। जगत के संबंध में यदि हमारी विचारधारा भौतिकवादी है तो ज्ञान प्राप्ति के साधन प्रत्यक्ष इन्द्रिय ज्ञान से संबंधित होंगे। साथ ही यदि हमारी विचारधारा आध्यात्मिक है जो ज्ञान प्राप्ति की विधि तर्क संगत तथा सहज ज्ञान से जुड़े होंगे। इस प्रकार हम कह सकते हैं कि ज्ञानमीमांसा और शिक्षा एक-दूसरे से संबंधित और आपस में जुड़े हुए है।

अभ्यास प्रश्न

1. शिक्षा को बाल-केंद्रित शिक्षा माना जाता है, जब–
(a) बालक के व्यक्तिक्कव का सम्पूर्ण विकास होता है
(b) बालक की माँग, रुचि व अभिवृत्ति की प्राथमिकता होती है
(c) शिक्षक के स्वयं के महत्त्व को ध्यान में रखा जाता है
(d) पाठ्यक्रम को महत्त्व दिया जाता है

2. शिक्षा का उद्देश्य होना चाहिए–
(a) विद्यार्थियों में व्यावसायिक कौशल का विकास करना
(b) विद्यार्थियों में सामाजिक चेतना का विकास करना
(c) विद्यार्थियों को परीक्षा के लिए तैयार करना
(d) विद्यार्थियों को व्यावहारिक जीवन के लिए तैयार करना

3. बालक का समाजीकरण किससे संबंधित नहीं है?
(a) आधारभूत मूल्यों को परिवर्तित करने से
(b) वह प्रक्रिया जो तुरंत हो जाती है
(c) औपचारिक तथ्यों को प्रदर्शित करना
(d) आदर्श आकांक्षाओं को गम्भीरता से लेना

4. ········· के अतिरिक्त निम्नलिखित सभी तथ्य संकेत करते हैं कि बच्चा कक्षा में संवेगात्मक और सामाजिक रूप से समायोजित है।
(a) चुनौतीपूर्ण कार्यों पर ध्यान केंद्रित करना और उन्हें दृढ़तापूर्वक करते रहना
(b) क्रोध तथा हर्ष दोनों को प्रभावी रूप से प्रबंधित करना
(c) हमउम्र साथियों के साथ प्रतियोगिता पर दृढ़तापूर्वक ध्यान केंद्रित करना
(d) हमउम्र साथियों के साथ मधुर संबंधों का विकास

5. समाजीकरण में सम्मिलित है – सांस्कृतिक संरचना और ················।
(a) वैयक्तिक व्यक्तित्व विकास
(b) बच्चों को लेबलों में समायोजित करना
(c) संवेगात्मक समर्थन उपलब्ध कराना
(d) विद्रोहियों को निरुत्साहित करना

6. सामाजिक भूमिकाओं के कारण न कि जीववैज्ञानिक संपत्ति के कारण सौंपी गई विशिष्टताएँ ············ कहलाती हैं।
(a) जेंडर भूमिका दबाव
(b) जेंडर भूमिका रूढ़िबद्धता
(c) जेंडर भूमिका नैदानिकी
(d) जेंडर भूमिका अभिवृत्ति

7. बाल केंद्रित शिक्षण विधि से तात्पर्य है–
(a) छात्रों को ज्ञान प्रदान करने हेतु तैयार करना
(b) छात्रों को अनुभवों हेतु कोई गुंजाइश न होना
(c) अध्यापकों के प्रश्नों के उत्तर देने हेतु तैयार करना
(d) छात्रों के मनोवैज्ञानिक विकास की तैयारी करना

8. आर.टी.ई. अधिनियम 2009 के अनुसार मुफ्त और अनिवार्य शिक्षा होनी चाहिए–
(a) 6-14 वर्ष के बालकों हेतु
(b) 6-12 वर्ष के बालकों हेतु
(c) 3-14 वर्ष के बालकों हेतु
(d) 3-12 वर्ष के बालकों हेतु

9. निम्नलिखित में से कौन-सा नियम राष्ट्रीय पाठ्यक्रम रूपरेखा 2005 में सम्मिलित नहीं है?
(a) स्कूल से बाहर ज्ञान को जीवन से जोड़ना
(b) निश्चित सीखना रटने की प्रक्रिया में बदलाव है
(c) परीक्षा प्रक्रिया को लचीला एवं कक्षा-कक्ष परिस्थिति से जोड़ कर बनाना
(d) सीखना कक्षा की चार दीवारों में सीमित है

10. शिक्षा मनुष्य में अंतर्निहित क्षमता का परिपूर्णता में विकास करती है। यह कथन किसका है?
(a) स्वामी विवेकानंद (b) स्कीनर
(c) पेस्टालॉजी (d) रवींद्रनाथ टैगोर

11. शिक्षा का अधिकार अधिनियम 2009 के क्रियान्वयन के बाद कक्षा-कक्ष–
(a) आयु के अनुसार अधिक विषमजातीय हैं
(b) अप्रभावित हैं, क्योंकि शिक्षा का अधिकार विद्यालय में कक्षा की औसत आयु को प्रभावित नहीं करता
(c) जेंडर के अनुसार अधिक समजातीय हैं
(d) आयु के अनुसार अधिक समजातीय हैं।

12. 'निःशुल्क एवं अनिवार्य शिक्षा का अधिकार 2009' में 'अनिवार्य' शब्द का अर्थ है–
(a) 'अनिवार्य शिक्षा सतत परीक्षण के माध्यम से प्रदान की जाएगी
(b) केंद्र सरकार दाखिले, उपस्थिति और प्रारंभिक शिक्षा की पूर्णता को सुनिश्चित करेगी
(c) उचित सरकारें दाखिले, उपस्थिति और प्रारंभिक शिक्षा की पूर्णता को सुनिश्चित करेंगी
(d) दण्डात्मक कार्य से बचने के लिए अपने बच्चों को विद्यालय भेजने के लिए अभिभावकों पर अनिवार्य रूप से जोर डाला गया है

13. आपकी कक्षा में एक छात्र देर से आता है। आप–
(a) उसके अभिभावकों को सूचित करेंगे
(b) उसे दंड देंगे
(c) कारण जानने की चेष्टा करेंगे
(d) उस पर कोई ध्यान नहीं देंगे।

14. शिक्षा का उद्देश्य होना चाहिए–
(a) विद्यार्थियों में व्यावसायिक कौशल का विकास करना
(b) विद्यार्थियों में सामाजिक चेतना का विकास करना
(c) विद्यार्थियों को परीक्षा के लिए तैयार करना
(d) विद्यार्थियों को व्यावहारिक जीवन के लिए तैयार करना

15. बाल-केंद्रित शिक्षा का समर्थन निम्नलिखित में से किस विचारक द्वारा किया गया?
(a) जॉन ड्यूवी
(b) एरिक इरिकसन
(c) चार्ल्स डार्विन
(d) बी.एफ. स्किनर

16. शिक्षा के उद्देश्यों का वर्गीकरण विकसित किया–
(a) रॉबर्ट मेगर (b) एल० के० डेविस
(c) बी० एस० ब्लूम (d) स्मिथ

17. शिक्षा का अधिकार अधिनियम, 2009 में एक अध्यापक के लिए न्यूनतम कार्य–घंटे प्रति सप्ताह निर्धारित किए गए हैं–
(a) चालीस घंटे (b) पैंतालीस घंटे
(c) पचास घंटे (d) पचपन घंटे

18. शिक्षा का अधिकार अधिनियम, 2009 में एक अध्यापक को निम्न में से किस दायित्व को पूरा करना होगा?
(a) विद्यालय में नियमित रूप से समय पर उपस्थित होना होगा
(b) पाठ्यक्रम का संचालन कर पूरा करना होगा
(c) सम्पूर्ण पाठ्यक्रम को निर्धारित समय पर पूरा करना होगा
(d) उपरोक्त में से सभी

19. राष्ट्रीय पाठ्यक्रम रूपरेखा, 2005 में शान्ति शिक्षा को बढ़ावा देने के लिए कुछ क्रियाओं की अनुशंसा की गई है। पाठ्यक्रम रूपरेखा में निम्न में से किसे सूचीबद्ध किया गया है?
(a) महिलाओं के प्रति आदर एवं जिम्मेदारी का दृष्टिकोण विकसित करने के लिए कार्यक्रम आयोजित किए जाएँ
(b) नैतिक शिक्षा को पढ़ाया जाए

(c) शान्ति शिक्षा को एक अलग विषय के रूप में पढ़ाया जाए
(d) शांति शिक्षा को पाठ्यक्रम में सम्मिलित किया जाए

20. राष्ट्रीय पाठ्यचर्या की रूपरेखा, 2005 में बातचीत की गई है–
(a) ज्ञान स्थायी है व दिया जाता है से ज्ञान का विकास होता हो और इसकी संरचना की जाती है
(b) शैक्षिक केंद्र से विषय केंद्र होने पर
(c) विद्यार्थी केंद्रित से अध्यापक केंद्रित की ओर
(d) उपरोक्त में से कोई नहीं।

21. राष्ट्रीय पाठ्यचर्या रूपरेखा, 2005 के अन्तर्गत 'परीक्षा सुधारों' में निम्न में से किस सुधार को सुझाया गया है?
(a) खुली पुस्तक परीक्षा
(b) सतत्/निरंतर एवं व्यापक मूल्यांकन
(c) सामूहिक कार्य मूल्यांकन
(d) उपरोक्त में से सभी

22. एक अध्यापक सफल है, यदि वह–
(a) अपने विषय को अच्छे से जानता हो
(b) शत-प्रतिशत परिणाम देता हो
(c) छात्रों को खुश रखे
(d) प्राचार्य/प्राचार्या को खुश रखे

23. निम्नलिखित में से कौन-सा कथन 'सत्य' है?
(a) शिक्षण एक कला है
(b) शिक्षण एक विज्ञान है
(c) शिक्षक को प्रशिक्षित किया जा सकता है
(d) उपरोक्त सभी

24. एक अध्यापक के रूप में आपके समक्ष सबसे महत्वपूर्ण चुनौती होगी?
(a) प्राचार्य/प्राचार्या को खुश करना
(b) शिक्षण अधिगम प्रक्रिया को अधिक रुचिपूर्ण बनाना
(c) कक्षा में अनुशासन बनाना
(d) पाठ्यक्रम को पूरा करना

25. प्रभावशाली संप्रेषण हेतु निम्नलिखित में से क्या जरूरी नहीं है?
(a) रोचक व्यक्तित्व
(b) स्पष्ट आवाज
(c) उपयुक्त भाव-प्रदर्शन
(d) विषय-वस्तु में विशेषज्ञता

26. एक सम्पूर्ण अध्यापक वह हो सकता है?
(a) जो समय से पाठ्यक्रम पूरा करे
(b) जो छात्रों की विषय में रुचि पैदा करे
(c) जो कक्षा में अनुशासन बन कर रखे
(d) जो 100% प्रतिशत परिणाम दे

27. आजकल विद्यालय उपलब्ध नहीं कराते हैं–
(a) शारीरिक शिक्षा
(b) नैतिक शिक्षा
(c) व्यावसायिक शिक्षा
(d) तकनीकी शिक्षा

28. अपने शिक्षण से अध्यापक का मुख्य उद्देश्य क्या होता है?
(a) अच्छे नागरिक विकसित करना
(b) पाठ्यक्रम पूरा करना
(c) समय-समय पर कक्षा में परीक्षा लेते रहना
(d) छात्र की प्रगति की जाँच करना

29. कक्षा में अपने छात्रों के प्रति अध्यापक की कैसी मनोवृत्ति होनी चाहिए?
(a) कुशाग्र बुद्धि बालकों को पसंद करना
(b) उन बालकों को नापसंद करना जो पढ़ाई में अच्छे नहीं हैं
(c) कमजोर छात्रों पर ज्यादा ध्यान देना
(d) सभी छात्रों के लिए समान दृष्टिकोण रखना

30. आपकी कक्षा का एक छात्र बार-बार परीक्षा में असफल होता है, आप–
(a) उसे मदद करेंगे, जिस विषय में उसको जरूरत होगी
(b) उसे भला-बुरा कहेंगे
(c) प्राचार्य को सलाह देंगे कि उसे निकाल दें
(d) उस पर ध्यान नहीं देंगे

31. प्राथमिक स्तर के पाठ्यक्रम पर विशेष रूप से ध्यान देना चाहिए–
(a) सामाजिक विकास पर
(b) संवेदना के विकास पर
(c) बालक के विकास के सभी आयाम पर
(d) कार्य की मान्यता पर

32. एक प्रभावशाली एवं विश्वस्त अध्यापक हमेशा रहता है–
(a) परेशान
(b) लापरवाह
(c) सतर्क
(d) इनमें से कोई नहीं

33. आपके अनुसार कक्षा-कक्ष अध्यापक की मुख्य जिम्मेदारी क्या है?
(a) कक्षा में अनुशासन बनाए रखना
(b) उपस्थिति लेना
(c) शुल्क लेना
(d) छात्रों के बीच में मेल-जोल बनाकर रखना

34. 'वन महोत्सव' स्कूल में मनाया जाता है और पेड़ लगवाए जाते हैं। आपके अनुसार–
(a) यह समय की बर्बादी है
(b) यह संसाधन की बर्बादी है
(c) यह बच्चों को व्यस्त रखता है
(d) यह आवश्यक है

35. स्कूलों में अतिरिक्त पाठ्यक्रम गतिविधियाँ महत्त्वपूर्ण होती हैं, क्योंकि–
(a) ये स्कूल को प्रसिद्ध बनाती हैं
(b) ये कमजोर छात्रों को कुछ करने हेतु मंच प्रदान करती हैं
(c) ये स्कूल के शिक्षण कार्यक्रम को समृद्ध बनाती हैं
(d) उपरोक्त सभी

36. एक अध्यापक को सामाजिक गतिविधियों में शामिल होना चाहिए-
(a) कभी-कभी
(b) जब समय अनुमति दे
(c) हमेशा
(d) कभी नहीं

37. आपके अनुसार महिलाओं की शिक्षा का क्या महत्व है?
(a) शिक्षित महिला परिवार की वित्तीय परिस्थितियों में मदद कर सकती है
(b) शिक्षित महिला अपने घर की देखभाल उचित रूप से नहीं कर सकती है
(c) शिक्षित महिला स्वयं को स्वतंत्र बना सकती है
(d) शिक्षित महिला समाज की उन्नति में मदद कर सकती है

38. एक अध्यापक समाज का हिस्सा है, इस कारण से निश्चित रूप से उसमें कुछ सामाजिक गुण पाये जाते हैं। एक अध्यापक के लिए कौन-सी सामाजिक योग्यता आवश्यक है?
(a) पार्टियों में हिस्सा लेना
(b) मजाकिया होना
(c) सामुदायिक सेवा करना
(d) उपरोक्त सभी

39. यदि आप शिक्षा प्रक्रिया में सुधार चाहते हैं, तो आप उसे करेंगे–
(a) प्राथमिक स्तर पर
(b) माध्यमिक स्तर पर
(c) विश्वविद्यालय स्तर पर
(d) इनमें से सभी

40. निम्नलिखित में से कौन-सा दूरस्थ शिक्षा का साधन है?
(a) रेडियो (b) टेलीविजन
(c) सिनेमा (d) समाचार-पत्र

41. प्रौढ़ शिक्षा से आप क्या समझते हैं?
(a) प्रौढ़ों के लिए शिक्षा जो स्कूल जाते हैं
(b) प्रौढ़ों के लिए शिक्षा जो कॉलेज जाते हैं
(c) अनपढ़ प्रौढ़ों के लिए शिक्षा
(d) उपरोक्त सभी

42. वह छात्र जिन्हें आप पढ़ाते हैं, वे परीक्षा में अच्छे परिणाम प्राप्त करते हैं। आप–
(a) उनके परिणाम पर शंका करेंगे
(b) जानने की कोशिश करेंगें, नकल की थी या नहीं

(c) उन्हें पसंद करेंगे
(d) उनसे ईर्ष्या करेंगे

43. आपकी कक्षा का एक छात्र उत्तर देने में असमर्थ है आप—
(a) दूसरे छात्र से उत्तर पूछेंगे
(b) उससे सरल प्रश्न पूछेंगे
(c) उससे बैठ जाने को कहेंगे
(d) उसे दण्डित करेंगे

44. स्कूल और समाज एक साथ काम करते हैं जैसे—
(a) स्कूल सामाजिक व्यवस्था का हिस्सा है
(b) स्कूल के विकास हेतु समाज सुविधाएँ प्रदान करता है
(c) समाज बालक की जरूरतों को उचित रूप से समझता है
(d) हम सब एक समाज में रहते हैं, इसलिए हमें साथ में काम करना चाहिए।

45. बचपन काल कब से कब तक रहता है?
(a) जन्म से 4 वर्ष तक
(b) जन्म से 5 वर्ष तक
(c) जन्म से 6 वर्ष तक
(d) जन्म से 7 वर्ष तक

46. लड़कों में किशोरावस्था होती है-
(a) 12 से 17 वर्ष तक
(b) 10 से 15 वर्ष तक
(c) 12 से 20 वर्ष तक
(d) 15 से 20 वर्ष तक

47. संविधान के अनुच्छेद में व्यवस्था है-
(a) बच्चों के निःशुल्क शिक्षा
(b) बच्चों को जोखिम वाले कार्य में नहीं लगाना
(c) आर्थिक विषय
(d) इनमें से कोई नहीं

48. व्यक्तियों के समूह को-
(a) समाज कहते हैं
(b) परिवार कहते हैं
(c) जाति कहते हैं
(d) इनमें से कोई नहीं

49. शिक्षण को समझने के लिए मुख्यतः कितने आधार हैं?
(a) 3 (b) 4
(c) 5 (d) 6

50. बेकन ने ज्ञान को क्या माना है?
(a) साहस
(b) बुद्धि
(c) शक्ति
(d) इनमें से कोई नहीं

उत्तरमाला

1. (b)	**2.** (d)	**3.** (c)	**4.** (b)	**5.** (a)	**6.** (b)	**7.** (d)	**8.** (a)	**9.** (b)	**10.** (a)
11. (b)	**12.** (a)	**13.** (c)	**14.** (a)	**15.** (a)	**16.** (b)	**17.** (b)	**18.** (c)	**19.** (d)	**20.** (b)
21. (c)	**22.** (b)	**23.** (d)	**24.** (b)	**25.** (a)	**26.** (b)	**27.** (c)	**28.** (d)	**29.** (c)	**30.** (a)
31. (b)	**32.** (c)	**33.** (a)	**34.** (d)	**35.** (b)	**36.** (c)	**37.** (c)	**38.** (c)	**39.** (a)	**40.** (b)
41. (c)	**42.** (c)	**43.** (c)	**44.** (c)	**45.** (c)	**46.** (a)	**47.** (b)	**48.** (a)	**49.** (a)	**50.** (c)

❑❑❑

अध्याय

2

प्रमुख शिक्षाशास्त्री एवं उनका दर्शन

महात्मा गाँधी

महात्मा गाँधी-हिंद स्वराज : सामाजिक दर्शन और शिक्षा के संबंध को रेखांकित करते हुए

हिंदु स्वराज गाँधीजी द्वारा रचित एक पुस्तक नाम है। मूल रचना सन् 1909 में गुजराती में थी। यह लगभग तीस हजार शब्दों की लघु पुस्तिका है जिसे गाँधीजी ने अपनी इंग्लैण्ड से दक्षिण अफ्रीका की यात्रा के दौरान पानी के जहाज में लिखी थी। यह इण्डियन ओपिनियन में सबसे पहले प्रकाशित हुई। जिसे भारत में अंग्रेजों ने यह कहते हुए प्रतिबंधित कर दिया था कि इसमें राजद्रोह घोतित सामग्री है। इस पर गाँधीजी ने इसका अंग्रेजी में भी अनुवाद निकाला ताकि बताया जा सके इसकी सामग्री राजद्रोहात्मक नहीं है। अत: 21 दिसंबर, 1938 को इससे प्रतिबंध हटा लिया गया। हिंद स्वराज का हिंदी और संस्कृत सहित कई भाषाओं में अनुवाद उपलब्ध है। इस पुस्तिका में 20 अध्याय हैं।

दक्षिण अफ्रीका में भारतीय लोगों के अधिकारों की रक्षा के लिए सतत् लड़ते हुए गाँधीजी 1909 में लंदन गए थे। वहाँ कई क्रान्तिकारी स्वराज प्रेमी भारतीय नवयुवक उन्हें मिले। उनसे गाँधीजी की बातचीत हुई। उसी का सार गाँधीजी ने एक काल्पनिक संवाद में ग्रहित किया है। इस संवाद में गाँधीजी के उस समय के महत्व के सब विचार आ जाते हैं। किताब के बारे में **गाँधीजी** ने स्वयं कहा है कि "मेरी यह छोटी-सी किताब इतनी निर्दोष है कि बच्चों के हाथ में भी यह दी जा सकती है। यह किताब द्वेषधर्म की जगह प्रेमधर्म सिखाती है, हिंसा की जगह आत्म-बलिदान को स्थापित करती है और पशुबल के खिलाफ टक्कर लेने के लिए आत्मबल को खड़ा करती है।" गाँधीजी इस निर्णय पर पहुँचे कि पश्चिम के देशों में यूरोप, अमेरिका में जो आधुनिक सभ्यता जोर कर रही है, वह कल्याणकारी नहीं है। मनुष्य हित के लिए सत्यानाशकारी है। गाँधीजी मानते थे कि भारत में और सारी दुनिया में प्राचीन काल से धर्मपरायण नीति-प्रधान चली आई है, वह सच्ची सभ्यता है।

गाँधीजी का कहना था कि भारत से केवल अंग्रेजों को और उनके राज्य को हटाने से भारत को अपनी सच्ची सभ्यता का स्वराज नहीं मिलेगा। हम अंग्रेजों को हटा दें और उन्हीं की सभ्यता और उन्हीं के आदर्श स्वीकार करें तो हमारा उद्धार नहीं होगा। हमें अपनी आत्मा को बचाना चाहिए। भारत के पढ़े-लिखे लोग परचम के मोह में फँस गए हैं जो लोग पश्चिम के असर तले नहीं आए, वे भारत की धर्मपरायणता नैतिक समाज, शिक्षा और पाठ्यचर्या की समझ सभ्यता को मानते हैं। उनको अगर आत्मशक्ति का उपयोग करने का तरीका सिखाया जाए, सरकार का रास्ता बताया जाए, तो पश्चिम राज्य पद्धति का और उससे होने वाले अन्याय का मुकाबला कर बल के बिना भारत को स्वतंत्र करके दुनिया को भी बचा सकेंगे।

दक्षिण अफ्रीका का अपना सारा काम पूरा करके सन् 1915 में गाँधीजी भारत आए। उसके बाद सत्याग्रह करने का जब पहला मौका गाँधीजी को मिला, तब उन्होंने बम्बई सरकार के हुक्म के खिलाफ 'हिंद स्वराज' फिर से छपवाकर प्रकाशित की। बम्बई सरकार व राज्य में सारे भारत में और दुनिया के गम्भीर विचारकों के बीच ध्यान से पढ़ी जाती है।

गाँधीजी के प्रति आदर और उनके विचारों के प्रति सहानुभूति रखने वाले दुनिया के बड़े-बड़े विचारकों ने हिंद स्वराज के बारे में सहमति प्रकट की है।

अहिंसा का सामर्थ्य, यंत्रवाद का गाँधीजी का विरोध और पश्चिम सभ्यता तीनों के बारे में और सत्याग्रह की अन्तिम भूमिका के बारे में भी पश्चिम के लोगों ने अपना मतभेद स्पष्ट रूप से व्यक्त किया है।

गाँधीजी के सारे जीवन कार्य के मूल में जो श्रद्धा काम करती थी वह सारी हिंद स्वराज में पाई जाती है इसलिए गाँधीजी के विचार सागर में इस छोटी-सी पुस्तक का महत्त्व असाधारण है।

गाँधीजी के बताए हुए अहिंसक रास्ते पर चलकर भारत स्वतंत्र हुआ। असहयोग, कानूनों का सविनय भंग और सत्याग्रह- इन तीनों कदमों की मदद से गाँधीजी ने स्वराज का रास्ता तय किया। हम इसे चमत्कारपूर्ण घटना का त्रिविक्रम कह सकते हैं।

गाँधीजी के प्रयत्न का वही हाल हुआ जो दुनिया के अन्य श्रेष्ठ विभूतियों के प्रयत्नों का होता आया है।

गिजुभाई बधेका

गिजुभाई बधेका—दिवास्वप्न

दिवास्वप्न प्राथमिक जगत के लिए नवाचार शैक्षणिक प्रयोग का एक छोटा-सा दस्तावेज है। ये शैक्षणिक प्रयोग शिक्षा के स्तर पर वस्तु ज्ञान के स्थान पर आत्म-ज्ञान की प्रक्रिया को महत्त्व देते हुए सृजनात्मक के नए आयामों को प्रस्तुत करते हैं। पारंपरिक शिक्षा की रूढ़िवादी प्रक्रिया को तोड़ते हुए गिजुभाई ने प्राथमिक शिक्षा को प्रायोगिक और मौलिक रूप प्रदान करने में सफल प्रयास किया है। शिक्षक प्रधान शिक्षा के स्थान पर बाल-केंद्रित शिक्षा को महत्त्व दिया है जिसके अंतर्गत बालक की रुचि, क्षमता और आवश्यकता के अनरूप ही शिक्षण प्रक्रिया का स्वरूप निर्धारित किया जाता है। इस पुस्तक के अंतर्गत गिजुभाई के शैक्षणिक प्रयोगों का उद्देश्य प्राथमिक शिक्षा की रूढ़िवादी प्रक्रिया, बालकों में बढ़ रही शिक्षा के प्रति निरक्षता, विद्यालय के द्वारा दिए जा रहे आवश्यक बोझ और शिक्षकों द्वारा प्रयोग की जा रही रटन्त शिक्षण पद्धतियों को दूर कर शिक्षा को आनंदमय और सृजनात्मक रूप प्रदान करना है।

गिजुभाई के वास्तविक अनुभवों को शब्द देती इस पुस्तक की रचना गिजुभाई ने स्वयं 1932 में गुजराती भाषा में की थी। पुस्तक की आवश्यकता को शिक्षा के क्षेत्र में महसूस करते हुए कुछ समय बाद रामनरेश सोनी ने इसका हिंदी अनुवाद किया। गिजुभाई ने अपने शैक्षणिक प्रयोगों को एक काल्पनिक पात्र शिक्षक लक्ष्मीराम के माध्यम से. पुस्तक के अंतर्गत चार खण्डों में विभाजित कर प्रस्तुत किया है। एक वर्ष

के अंतर्गत कक्षा चार के विद्यार्थियों के साथ किए गए शैक्षणिक प्रयोगों की यात्रा को कहानी के माध्यम से साझा किया है जो प्रथम खण्ड का प्रारम्भ है।

इस खण्ड के अंतर्गत बाल मनोविज्ञान को समझाने का सफल प्रयास किया गया है। बाल मन की इच्छाओं व जिज्ञासाओं को जानकर उसी के अनुसार शिक्षक को कक्षा शिक्षण के लिए शिक्षण नीति तैयार करनी चाहिए ताकि कक्षा शिक्षण को सहज और रुचिकर बनाया जा सके।

द्वितीय खण्ड 'प्रयोग की प्रगति' में बालकों के साथ प्रयोग प्रक्रिया को आगे बढ़ाते हुए शिक्षक ने शिक्षा मनोविज्ञान को समझते हुए बालकों में विषयों के प्रति रुचि विकसित करने के लिए खेल विधि का प्रयोग किया है। हर विषय के लिए अलग-अलग शिक्षण पद्धति का प्रयोग कर विषय के सन्दर्भ में समझ विकसित की गई है। विषयों को पुस्तकीय ज्ञान के स्थान पर परिवेशीय ज्ञान से जोड़कर बालकों में स्थाई और वास्तविक ज्ञान प्रदान किया गया है। शिक्षक ने बालकों को कहानी कहने, चित्र बनाने, नाटक करने, आदि रचनात्मक क्रियाओं के अवसर प्रदान करके उनमें विचारों की अभिव्यक्ति और सृजनात्मक के गुणों को विकसित किया है। कक्षा-कक्ष और खेल के मैदान में शैक्षणिक खेलों के द्वारा बालकों में स्वाध्याय,आत्मीय अनुशासन, करके लिखने के सिद्धान्त, स्वच्छता के प्रति जागरूकता, सहयोग की भावना के गुणों को विकसित करने का सफल प्रयास किया है।

तृतीय खण्ड छ: महीनों के अन्त के अंतर्गत शिक्षक द्वारा किए गए प्रयोगों का सकारात्मक प्रभाव देखने को मिला। जहाँ बालकों में विषयों के प्रति रुचि और समझ विकसित हो चुकी थी वहीं दण्ड और भय की खाई को कम करते हुए शिक्षक और विद्यार्थी के आपसी संबंधों में भी सहजता का भाव उत्पन्न हो गया था।

चतुर्थ खण्ड के अंतर्गत शिक्षक के प्रयोग की यात्रा एक सार्थक मंजिल की ओर पहुँच चुकी थी। बालकों के सर्वांगीण विकास की प्रक्रिया में गतिशीलता थी तो वहीं अन्य शिक्षक और बालकों के माता-पिता भी इन प्रयोगों से प्रभावित व जागरूक दिखाई दे रहे थे।

कहा जा सकता है कि दिवास्वप्न आदर्श प्राथमिक शिक्षा की आधारशिला की नींव रखती है। एक ऐसी बालकरूपी निर्माणाधीन इमारत जिसके द्वारा भविष्य में देश और समाज की प्रगति का ग्राफ निर्धारित किया जाता है। गिजुभाई की यह पुस्तक प्राथमिक शिक्षा में नए आविष्कारों और मौलिक प्रयोगों के कारण शिक्षाविदों, निष्ठावान शिक्षकों और जागरूक अभिभावकों के लिए प्रेरणा स्रोत के रूप में कार्य करती है। यह बालकों के सर्वांगीण विकास में सहायक है। जहाँ तक इस पुस्तक की प्रासंगिकता की बात है तो जब तक शिक्षा जगत में शिक्षा के स्वरूप, शिक्षा मनोविज्ञान, बाल मनोविज्ञान, शिक्षण प्रक्रिया और शैक्षणिक समस्याओं से संबंधित प्रश्न बने रहेंगे, तब तक इसकी प्रासंगिकता बनी रहेगी।

दिवास्वप्न के प्रयोग ही मौलिकता और सार्थकता को परिलक्षित करते हैं और शिक्षा जगत् में इनका स्थान सुनिश्चित करते हैं।

रवींद्रनाथ टैगोर

रवीन्द्रनाथ टैगोर-शिक्षा : सीखने में स्वतंत्रता एवं स्वायत्तता को रेखांकित करते हुए

टैगोर ने शिक्षा शब्द का अर्थ व्यापक अर्थ में किया है। उन्होंने अपनी पुस्तक 'Personality' में लिखा है "सर्वोत्तम शिक्षा वही है जो सम्पूर्ण सृष्टि से हमारे जीवन का सामंजस्य स्थापित करती है।"

सम्पूर्ण सृष्टि से टैगोर का अभिप्राय है संसार की चर और अचर, जड़ और चेतन, सजीव और निर्जीव सभी वस्तुएँ। इन वस्तुओं से हमारे जीवन का सामंजस्य तभी हो सकता है जब हमारी समस्त शक्तियाँ पूर्ण रूप से विकसित होकर उच्चतम बिन्दु पर पहुँच जाएँ, इसी को टैगोर ने पूर्ण मनुष्यत्व कहा है। शिक्षा का कार्य है—हमें इस स्थिति में पहुँचाना। इस दृष्टिकोण से टैगोर के अनुसार शिक्षा विकास की प्रक्रिया है। वह मनुष्य का शारीरिक, बौद्धिक, आर्थिक, व्यावसायिक, धार्मिक और आध्यात्मिक विकास करती है। अत: टैगोर के विचार में शिक्षा का रूप अत्यन्त व्यापक है।

शिक्षा को व्यापक रूप के अंतर्गत टैगोर ने शिक्षा के प्राचीन भारतीय आदर्श को ध्यान में रखा। वह आदर्श है—**'सा विद्या या विमुक्तये'**। इस आदर्श के अनुसार शिक्षा मनुष्य को आध्यात्मिक ज्ञान देकर उसे जीवन एवं मरण से मुक्ति प्रदान करती है। टैगोर ने शिक्षा के इस प्राचीन आदर्श को भी व्यापक रूप दिया है। उनका कहना है कि शिक्षा न केवल जीवन-मरण से वरन् आर्थिक, सामाजिक, राजनैतिक और मानसिक दासता से भी मनुष्य को मुक्ति प्रदान करती है। अत: मनुष्य को शिक्षा द्वारा उस ज्ञान का संग्रहण करना चाहिए जो उसके पूर्वजों द्वारा संचित किया जा चुका है, यही सच्ची शिक्षा है।

शिक्षण की विधियाँ (Methods of Teaching)

टैगोर ने तत्कालीन नीरस शिक्षण पद्धति की कृत्रिमता का विरोध करते हुए इस बात पर बल दिया कि शिक्षा की प्रक्रिया जीवन से पूर्ण होनी चाहिए, उसे जीवन की वास्तविकता पर आधारित होनी चाहिए। इस संबंध में उनका विचार था कि बालक का विकास उसकी रुचियों तथा आवेगों के अनुसार होना चाहिए। इसके लिए उसे प्रत्यक्ष स्रोतों से स्वतंत्र प्रयासों द्वारा प्रत्यक्ष ज्ञान को अर्जित करने का अवसर मिलना परम आवश्यक है। अत: टैगोर ने बालक की शिक्षा के लिए निम्नलिखित तथ्यों को उपयुक्त माना तथा उनका प्रयोग अपनी प्रसिद्ध शैक्षिक संस्था 'शान्ति-निकेतन' में किया है ।

भ्रमण के समय पढ़ाना (Teaching during Travelling)—टैगोर का विश्वास था कि कक्षा में पढ़ाई जाने वाली शिक्षा का प्रभाव न तो बालक के मस्तिष्क पर पड़ता है और न बालक के शरीर पर। ऐसी गतिहीन शिक्षा व्यर्थ है। वे कहते हैं कि भ्रमण के समय बालकों की मानसिक शक्तियाँ सतर्क रहती हैं। अत: वे अनेक विषयों को प्रत्यक्ष रूप से देखकर उनके विषय में ज्ञान सरलता से प्राप्त कर लेते हैं। इस दृष्टि से टैगोर के ही शब्दों में भ्रमण के समय पढ़ना शिक्षण की सर्वोत्तम विधि है।

वाद-विवाद तथा प्रश्नोत्तर विधि (Discussion and Questionnaire Methods)—टैगोर का विश्वास था कि वास्तविक शिक्षा केवल पुस्तकों के रट लेने तक ही सीमित नहीं होती, अपितु वह जीवन तथा समाज के अध्ययन पर आधारित होती है। वे कहते थे कि बालकों को प्रश्नों तथा उत्तरों के द्वारा शिक्षा प्रदान करनी चाहिए। यही नहीं उनके समक्ष अनेक प्रकार की समस्याओं को भी रखना चाहिए जिससे वे इन समस्याओं का हल वाद-विवाद द्वारा आसानी से निकाल सकें।

क्रियाविधि (Methdos of Activities)—टैगोर ने क्रिया सिद्धान्त को विशेष महत्त्व प्रदान किया, उनका विश्वास था कि क्रिया शरीर एवं मस्तिष्क दोनों को शक्ति देती है इसलिए उन्होंने शान्ति निकेतन में किसी-न-किसी दस्तकारी को सीखना अनिवार्य कर दिया। टैगोर क्रिया के सिद्धान्त पर इतना विश्वास करते थे कि यदि कोई बालक शिक्षा प्राप्त करते समय भी उनसे पूछे— ''क्या मैं दौड़ जाऊँ'' तो वे कहते थे अवश्य। उनका विश्वास था कि पेड़ पर चढ़ने, फल तोड़ने तथा कूदने-फाँदने से थकावट दूर हो जाती है, जिससे बालक ज्ञान प्राप्त करने के लिए अधिक अच्छी दशा में आ जाता है तथा बालक के अनुभवों का महत्त्व बढ़ जाता है।

मातृभाषा द्वारा शिक्षण (Teaching by Mother-tongue)—मातृभाषा को शिक्षा का सरलतम् माध्यम समझते थे, उन्होंने कहा कि विदेशी भाषा के माध्यम से शिक्षा देना अनुचित है। इसके अतिरिक्त टैगोर विश्वबन्धुत्व की भावना के भी समर्थक थे। अत: उन्होंने कहा कि पाठ्यक्रम में सभी संस्कृतियों को स्थान दिया जाना चाहिए।

खेल द्वारा शिक्षण (Teaching by Play)—टैगोर का कहना था कि बालकों को शिक्षण खेल के द्वारा दिया जाना चाहिए। खेल द्वारा शिक्षण उत्तम होता है क्योंकि खेल में बालक रुचि लेते हैं, आनन्द का अनुभव करते हैं तथा स्वतंत्रता का भी अनुभव करते हैं। इससे शिक्षण मनोरंजक तथा सरल होता है।

स्वानुभव द्वारा शिक्षण (Teaching by Self-feeling)—टैगोर का विश्वास था कि शिक्षण इस प्रकार दिया जाना चाहिए जिससे बालक स्वयं के अनुभवों से कुछ सीखे इसलिए आवश्यक है कि शिक्षा की बालक के जीवन पर केंद्रित की जाए। जब शिक्षा जीवन से संबंधित हो जाती है तो उसकी कृत्रिमता समाप्त हो जाती है।

मारिया मांटेसरी

मांटेसरी शिक्षा-पद्धति—मांटेसरी शिक्षा पद्धति को हम निम्नलिखित तीन भागों में विभक्त कर सकते हैं

1. कर्मेन्द्रियों की शिक्षा,
2. ज्ञानेन्द्रियों की शिक्षा, और
3. भाषा की शिक्षा।

(1) कर्मेन्द्रियों की शिक्षा (Education of Karma)—बाल-गृह में सर्वप्रथम बालकों की कर्मेन्द्रियों को प्रशिक्षित किया जाता है। तीन से सात वर्ष की आयु के बालकों को अपना कार्य अपने आप करने के लिए प्रोत्साहन दिया जाता है। बाल-गृह का वातावरण ऐसा बना दिया जाता है कि बालक सभी काम अपने आप करता है। चलना-फिरना, उठना, हाथ-मुँह धोना, कपड़े पहनना व उतारना, मेज-कुर्सी ठीक स्थान पर रखना, कमरा साफ करना व सजाना, वस्तुओं को सँभालकर ठीक से रखना, भोजन बनाना, भोजन परोसना, बर्तन माँजना आदि कार्य छात्र स्वयं करते हैं। इन कार्यों में बालक आनन्द लेता है और इस प्रकार उसकी कर्मेन्द्रियों का विकास होता है। वह सभ्य बनता चलता है और बातचीत करना सीख जाता है। बालकों के स्वास्थ्य एवं आयु के अनुसार व्यायाम भी कराया जाता है।

(2) ज्ञानेन्द्रियों की शिक्षा (Education of Sense Organs)—यह पहले ही कहा जा चुका है कि डॉ मांटेसरी ज्ञानेन्द्रियों की शिक्षा पर बड़ा बल देती थीं। उन्होंने ज्ञानेन्द्रियों की शिक्षा के लिए शैक्षिक उपकरणों का सहारा लिया है। बालक की चक्षु-इन्द्रिय को प्रशिक्षित करने के लिए उसे भिन्न-भिन्न रंगों की टिकियाँ दी जाती हैं और उससे एक बार में एक रंग की टिकियों को निकालने के लिए कहा जाता है। इस प्रकार उसको रंगों की पहचान हो जाती है। इसी प्रकार श्रवण-इन्द्रिय को प्रशिक्षित करने के लिए विभिन्न प्रकार की घण्टियाँ बजाई जाती हैं। स्पर्शेन्द्रिय के विकास के लिए रुमालों से भरा एक डिब्बा दिया जाता है। रुमाल चिकने, खुरदरे, मखमली, ऊनी होते हैं। इस प्रकार घ्राणेन्द्रिय के विकास के लिए बोतलें दी जाता है, जिनमें गन्धयुक्त द्रव होता है। स्वादेन्द्रिय को प्रशिक्षित करने के लिए नमक, चीनी, चाय, आदि की शीशियाँ दी जाती हैं। ज्ञानेन्द्रियों के विकास के लिए मांटेसरी ने अनेक प्रकार के उपकरणों का प्रयोग किया है, उदाहरणार्थ कुछ का नाम नीचे दिया जा रहा है।

1. **छेदों वाला तख्ता**-एक बॉक्स में भीतर के तख्ते पर भिन्न-भिन्न माप के छेद बने होते हैं। इसी बॉक्स में भिन्न नाप के गुटके भी होते हैं। बालक गुटकों को छेदों में बैठाने की कोशिश करता है।
2. **बेलनाकार**-छोटे-बड़े कई बेलन (सिलेण्डर) हैं और बालक इन्हें क्रम से लगाता है।
3. **घन**-छोटे-बड़े घन होते हैं और बालक इनसे खेलता है तथा इन्हें सजाता है।
4. **आयताकार टुकड़े**-बालक इनसे सीढ़ी बनाता है।
5. **भिन्न रंगों की टिकियाँ**-बालक इनसे रंगों की पहचान करता है।
6. **लकड़ी के अक्षर**-इन पर हाथ फेरकर बालक लिखना सीखता है।
7. **लकड़ियाँ तथा टिकियाँ**-चिकनी, खुरदरी, भारी, हल्की लकड़ियाँ व टिकियाँ होती हैं जिनके सहारे बालक स्पर्शेन्द्रिय का विकास करता है।

इसी प्रकार अनेक उपकरण हैं जिनसे बालक की ज्ञानेन्द्रियों का विकास किया जाता है। मांटेसरी एक समय में एक ही ज्ञानेन्द्रिय के विकास पर ध्यान केंद्रित करने को अच्छा बताती है।

(3) भाषा की शिक्षा (Education of Language)—इस सन्दर्भ में मांटेसरी के सिद्धान्त का निष्कर्ष यह है कि बालक को पहले सीखना चाहिए, उसके बाद पढ़ना। लिखते-लिखते बालक पढ़ना तो अपने आप सीख जाता है। लिखना सिखाने के पहले बालक की मांसपेशियों का साधना आवश्यक है। अतः शैक्षिक उपकरणों की सहायता के पहले बालक हाथ और आँख में समन्वय करना और अंगों का उचित संचालन करना सीखता है। इस प्रकार वह कलम या पेंसिल पकड़ना सीख जाता है। लिखना सीखने के लिए बालक लकड़ी अथवा गत्ते पर बने हुए अक्षरों पर उँगली फेरता है। उँगली फेरने के समय अध्यापिका अक्षर का उच्चारण करती रहती है। इस प्रकार बालक उस अक्षर का उच्चारण करना भी सीख जाता है।

ज्योतिबा फुले

सन् 1880 में लॉर्ड रिपन को भारत का गवर्नर-जनरल मनोनीत किया गया था। उस समय उन्होंने भारतीय शिक्षा के विषय में 1882 में एक कमीशन गठित किया जिसे 'भारतीय शिक्षा आयोग' कहा गया। सर विलियम हण्टर इसी कमीशन के सदस्य थे। इन्हीं के नाम से हण्टर कमीशन' कहा गया।

हण्टर कमीशन की प्रमुख बातें इस प्रकार थीं-

- प्राथमिक शिक्षा व्यावहारिक हो।
- प्राथमिक शिक्षा देशी भाषाओं में हो।
- शैक्षिक रूप से पिछड़े इलाकों में शिक्षा विभाग स्थापित हो।
- धार्मिक शिक्षा को प्रोत्साहन न दिया जाए।
- बालिकाओं के लिए सरल पाठ्यक्रम व निःशुल्क शिक्षा की व्यवस्था हो।
- अनुदान सहायता छात्र-शिक्षक की संख्या व आवश्यकता के अनुपात में दी जाए।
- देशी शिक्षा के पाठ्यक्रम में परिवर्तन न करके पूर्ववत् चलने दिया जाए।

हण्टर का मत था—देशी पाठशालाएँ राष्ट्रीय शिक्षा प्रणाली में महत्त्वपूर्ण स्थान ग्रहण कर सकती हैं। हण्टर आयोग के सुझाव निम्नानुसार हैं—

(1) प्राथमिक शिक्षा, (2) माध्यमिक शिक्षा, (3) उच्च शिक्षा, (4) सहायता अनुदान व्यवस्था, (5) स्त्री शिक्षा, (6) मुस्लिम शिक्षा, (7), निवासी व पर्वतीय जातियों की शिक्षा (लोक भाषा में शिक्षा), (8) देशी पाठशालाएँ (पण्डितों और मौलवियों के विद्यालय विद्यालयों की मान्यता तथा अनुदान)।

महात्मा ज्योतिबा फुले ने अस्पृश्यों की शिक्षा के प्रति उदासीनता बरतने पर 19 अक्टूबर, 1982 को हण्टर आयोग के सामने जो प्रतिवेदन रखा, उसे भुलाया नहीं जा सकता।

सन् 1882 में जब भारत सरकार ने विलियम हण्टर की अध्यक्षता में एक शिक्षा विभाग का गठन किया तो इसमें पहले भारत के शिक्षा के प्रेमी महान् समाज-सुधारक ज्योतिबा फुले पहले भारतीय थे जिन्होंने दलितों में बहुत जोर-शोर से शिक्षा के प्रचार-प्रसार के लिए भारत सरकार का ध्यान दलितों की शिक्षा की तरफ आकर्षित कराया। लॉर्ड रिपन के सामने हण्टर आयोग का गठन किया गया। यह भारत में अंग्रेजों द्वारा एक महत्त्वपूर्ण प्रयास था।

मुख्य उद्देश्य 1854 के वुड्स की शिक्षा नीतियों में सुधार का मूल्यांकन करना था। इस आयोग का यह लक्ष्य था कि भारत देश में शिक्षा की सही-सही जानकारी एकत्रित की जाए और उस स्थिति का अध्ययन कर व्यापक शिक्षा नीति निर्धारित की जाए। ज्योतिबा फुले जानते थे कि भारत में जटिल सामाजिक जीवन में सदियों पुरानी दासता व व्यापक गरीबी, धार्मिक कुरीतियाँ, जात-पात भेदभाव, विशेष सम्प्रदाय, छुआछूत की भावनाएँ पनप रही हैं, जिसने शिक्षा की मूल कल्पना को ही खत्म कर डाला है। डॉ. आंबेडकर ने बुद्ध तथा कबीर के बाद महात्मा ज्योतिबा फुले को अपना तीसरा गुरु माना है।

महात्मा ज्योतिबा फुले ऐसे समाज-सेवी एवं क्रान्तिकारी विचारक थे जिन्होंने समाज में स्थित शैक्षिक, सामाजिक, सांस्कृतिक असमानता को दूर करने के लिए अथक् प्रयास किए।

महात्मा फुले का जन्म 11 अप्रैल, 1827 को पुणे में हुआ था। उनकी माता का नाम चिमणाबाई तथा पिता का नाम गोविन्दराव था। उनका परिवार कई पीढ़ी पहले माली का काम करता था। वे सातारा से पुणे फूल लाकर फूलों के गजरे आदि बनाने का काम करते थे इसलिए उनकी पीढ़ी फुले के नाम से जानी जाती है। ज्योतिबा बहुत बद्धिमान थे। उन्होंने मराठी में अध्ययन किया। वे महान् क्रान्तिकारी, भारतीय दर्शन के विचारक समाजसेवी एवं दार्शनिक थे। 1840 में ज्योतिबा का विवाह सावित्री बाई से हुआ। जब महाराष्ट्र में धार्मिक सुधार आंदोलन जोरों पर था। जाति-प्रथा का विरोध करने और एकेश्वरवाद को अमल में लाने के लिए प्रार्थना समाज की स्थापना की गई, जिसके प्रमुख गोविन्द रानाडे और आर. जी. भण्डारकर थे। उस समय महाराष्ट्र में जाति-प्रथा बड़े ही वीभत्स रूप में फैली हुई थी।

स्त्रियों की शिक्षा को लेकर लोग उदासीन थे। ऐसे में ज्योतिबा फुले ने समाज को इन कुरातियों से मुक्त करने के लिए बड़े पैमाने पर आन्दोलन चलाया। उन्होंने महाराष्ट्र में सर्वप्रथम महिला शिक्षण तथा अछूतोद्धार का कार्य आरम्भ किया था। उन्होंने पुणे में लड़कियों के लिए भारत का पहला विद्यालय खोला। लड़कियों एवं दलितों के लिए पहली पाठशाला खोलने का श्रेय ज्योतिबा को दिया जाता है। इन प्रमुख सुधार आन्दोलन के अतिरिक्त हर क्षेत्र में छोटे-छोटे आन्दोलन जारी थे जिसमें सामाजिक व बौद्धिक स्तर पर लोगों को परतंत्रता से मुक्त किया था। लोगों में नए विचार, नए चिन्तन की शुरुआत हुई जो आजादी की लड़ाई में उनके सम्बल बने। उन्होंने किसानों व मजदूरों के हकों के लिए भी संघटित प्रयास किया था।

इस महान् समाजसेवी ने अछूतों के उद्धार के लिए 'सत्यशोधक समाज' की स्थापना की थी। उनका यह भाव देखकर 1888 में उन्हें 'महात्मा' की उपाधि दी गई। ज्योतिबा गोविन्दराव फुले की मृत्यु 28 नवम्बर, 1890 में पुणे में हुई।

डॉ. जाकिर हुसैन

डॉ. जाकिर हुसैन—शैक्षिक लेख : बाल केंद्रित शिक्षा के महत्त्व को रेखांकित करते हुए

शिक्षा की दृष्टि से डॉ. जाकिर हुसैन की गणना भारतीय शिक्षाशास्त्रियों में ठीक उसी प्रकार से की जाती है जिस प्रकार जर्मन में कर्सन इस्टेइनस की तथा अमेरिका में जॉन डीवी, की जाती है। वे बहुत अच्छे लेखक थे, उन्होंने भारत के जनसमूह अधिगम रूपी दीपक को नई ज्योति प्रदान की है तथा व्यक्ति के नैतिक व्यक्तित्व बनाने में उन्होंने मूल्य-केन्द्रित शिक्षा की स्थापना की है। उनकी शिक्षा का मूल उद्देश्य जन-समूह को साक्षर करना नहीं बल्कि सामाजिक परिवर्तन हेतु शान्ति और प्रगति के रास्ते पर एक सृजनशील मनुष्य बनाना है। डॉ. जाकिर हुसैन के अनुसार शिक्षा व्यक्ति में ज्ञान, संस्कृति, मूल प्रवृत्तियाँ, आदि को विकसित करती है। उन्होंने कहा कि वर्तमान कठिनाइयों और ज्वलंत समस्याओं का समाधान हम तभी कर सकते हैं जब प्राचीन भारतीय मूल्यो, सूफी-संतों तथा पाश्चात्य दार्शनिकों द्वारा मानवता को प्रदान किए गए मूल्यों का सहारा लें। इसके लिए उन्होंने सामाजिक दर्शन को एक अनोखे ढंग से प्रस्तुत किया।

भारतीय शिक्षा के इतिहास की समीक्षा से पता चलता है कि आधुनिक समय के डॉ. जाकिर हुसैन सबसे सृजनशील शिक्षाशास्त्री थे। उनके शिक्षा दर्शन में यथार्थ, आदर्श सौन्दर्य, प्रयोजन एवं बौद्धिक प्रवृत्तियाँ देखने को मिलती हैं। डॉ. जाकिर हुसैन भारत में अंग्रेजों द्वारा चलाई जा रही शिक्षा नीति के विरोधी हो गये क्योंकि अंग्रेजों की शिक्षा व्यवस्था सैद्धान्तिक तथा मात्र मानसिक विकास पर बल देने वाली थी। इसके लिए उन्होंने सम्पूर्ण शिक्षा व्यवस्था में परिवर्तन करने का इरादा बना लिया। डॉ. जाकिर हुसैन ने शिक्षा के सिद्धांतों और प्रयोगों दोनों पर बल दिया। उनका मानना था कि शिक्षा में अव्यावहारिक ज्ञान निरर्थक है। डॉ. जाकिर हुसैन की बुनियादी शिक्षा प्राथमिक शिक्षा के इतिहास में मील का पत्थर साबित हुई। उनका कहना था कि बालक अपने कार्य में जिस व्यवसाय को चुने वह जीवन जीने के लिए नहीं अपितु सामुदायिक जीवन में भी काम आए। बच्चा जो भी कार्य करे वह किसी के दबाव में आकर न करे। हम अपने जीवन को तभी उद्देश्यपूर्ण बना सकते हैं जब हम तन-मन-धन से शिक्षा के प्रति समर्पित हों तथा शिक्षा पूर्णतया बाल-केंद्रित हो।

जे. के. कृष्णमूर्ति

शिक्षा क्या है ?

'शिक्षा क्या है', यह पुस्तक जे. के. कृष्णमूर्ति द्वारा लिखित है। प्रस्तुत है पुस्तक के कुछ अंश—शिक्षा क्या है' में जीवन से संबंधित युवा मन के पूछे-अनपूछे प्रश्न हैं और कृष्णमूर्ति की दूरदर्शी दृष्टि इन प्रश्नों को मानो भीतर से आलोकित कर देती है। ये प्रश्न शिक्षा के बारे में हैं, विविध हैं किंतु सब एक-दूसरे से जुड़े हैं।

जे. के. कृष्णमूर्ति (1895–1986) ने धर्म, अध्याय, दर्शन, मनोविज्ञान व शिक्षा को अपनी अंतर्दृष्टि के माध्यम से नए आयाम दिए। छः दशक से भी अधिक समय तक विश्व के विभिन्न भागों में अलग-अलग पृष्ठभूमियों से आए श्रोताओं के विशाल समूह कृष्णमूर्ति के व्यक्तित्व तथा वचनों की ओर आकर्षित होते रहे, पर वे किसी के गुरु नहीं थे। अपने ही शब्दों में वे तो बस एक दर्पण थे, जिसमें इंसान खुद को देख सकता है। वे किसी समूह के नहीं, सच्चे अर्थों में समस्त मानवता के मित्र थे।

युवा मन में जो प्रश्न उठते हैं, उनका सीधा सम्बन्ध दैनिक जीवन से होता था। कृष्णमूर्ति की शिक्षा की अर्थवत्ता को भी दैनिक जीवन की कसौटी पर ही परखा जा सकता है। दार्शनिक अवधारणाओं, आध्यात्मिक संकल्पनाओं एवं धार्मिक मनोविज्ञान तथा शैक्षिक रूढ़ियों के सुलझाने वाले घेरे से हटकर ठेठ जिंदगी से जुड़े प्रश्नों की पड़ताल ही 'शिक्षा क्या है' की विषय-वस्तु है।

कृष्णमूर्ति के उत्तर बँधे-बँधाए नहीं होते, अपितु वे उस प्रश्न की यात्रा में आपके साथ-साथ वहाँ तक चलते हैं जहाँ प्रश्न और उत्तर एक हो जाते हैं। प्रश्न में छिपे उत्तर से आपकी मुलाकात हो जाती है, प्रश्न उत्तरों का यह अपूर्व संगम वाराणसी के गंगा तट पर स्थित राजघाट के सुरम्य वातावरण में हुआ था। बनारस हिन्दू विश्वविद्यालय के प्रांगण में दी गई कृष्णमूर्ति की तीन वार्ताएँ प्रस्तुत कृति में संकलित हैं।

हमारी चर्चा इस बारे में होगी कि शिक्षा क्या है ? तथा इसमें क्या-क्या शामिल है ? केवल परीक्षा पास करना ही नहीं बल्कि शिक्षित होने का पूरा तात्पर्य क्या है। चूँकि हम इन सब चीजों के बारे में प्रतिदिन वार्ता करने वाले हैं। अत: जो कुछ भी मैं कह रहा हूँ, उसे यदि आप समझ नहीं पा रहे हैं तो कृपया अपने अध्यापकों से कहें कि वे आपको इत्मीनान से ये बातें समझाएँ। चूँकि इन बातों का संबंध प्रमुख रूप से छात्रों से है। अत: बड़े लोग यदि कुछ पूछना चाहें तो वे केवल प्रमुख प्रश्नों को पूछे जिसमें छात्रों को अपनी समस्याओं के स्पष्टीकरण में सहायता मिले। यदि वे अपनी व्यक्तिगत समस्याओं के बारे में प्रश्न पड़ेंगे तो छात्रों को कोई लाभ नहीं होने वाला।

इल्म का मामला कहीं अधिक व्यापक है। इसका इतना ही नहीं कि दुनिया में यह आपको कोई नौकरी दिलाने में सहायक हो, बल्कि यह भी है कि इस दुनिया का सामना करने में आपकी मदद करे। आप जानते हैं कि संसार क्या है ? इस संसार में चारों तरफ प्रतिस्पर्धा का अर्थ क्या है ? प्रत्येक व्यक्ति केवल अपना लाभ देख रहा है, अपने लिए सबसे बढ़िया चीज हथियाने के लिए संघर्षरत है और उसे पाने के लिए वह दूसरे सभी लोगों को एक ओर धकेल देता है। इस दुनिया में युद्ध है, वर्ग-विभाजन है और आपसी लड़ाई झगड़े हैं।

इस संसार में हर व्यक्ति अच्छे-से-अच्छा रोजगार पाने के लिए तथा अधिक-से-अधिक ऊपर उठने के लिए प्रयत्न कर रहा है। यदि आप क्लर्क हैं और ऊँचा पद

पाने का प्रयत्न कर रहे हैं और इसलिए हर समय संघर्षरत् रहते हैं। क्या आप यह सब नहीं देखते हैं? यदि आपके पास एक कार है तो आप उससे बड़ी कार चाहते हैं। इस प्रकार यह संघर्ष अनवरत् रूप से चलता रहता है। न केवल अपने भीतर बल्कि अपने सभी पड़ोसियों के साथ भी। फिर हम देखते हैं युद्ध जिसमें हत्याएँ होती हैं, लोगों का विनाश होता है, जैसा पिछले युद्ध में हुआ जिसमें करोड़ों लोग मारे गए, घायल हुए, अपाहिज बना दिए गए।

आप जानते हैं कि हममें से अधिकांश के लिए शिक्षा का अर्थ सीखना है कि हम क्या सोचें। आपका समाज, आपके माता-पिता, आपका पड़ोसी, आपकी किताबें, आपके शिक्षक ये सभी आपको बताते हैं कि आपको क्या सोचना चाहिए वाली यांत्रिक प्रणाली को हम शिक्षा कहते हैं और ऐसी शिक्षा आपको केवल यंत्रवत, संवदेनशून्य मतिमन्द और असृजनशील बना देती है। किंतु यदि आप यह जानते हैं कि कैसा सोचना चाहिए न कि क्या सोचना चाहिए, तब आप यांत्रिक परंपरावादी नहीं होंगे बल्कि जीवन्त मानव होंगे, तब आप महान् क्रान्तिकारी होंगे—अच्छी नौकरी पाने या किसी विचारधारा को आगे बढ़ाने के लिए लोगों की हत्या करने जैसे मूर्खतापूर्ण कार्य करने के अर्थ में यह बहुत महत्त्वपूर्ण है लेकिन जब हम विद्यालय में होते हैं तो इन चीजों की ओर कभी ध्यान नहीं देते, शिक्षक स्वयं इसे जानते हैं।

वे तो केवल आपको यही सिखाते हैं कि क्या पढ़ना चाहिए, कैसा पढ़ना चाहिए, वे आपकी अंग्रेजी या गणित सुधारने में व्यस्त रहते हैं। उन्हें तो इन्हीं सब चीजों की चिन्ता रहती है और फिर पाँच या दस वर्षों के बाद आपको उस जीवन में धकेल दिया जाता है, जिसके बारे में आपको कुछ पता नहीं होता है।

जॉन डीवी

लोकतंत्र और शिक्षा

लोकतंत्र जीवन एवं शिक्षा के पूर्व दर्शन के रूप में

डीवी ने अपने जीवन-दर्शन एवं शिक्षा-दर्शन दोनों में लोकतंत्र को अत्यधिक महत्त्व दिया है। उनका कथन है कि लोकतंत्र केवल सार्वजनिक प्रशासन का राजनैतिक सूत्र नहीं है बल्कि यह जीवन एवं शिक्षा का पूर्ण दर्शन है। डीवी के अनुसार लोकतंत्र मनुष्यों को अपनी शक्तियों एवं क्षमताओं को अभिव्यक्त करने का पूर्ण अवसर देता है ताकि वे सहयोगी अनुभवों में स्वतंत्रतापूर्वक भाग ले सकें। लोकतंत्र का सार बाह्य शक्ति एवं नियम के स्थान पर स्वतंत्र समागम एवं प्रत्येक व्यक्ति के मूल्य की अनुभूति में निहित है। डीवी लोकतंत्र से संबंधित परंपरागत स्वतंत्रता संबंधित विचारों से सहमत नहीं थे और इसलिए उन्होंने उसके स्थान पर नवीन विचारों का प्रतिपादन किया। डीवी यह स्वीकार करते हैं कि ''स्वतंत्रता लोकतंत्र का सार है। यह विवेकयुक्त दूरदर्शिता पहलकदमी एवं स्वतंत्रता निर्णय का बोध कराती है।'' उनके अनुसार स्वतंत्रता विवेकयुक्त कार्यों, निरीक्षण एवं निर्णय में निहित है। दूसरे शब्दों में, स्वतंत्रता का रूप वृद्धि के रचनात्मक कार्यों की अनुभूति में निहित है।

लोकतंत्रीय आदर्शों की प्राप्ति के लिए शिक्षा एक महत्त्वपूर्ण साधन के रूप में

डीवी के अनुसार लोकतंत्रीय आदर्शों की प्राप्ति के लिए शिक्षा का सर्वोच्च महत्त्व है क्योंकि उन्होंने लोकतन्त्र के लिए जिस प्रकार की स्वतंत्रता तथा बुद्धि के सृजनात्मक कार्यों की अनुभूति प्रतिपादित की है उसकी प्राप्ति शिक्षा द्वारा ही संभव है। डीवी शिक्षा के माध्यम से 'लोकतंत्रीय समाज' की स्थापना करते थे, जिसके प्रत्येक क्षेत्र में लोकतंत्रात्मक आदर्शों की पूर्ति होती है। इसके लिए डीवी का विचार था कि सभी बालकों के लिए सार्वजनिक शिक्षा प्रदान की जानी चाहिए और सभी को 'शैक्षिक अवसरों की समानता' प्रदान की जाए। उनका यह भी विचार था कि केवल शैक्षिक क्षेत्र में ही नहीं बल्कि जीवन के अन्य क्षेत्रों में भी समानता दी जानी चाहिए। इसलिए डीवी विद्यालय को एक लघु समाज के रूप में प्रस्तुत करना चाहते थे उससे यह आशा करते थे कि वह बालक के अनुभवों, आशाओं, आवश्यकताओं एवं रुचियों के महत्त्व को स्वीकार करे। डीवी का विश्वास है कि विद्यालयों की क्रियाओं में भाग लेकर बालक स्वयं अपने महत्त्व को समझने में समर्थ होता है और धीरे-धीरे उसे विश्व का ज्ञान हो जाता है। उनका विचार है कि नियंत्रण एवं निर्धारण में प्रत्येक शिक्षक को प्रत्यक्ष रूप से अथवा अपने प्रतिनिधियों के माध्यम से शक्ति प्राप्त होनी चाहिए। इस प्रकार स्पष्ट है कि डीवी विद्यालय को एक लघु सामाजिक संस्था के रूप में मानते थे। इसके माध्यम से 'लोकतंत्रीय आदर्शों एवं सिद्धांतों का प्रयास' एवं 'लोकतंत्रीय समाज' का निर्माण करना चाहते थे।

अभ्यास प्रश्न

1. हिंद स्वराज पुस्तक किसके द्वारा लिखी गई?
(a) महात्मा गाँधी
(b) सुभाष चंद्र बोस
(c) जवाहर लाल नेहरू
(d) भगत सिंह

2. शिक्षा के चारित्रिक विकास के उद्देश्य के समर्थक है–
(a) हरवार्ट
(b) महात्मा गाँधी
(c) डॉ. राधाकृष्णन
(d) उपयुक्त सभी

3. ज्ञानार्जन का अर्थ है–
(a) शारीरिक प्रशिक्षण
(b) बैद्रिक प्रशिक्षण
(c) संवेगात्मक प्रशिक्षण
(d) सामाजिक प्रशिक्षण

4. जॉन ड्यूटी कैसे दार्शनिक थे–
(a) आर्दशवादी (b) प्रकृतिवाद
(c) प्रयोजनवाद (d) यर्थाथवाद

5. जॉन-डीवी के अनुसार शिक्षा का उद्देश्य होना चाहिए–
(a) व्यक्तिगत विकास
(b) सामाजिक कुशलता का विकास
(c) आध्यात्मिक विकास
(d) इनमें से कोई नहीं

6. जॉन-डीवी ने किस शिक्षण विधि का समर्थन किया–
(a) क्रिया विधि
(b) खेल विधि
(c) स्वानुभव विधि
(d) सभी विधियाँ

7. यर्थाथवादी शिक्षा का केंद्र क्या है?
(a) बालक का वर्तमान जीवन
(b) बालक का भविष्य का जीवन
(c) शिक्षक
(d) पाठ्यक्रम

8. गाँधीजी के जीवन दर्शन का सर्वश्रेष्ठ क्या है?
(a) सत्य (b) अहिंसा
(c) भौतिकता (d) राजनीति

9. गाँधीजी ने किस प्रकार के उद्देश्यों पर बल दिया है?
(a) व्यक्तिगत उद्देश्यों
(b) सामाजिक उद्देश्यों पर
(c) व्यक्तिगत व सामाजिक दोनों उद्देश्यों के समवय पर
(d) उपरोक्त में से कोई नहीं

10. गाँधीजी की बुनियादी शिक्षा का आधार क्या है?
(a) गणित
(b) भाषा
(c) आधारभूत शिल्प
(d) भूगोल

11. टैगोर किस प्रकार के प्रचारक थे?
(a) व्यक्तिवादी (b) सोम्यवादी
(c) मानवतावादी (d) भौतिकवादी

12. टैगोर ने किस पर अधिक ध्यान देने का कहा?
(a) बालक पर
(b) पुस्तकों पर
(c) पठन विधि पर
(d) धर्म पर

13. टैगोर ने किस भाषा को शिक्षा का माध्यम बताने पर बल दिया है?
(a) मातृभाषा को (b) अंग्रेजी को
(c) हिंदी को (d) संस्कृत को

14. टैगोर ने किस शिक्षा की स्थापना की–
(a) वनस्थली विद्यापीठ
(b) विश्व भारती
(c) अरविंद आश्रम
(d) उपरोक्त में कोई नहीं

15. टैगोर ने शांति निकेतन के रूप में अपनी विरासत पूरे राष्ट्र को वस्तुतः पूरे विश्व को दी हैं, यह कथन किसका है?
(a) राजेन्द्र प्रसाद (b) पंड़ित नेहरू
(c) महात्मा गाँधी (d) मौलाना आजाद

16. गाँधी जी के दर्शन में कौन-सा तत्त्व नहीं है?
(a) सत्य (b) अहिंसा
(c) ईश्वर (d) भौतिकता

17. ''शिक्षा सिद्धांत ही दर्शन है'' यह किसने कहा है?
(a) ड्यूटी (b) बागले
(c) रॉस (d) जेम्स

18. ''शिक्षा एक त्रिमुखी प्रक्रिया है'', यह किसने कहा है?
(a) ऐडम्स (b) ड्यूटी
(c) टी.पी.नन (d) राधाकृष्णन

19. मारिया मांटेसरी एक_____थी–
(a) जर्मन चिकित्सक
(b) यूनानी चिकित्सक
(c) इटालवी चिकित्सक
(d) इनमें से कोई नहीं

20. मांटेसरी विधि का दूसरा नाम क्या था?
(a) क्रिया प्रसूत विधि
(b) सहचर्य विधि
(c) प्रश्नात्मक विधि
(d) कोई नहीं

21. खेल गीतों व उपहारों द्वारा शिक्षा दी जाती है?
(a) डाल्टन पद्धति विधि
(b) प्रोजेक्ट विधि
(c) मांटेसरी पद्धति में
(d) किंडरगार्टन पद्धति में

22. दिवास्वप्न के लेखक है?
(a) गिजुभाई बधेका
(b) मरिया मांटेसरी
(c) फ्राबेल
(d) महात्मा गाँधी

23. गिजुभाई के अनुसार बच्चे को सबसे पहले किस पर बल देना चाहिए–
(a) भाषा (b) व्याकरण
(c) वाचन (d) लिखना

24. बाल केंद्रित शिक्षा के प्रर्वतक थे–
(a) महात्मा गाँधी
(b) विवेकानंद
(c) रवींद्र नाथ टैगोर
(d) गिजुभाई

25. हंटर आयोग किस वर्ष गठित हुआ–
(a) 1880 (b) 1882
(c) 1885 (d) 1888

26. भारतीय शिक्षा आयोग का अध्यक्ष कौन था?
(a) लार्ड विलियम बेंटिग
(b) लार्ड टिपन
(c) सर विलियम हण्टर
(d) लार्ड मैकाले

27. प्राथमिक स्तर पर अनुदेशन_____होना चाहिए
(a) शिक्षक केंद्रित
(b) पाठ्यपुस्तक केंद्रित
(c) बाल केंद्रित
(d) शिक्षक व पाठ्यपुस्तक केंद्रित

28. शिक्षक अधिक प्रभावी हो सकता है, यदि–
(a) छात्र को स्वयं कार्य करने की स्वतत्रंता व नियंत्रण दे
(b) अधिगम शिक्षक द्वारा नियंत्रित व निर्देशित हो
(c) शिक्षक तथ्यों की व्यवस्था करने में केंद्रिय भूमिका निभाए
(d) शिक्षक अधिगम को निर्देशित करे

29. निम्नलिखित में से कौन-सा बाल-केंद्रित अनुदेश के असंगत है–
(a) वैकल्पिक कक्षाओं का संगठन
(b) कक्षा-कक्ष प्रदर्शन
(c) वैकल्पिक पाठ्यपुस्तकों का चयन
(d) आत्म-अधिगम

30. छात्र केंद्रित पाठ्यक्रम में सबसे महत्त्वपूर्ण है–
(a) अध्यापक (b) छात्र
(c) विषयवस्तु (d) वातावरण

31. पाठ नियोजन की पाँच चरणबद्ध प्रणाली किसने शुरू की?
(a) टर्मन (b) बिने
(c) हर्बर्ट (d) ब्लूम

32. निम्नलिखित में कौन-सा शिक्षार्थी केंद्रित शिक्षा पर आधारित है–
(a) शिक्षार्थी की आवश्यकतायें, क्षमतायें और रुचि
(b) शिक्षक सक्रिय होते है, और शिक्षार्थी निष्क्रिय
(c) शिक्षार्थियों के लिए पाठ्यक्रम निर्धारित है
(d) शिक्षार्थी का सीखना के गुणात्मक शिक्षण पर निर्भर करता है।

33. बच्चे तब सर्वाधिक सृजनशील होते है, जब वे किसी गतिविधि में भाग लेते है–
(a) दूसरों के सामने अच्छा करने के दबाव में आकर
(b) अपनी रुचि से
(c) पुरुस्कार के लिए
(d) शिक्षक की डॉट से बचने के लिए

34. प्रभावी अधिगम के संबंध में कौन-सा कथन सही है?
(a) छात्र प्राकृतिक वातावरण में सर्वश्रेष्ठ सीखता है
(b) छात्र करके सबसे अच्छा सीखता है
(c) खेल अवस्था में छात्र सबसे अच्छा सीखता है
(d) छात्र नियंत्रित वातावरण में सबसे अच्छा सीखता है।

35. प्रगतिशील या आधुनिक शिक्षा प्रणाली के लिए पद्धति है–
(a) बाल केंद्रित पद्धति
(b) शिक्षक केंद्रित पद्धति
(c) स्वः अधिगम पद्धति
(d) इनमें से कोई नहीं

36. प्रकृतिवादी शिक्षण विधि में किस विधि पर अधिक बल दिया गया है?
(a) व्याख्यानों पर
(b) पुस्तक पठन पर
(c) क्रिया द्वारा सीखने पर
(d) संवादो पर

37. ''सीखने के लिए तत्परता'' संदर्भित करता है–

(a) छात्र की सामान्य क्षमता का स्तर
(b) सीखने की निरंतरता में छात्रों के वर्तमान संज्ञानात्मक स्तर
(c) सीखने की क्रिया की संतोषजनक प्रकृति
(d) थार्नडाइक की तत्परता का नियम

38. के. कृष्णमूर्ति की इनमें से कौन-सी रचना है?

(a) रोज (b) बातचीत
(c) संपूर्ण क्रांति (d) शिक्षा

39. बचपन में बालक को किस वातावरण में रहना आवश्यक है?

(a) स्वतंत्र (b) अनुशासित
(c) दायित्वपूर्ण (d) इनमें से कोई नहीं

40. 'द फार्स्ट एंड लास्ट फ्रीडम' किसकी कृति है–

(a) मलयज की
(b) मोहन राकेश की
(c) जे. कृष्णमूर्ति
(d) अब्दुल कलाम आजाद की

41. साम्यवादी किससे लड़ रहा है?

(a) समाजवादी से
(b) पूँजीवादी से
(c) सत्तावादी से
(d) इनमें से कोई नहीं

42. निम्नलिखित में से कौन प्रगतिशील शिक्षा की अवधारणा के लिए केंद्र है?

(a) हर बच्चे की सामर्थ्य और क्षमता में विश्वास
(b) मानक निर्देश और मूल्यांकन
(c) बाहरी प्रेरणा और समान मूल्यांकन मानदंड
(d) पाठ्यपुस्तक केंद्रित शिक्षा

43. प्रगतिशील शिक्षा की अवधारणा किसने दी–

(a) मांटेसरी ने
(b) गिजुभाई बधेका
(c) ज्योतिबा फुले
(d) जॉन डीवी

44. जॉन डीवी द्वारा समर्पित प्रयोगशाला विद्यालय (लैब स्कूल)____के उदाहरण थे–

(a) फैक्टरी विद्यालय
(b) प्रगतिशील विद्यालय
(c) सार्वजनिक विद्यालय
(d) सामान्य विद्यालय

45. प्रगतिशील शिक्षा में बच्चों को किस तरह से देखा जाता है।

(a) छोटे वयस्कों के रूप में
(b) खाली स्लेटों के रूप में
(c) सक्रिय अन्वेषकों के रूप में
(d) निष्क्रिय अनुकारको

46. एक प्रगतिशील कक्षा में–

(a) विद्यार्थियों में प्रतिस्पर्धा पर बल देना चाहिए
(b) ज्ञान के निर्माण के लिए प्रर्याप्त अवसर देने चाहिए
(c) विद्यार्थियों के उनके अकादमिक अंको के आधार पर नामांकित करना चाहिए।
(d) अध्यापक को अटल पाठ्यक्रम का पालन करना चाहिए।

47. शिक्षा क्या करती है?

(a) संस्कृति का संरक्षण करती है
(b) संस्कृति का हस्तान्तरण करती है
(c) संस्कृति का विकास करती है
(d) उपरोक्त सभी

48. ''परिवार शिक्षा का सर्वोच्च स्थान और बालक का प्रथम विद्यालय है'' यह किसने कहा है?

(a) पेस्टोलोजी (b) मैजिनी
(c) बोगार्डस (d) काम्टे

49. निम्नलिखित में से कौन-सा बाल केंद्रित अनुदेश के असंगत है–

(a) वैकल्पिक कक्षाओं का संगठन
(b) कक्षा कक्ष प्रर्दशन
(c) वैकल्पिक पाठ्यपुस्तकों का चयन
(d) आत्म-अधिगम

50. सीखने के लिए तत्परता संदर्भित करता है–

(a) छात्रों की सामान्य क्षमता का स्तर
(b) सीखने की निरंतरता में छात्रों के वर्तमान संज्ञानात्मक स्तर
(c) सीखने की क्रिया की संतोषजनक प्रकृति
(d) थार्नडाइक का तत्परता का नियम

उत्तरमाला

1. (a)	**2.** (d)	**3.** (b)	**4.** (c)	**5.** (b)	**6.** (d)	**7.** (b)	**8.** (a)	**9.** (c)	**10.** (c)
11. (c)	**12.** (a)	**13.** (a)	**14.** (b)	**15.** (c)	**16.** (d)	**17.** (c)	**18.** (b)	**19.** (c)	**20.** (b)
21. (c)	**22.** (a)	**23.** (c)	**24.** (d)	**25.** (b)	**26.** (c)	**27.** (b)	**28.** (a)	**29.** (a)	**30.** (b)
31. (c)	**32.** (a)	**33.** (b)	**34.** (d)	**35.** (a)	**36.** (c)	**37.** (b)	**38.** (d)	**39.** (a)	**40.** (c)
41. (b)	**42.** (a)	**43.** (b)	**44.** (c)	**45.** (c)	**46.** (b)	**47.** (d)	**48.** (a)	**49.** (a)	**50.** (a)

❑❑❑

अध्याय 3 पाठ्यक्रम, बाल विकास, वृद्धि एवं विकास, सृजनात्मकता, खेल, व्यक्तित्व और नैतिक विकास

पाठ्यचर्या तथा पाठ्यक्रम : अवधारणा तथा विविध आधार

पाठ्यचर्या की अवधारणा

विद्यालय की शिक्षा व्यवस्था का केन्द्रबिन्दु है। विद्यालय में सभी संसाधन; जैसे-विद्यालय भवन, पुस्तकालय की पुस्तकें, मालय के उपकरण तथा अन्य शिक्षण सामग्री का एकमात्र उद्देश्य चर्या के प्रभावी क्रियान्वयन में सहयोग देना है। कक्षा की समस्त क्रियाएँ. पाठ्यसहगामी क्रियालाप तथा मूल्यांकन की समस्त प्रक्रियाएँ विद्यालयी पाठ्यचर्या के परिणामस्वरूप ही नियोजित की जाती हैं।

पाठ्यचर्या शिक्षा का आधार है। पाठ्यचर्या द्वारा शिक्षा के उद्देश्यों की पूर्ति होती है। यह एक ऐसा साधन है, जो छात्र तथा अध्यापक को जोड़ता है। अध्यापक, पाठ्यचर्या के माध्यम से ही छात्रों के मानसिक, सामाजिक, शारीरिक, नैतिक, सांस्कृतिक तथा आध्यात्मिक विकास के लिए प्रयास करता है। पाठ्यचर्या के द्वारा छात्रों को जीवन जीने की शिक्षा प्राप्त होती है। इससे अध्यापकों को दिशा-निर्देश प्राप्त होते हैं। छात्रों के लिए दशा-निर्देश प्राप्त होने से उनमें एकाग्रता आती हैं।

पाठ्यचर्या में किसी भी कक्षा के निहित विषयों के अतिरिक्त स्कूल के समस्त कार्यक्रम आते हैं। पाठ्यचर्या की संकल्पना के सन्दर्भ में सबसे चर्चित परिभाषा कनिंघम की मानी जाती है।

पाठ्यक्रम की अवधारणा

पाठ्यक्रम का अर्थ उन सभी क्रियाओं और परिस्थितियों से है जिनका नियोजन और सम्पादन विद्यालय बच्चों के विकास के लिए करता है। इसके लिए पाठ्यक्रम में अनुभवकर्ता के प्रत्येक अनुभव को सम्मिलित किया जाता है।

शिक्षक की दृष्टि से पाठ्यक्रम एक दिशा एवं साधन है जिसका अनुसरण करके शिक्षा के लक्ष्यों को प्राप्त करने का प्रयास करता है।

समाजशास्त्रियों के अनुसार पाठ्यक्रम शब्द का अर्थ उन सभी क्रियाओं एवं परिस्थितियों से होता है जिनका नियोजन एवं सम्पादन विद्यालय द्वारा बालकों के विकास के लिए किया जाता है।

पाठ्यचर्या के विविध आधार

किसी भी समाज की शिक्षा के स्वरूप को निर्धारित करने में सबसे अधिक भूमिका उस समाज के जीवन दर्शन की होती है, इन सभी की व्याख्या शिक्षा दर्शन में की जाती है। इसके साथ-साथ उस समाज विशेष की संरचना, उसकी सभ्यता एवं संस्कृति तथा धार्मिक स्थिति का भी प्रभाव पड़ता है। इन सभी का अध्ययन शैक्षिक समाजशास्त्र के अन्तर्गत किया जाता है। समाज की राजनैतिक एवं आर्थिक स्थिति भी शिक्षा के स्वरूप को प्रभावित करती है। इनका अध्ययन क्रमशः राज्य और शिक्षा के अर्थशास्त्र में किया जाता है। मानव की स्वयं की प्रकृति भी उसकी शिक्षा के स्वरूप को प्रभावित करती है। इसका अध्ययन शिक्षा मनोविज्ञान में किया जाता है।

- पाठ्यचर्या के दार्शनिक आधार (राष्ट्रीय लोकतन्त्रीय)
- आदर्शवाद और पाठ्यचर्या
- प्रकृतिवाद और पाठ्यचर्या
- प्रयोजवाद और पाठ्यचर्या
- यथार्थवाद और पाठ्यचर्या
- अस्तित्ववाद और पाठ्यचर्या
- पाठ्यचर्या के समाजशास्त्रीय आधार
- समाजशास्त्रीय प्रवृत्ति और पाठ्यचर्या
- समाजिक स्थिति और पाठ्यचर्या
- सामाजिक दबाव वर्ग और पाठ्यचर्या
- परिवार और पाठ्यचर्या
- धार्मिक संगठन और पाठ्यचर्या
- शिक्षक, शिक्षार्थी और पाठ्यचर्या
- समाज की प्रकृति और पाठ्यचर्या
- समाज की बदलती आवश्यकताएँ और पाठ्यचर्या

बचपन को प्रभावित करने वाले मनोसामाजिक कारक

बचपन को प्रभावित करने वाले मनोसामाजिक कारक निम्न हैं-

(1) **शारीरिक बनावट तथा स्वास्थ्य (Physique and Health)**-जिन बच्चों का शरीर सुगठित और सुन्दर होता है, उन्हें अपने समूह और समाज में अच्छा स्थान मिलता है। साथ ही उनमें आत्मविश्वास भी जाग्रत होता है। इनका समायोजन भी भिन्न स्त्रोतों में आसानी से हो जाता है। इनका विकास अन्य बच्चों की अपेक्षा जल्दी होता है। ये खेलकूद में आगे रहते हैं। ये दूसरे असामान्य बच्चों जैसे गूंगे, बहरे, अंधे, आदि बच्चों के साथ खेलना भी पसंद नहीं करते हैं। इन बच्चों में सामाजिकता के गुण, मित्रता तथा सहयोग की भावना अधिक होती है।

(2) **परिवार (Family)**-परिवार का वातावरण तथा परिवार का सामाजिक-आर्थिक स्तर बच्चों के व्यक्तित्व को प्रभावित करता है। इनके अलावा परिवार का आकार भी महत्त्वपूर्ण ढंग से प्रभावित करता है। छोटे परिवार में बच्चों की देखभाल अच्छी होती है। उन्हें प्यार-दुलार ज्यादा मिलता है परन्तु बड़े परिवार में बच्चों की देखभाल

अच्छी नहीं हो पाती परन्तु उन्हें अन्य बच्चों के साथ अनुसरण के अवसर अधिक मिलते हैं। सहयोग, उत्तरदायित्व, पक्षपात, तिरस्कार, आदि सब बच्चों को अपने अभिभावकों से ही मिलते हैं। बच्चे अपने माता-पिता से ही सब कुछ सीखते हैं। निम्न सामाजिक-आर्थिक स्तर वाले परिवार के बालकों में हीनता की भावना आ सकती है, जिससे उन्हें कठिनाइयाँ संभालने में परेशानियाँ आ सकती हैं तथा उनमें आत्मविश्वास की कमी हो सकती है।

(3) **पड़ोस तथा विद्यालय (Neighbourhood and School)**-बच्चे का मनोसामाजिक विकास किस प्रकार होगा यह उसके विद्यालय तथा पड़ोस से भी निर्धारित होता है। पड़ोस में रहने वाले बच्चों तथा वयस्कों के व्यवहार का भी प्रभाव बच्चे पर पड़ता है। किस प्रकार के कार्यक्रम होते हैं, कैसा पड़ोस का वातावरण है, आदि कारक भी बच्चे के विकास को महत्त्वपूर्ण ढंग से प्रभावित करते हैं। विद्यालय में शिक्षक तथा कक्षा के विद्यार्थी भी बच्चे के मनोसामाजिक विकास में योगदान देते हैं। स्कूल में बच्चे को अपनी उम्र के अनेक बच्चों के साथ बैठने और सीखने का मौका तो मिलता ही है साथ उसे बड़े बच्चों के अनुभव सुनने और उनके व्यवहार से परिचित होने का अवसर मिलता है।

(4) **मनोरंजन (Recreation)**-बच्चों को मनोरंजन की जितनी सुविधाएँ मिलती हैं वे उतने ही व्यस्त रहते हैं। मनोरंजन के साधन उपलब्ध होने के कारण बच्चे में समाज विरोधी व्यवहार के उत्पन्न होने का भी खतरा नहीं होता है। इनका विकास सामान्य ढंग से होता है।

(5) **संवेगात्मक विकास (Emotional Development)**-जो बच्चे हँसमुख व विनोदप्रिय होते हैं, चिड़चिड़े व क्रोधी नहीं होते हैं उन बच्चों के ज्यादा दोस्त होते हैं तथा जितने ज्यादा दोस्त होते हैं बच्चों में आत्मविश्वास की भावना आती है।

(6) **हीनता की भावना (Inferiority Complex)**-जिन बच्चों में हीनता की भावना होती है, उनके विकास पर असर होता है। ये बच्चे दूसरे बच्चे से मिलने से कतराते हैं। उनमें आत्मविश्वास की कमी होती है। वे अन्तर्मुखी हो जाते हैं।

(7) **साथी समूह (Peer Groups)**-बालक की मित्र मण्डली जितनी बड़ी होती है उसके साथी समूहों की संख्या उतनी ही अधिक होती है। उसके सामाजिक, सांस्कृतिक मूल्यों व प्रतिमानों को सीखने की सम्भावना उतनी ही अधिक होती है। उसके साथी समूहों में बालक और बालिकाएँ दोनों ही होते हैं। इन साथी समूह के सदस्यों का जैसा व्यवहार होता है, बच्चा भी वैसा ही व्यवहार सीखता है।

बाल विकास : अवधारणा, विकास के विविध आयाम, प्रभावित करने वाले कारक

बाल विकास

विकास एक सार्वभौमिक प्रक्रिया है। जो संसार के प्रत्येक जीव में पाई जाती है। विकास की यह प्रक्रिया गर्भधारण से लेकर मृत्यु-पर्यन्त किसी-न-किसी रूप में चलती रहती है। इसकी गति कभी तीव्र और कभी मन्द होती है। मानव विकास का अध्ययन मनोविज्ञान की जिस शाखा के अंतर्गत किया जाता है, उसे बाल-मनोविज्ञान कहा जाता है परन्तु अब मनोविज्ञान की यह शाखा 'बाल-विकास' कही जाती है।

बाल विकास का अर्थ

बाल विकास, मनोविज्ञान की एक शाखा के रूप में विकसित हुआ है। इसके अंतर्गत बालकों के व्यवहार, स्थितियों, समस्याओं तथा उन सभी कारणों का अध्ययन किया जाता है, जिनका प्रभाव बालक के व्यवहार पर पड़ता है।

बाल मनोविज्ञान की परिभाषाएँ निम्नलिखित हैं-

1. **जेम्स ड्रेवर के अनुसार**- "बाल मनोविज्ञान, मनोविज्ञान की वह शाखा है जिसमें जन्म से परिपक्वावस्था तक विकसित हो रहे मानव का अध्ययन किया जाता है।"
2. **क्रो और क्रो के अनुसार**- "बाल मनोविज्ञान वह वैज्ञानिक अध्ययन है जो व्यक्ति के विकास का अध्ययन गर्भकाल के प्रारम्भ से किशोरावस्था की प्रारम्भिक अवस्था तक करता है।"
3. **हरलॉक के अनुसार**- "आज बाल-विकास में मुख्यत: बालक के रूप व्यवहार, रुचियों और लक्ष्यों में होने वाले उन विशिष्ट परिवर्तनों की खोज पर बल दिया जाता है, जो उसके एक विकासात्मक अवस्था से दूसरी विकासात्मक अवस्था में पदार्पण करते समय होते हैं। बाल-विकास में यह खोज करने का भी प्रयास किया जाता है कि यह परिवर्तन कब होते हैं, इसके क्या कारण हैं और यह वैयक्तिक हैं या सार्वभौमिक।"

उपर्युक्त परिभाषाओं के आधार पर कहा जा सकता है कि बाल विकास मनोविज्ञान की वह शाखा है, जिसमें विभिन्न विकास अवस्थाओं में मानव के व्यवहार में होने वाले क्रमिक परिवर्तनों का वैज्ञानिक अध्ययन किया जाता है।

बाल विकास की आवश्यकता

बाल विकास अनुसंधान का एक क्षेत्र माना जाता है। बालक के जीवन को सुखी और समृद्धिशाली बनाने में बाल-मनोविज्ञान का योगदान प्रशंसनीय है। मनोविज्ञान की इस शाखा का केवल बालकों से प्रत्यक्ष या अप्रत्यक्ष रूप से संबंध है, जो बालकों की समस्याओं पर विचार करते हैं और बाल मनोविज्ञान की उपयोगिता को स्वीकार करते हैं। समाज के विभिन्न लोग बाल-मनोविज्ञान से लाभान्वित हो रहे हैं, जैसे- बालक के माता-पिता तथा अभिभावक, बालक के शिक्षक, बाल-सुधारक तथा बाल-चिकित्सक आदि।

अत: बाल-मनोविज्ञान की एक व्यावहारिक उपयोगिता यह भी है कि यह बालकों के समुचित निर्देशन के लिए व्यावहारिक उपाय बता सकता है। हम निर्देशन के द्वारा ही बालकों की क्षमताओं और अभिव्यक्तियों का उचित रूप से लाभ उठा सकते हैं। व्यक्तिगत निर्देशन में बालक की व्यक्तिगत कठिनाइयों और दोषों तथा उसकी प्रवृत्तियों और उसके व्यक्तित्व से संबंधित विकारों को दूर करने के उपायों की जानकारी बाल-मनोविज्ञान से प्राप्त होती है।

बाल विकास का क्षेत्र

बाल-विकास का क्षेत्र दिन-प्रतिदिन बढ़ रहा है। बाल विकास विषय के क्षेत्र के अंतर्गत जिन समस्याओं अथवा विषय-सामग्री का अध्ययन किया जाता है वह निम्न प्रकार की हो सकती है-

1. **वातावरण और बालक**–बाल-विकास में इस समस्या के अंतर्गत दो प्रकार की समस्याओं का अध्ययन किया जाता है। प्रथम यह कि बालक का वातावरण पर क्या प्रभाव पड़ता है? द्वितीय यह कि वातावरण बालक के व्यवहार, व्यक्तित्व तथा शारीरिक विकास आदि को किस प्रकार प्रभावित करता है? अत: स्पष्ट है कि बालक का पर्यावरण एक विशेष प्रभावकारी क्षेत्र है।
2. **मानसिक प्रक्रियाएँ**–बाल विकास में बालक की विभिन्न मानसिक प्रक्रियाओं का अध्ययन भी किया जाता है जैसे- प्रत्यक्षीकरण, सीखना, कल्पना, स्मृति, चिन्तन, साहचर्य आदि। इन सभी मानसिक प्रक्रियाओं का अध्ययन दो समस्याओं के रूप में किया जाता है। प्रथम यह कि विभिन्न आयु स्तरों पर बालक की यह विभिन्न मानसिक प्रक्रियाएँ किस रूप में पाई जाती हैं, इनकी क्या गति है आदि। द्वितीय यह कि इन मानसिक प्रक्रियाओं का विकास कैसे होता है तथा इनके विकास को कौन से कारक प्रभावित करते हैं।

3. **बालकों की वैयक्तिक भिन्नताओं का अध्ययन**–बाल विकास में वैयक्तिक भिन्नताओं तथा इससे संबंधित समस्याओं का अध्ययन भी किया जाता है। व्यक्तिगत भेदों की दृष्टि से निम्नलिखित तथ्यों का अध्ययन किया जाता है-शरीर रचना संबंधी भेद, मानसिक योग्यता संबंधी भेद, सांवेगिक भेद, व्यक्तित्व संबंधी भेद, सामाजिक व्यवहार संबंधी भेद तथा भाषा विकास संबंधी भेद आदि।
4. **बालक-बालिकाओं का मापन**–बाल-विकास के क्षेत्र में बालकों की मानसिक और शारीरिक मापन तथा मूल्यांकन से सम्बन्धित समस्याओं का अध्ययन भी किया जाता है। मापन से तात्पर्य है कि इन क्षेत्रों में उसकी समस्याएं क्या हैं और उनका निराकरण कैसे किया जा सकता है?
5. **बाल व्यवहार और अन्त:क्रियाएँ**–बाल विकास के अध्ययन क्षेत्र में विभिन्न प्रकार की अन्त:क्रियाओं का अध्ययन भी होता है। बालक का व्यवहार गतिशील होता है तथा उसकी विभिन्न शारीरिक और मानसिक योग्यताओं और विशेषताओं में क्रमिक विकास होता रहता है। अत: स्वाभाविक है कि बालक और उसके वातावरण में समय-समय पर अन्त:क्रियाएँ होती रहें। एक बालक की ये अन्त:क्रियाएँ सहयोग, व्यवस्थापन, सामाजिक संगठन या संघर्ष, तनाव और विरोधी प्रकार की भी हो सकती हैं। बाल-मनोविज्ञान में इस समस्या का भी अध्ययन होता है कि विभिन्न विकास अवस्थाओं में बालक की विभिन्न अन्त:क्रियाओं में कौन-कौन से और क्या-क्या क्रमिक परिवर्तन होते हैं तथा इन परिवर्तनों की गतिशीलता किस प्रकार की है?
6. **विशिष्ट बालकों का अध्ययन**–जब बालक की शारीरिक और मानसिक योग्यताओं और विशेषताओं का विकास दोषपूर्ण ढंग से होता है तो बालक के व्यवहार और व्यक्तित्व में असामान्यता के लक्षण उत्पन्न हो जाते हैं। बाल विकास में इन विभिन्न असमानताओं व इनके कारणों और गतिशीलता का अध्ययन होता है। विशिष्ट बालक की श्रेणी में निम्न बालक आते हैं- शारीरिक रूप से अस्वस्थ रहने वाले बालक, पिछड़े बालक, अपराधी बालक एवं समस्यात्मक बालक आदि।
7. **समायोजन संबंधी समस्याएँ**–बाल विकास में बालक की अनेक प्रकार की समायोजन-समस्याओं का अध्ययन भी किया जाता है। साथ ही इस समस्या का अध्ययन भी किया जाता है कि भिन्न-भिन्न समायोजन क्षेत्रों (पारिवारिक समायोजन, संवेगात्मक समायोजन, शैक्षिक समायोजन, स्वास्थ्य समायोजन आदि) में भिन्न-भिन्न आयु स्तरों पर बालक का क्या और किस प्रकार का समायोजन है। इस क्षेत्र में कुसमायोजित व्यवहार का भी अध्ययन किया जाता है।
8. **अभिभावक बालक संबंध**–बालक के व्यक्तित्व विकास के क्षेत्र में अभिभावकों और परिवार की महत्त्वपूर्ण भूमिका है। अभिभावक-बालक संबंध का विकास, अभिभावक, बालक संबंधों के निर्धारक, पारिवारिक संबंधों में ह्रास आदि समस्याओं का अध्ययन बाल-विकास मनोविज्ञान के क्षेत्र के अंतर्गत किया जाता है।

इस प्रकार हम कह सकते हैं कि गर्भावस्था से किशोरावस्था तक की सभी समस्याएँ बाल-विकास की परिसीमा या क्षेत्र में आती हैं।

बाल विकास की अवस्थाएं (शैशवावस्था, बाल्यावस्था, किशोरावस्था) एवं इनके अंतर्गत होने वाले विकास

मानव का विकास निश्चित अवस्थाओं में होता है। विकास की प्रत्येक अवस्था की विशेषताएं होती हैं। मनोवैज्ञानिकों ने अपनी सुविधानुसार विकास को विभिन्न अवस्थाओं में बांटकर उनमें होने वाले परिवर्तनों और विशेषताओं को पहचानकर यह स्पष्ट कर दिया कि बालक का विकास एक अवस्था से दूसरी अवस्था में अचानक नहीं होता, बल्कि विकास की गति स्वाभाविक तथा क्रमश: होती रहती है। इन्हें मुख्य रूप से तीन अवस्थाओं में बांटा गया है-

- शैशवावस्था (जन्म से 5 वर्ष तक)
- बाल्यावस्था (5 से 12 वर्ष)
- किशोरावस्था (12 से 18 वर्ष)

विभिन्न अवस्थाओं में शारीरिक विकास

शैशवावस्था में शारीरिक विकास

शैशवावस्था जीवन की सबसे महत्त्वपूर्ण अवस्था है। शिशु का शारीरिक विकास जन्म में पूर्व गर्भावस्था से ही प्रारम्भ होता है। जन्म के बाद शैशवावस्था में विकास में दो सोपान हो जाते हैं।

- जन्म से 3 वर्ष
- 3 वर्ष से 5 वर्ष

1. **भार (Weight)**–जन्म के समय और पूरी शैशवावस्था में बालक का भार बालिका से अधिक होता है। जन्म के समय बालक का भार लगभग 7.15 पौंड और बालिका का भार लगभग 7.13 पौंड होता है। पहले 6 माह में शिशु का भार दुगुना और एक वर्ष के अन्त में तिगुना हो जाता है।
2. **लम्बाई (Length)**–शैशवावस्था में 3 वर्ष तक बच्चों के विकास की गति अत्यधिक तीव्र होती है। जन्म के समय शिशु की लम्बाई औसत रूप से 50 सेमी होती है। प्रथम वर्ष के अन्त में वह 67 से 70 सेमी. दूसरे वर्ष के अन्त तक 77 सेमी. से 82 सेमी. तक होती है तथा 6 वर्ष तक लगभग 100 सेमी. से 110 सेमी. लम्बा हो जाता है।
3. **सिर व मस्तिष्क (Head and brain)**–नवजात शिशु की सिर की लम्बाई उसके शरीर की कुल लम्बाई की 1.4 होती है। पहले 2 वर्षों में सिर बहुत तीव्र गति से बढ़ता है तथा उसका भार शरीर के भार के अनुपात से अधिक होता है।
4. **हड्डियां (Bones)**–नवजात शिशु की हड्डियां छोटी और संख्या में 270 होती हैं। संपूर्ण शैशवावस्था में ये छोटी, कोमल, लचीली होती हैं।
5. **मांसपेशियां (Muscles)**–शिशु की मांसपेशी का भार उसके शरीर के कुल भार का 23% होता है। यह भार धीरे-धीरे बढ़ता चला जाता है। उसकी भुजाओं का विकास तीव्र गति से होता है। प्रथम दो वर्षों में भुजाएं दुगुनी और टांगें डेढ़ गुनी हो जाती हैं। छ: वर्ष की आयु तक मांसपेशियों में लचीलापन होता है।
6. **अन्य अंग (Other organs)**–छठे माह में दूध के दांत निकलने प्रारम्भ हो जाते हैं। सबसे पहले नीचे के अगले दांत निकलते हैं और एक वर्ष की आयु तक उनकी संख्या 8 हो जाती है। लगभग 4 वर्ष की आयु तक दूध के सभी दांत निकल आते हैं। नवजात शिशु का सिर शरीर की अपेक्षा बड़ा होता है। जन्म के समय हृदय की धड़कन कभी तेज व कभी धीमी होती है। जैसे-जैसे हृदय बड़ा होता है, धड़कन में स्थिरता आती जाती है।
   शिशु के आन्तरिक अंगों (पाचन अंग, फेफड़ा, स्नायु मंडल, रक्त संचार अंग, जनन अंग और ग्रन्थियां) का विकास तीव्रगति से होता है। शैशवावस्था के प्रथम तीन वर्ष विकास काल के होते हैं। अन्तिम तीन वर्षों में बच्चा मजबूती प्राप्त करता है।

बाल्यावस्था में शारीरिक विकास

बाल्यावस्था जीवन का अनोखा काल होता है। ये अवस्था 6 से 12 वर्ष तक मानी जाती है। बाल्यावस्था के प्रथम तीन वर्षों में (6 से 9 वर्ष) शारीरिक विकास तीव्र गति से होता है और बाद के तीन वर्षों में इस विकास में स्थिरता आ जाती है।

1. **भार (Weight)**–इस अवस्था में बालक के भार में वृद्धि होती है। 9 या 10 वर्ष की आयु तक बालकों का भार बालिकाओं से अधिक होता है। इसके बाद बालिकाओं का भार अधिक होना प्रारम्भ हो जाता है।
2. **लम्बाई (Length)**–बाल्यावस्था में शरीर की लम्बाई कम बढ़ती है। इन वर्षों में लम्बाई 2 या 3 इंच ही बढ़ती है।
3. **हड्डियां (Bones)**–इस अवस्था में प्रथम 4-5 वर्षों में हड्डियों की संख्या में वृद्धि होती है। 10-12 वर्ष की आयु में हड्डियों का दृढ़ीकरण होता है।
4. **दांत (Teeth)**–बाल्यावस्था के आरम्भ में दूध के दांत गिरने लगते हैं और उनकी जगह पर स्थायी दांत निकलने लगते हैं। 12-13 वर्ष की अवस्था तक सभी स्थायी दांत निकल आते हैं।
5. **मांसपेशियां (Muscles)**–मांसपेशियों का भार 8 वर्ष तक कुल भार का 27% हो जाता है। बालिकाओं की मांसपेशियां बालकों की अपेक्षा अधिक विकसित होती हैं।
6. **अन्य अंगों का विकास (Development of other organs)** बाल्यावस्था में मस्तिष्क आकार और तौल की दृष्टि से पूर्ण विकसित हो जाता है। बाल्यावस्था में सिर के आकार में क्रमशः परिवर्तन होता रहता है। इस अवस्था में बच्चों के लगभग सभी अंगों का पूर्ण विकास हो जाता है तथा वह अपनी शारीरिक गति पर नियंत्रण रखना सीख जाते हैं।

किशोरावस्था में शारीरिक विकास

किशोरावस्था जीवन का सबसे कठिन काल है। ये परिवर्तन की अवस्था कहलाती है। किशोरावस्था में बालक तथा बालिकाओं का विकास तीव्र गति से होता है। बालकों में तीव्रतम वृद्धि का समय 14 वर्ष की आयु तक तथा बालिकाओं में 11 से 18 वर्ष की आयु तक होता है।

1. **आकार एवं भार**–इस अवस्था में लम्बाई तेजी से बढ़ती है। बालक की लम्बाई 18 वर्ष की आयु तक तथा बालिका की लम्बाई 16 वर्ष की आयु तक बढ़ती है। इस अवस्था में बालकों का भार बालिकाओं की अपेक्षा अधिक होता है।
2. **सिर व मस्तिष्क (Head and Brain)**–इस अवस्था में सिर व मस्तिष्क का विकास जारी रहता है। 15 या 16 वर्ष की आयु में सिर लगभग पूर्ण विकसित हो जाता है एवं मस्तिष्क का भार 1200 और 1400 ग्राम के मध्य में होता है।
3. **हड्डियां (Bones)**–हड्डियों में पूर्ण मजबूती आ जाती है और कुछ छोटी हड्डियाँ एक-दूसरे से जुड़ जाती हैं।
4. **अन्य अंगों का विकास (Development of other organs)**–इस अवस्था में आँख, कान, नाक, त्वचा, ज्ञानेन्द्रियों व कर्मेन्द्रियों का पूर्ण विकास हो जाता है। मांसपेशियों का विकास तीव्रगति से होता है। मस्तिष्क का विकास लगभग पूर्ण हो जाता है।
5. **विभिन्न ग्रन्थियों का विकास**–किशोरावस्था में विभिन्न परिवर्तनों का आधार, अन्तःस्रावी ग्रन्थियां होती हैं, जिनमें पिट्यूटरी, थायरॉयड, एड्रीनल ग्रन्थियां मुख्य हैं। इन ग्रन्थियों के स्राव शारीरिक, मानसिक और भावात्मक विकास को प्रभावित करते हैं। इस अवस्था में बच्चे खेलकूद तथा अन्य क्रियाओं में अधिक सक्रिय हो जाते हैं। वे अपने काम स्वयं करने लगते हैं तथा दूसरों पर निर्भर नहीं रहते हैं।

   किशोर/किशोरियों को शिक्षा देते समय भी उनकी शारीरिक अभिवृद्धि और परिवर्तनों को ध्यान में रखना चाहिए। किशोरावस्था जीवन का वह समय है जब हड्डियाँ बड़ी शीघ्रता से बढ़ती व विकसित होती हैं। अतः उनके स्वास्थ्य का विशेष ध्यान रखना चाहिए तथा उनके अनुकूल उचित शारीरिक शिक्षा की व्यवस्था करनी चाहिए।

वंशानुक्रम का अर्थ व परिभाषाएँ

साधारणतया जैसे माता-पिता होते हैं, वैसी ही उनकी सन्तान होती हैं। उसे अपने माता-पिता के शारीरिक और मानसिक गुण प्राप्त होते हैं। बालक को न केवल अपने माता-पिता से वरन् उनसे पहले के पूर्वजों से भी अनेक शारीरिक और मानसिक गुण प्राप्त होते हैं। इसी को हम वंशानुक्रम, वंश-परम्परा, पैतृकता, आनुवांशिकता आदि नामों से पुकारते हैं।

वुडवर्थ के शब्दों में–"वंशानुक्रम में वे सभी बातें आ जाती हैं, जो जीवन का आरम्भ करते समय, जन्म के समय नहीं वरन् गर्भाधान के समय, जन्म से लगभग नौ माह पूर्व, व्यक्ति में उपस्थित थीं।"

जेम्स ड्रेवर के अनुसार–"माता-पिता की विशेषताओं का सन्तानों में हस्तान्तरण होना वंशानुक्रम है।"

उपर्युक्त विद्वानों के मतों से स्पष्ट होता है कि वंशानुक्रम की धारणा अमूर्त होती है। इसको हम व्यक्ति के व्यवहारों एवं विशेषताओं के द्वारा ही जान सकते हैं। अतः मानव व्यवहार का वह संगठित रूप, जो छात्र में उसके माता-पिता और पूर्वजों द्वारा हस्तान्तरित होता है, को हम वंशानुक्रम कहते हैं।

वंशानुक्रम की प्रक्रिया (Process of Heredity)– मानव शरीर कोषों (cells) का योग होता है। शरीर का आरम्भ केवल एक कोष से होता है, जिसे संयुक्त कोष (zygote) कहते हैं। यह कोष 2, 4, 8, 16, 32 और इसी क्रम में संख्या में आगे बढ़ता है। संयुक्त कोष दो उत्पादक कोषों का योग होता है। इनमें से एक कोष पिता का होता है, जिसे 'पितृकोष' (sperm) और दूसरा माता का होता है, जिसे 'मातृकोष' (ovum) कहते हैं। 'उत्पादक कोष' भी 'संयुक्त कोष' के समान संख्या में बढ़ते हैं।

पुरुष और स्त्री के प्रत्येक कोष में 23-23 गुणसूत्र (chromosomes) होते हैं। इस प्रकार संयुक्त कोष में 'गुणसूत्रों' के 23 जोड़े होते हैं।

1. **संयुक्त कोष (Zygote)**–ये गाढ़े एवं तरल पदार्थ साइटोप्लाज्म का बना होता है। साइटोप्लाज्म के अन्दर एक नाभिक (न्यूक्लियस) होता है, जिसके भीतर गुणसूत्र (क्रोमोसोम्स) होते हैं।
2. **गुणसूत्र (Chromosomes)**–प्रत्येक कोशिकाओं के नाभिक में डोरों की समान रचना पाई जाती है, जिनको क्रोमोसोम्स कहा जाता है। ये गुणसूत्र सदैव जोड़ों में पाए जाते हैं। एक संयुक्त कोष में गुणसूत्रों के 23 जोड़े होते हैं जिसमें आधे पिता द्वारा प्राप्त होते हैं और आधे माता द्वारा। प्रत्येक गुणसूत्र में छोटे-छोटे तत्त्व होते हैं, जिनको 'जीन्स' कहते हैं।
3. **पित्रक (Gene)**–एक गुणसूत्र के अन्दर वंशानुक्रम के अनेक निश्चयात्मक तत्त्व पाये जाते हैं, जिनको पित्रक (जीन) कहा जाता है। जैसा कि एनास्टासी ने लिखा है- "पित्रक वंशानुक्रम की विशेषताओं का वाहक है, जो किसी-न-किसी रूप में सदैव स्थानांतरित होता है।"

वंशानुक्रम के सिद्धान्त और नियम

विभिन्न विद्वानों द्वारा की गई खोजों को हम सिद्धान्त एवं नियम मानते हैं। इनका वर्णन निम्नलिखित है-

1. **बीजकोष की निरन्तरता का नियम (Law of continuity of Germ Plasm)**–इस नियम के अनुसार बालक को जन्म देने वाला बीजकोष कभी नष्ट नहीं होता। इस नियम के प्रतिपादक बीजमैन का कथन है- "बीजकोष का कार्य केवल उत्पादक कोषों (Germ Cells) का निर्माण करना है, जो बीजकोष बालक को अपने माता-पिता से मिलता है, उसे वह अगली पीढ़ी को हस्तान्तरित कर देता है। इस प्रकार बीजकोष पीढ़ी-दर-पीढ़ी चलता रहता है।"
2. **समानता का नियम (Law of Resemblance)**–इस नियम के अनुसार जैसे माता-पिता होते हैं, वैसी ही उनकी सन्तान होती है। इस नियम को

स्पष्ट करते हुए सोरेनसन् ने लिखा है-''बुद्धिमान माता-पिता के बालक बुद्धिमान, साधारण माता-पिता के बालक साधारण और मन्दबुद्धि माता-पिता के बालक मन्दबुद्धि होते हैं। इसी प्रकार शारीरिक रचना की दृष्टि से भी माता-पिता के समान होते हैं।'' यह नियम भी अपूर्ण है क्योंकि प्राय: देखा जाता है कि काले माता-पिता की संतान गोरी या मंदबुद्धि माता-पिता की संतान बुद्धिमान होती है।

3. **विभिन्नता का नियम (Law of Variation)**–इस नियम के अनुसार बच्चे अपने माता-पिता के बिल्कुल समान न होकर कुछ भिन्न होते हैं। इसी प्रकार एक ही माता-पिता के बच्चे एक-दूसरे के समान होते हुए भी बुद्धि, रंग और स्वभाव में एक-दूसरे से भिन्न होते हैं।
भिन्नता का नियम प्रतिपादित करने वालों में डार्विन तथा लैमार्क ने अनेक प्रयोगों और विचारों द्वारा यह मत प्रकट किया है कि उपयोग न करने वाले अवयव तथा विशेषताओं का लोप आगामी पीढ़ियों में हो जाता है। नवोत्पत्ति तथा प्राकृतिक चयन द्वारा वंशक्रमीय विशेषताओं का उन्नयन होता है।

4. **प्रत्यागमन का नियम (Law of Regression)**–इस नियम के अनुसार बालक में अपने माता-पिता के विपरीत गुण पाए जाते हैं। 'प्रत्यागमन' शब्द का अर्थ विपरीत होता है। जब बालक माता-पिता से विपरीत विशेषताओं वाले विकसित होते हैं, तो यहाँ पर प्रत्यागमन का सिद्धान्त लागू होता है। जैसे- मन्दबुद्धि माता-पिता की सन्तान का प्रखर बुद्धि होना। इस नियम के सन्दर्भ में विद्वानों ने निम्न धारणाएँ प्रस्तुत की हैं-
यदि वंश सूत्रों का मिश्रण सही रूप से नहीं हो पाता है तो विपरीत विशेषताओं वाले बालक विकसित होते हैं।
जाग्रत और सुषुप्त दो प्रकार के गुण वंश को निश्चित करते हैं। विपरीत विशेषताएँ सुषुप्त गुणों का परिणाम होती हैं।

5. **अर्जित गुणों के संक्रमण का नियम (Inheritance of Acquired Traits)**–इस नियम के अनुसार माता-पिता द्वारा अपने जीवन-काल में अर्जित किये जाने वाले गुण उनकी सन्तान को प्राप्त नहीं होते हैं। इस नियम को अस्वीकार करते हुए विकासवादी लैमार्क ने लिखा है- ''व्यक्तियों द्वारा अपने जीवन में जो अर्जित किया जाता है, वह उनके द्वारा उत्पन्न किए जाने वाले व्यक्तियों को संक्रमित करता है।'' लैमार्क ने जिराफ की गर्दन का लम्बा होना परिस्थितिवश बताया, लेकिन अब वह वंशानुक्रमीय हो चुका है।

6. **मेण्डल का नियम**–इस नियम के अनुसार, वर्णसंकर प्राणी या वस्तुएं अपने मौलिक या सामान्य रूप की ओर अग्रसर होती हैं। इस नियम को चेकोस्लावाकिया के मेण्डल नामक पादरी ने प्रतिपादित किया था। उसने अपने बगीचे में बड़ी और छोटी मटरें बराबर संख्या में मिलाकर बोई। उगने वाली मटरों में सब वर्णसंकर जाति की थीं। मेण्डल ने इस वर्णसंकर मटरों को फिर बोया और इस प्रकार उसने उगने वाली मटरों को कई बार बोया। अन्त में उसे ऐसी मटरें मिलीं, जो वर्णसंकर होने के बजाय शुद्ध थी। जैसा कि निम्नलिखित रेखाचित्र से स्पष्ट है-

मेण्डल का मटरों पर प्रयोग

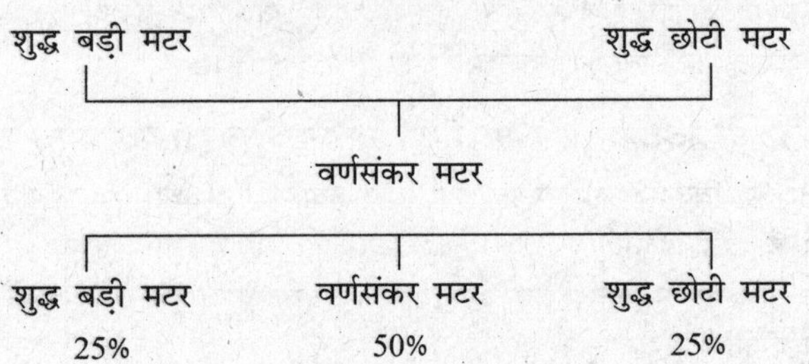

इस प्रकार से मेण्डल ने चूहों पर भी प्रयोग किए और पूर्व निष्कर्षों को प्राप्त किया। उन्होंने सफेद और काले चूहों को एक साथ रखा। इनके समागम से पहले काले चूहे उत्पन्न हुए। फिर वर्णसंकर चूहों को एक साथ रखा गया, इनसे सफेद एवं काले दोनों ही प्रकार के चूहे उत्पन्न हुए।
मेण्डल के प्रयोगों से निम्न निष्कर्ष प्राप्त होते हैं-

- मेण्डल का नियम प्रत्यागमन को स्पष्ट करता है।
- बालक में माता-पिता की ओर से एक-एक गुणसूत्र आता है।
- गुणसूत्र की अभिव्यक्ति संयोग पर निर्भर करती है।
- एक ही प्रकार के गुणसूत्र अपने ही प्रकार की अभिव्यक्ति करते हैं।
- जाग्रत गुणसूत्र अभिव्यक्ति करता है, सुषुप्त नहीं।
- कालान्तर में यह अनुपात 1:2, 2:4, 1:2, 1:2 होता जाता है।

बाल विकास पर वंशानुक्रम का प्रभाव

बालक के व्यक्तित्व के प्रत्येक पहलू पर वंशानुक्रम का प्रभाव पड़ता है। मनोवैज्ञानिकों ने वंशानुक्रम के प्रभाव को रोकने के लिए विभिन्न प्रयोग किए और यह सिद्ध किया कि बालक का विकास वंशानुक्रम से प्रभावित होता है। वंशानुक्रम निम्नलिखित प्रकार से बाल-विकास को प्रभावित करता है-

1. **तन्त्रिका तन्त्र की बनावट (Structure of Nervous system)**– तन्त्रिका तन्त्र में प्राणी की वृद्धि, सीखना, आदतें, विचार और आकांक्षाएं आदि केन्द्रित रहती हैं। तन्त्रिका तन्त्र बालक में वंशानुक्रम से ही प्राप्त होता है। इससे ही ज्ञानेन्द्रियाँ, पेशियाँ तथा ग्रन्थियाँ आदि प्रभावित होती हैं। छात्र की प्रतिक्रियाएँ तन्त्रिका तन्त्र पर निर्भर करती हैं। अत: हम बालक के तन्त्रिका तन्त्र के विकास को सामान्य, पिछड़ा एवं असामान्य आदि भागों में बांट सकते हैं। बालक का भविष्य तन्त्रिका तन्त्र की बनावट पर भी निर्भर करता है।

2. **मूल प्रवृत्तियों पर प्रभाव (Effect on Instincts)**– मूल प्रवृत्तियाँ बालक के व्यवहार को शक्ति प्रदान करती हैं। इसको हम देख नहीं सकते बल्कि व्यक्ति के व्यवहार को देखकर पता लगाते हैं कि कौन-सी मूल प्रवृत्ति जाग्रत होकर व्यवहार का संचालन कर रही है? मैक्डूगल महोदय ने इनका पता लगाया था और इनको जानने के लिए उन्होंने प्रत्येक मूल प्रवृत्ति के साथ एक संवेग को भी जोड़ दिया, जो मूल प्रवृत्ति का प्रतीक होता है। संवेग को देखकर ही मूल प्रवृत्ति का पता लगाया जा सकता है। मूल प्रवृत्तियाँ एवं सहयोगी संवेग निम्नवत् हैं-

मूल प्रवृत्ति	**संवेग**
1. निवृत्ति	घृणा
2. पलायन	भय
3. युयुत्सा	क्रोध
4. जिज्ञासा	आश्चर्य
5. आत्मगौरव	सकारात्मक आत्मानुभूति

3. **बुद्धि पर प्रभाव (Effect on Intelligence)**–मनोवैज्ञानिकों ने अपने प्रयोगों में यह स्पष्ट कर दिया है कि वंशानुक्रम के द्वारा ही छात्र में बुद्धि आती है। अत: बुद्धि को जन्मजात माना जाता है। 'स्पियरमैन' ने बुद्धि में विशिष्ट एवं सामान्य तत्वों को वंशानुक्रम की देन माना है। बालक की बुद्धि वंशानुक्रम से ही निश्चित होती है।

4. **स्वभाव का प्रभाव (Effect of Nature)**–बालक के स्वभाव का प्रकटीकरण उसके माता-पिता के स्वभाव के अनुकूल होता है। यदि बालक के माता-पिता मीठा बोलते हैं तो उसका स्वभाव भी मीठा बोलने वाला ही होता है। इसी प्रकार से क्रोधी एवं निर्दयी स्वभाव वाले माता-पिता के बालक भी निर्दयी एवं क्रोधी ही होते हैं। शैल्डन महोदयं ने मानव स्वभाव का अध्ययन कर उसे तीन भागों में बांटा है.

(1) **सोमेटोटोनिया (Somatotonia)**–इस प्रकार के स्वभाव के व्यक्ति महत्त्वाकांक्षी, क्रोधी, निर्दयी, सम्मानप्रिय और दृढ़ प्रतिज्ञ आदि विशेषताओं वाले होते हैं।

(2) **विसेरोटोनिया (Viscerotonia)**–इस स्वभाव के व्यक्ति समाजप्रिय, आरामपसन्द, हँसमुख और स्वादिष्ट भोजन में रुचि रखने वाले होते हैं।

(3) **सेरेब्रोटोनिया (Cerebrotonia)**–इस स्वभाव के व्यक्ति चिन्तनशील, एकान्तप्रिय, नियन्त्रण पसन्द एवं विचारशील होते हैं।

5. **शारीरिक गठन (Physical Structure)**– बालक का शारीरिक गठन एवं शरीर की बनावट उसके पूर्वजों पर निर्भर करती है। कार्ल पियरसन् ने बताया है कि माता-पिता की लम्बाई, रंग एवं स्वास्थ्य आदि का प्रभाव सन्तान पर पड़ता है। 'क्रेश्मर' महोदय ने एक अध्ययन कर शारीरिक गठन के आधार पर संपूर्ण मानव जाति को तीन भागों में बाँटा है-

(1) **पिकनिक (Picnic)**– इस प्रकार का व्यक्ति शरीर से मोटा, कद में छोटा, गोल-मटोल और अधिक वसा युक्त होता है। उसका सीना चौड़ा लेकिन दबा हुआ तथा पेट निकला हुआ होता है।

(2) **ऐथलैटिक (Athletic)**– इस प्रकार का व्यक्ति शारीरिक क्षमताओं के आधार से युक्त होता है जैसे- सिपाही या खिलाड़ी।

(3) **ऐस्थेनिक (Asthenic)**– इस प्रकार का व्यक्ति दुबला-पतला और शक्तिहीन शरीर का होता है तथा यह संकोची स्वभाव का होता है। यह लोग किसी भी प्रकार से अन्य लोगों को प्रभावित नहीं कर पाते हैं।

6. **व्यावसायिक योग्यता पर प्रभाव (Effect on Vocational Ability)**– बालकों में माता-पिता की व्यावसायिक योग्यता की कुशलता भी हस्तान्तरित होती है। 'कैटेल' ने 885 अमेरिकन वैज्ञानिकों के परिवारों का अध्ययन कर पाया कि उनमें से 2/5 व्यवसायी वर्ग, 1/2 भाग उत्पादक वर्ग और केवल 1/4 भाग कृषि वर्ग के थे। अतः स्पष्ट है कि व्यावसायिक कुशलता वंश पर आधारित होती है।

7. **सामाजिक स्थिति पर प्रभाव (Effect on Social Status)**–जो लोग वंश से अच्छा चरित्र, गुण या सामाजिक स्थिति संबंधी विशेषताओं को लेकर उत्पन्न होते हैं, वे ही सामाजिक प्रतिष्ठा प्राप्त करते हैं। 'विनसिप महोदय का मत है कि ''गुणवान एवं प्रतिष्ठित माता-पिता की सन्तान ही प्रतिष्ठा प्राप्त करती है।''

वातावरण (पारिवारिक, सामाजिक, विद्यालयी, संचार माध्यम)

'वातावरण' के लिए 'पर्यावरण' शब्द का भी प्रयोग किया जाता है। पर्यावरण दो शब्दों से मिलकर बना है-

'परि + आवरण'। 'परि' का अर्थ है- 'चारों ओर' एवं 'आवरण' का अर्थ है- 'ढकने वाला'।

वातावरण के अर्थ को अधिक स्पष्ट करने के लिए कुछ परिभाषाएँ निम्नलिखित हैं-

1. **वुडवर्थ के शब्दों में-** ''वातावरण में सब बाह्य तत्त्व आ जाते हैं जिन्होंने व्यक्ति को जीवन आरम्भ करने के समय से प्रभावित किया है।''

2. **जिस्बर्ट के शब्दों में-** ''वातावरण वह हर वस्तु है जो किसी अन्य वस्तु को घेरे हुए है और उस पर सीधे अपना प्रभाव डालती है।''

बाल-विकास पर वातावरण का प्रभाव

बालक के व्यक्तित्व के प्रत्येक पहलू पर भौगोलिक, सामाजिक और सांस्कृतिक वातावरण का प्रभाव पड़ता है। वंशानुक्रम के साथ-साथ वातावरण का भी प्रभाव बालक के विकास पर पड़ता है। वातावरण के प्रभाव निम्नलिखित हैं–

1. **मानसिक विकास पर प्रभाव–** गोर्डन का मत है कि उचित सामाजिक और सांस्कृतिक वातावरण न मिलने पर मानसिक विकास की गति धीमी हो जाती है। बालक का मानसिक विकास सिर्फ बुद्धि से ही निश्चित नहीं होता है। बल्कि उसमें बालक की ज्ञानेन्द्रियाँ, मस्तिष्क के सभी भाग एवं मानसिक क्रियाएँ आदि सम्मिलित होती हैं। अतः बच्चा वंश से कुछ लेकर उत्पन्न होता है, उसका विकास उचित वातावरण से ही हो सकता है। वातावरण से बालक की बौद्धिक क्षमता में तीव्रता आती है और मानसिक प्रक्रिया का सही विकास होता है।

2. **शारीरिक अन्तर पर प्रभाव-** फ्रेंच बोन्स का मत है कि विभिन्न प्रजातियों के शारीरिक अन्तर का कारण वंशानुक्रम न होकर वातावरण है।

3. **शिक्षा पर प्रभाव-** बालक की शिक्षा बुद्धि, मानसिक प्रक्रिया और सुन्दर वातावरण पर निर्भर करती है। शिक्षा का उद्देश्य बालक का सामान्य विकास करना होता है। अतः शिक्षा के क्षेत्र में बालकों का सही विकास उपयुक्त शैक्षिक वातावरण पर ही निर्भर करता है। प्रायः यह देखने में आता है कि उच्च बुद्धि वाले बालक भी सही वातावरण के बिना उच्च शिक्षा प्राप्त नहीं कर पाते हैं।

4. **व्यक्तित्व विकास पर प्रभाव-** कूले का मत है कि व्यक्तित्व के निर्माण में वंशानुक्रम की अपेक्षा वातावरण का अधिक प्रभाव पड़ता है। व्यक्ति का विकास आन्तरिक क्षमताओं का विकास करके और नवीनताओं को ग्रहण करके किया जाता है इन दोनों ही परिस्थितियों के लिए उपयुक्त वातावरण को उपयोगी माना गया है। कूले महोदय ने यूरोप के साहित्यकारों का अध्ययन कर पाया कि उनके व्यक्तित्व का विकास स्वस्थ वातावरण में पालन-पोषण के द्वारा हुआ है।

5. **सामाजिक गुणों पर प्रभाव–**बालक का सामाजीकरण उसके सामाजिक विकास पर निर्भर होता है। समाज का वातावरण उसे सामाजिक गुण एवं विशेषताओं को धारण करने के लिए उन्मुख करता है। न्यूमैन, फ्रीमैन एवं होलिंजगर ने 20 जोड़े बालकों का अध्ययन किया। आपने जोड़े के एक बालक को गाँव में और दूसरे बालक को नगर में रखा। बड़े होने पर गाँव के बालक में अशिष्टता, चिन्ताएँ, भय, हीनता और कम बुद्धिमत्ता संबंधी विशेषताएँ पाई गईं, जबकि शहर के बालक में शिक्षित व्यवहार, चिन्तामुक्त, भयहीन एवं निडरता और बुद्धिमता संबंधी विशेषताएँ पाई गईं। अतः स्पष्ट है कि वातावरण सामाजिक गुणों पर भी प्रभाव डालता है।

6. **बालक पर बहुमुखी प्रभाव–**वातावरण, बालक के शारीरिक, मानसिक, सामाजिक, संवेगात्मक आदि सभी अंगों पर प्रभाव डालता है। बालक का सर्वांगीण या बहुमुखी विकास तभी हो पाता है जब उसे अच्छे वातावरण में रखा जाए। यह वातावरण ऐसा हो, जिसमें बालक की वंशानुक्रमीय विशेषताओं का सही प्रकाशन हो सके। भारत एवं अन्य देशों में जिन बालकों को जंगली जानवर उठा ले गये और उनको मारने के स्थान पर उनका पालन-पोषण किया। ऐसे बालकों का संपूर्ण विकास जानवरों जैसा था, बाद में उनको मानव वातावरण देकर सुधार लिया गया। अतः स्पष्ट है कि वातावरण ही बालक के सर्वांगीण विकास में सहायक होता है।

बालक के विकास को प्रभावित करने वाले वातावरणीय कारक

बालक के विकास को प्रमुख रूप से आनुवांशिकता तथा वातावरण प्रभावित करता है। इसी प्रकार कुछ विभिन्न कारक और भी हैं, जो बालक के विकास में या तो बाधा पहुँचाते हैं या विकास को अग्रसर करते हैं। ऐसे प्रभावी कारक निम्नलिखित हैं-

1. **बालकों के लालन-पालन या संरक्षण की दशाएँ (Conditions of child care)**–बालक के विकास पर उसके लालन-पालन तथा माता-पिता की आर्थिक स्थितियाँ अत्यधिक प्रभाव डालती हैं। परिवार की परिस्थितियों तथा दशाओं का बालक के विकास पर हमेशा प्रभाव पड़ता है। बालक के लालन-पालन में परिवार का अत्यधिक महत्त्व होता है। बालक के जन्म से किशोरावस्था तक उसका विकास परिवार ही करता है। स्नेह, सहिष्णुता, सेवा, त्याग, आज्ञापालन एवं सदाचार आदि का पाठ परिवार से ही मिलता है। परिवार मानव के लिये एक अमूल्य संस्था है। बालक के विकास में परिवार एक अहम संस्था की भूमिका अदा करता है। बालक के लालन-पालन में परिवार के शैक्षणिक कार्य निम्नलिखित हैं-
   (1) मॉण्टेसरी के अनुसार सीखने का प्रथम स्थान माँ की गोद है। बालक की सभी मूल-प्रवृत्तियों का शोधन धीरे-धीरे परिवार के सदस्यों द्वारा ही होता रहता है।
   (2) परिवार बालक की मानसिक एवं भावात्मक प्रवृत्ति के विकास में महत्त्वपूर्ण भूमिका निभाता है। यदि परिवार का वातावरण वैज्ञानिक या साहित्यिक है तो बालक का झुकाव वैसा ही होगा।
   (3) अनुकूलन का पाठ बालक परिवार से ही सीखता है क्योंकि परिवार के सदस्य एक-दूसरे से समायोजन कर अपनी समस्याएँ हल करते हैं।
   (4) परिवार बालक में स्वस्थ आदतों के निर्माण में सहायक होता है। बाल्यावस्था से किशोरावस्था तक बालक कुछ-न-कुछ आदतें परिवार में रहकर अन्य सदस्यों से सीखता है।
   (5) बालक को व्यावहारिक जीवन की शिक्षा भी परिवार से ही मिलती है।
   (6) परिवार बालक के सामाजीकरण का आधार है। बालक स्वयं सामाजिक जीवन की क्रियाओं तथा सामाजिक गुणों को यहीं से सीखता है।
   (7) परिवार में रहकर बालक अपने बड़ों के प्रति सम्मान का भाव तथा आज्ञापालन की भावना को ग्रहण करता है। परिवार के सभी सदस्यों से वह कर्तव्यपरायणता, आत्मसंयम तथा अनुशासन् की शिक्षा प्राप्त करता है।

   इस प्रकार बालक के लालन-पालन में परिवार का योगदान सराहनीय है।

2. **सामाजिक वातावरण एवं उसका प्रभाव (Social Environment and Its Effect)**–बालक को प्रभावित करने में परिवार का वातावरण अपनी भूमिका का निर्वहन करता है। समाज द्वारा बालकों पर विभिन्न प्रकार के प्रभाव पड़ते हैं। विद्यालय में अनेक परिवारों से आये बालक अपने साथ अलग-अलग वातावरणीय सोच लेकर आते हैं। परन्तु विद्यालय का वातावरण एक सुनिश्चित, अनुशासित एवं शिक्षा हेतु संगठित वातावरण होता है। कहीं-कहीं तो बाहर का वातावरण विद्यालय के वातावरण से पूर्णत: विरोधी होता है। वैसे वातावरण का क्षेत्र अत्यन्त व्यापक है। वातावरण को हम दो भागों में विभाजित कर सकते हैं-
   (1) **आन्तरिक वातावरण**–आन्तरिक वातावरण जन्म से पूर्व ही अपना प्रभाव डालना आरम्भ कर देता है। गर्भावस्था बालक के विकास की दृष्टि से अत्यन्त महत्त्वपूर्ण समय है।
   (2) **बाह्य वातावरण**–बालक के बाह्य वातावरण के अंतर्गत जाति, समाज, राष्ट्र तथा उसकी संस्कृति को लिया जा सकता है। इस प्रकार के वातावरण की परिस्थितियाँ प्रत्येक देश में प्रत्येक काल में एक पीढ़ी से दूसरी पीढ़ी को हस्तान्तरित होती रहती हैं। परिवार में यह कार्य माता-पिता अपने बच्चों को पूर्ववत् चले आए रीति-रिवाज, भाषा, संस्कृति, साहित्य, जातीय जीवन दर्शन आदि का पाठ व्यवहार द्वारा सिखाते हैं, जबकि विद्यालय बालकों में राष्ट्रीयता एवं मूल्यों का विकास आदि के भाव विकसित करता है।

3. **विद्यालय की आन्तरिक स्थितियों का प्रभाव (Effect of Internal Situations of School)**–बालक जब विद्यालय में प्रवेश लेता है तो विद्यालय में अधिक सुलभ साधनों की अपेक्षा रखता है। यहाँ हम उन बिन्दुओं पर चर्चा करेंगे, जिनसे बालक शिक्षा की ओर उन्मुख होता है-
   (1) **विद्यालय का वातावरण**–शिक्षकों का व्यवहार बालकों के प्रति अति सरल, सौम्य एवं स्नेहमयी होना चाहिए। विद्यालय का भवन, साफ, स्वच्छ तथा सुविधाओं से युक्त होना चाहिए। एक शिक्षक पर बीस या पच्चीस तक बालकों की संख्या होनी चाहिए। एक अच्छे विद्यालय में पठन-पाठन की सामग्री, बालकों के खेलने के सुन्दर खिलौने, बाग-बगीचे आदि भौतिक संसाधन होने चाहिए जिससे बालक विद्यालय के प्रति आकर्षित हो सकें।
   (2) **समय विभाजन चक्र**–विद्यालय में बड़े छात्रों की अपेक्षा छोटे आयु वर्ग के छात्रों के समय विभाजन चक्र में अधिक अन्तर रहता है। छोटे बच्चों की पाठशाला प्रात: 9:30 से 12:30 तक ही संचालित करना चाहिए। इस अवधि में अल्प भोजन, विश्राम, स्वास्थ्य निरीक्षण तथा प्रार्थना सभा आदि के लिये समय नियत किया जाए। विद्यालयी शिक्षा के अंतर्गत बाल-विकास में निम्नलिखित अभिकरण पर्याप्त सहायता पहुँचा रहे हैं-

4. **संचार माध्यमों का प्रभाव (Effect of Mass-Media)**–मानव समाज में अपने समुदाय एवं अन्य व्यक्तियों के प्रति निरन्तर अन्त: प्रतिक्रियाएँ करता रहता है। इस अन्त:प्रतिक्रिया का व्यापक आधार है- संचार एवं सम्प्रेषण। संचार पर ही सभी प्रकार के मानव संबंध आधारित होते हैं। संचार की प्रक्रिया सामाजिक एकता एवं सामाजिक संगठन की निरन्तरता का आधार है। इसके विकास एवं विभिन्न समाजों के मध्य संचार की स्थापना पर सामाजिक प्रगति निर्भर करती है। जिस देश में जितने प्रबल एवं अत्याधुनिक संचार साधन उपलब्ध हैं, वह देश उतना ही अधिक विकसित कहा जाता है।

5. **जनसंचार के माध्यम (Media of Mass Communication)**–इसमें ऐसे माध्यम भी शामिल हैं, जो जनसंचार के आधुनिक साधनों का उपयोग करते हैं जैसे-रेडियो, टेलीविजन, सिनेमा, समाचार-पत्र और विज्ञापन आदि। भारत में सूचना और प्रसारण मन्त्रालय के पास जन-संचार की विशाल व्यवस्था है, जिसके क्षेत्रीय तथा शाखा कार्यालय संपूर्ण देश में फैले हुए हैं।

6. **कक्षा-कक्ष में जनसंचार माध्यमों की उपयोगिता**–कक्षीय परिस्थितियों में अधिकतम शिक्षण अधिगम की प्रभावशाली परिस्थितियाँ उत्पन्न करने के लिए शिक्षा तकनीकी के जनसंचार माध्यमों का प्रयोग एक उत्तम साधन है। हमारे देश के विद्यालयों में कुछ नवीन विधियों जैसे-फिल्म, फिल्म-पट्टिकाएँ, प्रोजेक्टर, रेडियो आदि का प्रयोग किया जाने लगा है।

वृद्धि एवं विकास-अंतर्सम्बंधों की समझ

विकास शरीर के भौतिक आकार में वृद्धि को दर्शाता है। साथ ही में वे एक व्यक्ति की शारीरिक, बौद्धिक, भावनात्मक और सामाजिक भलाई को दर्शाते हैं। पाँच वर्ष की आयु को जन्म की प्रारम्भिक आयु (वर्ष) कहा जाता है। इन वर्षों के दौरान, बच्चों में बुनियादी मानसिक और शारीरिक विकास होता है। विश्व स्वास्थ्य संगठन के अनुसार पोषण, स्वास्थ्य देखभाल और पर्यावरण एक बच्चे के विकास को निर्धारित करने में महत्त्वपूर्ण भूमिका निभाते हैं।

भारत में, हम बच्चों के विकास के लिए WHO, चाइल्ड ग्रोथ स्टैण्डर्ड (2006) का इस्तेमाल करते हैं। कमियों की जाँच करने के लिए बच्चे के विकास की निगरानी करना महत्त्वपूर्ण है।

वजन-वजन को एक बच्चे में वृद्धि का सबसे सटीक उपाय माना गया है क्योंकि कुछ सौ ग्राम के परिवर्तन को भी दर्ज किया जा सकता है।

- यह बॉडी मास को इंगित करता है।
- बचपन की रुग्णता के कारण पोषण की स्थिति में छोटे से बदलाव के प्रति संवेदनशील।
- वजन का तेजी से कम होना कुपोषण के संभावित खतरे को इंगित करता है।

ऊँचाई

- किसी व्यक्ति की ऊँचाई आनुवांशिकता के साथ-साथ पर्यावरणीय कारकों से भी प्रभावित होती है।
- अपर्याप्त आहार का सेवन और संक्रमण बच्चे के विकास के लिए उपलब्ध पोषण तत्त्वों को कम करता है। इसके परिणामस्वरूप विकास में मंदता हो सकती है।

विकास की निगरानी

- शैशवावस्था में बच्चे तेजी से बढ़ते हैं। उनकी ऊँचाई और वजन लगातार बढ़ता है। इसलिए विकास की निगरानी हर महीने में एक बार, 3 साल की उम्र तक और उसके बाद कम से कम 3 महीने में की जानी चाहिये।
- ऊँचाई और वजन बच्चे की वृद्धि के एकमात्र संकेतक नहीं हैं क्योंकि आनुवांशिकी तथा जातीयता भी प्रमुख भूमिका निभाते हैं।

बच्चों के शारीरिक एवं मनोगत्यात्मक विकास की समझ

बालक का शारीरिक विकास

बालक के विकास का एक महत्त्वपूर्ण पक्ष उसका शारीरिक विकास है। बालक का शारीरिक विकास उसके समस्त व्यवहार तथा विकास के अन्य सभी पक्षों को प्रभावित करता है। शारीरिक विकास के अंतर्गत शरीर रचना, स्नायु मण्डल, मांसपेशीय वृद्धि, अन्तःस्रावी ग्रन्थियाँ आदि प्रमुख रूप से आती हैं। बालक के शारीरिक विकास का उसके मानसिक तथा सामाजिक विकास पर स्पष्ट प्रभाव पड़ता है। यही कारण है कि शैक्षिक दृष्टि से शारीरिक विकास को अत्यधिक महत्त्वपूर्ण स्वीकार किया जाता है। विकास की विभिन्न अवस्थाओं में शारीरिक विकास की प्रक्रिया भिन्न-भिन्न होती है। मनुष्य के विकासक्रम को निम्नलिखित अवस्थाओं में विभाजित किया गया है।

- भ्रूणावस्था (जन्म से पूर्व)
- शैशवावस्था (जन्म से लगभग 5-6 वर्ष तक)
- बाल्यावस्था (7 से 12 वर्ष तक)
- किशोरावस्था (12 से 18 वर्ष तक)
- प्रौढ़ावस्था (35 वर्ष से लेकर 60 वर्ष तक)

(i) जन्म पूर्व शारीरिक विकास

ज्योंही अण्ड शुक्राणु से मिलकर निषेचित होता है, त्योंही मानव जीवन का प्रारम्भ हो जाता है। निषेचित अण्ड सर्वप्रथम दो कोषों में विभाजित होता है, जिसमें से प्रत्येक कोष पुनः दो-दो में विभाजित हो जाते हैं। कोष विभाजन की यह प्रक्रिया अत्यन्त तीव्र गति से चलने लगती है। इनमें ये कुछ कोष प्रजनन कोष बन जाते हैं तथा अन्य शरीर कोष बन जाते हैं। शरीर कोषों से ही मांसपेशियों, स्नायुओं तथा शरीर के अन्य भागों का निर्माण होता है। निषेचन से जन्म तक के समय को जन्म पूर्व काल अथवा जन्म पूर्व विकास का काल कहा जाता है। सामान्यतः जन्म पूर्व काल दस चन्द्रमास अथवा नौ कैलेण्डर मास अथवा चालीस सप्ताह अथवा 280 दिन का होता है। भ्रूणावस्था में शारीरिक विकास तीन चरणों में होता है।

डिम्बावस्था–डिम्बावस्था शुक्राणु एवं डिम्ब के संयोग के समय से लेकर दो सप्ताह तक मानी जाती है। इस अवस्था में कोषों का विभाजन होता है। जाइगोट या सिंचित डिम्ब में महत्त्वपूर्ण परिवर्तन होने लगते हैं। कोषों के भीतर खोखलापन विकसित होने लगता है। निषेचित डिम्ब, डिम्बवाहिनी नलिका द्वारा गर्भाशय में आ जाता है, गर्भाशय में पहुँचने पर इसका आकार हुक के समान हो जाता है। गर्भाशय में कुछ दिनों पश्चात् यह इसकी सतह का आधार लेकर चिपक जाता है यहाँ पर गर्भ अपना पोषण माता से प्राप्त करने लगता है। कभी-कभी डिम्ब डिम्बवाहिनी नलिका से ही चिपक कर वृद्धि करने लगता है, ऐसे गर्भ को नलिका गर्भ कहते हैं। इस प्रक्रिया को आरोपण कहते हैं। आरोपण हो जाने के पश्चात् संयुक्त कोष एक परजीवी हो जाता है तथा जन्म पूर्व का काल वह इसी अवस्था में व्यतीत करता है। डिम्बावस्था तीन कारणों से महत्त्वपूर्ण है–प्रथम, निषेचित अण्ड गर्भाशय में आरोपित होने से पूर्व निष्क्रिय हो सकता है। द्वितीय, आरोपण गलत स्थान पर हो सकता है तथा तृतीय, आरोपण होना सम्भव नहीं हो सकता है।

पिण्डावस्था अथवा भ्रूणीय अवस्था–जन्म पूर्व विकास का द्वितीय काल पिण्डावस्था अथवा पिण्ड काल कहलाता है। यह अवस्था निषेचन के तीसरे सप्ताह से शुरू होकर आठवें सप्ताह तक चलती है। लगभग छः सप्ताह तक चलने वाली पिण्डावस्था परिवर्तन की अवस्था कोषों का समूह एक लघु मानव के रूप में विकसित हो जाता है। शरीर की लगभग समस्त मुख्य विशेषताएँ, बाह्य तथा आन्तरिक, इस लघु अवधि में स्पष्ट हो जाती है। इस काल में विकास मस्तक-अधोमुखी दिशा में होता है अर्थात् सर्वप्रथम मस्तक क्षेत्र का विकास होता है तथा फिर धड़ क्षेत्र का विकास होता है और अन्त में पैर क्षेत्र का विकास होता है। कुपोषण, संवेगात्मक सदमों, अत्याधिक शारीरिक गतिशीलता, ग्रन्थियों के कार्यों में व्यवधान अथवा अन्य किसी कारण से भ्रूण गर्भाशय की दीवार से विलग हो सकता है जिसके परिणामस्वरूप स्वतः गर्भपात हो जाता है।

भ्रूणावस्था–यह समय गर्भ तिथि के दूसरे मास से लेकर बालक के जन्म तक अर्थात् दसवें चन्द्रमास अथवा नवें कैलेण्डर मास तक रहता है। तीसरे मास में 3.5 इंच लम्बा एवं 3/4 औंस भार का गर्भ होता है। दो मास बाद इसकी लम्बाई 10 इंच एवं भार 9 से 10 औंस हो जाता है। आठवें महीने में इसकी लम्बाई 10 इंच व भार 4 से 5 पौण्ड तथा जन्म के समय तक गर्भाशय भ्रूण की लम्बाई 20 इंच एवं भार 7 से 7.5 पौण्ड हो जाता है।

भ्रूणावस्था के दौरान शरीर के विभिन्न अंगों की लम्बाई में अनुपात

शरीर के अंग	8 सप्ताह का भ्रूण	20 सप्ताह का भ्रूण	40 सप्ताह का भ्रूण
सिर	45%	35%	35%
धड़	45%	40%	40%
पैर	20%	25%	25%

भ्रूणावस्था चार दृष्टियों से महत्त्वपूर्ण मानी जाती है–

1. गर्भाधान के उपरान्त पाँच माह तक गर्भपात की सम्भावना बनी रहती है।
2. माता के गर्भ में बालक को मिल रहे वातावरण की प्रतिकूल परिस्थितियाँ भ्रूण के विकास को प्रभावित कर सकती हैं।
3. अपरिपक्व प्रसव हो सकता है।
4. प्रसव की सरलता अथवा जटिलता सदैव ही जन्म पूर्व परिस्थितियों से प्रभावित होती है।

(ii) शैशवावस्था में शारीरिक विकास

सामान्यतः मनोवैज्ञानिकों ने शैशवावस्था का अर्थ उस अवस्था से लगाया है जो औसतन जन्म से 5-6 वर्ष तक चलती है। एडलर के अनुसार–"शैशवावस्था

द्वारा जीवन का पूरा क्रम निश्चित होता है। शैशवावस्था में विशेषकर जन्म से 3 वर्ष तक की आयु होने के दौरान शारीरिक विकास की गति अत्यन्त तीव्र रहती है। शैशवावस्था में होने वाले शारीरिक विकास से संबंधित कुछ महत्त्वपूर्ण तथ्य अधोलिखित हैं–

1. **कोमल अंग**–जन्म के पश्चात् शिशु और उसके अंग कोमल एवं निर्बल होते हैं। वह माता-पिता पर सभी आवश्यकताओं की पूर्ति हेतु आश्रित रहता है।
2. **लम्बाई व भार**–जन्म के समय शिशु की लम्बाई लगभग 51 सेन्टीमीटर होती है। प्राय: बालक जन्म के समय बालिकाओं से लगभग आधा सेन्टीमीटर अधिक लम्बे होते हैं। शैशवावस्था के विभिन्न वर्षों में बालक-बालिका की लम्बाई (सेन्टीमीटर में) निम्नांकित तालिका में दर्शाई गई है।

शैशवावस्था में बालक एवं बालिकाओं की औसत लम्बाई (सेन्टीमीटर)

आयु	जन्म के समय	3 माह	6 माह	9 माह	1 वर्ष	2 वर्ष	3 वर्ष	4 वर्ष	5 वर्ष	6 वर्ष
बालक	51-5	62-7	64-9	60-5	73-9	81-6	88-8	96-0	102-1	108-5
बालिका	51-0	60-9	64-4	66-7	72-5	80-1	87-5	94-5	101-4	107-4

प्रारम्भ में शरीर का ढाँचा लगभग 17 से 22 इंच तक लम्बा होता है और 5-6 वर्ष तक यह लम्बाई 3 फुट हो जाती है इसी प्रकार से भार का विकास होता है। शैशवावस्था में भार (किलोग्राम) की बढ़ोतरी निम्नलिखित तालिका द्वारा दर्शाई गई है।

शैशवावस्था में बालक एवं बालिकाओं का औसत भार (किग्रा.)

आयु	जन्म के समय	3 माह	6 माह	9 माह	1 वर्ष	2 वर्ष	3 वर्ष	4 वर्ष	5 वर्ष	6 वर्ष
बालक	3-2	5-7	6-9	7-4	8-4	10-1	11-8	13-5	14-8	16-3
बालिका	3-0	5-6	6-2	6-6	7-8	9-6	11-2	12-9	14-5	16-0

3. **मस्तिष्क तथा सिर**–नवजात का सिर उसके शरीर की अपेक्षा बड़ा होता है। जन्म के समय सिर की लम्बाई कुल शरीर की लगभग एक चौथाई होती है। मस्तिष्क का भार जन्म के समय लगभग 300-350 ग्राम होता है।
4. **दाँत**–जन्म के समय शिशु के दाँत नहीं होते हैं, लगभग छठे या सातवें माह में अस्थायी दूध के दाँत निकलने लगते हैं। एक वर्ष की आयु तक दूध के सभी दाँत निकल आते हैं।
5. **हड्डियाँ**–कई मनोवैज्ञानिकों ने यह स्पष्ट रूप से कहा है कि शिशु की बनावट और उसकी हड्डियों के परिपक्व होने की गति के मध्य एक संबंध होता है। जिनका शरीर अधिक मजबूत और गठीला होता है, उनके शरीर की हड्डियों में परिपक्वता तेजी से आती है।
6. **स्नायु विकास**–स्नायु मण्डल तथा स्नायु केन्द्रों का विकास भी 3 वर्ष तक शीघ्रता से होता है।
7. **मांसपेशियाँ**–नवजात शिशु की मांसपेशियों का भार उसके शरीर के कुल भार का लगभग 23 प्रतिशत होता है। मांसपेशियों के प्रतिशत भार में धीरे-धीरे बढ़ोतरी होती जाती है।
8. **अन्य अंग**–शिशु की भुजाओं तथा टाँगों का विकास भी तीव्र गति से होता है। जन्म के समय शिशु के हृदय की धड़कन अनियमित होती है। कभी वह तीव्र हो जाती है तथा कभी धीमी हो जाती है। जैसे-जैसे हृदय बड़ा होता है वैसे-वैसे धड़कन में स्थिरता आ जाती है।
9. **समस्त प्रणालियों का विकास**–जन्म के पश्चात् शरीर की समस्त प्रणालियों में विकास होता है, मांसपेशियाँ, स्नायु तन्त्र, रक्त संचार-क्रिया आदि का उत्तरोत्तर विकास होता है।

(iii) बाल्यावस्था में शारीरिक विकास

छ: वर्ष की आयु से लेकर बारह वर्ष की आयु तक की अवधि बाल्यावस्था कहलाती है। बाल्यावस्था के प्रथम तीन वर्षों के दौरान अर्थात् 6 से 9 वर्ष की आयु तक शारीरिक विकास तीव्र गति से होता है। बाद में शारीरिक विकास की गति कुछ धीमी हो जाती है। बाल्यावस्था में होने वाले शारीरिक विकास से संबंधित कुछ महत्त्वपूर्ण परिवर्तन अग्रांकित हैं।

1. **लम्बाई व भार**–6 से 12 वर्ष की आयु तक चलने वाली बाल्यावस्था में शरीर की लम्बाई लगभग 5 सेंटीमीटर से 7 सेंटीमीटर प्रतिवर्ष की गति से बढ़ती है। बाल्यावस्था के प्रारम्भ में जहाँ बालकों की लम्बाई बालिकाओं की लम्बाई से लगभग एक सेंटीमीटर अधिक होती है वहीं इस अवधि की समाप्ति पर बालिकाओं की औसत लम्बाई बालकों की औसत लम्बाई से लगभग 1 सेंटीमीटर अधिक हो जाती है। लम्बाई में अन्तर निम्नलिखित तालिका द्वारा दर्शाया गया है–

बाल्यावस्था में बालक तथा बालिकाओं की औसत लम्बाई (से.मी.)

आयु	6 वर्ष	7 वर्ष	8 वर्ष	9 वर्ष	10 वर्ष	11 वर्ष	12 वर्ष
बालक	108.5	113.9	119.3	123.7	128.4	133.4	138.3
बालिका	107.4	112.8	118.2	122.9	128.4	133.6	139.2

बाल्यावस्था के दौरान बालकों के भार में काफी वृद्धि होती है। 9-10 वर्ष की आयु तक बालकों का भार बालिकाओं के भार से अधिक होता है। बाल्यावस्था के विभिन्न वर्षों में बालक तथा बालिकाओं का औसत भार (किलोग्राम) निम्नलिखित तालिका में दर्शाया गया है–

बाल्यावस्था में बालक तथा बालिकाओं का औसत भार (किग्रा.)

आयु	6 वर्ष	7 वर्ष	8 वर्ष	9 वर्ष	10 वर्ष	11 वर्ष	12 वर्ष
बालक	16.3	18.0	19.0	21.5	23.5	25.9	28.5
बालिका	16.0	17.6	19.4	21.3	23.6	26.4	29.8

2. **सिर तथा मस्तिष्क**–बाल्यावस्था में सिर के आकार में क्रमश: परिवर्तन होता रहता है, परन्तु शरीर के अन्य अंगों की तुलना में यह भी अपेक्षाकृत बड़ा होता है। बाल्यावस्था में मस्तिष्क आकार तथा भार दोनों ही दृष्टि से लगभग पूर्णरूपेण विकसित हो जाता है।
3. **दाँत**–लगभग 5-6 वर्ष की आयु में स्थायी दाँत निकलने प्रारम्भ हो जाते हैं। 16 वर्ष की आयु तक लगभग सभी स्थायी दाँत निकल आते हैं। स्थायी दाँतों की संख्या लगभग 28-32 होती है।
4. **हड्डियाँ**–बाल्यावस्था में हड्डियों की संख्या तथा उनकी दृढ़ता दोनों में ही वृद्धि होती है। इस अवस्था में हड्डियों की संख्या 270 से बढ़कर 320 हो जाती है। इस अवस्था के दौरान हड्डियों का दृढ़ीकरण अथवा अस्थिकरण तेजी से होता है।
5. **मांसपेशियाँ**–बाल्यावस्था में मांसपेशियों का धीरे-धीरे विकास होता जाता है। इस अवस्था में बालक मांसपेशियों पर पूर्ण नियंत्रण करने लगता है।
6. **शरीर के आकार में भिन्नता**–बालक जैसे-जैसे बड़ा होता जाता है, उसमें शारीरिक भिन्नता अधिक स्पष्ट होने लगती है। चेहरा, धड़, भुजाएँ या टाँगें आदि में पहले से भिन्नता परिलक्षित होने लगती है।

7. **आन्तरिक अवयव**–शरीर के आन्तरिक अवयवों का विकास भी अनेक रूपों में होता है यह विकास रक्त संचार, पाचन संस्थान तथा श्वसन् प्रणाली में होता है।

(iv) किशोरावस्था में शारीरिक विकास

किशोरावस्था विकास की अत्यन्त महत्त्वपूर्ण सीढ़ी है। किशोरावस्था का महत्त्व कई दृष्टियों से दिखाई देता है प्रथम यह युवावस्था की ड्योढ़ी है जिसके ऊपर जीवन का समस्त भविष्य पाया जाता है। द्वितीय यह विकास की चरमावस्था है। तृतीय यह संवेगात्मक दृष्टि से से भी महत्त्वपूर्ण मानी जाती है।

किशोरावस्था के लिए अंग्रेजी का शब्द Adolescence है यह लैटिन भाषा के Adolecere शब्द से लिया गया है जिसका अर्थ है–"परिपक्वता की ओर बढ़ना अत: स्पष्ट है कि किशोरावस्था वह अवस्था है जिसमें व्यक्ति बाल्यावस्था के बाद पदार्पण करता है, किशोरावस्था में होने वाले शारीरिक विकास से संबंधित कुछ महत्त्वपूर्ण परिवर्तन निम्नलिखित हैं–

1. **लम्बाई तथा भार**–किशोरावस्था में बालक तथा बालिकाओं की लम्बाई बहुत तीव्र गति से बढ़ती है। बालिकाएँ प्राय: 16 वर्ष की आयु तक तथा बालक लगभग 18 वर्ष की आयु तक अपनी अधिकतम लम्बाई प्राप्त कर लेते हैं। किशोरावस्था में बालक-बालिकाओं की औसत लम्बाई (सेमी.) निम्नांकित तालिका में दर्शाई गई है।

किशोरावस्था में बालक तथा बालिकाओं की औसत लम्बाई (से.मी.)

आयु	12 वर्ष	13 वर्ष	14 वर्ष	15 वर्ष	16 वर्ष	17 वर्ष	18 वर्ष
बालक	138.3	144.6	150.1	155.5	159.5	161.4	161.8
बालिका	139.2	143.9	147.6	149.6	151.0	151.5	151.6

किशोरावस्था में भार में काफी वृद्धि होती है। बालकों का भार बालिकाओं के भार से अधिक बढ़ता है। इस अवस्था के अन्त में बालकों का भार बालिकाओं के भार से अधिक बढ़ता है। किशोरावस्था के विभिन्न वर्षों में बालक तथा बालिकाओं का औसत भार (किग्रा.) निम्नांकित तालिका में दर्शाया गया है–

किशोरावस्था में बालक तथा बालिकाओं का औसत भार (किग्रा.)

आयु	12 वर्ष	13 वर्ष	14 वर्ष	15 वर्ष	16 वर्ष	17 वर्ष	18 वर्ष
बालक	28.5	32.1	35.7	39.6	43.2	45.7	47.3
बालिका	29.8	33.3	36.8	39.8	41.1	42.2	43.12

2. **सिर तथा मस्तिष्क**–किशोरावस्था में सिर तथा मस्तिष्क का विकास जारी रहता है, परन्तु इसकी गति काफी मंद हो जाती है। लगभग 16 वर्ष की आयु तक सिर तथा मस्तिष्क का पूर्ण विकास हो जाता है।
3. **हड्डियाँ**–किशोरावस्था में हड्डियों के दृढ़िकरण की प्रक्रिया पूर्ण हो जाती है। जिसके परिणामस्वरूप अस्थियों का लचीलापन समाप्त हो जाता है तथा वे दृढ़ हो जाती हैं किशोरावस्था में हड्डियों की संख्या कम होने लगती है। प्रौढ़ व्यक्ति में केवल 206 हड्डियाँ होती हैं।
4. **दाँत**–किशोरावस्था में प्रवेश करने से पूर्व बालक तथा बालिकाओं के लगभग 28-32 स्थायी दाँत निकल जाते हैं।
5. **मांसपेशियाँ**–किशोरावस्था में मांसपेशियों का विकास तीव्र गति से होता है। किशोरावस्था की समाप्ति पर मांसपेशियों का भार शरीर के कुल भार का लगभग 45 प्रतिशत हो जाता है।
6. **अंगों की वृद्धि**–आन्तरिक अंगों की वृद्धि होती है। पाचन प्रणाली, रक्त संचार प्रणाली, ग्रन्थिप्रणाली, श्वास तन्त्र आदि में विकास चरमोत्कर्ष पर होता है।
7. **गले की ग्रन्थि का विकास**–गले की थायराइड-ग्रन्थि बढ़ने से किशोर-किशोरियों की वाणी में अन्तर आ जाता है। किशोरों की वाणी कर्कश होने लगती है जबकि किशोरियों की वाणी में कोमलता और क्षीणता आने लगती है।
8. **काम ग्रन्थि का विकास**–काम ग्रन्थि के विकासस्वरूप किशोर तथा किशोरियों में लिंगीय परिवर्तन होने लगते हैं। किशोरियों में मासिक रक्त स्राव आरम्भ होता है तथा किशोरों में रात्रि-दोष के लक्षण पाए जाते हैं।
9. **विशेष अंगों का विकास**–कुछ अन्य शारीरिक अंगों में भी परिवर्तन होते हैं। किशोरियों में वक्षस्थल तथा स्तनों की वृद्धि होती है। किशोरों के कन्धों की चौड़ाई बढ़ जाती है।

शारीरिक विकास को प्रभावित करने वाले कारक

विभिन्न अवस्थाओं में होने वाले शारीरिक विकास को अनेक कारक प्रभावित करते हैं जो निम्नवत हैं–

जन्म पूर्व अवस्था को प्रभावित करने वाले तत्त्व

1. **भोजन**–गर्भकाल में भ्रूण का विकास बहुत शीघ्रता से होता है उसे प्रोटीन, खनिज, वसा आदि पोषक तत्वों की आवश्यकता होती है। इन्हीं तत्वों से भ्रूण का सन्तुलित विकास होता है। ऐसी अवस्था में यदि माता को सन्तुलित आहार नहीं मिलता है तो वह कुपोषण की शिकार हो जाती है जिसका सीधा असर भ्रूण के विकास पर पड़ता है।
2. **माता का स्वास्थ्य**–यदि माता को पहले से सिफलिस गोनोरिया आदि रोग हो तो भ्रूण का विकास प्रभावित हो सकता है।
3. **मद्यपान**–मद्यपान तथा धूम्रपान से शिशु में रक्तचाप दोष उत्पन्न हो जाता है। यह गर्भस्थ शिशु के हृदय को दुर्बल कर देता है।
4. **सांवेगिकता**–यदि माता बहुत अधिक संवेदनशील है तो उसके सुख-दुख दोनों का प्रभाव होने वाले शिशु पर पड़ता है।

जन्म के पश्चात् शारीरिक विकास को प्रभावित करने वाले कारक

1. **वंशानुक्रम**–बालक के शारीरिक विकास पर उसके माता-पिता के स्वास्थ्य, शारीरिक संरचना या पूर्वजों के शारीरिक दोषों व रोगों का प्रभाव पड़ता है। स्वस्थ माता-पिता की सन्तान प्राय: शारीरिक दृष्टि से स्वस्थ होती है।
2. **वातावरण**–बालक के शारीरिक विकास में उसको मिलने वाले वातावरण का महत्त्वपूर्ण योगदान रहता है। वायु, धूप तथा स्वच्छता वातावरण के तीन मुख्य तत्त्व हैं। ये तत्त्व शारीरिक विकास को प्रत्यक्ष व अप्रत्यक्ष दोनों रूप में प्रभावित करते हैं।
3. **भोजन**–पौष्टिक तथा सन्तुलित भोजन बालक का शारीरिक विकास स्वाभाविक ढंग से होने में विशेष रूप से सहायता प्रदान करता है। पौष्टिक तथा सन्तुलित भोजन मिलने पर बालक का शारीरिक स्वास्थ्य उत्तम होता है।
4. **पारिवारिक स्थिति**–परिवार की सामाजिक, आर्थिक तथा सांस्कृतिक परिस्थिति का भी बालक के शारीरिक विकास पर प्रभाव पड़ता है। परिवार के रहन-सहन, सामाजिक परम्पराओं तथा खान-पान के अनुरूप ही बालक का विकास होता है।
5. **दिनचर्या**–बालक की दिनचर्या का उसके शारीरिक विकास पर बहुत प्रभाव पड़ता है। नियमित दिनचर्या अच्छे स्वास्थ्य की आधारशिला होती है। खाने, नहाने, खेलने, सोने आदि दैनिक कार्यों को नियमित समय पर करने से बालक का स्वस्थ विकास होता है।

6. **विश्राम तथा निद्रा**–शरीर के स्वस्थ विकास के लिए विश्राम तथा निद्रा आवश्यक है। थकान शारीरिक विकास में बाधा उत्पन्न करती है। विश्राम तथा निद्रा थकान को दूर करके बालक के शरीर को विकसित होने के अनुकूल अवसर प्रदान करते हैं। बाल्यावस्था में लगभग दस घण्टे व किशोरावस्था में लगभग आठ घण्टे की निद्रा पर्याप्त होती है।
7. **खेल तथा व्यायाम**–शारीरिक विकास पर खेल तथा व्यायाम का बहुत प्रभाव होता है, इसलिए बालकों के खेल तथा व्यायाम पर पर्याप्त ध्यान देना चाहिए। छोटा शिशु अपने हाथों व पैरों को चलाकर व्यायाम कर लेता है। परन्तु बालकों तथा किशोरों के लिए खुली हवा में खेलने तथा व्यायाम करने की व्यवस्था की जानी चाहिए।
8. **अन्य कारक**–उपरोक्त वर्णित कारकों के अतिरिक्त कुछ अन्य कारक भी व्यक्ति के विकास को प्रभावित कर सकते हैं। यह निम्नलिखित हैं–
   - रोगों के कारण शरीर में उत्पन्न विकृतियाँ।
   - दुर्घटना के कारण शारीरिक अंगों की हानि अथवा कार्यक्षमता में कमी।
   - भौगोलिक परिस्थितियाँ।
   - गर्भावस्था में की गई असावधानियाँ।

संप्रत्यात्मक विकास

जैसे-जैसे परिवेश के सम्पर्क में बच्चा आता है विभिन्न प्रकार के प्रत्ययों का निर्माण करना आरम्भ कर देता है। बच्चों में कैसे-कैसे प्रत्ययों का निर्माण हुआ है यह इस बात पर भी निर्भर करता है कि उसका परिवेश किस प्रकार का है।

सही संप्रत्यय निर्माण कैसे होता है, उसकी क्या-क्या विशेषताएँ होती हैं, एक शिक्षक के लिए इन प्रत्ययों की जानकारी रखना व उनके उचित विकास में सहयोग देना भी आवश्यक है।

सभी प्रकार के सीखने का आधार प्रत्यय है। शैशवावस्था से वृद्धावस्था तक मनुष्य अनेक नए प्रत्ययों का निर्माण करता है तथा प्रतिदिन के जीवन में पुराने निर्मित प्रत्ययों का प्रयोग करता है। व्यक्ति स्वयं आयु, अनुभव व बुद्धि के आधार पर प्रत्यय निर्माण के अलग-अलग स्तर पर होते हैं। उदाहरणार्थ–एक चार साल के बच्चे का पौधे का प्रत्यय जीव विज्ञान के शिक्षक के पौधे के प्रत्यय से भिन्न होगा।

प्रत्यय चिन्तन प्रक्रिया में सहायक होते हैं। यह चिन्तन शक्ति बच्चे में अचानक उत्पन्न नहीं होती है, इसका विकास क्रमिक व नियमित होता है। जन्म के समय बच्चे को अपने वातावरण का ज्ञान नहीं होता है। धीरे-धीरे परिपक्वता व सीखने के परिणामस्वरूप बच्चा जो देखता है उसे समझना आरम्भ करता है। इस प्रकार उसका वातावरण उसके लिए अर्थपूर्ण हो जाता है। अलग-अलग ज्ञानेन्द्रियों से प्राप्त अनुभव को एक में बाँधने से प्रत्यय बनते हैं।

डी सीको के अनुसार–उत्तेजनाओं का वर्ग जिसमें समान विशेषताएं हों प्रत्यय कहलाते हैं।

उदाहरणार्थ–वर्ग एक विशेष वस्तु को बताता है जो घेरा तथा त्रिभुज से भिन्न है।

प्रत्यय निर्माण की प्रक्रिया

बच्चे का ज्ञान ऐन्द्रिय ज्ञान से आरम्भ होता है अर्थात् वह वातावरण का अनुभव इन्द्रियों द्वारा ग्रहण करता है। इसी को संवेदना कहते हैं। संवेदना व्यक्ति के दिमाग की चेतन प्रतिक्रिया है। प्रत्ययों का निर्माण संवेदना से प्रारम्भ होता है। जैसे-जैसे बच्चा बड़ा होता है उसका ऐन्द्रिय ज्ञान प्रत्यक्ष ज्ञान में परिवर्तित हो जाता है। बच्चा जो कुछ देखता, सुनता व चखता है उसका अर्थ समझने लगता है। इसी को प्रत्यक्षीकरण कहते हैं। प्रत्यक्षीकरण की प्रक्रिया द्वारा विभिन्न प्रकार की संवेदनाओं को अर्थ मिलता है। संवेदना व प्रत्यक्षीकरण दोनों एक साथ घटित होते हैं। संवेदना व प्रत्यक्षीकरण के पश्चात् प्रत्यय निर्माण होता है।

सामान्य प्रत्यय निर्माण की प्रक्रिया के पाँच चरण होते हैं–

1. **निरीक्षण**–एक जाति के सभी पदार्थों का भिन्न-भिन्न परिस्थितियों में निरीक्षण किया जाता है। उदाहरणार्थ–बच्चा एक विशिष्ट परिस्थिति में विशेष कार को देखता है और उसका चित्र उसके मस्तिष्क में अंकित हो जाता है। भविष्य में 'कार' शब्द सुनकर उसके मस्तिष्क में उसी कार की प्रतिमा आ जाती है। यहीं से प्रत्यय निर्माण का आरम्भ होता है।
2. **तुलना**–उस पदार्थ के विभिन्न गुणों का विश्लेषण करता है तथा विभिन्न पदार्थों से उसकी तुलना समानता व असमानता के आधार पर करता है। जैसे–बच्चा विभिन्न कारों की आपस में तुलना करता है।
3. **प्रत्याहार**–समान गुणों को पृथक् कर लेता है। अर्थात् बच्चा सभी प्रकार की कारों में समान गुणों का विश्लेषण व संश्लेषण करके उसमें एकरूपता का ज्ञान प्राप्त करता है।
4. **सामान्यीकरण**–समान गुणों का संयोजन कर लिया जाता है।
5. **नामकरण**–उस पदार्थ को एक विशेष नाम से पुकारा जाता है। नामकरण ऐसे शब्दों द्वारा किया जाता है जो उसके नाम का बोध कराते हैं।

प्रत्यय के विकास के संबंध में मनोवैज्ञानिकों के अलग-अलग मत हैं। कुछ के अनुसार प्रत्यय का विकास भाषा विकास से पहले ही हो जाता है। कुछ अन्य मनोवैज्ञानिकों के अनुसार भाषा एवं प्रत्यय का विकास साथ-साथ होता है।

बच्चों के प्रत्ययों की विशेषताएँ

बड़ों के प्रत्ययों से बच्चों के प्रत्ययों में अन्तर प्रकार का नहीं, वरन् मात्रा का होता है। क्योंकि बच्चों को कम अनुभव व ज्ञान होता है। जैसे-जैसे बच्चे की अवस्था बढ़ती है बच्चों के प्रत्ययों में धीरे-धीरे परिवर्तन आता है। ये परिवर्तन इस प्रकार होता है–

1. **प्रत्यय सरल से जटिल की ओर विकसित होते हैं**–प्रारम्भ में बच्चे सामान्य प्रत्यय रखते है जैसे पहले वे प्रत्येक खाने की चीज को एक समान समझते हैं बाद में रोटी, दाल, चावल आदि को अलग-अलग समझते हैं।
2. **प्रत्यय सामान्य से विशिष्ट की ओर विकसित होते हैं**–सर्वप्रथम बच्चा संपूर्ण परिस्थिति के प्रति प्रतिक्रिया करता है उसके अलग-अलग भागों पर नहीं। जब बच्चा वस्तु को संपूर्ण रूप में देखता है तो उसकी बारीकियों को इतनी जल्दी नहीं देख पाता है। **Binet** ने शब्दों के अर्थ परीक्षण के आधार पर बताया कि बच्चों व बड़ों की प्रतिक्रिया में अन्तर था जैसे- गाउन का अर्थ बच्चों ने बताया–"यह एक पोशाक है" जबकि बड़े बच्चों ने कहा–"यह एक रात में पहनने वाली पोशाक है"।
3. **प्रत्यय संचयी होते हैं**–कभी-कभी एक प्रत्यय को समझने के लिए दूसरे प्रत्यय का ज्ञान आवश्यक है जैसे- रेखागणित में त्रिभुज का ज्ञान होने से पहले भुजा एवं कोण का प्रत्यय स्पष्ट होना चाहिए।

बाल्यावस्था के कुछ सामान्य प्रत्यय

1. **जीवन का प्रत्यय**–छोटे बच्चों के अनुभव व ज्ञान सीमित होते हैं। वे सजीव व निर्जीव वस्तुओं में भेद नहीं समझते हैं परिणामस्वरूप उनके प्रत्यय दोषपूर्ण होते हैं। पियाजे ने वस्तुओं में चेतना समझने की प्रवृत्ति के लिए चार अवस्थाएँ बतायी हैं–
   - इस स्तर पर बच्चा सोचता है कि जो चीजें क्रियाशील होती हैं वह सजीव होती हैं जैसे चाभी से चलने वाले खिलौने।
   - जो चीजें हिल सकती हैं वो जीवित होती हैं जैसे सूर्य, चन्द्रमा आदि।
   - बच्चे यह समझने लगते हैं कि गति वस्तु में स्वयं में है या बाहर से की जा रही है। जिनमें गति स्वयं में हैं वे चीजें सजीव हैं।

- बच्चे वास्तव में जीवित लोगों को ही जीवित समझते हैं जैसे जानवर, मनुष्य आदि।

जीवन के प्रत्यय से संबंधित मृत्यु का प्रत्यय भी होता है। तीन से पांच वर्ष के बच्चे मृत्यु का अर्थ केवल अलग होना समझते हैं और यह नहीं समझते कि वह हमेशा के लिए चला गया है। नौ वर्ष का बच्चा मृत्यु को एक प्रक्रिया के रूप में समझने लगता है जो अवश्यंभावी है।

2. **जगह का प्रत्यय**–इसके अंतर्गत दिशा, दूरी तथा त्रिविमीय आदि के प्रत्यय आते हैं। दिशा व दूरी के बारे में बच्चा अनुभव से सीखता है। बहुत छोटा बच्चा 20 इंच की दूरी पर रखी चीज को पकड़ने के लिए आगे नहीं बढ़ता है। इससे स्पष्ट होता है कि उसे दूरी का ज्ञान है। जैसे ही बच्चा चलना व दौड़ना आरम्भ करता है तो उसे दूरी का मूल्यांकन करने के अवसर ज्यादा मिलते हैं। दिशा एवं दूरी का प्रत्यय अर्जित करने में प्रशिक्षण की अहमभूमिका होती है। विद्यालय में दिए गए कार्य को करते समय जगह व चीजों को नापने में बच्चा सेंटीमीटर का प्रयोग करता है जबकि दैनिक जीवन में इसका उपयोग करने पर बच्चे को कठिनाई होती है। पांच से सात वर्ष की अवस्था में बच्चे दाएं तथा बाएं में अन्तर कर पाते हैं। नौ-दस वर्ष के बच्चे दिशाओं को अलग-अलग समझ सकते हैं जैसे उत्तर दिशा, दक्षिण दिशा आदि।
3. **संबंधित आकार का प्रत्यय**–बच्चा सर्वप्रथम सबसे छोटे आकार व सबसे बड़े आकार वाली चीज को पहचान लेता है। ऐसा तीन-चार वर्ष की आयु पर बच्चा कर सकता है। पांच वर्ष की आयु पर बच्चा बीच के आकार वाली चीजों को चुन सकता है।
4. **भार का प्रत्यय**–बच्चों को अनुभव से ज्ञात होता है कि भिन्न-भिन्न वस्तुओं का भार अलग-अलग होता है। प्रारम्भ में बच्चों का भार का प्रत्यय वस्तुओं के आकार से प्रभावित होता है। बाद में वह आकार व भार में अन्तर करना सीखता है।
5. **संख्या का प्रत्यय**–बच्चा जैसे ही बोलना शुरू करता है संख्या बताने वाले शब्दों का प्रयोग करने लगता है। ऐसा बच्चा सिर्फ अनुकरण से करता है। वह वास्तव में शब्दों का अर्थ नहीं समझ पाता है। संख्या के प्रत्यय का विकास आयु बढ़ने व प्रशिक्षण से विकसित होता है। Terman तथा Merill ने पाया कि चार वर्ष का सामान्य बच्चा 2 वस्तुओं को गिन सकता है, पांच वर्ष का बच्चा 4 वस्तुओं को तथा 6 वर्ष का बच्चा 12 वस्तुओं को गिन सकता है।
6. **धन का प्रत्यय**–विद्यालय जाने से पहले बहुत कम बच्चों को सिक्कों तथा रुपयों का प्रयोग करने का अवसर मिलता है इसलिए पूर्व विद्यालय अवस्था में धन के प्रत्यय का विकास बहुत धीमा होता है। चार वर्ष में बच्चा समझता है कि धन का संबंध खरीदने से है लेकिन वे नहीं समझ पाते कि अलग-अलग सिक्कों का क्या मूल्य है।
7. **समय का प्रत्यय**–समय का प्रत्यय सूक्ष्म होता है अत: इसके लिए स्थूल से स्थितियों को संबंधित करने की आवश्यकता होती है। बच्चा घड़ी में लिखी संख्याओं को समझता है। बच्चे का ऐतिहासिक समय को समझना कठिन होता है, उदाहरणार्थ, उसे बताया जाए कि यह घटना 100 साल पहले हुई थी तो वह सौ साल नहीं समझ सकेगा समय के प्रत्यय का विकास संख्या के प्रत्यय के विकास पर निर्भर करता है जैसे एक महीना 30 दिन। समय का प्रत्यय समझने के लिए चिन्हों व प्रतीकों का प्रयोग आवश्यक है। महीने के प्रत्यय की तुलना में दिन, रात, हफ्ते व ऋतुओं का प्रत्यय अधिक सही होता है। ऐमस ने अध्ययनों में पाया कि वर्तमान को सूचित करने वाले शब्द पहले सीखे जाते हैं। उसके बाद भविष्य तथा भूत को सूचित करने वाले शब्द सीखे जाते हैं।
8. **आत्म का प्रत्यय**–बच्चा शीशे में स्वयं को देखकर और अपने शरीर के विभिन्न भागों को छूकर अपने शरीर से परिचित होता है। छह सात महीने का बच्चा अपनी गतिविधियों को शीशे में देखता है। चौदह महीने का बच्चा शरीर के विभिन्न भागों की ओर इशारा करके बताता है। जब बच्चा स्वयं को दूसरों से अलग समझता है तब उसके आत्म का प्रत्यय बनता है। आत्म चेतना (Self Consciousness) के कारण बच्चा दूसरों से शरमाता है। जब बच्चा विद्यालय जाने लगता है तो वह प्रतियोगिता (Competition) का अर्थ समझने लगता है। बच्चे मजाक उड़ाने, असफलता व मानहानि के प्रति संवेदनशील होते हैं और ये चीजें उसके आत्म प्रत्यय के समुचित विकास में बाधक होती हैं।

प्रत्यय निर्माण में शिक्षक की भूमिका

प्रत्यय निर्माण की प्रक्रिया जन्म से ही प्रारम्भ हो जाती है। बच्चे के मस्तिष्क में वातावरण की साधारण वस्तुओं जैसे दूध पीने की शीशी, मेज, आँख, नाक आदि प्रत्यय बनने शुरू हो जाते हैं। इस स्तर पर बच्चा इन शब्दों को स्वयं बोल नहीं पाता है लेकिन दूसरों के निर्देश पर कार्य करता है जैसे दूध की बोतल ले आओ। तुम्हारी आँख कहाँ है? इत्यादि। प्रत्यय निर्माण की मात्रा व गुणवत्ता बच्चे को मिलने वाले वातावरण व अनुभवों पर निर्भर करती है। उदाहरण के लिए– गन्दी बस्ती में पलने वाले बच्चे के लिए 'घर' तथा उच्च सामाजिक-आर्थिक स्तर के बच्चे के 'घर' के प्रत्यय में अन्तर होगा। प्रत्ययों का निर्माण एक संचयी प्रक्रिया है। बाद के वर्षों में प्रत्ययों का निर्माण व्यक्ति के जीवन के प्रारम्भिक वर्षों के अनुभवों पर निर्भर करता है।

सामान्यत: चार वर्ष की आयु के बाद बच्चे का विद्यालय में प्रवेश होता है। विद्यालय में प्रवेश लेने से पहले बच्चा अपने वातावरण की बहुत-सी वस्तुओं के बारे में प्रत्यय रखता है। यद्यपि यह प्रत्यय स्पष्ट नहीं होते हैं। इस समय प्रत्यय निर्माण में शिक्षक की अहम भूमिका होती है–

1. बच्चे में पहले से निर्मित प्रत्ययों को ठीक व स्पष्ट करना।
2. बच्चे को नए प्रत्ययों के निर्माण में सहायता प्रदान करना।
3. प्रत्ययों का उचित व सही निर्माण हो सके इस हेतु शिक्षक को प्रत्यक्ष अनुभव प्रदान करने चाहिए। उदाहरणार्थ- बच्चे को **'हाथी'** का प्रत्यय देना है तो हाथी दिखाना चाहिए। कक्षा में हाथी नहीं बुलाया जा सकता अत: बच्चों को चिड़ियाघर ले जाना चाहिए।
4. बहुत-सी वस्तुओं का प्रत्यय ज्ञान देना संभव नहीं होता है। ऐसी वस्तुओं के बारे में ज्ञान दृश्य–श्रव्य साधन का प्रयोग करके दिया जा सकता है।
5. बच्चों के प्रत्यय स्पष्ट हों इस हेतु एक ही वस्तु को विभिन्न परिस्थितियों में दिखाना चाहिए। जैसे–'गाय' का प्रत्यय देना है तो काली, भूरी व सफेद गाय दिखानी चाहिए। इसके अतिरिक्त मोटी, बड़ी व छोटी, पतली गाय भी भिन्न-भिन्न परिस्थितियों में दिखानी चाहिए।
6. छात्रों को नवीन ज्ञान को आत्मसात करने में कठिनाई होती है। अत: शिक्षक को नवीन ज्ञान को छात्रों के पूर्व ज्ञान से संबंधित करना चाहिए। अर्थात् ज्ञात से अज्ञात के सिद्धान्त को अपनाना चाहिए। उदाहरण के लिए– त्रिभुज का ज्ञान देना है तो छात्रों को भुजा व कोण का ज्ञान देना होगा। भुजा व कोण के बारे में छात्रों से प्रश्न पूछते हुए त्रिभुज का ज्ञान देना चाहिए।
7. शिक्षक को पढ़ाते समय विभिन्न वस्तुओं एवं घटनाओं के मुख्य गुणों की तरफ छात्रों का ध्यान आकर्षित करना चाहिए जिससे छात्रों को प्रत्यय निर्माण में सुविधा हो सके तथा वे स्वयं से वस्तुओं व घटनाओं को परिभाषित कर सकें।

बच्चों का मनोगत्यात्मक विकास

बालक के बाद जीवन का आरम्भ होने लगता है। अब वह वातावरण के साथ समायोजन करना सीखता है। इसके लिए बालक को अपने भीतर विभिन्न प्रकार की क्रियात्मक/

गत्यात्मक कौशलों एवं क्षमताओं (Motor Skills and Motor Abilities) का विकास करना होता है। जैसे-वस्तुओं को पकड़ना, उठाना, चलना, चढ़ना, दौड़ना, भागना, खाना-पीना, उछलना, आदि। क्रियात्मक क्षमताओं तथा कौशलों के कारण ही बालक वातावरण के साथ समुचित समायोजन स्थापित करके आत्मनिर्भर होने का प्रयास करता है। हमें सबसे पहले क्रियात्मक/गत्यात्मक विकास के अर्थ को समझ लेना चाहिए।

क्रियात्मक विकास/गत्यात्मक विकास से तात्पर्य बालक के भीतर क्रियात्मक क्षमताओं तथा क्रियात्मक कौशलों के विकास से है। इसके द्वारा बालक अपनी मांसपेशियों पर नियंत्रण करना सीख जाता है जिससे बालक धीरे-धीरे अपनी क्रियाओं को नियंत्रित करने लगता है। धीरे-धीरे बालक सब पर नियंत्रण करना सीख जाता है। क्रियात्मक विकास को गत्यात्मक योग्यता का विकास भी कहते हैं।

गत्यात्मक विकास गर्भकालीन अवस्था के लगभग मध्य काल से ही प्रारम्भ हो जाता है। बालक गर्भकाल में गर्भकालीन क्रियाएँ करना शुरू कर देता है। जन्म के कुछ समय बाद तक बच्चे मांसपेशियों पर नियंत्रण नहीं कर पाते हैं परन्तु कुछ समय बाद ही गत्यात्मक विकास की गति तीव्र हो जाती है। गत्यात्मक विकास के द्वारा बच्चे अपने शरीर को अपनी इच्छा के अनुरूप घुमा-फिरा सकते हैं तथा विभिन्न शारीरिक गतियों में क्रमबद्धता और सार्थकता लाने में समर्थ हो जाते हैं। क्रियात्मक विकास तथा शारीरिक विकास का आपस में घनिष्ठ संबंध होता है। जैसे-जैसे बालक आयु में वृद्धि करता जाता है वैसे-वैसे वह अनेक गत्यात्मक/क्रियात्मक कौशलों को सीखता जाता है।

जीवन में किसी भी प्रकार की सफलता को पाने के लिए गत्यात्मक विकास की प्रत्यक्ष या अप्रत्यक्ष रूप से आवश्यकता होती है। जैसे-जैसे बालक की आयु बढ़ती है, गत्यात्मक विकास भी होता जाता है। जन्म के पश्चात् वह एक इंच भी खिसक नहीं सकता है परन्तु आयु बढ़ने के साथ-साथ वह चलना, दौड़ना, कूदना, खाना, कपड़े पहनना, आदि कौशलों को सीख जाता है।

स्थल गत्यात्मक कौशलों का विकास

प्रथम चार या पाँच वर्षों के दौरान बच्चा स्थूल संचलनों पर नियन्त्रण प्राप्त कर लेता है। इस अवस्था में अधिकतर मौलिक गत्यात्मक कौशलों जैसे दौड़ना, पकड़ना, आदि को शैशवावस्था की तुलना में अधिक सटीकता के साथ किया जाता है। पाँच वर्ष की आयु के पश्चात पेशीय समन्वय में मुख्य रूप से विकास होता है। स्कूल से पूर्व बच्चों में निम्नलिखित सकल गत्यात्मक गतिविधियों तथा कौशलों को देखा जा सकता है।

1. **दौडना**-दौड़ना चलने से कुछ अधिक कठिन होता है। किन्तु 5 या 6 वर्ष की आयु तक बच्चा बिना गिरे आसानी से दौड़ने लगता है।
2. **उछलना**-बच्चा अपने चौथे जन्मदिन तक आसानी से छलाँग लगाता है। वह लगभग 12 इच की ऊँचाई से छलाँग लगा सकता है। पाँच वर्ष की आयु के बच्चों को अवरोधों के ऊपर से छलाँग लगाने में कोई कठिनाई नहीं होती है।
3. **रस्सी कूदना तथा छल्ला घुमाना**-रस्सी कूदना तथा छल्ला घुमाना उछलने के परिवर्तित रूप हैं। यदि उसे अवसर दिया जाये तो 6 वर्ष की आयु तक बच्चा अच्छी तरह से रस्सी कूदने लगता है।
4. **चढ़ना**-दो वर्ष की आयु से पूर्व बच्चा रेलिंग पकड़ कर या किसी व्यक्ति का हाथ पकड़ कर सीढ़ियों से ऊपर या नीचे जा सकता है। सीढ़ियाँ चढ़ने के लिए पहले एक पैर फिर दूसरा पैर प्रयोग में लाने की क्रिया बच्चा 4 वर्ष की आयु में कर पाता है।
5. **तिपहिया साइकिल चलाना**-दो वर्ष की आयु तक बच्चे बहुत कम ही तिपहिया साइकिल चला पाते हैं। 4 वर्ष की आयु तक बच्चे ऐसी साइकिल चला सकते हैं।
6. **गेंद फेंकना तथा पकड़ना**-6 वर्ष की आयु तक बच्चे इस कौशल में निपुणता प्राप्त कर लेते हैं।

सूक्ष्म क्रियात्मक कौशल (Minor Motor Skills)-सूक्ष्म क्रियात्मक कौशलों के अन्तर्गत पकड़ना, लिखना, चित्र बनाना, खेलना, उपकरणों व खिलौनों का प्रयोग करना, आदि आते हैं। इन क्रियाओं को करने में बालकों को अपनी अनेक मांसपेशियों का उचित संयोजन करना पड़ता है। सूक्ष्म क्रियात्मक कौशलों का विकास शैशवावस्था के बाद होता है।

बालक के जीवन में गत्यात्मक विकास का महत्त्व

गत्यात्मक विकास बालक के जीवन का आधार होता है क्योंकि इसी के आधार पर आयु के प्रत्यक्ष पड़ावों नवीन परिस्थितियों तथा वातावरण के साथ वह समायोजन करता है।

गत्यात्मक विकास का बालक के जीवन में प्रत्यक्ष और अप्रत्यक्ष रूप से बहुत महत्त्व है, जो निम्न प्रकार है-

(1) **अच्छा स्वास्थ्य (Good Health)**-यद्यपि शारीरिक स्वास्थ्य क्रियात्मक विकास पर निर्भर करता है किन्तु दूसरी ओर क्रियात्मक विकास से शरीर स्वस्थ रहता है। जो बालक क्रियाशील होते हैं उनकी मांसपेशियाँ सुगठित तथा मजबूत होती हैं जिससे शरीर सुडौल व मजबूत बनता है। अच्छे शारीरिक स्वास्थ्य वाले बच्चे मानसिक रूप से भी स्वस्थ और प्रसन्न रहते हैं। यदि बच्चे में गत्यात्मक विकास उचित मात्रा में न हुआ हो तो दूसरे बच्चे उसके साथ खेलना पसंद नहीं करते हैं। दूसरों के द्वारा पसंद न किये जाने के कारण बालक में हीन भावना तथा उसके मन पर असर/प्रभाव पड़ता है। अत: बच्चे का शारीरिक और मानसिक स्वास्थ्य बहुत कुछ बालक की क्रियात्मक/गत्यात्मक योग्यताओं और कौशलों के विकास पर आधारित है। क्रियात्मक विकास बालक के अच्छे शारीरिक व मानसिक स्वास्थ्य का निर्धारण करता है।

(2) **आत्मनिर्भरता (Self-Reliance)**-क्रियात्मक विकास से बालक की हाथ और पैर की मांसपेशियों में सन्तुलन व समन्वय आता है जिससे बालक की क्रियायें परिपक्व होती जाती हैं। क्रियात्मक योग्यताओं और कौशलों के विकास के साथ-साथ वह आत्मनिर्भर होता जाता है। धीरे-धीरे वह उठने-बैठने, चलने लग जाता है और अपने हाथों से खाने-पीने, कपड़े पहनने और नहाने, आदि लग जाता है। इस प्रकार अब उनमें आत्मनिर्भरता की भावना का विकास होता है।

(3) **आत्म-आनन्द (Self-Entertainment)**-जब बालक की क्रियात्मक योग्यताओं और कौशलों का विकास अच्छा होता है तब वह अनेक ऐसी क्रियाएँ या कौशलों का अभ्यास करता है जिससे उसे आनन्द की प्राप्ति होती है। उसकी खेलों के प्रति रुचि बढ़ जाती है। यह खेल बालकों का मनोरंजन करते हैं जिससे उन्हें आनन्द की प्राप्ति होती है। इसके अलावा विभिन्न क्रियात्मक कौशलों के विकास से उसे आत्म-सन्तुष्टि प्राप्त होती है। जब उसके कौशलों की परिवार के सदस्यों द्वारा, मित्रों द्वारा तथा शिक्षकों द्वारा प्रशंसा की जाती है तो उसे प्रसन्नता होती है और आनन्द की प्राप्ति होती है।

(4) **अवांछित संवेगों के बाहर निकालना (Emotional Catharsis)**-अधिक क्रियाशीलता के कारण बालक में संचित शक्ति व्यय हो जाती है। संचित शक्ति व्यय होने के साथ-साथ उसमें संचित अवांछित संवेग और चिंताएँ भी निकल जाती हैं। यह देखा जाता है कि शारीरिक और मानसिक रूप से स्वस्थ बालक जब अपने साथियों में खेलता है तो उसकी अवांछित चिन्ताएँ और संवेग अभिव्यक्त होकर निकल जाते हैं। फलस्वरूप वह इस प्रकार के कष्टदायक संवेगों और चिन्ताओं से मुक्त हो जाता है।

(5) **समाजीकरण (Socialization)**-क्रियात्मक योग्यताओं के विकास से बालक खेलों की ओर प्रवृत्त होता है और बालकों के खेलों से सामाजिक विकास में सहायता मिलती है। जो बालक खेलों में जितनी अधिक रुचि रखता है उसके समूह के साथी भी उतने ही अधिक होते हैं। खेल के साथियों के बीच रहकर बालक विभिन्न प्रकार के सामाजिक कौशलों को सीखता है। अध्ययनों में देखा गया है कि सामाजिक कौशलों के सीखने के अवसर प्राय: उन्हीं बच्चों को मिल पाते हैं जिनका क्रियात्मक विकास अच्छा होता है।

उदाहरण के लिए-यदि बालक गेंद को तीव्रता से नहीं मार पाता है तो उसके खेल के साथी उसका तिरस्कार करेंगे, उसका मजाक बनाएँगे। इस प्रकार वह सामाजिक मूल्यों व सामाजिक कौशलों को सीखने से वंचित जाता है। जो बच्चे खेलने, दौड़ने, कूदने, आदि में होशियार होते हैं उनके ही मित्र अधिक होते हैं। एक बालक के जितने ही मित्र अधिक होते हैं उसका सामाजीकरण उतना ही अधिक अच्छा होता है।

(6) **आत्म-प्रत्यय (Self-Concept)**-जब बालक में अच्छी क्रियात्मक योग्यताओं और कौशलों का विकास होता है तब उसमें उपयुक्त मात्रा में शारीरिक सुरक्षा तथा मनोवैज्ञानिक सुरक्षा की भावना जाग्रत होती है। फलस्वरूप उसमें पर्याप्त मात्रा में आत्म-विश्वास की भावना उत्पन्न होती है।

(7) **व्यक्तित्व में महत्त्वपूर्ण योगदान (Important contribution to the child's personality)**-बालक की क्रियात्मक योग्यताओं और कौशलों का विकास बालक के व्यक्तित्व को महत्त्वपूर्ण ढंग से प्रभावित करता है। अच्छे क्रियात्मक विकास की अवस्था में बालक का परिवार,खेल के साथियों और विद्यालयों, आदि सभी क्षेत्रों में समायोजन अच्छा रहता है। अच्छे समायोजन की अवस्था में बालक के व्यक्तित्व का विकास भी अच्छा होता है।

बाल्यावस्था में गत्यात्मक (क्रियात्मक) विकास

बचपन के बाद की अवस्था बाल्यावस्था कहलाती है। जब बचपन में बच्चे के हाथ, पैर तथा धड़ की मांसपेशियों में परिपक्वता आ जाती है तो वह अपने अंगों पर नियंत्रण करना सीख जाता है। बचपनावस्था में बच्चा कपड़े पहनना, खाना खाना, आदि कौशल सीखता है परन्तु उसके कौशलों में कमी रहती है, परिपक्वता नहीं आती है। बाल्यावस्था में वह अच्छे से खाना खाना सीखता है, गिराता नहीं है। कपड़े पहनना भी अच्छी तरह से सीख जाता है।

बचपन और बाल विकास चल संबंधी कौशलों का विकास होता है। दो वर्ष के अन्त तक वह दाँतों में ब्रश करने के अलवा ढक्कन खोलना भी सीख जाता है। अत: बचपन में विकास क्रियात्मक/गत्यात्मक होता है उन्हीं से संबंधित क्रियात्मक कौशलों का विकास बाल्यावस्था में होता है। लगभग तीन से ग्यारह वर्ष की अवस्था में हाथ और पैर के विभिन्न कौशलों का विकास हो जाता है। कौशलों के विकास पर विभिन्न तत्त्वों जैसे-परिपक्वता सीखना, सीखने के अवसर व सुविधायें मानसिक क्षमता तथा मांसपेशियो के समन्वय का प्रभाव पड़ता है।

गत्यात्मक/क्रियात्मक विकास को प्रभावित करने वाले तत्त्व/कारक

गत्यात्मक/क्रियात्मक या शारीरिक कौशलों को प्रभावित करने वाले अनेक कारक हैं। बच्चे के क्रियात्मक विकास को निम्नलिखित कारक प्रभावित करते हैं-

(1) **दुर्बल शारीरिक अवस्था/बीमारी (Poor Physical condition/disease)**-बच्चों के शारीरिक विकास तथा क्रियात्मक विकास का आपस में घनिष्ठ संबंध है। बालक की शारीरिक दुर्बलता उसके क्रियात्मक विकास में बाधक बन जाती है। बीमारी के कारण गत्यात्मक क्रियात्मक विकास रुकता तो नहीं है परन्तु विकास में विलम्बता आ जाती है। बच्चों में निश्चित समय में क्रियात्मक कौशल एवं अन्य कौशलों का विकास होता है। परन्तु किसी बीमारी के चलते उनका गत्यात्मक विकास नहीं हो पाता है। जैसे-टायफॉइड, निमोनिया, आदि के कारण बच्चे में शारीरिक दुर्बलता आ जाती है और उनमें शारीरिक कौशलों का विकास धीमा पड़ जाता है।

(2) **शरीर-रचना (Body Building)**-बच्चों के शरीर की लम्बाई तथा भार से उनका क्रियात्मक विकास प्रभावित होता है। अध्ययनों में पाया गया है कि जिन बच्चों की हड्डियाँ छोटी और पतली होती हैं तथा मांसपेशियां सुविकसित होती हैं, वह वजनी बच्चों की अपेक्षा चलना जल्दी सीख जाते हैं। क्रियात्मक विकास यदि सामान्य रहता है तो बालकों के शारीरिक अंगों का अनुपात भी सामान्य होना चाहिए।

(3) **आहार (Nutrition)**-अच्छे स्वास्थ्य के लिए सन्तुलित एवं पौष्टिक भोजन परम आवश्यक है। क्रियात्मक योग्यताओं के विकास के लिए आवश्यक है कि बालक को उचित मात्रा में, समय पर और पौष्टिक भोजन प्राप्त होता रहे। स्वस्थ बच्चा अस्वस्थ बच्चे की अपेक्षा अधिक क्रियाशील होता है। जिन बच्चों को किसी कारण से सन्तुलित एवं पौष्टिक भोजन नहीं मिल पाता है। उनकी अस्थियों तथा मांसपेशियों का विकास भली प्रकार से नहीं हो पाता है। मांसपेशियों के पूर्ण विकसित न हो पाने के कारण क्रियात्मक विकास देरी से हो पाता है।

(4) **कसे वस्त्रों का प्रयोग (Hampering clothes)**-हरलॉक (1990) का विचार है कि "इस अवस्था में बालकों को यदि कसे वस्त्र पहनाए जाते हैं तो उनके अंगों के विकास में रुकावट ही नहीं पड़ती है बल्कि उनके अंगों की गति में भी आती है।" कसे वस्त्र बच्चों के क्रियात्मक विकास में बाधा उत्पन्न करते हैं। क्रियात्मक विकास सही तरीके से हो इसके लिए आवश्यक है कि अंगों को गतिशील रहने का पर्याप्त अवसर मिले। एक अध्ययन (H. M. Halverson, 1972) में यह देखा गया कि छह माह से वस्त्र पहनने वाले बच्चों की अपेक्षा नंगे बदन रहने वाले बच्चों में वस्तुओं को पकड़ने की योग्यता का विकास शीघ्र हुआ। अत: माता-पिता को अपने बच्चों को सरल और ढीले-ढाले कपड़े पहनाने चाहिए जिससे उनके अंगों का समुचित विकास हो सके।

(5) **व्यक्तित्व संबंधी शीलगुण (Personality traits)**-अध्ययन में यह देखा गया है कि क्रियात्मक व्यक्तित्व वह होता है जिसका निर्धारण उसके वंशानुक्रम तथा वातावरण संबंधी तत्त्वों से होता है। उदाहरण के लिए, जो बालक स्वभाव से लज्जालु (Shyness), काय (Timid) और निर्भर (Dependent) और अन्तर्मुखी होता है वह अपनी क्रियाओं का प्रदर्शन स्वतंत्र रूप से नहीं करता है। इसके विपरीत जो बच्चे बहिर्मुखी, साहसी, निडर, आत्मनिर्भर और तेज होते हैं उनका क्रियात्मक विकास जल्दी से हो जाता है। .

(6) **बुद्धि (Intelligence)**-शर्ली (Shirley) तथा जोन्स (Johns) के अनुसार बालक के प्रारम्भिक वर्षों में बुद्धि तथा क्रियात्मक योग्यताओं के विकास में घनिष्ठ संबंध होता है। अनेक मनोवैज्ञानिकों ने भी बुद्धि परीक्षण करके बताया कि क्रियात्मक विकास पर बालक की बौद्धिक क्षमताओं का प्रभाव पड़ता है। दो वर्ष तथा इससे कम आयु के बालक जो बैठने खड़े होने तथा चलने की क्रिया देर से करते हैं उनकी बुद्धि सामान्य कोटि से कम होती है।

(7) **बालकों में भय (Fear)**-कुछ ऐसी शारीरिक क्रियाएँ होती हैं जैसे पेड़ पर चढ़ना, तैरना, आदि कुछ हैं, जिनको सीखने में बच्चे डरते हैं। डर के कारण जब वे संबंधित कौशलों का अभ्यास नहीं करते, तब वे उस कौशल को सीखने से वंचित रह जाते हैं। उन्हें चोट लगने का भय होता है। बच्चों में भय की उत्पत्ति विभिन्न कारणों से हो सकती है जैसे-कोई कार्य करते समय चोट का लग जाना, निर्धारित आयु से पहले उस क्रिया का अभ्यास कराना, आदि। जब किसी क्रिया के प्रति बालक के मन में भय पैदा हो जाता है तो बालक का अपने ऊपर से विश्वास समाप्त हो जाता है। वह पुन: उस क्रिया की पुनरावृत्ति का साहस नहीं करता है।

(8) **प्रोत्साहन का अभाव (Lack of Incentives)**-प्रोत्साहन से बच्चों में उत्साह बना रहता है। बच्चे अपने माता-पिता द्वारा प्रोत्साहित होते हैं। वह दूसरों को देखकर भी प्रोत्साहित होते हैं। जिन परिवारों में ज्यादा बच्चे होते हैं, छोटे बच्चे बड़े बच्चों का अनुकरण कर क्रियायें सीख लेते हैं। इसके विपरीत जिन परिवारों में अकेला बच्चा होता है उसे अनुकरण तथा प्रोत्साहन के कम अवसर प्राप्त होते हैं। उसका विकास देर से होता है।

(9) **मांसपेशीय नियन्त्रण के विकास के अवसर का अभाव (Lack of opportunity to develop muscle control)**-ज्यादातर घरों में देखा गया है कि माता-पिता अपने बच्चों को हर समय गोद में रखते हैं, जमीन में नहीं उतारते। इस

तरह उन्हें जमीन में रेंगने, बैठने, खिसकने का मौका नहीं मिलता। फलस्वरूप उनकी क्रियात्मक योग्यताओं का विकास थोड़ी देर में (विलम्ब से) होता है। इसलिए माता-पिता को अपने बच्चे को जमीन पर रहने का अवसर देना चाहिए।

(10) सीखने के अवसर की कमी (Lack of opportunity for learning)-गत्यात्मक कौशलों का विकास इस बात पर भी निर्भर करता है कि बालक को इन कौशलों को सीखने के कितने अवसर प्राप्त हैं। जिन बच्चों के पास साधन और स्थान आदि का अभाव है; वे बच्चे विभिन्न कौशलों को सीखने से वंचित रह जाते हैं। जो माता-पिता अपने बच्चे की क्रियाओं पर नियन्त्रण नहीं रखते हैं, बच्चों के विभिन्न कौशलों के विकास के लिए उन्हें साधन व सुविधायें प्रदान करते हैं उनके बच्चों का कौशल व योग्यताओं का विकास भली प्रकार होता है। इसके विपरीत जो माता-पिता अपने बच्चों पर कठोर नियन्त्रण रखते हैं या ज्यादा लाड़-प्यार करते हैं उनका क्रियात्मक विकास विलम्ब से होता है।)

सृजनात्मकता : अवधारणा, बच्चों के संदर्भ में विशेष महत्त्व

सृजनात्मकता

सृजनात्मकता शब्द अंग्रेजी के क्रिएटिविटी का हिन्दी रूपांतरण है। सृजनात्मकता से अभिप्राय है रचना संबंधी योग्यता, नवीन उत्पाद की रचना। मनोवैज्ञानिक दृष्टि से सृजनात्मक स्थिति अन्वेषणात्मक होती है। विद्वानों ने सृजनात्मकता की अवधारणा को स्पष्ट करने के लिए उसे अपनी-अपनी तरह से परिभाषित करने का प्रयत्न किया है। कुछ प्रसिद्ध विद्वानों की परिभाषाओं पर हम विचार करेंगे।

जेम्स ड्रेवर के अनुसार- ''सृजनात्मकता मुख्यत: नवीन रचना या उत्पादन में होती है।''

क्रो एवं क्रो- ''सृजनात्मकता मौलिक परिणामों को व्यक्त करने की मानसिक प्रक्रिया है।''

स्टेगनर एवं कार्वोस्की- ''किसी नई वस्तु का पूर्ण या आंशिक उत्पादन सृजनात्मकता है।''

ड्रैवडाहल- ''सृजनात्मकता व्यक्ति की वह योग्यता है जिसके द्वारा वह उन वस्तुओं या विचारों का उत्पादन करता है जो अनिवार्य रूप से नए हों और जिन्हें वह व्यक्ति पहले से न जानता हो।

सृजनात्मकता की विशेषताएँ

1. सृजनात्मकता सार्वभौमिक होती है। हममें से प्रत्येक व्यक्ति में कुछ-न-कुछ मात्रा में सृजनात्मकता अवश्य होती है।
2. यद्यपि सृजनात्मक योग्यताएं प्रकृति-प्रदत्त होती हैं परन्तु प्रशिक्षण या शिक्षा द्वारा उनको विकसित किया जा सकता है।
3. सृजनात्मक अभिव्यक्ति द्वारा किसी नई वस्तु को उत्पन्न किया जाता है परन्तु यह आवश्यक नहीं कि वह वस्तु पूर्ण रूप से नई हो। पृथक रूप से दिए गए तत्वों से नए एवं ताजा सम्मिश्रण का निर्माण करना, पहले से ज्ञात तथ्यों या सिद्धांतों का पुनर्गठन करना, किसी पूर्व-ज्ञात शैली में सुधार करना-आदि उतने ही सृजनात्मक कार्य हैं जितना रसायन विज्ञान का कोई नया तत्त्व ढूंढ़ना या गणित का कोई नया सूत्र खोजना। 'सृजनात्मकता' में केवल इस बात के प्रति सावधान रहने की आवश्यकता है कि किसी ऐसी वस्तु की पुनरावृत्ति नहीं होनी चाहिए जिसका व्यक्ति को पहले से ज्ञान हो।
4. कोई भी सृजनात्मक-अभिव्यक्ति सृजक के लिए आनंद तथा संतुष्टि का स्रोत होती है। सृजक जो देखता या अनुभव करता है उसे अपने तरीके से प्रकट करता है। सृजक अपनी रचना द्वारा ही अपने आप की अभिव्यक्ति करता है। सृजक अपने ही तरीके से वस्तुओं, व्यक्तियों तथा घटनाओं को लिखता है। अत: यह आवश्यक नहीं कि रचना प्रत्येक व्यक्ति को वही अनुभव एवं वही संतोष प्रदान करे जो रचनाकार को प्राप्त हुआ हो।
5. सृजक वह व्यक्ति है जो अपने अहं को इस प्रकार प्रकट करता हो, यह मेरी रचना है, यह मेरा विचार है, मैंने इस समस्या को हल किया है। अत: निर्माणात्मक क्रिया में अहं अवश्य सम्मिलित रहता है।
6. सृजनात्मक चिंतन बंधा हुआ चिंतन नहीं होता। इसमें कई विकल्पों तथा इच्छित कार्यप्रणाली को चुनने की पूर्ण स्वतंत्रता रहती है।
7. सृजनात्मक अभिव्यक्ति का क्षेत्र अत्यन्त व्यापक होता है। वैज्ञानिक आविष्कार, कविता, कहानी, नाटक आदि लिखना तथा नृत्य-संगीत, चित्रकला, शिल्पकला, राजनीतिक एवं सामाजिक संबंध आदि में से कोई भी क्षेत्र इस प्रकार की अभिव्यक्ति की नींव बन सकता है। अत: जीवन अपने समूचे रूप से रचनात्मक अभिव्यक्ति के लिए असंख्य अवसर प्रदान करता है।
8. जे.पी. गिलफोर्ड, टोरनैन्स, ड्रैवडाहल आदि कई विद्वानों ने सृजनात्मक के विधि तत्वों को खोजने का प्रयास किया है। परिणामस्वरूप प्रवाहात्मक विचारधारा, मौलिकता, लचीलापन, विविधतापूर्ण-चिंतन, आत्म-विश्वास, संवेदनशीलता, संबंधों को देखने तथा बनाने की योग्यता, आदि सृजनात्मक प्रक्रिया में सहायक माने गए हैं।

सृजनात्मक चिन्तन, चिन्तन का एक प्रमुख प्रकार है। सृजनात्मक चिन्तन को कई अर्थों में प्रयोग किया गया है। सृजनात्मक चिन्तन का सबसे **लोकप्रिय अर्थ गिलफोर्ड (1967) द्वारा बतलाया गया है। इन्होंने चिन्तन को दो भागों में बांटा है-**

(1) अभिसारी चिन्तन–अभिसारी चिन्तन में व्यक्ति दिए गये तथ्यों के आधार पर किसी सही निष्कर्ष पर पहुँचने की कोशिश करता है, इस तरह के चिन्तन में व्यक्ति रूढ़िवादी तरीका अपनाकर अर्थात समस्या संबंधी दी गई सूचनाओं के आधार पर उसका समाधान करता है। अभिसारी चिन्तन में व्यक्ति बहुत आसानी से एक पूर्व निश्चित क्रम में चिन्तन कर लेता है।

(2) अपसारी चिन्तन–अपसारी चिन्तन में व्यक्ति भिन्न-भिन्न दशाओं में चिन्तन कर समस्या का समाधान करने की कोशिश करता है। जब वह भिन्न-भिन्न दशाओं में चिन्तन करता है तो स्वभावत: वह समस्या के कई संभावित उत्तरों पर चिंतन करता है और अपनी ओर से कुछ नई एवं मूल चीजों को जोड़ने की कोशिश करता है। इस तरह के चिंतन की एक और विशेषता यह है (जो इसे अभिसारी चिन्तन से अलग करती है) कि इसमें व्यक्ति आसानी से पूर्व सुनिश्चित कदमों के अनुसार चिन्तन नहीं कर पाता है क्योंकि इसमें कुछ नया एवं मूल चिन्तन करना होता है। मनोवैज्ञानिकों ने अपसारी चिन्तन को सृजनात्मक चिन्तन के तुल्य माना है।

सृजनात्मकता के तत्व

सृजनात्मकता के चार प्रमुख तत्त्व निम्न हैं-

1. **प्रवाह (Fluency):** प्रवाह से तात्पर्य किसी दी गई समस्या पर अधिकाधिक विचारों या प्रत्युत्तरों की प्रस्तुति से है। प्रवाह के भी चार भाग हैं-
   (i) वैचारिक प्रवाह (ii) अभिव्यक्ति प्रवाह
   (iii) साहचर्य प्रवाह (iv) शब्द प्रवाह
2. **मौलिकता (Originality) :** मौलिकता से अभिप्राय व्यक्ति के द्वारा प्रस्तुत किए गए विकल्पों या उत्तरों के असामान्य अथवा अन्य व्यक्तियों के उत्तरों से भिन्न होने से है। इसमें यह देखा जाता है कि व्यक्ति द्वारा दिए गए उत्तर प्रचलित उत्तरों से कितने भिन्न हैं। मौलिकता मुख्यत: नवीनता से संबंधित होती है।

3. **लचीलापन (Flexibility):** लचीलापन से अभिप्राय किसी समस्या पर दिए गए प्रत्युत्तरों या विकल्पों में लचीलापन के होने से है। अत: व्यक्ति के द्वारा प्रस्तुत किए गए विकल्प या उत्तर एक-दूसरे से कितने भिन्न हैं।
4. **विस्तारण (Elaboration):** विस्तारण से अभिप्राय दिए गए विचारों या भावों की विस्तृत व्याख्या, व्यापक पूर्ति या गहन प्रस्तुतीकरण से होता है।

सृजनात्मक बालक की विशेषताएँ

सृजनात्मक बालक के व्यवहार में प्राय: निम्न गुणों एवं विशेषताओं की झलक मिलती है-

1. विचार और कार्य में मौलिकता का प्रदर्शन।
2. विस्तारीकरण की प्रवृत्ति पाई जाती है अर्थात वह अपने विचारों, कार्यों एवं योजनाओं के अत्यंत सूक्ष्म पहलुओं पर ध्यान देता हुआ हर बात को अधिक विस्तार से कहना और करना चाहता है।
3. व्यवहार में आवश्यक लचीलेपन का परिचय।
4. जटिलता, अपूर्णता, असमरूपता के प्रति उसका लगाव होता है और वह खुले दिमाग से सोचने में विश्वास रखता है।
5. वह समायोजन में सक्षम होता है एवं उसकी साहसिक कार्यों में प्रविष्टि होती है।
6. वह एकरसता और उबाऊपन की अपेक्षा कठिन और टेढ़े-मेढ़े जीवन पथ से आगे बढ़ना पसन्द करता है।
7. वह अस्पष्ट गूढ़ एवं अव्यक्त विचारों में रुचि रखता है।
8. उसकी स्मरण शक्ति अच्छी होती है और उसके ज्ञान का दायरा भी विस्तृत होता है।
9. उसमें चुस्ती, सजगता, ध्यान एवं एकाग्रता की प्रचुरता होती है।
10. उसमें स्वयं निर्णय लेने की पर्याप्त योग्यता होती है।
11. उसमें अपने सीखने या प्रशिक्षण को एक परिस्थिति से दूसरी परिस्थिति में स्थानान्तरण करने की योग्यता पाई जाती है।
12. समस्याओं के प्रति उसमें उच्च स्तर की संवेदना पाई जाती है।
13. उसकी विचार अभिव्यक्ति में अत्यधिक प्रवाहात्मकता पाई जाती है।
14. समस्या के किसी नवीन हल एवं समाधान तथा योजना के किसी नवीन प्रारूप का उसकी ओर से सदैव स्वागत ही किया जाता है और इस दिशा में वह स्वयं भी अथक प्रयास करता रहता है।
15. उसके सोचने-विचारने के ढंग में केन्द्रीयकरण एवं रूढ़िवादिता के स्थान पर विविधता एवं प्रगतिशीलता पाई जाती है।
16. उसमें उच्च स्तर की सौन्दर्यात्मक अनुभूति, ग्राह्यता एवं परख क्षमता पाई जाती है।
17. अन्य सामान्य बालकों की अपेक्षा आत्म-सम्मान के भाव और अहं के तुष्टिकरण की आवश्यकता कुछ अधिक ही पाई जाती है। वह आत्म-अनुशासित होता है। वह अपने व्यवहार और सृजनात्मक उत्पादन में विनोदप्रियता, आनंद, उल्लास, स्वच्छंदता एवं स्वतंत्र अभिव्यक्ति तथा बौद्धिक स्थिरता का प्रदर्शन करता है।
18. उसमें उच्च स्तर की विशेष कल्पनाशक्ति जिसे सृजनात्मक कल्पना का नाम दिया जाता है, पाई जाती है।
19. विपरीत एवं विरोधी व्यक्तियों तथा परिस्थितियों को सहन करने तथा उनसे सामंजस्य स्थापित करने की क्षमता भी उसमें पाई जाती है।
20. उसकी कल्पना एवं दिव्य स्वप्नों का संसार भी काफी अद्भुत एवं महान होता है।

बालकों में सृजनात्मकता विकसित करना

प्रवाह, मौलिकता, लचीलापन, विविध-चिंतन, आत्म-विश्वास, संवेदनशीलता संबंधों को देखने तथा बनाने की योग्यता-आदि कुछ ऐसी योग्यताएं हैं जिनका विकास सृजनात्मकता के विकास में सहायक सिद्ध हो सकता है। इन योग्यताओं को विकसित करने के लिए निम्नलिखित सुझाव सहायक सिद्ध हो सकते हैं-

1. उत्तर देने की स्वतंत्रता
2. अभिव्यक्ति के लिए अवसर
3. मौलिकता तथा लचीलेपन को प्रोत्साहित करना
4. उचित अवसर एवं वातावरण प्रदान करना
5. समुदाय के सृजनात्मक साधनों का प्रयोग करना
6. सृजनात्मक चिंतन के अवरोधों से बचना
7. मूल्यांकन प्रणाली में सुधार
8. सृजनात्मकता के विकास के लिए विशेष तकनीकों का प्रयोग

सृजनात्मकता विकसित करने की विधियां

(i) **मस्तिष्क उद्वेलन Brain Storming–** मस्तिष्क उद्वेलन एक ऐसी तकनीक एवं विद्या है जिसके द्वारा किसी समूह विशेष से बिना किसी रोक-टोक, आलोचना, मूल्यांकन या निर्णय की परवाह किए किसी समस्या विशेष के हल के लिए विभिन्न प्रकार के विचारों एवं समाधानों को जल्दी-जल्दी प्रस्तुत करने के लिए कहा जाता है और फिर विचार-विमर्श के बाद उचित हल एवं समाधान तलाशने का प्रयत्न किया जाता है।

(ii) **शिक्षण प्रतिमानों का प्रयोग Use of Teaching Models–** शिक्षा शास्त्रियों द्वारा प्रतिपादित कुछ विशेष शिक्षण प्रतिमानों का प्रयोग भी बालकों की सृजनशीलता के विकास में पर्याप्त योगदान दे सकता है। उदाहरण के लिए, ब्रूनर का संप्रत्यय उपलब्धि-प्रतिमान संप्रत्ययों को ग्रहण करने के अलावा बालकों को सृजनशील बनाने में भी सहयोग देता है और इसी तरह सचमैन का पूछताछ प्रशिक्षण प्रतिमान वैज्ञानिक ढंग से पूछताछ करने के कौशल को विकसित करने के अतिरिक्त सृजन में सहायक विशेष गुणों को विकसित करने में पर्याप्त सहायता करता है।

(iii) **क्रीड़न तकनीकों का प्रयोग Use of Gaming Techniques–**खेल-खेल में ही सृजनात्मकता का विकास करने की दृष्टि से क्रीड़न तकनीकों का अपना एक विशेष स्थान है। इस कार्य हेतु इन तकनीकों में जो प्रयोग सामग्री काम में लाई जाती है वह शाब्दिक और अशाब्दिक दोनों ही रूपों में होती है। अलग-अलग प्रकार की क्रीड़न सामग्री द्वारा बालकों को खेल-खेल में ही निर्माण एवं सृजन के लिए जो बहुमूल्य अवसर प्राप्त होते हैं उन सभी का उनकी सृजनशीलता के विकास एवं पोषण हेतु पूरा-पूरा लाभ उठाया जा सकता है।

खेल से आशय : अवधारणा, विशेषता, बच्चों के विकास के संदर्भ में महत्त्व

खेल की परिभाषा दैनिक व्यवहार के क्षेत्र में इस प्रकार दी जा सकती है-"खेल वह स्वयं प्रेरित क्रिया है, जिससे आनन्द प्राप्त होता है तथा जिसमें उस क्रिया के परिणाम के संबंध में कोई विचार नहीं किया जाता। यह सम्पूर्णत: ऐच्छिक रहती है तथा इस क्रिया में किसी भी प्रकार का बाह्य दबाव नहीं रहता।" अत: खेल एक स्वयं प्रेरित स्वतंत्र क्रिया है, जिसमें बहुत आनन्द की प्राप्ति होती है।

खेल की अनेक विशेषताएँ हैं। इनमें कुछ प्रमुख निम्न हैं-

1. खेल एक स्वाभाविक एवं जन्मजात प्रवृत्ति है।
2. खेल स्वतंत्र और आत्मप्रेरित होता है।

3. खेल शारीरिक या मानसिक क्रिया है।
4. खेल अपने आप में पूर्ण होता है।
5. खेल का कोई गुप्त लक्ष्य नहीं होता है केवल प्रत्यक्ष होता है।

खेल के सिद्धान्त

आधुनिक शिक्षाशस्त्रियों ने मनोविज्ञान को आधार बनाकर खेल को शिक्षा का सबसे अच्छा माध्यम माना है। इसलिए शिक्षा को खेल पद्धति से पढ़ाने पर विशेष बल दिया है। खेल के माध्यम से निम्नलिखित सिद्धान्तों के द्वारा पढ़ाया जा सकता है-

(1) **फालतू ऊर्जा/अतिरिक्त ऊर्जा का सिद्धान्त (Surplus Energy Theory)**-यह सिद्धान्त सम्भवत: सबसे प्राचीन है। इसके प्रतिपादक प्रसिद्ध वैज्ञानिक स्पेंसर और शिलर हैं। इस सिद्धान्त के अन्तर्गत कहा जाता है कि मनुष्य में अपने दैनिक कार्य करने पर जो अतिरिक्त ऊर्जा बच जाती है उसी फालतू ऊर्जा से मानव को खेलने की प्रेरणा मिलती है। बच्चों को निरन्तर और निरुद्देश्य खेलते देखकर, इन विद्वानों ने यह निष्कर्ष निकाला कि वह कार्य से बची हुई अपनी शक्ति का खेल में प्रयोग करते हैं नन के अनुसार-"खेल साधारणत: अतिरिक्त शक्ति का प्रदर्शन माना जाता है।"

आधुनिक काल में इस सिद्धान्त का खण्डन किया गया है, कहा गया कि कई बार मनुष्य थका होता है उसके बावजूद खेलता है या खेल क्रियाओं में रुचि रखता है जबकि वह जरूरी कार्य नहीं करना चाहता लेकिन खेलना चाहता है। बीमार बालक में अतिरिक्त शक्ति नहीं होती, फिर भी वह खेलता है, आदि बातें इस सिद्धान्त का खण्डन करती हैं।

(2) **पूर्व अभिनय का सिद्धान्त (Anticipatory Theory)**-इस सिद्धान्त के माध्यम से कार्लग्रस ने बताया है कि बच्चे बड़े होकर जो कुछ कार्य करने वाले हैं या करेंगे उन पर आधारित क्रियाओं का पूर्वाभ्यास करते हैं। भविष्य से संबंधित क्रियाओं को खेल के माध्यम से करते हैं, उनके अनुसार ही बालक की प्रवृत्तियों में यह क्रियाएँ प्रदर्शित होती हैं। कार्ल ग्रस के अनुसार बालक में भावी वयस्क जीवन की तैयारी करने की आन्तरिक प्रवृत्ति होती है। गुड्डे-गुड़िया से खेलने वाली बच्ची आगत रूप से अपने बच्चे की देखभाल करने का प्रशिक्षण प्राप्त कर रही होती है।

(3) **पुनरावृत्ति/पुन: स्मरण का सिद्धान्त (Recapitulation Theory)**-इस सिद्धान्त के प्रतिपादक स्टेनले हॉल हैं। उनके अनुसार बच्चा अपने खेलों में प्रजातीय अनुभवों की पुनरावृत्ति करता है। दूसरे शब्दों में, इसमें बताया गया है कि बच्चा इसलिए खेलता है क्योंकि उसके पूर्वजों ने भी ये खेल खेले होते हैं। देखा जाये तो वह अपने पूर्वजों के इतिहास को दोहराता है। बच्चा अनेक क्रियाएँ अपने खेलों के माध्यम से करता है। जैसे-पत्थर फेंकना, शिकार करना एक-दसरे को पकड़ना, रेत पर घर बनाना, इत्यादि जो उसके पूर्वजों द्वारा पहले की जा चुकी होती हैं।

इस सिद्धान्त को कुछ समय तक तो स्वीकार किया गया परन्तु बाद में इसको त्याग दिया गया। कई बार बच्चा ऐसे खेल खेलने में भी रुचि रखता है जो कभी उनके पूर्वजों ने नहीं खेले थे, जैसे रंग-बिरंगे खिलौनों से खेलना।

(4) **प्रतिद्वन्द्विता का सिद्धान्त (Competition Theory)**-यह सिद्धान्त बताता है कि जीवन में दौड़ना, कूदना, भागना और फेंकना, आदि प्रतिद्वन्द्विता के कारण हैं। हम अपने जीवन में इस तरह की कई क्रियाएँ सम्मिलित किये रहते हैं। यह सभी क्रियायें खेलों का रूप लेकर हमारे सामने आती हैं। अर्थात खेल संबंधी क्रियाएँ हमारी जिन्दगी की आम जरूरतों को पूर्ण करने के लिए की जाती हैं इसलिए मानव अनेक खेल खेलता है।

(5) **स्वयं को व्यक्त करने का सिद्धान्त (Expressing Yourself Theory)**-इस सिद्धान्त के अनुसार मानव एक गतिशील प्राणी है। मनुष्य में सोचने-समझने की क्षमता, विभिन्न प्रकार के संवेग, प्रवृत्तियाँ, आन्तरिक शक्ति विद्यमान होती है जो व्यक्ति में होना चाहिए। मनुष्य हमेशा कुछ-न-कुछ क्रियायें करता रहता है। वह हमेशा गतिशील रहना चाहता है। इससे मनुष्य अपनी शारीरिक, मनोवैज्ञानिक, संवेगात्मक एवं सामाजिक आवश्यकताओं की पूर्ति करता है।

(6) **मनोरंजन का सिद्धान्त (Entertainment Theory)**-खेल, बालक के मन की दमित भावनाओं को बाहर निकालने का काम करता है। वास्तविक जीवन में जो वस्तुएँ उसे प्राप्त नहीं हो सकतीं, उनको बच्चा खेल में कल्पना के द्वारा प्राप्त कर सुख का अनुभव करता है। खेल के द्वारा बालक को मानसिक शक्तियों का उपयोग करने की आवश्यकता होती है, खेल इस तरह की प्रवृत्ति के प्रकट होने का अवसर देता है।

बच्चों के विकास में खेलों का महत्त्व

यहाँ कुछ कारण बताये गये हैं कि बच्चों के लिए नियमित रूप से खेलना क्यों आवश्यक है-

(1) **खेल से बेहतर कोई शिक्षा नहीं**-विभिन्न वातावरणों में अन्य बच्चों के साथ खेलना शाब्दिक रूप से बच्चों के सीखने, अभ्यास करने और स्वयं को व्यक्त करने के लिए एक सुरक्षित स्थान बनाने के लिए बुनियाद निर्धारित करता है।

(2) **सामाजिक निर्माण में सीखना**-अधिकांश शिक्षण गतिविधियाँ व्यक्तिगत ध्यान केन्द्रित करती हैं और एक अलग वातावरण में अंतरंग अध्ययन करती हैं। खेलते समय, छिपने-छिपाने और खोजने के माध्यम से आपका बच्चा समूह की गतिशीलता को समझता है और सीखता है कि कैसे लोग एक-दूसरे के साथ बातचीत करते हैं।

(3) **सहजता की ताकत को समझना**-एक बच्चे के जीवन में सीखने की सभी गतिविधियाँ क्रमिक हैं। खेल और अन्य शारीरिक खेल गतिविधियाँ हैं जहाँ आपका बच्चा समझता है कि कैसे परिस्थितियों का तुरन्त जवाब दिया जाये या यह जाना जाये कि उनकी स्वाभाविक सहज प्रतिक्रिया क्या है। फेंकने के लिए दूरी को मापना, उनके सिर पर एक गत्ते को सन्तुलित करना, ये गतिविधियाँ आपके बच्चे के मस्तिष्क के तात्कालिक सोच मॉड्यूल को विकसित करने में मदद करती हैं।

(4) **खुद को व्यक्त करने में खुली जगह का आनन्द**-हर दिन कक्षाओं और अध्ययन तालिकाओं में बैठना किसी भी बच्चे के लिए उबाऊ हो सकता है। बाहर खेलने और जहाँ भी वे चाहते हैं उसके चारों ओर दौड़ने का खुलापन आपके बच्चे के लिए खुशी और स्वतंत्रता का स्तर लाता है जो काफी नया है।

(5) **शारीरिक महत्त्व**-खेल से बालक को होने वाले शारीरिक लाभ इस प्रकार हैं- 1. भौतिक वातावरण का ज्ञान, 2. रक्त का स्वतंत्र संचार, 3. शारीरिक बल और स्वास्थ्य की प्राप्ति, 4. शारीरिक अंगों और मांसपेशियों की सुडौलता, 5. रोगों से बचने की क्षमता, आदि।

(6) **मानसिक महत्त्व**-खेलों से बालक को होने वाले मानसिक लाभ इस प्रकार हैं- 1. भाषा का विकास, 2. मानसिक थकान का अन्त, 3. मानसिक सन्तुलन की क्षमता, 4. नये विचारों और परिस्थितियों का ज्ञान, 5. तर्क, स्मृति, कल्पना, चिन्तन, आदि शक्तियों का विकास।

(7) **सामाजिक महत्त्व**-1. सामाजिक व्यवहार का ज्ञान, 2. दूसरों की इच्छा का सम्मान, 3. सामाजिक खेल : अवधारणा, विशेषताएं, बच्चों के विकास के सन्दर्भ में महत्त्व सम्पर्क की इच्छा की पूर्ति, 4. आत्म हित से समूह-हित की श्रेष्ठता, 5. सहयोग, सामंजस्य, सहिष्णुता, नेतृत्त्व, आज्ञाकारिता, उत्तरदायित्व, नि:स्वार्थता, आदि गुणों का विकास।

(8) **संवेगात्मक महत्त्व**-1. दिवास्वप्न देखने की आदत का अन्त, 2. संवेगों का नियन्त्रण करने की असक्षमता, 3. लज्जा, कायरता, बचपना, चिड़चिड़ापन, आदि दोषों का निवारण।

(9) **नैतिक महत्त्व**-1. उचित-अनुचित का ज्ञान, 2. समूह के नैतिक स्तरों को मान्यता, 3. ईमानदारी, सत्यता और आत्म नियन्त्रण का प्रशिक्षण, 4. सुख और दु:ख में समान भाव का प्रशिक्षण, 5. विचारों, इच्छाओं और कार्यों पर नियन्त्रण का प्रशिक्षण।

(10) **खेल द्वारा चिकित्सा**-खेल द्वारा अग्रलिखित प्रकार की चिकित्सा होती है- 1.मानसिक और संवेगात्मक संतुलन खोने वाले बालक की खेल द्वारा चिकित्सा। 2. बालक को भय, क्रोध, निराशा, मानसिक विकारों आदि से मुक्त कराने के लिए स्वतंत्र खेलों का प्रयोग।

खेलों की आवश्यकता तथा उद्देश्य

एक समय था जब शारीरिक शिक्षा (खेलकूद) को विद्यालय में कुछ भी महत्त्व नहीं दिया जाता था। विद्यालय को केवल शिक्षा प्रदान करने के स्थल के रूप में ही स्वीकार किया जाता था। पढ़ाई को ही सब कुछ माना जाता था। खेलकूद को उपेक्षा की दृष्टि से देखा जाता था। पाठ्यपुस्तक ही शिक्षा आधार थी, परन्तु धीरे-धीरे शिक्षाशास्त्रियों ने यह अनुभव किया कि शारीरिक विकास का बिना मानसिक विकास के सम्भव नहीं है। अत: विद्यालयों में शारीरिक शिक्षा के अन्तर्गत खेलकूद तथा शारीरिक व्यायाम की ओर विशेष ध्यान दिया जाने लगा। अब प्राय: समस्त विद्यालयों में शारीरिक व्यायाम तथा खेल-कूद, आदि को किसी-न-किसी रूप में महत्त्व दिया जाता है।

खेल के प्रकार (Types of Game)

बच्चों के खेलों को दो भागों में विभाजित किया जा सकता है-

(1) वैयक्तिक खेल (2) सामूहिक खेल। इन दोनों खेलों के आधार पर कार्ल ग्रूस (Karl Groos) ने खेलों को अग्रलिखित पाँच भागों में विभाजित किया है-

1. **परीक्षणात्मक खेल (Experimental Game)**-यह वह खेल है जिसमें बालक, वस्तुओं को उलट-पुलट कर देखता है या उनका परीक्षण करता है। इन खेलों का आधार जिज्ञासा की प्रवृत्ति है। ये खेल वैयक्तिक होते हैं।
2. **गतिशील खेल (Movement Game)**-इस प्रकार के खेलों में दौड़-भाग, उछल-कूद, आदि आते हैं। ये खेल शरीर की गति का विकास करते हैं। ये खेल व्यक्तिगत और सामूहिक दोनों प्रकार के होते हैं।
3. **रचनात्मक खेल (Constructive Game)**-रचनात्मक खेलों में बालक खेलने के साथ-साथ निर्माण कार्य भी करते हैं। मिट्टी, बालू के घर और पहाड़ बनाना, चित्रकारी करना, आदि इसके प्रमुख उदाहरण हैं। इन खेलों का मुख्य आधार रचनात्मक प्रवृत्ति है।
4. **लड़ाई के खेल (Fighting Game)**-इस प्रकार के खेलों में बालक अपनी शक्ति का प्रदर्शन करते हैं। इन खेलों का मुख्य आधार प्रतियोगिता में युद्धप्रियता होती है। इस प्रकार के खेलों में हॉकी, फुटबॉल, क्रिकेट, मुक्केबाजी, कुश्ती, कबड्डी तथा दौड़ना, आदि आते हैं। प्राय: ये सामूहिक खेल होते हैं।
5. **बौद्धिक खेल (Intellectual Game)**-इस प्रकार के खेलों का संबंध बुद्धि से होता है, जैसे-चौपड़, शतरंज, पहेलियाँ आदि। ये खेल बुद्धि का विकास करते हैं। ये वैयक्तिक व सामूहिक दोनों प्रकार के होते हैं।

व्यक्त्त्वि विकास के विविध आयाम : एरिक्सन के सिद्धांत का विशेष संदर्भ

व्यक्तित्व का विकास - अर्थ, प्रकार (अन्तर्मुखी, बहिर्मुखी, उभयमुखी)

व्यक्तित्व की अवधारणा: अर्थ व परिभाषा-सामान्यत: व्यक्तित्व से अभिप्राय व्यक्ति के रूप, रंग, कद, लम्बाई, चौड़ाई अर्थात् शारीरिक संरचना, व्यवहार तथा मृदुभाषी होने से लगाया जाता है। ये समस्त गुण व्यक्ति के समस्त व्यवहार का दर्पण है।

व्यक्तित्व अंग्रेजी के पर्सनेल्टी (Personality) शब्द का रूपान्तर है। अंग्रेजी के इस शब्द की उत्पत्ति यूनानी भाषा के **'पर्सोना'** (Persona) शब्द से हुई है, जिसका अर्थ है- **'नकाब'**। यूनानी लोग नकाब या मुखौटा पहनकर मंच पर अभिनय करते थे, ताकि दर्शकगण यह न जान सकें कि अभिनय करने वाला कौन है?

रैक्स के अनुसार- ''व्यक्तित्व समाज द्वारा मान्य तथा अमान्य गुणों का संगठन है।''

व्यक्तित्व के प्रकार

व्यक्तित्व के सन्दर्भ में अलग-अलग शिक्षाशास्त्रियों ने अपने विचार पृथक-पृथक प्रकट किये हैं। इनमें से निम्नांकित तीन वर्गीकरण को साधारणत: स्वीकार किया जाता है, पर सबसे अधिक महत्त्वपूर्ण अन्तिम को माना जाता है-

1. **शरीर रचना प्रकार**- जर्मन विद्वान क्रेशमर ने शरीर रचना के आधार पर व्यक्तित्व के तीन प्रकार बताए हैं-
   (1) शक्तिहीन (2) खिलाड़ी (3) नाटा
2. **समाजशास्त्रीय प्रकार**- स्प्रेंगर ने अपनी पुस्तक "Types of Men" में व्यक्ति के सामाजिक कार्यों और स्थिति के आधार पर व्यक्तित्व के छ: प्रकार बताए हैं; यथा-
   (1) सैद्धान्तिक (2) राजनीतिक (3) आर्थिक
   (4) धार्मिक (5) सामाजिक (6) कलात्मक
3. **मनोवैज्ञानिक प्रकार**- मनोवैज्ञानिकों ने मनोवैज्ञानिक लक्षणों के आधार पर व्यक्तित्व का वर्गीकरण किया है। मनोविश्लेषणवादी युग ने व्यक्ति को दो भागों में बाँटा है-
   (1) अन्तर्मुखी
   (2) बहिर्मुखी तथा दोनों के मिश्रित उभयोमुखी

1. **अन्तर्मुखी व्यक्तित्व**- ऐसे व्यक्तित्व का व्यक्ति चिन्तनशील होता है तथा अपनी ही ओर केन्द्रित रहता है। इस व्यक्तित्व के लक्षण, स्वभाव, आदतें, अभिवृत्तियाँ आदि बाह्य रूप में प्रकट नहीं होते हैं। इसीलिए, इसको अन्तर्मुखी कहा जाता है। इसका विकास बाह्य रूप में न होकर आन्तरिक रूप में होता है। अन्तर्मुखी व्यक्तित्व की निम्नलिखित विशेषताएं हैं-
   (1) ये एकाकी होते हैं।
   (2) ऐसे व्यक्ति का बाह्य जगत की वस्तुओं से कम अनुराग होता है।
   (3) ये कर्त्तव्यपरायण होते हैं तथा समय का सदैव ध्यान रखते हैं।
   (4) ये चिन्ताग्रस्त होते हैं तथा अपनी वस्तुओं व कष्टों के प्रति सजग होते हैं।
   (5) ये व्यवहार कुशल नहीं होते तथा हँसी, मजाक एवं व्यर्थ के छलों आदि में नहीं फँसते।
   (6) युंग ने अन्तर्मुखी व्यक्तियों को विचार प्रधान, भावप्रधान, तर्क प्रधान व दिव्यदृष्टि प्रधान चार रूपों में विभक्त किया है।
   (7) अच्छे लेखक होते हैं परन्तु अच्छे वक्ता नहीं क्योंकि चिन्तन का धरातल प्रबल होता है।
   (8) ये स्वयं के लिए चिन्तनशील होते हैं तथा शान्त मुद्रा में रहते हैं।
   (9) ये भाव प्रधान होते हैं, आत्मचिन्तन करते हैं तथा आत्मोद्धार हेतु लीन रहते हैं।
   (10) ये प्राय: प्रतिक्रियावादी होते हैं तथा यथार्थ को अपने स्वभाव के अनुरूप ढालने का प्रयास करते हैं।
2. **बहिर्मुखी व्यक्तित्व**- ऐसे व्यक्तित्व वाले व्यक्ति की रुचि बाह्य जगत में होती है। वे अपने विचारों और भावनाओं को स्पष्ट रूप से व्यक्त करते

हैं। वे संसार के भौतिक और सामाजिक लक्ष्यों में विशेष रुचि रखते हैं। बहिर्मुखी व्यक्तित्व की निम्नलिखित विशेषताएँ हैं-

(1) ये सबको प्रसन्न करने वाले होते हैं तथा प्रशंसकों से घिरे रहने की कामना करते हैं।

(2) इनमें कार्यकुशलता की मात्रा अन्तर्मुखी से अधिक होती है।

(3) वातावरण के साथ आसानी से अनुकूलन कर लेते हैं।

(4) ये विचार प्रधान तथा व्यवहार-कुशल होते हैं तथा निर्णय भी भावों के अनुरूप ही लेते हैं।

(5) बाह्य क्रियाओं की ओर संवेदनशील होते हैं।

(6) आत्मचिन्तनशील नहीं होते परन्तु सभी के विचारों के आधार पर अपना विचार प्रकट करते हैं।

(7) स्वयं की पीड़ा या परिस्थिति की चिन्ता नहीं करते व चिन्तामुक्त होते हैं।

(8) ये धाराप्रवाह बोलने वाले होते हैं।

3. **उभयमुखी व्यक्तित्व**-कुछ ऐसे भी व्यक्ति होते हैं, जो दोनों का सम्मिश्रण होते हैं, उन्हें उभयोमुखी या विकासोन्मुखी कहते हैं।

इस प्रकार अलग-अलग व्यक्तियों के अलग-अलग गुण होने के कारण उनके दृष्टिकोण में अन्तर पाया जाता है। इनके दृष्टिकोणों का अध्ययन कर हम इनके व्यक्तित्व के विभिन्न पक्षों में विकास करने का प्रयास कर सकते हैं तथा परिवार में माता-पिता तथा विद्यालय में शिक्षक से उचित मार्गदर्शन ले सकते हैं।

वैयक्तिक भिन्नता

जब दो बालक विभिन्न समानताएँ रखते हुए भी आपस में भिन्नता व्यवहार करते हैं तो इसे 'वैयक्तिक भिन्नता' कहा जाता है। वैयक्तिक भिन्नता से अभिप्राय है कि प्रत्येक व्यक्ति में जैविक, मानसिक, सांस्कृतिक, संवेगात्मक अन्तर पाया जाना।

- **स्किनर के अनुसार**- ''व्यक्तिगत विभिन्नता में संपूर्ण व्यक्तित्व का कोई भी ऐसा पहलू सम्मिलित हो सकता है, जिसका माप किया जा सकता है।''
- **टायलर के अनुसार**- ''शरीर के आकार और स्वरूप, शारीरिक गति संबंधी क्षमताओं, बुद्धि, उपलब्धि, ज्ञान, रुचियों, अभिवृत्तियों और व्यक्तित्व के लक्षणों में माप की जा सकने वाली विभिन्नताओं की उपस्थिति सिद्ध की जा चुकी है।''

यदि हम उपर्युक्त कथनों का विश्लेषण करें, तो स्पष्ट होता है कि व्यक्तिगत भिन्नताओं के अंतर्गत किसी एक विशेषता को आधार मानकर हम अन्तर स्थापित नहीं करते बल्कि संपूर्ण व्यक्तित्व के आधार पर अन्तर करते हैं।

वैयक्तिक भिन्नता के प्रभावी कारक

वैयक्तिक भिन्नता का प्रभाव अधिगम प्रक्रिया तथा उसकी उपलब्धि पर पड़ता है। बुद्धि तथा व्यक्तित्व, वैयक्तिक भिन्नता के आधार हैं। इसके कारण सीखने की क्रिया प्रभावित होती है। वैयक्तिक विभिन्नताओं के अनेक कारण हैं, जिनमें से महत्त्वपूर्ण कारक निम्नांकित हैं-

1. **वंशानुक्रम**- वंशानुक्रम में वे सभी जीन्स सम्मिलित हैं, जो एक बालक को उसके माता-पिता से गर्भधारण के समय प्राप्त होते हैं। वंशानुक्रम एक प्रकार की वंश परम्परागत शक्ति है जिसके द्वारा माता-पिता और पूर्वजों के गुण नवनिर्मित शिशु में स्थानान्तरित होते हैं। इसमें शारीरिक और मानसिक, दोनों प्रकार के गुणों का स्थानान्तरण होता है।

2. **वातावरण**- वैयक्तिक भिन्नताओं का दूसरा महत्त्वपूर्ण कारण है- वातावरण मनोवैज्ञानिकों का तर्क कि व्यक्ति जिस प्रकार के सामाजिक वातावरण में निवास करता है, उसी के अनुरूप उसका व्यवहार, रहन-सहन, आचार-विचार आदि होते हैं। अतः विभिन्न सामाजिक वातावरणों में निवास करने वाले व्यक्तियों में भिन्नताओं का होना स्वाभाविक है। यही बात भौतिक और सांस्कृतिक वातावरणों के विषय में भी कही जा सकती है। वातावरण कारक का शारीरिक और मानसिक विकास, दोनों ही क्षेत्रों में प्रभाव पड़ता है। उपयुक्त वातावरण के अभाव में शारीरिक व मानसिक योग्यताओं का सामान्य विकास सम्भव नहीं है।

3. **आयु व बुद्धि**- वैयक्तिक भिन्नता का एक कारण आयु और बुद्धि भी है। आयु के साथ-साथ बालक का शारीरिक, मानसिक और संवेगात्मक विकास होता है। इसीलिए विभिन्न आयु के बालकों में अन्तर मिलता है। बुद्धि जन्मजात गुण होने के कारण किसी को प्रतिभाशाली और किसी को मूढ़ बनाकर अन्तर की स्पष्ट रेखा खींच देती है।

4. **लिंग भेद**- वैयक्तिक भिन्नता का एक महत्त्वपूर्ण कारक लिंगभेद भी है। इस भेद के कारण बालक और बालिकाओं की शारीरिक बनावट, संवेगात्मक विकास की कार्य क्षमता में अन्तर मिलता है। स्किनर का विचार है कि, ''बालिकाओं में स्मृति योग्यता अधिक तथा बालकों में शारीरिक कार्य करने की क्षमता अधिक होती है। बालक गणित और विज्ञान में बालिकाओं से आगे होते हैं, जबकि बालिकायें भाषा और सुन्दर हस्तलेख में बालकों से आगे होती हैं। बालकों पर सुझाव का कम प्रभाव पड़ता है, पर बालिकाओं पर अधिक।

इस प्रकार वैयक्तिक भिन्नता के अनेक कारक हैं। पर जहाँ तक विद्यालयों में शिक्षा ग्रहण करने वाले छात्रों का प्रश्न है, उसकी भिन्नता के कुछ अन्य कारण प्रमुख है। इनका उल्लेख करते हुए गैरीसन् व अन्य ने लिखा है- ''बालकों की भिन्नता के श्रेष्ठ कारणों में प्रेरणा, बुद्धि परिपक्वता, वातावरण संबंधी उद्दीपन में विचलन है।''

वैयक्तिक विभिन्नता का महत्त्व

आधुनिक मनोवैज्ञानिक, बालकों की वैयक्तिक विभिन्नताओं को अत्यधिक महत्त्व देते हैं। उनका यह विश्वास है कि इन भिन्नताओं का ज्ञान प्राप्त करके शिक्षक अपने छात्रों का सर्वाधिक हित कर सकता है। साथ ही शिक्षा के परम्परागत स्वरूप में क्रान्तिकारी परिवर्तन करके उसे बालकों की वास्तविक आवश्यकताओं के अनुकूल बना सकता है। औद्योगिक मनोविज्ञान, शिक्षा-मनोविज्ञान और बाल-मनोविज्ञान के क्षेत्रों में वैयक्तिक भिन्नताओं का महत्त्व सर्वाधिक है। कुछ प्रमुख महत्त्व इस प्रकार हैं-

(1) कक्षा में वैयक्तिक भिन्नताओं के अनुसार शैक्षिक आवश्यकताओं की पूर्ति के लिए आवश्यक है कि कक्षा में बालकों की संख्या अधिक-से-अधिक 20 होनी चाहिए। कक्षा में विद्यार्थियों की संख्या कम होने से शिक्षक का विद्यार्थियों से व्यक्तिगत सम्पर्क व संबंध अच्छा होता है तथा वह विद्यार्थियों से उनके स्वभाव के अनुसार कार्य करवा सकता है।

(2) व्यक्तियों के वर्गीकरण में वैयक्तिक भिन्नताओं का ज्ञान आवश्यक है। यह वर्गीकरण विद्यालय में विद्यार्थियों का हो सकता है। विद्यार्थियों का मानसिक योग्यताओं के आधार पर वर्गीकरण कर यदि उन्हें शिक्षा दी जाती है तो शिक्षा उनके लिए बहुत उपयोगी हो जाती है।

(3) व्यक्तिगत भेदों के कारण सब बालकों में समान कार्य की समान मात्रा पूर्ण करने की क्षमता नहीं होती है। अतः गृह-कार्य देते समय बालकों की क्षमताओं और योग्यताओं का पूर्ण ध्यान रखना आवश्यक है।

(4) एक ही कक्षा के बालकों की रुचियों, अभिवृत्तियों एवं मानसिक योग्यताओं में अन्तर होने के कारण पाठ्यक्रम का विभिन्नीकरण अत्यन्त आवश्यक है। सबको अपनी रुचियों, योग्यताओं और इच्छाओं के अनुसार विषयों के चयन में छूट होनी चाहिए।

(5) वैयक्तिक भिन्नताएँ लिंग-भेद के कारण भी पाई जाती हैं जिससे बालक-बालिकाओं की रुचियों, क्षमताओं, योग्यताओं, आवश्यकताओं आदि में अन्तर होता है। जैसे-जैसे वह बड़े होते हैं, वैसे-वैसे अन्तर अधिक स्पष्ट होता है। अतः प्राथमिक कक्षाओं में उनके लिए समान पाठ्य-विषय हो सकते हैं परन्तु माध्यमिक कक्षाओं में इन विषयों में अन्तर की स्पष्ट रेखा का खींचा जाना आवश्यक है। शिक्षक और माता-पिता को इन अन्तरों को ध्यान में रखकर बालक-बालिकाओं को सिखाना या प्रशिक्षण देना चाहिए।

एरिक्शन का सिद्धान्त

इरिक्सन (1902) उन मनोविश्लेषकों (Psychoamalysts) में से एक हैं जिनकी साधारणतः एक अहं मनोवैज्ञानिक (ego-psychologist) के रूप में पहचान की गयी है। इन्होंने व्यक्ति के पूरे जीवनकाल का वर्णन किया है। इन्होंने अपनी प्रसिद्ध पुस्तक 'Childhood and Society' (1963) में इरिवसन ने मनोसामाजिक अहं विकास (Psychosocial ego development) की 8 अवस्थाएँ (stages) बतलायी हैं और बताया कि प्रत्येक अवस्था का एक आदर्श समय होता है और यह अवस्थाएँ एक के बाद एक आती हैं और उनमे व्यक्तित्व का विकास जैविक परिपक्वता (Biological Maturation) तथा सामाजिक एवं ऐतिहासिक बलों (historical forces) के अन्तः क्रिया (interaction) के फलस्वरूप होता है।)

इरिक्सन द्वारा प्रतिपादित व्यक्तित्व सिद्धान्त में मनोसामाजिक विकास की 8 अवस्थाओं तथा उनमें होने वाले प्रमुख विकासों का वर्णन किया है, जो निम्नांकित हैं -

(1) शैशवावस्था : विश्वास बनाम अविश्वास

(2) प्रारम्भिक बाल्यावस्था: स्वतंत्रता बनाम लज्जाशीलता

(3) खेल अवस्था: पहल शिक्त बनाम दोषिता

(4) स्कूल अवस्था: परिश्रम बनाम हीनता

(5) किशोरावस्था: अहं पहचान बनाव भूमिका संभ्रांति

(6) तरुण वयस्कावस्था: घनिष्ठ बनाम विलगन

(7) मध्य वयस्कवस्था: जननात्मकता बनाम स्थिरता

(8) परिपक्वता: अहं संपूर्णता बनाम निराशा

एरिक्शन का सिद्धान्त का मूल्यांकन

एरिक्सन के मनोसामाजिक सिद्धान्त के कुछ गुण एवं अवगुण हैं। एरिक्सन सिद्धान्त के गुण निम्नांकित हैं-

1. एरिक्सन ने एक ऐसा सिद्धान्त का प्रतिपादन किया है जिसमें व्यक्तित्व के विकास एवं संगठन की व्याख्या करने के लिए समाज एवं स्वयं व्यक्ति की भूमिकाओं पर समान रूप से बल डाला गया है। इस तरह का बल हम अन्य किसी सिद्धान्त में नहीं पाते हैं।
2. एरिक्सन ने अपने इस सिद्धान्त में किशोरावस्था की अवस्था को काफी महत्त्वपूर्ण एवं संवेदनशील (Sensitive) बतलाया है जिससे इनके सिद्धान्त में कुछ खास खूबी आ जाती है।
3. एरिक्सन ने अपने व्यक्तित्व सिद्धान्त में आशावादी दृष्टिकोण अपनाया है जिसका सबूत हमें इस बात से मिल जाता है कि उन्होंने कहा है कि प्रत्येक मनोसामाजिक अवस्था में संभावित कमजोरियों (weaknesses) एवं सामर्थ्य (strength) अलग-अलग होते हैं। अतः किसी एक अवस्था में असफलता होने से दूसरी अवस्था में भी असफलता ही होगी, ऐसा नहीं कहा जा सकता है।
4. एरिक्सन के व्यक्तित्व सिद्धान्त में जन्म से लेकर मृत्यु तक की मनोसामाजिक घटनाओं को व्यक्ति के विकास (development) एवं समन्वय (integration) की व्याख्या में सम्मिलित किया गया है जो - अपने आप में विशिष्टता का पात्र है।

बच्चों में भावनात्मक/संवेगात्मक विकास का पहलू : जॉन बाल्बी का सिद्धांत एवं अन्य विचार

संवेगात्मक विकास

जीवन में संवेगों की महत्त्वपूर्ण भूमिका होती है तथा व्यक्ति के वैयक्तिक एवं सामाजिक विकास में संवेगों का योगदान होता है। संवेगों के विकास के सन्दर्भ में दो मत हैं-

1. **संवेग जन्मजात होते हैं**-इस मत को मानने वालों में वेकविन तथा हॉलिगवर्थ आदि है।

   हॉलिगवर्थ का मानना है कि प्राथमिक संवेग जन्मजात होते हैं। वाटसन् ने बताया कि जन्म के समय बच्चे में तीन प्राथमिक संवेग भय, क्रोध व प्रेम होते हैं।
2. **संवेग अर्जित किए जाते हैं**-कुछ मनोवैज्ञानिकों का मत है कि संवेग विकास एवं वृद्धि की प्रक्रिया के दौरान प्राप्त किए जाते हैं। इस संबंध में हुए प्रयोग स्पष्ट करते हैं कि जन्म के समय संवेग निश्चित रूप से विद्यमान नहीं होते हैं। बाद में धीरे-धीरे बच्चा ऐसी निश्चित प्रतिक्रियाएँ करता है जिससे ज्ञात होता है कि उसे सुखद व दुखद अनुभूति हो रही है।

संवेगों की विशेषताएँ

1. संवेगात्मक अनुभव किसी मूल प्रवृत्ति या जैविकीय उत्तेजना से जुड़े होते हैं।
2. सामान्यतः संवेग प्रत्यक्षीकरण का उत्पाद होते हैं।
3. प्रत्येक संवेगात्मक अनुभव के दौरान प्राणी में अनेक शारीरिक परिवर्तन होते हैं।
4. संवेग किसी स्थूल वस्तु या परिस्थिति के प्रति अभिव्यक्त किए जाते हैं।
5. प्रत्येक जीवित प्राणी में संवेग होते हैं।
6. विकास के सभी स्तरों में संवेग होते हैं और बच्चे व बूढ़ों में उत्पन्न किए जा सकते हैं।
7. एक ही संवेग को अनेक प्रकार की उत्तेजनाओं (वस्तुओं या परिस्थितियों) से उत्पन्न किया जा सकता है
8. संवेग शीघ्रता से उत्पन्न होते हैं और धीरे-धीरे समाप्त होते हैं।

बच्चों के संवेगों की विशेषताएँ

1. बच्चों के संवेग थोड़े समय के लिए होते हैं। बच्चे अपने संवेगों की अभिव्यक्ति बाहरी व्यवहार द्वारा तुरन्त कर देते हैं जबकि बड़े होने पर बाहरी व्यवहार पर सामाजिक नियन्त्रण होता है।
2. बच्चों के संवेग तीव्र होते हैं। बच्चे डर, क्रोध व खुशी आदि की अभिव्यक्ति अत्यधिक तीव्रता से करते हैं।
3. बच्चों के संवेग अस्थिर होते हैं। बच्चों के संवेगों में शीघ्रता से बदलाव होता है। उदाहरणार्थ, अभी लड़ाई और थोड़ी ही देर में तुरन्त दोस्ती कर लेते हैं।
4. बच्चों के संवेग बार-बार दिखायी देते हैं क्योंकि वे अपने संवेगों को छिपाने में असमर्थ होते हैं। बच्चे दिन में अनेक बार गुस्सा करते हैं या खुश होते हैं।
5. बच्चों की संवेगात्मक प्रतिक्रिया में भिन्नता पायी जाती है एक ही संवेग की अवस्था में प्रत्येक बच्चा अलग-अलग प्रतिक्रिया देता है-उदाहरणार्थः- अजनबी के सामने एक बच्चा भाग जाएगा व दूसरा रोने लगेगा।

बच्चों के सामान्य संवेगात्मक ढंग

डर-प्रथम वर्ष के अन्त के पहले ही डर से संबंधित उत्तेजनाएँ बच्चे पर प्रभाव डालने लगती हैं। समय के साथ-साथ उन वस्तुओं की संख्या बढ़ती जाती है

जो बच्चे को डराती है। मानसिक विकास के साथ-साथ वह इस योग्य होता है कि उन वस्तुओं और व्यक्तियों को पहचान सके जो उसे डराती है। डर चाहे तार्किक हो या अतार्किक इसकी जड़ बच्चों के अनुभवों में होती है। छोटा बच्चा सामान्यत: जोर की आवाज, अजनबी–लोग, जगह, वस्तुएँ, अंधेरी जगह व अकेले रहने से डरते हैं। यह डर अवस्था के साथ-साथ कम हो जाता है। डर के प्रति बच्चे की प्रतिक्रिया इस बात पर निर्भर करती है कि उसकी शारीरिक व मानसिक दशा क्या है। यदि बच्चा थका हुआ है तो ऐसी स्थितियां डर को और बढ़ाती हैं। बोस्ट्न ने अपने अध्ययनों में पाया कि बुद्धिमान बच्चे डर अधिक प्रदर्शित करते हैं क्योंकि वे खतरे की सम्भावनाओं को समझते हैं। डर तब उपयोगी होता है जब यह खतरे से सावधान करता है।

क्रोध–यह संवेगात्मक प्रतिक्रिया बच्चे ज्यादा करते हैं क्योंकि वातावरण में क्रोध दिलाने वाले उत्तेजक डर की अपेक्षा अधिक होते हैं। अधिकतर बच्चे शीघ्र ही यह समझ जाते हैं कि क्रोध ध्यान आकृष्ट करने का अच्छा तरीका है। इससे उनकी इच्छा की पूर्ति होती है।

छोटे बच्चे को आराम न मिलने पर क्रोध आता है। जैसे-जैसे बच्चा बड़ा होता है तो वह स्वयं काम करना चाहता है और कार्य न कर पाने पर गुस्सा दिखाता है। विद्यालय जाने से पूर्व की आयु के बच्चे उन पर गुस्सा करते हैं जो उनके खेल की चीजों को छूते हैं व उनके खेलने में बाधा उत्पन्न करते हैं। उत्तर बाल्यावस्था में बच्चे की मजाक उड़ाने, उनकी गलती निकालने व दूसरे बच्चों से तुलना करने पर उनके गुस्सा आता है। क्रोध को अभिव्यक्त करने का ढंग वातावरण से सीखा जाता है।

ईर्ष्या–ईर्ष्या बच्चे तब दिखाते हैं जब प्यार की कमी के लिए वास्तव में कोई स्थिति जिम्मेदार होती है या बच्चा प्यार की कमी महसूस करता है। ईर्ष्या इस बात पर निर्भर करती है कि दूसरे उससे कैसा व्यवहार करते हैं व बच्चे को कैसा प्रशिक्षण मिला है। कभी-कभी माता-पिता दूसरों की प्रशंसा अत्यधिक करते हैं इस प्रकार वे अपने बच्चों में प्रतिद्वन्दिता व स्पर्धा उत्पन्न करते हैं। ईर्ष्या की स्थिति में बच्चे विभिन्न प्रतिक्रिया देते हैं।

1. **गुस्सा करना:**-यह दो प्रकार से प्रकट किया जाता है–
   (अ) प्रत्यक्ष रूप से जिससे ईर्ष्या होती है उसके रास्ते में मिल जाने पर उस पर प्रहार करना
   (ब) अप्रत्यक्ष रूप से जिससे ईर्ष्या होती है उसकी अनुपस्थिति में उसके बस्ते से उसकी कॉपी या किताब चुरा लेना।
2. **आत्मीकरण करना:**-जिससे ईर्ष्या होती है उससे बच्चा आत्मीकरण कर लेता है।
3. अधिक प्यार मिलने वाले से स्वयं को अलग करना।
4. **दमन:**-बच्चा अपनी भावनाओं को यह कहते हुए दबा देता है कि मैं परवाह नहीं करता।
5. **मार्गान्तीकरण:**-यदि बच्चा पढ़ने में तेज बच्चे से ईर्ष्या करता है तो वह खेल में स्वयं को आगे कर लेता है।

हर्ष, सन्तोष एवं सुख–ये तीनों सुखद संवेग हैं। इनमें मात्रा का अन्तर है। ये निश्चयात्मक संवेग हैं। क्योंकि व्यक्ति उस परिस्थिति को स्वीकार करता है जो इस संवेग को उत्पन्न करती हैं। छोटे बच्चों में ये संवेग शारीरिक कष्ट न होने पर देखा जाता है। बड़े बच्चों को सन्तोष व हर्ष तब होता है जब उन्हें सफलता मिलती है, दूसरों से प्रशंसा मिलती है व दूसरों से उच्चता या श्रेष्ठता का अनुभव होता है।

स्नेह–बच्चे किसी व्यक्ति या वस्तु के प्रति स्नेह दिखाते हैं। छोटे बच्चे उनके प्रति स्नेह दिखाते हैं जो उनकी आवश्यकताओं की परवाह करते हैं, उनसे खेलते हैं, सामान्यत: जो उन्हें हर्ष एवं सन्तोष प्रदान करते हैं। परिवार के सदस्यों एवं ऐसे लोग जिनसे खून का संबंध नहीं है, बच्चा स्नेह दिखाएगा या नहीं यह इस बात पर निर्भर करता है कि बच्चे के प्रति इन लोगों का व्यवहार कैसा है।

उत्सुकता व कौतुहल–छ: से सात महीने के बाद बच्चे नई चीजों को पकड़ना चाहते हैं। पकड़ने के बाद सब तरफ से देखकर, छूकर, पटककर, हिलाडुला कर, मुँह में डालकर विभिन्न इन्द्रिय ज्ञान प्राप्त करते हैं। जैसे ही बच्चे बोलना सीखते हैं वे प्रश्न पूछकर कौतुहल को शान्त करते हैं आठ से नौ वर्ष के बच्चे इसी इच्छा के कारण अपना अधिक समय पढ़ने में लगाते हैं।

किशोर के सामान्य संवेगात्मक ढंग

डर–किशोर सामाजिक परिस्थितियों, अपरिचित व्यक्तियों एवं नई स्थिति में जाने से डरते हैं। डर की अभिव्यक्ति में लिंग भेद पाया जाता है। क्योंकि लड़के व लड़कियों के मूल्यों में अन्तर होता है। लड़कियां व्यक्तिगत सुरक्षा को विशेष महत्त्व देती हैं इसलिए अपरिचित के सामने डरती हैं जबकि लड़कों में ऐसा नहीं पाया जाता। डर पर सामाजिक–आर्थिक स्तर का भी प्रभाव पड़ता है।

चिन्ता–चिन्ता डर से उत्पन्न होती है। ये काल्पनिक कारणों से होती है। इसमें वास्तविकता का अंश भी होता है लेकिन ये अनावश्यक रूप से बड़ी छुपी अवस्था है अर्थात् परेशानी अभी है नहीं, लेकिन आ सकती है इस बात की चिन्ता होती हैं। चिन्ता किसी वस्तु, व्यक्ति एवं स्थिति से संबंधित हो सकती है। जैसे परीक्षा में अच्छे नम्बर आयेंगे या नहीं, नौकरी मिलेगी या नहीं या फिर दूसरों के सामने बोलने से डरते हैं। लड़के व लड़कियों के मूल्यों में अन्तर अलग-अलग होते हैं। जैसे लड़के नौकरी व व्यवसाय को लेकर चिन्तित होते हैं जबकि लड़कियां बाह्य आकृति एवं सामाजिक मान्यता को लेकर अधिक चिन्तित रहती हैं।

दुश्चिन्ता–दुश्चिन्ता आन्तरिक द्वन्द्व के कारण उत्पन्न होती है। यह लगातार रहने वाली कष्टकारी मानसिक दशा है। व्यक्ति बेचैनी का अनुभव करता है। उसे यह स्पष्ट नहीं होता है कि वह क्या करे और क्या न करे। जब अनेक चिन्ताएं एकत्रित होती हैं तो वह दुश्चिन्ता का रूप धारण कर लेती हैं। उदाहरण के लिए यदि किशोर ऐसे सांस्कृतिक समूह में रहता है जहां बाह्य आकृति, प्रसिद्धि, अध्ययन व सम्प्राप्ति को महत्त्व दिया जाता है और किशोर स्वयं को इन सांस्कृतिक आशाओं के अनुरूप नहीं पाता तो दुश्चिन्ता हो जाती है।

क्रोध–किशोरों को पक्षपातपूर्ण व्यवहार से गुस्सा आता है। यह पक्षपातपूर्ण व्यवहार घर पर भी हो सकता है। यदि कोई उन पर रोब जमाता है तो गुस्सा आता है। भाई-बहनों द्वारा एक–दूसरे का सामान प्रयोग करने पर, व्यंग्यात्मक बातों का प्रयोग करने पर, आदतों में बाधा होने पर, योजना के सफलतापूर्वक सम्पन्न न होने पर क्रोध आता है। क्रोध की अभिव्यक्ति में किशोर चीजों को तोड़ते हैं, फेंकते हैं, तेज बोलते हैं। कभी-कभी बोलना बन्द कर देते हैं।

ईर्ष्या–इसमें दो संवेग शामिल होते हैं। सामाजिक स्तर खोने का डर और क्रोध। किशोरावस्था में ईर्ष्या भाई-बहनों के प्रति कम और संगी-साथियों के प्रति ज्यादा होती है। जितना अधिक किशोर सामाजिक स्थितियों में असुरक्षा का अनुभव करेगा उतना अधिक उन लोगों से ईर्ष्या करेगा जिनको सामाजिक मान्यता प्राप्त है। असन्तुष्ट बच्चा ईर्ष्या का शिकार होता है। इस संवेग की अनुभूति पर मौखिक अभिव्यक्ति होती है। जैसे मजाक उड़ाना या व्यंग्य करना।

जलन की भावना–जलन की भावना व्यक्ति की चीजों के प्रति होती है जैसे कोई अमीर घर का लड़का कार में आता है, अच्छे कपड़े पहनता है, अच्छे खिलौने रखता है। तो गरीब घर के लड़के को उसकी इन सुविधाओं से जलन होती है।

नाराज होना–यह गुस्से से कम तीव्र संवेग है। किशोर गुस्से की तुलना में नाराज अधिक होते हैं। किशोर उन चीजों के बारे में बात करके सुख का अनुभव करते हैं। जो उसे नाराज करती हैं। किशोर दूसरे लोगों के भाषण, व्यवहार करने

के तरीके से अधिक नाराज होते हैं। किशोर जब आशा के अनुरूप कार्य नहीं कर पाता, उसका समायोजन अच्छा नहीं होता तो वे नाराज होते हैं।

जिज्ञासा/उत्सुकता–किशोर लिंग, वैज्ञानिक चीजों, संसार की घटनाओं, धर्म व नैतिकता में उत्सुकता दिखाते हैं और इन विषयों पर वे प्रश्न भी करते हैं। वे किताबें, पत्र-पत्रिकाएं पढ़कर अपनी जिज्ञासा को शान्त करते हैं।

स्नेह–यह व्यक्ति, वस्तु या जानवर के प्रति कोमल लगाव है। यह सुखद अनुभवों पर आधारित होता है। किशोरावस्था व बाल्यावस्था के इस संवेग में अन्तर होता है। किशोर निर्जीव व जानवरों की तुलना में व्यक्तियों के प्रति अधिक स्नेह करते हैं। किशोर के स्नेह में भी तीव्रता होती है। लेकिन किशोर बच्चों की तरह केवल घर के लोगों से ही स्नेह नहीं करते वरन् संगी-साथी व बाहर के लोगों से भी करते हैं।

दु:ख–इस संवेग की अनुभूति तब होती है जब व्यक्ति ऐसी चीज खो देता है जिसको वो बहुत महत्त्व देता है। तथा उससे उसे संवेगात्मक लगाव होता है। किशोर को इस संवेग का अनुभव बार-बार होता है क्योंकि किशोर में अब सोचने-समझने की शक्ति बढ़ जाती है। किशोर बच्चों की तरह रोते नहीं हैं वरन् अपने चारों तरफ के लोगों व चीजों में रुचि नहीं लेते हैं। एकान्त में रहते हैं। भूख कम लगती है व नींद कम आती है। इसका किशोर के स्वास्थ्य पर बुरा प्रभाव पड़ता है।

खुशी–किशोर खुशी का अनुभव तब करता है जब उसका समायोजन अच्छा होता है। प्रशिक्षण व योग्यता से किशोर इस योग्य होता है कि वह परिस्थिति के साथ ठीक से समायोजन कर सके। अच्छा समायोजन व्यक्ति को आत्म सन्तोष देता है। यदि किशोर समाज द्वारा मान्यताप्राप्त कार्यों को सफलतापूर्वक करता है तो उसमें उच्चता की भावना आती है उससे भी उसे सन्तोष मिलता है। अन्ततः वह खुशी का अनुभव करता है।

संवेगात्मक विकास को प्रभावित करने वाले कारक

1. **परिपक्वता**–व्यक्ति के विकास पर संवेगात्मक विकास निर्भर करता है विशेष रूप से स्नायु तन्त्र के विकास पर। यदि Frontal Lobe को हटा दिया जाए तो संवेगों में स्थिरता नहीं रहती है।
2. **स्वास्थ्य और शारीरिक विकास**–बच्चे के स्वास्थ्य, शारीरिक विकास एवं संवेगात्मक विकास में धनात्मक सहसंबंध होता है। स्वास्थ्य में गिरावट से संवेगात्मक विकास पर बुरा प्रभाव पड़ता है।
3. **बुद्धि**–हरलॉक ने अध्ययनों में पाया कि सामान्य व कम बुद्धि के लोगों को अपने संवेगों पर नियन्त्रण कम होता है। चूंकि बुद्धिमान व्यक्ति के पास चिन्तन व तर्क की योग्यता होती है इसलिए संवेगों पर नियन्त्रण कर लेते हैं।
4. **सीखना**–व्यक्ति समाज व संस्कृति द्वारा मान्य ढंग से संवेगों को व्यक्त करना सीखता है। उदाहरण के लिए, नीग्रो के डर को व्यक्त करने का तरीका भारतीयों से भिन्न प्रकार का होता है। बच्चे संवेगात्मक व्यवहार को दो प्रकार से सीखते हैं–

   (अ) **अनुबन्धन द्वारा**–वाटसन ने अलबर्ट नामक बच्चे पर प्रयोग किया। यह बच्चा खरगोश से बहुत प्यार करता था और उसके साथ खेलता था। वाटसन ने इस बच्चे को खरगोश से डरना सिखाया। अत: जब कभी बच्चा खरगोश के साथ खेलता था तो वे जोर की आवाज (जो डरावनी थी) निकाला करते थे। इससे धीरे-धीरे बच्चा खरगोश से डरने लगा। बाद में वह सफेद दिखने वाली सभी चीजों से डरना सीख गया।

   (ब) **अनुकरण**–यदि माता-पिता चिन्तित रहते हैं तो बच्चे चिन्तित रहना सीख जाते हैं। इसी प्रकार माता-पिता शान्त तो बच्चे भी शान्त होते हैं। टर्नर ने पाया कि शिक्षकों के संवेगात्मक व्यवहार का प्रभाव छात्रों पर पड़ता है।
5. **विद्यालयी वातावरण**–शिक्षकों का अपने व्यवसाय एवं छात्रों के प्रति मनोवृत्ति, विद्यालय अनुशासन, विद्यालय में अकादमिक सुविधाएं, भौतिक सुविधाएं, शिक्षण विधि, पाठ्य सहगामी क्रियाएं आदि का बच्चे के संवेगात्मक विकास पर प्रभाव पड़ता है। उदाहरण के लिए विद्यालय में अत्यन्त कठोर अनुशासन् होता है या अनुशासनविहीन विद्यालय दोनों का बच्चे के संवेगात्मक विकास पर बुरा प्रभाव पड़ता है।
6. **संगी-साथी**–संवेगात्मक व्यवहार अनुकरण द्वारा सीखे जाते हैं। साथ ही कहावत है–संगत का असर पड़ता है। अत: बच्चों के संवेगात्मक विकास पर मित्रों, संगी-साथियों व सहपाठियों के व्यवहार का प्रभाव पड़ता है।
7. **पारिवारिक वातावरण**–माता-पिता व बच्चे के मध्य संबंध, बच्चे का जन्म क्रम, लड़का व लड़की, परिवार का आकार, परिवार का सामाजिक आर्थिक स्तर, अनुशासन, माता-पिता की बच्चे के प्रति मनोवृत्ति आदि बच्चे के संवेगात्मक विकास को प्रभावित करते हैं।

संवेगात्मक विकास का शैक्षिक निहितार्थ

सभी सीखने की क्रियाओं का संबंध संवेगों से होता है। विद्यालय में दिया जाने वाला शिक्षण सफल नहीं होगा यदि छात्रों का बौद्धिक विकास तो हो रहा है लेकिन वे संवेगात्मक रूप से विचलित है। UNESCO रिपोर्ट (1955) के अनुसार– "Learning in the strict educational sense will not proceed satisfactorly if the child's emotional life is disturbed."

1. कक्षा में पढ़ाते समय शिक्षक को इस बात के लिए संवेदनशील होना चाहिए कि उसके प्रति छात्रों के कैसे संवेग हैं।
2. प्रत्येक कक्षा में हम भावना होती है। जिसके कारण छात्र कक्षा में सुरक्षित महसूस करते है। शिक्षक का प्रयास होना चाहिए कि यह भावना बनी रहे और छात्र कक्षा में किसी भी प्रकार का तनाव का अनुभव न करें।
3. छात्रों के संवेगों व संवेगात्मक व्यवहार के प्रति शिक्षक का सकारात्मक दृष्टिकोण होना चाहिए।
4. स्वस्थ प्रतिस्पर्धा को महत्त्व देना चाहिए।
5. परीक्षा में नम्बरों पर बहुत बल नहीं होना चाहिए।
6. संपूर्ण उपस्थिति के स्थान पर बच्चे के स्वास्थ्य पर बल देना चाहिए।
7. संवेगात्मक समस्याओं के समाधान हेतु निर्देशन का प्रबन्ध होना चाहिए।
8. छात्रों को सामाजिक मान्यता प्राप्त ढंग से संवेगात्मक व्यवहार करने का तरीका सिखाना चाहिए।
9. छात्रों के संवेगों को समझते समय शिक्षक का पक्षपातरहित व वस्तुनिष्ठ व्यवहार होना चाहिए।

   (i) **केन्द्रीय प्रवृत्ति**–यह सभी व्यक्तियों में पायी जाती है। प्रत्येक व्यक्ति में 5 से 10 ऐसी प्रवृत्तियां होती हैं जिसके भीतर उसका व्यक्तित्व अधिक सक्रिय रहता है। इन गुणों को केन्द्रीय प्रवृत्ति कहते हैं। जैसे सामाजिकता, आत्मविश्वास आदि।

   (ii) **गौण प्रवृत्ति**–गौण प्रवृत्ति वैसे गुणों को कहते हैं जो व्यक्तित्व के लिए कम महत्त्वपूर्ण, कम संगत, कम अर्थपूर्ण तथा कम स्पष्ट होते हैं। जैसे- खाने की आदत, केश शैली आदि।

एक व्यक्ति के लिए कोई प्रवृत्ति केन्द्रीय प्रवृत्ति हो सकती है वहीं दूसरे के लिए गौण प्रवृत्ति हो सकती है।

कैटल का योगदान–शीलगुण सिद्धान्त में ऑलपोर्ट के बाद कैटल का नाम महत्त्वपूर्ण माना गया है। कैटल ने प्रमुख शीलगुणों की शुरुआत ऑलपोर्ट द्वारा बतलाये गए 18,000 शीलगुणों में से 4,500 शीलगुणों को चुनकर की। बाद में, इनमें से समानार्थ शब्दों को एक साथ मिलाकर इसकी संख्या उन्होंने 200 कर

दी और फिर बाद में विशेष सांख्यिकीय विधि यानी कारक विश्लेषण के सहारे अन्तर सहसंबंध द्वारा उसकी संख्या 35 कर दी। कैटल ने शीलगुणों को दो भागों में विभाजित किया है–

(i) **सतही शीलगुण–**इस तरह का शीलगुण व्यक्तित्व के ऊपरी सतह या परिधि पर होता है यानी इस तरह के शीलगुण ऐसे होते हैं जो व्यक्ति के दिन-प्रतिदिन की अन्त:क्रिया में आसानी से अभिव्यक्त हो जाते हैं।

(ii) **स्रोत या मूल शीलगुण–**कैटल के अनुसार मूल शीलगुण व्यक्तित्व की अधिक महत्त्वपूर्ण संरचना है तथा इसकी संख्या सतही शीलगुण की अपेक्षा कम होती है। मूल शीलगुण सतही शीलगुण के समान, व्यक्ति के दिन प्रतिदिन की अन्त:क्रिया में स्पष्ट रूप से व्यक्त नहीं हो पाते हैं।

एक अंग्रेजी मनोवैज्ञानिक और मनोविश्लेषक बॉल्वी ने अपने जीवन का अधिकांश हिस्सा उन बच्चों के साथ काम करने के लिए समर्पित किया जो माँ की छत्रछाया से वंचित थे। जॉन बॉल्वी ने अपने काम और अध्ययन से लगाव के सिद्धान्त को प्रकाशित किया। वास्तव में उनके व्यापक अनुभव और ज्ञान का हजारों पेशेवरों ने लाभ उठाया है।

जॉन बॉल्वी सिद्धान्त-जॉन बॉल्वी के अटैचमेण्ट सिद्धान्त को अच्छी तरह से जानने के लिए आइए सबसे पहले यह जानते हैं कि लगाव सिद्धान्त से हम क्या समझते हैं। इस मामले में लगाव का संबंध बच्चे और उसके ट्यूटर्स के बीच एक भावनात्मक बंधन विकसित होने से है। चाहे वे जन्म के माता-पिता हों, दत्तक माता-पिता हों या अन्य देखभाल करने वाले। लगाव बच्चे में एक भावनात्मक बंधन पैदा करता है जिसे बॉल्वी व्यक्तित्व के विकास के लिए अपरिहार्य मानते हैं। इस प्रकार बॉल्वी बच्चे की स्थिति और वयस्क की पहुँच और व्यवहार के अनुसार लगाव को तीन प्रकार से बाँटते हैं।

(1) **सुरक्षित लगाव**-यह तब होता है जब शिशु सुरक्षात्मक नमूनों से सुरक्षित होता है। बच्चे में खुद एक सकारात्मक और आत्मविश्वासी अवधारणा विकसित होती है जिससे वह अधिक स्थिर, संतोषजनक और एकीकृत संबंध बनाता है।

(2) **आसक्त आसक्ति**-इस मामले में बच्चे के स्नेह का आँकड़ा केवल शारीरिक लगाव और भावनात्मक उपलब्धता प्रदान करता है। यह स्थिति भय और चिंता पैदा करती है। बच्चे के भावनात्मक कौशल असंगत रूप से विकसित होते हैं।

(3) **अव्यवस्थित लगाव**-इस मामले में देखभाल करने वाला बच्चे की जरूरतों के प्रति असंगत प्रतिक्रियाएँ प्रदान करता है। अपनी हताशा में वह विघटनकारी प्रतिक्रियाओं में प्रवेश कर सकता है। शिशु के लिए वयस्क का व्यवहार बहुत ही भटकाव भरा होता है। जिससे बहुत चिंता और असुरक्षा भी उत्पन्न होती है।

बॉल्वी ने बताया कि बच्चे का जन्म ऐसे व्यवहारों की श्रृंखला के साथ हुआ है जिनका उद्देश्य माता-पिता की प्रतिक्रियाओं को प्राप्त करना है। इस तरह परावर्तित मुस्कराहट हँसने, रोने, बड़बड़ाने या अपनी देखभाल करने वालों या माता-पिता के साथ संबंध बनाने के अपने तरीके का जवाब देने की आवश्यकता होती है।

बच्चे का सम्पूर्ण व्यवहार प्रदर्शन करने का उद्देश्य देखभाल करने वाले के साथ निकटता बनाए रखना है। कुछ साल बाद, बॉलवी के सिद्धान्त का लाभ उठाते हुए, वैज्ञानिक मैरी आइन्सवर्थ ने माँ-बच्चे की बातचीत में गुणात्मक अंतर की एक श्रृंखला पाई। उनके अनुसार लगाव के गठन को बच्चे और देखभाल करने वाले के बीच बातचीत के पैटर्न के बीच पहचाना जा सकता है।

नैतिक विकास और बच्चे : सही-गलत की अवधारणा, जीन पियाजे तथा कोहलबर्ग का सिद्धांत

एक ही समाज के विभिन्न वर्गों की नैतिकता के स्वरूप में अन्तर पाया जा सकता है। अच्छे या बुरे व्यवहार पर किसी वर्ग के विचार के अनुसार ही यह निर्णय किया जा सकता है कि उस वर्ग के व्यक्तियों के लिए नैतिक व्यवहार क्या है ?

बच्चा न तो नैतिक होता है और न ही अनैतिक वस्तुत: वह तो विनैतिक होता है। क्योंकि उसका व्यवहार नैतिक नियमों द्वारा अनुशासित नहीं होता। नैतिक व्यवहार दिखलाने के पहले बालक को यह सीखना चाहिए कि उसका समाज किस वस्तु को अच्छा और किस को बुरा कहता है। यह सब धीरे-धीरे अपने मित्रों, शिक्षकों तथा माता-पिता से सीखता है।

यह याद रखना चाहिए कि बालक की नैतिक शिक्षा शैशव तथा बाल्यकाल से प्रारंभ हो जानी चाहिए। बालक का पूर्ण नैतिक विकास उस समय होता है जब बालक नैतिक गुणों को नैतिक से अलग करके समझ लेता है और उसके आचरण में वह गुँथ जाते हैं।

जीन पियाजे का नैतिक विकास का सिद्धान्त

बच्चे नैतिक मुद्दों के बारे में किस तरह सोचते हैं, इसके बारे में पियाजे (1932) ने रुचि जाग्रत की थी। उन्होंने बहुत अधिक गहराई से चार से बारह साल की उम्र के बच्चों का अवलोकन और साक्षात्कार किया। पियाजे ने बच्चों को कंचे खेलते हुए देखा ताकि वो यह जान सकें कि बच्चों ने खेल के नियमों पर किस तरह से विचार किया। उन्होंने बच्चों से नैतिक मुद्दे (जैसे सजा और न्याय) के बारे में भी बात की। पियाजे ने पाया कि जब बच्चे नैतिकता के बारे में सोचते हैं, तो वे दो अलग-अलग अवस्थाओं से होकर गुजरते हैं।

संज्ञानात्मक विकास के सिद्धान्त के साथ-साथ पियाजे ने बालकों के नैतिक विकास के विषय में विभिन्न प्रकार के शोध कार्य किये। पियाजे का मत था कि सामाजिक अनुभव और संज्ञानात्मक परिपक्वता नैतिक विकास में महत्त्वपूर्ण भूमिका निभाते हैं। पियाजे ने बालकों में नैतिकता के विकास को जानने के लिए विभिन्न प्रयोग किये तथा इन प्रयोगों के परिणामों के आधार पर नैतिक विकास की निम्नलिखित अवस्थाओं का विवरण दिया।

(1) **शैशवावस्था (जन्म से पाँच वर्ष तक)**-पियाजे के अनुसार इस अवस्था में बालक का व्यवहार किसी नैतिक मानक से निर्देशित नहीं होता बल्कि उसके नियामक व्यवहार के परिणामस्वरूप प्राप्त पीड़ा या आनन्द के अनुभव से होता है। दूसरे शब्दों में, इस अवस्था में जिस व्यवहार से बालक को पीड़ा होती है, वह व्यवहार वह नहीं करता है, इसके विपरीत, जिस व्यवहार से उसे आनन्द प्राप्त होता है, वह व्यवहार वह बार-बार करता है।

(2) **पराधीनता प्राधिकार अवस्था (छः से आठ वर्ष तक)**-इस अवस्था में नैतिक विकास बाह्य सत्ता के द्वारा नियन्त्रित होता है तथा बालक के व्यवहार के नियामक पुरस्कार और दण्ड हो जाते हैं। दूसरे शब्दों में, इस अवस्था में बालक के अभिभावक, माता-पिता, अध्यापक आदि बालक को अनुशासित करने के लिए जिन विधियों, युक्तियों अथवा दृष्टिकोणों को अपनाते हैं, उसी के अनुरूप बालक को नैतिक अथवा अनैतिक व्यवहारों का ज्ञान होता है।

(3) **पराधीनता अन्योगत (नौ से तेरह वर्ष तक)**-इस अवस्था में बालक के अन्दर समूह से जुड़ने एवं समूह द्वारा निर्धारित मानदण्डों के अनुरूप व्यवहार करने की प्रवृत्ति विकसित होती है। दूसरे शब्दों में, इस अवस्था में नैतिकता अपने समकक्ष बालक-बालिकाओं एवं सहपाठियों के सहयोग से विकसित होती है। बालक में यह भाव उत्पन्न होता है कि हमें दूसरों के साथ वह व्यवहार नहीं करना चाहिए जिसे हम स्वयं के लिए गलत समझते हैं।

(4) **स्वायत्तता (तेरह से अट्ठारह वर्ष तक)**-पियाजे ने इसे समता की अवस्था भी माना है। उनके अनुसार इस अवस्था में किशोर अपने व्यवहार के लिए स्वयं की परिस्थितियों, आदि को ध्यान में रखकर स्वत: निर्णय लेकर व्यवहार करने योग्य हो जाता है।

चूँकि छोटे बच्चे बाहरी सत्ता वाली नैतिकता के स्तर पर होते हैं, वे किसी के व्यवहार के बारे में सही या गलत का निर्णय उस व्यवहार से होने वाले परिणामों को देखकर लेते हैं न कि व्यवहारकर्ता के उद्देश्यों के आधार पर। जैसे कि उनके लिए जानबूझ कर तोड़े गए एक कप की तुलना में हादसे में 12 कप टूटने की घटना ज्यादा बुरी है।

बाहरी सत्ता के आधार पर नैतिक चिन्तन करने वाले बच्चे यह भी मानते हैं कि नियम न बदलने वाली चीज के नियम किसी शक्तिशाली सत्ता के द्वारा बनाए गए हैं। पियाजे ने छोटे बच्चों को सुझाया कि वह कंचे के नए नियम बनाएँ, तो छोटे बच्चों ने मना कर दिया।

पियाजे मानते हैं कि जैसे-जैसे बच्चे बड़े होते हैं उनकी सोच सामाजिक मुद्दों के बारे में गहरी होती चली जाती है। पियाजे का मानना है कि सामाजिक समझ साथियों के साथ आपसी लेन-देन से आती है। जिन साथियों के पास एक जैसी शक्ति और ओहदा होता है वहाँ योजनाओं के बीच समझौता किया जाता है और सहमत न होने पर तर्क दिया जाता है और आखिर में सब कुछ ठीक हो जाता है।

कोहलबर्ग का नैतिक विकास का सिद्धान्त

पियाजे द्वारा प्रस्तुत नैतिक विकास से संबंधित शोधों एवं उसके आधार पर दी गई नैतिक विकास की उपर्युक्त चारों अवस्थाओं की संकल्पना को आगे बढ़ाने का श्रेय लॉरेन्स कोहलबर्ग को दिया जाता है। कोहलबर्ग ने हार्वर्ड विश्वविद्यालय में कई वर्षों तक अध्यापन कार्य किया। पियाजे की तरह कोहलबर्ग ने भी पाया कि नैतिक विकास कुछ चरणों में होता है। कोहलबर्ग ने पाया कि ये चरण सार्वभौमिक होते हैं। बच्चों के साथ बीस साल तक एक विशेष प्रकार के सलाहकार का प्रयोग करने के बाद कोहलबर्ग इन निर्णयों पर पहुँचे।

साक्षात्कार द्वारा दिए गए उत्तरों के आधार पर कोहलबर्ग ने नैतिक चिंतन की तीन अवस्थाएँ बताई हैं, जिन्हें पुन: दो-दो चरणों में विभाजित किया गया है-

(1) पूर्व परम्परावादी नैतिकता-यह नैतिक चिंतन का सबसे निचला चरण है, पर इसमें बाहर से मिलने वाली सजा और उपहार का प्रभाव पड़ता है।

चरण 1-

बाहरी सत्ता पर आधारित-कोहलबर्ग द्वारा प्रस्तुत यह प्रथम अवस्था पियाजे द्वारा प्रस्तुत प्रथम अवस्था के समान ही है। इस अवस्था में बालक यह मानता है कि उसे शक्तिशाली प्राधिकरणों द्वारा निर्धारित नियमों को बिना किसी संदेह के मानना है। इन्होंने इस अवस्था को पूर्व परम्परावादी अवस्था कहा है क्योंकि इस अवस्था में बालक समाज के सदस्य की हैसियत से व्यवहार नहीं करता अपितु वह नैतिकता के अपने अंदर से उत्पन्न व्यवहार न मानकर बाहर से बड़ों के द्वारा बनाये गए नियमों के मानने को अनिवार्यता के रूप में स्वीकार करता है।

अत: यहाँ नैतिकता सोच-समझ से बंधी होती है जैसे बच्चे यह मानते हैं कि उन्हें बड़ों की बातें माननी चाहिए नहीं तो बड़े उन्हें दण्डित करेंगे।

चरण 2-

व्यक्ति केन्द्रित, एक-दूसरे का हित साधने पर आधारित नैतिक चिन्तन-इस अवस्था में बालक यह अनुभव करने लगते हैं कि किसी विशिष्ट प्राधिकारिता द्वारा आयोजित दृष्टिकोण ही सही नहीं हैं बल्कि भिन्न-भिन्न व्यक्तियों के स्वयं के भी दृष्टिकोण हो सकते हैं। इस अवस्था में बालक के उत्तर समाज के सदस्य के रूप में दिये गये उत्तर न होकर समाज से भिन्न किसी व्यक्ति द्वारा 'दबाव अथवा दण्ड' की अवधारणा के ध्यान में रखकर दिये गये उत्तर लगते हैं। यहाँ बालक यह देखते हैं कि व्यक्ति आपस में एक-दूसरे के हित की बात करते हैं किन्तु अभी भी वे अपने व्यवहार को परिवार अथवा समाज के मूल्य के साथ जोड़कर नहीं देखते हैं। अत: यहाँ बच्चा सोचता है कि अपने हितों के अनुसार कार्य करने में कुछ गलत नहीं है पर हमें साथ में दूसरों को भी उनके हितों के अनुरूप काम करने का मौका देना चाहिए। अत: इस स्तर की नैतिक सोच यह कहती है कि वही बात सही है जिसमें बराबरी का लेनदेन हो रहा हो। अगर हम दूसरे की कोई इच्छा पूरी कर दें तो वह भी हमारी इच्छा पूरी कर देगा।

(2) परम्परागत नैतिकता-यह कोहलबर्ग के नैतिक विकास के सिद्धान्तों की दूसरी अवस्था है। इस अवस्था में लोग एक पूर्व-आधारित सोच से चीजों को देखते हैं। जैसे देखा गया है कि अक्सर बच्चों का व्यवहार उनके माँ-बाप या किसी बड़े व्यक्ति द्वारा बनाए गए नियमों पर आधारित होता है।

चरण 3-

अच्छे आपसी व्यवहार व संबंधों पर आधारित नैतिक चिन्तन-इस अवस्था में बालक जब किशोरावस्था में प्रविष्ट होने लगता है तो वह नैतिकता को एक सामान्य कार्य व्यवहार से अधिक महत्त्वपूर्ण समझने लाता है। वह यह विश्वास करने लगता है कि लोगों को परिवार एवं समुदाय की अपेक्षाओं के अनुरूप ही जीवनयापन करना चाहिए और अच्छी तरह से व्यवहार करना चाहिए। कोहलबर्ग द्वारा प्रस्तुत प्रथम तीन अवस्थाओं तथा पियाजे की प्रथम दो अवस्थाओं में काफी समानता है। इन दोनों ही क्रमों में बालक बिना शर्त आज्ञाकारिता से एक सापेक्ष दृष्टिकोण एवं अच्छे प्रेरकों के प्रति झुकाव की ओर अग्रसर होता है, यह अग्रसरता पियाजे द्वारा वर्णित प्रथम दो अवस्थाओं से होती हुई तीन अवस्थाओं को पूरा करने के पश्चात् होती है।

अत: इस स्थिति में लोग विश्वास, दूसरों का ख्याल रखना, दूसरों के निष्पक्ष व्यवहार को अपने निष्पक्ष व्यवहार का आधार मानते हैं। बच्चे और युवा अपने माता-पिता द्वारा निर्धारित किये गये नैतिक व्यवहार मापदण्डों को अपनाते हैं। जो उन्हें उनके माता-पिता की नजर में एक "अच्छा लड़का या लड़की" बनाते हैं।

चरण 4-

सामाजिक व्यवस्था बनाए रखने पर आधारित नैतिक चिन्तन-पूर्व में वर्णित तृतीय अवस्था में तार्किकता परिवार के सदस्यों के मध्य अथवा घनिष्ठ मित्रों के बीच स्थापित संबंधों में अधिक दिखाई देती, जहाँ एक व्यक्ति दूसरे की भावनाओं, आवश्यकताओं, आदि को समझने एवं उसकी सहायता करने का प्रयत्न करता है। इसके विपरीत, चतुर्थ अवस्था में व्यक्ति अपने संबंधों की परिधि को बढ़ाते हुए पूरे समाज के साथ अपने को जोड़ते एवं कानूनों के अनुपालन, प्राधिकारिता के प्रति आदर तथा अपने कर्तव्यों का निष्ठा से अनुपालन करने योग्य हो जाता है जिससे कि सामाजिक क्रम को ठीक ढंग से लागू रखने में सुविधा हो सके।

अत: इस स्थिति में लोगों के नैतिक विकास की अवस्था सामाजिक आदेश, कानून, न्याय और कर्तव्यों पर आधारित होती है। जैसे-किशोर सोचते हैं कि समाज अच्छे से चले इसके लिए उसको कानून के द्वारा बनाए गए दायरे के अन्दर ही रहना चाहिए।

(3) उत्तर परम्परावादी नैतिकता-यह कोहलबर्ग के नैतिक विकास के सिद्धान्तों की तीसरी अवस्था है। इस स्थिति में वैकल्पिक रास्ते खोजे जाते हैं और फिर अपना एक नैतिक व्यवहार का रास्ता ढूँढ़ा जाता है।

चरण 5-

सामाजिक अनुबंध उपयोगिता और व्यक्तिगत अधिकारों पर आधारित नैतिक चिन्तन-इस अवस्था में बालक प्रश्न करना शुरू कर देते हैं कि एक अच्छा समाज किन कारणों से बनता है? इस अवस्था में वे अपने समाज को क्रियाशील बनाये रखने के विचार से ऊपर उठकर यह सोचने लगते हैं कि किसी भी समाज को अच्छा बनाने के मानदण्ड क्या हों? उसमें किस प्रकार के मूल्यों की स्थापना हो तथा उसे किस प्रकार के अधिकारों से युक्त होना चाहिए? इस अवस्था में वे स्वयं इन निर्धारित मानदण्डों के आधार पर विभिन्न सामाजिक व्यवस्थाओं का आकलन भी करते हैं।

अत: इस अवस्था में व्यक्ति यह सोचने लगता है कि कुछ मूल्य, सिद्धान्त और अधिकार कानून से भी ऊपर हो सकते हैं। व्यक्ति वास्तविक सामाजिक व्यवस्थाओं का मूल्यांकन इस दृष्टि से करने लगता है कि वे किस हद तक अधिकारों व मूल्यों का संरक्षण करती हैं।

चरण 6

सार्वभौमिक नीतिसम्मत सिद्धान्तों पर आधारित नैतिक चिन्तन-पंचम अवस्था के उत्तरदाता की नैतिकता एक अच्छे समाज की संकल्पना से जुड़ी होती है। वे कुछ वैयक्तिक अधिकारों के संरक्षण तथा किसी भी विवाद को जनतांत्रिक प्रक्रिया द्वारा सुलझाने पर

बल देते हैं। कोहलबर्ग ने यह अनुभव किया कि केवल इस कल्पना मात्र से ही न्याय प्राप्त नहीं किया जा सकता है। इसके लिए एक और उच्च अवस्था होनी आवश्यक है जिसके अन्तर्गत कुछ ऐसे आधारभूत सिद्धान्त परिभाषित किये जायें जिनके द्वारा सही ढंग से न्याय प्राप्त किया जा सके।

यह कोहलबर्ग के नैतिक सिद्धान्तों की सबसे ऊँची और छठी अवस्था है। इस अवस्था में व्यक्ति सार्वभौमिक मानवाधिकार पर आधारित नैतिक मापदण्ड बनाता है। जब भी कोई व्यक्ति अंतरात्मा की आवाज के द्वन्द्व के बीच फँसा होता है तो वह व्यक्ति यह तर्क करता है कि अंतरात्मा की आवाज के साथ चलना चाहिए। चाहे वो निर्णय जोखिम से भरा ही क्यों न हो। इसीलिए उसे कुछ भी करने से पहले अपनी भावनाओं के अलावा औरों की जिन्दगी के बारे में सोचना चाहिए।

कोहलबर्ग के न्याय की संकल्पना, गाँधी, काण्ट, मार्टिन लूथर किंग, आदि नैतिकतावादी नेताओं की अवधारणाओं के अनुरूप है जिसके अनुसार बिना किसी भेदभाव के प्रत्येक व्यक्ति के सम्मान की रक्षा सम्भव होनी चाहिए। साथ ही ऐसे किसी भी कानून को मान्यता न दी जाए जो कुछ लोगों के हितों की रक्षा करता हो और दूसरों को दण्ड देने हेतु प्रयुक्त होता हो। उपर्युक्त विवरण के आधार पर यह स्पष्ट है कि पियाजे के विपरीत कोहलबर्ग ने नैतिक विकास की अवस्थाओं को सामान्य विकास की अवस्था से न जोड़कर नैतिक तार्किकता के विकास की अवस्थाओं से जोड़ा है।

अभ्यास प्रश्न

1. कोहलबर्ग के अनुसार, सही और गलत के प्रश्न के बारे में निर्णय लेने में शामिल चिंतन-प्रक्रिया को कहा जाता है-
(a) नैतिक दुविधा
(b) सहयोग की नैतिकता
(c) नैतिक तर्कण
(d) नैतिक यर्थाथवाद

2. फ्रायड की विकास अवस्थाओं के अनुसार, किस अवस्था को प्रारम्भिक विद्यालय आयु समझा जाता है?
(a) मुखावस्था (b) गुदावस्था
(c) अव्यक्तावस्था (d) शैशवावस्था

3. कोहलबर्ग के अनुसार, सही और गलत के प्रश्न के बारे में निर्णय लेने में शामिल चिंतन प्रक्रिया को कहा जाता है—
(a) नैतिक यथार्थवाद
(b) नैतिक दुविधा
(c) सहयोग की नैतिकता
(d) नैतिक क्रिया

4. पियाजे के संज्ञानात्मक विकास के सिद्धान्त की मूर्त-संक्रियात्मक अवस्था निम्न योग्यता द्वारा लक्षित नहीं होती है—
(a) विचारों की विलोमीयता
(b) मानसिक द्वन्द्व
(c) संरक्षण
(d) क्रमबद्धता व पूर्ण-अंश प्रत्ययों का प्रयोग

5. बाल विकास की परिभाषा का अध्ययन क्षेत्र है, जो—
(a) मानवीय सामर्थ्यों में परिवर्तन का परीक्षण करता है
(b) जीवन अवधि के दौरान व्यवहार की व्याख्या ढूँढ़ेगा
(c) बच्चों को वयस्क तथा वरिष्ठ नागरिकों के साथ तुलना करेगा
(d) किसी बच्चे का संज्ञानात्मक, सामाजिक तथा दूसरे सामर्थ्यों का क्रमिक विकास के लिए उत्तरदायी होगा।

6. निम्नलिखित में से कौन-सी विशेषता व्यक्तित्व की नहीं है?
(a) यह तर्कसंगत और निरंतर है
(b) यह अद्भुत और विशिष्ट है
(c) इसमें संज्ञात्मक और प्रभावशाली घटक है
(d) यह स्थिर है

7. ''व्यक्तित्व जन्मजात और अर्जित प्रवृत्तियों का योग है।''
(a) वैलेनटीन (b) मन
(c) बोरिंग (d) कैटल

8. किसने यह वर्गीकरण किया था—व्यक्तित्व बर्हिमुखी है, अंतर्मुखी है एवं उभयमुखी है?
(a) आइजैनक (b) सैलडन
(c) क्रेशमर (d) युंग

9. व्यक्तित्व का मापन किया जा सकता है—
(a) व्यक्तिगत विधि द्वारा
(b) वस्तुनिष्ठ विधि द्वारा
(c) प्रक्षेपण विधि द्वारा
(d) इनमें से सभी

10. निम्नलिखित में से यह व्यक्तित्व मापन का यंत्र नहीं है—
(a) प्रक्षेपी परीक्षण
(b) अप्रक्षेपी परीक्षण
(c) निरीक्षण विधि
(d) मेल-जोल विधि

11. ''व्यक्तिगत विभिन्नता' के उचित ज्ञान हेतु, अध्यापक को छात्र के बारे में मुख्यत: जानकारी होनी चाहिए—
(a) क्षमताओं (b) रुचियों
(c) अभिरुचि (d) इनमें से सभी

12. व्यक्तित्व के शील गुण जैसे अंतर्मुखी एवं बर्हिमुखी की व्याख्या की है—
(a) कैटल (b) आइजैनक
(c) कैम्प (d) युंग

13. निम्नलिखित में से कौन-सी विशेषता व्यक्तित्व की नहीं है?
(a) यह अद्वितीय एवं विशिष्ट है
(b) यह तर्कसंगत एवं निरंतर है
(c) यह स्थिर है
(d) इसमें संज्ञात्मक एवं प्रभावशाली गुण निहित हैं

14. थार्नडाइक ने व्यक्तित्व का वर्गीकरण, इस आधार पर किया है—
(a) शारीरिक एवं दिखावट
(b) सृजनात्मकता एवं वास्तविकता
(c) समायोजन एवं बुद्धि
(d) सोचना एवं कल्पना करना

15. व्यक्तित्व एवं बुद्धि में वंशानुक्रम की—
(a) नाममात्र की भूमिका है
(b) महत्त्वपूर्ण भूमिका है
(c) अपूर्वानुमेय भूमिका है
(d) आकर्षक भूमिका है

16. थॉर्नडाइक के व्यक्तित्व के वर्गीकरण का आधार है—
(a) शारीरिक गठन और शक्लसूरत
(b) रचनात्मकता और मौलिकता
(c) समायोजन और बुद्धि
(d) चिन्तन और कल्पना

17. निम्नलिखित में से क्या सृजनात्मकता की प्रकृति नहीं है?
(a) सृजनात्मकता केवल विशेष संस्कृति वाले लोगों में पाई जाती है।
(b) यह सार्वभौमिक है
(c) यह बंधनों में सीमित नहीं है
(d) सभी में कृछ-न-कुछ मात्रा सृजनात्मकता की पाई जाती है।

18. कक्षा आठ का विद्यार्थी अपनी कक्षा में IQ परीक्षण में उच्चतम् स्थान प्राप्त करता है लेकिन सृजनात्मकता परीक्षण में अच्छे अंक नहीं प्राप्त करता है। क्या सभावनायें हैं—
(a) बुद्धि और सृजनात्मकता में सकारात्मक सहसंबंध नहीं होता है
(b) वह परीक्षण के लिए रुचिकर नहीं था
(c) उसने IQ परीक्षण में नकल की थी
(d) वह थका हुआ था

19. निम्नलिखित में से कौन-से गुण सृजनात्मक व्यक्ति में देखने को मिलते हैं?
(a) विचारों में मौलिकता
(b) अच्छी स्मृति

(c) निर्णय लेने की क्षमता
(d) इनमें से सभी

20. सृजनात्मक परीक्षण, सृजनात्मकता के विभिन्न आयामों का मापन करते हैं। निम्नलिखित में से कौन-सा आयाम सृजनात्मकता का मापन नहीं करता है?
(a) प्रवाहशीलता (b) लचीलापन
(c) मौलिकता (d) संगठित करना

21. संसार के महान व्यक्तियों के नाम इस प्रकार हैं। इसमें से कौन-सा व्यक्तित्व सृजनात्मक व्यक्तित्व के अन्तर्गत नहीं आता है?
(a) महात्मा गाँधी (b) न्यूटन
(c) शेक्सपियर (d) हिटलर

22. एक छात्र की सृजनात्मकता की क्षमता प्रदर्शित होती है—
(a) कक्षा में विचार-विमर्श करने से
(b) अच्छे अंक प्राप्त करने से
(c) सामान्य से ऊपर की सोच
(d) कला एवं चित्रकारी द्वारा

23. मिनेसोटा सृजनात्मक परीक्षण में कितने वाचिक एवं अवाचिक परीक्षण हैं—
(a) 10 (b) 14
(c) 12 (d) 19

24. निम्नलिखित में से कौन-सी विशेषता सृजनात्मकता युक्त व्यक्तित्व में देखने को नहीं मिलती है?
(a) उच्च स्मृति स्तर
(b) मौलिकता
(c) निर्भरता
(d) आत्मनिर्भर सोच

25. निम्नलिखित में से क्या, बालक में सृजनात्मकता का विकास करने में सहायक नहीं होता है?
(a) खेल
(b) भाषण
(c) कहानी लेखन
(d) निर्माण क्रिया

26. एक सृजनशील बालक वह है—
(a) उच्च प्रतिभासंपन्न
(b) मौलिक विचारों एवं समस्या समाधान में उचित
(c) कला एवं चित्रकारी में बहुत होनहार
(d) परीक्षा में लगातार अच्छे अंक पाने में सक्षम

27. निम्नलिखित में सृजनशीलता का प्रमुख तत्व क्या नहीं है?
(a) मौलिकता (b) अनुशासन
(c) धाराप्रवाहिता (d) लचीलापन

28. निम्नलिखित में से क्या बच्चों के सृजनात्मकता के विकास में सहायक नहीं है?
(a) खेल
(b) भाषण
(c) कहानी लेखन
(d) निर्माण संबंधी क्रियाएँ

29. 'सीखने का वह मॉडल' जो बच्चों की सृजनात्मकता को उत्प्रेरित करता है—
(a) बैंकिंग मॉडल
(b) रचनावादी मॉडल
(c) प्रोग्रामिंग मॉडल
(d) इनमें से कोई नहीं

30. सृजनात्मकता मुख्य रूप से ………… से सम्बन्धित है।
(a) अपसारी (बहुविध) चिंतन
(b) मॉडलिंग
(c) अनुकरण
(d) अभिसारी चिंतन

31. निम्न में से कौन सृजनात्मकता का एक लक्षण नहीं है?
(a) लचीलापन (b) मौलिकता
(c) विस्तारण (d) सततता

32. सृजनात्मक चिन्तन सदैव होता है—
(a) विनाशकारी (b) रचनात्मक
(c) अभिसारी (d) एकरसता

33. सृजनशीलता के पोषण के लिए एक अध्यापक को निम्न में से किस विधि की सहायता लेनी चाहिए?
(a) ब्रेन स्टार्मिंग विचारावेश
(b) व्याख्यान विधि
(c) दृश्य-श्रव्य सामग्री
(d) इनमें से सभी

34. पाठ्यक्रम का निर्धारण किस आधार पर किया जाता है?
(a) दार्शनिक आधार पर
(b) मनोवैज्ञानिक आधार पर
(c) समाजशास्त्रीय आधार पर
(d) ये सभी

35. सृजनात्मकता की विशेषता होती है—
(a) मौलिकता
(b) प्रवाहशीलता
(c) लचीलापन
(d) उपरोक्त सभी

36. उत्सुकता परीक्षण निम्न में किसका घटक है?
(a) सृजनात्मकता
(b) अभिप्रेरण
(c) रुचि
(d) बुद्धि

37. निम्न में कौन सृजनात्मकता से सम्बन्धित नहीं है?
(a) मौलिकता
(b) प्रवाह
(c) मितव्ययिता
(d) उपयोगिता

38. सृजनात्मक उत्तरों के लिए आवश्यक है—
(a) एक अत्यंत अनुशासित कक्षा
(b) प्रत्यक्ष शिक्षण एवं प्रत्यक्ष प्रश्न
(c) विषय-वस्तु आधारित प्रश्न
(d) मुक्त-उत्तर वाले प्रश्न

39. सृजनात्मक शिक्षार्थी वह है जो
(a) पार्श्व (लेट्रल) चिंतन और समस्या-समाधान में अच्छा है
(b) ड्राइंग और पेंटिंग में बहुत विलक्षण है
(c) बहुत बुद्धिमान् है
(d) परीक्षा में हर बार अच्छे अंक प्राप्त करने के योग्य है

40. शिक्षा में समावेशन का अर्थ है—
(a) शारीरिक अयोग्य बालकों को शिक्षा प्रदान करना
(b) मंदबुद्धि बालकों को शिक्षा प्रदान करना
(c) लड़के, लड़कियों व वयस्कों को शिक्षा प्रदान करना
(d) सभी विद्यार्थियों को शिक्षा की मुख्य धारा प्रणाली में स्वीकारना

41. निम्नलिखित में से कौन-सा लाभ पाठ्यक्रम में बालकेन्द्रित एकीकृत शिक्षा का नहीं है?
(a) छात्रों को प्रोत्साहित करना
(b) हम उम्र की बातचीत को आगे बढ़ाना
(c) छात्र-अध्यापक के बीच संबंध बनाना
(d) रुकावट ढूँढ़ना / सक्रियता सीखना

42. किस पाठ्यचर्या में वैज्ञानिक विषयों को प्रमुख तथा मानवीय विषयों को गौण स्थान दिया जाता है?
(a) प्रकृतिवादी पाठ्यचर्या
(b) प्रयोजवादी पाठ्चर्या
(c) आदर्शवादी पाठ्यचर्या
(d) यथार्थवादी पाठ्यचर्या

43. किस विचाराधारा के अन्तर्गत वैज्ञानिक विषयों की अपेक्षा मानवीय अध्ययनों पर विशेष बल दिया गया है?
(a) अस्तित्ववादी
(b) प्रकृतिवादी
(c) यथार्थवादी
(d) प्रयोजनवादी

44. खेल के माध्यम से बच्चों में किन सामाजिक गुणों का विकास होता है?
(a) सहानुभूति
(b) सहयोग

(c) नेतृत्व

(d) ये सभी

45. ''खेल भागीदारी सामाजिक पहचान बनाने में सहायता करती है।'' यह कथन किसका है?

(a) जॉन डी.वी.

(b) एन. रोजवाटर

(c) हरबर्ट स्पेन्सर

(d) रॉस

46. बच्चों के विकास में खेलों का महत्त्व है–

(a) शारीरिक एवं मानविक विकास

(b) सामाजिक एवं संवेगात्मक विकास

(c) अनुशासन एवं सहनशीलता का विकास

(d) उपरोक्त सभी

उत्तरमाला

1. (c)	**2.** (c)	**3.** (d)	**4.** (c)	**5.** (a)	**6.** (d)	**7.** (a)	**8.** (d)	**9.** (b)	**10.** (d)
11. (b)	**12.** (a)	**13.** (b)	**14.** (b)	**15.** (c)	**16.** (b)	**17.** (c)	**18.** (c)	**19.** (d)	**20.** (b)
21. (c)	**22.** (d)	**23.** (b)	**24.** (d)	**25.** (c)	**26.** (c)	**27.** (c)	**28.** (c)	**29.** (c)	**30.** (a)
31. (b)	**32.** (b)	**33.** (a)	**34.** (d)	**35.** (b)	**36.** (c)	**37.** (c)	**38.** (b)	**39.** (a)	**40.** (b)
41. (b)	**42.** (a)	**43.** (a)	**44.** (d)	**45.** (b)	**46.** (d)				

❑❑❑

अध्याय 4

ई.सी.सी.ई. आवश्यकता एवं उद्देश्य, विशेष आवश्यकता वाले बच्चे, शारीरिक शिक्षा, बिहार में शिक्षा एवं चुनौतियां

ई.सी.सी.ई. की आवश्यकता एवं उद्देश्य

ई.सी.सी.ई. कार्यक्रम अपवंचित वर्ग की महिलाओं के बच्चों को शिक्षा से जोड़ने के लिए तथा उनके सर्वांगीण विकास के लिए सरकार द्वारा बनाया गया है। इस कार्यक्रम के माध्यम से जन्म से छः वर्ष के बच्चों की देखभाल की जाती है, उनके स्वास्थ्य का ध्यान रखा जाता है तथा उन्हें खेल के माध्यम से शिक्षा भी प्रदान की जाती है।

प्रारम्भिक बाल शिक्षा और देखभाल एक ऐसा शैक्षिक कार्यक्रम है जिसके द्वारा बच्चों को विद्यालय के लिए तैयार किया जाता है। प्रारम्भिक बाल शिक्षा और देखभाल को शिशु देखभाल और शिक्षा भी कहा जाता है जिसे अंग्रेजी में Early Childhood Care and Education (ECCE) कहते हैं। किसी भी व्यक्ति के जीवन में उसकी शैशवावस्था का अत्यन्त महत्त्वपूर्ण स्थान होता है। प्राचीन और आधुनिक सभी शिक्षाविद् एक स्वर से यह स्वीकार करते हैं कि बच्चे के प्रथम पाँच वर्ष उसके शारीरिक, मानसिक, संवेगात्मक व बौद्धिक विकास की आधारशिला हैं।

राष्ट्रीय शिक्षा नीति (1986), राममूर्ति समिति रिपोर्ट (1990) तथा राष्ट्रीय शैक्षिक अनुसन्धान और प्रशिक्षण परिषद् द्वारा तैयार विद्यालयी शिक्षा के लिए राष्ट्रीय पाठ्यचर्या की रूपरेखा (2000) में प्रारम्भिक बाल शिक्षा और देखभाल पर विशेष रूप से बल दिया गया है।

भारतीय संदर्भ में प्रारम्भिक बाल शिक्षा व देखभाल को जन्म से लेकर 6 वर्ष आयु-वर्ग के शिशु की शिक्षा तथा देखभाल की रूप में माना गया है। प्रारम्भिक वर्षों में शिशु के शारीरिक तथा मानसिक विकास की गति बहुत तीव्र होती है। अत: इस तत्त्व को स्वीकार करते हुए प्रारम्भिक बाल शिक्षा व देखभाल को मानव संसाधन विकास मंत्रालय की कार्यनीति के महत्त्वपूर्ण निवेश के रूप में, प्राथमिक शिक्षा के पोषक व सहायक के रूप में और अपवंचित वर्ग की कामकाजी महिलाओं के लिए सहायक सेवा के रूप में लिया गया है जिससे कि पूरे देश में गुणात्मक शिक्षा सुनिश्चित की जा सके।

ई.सी.सी.ई. कार्यक्रम उपर्युक्त इन सभी उद्देश्यों की पूर्ति अपने अन्य कार्यक्रमों के जरिये करता है। यह मातृ एवं शिशु दोनों के विकास में सहायता करता है, तथा प्रारम्भिक बालकाल में बच्चों की देखभाल और उन्हें शिक्षा प्रदान करता है।

शिक्षा समिति की रिपोर्ट व विद्यालयी शिक्षा के राष्ट्रीय पाठ्यक्रम की रूपरेखा सन् 2000 में दिये गये लक्ष्यों को ध्यान में रखते हुए प्रारम्भिक बाल शिक्षा और देखभाल कार्यक्रम के उद्देश्यों को इस प्रकार निर्धारित किया जा सकता है-

1. शिशु का समुचित शारीरिक विकास, मांसपेशियों में अंच्छा समन्वय तथा वांछनीय कौशलों का विकास।
2. शिशु में स्वच्छ मानवीय आदतों का विकास, व्यक्तिगत समायोजन के लिए आवश्यक जीवन कौशलों का विकास; जैसे-कपड़ा पहनना, भोजन करना, आदि।
3. शिशु में सौन्दर्य बोध प्रोत्साहित करना।
4. शिशु जिस वातावरण में रहता है उसे समझने में उसकी सहायता करना।
5. शिशु में बौद्धिक जिज्ञासा जाग्रत करना।
6. शिशु को अभिव्यक्ति के अवसर प्रदान करना तथा सृजनात्मकता को प्रोत्साहित करना।
7. शिशु में अपने विचारों और भावनाओं को स्पष्टता के साथ व्यक्त करने की क्षमता का विकास करना।
8. वांछित सामाजिक दृष्टिकोण तथा शिष्टाचार का उचित विकास करना ताकि शिशु क्रियाकलापों में भाग ले सकें तथा दूसरों के अधिकारों के प्रति संवेदनशील बन सकें।

एक संतुलित तथा संदर्भयुक्त ई.सी.सी.ई. पाठ्यचर्या की समझ

पूर्व बाल्यकाल में बच्चों में तीव्र शारीरिक तथा मानसिक परिवर्तन होते हैं। ई.सी.सी.ई. की पाठ्यचर्या का निर्माण इस प्रकार होना चाहिए जो बच्चे के शारीरिक एवं मानसिक परिवर्तनों के अनुरूप हो। सरकार द्वारा बच्चों के कल्याण के लिए राष्ट्रीय शिक्षा नीति के पश्चात् विभिन्न ई.सी.सी.ई. कार्यक्रम प्रारम्भ किए गए हैं।

ई.सी.सी.ई. के लिए संतुलित तथा संदर्भयुक्त पाठ्यचर्या में निम्नलिखित पाठ्यक्रम को शामिल करना चाहिए जिससे बच्चों का शारीरिक, मानसिक और सृजनात्मक विकास हो सके-

(1) स्वच्छता (Cleanness)-पाठ्यक्रम में स्वच्छता को शामिल करना आवश्यक है। प्रारम्भिक अवस्था से ही बच्चों को व्यक्तिगत स्वच्छता जैसे कपड़ों, बालों तथा अपने आस-पास गंदगी न फैलाना, डस्टबिन का उपयोग करना, वस्तुओं को ठीक से रखना, आदि भी सिखाना चाहिए।

(2) सहयोग की भावना (Co-operation)-बच्चों में सहयोग करने की भावना का विकास करना चाहिए जिससे वे अपनी चीजें दूसरों को देना सीखें। इससे वे सम्पर्क करना भी सीखते हैं और सहयोग से रहना तथा कार्य करना भी सीखते हैं।

(3) हस्त कौशलों का विकास (Development of Hand Skills)-बच्चों को चित्रकारी करना सिखाना चाहिए। इससे बच्चों की सृजनात्मक शक्तियों का विकास भी होता है और उनकी ज्ञानेन्द्रियाँ भी विकसित होती हैं।

(4) सम्प्रेषण (Communication)-बच्चों को सम्प्रेषण पर ध्यान देना चाहिए विशेषकर शब्द भण्डार में वृद्धि का प्रयास करना चाहिए।

(5) भाषायी एवं गणित कौशल (Language and Maths Skill)-बच्चों को भाषायी कौशल तथा गणित कौशलों से भी प्रारम्भिक बाल्यकाल की शिक्षा प्रदान करते समय परिचित कराना चाहिए। संचार एक महत्त्वपूर्ण कौशल है। बच्चे भाषा के माध्यम से ही अपने विचारों को अभिव्यक्त करते हैं। अत: ई.सी.सी.ई. परियोजना के अंतर्गत छात्रों के लिए ऐसा पाठ्यक्रम बनाना चाहिए, जिससे छात्र

भाषायी कौशल तथा गणित के कौशलों से परिचित हो सकें। वे अपने विचारों को व्यक्त कर सकें, दूसरों की वार्ता को समझ सकें तथा उनका शब्द भण्डार पहले से बढ़ सके। वे गणना कर सकें और गिनंकर किसी चीज की संख्या बता सकें।

ई.सी.सी.ई. पाठ्यचर्या के लघु एवं दीर्घकालिक उद्देश्य तथा नियोजन

भूमिका

ई.सी.सी.ई. परियोजना ऐसे बच्चों के लिए निर्मित की गयी है जो प्रारम्भिक बाल्यकाल में हैं। इस शिक्षा का एक महत्त्वपूर्ण उद्देश्य बच्चों को विद्यालय जाने से पहले विद्यालय के लिए तैयार करने से है। यह एक बालकेन्द्रित कार्यक्रम है जिसमें प्रारम्भिक काल में बच्चों की देखभाल भी की जाती है जिससे बाल मृत्यु दर कम हो साथ-ही-साथ उन्हें खेल तथा मनोरंजन के माध्यम से सिखाया भी जाता है।

ई.सी.सी.ई. के लघुकालिक उद्देश्य

ई.सी.सी.ई. के लघुकालिक उद्देश्य निम्नलिखित हैं-

1. **सस्ती सामग्री से मॉडलों का विकास करना**-ई.सी.सी.ई. का एक उद्देश्य यह है कि नन्हें बच्चों के खेलने के लिए सस्ती चीजों का प्रयोग करके मॉडल बनाये जायें और इन मॉडलों का उपयोग बच्चों के शिक्षण के लिए किया जाए।
2. **विशेषज्ञ सेवाओं का विकास**-ई.सी.सी.ई. का एक अल्पकालिक उद्देश्य यह भी है कि राज्य स्तर पर आरम्भिक बाल्यकाल शिक्षण हेतु विशेषज्ञ सेवाओं का विकास किया जाए।
3. **नवीनतम प्रगति की विभिन्न कार्यरत संस्थाओं को सूचना देना**-ई.सी.सी.ई. परियोजना का एक लघुकालिक उद्देश्य यह भी है कि राष्ट्रीय तथा अन्तर्राष्ट्रीय क्षेत्र में ई.सी.सी.ई. की दिशा में नवीनतम प्रगति की विभिन्न कार्यरत संस्थाओं को सूचना देना। बच्चों के विकास के लिए और उनकी प्रगति के लिए जो भी नयी चीजें लायी जायें तथा जिन सामग्रियों का उपयोग प्रभावपूर्ण लग रहा है और जो ई.सी.सी.ई. के उद्देश्यों को पूरा कर रही हैं उनको इस क्षेत्र में कार्यरत संस्थाओं को बताना आवश्यक है।
4. **प्रशिक्षण कार्यक्रम का विकास**-ई.सी.सी.ई. का एक लघुकालिक उद्देश्य यह भी है कि प्रारम्भिक बाल्यकाल की शिक्षा के लिए शिक्षकों को किस प्रकार प्रशिक्षण दिया जाये जिससे छात्रों की प्रगति हो सके, इस प्रकार के प्रशिक्षण कार्यक्रमों का विकास करना।
5. **छोटे बच्चों के विकास से शैक्षिक माध्यमों की प्रभावशीलता का पता लगाना**-ई.सी.सी.ई. परियोजना का एक लघुकालिक उद्देश्य यह भी है कि वह तत्काल इस बात का आकलन कर ले कि उपयोग में लाये गये शैक्षिक माध्यम छात्रों की प्रगति में सहायक हैं या नहीं।

ई.सी.सी.ई. परियोजना के दीर्घकालिक उद्देश्य

ई.सी.सी.ई. परियोजना के दीर्घकालिक उद्देश्य इस प्रकार हैं-

1. राज्यों के शिक्षा विभागों को प्रारम्भिक बाल्यकाल शिक्षा के लिए कम-से-कम एक प्रशिक्षण केंद्र खोलने में सहायता देना-ई.सी.सी.ई. परियोजना का एक महत्त्वपूर्ण उद्देश्य यह है कि इस कार्यक्रम के माध्यम से यह प्रयास किया जाए कि सभी राज्यों में बच्चों की प्रारम्भिक शिक्षा के विकास हेतु शिक्षा विभागों को अपने-अपने राज्य में कम-से-कम एक केंद्रीय प्रशिक्षण केन्द्र खोलने में सहायता दी जाये जिससे उस राज्य में प्रशिक्षित शिक्षकों की कमी न हो और यह कार्यक्रम पूर्ण विकास करता रहे।

2. पूर्व विद्यालयी बच्चों के लिए आधारभूत अधिगम तथा खेल सामग्री का विकास तथा शिक्षकों के लिए शिक्षण सामग्री का विकास करना-ई.सी.सी.ई. कार्यक्रम का एक महत्त्वपूर्ण उद्देश्य यह है कि विद्यालय जाने से पूर्व के बच्चों के शैक्षिक विकास तथा अधिगम के लिए आधारभूत अधिगम जिसमें जीवन कौशल का विकास, भाषायी विकास तथा खेल एवं मनोरंजन के लिए खेल सामग्री का विकाम किया जाये जिससे बच्चे बिना किसी तनाव के खेल और मनोरंजन के माध्यम से विभिन्न गतिविधियों को करें और आधारभूत अधिगम कर सकें इसके साथ-साथ भाषा कौशल सीख सकें और जीवन कौशल का भी विकास कर सकें।

3. प्रत्येक राज्य के ई.सी.सी.ई. शिक्षाशास्त्रियों को आरम्भिक बाल्यकाल शिक्षा में प्रशिक्षित करना-प्रत्येक संभागी राज्य के ई.सी.सी.ई. शिक्षाशास्त्रियों को आरम्भिक बाल्यकाल शिक्षा में प्रशिक्षित करना भी एक महत्त्वपूर्ण उद्देश्य है। प्रत्येक राज्य में ई.सी.सी.ई. प्रशिक्षित शिक्षाशास्त्रियों की आवश्यकता होती है। वे ही कार्यक्रम को सुचारू रूप से चला पाते हैं। अत: उन्हें प्रारम्भिक बाल्यकालीन शिक्षा में प्रशिक्षण देना बहुत आवश्यक माना जाता है।

4. सुपरवाइजर्स एवं प्रशासकों को ई.सी.सी.ई. शिक्षा की दिशा में अनुस्थापित करना-ई.सी.सी.ई. शिक्षा का एक महत्त्वपूर्ण उद्देश्य यह भी है कि सुपरवाइजर्स और शैक्षिक केन्द्र चलाने वाले प्रशासकों को आरम्भिक बाल्यकाल शिक्षा की दिशा में अनुस्थापित करना जिससे प्रशिक्षित कर्मचारियों, प्रशासकों और सुपरवाइजरों की कमी न हो।

ई.सी.सी.ई. पाठ्यचर्या का नियोजन

ई.सी.सी.ई. पाठ्यचर्या का नियोजन इस प्रकार किया जाता है जिससे बालक का सर्वांगीण विकास हो सके। बाल मृत्यु दर में कमी आ सके इसके लिए टीकाकरण के बारे में बताया जाता है तथा बच्चों को सरकारी अस्पतालों तथा नगर निगम के चिकित्सा केन्द्रों से स्वास्थ्य चिकित्सा उपलब्ध करायी जाती है। सभी चिकित्सा सुविधाएँ सरकार की पंचवर्षीय योजनाओं के अंतर्गत धन प्राप्त करती हैं परंतु अनुपूरक सूची राज्य सरकार द्वारा लगायी जाती है। ई.सी.सी.ई. में केवल बच्चों की शिक्षा तथा स्वास्थ्य पर ही बात नहीं की जाती बल्कि माताओं को भी छोटा परिवार रखने की शिक्षा दी जाती है। माता तथा शिशु के बीच सामंजस्य बनाने की उपयोगिता पर भी जोर दिया जाता है। जिन महिलाओं में गर्भधारण के समय वजन में कमी रहती है वे 2.5 किग्रा. से भी कम वजन के बच्चों को जन्म देती हैं। (भारतीय बच्चों का जन्म के समय वजन सामान्यत: 2.5 किग्रा आँका गया है) ऐसे बच्चों का कद व वजन दोनों ही अपने हमउम्र बच्चों से कम रहते हैं। वे जीवन पर्यन्त उनसे हर क्षेत्र में पिछड़े रहते हैं।

ई.सी.सी.ई. कार्यक्रमों में बालवाड़ियाँ तथा आँगनवाड़ियाँ जुड़ी होती हैं। ये बालवाड़ियाँ शहर के नर्सरी स्कूल जैसी होती हैं। जहाँ छोटे बच्चों को चित्रकारी करना, मिट्टी के खिलौने बनाना सिखाते हैं। इसके साथ-साथ उन्हें व्यक्तिगत रूप से स्वच्छ रहने की शिक्षा दी जाती है जहाँ उनके नाखूनों की, नाक की, हाथ-पैरों की तथा कपड़ों की जाँच होती है। इस प्रकार उन्हें स्वच्छता के बारे में सिखाया जाता है।

कक्षा में विकासोनुकूल, बाल केंद्रित तथा समावेशी वातावरण निर्माण

कक्षा में विकासोनुकूल, बाल केन्द्रित तथा समावेशी वातावरण का निर्माण से तात्पर्य है कक्षा में ऐसी भौतिक तथा मनोवैज्ञानिक स्थिति का होना जिसमें सभी छात्र बिना किसी भेदभाव से शिक्षा ग्रहण करते हों और कक्षा का वातावरण बाल-केन्द्रित हो। कक्षा के

वातावरण का बालक के सीखने पर बहुत प्रभाव पड़ता है। समावेशी वातावरण होने से सभी छात्रों को बिना किसी भेदभाव के स्वीकार किया जाता है। शिक्षाविदों का मत है कि कक्षा में विकासोनुकूल वातावरण सीखने में सहायक होता है। इसमें सभी सकारात्मक स्थितियाँ आ जाती हैं जैसे मिलजुल कर कक्षा का आयोजन करना, कक्षा में मेजों को ठीक से लगाना, दीवारों को विशेष अधिगम सामग्री से सजाना, विभिन्न दृश्य-श्रव्य डिजिटल सामग्री का प्रयोग करना, आदि। बाल केन्द्रित वातावरण वह वातावरण होता है जिसमें बच्चे अधिनायक होते हैं। सम्पूर्ण शिक्षण अधिगम प्रक्रिया बच्चों की रुचियों, मनोवृत्तियों, आदि को देखकर आगे बढ़ानी पड़ती है।

विकासोनुकूल, बाल केन्द्रित तथा समावेशी वातावरण से आशय एक ऐसे वातावरण का निर्माण करना है जिसमें न लिंग भेद हो और न ही सामाजिक भेदभाव हो। छात्र का अधिगम अधिक सार्थक और उत्पादक हो सके। शिक्षक को उन युक्तियों का तथा स्थितियों का निर्माण करना सीखना होगा जिसके द्वारा छात्रों के अधिगम को रोचक और सार्थक बनाया जा सके। ऐसे समावेशी वातावरण का निर्माण करने के लिए अध्यापक द्वारा कई प्रकार के क्रियाकलाप किये जाते हैं; जैसे छात्रों को अभिप्रेरित करना, कक्षा को व्यवस्थित रखना, कक्षा में प्रश्न पूछना, छात्रों का मूल्यांकन करना, सुझावों द्वारा छात्रों को निर्देशित करना, आदि। इन सभी क्रियाकलापों में अध्यापक की वैयक्तिक शिक्षण शैली प्रतिबिम्बित होती है। एक प्रभावी समावेशी वातावरण सृजक शिक्षक का यह दायित्व होता है कि वह कक्षा में उचित अधिगम हेतु बाल केन्द्रित तथा समावेशी वातावरण का निर्माण करे। अध्यापक अधिगम क्रियाकलापों में छात्रों की भागीदारी को बनाये रखे तथा कक्षा में प्रभावी अनुशासन स्थापित करे और छात्रों द्वारा अपेक्षित अधिगम परिणाम सुनिश्चित करे।

कक्षा का वातावरण एक अध्यापक के व्यवहार के अनुसार परिवर्तित होता रहता है। ऐसा अक्सर देखने में आता है कि एक कक्षा जो किसी अध्यापक विशेष की उपस्थिति में सक्रिय, सतर्क तथा एकाग्र रहती है उसी कक्षा में किसी अन्य अध्यापक के लिए वहाँ नियन्त्रण करना कठिन हो जाता है। एक कुशल अध्यापक एक अच्छा वातावरण निर्माता होता है। वह अपने ध्येय के अनुसार अपनी कक्षा के छात्रों को पाठ्य-सामग्री के प्रति सतर्क और एकाग्र रखता है और छात्रों को उत्पादक तथा सार्थक क्रियाकलापों में सम्मिलित किये रहता है।

प्रारंभिक वर्षों में विकास के विभिन्न आयाम एवं अधिगम

शैशवावस्था में शारीरिक विकास

सामान्यत: मनोवैज्ञानिकों ने शैशवावस्था का अर्थ उस अवस्था से लगाया जो औसतन जन्म से 5-6 वर्ष तक चलती है। एडलर के अनुसार–"शैशवावस्था द्वारा जीवन का पूरा क्रम निश्चित होता है। शैशवावस्था में, विशेषकर जन्म से 3 वर्ष तक की आयु होने के दौरान शारीरिक विकास की गति अत्यन्त तीव्र रहती है। शैशवावस्था में होने वाले शारीरिक विकास से संबंधित कुछ महत्त्वपूर्ण तथ्य अधोलिखित हैं-

1. **कोमल अंग**–जन्म के पश्चात् शिशु और उसके अंग कोमल एवं निर्बल होते हैं। माता-पिता पर वह सभी आवश्यकताओं की पूर्ति हेतु आश्रित रहता है।
2. **लम्बाई व भार**–जन्म के समय शिशु की लम्बाई लगभग 51 सेन्टीमीटर होती है। प्राय: बालक जन्म के समय बालिकाओं से लगभग आधा सेन्टीमीटर अधिक लम्बे होते हैं। शैशवावस्था के विभिन्न वर्षों में बालक-बालिका की लम्बाई (सेन्टीमीटर में) निम्नांकित तालिका में दर्शाई गई है।

शैशवावस्था में बालक एवं बालिकाओं की औसत लम्बाई (सेन्टीमीटर)

आयु	जन्म के समय	3 माह	6 माह	9 माह	1 वर्ष	2 वर्ष	3 वर्ष	4 वर्ष	5 वर्ष	6 वर्ष
बालक	51-5	62-7	64-9	60-5	73-9	81-6	88-8	96-0	102-1	108-5
बालिका	51-0	60-9	64-4	66-7	72-5	80-1	87-5	94-5	101-4	107-4

प्रारम्भ में शरीर का ढाँचा लगभग 17 से 22 इंच तक लम्बा होता है और 5-6 वर्ष तक यह लम्बाई 3 फुट हो जाती है इसी प्रकार से भार का विकास होता है। शैशवावस्था में भार (किलोग्राम) की बढ़ोतरी निम्नलिखित तालिका द्वारा दर्शाई गई है।

शैशवावस्था में बालक एवं बालिकाओं का औसत भार (किग्रा.)

आयु	जन्म के समय	3 माह	6 माह	9 माह	1 वर्ष	2 वर्ष	3 वर्ष	4 वर्ष	5 वर्ष	6 वर्ष
बालक	3-2	5-7	6-9	7-4	8-4	10-1	11-8	13-5	14-8	16-3
बालिका	3-0	5-6	6-2	6-6	7-8	9-6	11-2	12-9	14-5	16-0

3. **मस्तिष्क तथा सिर**–नवजात का सिर उसके शरीर की अपेक्षा बड़ा होता है। जन्म के समय सिर की लम्बाई कुल शरीर की लगभग एक चौथाई होती है। मस्तिष्क का भार जन्म के समय लगभग 300-350 ग्राम होता है।
4. **दाँत**–जन्म के समय शिशु के दाँत नहीं होते हैं, लगभग छठे या सातवें माह में अस्थायी दूध के दाँत निकलने लगते हैं। एक वर्ष की आयु तक दूध के सभी दाँत निकल आते हैं।
5. **हड्डियाँ**–कई मनोवैज्ञानिकों ने यह स्पष्ट रूप से कहा है कि शिशु की बनावट और उसकी हड्डियों के परिपक्व होने की गति के मध्य एक संबंध होता है। जिनका शरीर अधिक मजबूत और गठीला होता है, उनके शरीर की हड्डियों में परिपक्वता तेजी से आती है।
6. **स्नायु विकास**–स्नायु मण्डल तथा स्नायु केन्द्रों का विकास भी 3 वर्ष तक शीघ्रता से होता है।
7. **मांसपेशियाँ**–नवजात शिशु की मांसपेशियों का भार उसके शरीर के कुल भार का लगभग 23 प्रतिशत होता है। मांसपेशियों के प्रतिशत भार में धीरे-धीरे बढ़ोतरी होती जाती है।
8. **अन्य अंग**–शिशु की भुजाओं तथा टाँगों का विकास भी तीव्र गति से होता है। जन्म के समय शिशु के हृदय की धड़कन अनियमित होती है। कभी वह तीव्र हो जाती है तथा कभी धीमी हो जाती है। जैसे-जैसे हृदय बड़ा होता है वैसे-वैसे धड़कन में स्थिरता आ जाती है।
9. **समस्त प्रणालियों का विकास**–जन्म के पश्चात् शरीर की समस्त प्रणालियों में विकास होता है, मांसपेशियाँ, स्नायु तन्त्र, रक्त संचार-क्रिया आदि का उत्तरोत्तर विकास होता है।

भाषा विकास

मनुष्य को सर्वाधिक विकसित प्राणी माना जाता है। अन्य प्राणियों के समक्ष ऐसा कोई माध्यम नहीं है जिसके द्वारा वे अपने विचार एवं भाव दूसरे प्राणी तक स्पष्ट रूप से पहुंचा सके और उसे प्रकट कर सकें। यह विशेष अनुकम्पा सिर्फ

मानव जाति को ही प्राप्त है। इसकी विशेषता इसकी भाषा और वाणी है। मनुष्य अपनी वाक् इन्द्रियों के द्वारा अपनी भाषा का प्रयोग करता है। उसकी वाणी इसी इन्द्रिय की क्रियाशीलता होती है, अपनी आन्तरिक प्रेरणा से वह अपने विचारों का प्रकाशन वाणी के माध्यम से करता है। भाषा इसी वाणी का उत्पाद है जिसमें मनुष्य की बौद्धिक कुशलता निहित होती है।

भाषा विकास बौद्धिक विकास की सर्वाधिक उत्तम कसौटी माना जाता है। बालक को सर्वप्रथम भाषा ज्ञान परिवार से होता है।

कार्ल सी गैरिसन् के अनुसार, ''स्कूल जाने से पूर्व बालकों में भाषा ज्ञान का विकास उनके बौद्धिक विकास की सबसे अच्छी कसौटी है। भाषा का विकास भी विकास के अन्य पहलुओं के लाक्षणिक सिद्धान्तों के अनुसार होता है। यह विकास परिपक्वता तथा अधिगम दोनों के फलस्वरूप होता है और इसमें नयी अनुक्रियाएं सीखनी होती हैं और पहले की सीखी हुई अनक्रियाओं का परिष्कार भी करना होता है।

भाषा का अर्थ

भाषा का अर्थ होता है–कही हुई चीज। मनोवैज्ञानिकों के अनुसार भाषा दूसरों तक विचारों को पहुंचाने की योग्यता है। इसमें विचार-भाव के आदान-प्रदान के प्रत्येक साधन सम्मिलित किये जाते हैं। जिसमें विचारों और भावों के प्रतीक बना लिये जाते हैं जिससे कि आदान-प्रदान के व्यापक रूप में भिन्न रूपों जैसे लिखित, सांकेतिक, मौखिक, इंगित प्रहसन् तथा कला के अर्थ बताये जाते हैं।

भाषा विकास का क्रम

भाषा विकास क्रमागत निम्न बिन्दुओं पर आधारित है–

(1) बाल्यावस्था
(2) पूर्व शैशवावस्था
(3) मध्य एवं अपराह्न शैशवावस्था
(4) किशोरावस्था

(1) शैशवावस्था

यह तथ्य सर्वविदित है कि शैशवावस्था मनुष्य की सबसे कम सक्रिय अवधि है। इस अवस्था में मस्तिष्क की सतर्कता, ज्ञानेन्द्रियों की तेजी, सीखने और समझने की अधिकता अपने चरमोत्कर्ष पर होती है। फ्रायड के अनुसार, ''शिशु जो कुछ बनता है जीवन के प्रारम्भिक चार-पांच वर्षों में ही बन जाता है।'' भाषा को क्रमानुसार निम्नलिखित रूप में प्रस्तुत किया जा सकता है–

(i) रुदन–चूँकि बोलना एक लम्बी एवं जटिल प्रक्रिया के बाद सीखा जाता है, अतएव उसका प्रारूप हमें रुदन अथवा चीखने-चिल्लाने में मिलता है। रिबिल के अनुसार, रुदन प्रारम्भ में संकटकालीन होता है। यह अनियमित तथा अनियंत्रित होता है। अत: रुदन एक स्वाभाविक प्रक्रिया है जो शिशु अकारण ही करता है। स्टीवर्ट के अनुसार, जीवन के प्रारम्भिक दिनों में शिशु रुदन भिन्न मात्रा में पाया जाता है और वह दूसरे सप्ताह में प्रकट होता है। तीसरे सप्ताह में स्वार्थवश रुदन कम हो जाता है। रुदन तीव्रता शिशु के विचारों तथा भावों को अभिव्यक्त करती है। यह रुदन पीड़ा, तेज रोशनी, तीक्ष्ण आवाज, थकान, भूख आदि के कारण हो सकता है।

(ii) बलबलाना–इरविन महोदय के अनुसार रुदन में सुस्पष्ट आवाजें पायी जाती हैं। यह ध्वनि चौथे-पाँचवें मास के पश्चात् स्पष्ट होना प्रारम्भ हो जाती है। बलबलाने में जीवन के प्रथम वर्ष में स्वर ध्वनि सुनाई देती है। अ-आ-इ-ई-ए-ऐ-इसके साथ ही इसी समय तक जबकि आगे के कुछ दाँत आ जाते हैं तो होठों के मेल से शिशु, ब, ल, त, द, म जैसे व्यंजनों को प्रकट करता है।

(iii) इंगित करना–भाषाविदों ने इंगित करने को भाषा विकास का तृतीय सोपान कहा। जरसील्ड मैकार्थी ने अपने अध्ययन के आधार पर बताया है कि इसके द्वारा शिशु दूसरे को अपने भाव या विचार समझता है। इसे लेरिक ने संपूर्ण शरीर की भाषा भी माना है। शिशु 'हाँ' या 'ना' की मुद्रा में गर्दन हिला कर भी उत्तर देता है।

(iv) बोलना–भाषा प्रयोग की यह अन्तिम अवस्था है। इसका आरम्भ एक-डेढ़ वर्ष के करीब होता है। भाषा बोलना भी एक कौशल है अत: इसे अभ्यास की आवश्यकता होती है। यह शारीरिक अवयवों की पुष्टता पर निर्भर करता है। शुरू में निरर्थक शब्द बोले जाते हैं जैसे वा, ला, दा, ना इत्यादि। परन्तु क्रमशः साहचर्य के नियमों के कारण निरर्थक शब्दों में सार्थकता आ जाती है और वे सोद्देश्य प्रयुक्त होते हैं।

शब्द बोलने में एक समस्या उच्चारण की होती है। शुरू में बालक अनुकरण से ही उच्चारण सीखता है। शैशवावस्था में उच्चारण योग्यता लचीली मानी जाती है।

(v) भाषा की ध्वनि की पहचान–जैसा पहले स्पष्ट किया जा चुका है कि शब्दों को सीखने से पहले शिशु भाषा की ध्वनि में अन्तर करना सीख जाता है। जैसे रा तथा ला में अन्तर स्पष्ट कर लेता है।

(vi) प्रथम शब्द–8 से 12 माह की आयु में बच्चा प्रथम शब्द बोलता है। इससे पूर्व वह बलबलाना, इंगित करना आदि अन्य भाव-भंगिमाओं के द्वारा अपनी भावाभिव्यक्ति करता है। ब्रेकों के अनुसार बोलना शिशु के सम्प्रेषण की विभिन्न अवस्थाओं का अगला पड़ाव है।

शिशु सर्वप्रथम अपने परिवार से जुड़े व्यक्तियों जिनसे उसका भावनात्मक लगाव होता है उनको पुकारना प्रारम्भ करता है जैसे बड़ों को दादा, पालतू जानवर को किटी, खिलौने को टॉम खाने को दूध इत्यादि।

(vii) शब्द युग्म का उच्चारण–18 से 24 माह की आयु तक शिशु प्राय: शब्द युग्मों को बोलना प्रारम्भ कर देता है यह शब्द युग्म वे अपनी इंगन कुशलता, शारीरिक इंगन तथा सिर की विभिन्न मुद्राओं के साथ बोलते हैं। कुछ उदाहरण इस प्रकार है–

स्थान – वहाँ पुस्तक
दोहराना – दूध और
किसी वस्तु के प्रति विशेष लगाव – मेरा खिलौना
वस्तु की पहचान – कार बड़ी
क्रिया प्रतिक्रिया – तुम्हें मारूँगा
क्रिया वस्तु – चाकू काटो
प्रश्न – आलू कहाँ

शिशुओं की शब्दावली का अध्ययन विभिन्न मनोवैज्ञानिकों (स्मिथ एवं सीशोर) द्वारा हुआ है तथा कुछ इस प्रकार के निष्कर्ष प्राप्त हुए हैं।

आयु	शब्द संख्या
8 मास	0
10 मास	1
1 वर्ष	3
1-3 वर्ष	19
1-6 वर्ष	22
1-9 वर्ष	118
2 वर्ष	272
4 वर्ष	1550 (स्मिथ)
4 वर्ष	1560 (सीशोर)
5 वर्ष	2072 (स्मिथ)
5 वर्ष	9600 (सीशोर)
6 वर्ष	2562 (स्मिथ)
6 वर्ष	14700 (सीशोर)

उपर्युक्त तालिका से शैशवावस्था में शब्दों की संख्या मालूम होती है जो शिशु प्रायः उच्चारित करता है।

(2) बाल्यावस्था में भाषा विकास

बाल्यावस्था जन्मोपरान्त मानव विकास की दूसरी अवस्था है जो शैशवावस्था की समाप्ति के उपरान्त प्रारम्भ होती है। बाल्यावस्था में प्रवेश करते समय बालक अपने वातावरण से काफी सीमा तक परिचित हो जाता है। इस अवस्था में वह व्यक्तिगत तथा सामाजिक व्यवहार करना सीखना प्रारम्भ करता है तथा उसकी औपचारिक शिक्षा का प्रारम्भ भी इसी अवस्था में होता है। बाल्यावस्था में भाषा विकास तीव्र गति से होता है। शब्द भण्डार में वृद्धि होती है। बालकों की अपेक्षा बालिकाओं में भाषा का विकास तेजी से होता है। वाक्य रचना एवं वाक्पटुता में भी बालिकाएँ श्रेष्ठ होती हैं।

सीशोर ने बालक-बालिकाओं के शब्द भण्डार का अध्ययन करके बताया कि उनके शब्दों की संख्या 10-12 साल तक 35,000 के लगभग पहुँच जाती है।

आयु	शब्द संख्या
7 साल	21200
8 साल	26300
10 साल	34300
12 साल	50500

उपर्युक्त सारिणी देखने से ज्ञात होता है कि बाल्यावस्था में क्रमशः एक वाक्य में अधिक शब्द होते हैं। बालक अब मिश्रित एवं संयुक्त वाक्यों का प्रयोग अधिक करता है न कि सरल वाक्यों का।

किशोरावस्था में भाषा विकास

किशोरावस्था जन्मोपरान्त मानव विकास की तृतीय अवस्था है जो बाल्यावस्था की समाप्ति के उपरान्त प्रारम्भ होती है तथा प्रौढ़ावस्था के प्रारम्भ होने तक चली है। यद्यपि व्यक्तिगत भेदों, जलवायु आदि के कारण किशोरावस्था की अवधि में कुछ अन्तर पाया जाता है फिर भी प्रायः 12 से 18 वर्ष की आयु के बीच की अवधि को किशोरावस्था कहा जाता है। इस अवस्था को बाल्यावस्था तथा प्रौढ़ावस्था के बीच का सन्धिकाल माना जाता है।

चूँकि भाषा का विकास इस अवस्था में सम्प्रत्यात्मक स्तर पर निर्भर होता है, अतः किशोर-किशोरियों में कल्पनाशील साहित्य के अध्ययन एवं सृजन की अभिक्रिया होती है, प्रतीकात्मक शब्दों का प्रयोग भी किशोरवर्ग अधिक करता है। अतः इनमें शब्द भण्डार की विविधता तथा प्रचुरता स्वभावतः पायी जाती है।

किशोरावस्था में भाषा के विकास में आदत एवं बुद्धि का प्रभाव स्पष्ट लक्षित होता है, आदत एक प्रकार की चेतन सजगता एवं अन्तर्दृष्टि की ओर संकेत करती है। इस क्षमता के कारण किशोर समस्याओं की परख करता है और उपयुक्त भाषा का प्रयोग करता है। यदि उपयुक्त भाषा नहीं मिलती तो वह उन्हें तोड़-मरोड़ के नए शब्द गढ़ता है। यहीं पर उसकी बुद्धि, उसकी कल्पना, उसकी आदत या अभ्यास भाषा के विकास में अपना योगदान देते हैं।

भाषा विकास को प्रभावित करने वाले कारक

(i) **बुद्धि**–भाषा की क्षमता एवं योग्यता का संबंध हमारी बुद्धि से अटूट होता है। भाषा की कुशलता भी उन बालकों में अधिक होती है, जो बुद्धि में अधिक होते हैं। बर्ट ने अपनी पुस्तक 'बैकवर्ड चाइल्ड' में संकेत किया है जिन बालकों की बुद्धि क्षीण होती है वे भाषा की योग्यता भी कम रखते हैं और पिछड़े भी होते हैं। तीक्ष्ण बुद्धि बालक भाषा का प्रयोग उपयुक्त ढंग से करते हैं।

(ii) **जैविकीय कारक**–मस्तिष्क की बनावट भी भाषा विकास को प्रभावित करती है। भाषा बोलने तथा समझने के लिए स्नायु तन्त्र तथा वाक्-यन्त्र की आवश्यकता होती है। बहुत हद तक इनकी बनावट तथा कार्य शैली तथा स्नायु नियन्त्रण भाषा को प्रभावित करते हैं।

(iii) **वातावरणीय कारक**–व्यक्ति जिस स्थान और परिस्थिति में रहता है, आचरण करता है, विचारों का आदान-प्रदान करता है उसमें ही उसकी भाषा का विकास होता है। उदाहरणस्वरूप निम्न श्रेणी के परिवार व समाज के लोगों में भाषा का विकास कम होता है क्योंकि उन्हें दूसरों के सम्पर्क में आने का अवसर कम मिलता है, इसी प्रकार परिवार में कम व्यक्तियों के होने पर भी भाषा संकुचित हो जाती है।

विद्यालय और शिक्षक–विद्यालय और शिक्षक भाषा विकास में महती भूमिका का निर्वहन करते हैं। विद्यालय में विभिन्न विषयों एवं क्रियाओं का सीखना-सिखाना भाषा के माध्यम से होता है। इस प्रक्रिया में भाषा संबंधी विकास अच्छे से होता है।

व्यवसाय एवं कार्य–ऐसे बहुत-से व्यवसाय हैं जिनमें भाषा का प्रयोग अत्यधिक होता है, उदाहरणस्वरूप अध्यापन, वकालत, व्यापार कुछ ऐसे व्यवसाय हैं जिनमें भाषा के बिना कोई कार्य नहीं चल सकता। अतएव वातावरण के अंतर्गत इनको भी सम्मिलित किया गया है।

अभिप्रेरण, अनुबन्धन तथा अनुकरण–मनोवैज्ञानिक के विचारानुसार भाषा संबंधी विकास अभिप्रेरण, अनुबन्धन एवं अनुकरण पर निर्भर करता है। एक निरीक्षण से ज्ञात हुआ कि बोलने वाले शिशु को प्रलोभन देकर स्पष्टभाषी बनाया गया। एक-दूसरे निरीक्षण में शिशुओं को चित्र दिखाकर उनके नाम याद कराए गए। ये अभिप्रेरण के महत्त्व को प्रकट करते हैं। भाषण प्रतियोगिता में पुरस्कृत होने पर छात्र को अधिक प्रभावशाली भाषा का प्रयोग करने की अभिप्रेरणा मिलती है।

अनुबन्धन की प्रक्रिया में प्रलोभन पुरस्कार या अभिप्रेरण के साथ प्रयत्न इस प्रकार जोड़ा जाता है कि प्रक्रिया पूरी हो जाती है। अनुकरण वास्तव में एक सामान्य प्रकृति है जो सभी को अभिप्रेरित करती है। अनुकरण की प्रवृत्ति एक आन्तरिक अभिप्रेरक होती है। कक्षा में अध्यापक की सुस्पष्ट साहित्यिक तथा शुद्ध भाषा का अनुकरण सचेतन एवं अचेतन रूप में छात्र करते हैं तथा भाषा संबंधी विकास करने में सफल होते हैं।

बुद्धि का अर्थ एवं परिभाषा

बुद्धि वह योग्यता है जिससे मनुष्य अपनी नई आवश्यकताओं के अनुकूल अपने चिंतन को चेतन रूप से अभियोजित कर लेता है। बुद्धि को मनोवैज्ञानिकों ने अलग-अलग तरह से परिभाषित किया है।

टरमन के अनुसार, ''बुद्धि अमूर्त विचारों के बारे में सोचने की योग्यता है।''

स्टर्न के अनुसार, ''बुद्धि एक सामान्य योग्यता है जिसके द्वारा व्यक्ति नई परिस्थितियों में अपने विचारों को जानबूझकर समायोजित कर लेता है।''

स्टर्न के अनुसार, ''बुद्धि जीवन की नई परिस्थितियों तथा समस्याओं के अनुरूप समायोजन की सामान्य योग्यता है।''

बकिंघम के अनुसार, ''सीखने की शक्ति ही बुद्धि है।''

गाल्टन के अनुसार, ''बुद्धि पहचानने तथा सीखने की शक्ति है।''

वेश्लर के अनुसार, ''बुद्धि एक समग्र क्षमता है जिसके सहारे व्यक्ति उद्देश्यपूर्ण क्रिया करता है, विवेकशील चिन्तन करता है तथा वातावरण के साथ प्रभावकारी ढंग से समायोजन करता है अर्थात् बुद्धि को कई तरह की क्षमताओं का योग माना गया है।''

बुद्धि की प्रकृति: इन सभी परिभाषाओं से बुद्धि की प्रकृति के बारे में निम्नलिखित निष्कर्ष निकाला जा सकता है–

(1) बुद्धि सीखने की क्षमता है।

(2) बुद्धि वातावरण के साथ प्रभावकारी ढंग से समायोजन करने की क्षमता है।

(3) यह व्यक्ति के समस्या समाधान करने की योग्यता को प्रदर्शित करती है।
(4) बुद्धि अमूर्त चिंतन करने की क्षमता है।
(5) बुद्धि विभिन्न क्षमताओं का समग्र योग है।
(6) बुद्धि को प्रत्यक्ष व्यवहार के आधार पर मापा जा सकता है।
(7) बुद्धि द्वारा ही किसी समस्या के समाधान में गत अनुभूतियों का लाभ मिलता है।
(8) बुद्धि विवेकशील चिंतन करने की योग्यता है।
(9) बुद्धि मानसिक परिपक्वता की द्योतक है।
(10) बुद्धि के विकास के लिए आनुवंशिकी व वातावरण दोनों ही उत्तरदायी कारक हैं।
(11) यह अपनी ऊर्जा को किसी कार्य को करने में संकेन्द्रण की क्षमता है।
(12) यह उच्च श्रेणी की चिंतन प्रक्रिया के लिए आवश्यक है।
(13) यह आगमन व निगमन विधि द्वारा तर्क करने की योग्यता है।
(14) बुद्धि शाब्दिक व अशाब्दिक योग्यता है।
(15) यह प्रत्यक्षण/सूझ की योग्यता है।
(16) यह जटिल, कठिन, मितव्यय, अमूर्त व सामाजिक मूल्यों वाले कार्य को करने की योग्यता है।
(17) बुद्धि एक परिकल्पित सम्प्रत्यय है।
(18) बुद्धि को सतर्कता, धारणा, विचार एवं प्रतीक, स्वयं की आलोचना करने की क्षमता, आत्मविश्वास और तीव्र प्रेरणा की क्षमता के रूप में समझा जा सकता है।
(19) बुद्धि में व्यक्तिगत भिन्नताएं पाई जाती हैं।
(20) बुद्धि का किसी के कार्य करने की प्रणाली के द्वारा अवलोकन किया जा सकता है।

बुद्धि के प्रकार

बुद्धि की विभिन्न परिभाषाओं और सिद्धांतों से इसके स्वरूप व प्रकार का पता चलता है। बुद्धि का स्वरूप कुछ ऐसा होता है जिसे किसी एक कारक (Factor) या क्षमता के आधार पर नहीं समझा जा सकता। बुद्धि विभिन्न क्षमताओं की समग्रता को परिलक्षित करती है। ई.एल. थार्नडाइक, डोनेल्ड हेब्ब और वर्नन जैसे मनोवैज्ञानिकों ने बुद्धि को निम्न प्रकारों में विभक्त किया है–

1. **आनुवांशिक क्षमता के रूप में बुद्धि (Intelligence as Genetic Capacity):** इसके अनुसार बुद्धि को पूर्णतः वंशागत माना जाता है। इसे हेब्ब (Hebb, 1978) ने बुद्धि 'ए' (Intelligence 'A') की संज्ञा दी है। स्पष्टतः यह बुद्धि का एक जीनोटाइपिक (Genotypic) प्रकार है तथा इसमें बुद्धि को व्यक्ति का आनुवंशिक गुण माना जाता है।
2. **अवलोकित व्यवहार के रूप में बुद्धि (Intelligence as an observable behaviour) :** इस परिप्रेक्ष्य में बुद्धि को आनुवंशिकता व वातावरण की अंतः क्रिया का परिणाम माना जाता है। जिस सीमा तक व्यक्ति नए वातावरण या अपने वर्तमान वातावरण के साथ समायोजित करता है, उस सीमा तक उसे बुद्धिमान समझा जाता है। इसे हेब्ब ने बुद्धि 'बी' (Intelligence 'B') की संज्ञा दी है जिसका अर्थ फेनोटाइपिक (Phenotypic) प्रारूप पर आधारित है।
3. **परीक्षण श्रेयांक के रूप में बुद्धि (Intelligence as test score):** बुद्धि एक परिकल्पनात्मक संप्रत्यय है। इसके मापन के लिए इसकी संक्रियात्मक परिभाषा का होना आवश्यक है। बोरिंग के अनुसार, "बुद्धि वही है जो बुद्धि परीक्षण मापता है"। इसे हेब्ब ने बुद्धि 'सी' (Intelligence 'C') की संज्ञा दी है।

थार्नडाइक के अनुसार बुद्धि को तीन भागों में वर्गीकृत किया गया है:-

A. **अमूर्त बुद्धि (Abstract Intelligence) :** यह बुद्धि अमूर्त समस्याओं के समाधान के लिए आवश्यक है। यह विचारों के परिचालित करने की क्षमता से संबंधित है।
B. **मूर्त बुद्धि (Concrete Intelligence) :** यह बुद्धि मूर्त समस्याओं के समाधान के लिए आवश्यक है। यह वस्तुओं के परिचालित करने की क्षमता से संबंधित है।
C. **सामाजिक बुद्धि (Social Intelligence):** यह बुद्धि सामाजिक समायोजन की क्षमता से संबंधित है। यह बुद्धि व्यक्तियों के सामाजिक संबंधों को बेहतर बनाने के लिए काम आती है।

इसके अतिरिक्त आजकल बुद्धि के और दो प्रकारों की चर्चा की जाती है, जो निम्नलिखित हैं:-

1. **संवेगात्मक बुद्धि (Emotional Intelligence) :** यह बुद्धि अपने संवेग व दूसरों के संवेगों को समझने में सहायक है। यह संवेगात्मक समस्याओं को हल करने में मदद करती है।
2. **आध्यात्मिक बुद्धि (Spiritual Intelligence) :** यह व्यक्ति की आध्यात्मिक परिपक्वता का सूचकांक है। ऐसी बुद्धि वाले व्यक्ति स्वानुशासित, कर्त्तव्यपरायण, परोपकारी, चेतना का विकसित स्वरूप वाले होते हैं। इसके सोचने का तरीका मानवतावादी उपागम पर आधारित होता है।

सामान्य मानसिक बुद्धि

मानसिक क्रियाएं	विषयवस्तु	उत्पाद
मूल्यांकन	आभासी	इकाई
अभिसारित चिंतन	श्रवण संबंधी	वर्ग
अवसरित चिंतन	प्रतीकात्मक	संबंध
स्मृति	अर्थगत	प्रणाली
संज्ञान	व्यावहारिक	रूपान्तरण
		निहितार्थ

बुद्धि मापन या परीक्षा का अर्थ

बाह्य व्यवहार द्वारा मानसिक योग्यता, संज्ञानात्मक परिपक्वता और समायोजन की क्षमता का मापन बुद्धि मापन कहलाता है। बुद्धि मापन का कार्य विभिन्न प्रकार के परीक्षणों के माध्यम से किया जाता है। इन परीक्षणों में सम्मिलित पदों की प्रकृति व प्रकार के आधार पर बुद्धिलब्धि सूचकांक तैयार किया जाता है।

बुद्धि मापांक के अवयव

1. **तैथिक या कालानुक्रमिक आयु (Chronological Age):** किसी व्यक्ति की वास्तविक जन्मतिथि से वर्तमान समय की अवधि को तैथिक या कालानुक्रमिक आयु की संज्ञा दी जाती है। दूसरे शब्दों में, व्यक्ति की कालानुक्रमिक आयु (chronological age, CA) जन्म लेने के बाद बीत चुकी अवधि होती है। इसकी जानकारी व्यक्ति (परीक्षार्थी) या उनके माता-पिता से पूछकर अथवा जन्मकुंडली, विद्यालय के रिकॉर्ड (Record) आदि को देखकर प्राप्त की जा सकती है।
2. **मानसिक आयु (Mental Age):** सर्वप्रथम 1905 में अल्फ्रेड बिने तथा थियोडोर साइमन (Theodore Simon) ने औपचारिक रूप में बुद्धि के मापन का सफल प्रयास किया। 1908 में अपनी मापनी का संशोधन करते समय उन्होंने मानसिक आयु (Mental Age, MA) का संप्रत्यय दिया। मानसिक आयु के माप का अभिप्राय है, किसी व्यक्ति के मानसिक परिपक्वता का सूचकांक अर्थात किसी व्यक्ति का बौद्धिक विकास अपनी आयु वर्ग के

अन्य व्यक्तियों की तुलना में कितना हुआ हैं। यदि किसी बच्चे की मानसिक आयु 5 वर्ष है तो इसका अर्थ है कि किसी बुद्धि परीक्षण पर उस बच्चे का निष्पादन 5 वर्ष वाले बच्चे के औसत निष्पादन के बराबर है।

3. **बुद्धि लब्धि (Intelligence Quotient, IQ) :** 1912 में जर्मन मनोवैज्ञानिक विलियम स्टर्न (William Stern) ने बुद्धि को मापने के लिए मानसिक लब्धि के संप्रत्यय का विकास किया। जिसका सूत्र निम्न प्रकार से है- मानसिक लब्धि (Mental Quotient)

$$= \frac{\text{मानसिक आयु}}{\text{कालानुक्रमिक आयु}}$$

1916 में टरमन (Terman) ने मानसिक लब्धि के स्थान पर बुद्धि लब्धि के संप्रत्यय को जन्म दिया।

$$\text{बुद्धि लब्धि (IQ)} = \frac{\text{मानसिक आयु}}{\text{कालानुक्रमिक आयु}} \times 100$$

अर्थात् किसी व्यक्ति की मानसिक आयु को उसकी कालानुक्रमिक आयु से भाग देने के बाद उसको 100 से गुणा करने से उसकी बुद्धि लब्धि प्राप्त हो जाती है। गुणा करने में 100 की संख्या का उपयोग दशमलव बिन्दु समाप्त करने के लिए किया जाता है।

इस सूत्र के माध्यम से बुद्धि लब्धि के मापन में तीन प्रकार की स्थितियाँ हो सकती हैं-

(1) जब मानसिक आयु (MA) = कालानुक्रमिक आयु (CA) तो IQ = 100 होगा।

(2) जब मानसिक आयु (MA) > कालानुक्रमिक आयु (CA) तो IQ का मान 100 से अधिक होगा।

(3) जब मानसिक आयु (MA) < कालानुक्रमिक आयु (CA) तो IQ का मान 100 से कम होगा।

बुद्धि लब्धि प्राप्तांक का वितरण

बुद्धि लब्धि प्राप्तांक का वितरण किसी जनसंख्या में सामान्य प्रायिकता वितरण के अनुसार होता है। अधिकांश लोगों का बुद्धि लब्धि प्राप्तांक मध्य क्षेत्र में तथा बहुत कम लोगों के बुद्धि लब्धि प्राप्तांक बहुत अधिक या बहुत कम होते हैं। बुद्धि लब्धि प्राप्तांकों का यदि एक आवृत्ति वितरण वक्र (Frequency Distribution Curve) बनाया जाए तो यह लगभग एक घंटाकार वक्र (Bell Shaped Curve) सदृश होता है। इस वक्र को सामान्य वक्र (Normal Curve) कहा जाता है। ऐसा वक्र अपने केन्द्रीय माध्य के दोनों ओर सममित (Symmetrical) आकार का होता है। एक सामान्य वितरण के रूप में बुद्धि लब्धि प्राप्तांकों के वितरण को निम्न रेखाचित्र द्वारा प्रदर्शित किया गया है-

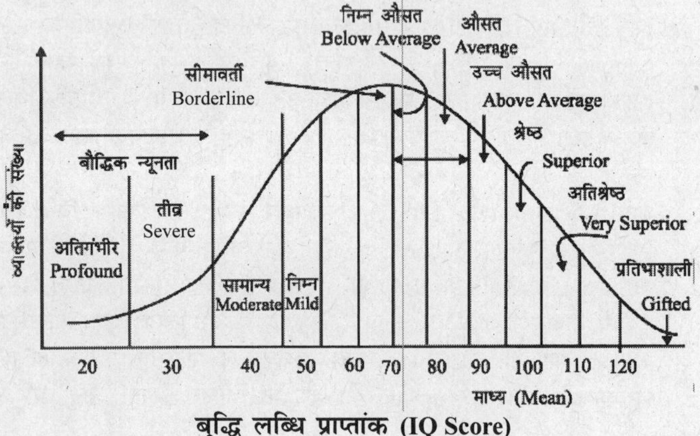

बुद्धि लब्धि प्राप्तांक (IQ Score)

किसी भी जनसंख्या में बुद्धि लब्धि प्राप्तांक का वितरण सामान्य वक्र के अनुरूप होता है। किसी जनसंख्या की बुद्धि लब्धि प्राप्तांक का माध्य (औसत) 100 होता है। जिन व्यक्तियों का बुद्धि लब्धि प्राप्तांक 90 से 110 के बीच होता है उन्हें सामान्य बुद्धि वाला कहा जाता है। जिनकी बुद्धि लब्धि 70 से भी कम होती है वे मानसिक मंदन (Mental Retardation) से प्रभावित समझे जाते हैं और जिनकी बुद्धि लब्धि 130 से अधिक होती है वे आसाधारण रूप से प्रतिभाशाली समझे जाते हैं। किसी व्यक्ति के बुद्धि लब्धि प्राप्तांक की व्याख्या निम्न तालिका की मदद से की जा सकती है-

स्टेनफोर्ड-बिने के आधार पर बुद्धिलब्धि का वर्गीकरण

बुद्धिलब्धि	व्याख्या
140 या अधिक	प्रतिभाशाली
120-139	अति श्रेष्ठ
110-119	श्रेष्ठ
90-109	सामान्य
80-89	मन्द
70-79	सीमान्त मन्द बुद्धि
60-69	मूर्ख
20-59	मूढ़
20 से कम	जड़

बुद्धि लब्धि (IQ) की सीमाएँ तथा विचलन बुद्धि लब्धि

बुद्धि लब्धि का संप्रत्यय दोष-रहित नहीं है। वर्तमान समय में IQ का संप्रत्यय संदिग्ध बन गया है, जिसमें कई त्रुटियां हैं। सामान्यत: यह माना जाता है कि 16 वर्ष की आयु तक मानसिक आयु का विकास होता है, इसके बाद इसमें ह्रास होता जाता है, जबकि कालानुक्रमिक आयु बढ़ती जाती है। MA का स्थिर हो जाना या इसमें ह्रास होना तथा CA का निरंतर बढ़ना, IQ के संप्रत्यय को भ्रामक बना देता है। अर्थात् यह संप्रत्यय वयस्क व्यक्तियों की बौद्धिक योग्यता को व्यक्त करने में सक्षम नहीं है। वेश्लर ने सन् 1981 में वेश्लर वयस्क बुद्धि लब्धि मापनी (Wechsler Adult Intelligence Scale, WAIS) को संशोधित कर IQ के बदले विचलन बुद्धि लब्धि (Deviation Intelligence Quotient, DIQ) का संप्रत्यय दिया जो मानसिक आयु तथा कालानुक्रमिक आयु का अनुपात न होकर एक प्रामाणिक अंक (Standard Score) या Z–Score के सूत्र के आधार पर निकाला जाता है। Z–Score को निकालने का सूत्र निम्नवत् है:-

$$Z = \frac{\text{प्रयोज्य द्वारा प्राप्त अंक}(X) - \text{मध्य मान}(M)}{\text{मानक विचलन (SD)}}$$

Z score के आधार पर ही DIQ का सूचकांक निकाला जाता है।

$DIQ = 100 + 16\,Z$

DIQ एक ऐसा मानक प्राप्तांक (Standard Score) है जिसका विकास आर्थर ओटिस (Arthur Otis) के शोधों से हुआ है। यह प्राप्तांक आज बुद्धि परीक्षण के मापन के क्षेत्र में एक लोकप्रिय मापक बन गया है। IQ के सूत्र के साथ समस्या यह उत्पन्न हुई कि व्यक्ति की कालानुक्रमिक आयु तो हमेशा बढ़ती है परन्तु 17–18 की आयु के बाद सामान्यत: नहीं बढ़ती है। अत: IQ का पारंपरिक सूचकांक एक भ्रामक परिणाम देता है। इसी कठिनाई को दूर करने के लिए DIQ के संप्रत्यय का विकास हुआ।

किसी बुद्धि परीक्षण पर एक व्यक्ति का प्राप्तांक उसी व्यक्ति की आयु समूह के अन्य व्यक्तियों के प्राप्तांकों के औसत (माध्य) से कितनी दूरी (प्रमाप

विचलन) पर है, इसका पता DIQ से चलता है। DIQ ज्ञात करने के लिए प्रत्येक आयु समूह के लिए Z प्राप्तांक ज्ञात किया जाता है और फिर उस Z प्राप्तांक को एक ऐसे वितरण में बदल दिया जाता है जिसका माध्य = 100 तथा प्रमाप विचलन = 16 होता है। इसका सूत्र निम्न प्रकार से है:-

$$DIQ = 16\,Z + 100$$

$$\text{जहाँ } Z = \frac{X - \text{माध्य}}{\text{प्रमाण विचलन}}$$

X = व्यक्ति का किसी बुद्धि परीक्षण पर प्राप्तांक

Wechsler Adult Intelligence Scale (WAIS) में DIQ का उपयोग किया जाता है। अगर किसी व्यक्ति का इस बुद्धि परीक्षण पर प्राप्तांक एक प्रमाप विचलन इकाई माध्य से ऊपर है, तो उसका DIQ = 16 × 1 + 100 = 116 होगा जिससे पता चलता है कि उसका DIQ अपनी आयु समूह के व्यक्तियों के औसत से ऊपर है। उसी तरह से यदि किसी व्यक्ति का प्राप्तांक आदि माध्य से एक प्रमाप विचलन कम है तो उसका DIQ प्राप्तांक 84 होगा जिसका अर्थ है कि उसका DIQ अपने आयु समूह के व्यक्तियों के औसत से नीचे है। इस तरह DIQ में प्रत्येक उम्र स्तर पर प्रमाप विचलन (Standard deviation) का एक स्थिर मान होता है, जो IQ में होने वाली असामान्य परिवर्तनशीलता को नियंत्रित करता है।

वेश्लर के अनुसार IQ के साथ एक कठिनाई यह है कि 15–16 साल की आयु के बाद मानसिक आयु (MA) तेजी व क्रमिक रूप से नहीं बढ़ती है। दूसरी कठिनाई यह है कि वयस्कों के लिए मानसिक आयु का संप्रत्यय अर्थहीन है। अत: IQ के बदले DIQ का संप्रत्यय बुद्धि का मूल्यांकन करने में ज्यादा सक्षम है। दूसरे शब्दों में, किसी व्यक्ति के बुद्धि लब्धि प्राप्तांक से यह पता चलता है कि औसत जिसे IQ कहा गया है, से किसी बुद्धि परीक्षण पर व्यक्ति का निष्पादन कितना विचलित है।

बुद्धि परीक्षण की उपयोगिताएँ

शिक्षा मनोवैज्ञानिकों ने शिक्षा में बुद्धि परीक्षण की अनेक उपयोगिताओं का वर्णन किया है जिनमें मुख्य हैं:-

(1) कक्षोन्नति के निर्णय में।
(2) शिक्षकों के चयन में।
(3) विभिन्न प्रकार के निर्देशन देने में (व्यक्तिगत, व्यावसायिक व शैक्षिक निर्देशन में)।
(4) छात्रों के श्रेणीकरण में।
(5) शैक्षिक दुर्बलता के निदान में।
(6) विद्यार्थियों के समायोजन में।
(7) मानसिक बीमारियों के इलाज में।
(8) कक्षा में प्रवेश लेने में।
(9) अनुशासन् की समस्या के समाधान में।
(10) पाठ्यक्रमों तथा व्यवसाय चयन में।

शाब्दिक बुद्धि परीक्षण व अशाब्दिक बुद्धि परीक्षण की तुलना

	शाब्दिक परीक्षण	अशाब्दिक परीक्षण
1.	इस तरह के बुद्धि परीक्षणों में एकाशों को भाषा के माध्यम से प्रकट किया जाता है।	एकांशों को संकेत चित्र या वस्तुओं के माध्यम से प्रकट किया जाता है।
2.	यह संस्कृति अभिनत परीक्षण होता है।	यह अपेक्षाकृत संस्कृति स्वच्छ परीक्षण होता है।
3.	शाब्दिक परीक्षणों में परीक्षार्थी को मौखिक अथवा लिखित रूप में शाब्दिक अनुक्रियाएं करनी होती हैं।	एकांशों का उत्तर देने के लिए लिखित भाषा के उपयोग की आवश्यकता नहीं होती।
4.	यह परीक्षण भिन्न संस्कृतियों के व्यक्तियों को नहीं दिया जा सकता है बल्कि केवल उन्हीं व्यक्तियों को दिया जा सकता है जिस सांस्कृतिक पृष्ठभूमि में वह परीक्षण निर्मित हुआ है।	यह भिन्न संस्कृतियों के व्यक्तियों को आसानी से दिया जा सकता है।
5.	यह परीक्षण केवल साक्षरों के लिए उपयुक्त है।	यह परीक्षण असाक्षर व साक्षर दोनों की बुद्धि के लिए उपयुक्त है।

व्यक्तिगत बुद्धि परीक्षण व सामूहिक बुद्धि परीक्षण की तुलना

	व्यक्तिगत परीक्षण	सामूहिक परीक्षण
1.	वैयक्तिक बुद्धि परीक्षण के द्वारा एक समय में एक ही व्यक्ति का बुद्धि परीक्षण किया जा सकता है, जैसे स्टेनफोर्ड-बिने परीक्षण।	सामूहिक बुद्धि परीक्षण को एक साथ बहुत से व्यक्तियों को समूह में दिया जा सकता है जैसे आर्मी अल्फा परीक्षण।
2.	इस परीक्षण को प्रशासित करने के लिए अनुभवी व्यक्ति चाहिए।	यह परीक्षा सामान्य योग्यता का व्यक्ति भी ले सकता है।
3.	इस परीक्षण के माध्यम से परीक्षार्थी की सफलता के कारणों का पता लगाया जा सकता है।	अपेक्षाकृत जटिल व दुरूह कार्य है।
4.	इस परीक्षा में परीक्षार्थी व परीक्षक का निकट संबंध होता है।	इसमें निकट संबंध की संम्भावना नहीं के बराबर होती है।
5.	इस परीक्षा के माध्यम से परीक्षार्थी की भाषा और व्यवहार का पूर्ण ज्ञान हो जाता है।	इस परीक्षा में इन तत्त्वों का आंशिक ज्ञान हो पाता है।
6.	इन परीक्षणों की विश्वसनीयता व वैधता अधिक होती है।	विश्वसनीयता व वैधता अपेक्षाकृत कम होती है।

बुद्धि परीक्षण की सीमाएँ

बुद्धि परीक्षण कई उपयोगी उद्देश्यों को पूर्ण करता है जैसे- चयन, परामर्श, निर्देशन, आत्मविश्लेषण और निदान। जब तक ये परीक्षण किसी प्रशिक्षित परीक्षणकर्ता द्वारा नहीं उपयोग किए जाते, जानबूझकर या अनजाने में इनका दुरुपयोग हो सकता है। अप्रशिक्षित परीक्षणकर्ताओं द्वारा किए गए बुद्धि परीक्षणों के कुछ दुष्परिणाम निम्नलिखित हैं:-

1. किसी परीक्षण पर किसी व्यक्ति का खराब प्रदर्शन, उसके निष्पादन व आत्मसम्मान पर प्रतिकूल प्रभाव डाल सकता है।
2. परीक्षण द्वारा माता-पिता, अध्यापकों तथा बड़ों के भेदभावपूर्ण आचरण को बढ़ावा मिलने का भय बना रहता है।
3. मध्यवर्गीय और उच्चवर्गीय जनसंख्याओं के पक्ष में अभिनत (पक्षपातपूर्ण) बुद्धि परीक्षण द्वारा समाज के सुविधावंचित समूहों से आने वाले बच्चों के IQ को कम आंकने की सम्भावना बनी रहती है।
4. बुद्धि परीक्षा सृजनात्मक संभाव्यताओं और बुद्धि के व्यावहारिक पक्ष का माप नहीं कर पाती है और उसका जीवन में सफलता से ज्यादा संबंध नहीं होता। बुद्धि जीवन के विभिन्न क्षेत्रों में उपलब्धियों का एक संभाव्य कारक हो सकती है।

बुद्धि के सिद्धान्त

बुद्धि की संरचना की पूर्णरूपेण व्याख्या तब हो पाती है जब हम बुद्धि के सिद्धान्तों की ओर ध्यान देते हैं। वास्तव में मनोवैज्ञानिकों का प्रारम्भ से ही प्रयास रहा है कि बुद्धि की व्याख्या करने के लिए एक वैज्ञानिक सिद्धान्त का प्रतिपादन किया जाए। इस प्रयास के परिणामस्वरूप हमें बुद्धि के कई सिद्धान्त प्राप्त हैं। सिद्धान्तों का वर्गीकरण मूल रूप से निम्नांकित दो प्रमुख श्रेणियों में किया गया है-

(क) कारकीय सिद्धान्त (Factorial Theories)

(ख) प्रक्रिया-उन्मुखी सिद्धान्त (Process-oriented Theories)

कारकीय सिद्धान्तों की व्याख्या निम्न प्रकार से है-

कारकीय सिद्धान्त

इसके अंतर्गत उन मनावैज्ञानिकों के सिद्धान्तों को सम्मिलित किया गया है जिन्होंने बुद्धि की संरचना (structure) की व्याख्या कुछ कारकों के रूप में की है। प्राय: इन कारकों को विशेष सांख्यिकीय विधि (Statistical Analysis) जिसे कारक विश्लेषण (factor analysis) कहा जाता है, के आधार पर ज्ञात किया जाता है।

इस श्रेणी के अंतर्गत आने वाले प्रमुख सिद्धान्त निम्न प्रकार से हैं-

(1) एक-कारक सिद्धान्त (Unitary or Monarchic Theory)
(2) स्पीयरमैन का द्विकारक सिद्धान्त (Spearman's Two Factor Theory)
(3) थर्स्टन का समूहकारक सिद्धान्त (Thurstone Group Factor Theory)
(4) बहुकारक सिद्धान्त (Multi Factor Theory)
(5) कैटेल का सिद्धान्त (Catell's Theory)
(6) गार्डनर का बहु-बुद्धि सिद्धान्त (Gardner's Theory of Multiple intelligence)
(7) पदानुक्रमिक सिद्धान्त (Hierarchical Theory)

मनोवैज्ञानिकों के दो समूह हैं-**प्रथम समूह** में वैसे मनोवैज्ञानिक हैं जिनका मत है कि बुद्धि समस्या समाधान करने, तर्क करने तथा ज्ञान प्राप्त करने की एक सामान्य एवं संगठित क्षमता है। स्पीयरमैन इस समूह के अग्रणी मनोवैज्ञानिक हैं जिनका मानना है कि किसी भी बौद्धिक कार्य के निष्पादन का आधार सामान्य कारक होता है। **द्वितीय समूह** में उन वैज्ञानिकों को स्थान दिया गया है जो यह मानते हैं कि बुद्धि बहुत सारी भिन्न-भिन्न मानसिक क्षमताओं, जो करीब-करीब स्वतंत्र रूप से क्रियाशील होती हैं, का एक योग होती है। इसमें थर्स्टन, कैटेल, थार्नडाइक, वर्नन, गिलफोर्ड तथा गार्डनर आदि के नाम प्रसिद्ध हैं।

प्रक्रिया उन्मुखी सिद्धान्त

लगभग 1960 तक बुद्धि के स्वरूप की व्याख्या कारक सिद्धान्तों द्वारा काफी प्रभावित रही। परन्तु इसके बाद के वर्षों में जब संज्ञानात्मक मनोविज्ञान (Cognitive Psychology) पर अधिक जोर दिया जाने लगा, तो वैसी परिस्थिति में बुद्धि के स्वरूप की व्याख्या नए-नए सिद्धान्तों द्वारा अधिक की जाने लगी। इन सिद्धान्तों को प्रक्रिया-उन्मुखी सिद्धान्त कहा गया। इस सिद्धान्त की मुख्य विशेषता यह है कि इसके द्वारा बुद्धि के स्वरूप की व्याख्या उसके भिन्न-भिन्न कारकों के रूप में न करके उन बौद्धिक प्रक्रियाओं के रूप में की गई है जिसे व्यक्ति किसी समस्या का समाधान करने में या सोच-विचार करने में लगाता है। इस सिद्धान्त के अंतर्गत बुद्धि के लिए संज्ञान (Cognition) तथा संज्ञानात्मक प्रक्रिया (Cognitive process) का प्रयोग अधिक किया गया। ये सिद्धान्त निम्नांकित दो तथ्यों की व्याख्या से सम्बन्धित हैं-

1. व्यक्ति किसी दी हुई समस्या का समाधान करने में किन-किन प्रक्रियाओं का सहारा लेता है?
2. व्यक्ति में बौद्धिक प्रक्रियाओं (intellectual processes) का विकास कैसे होता है? जैसे-जैसे व्यक्ति में परिपक्वता बढ़ती जाती है, वैसे-वैसे इन प्रक्रियाओं में किस ढंग का परिवर्तन आता है?

इसके अंतर्गत पियाजे, बूनर, स्टेनबर्ग, जुआन पास्कल लियोनी, जेन्सन् आदि मनोवैज्ञानिकों के सिद्धान्त प्रमुखता से आते हैं।

स्पीयरमैन का द्विकारक सिद्धान्त

इस सिद्धान्त का प्रतिपादन ब्रिटेन के मनोवैज्ञानिक स्पीयरमैन ने 1904 में किया। इन्होंने कारक विश्लेषण की प्रविधि द्वारा कई प्रयोगात्मक अध्ययनों से प्राप्त आँकड़ों का विश्लेषण किया और बताया कि बुद्धि की संरचना में मूल रूप से दो कारक निहित होते हैं- सामान्य कारक (General factor या 'g' factor) तथा विशिष्ट कारक (Specific factor या 's' factor)

सामान्य कारक या 'g' कारक-स्पीयरमैन के अनुसार 'g' कारक से तात्पर्य यह होता है कि प्रत्येक व्यक्ति में कोई भी मानसिक कार्य करने की एक सामान्य क्षमता (general capacity) भिन्न-भिन्न मात्रा में मौजूद होती है। यही कारण है कि 'g' कारक को स्पीयरमैन ने मानसिक ऊर्जा की संज्ञा प्रदान की है। स्पीयरमैन के अनुसार जिस व्यक्ति में 'g' कारक जितना अधिक होगा वह व्यक्ति उतना ही अधिक सभी तरह के मानसिक कार्यों को करने में प्रवीण होगा।

सामान्य कारक की विशेषताएँ

स्पीयरमैन के अनुसार सामान्य कारक की दो प्रमुख विशेषताएँ हैं-

1. सामान्य कारक जन्मजात योग्यता है। इसलिए इस कारक पर किसी तरह के शिक्षण, प्रशिक्षण, पूर्व अनुभवों आदि का प्रभाव नहीं पड़ता है।
2. प्रत्येक व्यक्ति में सामान्य कारक की मात्रा निश्चित होती है। इसका तात्पर्य यह नहीं है कि सभी व्यक्तियों में इसकी मात्रा समान होती है। वास्तव में, प्रत्येक व्यक्ति में प्रत्येक मानसिक कार्य करने की जो क्षमता होती है, वह निश्चित नहीं होती है। किसी में इस क्षमता की मात्रा अधिक हो सकती है तथा किसी में इसकी मात्रा कम हो सकती है।

   विशिष्ट कारक या 'S' कारक: स्पीयरमैन का यह भी विचार था कि प्रत्येक मानसिक कार्य करने में कुछ विशिष्टता की भी आवश्यकता पड़ती है क्योंकि मानसिक कार्य एक-दूसरे से कुछ-न-कुछ भिन्न होते हैं। स्पीयरमैन ने इसे ही 'S' कारक का नाम दिया है।

सामाजिक विकास

बालक में सामाजिक विकास अति महत्त्वपूर्ण है। किशोर व किशोरियों में विभिन्न कारक सक्रिय होने लगते हैं। अत: अध्यापक के लिए समाजीकरण की इस प्रक्रिया को समझना अतिआवश्यक है। जन्म के समय शिशु न सामाजिक होता है और न असामाजिक बल्कि वह समाज के प्रति उदासीन होता है। आयु बढ़ने पर कुछ ही वर्षों बाद वह सामाजिक प्राणी कहलाने लगता है। बालक सामाजिक गुणों को सामाजिक विकास की अवस्थाओं के अनुसार ग्रहण करता है।

सामाजिक विकास से अभिप्राय, सामाजिक अपेक्षाओं के अनुसार व्यवहार करने की योग्यता को ग्रहण करना है।

सामाजिक विकास को प्रभावित करने वाले कारक

सामाजिक विकास किसी-न-किसी कारक से प्रभावित होता है। बालक के सामाजिक विकास को प्रभावित करने वाले कारक निम्नलिखित हैं-

1. **परिवार :** जन्म लेते ही शिशु परिवार का सदस्य बनता है। उसका सामाजीकरण शुरू हो जाता है। परिवार इस प्रक्रिया को प्रभावित करता है। परिवार का आकार, माता-पिता का आपसी संबंध, उनका दृष्टिकोण, परिवार का आर्थिक-सामाजिक स्तर आदि परिवार से संबंधित कारक हैं, जो बालक के सामाजिक विकास को प्रभावित करते हैं।
2. **स्कूल :** बालक के व्यक्तित्त्व पर स्कूल का गहरा प्रभाव पड़ता है क्योंकि वह अधिकतम समय स्कूल में ही व्यतीत करता है। माता-पिता का स्थान अध्यापक लेता है। स्कूल में सांस्कृतिक और विषयों का ज्ञान प्रदान किया

जाता है। स्कूलों का अनुशासित वातावरण सामाजिक विकास को प्रभावित करता है तथा जनतांत्रिक वातावरण सामाजिक विकास में सहयोग करता है।

3. **समुदाय का प्रभाव :** सामाजिक विकास पर समुदाय का भी प्रभाव पड़ता है। बालक जैसे समुदाय में रहता है, उसका समाज के प्रति व्यवहार भी वैसा ही होता है। समुदाय के वातावरण से बालक का सकारात्मक तथा नकारात्मक दोनों प्रकार का सामाजिक विकास होता है। समुदाय बालक में आज्ञापालन, ईमानदारी, नम्रता आदि गुणों का विकास करता है।
4. **शारीरिक स्वास्थ्य :** शारीरिक विकास भी सामाजिक विकास पर अपना प्रभाव छोड़ता है। अस्वस्थ बच्चा कभी भी समाज में स्वयं को समायोजित नहीं कर पाता, परंतु एक स्वस्थ बालक प्रत्येक स्थान में समायोजन कर सकता है। अस्वस्थ बालकों में हीन भावना देखने को मिलती है। जिसकी वजह से सामाजिक विकास में बाधाएँ आती हैं।
5. **आस-पड़ोस का प्रभाव :** बच्चों के सामाजिक विकास पर आस-पड़ोस का प्रभाव भी पड़ता है। यह बालक को प्रत्यक्ष-अप्रत्यक्ष रूप से प्रभावित करता है। आस-पड़ोस द्वारा बच्चों को जीवन के स्तर का ज्ञान होता है। दोषपूर्ण आस-पड़ोस से बच्चों का समायोजन भी दोषपूर्ण ही होगा।
6. **बौद्धिक विकास :** सामाजिक विकास व बौद्धिक विकास में गहरा संबंध है। बौद्धिक विकास के अंतर्गत व्यक्ति स्वयं को ठीक प्रकार से समायोजित करना सीखता है। इस प्रकार का विकास बच्चे के सामाजिक विकास का एक आवश्यक तत्त्व है। अत: बौद्धिक रूप से विकसित बालक सामाजिक रूप से भी विकसित होगा।
7. **सामाजिक-आर्थिक स्तर :** सामाजिक विकास पर परिवार के आर्थिक स्तर का प्रभाव भी आसानी से देखा जा सकता है। विभिन्न सामाजिक-आर्थिक स्तरों के बच्चों के व्यवहारों में भी भिन्नता देखने को मिलती है। यह विभिन्नता धन-व्यय करने, प्रशिक्षण देने, अनुशासन् तथा माता-पिता के प्रति दृष्टिकोण आदि में पाई जाती है।

माता-पिता का व्यवसाय : माता-पिता का व्यवसाय भी बच्चों के सामाजिक विकास को प्रत्यक्ष या अप्रत्यक्ष रूप से प्रभावित करता है। बाल्यकाल के प्रारंभिक वर्षों में यह प्रभाव अधिक होता है। क्योंकि बालक के लालन-पालन में व्यवसाय का सीधा संबंध होता है। जैसे उसका भोजन, कपड़े, खेल का सामान इत्यादि। माता-पिता का व्यवसाय बच्चों को सामाजिक सम्मान भी दिलाता है।

अधिगम का अर्थ एवं परिभाषा

अधिगम या सीखना एक बहुत ही सामान्य और आम प्रचलित प्रक्रिया है। जन्म के तुरन्त बाद से ही व्यक्ति सीखना प्रारम्भ कर देता है और फिर जीवनपर्यन्त कुछ-न-कुछ सीखता ही रहता है। सामान्य अर्थ में 'सीखना' व्यवहार में परिवर्तन को कहा जाता है। (Learning refers to change in behaviour) परन्तु सभी तरह के व्यवहार में हुए परिवर्तन को सीखना या अधिगम नहीं कहा जा सकता।

वुडवर्थ के अनुसार- "नवीन ज्ञान और नवीन प्रतिक्रियाओं को प्राप्त करने की प्रक्रिया, सीखने की प्रक्रिया है।"

गेट्स एवं अन्य के अनुसार- "अनुभव और प्रशिक्षण द्वारा व्यवहार में परिवर्तन लाना ही अधिगम या सीखना है।"

मॉर्गन और गिलीलैण्ड के अनुसार- "अधिगम या सीखना, अनुभव के परिणामस्वरूप प्राणी के व्यवहार में कुछ परिमार्जन हैं, जो कम-से-कम कुछ समय के लिए प्राणी द्वारा धारण किया जाता है।"

जी.डी. बोआज के अनुसार- "सीखना या अधिगम एक प्रक्रिया है जिसके द्वारा व्यक्ति विभिन्न आदतें, ज्ञान एवं दृष्टिकोण अर्जित करता है जो कि सामान्य जीवन की माँगों को पूरा करने के लिए आवश्यक है।"

ऊपर की परिभाषाओं एवं अनेक अन्य मनोवैज्ञानिकों द्वारा दी गई लगभग समान परिभाषाओं का यदि एक संयुक्त विश्लेषण (analysis) किया जाए, तो सीखने का स्वरूप बहुत कुछ स्पष्ट हो जाता है। इस तरह के विश्लेषण करने पर हम निम्नांकित निष्कर्ष पर पहुँचते हैं-

(i) **सीखना व्यवहार में परिवर्तन को कहा जाता है (Learning is the change in behaviour) :** प्रत्येक सीखने की प्रक्रिया में व्यक्ति के व्यवहार में परिवर्तन होता है। अगर परिस्थिति ऐसी है जिसमें व्यक्ति के व्यवहार में परिवर्तन नहीं होता है, तो उसे हम सीखना नहीं कहेंगे। व्यवहार में परिवर्तन एक अच्छा एवं अनुकूली (adaptive) परिवर्तन भी हो सकता है या खराब और कुसमंजित (Maladaptive) परिवर्तन भी हो सकता है।

(ii) **व्यवहार में परिवर्तन अभ्यास या अनुभूति के फलस्वरूप होता है (The change in behaviour occurs as a function of practice or experience):** सीखने की प्रक्रिया में व्यवहार में जो परिवर्तन होता है, वह अभ्यास या अनुभूति के फलस्वरूप होता है।

(iii) **व्यवहार में अपेक्षाकृत स्थायी परिवर्तन होता है (There is relatively permanent change in behaviour):** ऊपर दी गई परिभाषाओं में इस बात पर विशेष रूप से बल दिया गया है कि सीखने में व्यवहार में अपेक्षाकृत स्थायी परिवर्तन होता है।

अधिगम की प्रकृति

अधिगम एक मानसिक प्रक्रिया है जिसमें मानसिक प्रक्रियाओं की अभिव्यक्ति व्यवहारों द्वारा होती है। मानव व्यवहार अनुभवों के आधार पर परिवर्तित और परिमार्जित होते रहते हैं। अत: अधिगम प्रक्रिया में दो तत्त्व निहित होते हैं। परिपक्वता और पूर्व अनुभवों से लाभ उठाने की योग्यता। अधिगम पूर्व अनुभव द्वारा व्यवहार में प्रगतिशील परिवर्तन होता है। अधिगम की क्रिया जीवन में सदा और सर्वत्र चलती रहती है, बालक परिपक्वता की ओर बढ़ता हुआ अपने अनुभवों से लाभ उठाता हुआ, वातावरण के प्रति जो प्रतिक्रिया करता है वही अधिगम होता है।

मनोवैज्ञानिकों ने अधिगम की प्रकृति, प्रक्रिया कोई व्यक्ति कैसे सीखता है इसको समझने के लिए ढेर सारा साहित्य इकट्ठा किया है। जब हम अधिगम की विभिन्न परिभाषाओं का विश्लेषण करते हैं तो अधिगम की प्रकृति के सन्दर्भ में निम्न बिन्दु स्पष्ट होते हैं-

(1) अधिगम की क्रिया द्वारा व्यवहार में परिवर्तन होता है।
(2) व्यवहार में जो परिवर्तन होता है वह कुछ समय तक बना रहता है, और अगर अलोप हो जाए तब भी व्यक्ति द्वारा कुछ प्रयासों के पश्चात फिर वह परिवर्तन हो जाता है।
(3) व्यवहार में परिवर्तन पूर्व अनुभवों पर आधारित होता है।
(4) अधिगम द्वारा व्यवहार में जो परिवर्तन आता है वह बाह्य रूप से दिखाई देने वाला या न दिखाई देने वाला हो सकता है।
(5) अधिगम द्वारा व्यवहारों में होने वाले परिवर्तनों में परिपक्वता, नशावृत्ति, थकान, तथा मूल प्रवृत्तियात्मक व्यवहार शामिल नहीं होते।
(6) एक बार व्यवहार में परिवर्तन होने के पश्चात् नवीन परिस्थिति में उस परिवर्तित व्यवहार का संशोधन हो सकता है।
(7) अधिगम के द्वारा व्यक्ति के ज्ञानात्मक, भावात्मक तथा मनोक्रियात्मक क्षेत्रों में व्यवहारों का विकासात्मक परिवर्तन होता है।
(8) अधिगम व्यक्ति में सामाजिक या असामाजिक दोनों प्रकार के व्यवहार पैदा कर सकता है।
(9) अधिगम त्रुटिरहित या त्रुटिपूर्ण हो सकता है।

अधिगम की विशेषताएँ

अधिगम की विशेषताओं को निम्न रूप में वर्णित किया जा सकता है–

1. **अधिगम के फलस्वरूप व्यवहार में स्थायी परिवर्तन होते हैं**- व्यक्ति अपने अनुभवों के आधार पर सीखता है जैसे एक शिशु जिसे आग के बारे में कोई पूर्व अनुभव नहीं है वह आग की तरफ उत्सुकता से बढ़ता है वह उसे पकड़ने का प्रयास करता है जिससे वह जलन अनुभव करता है और इस अनुभव के आधार पर वह दुबारा आग को पकड़ने का प्रयास नहीं करेगा और यह व्यवहार परिवर्तन ही अधिगम है।
2. **संपूर्ण जीवन ही अधिगम है**- व्यक्ति जन्म से लेकर मृत्यु तक वातावरण के साथ सक्रिय-अन्त:क्रिया करता रहता है जिसके फलस्वरूप वह जीवनपर्यन्त अधिगम करता है।
3. **अधिगम के फलस्वरूप जो परिवर्तन होते हैं वह स्थायी होते हैं**- अधिगम द्वारा व्यवहारों में परिवर्तन होते हैं जिनका स्वरूप स्थायी होता है अगर किसी व्यक्ति ने साइकिल चलाना सीखा है और कई वर्षों तक नहीं चलाई फिर भी वह थोड़े अभ्यास के बाद साइकिल पुन: चला पाता है।
4. **अधिगम एक समायोजन की प्रक्रिया है**- व्यक्ति हर हालत में अपने वातावरण में समायोजित होने का प्रयास करता है जिसके फलस्वरूप वह अपने व्यवहारों में संशोधन करता है और नए व्यवहारों को ग्रहण करता है। ताकि वह अपनी समायोजित अवस्था में रह सके।
5. **अधिगम की प्रक्रिया सार्वभौमिक है**- प्रत्येक जीवित प्राणी अधिगम करता है। मनुष्य में अधिगम की क्षमता सर्वाधिक होती है।
6. **अधिगम व्यक्तिगत और सामाजिक दोनों ही है**- अधिगम एक व्यक्तिगत कार्य है। प्रत्येक व्यक्ति स्वयं ही सीखने की प्रक्रिया से होकर निकलता है परन्तु व्यक्ति सामाजिक वातावरण में रहकर भी बहुत कुछ सीखता है।
7. **अधिगम विकास की प्रक्रिया है**- अधिगम द्वारा व्यक्ति का निरन्तर विकास होता है। हर अवस्था पर व्यक्ति अपने भविष्य के विकास के लिए नए लक्ष्य बनाता है और उन्हें प्राप्त करने का प्रयास करता है और इन्हीं प्रयासों के फलस्वरूप उसके विकास की प्रक्रिया चलती रहती है।
8. **अधिगम को प्रत्यक्ष रूप से नहीं देखा जा सकता है**- अधिगम के बारे में जानने के लिए व्यक्ति के व्यवहारों का अध्ययन करना पड़ता है क्योंकि अधिगम को देखा नहीं जा सकता बल्कि व्यक्ति के व्यवहारों में हुए परिवर्तनों से उसके बारे में पता लगाया जा सकता है।
9. **अधिगम उद्देश्यपूर्ण एवं विवेकपूर्ण होता है**- सीखने में सफलता निश्चित उद्देश्यों की उपस्थिति से ही संभव है। सीखना एक विवेकपूर्ण कार्य है। बिना बुद्धि या विवेक के सीखने की प्रक्रिया संतोषजनक ढंग से नहीं चलती।
10. **अधिगम स्थानान्तरणीय है**- एक प्रकार की परिस्थिति में सीखे गए कौशलों अथवा समस्या के समाधानों का उपयोग व्यक्ति मिलती-जुलती दूसरी परिस्थितियों में कर लेता है, अर्थात अधिगम का स्थानान्तरण हो जाता है। इस प्रकार अधिगम स्थानान्तरणीय है।
11. **अधिगम उत्तेजना तथा अनुक्रिया के मध्य एक संबंध है**- किसी उत्तेजना के साथ सही अथवा वांछित अनुक्रिया का संबंध स्थापित करना ही अधिगम है।
12. **अधिगम ज्ञानात्मक, भावात्मक व मनोक्रियात्मक पक्ष से संबंधित है**- मनुष्य जो कुछ सीखता है उसका क्षेत्र ज्ञानात्मक, भावात्मक व मनोक्रियात्मक होता है क्योंकि वह ज्ञान का संग्रह करता है, भावनाओं को ग्रहण करता है तथा क्रियाओं को करने हेतु दक्षताओं को भी संकलित करता है।

अधिगम की अवधारणा और प्रक्रिया

- अधिगम, अधिक या कम स्थायी के द्वारा, संसार में हमारे चारों ओर क्या घटित हो रहा है, इसके द्वारा, हमें क्या करना और हमें क्या अवलोकन करना है, इन सब के द्वारा रूपान्तरित होने की एक प्रक्रिया है।
- अधिगम एक ऐसी प्रक्रिया है, जिसके द्वारा व्यवहार को मूलभूत किया जाता है या प्रशिक्षण विधि के द्वारा परिवर्तन होता है। (या तो प्राकृतिक वातावरण में या प्रयोगशाला में)
- अधिगम एक ऐसी प्रक्रिया है, जिसके द्वारा व्यक्ति विभिन्न आदतें, ज्ञान और प्रवृत्ति प्राप्त करता है, जिनका सामान्य रूप से जीवन की माँग के अनुसार मिलना आवश्यक होता है।
- "अधिगम व्यक्तित्त्व (संज्ञानात्मक, प्रभावकारी, प्रवृत्तिपूर्ण, उत्साहपूर्ण, व्यवहारपूर्ण और अभ्यासात्मक) में पूर्णतया परिवर्तन कर देता है और उसके प्रदर्शन में परिवर्तन की चमक दिखाई देती है अक्सर ये अभ्यास के द्वारा आता है फिर भी यह अन्तर्दृष्टि से या अन्य कारकों या स्मरण से पैदा हो सकता है।"

  उपरोक्त तथ्य हमें अधिगम को तीन विस्तृत तरीकों से समझने की ओर इशारा करते हैं।

विद्यालय के शुरुआती समय के दौरान अधिगम एवं शिक्षण

अधिगम को निम्न प्रकार से सुनिश्चित किया जा सकता है-

- व्यवहार का पूर्णतया स्थायी रूपान्तरण
- जीवन की माँगों से मिलने के लिए आवश्यक आदतें, ज्ञान और वृत्ति को ग्रहण करना।

  व्यक्तित्त्व में पूर्णतया स्थायी परिवर्तन (सभी संभव विमाओं में) अधिगम प्रक्रिया की विशेषताएं निम्न प्रकार है-
- **अधिगम एक सतत् प्रक्रिया है** - बचपन से ही प्रत्येक मनुष्य अपने व्यवहार, सोच, प्रवृत्ति, रुचि आदि से अपने व्यवहार में परिवर्तन की कोशिश करता है वह ऐसा जीवन की परिवर्तनशील स्थितियों में स्वयं को निरन्तर फिट रखने के लिए करता है।
- **अधिगम एक प्रत्यक्ष लक्ष्य है** - प्रत्येक मनुष्य अपने जीवन में कुछ लक्ष्यों को प्राप्त करने की अभिलाषा करता है। इन लक्ष्यों को अधिगम के द्वारा प्राप्त किया जा सकता है। यदि प्राप्त करने के लिए कोई उद्देश्य नहीं है, तब वहाँ अधिगम की कोई आवश्यकता नहीं होगी।
- **अधिगम सुविचारित है** - जब कोई अपने लिए लक्ष्य निर्धारित करता है तब वह लक्ष्य प्राप्त करने के लिए जानबूझकर कुछ क्रियाकलाप करता है यदि उसके पास लक्ष्य तक पहुँचने के लिए कोई सुविचार नहीं है या वह इसके बारे में बिल्कुल शांत है, तब उसका लक्ष्य तक पहुँचना मुश्किल है, इसका तात्पर्य है कि उसका अधिगम कमजोर है।
- **अधिगम एक सक्रिय प्रक्रिया है** - कुछ सीखने के लिए शारीरिक, मानसिक या दोनों प्रकार के कुछ क्रियाकलाप करने की आवश्यकता होती है। नए अनुभवों को सीखने के लिए मस्तिष्क का सक्रिय होना आवश्यक है अन्यथा अधिगम संभव नहीं होगा।
- **अधिगम व्यक्तिवादी है** - आपने कक्षा में यह अवलोकन किया होगा कि कुछ बच्चे अधिक शीघ्रता से सीखते हैं और अन्य धीरे-धीरे सीखते हैं। वास्तव में विभिन्न व्यक्तियों की अधिगम की गति भिन्न-भिन्न होती है।
- **अधिगम एक व्यक्ति की वातावरण के साथ परस्पर क्रिया का परिणाम है** - एक शिक्षक के रूप में, बच्चों को प्रोत्साहित करने के लिए सावधानीपूर्वक वातावरण का संगठन करना है, प्राय: जब वे आपस में अपने साथियों से परस्पर क्रिया करते हैं तथा शिक्षण अधिगम सामग्री से परस्पर क्रिया करते हैं।

- **अधिगम स्थानान्तरणीय है** – एक स्थिति में किया गया अधिगम अन्य स्थितियों में समस्या हल करने में उपयोगी हो सकता है। गणित, विज्ञान, सामाजिक विज्ञान और भाषा का अधिगम बच्चों के वास्तविक जीवन में विभिन्न क्रियाकलापों के प्रदर्शन में उनकी सहायता करता है।

अधिगम के प्रकार

अधिगम के प्रकार को बताना एक चुनौतीपूर्ण कार्य ही है क्योंकि इसका वर्गीकरण अनेक आधारों पर किया जा सकता है।

- अधिगम के क्षेत्र में आधार पर अधिगम के प्रकार
- अधिगम प्रक्रिया में घटित होने वाली दशाओं के आधार पर अधिगम
- कठिनाई के स्तर पर आधारित अधिगम प्रकार

अधिगम के क्षेत्र के आधार पर अधिगम के प्रकार

अधिगम ज्ञानात्मक, भावात्मक व मनोक्रियात्मक क्षेत्रों से संबंधित रहता है। इसी आधार पर अधिगम के निम्न प्रकार देखे जा सकते है–

1. **संवेदन गति अधिगम (Sensory Motor Learning)**–इस अधिगम में कौशल अर्जन संबंधी ज्ञान आता है और व्यक्ति द्वारा विभिन्न प्रकार की कुशलता अर्जित की जाती है। जैसे तैरना, साइकिल चलाना, टाइपिंग इत्यादि। इस प्रकार के अधिगम में तीन चरण होते हैं–
   - **(i) ज्ञानात्मक (Cognitive Phase)**– इस चरण में व्यक्ति सीखे जाने वाले कौशल के बारे में सैद्धान्तिक ज्ञान प्राप्त करता है। वह कौशल के अभ्यास करने की योजना बनाता है वह संभावित त्रुटियों के सन्दर्भ में विश्लेषण करता है।
   - **(ii) दृढ़ीकरण (Fixation)**– इस चरण में सही व्यवहार प्रारूपों का तब तक अभ्यास किया जाता है जब तक कि गलत अनुक्रिया की संभावना शून्य नहीं हो जाती। यह स्थिति दृढ़ीकरण कहलाती है।
   - **(iii) स्वचलित स्थिति (Autonomous Phase)**– इस चरण में किसी कौशल में कार्य करने की गति में वृद्धि करने की आवश्यकता होती है। यह चरण कौशल में पूर्ण निपुणता का द्योतक है। इस स्थिति में व्यक्ति निपुणता के कारण किसी कार्य को यन्त्रवत रूप में करता है।
2. **गामक अधिगम (Motor Learning)**– गामक अधिगम में बालक विकास की प्रारम्भिक अवस्थाओं में शरीर के अंगों के संचालन एवं गति पर नियंत्रण करना सीखता है।
3. **बौद्धिक अधिगम (Intellectual Learning)**– इसके अंतर्गत ज्ञानोपार्जन संबंधी समस्त क्रियाएं आती हैं। जो निम्नलिखित हैं–
   - **(i) प्रत्यक्षीकरण अधिगम (Perceptual Learning)**– इसमें बालक प्रत्यक्ष ज्ञानात्मक स्तर पर ज्ञानेन्द्रियों की सहायता से संपूर्ण परिस्थिति को देखकर व सुनकर प्रतिक्रिया करता व सीखता है।
   - **(ii) प्रत्ययात्मक अधिगम (Conceptual Learning)**– इस प्रकार के सीखने में उसे तर्क, कल्पना और चिन्तन का सहारा लेना पड़ता है।
   - **(iii) साहचर्यात्मक अधिगम (Associative Learning)**– प्रत्ययात्मक अधिगम इसी अधिगम की सहायता से सम्पन्न होता है। इस प्रकार का अधिगम स्मृति के अंतर्गत आता है।
   - **(iv) रसानुभूतिपरक अधिगम (Appreciation Learning)**– इस प्रकार के सीखने में बालक में संवेगात्मक या भावुकतापूर्ण वर्णन या घटना से प्रभावित होकर मूल्यांकन करने अर्थात गुण-दोष विवेचन करने तथा सौन्दर्य-बोध की क्षमता आ जाती है।

अधिगम प्रक्रिया में घटित होने वाली दशाओं के आधार पर अधिगम के प्रकार

अधिगम प्रक्रिया में घटित होने वाली दशाओं के आधार पर निम्न प्रकार के अधिगम देखने को मिलते हैं–

1. **स्मृति अधिगम**– इस प्रकार के अधिगम में बालक अर्थपूर्ण तथ्यों को स्मृति में धारण करता है वह यंत्रवत तरीके से तथ्यों को याद करता है।
2. **चिन्तन स्तर अधिगम**– इस प्रकार के अधिगम में बालक अपने समक्ष प्रस्तुत की गई समस्या के समाधान के लिए प्रेरित होता है। वह समस्या समाधान हेतु सीखे गए तथ्यों, नियमों एवं सिद्धांतों का विश्लेषण करके नियम आदि बनाता है।
3. **समझ स्तर अधिगम**– इस अधिगम में बालक तथ्यों का बोध करता है व उन्हें समझने का प्रयास करता है विभिन्न तथ्यों में अंतर करता है उनका वर्गीकरण करता है, आदि। बोध द्वारा प्राप्त अनुभव बालक की स्मृति का स्थायी अंग बन जाते हैं तथा वह समस्या समाधान में इन तथ्यों का प्रयोग कर पाता है।
4. **सरल अधिगम**– बालक जब स्वत: ही स्वतंत्र रूप से कार्य करते हुए कुछ सीख जाता है, तो उसे स्वतंत्र अधिगम कहते हैं।
5. **स्वायत्त अधिगम**– इस प्रकार के अधिगम में बालक प्राकृतिक रूप में सीखता है। वह अपनी अंतर्दृष्टि के आधार पर समस्याओं का विश्लेषण कर उन्हें सुलझाता है।
6. **आकस्मिक अधिगम**– यह अधिगम अनायास ही घटित हो जाता है। इसमें अधिगमकर्ता न तो सचेत होता है और न ही उसके द्वारा अधिगम हेतु किसी प्रकार का प्रयास किया जाता है।
7. **कठिन अधिगम**– कठिन अधिगम में संगठित एवं जटिल प्रक्रियाएं शामिल होती हैं। इस अधिगम में कठिनता का स्तर बढ़ता ही जाता है। इसमें बालक को ज्ञान एवं क्रिया में सामंजस्य करना होता है। जैसे संगीत में सुर, लय एवं ताल को सीखना तथा उसके बाद राग एवं आलाप आदि कठिन प्रक्रियाओं को सीखना।
8. **उद्देश्यपूर्ण अधिगम**– इस प्रकार के अधिगम में जानबूझकर एवं सचेत रहते हुए प्रयास करने पड़ते हैं। इसमें उद्देश्यों का पहले ही निर्धारण कर लिया जाता है। यह एक संगठित अधिगम होता है।

कठिनाई के स्तर पर आधारित अधिगम के प्रकार

गेने (Gagne) ने अपनी पुस्तक The Conditions of Learning में अधिगम के आठ भेद बताये हैं, जिसे वह निष्पादन परिवर्तन कहता है। गेने द्वारा बताये गये अधिगम के भेदों को कठिनता के स्तर के आधार पर एक क्रम में रखा जा सकता है।

गेने के अनुसार अधिगम के ये आठ भेद निम्नलिखित हैं–

1. **संकेतक अधिगम (Signal Learning)**– यह एक प्रकार का रूढ़िगत अनुकूलन है। इसमें एक संकेत विशेष से अधिगम हो जाता है। जैसे पावलोव के प्रयोगानुसार घण्टी रूपी उद्दीपन से लार स्राव की अनुक्रिया का घटित होना।
2. **उद्दीपन अनुक्रिया अधिगम (Stimulus Response Learning)**– इस प्रकार के अधिगम में बालक किसी विभेदकारी उद्दीपन के प्रति एक-एक सही अनुक्रिया सीख लेता है। थॉर्नडाइक के बिल्ली के प्रयोग द्वारा इसे समझा जा सकता है।
3. **शाब्दिक साहचर्य अधिगम (Verbal Association Learning)**– शाब्दिक संयोजन, शाब्दिक शृंखलाओं का अधिगम है।

4. **शृंखला अधिगम (Chain Learning)**– इस प्रकार के अधिगम में अलग-अलग उद्दीपन अनुक्रियाओं के मध्य एक संयोजन स्थापित किया जाता है तथा उनके मध्य एक संबंध स्थापित कर संबंधों की एक शृंखला-सी बन जाती है।
5. **विभेदन अधिगम (Discrimination Learning)**– इस अधिगम के अंतर्गत बालक भिन्न-भिन्न उद्दीपनों के प्रति अनुकूलन से भिन्न-भिन्न प्रकार की अनुक्रियाएं करना सीख जाता है तथा उसमें एक जैसे उद्दीपनों में भेद करने की एवं उनके अनुसार अनुक्रिया करने की क्षमता आ जाती है।
6. **सम्प्रत्यय अधिगम (Concept Learning)**– इस अधिगम में बालक में उद्दीपनों के प्रत्ययों के अनुसार अनुक्रिया करने की क्षमता आ जाती है।
7. **नियम अधिगम (Rule Learning)**– इस अधिगम को महाप्रत्यय अधिगम भी कहते हैं क्योंकि नियम की शाब्दिक रूप में भी अभिव्यक्ति संभव है। इस अधिगम में बालकों द्वारा विचार का समायोजन किया जाता है।
8. **समस्या समाधान अधिगम (Problem Solving Learning)**– इस अधिगम में बालक पूर्व में सीखे गए नियमों का संयोग खोजता है तथा उनका प्रयोग नवीन समस्यात्मक परिस्थितियों को हल करने के लिये करता है। यह अधिगम नियम अधिगम का प्राकृतिक विस्तार है।

अधिगम को प्रभावित करने वाले सामान्य कारक

शिक्षार्थी संबंधी कारक (Factors Related with Learner)–शिक्षार्थी संबंधी कारकों को निम्न रूप में निर्दिष्ट किया जा सकता है–

(1) **बालक स्वयं**- बालक किसी भी सीखने की प्रक्रिया की धुरी है। बालक शिक्षण-अधिगम की प्रक्रिया का आधार है, इसलिए किसी भी स्तर पर बालक के प्रति अज्ञानता सीखने की प्रक्रिया को व्यर्थ व कोरी कल्पना कर देगी। इसलिए अधिगम के लिए यह आवश्यक है कि बालक की रुचियों, आवश्यकताओं, शारीरिक एवं मानसिक क्षमताओं का पूर्ण ज्ञान शिक्षक को होना चाहिए।

(2) **बुद्धि**- बुद्धि सीखने को प्रभावित करने वाला एक प्रमुख कारक है। इसको हम एक सामान्य कक्षा में भी अनुभव कर सकते हैं।

(3) **आयु**- आयु और अधिगम के विषय में शृंखलाबद्ध अध्ययनों के उपरान्त यह पाया गया है कि एक निश्चित सीमा तक सीखने की क्षमता उम्र के साथ बढ़ती है जिसके बाद यह कुछ समय तक स्थिर रहती है व अंत में सीखने की क्षमता में बढ़ती उम्र के साथ कमी आती है, इस प्रक्रिया को समझने के लिए विकास के चक्र पर ध्यान देना आवश्यक है।

(4) **सीखने की इच्छा**- सीखने की इच्छा का सीधा संबंध सीखने की मात्रा से होता है। यह माना जाता है कि किसी भी विषय पर पकड़ बनाने के लिए व्यक्ति में सीखने की अंदर से इच्छा होनी चाहिए जो उसे उस विषय के बारे में जानने के लिए अभिप्रेरित करती रहे। और यह अभिप्रेरणा व्यक्ति की आवश्यकताओं व रुचियों द्वारा निर्धारित होती है और इनके विकास में शिक्षक की अहम भूमिका होती है। एक बुद्धिमान शिक्षक अपने छात्रों को केवल ज्ञान प्रदान नहीं करता बल्कि उन्हें सीखने के लिए अभिप्रेरित करता है, जीवन के वृहद विषयों के संबंध में रुचियों का विकास करता है।

(5) **मार्गदर्शन**- आमतौर पर प्रयास एवं त्रुटि को सीखने की विधि माना जाता है। जहाँ व्यक्ति एक नए कार्य से परिचित होता है तो वह प्रयास करता है और असफल होने पर पुन: नयी विधि अपनाता है और कुछ प्रयासों और त्रुटियों के पश्चात वह उस कार्य को करने की सही विधि विकसित कर लेता है। पर व्यावहारिक रूप में एक छात्र काफी समय इस प्रक्रिया में बर्बाद करता है और असफलता का सामना करने पर वह तनाव और हताशा महसूस करता है। एक शिक्षक छात्रों को सही मार्गदर्शन देकर उनका समय बचा सकता है व उनमें तनाव व हताशा को उत्पन्न होने से रोक सकता है।

(6) **शैक्षिक पृष्ठभूमि**- शिक्षार्थी की शैक्षिक पृष्ठभूमि उसके सीखने को प्रभावित करती है। शैक्षिक दृष्टि से बालक सामान्य या विशिष्ट रूप में पिछड़े हो सकते हैं। कुछ छात्र सामान्यत: सभी विषयों में पिछड़े होते हैं जिन्हें सामान्य पिछड़ेपन की श्रेणी में रखा जाता है वहीं कुछ बालक किन्हीं विशिष्ट विषयों में पिछड़े होते हैं जो विशिष्ट पिछड़ेपन की श्रेणी में आते हैं, अगर एक बालक एक विषय में पिछड़ा है तो उसे विषय के नए प्रत्ययों को समझने में दिक्कत आती है और यदि कोई बालक प्रतिभाशाली है तो उसे उस विषय को सीखने में आसानी रहती है। इस प्रकार शैक्षिक पृष्ठभूमि आगे सीखने में योगदान देती है।

(7) **अभिप्रेरणा**- अभिप्रेरणा का सीखने में बहुत योगदान होता है, कोई भी अर्थपूर्ण अधिगम अभिप्रेरणा के अभाव में नहीं हो सकता। मनुष्य का मस्तिष्क ज्ञान को स्पंज की भांति नहीं सोख सकता, कुछ सीखने के लिए उसे सक्रिय गतिविधियों में लिप्त रहना होता है। और इन गतिविधियों के लिए अभिप्रेरणा का होना आवश्यक है इसके अभाव में गतिविधि रुक जाती है जिसके फलस्वरूप अधिगम भी रुक जाता है।

(8) **बालक का स्वास्थ्य**- एक स्वस्थ शरीर में स्वस्थ मन विकसित होता है। सीखने की पहली शर्त है कि अधिगमकर्ता शारीरिक व मानसिक रूप से स्वस्थ हो। एक कुपोषित, विकलांग अधिगमकर्ता अपनी समस्त क्षमताओं के अनुसार अधिगम करने में असफल होते हैं। अगर कोई बालक संवेगात्मक रूप से संतुलन में नहीं है तो उसका अधिगम भी प्रभावित होगा। सीखने में बालक की रुचि, दृष्टिकोण अवधान, शारीरिक व मानसिक स्वास्थ्य सीधे तौर पर अधिगम से संबंधित रहते हैं।

(9) **बालक की मनोवृत्ति**- अनुकूल या सकारात्मक मनोवृत्ति किसी भी क्षेत्र में सफलता पाने के लिए आवश्यक होती है। अधिगम के प्रति सकारात्मक मनोवृत्ति बालक को अधिक उत्साही और सक्रिय बनाती है, यदि छात्र की किसी विषय के प्रति सकारात्मक सोच है तो वह उस विषय में शिक्षक द्वारा दिए गए ज्ञान को पूरी दिलचस्पी से ग्रहण करेगा। परंतु यदि वह किसी विषय के प्रति नकारात्मक मनोवृत्ति रखता है तो वह उस विषय से नफरत करेगा। इसलिए अधिगम को प्रभावी बनाने के लिए यह आवश्यक है शिक्षक अधिगम गतिविधियों के प्रति छात्रों में सकारात्मक मनोवृत्ति को विकसित करने में सहायता प्रदान करें।

विशेष आवश्यकता वाले (दिव्यांग) बच्चे तथा प्रारंभिक बाल्यावस्था देखभाल और शिक्षा

प्रत्येक व्यक्ति दूसरे व्यक्ति से कई बातों में भिन्न होता है। व्यक्तियों के बीच यह भिन्नता उनकी शारीरिक, मानसिक, सामाजिक तथा सांस्कृतिक विशेषताओं में होती है। ये विभिन्नतायें सामान्यत: सभी में पायी जाती हैं। परन्तु जब कोई व्यक्ति साधारण व्यक्ति से बहुत अधिक भिन्नता रखता है तो उसे उस भिन्नता के आधार पर सुगमता से पहचाना जा सकता है। ऐसे बालक को विशिष्ट बालक की श्रेणी में रखा जाता है।

विशिष्ट आवश्यकता वाले बच्चे, उनकी पहचान एवं वर्गीकरण

ऐसे बालक की कुछ विशेष आवश्यकताएं होती हैं। उन्हें विशिष्ट बालकों की श्रेणी में रखा जा सकता है। वैसे मनोवैज्ञानिकों ने विशिष्ट शब्द का अर्थ अलग-अलग तरह से दिया है। **क्रो एण्ड क्रो** (Kro and Kro) ने विशिष्ट शब्द को स्पष्ट करते हुए लिखा है कि - विशिष्ट शब्द किसी एक ऐसे गुण या उस

गुण को धारण करने वाले व्यक्ति के लिए उस समय प्रयोग में लाया जाता है जबकि वह व्यक्ति उस विशेष गुण को धारण करते हुए अन्य सामान्य व्यक्तियों से इतना अधिक असामान्य प्रतीत हो कि वह उस गुण विशेष के कारण अपने साथियों से विशिष्ट ध्यान की मांग करे अथवा उसे प्राप्त करे और साथ ही इससे उसके व्यवहार की क्रियाएं तथा अनुक्रियाएं भी प्रभावित हों।

विशिष्ट बालकों का वर्गीकरण

अलग-अलग मनोवैज्ञानिकों ने विशिष्ट बालकों के अलग-अलग प्रकार बताये हैं। **पाण्डेय तथा श्रीवास्तव** (2007) ने बालकों को उनकी विशिष्टता की प्रकृति एवं क्षेत्र के आधार पर निम्न प्रकार से वर्गीकृत किया है-

1. **मानसिक रूप से विशिष्ट**

   इस वर्ग में मुख्यतः दो प्रकार के विशिष्ट बालक आते हैं-
   (i) प्रतिभाशाली बालक
   (ii) मन्द बुद्धि बालक

2. **शारीरिक दृष्टि से बाधित**

   इसके अंतर्गत निम्न प्रकार के विकलांग बालक आते हैं-
   (i) दृष्टि विकलांग
   (ii) श्रवण दोष युक्त बालक
   (iii) वाक् दोष युक्त बालक
   (iv) विरूपित बालक
   (v) अस्वस्थ विकलांग

3. **सांवेगिक दृष्टि से विशिष्ट**

   इस वर्ग में निम्न प्रकार के बालक आते हैं-
   (i) असमायोजित एवं नैतिक-विचलित बालक
   (ii) समस्यात्मक बालक
   (iii) बाल अपराधी
   (iv) सांवेगिक रूप से विशिष्ट

4. **बहु विकलांग**

   इसके अंतर्गत ऐसे बालक आते हैं जो एक से अधिक दृष्टि से विशिष्ट होते हैं।

   विशिष्ट बालकों की पहचान

   कक्षा में विशिष्ट बालकों की पहचान उनकी विशेषताओं को कसौटी मानकर की जा सकती है-
   (1) विभिन्न प्रकार के बुद्धि परीक्षण जैसे-सामूहिक एवं व्यक्तिगत बुद्धि परीक्षण
   (2) उपलब्धि परीक्षण
   (3) अभिरुचि परीक्षण
   (4) शारीरिक परीक्षण
   (5) मानसिक परीक्षण इत्यादि।

श्रवण दोष युक्त

श्रवण दोष युक्त बालक से अभिप्राय उन बालकों से है। जिन्हें या तो सुनाई नहीं देता अथवा ऐसे बालक जिन्हें सुनने, ध्वनियों को पहचानने तथा अर्थ लगाने में सहजता महसूस नहीं होती है। श्रवण दोष से युक्त बालक विकलांगता के शिकार माने जाते हैं। श्रवण विकलांग बालक को दो श्रेणियों में बांटा जा सकता है-

1. बधिर अथवा बहरा बालक जिसे कुछ सुनाई नहीं देता।
2. ऊँचा सुनने वाला बालक

   बहरे बालक को कुछ भी सुनाई नहीं देता। यदि यह बात जन्म से होती है तो वे गूंगे भी होते हैं। वे बात को इशारों से ही थोड़ा-बहुत समझ सकते हैं, ऊँचा सुनने वाले बालकों में पूर्णतः बहरापन नहीं होता इनके श्रवण अंगों में दोष पाये जाने के कारण वे सामान्य वार्तालाप तथा ध्वनियों को अच्छी तरह से सुन व समझ नहीं पाते हैं। इसलिए इनके साथ काफी तेज बोलना पड़ता है। श्रवण यंत्रों के माध्यम से ऐसे बालकों की परेशानियों को कम किया जा सकता है। धीरे-धीरे ये सामान्य बालकों की तरह व्यवहार करना शुरू कर देते हैं। इसलिए श्रवण दोषों को ठीक से पहचान कर, इलाज करने तथा श्रवण यंत्रों के सही इस्तेमाल का प्रशिक्षण देकर इन्हें सामान्य बालकों की तरह शिक्षा प्रदान की जा सकती है।

श्रवण दोष के लिए कई कारण जिम्मेदार हो सकते हैं जैसे-

(1) बालक के माँ के गर्भ में होने पर माँ को लगी चोट, सदमा, आदि भी बालक के मस्तिष्क पर सीधा प्रभाव डाल सकते हैं।
(2) किसी गम्भीर बीमारी से ग्रसित होने पर या कुपोषण का शिकार होने पर भी श्रवण दोष हो सकता है।
(3) भयंकर दुर्घटनाएँ भी श्रवण दोष का कारण बन सकती हैं। शरीर व मस्तिष्क पर पहुँचा गहरा आघात श्रवण दोष उत्पन्न कर सकता है।
(4) माता-पिता के क्रोमोसोम्स तथा जीन्स के दोषपूर्ण होने व इनका स्थानान्तरण बालकों में होने पर जैसे ही बच्चा भ्रूण अवस्था में आता है वह श्रवण दोष का शिकार हो जाता है।
(5) वर्तमान परिस्थितियों में तेजी से बढ़ता प्रदूषण भी बहरेपन की समस्या के लिए जिम्मेदार है।
(6) सामान्य तथा कान संबंधी बीमारियाँ भी श्रवण दोष का कारण होती हैं। जैसे- बीमारियों में ली जाने वाली तेज दवाइयों का मस्तिष्क पर प्रभाव पड़ता है। जिससे व्यक्ति की श्रवण तन्त्रिकाओं पर सीधा प्रभाव पड़ता है, तथा व्यक्ति की सुनने की शक्ति प्रभावित होती है।

श्रवण दोष युक्त विकलांग विद्यार्थियों की शिक्षा

बालक किस प्रकार की श्रवण विकलांगता से ग्रसित है यह जानना अत्यन्त आवश्यक है। जो बालक पूर्ण रूप से बहरे हैं तथा जिन्हें ऊँचा सुनाई देता है उनके लिए शिक्षा की व्यवस्था अलग-अलग होनी चाहिए। जैसे-

बहरे बालकों की शिक्षा

बहरे बालकों की समस्याएं सामान्य बालकों की तुलना में काफी गंभीर होती हैं जैसे-

(1) पूर्ण रूप से बहरे बालकों के लिए विशेष विद्यालयों की व्यवस्था होनी चाहिए जिससे इन्हें मूक एवं बधिर विद्यालयों में भेजा जा सके।
(2) ध्वनियाँ न सुनाई देने के कारण ये अपनी अभिव्यक्ति मौखिक रूप से नहीं कर पाते हैं, जिससे ये अपनी सहायता के लिए बोल नहीं पाते हैं।
(3) मूक, बधिर बालकों को इस प्रकार से प्रशिक्षित किया जाए कि ये होंठों के संचालन, हाव-भाव, मुख, जिह्वा, तालू आदि की पेशीय क्षति (मांसपेशियों से संबंधित कमी) का अनुभव कर, विचारों को ग्रहण कर सकें।
(4) ऐसे बालक जो पूरी तरह से सुन नहीं सकते हैं उनके अन्दर सुनने की शक्ति का विकास प्रशिक्षित अध्यापकों द्वारा किया जा सकता है।

    ऐसे बालकों के पाठ्यक्रम में क्रियाओं तथा इन्द्रिय अनुभवों को विशेष रूप से स्थान दिया जाना चाहिए।

ऊँचा सुनने वाले बालकों की शिक्षा

पूर्ण रूप से बहरे बालकों की तुलना में कम या ऊँचा सुनने वाले बालकों की शिक्षा की व्यवस्था करना आसान है। उन्हें आसानी से जीवन की परिस्थितियों के साथ समायोजित किया जा सकता है जैसे:

ऊँचा सुनने वाले बालकों की श्रवण शक्ति के विकास के लिए श्रवण सहायक यंत्रों का नियमित प्रयोग तथा अभ्यास का सहारा लिया जा सकता है।

– ऐसे बालकों की देखभाल इस प्रकार की जाए ताकि इन्हें अपनी अक्षमता का बोध न हो सके।
– कम सुनने वालों में उन कौशलों की कमी पायी जाती है जिनका संबंध सुनने से होता है कभी ये बहुत जोर से बोलते हैं कभी धीरे से। ऐसा इनके स्वयं की ध्वनि को न सुन पाने के कारण होता है। इसलिए बोलने से संबंधित त्रुटियों तथा उच्चारण से संबंधित गलतियों को दूर करने के प्रयास किये जाने चाहिए। इसके लिए सुनने के साधन तथा दृश्य साधनों (टेलीविजन) का प्रयोग किया जा सकता है।

दृष्टि दोष युक्त विकलांग बालक

ऐसा दोष जिसके कारण या तो कुछ भी दिखायी नहीं देता अथवा जिसमें स्पष्ट रूप से दिखायी नहीं देता, दृष्टि दोष कहलाता है तथा इस दोष के शिकार बालक दृष्टि विकलांग कहलाते हैं। दृष्टि विकलांग बालकों के कई प्रकार हो सकते हैं जैसे: कमजोर दृष्टि वाले, पूरी तरह से अंधे, अपूर्ण अंधे आदि।

(1) दृष्टि दोष युक्त बालकों को चलने, उठने, बैठने, विद्यालयों की गतिविधियों में भाग लेने में असुविधा होती है।
(2) दृष्टि दोष होने के कारण बालक हीन भावना से ग्रसित हो जाते हैं।
(3) नेत्र के दोषपूर्ण होने के कारण ज्ञान को ग्रहण करने में असुविधा होती है।
(4) ऐसे बालकों को उचित सामाजिक तथा संवेगात्मक समायोजन में असुविधा होती है।
(5) इनमें से कुछ को विशेष उपकरणों की आवश्यकता होती है जिससे वे अपने परिवेश के साथ उचित रूप से समायोजन कर सकें।

दृष्टि दोष के कारण

दृष्टि दोष के लिए, प्रमुख रूप से आनुवांशिकता तथा वातावरण जिम्मेदार होते हैं। प्रमुख कारण निम्नलिखित हैं–

(1) बालक के शुरुआती जीवन में दिया जाने वाले भोजन, कुपोषण आदि।
(2) प्रसव के समय होने वाली असावधानियाँ।
(3) बहुत कम रोशनी या अधिक रोशनी, गहरे रंग वाली रोशनी में पढ़ना, हिलती-डुलती रोशनी में पढ़ना तथा बहुत देर तक कम्प्यूटर पर कार्य करना या बहुत पास से टीवी देखने से भी दृष्टि दोष हो जाता है।
(4) शरीर में महत्त्वपूर्ण पोषक तत्त्वों की कमी।
(5) डायबिटीज, मलेरिया आदि बीमारियाँ जिससे शरीर में महत्त्वपूर्ण पोषक तत्त्वों की कमी हो जाए।
(6) गर्भकाल में माँ का अशान्त रहना या दुर्घटना का शिकार होना आदि।
(7) माँ बाप से दृष्टि दोष का अपनी संतति में स्थानान्तरण।

दृष्टि दोष युक्त बालकों की शिक्षा

दृष्टि दोष युक्त बालकों की शिक्षा की व्यवस्था निम्न प्रकार से की जा सकती है–

पूर्ण रूप से अंधे बालकों की शिक्षा

यदि बालक पूरी तरह से अंधा है तो उसे अंध विद्यालयों में भेजना चाहिए तथा विशेष शिक्षण विधियों का भी प्रयोग करना चाहिए जैसे-ब्रेल लिपि, व्यक्तिगत शिक्षण, स्वक्रिया एकीकृत शिक्षण इन विधियों के माध्यम से पूर्णरूपेण दृष्टि दोष युक्त बालक वातावरण से समायोजन करना सीख सकते हैं। पूर्णरूपेण अंधे बालकों का पाठ्यक्रम इस प्रकार से बनाया जाना चाहिए कि वे पढ़ने, लिखने, जानने तथा अपने वातावरण को समझने के योग्य बन सकें। ब्रेल लिपि इसमें सहायक है। पाठ्यक्रम में निम्न बातों को लक्ष्य बनाया जाना चाहिए–

– वे अपने आवश्यक कार्यों (चलना, घूमना, सड़क पार करना आदि) को स्वयं कर सकें।
– कला तथा संगीत के प्रति इनका लगाव देखा गया है अत: पूर्णरूपेण अंधे बालकों की शिक्षा में संगीत विषय तथा क्रियाओं को स्थान दिया जाना चाहिए।
– ऐसे बालकों का पाठ्यक्रम कार्यानुभव तथा बुनियादी उद्योगों के प्रशिक्षण पर आधारित होना चाहिए।

देश के सभी प्रान्तों में सरकार तथा स्वयंसेवी संस्थाओं द्वारा पूर्णरूपेण अंधे बालकों के लिए विद्यालय चलाये जा रहे हैं।

दृष्टि दोष युक्त विकलांग बालकों की शिक्षा

ऐसे बालक जो पूरी तरह से अंधे नहीं होते या जिनकी दृष्टि कमजोर होती है। उनकी शिक्षा सामान्य बालकों के साथ नियमित कक्षाओं में करायी जा सकती है। परन्तु ऐसे बालकों के समायोजना तथा शिक्षा प्राप्त करने में निम्न बातों का ध्यान रखना चाहिए, जैसे–

1. ऐसे बालकों को दृष्टि यंत्रों के उपयोग की आदत डालने का अभ्यास कराना चाहिए।
2. ऐसे बालकों का दृष्टि परीक्षण करवाकर, उनके नेत्र के उपयुक्त लेन्स, चश्मों का प्रयोग करना चाहिए ताकि इन्हें देखने में असुविधा न हो।
3. वे बालक जो कम देखते हैं उन्हें ऐसी कक्षाओं में भेजना चाहिए जहाँ बड़े छापे वाली पुस्तकें व सामग्री प्रयोग में लायी जाती हो। ऐसी कक्षाएं 'कंजरवेशन कक्षाएं' कहलाती हैं।
4. ऐसी कक्षाएं जिनमें नेत्र का उपयोग कम होता है दृष्टिदोष युक्त बालकों को सामान्य कक्षाओं में रखना चाहिए। इसके विपरीत जिन कार्यों के लिए दृष्टि की अधिक आवश्यकता होती है इन बालकों को विशेष कक्षाओं में रखना चाहिए। इस प्रकार की कक्षा की व्यवस्था करना 'सहकारी योजना' के अंतर्गत आता है।
5. कक्षा में श्यामपट्ट ऐसा हो जिसका बालकों की आँखों पर प्रभाव न पड़े।

प्रतिभाशाली बालक

प्रतिभाशाली बालक को विशिष्ट बालक की श्रेणी में रखे जाने का कारण ऐसे बालकों में उच्च बुद्धि तथा अभिक्षमताओं का पाया जाना है। प्रतिभाशाली बालक को मनोवैज्ञानिकों द्वारा अलग-अलग ढंग से परिभाषित किया गया है। लूसिटो ने प्रतिभाशाली शब्द की व्याख्या पांच भागों में विभाजित करके की है जो कि निम्न है:-

1. ऐसे व्यक्तियों को प्रतिभाशाली माना गया है जिन्होंने किसी विशेष व्यवसाय में उच्च स्थान प्राप्त किया हो।
2. द्वितीय वर्ग में ऐसे व्यक्तियों को प्रतिभाशाली माना गया है जो कि बुद्धिलब्धि की दृष्टि से उच्च होते हैं। परन्तु बुद्धिलब्धि के वितरण का कोई सुनिश्चित विभेदक बिन्दु निर्धारित नहीं है। फिर भी मनोवैज्ञानिक 120 से ऊपर बुद्धिलब्धि रखने वाले विद्यार्थियों को प्रतिभाशाली मानते हैं।
3. तृतीय वर्ग में ऐसे विद्यार्थियों/व्यक्तियों को प्रतिभाशाली माना जाता है जिन्होंने किसी विशेष वर्ग (कला, संगीत, सांस्कृतिक क्षेत्र) में विशेष उपलब्धि अर्जित की हो।
4. चतुर्थ वर्ग में ऐसे बालक/व्यक्ति जो किसी समूह में निश्चित अनुपात या प्रतिशत में आते हैं, को प्रतिभाशाली माना गया है।

5. पंचम वर्ग में उन परिभाषाओं को रखा गया है जिनमें सृजनात्मकता पर बल दिया गया है। अर्थात ऐसा व्यक्ति प्रतिभाशाली माना जाएगा जिसमें सृजनशीलता की मात्रा अधिक होती है। गिलफर्ड के बुद्धि संरचना के सिद्धान्त के अनुसार अपसारी उत्पादन की अधिक क्षमता रखने वाले व्यक्ति को प्रतिभागी माना गया है।

उपरोक्त वर्गों से निष्कर्ष निकलता है कि प्रतिभाशाली बालक की श्रेणी में आने के कई प्रकार के मानदण्ड हैं।

लूसिटो ने प्रतिभाशाली बालक को निम्न शब्दों में परिभाषित किया है – ''प्रतिभाशाली बालक वे हैं जिनकी क्षमता तथा बौद्धिक शक्तियों की उत्पादकता एवं मूल्यांकनात्मक चिन्तन में इतने उच्च स्तर की है कि तर्कसंगत रूप में माना जा सकता है कि यदि इन्हें पर्याप्त शैक्षिक अनुभव प्रदान किये जाए तो वे संस्कृति के भावी समस्या समाधानकर्ता, खोजकर्ता, प्रवर्तक एवं मूल्यांकनकर्ता बन सकेंगे''।

प्रतिभाशाली बालक की पहचान

प्रत्येक विद्यालय में प्रतिभाशाली बालक होते हैं परन्तु इनकी पहचान करना इतना आसान नहीं होता। निम्नलिखित विधियों तथा प्रविधियों का प्रयोग कर प्रतिभाशाली विद्यार्थियों की पहचान की जा सकती है–

1. बुद्धि परीक्षण (व्यक्तिगत एवं सामूहिक) का प्रयोग कर प्रतिभाशाली बालकों की पहचान की जा सकती है। इन परीक्षणों के लिए अध्यापक का प्रशिक्षित होना आवश्यक है।
2. स्कूल के अंकपत्र तथा संचयी प्रपत्रों से भी बालकों की प्रतिभा का पता लगाया जा सकता है।
3. मानवीकृत उपलब्धि परीक्षणों के प्रयोग द्वारा भी प्रतिभाशाली बालकों को पहचाना जा सकता है।
4. प्रतिभाशाली बालकों की पहचान के लिए अध्यापक व्यक्तियों से भी सूचनायें एकत्रित कर सकता है। अध्यापक अन्य गतिविधियों के माध्यम से भी बालक की प्रतिभा का पता लगा सकता है, जैसे प्रतियोगिता आयोजित कर, कक्षा में तथा कक्षा से बाहर निरीक्षण करके, विशेष प्रकार की परीक्षा का आयोजन आदि करके।

डीहान और कफ ने शिक्षकों के लिए प्रकाशित निर्देश पुस्तिका में प्रतिभाशाली विद्यार्थियों के गुणों की सूची तैयार की है जिसके आधार पर भी विद्यार्थियों की पहचान की जा सकती है, जैसे:-

1. अधिक शब्दों का प्रयोग शुद्धता व सरलता से करना।
2. शीघ्रता व सरलता से सीखने की क्षमता।
3. तर्क करने की क्षमता, स्पष्ट चिन्तन तथा अर्थों का अवबोध करने की क्षमता।
4. अपने स्तर से ऊँचे स्तर की पुस्तकों को पढ़ना व समझना।
5. कठिन कार्यों को आसानी से कर लेना।
6. सामान्य बुद्धि तथा व्यावहारिक ज्ञान का अधिकाधिक उपयोग करना।
7. अनेक प्रकार की चीजों से संबंधित रुचि रखना।
8. बिना रटे समझने में विश्वास करना।
9. सामान्य बालक जिन चीजों से अनभिज्ञ रहते हैं उनकी जानकारी करना।
10. अनुक्रियाओं को शीघ्रता तथा सतर्कतापूर्वक उत्पन्न करना।

प्रतिभाशाली बालकों की पहचान उपरोक्त विधियों/प्रविधियों का प्रयोग करके की जा सकती है।

प्रतिभाशाली बालकों की पहचान के लिए विशेषकर 'बुद्धि परीक्षण' तथा 'उपलब्धि परीक्षणों' का संचालन किया जाता है। भारत में ये परीक्षायें एन.सी.आर.टी व एस.सी.ई.आर.टी. संस्थाओं द्वारा ली जाती हैं। एन.सी.आर.टी., एस.सी.ई.आर.टी. तथा मनोवैज्ञानिक केन्द्रों द्वारा समय-समय पर प्रतिभाशाली बालकों की खोज के लिए प्रशिक्षण भी प्रदान किए जाते हैं।

प्रतिभाशाली बालकों की शिक्षा

प्रतिभाशाली बालकों को शिक्षा प्रदान करने के लिए मुख्यत: तीन उपागम उपयोग में लाये जाते हैं–

(I) **त्वरण उपागम:** इस उपागम के अनुसार त्वरण तीन प्रकार से किया जाता है–

* वर्ष में एक से अधिक बार अगली कक्षा में प्रवेश देना/प्रोन्नत करना।
* तीन वर्ष की विषय सामग्री को दो वर्ष में पढ़ाना।
* लचीली शैक्षिक व्यवस्थाएं जैसे – खुला विद्यालय, पत्राचार पाठ्यक्रम आदि के माध्यम से प्रतिभाशाली विद्यार्थियों की सीखने की गति को बढ़ावा दिया जाता है। कुछ मनोवैज्ञानिकों का मानना है ऐसा करने से बालकों का संवेगित तथा सामाजिक विकास बाधित होता है। परन्तु ये मत शोध पर आधारित नहीं हैं।

(II) **संवर्धन उपागम:** इससे प्रतिभाशाली विद्यार्थियों के प्रतिभावों (विशिष्ट योग्यताएं, क्षमताएं तथा गुण) को विकसित करने का अवसर प्रदान किया जाता है। इसके अंतर्गत विद्यार्थियों को अतिरिक्त कक्षाएं तथा अन्य क्रियाकलापों में भाग लेने के लिए प्रोत्साहित किया जाता है। इन क्रियाओं के अंतर्गत दिया जाने वाला गृह कार्य भी उच्च स्तर का होता है। प्रतिभाशाली बालकों के लिए अलग शिक्षक का प्रावधान करना भी संवर्धन के अंतर्गत आता है। जिसका कार्य इन बालकों की पहचान करके, उनकी रुचि व योग्यताओं के अनुसार शिक्षा की व्यवस्था करना होता है। संवर्धन के अंतर्गत शिक्षकों को इस बात के लिए प्रेरित किया जाता है कि वे प्रतिभाशाली बालकों को स्वतंत्र रूप से कार्य करने व पहल करने की स्वतंत्रता दें जिससे उनकी उपलब्धि का स्तर ऊँचा हो सके।

(III) विशिष्ट कक्षाएं एवं विद्यालय प्रतिभाशाली बालकों विशेष कक्षाओं तथा विद्यालय के प्रावधान के अंतर्गत तीन प्रकार की व्यवस्थाएं आती हैं–

(1) बालकों को पूर्णत: पृथक करके अलग शिक्षा देने की व्यवस्था की जाए। इसे पूर्ण पृथक्करण के नाम से जाना जाता है।

(2) ऐसी व्यवस्था जिसमें प्रतिभाशाली विद्यार्थियों को सामान्य विद्यार्थियों के साथ ही पढ़ाया जाता हो, अपृथक्करण कहलाती है।

(3) जब प्रतिभाशाली विद्यार्थियों को उनकी प्रतिभा के क्षेत्र या विषय में पढ़ाने के लिए अलग बिठाकर पढ़ाया जाए जबकि अन्य विषयों में सामान्य बालकों के साथ रखकर पढ़ाया जाए तो यह उपागम 'आंशिक पृथक्करण' कहलाता है। आजकल आंशिक पृथक्करण बहुत अधिक प्रचलन में है। उपरोक्त उपागमों के अतिरिक्त प्रतिभाशाली विद्यार्थियों की आवश्यकताओं की पूर्ति के लिए परियोजना, यात्रा, शोध, नाटकीकरण आदि शिक्षण विधियों का प्रयोग किया जाना चाहिए।

पिछड़े विद्यार्थी

पिछड़े विद्यार्थी से तात्पर्य ऐसे बालक से है जो बार-बार समझाने पर भी नहीं समझता तथा सामान्य बालकों की भांति प्रगति नहीं कर पाता है। इस प्रकार पिछड़े बालक सामान्य बालकों की तुलना में पढ़ने-लिखने में पीछे होते हैं। इसलिए ऐसे बालक कक्षा में कई बार अनुत्तीर्ण हो जाते हैं।

बालकों का पिछड़ापन दो प्रकार का होता है- (1) मानसिक पिछड़ापन (2) शैक्षिक उपलब्धि के आधार पर पिछड़ापन। परन्तु पिछड़ा बालक सदैव मानसिक रूप से मन्द नहीं होता यह देखने में आया है कि सामान्य बुद्धि लब्धि वाले

बालक भी शैक्षिक प्रगति में पिछड़ जाते हैं। शोनेल के अनुसार, ''पिछड़ा हुआ बालक वह है जो अपनी आयु के अन्य बालकों की तुलना में अत्यधिक शैक्षणिक कमी का परिचय देता है।''

बर्ट के अनुसार, ''पिछड़ा बालक वह है जो अपने विद्यालयी जीवन के मध्यकाल, लगभग साढ़े दस वर्ष की आयु में अपनी कक्षा का वह कार्य नहीं कर सकता, जो उसकी आयु के लिए सामान्य कार्य है।''

पिछड़े बालक की पहचान

बर्ट के अनुसार, ऐसा बालक जिसका शैक्षिक अनुपात 85 से कम होता है पिछड़ा बालक कहलाता है। बालकों का शैक्षिक अनुपात निम्न सूत्र द्वारा ज्ञात किया जा सकता है:

$$\text{शैक्षिक अनुपात} \ \frac{(\text{शैक्षणिक})}{(\text{कालानुक्रमिक आयु})} \times 100$$

इसके अतिरिक्त पिछड़े बालकों की पहचान अनेक मनोवैज्ञानिक परीक्षणों के माध्यम से भी की जा सकती है तथा बुद्धि परीक्षण (वैयक्तिक या सामूहिक), निष्पत्ति परीक्षण, व्यक्तित्त्व परीक्षण, निदानात्मक परीक्षण, व्यक्तित्त्व अध्ययन।

इसके अलावा शिक्षण प्रेक्षण के अंतर्गत बालक के व्यवहार का अध्ययन कक्षा में तथा कक्षा के बाहर किया जाता है। जबकि व्यक्तित्त्व अध्ययन में बालक की शारीरिक, मानसिक, सामाजिक तथा नैतिक विशेषताओं को उसके अतीत, वर्तमान एवं भविष्य को ध्यान में रखकर परीक्षित किया जाता है।

पिछड़े बालक की शिक्षा

पिछड़ेपन की पहचान हो जाने पर उसको दूर करने के लिए उपचारात्मक शिक्षण की व्यवस्था निम्न प्रकार से की जा सकती है-

1. पिछड़ेपन की समस्या के कारणों का सही-सही पता लगाकर, छात्र पर व्यक्तिगत रूप से ध्यान दिया जाए।
2. पिछड़े बालकों के बौद्धिक स्तर, रुचि व ग्रहण करने की क्षमता के अनुकूल शिक्षण विधियों का प्रयोग किया जाए।
3. बालक को उचित पारिवारिक व विद्यालयी वातावरण प्रदान किया जाए। पारिवारिक वातावरण का अर्थ बालक के पढ़ने का उचित प्रबन्ध तथा सही मार्गदर्शन देने से है जबकि विद्यालयी वातावरण में उपयुक्त शिक्षण विधि तथा परस्पर सहभागिता का कक्षा में प्रावधान हो।
4. पिछड़े बालकों की शिक्षा विशेष रूप से नियोजित कक्षाओं में होनी चाहिए ताकि वे हीनता से ग्रसित न हों।

बाल अपराधी बालक

बाल अपराध का संबंध बालक के व्यक्तित्त्व के सभी पक्षों जैसे-सामाजिक, संवेगात्मक आदि पक्षों से होता है। किसी भी पक्ष का समायोजन करने में यदि बालक असफल रहता है तो वह बाल अपराधी बन जाता है।

बाल अपराध का शाब्दिक अर्थ रास्ते से भटक जाना या गिर पड़ना होता है। हीली के अनुसार, ''यह बालक जो व्यवहार में सामाजिक मापदण्ड से विचलित हो जाता है या भटक जाता है, बाल अपराधी कहलाता है।''

सिरिल वर्ट के अनुसार, ''यह बालक वैधानिक रूप से उस समय अपराधी कहलाता है जब उसके समाज विरोधी कार्य इतने गम्भीर हो जाते हैं कि सरकार उन पर नियन्त्रण करने के लिए आवश्यक कार्यवाही करती है या कार्यवाही करने की आवश्यकता महसूस करती है।''

बाल अपराधी व्यवहार के अंतर्गत न्यूमेयर के अनुसार, ''ऐसे समाज विराधी व्यवहार आते हैं जो व्यक्तिगत तथा सामाजिक विघटन उत्पन्न करते हैं।''

बाल अपराधी बालक के लक्षण

बाल अपराधी बालक के मनोवैज्ञानिको द्वारा निम्न लक्षण बताए गए हैं:

(I) स्वभाव से बैचेन रहते हैं।
(II) व्यक्तित्त्व में बैचेन रहते हैं।
(III) समस्या के समाधान में पूर्ण नियोजन की कमी रहती है।
(IV) ये बालक अवसाद ग्रसित होते हैं।

बाल अपराधों के कारण

बाल अपराध के कई कारण हो सकते हैं जैसे-

(1) **मनोवैज्ञानिक कारण** - बालक की बौद्धिक दुर्बलता, मानसिक रोग, सांवेगिक अस्थिरता आदि भी बालक को अपराधी बनाने में सहायक होती है।
(2) **सामाजिक कारण** - सामाजिक कारणों के अंतर्गत आस पड़ोस, सामाजिक परिवेश तथा पारिवारिक वातावरण में व्याप्त प्रतिकूल परिस्थितियां आती हैं। जाने-अनजाने बालक का परिवेश बालक पर अपना प्रभाव डालता है।

पारिवारिक वातावरण

1. घरेलू लड़ाई-झगड़ें।
2. माता-पिता का बालकों पर नियन्त्रण न होना।
3. माता-पिता में से किसी एक की मृत्यु होना।
4. परिवार के किसी सदस्य का अपराधी प्रवृत्ति का होना।
5. बालक के साथ पक्षपातपूर्ण रवैया।
6. बालक को पर्याप्त स्वतंत्रता न मिलना।

विद्यालयी वातावरण का प्रभाव

1. दोषपूर्ण शिक्षा प्रणाली, पाठ्यक्रम तथा अनुचित शिक्षण विधियां।
2. अध्यापक द्वारा किया गया पक्षपातपूर्ण व्यवहार।
3. उचित अनुशासन् का अभाव।
4. शैक्षिक असफलता व पिछड़ापन।
5. साथियों का समाज विरोधी व्यवहार।

बाल अपराधी की शिक्षा

आज के समय में बाल अपराधी को दण्ड न देकर उनके सुधार के उपाय किए जाते हैं। बाल अपराध की रोकथाम दो प्रकार से की जा सकती है-

1. रोकथाम के प्रयत्न
2. सुधारात्मक प्रयत्न

(1) रोकथाम के प्रयत्न के अंतर्गत समाज, विद्यालय, परिवार तथा वातावरण में सुधार कर बाल अपराध को रोकने का प्रयास किया जाता है।
(2) सुधारात्मक प्रयत्नों के अंतर्गत ऐसे प्रयत्नों को शामिल किया जाता है जो बाल अपराधी को अपराधपूर्ण जीवन से मुक्ति दिला सकें। जैसे-

- **परिवीक्षण:** इसमें बाल अपराधी को परिवीक्षण अधिकारी के संरक्षण में रखा जाता है। यह अधिकारी बाल अपराधी बालक की मानसिक प्रवृत्तियों, मनोवैज्ञानिक आवश्यकताओं को सन्तुष्ट कर उसे सही रास्ते पर लाने का प्रयास करता है। 1938 में उत्तर प्रदेश का प्रथम अपराधी परिवीक्षण अधि नियम पास हुआ।
- **मनोवैज्ञानिक उपचार:** बाल अपराधियों का उपचार करने से पहले इनके बारे में विभिन्न परीक्षणों द्वारा पता लगा लेना चाहिए जैसे - शारीरिक परीक्षण, मनोवैज्ञानिक परीक्षणों के अंतर्गत - व्यक्तित्त्व परीक्षण, साक्षात्कार, केस स्टडी आदि।

- **खेल चिकित्सा:** व्यक्तिगत व सामूहिक खेलों द्वारा ऐसे बालकों में विश्वास, सहयोग व सहकारिता की भावना का विकास किया जा सकता है।
- **अंगुली चित्रण:** इसमें बाल अपराधी अपनी अंगुली से विभिन्न रंगों के माध्यम से चित्र बनाने का प्रयास करता है, इन चित्रों के माध्यम से अपनी दबी इच्छाओं व भावनाओं को उजागर कर देता है। जिससे उपचार के माध्यम से व्यवहार को धीरे-धीरे सामान्य करने में आसानी होती है।
- **मनोभिनय:** इसमें बालक को एक काल्पनिक भूमिका में भाग लेने का अवसर प्रदान किया जाता है जिससे बालक की आक्रामक तथा विध्वंसात्मक प्रवृत्तियों का पता लग जाता है।

इसके अतिरिक्त मनोविश्लेषण विधि द्वारा बाल अपराधी बालक के मन में दबी इच्छाओं और संवेगों का पता लगाकर उपचार किया जा सकता है।

पिछड़े बालक व उनका पाठ्यक्रम

बालकों के लिए पारिवारिक व शैक्षिक दोनों प्रकार के वातावरण में सुधार करना होगा। बुरी संगत से बचाने के लिए नैतिक मूल्यों का ज्ञान देकर उनका आत्मविश्वास जगाना होगा, यदि बालक की मूल आवश्यकताओं की पूर्ति न होती हो तो माता-पिता से सम्पर्क कर पौष्टिक भोजन, स्वच्छता, पढ़ाई के साधनों की व्यवस्था, यदि कोई रोग है, तो उसके उपचार हेतु परामर्श देना होगा।

मंद बुद्धि बालक व उनका पाठ्यक्रम

मंद बुद्धि बालकों के लिए अलग विद्यालय की व्यवस्था होनी चाहिए, लेकिन हमारे देश में ऐसी व्यवस्था कम है, ऐसे बालकों के लिए विशिष्ट कक्षाओं का आयोजन किया जाना चाहिए। इनका पाठ्यक्रम सामान्य से अलग होना चाहिए, इनके लिए शिक्षण की अपेक्षा प्रशिक्षण योग्य पाठ्य सामग्री निर्धारित की जानी चाहिए। इनके लिए-

(1) पढ़ाये जाने वाले विषयों की संख्या अधिक न हो।
(2) विषयवस्तु सरल व सुलभ हो।
(3) जीवन में उपयोग में आने वाले ज्ञान को अधिक महत्त्व दिया जाए।
(4) मानसिक की अपेक्षा शारीरिक व क्रियात्मक कार्यों पर विशेष बल दिया जाए।
(5) पाठ्यक्रम थोपा न जाए बल्कि वह व्यावहारिक एवं उनकी रुचि के अनुसार हो।

शारीरिक दोष वाले पिछड़े बालक व उनका पाठ्यक्रम

ऐसे बालक जो अपंग हों, लेकिन मंद बुद्धि न हों उनके लिए उनकी सामर्थ्य अनुसार पाठ्यक्रम निर्धारित किया जाना चाहिए।

(1) अपनी अपंगता के कारण को जानना व उसे दूर करना या कम करना, स्वास्थ्य संबंधी जानकारी का ज्ञान जैसी विषयवस्तु रखी जाए।
(2) संगीत, चित्रकला, सिलाई, कढ़ाई, बुनाई, क्राफ्ट, लकड़ी का कार्य जीविकोपार्जन हेतु दक्षता व्यावसायिक कुशलता जैसे विषयों का होना आवश्यक है।
(3) नैतिक मूल्यों के ज्ञान द्वारा आत्मविश्वास व आत्मनिर्भरता जाग्रत करने जैसे विषयवस्तु का समावेश होना।

विशिष्ट बालकों हेतु विभिन्न स्तर पर पाठ्यक्रम

विशिष्ट बालकों के व्यक्तित्त्व के विकास की दृष्टि से प्रत्येक स्तर पर शैक्षिक पाठ्यक्रम ऐसा हो, जो विभिन्न शैक्षिक स्तरों के बालकों व उन बातों का विकास कर सके, जो व्यक्तित्त्व के प्रमुख अंग हैं। इस संबंध में पाठ्यक्रम के निर्माण के समय मूलरूप से दो बातों को ध्यान में रखना आवश्यक है-

1. बालकों की आयु एवं उनका शैक्षिक स्तर।
2. व्यक्तित्त्व का वह विशेष अंग जिसका विकास किया जाना है।

इन दोनों ही बातों को ध्यान में रखते हुए-

प्राथमिक स्तर पर

(1) शारीरिक विकास के लिए - ऐसे पाठों का चयन किया जाए, जिनमें सफाई का स्वास्थ्य पर प्रभाव, गंदगी के कारण फैलने वाली बीमारियाँ, सड़ी-गली चीजों से घृणा करना, स्वच्छ जलवायु, पर्यावरण शिक्षा, पेड़-पौधों का महत्त्व आदि हो।

(2) सामाजिक विकास के लिए - भाषायी पाठों का चयन किया जाए जिनमें संगठन, सहयोग, समाज सेवा आदि से संबंधित पाठ हों। इन पाठों का धनात्मक प्रभाव पाठ के निष्कर्ष के रूप में बताया गया हो। इसके विपरीत असहयोग, अकेलेपन की आदत आदि के दुष्परिणामों को भी दर्शाया गया होना चाहिए।

(3) बौद्धिक विकास के लिए - गणित व सामान्य विज्ञान जैसे विषयों पर अधिक बल दिया जाए। गणित व विज्ञान में रटने पर कम, स्वयं करके देखने और बौद्धिक क्रियाओं को अधिक महत्त्व दिया जाए। इस दृष्टि से इस स्तर पर गणित व विज्ञान अनिवार्य हो और अवश्य पढ़ाया जाए।

(4) नैतिक विकास के लिए - नीति संबंधी कहानियों, कविताओं आदि के माध्यम से इस अवस्था में सत्य, अहिंसा, चोरी न करना, साथियों को धोखा न देना आदि ऐसे गुणों पर आधारित पाठ पढ़ाए जाएं जिससे बच्चों में उन गुणों का विकास हो सके जो उनके भावी जीवन के लिए जरूरी हैं।

(5) सांवेगिक विकास के लिए - मातृभाषा के पाठ के अंतर्गत क्रोधी राजा, साहसी बालक आदि ऐसे पाठों का चयन किया जाए, जिन्हें पढ़कर विद्यार्थियों में भय, क्रोध आदि का शमन हो तथा साहस, उत्साह, सामाजिकता, सहानुभूति आदि सांवेगिक गुणों का विकास हो।

पाठ्यवस्तु की दृष्टि से बच्चों पर अधिक बोझ न डाला जाए, क्योंकि उनसे यह अपेक्षा करना कि वे सभी विषयों का ज्ञान प्राप्त कर सकेंगे, ठीक नहीं। उन्हें तो उनकी बौद्धिक एवं शारीरिक क्षमता को ध्यान में रखते हुए केवल उतना ही पढ़ाया जाए जो-

(i) उनके विकास की दृष्टि से आवश्यक हो, तथा
(ii) क्षमता की दृष्टि से जिसे वे आत्मसात् कर सकें।

इस दृष्टि से प्राथमिक स्तर पर-

1. मातृभाषा (विचारों के आदान-प्रदान की दृष्टि से)
2. गणित व विज्ञान (बौद्धिक विकास की दृष्टि से)
3. सामाजिक अध्ययन (समाज से सम्बन्धित सामान्य बातों की जानकारी की दृष्टि से)
4. बच्चों की क्षमता को ध्यान में रखते हुए प्राथमिक स्तर पर ये चार विषय ही पर्याप्त हैं।

माध्यमिक स्तर पर

पाठ्यवस्तु के अंतर्गत थोड़ा परिवर्तन किया जाए क्योंकि आयु बढ़ने के साथ-साथ बालकों की बौद्धिक क्षमता का भी विकास होता है। इस प्रकार इस स्तर पर निम्न विषय होने चाहिए-

1. मातृभाषा या क्षेत्रीय भाषा
2. राष्ट्रभाषा
3. गणित व सामाजिक विज्ञान
4. सामाजिक अध्ययन, एवं
5. विभिन्न कलाओं में से बच्चों की रुचि के अनुसार कोई भी एक कला।

पाठ्यक्रम की दृष्टि से

1. **मानसिक विकास हेतु** – गणित यहाँ भी अनिवार्यतः पढ़ाया जाए। साथ ही विज्ञान एवं सम्बन्धित सामान्य बातों की जानकारी भी इसी स्तर पर दी जा सकती है।
2. **शारीरिक विकास के लिए** – विभिन्न प्रकार के खेलों में से आयु अनुसार खिलाये जाने वाले खेलों की सामान्य जानकारी, उनका प्रभाव, स्वास्थ्य को अनुकूल या प्रतिकूल रूप से प्रभावित करने वाले विभिन्न तत्त्वों का अध्ययन कराया जाना चाहिए। ये पाठ भाषायी पाठों के अंतर्गत भी पढ़ाये जा सकते हैं जैसे- स्वास्थ्य शिक्षा, पर्यावरण शिक्षा, योग शिक्षा आदि।
3. **सांवेगिक विकास की दृष्टि से** – छात्रों के शैक्षिक स्तर के अनुसार ऐसी कविताओं, कहानियों आदि का चयन किया जाना चाहिए, जो विद्यार्थियों में सांवेगिक स्थिरता लाने में सहायक सिद्ध हों।
4. **सामाजिक विकास की दृष्टि से** – सामाजिक अध्ययन विषय के अंतर्गत राष्ट्रीय एकता, अखण्डता, राष्ट्रीयता की भावना, आतंकवाद, फूट के दुष्परिणाम, समाजवाद, अन्धविश्वास, रूढ़ियों आदि सभी से सम्बन्धित उन सभी बातों को पढ़ाया जाना चाहिए, जो अन्ततः सामाजिक विकास में सहायक या बाधक सिद्ध होती हैं।
5. **नैतिक विकास हेतु** – इस आयु में उन मूल्यों के विकास का प्रयास तो किया ही जाए जिनका उल्लेख हमने प्राथमिक स्तर के विद्यार्थियों के लिए किया था। साथ ही महाराणा प्रताप, शिवाजी, महारानी लक्ष्मीबाई, महात्मा गाँधी, सत्यवादी हरिश्चन्द्र जैसे पाठों का भी चयन किया जाए, जिनके द्वारा विद्यार्थियों में आदर्श मूल्यों का विकास हो।

उच्च स्तर पर

पाठ्यवस्तु की दृष्टि से – चूंकि विद्यार्थियों में बौद्धिक दृष्टि से काफी परिपक्वता आ जाती है, रुचियाँ अपना स्पष्ट प्रभाव दिखाने लगती हैं, जीवन मूल्य भी स्पष्ट झलकने लगते हैं, अतः इन सभी दृष्टियों से विद्यार्थियों को अपने भविष्य को ध्यान में रखते हुए अपनी रुचियों, बौद्धिक क्षमताओं आदि की दृष्टि से विषयों के चयन में छूट होनी चाहिए। उनकी बौद्धिक क्षमता के अनुरूप उन्हें उनकी इच्छा से किसी अन्य भाषा के अध्ययन की भी सुविधा होनी चाहिए। इस प्रकार इस स्तर पर तीन विषयों का अध्ययन सरलता से कराया जा सकता है। उसके लिए पाठ्यवस्तु होगी-

1. सामाजिक ज्ञान (अनिवार्य)
2. सामान्य विज्ञान (अनिवार्य)
3. भाषाओं के समूह में से स्वेच्छा से चयन या अध्ययन। यहाँ विज्ञान वर्ग को छोड़कर भाषाओं और सामाजिक विज्ञान के विषयों को परस्पर मिलाया जा सकता है।
4. किसी भी विदेशी भाषा का अध्ययन (पूरी तरह ऐच्छिक)। यहाँ यह आवश्यक नहीं कि विदेशी भाषा देश के बाहर की ही भाषा हो। प्रान्त से बाहर की भाषा का चयन भी किया जा सकता है।

पाठ्यक्रम की दृष्टि से

1. **बौद्धिक विकास हेतु-** प्रत्येक विषय के अध्ययन को तर्क आधारित बनाने का प्रयत्न किया जाए। भाषाओं के अध्ययन में शब्द परिवर्तन, तुलना एवं अन्तर के द्वारा तथा सामाजिक विज्ञान के विषयों में स्थिति बदलकर तथ्यों में क्या परिवर्तन आ सकता है- यह बताया जाए। प्रश्नों में 'क्या' का आधार कम किया जाए और 'क्यों, कैसे, किस प्रकार, किस कारण, क्या प्रभाव पड़ेगा', से सम्बन्धित प्रश्न अधिक पूछे जाएं।
2. **शारीरिक विकास हेतु-** ब्रह्मचर्य से अनुभव एवं लाभ, प्रजनन अंगों की सामान्य जानकारी, यौन शिक्षा, वंशानुक्रम का प्रभाव, जीव विज्ञान के विभिन्न नियम आदि से सम्बन्धित जानकारी दी जाए।
3. **सांवेगिक विकास की दृष्टि से-** क्रोध, साहस आदि विभिन्न संवेगों का अस्तित्त्व, सार्थकता, उपयोगिता एवं महत्त्व आदि का तर्कसंगत विश्लेषण कराया जाए। भाषा की दृष्टि से पाठ इतने बोधगम्य हों कि विद्यार्थी स्वतः उन्हें समझकर अपने विचारों एवं मान्यताओं में वांछित परिवर्तन कर सकें।
4. **सामाजिक विकास की दृष्टि से** – सामाजिक रीति-रिवाज एवं परम्पराओं के पीछे निहित आधार, परम्पराओं का वैज्ञानिक आधार, रूढ़ियों एवं अन्ध विश्वासों (यदि वास्तव में हैं तो) का खण्डन। उपद्रवों, आतंकवाद आदि का सामाजिक आधार और उन्हें दूर करने के उपाय आदि से सम्बन्धित ज्ञान दिया जाए।
5. **नैतिक विकास की दृष्टि से** – सत्य आदि नैतिक गुणों की परिभाषा न देकर उनसे सम्बन्धित तथ्यों का विवेचन वर्तमान संदर्भ में कराया जाए। अनीति के दुष्परिणामों को विद्यार्थियों से ही निकलवाया जाए।

विशिष्ट समूह की शिक्षा की आवश्यकता

ऐसे बालक जो शारीरिक, सामाजिक, सांवेगिक एवं नैतिक दृष्टि से पिछड़े हुए या कमजोर हैं लेकिन बौद्धिक दृष्टि से ठीक हैं, उन्हें शिक्षा देने की आवश्यकता है। ऐसे विकलांग जिनके पैर या हाथ नहीं हैं लेकिन वे कई कार्य एक हाथ या पैर से ही बड़ी कुशलता से कर लेते हैं, कई नेत्रहीन बड़े अच्छे संगीतज्ञ, शिक्षक व कलाकार होते हैं। प्रशिक्षण उनके लिए उपयोगी होता है, जो बौद्धिक दृष्टि से बहुत ठीक नहीं होते, पर वे किसी भी कार्य को अनुसरण कर या अभ्यास करके सीख सकते हैं, इसलिए शिक्षा उनके लिए आवश्यक है-

(1) जो सामाजिक, सांवेगिक, नैतिक दृष्टि से पिछड़े हुए हैं या सामान्य से अति नीचे हैं या बौद्धिक दृष्टि से प्रखर हैं।

(2) जो शारीरिक दृष्टि से विकलांग हैं, किन्तु बौद्धिक दृष्टि से ठीक हैं।

शिक्षा के साथ प्रशिक्षण उनके लिए आवश्यक है-

(i) जो बौद्धिक दृष्टि से मन्द, किन्तु अन्य दृष्टियों से ठीक हैं।

(ii) जो शारीरिक दृष्टि से विकलांग, लेकिन बौद्धिक दृष्टि के अलावा अन्य दृष्टियों से ठीक हैं।

विशिष्ट समूह में ऐसे बालक आते हैं, जिनकी बुद्धि 120 या इससे भी अधिक है इन बालकों में ध्यान केंद्रित करने की शक्ति बहुत अधिक होती है। उन्हें यदि थोड़ा-सा भी मार्गदर्शन मिल जाए तो वे अपना मार्ग स्वयं खोज लेते हैं और बिना थके घंटों तक अपने कार्य में व्यस्त रहते हैं। बालक स्वयं अपनी समस्या का समाधान खोज लेते हैं। उनके लिए ऐसे विद्यालय कार्यक्रम हों, जिनसे वे अधिकतम लाभ उठा सकें। वे बालक सामान्य बालकों का नेतृत्व कर सकते हैं। वे चिन्तनशील होते हैं, उन्हें नेतृत्व करने के अवसर प्रदान करने चाहिए। दूसरी श्रेणी के ऐसे बालक जो किसी कारणवश पिछड़े हुए हैं वे समस्याग्रस्त हैं उनके लिए शिक्षा की अत्यधिक आवश्यकता है, क्योंकि यदि ऐसे बालकों की समस्याओं का समाधान आरम्भिक स्तर पर नहीं किया गया, तो आगे चलकर उनकी समस्याएँ गम्भीर समस्या का रूप धारण कर लेगी, इसलिए ऐसे बालकों के समुचित विकास के लिए शिक्षा अति आवश्यक है। पिछड़े हुए बालकों में आत्महीनता की भावना को दूर करने हेतु, उन्हें आत्मनिर्भर बनाने हेतु, व्यावसायिक दक्षता उत्पन्न करने हेतु, आत्मविश्वास जगाने हेतु, समाज में स्थान बनाने हेतु, जीविकोपार्जन हेतु, अवकाश के समय का सदुपयोग करने हेतु, समाज सुधार हेतु विशिष्ट समूह की शिक्षा की आवश्यकता है।

विशिष्ट समूह के वे बालक जो शारीरिक रूप से अक्षम हैं, उनमें बहुत-सी व्यक्तिगत, सामाजिक, आर्थिक, संवेगात्मक समस्याएँ उत्पन्न हो जाती हैं और

वे मानसिक रूप से अशान्त व विचलित हो जाते हैं, अपनी अक्षमता के कारण उनमें हीन भावना व मानसिक तनाव पैदा हो जाता है। ये बालक अपने चारों ओर के वातावरण द्वारा की जाने वाली अपेक्षाओं के प्रति अत्यधिक संवेदनशील हो जाते हैं। सामाजिक जीवन से कतराने लगते हैं, संकोची होने की प्रवृत्ति उत्पन्न होने लगती है। अनेक प्रकार की कुंठाएँ, आक्रोश व असमायोजन की समस्याएँ पैदा होने लगती हैं। इन सब स्थितियों को कम करने के लिए, हल करने के लिए, स्वस्थ व सकारात्मक दृष्टिकोण विकसित करने के लिए विशिष्ट समूह की शिक्षा की आवश्यकता है।

(*i*) विशिष्ट समूह बालक व पाठ्यक्रम

जिन विशिष्टताओं या कमियों के कारण बालकों को विशिष्ट की श्रेणी में रखा गया है, उनके लिए समान पाठ्यक्रम निर्धारित करना न्यायसंगत नहीं होगा। हमें प्रत्येक कमी या विशेषता के लिए अलग-अलग प्रकार का पाठ्यक्रम निर्धारित करना होगा।

ये बालक सामान्य पाठ्यक्रम से संतुष्ट नहीं होते, जिज्ञासु व कर्मठ होने के कारण बहुत कुछ सीख सकते हैं, इसलिए ऐसे छात्रों के लिए-

(1) अपेक्षाकृत कुछ कठिन व विस्तृत पाठ्यवस्तु होनी चाहिए।
(2) विज्ञान, प्रौद्योगिकी, गणित विषयों का समावेश होना चाहिए।
(3) तर्क, चिन्तन व अनुसंधान पर आधारित विषयवस्तु होनी चाहिए।
(4) उन्हें नेतृत्व के अवसर प्रदान करने चाहिए।

(*ii*) विशिष्ट बालकों के लिए विशिष्ट कक्षाएँ

प्रत्येक प्रकार की विशिष्टताओं के लिए अलग-अलग प्रकार के पाठ्यक्रम हैं, जैसे नेत्रहीन बालकों के लिए अलग पाठ्यक्रम होना चाहिए तथा मूक-बधिर के लिए अलग। जहाँ एक ओर पाठ्यक्रम में प्रत्येक स्तर और विशेषता के अनुसार पाठ्यक्रम अलग-अलग होगा, वहीं एक ही स्तर और एक ही प्रकार की विशेषता के लिए सभी बालकों के लिए कक्षाएँ समान होनी चाहिए।

प्रतिभावान छात्रों के लिए विशेष शिक्षण कक्षाओं को व्यवस्थित करना होगा, जबकि पिछड़े बालकों के लिए सामान्य शिक्षण कक्षाओं को आयोजित करना होगा।

विशिष्ट बालकों में भी छात्रों व छात्राओं की रुचि, योग्यता, कर्तव्यबोध अलग-अलग होता है, इसलिए हमें छात्र व छात्राओं के लिए अलग-अलग कक्षाओं की व्यवस्था करनी चाहिए, यह अन्तर प्रतिभाशाली छात्र व छात्राओं में अधिक देखने को मिलता है।

(*ii*) विशिष्ट विद्यालयों का संगठन

विशिष्ट बालकों की शिक्षा व्यवस्था अलग-अलग प्रकार से होनी चाहिए। जैसे यदि प्रतिभाशाली बालकों के समूह को सामान्य वर्ग के बच्चों के साथ रख दिया जाए, तो ये बच्चे तो किसी बात को बड़ी जल्दी सीख लेते हैं, जबकि सामान्य या पिछड़े बालक नहीं सीख पाते। जो बच्चे जल्दी सीख लेते हैं वे यह सोचते हैं कि हम बहुत होशियार हैं और उनमें अहम भाव पनपने लगता है और वे बच्चे जो सीखने में कठिनाई का अनुभव करते हैं, उनमें हीन भावना पनपने लगती है। दोनों ही प्रकार की भावनाएँ अधिगम में बाधक होती हैं। इस दृष्टि से सभी बालकों को एक ही कक्षा या विद्यालय में पढ़ाना उचित नहीं, प्रत्येक प्रकार के विशिष्ट बालक हेतु अलग-अलग विद्यालय होने चाहिए।

मंद बुद्धि बालकों को शिक्षित करने के बजाय प्रशिक्षित करना अधिक उपयोगी होता है, उनके लिए ऐसे विद्यालय हों जहाँ उन्हें कौशल अर्जन के कार्य सिखाये जाएं ताकि वे जीविकोपार्जन हेतु उनका उपयोग कर सकें।

ज्ञानेन्द्रिय दोष वाले पिछड़े बालकों हेतु सामान्य विद्यालय उपयुक्त नहीं होते ऐसे बच्चों को विशेष साधन सुविधाओं की आवश्यकता होती है। जैसे अलग प्रकार से बैठने की व्यवस्था, सुनने की व्यवस्था, देखने की व्यवस्था, श्रव्य-दृश्य साधनों की व्यवस्था, चिकित्सा व्यवस्था, दोषों के अनुरूप प्रशिक्षित शिक्षकों की व्यवस्था। इसलिए इस प्रकार के पिछड़े बालकों हेतु अलग विद्यालयों का संगठन करना आवश्यक है। ऐसे बालक उपहास के पात्र न बनें, यह भी जरूरी है। क्योंकि उपहास के कारण भी कई छात्र विद्यालय छोड़ देते हैं।

विशेष रूप से मंद बुद्धि व ज्ञानेन्द्रिय दोष वाले पिछड़े बालक हेतु अलग प्रकार के विद्यालयों की व्यवस्था की जानी चाहिए। परन्तु हमारे देश में ऐसे विद्यालयों का अभाव है, ऐसी स्थिति में इन बच्चों के शिक्षण के लिए सामान्य विद्यालयों में ही विशिष्ट कोष्ठ विकसित किये जा सकते हैं। जहाँ विशिष्ट कक्षाएँ चलाई जाएं इन बालकों हेतु अलग समय-सारणी, अलग पाठ्यक्रम व लम्बी कालांश व्यवस्था हो। इन कोष्ठों में विशिष्ट छात्रों के अनुकूल जहाँ तक संभव हो व्यवस्था की जाए। ये व्यवस्था स्वयं के द्वारा विकसित व आशुरचित भी हो सकती हैं।

विशिष्ट समूह और विशिष्ट शिक्षण विधियाँ व प्रविधियाँ

प्रत्येक प्रकार की विशिष्टता के लिए शिक्षण विधियों व प्रविधियों में विविधता होनी चाहिए।

प्रतिभावान बालकों हेतु - तर्क, चिन्तन, मनन, चर्चा व आलोचना पर आधारित विधियों जैसे प्रश्नोत्तर प्रविधि, प्रयोजन विधि, ह्यूरिस्ट विधि, समस्या समाधान विधि, समूह परिचर्चा आदि द्वारा शिक्षण कार्य हो।

मंद बुद्धि बालकों के समूह हेतु - क्रियाओं पर आधारित विधियों जैसे किंडर गार्टन विधि, खेल विधि, क्रिया सह-संबंध विधि, नाटक द्वारा, गीत, कविता गाकर, उदाहरणों द्वारा, प्रदर्शन द्वारा, खिलौने द्वारा, जादू द्वारा ऐसे बालकों को उपयोगी व व्यावहारिक ज्ञान दिया जा सकता है।

पिछड़े बालकों हेतु- निदानात्मक व उपचारात्मक विधि द्वारा, शिक्षक-अभिभावक सम्मेलन द्वारा पिछड़ेपन के कारण जानकर उनके अनुरूप शिक्षण विधियों का चुनाव किया जाए।

जैसे नेत्रहीनों के लिए व्याख्यान विधि, प्रश्नोत्तर प्रविधि, वर्णन, व्याख्या प्रविधि, मूक-बधिर बालकों के लिए प्रदर्शन विधि, प्रयोगशाला विधि, अधिक उपयोगी सिद्ध होगी। कान के दोष वाले बालक होठों की गति के अध्ययन द्वारा ज्ञानार्जन कर सकते हैं।

विशिष्ट समूह और शिक्षण सामग्री

विशिष्ट बालकों के शिक्षण हेतु प्रयुक्त सहायक सामग्री अलग-अलग प्रकार की होगी। प्रतिभाशाली बालकों हेतु ऐसे प्रयोग, चार्ट मॉडल हों, जिन्हें वे अपने विवेक व बौद्धिक क्षमता द्वारा पूर्ण करें व उनमें नयापन लाएं। स्वनिर्मित उपकरण, क्रियात्मक मॉडल, मानसिक चिन्तन, तर्क, सोच-विचार वाली सहायक सामग्री उनके लिए हो जो आँखों से देख सकते हैं, जबकि जो आँखों से देख नहीं सकते उनके लिए श्रव्य सामग्री जैसे रेडियो, कैसेट प्लेयर, टेपरिकॉर्डर, ग्रामोफोन, छूकर महसूस करने वाली सहायक सामग्री उपयुक्त होगी। शारीरिक विकलांगता वाले विशिष्ट समूह हेतु उनकी क्षमता व जिस अंग से वे कार्य कर सकते हैं, उसी के अनुरूप श्रव्य, दृश्य सामग्री उपयोगी होगी।

कामचोर, आलसी व बेईमान बालकों के लिए प्रेरणादायी कहानियाँ, प्रसंग व कविताएँ उपयोगी रहेंगी जबकि दुष्ट प्रवृत्ति, निर्मम बालकों के लिए दया भरी, दुख भरी कहानियाँ अधिक उपयोगी सिद्ध होंगी।

विशिष्ट समूह हेतु शिक्षक की संक्रियता

विशिष्ट समूह के व्यक्तित्त्व विकास में यदि सबसे अधिक महत्त्वपूर्ण भूमिका किसी की है तो वह है- शिक्षक की। शिक्षक के बाद माता-पिता का स्थान है।

माता-पिता का स्थान बाद में इसलिए कि व्यक्तित्त्व का विकास किस प्रकार किया जा सकता है- इसे माता-पिता इतना नहीं जानते जितना शिक्षक। पहले देखते हैं कि शिक्षक को क्या करना चाहिए? अपने विद्यार्थियों के व्यक्तित्त्व के विकास हेतु शिक्षक को चाहिए कि वह-

1. व्यक्तित्त्व के किसी पहलू के विकास हेतु विद्यार्थियों को जो कार्य दिये जाएं वे उनकी रुचि, आयु, योग्यता एवं क्षमता के अनुसार हों।
2. पहले तो इस बात को जानें कि विद्यार्थी-विद्यार्थी में किसी न किसी दृष्टि से अन्तर होता है। अत: विद्यार्थियों के व्यक्तित्त्व के विकास हेतु ज्ञान-प्राप्ति, भावना-परिवर्तन एवं क्रियाशीलता की दृष्टि से सभी को उत्प्रेरित करने और सिखाने के तरीके अलग-अलग होंगे।
3. कार्य देते समय विद्यार्थियों की पारिवारिक पृष्ठभूमि का भी अवश्य ध्यान रखा जाए।
4. केवल ज्ञानार्जन की ओर ही बच्चों का ध्यान आकर्षित न किया जाए, अपितु भावात्मक परिवर्तन पर अधिक बल दिया जाए, क्योंकि कर्म तो भावना के अनुरूप ही होते हैं।
5. छात्रों में राग, द्वेष, ईर्ष्या, जैसे नकारात्मक भावों को न पनपने दिया जाए और यदि पनप चुके हैं तो उचित उदाहरणों, महापुरुषों के दृष्टांत, संस्मरण आदि के द्वारा उनका शमन किया जाए और बदलने का प्रयास किया जाए।
6. विशिष्ट समूह के व्यक्तित्त्व के विभिन्न अंगों का विकास अलग-अलग प्रकार से होता है। बौद्धिक विकास यदि अध्ययन करने से अधिक होता है, तो शारीरिक विकास व्यायाम, खेलकूद जैसी पाठ्येतर क्रियाओं से और सामाजिक विकास समूह-कार्यों या शैक्षिक भ्रमण वगैरह से होता है अत: सभी प्रकार की क्रियाओं को उचित स्थान दिया जाए।
7. कक्षा के वातावरण को इतना आकर्षक एवं भयमुक्त बनाने का प्रयास किया जाए कि विद्यार्थी भयमुक्त होकर पढ़ने में रुचि लें।
8. विद्यार्थियों की गलती के समय उन्हें समझाया जाए न कि उन्हें भय दिखाकर उनकी भावनाओं को उकसाया जाए।
9. हीनता के समय विद्यार्थियों को उत्प्रेरित किया जाए और अहं भाव पनपने से उसे दूर किया जाए।
10. बच्चों के साथ व्यवहार मातृत्व/ पितृत्व या मित्रवत हो, न कि अधिकारात्मक।
11. विद्यार्थियों में नैतिकता और चरित्र के विकास पर अधिक ध्यान दिया जाए, क्योंकि व्यक्तित्त्व के अन्य पहलू इसी पर आधारित होते हैं।
12. किसी भी प्रकार की कोई समस्या उत्पन्न होने पर उन्हें उचित मार्गदर्शन दिया जाए।
13. व्यक्तित्त्व की उन कमजोरियों को दूर करने का हठात् प्रयास न किया जाए जो वंशानुगत हैं।
14. निष्पक्ष मूल्यांकन द्वारा समय-समय पर उन्हें उनकी कमजोरी से अवगत कराया जाए, ताकि वे उस कमजोरी को दूर करने हेतु विशेष प्रयास कर सकें।
15. शिक्षक अपने व्यक्तित्त्व में भी वह परिवर्तन लाने का प्रयास करें जिसकी अपेक्षा वह अपने विद्यार्थियों से करते हैं।

संविधान में प्रावधान

हम संविधान के शिक्षा से सम्बन्धित दायित्व की चर्चा निम्नलिखित ढंग से कर सकते हैं-

1. नि:शुल्क एवं अनिवार्य शिक्षा (Free and Compulsory Education)।
2. अल्पसंख्यकों की शिक्षा-संस्थाओं की स्थापना तथा प्रबन्ध संबंधी दायित्व (Education of the minorities their right to establish and administer educational Intitutions)।
3. विशेष शिक्षा संस्थाओं में धर्म शिक्षा तथा धार्मिक पूजा-पाठ में छूट (Freedom for providing religious education or religious worship in certain educational institutions)।
4. सामाजिक और शिक्षा की दृष्टि से पिछड़े हुए नागरिकों तथा महिलाओं की शिक्षा (Education of the socially and educationally backward classes and women)।
5. भिन्न-भिन्न स्तरों पर शिक्षा संबंधी राजकीय कर्त्तव्य (Educational functions of government at various levels)।

अनुच्छेद 29 तथा 30 में दिए गए शिक्षा संबंधी महत्त्वपूर्ण प्रावधान

अल्पसंख्यकों के शैक्षिक संस्थाओं की स्थापना तथा प्रबन्ध संबंधी अधिकार (Right of Minorities to Establish and Administer Educational Institutions)—संविधान के अनुच्छेद 29 और 30 द्वारा अल्पसंख्यकों को अपने शैक्षणिक और सांस्कृतिक संस्थानों, धार्मिक विचारों, भाषाओं, लिपियों (Scripts) और संस्कृतियों की सुरक्षा के लिए यदि पर्याप्त रूप से संरक्षण की व्यवस्था नहीं की जाती तो संविधान की मूल भावना प्रजातंत्र को ठेस पहुँचेगी।

अनुच्छेद 29 के अनुसार, भारत के किसी भी क्षेत्र में अथवा उसके किसी भी छोटे-बड़े भाग में रहने वाले नागरिकों के किसी भी वर्ग को, जिसकी अपनी विशेष भाषा है, लिपि या संस्कृति है, उचित संरक्षण दिया जाएगा। उसके साथ-साथ किसी भी देश के नागरिक को केवल धर्म, जाति एवं भाषा या इनमें से किसी एक के आधार पर किसी सरकारी या सरकार से अनुदान प्राप्त करने वाली किसी भी संस्था में प्रवेश पाने के अधिकार से वंचित नहीं किया जा सकता।

अनुच्छेद 30 के अनुसार सभी अल्पसंख्यक वर्गों को चाहे वह धर्म पर आधारित हों या भाषा पर इच्छानुसार शैक्षणिक संस्थाएं स्थापित करने और उनका यथा आवश्यकतानुकूल प्रबन्ध करने का भी अधिकार है। इसके अतिरिक्त शैक्षिक संस्थाओं को अनुदान देते समय राज्य इस आधार पर भेदभावपूर्ण रवैया नहीं दिखाएगा। संविधान का यह दायित्व अल्पसंख्यकों को इस बात का आश्वासन् देता है कि संविधान व्यवस्था के अंतर्गत उनके हितों का पूरा ख्याल रखा जाएगा और वे पूर्ण रूप से सुरक्षित होंगे।

मूल रूप से अल्पसंख्यकों को केवल धर्म के आधार पर ही मान्यता नहीं दी गई है अपितु भाषा, लिपि और संस्कृति को भी आधार माना गया है। संविधान सभा में कुछ सदस्यों ने इन दायित्वों की कड़ी आलोचना की और कहा कि वह पृथकवाद को बढ़ावा देने वाली प्रवृत्ति होगी और इससे संकीर्ण तथा संकुचित दृष्टिकोण को बढ़ावा मिलेगा और राष्ट्रीय एकता में बाधा उत्पन्न होगी। इन विरोधी मतों के बावजूद भी इस संवैधानिक दायित्व को स्वीकार कर लिया गया।

अनुच्छेद 29 और 30 को जब सर्वोच्च न्यायालय के समक्ष रखा गया तो इसे सर्वोच्च न्यायालय ने भी स्वीकृति दे दी। इसके साथ-साथ इसने राज्य के सभी विद्यालयों के लिए आवश्यक नियम तथा अनुदान प्राप्त विद्यालयों के लिए पाठ्यक्रम निर्धारित करने का अधिकार भी दिया। लेकिन विद्यालयों को जो कार्य-प्रबंध का अधिकार दिया जाएगा उसका दुरुपयोग न हो। कार्य-प्रबन्ध के अधिकार से तात्पर्य है कि कुप्रबन्ध नही होना चाहिए। सर्वोच्च न्यायालय (Supreme Court) ने तो इसे इजाजत दे दी परन्तु माध्यमिक शिक्षा आयोग कुछ अलग ढंग से सोच रखता था। उसके विचार पूर्णरूप से सर्वोच्च न्यायालय के विपरीत थे। आयोग के अनुसार, अल्पसंख्यक वर्ग विद्यालय को कुछ ऐसी नीतियों पर चलाते हैं जिससे मानसिक संकीर्णता, संकुचित दृष्टिकोण और साम्प्रदायिकता को बढ़ावा मिलता है। इसके साथ-साथ वे राष्ट्र के विशाल हितों और राष्ट्र की

अखंडता को ध्यान में नहीं रखते। आयोग का यह भी विचार था कि इन विद्यालयों में अध्यापकों की नियुक्ति धर्म, जाति और समुदाय को ध्यान में रखकर की जाती है जिससे राष्ट्र हित की भावना को गहरा धक्का लगता है।

भारतीय शिक्षा आयोग (1964-66) ने भी इस विषय पर अपने विचार व्यक्त किए। आयोग के अनुसार, अल्पसंख्यकों द्वारा चलाए जा रहे विद्यालयों में से कुछ एक विद्यालय तो सभी आदर्शों को तिरोहित करके धार्मिक पक्षपात, जातिवाद, धर्मान्धानुकरण तथा पृथकतावादी प्रवृत्तियों को प्रोत्साहित करते हैं। आयोग ने आगे कहा कि यह ठीक है कि संविधान के अनुसार उन निजी विद्यालयों में से कुछ एक जो सरकार से किसी प्रकार का अनुदान नहीं लेते, उन विद्यालयों में सरकार को दखल न करने या कम हस्तक्षेप करने का आदेश है, परन्तु फिर भी राष्ट्रीय हितों को ध्यान में रखते हुए आयोग चाहता है कि शिक्षा के स्तर को बढ़िया बनाने के लिए इन विद्यालयों में भी सरकार का अपना नियंत्रण होना चाहिए।

भारतीय संविधान के अनुच्छेद 30 के अनुसार प्राथमिक स्तर पर प्रत्येक विद्यार्थी को उसकी मातृभाषा के माध्यम से शिक्षा प्राप्त करने तथा विद्यालय को शिक्षा प्रदान करने का हक होता है। इसके साथ इस अनुच्छेद में यह भी स्पष्ट रूप से वर्णित किया गया है कि प्रत्येक राज्य या राज्य के अंतर्गत स्थानीय सत्ता को यह प्रयास करना होगा कि प्राथमिक स्तर पर भाषा पर आधारित अल्पसंख्यक वर्ग के बालकों के लिए उनकी शिक्षा का प्रबन्ध उनकी मातृभाषा में हो और भारत का राष्ट्रपति किसी भी राज्य को ऐसे निर्देश दे सकता है।

माध्यमिक शिक्षा आयोग (1952-53) का भी यह कहना है कि शिक्षा के माध्यम का जहाँ तक संबंध है, राज्य के बहुत से विद्यालयों में, मातृभाषा या प्रादेशिक भाषा को ही शिक्षा के माध्यम के रूप में स्वीकार किया गया है। कई स्थानों पर अल्पसंख्यक वर्ग होने के बावजूद यदि मातृभाषा के माध्यम से पढ़ने वाले छात्रों की संख्या अधिक है तो उनके लिए मातृभाषा के माध्यम से पढ़ाने की व्यवस्था की गई है।

अनुच्छेद 45 में दिए गए शिक्षा के महत्त्वपूर्ण प्रावधान

निःशुल्क एवं अनिवार्य शिक्षा (Free and Compulsory Primary Education)–राज्य नीति निर्देशक सिद्धान्त, अनुच्छेद 45 (Article 45, Directive Principles of State Policy) के अनुसार ''राज्य इस बात के लिए प्रयत्नशील होगा कि वह, इस संविधान के लागू होने से दस वर्ष के अन्दर सभी बालकों को 14 वर्ष की आयु प्राप्त होने तक निःशुल्क तथा अनिवार्य शिक्षा देने के दायित्व को निभाये।'' ("The state shall endeavour to provide with in period of ten years from the commencement of this constitution, for free and compulsory education for all children untill they complete the age of fourteen years."—Article 45, Directive Principles of State Policy)

कुछ ऐसा ही मन्तव्य राजकीय विधान परिषद् के सदस्य श्री गोपाल कृष्ण गोखले ने दिया था। उन्होंने कहा कि लोक शिक्षा के लिए निःशुल्क अनिवार्य शिक्षा देना अत्यधिक आवश्यक है और इस बात का सारा उत्तरदायित्व भारत सरकार का है। भारत का प्रथम प्रयास इस उद्देश्य की पूर्ति के लिए साधनों को जुटाना होना चाहिए। अंग्रेजी शासन् के दौरान भारत की कई राज्य सरकारों ने प्राथमिक शिक्षा अधिनियम बनाए, जिनके द्वारा प्राथमिक शिक्षा के क्षेत्र में सन्तोषजनक प्रगति न हो सकी। बुनियादी शिक्षा-1937 (Basic Education-1937) का मुख्य उद्देश्य 6 से 14 आयु वर्ग के बच्चों के लिए निःशुल्क प्राथमिक शिक्षा प्रदान करना था और शिक्षा का ध्येय गरीब बालकों को आत्मनिर्भर बनाना था। परन्तु दुर्भाग्य की बात यह है कि आज देश को आजाद हुए लगभग 75 साल हो चुके हैं, परन्तु शिक्षा का यह निर्धारित तथ्य आज तक प्राप्त नहीं किया जा सका है। इसकी असफलता के पीछे एक नहीं अनेकों कारण है जिनमें से कुछ निम्नलिखित हैं-

(i) वित्तीय साधनों की कमी (Lack of financial sources)
(ii) छोटे-छोटे गाँव (Very small villages)
(iii) विद्यार्थियों की संख्या में विस्फोट (Explosion in the number of students)
(iv) छितरे तथा बिखरे गांव (Scanty and scattered villages)
(v) लगातार अनुत्तीर्ण होने से विद्यालय छोड़ना (Dropping out of school due to continous failures)
(vi) माँ-बाप की निर्धनता (Poverty of the parents)
(vii) प्राथमिक शिक्षा पूरी किए बिना विद्यालय छोड़ देना (Dropout of the students without completing primary education)
(viii) मां-बाप का असहयोग (Parent's non co-operation)
(ix) प्राथमिक शिक्षा के प्रति अनदेखापन (Ignorance of primary education)
(x) लड़कियों की शिक्षा संबंधी अवरोध (Stagnation in the matter of women education)
(xi) निरक्षर लोगों की शिक्षा के प्रति अरुचि (Disinterest of illiterate people to education)।

भारतीय शिक्षा आयोग ने केन्द्र तथा प्रादेशिक सरकारों से यह अनुरोध किया कि केन्द्र या राज्य स्तर ही नहीं अपितु जिला स्तर पर भी ठोस कार्यक्रम बनाया जाए ताकि केवल सुविधाओं अथवा सुरक्षित धनराशि के कम होने के कारण शिक्षा के क्षेत्र में किसी प्रकार की बाधा उपस्थित न हो। इसके साथ-साथ आयोग ने इस बात की ओर भी ध्यान दिलवाया कि देश के सभी क्षेत्रों में 1975-76 के दौरान 5 वर्ष के लिए तथा 1985-86 तक 7 वर्ष के लिए सभी बच्चों की अच्छी व अर्थपूर्ण शिक्षा का दायित्व पूरा हो जाना चाहिए। इन सब उद्देश्यों की पूर्ति के लिए संपूर्ण देश को अथक प्रयास करने होंगे। शिक्षा में सुधार का दूसरा तरीका, शिक्षा में होने वाली अपव्ययता तथा अवरोधन को दूर करना है। आयोग ने इस बात पर भी बल दिया कि प्रत्येक बच्चे को शिक्षा ग्रहण करने का संवैधानिक अधिकार है। इसलिए सरकार का यह दायित्व बनता है कि वह प्रत्येक बच्चे की शिक्षा का प्रावधान करे। ऐसा करने से सामाजिक न्यायशीलता तथा लोक कल्याण की भावना तो पैदा होगी ही साथ-साथ यह देश का उत्पादन बढ़ाने में भी सहायक होगा। इसलिए सर्वप्रथम हमें बच्चों को स्तरीय शिक्षा देकर उन्हें आदर्श नागरिक बनाना होगा।

42वें संविधान संशोधन में शिक्षा संबंधी महत्त्वपूर्ण प्रावधान

42वें संविधान संशोधन के अनुसार शिक्षा को समवर्ती सूची में शामिल किया गया तथा इसके साथ ही केन्द्र तथा राज्यों को शिक्षा का दायित्व सौंप दिया गया। इस संशोधन में यह कहा गया कि सातवीं अनुसूची (समवर्ती सूची) की 25वीं प्रविष्टि के स्थान पर निम्नलिखित होगा-

''शिक्षा में तकनीकी शिक्षा, मेडिकल शिक्षा और विश्वविद्यालयी शिक्षा सम्मिलित हैं, बशर्ते कि यह सूची-1 की प्रविष्टियों 63, 64, 65 और 66 श्रमिकों की व्यावसायिक एवं तकनीकी प्रशिक्षण के अंतर्गत हों।''

42वें संविधान संशोधन के अनुसार केन्द्र संबंधी तथा राज्य सरकार, दोनों को शिक्षा संबंधी नीतियां बनाने का अधिकार है। इससे पहले यह अधिकार केवल राज्यों के पास था। शिक्षा को समवर्ती सूची में शामिल करने के फलस्वरूप केन्द्र किसी भी राज्य में अपनी नीति को सीधे रूप से लागू नहीं कर सकता। केन्द्र ने पूरे देश में 10+2+3 की शिक्षा पद्धति स्थापित करने का निर्णय लिया तो सभी राज्यों ने इस पद्धति का अनुसरण किया।

72वें तथा 73वें संविधान संशोधन में शिक्षा संबंधी महत्त्वपूर्ण प्रावधान

72वें तथा 73वें संविधान संशोधन में अनुसूचित जातियों के विद्यार्थियों के स्तर को ऊँचा उठाने के लिए अनेक प्रावधान किए गए।

73वां संविधान संशोधन पंचायती राज से सम्बन्धित था। इस संविधान संशोधन के अंतर्गत ग्राम पंचायतों को शिक्षा संबंधी अनेक अधिकार प्रदान किए गए।

शिक्षा का अधिकार विधेयक, 2005

1. भारतीय संविधान की प्रस्तावना में सभी नागरिकों को आर्थिक, सामाजिक एवं राजनैतिक न्याय, विचार, अभिव्यक्ति, आस्था, पूजा, विश्वास आदि की स्वतंत्रता, अवसर एवं हैसियत की समानता और मनुष्य की प्रतिष्ठा तथा राष्ट्र की एकता व अखण्डता सुनिश्चित करने हेतु भ्रातृत्व प्राप्त है।
2. संविधान की धारा 45 के अनुसार संविधान लागू होने के 10 वर्षों के भीतर राज्य 14 वर्ष तक के बच्चों को अनिवार्य एवं नि:शुल्क शिक्षा की व्यवस्था करने का प्रयास करेगा।
3. संविधान में 86वें संशोधन (2002) के फलस्वरूप धारा 21ए के अनुसार 6-14 वर्ष की आयु के सभी बच्चों को नि:शुल्क एवं अनिवार्य शिक्षा प्राप्त करने का मूल अधिकार है।
4. धारा 45 के अनुसार 6 वर्ष तक की उम्र के बच्चों की बचपन पूर्व देख-रेख एवं शिक्षा की व्यवस्था हेतु राज्य प्रयास करेगा।
5. संविधान की धारा 51 (ACK) (जो नागरिकों के मूल कर्त्तव्य के बारे में है) के अनुसार प्रत्येक नागरिक का यह मूल कर्त्तव्य है कि वह अपने बच्चे/पाल्य को शिक्षा के अवसर उपलब्ध कराए।
6. एक मानवीय एवं समतामूलक समाज के सृजन हेतु जिसमें पंथ-निरपेक्ष मूल्य तथा भारत की स्थानीय, धार्मिक व सांस्कृतिक विविधता शामिल है।
7. लोकतन्त्र, सामाजिक न्याय एवं समता के उद्देश्यों की प्राप्ति सिर्फ समता पूर्ण गुणवत्ता वाली शिक्षा सबको मुहैया कराने से ही हो सकती है।

शिक्षा का अधिकार विधेयक, 2005 की धारा 3 में निम्नलिखित प्रावधान किए गए हैं-

1. 6 वर्ष की उम्र प्राप्त प्रत्येक बच्चे को पूर्णकालिक प्रारम्भिक शिक्षा में भाग लेने तथा उसे पूरी करने का अधिकार है। इस उद्देश्य के लिए उसे पड़ोस के विद्यालय में भर्ती किया जाएगा और उसे नि:शुल्क शिक्षा प्रदान की जाएगी।
2. इस विधेयक के लागू होने के समय बिना दाखिले वाला 9-14 वर्ष का बच्चा पड़ोस के विद्यालय में विशेष कार्यक्रम में शिक्षा प्राप्त कर सकेगा। वह कानून लागू होने के 3 वर्षों के भीतर उपयुक्त कक्षा में दाखिला पाने का हकदार होगा।
3. इस कानून को लागू करने के समय 7-9 वर्ष की आयु समूह का कोई भी बच्चा जिसने दाखिला नहीं पाया है 1 वर्ष के भीतर विद्यालय में उम्र के मुताबिक उपयुक्त कक्षा में प्रवेश पाने का हकदार होगा।
4. प्रारंभिक शिक्षा पूरी नहीं होने तक कोई भी बालक स्कूल से निकाला नहीं जाएगा।

इस विधेयक की धारा 4 में निम्नलिखित प्रावधान किए गए हैं-

1. जो विद्यार्थी कक्षा 8 से कम की पढ़ाई वाले विद्यालयों में पढ़ रहे हों, उनके प्रवेश स्थानीय अधिकारी मुफ्त प्रारंभिक शिक्षा पूरी करने हेतु दूसरे विद्यालय में कराने की व्यवस्था करेंगे।
2. जो बच्चे दूसरे राज्य के विद्यालय में पढ़ने के लिए जाएंगे उन्हें पहले वाले विद्यालय के प्रधानाध्यापक के द्वारा स्थानान्तरण प्रमाण-पत्र दिया जाएगा।
3. अगर किसी बच्चे के पास स्थानान्तरण प्रमाण-पत्र नहीं है तो नए विद्यालय में प्रवेश के लिए इंकार नहीं किया जाएगा और न ही विलम्ब होगा। उसके प्रवेश के लिए जांच परीक्षा भी नहीं ली जाएगी।

इस विधेयक की धारा 5 में निम्नलिखित प्रावधान किए गए हैं-

1. यह सुनिश्चित करना कि आर्थिक, सामाजिक, भाषायी, लैंगिक, सांस्कृतिक, प्रशासनिक, अक्षमता स्थानिक या अन्य अवरोध बच्चे की प्रारम्भिक शिक्षा में सहभागिता एवं उसे पूरा करने को रोक न सकें।
2. प्रत्येक बच्चे के नामांकन, उपलब्धि और सहभागिता की स्थिति का नियमित अनुश्रवण करने हेतु एक पद्धति तैयार करना। प्रत्येक बच्चे के लिए आवश्यक सुधारात्मक कदम उठाना।
3. प्रत्येक बच्चे को मुफ्त शिक्षा प्राप्त करवाना। अगर किसी क्षेत्र में विद्यालय न हो तो वहां के बच्चों के लिए दूसरे विद्यालय में जाने हेतु यातायात की सुविधा उपलब्ध करवाना। आवासीय विद्यालय की सुविधाएँ उपलब्ध कराना।
4. यह निश्चित करना कि प्रत्येक बच्चा समतामूलक गुणवत्ता वाली तथा संविधान में निहित मूल्यों की पोषक शिक्षा प्राप्त करे।

धारा 6 में निम्नलिखित प्रावधान किए गए हैं-

1. 7-9 वर्ष के बिना दाखिला वाले बच्चे इस कानून के लागू होने के एक साल के अन्दर पड़ोस के विद्यालय में नामांकन करा लें।
2. पड़ोस के विद्यालय में 9-14 वर्ष के बच्चों को उपयुक्त कक्षा में भर्ती कराया जाए।

धारा 7 के प्रावधान-कम-से-कम 5 और 6 वर्ष के बीच की उम्र वाले बच्चों को सरकार सभी शिक्षा सुविधाएँ उपलब्ध कराएगी और ऐसी सुविधाएँ न होने पर विद्यालयों के नजदीक दूसरे कार्यक्रम उपलब्ध कराएगी।

धारा 8 के प्रावधान-धारा 8 में प्रावधान दिए गए हैं कि यदि कोई बच्चा 14 वर्ष की उम्र पूरी होने के बाद भी प्रारम्भिक शिक्षा पूरी नहीं करता और यदि विद्यालय में पढ़ रहा हो, तो उसे 18 वर्ष की उम्र तक उस विद्यालय में नि:शुल्क शिक्षा दी जाएगी जब तक उसकी प्रारम्भिक शिक्षा पूरी नहीं हो जाए।

धारा 9 में निम्नलिखित प्रावधान दिए गए हैं-

1. राष्ट्रपति द्वारा विशिष्ट आदेश के आलोक में कदम उठाना।
2. राज्य सरकारों से समय-समय पर सलाह लेकर केन्द्र सरकार इस कानून के लागू करने पर लगने वाले खर्च का हिस्सा निर्धारित करके राज्य सरकारों को आर्थिक सहायता प्रदान करेगी।
3. राष्ट्रीय पाठ्यचर्या विकसित करना, प्रशिक्षण के लिए मानदण्ड विकसित व लागू करना, प्रारंभिक शिक्षा के लिए शिक्षकों की योग्यता जो सहभागिता तथा परामर्श पर आधारित होगा।

धारा 10 में इसे निम्नलिखित तरीके से स्पष्ट किया गया है-

1. विद्यालयों में शिक्षक नियुक्त करना।
2. अतिरिक्त जरूरी विद्यालयों की स्थापना करना और चालू करना।
3. आवश्यक चीजें समय पर नि:शुल्क उपलब्ध करवाना।
4. विस्तृत आंकड़ा आधार विकसित करना।

धारा 11 में प्रावधान किया गया है कि-

1. इस कानून के शुरू होने के छ: माह के भीतर प्रशिक्षण संस्थानों का मूल्यांकन करना।
2. सरकार द्वारा प्रशिक्षित शिक्षकों की पूर्ति करना, अगर कमी होती है तो केन्द्र सरकार की अधिसूचना के मुताबिक अधिकतम 5 वर्षों में इस जरूरत को पूरा करने के लिए उपयुक्त कदम उठाना।

धारा 12 में निम्नलिखित प्रावधान किए गए हैं-

1. यह निश्चित करना कि कोई बच्चा 6-14 वर्ष के बीच में विद्यालय में दाखिले के बिना तो नहीं है अगर है तो उसे दाखिला दिलवाया जाए और उसकी प्रारंभिक शिक्षा पूरी करवाई जाए।

2. आवश्यक प्रवासी परिवारों को बच्चों की सही शिक्षा हेतु विशेष कदम उठाने चाहिए।
3. नि:शुल्क एवं अनिवार्य शिक्षा हेतु विद्यालय मैपिंग के जरिए विद्यालय की हर कमी को पूरा करना। बजट आदि तैयार करना।
4. 6-14 वर्ष की उम्र के सभी बच्चों विशेषकर वंचित समूहों के बच्चों का अभिलेख संचारित करना।

संविधान 13 में यह कहा गया है कि-

1. प्रारम्भिक शिक्षा के लिए वार्षिक बजट सक्षम/केन्द्र सरकार बनाकर राज्य के विधानमण्डल में रखेगी।
2. प्रत्येक विद्यालय प्रबन्धन समिति वार्षिक, मध्यम तथा दीर्घकालिक विद्यालय विकास योजना बनाएगी जिससे समतामूलक गुणवत्ता वाली शिक्षा देने हेतु उसके पड़ोस में रहने वाले बच्चों की जरूरतें पूरी की जाएंगी।
3. उपधारा 3 में वर्णित योजनाओं के आधार पर राष्ट्रीय प्रारम्भिक शिक्षा आयोग इस कानून के कार्यान्वयन का अनुश्रवण करेगा।

धारा 14 में प्रावधान दिए गए हैं कि-

1. राज्य के विद्यालय, निर्दिष्ट श्रेणियों के विद्यालयों को छोड़कर, सभी बच्चों को नि:शुल्क एवं अनिवार्य शिक्षा अग्रलिखित तरीके से प्रदान करेंगे।
2. सहायताप्राप्त विद्यालय अपने यहाँ नामांकित बच्चों का कम-से-कम उस अनुपात में नामांकन करेंगे जो इसके वार्षिक खर्च इसे प्राप्त वार्षिक आवर्ती सहायता का रहता है-किन्तु कम-से-कम 25%।
3. राज्य के निर्दिष्ट श्रेणियों के विद्यालय तथा गैर-सहायता प्राप्त विद्यालय इस कानून के शुरू होने से कक्षा में भर्ती बच्चों के कम-से-कम 25 प्रतिशत बच्चे जो कमजोर वर्गों के हों जो निर्धारित प्रक्रिया के अनुसार विद्यालय द्वारा चयनित किए जाएंगे। मगर किसी भी विद्यालय में मुफ्त शिक्षा सबसे पहले पड़ोस में रहने वाले योग्य बच्चों को दी जाएगी और उसके बाद स्थान रिक्त होने पर अन्य योग्य बच्चों को दी जाएगी।

किसी विद्यालय ने केन्द्र सरकार, सक्षम सरकार या अन्य प्राधिकरण एजेन्सी से मुफ्त में अथवा अनुदानित दर पर जमीन, उपकरण या अन्य सुविधाएँ प्राप्त की हों तो ऐसा विद्यालय उपयुक्त प्रतिपूर्ति पाने का हकदार नहीं होगा।

धारा 15 के अनुसार-कोई भी विद्यालय प्रारम्भिक चरण में प्रवेश के लिए बच्चों की स्क्रीनिंग नहीं करेगा और उनके परिवारों द्वारा कोई कैपिटेशन शुल्क देय नहीं होगा।

धारा 16 में प्रावधान दिया गया है कि-बच्चों का प्रवेश यथासम्भव शैक्षिक वर्ष के प्रारम्भ में होगा अथवा निर्धारित अन्य अवधि तक होगा। परन्तु कोई भी बच्चा शिक्षा से वंचित नहीं रहेगा। इस वर्ष के शुरू होने के चार महीने के भीतर भर्ती बच्चा पहले वाले बच्चों के साथ सत्र पूरा कर सकेगा। किन्तु बाद में भर्ती बच्चा जो स्थानान्तरण होकर या आया हो वह दूसरे बैच के साथ पढ़ाई पूरी करेगा जब तक कि विद्यालय सन्तुष्ट न हो जाए कि यह बच्चा बचे हुए सत्र में अन्य बच्चों के साथ अगली कक्षा में जा सकता है।

धारा 17 में निम्नलिखित प्रावधान हैं-

1. इस कानून के लागू होने के समय जो विद्यालय सूची में बनाए गए नियमों का पालन नहीं कर रहा है तो उसे तीन साल के अन्दर उन नियमों का पालन करना होगा।
2. सूची में दिए गए नियमों को पूरा किए बगैर कोई भी विद्यालय स्थापित नहीं किया जाएगा। किसी अन्य विद्यालय को किसी सक्षम प्राधिकारी द्वारा मान्यता नहीं दी जाएगी।

धारा 18 में कहा गया है कि-राष्ट्रीय प्रारम्भिक शिक्षा आयोग केन्द्र तथा सक्षम सरकारों से सलाह-मशविरा करके किसी भी समय इस कानून की अनुसूची में पूरे देश या किसी क्षेत्र के बाबत संशोधन कर सकता है।

धारा 19 के तहत प्रावधान-दशकीय जनगणना, राज्य विधानमण्डल, संसद का चुनाव, आपदा राहत कार्य तथा स्थानीय निकाय को छोड़कर किसी सरकारी या पूर्णत: सहायताप्राप्त विद्यालय के शिक्षक को गैर-शिक्षण कार्य हेतु प्रतिनियुक्त नहीं किया जाएगा।

धारा 20 के प्रावधान के अनुसार कोई भी शिक्षक अपने नियोक्ता या पर्यवेक्षक द्वारा सौंपे गए कार्य के लिए आर्थिक लाभ हेतु अन्य निजी शिक्षण नहीं कर सकेगा।

धारा 21 के प्रावधान-विद्यालय प्रबन्धन समिति प्रत्येक सरकारी और पूर्णत: सहायता प्राप्त विद्यालय के कार्यों के अनुश्रवण पर्यवेक्षण के लिए गठित की जाएगी। विद्यालय के समग्र विकास हेतु अभिभावकों, शिक्षकों, समुदाय एवं स्थानीय प्राधिकरण के प्रतिनिधियों के साथ योजना तैयार करेगी तथा उत्तरदायी होगी। विद्यालय प्रबन्धन समिति में समुदाय के सभी अनुभागों-अभिभावकों, शिक्षकों, अनुसूचित जातियों, जनजातियों, अन्य पिछड़े वर्गों तथा शिक्षा के लिए कार्य करने वाले व्यक्तियों का प्रतिनिधित्व होगा। विद्यालय प्रबन्धन समिति को मिली राशि का अलग खाता होगा तथा उसका प्रयोग निर्दिष्ट तरीके से किया जाएगा।

1. इस कानून के लागू होने के समय सरकारी और पूर्णत: सहायता प्राप्त विद्यालयों, निर्दिष्ट श्रेणी के सरकारी विद्यालयों को छोड़कर शिक्षकों की विशिष्ट विद्यालयों में नियोक्ता अधिकारी द्वारा यह सुनिश्चित किया जाएगा कि किसी भी समय कुल स्वीकृत पदों के 19 प्रतिशत से अधिक पद रिक्त ना रहें। स्थानीय प्राधिकरण तथा सक्षम सरकारें सुनिश्चित करेंगे कि अनुसूची के अनुसार शिक्षकों और उनके स्वीकृत पदों को दिया जाए और ग्रामीण विद्यालयों की कीमत पर शहरी विद्यालयों में ज्यादा शिक्षक न प्रतिनियुक्त हो जाएँ।
2. इस कानून के शुरू होने के बाद निर्दिष्ट श्रेणियों के सरकारी विद्यालयों को छोड़कर सरकारी तथा पूर्णत: सहायता प्राप्त विद्यालयों के शिक्षकों की नियुक्ति किसी विशिष्ट विद्यालय के लिए स्थानीय प्राधिकरण या विद्यालय प्रबन्धन समिति के द्वारा की जाएगी और उनका स्थानान्तरण वहां से नहीं होगा। परन्तु सक्षम सरकार के एक आदेश द्वारा किसी जिला, ब्लॉक या राज्य में स्थानीय प्राधिकारी विद्यालय प्रबन्धन समितियों द्वारा शिक्षकों का चयन तथा तत्पश्चात् नियोक्ता अधिकारियों के नाम भेजने संबंधी निर्देश दे सकता है।

धारा 24 के तहत प्रावधान में कहा गया है कि केवल राष्ट्रीय अध्यापक शिक्षण परिषद द्वारा निर्धारित योग्यता वाले शिक्षकों की नियुक्ति ही की जाए। अगर जिस राज्य में सेवा-पूर्व प्रशिक्षण क्षमता न हो वहां अध्यापक शिक्षण परिषद्/केन्द्र सरकार ऐसे प्रशिक्षण के बारे में निर्धारित अवधि एवं सीमा तक छूट दे सकेगी। इस कानून के शुरू होने के समय कार्यरत अप्रशिक्षित शिक्षकों को 5 वर्ष के अन्दर ऐसी योग्यता के समकक्ष योग्यता प्राप्त करनी होगी। इसमें नियोक्ता अधिकारी निर्धारित शुल्क आदि का भुगतान करेंगे।

शारीरिक शिक्षा : अवधारणा एवं महत्त्व

शारीरिक शिक्षा (physical education) वह शिक्षा है जिसके अन्तर्गत छात्रों को स्वस्थ रहने के तरीके को सिखाया एवं उसकी महत्ता को दर्शाया जाता है। इस शिक्षा के अन्तर्गत छात्र शरीर की आवश्यकताओं एवं स्वस्थ रहने हेतु विभिन्न कलाओं के विषय में जानकारी एकत्रित करते हैं। विद्यालय में सह-पाठ्यक्रम गतिविधियों को सम्मिलित करना शारीरिक शिक्षा का ही एक भाग है। जिसकी सहायता से छात्रों को सक्रिय एवं स्वस्थ रहने की जानकारी दी जाती है।

शारीरिक शिक्षा क्या है ?

शारीरिक शिक्षा से आशय शरीर से सम्बन्धित शिक्षा प्रदान करना है। यह शिक्षा सामान्यत: व्यायाम, योग, साफ-सफाई, जिमनास्टिक, सह-पाठ्यक्रम गतिविधियों

आदि के माध्यम से प्रदान की जाती है। शारीरिक शिक्षा प्रदान करने का उद्देश्य मात्र छात्रों को स्वस्थ रखना ही नहीं, अपितु मनोविज्ञान एवं बाल मनोविज्ञान के अन्तर्गत इसे महत्त्वपूर्ण स्थान दिया जाता है। शारीरिक शिक्षा शरीर को ही नहीं अपितु छात्रों के मस्तिष्क एवं उनके व्यवहार में भी परिवर्तन लाने का कार्य करती है। यह छात्रों के मानसिक क्रियाओं को सन्तुलित रखने का कार्य करती है। यह शिक्षा का वह साधन है जो छात्रों को मानसिक, सामाजिक, बौद्धिक, आर्थिक सभी रूपों में प्रभावित करती है। शारीरिक शिक्षा क्रमबद्ध रूप से छात्रों का विकास करती है। यह मानसिक एवं बौद्धिक परिपक्वता में भी अपनी अहम भूमिका निभाती है। शिक्षा के क्षेत्र में शारीरिक शिक्षा को सम्मिलित करना एक क्रान्तिकारी परिवर्तन है। यह छात्रों के चरित्र एवं व्यक्तित्व का निर्माण करने में भी अपनी अहम भूमिका निभाती है। इसके विकास से छात्र समूहों में रहना सीखते हैं एवं सामाजिक कार्यों में अपना श्रम दान करते हैं।

शारीरिक शिक्षा के उददेश्य :

1. छात्रों का सर्वांगीण विकास,
2. छात्रों का मानसिक एवं बौद्धिक विकास,
3. छात्रों को समाज के सहायक तत्त्व के रूप में तैयार करना,
4. छात्रों को स्वास्थ्य के प्रति जागरूक करना,
5. भावात्मक विकास करना,
6. संवेगात्मक पहलुओं में नियंत्रण लाना,
7. छात्रों की मांसपेशियों का विकास करना,
8. छात्रों को क्रियाशील बनाना।

शारीरिक शिक्षा का महत्त्व-शारीरिक शिक्षा के द्वारा छात्र अपने समय का सदुपयोग करना सीखते हैं। यह उनके चरित्र एवं व्यक्तित्व को निखारने का कार्य करती है। यह उनके भीतर व्याप्त कौशलों का विकास करती है एवं उनमें निपुणता लाने का कार्य करती है। यह शरीर से सम्बन्धित सभी समस्याओं का निवारण करती है। यह संवेगात्मक रूप से छात्रों को संतुलित रखने की कला है। इस शिक्षा के द्वारा छात्रों में अनुशासन एवं नैतिक मूल्यों का विकास किया जाता है। यह छात्रों को मानसिक एवं बौद्धिक दक्षता प्रदान करने हेतु बेहद लाभदायक है।

बिहार में प्रारंभिक बाल्यावस्था देखभाल और शिक्षा की वर्तमान स्थिति

बिहार राज्य में शिक्षा की वर्तमान स्थिति अत्यन्त खराब मानी जा रही है। शिक्षा विभाग के एक अधिकारी ने बताया कि उन्हें 52,000 शिक्षकों के खिलाफ शिकायतें मिली हैं। वहीं राज्य के शिक्षा मन्त्री का कहना है, "हम पूरी पड़ताल करेंगे और उनकी नौकरी जाएगी जिन्होंने फर्जी प्रमाणपत्र दिए हैं।"

राज्य में शिक्षा से जुड़ी और भी अड़चनें हैं, जैसे राज्य में 60,000 से अधिक प्राथमिक स्कूलों में कोई पूर्णकालिक प्रधानाध्यापक नहीं हैं। पिछले माह ही कैमूर, जिले में 50 से अधिक प्रधानाध्यापकों को निलंबित किया गया था क्योंकि उन्हें सरकारी धन के दुरुपयोग का दोषी पाया गया था।

राज्य में साक्षरता दर औसत से भी कम है। भारत की औसत साक्षरता दर 74 प्रतिशत है वहीं जिले की साक्षरता दर 63 प्रतिशत है। राज्य में औसतन 63 छात्रों पर केवल एक शिक्षक है जबकि इस मामले में राष्ट्रीय औसत 40 है। यानि प्रत्येक 40 छात्रों को पढ़ाने के लिए एक शिक्षक होना ही चाहिए।

किसी भी अन्य राज्य की तुलना में बिहार में ज्यादा लोग निरक्षर हैं। हालांकि, वर्ष 2011 तक पिछले दशक में, साक्षरता में 14.8 प्रतिशत अंक की वृद्धि हुई लेकिन बिहार की प्राथमिक शिक्षा प्रणाली अब भी संकट में है। यहाँ की कक्षाओं में सबसे ज्यादा भीड़ होती है और स्कूलों में शिक्षकों की कमी है। बावजूद इसके भारत का छठा सबसे गरीब यह राज्य प्रति छात्र सबसे कम पैसे खर्च करता है।

9.9 करोड़ की आबादी के साथ बिहार भारत का तीसरा सर्वाधिक आबादी वाला राज्य है। वर्ष 2011 की जनगणना के अनुसार, इसकी साक्षरता दर (61.8 फीसदी) देश में सबसे कम है और महिला साक्षरता दर (51.5 फीसदी) भी कम है।

वर्ष 2015 की मानव संसाधन विकास मंत्रालय की शिक्षा प्रोफाइल के अनुसार, 6 से 14 वर्ष आयु वर्ग के बिहार के करीब 5 फीसदी बच्चों का स्कूल से बाहर होने का अनुमान था। जो स्कूल से बाहर हैं, उनमें से 55 फीसदी बच्चों का नामांकन कभी नहीं हुआ था, जबकि 25 फीसदी बच्चों ने स्कूल छोड़ दिया है।

भारत में 5 से 14 वर्ष की आयु के बीच की दूसरी सबसे अधिक आबादी बिहार की है। पहला राज्य उत्तर प्रदेश है। लेकिन अब भी सरकार प्रति छात्र पर कम खर्च करती है।

इकोनोमिक एंड पोलिटिकल वीकली में छपी एक टिप्पणी के अनुसार, वर्ष 2014-15 में भारत में प्रारम्भिक शिक्षा पर प्रति छात्र व्यय सबसे कम बिहार में दर्ज की गई थी।

2011 की जनगणना के अनुसार बिहार की साक्षरता दर 61.8% है। वर्तमान में बिहार में कुल 17 विश्वविद्यालय, 262 अंगीभूत महाविद्यालय तथा 217 सम्बद्ध महाविद्यालय हैं।

राज्य में प्रारंभिक बाल्यावस्था शिक्षा की चुनौतियाँ एवं नवाचार

वैश्वीकरण-समान संस्कृति

वैश्वीकरण एक आकर्षक शब्द है। इस शब्द के उच्चारण से हमारे सामने मानवता का व्यापक स्वरूप उपस्थित होता दिखाई देता है।

जब हम बारीकी से स्थिति का विश्लेषण करते हैं तो लगता है कि वैश्वीकरण की अवधारणा में स्वार्थों की टकराहट है और क्रय-विक्रय की मण्डी में बोली लग रही है। विकसित देश, विकासशील देशों पर धन तथा बल के आधार पर साम्राज्यवादी प्रभुत्त्व स्थापित करने के लिए दादागिरी कर रहे हैं और हमें समझाने का प्रयास करते है कि अब विश्व एक ग्राम है अत: लेन-देन तथा आर्थिक सहयोग से संघर्षों को टाला जा सकता है परन्तु यह छलावा है।

संघर्ष, आतंकवाद, मजहबी उन्माद, प्रकृति का शोषण, परमाणु अस्त्र-शस्त्रों का भण्डारण, साम्राज्यवाद, यह सब वैश्वीकरण की देन हैं।

केवल जानकारियों के ढेर को मस्तिष्क में ठूंसने का प्रयास हो रहा है जिसके परिणामस्वरूप लक्ष्यविहीन युवा पीढ़ी स्वेच्छाचारी बनती जा रही है। आधुनिकता के नाम पर पाश्चात्यीकरण का प्रभाव वेशभूषा, खानपान, रहन-सहन, मन-मस्तिष्क को प्रदूषित करता जा रहा है।

समान संस्कृति के नाम पर प्राचीन ज्ञान-विज्ञान को भारत की पाठ्य पुस्तकों से बहिष्कृत कर दिया गया है।

शिक्षा का व्यापारीकरण

व्यापारीकरण, व्यवसायीकरण तथा निजीकरण ने शिक्षा क्षेत्र को अपनी जकड़ में ले लिया है। मण्डी में शिक्षा क्रय-विक्रय की वस्तु बनती जा रही है। इसे बाजार में निश्चित शुल्क से अधिक धन (Capitation fee) देकर खरीदा जा सकता है। परिणामत: शिक्षा में एक भिन्न प्रकार की जाति प्रथा जन्म ले रही है जो धन के आधार पर आई. आई. टी., एम. बी. ए., सी. ए., एम. बी. बी. एस., आदि उपाधियों के लिए प्रवेश पाकर उच्च भावना से ग्रस्त और धनाभाव के कारण प्रवेश से वंचित हीनभावना से ग्रस्त रहते हैं।

सामाजिक विज्ञान तथा मानविकी विषयों की उपेक्षा करना देश की उन्नति के लिए हानिकारक है, और साथ ही इस दृष्टि से शोध को भी दुर्लक्ष करना और भी घातक है।

शिक्षा के अधिकार पर धन और बल का अधिकार रहेगा, भेदभाव बढ़ेगा। स्पष्ट है निजीकरण के माध्यम से कभी भी शिक्षा के लक्ष्य को प्राप्त नहीं किया जा सकता। कोचिंग के बाजार में कई घटिया, गैरमान्यता प्राप्त, फर्जी शिक्षा की दुकानें खुलती जा रही हैं। इन सबको रोकना बहुत बड़ी चुनौती है।

देशभक्ति, स्वास्थ्य-संरक्षण, सामाजिक संवेदनशीलता तथा आध्यात्मिक यह शिक्षा के भव्य भवन के चार स्तम्भ हैं। इनको राष्ट्रीय शिक्षा की नीति में घोषित कर, स्वायत्त शिक्षा को संवैधानिक स्वरूप प्रदान करना चाहिए। इन सब उपायों से शिक्षा की चुनौतियों का मुकाबला किया जा सकता है।

शिक्षक व शिक्षा की दुर्दशा

अधिकतर महाविद्यालयों में अनुभवहीन प्राचार्य नियुक्त हैं, योग्य प्राध्यापक नहीं। भौतिक तथा मानवीय संसाधनों का अभाव है। प्रायोगिक कार्य, सूक्ष्म शिक्षण, शिक्षण अभ्यास, यह सब मजाक है। महाविद्यालय धन कमाने की दुकानें बन गए हैं।

मेडिकल विश्वविद्यालयों का बाजार

सरकारें मरीजों के साथ खिलवाड़ कर रही हैं और नकली डॉक्टरों की उपाधियों को मान्यता दी जा रही है। मेडिकल कॉलेजों के बाजार का यह काला धन्धा चल रहा है।

देश के करीब 80 प्रतिशत तक मेडिकल कॉलेज महाराष्ट्र से लेकर केरल, कर्नाटक, तमिलनाडु, आन्ध्र प्रदेश में हैं और शेष भाग में मात्र 20 प्रतिशत हैं। इस असंतुलन को भी बदलने की आवश्यकता है। सेवा के इस क्षेत्र को सेवा भाव से देखिए और संवारिये।

अल्पसंख्यक तुष्टीकरण-विकृत खेल

केन्द्र सरकार भारत में अल्पसंख्यक तुष्टीकरण का एक विघटनकारी खेल खेल रही है। राज्य सरकारों ने भी इसका अनुसरण किया है। रोजगार में मुसलमानों के आरक्षण के प्रतिशत में वृद्धि की जा रही है। धर्माधारित आरक्षण न केवल अवैधानिक है अपितु देश को अन्य विभाजन की ओर भी धकेलने का खतरनाक कदम है।

विदेशी संस्थाओं का आकर्षण

अमेरीकी इन्वेस्टमेण्ट कंसलटेण्ट रॉबर्ट लिटले भारत में विदेशी विश्वविद्यालयों का अपना कैम्पस खोलने के लिए एड़ी चोटी का जोर लगा रहे हैं। भारत में शिक्षा के क्षेत्र में कमाने के अवसर ढूँढ़ने के प्रयास केवल लिटले ही नहीं और भी बहुत-सी कम्पनियाँ कर रही हैं।

शिक्षा के लिए आयोग और उनकी संस्तुतियों की स्थिति

यदि किसी एक विषय पर सबसे अधिक आयोग बने हैं तो वह शिक्षा है। सबने मूल्यवान सुझाव दिए थे परन्तु उनका क्या हुआ ? लगता है वह सभी सिफारिशें उस अलमारी में बन्द करके रख दी गई हैं जिनको दीमक न लगे। सम्भवत: वह इसलिए सुरक्षित है कि कोई भी शोधार्थी शोध कर यह बता सके कि अब तक इन संस्तुतियों पर कितना धन व्यय हुआ और उसके परिणाम क्या निकले ? परिणाम कुछ भी नहीं निकला।

शिक्षा में नवीन नवाचार

एडूकोम्प स्मार्ट क्लास

नवीन नवाचारों से युक्त आधुनिक निजत्व शिक्षा में पहला नाम एडूकोम्प स्मार्ट क्लास का लिया जाता है। यह एक प्रकार का अध्यापक के नेतृत्व में शैक्षिक अन्तर्वस्तु आधारित समाधान है जो निजी स्कूलों में सीखने को नाटकीय रूप से उन्नतशील बना रहा है। एडूकोम्प स्मार्ट क्लास आज स्कूलों में शिक्षा को समृद्ध बना रही हैं और प्रतिदिन इनकी संख्या बढ़ती जा रही है। एडूकोम्प शैक्षिक समस्याओं के आने पर किस प्रकार उनका समाधान करना है, इसको समझने में शिक्षकों को अन्तर्दृष्टि प्रदान कर रहा है। एडूकोम्प ने अगली पीढ़ी के लिए स्मार्ट क्लास की व्यवस्था की है। स्मार्ट क्लास ट्रान्सफोरमेशन व्यवस्था (CTS) पर आधारित है। यह क्लास डिजिटल टीचिंग व्यवहार (DTS) पर भी आधारित है। डिजिटल कक्षा-कक्ष के लिए यह सर्वाधिक महत्त्वपूर्ण नवाचार है।

एडूरीच

एडूरीच ने शिक्षा में नवीनता लाने का महत्त्वपूर्ण कार्य किया है। एडूरीच केंद्रीय तथा राज्य सरकार के अभिकर्ता के रूप में कार्य करती है। इसमें सूचना प्रौद्योगिकी मन्त्रालय, एच. आर. डी. तथा अन्य देशों की सरकारें मिलकर शिक्षा व्यवस्था में पारदर्शिता लाने का कार्य करती हैं। इसमें विस्तृत पैमाने पर सरकारी और निजी क्षेत्रों की साझेदारी होती है तथा शिक्षा में आये सुधार का रिकॉर्ड रखा जाता है।

एडूरीच योजना ने वर्ष के अन्त तक लगभग 35,000 सरकारी स्कूलों में सुधार का कार्य किया और लगभग 17.5 मिलियन बच्चों को देश के रिमोट क्षेत्र तक पहुँचाया। एडूरीच योजना सरकारी स्कूलों में शैक्षिक सुधार के लिए कार्य करने वाली योजना है।

आज एडूरीच योजना 16 राज्यों में चल रही है तथा 11,000 से ऊपर के सरकारी स्कूल इसमें शामिल हैं तथा 6 मिलियन से अधिक बच्चों को यह लाभ पहुँचा रही है। एडूरीच एक ऐसी योजना है जो अधिगम की इच्छा रखने वाले स्कूल पहुँचने वाले बच्चों की इच्छापूर्ति के लिए उन्हें अवसर देती है।

एडूकोम्प स्कूल

एडूकोम्प स्कूल व्यवस्था मूल्य आधारित व्यवस्था है। उदाहरण के लिए, हमारे मानवीय मूल्य हमारी शैक्षिक अन्तर्वस्तु में प्रथम स्थान रखते हैं। हमारे दर्शन भारतीय मूल्यों के चारों ओर घूमते हैं। ग्लोबल विचारों के मध्य भी हमारे भारतीय मूल्य एकीकरण बनाये रखते हैं।

एडूकोम्प स्कूल नवीन नवाचारों में सबसे उत्तम नवाचार है जो कक्षा-कक्षों को तकनीक के माध्यम से नया स्वरूप प्रदान करते हैं तथा इससे शिक्षण बेहतर बनता है और अधिगम की गुणवत्ता में सुधार होता है।

एडूकोम्प स्कूल एडूकोम्प को प्रोत्साहित करते हैं। यह डिजिटल प्रक्रिया के आधार पर भारत तथा विदेशों में भी पहचाने जाते हैं।

राज्य समर्थक नवाचार

भारतवर्ष में 20वीं शताब्दी तक शिक्षा परम्परागत रूप से चल रही थी लेकिन 21वीं शताब्दी के प्रथम चरण में शिक्षा जगत में विभिन्न समस्याएँ उत्पन्न होने लगीं। शिक्षा की जितनी प्रगति होनी चाहिए उतनी नहीं हो पा रही थी।

भारतीय संविधान में यद्यपि 14 वर्ष तक के बच्चों के लिए नि:शुल्क तथा अनिवार्य शिक्षा का प्रावधान है परन्तु आज भी देश में 36% जनसंख्या निरक्षर है और अर्द्ध-साक्षरों की संख्या भी बहुत अधिक है जबकि अब तक सम्पूर्ण देश को शिक्षित हो जाना चाहिए था। स्वतंत्रता प्राप्ति के समय यद्यपि हमारे देश में 86% जनसंख्या निरक्षर थी। विशेष रूप से ग्रामीण अंचलों में शिक्षा के नाम पर कुछ भी नहीं था।

सर्वशिक्षा अभियान अक्टूबर 1998 में प्रारम्भ किया गया था। यह राज्यों के शिक्षामन्त्रियों के सम्मेलन की सिफारिश के आधार पर विकसित किया गया था।

राज्य में विद्यालय की तैयारी में संस्थाओं की (अकादमिक व सामाजिक) अपेक्षा

बिहार राज्य शैक्षिक दृष्टि से एक पिछड़ा हुआ राज्य है। यहाँ पर प्राथमिक स्तर की शिक्षा की गिरती हुई स्थिति से सभी चिन्तित हैं। इस राज्य में साक्षरता की दर भी अन्य राज्यों की तुलना में काफी कम है तथा विद्यालयों में नामांकन भी कम है। इस राज्य में अवरोधन तथा अपव्यय भी प्राथमिक स्तर पर काफी व्याप्त है। बिहार में काफी गरीबी है।

राष्ट्रीय स्तर पर सर्व शिक्षा अभियान चलाया जा रहा है। जिससे शिक्षा का मौलिक अधिकार बच्चों को दिया जा सके।

राज्य में शिक्षा की स्थिति को सुधारने में संस्थाओं से निम्नलिखित अपेक्षाएँ रखी जा रही हैं-

1. विद्यालयों में नामांकन बढ़ाने में संस्थाएँ महत्त्वपूर्ण भूमिका निभायें।
2. प्राथमिक विद्यालयों के गुणवत्ता सुधार में संस्थाएँ महत्त्वपूर्ण भूमिका निभायें।
3. निरक्षरता दूर करने में संस्थाएँ भागीदारी करें।
4. प्राथमिक शिक्षा के क्षेत्र में अपव्यय तथा अवरोधन दूर करने में संस्थाएँ महत्त्वपूर्ण भूमिका निभायें।
5. प्राथमिक शिक्षा में लड़कियों की भागीदारी बढ़ाने में संस्थाएँ आगे आयें।
6. विशेष आवश्यकता वाले बच्चों की विशेष जरूरतों को संस्थाएँ ध्यान में रखकर गुणवत्तायुक्त शिक्षा प्रदान करें।
7. समाज के कमजोर वर्गों की शिक्षा को बढ़ाने की दिशा में संस्थाएँ सकारात्मक भूमिका निभाएँ।
8. सरकारी योजनाओं का क्रियान्वयन संस्थाएँ पूरी ईमानदारी से करें।
9. वंचित वर्गों की शिक्षा पर भी संस्थाएँ विशेष ध्यान दें।
10. प्रारम्भिक बाल देखभाल कार्यक्रम के माध्यम से राज्य की निरक्षरता दूर करने का प्रयास किया जाये।

अभ्यास प्रश्न

1. संकेत अधिगम के अन्तर्गत निम्नलिखित सीखा जाता है :

(a) मनोविज्ञान
(b) पारम्परिक अनुकूलन
(c) वातावरण
(d) मनोदैहिक

2. निम्नलिखित में से कौन-सा अधिगम को अधिकतम करने के लिए सर्वाधिक उचित है?

(a) शिक्षार्थियों में वैयक्तिक भिन्नता को सहज बनाने के लिए समान शिक्षार्थियों के जोड़ बनाए जा सकते हैं।
(b) अधिकतम परिणाम लाने के लिए शिक्षक केवल एक अधिगम शैली पर ध्यान केंद्रित करता है।
(c) समान सांस्कृतिक पृष्ठभूमि वाले शिक्षार्थियों को एक कक्षा में रखना चाहिए, ताकि मत वैभिन्य से बचा जा सके।
(d) शिक्षिका को अपनी संज्ञानात्मक शैली के साथ-साथ अपने शिक्षार्थियों की संज्ञानात्मक शैली की पहचान करनी चाहिए।

3. जब पूर्व का अधिगम नई स्थितियों के सीखने को बिल्कुल प्रभावित नहीं करता, तो यह .... कहलाता है।

(a) अधिगम का नकारात्मक स्थानांतरण
(b) अधिगम का शून्य स्थानांतरण
(c) अधिगम का निरपेक्ष स्थानांतरण
(d) अधिगम का सकारात्मक स्थानांतरण

4. सहयोगी अधिगम में अधिक उम्र के प्रवीण विद्यार्थी, छोटे और कम निपुण विद्यार्थियों की मदद करते हैं। इससे—

(a) उच्च उपलब्धि और आत्म-सम्मान विकसित होता है
(b) गहन प्रतियोगिता होती है
(c) उच्च नैतिक विकास होता है
(d) समूहों में द्वंद्व होता है

5. 'अधिगमकर्ता का स्व-नियमन' का क्या अर्थ है?

(a) अपने सीखने का स्वयं अनुवीक्षण करने की योग्यता
(b) विद्यार्थी निकाय द्वारा बनाए गए नियम एवं विनियम
(c) विद्यार्थियों के व्यवहार के लिए विनियमों का निर्माण करना
(d) स्व-अनुशासन और नियंत्रण

6. प्रत्येक अधिगमकर्ता अद्वितीय होता है अर्थात्—

(a) कोई भी दो अधिगमकर्ता उनकी योग्यताओं, रुचियों तथा कौशलों में समान नहीं होते
(b) अधिगमकर्ताओं में कोई भी उभयनिष्ठ गुण नहीं होते, न ही वे उभयनिष्ठ लक्ष्यों को बाँटते हैं
(c) सभी अधिगमकर्ताओं के लिए एक उभयनिष्ठ पाठ्यचर्या संभव नहीं है
(d) एक विषमांगी कक्षा में सभी अधिगमकर्ताओं की क्षमता को विकसित करना असम्भव है

7. निम्न में से कौन शिक्षण-अधिगम का स्तर नहीं है?

(a) विभेदीकरण स्तर
(b) स्मृति स्तर
(c) चिंतनशील स्तर
(d) समझ स्तर।

8. प्रतिभाशाली बच्चों का IQ होता है —

(a) 50 – 69 (b) 70 – 85
(c) 85 – 119 (d) 140 & Above

9. बीसवीं शताब्दी में सबसे पहले बुद्धि-लब्धि शब्द को प्रयोग किया —

(a) बिने (b) स्पीयरमैन
(c) टरमन (d) विलियम स्टर्न

10. बुद्धि के त्रिआयाम सिद्धांत के प्रवर्तक हैं—

(a) थॉर्नडाइक (b) गार्डनर
(c) स्पीयरमैन (d) गिलफर्ड

11. बुद्धि-लब्धि या IQ है MA = मानसिक आयु (Mental age) CA = वास्तविक आयु (Chronological age)

(a) $\frac{MA}{CA}\times 100$ (b) $\frac{CA}{MA}\times 100$
(c) $\frac{MA}{CA}\times 10$ (d) इनमें से सभी

12. प्रत्येक मानव में बुद्धि अपने उच्च स्तर पर इस अवस्था में होती है।

(a) 10 – 11 (b) 19 – 20
(c) 40 – 41 (d) 15 – 16

13. किसने पहला बुद्धि-परीक्षण विकसित किया?

(a) सिरिल बर्ट
(b) अलफर्ड बिने
(c) एम० ए० मैरिल
(d) एल० एम० टरमन

14. एक बालक जिसकी बुद्धि-लब्धि 105 है, इसका बुद्धि स्तर है—

(a) उच्चतम् बुद्धि
(b) सामान्य से ऊपर बुद्धि
(c) सामान्य बुद्धि
(d) अल्प बुद्धि

15. बुद्धि-लब्धांक के आधार पर विभिन्न समूहों में विद्यार्थियों का वर्गीकरण उनकी स्व-गरिमा को .... है और उनके शैक्षणिक निष्पादन को .... है।

(a) बढ़ाता; घटाता
(b) घटाता; घटाता
(c) घटाता; प्रभावित नहीं करता
(d) बढ़ाता; बढ़ाता

16. आर०बी० कैटल की तरल बुद्धि तुल्य है—

(a) वंशानुगत कारकों के
(b) पर्यावरणीय कारकों के
(c) बौद्धिक कारकों के
(d) सामाजिक कारकों के

17. स्वयं की भावनाओं तथा संवेगों को नियंत्रित करने से संबंधित बुद्धि को क्या कहा जाता है?

(a) भाषायी बुद्धि
(b) अंत: वैयक्तिक बुद्धि
(c) स्थानिक बुद्धि
(d) वैयक्तिक बुद्धि

18. जिस प्रक्रिया में व्यक्ति दूसरों के व्यवहार को देखकर सीखता है, न कि प्रत्यक्ष अनुभव के, को कहा जाता है—
(a) सामाजिक अधिगम
(b) अनुबन्धन
(c) प्रायोगिक अधिगम
(d) आकस्मिक अधिगम

19. गिलफोर्ड ने 'अभिसारी चिन्तन' पद का प्रयोग किसके समान अर्थ में किया है?
(a) बुद्धि
(b) सृजनात्मकता
(c) बुद्धि एवं सृजनात्मकता
(d) इनमें से कोई नहीं।

20. मनोवैज्ञानिकों के अनुसार बुद्धि—
(a) सीखने की क्षमता है।
(b) अमूर्त चिन्तन की योग्यता है
(c) या तो (a) या (b)
(d) (a) और (b) दोनों

21. बुद्धि-लब्धि के संबंध में क्या सत्य है?
(a) बौद्धिक आयु से व्युत्क्रमी संबंधित
(b) कालानुक्रमिक आयु से प्रत्यक्षतः संबंधित
(c) कालानुक्रमिक आयु से व्युत्क्रमी संबंधित
(d) बौद्धिक तथा कालानुक्रमिक आयु दोनों से प्रत्यक्षतः संबंधित

22. बुद्धि का तरल मोजेक मॉडल किसने दिया था?
(a) कैटेल (b) गिलफर्ड
(c) थर्स्टन (d) स्पीयरमैन

23. 'पुरुष स्त्रियों की अपेक्षा ज्यादा बुद्धिमान् होते हैं।' यह कथन—
(a) बुद्धि के भिन्न पक्षों के लिए सही है
(b) सही है
(c) सही हो सकता है
(d) लैंगिक पूर्वाग्रह को प्रदर्शित करता है

24. एक समावेशी विद्यालय .... के अतिरिक्त निम्नलिखित सभी प्रश्नों पर मनन करता है।
(a) क्या हम अधिगमयोग्य परिवेश की योजना बनाने और उसे प्रदान करने के लिए समूह में कार्य करते हैं?
(b) क्या हम विशेष बालक को बेहतर देखभाल उपलब्ध कराने के लिए उचित तरीके से उन्हें सामान्य से अलग करते हैं?
(c) क्या हम शिक्षार्थियों की विविध आवश्यकताओं को पूरा करने के लिए युक्तियाँ अपनाते हैं?
(d) क्या हम यह विश्वास करते हैं कि सभी शिक्षार्थी सीख सकते हैं?

25. बाल अपराधियों में सुधारात्मक प्रक्रिया सुचारू रूप से चलाने के लिए किसकी मदद ली जाती है?
(a) शिक्षक (b) मनोचिकित्सक
(c) पुलिस (d) इनमें से सभी

26. समस्यात्मक बालकों में कौन-कौन से दोष पाए जाते हैं?
(a) चोरी करना
(b) झूठ बोलना
(c) तोड़-फोड़ करना
(d)इनमें से सभी

27. अपंगता का मुख्य कारण है—
(a) प्रमस्तिष्कीय
(b) हृदयघात
(c) पक्षाघात
(d) इनमें से कोई नहीं

28. प्रमस्तिष्कीय पक्षाघात का प्रमुख कारण क्या है?
(a) धन का अभाव
(b) शारीरिक अक्षमता
(c) वातावरण का दूषित होना
(d) मस्तिष्क की चोट

29. एक अध्यापक के रूप में आपका दृष्टिकोण, कक्षा के पिछड़े हुए बालकों के प्रति कैसा होगा?
(a) यह जानना कि पिछड़ेपन का कारण क्या है?
(b) उनकी तरफ ध्यान न देना
(c) अन्य बालकों की तरह समझना
(d) अन्य से अलग व्यवहार करना

30. पिछड़े बालकों की शिक्षा में क्या-क्या सम्मिलित किया जाना चाहिए?
(a) विशेष रूप से तैयार किए गए पाठ्यक्रम की व्यवस्था
(b) उनके स्तर को ध्यान रखते हुए शिक्षण की व्यवस्था
(c) विशेष कक्षा-कक्ष की व्यवस्था
(d) उपरोक्त सभी

31. निम्नलिखित में से क्या मंद बुद्धि बालकों की अनिवार्य विशेषता नहीं है?
(a) मौलिकता का अभाव
(b) अमूर्त चिंतन का अभाव
(c) सीखने की धीमी गति होना
(d) शारीरिक विकलांगता होना

32. विशिष्ट बालक, सामान्य बालकों से हो सकते हैं—
(a) निम्न स्तर के
(b) उच्च स्तर के
(c) निम्न या उच्च स्तर के
(d) निम्न एवं उच्च दोनों ही स्तर के

33. प्रतिभाशाली बालकों हेतु किस प्रकार की शिक्षा व्यवस्था होनी चाहिए?
(a) विशेष स्कूल की व्यवस्था
(b) विशेष कक्षा की व्यवस्था
(c) तीव्र प्रोन्नति
(d) उपरोक्त सभी

34. प्रतिभाशाली बालकों का बुद्धि-लब्धि स्तर होता है—
(a) 140 से ऊपर
(b) 120–130
(c) 100–120
(d) इनमें से कोई नहीं

35. निम्नलिखित में से क्या प्रतिभाशाली बालकों की शिक्षा में सम्मलित नहीं है?
(a) विशेष स्कूल की व्यवस्था
(b) विशेष कक्षा की व्यवस्था
(c) तीव्र प्रोन्नति
(d) उपरोक्त सभी

36. एक 13 वर्षीय बालक बात-बात में अपने बड़ों से झगड़ा करने लगता है और हमेशा स्वयं को सही साबित करने की कोशिश करता है। वह विकास की किस अवस्था में है?
(a) प्रारम्भिक बाल्यावस्था
(b) किशोरावस्था
(c) युवावस्था
(d) बाल्यावस्था

37. बिग व हंट के अनुसार .... की विशेषताओं को सर्वोत्तम रूप से व्यक्त करने वाला एक शब्द है 'परिवर्तन'। परिवर्तन शारीरिक सामाजिक और मनोवैज्ञानिक होता है।
(a) शैशवावस्था (b) बाल्यावस्था
(c) किशोरावस्था (d) प्रौढ़ावस्था

38. प्रतिभाशाली शिक्षार्थी _______ हैं।
(a) अपसारी चिंतक (b) बहिर्मुखी
(c) बहुत परिश्रमी (d) अभिसारी चिंतक

39. प्रतिभाशाली विद्यार्थी अपनी क्षमताओं को तब विकसित कर पाएँगे, जब—
(a) वे निजी कोचिंग कक्षाओं में पढ़ेंगे
(b) बार-बार उनकी परीक्षा होगी
(c) वे अन्य विद्यार्थियों के साथ अधिगम-प्रक्रिया से जुड़ते हैं
(d) उन्हें अन्य विद्यार्थियों से अलग किया जाएगा

40. प्रतिभाशाली बच्चे—
(a) सामान्यतः अपने शिक्षकों को पसंद नहीं करते
(b) बिना किसी की सहायता के अपने सामर्थ्य का पूर्ण विकास करते हैं

(c) मानव के लिए महत्त्वपूर्ण किसी भी क्षेत्र में अस्वभावत: अच्छा निष्पादन करते हैं
(d) सामान्यत: शारीरिक रूप से कमजोर होते हैं और सामाजिक अंत:क्रिया में अच्छे नहीं होते

41. प्रतिभाशाली बच्चों के संदर्भ में संवर्द्धन (Acceleration) का अर्थ है—
(a) सह-शैक्षणिक गतिविधियों के संपादन की गति को बढ़ाना
(b) ऐसे विद्यार्थियों को वर्तमान स्तर / ग्रेड को छोड़कर अगले उच्च स्तर/ ग्रेड में प्रोन्नत करना
(c) आकलन की प्रक्रिया का संवर्द्धन करना
(d) शैक्षणिक गतिविधियों के संपादन में संवर्द्धन करना

42. प्रतिभाशाली विद्यार्थियों के लिए निम्नलिखित में से कौन-सी गतिविधि सर्वाधिक उपयुक्त है?
(a) शिक्षक दिवस पर कक्षा को पढ़ाना
(b) अभी हाल ही में हुए स्कूल मैच का प्रतिवेदन लिखना
(c) दी गई संकल्पनाओं के आधार पर मौलिक नाटक लिखना
(d) पाँच पाठों के अंत में दिए गए अभ्यासों को एक बार में हल करना

43. प्रतिभाशाली बच्चे—
(a) सामान्यत: अपने शिक्षकों को पसंद नहीं करते
(b) बिना किसी की सहायता के अपने सामर्थ्य का पूर्ण विकास करते हैं
(c) मानव के लिए महत्त्वपूर्ण किसी भी क्षेत्र में अस्वभावत: अच्छा निष्पादन करते हैं
(d) सामान्यत: शारीरिक रूप से कमजोर होते हैं और सामाजिक अंत: क्रिया में अच्छे नहीं होते

44. सुनने में असक्षम बालकों को शिक्षित करने के लिए प्रयोग किया जाता है—
(a) ब्रेल
(b) चिह्न भाषा
(c) मशीन
(d) इनमें से सभी

45. विशेष आवश्यकता वाले बच्चों को पढ़ाने के लिए निम्नलिखित में से कौन-सी व्यूहरचना अधिक उपयुक्त है?
(a) अधिकतम बच्चों को सम्मिलित करते हुए कक्षा में चर्चा करना
(b) विद्यार्थियों को सम्मिलित करते हुए अध्यापक द्वारा निर्देशन
(c) सहकारी अधिगम तथा पीअर ट्यूटरिंग (सहपाठियों द्वारा अनुशिक्षण)
(d) अध्यापन के लिए योग्यता आधारित समूहीकरण।

46. लड़ाई करना, तोड़-फोड़ करना, अवज्ञा करना, असहयोग करना आदि विशेषताएँ हैं—
(a) शारीरिक अव्यवस्था की
(b) व्यावहारिक अव्यवस्था की
(c) तंत्रिका-तंत्र अव्यवस्था की
(d) धारणा अव्यवस्था की

47. एक व्यक्ति सीखने में असक्षम है—
(a) भाषा संबंधी दोष है
(b) मंदबुद्धिता है
(c) दुर्बल गतिशीलता है
(d) वातावरण के प्रति प्रतिकूल

48. 'विशिष्ट बालक' शब्द अपने में इन बालकों को शामिल करता है—
(a) शारीरिक रूप से असक्षम
(b) मानसिक रूप से असक्षम
(c) प्रतिभाशाली
(d) उपरोक्त सभी

49. सिखाने योग्य मानसिक मंदता निम्नलिखित प्रकार की मंदता में से पाई जाती है—
(a) कम (b) गंभीर
(c) औसत (d) तीव्र

50. शैक्षणिक रूप से पिछड़े बालक कहलाते हैं—
(a) धीमी गति से सीखने वाले
(b) असमर्थ
(c) सीखने में असक्षम
(d) सांवेगिक रूप से अस्वस्थ

51. बालक का मानसिक स्वास्थ्य इस कारक पर निर्भर नहीं करता है—
(a) अध्यापक का ज्ञान
(b) सहपाठियों से संबंध
(c) परिवार की आर्थिक स्थिति
(d) माता-पिता में झगड़ा

52. सुनने में असक्षम बालकों के लिए कक्षा-कक्ष परिस्थिति में अध्यापक क्या करेंगे?
(a) श्यामपट्ट पर लिखते समय बोलेंगे
(b) उन बच्चों से कहेंगे सामने की सीट पर बैठें
(c) दृश्य-श्रव्य सामग्री का अधिक प्रयोग करेंगे
(d) श्यामपट्ट पर बड़े आकार के अक्षर लिखेंगे

53. सीखने में असक्षम बालकों की सामान्य विशेषता क्या है?
(a) बुद्धि-लब्धि 70 से कम एवं सीखने संबंधी उपलब्धि का स्तर बहुत निम्न
(b) बुद्धि-लब्धि 70 से 85 के बीच, सीखने संबंधी उपलब्धि का स्तर बहुत निम्न
(c) सामान्य बुद्धि-लब्धि और सीखने संबंधी उपलब्धि का स्तर बुद्धि-लब्धि के संदर्भ में बहुत निम्न
(d) उच्च बुद्धि-लब्धि एवं सीखने संबंधी उपलब्धि का स्तर निम्न

54. प्रतिभाशाली बालक —
(a) जल्दी और आसानी से सीखते हैं
(b) क्या सुना या पढ़ा बिना अधिक अभ्यास के याद रखते हैं
(c) कारण सोच लेते हैं
(d) उपरोक्त सभी

55. मंदगति से सीखने वालों की शैक्षणिक उपलब्धि उनकी सामान्य क्षमता से कम होती है, इनको जाना जाता है—
(a) पिछड़ा हुआ
(b) प्रतिभाशाली
(c) बाल-अपराधी
(d) मानसिक रूप से पिछड़ा

56. अधिगम से संबंधित किसी विद्यार्थी की समस्याओं का सबसे अच्छा उपचार है—
(a) कठोर परिश्रम का सुझाव
(b) ग्रन्थालय में निरीक्षित अध्ययन
(c) निजी शिक्षण का सुझाव
(d) निदानात्मक शिक्षण।

57. नि:शक्त बच्चों के लिए समेकित शिक्षा की केंद्रीय प्रायोजित योजना का उद्देश्य है .... में नि:शक्त बच्चों को शैक्षिक अवसर उपलब्ध कराना।
(a) 'ब्लाइंड रिलीफ एसोसिएशन' के विद्यालयों
(b) नियमित विद्यालयों
(c) विशेष विद्यालयों
(d) मुक्त विद्यालयों

58. निम्नलिखित में से कौन-सा संकेत बच्चों में देखने से संबंधित समस्या की ओर इंगित नहीं करता है?
(a) विभिन्न दिशाओं में समस्या
(b) नाराजगी जाहिर करना
(c) ठोकर खाना
(d) दूरी का अनुमान करने में असमर्थ

59. बोलने में असक्षम बालकों की सहायता करनी चाहिए—
(a) कक्षा में अपने विचार व्यक्त करने हेतु प्रोत्साहन देना चाहिए।
(b) सही उच्चारण हेतु मदद करनी चाहिए।
(c) गलतियों को सुधारने में मदद करनी चाहिए।
(d) पूर्ण जानकारी हेतु विशेषज्ञ को दिखाना चाहिए

60. मानसिक मंदता का कारण है जन्म के समय चोट या भ्रूण क्षति, इसको कहते हैं—
(a) जैवकीय मंदता
(b) पारिवारिक मंदता
(c) संलग्न मंदता
(d) चिकित्सा मंदता

61. बिहार में प्रारम्भिक बाल्यावस्था शिक्षा की स्थिति बेहतर नहीं है, इसके पीछे मुख्य कारण है–

(a) बुनियादी सुविधाओं का अभाव
(b) योग्य शिक्षकों का अभाव
(c) पोषण की उचित व्यवस्था न होना
(d) उपरोक्त सभी

62. बिहार में शिक्षकों की कमी से क्या प्रभाव पड़ रहा है?

(a) गुणवत्तापूर्ण शिक्षा का अभाव
(b) शिक्षा के अभाव से छात्र नौकरी आदि के लिए अन्य द्वितीयक सहारे ले रहे हैं
(c) 'a' और 'b' दोनों
(d) न तो 'a' और न ही 'b'

63. ईसीसीई के अंतर्गत बच्चों के किस प्रकार के विकास संबंधित हैं?

(a) मानसिक विकास
(b) सर्वांगीण विकास
(c) शिक्षण को रूचिकर बनाना
(d) ये सभी

64. ईसीसीई के दीर्घकालिक उददेश्य नही हैं–

(a) बच्चों के समग्र विकास को बढ़ावा देना
(b) बच्चों को औपचारिक स्कूल के लिए तैयार करना
(c) राष्ट्रीय शिक्षा नीति में परिवर्तन करना
(d) छह वर्ष के बच्चों के पूरक पोषण की व्यवस्था करना

उत्तरमाला

1. (a)	**2.** (d)	**3.** (b)	**4.** (b)	**5.** (a)	**6.** (a)	**7.** (a)	**8.** (d)	**9.** (a)	**10.** (d)
11. (a)	**12.** (b)	**13.** (b)	**14.** (b)	**15.** (c)	**16.** (c)	**17.** (d)	**18.** (a)	**19.** (d)	**20.** (d)
21. (c)	**22.** (a)	**23.** (d)	**24.** (b)	**25.** (b)	**26.** (d)	**27.** (a)	**28.** (d)	**29.** (a)	**30.** (d)
31. (d)	**32.** (c)	**33.** (d)	**34.** (a)	**35.** (d)	**36.** (b)	**37.** (c)	**38.** (a)	**39.** (c)	**40.** (b)
41. (b)	**42.** (c)	**43.** (c)	**44.** (b)	**45.** (b)	**46.** (b)	**47.** (a)	**48.** (d)	**49.** (c)	**50.** (a)
51. (a)	**52.** (b)	**53.** (a)	**54.** (d)	**55.** (a)	**56.** (d)	**57.** (c)	**58.** (c)	**59.** (d)	**60.** (c)
61. (d)	**62.** (c)	**63.** (d)	**64.** (c)						

❑❑❑

विद्यालय संस्कृति, शिक्षा के अधिकार, समावेशी शिक्षा, कक्षा-कक्ष शिक्षण, पाठ्य सहगामी क्रियाएँ, आकलन एवं मूल्यांकन, वृत्तिक विकास एवं नेतृत्व व्यवस्था

विद्यालय संस्कृति के संगठनात्मक पहलू : अवधारणा, संरचना एवं घटकों की आलोचनात्मक समझ

बालक के जीवन में संस्कृति का उतना ही महत्त्व है जितना उसकी जैविक विरासत का। जैविक विरासत के रूप में बालक को शारीरिक, मानसिक क्षमता और आधारभूत आवश्यकतायें प्राप्त होती हैं तथा सांस्कृतिक विरासत उसे समाज से प्राप्त होती है। संस्कृति के प्रभाव के कारण ही वह सही-गलत का निश्चय कर पाता है। माता-पिता के बाद उसके जीवन पर समाज का बहुत अधिक प्रभाव रहता है। अगर किसी बच्चे के साथ समाज के लोगों ने गलत व्यवहार किया हो, तो संभावना है कि उसकी मानसिकता नकारात्मक होगी, बाल्यावस्था के बाद किशोरावस्था तक मुख्य रूप से शारीरिक, मानसिक, संवेगात्मक, सामाजिक, नैतिक प्रक्रियाओं का विकास होता है। इस समय बालकों की रुचियों, अभिरुचियों, समायोजन और व्यक्तित्व आदि से संबंधित समस्याओं को दूर करने का प्रयास भी किया जाता है ताकि मानव का बहुआयामी विकास हो सके।

विद्यालय संस्कृति की अवधारणा-विद्यालय संस्कृति दो शब्दों से मिलकर बना है विद्यालय व संस्कृति। जिस प्रकार व्यक्ति व समाज की संस्कृति होती है। उसी प्रकार विद्यालय की भी एक संस्कृति होती है। विद्यालय की संस्कृति अधिमान्य सामूहिक मूल्यों, अनुमानों और मान्यताओं से बनी होती है। बदले में वे हितधारकों, पाठ्यचर्या, अध्यापन, संसाधनों, संगठनात्मक व्यवस्थाओं और बुनियादी ढांचे के बीच संबंधों को निर्धारित करते हैं। इसका आशय उन विश्वासों, धारणाओं, संबंधों, दृष्टिकोणों और लिखित और अलिखित नियमों से है जो सभी पहलुओं में विद्यालय के कार्यों को प्रभावित करते हैं और आकार देते हैं। यह शांत और व्यवस्थित वातावरण के साथ मानदंडों, विश्वासों और मान्यताओं का समूह है जो सार्थक सीखने के लिए सीखने की क्षमता को बढ़ावा देता है।

जो विद्यालय एक सकारात्मक साझा संस्कृति का विकास करने और उसे कायम रखने में सक्षम होता है वह जानता है कि सीखने के लिए प्रभावी वातावरण विकसित करने में संस्कृति के कौन-से पहलू महत्त्वपूर्ण होते हैं; वह अपने विद्यार्थियों को ये मूल्य जानबूझकर सौंपता है। सामूहिक जागरूकता और कार्यवाही के माध्यम से, विद्यार्थियों के सीखने और उपलब्धि को बढ़ाने के लिए संस्कृति का सकारात्मक उपयोग किया जा सकता है, जैसे छोटे कामों के माध्यम से सार्वजनिक समारोहों में उपलब्धियों का उत्सव मनाना, या अधिक बड़े पैमाने की परियोजनाओं से जैसे पाठ्यचर्या के सुधार में योगदान करने के लिए शिक्षकों, विद्यार्थियों और अन्य हितधारकों के लिए प्रजातांत्रिक प्रक्रियाएं विकसित करना।

यद्यपि संस्कृति स्थिर दिखाई देती है, वह एक गतिशील अंतराल है जो कानूनों, नीतियों और नेतृत्व के परिवर्तनों से प्रभावित होता है। इसलिए "विद्यालय प्रमुख" का इस बात से अवगत रहना कि विद्यालय की संस्कृति को क्या चीज प्रभावित करती या बदलती है, चाहे जानबूझकर या उसके बिना, और यह सुनिश्चित करना जरूरी है कि सीखने और उपलब्धि के लिए संस्कृति को कभी जोखिम में न रखा जाए। अनुसंधान दर्शाता है कि यह सुनिश्चित करने में कि संस्कृति विद्यार्थियों की उपलब्धि का समर्थन करे, विद्यालय प्रमुख की महत्त्वपूर्ण भूमिका होती है-

यदि विद्यालय प्रमुख संस्कृति को बदलने का प्रयास करते हैं तो पहले उन्हें उसे पहचानना चाहिये। विद्यालय संस्कृति शब्द का प्रयोग शाला (विद्यालय) के सम्पूर्ण जीवन को व्यस्त करने के लिए भी किया जाता है। इसके अन्तर्गत शाला के रीति-रिवाज, रहन-सहन, आचार-विचार आदि से सम्बन्धित व्यवहार के सभी प्रतिमान आ जाते हैं।

सकारात्मक विद्यालय संस्कृति को मोटे तौर पर निम्नलिखित को शामिल करके परिभाषित किया जाता है-

- **सामाजिक वातावरण**—इसमें एक सुरक्षित और देखभाल करने वाला वातावरण शामिल है जहाँ सभी विद्यार्थी महत्त्वपूर्ण महसूस करते हैं, और विद्यालय के प्रति अपनापन महसूस करते हैं; इससे विद्यार्थियों को उनके नैतिक विकास में मदद मिलती है।
- **बौद्धिक वातावरण**—इसमें कक्षा के सभी विद्यार्थियों को उनका सर्वोत्तम कार्यप्रदर्शन करने और गुणवत्तापूर्ण काम करने के लिए सहयोग और चुनौती दी जाती है; इसमें एक समृद्ध, कड़ी और जोड़कर पाठ्यचर्या, और इसे पढ़ाने वाला योग्य व शक्तिशाली अध्यापक समूह शामिल है।
- **नियम और नीतियाँ**—यह विद्यालय के सभी सदस्यों को सीखने और व्यवहार के उच्च मानकों के लिए उत्तरदायी ठहराती हैं।
- **परम्पराएं और दिनचर्याएं**—ये सभी साझा मूल्यों से निर्मित हैं जो विद्यालय के शैक्षणिक और सामाजिक मानकों का सम्मान कर उन्हें सुदृढ़ करती हैं।
- **संरचनाएं**-ये स्टाफ और विद्यार्थियों की समस्याओं का समाधान करने और विद्यालय के वातावरण और जीवन को प्रभावित करने वाले निर्णय लेने और उसके लिए साझा उत्तरदायित्व प्रदान करने के लिए होती हैं।
- **विद्यार्थियों के सीखने और चरित्र के विकास में सहायता करने के लिए माता-पिता** के साथ प्रभावी ढंग से काम करने के तरीके सिखाते हैं।
- **संबंधों और व्यवहार के लिए नियम**-जो उत्कृष्टता और नैतिक परिपाटी की व्यावसायिक संस्कृति की रचना करते हैं।

विद्यालय संस्कृति के महत्त्वपूर्ण अवयव

किसी भी विद्यालयी संस्कृति के निम्नलिखित अवयव होते हैं-

1. **प्रतिस्पर्धा एवं सहयोग**-प्रतियोगिता के रूप में प्रतिस्पर्धा या स्व-प्रतिस्पर्धा के रूप में प्रतिस्पर्धा अधिक महत्त्वपूर्ण होती है। इसमें विभिन्न प्रतियोगितायें शामिल होती हैं, जो व्यक्तिगत एवं दलीय हो सकती हैं। शाला की संस्कृति बनाये रखने में इनका महत्त्वपूर्ण योगदान है।
2. **भय एवं विश्वास**-शाला संस्कृति के महत्त्वपूर्ण अवयवों में भय और विश्वास की महत्त्वपूर्ण भूमिका होती है। परन्तु दण्ड तभी अपनाना चाहिये जब उसकी आवश्यकता हो। दण्ड का उद्देश्य बदले की भावना न हो। यह बालक को अनुशासित करने के लिए दिया जाए। बालक के अन्दर इतना विश्वास हो जो वह अपने आपको गलत कार्य करने से रोके तथा शाला की संस्कृति बनाये रखने में सहयोग दे।
3. **स्वतंत्रता एवं अनुशासन**-स्वतंत्रता का अर्थ अपने कार्यों और व्यवहारों को अपनी इच्छा से संचालित करना है न कि अपना मनमाना कार्य करना से स्वतंत्रता व अनुशासन एक-दूसरे के पूरक होते हैं। छात्रों को प्रतिदिन के कार्यों में स्वतंत्रता देनी चाहिये जिससे उनके व्यक्तित्व का विकास हो सके और वे विशिष्ट उत्तरदायित्व का अनुभव कर सकें।
4. **समूह**-मनुष्य एक सामाजिक प्राणी है जो अकेले के बजाय समूह में रहना ज्यादा पसन्द करता है। समूह समाजीकरण का एक साधन है। नई आवश्यकताओं का निर्माण एवं उन्हें पूरा करने में समूह को सदैव प्रगतिशील व जागरूक बने रहना चाहिये।

विद्यालय (शाला) संस्कृति को प्रभावित करने वाले कारक

विद्यालय का सांस्कृतिक वातावरण—बालक के विकास पर व्यापक प्रभाव डालता है। जिन विद्यालयों में सांस्कृतिक पृष्ठभूमि सुदृढ़ होती है वहाँ बालक का विकास सर्वोत्तम होता है। सांस्कृतिक वातावरण उत्पन्न करने के लिए विभिन्न प्रकार की सांस्कृतिक गतिविधियों का समावेश किया जाता है और विभिन्न अवसरों पर विद्यालय समाज की आकांक्षाओं की पूर्ति करते हैं। अत: विद्यालय के सांस्कृतिक वातावरण के बालक पर पड़ने वाले प्रभाव निम्न के द्वारा स्पष्ट कर सकते हैं-

1. **प्रार्थना समाज**-प्रत्येक विद्यालय में प्रार्थना होती है। इससे विद्यालय का सम्पूर्ण वातावरण संस्कृति से सराबोर हो जाता है। प्रार्थना सभा में विभिन्न प्रकार के कार्यक्रम जैसे-ईश वन्दना, राष्ट्रीय गीत, श्लोक पाठ, अनमोल विचार, प्रेरक प्रसंग, दैनिक समाचार, योग, मौन, ध्यान आदि सम्मलित हों तो प्रार्थना बालकों में विधेयात्मक भाव जाग्रत करती है और बालक नैतिक एवं चरित्रवान बनता है।
2. **सांस्कृतिक कार्यक्रम**-सांस्कृतिक कार्यक्रम की विभिन्न गतिविधियों में छात्र व शिक्षक दोनों ही भाग लेते हैं। छात्रों की भागीदारी से सांस्कृतिक वातावरण का सृजन होता है।
3. **शिक्षक-अभिभावक संगोष्ठी**-शिक्षक अभिभावक संगोष्ठी के समय अनेक प्रकार के सार तत्त्व विचार प्राप्त होते हैं जिससे सांस्कृतिक विकास होता है।
4. **राष्ट्रीय पर्व एवं विभिन्न जयंतियाँ**-विद्यालयों में देश के राष्ट्रीय पर्वों एवं सामाजिक महापुरुषों की जयंतियाँ मनाई जाती हैं। इसमें महापुरुषों के सामाजिक एवं सांस्कृतिक कार्यों का वर्णन किया जाता है तथा उस दिन के महत्त्व के बारे में जानकारी प्रदान की जाती है, जिससे विद्यालय में सांस्कृतिक वातावरण का विकास होता है।

विद्यालय शाला की संस्कृति को प्रभावित करने वाले कारक

1. **राजनैतिक कारक (Political Factor)**-हमारे देश में अनेक राजनीतिक दल हैं। ये राजकीय दल शिक्षा संस्थाओं में घुसपैठ कर लेते हैं और छात्रों में दलबन्दी करवाकर फैलाते हैं और शाला की संस्कृति को प्रभावित करते हैं जो इस प्रकार हैं-
   - विभिन्न राजनैतिक दलों में टकराव की स्थिति।
   - विद्यालय परिवेश में राजनैतिक प्रवेश।
   - पक्षपातपूर्ण राजनैतिक निर्णय।
   - नेताओं के व्यवहार में स्वार्थपरता व लोभ का परिचय मिलना।
   - राजनैतिक जागरूकता का अभाव।
2. **सामाजिक कारक (Social Factor)**-विद्यालय एक सामाजिक संस्था है, उसका सम्पूर्ण वातावरण वृहद् समाज का लघु रूप होना चाहिए। शिक्षा द्वारा समाज के दो कार्यों की पूर्ति की जानी चाहिए। प्रथम, समाज की संस्कृति 'अनुभव' आदि को आने वाली पीढ़ी को प्रदान करना तथा द्वितीय, सामाजिक बुराइयों से शाला की संस्कृति को प्रभावित न होने देना, जो निम्न हैं-
   - समाज में व्याप्त बुराइयाँ; जैसे—बेईमानी, झूठ, भ्रष्टाचार।
   - सामाजिक मूल्यों का ह्रास।
   - सामाजिक कुरीतियों का प्रभाव।
   - दूरदर्शन व सिनेमा का नकारात्मक प्रभाव।।
   - समाज का पक्षपातपूर्ण रवैया।।
   - सामाजिक चेतना का अभाव।
3. **आर्थिक कारक (Economic Factor)**-समाज की आर्थिक स्थिति ने विद्यालय की संस्कृति को प्रभावित किया है। विद्यालयों में विभिन्न सामाजिक वर्गों के बालक शिक्षा प्राप्त करते हैं। कुछ बालक ऐसे भी होते हैं जिनकी आर्थिक स्थिति अच्छी नहीं होती है जिससे उन्हें जीवन में धनाभाव के कारण निराशा एवं असन्तोष का सामना करना पड़ता है। जब वे विद्यालय जीवन समाप्त कर सामाजिक जीवन में प्रवेश करते हैं और स्वयं को जीविका कमाने योग्य सिद्ध नहीं कर पाते तो इस स्थिति से उनके मस्तिष्क में तनाव और हृदय में असन्तोष, निराशा एवं अनुशासनहीनता का साम्राज्य स्थापित हो जाता है।
   - माता-पिता की निम्न आर्थिक स्थिति।
   - माता-पिता का बहुत अधिक सम्पन्न होना।
   - शिक्षोपरान्त बेकारी का सामना करना। .
   - शिक्षा पर बढ़ता खर्च।
4. **मनोवैज्ञानिक कारण और व्यक्तिगत भिन्नता**-कक्षागत संस्कृति की प्रमुख समस्या छात्रों की व्यक्तिगत भिन्नता है। टायलर के अनुसार, "शरीर के रूप-रंग, आकार, कार्य, गति, वृद्धि, ज्ञान उपलब्धि, रुचि-अभिरुचि आदि लक्षणों में पायी जाने वाली भिन्नता को व्यक्तिगत भिन्नता कहते हैं।

   प्रत्येक व्यक्ति और बालक के व्यक्तित्व में कुछ-न-कुछ विभिन्नता अवश्य पायी जाती है। कुछ अन्तर्मुखी तो कुछ बहिर्मुखी होते हैं। इसके साथ-साथ रंग-रूप, आकार, वृद्धि आदि अनेक बातों में व्यक्तिगत भिन्नता प्रदर्शित करते हैं।

   इसके अन्तर्गत निम्न परिस्थितियाँ आती हैं
   - शारीरिक दृष्टि से बालक का विकलांग होना।
   - मानसिक दृष्टि से बालक का अस्वस्थ होना।
   - बालक में अपनी असक्षमता के कारणं छीन भावना की ग्रन्थि का होना।
   - बालक में अधिक सक्षमता के कारण श्रेष्ठ भावना ग्रन्थि होना।
   - किशोरावस्था में होने वाले शारीरिक परिवर्तन।

आध्यात्मिक विज्ञान-आध्यात्मिकता की भावना के विकास में धर्मों का प्रमुख स्थान है जो विद्यालय की संस्कृति को परोक्ष रूप से प्रभावित करता है। पारम्परिक धार्मिकता मानव कल्याण की दृष्टि से विभिन्न धर्मों का एक समान उच्च योगदान है। के अनुसार—'मजहब नहीं सिखाता आपस में बैर करना" अर्थात् सभी धर्मों में मानवीय गुणों का विकास, प्रेम, सामाजिक समरसता एवं चारित्रिक विकास पर बल दिया जाता है। लेकिन मानव जाति के लिए दुर्भाग्य की बात है की आज धर्म ही संस्कृति को एकरूप नहीं देने दे रहा।

नैतिकता-आज प्रत्येक व्यक्ति का यह कर्तव्य होना चाहिए कि वह स्वयं अपनी नैतिकता निभाये। प्रत्येक व्यक्ति अपने नैतिक मूल्यों को भली-भाँति समझे।

विद्यालयी संस्कृति की संरचना एवं आलोचनात्मक समझ

इसमें विद्यालय का संपूर्ण जीवन, शैक्षणिक और सामाजिक दोनों, शामिल है। तथापि प्रत्येक बड़े निशान को विद्यार्थियों के सीखने पर प्रत्यक्ष प्रभाव डालते देखा जा सकता है, चाहे वह उत्कृष्टता की संस्कृति के विकास के माध्यम से हो, या विद्यार्थियों को सुरक्षित होने और सुने जाने की अनुभूति प्रदान करना सुनिश्चित करके हो। राष्ट्रीय पाठ्यचर्या की रूपरेखा (एनसीएफ) इसे यह कहकर पहचानती है कि "विद्यालयों को यह सुनिश्चित करने में अहम भूमिका निभानी है कि बच्चों को एक स्वावलंबन, संसाधनपूर्णता, शांति की ओर उन्मुख मूल्यों और स्वास्थ्य की संस्कृति में समाजीकृत किया जाय।"

एनसीएफ एक दीर्घावधि, विकासात्मक प्रभाव वाली प्रबुद्ध संस्कृति के निर्माण का उल्लेख करता है, और कहता है कि 'बच्चे एक सुबह जागकर यह नहीं जान सकते हैं कि प्रजातंत्र में कैसे भाग लिया जाए, उसकी रक्षा कैसे की जाए और उसे समृद्ध कैसे बनाया जाए, खास तौर पर यदि उन्हें पहले से इसका कोई निजी या दूसरे के माध्यम से भी, अनुभव न हुआ हो, और न ही सीखने के लिए कोई अनुकरणीय व्यक्ति हों।' यह विशिष्ट रूप से निम्नलिखित के महत्त्व का उल्लेख करता है-

- पढ़ने की संस्कृति।
- नवोन्मेष, उत्सुकता और व्यावहारिक अनुभव की संस्कृति।
- विद्यार्थियों की 'शिक्षार्थियों' के रूप में पहचान को उजागर करना और ऐसा वातावरण बनाना जो प्रत्येक विद्यार्थी की क्षमता और रुचियों को समृद्ध करता है।
- अंतवैयक्तिक संबंधों, शिक्षकों के दृष्टिकोण को सूचित करने वाले संदेश, और वे नियम और मूल्य जो विद्यालय की संस्कृति का हिस्सा हैं।

अभी हाल में, शिक्षा का अधिकार कानून 2009 (RTE) की धारा 17 को सकारात्मक विद्यालय संस्कृति का विकास करने के सन्दर्भ में विशेष महत्त्व का पाया गया है, क्योंकि वह कहती है कि 'किसी भी बालक को शारीरिक दंड नहीं दिया जाएगा या उसका मानसिक उत्पीड़न नहीं किया जाएगा।' यह विद्यालय नेतृत्व को विद्यालय के सभी बच्चों के लिए एक सक्षमकारक और सुगम करने वाला स्थान बनाने पर ध्यान देने को कहता है, जिससे एक तनाव-मुक्त, बाल-मित्रवत, शिक्षण पर केंद्रित कक्षा वातावरण प्रदान किया जा सके, जिसके लिए अनुशासन, दंड और विद्यार्थी-शिक्षक संबंधों के खयालों को पुनर्परिभाषित करने की जरूरत है। आगे, नेशनल प्रोग्राम डिजाइन एंड करिकुलम फ्रेमवर्क (2014) विद्यालय प्रमुख की क्षमताओं को सशक्त और विकसित करने की जरूरत को सामने लाता है ताकि रूपांतरित विद्यालय बच्चों को सक्रिय रूप से शिक्षित करे और उनके चहुँमुखी विकास को सुगम बनाए।

सकारात्मक विद्यालय संस्कृति की परिकल्पना की स्थापना, प्रतिरूपण और उसे साझा करने में विद्यालय प्रमुखों की भूमिका को समझने से पहले, इस बात पर विचार करना जरूरी है कि संस्कृति के विभिन्न पहलुओं को विद्यालय में कैसे कार्यान्वित किया जाता है।

विद्यालयों को एक साझा सकारात्मक संस्कृति चाहिए। यह आकलन करने के लिए क्या आपके विद्यालय की संस्कृति विद्यार्थियों के सीखने का समर्थन कर रही है, आपको सबसे पहले अन्य हितधारकों के साथ मिलकर अपने विद्यालय की संस्कृति को समझना और परिभाषित करना होगा। यह साझा अन्वेषण सारे विद्यालय की जो कुछ ठीक चल रहा है उसे पहचानने और उसका जश्न मनाने तथा सुधार के लिए क्षेत्रों की पहचान करने में मदद करेगा।

अन्वेषण के दौरान आप पता लगा सकते हैं कि विद्यार्थियों द्वारा विद्यालय में प्राप्त किए जा रहे नतीजे विद्यालय की संस्कृति की सहायता के साथ या विद्यालय की संस्कृति के बावजूद प्राप्त किए जा रहे हैं। आपके अन्वेषण को वह अंतदृष्टि चाहिए जिसकी आपको विद्यालय की संस्कृति को बदलने के लिए जरूरत है ताकि वह अच्छे विद्यालय की आपकी समझ और आपके लक्ष्यों, दोनों के साथ मिल सके, और आपकी प्रभावकारिता बढ़ जाए।

आप और आपके अन्य हितधारक विद्यालय में मौजूदा संस्कृति की समझ को कैसे विकसित करेंगे इसकी योजना बनाना महत्त्वपूर्ण है, क्योंकि वह संस्कृति को उसकी वांछनीयता की दृष्टि से स्पष्ट और मापन योग्य बनाने के लक्ष्य की ओर काम करेगी। सभी समयों पर, आपको सुनिश्चित करना होगा कि विद्यालय संस्कृति के प्रभाव पर नज़र डालते समय एक दीर्घावधि, विकासात्मक परिप्रेक्ष्य को कायम रखा जाय। प्रभाव को समय के साथ, कभी-कभी कई वर्षों में देखा जाता है।

अपने विद्यालय की संस्कृति के बारे में पता लगाने में स्टाफ, विद्यार्थियों और हितधारकों के साथ सच्चे, ईमानदार और अन्वेषी वार्तालाप करने की जरूरत पड़ती है। यह उससे अलग-अलग प्रकार का वार्तालाप (और अंततः, एक अलग प्रकार का संबंध) हो सकता है जिसे करने के आप वर्तमान में अभ्यस्त हैं। यदि आप ऐसा पर्यावरण बनाना चाहते हैं जिसमें आप विद्यालय की संस्कृति का अन्वेषण करने के लिए स्टाफ के साथ सहयोग में काम कर सकें, तो आपको निम्नलिखित पर ध्यान केंद्रित करना होगा।

शिक्षा के अधिकार के अन्तर्गत विद्यालयी व्यवस्था में परिवर्तन

मनुष्य के जीवन में शिक्षा सबसे महत्त्वपूर्ण है। यह मन में प्रभाव डाल चरित्र को बदलने में मदद करता है। शिक्षा का अधिकार एक अंतर्निहित अधिकार है। शिक्षा का अधिकार वह अधिकार है जो किसी के जीवन और जीवन शैली को बदलने के अधिकार और जानने के अधिकार से संबंधित है। शिक्षा के विभिन्न प्रकार प्राथमिक शिक्षा , माध्यमिक शिक्षा, व्यावसायिक शिक्षा और उच्च शिक्षा हैं। भारत में शिक्षा का अधिकार' संविधान के अनुच्छेद 21A के अंतर्गत मूल अधिकार के रूप में उल्लिखित है। 2 दिसंबर, 2002 को संविधान में 86वाँ संशोधन किया गया था और इसके अनुच्छेद 21A के तहत शिक्षा को मौलिक अधिकार बना दिया गया। इस मूल अधिकार के क्रियान्वयन हेतु वर्ष 2009 में निःशुल्क एवं अनिवार्य बाल शिक्षा का अधिकार अधिनियम (Right of Children to Free and Compulsory Education-RTE Act) बनाया गया। इसका उद्देश्य प्राथमिक शिक्षा के क्षेत्र में सार्वभौमिक समावेशन को बढ़ावा देना तथा माध्यमिक एवं उच्च शिक्षा के क्षेत्र में अध्ययन के नए अवसर सृजित करना है। इसके तहत 6-14 वर्ष की आयु के प्रत्येक बच्चे के लिये शिक्षा को मौलिक अधिकार के रूप में अंगीकृत किया गया।

शिक्षा के अधिकार का संवैधानिक प्रावधान

- मूल भारतीय संविधान के भाग-IV (DPSP) के अनुच्छेद 45 और अनुच्छेद 39 (f) में राज्य द्वारा वित्तपोषित समान और सुलभ शिक्षा का प्रावधान किया गया।
- शिक्षा के अधिकार पर पहला आधिकारिक दस्तावेज़ वर्ष 1990 में राममूर्ति समिति की रिपोर्ट थी।
- वर्ष 1993 में उन्नीकृष्णन जेपी बनाम आंध्र प्रदेश राज्य और अन्य मामले में सर्वोच्च न्यायालय ने अपने ऐतिहासिक निर्णय में कहा कि शिक्षा का अधिकार अनुच्छेद 21 के अंतर्गत एक मौलिक अधिकार है।
- तपस मजूमदार समिति (1999) ने अनुच्छेद 21(A) को शामिल करने की अनुशंसा की थी।
- वर्ष 2002 में 86वें संवैधानिक संशोधन से शिक्षा के अधिकार को संविधान के भाग-III में एक मौलिक अधिकार के तहत शामिल किया गया।
    - ➢ इसे अनुच्छेद 21A के अंतर्गत शामिल किया गया, जिसने 6-14 वर्ष के बच्चों के लिये शिक्षा के अधिकार को एक मौलिक अधिकार बना दिया।

➢ इसने एक अनुवर्ती कानून शिक्षा के अधिकार अधिनियम, 2009 का प्रावधान किया।

शिक्षा का अधिकार (RTE) अधिनियम, 2009 की विशेषताएँ

- RTE अधिनियम का उद्देश्य 6 से 14 वर्ष की आयु के सभी बच्चों को प्राथमिक शिक्षा प्रदान करना है।
- धारा 12 (1) (C) में कहा गया है कि गैर-अल्पसंख्यक निजी गैर-सहायता प्राप्त स्कूल आर्थिक रूप से कमज़ोर और वंचित पृष्ठभूमि के बच्चों के लिये प्रवेश स्तर ग्रेड में कम-से-कम 25% सीटें आरक्षित करें।
- यह विद्यालय न जाने वाले बच्चे के लिये एक उपयुक्त आयु से संबंधित कक्षा में भर्ती करने का प्रावधान भी करता है।
- यह केंद्र और राज्य सरकारों के बीच वित्तीय एवं अन्य ज़िम्मेदारियों को साझा करने के बारे में भी जानकारी देता है।
- भारतीय संविधान में शिक्षा समवर्ती सूची का विषय है और केंद्र व राज्य दोनों इस विषय पर कानून बना सकते हैं।
- यह छात्र-शिक्षक अनुपात, भवन और बुनियादी ढाँचा, स्कूल-कार्य दिवस, शिक्षकों के लिये कार्यावधि से संबंधित मानदंडों और मानकों का प्रावधान करता है।
- इस अधिनियम में गैर-शैक्षणिक कार्यों जैसे-स्थानीय जनगणना, स्थानीय प्राधिकरण, राज्य विधानसभाओं और संसद के चुनावों तथा आपदा राहत के अलावा अन्य कार्यों में शिक्षकों की तैनाती का प्रावधान करता है।
- यह अपेक्षित प्रविष्टि और शैक्षणिक योग्यता के अनुसार शिक्षकों की नियुक्ति का प्रावधान करता है।
- यह निम्नलिखित का निषेध करता है-
  ➢ शारीरिक दंड और मानसिक उत्पीड़न।
  ➢ बच्चों के प्रवेश के लिये स्क्रीनिंग प्रक्रिया।
  ➢ प्रति व्यक्ति शुल्क।
  ➢ शिक्षकों द्वारा निजी ट्यूशन।
  ➢ बिना मान्यता प्राप्त विद्यालय।
- यह बच्चे को उसके अनुकूल और बाल केंद्रित शिक्षा प्रणाली के माध्यम से भय, आघात और चिंता से मुक्त बनाने पर केंद्रित है।

शिक्षा और 4 A's

शिक्षा के अधिकार पर कैटरीना टोमासेवस्की (Ms. Katerina Tomasevski) का दृष्टिकोण, जिन्होंने आगे 4's की अवधारणा को विकसित किया, जिसके अनुसार शिक्षा यदि उपलब्ध कराई जाए, तो यह एक सार्थक अधिकार हो सकता है। शिक्षा सार्थक रूप से सही होनी चाहिए और यह उपलब्ध (Available), सुलभ (accessible), स्वीकार्य (Acceptable) और अनुकूल (Adaptable) होनी चाहिए। प्रत्येक व्यक्तियों शैक्षिक ज्ञान से लाभ प्राप्त करने में सक्षम होना चाहिए जो अपने बुनियादी ज्ञान को प्राप्त करने की इच्छा रखते हैं।

(i) उपलब्धता (Availability)-न्यूनतम प्राथमिक शिक्षा सभी के लिए मौलिक स्तर पर बिना लागत के उपलब्ध होनी चाहिए । सरकारों को स्कूल की उपलब्धता सुनिश्चित करनी होगी। "राज्यों के दलों ने बच्चे के शिक्षा के अधिकार को मान्यता दी है और इस अधिकार को उत्तरोत्तर प्राप्त करने के लिए और समान अवसर के आधार पर प्राथमिक शिक्षा को अनिवार्य और सभी के लिए मुफ्त में उपलब्ध कराना", "वे विशेष रूप से करेंगे"। आर्थिक, सामाजिक और सांस्कृतिक अधिकारों पर अंतर्राष्ट्रीय वाचा का अनुच्छेद 13.2 (ए) कहता है , प्राथमिक शिक्षा अनिवार्य और सभी के लिए मुफ्त होगी। बुनियादी शिक्षा उपलब्ध होनी चाहिए।

(ii) सुलभ (Accessibility)-जाति, लिंग, रंग, धार्मिक, आर्थिक स्थिति, भाषा और आव्रजन स्थिति या विकलांगता के आधार पर किसी के साथ भेदभाव नहीं किया जा सकता है। उच्च शिक्षा सभी के लिए सुलभ होनी चाहिए और सभी के लिए समान भी होनी चाहिए। "विकलांग व्यक्ति एक समावेशी, गुणवत्ता और मुफ्त प्राथमिक शिक्षा और माध्यमिक शिक्षा को उन समुदायों में दूसरों के साथ समान आधार पर प्राप्त कर सकते हैं जिनमें वे रहते हैं"।

(iii) स्वीकार्य (Acceptability)-शिक्षा की विधि भी सभी के लिए आसान और स्वीकार्य है। स्कूल की शिक्षा सीखने की विधि अपने बच्चों के लिए माता-पिता के लिए स्वीकार्य होनी चाहिए और उन्हें राष्ट्रीय मानदंडों को पूरा करना चाहिए जो वे सरकार द्वारा निर्धारित किए गए हैं जो समानता के शिक्षा प्रदान करते हैं ।

(iv) अनुकूल (Adaptibility)-अनुकूलता का अर्थ है कि शिक्षा को लचीला और आसान बनाना। अनुकूलनशीलता शिक्षार्थियों के लिए समान परिणामों को बढ़ावा देती है। शिक्षा बच्चों, उच्च छात्रों और युवाओं के लिए भी अनुकूल होनी चाहिए "The whole purpose of education is to turn mirrors into windows".

– Sydney J. Harris

शिक्षा के अधिकार के प्रचार के लिए दुनिया भर के प्रमुख संगठन हैं-

- यूनिटेड नेशन्स एजुकेशनल, साइंटिफिक एंड क्लचरल ऑर्गनाइजेशंस [United Nations Educational, Scientific and Cultural Organization (UNESCO)]
- यूनिटेड नेशन चिकड्रेंस फंड [United Nation Children's Fund (UNICEF)]
- इंटरनेशनल लेबर ऑर्गनाइजेशन [International Labour Organization (ILO)]
- वर्ल्ड बैंक (World bank)

विद्यालयी व्यवस्था में परिवर्तन

शिक्षा के अधिकार के अन्तर्गत विद्यालय व्यवस्था में निम्नलिखित परिवर्तन हुए-

शिक्षा के अधिकार के प्रावधानों के अनुसार विद्यालयों में प्रवेश

- राष्ट्रीय बाल अधिकार संरक्षण आयोग ने देशभर के स्कूलों में प्रवेश की प्रक्रिया को शिक्षा के अधिकार अधिनियम, 2009 के अनुरूप सुनिश्चित करने के कई कदम उठाए गए हैं।
- इसकी आवश्यकता इसलिए महसूस की गई, क्योंकि कुछ राज्यों में स्कूलों में बच्चों को पूर्व-प्राथमिक स्कूलों में नामांकन हेतु स्क्रीनिंग की जो प्रक्रिया अपनाई जा रही है वह इस अधिनियम के तहत प्रतिबन्धित है। अप्रैल 2010 में राष्ट्रीय बाल अधिकार संरक्षण आयोग ने सभी राज्यों के मुख्य सचिवों को पत्र लिखकर यह माँग की कि सरकारी आदेश जारी कर स्कूलों में प्रवेश प्रक्रिया के लिए शिक्षा के अधिकार अधिनियम के प्रावधानों का पालन किया जाए।

नामांकन प्रक्रिया में बदलाव-शिक्षा का अधिकार अधिनियम किसी भी प्रकार की प्रवेश जाँच को प्रतिबन्धित करता है तथा स्कूलों में तत्समय (पहले आओ, पहले पाओ) के आधार पर चयन पर जोर देता है।

विद्यालय में अधिनियम की सुनिश्चितता-यह सुनिश्चित करने के लिए कि विद्यालयों में शिक्षा के अधिकार का उल्लंघन न हो राष्ट्रीय बाल अधिकार संरक्षण आयोग ने सभी प्रमुख सचिवों को अपने पत्र में सरकारी आदेशों द्वारा सभी स्कूलों में प्रवेश प्रक्रिया के लिए शिक्षा के अधिकार अधिनियम को लागू करने की निम्नलिखित माँगें रखी गईं

- प्रवेश प्रक्रियाएँ शिक्षा के अधिकार अधिनियम के अनुरूप हो।
- सभी 'विशेष वर्गों के स्कूलों तथा बिना सहायता वाले निजी स्कूलों में कमजोर वर्गों के लिए 25% सीटों का आरक्षण सुनिश्चित किया जाए तथा सरकारी सहायता प्राप्त सभी स्कूलों में आरक्षण के नियमों का पालन किया जाए।

अधिनियम के भाग-13 का प्रासंगिक प्रावधान

- प्रवेश लेने के दौरान कोई व्यक्ति या स्कूल किसी प्रकार का शुल्क या किसी बच्चे अथवा उसके माता-पिता या अभिभावक से किसी प्रकार की जाँच नहीं ले सकता।
- कोई स्कूल या व्यक्ति सब-ऐक्शन (1) का उल्लंघन के लिए उस पर जुर्माना लगाया जा सकता है, जो माँगे जाने वाले शुल्क का 10 गुना होगा। जो स्कूल बच्चे की जाँच लेता है, तो उस पर ₹ 25000 प्रथम उल्लंघन के लिए तथा ₹ 50000 द्वितीय उल्लंघन के लिए जुर्माना लगाया जाएगा।

समावेशी शिक्षा के अनुरूप विद्यालय संगठन एवं प्रबंधन

समाज के ऐसे बच्चे जिन्हें नि:शक्त (disabled) कहा जाता है जिनमें किसी प्रकार की शारीरिक अपंगता होती है। प्रारम्भ से ही इस प्रकार के अपंग बच्चों के प्रति समाज का दृष्टिकोण मित्रवत् नहीं रहा है। समाज ऐसे बच्चों को सदैव हीन दृष्टिकोण से देखता आ रहा है जिसके कारण ये बच्चे हर क्षेत्र में पिछड़ जाते हैं किन्तु धीरे-धीरे समाज के सामाजिक सोच एवं विचारधारा में परिवर्तन हुआ जिसका परिणाम यह हुआ कि आज समावेशी शिक्षा की अवधारणा पर जोर दिया जा रहा है तथा समाज के अपंग बच्चे को विशेष आवश्यकता वाले बच्चों के रूप में सम्बोधित किया जा रहा है। आज के समय में समावेशी शिक्षा एक वृहत अवधारणा बन चुकी है। इसके अन्तर्गत विशेष आवश्यकता वाले बच्चों के साथ-साथ उपेक्षित वर्ग के बालकों एवं पिछड़े बालकों को भी शामिल किया गया है।

समावेशी शिक्षा का अर्थ एवं अवधारणा-समावेशी शिक्षा एक आधुनिक शिक्षा प्रणाली है। साधारण शब्दों में जब हम सभी बालकों को उनके धर्म, जाति, संस्कृति, उनकी क्षमता और निर्योग्यता के आधार पर कक्षा में अलग-अलग न करके विभिन्न संसाधनों का प्रयोग करके सबके साथ एक समान शिक्षा देते हैं। ऐसी व्यवस्था को समावेशी शिक्षा कहते हैं।

समावेशी शिक्षा से अभिप्राय ऐसी शिक्षा प्रणाली से है जिसमें सभी छात्रों को बिना किसी भेदभाव के सीखने-सिखाने के समान अवसर मिले।

समावेशी शिक्षा का इतिहास-समावेशी शिक्षा या एकीकरण के सिद्धान्त की ऐतिहासिक जडें कनाडा और अमेरिका से जुड़ी हैं। अन्तर्राष्ट्रीय पटल पर समावेशी शब्द का प्रादुर्भाव नब्बे के दशक के मध्य हआ। 1994 में सलमांका (स्पेन) में यूनेस्को के द्वारा विशेष शैक्षिक आवश्यकताओं पर एक विश्व सम्मेलन आयोजित किया गया जिसमें सभी बालकों को एक समान शिक्षा सलभ कराने का प्रण लिया गया। इस सम्मेलन में 92 देशों की सरकार एवं 25 अन्तर्राष्ट्रीय संगठनों ने शिक्षा को एक मौलिक अधिकार मानने का प्रस्ताव पारित किया।

समावेशी शिक्षा के उद्देश्य-

1. समावेशी शिक्षा के माध्यम से विकलांग बालकों को मुख्य धारा में लाना।
2. विद्यालय में सभी विकलांग बालकों का प्रवेश एवं ठहराव सुनिश्चित करना।
3. सामाजिक सहभागिता के जरिए बालकों की अधिगम एवं अन्य क्षमताओं का विकास करना।
4. उच्च शिक्षा में विकलांगों से सम्बन्धित अनुसंधान कार्य को बढ़ावा देना।
5. विकलांग बालकों के लिए विशेष पाठ्यक्रम, संसाधन एवं शिक्षण विधियों का निर्माण करना।
6. विकलांग बालकों की समस्या व उसके समाधान तथा अधिकारी के प्रति बालकों के अभिभावक एवं समाज को जागरूक करना।

समावेशी शिक्षा का महत्त्व एवं आवश्यकता-समावेशी शिक्षा के महत्त्व एवं आवश्यकता को निम्न बिन्दुओं के आधार पर समझा जा सकता है-

1. समावेशी शिक्षा बालकों में उच्च उम्मीदें जानने का कार्य करती है।
2. समावेशी शिक्षा प्रत्येक बालक की व्यक्तिगत शक्तियों एवं क्षमताओं का विकास करने में सहायक है।
3. समावेशी शिक्षा सम्मान और अपनेपन की विद्यालय संस्कृति के साथ-साथ व्यक्तिगत मतभेदों को स्वीकार करने के लिए भी अवसर प्रदान करती।
4. प्रत्येक बालक स्वाभाविक रूप से सीखने के लिए अभिप्रेरित होता है।
5. समावेशी शिक्षा बालक को अपने लक्ष्य प्राप्ति के लिए प्रेरित करती है।

कला समेकित शिक्षा के माध्यम से विद्यालय परिवेश एवं कक्षायी शिक्षण में बदलाव

विद्यार्थियों के सृजनात्मक क्षमता के विकास में कला की अहम भूमिका होती है। कला की विद्यार्थियों की संवेदनाओं को झकझोरती है बल्कि अन्य विषयों के ज्ञान को प्राप्त करने तथा उन्हें समझने का बहुपरिप्रेक्षीय नजरिया भी देती है। विद्यालयीन शिक्षा में कला की भमिका सिर्फ एक विषय के रूप में नहीं है बल्कि कला एक रोचक शिक्षण प्रक्रिया के रूप में भी है।

कला समेकित शिक्षा का अर्थ एवं अवधारणा-सीखने-सिखाने की प्रक्रिया में कला का समावेश करना ही कला समेकित शिक्षा कहलाता है।

प्राय: ऐसा देखा गया है कि कला की प्रक्रियाओं में बच्चों को अत्यधिक आनन्द आता है। कला में अन्तिम परिणाम ही महत्त्वपूर्ण नहीं होता है बल्कि प्रक्रिया भी अत्यधिक महत्त्व रखती है। इसका मतलब यह नहीं कि उत्पाद या परिणाम का कोई मायने नहीं बल्कि यह तो उस बालक की पहचान एवं सृजन है जो अपने आप में विशिष्ट होता है और यह भी कि बालक को कला सृजन की प्रक्रिया में आनन्द आता है।

इससे स्पष्ट है कि विषयों के शिक्षण अधिगम प्रक्रिया में कला को एक माध्यम के रूप में उपयोग करने से बच्चे आनन्द के साथ-साथ विषयों की अवधारणा को आसानी से समझ सकेंगे।

कला की कई विधाओं; जैसे—हस्तकला के अन्तर्गत चित्रकला, मूर्तिकला कई प्रकार के शिल्प जैसे-मखौटे बनाना या अन्य सामग्रियों से कई कलात्मक वस्तुओं का निर्माण तथा प्रदर्शन कलाओं में नाटक, नृत्य, गीत-संगीत आदि को विषयों के साथ जोड़कर कक्षा को आनन्ददायी एवं रुचिकर बनाया जा सकता है।

कला समेकित शिक्षा और शिक्षक-कला समेकित शिक्षा के लिए शिक्षक को कला का विशेषज्ञ होना आवश्यक नहीं है परन्त शिक्षक दष्टि कलात्मक हो, उसे कला विधाओं की थोड़ी समझ होनी चाहिए जिसका समावेशन शिक्षक समझदारी से विभिन्न विषयों में कर सके। इसके लिए यह आवश्यक है कि विद्यालय की सम्पूर्ण गतिविधियों में बच्चों को स्वतन्त्र रूप से अपनी भागीदारी सुनिश्चित करने का अवसर मिले। इस प्रक्रिया में शिक्षक को एक सशक्त योजना बनानी चाहिए तथा इस योजना में कुछ नवीनता, कलात्मकता हो; जैसे-खड़े होने तथा बैठने के सही तथा सीधे तरीके सीखना, विभिन्न प्रकार की प्रार्थनाएँ, गीत-संगीत, नाट्य, मूक अभिनय आदि का समावेश करना।

कला समेकित शिक्षा के माध्यम से कक्षायी शिक्षण में बदलाव

जैसे कछ विषयों के साथ उदाहरण दिये गये हैं-

1. **भाषा व कला समेकित शिक्षा**-प्राथमिक कक्षाओं में भाषा शिक्षण के मुख्य उद्देश्यों में भाषायी कुशलताओं (सुनना, बोलना, पढ़ना, लिखना) के साथ-साथ कल्पना-शीलता , संवेदनशीलता आदि क्षमताओं का विकास भी है।
2. **गणित एवं कला-समेकित शिक्षा**-विभिन्न वस्तुओं के बीच सम्बन्धों को समझना गणित का प्रमुख उद्देश्य है। गणित में गिनती, माप और आकार प्रमुख बिन्दु हैं। कला शिक्षा बच्चों को सम-असम आकारों को पहचानने, द्विआयमी एवं त्रिआयामी आकृतियाँ बनाने में मदद करती है जिससे बालक/बच्चे लम्बाई, चौड़ाई, ऊँचाई, क्षेत्रफल आदि का अनुभव प्राप्त करते हैं। बच्चे किसी पैटर्न के साथ-साथ सीमा, दिशा और आवर्तन की अवधारणाएँ पहचानना भी शुरू कर देते हैं।
3. **पर्यावरण एवं कला समेकित शिक्षा**-हमारे चारों का वातावरण हमें अत्यधिक प्रभावित करता है। कला शिक्षा के माध्यम से हम पर्यावरण को समझकर अपनी संवेदनाओं को अभिव्यक्त कर सकते हैं। पर्यावरण को स्वच्छ रखने की सीख एक कलाकार अपनी रचना के द्वारा पर्यावरणं को कलात्मक ढंग से जोडते हए दे सकता है।

कक्षा-कक्ष शिक्षण की प्रकृतिः परम्परागत बाल-केन्द्रित, लोकतान्त्रिक, सृजनात्मक आदि

विद्यालय में कक्षा-कक्ष का एक विशेष मुख्य स्थान होता है जहाँ पर छात्रों को अध्यापक द्वारा शिक्षित करने का कार्य औपचारिक तथा अधिकृत रूप से किया जाता है। किसी भी विद्यालय में छात्र का अधिकांश समय कक्षा-कक्ष के अन्दर ही बीतता है जिसके कारण कक्षा-कक्ष के स्वरूप तथा वातावरण पर छात्रों की शिक्षा पर सीधा प्रभाव पड़ता है। कक्षा-कक्ष किसी भी अध्यापक तथा शिक्षक की कर्मभूमि होती है। इसमें शिक्षण प्रक्रिया चलती है। इसमें शिक्षक की भूमिका कक्षा-कक्ष के वातावरण को बनाने में मुख्य होती है।

कक्षा-कक्ष विद्यालय की एक ऐसी भौतिक व्यवस्था है.जहाँ शिक्षकों की सहायता से विद्यार्थियों को ज्ञान प्रदान किया जाता है। भौतिक संरचना के दृष्टिकोण के अनुसार कक्षा-कक्ष विद्यालय की एक सरल इकाई है 'किन्त कक्षा को मात्र एक भौतिक इकाई नहीं माना जा सकता। इसके माध्यम से चलने वाली प्रक्रियाओं की समझ के लिए इसके दायरे को भी विस्तृत करना चाहिए। कक्षा-कक्ष को ज्ञान के स्तर का पर्याय माना जा सकता है। कक्षा की अवधारणा पश्चिमी देशों में चार सौ साल तथा भारत में दो सौ साल पुराना आज विश्व भर में शिक्षा की मुख्य आधारशिला कक्षा है।

कक्षा-कक्ष के विविध स्वरूप-कक्षा-कक्ष के विभिन्न स्वरूप हमें दिखाई देते हैं-

1. पारम्परिक
2. सृजनात्मक
3. नवाचारी
4. बाल-केन्द्रित
5. लोकतान्त्रिक

बाल-केन्द्रित कक्षा की विशेषताएँ

1. इसमें विचार-विमर्श या खेल के माध्यम से अधिगम होता है।
2. इसमें शिक्षक मात्र अधिगम स्रोत नहीं है बल्कि विद्यार्थी एक-दूसरे के साथ अन्त:क्रिया द्वारा सीखते
3. करके सीखने को महत्त्व दिया जाता है। इसके द्वारा छात्रों में कौतूहल उत्पन्न कर उन्हें चिन्तन के लिए प्रेरित किया जाता है।
4. इसमें छात्र अनुभव या पुनरावृत्ति कर सीखते हैं।
5. यह विद्यार्थियों को सफलता तथा आनन्द प्रदान करती है। ।
6. इसमें बालक में आत्मविश्वास, निर्णय क्षमता, तर्क क्षमता, विश्लेषण क्षमता का विकास होता है।

कक्षा-कक्ष संचालन

किसी भी कक्षा-कक्ष में विद्यार्थी एवं शिक्षक दोनों ही महत्त्वपूर्ण होते हैं। विद्यार्थी एवं शिक्षक कक्षा कक्ष के ऐसे दो घटक हैं जो एक ऐसे वातावरण का निर्माण करते हैं जहाँ अधिगम प्रक्रिया सुचारु रूप से होती है। कक्षा-कक्ष की अधिगम प्रक्रिया दोनों घटकों के संयुक्त प्रयासों से आरम्भ होती है परन्तु इस प्रक्रिया को जारी रखने एवं उनके सफल संचालन में शिक्षक की भूमिका महत्त्वपूर्ण होती है।

कक्षा-कक्ष प्रबन्धन की आवश्यक बातें

किसी भी कक्षा-कक्ष के प्रबन्धन हेतु निम्न बिन्दुओं पर ध्यान देना आवश्यक है-

1. मानव संसाधनों का प्रबन्धन।
2. भौतिक संसाधनों का प्रबन्धन ।
3. समय का प्रबन्धन।

कक्षा-कक्ष की व्यवस्था के घटक-सर्वप्रथम कक्षा-कक्ष में एक शिक्षक को कक्षा के संचालन के लिए निम्नलिखित मुख्य घटकों की आवश्यकता होती है। इन घटकों की सहायता से ही कोई भी शिक्षक एक कक्षा-कक्ष का सुव्यवस्थित संचालन एवं व्यवस्था कर सकता है। ये घटक निम्न हैं-

1. कक्षा की साफ-सफाई
2. छात्रों के बैठने की व्यवस्था
3. रोशनी
4. हवा
5. श्यामपट्ट
6. चॉक डस्टर
7. अन्य शिक्षण सहायक सामग्री

कक्षा-कक्ष शिक्षण व्यवस्था (संचालन) को प्रभावित करने वाले कारक-किसी भी कक्षा के सुचारु रूप से संचालन व्यवस्था को करने में अनेक कारक हैं जो प्रभावित करते हैं, निम्नलिखित हैं-

1. कक्षा का अनुशासन
2. छात्रों के कक्षा में उपलब्ध भौतिक संसाधन
3. कक्षा को उपलब्ध समय
4. छात्र-शिक्षक सम्बन्ध
5. विभिन्न तकनीकी साधन
6. छात्रों की सहभागिता
7. शिक्षण विधि
8. शिक्षक का शिक्षण कौशल तथा विषय ज्ञान
9. कक्षा का स्वरूप।

पाठ्य-सहगामी व सह-शैक्षिक क्रियाएँ : महत्त्व, योजना एवं क्रियान्वयन (गतिविधियाँ, कला, खेल इत्यादि)

पाठ्य सहगामी क्रियाएँ

पाठ्य सहगामी का अर्थ होता है-पाठ्य या पाठ्यक्रम के साथ चलने वाला या उसका अनुसरण करने वाला। अर्थात् ऐसे क्रियाकलाप या गतिविधि जो पाठ्यक्रम के साथ-साथ चलते हों अथवा सम्पन्न किये जाते हों, उन्हें ही विस्तृत रूप में "पाठ्य- सहगामी क्रियाकलाप" (Curriculum Concomitant Activities) कहा जाता है।

शिक्षा के क्षेत्र में छात्रों को केवल पाठ्यपुस्तक तक सीमित न रखकर उनकी जिज्ञासा को विस्तृत क्षेत्र प्रदान करने के उद्देश्य से ही पाठ्य-सहगामी क्रियाकलाप को विकसित किया गया है। बच्चों के मन-मस्तिष्क में जो शिक्षा एक 'बोझ' का रूप धारण कर लेती है उसे पाठ्य-सहगामी क्रियाकलाप द्वारा ही दूर या कम किया जा सकता है। छात्रों में आए दिन तनाव या अवसाद की जो समस्या उत्पन्न हो रही है उससे भी निबटने में ऐसी गतिविधियाँ कारगर सिद्ध हो रही हैं। इन गतिविधियों के माध्यम से छात्र रुचिपूर्ण तरीके से शिक्षण अधिगम में भाग लेते हैं।

वर्तमान समय में यह भी देखने को मिलता है कि छात्र एक ही तरह की शिक्षा से ऊब जाते हैं। वे कक्षा में नई-नई गतिविधि करने के लिए हमेशा तत्पर रहते हैं। ऐसे में पाठ्य आधारित क्रिया उनकी जिज्ञासा को शांत करती है। यह बच्चों में उनकी छिपी हुई प्रतिभा को बाहर निकालने में मदद भी करता है। जैसे कुछ छात्र पठन-पाठन में कम

रुचि रखते हों जबकि अन्य क्रियाओं को वो जल्दी सीखते हैं तो ऐसे में वो भी अच्छा प्रदर्शन कर सकते हैं। पेंटिंग, शिल्प और कला, खेल, क्विज, सामान्य ज्ञान प्रतियोगिता, ओरिगेमी, गायन, वादन, सजावट, रंगोली, योग, बागवानी, क्रिकेट, कबड्डी, सामूहिक प्रार्थना इत्यादि कुछ ऐसी ही क्रियाएँ हैं जिन्हें Indoor और Outdoor में विभाजित किया जाता है। इस प्रकार पाठ्य-सहगामी क्रियाओं की आवश्यकता और भी बढ़ जाती है। यह छात्रों के बौद्धिक, नैतिक, शारीरिक, भावनात्मक विकास में सहायता करता है जो कि उनके सर्वांगीण विकास का सूचक होता है। इसे पाठ्यक्रम का बहुत ही महत्त्वपूर्ण हिस्सा माना जाता है। यह मुख्य पाठ्यक्रम के पूरक के रूप में कार्य करता है। छात्रों के व्यक्तित्व के विकास करने एवं साथ ही कक्षा शिक्षा को मजबूत करने में इसकी बड़ी भूमिका है। इस प्रकार की गतिविधि से न केवल छात्रों का भविष्य उज्ज्वल होता है बल्कि उनमें बौद्धिक, सामाजिक, नैतिक, भावनात्मक और सौंदर्य विकास भी समुचित रूप से विकसित होता है। अत: छात्रों के समुचित विकास के लिए ही पाठ्य-सहगामी क्रियाकलापों का बढ़-चढ़ कर प्रयोग शिक्षा के क्षेत्र में किया जा रहा है। वर्तमान समय में यह क्रियाकलाप छात्रों के विकास में लाभकारी सिद्ध हो रहा है। विद्यालय भवन में छात्रों की उपस्थिति को पर्याप्त रूप से बनाए रखने में भी पाठ्य सहगामी क्रियाओं का बहुत बड़ा योगदान होता है। छात्रों के बीच में ही विद्यालय छोड़ने (Drop-out) की जो समस्या थी उसे भी बहुत हद तक समाप्त किया जा सका है।

पाठ्य-सहगामी गतिविधियों का लाभ प्रत्यक्ष रूप से छात्रों को ही होता है। इससे न केवल छात्र शैक्षिक रूप से अच्छा प्रदर्शन करते हैं बल्कि अपनी अन्य खूबियों को भी जान पाते हैं जो कि उनके पेशेवर जीवन के लिए भी कुछ अच्छा करने में मदद करती है। छात्र और शिक्षक दोनों के लिए शिक्षण और सीखने के अनुभव को रोमांचक बनाती हैं। यह छात्रों के लिए रटने की विधि के स्थान पर 'करके सीखने' (Learning by doing) की आधुनिक विधि पर केंद्रित होता है। बच्चे सामूहिक कार्यों के मूल्यों को सीखते हैं क्योंकि वे एक साथ मिलकर कार्य करते हैं। इस प्रकार उनमें सामाजिक कौशल का विकास होता है।

किसी भी शैक्षणिक गतिविधि में शिक्षक एवं छात्र का संबंध मधुर होना ज़रूरी होता है। शिक्षक को एक अच्छा योजनाकार (Plan-maker) माना जाता है ताकि वो विभिन्न गतिविधियों को व्यवस्थित ढंग से सम्पन्न करा सके। साथ ही शिक्षक एक कुशल आयोजक (Organizer) के रुप में भी जाने जाते हैं। पाठ्य-सहगामी क्रियाओं को सफल बनाने के लिए छात्रों को एक ऐसे व्यक्ति की आवश्यकता होती है जो पूर्ण रूप से निर्देशक, रिकॉर्डर, प्रबंधक, मूल्यांकनकर्ता, निर्णय-निर्माता, सलाहकार, प्रेरक का गुण रखता हो। एक कुशल शिक्षक के भीतर ये सारी विशेषताएँ मुख्य रूप से विद्यमान होती हैं।

सहपाठ्यक्रम गतिविधियाँ

पहले सह पाठयक्रम गतिविधियों को पाठ्येतर गतिविधियों के रूप में जाना जाता था जो गैर-शैक्षणिक पाठ्यक्रम का एक हिस्सा था। यह बच्चे और छात्रों के व्यक्तित्व विकास के विभिन्न पहलुओं को विकसित करने में मदद करता है। बच्चों के सर्वांगीण विकास के लिए भावनात्मक, शारीरिक, आध्यात्मिक और नैतिक विकास जरूरी है जहाँ सह पाठ्यक्रम गतिविधियाँ पूरक के रूप में काम करती हैं। सह पाठ्यक्रम गतिविधियाँ आपके पाठ्यक्रम का ही नहीं बल्कि आपकी जिंदगी का एक महत्त्वपूर्ण हिस्सा है। यह ऐसी गतिविधियाँ हैं जो आपके बौद्धिक, भावनात्मक, सामाजिक, नैतिक और सौंदर्य विकास में अहम् भूमिका निभाती हैं।

सह पाठ्यक्रम गतिविधियों द्वारा छात्र व्यावहारिक ज्ञान के अनुभव को जान पाता है। बहुत हद तक यह क्लास शिक्षण और प्रशिक्षण को मजबूत करता है। बौद्धिक व्यक्तित्व के लिए क्लास रूम टीचिंग जरूरी है जबकि सौंदर्य विकास, चरित्र निर्माण, आध्यात्मिक विकास इत्यादि में सह पाठ्यक्रम गतिविधियों का होना जरूरी है। यह स्कूल तथा कॉलेज के छात्रों के बीच समन्वय, समायोजन, भाषण प्रवाह आदि विकसित करने में मदद करता है। इससे छात्रों का सामाजिक, शारीरिक, नैतिक विकास तीव्र गति से होता है। ये गतिविधियाँ छात्रों के विकास में सबसे सामान्य और प्रभावी साधन प्रदान करती हैं।

कुछ पाठ्य सहगामी गतिविधियाँ निम्नलिखित हैं-

इंडोर होने वाली पाठ्य सहगामी गतिविधियाँ-

1. संगीत व नृत्य
2. नाटक
3. सजावट
4. चित्रांकन और रंगाई
5. कला और शिल्प
6. चमड़े का काम
7. कार्ड बोर्ड का काम
8. सिलाई
9. क्ले मॉडलिंग
10. प्राथमिक चिकित्सा
11. रंगोली
12. बुक बाइंडिंग
13. वाद-विवाद

आउटडोर होने वाली पाठ्य सहगामी गतिविधियाँ-

1. सामूहिक परेड
2. योग
3. सामूहिक ड्रिल
4. व्यायाम
5. साइकिल चलाना
6. क्रिकेट, फुटबॉल, वॉलीबाल खेलना
7. कबड्डी, खो-खो खेलना
8. सामूहिक प्रार्थना
9. बागवानी
10. लंबी पैदल यात्रा
11. सुबह की सभा
12. पर्यावरण रख-रखाव

ये सभी पाठ्य सहगामी गतिविधियाँ विद्यार्थियों के लिए बहुत महत्त्वपूर्ण हैं। क्योंकि यदि शिक्षकों को विद्यार्थियों का समग्र विकास करना है तो हमें शैक्षिक के साथ-ही-साथ पाठयक्रम गतिविधियों को भी शामिल करना पड़ेगा। पाठ्य सहगामी क्रियाओं से विद्यार्थी अपने आप को स्वस्थ व फ्री महसूस करते हैं जो उनके स्वास्थ्य के लिए लाभदायक है।

शिक्षण में पाठ्य सहगामी क्रियाओं का महत्त्व- शिक्षण में पाठ्य सहगामी क्रियाओं का उपयोग छात्रों में शिक्षण के प्रति रुचि जाग्रत करने तथा कम समय में अधिक-से-अधिक सिखाने के लिए किया जाता है।

शिक्षण रोचक, समझने में आसान और प्रभावी बनता है। शिक्षण में पाठ्यचर्या गतिविधियों का उपयोग किया जाता है। यह लक्ष्यों, उद्देश्यों, अधिगम अनुभवों, अनुदेशात्मक संसाधनों और आकलन को रेखांकित करता है जो एक विशिष्ट शैक्षिक कार्यक्रम बनाता है। इसके महत्त्व निम्नलिखित हैं-

1. पाठ्यक्रम गतिविधियाँ खेल, अभिनय, गायन, नृत्य, निबंध लेखन एवं कविता पाठ को प्रोत्साहित करता है।
2. गतिविधियाँ जैसे खेल, बहस में भागीदारी, संगीत, नाटक, आदि शिक्षा को पूर्ण करने में मदद करते हैं।
3. इसका महत्त्व छात्रों के चारित्रिक व नैतिक मूल्यों के विकास के लिए भी होता है।
4. यह बहस के माध्यम से स्वतंत्र रूप से खुद को अभिव्यक्त करने के लिए छात्रों को सक्षम बनाता है।
5. खेल बच्चों को फिट और ऊर्जावान बनने में मदद करता है। स्वस्थ प्रतिस्पर्धा की भावना विकसित करने के लिए मदद करता है।

6. यह गतिविधियाँ बताती है कि किसी भी काम को संगठित रूप में कैसे करना चाहिए, कौशल विकसित कैसे किया जाए, सहयोग और विभिन्न परिस्थितियों में समन्वय कैसे रखा जाए।
7. यह समाजीकरण, आत्म-पहचान और आत्म मूल्यांकन का अवसर प्रदान करता है।
8. यह निर्णय लेने में आप को एकदम सही बनाता है।
9. यह अपनेपन की भावना विकसित करने में मदद करता है।
10. इससे छात्रों में समय के समुचित प्रबंधन की क्षमता का विकास होता है।
11. इससे छात्रों में निर्णय लेने की क्षमता का विकास होता है।
12. इनका उपयोग छात्रों के कौशल की पहचान व विकास के लिए किया जाता है।

पाठ्यक्रम गतिविधियों के आयोजन में शिक्षक की भूमिका

1. शिक्षक को एक अच्छा योजनाकार होना चाहिए ताकि विभिन्न गतिविधियों को व्यवस्थित ढंग से पूरा किया जा सके।
2. शिक्षक का कर्तव्य होना चाहिए कि वह पाठ्यक्रम गतिविधियाँ प्रदर्शन करते हुए बच्चों को अधिक से अधिक अवसर दे।
3. शिक्षकों को एक अच्छा आयोजक होना चाहिए ताकि छात्रों को इसका अधिकतम अनुभव मिले।
4. शिक्षक को बिना किसी भेदभाव के सभी बच्चों को समान अवसर प्रदान करने चाहिये।
5. शिक्षकों को निर्देशक, रिकॉर्डर, मूल्यांकनकर्ता, प्रबंधन, निर्णय निर्माता, सलाहकार, प्रेरक, कंप्यूटेटर, समन्वयक के रूप में भी कार्य करना चाहिए , ताकि छात्र और बच्चे को सह-पाठ्यक्रम गतिविधियों के अधिक-से-अधिक श्रेष्ठ पहलुओं का फायदा हो सके।

सुझाव

- इन क्रियाओं का उत्तरदायित्व इसमें रुचि रखने वाले अध्यापकों को ही दिया जाए।
- हमें बच्चों को उचित सुविधा प्रदान करने की आवश्कता है क्योंकि जब सभी चीज़ें उपलब्ध होंगी तभी छात्र अच्छा प्रदर्शन कर पाएंगे ।
- अगर छात्र या विद्यालय के पास सारी आवश्यक चीजें ही नहीं होंगी तो छात्र खेल में अच्छा प्रदर्शन नहीं कर पायेगा|
- खेल शुरू करने से पहले हमें छात्रों को यह बात बता देनी चाहिए कि यह खेल एक स्वस्थ प्रतियोगिता है, इसमें अपने गुस्सा न दिखाएँ या न किसी से अपनी दुश्मनी न निकालें।
- हमें छात्रों को अधिक-से-अधिक प्रोत्साहित करना चाहिये जिससे वे अच्छा प्रदर्शन कर सके।
- छात्रों का बोलने के अधिक-से-अधिक अवसर प्रदान करना चाहिए।

हमें विद्यार्थियों का उचित मार्गदर्शन प्रदान करने की आवश्यकता होती है जिससे वे अच्छे से अपने खेल को खेल सकें।

पाठ्य सहगामी क्रियाओं की योजना एवं क्रियान्वयन

1. केन्द्रीयकरण-

- सहगामी क्रियाओं के संचालन हेतु समिति का गठन किया जाता है।
- निर्धारित किया जाता है कि उन्हीं सहगामी क्रियाओं का अयोजन किया जाए जो शैक्षिक महत्त्व रखती हैं।
- विद्यार्थी अनुभवी अध्यापकों के निर्देशन में उन क्रियाओं का संचालन करें।
- केन्द्रीय समिति द्वारा व्यय का लेखा-जोखा रखा जाए।

2. पर्यवेक्षण-

- सहगामी क्रियाओं के आयोजन में पूर्ण नियंत्रण के स्थान पर निर्देशन अधिक महत्त्व रखता है।
- संचालन का उत्तरदायित्व ऐसे अध्यापकों को सौंपा जाए जिनकी रुचि इन क्रियाओं में हो।
- जहाँ तक संभव हो सके प्रत्येक अध्यापक को किसी-न-किसी क्रिया का भार दिया जाए।
- विद्यार्थियों को प्रेरित करने हेतु विद्यालय में सुविधाजनक परिस्थितियों का निर्माण करना चाहिये।

3. पाठ्य सहगामी क्रियाओं में विद्यार्थियों का भाग लेना

- बच्चों की क्षमता के अनुसार किसी-न-किसी क्रिया में भाग लेना।
- ये निर्धारित करना कि बच्चे कितनी सहगामी क्रियाओं में भाग ले सकते हैं।
- बच्चों की शारीरिक क्षमता व रुचि का ध्यान रखना।
- सहगामी क्रियाओं के चयन का आधार-
  (a) आवश्यकता
  (b) रुचि
  (c) शैक्षिक महत्त्व
  (d) विविधता

4. स्थान तथा सदस्यता

- जहाँ तक सम्भव हो विद्यालय प्रांगण में सहगामी क्रियाओं का आयोजन किया जाए।
- सदस्यता विद्यालय सदस्यों तक सीमित रखी जाए।
- समय सारणी में सहगामी क्रियाओं को स्थान दिया जाए।

पाठ्य सहगामी गतिविधियाँ, कला, खेल इत्यादि का महत्त्व-प्राचीन काल से पाठ्यक्रम का क्षेत्र विभिन्न विषयों की पाठ्य-वस्तुओं के अध्ययन तक ही सीमित माना जाता था। विद्यालय में आयोजित होने वाली अन्य प्रवृत्तियों जैसे-खेलकूद, व्यायाम, सांस्कृतिक-पाठ्यक्रम के व्यापक स्तर को देखते हुए उन्हें पाठ्य-सहगामी क्रियाओं के नाम से जाना जाता है।

वर्तमान में शिक्षकों द्वारा विभिन्न प्रकार की शारीरिक व सांस्कृतिक क्रियाओं का आयोजन किया जाता है।

1. **शारीरिक विकास संबंधी क्रियाएँ**-इसके अन्तर्गत शारीरिक प्रशिक्षण (P.T.), खेलकूद, व्यायाम, ट्रेकिंग, क्रिकेट, फुटबाल, बॉलीबॉल, हॉकी, पर्वतारोहण, तैराकी, आदि क्रियाओं के साथ-साथ स्वास्थ्य परीक्षण, रोगों से बचने के उपाय, शुद्धता एवं स्वच्छता का ध्यान, शुद्ध एवं पौष्टिक आहार आदि बातों को सम्मिलित किया जाता है।
2. **साहित्यिक क्रियाएँ**-इन क्रियाओं के अन्तर्गत कला, वाद-विवाद, भाषण, विचार गोष्ठी, कार्य-संगोष्ठी, कविता पाठ, अन्त्याक्षरी, परिचर्चा, वार्ता, आशुभाषण, पत्रिका प्रकाशन, लेखन, समाचार एवं पत्रवाचन तथा पुस्तकालय एवं वाचनालय के उपयोग आदि से संबंधित प्रवृत्तियों का समावेश किया जाता है।
3. **सांस्कृतिक क्रियाएँ**-इसके अन्तर्गत एकल अभिनय, मूल अभिनय नाटक, प्रहसन, संगीत, नृत्य एवं अन्य मनोरंजनात्मक क्रियाएँ सम्मलित होती है।
4. **सृजनात्मक क्रियाएँ**-इस वर्ष में बालकों की रचना संबंधी प्रवृत्तियों जैसे चित्रकारी, पच्चीकारी, दस्तकारी, बागवानी, उपयोगी वस्तुओं का निर्माण एवं नवीनता की खोज आदि को समाहित किया जाता है।
5. **सामाजिक क्रियाएँ**-विद्यालयों द्वारा बालकों के माध्यम से सफाई अभियान स्वास्थ्य सम्बन्धित जानकारियाँ, साक्षरता का प्रसार, सामाजिक कुरीतियों एवं अंध-विश्वासों को दूर करने के लिए प्रचार अभियान आदि को संचारित करना इसके अंतर्गत आता है।
6. **राष्ट्रीय क्रियाकलाप**-इसके अंतर्गत राष्ट्रीय नेताओं की जयंतियां, राष्ट्रीय पर्व, एवं राष्ट्रीय दिवसों को मनाना, राष्ट्रीय कैडेट कोर (NCC), एकाउटिंग, रेडक्रॉस, राष्ट्रीय सेवा योजना (NSS) आपातकाल में देश व समाज सेवा के आर्दश छात्रों में विकसित करना आन्तरिक सुरक्षा व सेवा साम्प्रदायिक सद्भाव में सहयोग तथा राष्ट्रीय कार्यक्रमों के प्रचार-प्रसार में सहयोग आदि प्रवृत्तियां आती है।

7. **रुचि कार्य**-इसके अंतर्गत वे प्रवृत्तियाँ आती हैं। जिनका आयोजन बच्चों की रुचि को ध्यान में रखते हुए विद्यालय करता है। इस प्रकार की प्रवृत्तियों में विभिन्न वस्तुओं जैसे-टिकट, पत्थर, सिक्के आदि का संग्रह करना, चित्र एवं कार्टून बनाना, फोटोग्राफी करना, अनुपयोगी वस्तुओं से उपयोगी वस्तुएँ बनाना, विभिन्न प्रकार के चित्रों के एलबम तैयार करना आदि आते हैं।

विद्यालय में आकलन एवं मूल्यांकन की व्यवस्था : सतत् एवं व्यापक आकलन, प्रगति पत्रक आकलन

आकलन और **मूल्यांकन** दोनों का उद्देश्य बच्चों की अभिव्यक्ति, क्षमता, अनुभूति, आदि का मापन करना है। **आकलन** एक संक्षिप्त प्रक्रिया है और **मूल्यांकन** एक व्यापक प्रक्रिया है। **मूल्यांकन** किसी भी शैक्षिक कार्यक्रम में किसी भी पक्ष के विपक्ष में विषय में सूचना एकत्र करना तथा उसकी जाँच करके व्याख्या करना है। आकलन व मूल्यांकन से बच्चों में सतत् एवं व्यापक आकलन का पता चलता है। तथा उसकी प्रगति के बारे में भी जानकारी प्राप्त होती है। आकलन व मूल्यांकन से ही प्रगति पत्र बनाकर बच्चे के विकास के बारे में जानकारी प्राप्त करते हैं।

विद्यालय आधारित मूल्यांकन शिक्षार्थी को अपनी क्षमता का उपयोग बेहतर तरीके से करने में सहायता देता है। यह अध्यापकों को ऐसे तरीके को ढूँढ़ने के मौके प्रदान करता है, जो अलग-अलग शिक्षार्थियों के लिए अपनी समस्याओं और कठिनाइयों का समाधान करने में सहायक सिद्ध हो सकते हैं। विद्यार्थी के अन्दर जो भी कमियाँ हैं, उनका पता लगाकर उनको दूर करना विद्यालय आधारित मूल्यांकन के भीतर आता है। इससे शिक्षक को छात्रों की प्रगति के बारे में सम्पूर्ण जानकारी प्राप्त होती है।

इस **आकलन** की धुरी का केंद्र शिक्षक होता है। यह **आकलन** एक निश्चित अंतराल पर किया जाता है तथा योगात्मक प्रकार का होता है। विद्यार्थियों को आगे सुधार करने में मदद करने के लिए प्रक्रिया निर्धारित होती है। इससे शिक्षक अपना प्रगति पत्रक तैयार करता है। तथा विद्यालय प्रबन्धन तथा बच्चों के माता-पिता से मिलकर होने वाली कमियों को दूर करने का प्रयास करता है।

आकलन के प्रकार (Types of Assessment) ये तीन प्रकार के होते हैं-

1. निर्माणात्मक/रचनात्मक आकलन (Formative Assessment)
2. योगात्मक/संकलनात्मक आकलन (Summative Assessment)
3. निदानात्मक आकलन (Diagnostic Assessment)

आकलन व मूल्यांकन की विधियाँ

- विद्यालय आधारित मूल्यांकन, विद्यालय शिक्षा बोर्डों द्वारा ली जाने वाली परीक्षाओं के विपरीत, स्कूल स्तर पर किया जाता है।
- यह मूल्यांकन विद्यालय द्वारा विकसित अनुसूची और बोर्ड द्वारा जारी किए गए निर्देशों के अनुसार शिक्षक द्वारा किया जाता है।
- यह मूल्यांकन हमेशा विद्यालय के स्तर पर किया जाता रहा है, किन्तु इस व्यवस्था में कुछ त्रुटियाँ उत्पन्न हो गई हैं। इन त्रुटियों के अनेक कारण हो सकते हैं। बुनियादी कारण मूल्यांकन के स्थान और शिक्षा की प्रक्रिया में इसके महत्त्व के बारे में अध्यापकों की गलत धारणा है। दूसरा कारण बाह्य परीक्षा की व्यवस्था का अनुकरण है, जो सत्र के अन्त में ली जाती है।
- मूल्यांकन की विद्यालय आधारित प्रणाली में, मूल्यांकन के प्रयोजन का केन्द्रबिन्दु बदल गया है। अब इसमें तत्परता परीक्षण, विकास की जाँच-परख, संज्ञानात्मक, भावात्मक और मनो-प्रेरक (Psychomotor) क्षेत्रों में कार्य-निष्पादन का बार-बार, सुनियोजित और प्रभावकारी तरीके से मूल्यांकन किया जाना शामिल है।
- विद्यालय आधारित मूल्यांकन बाल-केन्द्रित, विद्यालय-केन्द्रित और बहुआयामी होता है। इसलिए यह शिक्षार्थी के सर्वांगीण विकास का सूत्रपात करता है।
- यह बाल-केन्द्रित होता है, क्योंकि इसमें विकास के वैयक्तिक स्वरूप की दृष्टि से विद्यार्थी को केन्द्र माना जाता है।
- यह शिक्षा के पहले से निर्धारित लक्ष्यों और उद्देश्यों को प्राप्त करने के लिए शिक्षार्थी को एक अलग व्यक्तित्व के रूप में, अन्य शिक्षार्थियों की तुलना में केवल उसकी स्थिति के रूप में नहीं, बल्कि प्रत्येक बच्चे का अपनी वैयक्तिक योग्यताओं, प्रगति और विकास के आधार पर निर्माण करता है।

आकलन के प्रकार

रचनात्मक आकलन-रचनात्मक मूल्यांकन से तात्पर्य शैक्षिक कार्यक्रम योजना सामग्रीया प्रक्रिया के मूल्यांकन से है जिसमें मूल्यांकन के आधार पर सुधार करना सम्भव हो। मूल्यांकन का उद्देश्य छात्रों तथा अध्यापकों को सही दिशा प्रदान करना है। **रचनात्मक आकलन** का कार्य शिक्षण प्रक्रिया की दशा का ज्ञान कराना होता है। ये आकलन शिक्षण प्रक्रिया के दौरान लगातार होता है। इसका प्रयोग अधिगम के लिए आकलन के रूप में किया जाता है। रचनात्मक आकलन का कार्य छात्रों को पृष्ठपोषण प्रदान करना है। इसके द्वारा विद्यार्थी को ये पता लगता है कि उसे कहाँ सुधार की आवश्यकता है।

योगात्मक मूल्यांकन-योगात्मक मूल्यांकन का अर्थ किसी भी पूर्व निर्मित शैक्षिक योजना व सामग्री से ज्ञान प्राप्त करने की प्रक्रिया है। **योगात्मक आकलन** का कार्य शिक्षण प्रक्रिया कितनी सफल रही इसका ज्ञान कराना होता है। ये सदैव एक निश्चित अवधि के पश्चात होता है। योगात्मक आकलन "अधिगम के आकलन" के रूप में किया जाता है। इसका कार्य छात्र को ग्रेड व परिणाम प्रदान करना होता है। इसके द्वारा विद्यार्थी को यह पता लगता है कि उसमें कितना सुधार किया गया है।

निदानात्मक परीक्षण-निदानात्मक परीक्षण Diagnostic Test वह परीक्षण है जिसके द्वारा छात्रों की समस्याओं का चयन किया जाता है। इस परीक्षण का माध्यम बहुविकल्पीय प्रश्न होते हैं। इसके द्वारा छात्रों की समस्याओं का निदान होता है इसलिए इसे निदानात्मक परीक्षण कहा जाता है। यह औपचारिक और अनौपचारिक दोनों प्रकार से किया जा सकता है। यह छात्रों की बौद्धिक क्षमता का पता लगाने तथा बच्चों को होने वाली समस्याओं को खोजने में सहायता प्रदान करता है।

निदानात्मक शब्द अंग्रेजी भाषा के 'डायग्नोसिस' शब्द का हिन्दी रूपांतरण है। इसका अर्थ कठिनाइयों व समस्याओं को दूर करना होता है। फिर चाहे वह कोई भी और कैसी भी समस्या क्यों न हों। इस परीक्षण में निरीक्षण विधि, परीक्षण विधि, साक्षात्कार विधि एवं संचयी अभिलेख आदि विधियों का प्रयोग किया जाता है। परीक्षण शैक्षिक आधुनिकता एवं नवाचार के विकास का ही एक परिणाम है। यह एक प्रकार से मूल्यांकन संबंधित कार्य करता है। यह छात्रों के विशिष्ट विषय या विशिष्ट प्रकरण में कमजोरी को दर्शाने का कार्य करता है। इसमें छात्रों में होने वाली कमियों का पता लगा कर उनको ठीक किया जाता है।

सामुदायिक या व्यक्तिगत दोनों रूपों में इस परीक्षण का उपयोग किया जाता है। एक बार समस्या का पता चल जाने पर निदानात्मक परीक्षण का कार्य खत्म हो जाता है और उपचारात्मक परीक्षण का कार्य शुरू हो जाता है-

- **गुड** के अनुसार -"निदान का अर्थ है-अधिगम संबंधित समस्याओं एवं कमियों के स्वरूप का निर्धारण।"
- **मरसेल** के अनुसार -"जिस शिक्षण में छात्रों की विशिष्ट समस्याओं का निदान करने हेतु विशेष प्रयास किए जाते हैं उसे निदानात्मक परीक्षण कहा जाता है।"

निदानात्मक परीक्षण के प्रकार

1. निरीक्षण परीक्षण
2. निदानात्मक परीक्षण

1. **निरीक्षण परीक्षण**-यह वह परीक्षण होता है जिसके अंतर्गत छात्रों को देख-परख कर उनको व्यक्तिगत रूप से बुलाकर उनसे वार्तालाप करके उनसे उनकी

समस्याओं के संबंध में पूछा जाता है। इस प्रकार के परीक्षण द्वारा अध्यापक छात्रों की समस्याओं को जानने का प्रयास करते हैं तथा उनकी प्रगति रिपोर्ट बनाते हैं।

2. **निदानात्मक परीक्षण**-इस प्रकार का परीक्षण वास्तविक परीक्षण होता है क्योंकि इसके अंतर्गत छात्रों की बुद्धि, रुचि, अभिवृद्धि एवं उनके व्यावसायिक कौशलों का परीक्षण किया जाता है। इसके अंतर्गत छात्रों से वस्तुनिष्ठ प्रश्न पूछे जाते हैं और वह अपने ज्ञान के अनुसार उसके उत्तर देते हैं।

सतत् एवं व्यापक आकलन

शिक्षा की गुणवत्ता को सुधारने की दिशा में आकलन की महत्त्वपूर्ण भूमिका है और यह विभिन्न हितधारकों (stakeholders) की कई प्रकार से सहायता करता है। यह पता लगाकर कि बच्चे कितना सीख रहे हैं, सी.सी.ई. विद्यार्थियों, अभिभावकों, शिक्षकों, प्रशिक्षकों, नीति-निर्माताओं आदि को विवेकपूर्ण निर्णय लेने में सक्षम बनाता है। यह विद्यालय या कक्षा स्तर पर पाठ्यचर्या, शिक्षणशास्त्र और शिक्षक की भूमिकाओं को सक्रिय करता एवं जोड़ता है। यह कक्षागत प्रक्रियाओं को इस प्रकार प्रभावित करता है कि सीखने-सिखाने की प्रक्रिया में गुणात्मक सुधार आए जिससे प्रत्येक बच्चे को समग्र रूप से सीखने और विकसित होने के पर्याप्त अवसर मिल सकें और उनकी शिक्षा व प्रगति में सुधार हो सके।

वर्तमान में समाज की निरंतर बदलती आवश्यकताओं के साथ कदम मिलाने के लिए ज़रूरी है कि विभिन्न विषयों को उनकी सीमाओं से ऊपर उठकर उन्हें एकीकृत रूप में देखा और समझा जाए ताकि जीवन की वास्तविक समस्याओं को सुलझाने की ओर बढ़ा जा सके । इसलिए आकलन की प्रक्रिया ऐसी हो जो उच्च कोटि चिंतन के कौशलों को विकसित कर सके। साथ ही आकलन, शिक्षण से जुड़ी समस्याओं को सुलझाने का भी एक प्रभावी साधन है। सभी बच्चे एक ही तरह से नहीं सीखते न ही समान रास्ता अपनाते हैं, क्योंकि सीखना न तो एक समान होता है और न ही अपने-आप में लक्ष्य होता है। प्रत्येक व्यक्ति की जन्मजात क्षमताएँ दूसरों से अलग होती हैं। आकलन बच्चों की इन जन्मजात क्षमताओं पर आधारित होना चाहिए। आवश्यकता है तो बच्चों की स्वाभाविक क्षमताओं और उनकी सीखने की क्रियाओं की पहचान करने की, जिससे उनके ज्ञान, कौशल एवं प्रवृत्तियों के विकास को उचित अवसर दिए जा सके। इससे आकलन वैयक्तिक, समग्र और सीखने-सिखाने का अभिन्न अंग बन जाता है।

सतत् एवं व्यापक मूल्यांकन की आवश्यकता

भारत सरकार द्वारा स्थापित शिक्षा आयोग (1964-66) के परीक्षा सुधारों को ध्यान में रखते हुए, राष्ट्रीय शिक्षा नीति, 1986 के अनुसार बच्चों के सीखने की प्रगति का आकलन, शिक्षण अधिगम प्रक्रिया का एक अभिन्न अंग है। इसमें उल्लेख किया गया है कि सी.सी.ई. को शिक्षण-अधिगम की प्रक्रिया में इस प्रकार लागू किया जाए जिससे शैक्षिक एवं गैर-शैक्षिक पहलुओं को समग्र रूप से देखते हुए स्कूली व्यवस्था में अकों के स्थान पर ग्रेड द्वारा आकलन करने पर बल दिया जाए। इसमें बाहरी परीक्षा की प्रधानता को कम करने तथा स्कूली स्तर पर मूल्यांकन को सरल और कारगर बनाने के लिए कहा गया है। कार्यक्रम कार्यान्वयन ने विद्यालय-स्तर पर राष्ट्रीय शिक्षा नीति, 1986 के कार्यान्वयन के लिए एक रूपरेखा तैयार की। इसके बाद विकसित राष्ट्रीय पाठ्यचर्या की सभी रूपरेखाओं ने एक ऐसी मूल्यांकन पद्धति की अनुशंसा की जो सीखने-सिखाने की प्रकिया का अभिन्न अंग हो, ताकि बच्चे को किसी भी प्रकार की अनुचित पीड़ा, उत्पीडन, चिंतन व अपमान आदि से बचाया जा सके।

राष्ट्रीय पाठ्यचर्या की रूपरेखा (एन.सी.एफ़.) 2000 ने इस बात पर जोर दिया कि बच्चों की सीखने संबंधी उपलब्धियों के आकलन के लिए अंकों के बजाय ग्रेड दिए जाएँ और ग्रेड देने के लिए मूल्यांकन की किसी एक तकनीक पर निर्भर न रहकर विभिन्न प्रकार की तकनीकों का उपयोग किया जाए। एन.सी.एफ. 2005 ने बच्चों को एक सहज शिक्षार्थी के रूप में प्रस्तुत किया। एन.सी.एफ़. 2005 के अनुसार बच्चे स्वाभाविक रूप से जिज्ञासु होते हैं। वे अपने परिवेश में क्रिया कर स्वयं ज्ञान सृजन करते हैं। इसलिए उनके अपने अनुभवों एवं राय को प्राथमिकता देते हुए जिज्ञासा पोषित करने के भरपूर अवसर दिए जाएँ। एन.सी.एफ़. 2005 में बल दिया गया है कि बच्चों को अपनी सोच का पता लगाने और अपनी जिज्ञासा को पोषित करने के अवसर दिए जाएँ। जब बच्चे अपने आस-पास की दुनिया के साथ सक्रियता से संलिप्त होंगे, तब इसके प्रतिफल के रूप में वे अपने ज्ञान का सृजन स्वयं करेंगे। मनोवृत्तियों, भावनाओं और मूल्यों को संज्ञानात्मक विकास का अभिन्न अंग मानते हुए एन.सी.एफ. 2005 विद्यालय-स्तर पर सीखने-सिखाने और आकलन के दौरान उन्हें समग्र रूप से देखने की अनुशंसा करता है। इस प्रकार, पिछले कई दशकों से विभिन्न नीति-दस्तावेज़ों द्वारा सी.सी.ई. की विद्यालय-आधारित आकलन प्रणाली के रूप में अनुशंसा की गई है, जो कि सतत एवं व्यापक मूल्यांकन द्वारा बच्चों के समग्र विकास की जानकारी दे सकता है। सतत एवं व्यापक मूल्यांकन के "सतत" से आशय सीखने-सिखाने की प्रक्रिया के दौरान चलने वाले नीतिगत परिप्रेक्ष्य वाले आकलन से है जो सत्र के अंत में होने वाले आकलन के साथ-साथ समय रहते यह संकेत देता है कि शिक्षण में और सीखने में कहाँ-कहाँ सुधार की ज़रूरत है। विशिष्ट पाठ्यचर्या के क्षेत्रों के साथ-साथ अन्य क्षेत्रों को शामिल करते हुए, बच्चे के समग्र विकास को ध्यान में रखने को "व्यापकता" के रूप में देखा जाता है। सी.सी.ई. की अनुशंसा इसलिए की गई थी कि सीखने की आवश्यकताओं को समझने में आ रही कठिनाइयों की पहचान की प्रक्रिया में संवर्धन करने और चिंता एवं तनाव दूर करने हेतु समुचित उपाय करने में मदद मिलेगी। इसका यह भी एक उद्देश्य है कि रटने की प्रवृत्ति को कम किया जाए, शिक्षकों द्वारा अपने शिक्षण पर विचार-विमर्श किया जाए, उसकी समीक्षा की जाए और उसमें सुधार किया जाए, सभी बच्चों को उनके सीखने में सुधार के लिए फ़ीडबैक दिया जाए।

यह व्यवस्था विशेष आवश्यकता वाले और वंचित वर्गों से संबंध रखने वाले बच्चों के लिए भी लागू है। हालाँकि इस व्यवस्था को संदर्भ के अनुरूप विभिन्न साधनों के द्वारा और अधिक विश्वसनीय और प्रभावशाली बनाने की आवश्यकता है।

सतत एवं व्यापक मूल्यांकन के दोष

शिक्षा के अधिकार को लागू हुए कुछ वर्ष हो गए हैं और तब से विभिन्न राज्यों, केंद्र-शासित प्रदेशों तथा विद्यालयी शिक्षा का संचालन करने वाले अन्य निकायों से संबंधित अकादमिक अधिकारियों दवारा CCE की विभिन्न योजनाएँ लागू कर दी गई हैं। परंतु अभी तक हुए अनुसंधानों और कार्य के अनुभवों से पता चला है कि विभिन्न हितधारकों को (CCE) की इन योजनाओं को उपयोग में लाते हुए समस्याओं का सामना करना पड़ रहा है क्योंकि ये योजनाएँ आकलन के शोध-आधारित सतत और व्यापक सिद्धांतों के अनुरूप नहीं हैं। शिक्षक अधिकतर आँकड़े इकट्ठा करने और बच्चों का प्रगति रिकॉर्ड रखने जैसे कामों में ही लगे रहते हैं, इसलिए ये योजनाएँ शिक्षकों को बहुत बोझिल लगती हैं। इससे न केवल आकलन की प्रक्रिया कठिन हो जाती है, बल्कि आकलन का उद्देश्य भी पूरा नहीं हो पाता, क्योंकि सीखने-सिखाने का मूल्यवान समय नष्ट हो जाता है। लगातार टेस्ट देते रहना और दूसरों की तुलना में परखे जाना बच्चों में भय और चिंता का भाव पैदा कर रहा है। शिक्षकों, विद्यार्थियों, माता-पिता या अभिभावकों और विभिन्न स्तरों पर कार्यरत कर्मियों द्वारा CCE के विभिन्न पहलुओं पर पूछे गए प्रश्नों के उत्तर न मिलने से और इनकी अलग-अलग व्याख्याएँ करने से CCE सही मायनों में लागू नहीं हो पाया। इन योजनाओं के अनुसार सी.सी.ई. का जो स्वरूप लागू है, वह न तो नीतिगत परिप्रेक्ष्यों के अनुरूप है और न ही हितधारकों के पक्ष में है।

बच्चों को गुणवत्तापरक शिक्षा देने और उन्हें समग्र रूप से विकसित होने के लिए यह ज़रूरी है कि उनकी सीखने की प्रगति के बारे में सी.सी.ई. द्वारा पता किया जाए जिससे नीचे लिखे बिंदुओं में विशेष सहायता मिल सकेगी—

1. बच्चे के अधिगम और विकास में हुए परिवर्तनों का पता लगाना और उनकी सही-सही पहचान करना।
2. हर बच्चे को सीखने के लिए कहाँ और कैसी मदद की ज़रूरत है, इसकी पहचान करना।

3. बच्चों की आवश्यकताओं के अनुरूप सीखने-सिखाने की योजना बनाना जिससे उनका बेहतर अधिगम और विकास हो।
4. स्व आकलन का अवसर देते हुए बच्चों में अपने काम की समीक्षा करके अधिगम को बेहतर करने की क्षमता का विकास करना।
5. यह पता लगाना कि पाठ्यचर्या की अपेक्षाओं और सीखने के प्रतिफलों की प्रगति किस सीमा तक हो पायी है।
6. बच्चों के अधिगम और विकास की कमियों को पूरा करने के लिए कक्षा में सीखने-सिखाने की प्रक्रियाओं को दुरुस्त करना।
7. माता-पिता, अभिभावकों एवं अन्य हितधारकों को बच्चों की प्रगति के बारे में साक्ष्य-आधारित फ़ीडबैक देना और उन्हें बच्चे के अधिगम तथा विकास में रचनात्मक रूप से शामिल करना।
8. आकलन के भय को दूर करते हुए हर बच्चे को सीखने हेतु लगातार प्रोत्साहित करना एवं उनमें आत्मविश्वास जगाना।

प्रगति पत्रक-प्रगति पत्र विद्यालय का ऐसा दस्तावेज है जिसके अन्तर्गत विद्यालय में पढ़ने वाले प्रत्येक बच्चे का, वर्ष भर के शिक्षण में सीखने वाले सभी प्रकार के पहलुओं और प्रक्रियाओं को चित्र के माध्यम से प्रस्तुत व नोट किया जाता है। इसके साथ-साथ यह पत्रक विभिन्न छात्रों व कक्षा प्रक्रिया की प्रगति के बीच संबंध भी दिखाता है।

प्रगति पत्र या अंक सूची में विद्यार्थी का पूरा नाम, माता-पिता का नाम, जन्मतिथि, विद्यार्थी कोड, जाति, धर्म, यू-डाइस कोड, बच्चे का निवास स्थान, अभिभावक का मोबाइल नम्बर स्पष्ट रूप से भरा होता है। इस भाग में कक्षा के नीचे यु-डाइस कोड अनिवार्य रूप से लिखें, (U-DISE) का फुल फार्म Unified District Information System for Education (शिक्षा के लिए एकीकृत जिला सूचना प्रणाली) होता है। इससे स्कूल की पहचान की जाती है। यह कोड 11 अंकों का होता है। प्रगति पत्रक में यह सुनिश्चित करने की आवश्यकता है कि शिक्षण प्रक्रिया व शिक्षण उद्देश्य कहाँ तक प्राप्त हुए। छात्र के व्यक्तित्व व ज्ञान में कितनी प्रगति हुई। कक्षा में चल रही सीखने-सिखाने की प्रक्रिया कितनी बेहतर हुई आदि आते हैं।

इसके अन्तर्गत छात्रों की व्यक्तिगत और विशेष जरूरतों का पता लगाना उसकी रुचि, अरुचि, सीखने की प्रक्रिया तथा प्रगति की जानकारी मिलती है।

एक प्रगति रिपोर्ट का उद्देश्य देखने वालों को शब्दों और विचारों से अभिभूत किये बिना होने वाली प्रगति को दिखाना है। शिक्षक को केवल इस बात पर ध्यान देना चाहिये कि कोई भी नई जानकारी कैसे आ रही है, और किस पर अभी भी काम करने की आवश्यकता है और शिक्षण प्रक्रिया में छात्रों के विकास के लिए क्या बदलाव किये जाने की आवश्यकता है।

प्रगति पत्रक के उपयोग

1. **प्रगति का आकलन**-प्रगति रिपोर्ट एक स्कूली वर्ष के दौरान छात्रों ने कितना सीखा, अनुभव किया और पूरा किया, उसका मूल्यांकन करने के लिए साधन भी उपलब्ध कराता है। इसमें प्रत्येक वर्ष तुलना करने से ये निष्कर्ष निकलता है कि पिछले वर्ष या पिछले कई वर्षों से छात्र में कितनी प्रगति हुई है व उसकी ताकत व कमजोरियों के बारे में भी पता चलता है।
2. **अभिभावकों की प्रतिक्रिया**-प्रगति रिपोर्ट शिक्षकों के साथ-साथ अभिभावकों के लिए भी बहुत महत्त्वपूर्ण होती है जिससे वे अपने बच्चे में होने वाले विकास व शैक्षणिक योग्यताओं के बारे में जानकारी प्राप्त करते हैं तथा शिक्षक की सहायता से कमियों को दूर करने का प्रयास करते हैं।
3. **छात्रों के लिए आत्म मूल्यांकन**-एक प्रगति रिपोर्ट छात्रों के लिए मूल्यांकन होती है जिससे छात्र उन क्षेत्रों की पहचान करता है जिन्हें उसे सुधारने की आवश्यकता होती है, तथा यह पिछले वर्षों की तुलना में उसमें होने वाली प्रगति को भी मूल्यांकित करती है। उच्च प्राथमिक स्तर पर छात्रों को स्वयं से अपनी प्रगति रिपोर्ट बनाकर मूल्यांकित करनी चाहिये।

शिक्षक वृत्तिक विकास : अवधारणा, आवश्यकता, नीतिगत विमर्श व सीमाएँ

शिक्षकों का वृत्तिक विकास एक व्यापक प्रक्रिया है। जिसके माध्यम से सेवारत शिक्षक अपने व्यक्तित्व, पाठ्यक्रम संचालन की रणनीति एवं कक्षा व विद्यालय प्रबंधन कौशल तथा वृत्तिक समझ का यथासंभव विकास कर सकते हैं और अपने ज्ञान का समयानुसार नवीनीकरण कर, आवश्यक वृत्तिक मूल्यों की पहचान कर व उनका वाहक बनकर एवं अध्ययन, साथियों से चर्चा आदि के माध्यम से निरंतर अपने कार्यों को परिमार्जित कर सकते हैं।

इसका आशय यह है कि यदि शिक्षण को एक व्यवसाय माना जाता है तो **शिक्षक** विद्यार्थियों को स्वतंत्र रूप से भी पढ़ा सकता है और **शिक्षकों** के एक समूह के साथ विद्यालय के भीतर भी। अब तक हमने यह सीखा कि एक व्यवसाय, विशिष्ट अध्ययन एवं प्रशिक्षण पर आधारित **शिक्षकों** का **वृत्तिक विकास** होता है।

व्यवसाय के रूप में शिक्षण

यदि शिक्षण को व्यवसाय के रूप में समझना है, तो पहले व्यवसाय के बारे में हमें जानकारी होनी चाहिए।

व्यवसाय का अर्थ

व्यवसाय को ऐसे परिभाषित कर सकते हैं जिसके लिए विशिष्ट अध्ययन एवं प्रशिक्षण की आवश्यकता होती है। इसका उद्देश्य शुल्क या पारिश्रमिक के बदले सेवा या निर्देशन प्रदान करना होता है। व्यवसाय का आशय ज्ञान के संचयन, कौशलों के विकास एवं मानवता की सेवा के लिए उनके प्रयोग से है। एक व्यावसायिक व्यक्ति की सेवा प्रत्यक्ष व अप्रत्यक्ष दोनों प्रकार की होती है और यह सेवा लोगों को एक सीमित मात्रा में सीमित समय के लिए व जीवन की एक निश्चित अवधि तक ही दी जा सकती है।

व्यवसाय की विशेषता

किसी भी प्रकार के व्यवसाय की कुछ विशिष्ट विशेषताएँ होती हैं

(1) व्यवसाय आवश्यक रूप से सामाजिक व आर्थिक सेवा प्रदान करता है।
(2) व्यवसाय में शामिल व्यक्तियों के लिए सतत् सेवारत प्रशिक्षण की आवश्यकता है।
(3) एक व्यवसाय विशिष्ट ज्ञान युक्त एवं विस्तृत व्यावहारिक प्रशिक्षण की माँग करता है।
(4) व्यवसाय अपने सदस्यों के व्यावसायिक जीवन को सुनिश्चित करता है।
(5) व्यवसाय की अपनी सीमायें होती हैं।
(6) व्यवसाय दो कार्यों को करने का दावा करता है। पहला सेवा करना तथा दूसरा संचेतना, समझदारी एवं दक्षता के साथ सेवा करना।

शिक्षण व्यवसाय की विशेषताएँ

एक शिक्षक जो कि एक व्यावसायिक व्यक्ति है। वह अपनी सेवायें छात्रों को एक सीमित, जब तक वे विद्यालय, महाविद्यालय या विश्वविद्यालय में होते हैं, तब तक ही प्रदान करता है। वह व्यवसाय का अभ्यास स्वतंत्र व संस्थागत दोनों रूप से कर सकता है। अर्थात शिक्षक छात्रों को स्वतंत्र व अन्य शिक्षकों के समूह दोनों के साथ पढ़ा सकता है।

इसकी विशेषताएँ निम्नलिखित हैं-

(1) शिक्षण अनिवार्य रूप से क्रमबद्ध ज्ञान पर निर्भर करता है।

(2) शिक्षण एक बौद्धिक कार्य है क्योंकि शिक्षण में अधिगम क्रियाओं को निरंतर संगठित कर उचित एवं सहयोगी वातावरण का निर्माण करना होता है।

(3) शिक्षक को इस प्रकार प्रशिक्षित किया जाता है कि वह कला व विज्ञान दोनों की जानकारी रखे।

(4) शिक्षण की प्रकृति स्व-संगठन की होती है।

(5) शिक्षण सामान्य रूप से सामाजिक सेवा है। यह राष्ट्र में परिवर्तन लाने का सशक्त माध्यम है।

(6) शिक्षण उच्च स्तरीय स्वायत्तता से युक्त होता है।

(7) इसके अध्ययन एवं प्रशिक्षण की अवधि लंबी होती है।

(8) शिक्षण की एक सामान्य आचार संहिता होती है।

(9) शिक्षण सेवाकालीन विकास को जन्म देता है।

(10) शिक्षण एक गत्यात्मक अनुशासन है।

शिक्षक वृत्तिक विकास की आवश्यकता

शिक्षकों का वृतिक विकास एक व्यवसाय, विशिष्ट अध्ययन एवं प्रशिक्षण पर आधारित होता है। यह जनसंख्या के एक निश्चित भाग को निश्चित उद्देश्य की प्राप्ति हेतु एक निश्चित अवधि के लिए, दक्ष सेवा एवं निर्देशन प्रदान करता है। शिक्षक वृतिक विकास कोई घटना नहीं बल्कि एक सतत् प्रक्रिया है। इसमें कोई संदेह नहीं कि शिक्षण एक व्यवसाय है। इसके कुछ व्यावसायिक दायित्व होते हैं। कभी-कभी ये दायित्व आचार संहिता के रूप में लिखे जाते हैं। शिक्षण व्यवसाय में बहुत अधिक परिवर्तन आया है। NCF 2005 में शिक्षण अधिगम प्रक्रिया में अभूतपूर्व परिवर्तन किए गए हैं। इसने शिक्षकों की भूमिका को भी प्रभावित किया है। ऐसे कई नीतिगत परिवर्तनों ने शिक्षकों की भूमिका को परिवर्तित किया है-

(1) सामाजिक एवं शैक्षिक परिस्थितिजन्यता की आवश्यकता

(2) स्थानीय शिक्षकों व क्षेत्रीय शिक्षकों की वृतिक के लिए उत्साहवर्धन

(3) सेवारत अध्यापक-शिक्षा को और सुदृढ़ व सुव्यवस्थित होने की आवश्यकता

(4) नई शिक्षण सामग्री, उपगमों की जानकारी प्राप्त करने तथा उसमें दक्षता प्राप्त करना

(5) मानव ज्ञान के क्षेत्र में नए आयामों को प्राप्त करना।

(6) शैक्षिक प्रशासन एवं गुणात्मक शिक्षा के विकास हेतु।

(7) शिक्षकों के गुणात्मक व मात्रात्मक संवर्धन की आवश्यकता।

(8) तकनीकी, विज्ञान व आर्थिक क्षेत्र से जुड़ी अनेक समस्याओं व चुनौतियों का सामना करना।

शिक्षकों के वृत्तिक विकास की कुछ विशेषताएँ

शिक्षक के वृत्तिक विकास की विशेषताएँ निम्नलिखित हैं-

(1) वृत्तिक विकास लगातार एवं नियमित ढंग से चलने वाली एक प्रक्रिया है।

(2) वृत्तिक विकास के अंतर्गत शिक्षक, विद्यालय व संस्था के विकास को भी शामिल किया जाता है।

(3) वृत्तिक विकास के लिए संस्था के पास स्पष्ट रूप से नीतिगत योजनाएं होना अनिवार्य है।

(4) वृत्तिक विकास के अंतर्गत विषय विशेष वाली दक्षताओं के होने के साथ-साथ सामान्य दक्षताओं का संयोजन होता है।

(5) वृत्तिक विकास एक आजीवन चलने वाली प्रक्रिया है जो सेवापूर्व से आरम्भ होती है तथा संपूर्ण सेवाकाल में चलती है।

(6) वृत्तिक विकास के लिए संस्था विद्यार्थियों की आवश्यकताओं तथा अधिगम निर्गत पर संकेंद्रण करती है।

(7) सेवाकार्य के दैनिक निष्पादन में दक्षता का प्रदर्शन करना

(8) संस्था द्वारा प्रजातांत्रिक वातावरण की उपलब्धि कराना वृत्तिक विकास व व्यक्तित्व विकास को तीव्र गति से आगे बढ़ाता है।

(9) शिक्षकों की कार्यक्षमता एवं कुशलता में वृद्धि करने में सहायक।

वृत्तिक विकास के लिए राष्ट्रीय स्तर पर प्रयास-

(1) राष्ट्रीय शिक्षा नीति 1986 के प्लान में शिक्षकों के सेवाकालीन प्रशिक्षण पर बल

(2) 1986 : NCERT में PMOST को शामिल करना।

(3) DPEP प्रोग्राम के अंतर्गत DIET'S की स्थापना करना।

(4) ब्लॉक रिसोर्स सेंटर (BRC) की स्थापना।

(5) SSA के अंतर्गत 20 दिन के वार्षिक प्रशिक्षण का प्रावधान।

(6) दूरस्थ शिक्षण के माध्यम से प्रशिक्षण की व्यवस्था।

(7) IGNOU द्वारा B.Ed

(8) NIOS द्वारा D.El.Ed प्रारंभ।

विद्यालय में नेतृत्व व्यवस्था और शिक्षक : प्रशासनिक, सामूहिक, शिक्षणशास्त्रीय, परिवर्तनकारी

शिक्षकों के व्यावसायिक विकास का नेतृत्व करना

अध्यापकों की शिक्षा के लिए राष्ट्रीय पाठ्यचर्या की रूपरेखाः व्यावसायिक और कर्तव्यशील शिक्षक तैयार करने के लिए (एनसीएफटीई) (नेशनल कौंसिल फॉर टीचर एजुकेशन, 2009) एक व्यावसायिक कार्यबल का विकास करने के महत्त्व पर जोर देती है। व्यावसायिक विकास एक जीवन-पर्यंत चलने वाली प्रक्रिया है और यह व्यावसायिक दक्षता का विकास करने में प्रमुख है। डिस्ट्रिक्ट प्राइमरी एजुकेशन प्रोग्राम (डीपीईपी) और सर्व शिक्षा अभियान (एसएसए) ने सभी सार्वजनिक क्षेत्र के विद्यालय के शिक्षकों के लिए विकास क्षेत्र और समूह संसाधन केंद्रों के माध्यम से व्यावसायिक विकास प्रदान करने के लिए कई स्थल उपलब्ध कराए हैं। इसके अलावा, इंस्टीट्यूट्स ऑफ एडवांस्ड स्टडीज इन एजुकेशन (आईएएसई), कॉलेज ऑफ टीचर एजुकेशन (सीटीई), द स्टेट कौंसिल ऑफ एजुकेशनल रिसर्च (एससीईआरटी), डिस्ट्रिक्ट इंस्टीट्यूट्स ऑफ एजुकेशन एंड ट्रेनिंग (डाइट) और कुछ गैर-सरकारी संगठन शिक्षकों के लिए सेवारत शिक्षण कार्यक्रम संचालित करते हैं। विकास न केवल सेवारत प्रशिक्षण के माध्यम से बल्कि प्रशिक्षक के नेतृत्व वाले वर्कशॉप, क्लस्टर रिसोर्स सेंटर (सीआरसी) बैठकों, वार्तालाप, समकक्ष प्रशिक्षण, सामूहिक शिक्षा गतिविधियों आदि के माध्यम से भी किया जाता है।

एक विद्यालय प्रमुख के रूप में आपकी भूमिका में शिक्षकों को अपने कार्य (शिक्षक के व्यावसायिक विकास के नेतृत्व सहित) में सुधार करने के लिए सक्षम करना अनिवार्य रूप से शामिल होता है। यह काम सरल नहीं है क्योंकि इसमें ऐसी कुछ बाधाएँ आती हैं जो आपके नियंत्रण में नहीं होती हैं। इसलिए आपको शिक्षकों को स्वतंत्र रूप से कार्य करने के अवसर प्रदान करने होंगे।

अधिगम डायरी

इस इकाई में काम करने के दौरान आप से अपनी अधिगम की डायरी में नोट्स बनाने को कहा जाएगा। यदि आपने पहले से ही इसे शुरू नहीं किया है तो यह एक पुस्तक या फोल्डर है जिसमें आप विचारों और योजनाओं को एक स्थान पर एकत्र करके रख सकते हैं और हो सकता है आप इस पर अकेले काम कर रहे हों लेकिन यदि आप किसी अन्य विद्यालय प्रमुख के साथ अपने सीखने के बारे में चर्चा करने में सक्षम हैं तो आप इससे अधिक सीखेंगे। वह आपका कोई सहकर्मी जिसके साथ आप पहले से सहयोग कर रहे हैं या कोई और हो सकता है जिसके साथ आप नया संबंध बना रहे हैं।

यह आयोजित की गई किसी गतिविधि के माध्यम से या अधिक अनौपचारिक आधार पर हो सकता है। अपनी अधिगम डायरी में बनाए गए आपके नोट्स इसके लिए और साथ ही आपके सीखने और विकास का मानचित्रीकरण करने के लिए उपयोगी होंगे।

इस इकाई से विद्यालय प्रमुख क्या सीख सकते हैं-

- शिक्षकों का व्यावसायिक विकास, विद्यालय के सुधार और छात्रों के सीखने के नतीजों को किस तरह सुधारा जा सकता है।
- व्यावसायिक विकास की जरूरतों का आकलन करने, शिक्षकों की मदद करने तथा समुचित सुधार के लिए।
- सभी शिक्षकों के व्यावसायिक विकास की योजना बनाएँ, उनकी निगरानी करें और उन्हे सक्षम करें।

1. शिक्षक विकास परिदृश्य-अध्यापन कोई स्थिर व्यवसाय नहीं है बल्कि यह तकनीकी, सदैव बदलते ज्ञान, वैश्विक अर्थशास्त्र के दबावों और सामाजिक दबावों से प्रभावित होकर बदलता रहता है। इसका मतलब है कि इन परिवर्तनों को संबोधित करने के लिए अध्यापन के तरीकों और कौशलों का लगातार बदलाव और विकास आवश्यक है। शिक्षकों का बदलाव की क्षमता से युक्त होना अनिवार्य है।

राष्ट्रीय पाठ्यचर्या की रूपरेखा (एनसीएफ, 2005) की शैक्षणिक आवश्यकता को हमारी कक्षाओं में शिक्षक साकार कर सकें, इसके लिए महत्त्वपूर्ण है कि शिक्षकों का व्यावसायिक विकास किया जाय जिसका दायित्व विद्यालय प्रमुख के कंधों पर है। नेशनल प्रोग्राम डिजाइन एंड करिकुलम फ्रेमवर्क (2014) का मुख्य क्षेत्र विद्यालय प्रमुख की क्षमताओं का विकास करके पढ़ाने-सीखने की प्रक्रिया को *बच्चों पर केंद्रित रचनात्मक संलग्नता में रूपांतरित करने पर केंद्रित* है। इस तरह अपने विद्यालय में हर शिक्षक के सतत व्यावसायिक विकास (सीपीडी) को नियोजित करने, उसकी निगरानी करने और उसे सक्षम करने में विद्यालय प्रमुख की महत्त्वपूर्ण भूमिका होती है।

क्रिस्टोफर डे के अनुसार, शिक्षकों के व्यावसायिक विकास को एक जीवन-पर्यंत चलने वाली प्रक्रिया के रूप में देखा जाना चाहिए जो उनके निजी और साथ ही व्यावसायिक जीवन पर और कार्यस्थल की नीति और सामाजिक सन्दर्भ पर ध्यान केंद्रित करती है। यह बात विद्यालय प्रमुख के ध्यान में रखने के लिए महत्त्वपूर्ण है क्योंकि छात्र भी जीवन-पर्यन्त सीखते रहते हैं। वैसे शिक्षक भी हमेशा सीखते हैं। इस बात का कोई अन्त नहीं है कि आप को सारा ज्ञान व.कौशल प्राप्त हो चुका हो।

हालांकि केंद्रीकृत पाठ्यक्रमों में व्यावसायिक विकास प्राय: मौजूद होता है, विद्यालय-आधारित व्यावसायिक विकास के कई लाभ हैं और वह अपने व्यावसायिक विकास में लगे शिक्षकों को कई बाधाओं को पार करने में मदद करता है जिन्हें केंद्रीकृत पाठ्यक्रम प्रदान नहीं कर सकते; उदाहरण के लिए-

- शिक्षक-विशेष के व्यावसायिक विकास की जरूरतों को संबोधित करके
- विद्यालय की विशिष्ट जरूरतों और विशेषताओं को संबोधित करके
- विद्यालय के विकास के लिए विशिष्ट बिंदुओं के साथ समायोजित होकर
- एक साथ काम करने वाले शिक्षकों के समूह को लेकर क्षमता और कौशलों के निर्माण को आसान बनाकर
- अध्यापन की समयसारणी में व्यवधानों को कम करके, क्योंकि शिक्षक पढ़ाते समय अपने व्यावसायिक विकास पर काम कर सकते हैं
- छात्रों के सीखने के बारे में तत्काल प्रतिक्रिया की संभावना प्रदान करके, क्योंकि व्यावसायिक विकास कक्षा में हो सकता है
- विद्यालय प्रमुख को व्यावसायिक विकास की गुणवत्ता और ध्यान देने पर अधिक नियंत्रण देकर।

ये बिन्दु विद्यालय-आधारित उन गतिविधियों के माध्यमों से सेवारत शिक्षकों के विकास पर जोर देते हैं जो प्रभावी सीखने और अध्यापन की प्रक्रिया तथा साथ ही सारे विद्यालय के सुधार को प्रोत्साहित करती हैं।

शिक्षकों के व्यावसयिक विकास के लिए किए जाने वाले कार्य-

(1) प्राथमिक व माध्यमिक विद्यालय में पढ़ाने और सीखने में सुधारों का नेतृत्व करना।

(2) अपने विद्यालय में आकलन का नेतृत्व करना।

(3) परामर्श देना व प्रशिक्षित करना।

(4) कार्य प्रदर्शन को सुदृढ़ करने तथा विद्यालयी व्यवस्था बनाए रखने में शिक्षकों की सहायता करना।

(5) अपने विद्यालय में सीखने की प्रभावी संस्कृति का विकास करना।

शिक्षक वृत्तिक विकास में नीतिगत विमर्श व सीमाएँ

(1) विभिन्न संस्थानों द्वारा समय-समय पर विशेषज्ञों के द्वारा सतत् शिक्षा के माध्यम से वृत्तिक विकास कार्यक्रम आयोजित किए जाते हैं।

(2) स्वाध्याय/स्व अध्ययन सहकर्मियों के साथ सीखने के द्वारा या समुदाय के साथ अंत:क्रिया के माध्यम से अपने अनुभवों को परिमार्जित एवं संवर्धित किया जा सकता है।

(3) शिक्षक व छात्र के मध्य सम्प्रेषण को प्रभावशाली व उपयोगी बनाने में सहायक।

(4) आचारसंहिता शिक्षक को कर्तव्यनिष्ठ बनाती है।

(5) शिक्षक इसके पालन से अपने को अनुशासित बनाने का प्रयत्न करते हैं।

(6) इसका प्रयोग शिक्षक तथा छात्र में आत्मविश्वास, एकता, सजगता तथा समन्वय की भावना विकसित करता है।

(7) इसकी सहायता से शिक्षक व छात्र दोनों अपना उत्तरदायित्व समझते हैं।

सीमाएँ-

(1) कक्षा अध्ययन

(a) शिक्षक नियमित रूप से स्कूल में आएँ
(b) कक्षा में समय पर आएँ
(c) अपनी शिक्षण अधिगम सामग्री व शिक्षण विधियों का उपयोग करें
(d) गृहकार्य की पूर्णरूप से जाँच करें।
(e) कक्षा में छात्रों के प्रति किसी भी प्रकार के भेदभाव से बचें।
(f) शिक्षण अधिगम को प्रभावी बनाएँ।

(2) परीक्षा संबंधी

(a) परीक्षा-पत्र की पूर्ण रूप से गोपनीयता बनाए रखें।
(b) उत्तर पुस्तिकाओं की जाँच करें।
(c) उत्तर पुस्तिकाओं की जाँच में किसी भी विद्यार्थी के साथ कोई भेदभाव न करें।

(3) छात्रों से व्यवहार

(a) छात्रों से किसी प्रकार का भेदभाव न करें।
(b) विभिन्न गतिविधियों के माध्यम से उन्हें सिखाने का प्रयास करें।
(c) छात्रों को किसी भी प्रकार से मजबूर न करें कि वे ट्यूशन लें।

(4) साथियों के साथ बर्ताव

(a) अपने साथी शिक्षकों, कर्मचारियों, व स्टाफ को पूर्ण सम्मान दें।
(b) छात्रों के सम्मुख प्रधानाचार्य, विद्यालय प्रबंधन समिति, शिक्षक आदि किसी की निंदा न करें।

(5) व्यावसायिक अभिवृद्धि

(a) व्यावसायिक अभिवृद्धि की शैक्षिक संगोष्ठियों, कार्यशालाओं में सक्रिय रूप से भाग लेना।
(b) व्यावसायिक पुस्तकों व साहित्य का अध्ययन करें।

(6) सामान्य आचार संहिता

(a) छात्रों के सम्मुख मादक पदार्थों (तम्बाकू, सिगरेट, आदि) का सेवन न करें।
(b) छात्रों को निजी कार्य करने के लिए बाध्य न करें।
(c) सर्वदा शिष्टाचार का पालन करें

ये सभी बिन्दु शिक्षक के वृत्तिक विकास में सहायक होते हैं।

अभ्यास प्रश्न

1. प्रबन्धन प्रत्येक उपक्रम का गतिशील एवं जीवनदायक तत्त्व है। यह परिभाषा है–
(a) हेनरी फियोल
(b) पीटर एफ ड्रकर
(c) जेम्स एल. लुण्डी
(d) सी. डब्ल्यू. विल्सन

2. प्रबन्धन का प्रथम सोपान/तत्व है–
(a) योजना बनाना
(b) गठित करना
(c) निर्देशन
(d) मूल्यांकन

3. बदलते परिवेश के साथ हमें निम्न में बदलाव करना चाहिए–
(a) कार्य संस्कृति
(b) मानसिकता
(c) अनुशासन
(d) विद्यालय

4. अनुशासन के द्वारा विकास किया जा सकता है–
(a) शारीरिक मूल्य
(b) बौद्धिक क्षमता
(c) सामाजिकता
(d) ये सभी

5. विद्यालय में अनुशासनहीनता का कारण है–
(a) दोषपूर्ण शिक्षा प्रणाली
(b) नेतृत्व में कमी
(c) आर्थिक कठिनाई
(d) ये सभी

6. बालकों में मुफ्त एवं अनिवार्य शिक्षा का अधिकार अधिनियम देश में कब लागू हुआ?
(a) 1 अप्रैल 2009
(b) 1 अप्रैल 2010
(c) 1 नवंबर 2010
(d) 1 नवंबर 2009

7. भारतीय संविधान में किस अनुच्छेद में नि:शुल्क एवं अनिवार्य शिक्षा का अधिकार शामिल किया गया है?
(a) अनुच्छेद 26
(b) अनुच्छेद 15
(c) अनुच्छेद 45
(d) अनुच्छेद 21(A)

8. शिक्षा का अधिकार संविधान संशोधन के द्वारा किस वर्ष में समवर्ती सूची में डाला गया?
(a) 1952
(b) 1976
(c) 1978
(d) 1986

9. भारत में शिक्षा को किस अनुसूची में रखा गया है?
(a) केन्द्र सूची
(b) राज्य सूची
(c) समवर्ती सूची
(d) विशेष सूची

10. विद्यालय प्रबंधन समिति का अध्यक्ष कौन होता है?
(a) शिक्षक
(b) प्रधानाध्यापक
(c) अभिभावक
(d) छात्र

11. निजी स्कूलों में गरीब बच्चों के लिए सीटें आरक्षित हैं?
(a) 30%
(b) 10%
(c) 25%
(d) 50%

12. विद्यालय प्रबंधन समिति में महिलाओं की संख्या कितने प्रतिशत आवश्यक है?
(a) 50%
(b) 75%
(c) 25%
(d) 20%

13. SMC की साधारण सभा की बैठक कितने दिनों में होनी चाहिए?
(a) प्रत्येक माह
(b) 3 माह में एक बार
(c) 4 माह में एक बार
(d) 6 माह में एक बार

14. समावेशी कक्षा की मुख्य विशेषताओं में से एक_____है।
(a) शिक्षक कक्षा में विविधता के दायरे के साथ कक्षा का आयोजन करता है।
(b) शिक्षक विकलांग बच्चों का विशेष ध्यान रखता है।
(c) शिक्षक मंद छात्रों की सहायता के लिए विशेषज्ञों का समर्थन चाहता है।
(d) शिक्षक विकलांग बच्चों के प्रति सहानभूति दिखाता है।

15. समावेश शिक्षा का उद्देश्य है–
(a) विशिष्ट छात्रों के प्रशिक्षण पर जोर देना
(b) सभी श्रेणी के छात्रों पर जोर देना
(c) विकलांग छात्रों पर जोर देना
(d) विशेष शिक्षा पर जोर देना

16. एक सफल प्रधानाचार्य होना चाहिए–
(a) कठोर
(b) भावुक
(c) प्रेरक
(d) कोई नहीं

17. शाला के उद्देश्यों को पूरा करने के लिए एक शिक्षक अपने छात्रों में जिन गुणों का विकास करता है, उनमें सबसे महत्त्वपूर्ण है–
(a) छात्रों का सामाजिक विकास
(b) छात्रों का सांस्कृतिक विकास
(c) छात्रों का बौद्धिक विकास एवं अधिगम
(d) छात्रों का शारीरिक विकास

18. शिक्षक वर्ग का आचरण प्रभावित करता है–
(a) परिवार को
(b) छात्रों को
(c) प्रधानाध्यापक को
(d) समाज को

19. विद्यालय प्रशासन के उद्देश्य हैं–
(a) योग्यतानुसार कार्य में लगाना
(b) सामयिक मूल्यांकन को प्रभावपूर्ण बनाना
(c) शैक्षिक कार्य को सफल बनाना
(d) उपर्युक्त सभी

20. शैक्षिक प्रबंधन को कहा जाता है–
(a) एक विज्ञान
(b) एक कला
(c) एक जीवन दर्शन
(d) एक मानविकी

21. कला समेकित शिक्षा किसके द्वारा कार्यान्वित किया जा सकता है?
(a) केवल कला शिक्षक
(b) केवल विषय शिक्षक
(c) प्रशिक्षित शिक्षक
(d) कोई भी शिक्षक

22. कला समेकित शिक्षा दृष्टिकोण किसमें मदद नहीं कर सकता–
(a) सही उत्तरों को याद रखने में
(b) महत्त्वपूर्ण सोच और समस्या को सुलझाने के कौशल का निर्माण करने में
(c) छात्र जुड़ाव बढ़ाने में
(d) अंत: विषय दृष्टिकोण में शामिल करने में

23. कला समेकित शिक्षा में, कला को–
(a) परीक्षा पद्धति कहा गया है
(b) लोक कला कहा गया है

(c) शैक्षणिक उपकरण कहा गया है
(d) शास्त्रीय कला कहा गया है

24. कलाओं के भेदों की संख्या होती है–
(a) दो (b) चार
(c) तीन (d) सात

25. कलाओं की शिक्षा का मुख्य उद्देश्य होता है–
(a) बौद्धिक विकास
(b) शारीरिक विकास
(c) चरित्र निर्माण
(d) उपर्युक्त सभी

26. शाला भवन के अंतर्गत आते हैं–
(a) खेल का मैदान
(b) पुस्तकालय
(c) छात्रावास
(d) ये सभी

27. निम्नलिखित में से कौन-सा भारत में परम्परागत शिक्षा का एक आवश्यक घटक है?
(a) पुस्तकों से सीखना
(b) शिक्षक से सीखना
(c) चिंतन से सीखना
(d) अनुदेशात्मक सामग्री के माध्यम से सीखना

28. भारतीय पारंपरिक शिक्षा प्रणाली के संबंध में निम्नलिखित में से कौन-सा/से कथन सही है?
(i) यह न तो सभी के लिए खुली थी तथा न ही इसमें कोई समानता थी
(ii) यह चरित्र में कुलीन थी तथा धार्मिक उद्देश्य से समर्थित थी।
(a) I तथा II दोनों
(b) न तो I न ही II
(c) केवल I
(d) केवल II

29. बाल केन्द्रित शिक्षा का समर्थन निम्नलिखित में से किस विचारक के द्वारा किया गया?
(a) वी एफ स्किनर
(b) जॉन डीवी
(c) एरिक इरिक्सन
(d) चार्ल्स डार्विन

30. एक बाल-केन्द्रित कक्षा में, बच्चे सामान्यतः सीखते हैं–
(a) वैयक्तिक व सामूहिक दोनों रूपों में
(b) मुख्य रूप से शिक्षक से
(c) वैयक्तिक रूप से
(d) समूहों में

31. प्रतिभाशाली और सृजनात्मक बच्चों की आवश्यकता को किस प्रकार संबोधित किया जा सकता है?
(a) प्रश्न हल करने के लिए विशिष्ट निर्देश उपलब्ध कराकर
(b) रटने पर आधारित परीक्षा देकर
(c) चुनौतीपूर्ण कार्य और नीरसता दूर करने के लिए क्रियाकलाप देकर
(d) वे प्रश्न देकर जिसमें अभिमुखी चिंतन की आवश्यकता है।

32. सृजनात्मक समस्या समाधान की वह अवस्था जिसमें व्यक्ति असंगत सूचनाओं पर ध्यान नहीं देता है। उसे कहते हैं–
(a) प्रबोधन
(b) उद्‌वन
(c) आयोजन
(d) अनुवादन

33. ....के अतिरिक्त निम्नलिखित पाठ्य सहगामी क्रियाकलाप भाषा सीखने में सहायक हो सकते हैं।
(a) परिचर्चा
(b) घटना वर्णन
(c) पदों को याद करना
(d) गीत

34. निम्न में से कौन सृजनात्मकता की विशेषता है?
(a) मौलिकता
(b) उत्पादकता
(c) अपरिवर्तनशीलता
(d) नवीन ज्ञान की खोज

35. पाठ्य सहगामी क्रियाओं में तभी सफलता प्राप्त होती है–
(a) जब शिक्षक प्रेरणा देने वाला हो
(b) यदि शिक्षक छात्र के साथ सतत् सक्रिय रहे
(c) जब सभी छात्र शिक्षक की बात समझ सकें
(d) जब उपरोक्त सभी क्रियायें हों

36. पाठ्य सहगामी क्रियायें मुख्यतः संबंधित हैं–
(a) छात्रों के मानसिक विकास से
(b) छात्रों के सर्वांगीण विकास से
(c) शैक्षिक संस्थानों के विकास से
(d) छात्रों के वृत्तिक विकास से

37. एक अच्छे मूल्यांकन से ज्ञान होता है–
(a) छात्र द्वारा दिए गए संतुलित उत्तर का
(b) उसकी सुंदर लिखावट का
(c) विश्वनीयता एवं वैधता का
(d) शत प्रतिशत परिणाम का

38. आंतरिक मूल्यांकन द्वारा शिक्षक को–
(a) छात्रों की कठिनाइयों का पता चलता है
(b) छात्रों की क्षमता का ज्ञान होता है
(c) छात्रों के व्यक्तिगत गुणों का ज्ञान होता है
(d) उपरोक्त सभी

39. आंतरिक मूल्यांकन स्तर को निरंतर सुधारने हेतु आवश्यक है?
(a) पाठ्यक्रम समिति की स्थापना करना
(b) गाइडेन्स ब्यूरो की स्थापना करना
(c) केन्द्रीय मूल्यांकन और रिसर्च ब्यूरो की स्थापना करना
(d) उपरोक्त सभी

40. मूल्यांकन को व्यापक तभी माना जा सकता है, जब–
(a) सभी अध्यापक मूल्यांकन करें
(b) सभी उद्देश्य मूल्यांकित किए जाएँ
(c) बच्चों के व्यक्तित्व के सभी पक्षों का मूल्यांकन हो
(d) संपूर्ण विषय वस्तु का मूल्यांकन हो

41. मूल्यांकन सहायक है–
(a) संचयी अभिलेख तैयार करने में
(b) अधिगम उद्देश्य की प्राप्ति में
(c) अध्यापक के व्यवहार में सुधार लाने में
(d) ये सभी

42. अधिगम के अच्छे मूल्यांकन के मापदंड हैं–
(a) ये विश्वसनीय होते हैं।
(b) ये तुलनीय होते हैं।
(c) ये युक्तिसंगत होते हैं।
(d) ये सभी

43. व्यक्तित्व के मूल्यांकन की सर्वश्रेष्ठ विधि है–
(a) ड्रा-ए-मैन
(b) सर्वे परीक्षण
(c) प्रश्नावली प्रीक्षण
(d) प्रक्षेपण परीक्षण

44. मूल्यांकन का क्षेत्र होता है–
(a) सीमित
(b) संकुचित
(c) व्यापक
(d) कोई नहीं

45. शिक्षा के व्यावसायिक गुणों में शामिल है–
(a) व्यावसायिक परीक्षण
(b) व्यावसायिक निष्ठा
(c) उत्तम स्वास्थ एवं जीवन शक्ति
(d) a व b दोनों

46. शिक्षक की जवाबदेही पर किसने बल दिया?
(a) शिक्षा आयोग
(b) माध्यमिक शिक्षा आयोग
(c) राष्ट्रीय शिक्षा नीति, 1986
(d) इनमें से कोई नहीं

47. साहित्य पाठ्य सहगामी क्रिया है–
(a) श्रमदान
(b) सहकारी दुकान एवं बैंक
(c) वाद-विवाद एवं कविता प्रतियोगिताएँ
(d) जूनियर रेड क्रॉस

48. विद्यालय संकूल की स्थापना का सुझाव दिया था–
(a) विश्वविद्यालय शिक्षा आयोग
(b) माध्यमिक शिक्षा आयोग
(c) शिक्षा आयोग
(d) इनमें से कोई नहीं

49. लीडरशिप फॉर लर्निंग की खास विशिष्टताएँ निम्न में से प्राप्त नहीं होतीं–
(a) प्रदर्शन नेतृत्व
(b) निरंकुश नेतृत्व
(c) वितरित नेतृत्व
(d) निर्देशात्मक नेतृत्व

50. मतभेद समाधान के लिए एक प्रभावी व्यवहार रणनीति है–
(a) ध्वंसात्मक-सक्रिय
(b) रचनात्मक-सक्रिय
(c) रचनात्मक निष्क्रिय
(d) ध्वंसात्मक निष्क्रिय

51. माध्यमिक स्तर पर प्रभावी नेतृत्व का लक्ष्य है–
(a) सभी विषयों का शिक्षण
(b) बोर्ड परीक्षाओं में बेहतर परिणाम
(c) विद्यार्थियों के बीच सीखने की क्षमताओं का विकास
(d) विद्यार्थियों के रट कर याद करने में वृद्धि

52. विद्यालय नेतृत्वकर्ता की सामान्य जिम्मेदारी है–
(a) विद्यालय में अनुशासन बना कर रखना
(b) हितधारकों के सहयोग से विद्यालय की विकास योजना तैयार करना।
(c) स्टाफ के साथ हर रोज की बैठकें आयोजित करना
(d) शिक्षकों को निर्देश देना

53. मूल्य नेतृत्व में शामिल है–
(a) मूल्य, अनुभव, कौशल और विजन
(b) ज्ञान, विजन, कौशल और मूल्य
(c) दृष्टिकोण, ज्ञान, विजन और अनुभव
(d) विश्वास, मूल्य, ज्ञान और अनुभव

54. एक परिवर्तनकारी नेतृत्वकर्ता वह है, जो–
(a) परेशानी खड़ी करे
(b) मात्र औपचारिक व्यवहार करे
(c) अनुशासन् रखें
(d) दूरदर्शी है

55. सतत् एवं व्यापक मूल्यांकन में व्यापक शब्द का अभिप्राय है–
(a) संज्ञानात्मक
(b) सह-संज्ञानात्मक
(c) उपरोक्त दोनों
(d) इनमें से कोई नहीं

56. शिक्षक के वृत्तिक विकास में सहायक है–
(a) लेखन
(b) सहकर्मी
(c) प्रशिक्षण
(d) ये सभी

57. ''नेतृत्व बदलाव लाने का अभिकर्ता है'' कथन किसका है–
(a) जार्ज टेरी
(b) मूरे
(c) जेम्स एम. लिपहम
(d) चेस्टर बर्नाड

58. विषयगत क्षेत्र में नेतृत्व को कहते हैं–
(a) प्रशासनिक नेतृत्व
(b) विषय नेतृत्व
(c) प्रजातान्त्रिक नेतृत्व
(d) शिक्षण शास्त्रीय नेतृत्व

59. क्रियात्मक अनुसंधान है–
(a) शिक्षण विधि
(b) दूरगामी परिमाण की प्रक्रिया
(c) तात्कालिक परिणाम खोजने की प्रक्रिया
(d) इनमें से कोई नहीं

60. बदलते परिवेश के साथ हमें अपने निम्न में बदलाव करना चाहिए–
(a) विद्यालय
(b) मानसिकता
(c) अनुशासन
(d) कार्य संस्कृति

उत्तरमाला

1. (b)	**2.** (a)	**3.** (a)	**4.** (d)	**5.** (d)	**6.** (b)	**7.** (d)	**8.** (b)	**9.** (c)	**10.** (c)
11. (c)	**12.** (a)	**13.** (b)	**14.** (a)	**15.** (b)	**16.** (c)	**17.** (c)	**18.** (b)	**19.** (d)	**20.** (d)
21. (d)	**22.** (a)	**23.** (c)	**24.** (a)	**25.** (d)	**26.** (d)	**27.** (b)	**28.** (a)	**29.** (b)	**30.** (a)
31. (c)	**32.** (b)	**33.** (c)	**34.** (c)	**35.** (d)	**36.** (b)	**37.** (c)	**38.** (d)	**39.** (c)	**40.** (c)
41. (d)	**42.** (d)	**43.** (b)	**44.** (c)	**45.** (d)	**46.** (c)	**47.** (c)	**48.** (c)	**49.** (b)	**50.** (b)
51. (c)	**52.** (b)	**53.** (d)	**54.** (d)	**55.** (c)	**56.** (d)	**57.** (c)	**58.** (d)	**59.** (c)	**60.** (d)

❑❑❑

अध्याय

6

जिला स्तरीय संस्थाएँ, राज्य स्तरीय संस्थाएँ एवं राष्ट्रीय स्तर की संस्थाएँ

निकटवर्ती जिला स्तरीय संस्थाएँ

शिक्षा की संरचना-शैक्षिक संरचना को तीन भागों में बांटा जा सकता है-

1. जिला स्तर पर शिक्षा संरचना
2. राज्य स्तर पर शिक्षा संरचना
3. राष्ट्रीय स्तर पर शिक्षा संरचना

1. जिला स्तर पर शिक्षा संरचना

(a) संकुल संसाधन केन्द्र-संकुल या क्लस्टर 8 से 10 विद्यालयों के समूह को कहा जाता है, जिसमें संस्थायें अपने संसाधनों, विशेषज्ञों, सामग्री, अध्यापक-सहायक सामग्री आदि का आदान-प्रदान करती हैं।

CRC संकुल संसाधन केन्द्र का तात्पर्य, प्राथमिक विद्यालयों के एक समूह के अकादमिक पर्यवेक्षण, अनुसमर्थन तथा उन विद्यालयों में पदस्थापित शिक्षकों के अकादमिक मूल्यांकन, पर्यवेक्षण एवं अनुसमर्थन हेतु स्थापित किया गया केन्द्र हो। संकुल का विद्यालय से बाहर रह गये बच्चों का सर्वेक्षण उपरांत आयु उपयुक्त कक्षा में प्रवेश कराना तथा आवश्यकता होने पर विशिष्ट प्रशिक्षण की व्यवस्था करना तथा इसकी सूचना संलग्न प्रारूप पर ब्लॉक संसाधन केन्द्र तथा जिला परियोजना अधिकारी को भी उपलब्ध करवाना आदि है।

संकुल संसाधन केन्द्र की भूमिका-इसके अन्तर्गत विद्यालयों का मापदण्ड उद्देश्य तैयार करते हैं तथा उसमें उपस्थित शिक्षक-शिक्षिकाओं का लेखा-जोखा रखते हुए उनकी प्रगति के लिए विभिन्न कार्यशालाओं आदि का आयोजन करना इसकी मुख्य भूमिका है। इसके अतिरिक्त-

(1) संकुल संसाधन केन्द्रों के समन्वयकों की समस्याओं को सुलझाने का प्रयास करना और यदि आवश्यक हो तो जिला स्तर के अधिकारियों से इसमें मदद लेना/करना।
(2) गुणवत्ता निगरानी उपकरणों के द्वारा संकुल स्तरों से प्राप्त रिपोर्टों का विश्लेषण करना तथा निर्धारित प्रारूप में अपनी रिपोर्ट जिला स्तर के अधिकारियों तक पहुँचाना।
(3) विद्यालय निधि का प्रबंधन व बंटन करना।
(4) विद्यालय को चलाने के लिए नियम तथा क्रियाविधि तैयार करना।
(5) नये सिलेबस या पाठ्यचर्या को कार्यन्वित करने के लिए व्यवस्था करना।

संकुल संसाधन के कार्य

संकुल संसाधन केन्द्र शिक्षक सशक्तिकरण के रूप में कार्य करता है जहाँ शिक्षक विद्यालय में उनके द्वारा प्रयुक्त अनुभवों तथा नवाचार पद्धतियों का आदान-प्रदान करते हैं। संकुल संसाधन समय-समय पर शिक्षकों को प्रशिक्षण देने का कार्य भी करते हैं।

संकुल संसाधन केन्द्र के मुख्य कार्य निम्न हैं-

1. संकुल के अंतर्गत आने वाले सभी विद्यालयों का निरीक्षण तथा पर्यवेक्षण करना।
2. संकुल के अंतर्गत आने वाले समस्त विद्यालयों के फ़र्नीचर, उपकरण तथा लेखन-सामग्री का विवरण बनाना।
3. समूह के अंतर्गत अध्यापकों की स्थानान्तरण की प्रक्रिया आरम्भ करना।
4. समूह के अंतर्गत आने वाले समस्त अध्यापकों एवं कर्मचारियों का वेतन वितरित करना।
5. संकुल के अंतर्गत आने वाले समूह के छुट्टी पर जाने वाले अध्यापकों की स्थानापन्न व्यवस्था करना।
6. विभिन्न शैक्षिक उत्सवों को मानना।
7. पाठ्यचर्यात्मक सामग्री का विकास करना।
8. समूह के विद्यालयों के प्रधानाध्यापकों की आकस्मिक छुट्टी स्वीकृत करना।
9. संकुल के अंतर्गत आने वाले विद्यालयों के बारे में ऐसी सूची एकत्रित करना जिसे अपर खण्ड संसाधन केन्द्र द्वारा जिला स्तर पर राज्य स्तर पर भेजा जाना।
10. अध्यापकों की नियमित बैठकों की व्यवस्था करना।
11. अध्यापन व अधिगम संसाधनों की सुलभता प्रदान करना या सुनिश्चित करना।
12. विद्यालयों का पर्यवेक्षण तथा निरीक्षण करना।
13. अध्यापकों के लिए सेवाकालीन प्रशिक्षण कार्यक्रमों की योजना बनाना।

इस प्रकार हम देखते हैं कि संकुल संसाधन केन्द्र ग्रामीण शिक्षकों तथा विद्यार्थियों के एकाकीपन को समाप्त कर देते हैं और उन्हें सभी से मिलने तथा विचारों के आदान-प्रदान में मदद करता है तथा विद्यालय में अनुशासन् एवं उत्तरदायित्व की भावना का विकास करता है।

(b) प्रारंभिक शिक्षा की ब्लॉक (खण्ड) स्तर पर संगठनात्मक संरचना (BRC)-डाइट को शिक्षा की गुणवत्ता बढ़ाने तथा जिला स्तर पर शैक्षिक क्रियाकलापों की गति को तीव्र करने का उत्तरदायित्व सौंपा गया जिसमें (BRC) की स्थापना की गई। इसका प्रमुख उद्देश्य अध्यापकों और विद्यालयों को शैक्षिक मार्गदर्शन देना तथा विद्यालय स्तर पर शिक्षा की गुणवत्ता में सुधार करना है।

ब्लॉक स्तर पर ब्लॉक संसाधन केन्द्र (बीआरसी) तथा समष्टि/समूह (क्लस्टर) स्तर पर न्याय पंचायत संसाधन केन्द्र (एनपीआरसी) नियमित रूप से शैक्षिक समर्थन प्रदान कर रहे हैं, अध्यापक प्रशिक्षण संचालित कर रहे हैं, कार्यशालाओं, बैठकों तथा समकक्षीय शिक्षा के केंद्र के साथ-साथ उत्कृष्ट व्यवहार की सहभागिता का अनुश्रवण कर रहे हैं।

प्रखंड संसाधन केन्द्र (BRC) की भूमिका-खण्ड संसाधन केन्द्र का संबंध सर्व शिक्षा अभियान के विभिन्न गतिविधियों के आयोजन करने उनका क्रियान्वयन तथा

मानीटरिंग करने से होता है। यह शिक्षकों को प्रशिक्षण देता है तथा विभिन्न प्रकार की अध्यापक सामग्री का निर्माण करता है।

1. सेवारत शिक्षक प्रशिक्षण
2. शिक्षामित्रों का चयन / पुनर्बाधात्मक प्रशिक्षण एवं नवीनीकरण
3. पाठ्यपुस्तक वितरण
4. विद्यालयों का अनुश्रवण / श्रेणीकरण
5. शिक्षकों की व्यवस्था / समायोजन

BRC का कार्य

बी. आर. सी. (BRC) के प्रमुख कार्य निम्न हैं-

1. बी. आर. सी. प्राथमिक विद्यालय को पर्याप्त स्थान एवं उपकरण प्रदान करता है।
2. विद्यालयों का निर्धारित तरीके से पर्यवेक्षण करवाना।
3. विद्यालयों के क्षतिग्रस्त भवनों की मरम्मत करवाना तथा नये विद्यालय भवनों का निर्माण करवाना।
4. अपने क्षेत्र में विद्यालय, शिक्षकों एवं छात्रों की अनिवार्य उपस्थिति को लागू करने के लिए उत्तरदायी होना।
5. अपने क्षेत्र में जहाँ भी सम्भव हो, बच्चों के लिए मध्याह्न भोजन की व्यवस्था करना।
6. अपने क्षेत्र के अन्तर्गत आने वाले सभी बच्चों को पोशाक अथवा वर्दी प्रदान करना।
7. सभी विद्यालयों में सभी राष्ट्रीय तथा अन्य उत्सवों को मनाना।
8. विद्यालय के लिए शैक्षिक भ्रमण आदि की व्यवस्था करना तथा साथ-साथ अन्य सामाजिक एवं सांस्कृतिक कार्यक्रमों की व्यवस्था करना।
9. खण्ड स्तर पर चलाए जा रहे सभी शिक्षा संबंधी निर्माण कार्यों की प्रगति तथा गुणवत्ता का अवलोकन करना।
10. खण्ड स्तर पर विभिन्न उत्सवों का आयोजन करना एवं विभिन्न जानकारी रखना।
11. शिक्षा के कार्य के लिए अन्य एजेन्सियों जैसे-गैर सरकारी संगठन (एन.जी.ओ, NGO), स्वयंसेवी सहायता समूह (एस.एच.जी.), सरकारी विभाग आदि का सहयोग व समन्वयन प्राप्त करना।
12. खण्ड स्तर के अन्य अधिकारियों के साथ नियतकालिक समीक्षा बैठकें संचालित करना ताकि विभिन्न कार्यक्रमों में यदि कोई रुकावट या अड़चन आ रही हो, तो उसे दूर करना।
13. खण्ड स्तर के सभी बच्चों के कार्यक्रमों का पर्यवेक्षण करना और प्रबन्धन के प्रभाव का आकलन करना।

(c) जिला शिक्षा एवं प्रशिक्षण संस्थान (District Institute of Education and Training-DIET)-शिक्षण का महत्त्वपूर्ण आधार प्रशिक्षण है। प्रशिक्षण शिक्षा को प्रभावी बनाता है। राष्ट्रीय शिक्षा नीति 1986 में प्राथमिक शिक्षा में नवोन्मेष के लिए दो पहलुओं पर विशेष बल दिया गया है-(1) चौदह वर्ष की आयु तक के बालक-बालिकाओं का सार्वजनिक नामांकन एवं सार्वजनिक ठहराव तथा (2) शिक्षा की गुणवत्ता में ठोस सुधार। शिक्षक- प्रशिक्षण एक निरन्तर प्रकिया है और इसके सेवापूर्ण एवं सेवारत अंग पृथक नहीं किये जा सकते। अत: दूसरे पहलू की क्रियान्विति के लिए राष्ट्रीय शिक्षा नीति की कार्य योजनान्तर्गत प्रत्येक जिले स्तर पर शिक्षक प्रशिक्षण विद्यालय को जिला शिक्षा एवं प्रशिक्षण संस्थान (डाइट) का एक अंग स्वीकार कर संस्थान की स्थापना की गयी। नयी शिक्षा नीति 1986 में प्राथमिक स्तर की शिक्षा के विकास तथा अनिवार्य प्राथमिक शिक्षा के क्रियान्वयन हेतु 1988 में जिला स्तरीय या मण्डलीय शिक्षा तथा प्रशिक्षण संस्थानों की स्थापना की गयी है।

इसकी संकल्पना 1986 की नयी शिक्षा नीति तथा क्रियान्वयन के कार्यक्रम में की गयी थी। डाइट (DIET) के माध्यम से प्राथमिक विद्यालय के अध्यापकों, औपचारिकेतर तथा प्रौढ़ शिक्षा के कार्यकर्ताओं को उनके शैक्षिक उत्तरदायित्व के प्रति जागरूक करना है। ग्राम तथा नगर में शिक्षा से संबंधित व्यक्तियों को शैक्षिक पाठ्यक्रम, शिक्षण-विधि तथा प्रौद्योगिकी के क्षेत्र में हो रही प्रगति से परिचित कराना है। प्राथमिक शिक्षा को सार्वजनिक बनाने तथा शासकों में आत्म-विश्वास, स्वाभिमान एवं व्यवसाय के प्रति निष्ठा का भाव उत्पन्न करने में डाइट का महत्त्वपूर्ण योगदान है। प्राथमिक स्तर हेतु अनुमोदित जिला शिक्षा एवं प्रशिक्षण संस्थान (डाइट) राज्य के विभिन्न जनपदों में स्थापित की गयी है। उसकी स्थापना से निम्न स्तर की प्रशिक्षण संस्थाएँ धीरे-धीरे समाप्त कर दी गयी हैं।

डाइट का संगठन (Organisation of DIET) डाइट का पूरा नाम जिला शिक्षा एवं प्रशिक्षण संस्थान (District Institute of Education and Training) है। डाइट की योजना नयी शिक्षा नीति 1986 के क्रियान्वयन की एक महत्त्वपूर्ण योजना है जिसके अन्तर्गत प्रत्येक जिले में अनिवार्य रूप से डाइट खोले जाने की योजना बनायी गयी थी। जिला शिक्षा एवं प्रशिक्षण संस्थान (डाइट) में आठ प्रभाग हैं, जो इस प्रकार हैं-

1. सेवा पूर्व प्राथमिक शिक्षक प्रशिक्षण प्रभाग (P.S.T.E.)
2. सेवारत शिक्षक प्रशिक्षण क्षेत्र अन्त:क्रिया, नवाचार समन्वय (I.E.I.C)
3. अनौपचारिक शिक्षा, प्रौढ शिक्षा एवं जिला सन्दर्भ इकाई प्रभाग (D.R.U.)
4. योजना एवं प्रबन्ध प्रभाग
5. शैक्षिक प्रौद्योगिकी प्रभाग (E.T.)
6. कार्यानुभव प्रभाग (W.E.)
7. पाठ्यकम शिक्षण सामग्री विकास एवं मूल्यांकन (C.M.D.E.)
8. प्रशासनिक शाखा प्रभाग (Administrative)

प्राथमिक शिक्षा में विशिष्टीकरण रखने वाले योग्य शिक्षक का विधिवत् चयन इस पद के लिए किया जाएगा। आधुनिकतम तकनीकी संबंधी समस्त साधन व सुविधाएँ उपलब्ध होंगी, जैसे-कम्प्यूटर आधारित अधिगम, मोबाइल, इंटरनेट आदि। प्रशिक्षणार्थियों से आशा की जाएगी कि वे अपने उपयोग हेतु श्रव्य-दृश्य सामग्री, तैयार कर सकने में सक्षम होंगे। शिक्षण की विभिन्न विधाओं तथा नवीन व्यूह रचनाओं का उपयोग करते हुए इसको प्रभावी बना सकेंगे।

जिला शिक्षा एवं प्रशिक्षण संस्थान (डाइट) के उद्देश्य-राष्ट्रीय शिक्षा नीति 1986 की कार्य योजना में डाइट के उद्देश्य निम्नलिखित निर्धारित किये गये-

(1) प्राथमिक शिक्षा के सार्वजनीकरण के कार्यक्रम एवं व्यूह रचना के लिए प्राथमिक स्तर पर अकादमिक तथा सन्दर्भ व्यक्तियों को तैयार करना।
(2) आदर्श शिक्षा प्रशिक्षण केन्द्र के रूप में प्राथमिक शिक्षा का गुणात्मक सुधार करना।
(3) शैक्षिक प्रशासन एवं शैक्षिक सुधारों का विकेन्द्रीकरण करना।
(4) जिला स्तर की शैक्षिक योजनाओं का निर्माण करना।
(5) विद्यालय संकुल एवं जिला शिक्षा बोर्ड को शैक्षिक सहयोग देना।
(6) शिक्षा संस्थाओं, जिला शिक्षा बोर्ड, विद्यालय संगम (संकुल) आदि को शैक्षिक सलाह एवं मार्ग निर्देशन देना।
(7) प्राथमिक एवं उच्च प्राथमिक विद्यालय, अनौपचारिक शिक्षा एवं प्रौढ़ शिक्षा केन्द्रों हेतु मूल्यांकन केन्द्र स्थापित करना।
(8) अनौपचारिक एवं प्रौढ़ शिक्षा के अनुदेशकों एवं पर्यवेक्षकों के लिए कार्यारम्भ प्रशिक्षण एवं पुनर्वचन का आयोजन करना।
(9) प्राथमिक एवं उच्च प्राथमिक स्तर की शिक्षा संस्थाओं के प्रधानों का प्रशिक्षण एवं अभिनवन तथा सूक्ष्म स्तर योजना की क्रियान्विति करना।
(10) सन्दर्भ एवं अधिगम केन्द्र के रूप में प्रसार सेवा कार्यक्रम का आयोजन करना।
(11) औपचारिक विद्यालय निकाय के अध्यापकों की सेवापूर्व एवं सेवारत शिक्षा प्रशिक्षण व्यवस्था करना।
(12) प्राथमिक एवं प्रौढ़ शिक्षा कार्यक्रम के प्रभावी रूप से संचालन में जिला शिक्षा प्रशासन का सहयोग करना आदि।

इस प्रकार पहली कक्षा से आठवीं कक्षा तक सेवा पूर्व (Pre-service) तथा सेवारत (In-service) अध्यापकों के प्रशिक्षण तथा शिक्षा के क्षेत्र में हो रहे परिवर्तनों

से परिचित कराने का कार्य डाइट का होगा। यह आवासीय संस्था होगी जहाँ रहकर अध्यापकगण साहित्यिक, सामाजिक, सांस्कृतिक कार्यक्रमों एवं व्यायाम तथा खेलों में भाग लेकर सामूहिक सहयोग तथा स्वस्थ प्रतियोगिता की भावना का विकास कर राकेंगे। मण्डलीय शिक्षा तथा प्रशिक्षण संस्थान में अध्यापक शिक्षा तथा प्रशिक्षण कार्य के साथ ही शिक्षण सामग्री निर्माण, शैक्षिक प्रौद्योगिकी तथा शैक्षिक प्रयोग एवं अनुसन्धान का कार्य भी होगा।

इस संस्थान द्वारा विभिन्न विषयों के लिए पाठ्यक्रम की रचना तथा मूल्यांकन की पद्धतियों का निर्धारण करने में भी अध्यापक की सहायता की जाएगी। औपचारिक तथा प्रौढ़ शिक्षा के क्षेत्र में कार्य कर रहे अध्यापकों की आवश्यकता के अनुरूप कार्यक्रम, पाठ्यचर्चा तथा शिक्षण सामग्री के प्रयोग आदि के प्रशिक्षण हेतु कार्य गोष्ठियों का संचालन भी डाइट के विशेषज्ञ करेंगे।

जिला शिक्षा एवं प्रशिक्षण संस्थान के विभाग

1. **प्रशासनिक शाखा प्रभाग**-इसके निम्नलिखित कार्यक्षेत्र हैं-
   (1) संस्थान के समस्त क्रियाकलापों की क्रियान्विति हेतु पहल करना।
   (2) प्रशासन संबंधी गतिविधियों का संचालन करना
   (3) संस्थान से संबद्ध अभिकरणों से सहयोग, मार्गदर्शन का आदान-प्रदान करना।
2. **योजना एवं प्रबन्ध**-इसके अन्तर्गत निम्नलिखित कार्यक्षेत्र हैं-
   (1) प्रधानाध्यापकों, शाला संगम अध्यक्षों एवं ब्लॉक स्तर के शिक्षा अधिकारियों का प्रशिक्षण
   (2) स्कूल मैपिंग, माइक्रो-प्लानिंग में अधिकारियों को सहयोग प्रदान करना।
   (3) शैक्षिक दत्त संकलन करना।
   (4) पिछड़े क्षेत्रों का शैक्षिक दृष्टि से आकलन करना।
3. **पाठ्यक्रम, शिक्षण-सामग्री विकास एवं मूल्यांकन**-इसके अन्तर्गत निम्नलिखित कार्यक्षेत्र हैं-
   (1) पाठ्यक्रम विकसित करना।
   (2) मूल्यांकन विधाओं पर कार्यशाला आयोजित करना।
   (3) शिक्षण-तकनीक कार्यक्रम।
   (4) जिला सन्दर्भ इकाई प्रभाग के कार्यक्रम में सहयोग प्रदान करना।
4. **सेवारत शिक्षक प्रशिक्षण क्षेत्र अन्त:क्रिया, नवाचार समन्वय**-इसके निम्नलिखित कार्यक्षेत्र हैं-
   (1) सेवारत शिक्षक प्रशिक्षण/अभिनवन कार्यक्रम आयोजित करना।
   (2) जिला शिक्षा प्रशासन को जिला शैक्षिक योजना।
   (3) क्रियानुसंधान द्वारा शैक्षिक समस्याओं के समाधान खोजना।
   (4) नवीन शिक्षण तकनीक का प्रभावी उपयोग करना।
5. **शैक्षिक प्रौद्योगिकी**-इसके अन्तर्गत निम्नलिखित कार्यक्षेत्र हैं-
   (1) कम लागत (अल्पव्ययी) की शिक्षण सामग्री तैयार करना।
   (2) कम्प्यूटर लैब, श्रव्य-दृश्य सामग्री का रखरखाव, उपयोग तथा प्रदर्शन।
   (3) वीडियो/ऑडियो क्लिप्स संग्रह, स्लाइड्स व फिल्म्स का आदान-प्रदान एवं प्रभावी शिक्षण में उपयोग।
6. **जिला सन्दर्भ इकाई प्रौढ़/अनौपचारिक शिक्षा**-इसके अन्तर्गत जिले के प्रौढ़/अनौपचारिक शिक्षा कार्यक्रम का समन्वय करना, अनुदेशकों/पर्यवेक्षकों को प्रशिक्षित करना आदि कार्यक्षेत्र आते हैं।
7. **सेवापूर्व शिक्षक प्रशिक्षण**-इस प्रभाग के अन्तर्गत प्राथमिक स्तर के अध्यापकों के लिए सेवापूर्व प्रशिक्षण (एस.टी.सी) आदि कार्यक्षेत्र आते हैं।
8. **कार्यानुभव**-इसके अन्तर्गत निम्नलिखित कार्यक्षेत्र आते हैं-
   (1) शिक्षण-अधिगम सामग्री तैयार करना।
   (2) कार्यानुभव कार्यक्रम में प्राथमिक विद्यालय/उच्च प्राथमिक विद्यालय एवं प्रौढ़ शिक्षा अनौपचारिक शिक्षा केन्द्रों को सहयोग प्रदान करना।
   (3) सामुदायिक सेवा कार्यक्रम आयोजित करना।

जिला शिक्षा एवं प्रशिक्षण संस्थान के कार्य (Functions of DIET)-जिला शिक्षा एवं प्रशिक्षण संस्थान के कार्य निम्नलिखित हैं-

1. औपचारिक एवं अनौपचारिक शिक्षा के बीच की दूरी घटाकर इनमें एकात्मकता स्थापित करना।
2. शाला प्रधानों, स्वायशासी संस्थाओं (ऐच्छिक संगठनों), ब्लॉक स्तरीय शिक्षाधिकारियों, ग्राम शिक्षा समितियों के सदस्य एवं सामुदायिक नेताओं के अभिनवीकरण एवं प्रशिक्षण की व्यवस्था करना।
3. शिक्षण अधिगम-सामग्री का विकास करना।
4. नवीन प्रविधियों की क्षेत्र के शिक्षकों को जानकारी देना।
5. शोध प्रसार सेवाओं तथा प्रयोग प्रशिक्षणों का आयोजन करना।
6. शिक्षकों, अनुदेशकों के लिए एक संसाधन एवं अधिगम केन्द्र के रूप में कार्य करते हुए परामर्श देना। प्राथमिक एवं प्रौढ़ शिक्षा के उद्देश्यों की प्राप्ति में आने वाली बाधाओं का अध्ययन एवं क्रियानुसन्धान कार्य करना तथा प्रयोगात्मक कार्य को बढ़ावा देना।
7. जिला शिक्षा बोर्ड (DEE), शाला सम्भागों (संकुलों) तथा संस्थागत योजना एवं प्रबन्ध के प्रति संस्था प्रधानों को प्रशिक्षण एवं शैक्षिक सहयोग और सुझाव देना।
8. प्राथमिक/उच्च प्राथमिक/औपचारिक शिक्षा प्रणाली शिक्षकों के सेवापूर्व एवं सेवारत प्रशिक्षण की व्यवस्था करना (प्रति पाँच वर्ष बाद प्रत्येक सेवारत शिक्षक के लिए प्रशिक्षण का प्रावधान है तथा शिक्षकों की शैक्षिक गुणवत्ता में वृद्धि करने हेतु समय-समय पर उनके लिए प्रशिक्षण कार्यक्रम आयोजित करना।
9. राष्ट्रीय अध्यापक शिक्षा परिषद् (NCTE) से मार्गदर्शन प्राप्त करना।
10. विद्यालय में संचालित पाठ्यक्रम एवं कार्यानुभव/समाजोपयोगी उत्पादक कार्य (SUPW) का मूल्यांकन करके उनमें आवश्यक सुधार करना।
11. जिला शिक्षा प्रशासन के सहयोग के लिए अकादमिक एवं सन्दर्भ व्यक्तियों को केन्द्र बनाना।
12. जिले के शैक्षिक नवाचारों को प्रोत्साहित करना।
13. जिले में शैक्षिक-प्रौद्योगिक संगण (कम्प्यूटर) शिक्षा का प्रावधान करना।
14. प्राथमिक/उच्च प्राथमिक विद्यालयों तथा अनौपचारिक एवं प्रौढ़ शिक्षा केन्द्रों पर मूल्यांकन के रूप में कार्य करना।
15. अनौपचारिक एवं प्रौढ़ शिक्षा के अनुदेशकों-पर्यवेक्षकों/सुविधादाताओं/प्रेरकों का आधारभूत तथा सतत् प्रशिक्षण करना और उन्हें सामान्य संसाधन प्रदान करना।

जिला शिक्षा एवं प्रशिक्षण संस्थान हेतु प्रशिक्षण के लिए प्रस्तावित कार्यक्रम में योजना एवं मूल्यांकन, विस्तार सेवा कार्यक्रम, सामुदायिक कार्यकर्ता एवं नवयुवक प्रशिक्षण, विद्यालय संगम (संकुल) प्रशिक्षण आदि अन्य प्रशिक्षण दिए जाते हैं।

प्राथमिक शिक्षक शिक्षा महाविद्यालय [Primary Teacher Education College (PTEC)]-स्वतंत्रता के पूर्व भी प्राथमिक विद्यालयों में शिक्षण के लिए शिक्षकों को अलग से प्रशिक्षण दिया जाता रहा है। उच्च प्राथमिक (मिडिल) कक्षा उत्तीर्ण व्यक्तियों को इन पाठ्यक्रमों में प्रवेश मिलता था। इन संस्थाओं में प्रशिक्षण की अवधि दो वर्ष थी। स्वतंत्रता प्राप्ति (वर्ष 1947) तक भारत में 51 पी.टी.ई.सी. और 528 नार्मल स्कूल थे। इनमें से 339 नार्मल स्कूल पुरुषों के लिए तथा 189 नार्मल स्कूल महिलाओं के लिए थे।

राज्य में अध्यापक शिक्षा को बल प्रदान करने के उद्देश्य से शोध एवं प्रशिक्षण निदेशालय को सुदृढ़ किया गया है। इसके अन्तर्गत राज्य के प्रत्येक जिले में एक जिला शिक्षा एवं प्रशिक्षण संस्थान तथा कम-से-कम प्रत्येक तीन जिलों पर एक अध्यापक शिक्षा महाविद्यालय तथा राज्य के अनुसूचित जाति तथा अल्पसंख्यक बाहुल्य प्रत्येक जिले में एक प्रखण्ड अध्यापक शिक्षा संस्थान स्थापित करने का प्रावधान है।

पी.टी.ई.सी. का मिशन एवं भूमिका

P.T.E.C. का मुख्य उद्‌देश्य आरम्भिक शिक्षा के क्षेत्र में जमीनी स्तर पर विभिन्न कार्यक्रमों एवं प्रयासों की सफलता हेतु अकादमिक एवं संसाधनों के स्तर पर सहायता प्रदान करना।

(i) प्रारम्भिक शिक्षा का सर्वव्यापीकरण।

(ii) वयस्क शिक्षा-राष्ट्रीय साक्षरता मिशन के उद्‌देश्यों के सन्दर्भ में 15-30 वर्ष आयु वर्ग में कार्यात्मक साक्षरता।

पी.टी.ई.सी. के प्रमुख कार्य

1. स्थानीय स्तर पर प्राथमिक शिक्षा की जरूरतों एवं समस्याओं का सर्वेक्षण करना।
2. प्राथमिक शिक्षकों के लिए सेवापूर्ण तथा सेवाकालीन शिक्षा कार्यक्रमों का संचालन करना। इसके अन्तर्गत विद्यालयी शिक्षक प्रशिक्षणकर्ता, मुख्याध्यापक, ब्लॉक एवं संकुल स्तर के शिक्षा अधिकारियों के प्रशिक्षण कार्यक्रम शामिल हैं।
3. अनौपचारिक शिक्षा एवं वयस्क शिक्षा से जुड़े व्यक्तियों के लिए प्रशिक्षण कार्यक्रम का आयोजन करना।
4. शिक्षकों की उनके विषयों एवं शिक्षण पद्धतियों में सुधार लाने हेतु प्रयास करना।
5. कार्यात्मक अनुसंधान संचालित करने एवं शिक्षकों के कार्यात्मक अनुसंधान कराने के लिए तैया`र करने का प्रशिक्षण देना।
6. छात्र अध्यापकों को स्व-शिक्षा परावर्तन द्वारा नये विचारों के आत्मसातीकरण और अभिव्यक्ति का अवसर प्रदान करना।
7. शिक्षकों में अपने विषय से संबंधित अध्यापन का कौशल उत्पन्न करना तथा शिक्षण कार्य को अच्छा बनाना।
8. शिक्षकों के शिक्षण कौशल में सुधार करना।
9. स्थानीय स्तर पर प्राथमिक विद्यालयों में शिक्षण के स्तर में सुधार लाना।
10. समय-समय पर प्राथमिक स्तर के शिक्षकों के लिए सेमिनार तथा कार्यशाला का आयोजन करना।

इस प्रकार हम देखते हैं कि जिला स्तर पर शिक्षा का प्रबन्ध जिला संसाधन केन्द्र (DRC) के माध्यम से पूरे जिले के विद्यालयों को कई प्रकार के संसाधनों को उपलब्ध कराया जाता है। प्रत्येक शिक्षायी ब्लॉक स्तर शिक्षा संसाधकों का समूह स्थापित करने का कार्य करता है। चूँकि ये सक्रिय प्रतिभागी होते हैं अत: DIET के निर्देशों के अनुसार मुख्य अध्यापकों, शिक्षकों, संकुल समन्वयकों, विद्यालय प्रबन्धन समिति के सदस्यों तथा गैर-सरकारी संगठनों के साथ विभिन्न प्रकार के प्रशिक्षण कार्यक्रमों का आयोजन भी करवाया जाता है। कई ब्लॉक संसाधन केन्द्र, डाइट तथा शिक्षकों के बीच समन्वय एवं सेतु का काम करते हैं।

संकुल संसाधन केन्द्रों (CRC) को संकुल विशेष के अन्तर्गत आने वाले विद्यालयों के शिक्षकों को प्रत्यक्ष अकादमिक संसाधन सहायता प्रदान करने के लिए स्थापित किया गया था। सामान्यत: प्रत्येक संकुल में 10-15 विद्यालय तथा 40-50 शिक्षक होते हैं। संकुल संसाधन केन्द्र इस बारे में भी सूचना उपलब्ध करवाते हैं कि किस हद तक विभागीय कार्यक्रमों को विद्यालयों में लागू किया गया है तथा इन कार्यक्रमों को लागू करने एवं विस्तारित करने में कौन-कौन सी बुनियादी एवं व्यावहारिक समस्याएँ आती हैं।

संकुल संसाधन केन्द्र (CRC) समय-समय पर अपने अन्तर्गत आने वाले विद्यालयों के प्रशिक्षण का आयोजन करता है तथा कार्यशाला एवं सेमिनारों का भी आयोजन करता है। विद्यालयों को किसी भी प्रकार की जानकारी तथा सामान का वितरण संकुल संसाधन केन्द्र की जिम्मेदारी होती है।

राज्य स्तरीय संस्थाएँ

1976 से पूर्व शिक्षा का विषय संविधान में 1950 में कुछ शैक्षिक कार्यों को छोड़कर 'राज्य' सूची में रखा गया था। परन्तु शिक्षा के गिरते स्तर व धीमी गति से चिन्तित होकर 1976 में संविधान संशोधन किया गया तथा शिक्षा को समवर्ती सूची में रखा गया। फिर भी राज्य सरकारों की शिक्षा के प्रसार तथा उसकी गुणवत्ता में अहम् भूमिका है।

(a) राज्य शिक्षा शोध एवं प्रशिक्षण परिषद (SCERT)-राज्य में शिक्षा के गुणात्मक सुधार के लिए 1963 में इसकी स्थापना की गई। इसका उत्तरदायित्व है कि वह शैक्षिक क्षेत्र में परिवर्तन व परिवर्द्धन के लिए आवश्यक कार्यवाही करे। राज्य शैक्षिक अनुसंधान और प्रशिक्षण परिषद (SCERT) को बनाया गया है ताकि राज्य में शिक्षा के क्षेत्र में सुधार हो सके। परिषद का प्राथमिक उद्‌देश्य उचित अनुसंधान, प्रशिक्षण और विस्तार कार्यक्रमों के माध्यम से सहायता करना है। SCERT का पूरा नाम State Council of Educational Research and Training है। यह राज्य सरकार की एक स्वायत्त संस्था है, जो कि स्कूल शिक्षा विभाग से संबंधित है। जिसमें राज्य के स्कूलों के लिए पाठ्यक्रम तैयार करना, पुस्तकों की व्यवस्था करना और शिक्षकों को प्रशिक्षण देना आदि शामिल है। यह राज्य सरकार को स्कूल शिक्षा से संबंधित नीति आदि मामलों पर सलाह देता है।

कार्यकारी समिति SCERT शासकीय निकाय के रूप में कार्य करती है और प्रचलित नियमों, विनियमों और आदेशों के सार दिन-प्रतिदिन के मामलों का प्रबंधन करती है। आयुक्त-सचिव (शिक्षा), एनसीटी दिल्ली कार्यकारी समिति के अध्यक्ष और निदेशक हैं; SCERT के सदस्य सचिव हैं।

राज्य शैक्षिक अनुसंधान और प्रशिक्षण परिषद (एससीईआरटी), बिहार सरकार का एक स्वायत्त निकाय है। दो दशकों से अधिक समय से SCERT ने सामान्य रूप से स्कूली शिक्षा के क्षेत्र में और विशेष रूप से शिक्षक प्रशिक्षण में महत्त्वपूर्ण योगदान दिया है।

SCERT के प्रमुख उद्‌देश्य-SCERT के उद्‌देश्य निम्नलिखित हैं-

1. विभिन्न प्रकार के शैक्षिक अनुसंधान आयोजित करके शिक्षा की गुणवत्ता को बढ़ाना।
2. शिक्षक शिक्षा में सुधार
3. शैक्षिक संस्थानों की गुणवत्ता को बढ़ाने के लिए शिक्षा पद्धति को अपग्रेड करना।
4. शैक्षिक नवचारों के लिए प्रयास करना।

राज्य शैक्षिक अनुसंधान और प्रशिक्षण परिषद के कार्य

1. UNICEF, NCERT की अकादमिक और विश्वविद्यालयी शिक्षा और शिक्षक शिक्षकों के गुणात्मक सुधार के लिए अन्य एजेंसियों के साथ मिलकर काम करने वाले अद्वितीय कार्यों को व्यवस्थित और कार्यान्वित करना।
2. शैक्षिक विद्यालय और शिक्षक-प्रशिक्षण संस्थानों के लिए पाठ्यक्रम निर्धारित करना और पाठ्यपुस्तकें तैयार करना।
3. ऐसी सामग्री का निर्माण करना जो शिक्षक-प्रशिक्षकों के अनुदेशात्मक उपयोग के लिए हो।
4. विभिन्न प्रकार के शिक्षकों, अधिकारी निरीक्षकों और शिक्षक शिक्षकों के लिए इन-सर्विस प्रशिक्षण तैयार करना और राज्य स्तर पर संचालित अन्य एजेंसियों के काम का समन्वय करना।
5. शिक्षकों, शिक्षक और निरीक्षण अधिकारियों के व्यावसायिक विकास के लिए पाठ्यक्रम शामिल करने वाले पत्राचार-सह कार्यक्रमों को व्यवस्थित करना।
6. शिक्षक प्रशिक्षण महाविद्यालयों, माध्यमिक शिक्षा विद्यालयों और प्राथमिक प्रशिक्षण विद्यालयों के संचालन का पर्यवेक्षण करना।
7. राज्य में सभी ज्ञात मात्रा में शिक्षक-प्रशिक्षण संस्थानों के लिए एक विस्तार सेवा का निर्माण करना।
8. प्रशिक्षण के विभिन्न विषयों पर अध्ययन और अनुसंधान करना।
9. सरकार द्वारा अनिवार्य गैर-औपचारिक और वयस्क शिक्षा कार्यक्रमों का मूल्यांकन करना।

10. व्यक्तिगत परीक्षाओं को, विशेष रूप से टर्मिनल चरणों में, जैसे कक्षा I और कक्षा IV के अंत, आदि को ध्यान में रखते हए, उन उम्मीदवारों को ध्यान में रखते हुए, जो ऐसी परीक्षाओं के माध्यम से छात्रवृत्ति चुन सकते हैं।

शैक्षिक अनुसंधान और प्रशिक्षण के लिए राज्य परिषद में अकादमिक प्रशिक्षण मंत्री के साथ जुड़े राष्ट्रपति पद के तहत एक कार्यक्रम सलाहकार समिति शामिल है। सलाहकार कार्यक्रम भी हैं जो जनसंख्या शिक्षा, शैक्षिक प्रौद्योगिकी और गैर-औपचारिक शिक्षा जैसी विशेष समितियां हैं।

SCERT में निम्नलिखित विभाग हैं-

1. प्रारंभिक बचपन और प्राथमिक शिक्षा विभाग।
2. गैर-औपचारिक शिक्षा विभाग।
3. पाठ्यक्रम अनुसंधान और विशेष पाठ्यक्रम नवीनीकरण परियोजनाओं का विभाग।
4. वैज्ञानिक और गणितीय शिक्षा विभाग।
5. जनसंख्या शिक्षा विभाग।
6. शिक्षण और सेवा-शिक्षा विभाग।
7. शैक्षिक प्रौद्योगिकी विभाग।
8. निरीक्षण और मार्गदर्शन विभाग।
9. अनुसंधान विभाग का समन्वय।
10. कला और सौंदर्य शिक्षा विभाग।
11. कमजोर वर्गों के लिए प्रौढ़ शिक्षा और शिक्षा विभाग।
12. प्रकाशन विभाग।

(b) बिहार शिक्षा परियोजना परिषद् (Bihar Education Project Council)-बिहार शिक्षा परियोजना परिषद् की शुरुआत 1991 में बिहार में प्रारम्भिक शिक्षा में गुणात्मक एवं मात्रात्मक सुधार लाने के लिए की गई थी। बिहार शिक्षा परियोजना परिषद् (Bihar Education Project Council) राज्य में बालिकाओं, अल्पसंख्यक समुदाय तथा समाज के वंचित व दलित एवं पिछड़े वर्गों की सार्वभौमिक शिक्षा पर जोर देती है तथा उनके उन्नयन के लिए कार्य करती है।

बिहार शिक्षा परियोजना परिषद् के उद्देश्य (Objectives of Bihar Education Council)-

1. प्रारम्भिक शिक्षा के सार्वभौमीकरण की संयुक्त रूप से, सार्वजनिक पहुँच, सार्वजनिक नामांकन तथा सार्वजनिक ठहराव तथा सार्वजनिक उपलब्धि के लिए कार्य करना।
2. बिहार राज्य में निरक्षरता में भारी कमी लाना।
3. बिहार में शिक्षा व्यवस्था में संशोधन लाना।
4. शिक्षा व्यवस्था में बदलाव लाकर महिलाओं की समानता और उनके सशक्तिकरण के उद्देश्य को पूरा करना।
5. शैक्षिक प्रयासों में 'समता एवं सामाजिक न्याय' पैदा करना।
6. शिक्षा को लोगों के कार्य एवं रहन-सहन के वातावरण के साथ जोड़ना।
7. विज्ञान एवं पर्यावरण संबंधी शैक्षिक गतिविधियों पर जोर देना।
8. शिक्षा की भागादारी में विद्यार्थी एवं बालिकाओं के बीच अन्तराल को कम करना।

बिहार में यह शिक्षा परियोजना परिषद् अपने निरन्तर प्रयास में ग्रामीण और अर्द्धशहरी क्षेत्र में शिक्षा के प्रचार-प्रसार के लिए विशेषतः बालिकाओं, विशेष आवश्यकताओं वाले बच्चों और समाज के वंचित एवं दलित समुदायों के लिए निम्नलिखित कार्यक्रम का संचालन करती है-

1. सर्व शिक्षा अभियान।
2. प्राथमिक स्तर पर बालिकाओं की शिक्षा के लिए राष्ट्रीय कार्यक्रम।
3. कस्तूरबा गांधी बालिका विद्यालय।
4. जिला प्राथमिक शिक्षा कार्यक्रम।
5. विद्यालय स्वच्छता और स्वास्थ्य शिक्षा।
6. हुनर मुस्लिम बालिका सशक्तिकरण कार्यक्रम।

(c) बिहार विद्यालय परीक्षा समिति (BSEB) पटना (Bihar School Exam Board)-बिहार विद्यालय परीक्षा समिति एक ऐसी राज्य स्तरीय संस्था है जो राज्य के विद्यालयों को मान्यता प्रदान करती है तथा माध्यमिक स्तर की परीक्षाओं का आयोजन करती है। परीक्षाओं के आधार पर आये नतीजों को वह प्रमाणित करती है। राज्य में बोर्ड परीक्षाओं का आयोजन करती है तथा साथ ही बिहार के पूरे परीक्षा तन्त्र को प्रबन्धित करती है।

BSEB बिहार सरकार के अधीन एक स्वायत्त संस्था है, जो बिहार के माध्यमिक और उच्चत्तर माध्यमिक कक्षाओं की परीक्षाएं संचालित करती है। यह पटना में स्थित है। इसकी स्थापना सन् 1952 में हुई थी जो वैधानिक रूप से सक्रिय है और इसकी स्थापना बिहार अधिनियम 7 की धारा-3 के अन्तर्गत हुई है।

इस संस्था का प्रतीक चिह्न एक इन्सान के हाथों में शास्त्र और पीठ पर धनुष बाण के साथ सिद्धान्त वाक्य "अग्रतः सकलं शास्त्रं पृष्टतः सशरं धनु" रूपायित है। इसका अर्थ है कि संस्था द्वारा ऐसे व्यक्तित्व का निर्माण किया जाए जो शारीरिक रूप से सुगठित और मानसिक रूप से ज्ञानी हो, बल के साथ ज्ञान के लिए सदैव प्रयत्नशील रहे।

बिहार विद्यालय समिति बिहार राज्य में सभी परीक्षाओं के संचालन का कार्य करती है।

BSEB के कार्य एवं जिम्मेदारी (Responsibility and Function of BSEB)-पहले इस समिति का कार्य था दसवीं कक्षा की परीक्षाएँ लेना। अप्रैल 2007 में बिहार इण्टरमीडिएट परिषद् को भंग करके बारहवीं कक्षा की परीक्षाओं की जिम्मेदारी भी बिहार विद्यालय परीक्षा समिति को सौंप दी गई। इसके अतिरिक्त समिति प्राथमिक शिक्षक-प्रशिक्षण परीक्षा एवं शारीरिक शिक्षण-प्रशिक्षण परीक्षा भी आयोजित करती है।

BSEB निम्नलिखित कार्य करती है-

1. परीक्षार्थियों के लिए स्वच्छ शैक्षिक वातावरण का निर्माण।
2. कक्षावार एवं तनावमुक्त परीक्षा संचालन के लिए आवश्यक उपाय करना।
3. विभिन्न शैक्षिक विषयों पर विषय विशेषज्ञों की कार्यशाला का आयोजन करना।
4. पाठ्यक्रम समिति का गठन आदि।
5. अब समिति के दो प्रभाग हैं-(i) माध्यमिक प्रभाग एवं (ii) उच्च माध्यमिक प्रभाग। दोनों की शैक्षणिक गतिविधियों तथा परीक्षा प्रणाली को संचालित करने एवं उसकी गुणवत्ता में सुधार लाने का कार्य समिति करती है।
6. माध्यमिक परीक्षा एवं इण्टरमीडिएट परीक्षा के लिए पंजीयन प्रणाली में उत्तरोत्तर सुधार के उद्देश्य से OMR फार्म के माध्यम से विद्यार्थियों से संबंधित सूचना प्राप्त कर डाटा तैयार करने की व्यवस्था करना जिससे त्रुटि की सम्भावना कम हो गई है।
7. विद्यालयों में शैक्षणिक माहौल पैदा करने के लिए समय-समय पर सेमिनार तथा शिक्षकों के उन्मुखीकरण के लिए कार्यशाला का आयोजन करना।
8. ई-बैकिंग द्वारा छात्रों से परीक्षाफल, स्क्रूटनी हेतु आवेदन प्राप्त करने की व्यवस्था करना जिससे छात्रों की अनेक परेशानियाँ कम हुई हैं।
9. परीक्षा परिणामों की घोषणा करना तथा उनके प्रमाण-पत्र का अंकन एवं वितरण करना।
10. त्रुटिहीन प्रमाण-पत्रों को मुद्रित करने के लिए पंजीयन व्यवस्था करना।
11. नये छात्रों का पंजीयन करना तथा उनके लिए पूछताछ काउण्टर की व्यवस्था करना।
12. समिति के क्रियाकलापों को पूर्णरूपेण कम्प्यूटरीकृत करना ताकि छात्र एवं अभिभावकों को परेशानी न हो।

13. बिहार भारतवर्ष का प्रथम राज्य है जहाँ छात्र-छात्राओं के बेहतर हित के उद्देश्य से इण्टरमीडिएट परीक्षा में विज्ञान एवं वाणिज्य दोनों संकायों के वैकल्पिक विषयों में OMR प्रणाली लागू की गई है। इससे दोनों संकाय के छात्र/छात्राएँ लाभान्वित हुए हैं।
14. समिति के दोनों प्रभागों के पदाधिकारी/कर्मचारी के द्वारा किये गये विशिष्ट कार्यों एवं कार्यदक्षता को प्रोत्साहित करने के लिए उन्हें निर्धारित धनराशि पारितोषिक के रूप में पुरस्कारस्वरूप दी जाती है।
15. समिति परिसर में कैण्टीन का निर्माण कराना।
16. समय-समय पर शिक्षा कर्मचारी तथा अध्यापकों की कार्यशाला का आयोजन आदि।

(d) बिहार संस्कृत शिक्षा बोर्ड (BSSB) (Bihar Sanskrit Shiksha Board)-बिहार संस्कृत शिक्षा बोर्ड का गठन बिहार संस्कृत शिक्षा बोर्ड अधिनियम, 1981 के अन्तर्गत किया गया है। बिहार राज्य में मध्यमा स्तर तक की संस्कृत शिक्षा के विकास और उसकी बेहतर देख-रेख के निमित्त यह एक स्वायत्त बोर्ड है जिसका मुख्यालय पटना में है।

BSSB की भूमिका एवं कार्य (Role and Functions of BSSB)-

1. मध्यमा स्तर तक की संस्कृत शिक्षा से संबंधित सभी मामलों पर राज्य सरकार को परामर्श देना।
2. मध्यमा स्तर तक संस्कृत शिक्षा के निदेशक, पर्यवेक्षण एवं नियन्त्रण की शक्ति फल रूप में प्राप्त है।
3. राज्य में संस्कृत शिक्षा का प्रचार-प्रसार करना।
4. संस्कृत विषय के प्रति छात्रों में रुचि उत्पन्न करना तथा संस्कृत के अध्ययन के लिए छात्रों को प्रोत्साहित करना।
5. संस्कृत की मध्यमा परीक्षा का आयोजन, मूल्यांकन एवं परीक्षाफल का प्रकाशन करना।
6. राज्य के विभिन्न क्षेत्रों में संस्कृत विद्यालयों की स्थापना करना।
7. संस्कृत विषय के शिक्षकों को प्रशिक्षण देना तथा उनके लिए विभिन्न कार्यशाला एवं सेमिनार का आयोजन करना।
8. संस्कृत शिक्षा के लिए जागरूकता उत्पन्न करना।
9. राज्य में उपस्थित संस्कृत विद्वानों तथा अध्यापकों को संस्कृत शिक्षण का प्रशिक्षण देना तथा संस्कृत के महत्त्व समझाना।

(e) बिहार राज्य मदरसा शिक्षा बोर्ड (BSMEB) (Bihar State Madrasa Education Board)-बिहार राज्य मदरसा शिक्षा बोर्ड पहले दो अलग-अलग प्रभागों में था। पहला प्रभाग परीक्षा से सम्बन्धित कार्य के लिए 'बिहार मदरसा परीक्षा समिति' के नाम से तथा दूसरा प्रभाग प्रशासी प्रबन्धन कार्यालय या जो पूर्णतः राज्य सरकार के अधीनस्थ सहायक निदेशक, इस्लामिक शिक्षा के नाम से जाना जाता था। वर्ष 1979 में राज्य सरकार ने उक्त दोनों कार्यालयों को विघटित करके एक बिहार राज्य मदरसा शिक्षा बोर्ड अधिनियम, 1981 के द्वारा स्वायत्तता प्रदान करते हुए वर्तमान 'बिहार राज्य मदरसा शिक्षा बोर्ड' की स्थापना की है और तब से यह कार्यालय (संस्था) इसी नाम से जाना जाता है। इस संस्था (कार्यालय) का मुख्य कार्यक्षेत्र पूरा बिहार है। इसका कार्यक्षेत्र बिहार राज्य में उपस्थित, स्वीकृत एवं अनुदानित वर्ग वस्तानिया से फाजिल स्तर की निर्धारित शर्तों के अनुसार स्वीकृति एवं स्तरोन्नयन प्रदान करना है।

मदरसों में मानकानुसार शिक्षकों की नियुक्ति का अनुमोदन एवं मदरसों के पढ़ाये जाने वाले पाठ्यक्रम का निर्माण करना सम्मिलित है। वर्तमान मौलाना मजहरूल हक अरबी एवं फारसी विश्वविद्यालय की स्थापना के बाद आलिम एवं आलिम ऑनर्स तथा फाजिल की परीक्षा का संचालन अब विश्वविद्यालय को हस्तान्तरित किया जा चुका हैं शेष वस्तानिया, फौकानिया एवं मौलवी की परीक्षा बिहार राज्य मदरसा शिक्षा बोर्ड द्वारा संचालित की जाती है।

बिहार राज्य मदरसा शिक्षा बोर्ड को वार्षिक रु. 1.3 करोड़ राज्य सरकार के द्वारा अनुदान स्वरूप प्रदान की जाती है। इसके अतिरिक्त मदरसा बोर्ड के स्थापना मद में राज्य सरकार के द्वारा रु. 25 लाख वार्षिक स्वीकृति प्रदान की जाती है।

बिहार राज्य मदरसा शिक्षा बोर्ड बिहार के सभी केन्द्रों पर फौकानिया तथा मौलवी की परीक्षा का आयोजन करता है। इसमें बोर्ड के अधिकारियों के देख-रेख में कड़ाई के साथ परीक्षा सम्पन्न होती है। अभिभावकों तथा छात्रों की सुविधा को ध्यान में रखते हुए मदरसा बोर्ड ने अपना वेबसाइट विकसित किया है www.bsmeb.co.in इस वेबसाइट को मदरसा बोर्ड द्वारा विकसित करने की प्रक्रिया चल रही है।

बिहार राज्य मदरसा शिक्षा बोर्ड (BSMEB) के कार्य (Functions of Bihar State Madrasa Education Board)-बिहार राज्य मदरसा शिक्षा बोर्ड के निम्नलिखित कार्य हैं-

1. मदरसों की परीक्षाओं का संचालन करना।
2. राज्य में राज्य सरकार की मदद से नये मदरसों की स्थापना करना तथा उनका स्तरोन्नयन करना।
3. मदरसों में मानकानुसार शिक्षकों की नियुक्ति का अनुमोदन करना।
4. छात्रों को विभिन्न स्तर पर पढ़ाये जाने वाले पाठ्यक्रमों का निर्माण करना।
5. वस्तानिया, फौकानिया एवं मौलवी की परीक्षा बिहार राज्य मदरसा शिक्षा बोर्ड द्वारा ही संचालित की जाती है।
6. बिहार राज्य में इस्लामिक शिक्षा के लिए विभिन्न स्तरों पर प्रयास करना।
7. मदरसों से संबंधित परीक्षाओं का आयोजन कर उनका परिणाम घोषित करना।
8. अनुदानित मदरसों में मध्याह्न भोजन योजना, साइकिल, पुस्तक इत्यादि की व्यवस्था करना।
9. प्रत्येक मदरसे में बच्चों के स्वास्थ्य की जाँच हेतु मासिक स्वास्थ्य जाँच कैम्प लगाने की व्यवस्था करना।
10. मदरसे स्थापित करने के लिए नये भवनों का निर्माण करवाना तथा क्षतिग्रस्त मदरसा भवनों की मरम्मत कराना।
11. राज्य में छात्रों को मदरसों के पाठ्यक्रम में प्रवेश लेने के लिए प्रोत्साहित करना।
12. मदरसे में पढ़ने वाले छात्रों के लिए आवासीय छात्रावास की व्यवस्था करना।
13. समय-समय पर मदरसों के विभिन्न शिक्षकों (मौलवियों) की बैठक का आयोजन कर परिचर्चा करना।
14. मदरसों में पुस्तकालय भवन की व्यवस्था करना।
15. फौकानिया एवं मौलवी के टॉपर विद्यार्थियों को पुरस्कृत करना।
16. परीक्षा के विभिन्न प्रमाण-पत्रों एवं अंक पत्रों आदि का वितरण करना।

बिहार मुक्त विद्यालयी शिक्षण एवं परीक्षा बोर्ड (BBOSE)-राज्य में व्यापक शैक्षिक सुधार एवं प्रगति के बावजूद भी, काफी संख्या में बालक-बालिकाओं एवं वयस्कों को कतिपय सामाजिक, आर्थिक एवं भौगोलिक कारणों से विद्यालयी शिक्षा एवं व्यावसायिक शिक्षा की मुख्यधारा से जोड़ने के लिए 'दूरस्थ एवं मुक्त विद्यालयी शिक्षण प्रणाली' के अन्तर्गत बिहार में पहली बार स्वायत्तशासी संस्था के रूप में 'बिहार मुक्त विद्यालयी शिक्षण एवं परीक्षा बोर्ड' की स्थापना सोसाइटी रजिस्ट्रेशन एक्ट 21, 1860 के अन्तर्गत पंजीकरण संख्या 2074 से दिनांक 18.02.2011 को की गई। यह परीक्षा बोर्ड औपचारिक विद्यालयी शिक्षा प्रणाली के समतुल्य, विद्यालय स्तर की शिक्षा प्रदान करेगा और इसके द्वारा निर्गत दसवीं और बारहवीं का प्रमाण-पत्र अन्य औपचारिक शिक्षा बोर्डों; जैसे—केन्द्रीय माध्यमिक शिक्षा बोर्ड (C.B.S.E.), भारतीय विद्यालय प्रमाण-पत्र परीक्षा परिषद (I.C.S.E.), बिहार विद्यालय परीक्षा समिति पटना (B.S.E.B.) और राष्ट्रीय मुक्त विद्यालयी शिक्षा संस्थान, नोएडा (NIOs) एवं अन्य बोर्डों के समतुल्य होगा।

सूचना एवं संचार प्रौद्योगिकी की उन्नति से विद्यार्थियों और शिक्षकों के बीच की दूरी कम हुई है और शिक्षा की प्रक्रिया में सुविधाओं और अन्तःक्रियात्मक बनाने की

सम्भावनाएँ बढ़ी हैं। परिणामस्वरूप मुक्त शिक्षा प्रणाली विश्व भर में निरन्तर प्रगति कर रही है। सन् 2011 में शिक्षा विभाग ने संस्था का नाम 'बिहार मुक्त विद्यालयी शिक्षण एवं परीक्षा बोर्ड' (BBOSE) किया।

BBOSE का मिशन औपचारिक शिक्षा प्रणाली के एक विकल्प के रूप में (मुक्त विकल्प के रूप में) मुक्त शिक्षा प्रणाली द्वारा प्राथमिकता प्राप्त समूहों को विद्यालय स्तर पर पूर्व स्नातक स्तर तक प्रासंगिक सतत शिक्षा प्रदान करना है।

BBOSE (बिहार मुक्त विद्यालयी शिक्षण एवं परीक्षा बोर्ड) के उद्देश्य

BBOSE के निम्नलिखित उद्देश्य हैं-

1. सामान्य व्यावसायिक एवं सतत शिक्षा के विकास के लिए पाठ्यक्रम प्रस्तावित करना जो स्नातक स्तर के नीचे सर्टिफिकेट/डिप्लोमा के स्तर तक का प्रमाण-पत्र दे।
2. मुक्त विद्यालयी शिक्षा एवं मुक्त शिक्षण क्षेत्र में शोध एवं नवाचार का प्रयोग करना एवं प्रामाणिक नवाचार गतिविधियों को बिहार में प्रसारित करना।
3. छात्रों के पंजीकरण करना।
4. परीक्षा में बैठने, पात्रता एवं उपस्थिति परीक्षा का संचालन करना।
5. क्रेडिट ट्रांसफर एवं प्रमाण-पत्र देने का कार्य करने के लिए अनुकूल एवं आवश्यक नियमों एवं शर्तों का निर्धारण करना।

BBOSE (बिहार मुक्त विद्यालयी शिक्षण एवं परीक्षा बोर्ड) की विशेषताएँ

BBOSE की निम्नलिखित विशेषताएँ हैं-

1. व्यावसायिक शिक्षा पाठ्यक्रम-राज्य में दूरस्थ शिक्षा प्रणाली द्वारा कौशलवर्द्धन एवं व्यावसायिक शिक्षा के लिए BBOSE बोर्ड को 'नोडल संस्था' के रूप में चिह्नित किया गया है और यह बिहार कौशलवर्द्धन मिशन के तत्त्वधान में कार्य करता है। बोर्ड राष्ट्रीय कौशल विकास निगम, नई दिल्ली के साथ मिलकर व्यावसायिक पाठ्यक्रम का निर्माण करता है। व्यावसायिक पाठ्यक्रम का चयन राज्य में प्रशिक्षित कार्यबल की वर्तमान एवं भविष्य की आवश्यकताओं के आधार पर किया जाएगा।

प्रशिक्षण देने वाली संस्थाओं के द्वारा कम-से-कम 70% प्रशिक्षार्थियों को रोजगार एवं स्वरोजगार उपलब्ध कराया जाएगा जो कि बोर्ड के प्रशिक्षार्थियों को रोजगार/स्वरोजगार उपलब्ध कराने के साथ-साथ राज्य के विकास में भी महत्त्वपूर्ण योगदान देगा।

2. विशेष परियोजनाएँ—BBOSE द्वारा विशेष परियोजनाएँ चलाई जाती हैं जो शिक्षा की उन्नति में योगदान देती हैं। ये विशेष योजनाएँ निम्नलिखित हैं-

(i) हुनर परियोजना—इस परियोजना का संचालन बिहार मुक्त विद्यालयी शिक्षण एवं परीक्षा बोर्ड एवं बिहार शिक्षा परियोजना परिषद् (BEPC) के द्वारा संयुक्त रूप से किया जाता है। इसके अन्तर्गत बिहार राज्य में बालिकाओं (मुस्लिम/अनुसूचित जाति/अनुसूचित जनजाति/अत्यन्त पिछड़ा वर्ग, जिनकी आय 11-16 या - 16 वर्ष है) के लक्ष्य समूह को नि:शुल्क व्यावसायिक विषयों में कौशलवर्द्धन, प्रशिक्षण एवं प्रमाणीकरण प्रदान करता है।

(ii) कस्तूरबा गाँधी बालिका विद्यालय (KGBV)-बिहार मुक्त विद्यालयी शिक्षण एवं परीक्षा बोर्ड (BBOSE) एवं बिहार शिक्षा परियोजना परिषद (BEPC) के द्वारा संयुक्त रूप से कस्तूरबा गाँधी बालिका विद्यालय में अध्ययनरत बालिकाओं को पोशाक निर्माण (Garment making), कम्प्यूटर शिक्षा (Computer Education) एवं जीवन कौशल (Life skill) विषयों में प्रशिक्षण देने की योजना है। कस्तूरबा गाँधी बालिका विद्यालयों की छात्राओं के लिए पोशाक निर्माण, कम्प्यूटर शिक्षा, जीवन कौशल के निमित्त शिक्षण सामग्री का निर्माण बिहार मुक्त विद्यालयी शिक्षण एवं परीक्षा बोर्ड द्वारा किया जाता है।

3. विद्यार्थी सहायता सेवाएँ—बिहार मुक्त विद्यालयी शिक्षण एवं परीक्षा बोर्ड का, विद्यार्थी सहायता सेवाएँ विभाग (SSS) शिक्षार्थियों को उनकी पढ़ाई में सहायता देने के लिए उत्तरदायी कार्यक्रमों के लिए अध्ययन केन्द्रों को प्रत्यापित करने का प्रमुख कार्य भी करता है।

राष्ट्रीय स्तर की संस्थाएँ

राष्ट्रीय स्तर पर शिक्षा विभाग में विभिन्न संगठनों द्वारा शिक्षा के स्तर में गुणवत्तापूर्ण सुधार किये गये ये विभाग निम्नलिखित है-

1. राष्ट्रीय शैक्षिक अनुसंधान और प्रशिक्षण परिषद (NCERT)-NCERT का मतलब National Council of Education Research and Training होता है, और इसकी स्थापना भारत सरकार के शिक्षा मंत्रालय ने 27 जुलाई 1961 को की थी। NCERT ने 1 सितंबर 1961 को औपचारिक रूप से अपना अभियान शुरू किया। यह स्कूली शिक्षा में गुणात्मक सुधार के लिए नीतियों और कार्यक्रमों पर केंद्र और राज्य सरकारों को सहायता और सलाह देता है। NCERT का कार्य हमारे देश में शिक्षा के प्रचार-प्रसार को बढ़ावा देना और उसका विकास करना है।

NCERT के मुख्य उद्देश्य

NCERT के कुछ महत्त्वपूर्ण उद्देश्य निम्न हैं-

1. देश में शिक्षा पाठ्यक्रम में होने वाले बदलाव को लागू करना तथा देश के विकास में सहयोग करना है।
2. देश के शिक्षा संस्थान और शिक्षा विभागों तथा विद्यालय और सरकारी संगठनों का सहयोग करना है।
3. देश में शिक्षा के क्षेत्र में होने वाली नए खोजों को बढ़ावा देना तथा सहायता करना।
4. विद्यालयी शिक्षा पाठ्यक्रम, समाचार पत्र, मॉडल शिक्षा पद्धति और साहित्य पत्रिका को प्रकाशित करना है।
5. विद्यालयों में नए प्रकार की शैक्षिक तकनीक और साहित्य प्रथाओं का प्रचार करना।
6. शिक्षा के क्षेत्र में विशेष रूप से गुणवत्ता लाना तथा देश में शिक्षा स्तर को उच्च करना।
7. भारत सरकार द्वारा शिक्षा और समाज कल्याण को विशेष रूप से स्कूल में शिक्षा के संबंध में सलाह देना और शिक्षा नीति निर्धारण करने में मदद करना है।
8. NCERT का उद्देश्य लड़कियों की बाल शिक्षा में सुधार करना है।
9. NCERT के आने से अब छात्रों के विचारों में सुधार होगा।
10. NCERT के आने का मुख्य उद्देश्य यह भी है कि शिक्षकों के विचारों में भी सुधार हो सके।

NCERT के कार्य-NCERT एक कार्यकारी समिति है, जो Human Resource Development Minister के रूप में अपने पद अध्यक्ष के रूप में कार्य करती है। केंद्रीय राज्य मंत्री इसका पदेन उपाध्यक्ष होता है जो वित्त, स्थापना मामलों और कार्यक्रम से निपटने वाली कार्यकारी समिति की सहायता करता है। NCERT के कुछ महत्त्वपूर्ण कार्य निम्नलिखित हैं-

1. शिक्षकों के लिए पूर्व-सेवा और शिक्षा कार्यक्रम आयोजित करना।
2. शिक्षा के क्षेत्रीय कॉलेजों के प्रशासन की निगरानी करना।
3. बेहतर शैक्षिक तकनीकों और प्रथाओं के ज्ञान का प्रसार करना।
4. शिक्षा के सभी क्षेत्रों को बढ़ावा देना, संगठित करना और बढ़ावा देना।
5. स्कूल शिक्षा में सुधार के लिए शिक्षा की सभी शाखाओं में सहायता, प्रचार और समन्वय करना।
6. छात्रों और संबंधित शिक्षक की Hand Book के लिए अध्ययन सामग्री तैयार करना और प्रकाशित करना।

(1) विद्यालय शिक्षा से संबंधित अध्ययन एवं पर्यवेक्षण करना।

(2) विद्यालय-शिक्षकों के लिए उन्नत स्तर के प्रशिक्षण की व्यवस्था करना।

(3) विस्तार सेवाओं को संगठित करना।

(4) विद्यालयों में उन्नत शैक्षिक प्रविधियों एवं व्यवहारों को लागू करना।

(5) विद्यालयी-शिक्षा से संबंधित मामलों में विचारों तथा सूचनाओं के लिए एक निकासी गृह (Clearing house) के रूप में कार्य करना।

NCERT की शाखाएं-NCERT ने शिक्षा को संपूर्ण रूप से कार्यान्वित करने हेतु निम्न शाखाओं में विभाजित किया है-

1. राष्ट्रीय शिक्षा संस्थान, नई दिल्ली
2. केंद्रीय शैक्षिक प्रौद्योगिकी संस्थान, नई दिल्ली
3. पंडित सुंदरलाल शर्मा केंद्रीय व्यावसायिक शिक्षा संस्थान, भोपाल
4. क्षेत्रीय शिक्षा संस्थान, भोपाल
5. क्षेत्रीय शिक्षा संस्थान, मैसूर
6. पूर्वोत्तर क्षेत्रीय शिक्षा संस्थान, शिलांग
7. क्षेत्रीय शिक्षा संस्थान, अजमेर

2. केन्द्रीय माध्यमिक शिक्षा बोर्ड (CBSE) -केन्द्रीय माध्यमिक शिक्षा बोर्ड (Central Board of Secondary Education या CBSE) भारत की स्कूली शिक्षा का एक प्रमुख बोर्ड है। भारत के अन्दर और बाहर के बहुत से निजी विद्यालय इससे सम्बद्ध हैं। इसके प्रमुख उद्देश्य हैं-शिक्षा संस्थानों को अधिक प्रभावशाली ढंग से लाभ पहुंचाना, उन विद्यार्थियों की शैक्षिक आवश्यकताओं के प्रति उत्तरदायी होना जिनके माता-पिता केन्द्रीय सरकार के कर्मचारी हैं और निरंतर स्थानान्तरणीय पदों पर कार्यरत हैं। इसमें 896 केन्द्रीय विद्यालय, 1761 सरकारी विद्यालय, 5827 स्वतंत्र विद्यालय, 980 जवाहर नवोदय विद्यालय और 14 केन्द्रीय तिब्बती विद्यालय सम्मिलित हैं।

इसका ध्येय वाक्य है-**असतो मा सद्गमय** (हे प्रभु! हमें असत्य से सत्य की ओर ले चलो।)

1952 में हुई CBSE द्वारा संचालित परीक्षायें (Exam Conducted by CBSE) -यह पहली कक्षा से लेकर 12वीं कक्षा तक के लिए पाठ्यक्रम तैयार करता है एवं वर्ष में दो मुख्य परीक्षाएं संचालित करता है-10वीं कक्षा के लिए अखिल भारतीय सेकेण्डरी स्कूल परीक्षा (AISSE) एवं 12वीं कक्षा के लिए अखिल भारतीय सीनियर स्कूल सर्टिफिकेट परीक्षा (AISSCE)। इसके अतिरिक्त अखिल भारतीय इंजीनियरिंग प्रवेश परीक्षा (AIEEE) तथा अखिल भारतीय प्री-मेडिकल परीक्षा (AIPMT) का भी संचालन करता था।

CBSE का इतिहास (History of CBSE)-भारत में सबसे पहले "उत्तर प्रदेश बोर्ड ऑफ हाई स्कूल एण्ड इंटरमीडिएट एजुकेशन" की स्थापना सन् 1921 में हुई थी। राजपूताना, मध्य भारत तथा ग्वालियर इसके अधिकार क्षेत्र में आते थे और संयुक्त प्रांतों की सरकार द्वारा किए गए अभ्यावेदन के उत्तर में तत्कालीन भारत सरकार ने सभी क्षेत्रों के लिए वर्ष 1929 में एक संयुक्त बोर्ड स्थापित करने का सुझाव दिया जिसका नाम "बोर्ड ऑफ हाई स्कूल एण्ड इंटरमीडिएट एजुकेशन राजपूताना" रखा गया। इसमें अजमेर, मारवाड़, मध्य भारत और ग्वालियर शामिल थे।

बोर्ड द्वारा माध्यमिक शिक्षा स्तर पर तीव्र विकास और विस्तार करने के कारण इसके संस्थानों में शिक्षा के स्तर एवं गुणवत्ता में सुधार आया। परन्तु विभिन्न भागों में राज्य विश्वविद्यालयों और राज्य बोर्डों के स्थापित हो जाने से केवल अजमेर, भोपाल और मध्य प्रदेश ही इसके अधिकार क्षेत्र में रह गए। इसके परिणामस्वरूप वर्ष 1952 में बोर्ड का संविधान संशोधित किया गया। जिससे इसका क्षेत्राधिकार भाग-ग और भाग-घ के क्षेत्रों तक बढ़ा दिया गया और बोर्ड को इसका वर्तमान नाम केन्द्रीय माध्यमिक शिक्षा बोर्ड दिया गया। अंततः 1962 में बोर्ड का पुनर्गठन किया गया। इसका मुख्य उद्देश्य उन शैक्षिक संस्थानों की अधिक प्रभावी ढंग से सेवा करना था तथा उन छात्रों की शैक्षिक आवश्यकताओं के प्रति उत्तरदायी होना था जिनके माता-पिता केंद्र सरकार में कार्यरत थे और जिनमें अक्सर स्थानांतरणीय नौकरियां थीं।

CBSE के कार्य एवं उद्देश्य (Functions and Aims of CBSE)-केन्द्रीय माध्यमिक शिक्षा बोर्ड की स्थापना निम्नलिखित उद्देश्यों की पूर्ति के लिए की गई थी-

(1) कक्षा 10वीं और 12वीं के अंत में सार्वजनिक परीक्षाएं आयोजित करने एवं परीक्षाओं से संबंधित शर्तें निर्धारित करने हेतु। संबद्ध विद्यालयों के सफल विद्यार्थियों को अर्हता प्रमाण-पत्र प्रदान करने के लिए।

(2) उन विद्यार्थियों की शैक्षिक आवश्यकताओं को पूरा करने के लिए जिनके माता-पिता स्थानान्तरणीय पदों पर कार्यरत हों।

(3) परीक्षाओं के लिए अनुदेश पाठ्यक्रमों का निर्धारण करने तथा इन पाठ्यक्रम को अद्यतन बनाने के लिए।

(4) परीक्षा प्रयोजन हेतु विद्यालयों को संबद्धता प्रदान करने तथा देश के शैक्षिक प्रतिमानों को ऊँचा उठाने के लिए।

CBSE के क्षेत्र (Scope of CBSE)-CBSE बोर्ड का अधिकार क्षेत्र व्यापक है और राष्ट्र की भौगोलिक सीमाओं से बाहर भी फैला हुआ है। पुनर्गठन के फलस्वरूप दिल्ली माध्यमिक शिक्षा बोर्ड का केन्द्रीय बोर्ड में विलय कर दिया गया और इस प्रकार दिल्ली बोर्ड द्वारा मान्यता प्राप्त सभी शैक्षिक संस्थाएं भी केन्द्रीय बोर्ड का अंग बन गईं। तदनन्तर संघ शासित प्रदेश, चण्डीगढ़, अरुणाचल प्रदेश, अण्डमान और निकोबार द्वीप समूह, सिक्किम राज्य और अब झारखण्ड, उत्तराखंड एवं छत्तीसगढ़ के सभी स्कूलों ने भी बोर्ड के साथ सम्बद्धता प्राप्त कर ली है।

CBSE का विकेन्द्रीकरण-अपने कार्यों को अधिकाधिक प्रभावशाली ढंग से निष्पादित करने और सम्बद्ध विद्यालयों के प्रति अधिक प्रतिसंवेदी होने के उद्देश्य से बोर्ड द्वारा देश के विभिन्न भागों में क्षेत्रीय कार्यालय स्थापित किए गए हैं। बोर्ड के क्षेत्रीय कार्यालय अजमेर, चेन्नई, इलाहाबाद, गुवाहाटी, पंचकुला और दिल्ली में भी स्थित हैं। देश के बाहर स्थित विद्यालय, क्षेत्रीय कार्यालय दिल्ली के अंतर्गत आते हैं। मुख्यालय, क्षेत्रीय कार्यालयों के कार्यकलापों पर नजर रखता है यद्यपि क्षेत्रीय कार्यालयों को भी पर्याप्त अधिकार दिए गए हैं तथापि नीतिगत मामले मुख्यालय को भेजे जाते हैं। प्रशासन संबंधी दिन-प्रतिदिन के मामले, विद्यालयों से सम्पर्क, परीक्षा पूर्व और परीक्षा उपरान्त की व्यवस्था आदि सभी मामलों की देख-रेख क्षेत्रीय कार्यालयों द्वारा की जाती है।

3. राष्ट्रीय शैक्षिक योजना एवं प्रशासन विश्वविद्यालय (National University of Educational Administration Planning)-राष्ट्रीय शैक्षिक योजना एवं प्रशासन विश्वविद्यालय (National University of Educational Planning and Administration (NUEPA / न्यूपा), शैक्षिक योजना और प्रशासन के क्षेत्र में केन्द्रीय मानव संसाधन विकास मंत्रालय द्वारा स्थापित भारत ही नहीं दक्षिण एशिया का प्रमुख संगठन है जो शैक्षिक योजना एवं प्रबंधन के क्षेत्र मे क्षमता विकास और शोध कार्य में संलगन है। शैक्षिक योजना एवं प्रशासन के क्षेत्र में इसके द्वारा किए जा रहे कार्यों को देखते हुए भारत सरकार ने अगस्त 2006 में इसका उन्नयन करके मानद विश्वविद्यालय का दर्जा प्रदान किया ताकि यह स्वयं उपाधि प्रदान कर सके। अन्य केंद्रीय विश्वविद्यालयों के समान न्यूपा भारत सरकार द्वारा पूर्णतः वित्तपोषित है।

आरम्भ में न्यूपा की स्थापना 1962 में एशिया तथा प्रशान्त क्षेत्र के शैक्षिक योजनाकारों, प्रशासकों और पर्यवेक्षकों के प्रशिक्षण के लिए एशिया क्षेत्र के यूनेस्को केंद्र के रूप में की गई थी जिसे 1965 में एशियाई शैक्षिक योजना एवं प्रशासन संस्थान बना दिया गया। इसके 4 वर्ष बाद भारत सरकार ने इसका अधिग्रहण कर लिया और इसका नाम 'राष्ट्रीय शैक्षिक योजनाकार एवं प्रशासक कॉलेज' रख दिया गया। राष्ट्रीय शैक्षिक योजनाकार एवं प्रशासक कालेज की बढ़ती भूमिकाओं और कार्यकलापों, विशेषकर क्षमता विकास, शोध और सरकारों को दी जा रही व्यावसायिक समर्थनकारी सेवाओं को ध्यान में रखते हुए 1979 में पुनः इसका नाम बदलकर राष्ट्रीय शैक्षिक योजना एवं प्रशासन संस्थान (नीपा) कर दिया गया।

राष्ट्रीय शैक्षिक योजना एवं प्रशासन विश्वविद्यालय (न्यूपा) में 10 विभाग हैं। इनमें प्रतिष्ठित बहुशास्त्रीय संकाय हैं। विश्वविद्यालय का पुस्तकालय बहुत समृद्ध है। इसमें शैक्षिक योजना एवं प्रशासन से संबंधित महत्त्वपूर्ण पुस्तकें, राष्ट्रीय और अंतर्राष्ट्रीय जर्नल और सरकारी दस्तावेज़ उपलब्ध हैं। विश्वविद्यालय अपनी बहुआयामी गतिविधियों के अलावा शिक्षा नीति, योजना और प्रशासन के क्षेत्र में अंतर-शास्त्रीय समाजविज्ञान के परिप्रेक्ष्य में एम.फिल., पीएच-डी. और अंशकालिक पीएच-डी. पाठ्यक्रम भी संचालित करता है। न्यूपा के शोध कार्यक्रमों में राष्ट्रीय और अंतर्राष्ट्रीय दृष्टिकोणों से शिक्षा के सभी स्तरों और प्रकारों को शामिल किया जाता है।

NUEPA या NIEPA के विभाग निम्नलिखित हैं-

1. **शिक्षा नीति विभाग**-यह विभाग शिक्षा संबंधी विभिन्न नीतियों की योजना बनाता है।
2. **शैक्षिक योजना विभाग**-यह विभाग निर्धारित लक्ष्यों की प्राप्ति के लिए कार्य-योजनाएँ बनाता है।
3. **शैक्षिक प्रशासन विभाग**-शैक्षिक प्रशासन को चुस्त-दुरुस्त बनाने के लिए यह विभाग विभिन्न प्रकार के प्रशिक्षण कार्यक्रम आयोजित करता है, सर्वेक्षण करता है अनुसन्धान करता है और योजनाओं का मूल्यांकन करता है।
4. **विद्यालयी तथा अनौपचारिक शिक्षा विभाग**-यह विभाग मुख्य रूप से पिछड़े वर्ग के बालकों की शिक्षा की योजना बनाता है और अनौपचारिक शिक्षा के उपायों पर विचार करता है। यह प्रधान रूप से प्रारम्भिक शिक्षा (कक्षा 1 से 8 के बालकों की शिक्षा) के प्रशासन पर अपना ध्यान केन्द्रित करता है।
5. **शैक्षिक वित्त विभाग**-यह विभाग विभिन्न राज्यों के शिक्षा विभागों, शिक्षा संस्थाओं, विश्वविद्यालय आदि उन अधिकारियों को प्रशिक्षण देता है जो वित्त का नियन्त्रण एवं प्रशासन करते हैं जिससे वे अपव्यय रोक सकें और वित्त पर प्रभावी नियन्त्रण कर सकें।
6. **उच्चतर शिक्षा विभाग**-यह विभाग महाविद्यालयी, विश्वविद्यालयी जैसी उच्चतर शिक्षा के नियोजन एवं प्रशासन से संबंधित समस्याओं का अध्ययन करता है, अनुसन्धान करता है और संबंधित अधिकारियों के लिए प्रशिक्षण कार्यक्रम आयोजित करता है।
7. **अन्तर्राष्ट्रीय विभाग**-यह विभाग विश्व के विभिन्न भागों में चल रहे शैक्षिक प्रशासन संबंधी कार्यों, अनुसन्धानों आदि की जाँच-पड़ताल करता है जिससे उनमें से अपने देश के लिए उपयोगी अनुभवों का लाभ उठाया जा सके।

NIEPA के कार्य

इस संस्थान के कार्य-क्षेत्र में शैक्षिक आयोजकों और प्रशासकों का प्रशिक्षण, अनुसन्धान, नवाचारों तथा परामर्शी सेवाओं का प्रसार आदि सम्मिलित हैं। इसके प्रमुख कार्यों का संक्षिप्त वर्णन निम्नलिखित है-

1. शिक्षा नियोजकों तथा प्रशासकों का प्रशिक्षण-यह संस्थान भारत के शैक्षिक कार्यकर्ताओं के प्रशिक्षण के लिए विभिन्न प्रशिक्षण कार्यक्रम संचालित करता है। यह शैक्षिक नीतियों पर विचार-विमर्श करने के लिए विभिन्न सेमीनारों तथा वर्कशॉपों का भी आयोजन करता है। इसने अब तक भारत के विभिन्न राज्यों तथा संघ प्रदेशों के हजारों अधिकारियों को प्रशिक्षित किया है ।

संस्थान जिला शिक्षा अधिकारियों के लिए डिप्लोमा कोर्स भी संचालित कर रहा है इनमें प्रमुख 'DEPA' (Diploma in Educational Planning and Administration) हैं, जिसकी अवधि छः माह की है। इस अवधि में तीन बार पाठ्यक्रम कार्य कराया जाता है और शेष तीन माह में व्यवसाय से संबंधित प्रोजेक्ट कार्य कराया जाता है। यह संस्थान विदेशी कर्मचारियों के लिए भी प्रशिक्षण कार्यक्रम संचालित करता है। इस संस्थान द्वारा आयोजित सेमिनार तथा प्रशिक्षण कार्यक्रम में अफगानिस्तान, भूटान बांग्लादेश, चीन, इथोपिया, हंगरी, इण्डोनेशिया, कोरिया, मलेशिया, नेपाल, मॉरीशस, पाकिस्तान, फिलीपीन्स, श्रीलंका, थाईलैण्ड, संयुक्त राज्य अमेरिका, यूगोस्लाविया आदि देशों ने भाग लिया।

2. अनुसन्धान-यह संस्थान अनुसन्धान के क्षेत्र में शैक्षिक योग्यता एवं प्रशासन के विभिन्न पक्षों में अनुसन्धान कार्य आरम्भ करता है, उन्हें सहायता प्रदान करता है, बढ़ावा देता है तथा उन्हें समन्वित करता है। इसकी अनुसन्धानात्मक क्रियाएँ विभिन्न प्रकार की हैं, जिनमें सर्वेक्षण, विश्लेषणात्मक अध्ययन तथा अनुसन्धान प्रायोजनाएँ प्रमुख हैं।

3. नवाचारों का प्रसार-यह संस्थान नवाचारों के प्रसार के लिए महत्त्वपूर्ण कार्य कर रहा है। इसके लिए सन् 1983 में इस संस्थान ने अन्तर्राज्यीय भ्रमणों का आयोजन किया। इसके साथ ही उसने विभिन्न राज्यों में प्रयुक्त नवाचारों को प्रसारित करने के लिए अन्य माध्यमों का प्रयोग किया।

4.परामर्शदात्री सेवा-यह संस्थान विभिन्न राज्यों तथा संघशासित प्रदेशों के लिए परामर्शदात्री सेवाएं प्रदान करता है। इसने जम्मू एवं कश्मीर, सिक्किम, दादरा एवं नगर हवेली, हरियाणा आदि में परामर्शदात्री सेवाएं प्रदान की हैं। संस्थान ने हरियाणा की प्रार्थना पर विद्यालयों की स्थापना तथा विद्यालयों को प्रोन्नत करने के मानकों का निर्माण किया। संस्थान ने जिला प्राथमिक शिक्षा कार्यक्रम के आयोजन में भी सहायता की है। साथ ही यह केन्द्रीय शिक्षा सलाहकार बोर्ड (CABE) की विभिन्न समितियों को व्यावसायिक सहायता प्रदान करता है। संस्थान ने नौ सर्वाधिक जनसंख्या वाले प्रदेशों की सभी के लिए शिक्षा समिति के संगठन में शैक्षिक सहायता प्रदान की।

4. राष्ट्रीय शिक्षक शिक्षा परिषद (N.C.T.E) -राष्ट्रीय शिक्षक शिक्षा परिषद जिसे अंग्रेजी भाषा में National Council for Teacher Education (NCTE) कहते हैं। इस परिषद की स्थापना भारत सरकार द्वारा 1973 में की गई। इस परिषद का मुख्य उद्देश्य शिक्षक शिक्षा के क्षेत्र में बदलाव करना था। संपूर्ण देश में अध्यापक शिक्षा प्रणाली के योजनागत और समन्वित विकास को प्राप्त करना और इससे संबंधित मामलों हेतु एवं अध्यापक शिक्षा प्रणाली में मानकों और मापदंडों का विनियमन और उचित अनुरक्षण करना है। इस परिषद का कार्य शिक्षक शिक्षा से संबंधित क्षेत्रों में सरकार को सलाह-मशविरा देना था। 1993 में इस परिषद को संवैधानिक दर्जा प्रदान किया गया।

राष्ट्रीय शिक्षक शिक्षा परिषद National Council for Teacher Education (NCTE) का मुख्य कार्यालय दिल्ली में स्थापित किया गया है। यह परिषद शिक्षकों की शिक्षा से संबंधित सभी समस्याओं का अध्ययन करती है तत्पश्चात उन समस्त समस्याओं के समाधान हेतु अपने सुझाव प्रस्तुत करती है। इस परिषद का निर्माण 55 सदस्यों के साथ हुआ है जिसमें अध्यक्ष, उपाध्यक्ष और सचिव भी सम्मिलित हैं। जिनका कार्यकाल 4 वर्ष और अन्य सदस्यों का कार्यकाल 2-2 वर्ष होता है।

यह शिक्षक शिक्षा से संबंधित समस्त पहलुओं का अध्ययन करने का कार्य करती है और साथ ही शिक्षक-शिक्षा से संबधित पाठ्यक्रम की संरचना का भी निर्माण करती है। यह शिक्षक शिक्षा की व्यवस्थाओं का बारीकियों से अध्ययन करने का कार्य भी करती है।

राष्ट्रीय शिक्षक शिक्षा परिषद के मुख्य कार्य (Main Functions of National Council of Teacher Education)

1. इस परिषद का मुख्य और अहम कार्य यह होता है कि यह शिक्षक-शिक्षा के क्षेत्र में अध्ययन कर केंद्रीय सरकारों, प्रांतीय सरकारों और यू.जी.सी. को सलाह प्रदान करे।
2. यह शिक्षक-शिक्षा के सबंध में नीति-नियमों का निर्धारण करती है और साथ ही उन्हें लागू करने और उन सभी नीति-नियमों के क्रियान्वयन की जिम्मेदारी भी इसी की होती है।
3. यह समय-समय पर सामाजिक गतिविधियों, आवश्यकताओं के अध्ययन कर पाठ्यक्रम को नवीन रूप प्रदान करने का कार्य करती है।
4. शिक्षक-शिक्षा को बढ़ावा देने एवं उसकी गुणवत्ता में निरंतर वृद्धि करने हेतु विभिन्न कार्यक्रमों का आयोजन भी करती हैं।
5. यह शिक्षक-शिक्षा प्राप्त करने के इच्छुक छात्रों हेतु न्यूनतम योग्यताओं का निर्धारण करती है, प्रश्नों हेतु पाठ्यक्रम का निर्धारण करती है और शिक्षक शिक्षा से संबंधित अभ्यर्थियों की चयन प्रक्रिया हेतु अपने मुख्य सुझाव प्रदान करती है।

6. शिक्षक-शिक्षा से संबंधित सभी क्षेत्रों में शुल्क, छात्रवृत्ति का निर्धारण करने का कार्य भी इसी के द्वारा किया जाता है।
7. शिक्षक-शिक्षा से संबंधित किसी भी क्षेत्र में जब सरकार कोई संशोधन करती है तो वह संशोधन इस परिषद की देख-रेख में ही सम्पन्न होता है।
8. राष्ट्र की समस्त शिक्षक शिक्षा संस्थाओं में एकरूपता लाने एवं सभी विद्यालयों के स्तर में समानता हेतु यह निरंतर क्रियाशील रहती है और समय-समय पर सरकार के समक्ष अपने सुझाव प्रस्तुत करती रहती है।
9. यह शिक्षक-शिक्षा के क्षेत्र में सुधार करने हेतु अपने क्षेत्र से जुड़ी अंतर्राष्ट्रीय संस्थाओं का अध्ययन करती है एवं अनुसंधान कार्यों का आयोजन करती हैं।

शिक्षक शिक्षा के क्षेत्र में राष्ट्रीय शिक्षक शिक्षा परिषद की भूमिका (Role of National Council for Teachers Education in the field of Teacher Education)-राष्ट्रीय शिक्षक शिक्षा परिषद् समय-समय पर शिक्षा के क्षेत्र में परिवर्तन करती रहती है। इस परिषद की स्थापना के पश्चात शिक्षक-शिक्षा की गुणवत्ता में निश्चित ही वृद्धि हुई है। वर्तमान शिक्षक-शिक्षा का पाठ्यक्रम अधिक सामाजिक है। शिक्षक शिक्षा के पाठ्यक्रम में बाल मनोविज्ञान एवं मनोविज्ञान की समस्त विशेषताओं को सम्मिलित किया गया है।

NCTE की स्थापना के पश्चात शिक्षक-शिक्षा से संबंधित पाठ्य-पुस्तकों की गुणवत्ता में सुधार आया है जिससे छात्र वास्तविक समस्याओं से अवगत हो पाते हैं और वर्तमान सामाजिक परिस्थितियों के अनुरूप खुद को तैयार करते हैं। परिषद का शिक्षक-शिक्षा में बेहद अहम योगदान है।

राष्ट्रीय शिक्षक शिक्षा परिषद (National Council for Teacher Education) की स्थापना के साथ छात्र, समाज और सरकार सभी शिक्षक की महत्ता से परिचित हुए हैं क्योंकि किसी भी राष्ट्र के विकास हेतु शिक्षा का बेहद अहम योगदान होता है और राष्ट्र की सम्प्रभुता की रक्षा हेतु एवं उज्ज्वल भविष्य हेत गुणवान कौशलों वाले शिक्षकों का निर्माण किया जाना बेहद आवश्यक है और यह सभी कार्य इस परिषद द्वारा सम्पन्न किए जाते हैं।

निष्कर्ष (Conclusion)-शिक्षकों की शिक्षा की व्यवस्था करना, उनमें संशोधन करना, लागू करना, पाठ्यक्रम का निर्माण, शिक्षक-शिक्षा के क्षेत्र में नवीन आवश्यक परिवर्तन हेतु सरकार को सुझाव देना, न्यूनतम योग्यता एवं वेतन का निर्धारण करना, शिक्षक शिक्षा नवीन सूचनाओं को एकत्रित कर उसका अध्ययन करना और प्रति वर्ष अपनी रिपोर्ट सरकार के समक्ष प्रस्तुत करना, इस परिषद के मुख्य कार्य एवं उद्देश्य हैं।

अभ्यास प्रश्न

1. डाइट का कार्य है–
(a) सेवाकालीन प्रशिक्षण
(b) सेवापूर्व प्रशिक्षण
(c) पाठ्यचर्या तथा सामग्री का विकास
(d) ये सभी

2. बी.आर.सी (BRC) का पूरा नाम है–
(a) Block Resource Centre
(b) Brand Research Centre
(c) Block Residency Centre
(d) इनमें से कोई नहीं

3. डाइट की स्थापना किसमें सुधार के लिए की गई?
(a) प्रारंभिक शिक्षा
(b) माध्यमिक शिक्षा
(c) प्राथमिक शिक्षा
(d) पूर्व विद्यालयी शिक्षा

4. जिला स्तर पर शिक्षक शिक्षा के लिए कौन-सी संस्था की जिम्मेदारी होती है–
(a) CTEs
(b) IASEs
(c) SCERTs
(d) DIETs

5. संकुल या क्लस्टर विद्यालयों की संख्या होती है–
(a) 0–10
(b) 15–20
(c) 1–3
(d) 100–150

6. BSEB एक है–
(a) जिला स्तरीय संस्था
(b) राष्ट्रीय संस्था
(c) स्वायत्त संस्था
(d) कोई नहीं

7. बिहार संस्कृत बोर्ड का गठन हुआ–
(a) बिहार संस्कृत शिक्षा अधिनियम 1981
(b) 1986 शिक्षा विश्वविद्यालय
(c) उपर्युक्त दोनों
(d) कोई नहीं

8. SCERT की स्थापना किसकी तर्ज पर हुई–
(a) NCTE
(b) DIET
(c) NCERT
(d) कोई नहीं

9. बिहार शिक्षा परियोजना परिषद का गठन हुआ?
(a) 1989
(b) 1978
(c) 1991
(d) 2000

10. SCERT का प्रमुख कार्य है–
(a) चार वर्षीय अवधि वाले समेकित शिक्षक शिक्षा की अभिकल्पना
(b) शिक्षकों के लिए एक व्यावसायिक आचार संहिता का निर्माण
(c) शिक्षक-शिक्षक संस्थानों का प्रत्यायन तथा उनकी निगरानी
(d) पाठ्यचर्या, पाठ्यपुस्तकों का विकास तथा प्रशिक्षण, अनुसंधान तथा नवाचारों को बढ़ावा देना

11. राष्ट्रीय शैक्षिक अनुसंधान एवं प्रशिक्षण परिषद कब स्थापित किया गया–
(a) 1970 (b) 1972
(c) 1961 (d) 1963

12. NCTE को संवैधानिक दर्जा मिला–
(a) 1998
(b) 1995
(c) 1988
(d) 1981

13. किस क्षेत्र में NCERT का प्रयोग हो रहा है–
(a) पाठ्य पुस्तकों का निर्माण
(b) विद्यालय संगठन
(c) विषय निर्धारण
(d) वित्तीय सहायता

14. (NCERT) के अनुसार स्कूल प्रशासक के लिए प्रथम और सबसे महत्त्वपूर्ण गुणवत्ता क्या है?
(a) नेतृत्व
(b) समयनिष्ठ
(c) ईमानदारी
(d) योग्यता

15. भारतीय शिक्षा के शब्दकोश और विश्वकोश की अवधारणा को विकसित करना_____के कार्यों में से एक है।

(a) NCERT

(b) SCERT

(c) UGC

(d) NCTE

16. 'असतो मा सद्गमय' किसका ध्येय वाक्य है?

(a) CBSE

(b) NCERT

(c) NIEPA

(d) NCTE

17. NIEPA का कार्य नहीं है–

(a) प्रशिक्षण

(b) अनुसंधान

(c) सर्व शिक्षा अभियान

(d) पाठ्य पुस्तकों का निर्माण

18. DEPA (Diploma in Educatonal Planning and administration) की अवधि होती है–

(a) 5 माह

(b) 6 माह

(c) 1 वर्ष

(d) 2 वर्ष

19. NCTE का पूरा नाम–

(a) National Commission of Teacher Education

(b) National Council of Teacher Education

(c) National Council of Training and Education

(d) National Council for tutor Educatoin

20. BRC का मुख्य उद्देश्य क्या होता है?

(a) अध्यापकों का प्रशिक्षण करना

(b) छात्रों को प्रोत्साहन देना

(c) विद्यालय भवन निर्माण करवाना

(d) अध्यापकों व विद्यालयों का शैक्षिक मार्गदर्शन व विद्यालय गुणवत्ता में सुधार करना

21. प्रत्येक DIETs में कितनी शैक्षिक शाखायें होती हैं?

(a) 5 (b) 6

(c) 7 (d) 8

22. स्वतंत्रता प्राप्ति (वर्ष 1947) के समय भारत में कितने P.T.E.C विद्यालय थे?

(a) 58 (b) 54

(c) 51 (d) 59

23. बिहार शिक्षा परियोजना परिषद (BEPC) की शुरुआत कब हुई?

(a) 1995 (b) 1991

(c) 1998 (d) 1999

24. DIETs का कार्य क्या है?

(a) प्राथमिक प्रारंभिक शिक्षा की सार्वभौमिकता

(b) प्रौढ़ शिक्षा

(c) शिक्षकों के लिए शिक्षक प्रशिक्षण की व्यवस्था करना

(d) ये सभी

उत्तरमाला

1. (d) **2.** (a) **3.** (a) **4.** (d) **5.** (a) **6.** (c) **7.** (a) **8.** (c) **9.** (c) **10.** (d)
11. (c) **12.** (b) **13.** (a) **14.** (a) **15.** (a) **16.** (a) **17.** (d) **18.** (b) **19.** (b) **20.** (d)
21. (c) **22.** (c) **23.** (b) **24.** (d)

❑❑❑

अध्याय 7 भारतीय समाज में समावेशन और अपवर्जन, समावेशी शिक्षा, जेण्डर विभेद एवं संवेदनशीलता, समता और सामाजिक न्याय के लिए शिक्षा तथा शिक्षकों की अस्मिता

भारतीय समाज में समावेशन और अपवर्जन के विभिन्न रूप (हाशिए का समाज, जेण्डर, विशेष आवश्यकता वाले बच्चे-दिव्यांगजन)

भारतीय समाज में समावेशन

भारतीय संविधान में समता, स्वतंत्रता, सामाजिक न्याय एवं व्यक्ति की गरिमा (Dignity of Person) को प्राप्य मूल्यों के रूप में निरूपित किया गया है। हमारा संविधान जाति, वर्ग, धर्म, आय एवं लैंगिक आधार पर किसी भी प्रकार के विभेद का निषेध करता है। लोकत्रांतिक समाज की स्थापना के लिए हमारे संवैधानिक मूल्य स्पष्ट दिशानिर्देशन प्रदान करते हैं और इस प्रकार एक समावेशी समाज की स्थापना का आदर्श प्रस्तुत करते हैं। इस परिप्रेक्ष्य में बच्चे को सामाजिक, जातिगत, आर्थिक, वर्गीय, लैंगिक, शारीरिक एवं मानसिक दृष्टि से भिन्न देखे जाने के बजाय एक स्वत्रंत अधिगमकर्ता के रूप में देखे जाने की आवश्यकता है, जिससे लोकत्रांतिक समाज में बच्चे के समुचित समावेशन हेतु वातावरण का सृजन किया जा सके। समावेशन की ठोस प्रक्रिया प्रतीकात्मक लोकतंत्र से भागीदारी आधारित लोकतंत्र का मार्ग प्रशस्त करती है।

समावेशी समाज का विकास उसमें निहित सम्पूर्ण मानवीय क्षमता के कुशलतापूर्वक उपभोग पर निर्भर करता है। समाज के सभी वर्गों की सहभागिता के बिना समावेशी समाज का विकास सम्भव नहीं हो सकता है। शिक्षा समावेशन की प्रक्रिया का सबसे महत्त्वपूर्ण औजार है। शिक्षा ही वह प्रक्रिया है जिसके माध्यम से एक बच्चा लोकत्रांतिक प्रक्रिया में अपनी भूमिका के लिए तैयारी करता है, वहीं दूसरी ओर समावेशन में बाधक तत्वों से निबटने का सामर्थ्य प्राप्त कर सकता है।

'समावेशन' शब्द का अपने आप में कुछ खास अर्थ नहीं होता है। समावेशन के चारों तरफ जो वैचारिक, दार्शनिक, शैक्षिक ढाँचा होता है वही समावेशन को परिभाषित करता है। समावेशन की प्रक्रिया में बच्चे को न केवल लोकतंत्र की भागीदारी के लिए सक्षम बनाया जा सकता है, बल्कि यह सीखने एवं विश्वास करने के लिए भी सक्षम बनाया जा सकता है कि लोकतंत्र को बनाए रखने के लिए दूसरों के साथ रिश्ते बनाना, अन्त:क्रिया करना भी समान रूप से महत्त्वपूर्ण है।

बच्चों का समाजीकरण एक समान प्रक्रियाओं से होकर नहीं गुजरता, अत: समावेशन की प्रक्रिया भी एक समान नहीं रहती है। जिससे बच्चे के लिए वर्ण, जाति लिंग, न्याय एवं लोकतंत्र के नजरिए प्रभावित होते हैं। जब इस प्रकार के नजरिए को कई दृष्टियों से बल मिलता है तो ये मूल्यों में बदल जाते हैं। ये मूल्य संस्कृति में तत्पशचात विचारधाराओं में बदलने की प्रक्रिया इसी क्रम की अगली शृंखला होती है। यह दृश्चक्र बार-बार के अनुभवों के पुर्नबलन से मजबूत होता जाता है। अत: इस दुश्चक्र को तोड़ने के लिए बच्चे के अनुभवों में बदलाव लाना आवश्यक होता है। साथ ही यह भी जरूरी है कि बदलाव लाने वाला अनुभव बहुत सशक्त होना चाहिए जिससे पुराने अनुभवों को परिवर्तित करने/बदलने में मदद मिल सके। इस प्रकार बच्चे को परिवार, विद्यालय एवं समाज से ऐसे समावेशी अनुभव, समावेशी व्यवहार, समावेशी विश्वास एवं समावेशी संस्कृति उपलब्ध कराई जानी चाहिए जिससे वह एक ऐसे लोकतांत्रिक नागरिक के रूप में विकसित हो सके जो समावेशन के मूल्यों में दृढ़ आस्था रखता हो।

बच्चों का समाज में जो अनुभव, संस्कृति या मूल्य प्राप्त होते हैं. वह कहीं न कहीं विद्यालय में उनके व्यवहार में भी परिलक्षित होते हैं। हमारे समाज में विद्यमान असमानताएँ हमारी शिक्षण प्रक्रिया को भी प्रत्यक्ष या अप्रत्यक्ष रूप में प्रभावित करती हैं।

इस प्रकार समावेशन की प्रक्रिया के पारिवारिक, शैक्षिक, सामाजिक, आर्थिक एवं राजनीतिक आयाम हो सकते हैं। यहाँ पर हमारा सरोकार बच्चे के समावेशन की दो महत्त्वपूर्ण एजेन्सियों परिवार एवं विद्यालय से है, अत: इस आलेख में इन्हीं दो पर ध्यान केन्द्रित करने का प्रयास किया गया है।

परिवार तंत्र

बच्चे के सामाजीकरण की प्रथम पाठशाला उसका परिवार होता है, इसे अस्वीकारने का कोई ठोस आधार भी नहीं है। इस सामाजीकरण के अनेक प्रारूप हो सकते हैं परन्तु इतना तय है कि बच्चे के सामाजीकरण में परिवार की अहम् भूमिका होती है। परिवार में बच्चे के सामाजीकरण की उचित प्रक्रिया समावेशन हेतु आधार भूमि तैयार करती है। एक सामान्य बच्चे के सन्दर्भ में यह बहुत जरूरी है, लेकिन एक विशेष आवश्यकता वाले बच्चे के लिए इसके गहन निहितार्थ हैं। विशेष आवश्यकता वाले बच्चे के समावेशन का द्वार परिवार तंत्र में उसके समुचित समावेशन से होकर गुजरता है। परिवार लोकतांत्रिक मूल्यों को प्रश्रय देता है। अगर परिवार में निर्णयों में सहभागिता है, परिवार में सभी को अपनी सहमति या असहमति व्यक्त करने के समान अवसर हैं तब इतना निश्चित है कि समावेशन के बारे में बच्चे के मजबूत सकारात्मक अनुभव होंगे। इसके उलट होने की स्थिति में बच्चा समावेशन के बारे में नकारात्मक अनुभव ग्रहण करेगा। यह बात बहुत अधिक सतही लग सकती है, परन्तु इसके गम्भीर निहितार्थ हैं।

उदाहरण के लिए—

1. परिवार में खान-पान, शिक्षा, व्यवसाय, सम्पत्ति आदि के बारे में निर्णय एवं सहभागिता में लैंगिक आधार पर विभेद किया जाता है या नहीं किया जाता है।
2. परिवार में या आसपास मौजूद शारीरिक एवं मानसिक रूप से विशेष चुनौती वाले बच्चों/व्यक्तियों के प्रति परिवार का नजरिया किस प्रकार का है ?
3. समाज के सामाजिक एवं आर्थिक रूप से अपवंचित वर्गों के बच्चों/ व्यक्तियों के प्रति परिवार का नजरिया किस प्रकार का है ?
4. परिवार में लोकतांत्रिक मूल्यों (समानता, विचार एवं अभिव्यक्ति की स्वतंत्रता, न्याय एवं व्यक्ति की गरिमा आदि) मूल्यों के लिए पोषक वातावरण है या नहीं।

परिवार एवं परिवेश से प्राप्त समावेशी अनुभव, व्यवहार, विश्वास एवं संस्कृति के आधार पर बच्चे में समावेशी मूल्यों का विकास होता है।

विशेष आवश्यकता वाले बच्चे के समावेशन का द्वार परिवार तंत्र में उसके समुचित समावेशन से गुजरता है। प्राय: परिवार इस प्रकार के बच्चों के लिए निम्नांकित दो चरम दृष्टिकोण अपनाते रहे हैं-

अति संरक्षण (Over protection)-विशेष आवश्यकता वाले बच्चों के प्रति यह दृष्टिकोण बच्चे की स्वनिर्भरता की प्रक्रिया में बाधक बनता है, जिसका समग्र परिणाम उसके समावेशन की प्रक्रिया में अवरोध के रूप में सामने आता हैं। बच्चे में उसकी सामर्थ्य/क्षमता के अनुरूप समाज में समावेशन की प्रक्रिया का बीजारोपण करना परिवार की अहम् जिम्मेदारी है।

अस्वीकरण (Rejection)-इन बच्चों के प्रति परिवार के दृष्टिकोण का यह दूसरा चरम छोर है। परिवार का यह दृष्टिकोण इस तथ्य का प्रतिपूर्ण करता है कि बच्चे की सामर्थ्य/क्षमता पर परिवार का विश्वास नहीं है। परिवार की दूसरी भूमिका यह भी है कि वह अनुभूति, विश्वास एवं मूल्य प्रतिस्थापित करे कि बच्चे को समाज में अपने समावेशन के बारे में विश्वास भी हो सके।

समग्र रूप से परिवार विशेष आवश्यकता वाले बच्चों के सनदर्भ में दो मुख्य भूमिकाओं का निर्वहन करता है-

- इस प्रकार के बच्चे के समावेशन हेतु सामाजीकरण के विभिन्न उपादानों को उपलब्ध कराना तथा इसके लिए समुचित वातावरण निर्मित करना।
- यह भूमिका पहली भूमिका से ही निरूपित होती है। इसमें बच्चे को इस प्रकार के अनुभव, विश्वास, संस्कृति उपलब्ध कराई जाती है जिससे समावेशन के बारे में बच्चे के सकारात्मक मूल्य निर्मित हो सकें।

शिक्षा तंत्र-बच्चा परिवार के बाद जिस लघु समाज से परिचित होता है, वह उसका विद्यालय समाज होता है। बच्चा अपने परिवार से कुछ-न-कुछ सकारात्मक या नकारात्मक मूल्य लेकर विद्यालय में आता है। यहाँ पर विद्यालयि/शिक्षा तंत्र की भूमिका महत्त्वपूर्ण हो जाती है कि-

- बच्चा समावेशन के बारे में जो भी नकारात्मक अनुभव, विश्वास, संस्कृति एवं मूल्य लेकर विद्यालय आता है, उनका परिमार्जन करने हेतु उपर्युक्त वातावरण निर्मित करें।
- विद्यालय में निश्चित रूप से कुछ बच्चे समावेशन के बारे में सकारात्मक अनुभव, विश्वास, संस्कृति एवं मूल्य लेकर भी आते हैं, इनको फलने फूलने एवं अन्य बच्चों के साथ साझा करने के लिए वातावरण उपलब्ध कराएँ।

वर्तमान परिप्रेक्ष्य में हम सभी विद्यालयों को एक ऐसे रूप में परिलक्षित कर रहे हैं जहाँ पर बच्चे की विभिन्नताओं (शारीरिक, मानसिक, सामाजिक, आर्थिक, लैंगिक आदि) के होते हए भी उन्हें सभी के साथ मिलकर ज्ञान सृजन करने के समान अवसर मिल सकें। उनकी वैयक्तिक आवश्यकताओं के अनुरूप उन्हें कक्षा-कक्ष में उचित वातावरण मिल सके ताकि वे आत्म विश्वास, आत्मसम्मान, सकारात्मक सोच, प्रभावी सम्प्रेषण आदि गुणों को स्वयं में विकसित करते हुए सम्पूर्ण व्यक्तित्व विकास की ओर अग्रसर हो सकें।

शिक्षा में समावेशन का वैचारिक एवं दार्शनिक आधार यह है कि-

1. प्रत्येक बच्चा स्वाभाविक रूप से सीखने के लिए अभिप्रेरित होता है।
2. बच्चों के सीखने के तौर तरीकों में विविधता होती हैं, जैसे-अनुभवों के माध्यम से, चीजों को करने से, प्रयोग करके, पढ़ने, चर्चा करने, प्रश्न पूछने, सुनने, सोचने, चिन्तन करने, अभिव्यक्त करने, छोटे एवं बड़े समूह में गतिविधियाँ करने आदि तरीकों से बच्चा सीखता है।
3. बच्चों को सीखने-सिखाने के क्रम में समुचित अवसर देने की आवश्यकता होती है।
4. बच्चों को सिखाने से पूर्व सीखने-सिखाने के लिए तैयार करने हेतु समुचित वातावरण निर्मित करने की आवश्यकता होती है।
5. बच्चा अनेक तथ्य याद तो कर सकता है परन्तु उन्हीं तथ्यों, अवधारणा एवं विचारों की अपने परिवेश से सम्बद्धता बिठा पाता है, जिनके बारे में उसकी भली-भाँति समझ बन चुकी है।
6. सीखने की प्रक्रिया न केवल विद्यालय में वरन् विद्यालय के बाहर भी निरन्तर चलती रहती है। अत: सीखने-सिखाने की प्रक्रिया इस प्रकार संचालित की जानी चाहिए कि बच्चा सीखने की प्रक्रिया में संलग्न हो जाए तथा समझ विकसित करे बजाय इसके कि वह परीक्षा उत्तीर्ण करने के लिए मात्र तथ्यों को रटता रहे।
7. सीखना किसी माध्यम या इसके बगैर भी सम्भव हो सकता है। अत: इसके लिए सीखने-सिखाने की प्रक्रिया आरम्भ करने से पूर्व बच्चे के सामाजिक, आर्थिक, सांस्कृतिक एवं राजनीतिक परिप्रेक्ष्य को जानना/समझना महत्त्वपूर्ण है।
8. शिक्षार्थियों की सामाजिक, आर्थिक, सांस्कृतिक, भाषायी, पृष्ठभूमि के प्रति आदर रखना।

अत: विद्यालयों में बच्चे के समावेशन के दो आयाम स्पष्टत: नजर आते हैं-

1. **बच्चे को समझना**-विद्यालयी प्रणाली में शामिल प्रत्येक बच्चे को उसके सामाजिक, आर्थिक, सांस्कृतिक, भाषायी, शारीरिक क्षमता, मानसिक सामर्थ्य एवं उसके अधिगम के तौर तरीकों के सन्दर्भ में समझना आवश्यक है। इसी समझ के आधार पर बच्चे की सीखने-सिखाने की आवश्यकता के उपादानों को पहचानने में मदद मिल सकेगी।
2. **बच्चे की आवश्यकता के अनुसार विद्यालयी पाठ्यचर्या का अनुकूलन करना**-यह आयाम प्रथम आयाम का व्यवहारिक निरूपण करता है। इसके दायरे में बच्चे की आवश्यकतानुसार पाठ्यवस्तु/विषय सामग्री, शिक्षण विधियों/शिक्षण तकनीकों, कक्षा-कक्ष की गतिविधियों एवं मूल्यांकन के तौर तरीकों में अनुकूलन करने में सहायता मिल सकेगी। हमें कक्षा को समग्रता में समझने की आवश्यकता है तथा प्रत्येक बच्चे को सीखने-सिखाने की एक स्वतंत्र इकाई के रूप में स्वीकारने की जरूरत है।

सामान्यत: विद्यालय कुछ गिने-चुने बच्चों को विभिन्न गतिविधियों में प्रदर्शन के अवसर देते रहते हैं। यद्यपि इन बच्चों को तो इससे फायदा होता है परन्तु अन्य बच्चे बार-बार उपेक्षित महसूस करते हैं। प्रशंसा हेतु श्रेष्ठता एवं योग्यता को आधार बनाने में प्रत्यक्षत: कोई बुराई भी नहीं दिखाई देती है परन्तु अवसर तो सभी बच्चों को मिलने चाहिए। इन बच्चों की विशिष्ट क्षमताओं को पहचाना जाना चाहिए और इन विशिष्ट क्षमताओं की भी तारीफ होनी चाहिए। यह सम्भव है कि इन बच्चों को अपना काम पूरा करने/प्रदर्शन करने के लिए अतिरिक्त समय या मदद की जरूरत होगी। इसके लिए अपेक्षित धैर्य समावेशन की प्रक्रिया के लिए आवश्यकता है।

भारतीय समाज में अपवर्जन

यह वह प्रक्रिया है जिसके अन्तर्गत हम किसी भी मुख्य विवादित वर्ग को सामाजिक वर्ग से निकाल देना या बहिष्कृत करना है। जिसके द्वारा किसी समूह को मुख्य धारा से निकालकर सीमान्त (मार्जिन) पर पहुँचा दिया जाता है। 'सामाजिक अपवर्जन' का यूरोप में खूब प्रयोग किया जाता है। सबसे पहले फ्रांस में प्रयुक्त हुआ था। इसका प्रयोग शिक्षा, समाज, राजनीति, अर्थनीति, मनोविज्ञान आदि विभिन्न क्षेत्रों में किया जाता है। देखा जाय तो समाज में हाशिए पर वही लोग हैं जो शिक्षित नहीं हैं या जिन्हें शिक्षा से वंचित रखा गया है। इस प्रकार के वर्ग में मुख्यत: महिलाएँ, दलित, जनजातीय समूह आते हैं। जो कहीं न कहीं सामाजिक अधिकारो से वंचित हैं और समाज में अपवर्जन या हाशिए पर है।

बहिष्कार आमतौर पर नैतिक, सामाजिक, राजनीतिक, या पर्यावरणीय कारणों के लिए विरोध की अभिव्यक्ति के रूप में किसी व्यक्ति, संगठन या देश के उपयोग से स्वैच्छिक और जानबूझकर रोकथाम का कार्य है। बहिष्कार का उद्देश्य किसी आपत्तिजनक व्यवहार को कुछ आर्थिक नुकसान कर या नैतिक आक्रोश कर मजबूरन बदलने की कोशिश है। जब एक समान अभ्यास किसी राष्ट्रीय सरकार द्वारा कानूनित किया जाता है, तो उसे प्रतिबन्ध के रूप में जाना जाता है।

शिक्षाविदों तथा राष्ट्र निर्माताओं को अब तक स्पष्ट हो गया है कि अलग एवं विशिष्ट शिक्षा कार्यक्रम विद्यार्थियों की एक निम्न श्रेणी का निर्माण करती है। यह निम्न श्रेणी वर्ग पर अथवा जेण्डर पर आधारित हो सकती है या विशेष आवश्यकता वाले बच्चों पर भी आधारित हो सकती है। इस सन्देश के साथ कि ये बालक सामान्य श्रेणी के बालकों के साथ ठीक नहीं बैठते अथवा उनसे सम्बन्धित नहीं हैं। ऐसी शिक्षा बालकों की एक बड़ी संख्या की आत्म-प्रतिष्ठा एवं आत्म-मूल्यन पर कुप्रभाव डालती है। शिक्षापात, असफलता, श्रेणी-पुनरावृत्ति एवं विद्यार्थियों द्वारा की गई आत्महत्याएँ, आदि शिक्षा पद्धति के कठोर तथा संवेदनशील होने की सांकेतिक है।

यह सच है कि अशक्त बालक बहिष्करण (Exclusion) का मुख्य शिकार रहे हैं। इसी प्रकार जेण्डर के रूप में देखा जाए तो बालिकाएँ भी बहिष्करण की शिकार रही हैं। वर्ण के आधार पर देखा जाए तो निम्न वर्ण के व्यक्ति हाशिये पर रहे हैं। ये सभी लोग शैक्षिक अलगाव (Educational exclusion) को मुख्य रूप से स्पष्ट करते हैं।

UNESCO की (2008) की रिपोर्ट स्पष्ट करती है कि बहिष्करण से ग्रसित बालकों का 37% आर्थिक दृष्टि सही बालकों का होता है। ये बालक ऐसे 35 राष्ट्रों के उन राज्यों/क्षेत्रों से सम्बन्ध रखते हैं जिन्हें Organization or Economic Corporation and Development ने हीन/निम्न श्रेणी में चिह्नित किया है। इसलिए समावेशी का अथवा समावेशन की उक्ति 'सबके लिए सामान्य स्कूल में शिक्षा' के प्रत्यय को स्पष्ट करती है।

1. वर्ग के आधार पर समावेशन एवं बहिष्करण (Inclusion and Exclusion on the basis of Class)-वर्ग के आधार पर बहिष्करण से तात्पर्य है कि समाज में सामान्यत: तीन प्रकार के वर्ग पाये जाते हैं-(i) उच्च वर्ग, (ii) मध्यम वर्ग, (iii) निम्न वर्ग।

(i) **उच्च वर्ग**-समाज में उच्च वर्ग की स्थिति सदैव सर्वोपरि मानी जाती है। यह वर्ग शोषक तथा सत्ताधारी वर्ग होता है। सभी कायदे कानून यह अपने हिसाब से चलाता है। धन के आधार पर इन्हें उच्च स्थिति प्राप्त होती है। उच्च वर्ग एक शासक के रूप में समाज में स्थापित होता है।

(ii) **मध्यम वर्ग**-समाज में मध्यम वर्ग को सामान्य तौर पर मध्य में रखा जाता है। यह कार्य करने वाला वर्ग माना जाता है। यह मध्यवर्गीय वर्ग है इसकी स्थिति न तो बहुत ऊँची और न बहुत नीची मानी जाती है।

(iii) **निम्न वर्ग (बहिष्कृत वर्ग)**-समाज में यह वर्ग सबसे निचले पायदान पर रखा जाता है। धनाभावी कारण यह गन्दी बस्तियों में रहता है तथा जीविकोपार्जन के लिए उच्च वर्ग के लिए अधिकतर कार्य करता है।

निम्न वर्ग सर्वाधिक शोषित वर्ग माना जाता है। यह वर्ग अधिकतर घरेलू नौकर अथवा निचले स्तर के कार्यों द्वारा अपनी जीविका का निर्वाह करता है। यह वर्ग निम्न श्रेणी का निर्माण करते हैं।

2. जेण्डर के आधार पर समावेशन एवं बहिष्करण (Inclusion and Exclusion on the basis of Gender)-लिंग के आधार पर ही जेण्डर का निर्माण होता है। समाज में तीन प्रकार के जेण्डर पाये जाते हैं जिसमें से दो प्रमुख सामाजिक संरचना के अंग माने जाते हैं-

(i) पुरुष लिंग, (ii) स्त्री लिंग।

(i) पुरुष लिंग-भारतीय शैक्षिक व्यवस्था में पुरुष लिंग का विशेष महत्त्व माना जाता है। सामाजिक संरचना में इस जेण्डर का विशेष ध्यान रखा जाता है। पुरुष कर्ता के रूप में पारिवारिक-सामाजिक व्यवस्था का एक महत्त्वपूर्ण अंग माना जाता है तथा उसे एक आर्थिक शक्ति के रूप में देखा जाता है।

पुरुष में पुरुषत्व के गुण होना समाज की आकांक्षा होती है। पुरुषत्व के गुणों में श्रेष्ठता का भाव, पारिवारिक दायित्वों का बोध, शारीरिक परिवर्तन, आवाज में गम्भीरता, आदि महत्त्वपूर्ण माने जाते हैं। पुरुषों को उनके लिंग के आधार पर प्रारम्भ से ही सभी समाजों में विशेष अधिकार प्राप्त हैं। लिंगीय विश्वासों के कारण ही समाज में पुरुषों की प्रधानता है। पितृ सत्तात्मक समाज पुरुष लिंग को विशेष महत्त्व लागू करने के लिए ही लायी गई है। पुरुष लिंग की पहचान परिवार के मुखिया या कर्ता के रूप में मानी जाती है। भारतीय समाज में पुरुषों को उच्च स्थान दिया जाता है। धार्मिक परम्पराओं में भी पुरुषों को महिलाओं से आगे रखा गया है। यह अन्तर समय के साथ कभी बढ़ा है और कभी घटा है। प्राचीन काल में यदि पुरुष की स्थिति देखी जाए तो यह कहा जा सकता है कि पुरुष लिंग का कार्य परिवार की आवश्यकताओं को पूरा करने के लिए धन कमाना तथा पूरे परिवार का संरक्षण देना रहा है। प्राचीन काल में जब सभ्यता का इतना विकास नहीं हुआ था, तब भी पुरुष जंगलों में जाकर शिकार करते थे और परिवार का भरण-पोषण करते थे, शायद इसका कारण पुरुष का अधिक शक्तिशाली होना रहा है इस प्रकार परिवार का केन्द्र बिन्दु पुरुष ही रहा है। विरासत में धन सम्पत्ति प्राप्त होने से तथा व्यावसायिक शिक्षा पिता से पुत्र को प्राप्त होने से और एक ही स्थान पर सदैव निवास (जो कि महिलाओं का नहीं हो पाता है क्योंकि विवाह के बाद उन्हें ससुराल में जाकर रहना पड़ता है) के कारण उन्हें एक आर्थिक शक्ति बनने में किसी भी प्रकार की बाधा का सामना नहीं करना पड़ता है।

पुरुष प्रधान समाज में पुरुष ही सर्वोपरि माना जाता है। वह परिवार की विभिन्न प्रकार की अन्त:क्रियाएँ करता है। परिवार में पुरुष का पिता के रूप में सबसे अधिक महत्त्व माना जाता है। वह परिवार की दृढ़ता को बनाये रखता है। वह अपने बच्चों से अन्त:क्रिया करता है। पुत्र यही प्रयास करता है कि उसमें वे सभी गुण हों जो उसके पिता में हैं? पिता को परिवार का सूत्रधार माना जाता है। वह अपने व्यक्तित्व के अनुरूप अपनी सन्तानों पर अपनी छाप छोड़ता है। परिवार में सभी बच्चों को एक दृष्टि से देखना, लिंगभेद न करना, सभी को शिक्षा के समान अवसर उपलब्ध कराना, उनकी अधिकतम आवश्यकताओं की पूर्ति हो, एक अच्छे पिता के रूप में उसका पहचान बनाता है। घर तथा समाज में पति के रूप में भी पुरुष को विशेष प्रभुता दी गई है। भारतीय समाज में पति एक शासक के रूप में पत्नियों के साथ व्यवहार करते हैं। वे पत्नियों पर ऑर्डर चलाते हैं, उन्हें मारना-पीटना, धमकाना उनके लिए साधारण-सी बात है। पति के रूप में पुरुष को समाज में काफी महत्त्व दिया गया है। महिलाओं ने भी अपने पतियों को ईश्वर तुल्य माना है।

एक अच्छे पति की यह पहचान मानी जाती है कि वह अपनी पत्नी को अपनी दासी न समझे बल्कि अर्धांगिनी समझे। उसके साथ समानता का व्यवहार करे। पति के रूप में वह पत्नी के साथ सहयोगी बनकर कार्य करे न कि शासक के रूप में। उसे पत्नी के साथ स्नेहपूर्ण सम्बन्ध विकसित करने चाहिए तथा पत्नी को मनोवैज्ञानिक सुरक्षा प्रदान करनी चाहिए। समाज में पुरुष को एक पुत्र के रूप में भी पहचान मिलती है। समाज में पिता के पुत्र को सम्पत्ति हस्तान्तरित होती है। समाज द्वारा उससे सदैव यह अपेक्षा की जाती है कि वह अपने माता-पिता का आदर करेगा तथा वृद्धावस्था में उनकी देखभाल करेगा तथा बड़ों का आदर करेगा और आवश्यकता पड़ने पर परिवार की आर्थिक सहायता भी करेगा। जेण्डर के रूप में पुरुष लिंग को समाज में उच्च स्थिति प्रदान की गई है।

(ii) स्त्री लिंग (बहिष्कृत वर्ग)-जेण्डर के रूप में स्त्री लिंग समाज के हाशिये पर चला गया है। यह उपेक्षित वर्ग होता है। समाज में इसकी दोयम दर्जे की स्थिति होती है। स्त्री जेण्डर को आर्थिक रूप में असहाय और निर्बल तथा कमजोर माना जाता है और यह सत्य भी है कि स्त्रियों के पास न तो पूर्ण व्यावसायिक प्रशिक्षण है और न रूप से ही अवसर। स्त्रियों के कैरियर के क्षेत्र में आगे बढ़ने के अवसर नगण्य होते हैं। और उन्हें कदम-कदम पर इन बाधाओं का सामना करना पड़ता है। आर्थिक निर्भरता की कमी के कारण स्त्रियों को एक बोझ के रूप में देखा नगण्य होते हैं और उनकी शिक्षा पर धन खर्च करना धन की बर्बादी मानी जाती है। वे सर्वाधिक शोषण की शिकार होता है और सर्वाधिक खरीद-फरोख्त तथा अनैतिक कार्यों में जबरन डालना जैसे आपराधिक मामले स्त्रियों के साथ ही होते हैं। एक बेटी के रूप में भी दहेज के कारण परिवार में

उनकी कामना नहीं की जाती है। भ्रूण हत्याओं के कारण कुछ राज्यों में तो महिलाओं की कमी के कारण असन्तुलन उत्पन्न हो गया है। अत: महिलाएँ भी समाज के हाशिये पर खड़ा होने वाला वर्ग है और इस वर्ग पर दिन-प्रतिदिन शोषण बढ़ता जा रहा है।

भारतीय समाज में महिला की पहचान उसके घरेलू दायित्वों, बच्चों को जन्म देना, पालन-पोषण करना, भोजन पकाना, घर की साफ-सफाई करना तथा घर को सुव्यवस्थित रखना और पुरुषों के निर्णयों को क्रियान्वित करने में उन्हें सहयोग प्रदान करने के रूप में होती है। समाज में महिलाओं की पहचान सदैव एक हाशिये पर खड़े व्यक्ति के रूप में होती है, न कि आर्थिक केन्द्र बिन्दु के रूप में। जो महिलाएँ आवश्यकता पड़ने पर घर के बाहर आकर धनोपार्जन करती हैं, उन्हें भी समाज एक आर्थिक शक्ति के रूप में नहीं देखता है बल्कि उनसे यही आशा की जाती है कि वे पहले अपने घरेलू दायित्वों को पूरा करे तत्पश्चात् कार्य करे। महिला चाहे, अपने द्वारा अर्जित धन का एक-एक पैसा घरेलू दायित्वों को पूरा करने में लगा दे, परन्तु उसका क्रेडिट उसको नहीं बल्कि उसके पति को दिया जाता है और उसका पहला कार्य घरेलू जिम्मेदारियों को पूरा करना ही माना जाता है। उसकी पहचान एक आर्थिक आत्मनिर्भर घरेलू कार्यों को पूरा करने में उन्हें परिवार से कोई सहयोग प्राप्त नहीं होता है। उन्हें समाज में स्वयं को सिद्ध करने के लिए दोहरी भूमिका निभानी पड़ती है। बाहर कार्य करने के साथ-साथ घरेलू दायित्वों को भी प्राथमिकता के साथ पूरा करना पड़ता है और इस पर भी परिवार के सदस्य उससे सन्तुष्ट नहीं रहते हैं।

परिवार में महिला लिंग की पहचान भिन्न-भिन्न रूपों में होती है-माता, पत्नी, पुत्री तथा पुत्रवधू आदि। एक नारी से घर एवं समाज इन सभी भूमिकाओं को भली प्रकार निभाने की आशा रखता है। माता के रूप में महिला परिवार में अपना सम्पूर्ण ध्यान बच्चे के विकास पर केन्द्रित करती है। वह माता के रूप में अपनी सन्तान में विभिन्न सामाजिक गुण; जैसे-ईमानदारी, आत्मविश्वास, आत्म-शासन, सदव्यवहार, आदि आदतों को विकसित करती है। माता ही बच्चे के अन्दर नैतिक एवं चारित्रिक गुणों का विकास करती है। बच्चे के पालन-पोषण का सम्पूर्ण जिम्मेदारी समाज द्वारा माता पर डाल दी जाती है। पत्नी के रूप में महिला की पहचान समाज में उसके पति के नाम के साथ की जाती है। उसका यह दायित्व माना जाता है कि वह अपने पति की देखभाल करे तथा उसकी सभी आवश्यकताओं का ध्यान रखे और उसके व्यवसाय में रुचि ले तथा उसका विकास करने के लिए पति का प्रेरित करे। पत्नी के रूप में महिला का यह भी दायित्व माना जाता है कि वह अपने पति के वंश को आगे बढ़ाने के लिए उसके नाम को पीढ़ियों तक जीवित रखे। पति की सहयोगी होने के कारण ही पत्नी अपने परिवार की आर्थिक स्थिति सुदृढ़ करने के लिए घर के बाहर निकल कर धनोपार्जन करती है तथा घर एवं बाहर दोनों कार्य क्षेत्र पर भी उनमें सामंजस्य बनाये रखती है। इस प्रकार समाज एक पत्नी के रूप में महिला लिंग से यह अपेक्षा करता है कि परिस्थिति चाहे जो भी हो उसे अपने पति तथा उसके परिवार को प्रसन्न रखने का हर सम्भव प्रयास करना चाहिए। एक महिला एक पुत्री के रूप में भी समाज में अपनी पहचान बनाये रखती है। पुत्री के रूप में समाज माहिला से परिवार तथा समाज द्वारा बनाये गये नियमों तथा पारिवारिक मर्यादाओं के अनुसार कार्य करने की अपेक्षा करता है। महिला लिंग की पहचान पुत्रवधू के रूप में भी होती है जिस पर पूरे परिवार की जिम्मेदारी में समाज महिला से अपेक्षा करता है। महिला लिंग की पहचान पुत्रवधू के रूप में भी होती है जिस पर पूरे परिवार की जिम्मेदारी डालकर सबको खुश रखने की उससे अपेक्षा की जाती है तथा उसे सबके अनुसार स्वयं को ढालने की आशा रखी जाती है। ऐसा माना जाता है कि परिवार में सामंजस्य बनाये रखने के लिए दो पक्षों में से किसी एक पक्ष को अपने आप को दूसरे पक्ष के अनुरूप स्वयं को ढालना पड़ता है। इस कारण परिवार पुत्रवधू से ही यह अपेक्षा करता है, कि वह ही अपने आपको सबके अनुसार ढालकर सामंजस्य स्थापित करेगी। घर तथा समाज की अधिकांश अपेक्षाएँ महिला लिंग से ही होती हैं। शैक्षिक क्षेत्र में भी यदि देखा जाए तो महिला लिंग को हाशिये पर रखा जाता है, उसकी स्थिति एक दासी के समान बना दी जाती है। अधिकांश किशोर बालिकाएँ अपने छोटे-भाई-बहिनों की देखभाल करती हैं और विद्यालय नहीं जा पाती हैं या प्राथमिक स्तर पर ही विद्यालय छोड़ देती हैं। प्राथमिक स्तर पर ग्रामीण क्षेत्र में बालिकाओं के नामांकन की कमी एक ज्वलन्त समस्या है। शैक्षिक, आथिक सामाजिक तथा पारिवारिक सभी स्तरों पर महिला लिंग के साथ भेदभाव किया जाता है और उन्हें समाज के द्वारा तथा परिवार के द्वारा हाशिये पर रखा जाता है। सम्पूर्ण महत्त्व तथा अधिकार समाज में पुरुषों को दिए जाते हैं तथा महिलाओं को एक बोझ के रूप में देखा जाता है। समाज तथा परिवार अपनी सोच के अनुरूप ही बाल्यकाल से ही बालिकाओं को इसी दृष्टिकोण से बड़ा करता है और बालिकाएँ भी हाशिये पर आ जाती हैं।

3. विशेष आवश्यकता वाले बच्चे (बहिष्कृत वर्ग) [Specially Needed Children (Exclusion Class)]-समाज में कुछ बच्चे ऐसे होते हैं जो सामान्य नहीं होते हैं, उनकी देखभाल की विशेष आवश्यकता होती है। अन्धे, कम दिखाई देने वाले, लंगड़े, मूक बधिर, हकलाने वाले और कई प्रकार की विशेष कमियों वाले बच्चे होते हैं जो समाज के हाशिये पर होते हैं। ये बच्चे सामान्य बच्चों की भाँति कार्य नहीं करते हैं और इनके लिए विशेष शिक्षा की आवश्कता होती है। अत: ऐसे बच्चों को भी समाज की उपेक्षा सहनी पड़ती है और इस वर्ग को भी सामाजिक व्यवस्था में नीचे के पायदान पर रखा जाता है।

विशेष आवश्यकता वाले बच्चे किसी-न-किसी कमी से ग्रसित होते हैं। वे सामान्य लोगों की भाँति नहीं होते हैं। ये या तो शारीरिक असमर्थता से मुक्त होते हैं या मानसिक बाधिता से युक्त होते हैं। इन्हें किसी-न-किसी रूप में समाज में निम्न स्तर का माना जाता है और इनका समाज बहिष्करण-सा कर देता है।

बहिष्करण का स्वरूप कुछ भी हो सकता है-वर्ग, जेण्डर एवं विशेष आवश्यकता। वास्तविकता यह है कि किसी भी रूप में बहिष्करण झेलना पड़े। बहिष्करण का दंश बुरा होता है। बहिष्कृत लोग हाशिये पर चले जाते हैं।

समावेशी शिक्षा के माध्यम से ऐसे बच्चों का समावेशन किया जाता है तथा उन्हें समाज का एक अंग बनाने का प्रयास किया जाता है।

विशेष आवश्यकता वाले बच्चों में जो समाज एवं परिवार द्वारा हाशिए पर रखे जाते हैं तथा समाज उन्हें एक बोझ के रूप में देखता है और उनका हर जगह तिरस्कार होता है, वे अधिकतर दिव्यांग बालक होते हैं अथवा मानसिक रूप से कमजोर, शैक्षिक रूप से कमजोर बालक होते हैं। इन बालकों को हम निम्न रूपों में समाज में देखते हैं-

- पाँव फिरा
- मेरुदण्ड का वक्र
- लूले, हथकटे
- प्रमस्तिष्कीय पक्षाघात
- लंगड़े
- विकृत नितम्ब
- हकलाने वाले
- मेरुदण्डीय द्विशाखी
- मूक
- मांसपेशीय डायस्ट्रोफी
- बधिर
- अन्धे
- कम दिखाई देने वाले
- तोतले
- मानसिक मन्दित बालक
- वंचित बालक
- बहुत धीमी गति से सीखने वाले बालक।

बहिष्कृत बालक समाज में सदैव नीची निगाह से देखे जाते हैं। उन्हें विशेष विद्यालयों में शिक्षा लेने के लिए प्रोत्साहित किया जाता है ताकि वे जीविकोपार्जन के योग्य बन सकें। उन्हें समाज में केवल अपनी दैनिक क्रियाओं को करने के योग्य बनाने का प्रयास किया जाता है लेकिन ऐसा देखा गया है कि ये वो भी कभी-कभी योग्यता, श्रम तथा श्रमता में सामान्य बच्चों से किसी भी प्रकार कम नहीं होते हैं। यह भी अच्छी शिक्षा प्राप्त कर समाज में सम्मानित जीवन जीना चाहते हैं। इस दृष्टि को ध्यान में रखकर ही इनके समावेशन के निरन्तर प्रयास जारी हैं। इन बच्चों का समाज की मुख्य धारा में लाने के लिए ही इन्हें सामान्य विद्यालयों में शिक्षा प्रदान करने का प्रयास किया ताकि यह बच्चे भी समाज की मुख्य धारा में शामिल हो सकें जीवन में जो भी बनना चाहते हैं अपनी मेहनत के बल पर उसे प्राप्त कर सके और समाज का उनके खिलाफ जो नजरिया है, वह बदल सके। जिससे वे भी समाज में समायोजित हो सकें। समाज में उनका समावेशन हो सके। शिक्षा ही एक ऐसा साधन है जिसके द्वारा समाज के लोगों का दृष्टिकोण बदला जा सकता है और हाशिये पर गये विशेष आवश्यकता वाले बच्चों का मनोबल बढ़ाकर तथा उन्हें सामान्य बालकों के साथ शिक्षा देकर जहाँ एक ओर इन बच्चों का समाज में समावेशन किया जा सकता है, वहीं दूसरी ओर अन्य बच्चों के साथ शिक्षा ग्रहण करते समय उनके प्रति अन्य बच्चों का दृष्टिकोण भी बदला जा सकता है।

कक्षाओं में विविधता और असमानता की समझ : पाठ्यचर्यात्मक और शिक्षण शास्त्रीय संदर्भ

कक्षा ऐसी मिश्रित योग्यताओं वाले बच्चों का समूह है जिनकी पृष्ठभूमि सांस्कृतिक दृष्टि से भिन्न-भिन्न होती है। कोई भी दो बच्चे एक समान नहीं होते और कोई भी दो बच्चे समान तरीके से नहीं सीख सकते। विविधता का आशय व्यक्तियों एवं समूहों में पाई जाने वाली असमानताएं हैं। विविधता के अवधारणा में स्वीकृति एवं सम्मान सन्निहित होते हैं। इसका अर्थ यह समझ लेना है कि प्रत्येक व्यक्ति विशिष्ट एवं अनुपम होता है तथा हमें अपने वैयक्तिक भेदों को मान्यता देनी चाहिए। ये भेद प्रजाति, सजाति, लिंग (जेण्डर), लैंगिग अभिविन्यासों के कारण आते हैं।

भारतीय कक्षाओं में असमानता एवं विधिवता के कारण (Causes of Dissimilarity and variety in Indian class-rooms)-निम्न प्रकार हैं-

1. **प्रान्तीय आवश्यकताएँ (Regional Needs)**-भारतीय कलाओं में प्रान्तीय आवश्यकताओं को ध्यान में रखकर शिक्षण कराया जाता है। इस प्रकार विभिन्न प्रान्तों की कक्षाओं के शिक्षण कार्यों में असमानता आ जाती है। सभी प्रान्त अपनी स्थानीय जरूरतों की छात्रों को जानकारी देना चाहते हैं। इस प्रकार प्रत्येक प्रान्त की जरूरतों में अन्तर के साथ कक्षाओं में भी पाठ्यक्रम के आधार पर अन्तर आ जाता है। इस प्रकार सभी प्रान्त अपनी प्रान्तीय विशेषताओं से बच्चों को परिचित कराना चाहते हैं जिससे राष्ट्रीय स्तर पर असमानता उत्पन्न हो जाती है।
2. **राजनीतिक प्रभाव (Political Effect)**-राजनीतिक प्रभाव के कारण भी पाठ्यक्रम में अन्तर आ जाता है। सभी प्रान्तों में सत्ताधारी दल के नेता अपने फायदे के लिए पाठ्यक्रम के साथ छेड़छाड़ करते हैं जिससे उनका अपने प्रान्त में दबदबा हो सके। विश्वविद्यालयों के नाम बदले जाते हैं, पाठ्यक्रम में भी अपने दल के विशिष्ट नेताओं को स्थान देने का प्रयास किया जाता है। शासन में परिवर्तन के साथ ही जब नया दल सत्तारूढ होता है तो वह अपने दल के फायदे के लिए पाठ्यक्रम को प्रभावित करन का प्रयास करता है। कई बार राजनीतिक दल देश के इतिहास के साथ भी छेड़छाड़ करने का प्रयास करते हैं। इससे भी राष्ट्रीय स्तर पर पाठ्यक्रम में असमानता आ जाती है।

   सामाजिक प्रभाव (Social Effect)-पाठ्यक्रम में असमानता एवं विविधता का एक प्रमुख कारण सामाजिक रीति-रिवाजों तथा परम्पराओं में भिन्नता होना भी है। समस्त प्रान्त अपनी सामाजिक परम्पराओं, रीति-रिवाजों, त्यौहारों आदि का ज्ञान बच्चों को देना चाहते हैं। इसलिए इन विषयों को पाठ्यक्रम का एक हिस्सा बनाने का दबाव डालते हैं। इस प्रकार प्रान्तीय सांस्कृतिक एवं सामाजिक प्रभावों से पाठ्यक्रम प्रभावित हो जाता है और राष्ट्रीय स्तर पर उसमें एकरूपता नहीं आ पाती है ।
4. **परम्पराओं के प्रति प्रेम (Traditional Affection)**-व्यक्ति में अपनी परम्पराओं के प्रति प्रेम जन्मजात पाया जाता है और वह इन परम्पराओं से स्वयं को जुड़ा हुआ अनुभव करता है। प्रत्येक प्रान्त तथा क्षेत्र की परम्पराएँ दुसरे प्रान्त तथा क्षेत्र से भिन्न होती है। इस प्रकार समाज में विविधता उत्पन्न हो जाती है और इस विविधता के कारण राष्ट्रीय स्तर पर असमानता व्याप्त हो जाती है। देश में विभिन्न सम्प्रदाय, धर्म, जातियों के व्यक्ति रहते हैं और अपनी-अपनी पम्पराओं का पोषण करते है। अत: इन व्यक्तियों के परम्परा प्रेम के कारण पाठ्यक्रम में भी परम्पराओं को प्रतिनिधित्व दिया जाता है और असमानता उत्पन्न होती है।
5. **समुचित नियोजन का अभाव (Lack of Proper Planning)**-समुचित नियोजन किसी भी कार्यक्रम की सफलता के लिए आवश्यक है। पाठ्यक्रम में एकरूपता लाने के लिए किये जाने वाले प्रयास इसी कारण सफल नहीं होते हैं। क्योंकि इनमें समुचित नियोजन नहीं पाया जाता है तथा उनके क्रियान्वयन का उचित प्रकार से निरन्तर मूल्यांकन नहीं होता है। इसके परिणामस्वरूप ऐसे कार्यकम विफल हो जाते हैं और पाठ्यक्रम में राष्ट्रीय स्तर पर असमानता तथा विभेदीकरण आ जाता है जिसके कारण देश में एकसमान पाठ्यक्रम लाग नहीं हो पाता है।
6. **सिद्धान्तों के प्रति प्रतिबद्धता में कमी (Lesscr Commitment for Principles)**-पाठ्यक्रम में एकरूपता लाने के किसी भी कार्यक्रम की सफलता उसमें आस्था की दृढ़ता तथा सिद्धान्तों के प्रति प्रतिबद्धता पर निर्भर करती है। प्राय: नवीन परिवर्तनों के प्रति लोगों में आस्था तथा विश्वास का अभाव पाया जाता है। इस प्रकार परम्परागत रूप से चले आ रहे पाठ्यक्रम में परिवर्तन की आवश्यकता अनुभव नहीं की जाती है।
7. **आत्म-विश्वास की कमी (Lack of Confidence)**-पाठ्यक्रम में एकरूपता लाने तथा असमानता को दूर करने के लिए प्रतिबद्धता आवश्यक है परन्तु शिक्षाविदों और राजनीतिज्ञों में इस क्षेत्र में किसी भी परिवर्तन को लेन के लिए आत्म विश्वास की कमी है। विरोध के डर से पाठ्यक्रम की एकरूपता का मन से प्रयास नहीं किया गया।

भारत में शिक्षा की व्यवस्थाएं तथा व्याप्त असमानता-वर्तमान में भारत में मुख्यत: तीन शिक्षा व्यवस्थाएं परिचलन में हैं-

- केंद्रीय व्यवस्था
- राज्यों की व्यवस्था
- निजी क्षेत्र
- **केंद्रीय व्यवस्था**-इस व्यवस्था में सीबीएसई जैसे केंद्रीय बोर्ड हैं जो मुख्यत: अंग्रेजी भाषा में प्रचलन करते हैं इसके साथ ही जेएनयू तथा भारतीय प्रौद्योगिकी संस्थान जैसे महनीय संस्थान इस श्रेणी में आते हैं जो मुख्यत: इलीट वर्ग का प्रतिनिधित्व करते हैं यद्यपि इनमें सामाजिक तथा आर्थिक न्याय स्थापित करने के कई उपाय किये गए हैं। केंद्रीय सस्थानों को वित्तीयन की उपलब्धता रहती है।
- **राज्यों की व्यवस्था**-इस श्रेणी में मुख्य रूप से सरकारी प्राथमिक शिक्षा तथा माध्यमिक शिक्षा यथा यूपी बोर्ड जैसी संस्थाएं आती हैं जो राज्यों के क्षेत्रीय स्तर पर कार्य करती हैं। इसके साथ ही इस श्रेणी में कुछ विश्वविद्यालय भी आते हैं। परन्तु इनमें वित्तीयन की कमी रहती है क्योंकि ये राज्य की नीतियों के अनुसार अपनी नीतियां बनाने में असमर्थ हैं।
- **निजी क्षेत्र**-इसमें अंतराष्ट्रीय तथा राष्ट्रीय महत्ता प्राप्त विद्यालय यथा बिट्स पिलानी जैसे संस्थान होते हैं जो पूर्णत: आर्थिक उद्देश्यों की पूर्ति करते हैं। इनमें वही लोग पढ़ सकते हैं जो मंहगी शुल्क वहन करने में सक्षम हों।

निश्चित ही तीनों वर्गों में शिक्षा का स्तर भिन्न-भिन्न है ऐसे में इन तीनों से पढ़े विद्यार्थियों की समता सुनिश्चित करने में निम्न समस्याएं आती हैं-

1. भारत में आर्थिक असमानता व्याप्त है इस स्थिति में अमीर तथा गरीब लोगों की शिक्षा में व्यापक अंतर देखने को मिलता है। पहले से शिक्षित तथा अमीर पृष्ठभूमि से सम्बद्ध छात्र अवसर का अधिक उपयोग करते हैं जबकि गरीब व अशिक्षित पृष्ठभूमि के छात्रों को वह अवसर की समानता प्राप्त नहीं हो पाती।
2. इसी के साथ शैक्षिक अवसर में पिछड़े छात्र रोजगार के अवसर में भी पिछड़ेपन का सामना करते हैं, इस प्रकार गरीबी का दुश्चक्र आरम्भ हो जाता है।
3. आर्थिक असमानता के साथ-साथ भारत इस समय तकनीकी असमानता का भी सामना कर रहा है। जहाँ निजी क्षेत्रों के शिक्षक तथा छात्र तकनीकी को शिक्षा में प्रयुक्त करते हैं वहीं सरकारी विद्यालय में इसका कम प्रयोग होता है। ग्रामीण क्षेत्र के प्राथमिक विद्यालयों में तकनीक का प्रयोग अत्यंत कम है। तकनीकी का यह पिछड़ापन भी असमानता को बढ़ाता है यथा कोरोना में हुए लॉकडाउन में यह स्पष्ट रूप से दिखा है।

इसके साथ ही भारत का समाज अभी आधुनिकता की तरफ बढ़ रहा है जिसमें अभी भी लैंगिक असमानता व्याप्त है। अमीर, शिक्षित तथा शहरी वर्ग के लोग जहाँ लैंगिक समानता का प्रयास कर रहे वहीं गरीब, अशिक्षित तथा ग्रामीण वर्ग में लैंगिक असमानता अत्यधिक व्याप्त है। जहाँ केंद्र तथा राज्य सरकारों के शिक्षा व्यवस्थाएं लैंगिक असमता को कम करने का प्रयास कर रही हैं वहीं निजी क्षेत्रक इस समस्या के प्रति उदासीन हैं।

जहाँ निजी प्राथमिक विद्यालयों में शिक्षा के साथ-साथ खेल, तकनीकी नवोन्मेष से छात्रों को परिचित कराया जाता है वहीं सरकारी प्राथमिक विद्यालयों की शिक्षा में भी भारी कमी है। असर की प्राथमिक शिक्षा पर रिपोर्ट के अनुसार पांचवी कक्षा के छात्र तीसरी का गणित लगाने तक में सक्षम नहीं हैं।

निजी तथा महनीय सरकारी संस्थाएं किसी भी तकनीकी परिवर्तन को शीघ्रता से ग्रहण करती हैं परन्तु अन्य संस्थान उतनी शीघ्रता से तकनीकी को ग्रहण नहीं कर पाते।

यद्यपि सरकार द्वारा शिक्षा का अधिकार अधिनियम द्वारा इस असमानता को कम करने का प्रयास किया गया था जिसमे निजी क्षेत्रों को यह निर्देशित किया गया था कि वे अपने संस्थानों में आरक्षण की व्यवस्था करें, इस उद्देश्य की पूर्ती सफल नहीं हो सकी।

असमानताओं को दूर करने के उपाय-शिक्षा में असमानता के अवलोकन में यह प्रदर्शित होता है कि शैक्षिक असमानता आर्थिक, सामाजिक, तकनीकी, क्षेत्रीय के साथ-साथ स्वामित्व के आधारों (सरकारी तथा निजी) के कारणों से है। इसे समाप्त करने के लिए विशेषीकृत व्यवहार की आवश्यकता है। निम्न उपायों द्वारा शिक्षा की असमानता को कम किया जा सकता है-

1. क्षेत्रीय असमानता को कम करने के लिए संघवाद के तत्वार्थ को शिक्षा में समाहित करने की आवश्यकता है। अत: शिक्षा नीतियों में केंद्र, प्रांतीय सरकारों के साथ-साथ स्थानीय शासन को सशक्त करने की आवश्यकता है।
2. चुकी यह असमानता अत्यंत व्यापक है अत: नागरिक समाज तथा एनजीओ को अपनी भूमिका का निर्वहन करना होगा। बिल एंड मिलिंडा गेट फाउंडेशन, एनजीओ प्रथम जैसे कई संस्था शैक्षिक कार्यों में संलग्न है।
3. इसके साथ ही सभी शैक्षिक स्तरों पर एक ग्रेडिंग व्यवस्था की आवश्यकता है जिससे संस्थान आधारित असमानता कम हो जाए।
4. इसके साथ ही नवोन्मेषी शिक्षाओं को ज्यादा से ज्यादा भाषाओं में लाने की आवश्यकता है। प्रथम दृष्टया इसमें समस्या होगी परन्तु कालांतर में यह लाभप्रद होगा।
5. समानता प्राप्त करने के दृष्टिकोण से लक्षित प्रक्रिया स्वीकार करने की आवश्यकता है।

निष्कर्ष-भारत में शिक्षा मात्र रोजगार का साधन नहीं है वरन सामाजिक तथा आर्थिक न्याय प्राप्त करने का एक माध्यम है। इस स्थिति में शिक्षा की समानता आवश्यक है। परन्तु यहाँ यह ध्यान रखना आवश्यक है कि लक्षित प्रक्रिया हेतू शिक्षा के साधनो में विभेद कर ही शिक्षा के साध्य में समानता प्राप्त करना होगा।

लघु माध्यमिक स्तर पर पाठ्यक्रम का निर्धारण

माध्यमिक शिक्षा आयोग के अनुसार मिडिल स्कूल स्तर पर पाठ्यक्रम का उद्देश्य मानवीय ज्ञान एवं अभिरुचि के व्यापक क्षेत्र के बारे में बालकों को अति सामान्य ढंग से परिचत करना होता है। मिडिल स्तर विशिष्टता के लिए नहीं होता है, बल्कि इस स्तर पर ज्ञान के व्यापक एवं सार्थक क्षेत्रों से बालकों को सामान्य परिचय कराना चाहिए। इस दृष्टि से मिडिल स्तर के पाठ्यक्रम में व्यापकता का संक्षिप्त समावेश होना चाहिए जिससे बालक मानवीय ज्ञान एवं सभ्यता के प्रमुख तत्त्वों की जानकारी प्राप्त कर सके तथा बाद में (उच्चतर स्तर पर) अध्ययन हेतु ज्ञान के विशिष्ट क्षेत्र का चयन कर सकें। इस सभी बातों को ध्यान में रखते हुए आयोग ने मिडिल स्कूल पाठ्यक्रम की विस्तृत रूपरेखा प्रस्तुत की है, जो इस प्रकार है-

(1) भाषाओं का अध्ययन,
(2) सामाजिक अध्ययन,
(3) सामान्य विज्ञान,
(4) गणित,
(5) कला एवं संगीत,
(6) हस्तकला,
(7) शारीरिक शिक्षा।

भाषाओं के अध्ययन के अन्तर्गत मातृभाषा, क्षेत्रीय भाषा एवं राष्ट्र भाषा हिन्दी को पढ़ाया जाना चाहिए। जहाँ पर हिन्दी मातृभाषा है वहाँ के बालकों को किसी अन्य भारतीय भाषा का अध्ययन कराया जाना चाहिए। अंग्रेजी भाषा को भी पाठ्यक्रम में स्थान दिया जाना चाहिए, किन्तु इसके अध्ययन की अनिवार्यता नहीं होनी चाहिए।

माध्यमिक एवं उच्चतर माध्यमिक स्तर पर पाठ्यक्रम निर्धारण (Determination of Curriculum at the High and Higher Secondary School Stage)-माध्यमिक शिक्षा आयोग ने माध्यमिक एवं उच्चतर माध्यमिक स्तर के पाठ्यक्रम के निर्माण हेतु निम्नांकित बातों पर विशेष ध्यान रखने का सुझाव दिया है-

(1) माध्यमिक स्तर पर पाठ्यक्रम विद्यार्थियों की योग्यताओं एवं अभिरुचियों के आधार पर निर्मित किया जाना चाहिए।
(2) इस स्तर पर पाठ्यक्रम में पर्याप्त विविधता (Diversification) होनी चाहिए जिससे विद्यार्थी अपनी याग्यता एवं अभिरुचि के अनरूप विषयों का चयन कर सकें।
(3) इस स्तर पर व्यावसायिक शिक्षा का स्वरूप संकुचित एवं मात्र औपचारिक ही नहीं होना चाहिए, अपितु उसमें व्यावसायिक प्रतिबद्धता की झलक होनी चाहिए।
(4) इस स्तर पर पाठ्यक्रम में कुछ सामान्य (कोर) विषय सभी के लिए अनिवार्य होने चाहिए तथा कुछ विषय वैकल्पिक होने चाहिए।

इस दृष्टि से माध्यमिक शिक्षा आयोग ने पाठ्यक्रम में विभिन्नीकरण (Diversification) के लिए एक रूपरेखा प्रस्तुत की है जिनमें कुछ विषयों को अनिवार्य तथा शेष को वैकल्पिक रखा गया है। वैकल्पिक विषयों के सात समूह बनाये गये हैं जिनमें से विद्यार्थी अपनी रुचि, आवश्यकता एवं योग्यता के अनुरूप कोई भी अध्ययन समूह चुन सकता है।

अनिवार्य विषय (Compulsory Subjects)

(अ) भाषा-अध्ययन—

(i) मातृभाषा या प्रादेशिक भाषा अथवा मातृभाषा तथा किसी एक शास्त्रीय (प्राचीन भारतीय) भाषा का मिला-जुला पाठ्यक्रम।

(ii) निम्नलिखित में से एक अतिरिक्त भाषा

(क) हिन्दी (जिनकी मातृभाषा हिन्दी नहीं हो)।

(ख) प्रारम्भिक अंग्रेजी (जिन्होंने मिडिल स्तर पर इसका अध्ययन न किया हो)।

(ग) उच्च अंग्रेजी (जिन्होंने इससे पूर्व-स्तर पर साधारण अंग्रेजी का अध्ययन किया हो)।

(घ) हिन्दी के अतिरिक्त एक आधुनिक भारतीय भाषा।

(ङ) अंग्रेजी के अतिरिक्त एक आधुनिक विदेशी भाषा।

(च) एक शास्त्रीय भाषा।

(ब) (i) सामाजिक अध्ययन-सामान्य पाठ्यक्रम (प्रारम्भिक दो वर्ष के लिए)।

(ii) सामान्य विज्ञान एवं गणित-सामान्य पाठ्यक्रम (प्रारम्भिक दो वर्ष के लिए)।

(स) निम्नलिखित में से कोई एक शिल्प-

1. कताई-बुनाई,
2. काष्ठ कार्य,
3. धातु-कार्य,
4. बागवानी,
5. सिलाई,
6. टाइपिंग,
7. कार्यशाला-अध्ययन,
8. कढ़ाई-सिलाई एवं सुई सम्बन्धी कार्य,
9. प्रतिरूपण (मॉडलिंग)

वैकल्पिक विषय (Optional Subjects)-निम्नलिखित समूहों में से किसी एक समूह के अन्तर्गत तीन विषयों को चयनित करके उनका अध्ययन-

समूह I. मानविकी (Humanities)-गणित, गृहविज्ञान, संगीत, भूगोल, इतिहास, अर्थशास्त्र, नागरिकशास्त्र, मनोविज्ञान, तर्कशास्त्र तथा अनिवार्य विषयों के अन्तर्गत न ली गई एक भाषा या शास्त्रीय भाषा।

समूह II. विज्ञान-भौतिक विज्ञान, रसायन विज्ञान, जीव विज्ञान या शरीर विज्ञान एवं स्वास्थ्य विज्ञान, गणित तथा भूगोल।

समूह III. वाणिज्य-वाणिज्य भूगोल अथवा अर्थशास्त्र एवं नागरिकशास्त्र, वाणिज्यिक प्रयोग, आशुलिपि एवं टंकण, बहीखाता।

समूह IV. कृषि विज्ञान-कृषि से सम्बन्धित विषय।

समूह V. ललित कला-चित्रकला, प्रतिरूपण (मॉडलिंग) आलेखन एवं चित्रण, नृत्य, संगीत एवं कला का इतिहास।

समूह VI. गृह-विज्ञान-(छात्राओं के लिए) गृह प्रबन्ध एवं गृह उपकरण, गृह-अर्थशास्त्र, मातृकला एवं शिशुपालन, आहार, पोषण एवं पाक कला (Nutrition and Cooking)।

समूह VII. प्राविधिक (Technical)-व्यावहारिक विज्ञान, विद्युतीय तकनीकी तत्त्व, ज्यामिति कला एवं व्यावहारिक गणित (Applied Mathematics)।

इसके साथ ही विद्यार्थी अपनी इच्छा से उपर्युक्त समूहों में से किसी एक अतिरिक्त विषय का भी चयन कर सकता है।

भारतीय शिक्षा आयोग (कोठारी आयोग) एवं पाठ्यक्रम [Kothari Commission 1964-66 and Curriculum]-भारत सरकार द्वारा 1964 ई. में डॉ. डी. एस. कोठारी की अध्यक्षता में एक व्यापक शिक्षा आयोग का गठन किया गया जिसने प्राथमिक स्तर से लेकर उच्चतर स्तर तक के पाठ्यक्रमों में भारतीय आवश्यकताओं के अनुरूप व्यापक सुधार के लिए अनेक उपयोगी सुझाव दिये जिससे शिक्षा प्रक्रिया में क्रमबद्धता एवं निरन्तरता आ सके। इस आयोग ने पाठ्यक्रम के सम्बन्ध में अपने विचारों एवं सुझावों को निम्नांकित बिन्दुओं में प्रस्तुत किया है-

विद्यालय पाठ्यक्रम में मूलभूत सुधार की आवश्यकता (Need for a Radical Reform of School Curriculum)-आयोग ने कहा है-"आधुनिक वर्षों में ज्ञान के विकास तथा भौतिक, प्राकृतिक एवं सामाजिक विज्ञानों की मूलभूत धारणाओं के पुनर्निर्माण के परिणामस्वरूप प्रचलित पाठ्यक्रम अपर्याप्त एवं दोषपूर्ण हो गये हैं तथा इसमें मूलभूत सुधार के लिए निरन्तर दबाव बढ़ता जा रहा है। अतः सम्पूर्ण विद्यालय पाठ्यक्रम को पुनर्निर्मित करने हेतु एक सुदृढ़ उपागम अपनाया जाना चाहिए तथा सामान्य शिक्षा की अन्तर्वस्तु के लिए नई परिभाषा एवं विशिष्टीकरण के नये उपागम विकसित किये जाने चाहिए। इन दृष्टिकोणों से विद्यालय पाठ्यक्रम में सुधार आवश्यक हो गया है।"

इसलिए आयोग ने पाठ्यक्रम संगठन के सम्बन्ध में अपने सुझाव इस प्रकार दिये हैं-

1. दस वर्षीय सामान्य पाठ्यक्रम (Common Curriculum for Ten Years)-आयोग के प्रतिवेदन के अनुसार सामान्य अथवा अव्यावहारिक विद्यालयों में दस वर्षीय स्कूली शिक्षा हेतु सामान्य पाठ्यक्रम निर्धारित किया जाना चाहिए तथा अध्ययन की विविधता एवं विशिष्टीकरण केवल उच्चतर माध्यमिक स्तर से प्रारम्भ किया जाना चाहिए किन्तु प्रत्येक उप-स्तर के अन्त में उपलब्धि-स्तर स्पष्ट होना चाहिए।

2. निम्न प्राथमिक स्तर पर पाठ्यक्रम (Curriculum at Lower Primary Stage)-आयोग के अनुसार निम्न प्राथमिक स्तर पर पाठ्यक्रम बहुत साधारण एवं औपचारिक विषयों के बहुत कम दबाव वाला होना चाहिए। केवल भाषा एवं प्रारम्भिक गणित पर ही विशेष बल दिया जाना चाहिए। इस दृष्टि से आयोग ने निम्न प्राथमिक स्तर (कक्षा 1-4 तक) हेतु निम्नलिखित पाठ्य-विषयों को निर्धारित किया है-

(i) एक भाषा-मातृभाषा अथवा क्षेत्रीय भाषा, (ii) गणित, (iii) वातावरण का अध्ययन (कक्षा 3 एवं 4 में विज्ञान तथा सामाजिक अध्ययन), (iv) सृजनात्मक क्रियाएँ, (v) कार्य-अनुभव तथा समाज-सेवा, (vi) स्वास्थ्य-शिक्षा।

3. उच्चतर प्राथमिक स्तर (कक्षा 5 से 7 तक) का पाठ्यक्रम (Curriculum at Higher Primary Stage Class 5-7)-आयोग के अनुसार उच्चतर प्राथमिक स्तर पर पाठ्यक्रम में थोड़ी अधिक व्यापकता एवं गहनता होगी, शिक्षण विधियाँ अधिक व्यवस्थित होंगी तथा उपलब्धि स्तर अधिक निश्चित होगा। अतः इस स्तर पर निम्नलिखित पाठ्यविषयों को निर्धारित किया गया है-

(i) दो भाषाएँ-(अ) मातृभाषा या प्रादेशिक भाषा, (ब) हिन्दी या अंग्रेजी। (एक तीसरी भाषा का अध्ययन वैकल्पिक आधार पर),

(ii) गणित,

(iii) विज्ञान,

(iv) सामाजिक अध्ययन (इतिहास, भूगोल एवं नागरिकशास्त्र),

(v) कला,

(vi) कार्य-अनुभव एवं समाज-सेवा,

(vii) शारीरिक शिक्षा।

4. माध्यमिक स्तर (कक्षा 8 से 10 तक) का पाठ्यक्रम (Curriculum at Secondary Stage Class 8-10)-

(i) तीन भाषाएँ

अहिन्दी भाषी क्षेत्रों के लिए-

(क) मातृभाषा या प्रादेशिक भाषा।

(ख) उच्च अथवा निम्न स्तर की हिन्दी।

(ग) उच्च या निम्न स्तर की अंग्रेजी।

हिन्दी भाषी क्षेत्रों के लिए-

(क) मातृभाषा या प्रादेशिक भाषा।

(ख) अंग्रेजी (या हिन्दी यदि अंग्रेजी मातृभाषा के रूप में ली गई हो)।

(ग) हिन्दी के अतिरिक्त एक अन्य आधुनिक भारतीय भाषा।

(उपर्युक्त भाषाओं के अतिरिक्त शास्त्रीय भाषा का अध्ययन वैकल्पिक आधार पर लिया जा सकता है।)

(i) गणित,

(ii) विज्ञान,

(iii) इतिहास, भूगोल एवं नागरिकशास्त्र,

(iv) कला,

(v) कार्य-अनुभव एवं समाज-सेवा,

(vi) शारीरिक शिक्षा,

(vii) नैतिक एवं आध्यात्मिक मूल्यों की शिक्षा।

5. उच्चतर माध्यमिक स्तर (कक्षा 11 एवं 12) का पाठ्यक्रम (Curriculum at Higher Secondary Stage Class XI and XII)-आयोग ने शिक्षा-अवधि के बारे में महत्त्वपूर्ण सुझाव देते हुए कहा है कि 10 वर्षीय सामान्य शिक्षा (स्कूल शिक्षा) के बाद एक सार्वजनिक हाईस्कूल परीक्षा का आयोजन किया जाना चाहिए। इस परीक्षा को उत्तीर्ण करने के पश्चात् छात्र उच्चतर माध्यमिक स्तर की शिक्षा हेतु कक्षा 11 में प्रवेश पा सकेंगे। आयोग का मानना है कि इस स्तर पर बालकों की विशिष्ट रुचियों एवं योग्यताओं का निर्माण हो चुका होता है। इसलिए उन्हें उचित परामर्श एवं मार्गदर्शन के माध्यम से भावी पाठ्यक्रम एवं व्यवसाय की तरफ अग्रसर किया जा सकता है। अत: आयोग ने सुझाव दिया है कि उच्चतर माध्यमिक स्तर पर 50 प्रतिशत छात्रों को सामान्य शिक्षा तथा 50 प्रतिशत छात्रों को व्यावसायिक शिक्षा प्रदान करने की व्यवस्था की जाए। सामान्य शिक्षा के पाठ्यक्रम में इस स्तर पर आयोग ने निम्नलिखित पाठ्य-विषयों को समावष्टि करने का सुझाव दिया है-

(i) कोई दो भाषाएँ (जिनमें कोई एक आधुनिक भारतीय भाषा एवं कोई एक शास्त्रीय भाषा सम्मिलित हो)।

(ii) निम्नलिखित में से कोई तीन विषय-
एक अतिरिक्त भाषा, इतिहास, भूगोल, अर्थशास्त्र, तर्कशास्त्र, मनोविज्ञान, समाजशास्त्र, कला, भौतिकी, रसायनशास्त्र, गणित, जीव विज्ञान, भूगर्भशास्त्र एवं गृह विज्ञान।

(iii) कार्य-अनुभव एवं समाज-सेवा।

(iv) कला अथवा शिल्प।

(v) शारीरिक शिक्षा।

(vi) नैतिक एवं आध्यात्मिक मूल्यों की शिक्षा।

भारतीय शिक्षा आयोग के सुझावों का क्रियान्वयन (Implementation of Recommendations of Kothari Commission)-भारत सरकार ने शिक्षा आयोग के प्रतिवेदन को स्वीकार कर इसके क्रियान्वयन हेतु 1968 ई. में राष्ट्रीय शिक्षा नीति की घोषणा की। इस शिक्षा नीति के प्रस्ताव में कहा गया है कि शिक्षा व्यवस्था के द्वारा ऐसे सद्चरित्र एवं सुयोग्य युवक एवं युवतियों का निर्माण होना चाहिए जो राष्ट्रीय सेवा एवं विकास के प्रति समर्पित हों। इस दृष्टि से शिक्षा नीति में पाँच लक्ष्यों को निर्धारित किया गया-

(1) शिक्षा को समाज की आवश्यकताओं से जोड़ना।

(2) राष्ट्रीय एकता की भावना का विकास।

(3) समान शैक्षिक अवसरों को उपलब्ध कराना।

(4) शिक्षा को राष्ट्रीय विकास एवं उत्पादन से जोड़ना।

(5) सामाजिक परिवर्तन को तीव्र करना।

इसके लिए आयोग द्वारा संस्तुत 10 + 2 + 3 प्रणाली को समान एवं व्यापक रूप से पूरे देश में लागू करने पर विचार किया गया। 10+2+ 3 प्रणाली का तात्पर्य 10 वर्षीय सामान्य शिक्षा के बाद 2 वर्ष की विभिन्नीकृत माध्यमिक शिक्षा तथा उसके पश्चात् त्रिवर्षीय डिग्री कोर्स से है।

1975 ई. में राष्ट्रीय शैक्षिक अनुसंधान एवं प्रशिक्षण परिषद (N.C.E.R.T.) ने एक उपागम पत्र के द्वारा कक्षा I से X तक के लिए प्रस्तावित आदर्श पाठ्यक्रम (Model Curriculum) की रूपरेखा प्रस्तुत की। इस पत्र पर राष्ट्रव्यापी विचार-विमर्श के उपरान्त '10 वर्षीय स्कूली शिक्षा का पाठ्यक्रम निर्धारित किया गया। अनेक राज्यों में इस नवीन शिक्षा प्रणाली को लागू किया गया।

1977 ई. में भारत सरकार ने नई शिक्षा प्रणाली की समीक्षा हेतु ईश्वरभाई पटेल समिति की नियुक्ति की जिसने पूर्व वर्षों में इस प्रणाली के अन्तर्गत किये गये कार्यों के आधार पर इसमें कुछ परिवर्तन संशोधन करने की सिफारिश की। पाठ्यक्रम पुनर्संरचना के बारे में इस समिति का सर्वाधिक महत्त्वपूर्ण सुझाव 'समाजोपयोगी उत्पादक कार्य' (Socially Useful Productive Work) के संप्रत्यय को हाईस्कूल-पाठ्यक्रम में स्थान प्रदान करना था।

1977 ई. में ही एक अन्य समिति 'प्लस 2 समिति' (Plus 2 Committee), मद्रास विश्वविद्यालय के तत्कालीन कुलपति डॉ. आदिशिशैया (Dr. Malcolm S. Adiseshiah) की अध्यक्षता में नियुक्त की गई जिसका कार्य + 2 स्तर पर शिक्षा के व्यावसायीकरण की समीक्षा करना था। इस समिति ने उच्चतर माध्यमिक स्तर पर शिक्षा को दो भागों में विभक्त करने का सुझाव दिया है-

(i) सामान्य शिक्षा क्रम (General Education Spectrum),

(ii) व्यावसायिक शिक्षा क्रम (Vocationalised Spectrum)।

राष्ट्रीय शिक्षा नीति 1986 एवं पाठ्यक्रम [National Policy of Education 1986 and Curriculum]-भारत के तत्कालीन युवा प्रधानमन्त्री स्व. श्री राजीव गाँधी की प्रेरणा से देश में पहली बार व्यापक राष्ट्रीय बहस एवं चर्चा-परिचर्चा के पश्चात् 1986 में राष्ट्रीय शिक्षा नीति का प्रारूप विकसित किया गया। राष्ट्रीय शिक्षा नीति 1986 का मूलभूत आधार यह है कि 'वर्तमान एवं भविष्य में शिक्षा एक अनोखा निवेश है।' (Education is a unique investment in the present and future)। इसका तात्पर्य यह है कि शिक्षा सभी के लिए तथा इसके द्वारा भारतीय संविधान में अन्तर्निहित समाजवाद, धर्मनिरपेक्षता एवं लोकतन्त्र के मूल्यों को प्रोत्साहन मिलना चाहिए। इसके अतिरिक्त शिक्षा अर्थव्यवस्था के सभी स्तरों के लिए मानव शक्ति का विकास करती है। अत: पाठ्यक्रम का निर्धारण शिक्षा के इस अर्थ एवं कार्य के अनुकूल होना चाहिए । इसलिए राष्ट्रीय शिक्षा नीति के भाग III, V एवं VIII में इस सन्दर्भ में मार्ग निर्देश निर्धारित किये गये हैं। पाठ्यक्रम के सम्बन्ध में शिक्षा नीति की प्रमुख विशेषताएँ इस प्रकार हैं-

1. समान सामान्य पाठ्यकम (Common Core Curriculum)-राष्ट्रीय शिक्षा नीति के अनुसार राष्ट्रीय शिक्षा व्यवस्था राष्ट्रीय पाठ्यक्रम की रूपरेखा पर आधारित होगी। जिसका एक बड़ा भाग समान सामान्य विषय-वस्तु से युक्त होगा तथा शेष छोटे भाग में आवश्यकतानुसार लचीलापन रहेगा। समान सामान्य पाठ्यक्रम के अन्तर्गत भारतीय स्वतन्त्रता आन्दोलन का इतिहास, भारतीय संविधान की प्रमुख विशेषताएँ, प्रकृति के आवश्यक तत्त्व तथा राष्ट्रीय अस्मिता से सम्बन्धित विषय-वस्तु को सम्मिलित किया जाएगा। ये तत्त्व विषय-वस्तु सीमा को लाँघकर भारतीय सांस्कृतिक विरासत, लोकतन्त्र, धर्मनिरपेक्षतावाद, लिंग-भेद की समाप्ति, पर्यावरण का संरक्षण, सामाजिक बुराइयों के निराकरण, सीमित एवं छोटे परिवार के मानदण्ड को अपनाने तथा वैज्ञानिक दृष्टिकोण के प्रतिपादन जैसे मूल्यों के विकास में सहायक सिद्ध हो सकेंगे। सभी शैक्षिक कार्यक्रमों के निर्धारण में धर्मनिरपेक्ष मूल्यों का पूर्णरूपेण ध्यान रखा जाएगा।

2. न्यूनतम अधिगम-स्तर (Minimum Level of Learning)-नई शिक्षा नीति के अन्तर्गत शिक्षा के प्रत्येक स्तर पर न्यूनतम अधिगम-स्तर को सुनिश्चित किया जाएगा। देश के विभिन्न भागों के नागरिकों को सामाजिक व्यवस्था एवं सांस्कृतिक विविधता को छात्रों द्वारा ठीक ढंग से समझने के लिए उपर्युक्त प्रयास किये जाएँगे।

3. सामाजिक-सांस्कृतिक दृष्टिकोण (Social-Cultural Perspectival)-राष्ट्रीय शिक्षा नीति के अनुसार वर्तमान में औपचारिक शिक्षा एवं भारत की समृद्ध एवं विविध संस्कृति के बीच बढ़ती जा रही दूरी को शीघ्र समाप्त करने की नितान्त आवश्यकता है। आधुनिक तकनीकी नई पीढ़ी को भारतीय इतिहास एवं संस्कृतिक की जड़ से दूर रखने के लिए अपनाई जानी चाहिए। बल्कि उनमें अधिकतम समन्वय स्थापित किया जाना चाहिए। परसंस्कृति, अमानवीयकरण एवं अलगावाद से किसी भी कीमत पर बचा जाना चाहिए। शिक्षा के माध्यम से परिवर्तनोन्मुख तकनीकी एवं देश की सांस्कृतिक विरासत के बीच उत्तम सामंजस्य स्थापित किया जा सकता है। अत: शिक्षा प्रक्रिया एवं पाठ्यक्रम सांस्कृतिक विरासत सम्बन्ध अन्तर्वस्तु से समृद्ध की जाएगी।

4. मूल्य शिक्षा (Value Education)-वर्तमान समय में समाज में व्याप्त सामाजिक एवं नैतिक मूल्यों के संकट को समाप्त करने के लिए शिक्षा एक महत्त्वपूर्ण साधन सिद्ध हो सकती है। साथ ही देश के विभिन्न संस्कृति वाले समाज में एकता एवं एकीकरण स्थापना हेतु शिक्षा सार्वभौमिक एवं आन्तरिक मूल्यों के विकास में सहायक हो सकती है। अत: शिक्षा के माध्यम से सामाजिक बुराइयों, अन्धविश्वास, हिंसा, धार्मिक उन्माद, आदि को समाप्त करने का सफल प्रयास किया जाना चाहिए।

5. भाषा-अध्ययन (Study of Languages)-1986 की राष्ट्रीय शिक्षा नीति में भाषाओं के विकास के प्रश्न पर विस्तार से विचार किया गया है। इनके प्रस्तावों में कोई संशोधन सम्भव नहीं दिखता, क्योंकि वे प्रस्ताव आज भी उतने ही सार्थक हैं जितने उस समय। अत: भाषा-अध्ययन के सम्बन्ध में 1968 की शिक्षा नीति को ही अधिक उत्साह एवं उद्देश्यपूर्ण ढंग से क्रियान्वित किया जाएगा।

6. संचार माध्यम एवं शैक्षिक तकनीकी (Media and Educational Technology)-आधुनिक संचार तकनीकी ने विकास-प्रक्रिया की गति को इतना अधिक प्रभावित किया है कि समय एवं दूरी का अवरोध एक साथ मानव के नियन्त्रण में आ गया है। आधुनिक तकनीकि का प्रभाव शिक्षा के प्रचार-प्रसार एवं उसकी गुणवत्ता के सुधार पर भी पड़ा। अत: आधुनिक शैक्षिक तकनीकी का लाभ दर-दराज के क्षेत्रों तथा शिक्षा से वंचित लोगों को भी मिल सके, इसके लिए सतत् प्रयासरत रहने की आवश्यकता है।

संचार माध्यमों का बालकों एवं प्रौढ़ों के मस्तिष्क पर बहुत अधिक प्रभाव पड़ रहा है। संचार माध्यमों का एक ओर जहाँ रचनात्मक प्रभाव पड़ा है वहीं दूसरी ओर इसने उपभोक्तावादी संस्कृति एवं हिंसात्मक प्रवृत्ति जैसी क्रियाओं को भी जन्म दिया है। अत: राष्ट्रीय शिक्षा नीति के अनुसार ऐसे रेडियो एवं दूरदर्शन कार्यक्रमों को प्रतिबन्धित किया जाएगा जो शिक्षा के उद्देश्यों की पूर्ति में बाधक हो रहे हैं। फिल्म निर्माण तथा अन्य संचार माध्यमों में बढ़ रही विध्वंसात्मक प्रवृत्ति पर भी रोक लगाने के प्रयास किये जाएँगे। बालकों के लिए उत्तम स्तर एवं उपयोगी फिल्मों के निर्माण हेतु सक्रिय आन्दोलन प्रारम्भ किया जाएगा।

7. कार्य-अनुभव (Work-Experience)-कार्य-अनुभव अधिगम-प्रक्रिया का एक आवश्यक अंग है तथा इसका उद्देश्य समुदाय की सभी उपयोगी वस्तुओं अथवा सेवाओं को प्रदान करना है। अत: इसे शिक्षा के सभी स्तरों पर सुव्यवस्थित एवं क्रमबद्ध कार्यक्रम के रूप में प्रदान किया जाना चाहिए। इसमें छात्रों की रुचियों, योग्यताओं एवं आवश्यकताओं के अनुरूप उपर्युक्त क्रियाओं को सम्मिलित किया जाना चाहिए तथा शिक्षा के स्तर के साथ-साथ कौशल एवं ज्ञान के स्तर को बढ़ाया जाना चाहिए। इस प्रकार प्रदान किये गये कार्य-अनुभवों से छात्रों को किसी कार्य को प्रारम्भ करने अथवा किसी सेवा में प्रवेश करने में सरलता होगी। निम्न-माध्यमिक स्तर पर प्रदान किये गये पूर्व व्यावसायिक कार्यक्रम छात्रों को माध्यमिक स्तर पर व्यावसायिक पाठ्यक्रम को चुनने में सहायता प्रदान कर सकेंगे।

8. शिक्षा एवं पर्यावरण (Education and Environment)-नई शिक्षा नीति के अनुसार वर्तमान समय पर्यावरण के बारे में चेतना विकसित करने की नितान्त आवश्यकता है। इस चेतना का उदय समाज के सभी वर्गों एव सभी आयु वर्ग के लोगों में होना चाहिए। अत: स्कूल एवं कॉलेजों का शिक्षा क जाग्रत करने का प्रयास किया जाना चाहिए। अत: इस पक्ष को सम्पूर्ण शिक्षा-प्रक्रिया में समंजित एवं एकीकृत किया जाएगा।

9. गणित शिक्षण (Mathematics Teaching)-गणित विषय को छात्रों को सोचने, तर्क करने विश्लेषित करने तथा तार्किक ढंग से चिन्तन करने के बारे में प्रशिक्षित करने का एक साधन माना जाना चाहिए। एक विषय के साथ इस विश्लेषण एवं तर्क सम्बन्धी अन्य विषयों का एक सहयोगी अथवा पूरक समझा जाना चाहिए।

अत: स्कूलों में कम्प्यूटर के प्रचलन, शैक्षिक गणनाओं एवं कारण-प्रभाव सम्बन्धी ज्ञान के द्वारा अधिगम के प्रादुर्भाव के साथ गणित-शिक्षण को ऐसा स्वरूप प्रदान किया जाना चाहिए जो आधुनिक तकनीकी प्रविधियों से मेल खा सकें।

10. विज्ञान शिक्षा (Science Education)-राष्ट्रीय नीति के अन्तर्गत विज्ञान शिक्षा को इस प्रकार सुदढ़ किया जाएगा जिससे बालकों में समुचित योग्यताओं एवं अन्वेषणात्मक, सृजनात्मक, वस्तुनिष्ठ, विश्लेषणात्मक एवं सौन्दर्य-बोध सम्बन्धी मूल्यों को विकसित किया जा सके। अत: विज्ञान शिक्षा को इस प्रकार निरूपित किया जाएगा जिससे शिक्षार्थी के अन्दर समस्या समाधान एवं निर्णय लेने के कौशलों का विकास हो सके तथा वह विज्ञान का स्वास्थ्य, कृषि, उद्योग एवं दैनिक जीवन के अन्य पक्षों से सम्बन्ध स्थापित करने की क्षमता प्राप्त कर सके। सभी को विज्ञान शिक्षा प्रदान करने के लिए सार्थक प्रयास भी किये जाएँगे जिससे जो लोग औपचारिक शिक्षा के दायरे से बाहर हैं उन्हें भी इसका लाभ मिल सके।

11. खेल एवं शारीरिक शिक्षा (Sports and Physical Education)-खेल एवं शारीरिक शिक्षा अधिगम-प्रक्रिया के आवश्यक अंग हैं अत: इन्हें उपलब्धि-मूल्यांकन में भी सम्मिलित किया जाएगा। इसलिए शैक्षिक व्यवस्था के अन्तर्गत शारीरिक शिक्षा एवं खेल के लिए राष्ट्रीय स्तर पर व्यापक प्रारूप तैयार किया जाएगा।

स्कूल शिक्षा सुधार कार्यक्रम के रूप में शारीरिक शिक्षा के प्रारम्भिक प्रारूप में खेल के मैदान खेल के उपकरण, खेल प्रशिक्षकों एवं शारीरिक शिक्षा शिक्षकों के प्रावधान को सुनिश्चित किया जाएगा। शहरी क्षेत्रों में उपलब्ध खाली एवं खुले स्थानों को खेल के मैदान के लिए आरक्षित किया जाएगा तथा यदि आवश्यक हुआ तो इसके लिए कानून भी बनाया जाएगा। सामान्य शिक्षा के साथ-साथ क्रीड़ा संस्थानों एवं छात्रावासों के निर्माण का प्रयास किया जाएगा जहाँ पर क्रीड़ा सम्बन्धी क्रियाओं एवं अध्ययन पर विशेष ध्यान दिया जाएगा। खेल में प्रतिभा-सम्पन्न बालकों को प्रोत्साहित किया जाएगा। परम्परागत देशी खेलों के विकास पर आवश्यक ध्यान दिया जाएगा। शरीर एवं मस्तिष्क के समन्वित विकास हेतु योग शिक्षा पर विशेष ध्यान दिया जाएगा। सभी स्कूलों एवं अध्यापक प्रशिक्षण संस्थाओं में योग शिक्षा को प्रारम्भ करने के लिए विशेष प्रयास किये जाएँगे।

12. अन्तर्राष्ट्रीय सद्भाव के लिए शिक्षा (Education for International understanding)-भारत ने सदैव शान्ति एवं अन्तर्राष्ट्रीय सद्भाव के विकास हेतु प्रयास किया है तथा 'वसुधैव कुटुम्बकम्' के सिद्धान्त का अनुसरण किया है। अत: शिक्षा के माध्यम से नई पीढ़ी में भी अन्तर्राष्ट्रीय सहयोग एवं शान्तिपूर्ण सह-अस्तित्व के दृष्टिकोण का विकास किया जाना चाहिए।

13. पूर्व-प्राथमिक स्तर पर पाठ्यक्रम (Curriculum at Pre-primary Stage)-बालकों के सर्वांगीण विकास अर्थात् पोषण, स्वास्थ्य एवं सामाजिक, मानसिक, शारीरिक, नैतिक तथा संवेगात्मक विकास के संप्रत्यय को स्वीकार करते हुए राष्ट्रीय शिक्षा नीति में कहा गया है कि 'प्रारम्भिक बाल सुरक्षा एवं शिक्षा' (Early Childhood Care and Education) अर्थात् (E.C.C.E) कार्यक्रम को उच्च प्राथमिकता प्रदान की जाएगी तथा इसे समुचित ढंग से समन्वित किया जाएगा। प्राथमिक शिक्षा के सार्वभौमिकरण के लिए सहायक सेवा के रूप में 'दिवसीय देखभाल केन्द्र' (Day Care

Centres) स्थापित किये जाएँगे जिससे अपने भाई-बहनों की देखभाल करने वाली बालिकाएँ तथा गरीब कार्यशील महिलाएँ स्कूली शिक्षा ग्रहण कर सकें।

E.C.C.E. कार्यक्रम बालोन्मुख होगा जो खेल एवं बालक की वैयक्तिकता की ओर केन्द्रित होगा। इस स्तर पर औपचारिक शिक्षा तथा 3R's (लिखना, पढ़ना एवं गिनना) की शिक्षा पर जोर नहीं दिया जाएगा। स्थानीय समुदाय को इन कार्यक्रमों में पूर्णतया सम्मिलित किया जाएगा।

बाल-सुरक्षा एवं पूर्व-प्राथमिक शिक्षा में दो प्रकार से पूर्ण समन्वय स्थापित किया जाएगा-पहला, प्राथमिक शिक्षा के पोषक एवं सुदृढ़ीकरण कारक के रूप में तथा दूसरा, मानव संसाधन विकास के रूप में। इस स्तर से ही स्कूल स्वास्थ्य कार्यक्रम को भी सुदृढ़ किया जाएगा।

14. प्राथमिक स्तर पर पाठ्यक्रम : बाल केन्द्रित उपागम (Curriculum at the Elementary Stage : Child Centred Approach)-इस स्तर के लिए सर्वोत्तम उपागम, जिससे सभी सम्बन्धित पक्ष बालकों की आवश्यकताओं की पूर्ति के लिए उत्तरदायी होते हैं, "बालकों के स्कूल जाने एवं सीखने के लिए सर्वोत्तम अभिप्रेरणा है।" अत: प्राथमिक स्तर पर अधिगम की बाल-केन्द्रित एवं कार्य-आधारित प्रक्रिया को अपनाया जाना चाहिए। प्रथम पीढ़ी के शिक्षार्थियो को अपनी गति से आगे बढ़ने के अवसर प्रदान किये जाने चाहिए तथा उनके लिए पुरक उपचारात्मक शिक्षण की भी व्यवस्था होनी चाहिए।

15. माध्यमिक स्तर पर पाठ्यक्रम (Curriculum at Secondary Stage)-माध्यमिक स्तर पर विद्यार्थी को विज्ञान, मानविकी एवं सामाजिक विज्ञान की विभिन्नीकृत भूमिकाओं का ज्ञान होने लगता है। यही स्तर बालकों में इतिहास एवं राष्ट्रीय दृष्टिकोण की भावना विकसित करने तथा नागरिक के रूप में संवैधानिक कर्तव्यों एवं अधिकारों को समझने के लिए भी उपर्युक्त होता है। अत: उपयुक्त पाठ्यक्रम के द्वारा स्वस्थ कार्य संस्कृति तथा मानवीय एवं सांस्कृतिक मूल्यों के प्रति आन्तरिक चेतना विकसित करने का प्रयास किया जाएगा। इसी स्तर पर विशिष्ट विद्यालयों द्वारा अथवा माध्यमिक शिक्षा को पुनर्गठित करके व्यावसायिक शिक्षा के माध्यम से आर्थिक प्रगति के लिए आवश्यक एवं महत्त्वपूर्ण मानव शक्ति का सृजन भी किया जा सकता है।

प्राथमिक एवं माध्यमिक शिक्षा के लिए राष्ट्रीय पाठ्यक्रम (National Curriculum For Elementary And Secondary Education)-राष्ट्रीय शिक्षा नीति के दिशा-निर्देशों के अनुरूप राष्ट्रीय शैक्षिक अनुसंधान एवं प्रशिक्षण परिषद् (N.C.E.R.T.) ने 1988 ई. में प्राथमिक एवं माध्यमिक शिक्षा के लिए एक राष्ट्रीय पाठ्यक्रम का निर्माण किया। इस पाठ्यक्रम के निर्माण में जिन सामाजिक-सांस्कृतिक राजनीतिक एवं आर्थिक मुद्दों को विशेष ध्यान में रखा गया है उनमें से प्रमुख निम्नलिखित हैं-

(1) शैक्षिक अवसरों की समानता (Equality of Educational opportunity)।

(2) सांस्कृतिक विरासत का संरक्षण (Preservation of Cultural Heritage)।

(3) संवैधानिक प्रावधान (Constitutional Obligations)।

(4) राष्ट्रीय अस्मिता एवं एकता का सुदृढीकरण (Strengthening of National Identity and Unity)।

(5) चरित्र निर्माण एवं मूल्यों का प्रतिपादन (Character building and Inculcation of values)।

(6) व्यापक सार्वभौमिक दृष्टिकोण (A Global Perspective)।

(7) पर्यावरण की सुरक्षा एवं राष्ट्रीय संसाधनों का संरक्षण (Protection of Environment and Conservation of National Resources)।

(8) सीमित परिवार का मानदण्ड (Observation of small family Norms)।

(9) भविष्योन्मुख शिक्षा (Future-oriented Education)।

(10) सर्वांगीण विकास के लिए शिक्षा (Education for all-round Development)।

(11) शिक्षा का बाल-केन्द्रित उपागम (Evolving a Child Centred Approach to Education)।

(12) सृजनात्मक अभिव्यक्ति (Facilitating Creative Expression)।

(13) वैज्ञानिक दृष्टिकोण का प्रतिपादन (Inculcation of Scientific Temper)।

(14) शिक्षा एवं कार्य-संसार के बीच एकरूपता (Interface between Education and the World of Work)।

(15) सतत एवं व्यापक शिक्षा (Continuous and Comprehensive Education)।

(16) संचार माध्यमों एवं शैक्षिक तकनीकी का प्रयोग (Utilization of Media and Educational Technology)।

(17) अधिगम का न्यूनतम स्तर (Minimum level of Learning)।

(18) सामान्य पाठ्यक्रम (Core-Curriculum)।

समावेशी शिक्षा के लिए आकलन की प्रकृति एवं प्रक्रिया

आज विश्व के सभी देश शिक्षा के अधिकार को मात्र एक सिद्धान्त से व्यावहारिक रूप में बदलने के लिए समावेशी शिक्षा को सबसे उपयुक्त शिक्षा प्रणाली मानते हैं। **डाकर विश्व शिक्षा फोर्म** (Dakar World Education Forum, April, 2000) ने 'सभी के लिए शिक्षा' अभियान को सफल बनाने के लिए समावेशी शिक्षा को अत्यन्त महत्त्वपूर्ण प्रयास माना है।

समावेशी शिक्षा में समाज के उन समूहों पर विशेष रूप से ध्यान केन्द्रित किया जाता है जो अब तक शिक्षा से वंचित रहे हैं। इन समूहों में निर्धनता में पल रहे, जाति व भाषा की दृष्टि से अल्पसंख्यक, दूरवर्ती, अविकसित तथा पिछड़े क्षेत्रों व समुदायों के बच्चे, बालिकाएँ तथा ऐसे बच्चे जो शारीरिक अथवा मानसिक रूप से अशक्त हैं और जिन्हें विशिष्ट शिक्षा प्रावधानों की विशेष आवश्यकता है तथा यह वे बच्चे हैं जिन्हें शिक्षा व सामान्यत: समाज में अत्यन्त सीमान्त (marginalized) स्तर पर रखा जाता है-

समावेशी शिक्षा किसी एक बच्चे के विकास के सम्बन्धित नहीं होती है बल्कि सभी बच्चों के विकास से सम्बन्ध रखती है। इसमें ऐसे भी बच्चे सम्मिलित किये जाते हैं जिन्हें विशेष आवश्यकता होती है तथा जो बहिष्कृत होते हैं या दिव्यांग होते हैं या मानसिक रूप से अक्षम होते हैं। आज इस बात को सभी स्वीकार करते हैं कि शिक्षा के अधिकार को यदि सर्व सुलभ बनाना है, तो जन-जन तक शिक्षा पहुँचानी होगी। इसके लिए समावेशी शिक्षा की प्रक्रिया को अपनाना होगा। शिक्षा से जो वंचित हैं, उन्हें शिक्षा की मुख्य धारा में लाना होगा तथा दिव्यांग बालकों की कमजोरियों का यथासम्भव निदान कर उन्हें-शिक्षा के सामान्य विद्यालयों तक पहुँचाना होगा। सभी बच्चों तक शिक्षा पहँचाने के लिए समावेशी शिक्षा पर ध्यान देना होगा।

आकलन (Assessment)

आकलन की प्रकृति (Nature of Assessment)-जब किसी चीज की प्रभावशीलता का मापन किया जाता है, तो उसे आकलन कहते हैं। आकलन में अधिगम पर ध्यान केन्द्रित किया जाता है। आकलन तथा मूल्यांकन दोनों का ही उद्देश्य बच्चे की अभिव्यक्ति क्षमता अनुभूति आदि का मापन करना है। आकलन एक संक्षिप्त प्रक्रिया है, जबकि मूल्यांकन एक व्यापक प्रकिया है। अत: किसी के बारे में निर्णय देना ही आकलन कहलाता है। अधिकतर लोग आकलन का प्रयोग त्रुटिवश एक-दूसरे के पर्याय के रूप में करते हैं। परन्तु इन दोनों के बीच में अन्तर है। आकलन (Assessment) लोगों से सूचना एकत्रित करने की प्रक्रिया है, जिन्हें विभिन्न माध्यमों जैसे-Assignment Performance, निष्पत्ति परीक्षण द्वारा किया जा सकता है तथा

छात्रों के बिना कोई ग्रेड या पृष्ठपोषण देने की सुविधा भी प्रदान की जाती है। यह सब छात्रों या उनके समूह द्वारा प्राप्त किया जा सकता है। आकलन को विभिन्न विद्वानों ने निम्न प्रकार से परिभाषित किया है-

ईरविन के अनुसार, "आकलन छात्रों के व्यवस्थित विकास के आधार पर अनुमान है। यह किसी भी वस्तु को परिभाषित कर चयन, रचना, संग्रहण, विश्लेषण, व्याख्या और सूचनाओं को उपयुक्त प्रयोग कर छात्र विकास तथा अधिगम को बढ़ाने की प्रक्रिया है।" .

हुबा एवं **फ्रीड** के अनुसार, "आकलन सूचना संग्रहण तथा उस पर विचार-विमर्श की प्रक्रिया है, जिन्हें हम विभिन्न माध्यमों से प्राप्त कर ये जानते हैं कि विद्यार्थी क्या जानता है, समझता है तथा अपने शैक्षिक अनुभवों द्वारा प्राप्त ज्ञान को परिणाम के रूप में व्यक्त कर सकता है। जिसके द्वारा छात्र अधिगम में वृद्धि होता है।"

उपर्युक्त परिभाषाओं के विश्लेषण के आधार पर यह कहा जा सकता है कि-

(1) आकलन लोगों से सूचना एकत्रित करने की प्रक्रिया है।

(2) इसके द्वारा पृष्ठ-पोषण भी दिया जा सकता है।

(3) यह पूछताछ प्रक्रिया का पहला पद है।

(4) इसके द्वारा छात्र अधिगम में सुधार तथा विकास भी किया जा सकता है।

(5) आकलन विचार-विमर्शी प्रक्रिया है।

आकलन की विशेषताएँ (Characteristics of Assessment)-आकलन द्वारा यह ज्ञात किया जाता है कि बालक ने शिक्षण के अन्त में वास्तविक अर्थों में क्या सीखा है ? एक अच्छे आकलन में पाँच विशेषताएँ होना आवश्यक है। बालक के कार्यों का आकलन करने से पूर्व यह ज्ञात कर लेना आवश्यक है कि आकलन क्या इन गुणों को पूरा कर रहा है।

(1) विश्वसनीयता-किसी भी आकलन की यह पहली तथा महत्त्वपूर्ण विशेषता है। आकलन किसी भी समय या परिस्थिति में किया जाए किन्तु उसका परिणाम एकसमान होना चाहिए। तभी वह विश्वसनीय आकलन कहलायेगा। विश्वसनीय सामग्री वही है, जो एक स्तर के विद्यार्थी पुन:-पुन: परीक्षा में लगभग एकसमान उत्तर देते हैं। शिक्षण किसी भी योग्यता का हो। आकलन प्राय: एक ही समान होना चाहिए। अगर शिक्षक द्वारा एक ही आकलन हेतु अलग-अलग प्रदान किया जा रहा है, तो ऐसा आकलन विश्वसनीय नहीं कहलाता है।

(2) वैधता (Validity)-वैध आकलन वही होता है जो वास्तव में उन्हीं उद्देश्यों का आकलन करें, जिस उद्देश्य के लिए उसका निर्माण किया गया है। लेकिन प्राय: शिक्षक ऐसे प्रश्न भी बच्चों से पूछने लगते हैं, जो प्रमाणिक नहीं होते हैं। उदाहरणार्थ यदि छात्रों के कुछ बिन्दुओं को याद करने की शक्ति को जाँचने हेतु प्रश्न किये गये हैं, तो ऐसे प्रश्न बना दिए जाएँ जो उसकी तर्क शक्ति को जाँचें।

(3) मानकीकरण (Standerdization)-एक अच्छे आकलन की वह भी विशेषता है कि मानकीकृत होना चाहिए। विद्यालयों में प्राय: जो परीक्षण किये जाते हैं। वे राष्ट्र एवं राज्य के लिए किये जाते हैं लेकिन मानकीकृत आकलन वह होता है, जो कक्षा स्तर को सम्मिलित करता है।

(4) व्यावहारिकता (Praticality)-आकलन लागत, समय और सरलता की दृष्टि से वास्तविक, व्यावहारिक एवं कुशल होना चाहिए। ऐसा भी हो सकता है कि आकलन का कोई तरीका आदर्श हो किन्तु उसे व्यवहार में न लाया जा सके। ऐसे तरीकों को भी जानना चाहिए। उदाहरणार्थ विद्यार्थियों को प्रयोगात्मक परीक्षाओं में विद्यार्थियों को एक प्रयोग के स्थान पर अलग-अलग प्रयोग देना चाहिए। यह अधिक सुविधाजनक तथा व्यावहारिक है, क्योंकि सबसे एक प्रयोग करवाने के लिए एक प्रकार के पत्र छपवाने होंगे, हो सकता है कि यह सम्भव न हो।

(5) उपयोगिता (Utility)-आकलन छात्रों के लिए उपयोग भी होना चाहिए। आकलन से प्राप्त परिणामों को छात्रों को बता देना चाहिए, जिससे वे उन कमियों में सुधार कर सके। आकलन द्वारा ही इसका पता लगता है कि किस दिशा में क्या करना है। यह सुधार पठन सामग्री में, अध्यापन विधि आदि में होना चाहिए। इस पर आकलन विद्यार्थियों की एवं अध्यापकों की कमियों को जानने एवं समझने में बहुत लाभकारी होता है।

आकलन की प्रक्रिया (Process of Assessment)-आकलन एक ऐसी प्रक्रिया है जिसमें सूचनाओं का संग्रहण किया जाता है और इन सूचनाओं को विभिन्न माध्यमों से प्राप्त किया जाता है और इन सूचनाओं का उपर्युक्त प्रयोग कर छात्रों का विकास किया जाता है, उनके अधिगम को भी बढ़ाने का प्रयास किया जाता है। इस प्रक्रिया में बिना ग्रेड दिये भी पृष्ठपोषण दिया जा सकता है। पृष्ठपोषण के माध्यम से यदि छात्र के अधिगम में कोई कमी रह जाती है, तो उसमें सुधार लाने का प्रयास किया जाता है। इस प्रकार कई बार पृष्ठपोषण देकर बच्चे के अधिगम को सुधारा जा सकता है। आकलन एक विचार-विमर्शी प्रक्रिया मानी जाती है। इसमें विचार-विमर्श के माध्यम से छात्र को सीखने के लिए अभिप्रेरित किया जाता है। अधिगम को प्रभावी बनाने के लिए तथा पृष्ठपोषण के माध्यम से त्रुटियों को दूर करके सुधार लाने के लिए आकलन की प्रक्रिया का प्रयोग किया जाता है। सुधार की प्रक्रिया में कई बार छात्र द्वारा अपनी कमियों को दूर किया जाता है तथा छात्रों को ऐसे अवसर उपलब्ध कराये जाते हैं जिसमें छात्र स्वयं में सुधार लाने का प्रयास करें।

समावेशी शिक्षा के लिए आकलन (Assessment For Inclusive Education)-समावेशी शिक्षा किन बच्चों को प्रदान की जाती है, इसके लिए सर्वप्रथम ऐसे बालकों की पहचान की जाती है, जिन्हें विशेष आवश्यकता है। यह भी आकलन करना आवश्यक है कि उन्हें कैसी और किस प्रकार की शिक्षा की आवश्यकता है। बहुत से अभिभावकों को आर्थिक समस्या नहीं होती है वे अपने इस प्रकार के बाधित बच्चों के विकास के लिए बहुत साधन व्यय करने के लिए तत्पर होते हैं, ताकि उन्हें अच्छी-से-अच्छी शिक्षा प्राप्त हो सके और वे भी प्रगति कर सकें तथा अन्य बच्चों के समानान्तर हो सकें। कुछ बच्चे ऐसे भी होते हैं, जो निर्धन परिवारों के होते हैं। उन पर माता-पिता व्यय नहीं कर पाते हैं या करना नहीं चाहते हैं, उन्हें चिकित्सा सुविधा भी प्राप्त नहीं होती है। ऐसे बच्चों को नि:शुल्क चिकित्सा तथा नि:शुल्क शिक्षा एवं उपकरणों, कृत्रिम अंगों की आवश्यकता होती है। ऐसे बच्चे आर्थिक सहयोग से ही अपनी बाधिता पर नियन्त्रण कर सकते हैं। कुछ बच्चे मानसिक रूप से स्वस्थ होते हैं। उनके लिए उनके अनुकूल फर्नीचर, आदि की व्यवस्था करके उन्हें सामान्य कक्षा-कक्षों में स्थापित किया जा सकता है। अत: सर्वप्रथम पहचान होने के बाद ऐसे बच्चों की आवश्यकताओं का आकलन करना अत्यन्त आवश्यक होता है। समावेशन के लिए विशेष सेवाओं का उपयोग कम-से-कम करने पर बल दिया जाता है। इसमें विशिष्ट बालकों की देख-भाल तथा शिक्षा व्यवस्था उन्हें सामान्य बच्चों के साथ बिठा कर ही की जाती है। उन परिवारों में विशिष्ट बालक नहीं होते हैं। वहाँ के सदस्यों को उनकी आवश्यकताओं की भी जानकारी नहीं होती है। अत: ऐसे बालकों के साथ किस प्रकार व्यवहार किया जाए। कैसे उनकी सहायता की जाए जिससे व सामान्य कक्षाकों में समायोजित हो जाएं और प्रगति की ओर अग्रसर हो सकें, इसकी जानकारी कभी-कभार शिक्षकों को भी नहीं होती है। अत: शिक्षकों के लिए यह आवश्यक है कि वे इस प्रकार के बालकों की पहचान करने के बाद इनके साथ किस प्रकार का व्यवहार करना है; इसकी जानकारी के लिए इनकी आवश्यकताओं का आकलन करें। इन बालकों की आवश्यकताओं का आकलन करने से उन्हें कैसी सहायता की आवश्यकता है, यह सरलता से ज्ञात हो जाता है। उनकी आवश्यकताओं की जानकारी होने के बाद उन्हें सहायता प्रदान करना काफी आसान हो जाता है। इससे वे अतिशीघ्र सामान्य कक्षा-कक्षों में स्थापित हो जाएंगे और उनकी संवेगात्मक अस्थिरता भी समाप्त हो जाएगी तथा वे तनाव मुक्त हो सकेंगे और विकास की धारा के साथ बह सकेंगे।

समावेशी शिक्षा में विशेष आवश्यकता वाले बच्चों के सन्दर्भ : ऐतिहासिक विकास, वर्तमान स्थिति, चुनौतियाँ, बिहार का सन्दर्भ

विशेष आवश्यकता वाले बच्चे सामान्य बच्चों से भिन्न होते हैं। इन बालकों की पहली आवश्यकता यह होती है कि उनको उनके विशिष्ट गुणों, क्षमताओं और कमियों के आधार पर उनके अनुकूल शिक्षा व प्रशिक्षण की व्यवस्था की जाय, ताकि वे समाज में अपने आपको समायोजित कर सकें और समाज उनसे लाभान्वित हे सके। विशिष्ट बालकों की विशेष शिक्षा का प्रारम्भ सर्वप्रथम विद्यालय से ही होता है और विद्यालय भी ऐसा जिसे विशिष्ट विद्यालय कहा जाता है क्योंकि यही वह स्थान होता है जहाँ पर शारीरिक व मानसिक रूप से विकलांग व्यक्तियों के अतिरिक्त अन्य पिछड़े, अपराधी, असामान्य, सृजनात्मक, वंचित, कुसमायोजित बालक आ जाते हैं और उनके लिए अलग से विद्यालयों की व्यवस्था राज्य व समाज को करनी पड़ती है। अब तक भारत सरकार ने अनेक प्रयास किये हैं ताकि किसी भी प्रकार के अयोग्य पिछड़े व कुसमायोजित बालकों के लिए सुव्यवस्थित व व्यावहारिक शिक्षा योजना तैयार की जाए व ऐसे विशिष्ट बालकों को समाज में उपर्युक्त स्थान मिल सके।

प्रत्येक स्कूल में कुछ ऐसे विद्यार्थी होते हैं जो सामान्य बालकों से भिन्न होते हैं। ऐसे विद्यार्थियों को विशेष शिक्षा की आवश्यकता होती है। ऐसे बालक स्कूल प्रोग्राम से समन्जित नहीं हो सकते। इनमें से कुछ शारीरिक रूप से अक्षम, अन्धे, बहरे, लँगड़े, आदि होते हैं। कुछ मानसिक रूप से भिन्न होते हैं। या तो वे मानसिक रूप से पिछड़े होते हैं या प्रतिभावान। कुछ संवेगात्मक क्षेत्र में कुसमन्जित होते हैं। इनमें कुछ बालक गम्भीर व्यवहार सम्बन्धी समस्या उत्पन्न करते हैं, इससे वे असामान्य व्यक्तित्व वाले तथा अपराधी मनोवृत्ति वाले बन जाते हैं। ये सभी विशिष्ट बालक कहलाते हैं। अत: विशिष्ट बालक शब्द उन बालकों की ओर संकेत करता है "जो उन बालकों से जो शारीरिक, मानसिक, संवेगात्मक या सामाजिक गुणों में औसत हैं, भिन्न हैं। इस सीमा तक भिन्न हैं कि उन्हें अपनी क्षमताओं के अनुरूप विकास के लिए विशेष शिक्षा की आवश्यकता है।" शैक्षिक अध्ययन राष्ट्रीय समिति ने विशिष्ट बालकों की परिभाषा इस प्रकार की है-"विशिष्ट बालक वे होते हैं जोकि औसत बालकों से शारीरिक, मानसिक, संवेगात्मक अथवा सामाजिक लक्षणों में इतनी मात्रा में भिन्न होते हैं कि अपनी अधिकतम क्षमताओं के विकास के लिए उन्हें शैक्षिक सेवाओं की आवश्यकता होती है।"

समावेशी शिक्षा में विशेष आवश्यकता वाले बच्चे एवं ऐतिहासिक विकास (Children with Special Needs in Inclusive Education and Historical Development]-शारीरिक रूप से बाधित बालकों की शिक्षा के प्रति सरकारी तथा गैर-सरकारी संस्थाओं का भूतकाल तथा वर्तमान में समावेशी प्रयासों का अभाव रहा तथा इस ओर ध्यान कभी भी नहीं दिया गया। समाज तथा सभ्यता के विकास में हए परिवर्तन के कारण शारीरिक रूप से बाधित बालकों की शिक्षा के प्रति समाज की स्थिति तथा विशेषता: माता-पिताओं की स्थिति तथा व्यवहार में परिवर्तन हुआ। **प्रथम अवस्था** में तो अपंगों के साथ दुर्व्यवहार या गया तथा उन पर ध्यान नहीं दिया गया। उन्हें ईश्वर का अभिशाप तथा माता-पिता पर बोझ समझा गया। **दूसरे चरण** बाधित बालकों को माता-पिता या अन्य का संरक्षण दिया गया। शारीरिक रूप से बाधितों के बारे में सामान्यत: ऐसा कहा जाता था कि अपंग पूर्णत: बेकार हैं, ये स्वयं कुछ भी करने में असमर्थ हैं, ये ऐसे जीव जो कृपा के पात्र हैं तथा जब तक ये जीवित हैं तब तक उनकी देखभाल करनी होगी।

"The disabled are useless, inseparable of doing anything on their own, a species to be pitied and looked after as long as they are alive." - इसलिए उनकी शिक्षा, प्रशिक्षण आजीविका तथा पुनर्वासन के बारे में प्रयास नहीं किये गये। अगली **अवस्था** में, उनकी शिक्षा के लिए एक प्रयास किया गया, लेकिन बाधित बालकों को अन्य बालकों से पूर्णत: भिन्न समझा गया। उनके बारे में विचार पैदा हुआ है कि ये सामान्य शिक्षा केन्द्रों से शिक्षा ग्रहण करने के योग्य नहीं हैं। इसलिए देश में पहली बार विशिष्ट शिक्षा देने के लिए विद्यालय तथा शिक्षण संस्थाएँ स्थापित हुईं। इन संस्थाओं का मुख्य उद्देश्य बाधित बालकों को शिक्षा तथा प्रशिक्षण देना था। शारीरिक रूप से बाधित बालकों की शिक्षा का कार्य उनके माता-पिताओं से तथा सामान्य बालकों से अलग विशिष्ट शिक्षा केन्द्रों में रखकर किया गया।

20वीं शताब्दी के उत्तरार्द्ध में नवीन विचारों तथा धारणाओं ने बाधित बालकों की शिक्षा के लिए नई दिशाओं में द्वार खोल दिये। अब यह समझ आने लगा कि अपंग बालक सामान्य बालक से भिन्न नहीं हैं। अपंग बालक एक ऐसा बालक है जिसकी आवश्यकताएँ विशिष्ट प्रकार की हैं। उनकी विशिष्ट आवश्यकताएँ हैं-समाज के अन्य सदस्यों की तरह, अपंगों को भी शिक्षा प्राप्त करने के कार्य करने तथा समाज में भागीदारी अथवा सहयोग का समान अधिकार होना चाहिए, जो पूर्ण रूप से बाधित नहीं हैं। जिनका बाधित स्तर कम है अथवा अस्थि-बाधित हैं। ऐसे बालकों का शिक्षण सामान्य शिक्षण संस्था में सामान्य बालकों के साथ कुछ अतिरिक्त सहायता देकर किया जाना चाहिए। सामान्य परिस्थितियों में बाधित बालकों का शिक्षण सामान्य संस्था से कम खर्चीला होने के साथ-साथ शिक्षण क्षेत्र को व्यापक रूप से सहयोग प्रदान कर सकता है। अध्यापकों, शिक्षाविदों ने अपंग बालकों की समन्वित शिक्षा के लिए योजना बनाने वालों के लिए निर्देशन दिया और इन विशेषज्ञों के विचारों की स्पष्टता, पहचान, सुझाव, आदि विशेष रूप से सहायक हैं।

भारत में समावेशी शिक्षा का विकास (Development of Inclusive Education in India)-कोठारी कमीशन (1964-66) ने कहा कि प्रारम्भिक शिक्षा की व्यापकता के लक्ष्य बालकों के समावेशी समूह की शिक्षण क्षेत्र में सफलता पर निर्भर करते हैं। जब तक बालकों के इस समूह के लिए उपर्युक्त शिक्षा सेवाएँ उपलब्ध नहीं कराई जाती, बाधित बालकों का शिक्षा संस्थाओं में प्रवेश प्रारम्भिक अवस्था में कम होगा। बाधित बालक अन्य सामान्य बालकों के 0.07 प्रतिशत हैं जो प्रारम्भिक शिक्षा में प्रवेश लेते हैं। यह आँकड़ा राष्ट्रीय शिक्षा नीति (NPE-1992) के अनुसार एक प्रतिशत तक पाई गई। इतने कम प्रतिशत से यह मालूम पड़ता है कि हमारे देश में विभिन्न बाधिताओं से ग्रस्त कई लाख बालक शिक्षा के अवसरों से वंचित रहते हैं, या अस्वीकार करते हैं। हालांकि हमारे संविधान में प्रत्येक बालक की प्रारम्भिक स्तर की शिक्षा का प्रावधान है, जो सभी के लिए आवश्यक है। अधिकांश ऐसे समूह के बालक या तो शिक्षण संस्थाओं में प्रवेश ही नहीं लेते अथवा किसी-न-किसी कारणवश शिक्षा आधी-अधूरी छोड़ देते हैं। शिक्षण क्षेत्र में बाधितों की संख्या में उन्नति विशिष्ट शिक्षा संस्थाओं में रेखीय प्रावधान के कारण नहीं हो पाई जबकि 90 प्रतिशत बालक सामान्य कक्षाओं में शिक्षा ग्रहण कर सकते हैं।

सामान्य स्कूल कार्यक्रमों में बाधित बालकों की समन्वित शिक्षा कोठारी कमीशन की घोषणा के अनुसार, (1) शिक्षा हेतु व्यय में कमी, (2) बाधित तथा सामान्य बालकों में एक-दूसरे को आपस में समझने की भावना में वृद्धि करती है। कुछ बाधित बालक कठिनाई का सामना करते हैं, क्योंकि सामान्य बालक उनकी अपेक्षा अच्छा कार्य करते हैं। जहाँ तक सम्भव हो अधिक-से-अधिक बालकों को समन्वित शिक्षा के लिए कार्यक्रम लाने का प्रयास करने की अति आवश्यकता है। इस पर गम्भीरता से विचार करना चाहिए।

राष्ट्रीय शिक्षा नीति (1986) में यह दृढ़तापूर्वक कहा गया है कि जहाँ तक सम्भव हो शारीरिक रूप से बाधित तथा अन्य सामान्य बाधित बालकों की शिक्षा एक साथ तथा सामान्य बालकों के समान होनी चाहिए। केवल जिला मुख्यालयों में गम्भीर रूप से बाधितों को शिक्षा के लिए विशिष्ट शिक्षा संस्थाओं में प्रवेश होगा।

इसके परिप्रेक्ष्य में आदर्श स्वरूप 1995 तक देखा जा सकता है जब शारीरिक रूप से बाधित बालकों की प्रारम्भिक शिक्षा की व्यापकता का स्वरूप होगा।

सन् 1986 तथा 1992 का क्रियान्वयन का प्रारूप (POA) प्राचीन स्थापना के सिद्धान्तों को अपनाने की हदता है। इसका ऐसा मानना है कि ऐसे बाधित बालक जिनकी शिक्षा सामान्य स्कूलों में सम्भव है, उनको शिक्षा केवल सामान्य स्कूलों में ही होनी चाहिए विशिष्ट स्कूलों में नहीं। यहाँ तक कि ऐसे बालक जो विशिष्ट संस्थाओं

में पहले से ही शिक्षा या प्रशिक्षण के विशेष पाठ्यक्रम प्राप्त कर रहे हैं अथवा किसी कार्यक्षेत्र में प्राप्त कर रहे हैं जो उन्हें सामान्य स्कूल के पाठ्यक्रम के अतिरिक्त चाहिए। जैसे ही वे प्रारम्भिक शैक्षणिक नित सम्प्रेषण कौशल तथा दैनिक जीवन के लिए आवश्यक निपुणताओं को प्राप्त कर लेगा तब उनकी शिक्षा सामान्य स्कूल में होनी चाहिए। शिक्षा के समान अवसरों को प्राप्त करने के लिए, क्रियान्वयन का प्रारूप (Program of Action) ने यह भी आशा दिखाई कि शारीरिक रूप से बाधित बालक अन्य सामान्य बालकों की ओर अधिक गुणवान तथा प्रभावशील शिक्षा में प्रवेश करे, इसकी स्वयंसिद्धियाँ निम्नलिखित हैं-

(1) ऐसे बालकों के लिए जो सामान्य प्राथमिक स्कूलों में शिक्षित किये जा सकते हैं-
   (अ) 9वीं पंचवर्षीय योजना के अन्त तक बालकों का व्यापक प्रवेश।
   (ब) विशिष्ट आवश्यकताओं को ध्यान में रखते हुए शिक्षा और पाठ्यक्रम के समायोजन के मध्यमान में अधिगम का न्यूनतम स्तर सुनिश्चित करना।

(2) सामान्य शिक्षा संस्था में विशिष्ट कक्षाओं या विशिष्ट शिक्षा संस्थाओं से शिक्षण हेतु बालकों के लिए-
   (अ) 9वीं पंचवर्षीय योजना के अन्त तक बालकों का व्यापक प्रवेश।
   (ब) वालों की सामर्थ्य के अनुरूप अधिगम स्तर की उपलब्धियों को सुनिश्चित करना।

(3) सामान्य बालकों के अनुरूप बाधित बालकों के स्कूल छोड़कर जाने में कमी करना। उनकी आवश्यकताओं के अनुरूप व्यवस्था करना।

(4) बाधित बालकों का माध्यमिक व उच्चतर माध्यमिक शिक्षा संस्थाओं में विशिष्ट संसाधन उपलब्ध कराना तथा इन बालकों के लिए व्यावसायिक प्रशिक्षण उपलब्ध कराना।

(5) सेवाओं से पहले या सेवायुक्त शिक्षकों के लिए शिक्षा के कार्यक्रमों को बार-बार दोहराना जो कक्षा में विशिष्ट आवश्यकताओं के प्राप्त करने में सहायक हो। ऐसे छात्रों को अधिक प्रोत्साहन देना।

(6) शारीरिक रूप से बाधित व्यक्तियों की शिक्षण एवं व्यावसायिक आवश्यकताओं की पूर्ति के लिए सामान्य नियमों से हटाकर शिक्षा के कार्य-प्रारूप बनाना तथा उनका पुनर्गभिविन्यास करना।

समावेशी शिक्षा के लिए संवैधानिक प्रावधान

शारीरिक दोषयुक्त व्यक्ति के लिए समान अवसर, उनके पूर्ण योगदान एवं अधिकारों की सुरक्षा, एक्ट 1995

(1) उपयुक्त सरकारी तथा स्थानीय अधिकारी
   (अ) शारीरिक रूप से बाधित प्रत्येक बालक जब तक वह 18 वर्ष का हो उसके उपयुक्त वातावरण में नि:शुल्क शिक्षा तथा शिक्षा संस्थान में प्रवेश को सुनिश्चित करेंगे।
   (ब) सामान्य स्कूलों में बाधित तथा सामान्य बालकों में समन्वय के प्रयास करेंगे।
   (स) समावेशी शिक्षा संस्था सरकारी अथवा गैर-सरकारी क्षेत्रों में स्थापित कराने पर बल देंगे जिससे भारत देश के किसी भी भाग में रहने वाले बाधित बालक स्कूल में प्रवेश पा सकेंगे।
   (द) शारीरिक बाधित बालकों के लिए व्यावसायिक प्रशिक्षण के साधन विशिष्ट शिक्षा संस्थाओं को उपलब्ध कराने का प्रयास करेंगे।

(2) उपयुक्त सरकारी तथा स्थानीय अधिकारी सरकारी विज्ञापन के माध्यम से निम्नलिखित कार्यों के लिए योजना बनाएँगे-
   (अ) शारीरिक रूप से बाधित बालक जो कक्षा 5 तक किसी शिक्षा संस्थान में शिक्षा प्राप्त कर चुके है अथवा जो किसी कारणवश पूर्णकालिक रूप से शिक्षा लेने में असमर्थ है। ऐसे बालकों के लिए अंशकालिक शिक्षा की व्यवस्था करना।
   (ब) 16 वर्ष अथवा इससे अधिक आयु के बालकों के लिए व्यावहारिक साक्षरता उपलब्ध कराने हेतु विशिष्ट अंशकालिक कक्षाओं की व्यवस्था करना।
   (स) पिछड़े हुए क्षेत्रों में उपलब्ध मानव संसाधन का प्रयोग तथा उनका उपर्युक्त अभिविन्यास कर नियमानुसार शिक्षा देने का प्रबन्ध करना।
   (द) मुक्त विद्यालय अथवा मुक्त विश्वविद्यालय (Open University) के माध्यम से शिक्षा उपलब्ध कराना।
   (क) इलेक्ट्रॉनिक अथवा किसी अन्य माध्यम द्वारा कक्षाओं में विचार-विमर्श उपलब्ध कराना।
   (ख) प्रत्येक अपंग बालक को उसकी शिक्षा हेतु आवश्यक विशिष्ट पुस्तकें तथा उपकरण नि:शुल्क उपलब्ध कराना।

(3) उपयुक्त सरकारी अपंग बालकों की विशिष्ट शिक्षा के लिए सरकारी अथवा गैर-सरकारी संस्थाओं को सहायता, विशिष्ट शिक्षा, उपकरण, संसाधन, सामग्री आदि तथा इस क्षेत्र में अन्वेषण हेतु शिक्षाविदों तथा विभिन्न कार्यक्षेत्रों में कार्यरत विशेषज्ञों की सहायता लेना।

(4) उपयुक्त सरकारी आवश्यकतानुसार उपर्युक्त संख्या में शिक्षकों के लिए प्रशिक्षण संस्थाएँ स्थापित करेगी तथा राष्ट्रीय तथा अन्य गैर-सरकारी संस्थाओं की शिक्षक प्रशिक्षण कार्यक्रमों में सहायता करेगी जिससे प्रशिक्षित शिक्षक अपंग बालकों की शिक्षा के लिए विशिष्ट स्कूलों तथा समन्वित शिक्षा संस्थाओं में उपलब्ध हों।

(5) उपयुक्त सरकारी एक विज्ञापन द्वारा विस्तृत शिक्षा योजना बनायेगी जिसके अन्तर्गत अपंग बालकों हेतु प्रावधान बनाये जाएंगे-
   (अ) स्कूल में शिक्षा प्राप्त करने हेतु शारीरिक दोषयुक्त बालकों के लिए यातायात सुविधा या ऐसे बालकों के माता-पिता अथवा संरक्षक को आर्थिक भत्ता (Incentive) देना।
   (ब) व्यावसायिक प्रशिक्षण देने वाले स्कूल, कॉलेज या अन्य सामग्री का वितरण करना।
   (द) शारीरिक बाधित बालकों के लिए छात्रवृत्ति।।
   (क) एक उपयुक्त समिति का गठन करना जो अपंग बालकों के माता-पिता अथवा संरक्षकों की उनके बालकों के स्थापन हेतु कठिनाइयों को दूर कर सके।
   (ख) पूर्ण दृष्टिबाधित अथवा कम दृष्टिबाधित छात्रों के लाभ हेतु परीक्षण व्यवस्था में उपयुक्त परिवर्तन करना; जैसे- पूर्णतया गणित पर आधारित प्रश्न।
   (ग) अपंग बालकों के लाभ के लिए पाठ्यक्रम में उपयुक्त परिवर्तन करना तथा उनका अनुकूलन करना।
   (घ) श्रवणबाधित बालकों की सुविधा के लिए पाठ्यक्रम में परिवर्तन जैसे केवल एक भाषा का पढ़ाया जाना।

(6) सभी शिक्षा संस्थाएँ अन्धे छात्रों या दृष्टिबाधित छात्रों के लिए सुविधाएँ उपलब्ध कराएँगी।

शिक्षा के अवसरों की समानता [Equalization of Educational Opportunities)-सन् 1950 के पश्चात् भारत ने पूर्ण आजादी प्रारम्भ किया। इसके मुख्य उद्देश्य समानता, स्वाधीनता, भाईचारा तथा न्याय हैं। समानता 'समानता के अवसर' दर्शाती है। आजादी की व्यवस्था के अन्तर्गत प्रत्येक मनुष्य, धनवान तथा निर्धन अथवा उच्च या निम्न वर्ग सम्बन्धी बिना किसी भेदभाव या अन्तर के, सभी को समान अधिकार प्राप्त हैं तथा सभी ने समान रूप से जन्म लिया है। यह सरकार का मुख्य कर्तव्य है कि यथासम्भव असमानता, ऊँच-नीच तथा सामाजिक भेद-भावों को कम करने का प्रयास करे। शिक्षा प्राप्त करने के लिए सभी को समान अधिकार हैं तथा पूर्ण आजादी है। इसलिए सभी को मानसिक उत्थान के समान अवसर दिये गये हैं। इसके लिए समाज के अल्पसंख्यक, पिछड़ी जाति तथा अनुसूचित जातियों के समुदाय को विशेष मान्यता तथा महत्त्व देने की आवश्यकता है। पहाड़ों पर रहने वाले नागरिक,

पिछड़े क्षेत्रों एवं सुदूर आन्तरिक क्षेत्रों में रहने वाले नागरिकों पर विशेष ध्यान देने की आवश्यकता है। पुस्तकों की सहायता, दोपहर (मध्याह्न) का खाना, फीस माफ की सुविधा, निर्धन लेकिन शिक्षा के क्षेत्र में निपुण बालकों को स्कूलों में मिलनी चाहिए। प्रतिभाशाली बालकों की पहचान करने तथा उनकी शिक्षा में आने वाली आर्थिक कठिनाइयों को दूर करने की आवश्यकता है। ऐसे बालकों की शिक्षा में किसी प्रकार की बाधा को दूर करने पर बल दिया जाए। धनवान व्यक्ति तथा सामाजिक उत्थान कार्यरत व्यक्तियों को ऐसे बालकों की शिक्षा में उदारतापूर्वक सहायता करनी चाहिए। सरकार को भी सभी या विधियों से सहायता करनी चाहिए। लड़के तथा लड़कियों की शिक्षा में किसी भी प्रकार से भेद नहीं होना चाहिए सब बालकों को व्यक्तिगत विकास करने का समान अधिकार है, चाहे वह लड़के हों अथवा लड़कियाँ । इसके कार्यकलापों को देश के विभिन्न समुदायों की सामाजिक तथा प्रजातान्त्रिक प्रगति हेतु लम्बी यात्रा तय करना है और आर्थिक तथा सामाजिक क्षेत्र में विकास करना है।

राष्ट्रीय शिक्षा नीति (1986) [National Policy of Education, 1986] -शारीरिक व मानसिक रूप से बाधितों और सामान्य व्यक्तियों की समाज में भागीदारी हो, सबके जीवन में समन्वयता हो ऐसा उद्देश्य होना चाहिए। बाधितों को सामान्य विकास के लिए अवसर दिये जाएं, जिससे वह साहस और आत्मविश्वास से जीवन का सामना कर सकें। इस बारे में निम्नलिखित साधन (Measures) अपनाने होंगे-

(1) जहाँ सम्भव हो गम्भीर रूप से बाधित, सामान्य शारीरिक दोषों से बाधितों की शिक्षा सामान्य बालकों के साथ-साथ होगी।
(2) विशिष्ट शिक्षण संस्थाएँ आवासीय सुविधा के साथ स्थापित हों।
(3) जहाँ तक सम्भव हो ऐसी संस्थाओं में बाधितों को व्यावसायिक प्रशिक्षण देने की उपर्युक्त व्यवस्था हो।
(4) अध्यापकों के प्रशिक्षण कार्यक्रमों का विकास करना, अभिविन्यास की व्यवस्था करना, विशेषतया प्राथमिक कक्षाओं के अध्यापकों का जिससे वे बाधित बालकों की विशिष्ट कठिनाइयों का सामना कर दूर कर सकें।
(5) शारीरिक रूप से बाधित बालकों की शिक्षा के लिए स्वैच्छिक प्रयास (Voluntary effort) प्रत्येक सम्भव दिशा में किये जाएंगे।

राममूर्ति कमेटी की संस्तुतियाँ (1992) [Recommendations of Rammurti Committee, 1992] -भारत सरकार ने राष्ट्रीय शिक्षा नीति/क्रियान्वयन प्रारूप (NPEEPOA) को कार्यों एवं नियमों पर टिप्पणी देने के लिए राममूर्ति कमेटी का गठन किया। राष्ट्रीय शिक्षा नीति (1986) के द्वारा बाधितों के बारे में कुछ विशेष उपाय बताये गये, जो निम्नलिखित हैं-

राष्ट्रीय शिक्षा नीति (1986) (NPE) ने शारीरिक व मानसिक रूप से विकलांगों को समाज के सामान्य बालकों के साथ शिक्षा देने का सुझाव दिया।

क्रियात्मक कार्यक्रमों (POA) ने बाधितों की शिक्षा के क्षेत्र में विस्तृत साधनों के बारे में चर्चा की; जैसे-सेवाओं के साथ-साथ अध्यापकों को प्रशिक्षण, प्रशासकों के उत्थान के लिए कार्यक्रम संसाधित प्रदेश तथा जिला प्रशिक्षण संस्थाओं (जैसे-SCERT and DIET) में प्रेक्षकों की निपुणताओं का विकास, आदि उनमें से कुछ प्रमुख हैं।

शिक्षा के क्षेत्र में विकलांगों की संख्या में कमी होने के निम्नलिखित कारण हैं-

(1) विकलांगों की शिक्षा को सामाजिक कल्याण कार्य के रूप में देखा जाता है।
(2) बालकों (विकलांग एवं सामान्य बालक) की आपसी संवेदना, माता-पिता, समुदाय व विकलांग बालकों की संवेदना तथा विशिष्ट एवं सामान्य शिक्षा का आपसी बन्धन शिक्षा के क्षेत्र में देखने को नहीं मिलता था।
(3) अधिकांश विशिष्ट संस्थाएँ बाधितों की शिक्षा के लिए महानगरों अथवा नगरों में स्थित हैं। बहुत ही कम समस्याओं को छोड़कर, सामान्यत: ऐसा देखने में आता है कि गैर-सरकारी शिक्षा संस्थाएँ जिला या तहसील के समावेशी शिक्षा में विशेष आवश्यकता वाले बच्चों के सन्दर्भ स्तर पर नहीं हैं। उपलब्ध आँकड़ों के अनुसार सम्पूर्ण भारत में बाधितों की शिक्षा के लिए 215 जिलों में विशिष्ट संस्थाएँ नहीं हैं जबकि कागजों पर 1,000 विशिष्ट शिक्षा संस्थाएँ हैं।
(4) समन्वित शिक्षा का कार्यक्रम समाज कल्याण विभाग की देख-रेख में 1974 में प्रारम्भ हुआ, जिसके अन्तर्गत सामान्य स्कूलों के साथ विशिष्ट स्कूल भी प्रारम्भ किये गये। इसका मुख्य कारण सभी अध्यापकों का संवेदनशील न होना था।

जहाँ तक शारीरिक रूप से बाधित बालकों की शिक्षा का प्रश्न है, इस बारे में राष्ट्रीय शिक्षा नीति (NPE) के पास उपलब्ध साधन प्राप्त नहीं हैं।

(1) विकलांगों की शिक्षा के लिए सामान्य शिक्षा पर बल न देना।
(2) सामान्य शिक्षा संस्थाओं को विशिष्ट शिक्षा संस्थाओं से पूर्णतया भिन्न समझा जाता है। इसमें मुख्यतया शिक्षा हेतु संसाधनों तथा प्रशिक्षकों की कमी है जिसे कल्याण मन्त्रालय तथा मानव संसाधन विभाग पर विकास करने के लिए छोड़ दिया गया है।

शैक्षिक क्रियान्वयन का प्रारूप (POA) विशिष्ट शिक्षा संस्थाओं का जिला तथा तहसील स्तर पर स्थापना के लिए कहा है तथा प्रयासरत भी है। पाठ्यक्रम का विकास करना तथा बाधितों के लिए प्रारम्भिक शिक्षा का व्यापकता के लिए लक्ष्य निर्धारित करना आदि पर कार्य हो रहा है, जबकि राष्ट्रीय शैक्षिक क्रियान्वयन का प्रारूप (POA) ने गम्भीर रूप से बाधितों की विशिष्ट शिक्षा संस्थाओं पर ठीक बल दिया है, लेकिन राष्ट्रीय क्रियान्वयन का प्रारूप (POA) ने विशिष्ट संस्थाओं में विभिन्न प्रकार की सेवाओं के बारे में बल नहीं दिया अथवा दृढ़ता नहीं दिखाई। इस प्रकार शारीरिक दोष के लिए जबकि अन्वेषण की आवश्यकता है फिर भी पुनर्वास कार्य का विकास तथा शिक्षा सेवाओं को उपलब्ध कराना विशिष्ट शिक्षा संस्थाओं के लिए विभिन्न प्रकार की सेवाओं को उपलब्ध कराना अधिक महत्त्वपूर्ण है। ऐसा विशेषत: इसलिए है क्योंकि चिकित्सक, चिकित्सालय, समाज, संस्थाएँ तथा विकास हेतु विभिन्न कार्यों में रत अन्य संस्थाएँ अपने साथ विभिन्न प्रकार के उद्देश्य रखती हैं। शैक्षिक कार्यक्रम के प्रारूप ने विशिष्ट शिक्षण संस्थाओं के कार्य एवं उत्तरदायित्वों का पुनर्वलोकन नहीं किया है।

समन्वित शिक्षा के लिए शिक्षण विभाग योजना लागू कर रहा है। वर्तमान में यह योजना 19 राज्यों में तथा केन्द्रशासित राज्यों में लागू की जा रही है। प्रत्येक वर्ष इस योजना पर लगभग ₹ 2 करोड़ व्यय किये जा रहे हैं जबकि 20,000 बालक इस योजना के क्षेत्र में शिक्षा ग्रहण कर रहे हैं। इस योजना के अन्तर्गत यह व्यय शिक्षकों के वेतन, भत्तों, संसाधन कक्षों, शिक्षकों के प्रशिक्षण, विकलांग बालकों का निर्धारण करना तथा अनुदेशन सामग्री उपलब्ध कराने के लिए किया जा रहा है। शारीरिक रूप से बाधित बालकों की विशिष्ट आवश्यकताओं तथा समस्याओं पर विस्तृत रूप से विचार करते हुए तथा विभिन्न शिक्षा कार्यक्रमों के इतिहास का अवलोकन करते हुए कमेटी ने निम्नलिखित संस्तुतियाँ की हैं-

(1) सभी को विकलांगों की समस्याओं के बारे में अवगत कराया जाए। इस कार्य के लिए समाचार-पत्र, दूरदर्शन, रेडियो, आदि विभिन्न सम्प्रेक्षण विभागों की सहायता का प्रयोग करना चाहिए।
(2) प्रत्येक परिवार जिसमें कोई शारीरिक अथवा मानसिक रूप से बाधित बालक हैं ऐसे परिवारों की तन, मन, धन से सहायता करनी चाहिए। परिवारों से बातचीत करना, विशिष्ट प्रशिक्षण देना तथा समय-समय पर बाधित बालकों का मूल्यांकन करना चाहिए।
(3) विकलांग बालकों की शिक्षा व्यवस्था लचीली होनी चाहिए। शिक्षा समान विद्यालयों में अथवा सामान्य विद्यालयों की विशिष्ट कक्षाओं में तथा समन्वित शिक्षा व्यावसायिक केन्द्रों पर होनी चाहिए।
(4) श्रवणबाधित अथवा बधिर बालकों को उनकी बाधिता को ध्यान में रखते हुए उचित शिक्षा का प्रारूप देना चाहिए। बधिरों के लिए मौखिक शिक्षा के कार्यक्रम पर्याप्त

नहीं होंगे। उनके लिए (Oral manual), मौखिक निर्देशिका तथा शारीरिक रूप से किये जाने वाले कार्यों को मस्तिष्क में रखते हुए शिक्षा के कार्यक्रम बनाये जाने चाहिए। ऐसे कार्यक्रम बालकों की विशिष्ट आवश्यकताओं को ध्यान में रखते हुए अलग-अलग कार्यक्रम बनाने चाहिए जो उनकी शारीरिक अथवा मानसिक दोषों के अनुरूप हों। समन्वित कार्यक्रम कुछ इस प्रकार से बनाये जाने चाहिए कि जो विकलांग बालकों की भावुकता, विचार, भावना तथा भाषा के विकास में उपयोगी हों।

(5) श्रवणबाधित बालक तथा बालिकाओं को आर्थिक रूप से आत्मनिर्भर बनाने के लिए उन्हें व्यावसायिक प्रशिक्षण विशेषत: देने चाहिए। विभिन्न कार्य क्षेत्रों में ऐसे बालकों के कार्य करने के लिए जो इनकी योग्यता तथा कार्य के प्रति लगन के अनुरूप हो, व्यावसायिक प्रशिक्षणों की व्यवस्था करनी चाहिए।

(6) दृष्टिबाधितों के लिए राष्ट्रीय संस्थान, देहरादून (National Institute for Visually Handicapped, NIVH) ने भारती-ब्रेल का विकास किया है। इसका अधिक-से-अधिक प्रयोग होना चाहिए।

(7) यद्यपि ब्रेल के विकास का कार्यक्रम प्रारम्भ हो चुका है, विज्ञान तथा गणित के क्षेत्र में विशेष उन्नति अभी नहीं की गई है।

(8) विशिष्ट मानसिक दोषों से बाधित बालकों के लिए विशिष्ट पाठ्यक्रम बनाना चाहिए तथा उसे प्रामाणिक (Standardized) करने के पश्चात् समान रूप से लागू करना चाहिए। इसका प्रयोग केवल बालकों की (3R) शिक्षा के लिए आधार बनाने के लिए ही नहीं वरन् उन्हें आत्मनिर्भर, स्वयं की देखभाल करने में सक्षम, भाषा का सम्प्रेषण तथा भाषा कौशलों, आदि में विकास करना चाहिए।

(9) मानसिक रूप से बाधित नौजवानों के लिए व्यावसायिक शिक्षा केन्द्र बहुत कम हैं। उनके लाभ एवं आजीविका के लिए उन्हें विभिन्न कार्यशालाओं, कारखानों तथा कृषि फार्म पर नौकरी करने के अवसर उपलब्ध कराये जाने चाहिए।

(10) शिक्षकों की शिक्षा, प्रारम्भिक प्रशिक्षण कार्यक्रम तथा उनके पाठ्यक्रम का शारीरिक व मानसिक बालकों को शिक्षा देने की विधियों को आवश्यक भाग बनाया जाना चाहिए।

(11) सेवाओं में कार्यरत अध्यापकों के लिए संवेदनशील कार्यक्रम लागू होने चाहिए। इसमें शिक्षा का व्यवसायीकरण, दूरस्थ शिक्षण तथा अनौपचारिक शिक्षा जैसे विभिन्न भाग भी सम्मिलित होने चाहिए।

(12) विकलांग बालकों की विशिष्ट शिक्षा हेतु अध्यापकों के प्रशिक्षण पाठ्यक्रमों में विशिष्ट विधियों का समावेश होना चाहिए। इसे बी. एड. में भी सम्मिलित करना चाहिए।

(13) विकलांगों की शिक्षा के सन्दर्भ में एक संसाधन युक्त विभाग होना चाहिए जिससे शिक्षाविद् अध्यापकों को उपर्युक्त प्रशिक्षण तथा नई-नई प्रविधियों तथा आयामों से अवगत करा सकें।

(14) विशिष्ट शिक्षा संस्थाओं के उत्तरदायित्व को स्पष्ट रूप से निम्न प्रारूप के अनुसार परिभाषित करना चाहिए।

(अ) बाधित बालकों की प्रारम्भिक स्तर पर पहचान कर लेना तथा उनके लिए कार्यक्रम बनाना।

(ब) शारीरिक अथवा मानसिक दोषों से ग्रस्त बालक जो सामान्य शिक्षा संस्थाओं में शिक्षा दी जाती है तो वे अपना अपमान, तिरस्कार तथा हीन भावना से ग्रस्त हो जाते हैं। उन्हें ऐसी परिस्थितियों से बचाना।

(स) सामान्य शिक्षा संस्थाओं में विशिष्ट शिक्षा के कार्यक्रमों को उपयोग करने के लिए संसाधन एजेन्सी के रूप में सेवाएँ उपलब्ध कराना। .

(15) विकलांग बालकों के लाभ के लिए विभिन्न प्रविधियों का पर्याप्त विकास हो रहा है। विभिन्न सहायक प्रविधियाँ इस समय विकलांगों के लिए उपलब्ध हैं; जैसे- श्रवणबाधितों के लिए श्रवण यन्त्र तथा दृष्टिबाधितों के लिए ब्रेल आदि। जर्मन की ब्रेलिकस ने कैसेट बना लिये हैं जिस पर विश्वकोष (Encyclopaedia) उपलब्ध है. टेकटाकोने (Vipro-Tectile) जैसा यन्त्र जो छपी हुई सामग्री को उभरे हुए शब्दों के रूप में दृष्टि विहीन व्यक्तियों को पढ़ने में सहायक है, आदि बना लिये हैं। इस प्रकार की प्रविधियाँ, यन्त्रकला तथा सहायक सामग्री के रूप में विभिन्न यन्त्र, पाठ्य सामग्री, आदि शारीरिक तथा मानसिक बाधितों के शिक्षण में पर्याप्त रूप से सहायता करते तथा उनकी विशिष्ट आवश्यकताओं को निर्वाह करती हैं। इस प्रकार की प्रविधियों तथा यन्त्रकला के विकास पर ध्यान देना चाहिए।

(16) उपयुक्त क्षेत्र में अनुसंधान कार्य करते रहना चाहिए जो विकलांगों की सहायता के लिए उपर्युक्त यन्त्र, यन्त्रकला तथा नई-नई प्रविधियों को उपलब्ध करा सके। इन संस्तुतियों रूपी कार्यक्रमों की योजना प्रभावी करने के लिए बहुत विस्तृत है। इसके पश्चात् एक अन्य जनार्दन कमेटी का सरकार द्वारा गठन किया गया जिसने (1993) में अपनी रिपोर्ट दी।

नई शिक्षा नीति की समीक्षा समिति (NPERC) ने निम्नलिखित क्षेत्रों में राष्ट्रीय शिक्षा नीति (NPE) को अनुपयुक्त पाया।

(अ) बाधित बालकों की पूर्ण रूप से सामान्य शिक्षा व्यवस्था पर राष्ट्रीय शिक्षा नीति (NPE) ने वृहद रूप नहीं दिया।

(ब) विशिष्ट शिक्षा संस्थाओं के साथ सामान्य शिक्षा संस्थाओं की अपेक्षा सौतेला व्यवहार किया। विशेषत: आन्तरिक निरीक्षण तथा प्रबन्ध तन्त्र आवश्यकतानुसार उपलब्ध नहीं कराये। यह कार्य पूर्णतया कल्याण मन्त्रालय और मानव संसाधन विकास मन्त्रालय पर छोड़ दिये गये।

राष्ट्रीय शिक्षा नीति की समीक्षा (NPERC) ने बाधित बालकों की शिक्षा के लिए प्रतिदर्श कार्यक्रमों से सम्बन्धित अनेक उपयोगी संस्तुतियाँ की। इसने अपंगों की समस्याओं से सबको अवगत कराने तथा प्रचार करने के लिए विभिन्न साधन जैसे समाचार, दूरदर्शन, रेडियो, आदि की सहायता लेने के लिए वकालत की। इसके अतिरिक्त राममूर्ति समिति (NPERC) ने अपनी संस्तुति में यह भी कहा कि मानसिक या शारीरिक रूप से बाधित बालकों के साथ-साथ होने वाले विकास का मूल्यांकन किया जाए एवं ऐसे बालकों को विशिष्ट शिक्षण के अवसर उपलब्ध कराये जाएँ। नई शिक्षा नीति की समीक्षा समिति अथवा राममूर्ति समिति (NPERC) ने विभिन्न श्रेणिया के बाधित बालक, जैसे-दृष्टिबाधित, मूकं व बधिर, आदि के लिए लचीली शिक्षा तथा उनकी विशिष्ट आवश्यकताओं के बारे में विशेषत: वृहद रूप से संस्तुतियों कीं। शारीरिक रूप से बाधितों की शिक्षा के लिए राष्ट्रीय शिक्षा नीति ने प्रशिक्षण कार्यक्रमों की महत्त्वपूर्ण एवं तकनीकी प्रावैधिक प्रविधियों के क्षेत्र में विकास करने पर बल दिया।

मानव संसाधन विकास मन्त्रालय भारत सरकार ने (1992) में शैक्षिक कार्यक्रम के प्रारूप (POA) का प्रतिपादन किया। जिसके अन्तर्गत बाधितों की शिक्षा के कार्यक्रम को आगे बढ़ाने व विकसित करने हेतु ऐतिहासिक घटनाओं को भी विचाराधीन किया गया।

क्रियान्वयन के प्रारूप (1992) की मुख्य आकृति

क्रियान्वयन के प्रारूप ने 1991-1992 में विश्लेषण किया तथा यह पाया कि लगभग 30,000 गम्भीर रूप से बाधित बालक समन्वित शिक्षा योजना के अन्तर्गत विशिष्ट लाभ उठा रहे हैं अथवा शिक्षा ग्रहण कर रहे हैं। इसके अतिरिक्त लगभग 60,000 बालक ऐसे हैं जो सामान्य दोषों से ग्रस्त हैं जो विशिष्ट लाभ न लेकर केवल संसाधन सहायता से लाभ उठा रहे हैं। बाधित बालकों की एक बड़ी संख्या विशिष्ट स्कूलों में शिक्षा पा रही है जिनकी संख्या 1,035 है। बाधितों के लिए समन्वित शिक्षा कार्यक्रम केन्द्रशासित प्रदेशों तथा दस राज्यों में प्रत्येक राज्य के एक भाग में लागू किया जा रहा है। इस प्रकार के भाग के लगभग 90 प्रतिशत अपंग बालक सामान्य स्कूलों में शिक्षा प्राप्त कर रहे हैं। एक बालक पर लगभग ₹ 2,000 व्यय होते हैं लेकिन इस व्यय के कम होने की सम्भावना है। जैसे लाभ देने वाले बालकों की संख्या में वृद्धि होती है, सामान्य स्कूल के शिक्षकों के आत्मविश्वास में वृद्धि होती है तथा समाज में उन्हें उनके द्वारा अच्छे कार्य के बदले सम्मान मिलता है। कार्यक्षेत्र में वह प्रेरित होते हैं तथा समर्पित भावना से कार्य करते हैं। विभिन्न श्रेणियों में नये-नये संसाधनयुक्त शिक्षकों का प्रशिक्षण कार्यक्रम

प्रभावशाली पाया गया है। इस प्रकार के प्रशिक्षण कार्यक्रम क्षेत्रीय विद्यालय और गैर-सरकारी संस्थाओं द्वारा कराये जाते हैं। प्रत्येक जिला शैक्षिक प्रशिक्षण परिषद (DIET) केन्द्र शिक्षकों के सामान्य प्रशिक्षण द्वारा उत्थान के लिए संसाधन केन्द्र स्थापित किये गये हैं जो विशेष कक्षाओं अथवा सामान्य विद्यालयों अथवा संस्थाओं में प्रदर्शन करके प्रशिक्षण देते हैं। राष्ट्रीय शैक्षिक अनुसंधान और शिक्षण परिषद् पर इस प्रकार के प्रशिक्षण कार्यक्रमों में 102 जिला शैक्षिक प्रशिक्षण संस्थान [District Institute of Education and Training (DIET)] के शिक्षक लाभन्वित हो चुके हैं।

समाज कल्याण मन्त्रालय ने विशिष्ट कक्षाओं के लिए प्रशिक्षित अध्यापकों को शिक्षा देने के लिए भेजा है, जिससे शिक्षा संस्थाओं के स्तर को सुधारा जा सके।

शारीरिक व मानसिक रूप से बाधितों के पुनर्वास तथा उनके स्थापना हेतु 17 व्यावसायिक क्षेत्र मन्त्रालय की देख-रेख में कार्यरत हैं। सितम्बर 1991 तक इस योजना के अन्तर्गत लगभग 66,000 अपंग का पुनर्वासन हो चुका था। अध्यापक प्रशिक्षण के कार्यक्रमों में अपंगों के लिए 3 प्रतिशत स्थान सुरक्षित हैं। इसे पूर्णतया प्रयोग किया गया है तथा अपंग व्यक्ति इससे लाभ ले रहे हैं।

विशिष्ट शिक्षा संस्थाओं तथा (IEDC) की योजना का मूल्यांकन कुछ क्षेत्र में दर्शाया है। सामान्य शिक्षा व्यवस्था में बाधितों की शिक्षा के लिए हलचल जिस स्तर पर होनी चाहिए अभी देखने में नहीं आती है। इसकी केन्द्र, केन्द्रशासित राज्य अथवा विभिन्न राज्यों में समान स्थिति है। (CBR, DRC, ECCE) जैसी विभिन्न योजनाओं से अपंगों के लिए शिक्षा, व्यावसायिक शिक्षा, प्रशिक्षण क्षेत्र में जो ज्ञान, कला तथा संसाधनों की आशा की जाती है, वे अभी नहीं प्राप्त हो रहे हैं। कुछ राज्य इस योजना के प्रति उदासीन हैं और इस कारणवश इसका विभिन्न क्षेत्रों में क्रियान्वयन नहीं हो पा रहा है। पिछड़े हुए क्षेत्र में कुछ गैर-सरकारी संस्थाएँ कर्मठ एवं लगन से कार्य करने में जुटी हुई हैं। विशिष्ट शिक्षा संस्थाओं में शिक्षा के स्तर को उन्नतिशील बनाने की आवश्यकता है। ऐसे बालक जो विभिन्न प्रकार के शारीरिक दोषों से पीड़ित हैं के लिए आवश्यक सुविधाओं का अभी भी विकास करना है। ऐसे बालकों की प्रारम्भिक स्तर पर पहचान करना तथा उनके कल्याण एवं शिक्षा हेतु योजनाओं एवं कार्यक्रमों में हस्तक्षेप करना तथा उनमें सुधार करने की आवश्यकता है। बिना ठोस कदम उठाये तथा बिना आवश्यक साधनों के ये योजनाएँ अपने लक्ष्य तक नहीं पहुँच सकती हैं।

समावेशी शिक्षा में विशेष आवश्यकता वाले बच्चे (दिव्यांग) की वर्तमान स्थिति

समावेशी शिक्षा के सभी राज्यों में प्रयास किये जा रहे हैं। विशेष आवश्यकता वाले बच्चों को सामान्य बच्चों के बराबर लाने के लिए शिक्षा प्रक्रिया में काफी परिवर्तन किये जा रहे है। बिहार में समावेशी शिक्षा लाने के लिए कई प्रकार की योजनाएँ चलायी जा रही हैं जिससे आवश्यकता वाले बच्चे सामान्य बच्चों के स्कूलों में शिक्षा ग्रहण कर सकें। बिहार में इसके लिए सरकारी तथा गैर-सरकारी प्रयास भी किये जा रहे हैं। विशेष आवश्य वाले बच्चों के लिए शिक्षा की व्यवस्था तथा अलग से कई संसाधन खोले जा रहे हैं। बच्चों के शारीरिक विकास तथा मानसिक विकास पर विशेष ध्यान दिया जा रहा है। पाठ्यक्रम में भी आवश्यकतानुसार परिवर्तन किया जा रहा है। छात्रों के शारीरिक, मानसिक, बौद्धिक, सामाजिक तथा नैतिक आवश्यकताओं को समझते हुए उन्हें सामान्य बच्चों के बराबर लाने के लिए विशेष प्रशिक्षण भी दिया जा रहा है।

(अ) विकलांग कल्याण विभाग द्वारा संचालित प्रमुख योजनाएँ

1. **पेंशन योजना**-ऐसे निराश्रित विकलांग व्यक्ति, जिनकी मासिक आय ₹ 225 से कम है, को ₹ 125 प्रतिमाह की दर से भरण-पोषण अनुदान दिया जाता है। वर्तमान में इस योजना से लगभग 1.40 लाख विकलांग व्यक्ति लाभान्वित हो रहे हैं।
2. **छात्रवृत्ति योजना**-अध्ययनरत विकलांग बच्चों, जिनके अभिभावकों की मासिक आय ₹ 200 कम है, को कक्षा 1-5 में ₹ 25 प्रतिमाह, कक्षा 6-8 में ₹ 40 प्रतिमाह, कक्षा 9-12 में ₹ 85 प्रतिमाह, स्नातक कक्षाओं में ₹ 125 प्रतिमाह तथा स्नातकोत्तर एवं अन्य व्यावसायिक पाठ्यक्रमों में अध्ययनरत छात्रों को ₹ 10 प्रतिमाह की दर से छात्रवृत्ति प्रदान कर लगभग 20,200 छात्रों को प्रतिवर्ष लाभान्वित किया जा रहा है। "
3. **कृत्रिम अंग/सहायता उपकरण**-विभिन्न श्रेणी के विकलांगों को उनकी आवश्यकता के अनुसार ₹ 1000 की सीमा तक के कृत्रिम अंग/सहायता उपकरण प्रदान किये जा रहे हैं। ऐसे विकलांग व्यक्तियों को यह सुविधा देय है। जिनकी आय ₹ 300 से कम है।
4. **विकलांग से शादी करने पर पुरस्कार**-इस योजना के अन्तर्गत विवाहित जोड़े में से यदि पति विकलांग है, तो ₹ 11,000 एवं पत्नी अथवा पति-पत्नी दोनों विकलांग हैं, तो ₹ 14,000 की धनराशि अनुदान के रूप में प्रोत्साहन-स्वरूप प्रदान की जाती है।
5. **दुकान निर्माण योजना**-उद्यमी विकलांगों को प्रोत्साहित करने के उद्देश्य से ₹ 20,000 तक की धनराशि दुकान निर्माण हेतु दी जाती है जिसमें ₹ 5,000 अनुदान एवं अल्प दर पर ₹ 15,000 का ऋण सम्मिलित है।
6. **विशिष्ट विकलांग को राज्य स्तरीय पुरस्कार**-प्रदेश के प्रतिभाशाली विशिष्ट विकलांगों को महामहिमजी राज्यपाल के कर-कमलों से प्रति वर्ष विश्व विकलांग दिवस के अवसर पर राज्य स्तरीय पुरस्कार प्रदान किया जाता है।
7. **विभागीय संस्थाएँ**-विकलांग कल्याण विभाग द्वारा प्रदेश में विभिन्न श्रेणी के विकलांगों के लिए कुल 712 विद्यालय हैं। जिसमें शारीरिक रूप से विकलांग अक्षम बच्चों के लिए 2, दृष्टि बाधित बच्चों के लिए, 4, मूक-बधिर बच्चों के लिए 4 एवं मानसिक मन्दित बच्चों के लिए 2, विद्यालय प्रदेश के विभिन्न जनपदों में संचालित हैं। इसी प्रकार विभाग द्वारा शारीरिक रूप से अक्षम व्यक्तियों के लिए 6, मूक-बधिर व्यक्तियों के लिए 1 एवं दृष्टि-बाधित व्यक्तियों के लिए, 3, कुल 10 प्रशिक्षण एवं उत्पादन केन्द्र भी संचालित हैं।

उपर्युक्त के अतिरिक्त: भारत सरकार द्वारा विकलांगता के कई क्षेत्र में कार्यरत कई गैर-सरकारी संस्थाओं को भी राज्य सरकार के माध्यम से प्रस्ताव प्रेषित किये जाने पर अनुदान प्रदान किया जाता है।

बिहार के सन्दर्भ में चुनौतियाँ

बिहार के सन्दर्भ में चुनौतियाँ निम्न प्रकार हैं-

1. **निर्धनता**-बिहार में निर्धनता अधिक है। समावेशी शिक्षा लाने के लिए उतनी वित्तीय व्यवस्था नहीं है जितनी आवश्यकता होती है। बिहार में गरीबी के कारण लोगों की आवश्यक आवश्यकताएँ भी पूरी नहीं हो पाती है। इस कारण लोग विशेष आवश्यकता वाले बच्चों पर कोई ध्यान नहीं देते हैं और न ही उनकी शिक्षा पर कोई धन व्यय करना चाहते हैं। सरकार भी इन बच्चों की शिक्षा के लिए कोई विशेष प्रयास नहीं करती है। इस प्रकार इन बच्चों की शिक्षा वहाँ पर चुनौती के रूप में है।
2. **आत्मनिर्भरता**-बिहार में व्यापार-धन्धे तथा उद्योगों का उचित विकास नहीं है। सामान्य व्यक्तियों को भी जीवन-यापन के लिए कड़ा संघर्ष करना पड़ता है। इसलिए दिव्यांग बालकों की आत्मनिर्भरता के लिए अधिक प्रयास नहीं किये जाते हैं। ऐसे क्षेत्रों की भी पहचान नहीं की जाती है जहाँ पर ये बच्चे कार्य कर सकें और जीवकोपार्जन कर सकें।
3. **विभिन्न कार्य-व्यापार के लिए आवश्यक कौशलों का विकास करना**-विशेष आवश्यकता वाले बच्चों को आत्मनिर्भर होने के लिए विभिन्न कार्य-व्यापारों को करने के लिए आवश्यक कौशल नहीं होते हैं। वे दिव्यांग होते हैं। अपने शरीर के अंगों की कमी के कारण ऐसे कार्य करने में असमर्थ होते हैं जिसमें शरीर के अंगों की आवश्यकता होती है। वे दृष्टिहीन, कम सुनने वाले बहरे, लंगड़े, लूले हो सकते हैं। सभी क्रियात्मक कार्य करने के लिए उनमें कौशल भी नहीं होते हैं। उनके समक्ष यह चुनौती होती है कि वे आवश्यक क्षमताएँ तथा कौशलों को कैसे

अर्जित करें। वे हर कार्य सीख भी नहीं सकते हैं क्योंकि उनकी शारीरिक कमी उन्हें हर कार्य में पारगंत नहीं बनने देती है। अतः उन्हें इस चुनौती का सामना करना पड़ता है।

4. **अपने सहज स्वरूप को स्वीकार करना**-विशेष आवश्यकता वाले बच्चों के समक्ष एक चुनौती यह भी होती है कि वे अपने सहज स्वरूप को स्वयं स्वीकार नहीं कर पाते हैं। अतः वे कैसे अपने सहज स्वरूप को स्वीकार कर पाये। वे अपने रंग-रूप, बनावट से सन्तुष्ट होकर स्वयं को अपने सहज रूप में स्वीकार करना नहीं सीख पाते हैं। परन्तु धीरे-धीरे वे यथार्थवादी होने लगते हैं। कल्पना की दुनिया से बाहर निकलने लगते हैं। वे अपनी शारीरिक कमियों को स्वीकार करना सीख जाते हैं और अपनी शारीरिक बनावट से सन्तुष्ट भी होने लगते हैं। यदि वे ऐसा नहीं कर पाते हैं तो उनके समक्ष कई कठिनाइयाँ उत्पन्न हो जाती हैं।

5. **सहपाठियों का सहयोग प्राप्त करना**-विशेष आवश्यकता वाले बच्चों के लिए यह विद्यालय में अलगाव का शिकार न हो। उन्हें विभिन्न गतिविधियां शिक्षण, आदि में अपने सहपाठियों का सहयोग प्राप्त होता रहे। इससे उनकी संवेगात्मक अस्थिरता कम हो जाती है। उनके अपने साथियों दोनों लिंगों के साथ नवीन सम्बन्ध स्थापित हो सकें और इस कारण कक्षा से सहयोग प्राप्त करना उनके लिए एक चुनौती-सी बन जाती है।

6. **विभिन्न मूल्यों के प्रति स्थायी भाव का विकास**-विशेष आवश्यकता वाले महत्त्वपूर्ण चुनौती यह भी होती है कि उनके विभिन्न मूल्यों के प्रति स्थायी भाव विकसित नहीं हो पाते हैं। धीरे-धीरे से विभिन्न वस्तुओं, व्यक्तियों, स्थान तथा मूल्यों के प्रति आवश्यक स्थायी भावों को विकसित करने लगते हैं। यदि वे ऐसा नहीं कर पाते हैं तो उनके समक्ष एक चुनौती होती है।

शिक्षा व्यवस्था व विद्यालय में प्रचलित जेण्डर विभेद-पाठ्यचर्या, पाठ्य पुस्तकें, कक्षायी प्रक्रियाएँ विद्यार्थी शिक्षक संवाद के विशेष संदर्भ में

शिक्षा व्यवस्था व विद्यालय में प्रचलित जेण्डर विभेद

प्राचीन काल में लिंगभेद नहीं था। स्त्री का स्तर और उसे उपलब्ध शैक्षिक अवसर पुरुषों के सामन थे। वैदिक काल में बालक और बालिकाओं को समानता के आधार पर उपनयन संस्कार उपलब्ध था। मध्यकालीन भारत में राजनीतिक और सामाजिक परिवर्तनों के कारण स्त्रियों का स्तर गिर जाने से उनका शैक्षिक क्रियाओं में भाग लेना कम हो गया। समाज में लिंगभेद व्याप्त हो गया। स्त्री शिक्षा के विरोध में पूर्वाग्रह उत्पन्न हो गये। ब्रिटिश काल में स्त्रियों के आर्थिक और सामाजिक जीवन में भाग लेने का वातावरण बना, फिर भी सामाजिक परिस्थितियाँ स्त्रियों के शैक्षिक एवं व्यावसायिक मार्ग में बाधा बनी रहीं।

स्वतन्त्रता के बाद लिंगभेद के प्रति हमारे दृष्टिकोण में परिवर्तन आया। स्त्रियों को पुरुषों के समान स्तर पर लाने के लिए आवश्यक सामाजिक, आर्थिक और कानूनी परिवर्तन किये गये और एक नये युग का सूत्रपात हुआ। भारत का संविधान जेण्डर के आधार पर कोई भेदभाव नहीं करता है। उसने स्त्री और पुरुषों दोनों के लिए नियुक्ति और व्यवसाय के समान अवसर उपलब्ध कराये हैं। कुछ विधान स्त्रियों के सामाजिक, आर्थिक और राजनीतिक स्तर को ऊँचा उठाने के लिए अनुच्छेद 15 (1), 16 (1) और 16 (2) में उल्लिखित है कि किसी भी नागरिक से लिंग के आधार पर भेदभाव नहीं किया जायेगा।

शिक्षा अयोग (1964-66) ने भी बालिकाओं की शिक्षा पर बल देते हुए कहा है कि हमारे मानवीय साधनों ने पूर्ण विकास, घरों के सुधार और शैशव के सर्वाधिक संस्कारग्राही वर्गों में बच्चों के चरित्र के निर्माण हेतु स्त्रियों की शिक्षा अत्यन्त महत्त्वपूर्ण है। स्त्री शिक्षा प्रसवन दर घटाने में भी सहायक हो सकती है। आधुनिक समय में स्त्रियों का कार्य घर और सन्तान पालन से कहीं आगे हैं। वह अब अपने निजी व्यवसाय अपना रही है और समान विकास के समस्त पहलुओं के दायित्वों में पुरुष का हाथ बँटा रही है। स्वतन्त्रता संघर्ष में नारियाँ भी परुषों के साथ लड़ीं परन्तु स्वतन्त्रता मिलने के बाद किये गये प्रयासों के बावजूद शिक्षा प्रणाली महिलाओं की समानता के प्रति पर्याप्त योगदान नहीं कर सकी।

सन् 1991 की जनगणना के अनुसार महिला साक्षरता दर 39.29% है, जबकि पुरुष साक्षरता दर 64.13% है। 19.7 करोड़ महिलाएँ निरक्षर हैं, जबकि निरक्षर पुरुषों की संख्या 12.7 करोड़ है। ऐसे देश में जहाँ परुषों की संख्या महिलाओं से 3.2 करोड़ अधिक है पुरुषों की अपेक्षा 7 करोड़ महिलाएँ अधिक निरक्षर हैं। मानव संसाधन विकास मन्त्रालय की वार्षिक रिपोर्ट सन् 1995 के अनुसार 1993-94 की अवधि में कुल नामांकन के अनुपात में लड़कियों का नामांकन स्तर पर 43%, मिडिल स्तर पर 39%, माध्यमिक तथा उच्च माध्यमिक स्तर पर 34% तथा उच्च शिक्षा के स्तर पर 33% है। संशोधित कार्य योजना सन् 1992 के अनुसार ग्रामीण क्षेत्रों में 100 बालिकाओं के कक्षा I में प्रवेश लेने पर कक्षा V में उनकी संख्या घटकर 40, कक्षा VIII में 18. कक्षा IX में 9 और कक्षा XII में केवल एक रह जाती है-शहरी क्षेत्रों के लिए आँकड़े क्रमशः 82,62,32. 14 हैं। यदि तकनीकी तथा व्यावसायिक शिक्षा में प्रवेश हेतु 10 एवं 12 वर्ष की न्यूनतम सामान्य शिक्षा अवधि निर्धारित हो तो ग्रामीण बालिकाएं प्रवेश नहीं पा सकती हैं। व्यावसायिक उच्च और तकनीकी शैक्षणिक सुविधाओं का बड़ा भाग शहरी और अर्द्ध शहरी क्षेत्रों में स्थिर है। इस सेक्टर में बालिकाओं की सहभागिता काफी कम है। इस प्रकार इंजीनियरिंग और कृषि आधारित पाठ्यक्रमों में महिलाओं और बालिकाओं की सहभागिता काफी कम है। ऐसे पाठ्यक्रमों में महिलाओं की सहभागिता बढ़ाने के लिए सरकार को बालिकाओं की व्यावसायिक शिक्षा को निःशुल्क कर देना चाहिए जिससे वे उच्च तकनीकी शिक्षा ग्रहण कर सकें। बालिकाओं को महँगी व्यावसायिक शिक्षा प्राप्त करने में आर्थिक कठिनाइयों का सामना करना पड़ता है। अतः बालिकाओं का व्यावसायिक क्षेत्र में तभी नामांकन बढ़ सकता है जब उनके लिए यह शिक्षा निःशुल्क हो जाए।

पाठ्यक्रम (Curriculum)

पाठ्यक्रम अंग्रेजी शब्द (Curriculum) का हिन्दी रूपान्तर है। Curriculum शब्द की उत्पत्ति लैटिन भाषा केन्योरे (Currere) शब्द से हुई है जिसका अर्थ है Race Course (दौड़ का मैदान)। अतः इसका अर्थ है दौड़ का मैदान जिस पर व्यक्ति लक्ष्य को प्राप्त करने के लिए दौड़ता है। पाठ्यक्रम का अर्थ केवल सैद्धान्तिक विषय से नहीं है जो विद्यालय में परम्परागत रूप से पढ़ाए जाते हैं वरन् इसमें अनुभवों की पूर्णता निहित है। जिनको बालक विद्यालय से प्राप्त करता है। इस दृष्टि से विद्यालय का सम्पूर्ण जीवन पाठ्यक्रम हो जाता है और वह छात्रा के जीवन के सभी पक्षों के सम्पर्क में आकर उनके व्यक्तित्व के सन्तुलित विकास में सहायता करता है।

- **किल पैट्रिक** के अनुसार, "पाठ्यक्रम छात्रों का उस सीमा तक सम्पूर्ण जीवन है जिस सीमा तक विद्यालय इसे अच्छा या बुरा बनाने का उत्तरदायित्व स्वीकार करता है।".
- **फ्रोबेल** के अनुसार, "पाठक्रम को मानव जाति के सम्पूर्ण ज्ञान और अनुभव का सार समझा जाना चाहिए।"
- **कनिंघम** के अनुसार, "पाठ्यक्रम शिक्षक के हाथ में एक साधन है, जिससे वह अपने विद्यालय में अपने उद्देश्य के अनुसार अपने छात्र को कोई रूप दे सकता है।"

पाठ्यक्रम के उद्देश्य

पाठ्यक्रम के उद्देश्य निम्न हैं-

(1) इसे बालकों को लोकतन्त्र के लिए तैयार करना चाहिए।

(2) इसे सभी छात्रों के पूर्ण विकास को व्यक्त, उत्साहित, विकसित और प्रेरित करना चाहिए।

(3) इसे छात्रों को धर्म, कक्षाओं, सामाजिक विज्ञानों, प्राकृतिक विज्ञानों और मानवशास्त्र के साथ घनिष्ठ सम्पर्क द्वारा मान्यताओं का निर्माण करने के योग्य बनाना चाहिए।

(4) इसे ऐसे वातावरण का निर्माण करना चाहिए जहाँ बालक विचार करना सीख सकें और अपने विचार तर्क तथा निरीक्षण की शक्तियों का विकास कर सकें।

(5) इसे छात्रों में ईमानदारी, निष्कपटता, इच्छा, मित्रता, निर्णय और सहयोग के गुणों का विकास करके उसके चरित्र को उन्नत बनाना चाहिए।

(6) इसे विभिन्न अभिरुचियों, योग्यताओं और क्षमताएँ रखने वाले सभी छात्रों की आवश्यकताओं को पूर्ण करना चाहिए।

(7) इसे ऐसे विद्वान् व्यक्तियों का निर्माण करना चाहिए जो खोज और ज्ञान की सीमाओं का विस्तार कर सकें।

(8) इसे विद्यालयों के विषयों और जीवन की विभिन्न क्रियाओं के बीच के अन्तर को समाप्त करना चाहिए।

पाठ्यक्रम के दोष

पाठ्यक्रम के दोष निम्न हैं-

(1) इसका दृष्टिकोण संकुचित है।

(2) ज्ञान पर परीक्षाओं का पूर्ण अधिकार व नियन्त्रण है।

(3) यह पुस्तकीय ज्ञान पर बहुत अधिक बल देता है।

(4) इसमें तकनीकी और व्यावसायिक विषयों का अभाव है।

(5) इसमें छात्रों के मनोवैज्ञानिक रुचियों, आवश्यकताओं और वैयक्तिक भिन्नताओं पर कोई ध्यान नहीं दिया जाता है।

(6) इसके पाठ्य विषय अनावश्यक तथ्यों एवं महत्त्वहीन विवरणों से भरे हुए हैं।

(7) इसका निर्माण पाठ्यक्रम विशेषज्ञ अपने दृष्टकोण से करते हैं।

(8) इसका निर्माण विशेष रूप से शिक्षा संस्थाओं में प्रवेश पाने के लिए किया जाता है।

शालाओं में जेण्डर विभेद एवं पाठ्यचर्या

कक्षाओं में बालक एवं बालिकओं के पाठ्यक्रम में अन्तर रखने के प्रश्न पर श्रीमती हंसा मेहता की अध्यक्षता में राष्ट्रीय स्त्री शिक्षा परिषद् द्वारा नियुक्त समिति ने विशेष रूप से जाँच की। कोठारी आयोग ने इस समिति की सिफारिशों का उल्लेख किया है-

(1) जिस प्रजातन्त्रात्मक और समाजवादी आदर्श पर आधारित समाज की कल्पना की गई है उसमें शिक्षा ऐसी व्यक्तिगत क्षमताओं, अभिवृत्तियों और रुचियों से सम्बन्धित होगी जिसका वास्तव में लिंगभेद से कोई सम्बन्ध नहीं है। अत: ऐसे समाज की शिक्षा के लिए लिंगभेद के आधार पर पाठ्यक्रम में अन्तर करने की कोई आवश्यकता नहीं है।

(2) वर्तमान संक्रमणकारी अवस्था में पुरुषों और स्त्रियों के मध्य मनोवैज्ञानिक अन्तर और इस अन्तर पर सामाजिक कार्यों के विभाजन को स्वीकार करना होगा तथा बालक-बालिकाओं के पाठ्यक्रम निर्माण का व्यावहारिक आधार बनाना होगा। ऐसा करते हुए यह ध्यान रखना होगा कि कालान्तर में जो मूल्य एवं अभिवृत्तिया अत्यावश्यक हैं, उनका स्त्रियों एवं पुरुषों में अधिकाधिक निर्माण हो रहा है तथा ऐसा कोई कदम न उठाया जाए जिससे वर्तमान अन्तर सदैव बने रहें या अधिक हो जाएं।

कोठारी आयोग ने इन सुझावों से सहमति प्रकट की और कहा कि आयोग ने समस्त विद्यार्थियों के लिए कक्षा दस तक समान पाठ्यक्रम निर्धारित किया है। आयोग ने इस सम्बन्ध में अग्रलिखित विषयों की ओर ध्यान दिलाया है-

(1) उच्चतर माध्यमिक स्तर पर गृह विज्ञान पाठ्यक्रम का एक ऐच्छिक विषय है। यह एक सर्वप्रिय विषय हैं। फिर भी इसे बालिकाओं के लिए अनिवार्य नहीं बनाना चाहिए।

(2) संगीत एवं ललित कला भी बालिकाओं के प्रिय विषय हैं। माध्यमिक स्तर पर इन विषयों की शिक्षा की सामान्य व्यवस्था है। इन विषयों को बड़े पैमाने पर सिखाने की व्यवस्था करनी चाहिए।

(3) गणित और विज्ञान महत्त्वपूर्ण विषय हैं और विश्वविद्यालय स्तर पर उनसे सम्बन्धित विशिष्ट पाठ्यक्रमों में प्रवेश पाने हेतु पर्याप्त तैयारी होनी चाहिए। अत: बालिकाओं को माध्यमिक स्तर पर गणित और विज्ञान पढ़ने के लिए प्रोत्साहन देने और इन विषयों की अध्यापिकाएँ तैयार करने के सम्बन्ध में विशेष प्रयास किए जाने चाहिए।

पाठ्यचर्या के लिए गम्भीर विचार की आवश्यकता है। जिससे शिक्षा में स्त्रियों की समानता के लक्ष्य साध्य बनाया जा सके। प्रारम्भ में पाठ्यवस्तु के रूप में महिलाओं का घटक (Women's Component) में रखा जा सकता है, लेकिन व्यापक रूप से पूरी पाठ्यचर्या (Curriculum) में लिंग सम्बन्धी पाठ्यवस्तु (Syllabus) सम्मिलित होना चाहिए।

कार्य योजना में सिफारिश की गई है कि महिलाओं की समानता से सम्बन्धित कोर पाठ्यक्रम के घटक तैयार कराये जायें और इसका दायित्व राष्ट्रीय, शैक्षिक अनुसन्धान एवं प्रशिक्षण परिषद् के महिला सेल को दिया जायेगा। कार्य योजना में यह भी उल्लेख है कि सेल की स्कूलों की पाठ्य-पुस्तकों में से पाठ्यवस्तु से लिंग सम्बन्धी भेदभावों के अंशों को हटाने के कार्य में तेजी लायी जाये। समिति का विचार है कि शिक्षा की पाठ्यवस्तु (Syllabus) में लिंग सम्बन्धी परिप्रेक्ष्य का अर्थ पाठ्य-पुस्तकों में से लिंग सम्बन्धी भेदभाव को हटाना मात्र नहीं है। समीक्षा समिति द्वारा कराये गये NCERT की पुस्तकों के अध्ययन से पता चलता है कि उनमें स्पष्ट लिंग सम्बन्धी पूर्वाग्रह (Gender Bias) हैं। इसमें महिला के बजाय पुरुष पात्रों की प्रधानता है। इसमें महिला पात्रों को निष्क्रिय या उदासीन और घरेलू वातावरण में प्रदर्शित किया गया है, जबकि पुरुषों को अधिकार/शक्ति और प्रतिष्ठा की स्थिति में दिखाया गया है।

स्कूल के पाठ्यक्रम में निम्नलिखित बातें होनी चाहिए-

(1) महिलाओं की भूमिका को उभारना और इतिहास में उनकी भूमिका की छवि को अधिक सकारात्मक रूप से प्रदर्शित करना, समाज के सन्दर्भ में विशेष रूप से भारतीय समाज के सन्दर्भ में महिलाओं द्वारा राष्ट्रीय आन्दोलन में दिये गये योगदान को उभारना। ऐसे सभी विषयों को अध्यापकों, शिक्षकों और प्रशासकों के प्रशिक्षण और नवीनीकरण में सावधानी से सम्मिलित किया जाना चाहिए।

(2) बालिकाओं में गणित और विज्ञान की शिक्षा को अधिक प्रोत्साहित करने का प्रयास किया जाना चाहिए। बालिकाओं के स्कूलों में गणित और विज्ञान को आज की अपेक्षा उचित महत्त्व देना चाहिए।

(3) बालकों एवं बालिकओं की पाठ्यवस्तु में किसी प्रकार का अन्तर न हो।

(4) ऐसी आधारभूत कानूनी सूचनाएँ दी जांनी चाहिए जिनमें बच्चों एवं महिलाओं के लिए संरक्षात्मक कानून हो तथा संविधान के ऐसे उदाहरण हों ताकि वे उनमें निहित सभी अधिकारों और अन्य बुनियादी संकल्पनाओं से परिचित हो सकें। शारीरिक शिक्षा और खेलों में बालिकाओं की भागीदारी बढ़ाने के लिए विशेष प्रयास करने की आवश्यकता है।

(5) बालिकाओं की कक्षाओं में नामांकन बढ़ाने तथा उन्हें विद्यालय में रोकने के लिए विशेष योजनाएँ चलानी चाहिए जिससे उनकी शिक्षा का स्तर बढ़े।

पाठ्यक्रम आधारित लिंग असमानता को दूर करने के सुझाव

पाठ्यक्रम द्वारा छात्रों में लिंग समानता लाने के लिए निम्नलिखित प्रयास किये जा सकते हैं।

(1) पाठ्यक्रम बनाते समय लैंगिक नीति निर्माताओं को बालक या बालिका वर्ग समूह को पृथक से प्रदर्शित नहीं करना चाहिए, बल्कि उन्हें अपनी पाठ्यक्रम नीति में समजातीय समूह का समावेश करना चाहिए व एक दिशीय व समान कार्य-प्रणाली उपयोग में लानी चाहिए।

(2) नृत्य, गायन, अभिनय व कला जैसे सांस्कृतिक कार्यक्रमों में भाग लेने हेतु बालिकाओं को भी प्रोत्साहित किया जाना चाहिए।

(3) पाठ्यक्रम के अन्तर्गत शैक्षिक एवं सह शैक्षिक सभी प्रकार की गतिविधियों में बालिका वर्ग के योग्यता को बढ़ावा देने के लिए ज्ञान हस्तान्तरण कार्यक्रम का आयोजन करें जो कि मुख्य रूप से बालिकाओं को दैनिक गतिविधियों में भाग लेने के लिए प्रोत्साहित करे।

(4) विषय चयन में परिवार, अध्यापक, सहयोगी समूह द्वारा बालिकाओं में प्रेरणा उत्पन्न करना।

(5) सभी प्रशिक्षण तथा व्यावसायिक कार्यों को अनिवार्य स्तर पर लागू किया जाना चाहिए।

(6) विषय चयन में परिवार, अध्यापक, सहयोगी समूह द्वारा बालिकाओं में प्रेरणा उत्पन्न करना।

इस प्रकार पाठ्यक्रम के अन्तर्गत विषय प्रणाली में परिवर्तन तथा पाठ्यक्रम विस्तार द्वारा लिंग असमानता को कम किया जा सकता है। प्राथमिक, उच्च प्राथमिक एवं माध्यमिक स्तर तक बालक तथा बालिकाओं के लिए एक जैसा पाठ्यक्रम होग चाहिए। पाठ्यक्रम में ऐसे वाक्यों को चिह्नित करना चाहिए जो लिंग असमानता को बढ़ाने वाले हों, अथवा किसी एक लिंग को गौरवान्वित करने वाले हों तथा दूसरे लिंग को नीचा दिखाने वाले हों परम्परागत रूप से कार्य विवरण के पक्षों पर भी बल नहीं डालना चाहिए। स्त्री एवं पुरुष दोनों को सभी दायित्वों को मिल-जुलकर उठाना है तथा स्त्री केवल पुरुष की दासी नहीं है वह अर्द्धांगिनी है जिसके साथ सेवकों की भाँति व्यवहार करना, धन सम्पदा के मामलों से उसे दूर रखना तथा घरेलू हिंसा करना इस प्रकार के विचारों की भर्त्सना करनी चाहिए तथा समानता पर आधारित विचार एवं दृष्टिकोण का विकास करना चाहिए।

शालाओं में जेण्डर विभेद एवं पाठ्य पुस्तकें

लिंग असमानता को बढ़ाने में पाठ्य-पुस्तकों की भी भूमिका होती है। राष्ट्रीय शैक्षिक अनुसंधान परिषद् में यह सिफारिश की गई है कि महिलाओं से सम्बन्धित कोर पाठ्यक्रम के घटक तैयार कराये जाएँ और इनका दायित्व राष्ट्रीय शैक्षिक अनुसन्धान एवं प्रशिक्षण परिषद् के महिला सेल को दिया जाए। कार्य योजना में यह भी उल्लेख किया गया है कि जेल को स्कूलों की पाठ्य-पुस्तकों में से लिंग सम्बन्धी भेदभाव के अंशों को हटाने के कार्य में तेजी लायी जाए। समिति का विचार है कि शिक्षा की पाठ्य-पुस्तकों में लिंग सम्बन्धी भेदभाव नहीं होना चाहिए। शिक्षा की पाठ्यवस्तु में लिंग सम्बन्धी परिपेक्ष्य का अर्थ पाठ्य-पुस्तकों में से लिंग सम्बन्धी भेदभाव को हटाना मात्र नहीं है।

समीक्षा समिति द्वारा कराये गये NCERT की पुस्तकों के अध्ययन से यह पता चलता है कि उनमें स्पष्ट लिंग सम्बन्धी पूर्वाग्रह हैं, इसमें महिला की अपेक्षा पुरुष पात्रों की प्रधानता है। इसमें महिला पात्रों को निष्क्रिय या उदासीन और घरेलू वातावरण में प्रदर्शित किया गया है जबकि पुरुषों को अधिकार/शक्ति और प्रतिष्ठा की स्थिति में दिखाया गया है।

लिंग असमानता की चुनौतियों से लड़ने के लिए पाठ्यक्रम में महिला लिंग को इतिहास के परिप्रेक्ष्य में उनके स्वतन्त्रता संग्राम में किये गये योगदानों की चर्चा होनी चाहिए। उन्हें सम्मानीय स्थिति में प्रस्तुत करना चाहिए न कि निष्क्रिय अवस्था में। इतिहास गवाह है कि प्राचीन काल में जिन महिलाओं को आगे बढ़ने के अवसर प्राप्त हुए हैं उन्होंने अपने आपको प्रत्येक क्षेत्र में स्थापित किया है तथा उन्होंने एक अच्छी राजनीतिक, ईमानदार अफसर एवं कर्मठ कर्मचारी के रूप में प्रत्येक क्षेत्र में अपनी पहचान बनायी है। यह सत्य है कि पुरुष लिंग को एक आर्थिक शक्ति के रूप में स्थापित करने में घर तथा समाज सदैव तत्पर रहता है और उन्हें आगे बढ़ने के भी पर्याप्त अवसर उपलब्ध होते हैं। उनके कैरियर में कहीं घर और परिवार बाधक तत्त्व के रूप में नहीं खड़ा होता है बल्कि उनको बाधाएँ सदैव दूर करने का ही प्रयास किया जाता है। महिला को सदैव पुरुषों से कमतर माना जाता है और उसक जीवन का निर्णय भी परिवार के लोग ही करते हैं। इसके लिए उसके घर परिवार और पति तथा ससुराल पक्ष का इच्छा से ही आर्थिक रूप से निर्भर बनाया जाता है फिर उसे आर्थिक बोझ मानकर उसकी उपेक्षा की जाती है, उसे कभी भी आर्थिक रूप से आत्मनिर्भर बनाने का प्रयास नहीं किया जाता है। उसे वैसे भी शादी, बच्चे तथा बच्चा के पालन-पोषण का दायित्व निभाने के कारण आगे बढ़ने के बहुत कम अवसर प्राप्त होते हैं। पारिवारिक जिम्मेदारियों का बोझ तथा परिवार के सदस्यों की सेवा सुश्रुषा की जिम्मेदारी डालकर आर्थिक क्षेत्र में उनके बढ़ते हुए कदमों को रोक लिया जाता है। पाठ्य-पुस्तकें महिलाओं के त्याग पर बल नहीं डालती हैं बल्कि उनकी निष्क्रियता दिखाती हैं। यह शायद उनके सपनों के टूटने का दर्द भी हो सकता है। पाठ्य-पुस्तकों को महिला लिंग की सकारात्मक छवि प्रस्तुत करनी चाहिए न कि नकारात्मक। ऐसी महिलाओं को रोल मॉडल के तौर पर प्रस्तुत करना चाहिए जिन्होंने गृह की जिम्मेदारी निभाकर भी अपने लिए विकास के द्वार खोलते हों। महिलाओं को एक आर्थिक रूप में आत्मनिर्भर बनाने के लिए घर तथा समाज दोनों को ही पाठ्य-पुस्तकों के माध्यम से नये-नये मिनार लाने चाहिए। उन्हें इस प्रकार की तकनीकी कोर्स कराने चाहिए जिससे वे विपरीत परिस्थितियों में भी अपने हुनर के बल पर आत्मनिर्भर रह सके।

पाठ्यक्रम में जेण्डर पक्षपात एवं पाठ्य पुस्तकें

पाठ्य-पुस्तक में जेण्डर का क्या रूप परिलक्षित होता है, यह पता लगाने के लिए गुणात्मक दृष्टिकोण तथा सामग्री का मिश्रण करके उनका विश्लेषण करने की तकनीकियों को अपनाया जाए। परिस्थितियाँ, पात्रों, कथानकों और विषय वस्तुओं का कुल मिलाकर विश्लेषण करके हम देखेंगे कि नारी और पुरुष पात्रों की उपस्थिति और दृष्यता कितनी है। कुल पात्रों में 75 प्रतिशत पुरुष हैं और एक चौथाई महिलाएँ हैं।

पाठ्य-पुस्तकों में कुल मिलाकर महिलाओं के चित्र केवल 24 प्रतिशत हैं अत: पाठ्य-पुस्तकों में पुरुषों की तुलना में महिलाओं के चित्रों का अनुपात असंतुलित है-एक चौथाई से कम चित्र महिलाओं के हैं और तीन चौथाई से अधिक पुरुषों के हैं।

पाठ्य-पुस्तकों में चित्रों की संख्या को देखते हैं और उन चित्रों को गिनते हैं जिसमें (अ) केवल पुरुष पात्र हैं, (ब) केवल महिला पात्र हैं और (स) पुरुष और महिला दोनों हैं तो एक और रोचक परिणाम सामने आता है। हम देखते हैं कि कुल चित्रों में से बहुत कम चित्र ऐसे हैं जिनमें केवल महिला पात्र हैं। अधिकांश चित्रों में केवल पुरुष पात्र हैं।

अनेक चित्रों में महिलाओं को निष्क्रिय, असहाय और पुरुषों या लड़कों पर आश्रित दिखाया गया है जो सक्रिय और सहायक है। **उदाहरणार्थ**-एक बालक एक वृद्ध महिला को बस में बैठने में सहायता कर रहा है, या आग बुझाने वाला एक छोटी लड़की को एक जलते हुए घर से बाहर निकाल रहा है।

चित्रों में पुरुष प्रधान समाज चित्रित होता है। मंच पर पुरुष होते हैं और दर्शकों में भी अत्यधिक पुरुष होते हैं, दर्शकों में बैठने की व्यवस्था स्त्री-पुरुषों के लिए अलग-अलग होती है।

इन चित्रों में पुरुषों को विशिष्ट स्थान दिया जाता है और महिला दर्शक एक कोने में छिपी हुई होती हैं।

बहुत कम चित्र आधुनिकता का प्रतिनिधित्व करते हैं, यद्यपि वह भी सीमा के अंदर । महिला साड़ी पहने है और उसके साथ एक पुरुष भी है। पुरुषों को कई प्रकार की पोशाकों में दिखाया जाता है; जैसे-टाई, सूट, कमीज आदि। उनके रंग रूप से पता चलता है कि वे रौब वाले हैं और उनमें आत्मविश्वास है। परिवर्तन के एजेण्टों के रूप में महिलाएँ हैं। वंचित समूहों का चित्रण रूढ़िबद्ध धारणा के अनुसार है और प्रतीकात्मक है।

महिलाओं का समूह के रूप में बिल्कुल नहीं दिखाया जाता है मानो महिलाओं के समूह होते ही नहीं हैं। किसी भी महिला राजनीतिक एजेन्सी का भी उल्लेख नहीं होता है। महिलाओं के राजनीति में भाग लेने का कहीं कोई संकेत नहीं है चाहे पंचयतों में उच्च श्रेणी की शासन व्यवस्था में हों। महिला आन्दोलनों का कहीं कोई जिक्र नहीं होता है। पुरुषों को अनेक रूपों में दिखाया गया है-कहानियों तथा कविताओं में, सेना के सैनिक समूहों में, छात्रों के रूप में आदि-आदि परन्तु महिलाओं के सामूहिक कार्यों पर कोई

प्रकाश नहीं डाला गया है न तो दैनिक कार्यों में और न सामाजिक जीवन में। वे देश के कार्यबल का अंग नहीं हैं। वे यदि घर के बाहर निकलती भी हैं तो अपने परिवार या बुजुर्गों के काम से या शायद प्राकृतिक आवश्यकताओं के लिए।

किसी आन्दोलन या समानता, न्याय और स्वतन्त्रता की आकांक्षा की कोई अवधारणा नहीं है। असमानता, अन्याय तथा आजादी की कमी की जो वास्तविक स्थिति है, उसका कहीं उल्लेख नहीं होता है, और न ही उसे दर्शाया जाता है। राष्ट्रीय शिक्षा अनुसंधान एवं प्रशिक्षण परिषद् भी हालांकि लैंगिक समानता पर ध्यान दिया गया है लेकिन कई स्थानों पर सामाजिक रूढ़ियों की झलक मिलती है। एन. सी. आर टी. की ओर से पाठ्यपुस्तकों की लैंगिक आधार पर कराई गई समीक्षा रिपोर्ट में कहा गया है कि कई पुस्तकों में पुरुषों को अधिक महत्त्वपूर्ण पदों व जिम्मेदारियों का प्रतिनिधित्व करते दिखाया गया है जबकि महिलाओं को खाना पकाने, घरेलू कार्यों, नर्स, डॉक्टर जैसे पदों की जिम्मेदारी उठाते दिखाया गया है। दूसरी ओर पुरुषों को पुलिस, कलाकार, वैज्ञानिक, खगोलविद, ड्राइवर, शासक, फल व सब्जी विक्रेता, एथलीट, शिक्षाविद संगीतकार जैसे पेशेवर भूमिका में दिखाया गया है। कई स्थानों व पुस्तकों में पुलिस कार्य करने वालों को पुलिसमैन या दूध बेचने वाले को मिल्कमैन के रूप में सम्बोधित किया जाता है। ऐसे विचार सामने आए हैं कि इन्हें पुलिस पर्सन अथवा मिल्क पर्सन के रूप में सम्बोधित किया जाये।

पाठ्यक्रम व पाठ्य पुस्तकों को जेण्डर पक्षपात से मुक्त करने हेतु सुझाव

वर्तमान समय में पाठ्यक्रम एवं पाठ्य-पुस्तकों से सुधार का कार्य बहुत ही गम्भीर रूप से किया जाता है। इस सन्दर्भ में एन.सी.ई.आर.टी. ने 12 पृष्ठों का दस्तावेज तैयार किया है जिसे National Curriculum Frame work 2005 कहा जाता हैं। NCF (2005) दस्तावेज के अनुसार, "समानता के लिए हमें पाठ्य-पुस्तकों का प्राथमिक उपकरण की तरह उपयोग करना चाहिए, क्योंकि यह शिक्षा के लिए बहुत बड़ी संख्या में विद्यालय जाने वाले विद्यार्थियों और शिक्षकों के लिए प्राप्य संसाधन है।"

पाठ्यक्रम तथा पाठ्यपुस्तकों में इस बात पर विशेष ध्यान दिया जा रहा है कि लैंगिक समानता के दृष्टिकोण का विकास करने वाली विषय सामग्री का समावेश इनमें किया जाए। पाठ्य-पुस्तक में बच्चों से लैंगिक समानता का विकास करने वाली विशेष सामग्री का समावेश हो तो निश्चित रूप से स्वस्थ मानसिकता लेकर बच्चों का विकास होगा। इसका कारण यह है कि पाठ्य-पुस्तकें ही एकमात्र ऐसा साधन हैं जो विद्यालय जाने वाले प्रत्येक बच्चे को सुलभ होती हैं और पाठ्य-पुस्तकें ही एकमात्र ऐसा संसाधन हैं जो शिक्षण प्रक्रिया के दौरान किसी भी सहायक सामग्री का उपयोग न करने पर पाठ्य-पुस्तक का उपयोग तो प्रत्येक शिक्षक करता ही है।

एन.सी.आर.टी. के अनुसार नई पाठ्य-पुस्तक तैयार करते समय इस बात को ध्यान में रखना होगा कि बच्चों को बचपन से ही जेण्डर के प्रति संवेदनशील बनाना है तथा उन्हें जेण्डर पक्षपात से दूर रखना है। इसके पीछे मुख्य भावना यही है कि छात्र यह अनुभव कर सकें कि महिलाएँ पुरुषों से कम योग्य या समर्थ नहीं होती हैं। वर्तमान संदर्भ में उठने वाले मुद्दों के आधार पर यह कहा जा सकता है कि NCF (2005) में प्रस्तावित सुधार स्वागत योग्य है, लेकिन पाठ्यक्रम एवं पाठ्य-पुस्तकों में जेण्डर पक्षपात को कम करने की आवश्यकता है। इस संदर्भ में प्रमुख सुझाव निम्नलिखित हैं-

(1) लिंग भेद को दर्शाने वाली शिक्षण सामग्री को परिवर्तित कर देना चाहिए।

(2) कला, संगीत, गृहविज्ञान आदि महिलाओं के विषय हैं जबकि भौतिक विज्ञान, रसायन विज्ञान, गणित आदि विषयों को पुरुषों से सम्बन्धित माना जाता है। उसमें परिवर्तन करना।

(3) पाठ्य-पुस्तकों के उत्पादन को एक साधारण क्रिया की तरह नहीं लिया जाना चाहिए बल्कि इस पर राज्य सरकार का पर्यवेक्षण तथा नियन्त्रण होना चाहिए।

(4) आज बहुत कम महिलाओं को आत्मकथा पढ़ाई जाती है, क्योंकि महिलाओं की आत्मकथा बहुत कम बनी हैं, इसकी संख्या बढ़ाकर बालिकाओं को प्रेरित किया जा सकता है।

(5) बालिकाओं के स्थान के बारे में सतही सोच में लिखने के बजाए लेखकों को परिवार एवं वालिकाओं की वास्तविक स्थिति को महसूस करके लिखना चाहिए।

(6) पाठ्यक्रम व पाठ्य-पुस्तकों में वहाँ संशोधन करने की आवश्यकता है जहाँ महिलाओं का चित्रण केवल अच्छी गृहिणियों की तरह किया गया है। पुरुषों के समान महिलाओं की उपलब्धियों को शामिल करने की आवश्यकता है। यह भी किया ज़ा सकता है कि पिता खाना बना रहा है, माता बल्ब लगा रही है, लड़की स्कूल से साइकिल पर लौट रही है तथा लड़का झाड़ू लगा रहा है।

(7) शैक्षिक सामग्री का उत्पादन संविधान में निहित भावना तथा मौलिक अधिकार एवं समानता के अनुरूप होना चाहिए।

शालाओं में जेण्डर विभेद एवं कक्षायी प्रक्रियाएँ एवं शिक्षक द्वारा अन्त:क्रिया का विशेष सन्दर्भ

राष्ट्रीय शिक्षा नीति, 1986 में इस वाद की परिकल्पना की गई है कि शिक्षा को महिलाओं के स्तर में आधारभूत परिवर्तन करने के लिए एक साधन के रूप में प्रयोग किया जायेगा। कक्षागत प्रक्रिया इस प्रकार रखा जाएगा कि पाठ्यचर्या तथा पाठ्य-पुस्तकों के माध्यम से जेण्डर समानता के नये मूल्यों का विकास होगा। महिलाओं के शिक्षण को विभिन्न पाठ्यक्रमों के रूप में प्रोन्नत किया जायेगा।

कक्षागत प्रक्रिया को अनुकूल बनाये रखने के लिए तथा जेण्डर समानता के लिए कार्यान्वयन में मुख्य बातों को शामिल किया जायेगा-

(i) महिलाओं को अधिकार दिलाने में प्रभावी हस्तक्षेप वाली भूमिका निभाने के लिए पूरी शिक्षा प्रणाली को अनुकूल बनाया जायेगा।

(ii) विभिन्न पाठ्यक्रमों के रूप में महिला शिक्षण को बढ़ावा दिया जायेगा तथा महिलाओं के विकास के लिए सक्रिय कार्य चलाने के लिए शैक्षिक संस्थाओं को प्रोत्साहित किया जायेगा।

(iii) व्यावसायिक तकनीक तथा वृत्तिका शिक्षा के कार्यक्रमों में महिलाओं के प्रवेश को व्यापक बनाना।

(iv) परिकल्पित लक्ष्यों को पूरा करने के लिए सक्रिय प्रबन्धकीय संरचना सक्रिय करना।

अध्यापक समाज के अंश होते हैं उनमें भी लिंग के आधार पर पूर्वाग्रह तथा रूढ़िवादिता होती है जिसे वे अनजाने में अपने छात्रों को कक्षा में और कक्षा के बाहर देते हैं। सरकारी और अप्रत्यक्ष पाठ्यचर्या दोनों में लिंग के आधार पर भेदभाव रूढ़िवादिता और पूर्वाग्रहों के प्रति जागरूक होकर अध्यापक कक्षा की स्थिति में लिंग के आधार पर समानता के व्यवहार की शिक्षा दे सकता है।

अत: सामान्य रूप से, शिक्षक कार्यक्रमों में समालोचनात्मक मूल्यांकन और पुनर्नवीकरण (Re-orientation) का आवश्यकता होती है जिसमें महिलाओं के परिप्रेक्ष्य को सम्मिलित करना इसका आधारभूत आयाम होना चाहिए। इसमें महिलाओं के मामलों में संवेदनशीलता और बालिकाओं की शिक्षा की समस्याओं के प्रति जागरूकता भी सम्मिलित है। साथ-ही-साथ शिक्षकों के लिए सेवाकालीन प्रशिक्षण संस्थान संचालित किये जाने चाहिए, ताकि जो शिक्षक पहले से स्कूल में हैं उन्हें संवेदनशील किया जा सके जिससे वे जेण्डर भेद के पूर्वाग्रह से बाहर निकलकर संविधान के अनुसार समानता का व्यवहार अपना सकें। शिक्षक का अपने छात्र और छात्राओं से प्रत्यक्ष सम्बन्ध होता है। छात्र भी अपनी विभिन्न समस्याओं के समाधान में शिक्षक की सलाह को विशेष महत्त्व देते हैं अत: शिक्षकों को इस बात के लिए प्रशिक्षण देना आवश्यक है कि वह अपने व्यक्तित्व के द्वारा छात्रों को प्रभावित करें और उनसे अन्त:क्रिया बढ़ाएँ।

शालाओं में जेण्डर का क्या रूप परिलक्षित होता है, इसका पता लगाने के लिए गुणात्मक दृष्टिकोण एवं संख्यात्मक सामग्री का मिश्रण करके उनका विश्लेषण करने की तकनीकियों को अपनाया जाता है। परिस्थितियों, पात्रों, कथानकों और विषय वस्तुओं को कुल मिलाकर विश्लेषण करके यह देखा जा सकता है कि नर एवं नारी की उपस्थिति तथा दृश्यता कितनी है। कुल पात्रों में 75% पुरुष तथा एक चौथाई महिलाएँ हैं।

संवाद के रूप में यदि देखा जाये तो अधिकतर संवाद परम्परागत वार्ता के रूप में होते हैं कक्षा-कक्ष में शिक्षक का स्थान महत्त्वपूर्ण होता है। वह शिक्षा प्रदान करता है छात्रों के साथ अन्त:क्रिया करता है। शिक्षक के व्यक्तित्व से बच्चे सर्वाधिक प्रभावित होते हैं। शिक्षक का दृष्टिकोण व्यापक होना चाहिए। जेण्डर भेदभाव युक्त वाक्यों का प्रयोग करने वाले शिक्षकों का दृष्टिकोण अधिकतर संकीर्ण होता है। जैसे-कितनी भी अच्छी तरह समझा लो गणित लड़कियों की समझ से ऊपर की चीज है जब शिक्षक स्वयं महिलाओं का आदर सत्कार नहीं देने वाला होता है या महिलाओं पर फब्तियाँ कसने वाला होता है तो उसका व्यवहार अन्त:क्रिया करते समय संवाद के रूप में व्यक्त हो जाता है। जैसे लड़के यदि लड़कियों को छेड़ते हैं तो इसमें लड़कों का क्या दोष? लड़कियों को ऐसे कपड़े नहीं पहनने चाहिए जिससे किसी का उनकी ओर ध्यान आकर्षित हो। इसी प्रकार के कई संवाद शिक्षक कक्षा में बोलकर बालिकाओं को हतोत्साहित कर देते हैं; जैसे-लड़की हो लड़कियों की तरह रहो, लड़का बनने की कोशिश मत करो। जैसे-तुम्हारे लिए सी.ए. ठीक है। साइंस पढ़ना लड़कियों के वश का नहीं है। शिक्षक का दृष्टिकोण उदार होना चाहिए। उसे कक्षा-कक्ष में सदैव जेण्डर की समानता पर आधारित व्यवहार करना चाहिए तथा छात्रों के साथ अन्त:क्रिया करते समय सदैव शालीन और शिष्ट, जेण्डर समानता पर आधारित संवादों का हा प्रयोग करना चाहिए उसे इसी प्रकार के संवादों का अंत:क्रिया करते समय प्रयोग नहीं करना चाहिए जो उसका संकीर्ण मानसिकता का परिचय देते हो। शिक्षक चाहे महिला ही या पुरुष दोनों ही लिंगों के शिक्षकों को छात्रों के साथ अन्त:क्रिया करते समय जेण्डार समानता पर आधारित व्यवहार का ही प्रयोग करना चाहिए। बालिका का विभिन्न तकनीकी एवं वृत्तिक कोर्सों को करने के लिए प्रोत्साहित करना चाहिए। बालकों को भी नैतिक तथा शिष्टता का व्यवहार करना सिखाना चाहिए तथा उन्हें महिलाओं और बालिकाओं का सम्मान करना भी सिखाना चाहिए। छात्र अपने शिक्षक के व्यक्तित्व तथा विचारों से काफी प्रभावित होते हैं। एक शिक्षक ही है जो छात्रा के शिक्षा व्यवस्था में विद्यालय में प्रचलित जेण्डर विभेद व्यवहार तथा दृष्टिकोण में परिवर्तन ला सकता है, इसलिए उसे सदैव प्रेरणात्मक व्यवहार व्यक्त करना चाहिए और सभी बच्चों को भी सकरात्मक लिंग समानता के प्रति सकारात्मक सोच विकसित करनी चाहिए।

कक्षा-कक्ष की लैंगिक असमानता की समस्या (The Problem of Gender Inequalities in the Classroom) -कक्षा-कक्ष में लैंगिक विषमता एक दुर्भाग्यपूर्ण समस्या है, हालांकि इस विषमता सम्बन्धी एक सुनिश्चित बोध यह है कि यह बहुधा कम घटित होती है।

यद्यपि यह इस बात का निर्धारण करने में एक अहम् उपलब्धि है कि लैंगिक विषमता कार्यस्थल पर घटित नहीं होती है। इसलिए विशेष तौर पर युवा बच्चों के बीच इस प्रकार की विषमता के प्रभाव के प्रति कम ध्यान दिया जाता है। कक्षा-कक्ष में लैंगिक विषमता एक गम्भीर विषय है जोकि हमेशा मुख्यधारा विषयक जनता द्वारा नजरअंदाज कर दिया जाता है। हालांकि अभिभावक एवं शिक्षाशास्त्री इस प्रकार की विषमता का उनके बच्चों के भविष्य पर प्रभाव के प्रति सचेत हैं एवं इनको रोकने के लिए भी आवश्यक कदम है, उठा रहे हैं। हालांकि वह भी सर्ववर्णित है कि कक्षा-कक्ष में लैंगिक विषमता लड़कों एवं लड़कियों दोनों की अधिगम योग्यता पर अनेक दुर्भाग्यपूर्ण प्रभाव डालती है।

कक्षा-कक्ष प्रक्रिया में लैंगिक विषमता (Gender Inequality in Classroom Process)-कक्षा-कक्ष में अक्सर यह देखा जाता है कि एक अध्यापक 'राहुल' बहुत विश्वसनीय, उचित प्रस्तुतीकरण कौशल एवं परिस्थितियों को अच्छी तरह सँभालने वाला है, जबकि 'दीक्षा' बहुत ही प्यारी एवं ध्यान देने वाली है, आदि इस प्रकार की टिप्पणी करते हैं। सामान्यत: इस प्रकार की टिप्पणी हमारे ऊपर कोई प्रभाव नहीं डालती, क्योंकि हमारे साथ कुछ भी गलत नहीं हुआ है। परन्तु यदि हम तार्किक रूप से चिन्तन करें तो हम पाएँगे कि इस प्रकार की रूढ़िवादी टिप्पणियाँ बच्चों के मस्तिष्क पर बुरा प्रभाव डालती हैं। जब एक अध्यापक छोटे बच्चों को कोई कहानी सुनाता है तो उस कहानी का नायक हमेशा बहादुर राजकुमार, कम शक्तिशाली राजकुमारियों का बचाव करता दिखाया जाता है। यह छोटे बच्चों के मन पर लैंगिक रूढ़िवादिता सम्बन्धी प्रभावों को छोड़ता है। अध्यापकों को अपने शिक्षण की योजना बनाने के दौरान बुद्धिमत्तापूर्ण इस बात पर दृष्टिपात कर लेना चाहिए कि क्या लड़के एवं लड़कियाँ आमतौर पर एकल लिंग समूह में किन बातों को पसन्द करते हैं तथा किन बातों से सम्बन्ध स्थापित करते हैं। इस प्रकार की विषमता आधारित समस्या का कारण यह है कि वे उस समय लड़कों एवं लड़कियों को एक लिंग आधारित अशक्त पाठ्यक्रम के अनुसार अलग-अलग ढंगों से पढ़ाते हैं। गबरैइल लिविन्सन एवं पेटिसिया मर्फी ने पाया कि ब्रिटिश अध्यापक एकसमान विषय-वस्तु को लड़कों एवं लड़कियों की कक्षा के अनुसार अलग-अलग तरीकों से पढ़ाते हैं। इस प्रकार दोनों लिंग विषय-वस्तु सम्बन्धी क्षेत्र पर निर्भर रहने के बजाय परिवर्तित हो जाते हैं।

कक्षा-कक्ष प्रक्रिया में लैंगिक असमानता के परिवर्जन हेतु व्यूह रचनाएँ (Strategies to Remove Gender Inequalities in Classroom)-यह अक्सर देखा जाता है कि अपने विद्यार्थियों को पढ़ाते समय अधिकतर कक्षा आधारित क्रियाओं में एक अध्यापक लैंगिक विषमता आधारित टिप्पणियों का प्रयोग करता है। क्या कभी किसी अध्यापक ने यह कहा होगा कि 'राहुल' एक लड़का बहुत संरक्षण करने वाला है। हमारा मानना है कि लैंगिकता आधारित रूढ़िवादिता हर सामाजिक संस्थानों एवं विद्यालयों में अपवादात्मक रूप में पाई जाती है।

लैंगिक समाजीकरण अधिगम की एक प्रक्रिया है, जहाँ पर छोटे बच्चे लिंग आधारित विशिष्ट मानदण्डों के अनुसार व्यवहार करना सीखते हैं, समाज में रहते हुए यह निरीक्षण किया जाता है कि लड़कियों को खेलने के लिए अक्सर 'गुड़िया' दी जाती है। जबकि लड़कों को 'यान्त्रिक खिलौनों के साथ खेलने के लिए प्रोत्साहित किया जाता है तथा विद्यालय निरन्तर इन रूढिवादिताओं को पुनर्बलित कर रहे हैं। कक्षा-कक्ष प्रक्रिया में लड़कों को किसी प्रोजेक्ट में प्रभुत्व भुमिका एवं प्रस्तुतीकरण के अधिकतम अवसर प्रदान किए जाते हैं। परन्तु हमारी मान्यता है कि एक अध्यापक के रूप में हमें इस बात को अवश्य समझना चाहिए कि लड़कों एवं लड़कियों में स्वाभाविक रूप से कोई मनोवैज्ञानिक एवं बौद्धिक अन्तर नहीं होता है। यह समाज है जो उनमें इस अन्तर को पैदा कर देता है। यहाँ पर कुछ तरीके वर्णित किए जा रहे हैं। जिनकी सहायता से एक अध्यापक कक्षा-कक्ष प्रक्रिया में लैंगिक विषमताओं को दूर कर सकता है।

(1) अध्यापक द्वारा लड़कों एवं लड़कियों के एकीकरण का प्रयास किया जाना चाहिए तथा बैठने की व्यवस्था में उनको पृथक् करना चाहिए, क्योंकि यह अक्सर देखा जाता है कि लड़कियाँ हमेशा चर्चा आधारित पहल में संकोच का अनुभव करती हैं। अध्यापक लड़कियों को चर्चा में भाग लेने के लिए जागरूक करें एवं परिचर्या में नेतृत्वपूर्ण भूमिका प्रदान करें।

(2) सभी विद्यार्थियों में प्रोजेक्ट के समान रूप से वितरण के प्रयास करने चाहिए। उदाहरण के लिए, लड़कियों को कृषि एवं अन्य उद्योग आधारित प्रोजेक्ट दिए जाने चाहिए। जबकि लड़कों को किचन की विभिन्न क्रियाओं में प्रयोग किए जाने वाले आवश्यक समान की सूची तैयार करने एवं छोटे बच्चों के पालन-पोषण एवं संरक्षण सम्बन्धी कुछ प्रभावशाली रणनीतियों का उल्लेख करने सम्बन्धी प्रोजेक्ट दिए जाने चाहिए। इसके अतिरिक्त लड़कों से अध्यापकों द्वारा इस प्रकार के प्रश्न पूछे जाने चाहिए कि आप अपनी माता के साथ-साथ घरेलू कामकाज में क्या सहायता प्रदान कर सकते हैं? इस प्रकार के प्रश्नों पर आधारित अनुभवों की एक लिखित रिपोर्ट (आख्या) तैयार करवाई जाए।

(3) पाठ्य-पुस्तकें एवं अन्य दृश्य-श्रव्य सामग्री को निरन्तर चैक करना चाहिए कि कहीं उनमें रूढिवादिता के आधार पर पुरुषों को डॉक्टर एवं महिलाओं को नर्स के रूप में तो नहीं प्रतिपादित कर दिया गया है तथा साथ-ही-साथ बहादुरी के उदाहरणों का चुनाव करते समय अध्यापकों द्वारा यह प्रयास करने चाहिए कि सुविचारित ढंग से बहादुर महिलाओं के उदाहरण कक्षा-कक्ष में प्रयोग किए जाएँ।

(4) कक्षा-कक्ष शिक्षण के दौरान एक अध्यापक द्वारा लिंग तटस्थ भाषा का प्रयोग करना चाहिए एवं कक्षा-कक्ष प्रक्रिया के दौरान यह/वह, इसके/उसके, आप, आप सभी, आदि शब्दों का प्रयोग करना चाहिए इसके अतिरिक्त अधिगम सामग्री को इस प्रकार से जाँचना चाहिए कि उसमें लिंग तटस्थ भाषा का प्रयोग किया गया हो।

इन तरीकों का प्रयोग करते समय यह ध्यान रखना चाहिए कि इनका उद्‌देश्य केवल परिस्थितियों को पूर्णतया बदलना तथा पितृसत्तात्मक परम्परा को दूसरे रूप में पुन: तैयार करना नहीं है। समाज में पुरुषत्व एवं नारीत्व निरन्तर बरकरार है और इस लैंगिक रूढ़िवादिता को रातभर में परिवर्तित करने की उम्मीद नहीं कर सकते। कक्षा-कक्ष में एक अध्यापक के लिए यह आवश्यक है कि दोनों लड़कों एवं लड़कियों के प्रति उच्च सोच एवं नेक व्यक्तित्व विकसित करने पर बल दें।

लैंगिक विषमता एवं छात्र-अध्यापक अन्त:क्रिया (Gender Inequality and Student Teacher Interaction) -अधिकतर शोध यह दर्शाते हैं कि महिला एवं पुरुष अध्यापक दोनों लड़कों एवं लड़कियों की विशेषताओं, लक्षणों एवं भूमिकाओं सम्बन्धी रूढ़िवादी एवं भेदभावपूर्ण दृष्टिकोण रखते हैं। सम्पूर्ण विश्व में किए गए अध्ययनों के आधार पर अध्यापक लड़कियों की शैक्षिक उपलब्धि के पीछे कठिन परिश्रम को सहज गुण मानते हैं। परन्तु लड़कों की विशिष्ट लिंग आधारित कुछ विषयों; जैसेकि-उदाहरण के लिए यह वर्णित करना कि लड़के गणित में बेहतर है के प्रति उनकी स्वाभाविक क्षमता एवं प्रदत्त योग्यता को आधार मानते हैं। अध्यापक का व्यवहार भी चेतना एवं अर्द्धचेतना रूप से बच्चों के लिंग के अनुसार परिवर्तित हो जाता है। अध्यापकों को बहुधा लड़कों के साथ (सकारात्मक एवं नकारात्मक, अनुशासन आधारित) अधिक ध्यान एवं अन्त:क्रिया करते हुए पाया गया है। उदाहरण के लिए भारत में कक्षा-कक्ष सम्बन्धी एक अध्ययन के निरीक्षण से यह पाया गया है कि यद्यपि अध्यापकों का यह मानना है कि लड़कों को लड़कियों के समान विद्यालय में उपस्थित होने का समान अधिकार है, परन्तु फिर भी अध्यापक अधिकतर लड़कों को ही बुलाते हैं, उनसे ही अधिक चुनौतीपूर्ण प्रश्न पूछते हैं तथा अधिकतर उनकी ही प्रशंसा करते हैं। शोधों से यह भी वर्णित हुआ है कि अध्यापक कक्षा में भूमिका एवं कार्य लैंगिक रूढ़िवादिता के आधार पर कार्य आबंटित करते हैं। उदाहरण के लिए झाड़ू लगाने एवं सफाई सम्बन्धी कार्य लड़कियों के लिए एवं कक्षा निरीक्षण, बेंचों को पुनर्व्यवस्था एवं दूसरे वयस्कों के साथ अन्त:क्रिया करना लड़कों के लिए निर्धारित किए जाते हैं।

सामान्यत: बच्चों के लिए इन दृष्टिकोणों एवं व्यवहारों का विशेष महत्त्व है। उदाहरण के लिए, **लॉयड, मेनथ** एवं **क्लार्क** (2000) ने पाया कि केन्या में लड़कियाँ उन विद्यालयों को अधिक त्याग कर रही थीं, जहाँ पर शिक्षा व्यवस्था में विद्यालय में प्रचलित जेण्डर विभेद अध्यापक लड़कों की बजाय लड़कियों को गणित विषय को कम महत्त्व का दर्जा प्रदान कर रहे थे। कुल मिलाकर ये दृष्टिकोण एवं अन्तरिम व्यवहार मौजूदा लैंगिक भूमिकाओं को पुष्ट कर रहे हैं तथा लड़कियों में निष्क्रियता एवं प्रतिकूलता को प्रोत्साहित कर रहे हैं जबकि लड़कों में स्वतन्त्रता एवं नेतृत्व सम्बन्धी महान् मूल्यों को प्रतिपादित कर रहे हैं। उसके साथ-साथ कटु व्यवहार एवं अपेक्षाएँ, शान्त एवं विनम्र व्यवहार के विपरीत लड़कों में पैदा हो रही हैं।

शैक्षिक कार्यकर्ताओं में लैंगिक असमानता (Gender Inequalities in Educational Personnel)-अध्यापक एवं अन्य स्कूली कर्मचारी वर्ग शिक्षा के क्षेत्र में लैंगिक समानता को प्रोत्साहित करने में सबसे प्रमुख हैं। बुनियादी स्तर पर शोधों ने यह स्पष्ट किया कि शिक्षा-व्यवस्था में शैक्षिक कार्यकर्ताओं द्वारा प्रतिपादित लिंग वितरण, लैंगिकता आधारित सामर्थ्य प्रतिकार के तरीके सम्बन्धी सन्देश को शैक्षिक व्यवस्था में प्रसारित एवं प्रतिस्थापित कर रहे हैं। बहुत से देशों में, जैसेकि थाईलैण्ड में श्रेणियों के अनुसार शिक्षकों का विभाजन उनके विषयों के प्रकारों एवं प्रशासनिक तथा मन्त्रीपदीय स्थिति के आधार पर होता है जैसेकि प्राथमिक एवं माध्यमिक स्कूलों में पुरुषों का अनुपात गणित तथा विज्ञान विषयों एवं स्कूलों में प्रशासन सम्बन्धी उच्च स्तरों पर अधिक है। इन रूपों में महिलाएँ पुरुषों के मुकाबले कम प्रतिष्ठित स्थितियों पर हैं तथा इस मानसिकता को बढ़ावा दे रहे हैं कि पुरुष स्वाभाविक रूप से नियमित एवं नेतृत्व करने के लिए सम्पन्न हैं और महिलाएँ विशेष तौर पर अपने बच्चों का संरक्षण एवं पालन-पोषण करने हेतु सही प्रकार से उपर्युक्त है। ये तरीके दर्शाते हैं कि कक्षा-कक्ष में महिला शिक्षकों को अनुभव एवं ज्ञान, विशेष तौर पर प्राथमिक स्तर पर नीति-निर्धारिण स्तर का प्रस्तुतीकरण नहीं करते हैं। भारत में शिक्षण में व्यवसाय में विशेषत: प्राथमिक स्तर पर पुरुष शिक्षकों का प्रतिनिधित्व, महिला शिक्षकों के अनुपात से कम है, क्योंकि यह एक कम प्रोफाइल व्यवसाय माना गया है। ।

जेण्डर संवेदनशीलता और समानता में शिक्षा की भूमिका

जेंडर सेंसेटाइजेशन/संवेदनशीलता क्या है ?-महिलाएं, पुरुषों से किसी मामले में कम नहीं है। ये बात हम हर रोज सुनते हैं, कहते हैं और किताबों में पढ़ते भी हैं। लेकिन असल जीवन में इसका पालन बहुत कम लोग ही करते हैं। जीवन के हर मोड़ पर पुरुष चाहे-अनचाहे महिलाओं को उनके महिला होने का एहसास कराने से नहीं चूकता। यही एहसास लैंगिक संवेदनहीनता का जनक है और इसी को खत्म करने के लिए जेंडर सेंसेटाइजेशन यानी लैंगिक संवेदनशीलता जरूरी है।

लैंगिक संवेदनशीलता यानी हर लिंग (चाहे पुरुष हो या महिला) का व्यक्ति दूसरे लिंग (चाहे पुरुष हो या महिला) के प्रति सम्मान का भाव रखे। लिंग भेद को दरकिनार कर एक-दूसरे के प्रति सम्मान के भाव होना ही लैंगिक संवेदनशीलता है।

जेंडर संवेदीकरण में शिक्षक-शिक्षा का महत्त्वपूर्ण योगदान है। शिक्षक-शिक्षा की प्रक्रिया में सम्मिलित सभी तत्वों जैसे-विद्यालय, शिक्षकों पाठ्यक्रम, पाठ्यपुस्तक एवं कक्षा-कक्ष सभी का समान योगदान है। सभी के द्वारा बालिका को बालक के समान व्यवहार दिया जाए।

लिंग संवेदनशीलता से आशय (Meaning of Gender Sensitivity) -लिंग संवेदनशीलता से तात्पर्य सम्पूर्ण लैंगिक संवेदनशीलता से है। व्यक्ति के व्यवहार का इस प्रकार रूपान्तरण हो जिससे वह लिंग समानता का पोषण करे। लिंग संवेदनशीलता इस रूप में हो सकती है जिसमें व्यक्ति इस प्रकार का व्यवहार करे, जो लिंग समानता का मुद्दा खड़ाकर दे। लिंग संवेदनशीलता की मूल आवश्यकता यह समझने की है कि किसी विशेष लिंग के व्यक्ति की संवेदनशीलता आवश्यकताएँ क्या है ? इसकी सहायता से हम अपनी व्यक्तिगत अभिवृत्तियों का परीक्षण कर सकते हैं तथा अपने व्यवहार को नियंत्रित तथा रूपान्तरित कर सकते हैं। लिंग संवेदनशीलता से आशय है कि समाज में दोनों लिंगों के व्यक्ति एक-दूसरे की भावनाओं को समझे तथा एक-दूसरे के साथ सहयोगात्मक व्यवहार करें। वे एक-दूसरे के प्रति संवेदनशील हों तथा किसी भी एक लिंग को नीचा दिखाने का प्रयास न किया जाये। लिंग संवेदनशीलता दोनों लिंगों के मध्य समानता का व्यवहार लाने के सन्दर्भ में प्रयोग किया जाने वाला शब्द है। जब किसी लिंग (महिला लिंग) के साथ पक्षपात तथा भेदभाव केवल इस कारण किया जाता है क्योंकि वह दूसरे लिंग की है, तो लिंग संवेदनशीलता का मुद्दा उठ खड़ा होता है। भ्रूण हत्या, महिला तस्करी, बलात्कार, शारीरिक, आर्थिक शोषण लिंग असमानता पर आधारित है।

संवेदनशील जेण्डर मुद्दे

ये निम्न हैं-

1. भ्रूण हत्या-भारतीय समाज (विशेषकर उच्च वर्ण हिन्दुओं में) कन्या जन्म को पुत्र जन्म की अपेक्षा हेय दृष्टि से देखा जाता है। इसका एक महत्त्वपूर्ण कारण दहेज की समस्या है, दूसरे उच्च वर्ग के पुरुषों में अहं प्रभाव अधिक होता है वे दूसरों के सामने झुकना नहीं चाहता शिशु हत्या का प्रचलन प्रारम्भ में महिला शिशु को जन्म लेते ही मार दिया जाता था। धीर-धीरे इस समस्या का स्वरूप बदला। वैज्ञानिक प्रगति के कारण जन्म में पूर्व ही भ्रूण के लिंग का सोनोग्राफी द्वारा पता लगाना सम्भव हो गया। इसमें महिला लिंग को घृणा की दृष्टि से देखने वाले तथा पुत्र की कामना रखने वालों के लिए वैज्ञानिक प्रोन्नति वरदान बनकर सामने आ गया। धीरे-धीर वह समय आया जब गर्भ के समय में भ्रूण शिशु परीक्षण करवा कर लोग नारीभ्रूण को मार देते हैं। इस प्रकार भ्रूण हत्या में इतनी तेजी से वृद्धि हुई कि लगभग सम्पूर्ण देश इसकी चपेट में आ गया। भारत के लगभग सभी राज्यों में महिला एवं पुरुष लिंग की असमानता बनने लगी। पुरुष की संख्या में वृद्धि तथा महिला लिंग की संख्या में कमी होने में अन्य कई सामाजिक समस्याएँ उदित होने लगीं।

दृश्य-श्रव्य साधनों ने हर क्षेत्र में महत्त्वपूर्ण भूमिका का निर्वाह किया। आये दिन समाचार-पत्रों में उसके विरोध में समाचार छापे गये। महिला-पुरुष की अपमानता के आँकड़े प्रस्तुत किये गये तथा सामाजिक जीवन पर तथा आने वाले भविष्य पर असमानता का क्या प्रभाव पड़ेगा। इस पर ध्यान केन्द्रित करने का प्रयास किया। 'भ्रूण हत्या की बढ़ती प्रवृत्ति कहीं भविष्य में बहुपति विवाह की सामाजिक व्यवस्था का कारण न बन जाये अथवा समूह विवाह, नारी तस्करी, देह व्यापार की प्रवृत्तियों में इजाफा न हो जाए, विभिन्न शिक्षाविदों एवं समाजशास्त्रियों ने इस पर चिन्तन करना प्रारम्भ कर दिया। समाचार-पत्रों में भी इस पर विभिन्न लेख छपने लगे। इससे राजनीतिज्ञों का भी ध्यान केन्द्रित हुआ तथा शासन ने कानून बनाकर भ्रूण परीक्षण पर रोक लगा दी। परन्तु आज भी चोरी-छिपे यह कार्य बहुत से चिकित्सक कर रहे हैं, और भ्रूण हत्या जारी है।

भ्रूण हत्या की केवल सामाजिक सांच में परिवर्तन लाकर ही रोका जा सकता है। पुरुषों की तुलना में कम संख्या में महिलाएं हैं फिर भी विवाह सम्बन्ध जोड़ने के लिए, उनसे दहेज की अपेक्षा क्यों की जाती है। कन्या का विवाह एक समस्या क्यों बन गया है? कन्या बोझ क्यों बन गयी है? आज यह स्थिति क्यों आ गयी है कि कन्या का अस्तित्व ही खतरे में पड़ गया है और भविष्य में समाज को इसके क्या नतीजे भुगतने होंगे? इस पर चर्चा होना आवश्यक है।

2. शारीरिक एवं मानसिक शोषण-नारी का शारीरिक एवं मानसिक शोषण भी एक महत्त्वपूर्ण मुद्दा है। समाज में नारी का शारीरिक एवं मानसिक शोषण कई स्थलों पर होता है। कई बार घरों में ही विभिन्न परिवार के पुरुषों द्वारा उनका यौन शोषण किया जाता है। यह पुरुष उनके निकट रिश्तेदार; जैसे-जीजा, फूफा, चचेरे भाई, ताऊ, चाचा, आदि हो सकते हैं। विवाहित महिलाओं का शारीरिक शोषण उनकी ससुराल में ससुराली पुरुषों द्वारा देखा गया है। कई बार महिलाएं कम उम्र में ही विधवा हो जाती हैं और पुर्नविवाह की अनुमति न होने के कारण ससुराल में ही रहकर बाकी जीवन काटना चाहती हैं। वहाँ पर भी ससुर, जेठ या देवर की हवस की शिकार बन जाती हैं। ससुराल में महिलाओं को शारीरिक शोषण का ही सामना नहीं करना पड़ता है बल्कि मानसिक शोषण का भी सामना करना पड़ता है। कई बार पुरुष विदेशों में अथवा दसरे राज्यों में धनोपोर्जन के लिए चले जाते हैं और अपनी पत्नियों को अपने माता-पिता की देखभाल के लिए ससुराल में छोड़ देते हैं, उस स्थिति में ही उनका शारीरिक और मानसिक शोषण होता देखा गया है। कई महिलाएँ यन्त्रणा न सह सकने के कारण आत्महत्या कर लेती हैं। यदि ससुराल अच्छी न हो और महिला को ससुराल में पति या उसके रिश्तेदारों द्वारा दिया गया शारीरिक मानसिक शोषण सहना पड़ रहा है, तो महिलाएं अपने माता-पिता से भी उसका जिक्र नहीं करती है जिससे उनके माता-पिता अधिक दुःखी न हों।

दृश्य-श्रव्य साधनों के द्वारा अभिनय, नाटकों का, दूरदर्शन तथा रेडियो, आदि पर प्रसारण करके महिलाओं के शारीरिक एवं मानसिक शोषण के विभिन्न रूपों को दिखाया जाता है। इस प्रकार यह दृश्य-श्रव्य साधन समाज में जागरूकता फैलाने का कार्य करते हैं परन्तु आजकल यह सब सामान्य सी बात हो गयी है और इसे घर की बात कहकर लोग अपना पल्ला झाड़ लेते हैं। बहुत कम स्थितियाँ ही ऐसी आती हैं जब महिलाएं स्वयं पर हुए शारीरिक एवं मानसिक शोषण की शिकायत लेकर पुलिस में जाकर शिकायत दर्ज कराती है। अन्यथा सब कुछ सही हो जायेगा इस मिथक को लेकर वर्षों तक शोषण सहती रहती है।

3. महिला तस्करी-महिला से सम्बन्धित एक संवेदनशील मुद्दा महिला तस्करी का भी है। महिला की तुलना किसी वस्तु से की जाती है। जिस पर पुरुष अपना अधिकार रखता है। आज बड़े पैमाने पर महिला तस्करी हो रही है। भारत के उन राज्यों में जहाँ महिला-पुरुष अनुपात में असमानता है तथा पुरुषों की तुलना में महिलाओं की संख्या कम है; जैसे-हरियाणा तथा राजस्थान, आदि वहाँ पर धड़ल्ले से महिलाएँ विभिन्न राज्यों से अपहरण करके, धोखे से या खरीद कर लायी जा रही हैं और उनको इन राज्यों में पहुँचाया जा रहा है। ऐसी महिलाओं को यहाँ के लोग खरीद कर दिखावे के रूप में उनसे विवाह करते हैं या वैसे ही उन्हें अपने साथ रखते हैं तथा दूरदराज से पानी लाना, घर का काम-धन्धा करना और उन्हें वारिस देना यह कार्य इन महिलाओं से लिए जा रहे हैं। कार्यपूर्ति के बाद इन्हें बेचकर दूसरी महिला खरीद ली जाती है। कई गिरोह महिला की कोख की खरीद-फरोख्त के कार्य में भी सक्रिय हैं जहाँ निर्धन महिलाओं के पतियों को लालच देकर सरोगेट मदर बनाने के लिए तैयार कर लिया जाता है, धन के लालच में ये पुरुष अपनी पत्नियों की कोख का सौदा करते हैं और कमजोरी तथा बार-बार माँ बनने के कारण ऐसी औरतें शीघ्र ही मर जाती हैं तब इनके पति दूसरी शादी कर लेते हैं और फिर उस युवा महिला को इस तरह के कार्यों में झोंक देते हैं। महिला तस्करी कई तरह के कार्यों को पूरा करने के लिए की जाती है। घरेलू क्षेत्रों में नौकरों की कमी होने के कारण खरीदी गई बच्चियों को बेचकर घरेलू बन्धक नौकर बना लिया जाता है जहाँ न तो उनसे किसी को मिलने दिया जाता है और न ही उन्हें पारिश्रमिक दिया जा रहा है।

अश्लील फिल्मों की बिक्री धड़ल्ले से होती है। इस कार्य में भी महिला तस्करी करके लायी महिलाओं को बेचा जाता है और उनसे अश्लील फिल्मों का निर्माण किया जाता है।

दृश्य-श्रव्य साधनों के द्वारा इस प्रकार के शोषण की जानकारी जनमानस को प्राप्त होती है। समाचार-पत्र इनका अधिक खुलासा करते हैं जिससे महिलाओं की वास्तविक स्थिति का और उस पर हुए कर अत्याचारों का पता चलता है। महिला अत्याचारों की फेहरिस्त इतनी बड़ी है जिसे व्यक्त करना कठिन है। आज पुरुषों द्वारा बाल एवं महिला शोषण के विभिन्न स्वरूप समाज में देखने को मिलते हैं जोकि हमारे राष्ट्र के भविष्य हैं उनके खिलाफ अत्याचार लगारतार बढ़ रहे हैं।

4. अनैतिक यौनाचार एवं बलात्कार-अनैतिक यौनाचार एवं बलात्कार का मुद्दा भी महिलाओं की अस्मिता से जुड़ा हुआ है। पुरुष प्रधान भारतीय समाज में लम्पटगिरी सदियों से व्याप्त है। नारी ने सैकड़ों वर्षों से पुरुष का उत्पीड़न सहा है। पुरुष जो कुछ भी करे वह उचित, शुद्ध और महान है। नारी पर पुरुष से बात भी करे तो कलुषित हो जाती है। पुरुष की लम्पटगिरी को उसकी आवश्यकता मानकर बाजार सजा दिये गये हैं। वेश्यालयों में मासूम औरतों को भोगने के लिए हजारों पुरुष उनके समक्ष कुत्ते की तरह दुम हिलाते नजर आते हैं। रात के अँधेरे में उनके पैर पकड़ते हैं और दिन के उजाले में उन्हें घृणा की दृष्टि से देखते हैं। अनैतिक यौनाचार में मासूम बच्चियों को अपहरण करके या खरीद कर या चुराकर या धोखा देकर लाया जाता है, जहाँ वे इन वहशी दरिन्दों की भूख मिटा सकें। इसके विपरीत घरों में अपनी सुन्दर पत्नियों का तिरस्कार करते हैं, उसे लात-घूसों से प्रताड़ित करते हैं, घरेलू हिंसा करते हैं, स्त्रियों पर पुरुष का यह वर्चस्व आज भी देखा जा सकता है।

एक ओर पुरुष महिला को अनैतिक यौनाचार में ढकेलता है और दूसरी ओर वह जबरन बलात्कार करके महिला की अस्मिता तथा गरिमा को ही नष्ट नहीं करता, कभी-कभी दरन्दगी की सभी सीमाएँ पार कर जाता है। बलात्कार करते समय पुरुष यह भी नहीं देखता है कि वह एक वर्ष की बच्ची है या 80 वर्ष की महिला। उसे तो केवल जानवरों की भांति अपनी भूख से मतलब होता है जिसके लिए वह किसी भी हद तक गिर सकता है। मेरे कहने का तात्पर्य यह कदापि नहीं है कि सभी पुरुष ऐसे होते हैं परन्तु आज बहुत बड़ी संख्या में ऐसे पुरुष व्याप्त हैं, तभी समाज में महिलाओं को अपनी सुरक्षा के लिए डर के जीना पड़ रहा है।

समाचार-पत्रों में भी आये दिन इन्हीं बातों की चर्चा होती रहती है तथा दूरदर्शन भी अपने प्रोग्रामों के माध्यम से समाज की सच्ची घटनाओं के माध्यम से जागरूकता बढ़ाने का कार्य करता है। दृश्य-श्रव्य साधनों के द्वारा इस क्षेत्र में बहुत जागरूकता बढ़ी है और इन साधनों ने महिलाओं की स्थिति पर लोगों को सोचने के लिए बाध्य किया है क्योंकि एक संवेदनशील नागरिक के रूप में, एक पिता के रूप में अथवा एक भाई के रूप में यदि सोचा जाय तो उस दर्द को अनुभव किया जा सकता है जो समाज के संवेदनशील लोगों को प्रभावित करता है।

5. घरेलू हिंसा-घरेलू हिंसा भी एक संवेदनशील महिला मुद्दा है। आज बढ़ते हुए भौतिकवाद, अर्थवाद तथा बदलते हुए सामाजिक मूल्यों के कारण कन्या विवाह की समस्या उत्पन्न हो गयी है। प्रारम्भ में हमारे यहाँ दहेज को सामर्थ्य के अनुसार दान की भावना या नव दम्पत्ति के प्रारम्भिक वर्षों की सुख-सुविधा के लिए दिया जाता था।

अब यह रूढ हो गया है। लड़के वाले दहेज लेना अपना अधिकार समझते हैं। वे समझते हैं कि लड़के का पढ़ाने-लिखाने में जितना खर्च हुआ है उसे कन्या पक्ष से किसी-न-किसी रूप में प्राप्त कर ही लिया जाए। साथ ही दहेज को सामाजिक प्रतिष्ठा का प्रश्न भी बना लिया गया है। सरकार दहेज विरोधी कितने ही कानून पास कर समाज में वह समस्या ज्यों-की-त्यों बनी हुई है। यही कारण है कि कन्या जन्म को अच्छा नहीं मानते हैं। लड़की का समाज में जितना आदर है लड़कियों का उतना नहीं है। दहेज न देने पर या बार-बार की वर पक्ष की मांगे पूरी न कर पाने का बदला वर पक्ष वधू से घरेलू हिंसा के रूप में लेता है। कुछ लोग दहेज की कमी को पूरा करने के लिए दूसरी शादी करना चाहते हैं और इसके लिए पहली वाली बीबी से छुटकारा पाना चाहते हैं। इसके लिए वधूहत्या तक कर देते हैं। सामाजिक नपुंसकता और शिकंजे की भ्रष्टता से बचकर लड़के का दूसरा तथा तीसरा विवाह भी किया जाता है। घरेलू हिंसा के रूप में मार-पीट का सामना तो हर तीन महिलाओं में से दो महिलाएं सहन कर रही हैं। दहेज में मोटा खर्चा होने के कारण वह झिझकवश अपने साथ हो रहे अत्याचारों से माता-पिता को अवगत भी नहीं कराती हैं। इस प्रकार घरेलू हिंसा भी बढ़ती जाती है।

6. शैक्षिक नामांकन में कमी-महिलाओं के शैक्षिक नामांकन में तेजी से कमी आना एक महत्त्वपूर्ण मुद्दा है जो इस बात का द्योतक है कि महिलाओं की स्थिति बद से बदतर होती जा रही है। प्राचीनकाल में ही पुरुषों की तुलना में महिलाओं का शैक्षिक नामांकन कम रहा है। ईश्वरचन्द्र विद्यासागर वे प्रथम समाज सुधारक थे जिन्होंने महिलाओं की शिक्षा के लिए कई कदम उठाये। उन्होंने स्त्री शिक्षा के लिए लगभग 80 विद्यालय खुलवाये थे। उस समय महिलाओं को शिक्षा का अधिकार भी प्राप्त नहीं था। स्त्रियों का क्षेत्र पिता तथा पति के परिवार तक ही सीमित था। स्त्री का कार्य केवल धर्म का पालन करना ही रह गया है। उनका कार्य केवल सबकी सेवा करना और बच्चे उत्पन्न करना मात्र माना जाता था। स्वतन्त्रता के बाद स्त्रियों को शिक्षा की कुछ सुविधाएँ दी गईं। प्रत्येक नगर में विद्यालय खोले गये। नि:शुल्क शिक्षा की व्यवस्था की गई जिससे अधिक-से-अधिक संख्या में बालिकाएँ शिक्षा प्राप्त कर सकें। इसके साथ-साथ नृत्य, संगीत, चित्रकला तथा गृह विज्ञान विषयों की भी शिक्षा की व्यवस्था की गई। ग्रामीण क्षेत्रों में भी निरन्तर विद्यालयों की संख्या बढ़ायी गई तथा महिला शिक्षिकाओं की संख्या भी बढ़ाई गई।

7. आर्थिक निर्भरता-महिलाओं का एक संवेदनशील मुद्दा आर्थिक निर्भरता है। परम्परागत रूप से यदि देखा जाये जो वैदिक काल के बाद से ही महिला की स्थिति एक दबी-कुचली, दूसरों पर सदैव निर्भर रहने वाली और बोझ के रूप में समझी जाने वाली के रूप में रही है। आर्थिक क्षेत्र में महिलाओं को केवल अपना पालन-पोषण का अधिकार था। स्त्री धन के अतिरिक्त स्त्री का सम्पत्ति पर कोई अधिकार नहीं दिया जाता था वल्कि उनका ससुराल में रहना भी मुश्किल कर दिया जाता था। जिससे वह स्वत: ही अपने मायके चली जाये और उन्हें तथा उनके बच्चों को सम्पत्ति में हिस्सा न देना पड़े।

महिलाओं की आर्थिक निर्भरता उनकी गिरती स्थिति के लिए सबसे अधिक उत्तरदायी कारण है। किसी के घर में जाकर रहना और उनकी अनुमति से सभी कार्य करना ही एक महिला से अपेक्षा रखी जाती है। पारिवारिक परिस्थितियों के कारण न महिलाओं की शिक्षा को महत्त्वपूर्ण माना जाता है और न ही उन्हें आर्थिक रूप से आत्म निर्भर बनाने का प्रयास किया जाता है। उन्हें घर में ही बाँधकर रखने में ही परिवार की भलाई समझी जाती है और महिलाओं का कार्य केवल बच्चे उत्पन्न करना तथा परिवारीजनों की सेवा करना माना जाता है। इस प्रकार उसे पूर्ण रूप से अधिकार विहीन करके तथा आर्थिक रूप से परतन्त्र बनाकर रखने का प्रयास किया जाता है जिससे वह अपने अधिकारों की बात ही न कर सके। इस प्रकार आर्थिक निर्भरता महिला परतन्त्रता का सबसे बड़ा मुद्दा है।

आज नारी को चौके-चुल्हे तथा बच्चों के लालन-पालन तक सीमित कर दिया गया है। वह पुरुष पर आर्थिक रूप से पूर्णतया निर्भर हो गयी है। नौकरी करने वाली कुछ महिलाओं को छोड़ दिया जाय तो अधिसंख्यक भारतीय नारियाँ परतन्त्र हैं। पति या परिवार के अन्य पुरुष सदस्यों पर उनकी आर्थिक निर्भरता उनकी स्थिति को दयनीय बनाये हुए है। ऐसे कितने पुरुष हैं जो अपनी कमाई में अपनी पत्नी का भी पूर्ण अधिकार समझते हैं? अब भारत सरकार ने कुछ उत्तराधिकार सम्बन्धी अधिकार प्रदान कर नारी की आर्थिक स्थिति को सुधारने का प्रयास किया है परन्तु फिर भी यह कागजों पर अधिक है। सामाजिक सोच में बदलाव लाये बिना उन्हें आर्थिक संबलता मिलना कठिन है क्योंकि परिवार के सदस्य दहेज में दी गई रकम को लड़की का हिस्सा मान लेते हैं और उसके बाद उत्तराधिकार के रूप में उसको कुछ भी देना पसन्द नहीं करते हैं। अपने घनिष्ठ निकट के सम्बन्धों से लड़कर क्या नारी अपना उत्तराधिकार प्राप्त कर पायेगी? शायद नहीं और इस स्थिति में कोई विशेष परिवर्तन नहीं आयेगा।

दृश्य-श्रव्य साधनों ने इस क्षेत्र में काफी जागरूकता दिखाई है। इन साधनों के कारण ही प्रशासन ने महिलाओं के लिए कई प्रकार के शैक्षिक एवं व्यावसायिक प्रयास करने आरम्भ किये हैं। यह प्रारम्भ है, आशा यही की जानी चाहिए कि इन प्रयासों का सुखद फल होगा और महिलाओं की आर्थिक निर्भरता कम होगा।

लिंग समानता से आशय (Meaning of Gender Equality)-लिंग समानता दो शब्दों के योग से निर्मित हुआ है-लिंग एवं समानता। अर्थात् लिंग के आधार पर विभेद रहित व्यवहार करना ही लिंग समानता कहलाता है। भारतीय संविधान ने भी लिंग समानता का हमारे देश में संवैधानिक अधिकार दिया है। इन प्रावधानों में स्पष्ट है कि लिंग के आधार किसी के साथ भेदभाव नहीं किया जायेगा। लैंगिक आधार पर दोनों ही लिंग समान अधिकार रखते हैं और इस आधार पर उन्हें निम्न नहीं माना जा सकता है।

जेण्डर समानता में शिक्षा व विद्यालय की भूमिका

विद्यालय को समाज का लघु रूप माना जाता है। वर्तमान में विद्यालय केवल अध्ययन अध्यापन तक ही सीमित नहीं रह गया है बल्कि यह समाजिक कुरीतियों को समाप्त करने में भी महत्त्वपूर्ण भूमिका निभाता है। लैंगिक भेदभाव को समाप्त तथा जागरूकता लाने में विद्यालय की अहम भूमिका है। यह निम्न प्रकार के हैं-

1. **विद्यालयों का जनतंत्रीय विकास**-भारत एक प्रजातांत्रिक देश है इसलिए विद्यालयों को स्वरूप भी जनतांत्रिक समावेश का होना चाहिए। इस व्यवस्था में सभी व्यक्ति समान होते हैं इसमें सभी नागरिकों को स्वतंत्रता, समानता तथा न्याय के अधिकार प्राप्त होते हैं और विद्यालय में इन सभी समानताओं को देखते हुए बालक बालिकाएं भी एक दूसरे का आदर करना सीखते हैं और लैंगिक भेदभाव में भी कमी आती है।
2. **संपूर्ण व्यक्तित्व का विकास**-वर्तमान के विद्यालयों में बालक के मानसिक विकास पर ही नहीं बल्कि संपूर्ण व्यक्तित्व के विकास पर भी ध्यान देना चाहिए। जिससे बालक के शारीरिक, मानसिक, समाजिक तथा आर्थिक विकास हो सके। संपूर्ण व्यक्तित्व के विकास तथा लैंगिक भेदभाव को समाप्त करने में सहायता प्राप्त होती हैं।
3. **व्यवसायिक शिक्षा**-वर्तमान विद्यालयों में बच्चों के लिए व्यवसायिक शिक्षा की भी व्यवस्था की जानी चाहिए। जिससे वे भावी जीवन में अपनी आजीविका की व्यवस्था कर सके। व्यवसायिक शिक्षा द्वारा भी लैंगिक भेदभाव को समाप्त करने में सहायता प्राप्त होती हैं।
4. **वयस्क शिक्षा**-वर्तमान विद्यालय में वयस्क शिक्षा की भी व्यवस्था होनी चाहिए। ताकि निरक्षरता की समस्या को कुछ कम किया जा सकता है। इससे प्रौढ़ शिक्षा को भी बढ़ावा मिलता है तथा उनमें भी शिक्षा के प्रति जागरूकता उत्पन्न होती है।
5. **सह शिक्षा की व्यवस्था**-विद्यालय में सहशिक्षा का भी प्रचलन अब देखा जा रहा है। सहशिक्षा द्वारा बालक बालिकाएं साथ में शिक्षा ही ग्रहण नहीं करते बल्कि एक दूसरे का सहयोग तथा समस्याओं से अवगत होकर विचारों का आदान प्रदान करते हैं तथा एक दूसरे को सम्मान तथा सुरक्षा प्रदान करते हैं।
6. **शिक्षक प्रशिक्षण की व्यवस्था**-विद्यालय में शिक्षक प्रशिक्षण की भी व्यवस्था होनी चाहिए ताकि विद्यालयों का स्तर ऊँचा हो सके। शिक्षक प्रशिक्षण पाठ्यक्रम द्वारा आदर्श शिक्षक के गुण लैंगिक मुद्दों पर जागरूकता आदि का ज्ञान प्राप्त किया जाएगा। जिससे शिक्षकों के नवीन विचारधाराओ एवं उदारता का विकास होगा।

जेण्डर समानता में शिक्षा की भूमिका

जेण्डर समानता में शिक्षा की भूमिका (Trole of Education in Gender Equality)-संविधान की दृष्टि से यदि देखा जाए तो महिलाओं और पुरुषों में कोई लिंगभेद नहीं है। संविधान की दृष्टि से सभी पुरुष एवं महिलाएँ समाज में समान स्थिति रखती हैं परन्तु वास्तविकता इससे बहुत भिन्न है। आज महिलाओं की संख्या में निरन्तर गिरावट आ रही है। महिलाओं को दोयम दर्जे का माना जाता है। समाज में पुरुष प्रधानता व्याप्त है। जेण्डर असमानता प्रत्येक क्षेत्र में देखी जा सकती है।

भारत में कई संवैधानिक प्रावधान जेण्डर समानता पर आधारित हैं। अनुच्छेद 151 के अनुसार, "लिंग के आधार पर राज्य किसी भी नागरिक के साथ भेदभाव नहीं करेगा। अर्थात् महिलाओं के साथ भेदभाव नहीं करेगा। महिलाओं को अनुच्छेद 14 के द्वारा पुरुषों के समान ही कानून के समक्ष समानता तथा कानून के अनुसार संरक्षण का अधिकार दिया गया है। अनुच्छेद 15(3) महिलाओं के विकास के लिए लाया गया है। इसके अनुसार राज्य को यह शक्ति दी गई है कि वह स्त्रियों व बालकों के लिए विशेष कानून बना सके। महिलाओं के लिए विभेदकारी कानून बनाने की शक्ति राज्य को इसलिए दी गई है जिससे वे मातृत्व रूपी प्राकृतिक दायित्व को निभा सकें तथा सदियों से परुष प्रधान समाज के कारण उन पर हो रहे शारीरिक, मानसिक, आर्थिक तथा सामाजिक शोषण का सामना कर सकें।"

शिक्षा के क्षेत्र में भी लिंग असमानता बहुत अधिक है। स्वतन्त्रता के बाद बालिकाओं के शैक्षिक क्षेत्र में गिरते हुए नामांकन के कारण शिक्षा आयोग (1964-66) ने बालिकाओं की शिक्षा पर बल देते हुए कहा है कि "हमारे मानवीय साधनों में पूर्ण विकास, घरों में सुधार और शैशव के सर्वाधिक संस्कारग्राही वर्गों में बच्चों के चरित्र के निर्माण हेतु स्त्रियों की शिक्षा अत्यन्त महत्त्वपूर्ण है। स्त्री शिक्षा प्रसव दर घटाने में भी सहायक हो सकती है। आधुनिक समय में स्त्रियों का कार्य घर एवं सन्तान पालन से कहीं आगे है। वे अब अपने निजी व्यवसाय अपना रही हैं और समान विकास के समस्त पहलुओं के दायित्वों में पुरुष का हाथ बँटा रही हैं। स्वतन्त्रता संघर्ष में नारियाँ भी पुरुषों के साथ लड़ीं परन्तु स्वतन्त्रता मिलने के बाद किये गये प्रयासों के बावजूद शिक्षा प्रणाली महिलाओं की समानता के प्रति पर्याप्त योगदान नहीं कर सकी।"

सन् 1991 में जनगणना के अनुसार शैक्षिक क्षेत्र में लिंग असमानता स्पष्ट दृष्टिगोचर हो रही है। महिला असमानता स्पष्ट दृष्टिगोचर हो रही है। महिला साक्षरता दर 39.29% है। जबकि पुरुष साक्षरता दर 69.13% है। 19.7 करोड़ महिलाएँ निरक्षर हैं जबकि निरक्षर पुरुषों की संख्या 12.7 करोड़ है। ऐसे देश में जहाँ पुरुषों की संख्या महिलाओं से 3.2 करोड़ अधिक है। पुरुषों की अपेक्षा 7 करोड़ महिलाएँ अधिक निरक्षर हैं। मानव संसाधन विकास मंत्रालय की वार्षिक रिपोर्ट सन् 1995 के अनुसार, 1993-94 की अवधि में कुल नामांकन के अनुपात में लड़कियों का नामांकन प्राथमिक स्तर पर 43% रहा है, जबकि मिडिल स्तर पर 39% तथा माध्यमिक एवं उच्च माध्यमिक स्तर पर 34% एवं उच्च शिक्षा के स्तर पर 33% है। संशोधित कार्य योजना सन 1999 के अनुसार ग्रामीण क्षेत्रों में 100 बालिकाओं के कक्षा 1 में प्रवेश लेने पर कक्षा 5 में उनकी संख्या घटकर 40 रह जाती है और कक्षा 8 में यह संख्या घटकर 18 तथा कक्षा 9 में 9 और कक्षा 12 में केवल 1 रह जाती है। शहरी क्षेत्रों के संगत आँकड़े थोड़े भिन्न हैं वहाँ क्रमश: 82.62, 34, 14 हैं। यदि तकनीकी तथा व्यावसायिक शिक्षा में प्रवेश के लिए 10 एव 12 वर्ष का माप सामान्य शिक्षा अवधि निर्धारित हो, तो ग्रामीण बालिकाएँ-प्रवेश नहीं पा सकती हैं । व्यावसायिक, उच्च तकनीकी शैक्षणिक सुविधाओं का बड़ा भाग शहरी तथा अर्द्ध शहरी क्षेत्रों में स्थित है।

इस सेक्टर में बालिकाओं की सहभागिता काफी कम है। इसी प्रकार इंजीनियरिंग और कृषि आधारित पाठ्यक्रमों में भी लिंग असमानता व्याप्त है। इन पाठ्यक्रमों में महिलाओं और बालिकाओं की सहभागिता पुरुषों की तुलना में काफी कम है। ऐसे पाठ्यक्रमों में महिलाओं की सहभागिता बढ़ाने के लिए सरकार को बालिकाओं के लिए व्यावसायिक शिक्षा नि:शुल्क कर देनी चाहिए जिससे वे उच्च तकनीकी शिक्षा ग्रहण कर सकें। बालिकाओं को महंगी व्यावसायिक शिक्षा प्राप्त करने में आर्थिक कठिनाइयों का सामना करना पड़ता है। इनका इस क्षेत्र में तभी नामांकन बढ़ सकता है जब यह शिक्षा उनके लिए नि:शुल्क हो।

शिक्षाविदों तथा विद्वानों का मत है कि शिक्षा ही एक ऐसा साधन है जो लिंग समानता ला सकता है। शिक्षा, रुढ़ियों को तोड़कर लोगों को नया रास्ता दिखा सकती है। यह संविधान द्वारा दिये गये महिलाओं के अधिकारों के बारे में उन्हें जागरूक बना सकता है, जिससे वे स्वयं शोषण के विरुद्ध कदम उठा सकें। शिक्षा लोगों के सदियों से चले आ रहे अन्ध-विश्वासों को तोड़ने का कार्य भी कर सकती है। यह महिला एवं पुरुष की शारीरिक संरचना की भिन्नता बताकर बालकों को महिलाओं के प्रति आदर तथा सम्मान की प्रवृत्ति का उनमें विकास कर सकती है जिससे वे महिलाओं के प्रति असहिष्णु बनें तथा उनके साथ सहयोगात्मक व्यवहार रखें।

समता, समानता और सामाजिक न्याय के लिये शिक्षा, अवधारणा एवं अवरोध

समता, समानता और सामाजिक न्याय के लिये शिक्षा

सामाजिक न्याय की स्थापना के लिए शैक्षिक अवसरों की समता स्थापित करना बहुत जरूरी है। हमारे देश की जनसंख्या का एक बहुत बड़ा भाग गरीब है, और थोड़ा भाग धनी है। इसी कारण बच्चे अच्छी संस्था में शिक्षा प्राप्त नहीं कर पाते हैं। गरीब परिवारों के बच्चों को भी अवसर मिलना चाहिए जैसा धनी परिवारों के बच्चों को मिल पाता है। शिक्षा में समानता का कहना है कि समाज को सभी को पढ़ने, लिखने और साधारण अंकगणित के मूल कार्य कौशल प्रदान करने चाहिए। इसमें लिंग, जातीय मूल या सामाजिक आर्थिक स्थिति के आधार पर भेदभाव को प्रतिबंधित किया जाना चाहिए।

शिक्षा में समानता के दो आयाम हैं। पहला है निष्पक्षता। इसका मतलब यह सुनिश्चित करना है कि व्यक्तिगत और सामाजिक परिस्थितियाँ शैक्षिक क्षमता प्राप्त करने में बाधा नहीं हैं। उदाहरणों में लिंग, सामाजिक-आर्थिक स्थिति या जातीय मूल शामिल हैं। दूसरा समावेश है। यह सभी के लिए शिक्षा का एक बुनियादी न्यूनतम मानक सुनिश्चित करता है। उदाहरण के लिए, हर किसी को पढ़ने, लिखने और साधारण अंकगणित करने में सक्षम होना चाहिए। स्कूल की विफलता से निपटने के लिए दो आयामों को आपस में जोड़ा गया है।

शैक्षिक अवसरों की समानता का अर्थ हमें समानता को जानने के लिए बाध्य करता है। 'समानता' का तात्पर्य यह नहीं है कि सब हर प्रकार से समान हों। ऐसा असंभव है। समानता का तात्पर्य अवसर की समानता से है। राज्य की ओर से सबको समान समझा जाए। जाति, रंग, नस्ल, धर्म आदि के कारण किसी के साथ भेदभाव न किया जाए। किसी वर्ग या समुदाय या सम्प्रदाय को विशेष अधिकार न दिये जाएं। अत: समानता का तात्पर्य ऐसी परिस्थितियों के अस्तित्व से है जिनके कारण सब व्यक्तियों को विकास के समान अवसर प्राप्त हो सकें और सामाजिक भेदभाव का अंत हो सके। साथ ही सामाजिक न्याय की स्थापना हो सके।

शैक्षिक अवसरों की समानता की अवधारणा को शिक्षा नामक वस्तु के वितरण के रूप में समझा जा सकता है। प्रारंभिक स्तर पर इस वितरण के सिद्धांत का अर्थ है कि बिना किसी भेदभाव के एक निश्चित अवधि तक नि:शुल्क एवं अनिवार्य शिक्षा की व्यवस्था की जाए। माध्यमिक स्तर पर इसका अभिप्राय है विभिन्नकृत पाठ्यक्रम की व्यवस्था जिससे व्यक्तियों की आवश्यकताओं तथा रुचियों को संतष्ट किया जा सके। उच्च शिक्षा के स्तर पर इसका अभिप्राय है कि उन समस्त लोगों के लिए शैक्षिक अवसरों की व्यवस्था की जाए जो इस शिक्षा से लाभ उठाने की क्षमता रखते हैं और उसके बदले में समाज को उपर्युक्त योगदान देने में समर्थ हैं।

एक विचार के रूप में सामाजिक न्याय (social justice) की बुनियाद सभी मनुष्यों को समान मानने के आग्रह पर आधारित है। इसके मुताबिक किसी के साथ सामाजिक, धार्मिक और सांस्कृतिक पूर्वाग्रहों के आधार पर भेदभाव नहीं होना चाहिए।

हर किसी के पास इतने न्यूनतम संसाधन होने चाहिए कि वे 'उत्तम जीवन' की अपनी संकल्पना को धरती पर उतार पाएँ। विकसित हों या विकासशील, दोनों ही तरह के देशों में राजनीतिक सिद्धांत के दायरे में सामाजिक न्याय की इस अवधारणा और उससे जुड़ी अभिव्यक्तियों का प्रमुखता से प्रयोग किया जाता है। लेकिन इसका मतलब यह नहीं है कि उसका अर्थ हमेशा सुस्पष्ट ही होता है। सिद्धांतकारों ने इस प्रत्यय का अपने-अपने तरीके से इस्तेमाल किया है। व्यावहारिक राजनीति के क्षेत्र में भी, भारत जैसे देश में सामाजिक न्याय का नारा वंचित समूहों की राजनीतिक गोलबंदी का एक प्रमुख आधार रहा है। उदारतावादी मानकीय राजनीतिक सिद्धांत में उदारतावादी-समतावाद से आगे बढ़ते हुए सामाजिक न्याय के सिद्धांतीकरण में कई आयाम जुड़ते गये हैं। मसलन, अल्पसंख्यक अधिकार, बहुसंस्कृतिवाद, मूल निवासियों के अधिकार आदि। इसी तरह, नारीवाद के दायरे में स्त्रियों के अधिकारों को लेकर भी विभिन्न स्तरों पर सिद्धांतीकरण हुआ है और स्त्री-सशक्तीकरण के मुद्दों को उनके सामाजिक न्याय से जोड़ कर देखा जाने लगा है।

शैक्षिक अवसरों की समानता की आवश्यकता-आज शैक्षिक अवसरों की समानता के लिए विश्व-व्यापी माँग के दो प्रमख कारण है। प्रथम वैचारिक कारण है। शिक्षा का अधिकार एक सार्वभौमिक मानवीय अधिकार है जिसका उल्लेख मानवीय अधिकारों की सार्वभौमिक घोषणा की धारा 26(1) में की गई है। इस दृष्टि से शिक्षा एक मौलिक अधिकार है। इस कारण व्यक्ति को जाति, रंग, धर्म, प्रजाति आदि के आधार पर इससे वंचित नहीं किया जा सकता है। द्वितीय, अधिकाधिक व्यक्तियों को अधिकाधिक शिक्षा का विचार शिक्षा की इस क्षमता से विकसित हुआ कि शिक्षा व्यक्ति को सामाजिक एवं आर्थिक सीढ़ी पर अग्रसर करने में समर्थ है अर्थात अधिक एवं उत्तम शिक्षा अधिक आय तथा उन्नत सामाजिक स्थिति की महत्त्वपर्ण कुंजी है।

दूसरे शब्दों में, शिक्षा सामान्य मानवीय अधिकारों-आर्थिक, सामाजिक, सांस्कृतिक अधिकार जो व्यक्ति की गरिमा तथा उसके व्यक्तित्व के स्वतंत्र विकास के लिये अनिवार्य है, कि प्राप्ति का प्रमुख साधन है।

भारत में शैक्षिक अवसरों की विषमताएँ

भारत में शिक्षा की विषमताएँ विभिन्न प्रकार की हैं। उनमें से प्रमुख अग्रांकित हैं-

1. जिन स्थानों पर प्राथमिक, माध्यमिक या कॉलेज की शिक्षा देने वाली संस्थाएँ नहीं हैं, वहाँ के बच्चों को वैसा अवसर नहीं मिल पाता जैसा उन बच्चों को मिल पाता है जिनकी बस्तियों में ये संस्थाएँ उपलब्ध है।
2. इस समय देष के विभिन्न भागों में शैक्षिक विकासों में भारी असंतुलन देखने को मिलता है-एक राज्य और दूसरे राज्य के शैक्षिक विकासों में बहुत बड़ा अंतर मौजूद है और एक जिले तथा दूसरे जिले के विकास से और भी बड़ा अंतर देखने को मिलता है।
3. शिक्षा के अवसरों की विषमता का एक और कारण यह है कि जनसंख्या का बहुत बड़ा भाग गरीब है और बहुत थोड़ा भाग अपेक्षातया धनी। किसी शिक्षा-संस्था के समीप होते हुए भी गरीब परिवारों के बच्चों को वह अवसर नहीं मिलता जो धनी परिवारों के बच्चों को मिल जाता है।
4. शिक्षा के अवसरों की विषमता का एक और बड़ा दुःसाध्य रूप विद्यालयों तथा कॉलेजों के अपने-अपने भिन्न स्तरों के कारण पैदा होता है। जब किसी विश्वविद्यालय या वृत्तिक कॉलेज जैसी संस्था में प्रवेश उन अंकों के आधार पर दिया जाता है जो माध्यमिक स्तर की समाप्ति पर दी गई सार्वजनिक परीक्षा में प्राप्त हुए हों और प्रवेश साधारणतया इसी आधार पर होता है, तब देहाती क्षेत्र के साधनहीन ग्रामीण विद्यालय में पढ़े छात्र के लिए यह कसौटी या मापदण्ड एक समान नहीं रहता।
5. घरेलू पर्यावरण के भिन्न-भिन्न होने के कारण भी भारी विषमताएँ उत्पन्न होती हैं। देहात (गाँव) के घर या शहरी गन्दी बस्तियों में रहने वाले और अनपढ़ माता-पिता की संतान को शिक्षा पाने का वह अवसर नहीं मिलता जो उच्चतर शिक्षा पाये हुए माता-पिता के साथ रहने वाली उनकी संतान को मिलता है।
6. भारतीय परिस्थितियों ने अग्रलिखित दो प्रकार की शैक्षिक विषमताओं को प्रमुख रूप से जन्म दिया है-
   1. शिक्षा के सब स्तरों पर तथा क्षेत्रों में लड़कों तथा लड़कियों की शिक्षा में भारी अंतर।
   2. उन्नत वर्गों तथा पिछड़े वर्गों-अनुसूचित जातियों तथा अनुसूचित जन जातियों के बीच शैक्षिक विकास का अंतर।

शैक्षिक अवसरों की विषमता के कारण

शैक्षिक अवसरों में विषमता अनेक कारणों से उत्पन्न होती है। इनमें से कुछ प्रमुख कारणों का वर्णन आगे किया जा रहा है-

1. **शिक्षा संस्थाओं की अनुपलब्धता**-जिन स्थानों पर कोई भी प्राथमिक, माध्यमिक अथवा उच्च शिक्षा संस्था नहीं है वहाँ के बच्चे शिक्षा प्राप्ति के वे अवसर प्राप्त नहीं कर पाते जो शिक्षा-संस्थाओं से युक्त बस्तियों में रहने वाले बच्चे प्राप्त कर लेते हैं। जब बच्चों के लिए सरलता से तय करने योग्य दूरी पर शिक्षा-संस्था की व्यवस्था नहीं होती है तो बच्चों का शिक्षा प्राप्त करना कठिन हो जाता है।
   यहाँ यह भी इंगित करना उचित ही होगा कि देष के विभिन्न भागों में हो रहे शैक्षिक विकास में पर्याप्त हैं विभिन्न राज्यों यहाँ तक कि एक ही राज्य के विभिन्न जनपदों में हो रहे शैक्षिक विकास में पर्याप्त अंतर स्पष्ट रूप से दृष्टिगोचर होता है।
2. **निर्धनता**-निर्धनता शैक्षिक अवसरों में विषमता का एक महत्त्वपूर्ण कारक है। हमारे देष की जनसंख्या का अधिकांश भाग निर्धनता से त्रस्त है, जबकि एक छोटा भाग साधन सम्पन्न है। निर्धन परिवारों के बच्चों को शिक्षा-प्राप्ति के वे अवसर उपलब्ध नहीं हो पाते जो समृद्ध परिवारों के बच्चों को हो जाते हैं। शिक्षा शुल्क, पठन-पाठन सामग्री, विद्यालयी गणवेश, पौष्टिक आहार आदि की कमी के कारण निर्धन बालक या तो विद्यालय पहुँच ही नहीं पाते हैं और यदि पहुँच भी जाते हैं तो शिक्षा बिना पूरी किये ही विद्यालय छोड़ देते है। कुछ शिक्षा-स्तर पर तो स्थिति और भी अधिक खराब हो जाती है।
3. **शिक्षा की गुणवत्ता में अंतर**-शैक्षिक विषमता के लिए विभिन्न स्कूलों, कॉलेजों तथा विश्वविद्यालयों में दी जाने वाली शिक्षा की गुणवत्ता में विद्यमान अंतर भी उत्तरदायी हैं जैसे ग्रामीण क्षेत्र में स्थित अल्पसाधन युक्त स्कूल के छात्र को उपलब्ध शिक्षा तथा नगरीय क्षेत्र में स्थित साधन-सम्पन्न विद्यालय के छात्र को उपलब्ध शिक्षा की गुणवत्ता कभी भी समतुल्य नहीं हो सकती। यही कारण है कि जनपरीक्षा में प्राप्त अंकों के आधार पर योग्यता की तुलना करना कदापि तर्कसंगत नहीं हो सकता।
4. **परिवार का वातावरण**-परिवार के वातावरण का अंतर शिक्षा प्राप्ति के अवसरों में विषमता उत्पन्न करता है। अशिक्षित माता-पिता के बच्चे अथवा ग्रामीण परिवेश में रहने वाले माता-पिता के बच्चे शिक्षा प्राप्ति के वे अवसर नहीं प्राप्त कर पाते हैं जो शिक्षित माता-पिता अथवा शहरी परिवार अथवा समृद्ध परिवार के बच्चे प्राप्त कर लेते हैं। अनपढ़ माता-पिता के बच्चों को शिक्षा-प्राप्ति के लिए पर्याप्त प्रोत्साहन/सहयोग नहीं मिल पाता है।
5. **जेण्डर विभेद**-भारतीय परिवेष में लड़के तथा लड़कियों की शिक्षा के बीच एक भारी अंतर पाया जाता है। परम्परागत भारतीय समाज में अभी भी लड़कियों की शिक्षा को हेय दृष्टि से देखा जाता है। लड़कियों की शिक्षा के प्रति इस नकारात्मक दृष्टिकोण के कारण लड़के तथा लड़कियों को शिक्षा-प्राप्ति के समान अवसर उपलब्ध नहीं हो पाते हैं।
6. **सामाजिक स्थिति**-समाज के प्रगतिशील तथा पिछड़े वर्गों के मध्य शैक्षिक विकास में अंतर पाया जाता है। अनुसूचित जातियाँ, जनजातियाँ तथा अन्य पिछड़े वर्ग के बालक-बालिकाओं को शिक्षा-प्राप्ति के वे अवसर नहीं मिल पाते हैं जो समाज के अगड़ी जातियों के बच्चों को मिल जाते हैं।

7. **शारीरिक दोष**-विकलांग तथा विभिन्न प्रकार के शारीरिक अथवा मानसिक कृतियों से युक्त बालक-बालिकायें भी शिक्षा प्राप्ति के अवसरों में समानता नहीं प्राप्त कर पाते हैं। अंधे, लूले, लँगड़े, बहरे, गूँगे तथा मंदबुद्धि के बच्चों के लिए शिक्षा की उचित व्यवस्था प्राय: नहीं हो पाती है।

शैक्षिक अवसरों में विषमताओं के लिए उत्तरदायी उपरोक्त वर्णित कारकों के अवलोकन से स्पष्ट है कि वर्तमान शिक्षा प्रणाली का सर्वाधिक लाभ साधन सम्पन्न, समृद्ध तथा शहरी वर्ग के लोग प्राप्त करते हैं। निधन तथा साधन विहीन ग्रामीण इस प्रणाली का लाभ नहीं उठा पाते हैं। लोकतंत्र की प्रगति हेतु इन वर्गों के बीच शैक्षिक अवसरों में समानता लाने के प्रयासों को करने की महती आवश्यकता है जिससे सामाजिक न्याय के सिद्धांत को बल मिल सके।

शैक्षिक अवसरों की समानता के उपाय-समानता और न्याय पर आधारित समाजवादी व्यवस्था के निर्माण के लिए सामाजिक पुनर्गठन की आवश्यकता है इसके लिए एक ऐसी शिक्षा प्रणाली विकसित करनी होगी जो सभी को शैक्षिक अवसरों की समानता सुनिश्चित करें। शैक्षिक अवसरों में समानता लाने के लिए अनेक प्रयास किए गए है परंतु उनसे विशेष सफलता नहीं मिली है। आवश्यकता इस बात की है कि शैक्षिक विषमतायें दूर करने वाले कारणो को पहचानने तथा उनके प्रभाव को कम करने के लिए उचित कदम उठाने के प्रयास निरंतर होते रहे। नई शिक्षा नीति (1986) के अंतर्गत नवोदय विद्यालय इसी उद्देश्य की पुर्ति के लिए खोले गये हैं। मुक्त विश्वविद्यालय भी उच्च शिक्षा के अवसर बढ़ा रहे हैं। अनुसूचित जाति, जनजाति व पिछड़े वर्ग तथा लड़कियों की शिक्षा पर विशेष ध्यान दिया जा रहा है। ग्रामीण-शहरी असंतुलन को समाप्त करने का प्रयास किया जा रहा है। बालबाड़ी, शिशु परिचर्या केन्द्र, आंगनवाड़ी, आश्रम विद्यालय, अनौपचारिक शिक्षा केन्द्र आदि तथा प्रौढ़ शिक्षाकेन्द्र, वंचितवर्ग के लिए शिक्षा प्राप्ति में वरदान सिद्ध हो रहे हैं। शैक्षिक समानता लाने के लिए कुछ उपाय निम्नवत हो सकते हैं-

1. यथासंभव छात्रों के घर के पास शिक्षा संस्थायें स्थापित की जानी चाहिए।
2. छात्रावास सुविधाओं को बढ़ाया जाना चाहिए।
3. छात्रों को यातायात साधन उपलब्ध कराया जाना चाहिए।
4. निर्धन छात्रों को छात्रवृत्तियाँ अधिक संख्या में दी जानी चाहिए।
5. शैक्षिक विकास की स्पष्ट व समान नीति तैयार की जानी चाहिए।
6. शिक्षण शुल्क पूर्ण रूपेण समाप्त कर देना चाहिए।
7. पुस्तकें, गणवेश, स्टेशनरी तथा स्कूल अल्पाहार नि:शुल्क एवं पर्याप्त दिया जाना चाहिए।
8. दिवा अध्ययन केन्द्र खोले जाने चाहिए।
9. अभिभावकों में शिक्षा के प्रति सकारात्मक दृष्टिकोण उत्पन्न करना चाहिए।

यद्यपि जीवन के अन्य आदर्शों की तरह शैक्षिक अवसरों की पूर्ण समानता की प्राप्ति कदाचित असंभव ही है फिर भी उपरोक्त वर्णित उपाय शिक्षा में समान अवसरों की प्राप्ति की दिशा में कछ न कुछ उपयोगी अवश्य सिद्ध होंगे।

शिक्षकों की अस्मिता : समकालीन विमर्श, एक आदर्श शिक्षक की संकल्पना

शिक्षकों की अस्मिता

अस्मिता नाम का मतलब गौरव, आत्म सम्मान, प्रकृति होता है। गौरव, आत्म सम्मान, प्रकृति होना बहुत अच्छा माना जाता है और इसकी झलक अस्मिता नाम के लोगों में भी दिखती है। अस्मिता-बोध की तभी आवश्यकता पड़ती है, जब हमारी पहचान पर खतरा हो। तात्पर्य यह कि अगर किसी व्यक्ति या समुदाय के जाति, धर्म, कुल, वंश, राष्ट्र, भाषा, लिंग आदि पहचानों को मिटाने या हीन साबित करने की कोशिश की जाती है तो वह अमुक व्यक्ति या समुदाय इन पहचानों को बचाने की चेष्टा करता है।

इससे शिक्षकों के पेशेवर विकास की बात की जाती है और इसे पढ़ाने की नयी विधियों के ज्ञान द्वारा पूर्ण मान लिया जाता है। जबकि शिक्षक की सृजनात्मकता का संवर्धन, उसके विषय ज्ञान का अध्ययन करने की सुविधाएँ जैसे- कितनी पत्र-पत्रिकाओं की उपलब्धता, स्वतंत्र अध्ययन के अवसर आदि पर व्यवस्था मौन है।

एक समृद्ध हर्षित राष्ट्र निर्माण में शिक्षकों की अहम भूमिका होती है। शिक्षक विनम्र एवं बुद्धिमान होना चाहिए। अध्यापन के साथ-साथ छात्रों के लिए नैतिक शिक्षा व संस्कारों के समावेश के प्रति सजग होना चाहिए।

शिक्षण को प्रभावित करने वाले कारक (Factors Affecting Teaching)- सुविधा की दृष्टि से इन्हें निम्नलिखित वर्गों में वर्गीकृत किया जा सकता है-

- शिक्षक की मानसिक एवं शारीरिक योग्यताएँ।
- शिक्षक की शिक्षण संबंधी कुशलताएँ।
- शिक्षक का शिक्षण विधियों पर एकाधिकार।
- कक्षागत परिस्थितियाँ एवं वातावरण।
- शिक्षक का व्यक्तित्व।

शिक्षण की गुणवत्ता को प्रभावित करने वाले कारक निम्नलिखित हैं-

- अधिगम की क्षमता, शिक्षक के संचार कौशल, शिक्षण विधि
- शिक्षण विधि, शिक्षक के संचार कौशल, शिक्षक का प्रशिक्षण
- शिक्षक का वेतन, शिक्षक का व्यक्तित्व, शिक्षक का प्रशिक्षण
- कक्षा का परिवेश, श्रव्य-दृश्य सहायक सामग्री, शिक्षार्थियों की बुद्धि का प्रयोग

शिक्षकों की अस्मिता पर समकालीन विमर्श-

यह साहित्य में अस्मिता विमर्श का दौर है। सामाजिक, राजनीतिक, आर्थिक, सांस्कृतिक सभी स्तरों पर हिस्सेदारी और अपने अधिकारों की माँग को लेकर हाशिए की अस्मिताओं का संघर्ष और स्वर उभरे हैं। वर्ग, जाति, वर्ण, लिंग, स्थानिकता, सांस्कृतिक पहचान, विस्थापन आदि को आधार बना कर नई अस्मिताएँ सामने आई हैं। इन्होंने समानता, न्याय, हिस्सेदारी और आत्मसम्मान के लिए प्रतिरोध, आंदोलन और संघर्ष को अपना मुक्ति पथ घोषित किया है। अस्मिता विमर्श का आशय स्पष्ट है-अपने अस्तित्व का बोध, जो आत्मनिर्णय और आत्माभिव्यक्ति का प्रश्न है। अपनी स्वतंत्र अस्मिता को चिंतन के केंद्र में स्थापित करना आधुनिकता की अवधारणा से जुड़ा है, जो वैश्वीकरण की प्रक्रिया के समांतर वर्चस्ववादी सत्ता के निरंतर प्रतिरोध में प्रकट हुई।

इन अस्मिताओं के उभार ने परंपरागत केंद्रीय सत्ता संरचना के वर्चस्व, निरंकुशता, छद्म चेतना, दमन और शोषण को चुनौती देते हुए उनकी कार्य-पद्धतियों का विरोध किया। एक आरोपित और विशेष तरह के इतिहास, सांस्कृतिक परंपरा और स्थापित मूल्यदृष्टि के विरोध में नई आत्माभिव्यक्तियां और पहचान के प्रश्न सामने आए। हाशिए पर पड़े एकल स्वर, प्रत्यक्ष और भोगा हुआ यथार्थ, उपेक्षित और त्रासद इकाइयाँ, लघुतर जनसमूह, अदृश्य और विलुप्त अधिकार वंचित वर्ग की पीड़ाएं आज अपने इतिहास, अपनी सामाजिक पहचान और जटिलताओं को सामने रख कर साहित्य में भी अपना प्रतिनिधित्व चाहती हैं। समकालीन समय के विस्मृत इतिहास बोध और भूमंडलीकरण से उत्पन्न त्रासद परिस्थितियों में अस्मिता विमर्श का साहित्य निस्संदेह सामाजिक यथार्थ के अनेक पहलुओं को उद्घाटित करने का सार्थक प्रयास हो सकता है। अगर वह लेखक, पाठक, बौद्धिक वर्ग के साथ-साथ आम जनता से भी अर्थपूर्ण संवाद स्थापित कर सके।

संपूर्ण साहित्य निर्विवाद रूप से व्यापक मानवीय मूल्यों को बचाने का ही महान प्रयास करता और अनेक पूर्वाग्रहों से मुक्त करता है। जिस प्रकार जीवन में, समाज में कोई अन्य से अलग या स्वायत्त नहीं रह सकता उसी प्रकार रचनाशीलता में भी। साहित्य की वैचारिकी और समग्र अंतर्दृष्टि में समूचा यथार्थ अनेक विचारों, अनुभवों और संवेदनाओं के सहअस्तित्व से बन कर सामने आता है। वह सामान्य जन के दुख-दर्द, विडबंनाओं और आकांक्षाओं को अधिक लोकतांत्रिक तथा व्यापक संदर्भ में देखता

है, इसलिए जाति, वर्ग, संप्रदाय, संस्कृति आदि के अलग-अलग विमर्शों के बीच भी साहित्य की मूल चेतना मानवीय प्रतिबद्धता की ही पक्षधर होती है। इसमें रचनाकार की दृष्टि युग और समाज के वर्तमान के साथ भविष्य के प्रति भी आशान्वित होती है।

साहित्य का मूल उद्देश्य सामूहिक अस्मिता के स्वप्नों को पूरा करने, जीवन में अदम्य आस्था और संकीर्णताओं-सीमाओं से मुक्त विराट जनजीवन की वैश्विक दृष्टि में समाहित होता है। इसलिए साहित्य में स्त्री विमर्श हो, दलित या आदिवासी विमर्श, देखना यह भी जरूरी है कि उसमें जीवन के संघर्ष और आगामी मानवता का निर्माण करने की कितनी शक्ति है। समाज में सार्थक रचनात्मक हस्तक्षेप करने के साथ उसकी विश्वसनीयता और जनसरोकारों की प्रतिबद्धता का होना ज्यादा जरूरी है। समाज में जो असंख्य महिलाएं अपने निरंतर संघर्ष से पितृसत्तात्मक ढाँचे को तोड़ रही हैं, जो दलित-शोषित अपने मानवीय संघर्षों से वर्णव्यवस्था को चुनौती दे रहे हैं और जो आदिवासी अस्मिताएं जल, जंगल और जमीन पर वर्चस्ववादी शक्तियों के एकाधिकार को चुनौती दे रही हैं, उनसे गहरा और संवेदनात्मक संबंध बनाए बिना ये विमर्श महज बौद्धिक विमर्श बने रहेंगे।

जब तक साहित्य यथास्थिति से टकराने का साहस और प्रेरणा नहीं देता और किसी नई मूल्य दृष्टि और चेतना का प्रसार नहीं करता, तब तक स्त्री लेखन या पुरुष लेखन, दलित और गैर दलित, आदिवासी-गैर-आदिवासी लेखन का विभाजन सही दिशा निर्माण और वास्तविक समस्याओं को व्यापक परिदृश्य में और सार्थक तरीके से प्रस्तुत नहीं कर सकता। जैसे स्त्री-पुरुष समानता और लैंगिक भेदभाव की समस्या आज एक बड़ा सवाल है और हमारे जैसे पंरपरावादी समाज की संरचना में यह बहुत-सी जटिलताएं लिए हुए है। इसलिए साहित्य में धर्म, जाति, लिंग, भाषा आदि की सीमाएँ नहीं होनी चाहिए और स्त्री पर केवल स्त्री लेखन कर सकती है और दलित पर केवल दलित लिख सकते हैं, तभी वह प्रामाणिक होगा, यह धारणा भी एकांगी है। किसी रचना की सार्थकता इसमें है कि वह अपने समय, समाज और परिवेश की मनुष्य-विरोधी ताकतों से कितनी मुठभेड़ करती है। व्यवस्था में न्याय और समानता के लिए कैसे संघर्ष और हस्तक्षेप करती है। अलग-अलग विमर्शों के लेखन में वैचारिक मतभेद संभव हो सकते हैं, लेकिन किसी का निषेध और अस्वीकार्यता साहित्य की विराट संभावनाओं और वृहत्तर चेतना में संभव नहीं है। समाज और साहित्य के भीतर क्षेत्र, जाति और वर्ग के नाम पर अस्मिताओं के समूहों की टकराहट सकरात्मक परिवर्तन के लिए होनी चाहिए और अपना सम्मान और स्थान अर्जित करने के लिए उनका आत्मकेंद्रित निजी हितों के बजाय संपूर्ण मानवता के साझा सरोकारों से जुड़ना जरूरी है। इसलिए विमर्श की मूल प्रकृति यानी संवादधर्मिता और जीवंत रूप से विचारों के आदान-प्रदान के माध्यम से इन्हें सकारात्मक और रचनात्मक रूप दिया जा सकता है।

साहित्य में वास्तविक मुद्दा हमेशा मानवीय मुक्ति और विशाल जनजीवन के जनतांत्रीकरण का रहा है। जब तक रचनाकार का आंतरिक संघर्ष स्पष्ट, मुखर और व्यवस्थित नहीं होगा, तब तक वह बाह्य समस्याओं से लड़ नहीं सकता। मुक्तिबोध ने इसे 'सर्वहारा चेतना' का नाम दिया था, जो लेखक के क्षोभ और आत्मसंघर्ष को समस्त पीड़ित मानवता से एकाकार कराती है। प्रतिरोध की यही चेतना और संघर्ष की आंकाक्षा उन्हें साधारण मानव में असाधारणता का बोध कराती है।

प्रेमचंद, निराला, राहुल सांकृत्यायन, यशपाल और नागार्जुन जैसे अनेक प्रसिद्ध लेखकों ने अपने लेखन और साहित्य में वर्चस्ववादी, अभिजात मूल्यों को हमेशा प्रश्नांकित किया और सदियों से चले आ रहे शोषण, उत्पीड़न का सशक्त विरोध करते हुए जाति, सांप्रदायिकता, और वर्ण से मुक्त लोकतांत्रिक मूल्यों से साहित्य को जोड़ा।

समकालीन परिप्रेक्ष्य में भी जिस गहराई और सघनता से अस्मिता विमर्श का रचनात्मक लेखन सामने आया है उसमें नई मूल्य दृष्टि और आधुनिक चेतना के प्रसार को देखते हुए पाठक समुदाय में स्त्री, दलित, आदिवासी और अल्पसंख्यक विमर्शों में किसी प्रकार की सीमाओं और विभाजन को स्वीकार करना असंभव है। समाज की वास्तविकता और यथार्थ की जटिलताओं को पहचानने में एक रचनाकार की अनेक दृष्टियाँ और अस्मिताएँ परस्पर पूरक का काम करती हैं। यथार्थ कभी इकहरा नहीं होता, इसलिए समय और परिवेश के अंतर्विरोधों को समग्रता में आत्मसात करने और अभिव्यक्त करने में साहित्यकार के विविध दृष्टिकोण, संवेदनाएँ और वैचारिकताएँ मिल कर कालजयी रचना का निर्माण करती हैं।

एक आदर्श शिक्षक की संकल्पना

अध्यापक शिक्षण प्रक्रिया का एक महत्त्वपूर्ण अंग है। अध्यापक के बिना शिक्षा की प्रक्रिया सफल रुप से नहीं चल सकती। अध्यापक न केवल छात्रों को शिक्षा प्रदान करके ही अपने दायित्वत से मुक्ति पा लेता है वरन उसका उत्तर दायित्व है तो इतना अधिक और महत्त्वपूर्ण है कि प्रत्येक व्यक्ति उन्हें पूर्ण करने में समर्थ नहीं है। शिक्षक की क्रिया और व्यवहार का प्रभाव उसके विद्यार्थियों, विद्यालय और समाज पर पड़ता है। इस दृष्टि से कहा जाता है कि अध्यापक राष्ट्र का निर्माता होता है। अत: अध्यापक अपने कार्यों को सफलतापूर्वक एवं उचित प्रकार से करने के लिए आवश्यक है कि उसमें कुछ गुण अथवा विशेषताएँ होनी चाहिए। सामान्यत: एक अच्छे अध्यापक में निम्नलिखित गुणों का होना अति आवश्यक है-

शिक्षक में मुख्य रुप से 4 गुण होने जरुरी हैं-

1. शैक्षिक गुण/ योग्यताएँ
2. व्यावसायिक गुण
3. व्यक्तित्व संबंधी गुण और
4. संबंध स्थापित करने का गुण

1. **शैक्षिक योग्यता**-एक अध्यापक में अध्ययन के लिए स्तरानुसार न्यूनतम शैक्षिक योग्यता का होना अनिवार्य है। साथ ही अध्यापक का प्रशिक्षित होना भी आवश्यक है। उदाहरण के तौर पर-

   प्राइमरी कक्षाओं को पढ़ाने के लिए अध्यापक को कम से कम हायर सेकेंडरी कक्षा पास होना तथा एस.टी.सी. के रूप में शिक्षण कार्य का प्रशिक्षण प्राप्त किया हुआ होना चाहिए।

   इसी प्रकार सेकण्डरी कक्षाओ को पढ़ाने वाले अध्यापक के लिए कम से कम शैक्षिक योग्यता के रूप में स्नातक एवं B.Ed किया हुआ होना चाहिए। उच्च माध्यमिक कक्षा को पढ़ाने वाला अध्यापक संबंधित विषयों में स्नातकोत्तर की डिग्री लिया हुआ होना चाहिए। साथ ही B.Ed की डिग्री भी उसके पास होना आवश्यक है।

   कई विद्यालयों में अप्रशिक्षित अध्यापक या अध्यापिकाओं को रख लिया जाता है जो उचित नहीं है। अत: अध्यापक का चयन करते समय इस बात को ध्यान में रखना चाहिए कि उसमें न्यूनतम योग्यता हो तथा प्रशिक्षित हो।

2. **व्यावसायिक गुण**-एक अच्छा अध्यापक बनने के लिए आपमें व्यवसायिक गुणों का होना भी आवश्यक है-

   (a) **व्यवसाय के प्रति रुचि निष्ठा**-एक अध्यापक को अध्यापन व्यवसाय में रुचि और उसके प्रति निष्ठा होनी चाहिए। वह उसे केवल अपनी कमाई का साधन ही ना समझे। अध्यापक यदि मजबूरी में अध्यापक बनता है तो वास्तव में वह अध्यापक बनने के योग्य नहीं है।

   (b) **विषय का पूर्ण ज्ञान**-एक कुशल अध्यापक में इस गुण का होना अति आवश्यक है। अध्यापक को विषय का पूर्ण ज्ञान नहीं होगा तो वह विद्यार्थियों की विषय संबंधी समस्याओं का समाधान नहीं कर पाएगा जिससे छात्र उसका आदर सम्मान नहीं करेंगे और न ही उसे आत्म संतुष्टि हो पाएगी।

   (c) **शिक्षण विधियों का प्रयोग**-एक अच्छा अध्यापक में यह गुण होना भी आवश्यक है कि छात्र उसकी बात को अच्छी तरह से समझ सके इसके लिए उसे छात्रों के स्तर अनुसार एवं विषय की प्रकृति अनुसार उचित शिक्षण विधि का प्रयोग करना चाहिए। जैसे छोटे बालको के लिए खेल विधि, प्रदर्शन विधि और कहानी विधि का प्रयोग प्रभावशाली रहता है तथा उच्च कक्षाओं में व्याख्यान प्रयोगशाला प्रयोगात्मक विधि उपर्युक्त रहती है।

(d) **सहायक सामग्री का प्रयोग**-वर्तमान समय में विषय वस्तु की जटिलता कि समाप्ति की दृष्टि से अध्यापन में शिक्षा तकनीकी के साधनों का प्रयोग किया जाने लगा है। एक अच्छा अध्यापक वही है जो छात्रों के स्तर, उनकी योग्यता एवं क्षमता तथा विषय-वस्तु की प्रकृति को ध्यान में रखकर वस्तु को सरल और रुचिकर बनाने की दृष्टि से समुचित शिक्षण सहायक सामग्री का प्रयोग करें।

(e) **मनोविज्ञान का ज्ञान**-एक कक्षा में अलग-अलग प्रकार के बालक होते हैं उनकी भिन्न समस्या होती है वह अधिगम भली भांति कर सके इसके लिए उनकी समस्याओं का समाधान होना आवश्यक है। एक शिक्षक उसी स्थिति में बालको की समस्याओं का समाधान कर सकता है जब वह उन से परिचित हो और समस्याओं के संबंध में जानने के लिए शिक्षक को मनोविज्ञान का ज्ञान होना आवश्यक है।

मनोविज्ञान का ध्यान होने पर ही शिक्षक बालक की रूचि योगिता क्षमता बुद्धि आदि को समझ सकता है और उसके आधार पर अपना जो शिक्षण है उस और निर्देशन का कार्य सफलतापूर्वक कर सकता है।

(f) **ज्ञान पिपासा**-एक अच्छा शिक्षक वही है जिसमें हमेशा सीखने की ललक बनी रहती है दूसरे शब्दों में हम कह सकते हैं कि 'एक अच्छा अध्यापक वही है जो हमेशा विद्यार्थी बना रहता है' इससे अध्यापक का खुद का ज्ञान तो बढ़ता ही है साथ ही वह अपने विद्यार्थियों को भी लाभ दे सकता है।

(g) **पाठ्य सहगामी क्रियाओं में रूचि**-एक अच्छे अध्यापक के लिए यह आवश्यक है कि वह विद्यालय में विभिन्न पाठ्य सहगामी क्रियाओं का आयोजन करने एवं उन्हें सफलतापूर्वक संपन्न कराने में रूचि ले। साथ ही इसके लिए उसे अपने विद्यार्थियों में रुचि विकसित करने के लिए प्रयत्न करने चाहिए।

(h) **समय का पाबंद**-अच्छे अध्यापक का एक महत्त्वपूर्ण गुण उसका समय के प्रति पाबंद होना है। वह समय पर विद्यालय में जाएं, प्रार्थना सभा में उपस्थित हो तथा कालांश प्रारंभ होते ही कक्षा में जाएं और कालांश समाप्ति के पूर्व क्लास छोड़े अध्यापक यदि समय का पाबंद नहीं है तो उसके विद्यार्थी भी समय के पाबंद नहीं हो सकते।

(i) **कुशल वक्ता**-एक शिक्षक को अपनी बात को छात्रों तक पहुँचाने के लिए उसे रुचिपूर्ण, अच्छे स्तर तथा निश्चित अर्थ वाले शब्द का प्रयोग करना चाहिए। साथ ही प्रवाह पूर्ण तरीके से बोलने में उसे झिझकना नहीं चाहिए। अत्यधिक गति से भी नहीं बोलना चाहिए। दूसरे शब्दों में उसे अपनी बात इस प्रकार के रखनी चाहिए कि विद्यार्थियों पर उसका प्रभाव पड़े और वे उसे सुनने में रुचि ले।

(j) **छात्रों के प्रति प्रेम व सहानुभूति**-एक शिक्षक केवल अध्यापक के प्रति रुचि रखें यह पर्याप्त नहीं है। उसे अपने विद्यार्थियों में भी रुचि रखनी चाहिए। साथ ही विद्यार्थियों से प्रेम, सहानुभूति पूर्ण व्यवहार करना चाहिए। विद्यार्थियों के द्वारा पूछे गए प्रश्नों का संतोषजनक रूप से उत्तर देना चाहिए। उनकी समस्याओं का सहानुभूतिपूर्ण समाधान करना चाहिए। इससे विद्यार्थी भी अध्यापक आदर करेंगे।

3. **व्यक्तित्व संबंधी गुण**-एक अच्छे टीचर की पर्सनैलिटी भी प्रभावशाली होना आवश्यक है टीचर का व्यक्तित्व प्रभावशाली तब ही हो सकता है जब उसमें निम्न गुण हो-

(a) **वेशभूषा**-टीचर का व्यक्तित्व प्रभावशाली होने के लिए उसका बाहरी स्वरूप अध्यापक के समान ही होना आवश्यक है। अध्यापक के समान बाहरी स्वरूप होने का अर्थ उसके सुंदर या असुंदर होने से न होकर उसकी वेशभूषा आदि से है। अध्यापक को साफ सुथरी प्रेस किये हुए तथा उचित कपड़े पहने रहना चाहिए। बालों को ढंग से सँवारकर कक्षा में जाना चाहिए। इससे शिक्षार्थी के ऊपर अच्छा प्रभाव पड़ता है।

(b) **अच्छा स्वास्थ्य**-एक अच्छे अध्यापक का शारीरिक रूप से स्वस्थ होना भी आवश्यक है। यदि शिक्षक स्वस्थ नहीं होगा तो वह कक्षा में क्या पढ़ाएगा ? वह किस रूप से पढ़ायेगा। शारीरिक रूप से अस्वस्थ होने पर मानसिक रुप से भी अस्वस्थ रहेगा और साइकोलॉजिस्ट के द्वारा कहा गया है कि "स्वस्थ शरीर में ही स्वस्थ मस्तिष्क का निवास होता है" शिक्षक का शारीरिक एवं मानसिक रूप से स्वस्थ होना आवश्यक है।

(c) **उच्च गुणवत्ता**-एक शिक्षक को चारित्रिक रुप से दृढ़ होना चाहिए। क्योंकि शिक्षक के चरित्र का प्रभाव उसके विद्यार्थियों पर शीघ्र ही पड़ता है। अत: अध्यापक को अपने विद्यार्थियों के समक्ष अपने आपको अच्छे रूप में प्रस्तुत करना चाहिए। कभी भी उनके सामने कोई गलत या अनैतिक हरकत नहीं करनी चाहिए।

(d) **नेतृत्व शक्ति**-एक अच्छे शिक्षक में नेतृत्व शक्ति भी होनी चाहिए। उसे अपने विद्यार्थियों को प्रत्येक क्षेत्र, शिक्षक अधिगम, पाठ्य सहगामी प्रक्रिया, किसी विषय में विचार-विमर्श अनुशासन बनाए रखने आदि में कुशल एवं प्रभावशाली नेतृत्व प्रदान करना चाहिए। जिससे विद्यार्थी इन सभी क्षेत्रों में सफलता पूर्वक कार्य कर सकें।

(e) **धैर्यवान**-एक अच्छे शिक्षक में धैर्य का गुण होना आवश्यक है। छात्रों के प्रश्न पूछने पर उसे उखड़ना नहीं चाहिए। बात-बात में झुंझलाना नहीं चाहिए। बल्कि धैर्य के साथ सोच समझकर उनके प्रश्नों के उत्तर देकर उन्हें संतुष्ट करना चाहिए।

(f) **विनोदप्रिय**-विनोद प्रिय का तात्पर्य हंसी-मजाक करने वाले व्यक्ति से होता है। यदि कोई शिक्षक अपना चेहरा गुस्से से लाल रखता है तो विद्यार्थी उस अध्यापक से अप्रसन्न रहते हैं। उससे प्रश्न पूछना वह बात करना पसंद नहीं करते हैं अत: अध्यापक को विद्यार्थियों से प्रेम पूर्व मधुर संबंध बनाने एवं कक्षा शिक्षण में रस और रुचि उत्पन्न करने के लिए विनोद प्रिय होना आवश्यक है।

(g) **उत्साह**-प्रभावशाली अध्यापक उत्साह ही होता है जो भी कार्य उसे दिया जाता है वह पूर्ण उत्साह के साथ उसे करता है इससे छात्रों में भी रुचि उत्पन्न होती है और वह भी अध्यापक का पूर्ण उत्साह के साथ सहयोग करते हैं जिससे कार्य में पूर्ण सफलता मिलने की संभावना बढ़ जाती है।

(h) **आत्म-सम्मान**-जिस शिक्षक में आत्म सम्मान की भावना नहीं होती है। वे अध्यापक कहलाने के योग्य नहीं है। एक अच्छा और प्रभावशाली अध्यापक वह है जो विद्यार्थियों, प्रधानाध्यापक तथा अन्य के सामने इसी गलत बात के लिए नहीं झुकता है। किसी प्रकार का अन्याय सह नहीं करता है, गलत बात का समझौता नहीं करता है। जो अध्यापक अपने कर्तव्यों और अधिकारों के प्रति सचेत रहता है वही अपने आत्मसम्मान की रक्षा कर पाता है।

4. **संबंध स्थापित करने का गुण**-एक अच्छा अध्यापक वह है जो लोगों के साथ अच्छा संबंध रखता है और उन्हें बनाए रखता है। एक अच्छे शिक्षक का निम्नलिखित व्यक्तियों से अच्छे संबंध होने चाहिए।

(a) **विद्यार्थियों के साथ संबंध**-अध्यापक का कार्य सिर्फ इतना ही नहीं है कि वह कक्षा में जाकर अपना पाठ पढ़ा दे। उसे यह भी देखना चाहिए कि छात्रों पर उसका कितना प्रभाव पड़ता है। वह इस बात को तब ही देख सकता है जब उसका विद्यार्थियों के साथ मधुर संबंध स्थापित हो। इसके लिए उसे प्रत्येक छात्र की और व्यक्तिगत रूप से ध्यान देना चाहिए। उनकी समस्याओं का उचित समाधान करना चाहिए उनके साथ मित्रता करें।

(b) **साथी अध्यापकों के साथ संबंध**-अध्यापक को अपने साथी अध्यापकों के साथ में भी मधुर संबंध बनाने चाहिए। अच्छा शिक्षक वही है जो अपने साथी अध्यापक के साथ प्रेम और सहयोग का व्यवहार करें। उनके विचारों का आदर करे, उनकी निन्दा न करें।

(c) प्रधानाध्यापक के साथ संबंध-एक अच्छा टीचर वही है जो प्रधानाध्यापक के साथ सहयोग पूर्ण व्यवहार करता है। विद्यालय में चलने वाली विभिन्न क्रियाओं को सफलतापूर्वक संपन्न कराने में अपना योगदान करता है।

(d) अभिभावको के साथ संबंध-एक अच्छा टीचर वह है जो छात्रों के साथ-साथ उनके माता-पिता से भी मधुर संबंध बनाता है। इसके लिए उसके विद्यार्थियों को माता-पिता को समय-समय पर बालक की प्रगति से परिचित कराते रहना चाहिए। बल्कि समस्याओं के समाधान के लिए विचार विमर्श करना चाहिए, अध्यापक को शिक्षक अभिभावक संघ बनाने में अधिकाधिक रुचि लेनी चाहिए।

(e) समाज के साथ संबंध-जिस समाज में विद्यालय स्थित है। अध्यापकों को चाहिए कि वह उस समाज से भी अच्छे संबंध बनाएं। इससे समाज के व्यक्ति विद्यालय की उन्नति में सहायक सिद्ध हो सकते हैं। समुदाय के साथ संबंध बनाने की दृष्टि से टीचर विदयार्थियों का सहयोग ले सकता है।

एक श्रेष्ठ अच्छे शिक्षक में शिक्षक के गुण होना ही पर्याप्त नहीं है बल्कि उस में उपर्युक्त सभी गुणों का होना आवश्यक है। जिस शिक्षक में उपर्युक्त सभी गुण होंगे तो कहा जा सकता है कि वह अध्यापक कुशल और प्रभावशाली है। एक आदर्श अध्यापक केवल छात्र का मार्गदर्शन नहीं करता बल्कि सम्पूर्ण राष्ट्र के भाग्य का निर्माण करता है। अत: अध्यापकों को समाज के प्रति अपने विशिष्ट कर्तव्य पहचानना चाहिये।

अभ्यास प्रश्न

1. समावेशन का अर्थ है–
(a) किसी व्यवस्था का अंग होना
(b) विशेष आवश्यकता वाले बच्चों को समझना
(c) सामान्य आवश्यकता वाले बच्चों को समझना
(d) उपर्युक्त सभी

2. समावेशन का मुख्य तत्व है–
(a) शिक्षा का अधिकार
(b) शिक्षा की प्रक्रिया
(c) शिक्षा में प्रगति
(d) उपर्युक्त सभी

3. बहिष्करण होता है–
(a) जेण्डर के आधार पर
(b) वर्ग के आधार पर
(c) विशेष आवश्यकता वाले बच्चों के आधार पर
(d) उपर्युक्त सभी

4. भारतीय कक्षाओं में असमानता और विविधता के कारण है–
(a) प्रांतीय आवश्यकताएँ
(b) राजनीतिक प्रभाव
(c) सामाजिक प्रभाव
(d) उपर्युक्त सभी

5. असमानता निवारण का उपाय है–
(a) देश में एक समान पाठ्यक्रम लागू करना
(b) पाठ्यक्रम की रूप रेखा पहले से तैयार करना
(c) रूपरेखा के अनुसार पाठ्यपुस्तकों का निर्माण
(d) उपर्युक्त सभी

6. समावेशी शिक्षा में बाधक है–
(a) सामाजिक समस्याएँ
(b) संवेगात्मक समस्याएँ
(c) शैक्षिक समस्याएँ
(d) उपर्युक्त सभी

7. शैक्षिक समस्याओं का मूल आधार है–
(a) बालकों के व्यक्तिगत विकास तथा उनके उच्च शैक्षिक निष्पादन के लिए
(b) बालकों में समाजीकरण के गुणों का विकास करने के लिए
(c) अतिरिक्त समय को उद्देश्यपूर्ण ढंग से बताने के लिए
(d) उपर्युक्त सभी के लिए

9. समावेशी शिक्षा में शिक्षक का दायित्व है–
(a) कार्यक्रम का नियोजन एवं विकास करना
(b) कार्यक्रम का क्रियान्वयन करना
(c) कार्यक्रम का प्रबोधन करना
(d) उपर्युक्त सभी

10. मानसिक अक्षमता वाले बालक होते हैं-
(a) अत्यधिक कम बुद्धि वाले
(b) कम बुद्धि वाले
(c) उपर्युक्त दोनों
(d) कोई नहीं

11. विशिष्ट आवश्यकता वाले बच्चों की पहचान की जा सकती है–
(a) समूह सेवाओं और निरीक्षण द्वारा
(b) व्यक्तित्व परिक्षण द्वारा
(c) उपर्युक्त दोनों
(d) इनमें से कोई नहीं

12. विकलांग कल्याण विभाग की योजना है–
(a) पेंशन योजना
(b) छात्रवृत्ति योजना
(c) विकलांग से शादी पर पुरस्कार
(d) उपर्युक्त सभी

13. स्थानीय स्तर पर विशेष शिक्षा का दायित्व है–
(a) उत्तरदायित्व का निर्धारण
(b) बालकों की पहचान
(c) अध्यापकों का चुनाव
(d) ये सभी

14. शारीरिक अक्षमता वाला बालक है–
(a) अपाहिज बालक
(b) अंधे, बहरे बालक
(c) बोलने की अक्षमता वाले बालक
(d) उपर्युक्त सभी

15. विशिष्ट बालक का संबंध है–
(a) बुद्धि स्तर से
(b) निष्पत्ति स्तर से
(c) आर्थिक स्तर से
(d) सामाजिक स्तर से

16. विशिष्ट बालकों के लिए पूर्व पृथक्कीकरण शिक्षा व्यवस्था का उदाहरण है।
(a) अतिरिक्त कक्षा योजना
(b) विशेष कक्षा योजना
(c) विशेष विद्यालय योजना
(d) आवासीय विद्यालय योजना

17. ....प्रतिभाशाली होने का संकेत नहीं है।
(a) सृजनात्मक विचार
(b) दूसरों के साथ झगड़ना
(c) अभिव्यक्ति में नवीनता
(d) जिज्ञासा

18. अधिगम निर्योग्यता का लक्षण है–
(a) भागने की प्रवृत्ति होना
(b) अशांत, ऊर्जावान एवं विध्वंसक होना
(c) अवधान संबंधी बाधा/ विकार
(d) अभिप्रेरण का अभाव

19. शारीरिक रूप से अक्षम बच्चों को सामान्यत: ______ होता है।
(a) डिस्कैतकुलिया
(b) डिस्लेक्सिया
(c) डिस्ग्राफिया
(d) डिस्थीमिया

20. दृष्टिबाधिक बालक ज्ञान अर्जित करता है–

(a) श्रवण इंद्रिय से
(b) स्पर्श इंद्रिय से
(c) दोनों से
(d) किसी से नहीं

21. श्रवण दोष से ग्रसित बच्चों में दोष हो सकता है।
(a) कान से बहरा
(b) कान के अंदर
(c) कान के मध्य
(d) उपर्युक्त सभी

22. ब्रेल विधि का प्रयोग किया जाता है–
(a) अंधे बालकों के लिए
(b) अपंग बालकों के लिए
(c) गूंगे बालकों के लिए
(d) अस्थि बाधित बालकों के लिए

23. वंचित बालक होते हैं–
(a) अंधे बालक
(b) गूंगे बालक
(c) विषमांगी
(d) उपरोक्त सभी

24. समावेशी बालक समूह बनाते हैं–
(a) समांगी
(b) असमांगी
(c) विषमांगी
(d) उपरोक्त सभी

25. ''अपवंचन बाल्य जीवन की उद्दीपक दशाओं की न्यूनता है।'' कथन है–
(a) वोलमैन
(b) गार्डन
(c) जॉन जरोलीमैक
(d) इनमें से कोई नहीं

26. पुरुष और महिलाओं के साथ निष्पक्ष रहने की प्रक्रिया को____कहते है।
(a) लैंगिक निष्पक्षता
(b) लैगिक संवेदनशीलता
(c) लैंगिक जागरुकता
(d) लैंगिक समानता

27. कक्षा में लैंगिक रुढिवादिता से बचने के लिए शिक्षक को चाहिए।
(a) लड़को और लड़कियों को गैर-पारंपरिक भूमिकाओं में रखने की कोशिश करें।
(b) 'अच्छी लड़की' या 'अच्छा लड़का' कहकर उनके अच्छे कामों की सराहना करें।
(c) लड़कियों को कुश्ती में हिस्सा लेने से हतोत्साहित करना।
(d) लड़कों को जोखिम लेने और साहासी होने के लिए प्रोत्साहित करें।

28. लिंग विविधता का अर्थ है–
(a) जनसंख्या का साम्य अनुपात
(b) पुरुषों और महिलाओं का सम्य अनुपात
(c) रोजगार मे लगे पुरुषों और महिलाओं का साम्य अनुपात
(d) शिक्षित महिलाओं व पुरुषों का साम्य अनुपात

29. लैंगिक भूमिका की संकल्पना____की पुस्तक से विकसित हुई।
(a) साइमन बैरन
(b) इव शैपाइरो
(c) कैरोलीन मोसर
(d) सैन्द्रा लिसिज बेम

30. अन्य बातों के अलावा गतिविधियों और रुचियों के माध्यम से किसी विशेष लिंग की पहचान____कहलाता है।
(a) लैंगिक सक्रियता
(b) लैंगिक विविधता
(c) लैंगिक अभिविन्यास
(d) लैंगिक विकास

31. लैंगिक संवेदनशीलता____के विपरीत है।
(a) लैंगिक विश्लेषण
(b) लैंगिक अंधता
(c) लैंगिक असमानता
(d) लैंगिक समानता

32. एक लिंग पर दूसरे के प्रति वरीयता को___कहा जाता है।
(a) लैंगिक भूमिका
(b) लैंगिक जागरुकता
(c) लैंगिक पूर्वाग्रह
(d) लैंगिक समता

33. लैंगिक भेदभाव के स्रोत रूप निम्नलिखित है?
(i) पोषण, स्वास्थ्य और आराम
(ii) शिक्षा, पाठ्यपुस्तकें, पाठ्यचर्या और शिक्षक
(iii) परिवार और माता-पिता
(a) I और II दोनों
(b) केवल I
(c) केवल II
(d) I, II और III

34. समाज शास्त्रियों के अनुसार लैंगिक असमानता या विषमता का एक कारण हमारी तथा_____ही_____है।
(a) संस्कृतिक, सामाजिक व्यवस्था
(b) भौतिक, राजनीतिक
(c) नैतिक, सामाजिक व्यवस्था
(d) लैंगिक, सामाजिक

35. इक्विटी क्या है?
(a) निष्पक्ष और निष्पक्ष होने का गुण
(b) वह स्थिति जिसमें सभी के समान अधिकार और फायदे है।
(c) निष्पक्षता या न्याय का अभाव
(d) संबंधित चीजों के बीच अनुपात या संबंध का अभाव।

36. निम्नलिखित में से महिला असमानता के पीछे का कारण नहीं है–
(a) अशिक्षा जागरूकता का कानून
(b) समाजीकरण
(c) संकीर्ण विचारधारा
(d) समाजीकरण

37. सामाजिक भूमिकाओं के कारण न कि जीव वैज्ञानिक संपत्ति के कारण सौपी गई विशेषता क्या कहलाती है।
(a) जेंडर भूमिका अभिवृत्ति
(b) जेंडर भूमिका दबाव
(c) जेंडर भूमिका रुढ़िबद्धता
(d) जेडर भूमिका नैर्दनकी

38. निम्नलिखित में से कौन-सा लैंगिक समानता में बाधक तत्व है।
(a) सामाजिक परिवर्तन
(b) पृथकता की भावना
(c) मान्यताएँ तथा परम्परायें
(d) नवीनता का भय

39. स्त्रियों की शिक्षा का महत्त्व पुरुषों की शिक्षा से अधिक है। किस आयोग ने कहा?
(a) कोठारी आयोग
(b) मुदलियार आयोग
(c) राधाकृष्णनन् आयोग
(d) श्री प्रकाश समिति

40. कस्तूरबा गाँधी विद्यालय योजना का शुभारम्भ हुआ–
(a) अक्टूबर 2007 से
(b) अक्टूबर 2006 में
(c) अक्टूबर 2005 में
(d) अक्टूबर 2004 में

41. घरेलू हिंसा अधिनियम बना–
(a) 2005 में
(b) 2010 में
(c) 2012 में
(d) 2015 में

42. समानता के अधिकार के अंर्तगत कितने लेख आते हैं–
(a) 2 (b) 3
(c) 5 (d) 4

43. निम्नलिखित में से संविधान के किस अनुच्छेद में समानता के अधिकार का उल्लेख किया गया है?

(a) अनुच्छेद 19-22
(b) अनुच्छेद 23-24
(c) अनुच्छेद 25-28
(d) अनुच्छेद 14-18

44. नैतिक शिक्षा का मुख्य उद्देश्य है–

(a) नीति निर्धारण करना
(b) नीतियों का निर्माण करना
(c) चरित्र निर्माण करना
(d) उपरोक्त सभी

45. बालकों की व्यवहार संबंधी समस्याओं पर सबसे अधिक प्रभाव पड़ता है–

(a) वातावरण का
(b) वंश परंपरा का
(c) दोष पूर्ण संबंधीकरण का
(d) शिक्षक के कठोर व्यवहार का

46. निम्नलिखित में से किस शिक्षण स्तर में संचार प्रक्रिया बहुत ही उच्च स्तर पर सक्रिय और परस्पर संवादनात्मक होती है?

(a) चिंतनशील स्तर
(b) बोध स्तर
(c) स्मृति स्तर
(d) स्वायत्त विकास पर

47. चिंतनशील शिक्षण की पहचान क्या है–

(a) स्पष्ट, व्यवस्थित और अच्छी तरह से संरचित विषयवस्तु
(b) व्यक्तिगत, संवादात्मक और उच्च स्तर के संज्ञानात्मक विनियम
(c) व्यवस्थित, नियोजित और त्वरित प्रश्न उत्तर सत्र
(d) तार्किक, सुसंगत और उदाहरण आधारित प्रस्तुतियाँ

48. शिक्षण में सबसे महत्त्वपूर्ण कार्य है–

(a) विषय निर्धारण
(b) उद्देश्य निर्धारण
(c) बिंदु निर्धारण
(d) समय निर्धारण

49. सभी के लिए विद्यालयों में सभी की शिक्षा निम्नलिखित में से किसके लिए प्रचार वाक्य हो सकता है।

(a) संसक्तिशील शिक्षा
(b) समावेशी शिक्षा
(c) सहायोगात्मक शिक्षा
(d) पृथक् शिक्षा

50. बहु सांस्कृतिक पृष्ठभूमि वाली कक्षा में भाषा-शिक्षक को क्या करना चाहिए–

(a) मौखिक कौशलों पर बल देना चाहिए।
(b) अभिव्यक्त्यात्मक कौशलों पर ही बल देना चाहिए
(c) परस्पर बातचीत करने के अधिकाधित अवसर देना
(d) बच्चों को मानक भाषा-प्रयोग के लिए करना।

51. मूल्यांकन की प्रक्रिया को किस रूप में माना गया है।

(a) त्रिभुजाकार
(b) द्विविमीय
(c) एकल
(d) चर्तुभुजाकार

52. मूल्यांकन को व्यापक तभी माना जा सकता है, जब–

(a) सभी अध्यापक मूल्यांकन करें
(b) सभी उद्देश्य मूल्यांकित किए जाए
(c) बच्चों के व्यक्तित्व के सभी पक्षों का मूल्यांकन हो
(d) संपूर्ण विषय वस्तु का मूल्यांकन हो

उत्तरमाला

1. (a)	**2.** (d)	**3.** (b)	**4.** (d)	**5.** (d)	**6.** (d)	**7.** (d)	**8.** (d)	**9.** (d)	**10.** (d)
11. (c)	**12.** (d)	**13.** (d)	**14.** (d)	**15.** (a)	**16.** (d)	**17.** (b)	**18.** (c)	**19.** (c)	**20.** (c)
21. (d)	**22.** (a)	**23.** (a)	**24.** (c)	**25.** (b)	**26.** (a)	**27.** (a)	**28.** (b)	**29.** (c)	**30.** (c)
31. (d)	**32.** (c)	**33.** (d)	**34.** (a)	**35.** (a)	**36.** (c)	**37.** (c)	**38.** (c)	**39.** (a)	**40.** (d)
41. (a)	**42.** (c)	**43.** (d)	**44.** (c)	**45.** (b)	**46.** (a)	**47.** (a)	**48.** (b)	**49.** (b)	**50.** (c)
51. (a)	**52.** (c)								

❑❑❑

अध्याय 8 राष्ट्रीय पाठ्यचर्या की रूपरेखा, शिक्षण अधिगम में मल्टीमीडिया साधनों का उपयोग तथा विद्यालय कार्य के साथ आई.सी.टी. का एकीकरण

राष्ट्रीय पाठ्यचर्या की रूपरेखा-2005 व बिहार पाठ्यचर्या की रूपरेखा, 2008 के विशेष संदर्भ में विज्ञान, पर्यावरण, गणित, भाषा एवं सामाजिक विज्ञान शिक्षण शास्त्र की समीक्षा

राष्ट्रीय पाठ्यचर्या रूपरेखा-2005

राष्ट्रीय पाठ्यचर्या रूपरेखा-2005 राष्ट्रीय पाठ्यचर्या की रूपरेखा 2005 (NCF 2005) चौथे राष्ट्रीय पाठ्यचर्या की रूपरेखा द्वारा 2005 में प्रकाशित है। शैक्षिक अनुसंधान और प्रशिक्षण की राष्ट्रीय परिषद (एनसीईआरटी) में भारत। इसके पूर्ववर्ती 1975, 1988, 2000 में प्रकाशित हुए थे।

NCF 2005 भारत में स्कूलों के लिए पाठ्यक्रम, पाठ्यपुस्तकों और शिक्षण प्रथाओं के लिए एक दिशानिर्देश के रूप में कार्य करता है। NCF 2005 ने शिक्षा पर पिछली सरकार की रिपोर्टों, जैसे लर्निंग विदाउट बर्डन और नेशनल पॉलिसी ऑफ़ एजुकेशन 1986-1992, और फ़ोकस ग्रुप डिस्कशन पर अपनी नीतियों को आधारित किया है। कई विचार-विमर्श के बाद NCF 2005 के लिए इनपुट प्रदान करने के लिए २१ नेशनल फोकस ग्रुप पोजिशन पेपर्स प्रकाशित किए गए हैं। NCF 2005 और इसके ऑफशूट पाठ्यपुस्तकों ने प्रेस में विभिन्न रूपों की समीक्षा की है।

NCF 2005 को 22 भाषाओं में किया गया है और 17 राज्यों में पाठयक्रम को प्रभावित किया है। एनसीईआरटी ने सभी राज्यों को अपनी स्थानीय भाषा में एनसीएफ को बढ़ावा देने के लिए, 10,00,000 का अनुदान प्रदान किया और इसके वर्तमान पाठ्यक्रम की तुलना प्रस्तावित सिलेबस से की, ताकि भविष्य में सुधार की योजना बनाई जा सके। इस अभ्यास को शैक्षिक अनुसंधान और प्रशिक्षण (एससीईआरटी) और जिला शिक्षा संस्थानों और प्रशिक्षण (डाइट) के लिए राज्य परिषदों के सहयोग से निष्पादित किया जा रहा है।

NCF को भूतकाल में व्यक्त विचारों को ध्यान में रखते हुए बनाया गया था-

- रटने की विधि से शिक्षण को स्थानांतरित करना।
- स्कूल के बाहर जीवन से ज्ञान को जोड़ना।
- कक्षा सीखने में परीक्षा को एकीकृत करने और इसे और अधिक लचीला बनाने के लिए।
- पाठ्यक्रम को समृद्ध करने के लिए ताकि यह पाठ्यपुस्तकों से परे हो।
- देश की लोकतांत्रिक राजनीति के भीतर चिंताओं को ध्यान में रखते हुए एक अति-सवारी पहचान का पोषण करना।

NCF ने ध्यान केंद्रित किया-

- सीखने को एक आनंददायक अनुभव बनाने के लिए बोझ के बिना सीखना और परीक्षा के लिए एक आधार बनने और बच्चों से तनाव को दूर करने के लिए पाठ्यपुस्तकों से दूर जाना। इसने पाठ्यक्रम के डिजाइन में बड़े बदलावों की सिफारिश की।
- व्यक्ति के आत्मनिर्भरता और सम्मान की भावना विकसित करने के लिए जो सामाजिक संबंधों के आधार के लिए होगा और समाज में अहिंसा और एकता की भावना विकसित करेगा।
- 14 साल की उम्र तक एक बच्चे को केंद्रित दृष्टिकोण विकसित करना और सार्वभौमिक नामांकन और प्रतिधारण को बढ़ावा देना।
- छात्रों में एकता, लोकतंत्र और एकता की भावना पैदा करने के लिए पाठ्यक्रम हमारी राष्ट्रीय पहचान को मजबूत करने और नई पीढ़ी के पुनर्मूल्यांकन के लिए सक्षम है।
- जेपी नायक ने भारतीय शिक्षा के लिए समानता, गुणवत्ता और मात्रा को मायावी त्रिकोण के रूप में वर्णित किया है।
- सामाजिक संदर्भ के संबंध में NCF 2005 ने सुनिश्चित किया है कि जाति, पंथ, धर्म और लिंग के बावजूद सभी को एक मानक पाठ्यक्रम प्रदान किया जाना।

राष्ट्रीय पाठ्यचर्या (2005) तथा बिहार पाठ्यचर्या (2008) के सन्दर्भ में विज्ञान

विज्ञान-शिक्षण विज्ञान के शिक्षण को विज्ञान के उद्देश्यों और सिद्धांतों और इसके अनुप्रयोगों को सीखना है, जो कि संज्ञानात्मक विकास के चरण के अनुरूप हैं। हासिल किए गए कौशल और उन तरीकों और प्रक्रियाओं को समझने के लिए जो पीढ़ी और वैज्ञानिक ज्ञान के सत्यापन की ओर ले जाते हैं। विज्ञान का एक ऐतिहासिक और विकासात्मक परिप्रेक्ष्य विकसित करना और विज्ञान को सामाजिक उद्यम के रूप में देखने के लिए उसे सक्षम बनाना। से संबंधित, स्थानीय के साथ-साथ वैश्विक, और विज्ञान, प्रौद्योगिकी और समाज के इंटरफेस पर मुद्दों की सराहना करते हैं। कार्य की दुनिया में प्रवेश करने के लिए अपेक्षित सैद्धांतिक ज्ञान और व्यावहारिक तकनीकी कौशल हासिल करने के लिए पोषणविज्ञान और प्रौद्योगिकी में प्राकृतिक जिज्ञासा, सौंदर्य बोध और रचनात्मकता। ईमानदारी, अखंडता, सहयोग, जीवन के लिए चिंता और पर्यावरण के संरक्षण के मूल्यों और 'वैज्ञानिक स्वभाव' निष्पक्षता, महत्त्वपूर्ण सोच और भय और पूर्वाग्रह से मुक्ति के लिए कार्य करना।

राष्ट्रीय पाठ्यचर्या की रूपरेखा के तरीके से विज्ञान सीखना-राष्ट्रीय पाठ्यचर्या की रूपरेखा (एन.सी.एफ.) के अनुसार: "आदिकाल से प्रकृति के विस्मय से अभिभूत मनुष्य की महत्त्वपूर्ण प्रतिक्रिया रही है-अपने भौतिक और जैविक पर्यावरण का ध्यान से निरीक्षण करना, उनमें अर्थपूर्ण संयोजनों (पैटर्न्स) और संबंधों को खोजना, प्रकृति से काम लेने के लिए औजार बनाना, और संसार को समझने के लिए अवधारणाएँ गढ़ना। इन्हीं मानवीय प्रयासों की परिणति आधुनिक विज्ञान में हुई है।"

विज्ञान शिक्षण का उदारवादी दृष्टिकोण इस विश्वास पर आधारित है कि विज्ञान की शिक्षा के साथ-साथ विज्ञान के बारे में भी जानना ज़रूरी है। विज्ञान के शिक्षकों को उस विषय के इतिहास और प्रकृति का भी कुछ ज्ञान होना चाहिए जो वे पढ़ा रहे हैं। विज्ञान को इतिहास और दर्शन के बोध से सम्पन्न दृष्टि से पढ़ाया जाना विदयार्थियों में प्रकति की समझ को जन्म देता है। उन्हें प्रकृति और विज्ञान के सौन्दर्य का रस लेना सिखाता है। उनमें वैज्ञानिक जानकारी और क्रियाकलाप से उजागर होने वाले नीतिगत मुद्दों के प्रति चेतना जगाता है।

एन.सी.एफ. ने भारत में मौजदा विज्ञान-शिक्षण के जटिल परिदृश्य में स्पष्ट दिखाई देने वाले तीन महत्त्वपूर्ण मुद्दों को चिह्नित किया है-

- संविधान में घोषित समता और समानता का लक्ष्य हासिल करने के लिए विज्ञान शिक्षण को अभी लम्बी दूरी तय करना है।
- विज्ञान शिक्षण, अच्छी से अच्छी स्थितियों में भी, एक प्रकार की कुशलता तो विकसित करता है, परन्तु अनुसंधान करने और नया रचने की वृत्तियों को प्रोत्साहित नहीं करता।
- विज्ञान शिक्षण की अधिकांश - या शायद सभी - समस्याओं की जड़ उस पर हावी परीक्षा प्रणाली है।

एन.सी.एफ. के अनुसार, विज्ञान शिक्षण से सीखने वाला इस काबिल बनना चाहिए कि-

- जैसे-जैसे संसार को पहचानने की उसकी क्षमता बढ़े, वैसे-वैसे वह उससे जुड़े वैज्ञानिक तथ्यों और सिद्धान्तों को भी जाने और उनके विभिन्न उपयोगों से भी परिचित हो।
- वह ऐसा कौशल हासिल कर सके और उन विधियों तथा प्रक्रियाओं को समझ सके, जिनके उपयोग से वैज्ञानिक ज्ञान का जन्म होता है और उसकी सत्यता की पुष्टि भी होती है।
- उसमें विज्ञान की ऐतिहासिक और विकासपरक दृष्टि का विकास हो, और वह विज्ञान को एक सामाजिक अभिक्रम की तरह देख सके।
- वह पूरे परिवेश (प्राकृतिक पर्यावरण, कृत्रिम रचनाओं और लोग) से जुड़ाव महसूस कर सके। इस परिवेश की समझ केवल स्थानीय न होकर वैश्विक हो। ताकि वह विज्ञान, तकनीक और समाज के संगम से उपजने वाले मुद्दों का महत्त्व समझ सके।
- वह संसार के कर्मक्षेत्र में उतर सकने के लिए ज़रूरी सैद्धान्तिक ज्ञान और व्यावहारिक तकनीकी कौशल हासिल कर ले।
- उसकी सहज जिज्ञासा, सौन्दर्यबोध और रचनात्मकता को पोषण मिले।
- वह ईमानदारी, निष्ठा, सहभागिता तथा जीवन और पर्यावरण की फिक्र जैसे मूल्यों को आत्मसात कर सके।
- उसमें वैज्ञानिक दृष्टिकोण विकसित हो, अर्थात् उसकी दृष्टि तटस्थ और तथ्यात्मक हो, उसकी सोच स्वतंत्र हो। वह स्वयं भय और पूर्वाग्रहों से मुक्त हो।

राष्ट्रीय पाठ्यचर्या (2005) तथा बिहार पाठ्यचर्या (2008) के संदर्भ में पर्यावरण

राष्ट्रीय पाठ्यचर्या, 2005 (National Course, 2005)-बालकों को क्या, क्यों एवं कैसे पढ़ाया जाए? राष्ट्रीय पाठ्यचर्या, 2005 इन्हीं विषयों पर ध्यान केन्द्रित कराने हेतु एक दस्तावेज है। राष्ट्रीय पाठ्यचर्या की रूपरेखा 2005 (NCF 2005) का उद्धरण रवीन्द्रनाथ टैगोर के निबन्ध **'सभ्यता एवं प्रगति'** से हुआ है। जिसमें उन्होंने बताया है कि सृजनात्मकता उदार आनन्द बचपन की कुंजी है। राष्ट्रीय पाठ्यचर्या की रूपरेखा 2005 का अनुवाद संविधान की **'आठवीं अनुसूची'** में दी गई है। सभी भाषाओं में किया गया है। मानव संसाधन विकास मन्त्रालय की पहल पर प्रो. यशपाल की अध्यक्षता में देश के चुने हुए विशेषज्ञों और विद्वानों ने शिक्षक को नई चुनौतियों के रूप में देखा।

"शिक्षा के प्रमुख लक्ष्य है...आत्म-ज्ञान (Self-knowledge)। यानि शिक्षा खुद को खोजने, खुद की सच्चाई को जानने की एक निरन्तर प्रक्रिया बने, इसके लिए बच्चों को विभिन्न अनुभवों का अवसर देकर इस प्रक्रिया को सुगम बनाने की बात एन.सी.एफ. में कहा गया हो। -NCF-2005

NCF की रूपरेखा एक रूपरेखा प्रदान करती है जिसमें शिक्षक एवं स्कूल उन अनुभवों का योजना बना सकते हैं जो उन्हें लगता है कि बच्चों के पास होने चाहिए।

एन.सी.एफ.-2005 का विकास (Development of NCF-2005)-एन.सी.एफ.-2005 को सेण्ट्रल एडवाइजरी बोर्ड ऑफ एजुकेशन (CABE, सीएबीई) में चर्चा और प्रस्ताव पारित किया गया। शिक्षा पर राष्ट्रीय नीति ने शिक्षा की गुणवत्ता में सुधार के लिए शैक्षिक प्रौद्योगिकी को आवश्यकता पर बल दिया। इस नीति ने दो प्रमुख केन्द्र प्रायोजित योजनाओं, शैक्षणिक, प्रौद्योगिकी और कम्प्यूटर पर बल दिया।

एन.सी.एफ.-2005 के सिद्धान्तों का मार्गदर्शन (Guidelines for Principles of NCF-2005)-स्कूल के सभी बच्चों को शामिल करना और बनाये रखने का महत्त्व-

यूईई के अनुसार, सामाजिक, आर्थिक, मनोवैज्ञानिक, शारीरिक, बौद्धिक विशेषता में उनके मतभेदों के बावजूद प्रत्येक बच्चा स्कूल में सफलतापूर्वक सीखने और ज्ञान प्राप्त करने में सक्षम होना चाहिए। ज्ञान, कार्य और शिल्प की विभिन्न परम्पराओं को समृद्ध विरासत में शामिल करने के लिए पाठ्यचर्या के दायरे को विस्तृत करें।

एन.सी.फ.-2005 के 5 मार्गदर्शक सिद्धान्त हैं-

(1) ज्ञान को स्कूल के बाहर जीवन से जोड़ा जाए।
(2) पढ़ाई को रटन्त प्रणाली से मुक्त किया जाए।
(3) पाठ्यचर्या पाठ्य-पुस्तक केन्द्रित न रह जाए।
(4) कक्षा-कक्ष को गतिविधियों से जोड़ा जाए एवं इसे लचीला बनाया जाए।
(5) राष्ट्रीय मूल्यों के प्रति आस्थावान विद्यार्थी तैयार हों या राष्ट्रीय महत्त्व के बिन्दुओं को पाठ्यक्रम में शामिल किया जाए।

बिहार पाठ्यचर्या की रूपरेखा, 2008 के सन्दर्भ में पर्यावरण अध्ययन

बिहार पाठ्यक्रम ढाँचा क्या है ? (What is Bihar Curriculum Framework, BCF 2008)-BCF-2008 की फुलफॉर्म 'Bihar Curriculum Framework, 2008' है। जिसे हिन्दी में बिहार पाठ्यक्रम ढाँचा, 2008 या बिहार पाठ्यक्रम की रूपरेखा, 2008 के नाम से जाना जाता है। ये बिहार द्वारा खुद के राज्य के शिक्षा पाठ्यक्रम को अलग और अपने अनुसार चलाने के लिए किया गया शोध है। इसमें इन्होंने शिक्षा में कुछ बदलाव करते हुए अपने राज्य का अलग पाठ्यक्रम बनाया जिसे BSF-2008 के नाम से जाना जाता है।

पर्यावरण अध्ययन क्या है? (What is Environment Study?) -सामान्यत: पर्यावरण अध्ययन को पारिस्थितिकी विज्ञान से जोड़कर देखा जाता है तथा मान लिया जाता है कि इसमें प्राकृतिक जगत की घटनाओं को समझने व उसके प्रति सरोकारों में जुड़ी पर्यावरण शिक्षा मान लिया जाता है। यह बात सही है कि कोई भी व्यक्ति अपने आस-पास से प्रभावित हुए बिना नहीं रह सकता। हमारे आस-पास का समान भौतिक, जैविक और सामाजिक वातावरण हमें प्रत्यक्ष या अप्रत्यक्ष रूप से प्रभावित करता है। यही कारक मिलकर हमारा परिवेश बनाते हैं।

हम अपने परिवेश को जानते हैं, समझते हैं और उसमें अन्त:क्रिया करते हैं। इन्हीं सभी बातों को यदि हम पढ़ने-पढ़ाने के अर्थों में लें तो यही पर्यावरण अध्ययन का सरल रूप हो सकता है। सरल शब्दों में, कहें तो अपने आस-पास की छानबीन, जाँच-पड़ताल ही पर्यावरण अध्ययन है या यूँ कहें कि अपने परिवेश को जानना, समझना ही पर्यावरण अध्ययन है।

प्रारम्भिक स्तर पर पर्यावरण की स्थिति (Position of Envionment at Primary Level) -हमारी राष्ट्रीय पाठ्यचर्या की रूपरेखाएँ इस बात को ध्यान में रखकर बनायी गयी है कि पर्यावरण की सुरक्षा महत्त्वपूर्ण है। राष्ट्रीय पाठ्यचर्या की रूपरेखा 1975 के अपने नीति पत्र में प्राथमिक कक्षाओं में पर्यावरण अध्ययन को एक अलग विषय के रूप में पढ़ाने की सिफारिश की थी। इसमें यह प्रस्तावित किया गया था कि पर्यावरण अध्ययन में कक्षा 1 व 2 में इसमें प्राकृतिक व सामाजिक पर्यावरण को सम्मिलित रूप से पढ़ाया जाना चाहिए तथा कक्षा 3 से 5 तक इसे पर्यावरण भाग-1 तथा पर्यावरण भाग-2 के रूप में क्रमश: सामाजिक अध्ययन और विज्ञान पृथक्-पृथक् विषय के रूप में पढ़ाया जाना चाहिए। राष्ट्रीय शिक्षा नीति, 1986 तथा राष्ट्रीय पाठ्यचर्या की रूपरेखा 1988 में भी पर्यावरण अध्ययन के बारे में उपर्युक्त व्यवस्था को ही मंजूर किया गया था।

पर्यावरण अध्ययन का स्वरूप (Forms of Environment Study) -गम्भीरता से देखें तो पर्यावरण एक विषय मात्र नहीं है अपितु यह जीवन को जीने की कला है। इसके माध्यम से ही भावी जीवन की तैयारी हेतु कौशलों का विकास किया जाता है। अत: यह महत्त्वपूर्ण हो जाता है कि पर्यावरण अध्ययन की विषयवस्तु कैसी होनी चाहिए तथा किस तरह से जीवन-यापन की तकनीकों को बच्चों में पोषित कर सकें यानि वह अपने सामाजिक, सांस्कृतिक, जैविक तथा भौतिक वातावरण के साथ सामंजस्य स्थापित करते हुए अपनी भावी पीढ़ी को भी इन संस्कृतियों से अवगत करा सकें। हमारे भौतिक घटक; जैसे—हवा, पानी, मिट्टी, सूर्य, वर्षा तथा जैविक घटक; जैसे—मनुष्य जीव-जन्तु, पेड़-पौधे तथा सामाजिक घटक; जैसे—समाज, रीति-रिवाज, रिश्तेनाते, परम्पराएँ, आदि में अन्त:क्रियाएँ चलती रहती हैं। इन्हीं क्रियाओं के प्रति समझ ही भावी जीवन की तैयारी है। अत: पर्यावरण अध्ययन की विषय-वस्तु ऐसी है जो इस प्रकार की समझ भावी पीढ़ी में विकसित कर सके।

पर्यावरण अध्ययन सीमा रहित समेकन की आवश्यकता (Environmental Studies Need Borderless Consolidation) -सामान्यत: किसी भी विषय का पाठ्यक्रम बनाने के लिए उस विषय के विशेषज्ञों के साथ चर्चा करके हो सकता है लेकिन पर्यावरण अध्ययन का पाठ्यक्रम बनाने के लिए इसके अलग-अलग घटक बनाया जा सकता है। विशेषज्ञों से चर्चा करनी होगी जो विषय के मूल स्वरूप की रक्षा के आग्रह से रूढ़िगत होंगे।

अलग विषय उनके अलग-अलग अनुशासन और इन सभी विषयों के प्रति समझ बनाने के लिए प्रकार की क्षमताओं के विकास की आवश्यकता है। इस स्थिति पर चिन्तन करें तो पर्यावरण को विषय के रूप में उभारता है जिसमें विभिन्न विषयों से संबंधित असम्बद्ध जानकारियाँ भरी हों। माना जाता है कि बच्चा टुकड़े-टुकड़े में खण्डित बातों के स्थान पर सम्पूर्णता में बातों के प्रति अपनी मत को आसानी से बना पाता है, वह चीजों को सम्पूर्णता में देखता है।

उदाहरण के रूप में देखें तो बच्चा पेड़ को एक सम्पूर्ण पेड़ के रूप में देखता है। उसके लिए पेड़ का उतना ही अर्थ है जितना वह अपने आस-पास देखता है। वह देखता है कि पेड़ पर पक्षी बैठते हैं, गिलहरी उछल-कूद करती है, पीपल के पेड़ की लोग पूजा करते हैं यानि इस अवस्था में वह मूर्त बातों को ही सीखता या देखता है।

यदि बच्चे को पेड़ के बारे में वैज्ञानिक जानकारी देना शुरू कर दें तथा उसे बतायें कि पेड़-पौधों से हमें ऑक्सीजन प्राप्त होती है, पेड़ों की पत्तियाँ अलग-अलग होती हैं, पेड हमारे लिए भोजन प्रकाश संश्लेषण की प्रक्रिया द्वारा बनाते हैं। जैसी अमूर्त और अनुभव से परे बातें बताने लगते हैं तो वच्चा इन्हें अपने अनुभवों से जोड़ नहीं पाता है। उसके पास इन बातों को मात्र सूचनाओं के रूप में रट लेने के अलावा और कोई उपाय नहीं बचता है। ऐसे में अलग-अलग विषयों के अनुशासन और क्षमताओं से भरा पर्यावरण अध्ययन ही शिक्षक और विद्यार्थी दोनों ही सूचनाओं को रटने-रटाने के उपक्रम में लगे रहेंगे परिणामस्वरूप विषय के मूल उद्देश्य से भटकाव और विद्यार्थी अपने पर्यावरण के प्रति सार्थक समझ विकसित नहीं कर पाएंगे। अत: पर्यावरण अध्ययन का विषय ऐसा होना चाहिए जो कि उपर्युक्त परिस्थितियों को हतोत्साहित करे।

पर्यावरण अध्ययन एकीकृत रूप में (एकीकृत उपागम) [Forms in Environment Study Integrated (Integrated Apparatus)]-राष्ट्रीय पाठ्यचर्या की रूपरेखा-2005 बच्चों के स्कूली जीवन को बाहर के जीवन से जोड़ने का समर्थन करती है। पर्यावरण अध्ययन के विषय में तो यह पूरी तरह से सही है क्योंकि पर्यावरण अध्ययन का उद्देस्य केवल ज्ञान प्राप्त करना नहीं है बल्कि सामाजिक, प्राकृतिक एवं सांस्कृतिक मुद्दों पर एक सम्पूर्ण रूप में समझ विकसित करते हुए आवश्यक कौशलों का विकास करते हुए पर्यावरण संबंधी समस्या का निवारण करना है।

राष्ट्रीय शिक्षा नीति-1986 में 'पर्यावरण के बचाव' को केन्द्र में रखकर ही राष्ट्रीय मागचर्या के विकास की बात कही गयी है अर्थात् यह सम्पूर्ण शिक्षा का एक महत्त्वपूर्ण उद्देश्य है। राष्ट्रीय स्तर पर एन.सी.ई.आर.टी. (NCERT) द्वारा विकसित सभी पाठ्यचर्याओं में इस पर ध्यान देने पर विशेष बल दिया गया है। वर्ष 1988 की राष्ट्रीय पाठ्यचर्या में प्राथमिक स्तर पर कक्षा 3 से 5 तक एक विषय पद्धति को अपनाते हए पर्यावरण अध्ययन को दो भागों में विज्ञान एवं सामाजिक विज्ञान में विभक्त किया गया है इनमें दिये गये उद्देश्यों की पूर्ति के लिए बाल-केन्द्रित शिक्षण-अधिगम प्रक्रिया बनाने पर बल दिया गया है।

पर्यावरण एवं पर्यावरण अध्ययन की जानकारी एवं संबंध (Relations and Knowledge of Environment and Environment Study)-हमारे आस-पास पायी जाने वाली वे सभी वस्तुएँ जो गैसें, हवा, पानी, अग्नि, पर्वत, मिट्टी ही नही अपितु मानव के द्वारा निर्मित वस्तुएँ भी शामिल हैं। क्या पर्यावरण अध्ययन सिर्फ एक विषय मात्र है? यह पर्यावरण, पर्यावरण विज्ञान एवं पर्यावरणीय शिक्षा से किस तरह भिन्न है? इन सभी प्रश्नों के उत्तरों को जानना अत्यन्त आवश्यक है।

अक्सर लोग पर्यावरण अध्ययन को हमारे आस-पास के प्राकृतिक वातावरण की जानकारी एवं रख रखाव को ही समझते हैं।

पर्यावरण अध्ययन या ई. वी. एम. वास्तव में क्या है और क्यों इसे एक कोर एरिया के रूप में प्राथमिक स्तर पर लिया गया है, ऐसा जानना बहुत जरूरी है। आज से कुछ दशकों पूर्व हमारी शिक्षा प्रणाली या व्यवस्था में पर्यावरण अध्ययन नामक विषय नहीं था। विभिन्न राष्ट्रीय एवं अन्तर्राष्ट्रीय स्तर की सभाओं द्वारा इसे पढ़ाने की बात कहे जाने पर भी विभिन्न राज्य/केन्द्र शासित प्रदेशों में इसे विज्ञान या पर्यावरण विज्ञान के अध्ययन नाम से प्रारम्भ किया गया है।

वास्तविक रूप में पर्यावरण अध्ययन में पर्यावरण, विज्ञान एवं सामाजिक विज्ञान सम्मिलित हैं जो प्राकृतिक वातावरण एवं उसके भौतिक, रासायनिक, जैविक, अजैविक घटकों की मिली-जुली क्रियाओं को व्यवस्थित रूप में समझने एवं संचालित करने में सहायता करती है। पर्यावरण अध्ययन का मुख्य उद्देश्य हमारी पर्यावरण के प्रति सकारात्मक सोच जाग्रत करना है। जल, वायु, एवं हमारी जलवायु का संरक्षण हमारे आने वाले भविष्य के लिए अत्यन्त आवश्यक है।

राष्ट्रीय पाठ्यचर्या (2005) तथा बिहार पाठ्यचर्या (2008) के संदर्भ में गणित

प्राथमिक स्तर पर गणित सीखने के उद्देश्य

1. राष्ट्रीय पाठ्यचर्या की रूपरेखा-2005 (Outline 2005 of National Course)-गणित की शिक्षा का मुख्य उद्देश्य बच्चे की गणितीकरण की क्षमताओं का विकास करना है। स्कूली गणित का सीमित लक्ष्य है 'लाभप्रद' क्षमताओं का विकास, विशेषकर अंक ज्ञान-संख्या से जुड़ी क्षमताएँ, सांख्यिक संक्रियाएँ, माप, दशमलव व प्रतिशत। इससे उच्च लक्ष्य है बच्चे के साधनों को विकसित करना ताकि वह गणितीय ढंग से सोच सके व तर्क कर सके, मान्यताओं के तार्किक परिणाम निकाल सके और अमूर्त को समझ सके। इसके अंतर्गत चीजों को करने और समस्याओं को सूत्रबद्ध करने व उनका हल ढूँढ़ने की क्षमता का विकास करना आता है।

इसके लिए ऐसी पाठ्यचर्या चाहिए जो महत्त्वाकांक्षी हो, सुसंगत हो और गणित के महत्त्वपूर्ण सिद्धान्तों को पढ़ाए। उसे महत्त्वाकांक्षी इस अर्थ में होना चाहिए कि वह उपर्युक्त उच्च लक्ष्य की प्राप्ति का प्रयास करे न कि केवल सीमित लक्ष्य की प्राप्ति का। इसे सुसंगत होना चाहिए ताकि टुकड़े-टुकड़े में उपलब्ध विभिन्न प्रणालियाँ व शिक्षा (अंकगणित, बीजगणित, रेखागणित में) एक ऐसी क्षमता में ढल सकें जो गणित की हर समस्या को हल कर सकें।

राष्ट्रीय पाठ्यचर्या की रूपरेखा-2005 के अनुसार "पाठ्यचर्या का सर्वोत्तम अर्थ योजनाबद्ध गतिविधियों का ऐसा समुच्चय (set) है, जिसे पाठ्य की विषयवस्तु तथा सुविचारित ढंग से पोषित किये जाने वाले ज्ञान, कौशल व अभिवृत्तियों के साथ-साथ विषय-वस्तु के लिए चयन सिद्धान्त, वक्तव्य और पद्धतियाँ, सामग्री एवं मूल्यांकन के चयन के अर्थों में एक खास शैक्षिक लक्ष्य-लक्ष्यों के समुच्चय को क्रियान्वित करने के लिए बनाया जाता है।"

राष्ट्रीय पाठ्यचर्या-2005 में गणित को एक अनिवार्य एवं उपयोगी विषय के रूप में स्वीकार किया गया है। इसकी प्राथमिक स्तर से छात्रों को शिक्षण करने की अनिवार्यता को स्वीकार किया गया है। इस पाठ्यक्रम में छात्रों में गणित विषय को रुचिपूर्ण एवं कठिनता को दूर करने के लिए इसमें विभिन्न प्रकार की मनोरंजनात्मक गतिविधियों के समावेश के तथ्य को स्वीकार किया गया है। इस पाठ्यक्रम में गणित की कक्षा दस तक सामान्य रूप से शिक्षण करने के लिए अनुशंसा की गयी है। गणित को ऐच्छिक विषय के रूप में कक्षा-12 स्तर पर ही स्वीकार किया जाना चाहिए। गणित पाठ्यक्रम भी अन्य विषयों की भांति एकरूपता की ओर अग्रसर होना चाहिए।

गणित की पाठ्यचर्या के दो मुख्य सरोकार हैं-

1. गणित शिक्षा प्रत्येक विद्यार्थी के मस्तिष्क को आकर्षित करने के लिए क्या कर सकती है?
2. यह विद्यार्थी के संसाधनों को कैसे सुदृढ़ कर सकती है?

चूँकि गणित माध्यमिक विद्यालय तक एक अनिवार्य विषय है। अत: अच्छी गणित शिक्षा का अधिकार प्रत्येक बालक को है। यह शिक्षा सुखकर एवं सहज होनी चाहिए। शिक्षा के भूमंडलीकरण के संदर्भ में, सबसे पहला प्रश्न उठता है. आठ सालों की विद्यालयीय शिक्षा के समय बालक को कैसा गणित पढ़ाना चाहिए? जो उसे कवल उच्च माध्यमिक शिक्षा के लिए ही तैयार न करे बल्कि जीवन भर उसके काम आये। प्राथमिक विद्यालय, सिखाये जाने वाले गणित के अधिकतर कौशल उपयोगी होते हैं। इस प्रकार पूर्ववर्णित 'उच्चतर लाभ के लिए पाठ्यचर्या के पुन: अभिमुखीकरण से बालक उस समय का श्रेष्ठ उपयोग कर सकेंगे जो वे व्यतीत करते हैं। उनकी समस्या हल करने एवं विश्लेषण करने का कौशल पुष्ट होगा और जीवन में सभी प्रकार की समस्याओं का बेहतर रूप से सामना कर सकेंगे। साथ ही गणित की पाठ्यचर्या के लंबे-चौरी जिसमें एक विषय में दक्षता दूसरे के ज्ञान के लिए आवश्यक होती है पर दिये जाने वाले बल को कम करे ताकि एक वृहत्तर पाठ्यचर्या तैयार हो पाये।

2. बिहार पाठ्यचर्या-2008 की रूपरेखा (Outline of Bihar Course-2008)-बिहार पाठ्यचर्या-2008, बिहार राज्य द्वारा खुद के राज्य के शिक्षा पाठ्यक्रम को अलग और अपने अनुसार चलाने के लिए किया गया शोध है। इसमें इन्होंने शिक्षा में कुछ बदलाव करते हुए अपने राज्य का अलग पाठ्यक्रम बनाया है जिसे BCF-2008 के नाम से जाना जाता है।

एन.सी.एफ.-2005 के निर्माण के पश्चात् बिहार राज्य में राज्य शिक्षा शोध एवं प्रशिक्षण परिषद्, पटना ने बिहार पाठ्यचर्या की रूपरेखा-2008 तैयार किया। इसके पूर्व राज्य में विद्यालयीय शिक्षा के लिए कोई पाठ्यचर्या नहीं बनी थी। बिहार पाठ्यचर्चा की रूपरेखा-2008 में ग्रामीण शिक्षा पर बल दिया गया है क्योंकि बिहार में शहरीकरण का स्तर राष्ट्रीय औसत 22.28% की तुलना में 10.47% है। इसलिए पाठ्यचर्चा में ग्रामीण शिक्षा के लिए पाठ्यचर्चा का एक अलग ही अध्याय दिया गया है। यह पाठ्यचर्चा की विशिष्टता है। जहाँ 90% आबादी गाँव में बसती है, तो गाँव के बच्चों की शिक्षा के लिए ग्रामीण संदर्भ के पर्यावरण एवं परिवेश के दैनिक अनुभव से सीखने की प्रक्रिया पर बल दिया गया है।

BCF-2008 मार्गदर्शक सिद्धान्त (Principle of BCF-2008 Guidelines)

(1) शिक्षा को विद्यालय के बाहर प्रकृति, समाज और जीवन से जोड़ना।
(2) सकारात्मक लेकिन आलोचनात्मक नजरिया विकसित करने के लिए पाठ्य-पुस्तकों तथा शिक्षण अधिगम (सीखना) रणनीति का पुनर्निर्माण।
(3) सीखने की प्रक्रिया को मजबूत करने के लिए कक्षाओं व परीक्षा का नया रूप देना।
(4) बच्चों को बहुआयामी विकास तथा उनके व्यक्तिगत विशिष्ट गुणों को उभारने में मदद करना।
(5) बच्चों की देखभाल इस प्रकार से करना कि वे जागरूक, सक्षम एवं संवेदनशील नागरिक बन सकें जो सामाजिक सरोकारों से जुड़े हों।

NCF-2005 एवं BCF-2008 में निहित है शिक्षण अधिगम प्रक्रिया अर्थात् सिखाने-सीखने की प्रक्रिया में बच्चे स्वयं करके सीखें तथा शिक्षक भी बच्चों में ज्ञान सृजन में सहायक की भूमिका निभाने में सहायक होने चाहिए। दोनों पाठ्यचर्या सृजनवाद उपागम पर बल देती हैं। सृजनवाद उपागम एक बाल-केन्द्रित शिक्षा का उपाय है। बच्चे स्वयं करके कैसे सीखेंगे, इसके लिए शिक्षकों को बच्चों के सीखने के लिए गतिविधि का निर्माण इस प्रकार करता है।" गतिविधि विषय परक हो, जिसे वे सिखाने जा रहे हों वह उद्देश्यपूर्ण हो।

राष्ट्रीय अध्यापक शिक्षा पाठ्यक्रम फ्रेमवर्क (NCFTE)-2009 [National Teacher Syllabus Frame-work (NCFTE)-2009]-अध्यापक शिक्षा और विद्यालयीय शिक्षा का एक पारस्परिक तथा अन्योन्य संबंध है जिसमें प्रत्येक दूसरे को मानित करती है। अच्छी अध्यापक शिक्षा अच्छे अध्यापकों का निर्माण करती है। ये अध्यापक विद्यालयीय विद्यार्थियों को एक अच्छी शिक्षा प्रदान करेंगे और विद्यालय में गुणवत्ता शिक्षा में सुधार आएगा। अत: समग्र शिक्षा में गुणात्मक सुधार अध्यापक शिक्षा के पुनरुद्धार के द्वारा ही हो सकता है जो राष्ट्रीय और वैश्विक स्तर पर तीव्रता से बदल रहे शिक्षा के परिदृश्य की अनिवार्यताओं के अनुसार होना चाहिए।

प्राथमिक स्तर के लिए अध्यापक शिक्षा (कक्षा 1 से V) [Teacher Education for Primary Level (Class I to V)]-प्रशिक्षण प्रक्रिया य प्रविधि द्वारा अध्यापक का सशक्तिकरण करने की आवश्यकता है ताकि उसे समाज की जटिलताओं और विकासात्मक प्रक्रिया के ऐतिहासिक परिप्रेक्ष्य का बोध हो सके। अत: राष्ट्रीय अध्यापक शिक्षा पाठ्यचर्चा फ्रेमवर्क (एन.सी.एफ.टी.ई.) में प्रारंभिक शिक्षा के लिए एक लचीला ढाँचा प्रस्तुत किया है जिसमें स्थानीय वातावरण के साथ अनुकूलन की काफी गुंजायश है।

पाठ्यक्रम विषयवस्तु

1. राष्ट्रीय अध्यापक शिक्षा पाठ्यचर्चा फ्रेमवर्क में उल्लिखित 'विकासशील भारतीय समाज' नामक पाठ्यक्रम में उन दबाव क्षेत्रों को ध्यान में रखा गया जो NCF-2005 में सुझाए गए हैं।
2. अध्यापन और अधिगम के मनोविज्ञान, स्वास्थ्य तथा शारीरिक शिक्षा, विशेष आवश्यकताओं वाले बच्चों की शिक्षा, आदि पाठ्यक्रमों में वे अनिवार्य सैद्धांतिक घटक हैं जिनकी आवश्यकता अध्येता, समुदाय तथा समाज को समझने के लिए पड़ती है। इनमें आंतरिक तथा बाह्य बलों का उद्देश्य है जो विद्यालय को प्रभावित करते हैं, साथ ही उन कारकों का भी उल्लेख है जो अध्येता को प्रभावित करते हैं।
3. विद्यालय संगठन तथा प्राथमिक विद्यालयी विषयों का शिक्षणात्मक विश्लेषण भी अनिवार्य है क्योंकि ये एक अध्यापक के रूप में कार्य करने के लिए ठोस आधार प्रस्तुत करते हैं।

पाठ्यचर्चा संचालन (Course Cunduction)-पाठ्यचर्चा संपादन के तीन घटकों-सिद्धान्त शिक्षणशास्त्र तथा प्रायोगिक कार्य को सोच समझ कर एकीकृत करने की आवश्यकता है।

1. **सिद्धान्त (Principles)**-सैद्धान्तिक रूप में पाठ्यचर्चा संपादन में बल अन्योन्य क्रियात्मक सहभागी तथा क्रिया-उन्मुख उपागम पर दिया गया है। इसमें व्याख्यान, चर्चा, सेमिनार, मीडिया समर्थित अध्यापन. ट्यूटोरियल, स्व-अध्ययन तथा प्रायोगिक क्रियाकलाप सम्मिलित हैं। प्रशिक्षण की अवधि में विषय आधारित ज्ञान को उचित महत्त्व दिया गया है।
2. **शिक्षण-शास्त्र विश्लेषण (Analysis of Teaching Science)**-शिक्षण-शास्त्र का संबंध इस बात से है कि आपको कैसे पढ़ाना चाहिए या आप कैसे पढ़ाते हैं। शिक्षण-शास्त्रीय विश्लेषण एक अध्यापक के उद्देश्यों, कक्षा प्रबंधन, तथा मूल्यांकन व्यूह रचनाओं को समझने में सहायता करता है। ऐसी अपेक्षा की जाती है कि कक्षा अध्यापन के लिए विषयवस्तु का ठीक ज्ञान, शिक्षण-शास्त्रीय विश्लेषण और आधारिक पाठयक्रमों के आधार पर प्राप्त पूरी जानकारी का सही प्रयोग किया जाएगा।
3. **प्रायोगिक क्रियाकलाप (Experimental Activities)**-सैद्धान्तिक अवधारणाओं के आन्तरीकरण के लिए प्रायोगिक कार्य एक अनिवार्य घटक माना जाता है। अतः इस प्रकार प्रायोगिक क्रियाकलाप सैद्धान्तिक निवेश के प्रत्येक स्तर पर आयोजित किए जाने चाहिए। इसके अतिरिक्त, प्रायोगिक क्रियाकलाप जो विभिन्न विद्यालयीय अनुभवों, कार्य शिक्षा, विद्यालय समुदाय अन्योन्य क्रिया, क्रियात्मक शोध संबंधी परियोजनाएँ तथा अन्य शैक्षिक क्रियाकलाप जो विद्यार्थियों के व्यक्तित्व विकास की ओर निर्देशित हैं।

गणित आधार पत्र-2006 (NCERT) [Mathematic Base Paper-2006 (NCERT)]-NCERT के द्वारा प्रकाशित गणित आधार पत्र-2006 के मुताबिक विद्यालयों में गणित शिक्षा का मुख्य उद्देश्य बच्चों की सोच का गणितीयकरण करना है। गणितीय उपक्रम में विचारों की स्पष्टता और तार्किक निष्कर्षों तक पहुँचने में पूर्वामानों पर कार्य करना मुख्य है। सोच के कई तरीके हैं जिस तरह की सोच कोई गणित में हासिल करता है वह है अमूर्त विचारों के साथ कार्य करना और समस्या समाधान के उपाय ढूँढ़ना।

गणित विद्यालय में अध्ययन का एक अनिवार्य विषय है और इस कारण गुणवत्तापूर्ण गणित शिक्षा पाना प्रत्येक बच्चे का अधिकार है। जहाँ कक्षा VIII के बाद बहुत सारे बच्चे स्कूल छोड़ देते हैं। प्रारंभिक स्तर पर गणित शिक्षा ऐसी होनी चाहिए जो बच्चों को आगे आने वाले जीवन की चुनौतियों का सामना करने के लिए तैयार करे। जिन परिस्थितियों में स्कूली गणित सीखा जाना चाहिए वे हैं—

1. बच्चे गणित में आनंन्द लेना सीखें।
2. बच्चे महत्त्वपूर्ण गणित सीखें।
3. गणित बच्चों के जीवन अनुभव का हिस्सा हो जिसके बारे में वे बातें करें।
4. बच्चे अर्थपूर्ण समस्याएँ प्रस्तुत करें और हल ढूँढ़ें।
5. बच्चे संबंधों और संरचनाओं की सोच बनाने में अमूर्त विचारों का प्रयोग करें।
6. बच्चे गणित की मूल संरचना को समझें तथा शिक्षकों से अपेक्षा है कि वे प्रत्येक बच्चे को कक्षा की प्रक्रियाओं के साथ जोड़ कर रख सकें।

राष्ट्रीय पाठ्यचर्या (2005) तथा बिहार पाठ्यचर्या (2008) के संदर्भ में भाषा

राष्ट्रीय पाठ्यचर्या की रूपरेखा 2005

विषय प्रवेश

1. यह विद्यालयीय शिक्षा का अब तक का नवीनतम रष्ट्रीय दस्तावेज है।
2 इसे अन्तर्राष्ट्रीय स्तर के शिक्षाविदों, वैज्ञानिकों, विषय विशेषज्ञों व अध्यापकों ने मिलकर तैयार किया है।
3. मानव विकास संसाधन मंत्रालय की पहल पर प्रो. यशपाल की अध्यक्षता में देश के चुने हुये विद्वानों ने शिक्षा को नई राष्ट्रीय चुनौतियों के रूप में देखा।

मार्गदर्शी सिद्धान्त

1. ज्ञान को स्कूल के बाहरी जीवन से जोड़ा जाये।
2. पढ़ाई को रटन्त प्रणाली से मुक्त किया जाये।
3. पाठ्यचर्या, पाठ्यपुस्तक केन्द्रित न रह जाये।
4. कक्षाकक्ष को गतिविधियों से जोड़ा जाये।
5. राष्ट्रीय मूल्यों के प्रति आस्थावान विद्यार्थी तैयार हों।

शिक्षण सूत्र

1. शिक्षण सूत्र जैसे ज्ञात से अज्ञात की ओर, मूर्त से अमूर्त की ओर, अदि का अधिकतम प्रयोग हो।
2. सूचना को ज्ञान मानने से बचा जाये।
3. विशाल पाठ्यक्रम व मोटी किताबें शिक्षा प्रणाली की असफलता का प्रतीक हैं।
4. मूल्यों को उपदेश देकर नहीं वातावरण देकर स्थापित किया जाये।
5. अच्छे विद्यार्थी की धारणा में बदलाव आवश्यक है-अर्थात् अच्छा विद्यार्थी वह है जो तर्कपूर्ण बहस के द्वारा अपने मौलिक विचार शिक्षक के सामने प्रस्तुत करता है।
6. अभिभावकों को सख्त संदेश दिया जाये कि बच्चों के छोटी उम्र में निपुण बनाने की आकांक्षा रखना गलत है।
7. बच्चों को स्कूल से बाहरी जीवन में तनाव मुक्त वातावरण प्रदान करना।
8. "कक्षा में शान्ति" का नियम बार-बार ठीक नहीं अर्थात् जीवन्त कक्षा वातावराण को प्रोत्साहित किया जाना चाहिए।
9. सहशैक्षिक गतिविधियों में बच्चों के अभिभावकों को भी जोड़ा जाये।
10. समुदाय को मानवीय संसाधन के रूप में प्रयुक्त होने का अवसर दें।
11. खेल आनन्द व सामूहिकता की भावना के लिए है, रिकॉर्ड बनाने व तोड़ने की भावना को प्रश्रय न दें।
12. बच्चों की अभिव्यक्ति में मातृभाषा महत्त्वपूर्ण स्थान रखती है। शिक्षक अधिगम परिस्थितियों में इसका उपयोग करें।
13. पुस्तकालय में बच्चों को स्वयं पुस्तक चुनने का अवसर दें।
14. वे पाठ्यपुस्तकें महत्त्वपूर्ण होती हैं जो अन्तः क्रिया को मौका दें।
15. पुस्तकालय में बच्चों को स्वयं पुस्तक चुनने का अवसर प्रदान करावें।
16. सजा व पुरस्कार की भावना को सीमित रूप में प्रयोग करना चाहिए।
17. बच्चों के अनुभव और स्वर को प्राथमिकता देते हुये बालकेन्द्रित शिक्षा प्रदान की जाये।
18. सांस्कृतिक कार्यक्रमों में मनोरंजन के स्थान पर सौन्दर्यबोध को प्रश्रय दें।
19. शिक्षक प्रशिक्षण व विद्यार्थियों के मूल्यांकन को सतत् प्रक्रिया के रूप में अपनाया जाये।

राष्ट्रीय पाठ्यचर्या (2005) तथा बिहार पाठ्यचर्या के संदर्भ में सामाजिक विज्ञान

सामाजिक विज्ञान-सामाजिक विज्ञान एक विषय है जो स्कूलों में शामिल है ताकि छात्रों को उनकी रुचियों और योग्यताओं का पता लगाने के लिए उपर्युक्त विश्वविद्यालय पाठ्यक्रम और / या करियर चुनने में सहायता मिल सके। विभिन्न विषयों में ज्ञान के उच्च स्तर का पता लगाने के लिए उन्हें प्रोत्साहित करना। कल के नागरिकों में समस्या को सुलझाने की क्षमताओं और रचनात्मक सोच को बढ़ावा देने के लिए, छात्रों को विशिष्ट विषयों में डेटा और जानकारी एकत्र करने और संसाधित करने के विभिन्न तरीकों से परिचित कराना, और उन्हें निष्कर्ष में मदद करना और प्रक्रिया में नई अंतर्दृष्टि और ज्ञान उत्पन्न करना।

माध्यमिक शिक्षा आयोग ने भी कहा है कि, "**सामाजिक** अध्ययन का **उद्देश्य** छात्रों को अपने **सामाजिक** वातावरण में संबोधित कराना है, जिसमें परिवार, समुदाय, राज्य तथा राष्ट्र निहित है।"

सामाजिक भावना का विकास-**सामाजिक** अध्ययन के द्वारा छात्रों में सामाजिकता की भावना का उचित विकास किया जा सकता है।

(A) प्राथमिक स्तर पर सामाजिक-विज्ञान शिक्षण के उद्देश्य-प्राथमिक स्तर पर सामाजिक-विज्ञान शिक्षण के उद्देश्य निम्न तरह हैं—

1. **सामाजिक तथा भौतिक वातावरण का ज्ञान**-प्राथमिक स्तर पर ही बच्चों को यह ज्ञान प्रदान किया जाना चाहिए कि व्यक्ति को अपनी बुनियादी आवश्यकताओं को पूरा करने के लिए अपने सामाजिक तथा भौतिक वातावरण पर पर्याप्त रूप से निर्भर रहना पड़ता है। मनुष्य की क्रियाएं इसी वातावरण के साथ जुड़ी रहती हैं।
2. **विभिन्न भौतिक साधनों का ज्ञान**-प्राथमिक स्तर पर ही बच्चों को उन मौलिक साधनों का ज्ञान प्रदान करना चाहिए जिनके सतत प्रयोग से मनुष्य जीवन को संभव बना पाया है। उन्हें ज्ञान दिया जाना चाहिए कि, धरती, पानी, मिट्टी, वन, पहाड़, वनस्पतियाँ, खनिज-पदार्थ आदि विभिन्न प्राकृतिक साधनों का जीवन के लिए कितना महत्त्व है। इनका महत्त्व आत्मसात कर लेने पर ही उन्हें इन साधनों के संरक्षण एवं इनके उचित प्रयोग की तरफ अग्रसर किया जा सकता है।
3. **समाज के प्रति अपनत्व-भावना का निर्माण**-बच्चा घर से स्कूल में आता है। अपने माता-पिता एवं परिवार के अन्य सदस्यों के साथ रहते हुए उसे सामाजिक जीवन की कुछ-कुछ अनुभूति हो चुकी होती है। इसी अनुभूति को आधार मानते हुए उसे बताना चाहिए कि मनुष्य एक सामाजिक जीव है। समाज परिवार तक सीमित नहीं होता। गली, मुहल्ला, गाँव, शहर आदि मानव-समाज की विस्तृत होती हुई सीमाएँ हैं। समाज के प्रति व्यक्ति के कुछ कर्तव्य हैं जिनके पालन में समाज का ही नहीं वरन् व्यक्ति का हित भी निहित है। इस तरह बच्चों में समाज के प्रति अपनत्व-भावना का निर्माण करना चाहिए।
4. **समृद्ध तथा संयुक्त संस्कृति की भावना**-बचपन में ही विद्यार्थियों को बता देना चाहिए कि भारत समृद्ध तथा संयुक्त संस्कृति का देश है। इसे समृद्ध बनाने में विभिन्न धाराओं एवं विचारों ने अपना योगदान दिया है। अपनी संस्कृति को समझने के लिए इन विविधताओं का ज्ञान प्राप्त करना अत्यंत जरूरी है। भारतीय संस्कृति के प्रति दिये गये यह संस्कार विदयार्थियों को भारत की आत्मा को समझने में मदद प्रदान करेंगे।
5. **श्रम के प्रति प्रशंसात्मक दृष्टिकोण**-प्राथमिक स्तर पर विद्यार्थियों को यह अनुभव कराना चाहिए कि प्राकृतिक साधनों से मानवीय श्रम के बगैर वांछित लाभ नहीं उठाये जा सकते थे। श्रम से ही सुख तथा समृद्धि के अंकुर फूटते हैं। अत: श्रम के प्रति प्रशंसात्मक दृष्टिकोण अपनाना चाहिए। श्रम के प्रति आस्था उन्हें आगे चल कर श्रम करने के लिए प्रेरित करेगी।
6. **लोकतंत्र तथा सामाजिक समता की भावना**-विद्यार्थियों को बचपन से ही लोकतंत्रात्मक मूल्यों एवं सामाजिक समता के लिए तैयार करना चाहिए। उन्हें अवगत करना चाहिए कि भारत एक लोकतंत्रात्मक देश है जहाँ रंग, लिंग, जाति, वर्ग, धर्म आदि का कोई भेद-भाव नहीं। परस्पर सहयोग, सद्भावना एवं उत्तरदायित्वपूर्ण व्यवहार से न सिर्फ हम अपने जीवन को सुखी बना सकते हैं वरन समूचे राष्ट्र को भी उन्नति तथा समृद्धि के मार्ग पर अग्रसर कर सकते हैं।
7. **राष्ट्रीय भावना का निर्माण**-प्राथमिक स्तर पर ही बच्चों में राष्ट्रीय-भावना के संस्कार डालने चाहिए। उनके मन में राष्ट्रीयता की उचित धारणा की छाप बिठानी चाहिए। उन्हें अवगत कराना चाहिए कि भारत विभिन्नताओं एवं विविधताओं का देश है। इसमें बहुत सी भाषाएं बोली जाती हैं। लोगों के पहनावे एवं रीति रिवाजों में अंतर है। यहाँ धार्मिक मत-मतांतर भी अनेक हैं-लेकिन इन तमाम विभिन्नताओं के बावजूद भारत एक राष्ट्र है तथा भेद-भाव ऊपर उठ कर राष्ट्र की सेवा करना हर व्यक्ति का कर्तव्य है। 'अनेकता में एकता का भावना का निर्माण प्राथमिक शिक्षा-स्तर पर ही होना चाहिए।

उपर्युक्त उद्देश्यों की पूर्ति के लिए प्राथमिक स्तर पर विद्यार्थियों को सामाजिक-विज्ञान के अंतर्गत मुख्यत: निम्न तथ्यों का ज्ञान कराना जरूरी है-

(i) भारत का भौतिक विभाजन तथा प्राकृतिक साधन।
(ii) भारत के विभिन्न भागों में रहने वाले लोगों के जीवन से संबंधित तथ्य।
(iii) भारत के विभिन्न भागों में प्रचलित उत्सव तथा त्यौहार।
(iv) ग्लोब एवं विश्व के मानचित्र का परिचय।
(v) भारत की परंपरा से संबंधित कुछ महत्त्वपूर्ण तथ्य-जैसे प्रसिद्ध स्मारक, संगीत एवं नृत्य, धर्म, मेले तथा त्यौहार।
(vi) भारत के विभिन्न भागों को मिलाने वाले यातायात एवं संचार के साधन।
(vii) विश्व की महान विभूतियों का संक्षिप्त परिचय जैसे बुद्ध, अशोक, सुकरात, लिंकन, लेनिन, टॉलस्टाय, महात्मा गाँधी, कोलंबस, गैलीलियो, न्यूटन आदि।
(viii) विश्व की मुख्य संस्थाओं का संक्षिप्त परिचय जैसे संयुक्त विश्व संघ (U.N.O.), यूनिसेफ (UNICEF), विश्व स्वास्थ्य संघ (WHO), यूनेस्को (UNESCO) आदि।
(ix) विश्व के विभिन्न भागों में रहने वाले लोगों के जीवन की विशेषताएँ।
(x) राष्ट्रीय प्रतीकों का परिचय एवं उनके प्रति श्रद्धा तथा आस्था की आवश्यकता।
(xi) भारत के महापुरुषों से संबंधित प्रसिद्ध गाथाएँ।
(xii) विभिन्न स्तरों-गाँव, जिला, राज्य, देश-पर प्रशासनविधि का परिचय।

शिक्षण-अधिगम में ऑडियो-विडियो, मल्टीमीडिया साधनों की महत्ता तथा उपयोग

शिक्षण-अधिगम में ऑडियो-वीडियो, मल्टीमीडिया साधनों की महत्ता तथा उपयोगिता

जनमाध्यम प्रक्रिया (Mass Media Approach)-शिक्षण प्रणाली में शिक्षक व छात्र दोनों ही सक्रिय जन क्रिया करते रहते हैं। इस प्रकार की अन्त:क्रिया के लिए जनसंचार के माध्यम की आवश्यकता है। जनसंचार में अन्त:क्रिया सम्मिलित रहती है जो सूचनाओं के लेन-देन को प्रोत्साहित करती हैं। यह व्यक्तियों के लिए पृष्ठपोषण का प्रावधान करती है। इनमें विचारों का आदान-प्रदान निहित रहता है। जनसंचार तीन प्रकार का होता है-

1. बोलना — सुनना
2. देखना — निरीक्षण
3. लिखना — पढ़ना

जनसंचार के मध्य विभिन्न दृश्य-श्रव्य सामग्रियों का प्रयोग शिक्षक के द्वारा छात्रों के लिए किया शैक्षिक तकनीकी के अन्तर्गत इन दृश्य-श्रव्य सामग्रियों को दो भागों में बाँटा जा सकता है-

1. धातु युक्त या कठोर (Hard)
2. कोमल (Soft)।

धातुयुक्त या कठोर पदार्थ इंजीनियरिंग के आविष्कारों के फलस्वरूप प्राप्त होते हैं। इसके अन्तर्गत औडियो टेलीविजन, स्लाइड प्रोजेक्टर, टेपरिकॉर्डर, गतिशील चित्र, कम्प्यूटर, फिल्म प्रोजेक्टर, आदि शिक्षण सहायक सामग्री होते हैं। इन्हें कठोर शिल्प उपागम कहते हैं। शैक्षिक तकनीकी का कोमल शिल्प उपागम (Software) मनोविज्ञान के अधिगम संबंधी सिद्धान्तों पर आधारित है। हार्डवेयर तथा सॉफ्टवेयर एक-दूसरे से सह-संबंधित हैं तथा एक-दूसरे के पूरक हैं।

कक्षा-कक्ष में जनमाध्यम/शिक्षण अधिगम साधनों का प्रयोग (Applications of Mass Media Approach in Class-room) शैक्षिक तकनीकी के जनमाध्यमों का कक्षा में अधिक-से-अधिक प्रयोग करने पर अधिगम पर सकारात्मक प्रभाव पड़ता है। माध्यमिक शिक्षा आयोग ने अपनी रिपोर्ट (1952-53) में कहा है कि अन्य देशों के

विद्यालयों की भाँति हमारे देश के विद्यालयों में भी कुछ नवीन विधियों; जैसे फिल्म, फिल्म स्ट्रिप्स, प्रोजेक्टर, कम्प्यूटर, आदि का प्रयोग किया जाना चाहिए।

भारतीय शिक्षा आयोग के अनुसार भी हमारे देश के अधिकांश विद्यालयों में किसी भी प्रकार की आधारभूत शिक्षण सहायक सामग्री का प्रयोग नहीं किया जाता है। आयोग की सिफारिशों के अनुसार फिल्म, रेडियो, टेपरिकॉर्डर, आदि का बड़े पैमाने पर प्रयोग किया जाना चाहिए। रेडियो पाठों का विद्यालयीय पाठ्यक्रम में विधिवत् एकीकरण एवं समन्वय किया जाना चाहिए। आयोगों ने अपनी सिफारिशों तथा शैक्षिक तकनीकी के क्षेत्र में कार्यरत भारतीय शैक्षिक तकनीकी संघ (1968), राष्ट्रीय शैक्षिक अनुसन्धान एवं प्रशिक्षण, परिषद् के शैक्षिक तकनीकी केन्द्र (1973) तथा शैक्षिक तकनीकी के नये आयाम इन जनसंचार माध्यमों का कक्षा में प्रयोग पर बल दिया है। इसके परिणामस्वरूप भारतीय कक्षा-कक्ष में हार्डवेयर तथा सॉफ्टवेयर का प्रयोग दिन-प्रतिदिन बढ़ रहा है। सॉफ्टवेयर के प्रयोग में छात्रों के व्यवहार परिवर्तन एवं उसे उचित आकार देने पर बल दिया जाता है। यह मनोवैज्ञानिक सिद्धान्तों पर आधारित होता है। ये छात्रों में अभिप्रेरणा बढ़ाने का कार्य भी करते हैं। अभिक्रमित अनुदेशन इसका एक उदाहरण है। शिक्षण प्रशिक्षण कार्यक्रम प्रयुक्त सुक्ष्म शिक्षण, शिक्षण प्रतिमान, व्यक्तिगत अध्ययन, समूह शिक्षण, आदि भी इसके अन्तर्गत आते हैं। हार्डवेयर उपागम के अन्तर्गत शिक्षकों द्वारा विज्ञान के आविष्कारों का प्रयोग शिक्षण प्राक्रिया में किया जाता है। इनका उचित मात्रा में एवं सही ढंग से प्रयोग करने पर शिक्षण-अधिगम प्रक्रिया अधिक प्रभावी अर्थपूर्ण होती है। इसमें रेडियो, दूरदर्शन, ओवरहैड प्रोजेक्टर, एपिडायास्कोप, सी. सी. टी. वी., फिर स्लाइड, प्रोजेक्टर, आदि सम्मिलित होते हैं।

शिक्षक प्रशिक्षण कार्यक्रम में चार्ट, चित्र, वीडियो रिकॉर्डर, आदि का अत्यधिक महत्त्व है। शिक्षा कौशलों के अभ्यास में इनका प्रयोग बहुतायत से किया जाता है। विद्यालय में उपलब्ध संसाधनों का सही से प्रयोग करके शिक्षण के स्तर को ऊँचा उठाया जा सकता है। इनके प्रयोग से कम साधना द्वारा भी अधिक से-अधिक लोगों को शिक्षित किया जा सकता है।

हमारे देश में कठोर उपागमों के प्रयोग में आर्थिक समस्याएँ आती हैं। ये साधन व्ययसाध्य होते हैं। अत: भारत जैसे देश के लिए विद्यालयों में इनका प्रयोग अधिक नहीं हो पाता है। कोमल उपागम या सॉफ्टवेयर का प्रयोग आसानी से किया जा सकता है। शिक्षक-प्रशिक्षण कार्यक्रमों में इनका तकनीकी प्रशिक्षण छात्राध्यापकों को दिया जाना चाहिए जिससे वे भविष्य में शिक्षक बनकर इनका प्रयोग कर सकें। राष्ट्रीय शिक्षा अनुसन्धान एव प्रशिक्षण परिषद् द्वारा प्रशिक्षण संस्थानों में छात्राध्यापकों के प्रशिक्षण के लिए विभिन्न प्रकार कार्यशालाओं एवं गोष्ठियों का आयोजन किया जा रहा है। इसके अतिरिक्त सेवाकालीन प्रशिक्षणों (Inservice training) का भी आयोजन किया जा रहा है। केन्द्रीय शिक्षा विद्यालय के अन्तर्गत शैक्षिक तकनीकी केन्द्र का निर्माण किया गया है। राज्य स्तरों पर भी शैक्षिक तकनीकी कोष्ठों की स्थापना की जा रही है। इनके द्वारा विद्यालयों में शैक्षिक तकनीकी के प्रयोग के लिए निरन्तर प्रेरणा मिल रही है तथा इनके प्रयोग में वृद्धि हो रही है।

जनसंचार माध्यमों का शिक्षा में योगदान (Contribution of Mass Media in Education)-ये निम्न हैं—

(1) शिक्षा अधिगम प्रक्रिया को प्रभावी बनाना।

(2) विचारों तथा ज्ञान का प्रसार।

(3) अधिगमकर्ता को क्रियात्मक मार्ग प्रदान करना।

(4) ज्ञान धारणा को बढ़ाना।

(5) जनसंचार कार्यक्रम का शोधकार्य द्वारा विकास।

(6) मानसिक चिन्तन को बढ़ावा।

(7) विचारों का तारतम्य बनाए रखना।

(8) वास्तविक अनुभव दिखाकर स्व-क्रिया उत्पन्न करना।

जनसंचार माध्यमों का प्रयोग करते समय निम्न चरणों पर ध्यान देना चाहिए—

(1) शिक्षण लक्ष्यों का निर्धारण करना।

(2) उन अवस्थाओं का ज्ञान जिसमें विद्यार्थी कार्य करेंगे तथा विषयवस्तु पर अधिकार प्राप्त करेंगे।

(3) मूल्यांकन मापन का निर्माण जिसके आधार पर छात्रों के ज्ञान का मूल्यांकन किया जा सके।

(4) निर्देश के माध्यम का चुनाव और उसके लिए संबंधित सामग्री का चुनाव।

(5) व्यक्तिगत रूप से छात्रों द्वारा सामग्री तैयार करवाना, उनकी जाँच एवं अन्त में उनका क्रियान्वयन।

इस प्रकार जनसंचार माध्यम का उपर्युक्त तरीके से शिक्षण अधिगम प्रक्रिया में प्रयोग करने पर अधिगम को प्रभावी तथा रोचक बनाया जा सकता है तथा छात्रों का सर्वांगीण विकास किया जा सकता है।

श्रव्य-दृश्य सामग्री के उद्देश्य (Objectives of Audio-Visual Aids)-शिक्षा में श्रव्य-दृश्य सामग्री का उपयोग विशेष रूप से निम्नांकित उद्देश्यों की प्राप्ति हेतु किया जाता है—

(1) बालकों में पाठ के प्रति रुचि पैदा करना तथा विकसित करना।

(2) बालकों में तथ्यात्मक सूचनाओं को रोचक ढंग से प्रदान करना।

(3) सीखने में रुकने की गति (Retention) में सुधार करना।

(4) छात्रों को अधिक क्रियाशील बनाना।

(5) पढ़ने में अधिक रुचि बढ़ाना।

(6) अभिरुचियों पर आशानुकूल प्रभाव डालना।

(7) तीव्र एवं मन्द बुद्धि बालकों को योग्यतानुसार शिक्षा देना।

(8) पाठ्य-सामग्री को स्पष्ट; सरल तथा बोधगम्य बनाना।

(9) बालक का अवधान पाठ की ओर केन्द्रित करना।

(10) बालकों की निरीक्षण शक्ति का विकास करना।

(11) अमूर्त पदार्थों को मूर्त रूप देना।

(12) बालकों को मानसिक रूप से नये ज्ञान की प्राप्ति हेतु तैयार करना और प्रेरणा देना।

श्रव्य-दृश्य सामग्री की आवश्यकता तथा महत्त्व (Need and Importance of Audio-Visual Aids)-शिक्षा में ज्ञानेन्द्रियों पर आधारित ज्ञान ज्यादा स्थायी माना गया है। श्रव्य-दृश्य सामग्री में भी ज्ञानेन्द्रियों द्वारा शिक्षा पर विशेष बल दिया जाता है। छात्रों में नवीन वस्तुओं के विषय में आकर्षण होता है। नवीन वस्तुओं के बारे में जानने की स्वाभाविक जिज्ञासा होती है। श्रव्य-दृश्य सामग्री में 'नवीनता' का प्रत्यय निहित रहता है, फलस्वरूप छात्र सरलता से नया ज्ञान प्राप्त करने में समर्थ होते हैं, श्रव्य-दृश्य सामग्री छात्रों के ध्यान को केन्द्रित करती है तथा पाठ में रुचि उत्पन्न करती है, जिससे वे प्रेरित होकर नया ज्ञान प्राप्त करने के लिए लालायित हो जाते हैं।

शिक्षा में छात्रों को सक्रिय रहकर ज्ञान प्राप्त करना होता है। श्रव्य-दृश्य सामग्री छात्रों की मानसिक भावना, संवेगात्मक सन्तुष्टि तथा मनोवैज्ञानिक आवश्यकताओं की पुर्ति करते हुए उन्हें शिक्षा प्रक्रिया में सक्रिय रूप से भाग लेने के लिए प्रेरित करती है।

छात्रों को ज्ञान, सरल, सहज तथा बोधगम्य तभी महसूस होता है जब उनकी व्यक्तिगत विभिन्नताओं पर ध्यान देते हुए शिक्षा दी जाए। श्रव्य-दृश्य सामग्री बालकों को उनकी रुचि, योग्यताओं तथा क्षमताओं तथा रुझानों के अनुरूप शिक्षा प्रदान करने में सहायक सिद्ध होती है।

श्रव्य-दृश्य सामग्री की विशेषताएँ (Characteristics of Audio-Visual Aids) शिक्षा में उपयोगी श्रव्य-दृश्य सामग्री को निम्नांकित विशेषताओं के कारण आधुनिक महत्त्व दिया जाने लगा है-

(1) श्रव्य-दृश्य सामग्री स्थायी रूप से सीखने एवं समझने में सहायक है।

(2) मौखिक बात को कम करती है।

(3) यह अनुभवों के द्वारा ज्ञान प्रदान करती है।

(4) यह नैरेशन (Narration) के द्वारा शिक्षा देती है।

(5) यह समय की बचत तथा रुचि में वृद्धि करती है।

(6) यह विचारों में प्रवाहात्मकता प्रदान करती है।

(7) प्राध्यापक को उपयोगी एवं अच्छे शिक्षण में सहायता करती है।

(8) भाषा संबंधी कठिनाइयों को दूर करती है।

(9) विभिन्न प्रकार की विधाओं का प्रयोग करती है।

(10) छात्र अधिक सक्रिय रहते हैं और पाठ को सरलता से याद कर सकते हैं। (11) वैज्ञानिक प्रवृत्ति का विकास होता है।

(12) छात्र स्वयं कार्य करने पर अपने को अधिक योग्य एवं साधन-सम्पन्न तथा आत्मनिर्भर मानने लगते हैं।

(13) विभिन्न विषयों के अन्वेषण के प्रति उत्सुकता जाग्रत होती है।

(14) वस्तुओं को प्रत्यक्ष रूप से देखने का अवसर मिलता है।

(15) प्राकृतिक एवं कृत्रिम वस्तुओं का तुलनात्मक अध्ययन करने के लिए अच्छे अवसर मिलते हैं।'

(16) छात्रों को उपकरण प्रयोग करने की विधि का ज्ञान होता है।

(17) सहायक सामग्री सूक्ष्म बातों को सरलता से समझा देती है और छात्रों की कल्पना एवं विचार शक्ति का विकास करती है।

(18) इससे छात्रों की ज्ञानेन्द्रियों को प्रेरणा मिलती है और छात्रों को निश्चित ज्ञान प्राप्त होता है।

(19) पाठ में अधिक रोचकता आती है।

(20) यह हमारी ज्ञानेन्द्रियों को उद्दीपित करके शिक्षण एवं अधिगम प्रक्रिया को सुगम बनाती है।

श्रव्य-दृश्य सामग्री की शिक्षण प्रक्रिया में भूमिका (Role Of Audio-Visual Aids In Teaching)-श्रव्य-दृश्य सामग्री शिक्षण को प्रभावशाली बनाने में मदद करती है। यह शिक्षण को अधिक रोचक बनाती है तथा छात्रों के समक्ष प्रभावशाली प्रस्तुतिकरण प्रस्तुत करती है। यह शिक्षक, छात्र तथा विषय सामग्री के मध्य अन्त:प्रकिया को तीव्रतम गति पर लाकर छात्रों को शिक्षोन्मुखी तथा जिज्ञास बना देती है। एक अच्छे शिक्षक के लिए विषय पर आधिपत्य तथा छात्रों की प्रकृति की उत्तम जानकारी के साथ-साथ श्रव्य-दृश्य का भी अच्छा ज्ञान होना चाहिए, तभी उसका शिक्षण स्पष्ट, सरल तथा प्रभावशाली होगा। शिक्षक का संबंधित श्रव्य-दृश्य सामग्री की आवश्यकता, विभिन्न प्रकार की सामग्री तथा उसकी उचित उपयोग-प्रक्रिया सावधानियों के विषय में समुचित ज्ञान होना चाहिए। श्रव्य-दृश्य सामग्री अमूर्त चिन्तन को मूर्त चिन्तन में परिवर्तित करके दुरूह विषय-सामग्री को सरल तथा सुगम बनाती है। यह छात्रों के मस्तिष्क पर स्थायी 'चिह्न ' उत्पन्न करके अधिगम को स्थायी बनाती है। श्रव्य-दृश्य सामग्री छात्रों में अधिगम के प्रति प्रेरणा उत्पन्न करती है, वे शिक्षण प्रक्रिया में पूरी तरह से खो जाते हैं और अपने प्रत्ययों को ज्यादा स्पष्ट रूप से समझने में छात्रों को समर्थ बनाती है। यदि हमें विज्ञान में 'हृदय' पढ़ाना है तो हम कितना भी स्पष्ट वर्णन करें हम उतने सफल नहीं हो सकेंगे, जितना हृदय का एक मॉडल दिखाकर अथवा हृदय पर एक फिल्म दिखाकर छात्रों को स्पष्ट कर सकेंगे। छात्रों की कल्पना शक्ति के विकास के लिए श्रव्य-दृश्य सामग्री अपनी अद्भुत भूमिका का निर्वाह करती है। साथ ही शिक्षण प्रक्रिया में धारावाहिता, विचारों की तारतम्यता तथा प्रकरण अवबोध में निरन्तरता बनाये रखती है।

श्रव्य-दृश्य सामग्री के आवश्यक गुण (Essential Qualities Of Audio-Visual Aids)-एक अच्छी श्रव्य-दृश्य सामग्री में निम्नांकित गुण होना आवश्यक हैं

(1) परिशुद्धता (Accuracy)—संबंधित विषय प्रकरण को स्पष्ट करने के लिए सही श्रव्य-दृश्य सामग्री का चयन किया जाना चाहिए। कॉमर्स पढ़ने के लिए विज्ञान के मॉडल लेकर पढ़ाना उचित नहीं है, भले ही उनमें कितनी भी साम्यता क्यों न हो जो विषय पढ़ायें उसी का मॉडल प्रयोग करना चाहिए।

(2) संबंधता (Relevancy)—मानव 'हृदय' पढ़ाने के लिए मानव के हृदय का ही प्रयोग करना चाहिए। सभी हृदयों को एक-सा समझकर यदि मेढक के हृदय का मॉडल दिखाकर छात्रों को समझाया जाता है तो यह गलत होगा। अत: श्रव्य-दृश्य सामग्री में संबंधता का गुण अवश्य होना चाहिए।

(3) यथार्थता (Realism)-श्रव्य-दृश्य सामग्री जिस प्रक्रिया, विषय-वस्तु अथवा प्रत्यय को स्पष्ट करने के लिए प्रयोग की जा रही है वह उस प्रक्रिया, विषय-वस्तु या प्रत्यय का 100% प्रतिनिधित्व यथार्थ रूप में होना चाहिए। यदि यह यथार्थता नहीं है तो यह सामग्री उपर्युक्त नहीं है।

(4) रोचकता (Interesting)—एक उत्तम श्रव्य-दृश्य सामग्री में छात्रों की रुचि जाग्रत करने की क्षमता होनी चाहिए। यदि यह शिक्षण में रोचकता नहीं ला पाती तो शिक्षण सामग्री की उपर्युक्तता संदिग्ध हो जाती है।

(5) अनुकूलता (Adoptability)—एक अच्छी श्रव्य-दृश्य सामग्री में अनुकूलता का गुण होना चाहिए। यदि सामग्री विषय तथा प्रकरण के अनुकूल नहीं है और न ही अनुकूल बनाई जा सकती है तो ऐसी सामग्री का प्रयोग नहीं किया जाना चाहिए।

(6) कम-से-कम समय लेने वाली (Less Time Consuming)—एक अच्छी शिक्षण सहायक सामग्री कक्षा-शिक्षण प्रक्रिया का कम समय लेने वाली होनी चाहिए। कहा भी गया है— "Don't teach aids. Teach the Subject with aids." सामग्री के विवेचन की अपेक्षा विषय-वस्तु के विवेचन पर ध्यान दिया जाना चाहिए।

(7) कम कीमती सामग्री (Less Costly Aid)-यथासम्भव जिस श्रव्य-दृश्य सामग्री का प्रयोग किया जाये उसकी कीमत कम-से-कम होनी चाहिए। यदि इसकी कीमत ज्यादा है तथा विद्यालय या शिक्षक इसे नहीं खरीद सकता तो यह व्यर्थ है। प्रयास किया जाना चाहिए कि ज्यादा-से-ज्यादा Improvised Teaching Aids का प्रयोग किया जाये। बहुत कम खर्च में छात्रों व शिक्षकों द्वारा सामग्री स्वयं भी बनाई जा सकती है।

(8) सामग्री की उपलब्धता (Availability of Aids)-एक अच्छी शिक्षण सामग्री शिक्षक के लिए उपलब्ध होनी चाहिए। यदि सामग्री में सभी अच्छे गुण हैं परन्तु वह उपलब्ध नहीं है तो शिक्षक के लिए बेकार है।

श्रव्य-दृश्य सामग्री का वर्गीकरण (Classification Of A.V. Aids)-शिक्षाशास्त्रियों ने श्रव्य-दृश्य सामग्रियों का वर्गीकरण अनेक आधारों पर किया है। ये आधार नीचे दिये जा रहे हैं-

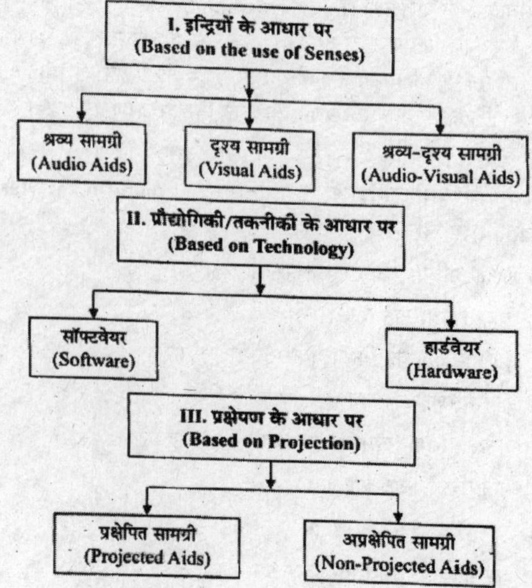

इन्द्रियों के आधार पर

(I) श्रव्य सामग्री (Audio Aids)-इस प्रकार की सामग्री के माध्यम से छात्र श्रवणेन्द्रिय के माध्यम से ज्ञान प्राप्त करता है। इसके प्रमुख उदाहरण रेडियो तथा टेपरिकॉर्डर हैं। इस प्रकार के उपकरणों से छात्रों को संबंधित नवीन खोजों, वैज्ञानिक आविष्कारों तथा वैज्ञानिकों की जीवनियों के विषय में सुनाकर ज्ञान प्रदान किया जाता है। इसमें रेडियो प्रसारण, टेपरिकॉर्डिंग तथा ग्रामोफोन एवं लिंग्वाफोन, आदि आते हैं।

(II) दृश्य सामग्री (Visual Aids)-दृश्य सामग्री के प्रयोग से ज्ञान प्रत्यक्षीकरण (Perception) द्वारा प्राप्त होता है। यदि छात्र को पौधे के विभिन्न भागों के बारे में बताया जा रहा है तो वास्तविक रूप से पौधे का प्रयोग किया जाना चाहिए। जिस वस्तु को बालक देखते हैं उसमें अधिक रुचि लेते हैं और उत्सुकता दिखाते हैं। इसमें मॉडल, चार्ट, ग्राफ, मानचित्र, बुलेटिन बोर्ड, फ्लेनल बोर्ड, संग्रहालय, मैजिक लालटेन, स्लाइडें, वास्तविक पदार्थ तथा श्यामपट, आदि आते हैं।

(III) श्रव्य-दृश्य सामग्री (Audio-Visual Aids)-इस प्रकार की सामग्री के प्रयोग से आँख और कान दोनों को एक साथ कार्य करना पड़ता है। बालक आँख से देखकर और कान से सुनकर, शिक्षण बिन्दुओं को स्मरण करने का प्रयत्न करता है। इनके द्वारा प्रदत्त ज्ञान में परिशुद्धता, यथार्थता, प्रासंगिकता तथा ग्राह्यता (Comprehensibility) का गुण होना आवश्यक है। इनके अभाव में श्रव्य-दृश्य सामग्री उपादेय नहीं रहती। इसमें टेलीविजन, ड्रामा, चलचित्र, कम्प्यूटर सहायक सामग्री, फिल्में तथा रेडियोविजन, आदि सम्मिलित हैं।

प्रौद्योगिकी या तकनीकी के आधार पर

(I) सॉफ्टवेयर-इसमें छपी हुई सामग्री, जैसे—चित्र, ग्राफ, चार्ट, पुस्तक, मानचित्र की मॉडल, आदि आते हैं।

(II) हार्डवेयर-इसमें रेडियो, टी.वी., टेली-लैक्चर, रिकॉर्ड प्लेयर, एपीडायस्कोप, प्रोजेक्टर] कम्प्यूटर, आदि आते हैं।

प्रक्षेपण के आधार पर

(1) प्रक्षेपित सामग्री (Projected Aids)—इसमें वे सभी सामग्री आती हैं जिनका प्रक्षेपण करना है; जैसे—स्लाइड, फिल्मस्ट्रिप, आदि।

(2) अप्रक्षेपित सामग्री (Non-Projected Aids)-इसके अन्तर्गत विभिन्न प्रकार के चार्ट, चित्र प्रतिरूप तथा निदर्श (Specimen) रखे जाते हैं।

अन्य आधार पर

श्रव्य-दृश्य सामग्री को एन.सी.ई.आर.टी. के विद्वानों ने एक और प्रकार से छः वर्गों में विभाकि किया है-

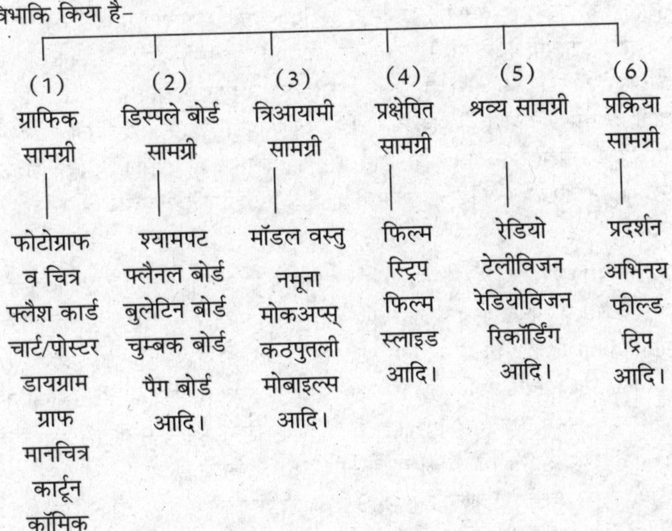

सुविधा व उपयोग के आधार पर

श्रव्य-दृश्य सामग्री को सुविधा व उपयोग के आधार पर निम्नांकित चार भागों में विभाजित किया जाता है—

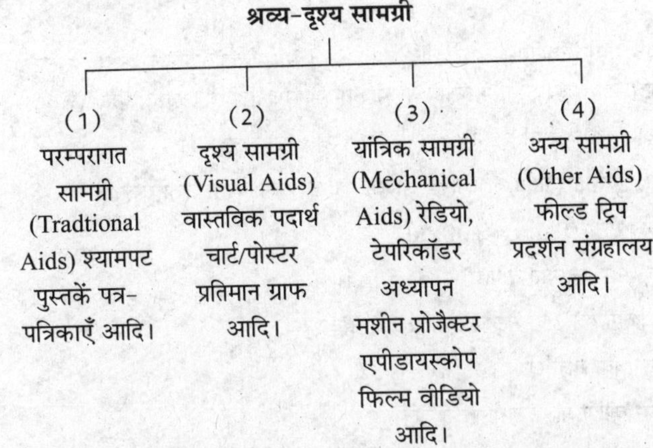

सीखने की योजना एवं विद्यालय के अन्य कार्य के साथ आई.सी.टी. का एकीकरण

सीखने की योजना में ऑनलाइन चर्चा मंच का प्रयोग

1. ब्लॉग (Blog)-यह एक प्रकार के व्यक्तिगत वेबसाइट होते हैं जिन्हें डायरी की तरह लिखा जाता है। प्रत्येक ब्लॉग या चिट्ठे में कुछ लेख, चित्र एवं बाहरी कड़ियाँ (Link) होती हैं। इनके विषय लेख—सामान्य व विशेष दोनों कार के होते हैं। ब्लॉग या चिट्ठा लिखने वाले को ब्लॉगर (चिट्ठाकार) कहते हैं। यह कार्य चिट्ठाकारी या चिदाकारिता (Blogging) कहा जाता है। कई ब्लॉग किसी विशेष विषय से संबंधित होते हैं। ये ब्लॉग उस विषय से संबंधित समाचार, जानकारी, विचारों, आदि से परिचित करवाते हैं। एक ब्लॉग में उस विषय से जडे पाठ, चित्र, अन्य कड़ियाँ (Links) मिल सकते हैं। ब्लॉग पाठकों को अपनी टिप्पणियाँ करने की क्षमता देकर उन्हें संवादात्मक प्रारूप प्रदान करता है। अधिकांश ब्लॉग मुख्य रूप से पाठ रूप में होते हैं। कुछ ब्लॉग कलाओं (Art Blogs), छाया-चित्रों (Photography Blogs), वीडियो (Video Blogs), संगीत (MP3 | Blogs), आदि पर केन्द्रित होते हैं।

अंग्रेजी शब्द 'ब्लॉग' वेब लॉग (Web Log) का सूक्ष्म रूप है। प्रारम्भ में ब्लॉगर द्वारा इसे वी ब्लॉग (We Blog) की तरह प्रयोग किया गया था, बाद में इसे ब्लॉग के रूप में प्रयोग किया जाने लगा। हिन्दी का पहला 'चिट्ठा' शब्द चिट्ठाकार **आलोक कुमार** द्वारा प्रतिपादित किया गया था जो कि अब इण्टरनेट पर हिन्दी दुनिया में प्रचलित हो गया है। यह शब्द अब गूगल द्वारा भी अपने शब्दकोश में शामिल किया जा चुका है। वर्तमान समय में लेखन का थोड़ी-सी भी रुचि रखने वाला व्यक्ति अपना ब्लॉग बना सकता है।

यह नि:शुल्क होता है और अपना लिखा पूरे विश्व के सामने तक पहुँचा सकता है। ब्लॉग पर राजनीतिक विचार, उत्पादों के विज्ञापन, शोधपत्र एवं शिक्षा का आदान-प्रदान भी किया जा सकता है। कई व्यक्ति ब्लॉग पर अपनी शिकायतें भी दर्ज करके दूसरों को भेजते हैं। इन शिकायतों में पढ़ी-लिखी भाषा से लेकर कर्कश भाषा का भी प्रयोग किया जाता है। सन् 2004 में 'चिट्ठा' शब्द को मेरियम-वेबस्टर में आधिकारिक रूप में सम्मिलित किया गया। बहुत से व्यक्ति चिट्ठों के माध्यम से ही एक-दूसरे के सम्पर्क में रहते हैं। अनेक कम्पनियाँ आपके ब्लॉगों की सेवाओं को अत्यन्त सरल बनाने के लिए सुविधाएँ देने लगी हैं।

ब्लॉग के गुण (Merits of Blog)

ब्लॉग के निम्नलिखित गुण हैं-

1. लेख के साथ वीडियो, चित्र एवं श्रव्य सामग्रियों को देख एवं सुन सकने में सहायक है।
2. शिक्षक एवं विशेषज्ञ अपने शोध एवं शिक्षण सामग्री को सार्वजनिक कर सकते हैं।
3. छात्र एवं अध्ययनकर्ता ब्लॉग के माध्यम से सूचनाओं को एकत्र कर सकते हैं।
4. प्रयोगकर्ता एवं प्रतिभागी अपने विचार प्रस्तुत कर सकते हैं।
5. लेख एवं सूचनाओं के त्वरित आदान-प्रदान करने में सहायता करता है।

ब्लॉग के दोष (Demerits of Blog)

ब्लॉग के निम्नलिखित दोष हैं-

1. संचालन हेतु इण्टरनेट एवं विद्युत की आवश्यकता।
2. अत्यधिक खर्चीला है।
3. आम व्यक्तियों के प्रयोग हेतु दुर्लभ है।
4. हिन्दी भाषी क्षेत्रों हेतु अनुपयुक्त है।

शैक्षिक उपयोगिता (Educational Utility)-ब्लॉग सूचनाओं एवं लेखों को सार्वजनिक रूप से शिक्षकों एवं विद्यार्थियों के शिक्षण में है। इसके द्वारा दूरस्थ एवं व्यक्तिगत अध्ययन करने वाले छात्रों को उपर्युक्त शिक्षण सामग्री उपलब्ध है। शिक्षण संस्थान अपने विज्ञापन हेतु विभिन्न शिक्षण सामग्रियों की वीडियो इस ब्लॉग पर उपलब्ध कराते हैं जिनका छात्र एवं शिक्षक अध्ययन-अध्यापन में उपयोग कर शिक्षण बनाते हैं। स्थानीय लेखों के साथ-साथ विशिष्ट एवं विशेषज्ञों के लेख शिक्षण अधिगम पर ब्लॉग के माध्यम से राष्ट्रीय एवं अन्तर्राष्ट्रीय सूचनाओं एवं अध्ययन सामग्रियों का अध्ययन संबंधी उद्देश्यों को पूर्ण करने हेतु यह छात्रों के लिए सहायक है।

2. इलेक्ट्रॉनिक पुस्तकालय/लाइब्रेरी (Electronic Library)-इलेक्ट्रॉनिक लाइब्रेरी जैसाकि नाम से स्पष्ट है कि एक ऐसी लाइब्रेरी जिसमें इलेक्ट्रॉनिक स्रोतों के द्वारा अधिगम प्रदान किया जाता है तथा इस प्रकार की लाइब्रेरी में सभी स्तर के असर सामग्री उपलब्ध रहती है। इसमें प्राथमिक स्तर से लेकर उच्च स्तर तक तथा अनुसंधानकर्ताओं के अध्ययन सामग्री उपलब्ध रहती है। E-library अनुसंधान को सरल बना देती है क्योंकि इसमें सारी नवी सूचनाएँ तुरन्त अधिगमकर्ता (Learner) के पास पहुँच जाती है। E-library द्वारा अधिगम, आधुनिक तकनीकियों, जैसे—कम्प्यूटर, मोबाइल, बहुमाध्यम नेटवर्किंग, आदि की सहायता से युक्त हो अधिगम के लिए लाइब्रेरी है। ई-लाइब्रेरी में नवीनतम सूचनाएँ पूरी किताब के रूप में 7000 मिलियन अधिक नक्शे में उपलब्ध हैं। कोई भी शीर्षक डालकर हम ई-लाइब्रेरी के माध्यम से उससे संबंधित और किताबों का विस्तृत वर्णन प्राप्त कर सकते हैं। इस तरह की लाइब्रेरी से संबंधित सूचना हम कम्प्यूटर, लैपटॉप व आधुनिकतम स्मार्ट फोन के माध्यम से ज्ञात कर सकते हैं। इस तरह की लाइब्रेरी में शिक्षार्थी की गतिशीलता तथा अन्य तकनीकी अन्त:क्रिया पर बल दिया जाता है। यह उपागम विशिष्ट आवश्यकता वाले विद्यार्थियों के लिए बहुत उपयोगी है। E-library में प्रत्येक मैगजीन, जर्नल समाचार-पत्र, किताब, आदि से संबंधित पूर्ण सामग्री मौजूद रहती है जिससे अधिगमकर्ता के समय की बचत होती है तथा वह अवसाद से घिरने से भी बच जाता है। इसका पोर्टल वेब पर आधारित होता है। ई-मैगजीन तथा ई-जर्नल्स भी ई-लाइब्रो के अन्तर्गत आते हैं तथा इसमें पत्रिकाएँ डेटाबेस, कैटलॉग, पाठ्यक्रम संबंधित संसाधन, आदि होते हैं।

अनुसंधानकर्ता E-library में संबंधित सूचनाएँ निम्न स्रोतों के द्वारा प्राप्त कर सकते हैं-

1. चित्रों द्वारा,
2. नक्शों द्वारा,
3. किताब द्वारा,
4. समाचार द्वारा,
5. मैगजीन द्वारा,
6. वेब के द्वारा,
7. आडियो/वीडियो द्वारा एवं
8. टी. वी. और रेडियो द्वारा।

E-Library के अनुसार एक ऐसी प्रणाली जिसमें पत्रिकाएँ, डाटावेस, कैटलॉग, पाठ्यक्रम संबंधित संसाधन होते हैं।

डिजिटल संसाधन (Digital Resources)-आजकल के युग में प्रत्येक व्यक्ति अधिकांशत: कम्प्यूटर पर निर्भर रहता है। आधुनिक कम्प्यूटर के युग में डिजिटल संसाधनों का उपयोग एक महत्त्वपूर्ण आवश्यकता है। डिजिटल संसाधन के प्रयोग से कम समय में अधिक-से-अधिक अधिगम के अवसर प्राप्त होते हैं। प्रत्येक क्षण को पूर्ण रूप से प्रयोग करने के लिए डिजिटल संसाधनों को अपनाया जा रहा है। यदि बालकों को पेन्टिग से संबंधित कार्य हैं तो वे डिजिटल सामग्री का उपयोग सरलता से कर सकते हैं। अनेक प्रकार के चित्रों एवं प्रतिमा को बालक कम्प्यूटर पर तैयार कर सकते हैं। यदि यही कार्य साधारण तरीके से किया जाए तो काफी समय लग जाएगा। इसी कारण से शिक्षा के क्षेत्र में कम्प्यूटर अपना क्षेत्र व्यापक बनाता जा रहा है। प्रत्येक शिक्षा में पर्याप्त ज्ञान की आवश्यकता होती है जिससे कि वह अपने कार्यों में बालकों की सहायता के अधिक-से-अधिक कम्प्यूटर का प्रयोग करे।

इस प्रकार के शिक्षण से बालकों का समय तो बचेगा ही अपितु वे कम समय में अधिक ज्ञान अर्जन कर सकेंगे। एक ओर डिजिटल संसाधनों के द्वारा अधिगम में तीव्रता आती है वहीं दूसरी ओर आधुनिक तकनीक का सर्वोत्तम उपयोग सम्भव हुआ है। डिजिटल संसाधनों के उदाहरणों पर एक नजर डाली जाए तो इन डिस्क, डी.वी. डी., सी.डी., प्रोजेक्टर, लैपटॉप, आईपैड, टैबलेट, आदि प्रमुख हैं। उपर्युक्त सभी के उपयोग कम्प्यूटर पर डिजिटल सामग्री को प्रस्तुत किया जाता है। इन सभी की सहायता से बालक अपनी जरूरतों। रुचियों के अनुसार सामग्री का चयन करके अधिगम की प्रक्रिया को पूर्ण करता है।

डिजिटल संसाधनों के उद्देश्य एवं आवश्यकता

आजकल के परिवेश में प्रत्येक स्तरीय शिक्षक को यह विशेष प्रशिक्षण दिया जाता है कि वह कम्प्यूटर के माध्यम से अधिकाधिक डिजिटल सामग्री का उपयोग करे। इन संसाधनों के प्रयोग से विज्ञान ने यह सिद्ध कर दिया है कि साधारण संसाधनों की अपेक्षा डिजिटल संसाधनों के प्रयोग से बालकों का अधिगम स्तर अधिक प्रभावी बनता है। इसी कारण से प्रशिक्षण काल से ही शिक्षकों को इसके उपयोग संबंधित ज्ञान प्रदान किया जाता है। इस प्रक्रिया से शिक्षक भविष्य में बालकों को डिजिटल संसाधनों के प्रयोग के बारे में समझा सकें तथा इसके द्वारा शिक्षण-अधिगम कार्य सरलतापूर्वक पूर्ण कर सकें। निम्नलिखित तथ्य डिजिटल संसाधनों के प्रयोग के उद्देश्य एवं आवश्यकता को स्पष्ट करते हैं-

1. श्रम के सन्दर्भ में-वर्तमान युग तीव्र गति का युग कहलाता है। प्रत्येक व्यक्ति कम समय व श्रम से अधिक कार्य करना चाहता है। इस क्रम में डिजिटल संसाधन अपनी विशेष भूमिका निभा रहे हैं। शिक्षण अधिगम प्रक्रिया की बात की जाए तो आजकल ई-बुक्स, ई-ऑनलाइन अनुवर्ग, आदि के माध्यम से श्रम की बचत की जा रही है। पुस्तकों का रख-रखाव, उनमें एक समय पश्चात् खराब होने की चिन्ता, आदि से बालक व शिक्षक निश्चिन्त नजर आते हैं। ई-बुक्स या ई-मैगजीन ऐसी पुस्तकें हैं जो कम्प्यूटर पर एक क्लिक से खुल जाती हैं। बालकों के समक्ष डिजिटल संसाधनों के प्रयोग से विभिन्न प्रकार की अधिगम सामग्री एक क्लिक पर उपलब्ध हो जाती है और इसमें अधिक श्रम की

आवश्यकता नहीं पड़ती है। यही कार्य यदि लिखकर किया जाए तो अधिक श्रम लगेगा और बालक की ग्रहण क्षमता अधिक श्रम के कारण कम हो जाती है।

2. समय के सन्दर्भ में-डिजिटल संसाधनों के प्रयोग से समय की बचत होती है। यह कथन विभिन्न रूप से स्पष्ट किया जा सकता है। यदि शिक्षण प्रक्रिया के सन्दर्भ में कहा जाए तो शिक्षक डिजिटल संसाधनों की सहायता से अनेक कार्य कर अपने समय की बचत कर सकता है। **उदाहरणार्थ**-शिक्षक बालकों को किसी विषय के शीर्षक को चित्र द्वारा (जैसे—मानव अंगों को) स्पष्ट करना चाहता है तो वह सरलता से प्रोजेक्टर पर बालकों को दिखा कर स्पष्ट कर सकता है और यही काम श्यामपट पर किया जाए तो बहुत लगेगा। इसी प्रकार चित्रकारी, पेन्टिंग, आदि बालकों को इसी माध्यम से सिखाया जा सकता हैं और शिक्षक बालकों को कम समय में अनेक जानकारियाँ उपलब्ध करा सकते है। इससे समय की बचत होता है।

3. वर्तमान तकनीकी के ज्ञान व प्रयोग के सन्दर्भ में-आजकल के डिजिटल युग में डिजिटल "का उचित ज्ञान अति आवश्यक है। नवीन तकनीकों का ज्ञान प्राप्त करने के लिए डिजिटल संसाधन, जैसे—कम्प्यूटर, इण्टरनेट, ई-पत्रिकाओं, ई-पुस्तकें, ई-लेख, ई-चर्चा, आदि सामग्रियों के उपयोग के लिए मोबाइल फोन, स्मार्टफोन, आदि का प्रयोग किया जाता है। उपर्युक्त सभी के आधार पर बालक अनेक प्रकार की तकनीकियों का उपयोग सीखते हैं जो कि वर्तमान परिवेश में आवश्यक है। इस तकनीकी में सर्वोत्तम प्रयोग के लिए डिजिटल सामग्री का होना आवश्यक है। जिस प्रकार किसी विषय पर विद्वानों द्वारा अलग-अलग विचारों का प्रस्तुतीकरण किया जाता है तो उसे प्रस्तुतीकरण से प्राप्त करने के लिए तथा शब्दों के ज्ञान को परिवर्तित करने के लिए, समझने के लिए ''कम्प्यूटर " उपयोग और डिजिटल सामग्री एवं इण्टरनेट का उपयोग व्यापक रूप से करना चाहिए। इसमें वर्तमान तकनीकी का उपयोग लाभदायक सिद्ध हो रहा है।

4. उत्तम गुणवत्ता के सन्दर्भ में-डिजिटल संसाधनों के प्रयोग से कार्य की गुणवत्ता का स्तर काफी अधिक हो जाता है। शिक्षण-अधिगम प्रक्रिया में डिजिटल संसाधनों के प्रयोग से उपर्युक्त विषयवस्तु प्राप्त की जा सकती है। शिक्षक अपने शिक्षण कार्य हेतु डिजिटल विषयवस्तु का उपयोग करते हैं जिससे शिक्षण की गुणवत्ता उत्तम हो जाती है। यदि छात्रों को कम्प्यूटर से संबंधित पाठ पढ़ाया जाना है तो चित्रों एवं भाषा के माध्यम से सजीवता प्रदान की जा सकती है जिससे बालक विषय को सरलता से समझ सकते हैं। शिक्षक व छात्र यदि उचित रूप से डिजिटल सामग्री का प्रयोग करें तो कार्य-क्षेत्र में उत्तम गुणवत्ता प्राप्त होती है।

सूचना पोर्टल (Information Portal)-सूचना पोर्टल एक प्रकार का वेब पोर्टल है जिन्हें विभिन्न कार्यों के लिए प्रयोग किया जाता है। किसी भी वेबसाइट के सूचना पोर्टल पर से उससे जुड़े अनेक लिंक पृष्ठों के बारे में जानकारी प्राप्त होती है। इन सूचनाओं को हम अपनी आवश्यकतानुसार खोलकर जानकारी प्राप्त कर सकते हैं। **उदाहरणार्थ**-सर्वप्रथम गूगल वेब पोर्टल खोलेंगे, इसके पश्चात् स्क्रीन पर वेब पोर्टल प्रस्तुत होगा जिसमें विभिन्न प्रकार के विकल्प हमारे सामने उपस्थित होंगे। ये विकल्प स्टॉक मूल्य, ई-मेल समाचार, सूचनाएँ व आँकड़े, आदि से संबंधित होंगे। यदि हमको सूचना संबंधी जानकारी की आवश्यकता है तो उस पर क्लिक कर देंगे और जो भी सूचना हमें प्राप्त करनी है, उसको प्रिंटर की सहायता से प्रिंट कर लेंगे। इसी प्रकार अनेक कार्यों की सूचनाएँ प्राप्त की जा सकती हैं।

सूचना पोर्टलों द्वारा प्रतियोगी परीक्षाओं की जानकारी (Information of Competitive Exams Through Information Portals)-प्रतियोगी परीक्षाएँ सम्पन्न कराने वाली संस्थाएँ अपनी वेबसाइटों पर परीक्षा से संबंधित पूर्ण जानकारी प्रदान करती हैं। छात्र जिस परीक्षा में भाग लेना चाहता है वह उस वेबसाइट के सूचना पोर्टल पर जाकर पूर्ण जानकारी प्राप्त कर सकता है। **उदाहरणार्थ**-प्रदेश संघ लोक सेवा आयोग, कर्मचारी चयन आयोग, बेसिक शिक्षा परिषद्, आदि अनेक संस्थाएँ हैं जो प्रतियोगी परीक्षाएँ सम्पन्न कराती हैं। इन सभी के द्वारा कराई जाने वाली परीक्षाओं की जानकारी इनकी वेबसाइट पर उपलब्ध होती है। इसी प्रकार कुछ संस्थाएँ ऑनलाइन सूचना पोर्टलों पर व्यावसायिक पाठ्यक्रमों में परीक्षाओं के आधार पर प्रवेश आमन्त्रित करती हैं। जैसे—छात्रों को MBA में प्रवेश लेना है तो उसे प्रबन्धन संबंधी परीक्षा कराने वाली संस्था की वेबसाइट खोलकर उस पर जानकारी प्राप्त करनी होगी।

वर्तमान समय में रोजगार संबंधी परीक्षाओं एवं प्रवेश परीक्षाओं के बारे में छात्रों को जानकारी प्राप्त करने में सूचना पोर्टलों का विशेष योगदान है। ऑनलाइन माध्यम से छात्र किसी भी जगह से किसी भी समय अपनी सुविधा के अनुसार जानकारी प्राप्त कर सकता है। सूचना पोर्टलों पर सभी प्रकार के निर्देश व संबंधित जानकारियाँ उपस्थित रहती हैं।

ऑनलाइन सूचना पोर्टलों के लाभ

ऑनलाइन सूचना पोर्टलों के प्रमुख लाभ निम्नलिखित हैं-

1. ऑनलाइन सुचना प्राप्त करने पर छात्र अपनी रुचि एवं योग्यता के अनुरूप व्यवसाय व शिक्षा चयन करता है। इसके लिए वह परीक्षाओं की तैयारी के लिए उचित निर्देशन व परामर्श भी प्राप्त करता है। क्योंकि सूचना पोर्टलों पर कोचिंग की जानकारी भी उपलब्ध होती है।
2. सूचना पोर्टलों के द्वारा प्रतियोगी परीक्षा विषयक सूचनाओं से बालक को व्यावसायिक चुनाव में सरलता रहती हैं। छात्र अनेक प्रकार की रोजगार प्रदान करने वाली संस्थाओं की वे सेवाओं का तुलनात्मक दृष्टि से विश्लेषण करता है और उपर्युक्त चयन करता है।
3. ऑनलाइन सूचना पोर्टलों का समय की बचत में भी योगदान है क्योंकि इससे छात्र केवल उन पोर्टलों का अध्ययन करता है जो उसकी जरूरत के अनुरूप होती हैं शेष प्रतियोगी परीक्षा संबंधी वेबसाइट का अध्ययन नहीं करता है।
4. सूचना पोर्टल छात्रों को परीक्षा के स्वरूप के विषय एवं पाठ्यक्रम के स्वरूप की भी जानकारी उपलब्ध कराते हैं। इससे छात्रों को परीक्षा तैयारी में सहायता मिलती है क्योंकि परीक्षाएँ वस्तुनिष्ठ, लघूत्तरात्मक या निबन्धात्मक किसी भी प्रकार हो सकता है।
5. सूचना पोर्टल पर ऑनलाइन सूचना विषयक प्रक्रिया से मानवीय श्रम की बचत होती है क्योंकि अधिकांश फार्म ऑनलाइन भरे जाते हैं। प्रवेश-पत्र भी ऑनलाइन प्राप्त किये जाते हैं और परिणामों को भी इन्हीं पोर्टलों पर ऑनलाइन प्रकाशित किया जाता है।
6. ऑनलाइन सूचना पोर्टलों द्वारा परीक्षाओं में जरूरी परिवर्तन की सूचना भी वेब पोर्टल पर उपलब्ध कराई जाती है।
7. सूचना पोर्टलों द्वारा दी गई सूचनाएँ एक पारदर्शी प्रक्रिया के अन्तर्गत आती हैं। इसकी प्रत्येक पोर्टल पर एक निश्चित प्रतियोगी परीक्षा की सूचना मिलती है इसलिए छात्र अपनी रुचि, योग्यता व स्तर के अनुकूल सूचनाओं को प्राप्त कर लेता है तथा उन सूचनाओं को त्याग देता है जिसकी उसे आवश्यकता नहीं होती है।
8. वेब वोर्टल की सहायता से यह सूचना शीघ्रता से सभी छात्रों तक पहुँच जाती है। ऑनलाइन सूचना पोर्टलों के अतिरिक्त ऐसी कोई व्यवस्था नहीं होती जो कि इतनी शीघ्रता से समस्त सूचनाओं को छात्रों तक पहुँचा सके।
9. ऑनलाइन सूचना पोर्टलों को प्रिन्टिंग प्रेस या समाचार-पत्रों की आवश्यकता नहीं पड़ती है जबकि छात्रों को कोई भी सूचना मात्र एक क्लिक पर प्राप्त हो जाती है। इस प्रकार कोई भी संस्था एवं छात्र आसानी से सूचनाओं का आदान-प्रदान कर सकते हैं।

अभ्यास प्रश्न

1. राष्ट्रीय पाठ्यचर्या रूपरेखा (NCF) 2005 की अनुशंसा के अनुसार प्राथमिक स्तर पर EVS के शिक्षण का मुख्य लक्ष्य होना चाहिए–
(a) विषय की मूल अवधारणाओं की समझ विकसित करना
(b) विषय के मूल सिद्धांतों को याद रखना
(c) कक्षा शिक्षण को स्कूल के बाहर के जीवन से जोड़ना
(d) स्वतंत्र रूप से प्रयोग करने के लिए कौशल प्राप्त करना

2. विज्ञान के ध्येय होते हैं।
(a) घटनाओं या घटकों को समझना
(b) घटनाओं पर नियंत्रण
(c) घटनाओं का पूर्वानुमान
(d) ये सभी

3. निम्न के अनुसार 'पर्यावरण एक बाह्य शक्ति है, जो हमें प्रभावित करती है–
(a) हर्सकोविट
(b) डी.एच. डेविस
(c) ई.जे.रॉस
(d) फिटिंग

4. मानव की विभिन्नता में उनके____के योगदान का सम्मान करना–
(a) मूल्यों (b) कर्तव्यों
(c) सोचनात्मक (d) कोई नहीं

5. विद्यालयी परिवेश में अनेक____पाई जाती है।
(a) विविधता
(b) कर्तव्यता
(c) निष्ठा
(d) कोई नही

6. पर्यावरण अध्ययन के लिए कौन-सी गतिविधियाँ ज्यादा उपयोगी है–
(a) बाह्य शालेय गतिविधियाँ
(b) अंत: शालेय गतिविधियाँ
(c) सामूहिक गतिविधियाँ
(d) खेल गतिविधियाँ

7. पत्तियों के विन्यास को कहते हैं–
(a) नाड़ी विन्यास
(b) रेखा विन्यास
(c) पत्ती संरचना
(d) पत्र विन्यास

8. आकलन मूल्यांकन की एक प्रक्रिया है।
(a) सरल प्रक्रिया
(b) निर्णायात्मक एवं व्यापक प्रक्रिया
(c) सकारात्मक प्रक्रिया
(d) निषेधात्मक प्रक्रिया

9. शिक्षक की सबसे कमजोर विधि है–
(a) संवाद विधि
(b) दृश्य-श्रव्य विधि
(c) प्रोजेक्ट विधि
(d) पाठ्यपुस्तक विधि

10. व्यवहारिक कार्य को पाठ्यक्रम में सम्मिलित करने का मुख्य उद्देश्य है।
(a) सिद्धांत पर जोर कम करना
(b) छात्रों में विभिन्न कौशल विकसित करना
(c) छात्रों को परीक्षा में बेहतर स्कोर करने में मदद करना।
(d) छात्रों को साल भर रखना

11. बच्चे दुनिया में भाषा का ज्ञान कहाँ से प्राप्त करते हैं–
(a) माता-पिता
(b) परिवार
(c) शिक्षक
(d) ये सभी

12. प्रभावी अभिव्यक्ति के उद्देश्य है–
(a) प्रयोजन की दृष्टि से
(b) समायोजन की दृष्टि से
(c) विचार की दृष्टि से
(d) कोई भी नहीं

13. NCF का फुल फार्म–
(a) National Ceribter framework
(b) National Council framework
(c) National Curriculum framework
(d) National Certificate framework

14. BCF क्या है?
(a) बिहार स्कूल
(b) बिहार की दुनिया
(c) बिहार का भविष्य
(d) बिहार पाठ्यचर्या की रूपरेखा

15. पाठ्यक्रम की आवश्यकता क्यों होती है–
(a) बढ़ने के लिए
(b) विचार के लिए
(c) पढ़ने के लिए
(d) खेल के लिए

16. ____एक आउटपुट युक्ति है जिसका उपयोग कम्प्यूटर से विभिन्न प्रकार की छवियाँ और टेक्स्ट को एक मुद्रित पृष्ठ पर स्थानांतरित करने के लिए किया जाता है–
(a) माउस
(b) की-बोर्ड
(c) सी.पी.यू (CPU)
(d) प्रिंटर

17. भाषा विकास की प्रारंभिक अवस्था है–
(a) बोलने की तैयारी
(b) आकलन शक्ति का विकास
(c) शब्द शक्ति का विकास
(d) वाक्य निर्माण शक्ति का विकास

18. गणित का जीवन के हर पहलू में____अनुप्रयोग है–
(a) व्यावहारिक (b) शिक्षण
(c) अध्यात्मिक (d) इनमें से कोई नहीं

19. गणित की प्रकृति है–
(a) अलंकारिक
(b) तार्किक
(c) कठिन
(d) कोई नहीं

20. गणित पाठ्यक्रम की मुख्य विशेषता है–
(a) महत्त्वाकांक्षी
(b) सुसंगत
(c) महत्त्वपूर्ण गणित शिक्षण
(d) उपरोक्त सभी

21. बिहार में शहरीकरण का स्तर राष्ट्रीय औसत 22.28% की तुलना में कितना प्रतिशत है–
(a) 10.47%
(b) 12.4%
(c) 13%
(d) 14.6%

22. NCERT के द्वारा प्रकाशित गणतीय आधार पत्र-2006 के मुताबिक विद्यालयों में गणित शिक्षा का मुख्य उद्देश्य है–
(a) बच्चों की सोच का गणितीकरण करना
(b) बच्चों की सोच परिवर्तित करना
(c) बच्चों को समझाना
(d) कोई नही

23. कक्षा 1 की गणित विषय की पाठ्यपुस्तक किसके द्वारा विकसित और बिहार राज्य पाठ्यपुस्तक द्वारा प्रकाशित की गई?
(a) NCERT
(b) SCERT बिहार
(c) CBSCE
(d) कोई नहीं

24. प्राथमिक विद्यालय पाठ्यचर्या में संख्या की भूमिका है।